精选 德汉 汉德 词典

HANDWÖRTERBUCH
DEUTSCH-CHINESISCH
CHINESISCH-DEUTSCH

德汉词典　许素芳　韩文殿　施其南 编译
汉德词典　施其南　王昭仁　许素芳　编
德语文本顾问　Susanne　Brudermüller

商务印书馆
The Commercial Press
朗根沙伊特出版社
Langenscheidt

出版说明

商务印书馆与牛津大学出版社合作出版的《精选英汉汉英词典》，自1986年初版，迄今已印刷12次，在国内及世界各地发行100余万册，深受读者欢迎。《精选俄汉汉俄词典》自1986年出版至今，也已印行4次。根据这两本词书的编纂经验，结合我国改革开放向全方位发展的当前形势，我馆特推出精选系列双语双向(外汉、汉外)词典，除已出版之两本词典外，新增日语、德语和法语，共五个语种，即:《精选英汉汉英词典》、《精选法汉汉法词典》、《精选德汉汉德词典》、《精选日汉汉日词典》和《精选俄汉汉俄词典》。

国人自编外语词典对于外语的规范、选词的范围、语言新现象的反映等，往往不易掌握，而国外原文词典亦有不切合中国读者需要之缺点。为此，本系列词典独辟与外国出版社合作出版之蹊径，分别与词典出版方面素著卓誉之外国出版社合作出版。这些出版社是:

英国牛津大学出版社(香港)

法国拉鲁斯出版社

德国朗根沙伊特出版社

日本东方书店

俄罗斯俄语出版社

采取或由对方提供最新出版之合适词典作蓝本、或请中外专家审阅词典初稿等办法，保证了选词精当、释义简明，例证贴切，从而使词典臻于外文合乎习惯用法而内容又切合国人需要之佳境。

近年来，海外学习和使用汉语之读者日众，为适应他们的需要，在多数外汉词典的汉语释义中加注了汉语拼音以及繁体汉字；汉外词典的词目词注出繁体汉字和汉语拼音。

集外汉、汉外词典于一册之双语双向词典固然方便，一卷在手，既可从外语查汉语，又可从汉语查外语，但读者行业各不相同，有时也各有特定需要，某些读者可能只需外汉而不需汉外，反之亦然。为此，合册与分册同时出版，读者可根据需要选择购买。

本系列词典为通用型语文词典，既适合初、中等程度读者学习使用，亦可供行政、秘书及专业人员日常工作中解难释疑，随时翻检查阅。词典编排紧凑，清晰悦目，开本精巧，携带方便，诚各界人士必备之外语工具书。

商务印书馆编辑部

1994年4月

前　言

本词典包括德汉词典和汉德词典两部分，主要供我国读者学习和使用德语，同时可供德语国家的读者学习和使用汉语。

德汉词典系根据《朗根沙伊特袖珍德语词典》(Langenscheidt's Pocket German Dictionary) 的德英词典编译而成，共收德语常用词一万五千个，其特色是释义层次分明，在义项下列有适量词组，并对语法和用法作了必要的说明。在词和词组释义之后附有各该释义的汉语拼音，以便外籍读者掌握和使用有关词和词组的汉语。

汉德词典收汉语常用单字条目和多字条目二万五千余条，按汉语拼音顺序排列。单字条目中的字凡是已简化的，采用通用的简体字，其繁体字附列于后，以便查考。词义一般采用德语对应词释义，多义词分列义项，一般附有简短的例语或例句，借以帮助读者更好地了解和使用该词。词典正文前有汉字新式部首和汉语拼音对照检字表。

编　者

1989年10月

Vorwort

Das vorliegende Wörterbuch ist ein Handwörterbuch für deutsche Sprache, das aus zwei Teile — Deutsch-chinesisches Wörterbuch und Chinesisch-deutsches Wörterbuch — besteht. Es wendet sich vor allem an die chinesischen Studenten, die Deutsch als Fremdsprache lernen, und auch an diejenigen, wie Lehrer, Fachleute, Übersetzer und Dolmetscher, die ihre deutsche Sprache besser kennenlernen wollen. Wir hoffen noch, daß das Wörterbuch den Deutschsprechenden, die an der chinesischen Sprache interessiert sind, das Nachschlagen ermöglichen könnte.

Der erste Teil — das deutsch-chinesische Wörterbuch — enthält ca. 15 000 Stichwörter, die nach dem »Langenscheidt's Pocket German Dictionary (German-English)« übersetzt und redigiert sind. Bei jedem Stichwort sind die grammatischen Angaben eines Wortes und die Informationen zu Rechtschreibung, Betonung und Aussprache angegeben. Die Bedeutungen eines Wortes sind ausführlich mit den chinesischen Wörtern oder Wendungen erklärt, und jeder Bedeutung folgen einige Phrasen. Nach jeder Bedeutung des Wortes und der Phrase ist die chinesische phonetische Umschrift von oben erwähnter Bedeutung beigefügt, damit der ausländische Benutzer die betreffende chinesische Sprache beherrschen und anwenden könnte.

Der zweite Teil — das chinesisch-deutsche Wörterbuch — enthält mehr als 25 000 Stichwörter, die in 5 000 einfache Wörter und ca. 20 000 aus zwei oder mehreren einfachen Wörter zusammengesetzte lexikalische Einheit untergliedert sind. Jeder Artikel besteht aus einem chinesischen Stichwort, das in Zeichenform und Lautschrift erscheint, und einem deutschsprachigen Übersetzungsteil. Wenn das Schriftzeichen des Wortes in Kapitelzeichen vereinfacht ist, steht seine alte Schriftzeichen in Klammern hinter. Die Stichwörter sind nach dem phonetischen Alphabet der chinesischen Sprache angeordnet. Vor dem Hauptteil des Wörterbuchs gibt es die Tabellen zum Nachschlagen chinesischen Schriftzeichens von neuem Radikale des chinesischen Wortes und chinesischen Schriftzeichens in der chinesischen phonetischen Umschrift.

Beijing, im Oktober 1989

Die Redaktion

目　录

德汉词典

DEUTSCH-CHINESISCHES WÖRTERBUCH

用 法 说 明

一、词目

本词典的词目一律按德语字母顺序排列。凡属词目的基本词或复合词均用黑体字，其他均用白体字。变音字母 ä, ö, ü, äu 分别排在 a, o, u, au 之后,如: schön 列于 schon 之后; wüst 列于 Wust 之后。

二、为节省篇幅,使用~号,分两种用法:

1. 用于词目,~号代替所在词目的词或所在词中用竖线|隔开的前面部分,如:

'Abend

~blatt (=Abendblatt)

~brot (=Abendbrot)

her'an

~bilden (=heranbilden)

~kommen* (=herankommen*)

'Bahn|hof

~linie (=Bahnlinie)

~steig (=Bahnsteig)

'mehr|malig

~mals (=mehrmals)

2. 在某一词目所属的词组中,~代替该词目,如:

Be'trieb

etw. in ~ (=Betrieb) setzen

'abgewöhnen

sich das Rauchen ~ (=abgewöhnen)

三、名词

1. 在名词之后,分别以斜体字母 *m* 注明阳性, *f* 注明阴性, *n* 注明中性。

2. 阳性和中性名词之后,分别注明单数第二格和复数第一格的形式。在分号(;)之前为单数第二格的形式,之后为复数第一格的形式,如:

Be'sitz *m* -es; -e 第二格 (des) Besitzes; 复数第一格 (die) Besitze

Kopf *m* -(e)s; ⸚e 第二格 (des) Kopf(e)s; 复数第一格 (die) Köpfe

'**Studium** *n* -s; ..dien 第二格 (des) Studiums; 复数第一格 (die) Studien

3. 阴性名词之后只注明复数第一格，如:

'**Dame** *f* -n 复数第一格 (die) Damen

Schluft *f* ⸚e 复数第一格 (die) Schlüfte

'**Basis** *f* ..sen 复数第一格 (die) Basen

4. 词形相同，但词源、性别、变格、意义不同的名词，均列为一个词目，而以罗马数字 I, II 等区分之，如: Band I *m* -(e)s; ⸚e 卷 juàn, 册 cè; II *n* -(e)s; ⸚er 带[帶]子 dàizi …; III *n* -(e)s; -e 联[聯]系[係] liánxì …

四、动词

1. 在动词之后，分别以斜体字母 *vt* 注明及物动词，*vi* 注明不及物动词，*v sich* 注明反身动词，*aux* 注明助动词；在不及物动词 *vi* 之后的括号中的 (*s*), (*h*); (*s, h*) 表示该不及物动词构成完成时用 sein, haben 或两者均可。

2. 凡属强变化动词或不规则变化动词，均在词目右上角注有 * 号，如 '**beißen***, '**tragen*** 等，此类动词的变化请阅词典正文之后所附的«动词强变化和不规则变化表»。带有可分前缀或不可分前缀的动词，凡其基本动词系属强变化动词或不规则变化动词者，均请查阅组成该动词的基本动词，如: **anfangen**, **einfangen** 等均请查 **fangen**; **eingehen**, **übergehen** 等均请查 **gehen**。但 **befehlen**, **gewinnen**, **verlieren** 等均请查本词。

略 语 表

A	Akkusativ 第四格	*h*	haben (用 haben 构成完成时)
adj	Adjektiv 形容词	*indef pron*	Indefinitpronomen 不定代词
adv	Adverb 副词	*interr pron*	Interrogativpronomen 疑问代词
aux	Auxiliarverb 助动词	*int*	Interjektion 感叹词
cj	konjunktion 连接词	j-d	jemand 某人(第一格)
D	Dativ 第三格	j-m	jemandem 某人(第三格)
def art	bestimmter Artikel 定冠词	j-n	jemanden 某人(第四格)
etw.	etwas 某物，某事	j-s	jemandes 某人的
f	Femininum 阴性名词		
G	Genitiv 第二格		

	（第二格）	*rel pron*	Reativpronomen 关系代词
m	Maskulinum 阳性名词	*s*	sein （用 sein 构成完成时）
n	Neutrum 中性名词		
pers pron	Personalpronomen 人称代词	*vi*	intransitives Verb 不及物动词
pl	Plural 复数	*v sich*	reflexives Verb 反身动词
poss pron	Possessivpronomen 物主代词	*vt*	transitives Verb 及物动词
pron	Pronomen 代词		
prp	Präposition 介词		

A a

A *n* 开〔開〕始 kāishǐ, 最初 zuìchū; von ~ bis Z 从〔從〕头〔頭〕到尾 cóng tóu dào wěi, 彻〔徹〕底地 chèdǐde

Aal *m* -(e)s; -e 鳗 màn, 鳝 shàn

'**aalglatt** *adj* 狡猾的 jiǎohuáde, 圆滑的 yuánhuáde

Aas *n* -es; -e (Äser) 1) (动物的)腐尸〔屍〕fǔshī; 2) 滑头〔頭〕huátóu, 坏〔壞〕蛋 huàidàn; kein ~ 没人 méi rén

ab I *prp* (*D*, 表示数量、时间、也支配 *A*) 从〔從〕…起 cóng…qǐ; ~ Berlin 从柏林出发; ~ Fabrik, Lager 工厂〔廠〕、仓〔倉〕库交货 gōngchǎng、cāngkù jiāohuò; ~ erstem (ersten) Juni 从七月一日起; ~ Unkosten 扣除杂〔雜〕费 kòuchú záfèi; II *adv* 1) von jetzt ~ 从现在起; ~ und zu 有时〔時〕yǒushí; von da ~ 从那时起, 从那里起; 2) 脱离〔離〕tuōlí; ein Knopf ist ~ 一个扣子掉了

'**abändern** *vt* (稍加)改动〔動〕gǎidòng, 修改 xiūgǎi

'**Abänderungsantrag** *m* (议案等的)修正案 xiūzhèng'àn

'**abarbeiten** *vt* 1)以劳〔勞〕动〔動〕偿〔償〕还〔還〕(债务) yǐ láodòng chánghuán; 2) sich ~ 干〔幹〕得精疲力竭 gàn de jīngpílìjié

'**Abart** *f* 变〔變〕种〔種〕biànzhǒng

'**Abbau** *m* -(e)s; 1) 拆卸(机器) chāixiè; 2) 裁减(人员) cáijiǎn; 3) 降低(价格等) jiàngdī; 4) 开〔開〕采〔採〕kāicǎi, 采掘 cǎijué

'**ab|bauen** *vt* 1) 拆卸 chāixiè (Maschinen 机器); 2) 裁减 cáijiǎn (Angestellte 职员); 3) 降低 jiàngdī (Preise 价格, Steuern 税); 4) 开〔開〕采〔採〕kāicǎi, 采掘 cǎijué (Erze 矿, Kohle 煤) ~**beißen*** *vt* 咬下 yǎoxia, 咬掉 yǎodiào, 咬断〔斷〕yǎoduàn ~**bekommen*** *vt* 1) 得到(一部分) dédào; 2) 遭到 zāodào, 蒙受 méngshòu; Prügel ~ 挨揍 áizòu ~**berufen*** *vt* 召回 zhàohuí, 撤走 chèzǒu; (aus dem Leben) ~ werden 离〔離〕开〔開〕人世 líkāi rénshì ~**bestellen** *vt* 取消(订约) qǔxiāo, 退订 tuìdìng (eine Zeitung 报纸) ~**biegen*** *vi* (*s*) 拐弯〔彎〕guǎiwān; nach rechts (links) ~ 向右(左)拐; von einer Straße ~ 从一条街拐出来

'**Abbild** *n* 1) 画〔畫〕像 huàxiàng, 肖像 xiàoxiàng; 2) 相象(的人) xiāngxiàng

'**abbilden** *vt* 画〔畫〕huà, 描摹 miáomó, 塑造 sùzào; sie ist auf der ersten Seite abgebildet 她的照片登在头版

'**Abbildung** *f* 1) 画〔畫〕huà, 描画 miáohuà; 2) 插图〔圖〕chātú

'**abbinden*** *vt* 1) 解开〔開〕jiěkāi, 解下 jiěxià; 2) 包扎 bāozā, 结扎 jiézā

'**Abbitte** *f* 道歉 dàoqiàn; bei j-m für etw. ~ leisten, tun 为某事向某人道歉

'**ab|bitten*** *vt* 道歉 dàoqiàn, 请原谅 qǐngyuánliàng; j-m etw. ~ 请某人原谅某事 ~**blasen*** *vt* 1) 吹掉(尘土) chuīdiào; 2) 取消 qǔxiāo (eine Zusammenkunft 一次集会); 3) (吹号)停〔停〕止(打猎) tíngzhǐ ~**blättern** *vi* (*s*) 1) (油漆等)剥落 bōluò; 2) 脱屑 tuōxiè, 脱皮 tuōpí; 3) 脱叶〔葉〕tuōyè ~**blenden** I *vt* 1) 减弱(光线) jiǎnruò, 遮光 zhēguāng; 2) (汽车)开〔開〕小灯〔燈〕kāixiǎodēng; II *vi* 1)弱光照明 ruòguāng zhàomíng; 2) 缩小光圈 suōxiǎo guāngquān ~**blitzen** *vi* (*s*) 遭到拒绝 zāodào jùjué; j-n ~ lassen 拒绝某人 ~**brausen** I *vt* (用莲蓬头)浇〔澆〕、淋 jiāo、lín; sich ~ 淋浴 línyù; II *vi* (*s*) (车辆)急驶而过〔過〕jí shǐ ér guò ~**brechen*** I *vt* 1) 折断〔斷〕zhéduàn; 2) 拆除 chāichú (ein Haus 房子); das Lager ~ 拆除帐篷, 撤营; II *vi* 1) (*s*) 折断 zhéduàn; 2) 停止 tíngzhǐ, 中断 zhōngduàn ~**bremsen** *vt, vi* 停住 tíngzhù, 止住 zhǐzhù; 刹(车) shā ~**brennen*** I *vt* 1) 烧〔燒〕毁 shāohuǐ, 烧掉 shāodiào; 2) 燃放(烟火) ránfàng; II *vi* (*s*) 烧掉 shāodiào, 烧完 shāowán; 点〔點〕完 diǎnwán; abgebrannt sein 囊空如洗 náng kōng rú xǐ ~**bringen*** *vt* (使)离〔離〕开〔開〕líkāi, 引开 yǐnkāi; j-n von etw. ~ 使某人离开…, 把某人从…引开 ~**bröckeln** *vi* (*s*) 1) 剥落 bōluò, 脱落 tuōluò; 2) (行情)下跌 xiàdiē

'**Abbruch** *m* 1) 拆 chāi, 拆除 chāichú; 2) 停止 tíngzhǐ, 中断〔斷〕zhōngduàn; 3) 损害 sǔnhài; j-m ~ tun 损害某人

'ab|brühen *vt* (用开水)烫〔燙〕tàng, 焯 chāo **~bürsten** *vt* 刷净 shuājìng, 刷掉 shuādiào **~büßen** *vt* 赎〔贖〕罪 shúzuì, 服刑 fúxíng

Abc *n* 字母表 zìmǔbiǎo; nach dem ~ ordnen 按字母表顺序编排

'abdanken *vi* 辞〔辭〕职〔職〕 cízhí; 退位 tuìwèi, 逊〔遜〕位 xùnwèi

'Abdankung *f* -en 辞〔辭〕职〔職〕 cízhí; 退位 tuìwèi

'ab|decken *vt* 1) 揭开〔開〕jiēkāi, 揭掉 jiēdiào; 2) 收拾(桌子) shōushi; 3) 遮盖〔蓋〕 zhēgài, 遮掩 zhēyǎn **~dichten** *vt* 填塞(缝隙) tiánsāi, 密封 mìfēng **~drängen** *vt* 挤〔擠〕开〔開〕jǐkāi, 推开 tuīkāi **~drehen** I *vt* 1) 关〔關〕住 guānzhù, 扭闭 niǔbì (水龙头、电灯等); 2) 拧〔擰〕下 nǐngxià; II *vi* 改变〔變〕航向 gǎibiàn hángxiàng

'Abdruck *m* -(e)s;=e 印记 yìnjì, 压〔壓〕痕 yāhén; 痕迹〔跡〕 hénjì, 指纹 zhǐwén, 脚印 jiǎoyìn; 模子 múzi

'abend *adv* (与一定的日子连用)黄昏 huánghūn, 晚上 wǎnshàng, 傍晚 bàngwǎn; heute ~ 今晚; Sonntag ~ 星期日晚上

'Abend *m* -s; -e 1) 黄昏 huánghūn, 晚上 wǎnshàng, 傍晚 bàngwǎn; am ~ 在晚上; zu ~ essen 吃晚饭; 2) 晚会〔會〕 wǎnhuì **~blatt** *n* 晚报〔報〕 wǎnbào **~brot** *n* 晚饭 wǎnfàn **~dämmerung** *f* 黄昏 huánghūn **~essen** *n* 晚饭 wǎnfàn **~gesellschaft** *f* 晚会〔會〕 wǎnhuì **~kasse** *f* (剧场夜场戏)售票处〔處〕 shòupiàochù **~kleid** *n* (女用)夜礼〔禮〕服 yèlǐfú **~land** *n* 西方 xīfāng

'abendländisch *adj* 西方(欧洲)的 xīfāngde

'Abend|mahl *n* 1) (基督教)圣〔聖〕餐 shèngcān; 2) 最后〔後〕的晚餐 zuìhòude wǎncān **~rot** *n* 晚霞 wǎnxiá

'abends *adv* 晚上 wǎnshàng, 在晚上 zài wǎnshàng, 每天晚上 měitiān wǎnshàng

'Abend|schule *f* 夜校 yèxiào **~sonne** *f* 夕阳〔陽〕 xīyáng **~toilette** *f* 晚礼〔禮〕服 wǎnlǐfú **~zeitung** *f* 晚报〔報〕 wǎnbào

'Abenteuer *n* -s; - 1) 冒险〔險〕 màoxiǎn; 2) 奇遇 qíyù; 3) 艳〔艷〕事 yànshì

'abenteuerlich *adj* 1) 冒险〔險〕的 màoxiǎnde; 2) 离〔離〕奇的 líqíde

'Abenteurer *m* -s;- 1) 冒险〔險〕家 màoxiǎnjiā; 2) 骗子 piànzi

'aber I *adv* 再 zài, 又 yòu; Tausende und ~ Tausende 成千上万〔萬〕 chéng qiān shàng wàn; II *cj* 但是 dànshì, 而 ér, 可是 kěshì; oder ~ 或者也可以 huòzhě yě kěyǐ; III *intj* (表示责备、惊讶等) ~! 哎呀! āiyā!; ~, ~! 哎, 怎么〔麼〕搞的! āi, zěnme gǎode!; ~ nein! 不, 正相反! bù, zhèng xiāngfǎn!

'Aberglaube *m* 迷信 míxìn

'abergläubisch *adj* 迷信的 míxìnde

'aberkennen* *vt* j-m etw. ~ (经判决) 剥夺〔奪〕 bōduó, 取消 qǔxiāo (ein Recht 权利, die Freiheit 自由)

'aber|malig *adj* 再次的 zàicìde **~mals** *adv* 再次 zàicì

'ab|essen* I *vt* 吃掉 chīdiào, 吃净 chījìng; II *vi* 吃完饭 chī wàn fàn **~fahren*** I *vi* (*s*) 1) (乘车、船)出发〔發〕 chūfā, 动〔動〕身 dòngshēn; 2) (车、船)开〔開〕行 kāixíng; II *vt* 1)(用车、船)运〔運〕走 yùnzǒu; 2) (由于行驶而)磨损、损耗 mósǔn、sǔnhào (Reifen 轮胎)

'Abfahrt *f* 1) (乘车、船)出发〔發〕 chūfā, 动〔動〕身 dòngshēn; (车、船)开〔開〕行 kāixíng; 2) (滑雪运动中的)滑降 huájiàng

'Abfall *m* 1) 脱离〔離〕 tuōlí, 叛离 pànlí (von einer Partei 政党, vom Glauben 信仰); 2) (多用 Abfälle *pl*) 废〔廢〕物 fèiwù, 废料 fèiliào **~eimer** *m* 垃圾筒 lājītǒng

'abfallen* *vi* (*s*) 1) (树叶等) 脱落 tuōluò, 落下 luòxià; 2) 倾斜 qīngxié; 3) 脱离〔離〕 tuōlí, 背叛 bèipàn (von Verbündeten 同盟者, vom Glauben 信仰); 4) gegen j-n ~ (成绩) 不如某人 chéngjì bùrú mǒurén

'abfällig *adj* 1) 不利的 bùlìde, 不赞成的 bù zànchéngde; ~e Bemerkung 不赞成的议论; 2) 轻〔輕〕蔑的 qīngmiède, 贬低的 biǎndīde

'Abfallprodukt *n* 副产〔產〕品 fùchǎnpǐn; 废〔廢〕品 fèipǐn

'ab|fangen* *vt* 1) 接住 jiēzhù (einen Ball 球); 拦〔攔〕截 lánjié, 截取 jiéqǔ (einen Brief 信, eine Nachricht 情报); 2) (用柱子)支撑 (免使倒塌) zhīcheng; 3) 挡〔擋〕住 dǎngzhù, 制止 zhìzhǐ; 4) (航空) 取水平姿式 qǔ shuǐpíng zīshì, 使恢复〔復〕正常 shǐ huīfù zhèngcháng **~färben** *vi* 掉色 diàoshǎi; auf etw. ~ 染到…上去 rǎndào…shàngqu; auf j-n ~

影响〔響〕某人 yǐngxiǎng mǒurén **~fassen** *vt* 1) 草拟〔擬〕cǎonǐ, 撰写〔寫〕zhuànxiě; 2)(当场)抓住 zhuāzhù (einen Dieb 贼)

'Abfassung *f* 草拟〔擬〕cǎonǐ, 撰写〔寫〕zhuànxiě

'ab|faulen *vi* 烂〔爛〕坏〔壞〕lànhuài, 烂(后)掉(落) làndiào **~feiern** *vt* (加班后)补〔補〕休 bǔxiū **~fertigen** *vt* 1)办〔辦〕好寄送、发〔發〕送…的手续〔續〕bàn hǎo jìsòng、fāsòng … de shǒuxù (Gepäck 行李, Ware 货物); 2) 招待 zhāodài; 为〔爲〕…服务〔務〕办手续等 wèi…fúwù bàn shǒuxù děng (Reisende 旅客); 3) (粗暴地、不耐烦地)打发 dǎfa, 搪塞 tángsè; j-n **kurz** ~ 三言两语把某人打发走

'Abfertigung *f* -en 1) 见 abfertigen; 2) 发〔發〕车〔車〕fāchē; 3) 服务〔務〕处〔處〕fúwùchù, 接待处 jiēdàichù

'ab|feuern *vt* 开〔開〕(枪) kai, 发〔發〕射 fāshè **~finden*** *vt* 补〔補〕偿〔償〕bǔcháng, 使满〔滿〕足(了事) shǐ mǎnzú; sich mit etw. ~ (勉强、不得已而)对…感到满意

'Abfindung *f* -en 补〔補〕偿〔償〕bǔcháng, 赔偿 péicháng **~ssumme** *f* 退职〔職〕金 tuìzhíjīn, 补〔補〕偿〔償〕金 bǔchángjīn

'ab|flauen *vi* (*s*) (风)减弱 jiǎnruò; (价格)下降 xiàjiàng **~fliegen*** *vi* (*s*) 1) 飞〔飛〕走 fēizǒu; 2)(飞机)起飞 qǐfēi **~fließen*** *vi* (*s*) 1) 流走 liúzǒu, 流掉 liúdiào; 2)(资金)外流 wàiliú

Abflug *m* (飞机)起飞〔飛〕qǐfēi

'Abfluß *m* 1) 流走 liúzǒu, 流掉 liúdiào; 2) 流出物 liúchūwù 排泄物 páixièwù; 3) 排水管 páishuǐguǎn, 排水沟〔溝〕páishuǐgōu; 出水口 chūshuǐkǒu

'ab|fordern *vt* j-m etw. ~ 要某人做… yāo mǒurén zuò…, 强求某人交出… qiǎngqiú mǒurén jiāochū… **~fragen** *vt* (检查性)提问 tíwèn, 考问 kǎowèn

'Abfuhr *f* -en 1)运〔運〕走 yùnzǒu (von Müll 垃圾); 2) (断然)拒绝 jùjué

'abführen I *vt* 1) 带〔帶〕走 dàizǒu, 押解 yājiè; 2) 缴纳 jiǎonà, 付款 fùkuǎn; Steuern an das Finanzamt ~ 向财政局付税款; II *vi* 通便 tōngbiàn **~d** *adj* 通便的 tōngbiànde

'Abführmittel *n* 通便药〔藥〕tōngbiànyào, 泻〔瀉〕药 xièyào

'abfüllen *vt* 移注(另一容器内) yízhù, 把…装〔裝〕入 bǎ…zhuāngrù; in Flaschen ~ 装瓶; Bier in Fässer ~ 把啤酒装桶

'Abgabe *f* -n 1) 交出 jiāochū, 交付 jiāofù; die ~ der Stimmen 投票 tóupiào; 2) 出售 chūshòu; 3) *pl* 税 shuì; 4) 传〔傳〕球 chuán qiú

'abgaben|frei *adj* 免税的 miǎnshuìde **~pflichtig** *adj* 应〔應〕纳税的 yīng nàshuìde

'Abgang *m* 1)离〔離〕开〔開〕líkāi, 启〔啟〕程 qǐchéng; nach ~ von der Schule 离校后; 2) 演员退场〔場〕yǎnyuán tuìchǎng; 退职〔職〕tuìzhí; der ~ vom Amt 退职; 3) 损耗 sǔnhào; 4) 流出物 liúchūwù, 排泄物 páixièwù

'abgängig *adj* 失去的 shīqùde; 下落不明的 xiàluò bùmíng de

'Abgangszeugnis *n* (中学)毕〔畢〕业〔業〕证〔證〕书〔書〕bìyè zhèngshū

'Abgas *n* 废〔廢〕气〔氣〕fèiqì

'abgearbeitet *adj* 精疲力竭的 jīngpílìjié de

'abgeben* *vt* 1) 交给 jiāogěi, 交付(保管) jiāofù; 2) 分给 fēngěi; 3) 发〔發〕表 fābiǎo, 说出 shuōchū (eine Erklärung 声明, eine Meinung 意见); 4) 出售 chūshòu; 出租 chūzū; 5) 传〔傳〕(球) chuán; 6) 发〔發〕射 fāshè; 7) 放出 fàngchū (Wärme 热量); 8) 适〔適〕合于〔於〕当〔當〕shìhé yú dāng; einen guten Gelehrten ~ 会成为一位好学者; 9) **sich mit** …~ 从〔從〕事于… cóngshì yú…, 跟…打交道 gēn…dǎ jiāodao; sie gibt sich gern **mit Kindern ab** 她喜欢跟孩子们打交道

'abge|brannt *adj* 没钱〔錢〕méiqián **~brüht** *adj* 冷淡的 lěngdànde; 无〔無〕情的 wúqíngde **~droschen** *adj* 陈〔陳〕腐的 chénfǔde **~feimt** *adj* 狡猾的 jiǎohuáde, 老奸巨猾的 lǎojiānjùhuá de **~griffen** *adj* 用(得太多而损)坏〔壞〕了的 yòng huàile de **~hackt** *adj* 不连贯的 bù liánguàn de, 断〔斷〕断续〔續〕续的 duànduàn xùxù de **~härtet** *adj* 对〔對〕…无〔無〕动〔動〕于〔於〕衷的 duì…wú dòng yú zhōng de

'abgehen* I *vi* (*s*) 1) 离〔離〕去 líqù, 走开〔開〕zǒukāi; 2) 脱落, tuōluò, 脱离 tuōlí; 3) 离 (职) lí, 离(校) lí; von **einem Amt** ~ 离职; von der Schule ~ 离校; 4) (演员) 退场〔場〕tuìchǎng; 5) 放弃〔棄〕fàngqì (von seiner Meinung 自己的意见); 偏离 piānlí (vom rechten Wege

正道); 6) 排出 páichū, 排泄 páixiè; 7) 销售 xiāoshòu; 8) 缺少 quēshǎo; diese Eigenschaft geht ihm ab 他缺少这种品质; 9) 进[進]行 jìnxíng; alles ist glatt abgegangen 一切进行得很好; II *vt* 巡视 xúnshì, 巡查 xúnchá

'**abge|hetzt** *adj* 精疲力竭的 jīngpí lìjié de **~kartet** *adj* 暗中策划[劃]的 ànzhōng cèhuà de, 预谋的 yùmóude; eine ~e Sache 阴[陰]谋 yīnmóu **~legen** *adj* 偏僻的 piānpìde, 边[邊]远[遠]的 biānyuǎnde **~macht** *adj* 约定的 yuēdìngde; ~! 一言为定! **~magert** *adj* 消瘦的 xiāoshòude **~neigt** *adj* 不感兴[興]趣的 bù gǎn xìngqù de, 不喜欢[歡]的 bù xǐhuan de; j-m/einer Sache (*D*) nicht ~ sein 不讨厌[厭] ... bù tǎoyàn... **~nutzt** *adj* 用坏[壞]的 yòng huài de, 磨损的 mósǔnde

'**Abgeordnete** *m, f* -n; -n 1) 代表 dàibiǎo; 2) 议[議]员 yìyuán

'**abgerissen** *adj* 1) 褴[襤]褛[褸]的 lánlǚde; 2)(词句)不连贯的 bù liánguàn de, (讲话) 断[斷]断续[續]续的 duànduàn xùxù de

'**Abgesandte** *m, f* -n; -n 1) 使者 shǐzhě; 2) 公使 gōngshǐ

'**abgeschieden** *adj* 1) 孤独[獨]的 gūdúde; 2) 死去的 sǐqùde

'**Abgeschiedenheit** *f* -en 孤独[獨] gūdú

'**abgesehen** *adj* ~ von 除…外 chú … wài; ~ davon 除此之外

'**abge|spannt** *adj* 劳[勞]累的 láolèide, 疲惫[憊]的 píbèide **~standen** *adj* 1) 不新鲜的 bù xīnxiānde, 走味的 zǒuwèide; 2) 平淡无[無]味的 píngdàn wúwèi de **~storben** *adj* (肢体) 麻木的 mámùde **~stumpft** *adj* 1) 钝的 dùnde; 2) 冷淡的 lěngdànde, 麻木的 mámùde (gegen *A*) **~tragen** *adj* 穿破了的 chuān pò le de

'**abgewöhnen** *vt* j-m etw. ~ 使某人戒除、改掉…shǐ mǒurén jièchú、gǎidiào…; sich das Rauchen ~ 戒烟

'**abgezehrt** *adj* 消瘦的 xiāoshòude, 憔悴的 qiáocuìde

'**ab|gießen*** *vt* 1) 倒掉 dàodiào, 滗[潷]出 bìchū; 2) 浇[澆]铸[鑄] jiāozhù **~gleiten*** *vi* (*s*) 1) 滑 huá, 滑落 huáluò; 2) 不起作用 bù qǐ zuòyòng

'**Abgott** *m* 1) 偶像 ǒuxiàng; 2) 宠[寵]儿 chǒng'ér, 崇拜的对[對]象 chóngbàide duìxiàng

'**abgöttisch** *adv* j-n ~ lieben 崇拜某人 chóngbài mǒurén

'**ab|grasen** *vt* 1) (把草) 吃光 chīguāng; 2) 找遍 zhǎobiàn **~grenzen** *vt* 1) 划[劃]分 huàfēn; 2)划清界线[綫] huàqīng jièxiàn, 区[區]分 qūfēn

'**Abgrund** *m* 1) 深渊[淵] shēnyuān, 绝壁 juébì; am Rande des ~s 处在深渊的边缘 (濒于灭亡); 2) (感情、意见的)分歧 fēnqí

'**Abguß** *m* 铸[鑄]件 zhùjiàn

'**ab|hacken** *vt* 砍掉 kǎndiào **~haken** *vt* 1) (从钩子上)取下 qǔxià; 2) 画[畫]勾 huàgōu **~halten*** *vt* 1)举[舉]行 jǔxíng (eine Sitzung 会议); 2) 挡[擋]住 dǎngzhù; das Dach hält den Regen ab 屋顶挡雨; 3) 妨碍[礙] fáng'ài; j-n von der Arbeit ~ 妨碍某人工作; j-n davon ~ etw. zu tun 使某人不能去做某事; 4) 不让[讓]靠近 bù ràng kàojìn; etw. von j-m ~ 使某物与某人保持一定距离 **~handeln** *vt* 讨论[論] tǎolùn, 论述 lùnshù; j-m etw. ~ (讨价还价后)向某人买[買]下 xiàng mǒurén mǎixia

'**abhanden** *adv* ~ kommen 丢失 diūshī

'**Abhandlung** *f* 论[論]文 lùnwén

'**Abhang** *m* 斜坡 xiépō, 山坡 shānpō

'**abhängen** I *vt* 1) (将挂着的东西) 取下 qǔxià, 使脱钩 shǐ tuōgōu; 2) 挂[掛]断[斷](电话) guàduàn; II* *vi* ~ von 依靠 yīkào, 依赖 yīlài, 取决于[於] qǔjué yú

'**abhängig** *adj* 不自主的 bù zìzhǔde, 不独[獨]立的 bù dúlìde, 从[從]属[屬]的 cóngshǔde; von ... ~ sein 取决于[於]... qǔjué yú...; 看…而定 kàn … ér dìng

'**Abhängigkeit** *f* 依赖(性) yīlài, 从[從]属[屬](性) cóngshǔ

'**ab|härten** *vt* 锻炼[煉] duànliàn; sich gegen Gefühle ~ 锻炼自己不为感情所左右 **~hauen*** I *vt* 砍下 kǎnxià, 砍掉 kǎndiào; II *vi* (*s*) 逃走 táozǒu, 溜[溜]走 liūzǒu **~heben*** I *vt* 1) 拿起 náqǐ (den Hörer des Telephons 电话筒);揭开[開] jiēkāi (den Deckel vom Topf 锅盖); 2) 提取 tíqǔ (Geld 存款); 3) (打牌时) 倒牌 dǎopái, 签[簽]牌 qiānpái; 4) sich von j-m / etw. ~ 跟…相比显[顯]得突出 gēn … xiāngbǐ xiǎnde tūchū; II *vi* (飞机等) 升起 shēngqǐ **~heilen** *vi* (*s*) (伤口) 愈合 yùhé **~helfen*** *vi* einem

Übel ~ 消除弊病 xiāochú bìbìng; dem ist nicht abzuhelfen 这[這]是无[無]法补[補]救的 zhè shì wúfǎ bǔjiù de **~hetzen** *v sich* 疲于[於]奔命 píyú bēnmìng

'**Abhilfe** *f* 帮[幫]助 bāngzhù, 补[補]救 bǔjiù, 解决 jiějué; ~ schaffen (予以)帮助

'**abhold** *adj* j-m/einer Sache ~ sein 讨厌[厭]... tǎoyàn..., 对[對]…抱有敌[敵]意 duì ... bàoyǒu díyì

'**ab|holen** *vt* 1)取 qǔ, 领取 lǐngqǔ; 2) 接(人) jiē; j-n von der Bahn ~ 在火车站接人 **~holzen** *vt* 1) 伐(木) fá; 2) 伐光 fáguāng **~horchen** *vt* 听[聽]诊 tīngzhěn (Herz 心, Lungen 肺) **~hören** *vt* 1) 考问 kǎowèn (einen Schüler 学生); 2) 偷听 tōutīng, 窃[竊]听 qiètīng, 监[監]听 jiāntīng

Abi'tur *n* -s; (高中)毕[畢]业[業]考试 bìyè kǎoshì

'**ab|jagen** *vt* j-m etw. ~ 追回... zhuīhuí ..., 从[從]某人手中夺[奪]走 cóng mǒurén shǒuzhōng duózǒu **~kanzeln** *vt* 狠狠地责备[備] hěnhěnde zébèi, 训斥 xùnchì **~kaufen** *vt* j-m etw. ~ 向某人买[買]下... xiàng mǒurén mǎixià...

'**Abkehr** *f* 背离[離] bèilí, 抛弃[棄] pāoqì (von einer Lehre 一种学说)

'**ab|kehren** *vt* 1) 扫[掃]除 sǎochú, 扫净 sǎojìng; 2) sich ~ von 转[轉]过[過]身去 zhuǎn guò shēn qù; 抛弃[棄] pāoqì **~klingen*** *vi* (*s*) (声音)消逝 yiāoshì; (疼痛等)减退 jiǎntuì, 变[變]缓和 biàn huǎnhé **~klopfen** I *vt* 1) 拍掉 pāidiào, 拍净 pāijìng; 2) 叩诊 kòuzhěn; II *vi* (乐队指挥用指挥棒)敲打(示意暂停) qiāoda **~knicken** *vt* 折断[斷] zhéduàn **~knöpfen** *vt* 解开[開]钮扣 jiěkāi niǔkòu; j-m Geld ~ 骗某人的钱[錢] piàn mǒurén de qián **~kochen** I *vt* 1) 煮熟 zhǔshú; 2) 煮(以消毒) zhǔ; II *vi* (军队)野炊 yěchuī **~kommandieren** *vt* (军队)调遣 diàoqiǎn, 派遣 pàiqiǎn

'**Abkomme** *m* -n; -n 后[後]裔 hòuyì, 后代 hòudài, 子孙[孫] zǐsūn

'**abkommen** *vi* (*s*) 离[離]开[開] líkāi, 脱离 tuōlí, 脱身 tuōshēn; 放弃[棄] fàngqì (von einem Thema 题, von einer Ansicht 观点); vom Wege ~ 迷路 mílù

'**Abkommen** *n* -s;- 协[協]议[議] xiéyì, 协定 xiédìng; ein ~ schließen 签订协议

'**abkömmlich** *adj* 闲着 xián-zhe, 可以走开[開]的 kěyǐ zǒukāide; er ist nicht ~ 他走不开

'**Abkömmling** *m* -s; -e 后[後]裔 hòuyì, 后代 hòudài, 子孙[孫] zǐsūn

'**ab|kratzen** I *vt* 刮掉 guādiào, 刮净 guājìng; II *vi* (*s*) 翘[翹]辫子 qiào biànzi, 死去 sǐqù **~kühlen** *vt* 使冷却 shǐ lěngquè; 使冷静下来[來] shǐ lěngjìng xiàlai; sich ~ 变冷,变凉;冷静下来

'**Abkunft** *f* 来[來]源 láiyuán, 出身 chūshēn

'**abkürzen** *vt* 1) 缩短 suōduǎn (einen Aufenthalt 逗留时间); den Weg ~ 抄近路 chāo jìnlù; 2) 缩写[寫] suōxiě (Wort 词)

'**Abkürzung** *f* -en 1) 缩短 suōduǎn; 2) 近路 jìnlù; 3) 缩写[寫] suōxiě

'**abladen*** *vt* 1) 卸(车、货等) xiè; 2) 推卸(责任等) tuīxiè; 3)发[發]泄(怒火等) fāxiè

'**Ablage** *f* 1)存放处[處] cúnfàngchù, 架 jià; 2) 档[檔]案 dàng'àn; 3) 衣帽间 yīmàojiān

'**ab|lagern** I *vt* 堆放 duīfàng (Güter 货物); 存放(若干时间) cúnfàng (Wein 酒); sich ~ 沉积[積] chénjī; II *vi* (*s*) 存放 cunfàng, 久藏 jiǔcáng **~lassen*** I *vt* 1) (把水、气)放掉 fàngdiào, 排出 páichū; 2) 放干[乾] fànggān (Teich 池塘); 3) 减(价) jiǎn, 打(折扣) dǎ; 10 Prozent vom Preise ~ 减价百分之十; II *vi* 停止 tíngzhǐ, 放弃[棄] fàngqì (von etw.)

'**Ablauf** *m* 1) 流走 liúzǒu; 排水口 páishuǐkǒu; 2) 经[經]过[過] jīngguò, 过程 guòchéng (von Ereignisse 事件的); 3)期满[滿] qīmǎn, 结束 jiéshù; nach ~ von ... 期满后; 4) (体育)起跑 qǐpǎo, 起跑线[綫] qǐpǎoxiàn

'**ablaufen*** I *vi* (*s*) 1) 流走 liúzǒu, 流净 liújìng; 2) 转[轉]完 zhuānwán, (影片等)放完 fàngwán; 3) (钟、表等)停住 tíngzhù; 4) 进[進]行 jìnxíng; 5) 期满[滿] qīmǎn, 结束 jiéshù; II *vt* 1) 跑破 pǎopò (Schuhe 鞋); 2) 跑遍寻[尋]找 pǎobiàn xúnzhǎo; sich (*D*) die Beine ~ 跑断[斷]了腿 pǎo duàn le tuǐ; 3) j-m den Rang ~ 超过[過]某人 chāoguò mǒurén

'**Ableben** *n* -s; 逝世 shìshì

'**ab|lecken** *vt* 舔 tiǎn, 舔净 tiǎnjìng; 舔掉 tiǎndiào **~legen** I *vt* 1) 放下 fàngxià; 2) 脱去 tuōqù, 卸下(不再穿戴) xièxià; 3) 戒除 jièchú, 放弃〔棄〕fàngqì (eine Gewohnheit 一种习惯); 4) 作出 zuòchū; einen Eid ~ 发誓; ein Zeugnis ~ 作证; eine Prüfung ~ 通过一次考试; II *vi* 脱去衣帽 tuōqù yīmào, 宽衣 kuānyī

'Ableger *m* -s; - 插枝 chāzhī, 压〔壓〕条〔條〕yātiáo, (接树用的)嫩枝 nènzhī

'ablehnen I *vt* 拒绝 jùjué, 不受 bùshòu; 不同意 bù tóngyì, 否决 fǒujué; jede Verantwortung ~ 拒绝承担任何责任; ein Geschenk ~ 不受礼; einen Antrag ~ (议会)否决一项提案; II *vi* 拒绝 jùjué; dankend ~ 谢绝

'Ablehnung *f* -en 拒绝 jùjué, 不受 bùshòu; 不同意 bù tóngyì, 否决 fǒujué; auf ~ stoßen 遭到拒绝

'ableiten *vt* 1) 引开〔開〕yǐnkāi, 排走 páizǒu; 使转〔轉〕向 shǐ zhuǎnxiàng (Wasser 水, einen Fluß 一条河流); 2)(语法)从〔從〕…派生出 cóng … pàishēngchū; (数学) 求…的导〔導〕数〔數〕、微商 qiú … de dǎoshù、wēishāng (aus, von); 3) 推论〔論〕tuīlùn, 推断〔斷〕tuīduàn

'Ableitung *f* 1) (河流的)改道 gǎidào, 排水 páishuǐ; 2) (语法)派生词 pàishēngcí; (数学) 导〔導〕数〔數〕dǎoshù, 微商 wēishāng; 3) 推论〔論〕tuīlùn, 推断〔斷〕tuīduàn

'ab|lenken *vt* 1) 使改变〔變〕方向 shǐ gǎibiàn fāngxiàng (einen Fluß 河流); 2) 引开〔開〕yǐnkāi, 转〔轉〕移 zhuǎnyí, 使偏斜 shǐ piānxié; den Verdacht von sich ~ 把嫌疑从自己身上引开; das Gespräch ~ 转移话题; 3) 分散(注意力等) fēnsàn, 使分心 shǐ fēnxīn; j-n von der Arbeit ~ 使某人不能专心工作; sich zu leicht ~ lassen 极易使自己分心 **~lesen*** *vt* 1) (照稿子)念〔唸〕niàn、读〔讀〕dú; 2) 读出 (仪表上的数字) dúchū **~leugnen** *vt* 否认〔認〕fǒurèn, 竭力抵赖 jiélì dǐlài **~liefern** *vt* 交出 jiāochū, 交付 jiāofù, 交售 jiāoshòu

'Ablieferung *f* 交付 jiāofù, 交货 jiāohuò

'ab|löschen *vt* 1) (用吸墨纸)吸干〔乾〕(写的字) xīgān; 2) 淬火 cuìhuǒ **~lösen** *vt* 1) (小心)揭下 jiēxià, 分开〔開〕fēnkāi; 2) (换班)接替 jiētì; 3) 偿〔償〕付(债款) chángfù; 赎〔贖〕回 shúhuí; 4) sich ~ 脱落 tuōluò; 接替 jiētì, 互换 hùhuàn

'Ablösung *f* 1) 脱离〔離〕tuōlí, 分开〔開〕fēnkāi; 2) 换班 huànbān; 换班的人 huànbānde rén; 3) 偿〔償〕付 chángfù; 赎〔贖〕回 shúhuí

'abmachen *vt* 1) 取下 qǔxià, 解下 jiěxià; 2) 商定 shāngdìng, 谈妥 tántuǒ

'Abmachung *f* -en 商定 shāngdìng, 协〔協〕议〔議〕xiéyì, 协定 xiédìng

'abmagern *vi* (*s*) 消瘦 xiāoshòu

'Abmagerungskur *f* (用减食、运动等的)减肥疗〔療〕法 jiǎnféi liáofǎ

'ab|mähen *vt* 刈 yì, 割(草等) gé; 收割 shōugé **~malen** *vt* 1) 临〔臨〕摹 línmó; 2) 模仿 mófǎng

'Abmarsch *m* 开〔開〕拔 kāibá, 出发〔發〕chūfā

'abmarschieren *vi* (*s*) 开〔開〕拔 kāibá, 出发〔發〕chūfā

'ab|melden *vt* (向有关当局)注销 zhùxiāo, 报〔報〕告离〔離〕开〔開〕bàogào líkāi; j-n von der Schule ~ 通知学校某人离校; sich polizeilich ~ 注销户口 **~messen*** *vt* 测量 cèliáng, 计量 jìliáng

'Abmessung *f* -en 1) 测量 cèliáng; 2) 尺寸 chǐcùn, 大小 dàxiǎo

'ab|montieren *vt* 拆 chāi, 拆卸 chāixiè (Maschine 机器) **~mühen** *v sich* 努力做 nǔlì zuò, 费尽〔盡〕心力 (做) fèijìn xīnlì **~nagen** *vt* 啃下 kěnxià, 啃光 kěnguāng

'Abnahme *f* 1) 拿走 názǒu, 取下 qǔxià; 2) 领受 lǐngshòu, 接受 jiēshòu; 3) 验〔驗〕收 yànshōu; 4) 减少 jiǎnshǎo, 衰退 shuāituì; 5) 购买〔買〕gòumǎi; ~ finden 有销路; 6) (医)截(肢) jié; die ~ eines Beines 截去一条腿

'abnehmen* I *vt* 1) 拿走 názǒu, 取下 qǔxià; 脱下 (帽子) tuōxià; den Hörer ~ 拿起 (电话) 听筒; den Bart ~ 刮胡〔鬍〕子 guā húzi; 2) 接受 jiēshòu, 验〔驗〕收 yànshōu (Maschine 机器, Rechnung 帐单); 3) (医)截 (肢) jié; 4) 取走 qǔzǒu, 夺〔奪〕走 duózǒu, 扣下 kòuxià (Führerschein 驾驶执照); j-m die Maske ~ 撕下某人的假面具; 5) 购买〔買〕gòumǎi, 买下 mǎixià; j-m zuviel ~ 向某人要价过高; 6) 相信; die Sache wird dir niemand ~ 这事没有人会相信你; II *vi* 减少 jiǎnshǎo, 减轻〔輕〕jiǎnqīng, 减弱 jiǎnruò; an Gewicht ~ 体重减轻; der Mond nimmt ab 月

渐亏; der Sturm nimmt ab 风暴减弱
'Abnehmer *m* -s; - 买[買]主 mǎizhǔ, 顾[顧]客 gùkè
'Abneigung *f* 厌[厭]恶[惡] yànwù, 反感 fǎngǎn (gegen 对)
ab'norm *adj* 不正常的 bù zhèngchángde, 反常的 fǎnchángde; 病态[態]的 bìngtàide
'Abnormi'tät *f* -en 反常 fǎncháng; 病态[態] bìngtài
'ab|nötigen *vt* 迫使 pòshǐ, 使不得不 shǐ bùdé bù; j-m ein Geständnis ~ 迫使某人承认 **~nutzen, ~nützen** I *vt* 损坏[壞] sǔnhuài, 穿破 chuānpò; II *v sich* (因使用、穿着而)损坏 sǔnhuài
Abonnement [..n(ə)'mã:] *n* -s; -s 1) 预订 yùdìng; 2) (剧院等的)定期包座 dìngqī bāozuò
Abon'nent *m* -en; -en 预订者 yùdìngzhě, 订户 dìnghù
abon'nieren *vt* 预订 yùdìng, 订阅 dìngyuè; auf eine Zeitung abonniert sein 预订报纸
'abordnen *vt* 派遣 pàiqiǎn
'Abordnung *f* 1) 派遣 pàiqiǎn; 2) 代表团[團] dàibiǎotuán
Abort [a'bɔrt] *m* -(e)s; -e 厕所 cèsuǒ
'ab|passen *vt* 1) 使合适[適] shǐ héshì, 使吻合 shǐ wěnhé; 2)等候 děnghòu, 等待 děngdài (Briefträger 邮递员, eine günstige Gelegenheit 有利的机会) **~pflükken** *vt* 采[採] cǎi, 摘 zhāi **~plagen** *v sich* 操劳[勞] cāoláo, 劳累 láolèi **~prallen** *vi* (*s*) 1) 反弹[彈] fǎntán, 弹回 tánhuí; 2) 不起作用 bù qǐ zuòyòng, 无[無]效 wúxiào; das prallt an ihm ab 这对他不起作用 **~putzen** *vt* 1) 擦掉 cādiào, 擦净 cājìng; 2) 粉刷 fěnshuā (Wand 墙) **~raten*** *vi* j-m von etw. ~ 劝[勸]某人不要做某事 quàn mǒurén bù yào zuò mǒushì **~räumen** *vt* 清除 qīngchú, 收拾 shōushi **~reagieren** *vt* 发[發]泄 fāxiè; seine Wut an j-m ~ 向某人发泄自己的怒气; sich ~ 镇静下来[來] zhènjìng xiàlai **~rechnen** I *vt* 1) 扣除 kòuchú, 减去 jiǎnqù; 2) 结算 jiésuàn, 算清 suànqīng; II *vi* mit j-m ~ 1) 与[與]某人算清帐[帳]目 yǔ mǒurén suànqīng zhàngmù; 2) 跟某人算帐 gēn mǒurén suànzhàng
'Abrechnung *f* 1) 扣除 kòuchú; 2) 结算 jiésuàn; 3) 算帐[帳] suànzhàng, 报[報]仇 bàochóu
'Abrede *f* etw. in ~ stellen 否认[認]某事 fǒurèn mǒushì
'abreiben* *vt* 1) 擦掉 cādiào; 2) 擦净 cājìng, 擦干[乾] cāgān
'Abreise *f* 启[啟]程 qǐchéng, 动[動]身 dòngshēn
'ab|reisen *vi* (*s*) 启[啟]程 qǐchéng, 动[動]身 dòngshēn **~reißen*** I *vt* 1) 撕下 sīxià, 扯下 chěxià; 2) 拆 chāi, 拆除 chāichú; 3) 穿破 chuānpò; 4) 服满[滿](刑期) fúmǎn; II *vi* (*s*) 1) 脱落 tuōluò, 裂开[開] lièkāi; 2) (突然)中断[斷] zhōngduàn
'Abreißkalender *m* (可以撕的)日历[歷] rìlì
'ab|richten *vt* 1) 驯(兽) xùn; 2) 校准[準] jiàozhǔn, 调整 tiáozhěng **~riegeln** *vt* 1) 闩 shuān, 闩上 shuānshàng; 2) 封锁 fēngsuǒ
'Abriß *m* 1) 草图[圖] cǎotú, 略图 lüètú; 2) 轮[輪]廓 lúnkuò, 概要 gàiyào; 3) 拆除 chāichú, 拆毁 chāihuǐ
'abrücken I *vt* 移开[開] yíkāi, 推开 tuīkāi; II *vi* (*s*) 1) 开拔 kāibá, 出发[發] chūfā; 2) von j-m/etw. ~ 躲开 duǒkāi, 不想跟…发生关[關]系[係] bù xiǎng gēn … fāshēng guānxì
'Abruf *m* 1) 召回 zhàohuí, 撤回 chèhuí; 2) 提取 tíqǔ; auf ~ 根据买方要求分批提取
'ab|rufen* *vt* 1) 叫走 jiàozǒu, 命令离[離]去 mìnglìng líqù; 2) 召回 zhàohuí, 撤回 chèhuí; 3) 提(货、款) tí; 4) 呼报[報](列车开车时间, 车辆到站站名等) hūbào **~runden** *vt* 1) 使成圆形 shǐ chéng yuánxíng; 2) 使圆满[滿] shǐ yuánmǎn
ab'rupt *adj* 1) 不连贯的 bù liánguànde, 断[斷]断续[續]续的 duànduàn xùxù de; 2) 突然的 tūránde
'abrüsten *vi* 裁军 cáijūn
'Abrüstung *f* 裁军 cáijūn
'abrutschen *vi* (*s*) 1) 滑落 huáluò; 2) 侧滑(指飞机或滑雪) cèhuá
'Absage *f* 1) 取消 qǔxiāo; 2) 拒绝 jùjué
'ab|sagen I *vt* 取消 qǔxiāo (eine Sitzung 会议); 谢绝 xièjué (eine Einladung 邀请); II *vi* 回绝 huíjué, 放弃[棄] fàngqì; j-m ~ 取消同某人的约会 **~sägen** *vt* 1) 锯开[開] jùkāi; 2) 解雇[僱] jiěgù
'Absatz *m* 1) 中断[斷] zhōngduàn, 间歇 jiànxiē; 2) 段落 duànluò; 3) 销路 xiāolù; 4) 鞋后[後]跟 xiéhòugēn; 5) 楼[樓]梯平台[臺] lóutī píngtái **~markt** *m*

销售市场〔場〕xiāoshòu shìchǎng
'ab|schaben *vt* 刮去 guāqù **~schaffen** *vt* 1) 废〔廢〕除 fèichú, 取消 qǔxiāo (ein Gesetz 一项法律); 2) 解雇 jiěgù **~schalten** I *vt* 切断〔斷〕(电流) qiēduàn, 关〔關〕(收音机等) guān; II *vi* (思想)开〔開〕小差 kāi xiǎochāi **~schätzen** *vt* 估计 gūjì, 估价〔價〕gūjià
'abschätzig *adj* 轻〔輕〕蔑的 qīngmiède
'Abschaum *m* -(e)s; 1) 泡沫 pàomò; 2) (社会)渣滓 zhāzǐ
'Abscheu *m* -(e)s; 厌〔厭〕恶〔惡〕yànwù (vor *D*)
'abscheulich *adj* 可恶〔惡〕的 kěwùde, 讨厌〔厭〕的 tǎoyànde
'ab|schicken *vt* 1) 寄出 jìchū; 2) 派遣 pàiqiǎn **~schieben*** *vt* 1) 推卸 tuīxiè (Schuld 过错); die Verantwortung (von sich) auf andere ~ 把责任推到别人身上; 2) 驱〔驅〕逐 qūzhú
'Abschied *m* -(e)s; 1) 离〔離〕别 líbié, 告别 gàobié; von j-m ~ nehmen 向某人告别; 2) 辞〔辭〕职〔職〕cízhí, 免职 miǎnzhí, 解雇〔僱〕jiěgù; j-m den ~ geben 解雇某人; seinen ~ nehmen 辞职 **~sfeier** *f* 欢〔歡〕送会〔會〕huānsònghuì **~sgesuch** *n* 辞〔辭〕职〔職〕书〔書〕cízhíshū
'ab|schießen* *vt* 1) 射中 shézhòng, 击〔擊〕落 jīluò; 2) 开〔開〕(枪等) kāi, 发〔發〕射 fāshè **~schirmen** *vt* 遮住 zhēzhù, 遮蔽 zhēbì, 保护〔護〕bǎohù; j-n (sich) gegen schädliche Einwirkungen ~ 保护某人(自己)不受坏的影响 **~schlachten** *vt* 1) 屠宰 túzǎi; 2) 屠杀〔殺〕túshā, 杀戮 shālù
'Abschlag *m* 1) 减价〔價〕jiǎnjià, 折扣 zhékou; 2) 分额 fēn'é; etw. auf ~ kaufen 按分期付款方式购买; 3) (曲棍球)发〔發〕球 fāqiú
'abschlagen* *vt* 1) 砍下 kǎnxià; 2) 拆除 chāichú (Zelt 帐篷); 3) 击〔擊〕退 jītuì (Feind 敌人); 4) 拒绝 jùjué (Bitte 请求)
'abschlägig *adj* 拒绝的 jùjuéde (Antwort 回答)
'Abschlagszahlung *f* 分期付款 fēnqī fùkuǎn
'Abschleppdienst *m* 专〔專〕拉抛锚汽车〔車〕服务〔務〕部 zhuān lā pāomáo qìchē fúwùbù
'abschleppen *vt* 拉走 lāzǒu, 拖走 tuōzǒu (Auto 汽车)
'abschließen* I *vt* 1) 锁上 suǒshàng; 2) 密封 mìfēng; 3) 结束 jiésù (Verhandlung 谈判); die Rechnung ~ 结帐; 4) 使隔离〔離〕shǐ gélí, 使隔绝 shǐ géjué; sich von der Welt ~ 与世隔绝; 5) 订立 dìnglì, 缔结 dìjié (Vertrag 条约); 达〔達〕成 dáchéng; einen Handel ~ 成交; II *vi* 结束 jiésù **~d** I *adj* 结束的 jiésùde, 最后〔後〕的 zuìhòude; II *adv* 结束 jiéù, 终了 zhōngliǎo
'Abschluß *m* 1) 结束 jiésù; 2) 缔结 dìjié, 订立 dìnglì; 成交 chéngjiāo; 3) 隔绝 géjué, 封闭 fēngbì **~prüfung** *f* (中学)毕〔畢〕业〔業〕考试 bìyè kǎoshì **~zeugnis** *n* 毕〔畢〕业〔業〕证〔證〕书〔書〕bìyè zhèngshū
'ab|schmeicheln *vt* j-m etw. ~ 阿谀奉承从〔從〕某人处〔處〕骗得 ēyú fèngcheng cóng mǒurén chù piàndé **~schmieren** *vt* 使润滑 shǐ rùnhuá, 涂〔塗〕油脂于〔於〕 tú yóuzhī yú **~schneiden*** I *vt* 1) 剪下 jiǎnxià, 切下 qiēxià, 剪短 jiǎnduǎn; 2) 打断〔斷〕dǎduàn (j-m das Wort 某人的话), 截断 jiéduàn (dem Feinde den Rückzug 敌人的退路); 3) 缩短 suōduǎn; den Weg ~ 抄近路; II *vi* gut ~ 成功 chénggōng
'Abschnitt *m* 1) (剪、切下的)部分 bùfen (der Eintrittskarte 入场券的); 2) 章 zhāng, 节〔節〕jié, 段 duàn; 3) 时〔時〕期 shíqī
'ab|schöpfen *vt* 撇 piē, 撇去 piēqù **~schrauben** *vt* 拧〔擰〕下 nǐngxià, 旋下 xuánxià **~schrecken** *vt* 吓〔嚇〕倒 xiàdǎo, 吓退 xiàtuì; j-n von etw. ~ 吓住某人使不敢做某事 **~schreckend** *adj* 威慑〔懾〕的 wēishède; 厌〔厭〕恶〔惡〕的 yànwùde, 险〔險〕恶的 xiǎn'ède; ~es Beispiel 鉴〔鑒〕戒 jiànjiè; ~ häßlich 丑〔醜〕得可怕 chǒude kěpà **~schreiben*** I *vt* 1) 抄写〔寫〕chāoxiě, 誊〔謄〕写 téngxiě; 2) 抄袭〔襲〕chāoxí, 剽窃 piāoqiè; II *vi* (书面)拒绝 jùjué
'Abschrift *f* 抄本 chāoběn, 副本 fùběn
'abschürfen *vt* 擦破 cāpò (Haut 皮)
'Abschuß *m* 1) 射击〔擊〕shèjī, 发〔發〕射 fāshè; 2) 击中 jīzhòng, 击落 jīluò **~rampe** *f* (火箭等的)发〔發〕射台〔臺〕fāshètái
'abschüssig *adj* 倾斜的 qīngxiéde, 陡峭的 dǒuqiàode
'ab|schütteln *vt* 1) 抖落 dǒuluò, 抖干〔乾〕净 dǒu gānjìng; 2) 摆〔擺〕脱 bǎituō, 甩开〔開〕shuǎikāi **~schwächen** *vt* 减弱 jiǎnruò, 使缓和 shǐ huǎnhé **~schweifen**

vi (*s*) 离〔離〕开〔開〕 líkāi, 偏离 piānlí **~schwellen*** *vi* (*s*) 1)(肿胀)消退 xiāotuì; 2)(喧闹等)减弱 jiǎnruò **~schwören** *vi* einer Sache (*D*) ~ 脱离〔離〕 tuōlí, 放弃〔棄〕 fàngqì ... **~segeln** *vi* (*s*) 扬〔揚〕帆 yángfān, 出航 chūháng

'abseh|bar *adj* in ~er Zeit 不久 bùjiǔ, 即将〔將〕 jíjiāng **~en*** I *vt* 1) 预见〔見〕 yùjiàn; 2)(注意观察而)看出 kànchū; j-m etw. an den Augen ~ 从某人眼神看出某事; 3)(注意观察而)学到 xuédào; j-m etw. ~ 通过观察从某人处学到...; 4) es abgesehen haben auf (*A*) 目的在于〔於〕... mùdì zàiyú ..., 看中... kànzhòng...; II *vi* von etw. ~ 除...外 chú...wài, 不加考虑〔慮〕 bù jiā kǎolǜ; 放弃〔棄〕 fàngqì

'abseits I *adv* 1) 在旁边〔邊〕 zài pángbiān; 2)(足球)越位 yuèwèi; II *prp* (*G*) 离〔離〕...不远〔遠〕 lí ...bùyuǎn, 在...的近旁 zài ... de jìnpáng

'absenden* *vt* 发〔發〕出 fāchū, 寄出 jìchū; 派出 pàichū

Absender *m* 寄信人 jìxìnrén, 寄件人 jìjiànrén

'absetzen I *vt* 1) 取下 qǔxià, 摘下 zhāixià (Hut 帽子, Brille 眼镜); 放下 fàngxià (Gepäck 行李); 2) 扣除 kòuchú (Summme 款项); 3) 免职〔職〕 miǎnzhí, 废〔廢〕黜 fèichù; 4) 让〔讓〕...下车〔車〕 ràng...xià chē; 5) 销售 xiāoshòu; 6) 排(字) pái, 为〔爲〕...排版 wèi ... páibǎn (Manuskript 稿件); 7) 取消 qǔxiāo (ein Spiel 演出); II *vi* 停止 tíngzhǐ, 中断〔斷〕 zhōngduàn

'Absicht *f* -en 意图〔圖〕 yìtú, 企图 qìtú, 意愿〔願〕 yìyuàn; mit ~ 故意

'absichtlich *adj* 故意的 gùyìde, 有意的 yǒuyìde

'absitzen* I *vi* (*s*) 下(马、自行车等) xià; II *vt* 1) 坐牢 zuòláo, 服刑 fúxíng; 2) 坐着消磨(时间) zuòzháo xiāomó

abso'lut *adj* 1) 完全的 wánquánde, 绝对〔對〕的 juéduìde; 2) 独〔獨〕裁的 dúcáide

absolvieren [..'vi:..] *vt* 1) 毕〔畢〕业〔業〕于〔於〕... bìyèyú...; 2)(按预定时间)学〔學〕完 xuéwán, 修毕 xiūbì

'absondern *vt* 1) 分离〔離〕 fēnlí, 分开〔開〕 fēnkāi; 2) 分泌 fēnmì; 3) sich ~ 隔绝 géjué, 脱离 tuōlí

absor'bieren *vt* 1) 吸收 xīshōu; 2) 吸引 xīyǐn

'ab|sparen *vt* sich (*D*) etw. ~ 节〔節〕约而得 jiéyuē ér dé **~speisen** *vt*(用...)敷衍 fūyǎn, 把...打发〔發〕走 bǎ...dǎfa zǒu; j-n mit leeren Worten ~ 用空话敷衍某人 **~spenstig** *adj* ~ machen 诱走 yòuzǒu, 抢〔搶〕走 qiǎngzǒu; j-m die Freundin ~ machen 抢走某人的女友 **~sperren** *vt* 关〔關〕断〔斷〕 guānduàn, 隔离〔離〕 gélí; 封锁 fēngsuǒ **~spielen** *vt* 1) 放(电影、唱片等) fàng; 2)(照乐谱)演奏 yǎnzòu; 3) 传〔傳〕(球) chuán; 4) sich ~ 发〔發〕生 fāshēng **~sprechen*** *vt* 1) 商定 shāngdìng, 谈妥 tántuǒ; 2) j-m etw. ~ 否认〔認〕、剥夺〔奪〕某人的 ...fǒurèn、bōduó mǒurénde ... **~springen*** *vi* (*s*) 跳下 tiào xià; mit dem Fallschirm ~ 跳伞

'Absprung *m* 1) 跳下 tiàoxià; 2)(运动)起跳 qǐtiào

'ab|spülen *vt* 冲〔衝〕掉 chōngdiào, 冲净 chōngjìng **~stammen** *vi* (*s*) 1) 出身 chūshēn (von); 2) 源出 yuánchū

'Abstammung *f* -en 1) 出身 chūshēn; 2) 起源 qǐyuán, 来〔來〕源 láiyuán

'Abstand *m* 1) 距离〔離〕 jùlí, 间隔 jiàngé; 2) 赔偿〔償〕 péicháng; 补〔補〕偿费 bǔchángfèi; 3) von etw. ~ nehmen 放弃〔棄〕... fàngqì...

'ab|statten *vt* j-m einen Besuch ~ 拜访某人 bàifǎng mǒurén **~stauben** *vt* 掸〔撣〕掉尘〔塵〕土 dǎndiào chéntǔ **~stechen*** I *vt* 1) 割 ge, 切(草皮等) qiē; 2)(用刀、尖物)刺 cì, 戳(动物) chuō; II *vi* von etw. ~ 与〔與〕...形成鲜明对〔對〕比 yǔ ... xíngchéng xiānmíng duìbǐ

'Abstecher *m* -s; -(超过原订计划的)顺道一游 shùndào yīyóu

'ab|stecken *vt* 1) 把(用别针等别着的)... 摘下 bǎ ... zhāixià, 解开〔開〕 jiěkāi; 2)(用别针)别住(衣服的式样使合身) biézhù, 试穿 shìchuān; 3) 划〔劃〕分 huàfēn, 划出 huàchū **~stehen*** *vi* von etw. ~ 离〔離〕... 远〔遠〕远站着 lí ... yuǎnyuǎn zhànzhe; ~de Ohren 招风〔風〕耳 zhāofēng'ěr **~steigen*** *vi* (*s*) 1) 下 xià (vom Wagen 车, vom Pferd 马, von der Treppe 楼梯); 2) 下榻 xiàtà (in einem Hotel 在旅馆) **~stellen** *vt* 1) 放下 fàngxià, 停放

tíngfàng, 存放 cúnfàng; 2) 关〔關〕(机器、电灯等) guān; 3) 废〔廢〕除 fèichú, 消除 xiāochú

'Abstellplatz *m* (汽车等)停车〔車〕场〔場〕 tíngchēchǎng; 停(飞)机〔機〕坪 tíngjīpíng

'ab|stempeln *vt* 1) 在…上盖〔蓋〕章 zài…shàng gàizhāng, 打戳 dǎchuō (Briefmarke 邮票); 2) j-n ~ als … 把某人称〔稱〕作… bǎ mǒurén chēngzuò … **~sterben*** *vi* (*s*) 1) 死去 sǐqù, (植物) 枯死 kūsǐ; 2) (肢体)麻木 mámù

'Abstieg *m* -(e)s;-e 1) 下降 xiàjiàng; 2) 下坡 xiàpō; 2) 衰退 shuāituì

'abstimmen I *vi* 表决 biǎojué; II *vt* 1) 调音 tiáoyīn, 调谐 tiáoxié; 2) 使协〔協〕调 shǐ xiétiáo; 3)核〔核〕对〔對〕 héduì

Absti'nenzler *m* -s; - 戒酒者 jièjiǔzhě

'abstoppen I *vt* 1) 使停住 shǐ tíngzhù; 2) (用马表)计时〔時〕 jìshí; II *vi* 停住 tíngzhù

'abstoßen* *vt* 1) 推开〔開〕 tuīkāi; 2) 碰坏〔壞〕 pènghuài, 撞掉 zhuàngdiào; sich (*D*) die Hörner ~ 撞掉棱角, 变得稳重起来; 3) 使 …(迅速) 脱手 shǐ … tuōshǒu (Waren 货物); 4) 使厌〔厭〕恶〔惡〕 shǐ yànwù, 使反感 shǐ fǎngǎn **~d** *adj* 讨厌〔厭〕的 tǎoyànde, 可恶〔惡〕的 kěwùde

ab'strakt *adj* 抽象的 chōuxiàngde

'ab|streifen *vt* 1) 脱下 tuōxià, 脱去 tuōqù (Handschuhe 手套); 2) 擦掉 cādiào, 蹭掉 cèngdiào; 3) 摆〔擺〕脱 bǎituō **~streiten*** *vt* 否认〔認〕 fǒurèn, 不承认 bù chéngrèn

'Abstrich *m* 1) 扣除 kòuchú, 削减 xuējiǎn; 2) (医)涂〔塗〕片 túpiàn

'ab|stufen *vt* 1) 使成梯形 shǐchéng tīxíng; 2) 分层〔層〕次 fēn céngcì **~stumpfen** I *vt* 1) 使钝 shǐdùn; 2)使迟〔遲〕钝 shǐ chídùn; II *vi* (*s*) 变〔變〕得迟钝 biànde chídùn

'Absturz *m* 坠〔墜〕落 zhuìluò, (飞机)坠毁 zhuìhuì

'ab|stürzen *vi* (*s*) 坠〔墜〕落 zhuìluò, (飞机) 坠毁 zhuìhuǐ **~suchen** *vt* 搜索 sōusuǒ, 搜查 sōuchá

ab'surd *adj* 荒谬的 huāngmiùde, 可笑的 kěxiàode

Abs'zeß *m* ..sses, ..sse (医)脓〔膿〕包 nóngbāo

Abt *m* -(e)s;⸚e 修道院院长〔長〕 xiūdàoyuàn yuànzhǎng

'abtauen *vt* 使化霜 shǐ huàshuāng (Kühlschrank 冰箱)

Ab'tei *f* -en 修道院 xiūdàoyuàn

Ab'teil *n* 车〔車〕厢 chēxiāng

'abteilen *vt* 分开〔開〕 fēnkāi; etw. in etw. ~ 把某物分成…

Ab'teilung *f* 1)(机关的)组 zǔ、室 shì、科 kē、处〔處〕chù、局 jú; (医院的)科 kē; 2) (军队的) 分遣队〔隊〕 fēnqiǎnduì, 支队 zhīduì **~sleiter** *m* 科、室主任 kē、shì zhǔrèn, 科、系主任 kē、xì zhǔrèn, 处〔處〕长〔長〕 chùzhǎng

'ab|töten *vt* 1) 杀〔殺〕灭〔滅〕shāmiè, 消灭 xiāomiè (Bakterien 细菌); 2) 抑制 yìzhì (Gefühl 感情) **~tragen*** *vt* 1) 端走 duānzǒu; 2) 拆 chāi, 拆除 chāichú; 3) (铲) 平 píng; 4) 偿〔償〕清 chángqīng; 5) 穿破 chuānpò **~treiben*** I *vt* (从体内)排出 páichū, 驱〔驅〕除 qūchú; ein Kind ~ 坠〔墮〕胎 duòtāi; II *vi* (*s*) (航海、航空) 偏航 piānháng, 偏流 piānliú, (气球、云)飘〔飄〕走 piāozǒu

'Abtreibung *f* -en (人工)流产〔產〕 liúchǎn, 坠〔墮〕胎 duòtāi

'ab|trennen *vt* 1) 分开〔開〕 fēnkāi; 2) 拆开 chāikāi; 3) 截 jié (Glieder 肢) **~treten*** I *vt* 1) 穿坏〔壞〕 chuānhuài (Absätze 鞋跟); 踩掉 duòdiào; 2) 转〔轉〕让〔讓〕 zhuǎnràng; II *vi* (*s*) 退场〔場〕 tuìchǎng, 引退 yǐntuì, 下台〔臺〕 xiàtái; vom Amt ~ 退职

'Abtret|er *m* -s;-(门口)踏脚垫〔墊〕 tàjiǎodiàn **~ung** *f* -en 转〔轉〕让〔讓〕 zhuǎnràng

'ab|trocknen I *vt* 弄干〔乾〕 nònggān, 擦干 cāgān; II *vi* (*s*) 变〔變〕干 biàngān **~trünnig** *adj* 不忠的 bùzhōngde, 背叛的 bèipànde **~tun*** *vt* 1) 脱下 tuōxià, 摘下 zhāixià; 2) 置之一旁 zhì zhī yī páng, 不予重视 bù yǔ zhòngshì **~urteilen** *vt* 判决 pànjué **~wägen*** *vt* 1) 称〔稱〕(出) chēng, 量出 liángchū; 2) (仔细)考虑〔慮〕 kǎolǜ **~wälzen** *vt* 推委 tuīwěi, 转〔轉〕嫁 zhuǎnjià **~wandeln** *vt* 使变〔變〕化 shǐ biànhuà; (部分)修改 xiūgǎi **~wandern** *vi* (*s*) 迁〔遷〕移 qiānyí, 移居 yíjū (nach 到) **~warten** I *vt* 等待 děngdài, 等候 děnghòu; seine Zeit ~ 等待时机; II *vi* 等 děng

'abwärts *adv* 向下 xiàngxià, 往下 wǎngxià

'abwaschen* *vt* 洗掉 xǐdiào, 洗净 xǐjìng

'abwechseln I *vt* 使变〔變〕化 shǐ

biànhuà, 使交替 shǐ jiāotì; II *vi* 交替 jiāoti, 轮〔輪〕流 lúnliú (mit j-m 与某人) ~**d** *adj* 交替的 jiāotide, 轮〔輪〕流的 lúnliúde

'**Abwechs(e)lung** *f* -en 消遣 xiāoqiǎn, 调剂〔劑〕 tiáojì, 变〔變〕花样〔樣〕 bìan huāyàng; zur ~ 为了调剂生活、消遣

'**Abweg** *m* auf ~e geraten 误〔誤〕入歧途 wù rù qítú

'**abwegig** *adj* 错误〔誤〕的 cuòwùde; 不恰当〔當〕的 bù qiàdàng de

'**Abwehr** *f* 防卫〔衛〕 fángwèi, 防御〔禦〕 fángyù

'**ab|wehren** *vt* 1)防止 fángzhǐ, 避开〔開〕 bìkāi; 2) 打退 dǎtuì, 击〔擊〕退 jītuì; 3) 拒绝 jùjué ~**weichen*** *vi* (*s*) (von...) 1) 偏离〔離〕 piānlí, 背离 bèilí; 2) 不同 bùtóng, 不一致 bù yīzhì

'**abweisen*** *vt* 1) 拒绝 jùjué (Besucher 来访者); 2) 击〔擊〕退 jītuì ~**d** *adj* 拒绝的 jùjuéde, 不友好的 bù yǒuhǎo de

'**ab|wenden**(*) *vt* 1) 把…转〔轉〕过〔過〕去 bǎ ... zhuǎn guòqù; 2) 避开〔開〕 bìkāi; sich von j-m ~ 回避某人, 与某人疏远; 3) 防止 fángzhǐ ~**werfen*** *vt* 1) (向下)投 tóu、扔 rēng; 2) 甩掉 shuǎidiào, 摆〔擺〕脱 bǎituō; 3) 带〔帶〕来〔來〕、产〔產〕生(利益) dàilái、chǎnshēng ~**werten** *vt* 贬值 biǎnzhí; 贬低 biǎndī

'**Abwertung** *f* (货币)贬值 biǎnzhí

'**abwesend** *adj* 不在的 bùzàide, 缺席的 quēxíde

'**Abwesenheit** *f* 不在 bùzài, 缺席 quēxí

'**ab|wickeln** *vt* 1) 解开〔開〕(毛线团等) jiěkāi; 2) 处〔處〕理 chùlǐ, 了结 liǎojié ~**wiegen*** *vt* 称〔稱〕 chēng, 称出 chēngchū; 权〔權〕衡 quánhéng ~**wischen** *vt* 擦掉 cādiào, 擦净 cājìng ~**würgen** *vt* 勒死 lēisǐ, 扼杀〔殺〕 èshā; 压〔壓〕制 yāzhì; Motor ~ 操作不妥使发动机灭火 ~**zahlen** *vt* 分期偿〔償〕还〔還〕、付清 fēnqī chánghuán、fùqīng ~**zählen** *vt* 点〔點〕数〔數〕 diǎnshù; 数出 shǔchū

'**Abzahlung** *f* 分期付款 fēnqī fùkuǎn; 还〔還〕清 huánqīng; auf ~ kaufen 分期付款购买

'**Abzeichen** *n* 1) 徽章 huīzhāng, 证〔證〕章 zhèngzhāng; 2) 标〔標〕志〔誌〕 biāozhì, 记号〔號〕 jìhào

'**ab|zeichnen** *vt* 1) 描画〔畫〕 miáohuà, 临〔臨〕摹 línmó; 2) 签〔簽〕字(以示看过) qiānzì; 3) sich gegen ... ~ (在…的对比、衬托下)显〔顯〕现 xiǎnxiàn ~**ziehen*** I *vt* 1) 脱下 tuōxià, 摘下 zhāixià, 剥(皮) bāo; 2) 引走 yǐnzǒu, 排走 páizǒu; 拔出 báchū, 抽出 chōuchū; 3) 扣除 kòuchú; 减去 jiǎnqù; 4) 洗印(相片) xǐyìn; 5) 撤走 chèzǒu; II *vi* (*s*) 1) 离〔離〕去 líqù, 撤走 chèzǒu; 2) (水)流走 liúzǒu, (烟、云)消散 xiāosàn

'**Abzug** *m* 1) 扣除 kǒuchú; ohne ~ 无折扣; 2) 退却 tuìquè, 撤退 chètuì; 3) 排气〔氣〕、排水装〔裝〕置 páiqì、páishuǐ zhuāngzhì; 4) (加印的)相片 xiàngpiàn; 5) 校样〔樣〕 jiàoyàng

'**abzüglich** *prp* (*G*) 扣除… kòuchú…

'**abzweigen** I *vt* 1) 使分枝 shǐ fēnzhī; sich ~ (道路等)岔开〔開〕 chàkāi; 2) 留出(一部分)来〔來〕用 liúchū...lái yòng; II *vi* (*s*) 分岔 fēnchà

'**Abzweigung** *f* -en 岔口 chàkǒu

ach *int* 啊 ā, 哎呀 āiya; ~ so! 啊,原来如此!

Achse ['aksə] *f* -n 1) 车〔車〕轴 chēzhóu, 轮〔輪〕轴 lúnzhóu; ständig auf (der) ~ sein 经常在路上; 2) 轴 zhóu, 轴线〔綫〕 zhóuxiàn

Achsel ['aksəl] *f* -n 肩 jiān, 肩膀 jiānbǎng; die ~n zucken 耸肩(表示为难或不知道)

acht *adj* 八 bā; in ~ Tagen 一周后的今天; vor ~ Tagen 一周前的今天

Acht *f* 1) -en (数字)八 bā; 8 路(公共车辆) bālù; 8 字形 bāzìxíng; 2)(也作 acht) 注意 zhùyì, 留神 liúshén; außer acht lassen 忽视; sich in acht nehmen (vor j-m) 小心提防(某人)

'**achtbar** *adj* 1) 值得尊敬的 zhíde zūnjìng de; 2) 高尚的 gāoshàngde

'**achte** *adj* 第八的 dìbāde

'**Achtel** *n* -s; - 八分之一 bā fēn zhī yī

'**achten** I *vt* 尊敬 zūnjìng, 尊重 zūnzhòng; etw. für nichts ~ 把…看得一钱不值; II *vi* ~ auf 注意 zhùyì, 留神 liúshén; 照看 zhàokàn; achte auf meine Worte 留心听着; darauf ~, daß 留心使…,注意使…

'**ächten** *vt* 1) 宣布…不受法律保护〔護〕 xuānbù ... bùshòu fǎlǜ bǎohù; 放逐 fàngzhú; 2) 逐出教门〔門〕 zhúchū jiàomén

'**achtfach** *adj* 八倍的 bābèide

'**acht|geben*** *vi* (auf *A*) 注意 zhùyì, 留神 liúshén; 照看 zhàokàn; gib acht! 当心! ~**los** *adj* 粗心

的 cūxīnde, 不介意的 bù jièyìde
Acht'stundentag *m* 八小时〔時〕工作日 bā xiǎoshí gōngzuòrì
'Achtung *f* 1) 注意 zhùyì; 照看 zhàokàn; ~! 注意! ~ Stufe! 注意台阶! 2) 尊敬 zūnjìng, 敬重 jìngzhòng; 3) (军事)立正 lìzhèng
'acht|zehn *adj* 十八 shíbā ~**zehnte** *adj* 第十八的 dìshíbāde ~**zig** *adj* 八十 bāshí ~**zigste** *adj* 第八十的 dìbāshíde
'ächzen *vi* 呻吟 shēnyín, 叹〔嘆〕气〔氣〕 tànqì
'Acker *m* -s; ¨ 田地 tiándì ~**bau** *m* 耕作 gēngzuò ~**land** *n* 可耕地 kěgēngdì
'ackern *vt, vi* 犁(地) lí; 耕(田) gēng
ad'dieren *vt* 加 jiā, 合计达〔達〕 héjì dá
Additi'on *f* -en 加法 jiāfǎ
'Adel *m* -s; 1) 高贵 gāoguì; 高尚 gāoshàng; 2) 贵族(总称) guìzú
'ad(e)lig *adj* 贵族的 guìzúde; 高贵的 gāoguìde
'adeln *vt* 1) 封…为〔爲〕贵族 fēng…wèi guìzú; 2) 使高贵 shǐ gāoguì, 使高尚 shǐ gāoshàng
'Ader *f* -n 1) 矿〔礦〕脉〔脈〕 kuàngmài; 叶〔葉〕脉 yèmài; (石头的)纹理 wénlǐ; 2) 血管〔管〕(动或静脉) xuèguǎn; zur ~ lassen 给…放血; 榨取
'Adjektiv *n* -s; -e (语法)形容词 xíngróngcí
'Adler *m* -s; - 鹰〔鷹〕 yīng
Admi'ral *m* -s; -e (¨e) 海军上将〔將〕 hǎijūn shàngjiàng
adop'tieren *vt* 收养〔養〕(子女) shōuyǎng
Adop'tivkind *n* 收养〔養〕的孩〔孩〕子 shōuyǎng de háizi
Adres'sat *m* -en; -en 收信人 shōuxìnrén, 收件人 shōujiànrén
A'dreßbuch *n* 名录〔錄〕(姓名地址录, 电话号码薄等) mínglù
A'dresse *f* -n 1) 通讯处〔處〕 tōngxùnchù; 住址 zhùzhǐ; 寄发〔發〕地址 jìfā dìzhǐ; per ~ 由…转〔轉〕交 yóu…zhuǎnjiāo; 2) 请愿〔願〕书〔書〕 qǐngyuànshū; 贺信 hèxìn
adres'sieren *vt* 1) 把姓名地址写〔寫〕在…上 bǎ xìngmíng dìzhǐ xiě zài…shàng; falsch ~ 写错信封; 2) 寄给 jìgěi
Ad'verb *n* -s; -ien (语法)副词 fùcí
Af'färe *f* -n (不愉快的)事件 shìjiàn
'Affe *m* -n; -n 猴子 hóuzi
Af'fekt *m* -(e)s; -e 激动〔動〕 jīdòng; 激情 jīqíng
affek'tiert *adj* 做作的 zuòzuòde, 装〔裝〕腔作势〔勢〕的 zhuāngqiāng zuò shì de
'affig *adj* 愚蠢的 yúchǔnde; 做作的 zuòzuòde; 浮华〔華〕的 fúhuáde
'After *m* -s; - 肛门 gāngmén
A'gent *m* -en; -en 1) 代理人 dàilǐrén; 2) 特务〔務〕 tèwù
Agen'tur *f* -en 1) 代理商 dàilǐshāng; 2) 通讯社 tōngxùnshè
aggres'siv *adj* 侵略的 qīnlüède, 攻击〔擊〕的 gōngjīde
Agi'tator *m* -s; ..'toren 鼓动〔動〕家 gǔdòngjiā
A'graffe *f* -n 胸针 xiōngzhēn, 饰针 shìzhēn
a'grarisch *adj* 农〔農〕业〔業〕的 nóngyède
'ähneln *vi* j-m/einer Sache (*D*) ~ 与〔與〕…相似、相象 yù…xiāngsì、xiāngxiàng
'ahnen *vt* 预感 yùgǎn, 预料 yùliào
'ähnlich *adj* 相似的 xiāngsìde, 相象的 xiāngxiàngde; j-m/einer Sache (*D*) ~ sein 与…相似、相象; das sieht ihm ~ 这正象他干的
'Ähnlichkeit *f* -en 相似 xiāngsì, 相象 xiāngxiàng
'Ahnung *f* -en 预感 yùgǎn, 预料 yùliào; keine ~ von etw. haben 对…一无所知
'ahnungslos *adj* 预料不到的 yùliào bù dào de
'Ahorn *m* -s; -e 枫〔楓〕树〔樹〕 fēngshù
'Ähre *f* -n 穗 suì
Akade'mie *f* -n 1) (高等专科)学〔學〕校 xuéxiào; 研究院 yánjiūyuàn, 科学院 kēxuéyuàn; 2) 协〔協〕会〔會〕 xiéhuì, 学会 xuéhuì
akklimati'sieren *vt, v sich* 服水土 fú shuǐtǔ, 适〔適〕应〔應〕气〔氣〕候 shìyìng qìhòu
Ak'kord *m* -(e)s; -e 1) (音乐)和音 héyīn; 2) 计件工资 jìjiàn gōngzī; im ~ 计件活
akkredi'tieren *vt* 1) 授以全权〔權〕 shòuyǐ quánquán; 2) 给以信贷 gěiyǐ xìndài; 3) 开〔開〕信用证〔證〕 kāi xìnyòngzhèng
'Akku *m* -s; -s, **Akkumu'lator** *m* -s; ..'toren 蓄电〔電〕池 xùdiànchí
'Akkusativ *m* -s; -e (语法)第四格 dìsìgé
Akro'bat *m* -en; -en 杂〔雜〕技演员 zájì yǎnyuán
Akt *m* -(e)s; -e 1) 行为〔爲〕 xíngwéi, 行动〔動〕 xíngdòng; 2) (戏的一)幕 mù; 3) 裸体〔體〕画〔畫〕 luǒtǐhuà
'Akte *f* -n 文件 wénjiàn, 公文

gōngwén; 档〔檔〕案 dàng'àn; zu den ~n legen 归档
'Akten|deckel *m* 文件夹〔夾〕 wénjiànjiā **~tasche** *f* 公文包 gōngwénbāo **~zeichen** *n* 查卷号〔號〕 chájuànhào
'Aktie [..tsiə] *f* -n 股票 gǔpiào, 股份 gǔfèn **~ngesellschaft** *f* 股份公司 gǔfèn gōngsī
Akti'on *f* -en 1) 行动〔動〕 xíngdòng, 行为〔爲〕 xíngwéi; 2) 措施 cuòshī; 3) 事件 shìjiàn
ak'tiv *adj* 积〔積〕极〔極〕的 jījíde; 活跃〔躍〕的 huóyuède; 活动〔動〕的 huódòngde; ~e Handelsbilanz 贸易顺差,出超
Ak'tiva [..va] *pl* 资产〔産〕 zīchǎn, 贷方 dàifāng
aktu'ell *adj* 现实〔實〕的 xiànshíde, 有现实意义〔義〕的 yǒu xiànshí yìyì de
A'kustik *f* 1) 声〔聲〕学〔學〕 shēngxué; 2) 音响〔響〕效果 yīnxiǎng xiàoguǒ
a'kustisch *adj* 1) 声〔聲〕学〔學〕的 shēngxuéde; 2) 音响〔響〕效果的 yīnxiǎng xiàoguǒ de
a'kut *adj* 1) 急迫的 jípòde, 迫在眉睫的 pò zài méijié de; 2) (疾病)急性的 jíxìngde
Ak'zent *m* -(e)s; -e 1) 重音 zhòngyīn; 2) 重音符 zhòngyīnfú; 3) 口音 kǒuyīn
Ak'zept *n* -(e)s; -e (票据等的)承兑 chéngduì
A'larm *m* -(e)s; -e 警报〔報〕 jǐngbào; ~ blasen, Schlagen 发警报; blinder ~ 虚传警报,虚惊
alar'mieren *vt* 使不安 shǐ bù'ān, 使惊〔驚〕恐 shǐ jīngkǒng
'albern *adj* 愚蠢的 yúchǔnde
'Album *n* -s; ..ben 相片册 xiàngpiàncè; 集邮〔郵〕册 jíyóucè
'Alge *f* -n 藻类〔類〕 zǎolèi; 海藻 hǎizǎo
'Algebra *f* 代数〔數〕 dàishù
'Alibi *n* -s; -s 1) (法律)不在犯罪现场〔場〕 bú zài fànzuì xiànchǎng; 2) 托词 tuōcí
Ali'mente *pl* 生活费 shēnghuófèi, (尤指给私生子的)抚〔撫〕养〔養〕费 fǔyǎngfèi
'Alkohol *m* -s; -e 酒精 jiǔjīng; 酒 jiǔ
'alkoholfrei *adj* 不含酒精的 bú hán jiǔjīng de; ~es Restaurant 不卖酒的餐馆
Alko'holiker *m* -s;- 酒鬼 jiǔguǐ
alko'holisch *adj* 含酒精的 hán jiǔjīng de
all *adj* 1) 所有的 suǒyǒude, 一切的 yīqiède; ~es in ~em 总而言之, 总的来看; vor ~em 首先; 2) 全部的 quánbùde; wir ~e 我们大家; ~e beide 他们双方, 两者都; auf ~e Fälle 无论如何, 绝对; 3) 每 měi; ~e Tage 每天; ~e zwei Minuten 每两分钟; 4) ~es 所有(在场)的人 suǒyǒude rén
All *n* -s; 宇宙 yǔzhòu
'alle *adv* 完毕〔畢〕 wánbì, 结束 jiéshù; (供应品)用尽〔盡〕 yòngjìn; ~ werden 要用完了
Al'lee *f* -n 林荫〔蔭〕道 línyīndào
al'lein I *adj* 独〔獨〕自的 dúzìde, 单〔單〕独的 dāndúde, 孤单的 gūdānde; II *adv* 单单 dāndān, 仅〔僅〕仅 jǐnjǐn; III *cj* 但是 dànshì, 然而 rán'ér **~ig** *adj* 单〔單〕独〔獨〕的 dāndúde, 惟一的 wéiyīde **~stehend** *adj* 1) 孤立的 gūlìde, 孤零零的 gūlínglíngde; 2) 未婚的 wèihūnde
'allemal *adv* 总〔總〕是 zǒngshì; ein für ~ 一劳永逸(地)
'allenfalls *adv* 必要时〔時〕 bìyàoshí; 也许 yěxǔ, 可能 kěnnéng; 至多 zhìduō, 充其量 chōngqíliàng
allent'halben *adv* 到处〔處〕 dàochù, 处处 chùchù
'aller|'best *adj* 最好的 zuìhǎode **~dings** *adv* 虽〔雖〕然 suīrán; 当〔當〕然 dāngrán; 然而 rán'ér, 不过〔過〕 bùguò
Aller'gie *f* -n (医)过〔過〕敏症〔癥〕 guòmǐnzhèng
'aller|'hand *adj* 1) 各种〔種〕各样〔樣〕的 gèzhǒng gèyàng de; 2) 相当〔當〕多 xiāngdāngduō; 过〔過〕分 guòfèn; das ist ja ~! 这太过分了! **~lei** *adj* 各种〔種〕各样〔樣〕的 gèzhǒng gèyàng de **~'letzt** I *adj* 最后〔後〕的 zuìhòude; 最新的 zuìxīnde (Nachricht 消息); II *adv* zu ~ 最后 zuìhòu **~'seits** *adv* 各方面 gèfāngmiàn; 各位 gèwèi
'alle|'samt *adv* 大家都 dàjiā dōu, 全部 quánbù **~'zeit** *adv* 经〔經〕常 jīng cháng, 无〔無〕论〔論〕何时〔時〕 wúlùn hé shí
'allgemein I *adj* 普遍的 pǔbiànde, 一般的 yībānde; 共有的 gòngyǒude; II *adv* im ~en 一般地 yībānde, 通常 tōngcháng
'Allgemeinheit *f* 1) 公众〔衆〕 gōngzhòng, 大众 dàzhòng; 2) 普遍性 bǔbiànxìng, 共通性 gòngtōngxìng
'Allheilmittel *n* 万〔萬〕灵〔靈〕药〔藥〕 wànlíngyào
Alli'anz *f* -en 同盟 tóngméng; 联〔聯〕盟 liánméng

Alli'ierte *m* -n; -n 同盟者 tóngméngzhě; 盟国〔國〕 méngguó
'alljährlich *adj* 每年的 měiniánde, 年年的 niánniánde; 每年 měinián
'Allmacht *f* 全能 quánnéng, 万〔萬〕能 wànnéng
all|'mächtig *adj* 全能的 quánnéngde, 万〔萬〕能的 wànnéngde ~-**mählich** I *adj* 逐渐的 zhújiànde; II *adv* 慢慢地 mànmànde, 逐渐地 zhújiànde
'Alltag *m* 1) 工作日 gōngzuòrì, 非节〔節〕假日 fēi jiéjiàrì; 2) 日常工作 rìcháng gōngzuò
'all|'täglich *adj* 1) 通常的 tōngchángde, 平常的 píngchángde; 2) 每日的 měirìde ~**'wissend** *adj* 无〔無〕所不知的 wúsuǒ bùzhī de ~**zu** *adv* 太 tài, 过〔過〕分地 guòfènde ~**zu'viel** *adv* 太多 tàiduō
Alm *f* -en 高山牧场〔場〕 gāoshān mùchǎng
'Almosen *n* -s; - 施舍 shīshě, 救济〔濟〕物 jiùjìwù
'Alpdrücken *n* -s; 恶〔惡〕梦〔夢〕 èmèng
Alpha'bet *n* -(e)s; -e 字母表 zìmǔbiǎo
alpha'betisch *adj* 按字母表顺序 àn zìmǔbiǎo shùnxù
'Alptraum *m* 恶〔惡〕梦〔夢〕 èmèng
als *cj* 1) 作为〔爲〕 zuòwéi; meinen Aufgabe ~ Lehrer ist es ... 作为老师我的任务是…; 2) 比 bǐ; größer ~ ... 比…大; 3) 除…外 chú ... wài; niemand ~ du 除你外没别人; 4) 当〔當〕…的时〔時〕候 dāng ... de shíhou; 5) 如 rú, 例如 lìrú; 6) sowohl ..., ~ auch ...既…,又… jì ... yòu ...; ~ ob, ~ wenn 好象 hǎoxiàng; zu..., ~ daß ... 太…,以致不能… tài ... yǐzhì bù néng ... ~**'bald** *adv* 立即 lìjí, 马〔馬〕上 mǎshàng ~-**'dann** *adv* 然后〔後〕 ránhòu; 那么〔麼〕 nàme
'also I *adv* 如此 rúcǐ; 这〔這〕样〔樣〕 zhèyàng; II *cj* 因此 yīncǐ, 所以 suǒyǐ; 那就是说 nà jiùshì shuō; na ~! 瞧,怎么样; 就是这样嘛
alt *adj* 1) 老的 lǎode, 年老的 niánlǎode; 2) (年龄是)…岁〔歲〕的… suìde; wie ~ bist du? 你几岁? ich bin 15 Jahre ~ 我15岁; 3) 古代的 gǔdàide; 古老的 gǔlǎode; 不新鲜的 bù xīnxiānde, 陈〔陳〕的 chénde; 4) 用过〔過〕的 yòngguòde, 旧〔舊〕的 jiùde; 5) 熟悉的 shúxīde (Freund 朋友); 6) 过去的 guòqùde, 旧时〔時〕的 jiùshíde
Alt *m* -s; -e 女低音 nǚdīyīn, 童声〔聲〕低音 tóngshēng dīyīn
Al'tar *m* -(e)s; ⸗e 祭坛〔壇〕 jìtán
'Alteisen *n* 废〔廢〕铁〔鐵〕 fèitiě
'Alte I *m* -n; -n 1) 老头〔頭〕儿〔兒〕 lǎotóur; 2) 老伴 lǎobàn; 3) 头儿 tóur, 上司 shàngsi; II *f* -n 1) 老太婆 lǎotàipó; 2) 老伴 lǎobàn, 老婆 lǎopo; 3) 头儿 tóur
'Alter *n* -s; - 1) 年龄〔齡〕 niánlíng; er ist in meinem ~ 他和我同年; von mittlerem ~ 中年; 2) 老年 lǎonián; 3) 老年人 lǎoniánrén
'älter *adj* 年长〔長〕的 niánzhǎngde, 较老的 jiàolǎode; der ~e Bruder 哥哥
'altern *vi* (*s*) 变〔變〕老 biànlǎo
Alterna'tive *f* -n 二者选〔選〕一 èrzhě xuǎn yī; keine ~ haben 没有选择的余地
'Alters|grenze *f* 退休年龄〔齡〕 tuìxiū niánlíng ~**heim** *n* 养〔養〕老院 yǎnglǎoyuàn ~**rente** *f* 养〔養〕老金 yǎnglǎojīn, 退休金 tuìxiūjīn
'Altertum *n* 1) -s; 古代 gǔdài; 2) -s; Altertümer 古代建筑〔築〕 gǔdài jiànzhù; 古董 gǔdǒng
'altertümlich *adj* 古代的 gǔdàide; 古老的 gǔlǎode
'altklug *adj* 早熟的 zǎoshúde, 多嘴的 duōzuǐde
'ältlich *adj* 年纪相当〔當〕大的 niánjì xiāngdāngdà de
'altmodisch *adj* 老式的 lǎoshìde, 过〔過〕时〔時〕的 guòshíde
'Alt|papier *n* 废〔廢〕纸 fèizhǐ ~-**stadt** *f* 旧〔舊〕城 jiùchéng, 旧市区〔區〕 jiùshìqū ~**warenhändler** *m* 旧〔舊〕货商 jiùhuòshāng ~-**weibersommer** *m* 1) 小阳〔陽〕春 xiǎoyángchūn, 晴和的秋日 qínghuóde qiūrì; 2) 游丝〔絲〕 yóusī
Alu'minium *n* -s; 铝 lǚ
am *prp* = an dem
Amateur [..'tøːr] *m* -s; -e 业〔業〕余〔餘〕爱〔愛〕好者 yèyú àihàozhě
'Amboß *m* ..bosses; ..bosse 铁〔鐵〕砧 tiězhēn
ambu'lant *adj* ~e Behandlung 门〔門〕诊治疗〔療〕 ménzhěn zhìliáo
Ambu'lanz *f* -en 救护〔護〕车〔車〕 jiùhùchē
'Ameise *f* -n 蚂蚁〔蟻〕 mǎyǐ
'Amme *f* -n 奶妈 nǎimā, 保姆 bǎomǔ
Amnes'tie *f* -n 大赦 dàshè
'Ampel *f* -n 1) 吊灯〔燈〕 diàodēng; 2) 交通管理灯(红绿灯) jiāotōng guǎnlǐ dēng
Amputati'on *f* -en 截肢 jiézhī
ampu'tieren *vt* 截肢 jiézhī

Amt *n* -(e)s; ⸚er 1) 职〔職〕务〔務〕zhíwù, 职位 zhíwèi; 2) 任务 rènwù, 责任 zérèn; 3) 局 jú, 部 bù, 机〔機〕关〔關〕jīguān; Auswärtiges ~ 外交部
am'tieren *vi* 任职〔職〕rènzhí, 行使职权〔權〕xíngshǐ zhíquán; der ~de Außenminister 代理外长
'amtlich *adj* 公务〔務〕的 gōngwùde; 职〔職〕务上的 zhíwùshàngde
'Amts|befugnis *f* 职〔職〕权〔權〕zhíquán **~einführung** *f* 就职〔職〕jiùshí **~geheimnis** *n* 公务〔務〕秘密 gōngwù mìmì **~gericht** *n* 初级法院 chūjí fǎyuàn
Amu'lett *n* -(e)s; -e 护〔護〕身符 hùshēnfú
amü'sant *adj* 娱乐〔樂〕的 yúlède, 有趣的 yǒuqùde
amü'sieren *vt* 使娱乐〔樂〕shǐ yúlè, 使有兴〔興〕趣 shǐ yǒu xìngqù; sich über etw. ~ 以…自娱、取乐; sich über j-n ~ 取笑某人
an I *prp* (*D*) 1) 在…旁边〔邊〕zài … pángbiān, 在 … 地方 zài…dìfāng; am Tisch sitzen 坐在桌旁; ~ der Wand 在墙上; 2) 在 … 时〔時〕候 zài … shíhou; am Morgen 在早晨; am Leben 在活着的时候; 3) (与某些词连用) ~ etw. reich sein 有丰〔豐〕富的… yǒu fēngfùde …; Mangel ~ etw. 缺乏… quēfá…; ~ (und für) sich 本来〔來〕běnlái; ~ einer Krankheit leiden 生病 shēngbìng; Schulter ~ Schulter kämpfen 并〔併〕肩战〔戰〕斗〔鬥〕bìngjiān zhàndòu; es ist ~ j-m, etw. zu tun 轮〔輪〕到(该由)某人做… lúndào mǒurén zuò …; II *prp* (*A*) 1) 到 … 旁边去 dào … pángbiān qù; sich ~ den Tisch setzen 坐到桌旁去; die Leiter ~ die Wand stellen 把梯子靠在墙上; 2)给… gěi …,向… xiàng …;einen Brief ~ j-n schreiben 给某人写信; ich habe eine Bitte ~ Sie 我向您提一个问题; 3) bis ~ 直到… zhídào …; III *adv* 1) (用在数字前)大约 dàyuē; 2) 开〔開〕kāi, 开着 kāizhe; das Licht ist ~ 灯开着; 3) 穿着 chuānzhe; wenig ~ 穿得单薄; 4) von … ~ 从〔從〕… 起、开始 cóng … qǐ、kāishǐ; von nun / jetzt ~ 从现在起; von heute ~ 从今天开始
Analpha'bet *m* -en; -en 文盲 wénmáng
Ana'lyse *f* -n 分析 fēnxī
analy'sieren *vt* 分析 fēnxī
'Ananas *f* -(se) 菠萝〔蘿〕bōluó, 凤〔鳳〕梨 fènglí
Anar'chie *f* -n 无〔無〕政府状〔狀〕态〔態〕wúzhèngfǔ zhuàngtài, 混乱〔亂〕hùnluàn
Anato'mie *f* 解剖 jiěpōu; 解剖学〔學〕jiěpōuxué
'anbahnen *vt* 1) 为〔爲〕…铺平道路、打开〔開〕局面 wéi … pūpíng dàolù、dǎkāi júmiàn; 2) sich ~ 显〔顯〕示 xiǎnshì, 出现 (苗头) chūxiàn
'Anbau *m* 1) -(e)s; 栽培 zāipéi, 种〔種〕植 zhòngzhí; 2) -(e)s; -ten (扩建的)附属〔屬〕建筑〔築〕物 fùshǔ jiànzhùwù, 边〔邊〕房 biānfáng, 侧屋 cèwū
'an|bauen *vt* 1) 栽培 zāipéi,种〔種〕植 zhòngzhí; 2) (在主建筑物旁)扩〔擴〕建 kuòjiàn **~behalten*** *vt* 穿着 chuānzhe, 戴着 dàizhe
an'bei *adv* 附寄 fùjì, 附上 fùshàng
'an|beißen* I *vt* (开始)咬 yǎo; II *vi* (鱼)上钩 shànggōu **~bellen** *vt* j-r ~ 咆哮骂人 páoxiāo màrén **~beten** *vt* 崇拜 chóngbài, 敬慕 jìngmù
'Anbetracht *m* in ~ 考虑〔慮〕到 kǎolǜdào, 鉴〔鑒〕于〔於〕jiànyú
'an|betteln *vt* j-n um etw.~ 向某人乞求 (乞讨) … xiàng mǒurén qǐqiú … **~bieten*** *vt* 1) 提供 tígòng; 2) 端 duān, 递〔遞〕上 dìshàng; 3) sich ~ 表示愿〔願〕意 biǎoshì yuànyì **~binden*** *vt* 拴住 shuānzhù, 系〔繫〕住 xìzhù
'Anblick *m* 1) 注视 zhùshì, 看 kàn; beim ~ 一看见; 2) 情景 qíngjǐng, 景象 jǐngxiàng
'an|blicken *vt* 注视 zhùshì, 看kàn **~blinzeln** *vt* 使眼色 shǐ yǎnsè **~brechen*** I *vt* 1) 动〔動〕用 dòngyòng (Geld 钱);打开〔開〕dǎkāi (eine Flasche Wein 一瓶酒); 2) 折裂 (未断) zhéliè (Knochen 骨头); II *vi* (*s*) 破晓〔曉〕pòxiǎo; 开始 kāishǐ; der Tag bricht an 天方破晓 **~brennen*** I *vt* 点〔點〕燃 diǎnrán; II *vi* (*s*) 1) 着火 zháohuǒ; 2) 烧〔燒〕煳 shāohú **~bringen*** *vt* 1) 带〔帶〕来〔來〕dàilái, 搬来 bānlái; 2) 装〔裝〕上 zhuāngshàng, 安装 ānzhuāng; 3) 提出 tíchū (Bitte 请求); 4) 安排 ānpāi, 安置(在适合的处所) ānzhì; 5) 出售 chūshòu (Waren 商品)
'Anbruch *m* -(e)s; 开〔開〕始 kāishǐ; bei ~ des Tags 天破晓时
'Andacht *f* -en 祈祷〔禱〕qídǎo
'andächtig *adj* 1) 虔诚的 qiánchéngde, 虔敬的 qiánjìngde; 2) 凝神的 níngshénde
'andauern *vi* 持续〔續〕chíxù, 不

停 bùtíng

'Andenken *n* -s;- 纪念 jìniàn, 留念 liúniàn; 纪念品 jìniànpǐn; zum ~ en 留作对…的纪念

'ander *adj* 另外的 lìngwàide, 其他的 qítāde; 不同的 bùtóngde; 其次的 qícìde; am ~en Tag 翌日; einen Tag um den ~en 每隔一天; ein ~er Freund 另一位朋友; nichts ~es 别无其他

'andererseits *adv* 另一方面 lìngyī fāngmiàn

'ändern *vt* 改 gǎi, 改变〔變〕 gǎibiàn; ich kann es nicht ~ 这我无法改变; sich ~ 发生变化, 改变

'andernfalls *adv* 不然 bùrán, 否则 fǒuzé

'anders *adv* 1) 其他 qítā, 另外 lìngwài; irgendwo ~ 另外什么地方; ich kann nicht ~ 我只好这样(做, 没有其他办法); 2) 不同 bùtóng, 不一样〔樣〕 bù yīyàn; ~ werden 变样了 ~'**wo** *adv* 在别处〔處〕 zài biéchù

'anderthalb *adj* 一个〔個〕半 zīgè-Ǎbàn

'Änderung *f* -en 变〔變〕化 biànhuà, 改变 gǎibiàn

'andeuten *vt* 暗示 ànshì, 提示 tíshì; 预示 yùshì

'Andeutung *f* 1) 暗示 ànshì; 影射 yǐngshè; 2) 迹〔跡〕象 jìxiàng

'Andrang *m* 1) 涌进〔進〕 yǒngjìn; (人群)拥〔擁〕挤〔擠〕 yōngjǐ; 2) (医)充血 chōngxuè

'an|drehen *vt* 1) 开〔開〕 kāi, 打开(水龙头、电灯等) dǎkāi; 2) (用螺丝) 拧〔擰〕紧〔緊〕 nǐngjǐn; 3) j-m etw. ~ 劝〔勸〕诱某人购〔購〕买〔買〕… quànyòu mǒurén gòumǎi ~**drohen** *vt* j-m etw. ~ 以…威胁〔脅〕某人 yǐ … wēixié mǒurén ~**eignen** *v sich* sich (*D*) etw. ~ 将〔將〕 … 据〔據〕为〔爲〕已有 jiāng … jùwéi jǐyǒu; 学〔學〕会〔會〕 xuéhuì

anein'ander *adv* 彼此 bǐcǐ, 互相 hùxiāng ~**geraten*** *vi* (*s*) 争吵起来〔來〕 zhēngchǎo qǐlai (mit)

'an|ekeln *vt* 使…厌〔厭〕恶〔惡〕、讨厌 shǐ … yànwù, tǎoyàn ~**erkennen*** *vt* 1) 承认〔認〕 chéngrèn; 2) 赞〔讚〕赏 zànshǎng, 赞许 zánxǔ ~**fahren*** I *vi* (*s*) (车、船)开〔開〕动〔動〕 kāidòng; angefahren kommen (乘车、船)来〔來〕到 láidào; II *vt* 1) (用车)运〔運〕来 yùnlái; 2) (开车)撞倒 zhuàngdǎo; 3) 斥责 chìzé

'Anfall *m* (疾病)发〔發〕作 fāzuò

'anfallen* I *vt* 攻击〔擊〕 gōngjī; II *vi* (*s*) 产〔產〕生 chǎnshēng, 出现 chūxiǎn

'anfällig *adj* 易生病的 yì shēngbìngde

'Anfang *m* 初 chū, 开〔開〕始 kāishǐ; ~ Mai 五月初; von ~ an 从一开始

'anfangen* *vt, vi* 开〔開〕始 kāishǐ

'Anfänger *m* -s; - 初学〔學〕者 chūxuézhě, 生手 shēngshǒu

'anfänglich I *adj* 最初的 zuìchūde, 开〔開〕始的 kāishǐde; II *adv* 开始时〔時〕 kāishǐshí

'anfangs *adv* 开〔開〕始时〔時〕 kāishǐshí

'an|fassen I *vt* 1) 抓住 zhuāzhù; 2) (用手)接触〔觸〕 jiēchù; 3) 处〔處〕理 chùlǐ, 对〔對〕待 duìdài; II *vi* (mit) ~ 搭把手 dābǎshou, 帮〔幫〕忙 bāngmáng ~**fechten*** *vt* 1) 不承认〔認〕 bù chéngrèn; 2) 使不安 shǐ bù'ān, 纠缠〔纏〕 jiūchán ~**fertigen** *vt* 制〔製〕造 zhìzào, 做 zuò ~**feuchten** *vt* 使湿〔濕〕润 shǐ shīrùn, 弄湿 nòngshī ~**feuern** *vt* 1) 使燃烧〔燒〕 shǐ ránshāo, (给炉子) 生火 shēnghuǒ; 2) 欢〔歡〕呼 huānhū, 喝采 hècǎi; 鼓励〔勵〕 gǔlì ~**flehen** *vt* 恳〔懇〕求 kěnqiú ~**fliegen*** *vt* 飞〔飛〕向 fēixiáng (Flugplatz 机场)

'Anflug *m* 1) 飞〔飛〕来〔來〕 fēilái, 飞向 fēixiàng; 2) 少许 shǎoxǔ, 微量 wēiliàng; mit einem ~ von Ironie 脸上稍带讥讽

'anfordern *vt* (迫切)要求 yāoqiú

'Anforderung *f* 1) 要求 yāoqiú; 2) 要求提供 yāoqiú tígòng, 索取 suǒqǔ

'Anfrage *f* 1) 询问 xúnwèn; 2) (议会中的)质〔質〕询 zhìxún

'an|fragen *vi* 询问 xúnwèn, 质〔質〕问 zhìwèn; bei j-m nach etw. ~ 向某人询问… ~**freunden** *v sich* 1) 结识〔識〕 jiéshí, 结交 jiéjiāo; 2) sich mit etw. ~ 习〔習〕惯于〔於〕… xíguàn yú … ~**fühlen** *vt* 触〔觸〕摸 chùmō; sich ~ 手感 shǒugǎn; es fühlt sich weich an 手感柔软 ~**führen** *vt* 1) 率领 shuàilǐng, 带〔帶〕领 dàilǐng, 指挥 zhǐhuī; 2) 列举〔舉〕 lièjǔ, 引用 yǐnyòng, 援引 yuányǐn; 3) 愚弄 yúnòng

'Anführer *m* 1) 领袖 lǐngxiù, 首领 shǒulǐng; 2) 头〔頭〕目 tóumù, 魁首 kuíshǒu

'Anführungszeichen *pl* 引号〔號〕 yǐnhào

'Angabe *f* 1) 说明 shuōmíng, 报〔報〕告 bàogào; 陈述 chénshù;

2) 指示 zhǐshì; 3) 夸〔誇〕口 kuākǒu, 吹牛 chuīniú

'angeben* I *vt* 1) 说明 shuōmíng, 陈述 chénshù, 告知 gàozhī (Gründe 理由, Preis 价格, Namen 姓名); 2) 确〔確〕定 quèdìng, 定出 dìngchū; 3) 告发〔發〕 gàofā, 告密 gàomì; II *vi* 1) 发牌 fāpái; 2) 夸〔誇〕口 kuākǒu, 吹牛皮 chuīniúpí

'Angeber *m* -s; - 1) 告发〔發〕人 gàofārén; 2) 吹牛的人 chuīniúde rén

'angeblich *adj* 据〔據〕说的 jùshuōde, 自称〔稱〕的 zìchēngde, 所谓 suǒwèi

'angeboren *adj* 天生的 tiānshēngde, 先天的 xiāntiānde

'Angebot *n* 1) 提供 tígòng, 提议〔議〕 tíyì; 2) (拍卖中的) 出价〔價〕 chūjià, 喊价 hǎnjià; 3) 供给 gōngjǐ, 供应〔應〕 gōngyìng; 报〔報〕价 bàojià

'ange|bracht *adj* 合适〔適〕的 héshìde, 恰当〔當〕的 qiàdàngde, 适当的 shìdàngde **~bunden** *adj* kurz ~ sein 寡言的 guǎyánde, 粗暴的 cūbàode **~gossen** *adj* (die Kleidung) sitzt wie ~ (衣服) 穿着正合适〔適〕 chuānzháo zhèng héshì **~heitert** *adj* 微醉的 wēizuìde

'an|gehen* I *vi* (*s*) 1) 开〔開〕始 kāishǐ; 2) 开始坏〔壞〕 kāishǐ huài, 不能吃了 bù néng chī le; 3) 过〔過〕得去 guòdequ, 尚可 shàngkě; es geht an 尚可; 4) 开始燃烧〔燒〕 kāishǐ ránshāo, (灯开始)亮 liàng; II *vt* 1) 涉及 shèjí, 关〔關〕系〔係〕到 guānxìdào; das geht dich nichts an 这与你毫不相干; 2) j-n um etw. ~ 请求某人做… qǐngqiú mǒurén zuò… **~gehören** *vi* (*D*) 属〔屬〕于〔於〕 shǔyú

'Angehörige *m, f* -n;-n 亲〔親〕属〔屬〕 qīnshǔ

'Angeklagte *m, f* -n;-n 被告(人) bèigào

'Angel *f* -n 钓竿 diàogān, 钓具 diàojù

'angelegen *adj* sich (*D*) etw. ~ sein lassen 关〔關〕注 guānzhù, 重视 zhòngshì

'Angelegenheit *f* 事情 shìqing, 事件 shìjiàn, 事务〔務〕 shìwù

'ange|messen *adj* 合适〔適〕的 héshìde, 适当的 shìdàngde, 恰当的 qiàdàngde **~nehm** *adj* 令人愉快的 lìng rén yúkuàide; sehr ~! 认识你很高兴 **~regt** *adj* 活跃〔躍〕的 huóyuède, 兴〔興〕奋〔奮〕的 xīngfènde **~sehen** *adj* 有名望的 yǒu míngwàngde, 受尊敬的 shòu zūnjìngde

'Angesicht *n* -(e)s; -er(-e) 1) 脸〔臉〕 liǎn, 面部 miànbù; von ~ zu ~ 面对面,当面; 2) (面部)表情 biǎoqíng

'angesichts *prp* (*G*) 考虑〔慮〕到 kǎolǜdào, 鉴〔鑒〕于〔於〕 jiànyú

'Angestellte *m, f* -n;-n 雇员 gùyuán; 职〔職〕员 zhíyuán; die ~n (全体)工作人员

'ange|trunken *adj* 微醉的 wēizuìde **~wandt** *adj* 实〔實〕用的 shíyòngde **~wiesen** *adj* auf j-n/etw. ~ sein 依靠、依赖… yīkào、yīlài … **~wöhnen** *vt* j-m etw. ~ 使某人养〔養〕成…习〔習〕惯 shǐ mǒurén yǎngchéng …xíguàn; sich (*D*) etw. ~ 养成…习惯

'Angewohnheit *f* 习〔習〕惯 xíguàn, 习性 wíxìng

'angleichen* *vt* 使相适〔適〕应〔應〕 shǐ xiāng shìyìng; sich ~ 同化 tónghuà

'Angler *m* -s;- 钓鱼的人 diàoyúde rén

'angreifen* *vt* 1) 接触〔觸〕 jiēchù; 2) 动〔動〕用 dòngyòng; 3) 攻击〔擊〕 gōngjī, 进〔進〕攻 jìngōng; 4) 影响〔響〕(健康) yǐngxiǎng; 侵蚀(材料) qīnshí, 腐蚀 fǔshí

'Angreifer *m* -s;- 侵略者 qīnlüèzhě, 攻击〔擊〕者 gōngjīzhě

'angrenzend *adj* 邻〔鄰〕接的 línjiēde, 邻近的 línjìnde

'Angriff *m* 1) 攻击〔擊〕 gōngjī, 进〔進〕攻 jìngōng; 2) in ~ nehmen 着手、开〔開〕始做 … zhuóshǒu、kāishǐ zuò …

Angst *f* ⁻e 1) 害怕 hàipà; ~ vor etw. haben 害怕某事; 2) 忧〔憂〕虑〔慮〕 yōulǜ, 不安 bù'ān **'~hase** *m* 懦夫 nuòfū, 胆〔膽〕小鬼 dǎnxiǎoguǐ

'ängstigen *vt* 使害怕 shǐ hàipà, 使焦虑〔慮〕 shǐ jiāolǜ; sich ~ 感到害怕,焦虑

'ängstlich *adj* 害怕的 hàipàde; 胆〔膽〕小的 dǎnxiǎode; 小心翼翼的 xiǎoxīn yìyì de

anhaben* *vt* 1) 穿着 chuānzháo, 戴着 dàizháo; 2) j-m nichts ~ können 不能损害某人 bù néng sǔnhài mǒurén

'anhalten* I *vt* 1) 使停住 shǐ tíngzhù, 止住 zhǐzhù; den Atem ~ 屏息 bǐngxī; 2) j-n zu etw. ~ 督促 dūcù、教导〔導〕 jiàodǎo…; II *vi* 1) (车)停住 tíngzhù; 2) (雨)持续〔續〕 chíxù; 3) um etw. ~ 请求 qǐngqiú; um ein Mädchen ～ 向女方的父母求婚 **～d** *adj* 持续〔續〕不断〔斷〕的 chíxù bùduàn de, 经〔經〕久不息的 jīngjiǔ bùxī de

'Anhaltspunkt *m* 线〔綫〕索 xiànsuǒ

'Anhang *m* 1)（书的）附录〔錄〕fùlù, 补〔補〕遗 bǔyí, 增补 zēngbǔ; 2) 追随〔隨〕者 zhuīsuízhě; 3) 亲〔親〕属〔屬〕qīnshǔ

'anhängen I *vt* 1) 挂〔掛〕上 guàshàng (den Mantel 大衣); 2) 附上 fùshàng, 加上 jiāshàng; 3) j-m etw. ～ 背后〔後〕说某人… bèihòu shuō mǒurén, 强加于〔於〕qiǎngjiā yú; II* *vi* 1) j-m ～ 追随〔隨〕、忠于… zhuīsuí、zhōngyú…; 2)压〔壓〕在…心上 yāzài … xīnshàng

'Anhänger *m* -s; -1)追随〔隨〕者zhuīsuízhě; 2)（项链等附着的）垂饰 chuíshì; 3) 标〔標〕签〔簽〕biāoqiān; 4) 拖车〔車〕tuōchē

'anhänglich *adj* 忠诚的 zhōngchéngde 依恋〔戀〕的 yīliànde

'an|häufen *vt, v sich* 堆积〔積〕duījī; 积累 jīlěi, 积聚 jījù **～heben*** *vt* 举〔舉〕起 jǔqī, 抬起 táiqī **～-heften** *vt* 别住 biézhù

'an'heimstellen *vt* j-m etw. ～ 听〔聽〕任某人决定… tīngrèn mǒurén juédìng

'Anhieb *m* auf ～ 一开〔開〕始就 yī kāishǐ jiù, 马〔馬〕上 mǎshàng

'Anhöhe *f* 山丘 shānqiū, 山冈〔岡〕shāngāng, 高地 gāodì

'an|hören *vt* 倾听〔聽〕qīngtīng, 留神听 liúshén tīng; sich ～ 听起来（觉得）**～kämpfen** *vi* gegen etw. ～ 与〔與〕…斗〔鬥〕争 yù … dòuzhēng,

'Ankauf *m* 买〔買〕下 mǎixià, 购〔購〕买（尤指不动产）gòumǎi

'Anker *m* -s; - 锚 máo; vor ～ gehen 抛锚

'ankern *vt, vi* 用锚泊船 yòng máo bóchuán

'Anklage *f* 控告 kònggào; 谴责 qiǎnzé

'anklagen *vt* 控告 kònggào, 控诉 kòngsù; j-n wegen einer Sache (*G*) ～ 控告某人…

'Ankläger *m* 原告 yuángào, 起诉人 qǐsùrén; öffentlicher ～ 检〔檢〕察官 jiǎncháguān

'anklammern *vt* 1)（用夹子）夹〔夾〕住 jiāzhù; 2) sich an j-n/etw. ～ 紧〔緊〕紧抱住、抓住 jǐnjǐn bàozhù、zhuāzhù

'Anklang *m* 1) 和音 héyīn, 近似之处〔處〕jìnsì zhī chǔ; 2)～ finden 得到赞〔讚〕同 dédào zànchéng

'an|kleben *vt* 贴上 tiēshàng, 粘上 zhānshàng (Plakat 广告) **～kleiden** *vt* 给…穿衣 gěi … chuānyī; sich ～ 穿衣 **～klopfen** *vi* 敲（门）qiāo (an *A*) **～knipsen** *vt* 开〔開〕（灯、收音机等）kāi **～-knüpfen** I *vt* 1) 连结 liánjiē; 2) 开〔開〕始 kāishǐ, 建立（关系等）jiànlì; II *vi* an etw. (*A*) ～ 接上 … jiēshàng … **～kommen*** *vi* (*s*) 1) 到达〔達〕dàodá; 2) auf etw. (*A*) ～ 依靠 yīkào, 全看 … 而定 quán kàn … ér dìng; es darauf ～ lassen 耐心等待（某事如何发展）nàixīn děngdài, 等着瞧 děngzhe qiáo; darauf kommt es an 这〔這〕要看 zhè yào kàn; es kommt nicht darauf an 没关〔關〕系〔係〕méi guānxi **～kündigen** *vt* 1) 宣布 xuānbù, 通知 tōngzhī; 2) 预告 yùgào, 为〔爲〕…做广〔廣〕告 wèi … zuò guǎnggào

'Ankunft *f* 到达〔達〕dàodá

'an|kurbeln *vt* 1) 转〔轉〕动〔動〕曲柄（发动）zhuǎndòng qūbǐng (Motor 发动机); 2) 促进〔進〕cùjìn; die Wirtschaft ～ 促进经济发展 **～lächeln** *vt* j-n ～ 含笑注视… hánxiào zhùshì

'Anlage *f* 1) 修建 xiūjiàn, 建造 jiànzào; 2) 设备〔備〕shèbèi, 装〔裝〕置 zhuāngzhì; 3) 投资 tóuzī; 4) 绿化地区〔區〕lǜhuà dìqū; öffentliche ～n 公园; 5) 附件 fùjiàn; in der ～ / als ～ 随函附上 **～kapital** *n* 投入资本 tóurù zīběn

'anlangen I *vi* (*s*) 到达〔達〕dàodá; II *vt* 涉及 shèjí; was mich anlangt 就我来说

'Anlaß *m* ..lasses; ..lässe 1) 机〔機〕会〔會〕jīhuì, 时〔時〕机 shíjī; 2) 诱因 yòuyīn, 理由 lǐyóu; ohne allen ～ 没有任何理由; ～ geben zu 引起,使发生

'anlassen* *vt* 1) 穿着 … 不脱 chuānzhe … bùtuō; 2) 开〔開〕着…不关〔關〕kāizhe … bùguān; 3) 开动〔動〕kāidòng, 起动 qǐdòng; 4) sich gut ～（开始）呈现良好 chéngxiàn liánghǎo

'anläßlich *prp* (*G*) 为〔爲〕了 wèile; 值…之际〔際〕zhì…zhījì

'Anlauf *m* 1) 开〔開〕始 kāishǐ, 开端 kāiduān; 2)（体育）助跑 zhùpǎo

'an|laufen* I *vi* (*s*) 1) 起跑 qǐpǎo; 2) 开〔開〕动〔動〕kāidòng, 起动 qǐdòng; 3)（金属）失去光泽〔澤〕shīqù guāngzé; 变〔變〕模糊 biàn móhu; 4) gegen j-n /etw. ～ 撞上、碰上… zhuàngshàng…, pèngshàng; … II *vt* 驶向 shǐxiàng **～legen** I *vt* 1) 放 fàng, 靠上 kàoshàng; 安置 ānzhì; 2) 布〔佈〕置 bùzhì, 设计 shèjì (Garten 花园, Straßen 道路); 3) 投〔资〕 tóu; 4) 把…对〔對〕准〔準〕 bǎ … duìzhǔn; 5) 穿上 chuānshàng; 6)(在伤口上)涂〔塗〕(敷料) tú; 给…扎上 gěi…zāshàng (Verband 绷带); 7) Feuer an (*A*) ~ 放火烧〔燒〕… fànghuǒ shāo; II *vi* 1) 停泊 tíngbó; 2) auf j-n ~ 对〔對〕准〔準〕某人打去 duìzhǔn mǒurén dǎqù ~**lehnen** *vt* 1)靠 kào,倚靠 yǐkào; 2)(将门、窗等)微开〔開〕wēikāi; 3) sich an j-n/etw. ~ 依靠 yīkào, 依赖 yīlài

'Anleihe *f* -n 贷款 dàikuǎn

'anleiten *vt* 1) j-n zu etw. ~ 指引某人(做某事) zhǐyǐn mǒurén; 2)指导〔導〕zhǐdǎo, 指点〔點〕zhǐdiǎn

'Anleitung *f* 1) 指导〔導〕 zhǐdǎo, 指引 zhǐyǐn; 2) 指南 zhǐnán

'Anliegen *n* -s;- 愿〔願〕望 yuànwàng, 请求 qǐngqiú

'an|locken *vt* 吸引 xīyǐn, 诱来〔來〕 yòulái ~**machen** *vt* 1) 使固定 shǐ gùdìng, 安装〔裝〕 ānzhuāng; 2) 开〔開〕(灯、收音机等) kāi; 点〔點〕(火、烛等) diǎn; 3) 拌 bàn, 配制〔製〕 pèizhì (Salat 色拉)

'anmaßen *v sich* sich (*D*) etw. ~ 擅自做… shànzì zuò… ,敢于 gǎn yú ~**d** *adj* 傲慢的 àomànde, 自负的 zìfùde

'Anmaßung *f* -en 傲慢 àomàn, 自负 zìfù

'anmelden *vt* 1) 宣布 xuānbù, 通知 tōngzhī; 2) 报〔報〕到 bàodào, 登记 dēngjì, 挂〔掛〕号〔號〕 guàhào; sich polizeilich ~ 申报户口; sich beim Arzt ~ (看病时)挂号

'Anmeldung *f* 1) 宣布 xuānbù, 报〔報〕告 bàogào, 通知 tōngzhī; 2) 报到 bàodào, 登记 dēngjì, 挂〔掛〕号〔號〕 guàhào; 3) 报到处 bàodàochù, 挂号处 guàhàochù

'anmerken *vt* 1) (补充)说明 shuōmíng; 2) 作记号〔號〕 zuò jìhao; 3) j-m etw. ~ 觉〔覺〕察出 juéchá-chū

'Anmerkung *f* -en 1) (补充)说明 shuōmíng; 2) 注解 zhùjiě, 注释〔釋〕 zhùshì

'anmessen* *vt* j-m einen Anzug ~ 为〔爲〕某人量西服尺寸 wei mǒurén liàng xīfú chǐcùn

'Anmut *f* 优〔優〕美 yōuměi, 妩〔嫵〕媚 wǔmèi, 幽雅 yōuyǎ

'anmutig *adj* 优〔優〕美的 yōuměide, 妩〔嫵〕媚的 wǔmèide, 幽雅的 yōuyǎde

'an|nageln *vt* 钉上 dìngshàng, 钉牢 dìngláo ~**nähen** *vt* 缝上 féngshàng, 缝住 féngzhù ~**nähernd** *adj* 近似的 jìnshìde, 约略的 yuēlüède

'Annäherung *f* -en 1) 接近 jiējìn; 2) 靠拢〔攏〕 kàolǒng, 亲〔親〕近 qīnjìn; 3) 近似 jìnshì

'Annahme *f* -n 1) 接受 jiēshòu, 同意 tóngyì (eines Vorschlags 建议); 2)(邮局、火车站等的)收件处〔處〕 shōujiànchù; 3) 假定 jiǎdìng

'annehmbar *adj* 1) 可取的 kěqǔde, 可接受的 kějiēshòude; 2) 公道的 gōngdàode (Preis 价格)

'annehmen* *vt* 1) 接受 jiēshòu, 同意 tóngyì, 通过〔過〕 tōngguò; 2) 假定 jiǎdìng; 3) 沾染 zhānrǎn; 4)收养〔養〕 shōuyǎng; 5) sich j-s/einer Sache (*G*) ~ 关〔關〕心 guānxīn, 照顾 zhàogù

'Annehmlichkeit *f* -en 舒适〔適〕 shūshì, 安逸 ānyì, 方便 fāngbiàn

Annonce [a'nõ:sə] *f* -n 广〔廣〕告 guǎnggào

ano'nym *adj* 匿名的 nìmíngde, 无〔無〕名的 wúmíngde

'anordnen *vt* 1) 命令 mìnglìng, 规定 guīdìng; 2) 整理 zhěnglǐ, 安排 ānpái

'Anordnung *f* 1) 整理 zhěnglǐ, 安排 ānpái; 2) 命令 mìnglìng

'an|packen *vt* 1) 抓住 zhuāzhù; 2) 处〔處〕理 chǔlǐ, 解决 jiějué; 3) 对〔對〕付 duìfù, 对待 duìdài ~**passen** *vt* 1) 使合适〔適〕 shǐ héshì, 使适应〔應〕 shǐ shìyìng; sich einer Sache (*G*) ~ 适应、顺应…; 2)试穿(衣服) shìchuān

'anpassungsfähig *adj* 能适〔適〕应〔應〕(环境)的 néng shìyìngde

'an|pflanzen *vt* 种〔種〕植 zhòngzhí, 栽培 zāipéi ~**preisen*** *vt* 称〔稱〕赞〔讚〕chēngzàn,表扬〔揚〕biǎoyáng

'Anprobe *f* 试衣 shìyī, 试穿 shìchuān

'an|probieren *vt* 试穿(衣服等) shìchuān ~**raten*** *vt* 劝〔勸〕告 quàngào; 建议〔議〕 jiànyì ~**rechnen** *vt* 1) 要价〔價〕 yàojià, 算 suàn; 2) 评价 píngjià; hoch ~ 高度的评价

'Anrecht *n* auf etw. (*A*) ~ haben 有要求…的权〔權〕利 yǒu yāoqiú… de quánlì

'Anrede *f* 1) 称〔稱〕呼 chēnghū,称谓 chēngwèi; 2) (打)招呼 zhāohū

'an|reden *vt* 1)称〔稱〕呼 chēnghū, 叫 jiào; 2) 打招呼 dǎ zhāohū ~**regen** *vt* 1) 刺激 cìjī, 使兴〔興〕奋〔奮〕 shǐ xīngfèn; 2) 建议〔議〕 jiànyì

'Anreiz *m* 鼓励〔勵〕 gǔlì, 激励 jīlì

'an|rennen* *vi* (*s*) gegen j-n/etw.~

奔向、冲〔衝〕向 …bènxiàng、chōngxiàng …; angerannt kommen 跑来〔來〕pǎolái **~richten** *vt* 1) 做好(饭菜) zuòhǎo; 2) 引起 yǐnqǐ, 造成 zàochéng

'anrüchtig *adj* 声〔聲〕名狼藉的 shēngmíng lángjí de

'Anruf *m* 1) 呼喊 hūhǎn; 2) (一次)电〔電〕话 diànhuà

'an|rufen* *vt* 1) 呼喊 hūhǎn; 2)呼吁〔籲〕hūyù, 求助 qiúzhù; 3) 打电〔電〕话 dǎ diànhuà **~rühren** *vt* 1)触〔觸〕chù, 碰 pèng; 2) 拌和 bànhuò,调制〔製〕tiáozhì

'Ansage *f* (电台或电视台的)播音员 bōyīnyuán

'ansagen *vt* 当〔當〕播音员 dāng bōyīnyuán

'Ansager *m* -s;- 播音员 bōyīnyuán, 主持人 zhǔchírén

'an|sammeln *vt* 积〔積〕存 jīcún,积蓄 jīxù; sich ~积累,增加 **~sässig** *adj* 居住的 jūzhùde

'Ansatz *m* 1) 开〔開〕始 kāishǐ; 2) 萌芽 méngyá

'an|schaffen *vt* 买〔買〕到 mǎidào, 购〔購〕置 gòuzhì; sich (*D*) etw. ~购买某物 **~schalten** *vt* 开〔開〕kāi, 打开(电灯、收音机等) dǎkāi **~schauen** *vt* 看 kàn, 观〔觀〕察 guānchá **~schaulich** *adj* 直观〔觀〕的 zhíguānde, 显〔顯〕而易见〔見〕的 xiǎn ér yì jiàn de

'Anschauung *f* -en 1) 注视 zhùshì, 细看 xìkàn; 2) 见解 jiànjiě, 看法 kànfǎ, 观〔觀〕点 guāndiǎn

'Anschein *m* -(e)s; 外貌 wàimào, 外表 wàibiǎo; allem ~ nach看来〔來〕kànlái, 好象 hǎoxiàng

'an|scheinend *adj* 表面上的 biǎomiànshàngde, 似乎真实〔實〕的 sìhū zhēnshí de **~schicken** *v sich* sich ~, etw. zu tun 准〔準〕备〔備〕、正要做某事 zhǔnbèi、zhèngyào zuò mǒushì

'Anschlag *m* 1) 布告 bùgào, 通告 tōnggào, 招贴 zhāotiē; durch ~ bekannt geben 张贴布告宣布; 2) 制动〔動〕器 zhìdòngqì, 锁紧〔緊〕装〔裝〕置 suǒjǐn zhuāngzhì; 3) 按 àn, 触〔觸〕chù, 指触(钢琴或打字机的键) zhǐchù; 4) 估价〔價〕gūjià, 估计 gūjì; 5) 谋害 móuhài; einen ~ auf j-n verüben 谋害某人 **~brett** *n* 布告牌 bùgàopái

'anschlagen* I *vt* 1) 敲 qiāo, 击〔擊〕jī; 2) 贴出(布告等) tiēchū; 3) 按 àn, 弹〔彈〕tán; 4) 瞄准〔準〕miáozhǔn; 5) 估价〔價〕gūjià, 估计 gūjì; II *vi* 1) 发〔發〕出声〔聲〕音(狗叫、钟响等) fāchū shēngyīn; 2)(治疗、)见〔見〕效 jiànxiào; 3) (饮食)适〔適〕合 shìhé, 相宜 xiāngyí

'Anschlagsäule *f* 广〔廣〕告柱 guǎnggàozhù

'anschließen* *vt* 1) 锁上 suǒshàng; 2) 连接(两点或物) liánjiē, 接通 jiētōng; 3) sich j-m ~ 与〔與〕某人同行、结交 yù mǒurén tóngxíng、jiéjiāo; sich einer Meinung ~ 同意某种〔種〕意见 tóngyì mǒuzhǒng yìjiàn **~d** *adj* 邻〔鄰〕近的 línjìnde; 紧〔緊〕接着 jǐnjiēzhe, 随〔隨〕后〔後〕suíhòu (an *A*);~ an die Sitzung 紧接着会议后

'Anschluß *m* 1) 连接 liánjiē, 接通 jiētōng (电流、水、电话等); keinen ~bekommen(beim Telephonieren) 电话没接通; 2) 中转〔轉〕、联〔聯〕运〔運〕车〔車〕zhōngzhuǎn、liányùnchē; 3) 联系 liánxì, 结交 jiéjiāo; ~ finden (an *A*) 与…交友; 4)im ~ an 接着 jiēzhe, 在…之后〔後〕zài…zhīhòu; 涉及 shèjí; 以…为〔爲〕榜样〔樣〕yǐ…wèi bǎngyàng

'an|schmiegen *v sich* (an *A*) 偎依 wēiyī, 紧〔緊〕贴 jǐntiē **~schmieren** *vt*1)涂〔塗〕油脂于〔於〕tú yóuzhīyú; 2) 欺骗 qīpiàn **~schnallen** *vt* 扣住 kòuzhù, 扣紧〔緊〕kòujǐn; bitte ~! 请扣好安全带(在飞机上)! **~schnauzen** *vt* 厉〔厲〕声〔聲〕说 lìshēng shuō, 斥责 chìzé **~schneiden*** *vt* 1) 割 gē, 切 qiē; 剪 jiǎn; 2) 提出 tíchū, 开〔開〕始谈论〔論〕kāishǐ tánlùn (Thema 题目) **~schrauben** *vt* (用螺丝)拧〔擰〕紧〔緊〕níngjǐn **~schreiben*** *vt* 1)写〔寫〕下 xiěxià,记下 jìxià; 2) etw. ~ lassen 赊购〔購〕shēgòu **~schreien*** *vt* 对〔對〕…叫喊 duì…jiàohǎn

'Anschrift *f* 通讯处〔處〕tōngxùnchù, 住址 zhùzhǐ

'an|schuldigen *vt* 控告 kònggào, 告发〔發〕gàofā (j-n eines Diebstahls 某人偷窃) **~schwärzen** *vt* 1) 使变〔變〕黑 shǐ biànhēi; 2) 诽谤 fěibàng **~schwellen*** I *vi* (*s*) 1) (河水) 上涨 shàngzhǎng; 2) (船帆)鼓起 gǔqǐ, 隆起 lóngqǐ; 3) 肿〔腫〕胀〔脹〕zhǒngzhàng; II *vt* 使膨胀 shǐ péngzhàng **~sehen*** *vt* 1) 注视 zhùshì,看 kàn; j-n schief ~ 斜着眼看人; 2) sich (*D*) etw. ~ 细看 xìkàn, 观〔觀〕看 guānkàn, 参观 cānguān; sich einen Film ~ 看电影; 3) j-n/etw. für (或 als) … ~ 把 … 看作、认〔認〕为〔爲〕是 … bǎ … kànzuò、rènwéi shì …; 4)etw. mit ~ 亲〔親〕眼看见 qīngyǎn kànjiàn, 作证〔證〕

zuòzhèng; 5) j-m/einer Sache etw. ~ (从外表) 看出 kànchū; man sieht ihm sein Atler nicht an 看不出他的年龄

'**Ansehen** *n* -s; 1) 威信 wēixìn, 声〔聲〕望 shēngwàng; 尊敬 zūnjìng; 2)外貌 wàimào, 样〔樣〕子 yàngzi

'**an|sehnlich** *adj* 1) 相当〔當〕大的 xiāngdāng dà de; 2) 美丽〔麗〕的 měilìde, 漂亮的 piàoliangde ~**-seilen** *vt, v sich* 系〔繫〕上绳〔繩〕子 jìschàng shéngzi ~**setzen** I *vt* 1) 放 fàng (an *A*); 2) 接上 jiēshàng, 加上 jiāshàng, 缝上 féngshàng; 3) 确〔確〕定 quèdìng, 约定 yuēding (Preis 价格, Termin 期限); 4) 开〔開〕始 (作某事) kāishǐ, 着手 zhuóshǒu; 5) 把 (食物) 放在火上 bǎ ... fàngzài huǒshàng; 6) Rost ~ 生锈 shēngxiù; II *vi* 1) 开始 kāishǐ; zu etw. ~ 开始、着手做…; 2) 长〔長〕 zhǎng, 生长 shēngzhǎng

'**Ansicht** *f* -en 1) 看 kàn, 观〔觀〕察 guānchá; zur ~ 供试看, 作为样品; 2) 意见〔見〕 yìjiàn, 看法 kànfǎ; meiner ~ nach 按我的看法 ~**skarte** *f* 风〔風〕景明信片 fēngjǐng míngxìnpiàn ~**ssache** *f* das ist ~ 这〔這〕是看法问题 zhè shì kànfǎ wèntí

'**ansiedeln** *vt, v sich* 定居 dìngjū

'**Ansiedler** *m* 移民 yímín

'**anspannen** *vt* 1) 拉紧〔緊〕 lājǐn, 绷紧 bēngjǐn; 2) 套〔套〕(车、牲口) tào; 3) 使尽〔盡〕 shǐjǐn

'**Anspannung** *f* 鼓劲〔勁〕 gǔjìn, 努力 nǔlì; 紧〔緊〕张 jǐnzhāng

'**anspielen** *vi* 1) 开〔開〕始玩 kāishǐ wán, 出牌 chūpái; 2) (auf *A*) 暗示 ànshì, 影射 yǐngshè

'**Anspielung** *f* -en 暗示 ànshì, 影射 yǐngshè

'**Ansporn** *m* -(e)s; 鼓励〔勵〕 gǔlì, 刺激 cìjī, 鞭策 biāncè

'**Ansprache** *f* 致词 zhìcí, 讲〔講〕话 jiǎnghuà

'**ansprechen*** *vt* 1) 打招呼 dǎ zhāohu, 同…攀谈 tóng ... pāntán; 2) j-n um etw. ~ 请求某人 ... qǐngqiú mǒurén...; 3) 使满〔滿〕意 shǐ mǎnyì, 使感兴〔興〕趣 shǐ gǎn xìngqù ~**d** *adj* 吸引人的 xīyǐnrénde

'**an|springen*** I *vi* (*s*) (发动机) 开〔開〕始发〔發〕动〔動〕 kāishǐ fādòng; II *vt* 跳向 tiàoxiàng, 扑〔撲〕向 pūxiàng ~**spritzen** *vt* 喷洒〔灑〕 pēnsǎ

'**Anspruch** *m* 1) 要求 yāoqiú; ~ auf (*A*) erheben 提出对 ... 的要求; 2)权〔權〕利 quánlì; ~ auf (*A*) haben 有权要求…; 3) in ~ nehmen 使用 shǐyòng, 利用 lìyòng; 需要 xūyāo; Zeit in ~ nehmen 占去时间

'**anspruchs|los** *adj* 不摆〔擺〕架子的 bǔ bǎi jiàzi de, 谦逊〔遜〕的 qiānxùnde ~**voll** *adj* 不知足的 bù zhīzú de, 不谦虚的 bù qiānxū de

'**Anstalt** *f* -en 1) (学校、医院等) 公共设施 gōnggòng shèshī; 2) ~en zu etw. treffen 做…的准〔準〕备〔備〕 zuò...de zhǔnbèi

'**Anstand** *m* 1) -(e)s; ~e (打猎) 伺猎〔獵〕处〔處〕 sìlièchù; 2) -(e)s; 礼〔禮〕貌 lǐmào, 彬彬有礼 bīnbīn yǒu lǐ

'**anständig** *adj* 1) 合适〔適〕的 héshìde, 有礼〔禮〕貌的 yǒu lǐmào de; 2)公道的 gōngdàode, 合理的 hélǐde (Preis 价格)

'**anstandslos** *adv* 不费周折地 bù fèi zhōuzhé de, 爽快地 shuǎngkuàide

'**anstarren** *vt* 凝视 níngshì

an'statt *prp* (*G*), *cj* 代替 dàitì

'**anstecken** *vt* 1) 别上 biéshàng, 插上 chāshàng, 戴上 (戒指) dàishàng; 2)点〔點〕燃 diǎnrán, 点着 diǎnzháo; 3) 传〔傳〕染 chuánrǎn ~**d** *adj* 传〔傳〕染的 chuánrǎnde

'**Ansteckung** *f* -en 传〔傳〕染 chuánrǎn

'**an|stehen*** *vi* 1) 排队〔隊〕等候 páiduì děnghòu; 2) etw. ~ lassen 拖延 tuōyán ~**steigen*** *vi* (*s*) 1) (道路、地面等) 上升 shàngshēng; 2) 增加 zēngjiā, 增长 zēngzhǎng ~**stellen** *vt* 1) 放 (到…边上) fàng; 2)开〔開〕 kāi、打开 (收音机、水龙头等) dǎkāi; 3) 雇〔僱〕用 gùyàng, 任用 rènyòng, 聘请 pìnqǐng; 4) 做 zuò; was hast du wieder angestellt? 你又干了些什么勾当? 5) sich ~ 排队〔隊〕 páiduì; sich dumm ~ 装〔裝〕傻〔傻〕 zhuāngshǎ; stell dich nicht so an! 别这么傻样! 别这样做作!

'**Anstellung** *f* 1) 职〔職〕位 zhíwèi, 职业〔業〕 zhíyè; 2) 雇用 gùyòng

'**Anstieg** *m* -(e)s; -e 上升 shàngshēng; 上坡 shàngpō

'**anstiften** *vt* 煽动〔動〕 shāndòng, 教唆 jiàosuō

'**Anstif|ter** *m* 煽动〔動〕者 shāndòngzhě, 教唆者 jiàosuōzhě ~**tung** *f* 煽动 shāndòng, 教唆 jiàosuō

'**anstimmen** *vt* 1) 开〔開〕始唱、演奏 kāishǐ chàng、yǎnzòu; 2) 发〔發〕出声〔聲〕音 fāchū shēngyīn

'**Anstoß** *m* 1) (足球的) 开〔開〕球 kāiqiú; 2) 推动〔動〕 tuìdòng, 发〔發〕起 fāqǐ; ~ zu etw. geben 发

起某事; 3) 反感 fǎngǎn; an etw. (*D*) ~ nehmen 对某事有反感（不赞同）; ~ erregen 引起反感

'anstoßen* I *vt* 碰 pèng, 轻〔輕〕撞 qīngzhuàng, 推动〔動〕 tuīdòng; II *vi* 1) (*s*) 碰到 pèngdào, 撞到 zhuàngdào, 绊一下 bàn yīxià; 2) (*s*) 邻〔鄰〕接 línjiē; 3) (*h*) mit der Zunge ~ 口齿〔齒〕不清 kǒuchǐ bùqīng; auf j-s Gesundheit ~ 祝某人健康（而碰杯） zhù mǒurén jiànkāng **~d** *adj* 邻〔鄰〕接的 línjiēde

'anstößig *adj* 极〔極〕坏〔壞〕的 jíhuàide, 下流的 xiàliúde

'an|strahlen *vt* 1) 照亮 zhàoliàng, 照明 zhàomíng; 2) 看着 … 微笑 kànzhe … wēixiào **~streben** *vt* 致力于 zhìlì yú, 力争 lìzhēng **~streichen*** *vt* 1) 油漆 yóuqī, 粉刷 fěnshuā; 2) 标〔標〕出 biāochū, 划〔劃〕 huà, 划线〔綫〕标出 huà xiàn biāochū (Fehler错误)

'Anstreicher *m* -s;- 油漆工 yóuqīgōng, 粉刷工 fěnshuāgōng

'anstrengen *vt* 1) 使费力 shǐ fèilì, 过〔過〕度使用 guòdù shǐyòng, 使疲劳〔勞〕 shǐ píláo; 2) Prozeß (gegen j-n) ~ （对某人）起诉 qǐsù; 3) sich ~ 努力 nǔlì, 使劲〔勁〕 shǐjìn, 尽〔盡〕力 jìnlì **~d** *adj* 疲劳〔勞〕的 píláode, 费力的 fèilìde

'Anstrengung *f* -en 1) 努力 nǔlì, 使劲〔勁〕 shǐjìn; 2) 吃力 chīlì, 劳〔勞〕累 láolèi

'Anstrich *m* 1) 油漆 yóuqī, 粉刷 fěnshuā; 2) 涂〔塗〕色 túsè, 涂层〔層〕 túcéng; 3) 外表 wàibiǎo, 样〔樣〕子 yàngzi

'Ansturm *m* 1) 袭〔襲〕击〔擊〕 xíjī, 进〔進〕攻 jìngōng; 2) 蜂拥〔擁〕而至（的人群等） fēngyōng ér zhì; ~ auf (*A*) 抢〔搶〕购〔購〕 qiǎnggòu

'Anteil *m* 1) （分得的）部分 bùfen, 份额 fèn'é, 股份 gǔfèn; 2) 参〔參〕与〔與〕 cānyù, 同情 tóngqíng; ~ an etw. (*D*) nehmen 参与某事, 对某事感兴趣; ~ an j-m/etw. nehmen 对某人（某事）表示同情 **~nahme** *f* 1) 参〔參〕与〔與〕 cānyù; 2) 同情 tóngqíng, 关〔關〕心 guānxīn

An'tenne *f* -n 天线〔綫〕 tiānxiàn

Antialko'holiker *m* -s;- 反对〔對〕饮酒的人 fǎnduì yǐn jiǔ de rén

an'tik *adj* 古代的 gǔdàide

Anti'lope *f* -n 羚羊 língyáng

Antipa'thie *f* -n 反感 fǎngǎn

'antippen *vt* 轻〔輕〕拍 qīng pāi

Anti'quar *m* -s; -e 旧〔舊〕书〔書〕商 jiùshūshāng **~iat** 〔..ar'ja:t〕 *n* -(e)s; -e 旧书店 jiùshūdiàn

anti'quarisch *adj* 旧〔舊〕的 jiùde

Antiqui'täten *pl* 古玩 gǔwán, 古物 gǔwù

'Anti-Rakete *f* 反弹〔彈〕道导〔導〕弹 fǎn dàndào dǎodàn

'Antlitz *n* -es; 脸〔臉〕 liǎn, 面貌 miànmào

'Antrag *m* -(e)s; ⸚e 1) 申请 shēnqǐng, 申请表 shēnqǐngbiǎo; ~ auf (*A*) stellen 提出 … 的申请; 2) 动〔動〕议〔議〕 dòngyì, 提案 tí'àn; 3) 求婚 qiúhūn **~steller** *m* -s; - 申请者 shēnqǐngzhě, 提议〔議〕者 tíyìzhě

'an|treffen* *vt* 碰到 pèngdào, 找到 zhǎodào **~treiben*** I *vi* (*s*) 漂到 piāodào (an das Ufer 岸边); 漂浮而来〔來〕 piāofú er lái; II *vt* 1) 驱〔驅〕赶〔趕〕 qūgǎu; 2) 驱使 qūshǐ, 迫使 pòshǐ **~treten*** I *vt* 1) 开〔開〕始 kāishǐ (eine Reise 旅行); 2) 上任 shàngrèn, 接受 jiēshòu; ein Amt ~ 就职; Erbe ~ 接受遗产; II *vi* (*s*) 就位 jiùwèi; 列队〔隊〕 lièduì, 集合 jíhé

'Antrieb *m* 1) 动〔動〕机〔機〕 dòngjī, 冲〔衝〕动 chōngdòng; 2) 推动 tuīdòng, 传〔傳〕动（装置） chuándòng

'Antritt *m* -(e)s; 1) 就（职） jiù; nach ~ des Amtes 就职后〔後〕; 2)开〔開〕始（旅行等） kāishǐ; 3) 继〔繼〕承（遗产） jìchéng

'antun* *vt* j-m etw. ~ 给某人带〔帶〕来〔來〕 … gěi mǒurén dàilái …, 对〔對〕某人表示 … duì mǒurén biǎoshì; sich (*D*) etw. ~ 自杀〔殺〕 zìshā

'Antwort *f* -en 回答 huídá, 答复〔復〕 dáfù

'antworten *vi* 回答 huídá, 答复〔復〕 dáfù; j-m ~ 回答某人; auf eine Frage ~ 回答一个问题

'an|vertrauen *vt* j-m etw. ~ 把… 托付、吐露给某人 bǎ … tuōfù, tǔlù gěi mǒurén **~wachsen*** *vi* (*s*) 1) 生根 shēnggēn; 扎〔紮〕根 zhāgēn; 2) 增加 zēngjiā, 增长〔長〕 zēngzhǎng

'Anwalt *m* -(e)s; ⸚e 1) 律师〔師〕 lǜshī; 2) 辩护〔護〕人 biànhùrén

'Anwärter *m* 候选〔選〕人 hòuxuǎnrén, 候补〔補〕者 hòubǔzhě; 有继〔繼〕承权〔權〕的人 yǒu jìchéngquán de rén

'anweisen* *vt* 1) 分配 fēnpèi, 指派 zhǐpài; 2) 指导〔導〕 zhǐdǎo; 3) 指示 zhǐshì, 指点〔點〕 zhǐdiǎn

'Anweisung *f* 1) 分配 fēnpèi, 指派 zhǐpài; 2) 指导〔導〕 zhǐdǎo;

3) 指示 zhǐshì; 4) 汇〔匯〕票 huìpiào
'anwenden(*) *vt* 使用 shǐyòng, 应〔應〕用 yīngyòng; etw. auf (*A*) ～ 把某物应用到…中去
'Anwendung *f* 应〔應〕用 yīngyòng
'anwerben* *vt* 征〔徵〕募 zhēngmù; 招聘 zhāopìn
'Anwesen *n* 房地产〔產〕fángdìchǎn
'anwesend *adj* 出席的 chūxíde; 在场〔場〕的 zàichǎngde
'Anwesenheit *f* 出席 chūxí; 在场〔場〕zàichǎng
'Anzahl *f* 数〔數〕目 shùmù, (一定的)数量 shùliàng
'anzahlen *vt* 先付 xiānfù; 付保证〔證〕金 fù bǎozhèngjīn
'Anzahlung *f* (第一批)分期支付的款子 fēnqī zhīfùde kuǎnzi; 定金 dìngjīn
'anzapfen *vt* 1) Faß ～ 开〔開〕酒桶 kāi jiǔtǒng; Baum ～ 割胶〔膠〕gējiāo; 2) eine Telephonleitung ～ 窃〔竊〕听〔聽〕电〔電〕话 qiètīng diànhuà
'Anzeichen *n* 1) 征〔徵〕兆 zhēngzhào, 记号〔號〕jìhào; 2) 症〔癥〕状〔狀〕zhèngzhuàng
'Anzeige *f* -n 1) 通告 tōnggào, 通知 tōngzhī; 2) 广〔廣〕告 guǎnggào; 3) 告发〔發〕gàofā, 报〔報〕告 bàogào; gegen j-n ～ erstatten 告发某人
'anzeigen *vt* 1) 通告 tōnggào, 通知 tōngzhī; 2)登启〔啟〕事 dēng qǐshì, 登广〔廣〕告; dēng guǎngào; 3) 告发〔發〕gàofā, 指控 zhǐkòng, 报〔報〕告 bàogào
'anziehen* I *vt* 1) 拉紧〔緊〕lājǐn (Seil 绳索); 拧〔擰〕紧 níngjǐn (Schraube 螺钉); 2) 穿上 chuānshàng, 给… 穿衣 gěi … chuānyī; 3) 吸引 xīyǐn; II *vi* 1) (车等)开〔開〕动〔動〕kāidòng, 拉动 lādòng; 2) (价格) 上涨 shàngzhǎng ～**d** *adj* 有吸引力的 yǒu xīyǐnlì de, 讨人喜欢〔歡〕的 tǎo rén xǐhuān de
'Anziehungskraft *f* 1) 引力 yǐnlì; 2) 吸引力 xīyǐnlì, 魅力 mèilì
'Anzug *m* 1) -(e)s; ⸚e (一套)西服 xīfú; 2) -(e)s; im ～ sein (暴风雨的)来〔來〕临〔臨〕láilín; (危险的)逼近 bījìn
'anzüglich *adj* 影射的 yǐngshède, 攻击〔擊〕人的 gōngjī rén de
'anzünden *vt* 点〔點〕(灯) diǎn, 点燃 (蜡烛) diǎnrǎn; 使着火 shǐ zháohuǒ (Haus 房子)
a'pathisch *adj* 冷淡的 lěngdànde, 漠不关〔關〕心的 mò bù guānxīn de
'Apfel *m* -s; ⸚ 苹〔蘋〕果 píngguǒ ～**mus** *n* 苹〔蘋〕果酱〔醬〕píngguǒjiàng ～'**sine** *f* -n 橙 chéng
Apo'stroph *m* -s; -e 撇号〔號〕piěhào; 省字号 shěngzìhào
Apo'theke *f* -n 药〔藥〕房 yàofáng, 药店 yàodiàn ～**r** *m* -s; - 药剂师〔師〕yàojìshī; 药商 yàoshāng
Appa'rat *m* -(e)s; -e 1) 仪〔儀〕器 yíqì; 设备〔備〕shèbèi; 2) 电〔電〕话机〔機〕、收音机、照相机(等的简写) diànhuàjī、shōuyīnjī、zhàoxiàngjī; bitte bleiben Sie am ～! 请等一下,别挂电话!
Ap'pell *m* -s; -e 1) (军队)集合 jíhé, 点〔點〕名 diǎnmíng; 2) 呼吁〔籲〕hūyù
appel'lieren *vi* an (*A*) ～ 向 … 呼吁〔籲〕xiàng … hūyù
Appe'tit *m* -(e)s; -e 食欲 shíyù; ～ auf etw. haben 想吃…, 想得到…
appe'titlich *adj* 1) 开〔開〕胃的 kāiwèide, 美味可口的 měiwèi kěkǒu de; 2) 秀丽〔麗〕的 xiùlìde, 优〔優〕雅的 yōuyǎde
Ap'plaus *m* -es; -e 鼓掌 gǔzhǎng, 喝彩 hècǎi
Apri'kose *f* -n 杏 xìng
A'pril *m* -s; -e 四月 sìyuè
Aqua'rell *n* -s; -e 水彩画〔畫〕shuǐcǎihuà
A'quarium *n* -s; ..rien 水族馆 shuǐzúguǎn; 养〔養〕鱼〔魚〕池 yǎngyúchí
Ä'quator *m* -s; 赤道 chìdào
'Ära *f* ..ren 时〔時〕代 shídài, 年代 niándài
'arabisch *adj* 阿拉伯的 ālābóde
'Arbeit *f* -en 1) 劳〔勞〕动〔動〕láodòng, 工作 gōngzuò; sich an die ～ machen, an die ～ gehen 着手工作; die ～ niederlegen 停止、中断工作; 2) 职〔職〕业〔業〕zhíyè, 工作(岗位) gōngzuò; bei der ～ 在工作; (keine) ～ haben 在(失)业; 3) 辛劳 xīnláo; 4) 作业 zuòyè, 考卷 kǎojuàn; 5) 制〔製〕作品 zhìzuòpǐn; 著作 zhùzuò
'arbeiten I *vi* 1) 工作 gōngzuò, 劳〔勞〕动〔動〕láodòng; 2) 运〔運〕转〔轉〕yùnzhuǎn; 3) 锻炼〔煉〕duànliàn; II *vt* 做 zuò, 制〔製〕作 zhìzuò
'Arbeiter *m* -s; - 劳〔勞〕动〔動〕者 láodòngzhě, 工人 gōngrén ～**in** *f* -nen 女工 nǚgōng ～**klasse** *f* 工人阶〔階〕级 gōngrén jiējí ～**schaft** *f* -en 工人阶〔階〕级 gōngrén jiējí, 工人(总称) gōngrén
'Arbeit|geber *m* -s; - 雇主 gùzhǔ ～**nehmer** *m* -s; - 受雇者 shòugùzhě
'arbeitsam *adj* 勤劳〔勞〕的 qínláode, 勤奋〔奮〕的 qínfènde
'Arbeits|amt *n* 劳〔勞〕动〔動〕局

láodòngjú, 职〔職〕业〔業〕介绍所 zhíyè jièshàosuǒ **~beschaffung** *f* -en 就业〔業〕jiùyè **~bescheinigung** *f* 工作证〔證〕gōngzuòzhèng **~essen** *n* 工作午餐（进餐时进行商谈）gōngzuò wǔcān

'arbeitsfähig *adj* 有劳〔勞〕动〔動〕能力的 yǒu láodòng nénglì de

'Arbeits|kleidung *f* 工作服 gōngzuòfú, 劳〔勞〕动〔動〕服 láodòngfú **~kraft** *f* 1) 劳动力 láodònglì; 2) 劳力 láolì, 人手 rénshǒu **~leistung** *f* 工作效率 gōngzuò xiàolǜ **~lohn** *m*（劳动）工资 gōngzī

'arbeitslos *adj* 失业〔業〕的 shīyède

'Arbeits|lose *m* -n; -n 失业〔業〕者 shīyèzhě **~losigkeit** *f* 失业〔業〕shīyè **~markt** *m* 劳〔勞〕动〔動〕力市场〔場〕láodònglì shìchǎng **~niederlegung** *f* 罢〔罷〕工 bàgōng **~pause** *f* 工休 gōngxiū **~scheu** *f* 不爱〔愛〕劳〔勞〕动〔動〕bù ài láodòng **~tag** *m* 工作日 gōngzuòrì, 劳动日 láodòngrì **~zimmer** *n* 工作室 gōngzuòshì

Archäo|'loge *m* -n; -n 考古学〔學〕家 kǎogǔxuéjiā **~lo'gie** *f* 考古学 kǎogǔxué

'Arche *f* -n（圣经）方舟 fāngchōu

Archi'tekt *m* -en; -en 建筑〔築〕师〔師〕jiànzhùshī **~ur** 〔..'tu:r〕 *f* -en 建筑学〔學〕jiànzhùxué; 建筑风〔風〕格 jiànzhù fēnggé

Ar'chiv *n* -s; -e 1) 档〔檔〕案室 dǎng'ànshì; 2) 档案 dǎng'àn, 案卷 ànjuàn

A'rena *f* ..nen 1) 竞〔競〕技场〔場〕jìngjìchǎng; 2)（政治）舞台〔臺〕wǔtái

arg *adj* 1) 坏〔壞〕的 huàide; 恶〔惡〕意的 èyìde; 2) 令人不愉快的 lìng rén bù yúkuài de

'Ärger *m* -s; 1) 恼〔惱〕怒 nǎonù, 生气〔氣〕shēngqì; 2) 令人恼怒、生气的事 lìng rén nǎonù、shēngqì de shì

'ärger|lich *adj* 1) 恼〔惱〕怒的 nǎonùde, 生气〔氣〕的 shēngqìde; ~ sein(auf, über *A*)（对…）生气; 2) 令人恼怒、生气的 lìng rén nǎonù、shēngqì de **~n** *vt* 使恼〔惱〕怒 shǐ nǎonù, 使生气〔氣〕shǐ shēngqì; sich ~ 恼怒, 生气

Ärgernis *n* -ses; -e 令人恼〔惱〕怒、生气〔氣〕的事 lìng rén nǎonù、shēngqì de shì

'arglos *adj* 没有恶〔惡〕意的 méiyǒu èyì de

'Argwohn *m* -(e)s; 怀〔懷〕疑 huáiyí, 猜疑 cāiyí

'arg|wöhnen *vt* 怀〔懷〕疑 huáiyí, 猜疑 cāiyí **~wöhnisch** *adj* 怀疑的 huáiyíde, 猜疑的 cāiyíde

'Arie *f* -n 咏叹〔嘆〕调 yǒngtàndào

Aristo'krat *m* -en; -en, **~in** *f* -nen 贵族 guìzú **~ie** 〔..kra'ti:〕 *f* -n 贵族(的总称) guìzú

arm *adj* 贫穷〔窮〕的 pínqióngde, 贫乏的 pínfábe; 可怜〔憐〕的 kěliánde; ~ an (D) sein 缺乏…

Arm *m* -(e)s; -e 1) 臂 bì; ~ in ~ 手挽手地; 2)（河的）支流 zhīliú; 3) j-n auf den ~ nehmen 愚弄、嘲弄某人 yúnòng、cháonòng mǒurén

Arma'turenbrett *n* 仪〔儀〕表盘〔盤〕yíbiǎopán

'Arm|band *n* 手镯 shǒuzhuó **~banduhr** *f* 手表〔錶〕shǒubiǎo

Ar'mee *f* -n 1) 军队〔隊〕jūnduì, 陆〔陸〕军 lùgūn; 2) 军 jūn, 集团〔團〕军 jítuánjūn; 3) 大军 dàjūn

'Ärmel *m* -s;- 袖子 xiùzi **~kanal** *m* 英吉利海峡〔峽〕yīngjílì hǎixiá

'ärmlich *adj* 见 armselig

'armselig *adj* 穷〔窮〕苦的 qióngkǔde, 可怜〔憐〕的 kěliánde

'Armut *f* 贫穷〔窮〕píngqióng, 贫困 píngkùn

A'roma *n* -s; ..men (-s) 芳香 fāngxiāng; 香味 xiāngwèi

Ar'rest *m* -es; -e 1) 监〔監〕禁 jiānjìn, 禁闭 jìnbì; 2) 没收 mòshōu, 查封 cháfēng; 3) 拘留 jūliú; ~ bekommen 下课后罚学生留校

Art *f* -en 1) 本性 běnxìng, 特性 tèxìng; 2)（动植物的）类〔類〕lèi, 属〔屬〕shǔ; 种类 zhǒnglèi; 3) 方式 fāngshì, 方法 fāngfǎ; auf die(se) ~ 照这样做法

'arten *vi* (*s*) nach j-m ~ 象某人 xiàng mǒurén

Ar'terie *f* -n 动〔動〕脉 dòngmài

'artig *adj* 1) 听〔聽〕话的 tīnghuàde, 乖的 guāide; 2) 有礼〔禮〕貌的 yǒu lǐmào de, 客气〔氣〕的 kèqìde; 3) 文雅的 wényǎde

Ar'tikel *m* -s;- 1) 文章 wénzhāng; 2)（合同等的）条〔條〕款 tiáokuǎn; 3) 商品 shāngpǐn, 物品 wùpǐn; 4)（语法）冠词 guàncí

Artille'rie *f* -n 1) 大炮 dàpào; 2) 炮兵 pàobīng

Ar'tist *m* -en; -en, **~in** *f* -nen 杂〔雜〕技演员 zájì yǎnyuán

Arz'nei *f* -en 药〔藥〕yào, 药剂〔劑〕yàojì **~mittel** *n* 药 yào, 药物 yàowù

Arzt *m* -es; ⸗e 医〔醫〕生 yīshēng

'Ärztin *f* -nen 女医〔醫〕生 nǚyīshēng

'ärztlich *adj* 医〔醫〕生的 yīshēngde, 医疗〔療〕的 yīliáode

As *n* -ses; -se 1)（骰子或扑克牌上

的 A) 幺点〔點〕 yāodiǎn; 2) 能手 néngshǒu, 王 wáng

'Asche *f* -n 1) 灰 huī, 灰烬〔燼〕 huījìn; 2) 骨灰 gǔhuī **~nbahn** *f* (铺煤屑的)跑道 pǎodào **~nbecher** *m* 烟灰碟 yānhuīdié

Asiat [az'ja:t] *m* -en; -en, **~in** *f* -nen 亚〔亞〕洲人 yàzhōurén

asiatisch [az'ja:..] *adj* 亚洲的 yàzhōude

As'phalt *m* -(e)s; -e 沥〔瀝〕青 lìqīng

Assi'stent *m* -en;-en, **~in** *f* -nen (科研中的) 助手 zhùshǒu, 助教 zhùjiào

Ast *m* -es;⸗e 1) (粗)树〔樹〕枝 shùzhī; 2) (木材上的)疖〔癤〕子 jiēzi

Astro|'naut *m* -en; -en 宇宙航行员 yǔzhòu hángxíng yuán **~'nom** *m* -en; -en 天文学〔學〕者 tiānwénxuézhě

A'syl *n* -s; -e 1) 收容所 shōuróngsuǒ; 2) 避难〔難〕 bìnàn

Atelier [..'lje:] *n* -s; -s 1) (艺术家的) 工作室 gōngzuòshì; 2) 摄〔攝〕影棚 shèyǐngpéng

'Atem *m* -s; 呼吸 hūxī; 气〔氣〕息 qìxī; ~ holen 吸气,喘口气; außer ~ kommen 喘不过气来; j-n in ~ halten 不让某人喘息

'atemlos *adj* 上气〔氣〕不接下气的 shàngqì bùjiē xiàqì de

'Atem|pause *f* 1) 呼吸间歇 hūxī jiànxiē; 2) 歇口气〔氣〕 xiē kǒuqì **~zug** *m* 1) 呼吸 hūxī; 2) 气息 qìxī

'Äther *m* -s; 1) 上空 shàngkōng, 苍〔蒼〕天 cāngtiān; 2) 醚 mí; 乙醚 yǐmí

Ath'let *m* -en; -en 运〔運〕动〔動〕员 yùndòngyuán, 竞〔競〕技者 jìngjìzhě

ath'letisch *adj* 运〔運〕动〔動〕员的 yùndòngyuánde, 竞〔競〕技的 jìjìde

'Atlas *m* 1) -(ses); -se (..'lanten) 地图〔圖〕集 dìtújí; 2) -(ses); -se 缎子 duànzi

'atmen *vi, vt* 1) 呼吸 hūxī; 2) 吸入 xīrù (frische Luft 新鲜空气); 3) 散发〔發〕 sànfā

Atmo'sphäre *f* -n 1) 大气〔氣〕 dàqì; 2) 气氛 qìfèn

atmo'sphärisch *adj* 大气〔氣〕的 dàqìde

'Atmung *f* -en 呼吸 hūxī

A'tom *n* -s; -e 原子 yuánzi

a'tomar *adj* 原子的 yuánzǐde

A'tom|bombe *f* 原子弹〔彈〕 yuánzǐdàn **~energie** *f* 原子能 yuánzǐnéng **~kern** *m* 原子核 yuánzǐhé **~reaktor** *m* 原子反应〔應〕堆 yuánzǐ fǎnyìngduī

Atten|'tat *n* -(e)s; -e 暗杀〔殺〕 ànshā, 行刺 xíngcì **~täter** *m* -s; - 凶手 xiōngshǒu, 刺客 cìkè

At'test *n* -es; -e (尤指医生)证〔證〕明(书) zhèngmíng

Attrakti'on *f* -en 1) 吸引 xīyǐn, 吸引力 xīyǐnlì; 2) 吸引人的事物 xīyǐn rén de shìwù

At'trappe *f* -n 模仿物 mófǎngwù

Attri'but *n* -(e)s; -e 1) 属〔屬〕性 shǔxìng; 性质 xìngzhì; 2) (语法) 定语 dìngyǔ

'ätzend *adj* 1) 腐蚀的 fǔshíde, 苛性的 kēxìngde; 2) 刻薄的 kèbóde

auch *cj, adv* 1) 也 yé, 同样〔樣〕地 tóngyàngde; ~ nicht 也不; 2) 甚至 shènzhì, 连…都 lián … dōu; 3) 的确〔確〕 díquè, 确实〔實〕 quèshí; ist es ~ wahr? 这的确是真的吗? 4) 无〔無〕论〔論〕 wúlùn; wo ~ (immer) 无论在哪里; wer ~ immer 无论是谁; 5) (与 wenn, so 连用)尽〔盡〕管 jǐnguǎn; 6) nicht nur…, sondern ~ 不但…而且 bùdàn … érqiě; sowohl…, als ~ 既…又 jì …yòu

Audi'enz *f* -en 接见〔見〕 jiējiàn

auf I *prp* (*D*) 1) 在…(上、里) zài …; ~ dem Tisch 在桌上; ~ dem Markt 在市场上; ~ der Universität 在大学里; ~ einem Ball 在舞会上; 2) 在(干…) zai; ~ Besuch sein 在作客; ~ Arbeit sein 在上班; II *prp* (*A*) 1) 到…上 dào … shàng, 向…去 xiàng… qù; das Buch auf den Tisch legen 书放到桌子上; auf die Post gehen 去邮局; 2) 为〔爲〕期 wéiqī; ~ drei Jahre 为期三年; ~ Wiedersehen! 再见! 3) 连续〔續〕 liánxù; Woche ~ Woche 一星期又一星期; 4) 以 yǐ, 用 yòng; ~ Raten kaufen 以分期付款购买; ~ deutsch 用德语; ~ einmal 突然,一下子; ~ jeden Fall 无论如何; ~s neue 重新; 5) 为〔爲〕 wèi; ~ j-s Gesundheit trinken 为某人健康干杯; III *adv* 1) 向上 xiàngshàng, 起来〔來〕 qǐlái; ~ geht's! 走吧! schon ~ sein 已经起床; noch ~ sein 还未上床; 2) 开〔開〕着 kāizhe, 打开 dǎkāi; die Tür ist ~ 门开着; 3) ~ und ab gehen 来〔來〕回走动〔動〕 láihuí zǒudòng; von … ~ 从〔從〕…起 cóng… qǐ; IV *cj* ~ daß 以便 yǐbiàn; ~ daß nicht 惟恐 wéikǒng, 免得 miǎndé

'auf|arbeiten *vt* 1) 解决 jiějué, 料理 liàolǐ; 2) 翻新 fānxīn, 修理 xiūlǐ (Kleider 衣服) **~atmen** *vi* 松〔鬆〕口气〔氣〕 sōngkǒuqì

'**Aufbau** *m* -(e)s; 1) 建设 jiànshè, 建立 jiànlì; 2) (主建物上面增建的)上部建筑〔築〕物 shàngbù jiànzhùwù; 3) (戏剧、小说的) 结构〔構〕 jiégòu, 构造 gòuzào

'**auf|bauen** *vt* 1) 建立 jiànlì, 建筑〔築〕 jiànzhù; 2) 搭(篷) dā; 装〔裝〕配(机器) zhuāngpèi; 3) 增建(在上面) zēngjiàn **~bauschen** *vt* 1) 使膨胀 shǐ péngzhàng; 2) 夸〔誇〕大 kuādà, 夸张 kuāzhāng **~bekommen*** *vt* 1) (能)打开〔開〕 dǎkāi (Tür门); 2) 接受(指定的功课) jiēshòu **~bessern** *vt* 提高 tígāo, 改善 gǎishàn (Gehalt 工资) **~bewahren** *vt* 保存 bǎocún, 保藏 bǎocáng **~bieten*** *vt* 1) 发〔發〕挥 fāhuī; 行使 xíngshǐ; alle Kräfte ~ 竭尽全力; 2) 召集 zhàojí, 征集 zhēnglí **~bleiben*** *vi* (*s*) 1) 迟〔遲〕睡 chíshuì; 熬夜 áoyè; 2) (门等)开〔開〕着 kāizhe **~blenden** I *vi* 开〔開〕(汽车等的)前灯〔燈〕 kāi qiándēng; II *vt* (电影等)使渐〔漸〕显〔顯〕shǐ jiàngxiǎn **~blicken** *vi* 仰视 yǎngshì, 抬〔擡〕头〔頭〕注视 táitóu zhùshì; zu j-m ~ 尊敬(敬仰)某人 zūnjìng mǒurén **~blühen** *vi* (*s*) 1) 开〔開〕花 kāihuā; 2) 繁荣〔榮〕 fánróng, 兴〔興〕旺 xīngwàng

'**aufbrausen** *vi* (*s*) 勃然大怒 bórán dànù **~d** *adj* 暴躁的 bàozàode, 易〔易〕激怒的 yì jīnù de

'**auf|brechen*** I *vt* 1) 撬开〔開〕 qiàokāi; 2) 私拆 (信件) sīchāi; II *vi* (*s*) 1) (花)开〔開〕 kāi, 裂开 lièkāi; 2)出发〔發〕chūfā,启〔啟〕程 qǐchéng (nach 到) **~bringen*** *vt* 1) 筹〔籌〕(款) chóu; 招(兵) zhāo; 2) 捕获〔獲〕(船只) bǔhuò; 3) 激起 jīqǐ, 激怒 jīnù

'**Aufbruch** *m* 出发〔發〕 chūfā, 启〔啟〕程 qǐchéng

'**auf|brühen** *vt* 冲〔衝〕 chōng, 泡 pào, 沏 qī **~bürden** *vt* j-m etw. ~ 使某人负担 … shǐ mǒurén fùdān… **~decken** *vt* 1) 移去…的覆盖〔蓋〕物 yíqù … de fùgàiwù; 2) 铺(餐布) pū; 3) 揭露 jiēlù, 泄露 xièlù **~drängen** *vt* 1) j-m etw. ~ 硬要某人接受 … yìng yào mǒurén jiēshòu…; 2) sich j-m ~ 老在某人心头〔頭〕浮现 lǎo zài mǒurén xīntóu fúxiàn **~drehen** *vt* 打开〔開〕(煤气等) dǎkāi **~dringlich** *adj* 纠缠〔纏〕不休的 jiūchán bùxiū de

aufein'ander *adv* 一个〔個〕又一个地 yīgè yòu yīgè de, 接连地 jiēliánde; 互相 hùxiāng

Aufein'anderfolge *f* 连续〔續〕 liánxù, 一连串 yīliánchuàn

aufein'anderfolgend *adj* 连续〔續〕的 liánxùde, 接连的 jiēliánde

'**Aufenthalt** *m* -(e)s; -e 1) 停留 tíngliú, 逗留 dòuliú; 2) 住处〔處〕 zhùchù; 3) (火车)停车〔車〕(时间) tíngchē **~genehmigung** *f* 居住证〔證〕 jūzhùzhèng

'**auf|erlegen** *vt* 把 … 强加于 bǎ … qiángjiā yú (j-m 某人) **~erstehen*** *vi* (*s*) 复〔復〕活 fùhuó **~essen*** *vt* 吃尽〔盡〕 chījìn **~fahren*** *vi* (*s*) 1) 惊〔驚〕起 jīngqǐ; 2) 发〔發〕火 fāhuǒ, 发怒 fānù; 3) 使搁浅〔淺〕 shǐ gēqiǎn; 4) auf (*A*) ~ 撞上 zhuàngshàng **~fallen*** *vi* (*s*) 引人注目 yǐn rén zhùmù **~fallend, ~fällig** *adj* 引人注目的 yǐn rén zhùmùde **~fangen*** *vt* 1) 接住 jiēzhù; 2) 挡〔擋〕开〔開〕(打击) dǎngkāi **~fassen** *vt* 1) 了解 liǎojiě, 领会〔會〕 lǐnghuì; 2) 解释〔釋〕 jiěshì

'**Auffassung** *f* 1) 理解 lǐjiě, 看法 kànfa; 2) 解释〔釋〕 jiěshì

'**auf|finden*** *vt* (偶然)找到 zhǎodào, 发〔發〕现 fāxiàn **~fordern** *vt* j-n zu etw. ~ 要求、请求某人做 … yāoqiú、qǐngqiú mǒurén yuò …

'**Aufforderung** *f* 1) 邀请 yāoqǐng; 2) (法庭)传〔傳〕票 chuánpiào

'**auf|frischen** I *vt* 1) 翻新 fānxīn; 2) 复〔復〕习〔習〕 fùxí, 重温 chóngwēn; II *vi* (*s*) (风)变〔變〕强 biànqióng **~führen** *vt* 1) 演出 yǎnchū, 上演 shàngyǎn; 2) 引用 yǐnyòng, 引证〔證〕 yǐnzhèng; 3) 建造 jiànzào, 砌(墙) qì; 4) sich ~ 举〔舉〕止 jǔzhǐ, 表现 biǎoxiàn

'**Aufführung** *f* 1) 演出 yǎnchū, 上演 shàngyǎn; 2) 引用 yǐnyòng, 引证〔證〕 yǐnzhèng; 3) 举〔舉〕止 jǔzhǐ, 表现 biǎoxiàn; 4)建造 jiànzào

'**Aufgabe** *f* 1) 任务〔務〕 rénwù; 职〔職〕责 zhízé; es sich zur ~ machen 把… 作为已任; 2) 家庭作业〔業〕jiātíng zuòyè; 3) 邮〔郵〕寄 yóujì, 交付 jiāofù; 4) 放弃〔棄〕 fàngqì

'**Aufgang** *m* 1) 上升 shàngshēng; 上坡 shāngpō; 2) (日、月、星辰的)升起 shēngqǐ; 3) 楼〔樓〕梯 lóutī

'**aufgeben*** I *vt* 1) 邮〔郵〕寄 yóujì, 发〔發〕出 fāchū, 托运〔運〕 tuōyùn; 2) 刊登(广告) kāndēng; 3) 放弃〔棄〕 fàngqì, 停止 tíngzhǐ; 4)j-m etw. ~ 把… (作为任务)交给 … bǎ … jiāogěi…; 5) 布置家庭作业〔業〕 bùzhì jiātíng zuòyè; II *vi* 放弃 fàngqì, 认〔認〕输 rènshū

'**Aufgebot** *n* 1) 公告 gōnggào; 2) 征〔徵〕召 zhēngzhào, 征集(的人

力、物力）zhēnglì; 3)（教堂里的）结婚预告 jiéhūn yùgào

'aufgehen* *vi* (*s*) 1)（日、月、星辰）升起 shēngqǐ; 2)（门窗）打开〔開〕dǎkāi; 散开 sànkāi; 3) 发〔發〕芽 fāyá, 发酵 fājiào; 4)（数学）除尽〔盡〕chújìn; 5) in (*D*) ～ 渐渐消失 jiànjiàn xiāoshī, 化为〔爲〕huà wéi; in Flammen ～ 化为灰烬; j-m ～ 意识〔識〕到 yìshídào, 领悟 lǐngwù; die Augen gingen ihm auf 他恍然大悟

'aufge|klärt *adj* 开〔開〕通的 kāitōngde, 开明的 kāimíngde **～legt** *adj* 1) zu etw. ～ sein 有兴〔興〕趣（做）… yǒu iìngqù …; 2) gut (schlecht) ～ sein 情绪好（坏）qíngxù hǎo **～schlossen** *adj* 易感受的 yìgǎnshòude **～weckt** *adj* 聪〔聰〕明的 cōngmíngde, 伶俐的 línglìde

'auf|gießen* *vt* 1) 浇〔澆〕上 jiāoshàng; 2) 泡 pào, 沏 qī **～greifen*** *vt* 1) 捉住 zhuōzhù, 抓住 zhuāchù, 逮住 dǎichù; 2) 采〔採〕纳 cǎinà, 采用 cǎiyòng

'Aufguß *m* 浸液 jìnyè,（泡浓的）汁液（如酽茶等）zhīyè

'auf|haben* I *vt* 1) 戴着 dàizhe; 2)（张）开〔開〕着 kāizhe (Augen 眼睛, Mund 嘴); 3) 有家庭作业〔業〕要做 you jiātíng zuòyè yào zuò; II *vi* das Geschäft hat auf 商店开着,在营业 **～halten*** *vt* 1) 保持开〔開〕着 bǎochí kāizhe; 2) 制止 zhìzhǐ, 阻止 zǔzhǐ; 3) 拖住 tuōzhù, 耽搁 dānge; 4) sich ～ 停留 tíngliú; sich bei etw. ～ 花费时〔時〕间于〔於〕… huāfèi shíjiān yú …; sich mit j-m ～ 为〔爲〕某人耽误时间 wèi mǒurén dānwù shíjiān **～hängen*** *vt* 1) 挂〔掛〕上 guàshàng, 挂起来〔來〕guà qǐlai; 2) 吊死 diàosǐ, 绞死 jiǎosǐ; sich ～ 上吊（自杀）**～heben*** *vt* 1) 举〔舉〕起 jǔqǐ, 拾起 shíqǐ, 捡〔撿〕起 jiǎnqǐ, 扶起 fúqǐ; 2) 使停止 shǐ tíngzhǐ, 结束 jiéshù (eine Sitzung 会议); die Tafel ～ 宣告宴会结束; 3) 解除 jiěchú, 废〔廢〕除 fèichú; 4) 保留 bǎoliú, 保存 bǎocún, 收藏 shōucáng; gut aufgehoben sein 保存（照顾）的很好; 5) sich ～ 抵消 dǐxiāo

'Aufheben *n* viel ～s von etw. machen 对〔對〕… 大吹大擂 duì … dàchuīdàlèi

'auf|heitern *vt* 1) 使高兴〔興〕shǐ gāoxìng; 2) sich ～（天气）放晴 fàngqíng,（脸）露出笑容 lùchū xiàoróng **～hellen** *vt*, *v sich* 1)（使）明亮 míngliàng;（使）愉快 yúkuài; 2) 明朗化 mínglǎnghuā; 转〔轉〕晴 zhuǎnqíng **～hetzen** *vt* 煽动〔動〕shāndòng; 教唆 jiàosuō **～holen** I *vt* 1) 补〔補〕足 bǔzú; 弥〔彌〕补 míbǔ; 2)（海员用语）（起锚、扯帆）船迎风〔風〕行驶 chuán yíngfēng xíngshǐ; II *vi* 追上 zhuīshàng, 赶〔趕〕上 gǎnshàng **～hören** *vi* 停止 tíngzhǐ, 结束 jiéshù (mit der Arbeit 工作, zu sprechen 谈话); es hat aufgehört zu regnen 雨已停了; da hört (sich) doch alles auf! 这简直无法容忍! **～kaufen** *vt* 囤积〔積〕túnjī; 整批收购〔購〕zhěngpī shōugòu **～klären** *vt* 1) 澄清 chéngqīng, 查清 cháqīng; 2) 启〔啟〕发〔發〕qǐfā, 开〔開〕导〔導〕kāidǎo; 3) 侦察 zhēnchá; 4) sich ～ 变〔變〕晴 biànqíng

'Aufklärung *f* 1) 启〔啟〕发〔發〕qǐfā, 开〔開〕导〔導〕kāidǎo; 解释〔釋〕jiěshì; 2) 侦察 zhēnchá; 3) 启蒙运〔運〕动〔動〕qǐméng yùndòng

'auf|kleben *vt* 贴上 tiēshàng, 粘上 zhānshàng **～knöpfen** *vt* 解开〔開〕钮扣 jiěkāi niǔkòu **～kommen*** *vi* (*s*) 1) 产〔產〕生 chǎnshēng, 形成 xíngchéng; 2) 恢复〔復〕健康 huīfù jiànkāng; 3) für etw. ～ 对〔對〕…负责 duì…fùzè, 为〔爲〕… 担〔擔〕保 wèi … dānbǎo; gegen j-n/etw. ～ 战〔戰〕胜〔勝〕zhànshèng, 敌〔敵〕得过〔過〕díde guò **～krempeln** *vt* 卷〔捲〕起（袖子）juǎnqǐ **～lachen** *vi*（突然）大笑 dà xiào **～laden*** *vt* 1) 装〔裝〕（车、货）zhuāng; 2) 充电〔電〕chōngdiàn

'Auflage *f* 1)（书的）版次 bǎncì;（一版的）印数〔數〕yìnshù; 2) 支架 zhījià, 托架 tuōjià; 3) 承担〔擔〕的义〔義〕务〔務〕chéngdān de yìwù

'auf|lassen* *vt* 1) 让〔讓〕（门等）开〔開〕着 ràng kāizhe; 2) 戴着 dàizhe; 3) 转〔轉〕让 zhuǎnràng **～lauern** *vi* j-m ～ 窥视 kuīshì …

'Auflauf *m* 1) 群集 qúnjí; 2) 骚动〔動〕sāodòng; 3) 蛋奶酥 dànnǎisū

'auf|legen I *vt* 1) 放上 fàngshàng, 铺上 pūshàng (Sattel 马鞍, Betttuch 床单); ein Pflaster (auf die Wunde) ～ 把膏药贴（在伤口）上; 2) 出版 chūbǎn, 发〔發〕行 fāxíng; 3) 挂〔掛〕断〔斷〕（电话）guàduàn; II *vi* 挂断电话 guàduàn diànhuà **～lehnen** *vt* 1) 支撑 zhīcheng; 2) sich ～ 支撑 zhīcheng; sich gegen j-n/etw. ～ 奋〔奮〕起反抗

fènqǐ fǎnkàng **~lesen*** *vt* 1) 采集 cǎijí, 收集 shōují; 拾起 shíqǐ, 捡〔撿〕起 jiǎnqǐ; 2) 染(病) rǎn **~leuchten** *vi* 闪光 shǎnguāng, 闪耀 shǎnyào **~lösen** *vt* 1) 解开〔開〕jiěkāi, 松〔鬆〕开 sōngkāi (Knoten 结); 2) 解散 jiěsàn, 解除 jiěchú; 3) 使溶化 shǐ rónghuà, 使液化 shǐ yèhuà; 4) 解 jiě (Rätsel 谜语), 解答 jiědá (Frage 问题); 5) aufgelöst sein 心绪烦乱〔亂〕xīnxù fánluàn

'Auflösung *f* 1) 解答 jiědá, 解决 jiějué, 解法 jiěfǎ; 2) 瓦解 wǎjiě, 溃散 kuìsàn; 死亡 sǐwáng

'aufmachen *vt* 1) 开〔開〕kāi; die Tür ~ 应声开门; 2) 解开(衣服、包裹) jiěkāi; 撑开 (雨伞) chēngkāi; 3) 装〔裝〕饰 zhuāngshì, 装璜 zhuānghuáng; 4) sich ~ (风)起 qǐ; 启〔啟〕程 qǐchéng (nach 到)

'Aufmachung *f* -en 1) 化装〔裝〕huàzhuāng, 装饰 zhuāngshì; 2) 装璜 zhuānghuáng, 包装 bāozhuāng

'aufmerksam *adj* 1) 注意的 zhùyìde, 专〔專〕心的 zhuānxīnde; j-n auf (*A*) ~ machen 提请某人注意…; 2) 殷勤的 yīnqínde

'Aufmerksamkeit *f* -en ;1) 注意 zhùyì; 2) 小礼〔禮〕物 xiǎo lǐwù

'aufmuntern *vt* 振奋〔奮〕zhènfèn, 激励〔勵〕jīlì, 鼓励 gǔlì

'Aufnahme *f* -n 1) 接待 jiēdài; 2) 接纳 jiēnà, 录〔錄〕取 lùqǔ; 3) 照片 zhàopiàn, 拍摄〔攝〕pāishè; 摄影 shèyǐng; 4) 录音 lùyīn, 录像 lùxiàng

'aufnahmefähig *adj* 有吸收能力的 yǒu xīshōu nénglì de, 善于〔於〕接受的 shàn yú jiēshòu de

'Aufnahme|gerät *n* 照相机〔機〕zhàoxiàngjī, 摄〔攝〕影机 shèyǐngjī, 录〔錄〕音机 lùyīnjī **~prüfung** *f* 入学〔學〕考试 rùxué kǎoshì

'auf|nehmen* *vt* 1) 拿起 náqǐ, 拾起 shíqǐ; 2) 接待 jiēdài, 收留 shōuliú; 3) 接纳 jiēnà, 录〔錄〕取 lùqǔ; 4) 记下 jìxià, 笔〔筆〕录 bǐlù; 录(音、像) lù, 拍摄〔攝〕pāishè; 照相 zhàoxiàng; 5) 借(钱) jiè; 6) 服(药) fú, 吃 chī; 7) es mit j-m ~ 是某人的对〔對〕手 shì mǒurén de duìshǒu **~passen** *vi* 1) 注意 zhùyì, 留心 liúxīn; 2) auf j-n ~ 照料、照看 zhàoliào、zhàokàn **~prallen** *vi* (*s*) auf den Boden ~ 跌落在地上 diēluò zài dìshàng **~pumpen** *vt* 充气〔氣〕chōngqì, 打气 dǎqì **~raffen** *vt* 1) (急忙地)拾起 shíqǐ; 2) sich zu etw. ~ 终于〔於〕决定 … zhōngyú juédìng **~räumen** I *vt* 打扫〔掃〕dǎsǎo, 收拾 shōushi, 整理 zhěnglǐ; II *vi* 1) 整理 zhěnglǐ; 2) mit j-m/etw. ~ 决裂 juéliè, 清除 qīngchú

'aufrecht *adj* 1) 直的 zhíde, 直立的 zhílìde; 2) 正直的 zhèngzhíde **~erhalten*** *vt* 维持 wéichí, 保持 bǎochí

'aufregen *vt* 1) 使激动〔動〕shǐ jīdòng; 激起 jīqǐ; 2) sich über etw. ~ 为〔爲〕…气〔氣〕忿 wèi … qìfèn; 3) aufgeregt sein 激动 jīdóng

'Aufregung *f* 1) 激动〔動〕jīdòng; 2) 骚动 sāodòng

'auf|reiben* *vt* 1) 擦伤〔傷〕cāshāng (Haut 皮肤); 2) 摧毁 cuīhuǐ, 歼〔殲〕灭〔滅〕jiānmiè; 3)使精疲力竭 shǐ jīngpílìjié **~reißen*** I *vt* 1) (用力) 打开〔開〕(窗等) dǎkāi; 2) 拆开(信、包裹等) chāikāi; 3) (因惊讶等而) 张开 (眼睛等) zhāngkāi; 4) 撕裂 sīliè; II *vi* (*s*) 裂开 lièkāi **~reizen** *vt* 激起 jīqǐ; 煽动〔動〕shāndòng **~reizend** *adj* 1) 煽动性的 shāndòngxìngde; 诱惑人的 yòuhuòrénde **~richten** *vt* 1) 使直立 shǐ zhílì, 扶起 fúqǐ, 竖〔豎〕起 shùqǐ; 2) 建设 jiànshè, 建立 jiànlì; 3) sich ~ 坐起 zuòqǐ, 站起 zhànqǐ **~richtig** *adj* 真诚的 zhēnchéngde, 诚挚〔摯〕的 chéngzhìde; 正直的 zhèngzhíde

'Aufriß *m* (建筑物的)正视图〔圖〕zhèngshìtú

'Aufruf *m* 1) 叫(号、名字) jiào; 2) 召唤 zhàohuàn; 3) 传〔傳〕唤 chuánhuàn

'aufrufen* *vt* 1) 叫(号、名字) jiào; 2) 号〔號〕召 hàozhào; 3) 传〔傳〕唤 chuánhuàn (Zeugen 证人)

'Aufruhr *m* -(e)s; -e 1) 激动〔動〕jīdòng; 2) 骚动 sāodòng, 暴乱〔亂〕bàoluàn

'aufrühren *vt* 1) 搅〔攪〕起 jiǎoqǐ; 2) 激起 jīqǐ; 3) 重提 (往事等) chóngtí

'Aufrührer *m* -s;- 煽动〔動〕者 shāndòngzhě, 暴动者 bàodòngzhě

'aufrührerisch *adj* 煽动〔動〕的 shāndòngde, 暴动的 bàodòngde

'Aufrüstung *f* 扩〔擴〕军 kuòjūn

'auf|rütteln *vt* 1) 摇醒 yáoxǐng; 2) 唤醒 huànxǐng, 唤起 huànqǐ **~sagen** *vt* 1) 背诵 bèisòng; 2) 宣告终止 xuāngào zhōngzhǐ **~sässig** *adj* 反叛的 fǎnpànde; 不易控制的 bùyì kòngzhì de

'Aufsatz *m* 1) (专题)文章 wénzhāng, 作文 zuòwén; 2) (物的)上

面 shàngmiàn，顶端 dǐngduān；(建筑的)柱头〔頭〕zhùtóu

'auf|saugen *vt* 吸收 xīshōu，吸取 xīqǔ **~scheuchen** *vt* 惊〔驚〕起 jīngqǐ，吓〔嚇〕跑 xiàpǎo **~schieben*** *vt* 1) 推开〔開〕(门等) tuīkāi; 2) 推迟〔遲〕tuīchí，延期 yánqī

'Aufschlag *m* 1) 碰撞 pèngzhuàng，撞击〔擊〕zhuàngjī; 2) (袖口等往外翻出的)卷〔捲〕边〔邊〕juǎnbiān; 3) (网球)发〔發〕球 fāqiú

'auf|schlagen* I *vt* 1) 打开〔開〕dǎkāi，砸开 zákāi; 2) 翻开(书等) fānkāi; 3) 卷〔捲〕起(袖子等) juǎnqǐ; 4) 搭起 dāqǐ; 5) 提价〔價〕tíjià; 6) 打开口子 dǎkāi kǒuzi; II *vi* (*s*) 1) 碰撞 pèngzhuàng; 2) 涨价〔價〕zhǎngjià; 3) (网球)发〔發〕球 fāqiú **~schließen*** *vt* 开〔開〕锁 kāi suǒ，(用钥匙)开 kāi

'Aufschluß *m* 消息 xiāoxī，情报〔報〕qíngbào; j-m ~ geben 向某人提供情报; sich (*D*) ~ über etw. verschaffen 设法搞到某事的消息

'aufschneiden* I *vt* 1) 剪开〔開〕jiǎnkāi，切开 qiēkāi; 2) 切碎 qiēsuì; II *vi* 夸〔誇〕口 kuākǒu，吹牛皮 chuīniúpí

'Aufschnitt *m* (香肠、火腿、肉等切成的)肉片 ròupiàn

'auf|schnüren *vt* 解开〔開〕(绳结等) jiěkāi **~schrauben** *vt* 1) (用螺丝)拧〔擰〕紧〔緊〕níngjǐn; 2) 拧开〔開〕níngkāi **~schrecken** I *vt* 使大吃一惊〔驚〕shǐ dà chī yì jīng; II* *vi* (*s*) 惊起 jīngqǐ，吃惊 chījīng **~schreiben*** *vt* 写〔寫〕下 xiěxià，记下 jìxià **~schreien*** *vi* (突然短促地)叫喊 jiàohǎn

'Aufschrift *f* 1) 题词 tící，碑文 bēiwén; 2) (信上的)通讯处〔處〕tōngxùnchù; 3) 标〔標〕签〔簽〕biāoqiān

'Aufschub *m* 推迟〔遲〕tuīchí，延期 yánqī

'aufschwingen* *v sich* 1)跃〔躍〕起 yuèqǐ; 2) sich zu etw. ~ 鼓起勇气〔氣〕去做… gǔqǐ yǒngqì qù zuò …

'Aufschwung *m* 1) 振奋〔奮〕zhènfèn，上升 shàngshēng; 2) 景气〔氣〕jǐngqì，繁荣〔榮〕fánróng; einen ~ nehmen 繁荣起来

'aufsehen* *vi* 1) 仰视 yǎngshì，抬〔擡〕起目光 táiqǐ mùguāng; 2) zu j-m ~ 尊敬 zūnjìng，景仰 jǐngyǎng

'Aufsehen *n* -s; 轰动〔動〕hōngdòng，注目 zhùmù; ~ erregen 引起轰动

'Aufseher *m* 监〔監〕工 jiāngōng，看管人 kānguǎnrén

'aufsetzen I *vt* 1) 放在上面 fàng zài shàngmiàn; 2) 戴上(帽子等) dàishàng; 3) 草拟〔擬〕cǎonǐ; 4) sich ~ 坐起来〔來〕zuò qǐlai; II *vi* (飞机)降落 jiàngluò

'Aufsicht *f* -en 1) 监〔監〕督 jiāndū，监视 jiānshì; 看管 kānguǎn，照顾〔顧〕zhàogu; 2) 监督者 jiāndūzhě，看管者 kānguǎnzhě

'auf|sitzen* *vi* 骑上(马等) qíshàng **~spannen** *vt* 打开〔開〕dǎkāi，撑开 chēngkāi **~sparen** *vt* 省下 shěngxià; 留着 liúzhe **~sperren** *vt* 敞开〔開〕chǎngkāi; 张开 zhāngkāi; Mund und Augen ~ 目瞪口呆 **~spielen** I *vt, vi* 奏起(乐)来〔來〕zòu qǐlai; II *v sich* 1) 装〔裝〕腔作势〔勢〕zhuāngqiāng zuòshì; 2) sich als … ~ 装作…的样〔樣〕子 zhuāngzuò … de yàngzi **~spießen** *vt* 1) 叉起 chāqǐ，刺穿 cìchuān; 2) (用角)抵伤〔傷〕dǐshāng **~springen*** *vi* (*s*) 1) 跳起 tiàoqǐ; 2) (门)弹〔彈〕开〔開〕tánkāi; 3) 裂开 lièkāi; (皮肤)皲裂 jūnliè **~spüren** *vt* 搜出 sōuchū，追踪而发〔發〕现 zhuīzōng ér fāxiàn **~stampfen** *vt* 顿足 dùn zú，跺脚 duò jiǎo

'Aufstand *m* 起义〔義〕qǐyì，暴动〔動〕bàodòng

'aufständisch *adj* 起义〔義〕的 qǐyìde，暴动〔動〕的 bàodòngde

'Aufständische *m* -n; -n 起义〔義〕者 qǐyìzhě，暴动〔動〕者 bàodòngzhě

'auf|stapeln *vt* 1) 堆积〔積〕duījī; 2) 贮〔貯〕藏 zhùcáng **~stechen*** *vt* 刺开〔開〕cìkāi，刺破(脓疮等) cìpò **~stecken** *vt* 1)别住 biézhù; 2) 把(头发)绾起 bǎ… wǎnqǐ **~stehen*** *vi* (*s*) 1) 起立 qǐlì，起床 qǐchuáng，起身 qǐshēn; 2) 反抗 fǎnkàng; 3) (*h*) 开〔開〕着 kāizhe **~steigen*** *vi* (*s*) 1) 登上 dēngshàng，骑上 qíshàng; 2) (飞机)起飞〔飛〕qǐfēi **~stellen** *vt* 1) 设立 shèlì; 建立 jiànlì; 2) 布置(岗哨) bùzhì; 3) 提出 tíchū，制〔製〕订 zhìdìng; 4) 竖〔豎〕立 shùlì; 架起 jiàqǐ; 5) 提名(候选人) tímíng; 6) 开〔開〕列(帐单) kāiliè，列出(名单) lièchū; 7) 创〔創〕(记录) chuàng

'Aufstellung *f* 1) 建立 jiànlì; 2) 布置 bùzhì; 3)制〔製〕订 zhìdìng; 4) 提名 tímíng; 5) (开列)清单〔單〕qīngdān，报〔報〕表 bàobiǎo

'Aufstieg *m* -(e)s; -e 1) 上升 shàngshēng; 2) 提升 tíshēng，晋〔晉〕升 jìnshēng

'auf|stoßen* I *vt* 1) 撞开〔開〕 zhuàngkāi, 推开 tuīkāi, 踢开 tīkāi; 2) sich (*D*) etw. ～ 撞伤〔傷〕 zhuàngshāng, 碰伤 pèngshāng …; II *vi* (*h, s*) 打嗝 dǎgé, 打噎 dǎyē ～**streichen*** *vt* 涂〔塗〕上 túshàng, 抹上 mǒshàng (Butter 黄油)

'Aufstrich *m* (面包上的)涂〔塗〕层〔層〕 túcéng

'auf|stützen *vt* 1) 支住 zhīzhù; 2) 把 … 撑在 …上 bǎ … chēng zài … shàng; 3) sich auf (*A*) ～ 倚、靠 … yǐ、kào … ～**suchen** *vt* 拜访 bàifǎng ～**tauchen** *vi* (*s*) 1) 浮出(水面) fúchū; 2) 出现 chūxiàn, 露面 lòumiàn ～**tauen** I *vt* 使化成水 shǐ huàchéng shuǐ; II *vi* (*s*) 1) (冰、雪) 融化 rónghuà; 2) 变〔變〕得友善 biànde yǒushàn ～**teilen** *vt* 把 … 分完 bǎ … fēnwán, 均分 jūnfēn

'Auftrag *m* -(e)s; -e 1) 委托 wěituō; 任务〔務〕 rènwù; 2) (法律) 无〔無〕偿〔償〕委任契约 wúcháng wěirèn qìyuē; 3) 订货 dìnghuò

'auftragen* *vt* 1) 端上 (饭菜) duānshàng; 2) 涂〔塗〕抹 túmǒ; 3) 穿坏〔壞〕 chuānhuài; 4) j-m etw. ～ 委托某人做 … wěituō mǒurén zuò …

'Auftraggeber *m* -s;- 订户 dìnghù, 委托人 wěituōrén

'auf|treffen* *vi*(*s*) 撞到 … 上 zhuàngdào … shàng; 击〔擊〕中 jīzhòng ～**treiben*** *vt* 1) 卷〔捲〕起 juǎnqǐ, 扬〔揚〕起 yángqǐ; 2) 设法搞到 shèfǎ gǎodào, 筹〔籌〕措 chóucuò ～**trennen** *vt* 拆开〔開〕(缝活) chāikāi ～**treten*** *vi* (*s*) 1) 踏 tà, 踩 cǎi; 2) (演员)登台〔臺〕 dēngtái; (法律)出庭 chūtíng; als Zeuge ～ 出庭作证; 3)举〔舉〕止 jǔzhǐ, 表现 biǎoxiàn; 4) 出现 chūxiàn, 发〔發〕生 (困难) fāshēng

'Auftreten *n* -s; 1) 出现 chūxiàn, 发〔發〕生 fāshēng; 2) 举〔舉〕止 jǔzhǐ, 行为〔爲〕 xíngwéi

'Auftrieb *m* 1) 浮力 fúlì, 升力 shénglì; 2) 推动〔動〕 tuìdòng, 鼓舞 gǔwǔ; 3) 繁荣〔榮〕 fánróng

'Auftritt *m* 1) 登台〔臺〕(演出) dēngtái; 2) (戏剧中的) 场〔場〕 chǎng; 3) 争吵 zhēngchǎo

'auf|tun* *vt* 1) 张开〔開〕 zhāngkāi, 打开 dǎkāi; 2) 开设 kāishè; 3) sich ～ 打开 dǎkāi; 展现 zhǎnxiàn ～**wachen** *vi* (*s*) 醒来〔來〕 xǐnglāi ～**wachsen*** *vi* (*s*) 生长〔長〕 shēngzhǎng, 长大 zhǎngdà

'Aufwand *m* -(e)s; 1) 花费 huāfèi, 费用 fèiyòng; 2) 奢侈 shēchǐ, 浪费 làngfèi

'aufwärmen *vt* 把 … 重新煮热〔熱〕 bǎ … chóngxīn zhǔ rè

'aufwärts *adv* 向上 xiàngshàng, 往上 wǎngshàng

'auf|waschen* *vt* 洗 (食具) xǐ ～**wecken** *vt* 叫醒 jiàoxǐng, 吵醒 chǎoxǐng ～**weichen** I *vt* 1)泡软 pàoruǎn; 2) 使软化 shǐ ruǎnhuà; II *vi* (*s*) 变〔變〕软 biànruǎn ～**weisen*** *vt* 1) 指出 zhǐchū, 提及 tíjí; 2) 显〔顯〕出 xiǎnchū, 具有 jùyǒu ～**wenden(*)** *vt* 花费 huāfèi, 投入 tóurù; Mühe ～ 努力 nǔlì ～**wendig** *adj* 奢侈的 shēchǐde, 浪费的 làngfēide ～**werfen*** *vt* 1) 堆起 duīqǐ, 垒〔壘〕 lěi (Damm 堤); 2) 提出 tíchū (Frage 问题); 3) sich zu … ～以…自居 yǐ … zìjū ～**werten** *vt* 使(货币)升值 shǐ shēngzhí

'Aufwertung *f* -en (货币)升值 shēngzhí

'auf|wickeln *vt* 1) 卷〔捲〕起 juǎnqǐ; sich (j-m) die Haare ～ 给自己(某人)卷头发; 2)绕〔繞〕(线球) rào ～**wiegeln** *vt* 鼓动〔動〕 gǔdòng, 煽动 shāndòng ～**wiegen*** *vt* 补〔補〕偿〔償〕 bǔcháng, 抵消 dǐxiāo

'Aufwiegler *m* -s;- 鼓动〔動〕家 gǔdòngjiā, 煽动者 shāndòngzhě

'auf|wirbeln I *vt* 卷〔捲〕起 juǎnqǐ, 扬〔揚〕起 yángqǐ; II *vi* (*s*) 飞〔飛〕扬 fēiyáng ～**wischen** *vt* 擦净 cājìng, 擦干〔乾〕 cāgān ～**zählen** *vt* (逐一)点〔點〕数〔數〕 diǎnshù; 列举〔舉〕 lièjǔ ～**zehren** *vt* 吃光 chīguāng, 用尽〔盡〕 yòngjìn ～**zeichnen** *vt* 1) 画〔畫〕 huà; 2) 记下 jìxià, 记录〔錄〕 jìlù

'Aufzeichnung *f* 记录〔錄〕 jìlù, 记载 jìzǎi

'auf|zeigen *vt* 1) 说明 shuōmíng, 证〔證〕明 zhèngmíng; 2) 指出 zhǐchū (Fehler 错误) ～**ziehen*** I *vt* 1) 拉起(幕) lāqǐ, 升起(旗) shēngqǐ; 拉开〔開〕 lākāi; 2) 上紧〔緊〕(发条) shàngjǐn; 张紧(弦) zhāngjǐn; 3) 抚〔撫〕育(孩子) fǔyù; 饲养〔養〕 sìyǎng; 栽培 zāipéi; 4) 安排 ānpái, 组织〔織〕 zǔzhī; 5) 捉弄 zhuōnòng; j-n ～ 拿某人开玩笑; II *vi* (*s*) 1) (军队)开来〔來〕 kāilái, 列队〔隊〕行进〔進〕 lièduì xíngjìn; 2) (风暴)临〔臨〕近 línjìn

'Aufzucht *f* 饲养〔養〕 sìyǎng, 栽培 zāipéi

'Aufzug *m* 1) 起重机〔機〕 qǐzhòngjī, 电〔電〕梯 diàntī; 2) (戏剧)幕 mù; 3) 装〔裝〕束 zhuāngshù

'aufzwingen* *vt* j-m etw. ～ 把

…强加于〔於〕bǎ … qiǎngjiā yú, 迫使接受 pòshǐ jiēshòu

'**Augapfel** *m* 眼球 yǎnqiú

'**Auge** *n* -s; -n 1) 眼睛 yǎnjīng; ein ~ zudrücken 闭一只眼(装着没看见); mit bloßem ~ 肉眼; mit anderen ~n ansehen 另眼相看; im ~ behalten 注意观察,记住; ins ~ fallen 引起注意; große ~n machen (惊讶得)目瞪口呆; etw. ins ~ fassen 决心考虑做…; kein ~ zutun 没有合过眼; unter vier ~n 两人私下; 2) 视力 shìlì, 目光 mùguāng; in meinen ~n 照我看来; aus den ~n verlieren 不再看见; 3) 芽 yá, 芽眼 yáyǎn

'**Augen|arzt** *m* 眼科医〔醫〕生 yǎnkē yīshēng ~**blick** *m* 瞬间 shùnjiān, 霎时〔時〕shàshí; in diesem ~ 在此刻

'**augenblicklich** I *adj* 瞬间的 shùnjiānde, 霎时〔時〕的 shàshíde; 目前的 mùqiánde; II *adv* 立即 lìjí, 目前 mùqián

'**Augen|braue** *f* 眉毛 méimao ~**entzündung** *f* 眼炎 yǎnyán ~**licht** *n* 视力 shìlì, 目力 mùlì ~**lid** *n* 眼睑〔瞼〕yǎnjiǎn ~**maß** *n* 目测(能力) mùcè; nach dem ~ 用眼睛估计,凭眼测 ~**merk** *n* -(e)s; sein ~ auf j-n / etw. richten 注意、重视 … zhùyì、zhòngshì… ~**schein** *m* 外貌 wàimào, 外表 wàibiǎo; in ~ nehmen 检〔檢〕查 jiǎnchá, 查看 chákàn ~**wimper** *f* 睫毛 jiémáo ~**zeuge** *m* 目击〔擊〕者 mùjīzhě, 目睹者 mùdǔzhě

Au'**gust** *m* -(e)s (-); -e 八月 bāyuè

Aukti'**on** *f* -en 拍卖〔賣〕pāimài ~**ator** [..o'na:..] *m* -s; -en 拍卖人 pāimàirén

'**Aula** *f* ..len (-s) (学校的)礼〔禮〕堂 lǐtáng

aus I prp (*D*) 1) 从〔從〕… (里面)出来〔來〕、出去 cóng … chūlái、chūqu; 2)出身于〔於〕…chūshēnyú, 来源于…láiyuányú…; 3) 用 … 制〔製〕成 yòng … zhìchéng; 4) 由 … 变〔變〕成、产〔產〕生 yóu … biànchéng、chǎnshēng; 5)由于〔於〕yóuyú, 出于 chūyú; II *adv* 1) 完结 wánjié, 结束 jiéshù; die Sitzung ist ~ 会议结束了; das Feuer ist ~ 火灭了; es ist ~ mit ihm 他完了(毁了,死了); 2) 关〔關〕guān; Licht ~! 关灯! an — ~ 开 — 关; 3) von mir ~ 我不管(不关我事) wǒ bùguǎn; auf etw. ~ sein 追求、渴望 … zhuīqiú、kěwàng …; er weiß weder ein noch ~ 他不知如何是好

'**aus|arbeiten** *vt* 拟〔擬〕订 nǐdìng, 制〔製〕定 zhìdìng ~**arten** *vi* (*s*) 堕〔墮〕落 duòluò, 退化 tuìhuà ~**atmen** *vi, vt* 呼出 hūchū, 呼气〔氣〕hūqì ~**baggern** *vt* (用挖泥机)挖 wā, 疏浚 shūjùn

'**Ausbau** *m* -(e)s; -ten 1) 扩〔擴〕大 kuòdà, 扩建 kuòjiàn; 2) 竣工 jùngōng, 落成 luòchéng

'**aus|bauen** *vt* 1) 扩〔擴〕大 kuòdà, 扩建 kuòjiàn; 2) 改建 gǎijiàn; 3) 拆除 chāichú, 拆卸 chāixiè ~**bessern** *vt* 修理 xiūlǐ, 修补〔補〕xiūbǔ, 修缮 xiūshàn

'**Ausbeute** *f* -n 收获〔獲〕shōuhuò, 得益 déyì, 产〔產〕量 chǎnliàng

'**aus|beuten** *vt* 1) 开〔開〕采〔採〕kāicǎi; 2)剥削 bōxuē ~**bilden** *vt* 1) 形成 xíngchéng, 发〔發〕展 fāzhǎn; 2) 训练〔練〕xùnliàn, 培养〔養〕péiyǎng ~**bitten*** *vt* sich (*D*) etw. ~ (坚决)要求 yāoqiú ~**bleiben*** *vi* (*s*) 未到 wèidào, 缺席 quēxí

'**Ausblick** *m* 1) 眺望 tiàowàng, 景色 jǐngsè; 2) 展望 zhǎnwàng

'**aus|brechen*** I *vt* 1)掰出 bāichū; 2) 呕〔嘔〕吐 ǒutù; II *vi* (*s*) 1) (战争)暴发〔發〕bàofā, 突然发生 tūrán fāshēng; in Tränen ~ 突然哭起来; in Lachen ~ 突然笑起来; 2) 逃出 táochū ~**breiten** *vt* 1) 展开〔開〕zhǎnkāi, 铺开 pūkāi; 2) 伸展(臂,翼) shēnzhǎn; 3) 传〔傳〕播 chuánbō; 4) sich ~ 传开 chuánkāi ~**brennen*** I *vt* 1) 烧〔燒〕光 shāoguāng; 2) (医)烧灼 shāoshuó, 烙 lào; II *vi* (*s*) 烧完 shāowán, 烧毁 shāohuǐ

'**Ausbruch** *m* 1) (火山)暴发〔發〕bàofā; 2) (从监狱)逃出 táochū; 3) (感情的)爆发 bàofā; 发作 fāzuò; zum ~ kommen 突然发作

'**aus|brüten** *vt* 1) 孵 fū, 孵出 fūchū; 2) 策划〔劃〕cèhuà ~**bürgern** *vt* 取消 … 的国〔國〕籍 qǔxiāo … de guójí

'**Ausdauer** *f* 坚〔堅〕持 jiānchí; 耐力 nàilì

'**ausdauernd** *adj* 1) 不屈不挠〔撓〕的 bùqū bùráo de; 2) (植物)多年生的 duōniánshēngde

'**ausdehnen** *vt, v sich* 1) (使)扩〔擴〕大 kuòdà, (使) 膨胀〔脹〕péngzhàng; 2) 延伸 yánshēn

'**Ausdehnung** *f* 1) 扩〔擴〕大 kuòdà, 膨胀〔脹〕péngzhàng; 2)延伸 yànshēn

'**aus|denken*** *vt* 1) 想出 xiǎngchū; 2) 想象 xiǎngxiàng ~**drehen** *vt* 关〔關〕guān (Radio 收音机, Gas

煤气，Licht 电灯)

'**Ausdruck** *m* 1) -(e)s; 表示 biǎoshì, 表达〔達〕biǎodá; 2) -(e)s;¨e 词句 cíjù, 措词 cuòcí

'**ausdrücken** *vt* 1) 挤〔擠〕出 jǐchū, 榨 zhà, 压〔壓〕出 yāchū; 2) 表示 biǎoshì, 表达〔達〕biǎodá

'**ausdrücklich** *adj* 明确〔確〕的 míngquède, 强调的 qiángdiàode

'**ausdrücks|los** *adj* 没有表情的 méiyǒu biǎoqíng de, 呆板的 áibǎnde ~**voll** *adj* 富于〔於〕表情的 fù yú biǎoqíng de

'**Ausdrücksweise** *f* 表达〔達〕方式 biǎodá fāngshì

ausei'nander *adv* 彼此分开〔開〕bǐcǐ fēnkāi ~**bringen*** *vt* 分开〔開〕fēnkāi, 使分离〔離〕shǐ fēnlí ~**gehen*** *vi* (*s*) 1)分离〔離〕fēnlí, 分散 fēnsàn; die Versammlung geht auseinander 会议散了; 2) (意见)分歧 fēnqí; 3) (道路)岔开 chàkāi ~**nehmen*** *vt* 拆开〔開〕chāikāi, 拆散 chāisàn; 拆卸 chāixiè ~**setzen** *vt* 1) 解释〔釋〕jiěshì, 说明 suōmíng; 2) sich mit j-m ~ 与〔與〕…辨明是非 yǔ … biànmíng shìfēi; sich mit einem Problem ~ 深入研究问题 shēnrù yánjiū wèntí

'**Ausei'nandersetzung** *f* -en 1) 解释〔釋〕jiěshì, 说明 suōmíng; 2) 讨论〔論〕tǎolùn; 3) 争论 zhēnglùn, 分歧 fēnqí; kriegerische ~ 军事上的冲突

'**aus|erlesen** *adj* 精选〔選〕的 jīngxuǎnde, 上等的 shàngděngde ~**erwählen** *vt* 选〔選〕出 xuǎnchū, 选定 xuǎndìng ~**fahren*** I *vi* (*s*) 1) (乘车)出游 chūyóu; 2) (车)驶出 shǐchū, (船)离〔離〕港 lígǎng; II *vt* 1) (推童车或驾车)带〔帶〕…出游 dài…chūyóu; 2) 留下辙迹 liúxià zhéjì; 3) (飞机)放下(起落架) fàngxià

'**Ausfahrt** *f* 1) 驶出 shǐchū; 2) (乘车)出游 chūyóu; 3) (车、船的)驶出口 shǐchūkǒu

'**Ausfall** *m* 1) 脱落 tuōluò; 2) 损失 sǔnshī, 亏〔虧〕损 kuīsǔn; 3) 攻击〔擊〕gōngjī, 诽谤 fěibàng; 4) 不举〔舉〕行 bù jǔxíng

'**ausfallen*** *vi* (*s*) 1) 脱落 tuōluò; 2)不举〔舉〕行 bù jǔxíng, 取消 qǔxiāo; ~ lassen 取消; die Schule fällt aus 学校停课; 3) 结果 jiéguǒ ~**d** *adj* 无〔無〕礼〔禮〕的 wúlǐde, 攻击〔擊〕的 gōngjīde, 诽谤的 fěibàngde

'**ausfertigen** *vt* 拟〔擬〕就 nǐjiù, 签〔簽〕发〔發〕qiānfā

'**Ausfertigung** *f* -en 1) 拟〔擬〕就 nǐjiù, 签〔簽〕发〔發〕qiānfā; 2) 文本 wénběn, 份 fèn; in doppelter ~ 一式两份

'**ausfindig** *adj* ~ machen (经过一番周折)找到 zhǎodào

'**Ausflucht** *f* ¨e 1) 借口 jièkǒu; 2) 躲避 duǒbì, 逃避 táobì

'**Ausflug** *m* 远〔遠〕足 yuǎnzú, 短途旅行 duǎntú lǚxíng

'**Ausflügler** *m* -s; - 远〔遠〕足者 yuǎnzúzhě, 旅游者 lǚyóuzhě

'**ausfragen** *vt* 询问 xúnwèn, 追问 zhuīwèn

'**Ausfuhr** *f* -en 出口 chūkǒu ~**artikel** *m* 出口项目 chūkǒu xiàngmù

'**ausführen** *vt* 1) 实〔實〕施 shíshī, 执〔執〕行 zhíxíng; 2) 出口 chūkǒu, 输出 shūchū; 3) 带〔帶〕…出去 dài … chūqù

'**ausführlich** I *adj* 详细的 xiángxìde, 详尽〔盡〕的 xiánjìnde; II *adv* 详细地 xiángxìde

'**Ausführung** *f* 1) 实〔實〕施 shìshì, 执〔執〕行 zhíxíng; 2) (详细)解释〔釋〕jiěshì, 论〔論〕述 lùnshù; 3) 样〔樣〕式 yàngshì, 型 xíng

'**ausfüllen** *vt* 1) 填充 tiánchōng, 填满〔滿〕tiánmǎn; 2) 填写〔寫〕tiánxiě; 3) 担任(职务) dānrèn, 完成 wánchéng

'**Ausgabe** *f* 1) 分发〔發〕fēnfā, 发行 fāxíng; 发布 fābù; 2) 版本 bǎnběn; (报刊的)期 qī; 3) 支出 zhīchū; 4) 发货处〔處〕fāhuòchù

'**Ausgang** *m* 1) 外出 wàichū, 外出日 wàichūrì; 2) 出口处〔處〕chūkǒuchù; 3) 结果 jiéguǒ, 结局 jiéjú; 4) 开〔開〕始 kāishǐ, 出发〔發〕点〔點〕chūfādiǎn ~**spunkt** *m* 出发点 chūfādiǎn

'**ausgeben*** *vt* 1) 分发〔發〕fēnfā, 发布(命令) fābù; 2) 支出 zhīchū, 花费 huāfèi; 3) 发行 fāxíng, 发售 fāshòu; 4) sich für … ~ 冒充、自称〔稱〕是… màochōng、zìchēng shì…

'**ausge|beult** *adj* 松〔鬆〕垂的 sōngchuíde ~**dehnt** *adj* 扩〔擴〕大的 kuòdàde, 广〔廣〕大的 guǎngdàde, 广泛的 guǎngfànde ~**dient** *adj* 1) 用坏〔壞〕了的 yòng huài le de; 2) 退役的 tuìyìde (Soldat 士兵) ~**fallen** *adj* 奇特的 qítède, 古怪的 gǔguàide

'**ausgehen*** *vi* (*s*) 1) 外出 wàichū; 出外游玩 chūwài yóuwán; 2) 结束 jiésù, 结果(是) jiéguǒ; gut ~ 结果很好; 3)退色 tuìshǎi; 4) (头发)脱落 tuōluò; 5) (钱、食物)用尽〔盡〕yòngjìn; 6) (auf *A*) 目的在于mùdì zàiyú; 7) (von) 从

〔從〕…出发〔發〕cóng … chūfā, 出自 chūzì, (散)发出 fāchū; 8) leer ~ 一无〔無〕所得 yīwú suǒdé

'ausge|lassen *adj* 嬉戏〔戲〕的 xīxìde, 爱〔愛〕闹〔鬧〕的 àinàode; 兴〔興〕高采〔彩〕烈的 xìnggāocǎiliède **~nommen** *prp* 除…外 chú…wài; Anwesende ~ 除在场的外 **~prägt** *adj* 明显〔顯〕的 míngxiǎnde, 突出的 tūchūde **~rechnet** *adv* 偏偏 piānpiān; ~ er 偏偏是他; ~ heute 偏偏是今天 **~schlossen** *adj* 不可能的 bùkěnéngde **~sucht** *adj* 精选〔選〕的 jīngxuǎnde, 优〔優〕良的 yōuliángde **~zeichnet** *adj* 优〔優〕秀的 yōuxiùde, 杰〔傑〕出的 jiéchūde

'ausgiebig *adj* 1) 丰〔豐〕富的 fēngfùde, 丰盛的 fēngshèngde; 2) 极〔極〕多的 jíduōde, 充分的 chōngfènde

'ausgießen* *vt* (把液体)倒出 dàochū, 倒空 dàokōng

'Ausgleich *m* -(e)s; -e 1) 平衡 pínghéng, 均衡 jūnhéng; 2) 和解 héjiě, 调解 tiáojiě; 3) 补〔補〕偿〔償〕bǔcháng; 4) (球赛) 平局 píngjú

'aus|gleiten* *vi* (*s*) 滑倒 huádǎo, 失足 shīzú **~graben*** *vt* 1)掘出 juéchū, 挖出 wāchū; 2) 发〔發〕掘(被遗忘的东西) fājué

'Ausguß *m* (厨房内) 洗涤〔滌〕槽 xǐdícáo

'aus|halten* I *vt* 1) 忍耐 rěnnài, 忍受 rěnshòu; 2) (音乐)延长〔長〕yáncháng (Note 音符); II *vi* 坚〔堅〕持 jiānchí; bis zum Ende ~ 坚持到底 **~händigen** *vt* 把…交给 bǎ … jiāogěi

'Aushang *m* 布〔佈〕告 bùgào, 招贴 zhāotiē, 广〔廣〕告 guǎnggào

'aushängen I *vt* 1) 挂〔掛〕出 guàchū; 贴出 tiēchū; 2) 把(门)从〔從〕合页上卸下 bǎ … cóng héyè shàng xièxià; II* *vi* 挂出 guàchū, 贴出 tiēchū

'Aushängeschild *n* 招牌 zhāopai; 布〔佈〕告板 bùgàobǎn

'aus|harren *vi* 坚〔堅〕持 jiānchí **~heben*** *vt* 1) 挖wā (Grab 沟); 2) (从合页等)卸下 xièxià (Tür 门); 3) 征募(新兵) zhēngmù; 4) 挖出 wāchū, 铲〔鏟〕出 chǎnchū (Erde 泥土); 5) 掏(鸟窝) tāo; ein Diebesnest ~ 捣毁贼窝 **~helfen*** *vi* j-m ~ 接济〔濟〕、资助 … jiējì、zīzhù …

'Aushilfe *f* 临〔臨〕时〔時〕工 línshígōng, 替工 tìgōng

'aus|holen I *vi* 1) (举手要)打 dǎ, 威胁〔脅〕wēixié; 2) 追述 zhuīshù; weit ~ 从很久以前说起; II *vt* 探听〔聽〕tàntīng, 盘〔盤〕问 pánwèn **~horchen** *vt* 探听〔聽〕tàntīng, 打听 dǎtīng **~hungern** *vt* 使饥〔饑〕饿 shǐ jī'è **~kennen*** *v sich* 熟悉 shúxī, 精通 jīngtōng; er kennt sich aus 他有鉴别力 **~klopfen** *vt* 1) 拍、敲干〔乾〕净 pāi、qiāo gānjìng; 2) 拍、敲掉 pāi、qiāodiào **~kommen*** *vi* (*s*) 1) mit etw. ~… 够用 gòuyòng; 2) mit j-m ~ 与〔與〕…相处〔處〕yǔ … xiāngchǔ; 3) ohne j-n/etw. ~ 不需要、不依靠… bù xūyào、bù yīkào…

'Auskommen *n* -s; 生计 shēngjì, 收入 shōurù

'auskundschaften *vt* 1) 打听〔聽〕出 dǎtīngchū; 2)侦察出 zhēncháchū

'Auskunft *f* ⁓e 1) 答询 dáxún, 回答 huídá, 说明 shuōmíng; 2) 问讯处〔處〕wènxùnchù

'aus|lachen *vt* 嘲笑 cháoxiào **~laden*** *vt* 1) 卸(货、车) xiè; 2) 撤回 chèhuí, 取消对〔對〕…的邀请 qǔxiāo duì … de yāoqǐng

'Auslage *f* 1) 陈〔陳〕列品 chénlièpǐn; 2)橱窗 chúchuāng; 3) *pl* 垫〔墊〕款 diànkuǎn, 支出 zhīchū

'Ausland *n* -(e)s; 外国〔國〕wàiguó

'Ausländer *m* -s; -, **~in** *f* -nen 外国〔國〕人 wàiguórén

'ausländisch *adj* 1) 外国〔國〕的 wàiguóde; 2) (植物)外国种〔種〕的 wàiguózhǒngde

'auslassen* *vt* 1) 放出 fàngchū (Wasser 水); 2) 熔化 rónghuà (Butter 黄油), 炼〔煉〕(油) liàn; 3)放长〔長〕fàngcháng, 放大 fàngdà; 4) 遗漏 yílòu, 忽略 hūlüè; 5) 不穿 bùchuān, 不戴 bùdài; 不开〔開〕(灯等) bùkāi, 不生(炉子) bùshēng; 6) 发〔發〕泄 fāxiè; seinen Zorn an j-m ~ 向某人发泄怒气; 7) sich über (*A*) ~ 对〔對〕…发表意见 duì … fābiǎo yìjiàn, 谈论〔論〕… tánlùn …

'Auslassung *f* -en 1) 省略 shěnglüè; 2) 谈论〔論〕tánlùn; 发〔發〕表的意见 fābiǎo de yìjiàn **~szeichen** *n* 撇号〔號〕piěhào; 省字号 shěngzìhào

'aus|laufen* *vi* (*s*) 1) 流出 liúchū, 流空 liúkōng; 2) 结束 jiéshù; 3) (机器)减速停止 jiǎnsù tíngzhǐ; 4) 启〔啓〕航 qǐháng, 开〔開〕船 kāichuán **~leeren** *vt* 使成为〔爲〕空的 shǐ chéngwéi kōngde **~legen** *vt* 1) 陈〔陳〕列 chénliè, 展示 zhǎnshì; 2) 解释〔釋〕jiěshì;

3)垫〔墊〕付 diànfù **~leihen*** *vt* 把…借给 bǎ … jiègěi **~lernen** *vi* 期满学〔學〕成 qīmǎn xuéchéng, 满师〔師〕mǎnshī; man lernt nie aus 学无止境

'**Auslese** *f* 1) 选〔選〕拔 xuǎnbá, 挑选 tiāoxuǎn; 2) 精华〔華〕jīnghuá

'**aus|lesen*** *vt* 1)挑选〔選〕(好的) tiāoxuǎn; 剔除(坏的) tīchú; 2) 读〔讀〕完 dúwán (Buck 书) **~liefern** *vt* 1) 移交 yíjiāo, 交出 jiāochū; 2) 引渡 yíndù; 3) j-m/einer Sache ausgeliefert sein 听〔聽〕任…摆〔擺〕布 tīngrèn … bǎibu **~liegen*** *vi* 陈〔陳〕列 chénliè **~löschen** *vt* 1) 使熄灭〔滅〕shǐ xīmiè; 扑〔撲〕灭 pūmiè; 2) 擦去 cāqù; 3) 使消失 shǐ xiāoshī, 清除 qīngchú **~losen** *vt* 抽签〔簽〕决定 chōuqiān juédìng **~lösen** *vt* 1) (机器)放出 fàngchū, 解开〔開〕jiěkāi; den Fliegeralarm ~ 放空袭警报; 2) 赎〔贖〕回 shúhuí; 3) 引起 yǐnqǐ, 唤起 huànqǐ

'**Auslöser** *m* -s; - 1) 释〔釋〕放装〔裝〕置 (如断电器、脱扣器等) shìfàng zhuāngzhì; 2) (尤指摄影机的)板机〔機〕bānjī

'**aus|machen** *vt* 1) 认〔認〕出 rènchū, 看见 kànjiàn; 2) 共计 gòngjì; 3) 有关〔關〕系〔係〕yǒu guānxì, 意味着 yìwèizhe; das macht nichts aus 这没关紧要; würde es Ihnen etwas ~, wenn…? 如果…这对您行吗? 4) 关 guān, 熄灭〔滅〕xīmiè; 5) 商定 shāngdìng, 约定 yuēdìng **~malen** *vt* 1)着色 zhuósè, 粉刷 fěnshuā; 2) sich (*D*) etw. ~ 想象… xiǎngxiàng…

'**Ausmaß** *n* 1) 尺寸 chǐcùn; 大小 dàxiǎo, 长(宽、深)度 chángdù; 2) 范〔範〕围〔圍〕fànwéi, 程度 chéngdù

'**aus|merzen** *vt* 消除 xiāochú, 根除 gēnchú **~messen*** *vt* 测量 cèliáng

'**Ausnahme** *f* -n 例外 lìwài

'**ausnahmsweise** *adv* 作为〔爲〕例外 zuòwéi lìwài, 例外地 lìwàide

'**ausnehmen*** *vt* 1) 取出 qǔchū, 把…掏空 bǎ … tāokōng; 2) 诈取 zhàqǔ; 3) 除外 chúwài, 把…当作例外 bǎ … dàngzuò lìwài **~d** I *adj* 特别的 tèbiéde, 格外的 géwàide; II *adv* 极〔極〕端地 jíduānde, 非常 fēicháng

'**aus|nutzen** *vt* 1) 利用 lìyòng; 2) 榨取 zhàqǔ **~packen** I *vt* 打开〔開〕(包裹等) dǎkāi; II *vi* 说出 shuōchū, 吐露 tǔlù **~pfeifen*** *vt* 发〔發〕嘘声〔聲〕反对〔對〕fā xūshēng fǎnduì, 喝倒彩 hè dàocǎi **~plaudern** *vt* 泄露(秘密) xièlù **~probieren** *vt* 试验〔驗〕shìyàn, 试用 shìyòng

'**Auspuff** *m* -(e)s; -e (汽车)排气〔氣〕管 páiqìguǎn **~topf** *m* (汽车)消音器 xiāoyīnqì

'**aus|quartieren** *vt* 把…从〔從〕住地逐出 bǎ … cóng zhùdì zhúchū **~radieren** *vt* 擦掉 cādiào, 抹掉 mǒdiào **~rangieren** [..rɛ̃ʒiː..] *vt* 淘汰 táotài, 抛弃〔棄〕pāoqì **~rauben** *vt* 洗劫 xǐjié, 把…抢〔搶〕劫一空 bǎ … qiǎngjié yīkōng **~räumen** *vt* 1) 使成为〔爲〕空的 shǐ chéngwéi kōngde, 出空 chūkōng; 2) 搬出 bānchū, 搬空 bānkōng, 腾空 téngkōng **~rechnen** *vt* 算出 suànchū

'**Ausrede** *f* 借口 jièkǒu

'**ausreden** I *vi* 说完 shuōwán; j-n ~ lassen 让人把话说完; II *vt* j-m etw. ~ 劝〔勸〕阻某人做… quànzǔ mǒurén zuò …

'**ausreichen** *vi* 足够 zúgòu, 够用 gòuyòng **~d** *adj* 足够的 zúgòude, 充分的 chōngfènde

'**Ausreise** *f* 1) 出国〔國〕旅行 chūguó lǚxíng, 出境 chūjìng; 2) 航海 hánghǎi, 航行 hángxíng

'**aus|reißen*** I *vt* 拔出 báchū, 拔掉 bádiào; II *vi* (*s*) 逃跑 táopǎo, 逃走 táozǒu **~renken** *vt* 使(骨胳)脱位 shǐ tuōwèi **~richten** *vt* 1) 弄直 nòngzhí, 使(在一行内)排直 shǐ páizhí; 2) 校准 jiàozhǔn; 调整 tiáozhěng; 3) 转〔轉〕达〔達〕zhuǎndá, 转告 zhuǎngào; richte ihr einen Gruß von mir aus! 请向她转达我的问候! 4) 达到 dádào, 取得效果 qǔdé xiàoguǒ; 5) 筹〔籌〕备〔備〕chóubèi, 主办〔辦〕zhǔbàn **~rotten** *vt* 根除 gēnchú; 灭〔滅〕绝 mièjué

'**Ausruf** *m* 叫喊 jiàohǎn, 惊〔驚〕呼 jīnghū

'**ausrufen*** I *vi* (由于惊讶、高兴等)大叫 dàjiào, 大声〔聲〕说 dàshēng shuō; II *vt* 宣告 xuāngào, 宣布〔佈〕xuānbù

'**Ausrufezeichen** *n* 感叹〔嘆〕号〔號〕gǎntànhào

'**aus|ruhen** I *vt* 让〔讓〕…休息 ràng … xiūxi; II *vi*, *v sich* 休息 xiūxi **~rüsten** *vt* 装〔裝〕备〔備〕zhuāngbèi

'**Aussage** *f* 1) 陈〔陳〕述 chénshù, 声〔聲〕明 shēngmíng; 2) 证〔證〕词 zhèngcí; 3) (语法)谓语 wèiyǔ

'**aussagen** I *vt* 1) 陈〔陳〕述 chénshù, 声〔聲〕明 shēngmíng; 2) (宣誓)证〔證〕明 zhèngmíng; II *vi* 作证 zuòzhèng

'**Aussatz** *m* -es; 麻疯〔瘋〕病 máfēngbìng

'**ausschalten** *vt* 1) 排除 páichú, 消除 xiāochú; 2) 使断〔斷〕路 shǐ duànlù, 关〔關〕(灯等) guān

'**Ausschank** *m* -(e)s; ⸚e 1) (酒的)零售 língshòu; 2) 小酒店 xiǎo jiǔdiàn

'**Ausschau** *f* nach (*D*) ~ halten 张〔張〕望、等待… zhāngwàng、děngdài …

'**ausscheiden*** I *vt* 1) 排泄 páixiè, 分泌 fēnmì; 2) 分离〔離〕 fēnlí, 离析 líxī; II *vi* (*s*) 1)退出 tuìchū, 退职〔職〕 tuìzhí (aus *D*); 2) 排除在外 páichú zài wài; 3) 退出比赛 tuìchū bǐsài, 淘汰 táotài

'**Ausscheidung** *f* 1) 排泄 páixiè; 2) 排泄物 páixièwù; 3) (体育)预赛 yùsài, 淘汰赛 táotàisài

'**aus|schimpfen** *vt* (厉声)责骂〔罵〕 zémà ~**schlafen*** I *vi* 睡够 shuìgòu; II *vt* 用睡眠消除 yòng shuìmián xiāochú

'**Ausschlag** *m* 1) (医) 发〔發〕疹 fāshěn; 2) (指针的) 偏转〔轉〕 piānzhuàn; 3) den ~ geben 起决定性作用 qǐ juédìngxìng zuòyòng

'**ausschlagen*** I *vt* 1) 打掉 dădiào, 打落 dăluò; 2) 裱褙 biǎobèi; 3) 拒绝 jùjué; II *vi* 1) (*h*) (马)踢 tī; 2) (*h*) (指针)偏转〔轉〕 piānzhuàn; 3) (*h, s*)发〔發〕芽 fāyá

'**ausschlaggebend** *adj* 决定性的 juédìngxìngde

'**ausschließen*** *vt* 1) 关〔關〕在门〔門〕外 guān zài ménwài; 2) 除外 chúwài; 排除(可能性) páichú; 3) 开〔開〕除 kāichú; 4) (体育)取消…的比赛资格 qǔxiāo… de bǐsài zīge

'**ausschließlich** *adj* 惟一的 wéiyīde, 独〔獨〕有的 dúyǒude

'**Ausschluß** *m* 1) 除外 chúwài; 排除 páichú; unter ~ der Öffentlichkeit 在不公开的情况下; 2) 开〔開〕除 kāichú; 3) 取消比赛资格 qǔxiāo bǐsài zīge

'**ausschmücken** *vt* 1) 装〔裝〕饰 zhuāngshì; 2) 润色 rùnsè

'**Ausschnitt** *m* 1) 剪下的部分 jiǎnxiàde bùfen; 2) 领口 lǐngkǒu; 3) 片段 piànduàn

'**aus|schreiben*** *vt* 1)全部写〔寫〕出(不缩写) quánbù xiěchū (Wort 词); 2) 抄出 chāochū; 3) 填写 tiánxiě; 开〔開〕(药方等)kāi; 4) 公布 gōngbù ~**schreiten*** I *vi*(*s*) 阔步前进〔進〕 kuòbù qiánjìn; II *vt* 步测 bùcè

'**Ausschreitung** *f* -en 1) 暴力行动〔動〕 bàolì xíngdòng; 2) 放纵〔縱〕 fàngzòng

'**Ausschuß** *m* 1) 废〔廢〕品 fèipǐn, 次品 cìpǐn; 2) 委员会〔會〕 wěiyuánhuì, 理事会 lǐshìhuì

'**aus|schütteln** *vt* 抖掉 dǒudiào, 抖净 dǒujìng ~**schütten** *vt* 1) 倒出 dàochū, 倒空 dàokōng; 2) 分发〔發〕(红利) fēnfā; 3) j-m sein Herz ~ 向…倾诉衷肠〔腸〕 xiàng … qīngsù zhōngcháng ~**schweifend** *adj* 无〔無〕节〔節〕制的 wújiézhìde, 放荡〔蕩〕的 fàngdàngde

'**Ausschweifung** *f* 放荡〔蕩〕不羁的行为〔爲〕 fàngdàng bùjī de xíngwéi

'**aussehen*** *vi* 1) 看上去 kàn shàngqù, 看样〔樣〕子 kàn yàngzi; wie sieht er aus? 他看上去怎么样? 2) 似乎 sìhu, 好象 hǎoxiàng; es sieht nach Regen aus 天好象要下雨

'**Aussehen** *n* -s; 外表 wàibiǎo, 容貌 róngmào, 外貌 wàimào

'**außen** *adv* 在外边〔邊〕 zài wàibiān; von ~ her 从外边来; nach ~ (hin) 到外边去

'**aussenden(*)** *vt* 1) 派出 pàichū, 派遣 pàiqiǎn; 2) 发〔發〕射 fāshè, 放射 fàngshè

'**Außen|handel** *m* 对〔對〕外贸易 duìwài màoyì ~**minister** *m* 外交部长〔長〕 wàijiāo bùzhǎng ~**ministerium** *n* 外交部 wàijiāobù ~**politik** *f* 对外政策 duìwài zhèngcè ~**seite** *f* 1) 外部 wàibù; 外面 wàimiàn; 2) 外表 wàibiǎo ~**seiter** *m* -s; - 局外人 júwàirén ~**stände** *pl* 未偿〔償〕债务〔務〕 wèicháng zhàiwù

'**außer** I *prp*(*D*) 在…外 zài … wài; 除…之外 chú … zhī wài; (vor Freude) ~ sich sein (高兴的)失常 shīcháng, 发〔發〕狂 fākuáng; II *cj* ~ daß 除了 chúle; ~ wenn 除非 chúfēi ~**dem** *cj* 此外 cǐwài, 而且 érqiě

'**äußere** *adj* 1) 外部的 wàibùde, 外面的 wàimiànde; 2) 外来〔來〕的 wàiláide; 3) 外表的 wàibiǎode

'**Äußere** *n* -n; -n 外表 wàibiǎo, 外貌 wàimào

'**außer|gewöhnlich** *adj* 异〔異〕常的 yìchángde, 非常的 fēichángde, 非凡的 fēifánde ~**halb** I *prp* (*G*) 在…外 zài … wài; II *adv* 在外面 zài wàimiàn, 在城外 zài chéngwài

'**äußerlich** *adj* 1) 外部的 wàibùde, 外表的 wàibiǎode, 表面的 biǎo-

miànde; 2) 外用的 wàiyòngde
'**Äußerlichkeit** *f* -en 外表 wàibiǎo, 非本质〔質〕fēi běnzhì
'**äußern** *vt* 1) 说出 shuōchū, 表明 biǎomíng; 2) sich ～ 表现出来〔來〕biǎoxiàn chūlai; sich über etw. ～ 对…发表意见、表态
'**außerordentlich** *adj* 1) 异〔異〕常的 yìchángde, 非凡的 fēifánde; 2) 特别的 tèbiéde
'**äußerst** I *adj* 1) 最远〔遠〕的 zuìyuǎnde; 最大的 zuìdàde; 极〔極〕度的 jídùde; 2)极端主义〔義〕的 jíduānzhǔyìde; II *adv* 极 jí, 极端 jíduān
'**außerstande** *adj* ～ sein 不能(办到) bù néng
'**Äußerung** *f* -en (发表的) 意见〔見〕yìjiàn, 表态〔態〕biǎotài
'**aussetzen** I *vt* 1) 放置 fàngzhì; 放下(小艇) fàngxià; 2) 允诺(报酬等) yǔnnuò; 支付(养老金) zhīfù; (死后)遗赠 yízèng; 3) 扔弃〔棄〕(婴儿) rēngqì; 4) 使遭受 shǐ zāoshòu; j-n (sich) einer Gefahr ～ 使某人(自己)遭受危险; 5) etw. an (*D*) ～ 埋怨 mányuàn, 批评 pīpíng; er hat an allem etwas auszusetzen 他对什么都要埋怨; an seiner Arbeit ist nichts auszusetzen 对他的工作没什么可批评的; II *vi* 停止 tíngzhǐ, 中断〔斷〕zhōngduàn
'**Aussicht** *f* -en 1) 眺望 tiàowàng; 景色 jǐngsè; 2) 指望 zhǐwang, 前景 qiánjǐng; in ～ haben 可望得到
'**aussichts|los** *adj* 没有希望的 méiyǒu xīwàng de, 绝望的 juéwàngde ～**reich** *adj* 有前途的 yǒu qiántú de, 有希望的 yǒu xīwàng de
'**aus|söhnen** *vt* 1) 和解 héjiě; 2) sich mit j-m ～ 与〔與〕…和解 yǔ … héjiě; 3) sich mit etw. ～ 安于 ānyú, 迁〔遷〕就 qiānjiù ～-**sondern** *vt* 挑出 tiāochū; 剔除 tīchú ～**spannen** I *vt* 1) 张〔張〕开〔開〕zhāngkāi; 2) 卸(牲口等) xiè; 3) 诱走 yòuzǒu; 抢〔搶〕走 qiǎngzǒu; II *vi* 休息 xiūxi, 休养〔養〕xiūyǎng ～**sperren** *vt* 1)关〔關〕在门〔門〕外 guān zài ménwài; 2) 解雇〔僱〕jiěgù, 开除(罢工者) kāichú ～**spielen** I *vt* 1) 出(牌) chū; 2) j-n gegen j-n ～ 利用(相争以便从中取利) lìyòng; II *vi* 1) 先出牌 xiānchū pái; 2) ausgespielt haben 大势〔勢〕已去 dàshì yǐqù, 完蛋了 wándànle ～**spionieren** *vt* 侦出 zhēnchū, 探出 tànchū
'**Aussprache** *f* 1) 发〔發〕音 fāyīn; 2) 谈话 tánhuà
'**aussprechen*** I *vt* 1) 发〔發〕音 fāyīn; 2) 说话 shuōhuà, 表示 biǎoshì; sich für/gegen j-n/etw. ～ 表示赞成、反对…; II *vi* 说完 shuōwán
'**Ausspruch** *m* 名言 míngyán, 格言 géyán
'**aus|spucken** *vi*, *vt* 吐出 tǔchū; 吐唾沫 tǔ tuòmò ～**spülen** *vt* 冲洗 chōngxǐ, 冲净 chōngjìng
'**Ausstand** *m* 罢〔罷〕工 bàgōng; in den ～ treten 开始罢工
'**ausstatten** *vt* 1) 装〔裝〕备〔備〕zhuāngbèi, 配备 pèibèi; (用家具等)布置 bùzhì; 2) 供给 gōngjǐ, 赋予 fùyǔ; 3) 给…嫁妆〔妝〕gěi … jiàzhuang; 4) 装帧(书籍) zhuāngzhèng
'**Ausstattung** *f* -en 1) 装〔裝〕备〔備〕zhuāngbèi, 配备 pèibèi; 2) 家具 jiājù; 3) 嫁妆〔妝〕jiàzhuang; 4) (书的)装帧 zhuāngzhèng, 装潢 zhuānghuáng
'**aus|stechen*** *vt* 1) 挖出(洞、沟等) wāchū; 铲〔鏟〕除 chǎnchú; 2) 戳坏〔壞〕(眼睛) chuōhuài; 3) 排挤〔擠〕páijǐ ～**stehen*** I *vi* (支付的款项)未收回 wèi shōuhuí; II *vt* 忍受 rěnshòu ～**steigen*** *vi* (*s*) (从车、舟上)下来〔來〕xiàlái ～**stellen** *vt* 1) 展出 zhǎnchū, 陈列 chénliè; 2)开〔開〕kāi (Quittung 发票, Rechnung 帐单), 签〔簽〕发〔發〕qiānfā (Paß 护照)
'**Ausstellung** *f* 展览〔覽〕会〔會〕zhǎnlǎnhaì
'**aussterben*** *vi* (*s*) 1) 绝种〔種〕juézhǒng, 灭〔滅〕绝 mièjué; 2) 消失 xiāoshī
'**Aussteuer** *f* 嫁妆〔妝〕jiàzhuang
'**Ausstieg** *m* -(e)s; -e (下)车〔車〕门〔門〕chēmén
'**aus|stopfen** *vt* 填塞 tiánsāi ～-**stoßen*** *vt* 1)驱〔驅〕逐 qūzhú, 赶〔趕〕出 gǎnchū, 开〔開〕除 kāichú; 2) 说出 shuōchū, 发〔發〕出 fāchū (Schrei 叫声, Seufzer 叹息); 3) (军队)把…撤职〔職〕bǎ … chèzhí ～**strahlen** *vt*, *vi* 1) 放射 fàngshè, 散发〔發〕sànfā; 2) 播送 bōsòng ～**strecken** *vt* 伸展 shēnzhǎn, 伸出 shēnchū; 直躺 zhí tǎng ～**streichen*** *vt* 1) 抹去 mǒqù, 划〔劃〕掉 huàdiào; 2) 熨平 yùnpíng ～**strömen** I *vi* (*s*) 泄出 xièchū, 流出 liúchū; II *vt* 散发〔發〕出 sànfāchū ～**suchen** *vt* 挑选〔選〕tiāoxaǎn, 选出 xuǎnchū
'**Austausch** *m* 交换 jiāohuàn; 交

流 jiāoliú

'aus|tauschen *vt* 交换 jiāohuàn; 交流 jiāoliú ~**teilen** *vt* 分发〔發〕fēnfā; 给予 jǐyǔ

'Auster *f* -n 牡蛎〔蠣〕mǔlì

'austragen* *vt* 1) 投递〔遞〕(信件等) tóudì; 2) 进〔進〕行(比赛以决胜负) jìnxíng

Au'stralier *m* -s; - 澳大利亚〔亞〕人 àodàlìyà rén

au'stralisch *adj* 澳大利亚〔亞〕的 àodàlìyàde

'aus|treiben* *vt* 1) 赶〔趕〕(牲口到牧场) gǎn; 2) 驱〔驅〕逐 qūzhú; 3) 驱除 qūchú (Teufel 鬼); 4) j-m etw. ~使某人戒除、改掉… shǐ mǒnrén jièchú、gǎidiào … ~**treten*** I *vt* 1)踩灭〔滅〕cǎimiè; 2) (因踩踏而)损坏〔壞〕sǔnhuài; II *vi* (*s*) 1) 出现 chūxiàn; 2) (河水)溢出 yìchū; 3) (自动)退出 tuìchū (aus einem Verein 一团体); 4) 上厕所 shàng cèsuǒ ~**trinken*** *vt* 喝光 hēguāng, 喝尽〔盡〕hējìn

'Austritt *m* 1)退出 tuìchū; 2) (门前的)平台〔臺〕píngtái, 小阳〔陽〕台 xiǎo yóngtái

'aus|trocknen I *vt* 使干〔乾〕shǐ gān, 擦干 cāgān; II *vi* (*s*) 干 gān, 干涸 gānhé ~**üben** *vt* 1)执〔執〕行 zhíxíng (eine Pflicht 一项义务); 2) 从〔從〕事 cóngshì (einen Beruf 一种职业); 3) 施加 shījiā

'Ausübung *f* 执〔執〕行 zhíxíng, 从〔從〕事 cóngshì

'Ausverkauf *m* 甩卖〔賣〕shuǎimài

'ausverkauft *adj* 售完的 shòuwánde; 满〔滿〕座的 mǎnzuòde

'Auswahl *f* 1) 选〔選〕择〔擇〕xuǎnzé; 2) 品种〔種〕pǐnzhǒng; 3) 选集 xuǎnjí; 4) (体育)联〔聯〕队〔隊〕liánduì

'auswählen *vt* 挑选〔選〕tiǎoxuǎn, 选择〔擇〕xuǎnzé

'Auswanderer *m* 移居国〔國〕外者 yíjū guówèi zhě, 移民 yímín

'auswandern *vi* (*s*) 移居国〔國〕外 yíjū guówèi

'auswärtig *adj* 1) 外来〔來〕的 wàiláide, 外地的 wàidìde; 2) 对〔對〕外的 duìwàide; das Auswärtige Amt 外交部

'auswärts *adv* 1) 向外 xiàngwài; 2) 在外面 zài wàimiàn, 在外地 zàiwàidì; ~ essen 在外面吃饭

'auswechseln *vt* 换 huàn

'Ausweg *m* 出路 chūlù; (解急)办〔辦〕法 bànfǎ

'ausweichen* *vi* (*s*) 1) 躲开〔開〕duǒkāi; 2) 回避 huíbì ~**d** *adj* 逃避的 táobìde, 躲躲闪闪的 duǒduǒ shǎnshǎn de

'Ausweis *m* -es; -e 证〔證〕件 zhèngjiàn, 证明 zhèngmíng

'ausweisen* *vt* 1) 驱〔驅〕逐 qūzhú; 2) 证〔證〕明 zhèngmíng, 证实〔實〕zhēngshí; sich ~ 出示证明,证实身分

'Ausweispapiere *pl* 身分证〔證〕shēnfenzhēng

'ausweiten *vt, v sich* 1) 撑大 chēngdà, 撑松〔鬆〕chēngsōng; 2) 扩〔擴〕大 kuòdà

'auswendig I *adj* 外面的 wàimiànde, 外表的 wàibiǎode; 在外面的 zài wàimiàn de; II *adv* 记住 jìzhù, 背下 bèixià

'aus|werfen* *vt* 1)甩出 shuǎichū, 抛出 pāochū; 2) 喷出 pēnchū, 吐出(血) tǔchū; 3) 拨〔撥〕(款) bō ~**werten** *vt* 1) 评价〔價〕píngjià; 2) 利用 lìyòng ~**wirken** *v sich* 产〔產〕生影响〔響〕、后〔後〕果 chānshēng yǐngxiǎng、hòuguǒ ~**wischen** *vt* 擦掉 cādiào, 擦净 cājìng

'Auswuchs *m* 1) 赘疣 zhuìyóu, 瘤 liú; 2) 弊病 bìbìng, 弊端 bìduān

'Auswurf *m* 1) 咳出物 kéchūwù, 痰 tán; 2) 渣滓 zhāzi

'aus|zahlen *vt* 付出 fùchū; 付清…的工资 fùqīng … de gōngzī ~**zählen** *vt* 点〔點〕…的数〔數〕diǎn … de shù ~**zeichnen** *vt* 1) 标〔標〕价〔價〕biāojià; 2) 使出众〔衆〕shǐ chūzhòng, 使扬〔揚〕名 shǐ yángmíng; sich ~ 出众,显得突出

'Auszeichnung *f* 1) 标〔標〕价〔價〕biāojià; 2) 奖〔獎〕励〔勵〕jiǎnglì, 表扬〔揚〕biǎoyáng; 3) 引以为〔爲〕荣〔榮〕的人或事 yǐn yǐ wéi róng de rén huò shì

'ausziehen* I *vt* 1) 拔出 báchū; 2) 脱去 tuōqù; sich ~ 脱衣; II *vi* (*s*) 1)出发〔發〕chūfā; 2) 搬出 bānchū, 搬家 bānjiā

'Auszug *m* 1) 出发〔發〕chūfā; 2) 搬家 bānjiā; 3) 摘录〔録〕zhāilù, 选〔選〕录 xuǎnlù; 摘要 zhāiyào; 4) (财务)报〔報〕表 bàobiǎo

au'thentisch *adj* 真实〔實〕的 zhēnshíde; 可靠的 kěkàode

'Auto *n* -s; -s 汽车〔車〕qìchē; ~fahren 开汽车 ~**bahn** *f* 高速公路 gāosù gōnglù ~**biogra'phie** *f* 自传〔傳〕zìzhuàn ~**bus** *m* -ses; -se 公共汽车 gōnggòng qìchē ~**di'dakt** *m* -en; -en 自学〔學〕者 zìxuézhě ~**fahrer** *m* 汽车驾〔駕〕驶〔駛〕者 qìchē jiàshǐzhě ~'**gramm** *n* 亲〔親〕笔〔筆〕签

〔簽〕名 qīnbǐ qiānmíng **~kino** *n* (坐在汽车里看戏的)露天电〔電〕影院 lùtiān diànyǐngyuàn **~'mat** *m* -en; -en 自动〔動〕售货机〔機〕zìdòng shòuhuòjī **~'matenre-staurant** *n* 自助餐馆 zìzhù cānguǎn **~mati'on** *f* 自动〔動〕化 zìdònghuà

auto'matisch *adj* 自动〔動〕的 zìdòngde; 无〔無〕意识〔識〕的 wú yìshì de

'Auto|mechaniker *m* 汽车〔車〕(机械)工 qìchēgōng **~mo'bil** *n* -s; -e 汽车 qìchē

auto'nom *adj* 自治的 zìzhìde, 自主的 zìzhǔde

Autono'mie *f* -n 自治 zìzhì, 自主 zìzhǔ

'Autor *m* -s; -en, **~in** *f* -nen 作者 zuòzhě; 作家 zuòjiā

autori'tär *adj* 权〔權〕威的 quánwēide

Autori'tät *f* -en 1) 威信 wēixìn; 2)权〔權〕威 quánwēi

'Autovermietung *f* -en 汽车〔車〕出租站 qìchē chūzūzhàn

Axt *f* ¨e 斧 fǔ

B b

Bach *m* -(e)s; ¨e 小河 xiǎohé, 溪 xī

'Backbord *n* -(e)s; -e 左舷 zuǒxián

'Backe *f* -n 面颊 miànjiá

'backen* I *vt* 1) 烤 kǎo, 烘 hōng, 焙 bèi; 2) 油煎 yóujiān; **II** *vi* 烤 kǎo; 煎 jiān

'Backen|bart *m* 连鬓〔鬢〕胡〔鬍〕子 liánbìn húzi **~zahn** *m* 臼齿〔齒〕jiùchǐ

'Bäcker *m* -s; - 面〔麵〕包师〔師〕miànbāoshī **~ei** [..'raɪ] *f* -en 面包房 miànbāofáng

'Back|fisch *m* 少女 shàonǚ **~obst** *n* 干〔乾〕果 gānguǒ **~ofen** *m* 烤炉〔爐〕kǎolú **~pulver** *n* 焙粉 bèifěn **~stein** *m* 砖〔磚〕zhuān

Bad *n* -(e)s; ¨er 1) 洗澡 xǐzǎo; ein ~ nehmen 洗澡; 2)游泳 yóuyǒng; 3) (温泉)浴场〔場〕yùchǎng, 疗〔療〕养〔養〕浴场 liáoyǎng yùchǎng

'Bade|anstalt *f* 游泳池 yóuyǒngchí, 浴场〔場〕yùchǎng **~anzug** *m* 游泳衣 yóuyǒngyī **~hose** *f* 游泳裤 yóuyǒngkù **~kappe** *f* 游泳帽 yóuyǒngmào

'baden I *vt* 给…洗澡 gěi…xǐzǎo; II *vi* 1) 洗澡 xǐzǎo; 2)游泳 yóuyǒng; ~ gehen 去游泳

'Bade|ort *m* 疗〔療〕养〔養〕地 liáoyǎngdì; 温泉、矿〔礦〕泉浴场〔場〕wēngquán、kuàngquán yùchǎng **~strand** *m* 海滨〔濱〕、湖(河)滨浴场 hǎibīn、húbīn yùchǎng **~tuch** *n* 浴巾 yùjīn **~wanne** *f* 澡盆 zǎopén, 浴缸 yùgāng **~zimmer** *n* 浴室 yùshì

bagatelli'sieren *vt* 低估 dīgū, 轻〔輕〕视 qīngshì

'Bagger *m* -s;- 挖土机〔機〕wātǔjī

'baggern *vi, vt* (用挖土机)挖 wā

Bahn *f* -en 1) 道路 dàolù; 2) 跑道 pǎodào, 滑冰道 huábīngdào; 3) 行车〔車〕道 xíngchēdào; 4) (天体)轨道 guǐdào, 弹〔彈〕道 dàndào; 5) 铁〔鐵〕路 tiělù, 铁路线〔綫〕tiělùxiàn

'bahnbrechend *adj* 首创〔創〕的 shǒuchuàngde

'bahnen *vt* 开〔開〕路 kāilù, 开道 kāidào; sich (*D*) einen Weg ~为自己开出一条道路

'Bahn|hof *m* 火车〔車〕站 huǒchēzhàn **~linie** *f* 铁〔鐵〕路线〔綫〕tiělùxiàn **~steig** *m* 月台〔臺〕yuètái, 站台 zhàntái **~steigkarte** *f* 站台票 zhàntáipiào **~übergang** *m* (铁路等的)平面交叉 píngmiàn jiāochā

'Bahre *f* -n 担〔擔〕架 dānjià

Bajo'nett *n* -(e)s; -e (枪上的)刺刀 cìdāo; das ~ aufpflanzen 上刺刀

Bak'terie *f* -n 细菌 xìjūn

bald *adv* 1) 不久 bùjiǔ, 很快(就) hěnkuài; so ~ als möglich 尽〔儘〕快 jǐnkuài; 2) 几〔幾〕乎 jīhū, 差点〔點〕〔儿〕chàdiǎnr; 3) ~ … ~… 时〔時〕而…时而… shí'ér … shí'ér …, 一会〔會〕儿…一会儿…yīhuìr …yīhuìr…; ~ hier, ~ dort 一会这儿, 一会那儿 **~ig** *adj* 快的 kuàide, 迅速的 xùnsùde; ~e Antwort 速复; auf ein ~es Wiedersehen! (希望)不久再见!

Balg I *m* -(e)s; ¨e 1) 兽〔獸〕皮 shòupí, 毛皮 máopí; 2) (玩偶的)躯〔軀〕干〔幹〕qūgàn; 3) (手用)风〔風〕箱 fēngxiāng; II *m, n* -(e)s; ¨er 顽童 wántóng

'bargen *v sich* 相互打闹〔鬧〕、滚打 xiānghù dǎnào、gǔndǎ

'Balken *m* -s;- 梁 liáng, 椽 chuán

Balkon [bal'kõ:;..'ko:n] *m* -s;-s (-e) 1) 阳〔陽〕台〔臺〕yángtái; 2) (剧院的二楼)楼〔樓〕厅〔廳〕lóutīng

Ball *m* -(e)s;¨e 1) 球 qiú; 2) 球

体〔體〕qútǐ; 3) 舞会〔會〕wǔhuì; auf dem ~ 参加舞会
Bal'lade *f* -n 叙事诗 xùshìshī
'Ballast *m* -es;-e 1) 压〔壓〕舱〔艙〕物 yācāngwù; 2) 负担〔擔〕fùdān, 累〔纍〕赘 léizhui
'Ballen *m* -s;- 1) 包 bāo, 捆 kǔn; 2) (解剖) 鱼际〔際〕yújì; 3) ~ Papier 十令纸 shí lǐng zhǐ
Bal'lett *n* -(e)s; -e 1) 芭蕾舞 bālěiwǔ; 2) 芭蕾舞演员 bālěiwǔ yǎnyuán
Ballon [ba'lõ:;..o:n] *m* -s;-s(-e) 气〔氣〕球 qìqiú
'Ball|saal *m* 舞厅〔廳〕wǔtīng ~-**spiel** *n* 球赛 qiúsài
'Balsam *m* -s;-e 1) 止痛香油 zhǐtòng xiāngyóu; 2) 安慰物 ānwèiwù
'Bambus *m* -ses, -se 竹 zhú ~**rohr** *n* 竹竿 zhúgān
ba'nal *adj* 普通的 pǔtōngde, 平庸的 píngyōngde
Ba'nane *f* -n 香蕉 xiāngjiāo
Band I *m* -(e)s;⸗e 卷 juàn, 册 cè; II *n* -(e)s; ⸗er 1) 带〔帶〕子 dàizi; 2) 磁带 cídài; 3) (收音机的) 波段 pōduàn; 4) 韧〔韌〕带 rèndài; III *n* -(e)s; -e 联〔聯〕系〔係〕liánxì, 关〔關〕系 guānxì
Bandage [..'da:ʒə] *f* -n 绷带〔帶〕bēngdài
bandagieren [..'ʒi:..] *vt* 上绷带〔帶〕shàng bēngdài
'Bande *f* -n 1) (台球台盘四边的橡皮) 衬〔襯〕垫〔墊〕chèndiàn; 2) 一伙〔夥〕yìhuǒ, 一帮(歹徒等) yìbāng
'bändigen *vt* 1) 驯服(野兽) xúnfú; 2) 使安静 shǐ ānjìng; 3) 抑制 yìzhì
Ban'dit *m* -en;-en 强盗 qiángdào, 土匪 tǔfěi
'Band|maß *n* 卷〔捲〕尺 juǎnchǐ, 带〔帶〕尺 dàichǐ ~**wurm** *m* 绦〔縧〕虫〔蟲〕tāochóng
bang(e) *adj* 害怕的 hàipàde, 忧〔憂〕虑〔慮〕的 yōulǜde, 不安的 bù'ānde; mir ist ~ 我害怕; j-m ~ machen 使某人不安
Bank *f* 1) ⸗e 长〔長〕凳 chángdèng; (木工等的) 工作台〔臺〕gōngzuòtái; durch die ~ 无〔無〕例外地 wú lìwài de; auf die lange ~ schieben 拖延 tuōyán; 2) -en 银行 yínháng; Geld auf der ~ 存在银行的钱〔錢〕 ~**einlage** *f* 存款 cúnkuǎn
Ban'kett *n* -(e)s;-e 宴会〔會〕yànhuì
Bankier [baŋk'je:] *m* -s;-s 银行家 yínhángjiā
'Bank|konto *n* 银行帐〔帳〕户 yínháng zhànghù ~**note** *f* 钞票 chāopiào
bank'rott *adj* 破产〔產〕的 pòchǎnde
Bank'rott *m* -(e)s;-e 破产〔產〕pòchǎn; ~ machen 破产
Bann *m* -(e)s; -e 1) 禁令 jìnlìng; 2) 魔力 mólì, 迷惑力 míhuòlì; 3) 逐出教门〔門〕zhúchū jiàomén
'bannen *vt* 1) 驱〔驅〕除(妖魔等) qūchú; 2) 避开〔開〕(危险等) bìkāi; 3) 逐出教门〔門〕zhúchū jiàomén; 4) 迷惑 míhuò
'Banner *n* -s;- 旗 qí, 旗帜〔幟〕qízhì ~**träger** *m* 旗手 qíshǒu
bar I *adj* 1) 现金的 xiànjīnde, 现款的 xiànkuǎnde; ~es Geld 现金; 2) 纯粹的 chúncuìde; ~er Unsinn 纯粹胡说; II *adv* ~ bezahlen 用现金支付 yòng xiànjīn zhīfù
Bar *f* -s 1) 酒吧间 jiǔbājiān; 2) (酒吧里卖酒) 柜〔櫃〕台〔臺〕guìtái
Bär *m* -en; -en 熊 xióng; j-m einen ~ aufbinden (用谎言) 欺骗(或愚弄)某人
Ba'racke *f* -n 简易木房 jiǎnyì mùfáng, 工棚 gōngpéng ~**nlager** *n* 临〔臨〕时〔時〕木头〔頭〕营〔營〕房 línshí mùtou yíngfáng
Bar'bar *m* -en; -en 野蛮〔蠻〕人 yěmánrén ~**ei** [..a'raɪ] *f* -en 野蛮 yěmán, 残〔殘〕暴 cánbào
bar'barisch *adj* 1) 野蛮〔蠻〕的 yěmánde; 2) 粗野的 cūyěde
'bar|fuß *adv* 赤脚 chìjiǎo ~**füßig** *adj* 赤脚的 chìjiǎode
'Bargeld *n* 现金 xiànjīn, 现款 xiànkuǎn
'bargeldlos *adj* 不用现款的 bùyòng xiànkuǎn de; ~er Zahlungsverkehr 转帐, 划帐
'Bariton *m* -s; -e 男中音 nánzhōngyīn
Bar'kasse *f* -n 汽艇 qìtǐng
barm'herzig *adj* 仁慈的 réncíde, 慈善的 císhànde; der ~e Samariter 乐善好施的人
Barm'herzigkeit *f* -en 仁慈 réncí, 慈善 císhàn
Baro'meter *n* 晴雨表 qíngyǔbiǎo, 气〔氣〕压〔壓〕计 qìyājì
Ba'ron *m* -s;-e 男爵 nánjué ~**in** *f* -nen 男爵夫人 nánjué fūrén
'Barren *m* -s;- 1) 条〔條〕金 tiáojīn, 条银 tiáoyín; 块〔塊〕金 kuàijīn, 块银 kuàiyín; 2) (体育) 双〔雙〕杠〔槓〕shuānggàng
Barriere [bar'jɛ:rə] *f* -n 障碍〔礙〕物 zhàng'àiwù; 栅栏〔欄〕zhàlan
Bari'kade *f* -n 街垒〔壘〕jiēlěi, 路障 lùzhàng
barsch *adj* 粗鲁的 cūlǔde, 无〔無〕礼〔禮〕的 wúlǐde, 不友好的 bùyǒuhǎode
Bart *m* -(e)s; ⸗e 1) 胡〔鬍〕须〔鬚〕

húxū; sich (*D*) einen ~ wachsen lassen 留胡子; 2) 钥〔鑰〕匙的齿〔齒〕 yàoshi de chǐ
bärtig *adj* 有胡〔鬍〕子的 yǒu húzi de
'**bartlos** *adj* 没有胡〔鬍〕子的 méiyǒu húzi de
'**Barzahlung** *f* 付现款 fù xiànkuǎn; nur gegen ~ 条件是现金支付
'**Basis** *f* ..sen 1) 基础〔礎〕jīchǔ, 根基 gēnjī; 2) 基地 jīdì, 根据〔據〕地 gēnjùdì
Baß *m* Basses; Bässe 低音部 dīyīnbù
'**Bastard** *m* -(e)s; -e 1) 私生子 sīshēngzǐ; 2)混血儿〔兒〕hùnxuè'ér; 3) (植物)杂〔雜〕种〔種〕zázhǒng
'**basteln** *vt, vi* (业余手工)制〔製〕作 zhìzuò
'**Bastler** *m* -s;- (制作手工艺品的)业〔業〕余〔餘〕爱〔愛〕好者 yèyú àihàozhě
Bataillon [batal'jo:n] *n* -s; -e 营〔營〕yíng
Ba'tist *m* -(e)s; -e 细亚〔亞〕麻布 xìyàmábù, 细薄棉布 xìbó miánbù
Batte'rie *f* -n 1) 炮兵连 pàobīnglián; 2) 电〔電〕池(组) diànchí
Bau *m* 1) -(e)s; 建筑〔築〕jiànzhù, 建设 jiànshè, 制〔製〕作 zhìzuò; 2) -(e)s; -ten 建筑物 jiànzhùwù; 3) -(e)s; -e 巢穴 cháoxué
'**Bau|arbeiter** *m* 建筑〔築〕工人jiànzhù gōngrén ~**art** *f* 建筑风〔風〕格 jiànzhù fēngge; 建造方法 jiànzào fāngfǎ; (汽车的) 式样〔樣〕shìyàn
Bauch *m* -(e)s;⸚e 1) 腹 fù, 腹部 fùbù; (胖大的)肚子 dǔzi; 2) (船)腹 fù
'**bauchig** *adj* 大腹便便的 dàfù piánpián de, 大肚皮的 dà dùpí de
'**Bauch|landung** *f* 机〔機〕腹着陆〔陸〕jīfù zhuólù ~**schmerzen** *pl*, ~**weh** *n* -s; 肚子痛 dùzitòng
'**bauen** I *vt* 1) 建筑〔築〕jiànzhù, 盖〔蓋〕gài; 2) 建造 jiànzào, 制〔製〕造(小提琴等) zhìzào; 3) (鸟、兽等)做、筑(巢等) zuò、zhù; II *vi* 1) 造房子 zào fángzi; 2) auf (*A*) ~ 信任 xìnrèn, 信赖 xìnlài
'**Bauer** I *m* -n(-s);-n 1) 农〔農〕民 nóngmín; 2) (国际象棋中的) 兵 bīng, 卒 zú; II *n, m* -s; - 鸟〔鳥〕笼〔籠〕niǎolóng
'**Bäuerin** *f* -nen 农〔農〕妇〔婦〕nóngfù
'**bäuerlich** *adj* 农〔農〕民的 nóngmínde, 农村的 nóngcūnde
'**baufällig** *adj* 破旧〔舊〕的 pòjiùde, 快要倒塌的(房屋) kuàiyào dǎotā de
'**Bau|gerüst** *n* (建筑) 脚手架 jiǎoshǒujià ~**herr** *m* (建筑) 业〔業〕主 yèzhǔ ~**kasten** *m* 积〔積〕木(箱) jīmù ~**kunst** *f* 建筑〔築〕学〔學〕jiànzhùxué
'**baulich** *adj* 建筑〔築〕的 jiànzhùde; 结构〔構〕的 jiégòude; in gutem ~en Zustand 维修良好
Baum *m* -(e)s;⸚e 树〔樹〕shù
'**Baumeister** *m* 建筑〔築〕师〔師〕jiànzhùshī
'**baumeln** *vi* 晃动〔動〕huàngdòng, 摆〔擺〕动 bǎidòng; mit den Beinen ~ 摆动着双腿
'**Baum|schule** *f* 苗圃 miáopǔ ~**stamm** *m* 树〔樹〕干〔幹〕shùgàn ~**wolle** *f* 棉花 miánhua
'**baumwollen** *adj* 棉制〔製〕的 miánzhìde
'**Bau|plan** *m* 建筑〔築〕(施工)计划〔劃〕jiànzhù jìhuà ~**platz** *m* (建筑)工地 gōngdì
Bausch *m* -es; -e(⸚e) 1)(纸、布)团〔團〕tuán, (棉花)球 qiú; 2) in ~ und Bogen 全部 quánbù, 通通 tōngtōng
'**Bau|stein** *m* 1) 砖〔磚〕zhuān; 2) 建筑〔築〕用石 jiànzhù yòngshí; 3) 积〔積〕木 jīmù ~**stelle** *f* 建筑工地 jiànzhù gōngdì ~**stil** *m* 建筑风〔風〕格 jiànzhù fēnggé ~**unternehmen** *m* 营〔營〕造承包人 yíngzào chéngbāo rén
Ba'zillus *m* -; ..len 1) 杆〔桿〕菌 gǎnjūn; 2) 细菌 xìjūn
be'absichtigen *vt* 打算 dǎsuàn, 企图〔圖〕qǐtú
be'achten *vt* 注意 zhùyì, 重视 zhòngshì
be'achtlich *adj* 相当〔當〕大的 xiāngdāng dà de; 值得注意的 zhídé zhùyì de; 可观〔觀〕的 kěguānde
Be'achtung *f* 注意 zhùyì, 重视 zhòngshì
Be'amte *m* -n; -n 1) 官员 guānyuán, 公务〔務〕员 gōngwùyuán; 2) 职〔職〕员 zhíyuán
be'ängstigend *adj* 吓〔嚇〕人的 xiàrénde, 可怕的 kěpàde
be'anspruchen *vt* 1) 要求 yāoqiú, 需要 xūyào; 2) 占用 zhànyòng, 花费 huāfèi
Be'anspruchung *f* -en 1) 要求 yāoqiú, 需要 xūyào; 2) 负载 fùzài, 负荷 fùhè
be'anstanden *vt* 指责 zhǐzé, 挑剔 tiāoti, 提出异〔異〕议〔議〕tíchū yìyì
be'antragen *vt* 1) 申请 shēnqǐng; 2) 提议〔議〕tíyì, 建议 jiànyì
be'antworten *vt* 回答 huídá, 答复〔復〕dáfù
be'arbeiten *vt* 1) 加工 jiāgōng; 2) 耕种〔種〕gēngzhòng; 3) 修订 xiū-

dìng, 改编 gǎibiān; 4) 劝〔勸〕说 quànshuō, 说服 shuōfú

be'aufsichtigen *vt* 1) 监〔監〕督 jiāndū, 管理 guǎnlǐ; 2) 照顾〔顧〕(孩子) zhàogù

be'auftragen *vt* j-m mit etw. ~ 委托某人做… wěituō mǒurén zuò…

Be'auftragte *m* -n; -n 1) 专〔專〕员 zhuānyuán; 2) 代表 dàibiǎo, 代理人 dàilǐrén

be'bauen *vt* 1) 建筑〔築〕房屋 jiànzhù fángwū; 2) 耕种〔種〕gēngzhòng

'beben *vi* 1) 震动〔動〕zhèndòng, 颤抖 chàndǒu; 2) um j-n ~ 担〔擔〕心… dānxīn…; vor j-m ~害怕… hàipà…

'Becher *m* -s;- 杯 bēi

'Becken *n* -s;- 1) 盆 pén; 2) (音乐)铙〔鐃〕钹 náobó; 3) (解剖)骨盆 gǔpén

be'dacht *adj* auf (*A*) ~ sein 考虑〔慮〕到… kǎolǜdào…

be'dächtig *adj* 1) 仔细考虑〔慮〕的 zǐxì kǎolǜ de; 2) 从〔從〕容的 cóngróngde; 谨慎的 jǐngshènde

be'danken *v sich* 感谢 gǎnxiè; sich bei j-m für etw. ~ 为某事向某人表示感谢

Be'darf *m* -(e)s; 要求 yāoqiú, 需要 xūyào, 需求 xūqiú

be'dauerlich *adj* 惋惜的 wǎnxīde, 遗憾的 yíhànde

be'dauern *vt* 惋惜 wǎnxī, 同情 tóngqíng ~**swert** *adj* 令人同情的 lìng rén tóngqíng de, 可怜〔憐〕的 kěliánde

be'decken *vt* 1) 遮盖〔蓋〕zhēgài, 覆盖 fùgài; 2) (军事) 护〔護〕送 hùsòng, 护航 hùháng

be'deckt *adj* 多云〔雲〕的 duōyúnde

be'denken* *vt* 1) 考虑〔慮〕kǎolǜ; 2) 送礼〔禮〕给… sònglǐ gěi…; 遗赠财产〔產〕给… yízèng cáichǎn gěi…; j-n in seinem Testament ~ 在他遗嘱中对某人有所遗赠

Be'denken *n* -s;- 1) 考虑〔慮〕kǎolǜ; 2) 犹〔猶〕豫 yóuyù, 踌〔躊〕躇 chóuchú; 疑虑 yílǜ

be'denkenlos *adj* 毫无〔無〕顾〔顧〕忌的 háowú gùjì de

be'denklich *adj* 1) 可疑的 kěyíde; 2) 危险〔險〕的 wēixiǎnde, 令人担〔擔〕心的 lìng rén dānxīn de; 3) 令人疑虑〔慮〕的 lìng rén yílǜ de

'deuten *vt* 意指 yìzhǐ, 意味 yìwèi; 表示(…的意思) biǎoshì ~**d** … 1) 重要的 zhòngyàode; 2) (指…) 著名的 zhùmíngde; 3) 相当大的(金额等) xiāndāng dàde … *adj* 意义〔義〕深长〔長〕shēnchángde; 重要的 zhòngyàode

Be'deutung *f* 1) 意义〔義〕yìyì; 意思 yìsi; 2) 重要 zhòngyào, 重大 zhòngdà

be'deutungs|los *adj* 无〔無〕意义〔義〕的 wú yìyì de; 不重要的 bù zhòngyào de ~**voll** *adj* 有意义的 yǒu yìyì de; 重要的 zhòngyàode

Be'deutungswandel *m* 词义〔義〕演变〔變〕cíyì yǎnbiàn

be'dienen I *vt* 1) 服务〔務〕fúwù, 招待(顾客) zhāodài, 服侍(病人) fúshì; 2) 操作(机器等) cāozuò; 3) sich ~ 进〔進〕食 jìnshí; bitte, ~ Sie sich! 请随意吃! II *vi* 1) 接待 jiēdài, 服务 fúwù; werden Sie schon bedient? 有人接待您吗? hier wird die Kundschaft gut bedient 这里对顾客服务周到; 2) (牌戏) 跟 (出同样花色的) 牌 gēnpái

Be'dienung *f* -en 1) 接待 jiēdài, 服务〔務〕fúwù; 2) 服务员 fúwùyuán, 招待员 zhāodàiyuán, 营〔營〕业〔業〕员 yíngyèyuán

be'dingen(*) *vt* 1) 引起 yǐnqǐ, 造成 zàochéng; 2) 取决于〔於〕qǔjuéyú

be'dingt *adj* 1) 附有条〔條〕件的 fù yǒu tiáojiàn de, 视…而定的 shì…ér dìng de; 有限制的 yǒuxiànshìde; 2) 引起的 yǐnqǐde; durch …~ sein 由于…引起的

Be'dingung *f* -en 1) 条〔條〕件 tiáojiàn; 2) 约定 yuēdìng; 条款 tiáokuǎn; 3) *pl* 状〔狀〕况 zhuàngkuàng, 环〔環〕境 huánjìng

be'dingungslos *adj* 无〔無〕条〔條〕件的 wú tiáojiàn de

be'drängen *vt* 困扰〔擾〕kùnrǎo, 逼迫 bīpò

be'drohen *vt* 威胁〔脅〕wēixié, 威吓〔嚇〕wēihè

be'drohlich *adj* 威吓〔嚇〕的 wēihède, 危险〔險〕的 wēixiǎnde

Be'drohung *f* 威胁〔脅〕wēixié, 威吓〔嚇〕wēihè

be'drücken *vt* 1) 压〔壓〕迫 yāpò; 压制 yāzhì; 2) 压抑 yàyì; 使心情沉重 shǐ xīnqíng chénzhòng

be'dürfen* *vi* einer Sache (*G*) ~ 需要… xūyào…

Be'dürfnis *n* -ses; -se 需要 xūyào, 必要 bìyào; sein ~ verrichten 解手 jiěshǒu ~**anstalt** *f* 公共厕所 gōnggòng cèsuǒ

be'dürftig *adj* 1) 需要…的 xūyào …de; 2) 贫困的 pínkùnde, 贫乏的 pínfáde

Beefsteak ['bi:fste:k] *n* -s;-s 牛排 niúpái

be'ehren *vt* 1) 使增光 shǐ zēngguāng, 给以荣〔榮〕誉〔譽〕gěiyǐ

róngyù; 2) sich ～ 荣幸 róngxìng; ich beehre mich zu ... 我荣幸地...

be'eilen *v sich* 赶〔趕〕紧〔緊〕gǎnjǐn, 赶快 gǎnkuài

be'eindrucken *vt* 给以深刻的印象 gěi yǐ shēnkède yìnxiàng

be'einflussen *vt* 影响〔響〕yǐngxiǎng

be'einträchtigen *vt* 损害 sǔnhài, 削弱 xiāoruò

be'end(ig)en *vt* 结束 jiéshù, 完成 wánchéng

be'engt *adj* (空间)狭〔狹〕窄的 xiázhǎide; sich ～ fühlen 感到地方狭窄,感到压抑(不舒畅)

be'erben *vt* 继〔繼〕承 (...的财产) jìchéng

be'erdigen *vt* 埋葬 máizàng

Be'erdigung *f* -en 葬 zàng, 葬礼〔禮〕zànglǐ

'Beere *f* -n 浆〔漿〕果 jiàngguǒ

Beet *n* -(e)s; -e (花)坛〔壇〕tán

be'fähigen *vt* 使有能力 shǐ yǒu nénglì, 使胜〔勝〕任 shǐ shèngrèn; j-n zu (für) etw. ～使某人胜任...

be'fähigt *adj* 有能力的 yǒu nénglì de

Be'fähigung *f* -en 能力 nénglì, 才能 cáinéng; 资格 zīgé

be'fahrbar *adj* 可通行(航)的 kě tōngxíngde

be'fahren* *vt* 行驶 xíngshǐ, 航行 hángxíng

be'fallen* *vt* (疾病、不幸等)侵袭〔襲〕qīnxí

be'fangen *adj* 1) 为〔爲〕难〔難〕的 wéinánde, 胆〔膽〕怯的 dǎnqiède; 2) 有偏见〔見〕的 yǒu piānjiànde

Be'fangenheit *f* -en 1) 胆〔膽〕怯 dǎnqiè; 2) 偏见〔見〕piānjiàn

be'fassen *v sich* 1) (mit etw.) 从〔從〕事 cóngshì, 专〔專〕心 zhuānxīn; 2) (mit j-m) 同...交往 tóng ...jiāowǎng

Be'fehl *m* -(e)s; -e 1) 命令 mìnglìng; 2) 指挥(权) zhǐhuī

be'fehlen* I *vt* 1) 命令 mìnglìng; 吩咐 fēnfu; 2) 叫...(到某处) jiào ...; II *vi* 指挥 zhǐhuī

be'fehligen *vt* 指挥 zhǐhuī, 统率 tǒngshuài

Be'fehlshaber *m* -s;- 指挥官 zhǐhuīguān, 司令 sīlìng

be'festigen *vt* 1) 使牢固 shǐ láogù, 固定 gùdìng; 2) 设防于 shèfáng yú; 3) 加强 jiāqiáng, 使巩〔鞏〕固 shǐ gǒnggù

Be'festigung *f* -en 1) 固定 gùdìng; 2) 防御工事 fángyù gōngshì; 3) 加强 jiāqiáng

be'feuchten *vt* 弄湿〔濕〕nòngshī, 使潮湿 shǐ cháoshī

be'finden* *v sich* 处〔處〕于〔於〕chǔyú, 在 zài

Be'finden *n* -s; 健康状〔狀〕况 jiànkāng zhuàngkuàng

be'flaggen *vt* 悬〔懸〕旗于〔於〕xuánqíyú

be'folgen *vt* 遵守 zūnshǒu, 服从〔從〕fúcóng

Be'folgung *f* 遵守 zūnshǒu, 服从〔從〕fúcóng

be'fördern *vt* 1) 运〔運〕输 yùnshū, 运送 yùnsòng, 寄送 jìsòng; 2) 提升 tíshēng, 提拔 tíbá

Be'förderung *f* 1) 运〔運〕输 yùnshū, 运送 yùnsòng, 寄送 jìsòng; 2) 提升 tíshēng, 提拔 tíbá

be'fragen *vt* 询问 xúnwèn

be'freien *vt* 1) 释〔釋〕放 shìfàng, 解放 jiěfàng; 2) 解救 jiějiù, 免除 miǎnchú

Be'freier *m* 解放者 jiěfàngzhě

Be'freiung *f* -en 1) 释〔釋〕放 shìfàng, 解放 jiěfàng; 2) 解救 jiějiù, 免除 miǎnchú

be'freunden *v sich* 1) sich mit j-m ～与〔與〕...交朋友 yǔ ... jiāopéngyou; 2) sich mit etw. ～习〔習〕惯于... xíguànyú ..., 熟识〔識〕shúshi

be'freundet *adj* 友好的 yǒuhǎode, 亲〔親〕密的 qīnmìde

be'friedigen *vt* 使满〔滿〕意 shǐ mǎnyì, 满足 mǎnzú ～**d** *adj* 令人满意的 lìng rén mǎnyì de

Be'friedigung *f* -en 满〔滿〕意 mǎnyì, 满足 mǎnzú

be'fruchten *vt* 1) 使肥沃 shǐ féiwò; 2) 使结果实〔實〕shǐ jié guǒshí, 使受孕 shǐ shòuyùn

Be'fugnis *f* -se 权〔權〕限 quánxiàn, 权能 quánnéng; 职〔職〕权 zhíquán

be'fugt *adj* zu etw. ～ sein 有权〔權〕做... yǒuquán zuò ...

be'fühlen *vt* 触〔觸〕摸 chùmō

Be'fund *m* -(e)s; -e (检查的)结果 jiéguǒ; (疾病的) 诊断〔斷〕zhěnduàn

be'fürchten *vt* 担〔擔〕心 dānxīn, 忧〔憂〕虑〔慮〕yōulǜ

Be'fürchtung *f* -en 担〔擔〕心 dānxīn, 忧〔憂〕虑〔慮〕yōulǜ

be'fürworten *vt* 支持 zhīchí, 赞〔讚〕成 zànchéng

be'gabt *adj* 有天赋的 yǒu tiānfù de, 有才能的 yǒu cáinéng de

Be'gabung *f* -en 天资 tiānzī, 才能 cáinéng

be'geben* *vt* 1) 转〔轉〕让〔讓〕zhuǎnràng; 兑现(票证等) duìxiàn; 2) sich ～发〔發〕生 fāshēng; sich nach ... ～ 去 qù, 前往 q[illegible] wǎng; sich nach Hause ～ [illegible] 4) sich in Gefahr ～ 冒[illegible] màoxiǎn

be'gegnen *vi* 1) 遇到 yùd[illegible]

〔見〕pèngjiàn; 2) 遭受 zāoshòu, 遭遇 zāoyù; 3) 对〔對〕付 duìfù, 预防 yùfáng

Be'gegnung *f* -en 相遇 xiāngyù

be'gehen* *vt* 1) (在…上)走 zǒu; 2) 检〔檢〕查 jiǎnchá; 3) 庆〔慶〕祝 qìngzhù; 4) 犯(罪等) fàn, 干〔幹〕(坏事) gàn; ein Unrecht ~ 干一件不公正的事

be'gehren *vt* 渴望 kěwàng; 请求 qǐngqiú

be'gehrlich *adj* 渴望的 kěwàngde, 贪婪的 tānlánde

be'geistern *vt* 1) 鼓舞 gǔwǔ, 激励〔勵〕jīlì; 2) sich für etw. ~ 热〔熱〕衷于〔於〕.. rèzhōngyú...

Be'geisterung *f* 兴〔興〕奋〔奮〕xīngfèn, 热〔熱〕情 rèqíng, 鼓舞 gǔwǔ

Be'gier *f*, **~de** *f* -n 1) 欲望 yùwàng, 渴望 kěwàng; 2) 情欲 qíngyù

be'gierig *adj* 渴望的 kěwàngde, 热〔熱〕切的 rèqiède; nach etw. ~ sein 追求… zhuīqiú ...; ich bin ~ zu erfahren ... 我渴望知道...

be'gießen* *vt* 1) 浇〔澆〕jiāo; 2) 把油脂涂〔塗〕在(烤肉)上 bǎ yǒuzhī tú zài .. shàng; 3) 喝着酒(做交易) hēzhe jiǔ

Be'ginn *m* -(e)s; 开〔開〕始 kāishí, 开端 kāiduān; am (bei, zu) ~ 开始时

be'ginnen* *vt, vi* 开〔開〕始 kāishǐ

be'glaubigen *vt* 证〔證〕明 zhèngmíng; 证实〔實〕zhèngshí

be'gleichen* *vt* 清偿〔償〕qīngcháng, 结清 jiéqīng

be'gleiten *vt* 1) 陪伴 péibàn, 陪同 péitóng; 2) (音乐) 伴奏 bànzòu; 3) 送(某人回家) sòng

Be'gleiter *m* -s;- 1) 伴送者 bànsòngzhě, 陪同者 péitóngzhě; 2) 伴奏者 bànzòuzhě

Be'gleitung *f* -en 1) 伴送 bànsòng, 陪同 péitóng; 2) 随〔隨〕从〔從〕suícóng, 随从人员 suícóng rényuán; 3) 伴奏 bànzòu; 4) (军事) 护〔護〕送队〔隊〕hùsòngduì

be'glückwünschen *vt* 祝贺 zhùhè (zu etw. 某事)

be'gnadigen *vt* 减刑 jiǎnxíng, 赦免 shèmiǎn

Be'gnadigung *f* -en 减刑 jiǎnxíng, 赦免 shèmiǎn

be'gnügen *v sich* sich mit etw. ~ 满〔滿〕足于〔於〕... mǎnzuòyú

be'graben* *vt* 1) 埋葬 máizàng; 2) 放弃〔棄〕fàngqì

Be'gräbnis *n* -ses; -se 葬 zàng; 葬礼〔禮〕zànglǐ

be'greifen* *vt* 1) 理解 lǐjiě, 领会〔會〕lǐnghuì; 2) 包括 bāokuò, 包含 bāohán

be'greiflich *adj* 能理解的 néng lǐjiě de

be'grenzen *vt* 1) 接壤 jiērǎng, 毗邻〔鄰〕pílín; 2) 限制 xiànzhì, 局限 júxiàn

Be'griff *m* 1) 概念 gàiniàn, 含义〔義〕hányì; 2) 理解力 lǐjiělì; 3) im ~ sein, etw. zu tun 正要做… zhèng yào zuò...

be'gründen *vt* 1) 创〔創〕立 chuànglì, 建立 jiànlì; 2) 说明理由 shuōmíng lǐyóu

be'grüßen *vt* 1) 欢〔歡〕迎 huānyíng, 致敬 zhìjìng; 2) 同意 tóngyì, 接受 jiēshòu

Be'grüßung *f* -en 欢〔歡〕迎 huānyíng, 致敬 zhìjìng

'begünstigen *vt* 1) 偏爱〔愛〕piān'ài, 庇护〔護〕bìhù; 2) 赞〔讚〕助 zànzhù

be'gutachten *vt* 鉴〔鑒〕定 jiàndìng; 审〔審〕定 shěndìng; ~ lassen 让专家审定

be'haart *adj* 毛的 máode, 长〔長〕毛的 zhǎngmáode

be'häbig *adj* 1) 迟〔遲〕钝的 chídùnde; 肥胖的 féipàngde; 2) 宽大的 kuāndàde, 舒适〔適〕的 shūshìde

be'hagen *vi* 满〔滿〕意 mǎnyì, 使高兴〔興〕shǐ gāoxìng (j-m 某人)

Be'hagen *n* -s; 舒适〔適〕shūshì

be'haglich *adj* 舒适〔適〕的 shūshìde

be'halten* *vt* 1) 保持 bǎochí (Fassung 镇定, Oberhand 优势); 2) 保留 bǎoliú, 保存 bǎocún; 3) 记住 jìzhù

Be'hälter *m* -s;- 贮〔貯〕藏器 zhùcángqì, 容器 róngqì

be'handeln *vt* 1) 对〔對〕待 duìdài; 2) 处〔處〕理 chùlǐ; 3) 加工 jiāgōng; 4) 治疗〔療〕zhìliáo, 敷裹(伤口) fūguǒ

Be'handlung *f* 1) 对〔對〕待 duìdài; 2) 治疗〔療〕zhìliáo; 3) 加工处〔處〕理 jiāgōng chùlǐ

be'harren *vi* auf etw. ~ 坚〔堅〕持… jiānchí...

be'harrlich *adj* 坚〔堅〕持的 jiānchíde, 顽强的 wánqiángde

Be'harrlichkeit *f* 坚〔堅〕持 jiānchí, 顽强 wánqiáng

be'haupten *vt* 1) 宣称〔稱〕xuānchēn, 断〔斷〕言 duànyán; 2) 维护〔護〕wéihù; 3) sich ~维持 wéichí

Be'hauptung *f* -en 主张〔張〕zhǔzhāng, 断〔斷〕言 duànyán; 看法 kànfa

be'helfen* *v sich* 勉强应〔應〕付 miǎnqiǎng yìngfu, 将〔將〕就 jiāngjiu; sich mit etw.~ 将就使用...; sich ohne etw. ~ 没有…也行

be'hend(e) *adj* 敏捷的 mǐnjiéde, 灵〔靈〕活的 línghuóde, 飞〔飛〕快的 fēikuàide

be'herbergen *vt* 留宿 liúsù

be'herrschen *vt* 1) 统治 tǒngzhì; 支配 zhīpèi; 2) 控制 kòngzhì, 抑制 yìzhì; 3) 掌握(一种语言) zhǎngwò; 4) sich ~ 控制自己 kòngzhì zìjǐ

Be'herrscher *m* 统治者 tǒngzhìzhě

be'herzigen *vt* 铭记 míngjì

be'hilflich *adj* j-m bei etw. ~ sein 帮〔幫〕助某人… bāngzhù mǒurén …

be'hindern *vt* 阻碍〔礙〕zǔ'ài, 妨碍 fáng'ài

Be'hörde *f* -n 官厅〔廳〕guāntīng, 当〔當〕局 dāngjú, 行政机〔機〕关〔關〕xíngzhèng jīguān

be'hüten *vt* 保护〔護〕bǎohù; j-n vor etw. ~ 保护某人免遭…

be'hutsam *adj* 小心的 xiǎoxīnde, 谨慎的 jǐnshènde

Be'hutsamkeit *f* 小心 xiǎoxīn, 谨慎 jǐnshèn

bei *prp* (*D*) 1) 在…地方 zài … dìfāng, 在…附近zài … fùjìn; ~ Berlin 在柏林附近; ~ uns 在我们家; ~ der Hand nehmen 在手里; ich habe kein Geld ~ mir 我身上没带钱; Stunden ~ j-m nehmen 在某人处听课; 2) 在…时〔時〕候 zài … shíhou; ~ günstigem Wetter 如果天气好时; ~ seiner Ankunft 在他到达的时候; 3) 在…情况(原因、条件) 下 zài … qíngkuàngxià; ~ guter Gesundheit 在健康良好的情况下; ~ alledem 虽然如此; 4) 大约 dàyuē; ~ einem Glase Wein 大约一杯酒

'beibehalten* *vt* 保持 bǎochí, 保留 bǎoliú

'Beiblatt *n* 增刊 zēngkān

'beibringen* *vt* 1) 提出 tíchū (Zeugen 证人等); 2) 告知 gàozhī, 通知 tōngzhī; j-m etw. ~ 将…通知某人; 3) 讲〔講〕授 jiǎngshòu, 教 jiāo; 4) 使遭受 shǐ zāoshòu (Niederlage 失败, Wunde 伤)

'Beichte *f* -n 交代 jiāodài, 坦白 tǎnbái

'beichten *vt, vi* 承认〔認〕chéngrèn, 坦白 tǎnbái

'beide *adj* 两〔兩〕liǎng, 俩〔倆〕liǎ, 双〔雙〕shuāng; nur wir ~就咱们俩; in ~n Fällen 两种情况都

'bei|derlei *adj* 两〔兩〕种〔種〕的 liǎngzhǒngde; ~ Geschlechts 两种性别的 **~seitig** I *adj* 双〔雙〕方的 shuāngfāngde, 两边〔邊〕的 liǎngbiānde; II *adv* 互相 hùxiāng, 双方 shuāngfāng

'Beifahrer *m* -s;- 1) 副司机〔機〕fùsījī; 2) 随〔隨〕车〔車〕人 suíchērén

'Beifall *m* -(e)s; 1) 鼓掌 gǔzhǎng, 掌声〔聲〕zhǎngshēng; 2) 赞〔讚〕成 zànchéng

'beifällig *adj* 赞〔讚〕成的 zànchéngde

'beifügen *vt* 附加 fùjiā, 附上 fùshàng

'Beigeschmack *m* -(e)s; (带有某种)味 wèi; 味道 wèidào

'Beihilfe *f* 1) 津贴 jīntiē; 助学〔學〕金 zhùxuéjīn, 补〔補〕助金 bǔzhùjīn; 2) 同谋 tóngmóu; j-m ~ leisten 伙同某人作案

Beil *n* -(e)s; -e 斧 fǔ

'Beilage *f* 1) 附件 fùjiàn, 增刊 zēngkān; 2) 配菜 pèicài

'beiläufig *adj* 附带〔帶〕的 fùdàide, 顺便的 shùnbiànde

'beilegen *vt* 1) 附上 fùshàng, 附寄 fùjì; 2) 调停 tiáotíng, 调解 tiáojiě

'Beileid *n* 哀悼 āidào, 吊唁 diàoyàn; j-m sein ~ bezeigen 向某人表示哀悼

'beiliegen* *vi* 附上 fùshàng, 寄上 jìshàng **~d** *adj* 附上的 fùshàngde, 寄上的 jìshàngde

'bei|messen* *vt* 赋予 fùyǔ, 给予 gěiyǔ (*D*) **~mischen** *vt* 混合 hùnhé, 搀〔攙〕和 chānhé

Bein *n* -(e)s; -e 腿 tuǐ; 骨 gǔ

'beinah(e) *adv* 几〔幾〕乎 jīhū, 差不多 chàbùduō

'Beinbruch *m* 腿骨骨折 tuǐgǔ gǔzhé

'beipflichten *vi* 赞〔讚〕成 zànchéng, 同意 tóngyì

bei'sammen *adv* 共同 gòngtóng, 一起 yìqǐ

'Beisein *n* 在场〔場〕zàichǎng; im ~ von / in j-s ~ 有…在场时，当…的面

bei'seite *adv* 在旁边〔邊〕zài pángbiān; 向旁边 xiàng pángbiān; Spaß ~! 别开玩笑!

'beisetzen *vt* 埋葬 máizàng

'Beisetzung *f* -en 埋葬 máizàng

'Beispiel *n* 1) 例子 lìzi, 实〔實〕例 shílì; zum ~例如; 2) 榜样〔樣〕bǎngyàng

'beispiel|haft *adj* 模范的 mófànde, 可作榜样〔樣〕的 kě zuò bǎngyàng de **~los** *adj* 空前的 kōngqiánde

'beißen* I *vt* 1) 咬 yǎo; 2) (蚤等) 咬 yǎo, 螫 shì, 刺 cì; II *vi* 1) 咬人 yǎorén; 鱼上钩 yú shànggōu; 2) (蚤、蚊等) 刺 cì, 叮 dīng; 3) 辣 là (auf der Zunge 舌头) **~d** *adj* 刺人的 cìrénde; 辣人的 làrénde; 尖刻的 jiānkède

'Beistand *m* 帮〔幫〕助 bāngzhù

'bei|stehen* *vi* j-m ~帮〔幫〕助… bāngzhù… **~steuern** *vt, vi* 贡献

〔獻〕gòngxiàn, 捐助 juānzhù; zu etw. eine Summe ～为…捐一笔钱
'Beitrag *m* -(e)s;¨e 1) 会〔會〕费 huìfèi, 捐款 juānkuǎn; 2)（在学问上的）贡献〔獻〕gòngxiàn; 3) 文章 wénzhāng, 稿件 gǎojiàn
'beitreten* *vi(s)* 参〔參〕加（政党等）cānjiā
'Beitritt *m* 参〔參〕加 cānjiā
'Beiwagen *m*（摩托车的）边〔邊〕车〔車〕biānchē, 拖车 tuōchē
'beiwohnen *vi* 出席 chūxí, 参〔參〕加 cānjiā, 在场〔場〕zàichǎng
bei'zeiten *adv* 及时〔時〕jíshí
be'jahen *vt* 肯定 kěndìng, 赞〔讚〕同 zàntóng ～**d** *adj* 肯定的 kěndìnde, 赞同的 zàntóngde
be'jaht *adj* 年老的 niánlǎode
be'kämpfen *vt* 同…作斗〔鬥〕争 tóng … zuò dòuzhēng, 反对〔對〕fǎnduì
be'kannt *adj* 知名的 zhīmíngde, 有名的 yǒumíngde; 认〔認〕识〔識〕的 rènshide, 熟悉的 shúxīde; j-n mit j-m ～ machen 介绍某人与某人相识
Be'kannte *m, f* -n; -n 熟人 shúrén, 相识〔識〕xiāngshí
be'kannt|lich *adv* 众〔衆〕所周知 zhòng suǒ zhōu zhī ～**machen** *vt* 1)公布 gōnghù, 发〔發〕布 fābù; 2) 告诉 gàosù
Be'kannt|machung *f* -en 1) 公布 gōngbù; 2) 公告 gōnggào ～**schaft** *f* -en 1) 结识〔識〕jiéshí; 2) 熟人 shúrén, 相识 xiānshí
be'kehren *vt* 使改变〔變〕信仰 shǐ gǎibiàn xìnyǎng
be'kennen* *vt* 1) 承认〔認〕chéngrèn, 坦白 tǎnbái; sich schuldig ～ 承认有罪; 2) sich zu etw./j-m ～ 信仰 xìnyǎng, 拥〔擁〕护〔護〕yōnghù
Be'kenntnis *n* -ses; -se 1) 承认〔認〕chéngrèn, 坦白 tǎnbái; 2) 信条〔條〕xìntiáo, 教义〔義〕jiàoyì
be'klagen *vt* 1) 悲叹〔嘆〕bēitàn, 惋惜 wǎnxī; 2) sich ～ (über *A*) 埋怨 mányuàn, 抱怨 bàoyuàn, 诉苦 sùkǔ ～**swert** *adj* 可悲的 kěbēide, 令人怜〔憐〕悯的 lìng rén …ínmǐn de
…**eckern** *vt, v sich* 沾污 zhānwū, …脏〔髒〕nòngzāng (Kleid 衣服)
…**eiden** *vt* 1) 给…穿衣 gěi … …inyī; 2) 担〔擔〕任（职务）dān- … 3) 授予 shòuyǔ; j-m mit … ～ 授某人以…
…**dung** *f* 衣服 yīfu, 服装〔裝〕…ng
…**mung** *f* -en 压〔壓〕抑 yā- …〕虑〔慮〕yōulù
…**en*** I *vt* 1) 收到 shōudào, 得到 dédào; sie hat ein Kind ～ 她生了个小孩; Zähne ～ 出牙齿; Schläge ～ 挨打; 2) 感到 gǎndào (Hunger 饿, Kälte 冷); 3) 感染（疾病）gǎnrǎn; 4) 赶〔趕〕上（火车等）gǎnshàng; II *vi(s)* j-m (gut) ～ 对〔對〕…相宜 duì … xiāngyí
be'kömmlich *adj* 有益于〔於〕健康的 yǒuyì yú jiànkāng de
be'kräftigen *vt* 1) 加强 jiāqiáng, 强调 qiángdiào; 2) 确〔確〕认〔認〕quèrèn, 坚〔堅〕定 jiāndìng
be'kümmern *vt* 使悲伤〔傷〕shǐ bēishāng; 使忧〔憂〕虑〔慮〕shǐ yōulǜ
be'laden* *vt* 1) 装〔裝〕zhuāng; 2) 使负担〔擔〕shǐ fùdān
Be'lag *m* -(e)s; ¨e 1) 覆层〔層〕fùcéng; 2) 舌苔 shétāi; 3)（放在面包上的）肉片（等）ròupiàn
be'lagern *vt* 1) 包围〔圍〕bāowéi; 围攻 wéigōng; 2) 拥〔擁〕在…周围 yōngzài … zhōuwéi
Be'lagerung *f* 围〔圍〕困 wéikùn
Be'lang *m* -(e)s; -e 1) 重要性 zhòngyàoxìng; 2) *pl* 利益 lìyì
be'langen *vt* 1) 涉及 shèjí, 有关〔關〕yǒuguān; 2) 控告 kònggào
be'langlos *adj* 无〔無〕关〔關〕紧〔緊〕要的 wúguān jǐnyào de
be'lasten *vt* 1) 装〔裝〕载 zhuāngzái, 使负担〔擔〕shǐ fùdān; 2) 提供罪证〔證〕tígòng zuìzhèng; 3) j-s Konto (mit einer Somme) ～（把一笔金额）记在某人帐上 jìzài mǒurén zhàngshàng
be'lästigen *vt* 打扰〔擾〕dǎrǎo, 使厌〔厭〕烦 shǐ yànfán
Be'lastung *f* -en 1) 负荷 fùhè, 负载 fùzài; 2) 负债 fùzhài; 3) 负担〔擔〕fùdān; 4) 指控 zhǐkòng ～**szeuge** *m* 原告方面的证〔證〕人 yuángào fāngmiàn de zhèngrén
be'laufen* *v sich* sich auf (*A*) ～总〔總〕计为〔爲〕… zǒngjì wèi…
be'lauschen *vt* 偷听〔聽〕tōutīng, 窃〔竊〕听 qiètīng
be'leben *vt* 使苏〔蘇〕醒 shǐ sūxǐng, 使活跃〔躍〕shǐ huóyuè, 使振奋〔奮〕shǐ zhènfèn
be'lebt *adj* 1) 热〔熱〕闹〔鬧〕的 rènàode (Straße 街道); 2)活跃〔躍〕的 huóyuède; 有生气〔氣〕的 yǒu shēngqì de
Be'leg *m* -(e)s; -e 1) 证〔證〕据〔據〕zhèngjù, 凭〔憑〕据 píngjù; 收据 shōujù, 凭单〔單〕píngdān; 2)（引证的）出处〔處〕chūchù
be'legen *vt* 1) 盖〔蓋〕上 gàishàng, 铺上 pūshàng; ein Brötchen mit etw. ～ 用…装满面包卷; 2) 预定（座位）yùdìng; 3) 证〔證〕明 zhèngmíng

Be'legschaft *f* -en (一个企业的全体)职〔職〕工 zhígōng
be'legt *adj* 1) 预定的 yùdìngde, 已占〔佔〕用的 yǐ zhànyòng de; 2) (嗓子)沙哑的 shāyǎde; 3) 有舌苔的 yǒu shétāi de; 4) ～es Brot 夹〔夾〕心面〔麵〕包片 jiāxīn miànbāopiàn, 三明治 sānmíngzhì
be'lehren *vt* 1) 教 jiāo; 指导〔導〕zhǐdǎo; 2) 劝〔勸〕告 quàngào; sich ～ lassen 接受劝告
be'leibt *adj* 肥胖的 féipàngde
be'leidigen *vt* 侮辱 wǔrǔ, 得罪 dézuì, 伤〔傷〕害 shānghài
be'lesen *adj* 博学〔學〕的 bóxuéde
be'leuchten *vt* 1) 照明 zhàomíng; 2) 观〔觀〕察 guānchá, 探讨 tàntǎo
Be'leuchtung *f* -en 照明 zhàomíng; 灯〔燈〕光 dēngguāng
be'lichten *vt* 曝(暴)光 pù(bào)guāng
Be'lieben *n* -s; 愿〔願〕望 yuànwàng, 意向 yìxiàng; nach ～ 随意,听便; es steht in Ihrem ～ 悉听尊便
be'liebig I *adj* 任何的 rènhéde; jeder ～e 任何人; II *adv* 随〔隨〕便 suíbiàn, 随意 suíyì; ～ viele 随便多少
be'liebt *adj* 受欢〔歡〕迎的 shòu huānyín de; 被爱〔愛〕戴的 bèi àidài de
be'liefern *vt* 向…供货 xiàng … gōnghuò; 供应〔應〕gōngyìng; j-n mit etw. ～ 供应某人…
Be'lieferung *f* 供货 gōnghuò, 供应〔應〕gōngyìng
'bellen *vi* 1) 狗叫 gǒujiào; 2) 叫骂 jiàomà
be'lohnen *vt* 酬劳〔勞〕chóuláo; 回报〔報〕huíbào
be'lügen* *vt* 对〔對〕…说谎 duì … shuōhuǎng, 欺骗 qīpiàn
be'lustigen *vt* 使开〔開〕心 shǐ kāixīn, 逗…发〔發〕笑 dòu … fāxiào; sich ～自娱
be'mächtigen *v sich* 1) sich einer Sache ～ 强占〔佔〕qiángzhàn; 2) sich j-s ～ 逮住 dǎizhù, 侵袭〔襲〕qīnxí
be'malen *vt* 涂〔塗〕色 túsè; 饰以彩绘〔繪〕shì yǐ cǎihuì
be'mängeln *vt* 责难〔難〕zénàn, 指摘 zhǐzhāi
be'merk|bar *adj* 察觉〔覺〕得到的 chájué dé dào de; 看得出的 kàndéchūde ～**en** *vt* 1) 察觉 chájué, 看出 kànchū; 2) 说(明) shuō ～**enswert** *adj* 值得注意的 zhídé zhùyì de, 显〔顯〕著的 xiǎnzhùde
Be'merkung *f* -en 2) (简短的)意见〔見〕yìjiàn, 评论〔論〕pínglùn; 2) 觉〔覺〕察 juéchá
be'mitleiden *vt* 同情 tóngqíng, 怜〔憐〕悯 liánmǐn ～**swert** *adj* 可怜的 kěliánde, 令人怜悯的 lìng rén liánmǐn de
be'mühen *vt* 1) 烦劳〔勞〕fánláo, 费心 fèixīn; j-n in (wegen) etw. ～在…上烦劳某人(帮忙); 2) sich ～ 尽〔盡〕力 jìnlì, 费心fèixīn; sich um eine Stelle ～ 谋求一个职位
Be'mühung *f* -en 尽〔盡〕力 jìnlì, 努力 nǔlì, 费心 fèixīn
be'nachbart *adj* 附近的 fùjìnde, 毗连的 píliánde
be'nachrichtigen *vt* 通知 tōngzhī
be'nachteiligen *vt* 亏〔虧〕待 kuīdài, 使受损 shǐ shòusǔn
be'nehmen *v sich* 举〔舉〕止 jǔzhǐ, 行为〔爲〕xíngwéi
Be'nehmen *n* -s; 举〔舉〕止 jǔzhǐ, 行为〔爲〕xíngwéi
be'neiden *vt* 妒忌 dùjì; 羡慕 xiàngmù (j-n um etw. 某人…) ～**swert** *adj* 引起妒忌的 yǐnqǐ dùjì de
'Bengel *m* -s; - 小淘气〔氣〕xiǎo táoqì, 顽童 wántóng
be'nommen *adj* 昏迷的 hūnmíde, 神志不清的 shénzhì bùqīng de
be'nötigen *vt* 需要 xūyào
be'nutzen *vt* 使用 shǐyòng, 利用 lìyòng; die Bahn ～ 乘坐火车
'Benzin *n* -s; -e 汽油 qìyóu
be'obachten *vt* 1) 观〔觀〕察 guānchá; 监〔監〕视 jiānshì; 2) 觉〔覺〕察 juéchá; 3) 遵守 zūnshǒu
Be'obach|ter *m* -s; - 观〔觀〕察者 guāncházhě; 观察员 guāncháyuán ～**tung** *f* 观察 guānchá, 监〔監〕视 jiānshì
be'pflanzen *vt* 在…种〔種〕上 zài … zhòngshàng; den Garten mit Blumen ～ 在花园里种上花
be'quem *adj* 1) 舒适〔適〕的 shúshìde; 2) 方便的 fāngbiànde; 3) 悠闲的 yōuxiánde, 懒散的 liánsǎnde ～**en** *v sich* sich zu etw. ～ 终于决定做… zhōngyú juédìng zuò …
Be'quemlichkeit *f* -en 1) 舒适〔適〕shūshì; 2) 方便 fāngbiàn; 3) 懒散 liǎnsǎn; 4) (住房的)现代化设备〔備〕xiàndàihuà shèbèi
be'raten* I *vt* 1) 给…出主意 g… … chū zhǔyì; 2) 商讨 shāngt… sich mit j-m über etw. ～ … 人商讨…; II *vi* 商讨 shān… (über etw.)
Be'rater *m* -s;- 顾〔顧〕问 gūw… 士 móushì
Be'ratung *f* -en 1) 出主… zhǔyì; 2) 商讨 shāngtǎo … 〔處〕zīxúnchù
be'rauschen *vt* 1) 使喝… zuì; 2) 使陶醉 shǐ tāo…
be'rechnen *vt* 1) 计算 …

suànchū; 2) 要求支付 yāoqiú zhīfù, 要价〔價〕yàojià ~**d** *adj* 有心计的 yǒu xīnjì de, 自私的 zìsīde

Be'rechnung *f* 计算 jìsuàn

be'rechtigen *vt* j-n zu etw. ~给予某人…的权〔權〕利 jǐyǔ mǒurén … de quánlì

be'rechtigt *adj* 有权〔權〕利的 yǒu quánlì de, 合理的 hélǐde, 有根据〔據〕的 yǒu gēnjù de

Be'rechtigung *f* -en 1) 权〔權〕利 quánlì; 2) 根据〔據〕gēnjù, 合法性 héfǎxìng

Be'redsamkeit *f* 雄辩 xióngbiàn, 口才 kǒucái

be'redt *adj* 雄辩的 xióngbiànde, 有口才的 yǒu kǒucái de

Be'reich *m, n* -(e)s; -e 1)地区〔區〕dìqū; 区域 qūyù; 2) 范〔範〕围〔圍〕fànwéi, 领域 lǐngyù

be'reichern *vt* 1) 使丰〔豐〕富 shǐ fēngfù; 2) sich ~ 发〔發〕财 fācái, 致富 zhìfù

Be'reifung *f* -en (上) 轮〔輪〕胎 lúntāi

be'reisen *vt* 1) 旅游 lǚyóu, 周游 zhōuyóu; 2) 作旅行推销 zuò lǚxíng tuīxiāo

be'reit *adj* 准〔準〕备〔備〕好的 zhǔnbèi hǎo de ~**en** *vt* 准备 zhǔnbèi, 做(饭) zuò; (给…)带〔帶〕来〔來〕dàilái ~**s** *adv* 早已 zǎoyǐ

Be'reitschaft *f* -en 1) 准〔準〕备〔備〕zhǔnbèi; 2) 常备队 chángbèiduì

be'reit|stellen *vt* 作好准〔準〕备〔備〕zuò hǎo zhǔnbèi; 提供 tígòng ~-**willig** *adj* 乐〔樂〕意的 lèyìde, 热〔熱〕心的 rèxīnde

be'reuen *vt* 后〔後〕悔 hòuhuǐ, 懊悔 àohuǐ

Berg *m* -(e)s; -e 1) 山 shān; 2)~e von etw. 大量 dàliàng; über den ~ sein 脱离〔離〕困境 tuōlí kùnjìng; über alle ~e 逃之夭夭 táo zhī yāoyāo; die Haare standen ihm zu ~e 他吓得毛骨悚然

berg'ab *adv* 趋〔趨〕向衰退 qūxiàng shuāituì

'Bergarbeiter *m* 矿〔礦〕工 kuànggōng

berg'auf *adv* 往上坡 wǎng shàngpō

'Bergbau *m* -(e)s; 采〔採〕矿〔礦〕cǎikuàng; 矿业〔業〕kuàngyè

'bergen* *vt* 1) 援救 yuánjiù, 营〔營〕救 yíngjiù; 2) 保护〔護〕bǎohù; 隐〔隱〕藏 yǐncáng

'bergig *adj* 多山的 duōshānde

'Berg|kette *f* 山脉〔脈〕shānmài ~-**mann** *m* -(e)s; ..leute 矿〔礦〕工 kuànggōng ~**steiger** *m* -s; - 登山运〔運〕动〔動〕员 dēngshān yùndòngyuán

'Bergung *f* -en 救护〔護〕jiùhù, 营〔營〕救 yíngjiù

Be'richt *m* -(e)s; -e 报〔報〕告 bàogào, 报道 bàodào

be'richten I *vt* 报〔報〕告 bàogào, 告知 gàozhī; II *vi* j-m über etw. ~ 向某人报告… xiàng mǒurén bàogào…; über etw. ~ 报道… bàodào …

Be'richterstatter *m* -s;- 记者 jìzhě, 通讯员 tōngxùnyuán

be'richtigen *vt* 改正 gǎizhèng, 更正 gēngzhèng, 校正 jiàozhèng

Be'richtigung *f* 1) 见 berichtigen; 2) 勘误(表) kānwù

Ber'liner I *m* -s;- 柏林人 bǎilínrén; II *adj* 柏林人的 bǎilínrénde, 柏林的 bǎilínde

'Bernstein *m* 琥珀 hǔpò; schwarzer ~ 黑色大理石 hēisè dàlǐshí

'bersten* *vi(s)* 裂开〔開〕lièkāi, 爆裂 bàoliè, 破裂 pòliè

be'rüchtigt *adj* 臭名昭著的 chòumíng zhāozhù de, 声〔聲〕名狼藉的 shēngmíng lángjí de

be'rücksichtigen *vt* 考虑〔慮〕kǎolǜ, 顾〔顧〕及 gùjí, 注意到 zhùyìdào

Be'rücksichtigung *f* -en 考虑〔慮〕kǎolǜ, 顾〔顧〕及 gùjí; unter ~, daß… 考虑到…

Be'ruf *m* -(e)s; -e 职〔職〕业〔業〕zhíyè

be'rufen* I *vt* 1) 委派 wěipài, 任命 rènmìng; 2) sich auf j-n ~提出某人… tíchū mǒurén …;II *adj* 能胜〔勝〕任的 néng shèngrèn de; 职〔職〕务〔務〕上的 zhíwùshàngde

be'ruflich *adj* 职〔職〕业〔業〕的 zhíyède; 专〔專〕业的 zhuānyède

Be'rufs|beratung *f* 专〔專〕业〔業〕指导〔導〕zhuānyè zhǐdǎo ~-**krankheit** *f* 职〔職〕业病 zhíyèbìng ~**schule** *f* 职业学〔學〕校 zhíyè xuéxiào

be'rufstätig *adj* 有职〔職〕业〔業〕的 yǒu zhíyè de

Be'rufung *f* -en 1) 任命 rènmìng, 委任 wěirèn; 2) 天职〔職〕tiānzhí, 使命 shǐmìng (zu); 3)上诉 shàngsù (bei *D*); 4) 引证〔證〕yǐnzhèng (auf *A*) ~**sgericht** *n* 上诉法院 shàngsù fǎyuàn

be'ruhen *vi* auf etw. (*D*) ~ 以…为〔為〕根据〔據〕yǐ … wèi gēnjù, 基于〔於〕jīyú; etw. auf sich ~ lassen 不再过〔過〕问 bù zài guòwèi

be'ruhigen *vt* 使平静 shǐ píngjìng; 使镇静 shǐ zhènjìng; sich ~ 镇静下来

Be'ruhigung *f* -en 平静 píngjìng, 安心 ānxīn, 平息 píngxī ~**smit-**

tel *n* 镇静剂〔劑〕zhènjìngjì
be'rühmt *adj* 著名的 zhùmíngde, 有名的 yǒumíngde
Be'rühmtheit *f* -en 1) 有名 yǒumíng, 名望 míngwàng; 2) 名人 míngrén, 名流 míngliú
be'rühren *vt* 1) 触〔觸〕chù, 摸 mō, 碰 pèng; er berührte die Speisen nicht 他没有碰那菜（没有吃）; 2) 涉及 shèjí, 提到 tídào; 3) 感动〔動〕gǎndòng
Be'rührung *f* -en 1) 触〔觸〕chù, 摸 mō; 2) 接触 jiēchù, 交往 jiāowǎng; in ～ mit j-m kommen 与某人进行接触
be'sagen *vt* 说明 shuōmíng, 表示 biǎoshì, 意味着 yìwèizhāo
be'sänftigen *vt* 使平静 shǐ píngjìng, 使缓和 shǐ huǎnhé
Be'satzung *f* 1) 占〔佔〕领军 zhànlǐngjūn; 2) 卫〔衛〕戍部队〔隊〕wèishù bùduì; 3) 全体〔體〕船员 quántǐ chuányuán, 全体空勤人员 quántǐ kōngqín rényuán ～**smacht** *f* 占领国〔國〕zhànlǐngguó
be'schädigen *vt* 损坏〔壞〕sǔnhuài, 毁坏 huǐhuài, 损伤〔傷〕sǔnshāng
Be'schädigung *f* 损坏〔壞〕sǔnhuài, 毁坏 huǐhuài, 损伤〔傷〕sǔnshāng
be'schaffen I *vt* 弄到 nòngdào, 搞到 gǎodào; II *adj* gut (schlecht) sein 具有好（坏）的性质、状〔狀〕态〔態〕jùyǒu hǎode xìngzhì、zhuàntài
Be'schaffenheit *f* -en 性质 xìngzhì, 状〔狀〕态〔態〕zhuàngtài
be'schäftigen *vt* 1) 雇〔傭〕用 gùyòng, 给…工作做 gěi … gōngzuò zuò; 2) 使忙碌 shǐ mánglù; 3) sich ～从〔從〕事 cóngshì, 忙于〔於〕mángyú
Be'schäftigung *f* -en 1) 雇〔傭〕用 gùyòng; 2) 职〔職〕业〔業〕zhíyè, 工作 gōngzuò
be'schäm|end *adj* 可耻的 kěchǐde, 丢脸〔臉〕的 diūliǎnde ～**t** *adj* 羞愧的 xiūkuìde, 害臊的 hàisàode
be'schatten *vt* 1) 遮蔽 zhēbì, 遮住 zhēzhù; 2) 尾随 wěisuí, 钉梢 dīngshāo
be'schaulich *adj* 沉思的 chénsīde
Be'scheid *m* -(e)s; -e 通知 tōngzhī; 答复〔復〕dáfù; 决定 juédìng; ～ geben 通知, 答复; ～ bekommen 得到通知, 得到答复; ～ hinterlassen 留下话, 留下口信（字条）; ～ wissen 知道详情, 了解, 熟悉
be'scheiden *adj* 谦虚的 qiānxūde; 适〔適〕度的 shìdùde; 不摆〔擺〕架子的 bù bǎi jiàzi de
Be'scheidenheit *f* 谦虚 qiānxū
be'scheinigen *vi* （出具）证〔證〕明 zhèngmíng; den Empfang ～ 证明收到; es wird hiermit bescheinigt, daß … 兹证明…
Be'scheinigung *f* -en 证〔證〕明 zhèngmíng, 收据〔據〕shōujù
be'schenken *vt* 赠送 zèngsòng; j-n mit etw. ～ 把…赠送某人
be'schießen* *vt* 1) 射击〔擊〕shèjī, 炮击 pàojī; 2) （以中子等）轰击 hōngjī
be'schimpfen *vt* 辱骂 rǔmà
be'schirmen *vt* 保护〔護〕bǎohù, 保卫〔衛〕bǎowèi
Be'schlag *m* 1) （金属）配件、饰物 pèijiàn、shìwù; （门、窗等上的）建筑〔築〕小五金 xiáo wǔjīn; 2) （轮部等的）刹车 shāchē; 3) 马蹄铁〔鐵〕mǎtítiě; 4) （依法）占〔佔〕有、没收 zhànyǒu、mòshōu; in ～ nehmen, mit ～ belegen 占有, 没收, 扣押, 征用
be'schlagen* I *vt* （用金属片等）钉上 dìngshàng, 安上 ānshàng, 包上 bāoshàng; ein Pferd ～ 给马钉掌; ein Faß mit Reifen ～ 给桶上箍; II *vi* （玻璃）蒙上水汽 méngshàng shuǐqì, （金属）失去光泽〔澤〕shīgù guāngzé; III *adj* 精通的 jīngtōngde, 熟练〔練〕的 shúliànde (auf, in *D*)
Be'schlagnahme *f* -n 没收 mòshōu; 充公 chōnggōng, 查封 cháfēng
be'schlagnahmen *vt* 没收 mòshōu, 充公 chōnggōng, 查封 cháfēng
be'schleunigen *vt* 加速 jiāsù, 加快 jiākuài; seine Schritte ～ 加快自己的步伐
Be'schleunigung *f* -en 1) 加速 jiāsù; 2) 加速度 jiāsùdù
be'schließen* *vt* 1) 结束 jiéshù; 2) 决定 juédìng, 议〔議〕决 yìjué
Be'schluß *m* 决定 juédìng, 决议〔議〕juéyì; einen ～ fassen 作出一项决议（决定）
be'schlußfähig *adj* 形成法定人数〔數〕的 xíngchéng fǎdìng rénshù de
be'schmieren *vt* （用油脂）涂〔塗〕抹 túmǒ
be'schmutzen *vt* 1) 弄脏〔髒〕nòngzāng; 2) 玷污 diànwū
be'schneiden* *vt* 1) 剪短 jiǎnduǎn, 剪齐〔齊〕jiǎnqí; 修剪 xiūjiǎn; 2) 限制 xiànzhì, 缩减 suōjiǎn
be'schönigen *vt* 粉饰 fěnshì, 掩饰 yǎnshì
be'schränken *vt* 1) 限制 xiànzhì, 约束 yuēshù; 2) sich auf (*A*) ～ 限制在… xiànzhì zài …, 满足于〔於〕… mǎnzúyú…
be'schränkt *adj* 愚蠢的 yúchǔnde, 目光短浅〔淺〕的 mùguāng duǎnqiǎn de
Be'schränkung *f* -en 限制 xiànzhì, 约束 yuēshù

客人 kèrén; 参〔参〕加者 cānjiāzhě, 参观〔觀〕者 cānguānzhě, 观众〔衆〕guānzhòng

be'tätigen *vt* 1) 操作 cāozuò, 使用 shǐyòng; 2) sich politisch ～从〔從〕事政治活动〔動〕cóngshì zhèngzhì huódòng; sich als ... ～作…工作

be'täuben *vt* 1) 把…打晕 bǎ ... dǎyūn; 2) 使发〔發〕昏 shǐ fāhūn, 震聋〔聾〕zhènlóng; 3) 使震惊〔驚〕shǐ zhènjīng, 使不知所措 shǐ bùzhī suǒcuò; 4) 麻醉 mázuì

Be'täubungsmittel *n* 麻醉剂〔劑〕mázuìjì

be'teiligen *vt* 1) j-n an etw. (*D*) ～让〔讓〕某人共有、分享…ràng mǒurén gòngyǒu、fēnxiǎng ...; 2) sich an/bei etw. (*D*) ～ 参〔参〕加、共有… cānjiā、gòngyǒu...

Be'teilig|te *m, f* -n; -n 参〔参〕加者 cānjiāzhě, 股东〔東〕gǔdōng ～**ung** *f* -en 参加 cānjiā, 共有 gòngyǒu

'beten *vi* 祈祷〔禱〕qídǎo, 祷告 dǎogào

be'teuern *vt* (发誓)保证〔證〕bǎozhèng

be'titeln *vt* 1) 加标〔標〕题 jiā biāotí; 2) j-n mit ... ～ 用…头〔頭〕衔称〔稱〕呼某人 yòng ... tóuxián chēnghū mǒurén

Beton [be'tõ:;be'to:n] *m* -s; -s (-e) 混凝土 hùnníngtǔ

be'tonen *vt* 1) (用)重(音)读〔讀〕zhòngdú; 2) 着重 zhuózhòng, 强调 qiángdiào

beto'nieren *vt* 浇〔澆〕注混凝土 jiàozhù hùnníngtǔ

be'tören *vt* 使着迷 shǐ zháomí, 迷住 mízhù, 引诱 yǐnyòu

Be'tracht *m* -(e)s; 考虑〔慮〕kǎolǜ; in ～ ziehen 考虑; (nicht) in ～ kommen (不)在考虑之内

be'trachten *vt* 1) 注视 zhùshì, 观〔觀〕察 guānchá; 2) j-n als ... ～把某人看作、视为〔爲〕… bǎ mǒurén kànzuò、shìwéi ...; 3) sich im Spiegel ～ 照镜子 zhào jìngzi; 4) sich als ... ～自认〔認〕是 zì rèn shì

be'trächtlich *adj* 可观〔觀〕的 kěguānde, 相当〔當〕大的 xiāngdāng dàde, 相当多的 xiāngdāngduōde

Be'trachtung *f* -en 1) 看 kàn, 观〔觀〕察 guānchá, 注视 zhùshì; 2) 考虑〔慮〕kǎolǜ

Be'trag *m* -(e)s; ¨e 金额 jīn'é, 总〔總〕额 zǒng'é

be'tragen* I *vt* 共计 gòngjì, 合计 héjì; II *v sich* 举〔舉〕动〔動〕jǔdòng; 表现 biǎoxiàn

Be'tragen *n* -s; 举〔舉〕止 jǔzhǐ, 行为〔爲〕xíngwéi

be'treffen* *vt* 1) 袭〔襲〕击〔擊〕xíjī, 遭受 zāoshòu; 2) 涉及 shèjí, 有关〔關〕yǒuguān; was ... betrefft 就…而论,至于 ～**d** *adj* 有关的 yǒuguānde, 涉及的 shèjíde

be'treffs *prp* (*G*) 关〔關〕于〔於〕guānyú, 有关 yǒuguān

be'treiben* *vt* 1) 从〔從〕事 cóngshì, 经〔經〕营〔營〕(商业等) jīngyíng; 2) 促进〔進〕cùjìn; 3) 开〔開〕动〔動〕kāidòng, 使运〔運〕转〔轉〕shǐ yùnzhuàn

be'treten I* *vt* 1) 踏上 tàshàng, 登上 dēngshàng; 2) 踏入 tàrù, 进〔進〕入 jìnrù; II *adj* 难〔難〕为〔爲〕情的 nánwéiqíngde, 窘迫的 jiǒngpòde

be'treuen *vt* 照顾〔顧〕zhàogù, 照管 zhàoguǎn

Be'trieb *m* -(e)s; -e 1) 企业〔業〕qǐyè, 工厂〔廠〕gōngchǎng; 2) 运〔運〕转〔轉〕yùnzhuàn; in ～ sein 运转中; außer ～ sein 停止运转; etw. in ～ setzen 开动…; 3) 热〔熱〕闹〔鬧〕rènào, 熙熙攘攘 xīxīrǎngrǎng

be'triebsam *adj* 活跃〔躍〕的 huóyuède, 勤勉的 qínmiǎnde, 有进〔進〕取心的 yǒu jìnqǔxīn de

be'trinken* *v sich* 喝醉 hēzuì

be'troffen *adj* 震惊〔驚〕的 zhènjīngde, 惊愕的 jīng'ède; sich ～ fühlen 感到震惊

be'trüben *vt* 使悲痛 shǐ bēitòng; 使苦恼 shǐ kǔnǎo

Be'trug *m* 欺骗 qīpiàn, 欺诈 qīzhà

be'trügen* *vt* 欺骗 qīpiàn, 欺诈 qīzhà

Be'trüger *m* -s; - 骗子 piànzi

be'trügerisch *adj* 欺骗的 qīpiànde, 欺诈的 qīzhàde

be'trunken *adj* 喝醉的 hēzuìde

Bett *n* -(e)s; -en 床 chuáng; das ～ hüten 卧床不起; zu ～ gehen 去睡觉〔覺〕qù shuìjiào ～**decke** *f* 1) 被子 bèizi; 2) 床罩 chuángzhào

'betteln *vi* 1) 乞讨(食物、钱等) qǐtǎo; ～ gehen 去要饭, 行乞; 2) um etw. ～ 哀求… āiqiú ...

'bettlägerig *adj* 卧床不起的 wòchuáng bùqǐ de

'Bettler *m* -s;- 乞丐 qǐgài

'Bettuch *n* 床单〔單〕chuángdān

'Bett|vorlager *m* 床前地毯 chuángqián dìtǎn ～**wäsche** *f* 床上织〔織〕品(床单、枕头等) chuángshàng zhīpǐn ～**zeug** *n* 寝具 qǐnjù, 床上用品 chuángshàng yòngpǐn

'beugen *vt* 1) 使弯〔彎〕曲 shǐ wānqū; 2) 使屈服 shǐ qūfú, 使服从〔從〕shǐ fúcóng; 3) (语法)使变

〔變〕化 shǐ biànhuà, 使变格 shǐ biàngé, 使变位 shǐ biànwèi; 4) sich ~ 弯腰 wānyāo; 屈服 qūfú

'**Beugung** *f* -en 1) 弯〔彎〕曲 wānqū; 2) (语法)变〔變〕格 biàngé, 变位 biànwèi

'**Beule** *f* -n 1) 肿〔腫〕块〔塊〕 zhǒngkuài; 疖〔癤〕jiē; 2) (金属等上的) 凹痕 āohén

be'unruhigen *vt* 1) 使不安 shǐ bù'ān, 使忧〔憂〕虑〔慮〕shǐ yōulǜ; 2) sich ~ 不安 bù'ān, 忧虑 yōulǜ

be'urlauben *vt* 1) 准〔準〕假 zhǔnjià; 2) 暂停职〔職〕务〔務〕zàntíng zhíwù

be'urteilen *vt* 判断〔斷〕 pànduàn, 评价〔價〕 píngjià

Be'urteilung *f* -en 1) 判断〔斷〕 pànduàn, 评价〔價〕píngjià; 2) 评论〔論〕(文章) pínglùn

'**Beute** *f* 1) 猎〔獵〕获〔獲〕物 lièhuòwù, 掠夺〔奪〕物 lüèduówù, 战〔戰〕利品 zhànlìpǐn; 2) 牺〔犧〕牲品 xīshēngpǐn

'**Beutel** *m* -s;- 1) 袋 dài, 包 bāo; 2)钱〔錢〕包 qiánbāo, 小钱袋 xiǎo qiándài; 3) (袋鼠等的)育儿〔兒〕袋 yù'érdài

be'völkern *vt* 1) 使住上人 shǐ zhùshàng rén; 2) 移民于〔於〕yímín yú, 居住于 jūzhùyú

Be'völkerung *f* -en 人口 rénkǒu, 居民 jūmín

be'vollmächtigen *vt* 授权〔權〕shòuquán

Be'vollmächtigte *m, f* -n;-n 全权〔權〕代表 quánquán dàibiǎo

be'vor *cj* 在…之前 zài … zhīqián

~munden *vt* 监〔監〕护〔護〕jiānhù

be'vorstehen* *vi* 面临〔臨〕miànlín, 即将〔將〕来〔來〕临 jíjiāng láilín **~d** *adj* 即将发〔發〕生的 jíjiāng fāshēng de

be'vorzugen *vt* 1) 宁〔寧〕可 nìngkě; 2) 偏爱〔愛〕piān'ài, 优〔優〕待 yōudài

be'wachen *vt* 看守 kānshǒu, 监〔監〕视 jiānshì; 守卫〔衛〕shǒuwèi

Be'wachung *f* -en 1) 看守 kānshǒu, 监〔監〕视 jiānshì; 2) 护〔護〕卫〔衛〕者 hùwèizhě

be'waffnen *vt* 武装〔裝〕wǔzhuāng, 装备〔備〕zhuāngbèi

Be'waffnung *f* -en 武装〔裝〕wǔzhuāng, 武器 wǔqì

be'wahren *vt* 1) 保护〔護〕bǎohù; 2) 保存 bǎocún; 保藏 bǎocáng; 3) 保持 bǎochí

be'währen *v sich* 经〔經〕受考验〔驗〕jīngshòu kǎoyàn, 证〔證〕明是 zhèng míngshì

be'wahrheiten *v sich* 证〔證〕实〔實〕zhènshí, (预言等)实现 shíxiàn

be'währt *adj* 经〔經〕过〔過〕考验〔驗〕的 jīngguó kǎoyàn de, 可靠的 kékàode, 真正的 zhēnzhèngde

Be'währung *f* 缓刑 huǎnxíng

be'waldet *adj* 多树〔樹〕木的 duō shùmù de

be'wältigen *vt* 1) 克服 kèfú, 制胜〔勝〕zhìshèng; 2) 完成 wánchéng, 胜任 shèngrèn

be'wandert *adj* 熟练〔練〕的 shúliànde, 精通的 jīngtōngde; in einem Fach gut ~ sein 精通一门专业

be'wässern *vt* 灌溉 guàngài

Be'wässerung *f* -en 灌溉 guàngài

be'wegen I* *vt* j-n zu etw. ~说服、劝〔勸〕某人做… shuōfú、quàn mǒurén zuò …; II *vt, v sich* 1) (使) 移动〔動〕yídòng; 2) 感动 gǎndòng

Be'weggrund *m* 动〔動〕机〔機〕dòngjī

be'weglich *adj* 1) 可移动〔動〕的 kěyídòngde; 2) 敏捷的 mǐnjiéde; 3) 令人感动的 lìng rén gǎndòng de

Be'wegung *f* -en 1) 运〔運〕动〔動〕yùndòng; 活动 huódòng, 动作 dòngzuò; in ~ setzen 开动,使运转; 2) 激动 jīdòng; 3) (群众)运动 yùndòng

be'wegungslos *adj* 不动〔動〕的 bùdòngde

Be'weis *m* -es;-e 证〔證〕明 zhèngmíng, 证据〔據〕zhènjù, 论〔論〕证 lùnzhèng

be'weisen* *vt* 1) 证〔證〕明 zhèngmíng, 论〔論〕证 lùnzhèng; 2) 表示 biǎoshì, 表明 biǎomíng

be'wenden *vi* es dabei ~ lassen 就那么〔麼〕好了 jiù nàme hǎo le

be'werben* *v sich* 1) sich um etw. ~ 谋求(职位等) móuqiú; 2) sich um ein Mädchen ~ 向一少女求婚 xiàng yī shàonǚ qiúhūn

Be'werb|er *m* -s;- 求职〔職〕者 qiúzhízhě, 求婚者 qiúhūnzhě, 竞〔競〕争者 jìngzhēngzhě **~ung** *f* 1) 申请 shēnqǐng, 求职 qiúzhí; 2) 求婚 qiúhūn

be'werten *vt* 评价〔價〕píngjià, 估价 gūjià, 判断〔斷〕pànduàn

be'willigen *vt* 批准 pīzhǔn, 许可 xǔkě, 同意 tóngyì

be'wirken *vt* 引起 yǐnqǐ, 导〔導〕致 dǎozhì, 造成 zàochéng

be'wirt|en *vt* 招待 zhāodài, 款待 kuǎndài **~schaften** *vt* 1) 耕种〔種〕gēngzhòng; 2) 经〔經〕营〔營〕jīngyíng, 管理 guǎnlǐ; 3) 定量供应〔應〕(食物等) dìngliàng gōngyìng; 4) 控制(外汇等) kòngzhì

Be'wirtung *f* -en 1) 招待 zhāodài,

款待 kuǎndài; 2)(招待客人的)酒菜 jiǔcài

be'wohnen *vt* 住 zhù, 居住 jūzhù

Be'wohner *m* -s;- 居民 jūmíng, 住户 zhùhù

be'wölk|en *v sich* 1) 云〔雲〕层〔層〕密布 yúncéng mìbù; 2) 变〔變〕得阴〔陰〕沉 biàn de yīnchén **~t** *adj* 1) 多云的 duōyúnde; 2) 阴沉的 yīnchéngde

be'wundern *vt* 赞〔讚〕赏 zànshǎng; 钦佩 qīnpèi **~swert** *adj* 极〔極〕好的 jíhǎode

Be'wunderung *f* -en 赞〔讚〕赏 zànshǎng; 钦佩 qīnpèi

be'wußt *adj* 1) 故意的 gùyìde, 蓄意的 xùyìde, 有意的 yǒuyìde; 2) sich (*D*) einer Sach (*G*) ~ sein 意识〔識〕到… yìshí dào …; 3) 上述的 shàngshùde, 已知的 yǐzhīde **~los** *adj* 无〔無〕意识〔識〕的 wú yìshí de, 失去知觉〔覺〕的 shīqù zhījué de

Be'wußtsein *n* -s; 1) 意识〔識〕yìshí, 觉〔覺〕悟 juéwù; 2) 知觉 zhījué

be'zahlen I *vt* 1) 付 fù, 支付 zhīfù; 2) 偿〔償〕还〔還〕 chánghuán; Schulden ~ 还债; II *vi* 付钱〔錢〕fùqián, 付款 fùkuàn, 支付 zhīfù

Be'zahlung *f* 1) 支付 zhīfù, 付款 fùkuàn; 2) 工资 gōngzī, 报〔報〕酬 bàochou

be'zaubernd *adj* 魅惑的 mèihuòde, 迷人的 mírénde

be'zeichnen *vt* 1) 作记号〔號〕zuò jìhào, 标〔標〕明 biāomíng; 2) 描述 miáoshù, 形容 xíngróng; 3) 叫做 jiàozuò, 称〔稱〕呼 chēnghū; j-n als … ~ 把某人称做… **~d** *adj* 特有的 tèyǒude, 表示特征〔徵〕的 biǎoshì tèzhēng de

Be'zeichnung *f* 1) 标〔標〕记 biāojì, 记号〔號〕jìhào; 2) 名称〔稱〕míngchēng, 叫法 jiàofǎ

be'zeugen *vt* 证〔證〕明 zhèngmíng, 证实〔實〕zhèngshí

be'ziehen* *vt* 1) 覆〔覆〕盖〔蓋〕fùgài, 蒙上 méngshàng, 绷上 bēngshàng; 2) 搬进〔進〕bānjìn, 进入 jìnrù (Universität 大学); 3) 领取(工资、养老金等) lǐngqǔ; 4) 收到 shōudào, 购〔購〕进(货物) gòujìng; 5) 订阅(报纸等) dìngyuè; 6) sich ~(天空)多云〔雲〕duōyún; 7) sich auf (*A*) ~ 谈到 tándào, 提到 tídào; 涉及 shèjí

Be'zieher *m* -s;- (报子) 订阅者 dìngyuèzhě

Be'ziehung *f* 1) 关〔關〕系〔係〕guānxì; 联〔聯〕系 liánxì (zu j-m 跟某人); 2) 方面 fāngmiàn; in dieser ~ 在这方面

be'ziehungsweise *adv* 1) 各自地 gèzìde, 分别地 fēnbiéde; 2) 更确〔確〕切地说 gèng quèqiède shuō; 3) 或者 huòzhě

Be'zirk *m* -(e)s; -e 区〔區〕qū, 城区 chéngqū; 范〔範〕围〔圍〕fànwéi

Be'zug *m* 1)(枕、被等的)套子 tàozi, 外罩 wàizhào; 2)(货物的)购〔購〕买〔買〕gòumǎi; 3) 订阅 dìngyuè; 4) 关〔關〕系〔係〕guānxì; in ~ auf(*A*) 关于…, 有关…; auf (*A*) ~ nehmen 关于…, 就…而言

be'züglich I *adj* 有关〔關〕系的 yǒu guānxìde; II *prp* (*G*) 关于 guānyú

be'zwecken *vt* 目的是 mùdì shì, 旨在 zhǐzài; was will er damit ~! 他这样做要达到什么目的?

be'zweifeln *vt* 怀〔懷〕疑 huáiyí

be'zwingen* *vt* 1) 征服 zhēngfú, 战〔戰〕胜〔勝〕zhàngshèng; 2) 抑制 yìzhì, 克制 kèzhì; 3) sich ~ 自制 zìzhì, 克己 kèjǐ

'Bibel *f* -n (基督教)圣〔聖〕经〔經〕shèngjīng

'Biber *m* -s;- 1) 海狸 hǎilí; 2) 海狸皮毛 hǎilí pímáo

Biblio'thek *f* -en 图〔圖〕书〔書〕馆 túshūguǎn **~ar** *m* -s; -e 图书馆管理员 túshūguǎn guǎnlǐyuán

'biblisch *adj* 圣〔聖〕经〔經〕的 shèngjīngde

'bieder *adj* 诚实〔實〕的 chéngshíde, 正直的 zhèngzhíde

'biegen* I *vt* 使弯〔彎〕曲 shǐ wānqū; II *v sich* 弯曲 wānqū; 弯腰 wānyāo; sich vor lachen ~ 笑弯了腰; III *vi* (*s*) 拐弯 guǎiwān; um einen Ecke ~ 沿街角拐弯

'biegsam *adj* 1) 易弯〔彎〕曲的 yì wānqū de, 柔软的 róuruǎnde; 2) 柔顺的 róushùnde

'Biegsamkeit *f* 1) 可弯〔彎〕性 kěwānxìng, 柔韧〔韌〕性 róurènxìng; 2) 柔顺 róushùn

'Biegung *f* -en 1) 弯〔彎〕曲 wānqū; 2) 转〔轉〕弯 zhuǎnwān, 转弯处〔處〕zhuǎnwānchù

'Biene *f* -n 蜜蜂 mìfēng **~nkönigin** *f* 蜂王 fēngwáng **~nkorb** *m*, **~nstock** *m* 蜂箱 fēngxiāng **~nzucht** *f* 养〔養〕蜂 yǎngfēng

Bier *n* -(e)s; -e 啤酒 píjiǔ; helles ~ 淡啤酒; dunkles ~ 黑啤酒; ~ vom Faß 桶装啤酒 **~brauer** *m* 啤酒酿〔釀〕造者 píjiǔ niàngzàozhě **~brauerei** *f* 啤酒厂〔廠〕píjiǔchǎng **~krug** *m* (带把的)啤酒杯 píjiǔbēi

Biest *n* -es; -er 畜牲 chùshēng, 该死的东西 gāisǐde dōngxī

'bieten* I *vt* 1) 提出 tíchū; 提供 tígòng; 2)(拍卖时)出价〔價〕chūjià; 3) 显〔顯〕出 xiǎnchū, 呈现 chéngxiàn; 4) sich ~ 出现 chūxiàn, 显示 xiǎnshì; II *vi* (拍卖时)出价 chūjià

Biga'mie *f* -n 重婚(罪) chónghūn

Bi'lanz *f* -en 1) 资产〔產〕负债表 zīchǎn fùzhàibiǎo; 2) 余〔餘〕额 yú'é, 差额 chā'é; 3) 结算 jiésuàn; die ~ ziehen 作出总结

Bild *n* -(e)s; -er 1) 画〔畫〕huà; 画像 huàxiàng; 照片 zhàopiàn; 2) 想象 xiǎngxiàng, 印象 yìnxiàng; 3) 光景 guāngjǐng, 景象 jǐngxiàng; 4) 比喻 bǐyù, 形象 xíngxiàng; 5) (戏剧的)场〔場〕chǎng

'bilden *vt* 1) 构〔構〕成 gòuchéng, 形成 xíngchéng, 组成 zǔchéng; sich (*D*) eine Meinung ~ 形成一种意见; 2) 塑造 sùzào; 3) 培养〔養〕péiyǎng, 教育 jiàoyù; 4) sich ~ 形成 xíngchéng; 增长〔長〕知识〔識〕zēngzhǎng zhīshi, 受教育 shòu jiàoyù ~**d** *adj* 造形的 zàoxíngde; ~e Kunst 造形艺术

'Bilder|buch *n* 图〔圖〕画〔畫〕书〔書〕túhuàshū ~**galerie** *f* 美术〔術〕馆 měishùguǎn, 画廊 huàláng

'Bild|fläche *f* auf der ~ erscheinen 突然出现 tūrán chūxiàn; von der ~ verschwinden 突然消失 tūrān xiāoshī, 被遗忘 bèi yíwàng ~**hauer** *m* -s; - 雕刻家 diāokèjiā

'bildlich *adj* 1) 图〔圖〕示的 túshìde; 2) (词语等)比喻的 bǐyùde

'Bild|nis *n* -ses; -se 肖像 xiāoxiàng; 画〔畫〕像 huàxiàng ~**röhre** *f* 显〔顯〕像管 xiǎnxiàngguǎn ~**schirm** *m* (电视)屏幕 píngmù

'bildschön *adj* 美丽〔麗〕如画〔畫〕的 měilì rúhuà de, 非常美的 fēicháng měide

'Bildung *f* -en 1) 形成 xíngchéng, 组成 zǔchéng; 2) 教育 jiàoyù; 修养〔養〕xiūyǎng, 教养 jiàoyǎng

Billard ['biljart] *n* -s; -e 1) 台〔臺〕球游戏〔戲〕táiqiú yóuxì; 弹〔彈〕子游戏 dànzi yóuxì; 2) 台球台 táiqiútái; 弹子台 dànzitái

'billig *adj* 1) 公平的 gōngpíngde, 合理的 hélǐde; recht und ~ 合情合理; 2) 公道的(价格) gōngdàode, 适〔適〕中的 shìzhòngde; 3) 便宜的(货物) piányide, 廉价〔價〕的 liánjiàde ~**en** *vt* 同意 tóngyì, 赞〔讚〕同 zàntóng

'Binde *f* -n 1) 带〔帶〕子 dàizi; 2) 绷带 bēngdài; 3) 领带 lǐngdài, 饰带 shìdài ~**haut** *f* (眼)结膜 jiémó

'binden* I *vt* 1) 捆 kǔn, 扎〔紮〕zhā, 结 jié; 2) 装〔裝〕订 zhuāngdìng; 3) (把带子等) 打结 dǎjié; 4) sich ~ 承担义〔義〕务〔務〕chéngdān yìwù; II *vi* 凝结 níngjié, 粘合 zhānhé

'Binde|strich *m* 连字符 liánzìfú ~**wort** *n* -(e)s; ¨er (语法)连词 liáncí

'Bindfaden *m* 细绳〔繩〕xìshéng

'Bindung *f* -en 1) (滑雪板、冰鞋上的)扣带〔帶〕kòudài; 2) (音乐的) 连接线〔綫〕liánjiēxiàn; 3) 约束 yuēshù, 义〔義〕务〔務〕yìwù; 4) 连接 liánjiē, 联〔聯〕系〔係〕liánxì

'binnen *prp* (*D, G*) 在…之内 zài … zhīnèi; ~ kurzem 在短期内

'Binnen|hafen *m* 内河港 nèihégǎng ~**handel** *m* 国〔國〕内贸易 guónèi màoyì ~**verkehr** *m* 国内交通 guónèi jiāotōng

'Binse *f* -n 1) 灯〔燈〕心草 dēngxīncǎo; 2) in die ~n gehen 变〔變〕坏〔壞〕biàn huài; 破灭〔滅〕pòmiè ~**nwahrheit** *f*, ~**nweisheit** *f* 自明之理 zì míng zhī lǐ; 陈腐的道理 chénfǔde dàolǐ

Bioche'mie *f* 生物化学〔學〕shēngwù huàxué

Biogra'phie *f* -n 传〔傳〕记 zhuànjì

biogra'phisch *adj* 传〔傳〕记的 zhuànjìde

Biolo'gie *f* 生物学〔學〕shēngwùxué

biolo'gisch *adj* 生物学〔學〕的 shēngwùxuéde

'Birke *f* -n 桦〔樺〕huà; 白桦 báihuà

'Birne *f* -n 1) 梨 lí; 2) 电〔電〕灯〔燈〕泡 diàndēngpào; 3) 头〔頭〕tóu, 脑〔腦〕袋 nǎodai

bis I *prp* (*A*) 1) 直到…(时间)为〔為〕止 zhídào … wéi zhǐ; von Morgen ~ Abend 从早到晚; 2) 直到…(地方)为止 zhídào … wéizhǐ; von oben ~ unten 从上到下; 3) ~ auf weiteres 暂时〔時〕zànshí, 暂且 zànqiě, 在另行通知以前 zài lìngxíng tōngzhī yǐqián; 4) ~ auf 包括 bāokuò; 除…以外 chú … yǐwài; 5) 或者 huòzhě; zwei ~ drei Tage 两、三天; II *cj* 直到… zhídào …

'Bischof *m* -s; ¨e 主教 zhǔjiào

'bischöflich *adj* 主教的 zhǔjiàode

bis'her *adv* 直到现在 zhídào xiànzài, 迄今 qìjīn ~**ig** *adj* 到目前为〔為〕止的 dào mùqián wéizhǐ de

Biß *m* ..sses; ..sse 1) 咬 yǎo; 2) 咬伤〔傷〕yǎoshāng

'bißchen *adj* 少量的 shǎoliàngde, 少许的 shǎoxǔde; ein ~ 一点〔點〕儿〔兒〕yīdiǎnr

'Bissen *m* -s; - 1) 一口(食物) yīkǒu; 2) 小吃 xiǎochī

'bissig *adj* 1) 咬人的 yǎorénde; Achtung, ~er Hund! 当心狗! 2)

尖刻的 jiānkède, 尖酸的 jiānsuānde

bis'weilen *adv* 有时〔時〕yǒushí, 间或 jiànhuò

'Bitte *f* -n 请求 qǐngqiú, 要求 yāoqiú; eine ~ um Hilfe 请求帮助; auf j-s ~ 根据某人的要求

'bitten* I *vt* 1) j-n um etw. ~请求 qǐngqiú, 要求 yāoqiú; j-n um Entschuldigung ~ 请某人原谅; dürfe ich Sie um Feuer ~? 可以向您借个火吗? 2) bitte 请 qǐng; (wie) bitte? 对〔對〕不起 duìbùqǐ; 没听〔聽〕清,请再说一遍 méi tīng qīng, qǐng zàishuō yībiàn; bitte! 请吧! 行! 可以! danke (schön) — bitte (sehr)! 谢谢你——别客气〔氣〕! xièxiè nǐ—bié kèqi; 没关〔關〕系〔係〕méi guānxi; II *vi* um etw. ~ 请求… qǐngqiú…

'bitter *adj* 1) 有苦味的 yǒu kǔwèide; 2) 辛酸的 xīnsuānde, 痛苦的 tòngkǔde; 3) 刺骨的 cìgǔde; ~e Kälte 刺骨的寒冷,严寒

'Bitterkeit *f* -en 1) 苦 kǔ, 苦味 kǔwèi; 2) 尖刻 jiānkē, 尖酸 jiānsuān

'Bittschrift *f* 请求书〔書〕qǐngqiúshū, 请愿〔願〕书 qǐngyuànshū

Blamage [..'maːʒə] *f* -n 丢脸〔臉〕diūliǎn; 耻辱 chǐrǔ

bla'mieren *vt* 1) 使丢脸〔臉〕shǐ diūliǎn, 使出丑〔醜〕shǐ chūchǒu; 2) sich ~ 丢脸 diūliǎn, 出丑 chūchǒu

blank *adj* 1) 发〔發〕亮的 fāliàngde, 光洁〔潔〕的 guāngjiéde; 2) 裸露的 luǒlùde; 3) 纯粹的 chúncuìde; 4) 一个〔個〕钱〔錢〕也没有的 yīgè qián yě méiyǒu de

'Blankoscheck *m* (未填金额的)空白支票 kòngbáizhīpiào

'Blase *f* -n 1) 泡 pào, 气〔氣〕泡 qìpào; 2) 水疱 shuǐpào; 3) 膀胱 pángguāng; 4) (玻璃片的)气泡 qìpào **~balg** *m* (手用)风〔風〕箱 fēngxiāng

'blasen* I *vt* 1) 吹 chuī, 刮 guā; 2) 吹制〔製〕chuīzhì; 3) 吹奏 chuīzòu; II *vi* 吹 chuī, 刮 guā

'Blas|instrument *n* 吹奏乐〔樂〕器 chuīzòu yuèqì, 管乐器 guǎnyuèqì **~kapelle** *f* 管乐队〔隊〕guǎnyuè duì

blaß *adj* 1) (脸色)苍〔蒼〕白的 cāngbáide; ~ werden 变苍白; 2) 淡色的 dànsède; 3) keine blasse Ahnung 一无〔無〕所知 yī wú suǒ zhī

'Blässe *f* (脸色)苍〔蒼〕白 cāngbái

Blatt *n* -(e)s; ⸚er 1) 树〔樹〕叶〔葉〕shùyè; 2) 纸张〔張〕zhǐzhāng; 书〔書〕页 shūyè; 3) 花瓣 huābàn; 4) (金属)薄片 bópiàn; 5) (音乐)簧片 huángpiàn; 6) (牌戏)一手牌 yīshǒupái; 7) (桨、锯等)片 piàn; 8) 报〔報〕纸 bàozhǐ

'blättern *vi* 翻阅 fānyuè

blau *adj* 1)蓝〔藍〕色的 lánsède, 天蓝色的 tiānlánsède; ~e Fleck 青肿,淤伤; ~es Auge 青肿的眼睛; mit einem ~en Auge davonkommen 略受轻伤; 2) 酒醉的 jiǔzuìde, 醉醺醺的 zuì xūnxūn de **~grau** *adj* 青灰色的 qīnghuīsède

'bläulich *adj* 带〔帶〕蓝〔藍〕色的 dàilánsède

Blech *n* -(e)s; -e 1) 薄金属〔屬〕板 bó jīnshǔbǎn; 2) 胡言乱〔亂〕语 húyánluànyǔ **~büchs** *f* 罐头〔頭〕guàntou

'blechern *adj* 1) 白铁〔鐵〕皮制〔製〕的 báitiěpí zhì de; 2) (声音)细弱无〔無〕力的 xìruò wú lì de

Blei I *n* -(e)s; -e 铅 qiān; II *n, m* 铅笔〔筆〕qiānbǐ

'bleiben* *vi* (*s*) 1) 逗留 dòuliú, 停留 tíngliú; bitte, ~ Sie am Apparat (电话) 请等一等; 2) 保持(不变) bǎochí; am Leben ~还活着; ruhig ~保持安静; 3) 留下 liúxià; 剩下 shèngxià; 4) 坚〔堅〕持 jiānchí; bei seiner Meinung ~ 坚持己见 **~d** *adj* 持续〔續〕的 chíxùde, 永久的 yǒngjiǔde **~lassen*** *vt* 不做 bùzuò, 中止 zhōngzhǐ, 放弃〔棄〕fàngqì; laß das bleiben! 别做下去了!

bleich *adj* 苍〔蒼〕白的 cāngbáide, 没有血色的 méiyǒu xuèsè de **~en** I *vt* 使退色 shǐ tuìsè, 漂白 piǎobái; II* *vi* (*s*) 退色 tuìsè, 变〔變〕白 biànbái

'bleiern *adj* 1) 铅制〔製〕的 qiānzhìde, 铅色的 qiānsède; 2) 沉重的 chénzhòngde

'Blei|stift *m* 铅笔〔筆〕qiānbǐ **~spitzer** *m* -s;- 修铅笔刀 xiūqiānbǐdāo

'Blende *f* -n 1) 光圈 guāngquān; 2) 假窗 jiǎchuāng

'blenden I *vt* 1) 使失明 shǐ shīmíng; 2) 眩眼 xuànyǎn, 耀眼 yàoyǎn; 3) 使迷惑 shǐ míhuò; II *vi* 1) (用灯)照明 zhàomíng; 2) 晃眼 huàngyǎn, 刺目 cìmù

Blick *m* -(e)s; -e 1) 一瞥 yīpiē, 一看 yīkàn; auf den ersten ~ 一看就…; 2) 目光 mùguāng, 眼神 yǎnshén; ein böser ~邪恶的目光

'blicken *vi* 看 kàn, 望 wàng (auf *A*, nach)

'Blickfang *m* 引人注目的东〔東〕西 yǐ rén zhùmùde dōngxi

blind *adj* 1) 瞎的 xiāde, 盲的 mángde; auf einem Auge ~ 瞎了一只

眼; 2) 盲目的 mángmùde; 3)(金属表面)失去光泽〔澤〕的 shīqù-guāngzé de; 混浊[濁]的 hùnzhuó-de; 4) 虚假的 xūjiǎde; ~er Passagier 无票乘客; ~er Alarm 虚惊; 5) 暗的 ànde, 看不见的 kàn bù jiàn de

'**Blinddarm** *m* 盲肠〔腸〕mángcháng **~entzündung** *f* 盲肠炎 mángchángyán

'**Blinde** *m, f* -n;-n 盲人 mángrén, 瞎子 xiāzi **~nanstalt** *f* 盲人学〔學〕校 mángrén xuéxiào, 盲人院 mángrényuàn **~nschrift** *f* 盲文 mángwén

'**Blind|flug** *m* 盲目飞〔飛〕行(凭仪表操纵的飞行) mángmù fēixíng **~heit** *f* 1) 失明 shīmíng; 2) 盲目(性) mángmù

'**blindlings** *adv* 盲目地 mángmùde, 随〔隨〕便 suíbiàn

'**blinken** *vi* 1) 闪烁〔爍〕shǎnshuò, 闪闪发〔發〕光 shǎnshǎn fāguāng; 2) 发闪光信号〔號〕fā shǎnguāng xìnhào

'**Blinker** *m* -s;- (机动车辆的)闪光信号〔號〕灯〔燈〕shǎnguāng xìnhào-dēng

'**blinzeln** *vt* 眨眼睛 zhǎ yǎnjīng

Blitz *m* -es; -e 闪电〔電〕shǎndiàn '**~ableiter** *m* -s;- 避雷针 bìléi-zhēn, 避雷装〔裝〕置 bìléi zhuāng-zhì

'**blitzen** *vi* 1) 闪光 shǎnguāng; 2) es blitzt 天空打闪 tiānkōng dǎ-shǎng

'**Blitzlicht** *n* 闪光灯〔燈〕shǎnguāng-dēng

'**blitzschnell** *adj* 快如闪电〔電〕的 kuài rú shǎndiàn de

Block *m* I -(e)s; ⸚e 1)(木、石、金属等)块〔塊〕kuài; 2)(政治)集团〔團〕jítuán; II -(e)s;⸚e(-s) 1) 房屋群〔羣〕fángwūqún, 街区〔區〕jiēqū; 2) 拍纸簿 pāizhǐbù **~ade**[..'kai..] *f* -n 封锁 fēngsuǒ **~haus** *n* (用原木造的)小木屋 xiǎo mùwū

blo'ckieren I *vt* 封锁 fēngsuǒ, 阻塞 zǔsè; 阻碍〔礙〕zǔ'ài; II *vi* (制动器等)发〔發〕生故障 fāshēng gù-zhàng

blöd(e) *adj* 1) 低能的 dīnéngde, 笨的 bènde, 痴〔癡〕呆的 chīdāide; 2) 空洞的 kōngdòngde, 无〔無〕聊的 wúliáode

'**Blödsinn** *m* 1) 低能 dīnéng, 痴〔癡〕呆 chīdāi; 2) 废〔廢〕话 fèihuà; 胡闹〔鬧〕húnào

'**blödsinnig** *adj* 低能的 dīnéngde; 愚蠢的 yúchǔnde

'**blöken** *vi* (牛、羊)叫 jiào

blond *adj* 金黄色的 jīnhuángsède, 金发〔髮〕的 jīnfàde

bloß I *adj* 1) 裸露的 luǒlùde; 裸体〔體〕的 luǒtǐde; 2) 仅〔僅〕仅 jǐn-jǐn, 只不过〔過〕zhǐbùguò; mit ~en Worten 只不过是空话; 3) mit dem ~en Auge wahrnehmbar 用肉眼可看见的 yòng ròu-yǎn kě kànjiàn de; II *adv* 仅仅 jǐnjǐn, 只 zhǐ

'**Blöße** *f* -n 1) 裸露 luǒlù; 2) 弱点〔點〕ruòdiǎn; sich (*D*) eine ~ geben 暴露自己的弱点,出丑; keine ~ bieten 不暴露弱点

'**bloß|legen** *vt* 暴露 bàolù, 揭露 jiē-lù **~stellen** *vt* 1) 使暴露 shǐ bàolù, 使出丑〔醜〕shǐ chūchǒu; 2) sich ~ 出丑 chūchǒu

'**blühen** *vi* 1)(花)开〔開〕kāi; 2) 繁荣〔榮〕fánróng, 昌盛 chāngshèng

'**Blume** *f* -n 1) 花 huā, 花卉 huā-huì; 2) 酒香 jiǔxiāng; 3)(啤酒的)泡沫 pàomò **~nstrauß** *m* 花束 huāshù **~ntopf** *m* 花盆 huāpén

'**Bluse** *f* -n 1)(女)衬〔襯〕衫 chèn-shān, 女上装〔裝〕nǚshàngzhuāng; 2)(工人、水手等的)上装 shàng-zhuāng

Blut *n* -(e)s; 血 xuè, 血液 xuèyè; ~ vergießen 流血牺牲; böses ~ machen 引起不满 '**~armut** *f* 贫血 pínxuè '**~bad** *n* 屠杀〔殺〕túshā '**~bank** *f* 血库 xuèkù '**~druck** *m* 血压〔壓〕xuèyā

'**Blüte** *f* -n 1) 花 huā; 2) 精华〔華〕jīnghuá; 3) 全盛时〔時〕期 quán-shèng shíqī

'**Blutegel** *m* -s;- 水蛭 shuǐzhì

'**bluten** *vi* 流血 liúxuè, 出血 chūxuè; aus der Nase ~ 鼻出血

'**Bluterguß** *m* 血肿〔腫〕xuèzhǒng

'**Blütezeit** *f* 1) 开〔開〕花季节〔節〕kāihuā jìjié; 2) 全盛时〔時〕期 quánshèng shíqī

'**Blut|gefäß** *n* 血管 xuèguǎn **~gruppe** *f* 血型 xuèxíng

'**blutig** *adj* 1) 流血的 liúxuède, 浴血的 yùxuède; 2) 血污的 xuèwūde; 3) es ist mein ~er Ernst 我是十分认〔認〕真的 wǒ shì shífēn rèn-zhēn de; 4) ~er Anfänger 生手 shēngshǒu

'**Blut|körperchen** *n* -s;- 血球 xuè-qiú **~kreislauf** *m* 血液循环〔環〕xuèyè xúnhuán **~probe** *f* 验〔驗〕血 yànxuè **~schande** *f* 乱〔亂〕伦〔倫〕luànlún **~spender** *m* 输血者 shūxuèzhě **~verwandtschaft** *f* 血亲〔親〕xuèqīn **~übertragung** *f* 输血 shūxuè **~ung** *f* -en 出血 chūxuè **~vergießen** *n* 流血(事件) liúxuè **~vergiftung** *f* 血中毒 xuèzhòngdú, 败血症 bàixuèzhèng

Bö *f* -en 阵风〔風〕zhènfēng, 狂风 kuángfēng

Bock *m* -(e)s; ⸚e 1) 雄鹿 xiónglù; 公羊 gōngyáng; 牡兔 mǔtù; 公山羊 gōngshānyáng; 2) (体育)鞍马 ānmǎ; 3) einen ~ schießen 犯错误 fàn cuòwù; 4) den ~ zum Gärtner machen 用人不当〔當〕yòngrén bùdàng

'bock|en *vi* 1) (马)猛然弯〔彎〕背跃〔躍〕起 měngrǎn wānbèi yuèqǐ; 2) 倔强 juéjiàng, 执〔執〕拗 shíniù; 3) (机器)运〔運〕转〔轉〕失灵〔靈〕yùnzhuǎn shīlíng **~ig** *adj* 倔强的 juéjiàngde, 执拗的 shíniùde

'Boden *m* -s;⸚ 1) 地面 dìmiàn, 地板 dìbǎn; 2) 泥土 nítǔ, 土壤 tǔrǎng; 3) 底 dǐ, 底部 dǐbù; 4) (屋顶下的)阁楼〔樓〕gélóu

'bodenlos *adj* 1) 很深的 hěnshēnde, 无〔無〕底的 wúdǐde; 2) 闻所未闻的 wén suǒ wèi wén de

'Boden|personal *n* 地勤人员 dìqín rényuán **~reform** *f* 土地改革 tǔdì gǎigé **~satz** *m* 渣滓 zhāzi, 沉淀(物) chéndiàn **~schätze** *pl* 地下资源 dìxià zīyuán

'Bogen *m* -s;⸚ 1) 弓 gōng, 弓形 gōngxíng; 琴弓 qíngōng; 2) 弯〔彎〕曲 wānqū, 曲线〔綫〕qūxiàn; 弧 hú, 拱 gǒng; 3) 转〔轉〕弯〔彎〕zhuǎnwān; 4) (纸)张〔張〕zhāng **~lampe** *f* 弧光灯〔燈〕húguāngdēng **~schütze** *m* 弓箭手 gōngjiànshǒu

'Bohle *f* -n 厚木板 hòu mùbǎn

'Bohne *f* -n 豆 dòu; grüne ~n 菜豆, 扁豆; weiße ~n 扁豆; blaue ~n 子弹 **~nstange** *f* 1) 豆架 dòujià; 2) 瘦长〔長〕的人 shòuchángde rén

'bohnern *vt* (地板)打蜡〔蠟〕dǎlà

'bohren I *vt* 1) 钻〔鑽〕(孔) zuān; 2) 把…钻入 bǎ … zuānrù; II *vi* 钻孔 zuānkǒng; 钻探 zuāntàn

'Bohrer *m* -s;- 钻〔鑽〕头〔頭〕zuāntóu

'Boje *f* -n 浮标〔標〕fúbiāo

'Bolzen *m* -s;- 1) 插销 chāxiāo; 2) 螺栓 luóshuān

bombar'dieren *vt* 1) 轰炸 hōngzhà, 炮击〔擊〕pàojī; 2) 发〔發〕出连珠炮似的问题 fāchū liánzhūpào sì de wèntí

'Bombe *f* -n 1) 炸弹〔彈〕zhàdàn; 2) 令人大为〔爲〕震惊〔驚〕的意外事件 lìng rén dàwéi zhènjīng de yìwài shìjiàn

Bon *m* -s;-s (证明可领取物件的)票、证〔證〕piào、zhèng; 收据〔據〕shōujù; 发〔發〕票 fāpiào

Bonbon [bõ'bõ:] *m, n* -s;-s 1) 糖果 tángguǒ; 2) 好吃的东〔東〕西 hǎochīde dōngxī

Boot *n* -(e)s; -e 小船 xiǎochuán, 艇 tǐng

Bord I *n* -(e)s; -e 架子 jiàzi; 搁板 gēbǎn; II *m* -(e)s; -e an ~ 在船(飞机)上 zài chuánshàng; über ~ 从〔從〕船上落入水中 cóng chuánshàng luòrù shuǐ zhōng; von ~ gehen 上船(飞机) shàng chuán

'borgen *vt* 1) 借 jiè (von, bei); sich (*D*) etw. (von j-m) ~(从某人处)借…; 2) 借出 jièchū; 把…借给 bǎ … jiègěi

'Borke *f* -n 树〔樹〕皮 shùpí

bor'niert *adj* 气〔氣〕量小的 qìliàngxiǎode; 浅〔淺〕见〔見〕的 qiǎnjiànde

'Börse *f* -n 1) 钱〔錢〕包 qiánbāo; 2) 交易所 jiāoyìsuǒ

'Borste *f* -n 动〔動〕物的短而硬的毛 dòngwùde duǎ ér yìng de máo, (猪)鬃 zōng

'bösartig *adj* 1) 恶〔惡〕意的 èyìde, 阴〔陰〕险〔險〕的 yīnxiǎnde; 2) 恶性的 èxìngde

'Böschung *f* -en 斜坡 xiépō, 斜面 xiémiàn

'böse *adj* 1) 坏〔壞〕的 huàide, 恶〔惡〕的 ède, 恶意的 èyìde; er meint es nicht ~他并无恶意; 2) 愤怒的 fènnúde, 恼〔惱〕怒的 nǎonùde (auf j-n, über *A*)

'Bösewicht *m* -(e)s; -er(-e) 坏〔壞〕人 huàirén, 恶〔惡〕棍 ègùn

'boshaft *adj* 1) 恶〔惡〕意的 èyìde, 阴〔陰〕险〔險〕的 yīxiǎnde; 2) 幸灾〔災〕乐〔樂〕祸〔禍〕的 xìngzāilèhuò de

'Bosheit *f* -en 1) 恶〔惡〕意 èyì, 阴〔陰〕险〔險〕yīnxiǎn; 2) 恶言 èyán, 恶行 èxíng; 3) 幸灾〔災〕乐〔樂〕祸〔禍〕xìngzāilèhuò

'böswillig *adj* 恶〔惡〕意的 èyìde; 故意的 gùyìde; ~e Absicht 蓄意伤害

Bo'tanik *f* 植物学〔學〕zhíwùxué **~er** *m* -s; - 植物学家 zhíwùxuéjiā

bo'tanisch *adj* 植物学〔學〕的 zhíwùxuéde

'Bote *m* -n; -n 信使 xìnshǐ; 使者 shǐzhě

'Botschaft *f* -en 1) 消息 xiāoxi; 2) 大使馆 dàshǐguǎn **~er** *m* -s;- 大使 dàshǐ

'Bottich *m* -(e)s; -e 1) 桶 tǒng; 盆 pén; 2) 洗衣盆 xǐyīpén; 3) (酿造用)大桶 dàtǒng

Bouillon [bu'ljõ:] *f* -s (用牛肉等做的)肉汁清汤〔湯〕ròuzhī qīngtāng

Bowle ['bo:lə] *f* -n 1) 钵 bō, 碗 wǎn, 大(酒)杯 dàbēi; 2) (酒、糖、

果汁等搀和的)混合饮料 hùnhé yǐnliào

'**boxen** I *vi* 拳击〔擊〕quánjī; II *vt* 用拳猛击 yòng quán měnjī

'**Boxen** *n* -s; 拳击〔擊〕quánjī

'**Boxer** *m* -s; - 拳击〔擊〕家 quánjījiā

Boykott [bɔY'kɔt] *m* -(e)s; -e (联合)抵制 dǐzhì

boykottieren[bɔY..'ti:..] *vt* 联〔聯〕合抵制 liánhé dǐzhì

'**Branche** *f* -n 1) 行业〔業〕hángyè, 部门〔門〕bùmén; 2) 专〔專〕业 zhuānyè, 科目 kēmù

Brand *m* -(e)s; ⸗e 1) 燃烧〔燒〕ránshāo, 火灾〔災〕huǒzāi; 2) (医学) 坏〔壞〕疽 huàijū; 3) (植物) 凋枯病 diāogūbìng '~**blase** *f* (烧伤起的) 水泡 shuǐpào '~**bombe** *f* 燃烧弹〔彈〕ránshāodàn

'**branden** *vi* (波浪)拍击〔擊〕pāijī, 汹涌 xiōngyǒng, 澎湃 péngpài

'**brandmarken** *vt* 1) 打烙印 dǎ làoyìn; 2) 谴责 qiǎnzé

'**Brand|stifter** *m* 纵〔縱〕火者 zònghuǒzhě ~**stiftung** *f* 放火 fànghuǒ, 纵火 zònghuǒ ~**ung** *f* -en 拍岸浪 pāi'ànlàng, 波涛〔濤〕汹涌 bōtāo xiōngyǒng

'**Branntwein** *m* 烧〔燒〕酒 shāojiǔ, 烈性酒 lièxìngjiǔ

'**braten*** I *vt* 炸 zhá, 烤 kǎo, 煎 jiān; II *vi* 1) 炸 zhá, 烤 kǎo, 煎 jiān; 2) in der Sonne ~晒〔曬〕太阳〔陽〕shài tàiyáng

'**Braten** *m* -s;- 1) 炸肉 zháròu, 烤肉 kǎoròu, 煎肉 jiānròu; 2) 带〔帶〕骨的腿肉 dàigǔde tuǐròu

Brauch *m* -(e)s; ⸗e 风〔風〕俗 fēngsú, 习〔習〕惯 xíguàn

'**brauch|bar** *adj* 有用的 yǒuyòngde, 可用的 kěyòngde ~**en** I *vt* 1) 需要 xūyào; 花费 (时间) huāfèi; 2) 用 yòng, 使用 shǐyòng; II *aux* 要 yào, 必须 bìxū; du brauchst es nur zu sagen 你只要说一下就行了; er hätte nicht zu kommen ~ 他当时实在不必来

'**Braue** *f* -n 眉毛 méimao

'**brauen** *vt* 酿〔釀〕造(啤酒等) niàngzào

Braue'rei *f* -en 啤酒厂〔廠〕píjiǔchǎng

braun *adj* 褐色 hèsè, 棕色 zōngsè, 栗色的 lìsède; ~ werden 晒〔曬〕黑 shài hēi

'**Bräune** *f* 棕色 zōngsè; 晒〔曬〕黑的皮色 shàihēide písè

'**bräunen** I *vt* 1) 使成棕色 shǐ chéng zōngsè; 2) 晒〔曬〕黑 shàihēi; II *vi* 晒黑 shàihēi

'**Braunkohle** *f* 褐煤 hèméi

'**bräunlich** *adj* 带〔帶〕褐色的 dàihèsède

'**Brause** *f* -n 1)莲蓬头〔頭〕liánpengtóu; 2) 淋浴 línyù; 3) 汽水 qìshuǐ ~**limonade** *f* 柠〔檸〕檬汽水 níngméng qìshuǐ

'**brausen** *vi* 1) 吼叫 hǒujiào; 呼啸〔嘯〕hūxiào; 轰鸣 hōngmíng; 2) 疾驶 jíshǐ; 3) 淋浴 línyù

Braut *f* ⸗e 未婚妻 wèihūnqī; 新娘 xīnniáng

'**Bräutigam** *m* -s; -e 未婚夫 wèihūnfū; 新郎 xīnláng

'**Braut|jungfer** *f* 女傧〔儐〕相 nǚbīnxiàng ~**paar** *n* 未婚夫妇〔婦〕wèihūn fū-fù; 新婚夫妇 xīnhūn fū-fù

brav *adj* 1) 正直的 zhèngzhíde, 诚实〔實〕的 chéngshíde; 2) 听〔聽〕话的 tīnghuàde, 乖的 guāide; 3) 勇敢的 yǒnggǎnde

'**bravo** [..vo] *int* 好啊! hǎo'ō! 妙啊! miào'ō!

'**brechen*** I *vt* 1) 打破 dǎpò, 折断〔斷〕zhéduàn; 2)采〔採〕(花) cǎi; 3) 使折射 shǐ zhéshè; 4) 采掘 cǎijué; 5) 呕〔嘔〕吐 ǒutù; 6) die Ehe ~ 通奸 tōngjiān; 7) sich ~ 折射 zhéshè, 反射 fǎnshè; II *vi* (*h*) 1) 决裂 juéliè, 断绝 duànjué; mit j-m ~ 与某人决裂; 2) 呕吐 ǒutù; III *vi* (*s*) 1) 断裂 duànliè; 2) (突然) 出现(或发生) chūxiàn

'**Brech|mittel** *n* 1) 催吐剂〔劑〕cuītùjì; 2) 令人作呕〔嘔〕的人 lìng rén zuò'ǒu de rén ~**ung** *f* -en 折射 zhéshè

Brei *m* -(e)s; -e 粥 zhōu, 糊 hù

breit *adj* 1) 宽的 kuānde, 广〔廣〕阔的 guǎngkuòde; zehn Meter ~ 10 米宽; 2) 广大的 guǎngdàde, 广泛的 guǎngfànde; ~e Schichten der Bevölkerung 各阶层居民; 3) weit und ~ 远〔遠〕近 yuǎnjìn, 到处〔處〕dàochù

'**Breite** *f* -n 1) 宽 kuān, 宽度 kuāndù, 幅度 fúdù; 2) 纬〔緯〕度 wěidù

'**breiten** *vt* 铺开〔開〕pūkāi, 展开 zhǎnkāi

'**Breitengrad** *m* 纬〔緯〕度 wěidù

'**breit|machen** *v sich* 1) 散布〔佈〕sànbù; 2) 占〔佔〕很大的地方 zhàn hěndàde dìfāng ~**schlagen*** *vt* 说服 shuōfú, 劝〔勸〕服 quànfú; j-n zu etw. ~ 说服某人做…

'**Bremse** *f* -n 1) 牛虻 niúméng, 马蝇〔蠅〕mǎyíng; 2) 刹车 shāchē, 制动〔動〕器 zhìdòngqì

'**bremsen** I *vi* 制动〔動〕zhìdòng, 刹车 shāchē; II *vt* 1) 使停下 shǐ tíngxià, 使停住 shǐ tíngzhù; 2) 限制 xiànzhì, 约束 yuēsù

'**brenn|bar** *adj* 可燃的 kěránde, 可

点〔點〕燃的 kědiǎnránde ~en* I *vt* 1)（当作燃料）烧〔燒〕shāo; 2) 蒸馏 zhēngliú, 酿〔釀〕造 niàngzào; 3) 烤 kǎo ,烘 hōng, 焙 bèi; II *vi* 1) 烧 shāo; 着火 zháohuǒ; 燃烧 ránshāo; es brennt! 失火啦! 2)（感觉）剧〔劇〕痛 jùtòng; 刺痛 cìtòng; 3) vor Ungeduld ~ 抑制不住急躁情绪 yìzhì bùzhù jízào qíngxù; darauf ~ zu 渴望、很想 ... kěwàng、hěnxiǎng...

'Brenner *m* -s;- 1) 酿〔釀〕造者 niàngzàozhě; 2) 燃烧〔燒〕器 ránshāoqì

'Brenn|punkt *m* 1) 焦点〔點〕jiāodiǎn; in den ~ rücken 使集中到焦点上,对准; 2)（感兴趣的）集中点 jízhōngdiǎn, 中心 zhōngxīn; im ~ des Interesses stehen 成为注意的中心 ~**spiritus** *m* 燃烧〔燒〕用酒精 ránshāoyòng jiǔjīng ~**stoff** *m* 燃料 ránliào

'brenzlig I *adj* 1) 烧〔燒〕焦的 shāojiāode; ~e Geruch 烧焦的气味; 2) 危险〔險〕的 wēixiǎnde; 不稳〔穩〕定的 bù wěndìngde; II *adv* es riecht ~ 闻到糊味 wéndào húwèi

Brett *n* -(e)s; -er 1) 木板 mùbǎn, 厚板 hòubǎn; 2) 架子 jiàzi, 搁板 gēbǎn; 3) 跳板 tiàobǎn; 4) 棋盘〔盤〕qípán

Brief *m* -(e)s; -e 信 xìn; 函件 hánjiàn ~**aufschrift** *f*（信上的）地址 dìzhǐ ~**beschwerer** *m* -s;- 纸镇 zhǐzhèn ~**bogen** *m* 信纸 xìnzhǐ, 信笺 xìnjiān ~**kasten** *m* 信箱 xìnxiāng, 信筒 xìntǒng ~**marke** *f* 邮票 yóupiào ~**öffner** *m* 开〔開〕信刀 kāixìndāo ~**tasche** *f* 皮夹〔夾〕子 píjiāzi ~**taube** *f* 信鸽 xìngē ~**träger** *m* 邮〔郵〕递〔遞〕员 yóudìyuán ~**umschlag** *m* 信封 xìnfēng ~**wechsel** *m* 通信 tōngxìn

Bri'kett *n* -(e)s; -s 煤饼 méibǐng

Brillant [bril'jant] *m* -en; -en（琢磨过的）宝〔寶〕石、钻〔鑽〕石 bǎoshí、zuànshí

'Brille *f* -n 1) 眼镜 yǎnjìng; 2) 马桶座圈 mǎtǒng zuòquān ~**nfutteral** *n* 眼镜盒 yǎnjìnghé ~**nträger** *m* 戴眼镜的人 dài yǎnjìng de rén

'bringen* *vt* 1) 带〔帶〕来〔來〕dàilái, 拿来 nálái, 送来 sònglái; etw. mit sich ~ 带有某物; 2) 伴送 bànsòn; 3) 造成 zàochéng, 导〔導〕致 dǎozhì; 4) 提供 tígòng; 5) 发〔發〕表 fābiǎo; 6) an den Mann ~摆〔擺〕脱 bǎituō, 推销 tuīxiāo; j-n dazu ~, etw. zu tun 使某人做... shǐ mǒurén zuò ...; j-n um etw. ~ 使某人丧〔喪〕失... shǐ mǒurén sàngshī...; j-n zum Lachen ~ 使某人发笑 shǐ mǒurén fāxiào

'Brise *f* -n 微风〔風〕wēifēng

'Brite *m* -n; -n 英国〔國〕人 yīngguórén

'britisch *adj* 英国〔國〕的 yīngguóde; 英国人的 yīngguórénde

'bröckeln *vi* 剥落 bōluò, 剥离〔離〕bōlí

'Brocken *m* -s; - 碎块〔塊〕suìkuài, 片 piàn; ein harter ~ 一件难〔難〕事 yījiàn nánshì

'brodeln *vi* 沸腾 fèiténg

'Brombeere *f* 黑莓 hēiméi

'Bronchien [..çiən] *pl* 支气〔氣〕管 zhīqìguǎn

-Bronchitis [..'çi:..] *f* ..tiden 支气〔氣〕管炎 zhīqìguǎnyán

'Bronze *f* -n 1) 青铜 qīngtóng; 2) 青铜器 qīngtóngqì

'Brosche *f* -n 胸针 xiōngzhēn; 饰针 shìzhēn

bro'schier|en *vt* 装〔裝〕订 zhuāngdìng ~**t** *adj* 平装的 píngzhuāngde

Bro'schüre *f* -n 小册子 xiǎocèzi

Brot *n* -(e)s; -e 1) 面〔麵〕包 miànbāo; 2) 生计 shēngjì; sein ~ verdienen 谋生

Brötchen *n* -s;- 小面〔麵〕包 xiǎomiànbāo

brotlos *adj* 失业〔業〕的 shīyède

Bruch *m* -(e)s; ⸚e 1) 折断〔斷〕zhéduàn, 破裂 pòliè; 2) 骨折 gǔzhé; 3) 疝 shān; 4) 裂缝 lièfèng; 5) 褶痕 zhěhén;（衣服、纸等的）折缝 zhéfèng; 6)（数学）分数〔數〕fēnshù; 7) 违〔違〕背（诺言等）wéibèi, 违反 wéifǎn

'brüchig *adj* 1) 脆的 cuìde, 易碎的 yìsuìde; 2)（声音）沙哑〔啞〕的 shāyǎde

'Brücke *f* -n 1) 桥〔橋〕qiáo, 桥梁 qiáoliáng; eine ~ über (*A*) schlagen 在...上架一座桥; 2)（小）地毯 dìtǎn; 3)（体育）桥〔橋〕式姿势〔勢〕qiáoshì zīshì

'Bruder *m* -s;⸚ 1) 兄弟 xiōngdì; 2) 同事 tóngshì,同胞 tóngbāo; 3) 男修道士 nánxiūdàoshì ~**krieg** *m* 内战〔戰〕nèizhàn

'brüderlich I *adj* 兄弟般的 xiōngdìbānde, 兄弟的 xiōngdìde; II *adv* ~ teilen 平均分配 píngjūn fēnpèi

'Brüderlichkeit *f* 兄弟情谊 xiōngdì qíngyì

'Brühe *f* -n 1) 肉汤〔湯〕ròutāng, 汤料 tāngliào; 2) 脏〔髒〕水 zāngshuǐ; 3) 没有味道的汤（菜等）méiyǒu wèidào de tāng

'brüllen *vi* 1)（狮等）吼叫 hǒujiào;（牛等）哞哞叫 mōumōujiào; 2) 大声〔聲〕叫喊 dàshēng jiàohǎn; vor Lachen ~ 大声笑

'**brumm|en** *vi* 1) 嘟囔 dūnang, 咕哝〔噥〕gūnong; 2) 愤愤不平 fènfèn bùpíng; 3) (昆虫) 嗡嗡叫 wēngwēngjiào; 4) 发〔發〕隆隆声〔聲〕fā lónglóng shēng; mir brummt der Schädel 我的头痛得很 **~ig** *adj* 愤愤不平的 fénfén bùpíng de, 生气〔氣〕的 shēngqìde

'**brünett** *adj* (女子) 浅〔淺〕黑型的 qiǎnhēixíngde

'**Brunnen** *m* -s;- 1) 井 jǐng; einen ~ graben 挖井; 2) 泉水 quánshuǐ, 喷水池 pēngshuǐchí; 3) 源泉 yuánquán

'**Brunst** *f* ⁼e 1) 发〔發〕情 fāqíng, 交尾期 jiāowěiqī; 2) 情欲〔慾〕qíngyù, 性欲 xìngyù

'**brünstig** *adj* 1) 发〔發〕情的 fāqíngde; 2)情欲〔慾〕(冲动)的 qíngyùde

Brust *f* ⁼e 1) 胸 xiōng, 胸腔 xiōngqiāng; 2) 乳房 rǔfáng; 3) 胸怀〔懷〕xiōnghuái; 4) aus voller ~放声〔聲〕fàngshēng

'**brüsten** *v sich* 自夸〔誇〕zìkuā

'**Brust|korb** *m* 胸腔 xiōngqiāng **~-schwimmen** *n* -s; 蛙泳 wāyǒng

'**Brüstung** *f* -en 栏〔欄〕杆〔桿〕lángān, 胸墙〔牆〕xiōngqiáng

Brut *f* -en 1) 孵 fū, 孵化 fūhuà; 2) 同窝〔窩〕幼雏〔雛〕tóngwō yòuchú; 小鱼〔魚〕群 xiǎoyúqún; 小生物群 xiǎoshēngwùqún; 3) (一家的) 孩子们 háizimen; (一帮) 坏〔壞〕家伙 huài jiāhuo

bru'tal *adj* 野蛮〔蠻〕的 yěmánde,残〔殘〕忍的 cánrěnde

Brutali'tät *f* -en 暴行 bàoxíng, 残〔殘〕忍 cánrěn

'**Brutapparat** *m* 孵化器 fūhuàqì

'**brüten** *vi* 1) 孵 fū, 孵化 fūhuà; 2) über (*D*) ~ 沉思、考虑〔慮〕... chénsì、kǎolǜ ...

'**Brutkasten** *m* 早产〔產〕婴儿〔兒〕保育箱 zǎochǎn yīng'ér bǎoyùxiāng

'**brutto** *adv* 毛重 máozhòng, 总〔總〕共 zǒnggòng

'**Brutto|gewicht** *n* 毛重 máozhòng **~verdienst** *m* 总〔總〕共挣得的钱〔錢〕zǒnggòng zhèngdé de qián

Buch *n* -(e)s; ⁼er 1) 书〔書〕shū,书籍 shūjí; 2) 篇 piān, 卷 juàn, 册 cè; 3) 帐〔帳〕册 zhàngcè '**~binder** *m* 装〔裝〕订工 zhuāngdìnggōng '**~drucker** *m* 印刷工 yìnshuāgōng **~druckerei** [..'raɪ] *f* 印刷所 yìnshuāsuǒ

'**Buche** *f* -n 山毛榉〔櫸〕shānmáojǔ

'**buchen** *vt* 1) 记帐〔帳〕jìzhàng, 登帐 dēngzhàng; 2) 登记 dēngjì; 预定 yùdìng; 3) etw. als Erfolg ~ 把...算作成就 bǎ ... suàn zuò chéngjiù

'**Bücher|brett** *n* 书〔書〕架 shūjià **~ei** [..'raɪ] *f* 图〔圖〕书馆 túshūguǎn **~schrank** *m* 书橱 shūchú, 书柜〔櫃〕shūguì

'**Buch|halter** *m* -s;- 簿记员bùjìyuán, 记帐〔帳〕人 jìzhàngrén **~haltung** *f* 簿记 bùjì **~händler** *m* 书〔書〕商 shūshāng **~handlung** *f* 书店 shūdiàn

'**Büchse** [..ks..] *f* -n 1) 盒子 hézi; 2) 罐头〔頭〕guàntou, 听〔聽〕tīng **~nfleisch** *n* 罐头肉 guàntouròu **~nöffner** *m* 开〔開〕罐刀 kāiguàndāo

'**Buchstabe** *m* -n;-n 字母 zìmǔ

buch|sta'bieren *vt* 用字母拼 yòng zìmǔ pīn, 拼写〔寫〕pīnxiě '**~-stäblich** I *adj* 逐字的 zhúzìde, 原义〔義〕的 yuányìde; II *adv* 逐字地 zhúzìde, 一字不变〔變〕地 yīzì bùbiàn de

Bucht *f* -en 1) 海湾〔灣〕hǎiwān; 湾 wān; 2) 水湾 shuǐwān, 小港 xiǎogǎng

'**Buchung** *f* -en 1) 登记 dēngjì, 预定 yùdìng; 2) 记帐〔帳〕jìzhàng, 登帐 dēngzhàng

'**Buckel** *m* -s;- 1) 隆肉 lóngròu; 2) 驼背 tuóbèi; 3) 小丘 xiǎoqiū

'**bücken** *v sich* 弯〔彎〕腰 wānyāo, 俯身 fǔshēn; sich vor j-m ~屈从〔從〕... qūcóng ...

'**Bude** *f* -n 1) 售货摊〔攤〕shòuhuòtān; 2) 小木屋 xiǎomùwū; 3) (大学生的)住宿处〔處〕zhùsùchù

Budget [by'dʒəː] *n* -s;-s 预算 yùsuàn

Bü'fett *n* -(e)s; -e 1) 碗橱 wǎnchú, 酒柜〔櫃〕jiǔguì; 2) 酒铺柜台〔臺〕jiǔpù guìtái; 3) kaltes ~ 自助冷餐台 zìzhù lěngcān tái

'**Büffel** *m* -s; - 1) 水牛 shuǐniú; 2) 蠢人 chǔnrén

Bug *m* -(e)s; -e 1) 船头〔頭〕chuántóu; (飞)机〔機〕头 jītóu; 2) (马、牛等的)肩部 jiānbù, 肩肉jiānròu

'**Bügel** *m* -s;- 1) 眼镜腿 yǎnjìngtuǐ; 2) (半圆形)把手 bǎshǒu; 3) 衣架 yījià; 4) 马〔馬〕镫 mǎdèng **~brett** *n* 熨衣板 yùnyībǎn **~eisen** *n* 熨斗 yùndǒu **~falte** *f* (熨出的)折缝 zhéfèng

'**bügeln** *vt* 熨 yùn, 熨平 yùnpíng

'**Bühne** *f* -n 1) 讲〔講〕台〔臺〕jiǎntái; (高出地面的) 平台 píngtái; 2) 舞台 wǔtái; 3)剧〔劇〕院 jùyuàn **~nbild** *n* 舞台布景ywǔtái bùjǐng

'**Bull|auge** *n* (船的)舷窗 xiánchuāng **~dogge** *f* 叭喇狗 bālǎgǒu

'**Bulle** I *m* -n; -n 1) 公牛 gōngniú; 2) 粗壮〔壯〕的人 cūzhuàngde rén; II *f* (罗马教皇的)训谕 xùnyù, 训令 xùnlìng

'**Bummel** *m* -s;- 溜达〔達〕liūda, 闲逛 xiánguàng ~**ei** [..'laɪ] *f* -en 1) 闲荡〔蕩〕xiándàng; 2) 偷懒 tōulǎn

'**bummeln** *vi* 1) (*s*) 溜达〔達〕liūda, 闲〔閒〕逛 xiángguàng; 2) (*h*) (在街上)游荡〔蕩〕yóudàng, (工作时)胡混 húhùn, 浪费时〔時〕间 làngfèi shíjiān

'**Bummel|streik** *m* 怠工 dàigōng ~**zug** *m* 慢车〔車〕mànchē

Bund I *m* -(e)s; ⸚e 1) 联〔聯〕合 liánhé; 同盟 tōngméng, 联盟 liánméng; 2) (裤、裙的)腰 yāo; (衬衫的)袖口 xiùkǒu; 领圈 lǐngquān; II *n* -(e)s; -e (柴)把 bǎ; (干草、稻草等的)捆 kǔn, 束 shù

'**Bündel** *n* -s; - 捆 kǔn, 束 shù

'**bündeln** *vt* 打成捆 dǎchéng kǔn

'**Bundes|bahn** *f* 联〔聯〕邦铁〔鐵〕道 liánbāng tiědào ~**genosse** *m* 同盟者 tóngméngzhě; 盟国〔國〕méngguó ~**kanzler** *m* 联邦总〔總〕理 liánbāng zǒnglǐ ~**präsident** *m* 联邦总统 liánbāng zǒngtǒng ~**rat** *m* 联邦上议〔議〕院 liánbāng shàngyìyuàn ~**republik** *f* 联邦共和国 liánbāng gōnghéguó; ~ Deutschland 德意志联邦共和国 ~**staat** *m* 联邦(国家) liánbāng; 联邦州 liánbāngzhōu ~**tag** *m* 联邦议院 liánbāng yìyuàn

'**bündig** *adj* 简明的 jiǎnmíngde, 扼要的 èyàode; kurz und ~ 简单扼要

'**Bündnis** *m* -ses; -se 联〔聯〕盟 liánméng, 同盟 tōngméng

'**Bunker** *m* -s;- 1)(军事)地堡 dìbǎo; 2) 防空壕 fángkōngháo; 3) (贮存煤、油、粮等的)库、舱〔艙〕kù、cāng

bunt *adj* 1) 彩色的 cǎisède, 五光十色的 wǔguāngshísè de; 2) 多样〔樣〕化的 duōyànghuàde, 丰〔豐〕富多彩的 fēngfù duōcǎi de; 3) 混合的 hùnhéde, 杂〔雜〕乱〔亂〕的 záluànde

'**Buntstift** *m* 彩色铅笔 cǎisèqiānbǐ

'**Bürde** *f* -n 1) 负担〔擔〕fùdān, 重担 zhòngdān; 2) 精神负担 jīngshén fùdān, 劳〔勞〕累 láolì, 苦恼〔惱〕kǔnǎo

Burg *f* -en 1) 城堡 chéngbǎo; 2) (海滨浴场上的)沙围〔圍〕子 shāwéizi

'**Bürge** *m* -n;-n 保证〔證〕人 bǎozhèngrén, 担〔擔〕保人 dānbǎorén

'**bürgen** *vi* für j-n/etw. ~为〔爲〕…担〔擔〕保 wèi … bānbǎo

'**Bürger** *m* -s;- 1) 市民 shìmín; 2) 公民 gōngmín ~**krieg** *m* 内战〔戰〕nèizhàn

'**bürgerlich** *adj* 1) 市民的 shìmínde, 公民的 gōngmínde; Verlust der ~en Ehrenrechte 公民权的丧失; Bürgerliches Gesetzbuch 民法典; 2) 普通的 pǔtōngde, 家常的 jiāchángde; ~e Küche 家常饭,便饭

'**Bürger|meister** *m* 市长〔長〕shìzhǎng ~**steig** *m* 人行道 rénxíngdào

'**Bürgschaft** *f* -en 1) 保证〔證〕bǎozhèng, 担〔擔〕保 dānbǎo; 2) 保证金 bǎozhèngjīn

Bü'ro *n* -s;-s 1) 办〔辦〕公室 bàngōngshì; 事务〔務〕所 shìwùsuǒ; 2) (办公室、事务所)全体〔體〕人员 quántǐ rényuán ~**angestellte** *m, f* -n;-n 职〔職〕员 zhíyuán; 办〔辦〕事员 bànshìyuán ~**klammer** *f* 回形针 huíxíngzhèn ~**krat** [..'kraːt] *m* -en; -en 官僚 guānliáo, 官僚主义〔義〕者 guānliáozhǔyìzhě ~**kratie** [..kra'tiː] *f* -n 1) 官僚(总称) guānliáo; 2) 官僚作风〔風〕guānliáo zuòfēng, 官僚主义 guānliáozhǔyì

'**Bursch(e)** *m* -(e)n; -(e)n 1) 年轻〔輕〕人 niánqīngrén, 小伙子 xiǎohuǒzi; 2) 家伙 jiāhuo; ein übler ~ 坏蛋

burschi'kos *adj* 无〔無〕拘无束的 wú jū wú shù de, 放纵〔縱〕的 fàngzòngde

'**Bürste** *f* -n 刷子 shuāzi

'**bürsten** *vt* 刷 shuā

Busch *m* -es; ⸚e 灌木 guànmù; 多枝矮树〔樹〕duōzhī ǎishù

'**Büschel** *n* -s;- 束 shù, 小束 xiǎoshù; 一把 yībǎ, 小把 xiǎobǎ

'**buschig** *adj* 1) (毛发等)浓〔濃〕密的 nóngmìde; ~e Brauen 浓眉; 2) 长〔長〕满〔滿〕灌木的 zhǎngmǎn guànmù de

'**Buschmesser** *n* 大砍刀 dà kǎndāo

'**Busen** *m* -s;- 1) (妇女)胸部 xiōngbù; 2) 内心 nèixīn; 胸怀〔懷〕xiōnghuái; 3) 海湾〔灣〕hǎiwān ~**freund** *m* 知心朋友 zhīxīn péngyou

'**Buße** *f* -n 1) 忏〔懺〕悔 chànhuǐ, 悔过〔過〕huǐguò; ~ tun 忏悔,赎罪; 2) 罚款 fákuǎn, 赔款 péikuǎn

'**büßen** I *vt* 赎〔贖〕罪 shúzuì; 抵偿〔償〕dǐcháng; er mußte es mit seinem Leben ~ 为此他不得不以命抵偿; das sollst du mir ~! 这事我饶不了你; II *vi* 补〔補〕偿(过失) bǔcháng, 赎罪 shúzuì

'**Büste** *f* -n 1) 半身雕塑像 bànshēn diāosùxiàng; 2) (妇女的)胸部 xiōngbù ~**nhalter** *m* -s;- 奶罩 nǎizhào

'**Butter** *f* 黄油 huángyóu; eine Scheibe Brot mit ~ bestreichen 把黄油涂在一片面包上 ~**brot** *n* (涂有)黄油(的)面〔麵〕包片 huángyóu miànbāopiàn; für ein ～ 非常便宜地 fēicháng piányi de, 等于白送地 děngyú báisòng de ～-**brotpapier** *n* 防油脂的纸 fáng yóuzhī de zhǐ ～**milch** *f* 脱脂乳 tuōzhīrǔ

C c

Ca'fé [ka'fe:] *n* -s; -s 咖啡馆 kāfēiguǎn
Cape [ka:p] *n* -s; -s 披肩 pījiān; 斗篷 dǒupéng
Cellist [tʃɛ'list] *m* -en; -en 大提琴手 dàtíqínshǒu
Cello ['tʃɛlo] *n* -s;-s(Celli) 大提琴 dàtíqín
Celsius ['tsɛl..] 摄氏 shèshì; 5 Grad ～ (缩写: 5°C)摄氏5度
Champagner [ʃam'panjər] *m* -s; - 香槟〔檳〕酒 xiāngbīngjiǔ
Champignon [ʃampinjõ] *m* -s; -s 蘑菇 mógu
Chance ['ʃã:s(ə)] *f* -n 机〔機〕会〔會〕jīhuì, 运〔運〕气〔氣〕 yùnqì; 可能性 kěnéngxìng; keine ～ haben 没有成功的可能; sich eine ～ entgehen lassen 错过机会; die ～n sind gleich 机会均等
Chaos [ka:ɔs] *n* 混乱〔亂〕hùnluàn
Cha'rakter [ka..] *m* -s; -e 1) 性格 xìnggé, 特性 tèxìng; 2) 品性 pǐnxìng; 3) 特点〔點〕 tèdiǎn ～-**fehler** *m* 性格上的弱点〔點〕 xìnggéshàngde ruòdiǎn
charakteri'sieren [ka..] *vt* 表示…的特征〔徵〕 biǎoshì … de tèzhēng
Charakte'ristik [ka..] *f* -en 特性 tèxìng, 特点〔點〕tèdiǎn
charakte'ristisch [ka..] *adj* 特有的 tèyǒude, 独〔獨〕特的 dútède
cha'rakterlich [ka..] *adj* 性格上的 xìnggéshàngde, 特性的 tèxìngde, 特征〔徵〕的 tèzhēngde
Cha'rakterzug [ka..] *m* 特性 tèxìng, 特点〔點〕tèdiǎn
char'mant [ʃar..] *adj* 可爱〔愛〕的 kě'àide, 媚人的 mèirénde
Charme [ʃarm] *m* -s; 魅力 mèilì, 妩〔嫵〕媚 wǔmèi
Chassis [ʃa'si:] *n* (汽车等的)底盘〔盤〕 dǐpán; (机器、收音机等的)底座 dǐzuò, 底架 dǐjià; (飞机)起落装〔裝〕置 qǐluò zhuāngzhì
Chauffeur [ʃɔ'fø:r] *m* -s; -e 汽车〔車〕司机〔機〕 qìchē sījī
Chaussee [ʃo'se:] *f* - n 公路 gōnglù, 大道 dàdào
Chauvi'nismus [ʃovi..] *m* 沙文主义〔義〕 shāwén zhǔyì
Chef [ʃɛf] *m* -s; -s 1) 主管人员 zhǔguǎn rényuán, (企业或工作部门的)领导〔導〕者 lǐngdǎozhě; 2) 老板 lǎobǎn
Che'mie [çe..] *f* 化学〔學〕 huàxué ～**faser** *f* 化学纤〔纖〕维 huàxué xiānwéi
Chemikalien [çemi'ka:l'ən] *pl* 化学〔學〕制〔製〕品 huàxué zhìpǐn
'Chemiker [çe..] *m* -s; - 化学〔學〕家 huàxuéjiā
'chemisch [çe..] *adj* 化学〔學〕的 huàxuéde
Chiffre ['ʃifər] *f* -n 1) 数〔數〕目字 shùmùzì; 2) 密码 mìmǎ, 暗号〔號〕 ànhào
chiffrieren [ʃi'fri:rən] *vt* 用密码书〔書〕写〔寫〕 yòng mìmǎ shūxiě
Chinese [çi'ne:zə] *m* -n; -n 中国〔國〕人 zhōngguórén
chi'nesisch [çi..] *adj* 中国〔國〕的 zhōngguóde
Chi'nin [çi..] *n* -s; 奎宁〔寧〕 kuíníng
Chi'rurg [çi..] *m* -en; -en 外科医〔醫〕生 wàikē yīshēng ～**ie** [..'gi:] *f* -n 外科 wàikē
chi'rurgisch [çi..] *adj* 外科(学)的 wàikēde
Chlor [klo:r] *n* -s; 氯 lǜ
'Cholera [ko:..] *f* 霍乱〔亂〕 huòluàn
Chor [ko:r] I *m, n* -(e)s; -e (⸚e)1) (教堂东端的)圣〔聖〕坛〔壇〕shèngtán; 2) (教堂放管风琴的)楼〔樓〕厢 lóuxiāng; II *m* -(e)s; ⸚e 1) 合唱 héchàng; (教会的)唱诗班 chàngshībān, 合唱队〔隊〕 héchàngduì; 2) (歌的)合唱部分 héchàng bùfen
Christ [krist] *m* -en; -en 基督教徒 jīdūjiàotú ～**baum** *m* 圣〔聖〕诞树〔樹〕 shèngdànshù ～**entum** *n* -s; 基督教 jīdūjiào
'christlich [kri..] *adj* 基督的 jīdūde; 基督教的 jīdūjiàode
Chrom [kro:m] *n* -s; 1) 铬 gè; 2) 铬黄 gèhuáng
'Chronik [kro:..] *f* -en 年代纪 niándàijì; 编年史 biānniánshǐ
'chronisch [kro:..] *adj* (疾病)慢性的 mànxìngde
chrono'logisch [kro..] *adj* 按时〔時〕间顺序的 àn shíjiān shùnxù

de

circa ['tsirka] *adv* 大约 dàyuē, 将〔將〕近 jiāngjìn

Clique ['klikə] *f* -n 派系 pàixì, 小集团〔團〕xiǎojítuán

Conféroncier [kõferã'sje:] *m* -s; -s 表演节〔節〕目主持人 biǎoyǎn jiémù zhǔchírén

Couch [kautʃ] *f* -es 长〔長〕沙发〔發〕cháng shāfā

Coupé [ku'pe:] *n* -s; -s 1) 双〔雙〕座小轿〔轎〕车〔車〕shuāngzuò xiǎo jiàochē; 2)(火车)车厢分隔间 chēxiāng fēngéjiān

Cousin [ku'zɛ̃] *m* -s; -s 堂、表兄弟 táng、biǎo xiongdī ~**e** [..i:nə] *f* -n 堂、表姐妹 táng、biǎo jiěmèi

Creme [krɛ:m, kre:m] *f* -s 1) 乳脂 rǔzhī, 奶油 nǎiyóu; 2) 奶油状〔狀〕物 nǎiyóuzhuàngwù

D d

da I *adv* 1) 那里〔裏〕nàli; ~ wo 哪里 nǎli; von ~ an 从那里; hier und ~ 有些地方 yǒuxiē dìfang; 2) 这〔這〕儿〔兒〕zhèr; ~ bin ich 我在这儿; 3)那时〔時〕nàshí, 当〔當〕时 dāngshí; ~ erst 那时才; von ~ an 从那时起; hier und ~ 有时,偶尔; 4) 那就 nà jiù; 5)~ haben wir's! 果然不出所料吧! II *cj* 1) 因为〔為〕yīnwéi, 由于 yóuyú; ~ ich krank war, konnte ich nicht kommen 我因生病,没能来; 2) 当…的时候 dāng … de shíhou

da'bei *adv* 1) 在旁边〔邊〕zài pángbiān; 2) 这〔這〕期间 zhè qījiān, 同时〔時〕tóngshí; 3) 尽〔盡〕管 jǐnguǎn; 4) 这方面 zhè fāngmiàn, 对〔對〕此 duìcǐ; 5) ~ bleiben 坚〔堅〕持己见 jiānchí jǐjiàn; es ist nichts ~ 没关系 ~**sein*** *vi* (*s*) 1) 参〔參〕与〔與〕cānyù, 在场〔場〕zàichǎng; 2) 正要做 zhèngyào zuò, 着手 zhuóshǒu

'dableiben* *vi* (*s*) 留下 liúxia, 不走 bù·zǒu

Dach *n* -(e)s; ⸚er 1) 屋顶 wūdǐng; 2) 庇护〔護〕bìhù ~**fenster** *n* 天窗 tiānchuāng ~**kammer** *f* 顶楼〔樓〕dǐnglóu, 阁楼 gélóu ~**pappe** *f* (盖屋顶的)油毛毡 yóumáozhān ~**rinne** *f* 檐槽 yáncáo, 屋檐 wūyán

Dachs *m* -es; -e 獾 huān

'Dachziegel *m* 瓦 wǎ

da'durch I *adv* 1) 通过〔過〕(所提到的事或物) tōngguò; 2) 这〔這〕样〔樣〕一来〔來〕zhèyàng yīlái, 因此 yīncǐ; II *cj* ~, daß 由于 yóuyú

da'für *adv* 1) 为〔為〕此(目的) wèicǐ; 在这〔這〕方面 zài zhè fāngmiàn; 因为 yīnwèi; 2) 代替 dàitì, 换 huàn; 3) 作为…的报〔報〕答 zuòwéi … de bàodá; 4) ~ sein 赞〔讚〕成 zànchéng; er kann nichts ~不能怪他 bù néng guài tā; ~ sorgen, daß 注意 zhùyì, 留心 liúxīn

da'gegen I *adv* 1) 对〔對〕着 duìzhe, 朝着 cháozhe; 2) 反对 fǎnduì, 对抗 duìkàng; ~ sein 不赞成,不同意; ich habe nichts ~ 我不反对; 3) 与〔與〕此相比 yǔcǐ xiāngbǐ; II *cj* 却 què, 相反 xiāngfǎn

da'heim *adv* 在家里〔裏〕zài jiālǐ

da'her *adv* 1) 从〔從〕那里〔裏〕cóng nàlǐ; 2) 因此 yīncǐ, 所以 suǒyǐ; ~ kam es, daß 因此…

da'hin *adv* 1) 到那里〔裏〕dào nàlǐ; 2) bis ~ 到那时〔時〕dào nàshí; 3) 到…程度、地步 dào … chéngdù、dìbù; j-n ~ bringen, daß 促使某人…; meine Meinung geht ~, daß 我的意见为的是… ~**gestellt** *adj* etw. ~ sein lassen 暂且不论〔論〕… zànqiě bù lùn…

da'hinter *adv* 在…后〔後〕面 zài … hòumiàn; es steckt nichts ~ 这毫无意义 ~**kommen*** *vi* (*s*) 发〔發〕现 fāxiàn; 打听〔聽〕出 dǎtīngchū

'damalig *adj* 当〔當〕时〔時〕的 dāngshíde, 那时的 nàshíde

'damals *adv* 当〔當〕时〔時〕dāngshí, 那时 nàshí

Da'mast *m* -es; -e 花缎 huāduàn, 锦缎 jǐnduàn

'Dame *f* -n 1) 贵妇〔婦〕人 guìfùrén, 女士 nǚshì; 2) 舞伴 wǔbàn; 3)(国际象棋和扑克牌中的)王后 wánghòu

da'mit I *adv* 以此 yǐcǐ, 就此 jiùcǐ, 对〔對〕此 duìcǐ; was will er ~ sagen? 他如此说是什么意思? wie steht es ~? 这事进行得怎样了? ~ einverstanden sein 同意此事; genug ~! (对上述一切已经)够了! Schluß ~!得了,别说了! II *cj* 为〔為〕了 wèile, 使得 shǐde, 以便 yǐbiàn; ~ nicht 免得 miǎndé

'dämlich *adj* 傻〔傻〕的 shǎde, 愚蠢的 yúchùnde

Damm *m* -(e)s; ⸚e 1)堤 dī, 坝〔壩〕 bà; 2) 路堤 lùdī; 3) 阻碍 zǔ'ài

'dämmerig *adj* 朦胧〔朧〕的 ménglóngde, 黄昏的 huánghūnde, 黎明的 límíngde

'Dämmerung *f* -en 黎明 límíng; 黄昏 huánghūn

'Dämon *m* -s; -en 精灵〔靈〕 jīnglíng, 恶〔惡〕魔 èmó

Dampf *m* -(e)s; ⸚e 蒸汽 zhēngqì

'dampfen *vi* 蒸发〔發〕 zhēngfā, 冒热〔熱〕气〔氣〕 mào rèqì

'dämpfen *vt* 1) 闷抑(声音等) mēnyì; 使缓和 shǐ huǎnhé; 减弱 jiǎnruò, 压〔壓〕低 yādī; 2) 使(色彩、光线)柔和 shǐ róuhé; 3)蒸 zhēng, 炖 dùn, 煨 wēi; 4) 抑制 yìzhì, 控制 kòngzhì, 约束 yuēsù

'Dampfer *m* -s; - 汽船 qìchuán, 轮〔輪〕船 lúnchuán

'Dämpfer *m* -s;- 1) 阻尼器 zǔníqì, 减震器 jiǎnzhènqì; 2) (乐器上的)弱音器 ruòyīnqì, 制音器 zhìyīnqì; 3) 蒸锅〔鍋〕 zhēngguō

'Dampf|heizung *f* 汽暖 qìnuǎn **~-maschine** *f* 蒸汽机〔機〕 zhēngqìjī **~walze** *f* 蒸汽压〔壓〕路机 zhēngqì yālùjī

da'nach *adv* 1) 然后〔後〕 ránhòu, 其后 qíhòu, 随〔隨〕后 suíhòu; 2) 向着 xiàngzhe, 对〔對〕此 duìcǐ; ich fragte ihn ~ 对此我问过他; 3) 与〔與〕此相适〔適〕应〔應〕 yǔ cǐ xiāng shìyìng, 依此 yīcǐ; er sieht ganz ~ aus, als ob ... 他想得倒挺不错,好像…

da'neben *adv* 1) 在…旁边〔邊〕 zài ... pángbiān, 在其旁 zài qípáng; 2) 此外 cǐwài **~gehen*** *vi* (*s*) 1) 没有射中 méiyǒu shèzhòng, 脱靶 tuōbǎ; 2) 失败 shībài

dank *prp* (*D*) 由于 yóuyú, 多亏〔虧〕 duōkuī

Dank *m* -(e)s; 感谢 gǎnxiè; j-m ~ sagen 向某人道谢; Gott sei ~! 谢天谢地!

'dankbar *adj* 感谢的 gǎnxiède, 感激的 gǎnjide; j-m für etw. ~ sein 为某事感谢某人

'Dankbarkeit *f* 感谢 gǎnxiè, 感激 gǎnji

'danken *vi* j-m für etw. ~ 为〔爲〕某事感谢… wèi mǒushì gǎnxiè ...; danke (schön)! 多谢! nichts zu ~ 不用谢! 不用客气! **~swert** *adj* 值的感谢的 zhìde gǎnxiè de

dann *adv* 1) 然后〔後〕 ránhòu, 接着 jiēzhe, 随〔隨〕后 suíhòu; 2) 那时〔時〕 nàshí, 到时候 dào shíhou; 3) 就 jiù, 那么〔麼〕 nàme; 4) 此外 cǐwài; 5) ~ und wann 有时 yǒushí

dar'an *adv* 1) 在近旁 zài jìnpáng, 紧〔緊〕靠着 jǐnkàozhe; 在这〔這〕上面 zài zhè shàngmiàn; sich ~ festhalten 紧紧抓住…不放; 2) 正要 zhèngyào, 接着 jiēzhe; nahe ~ sein, etw. zu tun 正要做…; 3) 在这方面 zài zhè fāngmiàn, 对〔對〕此 duìcǐ; ~ denken 想到某事; ~ sterben 这要人的命的; mir liegt viel ~ 我对此很感兴趣; ~ festhalten 坚〔堅〕持 jiānchí

dar'auf *adv* 1) 在…上面 zài ... shàngmiàn; 2) 以后〔後〕 yǐhòu, 然后 ránhòu; 接着 jiēzhe; am Tage ~ 一天以后,第二天; zwei Jahre ~ 两年以后; 3) 因此 yīncǐ, 所以 suǒyǐ; 4) 对〔對〕此 duìcǐ, 在这〔這〕方面 zài zhè fāngmiàn; ~ kommt es an 重要的是… **~hin** *adv* 于〔於〕是 yúshì, 因此 yīncǐ, 接着 jiēzhe

dar'aus *adv* 1) 从〔從〕里〔裏〕面 cóng lǐmiàn; 2) 由此 yóucǐ, 从中 cóngzhōng; ~ folgt 由此可知; was ist ~ geworden? 事情的结果怎样了呢? ich mache mir nichts ~ (对此)我不生气; mach dir nichts ~! 请你别介意!

'darbieten* *vt* 1) 提供 tígōng, 递〔遞〕给 dìgěi; 2) 演出 yǎnchū, 表演 biǎoyǎn; 3) sich ~ 出现 chūxiàn, 显〔顯〕露 xiǎnlù

'Darbietung *f* -en 演出 yǎnchū, 表演 biǎoyǎn

dar'in *adv* 1) 在里〔裏〕面 zài lǐmiàn, 在其中 zài qízhōng; es war nichts ~ 其中没有什么; 2) 在这〔這〕点〔點〕上 zài zhèdiǎn shàng

'darlegen *vt* 陈〔陳〕述 chénshù, 解释〔釋〕 jiěshì, 说明 shuōmíng

'Darlehen *n* -s; - 贷款 dàikuǎn

Darm *m* -(e)s; ⸚e 肠〔腸〕 cháng

'darstellen *vt* 1) 描绘〔繪〕 miáohuì, 塑造 sùzào, 表现 biǎoxiàn; 2) 扮演 bànyǎn; 3) 叙述 xùshù, 描述 miáoshù; 4) 意味着 yìwèizhe

'Darstell|er *m* -s;- 演员 yǎnyuán **~ung** *f* 1) 描绘〔繪〕 miáohuì, 塑造 sùzào, 表现 biǎoxiàn; 2) 扮演 bànyǎn

dar'über *adv* 1) 在上面 zài shàngmiàn, 在其上 zài qíshàng; 2) 超过〔過〕 chāoguò, 超出 chāochū; ~ hinaus 此外 cǐwài; 3) 这〔這〕期间 zhè qījiān, 其时〔時〕 qíshí; 4) 关〔關〕于〔於〕这方面 guānyú zhè fāngmiàn, 对〔對〕此 duìcǐ; ~ werden Jahre vergehen 因此将

需要几年的时间; ein Buch ~ schreiben 写一本关于这方面的书

dar'um *adv* 1) 在周围〔圍〕 zài zhōuwéi; 2) 在这〔這〕方面 zài zhè fāngmiàn, 对〔對〕此 duìcǐ, 为〔爲〕此 wèicǐ; er kümmert sich nicht ~ 他不为此操心; es handelt sich ~, daß ...问题在于...; 3) 因此 yīncǐ, 所以 suǒyǐ; ~ ist er nicht gekommen 因此他没有来

dar'unter *adv* 1) 在下面 zài xiàmiàn; 2) 对〔對〕此 duìcǐ, 为〔爲〕此 wèicǐ; was verstehst du ~? (对此) 你是怎么理解的? 3) 其中 qízhōng; 4) 不到 bù dào, 少于〔於〕 shǎoyú

das 见 der

'dasein* *vi* (*s*) 1) 在场〔場〕 zàichǎng; 2) 出席 chūxí; 3) 存在 cúnzài, 有 yǒu

'Dasein *n* -s; 1) 生活 shēnghuó, 生存 shēngcún; 2) 存在 cúnzài

daß *cj* (引导各种从句)1) so ..., ~ ... / so ~ ... 如此..., 以致于... rúcǐ..., yǐzhìyú...; 2) es sei denn, ~... 除非... chúfēi ...; 3) ohne ~... 没有... méiyǒu ...; 4) nicht ~ ich wüßte 据〔據〕我所知并非如此 jù wǒ suǒ zhī bìng fēi rúcǐ

'dastehen* *vi* 站在那里〔裏〕 zhàn zài nàli

'Daten *pl* 数〔數〕据〔據〕 shùjù, 参〔參〕数 cānshù **~bank** *f* 数据库 shùjùkù **~verarbeitung** *f* -en 数据处〔處〕理 shùjù chǔlǐ

da'tieren *vt, vi* 1) 注明...的日期 zhùmíng ... de rìqī; 2) ~ vom 出自...时〔時〕代 chūzì ... shídài

'Dativ *m* -s; -e (语法)第三格 dìsāngé

'Dattel *f* -n 枣〔棗〕 zǎo, 枣椰子 zǎoyēzi

'Datum *n* -s; . ten 日期 rìqī, 日子 rìzi

'Dauer *f* 持续〔續〕 chíxù, 长〔長〕久 chángjiǔ; auf die ~ 长此下去, 长时间地; für die ~ von 期限是...; von ~ sein 长久不变,持久

'dauerhaft *adj* 持久的 chíjiǔde; 耐用的 nàiyòngde, 牢固的 láogùde

'Dauer|karte *f* 长〔長〕期票 chángqīpiào **~lauf** *m* 长跑 chángpǎo

'dauern *vi* 1) 持续〔續〕 chíxù, 延续 yánxù; 2) 持久 chíjiǔ

'Dauerwelle *f* 烫〔燙〕发〔髮〕 tàngfà

'Daumen *m* -s; - 大姆指 dàmǔzhǐ; j-m den ~ halten 祝愿〔願〕某人一切顺利 zhùyuàn mǒurén yīqiè shùnlì

'Daunen *pl* 绒毛 róngmáo **~decke** *f* 鸭绒被 yāróngbèi

da'von *adv* 1) 从〔從〕那里〔裏〕 cóng nàli, 离〔離〕那儿〔兒〕 lí nàr; auf und ~ 离去; 2) 由此 yóucǐ, 因此 yīncǐ; 3) 有关〔關〕这〔這〕方面 yǒuguān zhè fāngmiàn; 4) 在这方面 zài zhè fāngmiàn, 对〔對〕此 duìcǐ; 5) 用此 yòngcǐ, 以此 yǐcǐ; 6) das kommt ~! 这是自作自受! **~kommen*** *vi* (*s*) 得救 déjiù, 幸免 xìngmiǎn, 脱险〔險〕 tuōxiǎn **~laufen*** *vi* (*s*) 跑掉 pǎodiào

da'vor *adv* 1) 在前面 zài qiánmiàn, 到前面 dào qiánmiàn; 2) 在以前 zài yǐqián, 事前 shìqián; 3) 在这〔這〕方面 zài zhè fāngmiàn, 对〔對〕此 duìcǐ; er fürchtet sich ~ 他害怕这

da'zu *adv* 1) 为〔爲〕此 wèicǐ; ~ gehört Zeit 为此需要时间; 2) 对〔對〕此 duìcǐ; noch ~ 对此还有; 3) 此外 cǐwài, 外加 wàijiā, 同时〔時〕 tóngshí **~gehörig** *adj* 属〔屬〕于〔於〕此类〔類〕的 shǔyú cǐlèi de, 附属的 fùshǔde **~kommen*** *vi* (*s*) 1) 出现 chūxiàn; 来〔來〕到 láidào; 2) 外加 wàijiā, 加上 jiāshàng

da'zwischen *adv* 1) 在这中间 zài zhè zhōngjiān; 2) 在这期间 zài zhè qījiān, 其间 qíjiān; 3) 在这里〔裏〕面 zài zhè lǐmiàn **~kommen*** *vi* (*s*) 1) 意外发〔發〕生 yìwài fāshēng; 2) 插手 chāshǒu, 干涉 gānshè

De'batte *f* -n 争论〔論〕 zhēnglùn, 辩论 biànlùn

debat'tieren *vt, vi* 争论〔論〕 zhēnglùn, 辩论 biànlùn (über *A*)

dechif'frieren *vt* 译〔譯〕解 (密码等) yìjiě

Deck *n* -(e)s; -s (-e) 甲板 jiǎbǎn, 舱〔艙〕面 cāngmiàn

'Decke *f* -n 1) 覆盖〔蓋〕物 fùgàiwù; 2) 表层〔層〕 biǎocéng; 3) 天花板 tiānhuābǎn, 顶篷 dǐngpéng

'Deckel *m* -s;- 1) 盖〔蓋〕子 gàizi; 2) (书的)封面 fēngmiàn

'decken I *vt* 盖〔蓋〕上 gàishàng, 铺上 pūshàng; den Tisch ~ 铺上桌布, 摆好餐具; II *vi* (颜料)涂〔塗〕盖 túgài

'Deck|mantel *m* 借口 jièkǒu **~name** *m* 化名 huàmíng **~ung** *f* -en 1) 掩护〔護〕 yǎnhù; 2) 抵押品 dǐyāpǐn

de'fekt *adj* 有缺点〔點〕的 yǒu quēdiǎn de, 有毛病的 yǒu máobìng de

De'fekt *m* -(e)s; -e 缺点〔點〕 quēdiǎn, 毛病 máobìng

defi'nieren *vt* 下定义〔義〕 xià dìng-

yì, 解释〔釋〕 jiěshì
Definiti'on *f* -en 定义〔義〕 dìngyì
defini'tiv *adj* 最后〔後〕的 zuìhòude, 明确〔確〕的 míngquède
'Defizit *n* -s; -e 空额 kōng'é, 赤字 chìzì
'Degen *m* -s; - 剑〔劍〕 jiàn; 刀 dāo
degra'dieren *vt* 降级 jiàngjí, 贬黜 biǎnchù
'dehn|bar *adj* 1) 可伸展的 kèshēnzhǎnde, 有伸缩性的 yǒu shēnsuōxìng de; 2) 含糊的 hánhude, 多义〔義〕的 duōyìde **~en** *vt* 延长〔長〕 yáncháng, 伸展 shēnzhǎn, 拉长 lācháng
'Dehnung *f* -en 延长〔長〕 yáncháng, 伸展 shēnzhǎn; 膨胀〔脹〕 pèngzhàng
Deich *m* -(e)s; -e 堤 dī, 堤坝〔壩〕 dībà
'Deichsel [..ks..] *f* -n 辕 yuán
dein *poss pron* 你的 nǐde; der (die, das) ~e 你的…; ich bin ~ 我是你的; die Deinen 你家里人 **'~erseits** *adv* 在你的方面 zài nǐde fāngmiàn
De'kan *m* -s; -e 1) (基督教)教长〔長〕 jiàozhǎng; 2) (大学)系主任 xìzhǔrèn
dekla'mieren *vt, vi* 朗诵 lǎngsòng
Deklinati'on *f* -en (语法)变〔變〕格 biàngé
dekli'nieren *vt* (语法) 变〔變〕格 biànggé
Dekora|teur [..'tøːr] *m* -s; -e 1) (室内)装〔裝〕饰家 zhuāngshìjiā; 2) (舞台) 制〔製〕景人员 zhìjǐng rényuán **~ti'on** *f* -en 1) 装饰 zhuāngshì; 2) (舞台)布景 bùjǐng
deko'rieren *vt* 装〔裝〕饰 zhuāngshì, 布置 bùzhì
deli'kat *adj* 1) 微妙的 wēimiàode, 棘手的 jíshǒude; 2) 美味的 měiwèide, 可口的 kěkǒude
Delika'tesse *f* -n 精美的食品 jīngměide shípǐn, 美味 měiwèi
Del'phin *m* -s; -e 海豚 hǎitún
demen'tieren *vt* 否认〔認〕 fǒurèn, 更正 gēngzhèng
'dem|entsprechend *adv*, **~gemäß** *adv* 与〔與〕此相应〔應〕地 yù cǐ xiāngyìng de, 因此 yīncǐ **~nach** *adv* 依此 yīcǐ, 照此 zhàocǐ, 据〔據〕此 jùcǐ **~nächst** *adv* 不久 bùjiǔ, 即将〔將〕 jíjiāng
Demo'krat *m* -en; -en 民主主义〔義〕者 mínzhǔzhǔyìzhě **~ie** [..'tiː] *f* -n 民主 mínzhǔ; 民主政体〔體〕 mínzhǔ zhèngtǐ
demo'kratisch *adj* 民主的 mínzhǔde, 主张〔張〕民主的 zhǔzhāng mínzhǔ de
demo'lieren *vt* 1) 拆毁 chāihuǐ; 2) 推翻 tuīfān
Demonstrati'on *f* -en 1) 示威游行 shìwēi yóuxíng; 2) 论〔論〕证〔證〕 lùnzhèng, 证明 zhèngmíng
demon'strieren *vt, vi* 1) 示威 shìwēi; 2) 论〔論〕证〔證〕lùnzhèng, 证明 zhèngmíng
demon'tieren *vt* 拆除 chāichú, 拆卸 chāixiè
'Demut *f* 谦恭 qiāngōng, 屈从〔從〕 qūcóng
'demütig *adj* 恭顺的 gōngshùnde, 屈从〔從〕的 qūcóngde **~en** *vt* 1) 羞辱 xiūrū, 使丢脸〔臉〕 shǐ diūliǎn; 2) sich ~ 恭顺 gōngshùn, 屈从 qūcóng
'denkbar I *adj* 可以想象的 kěyǐ xiǎngxiàng de, 可能的 kěnéngde; II *adv* 极〔極〕其 jíqí
'denken* I *vi* 1) 想 xiǎng, 考虑〔慮〕 kǎolǜ; 2) 认〔認〕为〔爲〕 rènwéi; 3) 打算 dǎsuàn, 想要 xiǎngyào; 4) an j-n/etw. ~ 想起、想到、想念… xiǎngqǐ、xiǎngdào、xiǎngniàn…; über j-n/etw. ~有…想法、看法 yǒu … xiǎngfǎ、kānfǎ; j-m zu ~ geben 需要某人仔细考虑 xūyào mǒurén zǐxì kǎolǜ; II *vt* 1) 想 xiǎng, 想到 xiǎngdào, 认为 rènwéi; 2) 打算 dǎsuàn; 3) 料想 liàoxiǎng; 4) sich (*D*) etw. ~ 想象 … xiǎngxiàng …; das habe ich mir gedacht 我也这样想
'Denk|mal *n* 1) 纪念碑 jìniànbēi; 2) 文物 wénwù **~schrift** *f* 备〔備〕忘录〔録〕 bèiwànglù
'denkwürdig *adj* 值得纪念的 zhíde jìniàn de, 难〔難〕忘的 nánwàngde
'Denkzettel *m* 教训 jiàoxùn
denn I *cj* 1) 因为〔爲〕 yīnwéi; 2) 比 bǐ; mehr ~ je 比任何时候都多; 3) es sei ~, daß … 除非… chúfēi…; II *adv* 究竟 jiūjìng, 到底 dàodǐ; wieso ~? 究竟为什么?
'dennoch *cj, adv* 尽〔儘〕管如此 jǐnguǎn rúcǐ, 还〔還〕是 háishì, 仍然 réngrán
Denun'ziant *m* -en; -en 告密者 gàomìzhě
denun'zieren *vt* 告密 gàomì
De'pesche *f* -n 1) 电〔電〕报〔報〕 diànbào; 2) (政府发给驻外使节的)公文 gōngwén
depo'nieren *vt* 寄存 jìcún, 存放 cúnfàng
der, die, das I *art* der Mann 男人 nánrén; der Stuhl 椅子 yǐzi; die Frau 女人 nǚrén; die Tür 门〔門〕

mén; das Kind 孩子 háizi; das Buch 书〔書〕 shū; II *dem pron* 这〔這〕个〔個〕 zhège, 这些 zhèxie; III *rel pron* das Haus, das an der Ecke steht 在拐角处〔處〕的房子 zài guǎijiǎochù de fángzi

'der'artig *adj* 这〔這〕样〔樣〕的 zhèyàngde, 如此的 rúcǐde

derb *adj* 1)（布、织物等）粗的 cūde,（表面）不平的 bùpíngde;（鞋等）结实〔實〕的 jiēshide, 坚〔堅〕固的 jiāngùde; 2)（矿石等）粗大的 cūdàde; 3) 强健的 qiánjiànde, 粗鲁的 cūlǔde; 4)（食物）粗糙的 cūcāode; 5)（举止等）粗野的 cūyěde, 粗俗的 cūsúde; 6)（说话）生硬的 shēngyìngde, 不文雅的 bùwényǎde

der'gleichen *adj* 1) 这〔這〕样〔樣〕的 zhèyàngde, 这一类〔類〕的 zhèyīlèide; und ～ 诸如此类; nichts ～ 决不是那样,毫不相似; 2) nicht ～ tun 不理睬 bù lǐcǎi, 没有反应〔應〕 méiyǒu fǎnyìng

'der-, 'die-, 'dasjenige *dem pron* 那个〔個〕 nàge

der-, die-, das'selbe *dem pron* 同一个〔個〕 tóngyīge

Deserteur [..'tø:r] *m* -s -e 逃兵 táobīng

deser'tieren *vi* (*s*) 开〔開〕小差 kāi xiǎochā

des'gleichen I *adv* 同样〔樣〕地 tóngyàngde, 这〔這〕样 zhèyàng; II *cj* 同样 tóngyàng, 也 yě

'deshalb *adv, cj* 因此 yīncǐ, 所以 suǒyǐ; ich tat es nur ～, weil ... 我之所以干这事,只是因为...

desinfi'zieren *vt* 消毒 xiāodú, 杀〔殺〕菌 shājūn

Des'pot *m* -en; -en 专〔專〕制统治者 zhuānzhì tǒngzhìzhě, 暴君 bàojūn

des'potisch *adj* 专〔專〕制的 zhuānzhìde, 暴政的 bàozhèngde

destil'lieren *vt* 蒸馏 zhēngliú

'desto *adv* 越 yuè, 更加 gèngjiā

'des'wegen *cj, adv* 因此 yīncǐ, 所以 suǒyǐ

Detail [..'taɪ] *n* -s; -s 细节〔節〕 xìjié, 详情 xiángqíng

Detek'tiv *m* -s; -e 侦探 zhēntàn

'deuten I *vt* 解释〔釋〕 jiěshì, 说明 shuōmíng; 预卜 yùbǔ; II *vi* auf (*A*) ～ 1) 指向 zhǐxiàng, 指着 zhǐzhe; 2) 表明 biǎomíng, 预示 yùshì

'deutlich *adj* 1) 清楚的 qīngchude, 明白的 míngbaide; 2) 坦率的 tǎnshuàide

deutsch *adj* 德意志的 déyìzhìde; 德国〔國〕人的 déguórénde; 德语的 déyǔde; auf ～ 用德语; mit j-m ～ reden 坦率地和某人谈话 tǎnshuàide hé mǒurén tánhuà

'Deutsche *m, f* -n; -n 德国人 déguórén

'Deutung *f* -en 说明 shuōmíng, 解释〔釋〕 jiěshì

De'vise *f* -n 1) 座右铭 zuòyòumíng, 箴言 zhēnyán; 2) *pl* 外汇〔匯〕 wàihuì

De'zember *m* -(s);- 十二月 shí'èryuè

de'zent *adj* 1) 有礼〔禮〕貌的 yǒu lǐmào de, 规矩的 guījude; 2) 柔和的 róuhéde, 质〔質〕朴〔樸〕的 zhìpǔde; 3) 委婉的 wěiwǎnde

Dezer'nat *n* -(e)s; -e（行政等机构的）部门〔門〕 bùmén

dezi'mal *adj* 十进〔進〕法的 shíjìnfǎde; 小数〔數〕的 xiǎoshùde

Dezi'mal|bruch *m* 小数〔數〕 xiǎoshù **～stelle** *f* 小数位 xiǎo shùwèi

dezi'mieren *vt* 大批杀〔殺〕死或毁坏〔壞〕 dàpī shāsǐ huò huǐhuài

Dia'gnose *f* -n 诊断〔斷〕 zhěnduàn

diago'nal *adj* 对〔對〕角线〔綫〕的 duìjiǎoxiànde

Diago'nale *f* -n 对〔對〕角线〔綫〕 duìjiǎoxiàn

Dia'lekt *m* -(e)s; -e 方言 fāngyán, 土语 tǔyǔ

dia'lektisch *adj* 方言的 fāngyánde

Dia'log *m* -(e)s; -e 对〔對〕话 duìhuà

Dia'mant *m* -en; -en 金刚〔剛〕石 jīngāngshí, 钻〔鑽〕石 zuànshí

Di'ät *f*（医生）规定的饮食 guīdìngde yǐnshí

dich *pers pron* (du 的第四格)你 nǐ

dicht I *adj* 稠密的 chóumìde, 浓〔濃〕的 nóngde; 紧〔緊〕密的 jǐnmìde, 紧的 jǐnde; 不透（水或气）的 bùtòude; II *adv* ～ an (*D*)/bei 紧靠着 jǐnkàozhe

'dichten I *vt* 密封 mìfēng, 填塞 tiánsāi; II *vt, vi* 写〔寫〕诗歌 xiě shīgē, 创〔創〕作 chuàngzuò

'Dichter *m* -s;- 诗人 shīrén, 作家 zuòjiā

'dichterisch *adj* 诗的 shīde, 诗人的 shīrénde

'Dicht|kunst *f* 诗 shī, 诗艺〔藝〕 shīyì **～ung** *f* -en 1) 密封垫〔墊〕 mìfēngdiàn, 密封圈 mìfēngquān; 2) 诗歌 shīgē, 创〔創〕作 chuàngzuò

dick *adj* 1) 厚的 hòude, 粗的 cūde, 胖的 pàngde; 2) 密的 mìde, 浓〔濃〕的 nóngde, 稠的 chóude; 3) 紧〔緊〕密的 jǐnmìde, 亲〔親〕密的 qīnmìde

'Dicke *f* -n 厚 hòu, 胖 pàng; 厚度 hòudù, 浓〔濃〕度 nóngdù

'dick|fellig *adj* 厚脸〔臉〕皮的 hòuliǎnpíde **~flüssig** *adj* 稠的 chóude, 粘 nián

'Dickicht *n* -(e)s; -e 灌木丛〔叢〕 guànmùcōng

'Dickkopf *m* 顽固的人 wángùde rén

'dickleibig *adj* 1) 肥胖的 féipàngde; 2) 体〔體〕积〔積〕大的 tǐjīdàde

'Dickmilch *f* 酸牛奶 suānniúnǎi

die 见 der

Dieb *m* -(e)s; -e 贼 zéi

'Diebesgut *n* 赃〔贓〕物 zāngwù

'Diebstahl *m* -(e)s; ⸚e 偷窃〔竊〕 tōuqiè

'Diele *f* -n 1) 地板 dìbǎn; 2) 门〔門〕厅〔廳〕 méntīng, 宽过〔過〕道 kuān guòdào

'dienen *vi* 1) 服务〔務〕 fúwù, 效劳〔勞〕 xiàoláo; womit kann ich ~? 有什么可以为您效劳的吗? 2) 有利于〔於〕 yǒulìyú, 有助于 yǒuzhùyú; 3) als/zu etw. ~ 充当〔當〕 chōngdāng, 用作 yòngzuò

'Diener *m* -s; - 1) 仆〔僕〕人 púrén, 勤杂〔雜〕工 qínzágōng; 2) 鞠躬 jūgōng

'dienlich *adj* 有用的 yǒuyòngde, 有益的 yǒuyìde

Dienst *m* -es; -e 1) 职〔職〕务〔務〕 zhíwù, 工作 gōngzuò; ~ haben 在上班; im ~ 在职,值班; außer ~ 退休; 2) 服务〔務〕 fúwù, 效劳〔勞〕 xiàoláo

'Dienstag *m* -(e)s; -e 星期二 xīngqī'èr

'Dienstalter *n* 资历〔歷〕 zīlì

'dienstbar *adj* 隶〔隸〕属〔屬〕的 lìshǔde, 受支配的 shòu zhīpèi de; sich (*D*) j-n/etw. ~ machen 使…为〔爲〕自己服务〔務〕 shǐ … wèi zìjǐ fúwù

'Dienstbote *m* 佣人 yòngrén

'dienst|eifrig *adj* 殷勤周到的 yīnqín zhōudào de **~frei** *adj* 不上班的 bù shàngbān de, 空闲〔閒〕的 kòngxiánde

'Dienstleistung *f* 服务〔務〕 fúwù, 效劳〔勞〕 xiàoláo, 帮〔幫〕助 bāngzhù

'dienstlich *adj* 公务〔務〕的 gōngwùde, 职〔職〕务上的 zhíwùshàngde

'Dienst|mädchen *n* 女仆〔僕〕 nǚpú **~reise** *f* 出差 chūchāi **~stunden** *pl* 工作时〔時〕间 gōngzuò shíjiān, 办〔辦〕工时间 bàngōng shíjiān **~weg** *m* 例行手续〔續〕 lìxíng shǒuxù

'Dieselmotor *m* 柴油机〔機〕 cháiyóujī

'dieser, 'diese, die(se)s *dem pron* 这〔這〕个〔個〕 zhège, 这些 zhèxie

'dies|jährig *adj* 今年的 jīnniánde **~mal** *adv* 这〔這〕次 zhècì **~seits** I *adv* 在这一边〔邊〕 zài zhè yībian; II *prp* (*G*) 在 … 这边 zài … zhèbian

'Dietrich *m* 万〔萬〕能钥〔鑰〕匙 wànnéngyàoshi

Diffe'renz *f* -en 1) 差别 chābié, 差异〔異〕 chāyì; 2) 意见〔見〕不一致 yìjiàn bù yízhì, 分歧 fēnqí

Dik'tat *n* -(e)s; -e 听〔聽〕写〔寫〕 tīngxiě; 口述 kǒushù; nach ~ 按口述 **~or** *m* -s; -en 独〔獨〕裁者 dúcáizhě

dik'tatorisch *adj* 独〔獨〕裁的 dúcáide

Dikta'tur *f* -en 独〔獨〕裁 dúcái; 专〔專〕政 zhuānzhèng

dik'tieren *vt, vi* 1) 听〔聽〕写〔寫〕 tīngxiě; 口述 kǒushù; 2) 命令 mìnglìng, 强制 qiángzhì

Dilet'tant *m* -en; -en 业〔業〕余〔餘〕爱〔愛〕好者 yèyú àihàozhě

Ding *n* -(e)s; -e 1) 物 wù, 事物 shìwù, 东〔東〕西 dōngxi; 2) guter ~e 高兴〔興〕 gāoxìng, 兴致好 xìngzhì hǎo; 3) vor allen ~en 首先 shǒuxiān, 尤其重要的 yóuqí zhòngyào de

Diphthe'rie *f* -n 白喉 báihóu

Di'plom *n* -(e)s; -e 毕〔畢〕业〔業〕证〔證〕书〔書〕 bìyè zhèngshū, 文凭〔憑〕 wénpíng

Diplo'mat *m* -en; -en 1) 外交家 wàijiāojiā, 外交官 wàijiāoguān; 2) 有外交手腕的人 yǒu wàijiāo shǒuwàn de rén **~ie** [..'ti:] *f* 1) 外交 wàijiāo; 2) 外交手腕 wàijiāo shǒuwàn, 交际〔際〕手腕 jiāojì shǒuwàn

diplo'matisch *adj* 外交的 wàijiāode, 外交上的 wàijiāo shàng de, 外交手腕的 wàijiāo shǒuwàn de

dir *pers pron* (du 的第三格)你 nǐ

di'rekt I *adj* 1) 直接的 zhíjiēde, 直通的 zhítōngde; ~er Wagen 直达车; II *adv* 径〔徑〕直地 jìngzhíde, 直接地 zhíjiēde

Direkti'on *f* -en 1) 领导〔導〕 lǐngdǎo, 管理 guǎnlǐ; 2) 领导部门〔門〕 lǐngdǎo bùmén

Di'rektor *m* -s; -en 厂〔廠〕长〔長〕 chǎngzhǎng, 校长 xiàozhǎng, 主任 zhǔrèn, 经〔經〕理 jīnglǐ

Diri'gent *m* -en; -en (乐队、合唱团)指挥 zhǐhuī

diri'gieren *vt, vi* 指挥(乐队) zhǐhuī

'Dirne *f* -n 妓女 jìnǚ, 娼妓 chāngjì

Disharmo'nie *f* -n 1) 不谐音 bùxiéyīn; 2) 不协〔協〕调 bùxiétiáo, 不一致 bùyīzhì, 不和谐 bùhèxié

dishar'monisch *adj* 不和谐的 bùhéxiéde, 不一致的 bùyīzhìde

Dis'kont *m* -s; -e 折扣 zhékòu

dis'kret *adj* 谨慎的 jǐnshènde, 思虑〔慮〕周全的 sīlǜzhōuquánde

Diskreti'on *f* 谨慎 jǐnshèn

Diskussi'on *f* -en 讨论〔論〕tǎolùn, 议〔議〕论 yìlùn

disku'tieren *vt, vi* 讨论〔論〕tǎolùn, 议〔議〕论 yìlùn; (über) eine Frage ～ 讨论一个问题

Di'stanz *f* -en 距离〔離〕 jùlí; ～ von/zu j-m wahren 同…保持距离,对…敬而远之

distan'zieren *v sich* sich von j-m/etw. ～ 同…保持距离〔離〕 tóng … bǎochí jùlí, 置身于〔於〕…之外 zhìshēnyú … zhīwài

'Distel *f* -n (植物)蓟 jì

Di'strikt *m* -(e)s; -e 区〔區〕 qū, 地区 dìqū; 辖区 xiáqū

Diszi'plin *f* -en 1) 纪律 jìlǜ; 2) 学〔學〕科 xuékē

Divi'dende *f* -n 红利 hónglì; 股息 gǔxī

divi'dieren *vt* (数学)除(尽) chú; neun durch drei ～ 九用三来除

doch I *cj* 但 dàn, 然而 rán'ér, 可是 kěshì, 却 què; II *adv* 1) (回答否定疑问句) 不 bù; bist du noch nicht fertig? — ～! 你还没有准备好? — 不,我准备好了; 2) also ～! (我早知道那件事要发生) 果真是那样〔樣〕! guǒzhēn shì nǎyàng! 3) komm ～ herein! 进〔進〕来〔來〕! jìnlai! 4) nicht ～! 不可以! bù kěyǐ! 不行! bùxíng!

Docht *m* -(e)s; -e 烛〔燭〕芯 zhúxīn, 灯〔燈〕芯 dēngxīn

Dock *n* -(e)s; -s 船坞 chuánwù

'Dogma *n* -s; ..men 教条〔條〕jiàotiáo; 教义〔義〕jiàoyì

'Doktor *m* -s; -en 1) 博士 bóshì; 2)医〔醫〕生 yīshēng

Doku'ment *n* -(e)s; -e 1) 文献〔獻〕 wénxiàn, 文件 wénjiàn; 2) 证〔證〕件 zhèngjiàn, 证明 zhèngmíng **～arfilm** [..'ta:r..] *m* 纪录〔録〕影片 jìlù yǐngpiàn

Dolch *m* -(e)s; -e 短剑〔劍〕 duǎnjiàn, 匕首 bǐshǒu

'Dollar *m* -s; -s (美)元〔圓〕 yuán

'dolmetschen *vt, vi* 口译〔譯〕 kǒuyì

'Dolmetscher *m* -s; - 译〔譯〕员 yìyuán

Dom *m* -(e)s; -e 总〔總〕教堂 zǒngjiàotáng, 大教堂 dàjiàotáng

Do'mäne *f* -n 1) 领地 lǐngdì; 2) 领域 lǐngyù, 范〔範〕围〔圍〕 fànwéi

'Domino I *m* -s; -s 1) (化装舞会的一种)化装〔裝〕外衣 huàzhuāng wàiyī; 2) 穿化装外衣的人 chuān huàzhuāng wàiyī de rén; II *n* -s; -s 多米诺骨牌 duōmǐnuò gǔpái

'Donner *m* -s; - 1) 雷 léi, 雷声〔聲〕 léishēng; 2) (似雷的)轰隆声 hōnglōngshēng

'donnern *vi* 1) 打雷 dǎléi; 2) 发〔發〕轰隆声〔聲〕 fā hōnglōngshēng; 3) 大声说话 dǎ shēng shuōhuà, 大发雷霆 dǎ fā léitíng

'Donnerstag *m* 星期四 xīngqīsì

'Donnerwetter *n* 1) 雷暴雨 léibàoyǔ; 2) 斥责 chìzè; 3) ～! 嘿! hēi! 了不起! liǎobuqǐ! zum ～! 真见鬼! zhēn jiànguǐ! 去你的! qù nǐde!

'Doppel *n* -s; - 1) 复〔復〕制〔製〕品 fùzhìpǐn, 副本 fùběn; 2) (网球、乒乓球等)双〔雙〕打 shāngdǎ **～bett** *n* 双人床 shāngrénchuáng **～decker** *m* -s; - 1) 双翼飞〔飛〕机〔機〕 shuāngyì fēijī; 2) 双层〔層〕公共汽车〔車〕 shuāngcéng gōnggòng qìchē **～gänger** *m* -s; - 极〔極〕其相似的人 jí qí xiángsì de rén **～punkt** *m* 冒号〔號〕(:) màohào

'doppelt I *adj* 1) 加倍的 jiābèide, 两倍的 liǎngbèide; 2) 双〔雙〕的 shuāngde, 双重的 shuāngchóngde; II *adv* 双倍地 shuāngbèide, 两倍 liǎngbèi

Dorf *n* -(e)s; ⸚er 乡〔鄉〕村 xiāngcūn, 村庄〔莊〕 cūnzhuāng **～bewohner** *m* 村民 cūnmín

Dorn *m* I -(e)s; -en 1) 刺 cì; j-m ein ～ im Auge sein 是…的眼中钉 shì … de yǎnzhōngdīng; 2) 荆棘 jīngjí; II -(e)s; -e 1) 心轴 xīnzhóu; 2) 销钉 xiāodīng

'dornig *adj* 1) 有刺的 yǒucìde, 多刺的 duōcìde; 2) 棘手的 jíshǒude

'dörren *vt* 使干〔乾〕shǐ gān

'Dörrobst *n* 干〔乾〕果 gānguǒ

Dorsch *m* -es; -e 鳕 xuě

dort *adv* 那里〔裏〕nàli, 在那里 zǎi nàli **'～her** *adv* 从〔從〕那里(来) cóng nàli **'～hin** *adv* 到那里(去) dào nàli **'～ig** *adj* 那里的 nàlide, 那儿〔兒〕的 nàrde

'Dose *f* -n 盒 hé; 罐头〔頭〕 guàntou **～nöffner** *m* -s; - 开〔開〕罐头刀 kāi guàntou dāo

'Dosis *f* ..sen (药的)一剂〔劑〕 yíjì

'Dotter *m, n* -s; - 蛋黄 dànhuáng

Do'zent *m* -en; -en 讲〔講〕师〔師〕 jiǎngshī

'Drache *m* -n; -n 龙〔龍〕 lóng **～n** *m* -s; - 1) 风〔風〕筝 fēngzhēng, 纸

鸢 zhǐyuān; 2) 泼〔潑〕妇〔婦〕pōfù

Draht *m* -(e)s; ⸚e 1) 金属〔屬〕线〔綫〕jīnshǔxiàn, 金属丝〔絲〕jīnshǔsī; 2) 电〔電〕线 diànxiàn; 电话 diànhuà, 电报〔報〕diànbào

'**draht|ig** *adj* 1) 似金属〔屬〕丝〔絲〕的 sì jīnshǔsī de; 2) 瘦长〔長〕而结实〔實〕的(人) shòucháng ér jiēshí de **~los** *adj* 无〔無〕线〔綫〕的 wúxiànde

'**Draht|seilbahn** *f* 缆〔纜〕车〔車〕铁〔鐵〕道 lǎnchē tiědào **~zieher** *m* -s; - 牵〔牽〕线〔綫〕人 qiānxiànrén, 幕后〔後〕操纵〔縱〕者 mùhòu cāozòngzhě

drall *adj* 丰〔豐〕满〔滿〕的(尤指妇女) fēngmǎnde

'**Drama** *n* -s; ..men 1) 戏〔戲〕剧〔劇〕xìjù; 剧本 jùběn; 2) 戏剧性事件 xìjùxìng shìjiàn **~tiker** *m* -s; - 剧作家 jùzuòjiā

dra'matisch *adj* 1) 戏〔戲〕剧〔劇〕的 xìjùde; 2) 戏剧性的 xìjùxìngde

dran *adv* 见 daran; er ist gut (übel) ~ 他很富裕(穷); wer ist ~? 轮到谁? ich bin ~ 轮到我

Drang *m* -(e)s; 1) 紧〔緊〕迫 jǐnpò; 繁忙 fánmáng; 2) (生理上的)急需 jíxū; ~ zum Wasserlassen 要小便; 3) 渴望 kěwàng, 欲望 yùwàng, 激情 jīqíng

'**drängen** I *vt* 1) 挤〔擠〕jǐ; 2) j-n zu etw. ~ 催促某人做… cuīcù mǒurén zuò …; 3) sich ~ 挤向 jǐxiàng; II *vi* 1) 挤 jǐ; 2) 紧〔緊〕迫 jǐnpò

'**drastisch** *adj* 猛烈的 měngliède, 激烈的 jīliède

drauf *adv* 见 darauf; ~ und dran sein etw. zu tun 正要做出某事来〔來〕(指消极的事) zhèngyào zuòchū mǒushì lái, 面临〔臨〕着 miànlínzhe

'**Draufgänger** *m* -s; - 胆大妄为〔爲〕的人 dǎndà wàngwéi de rén

draus *adv* 见 daraus

'**draußen** *adv* 1) 在外面 zài wàimiàn; 在户外 zài hùwài; 2) 在国〔國〕外 zài guówài; 在海上 zài hǎishàng

'**drechseln** [..ks..] *vt* (在车床上)车〔車〕(木料等) chē

Dreck *m* -(e)s; 1) 脏〔髒〕物 zāngwù, 污垢 wūgòu; ~ am Stecken haben 也有污点, 也不是清白的; 2) 毫无〔無〕价〔價〕值的东〔東〕西 háowú jiàzhí de dōngxi, 屁事 pìshì; das geht dich einen ~ an 这关你屁事

'**dreckig** *adj* 1) 脏〔髒〕的 zāngde; 2) 卑鄙的 bēibìde, 下流的 xiàliúde

'**Drehbank** *f* ⸚e 车〔車〕床 chēchuáng; 旋床 xuànchuáng

'**drehbar** *adj* 可旋转〔轉〕的 kě xuánzhuǎn de, 可转动〔動〕的 kě zhuǎndòng de

'**Dreh|bleistift** *m* 活动〔動〕铅笔〔筆〕huódòng qiānbǐ **~buch** *n* 电〔電〕影剧〔劇〕本 diànyǐng jùběn, 电影脚本 diànyǐng jiǎoběn **~bühne** *f* 旋转〔轉〕舞台 xuánzhuǎn wǔtái

'**drehen** *vt* 1) 使旋转〔轉〕shǐ xuánzhuǎn, 转动〔動〕zhuàndòng; 2) (在车床上)车〔車〕chē; 3) 拍摄〔攝〕pāishè; 4) 卷〔捲〕(烟) juǎn; 5) es dreht sich darum, daß... 事关〔關〕… shìguān …; 6) sich ~ (风) 转向 zhuǎnxiàng, 转身 zhuǎnshēn

'**Dreh|kreuz** *n* 旋转〔轉〕式栅门〔門〕xiánzhuǎnshì zhàmén **~orgel** *f* 手摇风〔風〕琴 shǒuyáo fēngqín **~strom** *m* 三相电〔電〕流 sānxiàng diànliú, 交流电 jiāoliúdiàn **~stuhl** *m* 转椅 zhuǎnyǐ **~tür** *f* 旋转门 xiánzhuǎnmèn **~ung** *f* -en 旋转 xiánzhuǎn, 转动〔動〕zhuǎndòng

drei *adj* 三 sān

'**Dreieck** *n* 三角形 sānjiǎoxíng

'**drei|eckig** *adj* 三角形的 sānjiǎoxíngde **~erlei** *adj* 三种〔種〕的 sānzhǒngde, 三样〔樣〕的 sānyàngde **~fach** *adj* 三倍的 sānbèide **~farbig** *adj* 三色的 sānsède **~mal** *adv* 三次 sāncì

'**Dreirad** *n* 三轮〔輪〕车〔車〕sānlúnchē

'**dreißig** *adj* 三十 sānshí **~ste** *adj* 第三十的 dìsānshíde

dreist *adj* 1) 大胆〔膽〕的 dàdǎnde; 2) 莽撞的 mǎngzhuàngde, 冒失的 màoshide

'**drei|tägig** *adj* 三天的 sāntiānde **~zehn** *adj* 十三 shísān **~zehnte** *adj* 第十三的 dìshísānde

'**dreschen*** *vt, vi* 1) 打谷〔穀〕dǎgǔ, 打场〔場〕dǎcháng; 2) 殴〔毆〕打 ōudǎ

'**Dreschmaschine** *f* 脱粒机〔機〕tuōlìjī

dres'sieren *vt* 1) 驯兽〔獸〕xúnshòu; 2) 装〔裝〕点〔點〕(食物) zhuāngdiǎn

'**drillen** *vt* 1) 操练 cāoliàn, 训练 xùnliàn; 2) 条〔條〕播 tiáobō

'**Drillinge** *pl* 三胞胎 sānbāotāi

drin *adv* 见 darin

'**dringen*** I *vi* (*s*) 1) 透过〔過〕tòuguò, 穿过 chuānguò, 渗〔滲〕shèn, 挤〔擠〕jǐ; 2) in j-n ~ 催促、力劝〔勸〕某人 cuīcù、lìquàn mǒurén; 3) an die Öffentlichkeit ～ (谣言)传〔傳〕开〔開〕 chuánkāi; II *vi* (*h*) auf etw. ～ 坚〔堅〕持 jiānchí, 力主 lìzhǔ ～**d** *adj* 1) 紧〔緊〕急的 jǐnjíde, 紧迫的 jǐnpòde, 迫切的 pòqiède; 2) 重〔重〕大的 zhòngdàde, 严〔嚴〕重的 yánzhòngde

'**dringlich** *adj* 紧〔緊〕急的 jǐnjíde, 紧迫的 jǐnpòde, 迫切的 pòqiède

'**Dringlichkeit** *f* 紧〔緊〕迫性 jǐnpòxìng, 迫切性 pòqièxìng

'**drinnen** *adv* 在里〔裏〕面 zài lǐmiàn, 在屋里 zài wūlǐ

'**dritte** *adj* 第三 dìsān

'**Drittel** *n* -s; - 三分之一 sānfēn zhī yī

'**drittens** *adv* 第三 dìsān

'**Drog**|**e** *f* -n 药〔藥〕yào, 药物 yàowù ～**erie** [..'ri:] *f*-n 药材店 yàocáidiàn, 药房 yàofáng ～**ist** *m* -en; -en 药剂〔劑〕师〔師〕 yàojìshī; 药商 yàoshāng

'**drohen** *vi* 1) 恐吓〔嚇〕kǒnghè, 威胁〔脅〕wēixié; j-m mit etw. ～ 以…恐吓、威胁…; 2) 逼近 bījìn, 来〔來〕临〔臨〕 láilín

'**dröhnen** *vi* 发〔發〕轰隆声〔聲〕 fā hōnglōngshēng

'**Drohung** *f* -en 恐吓〔嚇〕 kǒnghè, 威胁〔脅〕wēixié

'**drollig** *adj* 滑稽的 huájìde, 使人发〔發〕笑的 shǐ rén fāxiào de

Drome'dar *n* -s; -e 单〔單〕峰骆驼 dānfēng luòtuo

'**drosseln** *vt* (使发动机)节〔節〕流 jiéliú, 减速 jiǎnsù

'**drüben** *adv* 在那边〔邊〕 zài nàbiān, 在远〔遠〕处〔處〕 zài yuǎnchù

'**drüber** *adv* 见 darüber

Druck *m* I -(e)s; ⸚e 1) 压〔壓〕yā; 按 àn; 2) 压力 yālì; 强制 qiángzhì; II -(e)s; -e 1) 印刷 yìnshuā; 2)印刷字体〔體〕 yìnshuā zìtǐ ～**buchstabe** *m* 铅字 qiānzì, 活字 huózì

'**drucken** *vt* 印刷 yìnshuā; ～ lassen 付印

'**drücken** I *vt* 1) 压〔壓〕yā, 按 àn; j-m die Hand ～ 同…握手; j-n an die Brust ～ 拥抱…; 2) 压低(价格、工资等) yādī; 3) sich vor (*D*)/von der Arbeit ～ 逃避工作 táobì gōngzuò; II *vi* (鞋)夹〔夾〕痛 jiātòng

'**Drucker** *m* -s; - 印刷工人 yìnshuā gōngrén

'**Drücker** *m* -s; - 1) 门〔門〕把手 ménbǎshǒu; 2) (猎枪的)板机〔機〕 bānjī

Drucker|**ei**[..'rai] *f* -en 印刷厂〔廠〕 yìnshuāchǎng ～**schwärze** *f* 印刷油墨 yìnshuā yóumò

'**Druck**|**fehler** *m* 印刷错误 yìnshuā cuòwù ～**fehlerverzeichnis** *n* 勘误表 kānwùbiǎo ～**knopf** *m* 按钮 ànniǔ ～**luft** *f* 压〔壓〕缩空气〔氣〕 yāsuō kōngqì ～**sache** *f* 印刷品 yìnshuāpǐn ～**schrift** *f* 1)印刷体〔體〕 yìnshuātǐ; 2) 出版物 chūbǎnwù

drum *adv* 见 darum

drunter *adv* alles geht ～ und drüber 一切都乱〔亂〕七八糟 yīqiè dōu luànqībāzāo

Drüse *f* -n 腺 xiàn

du *pers pron* 你 nǐ

ducken *v sich* 1) 突然低下(头或身子) tūrán dīxià; 躲闪 duǒshǎn; 2)卑恭屈膝 bēigōngqūqī (vor *D*)

Dudelsack *m* 风〔風〕笛 fēngdí

Du'ell *n* -s; -e 决斗〔鬥〕 juédòu

duel'lieren *v sich* 决斗〔鬥〕 juédòu

Du'ett *n* -(e)s; -e 二重唱 èrchóngchàng; 二重奏 èrchóngzòu

Duft *m* -(e)s; ⸚e 香味 xiāngwèi, 香气〔氣〕 xiāngqì

duften *vi* 1) 散发〔發〕香味 sànfā xiāngwèi; 2) 发出臭味 fāchū chòuwèi ～**d** *adj* 香的 xiāngde, 芬芳的 fēnfāngde

duftig *adj* 1) 轻〔輕〕细而透明的 qīng xì ér tòumíng de, 薄如蝉〔蟬〕衣的 báo rú chányī de; 2) 薄雾〔霧〕状〔狀〕的 báo wù zhuàng de

duld|**en** I *vt* 1)忍受 rěnshòu, 忍耐 rěnnài; 2) 容忍 róngrěn; 宽容 kuānróng; 3) 容许 róngxǔ, 允许 yǔnxǔ; II *vi* 忍受 rěnshòu, 忍耐 rěnnài ～**sam** *adj* 容忍的 róngrěnde, 宽容的 kuānróngde

dumm *adj* 笨的 bènde, 愚蠢的 yúchǔnde

'**Dumm**|**heit** *f* -en 1) 愚蠢 yúchǔn; 2) 蠢事 chǔnshì, 蠢举〔舉〕 chǔnjǔ ～**kopf** *m* 笨蛋 bèndàn, 傻〔傻〕瓜 shǎguā

dumpf *adj* 1) 有霉味的 yǒu méiwèide; 2) 沉闷的 chénmènde; 3) 低沉的 dīchénde, 浊〔濁〕音的 zhuóyīnde; 4) 模糊的 móhude

Düne *f* -n 沙丘 shāqiū

Dung *m* -(e)s; 粪〔糞〕肥 fènféi

'**düngen** *vt* 施肥 shīféi

Dünger *m* -s;- 肥料 féiliào

dunkel *adj* 1) 黑暗的 hēi'ànde, 阴〔陰〕暗的 yīn'ànde; 2) 深色的 shēnsède, 暗色的 ànsède; 3) 隐〔隱〕约的 yǐnyuēde, 模糊的 móhude

'**Dünkel** *m* -s; 自负 zìfù, 自高自大 zì gāo zì dà

'**Dunkel|heit** *f* 黑暗 hēi'àn ~-**kammer** *f* 暗室 ànshì

dünn *adj* 1) 薄的 báode, 细的 xìde; 2) 稀少的 xīshǎode, 淡的 dànde; 3) 瘦的 shòude; 4) 稀薄的 xībóde

Dunst *m* -es; ≃e 1) 蒸气〔氣〕zhēngqì; 2) 薄雾〔霧〕báowù, 云〔雲〕雾 yúnwù; 3) (气味浓烈的)烟、汽 yān、qì

'**dünsten** I *vt* 蒸煮 zhēngzhǔ, 炖〔燉〕dùn, 焖 mèn; II *vi* 蒸发〔發〕zhēngfā, 冒热〔熱〕气〔氣〕mào rèqì

'**dunstig** *adj* 雾〔霧〕气〔氣〕弥〔瀰〕漫的 wùqì mímàn de; 雾蒙蒙的 wùméngméngde

Dupli'kat *n* -(e)s; -e 副本 fùběn

durch I *prp* (*A*) 1) 穿过〔過〕chuānguò, 通过 tōngguò; 2) (指时间) 从〔從〕头〔頭〕到尾经〔經〕过 cóngtóu dàowěi jīngguò, 整整 zhěngzhěng; die ganze Nacht ~ 整整一夜; 3) 由于 yóuyú; II *adv* ~ und ~ 完全 wánquán, 彻〔徹〕底地 chèdǐde

'**durcharbeiten** I *vt* 1) 刻苦钻〔鑽〕研 kèkǔ zuānyán; 2) sich ~ 钻研 zuānyán; II *vi* 不休息地工作 bù xiūxi de gōngzuò

durch'aus *adv* 1) 完全地 wánquánde, 绝对〔對〕地 juéduìde; ~ nicht 决不; 2) 无〔無〕论〔論〕如何 wúlùn rúhé, 一定 yīdìng

'**durchblättern** *vt* 翻阅 fānyuè, 浏〔瀏〕览〔覽〕liúlǎn

'**Durchblick** *m* 1) (通过…看出去的)景色 jǐngsè; 2) 鸟〔鳥〕瞰 niǎokàn, 眺望 tiàowàng; 一览〔覽〕yīlǎn

'**durch|blicken** *vi* (透过…)看 kàn; ~ lassen, daß …暗示… ànshì … ~'**bluten** *vt* 向…供血 xiàng … gòng xiè ~'**bohren** *vt* 1) 刺穿 cìchuān, 穿透 chuāntòu; 2) (盯着)逼视 bīshì; mit Blicken ~ 用目光逼视 ~**brechen*** I *vi* (*s*) 1) 折 zhé, 断〔斷〕duàn; 2) 突破 tūpò; II *vt* 折断 zhéduàn; 打通 dǎtōng; III [~'breçən] *vt* 1) 冲破 chōngpò, 突破 tūpò; 2) 犯(法) fàn, 违〔違〕(章) wéi ~-**brennen*** *vi* (*s*) 1) (保险丝)烧〔燒〕断 shāoduàn; 2) 潜〔潛〕逃 qiántáo; 私奔 sībēn ~**bringen*** *vt* 1) 通过〔過〕(考试等) tōngguò; 2) 浪费(时间、金钱) làngfèi

'**Durchbruch** *m* 1) 突破 tūpò, 冲破 chōngpò; 2) 缺口 quēkǒu, 决口处〔處〕juékǒuchù; 3) 成功 chénggōng

durch'denken* *vt* 仔细考虑〔慮〕zǐxì kǎolǜ

'**durchdringen*** I *vi* (*s*) 1) 透过〔過〕tòuguò; 传〔傳〕开〔開〕chuánkāi; 2) 获〔獲〕得成功 huòdé chénggōng, 达〔達〕到目的 dádào mùdì; II [~'driŋən] *vt* 1) 穿过 chuānguò; 透过 tòuguò; 2) 渗〔滲〕透 shèntòu, 透入 tòurù

durchein'ander *adv* 杂〔雜〕乱〔亂〕záluàn, 乱七八糟 luànqībāzāo

Durchein'ander *n* -s; - 杂〔雜〕乱〔亂〕záluàn, 乱七八糟 luànqībāzāo

durchein'anderbringen* *vt* 1) 弄乱〔亂〕nòngluàn, 搞乱 gǎoluàn; 2) 混淆 hùnxiáo

'**durchfahren*** I *vi* (s) 1) (乘车、船)直达〔達〕zhídá, 不停地行驶 bùtíngde xíngshǐ; 2) 驶过〔過〕shǐguò, 开〔開〕过 kāiguò; II [~-'fa:..] *vt* 1) 驶过 shǐguò; 2) (乘车、船)游览〔覽〕yóulǎn; 3) 侵袭〔襲〕qīnxí

'**Durchfahrt** *f* 1) (车、船) 通过〔過〕tōngguò, 通行 tōngxíng; ~ verboten! 禁止通行! 2) 通道 tōngdào; (车辆)进〔進〕出口 jìnchūkǒu

'**Durchfall** *m* 1) 腹泻〔瀉〕fùxiè; 2) 失败 shībài

'**durch|fallen** I *vi* (*s*) 失败 shībài, 落选〔選〕luòxuǎn, (考试)不及格 bù jígé; ~ lassen 使不及格; II [~'fa..] *vt* 降落 jiàngluò, 跌落 diēluò ~**finden*** *v sich* 1) 不会〔會〕迷路 bùhuì mí lù, 能够找到 nénggòu zhǎodào; 2) 心中有数〔數〕xīnzhōng yǒu shù

'**Durchfuhr** *f* -en (过境)运〔運〕输 yùnshū

'**durchführ|bar** *adj* 可实〔實〕行的 kěshíxíngde, 可通行的 kětōngxíngde ~**en** *vt* 执〔執〕行 zhíxíng, 贯彻〔徹〕guànchè; 实施 shíshī

'**Durchgang** *m* 1) 通过〔過〕tōngguò, 经〔經〕过 jīngguò; 2) 通路 tōnglù, 过道 guòdào; 3) (过境)运〔運〕输 yùnshū; 4) (体育)轮〔輪〕lún ~**sverkehr** *m* 1) 直达〔達〕交通 zhídá jiāotōng; 2) 过境交通 guòjìng jiāotōng ~**szoll** *m* (货物的)通过〔過〕税 tōngguòshuì, 通行税 tōngxíngshuì, 过境税 guòjìngshuì

'**durchgebraten** *adj* 烧〔燒〕熟了的 shāo shú le de

'**durchgehen*** I *vi* (*s*) 1) 穿过〔過〕chuānguò, 通过 tōngguò; 2) (提案等)通过 tóngguò; 3) (马)惊〔驚〕跑 jīngpǎo; 4) 潜〔潛〕逃 qiántáo, 私奔 sībēn; 5) j-m etw. ~ lassen 宽容某人… kuānróng mǒurén ...; II *vt* 1) (*s*) 通过、经〔經〕过(街道) tōngguò, jīngguò; 2) (*h, s*) 审〔審〕阅 shěnyuè, 复〔復〕查 fùchá **~d** *adj* 直达〔達〕的 zhídáde, 不停顿的 bù tíngdùn de, 连续〔續〕的 liánxùde

'durch|greifen* *vi* 1) 伸过〔過〕手去 shēn guò shǒu qù, 抓过去 zhuā guò qù; 2) 采〔採〕取断〔斷〕然措施 cǎiqǔ duànrán cuòshī **~-halten*** I *vt* 把…坚〔堅〕持到底 bǎ ... jiānchí dàodǐ; II *vi* 坚持到底 jiānchí dàodǐ **~hauen*** *vt* 1) 砍断〔斷〕kǎnduàn, 劈开〔開〕pīkāi; 2) 狠揍 hěn zòu **~kommen*** *vi* (*s*) 1) 通过〔過〕tōngguò, 经〔經〕过 jīngguò, 驶过 shǐguò; 2) 恢复〔復〕建康 huīfù jiànkāng; 3) 考试及格 kǎoshì jígé **~'kreuzen** *vt* 挫败 cuòbài, 打乱〔亂〕dǎluàn

'Durchlaß *m* 1) 通过〔過〕tōngguò, 通行 tōngxíng; 2) 通道 tōngdào, 出入口 chūrùkǒu; 3) 涵洞 hándòng

'durch|lassen* *vt* 1) 让〔讓〕通过〔過〕ràng tōngguò, 放行 fàngxíng; 2) 能透过 néng tòuguò; Wasser ~ 透水; 3) 让考试及格 ràng kǎoshì jígé **~lässig** *adj* 可透过的 kě tòuguò de, 不密的 bùmìde **~laufen*** I *vi* (*s*) 1) (穿越…) 跑过 pǎoguò; 2) 渗〔滲〕漏 shènlòu, 滤〔濾〕lǜ; II *vt* 跑损 pǎosǔn, 磨坏〔壞〕móhuài **~'laufen*** *vt* 1) 跑过〔過〕pǎoguò, 穿过 chuānguò; 2) 跑完 (若干路程) pǎowán; 3) 完成、结束 (学业) wánchéng, jiéshù **~'leben** *vt* 经〔經〕历〔歷〕jīnglì, 体〔體〕验〔驗〕tǐyàn **~lesen*** *vt* 通读〔讀〕tōngdú **~leuchten** *vi* (光线)透射进〔進〕来〔來〕tòushè jìnlai **~'leuchten** *vt* 1) (用X射线)透视 tòushì; 2) 仔细研究 zǐxì yánjiū **~'löchern** *vt* 穿孔 chuānkǒng, 打洞 dǎdòng **~machen** *vt* 经〔經〕受 jīngshòu, 经历〔歷〕jīnglì, 遭受 zāoshòu

'Durchmesser *m* -s; - (圆的)直径〔徑〕zhíjìng

durch|'nässen *vt* 浑身湿〔濕〕透 húnshēn shītòu **'~nehmen*** *vt* 仔细检〔檢〕查 zǐxì jiǎnchá; 讲〔講〕解 jiǎngjiě **~pausen** *vt* 描 miáo, 摹 mó **~'queren** *vt* 横穿 héngchuān, 穿过〔過〕chuānguò, 横渡 héngdù **'~rechnen** *vt* 核算 hésuàn, 核对〔對〕héduì

'Durchreise *f* 旅途 lǚtú

'durch|reisen *vi* (*s*) 旅行经〔經〕过〔過〕lǚxíng jīngguò **~'reisen** *vt* 游历〔歷〕yóulì, 周游 zhōuyóu **~-reißen*** I *vt* 撕开〔開〕sīkāi, 扯断〔斷〕chěduàn; II *vi* (*s*) 撕破 sīpò, 断裂 duànliè **~schauen** *vi, vt* 透过〔過〕…看 tòuguò ... kān; 看出 kānchū, 明白 míngbai **~'schauen** *vt* 看透 kāntòu, 识〔識〕破 shípò

durchscheinen* *vi* 透光 tòuguāng **~d** *adj* 透光的 tòuguāngde

Durchschlag *m* 滤〔濾〕器 lǜqì, 滤锅〔鍋〕lǜguō

'durch|schlagen* I *vt* 1) 打破 dǎpò, 打碎 dǎsuì; 2) 打通 dǎtōng, 打穿 dǎchuān; 3) 过〔過〕滤〔濾〕guòlǜ; 4) sich ~ 奋〔奮〕斗〔鬥〕fèndòu; II *vi* 1) 通便 tōngbiàn; 2) 见〔見〕效 jiànxiào, 生效 shēngxiào **~'schlagen*** *vt* 打穿 dǎchuān **~schlagend** *adj* 令人信服的 lìng rén xìn fú de, 决定性的 juédìngxìngde **~schneiden*** *vt* 剪断〔斷〕jiǎnduàn, 切开〔開〕qièkāi **~'schneiden*** *vt* 切断〔斷〕qièduàn, 划〔劃〕破 huàpò

'Durchschnitt *m* 1) 剪断〔斷〕jiǎnduàn, 切开〔開〕qièkāi; 2) 平均 píngjūn, 中等 zhōngděng; im ~ 平均;一般,平常

'durchschnittlich *adj* 平均的 píngjūnde, 中等的 zhōngděngde; 一般的 yībānde

'Durchschnittswert *m* 平均值 píngjūnzhí

'durch|sehen* I *vi* 1) 通过〔過〕… 看 tōngguò ... kān; 2) 看清楚 kān qīngchu, 看明白 kān míngbai; II *vt* 审〔審〕阅 shěnyuè, 审查 shěnchá **~setzen** *vt* 1) 贯彻〔徹〕guànchè, 实〔實〕施 shíshī; Kopf ~ 为〔爲〕所欲为 wéi suǒ yù wéi; 2) sich ~ 实现 shíxiàn, 成功 chénggōng **~'setzen** *vt* 把…同…混合起来〔來〕bǎ ... tóng ... hùnhé qǐlai; mit etw. durchsetzt sein 搀杂有、含有…

'Durchsicht *f* 审〔審〕阅 shěnyuè, 批改 pīgǎi

'durchsichtig *adj* 1) 透明的 tòumíngde; 2)(面色)苍〔蒼〕白的 cāngbáide; 3) 易看穿的 yì kànchuān de, 易识〔識〕破的 yì shípò de

'durch|sickern *vi* (*s*) 1) 滴漏 dīlòu, 渗〔滲〕shèn; 2) 透露出来〔來〕tòulù chūlái **~sieben** *vt* 使过〔過〕筛〔篩〕shǐ guòshāi **~sprechen*** *vt* 详细讨论〔論〕xiángxì tǎolùn **~stechen*** *vt* 把…刺(穿)过〔過〕去 bǎ ... cì guò qù **~'stechen*** *vt* 1) 刺穿 cìchuān; 2) 掘穿 juéchuān **~stecken** *vt* (经孔隙)穿过〔過〕(或塞入) chuānguò **~streichen*** *vt* 划〔劃〕掉 huádiào **~'suchen** *vt* 搜查 sōuchá, 搜索 sōusuǒ

Durch'suchung *f* -en 搜查 sōuchá, 搜索 sōusuǒ

durch'trieben *adj* 狡猾的 jiǎohuáde

'durch|wandern *vi* (*s*) 徒步旅行通过〔過〕 túbù lǚxíng tōngguò ~-**'wandern** *vt* 漫游 mànyóu, 游历〔歷〕 yóulì

'durchweg *adv* 无〔無〕例外的 wú lìwài de

'durch|wühlen *v sich* 设法通过 shèfǎ tōngguò, 努力完成 nǔlì wánchéng ~**'wühlen** *vt* 乱〔亂〕翻 luànfān, 翻寻〔尋〕 fānxún ~**zählen** *vt* (按顺序)数〔數〕 shǔ ~-**ziehen*** I *vi* (*s*) (川流不息地)通过〔過〕 tōngguò, (成群结队地)经〔經〕过 jīngguò; II *vt* 穿过 chuānguò ~**'ziehen*** *vt* 纵〔縱〕横交错地穿过〔過〕 zònghéng jiāocuò de chuānguò

'Durchzug *m* 1) 通过〔過〕 tōngguò, 穿过 chuānguò; 2) 穿堂风〔風〕 chuāntángfēng, 通风 tōngfēng

'dürfen* I *vi* 被允许 bèi yǔnxǔ, 可以 kěyǐ; ich darf (nicht) (没有)允许我; II *v aux* 允许 yǔnxǔ, 可以 kěyǐ; ich darf ...我允许,我可以...; du darfst nicht ... 你不许...; wenn ich bitten darf ... 可不可以请您...

'dürftig *adj* 1) 贫穷〔窮〕的 pínqióngde, 寒酸的 hánsuānde; 2) 不够的 bùgòude, 微薄的 wēibóde

dürr *adj* 1) 干〔乾〕枯的 gānkūde; 2) 贫瘠的 pínjíde, 不毛的 bùmáode; 3) 憔悴的 qiáocuìde, 瘦弱的 shòuruòde

'Dürre *f* -n 1) 干〔乾〕旱 gānhàn, 旱灾〔災〕 hànzāi; 2) 贫瘠 pínjí; 3) 干瘦 gānshòu

Durst *m* -es; 1) 口渴 kǒukě; ~ haben (感到)口渴; 2) 渴望 kěwàng, 热〔熱〕望 rèwàng

'dürsten *vi* nach etw. ~ 渴望... kěwàng ...

'durstig *adj* 1) 口渴的 kǒukěde; 2) nach etw. ~ sein 渴望... kěwàng...

'Dusche *f* -n 淋浴 línyù

'duschen *v sich, vi* 淋浴 línyù

'Düse *f* -n 1) 喷嘴 pēnzuǐ; 2) 喷气〔氣〕式飞〔飛〕机〔機〕 pēnqìshì fēijī ~**nantrieb** *m* 喷气推动〔動〕 pēnqì tuīdòng ~**nflugzeug** *n* 喷气式飞机 pēnqìshì fēijī ~**n-jäger** *m* 喷气式战〔戰〕斗机 pēnqìshì zhàndòujī

'düster *adj* 1) 暗的 ànde, 黑暗的 hēi'ànde; 2) 暗淡的 àndànde, 不明亮的 bù míngliàng de; 3) 忧〔憂〕闷的 yōumènde, 忧郁〔鬱〕的 yōuyùde

'Dutzend *n* -s; -e 1) 一打 yīdá, 十二个〔個〕 shí'èrgè; 2) ~e von Leuten 许多人 xǔduō rén

'dutzendweise *adv* 1) 成打地 chéngdáde; 2) 大批地 dàpīde, 大量的 dàliàngde

Dy'namik *f* 力学〔學〕 lìxué; 动〔動〕力学 dònglìxué

dy'namisch *adj* 动〔動〕力的 dònglìde, 动力学〔學〕的 dònglìxuéde

Dyna'mit *n* -s; 炸药〔藥〕 zhàyào

Dy'namo *m* -s; -s 发〔發〕电〔電〕机〔機〕 fādiànjī

'D-Zug *m* 特快列车〔車〕 tèkuài lièchē

E e

'Ebbe *f* -n 1) 落潮 luòcháo, 退潮 tuìcháo; ~ und Flut 落潮和涨潮; 2)低潮 dīcháo, 衰败 shuāibài

'eben I *adj* 平的 píngde, 平坦的 píngtǎnde; zu ~er Erde 在地面上,在底层; II *adv* 1) 正 zhèng, 恰恰 qiàqià; 2) 刚〔剛〕刚 gānggāng, 刚才 gāngcái; 3) 正是 zhèngshì; 4) 正好 zhènghǎo, 刚好 gānghǎo

'Ebenbild *n* (相似的)模样〔樣〕 múyàng, 肖像 xiàoxiàng

'ebenbürtig *adj* 能力相等的 nénglì xiāngděng de, 势〔勢〕均力敌〔敵〕的 shìjūnlìdí de; j-m ~ sein 与某人不相上下

'Ebene *f* -n 1) 平原 píngyuán, 平地 píngdì; 2) (数学)平面 píngmiàn; 3) 级 jí

'eben|erdig *adj, adv* 平地的 píngdìde, 底层〔層〕的 dīcéngde ~**falls** *adv* 同样〔樣〕地 tóngyàngde, 也 yě

'Eben|holz *n* 乌〔烏〕木 wūmù, 黑檀 hēitán ~**maß** *n* 对〔對〕称〔稱〕 duìchèn, 匀称 yúnchèn

'ebenmäßig *adj* 对〔對〕称〔稱〕的 duìchènde, 匀称的 yúnchènde

'ebenso *adv* 同样〔樣〕 tóngyàng, 一样 yīyàng ~**sehr**, ~**viel** *adv* 同样多地 tóngyàn duōde ~**wenig** *adv* 同样少地 tóngyàng shǎode

'Eber *m* -s;- 公猪〔豬〕 gōngzhū

'**ebnen** *vt* 使成水平 shǐ chéng shuǐpíng, 弄平 nòngpíng
'**Echo** *n* -s; -s 1) 回声〔聲〕huíshēng, 反响〔響〕fǎnxiǎng; 2) 应〔應〕声虫〔蟲〕yìngshēngchóng
echt *adj* 1) 真正的 zhēnzhèngde, 名副其实〔實〕的 míng fù qí shí de; 2) 不褪色的 bù tuìsè de; 3) 真实的 zhēnshíde, 可靠的 kěkàode
'**Echtheit** *f* 真实〔實〕性 zhēnshíxìng, 纯性 chúnxìng
'**Eck|ball** *m* (体育)角球 jiǎoqiú ~**e** *f* -n 1) 角 jiǎo, 犄角 jījiǎo; 2) 角落 jiǎoluò; (街道)拐角 guǎijiǎo
'**eckig** *adj* 1) 有角的 yǒujiǎode; 2) 笨拙的 bènzhuóde, 不灵〔靈〕活的 bù línghuó de
'**Eckzahn** *m* 犬齿〔齒〕quǎnchǐ
'**edel** *adj* 1) 贵重的 guìzhòngde; 2) 贵族的 guìzúde; 高贵的 gāoguìde; 3) 高尚的 gāoshàngde; 4) 纯种〔種〕的 chúnzhǒngde
'**Edel|mann** *n* 贵族 guìzú ~**mut** *m* 宽宏大量 kuānhóngdàliàng, 慷慨 kāngkǎi
'**edelmütig** *adj* 高尚的 gāoshàngde, 慷慨的 kāngkǎide, 宽宏大量的 kuānhóng dàliàng de
'**Edelstein** *m* 宝〔寶〕石 bǎoshí
'**Efeu** *m* -s; 常春藤 chángchūnténg
Ef'fekt *m* -(e)s; -e 1) 作用 zuòyòng, 效果 xiàoguǒ; 2) 印象 yìnxiàng ~**en** *pl* 1) 财产〔產〕cáichǎn; 2) 证〔證〕券 zhèngquàn, 债券 zhàiquàn ~**hasche'rei** *f* -en 哗〔嘩〕众〔衆〕取宠〔寵〕(的言行) huá zhòng qǔ chǒng
effek'tiv *adj* 1) 有效果的 yǒu xiàoguǒ de, 生效的 shēngxiàode; 2) 实〔實〕在的 shízàide, 实际〔際〕的 shíjìde
ef'fektvoll *adj* 1) 有效的 yǒuxiàode; 2) 实〔實〕际〔際〕的 shíjìde
e'gal *adj* 相同的 xiāngtóngde, 一样〔樣〕的 yīyàngde; 完全一样 wánquán yīyàng
'**Egge** *f* -n 耙 pá
'**eggen** *vt* 耙地 pádì
Ego'is|mus *m* 利己主义〔義〕lìjǐzhǔyì, 自私自利 zìsī zìlì ~**t** *m* -en; -en 利己主义者 lìjǐzhǔyìzhě, 自私自利的人 zìsī zìlì de rén
'**ehe** *cj* (时间)在…之前 zài … zhīqián
'**Ehe** *f* -n 婚姻 hūnyīn ~**bruch** *m* 通奸 tōngjiān ~**frau** *f* 妻子 qīzi ~**leute** *pl* 夫妻 fūqī, 夫妇〔婦〕fūfù
'**ehelich** *adj* 1) 婚姻的 hūnyīnde, 夫妇〔婦〕的 fūfùde; 2) 婚生的 hūnshēngde
'**Ehelosigkeit** *f* 独〔獨〕身生活 dúshēn shēnghuó; 独身 dúshēn
'**ehemalig** *adj* 以前的 yǐqiánde, 从〔從〕前的 cóngqiánde
'**Ehe|mann** *m* 丈夫 zhàngfu ~**paar** *n* 夫妻 fūqī, 夫妇〔婦〕fūfù
'**eher** *adv* 1) 以前 yǐqián, 较早 jiàozǎo; je ~, desto besser 愈早愈好; 2) 宁〔寧〕可 nìngkě, 宁愿〔願〕nìngyuàn; 3) 毋宁 wúnìng, 不如 bùrú
'**Ehe|ring** *m* 结婚戒指 jiéhūn jièzhi ~**scheidung** *f* 离〔離〕婚 líhūn ~**schließung** *f* -en 结婚 jiéhūn
'**ehrbar** *adj* 1) 可尊敬的 kě zūnjìng de; 2) 正派的 zhèngpàide, 正直的 zhèngzhíde
'**Ehre** *f* -n 1) 尊敬 zūnjìng, 尊重 zūnzhòng; zu ~n (*G*) 表示敬意; 2) 荣〔榮〕誉〔譽〕róngyù
'**ehren** *vt* 1) 尊敬 zūnjìng, 尊重 zūnzhòng; 2) 使感到荣〔榮〕幸 shǐ gǎndào róngxìng ~**amtlich** *adj* 名誉〔譽〕的 míngyùde, 义〔義〕务〔務〕的 yìwùde
'**Ehren|bürger** *m* 名誉〔譽〕公民 míngyù gōngmín ~**doktor** *m* 名誉博士 míngyù bóshì ~**gast** *m* 贵宾〔賓〕guìbīn
'**ehrenhaft** *adj* 名誉〔譽〕的 míngyùde; 正直的 zhèngzhíde, 正派的 zhèngpàide
'**Ehren|mann** *m* 正直的人 zhèngzhíde rén ~**mitglied** *n* 名誉〔譽〕会〔會〕员 míngyù huìyuán ~**platz** *m* 荣〔榮〕誉席 róngyùxí, 贵宾〔賓〕席 guìbīnxí ~**recht** *n* bürgerliche ~e 公民权〔權〕gōngmínquán ~**rettung** *f* 恢复〔復〕名誉 huīfù míngyù
'**ehren|rührig** *adj* 破坏〔壞〕名誉〔譽〕的 pòhuài míngyù de, 诽谤的 fěibàngde ~**voll** *adj* 光荣〔榮〕的 guāngróngde, 荣誉的 róngyùde
'**Ehrenwort** *n* -(e)s; -e 誓言 shìyán, 保证〔證〕bǎozhèng
'**Ehrfurcht** *f* 尊敬 zūnjìng; 敬畏 jìngwèi
'**ehr|furchtgebietend** *adj* 令人畏惧〔懼〕的 lìng rén wèijù de; 可畏的 kěwèide ~**fürchtig** *adj* 尊敬的 zūnjìngde; 敬畏的 jìngwèide
'**Ehr|gefühl** *n* -(e)s; 荣〔榮〕誉〔譽〕感 róngyùgǎn ~**geiz** *m* 1) 雄心 xióngxīn; 野心 yěxīn; 2) 抱负 bàofù
'**ehr|geizig** *adj* 1) 雄心勃勃的 xióngxīn bóbó de; 有野心的 yǒu yěxīn de; 2) 有抱负的 yǒu bàofù de ~**lich** *adj* 诚实〔實〕的 chéngshíde, 老实的 lǎoshíde, 正直的 zhèngzhíde; ~ währt am längsten 正直是最明智的

'Ehrlichkeit *f* -en 诚实〔實〕 chéngshí, 老实 lǎoshí, 正直 zhèngzhí
'ehrlos *adj* 不名誉〔譽〕的 bù míngyùde, 不体〔體〕面的 bù tǐmian de
'Ehrung *f* -en 尊敬 zūnjìng, 敬意 jìngyì
'ehrwürdig *adj* 可尊敬的 kězūnjìngde, 可敬畏的 kějìngwèide
ei *int* 唉! āi!
Ei *n* -(e)s; -er 蛋 dàn, 卵 luǎn, 卵细胞 luǎnxìbāo
'Eiche *f* -n 橡树〔樹〕 xiàngshù **~l** *f* -n 1) 橡子 xiàngzi, 橡果 xiàngguǒ; 2) (纸牌)梅花 méihua
'eichen I *vt* 检〔檢〕定、校准〔準〕(度量衡的量器) jiǎndìng、jiàozhǔn; II *adj* 橡木(制)的 xiàngmùde
'Eich|hörnchen *n* -s;- 松鼠 sōngshǔ **~maß** *n* (度量衡的) 标〔標〕准〔準〕量器 biāozhǔn liángqì
Eid *m* -es; -e 誓言 shìyán; 誓约 shìyuē
'eidbrüchig *adj* ~ werden 违〔違〕背誓言 wéibèi shìyán
'Eidechse *f* -n 蜥蜴 xīyì
'eidesstattlich *adj* 代替宣誓的 dàitì xuānshì de (Erklärung 声明)
'Eidotter *m, n* 蛋黄 dànhuáng
'Eier|kuchen *m* 蛋煎饼 dànjiānbǐng **~schale** *f* 蛋壳〔殼〕 dànqiào **~stock** *m* (解剖)卵巢 luǎncháo **~uhr** *f* 沙钟〔鐘〕 shāzhōng
'Eifer *m* -s; 热〔熱〕心 rèxīn, 勤奋〔奮〕 qínfèn, 干〔幹〕劲〔勁〕 gànjìn **~sucht** *f* 妒忌 dùjì
'eifersüchtig *adj* 妒忌的 dùjìde
'eifrig *adj* 热〔熱〕心的 rèxīnde, 热情的 rèqíngde, 勤奋〔奮〕的 qínfènde
'eigen *adj* 1) 自己的 zìjǐde; 2) 独〔獨〕特的 dútède, 特有的 tèyǒude; 3) 稀有的 xīyǒude, 珍奇的 zhēnqíde; 4) 细心的 xìxīnde, 周到的 zhōudàode
'Eigenart *f* 特性 tèxìng, 特点〔點〕 tèdiǎn
'eigen|artig *adj* 独〔獨〕特的 dútède, 特有的 tèyǒude **~händig** *adj, adv* 亲〔親〕手的 qīnshǒude, 亲笔〔筆〕的 qīnbǐde
'Eigen|heim *n* 自己的单〔單〕宅房子 zìjǐde dānzhái fángzi **~heit** *f* -en 特性 tèxìng, 特点〔點〕 tèdiǎn **~lob** *n* 自吹自擂 zìchuī zìlèi
'eigenmächtig *adj* 任性的 rènxìngde; 专〔專〕断〔斷〕的 zhuānduànde
'Eigenname *m* 专〔專〕有名词 zhuānyǒu míngcí
'eigen|nützig *adj* 自私自利的 zìsī zìlì de **~s** *adv* 特意 tèyì, 专〔專〕门〔門〕 zhuānmén, 特别 tèbié
'Eigen|schaft *f* -en 1) 特性 tèxìng, 性质 xìngzhì; 2) 身份 shēnfèn, 地位 dìwèi; in seiner ~ als …以…的身份 **~sinn** *m* -(e)s; 顽固 wángù, 倔强 juéjiàng
'eigensinnig *adj* 顽固的 wángùde, 倔强的 juéjiàngde
'eigentlich I *adj* 1) 原来〔來〕的 yuánláide, 本来的 běnláide; 2) 真正的 zhēnzhèngde, 真实〔實〕的 zhēnshíde; II *adv* 1) 原来 yuánlái; 2) 实际〔際〕上 shíjìshàng; 3) 到底 dàodǐ
'Eigen|tum *n* -s; ≃er 财产〔産〕 cáichǎn **~tümer** *m* -s;- 财产所有者 cáichǎn suǒyǒuzhě
'eigentümlich *adj* 1) 特有的 tèyǒude; 2) 奇特的 qítède, 古怪的 gǔguàide
'Eigntümlichkeit *f* -en 特色 tèsè, 特质〔質〕 tèzhì; 奇特 qítè
'eigenwillig *adj* 固执〔執〕的 gùzhíde, 任性的 rènxìngde
'eignen *v sich* sich für/zu etw. ~ 适〔適〕合做 … shìhé zuò …
'Eignung *f* -en 1) 才能 cáinéng; 2) 合适〔適〕 héshì, 适宜 shìyí, 资格 zīgé
'Eil|bote *m* 特急信使 tèjí xìnshǐ; 快信邮〔郵〕递〔遞〕员 kuàixìn yóudìyuán **~brief** *m* 快递信件 kuàidì xìnjiàn
'Eile *f* 急速 jísù, 仓〔倉〕促 cāngcù, 匆忙 cōngmáng
'eilen *vi(s)* 急忙 jímáng, 赶〔趕〕快 gǎnkuài
'eilig *adj* 1) 急速的 jísùde, 匆促的 cōngcùde; 2)紧〔緊〕急的 jǐnjíde, 急迫的 jípòde; es ~ haben (事情)紧急
'Eimer *m* -s;- 桶 tǒng, 提桶 títǒng
ein I *adj* — yī, 一个〔個〕 yīgè; II *indef art* — yī, 一个 yīgè
ein'ander *adv* 互相 hùxiāng
'ein|arbeiten *vt* j-n in etw. ~ 使某人熟悉… shǐ mǒurén shúxī … **~armig** *adj* 独〔獨〕臂的 dúbìde **~äschern** *vt* 火化 huǒhuà, 火葬 huǒzàng **~atmen** *vt* 吸入 xīrù, 吸气〔氣〕 xīqì **~äugig** *adj* 独眼的 dúyǎnde
'Einbahnstraße *f* 单〔單〕(向)行(车)道 dānxíngdào
'Einband *m* -(e)s; ≃e (书, 杂志)封面 fēngmiàn
'ein|bauen *vt* 安装〔裝〕 ānzhuāng, 装入 zhuāngrù **~berufen*** *vt* 1) 召集 zhāojí; 2) 征〔徵〕召 zhēngzhāo **~bilden** *v sich* 想象 xiǎngxiàng, 设想 shèxiǎng
'Einbildung *f* 1) (不符事实的)想

象 xiǎngxiàng, 幻觉〔覺〕 huànjué; 2) 自负 zìfù, 傲慢 àomàn

'einbinden* *vt* 装〔裝〕订 zhuāgdīng

'Einblick *m* 洞悉 dòngxī, 洞察 dòngchá

'einbrechen* I *vt* 破开〔開〕pòkāi, 撬开 qiāokāi; II *vi* (*s*) 1)破门〔門〕而入 pò mén ér rù, 闯入 chuǎngrù; in j-s Haus ~ 某家被盗; 2) (黑夜等)降临〔臨〕 jiànglín

'Einbrecher *m* 盗贼 dàozéi

'Einbruch *m* 1) 侵入 qīnrù; 2) 入屋抢〔搶〕劫 rùwū qiǎngjié; 3) bei ~ der Nacht 黑夜来〔來〕临〔臨〕 hēiyè láilín ~**(s)diebstahl** *m* 盗窃〔竊〕 dàoqiē

'einbürgern *vt* 使入国〔國〕籍 shǐ rù guójí

'Einbuße *f* 损失 sǔnshī, 丧〔喪〕失 sàngshī

'ein|büßen *vt* 失去 shīqù, 丧〔喪〕失 sàngshī ~**dämmen** *vt* 1) (筑堤)堵住 dǔzhù, 拦〔攔〕住 lánzhù; 2) 控制 kòngzhì, 抑制 yìzhì ~**deutig** *adj* 清楚的 qīngchude, 明白无〔無〕误的 míngbai wúwù de ~**dringen*** *vi* (*s*) 1) 侵入 qīnrù, 闯入 chuǎngrù (in *A*); 2) 攻击〔擊〕 gōngjī, 袭〔襲〕击 xíjī (auf j-n) ~**dringlich** *adj* 着重的 zhuózhòngde, 殷切的 yīnqiède

'Ein|dringling *m* -s; -e 闯入者 chuǎngrùzhě; 入侵者 rùqīnzhě ~**druck** *m* -(e)s; ⸚e 印象 yìnxiàng

ein|drücken *vt* 压〔壓〕入 yārù, 印入 yìnrù ~**drucksvoll** *adj* 感人的 gǎnrénde, 给人深刻印象的 gěi rén shēnkè yìnxiàng de ~**engen** *vt* 1) 弄窄 nòng zhǎi; 2) 限制 xiànzhì, 限定 xiàndìng

'einerlei *adj* 1) 一样〔樣〕的 yīyàngde, 随〔隨〕便的 suíbiànde; es ist mir ~ 这对我是一样的, 我无所谓; 2) 同样的 tóngyàngde, 单〔單〕调的 dāndiàode

'Einerlei *n* -s; 单〔單〕调 dāndiào, 千篇一律 qiān piān yī lǜ

'einerseits *adv* 在一方面 zài yīfāngmiàn, 一则 yīzé

'einfach *adj* 1) 简单〔單〕的 jiǎndānde; 简易的 jiǎnyìde; 2) 朴〔樸〕素的 pǔsùde, 简朴的 jiǎnpǔde; 3) 单一的 dānyīde; eine ~e Fahrt 单程票

'Einfachheit *f* 简单〔單〕 jiǎndān; 简易 jiǎnyì

'einfädeln *vt* 1) 穿线〔綫〕于〔於〕 chuān xiàn yú; 2) 策划〔劃〕 cèhuà, 处〔處〕理 chǔlǐ

'Ein|fahrt *f* 1) 驶入 shǐrù; 2)入口 rùkǒu ~**fall** *m* 1) 入侵 rùqīn; 2) (突然产生的) 想法 xiǎngfa, 念头〔頭〕 niàntou

einfallen* *vi*(*s*) 1) 倒塌 dǎotā; 2) (光线)射入 shèrù; 3) 插话 chāhuà; 4) (音乐)加入合唱、合奏 jiārù héchàng、hézòu; 5)侵入 qīnrù; 6) (突然)想起 xiǎngqǐ

'Einfalt *f* 1) 天真 tiānzhēn, 纯朴〔樸〕 chúnpǔ; 2) 头〔頭〕脑〔腦〕简单〔單〕 tóunǎo jiǎndān, 幼稚 yòuzhì

'ein|fältig *adj* 头〔頭〕脑〔腦〕简单〔單〕的 tóunǎo jiǎndān de, 幼稚的 yòuzhìde. 天真的 tiānzhēnde ~**farbig** *adj* 单色的 dānsède, 一色的 yīsède ~**fassen** *vt* 镶边〔邊〕 xiāngbiān, 镶嵌 xiāngqiàn, 围〔圍〕上 wéishàng ~**fetten** *vt* 涂〔塗〕油脂于〔於〕 tú yǒuzhī yú ~**finden*** *v sich* 到场〔場〕 dàochǎng, 到达〔達〕 dàodá ~**flechten*** *vt* 1) 编入 biānrù; 2) 插入 chārù ~**fließen*** *vi*(*s*) 1) 流入 liúrù (in *A*); 2) ~ lassen 顺便提及 shùnbiàn tíjí ~**flößen** *vt* 1) j-m Medizin ~ 喂…喝药〔藥〕 wèi … hē yào; 2) 引起 yǐnqǐ, 使得 shǐde

'Einfluß *m* 1) 流入 liúrù; 2) 影响〔響〕 yǐngxiǎng

'einflußreich *adj* 有影响〔響〕的 yǒuyǐngxiǎngde, 有权〔權〕势〔勢〕的 yǒuquánshìde

'ein|förmig *adj* 单〔單〕调的 dāndiàode, 千篇一律的 qiān piān yī lǜ de ~**frieren*** I *vi* (*s*) 冻〔凍〕结 dòngjié; II *vt* 使冰冻 shǐ bīngdòng, 冷藏 léngcáng ~**fügen** *vt* 1) 插入 chārù, 加进〔進〕 jiājìn; 2) sich ~ 适〔適〕合 shìhé, 适应〔應〕 shìyìng

'Einfuhr *f* -en 进〔進〕口 jìnkǒu

'einführen *vt* 1) 引入 yǐnrù, 插入 chārù; 2) 进〔進〕口 jìnkǒu, 输入 shūrù; 3) 采〔採〕用 cǎiyòng, 引进 yǐnjìn; 4) 引见〔見〕 yǐnjiàn, 介绍 jièshào; 5) 指点〔點〕 zhǐdiǎn, 引导〔導〕 yǐndǎo

'Eingabe *f* 申请(书) shēnqǐng, 请愿〔願〕(书) qǐngyuàn

'Eingang *m* 1) 入口 rùkǒu; 2) (货物等的) 到达〔達〕 dàodá, 收到 shōudào; nach ~ 一俟收到

'ein|geben* *vt* 1) 递〔遞〕交 dìjiāo; 2) j-m eine Arznei ~ 喂…吃药〔藥〕 wèi … chī yào; 3) 引起 yǐnqǐ; 4) 馈入(数据) kuìrù ~**gebildet** *adj* 1) 假想的 jiǎxiǎngde; 2) 自负的 zìfùde, 自高自大的 zìgāo zìdà de

'Eingeborene *m, f* -n; -n 本地人 běndìrén, 土著 tǔzhù

'Eingebung *f* -en 灵〔靈〕感 línggǎn

'einge|fallen *adj* (眼睛、双颊)凹陷的 āoxiànde; 消瘦的 xiāoshòude **~fleischt** *adj* 根深蒂固的 gēnshēndìgù de; 立志不移的 lìzhì bùyí de

'eingehen* I *vi* (*s*) 1) (邮件、货物等)到达〔達〕 dàodá; 2) (动物)死亡 sǐwáng, (植物)枯死 kūsǐ; 3) 收缩 shōusuō, 缩水 suōshuǐ; 4) auf (*A*) ~ 详谈… xiángtán…; 同意… tóngyì …; II *vt* 同意 tóngyì, 接受 jiēshòu, 承担 chéngdān, 签〔簽〕订 qiāndìng; ein Risiko ~ 冒风险; einen Vergleich ~ 达成协议; Verbindlichkeit ~ 承担义务; eine Wette ~ 打赌; einen Vertrag ~ 签订条约; eingegangene Gelder 收到的款项 **~d** *adj* 详细的 xiángxìde, 深入的 shēnrùde

'Eingemachte *n* 罐头〔頭〕水果、果酱〔醬〕 guàntóu shuǐguǒ、guǒjiàng

'einge|meinden *vt* 结合 jiéhé, 合并〔併〕 hébìng **~nommen** *adj* 1) 偏爱〔愛〕的 piān'àide (für j-n 对某人); 2) 怀〔懷〕有存见〔見〕的 huáiyǒu chéngjiàn de (gegen j-n 对某人); 3) von sich ~ 自负 zìfù, 自高自大 zìgāo zìdà **~schnappt** *adj* 易怒的 yìnùde

'Eingeweide *pl* 内脏〔臟〕 nèizàng

'ein|gewöhnen *v sich* 习〔習〕惯 xíguàn, 适〔適〕应〔應〕 shìyìng **~gießen*** *vt* 注入 zhùrù, 倒入 dàorù **~gleisig** *adj* 单〔單〕轨的 dānguǐde **~graben*** *vt* 1) 埋入 máirù; 2) 埋葬 máizàng; 3) 雕刻 diāokè; 4) 铭记 míngjì; 5) sich ~ 挖壕自卫〔衛〕 wā háo zìwèi **~greifen*** *vi* 1) 干预 gānyù, 干涉 gānshè; 插手 chāshǒu; in j-s Rechte 侵犯某人的权利; 2) 参〔參〕加 cānjiā, 加入 jiārù; in die Debatte ~ 参加辩论

'Eingriff *m* 1) 侵犯 qīnfàn, 侵占 qīnzhàn; 2) 手术〔術〕 shǒushù

'Einhalt *m* -(e)s; j-m/einer Sache (*D*) ~ gebieten 阻止、制止… zǔzhǐ、zhìzhǐ …

'ein|halten* I *vt* 遵守(规则等) zūnshǒu; II *vi* 停止 tíngzhǐ, 中断〔斷〕 zhōngduàn **~hängen*** I *vt* 1) (在挂钩上)挂〔掛〕住 guànzhù, 挂上 guànshàng; 2) sich bei j-m ~ 挽着某人的胳膊 wǎnzhe mǒurénde gēbo; II *vi* (打完电话后)挂上听〔聽〕筒 guànshàng tīngtǒng **~heimisch** *adj* 1) 本地的 běndìde; 2) 当〔當〕地产〔產〕的 dāngdìchǎnde; 3) 国〔國〕产的 guóchǎnde

'Einheit *f* -en 1) 统一 tǒngyī; 2) 单〔單〕位 dānwèi; 3) 部队〔隊〕 bùduì

'einheitlich *adj* 统一的 tǒngyīde, 一致的 yīzhìde, 一样〔樣〕的 yīyàngde

'Einheitspreis *m* 统一价〔價〕格 tǒngyī jiàgé

'einhellig *adj* 一致同意的 yīzhì tóngyì de

'einholen I *vt* 1) 赶〔趕〕上 gǎnshàng, 追上 zhuīshàng; 2) 补〔補〕足 bǔzú, 弥〔彌〕补 míbǔ; 3) 迎接 yíngjiē; 4) 请求 qǐngqiú; 5) 收起 shōuqǐ; 6) 采〔採〕购〔購〕 cǎigòu; II *vi* ~ gehen 去买〔買〕东〔東〕西 qù mǎi dōngxi

'einhüllen *vt* 1) 裹住 guǒzhù; 2) 笼〔籠〕罩 lǒngzhào

'einig *adj* 1) 统一的 tǒngyīde; 2) 意见〔見〕一致的 yìjiàn yīzhì de; ~sein 意见一致; über (*A*) nicht ~ sein 对…意见不一致 **~e** *indef pron* 1) 几〔幾〕个〔個〕 jǐgè; 2) 一些 yīxiē, 若干 ruògān **~en** *vt* 1) 统一 tǒngyī, 联〔聯〕合 liánhé; 2) sich ~ 达〔達〕成协〔協〕议〔議〕 dáchéng xiéyì **~ermaßen** *adv* 尚可 shàngkě, 有点〔點〕儿〔兒〕 yǒudiǎnr, 相当〔當〕 xiāngdāng

'Einig|keit *f* 一致 yīzhì, 团〔團〕结 tuánjié **~ung** *f* -en 1) 联〔聯〕合 liánhé, 统一 tǒngyī; 2) 意见〔見〕一致 yìjiàn yīzhì

'ein|jagen *vt* j-m Furcht ~ 使…惊〔驚〕吓〔嚇〕 shǐ … jīngxià **~jährig** *adj* 1) 一岁〔歲〕的 yīsuìde; 2) 一年生的 yī nián shēng de **~kalkulieren** *vt* 考虑〔慮〕到 kǎolǜ dào, 计及 jìjí

'Einkauf *m* 1) 购〔購〕买〔買〕 gòumǎi; Einkäufe machen 买东西; 2) 所购物 suǒgòuwù

'einkaufen I *vt* 买〔買〕 mǎi, 购〔購〕买 gòumǎi; II *vi* 买东〔東〕西 mǎi dōngxi

'Einkäufer *m* 采〔採〕购〔購〕员 cǎigòuyuán

'ein|kehren *vi* (*s*) 住宿(旅店) zhùsù **~kerkern** *vt* 监〔監〕禁 jiānjìn **~klammern** *vt* 加括号〔號〕 jiā kuòhào

'Einklang *m* 一致 yīzhì, 协〔協〕调 xiétiáo

'ein|kleiden *vt* 给…穿上衣服 gěi … chuānshàng yīfu; Soldaten ~ 给士兵穿上军装 **~klemmen** *vt* 1) 夹〔夾〕紧〔緊〕 jiājǐn, 夹住 jiāzhù; 2) 夹伤〔傷〕 jiāshāng **~kochen** I *vt* 把…做成罐头〔頭〕 bǎ … zuòchéng guàntóu; II *vi* (*s*) 煮浓〔濃〕zhǔnóng, 熬稠 áochóu

'Einkommen *n* -s;- 收入 shōurù **~steuer** *f* 所得税 suǒdéshuì

'einkreisen *vt* 包围〔圍〕bāowéi

'Einkünfte *pl* 收入 shōurù, 所得 suǒdé

'einladen* *vt* 1) 装〔裝〕载 zhuāngzài; 2) 邀请 yāoqǐng

'Einladung *f* 邀请 yāoqǐng; 请贴 qǐngtiě

'Einlage *f* 1) (信内的) 附件 fùjiàn; 2) 投资 tóuzī; 3) 存款 cúnkuǎn; 4) 赌注 dǔzhù; 5) 插曲 chāqǔ, 插入的节〔節〕目 chārù de jiémù; 6) 补〔補〕牙填料 bǔyá tiánliào

'einlagern *vt* 储备〔備〕chǔbèi, 贮〔貯〕藏 zhùcáng

'Einlaß *m* ..lasses; ..lässe 1) 入场〔場〕rùchǎng; 2) 准许进〔進〕入 zhǔnxǔ jìnrù

'ein|lassen* *vt* 1) 允许进〔進〕入 yǔnxǔ jìnrù; 2) 嵌进 qiànjìn; 3) sich in etw. (*A*) ~ 参〔參〕与〔與〕... cānyù ...; sich auf etw. (*A*) ~ 同意... tóngyì ... **~laufen*** *vi* (*s*) 1) 到达〔達〕dàodá, 抵达 dǐdá; 2) 缩水 suōshuǐ **~leben** *v sich* 习〔習〕惯 xíguàn, 适〔適〕应〔應〕shìyìng **~legen** *vt* 1) 放入 fàngrù, 插入 chārù; 2) 嵌入 qiànrù, 镶入 xiāngrù; 3) 存(钱) cún; 4) 腌〔醃〕yān, 泡 pào (Früchte 水果, Gurken 黄瓜); 5) 提出 tíchū; Berufung ~ 提出上诉; 6) mit j-m/etw. Ehre ~ 因...而获〔獲〕得光荣〔榮〕yīn ... ér huòdé guāngróng

'Einlegesohle *f* 鞋垫〔墊〕xiédiàn

'einleiten *vt* 1) 开〔開〕始 kāishǐ; 2) 给…作序言 gěi ... zuò xùyán

'Einleitung *f* 序言 xùyán

'ein|lenken *vi* 拐入 guǎirù **~leuchten** *vi* j-m ~ 使某人明白过〔過〕来〔來〕shǐ mǒurén míngbai guòlái **~liefern** *vt* 1) 交付、投递〔遞〕(信件等) jiāofù、tóudì; 2) 把…送到 bǎ ... sòngdào (in ein Krankenhaus 一家医院) **~lösen** *vt* 1) 赎〔贖〕出 shúchū, 赎回 shúhuí; 2) 承兑 chéngduì, 兑现 duìxiàn **~machen** *vt* 把…做成罐头〔頭〕bǎ ... zuòchéng guàntou

'einmal *adv* 1) 一次 yīcì, 一回 yīhuí; noch ~ 再来一次; 2) 有朝一日 yǒu zhāo yī rì, 以后〔後〕yǐhòu; 3) 曾经〔經〕céngjīng, 以前 yǐqián; es war ~ 从前 ...; 4) auf ~ 突然 tūrán, 忽然 hūrán; 同时〔時〕tóngshí; nicht ~ 甚至…(也)不 shènzhì ... bù; 连…都不 lián ... dōu bù

'Einmaleins *n* 乘法(口诀)表 chéngfǎbiǎo

'einmalig *adj* 1) 一次的 yīcìde; 2) 唯一的 wéiyīde, 独〔獨〕一无〔無〕二的 dúyīwúèr de

'Einmarsch *m* 进〔進〕驻 jìnzhù, 开〔開〕入 kāirù

'ein|marschieren *vi* (*s*) 进〔進〕驻 jìnzhù (in ein Land 一个国家) **~mischen** *v sich* 干涉 gānshè, 干预 gānyù (in *A*) **~mütig** *adj* 一致同意的 yīzhì tóngyì de

'Einmütigkeit *f* 一致 yīzhì

'Einnahme *f* -n 1) 夺〔奪〕取 duóqǔ, 占领 zhànlǐng; 2) 收入 shōurù, 进〔進〕款 jìnkuǎn

'einnehmen* *vt* 1) 收入 shōurù; 2) 服用 fúyòng, 吃 chī; 3) 占〔佔〕zhàn, 占据〔據〕zhànjù; 4) 占领 zhànlǐng, 攻占 gōngzhàn; 5) 占有 zhànyǒu, 具有 jùyǒu; 6) 赢得 yíngdé, 博得 bódé **~d** *adj* 吸引人的 xīyǐn rén de, 迷人的 mírénde

'Einöde *f* 不毛之地 bù máo zhī dì, 荒野 huāngyě

'ein|ordnen *vt* 整理 zhěnglǐ, 编排 biānpái, 分类〔類〕fēnlèi **~packen** *vt* 打包 dǎbāo, 装〔裝〕箱 zhuāngxiāng **~pferchen** *vt* 1) 把…关〔關〕起来〔來〕bǎ ... guānqǐlái; 2) 群聚 qúnjiū, 拥〔擁〕挤〔擠〕yōngjǐ **~pflanzen** *vt* 1) 种〔種〕植 zhòngzhí, 栽培 zāipéi; 2) 灌输 guànshū **~prägen** *vt* 1) 压〔壓〕入 yārù; 2) 铭刻 míngkè; 3) sich ~ 铭记 míngjì **~quartieren** *vt* 安顿住宿 āndùn zhùsù **~rahmen** *vt* 给…装〔裝〕框架 gěi ... zhuāng kuàngjià **~räumen** *vt* 承认〔認〕chéngrèn, 给与〔與〕gěiyǔ **~reden** I *vt* j-m etw. ~ 劝〔勸〕说、说服某人 ... quànshuō、shuōfú mǒurén ...; II *vi* auf j-n ~ 力劝... lìquàn ... **~reichen** *vt* 递〔遞〕交 dìjiāo, 提出 tíchū **~reihen** *vt* 1) 编入 biānrù, 引入 lièrù; 2) sich ~ 加入队〔隊〕伍 jiārù duìwǔ **~reihig** *adj* 单〔單〕排纽的 dānpáiniǔde

'Einreise *f* 入境 rùjìng **~erlaubnis** *f* 入境许可证〔證〕rùjìng xǔkězhèng

'ein|reißen* I *vt* 1) 撕开〔開〕sīkāi; 2) 拆毁 chāihuǐ; II *vi* (*s*) 1) 撕破 sīpò, 破裂 pòliè; 2) 蔓延 mànyán, 成风〔風〕chéngfēng **~renken** *vt* 1) 使(骨折)复〔復〕位 shǐ fùwèi; 2) 纳入正轨 nàrù zhèngguǐ **~richten** *vt* 1) 建立 jiànlì; 2) 装〔裝〕备〔備〕zhuāngbèi, 配备

pèibèi; 3) 整理 zhěnglǐ; 4) 安排 ānpái; 5) sich ~ 安顿下来〔來〕āndùn xiàlai; 节〔節〕约 jiéyuē; sich auf (*A*) ~为〔爲〕…作准〔準〕备 wèi … zuò zhǔnbèi

'**Einrichtung** *f* 1) 建立 jiànlì, 设立 shèlì; 2) 安排 ānpái, 布置 bùzhì; 3) 装〔裝〕备〔備〕zhuāngbèi, 设备 shèbèi, 陈〔陳〕设 chénshè; 4) 机〔機〕构〔構〕jīgòu

'**ein|rosten** *vi* (*s*) 生锈 shēngxiù, 锈透 xiùtòu **~rücken** I *vi* (*s*) 1) 进〔進〕驻 jìnzhù; 2) 入伍 rùwǔ; II *vt* 1) 刊登 kāndēng; 2) 开〔開〕动〔動〕kāidòng (Maschine 机器); 3) (行首)缩排 suōpái, 使空格 shǐ kòng gé

eins *adj* — yī; es ist alles ~ 都一样

'**einsam** *adj* 1) 孤独〔獨〕的 gūdúde; 2) 偏僻的 piānpìde, 荒凉的 huāngliángde

'**Einsamkeit** *f* 1) 孤独〔獨〕gūdú; 2) 偏僻 piānpì 荒凉 huāngliáng

'**einsammeln** *vt* 收集 shōují, 募集 mùjí, 采〔採〕集 cǎijí

'**Einsatz** *m* 1) (衣服)镶边〔邊〕xiāngbian; 2) 插入物 chārùwù; 3) 赌注 dǔzhù; 4) 开〔開〕始(加入合唱、合奏) kāishǐ; 5) 投入 tóurù, 使用 shǐyòng; unter ~ seines Lebens 冒着生命危险

'**ein|schärfen** *vt* 再三叮嘱〔囑〕zàisān dīngzhǔ **~schätzen** *vt* 估价〔價〕gūjià, 评价 píngjià **~schenken** *vt* 斟 shēn, 倒 dào **~schicken** *vt* 寄去 jìqù, 送去 sòngqù **~schieben*** *vi* 插入 chārù, 推入 tuīrù **~schlafen*** *vi*(*s*) 入睡 rùshuì **~schläfern** *vt* 1) 使入睡 shǐ rùshuì; 2) 麻醉 mázuì

'**Einschlag** *m* 1) 雷击〔擊〕léijī; 弹〔彈〕着 dànzhuó; 2) 混入物 hùnrùwù; 特征〔徵〕tèzhēng

'**ein|schlagen*** I *vt* 1) 打入 dǎrù, 敲进〔進〕qiāojìn; 2) 打碎 dǎsuì, 打破 dǎpò; 3) 包 bāo, 包装〔裝〕bāozhuāng; 4) 取道 qǔdào, 走 zǒu; 5) 打褶裥 dǎ zhějiǎn; II *vi* 1) (握手)敲定 qiāodìng, 谈妥 tántuǒ; 2) 雷击〔擊〕léijī; 弹〔彈〕着 dànzhuó; auf j-n ~ 狠揍猛打…; wie eine Bombe ~ 使人震惊; 3) 成功 chénggōng **~schlägig** *adj* 有关〔關〕的 yǒuguānde, 所属〔屬〕的 suǒshǔde **~schleichen*** *v sich* 潜入 qiánrù **~schleppen** *vt* 1) (用绳索)拖入 tuōrù; 2) 带〔帶〕入 (疾病) dàirù **~schleusen** *vt* 偷运〔運〕tōuyùn, 偷带〔帶〕tōudài **~schließen*** *vt* 1) 关〔關〕进〔進〕guānjìn, 锁入 suǒrù, 存放 cúnfàng; 2) 包围〔圍〕bāowéi; 3) 包括 bāokuò, 包含 bāohán **~schließlich** *prp* (*G*) 包括 bāokuò **~schmeicheln*** *v sich* 阿谀奉承 ēyú fèngcheng, 讨好 tǎohǎo **~schnappen** *vi*(*s*) 1) (门等咔哒一声)合上 héshàng; 2) 见〔見〕怪 jiànguài, 受委屈 shòuwěiqu **~schneidend** *adj* 深刻的 shēnkède, 有力的 yǒulìde

'**Einschnitt** *m* 1) 切 qiē, 切开〔開〕qiēkāi; 2) 缺口 quēkǒu

'**einschränken** *vt* 1) 削减 xuējiǎn; 2) 限制 xiànzhì; 3) sich ~ 节〔節〕俭〔儉〕jiéjiǎn

'**Einschränkung** *f* -en 限制 xiànzhì; 减少 jiǎnshǎo

'**Einschreib(e)brief** *m* 挂〔掛〕号〔號〕信 guàhàoxìn

'**ein|schreiben*** *vt* 1) 登记入册 dēngjì rùcè; 2) 注册 zhùcè; 3) 征〔徵〕募 zhēngmù, 使服兵役 shǐ fú bīngyì; 4) 挂〔掛〕号〔號〕guàhào; 5) sich ~ 登记姓名 dēngjì xìngmíng **~schreiten*** *vi* (*s*) gegen j-n/etw. ~ 干预… gānyù …, 干涉… gānshè … **~schüchtern** *vt* 恐吓〔嚇〕kǒnghè **~schulen** *vt* 使入(小)学〔學〕shǐ rùxué **~sehen*** *vt* 1) 认〔認〕识〔識〕到 rènshidào, 明白 míngbai, 理解 lǐjiě; 2) 审〔審〕阅 shěnyuè, 查阅 cháyuè **~seifen** *vt* 1) 用肥皂(擦洗) yòng féizào, 涂〔塗〕以皂沫 tú yǐ zàomò; 2) 欺骗 qīpiàn, 愚弄 yúnòng **~seitig** *adj* 1) 一面的 yīmiànde; 2) 单〔單〕方面的 dānfāngmiànde, 片面的 piànmiànde **~senden*** *vt* 投寄 tóujì

'**Einsender** *m* -s;- 投寄者 tóujìzhě, 投稿人 tóugǎorén

'**einsetzen** I *vt* 1) 放入 fàngrù, 装〔裝〕入 zhuāngrù; 插入 chārù; 2) 任用 rènyòng, 任命 rènmìng; 3) 投入 tóurù, 使用 shǐyòng; 4) 下赌注 xià dǔzhù; 5) sich für j-n/etw. ~ 为〔爲〕…全力以赴 wèi… quánlì yǐ fù; II *vi* 开〔開〕始 kāishǐ

'**Einsicht** *f* -en 1) 审〔審〕阅 shěnyuè; 2) 洞悉 dòngxī, 洞察 dòngchá; 3) 理智 lǐzhì, 明智 míngzhì

'**einsichtig** *adj* 1) 有见〔見〕识〔識〕的 yǒu jiànshìde, 明智的 míngzhìde; 2) 可以理解的 kěyǐ lǐjiě de

'**Einsiedler** *m* 隐〔隱〕士 yǐnshì

'**einsilbig** *adj* 1) 单〔單〕音节〔節〕的 dānyīnjiéde; 2) 沉默寡言的 chénmò guǎ yán de

'**ein|sinken*** *vi* (*s*) 1) 陷进〔進〕xiànjìn, 沉没 chénmò; 2) 陷落

xiànluò, 下沉 xiàchén **~sparen** *vt* 省下 shěngxià, 节〔節〕约 jiéyuē **~sperren** *vt* 1) 锁住 suǒzhù; 2) 监〔監〕禁 jiānjìn, 关〔關〕押 guānyā **~springen*** *vi* (*s*) 1) 锁住 suǒzhù; 2) 帮助(解脱困境) bāngzhù; 3) für j-n ~ 代替 … dàitì… **~spritzen** *vt* 1) 注射 zhùshè; 2) 喷湿〔濕〕pēnshī

'Einspritzung *f* -en 注射 zhùshè

'Einspruch *m* 1) 抗议〔議〕kànyì, 异〔異〕议 yìyì; 2) 申诉 shēnsù

'einspurig *adj* 单〔單〕轨的 dānguǐde

einst *adv* 1) 从〔從〕前 cóngqián, 曾经〔經〕céngjīng; 2) (今后)有一天 yǒu yītiān, 他日 tārì

'Einstand *m* 1) 就职〔職〕典礼〔禮〕jiùzhí diǎnlǐ; 2) (网球比赛)平分 píngfēn

'Ein|stecken *vt* 1) 插入 chārù, 塞进〔進〕sāijìn; 2) 忍受 rěnshòu **~steigen*** *vi* (*s*) 乘上 chéngshàng, 登上(车、船、飞机) dēngshàng; ~! 请上车! **~stellen** *vt* 1) 放进〔進〕fàngjìn, 放好 fànghǎo; 2) 招收 zhāoshōu, 征〔徵〕募 zhēngmù; 雇用 gùyòng; 3) 停止 tíngzhǐ; 4) 校准〔準〕jiàozhǔn, 调整 tiáozhěng; 5) sich ~ 按时〔時〕到达〔達〕ànshí dàodá, 出现 chūxiàn; 6) sich auf etw. ~ 适〔適〕应〔應〕… shìyìng …, 迎合 … yínghé…; 对〔對〕… 作好精神准备〔備〕duì … zuòhǎo jīngshén zhǔnbèi

'Einstellung *f* 1) 征〔徵〕募 zhēngmù; 雇〔僱〕用 gùyòng; 2) 校准〔準〕jiàozhǔn, 调整 tiáozhěng; 3) 态〔態〕度 tàidù, 看法 kànfǎ

'einstimmen *vi* 加入(合唱、合奏) jiārù

'einstimmig *adj* 一致同意的 yīzhì tóngyì de

'Einstimmigkeit *f* 一致 yīzhì

'ein|stöckig *adj* 一底一楼〔樓〕的 yīdǐ yīlóu de, 两层〔層〕的 liǎngcéngde **~studieren** *vt* 1) 练〔練〕熟 liànshú, 熟记 shújì; 2) 排练 páiliàn **~stürmen** *vi*(*s*) auf j-n ~ 冲〔衝〕向 … chōngxiàng …, 袭〔襲〕击〔擊〕xíjī

'Einsturz *m* 倒塌 dǎotān, 陷落 xiànluò

'einstürzen *vi* (*s*) 倒塌 dǎotān, 陷落 xiànluò

'einst|wellen *adv* 暂时〔時〕zànshí, 临〔臨〕时 línshí **~wellig** *adj* 暂时的 zànshíde, 临时的 línshíde

'ein|tauschen *vt* 交换 jiāohuàn, 交易 jiāoyì **~teilen** *vt* 1) 划〔劃〕分 huàfēn, 分为〔爲〕fēnwéi; 2) 合理分配 hélǐ fēnpèi, 安排 ānpái **~teilig** *adj* 一部分的 yībùfende, 整块〔塊〕的 zhěngkuàide

'Einteilung *f* 1) 划〔劃〕分 huàfēn, 分为〔爲〕fēnwéi; 2) 分配 fēnpèi, 安排 ānpái

'eintönig *adj* 单〔單〕调的 dāndiàode

'Eintönigkeit *f* 单〔單〕调 dāndiào

'Eintopf(gericht *n*) *m* 一锅〔鍋〕煮成的简单〔單〕食品 yīguō zhǔchéngde jiǎndān shípǐn

'Eintracht *f* 一致 yīzhì, 和睦 hémù

'einträchtig *adj* 和睦的 hémùde, 融洽的 róngqiàde

'ein|tragen* *vt* 1) 登记 dēngjì, 注册 zhùcè; 2) 获〔獲〕得 huòdé, 带〔帶〕来〔來〕dàilái; 3) sich in (*A*) ~ 把姓名登入 … bǎ xìngmíng dēngrù … **~träglich** *adj* 有益的 yǒuyìde, 获〔獲〕利的 huòlìde **~treffen*** *vi* (*s*) 1) 到达〔達〕dàodá; 2) 应〔應〕验〔驗〕yìngyàn **~treten*** I *vi* (*s*) 1) 进〔進〕入 jìnrù; 2) 加入 jiārù (in eine Partei 一政党); 3) 开〔開〕始 kāishǐ, 出现 chūxiàn, 发〔發〕生 fāshēng; 4) für j-n/etw. ~ 支持 … zhīchí …, 拥〔擁〕护〔護〕… yōnghù …; II *vt* 1) 破(门)而入 pò… ér rù; 2) sich etw. ~ 把…踩进脚内 bǎ … cǎijìn jiǎo nèi

'Eintritt *m* 1) 进〔進〕入 jìnrù, 入场〔場〕rùchǎng; ~ frei! 免费入场! ~ verboten! 禁止入场! 2) 加入 jiārù, 入会〔會〕rùhuì, 入学〔學〕rùxué; 3) 开〔開〕始 kāishǐ **~sgeld** *n* 入场费 rùchǎngfèi, 入会费 rùhuìfèi **~skarte** *f* 入场券 rùchǎngquàn

'ein|trocknen *vi* (*s*) 干〔乾〕缩 gānsuō **~üben** *vt* 练〔練〕熟 liànshú, 熟记 shújì

'Einver|nehmen *n* -s; 一致 yīzhì, 和睦 hémù; mit j-m in gutem ~ 同某人和睦相处 **~ständnis** *n* 一致 yīzhì, 同意 tóngyì

'Einwand *m* -(e)s; ⸚e 反对〔對〕fǎnduì, 异〔異〕议〔議〕yìyì

'Einwanderer *m* 移民 yímín, 侨〔僑〕民 qiáomín

'einwandern *vi*(*s*) 侨〔僑〕居 qiáojū

'Einwanderung *f* 侨〔僑〕居 qiáojū

'einwandfrei *adj* 无〔無〕可指摘的 wú kě zhǐzhāi de

'einwärts *adv* 向内 xiàngnèi, 向里〔裏〕xiànglǐ

'Einwegflasche *f* 一次性瓶 yīcìxìngpíng

einweihen *vt* 1) 为〔爲〕…举〔舉〕

行落成典礼〔禮〕wèi … jǔxíng luòchéng diǎnlǐ; 2) 首次使用 shǒucì shǐyòng; 3) j-n in (*A*) ~ 向某人透露 … xiàng mǒurén tòulù …

'**Einweihung** *f* -en 1) 落成典礼〔禮〕luòchéng diǎnlǐ; 2) 透露 tòulù

'**ein|wenden(*)** *vt* 提出异[異]议[議] tíchū yìyì ~**werfen*** I *vt* 1) 掷〔擲〕(投某物而打)破 zhìpò; 2) 投入 tóurù, 扔进〔進〕rēngjìn; 3) (谈话时)插入 chārù; II *vi* (足球)发〔發〕界外球 fā jièwàiqiú ~**wickeln** *vt* 1) 包 bāo, 裹住 guǒzhù; 2) 哄骗 hǒngpiàn, 使吃亏〔虧〕shǐ chīkuī

'**Einwickelpapier** *n* 包装〔裝〕纸 bāozhuāngzhǐ

'**ein|willigen** *vi* 同意 tóngyì 赞〔讚〕成 zànchéng ~**wirken** *vi* auf j-n/etw. ~ 对〔對〕…产〔產〕生作用 duì … chǎnshēng zuòyòng, 影响〔響〕… yǐngxiǎng …

'**Einwirkung** *f* 作用 zuòyòng, 影响〔響〕yǐngxiǎng

'**Einwohner** *m* -s;-, ~**in** *f* -nen 居民 jūmín

'**Einwurf** *m* 1) 投入 tóurù, 扔进〔進〕rēngjìn; 2) (信箱等的) 口 kǒu; 3) 插话 chāhuà; 4) 异〔異〕议〔議〕yìyì; 5) (足球)发〔發〕界外球 fā jièwàiqiú

'**Einzahl** *f* (语法) 单〔單〕数〔數〕dānshù

'**ein|zahlen** *vt* 缴 (款) jiǎo, 存入 cúnrù ~**zäunen** *vt* 把…用篱〔籬〕笆围〔圍〕起来〔來〕bǎ … yòng líba wéi qǐlái

'**Einzel** *n* -s;- (球类运动)单〔單〕打 dāndǎ ~**gänger** *m* -s;- 孤僻的人 gūpìde rén, 怪人 guàirén ~**handel** *m* 零售 língshòu ~**heit** *f* -en 细节〔節〕xìjié, 详情 xiángqíng

'**einzeln** I *adj* 1) 单〔單〕一的 dānyīde, 单个〔個〕的 dāngède, 个别的 gèbiéde; im ~en 详细地 xiángxìde; 2) 少数〔數〕的 shǎoshùde, 几〔幾〕个的 jǐgède; 3) (鞋等)单只〔隻〕的 dānzhīde, 不成对〔對〕的 bù chéngduì de; II *adv* ~ angeben/aufführen 详述 xiáng shù, 分项列举〔舉〕fēnxiàng lièjǔ

'**Einzel|verkauf** *m* 零售 língshòu ~**wesen** *n* 个〔個〕体〔體〕gètǐ

'**einziehen*** I *vt* 1) 把…拉进〔進〕bǎ … lājìn, 把…穿入 bǎ… chuānrù; 吸入 xīrù; 2) 缩进 suōjìn, 缩回 suōhuí; 3) 征〔徵〕召 zhēngzhāo; 4) 没收 mòshōu; 5) 收集 shōují (über *A*); II *vi* (*s*) 1) 进 jìn, 入 rù; 2) 搬进 bānjìn; 3) 渗〔滲〕入 shènrù, 渗透 shèntòu

'**einzig** *adj* 唯一的 wéiyīde, 仅〔僅〕有的 jǐnyǒude, 独〔獨〕一无〔無〕二的 dú yī wú èr de ~**artig** *adj* 独一无二的 dú yī wú èr de, 非凡的 fēifánde

'**Einzug** *m* 1) 进〔進〕入 jìnrù; 2) 迁〔遷〕入 qiānrù, 搬进 bānjìn

'**einzwängen** *vt* 挤〔擠〕入 jǐrù, 压〔壓〕入 yārù, 塞进〔進〕sāijìn

Eis *n* -es; 1) 冰 bīng; 2) 冰淇淋 bīngqílín '~**bahn** *f* 滑冰场〔場〕huábīngchǎng '~**bär** *m* 北极〔極〕熊 běijíxióng '~**berg** *m* 冰山 bīngshān '~**diele** *f* 冷饮店 lěngyǐndiàn

'**Eisen** *n* -s;- 铁〔鐵〕tiě

'**Eisenbahn** *f* 铁〔鐵〕路 tiělù, 铁道 tiědào; 火车〔車〕huǒchē; mit der ~ 乘火车 ~**er** *m* 铁路员工 tiělù yuángōng ~**wagen** *m* 火车车辆 huǒchē chēliàng, 火车车厢 huǒchē chēxiāng

'**Eisenerz** *n* 铁〔鐵〕矿〔礦〕tiěkuàng

'**eisern** *adj* 1) 铁〔鐵〕的 tiěde, 铁制〔製〕的 tiězhìde; 2) 钢〔鋼〕铁般的 gāngtiěbānde. 顽强的 wánqiángde

'**eisgekühlt** *adj* 冰镇的 bīngzhènde

'**Eishockey** *n* 冰球 bīngqiú

'**eisig** *adj* 1) 冰冷的 bīnglěnde; 2) 冷冰冰的 lěngbīngbīngde, 不友好的 bù yǒuhǎo de

'**eiskalt** *adj* 1) 冰冷的 bīnglěngde; 2) 冷淡的 lěngdànde

'**Eis|kunstlauf** *m* 花样〔樣〕滑冰 huāyàng huábīng ~**lauf** *m*, ~**laufen** *n* 滑冰 huábīng, 溜冰 liūbīng ~**meer** *n* (地球两极的) 冰洋 bīngyáng ~**schrank** *m* 冰箱 bīngxiāng ~**zapfen** *m* 冰柱 bīngzhù ~**zeit** *f* 冰河时〔時〕期 bīnghé shíqī

'**eitel** *adj* 1) 自负的 zìfùde; 2) 虚荣〔榮〕的 xūróngde, 爱〔愛〕出风〔風〕头〔頭〕的 ài chū fēngtou de; 3) 空虚的 kōngxūde, 无〔無〕用的 wúyòngde; 4) 纯粹的 chúncuìde

'**Eitelkeit** *f* -en 1) 自大 zìdà, 虚荣〔榮〕xūróng; 2) 空虚 kōngxū

'**Eiter** *m* -s; 脓〔膿〕nóng

'**eitern** *vi* 化脓〔膿〕huànóng

'**eitrig** *adj* 化脓〔膿〕(性)的 huànóngde

'**Ei|weiß** *n* -es; -e 1) 蛋白 dànbái; 2) 蛋白质〔質〕dànbáizhì ~**zelle** *f* 卵子 luǎnzǐ, 卵细胞 luǎnxìbāo

'**Ekel** I *m* -s; 1) 厌〔厭〕恶〔惡〕yànwù, 讨厌 tǎoyàn; 2) 恶〔噁〕心 ěxīn; II *n* -s;- 讨厌的人 tǎoyànde rén

'**ekel|erregend** *adj* 令人作呕〔嘔〕

的 lìng rén zuò'ǒu de **~haft** *adj,* **~ig** *adj* 令人厌〔厭〕恶〔惡〕的 lìng rén yànwù de; 讨厌的 tǎoyànde **~n** *v sich* 1) 感到厌恶 gǎndào yànwù; 2) sich vor j-m/etw. ~ 对〔對〕… 感到嗯〔噁〕心 duì … gǎndào ěxīn

'elastisch *adj* 弹〔彈〕性的 tánxìngde, 有伸缩性的 yǒu shēnsuōxìngde

'Elastizität *f* 1) 弹〔彈〕性 tánxìng 伸缩性 shēnsuōxìng; 2) 活力 huólì; 3) 灵〔靈〕活性 línghuóxìng

Elch *m* -(e)s; -e 麋 mí

Ele'fant *m* -en; -en 象 xiàng

ele'gant *adj* 1) 雅致的 yǎzhìde, 优〔優〕美的 yōuměide; 2) 讲〔講〕究的 jiǎngjiude, 精致的 jīngzhìde

Ele'ganz *f* 雅致 yǎzhì, 优〔優〕美 yōuměi

E'lektriker *m* -s;- 电〔電〕学〔學〕家 diànxuéjiā; 电工 diàngōng

e'lektrisch *adj* 电〔電〕的 diànde, 导〔導〕电的 dǎodiànde

Elektrizi'tät *f* 电〔電〕 diàn, 电学〔學〕 diànxué **~werk** *n* 发〔發〕电厂〔廠〕 fādiànchǎng

E'lektron *n* -s; -en 电〔電〕子 diànzǐ **~engehirn** *n* 电脑〔腦〕 diànnǎo, 电子计算机〔機〕 diànzǐ jìsuànjī **~ik** *f* 电子学〔學〕 diànzǐxué

Elektro'technik *f* 电〔電〕工学〔學〕 diàngōngxué **~er** *m* 电气〔氣〕技师〔師〕 diànqì jìshī, 电工 diàngōng

Ele'ment *n* -(e)s; -e 1) (化学)元素 yuánsu; 2) 大自然的力量 dàzìránde lìliàng; 3) 要素 yàosù; 4) 原理 yuánlǐ, 基础〔礎〕 jīchǔ; 5) (坏)分子 fènzǐ

elemen'tar *adj* 基本的 jīběnde, 初级的 chūjíde, 基础〔礎〕的 jīchǔde

'elend *adj* 1) 悲惨〔慘〕的 bēicǎnde, 不幸的 bùxìngde; 2) 贫困的 pínkùnde

'Elend *n* -(e)s; 1) 悲惨〔慘〕 bēicǎn; 痛苦 tòngkǔ; 2) 贫穷〔窮〕 pínqióng; 不幸 bùxìng

elf *adj* 十一 shíyī

Elf I *f* -en 1) 十一 shíyī; 2) (由十一人组成的足球、手球等的)球队〔隊〕 qiúduì; II *m* -en; -en, **~e** *f* -n 小妖精 xiǎoyāojīng, 小精灵〔靈〕 xiǎojīnglíng

'Elfenbein *n* -(e)s; 象牙 xiàngyá

Elf'meter *m* (足球赛中) 罚点〔點〕球 fá diǎnqiú

'elfte *adj* 第十一 dìshíyī

E'lite *f* -n 社会〔會〕精华〔華〕 shèhuì jīnghuá

'Ellbogen *m* -s;- 肘 zhǒu

'Elster *f* -n 鹊 què

'elterlich *adj* 父母的 fùmǔde, 双〔雙〕亲〔親〕的 shuāngqīnde

'Eltern *pl* 父母 fùmǔ, 双〔雙〕亲〔親〕 shuāngqīn

'elternlos *adj* 无〔無〕父母的 wúfùmǔde, (已成) 孤儿〔兒〕的 gū'érde

'Elternteil *m* 父亲〔親〕或母亲 fùqīn huò mǔqīn

E'mail *n* -s; -s 搪瓷 tángcí

Emanzipati'on *f* -en 解放 jiěfàng

Em'bargo *n* -s;-s 禁止贸易令 jìnzhǐ màoyì lìng

'Embryo *m* -s;-s(-nen) 胚胎 pēitāi

Emi'grant *m* -en;-en 流亡者 liúwángzhě

Emp'fang *m* -(e)s; ⸚e 1) 接待 jiēdài, 接见 jiējiàn; 2) 收到 shōudào; 接到 jiēdào; den ~ bestätigen 确认收到; 3) 招待会〔會〕 zhāodàihuì, 欢〔歡〕迎会 huānyínhuì; 4) 收听〔聽〕 shōutīng, 收看 shōukàn

emp'fangen* *vt* 1) 收到 shōudào; 接到 jiēdào; 2) 欢〔歡〕迎 huānyíng, 接见〔見〕 jiējiàn; 3) 怀〔懷〕孕 huáiyùn

Emp'fänger *m* -s;- 1) 收件人 shōujiànrén; 接受者 jiēshòuzhě; 2) 受款人 shòukuǎnrén; 3) (无线电) 接收机〔機〕 jiēshōujī

emp'fänglich *adj* 1) 易受感动〔動〕的 yì shòu gǎndòng de, 敏感的 mǐngǎnde; 2) ~ für 易受…感动的 yì shòu … gǎndòng de

Emp'fangsdame *f* (旅馆等的) 接待员 jiēdàiyuán

emp'fehlen* *vt* 1) 推荐〔薦〕 tuījiàn, 介绍 jièshào; 2) 劝〔勸〕告 quàngào, 建议〔議〕 jiànyì; 3) ~ sie mich j-m 请代我向…致意 qǐng dài wǒ xiàng … zhìyì **~swert** *adj* 值得推荐〔薦〕的 zhídé tuījiàn de

Emp'fehlung *f* -en 1) 推荐〔薦〕 tuījiàn, 介绍 jièshào; 2) 问候 wènhòu, 致意 zhìyì

emp'finden* *vt* 感觉〔覺〕 gǎnjué, 觉得 juédé, 感到 gǎndào

emp'find|lich *adj* 1) 敏感的 mǐngǎnde; 2) 感光的 gǎnguāngde, 灵〔靈〕敏的 língmǐnde; 3) 脆弱的 cuìruòde; 4) 严〔嚴〕厉〔厲〕的 yánlìde, 严重的 yánzhòngde **~sam** *adj* 多愁善感的 duōchóu shàngǎn de, 感伤〔傷〕的 gǎnshāngde

Emp'findung *f* -en 1) 感觉〔覺〕 gǎnjué; 2) 感情 gǎnqíng, 情绪 qíngxù

em'por *adv* 向上 xiàngshàng, 往上 wǎngshàng

em'pören *vt* 1) 激怒 jīnù, 使愤慨 shǐ fènkǎi; 2) sich über etw. ～ 对〔對〕…感到愤慨 duì … gǎndào fènkǎi; sich gegen j-n/etw. ～ 反抗… fǎnkàng …

em'porkommen* *vi* (*s*) 发〔發〕迹 fājī, 飞〔飛〕黄腾达〔達〕 fēihuáng téngdá

Em'porkömmling *m* -s; -e 暴发〔發〕户 bàofāhù

em'porragen *vi* 屹立 yìlì, 高耸〔聳〕 gāosǒng

Em'pörung *f* -en 1) 反抗 fǎnkàng, 起义〔義〕 qǐyì; 2) 愤慨 fènkǎi, 义愤 yìfèn

'emsig *adj* 繁忙的 fánmángde, 勤劳〔勞〕的 qínláode, 孜孜不倦的 zīzī bù juàn de

'Ende *n* -s; -n 1) 末尾 mòwěi, 末端 mòduān, 尽〔盡〕头〔頭〕 jìntóu; 2) 结束 jiésù; am ～ 最后〔後〕 zuìhòu, 终于 zhōngyú; 3) zu ～ gehen 临〔臨〕近结束 línjìn jiésù; 到此为〔爲〕止 dào cǐ wéizhǐ, 到期 dàoqī

'enden *vi* 结束 jiésù, 终止 zhōngzhǐ

'end|gültig *adj* 最终的 zuìzhōngde, 最后〔後〕的 zuìhòude; 彻〔徹〕底的 chèdǐde **～lich** *adv* 最后 zuìhòu, 最终 zuìzhōng, 终于 zhōngyú **～los** *adj* 无〔無〕止境的 wúzhǐjìngde, 无穷〔窮〕的 wúqióngde, 没完的 méiwánde

'End|punkt *m* 终点〔點〕 zhōngdiǎn **～station** *f* 终点站 zhōngdiǎnzhàn **～ung** *f* -en (语法)词尾 cíwěi

Ener'gie *f* -n 1) 活力 huólì, 劲〔勁〕 jìn; 精力 jīnlì; 2) 能 néng, 能量 néngliàng

ener'gielos *adj* 无〔無〕活力的 wúhuólìde; 无精打采的 wújīngdǎcǎi de

e'nergisch *adj* 强有力的 qiángyǒulìde, 精力充沛的 jīnglì chōngpèi de

eng *adj* 1) 狭〔狹〕 xiá, 窄 zhǎi; 2) 狭隘 xiá'ài; 3) 紧〔緊〕身的 jǐnshēnde, 绷紧的 bēngjǐnde; 4) 亲〔親〕密的 qīnmìde; 5) im ～eren Sinne 严〔嚴〕格地说 yángéde shuō

engagieren [ãga'ʒiː..] *vt* 雇〔傭〕用 gùyòng, 聘 pìn

'Enge *f* -n 1) 狭〔狹〕窄 xiázhǎi, 狭隘 xiá'ài; 2) 困境 kùnjìng

'Engel *m* -s;- 天使 tiānshǐ

'Engländer *m* -s;- 英国〔國〕人 yīngguórén; die ～ 英国人 yīngguórén **～in** *f* -nen 英国妇〔婦〕女 yīngguó fùnǚ

'englisch *adj* 英国〔國〕的 yīngguóde, 英语的 yīngyǔde

'Engpaß *m* (交通容易堵塞的)隘道 àidào, 狭〔狹〕口 xiákǒu

'engstirnig *adj* 狭〔狹〕隘的 xiá'àide, 气〔氣〕量小的 qìliàngxiǎode

'Enkel *m* -s;- 孙〔孫〕子 sūnzi, 外孙 wàisūn **～in** *f* -nen 孙女 sūnnǚ, 外孙女 wàisūnnǚ

e'norm *adj* 1) 庞〔龐〕大的 pángdàde, 巨大的 jùdàde; 2) 极〔極〕好的 jíhǎode, 非常的 fēichángde

Ensemble [ã'sãːbəl] *n* -s; -s 1) 全体〔體〕 quántǐ, 总〔總〕体 zǒngtǐ; 2) 演唱组 yǎnchàngzǔ, 演奏组 yǎnzòuzǔ; 3) 剧〔劇〕团〔團〕 jùtuán

ent'arten *vi* (*s*) 堕〔墮〕落 duòluò; 退化 tuìhuà

ent'behren *vt* 缺少 quēshǎo, 缺乏 quēfá

ent'behrlich *adj* 不必要的 bù bìyào de, 可缺少的 kěquēshǎode

Ent'behrung *f* -en 缺乏 quēfá

ent'binden* I *vt* 1) 免除 miǎnchú, 解除 jiěchú; 2) (给产妇)接生 jiēshēng; II *vi* 分娩 fēnmiǎn

Ent'bindung *f* 1) 免除 miǎnchú, 解除 jiěchú; 2) 分娩 fēnmiǎn **～sheim** *n* 妇〔婦〕产〔產〕医〔醫〕院 fùchǎn yīyuàn

ent'blößen *vt* 1) 使裸露 shǐ luǒlù; 2) 夺〔奪〕走 duózǒu, 取走 qǔzǒu

ent'decken *vt* 1)发〔發〕现 fāxiàn; 2)发觉〔覺〕 fājué, 找出 zhǎochū; 3) 透露 tòulù

Ent'deck|er *m* -s;- 发〔發〕现者 fāxiànzhě **～ung** *f* 发现 fāxiàn

'Ente *f* -n 1) 鸭 yā; 2) 失实〔實〕新闻 shīshí xīnwén

ent'ehren *vt* 使受耻辱 shǐ shòu chǐrǔ, 玷污 diànwū

ent'eignen *vt* 没收…的财产〔產〕 mòshōu … de cáichǎn

Ent'eignung *f* 没收 mòshōu

ent'erben *vt* 剥夺〔奪〕…的继〔繼〕承权〔權〕 bōduó … de jìchéngquán

'entern *vt* 强行登上 qiángxíng dēngshàng; ein Schiff ～ 劫船 jié chuán

ent|'fachen *vt* 1) 点〔點〕燃 diǎnrán; 2) 激起 jīqǐ, 引起 yǐnqǐ **～'fallen** *vi* (*s*) 1) j-m ～ 被忘记 bèi wàngjì; sein Name ist mir ～ 我忘记了他的名字; 2) auf j-n ～… 分得… fēndé…, 摊〔攤〕到… tāndào… **～'falten** *v* 1) 展开〔開〕 zhǎnkāi, 打开 dǎkāi; 2) 发〔發〕挥 fāhuī, 发展 fāzhǎn; 3) 开展 kāizhǎn; 4) sich ～ 展开 zhǎnkāi, 开放 kāifàng; 发挥 fāhuī, 发展 fāzhǎn **～'fernen** *vt* 1) 除去 chúqù, 除掉 chúdiào; 2) sich ～ 离

〔離〕去 líqù ~**fernt** *adj* 1) 远〔遠〕的 yuǎnde, 遥远的 yáoyuǎnde; 2) 疏远的 shūyuánde

Ent'fernung *f* -en 1) 距离〔離〕jùlí; 2) 清除 qīngchú, 解职〔職〕jiězhí ~**smesser** *m* -s;- 测距仪〔儀〕cèjùyí

ent|'flammen *vt, vi* (*s*) 激起 jīqǐ, 激怒 jīnù ~**'fliehen*** *vi*(*s*) 逃跑 táopǎo, 逃脱 táotuō ~**'fremden** *vt* 使疏远〔遠〕shǐ shūyuǎn ~**'führen** *vt* 绑架 bǎngjià; 诱拐 yòuguǐ; 劫持 jiéchí

Ent'führ|er *m* 劫持者 jiéchízhě, 绑匪 bǎngfěi, 拐子 guǎizi ~**ung** *f* 绑架 bǎngjià; 诱拐 yòuguǐ; 劫持 jiéchí

ent'gegen I *prep* (*D*) 同…相反 tóng … xiāngfǎn, 违〔違〕背 wéibèi; II *adv* 面对〔對〕miànduì, 迎着 yíngzhe ~**gehen*** *vi*(*s*) 迎面走去 yíngmiàn zǒuqù, 走向 zǒuxiàng ~**gesetzt** *adj* 相反的 xiāngfǎnde, 对〔對〕立的 duìlìde~-**kommen*** *vi* (*s*) 1) 向…迎面而来〔來〕xiàng … yíngmiàn ér lái; 2) 为〔爲〕达〔達〕成一致而让〔讓〕步 wèi dáchéng yīzhì ér ràngbù ~**kommend** *adj* 乐〔樂〕于〔於〕助人的 lèyú zhùrén de ~**nehmen*** *vt* 接受 jiēshòu, 领受 lǐngshòu ~**sehen*** *vi* (*D*) 等待 děngdài; 盼望 pànwàng ~**setzen** *vt* 反对〔對〕fǎnduì; 反抗 fǎnkàng ~-**stehen*** *vi* (*D*) 对〔對〕抗 duìkàng, 跟…对立 gēn … duìlì, 阻碍〔礙〕zǔ'ài ~**treten*** *vi* (*s*) (*D*) 1) 迎向 yíngxiàng; 2) 反对〔對〕fǎnduì, 阻碍 zǔ'ài

ent'gegnen *vi* 回答 huídá, 答复〔復〕dáfù

ent|'gehen* *vi* (s) 1) 逃脱 táotuō, 避免 bìmiǎn; 2) 被忽略 bèi hūlüe, 没有察觉〔覺〕méiyǒu chájué ~**'gleisen** *vi*(*s*) 1) 出轨 chūguǐ; 2) 失礼〔禮〕shīlǐ, 越轨 yuèguǐ ~**'gleiten*** *vi* (*s*) 1) (从手中)滑落 huáluò; 2) j-m ~ 脱离〔離〕…的影响〔響〕tuōlí … de yǐngxiǎng ~**'halten*** *vt* 1)包含 bāohán, 含有 hányǒu; in etw. (*D*) ~ sein …中含有; 2) sich einer Sache (*G*) ~ 放弃〔棄〕… fàngqì …; sich der Stimme ~ (投票) 弃权 ~**'haltsam** *adj* 节〔節〕制的 jiézhìde, 节欲〔慾〕的 jiéyùde

Ent'halt|samkeit *f* 节〔節〕制 jiézhì, 节欲〔慾〕jiéyù ~**ung** *f* (投票)弃〔棄〕权〔權〕qìquán

ent|'haupten *vt* 斩首 zhǎnshǒu, 砍头〔頭〕kǎntóu ~**'hüllen** *vt* 1) 揭开〔開〕jiēkāi; 2) 揭露 jiēlù, 泄露 xièlù

Enthusi'asmus *m* 热〔熱〕情 rèqíng, 热心 rèxīn; 积〔積〕极〔極〕性 jījíxìng

enthusi'astisch *adj* 热〔熱〕心的 rèxīnde, 热情的 rèqíngde

ent|'kleiden *vt, v sich* 1) 脱去…衣服 tuōqù … yīfu; 2) 宽衣 kuānyī ~**'kommen*** *vi* (*s*) 逃脱 táotuō, 逃走 táozǒu ~**'kräften** *vt* 1) 使衰弱 shǐ shuāiruò; 2) 驳倒 bódǎo ~**'laden*** *vt* 1) 卸(货) xiè; 2) ein Gewehr ~ 退子弹〔彈〕tuì zǐdàn; 3) eine Batterie ~ 使电〔電〕池放电 shǐ diànchí fàngdiàn; 4) sich ~ 放电 fàngdiàn; 爆发〔發〕bàofā, 发泄 fāxiè

Ent'ladung *f* 1) 卸货 xièhuò; 2) 放电〔電〕fàngdiàn; 3) 爆发〔發〕bàofā

ent'lang I *prp* (*D, A*) 沿着 yánzhe; den Fluß ~ 沿河; II *adv* 沿着 yánzhe; am Fluß ~ 沿河

ent|'larven *vt* 揭露 jiēlù, 揭发〔發〕jiēfā ~**'lassen*** *vt* 1) 允许离〔離〕开〔開〕yǔnxǔ líkāi, 释〔釋〕放 shìfàng; 2) 解雇〔僱〕jiěgù, 开除 kāichú

Ent'lassung *f* -en 1) 释〔釋〕放 shìfàng; 2) 解雇〔僱〕jiěgù, 开〔開〕除 kāichú

ent'lasten *vt* 1) 减轻〔輕〕负担〔擔〕jiǎnqīng fùdān; 2) 减轻罪责 jiǎnqīng zuìzé

Ent'lastungszeuge *m* 辩护〔護〕证〔證〕人 biànhù zhèngrén

ent|'laufen* *vi* (*s*) 逃跑 táopǎo, 跑掉 pǎodiào ~**'ledigen** *v sich* (*G*) 摆〔擺〕脱 bǎituō, 消除 xiāochú ~**'legen** *adj* 遥远〔遠〕的 yáoyuǎnde, 偏僻的 piānpìde ~**'lehnen** *vt* 借用 jièyòng ~**'locken** *vt* 引出 yǐnchū, 诱出 yòuchū ~-**'lohnen** *vt* 付工资 fù gōngzī, 给报〔報〕酬 gěi bàochou ~**militari'sieren** *vt* 使非军事化 shǐ fēijūnshìhuà ~**'mutigen** *vt* 使泄气〔氣〕shǐ xièqì, 使气馁 shǐ qìněi ~**'nehmen*** *vt* 1) 取 qǔ, 取出 qǔchū; 2) etw. einer Sache (*D*) / aus etw. ~ 从〔從〕…得出…结论〔論〕cóng … déchū … jiélùn, 从 … 得悉 … cóng … déxī … ~**'rätseln** *vt* 猜出 cāichū, 识〔識〕破 shípò ~**'reißen*** *vt* 抢〔搶〕走 qiǎnzǒu, 夺〔奪〕取 duóqǔ ~**'richten** *vt* 交付 jiāofù, 缴纳 jiǎonà ~**'rinnen*** *vi* (*s*) 1) 流出 liúchū; 2) 消逝 xiāoshì; 3) 逃脱 táotuō, 幸免 xìngmiǎn ~**'rollen** *vt* 展开〔開〕zhǎnkāi, 摊〔攤〕开 tānkāi ~**'rüsten** *vt* 1) 使愤怒

shǐ fènnù, 激怒 jīnù; 2) sich über etw. ~ 对〔對〕…感到气〔氣〕愤 duì … gǎndào qìfèn ~'**rüstet** *adj* 愤慨的 fènkǎide, 义〔義〕愤的 yìfènde
Ent'rüstung *f* 愤怒 fènnù
ent|'sagen *vi* 放弃〔棄〕fàngqì, 忍痛割爱〔愛〕rěntòng gē'ài; 戒除 jièchú ~**schädigen** *vt* 赔偿〔償〕péicháng, 补〔補〕偿 bǔcháng
Ent'schädigung *f* 赔偿〔償〕péicháng; 赔偿物 péichángwù; 赔偿费 péichángfèi
ent'scheiden* *vt, vi* 1) 裁决 cáijué; 判决 pànjué; (über) eine Streitfrage ~ 对有争议问题作出裁决; 2) 决定 juédìng; 3) sich ~ 抉择〔擇〕jiézé, 决定 juédìng; 4) sich für j-n/etw. ~ 选〔選〕中 … xuǎnzhòng …; 5) sich gegen eine Sache / j-n ~ 反对〔對〕(不赞成) … fǎnduì … ~**d** *adj* 决定性的 juédìngxìngde, 关〔關〕键的 guānjiànde
Ent'scheidung *f* 决定 juédìng; 判决 pànjué; 果断〔斷〕guǒduàn
ent'schieden *adj* 1) 坚〔堅〕定的 jiāndìngde, 果断〔斷〕的 guǒduànde; 2) 显〔顯〕然的 xiǎnránde
Ent'schiedenheit *f* 1) 决定 juédìng; 确〔確〕定 quèdìng; 2) 决心 juéxīn
ent|'schließen* *v sich* (作出)决定 juédìng, (下)决心 juéxīn; sich zu etw. ~ 决心做… ~'**schlossen** *adj* 坚〔堅〕定的 jiāndìngde, 果断〔斷〕的 guǒduànde
Ent'schlossenheit *f* 坚〔堅〕定 jiāndìng, 果断〔斷〕guǒduàn
Ent'schluß *m* 决定 juédìng, 决心 juéxīn
ent'schuldigen *vt* 1) 原谅 yuánliàng; 2) sich bei j-m für etw. ~ 为〔爲〕…向…表示歉意 wèi… xiàng … biǎoshì qiànyì; 3) sich ~ lassen 托人请假 tuō rén qǐngjià
Ent'schuldigung *f* -en 原谅 yuánliàng; 道歉 dàoqiàng; ich bitte (Sie) um ~ 我请您原谅
ent'setzen *vt* 1) 免职〔職〕miǎnzhí; 2) (用武力)解围〔圍〕jiěwéi; 3) 使惊〔驚〕恐 shǐ jīngkǒng, 吓〔嚇〕唬 xiàhu; 4) sich ~ 吃惊 chījīng, 惊吓 jīngxià
Ent'setzen *n* 恐怖 kǒngbù, 惊吓〔嚇〕jīngxià
ent'setzlich *adj* 可怕的 kěpàde, 骇人的 hàirénde, 令人震惊〔驚〕的 lìng rén zhènjīng de
ent|'sinnen* *v sich* sich j-s/einer Sache (an j-n/eine Sache) ~ 想起… xiǎngqǐ …, 回忆〔憶〕… huíyì…~'**spannen** *vt* 1) 使松〔鬆〕弛 shǐ sōngchí, 使缓和 shǐ huǎnhé; 2) sich ~ 休息 xiūxi; 缓和 huǎnhé
Ent'spannung *f* 1) 松〔鬆〕弛 sōngchí; 2) 缓和 huǎnhé
ent'sprechen* *vi* 1) 符合 fúhé, 适〔適〕应〔應〕shìyìng; 2) 满〔滿〕足 mǎnzú ~**d** *adj* 1) 相应的 xiāngyìngde, 相当〔當〕的 xiāngdāngde; 2) 有关〔關〕的 yǒuguānde
ent|'springen* *vi* (*s*) 1) 逃走 táozǒu; aus dem Gefängnis ~ 越狱; 2) 发〔發〕源于〔於〕fāyuán yú ~'**stammen** *vi* (*s*) 出身于〔於〕chūshēn yú; 来〔來〕源于 láiyuán yú ~'**stehen*** *vi* (*s*) 产〔產〕生 chǎnshēng, 出现 chūxiàn, 形成 xíngchéng ~'**stellen** *vt* 1) 损伤〔傷〕…的外貌 sǔnshāng … de wàimiào, 使破相 shǐ pòxiàng; 2) 歪曲 wāiqū ~'**täuschen** *vt* 使失望 shǐ shīwàng
Ent'täuschung *f* 失望 shīwàng
ent|'thronen *vt* 废〔廢〕黜 fēichù ~'**waffnen** *vt* 缴…的械 jiǎo … de xiè, 解除武装〔裝〕jiěchú wǔzhuāng
Ent'waffnung *f* -en 裁军 cáijūn
ent'wässern *vt* 排水 páishuǐ
Ent'wässerung *f* -en 1) 排水 páishuǐ, 放水 fàngshuǐ; 2) 脱水 tuōshuǐ
ent'weder *cj* ~ … oder … 或者…或者… huòzhě … huòzhě …, 要么〔麼〕… 要么 … yàome … yàome …
ent|'weichen* *vi* (*s*) 逃跑 táopǎo, 逃走 táozǒu (aus 从) ~'**wenden** *vt* 偷取 tōuqǔ (j-m etw. 某人的东西) ~'**werfen*** *vt* 1) 草拟〔擬〕cǎonǐ, 设计 shèjì; 2) 绘〔繪〕略图〔圖〕huì lüètú ~'**werten** *vt* 降低…的价〔價〕值 jiàngdī … de jiàzhí, 贬值 biànzhí
Ent'wertung *f* 1) 贬值 biǎnzhí; 2) 失去价〔價〕值 shīqù jiàzhí
ent'wickeln *vt* 1) (摄影)显〔顯〕影 xiǎnyǐng, 冲洗 chōngxǐ; 2) 发〔發〕展 fāzhǎn; 3) sich ~ 成长〔長〕chéngzhǎng, 发展 fāzhǎn
Ent'wicklung *f* -en 1) 发〔發〕展 fāzhǎn, 成长〔長〕chéngzhǎng; 2) 显〔顯〕影 xiǎnyǐng ~**shilfe** *f* (对发展中国家的经济)援助 fāzhǎn yuánzhù ~**sland** *n* 发展中国〔國〕家 fāzhǎnzhōngguójiā
ent|'wirren *vt* 解开〔開〕jiěkāi, 理顺 lǐshùn ~'**wischen** *vi* (*s*) 溜走 liūzǒu, 逃脱 táotuō; j-m ~ 趁某人不防溜掉, 甩掉某人 ~'**wöhnen** *vt* 1) 使断〔斷〕奶 shǐ duàn-

nǎi; 2) 使戒掉 shǐ jièdiào

Ent'wurf *m* 草图〔圖〕 cǎotú, 草案 cǎo'àn, 草稿 cǎogǎo

ent|'wurzeln *vt* 连根拔 lián gēn bá **~'ziehen*** *vt* 1) 收回 shōuhuí, 不再给予 bù zài jǐyǔ; 2) sich ~ 逃避 táobì, 躲避 duǒbì **~'ziffern** *vt* 译〔譯〕解（密码等） yìjiě; 辨认〔認〕出 biàn rèn chū **~'zücken** *vt* 使高兴〔興〕 shǐ gāoxìng, 使快乐〔樂〕 shǐ kuàilè

Ent'zücken *n* -s; 高兴〔興〕 gāoxìng, 狂喜 kuángxǐ

ent'zückend *adj* 1) 令人高兴〔興〕的 lìng rén gāoxìng de, 令人快乐〔樂〕的 lìng rén kuàilè de; 2) 可爱〔愛〕的 kě'àide, 媚人的 mèirénde

Ent'zug *m* -(e)s; 1) 收回 shōuhuí, 撤销 chèxiāo; 2) 剥夺〔奪〕 bōduó, 丧〔喪〕失 sàngshī

ent'zünd|bar *adj* 可燃的 kěránde **~en** *vt* 1) 使疼痛发〔發〕炎 shǐ téngtòng fāyán; 2) 激起 jīqǐ; 3) 点〔點〕燃 diǎnrán; 4) sich ~ 着火 zháohuǒ; 发炎 fāyán

Ent'zündung *f* 发〔發〕炎 fāyán

ent'zwei *adv* 粉碎 fěnsuì **~en** *vt* 1) 使分裂 shǐ fēnliè, 使不和 shǐ bùhé; 2) sich ~ 争吵 zhēngchǎo, 发〔發〕生纠纷 fāshēng jiūfēn **~gehen*** *vi(s)* 破 pò, 碎 suì

'Enzian *m* -s; -e 1) 龙〔龍〕胆〔膽〕 lóngdǎn; 2) 龙胆酊 lóngdǎndīng

Enzyklopä'die *f* -n 百科全书〔書〕 bǎikēquánshū

Epide'mie *f* -n 流行病 liúxíngbìng, 时〔時〕疫 shíyì

Epi'log *m* -s; -e （书或剧本的）结尾部分 jiéwěi bùfen, 尾声〔聲〕 wěishēng, 跋 bá

Epi'sode *f* -n （一系列事件中的）一个〔個〕事件 yīgè shìjiàn, 插曲 chāqǔ

E'poche *f* -n 新纪元 xīnjìyuán, (新)时〔時〕代 shídài

'Epos *n* -; Epen 史诗 shǐshī, 叙事诗 xùshìshī

er *pers pron* 他 tā, 它(代替阳性名词) tā

er'achten *vt* 认〔認〕为〔爲〕 rènwéi

Er'achten *n* -s; 意见〔見〕 yìjiàn; 看法 kànfǎ; meines ~s 我认〔認〕为〔爲〕 wǒ rènwéi

er'barmen *v sich* 怜〔憐〕悯 liánmǐn, 同情 tóngqíng (j-s 某人)

er'bärmlich *adj* 1) 可怜〔憐〕的 kěliǎnde, 令人同情的 lìng rén tóngqíng de; 2) 卑鄙的 bēibǐde; 3) 低劣的 dīliède

er'barmungslos *adj* 无〔無〕怜〔憐〕悯心的 wú liánmǐnxīn de, 冷酷无情的 lěngkù wúqíng de; 残〔殘〕忍的 cánrěnde

er'bauen *vt* 1) 建造 jiànzào, 建成 jiànchéng; 2) 使高兴〔興〕 shǐ gāoxìng, 鼓舞 gǔwǔ

Er'bauer *m* -s; - 建筑〔築〕师〔師〕 jiànzhùshī; 建造者 jiànzàozhě

er'baulich *adj* 令人快乐〔樂〕的 lìng rén kuàilè de, 令人高兴〔興〕的 lìng rén gāoxìng de

Er'bauung *f* -en 教诲 jiàohuì, 启〔啟〕示 qǐshì

'Erbe I *m* -n; -n 继〔繼〕承人 jìchéngrén; II *n* -s; 遗产〔產〕 yíchǎn

'erben *vt* 1) 继〔繼〕承 jìchéng; 2) 遗传〔傳〕 yíchuán

er'beuten *vt* 缴获〔獲〕 jiǎohuò

er'bitten* *vt* 求 qiú, 求得 qiúdé

'Erbkrankheit *f* 遗传〔傳〕病 yíchuánbìng

er'blassen *vi(s)* 变〔變〕得苍〔蒼〕白 biàndé cāngbái, 失色 shīsè

er'bleichen *vi(s)* 见 erblassen

'erblich *adj* 世袭〔襲〕的 shìxíde; 遗传〔傳〕的 yíchánde

er'blicken *vt* 1) 看见〔見〕 kànjiàn; 看出 kànchū; 2) 看到 kàndào, 发〔發〕现 fāxiàn

er'blinden *vi(s)* 失明 shīmíng, 变〔變〕瞎 biànxiā

er'brechen* *vt* 1) 撬开〔開〕 qiāokāi, 撕开 sīkāi; 2) 吐 tù; 3) sich ~ 呕〔嘔〕吐 ǒutù

'Erb|recht *n* 继〔繼〕承权〔權〕 jìchéngquán; 继承法 jìchéngfǎ **~schaft** *f* -en 1) 继承 jìchéng; 2) 遗产〔產〕 yíchǎn

'Erbse *f* -n 豌豆 wāndòu

'Erd|ball *m* 地球 dìqiú **~beben** *n* -s;- 地震 dìzhèn **~beere** *f* 草莓 cǎoméi **~boden** *m* 土地 tǔdì, 土壤 tǔrǎng, 地面 dìmiàn **~e** *f* -n 1) 土 tǔ, 土壤 tǔrǎng; 2) 地 dì, 地面 dìmiàn; 3) 地球 dìqiú; 4) 世界 shìjiè, 人间 rénjiān

'erden *vt* (电)把…接地 bǎ … jiēdì

er'denklich *adj* 可以想象得到的 kěyǐ xiǎnxiàng dé dào de

'Erdgeschoß *n* (楼房的)底层〔層〕 dǐcéng

er'dichten *vt* 虚构〔構〕 xūgòn, 捏造 niēzào

'erdig *adj* 泥土的 nítǔde; 泥土似的 nítǔsìde

'Erd|karte *f* 世界地图〔圖〕 shìjiè dìtú **~kugel** *f* 地球 dìqiú **~kunde** *f* 地理学〔學〕 dìlǐxué **~nuß** *f* 花生 huāshēng **~öl** *n* 石油 shíyóu **~reich** *n* 土地 tǔdì, 土壤 tǔrǎng, 土层〔層〕 tǔcéng

er'dreisten *v sich* 敢 gǎn, 竟敢 jìnggǎn
er'drosseln *vt* 勒死 lēisǐ, 掐死 qiāsǐ
er'drücken *vt* 压〔壓〕死 yāsǐ, 闷死 mēnsǐ
'Erd|rutsch *m* 山崩 shānbēng; 塌方 tāfāng **~teil** *m* 大陆〔陸〕dàlù, 洲 zhōu
er'dulden *vt* 忍受 rěnshòu, 忍耐 rěnnài
er'eifern *v sich* 激动〔動〕jīdòng; 勃然大怒 bórán dànù
er'eignen *v sich* 发〔發〕生 fāshēng, 出现 chūxiàn
Er'eignis *n* -ses; -se 事件 shìjiàn; 大事 dàshì
er'fahren I* *vt* 1) 获〔獲〕悉 huòxī, 得知 dézhī; 2) 体〔體〕验〔驗〕tǐyàn, 经〔經〕历〔歷〕jīnglì; II *adj* 有经验的 yǒu jīngyàn de, 熟练〔練〕的 shúliànde
Er'fahrung *f* -en 经〔經〕验〔驗〕jīngyàn
er'fassen *vt* 1) 抓住 zhuāzhù; 2) 领会〔會〕lǐnghuì, 理解 lǐjiě; 3) 包括 bāokuò; 4) 登记 dēngjì
er'finden* *vt* 1) 发〔發〕明 fāmíng, 创〔創〕造 chuàngzào; 2) 虚构〔構〕xūgòu, 捏造 niēzào
Er'finder *m* 发〔發〕明者 fāmíngzhě
er'finderisch *adj* 有发〔發〕明才能的 yǒu fāmíng cáinéng de, 发明创〔創〕造的 fāmíng chuàngzào de
Er'findung *f* -en 发〔發〕明 fāmíng, 创〔創〕造 chuàngzào
Er'folg *m* -(e)s; -e 1) 成功 chénggōng, 成就 chéngjiù; 2) 结果 jiéguǒ, 效果 xiàoguǒ
er'folgen *vi(s)* 跟着发〔發〕生 gēnzhe fāshēng, 结果是 jiéguǒshì
er'folg|los *adj* 无〔無〕成就的 wúchéngjiùde, 无结果的 wújiéguǒde, 徒劳〔勞〕的 túláode **~reich** *adj* 卓有成效的 zhuō yǒu chéngxiào de, 成功的 chénggōngde
er'forder|lich *adj* 必要的 bìyàode, 必需的 bìxūde **~n** *vt* 需要 xūyào, 要求 yāoqiú
Er'fordernis *n* -ses; -se 需要 xūyào, 要求 yāoqiú
er'forschen *vt* 研究 yánjiū; 考察 kǎochá; 探索 tànsuǒ
Er'forschung *f* 研究 yánjiū, 探索 tànsuǒ
er'freu|en *vt* 1) 使高兴〔興〕shǐ gāoxìng, 使喜悦 shǐ xǐyuè; 2) sich einer Sache (*G*) ~ 享受… xiǎngshòu …, 享有… xiǎngyǒu … **~lich** *adj* 令人高兴的 lìng rén gāoxìng de, 可喜的 kěxǐde
er'frieren* *vi(s)* 冻〔凍〕死 dòngsǐ, 冻僵 dòngjiāng
er'frischen *vt* 使精力恢复〔復〕shǐ jīnglì huīfù; 使精神振作 shǐ jīngshén zhènzuò
Er'frischung *f* -en 凉爽 liángshuǎng, 提神 tíshén
er'füllen *vt* 1) 充满〔滿〕chōngmǎn, 填满 tiánmǎn; 2) 执〔執〕行 zhíxíng, 实〔實〕行 shíxíng; 3) sich ~ 实现 shíxiàn
Er'füllung *f* 执〔執〕行 zhíxíng, 实〔實〕现 shíxiàn
er'gänzen *vt* 补〔補〕充 bǔchōng, 使完善 shǐ wánshàn **~d** *adj* 补充的 bǔchōngde
Er'gänzung *f* -en 补〔補〕充 bǔchōng
er'geben I* *vt* 1) 产〔產〕生 chǎnshēng, 得出 déchū, 有…结果 yǒu … jiéguǒ; 2) sich ~ 投降 tóuxiáng; 3) sich aus etw. ~ 由…产生 yóu … chǎnshēng, 从〔從〕…得出 cóng … déchū; 4) sich in etw. ~ 顺应〔應〕… shùnyìng …; II *adj* 忠诚的 zhōngchéngde, 顺从的 shùncóngde
Er'gebenheit *f* 忠诚 zhōngchéng, 忠顺 zhōngshùn
Er'gebnis *n* -ses; -se 1) 结果 jiéguǒ, 成果 chéngguǒ; 2) (比赛中的)得分 défēn
er'gehen* *vi(s)* 1) 发〔發〕出 fāchū, 发布 fābù, 公布 gōngbù; einen Befehl ~ lassen 发出一项命令; 2) etw. über sich ~ lassen 对〔對〕…听〔聽〕其自然 duì … tīng qí zìrán, 忍受 … rěnshòu …; 3) wie ist es ihm ergangen? 他情况如何? tā qíngkuàng rúhé? 4) sich in etw. (*D*) ~ 烦琐地诉说 … fánsuǒde sùshuō
er'giebig *adj* 多产〔產〕的 duōchǎnde; 肥沃的 féiwòde
er'gießen* *v sich* 流 liú; 涌出 yǒngchū
er'greifen* *vt* 1) 抓住 zhuāzhù, 握住 wòzhù (einen Dieb 小偷, die Gelegenheit 机会); 采〔採〕取 cǎiqǔ (Maßnahmen 措施); das Wort ~ 发〔發〕言 fāyán; 2) 夺〔奪〕取 duóqǔ (Macht 政权); 3) 打动〔動〕dǎdòng, 感动 gǎndòng; 4) 侵袭〔襲〕qīnxí
Er'greifenheit *f* 激动〔動〕jīdòng, 感动 gǎndòng
er'gründen *vt* 探究 tànjiū, 盘〔盤〕根究底 pángēn jiūdǐ
er'haben *adj* 1) 凸出的 tūchūde; 2) 高于〔於〕…的 gāoyú … de, 超然的 chāoránde; über etw. (*A*) ~ sein 高于…的; 3) 崇高的 chónggāode, 庄〔莊〕严〔嚴〕的 zhuāng-

yánde

er'halten I* *vt* 1) 收到 shōudào, 得到 dédào; 2) 保持 bǎochí, 保存 bǎocún; 3) 扶养〔養〕 fúyǎng, 赡养 shànyǎng; 4) sich von etw. ～ 靠…维持生活 kào … wéichí shēnghuó; II *adj* 完好的 wánhǎode, 保存良好的 bǎocún liánghǎo de

er'hältlich *adj* 可获〔獲〕得的 kěhuòdéde, 可买〔買〕到的 kěmǎidàode

er'hängen *vt* 1) 绞死 jiǎosǐ; 2) sich ～ 自缢 zìyì, 上吊 shàngdiào

er'härten *vt* 1) 使变〔變〕硬 shǐ biànyìng; 2) 证〔證〕明 zhèngmíng, 证实〔實〕 zhèngshí

er'heb|en* *vt* 1) 举〔舉〕起 jǔqǐ, 抬起 táiqǐ; 2) 收 shōu, 征收 zhēngshōu (Steuern 赋税, Zoll 关税); 3) 提升 tíshēng, 提拔 tíbá, 升格 shēnggé; 4) 提出 tíchū (Klage 讼诉); 5) sich ～ (日、月、星)升起 shēngqǐ; (问题等)出现 chūxiàn ～**end** *adj* 崇高的 chónggāode, 高尚的 gāoshàngde; 激励〔勵〕人心的 jīlì rénxīn de ～**lich** *adj* 相当〔當〕大的 xiāngdāng dà de; 重要的 zhòngyàode

Er'hebung *f* -en 1) 提高 tígāo, 提升 tíshēng; 2) 征收 zhēngshōu; ～ von Steuern 征税; 3) 起义〔義〕 qǐyì; 4) 台〔臺〕地 táitì

er|'heitern *vt* 使欢〔歡〕快 shǐ huānkuài, 逗乐〔樂〕 dòulè ～**'hellen** *vt* 1) 照亮 zhàoliàng, 使明亮 shǐ míngliàng; 2) 澄清 chéngqīng, 使明朗 shǐ mínglǎng ～**'hitzen** *vt* 1) 加热〔熱〕于〔於〕 jiārèyú; 2) 激动〔動〕 jīdòng; 3) sich ～ 发〔發〕热 fārè; 激动 jīdòng ～**'hoffen** *vt* 盼望 pànwàng, 期望 qīwàng ～**'höhen** *vt* 1) 加高 jiāgāo, 使升高 shǐ shēnggāo; 2) 提高 tígāo, 增加 zēngjiā

Er'höhung *f* -en 1) 提高 tígāo, 增长〔長〕 zēngzhǎng; 2) 山丘 shānqiū

er'holen *v sich* 复〔復〕原 fùyuán; 痊愈 quányù

Er'holung *f* -en 休养〔養〕 xiūyǎng, 恢复〔復〕 huīfù

er'innern *vt* 1) j-n an (*A*) ～ 提醒某人 … tíxǐng mǒurén …, 使某人想起 … shǐ mǒurén xiǎngqǐ …; 2) sich an (*A*) ～ 想起 … xiǎngqǐ …, 回忆〔憶〕… huíyì …

Er'innerung *f* -en 1) 记忆〔憶〕 jìyì, 回忆 huíyì; 2) 提醒 tíxǐng; 3) *pl* 回忆录〔錄〕 huíyìlù

er'kälten *v sich* 伤〔傷〕风〔風〕 shāngfēng, 感冒 gǎnmào

Er'kältung *f* -en 着凉 zháoliáng, 感冒 gǎnmào

er'kennen* *vt* 1) 辨认〔認〕 biànrèn, 识〔識〕别 shíbié; 2) 认出 rènchū, 认识 rènshí

er'kenntlich *adj* 1) 察觉〔覺〕得到的 chájué dédào de, 看得出的 kàndéchūde; 2) sich ～ zeigen 表示感谢 biǎoshì gǎnxiè

Er'kenntnis I *f* 1) 认〔認〕识〔識〕 rènshí, 见〔見〕识 jiànshi, 知识 zhīshi; 2) 认识力 rènshílì, 理解力 lǐjiělì; II *n* -ses, -se 判决 pànjué

Erker *m* -s; - 房间向外凸出部分 fángjiān xiàng wài tūchū bùfen ～**fenster** *n* 凸窗 tūchuāng

er'klär|en *vt* 1) 解释〔釋〕 jiěshì, 说明 shuōmíng; 2) 声〔聲〕明 shēngmíng, 宣布 xuānbù; 3) sich für (gegen) j-n ～ 表示赞〔讚〕成(反对)… biǎoshì zànchéng… ～**lich** *adj* 可解释的 kějiěshìde, 可说明的 kěshuōmíngde

Er'klärung *f* 1) 解释〔釋〕 jiěshì, 说明 shuōmíng; 2) 宣言 xuānyán; 声〔聲〕明 shēngmīng

er|'klingen* *vi(s)* 发〔發〕出响〔響〕声〔聲〕 fāchū xiǎngshēng ～**'kranken** *vi(s)* 生病 shēngbìng, 患病 huànbìng (an *D*)

Er'krankung *f* -en 生病 shēngbìng, 患病 huànbìng

er|'kunden *vt* 1) 勘察 kānchá; 2) 侦察 zhēnchá ～**'kundigen** *v sich* 询问 xúnwèn, 打听〔聽〕 dǎtīng; sich nach etw. ～ 打听 …; sich über j-n/etw. ～ 探询 …

Er'kundigung *f* -en 询问 xúnwèn, 打听〔聽〕 dǎtīng

er|'lahmen *vi(s)* 1) 疲倦 píjuàn, 疲乏 pífá; 2) 减弱 jiǎnruò, 松〔鬆〕懈 sōngxiè ～**'langen** *vt* 获〔獲〕得 huòdé, 得到 dédào; 达〔達〕到 dádào

Er'laß *m* ..sses; ..sse 1) 法令 fàlìng, 布告 bùgào; 2) 免除 miǎnchú, 赦免 shèmiǎn

er|'lassen* *vt* 1) 公布 gōngbù, 发〔發〕布 fābù; 2) 免除 miǎnchú; 豁免 huōmiǎn; j-m etw. ～ 给某人免去… ～**'lauben** *vt* 1) 允许 yǔnxǔ, 同意 tóngyì; 2) sich (*D*) etw. ～ 冒昧做… màomèi zuò…; 买〔買〕得起… mǎidéqǐ …

Er'laubnis *f* 许可 xǔkě, 同意 tóngyì; 批准 pīzhǔn

er'läutern *vt* 解释〔釋〕 jiěshì, 阐明 chǎnmíng, 讲〔講〕解 jiǎngjiě

Er'läuterung *f* 解释〔釋〕 jiěshì; 注释 zhùshì

er'leben *vt* 1) (活着)看到 kàndào; 2) 体〔體〕验〔驗〕 tǐyàn, 经〔經〕历〔歷〕 jīnglì, 感受 gǎnshòu

Er'lebnis *n* -ses; -se 1) 经〔經〕历〔歷〕jīnglì, 阅历 yuèlì; 2) 冒险〔險〕màoxiǎn; 奇遇 qíyù

er'ledig|en *vt* 1) 迅速办〔辦〕理 xùnsù bànlǐ, 了结 liǎojié; 2) 杀〔殺〕死 shāsǐ, 处〔處〕决 chǔjué **~t** *adj* 1) 完结的 wánjiéde, 了却的 liǎoquède; du bist für mich ~ 我和你断绝关系了; 2) 精疲力竭的 jīngpílìjié de

er'leichtern *vt* 1) 减轻〔輕〕(负担) jiǎnqīng; 2) 使容易 shǐ róngyì, 使便利 shǐ biànlì; 3) 宽解 kuānjiě, 宽慰 kuānwèi

Er'leichterung *f* -en 1) 減轻〔輕〕jiǎnqīng; 2) 轻松〔鬆〕qīngsōng, 宽慰 kuānwèi

er|'leiden* *vt* 1) 忍受 rěnshòu; 2) 遭受 zāoshòu, 蒙受 méngshòu **~'lernen** *vt* 学〔學〕会〔會〕xuéhuì **~'leuchten** *vt* 1) 照亮 zhàoliàng; 2) 使恍然大悟 shǐ huǎngrán dàwù

Er'leuchtung *f* -en 1) 照明 zhàomíng, 照亮 zhàoliàng; 2) 恍然大悟 huǎngrán dàwù

er'liegen *vi(s)* (*D*) 屈服 qūfú, 屈从〔從〕qūcóng; 死 sǐ

er'logen *adj* 捏造的 niēzàode

Er'lös *m* -es; -e 收入 shōurù, 收益 shōuyì

er|'loschen *adj* 熄灭〔滅〕了的 xīmièlede; ~e Vulkane 死火山 **~löschen*** *vi(s)* 1)熄灭〔滅〕xīmiè; 2) 消失 xiāoshī, 死绝 sǐjué **~lösen** *vt* 1) (经变)卖〔賣〕(而)得 màidé; 2) 拯救 zhěngjiù, 解救 jiějiù

Er'lös|er *m* -s; - 1) 救助者 jiùzhùzhě; 2) 救世主 jiùshìzhǔ **~ung** *f* 拯救 zhěngjiù, 解救 jiějiù

er|'mächtigen *vt* 授权〔權〕shòuquán **~'mahnen** *vt* j-n zu etw. ~ 告诫某人 … gàojiè mǒurén …, 提醒某人 … tíxǐng mǒurén …

Er'mahnung *f* 告诫 gàojiè

er'mäßigen *vt* 降低 jiàngdī, 减少 jiǎnshǎo

Er'messen *n* -s; 1) 判断〔斷〕pànduàn, 估计 gūjì; 2) 决定 juédìng

er|'mitteln *vt* 查明 chámíng; (侦)查出 cháchū **~'möglichen** *vt* 使能够 shǐ nénggòu, 使有可能 shǐ yǒu kěnéng **~'morden** *vt* 谋杀〔殺〕móushā, 暗杀 ànshā **~'müden** I *vt* 使疲倦 shǐ píjuàn, 使疲劳〔勞〕shǐ píláo; II *vi(s)* 疲倦 píjuàn, 疲劳 píláo

Er'müdung *f* 疲倦 píjuàn, 疲劳〔勞〕píláo

er|'muntern *vt* 1) 叫醒 jiàoxǐng; 2) 使活跃〔躍〕shǐ huóyuè, 使振作 shǐ zhènzuò; j-n zu etw. ~ 勉励某人做… **~'mutigen** *vt* 鼓励〔勵〕gǔlì, 支持 zhīchí **~'nähren** *vt* 养〔養〕活 yǎnghuó, 赡养 shànyǎng

Er'nähr|er *m* -s;- 养〔養〕家活口的人 yǎngjiā huókǒu de rén, 供养者 gōngyǎngzhě **~ung** *f* 1) 赡养 shànyǎng; 抚〔撫〕养 fǔyǎng; 2) 营〔營〕养 yíngyǎng

er|'nennen *vt* 委任 wěirèn, 任命 rènmìng **~'neuern** *vt* 1) 使新 shǐ xīn; 更新 gēngxīn; 2) 换新 huànxīn, 修复〔復〕xiūfù; 3) 延长〔長〕yáncháng; 重新开〔開〕始 chóngxīn kāishǐ

Er'neuerung *f* 修复〔復〕xiūfù; 革新 géxīn

er'neut *adv* 重新 chóngxīn, 再次 zàicì

er'niedrigen *vt* 1) 贬低 biǎndī, 侮辱 wǔrǔ; 2) sich ~ 贬低自己 biǎndī zìjǐ, 降低身分 jiàngdī shēnfen

ernst *adj* 见 ernsthaft

Ernst *m* -es; 1) 严〔嚴〕肃〔肅〕yánsù; 2) 认〔認〕真 rènzhēn, 真心 zhēnxīn; 3) 严重 yánzhòng, 危险〔險〕wēixiǎn

'ernst|haft *adj*, **~lich** *adj* 1) 严〔嚴〕肃〔肅〕的 yánsùde; 2) 认〔認〕真的 rènzhēnde; 3) 严重的 yánzhòngde; 危急的 wēijíde

'Ernte *f* -n 1) 收获〔獲〕shōuhuò; 2) 收成 shōucheng, 收获物 shōuhuòwù

'ernten *vt* 1) 收割 shōugē, 收获〔獲〕shōuhuò; 2) 获得 huòdé, 得到 dédào

er'nüchtern *vt* 1) 使清醒 shǐ qīngxǐng; 2) 使醒悟 shǐ xǐngwù

Er'nüchterung *f* -en 清醒 qīngxǐng; 醒悟 xǐngwù

Er'oberer *m* -s; - 征服者 zhēngfúzhě, 占〔佔〕领者 zhànlǐngzhě

er'obern *vt* 征服 zhēngfú, 占〔佔〕领 zhànlǐng

Er'oberung *f* -en 1) 征服 zhēngfú; 2) 掠取物 lüèqǔwù

er|'öffnen *vt* 1) 开〔開〕始 kāishǐ, 开幕 kāimù, 开张〔張〕kāizhāng; 2) j-m etw. ~ 向某人透露… xiàng mǒurén tòulù …, 向某人坦白说出 … xiàng mǒurén tǎnbái shuōchū … **~'örtern** *vt* 讨论〔論〕tǎolùn, 商议〔議〕shāngyì

er'picht *adj* auf etw. (*A*) ~ sein 热〔熱〕中于〔於〕… rèzhōngyú …, 追求 … zhuīqiú …

er'pressen *vt* 敲诈 qiāozhà, 勒索 lèsuǒ

Er'presser *m* -s;- **~in** *f* -nen 敲诈勒索者 qiāozhà lèsuǒ zhě

er|'proben *vt* 试验〔驗〕shìyàn; 考验 kǎoyàn **~'raten*** *vt* 猜出 cāichū, 猜到 cāidào, 猜中 cāizhòng **~'regbar** *adj* 易激动〔動〕的 yì jīdòngde, 易兴〔興〕奋〔奮〕的 yì xìngfènde **~'regen** *vt* 1) 刺激 cìjī, 使激动 shǐ jīdòng; 2) 激起 jīqǐ, 引起 yǐuqǐ

Er'reg|er *m* -s; - 1) (电) 励〔勵〕磁机〔機〕lìcíjī; 2) 病原体〔體〕bìngyuángtǐ **~ung** *f* 1) 激动〔動〕jīdòng, 激起 jīqǐ; 2) 兴〔興〕奋〔奮〕xìngfèn

er'reich|bar *adj* 易达〔達〕到的 yì dádào de, 可得到的 kě dédào de **~en** *vt* 1) 够得着 gòu dé zháo; 2) 抵达 dǐdá, 到达 dàodá; 3)达到 dàdáo; 4) 赶〔趕〕上(火车) gǎnshàng; 5) 与〔與〕…联〔聯〕系〔係〕上 yǔ … liánxìshàng; j-n telefonisch ~ 打电话与某人联系上

er|'richten *vt* 1) 建造 jiànzào; 2) 创〔創〕立 chuànglì, 设立 shèlì **~'ringen*** *vt* 获〔獲〕得 (成功) huòdé **~'röten** *vi(s)* 脸〔臉〕红 liǎn hóng

Er'rungenschaft *f* -en 成绩 chéngjī, 成就 chéngjiù

Er'satz *m* -es; 1) 代替者 dàitìzhě, 代替人 dàitìrén; 2) 代用品 dàiyòngpǐn, 替换物 tìhuànwù; 3) 赔偿〔償〕péicháng, 补〔補〕偿 pǔcháng; ~ leisten 赔偿 **~mann** *m* 代替人 dàitìrén **~mine** *f* (铅笔的)替换笔〔筆〕心 tìhuàn bǐxīn **~teil** *n, m* 备〔備〕用件 bèiyòngjiàn

er|'schaffen* *vt* 创〔創〕造 chuànzào **~'schallen(*)** *vi (s)* 发〔發〕出响〔響〕声〔聲〕fāchū xiǎngshēng **~'scheinen*** *vi(s)* 1) 出现 chūxiàn, 显〔顯〕现 xiǎnxiàn; 2) 出席 chūxí; 3) 出版 chūbǎn; 4) 看来〔來〕kànlái

Er'scheinung *f* -en 1) 现象 xiànxiàng; 2) 外表 wàibiǎo; 3) 幻象 huànxiàng, 幽灵〔靈〕yōulíng; 4) in ~ treten 出现 chūxiàn

er|'schießen* *vt* 击〔擊〕毙〔斃〕jībì **~'schlagen*** *vt* 打死 dǎsí, 砸死 zásǐ, 击毙 jībì **~'schließen*** *vt* 1) 开〔開〕辟〔闢〕kāipì, 开发〔發〕kāifā; 2) 吐露 tǔlù, 倾诉 qīngsù; 3) 推论〔論〕tuīlùn **~'schöpfen** *vt* 1) 用尽〔盡〕yòngjìn, 耗尽 hàojìn; 2) 使筋疲力尽 shǐ jīn pí lì jìn; 3) 彻〔徹〕底研究 chèdǐ yánjiū, 详论〔論〕xiánglùn

Er'schöpfung *f* 精疲力竭 jīngpí lìjié

er'schrecken I *vt* 使惊〔驚〕恐 shǐ jīngkǒng, 吓〔嚇〕唬 xiàhu; II* *vi (s)* 惊恐 jīngkǒng, 害怕 hàipà (über *A*) **~d** *adj* 吓人的 xiàrénde, 可怕的 kěpàde

er'schüttern *vt* 1) 摇动〔動〕yáodòng, 震动 zhèndòng; 2) 使震惊〔驚〕shǐ zhènjīng, 使感动 shǐ gǎndòng

Er'schütterung *f* -en 1) 震动〔動〕zhèndóng; 2) 激动 jīdóng, 感动 gǎndóng; 3) (脑)震荡 zhèndáng; 4) 动摇 dóngyáo, 毁损 huǐsǔn

er'schweren *vt* 使困难〔難〕shǐ kùnnan, 妨碍〔礙〕fáng'ài

er'schwinglich *adj* 支付得起的 zhīfù dé qǐ de

er|'sehen* *vt* 看出 kànchū, 看到 kàndào; etw. aus etw. ~ 从…看出… **~'sehnen** *vt* 渴望 kěwàng **~'setzen** *vt* 1) 代替 dàitì, 替换 tìhuàn; 2) 赔偿〔償〕péicháng, 补〔補〕偿 bǒcháng

er'sichtlich *adj* 明显〔顯〕的 míngxiǎnde

er'sparen *vt* 1) 节〔節〕省 jiéshěng, 储蓄 chǔxù; 2) 省去 shěngqù, 避免 bìmiǎn

Er'sparnis *f* -se 储蓄 chǔxù; 储金 chǔjīn

erst I *adj* der (die, das) ~e 第一 dìyī, 首先 shǒuxiān, 头〔頭〕等 tóuděng; II *adv* 1) 先 xiān, 首先 shǒuxiān; 2) 才〔纔〕cái; 3) 尤其 yóuqí, 更加 gèngjiā; ~ recht 恰好 qiàhǎo

er|'starren *vi (s)* 1) 凝固 nínggù, 凝结 níngjié; 2) 僵化 jiānghuà; 3) 冻〔凍〕僵 dòngjiāng; 4) (因惊吓而)发〔發〕愣 fālèng **~'statten** *vt* 1) 归〔歸〕还〔還〕guīhuán, 偿〔償〕还 chánghuán; 2) Bericht ~ 作报〔報〕告 zuò bàogào

'Erstaufführung *f* 首次上演 (或放映) shǒucì shàngyǎn

er'staunen I *vt* 使惊〔驚〕讶 shǐ jīngyà, 使惊奇 shǐ jīngqí; II *vi (s)* 惊讶 jīngyà, 惊奇 jīngqí (über *A*)

Er'staunen *n* 惊〔驚〕讶 jīngyà, 惊奇 jīngqí; in ~ setzen 使惊讶

er'staunlich *adj* 惊〔驚〕讶的 jīngyàde, 令人惊异〔異〕的 lìng rén jīngyì de

er'stechen* *vt* 刺死 cìsǐ

'erstens *adv* 首先 shǒuxiān, 第一 dìyī

er'sticken *vt, vi(s)* 1) 闷死 mènsǐ, (使)窒息 zhìxī; 2) 扼杀〔殺〕èshā, 消灭〔滅〕xiāomiè

'erstklassig *adj* 第一流的 dìyīliúde, 头〔頭〕等的 tóuděngde

er'streben *vt* 追求 zhuīqiú, 寻〔尋〕

求 xúnqiú ~**swert** *adj* 值得追求的 zhídé zhuīqiú de

er|'strecken *v sich* 1) 延伸 yánshēn, 延长〔長〕 yáncháng (über *A*); 2) sich auf j-n/etw. ~ 涉及… shèjí …, 关〔關〕系到… guānxìdào … ~'**suchen** *vt* 请求 qǐngqiú, 恳〔懇〕求 kěnqiú; j-n um etw. ~ (j-n ~, etw. zu tun) 恳求某人做… ~'**tappen** *vt* 抓住 zhuāzhù; 逮住 dǎizhù; auf frischer Tat ~ 当场逮住 ~'**tönen** *vi(s)* 发〔發〕出响〔響〕声〔聲〕 fāchū xiǎngshēng

Er'trag *m* -(e)s; *ue* 1) 收获〔獲〕量 shōuhuòliàng, 产〔產〕量 chǎnliàng; 2) 收益 shōuyì

er'tragen* *vt* 忍受 rěnshòu, 忍耐 rěnnài

er'träglich *adj* 可忍受的 kěrěnshòude, 可容许的 kěróngxǔde; 尚可的 shàngkěde

er|'tränken *vt* 淹死 yānsǐ, 溺死 nìsǐ ~'**trinken*** *vi(s)* 淹死 yānsǐ ~'**übrigen** *vt* 1) 省下 shěngxià, 留出 liúchū; 2) sich ~ 多余〔餘〕 duōyú, 不必要 bùbìyào ~'**wachen** *vi(s)* 醒来〔來〕 xǐnglái, 睡醒 shuìxǐng ~'**wachsen** I* *vi(s)* 发〔發〕生 fāshēng, 成长〔長〕 chéngzhǎng; II *adj* 成年的 chéngniánde; 成熟的 chéngshúde

Er'wachsene *m, f* -n; -n 成年人 chéngniánrén

er|'wägen* *vt* 考虑〔慮〕 kǎolǜ, 斟酌 zhēnzhuó, 衡量 héngliáng ~'**wähnen** *vt* 说到 shuōdào, 提及 tíjí ~'**wärmen** *vt* 1) 使热〔熱〕 shǐ rè, 加热 jiārè; 2) sich ~ 变〔變〕暖和 biàn nuǎnhuo ~'**warten** *vt* 1) 等待 děngdài, 等候 děnghòu; 2) 期待 qīdài, 期望 qīwàng

Er'wartung *f* 期待 qīdài, 期望 qīwàng

er|'wecken *vt* 1) 唤醒 huànxǐng; 2) 唤起 huànqǐ, 引起 yǐnqǐ ~'**wehren** *v sich* sich j-s/einer Sache ~ 抵御〔禦〕… dǐyù … ~'**weichen** *vt* 1) 使软化 shǐ ruǎnhuà; 2) 感动〔動〕 gǎndòng, 使心软 shǐ xīnruǎn ~'**weisen*** *vt* 证〔證〕明 zhèngmíng, 证实〔實〕 zhèngshí ~'**weitern** *vt, v sich* 扩〔擴〕大 kuòdà, 扩张〔張〕 kuòzhāng, 扩展 kuòzhǎn

Er'werb *m* -(e)s; -e 1) 获〔獲〕得 huòdé; 2) 挣得的钱〔錢〕 zhéngdéde qián; 3) 购〔購〕买〔買〕 gòumǎi, 购置 gòuzhì

er'werben* *vt* 1) 挣得 zhéngdé; 2) 购〔購〕进〔進〕 gòujìn, 买〔買〕到 mǎidào; 3) 学〔學〕会〔會〕 xuéhuì, 掌握 zhǎngwò

er'werbs|los *adj* 失业〔業〕的 shīyède ~**tätig** *adj* 有职〔職〕业〔業〕的 yǒu zhíyè de ~**unfähig** *adj* 丧〔喪〕失劳〔勞〕动〔動〕能力的 sàngshì láodòng nénglì de

Er'werbszweig *m* 商业〔業〕部门〔門〕 shāngyè bùmén

er|'widern *vt* 1) 回答 huídá, 答复〔復〕 dáfù; 2) 回报〔報〕 huíbào, 报答 bàodá ~'**wischen** *vt* 1) (当场)逮住 dǎizhù, 捕获〔獲〕 pǔhuò; 2) 意外得到 yìwài dédào; 3) 刚〔剛〕巧赶〔趕〕上 gāngqiǎo gǎnshàng ~'**wünscht** *adj* 1) 受欢〔歡〕迎的 shòu huānyíng de; 2) 预期的 yùqīde, 如愿〔願〕的 rúyuànde ~'**würgen** *vt* 勒死 lēisǐ, 掐死 qiāsǐ

Erz *n* -es; -e 矿〔礦〕石 kuàngshí

er'zählen *vt* 1) 讲〔講〕 jiǎng, 讲述 jiǎngshù, 叙述 xùshù; 2) 告诉 gàosù

Er'zähl|er *m*, ~**in** *f* 1) 讲〔講〕述者 jiǎngshùzhě; 2) 故事作者 gùshì zuòzhě, 短篇小说作者 duǎnpiān xiǎoshuō zuòzhě ~**ung** *f* 故事 gùshì, 短篇小说 duǎnpiān xiǎoshuō

'Erzbischof *m* 大主教 dàzhǔjiào

er'zeugen *vt* 1) 制〔製〕造 zhìzào, 生产〔產〕 shēngchǎn; 2) 引起 yǐnqǐ, 产生 chǎnshēng

Er'zeug|er *m* -s; - 1) 生身父亲〔親〕 shēngshēn fuqīn; 2) 制〔製〕造者 zhìzàozhě, 生产〔產〕者 shēngchǎnzhě ~**nis** *n* 1) 产品 chǎnpǐn; 2) 作品 zuòpín, 成果 chéngguǒ ~**ung** *f* 生产 shēngchǎn, 制造 zhìzào

'Erzfeind *m* 不共戴天的仇敌〔敵〕 bù gòng dài tiān de chóudí, 死敌 sǐdí

er'ziehen* *vt* 教育 jiàoyù, 培养〔養〕 péiyǎng

Er'zieher *m* -s;-, ~**in** *f* -nen 教育者 jiàoyùzhě

Er'ziehung *f* -en 1) 教育 jiàoyù; 2) 教养〔養〕 jiàoyǎng ~**swesen** *n* -s; 教育事业〔業〕 jiàoyù shìyè

er|'zielen *vt* 1) 达〔達〕到 dádào, 取得 qǔdé; 2) 射进〔進〕 shèjìn (Tor 球门) ~'**zwingen*** *vt* 强迫 qiǎngpò, 迫使 pòshǐ

es *pron* I *pers* 它(他,她) tā; wo ist das Buch? — ~ ist auf dem Tisch 书在哪儿? — (它)在桌子上; das Mädchen blieb stehen, als ~ seine Mutter sah 当女孩看见她母亲时,她站住了; II *inper* ~ gibt 有 yǒu; ~ ist kalt 天冷

了 tiān lěng le; ~ klopft 有人敲门〔門〕yǒu rén qiāo mén

'Esche *f* -n 梣 chén, 白蜡〔蠟〕树〔樹〕báilàshù

'Esel *m* -s; - 1) 驴〔驢〕lǘ; 2) 蠢驴 chǔnlǘ, 蠢货 chǔnhuò **~sbrück** *f* 1) 备〔備〕忘记号〔號〕bèiwàng jìhao; 2) (供学生抄袭用的) 题解本 tíjiěběn **~sohr** *n* (书页的)折角 zhéjiǎo

Es'korte *f* -n 1) 护〔護〕卫〔衛〕hùwèi; 2) 护送队〔隊〕hùsòngduì; 3) 护航 hùháng

'Espe *f* -n 白杨〔楊〕báiyáng

'eßbar *adj* 可食用的 kěshíyòngde

'essen* I *vi* 吃 chī; zu Mittag ~ 吃午饭; zu Abend ~ 吃晚饭; auswärts ~ 在外面吃饭, 在饭馆吃饭; II *vt* 吃 chī; etw. zu Mittag ~ 中午吃…

'Essen *n* -s; - 1) 食物 shíwù, 饭菜 fàncài; 2) 进〔進〕餐 jìncān, 宴会〔會〕yànhuì **~szeit** *f* 吃饭时〔時〕间 chīfàn shíjiān

Es'senz *f* -en 1) 本质〔質〕běnzhì, 实〔實〕质 shízhì; 2) 香精 xiāngjīng, 香料 xiāngliào

'Essig *m* -s; -e 醋 cù

'Eß|löffel *m* 汤〔湯〕匙 tāngchí **~stäbchen** *pl* 筷子 kuàizi **~tisch** *m* 饭桌 fànzhuō, 餐桌 cānzhuō **~waren** *pl* 食品 shípǐn **~zimmer** *n* 吃饭间 chīfànjiān, 餐室 cānshì

eta'blieren *vt* 设立 shèlì; 建立 jiànlì; 开〔開〕办〔辦〕kāibàn

Etage [e'tɑ:gə] *f* -n 楼〔樓〕层〔層〕lóucéng

E'tappe *f* -n 1) (军)基地 jīdì, 后〔後〕方 hòufāng; 2) (进展的) 时〔時〕期 shíqī, 阶〔階〕段 jiēduàn; 一段旅程 yīduàn lǚchéng

E'tat *m* -s; -s 预算 yùsuàn

'Ethik *f* 论〔倫〕理学〔學〕lúnlǐxué

Eti'kett *n* -(e)s;-e(-s) 标〔標〕签〔簽〕biāoqiān; 标价〔價〕牌子 biāojià páizi **~e** *f* -n 礼〔禮〕节〔節〕lǐjié, 礼仪〔儀〕lǐyí

etiket'tieren *vt* 贴标〔標〕签〔簽〕于〔於〕tiē biāoqiān yú; 给…贴上标签 gěi … tiēshàng biāoqiān

'etliche *indef pron* 若干 ruògān, 几〔幾〕个〔個〕jǐgè

Etui [e'tvi:] *n* -s; -s 盒 hé, 袋子 dàizi

'etwa *adv* 1) 也许 yěxǔ, 可能 kěnéng; nicht ~ 绝不, 不可能; 2) 约 yuē, 大约 dàyuē, 差不多 chàbùduō; 3) 比如 bǐrú, 例如 lìrú **~ig** *adj* 可能的 kěnéngde, 可能发〔發〕生的 kěnéng fāshēng de; 意外的 yìwàide

'etwas I *indef pron* 某物 mǒuwù, 某事 mǒushì; II *adj* 一些 yīxiē, 一点〔點〕yīdiǎn; III *adv* 有点儿〔兒〕yǒu diǎnr

euch *pers pron* (ihr 的第三、四格) 你们 nǐmen

'euer *pers pron* 1) 你们的 nǐmende; 2) (ihr 的第二格)你们 nǐmen

'Eule *f* -n 1)猫〔貓〕头〔頭〕鹰 māodóuyīng; 2) ~n nach Athen tragen 多此一举〔舉〕duō cǐ yī jǔ

'euresgleichen *pron* 像你们这〔這〕样〔樣〕的人 xiàng nǐmen zhèyàng de rén

Euro'päer *m* -s; - 欧〔歐〕洲人 ōuzhōurén

euro'päisch *adj* 欧洲的 ōuzhōude

'Euter *n* -s;- (牛、羊的)乳房 rǔfáng

evaku'ieren *vt* 撤离〔離〕chèlí, 疏散 shūsàn

eventu'ell I *adj* 可能发〔發〕生的 kěnéng fāshēng de, 万〔萬〕一的 wànyīde; II *adv* 也许 yěxǔ, 可能 kěnéng

'ewig *adj* 1) 永久的 yǒngjiǔde, 永存的 yǒngcúnde, 不朽的 bùxiǔde, 永恒的 yǒnghéngde; 2) 连续〔續〕不断〔斷〕的 liánxù bùduàn de, 长〔長〕久的 chángjiǔde; auf ~ 永远

'Ewigkeit *f* -en 1) 永恒 yǒnghéng, 无〔無〕穷〔窮〕wúqióng; 2) 永生 yǒngshēng; 3) 长〔長〕久 chángjiǔ; seit einer ~ 久远, 长久

e'xakt *adj* 准〔準〕确〔確〕的 zhǔnquède, 精确的 jīngquède

E'xamen *n* -s;- (..mina) 考试 kǎoshì

exami'nieren *vt* 检〔檢〕查 jiǎnchá, 考试 kǎoshì

Exeku'tive *f* 执〔執〕行权〔權〕zhíxíngquán

E'xempel *n* -s; - 例子 lìzi, 例证〔證〕lìzhèng; ein ~ (an j-m) statuieren 作为儆戒

Exem'plar *n* -s; -e 1) 标〔標〕本 biāoběn, 样〔樣〕本 yàngběn, 样品 yàngpǐn; 2) 本 běn, 册 cè, 份 fèn

exer'zieren *vt, vi* 操练〔練〕cāoliàn, 训练 xùnliàn

E'xil *n* -s; -e 流放 liúfàng, 放逐 fàngzhú

Exi'stenz *f* -en 1) 存在 cúnzài; 2) 生活 shēnghuó, 生计 shēngjì

exi'stieren *vi* 存在 cúnzài; 生存 shēngcún

e'xotisch *adj* 1) 外来〔來〕的 wàiláide, 外国〔國〕的 wàiguóde; 2) 产〔產〕自热〔熱〕带〔帶〕的 chǎn zì rèdài de

Expediti'on *f* -en 1) 发〔發〕送 fāsòng; 2) 远〔遠〕征 yuǎnzhēng; 3)

探险〔險〕 tànxiǎn; 考察 kǎochá; 4) 探险队〔隊〕 tànxiǎnduì; 考察队 kǎocháduì; 5) 发送部 fāsòngbù, 发行部 fāxíngbù

Experiment *n* -(e)s; -e 实〔實〕验〔驗〕shíyàn, 试验 shìyàn

experimen'tieren *vi* 试验〔驗〕shìyàn, 实〔實〕验 shíyàn

explo'dieren *vi(s)* 爆炸 bàozhà, 爆发〔發〕bàofā

Explosi'on *f* -en 爆炸 bàozhà; 爆发〔發〕bàofā

explo'siv *adj* 爆炸的 bàozhàde, 爆炸性的 bàozhàxìngde, 爆发〔發〕(性)的 bàofāde

Ex'port *m* -(e)s; -e 出口 chūkǒu, 输出 shūchū

expor'tieren *vt* 出口 chūkǒu, 输出 shūchū

'extra *adj* 1) 额外的 éwàide, 附加的 fùjiāde; 2) 特别的 tèbiéde, 特殊的 tèshūde

'Extrablatt *n* 报〔報〕纸号〔號〕外 bàozhǐ hàowài

Ex'trakt *m* -(e)s; -e 1) 抽出物 chōuchūwù; 2) 摘录〔録〕zhālù, 选〔選〕录 xuǎnlù

ex'trem *adj* 极〔極〕端的 jíduānde, 过〔過〕激的 guòjīde

ex'zentrisch *adj* 古怪的 gǔguàide, 怪僻的 guàipìde

Ex'zeß *m* ..sses; ..sse 1) 过〔過〕份 guòfèn, 超过 chāoguò; 2) 越轨 yuèguǐ, 放荡〔蕩〕fàngdàng

F f

'Fabel *f* -n 1) 寓言 yùyán; 2) 传〔傳〕说 chuánshuō, 无〔無〕稽之谈 wújī zhī tán; 3) (故事的)情节〔節〕qíngjié

'fabelhaft *adj* 了不起的 liǎobuqǐde, 妙不可言的 miào bù kě yánde; ~er Reichtum 巨富

Fa'brik *f* -en 工厂〔廠〕gōngchǎng, 制〔製〕造厂 zhìzàochǎng **~ant** *m* -en; -en 工厂主 gōngchǎngzhǔ, 制造商 zhìzàoshāng **~arbeiter** *m* 工厂工人 gōngchǎng gōngrén **~at** *n* -(e)s; -e 制品 zhìpǐn, 产〔產〕品 chǎnpǐn **~stadt** *f* 工业〔業〕城市 gōngyè chéngshì **~ware** *f* 工厂成批制品 gōngchǎng chéngpī zhìpǐn

Fach *n* -(e)s; ⸗er 1) (柜子等的)格 gé, 架子 jiàzi; 2) 抽屉 chōuti; 3) 学〔學〕科 xuékē, 专〔專〕业〔業〕zhuānyè **~arbeiter** *m* 熟练〔練〕工人 shúliàn gōngrén **~arzt** *m* 专科医〔醫〕生 zhuānkē yīshēng **~ausbildung** *f* 专业训练 zhuānyè xùnliàn **~ausdruck** *m* 术〔術〕语 shùyǔ

'Fächer *m* 扇子 shànzi

'Fach|gebiet *n* (学术)领域 lǐngyù, 专〔專〕业〔業〕zhuānyè **~kenntnisse** *pl* 专业知识〔識〕zhuānyè zhīshi

'fachkundig *adj* 精通业〔業〕务〔務〕的 jīngtōng yèwù de, 能胜〔勝〕任的 néng shèngrèn de

'Fach|literatur *f* 专〔專〕业〔業〕文献〔獻〕zhuānyè wénxiàn **~mann** *m* 专家 zhuānjiā

'fachmännisch *adj* 专〔專〕家的 zhuānjiāde, 内行的 nèihángde

'Fach|schule *f* (中等)专〔專〕科学〔學〕校 zhuānkē xuéxiào **~werk** *n* 构〔構〕架 gòujià, 框架 kuàngjià

'Fackel *f* -n 火把 huǒbǎ, 火炬 huǒjù **~zug** *m* 火炬游行队〔隊〕伍 huǒjù yóuxíng duìwǔ

'fad(e) *adj* 1) (指食物)无〔無〕味的 wúwèide; 2) 枯燥乏味的 kūzào fáwèi de, 平淡的 píngdànde

'Faden *m* -s; ⸗ 1) 线〔綫〕xiàn; 2) an einem ~ hängen 处〔處〕在千钧一发〔髮〕之际〔際〕chùzài qiān jūn yī fà zhī jì **~nudeln** *pl* 细(挂)面〔麵〕xìmiàn

'fadenscheinig *adj* 1) (指衣服)穿旧〔舊〕的 chuānjiùde; 2) 易识〔識〕破的 yì shípò de, 有破绽的 yǒu pòzhàn de

'fähig *adj* 有能力的 yǒu nénglì de, 能干〔幹〕的 nénggànde

'Fähigkeit *f* -en 能力 nénglì, 才能 cáinéng

fahl *adj* 苍〔蒼〕白的 cāngbáide, 惨〔慘〕淡的 cǎndànde

'fahnden *vi* nach j-m ~ 追捕、缉拿… zhuībǔ、jīná …

'Fahne *f* -n 1) 旗 qí, 旗帜〔幟〕qízhì; 2) 长〔長〕条〔條〕(校样) chángtiáo; 3) eine ~ haben 有酒气〔氣〕yǒu jiǔqì

'Fahnen|flucht *f* 开〔開〕小差 kāi xiǎochāi **~stange** *f* 旗杆 qígān

'Fahr|bahn *f*, **~damm** *m* 车〔車〕行道 chēxíngdào

'Fähre *f* -n 渡船 dùchuán

'fahren* I *vi* (*s*) 1) (车、船等)行驶 xíngshǐ, 开〔開〕动〔動〕kāidòng; 2) 乘、坐、搭(车、船等) chéng、zuò、dā; mit der Eisenbahn

～ 乘火车; nach Shanghai ～ 坐车、船到上海去; 3) (轻轻地)抚〔撫〕摩 fǔmó; mit der Hand über (*A*) ～ 用手抚摩…; 4) er ist gut dabei gefahren 做了这〔這〕事对〔對〕他有利 zuò le zhè shì duì tā yǒulì; II *vt* 1) (用车辆)运〔運〕送 yùnsòng; 2) 驾驶 jiàshǐ (Fahrzeuge 车辆);骑(自行车等) qí

'**Fahrer** *m* -s; - 驾驶员 jiàshǐyuán ～**flucht** *f* 驾驶员肇事潜逃 jiàshǐyuán zhàoshì qiántáo

'**Fahr|gast** *m* 乘客 chéngkè ～**geld** *n* 车〔車〕费 chēfèi, 船费 chuánfèi ～**gestell** *n* 1) (汽车的)底盘〔盤〕 dǐpán; 2) (飞机)起落装〔裝〕置 qǐluò zhuāngzhì ～**karte** *f* 车票 chēpiào, 船票 chuánbiào

'**fahrlässig** *adj* 粗心的 cūxīnde, 疏忽的 shūhude

'**Fahr|lässigkeit** *f* 疏忽 shūhu, 粗心大意 cūxīn dàyì ～**lehrer** *m* 驾驶教练〔練〕员 jiàshǐ jiàoliànyuán ～**plan** *m* 时〔時〕刻表 shíkèbiǎo

'**fahrplanmäßig** *adj, adv* 按时〔時〕的 ànshíde, 准〔準〕时的 zhǔnshíde

'**Fahr|preis** *m* 车〔車〕费 chēfèi,船费 chuánfèi ～**rad** *n* 自行车 zìxíngchē ～**schein** *m* 车票 chēpiào, 船票 chuánpiào ～**schule** *f* 驾驶学〔學〕校 jiàshǐ xuéxiào ～**stuhl** *m* 电〔電〕梯 diàntī ～**stunde** *f* 驾驶课程 jiàshǐ kèchéng

Fahrt *f* -en 1) 行驶 xíngshǐ, 航行 hángxíng; 2) (行驶)速度 sùdù, 航速 hángsù; in voller ～ 全速; 3) 旅行 lǚxíng, 远〔遠〕足 yuǎnzú; 4) ～ ins Blaue (未确定目的的)漫游 mànyóu

'**Fährte** *f* -n 1) (野兽)足迹〔跡〕 zújì; 2) 踪迹 zōngjì; 3) auf der falschen ～ sein 途径〔徑〕错误 tújìng cuòwù

'**Fahrzeug** *n* (车、船等)交通运〔運〕输工具 jiāotōng yùnshū gōngjù

'**Faktor** *m* -s; -en 因素 yīnsù, 要素 yàosù

Fakul'tät *f* -en 1) 学〔學〕科 xuékē; 2) (大学的)系 xì, 学院 xuéyuàn

'**Falke** *m* -n; -n 1) 隼 sǔn, 猎〔獵〕鹰 lièyīng; 2) 主战〔戰〕分子 zhǔzhàn fènzi

Fall *m* -(e)s; ⸚e 1) 坠〔墜〕落 zhuìluò, 跌倒 diēdǎo; 2) (语法)格 gé; 3) (法律)案件 ànjiàn; 4) 病例 bìnglì; 5) 情况 qíngkuàng; auf alle Fälle/auf jeden ～无〔無〕论〔論〕如何 wúlùn rúhé; auf keinen ～ 绝不 juébù

'**Falle** *f* -n 1) 陷井 xiànjǐng; 2) 圈套 quāntào; j-m eine ～tsellen 给…设下圈套

'**fallen*** *vi* (*s*) 1) 坠〔墜〕落 zhuìluò, 跌倒 diēdǎo; 2) 阵亡 zhènwáng; 3) (洪水)退落 tuìluò; 4) ein Schuß fällt 响〔響〕了一枪〔槍〕 xiǎng le yī qiāng; 5) auf j-n ～ (嫌疑等)落到…身上 luòdào … shēnshàng; 6) ～ lassen 让〔讓〕(盘子等)掉下 ràng…diàoxià

fällen *vt* 1) 砍伐 kǎnfá; 2) 使(刺刀)向前倾斜 shǐ… xiàngqián qīngxié; 3) 宣布(判决等) xuànbù

fallenlassen* *vt* 1) 放弃〔棄〕(计划等) fàngqì; 2) j-n ～ 抛弃、不再支持… pāoqì、bù zài zhīchí…

'**fällig** *adj* 应〔應〕支付的 yīng zhīfù de

falls *cj* 假如 jiǎrú, 如果 rúguǒ

'**Fallschirm** *m* 降落伞〔傘〕 jiàngluòsǎn ～**springer** *m* 跳伞者 tiàosǎnzhě; 伞兵 sǎnbīng

falsch I *adj* 1) 错的 cuòde, 错误的 cuòwùde, 不正确的 bù zhèngquè de; 2) 伪〔僞〕造的 wěizàode, 仿造的 fǎngzàode, 假的 jiǎde; 3) 不老实〔實〕的 bù lǎoshi de, 虚伪的 xūwěide; II *adv* ～ gehen (钟、表)走得不准〔準〕 zǒu dé bù zhǔn; ～ verbunden! (电话)接错了! jiē cuò le!

'**fälschen** *vt* 伪〔僞〕造 wéizào

'**Falsch|geld** *n* 伪〔僞〕钞 wěichāo ～**heit** *f* 1) 谬误 miùwù; 2) 不老实〔實〕 bù lǎoshi, 虚伪 xūwěi

'**Fälschung** *f* -en 1) 伪〔僞〕造 wěizào; 2) 赝品 yànpǐn

'**Faltboot** *n* 折叠船 zhédiéchuán

'**Falte** *f* -n 1) 褶痕 zhěhén, 褶子 zhězi; 2) 皱〔皺〕纹 zhòuwén

'**falten** *vt* 折叠 zhédié

famili'är *adj* 1) 家庭的 jiātínde; 2) 亲〔親〕密的 qīnmìde, 不拘的 bùjūde, 随〔隨〕便的 suíbiànde

Fa'milie *f* -n 1) 家 jiā, 家庭 jiātíng; 2) 家族 jiāzú; 3) (动植物)科 kē

Fa'milien|angelegenheit *f* 家庭事务〔務〕 jiātíng shìwù ～**anschluß** *m* (因寄宿、受雇等与一个)家庭(发生的)生活联〔聯〕系〔係〕 jiātíng shēnghuó liánxì ～**name** *m* 姓 xìng ～**stand** *m* 婚姻状〔狀〕况 hūnyīn zhuàngkuàng

Fa'natiker *m* -s; - 狂热〔熱〕者 kuángrèzhě

fa'natisch *adj* 狂热〔熱〕的 kuángrède

Fan'fare *f* -n 嘹亮的喇叭声〔聲〕 liáoliàngde lǎbāshēng

Fang *m* -(e)s; ⸚e 1) 捕获〔獲〕 bǔhuò, 渔猎〔獵〕 yúliè; 2) 猎获物

lièhuòwù

'**fangen*** *vt* 1) 捕获〔獲〕 pǔhuò (Tiere 动物); 2) 接住 jiēzhù (Ball 球); 3) 逮住 dàizhù (einen Dieb 贼)

'**Farbband** *n* 打字带〔帶〕 dǎzìdài

'**Farbe** *f* -n 1) 颜色 yánsè; 2) 颜料 yánliào; 3) 色彩 sècǎi, 彩色 cǎisè; 4) 油漆 yóuqī; 5) 肤〔膚〕色 fūsè; 6) 一组同花纸牌 yīzǔ tónghuā zhǐpái

'**farbecht** *adj* 不退色的 bù tuìshǎi de

'**färben** *vt* 1) 染色 rǎnsè, 着色 zhuósè; 2) sich ~ 受染 shòurǎn, 变〔變〕色 biànsè; sich rot ~ 染成红色

'**farbenblind** *adj* 色盲的 sèmángde

'**Farb|fernsehen** *n* 彩色电〔電〕视 cǎisè diànshì ~**film** *n* 彩色胶〔膠〕卷 cǎisè jiāojuǎn, 彩色影片 cǎisè yǐngpiàn

'**farb|ig** *adj* 1) 彩色的 cǎisède, 有颜色的 yǒu yánsè de; 2) 多彩的 duōcǎide, 生动〔動〕的 shēngdòngde ~**los** *adj* 1) 无〔無〕色的 wúsède, 透明的 tòumíngde; 2) 不生动的 bù shēngdòng de

'**Farb|photographie** *f* 彩色摄〔攝〕影术〔術〕 cǎisè shèyǐngshù ~**stift** *m* 彩色铅笔〔筆〕 cǎisè qiānbǐ ~**stoff** *m* 颜料 yánliào, 染料 rǎnliào ~**ton** *m* 色调 sèdiào

'**Färbung** *f* -en 1) 染色 rǎnsè, 着色 zhuósè; 2) 色彩 sècǎi, 色调 sèdiào; 3) 倾向 qīngxiàng

'**Farnkraut** *n* (植物)蕨类〔類〕 juélèi

Fa'san *m* -(e)s; -e 雉 zhì

'**Fasching** *m* -s; -e (-s) 狂欢〔歡〕节〔節〕 kuánghuānjié

'**faseln** *vi* 唠〔嘮〕叨 láodāo, 胡扯 húchě

'**Faser** *f* -n 纤〔纖〕维 xiānwéi

'**faser|ig** *adj* 纤〔纖〕维构〔構〕成的 xiānwéi gòuchéng de, 纤维状〔狀〕的 xiānwéizhuàngde ~**n** *vi* 纤维脱落 xiānwéi tuōluò, 脱纱 tuōshā

Faß *n* Fasses; Fässe 圆桶 yuántǒng

Fas'sade *f* -n 建筑〔築〕物的正面 jiànzhùwùde zhèngmiàn

'**fassen** I *vt* 1) 握住 wòzhù, 抓住 zhuāzhù; 2) 逮住 dàizhù; 3) 理解 lǐjiě, 领会〔會〕 lǐnghuì; 4) 容纳 róngnà; 5) 镶嵌 xiāngqiàn; 6) sich ~ 自制 zìzhì, 镇静 zhènjìng; 7) sich kurz ~ 简明扼要地说 jiǎnmíng èyào de shuō; II *vi* nach etw. ~ 伸手取… shēnshǒu qǔ…

'**Fassung** *f* -en 1) (镶嵌宝石的)托座 tuōzuò; (眼镜片等的)边〔邊〕框 biānkuàng; 2) 灯〔燈〕头〔頭〕 dēngtóu; 3) 自制 zìzhì, 镇静 zhènjìng; die ~ verlieren 失去自制力; aus der ~ bringen 使慌乱; 4) 稿本 gǎoběn; 措辞〔辭〕 cuòcí ~**svermögen** *n* 1) 容量 róngliàng, 容积〔積〕 róngjī; 2) 理解力 lǐjiělì

fast *adv* 几〔幾〕乎 jīhū, 差不多 chàbùduō; ~ nichts 几乎什么也没有; ~ nie 很少

'**fasten** *vi* 1) 斋〔齋〕戒 zhāijiè; 2) 禁食 jìnshí, 节〔節〕食 jiéshí

fa'tal *adj* 1) 尴〔尷〕尬的 gāngàde, 为〔爲〕难〔難〕的 wéinánde; 2) 致命的 zhìmìngde, 毁灭〔滅〕性的 huǐmièxìngde

'**fauchen** *vi* 1) (猫等)呼呼地怒叫 hūhūde nùjiào, (汽笛等)吼叫 hǒujiào; 2) 怒骂 nùmà

faul *adj* 1) 腐烂〔爛〕的 fǔlànde, 变〔變〕质〔質〕的 biànzhìde; 2) 懒惰的 lǎnduòde, 懒散的 lǎnsǎnde; 3) 可疑的 kěyíde; ~e Ausrede 不值一信的托辞

'**faulen** *vi* 腐烂〔爛〕 fǔlàn, 腐败 fǔbài, 坏〔壞〕了 huàile

'**faulenzen** *vi* 懒散 lǎnsǎn, 混日子 hùn rìzi, 游手好闲〔閑〕 yóu shǒu hào xián

'**Faulenzer** *m* -s;- 懒人 lǎnrén, 游手好闲〔閑〕的人 yóu shǒu hào xián de rén

'**Faulheit** *f* 懒惰 lǎnduò

'**Fäulnis** *f* 腐烂〔爛〕 fǔlàn, 腐败 fǔbài, 变〔變〕质〔質〕 biànzhì

'**Faulpelz** *m* 懒汉〔漢〕 lǎnhàn

Faust *f* ⸚e 1) 拳 quán, 拳头〔頭〕 quántou; 2) auf eigene ~ 主动〔動〕地 zhǔdòngde, 自行负责 zìxíng fùzé ~**handschuh** *m* 连指手套 liánzhǐ shǒutào ~**schlag** *m* 拳打 quándǎ

Favo'rit *m* -en; -en 宠〔寵〕儿〔兒〕 chǒng'ér

'**Fazit** *n* -s; -e (-s) 结果 jiéguǒ, 总〔總〕数〔數〕 zǒngshù; das ~ ziehen 总计, 总结

'**Februar** *m* 二月 èryuè

'**fechten*** *vi* 格斗〔鬥〕 gédòu, 击〔擊〕剑〔劍〕 jījiàn

'**Fechter** *m* -s; - 击〔擊〕剑〔劍〕者 jījiànzhě

'**Feder** *f* -n 1) 羽毛 yǔmáo; 2) 笔〔筆〕 bǐ; 3) 弹〔彈〕簧 tánhuáng ~**bett** *n* 羽毛被 yǔmáobèi ~**gewicht** *n* (拳击等)最轻〔輕〕量级 zuìqīngliàngjí ~**halter** *m* -s;- 钢〔鋼〕笔〔筆〕杆〔桿〕 gāngbǐgǎn

'**feder|leicht** *adj* 轻〔輕〕如鸿毛的 qīng rú hóngmáo de ~**n** *vi* 有

弹〔彈〕性 yǒu tánxìng ~**nd** *adj* 弹性的 tánxìngde, 有伸缩性的 yǒu shēnsuōxìng de

'**Feder|strich** *m* 一笔〔筆〕yībǐ, 一画〔畫〕yīhuà ~**zeichnung** *f* 钢〔鋼〕笔画 gāngbǐhuà

Fee *f* -n 仙女 xiānnǚ; 女妖 nǚyāo

'**Fegefeuer** *n* (宗教)炼〔煉〕狱 liànyù, 涤〔滌〕罪 dízuì

'**fegen** *vt* 扫〔掃〕sǎo, 扫除 sǎochú

'**Fehlbetrag** *m* 空额 kōng'é, 赤字 chìzì

'**fehlen** *vi* 1) 缺席 quēxí; 2) 缺乏 quēfá, 短少 duǎnshǎo; es fehlt ihm an (*D*) 他缺少…; was fehlt Ihnen? 您哪儿不舒服? 3) 干〔幹〕坏〔壞〕事 gàn huàishì, 有过〔過〕失 yǒu guòshī; weit gefehlt! 大错特错!

'**Fehler** *m* -s; - 1) 错误 cuòwù; 过〔過〕失 guòshī; 2) 缺点〔點〕quēdiǎn, 毛病 máobìng; 3) (技术上的)误差 wùchā

'**fehler|frei** *adj* 无〔無〕瑕的 wúxiáde, 无缺点〔點〕的 wú quēdiǎn de, 完美的 wánměide ~**haft** *adj* 有缺点〔點〕的 yǒu quēdiǎn de, 有错误的 yǒu cuòwù de, 不完善的 bù wánshàn de

'**Fehl|geburt** *f* 流产〔產〕liúchǎn ~**schlag** *m* 失败 shībài

'**fehlschlagen*** *vi* (*s*) 失败 shībài

'**Fehl|tritt** *m* 失足 shīzú ~**zündung** *f* (内燃机)不发〔發〕火 bù fāhuǒ, 逆火 nìhuǒ

'**Feier** *f* -n 庆〔慶〕祝活动〔動〕qìngzhù huódòng, 庆祝会 qìngzhùhuì, 纪念会 jìniànhuì ~**abend** *m* 1) 下班 xiàbān, 收工 shōugōng; ~ machen 下班, 停止营业; 2)业〔業〕余〔餘〕时〔時〕间 yèyú shíjiān

'**feierlich** *adj* 1) 庄〔莊〕严〔嚴〕的 zhuāngyánde, 隆重的 lóngzhòngde; 2) 郑〔鄭〕重的 zhèngzhòngde

'**Feierlichkeit** *f* -en 1) 庄〔莊〕严〔嚴〕zhuāngyán, 隆重 lóngzhòng; 2) 典礼〔禮〕diǎnlǐ, 仪〔儀〕式 yíshì

'**feiern** I *vt* 1) 庆〔慶〕祝 qìngzhù; 举〔舉〕行 jǔxíng; 2) 祝贺 zhùhè, 致敬 zhìjìng; II *vi* 休息 xiūxi; 停工 tínggōng

'**Feiertag** *m* 假日 jiàrì, 节〔節〕日 jiérì

'**feig(e)** *adj* 懦怯的 nuòqiède, 胆小的 dǎnxiǎode

'**Feige** *f* n 无〔無〕花果 wúhuāguǒ

'**Feig|heit** *f* 胆〔膽〕小 dǎnxiǎo, 懦怯 nuòqiè ~**ling** *m* -s; -e 胆〔膽〕小者 dǎnxiǎozhě, 懦夫 nuòfū

'**Feile** *f* -n 锉刀 cuòdāo

'**feilen** *vt, vi* 1) 锉 cuò; 2) 修饰 xiūshì, 润色 rùnsè

'**feilschen** *vi* 讨价〔價〕还〔還〕价 tǎojià huánjià

fein *adj* 1) (材料等)优〔優〕质〔質〕的 yōuzhìde; 2) (酒等)上等的 shàngděngde; 3) (织物)精致〔緻〕的 jīngzhìde, 精巧的 jīngqiǎode; 4) 上流的 shàngliúde, 高雅的 gāoyǎde, 有礼〔禮〕貌的 yǒu lǐmào de; 5) 精明的 jīngmíngde, 巧妙的 qiǎomiàode

Feind *m* -(e)s; -e 1) 敌〔敵〕人 dírén; 2) 敌军 díjūn

'**feindlich** *adj* 1) 敌〔敵〕方的 dífāngde, 敌对〔對〕的 díduìde; 2) 不友好的 bùyǒuhǎode; 敌视的 díshìde

'**Feindschaft** *f* -en 敌〔敵〕意 díyì, 敌对〔對〕díduì

'**feindselig** *adj* 敌〔敵〕意的 díyìde, 敌视的 díshìde

'**Feindseligkeit** *f* -en 1) 敌〔敵〕意 díyì, 敌视 díshì; 2) 战〔戰〕争行动〔動〕zhànzhēng xíngdòng

'**feinfühlig** *adj* 敏感的 mǐngǎnde; 灵〔靈〕敏的 língmǐnde

'**Fein|gefühl** *n* 灵〔靈〕敏的感觉〔覺〕língmǐnde gǎnjué ~**heit** *f* -en 1) 精致 jīngzhì, 精巧 jīngqiǎo; 2) 高雅 gāoyǎ, 文质〔質〕彬彬 wénzhì bīnbīn; 3) 细微区〔區〕别 xìwēi qūbié ~**mechanik** *f* 精密机〔機〕械 jīngmì jīxiè ~**schmecker** *m* -s; - 食物品尝〔嘗〕家 shíwù pǐnchángjiā

feist *adj* 肥胖的 féipànde, 粗壮〔壯〕的 cūzhuàngde

Feld *n* -(e)s; -er 1) 耕地 gēndì, 田地 tiándì; 2) 原野 yuányě, 旷〔曠〕野 kuàngyě; 3) 战〔戰〕场〔場〕zhànchǎng; ins ~ ziehen 开赴前线; 4) 场地 chǎngdì; 5) (物理)场 chǎng; 6) 领域 lǐngyù ~**arbeit** *f* 农〔農〕活 nónghuó ~**bett** *n* 行军床 xíngjūnchuáng ~**flasche** *f* 军用水壶〔壺〕jūnyòng shuǐhú ~**herr** *m* 统帅〔帥〕tǒngshuài ~**lazarett** *n* 野战〔戰〕医〔醫〕院 yězhàn yīyuàn ~**stecher** *m* -s; - (双筒)望远〔遠〕镜 wàngyuǎnjìng ~**webel** *m* -s; - 上士 shàngshì ~**weg** *m* 田间小路 tiánjiān xiǎolù ~**zug** *m* 战〔戰〕役 zhànyì; 远〔遠〕征 yuǎnzhēng

'**Felge** *f* -n 轮〔輪〕辋 lúnwǎng

Fell *n* -(e)s; -e 1)兽〔獸〕皮 shòupí, 皮毛 pímáo, 毛皮 máopí; 2) 皮 pí; 3) 皮革 pígé

Fels *m* -en; -en, '**Felsen** *m* -s; - 岩〔巖〕yán, 岩石 yánshí '**felsig** *adj* 岩〔巖〕石的 yánshíde, 多岩石的 duō yánshí de

'**Fenchel** *m* -s; 茴香 huíxiāng

'**Fenster** *n* -s; - 窗 chuāng, 窗户 chuānghù ~**brett** *n* 窗台〔臺〕 chuāngtái ~**laden** *m* 百叶〔葉〕窗 bǎiyèchuāng ~**rahmen** *m* 窗框 chuāngkuàng ~**scheibe** *f* 窗玻璃 chuāngbōli

'**Ferien** *pl* 1) 假期 jiàqī, 放假 fàngjià; 2) 休假 xiūjià

'**Ferkel** *n* -s; - 1) 仔猪〔豬〕zǐzhū; 2) 脏〔髒〕鬼 zāngguǐ, 下流胚 xiàliúpēi

fern I *adj* 1) 遥远〔遠〕的 yáoyuǎnde, 远隔的 yuǎngéde, 远处〔處〕的 yuǎnchùde; von ~ 从远处; 2) 久远的 jiǔyuǎnde, 昔日的 xīrìde; 3) 未来〔來〕的 wèiláide; II *prp* (*D*) 远离〔離〕yuǎnlí; ~ der Großstadt 远离大城市

'**Fernamt** *n* 长〔長〕途电〔電〕话局 chángtú diànhuàjú

'**fernbleiben*** *vi* (*s*) einer Sache (*D*) ~ 不参〔參〕加 bù cānjiā, 不出席 bù chūxí; 旷〔曠〕工 kuànggōng, 旷课 kuàngkè

'**Ferne** *f* -n 1) 远〔遠〕方 yuǎnfāng, 远处〔處〕yuǎnchù; 2) 遥远的将〔將〕来〔來〕yáoyuǎnde jiānglái

'**ferner** I *adj* (fern 的比较级) 1) 较远〔遠〕的 jiàoyuǎnde; 2) 今后〔後〕的 jīnhòude; II *adv* 今后 jīnhòu, 此后 cǐhòu

'**Ferngespräch** *n* 长〔長〕途电〔電〕话 chángtú diànhuà

'**ferngesteuert** *adj* 制导〔導〕的 zhìdǎode, 遥控的 yáokòngde

'**Fernglas** *n* (双筒)望远〔遠〕镜 wàngyuǎnjìng

'**fernhalten*** *vt, v sich* 1) j-n von j-m/etw. ~ 不让〔讓〕某人接近… bùràng mǒurén jiējìn ..., 使某人远〔遠〕离〔離〕... shǐ mǒurén yuǎnlí ...; 2) sich von j-m/etw. ~ 不接近… bù jiējìn ..., 远离… yuǎnlí ...

'**Fern|heizung** *f* 分区〔區〕供暖系统 fēnqū gōngnuǎn xìtǒng ~**laster** *m* 长〔長〕途运〔運〕货汽车〔車〕chángtú yùnhuò qìchē

'**fernliegen*** *vi* es liegt mir fern zu ... 我完全不… wǒ wánquán bù ...

'**Fern|rohr** *n* 望远〔遠〕镜 wàngyuǎnjìng ~**schreiber** *m* 电〔電〕传〔傳〕打字电报〔報〕机〔機〕diànchuán dǎzì diànbàojī

'**fernsehen** *vi* 看电〔電〕视 kàn diànshì

'**Fern|sehen** *n* -s; 1) 电〔電〕视 diànshì; 2) 电视机〔機〕diànshìjī ~**seher** *m* 1) 电视机 diànshìjī; 2) 看电视者 kàn diànshìzhě ~**sehsendung** *f* 电视广〔廣〕播 diànshì guǎngbō ~**sprechamt** *n* 电话局 diànhuàjú ~**steuerung** *f* 遥控 yáokòng ~**verkehr** *m* 1) 长〔長〕途交通(运输) chángtú jiāotōng; 2) 长途电话 chángtú diànhuà

'**Ferse** *f* -n 脚后〔後〕跟 jiǎohòugēn, 踵 zhǒng; 鞋(袜)后跟 xiéhòugēn

'**fertig** *adj* 1) 准〔準〕备〔備〕好的 zhǔnbèi hǎo de; 2) 完成了的 wánchéng le de, 结束了的 jiésù le de; 3) 做好的 zuòhǎode; 4) mit etw. ~ werden 处〔處〕理… chǔlǐ ..., 对〔對〕付得了… duìfù de liǎo ...; mit etw. ~ sein 结束… jiésù ..., 完成… wánchéng ... ~**bringen*** *vt* 1) 结束 jiésù, 完成 wánchéng; 2) 干〔幹〕得出 gàndéchū, 能(忍心)做出 néng zuòchū

'**Fertigkeit** *f* -en 1) 技能 jìnéng, 熟练〔練〕shúliàn; 2) (说话)流利 liúlì

'**fertigmachen** *vt* 1) 完成 wánchéng, 结束 jiésù; 2) 准〔準〕备〔備〕好 zhǔnbèi hǎo; 3) 使服贴 shǐ fútiē, (完全)战〔戰〕胜〔勝〕zhànshèng; 4) sich ~ 准备就绪 zhǔnbèi jiùxù

'**Fertig|stellung** *f* 完成 wánchéng, 结束 jiésù ~**waren** *pl* 成品 chéngpǐn

fesch *adj* 1) (衣、帽等)漂亮的 piàoliangde, 时〔時〕髦的 shímáode; 2)活泼〔潑〕的 huópode, 帅〔帥〕的 shuàide

'**Fessel** *f* -n 1) 锁链 suǒliàn, 镣铐 liàokào; 2) 束缚 shùfù

'**fesseln** *vt* 给…上镣铐 gěi ...shàng liàokào

fest *adj* 1) 固体〔體〕的 gùtǐde; 2) 结实〔實〕的 jiēshíde, 坚〔堅〕固的 jiāngùde; 3) 紧〔緊〕的 jǐnde, 紧密的 jǐnmìde; 4) 坚定的 jiāndìngde; 5) 固定的 gùdìngde, 永久的 yǒngjiǔde

Fest *n* -es; -e 1) 庆〔慶〕祝活动〔動〕qìngzhù huódòng, 庆典 qìngdiǎn; 2) 节〔節〕日 jiérì

'**festbinden*** *vt* 扎〔紮〕牢 zhāláo

'**Festessen** *n* 宴会〔會〕yànhuì

'**fest|fahren*** *v sich* (船)搁浅〔淺〕gēqiǎn, (车)陷住 xiànzhù ~**halten*** I *vi* an etw. (*D*) ~ 坚〔堅〕持… jiānchí; II *vt* 1) 抓住 zhuāzhù, 握住 wòzhù; 2) 留住 liúzhù, 挽留 wǎnliú; 3) sich an etw. (*D*) ~ 抓住…(以防跌倒) zhuāzhù ~**igen** *vt* 加固 jiāgù,

巩〔鞏〕固 gǒnggù
'Festigkeit *f* 1) 强度 qiángdù, 坚〔堅〕固性 jiāngùxìng; 2) 坚定 jiāndìng, 坚强 jiānqiáng
'Festland *n* 大陆〔陸〕dàlù
'fest|legen *vt* 1) 确〔確〕定 quèdìng, 规定 guīdìng; 2) sich auf etw. ~ 对〔對〕…表态〔態〕duì … biǎotài, 作出决定 zuòchū juédìng **~lich** *adj* 节〔節〕日的 jiérìde, 欢〔歡〕乐〔樂〕的 huānlède; 隆重的 lóngzhòngde, 华〔華〕丽〔麗〕的 huálìde
'Festlichkeit *f* -en 1) 欢〔歡〕庆〔慶〕huānqìng, 欢乐〔樂〕huānlè; 2) 庆祝活动〔動〕qìngzhù huódòng
'festmachen I *vt* 1) 固定 gùdìng, 系〔繫〕紧〔緊〕xìjǐn; 2) 商定 shāngdìng, 谈妥 tántuǒ; II *vi* 停泊 tíngbó
'Festrede *f* 节〔節〕庆〔慶〕演说 jiéqìng yǎnshuō, 祝词 zhùcí
'festsetzen *vt* 1) 确〔確〕定 quèdìng, 决定 juédìng; 2) sich ~ 根深蒂固 gēn shēn dì gù
'Festspiel *n* 音乐〔樂〕节〔節〕yīnyuèjié; 戏〔戲〕剧〔劇〕节 xìjùjié
'fest|stehen* *vi* 确〔確〕定 quèdìng, 肯定 kěndìng **~stehend** *adj* 固定的 gùdìngde **~stellen** *vt* 1) 确定 quèdìng, 确证〔證〕quèzhèng; 2) 诊断〔斷〕zhěnduàn; 3) 觉〔覺〕察 juéchá, 发〔發〕现 fāxiàn
'Fest|tag *m* 节〔節〕日 jiérì **~ung** *f* -en 要塞 yàosài, 堡垒〔壘〕bǎolěi **~zug** *m* 节日游行队〔隊〕伍 jiérì yóuxíng duìwǔ
fett *adj* 1) 肥的 féide, 胖的 pàngde; 2) 多脂肪的 duō zhīfáng de, 油腻的 yóunìde; 3) 肥沃的 féiwòde
'Fett *n* -(e)s; -e 脂肪 zhīfáng **~fleck** *m* 油污 yóuwū
'fettig *adj* 油污的 yóuwūde, 油腻的 yóunìde
'Fetzen *m* -s; - 碎片 suìpiàn, 破布 pòbù, 纸屑 zhǐxiè; in ~ 成碎片 chéng suìpiàn; 穿着破衣服 chuānzhe pòyīfu
feucht *adj* 潮湿〔濕〕的 cháoshīde
'Feuchtigkeit *f* 1) 潮气〔氣〕cháoqì, 湿〔濕〕气 shīqì; 2) 湿度 shīdù, 水分含量 shuǐfèn hánliàng
'Feuer *n* -s; - 1) 火 huǒ; ~ fangen 着火 zháohuǒ; 爱〔愛〕上 àishàng; 2) 火灾〔災〕huǒzāi; 3) 灯〔燈〕火 dēnghuǒ; 闪光 shǎnguāng; 4) 热〔熱〕情 rèqíng **~alarm** *m* 火警 huǒjǐng **~bestattung** *f* 火葬 huǒzàng **~eifer** *m* 热〔熱〕情 rèqíng
'feuer|fest *adj* 耐火的 nàihuǒde **~gefährlich** *adj* 易燃的 yìránde
'Feuer|löscher *m* -s; - 灭〔滅〕火器 mièhuǒqì **~melder** *m* -s; - 火警报〔報〕警器 huǒjǐng bàojǐngqì
'feuern I *vi* 射击〔擊〕shèjī (auf *A*); II *vt* 猛掷〔擲〕měngzhì
'Feuer|schiff *n* 灯〔燈〕(塔)船 dēngchuán **~stein** *m* 燧石 suìshí, 打火石 dǎhuǒshí **~versicherung** *f* 火灾〔災〕保险〔險〕huǒzāi bǎoxiǎn **~wache** *f* 消防站 xiāofángzhàn **~wehr** *f* 消防队〔隊〕xiāofángduì **~wehrmann** *m* 消防队员 xiāofángduìyuán **~werk** *n* 焰火 yànhuǒ **~zeug** *n* 打火机〔機〕dǎhuǒjī
'feurig *adj* 1) 燃烧〔燒〕着的 ránshāozhede; 2) 热〔熱〕情的 rèqíngde
Fi'asko *n* -s; -s 惨〔慘〕败 cǎnbài
'Fibel *f* -n 识〔識〕字课本 shízì kèběn, 初级教材 chūjí jiàocái
'Fichte *f* -n 云〔雲〕杉 yúnshān
'fidel *adj* 高兴〔興〕的 gāoxìngde, 愉快的 yúkuàide
'Fieber *n* -s; - 发〔發〕烧〔燒〕fāshāo, 热〔熱〕度 rèdù; haben ~ 发烧 **~anfall** *m* 突然发烧 tūrán fāshāo
'fieberhaft *adj* 有热〔熱〕病症〔癥〕状〔狀〕的 yǒu rèbìng zhèngzhuàngde; 热病的 rèbìngde, 发热的 fārède
'Fieberthermometer *n* 体〔體〕温表 tǐwēnbiǎo
Fi'gur *f* -en 1) 图〔圖〕形 túxíng, 图表 túbiǎo; 2) 人像 rénxiàng, 画〔畫〕像 huàxiàng, 雕像 diāoxiàng; 3) 人形 rénxíng, 体〔體〕态〔態〕tǐtài; 4) 人物 rénwù; 5) 棋子 qízi
Fi'let *n* -s; -s 肉片 ròupiàn, 里脊肉 lǐjiròu; 鱼〔魚〕片 yúpiàn
Fili'ale *f* -n 分支机〔機〕构〔構〕fēnzhī jīgòu
Film *m* -(e)s; -e 1) 薄膜 bómó; 薄层〔層〕bócéng; 2) 胶〔膠〕卷 jiāojuǎn; 软片 ruǎnpiàn; einen ~ einlegen 装胶卷; 3) 影片 yǐngpiàn, 电〔電〕影 diànyǐng
'filmen I *vt* 把…拍成电〔電〕影 bǎ … pāichéng diànyǐng, 拍摄〔攝〕pāishè; II *vi* 拍电影 pāi diànyǐng
'Film|gesellschaft *f* 电〔電〕影公司 diànyǐng gōngsī **~kamera** *f* 电影摄〔攝〕影机〔機〕diànyǐng shèyǐngjī **~regisseur** *m* 电影导〔導〕演 diànyǐng dǎoyǎn **~schauspieler** *m* 电影演员 diànyǐng yǎnyuán **~streifen** *m* 幻灯〔燈〕胶〔膠〕片 huàndēng jiāopiàn, 电影胶片 diànyǐng jiāopiàn ~-

verleih *m* -(e)s;-e 电影发〔發〕行 diànyǐng fāxíng; 电影发行公司 diànyǐng fāxínggōngsī **~vorstellung** *f* (电影院)上映电影 shàngyìng diànyǐng

'**Filter** *m, n* 1) 滤〔濾〕器 lǜqì; 2) 滤光器 lǜguāngqì, 滤色器 lǜsèqì; 3) 滤波器 lǜbōqì

'**filtern** *vt* 过〔過〕滤〔濾〕 guòlǜ

'**Filterzigarette** *f* 过〔過〕滤〔濾〕嘴香烟〔煙〕 guòlǜzuǐ xiāngyān

Filz *m* -es; -e 1) 毡 zhān; 2) 守财奴 shǒucáinú, 吝啬〔嗇〕鬼 lìngsèguǐ

Fi'nanz|amt *n* 税务〔務〕局 shuìwùjú **~en** *pl* 1) 财政 cáizhèng; 财源 cáiyuán, 资金 zījīn; 2) (个人的) 经〔經〕济〔濟〕状〔狀〕况 jīngjì zhuàngkuàng

finanzi'ell *adj* 财政的 cáizhèngde, 金融的 jīnróngde

finan'zieren *vt* 为〔爲〕…提供资金 wèi … tígòng zījīn

Fi'nanz|lage *f* 财政状〔狀〕况 cáizhèng zhuàngkuàng **~minister** *m* 财政部长〔長〕 cáizhéng bùzhǎng **~ministerium** *n* 财政部 cáizhèngbù **~wesen** *n* -s; 金融 jīnróng

'**Findelkind** *n* 弃〔棄〕婴 qìyīng

'**finden*** I *vt* 1) 找到 zhǎodào, 寻〔尋〕得 xúndé; 2) 发〔發〕现 fāxiàn; 3) 感到 gǎndào, 认〔認〕为〔爲〕 rènwéi; wie ~ Sie …? 您觉得…怎样? 4) 偶然碰见 ǒurán pèngjiàn; 5) sich ~ 找到 zhǎodào; II *vi* 到达〔達〕 dàodá

'**Finder** *m* -s; - 发〔發〕现者 fāxiànzhě, 拾者 shízhě **~lohn** *m* 给拾者的酬金 gěi shízhě de chóujīn

'**Finger** *m* -s; - 1) 手指 shǒuzhǐ; er rührte keinen ~ 他不作举手之劳,一点也不帮忙; 2) sich die ~ verbrennen 吃亏〔虧〕 chīkuī, 受损害 shòu sǔnhài **~abdruck** *m* 指纹印 zhǐwényìn **~fertigkeit** *f* 手指灵〔靈〕巧 shǐuzhǐ língqiǎo **~hut** *m* 1) 顶针 dǐngzhēn; 2) 毛地黄 máodìhuáng **~spitze** *f* 指尖 zhǐjiān **~spitzengefühl** *n* 细致的感觉〔覺〕 xìzhìde gǎnjué, 敏感 mǐngǎn

Fink *m* -en; -en 燕雀 yànquè

'**finster** *adj* 1) 黑暗的 hēi'ànde, 漆黑的 qīhēide; 2) 阴〔陰〕沉的 yīnchénde, 忧〔憂〕郁〔鬱〕的 yōuyùde; 3) 可疑的 kěyíde, 名声〔聲〕不好的 míngshēng bùhǎo de

'**Finsternis** *f* 1) 黑暗 hēi'àn, 漆黑 qīhēi; 2) (日、月)食〔蝕〕 shí

'**Firma** *f* ..men 商号〔號〕 shānghào, 公司 gōngsī

First *m* -es; -e 1) (屋)脊 jǐ; 2) 山脊 shānjǐ

Fisch *m* -es; -e 鱼〔魚〕 yú; ~ fangen 捕鱼 '**~dampfer** *m* 拖网〔網〕船 tuōwǎngchuán

'**fischen** *vt, vi* 捕鱼〔魚〕 bǔyú

'**Fischer** *m* -s; - 渔民 yúmín **~ei** *f* -en 1) 渔场〔場〕 yúchǎng; 2) 捕鱼〔魚〕 bǔyú

'**Fisch|fang** *m* 捕鱼〔魚〕 bǔyú **~gräte** *f* 鱼骨 yúgǔ, 鱼刺 yúcì **~laich** *m* 鱼卵 yúluǎn, 鱼子 yúzǐ **~zucht** *f* 养〔養〕鱼 yǎngyú

'**Fistelstimme** *f* (音乐)男子假声〔聲〕 nánzǐ jiǎshēng

fix *adj* 1) 固定的 gùdìngde, 不变〔變〕的 bùbiànde; eine ~e Idee 固执〔執〕 gùzhì, 死脑〔腦〕筋 sǐnǎojīn; 2) 机〔機〕敏的 jīmǐnde, 利落的 lìluode **~ieren** [fi'ksi:rən] *vt* 1) 使固定 shǐ gùdìng; 2)(摄影)定(影) dìng; 3) 盯住 dīngzhù, 凝视 míngshì

flach *adj* 1) 平的 píngde, 平坦的 píngtǎnde; 2) 浅〔淺〕的 qiǎnde; 3) 低矮的 dī'ǎide; 4) 肤〔膚〕浅的 fūqiǎnde, 平庸的 píngyōngde

'**Fläche** *f* -n 1) 面 miàn, 平面 píngmiàn; 2) 面积〔積〕 miànjī; 3) 平地 píngdì **~ninhalt** *m* 面积 miànjī

Flaxs *m* -es; 亚〔亞〕麻 yǎmá

'**flackern** *vi* 1) (火、光、眼睛等)闪烁〔爍〕 shǎnshuò; 2) (声音)颤抖 chàndǒu

'**Flagge** *f* -n 1) 旗 qí; 2) 船旗 chuánqí

'**flaggen** *vi* 挂〔掛〕旗 guàqí, 升旗 shēngqí

Flak *f* -(s) 高射炮 gāoshèpào

'**Flamme** *f* -n 火焰 huǒyàn, 火舌 huǒshé; in ~n stehen 在燃烧

Fla'nell *m* -s; -e 法兰〔蘭〕绒 fǎlánróng

'**Flanke** *f* -n 1) 胁〔脅〕 xié, 胁腹 xiéfù; 2) (军事)侧翼 cèyì

flan'kieren *vt* 包抄…的侧翼 bāochāo … de cèyì

'**Flasche** *f* -n 瓶 píng; 细颈〔頸〕瓶 xìjǐngpíng **~nbier** *n* 瓶装〔裝〕啤酒 píngzhuàng píjiǔ **~zug** *m* 滑轮〔輪〕组 huálúnzǔ

'**flatterhaft** *adj* (感情等)易变〔變〕的 yìbiànde, 反复〔復〕无〔無〕常的 fǎnfù wúcháng de

'**flattern** *vi* 1) (*s*) (鸟、蝴蝶等)振翼、飞〔飛〕舞 zhènyì、fēiwǔ, 飞过〔過〕 fēiguò; 2) (*h*) (头发、旗子、洗涤物等)(在风中)飘〔飄〕扬〔揚〕 piāoyáng; 3) (*h*) (发动机、车轮等)震颤 zhènchàn, 晃动〔動〕 huàngdòng; 4) (*s*) auf den Boden

~ 飘落到地上 piāoluò dào dìshàng

'**flau** *adj* 1) 虚弱的 xūruòde, 无〔無〕力的 wúlìde; 2) 不热〔熱〕情的 bù rèqíng de; 3) (饮料)变〔變〕味的 biànwèide; 4) (颜色)暗淡的 àndànde; 5) (商业)萧〔蕭〕条〔條〕的 xiāotiáode, 呆滞〔滯〕的 dāizhìde

Flaum *m* -(e)s; 绒毛 róngmáo

'**Flaute** *f* -n 1)(航海)无〔無〕风〔風〕 wúfēng; 2) (商业)不景气〔氣〕 bù jǐngqì, 呆滞〔滯〕 dāizhì

'**Flechte** *f* -n 1) 发〔髮〕辫 fàbiàn; 2) 地衣 dìyī; 3) 皮疹 pízhěn

'**flechten*** *vt* 1) 编 biān, 编织〔織〕 biānzhī; 2) (在讲话中)插入 chārù, 加进〔進〕 jiājìn

Fleck *m* -(e)s; -e(-en) 1) 污渍 wūzì, 斑点〔點〕 bāndiǎn; 2) 地方 dìfāng, 场〔場〕所 chǎngsuǒ; 3) (一)小块〔塊〕地 xiǎokuài dì; 4) 补〔補〕丁 bǔding

'**Fledermaus** *f* 蝙蝠 biānfú

'**Flegel** *m* -s; - 1) 连枷 liánjiā; 2) 粗野的人 cūyěde rén **~ei** [..'laɪ] *f* -en 粗野 cūyě

'**flegelhaft** *adj* 粗野的 cūyěde

'**flehen** *vi* 恳〔懇〕求 kěnqiú, 央求 yāngqiú (zu j-m, um etw.)

'**Fleisch** *n* -es; 1) 肉 ròu, 食用肉类〔類〕 shíyòug ròulèi; 2) 果肉 guǒròu **~brühe** *f* 肉汤〔湯〕 ròutāng, 肉汁 ròuzhī **~er** *m* -s; - 屠夫 túfū 卖〔賣〕肉的人 màiròu de rén **~erei** [..'raɪ] *f* -en 屠宰 túzǎi; 肉店 ròudiàn

'**fleisch|fressend** *adj* 食肉的 shíròude, 食虫〔蟲〕的 shíchóngde **~ig** *adj* 1) 肥胖的 féipàngde; 2) (植物)多肉的 duōròude **~lich** *adj* 肉体〔體〕的 ròutǐde; 性欲〔慾〕的 xìngyùde **~los** *adj* 无〔無〕肉的 wúròude

'**Fleischwolf** *m* 绞肉机〔機〕 jiǎoròujī

Fleiß *m* -es; 勤奋〔奮〕 qínfèn, 用功 yònggōng

'**fleißig** *adj* 勤奋〔奮〕的 qínfènde, 用功的 yònggōngde, 努力的 nǔlìde

'**fletschen** *vt* die Zähne ~ 龇〔齜〕牙咧嘴 zī yá liě zuǐ

'**flicken** *vt* 补〔補〕 bǔ, 修补 xiūbǔ

'**Flicken** *m* -s; - 补〔補〕丁 bǔding

'**Flieder** *m* -s; - 紫丁香 zǐdīngxiāng

'**Fliege** *f* -n 1) 苍〔蒼〕蝇〔蠅〕 cāngying; 2) 领结 lǐngjié

'**fliegen*** I *vi* (*s*) 1) 飞〔飛〕 fēi; 2) 乘飞机〔機〕 chéng fēijī; 3) in die Luft ~ 爆炸 bàozhà; II *vt* 1) 驾驶(飞机) jiàshǐ; 2) 空运〔運〕 kōngyùn

'**Flieger** *m* -s;- 1) 飞〔飛〕行员 fēixíngyuán; 2) 空军人员 kōngjūn rényuán; 3) 飞机〔機〕 fēijī **~alarm** *m* 空袭〔襲〕警报〔報〕 kōngxí jǐngbào

fliehen* I *vi* (*s*) 逃 táo, 逃走 táozǒu; II *vt* 避开〔開〕 bìkāi, 回避 huíbì

'**Fliehkraft** *f* 离〔離〕心力 líxīnlì

'**Fliese** *f* -n (铺地、护墙)石板、瓷砖〔磚〕 shíbǎn、cízhuān

'**Fließband** *n* -(e)s; ¨er 传〔傳〕送带〔帶〕 chuánsòngdài, 装〔裝〕配线〔綫〕 zhuāngpeixiàn

'**fließen*** *vi* (*s*) 1) 流 liú, 淌 tǎng; 2) 进〔進〕展顺利 jìnzhǎn shùnlì **~d** I *adj* 1) (指水)流动〔動〕的 liúdòngde; ~es Wasser 自来水; 2) (交通)川流不息的 chuān liú bù xī de; 3) (说话)流利的 liúlìde; II *adv* 流利地 jiúlìde, 流畅〔暢〕地 liúchàngde

'**flimmern** *vi* 1) 闪烁〔爍〕 shǎnshuò, 发〔發〕微光 fā wēiguāng; es flimmert mir vor den Augen 我眼前直冒金星; 2) 颤动〔動〕 diāndòng

flink *adj* 迅速的 xùnsùde, 敏捷的 mǐnjiéde, 灵〔靈〕巧的 língqiàode

'**Flinte** *f* -n 猎〔獵〕枪〔槍〕 lièqiāng; ~ ins Korn werfen 认〔認〕输 rènshū

Flirt *m* -es; -s 调情 tiáoqíng, 卖〔賣〕俏 màiqiào

'**flirten** *vi* 调情 tiáoqíng, 卖〔賣〕俏 màiqiào

'**Flitter** *m* -s; - (衣服上用作装饰的)小金属〔屬〕片 xiǎo jīnshǔpiàn **~kram** *m* 便宜的服饰 piányìde fúshì **~wochen** *pl* 蜜月 mìyuè

'**flitzen** *vi* (*s*) 飞〔飛〕奔 fēibèn, 飞驰 fēichí

Floh *m* -(e)s; ¨e 蚤 zǎo

Flo'rett *n* -(e)s; -e (练剑术用的)钝头〔頭〕剑〔劍〕 dùntóujiàn

flo'rieren *vi* 繁荣〔榮〕 fánróng, 兴〔興〕旺 xīngwàng

'**Floskel** *f* -n 华〔華〕丽〔麗〕的词藻 huálìde cízǎo

Floß *n* -es; ¨e 1) 筏子 fázi, 木筏 mùfá, 竹排 zhúpái; 2) (钓鱼用的)浮子 fúzi, 浮标〔標〕 fúbiāo

'**Flosse** *f* -n 1) 鳍 qí; 2) (游泳用)橡皮足蹼 xiàngpí zúpǔ

'**Flöte** *f* -n 长〔長〕笛 chángdí

'**flöten** I *vi* 吹笛 chuīdí, 吹口哨 chuī kǒushào; II *vt* 鸣叫 míngjiào

flott *adj* 1) 漂浮的 piāofúde; 浮动〔動〕的 fúdòngde; 2) 快的 kuàide, 敏捷的 mǐngjiéde; 3) 漂亮的 piāoliàngde; 4) 快活的 kuàihuóde

'**Flotte** *f* -n 1) 舰〔艦〕队〔隊〕jiànduì; 船队 chuánduì; 2) 海军 hǎijūn **~nstützpunkt** *m* 海军基地 hǎijūn jīdì

Fluch *m* -(e)s; ⸚e 1) 咒骂 zhòumà, 诅咒 zǔzhòu; 2) 祸〔禍〕因 huòyīn, 祸根 huògēn

'**fluchen** *vi* 咒骂 zhòumà, 诅咒 zǔzhòu

Flucht *f* -en 1) 逃跑 táopǎo, 逃脱 táotuō; 2) (人或物的)排 pái, 行列 hángliè; 3) 一套〔套〕房间 yītào fángjiān, 一段楼〔樓〕梯 yīduàn lóutī

'**flüchten** *vi* (*s*), *v sich* 逃走 táozǒu; 逃避 táobì

'**flüchtig** *adj* 1) 逃亡的 táowángde, 在逃的 zàitáode; 2) 短暂的 duǎnzhǎnde, 飞〔飛〕逝的 fēishìde; 3) 肤〔膚〕浅〔淺〕的 fūqiǎnde, 粗略的 cūlüède; 4) (液体等) 易挥发〔發〕的 yìhuīfāde

'**Flüchtling** *m* -s; -e 1) 逃犯 táofàn; 2) 难〔難〕民 nànmín **~slager** *n* 难民营〔營〕nànmínyíng

Flug *m* -(e)s; ⸚e 飞〔飛〕行 fēixíng, 飞翔 fēixiáng; im ~(e) 飞快地 **~abwehrrakete** *f* 防空导〔導〕弹〔彈〕fángkōng dǎodàn **~bahn** *f* 飞行轨迹〔跡〕fēixíng guǐjī, 弹道 dàndào **~blatt** *n* 传〔傳〕单〔單〕chuándān **~boot** *n* 水上飞机〔機〕shuǐshàng fēijī

'**Flügel** *m* -s; - 1) 翼 yì, 翅膀 chìbǎng; 2) 侧厅〔廳〕cètīng, 边〔邊〕房 biānfáng; 3) (军队的)侧翼 cèyì; 4) (政党中的)派别 pàibié; 5) (门,窗的)页扇 yèshàn; (风车的)翼板 yìbǎn; 6) 大钢〔鋼〕琴 dàgāngqín **~tür** *f* 双〔雙〕扇门〔門〕shuāngshànmén

'**Fluggast** *m* (飞机)乘客 chéngkè

'**flügge** *adj* 1) 刚〔剛〕会〔會〕飞〔飛〕的 gāng huì fēi de; 2) 能自立的 néng zìlì de

'**Flug|hafen** *m* 飞〔飛〕机〔機〕场〔場〕fēijīchǎng **~linie** *f* (客机定期)航线〔綫〕hángxiàn **~platz** *m* 小飞机场 xiǎo fēijīchǎng **~schrift** *f* 小册子 xiǎocèzi **~wesen** *n* 航空业〔業〕hángkōngyè

'**Flugzeug** *n* 机〔飛〕飞〔機〕fēijī **~führer** *m* 飞行员 fēixíngyuán **~halle** *f* 飞机库 fēijīkù **~träger** *m* 航空母舰〔艦〕hángkōng mǔjiàn

'**Flunder** *f* -n 比目鱼〔魚〕bǐmùyú

'**flunkern** *vi* 撒小谎 sā xiǎohuǎng, 瞎说 xiāshuō

Flur I *f* -en 1) 田野 tiányě; 2) 草地 cǎodì; II *m* -(e)s; -e 前厅〔廳〕qiántīng, 过〔過〕道 guòdào

Fluß *m* Flusses; Flüsse 1) 江 jiāng; 河 hé; 2) 流动〔動〕liúdòng, 川流不息 chuān liú bùxī; 3) (说话等)流利 liúlì, 流畅〔暢〕liúchàng; der ~ der Rede 滔滔不绝地讲

'**fluß|abwärts** *adv* 向下游 xiàng xiàyóu, 顺流 shùnliú **~aufwärts** *adv* 向上游 xiàng shàngyóu, 逆流 nìliú

'**Flußbett** *n* 河床 héchuáng

'**flüssig** *adj* 1) 流动〔動〕的 liúdòngde, 液体〔體〕的 yètǐde; 2) 熔化的 rónghuàde; 3) 可以动用的(钱等) kěyǐ dòngyòng de; kein Geld ~ haben 无现款

'**Flüssigkeit** *f* 1) 液体〔體〕yètǐ; 2) 流利 liúlì, 流畅〔暢〕liúchàng

'**Fluß|lauf** *m* 河道 hédào **~pferd** *n* 河马〔馬〕hémǎ **~schiffahrt** *f* 内河航行 nèihé hángxíng

'**flüstern** *vi, vt* 耳语 ěryǔ, 低声〔聲〕说话 dīshēng shuōhuà

Flut *f* -en 1) 洪水 hóngshuǐ; 2) 涨〔漲〕潮 zhàngcháo; 3) 大量发〔發〕出 dàliàng fāchū, 洪水般的泛滥〔濫〕hóngshuǐ bān de fànlàn

'**fluten** I *vi* (*s*) 1) 泛滥〔濫〕fànlàn; 2) 蜂拥〔擁〕fēngyōng; II *vt* 1) 淹没 yānmò (ein Dock 船坞); 2) 使装〔裝〕满〔滿〕水 shǐ zhuāngmǎn shuǐ

'**Flutwelle** *f* 潮浪 cháolàng

'**Fohlen** *n* -s; - 小马〔馬〕xiǎomǎ, 驹 jū

'**Folge** *f* -n 1) 顺序 shùnxù, 连续〔續〕liánxù; 2) 结果 jiéguǒ, 后〔後〕果 hòuguǒ; 3) 一套 yītào, 一副 yīfù, 一组 yīzǔ; 4) 将〔將〕来〔來〕jiānglái, 以后 yǐhòu

'**folgen** *vi* (*s*) (*D*) 1) 跟随〔隨〕gēnsuí, (次序)接着 jiēzhe; 2) 听〔聽〕从〔從〕tīngcóng; 遵循 zūnxún; 3) 追随 zhuīsuí; 4) 作为〔爲〕…的必然结果 zuòwéi … de bìrán jiéguǒ, 因…而起 yīn … érqǐ **~dermaßen** *adv* 如下 rúxià **~schwer** *adj* 后〔後〕果严〔嚴〕重的 hòuguǒ yánzhòng de

'**folgerichtig** *adj* 符合逻〔邏〕辑的 fúhé luójì de, 始终如一的 shǐzhōngrúyīde

'**folgern** *vt* 推论〔論〕tuīlùn, 得出结论 déchū jiélùn

'**Folgerung** *f* -en 推论〔論〕tuīlùn, 结论 jiélùn

'**folg|lich** *cj* 因此 yīncǐ, 所以 suǒyǐ **~sam** *adj* 服从〔從〕的 fúcóngde, 顺从的 shùncóngde

'**Folie** *f* -n 1) 箔 bó; 2) 陪衬〔襯〕

物 péichènwù

'**Folter** *f* -n 拷打 kǎodǎ, 折磨 shémó, 严〔嚴〕刑 yánxíng; j-n auf die ～ spannen 使…急不可耐 shǐ … jí bù kè nài, (故意让人期待而)折磨某人 zhèmo mǒurén

'**foltern** *vt* 拷打 kǎodǎ, 折磨 shémó

Fon'täne *f* -n 喷泉 pēnquán, 喷水池 pēnshuǐchí

'**foppen** *vt* 愚弄 yúnòng, 戏〔戲〕弄 xìnòng

'**Förderband** *n* -(e)s; ⸚er 传〔傳〕送带〔帶〕 chuánsòngdài

'**förderlich** *adj* 有益于…的 yǒuyì yú…de,有助于…的 yǒuzhù yú…de

'**fordern** *vt* 1) 要求 yāoqiú, 索取 suǒqǔ; 2) 挑战〔戰〕tiǎozhàn

'**fördern** *vt* 1) 促进〔進〕cùjìn, 推动〔動〕tuīdòng, 赞助 zànzhù; 2) (把矿砂)运〔運〕出地面 yùnchū dìmiàn; 3) zutage ～ 揭示 jiēshì, 揭露 jiēlù

'**Forderung** *f* -en 1) 要求 yāoqiú; 2) 挑战〔戰〕tiǎozhàn

'**Förderung** *f* -en 1) 促进〔進〕cùjìn, 推动〔動〕tuīdòng; 2) 开〔開〕采〔採〕kāicǎi

Fo'relle *f* -n 鳟鱼 zūnyú

Form *f* -en 1) 形状〔狀〕xíngzhuàng, 外貌 wàimào; 2) (服装的)款式 kuǎnshì, 样〔樣〕子 yàngzi; 3) 体〔體〕裁 tǐcái, 格式 géshì; 4) 礼〔禮〕节〔節〕lǐjié, 礼貌 lǐmào; 5) (体育)竞〔競〕技状态〔態〕jìngjì zhuàngtài

for'mal *adj* 形式的 xíngshìde, 外表的 wàibiǎode

For'mat *n* -(e)s; -e 1) 大小 dàxiǎo, 尺寸 chǐcùn; 2) 重要性 zhòngyàoxìng, 伟〔偉〕大 wěidà

'**Formel** *f* -n 1) 公式 gōngshì; 2) 形式 xíngshì, 格式 géshì

for'mell *adj* 1) 正式的 zhèngshìde; 礼〔禮〕节〔節〕性的 lǐjiéxìngde; 2) 形式的 xíngshìde, 表面的 biǎomiànde

'**formen** *vt* 1) 使形成 shǐ xíngchéng; 塑造 sùzào; 2) 培养〔養〕péiyǎng, 造就 zàojiù

'**Formfehler** *m* 举〔舉〕止不当〔當〕jǔzhǐ bùdàng, 失礼〔禮〕shīlǐ

for'mieren *vt* 1) 使形成 shǐ xíngchéng, 塑造 sùzào; 2) 组成 zǔchéng, 编成 biānchéng; 3) sich ～ 排成行列 páichéng hángliè

'**förmlich** *adj* 1) 正式的 zhèngshìde; 2) 过〔過〕分讲〔講〕究礼〔禮〕仪〔儀〕的 guòfèn jiǎngjiu lǐyí de

'**Förmlichkeit** *f* -en 拘泥形式 jūní xíngshì

'**formlos** *adj* 1) 不成形的 bù chéngxíng de; 2) 不拘礼〔禮〕节〔節〕的 bùjū lǐjié de

Formu'lar *n* -s; -e 表格 biǎogé

formu'lieren *vt* (用适当的语言)表达〔達〕biǎodá

forsch *adj* 果断〔斷〕的 guǒduànde, 有魄力的 yǒu pòli de

'**forschen** *vi* 1) 研究 yánjiū; 2) nach (*D*) ～ 寻〔尋〕找 xúnzhǎo, 探求 tànqiú

'**Forscher** *m* -s; - 研究者 yánjiūzhě, 探索者 tànsuǒzhě

'**Forschung** *f* -en 研究 yánjiū, 探索 tànsuǒ

Forst *m* -es; -e(n) 森林 sēnlín

'**Förster** *m* -s; - 林务〔務〕员 línwùyuán

'**Forstwirtschaft** *f* 林业〔業〕línyè

fort *adv* 1) 离〔離〕去 líqù, 不在 bù zài; 2) in einem ～ 不断〔斷〕地 bùduànde; und so ～ 等等 děngděng

Fort *n* -s; -s 堡垒〔壘〕bǎolěi, 要塞 yàosài

'**fort|bestehen*** *vi* 存在下去 cúnzài xiàqù, 延续〔續〕yánxù ～**bewegen** *vt* 1) 移动〔動〕yídòng, 搬动 bāndòng; 2) sich ～ 走动 zǒudòng

'**Fortdauer** *f* 延续〔續〕yánxù

'**fort|dauern** *vi* 延续〔續〕yánxù ～**fahren*** *vi* 1) (*s*) (乘车、船)离〔離〕去 líqù, 启〔啟〕程 qǐchéng; 2) (*h*) 继〔繼〕续 jìxù ～**führen** *vt* 继续 jìxù ～**gehen*** *vi* (*s*) 离〔離〕开〔開〕líkāi ～**geschritten** *adj* 先进〔進〕的 xiānjìnde ～**laufend** *adj* 连续的 liánxùde, 不断〔斷〕的 bùduànde ～**pflanzen** *vt* 1) 使繁殖 shǐfánzhí; 2) sich ～ 繁殖 fánzhí; 传〔傳〕播 chuánbō ～**reißen*** *vt* 拉走 lāzǒu, 冲〔衝〕走 chōngzǒu, 夺〔奪〕走 duózǒu ～**schaffen** *vt* 移开 yíkāi, 拿走 názǒu, 搬开 bānkāi ～**schreiten*** *vi* (*s*) 进〔進〕步 jìnbu, 进展 jìnzhǎn ～**schreitend** *adj* 进步的 jìnbùde

'**Fortschritt** *m* 进〔進〕步 jìnbù

'**fort|schrittlich** *adj* 进〔進〕步的 jìnbùde, 先进的 xiānjìnde ～**setzen** *vt* 继〔繼〕续〔續〕jìxù

'**Fortsetzung** *f* -en 继〔繼〕续〔續〕jìxù; ～ folgt 待续

'**fortwährend** *adj* 持续〔續〕的 chíxùde, 不断〔斷〕的 bùduànde

Fracht *f* -en 1) (运输的)货物 huòwù; 货运〔運〕huòyùn; 2) 运费 yùnfèi '～**brief** *m* 提(货)单〔單〕tídān '～**er** *m* -s; - 货船 huòchuán

Frack *m* -(e)s; ⸚e 燕尾服 yànwěifú

'Frage *f* -n 1) 问题 wèntí; eine ~ stellen 提问题; 2) 疑问 yíwèn; 难〔難〕题 nántí; in ~ stellen 使成问题，怀疑 **~bogen** *m* 调查表 diàocháibiǎo, 征〔徵〕求意见〔見〕表 zhēngqiú yìjiàn biǎo

'fragen I *vt* 1) 问 wèn, 询问 xúnwèn; j-n nach etw. ~ 向某人打听; 2) sich ~ 自问 zìwèn; es fragt sich, ob ... 问题是，是否...; II *vi* 问 wèn, 提问 tíwèn; nach j-m/etw. ~ 打听...

'Frage|wort *n* -(e)s; ⸚er (语法)疑问词 yíwèncí **~zeichen** *n* 问号〔號〕(?)wènhào

'frag|lich *adj* 成问题的 chéng wèntí de, 靠不住的 kàobuzhùde **~-los** *adv* 无〔無〕疑地 wúyíde

Frag'ment *n* -(e)s; -e 1) 碎片 suìpiàn, 碎块〔塊〕suìkuài; 2) 断〔斷〕编残〔殘〕简 duàn biān cán jiǎn

'fragwürdig *adj* 可疑的 kěyíde, 成问题的 chéng wèntí de

Frakti'on *f* -en 议〔議〕会〔會〕党〔黨〕团〔團〕 yìhuì dǎngtuán

'franko *adv* 邮〔郵〕资已付 yóuzī yǐ fù

'Franse *f* -n 穗 suì, 流苏〔蘇〕liúsū

Fran'zose *m* -n;-n, **Fran'zösin** *f* -nen 法国〔國〕人 fǎguórén

fran'zösisch *adj* 法国〔國〕的 fǎguóde

Fraß *m* -es; -e (俚语)难〔難〕吃的食物 nán chī de shíwù

'Fratze *f* -n 怪脸〔臉〕guàiliǎn, 怪相 guàixiàng; ~ schneiden 做怪相，做鬼脸

Frau *f* -en 1) 妇〔婦〕女 fùnǚ; 2) 妻子 qīzi; 3) (称呼)太太 tàitai, 夫人 fūren; ~ X 某某夫人

'Frauen|arzt *m* 妇〔婦〕科医〔醫〕生 fùkē yīshēng **~klinik** *f* 妇产〔產〕医院 fùchǎn yīyuàn

'Fräulein *n* -s; - 1) 姑娘 gūniang; 2) (称呼)小姐 xiǎojie

'fraulich *adj* 妇〔婦〕女的 fùnǚde, 女性的 nǚxìngde

frech *adj* 放肆的 fàngsìde, 狂妄的 kuángwàngde; 调皮捣蛋的 tiáopí dǎodàn de

'Frechheit *f* -en 厚颜 hòuyán, 粗鲁 cūlǔ; 放肆 fàngsì, 狂妄 kuángwàng

frei *adj* 1) 自由的 zìyóude, 无〔無〕约束的 wú yuēsù de; 2) 空的 kōngde, 未被占〔佔〕用的 wèi bèi zhànyòng de; 3) 露天的 lùtiānde; im Freien 在户外，在露天; 4) 空闲〔閒〕的 kòngxiánde; ~er Tag 休息日; 5) 免费的 miǎnfèide; 6) 畅〔暢〕通无阻的 chàngtōng wúzǔ de

'Frei|bad *n* 露天游泳池 lùtiān yóuyǒngchí **~exemplar** *n* 赠阅本 zèngyuèběn, 赠书〔書〕 zèngshū **~gabe** *f* 释〔釋〕放 shìfàng

'frei|geben* I *vt* 1) 释〔釋〕放 shìfàng; 2) 给假 gěi jià; 准假 zhǔnjià; II *vi* j-m ~ 准某人的假 zhǔn mǒurén de jià **~gibig** *adj* 慷慨的 kāngkǎide, 大方的 dàfāngde **~haben*** *vi* 有空 yǒu kòng, 有时〔時〕间 yǒu shíjiān

'Frei|hafen *m* 自由港 zìyóugǎng **~handel** *m* 自由贸易 zìyóu màoyì **~heit** *f* -en 自由 zìyóu **~herr** *m* 男爵 nánjué **~karte** *f* 免费入场〔場〕券 miǎnfèi rùchǎngquàn

'frei|lassen* *vt* 释〔釋〕放 shìfàng **~lich** *adv* 1) 但是 dànshì; 2) 无〔無〕疑 wúyí, 当〔當〕然 dāngrán, 确〔確〕实〔實〕 quèshí

'Freilichtbühne *f* 露天舞台〔臺〕 lùtiān wǔtái

'frei|machen *vt* 1) 预付 yùfù, 先付 xiānfù; 贴邮〔郵〕票于〔於〕 tiē yóupiào yú; 2) sich ~ 脱去衣服 tuōqù yīfu **~mütig** *adj* 坦率的 tǎnshuàide, 坦白的 tǎnbáide **~sprechen*** *vt* 宣告无〔無〕罪 xuāngào wúzuì; 免除 miǎnchú

'Freispruch *m* 宣告无〔無〕罪 xuāngào wúzuì

'frei|stehen* *vi* 1) (房子等)成为〔爲〕空的 chéngwéi kōngde; 2) j-m ~ 让〔讓〕...自作决定 ràng ... zì zuò juédìng, 随〔隨〕...的便 suí... de biàn; es steht Ihnen frei zu ... ...随您的便 **~stellen** *vt* 1) j-n ~ 免除... miǎnchú...; 2) j-m etw. ~ 让〔讓〕某人对〔對〕...自作决定 ràng mǒurén duì... zì zuò juédìng

'Frei|stoß *m* (足球)罚任意球 fá rènyìqiú **~tag** *m* 星期五 xīngqīwǔ **~tod** *m* 自杀〔殺〕zìshā

'freiwillig I *adj* 自愿〔願〕的 zìyuànde, 志愿的 zhìyuànde; II *adv* 自愿 zìyuàn, 自动〔動〕 zìdòng

'Frei|willige *m* -n; -n 1) 自愿〔願〕参〔參〕加者 zìyuàn cānjiāzhě; 2) 志愿军 zhìyuànjūn **~zeit** *f* 业〔業〕余〔餘〕时〔時〕间 yèyú shíjiān

fremd *adj* 1) 外国〔國〕的 wàiguóde, 异〔異〕乡〔鄉〕的 yìxiāngde; 2) 他人的 tārénde; 3) 陌生的 mòshēngde, 不习〔習〕惯的 bù xíguàn de; ich bin ~ hier 我在这里人地生疏; sich (*D*) ~ vorkommen 对(某人)是陌生的 ~-

artig *adj* 1) 外国式的 wàiguóshíde; 2) 异样〔樣〕的 yìyàngde, 奇特的 qítède

'**Fremde** I *f* 外国〔國〕 wàiguó, 异〔異〕乡〔鄉〕 yìxiāng; in der ~ 在外国; II *m*, *f* -n; -n 1) 陌生人 mòshēngrén, 异乡人 yìxiāngrén; 2) 外国人 wàiguórén

'**Fremden|führer** *m* 向〔嚮〕导〔導〕 xiàngdǎo, 导游 dǎoyóu ~**verkehr** *m* 旅游 lǚyóu, 旅游业〔業〕 lǚyóuyè ~**zimmer** *n* 客房 kèfáng

'**Fremd|körper** *m* (医学)异〔異〕物 yìwù ~**sprache** *f* 外国〔國〕语 wàiguóyǔ

'**fremd|sprachig** *adj* 说外语的 shuō wàiyǔ de, 用外语写〔寫〕的 yòng wàiyǔ xiě de ~**sprachlich** *adj* 外语的 wàiyǔde, 外文的 wàiwénde

'**Fremdwort** *n* -(e)s; ⸚er 外来〔來〕语 wàiláiyǔ

Fre'quenz *f* -en (物理)频率 pínlǜ

'**fressen*** I *vt* 1) (动物)吃 chī; 2) (人)狼吞虎咽 láng tūn hǔ yàn, 吃 chī; 3) 挥霍 huīhuò, 耗尽〔盡〕 hàojìn; II *vi* 1) 腐蚀 fǔshí; 2) 蔓延 mànyán

'**Fressen** *n* -s; 1) 饲料 sìliào; 2) 食物(含贬义,粗话) shíwù

'**Freude** *f* -n 1) 愉快 yúkuài, 高兴〔興〕 gāoxìng; ~ an (*D*) haben 喜欢…; j-m eine ~ machen 使…高兴; 2) *pl* 令人愉快的事 lìng rén yúkuài de shì, 乐〔樂〕趣 lèqù

'**Freuden|botschaft** *f* 喜讯 xǐxùn ~**geschrei** *n* 欢〔歡〕呼声〔聲〕 huānhūshēng ~**tag** *m* 喜庆〔慶〕日 xǐqìngrì ~**taumel** *m* 欢乐〔樂〕的陶醉 huānlède táozuì

'**freudestrahlen** *adj* 喜形于〔於〕色的 xǐ xíng yú sè de

'**freudig** *adj* 1) 愉快的 yúkuàide, 高兴〔興〕的 gāoxìngde; 2) 可喜的 kěxǐde; ~es Ereignis 喜事

'**freudlos** *adj* 毫无〔無〕乐〔樂〕趣的 háo wú lèqù de, 悲哀的 bēi'āide

'**freuen** *vt* 1) 使愉快 shǐ yúkuài, 使高兴〔興〕 shǐ gāoxìng; es freut mich, daß … 使我高兴的是…; 2) sich über (*A*) ~ 为〔爲〕(过去或一般的事)感到高兴 wèi … gǎndào gāoxìng; sich auf (*A*) ~ 为(将来的事)感到高兴

Freund *m* -es; -e 男朋友 nánpéngyǒu ~**in** *f* -nen 女朋友 nǚpéngyǒu

'**freundlich** *adj* 1) 友好的 yǒuhǎode, 亲〔親〕切的 qīnqiède; 2) 令人愉快的 lìng rén yúkuài de; 和蔼的 hé'ǎide; 美好的 měihǎode; 3) (气候)温和的 wēnhéde

'**Freund|lichkeit** *f* -en 友好 yǒuhǎo, 亲〔親〕切 qīnqiè ~**schaft** *f* -en 友谊 yǒuyí; ~ mit j-m schließen 和…结成友谊

'**freundschaftlich** *adj* 友好的 yǒuhǎode, 友谊的 yǒuyíde

'**Frevel** *m* -s; 1) 恶〔惡〕行 èxíng, 罪行 zuìxíng; 2) 亵渎〔瀆〕行为〔爲〕 xièdú xíngwéi

'**frevelhaft** *adj* 1) 邪恶〔惡〕的 xié'ède, 犯罪的 fànzuìde; 2) 亵渎〔瀆〕的 xièdúde

'**Friede** *m* -ns;-n, ~**n** *m* -s; - 和平 hépíng; 宁〔寧〕静 níngjìng; laß mich in ~! 让我安静点吧!

'**Friedens|verhandlungen** *pl* 和平谈判 hépíng tánpàn ~**vertrag** *m* 和约 héyuē

'**friedfertig** *adj* 和蔼的 hé'ǎide, 平易近人的 píngyì jìnrén de

'**Friedhof** *m* 墓地 mùdì, 公墓 gōngmù

'**fried|lich** *adj* 和平的 hépíngde, 宁〔寧〕静的 níngjìngde ~**liebend** *adj* 爱〔愛〕好和平的 àihào hépíngde

'**frieren*** *vi* 1) (*h*) 感到寒冷 gǎndào hánlěng; 2) (*s*) 结冰 jiébīng; 冰冻〔凍〕 bīngdòng

frisch I *adj* 1) (食物)新鲜的 xīnxiānde; 2) 新的 xīnde, 新近的 xīnjìnde, 刚〔剛〕发〔發〕生的 gāngfāshēngde; auf ~er Tat ertappen 当场逮住; 3) 干〔乾〕净的 gānjìngde; 没有用过〔過〕的 méiyǒu yòngguò de; 4) 凉爽的 liángshuǎngde, 清新的 qīngxīnde; II *adv* ~ gestrichen! 油漆未干! yóuqí wèi gān

'**Frische** *f* 1) 新鲜 xīnxiān; 2) 活泼〔潑〕 huópo, 健壮〔壯〕 jiànzhuàng; 3) 凉爽 liángshuǎng, 清新 qīngxīn; 4) 洁〔潔〕净 jiéjìng

Fri'seu|r [...zøːr] *m* -s; -e 理发〔髮〕师〔師〕 lǐfàshī ~**se** *f* -n 女理发师 nǚlǐfàshī

fri'sieren *vt* 1) j-n ~ 给…梳头〔頭〕、卷〔捲〕发〔髮〕 gěi … shūtóu、juǎnfà; 2) 修饰 xiūshì, 改进〔進〕 gǎijìn; 3) sich ~ 梳头 shūtóu, 卷发 juǎnfà

Frist *f* -en 期限 qīxiàn

'**fristen** *vt* sein Dasein ~ 勉勉强强过〔過〕下去 miǎn miǎn qiǎng qiǎng guòxiàqù

Fri'sur *f* -en 发〔髮〕式 fàshì, 发型 fàxíng

fri'vol *adj* 轻〔輕〕浮的 qīngfúde, 轻率的 qīngshuàide, 无〔無〕礼〔禮〕的 wúlǐde

froh *adj* 1) 快活的 kuàihuóde, 高兴〔興〕的 gāoxìngde; 2) 令人愉快的 lìng rén yúkuài de, 喜人的 xǐrénde
'fröhlich *adj* 快乐〔樂〕的 kuàilède, 愉快的 yúkuàide, 高兴〔興〕的 gāoxìngde, 兴高采烈的 xìnggāocǎiliè de
'Fröhlichkeit *f* 高兴〔興〕gāoxìng, 快乐〔樂〕kuàilè
fromm *adj* 1)虔诚的 qiánchéngde; 2) 驯服的 xùnfúde; 3) 善意的 shànyìde; ~e Lüge 圆场谎（无恶意的）; 4) ~er Wunsch 不能实〔實〕现的愿〔願〕望 bù néng shíxiàn de yuànwàng, 幻想 huànxiǎng
'Frömmigkeit *f* -en 虔诚 qiánchéng
'frönen *vi* (*D*) 沉溺于〔於〕chénnì yú
Front *f* -en 1) 正面 zhèngmiàn, 前面 qiánmiàn; 2) 前线〔綫〕qiánxiàn, 前方 qiánfāng; 战〔戰〕线 zhànxiàn; 3) 阵线 zhènxiàn
Frosch *m* -es; ⸗e 青蛙 qīngwā
Frost *m* -es; ⸗e 严〔嚴〕寒 yánhán, 冰冻〔凍〕bīngdòng ~**beule** *f* 冻疮〔瘡〕dòngchuāng
'frösteln *vi* (冷得)颤抖 chàndǒu, 哆嗦 duōsuo
'frostig *adj* 1) 严〔嚴〕寒的 yánhánde, 霜冻〔凍〕的 shuāngdòngde; 2) 冷淡的 léngdànde
frot'tieren *vt* (用毛巾)摩擦 mócā
Frucht *f* ⸗e 1) 果实〔實〕guǒshí, 水果 shuǐguǒ; 2) 结果 jiéguǒ, 成果 chéngguǒ; 3) 胎儿〔兒〕tāi'ér
'fruchtbar *adj* 1) 果实〔實〕结得多的 guǒshí jié de duō de; 多产〔產〕的 duōchǎnde; 肥沃的 féiwòde; 2) 有成果的 yǒu chéngguǒ de, 有益的 yǒuyìde
'Fruchtbarkeit *f* 肥沃 féiwò, 富饶〔饒〕fùráo
'fruchtlos *adj* 1) 不结果的 bù jiéguǒ de; 2) 无〔無〕效益的 wú xiàoyì de
früh I *adj* 1) 早的 zǎode, 早期的 zǎoqīde, 初期的 chūqīde; 2) 提前的 tíqiánde; II *adv* 早晨 zǎochén; ~ aufstehen 早起; heute (morgen) ~ 今(明)晨; ~er 从〔從〕前 cóngqián, 以前 yǐqián
'Früh|aufsteher *m* -s; - (习惯)早起的人 zǎoqǐde rén ~**e** *f* in aller ~ 一清早 yīqīngzǎo ~**geburt** *f* 1) 早产〔產〕zǎochǎn; 2) 早产儿〔兒〕zǎochǎn'ér ~**jahr** *n*, ~**ling** *m* -s; -e 春天 chūntiān, 春季 chūnjì
'früh|morgens *adv* 早晨 zǎochén, 清晨 qīngchén ~**reif** *adj* 早熟的 zǎoshúde
'Frühstück *n* 早餐 zǎocān
'frühstücken *vi*, *vt* 吃早饭 chī zǎofàn
Fuchs *m* -es; ⸗e 1) 狐 hú; 2) 红棕色的马〔馬〕hóngzōngsède mǎ; 3) 狡猾的人 jiǎohuáde rén ~**schwanz** *m* 1) 狐狸尾巴 húli wěiba; 2) 手锯 shǒujù
'fuchsteufelswild *adj* 狂怒的 kuángnùde
'fuchteln *vi* mit (*D*) ~用(手等)挥动〔動〕yòng...huīdòng
'Fuge *f* -n 1) 连接处〔處〕liánjiēchù; 接合点〔點〕jiēhédiǎn; 2) 线〔綫〕缝 xiànfèng, 接缝 jiēfèng; 3) (音乐)赋格曲 fùgéqǔ
'füg|en *v sich* 顺从〔從〕shùncóng, 服从 fúcóng (in *A*) ~**sam** *adj* 顺从的 shùncóngde, 听〔聽〕话的 tīnghuàde
'fühl|bar *adj* 可感觉〔覺〕到的 kě gǎnjué dào de, 明显〔顯〕的 míngxiǎnde ~**en** I *vt* 1)感到 gǎndào, 觉得 juéde; 2) 触〔觸〕摸 chùmō, 感知 gǎnzhī; 3) sich ~ 感觉 gǎnjué; 自认〔認〕为〔爲〕zìrènwèi; 自命不凡 zìmìng bù fán; II *vi* mit j-m ~ 同情某人 tóngqíng mǒurén
'Fühler *m* -s;- 1) 触〔觸〕角 chùjiǎo, 触须〔鬚〕chùxū; 2) 试探 shìtàn
'führen I *vt* 1) 带〔帶〕领 dàilǐng, 引路 yǐnlù; 2) 领导〔導〕lǐngdǎo, 率领 shuàilǐng; 3) 驾驶 jiàshǐ; 4) 经〔經〕营〔營〕jīngyíng; 5) 持有 chíyǒu; etw. bei/mit sich ~ 携带… xiédài...; 6) 从〔從〕事 cóngshì, 进〔進〕行 jìnxíng; 7) sich ~ 举〔舉〕止 jǔzhǐ, 表现 biǎoxiàn; II *vi* 1) 领先 lǐngxiān; 2) 通向 tōngxiàng; zu etw. ~ 导致… dǎozhì... ~**d** *adj* 领导的 lǐngdǎode, 重要的 zhòngyàode
'Führer *m* -s; - 1) 领袖 lǐngxiù, 领导〔導〕人 lǐngdǎorén; 2) 旅行指南 lǚxíng zhǐnán ~**schein** *m* 驾驶证〔證〕jiàshǐzhèng
'Führung *f* -en 1) 领导〔導〕lǐngdǎo; 2) 导游 dǎoyóu; 3) 领先 lǐngxiān; 4) 举〔舉〕止 jǔzhǐ, 表现 biǎoxiàn, 态〔態〕度 tàidu; 5)导向装〔裝〕置 dǎoxiàng zhuāngzhì
'Fuhr|unternehmer *m* 运〔運〕输公司 yùnshū gōngsī ~**werk** *n* 大车〔車〕dàchē
'Fülle *f* 1) 大量 dàliàng, 丰〔豐〕富 fēngfù; 2) 肥胖 féipàng, 丰满〔滿〕fēngmǎn; 3) 馅 xiàn
'füllen *vt* 1) 装〔裝〕满〔滿〕zhuāngmǎn, 填满 tiánmǎn; 2) etw. in etw. ~ 把某物倒入… bǎ mǒuwù

dào rù…; 3) sich ~ 充满 chōngmǎn, 装满 zhuāngmǎn

'Füllen *n* -s; - 幼马〔馬〕 yòumǎ, 马驹子 mǎjūzi

'Füll|federhalter *f* 自来〔來〕水笔〔筆〕 zìláishuǐbǐ **~ung** *f* -en 1) 填补〔補〕物 tiánbǔwù; 2) (门等的)镶板 xiāngbǎn; 嵌板 qiànbǎn

Fund *m* -(e)s; -e 1) 发〔發〕现 fāxiàn; 发现物 fāxiànwù; 2) 拾物 shíwù

Funda'ment *n* -(e)s; -e 1) 地基 dìjī, 房基 fángjī; 2) 基础〔礎〕 jīchǔ

'Fund|büro *n* 失物招领处〔處〕 shīwù zhāolǐngchù **~gegenstand** *m* 拾物 shíwù **~grube** *f* 1) 富矿〔礦〕 fùkuàng; 2) 宝〔寶〕库 bǎokù

'fünf *adj* 五 wǔ **~fach** *adj* 五倍的 wǔbèide **~te** *adj* 第五 dìwǔ **~tel** *adj* 五分之一的 wǔfēn zhī yī de **~tens** *adv* 第五 dìwǔ **~zehn** *adj* 十五 shíwǔ **~zig** *adj* 五十 wǔshí

Funk *m* -s; 1) 无〔無〕线〔綫〕电〔電〕 wúxiàndiàn; 2) 无线电广〔廣〕播 wúxiàndiàn guǎngbō; 3) 无线电广播收发〔發〕装置 wúxiàndiàn guǎngbō shōufā zhuāngzhì

'Funke *m* -ns; -n 1) 火星 huǒxīng, 火花 huǒhuā; 2) 少许 shǎoxǔ, 微量 wēiliàng

'funkeln *vi* 发〔發〕出火花 fāchū huǒhuā, 闪光 shǎnguāng

'funken *vt* 用无〔無〕线〔綫〕电〔電〕发〔發〕出 yòng wúxiàndiàn fāchū

'Funker *m* -s; - (无线电)报〔報〕务〔務〕员 bàowùyuán

'Funk|gerät *n* 无〔無〕线〔綫〕电〔電〕收发〔發〕机〔機〕 wúxiàndiàn shōufājī **~spruch** *m* 无线电报 wúxiàn diànbào

Funkti'on *f* -en 职〔職〕责 zhízé, 作用 zuòyòng, 功能 gōngnéng **~är** [..'nɛ:r] *m* -s; -e 官员 guānyuán; 行政人员 xíngzhèng rényuán

funktio'nieren *vi* 起作用 qǐzuòyòng, 运〔運〕行 yùnxíng

'Funkturm *m* 无〔無〕线〔綫〕电〔電〕塔 wúxiàndiàntǎ

für *prp* (*A*) 1) 为〔爲〕 wèi, 为了 wèile; 2) 对〔對〕于〔於〕 duìyú, 就…而言 jiù … ér yán; ich ~ meine Person … 就我个人而言…; 3) 代 dài, 代替 dàitì; 4) 赞〔讚〕成 zànchéng; 5) 由于 yóuyú, 因为 yīnwéi; 6) 用 yòng, 花 huā; 7) 为期 wéiqī; 8) 逐 zhú, 依次 yīcì; Schritt ~ Schritt 逐步; Tag ~ Tag 逐日; 9) ~ sich 单〔單〕独〔獨〕 dāndú

Für *n* das ~ und Wider 正反双〔雙〕方 zhèngfǎn shuāngfāng

'Furche *f* -n 1) 犁沟〔溝〕 lígōu; 2) (面部)皱〔皺〕纹 zhòuwén; 3) 车〔車〕辙 chēzhé; 4) 槽 cáo; 沟 gōu

Furcht *f* 害怕 hàipà, 恐惧〔懼〕 kǒngjù, 畏惧 wèijù

'furchtbar *adj* 1) 令人恐惧〔懼〕的 lìng rén kǒngjù de; 2) 难〔難〕以忍受的 nányǐ rěnshòu de, 极〔極〕度的 jídùde

'fürchten I *vt* 1) 惧〔懼〕怕 jùpà, 担〔擔〕心 dānxīn; 2) sich vor j-m/etw. ~ 害怕… hàipà…; II *vi* um j-n/etw. ~ 为〔爲〕…担扰〔擾〕 wèi…dānyōu

'fürchterlich *adj* 见 furchtbar

'furcht|los *adj* 无〔無〕畏的 wúwèide, 不怕的 bùpàde **~sam** *adj* 胆〔膽〕怯的 dǎnqiède

'Fürsorge *f* 1) 照管 zhàoguǎn, 护〔護〕理 hùlǐ; 2) (社会)福利 fúlì, 救济〔濟〕 jiùjì; öffentliche ~ 公共福利

'fürsorglich *adj* 关〔關〕心的 guānxīnde, 体〔體〕贴的 tǐtiēde

'Fürsprache *f* 说情 shuōqíng, 美言 měiyán; bei j-m ~ für j-n einlegen 在某人处为…说情

Fürst *m* -en -en 1) 君主 jūnzhǔ, 诸侯 zhūhóu; 2) 侯爵 hóujué **~entum** *n* -s; ⸚er 侯国〔國〕 hóuguó

'fürstlich I *adj* 1) 君主的 jūnzhǔde, 诸侯的 zhūhóude; 2) 奢华〔華〕的 shēhuáde, 丰〔豐〕盛的 fēngshèngde; II *adv* ~ leben 奢侈地生活 shēchǐde shēnghuó

Furt *f* -en 浅〔淺〕滩〔灘〕 qiǎntān

Fu'runkel *m* -s; - 疖〔癤〕 jiē

'Fürwort *n* -(e)s; ⸚er (语法)代名词 dàimíngcí

'Fuß *m* -es; ⸚e 1) 脚 jiǎo, 足 zú; ~ fassen 站住脚; zu ~ 步行 bùxíng; zu ~ gehen 步行去; 2) mit j-m auf gutem ~ stehen 同…关〔關〕系好 tóng…guānxì hǎo; ~ zu ~ sein 善于〔於〕走路 shàn yúzǒulù **~abstreifer** *m* -s; - (门口的)擦鞋棕垫〔墊〕 cāxiézōngdiàn **~ball** *m* 足球 zúqiú **~ballspieler** *m* 足球运〔運〕动〔動〕员 zúqiú yùndòngyuán **~boden** *m* 地板 dìbǎn **~bremse** *f* 脚踏闸 jiǎotàzhá, 脚踏制动〔動〕 jiǎotàzhìdòng **~gänger** *m* -s; - 行人 xíngrén; 步行者 bùxíngzhě **~note** *f* 脚注 jiǎozhù **~sohle** *f* 脚底板 jiǎodǐbǎn **~spur** *f* 足迹 zújì, 脚印 jiǎoyìn **~stapfe** *f* -n 1) 足迹 zújì, 脚印 jiǎoyìn; 2) 脚步 jiǎobù; in j-s ~(n) treten 效法… xiàofǎ…, 步…的后〔後〕尘〔塵〕bù … de hòuchén **~tritt** *m* 踢 tī **~weg** *m* 人行道 rénxíngdào

'Futter *n* -s; - 1) (ohne *pl*) 饲料 sìliào; 2) 衬〔襯〕里〔裏〕chènlǐ; 3) 镶板 xiāngbǎn, 嵌板 qiànbǎn

Futte'ral *n* -s; -e 盒子 hézi, 匣子 xiázi

'füttern *vt* 1) 喂 wèi; 2) 加衬〔襯〕里〔裏〕于〔於〕jiā chènlǐ yú; 3) 给…加框 gěi … jiā kuāng

Fu'tur *n* -s; -e (语法)将〔將〕来〔來〕时〔時〕jiāngláishí

G g

'Gabe *f* -n 1) 赠品 zèngpǐn, 礼〔禮〕物 lǐwù; 2) 天赋 tiānfù, 才能 cáinéng; 3) (药的)剂〔劑〕量 jìliàng

'Gabel *f* -n 1) 叉 chā, 餐叉 cānchā; 2) (路、树干等)分叉 fēnchā, 分枝 fēnzhī, 分岔 fēnchà

'gabeln *v sich* 分枝 fēnzhī, 分岔 fēnchà

'gackern *vi* 1) (母鸡)咯咯地叫 gēgēde jiào; 2) 咯咯地笑 gēgēde xiào; 喋喋不休地说话 diédié bù xiū de shuōhuà

'gaffen *vi* 目瞪口呆〔獃〕地凝视 mùdèng kǒudāi de níngshì

'Gage *f* -n (艺术家的)薪俸 xīnfèng

'gähnen *vi* 1) 打呵欠 dǎ hēqiàn; 2) 张〔張〕开〔開〕zhāngkāi; 裂开 lièkāi

ga'lant *adj* (对妇女)殷勤的 yīnqínde, 有礼〔禮〕貌的 yǒu lǐmào de

Galante'rie *f* -n (对妇女的)礼〔禮〕貌 lǐmào, 殷勤 yīnqín

Ga'leere *f* -n (中古时代的)大战〔戰〕船 dǎ zhànchuán

Gale'rie *f* -n 1) 画〔畫〕廊 huàláng, 美术〔術〕陈〔陳〕列室 měishù chénlièshì; 2)游廊 yóuláng, 回廊 huíláng; 3) (剧场)顶层〔層〕楼〔樓〕座 dǐngcéng lóuzuò; 4) (教堂等)楼座 lóuzuò

'Galgen *m* -s; - 绞刑架 jiǎoxíngjià **~frist** *f* 缓期 huǎnqī **~humor** *m* 聊以解嘲 liáo yǐ jiě cháo

'Galle *f* -n 1) 胆〔膽〕汁 dǎnzhī; 胆囊 dǎnnáng; 2) 愤怒 fènnù **~nblase** *f* 胆囊 dǎnnáng **~nstein** *m* 胆(囊结)石 dǎnshí

Ga'lopp *m* -s; -s (-e) 1) (马等)飞〔飛〕跑 fēipǎo; 2) 急步 jíbù, 快 kuài

galop'pieren *vi* (*s*) 1) 飞〔飛〕跑 fēipǎo; 2) 急速行动〔動〕jísù xíngdòng

gang *adj* ~ und gäbe 通常的 tōngchángde, 常见〔見〕的 chángjiànde

Gang *m* -(e)s; ⸚e 1) 步子 bùzi, 步态〔態〕bùtài, 步调 bùdiào; 2) 行走 xíngzǒu; einen ~ machen 行走; 3)(机器)运〔運〕转〔轉〕yùnzhuàn; etw. in ~ bringen/setzen 发〔發〕动〔動〕、促成… fādòng、cùchéng…; etw. in ~ halten 保持… bǎochí…; in ~ kommen 开〔開〕始 kāishǐ; im ~ sein 正在进行, 在运转中; 4) 进〔進〕程 jìnchéng, 过〔過〕程 guòchéng; 5) 过道 guòdào, 走廊 zǒuláng; 6) (一)道(菜) dào; 7)回合 huíhé, 轮〔輪〕lún; 8) (汽车)排挡〔擋〕páidǎng; in vollem ~ 正全力进行中 zhèng quánlì jìnxíngzhōng

'gängig *adj* 1) 流通的 liútōngde, 通用的 tōngyòngde (Münze 硬币); 2) 畅〔暢〕销的 chàngxiāode; 3) 常用的 chángyòngde, 常见〔見〕的 chángjiànde (Ausdruck 词语)

Gans *f* ⸚e 鹅 é

'Gänse|brümchen *n* -s; - 雏〔雛〕菊 chújú **~braten** *m* 烤鹅 kǎo'é **~füßchen** *pl* 引号〔號〕(“ ”) yǐnhào **~haut** *f* 鸡〔鷄〕皮疙瘩 jīpí gēda **~marsch** *m* im ~成一路纵〔縱〕队〔隊〕(行进) chéng yīlù zòngduì **~rich** *m* -s; -e 雄鹅 xióng'é

ganz I *adj* 1) 整个〔個〕的 zhěnggède, 全部的 quánbùde; den ~en Tag 整天; im ~en 全部, 总共; 2) 相当〔當〕大的 xiāngdāngdàde, 相当多的 xiāngdāngduōde; 3) 完整的 wánzhěngde, 无〔無〕损的 wúsǔnde; II *adv* 1) 全 quán, 完全 wánquán; ~ und gar 完完全全; voll und ~ 毫无保留地 háowú bǎoliú de; ~ Auge (Ohr) 只是看(专心听) zhǐshì kàn; 2) 相当 xiāngdāng

'Ganze *n* -n; 整体〔體〕zhěngtǐ, 全体 quántǐ, 全部 quánbù; aufs ~ gehen 全力以赴

'gänzlich *adj* 全部的 quánbùde, 完全的 wánquánde, 整个〔個〕的 zhěnggède

'Ganztagsbeschäftigung *f* 全天工作 quántiān gōngzuò

gar I *adj* 煮熟的 zhǔshúde; II *adv* 1) 完全 wánquán, 根本 gēnběn; ~ nicht 根本不,毫无; 2) 甚至于〔於〕 shènzhìyú, 尤其 yóuqí

Ga'rage [..ʒə] *f* -n 汽车〔車〕房 qìchēfáng

Garan'tie *f* -n 保证〔證〕 bǎozhèng, 担〔擔〕保 dānbǎo

garan'tieren *vt* 保证〔證〕 bǎozhèng, 担〔擔〕保 dānbǎo

'Garbe *f* -n (谷物的) 捆 kǔn, 束 shù

'Garde *f* -n 1) 卫〔衛〕兵 wèibīng, 警卫员 jǐngwèiyuán; 2) 近卫军 jìnwèijūn, 卫队〔隊〕 wèiduì

Garde'robe *f* -n 1) 衣帽间 yīmàojiān; 2) (个人的)全部衣服 quánbù yīfu; 3) (演员的)更衣室 gēngyīshì **~nfrau** *f* 衣帽间女服务〔務〕员 yīmàojiān nǚfúwùyuán **~nmarke** *f* 寄存物的凭〔憑〕证〔證〕 jìcúnwùde píngzhèng **~nständer** *m* 衣帽架 yīmàojià

Gar'dine *f* -n 窗帘〔簾〕 chuānglián

'gären* *vi* (*h, s*) 发〔發〕酵 fāxiào

Garn *n* -(e)s; -e 1) 线〔綫〕 xiàn, 棉线 miánxiàn; 2) 罗〔羅〕网〔網〕 luówǎng; j-m ins ~ gehen 中…的圈套

gar'nieren *vt* 装〔裝〕饰 zhuāngshì, 点〔點〕缀 diǎnzhuì

Garni'son *f* -en 1) 卫〔衛〕成部队〔隊〕 wèishù bùduì; 2) (部队) 驻地 zhùdì

Garni'tur *f* -en 1) 装〔裝〕饰 zhuāngshì; 2) (机器的) 整套部件 zhěngtào bùjiàn; 3) (一)套 tào, (一)副 fù

'garstig *adj* 1) 难〔難〕闻的 nánwénde; 2) 讨厌〔厭〕的 tǎoyànde, 丑〔醜〕陋的 chǒulòude; 3) 粗野的 cūyěde, 无〔無〕礼〔禮〕的 wúlǐde

'Gärstoff *m* 酵素 xiàosù; 酶 méi

'Garten *m* -s; ¨ 花园〔園〕 huāyuán **~bau** *m* 园艺〔藝〕 yuányì **~fest** *n* 游园会〔會〕 yóuyuánhuì **~stadt** *f* 花园城市 huāyuán chéngshì

'Gärtner *m* -s; - 园〔園〕圃工人 yuánpǔ gōngrén, 园丁 yuándīng

'Gärung *f* -en 1) 发〔發〕酵 fāxiào; 2) 激动〔動〕 jīdòng; 骚动 sāodòng

Gas *n* -es; -e 1) 气〔氣〕体〔體〕qìtǐ; 2) 煤气 méiqì; ~ geben (开车时)加大油门〔門〕 jiādà yóumén

'gasförmig *adj* 气〔氣〕态〔態〕的 qìtàide

'Gas|hahn *m* 煤气〔氣〕开〔開〕关〔關〕 méiqì kāiguān **~herd** *m* 煤气灶〔竈〕 méiqìzào **~leitung** *f* 煤气管 méiqìguǎn **~ofen** *m* 煤气灶 méiqìzào

'Gasse *f* -n 巷 xiàng, 胡同 hútòng

Gast *m* -es; ¨e 1) 客人 kèrén, 来〔來〕宾〔賓〕 láibīn; 2) 旅客 lǚkè, 顾〔顧〕客 gùkè; 3) 访问演出的 演员 fǎngwèn yǎnchū de yǎnyuán **~arbeiter** *m* 客籍工人 kèjí gōngrén, 外籍工人 wàijí gōngrén **~bett** *n* 客床 kèchuáng, 闲〔閑〕床 xiánchuáng **~haus** *n* 饭馆 fànguǎn; 旅店 lǚdiàn **~hof** *m* 旅店 lǚdiàn, 客栈〔棧〕 kèzhàn

gas'tieren *vi* 访问演出 fǎngwèn yǎnchū

'gastlich *adj* 1) 好客的 hàokède; 2) 舒适〔適〕的 shūshìde

'Gast|mahl *n* 筵席 yánxí, 宴会〔會〕 yànhuì **~rolle** *f* 客串角色 kèchuàn juésè; 临〔臨〕时〔時〕参〔參〕加工作者 línshí cānjiā gōngzuòzhě **~spiel** *n* 访问演出 fǎngwèn yǎnchū **~stätte** *f* 饭店 fàndiàn, 餐厅〔廳〕 cāntīng **~stube** *f* (旅馆等中的)酒室 jiǔshì, 餐室 cānshì **~wirt** *m* 饭店老板 fàndiàn lǎobǎn **~wirtschaft** *f* (大众) 饭馆 fànguǎn **~zimmer** *n* 1) 客房 kèfáng; 2) 见 Gaststube

'Gasuhr *f* 煤气〔氣〕表 méiqìbiǎo

'Gatte *m* -n; -n 1) 丈夫 zhàngfu; 2) die ~n 夫妻 fū-qī

'Gatter *n* -s; - 1) 栏〔欄〕杆 lángān; 2) 篱〔籬〕笆栅栏 líba zhàlan

'Gattin *f* -nen 妻子 qīzi

'Gattung *f* -en 种〔種〕类〔類〕 zhǒnglèi, 属〔屬〕 shǔ

Gaul *m* -(e)s; ¨e (老)马〔馬〕 mǎ, 驽马 númǎ

'Gaumen *m* -s; - 腭 è

'Gauner *m* -s; - 1) 骗子 piànzi; 2) 无〔無〕赖 wúlài

'Gaze *f* -n 薄纱 bóshā, 罗〔羅〕 luó, 网〔網〕纱 wǎngshā; 纱布 shābù

Ga'zelle *f* -n 瞪羚 dènglíng

Ge'ächtete *m, f* -n; -n 被剥夺〔奪〕公民权〔權〕者 bèi bōduó gōngmínquán zhě

Ge'bäck *n* -(e)s; -e 饼干〔乾〕 bǐnggān, 小点〔點〕心 xiǎo diǎnxīn

Ge'bälk *n* -(e)s; 梁 liáng, 房屋构〔構〕架 fángwū gòujià

Ge'bärde *f* -n 1) 手势〔勢〕 shǒushì; 2)姿态〔態〕 zītài, 表示 biǎoshì

ge'bärden *v sich* 举〔舉〕止 jǔzhǐ, 行为〔爲〕 xíngwéi, 态〔態〕度 tàidu

ge'bären* *vt* 1) 生 shēng, 分娩 fēnmiǎn; 2) 产〔產〕生 chǎnshēng

Ge'bäude *n* -s; - 1) 建筑〔築〕物 jiànzhùwù, 大楼〔樓〕 dàlóu, 大厦 dàshà; 2) 结构〔構〕 jiégòu, 构造 gòuzào '**geben*** *vt* 1) 给 gěi, 交给 jiāogěi, 赠送 zèngsòng; 2) 举〔擧〕行 jǔxíng, 演出 yǎnchū; 3) 产〔產〕生 chǎnshēng, 发〔發〕出 fāchū; 4) 发(牌) fā; 5) etw. von sich ~表达〔達〕... biǎodá..., 说出... shuōchū...; 6) 呕〔嘔〕吐 ǒutù; 7) etw. (nichts) auf (*A*) ~ 非常(不)重视 ... fēicháng zhòngshì...; 8) sich geschlagen ~ 屈服 qūfú; sich mit etw. zufrieden ~ 对〔對〕...(表示)满〔滿〕意 duì...mǎnyì; sich zu erkennen ~ 自我介绍 zìwǒ jièshào; 9) es gibt etw./j-n 有... yǒu...; was gibt es? 出了什么〔麼〕事? chū le shénme shì? 怎么啦? zěnmele?

Ge'bet *n* -(e)s; -e 祈祷〔禱〕qídǎo, 祷告 dǎogào

Ge'biet *n* -(e)s; -e 1) 地区〔區〕dìqū, 区域 qūyù; 2) 国〔國〕土 guótǔ; 3) 领域 lǐngyù, 专〔專〕业〔業〕zhuānyè

ge'bieterisch *adj* 专〔專〕横的 zhuānhèngde, 强制的 qiángzhìde

Ge'bilde *n* -s; - 1) 形状〔狀〕xíngzhuàng; 2) 产〔產〕物 chǎnwù

ge'bildet *adj* 有教养〔養〕的 yǒu jiàoyǎng de, 有修养的 yǒu xiūyǎng de

Ge'birge *n* -s;- 山脉〔脈〕shānmài, 丛〔叢〕山 cóngshān

ge'birgig *adj* 多山的 duōshānde

Ge'birgszug *m* 山脉〔脈〕shānmài

Ge'biß *n* ..sses;..sse 1) (全部)牙齿〔齒〕yáchǐ; 2) 全副假牙 quánfù jiǎyá; 3) 马〔馬〕嚼子 mǎjiáozi

ge|'blümt *adj* 有花的 yǒuhuāde **~-bogen** *adj* 弯〔彎〕的 wānde **~-boren** *adj* 出生的 chūshēnde; ein ~er Deutscher 出生在德国的德国人; ~e Schmidt 娘家姓施密特 niángjiaxìng shīmìtè **~borgen** *adj* 安全的 ānquánde, 受到保护〔護〕的 shòudào bǎohù de

Ge'borgenheit *f* 安全 ānquán, 无〔無〕危险〔險〕wú wēixiǎn

Ge'bot *n* -(e)s; -e 1) 命令 mìnglìng, 指令 zhǐlìng; 2)(道德)准〔準〕则 zhǔnzé, 戒律 jièlǜ; die Zehn ~e (基督教的)摩西十诫; 3) 报〔報〕价〔價〕bàojià

Ge'brauch *m* 1) -(e)s; 使用 shǐyòng, 利用 lìyòng, 应〔應〕用 yìngyòng; 2) -(e)s; ⸚e 风〔風〕俗 fēngsù, 习〔習〕惯 xíguàn

ge'brauchen *vt* 使用 shǐyòng, 利用 lìyòng, 应〔應〕用 yìngyòng

ge'bräuchlich *adj* 流行的 liúxíngde, 常见〔見〕的 chángjiànde, 常用的 chángyòngde

Ge'brauchsanweisung *f* 使用说明 shǐyòng shuōmíng, (药物的)服法 fúfǎ

ge'brauchsfertig *adj* 做好的 zuòhǎode, 可供使用的 kě gōng shǐyòng de

ge'braucht *adj* 用过〔過〕的 yòngguòde, 旧〔舊〕的 jiùde

Ge'brauchtwagen *m* 旧〔舊〕(汽)车〔車〕jiùchē

Ge'brechen *n* -s; - 残〔殘〕疾 cánji, 衰老 shuāilǎo

Ge'brüder *pl* (合股经营的)兄弟公司 xiōngdì gōngsī

Ge'brüll *n* -(e)s; (不断的)吼声〔聲〕hǒushēng

Ge'bühr *f* -en 1) 责任 zérèn, 义〔義〕务〔務〕yìwù; 2) 合适〔適〕héshì, 妥当〔當〕tuǒdàng; 3) 费 fèi, 费用 fèiyòng

ge'bühren *vi* 1) 应〔應〕得 yīngdé, 应有 yīngyǒu; 2) sich ~ 适〔適〕当〔當〕shìdàng, 适合 shìhé **~d** *adj* 恰当的 qiàdàngde, 应有的 yīngyǒude **~frei** *adj* 免费的 miǎnfèide **~pflichtig** *adj* 应交费的 yīng jiāo fèi de

ge'bunden *adj* 受约束的 shòu yuēshùde

Ge'burt *f* -en 1) 分娩 fēnmiǎn, 出生 chūshēng; 2) 出身 chūshēn **~enkontrolle** *f*, **~enregelung** *f* 节〔節〕育 jiéyù **~enziffer** *f* 出生率 chūshēnglǜ

ge'bürtig *adj* 出生的 chūshēngde, 原籍的 yuánjíde; aus ... ~ sein 出生于...

Ge'burts|anzeige *f* 1) 出生通知 chūshēng tōngzhī; 2) 出生登记 chūshēng dēngjì **~fehler** *m* 先天性的缺陷 xiāntiānxìngde quēxiàn **~helfer** *m* 产〔產〕科医〔醫〕生 chǎnkē yīshēng **~ort** *m* 出生地 chūshēngdì **~tag** *m* 生日 shēngrì **~urkunde** *f* 出生证〔證〕chūshēngzhèng

Ge'büsch *n* -es; -e 灌木 guànmù, 矮树〔樹〕丛〔叢〕ǎishùcóng

Ge'dächtnis *n* -ses; -se 1) 记忆〔憶〕力 jìyìlì; 2) 记忆 jìyì, 回忆 huíyì; im ~ behalten 记住; 3) 纪念 jìniàn; zum ~ an j-n/etw. 为了纪念...; zum ~ (*G*) 纪念...

Ge'danke *m* -ns; -n 1) 思想 sīxiǎng; in ~n (versunken, verloren) 陷入沉思; 2) 概念 gàiniàn; 3) 打算 dǎsuàn; 4) 意见〔見〕yìjiàn; 5) sich (*D*) über j-n/etw. ~n machen 为〔爲〕...操心、担〔擔〕忧〔憂〕wèi ... cāoxīn、dānyōu **~ngang** *m* 思路 sīlù **~nstrich** *m* 破折号〔號〕pòzhéhào

ge'dankenvoll *adj* 沉思的 chénsīde

Ge|'därm *n* -(e)s; -e 内脏〔臟〕nèizàng **~deck** *n* -(e)s; -e 1)（一份）餐具 cānjù; 2) 份菜 fèncài, 客饭 kèfàn
ge'deihen* *vi* (*s*) 繁荣〔榮〕fánróng, 兴〔興〕旺 xīngwàng; 茁壮〔壯〕成长〔長〕zhuózhuàng chéngzhǎng
ge'denken* *vi* (*G*) 1) 回忆〔憶〕huíyì, 怀〔懷〕念 huáiniàn; 2)（与带 zu 的不定式连用）打算 dǎsuàn, 想要 xiǎngyào
Ge'denk|feier *f* 纪念会〔會〕jìniànhuì **~stein** *m* 纪念碑 jìniànbēi **~tafel** *f* 纪念碑 jìniànbēi, 纪念匾 jìniànbiǎn
Ge'dicht *n* -(e)s; -e 诗 shī
ge'diegen *adj* 1) 纯的 chúnde, 真正的 zhēnzhèngde; 2) 精致的 jīngzhìde; 3) 可靠的 kěkàode; 4) 牢固的 láogùde
Ge'dränge *n* -s; 1) 拥〔擁〕挤〔擠〕yōngjǐ; 2) 人群〔羣〕rénqún
ge|'drängt *adj* 简练〔練〕的 jiǎnliànde, 扼要的 èyàode **~'drückt** *adj* 意志消沉的 yìzhì xiāochén de, 沮丧〔喪〕的 jǔsàngde **~'drungen** *adj* 敦实〔實〕的 dūnshide
Ge'duld *f* 忍耐 rěnnài, 耐心 nàixīn
ge'duld|en *v sich* 耐心等待 nàixīn děngdài **~ig** *adj* 有耐性的 yǒu nàixìngde; 容忍的 róngrěnde
ge|'ehrt *adj* 尊敬的 zūnjìngde; Sehr ~er Herr …! 尊敬的…先生! **~eignet** *adj* 合适〔適〕的 héshìde, 适宜的 shìyíde; für/zu etw. ~ sein 适合做…
Ge'fahr *f* -en 危险〔險〕wēixiǎn, 风〔風〕险 fēngxiǎn; auf eigene ~ 自担风险，由自己负责; ~ laufen 冒险，担风险
ge'fähr|den *vt* 危害 wēihài, 危及 wēijí **~lich** *adj* 危险〔險〕的 wēixiǎnde, 冒险的 màoxiǎnde
ge'fährlos *adj* 不危险〔險〕的 bù wēixiǎn de
Ge'fährt|e *m* -en; -en 伙伴 huǒbàn, 伴侣 bànlǚ **~in** *f* -nen 女伙伴 nǚhuǒbàn, 女伴侣 nǚbànlǚ
Ge'fälle *n* -s; - 1) 高差 gāochā, 倾斜度 qīngxiédù; 2)（社会地位的）差别 chābié
ge'fallen* *vi* 1) j-m ~ 合…的意 hé … de yì, 讨人喜欢〔歡〕dǎo rén xǐhuan; er gefällt mir 我喜欢他; 2) sich (*D*) etw. ~ lassen 容忍、将〔將〕就… rěngrěn、jiāngjiu …
Ge'fallen I *m* -s; - 帮〔幫〕忙 bāngmáng, 效劳〔勞〕xiàoláo; II *n* -s; an j-m/etw. ~ finden 喜欢〔歡〕… xǐhuan …, 爱〔愛〕好… àihào …
gefällig *adj* 1) 使人愉快的 shǐ rén yúkuàide; 2) 乐〔樂〕于〔於〕助人的 lèyú zhùrén de
Ge'fälligkeit *f* -en 1) 殷勤 yīnqín, 乐〔樂〕于助人 lèyú zhùrén; 2) 帮〔幫〕忙 bāngmáng, 效劳〔勞〕xiàoláo
ge|'fälligst *adv*（表示不满、生气地）请 qǐng **~fangen** *adj* 被俘虏〔虜〕的 bèi fúlǔ de, 监〔監〕禁的 jiānjìnde
Ge'fangen|e *m, f* -n; -n 俘虏〔虜〕fúlǔ, 囚犯 qiúfàn **~nahme** *f* 1) 俘虏 fúlǔ, 被俘 bèifú; 2) 逮捕 dàibǔ
ge'fängennehmen* *vt* 1) 俘虏〔虜〕fúlǔ, 俘获〔獲〕fúhuò; 2) 迷住 mízhù
Ge'fangenschaft *f* 监〔監〕禁 jiānjìn, 囚禁 qiújìn
Ge'fängnis *n* -ses; -se 1) 监〔監〕狱 jiānyù, 牢房 láofáng; 2) 监禁 jiānjìn **~direktor** *m* 狱长〔長〕yùzhǎng **~strafe** *f* 监禁 jiānjìn **~wärter** *m* 监狱看守 jiānyù kānshǒu
Ge'fäß *n* -es; -e 容器 róngqì, 器皿 qìmǐn
ge'faßt *adj* 镇静的 zhènjìngde; 有准〔準〕备〔備〕的 yǒu zhǔnbèi de; sich auf etw. (*A*) ~ machen 对…作好精神准备
Ge'fecht *n* -(e)s; -e 交战〔戰〕jiāozhàn, 战斗〔鬥〕zhàndòu
Ge'fieder *n* -s; -（鸟类的）羽毛 yǔmáo
Geflügel *n* -s; 1) 家禽 jiāqín; 2) 家禽肉 jiāqínròu
Ge'flüster *n* -s; 窃〔竊〕窃私语 qièqiè sīyǔ
Ge'folge *n* -s; 随〔隨〕从〔從〕人员 suícóng rényuán, 侍从 shìcóng
Ge'folgschaft *f* -en 1) 随〔隨〕从〔從〕suícóng; 2) 追随者 zhuīsuízhě
ge'fräßig *adj* 贪食的 tānshíde, 贪婪的 tānlánde
Ge'fräßigkeit *f* 贪食 tānshí, 贪婪 tānlán
ge'frieren* *vi* (*s*) 结冰 jiébīng
Ge'frier|fleisch *n*（速）冻〔凍〕肉 dòngròu **~punkt** *m* 冰点〔點〕bīngdiǎn
Ge'füge *n* -s; - 构〔構〕造 gòuzào, 结构 jiégòu
ge'fügig *adj* 顺从〔從〕的 shùncóngde, 驯服的 xúnfúde
Ge'fühl *n* -(e)s; -e 1) 知觉〔覺〕zhījué, 感觉 gǎnjué; 2) 情感 qínggǎn, 感触〔觸〕gǎnchù; 3) 预感 yùgǎn, 印象 yìnxiàng
ge'fühl|los *adj* 1) 无〔無〕感觉〔覺〕

的 wù gǎnjué de, 麻木的 mámùde; 2) 无情的 wúqíngde, 冷酷的 lěngkùde **~sbetont** *adj* 易动〔動〕感情的 yì dòng gǎnqíng de **~voll** *adj* 1) 富于感情的 fùyù gǎnqíng de; 2) 多愁善感的 duōchóu shàngǎn de

ge'gebenenfalls *adv* 在适〔適〕当〔當〕的时〔時〕候 zài shìdàngde shíhou

'gegen I *prp* (*A*) 1) 反对〔對〕fǎnduì, 违〔違〕反 wéifǎn; 2) 朝 cháo, 向 xiàng; 3) 对待 duìdài, 对 duì; 4)防 fáng, 治 zhì; 5) 顶 dǐng, 逆 nì; 6) 与〔與〕…相比 yù … xiàngbǐ; 7) 以…为〔爲〕交换条〔條〕件 yǐ … wèi jiāohuàn tiáojiàn; II *adv* 大约 dàyuē

'Gegen|angriff *m* 反攻 fǎngōng **~besuch** *m* 回访 huífǎng **~beweis** *m* 反证〔證〕fǎnzhèng

'Gegend *f* -en 地区〔區〕dìqū, 地带〔帶〕dìdài, 地方 dìfāng

gegenein'ander *adv* 互相 hùxiāng, 对〔對〕抗 duìkàng

'Gegen|gewicht *n* 平衡 pínghéng; 抗衡 kànghéng **~gift** *n* 解毒药〔藥〕jiědúyào **~kandidat** *m* 竞〔競〕选〔選〕对〔對〕手 jìngxuǎn duìshǒu **~leistung** *f* 报〔報〕答 bàodá, 报效 bàoxiào **~maßnahme** *f* 对策 duìcè, 反措施 fǎncuòshī **~mittel** *n* 1) 有效措施 yǒuxiào cuòshī; 2) 解毒药 jiědúyào **~partei** *f* 1) 对立面 duìlìmiàn, 反对党〔黨〕fǎnduìdǎng; 2) 对方 duìfāng **~probe** *f* 对比试验〔驗〕duìbǐ shìyàn **~satz** *m* 1) 相反 xiāngfǎn, 对立 duìlì; im ~ zu 跟…相反,不同于…; 2) 矛盾 máodùn, 敌〔敵〕对 díduì

'gegensätzlich *adj* 相反的 xiāngfǎnde, 对〔對〕立的 duìlìde

'Gegen|seitigkeit *f* 相互 xiānghù, 彼此 bǐcǐ; auf ~ beruhen 建立在双方的基础上 **~spieler** *m* 1) 对〔對〕手 duìshǒu, 对方 duìfāng; 2) 反面人物 fǎnmiàn rénwù **~stand** *m* 1) 物品 wùpǐn, 物体〔體〕wùtǐ, 东〔東〕西 dōngxi; 2) 对象 duìxiàng; 3) 题目 tímù, 题材 tícái **~stück** *n* 1) 对应〔應〕物 duìyìngwù, 配对物 pèiduìwù; 2) 对立物 duìlìwù, 反面 fǎnmiàn **~teil** *n* 对立面 duìlìmiàn, 反面 fǎnmiàn; im ~ 恰恰相反

'gegen|teilig *adj* 相反的 xiāngfǎnde, 对〔對〕立的 duìlìde **~'über** I *adv* 对面 duìmiàn; II *prp* (*D*) 1) 在…对面 zài … duìmiàn, 面对 miànduì; 2) 对 duì; 3) 与〔與〕…相比 yǔ … xiāngbǐ **~überstehen*** *vi* (*D*) 1) 站在对面 zhàn zài duìmiàn; 2) 对待 duìdài, 持某种〔種〕态〔態〕度 chí mǒuzhǒng tàidu

'Gegenwart *f* 1) 现代 xiàndài, 当〔當〕前 dāngqián; 2) 在场〔場〕zàichǎng, 出席 chūxí; in j-s ~ 当着…的面; 3) (语法) 现在时〔時〕xiànzàishí

'gegenwärtig I *adj* 现在的 xiànzàide, 当〔當〕前的 dāngqiánde, 眼前的 yǎnqiánde, 目前的 mùqiánde; II *adv* 现在 xiànzài, 目前 mùqián

'Gegen|wehr *f* 自卫〔衛〕zìwèi, 抵御〔禦〕dǐyù **~wert** *m* 等价〔價〕物 děngjiàwù, 等值 děngzhí, 当〔當〕量 dāngliàng **~wind** *m* 顶风 dǐngfēng **~wirkung** *f* 反作用 fǎnzuòyòng, 反应〔應〕fǎnyìng

'gegenzeichnen *vt* 连署 liánshǔ, 副署 fùshǔ

'Gegenzug *m* 1) 空气〔氣〕对〔對〕流 kōngqì duìliú, 穿堂风〔風〕chuāntángfēng; 2) 对向列车〔車〕duìxiàng lièchē; 3) 对策 duìcè

'Gegner *m* -s; - 1) 对〔對〕手 duìshǒu, 对方 duìfāng; 2) 敌〔敵〕人 dírén, 敌方 dífāng **~schaft** *f* -en 反对 fǎnduì, 敌对 díduì

Ge'halt I *m* -(e)s; -e 1) 实〔實〕质〔質〕shízhì, 内容 nèiróng, 含义〔義〕hányì; 2) 含量 hánliàng, 成分 chéngfèn; II *n* -(e)s; ¨er 薪水 xīnshuǐ, 薪金 xīnjīn **~sempfänger** *m* 领薪金的人 lǐng xīnjīn de rén **~serhöhung** *f* 加薪 jiāxīn, 提薪 tíxīn

ge'haltvoll *adj* 内容丰〔豐〕富的 nèiróng fēngfù de, 富于〔於〕营〔營〕养〔養〕的 fùyú yíngyǎng de

ge'hässig *adj* 恶〔惡〕狠狠的 èhěnhěnde, 恶毒的 èdúde

Ge'häuse *n* -s; - 1) 套 tào, 罩 zhào, 外壳〔殼〕wàiké; 2) (苹果、梨的)果心 guǒxīn

ge'heim *adj* 秘密的 mìmìde; 隐〔隱〕蔽的 yǐnbìde

Ge'heimdienst *m* 秘密警察 mìmì jǐngchá

Ge'heimnis *n* -ses; -se 1) 秘密 mìmì; 2) 神秘 shénmì **~krämer** *m* 故弄玄虚的人 gù nòng xuánxū de rén

ge'heimnisvoll *adj* 神秘的 shénmìde

Ge'heim|polizer *f* 秘密警察(局) mìmì jǐnchá **~schrift** *f* 密码 mìmǎ, 暗号〔號〕ànhào

'gehen* *vi* (*s*) 1) 走(路) zǒu, 步行 bùxíng; 2) 去 qù, 前往 qiánwǎng; in die Schule ~ 去学校上学; zum Arzt ~ 去看医生(病); 3)离〔離〕去 líqù, 离职〔職〕lízhí; 4)

(车辆)开〔開〕行 kāixíng; 5) 运〔運〕转〔轉〕 yùnzhuàn, 进〔進〕行 jìnxíng; vor sich ~ 发〔發〕生 fāshēng; 6) 可以 kěyǐ, 行 xíng; das geht nicht 这不行; 7)达〔達〕到 dádào; 8) 朝 cháo, 向 xiàng; das Fenster geht nach Norden 窗户朝北; 9)wie geht es Ihnen? 您好吗? nín hǎo ma? 10) in sich ~反省 fǎnxǐng, 后〔後〕悔 hòuhuǐ; 11) wieviel Pfennige ~ auf eine Mark? 一马〔馬〕克合多少芬尼? yī mǎkè hé duōshao fēnní? 12) es geht nichts über (*A*) 什〔甚〕么〔麼〕也比不上 shénme yě bǐ bù shàng, 没有比…更好的 méiyǒu bǐ … gènghǎode; 13) wenn es nach mir ginge 如果依我的主张〔張〕 rúguǒ yī wǒde zhǔzhāng

Ge'heul *n* -(e)s; 嚎叫 háojiào, 哀号〔號〕 āiháo, 怒吼 nùhǒu

Ge'hilf|e *m* -n;-n, **~in** *f* -nen 1) 帮〔幫〕手 bāngshǒu, 助手 zhùshǒu; 2) 帮凶〔兇〕 bāngxiōng

Ge'hirn *n* -(e)s; -e 1) 脑〔腦〕nǎo; 2) 智力 zhìlì **~erschütterung** *f* 脑震荡〔蕩〕 nǎozhèndàng **~-schlag** *m* 脑溢血 nǎoyìxuè

ge'hoben *adj* 高雅的 gāoyǎde; 热〔熱〕烈的 rèliède, 高涨〔漲〕的 gāozhǎngde; ~e Stimmung 情绪高涨

Ge'hör *n* -(e)s; 1) 听〔聽〕觉〔覺〕 tīngjué; nach dem ~ 凭听觉记忆; 2) 听 tīng, 倾听 qīngtīng; j-m ~ schenken 倾听某人(的发言等); sich (*D*) ~ verschaffen 受到大家的倾听

ge'horchen *vi* 听〔聽〕话 tīnghuà, 服从〔從〕 fúcóng (j-m 某人)

ge'hör|en *vi* 1) j-m ~ 属〔屬〕于〔於〕… shǔyú…, 归〔歸〕…所有 guī …suǒyǒu; 2) zu j-m/etw. ~ 属于(某一类) shǔyú, 是…的成员 shì… de chéngyuán; 3) zu etw. ~ 需要 … xūyào; 4) sich ~ 理应〔應〕 lǐyīng **~ig** *adj* 1) 所属的 suǒshǔde; 2) 适〔適〕当〔當〕的 shìdàngde, 应有的 yīngyǒude; 3) 有力的 yǒulìde, 厉〔厲〕害的 lìhaide

ge'horsam *adj* 1) 服从〔從〕的 fúcóngde, 顺从的 shùncóngde; 2) 听〔聽〕话的 tīnghuàde

Ge'horsam *m* -s; 服从〔從〕fúcóng, 顺从 shùncóng

'Geh|steig *m*, **~weg** *m* 人行道 rénxíngdào

'Geier *m* -s; - 秃鹫 tūjiù

'Geige *f* -n 小提琴 xiǎo tíqín; (auf der) ~ spielen 奏小提琴 **~nbogen** *m* 琴弓 qíngōng **~nkasten** *m* 小提琴盒 xiǎo tíqínhé **~r** *m* -s; -, **~rin** *f* -nen 小提琴手 xiǎo tíqínshǒu

geil *adj* 1) 茂盛的 màoshèngde; 2) 肥沃的 féiwòde; 3) 好色的 hàosède

'Geisel *f* -n 人质〔質〕 rénzhì

Geiß *f* -en 山羊 shānyáng **~bock** *m* 公山羊 gōng shānyáng

'Geißel *f* -n 1) 鞭子 biānzi; 2) 苦难〔難〕 kǔnàn

'geißeln *vt* 1) 鞭打 biāndǎ; 2) 谴责 qiǎnzé

Geist *m* -es; -er 1) 精神 jīngshén, 心灵〔靈〕 xīnlíng; 2) 智力 zhìlì, 才智 cáizhì; 3) 奇才 qícái, 才子 cáizi; 4) 鬼魂 guǐhún, 幽灵 yōulíng; 5) 鬼怪 guǐguài

'Geistererscheinung *f* 幻象 huànxiàng; 鬼怪的出现 guǐguài de chūxiàn

'geistesabwesend *adj* 心不在焉的 xīn bù zài yān de

'Geistes|arbeiter *m* 智力劳〔勞〕动〔動〕者 zhìlì láodòngzhě **~gabe** *f* 天才 tiāncái, 才能 cáinéng **~-gegenwart** *f* 沉着 chénzhuó, 镇定 zhèndìng

'geistes|gegenwärtig *adj* 沉着的 chénzhuóde, 镇定的 zhèndìngde **~gestört** *adj* 精神错乱〔亂〕的 jīngshén cuòluàn de **~krank** *adj* 患精神病的 huàn jīngshénbìng de

Geistes|krankheit *f* 精神病 jīngshénbìng **~wissenschafter** *pl* 文科 wénkē **~zustand** *m* 精神状〔狀〕态〔態〕 jīngshén zhuàngtài

'geistig *adj* 1) 智力的 zhìlìde, 精神的 jīngshénde; 2) 含酒精的 hán jiǔjīng de; ~e Getränke 酒类

'geistlich *adj* 宗教的 zōngjiàode, 教会〔會〕的 jiàohuìde

'Geistlich|e *m* -n; -n 牧师〔師〕 mùshī **~keit** *f* 僧侣 sēnglǚ, 教士 jiàoshì

'geist|los *adj* 1) 愚蠢的 yúchǔnde; 2)单〔單〕调的 dāndiàode **~reich** *adj*, **~voll** *adj* 才气〔氣〕横溢的 cáiqì héngyì de, 风〔風〕趣的 fēngqùde

Geiz *m* -es; 吝啬〔嗇〕 lìnsè, 贪婪 tānlán **'~hals** *m* 吝啬鬼 lìnsèguǐ

'geizig *adj* 吝啬〔嗇〕的 lìnsède

Ge'jammer *n* -s; 叹〔嘆〕息不已 tànxī bùyǐ

Ge'klapper *n* -s; (不断的)嘎嘎声〔聲〕 gāgāshēng, 碰撞声 pèngzhuàngshēng

ge'konnt *adj* 技术〔術〕精湛的 jìshù jīngzhàn de

Ge'kritzel *n* -s; 潦草书〔書〕写〔寫〕 liáocǎo shūxiě; 乱〔亂〕写 luànxiě

ge'künstelt *adj* 矫〔矯〕揉造作的

jiǎoróu zàozuò de
Ge'lächter *n* -s;- 大笑 dàxiào
Ge'lände *n* -s; - 地带〔帶〕dìdài, 场〔場〕地 chǎngdì
Ge'länder *n* -s; - 栏〔欄〕杆 lángān, 扶手 fúshou
ge'langen *vi* (*s*) 1) 到达〔達〕dàodá, 达到 dádào; (bis) ans andere Ufer ~ 到达对岸; zum Ziele ~ 达到目的; in j-s Hände ~ 到…的手里; 2) zu etw. ~ 得到 dédào, 获〔獲〕得 huòdé
ge'lassen *adj* 冷静的 lěngjìngde, 沉着的 chénzhuóde
ge'läufig *adj* 1) 熟悉的 shúxīde, 流行的 liúxíngde; 2) 流利的 liúlìde; 熟练〔練〕的 shúliànde
gelb *adj* 黄色的 huángsède **'~lich** *adj* 淡黄色的 dàn huángsè de
'Gelbsucht *f* 黄疸病 huángdǎnbìng
'Geld *n* -(e)s; -er 货币〔幣〕huòbì, 钱〔錢〕qián; im ~ schwimmen 在钱堆里打滚,豪富; zu ~ machen 变〔變〕卖〔賣〕biànmài **~anlage** *f* 投资 tóuzī **~ausgabe** *f* 支出 zhīchū **~beutel** *m* 钱包 qiánbāo **~entwertung** *f* 货币贬值 huòbì biǎnzhí **~geber** *m* -s; - 投资者 tóuzīzhě **~geschafte** *pl* 现金交易 xiànjīn jiāoyì
'geldgierig *adj* 贪财的 tāncáide
'Geld|mittel *pl* 资金 zījīn, 款项 kuǎnxiàng **~schein** *m* 钞票 chāopiào **~schrank** *m* 保险〔險〕箱 bǎoxiǎnxiāng **~strafe** *f* 罚款 fákuǎn **~stück** *n* 硬币〔幣〕yìngbì **~verlegenheit** *f* 经〔經〕济〔濟〕窘迫 jīngjì jiǒngpò **~wechsel** *m* 货币对〔對〕换 huòbì duìhuàn
Gelee [ʒəˈleː] *n*, *m* -s; -s 1) 果子冻〔凍〕guǒzidòng; 2) 冻状〔狀〕物 dòngzhuàngwù
ge'legen *adj* 1) 合适〔適〕的 héshìde, 方便的 fāngbiànde; 2) ~ sein 位于〔於〕wèiyú, 坐落在 zuòluò zài
Ge'legenheit *f* -en 1) 机〔機〕会〔會〕jīhuì, 时〔時〕机 shíjī; bei ~ 碰巧 pèngqiǎo, 偶尔〔爾〕ǒu'ěr; 2) 场〔場〕合 chǎnghé **~sarbeit** *f* 临〔臨〕时工 línshígōng; 即兴〔興〕作品 jíxìng zuòpǐn **~sarbeiter** *m* 临时工 línshígōng, 短工 duǎngōng **~skauf** *m* 便宜货 piányìhuò, 廉价〔價〕品 liánjiàpǐn
ge'legentlich I *adj* 偶然的 ǒuránde; II *prp* (*G*) 在…时〔時〕候 zài…shíhou, 遇…的机〔機〕会〔會〕yù…jīhuì
ge'lehrig *adj* 好学〔學〕的 hàoxuéde, 容易训练〔練〕的 róngyì xùnliàn de
Ge'lehr|samkeit *f* 学〔學〕问 xuéwèn; 知识〔識〕渊〔淵〕博 zhīshì yuānbó **~te** *m* -n; -n 学者 xuézhě
Ge'leit *n* -(e)s; -e 护〔護〕送者 hùsòngzhě, 随〔隨〕从〔從〕suícóng; j-m ~ geben 陪送某人
ge'leiten *vt* 护〔護〕送 hùsòng, 陪同 péitóng
Ge'lenk *n* -(e)s; -e 1) 关〔關〕节〔節〕guānjié; 2) 连接处〔處〕liánjiēchù, 接合点〔點〕jiēhédiǎn
ge'lenkig *adj* 易弯〔彎〕曲的 yì wānqū de, 柔软的 róuruǎnde
ge'lernt *adj* 有技能的 yǒu jìnéng de, 熟练〔練〕的 shúliànde
ge'linde I *adj* 柔软的 róuruǎnde; 温和的 wēnhéde, 文雅的 wényǎde; II *adv* ~ gesagt 说得客气〔氣〕些 shuō de kèqi xiē
ge'lingen* *vi* (*s*) 成功 chénggōng, 做成 zuòchéng; es gelingt mir (… zu tun) 我(作…)获得成功
ge'loben *vt* 发〔發〕誓 fāshì
'gelten* I *vt* 1) 值 zhí; 价〔價〕值 jiàzhí; 2) 关〔關〕系〔係〕到… guānxìdào…; es gilt das Leben 这关系到生命; II *vi* 1) 有效 yǒuxiào; 通用 tōngyòng; das gilt nicht 这无效; 2) 有价值 yǒu jiàzhí; 3) j-m ~ 针对〔對〕… zhēnduì…, 涉及… shèjí…; 4) als/für… ~ 被看作… bèi kànzuò…, 被视为〔爲〕… bèi shìwéi…; 5) ~ lassen 不追究 bù zhuījiū, 同意 tóngyì; 6) ~d machen 使生效 shǐ shēngxiào, 起作用 qǐ zuòyòng; seinen Einfluß ~d machen 运用自己的影响(或势力)
'Geltung *f* 有效 yǒuxiào, 适〔適〕用 shìyòng; 效果 xiàoguǒ, 作用 zuòyòng; zur ~ kommen 发挥作用 **~sbedürfnis** *n* 虚荣〔榮〕心 xūróngxīn, 爱〔愛〕出风〔風〕头〔頭〕ài chū fēngtou
Ge'lübde *n* -s; - 誓约 shìyuē, 许愿〔願〕xǔyuàn
ge'lungen *adj* 滑稽的 huájide, 好笑的 hǎoxiàode, 奇特的 qítède; das ist ja ~! 这简直令人难以置信!
ge'mächlich *adj* 舒适〔適〕的 shūshìde, 自在的 zìzàide
Ge'mahl *m* -(e)s; -e 丈夫 zhàngfū **~in** *f* -nen 妻子 qīzi
Ge'mälde *n* -s; - 1) 画〔畫〕huà; 油画 yóuhuà **~galerie** *f* 画廊 huàláng, 名画陈〔陳〕列馆 mínghuà chénlièguǎn
ge'mäß *prp* (*D*) 与〔與〕…相适〔適〕应〔應〕yǔ … xiāng shìyìng **~igt** *adj* 1) 温和的 wēnhéde, 稳〔穩〕重的 wěnzhòngde; 2) 适中的 shìzhōngde, 适度的 shìdùde

ge'mein *adj* 1) 普通的 pǔtōngde, 一般的 yībānde; 2) 公共的 gōnggòngde, 共同的 gòngtóngde; etw. mit ... ~ haben 跟…有共同之处; 3) 卑鄙的 bēibǐde, 卑劣的 bēiliède; 4) 粗俗的 cūsúde, 下流的 xiàliúde

Ge'meinde *f* -n 1) 乡〔鄉〕 xiāng, 镇 zhèn, 区〔區〕 qū; 村社 cūnshè; 2) 团〔團〕体〔體〕 tuántǐ, 社团 shètuán; 3) 全区居民 quánqū jūmín; 4) (宗教) 教区的全体教徒 jiàoqū de quántǐ jiàotú **~rat** *m* 1) 乡、区参〔參〕议〔議〕会〔會〕 xiāng、qū cānyìhuì; 2) 乡、区参议员 xiāng、qū cānyìyuán

ge'meingefährlich *adj* 危害公共利益的 wēihài gōnggòng lìyì de; ~er Mensch 危险人物

Ge'meinheit *f* -en 1) 卑鄙 bēibǐ, 下流 xiàliú; 2) 卑劣行径〔徑〕 bēiliè xíngjìng, 下流话 xiàliúhuà

ge'meinnützig *adj* 公益的 gōngyìde

Ge'meinplatz *m* 陈〔陳〕词滥〔濫〕调 chéncílàndiào

ge'meinsam *adj* 共同的 gòngtóngde, 公共的 gōnggòngde

Ge'meinschaft *f* -en 1) 在一起 zàiyīqǐ, 共处〔處〕 gòngchǔ; 2) 社团〔團〕 shètuán, 联〔聯〕合会〔會〕 liánhéhuì, 共同体〔體〕 gòngtóngtǐ

ge'meinschaftlich *adj* 见 gemeinsam

Ge'meinschaftsarbeit *f* 合作 hézuò, 协〔協〕同工作 xiétóng gōngzuò

ge'meinverständlich *adj* 通俗的 tōngsúde, 易懂的 yìdǒngde

Ge'meinwohl *n* 公益 gōngyì, 公共福利 gōnggòug fúlì

Ge'menge *n* -s; - 1) 混合 hùnhé; 2) 混合物 hùnhéwù; 3) 间作 jiànzuò, 套种〔種〕 tàozhòng; 4)殴〔毆〕打 ōudǎ

ge'messen *adj* 1) 稳〔穩〕重的 wěnzhòngde; 2) 适〔適〕当〔當〕的 shìdàngde, 适度的 shìdùde; 3) 严〔嚴〕格的 yángéde

Ge'metzel *n* -s; - 大屠杀〔殺〕 dàtúshā, 惨〔慘〕案 cǎn'àn

Ge'misch *n* -es, -e 1) 混合 hùnhé; 2) 混合物 hùnhéwù

'Gemse *f* -n 小羚羊 xiǎolíngyáng

Ge'murmel *n* -s; 嘟哝〔噥〕 dūnong

Ge'müse *n* -s; - 蔬菜 shūcài **~garten** *m* 菜园〔園〕 càiyuág **~händler** *m* 蔬菜商 shūcàishāng

Ge'müt *n* -(e)s; -er 1) 性情 xìugqíng, 心地 xīndì, 心灵〔靈〕 xīnlíng; 2) (泛指的)人 rén

ge'mütlich *adj* 1) 舒适〔適〕的 shūshìde; 2) 无〔無〕拘束的 wú jūshù de, 随〔隨〕便的 suíbiànde; 3) 和气〔氣〕的 héqìde

Ge'mütlichkeit *f* 1) 舒适〔適〕 shūshì; 2) 无〔無〕拘无束 wú jū wú shú; 3) 和蔼 hé'ǎi

Ge'müts|art *f* 性情 xìngqíng, 气〔氣〕质〔質〕 qìzhì **~bewegung** *f* 激动〔動〕 jīdòng; 情绪 qíngxù

ge'mütskrank *adj* 心理变〔變〕态〔態〕的 xīnlǐ biàntài de, 精神错乱〔亂〕的 jīngshén cuòluàn de

Ge'müts|verfassung *f*, **~zustand** *m* 心境 xīnjìng, 精神状〔狀〕态〔態〕 jīngshén zhuàngtài

ge'nau I *adj* 1) 准〔準〕确〔確〕的 zhǔnquède, 精确的 jīnquède; 2) 仔细的 zǐxìde, 认〔認〕真的 rènzhēnde; es mit etw. ~ nehmen 认真对待某事物; II *adv* 1) 刚〔剛〕好 gānghǎo, 正好 zhènghǎo; 2) ~! 对〔對〕! duì! 正是这〔這〕样〔樣〕! zhèngshì zhèyàng!

Ge'nauigkeit *f* -en 准〔準〕确〔確〕 zhǔnquè, 严〔嚴〕谨 yánjǐn, 精密 jīngmì

ge'nehmigen *vt* 准许 jǔnxǔ, 批准 pīzhǔn

Ge'nehmigung *f* -en 准许 jǔnxǔ, 批准 pījǔn

ge'neigt *adj* zu etw. ~ sein 倾向于〔於〕... qīngxiàng yù...; j-m ~ sein 对〔對〕...有好感 duì ... yǒu hǎogǎn

Gene'ral *m* -s; -e (ue) 将〔將〕军 jiāngjūn **~direktor** *m* 总〔總〕经〔經〕理 zǒngjīnglǐ **~konsul** *m* 总领事 zǒnglǐngshì **~konsulat** *n* 总领事馆 zǒnglǐngshìguǎn **~probe** *f* 彩排 cǎipái **~stab** *m* 总参〔參〕谋部 zǒngcānmóubù **~streik** *m* 总罢〔罷〕工 zǒngbàgōng **~versammlung** *f* 全体〔體〕大会〔會〕 qiántǐ dàhuì **~vertreter** *m* 总代理人 zǒngdàilǐrén

Generati'on *f* -en 代 dài, 一代 yīdài, 一代人 yīdàirén

gene'rell *adj* 普遍的 pǔbiànde, 一般的 yībānde

ge'nesen* *vi* (*s*) 痊愈 quányù, 康复〔復〕 kāngfù

Ge'nesung *f* -en 痊愈 qányù, 康复〔復〕 kāngfù

genial [gen'ja:l] *adj* 天才的 tiāncáide, 有创〔創〕造性的 yǒu chuàngzàoxìng de, 独〔獨〕创的 dúchàngde

Ge'nik *n* -(e)s; -e 颈〔頸〕项 jǐngxiàng

Genie [ʒe'ni] *n* -s; -s 天才 tiāncái; 天才人物 tiāncái rénwù

ge'nieren *vt* 1) 打搅〔攪〕 dǎjiǎo, 麻烦 máfan; 2) sich ~ 难〔難〕为

〔爲〕情 nánwéiqíng, 不好意思 bù hǎoyìsi

ge'nießen* *vt* 1) 吃 chī, 喝 hē; 2) 享受 xiǎngshòu, 享用 xiǎngyòng, 享有 xiǎngyǒu

'Genitiv *m* -s; -e (语法)第二格 dì'èr gé

ge'normt *adj* 标〔標〕准〔準〕的 biāozhǔnde, 合规格的 hé guīgé de

Ge'noss|e *m* -n; -n 1) 同志 tóngzhì; 2) 同伴 tóngbàn **~in** *f* -nen 1) 女同志 nǚtóngzhì; 2) 女同伴 nǚtóngbàn

ge'nug *adv* 足够地 zúgòude, 充分地 chōngfènde

Ge'nüge *f* 足够 zúgòu, 充分 chōngfèn; zur ~ 足够地 zúgòude, 充分地 chōngfènde

ge'nügen *vi* 足够 zúgòu, 满〔滿〕足 mǎnzú (j-m 某人); das genügt 够了 **~d** *adj* 1) 足够的 zúgòude, 充足的 chōngzúde; 2) (学生的成绩)及格的 jígéde

ge'nügsam *adj* 知足的 zhīzúde, 节〔節〕制的 jiézhìde

Ge'nugtuung *f* -en 1) 满〔滿〕意 mǎnyì; 2) 赔偿〔償〕péicháng; 赔礼〔禮〕péilǐ, 道谦 dàoqiàn

'Genus *n* -; ..nera (语法)性 xìng

Ge'nuß *m* ..sses; ..nüsse 1) 享受 xiǎngshòu, 享乐〔樂〕xiǎnglè; 2) 饮食 yǐnshí **~mittel** *n* 嗜好品 shìhàopǐn

Geo|'graph *m* -en;-en 地理学〔學〕家 dìlǐxuéjiā **~gra'phie** *f* 地理学 dìlǐxué

geo'graphisch *adj* 地理学〔學〕的 dìlǐxuéde, 地理上的 dìlǐshàngde

Geo|'loge *m* -n; -n 地质〔質〕学〔學〕家 dìzhìxuéjiā **~lo'gie** *f* 地质学 dìzhìxué

geo'logisch *adj* 地质〔質〕学〔學〕的 dìzhìxuéde

Geome'trie *f* -n 几〔幾〕何学〔學〕jǐhéxué

geo'metrisch *adj* 几〔幾〕何学〔學〕的 jǐhéxuéde, 几何图〔圖〕形的 jǐhé túxíng de

Ge'päck *n* -(e)s; 行李 xíngli **~aufbewahrung** *f* -en 行李寄存处〔處〕xíngli jìcúnchù **~schein** *m* 行李票 xínglipiào **~träger** *m* 1) 搬运〔運〕行李工人 bānyùn xíngli gōngrén; 2) 自行车〔車〕货架 zìxíngchē huòjià **~wagen** *m* 行李车 xínglichē

ge'pflegt *adj* (外表)讲〔講〕究的 jiǎngjiude, 精心保养〔養〕的 jīngxīn bǎoyǎng de

Ge'pflogenheit *f* -en 习〔習〕惯 xíguàn, 风〔風〕俗 fēngsú

Ge'plapper *n* -s; 喋喋不休 diédié bùxiū

Ge'plauder *n* -s; (不停的)聊天 liáotiān, 闲〔閒〕谈 xiántán

Ge'polter *n* -s; 隆隆声〔聲〕lónglóngshēng

ge'rade I *adj* 1) 直的 zhíde, 垂直的 chuízhíde; 2) 直率的 zhíshuàide; 正直的 zhèngzhíde; 3) 偶数〔數〕的 ǒushùde; II *adv* 1) 正 zhèng, 正好 zhènghǎo; 2) 偏偏 piānpiān, 碰巧 pèngqiǎo

Ge'rade *f* -n 1) 直线〔綫〕zhíxiàn; 2) (体育)直道 zhídào; 直拳 zhíquán

ge'rade|'aus *adv* 径〔徑〕直 jìngzhí **~he'raus** *adv* 坦率地 tǎnshuàide, 直率地 zhíshuàide **~stehen*** *vi* 1) 笔〔筆〕直地站立 bǐzhíde zhànlì; 2) für j-n/etw. ~ 为〔爲〕...负责 wèi ... fùzé **~'wegs** *adv* 1) 径直 jìngzhí, 一直 yīzhí; 2) 直截了当〔當〕地 zhíjié liǎodàng de, 直率地 zhíshuàide **~'zu** *adv* 1) 简直是 jiǎnzhí shì, 完全是 wánquán shì; 2) 直截了当地 zhíjié liǎodàng de

Ge'rät *n* -(e)s; -e 1) 工具 gōngjù, 用具 yòngjù; 2) 器械 qìxiè, 仪〔儀〕器 yíqì, 装〔裝〕置 zhuāngzhì

ge'raten* *vi* (*s*) 1) 成功 chénggōng, 做成 zuòchéng; 2) 陷入 xiànrù, 误入 wùrù; in etw. ~ 陷入 ...; 3) an j-n ~ 偶然遇见〔見〕... ǒurán yùjiàn...; auf einen falschen Weg ~ 迷路 mílù; außer sich ~ 不能自持 bù néng zìchí; in Brand ~ 失火 shīhuǒ; nach j-m ~ 长〔長〕得象... zhǎng dé xiàng ...

Gerate'wohl *n* aufs ~ 碰运〔運〕气〔氣〕pèng yùnqì

ge'räumig *adj* 宽敞的 kuānchangde

Ge'räusch *n* -es; -e 噪声〔聲〕zàoshēng, 嘈杂〔雜〕声 cáozáshēng

ge'räuschlos *adj* 无〔無〕声〔聲〕的 wúshēngde, 悄悄的 qiāoqiāode

'gerben *vt* 鞣(革) róu, 硝(皮) xiāo

'Gerber *m* -s; - 制〔製〕革工人 zhìgé gōngrén

ge'recht *adj* 正义〔義〕的 zhèngyìde, 公正的 gōngzhèngde; j-m/einer Sache (*D*) ~ werden 公正地评判...

Ge'rechtigkeit *f* 正义〔義〕zhèngyì, 公正 gōngzhèng; j-m ~ widerfahren lassen 公正地对待...

Ge'rede *n* -s; 闲〔閒〕话 xiánhuà, 废〔廢〕话 fèihuà

ge'reizt *adj* 被激怒的 bèi jīnù de, 惹恼〔惱〕了的 rě nǎo liǎo de

Ge'richt *n* -(e)s; -e 1) (一道)菜 cài; 2) 法庭 fǎtíng

ge'richtlich *adj* 法庭的 fǎtíngde, 司法的 sīfǎde, 法律的 fǎlǜde

Ge'richts|barkeit *f* -en 司法 sīfǎ, 司法权〔權〕 sīfǎquán **~gebäude** *n* 法院 fǎyuàn **~hof** *m* 法院 fǎyuàn, 法庭 fǎtíng **~verfahren** *n* 诉讼程序 sùsòng chéngxù **~verhandlung** *f* (法院)审〔審〕理 shěnlǐ **~vollzieher** *m* -s; - 法警 fǎjǐng

ge'ring *adj* 1) 微小的 wēixiǎode, 微不足道的 wēi bù zú dào de; 2) 出身微贱〔賤〕的 chūshēn wēijiàn de, 地位低微的 dìwèi dīwēi de; 3) 低劣的 dīliède **~fügig** *adj* 微不足道的 wēi bù zú dào de, 无〔無〕足轻〔輕〕重的 wú zú qīngzhòng de **~schätzig** *adj* 低估的 dīgūde, 轻视的 qīngshìde

ge'rinnen* *vi* (*s*) 凝固 nínggù, 凝结 níngjié

Ge'rippe *n* -s; - 1) 骨骼 gǔgé; 2) 构〔構〕架 gòujià, 框架 kuàngjià

ge'rissen *adj* 狡猾的 jiǎohuáde, 狡诈的 jiǎozhàde

ger'manisch *adj* 日耳曼的 rì'ěrmànde

gern(e) *adv* 喜欢〔歡〕 xǐhuan, 乐〔樂〕意 lèyì; j-n/etw. ~ haben 喜欢…

Ge'röll *n* -(e)s; -e 河卵石 héluǎnshí

'Gerste *f* -n 大麦〔麥〕 dàmài

'Gerte *f* -n 枝条〔條〕 zhītiáo, 鞭 biān

Ge'ruch *m* -(e)s; ⸗e 1) 嗅觉〔覺〕 xiùjué; 2) 气〔氣〕味 qìwèi; 3) 名声〔聲〕 míngshēng **~ssinn** *m* 嗅觉 xiùjué

Ge'rücht *n* -(e)s -e 谣言 yáoyán, 传〔傳〕闻 chuánwén

ge'ruhen *vi* 赐惠 cìhuì, 俯允 fǔyǔn

Ge'rümpel *n* -s; 无〔無〕用杂〔雜〕物(如旧家具等) wúyòng záwù, 废〔廢〕旧〔舊〕物 fèijiùwù

Ge'rüst *n* -(e)s; -e 1) 脚手架 jiǎoshǒujià; 2) 草稿 cǎogǎo, 提纲〔綱〕 tígāng

ge'samt *adj* 全部的 quánbùde, 全体〔體〕的 quántǐde

Ge'samt|ausgabe *f* 全集 quánjí **~betrag** *m* 总〔總〕数〔數〕 zǒngshù, 总和 zǒnghé, 总计 zǒngjì

ge'samtdeutsch *adj* 全德国〔國〕的 quándéguóde

Ge'sandt|e *m* -n; -n 公使 gōngshǐ **~schaft** *f* -en 公使馆 gōngshǐguǎn; 公使馆全体〔體〕人员 gōngshǐguǎn quántǐ rényuán

Ge'sang *m* -(e)s; ⸗e 1) 歌唱 gēchàng, 歌咏课 gēyǒngkè, (虫鸟的)鸣声〔聲〕 míngshēng; 2) 歌曲 gēqǔ, 颂歌 sònggē, 诗歌 shīgē; 3) 史诗章节〔節〕 shǐshī zhāngjié **~buch** *n* (宗教)诗歌集 shīgējí, 赞〔讚〕美诗集 zànměi shījí

Ge'säß *n* -es; -e 臀部 túnbù

Ge'schäft *n* -(e)s; -e 1) 商店 shāngdiàn, 店铺〔鋪〕 diànpù; 2) 生意 shēngyì, 买〔買〕卖〔賣〕 mǎimai; 3) 事务〔務〕 shìwù, 业〔業〕务 yèwù

ge'schäftig *adj* 繁忙的 fánmángde, 忙忙碌碌的 mángmang lùlu de

ge'schäftlich *adj* 1) 生意上的 shēngyìshàngde; 2) 业〔業〕务〔務〕上的 yèwùshàngde

Ge'schäfts|bericht *m* 营〔營〕业〔業〕报〔報〕告 yíngyè bàogào; 工作报告 gōngzuò bàogào **~brief** *m* 营业信 yíngyèxìn **~führer** *m* 经〔經〕理 jīnglǐ; 管理人 guǎnlǐrén **~jahr** *n* 决算年度 juésuàn niándù, 营业年度 yíngyé niándù **~lage** *f* 营业情况 yíngyè qíngkuàng **~reise** *f* 出差 chūchāi **~schluß** *m* (营业)截止时〔時〕间 jiézhǐ shíjiān **~stelle** *f* 营业所 zíngyèsuǒ, 办〔辦〕事处〔處〕 bànshìchù **~träger** *m* (外交)代办 dàibàn

ge'schäftstüchtig *adj* 会〔會〕做生意的 huì zuò shēngyi de

Ge'schäfts|zeit *f* 营〔營〕业〔業〕时〔時〕间 yíngyè shíjiān **~zweig** *m* 行业 hángyè, 职〔職〕业 zhíyè, 商业部门〔門〕 shāngyè bùmén

ge'schehen* *vi* (*s*) 1) 发〔發〕生 fāshēng, 出现 chūxiàn; etw. ~ lassen 对〔對〕…听〔聽〕其自然 duì … tīng qí zìrán; 2) 遭遇 zāoyù, 蒙受 méngshòu; es geschieht ihm recht 这正是他所应得的,他活该如此

ge'scheit *adj* 聪〔聰〕明伶俐的 cōngmíng línglì de, 机〔機〕灵〔靈〕的 jīlíngde

Ge'schenk *n* -(e)s; -e 礼〔禮〕物 lǐwù **~packung** *f* 包装〔裝〕精美的礼品 bāozhuāng jīngměi de lǐpǐn

Ge'schichte *f* 1) 历〔歷〕史 lìshǐ, 史学〔學〕 shǐxué; 2) 故事 gùshi, 小说 xiǎoshuō; 3) 事件 shìjiàn, 事情 shìqing

ge'schichtlich *adj* 历〔歷〕史的 lìshǐde

Ge'schichtsschreiber *m* 历〔歷〕史学〔學〕家 lìshǐxuéjiā

Ge'schick *n* I -(e)s; -e 命运〔運〕 mìngyùn, 遭遇 zāoyù; II -(e)s; 1) 技能 jìnéng, 技巧 jìqiǎo, 本事 běnshì; 2) 秩序 zhìxù **~lichkeit** *f* 技能 jìnéng, 技巧 jìqiǎo, 本事 běnshì

ge'schickt *adj* 1) 灵〔靈〕巧的 língqiǎode, 老练〔練〕的 lǎoliànde; 2) 能随〔隨〕机〔機〕应〔應〕变〔變〕的

néng suíjī yìngbiàn de, 圆滑的 yuánhuáde

Ge'schirr *n* -(e)s; -e 1) 餐具 cānjù, 炊具 chuījù; 2) 成套工具 chéngtào gōngjù; 3) 挽具 wǎnjù, 辔头〔頭〕pèitóu

Ge'schlecht *n* -(e)s; -er 1) 性别 xìngbié; 2) 种〔種〕类〔類〕zhǒnglèi; 3) 家族 jiāzú, 血统 xuètǒng; 4) 代 dài, 辈 bèi; 5) (语法)性 xìng

ge'schlechtlich *adj* 性的 xìngde

Ge'schlechts|krankheit *f* 性病 xìngbìng **~teile** *pl* 外生殖器 wàishēngzhíqì **~verkehr** *m* -(e)s; 性交 xìngjiao **~wort** *n* -(e)s; ⸗er (语法)冠词 guāncí

ge'schliffen *adj* 1) 磨光的 móguāngde; 2) 精练〔練〕的 jīngliànde, 润饰的 rùnshìde

ge'schlossen *adj* 1) 团〔團〕结的 tuánjiéde, 一致的 yīzhìde; 2) 连接的 liánjiēde, 紧〔緊〕密的 jǐnmide; 3) 不对〔對〕外的 bù duìwài de, 内部的 nèibùde; 4) 完整的 wánzhěngde, 完善的 wánshànde

Ge'schmack *m* -(e)s; ⸗e (⸗er) 1) 味觉〔覺〕wèijué; 2) 味道 wèidào; 3) 兴〔興〕味 xìngwèi; 趣味 qùwèi; ~ an etw. (*D*) finden 对…感兴趣; 4) 鉴〔鑒〕赏力 jiànshǎnglì, 审〔審〕美力 shěnměilì

ge'schmacklos *adj* 1) 没有味道的 méiyǒu wèidào de; 2) 不美观〔觀〕的 bù měiguān de, 俗气〔氣〕的 súqìde; 3) (举止)不当〔當〕的 bù dàng de

Ge'schmack(s)sache *f* 兴〔興〕味问题 xìngwei wèntí

ge'schmackvoll *adj* 美观〔觀〕的 měiguānde, 雅致的 yǎzhìde

ge'schmeidig *adj* 1) 柔软的 róuruǎnde; 2) 灵〔靈〕活的 línghuóde; 3) 圆滑的 yuánhuáde

Ge'schöpf *n* -(e)s; -e 动〔動〕物 dòngwù, 人 rén

Ge'schoß *n* ..sses; ..sse 1) 子弹〔彈〕zǐdàn, 炮弹 pàodàn; 2) 箭 jiàn, 矛 máo; 3) (房屋的)层〔層〕céng

Ge'schrei *n* -(e)s; 大喊大叫 dà hǎn dǎ jiào

Ge'schütz *n* -es; -e 炮 pào, 大炮 dǎpào

Ge'schwader *n* -s; - 1) 骑兵中队〔隊〕qíbīng zhōngduì; 2) (海军、空军)中队 zhōngduì

Ge'schwätz *n* -es; 饶〔饒〕舌 ráoshé, 空话 kōnghuà

ge'schweige *cj* ~ denn ... /~ (denn) daß ... 更不用说… gēngbùyòng shuō…, 何况… hékuàng…

ge'schwind *adj* 快的 kuàide, 迅速的 xùnsùde, 敏捷的 mǐnjiéde

Ge'schwindigkeit *f* -en 速度 sùdù **~sbegrenzung** *f* 速度限制 sùdù xiànzhì

Ge'schwister *n* -s; - 兄弟姐妹 xiōngdì jiěmèi

ge'schwollen *adj* 夸〔誇〕张〔張〕的 kuāzhāngde, 堆砌的 duīqìde, 臃肿〔腫〕的 yōngzhǒngde

Ge'schwulst *f* ⸗e 肿〔腫〕瘤 zhǒngliú

Ge'schwür *n* -(e)s; -e 脓〔膿〕肿〔腫〕nóngzhǒng, 溃疡〔瘍〕kuìyáng

Ge'selle *m* -n; -n 1) 出师〔師〕的手工业〔業〕工人 chūshide shǒugōngyè gōngrén, 帮〔幫〕工 bānggōng; 2) 小伙子 xiǎohuǒzi, 家伙 jiāhuǒ; 3) 伙伴 huǒbàn

ge'sellen *v sich* 参〔參〕加 cānjiā, 结交 jiējiāo; sich zu j-m ~ 加入到…的行列

ge'sellig *adj* 1) 好交际〔際〕的 hào jiāojì de, 合群的 héqúnde; 2) 消遣的 xiāoqiǎnde, 愉快的 yúkuàide

Ge'sellschaft *f* -en 1) 社会〔會〕shèhuì; 2) 社交 shèjiāo, 交际〔際〕jiāojì; j-m ~ leisten 陪伴… péibàn…; 3) 聚会 jùhuì, 社交活动〔動〕shèjiāo huódǒng; 4) 参〔參〕加聚会的人们 cānjiā jùhuì de rénmen; 5) 上层〔層〕社会 shàngcéng shèhuì; 6) 社团〔團〕shètuán, 协〔協〕会 xiéhuì, 公司 gōngsī

ge'sellschaftlich *adj* 1) 社会〔會〕的 shèhuìde; 2) 社交的 shèjiāode, 交际〔際〕的 jiāojìde

Ge'sellschafts|reise *f* 团〔團〕体〔體〕旅行 tuántǐ lǚxíng **~spiel** *n* 集体游艺〔藝〕jítǐ yóuyì

Ge'setz *n* -es -e 1) 法律 fǎlǜ; 2) 法令 fǎlìng, 法规 fǎguī **~buch** *n* 法典 fǎdiǎn

ge'setzgegend *adj* 立法(上)的 lìfǎde

Ge'setz|geber *m* -s; - 立法机〔機〕关〔關〕的成员 lìfǎ jīguān de chéngyuán **~gebung** *f* -en 立法 lìfǎ

ge'setz|lich *adj* 法律上的 fǎlǜshàngde, 法定的 fǎdìngde, 合法的 héfǎde **~los** *adj* 没有规律的 méiyǒu guīlǜ de **~mäßig** *adj* 合乎规律的 héhū guīlǜ de **~t I** *adj* 成熟的 chéngshúde, 稳〔穩〕重的… wěnzhòngde; **II** *cj* ~ den Fall, (daß)… 假使… jiǎshǐ…, 倘若… tǎngruò… **~widrig** *adj* 违〔違〕法的 wéifǎde, 非法的 fēifǎde

Ge'sicht *n* -(e)s; -er 1) 脸〔臉〕liǎn, 面孔 miànkǒng; 2) 表情 biǎoqíng; 3) 面貌 miànmào; 4) zu ~ bekomm-n 看到 kàndào, 瞥见〔見〕piējiàn

Ge'sichts|ausdruck *m* 面部表情 miànbù biǎoqíng, 神色 shénsè **~farbe** *f* 肤〔膚〕色 fūsè **~kreis** *m* 1) 视野 shìyě; 眼界 yǎnjiè; 2) 地平线〔綫〕dìpíngxiàn **~punkt** *m* 观〔觀〕点〔點〕guāndiǎn, 着眼点 zhuóyǎndiǎn, 见〔見〕解 jiànjiě **~züge** *pl* 容貌 róngmào, 面貌 miànmào, 相貌 xiàngmào

Ge'sindel *n* -s; 乌〔烏〕合之众〔衆〕wū hé zhī zhòng; 暴民 bàomín

ge'sinnt *adj* 怀〔懷〕着…感情的 huáizhe… gǎnqíng de, 有…思想 yǒu … sīxiǎng; (对人)抱…态〔態〕度的 bào … tàidu de; j-m wohl ~ sein 对…有好感

Ge'sinnung *f* -en 思想 sīxiǎng, 心地 xīndì

ge'sinnungs|los *adj* 没有定见〔見〕的 méiyǒu dìngjiàn de, 没有节〔節〕操的 méiyǒu jiécāo de **~treu** *adj* 有定见的 yǒu dìngjiàn de, 有节操的 yǒu jiécāo de

ge'sittet *adj* 端庄〔莊〕的duānzhuāngde, 有教养〔養〕的 yǒu jiàoyǎng de

Ge'spann *n* -(e)s; -e 1) 同驾的牲口 tóngjiàde shēngkou; 2) 套好牲口的车〔車〕tàohǎo shēngkou de chē; 3) 一对〔對〕yīduì, 搭挡〔擋〕dādàng

ge'spannt *adj* 1) 迫不及待的 bò bù jí dài de, 好奇的 hàoqíde; 2) 紧〔緊〕张〔張〕的 jǐnzhāngde; mit j-m auf ~em Fuß stehen 跟…关系紧张

Ge'spenst *n* -es; -er 1) 幽灵〔靈〕yōulíng; 亡灵 wánglíng; 2) 幻影 huànyǐng, 幻像 huànxiàng; 3) 迫在眉睫的危险〔險〕bò zài méijié de wēixiǎn

ge'spenstisch *adj* 幽灵〔靈〕般的 yōulíngbānde, 阴〔陰〕森可怕的 yīnsēn kěpà de

Ge'spött *n* -(e)s; -e 1) 笑料 xiàoliào, 笑柄 xiàobǐng; zum ~ der Leute werden 成为人们的笑料; 2) 嘲笑 cháoxiào, 嘲弄 cháonòng

Ge'spräch *n* -(e)s; -e 1) 谈话 tánhuà, 交谈 jiāotán; 2) (电话)通话 tōnghuà; 3) 话题 huàtí

ge'sprächig *adj* 健谈的 jiàntánde

Ge'stalt *f* -en 1) 外形 wàixíng, 形状〔狀〕xíngzhuàng; 2) 身材 shēncái, 体〔體〕形 tǐxíng; 3) 人 rén, 人物 rénwù, 形象 xíngxiàng

ge'stalten *vt, v sich* (使)形成 xíngchéng, 塑造 sùzào

Ge'staltung *f* -en 形成 xíngchéng, 塑造 sùzào, 刻画〔畫〕kèhuà

ge'ständig *adj* ~ sein 承认〔認〕chéngrèn, 坦白 tǎnbái

Ge'ständnis *n* -ses; -se 招供 zhāogòng, 交代 jiāodài, 坦白 tǎnbái

Ge'stank *m* -(e)s; 恶〔惡〕臭 èchòu

ge'statten *vt* 允许 yǔnxǔ, 许可 xǔkě

'Geste *f* -n 1) 手势〔勢〕shǒushì; 2) 姿态〔態〕zītài

ge'stehen* *vt, vi* 承认〔認〕chéngrèn, 供认 gòngrèn, 坦白 tǎnbái

Ge'stein *n* -(e)s; -e 岩〔巖〕石 yánshí

Ge'stell *n* -(e)s; -e 1) 支架 zhījià, 台〔臺〕座 táizuò; 2) 框架 kuāngjià

'gestern *adv* 昨天 zuótiān; ~ abend 昨夜

Ge'stirn *n* -(e)s; -e 天体〔體〕tiāntǐ, 星晨 xīngchén

'gestrig *adj* 昨天的 zuótiānde

Ge'strüpp *n* -(e)s; -e 灌木丛〔叢〕guànmùcóng, 矮树〔樹〕丛 ǎishùcóng

Ge'such *n* -(e)s; -e 申请(书) shēnqǐng, 请求 qǐngqiú

ge'sucht *adj* 1) 矫〔矯〕揉造作的 jiǎoróu zàozuò de, 不自然的 bù zìrán de; 2) 受欢〔歡〕迎的 shòu huānyíng de, 供不应〔應〕求的 gōng bù yìng qiú de

ge'sund *adj* 1) 健康的 jiànkāngde, 健全的 jiànquánde; 2) 有益于〔於〕健康的 yǒuyì yú jiànkāng de, 卫〔衛〕生的 wèishēngde **~en** *vi* (*s*) 1) 痊愈 quányù, 康复〔復〕kāngfù; 2) (经济)复苏〔蘇〕fùsū

Ge'sundheit *f* 健康 jiànkāng, 健全 jiànquán; auf j-s ~ trinken 为某人健康干杯

ge'sundheitlich *adj* 健康方面的 jiànkāng fāngmiàn de; ~ geht es ihm gut 他健康状况良好

Ge'sundheitsamt *n* 卫〔衛〕生局 wèishēngjú

ge'sundheitsschädlich *adj* 危害健康的 wēihài jiànkāng de

Ge'sundheitszustand *m* 健康状〔狀〕况 jiànkāng zhuàngkuàng

Ge'stöse *n* -s; 喧闹〔鬧〕声〔聲〕xuānnàoshēng; 嘈杂〔雜〕声 cáozáoshēng

Ge'tränk *n* -(e)s; -e 饮料 yǐnliào

ge'trauen *v sich* 敢 gǎn

Ge'treide *n* -s; - 粮〔糧〕食作物 liángshi zuòwù, 谷〔穀〕物 gǔwù, 庄〔莊〕稼 zhuāngjia **~speicher** *m* 谷仓〔倉〕gǔcāng

ge'treu(lich) *adj* 1) 忠实〔實〕的 zhōngshíde, 忠诚的 zhōngchéngde; 2) 真实的 zhēnshíde, 如实的 rúshíde

Ge'triebe *n* -s; - 1) 熙嚷 xī rǒng, 喧闹〔鬧〕xuānnào; 2) 传〔傳〕动〔動〕

装〔裝〕置 chuándòng zhuāngzhì
ge'trost *adv* 确〔確〕信地 quèxìnde, 有把握地 yǒu bǎwò de
Ge'tue *n* -s; 装〔裝〕模作样〔樣〕 zhuāngmúzuòyàng, 装腔作势〔勢〕 zhuāngqiāng zuò shì
Ge'tümmel *n* -s; - 骚动〔動〕 sāodòng, 混乱〔亂〕 hùnluàn
Ge'wächs *n* -es; -e 1) 植物 zhíwù, 作物 zuòwù; 2) 肿〔腫〕瘤 zhǒngliú
ge|'wachsen *adj* j-m ~ sein 与〔與〕…相匹敌〔敵〕 yǔ... xiàng pǐdí; einer Sache ~ sein 胜〔勝〕任… shèngrèn …; sich der Lage ~ zeigen 妥善处〔處〕理难〔難〕题 tuǒshàn chǔlǐ nántí **~'wagt** *adj* 危险〔險〕的 wēixiǎnde, 冒险的 màoxiǎnde; 大胆〔膽〕的 dàdǎnde **~'wählt** *adj* 文雅的 wényǎde, 上流的 shàngliúde **~'wahr** *adj* ~ werden 察觉〔覺〕… chájué…, 看到… kàndào …
Ge'währ *f* 担〔擔〕保 dānbǎo, 保证〔證〕 bǎozhèng
ge'währ|en I *vt* 1) 许可 xǔkě, 同意 tóngyì; 2) 满〔滿〕足 mǎnzú, 实〔實〕现 shíxiàn; 3) 给予 jǐyǔ, 提供 tígòng; II *vi* j-n ~ lassen 随〔隨〕…的便 suí … de biàn, 对〔對〕…不加干涉 duì … bù jiā gānshè **~leisten** *vt* 保证〔證〕 bǎozhèng, 担〔擔〕保 dānbǎo
Ge'wahrsam *m* -s; -e 保管 bǎoguǎn, 保护〔護〕 bǎohù
Ge'walt *f* -en 1) 权〔權〕力 quánlì, 权势〔勢〕 quánshì; 2) 暴力 bàolì, 强权 qiángquán; 3) 力 lì, 力气〔氣〕 lìqì
ge'waltsam I *adj* 暴力的 bàolìde, 强制的 qiángzhìde, 暴虐的 bàonüède; II *adv* 强行地 qiángxíngde, 用力的 yònglìde; ~ öffnen 用力打开
Ge'walttat *f* 暴行 bàoxíng
ge'walttätig *adj* 暴戾的 bàolìde, 无〔無〕法无天的 wúfǎwútiān de
ge'wandt *adj* 灵〔靈〕活的 línghuóde, 老练〔練〕的 lǎoliànde
Ge'wandtheit *f* 灵〔靈〕活 línghuó, 老练〔練〕 lǎoliàn
Ge'wässer *n* -s; - 江河湖海 jiāng hé hú hǎi
Ge'webe *n* -s; - 1)织〔織〕物 zhīwù; 2)(细胞、纤维)组织 zǔzhī; 3) 圈套 quāntào, 编造 biānzào
Ge'wehr *n* -(e)s; -e 步枪〔槍〕 bùqiāng, 长〔長〕枪 chángqiāng **~kolben** *m* 枪托 qiāngtuō **~lauf** *m* 枪管 qiāngguǎn
Ge'weih *n* -(e)s; -e (鹿等的)叉角 chājiǎo
Ge'werbe *n* -s;- 职〔職〕业〔業〕 zhíyè, 实〔實〕业 shíyè, 手艺〔藝〕 shǒuyì **~schule** *f* 职业学〔學〕校 zhíyè xuéxiào
ge'werb|lich *adj* 职〔職〕业〔業〕的 zhíyède, 实〔實〕业的 shíyède **~smäßig** *adj* 职业性的 zhíyèxìngde, 营〔營〕业性的 yíngyèxìngde
Ge'werkschaft *f* -en 工会〔會〕 gōnghuì **~ler** *m* -s; - 工会会员 gōnghuì huìyuán
ge'werkschaftlich *adj* 工会〔會〕的 gōnghuìde
Ge'werkschaftsbund *m* 工会〔會〕联〔聯〕合会 gōnghuì liánhéhuì
Ge'wicht *n* -(e)s; -e 1) 重 zhòng, 重量 zhòngliàng; 体〔體〕重 tǐzhòng; 2) 法码 fǎmǎ, 秤砣 chèngtuó; 3) 重要(性) zhòngyào; einer Sache ~ beimessen 着重于…, 重视…; ins ~ fallen 非常重要; ~ haben 有分量 yǒu fènliang, 有说服力 yǒu shuōfúlì; auf etw. ~ legen 强调某事 qiángdiào mǒushì
ge|'wichtig *adj* 1) 重的 zhòngde; 2) 重大的 zhòngdàde, 重要的 zhòngyàode **~'willt** *adj* 愿〔願〕意的 yuànyìde, 心甘情愿的 xīngānqíngyuàn de
Ge'wimmel *n* -s; (昆虫等)一大群 yī dà qún; 人群 rénqún
Ge'winde *n* -s; - 螺纹 luówén
Ge'winn *m* -(e)s; -e 1) 利润 lìrùn, 盈利 yínglì; 2) 中奖〔獎〕 zhòngjiǎng, 中彩 zhòngcǎi; 3) 益处〔處〕yìchù, 好处 hǎochù **~anteil** *m* 红利 hónglì, 股息 gǔxī **~beteiligung** *f* 利润分配 lìrùn fēnpèi, 分红 fēnhóng
ge'winnbringend *adj* 1) 有利可图〔圖〕的 yǒulì kě tú de, 生利的 shēnglìde; 2) 有益的 yǒuyìde
ge'winnen* I *vt* 1) 得胜〔勝〕 déshèng, 获〔獲〕胜 huòshèng, 取胜 qǔshèng; 2) 得到 dédao, 获得 huòdé; 3) 中奖〔獎〕 zhòngjiǎng, 中彩 zhòngcǎi; 4) 开〔開〕采〔採〕 kāicǎi, 提炼〔練〕 tíliàn; II *vi* 1) 得胜 déshèng, 中奖 zhòngjiǎng; 2) 变〔變〕得好看 biàn dé hǎokàn, 完善 wánshàn **~d** *adj* 讨人喜欢〔歡〕的 tǎo rén xǐhuan de, 令人愉快的 lìng rén yúkuài de, 有吸引力的 yǒu xīyǐnlì de
Ge'winner *m* -s; - 1) 得胜〔勝〕者 déshèngzhě, 获〔獲〕胜者 huòshèngzhě; 2) 中奖〔獎〕人 zhòngjiǎngrén
Ge'wirr *n* -(e)s; -e 1) (线等的)乱〔亂〕团〔團〕 luàntuán; 2) 乱七八糟 luànqībāzāo, 混乱 hùnluàn
ge'wiß I *adj* 1) 肯定的 kěndìngde,

确〔確〕实〔實〕的 quèshíde; 2) 某种〔種〕的 mǒuzhǒngde, 一定的 yīdìngde; II *adv* 肯定 kěndìng, 确实 quèshí

Ge'wissen *n* -s; - 良心 liángxīn

ge'wissen|haft *adj* 认〔認〕真的 rènzhēnde, 仔细的 zǐxìde, 一丝〔絲〕不苟的 yī xī bù gǒu de **~los** *adj* 没有良心的 méiyǒu liángxīnde, 不负责任的 bù fù zérèn de, 肆无〔無〕忌惮〔憚〕的 sì wú jìdàn de

Ge'wissensfrage *f* 凭〔憑〕良心的问题 píng liángxīn de wèntí

ge'wissermaßen *adv* 在一定程度上 zài yīdìng chéngdù shàng

Ge'wißheit *f* -en 肯定 kěndìng, 确〔確〕定 quèdìng

Ge'witter *n* -s;- 1) 雷(阵)雨 léiyǔ, 暴风〔風〕雨 bàofēngyǔ; 2) (感情上的)激动〔動〕jīdòng, 暴发〔發〕bàofā **~regen** *m* 雷电〔電〕交加的阵雨 léidiàn jiāojiā de zhènyǔ

ge'wöhnen *vt* j-n an etw. ~ 使某人习〔習〕惯于〔於〕... shǐ mǒurén xíguàn yú ...

Ge'wohnheit *f* -en 习〔習〕惯 xíguàn

ge'wohnheitsmäßig *adj* 习〔習〕惯性的 xíguànxìngde, 习以为〔爲〕常的 xí yǐ wéi cháng de

ge'wöhnlich *adj* 1) 普通的 pǔtōngde, 通常的 tōngchángde, 一般的 yībānde; 2) 粗俗的 cūsúde, 下流的 xiàliúde

ge'wohnt *adj* 习〔習〕惯的 xíguànde, 习以为〔爲〕常的 xí yǐ wéi cháng de; etw. ~ sein 习惯...

Ge'wölbe *n* -s; - 拱顶 gǒngdǐng

Ge'wühl *n* -(e)s; 乱〔亂〕纷纷的人群〔羣〕luànfēnfēnde rénqún

ge'wunden *adj* 1) 蜿蜒曲折的 wānyán qūzhé de, 绞扭状〔狀〕的 jiǎoniǔzhuàngde, 螺旋形的 luóxuánxíngde; 2) 矫〔矯〕揉造作的 jiǎoróu zàozuò de, 艰〔艱〕涩〔澀〕的 jiānsède

Ge'würz *n* -es; -e 调味香料 tiáowèi xiāngliào

Ge|'zeiten *pl* 潮汐 cháoxī **~'zeter** *n* -s; 呼号〔號〕hūháo, 哀鸣 āimíng

ge'ziert *adj* 忸怩的 niǔníde

Ge'zwitscher *n* -s; 啾啾 qiūqiū, 呢喃 nínán

ge'zwungen *adj* 拘谨的 jūjǐnde, 生硬的 shēngyìngde, 做作的 zuòzuode

Gicht *f* 痛风〔風〕tòngfēng

'Giebel *m* -s; - 山墙〔牆〕shāngqiáng

Gier *f* 贪心 tānxīn, 贪婪 tānlán (nach)

'gierig *adj* 贪婪的 tānlánde, 贪得无〔無〕厌〔厭〕的 tān dé wú yàn de

'gießen* I *vt* 1) 倒 dào, 斟 zhēn; 2) 浇〔澆〕水 jiāoshuǐ; Blumen ~ 浇花; 3) 浇注 jiāozhù, 铸〔鑄〕造 zhùzào; II *vi* es gießt 倾盆大雨 qīngpén dàyǔ

Gieße'rei *f* -en 铸〔鑄〕工车〔車〕间 zhùgōng chējiān, 铸工厂〔廠〕zhùgōngchǎng

'Gießkanne *f* 洒〔灑〕水壶〔壺〕sǎshuǐhú

Gift *n* -(e)s; -e 1) 毒 dú, 毒药〔藥〕dúyào; 2) 恶〔惡〕意 èyī

'giftig *adj* 1) 有毒的 yǒudúde; 2) 狠毒的 hěndúde, 恶〔惡〕毒的 èdúde

Gi'gant *m* -en; -en 巨人 jùrén, 巨物 jùwù

'Gipfel *m* -s; - 1) 山顶 shāndǐng, 山峰 shānfēng; 2) 顶点〔點〕dǐngdiǎn, 顶峰 dǐngfēng **~konferenz** *f* 最高级会〔會〕议〔議〕zuìgāojí huìyì, 首脑〔腦〕会议 shǒunǎo huìyì

Gips *m* -es; -e 石膏 shígāo

'gipsen *vt* 涂〔塗〕上石膏 túshàng shígāo

'Gipsverband *m* 石膏绷带〔帶〕shígāo bēngdài

Gi'raffe *f* -n 长〔長〕颈〔頸〕鹿 chángjǐnglù

Gir'lande *f* -n 1) 花环〔環〕huāhuán, 花饰 huāshì; 2) 纸链 zhǐliàn, 纸带〔帶〕zhǐdài

Giro ['ʒi:..] *n* -s; -s 1) 背书〔書〕bèishū; 2) 转〔轉〕帐〔帳〕zhuǎnzhàng, 划〔劃〕拨〔撥〕huàbō **~konto** *n* 来〔來〕往户头〔頭〕láiwǎng hùtóu

Gischt *m* -es; -e (*f* -en) 泡沫 pàomò, 浪花 lànghuā

Gi'tarre *f* -n 六弦琴 liùxiánqín, 吉他 jítā

'Gitter *n* -s;- (门、窗等)格 gé, 栅 shān, 栅栏〔欄〕zhàlan **~fenster** *n* 格子窗 gézichuāng, 栅栏窗 zhàlanchuāng

Glanz *m* -es; 1) 光泽〔澤〕guāngzé, 光辉 guānghuī; 2) 壮〔壯〕丽〔麗〕zhuànglì, 辉煌 huīhuáng

'glänzen *vi* 1) 闪闪发〔發〕光 shǎnshǎn fāguāng, 闪烁〔爍〕shǎnshuò; 2) 引人注目 yǐ rén zhùmù, 突出 tūchū

'Glanz|leistung *f* 杰〔傑〕出成就 jiéchū chéngjiù, 优〔優〕秀成绩 yōuxiù chéngjī **~zeit** *f* 全盛时〔時〕期 quánshèng shíqī, 黄金时代 huángjīn shídài

Glas *n* -es; ⸗er 1) 玻璃 bōli; 2) 玻璃制〔製〕品 bōli zhìpǐn; 3) 眼

镜 yǎnjìng; 4) 望远〔遠〕镜 wàngyuǎnjìng

'**gläsern** *adj* 1) 玻璃(制)的 bōlide; 2) (目光)凝滞〔滯〕的 níngzhìde; 3) (声音)清脆的 qīngcuìde

'**Glashütte** *f* 玻璃工厂〔廠〕 bōli gōngchǎng

gla'sieren *vt* 1) 上釉 shàng yòu, 涂〔塗〕珐琅 tú fàláng; 2) einen Kuchen ~ 在糕饼上涂料 zài gāobǐng shàng tú liào

'**glasig** *adj* 1) 玻璃般的 bōlibānde; 2) 呆滞〔滯〕无〔無〕神的 dāizhì wúshén de

'**Glasscheibe** *f* 玻璃板 bōlibǎn, 窗玻璃 chuāngbōli

Gla'sur *f* -en 1) 釉 yòu, 珐琅 fàláng; 2) (糕饼的)涂〔塗〕料 túliào

glatt I *adj* 1) 平坦的 píngtǎnde, 光滑的 guānghuáde; 2) 不费力的 bù fèilì de, 顺利的 shùnlìde; 3) 明显〔顯〕的 míngxiǎnde, 直截了当〔當〕的 zhíjiéliǎodàng de; 4) 圆滑的 yuánhuáde, 世故的 shìgùde; II *adv* 1)顺利地 shùnlìde,安稳〔穩〕的 ānwěnde; 2) 直截了当地 zhíjiéliǎodàng de, 干〔乾〕脆 gāncuì, 断〔斷〕然 duànrán

'**Glätte** *f* -n 1) 平坦 píngtǎn, 光滑 guānghuá; 2) 圆滑 yuánhuá, 世故 shìgù

'**Glatteis** *n* 1) 光滑的冰层〔層〕 guānghuáde bīngcéng; 2) j-n aufs ~ führen 诱使…上当〔當〕 yòushǐ… shàngdàng

'**glätten** *vt* 使平坦 shǐ píngtǎn, 使光滑 shǐ guānghuá

'**Glatze** *f* -n 秃顶 tūdǐng, 秃头〔頭〕 tūtóu

'**Glaube** *m* -ns; -n 1) 相信 xiāngxìn, 信任 xìnrèn, 信念 xìnniàn; 2) (宗教)信仰 xìnyǎng

'**glauben** I *vt* 1) 认〔認〕为〔爲〕 rènwéi, 以为 yǐwéi; 2) 相信 xiāngxìn, 信任 xìnrèn; II *vi* 1) j-m ~ 相信…的话 xiāngxìn…de huà; 2) an j-n/etw. ~ 相信… xiāngxìn…; an Gott ~ 信仰上帝 xìnyǎng shàngdì; 3) 笃信 dǔxìn, 虔诚 qiánchéng

'**Glaubens|bekenntnis** *n* 1) 信条〔條〕 xìntiáo, 教义〔義〕 jiàoyì; 2) 信仰的表白 xìnyǎngde biǎobái ~**satz** *n* 教条 jiàotiáo, 教义 jiàoyì

'**glaubhaft** *adj* 可信的 kěxìnde, 可靠的 kěkàode

'**gläubig** *adj* 1) 笃信的 dǔxìnde, 虔诚的 qiánchéngde; 2) 信赖的 xìnlàide, 深信不疑的 shēnxìn bùyí de

'**Gläubiger** *m* -s; - 债权〔權〕人 zhàiquánrén

'**glaubwürdig** *adj* 可信任的 kě xìnrènde, 可靠的 kěkàode

gleich I *adj* 1) 相同的 xiāngtóngde, 同样〔樣〕的 tóngyàngde; zur ~en Zeit 同时; es ist mir ~ 对我来说都一样; das ~e 同一的 tóngyīde; er ist nicht (mehr) der ~e 他不是那个人; 2) (数学)等于〔於〕 děngyú; II *adv* 1) 立刻 lìkè, 马〔馬〕上 mǎshàng; es ist ~ acht (Uhr) 马上就八点了; 2) 无〔無〕所谓 wúsuǒwèi; III *prp* (*D*) 如同… 一样 rútóng … yīyàng ~**altrig** *adj* 同龄〔齡〕的 tónglíngde ~**artig** *adj* 同种〔種〕的 tóngzhǒngde, 同类〔類〕的 tónglèide ~**bedeutend** *adj* 意义〔義〕相同的 yìyì xiāngtóng de, 同等的 tóngděngde; mit etw. ~ sein 等于是… ~**berechtigt** *adj* 平等的 píngděngde ~**bleibend** *adj* 稳〔穩〕定的 wěndìngde, 不变〔變〕的 bùbiànde, 始终如一的 shǐzhōng rú yī de ~**en*** *vi* j-m/einer Sache (*D*) ~ 象 … xiàng…, 如同… rútóng… ~**falls** *adv* 同样 tóngyàng, 也 yě; danke, ~! 谢谢, 同愿! 谢谢, 彼此彼此! (对祝愿的回答) ~**förmig** *adj* 1) 形式相同的 xíngshì xiāngtóng de; 2) 单〔單〕调的 dāndiàode, 千篇一律的 qiān piān yī lǜ de, 老一套的 lǎo yí tào de ~**gesinnt** *adj* 志同道合的 zhìtóngdàohé de, 气〔氣〕味相投的 qìwèi xiāngtóu de

'**Gleichgewicht** *n* 1) 平衡 pínghéng, 均衡 jūnhéng; 2) 均势〔勢〕 jūnshì; 3) (内心)平静 píngjìng, (情绪)稳〔穩〕定 wěndìng

'**gleichgültig** *adj* 不感兴〔興〕趣的 bù gǎn xìngqù de, 不关〔關〕心的 bùguānxìnde, 无〔無〕所谓的 wúsuǒwèide; es ist mir ~ 我无所谓; ~, was du tust 不管你做什么

'**Gleichheit** *f* -en 1) 相同 xiāngtóng, 一致 yīzhì; 2) 平等 píngděng, 一视同仁 yī shì tóng rén

'**gleich|kommen*** *vi* (*s*) j-m/einer Sache (*D*) ~ 跟…等同 gēn … děngtóng, 与〔與〕…相匹敌〔敵〕 yǔ … xiāng pǐdí ~**lautend** *adj* 同文本的 tóng wénběn de ~**machen** *vt* 1) 使等同 shǐ děngtóng, 使一律 shǐ yīlǜ; 2) 使平坦 shǐ píngtǎn ~**mäßig** *adj* 1) 均匀的 jūnyúnde, 规则的 guīzéde; 2) 稳〔穩〕定的 wěndìngde, 平稳的 píngwěnde ~**mütig** *adj* 沉着的 chénzhuóde, 镇定的 zhèndìngde

'Gleichnis *n* -ses; -se 比喻 bǐyù, 比拟〔擬〕bǐnǐ
'gleich|sam *adv* 在一定程度上 zài yīdìng chéngdù shàng, 可以说 kěyǐ shuō, 如同 rútóng **~seitig** *adj* 等边〔邊〕的 děngbiānde **~setzen** *vt* 使等同 shǐ děngtóng, 同等看待 tóngděng kàndài **~stellen** *vt* 同等对〔對〕待 tóngděng duìdài, 一视同仁 yī shì tóng rén
'Gleich|strom *m* 直流电〔電〕zhíliúdiàn **~ung** *f* -en (数学)方程式 fāngchéngshì
'gleich|wertig *adj* 等价〔價〕的 děngjiàde, 等值的 děngzhíde **~zeitig** *adj* 同时〔時〕的 tóngshíde
Gleis *n* -es; -e 钢〔鋼〕轨 gāngguǐ, 轨道 guǐdào; etw. ins rechte ~ bringen 使…走上正轨
'gleiten* *vi* (*s*) 1) 滑动〔動〕huádòng, 滑行 huáxíng; 2) 滑翔 huáxiáng
'Gleitflug *m* 滑翔 huáxiáng
'Gletscher *m* -s; - 冰川 bīngchuān; 冰河 bīnghé **~spalte** *f* 冰上裂缝 bīng shàng lièfèng
Glied *n* -(e)s; -er 1) 肢 zhī, 肢体〔體〕zhītǐ; 2) (链)环〔環〕huán; 3) 成员 chéngyuán; 4) 行列 hánglìè
'gliedern *vt* 划〔劃〕分 huàfēn, 组织〔織〕zǔzhī, 编排 biānpái
'Gliedmaßen *pl* 四肢 sìzhī, 手足 shǒuzú
'glimmen(*) *vi* 发〔發〕微光 fā wēiguāng
'glimpflich I *adj* 温和的 wēnhéde; 宽厚的 kuānhòude; II *adv* ~ davon kommen 避免严〔嚴〕厉〔厲〕的惩〔懲〕罚 bìmiǎn yánlì de chéngfá
'glitschig *adj* 滑的 huáde, 湿〔濕〕滑的 shīhuáde
'glitzern *vi* 闪光 shǎnguāng, 闪烁〔爍〕shǎnshuò
'Globus *m* -(ses); ..ben(-se) 地球 dìqiú, 地球仪〔儀〕dìqiúyí
'Glocke *f* -n 1) 钟〔鐘〕zhōng, 铃 líng; 2) 钟状〔狀〕物 zhōngzhuàngwù **~nspiel** *n* 编钟 biānzhōng **~nturm** *m* 钟楼〔樓〕zhōnglóu
'Glöckner *m* -s; - 摇铃者 yáolíngzhě, 敲钟〔鐘〕者 qiāozhōngzhě
'glorreich *adj* 光荣〔榮〕的 guāngróngde, 辉煌的 huīhuángde
'glotzen *vi* 发〔發〕愣地看 fālèngde kān, 呆看 dāikān
Glück *n* -(e)s; 1) 幸运〔運〕xìngyùn, 运气〔氣〕yùnqì; auf gut ~ 碰运气; zum ~ 幸亏; viel ~! 祝您成功! 2) 幸福 xìngfú; j-m ~ wünschen 祝某人幸福
'glück|bringend *adj* 幸运〔運〕的 xìngyùnde **~en** *vi* (*s*) 成功 chénggōng, 如愿〔願〕以偿〔償〕rúyuàn yǐ cháng **~lich** *adj* 1) 幸运的 xìngyùnde, 成功的 chénggōngde; 2) 幸福的 xìngfúde; 3) 顺利的 shùnlìde, 平安的 píng'ānde; 4) 有利的 yǒulìde, 可喜的 kěxǐde **~licherweise** *adv* 幸运地 xìngyùnde **~'selig** *adj* 喜气〔氣〕洋洋的 xǐqì yángyáng de, 无〔無〕比幸福的 wúbǐ xìngfú de
'Glücks|fall *m* 幸运〔運〕xìngyùn, 巧事 qiǎoshì **~kind** *n*, **~pilz** *m* 幸运儿〔兒〕xìngyùn'ér, 走运的人 zǒuyùnde rén **~spiel** *n* 赌博 dǔbó **~tag** *m* 吉日 jírì
'glückstrahlend *adj* 喜洋洋的 xǐyángyángde
'Glückwunsch *m* 祝贺 zhùhè, 祝愿〔願〕zhùyuàn; ~ zum Geburtstag 祝贺生日
'Glühbirne *f* 电〔電〕灯〔燈〕泡 diàndēngpào
'glühen *vi* 1) 发〔發〕白热〔熱〕光 fā báirèguāng; 2) 洋溢 yángyì, 奔放 bēnfàng **~d** *adj* 炽〔熾〕热的 chìrède, 热情洋溢的 rèqíng yángyì de
'Glühwein *m* (加糖、香料的)热〔熱〕红葡萄酒 rè hóngpútaojiǔ
Glut *f* -en 1) 炽〔熾〕热〔熱〕chìrè, 白热 báirè; 2) 炎热 yánrè, 酷热 kùrè; 3) 激情 jīqíng, 热烈 rèliè
'Gnade *f* -n 1) 恩惠 ēnhuì, 宠〔寵〕爱〔愛〕chǒng'ài; j-n in ~n wieder aufnehmen 跟…言归〔歸〕于〔於〕好 gēn ... yán guī yú hǎo; 2) 宽恕 kuānshù, 体〔體〕谅 tǐliàng, 怜〔憐〕悯 liánmǐn; 赦免 shèmiǎn **~nfrist** *f* 暂缓 zànhuǎn, 缓期(执行) huǎnqī **~ngesuch** *n* 申请赦免(书) shēnqǐng shèmiǎn
'gnädig *adj* 仁慈的 réncíde, 恩赐的 ēncìde; 宽大的 kuāndàde; 怜〔憐〕悯的 liánmǐnde; Gnädige Frau 夫人 fūren
Gnom *m* -en; -en 1) 土地守护〔護〕神 dǔdì shǒuhùshén; 2) 侏儒 zhūrú, 矮子 ǎizi
Gold *n* -(e)s; 黄金 huángjīn **~barren** *m* 金条〔條〕jīntiáo, 金锭 jīndìng
'golden *adj* 1) 金制〔製〕的 jīnzhìde; 2) 宝〔寶〕贵的 bǎoguìde; 3) 金黄色的 jīnhuángsède
'Goldfisch *m* 金鱼 jīnyú
'goldgelb *adj* 金黄色的 jīnhuángsède
'Gold|gräber *m* -s; - 淘金者 táojīnzhě **~grube** *f* 金矿〔礦〕jīnkuàng
'gold|haltig *adj* 含金质〔質〕的 hán jīnzhì de **~ig** *adj* 漂亮的 piāo-

liangde, 逗人喜爱〔愛〕的 dòurén xǐ'ài de

'Gold|mine *f* 金矿〔礦〕jīnkuàng **~münze** *f* 金币〔幣〕jīnbì **~schmied** *m* 金(饰)工 jīngōng

Golf I *m* -(e)s; -e 海湾〔灣〕hǎiwān; II *n* -s; 高尔〔爾〕夫球戏〔戲〕gāo'ěrfūqiúxì

'Gondel *f* -n 1) (威尼斯)小舟 xiǎozhōu; 2) (气球等的)吊篮〔籃〕diàolán

'gönnen *vt* 赏赐 shǎngcì, 赐予 cìyǔ (j-m etw.)

'Gönner *m* -s; - 资助人 zīzhùrén, 恩人 ēnrén

'Gosse *f* -n 下水道 xiàshuǐdào, 阴〔陰〕沟〔溝〕yīngōu

Gott *m* -es; 上帝 shàngdì, 神 shén

'Gottes|dienst *m* 祈祷〔禱〕qídǎo, 做礼〔禮〕拜 zuòlǐbài **~lästung** *f* 亵〔褻〕渎〔瀆〕xièdú

'Gottheit *f* -en 1) 神 shén, 神性 shénxìng; 2) 神像 shénxiàng, 偶像 ǒuxiàng

'Göttin *f* -nen 女神 nǚshén

'göttlich *adj* 1) 上帝的 shàngdìde, 神的 shénde; 2) 极〔極〕好的 jíhǎode, 绝妙的 juémiàode

'gott|lob *int* 谢天谢地 xiètiānxièdì, 感谢上帝 gǎnxiè shàngdì **~los** *adj* 1) 不信神的 bù xìn shén de, 亵〔褻〕渎〔瀆〕神明的 xièdú shénmíng de; 2) 卑劣的 bēiliède, 邪恶〔惡〕的 xié'ède

'Götze *m* -n; -n 神像 shénxiàng, 偶像 ǒuxiàng

Grab *n* -(e)s; ⸚er 坟〔墳〕墓 fénmù

'graben* *vt* 1) 挖掘 wājué; 2) 刻上 kèshàng, 铭刻 míngkè

'Graben *m* -s; ⸚ 1) 沟〔溝〕gōu, 渠 qú; 2) 战〔戰〕壕 zhànháo

'Grabmal *n* 墓碑 mùbēi **~stätte** *f* 墓地 mùdì **~stein** *m* 墓碑 mùbēi

Grad *m* -(e)s;-e 1) (气温、角等的)度 dù; 15 ~ Kält 零下15度; 2) 等级 děngjí, 头〔頭〕衔 tóuxián; 3) 程度 chéngdù **~einteilung** *f* 刻度 kèdù, 分度 fēndù

Graf *m* -en; -en 伯爵 bójué

'Gräfin *f* -nen 伯爵夫人 bójué fūren

'Grafschaft *f* -en 伯爵领地 bójué lǐngdì

gram *adj* j-m ~ sein 生…的气〔氣〕shēng ... de qì

Gram *m* -(e)s; 忧〔憂〕伤〔傷〕yōushāng, 悲痛 bēitòng

Gramm *n* -s; -e 克(重量单位) kè

'Grammatik *f* -en 语法 yǔfǎ

'grammatisch *adj* 语法的 yǔfǎde

Gra'nat *m* -(e)s; -e 石榴石 shíliúshí **~e** *f* -n 榴弹〔彈〕liúdàn **~splitter** *m* 榴弹片 liúdànpiàn **~trichter** *m* 弹坑 dànkēng **~werfer** *m* -s; - 迫击〔擊〕炮 pǎijīpào

Gra'nit *m* -s; -e 花岗〔崗〕石 huāgāngshí

'Graphik *f* -en 1) 书〔書〕画〔畫〕刻印术〔術〕shūhuà kèyìnshù, 印刷术 yìnshuāshù; 2) 书画刻印作品 shūhuà kèyìn zuòpǐn, 图〔圖〕表 túbiǎo

'graphisch *adj* 1) 刻印的 kèyìnde, 印刷的 yìnshuāde; 2) 图〔圖〕示的 túshìde, 图解的 tújiěde

Gras *n* -es; ⸚er 1) 草 cǎo, 青草 qīngcǎo; 2) 草地 cǎodì

'grasen *vi* (牲畜)吃草 chīcǎo

'Grashalm *m* 草茎〔莖〕cǎojīng

gras'sieren *vi* 传〔傳〕播 chuánbō, 蔓延 mànyán

'gräßlich *adj* 1) 可怕的 kěpàde; 2) 讨厌〔厭〕的 tǎoyànde; 3) 丑〔醜〕恶〔惡〕的 chǒu'ède; 4) 非常的 fēichángde

Grat *m* -(e)s; -e 1) 山脊 shānjǐ; 2) 尖棱 jiānléng

'Gräte *f* -n 鱼〔魚〕骨头〔頭〕yúgǔtou

Gratifikati'on *f* -en 赏钱〔錢〕shǎngqián, 津贴 jīntiē, 赔偿〔償〕péicháng

'gratis *adv* 免费的 miǎnfèide

Gratu|'lant *m* -en; -en 祝贺者 zhùhèzhě **~lati'on** *f* -en 祝贺 zhùhè

gratu'lieren *vi* 祝贺 zhùhù; j-m zum Geburtstag ~ 祝贺某人的生日

grau *adj* 灰色的 huīsède

'grauen *vi* 1) (天)破晓〔曉〕pòxiǎo; 2) 害怕 hàipà, 恐惧 kǒngjù; mir graut vor (*D*) 我对…害怕 **~haft** *adj*, **~voll** *adj* 可怕的 kěpàde, 骇人的 hàirénde

'grausam *adj* 残〔殘〕忍的 cánrěnde, 残酷的 cánkùde; 残暴的 cǎnbàode

'Grausamkeit *f* -en 1) 残〔殘〕忍 cánrěn, 残暴 cánbào; 2) 暴行 bàoxíng

'Grazie [..tsjə] *f* -n 优〔優〕美 yōuměi; 典雅 diǎnyǎ

gra'ziös *adj* 优〔優〕美的 yōuměide, 典雅的 diǎnyǎde

'greifen* I *vt* 1) 拿 ná, 抓 zhuā, 握 wò; 2) 捉住 zhuōzhù, 逮住 dàizhù; 3) 奏出 zòuchū; II *vi* 1) 接触〔觸〕jiēchù, 碰到 pèngdào; an den Hut ~ 以手触帽(向人打招呼); 2) 抓住 zhuāzhù (nach); 3) um sich ~ 传〔傳〕播 chuánbō, 蔓延 mànyán; j-m unter die Arme ~ 资助 zīzhù; zu strengen Mitteln ~ 采[採]取严[嚴]厉[厲]的手段 cǎiqǔ yánlìde shǒuduàn; zu den Waffen ~ 拿起武器 náqǐ wǔqì

Greis *m* -es; -e 老翁 lǎowēng

'greisenhaft *adj* 衰老的 shuāilǎode, 老迈[邁]的 lǎomàide

'Greisin *f* -nen 老妇[婦] lǎofù

grell *adj* (光线)刺目的 cìmùde, 耀眼的 yàoyǎnde; (颜色)刺眼的 cìyǎnde; (声音)刺耳的 cì'ěrde

'Grenze *f* -n 1) 边[邊]界 biānjiè; 2) 界限 jièxiàn, 限度 xiàndù; eine ~ ziehen 划一条界限

'grenzen *vi* 1) an etw. ~ 与[與]…接壤、毗连 yǔ…jiērǎng、pílián; 2) an etw. ~ 近乎… jìnhu …, 近似… jìnsì… **~los** *adj* 无[無]限的 wúxiànde, 无边的 wúbiānde

'Grenz|fall *m* 两种[種]情况 liǎngzhǒng qíngkuàng **~land** *n* 边[邊]区[區] biānqū **~linie** *f* 边界线[綫] biānjièxiàn, 分界线 fēnjièxiàn **~stein** *m* 界石 jièshí, 界碑 jièbēi **~übergang** *m* 越界处[處] yuèjièchù, 过[過]境地点[點] guòjìng dìdiǎn

'Greuel *m* -s; - 1) 憎恶[惡] zēngwù, 恐怖 kǒngbù; 2) 令人憎恶的东[東]西 lìng rén zēngwù de dōngxi, 暴行 bàoxíng

'Grieche *m* -n; -n 希腊[臘]人 xīlàrén

'griechisch *adj* 希腊[臘]的 xīlàde

Grieß *m* -es; -e 1) 粒状[狀]物 lìzhuàngwù, 砂砾[礫] shālì; 2) 粗碾的谷[穀]物 cūniǎnde gǔwù; 3) (医学)结石 jiéshí

Griff *m* -(e)s; -e 1) 柄 bǐng, 把 bà, 把手 bǎshou; 2) 拿 ná, 抓 zhuā, 握 wò; 3) (音乐)指法 zhǐfǎ

'Grille *f* -n 1) 蟋蟀 xīshuài; 2) 怪念头[頭] guàiniàntou, 怪脾气[氣] guàipíqì

Gri'masse *f* -n 鬼脸[臉] guǐliǎn, 怪相 guàixiàng; ~n schneiden 扮鬼脸,作怪相

'grimmig *adj* 1) 愤怒的 fènnùde, 愤恨的 fènhènde; 2) 强烈的 qiángliède, 极[極]度的 jídùde

'grinsen *vi* 露齿[齒]而笑 lù chǐ ér xiào, 咧嘴 liězuǐ

'Grippe *f* -n 流行性感冒 liúxíngxìng gǎnmào

grob *adj* 1) 粗的 cūde, 粗糙的 cūcāode; 2) 粗略的 cūlüède, 约略的 yuēlüède; 3) 粗鲁的 cūlǔde, 粗暴的 cūbàode; 4) 不象话的 bù xiànghuà de, 恶[惡]劣的 èliède

'Grobheit *f* -en 1) 粗 cū, 粗糙 cūcāo; 2) 粗鲁 cūlǔ, 粗暴 cūbào; 3) 骂人的话 màrénde huà

'grölen *vt, vi* 大喊 dàhǎn, 大叫 dàjiào

Groll *m* -(e)s; 怨恨 yuànhèn, 恼[惱]火 nǎohuǒ

'grollen *vi* 1) (雷)发[發]出隆隆声[聲] fāchū lónglóng shēng; 2) j-m ~ 生…的气[氣] shēng … de qì, 对[對]…怀[懷]恨在心 duì… huáihèn zài xīn

'Groschen *m* -s; - 十分尼硬币[幣] shí fēnní yìngbì

groß *adj* 1) 大的 dàde, 高大的 gāodàde; ~e Augen machen 惊[驚]讶 jīngyà; 2) 年长[長]的 niánzhǎngde, 成年的 chéngniánde; 3) 伟[偉]大的 wěidàde; 重大的 zhòngdàde, 重要的 zhòngyàode; 4) 强烈的 qiángliède, 厉[厲]害的 lìhàide; ~e Töne spucken 自吹自擂 zìchuīzìlèi **~artig** *adj* 了不起的 liǎobuqǐde, 出色的 chūsède, 壮[壯]丽[麗]的 zhuànglìde

'Großaufnahme *f* 特写摄影 tèxiě shèyǐng

'Größe *f* -n 1) 大小 dàxiǎo, 尺寸 chǐcùn; 2) 伟[偉]大 wěidà, 重大 zhòngdà, 崇高 chónggāo; 3) 大人物 dàrénwù, 大师[師] dàshī, 名家 míngjiā

'Großeltern *pl* 祖父母 zǔfùmǔ, 外祖父母 wàizǔfùmǔ

'Größenwahn *m* 自大狂 zìdàkuáng, 狂妄 kuángwàng

'Groß|grundbesitz *m* 大地产[產] dàdìchǎn **~handel** *m* 批发[發] pīfā **~händler** *m* 批发商 pīfāshāng **~herzog** *m* 大公 dàgōng **~macht** *f* 大国[國] dàguó, 强国 qiángguó **~maul** *n* 吹牛皮的人 chuīniúpíde rén **~mut** *f* 宽宏大量 kuānhóng dàliàng **~mutter** *f* 祖母 zǔmǔ, 外祖母 wàizǔmǔ **~schreibung** *f* -en (开头第一个字母的)大写[寫] dàxiě

'groß|sprecherisch *adj* 爱[愛]自夸[誇]的 ài zìkuā de, 吹牛的 chuīniúde **~spurig** *adj* 傲慢的 àomànde, 自负的 zìfùde

'Großstadt *f* 大城市 dà chéngshì

'großstädtisch *adj* 大城市的 dà chéngshì de

'größtenteils *adv* 绝大部分 juédàbùfen, 绝大多数[數] juédàduōshù

'großtun* *vi* 夸[誇]张[張] kuāzhāng, 吹牛 chuīniú; sich mit etw. ~ 以…炫耀自己 yǐ … xuànyào zìjǐ

'Groß|vater *m* 祖父 zǔfù, 外祖父 wàizǔfù **~verdiener** *m* -s; - 高薪者 gāoxīnzhě

'groß|ziehen* *vt* 养〔養〕大 yǎngdà **~zügig** *adj* 1) 慷慨的 kāngkǎide, 大方的 dàfāngde; 能容纳不同意见〔見〕的 néng róngnà bùtóng yìjiàn de; 2) (计划)大规模的 dàguīmóde

gro'tesk *adj* 奇形怪状〔狀〕的 qí xíng guài zhuàng de, 奇异〔異〕的 qíyìde

'Grotte *f* -n 洞 dòng, 穴 xuè

'Grübchen *n* -s; - 酒窝〔窩〕 jiǔwō

'Grube *f* -n 1) 坑 kēng, 穴 xuè; 2) 矿〔礦〕井 kuàngjǐng; 3) 陷阱 xiànjǐng

'grübeln *vi* 深思熟虑〔慮〕 shēnsī shúlǜ (über *A*)

Gruft *f* ⸚e 坟〔墳〕头〔頭〕 féntóu; 坟墓 fénmù

grün *adj* 1) 绿色的 lǜsède, 青的 qīngde (Wiesen 草地); 2) (水果)未熟的 wèishúde; 3) 没有经〔經〕验〔驗〕的 méiyǒu jīngyàn de, 不成熟的 bù chéngshú de; ~er Junge 没经验易受骗的人; 4) (脸色)发〔發〕青的 fāqīngde; ~ und blau schlagen 打得鼻青脸肿; 5) vom ~en Tisch aus 只凭〔憑〕主观〔觀〕地 zhǐ píng zhǔguān de

Grund *m* -(e)s; ⸚e 1) 土地 tǔdì, 耕地 gēndì; 2) 基础〔礎〕 jīchǔ, 根底 gēndǐ; von ~ auf 彻〔徹〕底地 chèdǐde; 3) 底 dǐ, 底部 dǐbù; 4) 原因 yuányīn, 理由 lǐyóu **~bedeutung** *f* 原义〔義〕 yuányì, 基本意义 jīběn yìyì **~begriff** *m* 基本概念 jīběn gàiniàn **~besitz** *m* 地产〔產〕 dìchǎn **~besitzer** *m* 地主 dìzhǔ

'gründen *vt* 建立 jiànlì, 创〔創〕建 chuàngjiàn; sich auf (*A*) ~ 建立在…基础上,依据…

'grundfalsch *adj* 根本错误的 gēnběn cuòwù de

'Grund|fläche *f* 底面 dǐmiàn **~gebühr** *f* 基本费 jīběnfèi **~gedanke** *m* 主导〔導〕思想 zhǔdǎo sīxiǎng, 主旨 zhǔzhǐ **~gesetz** *n* 1) 根本法 gēnběnfǎ; 基本规律 jīběn guīlǜ; 2) 宪〔憲〕法 xiànfǎ **~lage** *f* 基础〔礎〕 jīchǔ, 根基 gēnjī

'grundlegend *adj* 1) 基本的 jīběnde, 根本的 gēnběnde; 2) 具有决定性意义〔義〕的 jùyǒu juédìngxìng yìyì de, 重要的 zhòngyàode

'gründlich *adj* 根本的 gēnběnde, 彻〔徹〕底的 chèdǐde

'grundlos *adj* 1) 无〔無〕底的 wúdǐde, 很深的 hěnshēnde; 2) 无理由的 wúlǐyóude, 无根据〔據〕的 wúgēnjùde

Grün'donnerstag *m* 复〔復〕活节〔節〕前的星期四 fùhuójié qián de xīngqīsì

'Grund|riß *m* 1) 平面图〔圖〕 píngmiàntú; 2) 梗概 gěnggài, 摘要 zhāiyào **~satz** *m* 原则 yuánzé, 准〔準〕则 zhǔnzé

'grundsätzlich I *adj* 基础〔礎〕的 jīchǔde, 根本的 gēnběnde; II *adv* 原则上 yuánzéshàng, 根据〔據〕原则 gēnjù yuánzé

'Grund|schule *f* 小学〔學〕 xiǎoxué **~stein** *m* 1) 基石 jīshí; 2) (事物的)开〔開〕端 kāiduān **~steuer** *f* 土地税 tǔdìshuì **~stück** *n* 地产〔產〕 dìchǎn

'Gründung *f* -en 建立 jiànlì, 创〔創〕建 chuàngjiàn

'grundverschieden *adj* 截然不同的 jiérán bùtóng de

'Grund|wasser *n* 地下水 dìxiàshuǐ **~zahl** *f* 基数〔數〕 jīshù **~zug** *m* 特征〔徵〕 tèzhēng, 特点〔點〕 tèdiǎn

'grünlich *adj* 略带〔帶〕绿色的 lüèdài lǜsè de

'Grünspan *m* 铜绿 tónglǜ

'grunzen *vi, vt* 1) (猪等)作呼噜声〔聲〕 zuò hūlū shēng; 2) (人)发〔發〕哼哼声 fā hēnghēng shēng

'Gruppe *f* -n 群 qún, 组 zǔ, 班 bān, 分队〔隊〕 fēnduì

Gruß *m* -es; ⸚e 问候 wènhòu, 招呼 zhāohu, 致意 zhìyì

'grüßen *vt* 1) 问候 wènhòu; ~ Sie ihn von mir 请您代我问候他; er läßt Sie ~ 他向您问候; 2) 致敬 zhìjìng; 致意 zhìyì

'Grütze *f* -n 粗碾的谷〔穀〕类〔類〕 cūniǎnde gǔlèi

'gucken *vi* 瞧 qiáo, 瞅 chǒu, 看 kān

'Guckloch *n* (门上的)窥视孔 kuīshìkǒng

'gültig *adj* 有效的 yǒuxiàode

'Gültigkeit *f* 有效 yǒuxiào

'Gummi *n, m* -s; -s 1) 树〔樹〕胶〔膠〕 shùjiāo; 2) 橡皮 xiàngpí **~ball** *m* 皮球 píqiú **~band** *n* (橡)皮筋 píjīn

gum'mieren *vt* 涂〔塗〕胶〔膠〕水 tú jiāoshuǐ

'Gummi|knüppel *m* (警察用的)橡皮短棍 xiàngpí duǎngùn **~stiefel** *m* 橡皮长〔長〕统靴 xiàngpí chángtǒngxuē **~zug** *m* 松〔鬆〕紧〔緊〕带〔帶〕 sōngjǐndài

Gunst *f* 宠〔寵〕爱〔愛〕 chǒng'ài, 偏爱 piān'ài, 赏识〔識〕 shǎngshí; zu j-s ~en 对〔對〕…有利 duì … yǒulì

'günstig *adj* 1) 有利的 yǒulìde, 顺调的 shùntiáode; im ~sten Fall 至好也不过〔過〕 zhìhǎo yě bùguò;

zu ~en Bedingungen 条件不苛; 2) 好意的 hǎoyìde

'Günstling *m* -s; -e 宠〔寵〕儿〔兒〕 chǒng'ér

'Gurgel *f* -n j-m an die ~ springen 跳上前去卡住某人的脖子（要掐死某人）tiào shàng qián qù qiázhù mǒurénde bózi

'Gurke *f* -n 黄瓜 huángguā,（腌泡用的）小黄瓜 xiǎohuángguā

'gurren *vi*（鸽子）咕咕叫 gūgūjiào

Gurt *m* -(e)s; -e 1) 腰带〔帶〕yāodài; 2)（马）肚带 dùdài

'Gürtel *m* -s; - 1) 腰带〔帶〕yāodài, 皮带 pídài; 2) 地带 dìdài, 区〔區〕域 qūyù

Guß *m* Gusses; Güsse 1) 浇〔澆〕注 jiāozhù, 铸〔鑄〕件 zhùjiàn; 2) 淋水 línshuǐ, 浇泼〔潑〕的液体〔體〕jiāopōde yètǐ; 3) 瓢泼大雨 piáopō dàyǔ; 4)（蛋糕上的）涂〔塗〕层〔層〕túcéng **~eisen** *n* 铸铁〔鐵〕zhùtiě

gut I *adj* 1) 好的 hǎode, 良好的 liánghǎode; -e Worte 好话; ~es Wetter 好天气; ~er Dinge (~en Mutes) sein 兴〔興〕高采烈 xìnggāocǎiliè; ~ so! 好呀! 干得好! ganz ~不坏〔壞〕bùhuài, 不错 bùcuò; schon ~! 没关〔關〕系〔係〕! méi guānxi! 好! hǎo! 2) 质〔質〕量好的 zhìliang hǎode, 优〔優〕良的 yōuliángde; 3) 有益的 yǒuyìde, 有效的 yǒuxiàode; 4)（指人）好 hǎo, 善良的 shànliángde; 5) 亲〔親〕切的 qīnqiède, 和睦的 hémùde; sei so ~ und ... 请你费心… qǐng nǐ fèixīn ..., 劳〔勞〕驾… láojià ...; ~e Miene zum bösen Spiel machen（以和睦的神色来对待不愉快的事）逆来〔來〕顺受 nì lái shùn shòu; 6) 健康的 jiànkāngde, 痊愈的 quányùde; ~ werden 治愈; 7) 容易的 róngyìde; 8) 足足的 zúzúde; II *adv* ein ~ gehendes Geschäft 生意兴〔興〕隆的商店 shēngyì xīnglóngde shāngdiàn; du hast ~ lachen 这〔這〕件事你笑是容易的 zhè jiàn shì nǐ xiào shì róngyìde; es ~ haben 走好运〔運〕zǒu hǎoyùn, 处〔處〕于〔於〕佳境 chǔyú jiājìng

'Gut *n* -(e)s; ⸚er 1) 财产〔產〕cáichǎn, 财富 cáifù; 2) 庄〔莊〕园〔園〕zhāngyuán, 农〔農〕场〔場〕nóngchǎng; 3) 货物 huòwù **~achten** *n* -s; - 专〔專〕家鉴〔鑒〕定 zhuānjiā jiàndìng **~achter** *m* -s; - 鉴定者 jiàndìngzhě

'gutartig *adj* 1) 听〔聽〕话的 tīnghuàde, 顺从〔從〕的 shùncóngde; 2)（医学）良性的 liángxìngde

'Gutdünken *n* -s; nach ~ 随〔隨〕意 suíyì

'Güte *f* 1) 亲〔親〕切 qīnqiè, 好意 hǎoyì, 善良 shànliáng; haben Sie die ~, mir zu sagen 劳〔勞〕驾请您告诉我 láojià qǐng nín gàosù wǒ; in ~ 友好地 yǒuhǎode; meine ~! 哎呀! 天哪! āiyā! tiānna! 2)（货物的）质〔質〕量 zhìliang, 品质 pǐnzhì

'Güter|bahnhof *m* 货运〔運〕站 huòyùnzhàn **~gemeinschaft** *f*（夫妻）共同财产〔產〕gōngtóng cáichǎn **~trennung** *f* 夫妻分产 fūqī fēnchǎn **~verkehr** *m*（铁路）货物运输 huòwù yùnshū **~wagen** *m*（铁路）货车〔車〕huòchē **~zug** *m* 货运列车 huòyùn lièchē

'gut|gelaunt *adj* 情绪好的 qíngxùhǎode, 高兴〔興〕的 gāoxìngde **~gläubig** *adj* 深信不疑的 shēn xìn bù yí de, 善意的 shànyìde **~haben*** *vt* 存有 cúnyǒu, 结存 jiécún **~heißen*** *vt* 认〔認〕可 rènkě, 同意 tóngyì, 批准 pīzhǔn **~herzig** *adj* 好心的 hǎoxīnde, 善良的 shànliángde

'gütig *adj* 亲〔親〕切的 qīnqiède, 好意的 hǎoyìde, 善良的 shànliángde

'gütlich *adv* sich ~ einigen 和解了 héjiěle; sich an etw. (*D*) ~ tun 享用… xiǎngyòng ...

'gut|machen *vt* 补〔補〕救 bǔjiù, 弥〔彌〕补 míbǔ **~mütig** *adj* 善良的 shànliángde, 好心的 hǎoxīnde, 温顺的 wēnshùnde

'Gutmütigkeit *f* 善良 shànliáng, 亲〔親〕切 qīnqiè

'Gutsbesitzer *m* 地主 dìzhǔ

'Gutschein *m* 支票 zhīpiào, 票证〔證〕piàozhèng, 凭〔憑〕据〔據〕píngjù

'gutschreiben* *vt* j-m einen Betrag ~ 把金额记入某人的贷方 bǎ jīn'é jìrù mǒurénde dàifāng

'Gutshof *m* 农〔農〕庄〔莊〕nóngzhuāng, 庄园〔園〕zhuāngyuán

'gutwillig *adj* 1) 好意的 hǎoyìde; 2) 自愿〔願〕的 zìyuànde

Gym'nasium *n* -s; ..sien 文科中学〔學〕wénkē zhōngxué

Gym'nastik *f* 体〔體〕操 tǐcāo, 体育 tǐyù

H h

Haar *n* -(e)s; -e 毛 máo, 头〔頭〕发〔髮〕tóufa; sich die ~e kämmen 梳头; sich die ~e schneiden lassen 让人理发; aufs ~ 分毫不差 fēnháo bùchà, 异〔異〕常精确〔確〕yìcháng jīngquè; um ein ~ 几〔幾〕乎 jīhū, 差一点〔點〕儿〔兒〕chà yīdiǎnr **~ausfall** *m* 脱发 tuōfà **~bürste** *f* 发刷 fàshuā

'**haaren** *vi, v sich* 脱毛 tuōmáo, 掉毛 diàomáo; (动物)换毛 huànmáo

'**Haaresbreite** *f* um ~ 丝〔絲〕毫之差 sīháo zhī chà, 差一点〔點〕儿〔兒〕chà yīdiǎnr

'**haarfein** *adj* 纤〔纖〕细的 xiānxìde, 极〔極〕细的 jíxìde

'**Haargefäß** *n* 毛细(血)管 máoxìguǎn

'**haar|genau** *adj* 极〔極〕精确〔確〕的 jí jīngquè de, 极确切的 jí quèqiè de **~ig** *adj* 1) 有毛的 yǒumáode, 多毛的 duōmáode; 2) 棘手的 jíshǒude, 糟糕的 zāogāode, 使人不愉快的 shǐ rén bù yúkuài de **~-klein** *adv* 非常详尽〔盡〕地 fēicháng xiángjìn de

'**Haar|klemme** *f* 发〔髮〕夹〔夾〕fàjiā **~nadel** *f* 发叉 fàcha, 发夹 fàjiā **~nadelkurve** *f* (道路的)U字形拐弯〔彎〕处〔處〕U zìxíng guǎiwān chù **~netz** *n* 发〔髮〕网〔網〕fàwǎng **~öl** *n* 发油 fàyóu, 润发油 rùn fàyóu

'**haarscharf** I *adj* 非常仔细的 fēicháng zǐxì de, 极〔極〕精确〔確〕的 jí jīngquè de; II *adv* 贴近地 tiējìnde, 紧〔緊〕挨着 jǐn'āizhe

'**Haar|schneider** *m* 理发〔髮〕师〔師〕lǐfàshī **~schnitt** *m* 1) 理发 lǐfà; 2) 发式 fàshì **~spalte'rei** *f* 咬文嚼字 yǎo wén jiáo zì, 挑剔 tiāoti, 吹毛求疵 chuī máo qiú cī

'**haarsträubend** *adj* 可怕的 kěpàde, 骇人听〔聽〕闻的 hàirén tīngwén de, 令人毛骨悚然的 lìng rén máogǔ sǒngrán de

'**Haar|tracht** *f* 发〔髮〕式 fàshì, 发型 fàxíng **~wäsche** *f* 洗头〔頭〕xǐtóu, 洗发 xǐfà **~wasser** *n* 润发水 rùnfàshuǐ, 护〔護〕发水 hùfàshuǐ **~wuchs** *m* 1) 毛发的生长〔長〕máofàde shēngzhǎng; 2) 头发的密度 tóufàde mìdù **~wuchsmittel** *n* 生发剂〔劑〕shēngfàjì

'**Habe** *f* 财物 cáiwù, 财产〔產〕cáichǎn

'**haben*** *vt* 1) 有 yǒu, 拥〔擁〕有 yōngyǒu; 2)得到 dédào, 获〔獲〕得 huòdé; 3) 感觉〔覺〕gǎnjué, 感到 gǎndào; sich ~ 过〔過〕分激动〔動〕guòfèn jīdòng, 装〔裝〕模作样〔樣〕zhuāngmó zuòyàng; 争吵 zhēngchǎo; etwas (nichts) auf sich ~ (不)重要 (bù) zhòngyào, (没)有意思 (méi) yǒu yìsi; unter sich ~ 主管 ...zhǔguǎn...; zu ~ 尚可得(买〔買〕)到 shàngkě dé (mǎi) dào; was hast du denn? 你究竟哪里不舒服? heute ~ wir Montag 今天是星期一; du hast zu gehorchen 你得听话! da ~ wir's! 果不其然!

'**Haben** *n* (会计)贷方 dàifāng

'**Habgier** *f* 贪心 tānxīn, 贪婪 tānlán, 贪财 tāncái

'**hab|gierig** *adj* 贪心的 tānxīnde, 贪婪的 tānlánde, 贪得无〔無〕厌〔厭〕的 tāndé wúyàn de **~haft** *adj* j-s ~ werden 捕获〔獲〕某人 bǔhuò mǒurén; einer Sache ~ werden 获得某物 huòdé mǒuwù, 把某物弄到手 bǎ mǒuwù nòng dào shǒu

'**Habicht** *m* -(e)s;-e 苍〔蒼〕鹰 cāngyīng

'**Hab|selichkeiten** *pl* (不太值钱的)家当〔當〕jiādàng, 行装〔裝〕xíngzhuāng **~sucht** *f* 见 Habgier

'**Hacke** *f* -n 1) 锄头〔頭〕chútou; 2) 脚后〔後〕跟 jiǎohòugēn; sich (*D*) die ~n nach etw. ablaufen 为〔爲〕寻〔尋〕觅...而踏破鞋跟 wèi xúnmì ... ér tàpò xiégēn; j-m dicht auf den ~n sein (sitzen) 紧〔緊〕跟住 ... jǐn gēnzhù ...

'**hacken** *vt* 1)劈开〔開〕pīkāi (Holz 木头); 2) 剁细 duòxì (Fleisch 肉); 3) (鸟)啄 zhuó; 4) 锄松〔鬆〕chú sōng

'**Hackfleisch** *n* 碎肉 suìròu, 肉末 ròumò

'**Hader** *m* -s; 口角 kǒujiǎo, 争执〔執〕zhēngzhí, 争吵 zhēngchǎo

'**hadern** *vi* 抱怨 bàoyuàn, 埋怨 mányuàn, 争执〔執〕zhēngzhí (mit)

'**Hafen** *m* -s; *n* 1) 港口 gǎngkǒu, 码头〔頭〕mǎtou; 2) 安全之处〔處〕ānquán zhī chù, 避难〔難〕所 bìnànsuǒ **~arbeiter** *m* 码头〔頭〕工人 mǎtou gōngrén **~stadt** *f* 港埠 gǎngbù, 海港城市 hǎigǎng chéngshì

'**Hafer** *m* -s; - 燕麦〔麥〕yànmài

~**flocken** *pl* 麦片 màipiàn ~**schleim** *m* 燕麦糊 yànmàihù
Haft *f* 1) 拘留 jūliú; 2) 监〔監〕禁 jiānjìn; j-n in ~ nehmen 监禁(拘捕)某人
'**haftbar** *adj* 负责的 fùzéde, 承担〔擔〕责任的 chéngdān zérèn de; für etw. ~ sein 对〔對〕…负责; j-n für etw. ~ machen 使某人对…负责
'**Haftbefehl** *m* 逮捕令 dàibǔlìng
'**haften** *vi* 1) 粘住 zhānzhù, 附着 fùzhuó; 2) 盯住 dīngzhù (an *D*); 3) 担〔擔〕保 dānbǎo, 保证〔證〕bǎozhèng (für)
'**Häftling** *m* -s; -e 囚犯 qiúfàn, 被拘禁者 bèi jūjìn zhě
'**Haftpflicht** *f* 赔偿〔償〕责任 péicháng zérèn ~**versicherung** *f* 赔偿保险〔險〕péicháng bǎoxiǎn
'**Haftung** *f* 担〔擔〕保 dānbǎo, 保证〔證〕bǎozhèng, 责任 zérèn; Gesellschaft mit beschränkter ~ 股份有限公司 gǔfèn yǒuxiàn gōngsī
'**Hagel** *m* -s; - 1) 冰雹 bīngbáo; 2) 大量密集的散落物 dàliàng mìjí de sànluòwù ~**korn** *n* 1) 冰雹粒 bīngbáolì; 2) 脸〔臉〕板腺囊肿〔腫〕jiǎnbǎnxiàn nángzhǒng
'**hageln** *vi* 1) 下冰雹 xià bīngbáo; 2) 冰雹似的落下 bīngbáo shì de luòxià, 纷纷落下 fēnfēn luòxià
'**Hagelschauer** *m* 阵雹 zhènbáo
'**hager** *adj* 瘦的 shòude, 干〔乾〕瘦的 gānshòude, 细长〔長〕的 xìchángde (Gestalt 身材)
Hahn *m* 1) -(e)s; ⸚e 公鸡〔鷄〕gōngjī, 雄鸡 xióngjī; 2) -(e)s; ⸚e (-en) 龙〔龍〕头〔頭〕lóngtóu, 开〔開〕关〔關〕kāiguān ~**enkampf** *m* 斗〔鬥〕鸡 dòujī ~**enschrei** *m* 鸡鸣 jīmíng, 鸡叫 jījiào
Hai *m* -(e)s; -e, ~**fisch** *m* 鲨鱼〔魚〕shāyú
Hain *m* -(e)s; -e 小树〔樹〕林 xiǎo shùlín
'**häkeln** *vi, vt* 钩织〔織〕gōuzhī, 钩结 gōujié; sich mit j-m ~ 与〔與〕…闹〔鬧〕着玩 yǔ … nàozhe wán
'**Häkenadel** *f* 钩针 gōuzhēn
'**haken** I *vt* 钩 gōu, 挂〔掛〕guà; II *vi* 钩住 gōuzhù, 挂起 guàqǐ (an *D*)
'**Haken** *m* -s; - 1) 钩 gōu, 钩子 gōuzi; 2) 角 jiǎo; 3) (拳击中的) 肘弯〔彎〕击〔擊〕zhǒuwānjī; 4) 困难〔難〕kùnnan
'**hakig** *adj* 钩状〔狀〕的 gōuzhuàngde, 钩形的 gōuxíngde
halb I *adj* 1) 半 bàn, 一半的 yībànde; eine ~e Stunde 半小时; eine ~e Flasche Wein 半瓶葡萄酒; ein ~es Jahr 半年; ~e Note 半音符; ~er Ton 半音; 2) 不完整的 bù wánzhěng de, 不充分的 bù chōngfèn de (eine Maßnahme 措施); mit ~em Ohr zuhören 不专〔專〕心地听〔聽〕bù zhuānxīn de tīng; II *adv* 1) 一半 yībàn; ~ voll 半满; ~ soviel 一半那么多; ~ und ~ 各半; es schlug ~ 时钟敲着半点钟; 2) 几〔幾〕乎 jīhū, 差不多 chàbùdōu; 将〔將〕近 jiāngjìn; ~ verrückt sein 差不多要疯了 ~**amtlich** *adj* 半官方的 bàn guānfāng de
'**Halb|bruder** *m* 异〔異〕父(或异母)兄弟 yìfù (huò yì mǔ) xiōng dì ~**dunkel** *n* 1) (拂晓或黄昏时的) 朦胧〔朧〕天色 ménglóng tiānsè; 2) 半明半暗 bànmíng bàn'àn
'**halber** *prp* (*G*) 由于〔於〕yóuyú, 为〔爲〕了 wèile
'**Halbfabrikat** *n* 半成品 bànchéngpǐn
'**halbgar** *adj* 未煮透的 wèi zhǔtòu de, 半生半熟的 bànshēng bànshú de
'**Halbgott** *m* 1) 半神 bànshén; 2) 受崇拜的人物 shòu chóngbài de rénwù, 神化的英雄 shénhuàde yīngxióng
hal'bieren *vt* 对〔對〕半分 duìbàn fēn, 平分 píngfēn
'**Halb|insel** *f* 半岛 bàndǎo ~**jahr** *n* 半年 bànnián
'**halb|jährig** *adj* 半岁〔歲〕的 bànsuìde, 半年的 bànniánde ~**jährlich** *adj* 每半年一次的 měi bànnián yīcì de
'**Halb|kreis** *m* 半圆 bànyuán ~**kugel** *f* 半球 bànqiú
'**halb|laut** *adj* 低声〔聲〕的 dīshēng de, 压〔壓〕低声音的 yādī shēngyīn de ~**mast** *adv* 半旗 bànqí; die Flagge (auf) ~ setzen 下半旗
'**Halb|messer** *m* 半径〔徑〕bànjìng ~**mond** *m* 半钩月 bàngōuyuè
'**halbpart** *adv* ~ machen 对〔對〕半分 duìbàn fēn, 平分 píngfēn
'**Halb|schuh** *m* 低帮〔幫〕鞋 dībāngxié ~**schwester** *f* 异〔異〕父(或异母)姐妹 yìfù (huò yìmǔ) jiěmèi ~**tagsbeschäftigung** *f* 非全日性工作 fēi quánrìxìng gōngzuò, 零活 línghuó
'**halb|tot** *adj* 半死的 bànsǐde; 精疲力尽〔盡〕的 jīngpí lìjìn de ~**wegs** *adv* 1) 中途 zhōngtú, 半途 bàntú; 2) 差不多 chàbùduō
'**Halbwelt** *f* 半上流社会〔會〕bàn shàngliú shèhuì
'**halbwüchsig** *adj* 未发〔發〕育完全的 wèi fāyù wánquán de, 未成年

的 wèi chéngnián de

'Halbzeit *f* （体育比赛的）半场〔場〕 bànchǎng

'Halde *f* -n 1) 斜坡 xiépō; 2) 废〔廢〕石场〔場〕 fèishíchǎng; 瓦砾〔礫〕堆 wǎlìduī

'Hälfte *f* -n 1) 一半 yībàn; 2) 中间 zhōngjiān, 当〔當〕中 dāngzhōng

'Halfter *m, n* -s; - 马〔馬〕笼〔籠〕头〔頭〕 mǎ lóngtou

'Halle *f* -n 1) 大厅〔廳〕 dàtīng, 厅堂 tīngtáng, 礼〔禮〕堂 lǐtáng; 2) （旅馆等的）会〔會〕客厅 huìkètīng, 休息室 xiūxishì, 接待厅 jiēdàitīng; 3) 飞〔飛〕机〔機〕库 fēijīkù

'hallen *vi* 1) 发〔發〕出响〔響〕声〔聲〕 fāchū xiǎngshēng; 2) 引起回响 yǐnqǐ huíxiǎng

'Hallenbad *n* 室内游泳池 shìnèi yóuyǒngchí **~sport** *m* 室内运〔運〕动〔動〕 shìnèi yùndòng

hal'lo *intj* 喂 wèi! 你好（打招呼） nǐhǎo!

Hal'lo *n* -s; -s 欢〔歡〕呼声〔聲〕 huānhūshēng, 呼喊声 hūhǎnshēng, 喧嚷声 xuānrǎngshēng

Halm *m* -(e)s; -e 草茎〔莖〕 cǎojīng; （禾）秆〔稈〕 gǎn

Hals *m* -es; ⸗e 1) 颈〔頸〕 jǐng, 脖子 bózi; ~ über Kopf 匆匆忙忙地 cōngcōng mángmáng de; j-m auf dem ~e haben 必须为〔爲〕…操劳〔勞〕 bìxū wèi … cāoláo; sich den ~ verrenken （好奇或热切地）伸长脖子张望; 2) 喉咙〔嚨〕 hóulóng, 咽喉 yānhóu; aus vollem ~e 放开喉咙; sich j-n (etw.) vom ~ schaffen 摆〔擺〕脱… bǎituō …; es hängt mir zum ~ (he)raus 我对此感到腻烦 **~abschneider** *m* 放高利贷者 fàng gāolìdài zhě, 牟取暴利者 móuqǔ bàolì zhě **~band** *n* 1) （狗的）脖套 bótao, 颈〔頸〕圈 jǐngquān; 2) 领圈 lǐngquān, 领巾 lǐngjīn **~entzündung** *f* 咽峡〔峽〕炎 yānxiáyán **~kette** *f* 1) 项链 xiàngliàn; 2) （狗颈）锁链 suǒliàn **~kragen** *m* 1) 衣领 yīlǐng; 2) （为伤病狗等用的）披肩 pījiān **~schmerzen** *pl* 咽喉痛 yānhóutòng

'halsstarrig *adj* 固执〔執〕的 gùzhíde, 顽固的 wángùde

'Hals|tuch *n* 围〔圍〕巾 wéijīn **~weite** *f* 领口长〔長〕度 lǐngkǒu chángdù

halt I *intj* 停 tíng! 站住 zhànzhù! 够了 gòule! 住嘴 zhùzuǐ! II *adv* 简直 jiǎnzhí, 只好 zhǐhǎo, 就是 jiùshì

Halt *m* -(e)s; -e 1) 手可攀的东〔東〕西 shǒu kě pān de dōngxi, 支撑物 zhīchēngwù, 支持物 zhīchíwù, 立足点〔點〕 lìzúdiǎn; 2) 停止 tíngzhǐ, 中止 zhōngzhǐ; 3) 支持 zhīchí, 依靠 yīkào; 4) 坚〔堅〕定性 jiāndìngxìng

'haltbar *adj* 1) 可久保存的 kě jiǔ bǎocún de (Lebensmittel 食品); 2) 结实〔實〕的 jiēshide, 坚〔堅〕固的 jiāngùde, 耐久的 nàijiǔde; 3) 靠得住的 kàodézhùde, 站得住脚的 zhàndézhùjiǎode (Theorie 理论)

'halten* I *vt* 1) 拿着 názhe, 握住 wòzhù, 抓住 zhuāzhù; 2) 保持 bǎochí, 维持 wéichí; 3) 举〔舉〕行 jǔxíng, 作（报告等） zuò; 4) 遵守 zūnshǒu; 5) 订阅 dìngyuè; 6) ~ für 认〔認〕为〔爲〕… rènwéi …, 把…看作 bǎ … kànzuò; 7) viel (wenig) ~ 估计高（低） gūjì gāo; 8) sich ~ 保持 bǎochí; sich gerade ~ 站（坐）得笔〔筆〕直 zànde bǐzhí, 挺直 tǐngzhí; 9) sich an (*A*) ~与〔與〕…交往 yǔ … jiāowǎng, 向…求助 xiàng … qiúzhù; II *vi* 1) 停住 tíngzhù, 停留 tíngliú; 2) 耐用 nàiyòng; 3) 遵守 zūnshǒu; 4) ~zu 支持… zhīchí, 站在…一边〔邊〕 zhànzài … yībiān; 5) ~ auf (*A*) 注意、注重… zhùyì、zhùzhòng…; auf sich ~ 注意、注重自己的外表、名誉〔譽〕或健康 zhùyì、zhùzhòng zìjǐde wàibiǎo、míngyù hòu jiànkāng

'Halte|punkt *m* 1) （火车）停靠站 tíngkàozhàn, 停车〔車〕点〔點〕 tíngchēdiǎn; 2) （射击） 瞄准〔準〕点 miáozhǔndiǎn; 3) （物理上的）临〔臨〕界点 línjièdiǎn **~r** *m* -s; - 1) 所有者 suǒyǒuzhě, 主人 zhǔrén; 2) 柄 bǐng, 把 bǎ, 把手 bǎshǒu **~stelle** *f* （公共汽车、电车等）停车站 tíngchēzhàn **~signal** *n* 停车信号〔號〕 tíngchē xìnhào

'halt|los *adj* 1) 不坚〔堅〕定的 bù jiāndìng de, 动〔動〕摇的 dòngyáode; 2) 无〔無〕根据〔據〕的 wú gēnjù de, 无理由的 wú lǐyóu de **~machen** *vi* 站住 zhànzhù, 停住 tíngzhù; vor nichts ~ 什〔甚〕么〔麼〕都不怕 shénme dōu bùpà

'Haltung *f* -en 1) 体〔體〕态〔態〕 tǐtài, 姿势〔勢〕 zīshì; 2) 举〔舉〕止 jǔzhǐ; 态度 tàidu

'hämisch *adj* 阴〔陰〕险〔險〕的 yīnxiǎnde, 恶〔惡〕意的 èyìde, 幸灾〔災〕乐〔樂〕祸〔禍〕的 xìngzāi lèhuò de

'Hammel *m* -s; -(⸗) 1) 阉羊 yānyáng; 2) 笨蛋 bèndàn **~keule** *f* 羊腿 yángtuǐ **~rippchen** *n* 羊肉排 yángruòpái

'Hammer *m* -s; ¨ 1) 锤子 chuízi, 榔头〔頭〕 lángtou; under den ~ kommen 被拍卖〔賣〕 bèi pāimài; 2) 链球 liànqiú

'hämmern I *vt* 1) 锤击〔擊〕 chuíjī, 锤成 chuíchéng, 锻打 duàndǎ; 2) 使牢记 shǐ láojì, 叮嘱〔囑〕 dīngzhǔ; II *vi* 1) 锤打 chuídǎ, 锤击 chuíjī; 2) (心脏等急剧) 跳动〔動〕 tiàodòng

Hämorrho'iden *f* -n 痔 zhì

'Hampelmann *m* 1) (用线牵动的) 玩偶 wán'ǒu; 2) 傀儡 kuǐlěi, 俯首帖耳的人 fǔ shǒu tiē ěr de rén

'Hamster *m* -s; - 仓〔倉〕鼠 cāngshǔ

'hamstern *vt, vi* 囤积〔積〕 túnjī

Hand *f* ¨e 1) 手 shǒu; j-m die ~ geben 与某人握手; an ~ 借助于 jièzhù yú; bei der ~, zur ~ 在手边〔邊〕 zài shǒubiān, 在手头〔頭〕 zài shǒutóu; ~ und Fuß haben (论点等) 有充分的理由 yǒu chōngfèn de lǐyóu, 考虑〔慮〕得很周全 kǎo lǜ de hěn zhōuquán; seine ~ im Spiel haben 暗中参〔參〕与〔與〕... ànzhōng cānyù ...; von der ~ in den Mund leben 勉强糊口 miǎnqiǎng húkǒu; in die Hände klatschen 鼓掌 gǔzhǎng; in den Händen haben (bleiben) (手里)握有 wòyǒu, 掌握 zhǎngwò; Hände weg! 别动手! 别碰! er ist seine rechte ~ 他是他的得力助手; 2) 手迹〔跡〕 shǒujì, 笔〔筆〕迹 bǐjì; 3) (马等的)蹄 tí **~arbeit** *f* 1) 手工劳〔勞〕动〔動〕 shǒugōng láodòng; 2) 手工制〔製〕品 shǒugōng zhìpǐn **~ball** *m* 手球 shǒuqiú **~bibliothek** *f* (不外借书的)参考书〔書〕阅览〔覽〕室 cānkǎoshū yuèlǎnshì **~breit** *f* 一手宽度 yīshǒu kuāndù **~bremse** *f* 手制动〔動〕器 shǒu zhìdòngqì, 手闸 shǒuzhá **~buch** *n* (专业性的) 手册 shǒucè

'Hände|druck *m* -(e)s; ¨e 握手 wòshǒu **~klatschen** *n* 鼓掌 gǔzhǎng

'Handel *m* I -s; 1) 商业〔業〕 shāngyè, 贸易 màoyì; 2) 买〔買〕卖〔賣〕 mǎimai, 生意 shēngyi; ~ treiben 做生意; II -s; ¨ 争执〔執〕 zhēngzhí, 斗〔鬥〕殴〔毆〕 dòu'ōu

'handeln *vi* 1) (采取) 行动〔動〕 xíngdòng, 干〔幹〕 gàn; 2) 办〔辦〕理 bànlǐ, 处〔處〕理 chǔlǐ; 3) 做买〔買〕卖〔賣〕 zuò mǎimai, 做生意 zuò shēngyi; 4) (um *A*) 磋商 cuōshāng, 讨价〔價〕还〔還〕价 tǎojià huánjià; 5) (von) 论〔論〕及 lùnjí, 述及 shùjí; 6) es handelt sich um (*A*) 涉及 ... shèjí..., 关〔關〕系〔係〕到... guānxi dào...

'Handels|abkommen *n* 贸易协〔協〕定 màoyì xiédìng **~bank** *f* 商业〔業〕银行 shāngyè yínháng

'handelseinig *adj* ~ werden 达〔達〕成协〔協〕议〔議〕 dáchéng xiéyì

'Handels|genossenschaft *f* 商业〔業〕合作社 shāngyè hézuòshè **~gericht** *n* 商事法庭 shāngshì fǎtíng **~gesellschaft** *f* 商业公司 shāngyè gōngsī **~haus** *n* 商行 shāngháng, 公司 gōngsī **~kammer** *f* 商会〔會〕 shānghuì **~marine** *f* (一个国家的) 商船队〔隊〕 shāngchuánduì **~minister** *m* 商业部长〔長〕 shāngyè bùzhǎng **~ministerium** *n* 商业部 shāngyè bù **~schiff** *n* 商船 shāngchuán **~schule** *f* 商业学〔學〕校 shāngyè xuéxiào **~stadt** *f* 商业城市 shāngyè chéngshì

'handelsüblich *adj* 商业〔業〕上通(惯)用的 shāngyè shàng tōngyòng de

'Handels|vertrag *m* (两国间的)商约 shāngyuē, 贸易合同 màoyì hétong **~vertreter** *m* 商务〔務〕代表 shāngwù dàibiǎo **~ware** *f* 商品 shāngpǐn

'handeltreibend *adj* 商业〔業〕(上)的 shāngyède; 商务〔務〕的 shāngwùde

'Hand|feger *m* 带〔帶〕柄小刷 dàibǐng xiǎoshuā **~fertigkeit** *f* (手的)熟练 shúliàn, 技巧 jìqiǎo

'handfest *adj* 1) 有力的 yǒulìde, 壮〔壯〕实〔實〕的 zhuàngshide; 2) 明显〔顯〕的 míngxiǎnde; 具体〔體〕的 jùtǐde, 准〔準〕确〔確〕的 zhǔnquède

'Hand|feuerwaffen *pl* 轻〔輕〕武器 qīngwǔqì **~fläche** *f* 手掌 shǒuzhǎng, 手心 shǒuxīn

'handgearbeitet *adj* 手工制〔製〕作的 shǒugōng zhìzuò de

'Hand|geld *n* 1) 定钱〔錢〕 dìngqian; 2) 新兵津贴 xīnbīng jīntiē **~gelenk** *n* 手腕 shǒuwàn, 手关〔關〕节〔節〕 shǒu guānjié **~gemenge** *n* 格斗〔鬥〕 gédòu, 扭打 niǔdǎ **~gepäck** *n* 随〔隨〕身携带〔帶〕的行李 suíshēn xiédài de xínglì, 小件行李 xiǎojiàn xínglì **~granate** *f* 手榴弹〔彈〕 shǒuliúdàn

'handgreiflich *adj* 1) 动〔動〕手的 dòngshǒude, 用武的 yòngwǔde; 2) 明显〔顯〕的 míngxiǎnde, 清楚的 qīngchude

'Hand|griff *m* 1) 拉手 lāshǒu, 手柄 shǒubǐng; 2) 操作 cāozuò, 技

巧 jìqiǎo; 3) 帮〔幫〕忙 bāngmáng, 举〔舉〕手之劳〔勞〕 jǔshǒu zhī láo ~**habe** *f* 把柄 bǎbǐng, 口实〔實〕 kǒushí
'**handhaben** *vt* 使用 shǐyòng, 运〔運〕用 yùnyòng
'**Hand|karren** *m* 手推车〔車〕 shǒutuīchē ~**koffer** *m* 手提箱 shǒutíxiāng ~**kuß** *m* 吻手 wěnshǒu ~**langer** *m* 1) 帮〔幫〕工 bānggōng, 小工 xiǎogōng; 2) 走卒 zǒuzú, 帮凶〔兇〕 bāngxiōng
'**Händler** *m* -s; - 商人 shāngrén, 小商贩 xiǎo shāngfàn
'**handlich** *adj* 轻〔輕〕便的 qīngbiànde, 便于〔於〕使用的 biànyú shǐyòng de
'**Handlung** *f* -en 1)行为〔爲〕 xíngwéi, 行动〔動〕 xíngdòng; 2) 情节〔節〕 qíngjié; 3) 商店 shāngdiàn
'**Handlungs|bevollmächtige** *m* (商行的)全权〔權〕代表 quánquán dàibiǎo, 代理人 dàilǐrén ~**gehilfe** *m* 店员 diànyuán ~**reisende(r)** *m* 推销员 tuīxiāoyuán ~**weise** *f* 行为〔爲〕方式 xíngwéi fāngshì
'**Hand|rücken** *m* 手背 shǒubèi ~**schelle** *f* 手铐 shǒukào ~**schlag** *m* 握手 (同意) wòshǒu ~**schreiben** *n* 1) 亲〔親〕笔〔筆〕信 qīnbǐxìn; 2) 介绍信 jièshàoxìn, 委任状〔狀〕 wěirènzhuàng ~**schrift** *f* 1) 字体〔體〕 zìtǐ, 笔〔筆〕迹〔跡〕 bǐjì; 2)手稿 shǒugǎo, 原稿 yuángǎo; 3) 文采 wéncǎi, 风〔風〕格 fēnggé
'**handschriftlich** *adj* 1) 亲〔親〕笔〔筆〕的 qīnbǐde, 手写〔寫〕的 shǒuxiěde; 2) 手稿的 shǒugǎode, 手抄本的 shǒuchāoběnde
'**Hand|schuh** *m* 手套 shǒutào ~**streich** *m* 奇袭〔襲〕 qíxí, 突袭 tūxí ~**tasche** *f* 手提包 shǒutíbāo ~**tuch** *n* 毛巾 máojīn, 手巾 shǒujīn ~**voll** *f* 1) 一把 yìbǎ; 2) 一小撮 yìxiǎocuō, 少数〔數〕 shǎoshù ~**wagen** *m* 手推车〔車〕 shǒutuīchē, 小车 xiǎochē ~**werk** *n* 1) 手工业〔業〕 shǒugōngyè; 2) 手艺〔藝〕 shǒuyì; 3) 手工业行会〔會〕 shǒugōngyè hánghuì ~**werker** *m* 手工业者 shǒugōngyèzhě ~**werkszeug** *n* 手工艺工具 shǒugōngyì gōngjù ~**zeichen** *n* 1) (刻、烙在物件上的) 财产〔產〕标〔標〕志〔誌〕 cáichǎn biāozhì; 2) 手势〔勢〕 shǒushì; 3)(文盲的) 画〔畫〕押 huàyā; 4) 举〔舉〕手(表示赞同) jǔshǒu ~**zeichnung** *f* 图〔圖〕画〔畫〕 túhuà, 徒手画 túshǒu huà
Hanf *m* -(e)s; 大麻〔蔴〕 dàmá
Hang *m* -(e)s; ⸚e 1) 斜面 xiémiàn, 坡 pō; 2) 爱〔愛〕好 àihào; 癖好 pǐhào
'**Hänge|boden** *m* 阁楼〔樓〕 gélóu ~**brücke** *f* 吊桥〔橋〕 diàoqiáo ~**lampe** *f* 吊灯〔燈〕 diàodēng ~**matte** *f* 吊床 diàochuáng
'**hängen** I* *vi* 1) 挂〔掛〕着 guàzhe, 悬〔懸〕着 xuánzhe; 2) (an *D*) 取决于〔於〕 qǔjué yú, 有赖于 yǒu lài yú; 3) (an *D*) 依恋〔戀〕 yīliàn, 留恋 liúliàn; II *vt* 1) 悬挂 xuánguà; 2) 绞死 jiǎosǐ ~**bleiben*** *vi* (*s*) 1) 挂住 guàzhù, 钩住 gōuzhù; 2) 粘住 zhānzhù, 附着 fùzhuó; 3) 停留 tíngliú, 耽搁 dānge
'**hänseln** *vt* 嘲笑 cháoxiào, 愚弄 yúnòng
'**Hansestadt** *f* (参加)汉〔漢〕萨〔薩〕(同盟的)城市 hànsā chéngshì
'**Hanswurst** *m* -es; (-e) 1) 丑角 chǒujué; 2) 小丑 xiǎochǒu, 傻〔儍〕瓜 shǎguā, 爱〔愛〕逗乐〔樂〕的人 ài dòulè de rén
'**Hantel** *f* -n 哑〔啞〕铃 yǎlíng
han'tieren *vi* 1) 干〔幹〕活 gànhuó, 忙碌 mánglù; 2) 使用 shǐyòng
'**Happen** *m* -s; 一口 yīkǒu, 一(小)块〔塊〕(食物) yīkuài
'**Harfe** *f* -n 竖〔竪〕琴 shùqín
'**Harke** *f* -n 耙 pá
'**harmlos** *adj* 1) 无〔無〕危险〔險〕的 wú wēixiǎn de, 无害的 wúhàde; 2) 和善的 héshànde, 无恶〔惡〕意的 wú èyì de
Harmo'nie *f* -n 1) 和谐 héxié, 和声〔聲〕 héshēng; 2) 协〔協〕调 xiétiáo, 一致 yīzhì
harmo'nieren *vi* 1) 和谐 héxié, 协〔協〕调 xiétiáo; 2) (mit j-m) 和睦相处〔處〕 hémù xiāngchǔ
Harmo'nika *f* -s (..ken) 1) 口琴 kǒuqín; 2) (客车的) 折〔摺〕棚 zhépéng
harmo'nisch *adj* 1) 和声〔聲〕的 héshēngde; 2) 和睦的 hémùde, 和谐的 héxiéde, 一致的 yīzhìde
Harn *m* -(e)s; -e 尿 niào, 小便 xiǎobiàn ~**blase** *f* 膀胱 pángguāng
'**harnen** *vi* 排尿 páiniào, 小便 xiǎobiàn
'**Harnisch** *m* -es; -e 铠〔鎧〕甲 kǎijiǎ, 胸甲 xiōngjiǎ; in ~ geraten 勃然大怒 bórán dànù
'**Harnröhre** *f* 尿道 niàodào
Har'pune *f* -n (捕鲸用的)大鱼〔魚〕叉 dà yúchā, 镖枪〔槍〕 biāoqiāng
harpu'nieren *vt* 用镖枪〔槍〕捕(鱼) yòng biāoqiāng bǔ, 用大鱼〔魚〕叉叉 yòng dà yúchā chā
hart I *adj* 1) 硬的 yìngde (Brot 面包); 2) 严〔嚴〕厉〔厲〕的 yánlìde, 冷酷无〔無〕情的 lěngkù wúqíng de

(Strafe 惩罚); 3) 辛苦的 xīnkǔde, 艰〔艱〕难〔難〕的 jiānnánde (Arbeit 工作); 4) 激烈的 jīliède; 烈性的 lièxìngde (Getränke 饮料); II *adv* 贴近 tiējìn, 紧〔緊〕挨着 jǐn'āizhe

'Härte *f* -n 1) 坚〔堅〕硬 jiānyìng; 硬度 yìngdù, 强度 qiángdù; 2) 严〔嚴〕厉〔厲〕 yánlì, 严酷 yánkù; 3) 艰〔艱〕难〔難〕 jiānnán, 艰苦 jiānkǔ; 4) 激烈 jīliè, 尖锐性 jiānruìxìng

'härten *vt* 1) 使坚〔堅〕硬 shǐ jiānyìng, 锻炼 duànliàn; 2) 淬火 cuìhuǒ

'Hart|geld *n* 硬币〔幣〕 yìngbì **~gummi** *m* 硬质〔質〕胶〔膠〕 yìngzhìjiāo, 硬橡皮 yìngxiàngpí

'hart|herzig *adj* 冷酷的 lěngkùde, 铁〔鐵〕石心肠〔腸〕 tiě shí xīncháng **~köpfig** *adj* 顽固的 wángùde, 固执〔執〕的 gùzhíde, 倔强的 juéjiàngde **~näckig** *adj* 顽强的 wánqiángde, 固执的 gùzhíde

Harz *n* -es; -e 1) 树〔樹〕脂 shùzhī; 2) 松香 sōngxiāng, 松脂 sōngzhī

'harzig *adj* 树〔樹〕脂的 shùzhīde, 含树脂的 hán shùzhī de

Ha'sardspiel *n* 1) (用色子等)赌博 dǔbó; 2) 冒险〔險〕 màoxiǎn

'haschen I *vt* 1) 捕捉 bǔzhuō; 2) 捉迷藏 zhuōmícáng; II *vi* 1) 抓 zhuā (nach); 2) 追逐 zhuīzhú, 追求 zhuīqiú

'Hase *m* -n; -n 1) 兔 tù; ein alter ~ 一位老手(有经验的人) yīwèi lǎoshǒu; 2) 胆〔膽〕小鬼 dǎnxiǎoguǐ

'Hasen|braten *m* 烤兔肉 kǎo tùròu **~fuß** *n* 胆〔膽〕小鬼 dǎnxiǎoguǐ **~panier** *n* das ~ ergreifen 仓〔倉〕皇逃走 cānghuáng táozǒu **~scharte** *f* 兔唇 tùchún, 豁嘴 huōzuǐ

Haß *m* Hasses; 仇恨 chóuhèn, 憎恨 zēnghèn

'hassen *vt* 仇恨 chóuhèn, 憎恨 zēnghèn, 厌〔厭〕恶〔惡〕 yànwù

'häßlich *adj* 1) 丑〔醜〕的 chǒude, 难〔難〕看的 nánkànde; 2) 恶〔惡〕劣的 èliède, 讨厌的 tǎoyànde

Hast *f* 匆忙 cōngmáng, 急忙 jímáng; in wilder ~ 非常匆忙,火急,火速

'hasten *vi* (*s*) 赶〔趕〕紧〔緊〕 gǎnjǐn, 急忙 jímáng

'hastig *adj* 匆忙的 cōngmángde, 仓〔倉〕促的 cāngcùde

'hätscheln *vt* 1) 抚〔撫〕摩 fǔmó, 抚爱〔愛〕 fǔ'ài; 2) 溺爱 nì'ài; 偏爱 piān'ài

'Haube *f* -n 1) 头〔頭〕巾 tóujīn, 女帽 nǚmào; 2) 罩 zhào, 盖〔蓋〕 gài; 3) 咖啡加热〔熱〕器 kāfēi jiārèqì; 头发〔髮〕干〔乾〕燥器 tóufà gānzàoqì

Hau'bitze *f* -n 榴弹〔彈〕炮 liúdànpào

Hauch *m* -(e)s; -e 1) 气〔氣〕 qì, 气息 qìxī; 2) 微风〔風〕 wēifēng; 3) 淡香味 dàn xiāngwèi; 4) 薄雾〔霧〕 báowù; 薄层〔層〕 báocéng; 5) 一点〔點〕儿〔兒〕 yīdiǎnr, 一丝〔絲〕儿 yīsīr

'hauchen I *vi* 1) 吐气〔氣〕 tǔqì, 呵气 hēqì; 2) 耳语 ěryǔ, 低语 dīyǔ; II *vt* 1) 呵气 hēqì; 2)发〔發〕送气音 fāsòng qìyīn

'Haue *f* -n 1) 鹤嘴锄 hèzuǐchú, 镐 gǎo; 2) 殴〔毆〕打 ōudǎ

'hauen* I *vt* 1) 打 dǎ, 揍 zòu; 2) 投掷〔擲〕 tóuzhì, 扔 rēng; 3) 砍 kǎn, 割 gē, 凿〔鑿〕 záo, 劈 pī, 剁 duò; II *vi* 1) 打 dǎ, 撞击〔擊〕 zhuàngjī; 2) (用武器) 打 dǎ, 砍 kǎn, 刺 cì (auf j-n 某人)

'Haufen *m* -s; - 1) 一堆 yīduī, 一群 yīqún; 2) 大量 dàliàng

'häufen *vt* 1) 堆起 duīqǐ; 2) 收藏 shōucáng, 积〔積〕累 jīlěi; 3) sich ~ 累积 lěijī, 增加 zēngjiā

'häufig *adj* 经〔經〕常的 jīngchángde, 常见〔見〕的 chángjiànde, 频繁的 pínfánde

'Häufigkeit *f* 1) 出现的次数〔數〕 chūxiànde cìshù, 经〔經〕常性 jīngchángxìng; 2) 频繁 pínfán, 频率 pínlǜ

'Häufung *f* -en 1) 堆积〔積〕 duījī, 聚积 jùjī; 堆积物 duījīwù; 2) 大堆 dàduī, 大量 dàliàng; 3) 频繁发〔發〕生 pínfán fāshēng

'Haupt *n* -(e)s; ⸚er 1) 头〔頭〕 tóu, 首 shǒu; 2) 首脑〔腦〕 shǒunǎo, 首领 shǒulǐng; 3) (山等的) 顶端 dǐngduān **~anschluß** *m* (电话) 总〔總〕机〔機〕 zǒngjī, 主机 zhǔjī **~bahnhof** *m* 火车〔車〕总〔總〕站 huǒchē zǒngzhàn **~beruf** *m* 主要(固定)职〔職〕业〔業〕 zhǔyào zhíyè **~buch** *n* 总〔總〕帐 zǒngzhàng, 总分类〔類〕帐〔帳〕 zǒng fēnlèizhàng **~darsteller** *m* 主要演员 zhǔyào yǎnyuán, 主角 zhǔjué **~fach** *n* 主要学〔學〕科 zhǔyào xuékē, 主科 zhǔkē **~film** *m* 正片 zhèngpiàn **~gericht** *n* 主菜 zhǔcài **~geschäftszeit** *f* 营〔營〕业〔業〕高峰时〔時〕间 yíngyè gāofēng shíjiān **~gewinn** *m* (彩票等的) 头〔頭〕奖〔獎〕 tóujiǎng, 头彩 tócǎi **~grund** *m* 主要理由 zhǔyào lǐyóu **~handelsartikel** *m* 主要产〔產〕品 zhǔyào chǎnpǐn, 名产 míngchǎn

'Häuptling *m* -s; -e 1) 酋长〔長〕 qiúzhǎng; 2) (一伙歹徒等的) 头

〔頭〕头 tóutou, 头目 tóumù

'**Haupt|linie** *f* 主线〔綫〕 zhǔxiàn, 干〔幹〕线 gànxiàn **～mann** *m* -(e)s; ..lente 上尉 shàngwèi **～-merkmal** *n* 主要特征〔徵〕zhǔyào tèzhēng **～postamt** *n* 邮〔郵〕政总〔總〕局 yóuzhèng zǒngjú **～quartier** *n* 司令部 sīlìngbù, 大本营〔營〕 dàběnyíng, 总〔總〕部 zǒngbù **～rolle** *f* 主角 zhǔjué, 中心人物 zhōngxīn rénwù **～sache** *f* 主要的事 zhǔyàode shì, 最重要的事 zuì zhòngyào de shì

'**hauptsächlich** I *adj* 主要的 zhǔyàode, 根本的 gēnběnde; II *adv* 特别 tèbié 首先 shǒuxiān

'**Haupt|satz** *m* (语法)主句 zhǔjù **～stadt** *f* 首都 shǒudū, 首府 shǒufǔ **～straße** *f* 主要街道 zhǔyào jiēdào, 最繁华〔華〕的街道 zuì fánhuá de jiēdào **～treffer** *m* 见 Hauptgewinn **～verkehrsstraße** *f* 交通要道 jiāotōng yàodào **～-** **～verkehrszeit** *f* 交通高峰时〔時〕间 jiāotōng gāofēng shíjiān **～wort** *n* 名词 míngcí

'**Haus** *n* -es; ⸚er 1) 房屋 fángwū, 住房 zhùfáng; 2) (某些专用)建筑〔築〕物 jiànzhùwù; 3) 家 jiā, 家庭 jiātíng; 家务〔務〕 jiāwù; nach ～e kommen 回家; zu ～e 在家里; 4) 公司 gōngsī, 商号〔號〕 shānghào; 5) 国〔國〕会〔會〕 guóhuì, 议〔議〕院 yìyuàn **～angestellte** *f* 女仆〔僕〕nǚpú,女佣〔傭〕人nǚ yōngrén **～apotheke** *f* 家用药〔藥〕箱 jiāyòng yàoxiāng **～arbeit** *f* 1) 家务〔務〕活 jiāwùhuó; 2) (学生)家庭作业〔業〕 jiātíng zuòyè **～arrest** *m* (不许出家门的) 软禁 ruǎnjìn **～arzt** *m* 家庭医〔醫〕生 jiātíng yīshēng **～aufgabe** *f* (学生) 家庭作业 jiātíng zuòyè **～besitzer** *m* 房主 fángzhǔ, 房东〔東〕 fángdōng **～diener** *m* 勤杂〔雜〕工 qínzágōng

'**hausen** *vi* 1) 栖〔棲〕身 qīshēn, 安身 ānshēn; 2) 糟蹋 zāotà, 破坏〔壞〕 pòhuài

'**Haus|flur** *m* 1) 门〔門〕厅〔廳〕 méntīng, 前廊 qiánláng; 2) 过道 guòdào, 走廊 zǒuláng **～frau** *f* 1) 家庭妇〔婦〕女 jiātíng fùnǚ; 2) 女主人 nǚ zhǔrén; 女房东〔東〕 nǚ fángdōng **～halt** *m* 1)家务〔務〕jiāwù, 家政 jiāzhèng; 2) 家庭全体〔體〕成员 jiātíng quántǐ chéngyuán; 3) 财政 cáizhèng, 预算 yùsuàn

'**haushalten*** *vi* 1) 操持家务〔務〕 cāochí jiāwù; 2) 节〔節〕省 jiéshěng, 精打细算 jīngdǎ xìsuàn (mit *D*)

'**Haus|hälterin** *f* 女管家 nǚ guǎnjiā **～halt(s)plan** *m* (财政年度) 预算(案) yùxuàn **～haltung** *f* 1) 操持 (料理) 家务〔務〕 cāochí jiāwù; 2) 家务 jiāwù, 家政 jiāzhèng **～haltwaren** *pl* 家用物品 jiāyòng wù pǐn **～herr** *m* 1) 家长〔長〕 jiāzhǎng; 主人 zhǔrén; 2) 房东〔東〕 fángdōng

hau'sieren *vi* 挨户兜售 āihù dōushòu, 沿街叫卖〔賣〕 yánjiē jiàomài; mit etw. ～ gehen 挨户兜售…

Hau'sierer *m* -s; - 兜售商 dōushòushāng, (沿街叫卖的)小贩 xiǎofàn

'**Haus|kleid** *n* (家里穿的) 女便服 nǚ biànfú **～lehrer** *m* 家庭教师〔師〕 jiātíng jiàoshī

'**häuslich** *adj* 1) 家里〔裏〕的 jiālǐde, 家庭的 jiātíngde; 2) 深居简出的 shēnjū jiǎnchū de, 喜欢〔歡〕呆在家里的 xǐhuan dāi zài jiālǐ de; 3) 节〔節〕约的 jiéyuēde, 节俭〔儉〕的 jiéjiǎnde; 会〔會〕当〔當〕(持)家的 huì dāngjiā de

'**Haus|mädchen** *n* 女佣〔傭〕nǚyōng **～mannskost** *f* 普通饭食 pǔtóng fànshí, 家常便饭 jiācháng biànfàn **～meister** *m* 住房勤杂〔雜〕工 zhùfáng qínzágōng; 看门〔門〕人 kānménrén, 门房 ménfáng **～mittel** *n* 家庭常备〔備〕药〔藥〕品 jiātíng chángbèi yàopǐn **～ordnung** *f* 住房注意事项 zhùfáng zhùyì shìxiàng **～rat** *m* 家用器具 jiāyòng qìjù **～schuh** *m* (室内穿的)便鞋 biànxié

Hauss|e ['hois(ə)] *f* -n 1) 经〔經〕济〔濟〕繁荣〔榮〕 jīngjì fánróng, 景气〔氣〕 jǐngqì; 2) 行情上升 hángqíng shàngshēng **～ier** [hos'je:] *m* -s; -s 买〔買〕空投机〔機〕者 mǎikōng tóujī zhě

'**Haus|stand** *m* 家室 jiāshì, 家庭 jiātíng; einen ～ gründen 建立家庭 **～suchung** *f* 住宅搜查 zhùzhái sōuchá, 抄家 chāojiā **～tier** *n* 家畜 jiāchù **～tür** *f* 住房大门〔門〕 zhùfáng dàmén **～verwalter** *m* 房产〔產〕管家 fángchǎn guǎnjia **～wirt** *m* 房东〔東〕 fángdōng, 房主 fángzhǔ **～zins** *m* 房租 fángzū

'**Haut** *f* ⸚e 1) 皮 pí, 皮肤〔膚〕pífū; bis auf die ～ durchnäßt 全身湿〔濕〕透 quánshēn shītòu; aus der ～ fahren 极〔極〕不耐烦 jí bù nàifán; 发〔發〕怒 fānù; 2) 兽〔獸〕皮 shòupí, 毛皮 máopí; 3) (液体等表面的)膜 mó, 薄层〔層〕 bócéng; 4) 人 rén; eine ehrliche ～ 一个诚实的人,一个老实人 **～abschürfung** *f* 表皮擦伤〔傷〕 biǎopí cāshāng ~**arzt** *m* 皮肤科医〔醫〕生 pífūkē yīshēng ~**ausschlag** *m* 疹 zhěn, 皮疹 pízhěn

'**hauteng** *adj* 紧〔緊〕身的 jǐnshēnde

'**Haut|farbe** *f* 肤〔膚〕色 fūsè ~**krankheit** *f* 皮肤病 pífūbìng ~**pflege** *f* 皮肤保养〔養〕pífū bǎoyǎng

Hava'rie [..v..] *f* -n 海损 hǎisǔn

'**H-Bombe** *f* 氢〔氫〕弹〔彈〕qīngdàn

'**Hebamme** *f* -n 助产〔產〕士 zhùchǎnshì

'**Hebe|baum** *m* (起重机的)杠〔槓〕杆〔桿〕gànggǎn; 起重杆 qǐzhònggǎn ~**bühne** *f* (修理汽车的) 升降台〔臺〕shēngjiàngtái; 起重机〔機〕平台 qǐzhòngjī píngtái

'**Hebel** *m* -s; - 操纵〔縱〕杆〔桿〕cāozònggǎn; 杠〔槓〕杆 gànggǎn ~**arm** *m* 杠杆〔桿〕臂 gànggǎnbì

'**heben*** I *vt* 1) 举〔舉〕起 jǔqǐ, 抬〔擡〕起 táiqǐ; 2) 提高 tígāo (Niveau 水平); 3) 发〔發〕掘 fājué, 采〔採〕掘 cǎijué (Schätze 宝藏); 打捞〔撈〕dǎlāo (Schiff 船); II *v sich* 1) 升〔昇〕高 shēnggāo, 上升 shàngshēng; 2) 改善 gǎishàn, 提高 tígāo; 3) 耸〔聳〕立 sǒnglì

Hecht *m* -(e)s; -e 1) 狗鱼〔魚〕gǒuyú, 梭子鱼 suōziyú; 2) 活泼〔潑〕的小伙子 huópode xiǎohuǒzi; 3) (吸烟者吐出的)浓〔濃〕烟 nóngyān

Heck *n* -(e)s; -e 1) 船尾(部) chuánwěi; 2) 汽车〔車〕尾部 qìchē wěibù; 3) 飞〔飛〕机〔機〕尾部 fēijī wěibù

'**Hecke** *f* -n 1)树〔樹〕篱〔籬〕shùlí; 2) 灌木丛〔叢〕guànmùcóng; 3) 一窝〔窩〕幼鸟〔鳥〕yīwō yòuniǎo; 4) 孵化期 fūhuàqī

'**hecken** *vt, vi* 1) 孵化 fūhuà, 产〔產〕仔 chǎnzǐ; 2) (钱等)激增 jīzēng

'**Heckenrose** *f* 犬蔷〔薔〕薇 quǎnqiángwēi

'**heda** *intj* (招呼声)嗨 hāi, 喂 wèi

'**Heer** *n* -(e)s; -e 1) 军队〔隊〕jūnduì, 陆〔陸〕军 lùjūn; 2) 一大群 yīdàqún, 众〔衆〕多 zhòngduō ~**esdienst** *m* (陆军) 兵役 bīngyì; 服役 fúyì ~**führer** *m* 司令官 sīlìngguān, 统帅〔帥〕tǒngshuài ~**schau** *f* (军队的) 检〔檢〕阅 jiǎnyuè

'**Hefe** *f* -n 1) 酵母 jiàomǔ, 曲〔麯〕qū; 2) 渣滓 zhāzǐ, 败类〔類〕bàilèi

Heft *n* -(e)s; -e 1) 练〔練〕习〔習〕本 liànxíběn; 2)(出版物的)册 cè, 期 qī, 号〔號〕hào; 3) 小册子 xiǎocèzi; 4) 柄 bǐng, 把手 bǎshǒu; 5) 权〔權〕quán, 权柄 quánbǐng

'**heften** *vt* 1) 缝上 féngshàng; 2) 装〔裝〕订 zhuāngdìng; 3) 粘牢 zhānláo; 4) (用针) 别住 biézhù, 钉住 dìngzhù

'**Heftfaden** *m* 缝衣线〔綫〕féngyīxiàn

heftig *adj* 1) 强烈的 qiángliède, 猛烈的 měngliède, 激烈的 jīliède; 2) 愤怒的 fènnùde, 暴躁的 bàozàode

'**Heftigkeit** *f* -en 1) 强烈 qiángliè, 猛烈 měngliè, 激烈 jīliè; 2) 愤怒 fènnù, 暴躁 bàozào

'**Heft|klammer** *f* 回形针 huíxíngzhēn ~**pflaster** *n* 医〔醫〕用胶〔膠〕布 yīyòng jiāobù

'**hegen** *vt* 1) 保护〔護〕bǎohù, 爱〔愛〕护 àihù; 2) 怀〔懷〕有 huáiyǒu, 抱有 bàoyǒu (Hoffnung 希望); 3) 感到 gǎndào (Abneigung 厌恶)

'**Hehler** *m* -s; - 窝〔窩〕藏者 wōcángzhě, 同谋 tóngmóu ~**ei** [..'raɪ] *f* -en 窝〔窩〕藏 wōcáng, 窝赃〔贜〕wōzāng

'**Heide** I *m* -n; -n (不信仰基督教、犹太教或伊斯兰教的) 异〔異〕教徒 yìjiàotú; II *f* -n 1) 荒原 huāngyuán, 原野 yuányě; 2) 石南属〔屬〕植物 shínánshǔ zhíwù ~**kraut** *n* 1) 石南属〔屬〕植物 shínánshǔ zhíwù; 2) 杜鹃花科 dùjuānhuākē

'**Heiden|geld** *n* 巨款 jùkuǎn ~**lärm** *m* 喧嚣 xuānxiāo, 喧闹〔鬧〕xuānnào ~**spaß** *m* 非常有趣 fēicháng yǒuqù ~**tum** *n* -s; 异〔異〕教 yìjiào; 异教徒的信仰 yìjiàotú de xìnyǎng

'**heikel** *adj* 1) 困难〔難〕的 kùnnande, 棘手的 jíshǒude; 2) (饮食)挑剔的 tiāotide, 难侍候的 nán shìhòu de

heil *adj* 1) 健康的 jiànkāngde, 治好的 zhìhǎode; 2) 未受损伤〔傷〕的 wèi shòu sǔnshāng de; 3) 完好的 wánhǎode

Heil *n* -(e)s; 幸福 xìngfú, 安康 ānkāng; sein ~ versuchen 碰碰自己的运〔運〕气〔氣〕pèngpèng zìjǐde yùnqi; Schi ~! 祝您平安! (滑雪者祝贺语)

'**Heiland** *n* -(e)s; -e 1) 救世主 jiùshìzhǔ, 救星 jiùxīng; 2) 耶稣基督 yēsū jīdū

'**Heil|anstalt** *f* 疗〔療〕养〔養〕院 liáoyǎngyuàn ~**bad** *n* 矿〔礦〕泉浴场〔場〕kuàngquán yùchǎng, 矿泉疗〔療〕养〔養〕地 kuàngquán liáoyǎngdì

'**heilbar** *adj* 可治愈的 kě zhìyù de, 能医〔醫〕好的 néng yīhǎo de

'**heilen** I *vt* 1) 治愈 zhìyù, 治好

zhǐhǎo; 2) 使摆〔擺〕脱 shǐ bǎituō, 消除 xiāochú; II *vi* (*s*) 痊愈 quányù, 康复〔復〕kāngfù

'**heilig** *adj* 1) 神圣〔聖〕的 shénshèngde, 圣洁〔潔〕的 shèngjiéde; Heiliger Abend 圣诞前夕 shèngdàn qiánxī; 2) 虔诚的 qiánchéngde, 笃信上帝的 dǔxìn shàngdì de; 3) 庄〔莊〕严〔嚴〕的 zhuāngyánde, 令人敬仰的 lìng rén jìngyǎng de; 神圣不可侵犯的 shénshèng bùkě qīnfàn de

'**heiligen** *vt* 1) 使神圣〔聖〕化 shǐ shénshèng huà, 把…奉若神明 bǎ … fèng ruò shénmíng; 2) 尊崇 zūnchóng, 崇敬 chóngjìng; 3) 辩护〔護〕biànhù

'**Heiligkeit** *f* 1) 神圣〔聖〕shénshèng, 圣洁〔潔〕shèngjié; 虔诚(的生活) qiánchéng; 2) 神圣不可侵犯 shénshèng bù kě qīnfàn

'**heiligsprechen*** *vt* 宣告(死者)为〔爲〕圣〔聖〕徒 xuāngào wéi shèngtú

'**Heilig|sprechung** *f* -en (由教皇)敕封圣〔聖〕徒称〔稱〕号〔號〕chìfēng shèngtú chēnghào ~**tum** *n* -(e)s; ¨er 1) 圣〔聖〕地 shèngdì, 圣迹〔跡〕shèngjì; 2) 圣物 shèngwù

'**Heil|kraft** *f* (医)疗〔療〕效 liáoxiào, 功效 gōngxiào ~**kraut** *f* 草药〔藥〕cǎoyào ~**kunde** *f* 医〔醫〕学〔學〕yīxué ~**mittel** *n* 1) 药(物) yào; 2) 医疗手段 yīliáo shǒuduàn ~**praktiker** *m* 行医者 xíngyīzhě ~**quelle** *f* 矿〔礦〕泉 kuàngquán

'**heilsam** *adj* 1) 有疗〔療〕效的 yǒu liáoxiào de; 2) 有益的 yǒuyìde

'**Heilsarmee** *f* 救世军 jiùshìjūn

'**Heil|ung** *f* -en 1) 医〔醫〕疗〔療〕yīliáo, 治疗 zhìliáo; 2) 痊愈 quányù, 治愈 zhìyù ~**verfahren** *n* 疗法 liáofǎ, 疗程 liáochéng

heim *adv* 回家 huíjiā

Heim *n* -(e)s; -e 1) 家 jiā, 住宅 zhùzhái; 2) 疗〔療〕养〔養〕院 liáoyǎngyuàn, 休养所 xiūyǎngsuǒ, 养育院 yǎngyùyuàn

'**Heimat** *f* -en 1) 家乡〔鄉〕jiāxiāng, 祖国〔國〕zǔguó; 2) 产〔產〕地 chǎndì ~**land** *n* 家乡 jiāxiāng; 祖国 zǔguó

'**heimat|lich** *adj* 家乡〔鄉〕的 jiāxiāngde, 祖国〔國〕的 zǔguóde ~**los** *adj* 1) 无〔無〕家可归〔歸〕的 wújiā kěguī de; 2) 无国籍的 wúguójíde; 被逐出祖国的 bèi zhúchū zǔguó de

'**Heimat|ort** *m* 家乡〔鄉〕jiāxiāng, 老家 lǎojiā ~**vertriebene** *m* 被逐出祖国〔國〕的人 bèi zhúchū zǔguó de rén, 难〔難〕民 nànmín

'**Heimchen** *n* -s; - 家蟋蟀 jiāxīshuài

'**heimisch** *adj* 1) 家乡〔鄉〕的 jiāxiāngde, 本国〔國〕的 běnguóde, 国内的 guónèide; sich ~ fühlen 感到像在家里一样; 2) 本地生长〔長〕的 běndì shēngzhǎng de, 本国生长的 běnguó shēngzhǎng de; 3) 习〔習〕惯的 xíguànde, 熟悉的 shúxīde

'**Heimkehr** *f* 回家 huíjiā; 回国〔國〕huíguó

'**heimkehren** *vi* (*s*) 回家 huíjiā; 回国〔國〕huíguó ~**kommen*** *vi* (*s*) 回家 huíjiā, 回家乡〔鄉〕huí jiāxiāng

'**heimlich** *adj* 秘密的 mìmìde, 隐〔隱〕蔽的 yǐnbìde, 暗藏的 àncángde

'**Heimreise** *f* 回乡〔鄉〕huíxiāng, 启〔啓〕程回乡 qǐchéng huíxiāng

'**heimsuchen** *vt* 1) 侵袭〔襲〕qīnxí, 使遭受 shǐ zāoshòu; 2) 拜访 bàifǎng, 看望 kànwàng

'**Heimtücke** *f* -n 阴〔陰〕险〔險〕yīnxiǎn, 奸诈 jiānzhà

'**heim|tückisch** *adj* 1) 阴〔陰〕险〔險〕的 yīnxiǎnde, 狠毒的 hěndúde, 残〔殘〕忍的 cánrěnde; 2) 恶〔惡〕性的 èxìngde, 潜伏的 qiánfúde ~**wärts** *adv* 回家去 huíjiāqù, 往家里〔裏〕去 wǎng jiālǐ qù

'**Heim|weg** *m* 回家的路 huíjiāde lù, 归〔歸〕途 guītú ~**weh** *n* 乡〔鄉〕思 xiāngsī, 怀〔懷〕乡 huáixiāng, 想家 xiǎngjiā; ~ nach j-m/etw. 怀念… huáiniàn …

'**Heirat** *f* -en 结婚 jiéhūn

'**heiraten** *vt, vi* 结婚 jiéhūn; 嫁 jià, 娶 qǔ

'**Heirats|antrag** *m* (男方向女方)求婚 qiúhūn ~**schwindler** *m* 婚姻骗子 hūnyīn piànzi ~**vermittlung** *f* 1) 做媒 zuòméi, 婚姻介绍 hūnyīn jièshào; 2) 婚姻介绍所 hūnyīn jièshàosuǒ

'**heiser** *adj* 嘶哑〔啞〕的 sīyǎde, 沙哑的 shāyǎde

'**Heiserkeit** *f* 嘶哑〔啞〕sīyǎ, 沙哑 shāyǎ

heiß *adj* 1) 热〔熱〕的 rède; mir ist ~ 我觉得热; 2) 激烈的 jīliède, 猛烈的 měngliède; 3) 热烈的 rèliède, 热切的 rèqiède (Wunsch 愿望)

'**heißen*** I *vt* 1) 称〔稱〕为〔爲〕chēngwéi, 叫作 jiàozuò; j-n einen Lügner ~ 称某人为说谎者; willkommen ~ 欢〔歡〕迎 huānyíng; 2) 吩咐 fēnfu, 命令 mìnglìng; II *vi* 1) 名叫 míngjiào; wie

~ Sie? 您贵姓? 2) 意指 yìzhǐ, 意谓 yìwèi; das heißt 意即 yìjí, 也就是说 yě jiùshì shuō; es heißt 据〔據〕说 jùshuō; was heißt das auf chinesisch? 这在汉语里怎样讲?

'heiter *adj* 1) 明朗的 mínglǎngde, 晴朗的 qínglǎngde (Wetter 天气); das kam (wie ein Blitz) aus ~em Himmel 这犹如晴天霹雳; 2) 愉快的 yúkuàide, 快活的 kuàihuóde; das kann ja ~ werden! 好看的还在后头呢!

'heizen I *vt* 1) 使热〔熱〕shǐ rè, 给供暖 gěi gōngnuǎn; 2) 给生火 gěi shēnghuǒ (Ofen 炉子); II *vi* 供暖 gòngnuǎn, 烧〔燒〕暖 shāonuǎn; mit Kohlen ~ 烧煤供暖

'Heiz|er *m* -s; - 伙夫 huǒfū, 司炉〔爐〕sīlú **~kissen** *n* 电〔電〕气〔氣〕暖枕 diànqì nuǎnzhěn, 电气暖垫〔墊〕diànqì nuǎndiàn **~körper** *m* 1) 散热〔熱〕体〔體〕sànrètǐ, 暖气〔氣〕片 nuǎnqìpiàn; 2) 取暖炉〔爐〕qǔnuǎnlú **~material** *n* 燃料 ránliào **~ung** *f* -en 1) 加热〔熱〕jiārè, 生火 shēnghuǒ; 供暖 gōngnuǎn; 2) 暖气〔氣〕设备〔備〕nuǎnqì shèbèi

Held *m* -en; -en 1) 英雄 yīngxióng; 2) 主角 zhǔjué, 主人公 zhǔrégōng

'heldenhaft *adj* 英雄的 yīngxióngde, 英勇的 yīngyǒngde

'Heldenmut *m* 英雄气〔氣〕概 yīngxióng qìgài

'heldenmütig *adj* 英雄的 yīngxióngde, 英勇的 yīngyǒngde

'Helden|tat *f* 英雄事迹〔跡〕yīngxióng shìjī, 英雄行为〔爲〕yīngxióng xíngwéi **~tod** *m* 英勇战〔戰〕死 yīngyǒng zhànsǐ, 战死沙场〔場〕zhànsǐ shāchǎng **~tum** *n* -(e)s; 英勇 yīngyǒng, 英雄行为〔爲〕yīngxióng xíngwéi, 英雄气〔氣〕概 yīngxióng qìgài

'helfen* *vi* 1) 帮〔幫〕助 bāngzhù (j-m 某人); 2) 有效 yǒuxiào, 有益 yǒuyì, 有助于〔於〕yǒu zhù yú; sich nicht zu ~ wissen 没有办〔辦〕法 méiyǒu bànfǎ

'Helfer *m* -s; - 助手 zhùshǒu, 帮〔幫〕手 bāngshǒu **~shelfer** *m* 帮〔幫〕凶〔兇〕bāngxiōng, 从〔從〕犯 cóngfàn

hell *adj* 1) 明亮的 míngliàngde, 光亮的 guāngliàngde; am ~en Tage 在大白天 zài dà báitiān; 2) 浅〔淺〕色的 qiǎnsède, 淡色的 dànsède; 3) 清醒的 qīngxǐngde, 敏锐的 mǐnruìde, 聪〔聰〕明的 cōngmingde; 4) 响〔響〕亮的 xiǎngliàngde, 爽朗的 shuǎnglǎngde; 5) 大量的 dàliàngde; 巨大的 jùdàde, 非常的 fēichángde, 强烈的 qiángliède **'~blau** *adj* 淡蓝〔藍〕色的 dàn lánsède **'~blond** *adj* 淡黄色的 dànhuángsède **'~hörig** *adj* 1) 耳聪〔聰〕的 ěrcōngde; 2) 不隔音的 bù géyīnde; 3) 反应〔應〕灵〔靈〕敏的 fǎnyìng língmǐn de, 一听〔聽〕就明白的 yītīng jiù míngbai de

'Hellseher *m* 慧眼者 huìyǎnzhě, 千里眼 qiānlǐyǎn

Helm *m* -(e)s; -e 1) 头〔頭〕盔 tóukuī, 钢〔鋼〕盔 gāngkuī; 2) 安全帽 ānquánmào, 防护〔護〕帽 fánghùmào; 3) 穹形屋顶 qióngxíng wūdǐng; 4) 烟〔煙〕囱顶冠 yāncōng dǐngguān

Hemd *n* -(e)s; -en 汗衫 hànshān, 衬〔襯〕衫 chènshān **~bluse** *f* 女式衬〔襯〕衫 nǚshì chènshān

Hemi'sphäre *f* -n 半球 bànqiú

'hemmen *vt* 1) 阻碍〔礙〕zǔ'ài, 妨碍 fáng'ài; 2) 制止 zhìzhǐ, 挡〔擋〕住 dǎngzhù, 延缓 yánhuǎn; gehemmt sein 感到拘束 gǎndào jūshù

'Hemm|nis *n* -ses; -se 阻碍〔礙〕zǔ'ài, 妨碍 fáng'ài, 障碍 zhàng'ài **~schuh** *m* 1) 制动〔動〕器 zhìdòngqì, 制动铁〔鐵〕鞋 zhìdòng tiěxié; (火车) 制动切履 zhìdòng rènjī; 2) 障碍 zhàng'ài **~ung** *f* -en 1) 阻碍 zǔ'ài, 障碍 zhàng'ài; 2) 抑制 yìzhì, 克制 kèzhì; 拘谨 jūjǐn; 3) (钟表的) 摆〔擺〕轮〔輪〕bǎilún

Hengst *m* -es; -e 牡马〔馬〕mǔmǎ; 牡骆驼 mǔ luòtuo; 牡驴〔驢〕mǔlǘ

'Henkel *m* -s; - 柄 bǐng, 把手 bǎshǒu, (锅等的)耳 ěi

'Henker *m* -s; - 刽〔劊〕子手 guìzishǒu; zum ~! 滚你的吧! 见鬼去吧!

'Henne *f* -n 1) 母鸡〔鷄〕mǔjī; 2) 雌禽 cíqín

her *adv* 1) 到这〔這〕里〔裏〕来〔來〕dào zhèlǐ lái; ~ damit! 拿来! 2)从〔從〕…时〔時〕起 cóng … shíqǐ, 至今 zhìjīn; es ist schon ein Jahr ~, daß … …(这事)至今已经有一年了; wie lange ist es, seit …~自…以来,这有多久; 3) hinter … (*D*) ~ sein 追寻〔尋〕zhuīxún …

'herab *adv* 下来〔來〕xiàlái, 往下 wǎngxià; von oben ~ 傲慢地 àomànde **~lassen*** *vt* 降下 jiàngxià, 放下 fàngxià, 使落下 shǐ luòxià; sich ~ 屈尊 qūzūn, 俯就 fǔjiù **~lassend** *adj* 屈尊俯就的 qūzūn fǔjiù de, 恩宠〔寵〕的 ēnchǒngde

~**setzen** *vt* 1) 降低 jiàngdī, 削减 xuējiǎn (Preis 价格); 2) 贬低 biǎndī, 轻[輕]视 qīngshì ~**steigen*** *vi* (*s*) 下来[來] ~**würdigen** *vt* 1) 侮辱 wǔrǔ, 贬低 biǎndī; 2) sich ~ 屈尊 qūzūn, 迁[遷]就 qiānjiù (zu *D*)

her'an *adv* 靠近 kàojìn, 走近 zǒujìn, 走过[過]来[來] zǒu guò lái; nur ~! 只管过来呀! ~**bilden** *vt* 培养[養] péiyǎng, 培训 péixùn, 造就 zàojiù ~**kommen*** *vi* (*s*) 1) 走过[過]来[來] zǒu guò lái, 靠近 kàojìn; 临[臨]近 línjìn; etw. an sich ~ lassen 对[對]…抱等待态[態]度 duì … bào děngdài tàidù; 2) 得到 dédào, 搞到 gǎodào (an *A*) ~**wachsen*** *vi* (*s*) 成长[長] chéngzhǎng, 长大 zhǎngdà

her'auf *adv* 上来[來] shànglái, 向上 xiàngshàng ~**beschwören*** *vt* 1) 唤起 huànqǐ, 使回忆[憶]起 shǐ huíyìqǐ; 2) 引起 yǐnqǐ, 招来 zhāolái (Gefahr 危险) ~**steigen*** *vi* (*s*) 1) 上来[來] shànglái, 爬上来 pá shànglái; 2) 升[昇]起 shēngqǐ ~**ziehen*** I *vt* 拉上来[來] lā shànglái, 提上来 tí shànglái; II *vi* (*s*) 来临[臨] láilín, 临近 línjìn

her'aus *adv* 出来[來] chūlái; zum Fenster ~ 向窗外 xiàng chuāng wài; ~ mit der Sprache! 把心里话都说出来吧! ~**bekommen*** *vt* 1) 取出 qǔchū, 拔出 báchū; 除去 chúqù; 2) 找回 zhǎohuí; ich bekomme noch 10 Mark heraus 还找回我 10 马克; 3) 解开[開] jiěkāi, 猜出 cāichū, 弄清楚 nòng qīngchu ~**bringen*** *vt* 1) 带[帶]出来 dài chūlái, 取(拿)出来 qǔchūlái; 2) 出版 chūbǎn, 发[發]行 fāxíng; 3) 上演 shàngyǎn; 4) 查出 cháchū, 弄清 nòngqīng; 5) 说出 shuōchū ~**finden*** *vt* 1) 找出 zhǎochū, 发[發]现 fāxiàn; 2) 查明 chámíng, 查清 cháqīng

Her'ausforderer *m* -s; - 挑战[戰]者 tiǎozhànzhě, (冠军称号的) 争夺[奪]者 zhēngduózhě

her'ausfordern *vt* 1) 挑战[戰] tiǎozhàn; 挑衅[釁] tiǎoxìn; 2) 挑起 tiǎoqǐ, 引起 yǐnqǐ

her'ausgeben* I *vt* 1) (从里向外) 拿出来[來] náchūlái, 递[遞]给 dìgěi; 2) 交还[還] jiāohuán, 退还 tuìhuán; 3) 出版 chūbǎn, 发[發]行 fāxíng; 4) 找还 zhǎohuán (零钱); II *vi* 给以回答 gěiyǐ huídá

Her'ausgeber *m* -s; - 1) 编者 biānzhě; 2) 出版者 chūbǎnzhě, 发[發]行人 fāxíngrén

her'aus|kommen* *vi* (*s*) 1) 出来[來] chūlái, 出现 chūxiàn, 暴露 bàolù; 2) 出版 chūbǎn, 发[發]行 fāxíng, 公布[佈] gōngbù; 3) (产品) 问世 wènshì, 上市 shāngshì; 4) 得出 déchū(结果) ~**nehmen*** *vt* 1) 取出 qǔchū, 拿出 náchū; 2) 切除 qiēchú, 摘除 zhāichú; 3) sich viel ~ (言行等) 很随[隨]便 hěn suíbiàn ~**putzen** *vt* 装[裝]饰 zhuāngshì, 修饰 xiūshì; sich ~ 穿上盛装 chuānshàng shèngzhuāng ~**reden** *v sich* 托故搪塞过[過]去 tuōgù tángsè guòqù, 借故开[開]脱自己 jiègù kāituō zìjǐ ~**stellen** *vt* 1) 放到外边[邊]来[來] fàngdào wàibiān lái; 陈列 chénliè, 摆[擺]出 bǎichū; 2) 突出 tūchū, 强调 qiángdiào; sich ~ 表明 biǎomíng, 证[證]实[實] zhèngshí ~**strecken** *vt* 伸出来[來] shēnchūlái ~**streichen*** *vt* 1) 删掉 shāndiào, 删除 shānchú; 2) 夸[誇]奖[獎] kuājiǎng, 表彰 biǎozhāng ~**suchen** *vt* 找出 zhǎochū, 挑出 tiāochū ~**winden*** *v sich* (千方百计地) 摆[擺]脱 bǎituō

herb *adj* 1) 酸涩[澀]的 suānsède, 涩口的 sèkǒude; 2) 严[嚴]肃[肅]的 yánsùde, 冷冰冰的 lěngbīngbīngde; 3) 辛辣的 xīnlàde, 尖刻的 jiānkède; 4) 失望的 shīwàngde, 痛苦的 tòngkǔde

her'bei *adv* 过[過]来[來] guòlái, 到这[這]儿[兒]来 dào zhèr lái; ~! 到这儿来! 来人啊! ~**eilen** *vi* (*s*) 匆匆赶[趕]来 cōngcōng gǎnlái ~**führen** *vt* 引来 yǐnlái, 招致 zhāozhì, 导[導]致 dǎozhì ~**schaffen*** *vt* 1) 搞来 gǎolái, 弄来 nònglái; 2) 提供 tígōng

'Herberge *f* -n 1) 小旅店 xiǎo lǚdiàn, 小客栈[棧] xiǎo kèzhàn; 2) 留宿 liúsù, 寄宿 jìsù

'Herbheit *f* 1) 酸涩[澀] suānsè; 2) 严[嚴]厉[厲] yánlì, 不易亲[親]近 bùyì qīnjìn; 3) 辛辣 xīnlà

Herbst *m* -(e)s; -e 秋天 qiūtiān, 秋季 qiūjì

Herd *m* -(e)s; -e 1) 灶[竈] zào, 炉[爐]灶 lúzào; 2) 发[發]生地 fāshēngdì, 策源地 cèyuándì; 3) 病灶 bìngzào

'Herde *f* -n 1) 兽[獸]群 shòuqún, 畜群 xùqún; 2) (人)一大群 yīdàqún, 一大帮[幫] yīdàbāng

her'ein *adv* 进[進]来[來] jìnlái; ~! 进来! ~**brechen*** *vi* (s) 1) (夜色) 降临[臨] jiànglín, 来临

láilín; 2) (灾难)袭〔襲〕来 xílái, 冲〔衝〕来 chōnglái (über *A*) **~fallen*** *vi* (*s*) 1) 掉入 diàorù, 落入 luòrù; 2) 上当〔當〕 shàngdàng, 受骗 shòupiàn

'herfallen* *vi* (*s*) 1) 袭〔襲〕击〔擊〕 xíjī, 攻击 gōngjī, 诽谤 fěibàng (über j-n 某人); 2) 冲〔衝〕向 chōngxiàng, 抢〔搶〕夺〔奪〕 qiǎngduó; (贪婪地)大吃起来〔來〕 dàchī qǐlái (über etw. 某东西)

'Hergang *m* (事情的)经〔經〕过〔過〕 jīngguò, 过程 guòchéng

'her|geben* *vt* 1) 交出 jiāochū, 递〔遞〕给 dìgěi; 2) 提供 tígōng; 献〔獻〕出 xiànchū, 献给 xiàngěi; sich zu etw. ~为…尽力, 投身于… **~gebracht** *adj* 传〔傳〕统的 chuántǒngde, 通常的 tōngchángde, 惯例的 guànlìde **~halten*** I *vt* 把…伸过〔過〕来〔來〕 bǎ… shēnguòlái, 把…拿过来 bǎ …náguòlái; II *vi* 1) ~ müssen für 不得不为〔爲〕…负责(或受罪) bùdébù wèi … fùzé; 2) zu/für (als) etw. ~ 充当〔當〕… chōngdāng…

'Hering *m* -s; -e 1) 鲱鱼 fēiyú; 2) 帐〔帳〕篷桩〔樁〕 zhàngpéngzhuāng

'her|kommen* *vi* (*s*) 1) 走过〔過〕来〔來〕 zǒu guòlái, 过来 guòlái; 2) 来自 láizì, 来源于〔於〕 láiyuán yú **~kömmlich** *adj* 传〔傳〕统的 chuántǒngde, 习〔習〕惯的 xíguànde

'Herkunft *f* 1) 出身 chūshēn; 2) 来〔來〕源 láiyuán, 来历〔歷〕 láilì

'herleiten *vt* 推导〔導〕出 tuīdǎo chū, 引出 yǐnchū; 来〔來〕源于〔於〕 láiyuán yú

he'roisch *adj* 英雄的 yīngxióngde, 英勇的 yīngyǒngde

Herr *m* -n; -en 1) 男子 nánzǐ; 2) 主人 zhǔrén, 东〔東〕家 dōngjia; 3) 先生 xiānsheng; ~ Maier 迈尔先生

'Herren|anzug *m* 男式服装〔裝〕 nánshì fúzhuāng **~einzel** *n* (网球)男子单〔單〕打 nánzǐ dāndǎ

'herrichten *vt* 1) 整理好 zhěnglǐ hǎo, 布〔佈〕置 bùzhì, 筹〔籌〕备〔備〕 chóubèi; 2) 修补〔補〕 xiūbǔ, 修复〔復〕 xiūfù (Haus 房屋)

'herrisch *adj* 家长式的 jiāzhǎngshìde, 专〔專〕横的 zhuānhèngde, 粗暴的 cūbàode

'herrlich *adj* 美好的 měihǎode, 绝妙的 juémiàode, 壮〔壯〕丽〔麗〕的 zhuànglìde

'Herrlichkeit *f* 1) 壮〔壯〕丽〔麗〕 zhuànglì, 壮观〔觀〕 zhuàngguān; 2) 美味佳肴〔餚〕 měiwèi jiāyáo, 美好的事物 měihǎode shìwù

'Herrschaft *f* -en 1) 统治 tǒngzhì, 控制 kòngzhì; die ~ verlieren über 对…失去控制; 2)政权〔權〕 zhèngquán; 3) meine ~en! 女士们, 先生们! nǚshìmen, xiānshengmen!

'herrschaftlich *adj* 1) 华〔華〕丽〔麗〕的 huálìde, 体〔體〕面的 tǐmiànde; 2) 地主的 dìzhǔde, 领主的 lǐngzhǔde; 3) 雇〔僱〕佣〔傭〕的 gùyōngde

'herrschen *vi* 1) 统治 tǒngzhì (über ein Land 一个国家); 2)充满〔滿〕 chōngmǎn; es herrscht Freude 充满欢乐气氛

'Herrsch|er *m* -s;- 统治者 tǒngzhìzhě **~sucht** *f* 权〔權〕势〔勢〕欲 quánshìyù, 统治野心 tǒngzhì yěxīn

'herrschsüchtig *adj* 有权〔權〕势〔勢〕欲的 yǒu quánshìyù de, 贪权的 tānquánde

'her|rühren *vi* 来〔來〕源于〔於〕 láiyuán yú, 起因于 qǐyīn yú **~sagen** *vt* 背诵 bèisòng; 说出 shuōchū **~stammen** *vi* 1) 出身于〔於〕 chūshēn yú, 生于 shēngyú; 2) 来自 láizì, 起源于 qǐyuán yú **~stellen** *vt* 1) 把…放到这〔這〕里〔裏〕来 bǎ … fàngdào zhèlǐ lái; 2) 制〔製〕造 zhìzào, 生产〔產〕 shēngchǎn; 3) 建立 jiànlì (Verbindung 联系)

'Herstellung *f* -en 制〔製〕造 zhìzào, 生产〔產〕 shēngchǎn

her'über *adv* (从对面)过〔過〕来〔來〕 guòlái

her'um *adv* 1) 周〔週〕围〔圍〕 zhōuwéi; um … ~ 在…周围; 2) 大约 dàyuē **~führen** *vt* 1) 引导〔導〕…到处〔處〕参〔參〕观〔觀〕 yǐndǎo … dàochù cānguān; ~ in (*D*) 领…在…里各处参观; 2)在…周围建立 zài … zhōuwéi jiànlì **~lungern** *vi* 闲荡〔蕩〕 xiándàng, 游荡 yóudàng **~reichen** *vt* 1) 轮〔輪〕流传〔傳〕递〔遞〕 lúnliú chuándì, 依次递送 yīcì dìsòng; 2) 介绍 jièshào **~sprechen*** *v sich* 流传〔傳〕 liúchuán, 传开〔開〕 chuánkāi **~treiben*** *v sich* 游手好闲〔閒〕 yóushǒu hàoxián, 闲荡〔蕩〕 xiándàng; sich in Kneipen ~ (经常)在酒馆里〔裏〕鬼混 zài jiǔguǎn lǐ guǐhùn

her'unter *adv* 向下 xiàngxià, 往下 wǎngxià, 下来〔來〕 xiàlái; von oben ~ 从上往下 **~bringen*** *vt* 1) 把…带〔帶〕(拿)下来〔來〕 bǎ … dàixiàlái; 2) 吞下 tūnxià, 咽

〔嚥〕下 yànxià; 3) 使衰弱 shǐ shuāiruò, 使破产〔産〕shǐ pòchǎn **~kommen*** *vi* (*s*) 1) 走下来〔來〕zǒuxiàlái; 2) (企业等)衰落 shuāiluò, 衰败 shuāibài; 3) (健康)变〔變〕得衰弱 biànde shuāiruò **~machen** *vt* 1) 斥责 chìzé, 责骂 zémà; 2) 贬低 biǎndī, 诋毁 dǐhuǐ **~reißen*** *vt* 1) 把…拉下来〔來〕bǎ … lā xiàlái, 撕(扯)下来 sī xiàlái; 2) 穿破 chuānpò (Kleidung 衣服); 3) 贬低 biǎndī **~sein*** *vi* (*s*) (健康)衰弱 shuāiruò, 衰退 shuāituì **~wirtschaften** *vt* (因经营不善)使衰败 shǐ shuāibài

her'vor *adv* (从后面或里面)出来〔來〕chū lái **~bringen*** *vt* 1) 取(拿)出来〔來〕qǔchūlái; 2) 生产〔産〕shēngchǎn, 产生 chǎnshēng, 创〔創〕作 chuàngzuò; 3) 说出 shuōchū **~gehen*** *vi* (*s*) 1) 来〔來〕自 láizì, 起源于〔於〕qǐyuán yú; (由…)得知 dézhī, 表明 biǎomíng (aus *D*); 2) (作为结果)产〔產〕生 chǎnshēng, 出现 chūxiàn; als Sieger ~ 取得胜〔勝〕利 qǔdé shènglì **~heben*** *vt* 突出 tūchū, 强调 qiángdiào **~kommen*** *vi* (*s*) 1) 走出(上)来〔來〕zǒu chūlǎi; 2) 出现 chūxiàn, 显〔顯〕露 xiǎnlù **~ragen** *vi* 1) 凸出来〔來〕tūchūlāi, 伸出来 shēnchūlāi; 2) (表现)突出 tūchū, 出众〔衆〕chūzhòng **~ragend** *adj* 突出的 tūchūde, 卓越的 zhuōyuède, 杰〔傑〕出的 jiéchūde **~rufen*** *vt* 1) 叫…出来〔來〕jiào … chūlái; (通过鼓掌、欢呼)叫(演员)出来谢幕 jiào chūlái xièmù; 2) 引起 yǐnqǐ, 招致 zhāozhì **~stechend** *adj* 突出的 tūchūde, 显〔顯〕著的 xiǎnzhùde

Herz *n* -ens; -en 1) 心 xīn, 心脏〔臟〕xīnzàng; mit ganzem ~en 全心全意地; von ganzem ~en 衷心地，由衷地; etw. auf dem ~en haben 心里有事; sich etw. zu ~en nehmen 把某事铭记在心; 2) 勇气〔氣〕yǒngqì, 决心 juéxīn; sich ein ~ fassen 鼓起勇气; es nicht übers ~ bringen, etw. zu tun 下不了决心(不忍心)做某事; 3) (纸牌)红桃 hóngtáo, 红心 hóngxīn **~anfall** *m* 心脏〔臟〕病发〔發〕作 xīnzàngbìng fāzuò

'Herzens|brecher *m* 专〔專〕勾引女子的人 zhuān gōuyǐn nǚzǐ de rén **~lust** *f* nach ~ 随〔隨〕心所欲 suíxīnsuǒyù **~wunsch** *m* 心愿〔願〕xīnyuàn

'herzengreifend *adj* 扣人心弦的 kòu rén xīnxián de, 感人肺腑的 gǎn rén fèifǔ de

'Herz|fehler *m* 心脏〔臟〕瓣膜病 xīnzàng bànmó bìng **~gegend** *f* 心区〔區〕xīnqū

'herz|haft *adj* 1) 衷心的 zhōngxīnde, 热〔熱〕烈的 rèliède, 尽〔盡〕情的 jìnqíngde; 2) 味道浓〔濃〕的 wèidào nóng de (Speise 饭菜) **~ig** *adj* 讨人喜欢〔歡〕的 tǎorén xǐhuan de, 可爱〔愛〕的 kě'àide

'Herz|infarkt *m* 心肌梗塞 xīnjī gěngsè **~klopfen** *n* 心跳 xīntiào, 心悸 xīnjì

'herz|lich I *adj* 1) 热〔熱〕诚的 rèchéngde, 亲〔親〕切的 qīnqiède; 2) 衷心的 zhōngxīnde, 诚恳〔懇〕的 chéngkěnde (Grüße 问候); ~es Beileid 深切哀悼 shēnqiè āidào; II *adv* 很 hěn, 非常 fēicháng; ~ gern 非常乐意 **~los** *adj* 无〔無〕情的 wúqíngde, 残〔殘〕忍的 cánrěnde

'Herzog *m* -(e)s; ⸗e(-e) 公爵 gōngjué, 大公 dàgōng **~in** *f* -nen 女公爵 nǚgōngjué, 公爵夫人 gōngjué fūrén **~tum** *n* -(e)s; ⸗er 公爵领地 gōngjué lǐngdì, 公国〔國〕gōngguó

'Herz|schlag *m* 1) 心博 xīnbó; 2) 心死 xīnsǐ, 心力衰竭 xīnlìshuāijié **~schwäche** *f* 心脏〔臟〕衰弱 xīnzàng shuāiruò, 心机〔機〕能不全 xīnjīnéng bù quán **~verpflanzung** *f* 心脏〔臟〕移植 xīnzàng yízhí

'herzzerreißend *adj* 令人伤〔傷〕心的 lìn grén shāng xīn de

'Hetze *f* -n 1) 匆忙 cōngmáng, 急忙 jímáng; 2) 煽动〔動〕shāndòng, 教唆 jiàosuō, 攻讦 gōnjié (gegen *A*)

'hetzen I *vt* 1) 追猎〔獵〕zhuīliè (Füchse 狐狸); 2) 追捕 zhuībǔ, 追赶〔趕〕zhuīgǎn (den Verbrecher 罪犯); 3) 嗾使 sǒushǐ, 唆使 suōshǐ; einen Hund auf j-n ~嗾使狗咬人; 4) sich ~ 忙碌 mánglù, 奔忙 bēnmáng; II *vi* 1) (*h*) 挑拨〔撥〕tiǎobō, 煽动〔動〕shāndòng; 2) (*s*) 赶〔趕〕快 gǎnkuài, 赶忙 gǎnmáng

'Hetzer *m* -s; - 煽动〔動〕者 shāndòngzhě, 教唆者 jiàosuōzhě; 鼓动家 gǔdòngjiā

'hetzerisch *adj* 煽动〔動〕性的 shāndòngxìngde

'Hetz|jagd *f* 追猎〔獵〕zhuīliè, 追捕 zhuībǔ **~press** *f* 黄色报〔報〕刊 huángsè bàokān

Heu *n* -(e)s; 干〔乾〕草 gāncǎo, 草料 cǎoliào

Heuche'lei *f* -en 虚伪〔僞〕 xūwěi, 伪善 wěishàn

'heucheln I *vt* 假装〔裝〕 jiǎzhuāng, 伪〔僞〕装 wěizhuāng; II *vi* 装假 zhuāngjiǎ; 说假话 shuō jiǎhuà

'Heuchler *m* -s; - 伪〔僞〕善者 wěishànzhě, 伪君子 wěijūnzǐ

'heuchlerisch *adj* 伪〔僞〕善的 wěishànde, 虚伪的 xūwěide

'heuer *adv* 今年 jīnnián

'Heuer *f* -n 海员工资 hǎiyuán gōngzī

'heuern *vt* 1) 雇〔僱〕 gù, 招募 zhāomù (Matrosen 海员); 2) 租用 zūyòng (Schiff 船)

'heulen *vi* 1) 哀号〔號〕 āiháo, 号哭 háokū; 2) (动物)嗥〔嘷〕 háo, 吼叫 hǒujiào; 3) (风)怒吼 nùhǒu, 呼啸〔嘯〕 hūxiào; 4) (汽笛) 鸣叫 míngjiào

'Heu|schnupfen *m* 枯草热〔熱〕 kūcǎorè **~schrecke** *f* 蝗虫〔蟲〕 huángchóng

'heut|e *adv* 今天 jīntiān, 目前 mùqián, 现在 xiànzài; ~ morgen (abend) 今天早上(晚上); ~ in acht Tagen 一周后的今天; ~ vor acht Tagen 一周前的今天; noch ~ 就今天 **~ig** *adj* 今天的 jīntiānde; 目前的 mùqiánde, 现代的 xiàndàide **~zutage** *adv* 目前 mùqián, 当〔當〕今 dāngjīn, 现代 xiàndài

'Hexe *f* -n 1) 女巫 nǚwū, 巫婆 wūpó; 2) 泼〔潑〕妇〔婦〕 pōfù, 老丑〔醜〕妇 lǎochǒufù

'hexen *vi* 施魔术〔術〕 shī móshù, 使妖术 shǐ yāoshù

'Hexen|kessel *m* 混乱〔亂〕 hùnluàn, 骚乱 sāoluàn **~meister** *m* 巫师〔師〕 wūshī, 魔术〔術〕师 móshùshī **~schuß** *m* 腰部风〔風〕湿〔濕〕痛 yāobù fēngshītòng

Hexe'rei *f* -en 巫术〔術〕 wūshù, 妖术 yāoshù; 魔术 móshù

Hieb *m* -(e)s; -e 1) 打 dǎ, 击〔擊〕 jī; (*pl*) 殴〔毆〕打 ōudǎ; 2) 伤〔傷〕口 shāngkǒu, 疤痕 bāhén; 3) 讽〔諷〕刺 fěngcì, 嘲弄 cháonòng

hier *adv* 这〔這〕儿〔兒〕 zhèr, 这里〔裏〕 zhèlǐ; ~! (点名时答) 到 dào! 有 yǒu! ~ entlang 沿着这个〔個〕方向 yánzhe zhège fāngxiàng; ~ bin ich 我在这儿; es steht mir bis ~ 我感到厌烦透了

'hier|an *adv* 1) 在这〔這〕儿〔兒〕 zài zhèr, 紧〔緊〕接这儿 jǐnjiē zhèr; 2) 对〔對〕此 duìcǐ **~auf** *adv* 1) 在这上面 zài zhè shàngmiàn; 2) 然后〔後〕 ránhòu, 此后 cǐhòu; 3) 因此 yīncǐ, 于〔於〕是 yúshì **~aus** *adv* 由此 yóucǐ, 从〔從〕中 cóngzhōng **~bei** *adv* 1) 此时〔時〕 cǐshí, 同时 tóngshí; 2) 在这儿 zài zhèr, 在这种〔種〕情况下 zài zhèzhǒng qíngkuàng xià, 在这旁边〔邊〕 zài zhè pāngbiān **~durch** *adv* 1) 经〔經〕过〔過〕这儿 jīngguò zhèr; 2) 借此 jiècǐ, 特此 tècǐ; 3) 因此 yīncǐ **~für** *adv* 为〔爲〕此 wèicǐ, 对此 duìcǐ **~her** *adv* 到这里〔裏〕来〔來〕 dào zhèlǐ lái, 到此 dàocǐ; bis ~至此 zhìcǐ **~in** *adv* 在这方面 zài zhè fāngmiàn, 在这点〔點〕上 zài zhèdiǎn shàng **~mit** *adv* 1) 对此 duìcǐ, 特此 tècǐ; 2) 就此 jiùcǐ, 就这样〔樣〕 jiù zhèyàng **~nach** *adv* 1) 此后 cǐhòu, 于是 yúshì; 2) 据〔據〕此 jùcǐ, 按此 àncǐ **~über** *adv* 1) 关〔關〕于此事 guānyú cǐshì; 2) 在这上面 zài zhè shàngmiàn **~unter** *adv* 1) 在这下面 zài zhè xiàmiàn; 2) 在此项目下 zài cǐ xiàngmù xià; 3) 在此方面 zài cǐ fāngmiàn **~von** *adv* 1) 在这里〔裏〕面 zài zhè lǐmiàn; 2) 关于此事 guānyú cǐshì; 3) 由此 yóucǐ, 因此 yīncǐ **~zu** *adv* 1) 为此 wèicǐ, 对此 duìcǐ; 2) 属〔屬〕于此类〔類〕 shǔyú cǐlèi; 3) 此外 cǐwài

'hiesig *adj* 本地的 běndìde, 这〔這〕里〔裏〕的 zhèlǐde

'Hilfe *f* -n 1) 帮〔幫〕助 bāngzù, 援助 yuánzhù; Erste ~ 急救 jíjiù; ~! 救命! 2) 助手 zhùshǒu, 帮手 bāngshǒu; 3) mit ~ von 借助于〔於〕 jièzhù yú **~ruf** *m* 呼救声〔聲〕 hūjiùshēng

'hilf|los *adj* 1) 无〔無〕助的 wúzhùde, 无依无靠的 wú yī wú kào de; 2) 需要帮〔幫〕助的 xūyào bāngzhù de, 不能自理的 bùnéng zìlǐ de; 3) 束手无策的 shù shǒu wú cè de, 无可奈何的 wú kě nàihé de **~reich** *adj* 1) 乐〔樂〕于〔於〕助人的 lè yú zhù rén de; 2) 有益的 yǒuyìde

'Hilfs|aktion *f* 救济〔濟〕 jiùjì, 救济活动〔動〕 jiùjì huódòng; eine ~ einleiten 组织救援工作 **~arbeiter** *m* 辅助工 fǔzhùgōng

'hilfs|bedürftig *adj* 需要帮〔幫〕助的 xūyào bāngzhù de; 需要照料的 xūyào zhàoliào de **~breit** *adj* 乐〔樂〕于〔於〕助人的 lè yú zhù rén de

'Hilfs|kraft *f* 助手 zhùshǒu **~mittel** *n* 1) 辅助工具 fǔzhù gōngjù; 2) 救济〔濟〕金 jiùjìjīn **~motor** *m* 备〔備〕用电〔電〕动〔動〕机〔機〕 bèiyòng diàndòngjī; Fahrrad mit ~ 电动自行车 **~schule** *f* (为

弱智儿童办的）特殊教育学〔學〕校 tèshū jiàoyù xüéxiào **~verb** *n* 助动〔動〕词 zhùdòngcí **~werk** *n* 救济〔濟〕机〔機〕构〔構〕jiùjì jīgòu

'Himbeere *f* 覆盆子 fùpénzǐ

'Himmel *m* -s; - 1) 天 tiān, 天空 tiānkōng; unter freiem ~ 露天; aus heiteren ~ 完全出人意料之外地 wánquán chūrén yìliào zhī wài de; 2) 天国〔國〕tiānguó, 上帝 shàngdì; um ~s willen! 哎呀，天哪! **~bett** *n* 有天盖〔蓋〕的床〔床〕yǒu tiāngài de chuáng

'himmelblau *adj* 天蓝〔藍〕色的 tiānlánsède

'Himmelfahrt *f* （耶稣）升〔昇〕天 shēngtiān

'himmelschreiend *adj* 令人发〔髮〕指的 lìng rén fàzhǐ de, 骇人听〔聽〕闻的 hài rén tīng wén de

'Himmels|körper *m* 天体〔體〕tiāntǐ **~richtung** *f* 方位 fāngwèi

'himmlisch *adj* 1) 天的 tiānde, 天空的 tiānkōngde; 2) 上天的 shàngtiānde, 神的 shénde; 3) 美妙的 měimiàode, 极〔極〕好的 jíhǎode

hin *adv* 1) 往那边〔邊〕去 wàng nàbiān qù; nach Norden ~ 向北去; 2)（表示时间）über Jahre ~ 在几〔幾〕年期间 zài jǐnián qījiān; es ist noch lange ~ 这还要等好久; 3) ~ und her 来〔來〕回地 láihuíde, 反复〔復〕地 fǎnfùde; ~ und her gehen 走来走去，来回地走; ~ und her schwanken 来回晃动; 4) ~ und zurück 来〔來〕回 láihuí, 往返地 wǎngfǎnde; 5) ~ und wieder 有时〔時〕yǒushí, 偶尔〔爾〕ǒu'ěr

hin'ab *adv* 从〔從〕上而下 cóng shàng ér xià, 向下 xiàngxià; den Fluß ~ 顺流而下 **~steigen*** *vi* (*s*) 向下走 xiàngxià zǒu

'hinarbeiten *vi* ~ auf (*A*) 为〔爲〕…而努力工作 wèi … ér nǔlì gōngzuò, 致力于 … zhìlì yú…

hin'auf *adv* 向上 xiàngshàng; den Fluß ~ 溯流而上 **~gehen*** *vi* (*s*) 1) 往上走 wàngshàngzǒu; 2)（物价）上涨 shàngzhǎng **~steigen*** *vi* (*s*) 往上攀登 wǎngshàng pāndēng

hin'aus *adv* 出去 chūqù; ~ mit euch! 你们出去! zum Fenster ~ 从窗口向外; auf (viele) Jahre ~ 为〔爲〕期数〔數〕年之久 wéiqī shùnián zhī jiǔ **~gehen*** *vi* (*s*) 1)走出去 zǒu chūqù; 出远〔遠〕门〔門〕chū yuǎnmén; 2) 通向外面 tōngxiàng wàimiàn; （门、窗）朝…开〔開〕cháo … kāi (auf *A*); 3) über etw. ~ 超越… chāoyuè…, 超过〔過〕… chāoguò … **~laufen*** *vi* (*s*) 1) 跑出去 pǎo chūqù; 2) ~ auf (*A*) 结果是 jiéguǒ shì, 导〔導〕致 dǎozhì **~schieben*** *vt* 1) 推出去 tuī chūqù, 伸出去 shēn chūqù; 2) 推迟〔遲〕tuīchí, 延迟 yánchí (Termin 期限) **~werfen*** *vt* 1) 扔出去 rēng chūqù; 2) 赶〔趕〕出去 gǎn chūqù, 开〔開〕除 kāichú

'Hinblick *m* im ~ auf (*A*) 鉴〔鑒〕于〔於〕… jiànyú…, 考虑〔慮〕到… kǎolǜ dào …

'hinbringen* *vt* 1) 带〔帶〕去 dàiqù, 送去 sòngqù; 2) 完成 wánchéng; 3) 度过〔過〕dùguò

'hinder|lich *adj* 有阻碍〔礙〕的 yǒu zǔ'ài de, 不方便的 bù fāngbiàn de; j-m ~ sein 某人行动不方便 **~n** *vt* 1) 阻碍〔礙〕zǔ'ài, 妨碍 fáng'ài; j-n an (*D*) ~ 妨碍某人…; 2) 防止 fángzhǐ, 阻止 zǔzhǐ

'Hindernis *n* -ses; -se 1) 阻碍〔礙〕zǔ'ài, 障碍 zhàng'ài; 2)（赛马）障碍 zhàng'ài;（赛跑）栏〔欄〕lán **~rennen** *n* 障碍〔礙〕赛跑 zhàng'ài càipǎo

hin'durch *adv* 1)（表示地点）穿过〔過〕chuānguò, 通过 tōngguò; 2)（表示时间）经〔經〕过 jīngguò, 整整 zhěngzhěng; das ganze Jahr ~ 整整一年

hin'ein *adv* 进〔進〕去 jìnqù; ~, mit dir! 你进去! bis tief in die Nacht ~ 直到深夜 zhídào shēnyè **~gehen*** *vi* (*s*) 1) 走进〔進〕去 zǒu jìnqù; 2) 容纳 róngnà, 装〔裝〕得进 zhuāngde jìn; in den Topf gehen … hinein 罐里装得进…

'Hinfahrt *f* 往程 wǎngchéng, 去程 qùchéng

'hinfällig *adj* 1) 体〔體〕弱的 tǐruò de, 衰弱的 shuāiruòde; 2) 失效的 shīxiàode, 作废〔廢〕的 zuòfèide; ~ machen 使无〔無〕效 shǐ wúxiào

'Hingabe *f* 献〔獻〕身精神 xiànshēn jīngshén, 全心全意 quán xīn quán yì

'hin|geben* *vt* 1) 交付 jiāofù, 献〔獻〕出 xiànchū; 2) sich einer Sache ~ 献身于〔於〕… xiànshēnyú …, 热〔熱〕衷于 … rèzhōngyú … **~gehen*** *vi* (*s*) 1) 去 qù; 2) 离〔離〕去 líqù, 走掉 zǒudiào; 3)（时间）逝去 shìqù, 流逝 liúshì; 4) 掠过〔過〕lüèguò,

扫〔掃〕过 sǎoguò; 5) 过得去 guòdé qù, 凑合 còuhe **~halten*** *vt* 1) 递〔遞〕给 dìgěi, 伸给 shēngěi; 2) 让〔讓〕等待 ràng děngdài, 拖延 tuōyán
'hinken *vi* 1) (*h*) 跛行 bǒxíng; auf dem rechten Fuß ~ 瘸着右脚走; 2) (*s*) 不恰当〔當〕bù qiàdàng
'hin|kommen* *vi* (*s*) 1) 来〔來〕到 láidào, 到达〔達〕dàodá; wo ist meine Brille hingekommen? 我的眼镜放到哪儿去了? 2) 足够 zúgòu; 3) 顺利 shùnlì **~länglich** *adj* 足够的 zúgòude, 充分的 chōngfènde **~legen** *vt* 放下 fàngxià, 搁下 gēxià; sich ~ 躺下 tǎngxià, 卧倒 wòdǎo **~nehmen*** *vt* 1) 接受 jiēshòu, 同意 tóngyì, 承认〔認〕chéngrèn; 2) 容忍 róngrěn, 忍受 rěnshòu **~reichen*** I *vt* 把…递〔遞〕给 bǎ … dìgěi; II *vi* 足够 zúgòu **~reißen*** *vt* 吸引住 xīyǐnzhù, 使着迷 shǐ zháomí, 使狂喜 shǐ kuángxǐ **~reißend** *adj* 吸引人的 xīyǐnrénde, 有魅力的 yǒu mèilì de **~richten** *vt* 处〔處〕死 chùsǐ, 处决 chùjué
'Hinrichtung *f* 处〔處〕决 chùjué
'hinsetzen *vt* 1) 把…放下 bǎ … fàngxià; 2) sich ~ 坐下 zuòxià
'Hinsicht *f* 关〔關〕系〔係〕guānxì, 方面 fāngmiàn; in ~ auf (*A*) 在…方面,就…而言
'hin|sichtlich *prp* (*G*) 关〔關〕于〔於〕guānyú, 鉴〔鑒〕于 jiànyú **~stellen** *vt* 1) 把…放过〔過〕去 bǎ … fàng guòqù; 2) etw. ~ als 把…称〔稱〕作 bǎ … chēngzuò, 把…说成是 bǎ … shuō chéng shì
hint'an|setzen *vt* 不顾〔顧〕bùgù, 把…置于〔於〕一旁 bǎ … zhìyú yī páng **~stellen** *vt* 把…放在最后〔後〕bǎ … fàngzài zuìhòu, 不重视 bù zhòngshì
'hinten *adv* 在后〔後〕面 zài hòumiàn, 在背面 zài bèimiàn; von ~ 从后面; nach ~ 到后面
'hinter *prp* 1) (*D*) 在后〔後〕面 zài hòumiàn, 在背后 zài bèihòu; ~ sich bringen 完成 wánchéng; ~ sich lassen 超过〔過〕chāoguò, 胜〔勝〕过 shèngguò; 2) (*A*) 到…后面 dào … hòumiàn
'Hinter|bein *n* (动物的)后〔後〕腿 hòutuǐ **~bliebenen** *pl* 死者家属〔屬〕sǐzhě jiāshǔ
hinter|'bringen* *vt* j-m etw. ~ 将〔將〕…秘密告诉某人 jiāng … mìmì gàosù mǒurén **~ein'ander** *adv* 一个〔個〕接一个地 yīgèjiē yīgè de, 连续〔續〕地 liánxùde; dreimal ~ 连续三次
'Hintergedanke *m* 隐〔隱〕念 yǐnniàn, 内心的想法 nèixīnde xiǎngfǎ
hinter'gehen* *vt* 欺骗 qīpiàn
'Hinter|grund *m* 背景 bèijǐng **~halt** *m* 埋伏处〔處〕máifúchù, 圈套 quāntào
'hinter|hältig *adj* 阴〔陰〕险〔險〕的 yīnxiǎnde, 诡计多端的 guǐjì duōduān de **~her** *adv* 1) 在后〔後〕面 zài hòumiàn, 背后 bèihòu; 2) 事后 shìhòu, 然后 ránhòu
'Hinter|hof *m* 后〔後〕院 hòuyuàn **~kopf** *m* 头〔頭〕后〔後〕部 tóuhòubù, 后脑〔腦〕勺 hòunǎosháo
hinter'lassen* *vt* 留下 liúxià, 遗留 yíliú
Hinter'lassenschaft *f* -en 遗产〔產〕yíchǎn, 遗物 yíwù
hinter'legen *vt* 寄存 jìcún, 存放 cúnfàng
'Hinterlist *f* 诡计 guǐjì, 阴〔陰〕谋 yīnmóu
'hinterlistig *adj* 阴〔陰〕险〔險〕的 yīnxiǎnde, 奸诈的 jiānzhàde
'Hintermann *m* 1) (站或坐在)后〔後〕面的人 hòumiànde rén; 2) (汇票)后来〔來〕的持有人 hòulàide chíyǒurén; 3) 幕后操纵〔縱〕者 mùhòu cāozòng zhě, 后台〔臺〕hòutái
'Hinter|n *m* -s;- 屁股 pìgu **~rad** *n* 后〔後〕轮〔輪〕hòulún
'hinterrücks *adv* (阴险的)从〔從〕背后〔後〕cóng bèihòu
'Hinter|seite *f* 背面 bèimiàn, 后〔後〕面 hòumiàn **~teil** *n* 臀部 túnbù, 屁股 pìgu
hinter'treiben* *vt* (想方设法)阻挠〔撓〕zǔnáo, 破坏〔壞〕pòhuài
'Hinter|treppe *f* 后〔後〕楼〔樓〕梯 hòu lóutī **~tür** *f* 后〔後〕门〔門〕hòu mén
hinter'ziehen* *vt* 逃避 táobì, 不缴纳 bùjiǎonà (Steuern 税)
hin'über *adv* 过〔過〕去 guòqù, 到那边〔邊〕去 dào nàbiān qù
Hin- und 'Rückfahrt *f* 往返旅程 wǎngfǎn lǚchéng
hin'unter *adv* 向下 xiàngxià **~schlucken** *vt* 1) 吞下 tūnxià, 咽〔嚥〕下 yànxià; 2) 强忍下 qiáng rěnxià
hin'weg *adv* 1) 离〔離〕去 líqù; ~ mit euch! 你们给我走开! 2) über etw. ~ 超过〔過〕… chāoguò…, 摆〔擺〕脱 … bǎituō… **~gehen*** *vi* (*s*) 1) 掠过〔過〕lüèguò; 2) 不理睬 bù lǐcǎi, 不理会〔會〕bù lǐhuì **~kommen*** *vi* (*s*) ~ über (*A*) 摆〔擺〕脱 bǎituō, 忘却 wàngquè **~sehen*** *vi*

~ über (*A*) 忽视 hūshì, 不顾〔顧〕bùgù, 不理会〔會〕bù lǐhuì **~setzen** *v sich* sich über (*A*) ~ 不理会〔會〕bù lǐhuì, 不顾〔顧〕bùgù

'Hinweg *m* 去程 qùchéng, 往程 wǎngchéng

'Hinweis *m* -es; -e 指点〔點〕zhǐdiǎn, 提示 tíshì, 暗示 ànshì (auf *A*)

'hin|weisen* I *vt* j-n auf (*A*) 向…指出… xiàng … zhǐchū …, 指明 zhǐmíng …; II *vi* 指向 zhǐxiàng, 暗示 ànshì (auf *A*) **~werfen*** *vt* 1) 扔去 rēngqù, 丢开〔開〕diūkāi; 2) (无意)摔落 shuāiluò; 3) 草拟〔擬〕cǎonǐ; 4) 随〔隨〕口说出 suíkǒu shuōchū **~wirken** *vi* 致力于〔於〕zhìlì yú, 谋求 móuqiú (auf *A*) **~ziehen*** I *vt* 1) 拉向 lāxiàng, 引向 yǐnxiàng; 2) 拖延 tuōyán, 耽搁 dānge; 3) sich ~ 延续〔續〕yánxù, 延伸 yánshēn; II *vi* (*s*) 迁〔遷〕往(到)…去 qiānwǎng…qù **~zielen** *vi* 旨在 zhǐzài, 针对〔對〕zhēnduì (auf *A*)

hin'zu *adv* 此外 cǐwài, 加之 jiāzhī **~fügen** *vt* 添加 tiānjiā, 补〔補〕充 bǔchōng **~kommen*** *vi* (*s*) 1) 到来〔來〕dàolái, 参〔參〕加进〔進〕来 cānjiā jìnlái; 2) 外加 wàijiā, 添加 tiānjiā **~rechnen** *vt* 列入 lièrù, 把…算(加)进〔進〕去 bǎ…suàn jìnqù **~setzen** *vt* 补〔補〕充 bǔchōng, 添加 tiānjiā **~treten*** *vi* (*s*) 1) 加入 jiārù, 参〔參〕与〔與〕cānyù **~ziehen*** *vt* 求教 qiújiào, 请教 qǐngjiào

Hirn *n* -(e)s; -e 1) 脑〔腦〕nǎo; 2) 头〔頭〕脑 tóunǎo, 才智 cáizhì **~gespinst** *n* 幻像 huànxiàng, 幻觉〔覺〕huànjué

'hirn|los *adj* 没头〔頭〕脑〔腦〕的 méi tóunǎo de, 笨的 bènde **~verbrannt** *adj* 疯〔瘋〕疯癫癫的 fēngfēng diāndiān de, 愚蠢的 yúchǔnde

Hirsch *m* -es; -e 鹿 lù **~geweih** *n* 鹿角 lùjiǎo **~kuh** *f* 母鹿 mǔlù

'Hirse *f* -n 稷 jì, 黍 shǔ

Hirt *m* -en; -en, **~e** *m* -n;-n 牧人 mùrén

'hissen *vt* 升〔昇〕shēng (Fagge 旗); 扬〔揚〕yáng (Segel 帆)

Hi'storiker *m* -s; - 历〔歷〕史学〔學〕家 lìshǐ xuéjiā

hi'storisch *adj* 历〔歷〕史的 lìshǐde

'Hitze *f* 1) 炎热〔熱〕yánrè; 2) 激动〔動〕jīdòng, 激昂 jī'áng

'hitzebeständig *adj* 耐高温的 nàigāowēn de

'Hitzewelle *f* 热〔熱〕浪 rèlàng

'hitzig *adj* 易怒的 yìnùde, 急性子的 jíxìngzide

'Hitz|kopf *m* 易发〔發〕脾气〔氣〕的人 yìfā píqì de rén, 急性子人 jíxìngzi rén **~schlag** *m* 中暑 zhòngshǔ

'Hobel *m* -s;- 刨 bào, 刨刀 bàodāo **~bank** *f* 木工刨台〔臺〕mùgōng bàotái

'hobeln *vt* 刨平 bàopíng, 刨光 bàoguāng

hoch *adj* 1) 高的 gāode (Baum 树, Alter 年龄); 2 Meter ~ sein 有二米高; Hände ~! 举起手来! 2) 高音的 gāoyīnde; 3) 高级的 gāojíde, 高等的 gāoděngde, 高贵的 gāoguìde (Gast 客人); 4) 崇高的 chónggāode (Ansehen 威望); 5) 高额的 gāo'éde, 大量的 dàliàngde (Gewinn 收益, Verdienst 功绩); 6) 非常的 fēichángde, 高度的 gāodùde; 7) ~ lebe …! 祝…身体〔體〕健康! zhù …shēntǐ jiànkāng! 8) das ist mir zu ~! 这〔這〕对〔對〕我来〔來〕说太难〔難〕理解了! zhè duì wǒ lái shuō tài nán lǐjiě le!

Hoch *n* -s; -s 1) 万〔萬〕岁〔歲〕wànsuì; 2) 高压〔壓〕(气)区〔區〕gāoyāqū

'hochachten *vt* 非常尊重 fēicháng zūnzhòng, 高度重视 gāodù zhòngshì

'Hochachtung *f* (非常)尊敬 zūnjìng, 尊重 zūnzhòng

'hochachtungsvoll *adj* (信尾用) 顺致崇高的敬意 shùnzhì chónggāode jìngyì

'Hoch|adel *m* 上层〔層〕贵族 shàngcéng guìzú **~amt** *m* (天主教)大弥〔彌〕撒 dàmísā **~antenne** *f* 高架天线〔綫〕gāojià tiānxiàn **~bahn** *f* 高架铁〔鐵〕道 gāojià tiědào **~betrieb** *m* 热〔熱〕闹〔鬧〕rènào, 熙来〔來〕攘往 xī lái rǎng wǎng **~burg** *f* 1) 堡垒〔壘〕bǎolěi; 2) 中心 zhōngxīn

'hochdeutsch *adj* 1) 高地德语 gāodì déyǔ; 2) 标〔標〕准德语 biāozhǔn déyǔ

'Hoch|druck *m* 1) 高压〔壓〕gāoyā; 2) 高度紧〔緊〕张〔張〕; gāodù jǐnzhāng; mit ~ arbeiten 十分紧张地工作 **~ebene** *f* 高原 gāoyuán

'hoch|fahrend *adj* 高傲的 gāo'àode, 傲慢的 àomànde **~fein** *adj* 质〔質〕地精良的 zhìdì jīngliáng de

'Hoch|form *f* in ~ 处〔處〕于〔於〕

最佳竞〔競〕技状〔狀〕态〔態〕chǔyú zuìjiā jìngjì zhuàngtài **~frequenz** *f* (无线电)高频(率) gāopín **~gebirge** *n* 高山脉〔脈〕gāoshān mài **~genuß** *m* 巨大享受 jùdà xiǎngshòu **~glanz** *m* 高亮度 gāo liàngdù, 亮晶晶 liàngjīngjīng **~haus** *n* 高楼〔樓〕gāolóu, 大厦 dàshà

'hochherzig *adj* 慷慨的 kāngkǎide, 豁达〔達〕的 huòdáde

'Hoch|konjunktur *f* (经济)高度繁荣〔榮〕gāodù fánróng, 昌盛 chāngshèng **~land** *n* 1) 高原 gāoyuán; 2) 山脉〔脈〕shānmài **~mut** *m* 高傲 gāo'ào, 自大 zìdà

'hoch|mütig *adj* 高傲的 gāo'àode, 自大的 zìdàde **~nüsig** *adj* 目空一切的 mùkōng yīqiè de, 自负的 zìfùde

'Hoch|ofen *m* 高炉〔爐〕gāolú **~saison** *f* 旺季 wàngjì

'hochschätzen *vt* 高度评价〔價〕gāodù píngjià, 非常尊重 fēicháng zūnzhòng

'Hoch|schule *f* 高等学〔學〕校 gāoděng xuéxiào, 大学 dàxué **~seefischerei** *f* 远〔遠〕洋渔业〔業〕yuǎnyáng yúyè **~sommer** *m* 盛夏 shèngxià, 仲夏 zhòngxià **~spannung** *f* 高电〔電〕压〔壓〕gāodiànyā **~sprung** *m* 跳高 tiàogāo

'höchst I *adj* 最高的 zuìgāode, 极〔極〕度的 jídùde; II *adv* 极 jí, 非常 fēicháng

'Hochstapler *m* -s; - 骗子 piànzi, 伪〔僞〕君子 wěijūnzǐ

'höchstens *adv* 最多 zuìduō, 至多 zhìduō

'Höchst|geschwindigkeit *f* 最高速度 zuìgāo sùdù **~leistung** *f* (体育)最佳成绩 zuìjiā chéngjì; 最高效能 zuìgāo xiàonéng **~maß** *n* 最大限度 zuìdà xiàndù **~preis** *m* 最高价〔價〕格 zuìgāo jiàgé

'hochtrabend *adj* 浮夸〔誇〕的 fúkuāde, 夸夸其谈的 kuākuā qí tán de

'Hoch|verrat *m* 叛逆罪 pànnìzuì, 谋反罪 móufǎnzuì **~wald** *m* 乔〔喬〕木林 qiáomùlín **~wasser** *n* 1) (海的)高潮 gāocháo, (江河)高水位 gāoshuǐwèi; 2) 洪水 hóngshuǐ

'hochwertig *adj* 价〔價〕值高的 jiàzhí gāo de, 第一流的 dìyīliúde

'Hochzeit *f* -en 婚礼〔禮〕hūnlǐ, 结婚 jiéhūn **~sreise** *f* 新婚旅行 xīnhūn lǚxíng, 蜜月旅行 mìyuè lǚxíng

'hocken *vi* 1)蹲 dūn, 蹲坐 dūnzuò; 2) 屈腿腾跃〔躍〕qūtuǐ téngyuè

'Hocker *m* -s; - 凳〔櫈〕子 dèngzi

'Höcker *m* -s; 1) 突起 tūqǐ, 隆起 lóngqǐ; 2) 驼峰 tuófēng, 驼背 tuóbèi; (一些动物的)隆肉 lóngròu; 3) 小山丘 xiǎoshānqiū

Hockey ['hɔki] *n* -s 曲棍球 qūgùnqiú

'Hode *m* -n; -n, *f* -n, **~n** *m* -s; - 睾丸 gāowán

Hof *m* -(e)s; ⸚e 1) 庭院 tíngyuàn, 院子 yuànzi; 2) 农〔農〕舍 nóngshě, 农家院落 nóngjiā yuànluò; 3) 宫廷 gōngtíng, 朝廷 cháotíng; 4) (日、月的)晕 yùn; 5) j-m den ~ machen 向某人献〔獻〕殷勤 xiàng mǒurén xiàn yīnqín **~dame** *f* 宫女 gōngnǚ

'hoffen *vt, vi* 希望 xīwàng, 盼望 pànwàng, 指望 zhǐwàng (auf *A*); das Beste ~ 作最好的设想 zuò zuìhǎode shèxiǎng **~tlich** *adj* 但愿〔願〕dànyuàn; ~ kommst du 但愿你来

'Hoffnung *f* 希望 xīwàng, 期望 qīwàng (auf *A*); in der ~, bald von Ihnen zu hören 希望不久听到您的消息; seine ~ auf (*A*) setzen 寄希望于…

'hoffnungs|los *adj* 失望的 shīwàngde, 绝望的 juéwàngde, 毫无〔無〕指望的 háo wú zhǐwàng de **~voll** *adj* 充满希望的 chōngmǎn xīwàng de, 满〔滿〕怀〔懷〕希望的 mǎnhuái xīwàng de

'höfisch *adj* 1) 宫廷的 gōngtíngde; 2) 高雅的 gāoyǎde, 显〔顯〕贵的 xiǎnguìde

'höflich *adj* 有礼〔禮〕貌的 yǒu lǐmào de, 客气〔氣〕的 kèqide

'Höflichkeit *f* -en 礼〔禮〕貌 lǐmào, 客气〔氣〕kèqi

'Hofstaat *m* 朝臣 cháochén, 宫廷侍从〔從〕gōngtíng shìcóng

'Höhe *f* -n 1) 高 gāo, 高度 gāodù; in die ~ 向上 xiàngshàng, 上升〔昇〕shàngshēng; in gleicher ~ mit 与〔與〕…同样〔樣〕水平(高度) yǔ … tōngyàng shuǐpíng; 2) 纬〔緯〕度 wěidù; 3) 高地 gāo dì, 山丘 shānqiū,山峰 shānfēng; 4) 顶点〔點〕dǐngdiǎn, 顶峰 dǐngfēng; das ist die ~! 这简直到了极点(忍无可忍)! 5) auf der ~ sein 身体〔體〕健康 shēntǐ jiànkāng; 掌握(科学)最新情况 zhǎng wò zuìxīn qíngkuàng; ich bin nicht ganz auf der ~ 我身体不太舒服

'Hoheit *f* -en 1) 崇高 chónggāo, 尊严〔嚴〕zūnyán; 2) 最高权〔權〕力 zuìgāo quánlì, 主权 zhǔquán;

3) 殿下 diànxià **~sgebiet** *n* 领土 lǐngtǔ **~sgewässer** *pl* 领海 lǐnghǎi **~szeichen** *n* 国〔國〕家尊严〔嚴〕的标〔標〕志（如国徽、国旗等）guójiā zūnyán de biāozhì

'Höhen|kurort *m* 高山疗〔療〕养〔養〕地 gāoshān liáoyǎngdì **~sonne** *f* 1) 高山太阳〔陽〕 gāoshān tàiyáng; 2) 人工太阳灯〔燈〕 réngōng tàiyángdēng **~zug** *m* 山脉〔脈〕 shānmài, 山岭〔嶺〕 shānlǐng

'Höhepunkt *m* 顶点〔點〕 dǐngdiǎn, 高峰 gāofēng

hohl *adj* 1) 空的 kōngde, 空心的 kōngxīnde; 2) 凹陷的 āoxiànde; 3)（声音）低沉的 dīchénde; 4) 内容空洞的 nèiróng kōngdòng de, 思想贫乏的 sīxiǎng pínfá de

'Höhle *f* -n 1) 洞 dòng, 洞穴 dòngxué; 2) 巢穴 cháoxué; 栖〔棲〕身之所 qīshēn zhī suǒ, 棚屋 péngwū; 3) 眼窝〔窩〕 yǎnwō

'Hohl|maß *n* 容量单〔單〕位 róngliàng dānwèi **~raum** *m* 1)（锁着的）空房间 kòngfángjiān; 2) 空腔 kōngqiāng, 空穴 kōngxué **~spiegel** *m* 凹面镜 āomiànjìng

'Höhlung *f* -en 凹面 āomiàn, 凹处〔處〕 āochù; 洞穴 dòngxué

'Hohlweg *m* 山隘 shān'ài, 狭〔狹〕路 xiálù

Hohn *m* -(e)s; 嘲弄 cháonòng, 嘲讽〔諷〕 cháofěng

'höhnen *vi* 讥〔譏〕讽〔諷〕 jīfěng, 讽刺 fěngcì (über *A*)

'Hohngelächter *n* 讥〔譏〕讽〔諷〕的笑声〔聲〕 jīfěngde xiàoshēng

'höhnisch *adj* 讥〔譏〕讽〔諷〕的 jīfěngde, 嘲弄的 cháonòngde, 幸灾〔災〕乐〔樂〕祸〔禍〕的 xìng zāi lè huò de

'Höker *m* -s; - 小商贩 xiǎoshāngfàn, 小摊〔攤〕贩 xiǎotānfàn

'hökern *vt* 零售 língshòu, 零卖〔賣〕 língmài

'holen *vt* 1) 取来〔來〕 qǔlái, 拿来 nálái, 接来 jiēlái, 请来 qǐnglái; ~ lassen 派人去叫（取） pài rén qù jiào; 2) sich eine Krankheit ~ 得某种〔種〕病 dé mǒuzhǒng bìng; 3) sich bei j-m Rat ~ 向某人请教 xiàng mǒurén qǐngjiào

'Holländer *m* -s;- 荷兰〔蘭〕人 hélánrén

'Hölle *f* -n 1) 地狱 dìyù, 阴〔陰〕间 yīnjiān; 2) 苦境 kǔjìng, 苦难〔難〕的深渊〔淵〕 kǔnànde shēnyuān

'Höllen|angst *f* 极〔極〕度的恐惧〔懼〕 jídùde kǒngjù **~lärm** *m* 极〔極〕大的喧闹〔鬧〕声〔聲〕 jídàde xuānnàoshēng **~maschine** *f* 定时〔時〕炸弹〔彈〕 dìngshí zhàdàn **~pein** *f* 巨大的痛苦 jùdàde tòngkǔ

'höllisch *adj* 1) 地狱的 dìyùde; 2) 极〔極〕大的 jídàde, 剧〔劇〕烈的 jùliède

'holper|ig *adj* 1) 坑坑洼〔窪〕洼的 kēngkēng wāwā de, 坎坷不平的 kǎnkě bù píng de; 2) 不通顺的 bù tōngshùn de, 结结巴巴的 jiējiē bābā de **~n** *vi* 1) (*h*) 颠簸地行驶 diānbǒde xíngshǐ; 2) (*s*) 踉跄〔蹌〕地走 liàngqiàngde zǒu

Ho'lunder *m* -s; -（植物）接骨木 jiēgǔmù

Holz *n* -es; ⸚er 1) 木头〔頭〕 mùtou, 木材 mùcái; 2) 树〔樹〕木 shùmù, 小树（丛）林 xiǎo shùlín **~bildhauer** *m* 木雕工 mùdiāogōng **~blasinstrument** *n* 木管乐〔樂〕器 mùguǎn yuèqì

'hölzern *adj* 1) 木制〔製〕的 mùzhìde; 2) 生硬的 shēngyìngde, 笨拙的 bènzhuōde

'Holz|fäller *m* -s; - 伐木工 fámùgōng **~hacker** *m* -s; 伐木者 fámùzhě, 樵夫 qiáofū **~händler** *m* 木材商 mùcáishāng

'holzig *adj* 含木质〔質〕纤〔纖〕维的 hán mùzhì xiānwéi de; 木本的 mùběnde

'Holz|kohle *f* 木炭 mùtàn **~schnitt** *m* 1) 木刻术〔術〕 mùkèshù; 2) 木刻版画〔畫〕 mùkè bǎnhuà **~schnitzer** *m* 木雕刻者 mùdiāokèzhě, 木雕艺〔藝〕人 mùdiāo yìrén **~schuh** *m* 木屐 mùjī **~weg** *m* auf dem ~ sein 错了 cuòle, 想错了 xiǎng cuò le **~wolle** *f* 木棉 mùmián

Homöo'path *m* -en; -en 顺势〔勢〕疗〔療〕法医〔醫〕生 shùnshì liáofǎ yīshēng

homöo'pathisch *adj* （采用）顺势〔勢〕疗〔療〕法的 shùnshì liáofǎ de

homosexu'ell *adj* 同性恋〔戀〕爱〔愛〕的 tóngxìng liàn'ài de

'Honig *m* -s; -e 蜂蜜 fēngmì **~kuchen** *m* 蜂蜜糕 fēngmìgāo **~wabe** *f* 蜂巢 fēngcháo, 蜂房 fēngfáng

Hono'rar *n* -s; -e 酬金 chóujīn; 稿费 gǎofèi

Honorati'oren *pl* （小城镇的）德高望重者 dé gāo wàng zhòng zhě, 绅士 shēnshì

hono'rieren *vt* 1) （给自由职业者）付酬金 fù chóujīn; 2) 兑现 duìxiàn (Wechsel 汇票)

'Hopfen *m* -s; - 忽布 hūbù, 啤酒花 píjiǔhuā

'hopsen *vi* (*s*) （儿童）蹦 bèng, 跳

tiào

'**hörbar** *adj* 可听〔聽〕到的 kě tīngdào de, 听得见〔見〕的 tīngdejiànde

'**horchen** *vi* 1) 倾听〔聽〕 qīngtīng, 谛听 dìtīng; 2)窃〔竊〕听 qiètīng, 偷听 tōutīng

'**Horcher** *m* -s; - 倾听〔聽〕者 qīngtīngzhě, 偷听者 tōutīngzhě

'**Horde** *f* -n 1) (人)群 qún, 乌〔烏〕合之众〔衆〕 wūhé zhī zhòng; 2) (原始民族)部落 bùluò

'**hören** I *vt* 1) 听〔聽〕tīng, 听见〔見〕 tīngjiàn; 2) 听说 tīngshuō, 听到 tīngdào; 3) etw. an etw. ～ 从〔從〕…听出… cóng … tīngchū…; II *vi* 1) 听 tīng, 听得到 tīngdédào (von *D*); schwer ～ 听觉迟钝; 2) 听着 tīngzhe, 倾听 qīngtīng; ～ Sie mal! 您听着! 3) ～ auf (*A*) 听从… tīngcóng …

'**Hör|er** *m* -s; - 1) 听〔聽〕众〔衆〕 tīngzhòng, 听课者 tīngkèzhě, 旁听生 pángtīngshēng; 2) 听筒 tīngtǒng, 耳机〔機〕 ěrjī ～**erschaft** *f* 听众〔衆〕(总称) tīngzhòng ～**gerät** *n* 助听器 zhùtīngqì

'**hörig** *adj* j-m ～ sein 对〔對〕某人百依百顺 duì mǒurén bǎi yī bǎi shùn

Hori'zont *m* - (e)s; -e 1) 地平线〔綫〕 dìpíngxiàn; 2) 视野 shìyě, 眼界 yǎnjiè; seinen ～ erweitern 开扩眼界,见世面; das geht über meinen ～ 这超出了我的理解力

horizon'tal *adj* 水平的 shuǐpíngde, 地平的 dìpíngde

Hor'mon *n* -s; -e 荷尔〔爾〕蒙 hé'ěrméng, 激素 jīsù

Horn *n* I -(e)s; ⸚er 1) (兽)角 jiǎo; 2) 号〔號〕角 hàojiǎo, 圆号 yuánhào, 喇叭 lǎba; 3) 海角 hǎijiǎo, 岬 jiǎ, 山峰 shānfēng; II -(e)s; -e 角质〔質〕jiǎozhì ～**haut** *f* 1) 茧〔繭〕子 jiǎnzi, 老茧 lǎojiǎn; 2) 角膜 jiǎomó

Hor'nisse *f* -n 大黄蜂 dà huángfēng

Hor'nist *m* -en; -en 号〔號〕手 hàoshǒu

Horo'skop *n* -s; -e 占星 zhānxīng, 算命天宫图〔圖〕 suànmìng tiāngōngtú; j-m das ～ stellen 为某人占星(算命)

'**Hör|rohr** *n* 1) 听〔聽〕诊器 tīngzhěnqì; 2)(老式)助听器 zhùtīngqì ～**saal** *m* 1) (大学的)阶〔階〕梯教室 jiētī jiàoshì; 2) (在大学教室里的)听〔聽〕课者(总称) tīngkèzhě ～**spiel** *n* 广〔廣〕播剧〔劇〕 guǎngbōjù

'**horten** *vt* 储藏 chǔcáng, 积〔積〕聚 jījù

'**Hörweite** *f* in ～ 可听〔聽〕到 kě tīngdào

'**Hose** *f* -n 裤子 kùzi

'**Hosen|tasche** *f* 裤袋 kùdài ～**träger** *m* 裤背带〔帶〕 kùbēidài

Hospi'tal *n* -s; -e (⸚er) 医〔醫〕院 yīyuàn

'**Hostie** *f* -n (圣餐用)圣〔聖〕饼 shèngbǐng

Ho'tel *n* -s; -s 饭店 fàndiàn, 旅馆 lǚguǎn ～**besitzer** *m* 饭店(旅馆)老板或所有人 fàndiàn lǎobǎn huò suǒyǒurén ～**gewerbe** *n* 旅馆业〔業〕 lǚguǎnyè

Hote'lier *m* -s; -s (国营)大饭店(或旅馆)经〔經〕理 dà fàndiàn jīnglǐ

Hub *m* -(e)s; ⸚e 1) 举〔舉〕起 jǔqǐ, 上升〔昇〕 shàngshēng, 卷〔捲〕扬〔揚〕 juǎnyáng; 2) 提升高度 tíshēng gāodù, 卷扬高度 juǎnyáng gāodù; 3) 冲〔衝〕程 chōngchéng ～**raum** *m* 汽缸工作容积〔積〕 qìgāng gōngzuò róngjī

hübsch *adj* 1) 漂亮的 piàoliàngde, 好看的 hǎokànde; 2) 相当〔當〕的 xiāngdāngde

'**Hubschrauber** *m* 直升〔昇〕飞〔飛〕机〔機〕 zhíshēngfēijī

'**Huf** *m* -(e)s; -e 蹄 tí ～**eisen** *n* 马〔馬〕蹄铁〔鐵〕 mǎtítiě, 马掌 mǎzhǎng ～**schlag** *m* 马蹄声〔聲〕 mǎtíshēng ～**schmied** *m* 钉马掌的铁匠 dìng mǎzhǎng de tiějiàng

'**Hüft|e** *f* -n 髋 kuān, 臀部 túnbù ～**gelenk** *n* 髋关〔關〕节〔節〕 kuān guānjié ～**gürtel** *m* 腰带〔帶〕 yāodài, 吊袜〔襪〕带 diàowàdài

'**Hügel** *m* -s; - 丘陵 qiūlíng, 小山 xiǎoshān, 土堆 tǔdūn

'**hügelig** *adj* 丘陵起伏的 qiūlíng qǐfú de

Huhn *n* -(e)s; ⸚er 1) 鸡〔鷄〕 jī; 母鸡 mǔjī; junges ～ 小鸡; 2) 人 rén, 家伙 jiāhuo

'**Hühnchen** *n* -s; - 小鸡〔鷄〕 xiǎojī; mit j-m ein ～ zu rupfen (对过去的纠纷)要同某人算老帐〔帳〕 yào tóng mǒurén suàn lǎozhàng

'**Hühner|auge** *n* 鸡〔鷄〕眼 jīyǎn ～**ei** *n* 鸡〔鷄〕蛋 jīdàn ～**hof** *m* 1) 鸡〔鷄〕棚 jīpéng; 2) 养〔養〕鸡场〔場〕 yǎngjīchǎng ～**leiter** *f* 鸡〔鷄〕棚梯子 jīpéng tīzi

Huld *f* 仁慈 réncí, 慈爱〔愛〕 cí'ài, 宠〔寵〕爱 chǒng'ài

'**huldigen** *vi* 1) (j-m 向某人) 宣誓效忠 xuānshì xiàozhōng; 表示敬意 biǎoshì jìngyì, 致敬 zhìjìng; 2) 热〔熱〕中于〔於〕 rèzhōng yú, 沉溺于 chénnì yú (einer Sache 某事)

'**Huldigung** *f* -en 敬意 jìngyì, 致

敬 zhìjìng

'huld|reich, ~voll *adj* 仁慈的 réncíde, 慈爱〔愛〕的 cí'àide

'Hülle *f* -n 1) 外壳〔殼〕wàiké, 外皮 wàipí; 2) (书等的)封皮 fēngpí; 封套 fēngtào; 信封 xìnfēng; 3) (果实的)壳 ké, 荚〔莢〕jiá

'hüllen *vt* 包上 bāoshàng, 裹上 guǒshàng; sich in Schweigen ~ 保持缄默 bǎochí jiānmò

'Hülse *f* -n 1) 鞘 qiào, 套 tào, 管 guǎn, 筒 tǒng, 外壳〔殼〕wàiké; 2) 豆荚〔莢〕dòujiá; 谷壳 gǔké **~nfrüchte** *pl* 荚果 jiáguǒ

hu'man *adj* 人的 rénde; 人道的 réndàode

Humani'tät *f* 人性 rénxìng, 博爱〔愛〕bó'ài

'Hummel *f* -n 大蜂 dàfēng

'Hummer *m* -s; - 龙〔龍〕虾〔蝦〕lóngxiā

Hu'mor *m* -s; -e 幽默 yōumò, 诙谐 huīxié

Humo'rist *m* -en; -en 1) 幽默家 yōumòjiā, 幽默作家 yōumò zuòjiā; 2) 滑稽演员 huájī yǎnyuán

humo'ristisch *adj* 幽默的 yōumòde, 诙谐的 huīxiéde

'humpeln *vi* 1) (*s*) 跛行 bǒxíng, 蹒〔蹣〕跚地走 pánshānde zǒu; 2) 瘸 qué

Hund *m* -(e)s; -e 1) 狗 gǒu; 2) 人 rén, 家伙 jiāhuo; 3) auf den ~ kommen 身体〔體〕变〔變〕得衰弱 shēntǐ biànde shuāiròu; 经〔經〕济〔濟〕破产〔產〕jīngjì pòchǎn

'Hunde|hütte *f* 狗舍 gǒushè **~kuchen** *m* 喂狗的饼干〔乾〕wèigǒude bǐnggān **~leine** *f* 牵〔牽〕狗的绳〔繩〕索或链子 qiāngǒude shéngsuǒ huò liànzi

'hundemüde *adj* 非常疲乏的 fēicháng pífá de

'hundert *adj* 一百 yībǎi

'Hundert *n* -s; -e 一百 yībǎi; fünf vom ~ 百分之五; zu ~en 有好几百

'hundert|fach, ~fältig *adj* 百倍的 bǎibèide

'Hundertjahrfeier *f* 一百周年庆〔慶〕祝（纪念）yībǎi zhōunián qìngzhù

'hundert|jährig *adj* 百年的 bǎiniánde **~st** *adj* 第一百的 dì yībǎi de

'Hündin *f* -nen 雌狗 cígǒu

'hündisch *adj* 1) 盲从〔從〕的 mángcóngde, 奴性十足的 núxìng shízú de; 2) 卑鄙的 bēibǐde, 可耻的 kěchǐde

'hunds|ge'mein *adj* 卑劣的 bēiliède, 下贱〔賤〕的 xiàjiànde, 极〔極〕不体〔體〕面的 jí bù tǐmiàn de **~mise'rabel** *adj* 糟糕透顶的 zāogāo tòudǐng de, 极〔極〕不幸的 jíbùxìngde

'Hundstage *pl* 大伏天(7月24日至8月23日) dàfútiān

'Hüne *m* -n; -n 巨人 jùrén, 高大强壮〔壯〕的人 gāodà qiángzhuàng de rén

'Hunger *m* -s; 1) 饿 è, 饥饿 jī'è; ~ bekommen 饿了; ~ haben 感到饿了; vor ~ sterben 饿得要死; 2) 渴望 kěwàng (nach etw. 某物) **~kur** *f* 饥饿疗〔療〕法 jī'è liáofǎ **~leider** *m* 挨饿者 āi'èzhě, 穷〔窮〕光蛋 qióngguāngdàn **~lohn** *m* 不足以糊口的工资 bù zúyǐ húkǒu de gōngzī

'hungern *vi* 1) 饿 è, 挨饿 āi'è; j-n ~ lassen 使某人挨饿; 2) 节〔節〕食 jiéshí, 戒口 jièkǒu; 3) 渴望 kěwàng (nach etw. 某物)

'Hunger|snot *f* 饥〔饑〕荒 jīhuāng, 饥馑 jījǐn **~streik** *m* 绝食 juéshí **~tod** *m* 饿死 èsǐ **~tuch** *n* am ~ nagen 忍饥挨饿 rěn jī āi è

'hungrig *adj* 1) 饥饿的 jī'ède; 2) 渴望的 kěwàngde, 渴求的 kěqiúde (nach etw. 某物)

'Hupe *f* -n (车辆上的)喇叭 lǎbā

'hupen *vi* 按喇叭 àn lǎba

'hüpfen *vi* (*s*) 跳 tiào, 蹦 bèng, 跳跳蹦蹦 tiàotiào bèngbèng

'Hürde *f* -n 1) (体育)栏〔欄〕架 lánjià; 2) (用围篱圈起的)牧羊场〔場〕mùyángchǎng **~nrennen** *n* 障碍〔礙〕赛马〔馬〕zhàng'ài sàimǎ, 越野赛马 yuèyě sàimǎ

'Hure *f* -n 妓女 jìnǚ

'hurtig *adj* 迅速的 xùnsùde, 敏捷的 mǐnjiéde

Hu'sar *m* -en; -en 1) 匈牙利轻〔輕〕骑兵 xiōngyálì qīngqíbīng; 穿匈牙利式制服的轻骑兵 chuān xiōngyálìshì zhìfú de qīngqíbīng

husch *int* 1) (表示快而轻的动作)呼 hū! 2) 快 kuài! **'~en** *vi* (*s*) 倏忽而过〔過〕shūhū ér guò, (无声地)掠过 lüèguò

'hüsteln *vi* (连声)微咳 wēiké, 轻〔輕〕咳 qīngké

'husten *vi* 咳嗽 késòu

'Husten *m* -s; - 咳嗽 késòu **~bonbon** *m, n* 止咳糖 zhǐkétáng

Hut I *m* -(e)s; ⸚e 1) 帽子 màozi; den ~ abnehmen 脱帽; 2) ~ ab vor (*D*) 值得赞扬〔揚〕zhídé zànyáng; II *f* 1) 保护〔護〕bǎohù; 2) auf der ~ sein 小心 xiǎoxīn, 留神 liúshén

'hüten *vt* 1) 保护〔護〕bǎohù, 照看 zhàokàn; das Bett ~ 卧床〔牀〕

wòchuáng; 2) 放牧 fàngmù; 3) sich ~ vor (*D*) 留神 liúshén, 提防 dīfang
'Hüter *m* -s; - 1) 看守者 kānshǒuzhě, 守护〔護〕者 shǒuhùzhě; 2) 牧人 mùrén
'Hütte *f* -n 1) 小屋 xiǎowū, 茅舍 máoshè; 2) 冶金厂〔廠〕 yějīnchǎng, 冶炼〔煉〕厂 yěliànchǎng **~nwesen** *n* 冶金工业〔業〕 yějīn gōngyè
Hy'äne *f* -n 鬣狗 liègǒu
Hya'zinthe *f* -n (植物)风〔風〕信子 fēngxìnzǐ
Hy'drant *m* -en; -en 消火栓 xiāohuǒshuān; 取水管 qǔshuǐguǎn
Hy'draulik *f* 1) 水力学〔學〕 shuǐlìxué; 2) 液压〔壓〕系统 yèyā xìtǒng
hy'draulisch *adj* 水力的 shuǐlìde, 液压〔壓〕的 yèyāde
Hy'giene *f* 1) 卫〔衛〕生学〔學〕 wèishēngxué 2) 保健 bǎojiàn
hy'gienisch *adj* 卫〔衛〕生学〔學〕的 wèishēngxuéde; 保健的 bǎojiànde
'Hymne *f* -n (宗教)赞美诗 zànměishī, 圣〔聖〕歌 shènggē
Hyp'nose *f* -n 催眠状〔狀〕态〔態〕 cuīmián zhuàngtài; 催眠术〔術〕 cuīmiánshù
hypnoti'sieren *vt, vi* (为…)催眠 cuīmián
Hypo'chonder *m* -s; - 疑病患者 yíbìnghuànzhě, 忧〔憂〕郁症患者 yōuyùzhènghuànzhě
hypo'chondrisch *adj* 患疑病的 huànyíbìngde
Hypote'nuse *f* -n (数学)弦 xián, 斜边〔邊〕 xiébiān
Hypo'thek *f* -en 抵押 dǐyā; 抵押(取得的)资金 dǐyā zījīn; eine ~ aufnehmen 靠抵押取得一笔资金
hypothe'karisch *adj* 抵押的 dǐyāde
Hypo'these *f* -n 假定 jiǎdìng, 假说 jiǎshuō, 假设 jiǎshè
hypo'thetisch *adj* 假定的 jiǎdìngde, 假说的 jiǎshuōde, 有前提的 yǒuqiántíde
Hyste'rie *f* -n 歇斯底里 xiēsīdǐlǐ, 癔病 yìbìng
hys'terisch *adj* 歇斯底里的 xiēsīdǐlǐde, 癔病的 yìbìngde, 神经〔經〕质〔質〕的 shénjīngzhìde

I i

ich *pers. pron* 我 wǒ; hier bin ~ 我在这儿; ~ bin es 是我
Ich *n* -(s); -(s) 我 wǒ, 本人 běnrén; 自我 zìwǒ, 自我意识〔識〕 zìwǒ yìshí
ide'al *adj* 1) 理想的 lǐxiǎngde, 完美的 wánměide; 2) 想象中的 xiǎngxiàngzhōngde, 空想的 kōngxiǎngde
Ide'al *n* -s; -e 1) 完美 wánměi, 典范〔範〕 diǎnfàn; 2) 理想 lǐxiǎng
ideali'sieren *vt* 使理想化 shǐ lǐxiǎnghuà, 美化 měihuà
Idea'lis|mus *m* 1) 唯心主义〔義〕 wéixīnzhǔyì; 2)理想主义 lǐxiǎngzhǔyì **~t** *m* -en; -en 1)唯心主义〔義〕者 wéixīnzhǔyìzhě, 唯心论〔論〕者 wéixīnlùnzhě; 2) 理想主义者 lǐxiǎngzhǔyìzhě
I'dee *f* -n 1) 思想 sīxiǎng, 想法 xiǎngfǎ, 观〔觀〕点〔點〕 guāndiǎn; 2) 念头〔頭〕 niàntou, 主意 zhǔyi
identifi'zieren *vt* 1) 认〔認〕出 rènchū, 识〔識〕别 shíbié; 2) 认为〔爲〕…和…一致 rènwéi … hé … yīzhì, 把…视为相同 bǎ…shìwéi xiāngtóng; 3) sich ~ 和…打成一片 hé…dǎchéng yīpiàn
i'dentisch *adj* 同一的 tóngyīde, 相同的 xiāngtóngde, 一致的 yīzhìde
Identi'tät *f* 1) 同一 tóngyī, 一致 yīzhì; 2) 身份 shēnfèn
Ideolo'gie *f* -n 思想(体系) sīxiǎng, 意识〔識〕形态〔態〕 yìshì xíngtài
ideo'logisch *adj* 思想上的 sīxiǎngshàngde, 意识〔識〕形态〔態〕的 yìshì xíngtài de
Idi'ot *m* -en; -en 白痴〔癡〕 báichī, 傻子 shǎzi
Idio'tie *f* -n 1) 白痴〔癡〕 báichī; 2) 极〔極〕愚蠢的言行 jí yúchǔnde yánxíng
idi'otisch *adj* 愚蠢的 yúchǔnde, 白痴〔癡〕的 báichīde
I'dol *n* -s; -e 偶像 ǒuxiàng; 崇拜的对〔對〕象 chóngbàide duìxiàng
'Igel *m* -s; - 刺猬 cìwèi
Igno'ran|t *m* -en; -en 愚昧无〔無〕知的人 yúmèiwúzhīde rén **~z** *f* 无知 wúzhī, 愚昧 yúmèi

igno'rieren *vt* 不顾〔顧〕bùgù, 不理睬 bù lǐcǎi
ihm *pers pron* (er, es 的第三格) 他 tā; 它 tā
ihn *pers pron* (er 的第四格) 他 tā
'ihnen *pers pron* (sie 的复数第三格) 他们 tāmen
Ihnen *pers pron* (Sie 的第三格) 您 nín; 你们 nǐmen
ihr I *pers pron* 1) 你们 nǐmen; 2) (sie 的单数第三格) 她 tā; II *poss pron* 她的 tāde, 它的 tāde; 他(她, 它)们的 tāmende; der (die, das) ~e 他的;他们的; der (die, das) Ihre 您的 nínde; 你们的 nǐmende **~erseits** *adv* 在她方面 zài tā fāngmiàn; 在他(她)们方面 zài tāmen fāngmiàn
'Ihrerseits *adv* 在您(你们)方面 zài nín fāngmiàn
'ihr|es'gleichen *pron* 1) 象她(她们, 他们)一样〔樣〕的人 xiàng tā yīyàng de rén; 2) 象这〔這〕样的事 xiàng zhèyàng de shì **~-et'wegen** *adv* 为〔爲〕了她(她们, 他们)的缘故 wèi le tāde yuángù **~et'willen** *adv* um ~ = ihretwegen **~ige** *poss pron* der (die, das) ~ 她的 tāde; 他(她)们的 tāmende; der (die, das) Ihrige 您的 nínde; 你们的 nǐmende
'illeg|al *adj* 非法的 fēifǎde, 地下(活动)的 dìxiàde **~itim** *adj* 1) 违〔違〕法的 wéifǎde, 非法的 fēifǎde; 2) 私生的 sīshēngde
illu'sorisch *adj* 1) 幻想的 huànxiǎngde, 虚幻的 xūhuànde; 2) 徒劳〔勞〕的 túláode, 无〔無〕效的 wúxiàode
illu'strieren *vt* 1) 举〔舉〕例或以图〔圖〕表说明 jǔlì huò yǐ túbiǎo shuōmíng; 2) 配以插图 pèi yǐ chātú
'Iltis *m* -ses; -se 鸡〔鷄〕貂 jīdiāo
im *prp* = in dem
imagi'när *adj* 虚构〔構〕的 xūgòude, 假想的 jiǎxiǎngde; 想象中的 xiǎngxiàngzhōngde
'Imbiß *m* 点〔點〕心 diǎnxīn, 小吃 xiǎochī **~stube** *f* 小吃店 xiǎochīdiàn, (小)饮食部 yǐnshíbù
'Imker *m* -s; - 养〔養〕蜂人 yǎngfēngrén
immatriku'lieren *vt* 准许…注册入学〔學〕zhǔnxǔ … zhùcè rùxué; sich ~ lassen (在一高等学校)注册入学
'immer *adv* 1) 总〔總〕是 zǒngshì, 经〔經〕常 jīngcháng; für ~ 永远〔遠〕yǒngyuǎn; 2) (与形容词比较级连用)越来〔來〕越… yuèláiyuè …;~ mehr 越来越多;~ schneller 越来越快; 3) ~ noch 仍旧〔舊〕réngjiù, 还〔還〕是 háishì; 4) ~ wieder 再三地 zàisānde,反复〔復〕地 fǎnfùde; 5) (与疑问代词、加 auch 连用)无〔無〕论〔論〕wúlùn, 不管 bùguǎn; wer auch ~不论是谁…
'Immergrün *n* -s; -e 1) 长〔長〕春花 chángchūnhuā; 2) 常春藤 chángchūnténg
'immer|'hin *adv* 至少 zhìshǎo, 毕〔畢〕竟 bìjìng **~'zu** *adv* 经〔經〕常地 jīngchángde, 不断〔斷〕地 bùduànde
Immo'bilien *pl* 不动〔動〕产〔產〕bùdòngchǎn, 地产 dìchǎn **~händler** *m* 地产〔產〕商 dìchǎnshāng
im'mun *adj* 1) 免疫的 miǎnyìde; 不受影响〔響〕的 bùshòu yǐngxiǎng de; 2) 豁免的 huòmiǎnde, 免除的 miǎnchúde
Immuni'tät *f* 1) 免疫性 miǎnyìxìng; 2) 豁免权〔權〕huòmiǎnquán
'Imperativ *m* -s; -e (语法)命令式 mìnglìngshì
'Imperfekt *n* -s; -e (语法)过〔過〕去时〔時〕guòqùshí
Imperia'lis|mus *m* 帝国〔國〕主义〔義〕dìguózhǔyì **~t** *m* -en; -en 帝国主义者 dìguózhǔyìzhě
imperia'listisch *adj* 帝国〔國〕主义〔義〕的 dìguózhǔyìde
imperti'nent *adj* 不礼〔禮〕貌的 bùlǐmàode, 不知羞耻的 bùzhī xīuchǐ de
'impfen *vt* 1) 接种〔種〕(牛痘等) jiēzhòng; 2) 接枝 jiēzhī, 嫁接 jiàjiē
'Impf|schein *m* 种〔種〕痘证〔證〕zhòngdòuzhèng **~stoff** *m* 痘苗 dòumiáo, 疫苗 yìmiáo **~ung** *f* -en 1) 接种〔種〕jiēzhòng, 种痘 zhòngdòu; 2) (细菌等) 接种培养〔養〕jiēzhòng péiyǎng; (土壤) 接种 jiēzhòng
impo'nieren *vi* j-m ~ 给…留下深刻印象 gěi … liúxià shēnkè yìnxiàng; 使…赞叹〔嘆〕不已 shǐ … zàntàn bù yǐ
Im'port *m* -(e)s; -e 1) 进〔進〕口 jìnkǒu, 输入 shūrù; 2) 进口货 jìnkǒuhuò **~eur** *m* -s; -e 进〔進〕口商 jìnkǒushāng, 进口者 jìnkǒuzhě
impor'tieren *vt* 进〔進〕口 jìnkǒu, 输入 shūrù
impo'sant *adj* 1) 庄〔莊〕严〔嚴〕的 zhuāngyánde, 雄伟〔偉〕的 xióngwěide; 2) (仪表)堂堂的 tángtángde, 给人深刻印象的 gěi rén shēnkè yìnxiàng de

imprä'gnieren *vt* （为防腐等用化学制剂）浸渍 jìnzì，浸透 jìntòu

improvi'sieren *vt, vi* 1）即席创〔創〕作 jìxí chuàngzuò，即席演奏 jìxí yǎnzòu；2）临〔臨〕时〔時〕凑成 línshí còuchéng

Im'puls *m* -es; -e 1）推动〔動〕tuīdòng，促进〔進〕cùjìn；2）冲〔衝〕动 chōngdòng

impul'siv *adj* 冲〔衝〕动〔動〕的 chōngdòngde，一时〔時〕冲动引起的 yīshí chōngdòng yǐnqǐ de

im'stande *adj* ～ sein zu 有能力… yǒu nénglì…，能够… nénggòu …

in *prp* (*D, A*) 1)（表示地点）在…里〔裏〕面 zài … lǐmiàn；到…里面去 dào … lǐmiàn qù；向（朝）… 去 xiàng … qù；im Hause 在屋里；im ersten Stock 在二楼；in der Schule (im Theater) 在学校（剧院）；～ die Schule（～s Theater）去上学（看戏）；～ England 在英国；waren Sie schon einmal ～ England？您去过英国吗？2)（表示时间）在…(时间）内 zài … nèi，在…期间 zài … qījiān；在…之后〔後〕zài … zhī hòu；～ drei Tagen 在三天内；heute ～ vierzehn Tagen（在）两星期后的今天；im Jahre 1960 在 1960 年；im Frühling 在春天（季）；～ der Nacht（在）夜里；～ letzter Zeit 最近 zuìjìn；3)（表示方式方法）用 yòng，以 yǐ；～ großer Eile 急匆匆地 jícōngcōngde；～ Frieden leben 和睦地生活 hémùde shēnghuó；～ Reichweite 在附近 zài fùjìn；在能力所及的范〔範〕围〔圍〕内 zài nénglì suǒjí de fànwéi nèi；4)（表示情况、状态）在 zài；im Alter von fünfzehn Jahren 在十五岁时；～ Behandlung 在治疗中

'Inbegriff *m* 1）全部 quánbù，整体〔體〕zhěngtǐ；2）典范〔範〕diǎnfàn，完美的化身 wánměide huàshēn

'inbegriffen *adj* 包括在内的 bāokuòzàinèide，计算在内的 jìsuànzàinèide

'Inbrunst *f* 热〔熱〕情 rèqíng，热烈 rèliè

'inbrünstig *adj* 热〔熱〕情的 rèqíngde，热烈的 rèliède

in'dem *cj* 1）通过〔過〕… 方法 tōngguò … fāngfǎ；2）当〔當〕…的时〔時〕候 dāng…de shíhòu；～ er mich ansah, sagte er 当他看到我时，他说

'Inder *m* -s;- 印度人 yìndùrén

in'des(sen) I *adv* 1）在这〔這〕期〔時〕间 zài zhè qījiān；2）可是 kěshì，然而 rán'ér；II *cj* 当〔當〕…的时〔時〕候 dāng…de shíhòu

In'dianer *m* -s;- 印第安人 yìndì'ānrén

Indikativ *m* -s; -e（动词的）直陈式 zhíchénshì

'indirekt *adj* 间接的 jiànjiēde

'indisch *adj* 印度的 yìndùde

'indiskret *adj* 不慎重的 bùshènzhòngde，轻〔輕〕率的 qīngshuàide

Indiskreti'on *f* -en 1）泄密 xièmì，泄露 xièlù；2）轻〔輕〕率 qīngshuài，不慎重 bùshènzhòng

'indiskutabel *adj* 不值得讨论〔論〕的 bùzhíde tǎolùn de，不屑考虑〔慮〕的 bùxiè kǎolǜ de

individu'ell *adj* 1）个〔個〕人的 gèrénde，个体〔體〕的 gètǐde，个别的 gèbiéde；2）独〔獨〕特的 dútède，特殊的 tèshūde

Indi'viduum *n* -s; ..duen 个〔個〕人 gèrén，个体〔體〕gètǐ

In'dizienbeweis *m* 情况证〔證〕据〔據〕qíngkuàng zhèngjù，推定证据 tuīdìng zhèngjù，间接证据 jiànjiē zhèngjù

Indossa'ment *n* -s; -e（票据）背书〔書〕bèishū

indos'sieren *vt* 背书〔書〕（把权利转让给别人）bèishū

Industriali'sierung *f* -en 工业〔業〕化 gōngyèhuà

Indu'strie *f* -n 工业〔業〕gōngyè ～**anlage** *f* 工业设备〔備〕gōngyè shèbèi ～**arbeiter** *m* 产〔產〕业工人 chǎnyè gōngrén ～**ausstellung** *f* 工业展览〔覽〕gōngyè zhǎnlǎn ～**erzeugnis** *n* 工业产〔產〕品 gōngyè chǎnpǐn ～**gebiet** *n* 工业区〔區〕gōngyèqū

industri'ell *adj* 工业〔業〕的 gōngyède

Industri'elle *m* -n; -n 实〔實〕业〔業〕家 shíyèjiā，工业家 gōngyèjiā

Indu'striestaat *m* 工业〔業〕国〔國〕gōngyèguó

inein'ander *adv* 交织〔織〕地 jiāozhīde，相互交融地 xiānghù jiāoróng de ～**greifen*** *vi* 1)（齿轮等）相啮〔嚙〕合 xiāngnièhé；2）交错连接 jiāocuò liánjiē，相互交错 xiānghù jiāocuò

in'fam *adj* 邪恶〔惡〕的 xié'ède，可耻的 kěchǐde

Infante'r|ie *f* -n 步兵（部队）bùbīng ～**ist** *m* -en; -en 步兵 bùbīng

Infekti'on *f* -en 传〔傳〕染 chuánrǎn，感染 gǎnrǎn ～**skrankheit** *f* 传染病 chuánrǎnbìng

'Infinitiv *m* -s; -e（动词）不定式

bùdìngshì

infi'zieren *vt* 1) 传〔傳〕染 chuánrǎn, 感染 gǎnrǎn; 2) 使受影响〔響〕shǐ shòu yǐngxiǎng

Inflati'on *f* -en 通货膨胀 tōnghuò péngzhàng

in'folge *prp* (*G*) 由于〔於〕yóuyú ~**'dessen** *adv* 因此 yīncǐ, 所以 suǒyǐ

Informati'on *f* -en 1) 通知 tōngzhī, 报〔報〕告 bàogào; 2) 消息 xiāoxi, 情报 qíngbào; 3) 问讯处〔處〕wènxùnchù

infor'mieren *vt* 通知 tōngzhī, 告诉 gàosù, 报〔報〕告 bàogào

Ingenieur [inʒe'njø:r] *m* -s; -e 工程师〔師〕gōngchéngshī

'Ingwer *m* -s; 姜 jiāng

'Inhaber *m* -s; - 1) 所有人 suǒyǒurén, 持有人 chíyǒurén; 2) 业〔業〕主 yèzhǔ

'Inhalt *m* -(e)s; -e 1) (容器里面的)东〔東〕西 dōngxi; 2)内容 nèiróng; 3)面积〔積〕miànjī, 体〔體〕积 tǐjī ~**sangabe** *f* 内容提要 nèiróng tíyào

'inhalts||los *adj* 1) 无〔無〕内容的 wúnèiróngde, 空洞的 kōngdòngde; 2) 毫无意义〔義〕的 háowúyìyìde, 无关〔關〕紧〔緊〕要的 wúguān jǐnyào de ~**reich** *adj* 内容丰〔豐〕富的 nèiróng fēngfù de

'Inhaltsverzeichnis *n* 1) (送货)清单〔單〕qīngdān; 2) (书刊) 目录〔錄〕mùlù

Initia'tive *f* 1) 发〔發〕起 fāqǐ, 首创〔創〕shǒuchuàng; 2) 主动〔動〕zhǔdòng; 积〔積〕极〔極〕性 jījíxìng; die ~ ergreifen 采取主动

In'kasso *n* -s; -s (..si) 收帐〔帳〕shōuzhàng, 收款 shōukuǎn

'inkonsequent *adj* 1) 不连贯的 bùliánguànde, 前后〔後〕不一致的 qiánhòu bùyīzhì de; 2) 不坚〔堅〕定的 bùjiāndìngde, 不彻〔徹〕底的 bùchèdǐde

'Inkonsequenz *f* -en 见 inkonsequent

In'krafttreten *n* -s; 生效 shēngxiào

'Inland *n* -(e)s; 1) 本国〔國〕běnguó, 国内 guónèi; 2) 内地 nèidì

'inländisch *adj* 国〔國〕内的 guónèide, 本国的 běnguóde

'Inlett *n* -(e)s; -e (羽绒被褥的) 被套 bèitào, 套袋 tàodài

in'mitten *prp* (*G*) 在…中间 zài … zhōngjiān

'inne|haben* *vt* 1) 担〔擔〕任 dānrèn (Amt 职务); 2) 掌握 zhǎngwò, 占〔佔〕有 zhànyǒu ~**halten*** *vi* 停止 tíngzhǐ, 中断〔斷〕zhōngduàn

'innen *adv* 在里〔裏〕面 zài lǐmiàn, 在内部 zài nèibù; nach ~ 向里面

'Innen|architekt *m* 室内装〔裝〕饰设计师〔師〕shìnèi zhuāngshì shèjìshī ~**ausstattung** *f* 内部设备〔備〕nèibù shèbèi ~**minister** *m* 内政(务)部长〔長〕nèizhèng bùzhǎng ~**ministerium** *n* 内政(务)部 nèizhèngbù ~**politik** *f* 对〔對〕内政策 duìnèi zhèngcè, 国内政策 guónèi zhèngcè ~**seite** *f* 里〔裏〕面 lǐmiàn, 内侧 nèicè ~**stadt** *f* 市中心 shìzhōngxīn, 内城 nèichéng

'inner *adj* 1) 内部的 nèibùde, 里〔裏〕面的 lǐmiànde; 2) 内心的 nèixīnde, 内在的 nèizàide; 内科的 nèikēde; 3) 国〔國〕内的 guónèide

'Innere *n* -n; 1) 内部 nèibù, 核心 héxīn; Minister(ium) des Innern 内政部(长); 2) (人的)心灵〔靈〕xīnlíng, 内心世界 nèixīn shìjiè

Inne'reien *pl* (可食用的动物)内脏〔臟〕nèizàng, 下水 xiàshuǐ

'inner|halb I *prp* (*G*) 在…里〔裏〕面 zài … lǐmiàn; 在…范〔範〕围〔圍〕内 zài … fànwéinèi; II *adv* 在…之内 zài … zhī nèi ~**lich** *adj* 1) 内部的 nèibùde; 内服的 nèifúde; 2) 内心的 nèixīnde, 精神上的 jīngshénshàngde; 3) 内向的 nèixiàngde, (感情) 不外露的 bùwàilùde

'innig *adj* 1) 衷心的 zhōngxīnde, 真挚〔摯〕的 zhēnzhìde; 2) 紧〔緊〕密的 jǐnmìde, 密切的 mìqiède

'Innung *f* -en 手工业〔業〕同业工会〔會〕shǒugōngyè tóngyè gōnghuì

'inoffiziell *adj* 非官方的 fēiguānfāngde, 私下的 sīxiàde

ins *prp* = in das

'Insasse *m* -n; -n 1) (同一养老院或同狱犯人等)居住者 jūzhùzhě; 2) (同车、同船等的) 乘客 chéngkè

insbe'sond(e)re *adv* 特别 tèbié, 尤其 yóuqí

'Inschrift *f* 1) 碑文 bēiwén, 铭文 míngwén; 2) (硬币等上的) 刻印文字 kèyìn wénzì

In'sekt *n* -(e)s; -en 昆虫〔蟲〕kūnchóng

'Insel *f* -n 1) 岛〔島〕dǎo, 岛屿〔嶼〕dǎoyǔ; 2) (马路中的) 安全岛 ānquándǎo ~**bewohner** *m* 岛上居民 dǎoshàngjūmín

Inse'rat *n* -(e)s; -e (报刊上的) 广〔廣〕告 guǎnggào

inse'rieren *vt, vi* 刊登 (…的) 广〔廣〕告 kāndēng guǎnggào

insge|'heim *adv* 秘密地 mìmìde, 私下地 sīxiàde **～'samt** *adv* 总〔總〕共 zǒnggòng, 全部 quánbù

in'sofern I *cj* 1) 倘若 tǎngruò, 只要 zhǐyào; ～ als 在…范〔範〕围〔圍〕内 zài … fànwéinèi, 由于〔於〕yóuyú; II *adv* 就这〔這〕点〔點〕而言 jiù zhèdiǎnér yán, 就这方面来〔來〕说 jiù zhèfāngmiàn lái shuō

'insolvent *adj* 无〔無〕偿〔償〕债能力的 wú chángzhài nénglì de, 破产〔產〕的 pòchǎnde

Inspekti'on *f* -en 检〔檢〕查 jiǎnchá, 审〔審〕查 shěnchá; 视察 shìchá

In'spektor *m* -en 检〔檢〕查员 jiǎncháyuán, 监〔監〕督员 jiāndūyuán, 视察员 shìcháyuán

inspi'rieren *vt* 1) 激励〔勵〕jīlì, 鼓励 gǔlì; 2) 使有灵〔靈〕感 shǐ yǒu línggǎn, 启〔啟〕示 qǐshì

inspi'zieren *vt* 检〔檢〕查 jiǎnchá, 考察 kǎochá, 视察 shìchá

Installa'teur *m* -s; -e 安装〔裝〕工人 ānzhuāng gōngrén

instal'lieren *vt* 1) 安装〔裝〕ānzhuāng, 装修 zhuāngxiū; 2) 任命 rènmìng

in'stand *adv* ～ halten 保护〔護〕好 bǎohùhǎo, 使保持完整 shǐ bǎochí wánzhěng; ～ setzen 修理 xiūlǐ, 修复〔復〕xiūfù

In'standhaltung *f* 维修 wéixiū, 保养〔養〕bǎoyǎng; 维持 wéichí, 保持(完整) bǎochí

'inständig *adv* j-n ～ bitten 恳〔懇〕求某人 kěnqiú mǒurén

In'stanz *f* -en 1) 主管部门〔門〕zhǔguǎn bùmén, 有关〔關〕当〔當〕局 yǒuguān dāngjú; 2) 法院 fǎyuàn; 审〔審〕级 shěnjí **～enweg** *m* 官方途径〔徑〕guānfāng tújìng, 行政手续〔續〕xíngzhèng shǒuxù; auf dem ～ 按照(官方)规定的程序 ànzhào guīdìngde chéngxù

In'stinkt *m* -(e)s; -e 1) 本能 běnnéng, 天性 tiānxìng; 2) 直觉〔覺〕zhíjué

instink'tiv *adj* 1) (出于) 本能的 běnnéngde; 天性的 tiānxìngde; 2) 凭〔憑〕直觉〔覺〕的 píng zhíjué de

Insti'tut *n* -(e)s; -e 1) 学〔學〕会〔會〕xuéhuì, 研究所 yánjiūsuǒ; 2) 学院 xuéyuàn

Instru'ment *n* -(e)s; -e 1) 工具 gōngjù; 仪〔儀〕器 yíqì; 2) 乐〔樂〕器 yuèqì

insze'nieren *vt* 1) 上演 shàngyǎn, 把…搬上舞台〔臺〕bǎ …bānshàng wǔtái; 2) 策划〔劃〕cèhuà, 安排 ānpái

Insze'nierung *f* -en 1) 导〔導〕演 dǎoyǎn; 2) 策划〔劃〕cèhuà, 组织〔織〕zǔzhī

Integrati'on *f* -en 1) 组合 zǔhé, 结合 jiéhé, 一体〔體〕化 yītǐhuà; 2) (数学)积〔積〕分(法) jīfēn

inte'grieren *vt* 1) 使成整体〔體〕shǐ chéng zhěngtǐ, 使一体化 shǐ yītǐhuà; 2)求…的积〔積〕分 qiú … de jīfēn

intellektu'ell *adj* 理智的 lǐzhìde, 有才智的 yǒucáizhìde, 善于〔於〕思考的 shànyú sīkǎo de

Intellektu'elle *m* -n; -n 知识〔識〕分子 zhīshi fènzǐ

intelli'gent *adj* 聪〔聰〕明的 cōngmíngde, 有才智的 yǒucáizhìde

Intelli'genz *f* -en 1) 智力 zhìlì, 理解力 lǐjiělì; 聪〔聰〕明 cōngmíng, 才智 cáizhì; 2) 知识〔識〕界 zhīshijiè; 知识分子 (总称) zhīshi fènzǐ

Inten'dant *m* -en; -en (剧院等)经〔經〕理 jīnglǐ

inten'siv *adj* 1) 紧〔緊〕张的 jǐnzhāngde, 努力的 nǔlìde; 2) 强烈的 qiángliède, 剧〔劇〕烈 jùliède; 3)(农业)集约的 jíyuēde

interes'sant *adj* 有趣的 yǒuqùde, 令人感兴〔興〕趣的 lìng rén gǎnxìngqù de

Inte'resse *n* -s; -n 1) 兴〔興〕趣 xìngqù, 趣味 qùwèi (an *D*, für *A*); 2) 感兴趣的事 gǎnxìngqùde shì, 爱〔愛〕好 àihào; 3) 利益 lìyì, 好处〔處〕hǎochù; 4) 利息 lìxī, 盈利 yínglì **～ngemeinschaft** *f* 利益组合 lìyì zǔhé

Interes'sent *m* -en; -en 1) 有兴〔興〕趣者 yǒuxìngqùzhě, 参〔參〕与〔與〕者 cānyùzhě; 2) 得益者 déyìzhě; 3) 有购〔購〕买〔買〕兴趣的人 yǒu gòumǎi xìngqù de rén

interes'sieren *vt* 使感兴〔興〕趣 shǐ gǎnxìngqù (für *A*); sich ～ für (*A*) 对…感兴趣

in'tern *adj* 1) 内部的 nèibùde; 2) 内科的 nèikēde; 内服的 nèifúde; 3) 寄宿的 jìsùde (Schüler 学生)

Inter'nat *n* -(e)s; -e 1) 寄宿学〔學〕校 jìsù xuéxiào; 2) (寄宿学校的)学生宿舍 xuéshēng sùshè

internatio'nal *adj* 国〔國〕际〔際〕的 guójìde

inter'nieren *vt* 1) 拘留 (敌国侨民等) jūliú; 2) 隔离〔離〕(病人) gélí

Inter'nist *m* -en; -en 内科医〔醫〕生 nèikē yīshēng

interpre'tieren *vt* 1) 解释〔釋〕jiěshì, 说明 shuōmíng; 2) 表演 biǎoyǎn, 演奏 yǎnzòu

Inter|punkti'on *f* -en 标〔標〕点〔點〕符号〔號〕应〔應〕用法 biāodiǎn fúhào yìngyòngfǎ; 加标点 jiā biāodiǎn **～'vall** *n* -s; -e 1) (时〔時〕间)间隔 jiàngé, 间歇 jiànxiē; 2) (空间)距离〔離〕jùlí, 间隙 jiànxì

interve'nieren *vi* 1) 插手 chāshǒu, 干涉 gānshè; 2) 武装〔裝〕干涉他国〔國〕内政 wǔzhuāng gānshè tāguó nèizhèng

Inter'view *n* -s; -s (记者的) 采〔採〕访 cǎifǎng, 访问 fǎngwèn

inter'viewen *vt* (记者) 采〔採〕访 cǎifǎng, 访问 fǎngwèn

in'tim *adj* 1) 亲〔親〕密的 qīnmìde 知心的 zhīxīnde; 2) 私下的 sīxiàde, 秘密的 mìmìde; 3) 舒适〔適〕的 shūshìde; 4) 通晓〔曉〕的 tōngxiǎode, 熟悉的 shúxīde

Intimi'tät *f* 1) 亲〔親〕密 qīnmì, 亲近 qīnjìn, 知己 zhījǐ; 2) 舒适〔適〕shūshì, 适意 shìyì; 3) 亲昵行为〔爲〕qīnnì xíngwéi

'intolerant *adj* 不能容忍的 bùnéng róngrěn de, 不能宽容的 bùnéng kuānróng de; 偏狭〔狹〕的 piānxiáde

'Intoleranz *f* -en 不容忍 bùróngrěn; 不容异〔異〕说 bùróng yìshuō; 偏执〔執〕piānzhí

'intransitiv *adj* (语法) 不及物的 bùjíwùde

In'trige *f* -n 阴〔陰〕谋 yīnmóu, 诡计 guǐjì

intri'gieren *vi* 搞阴〔陰〕谋 gǎo yīnmóu, 施诡计 shī guǐjì

Inva'lid|e *m* -n; -n 伤〔傷〕残〔殘〕者 shāngcánzhě, 残废〔廢〕人 cánfèirén, 伤病员 shāngbìngyuán **～enrente** *f* 伤残保险〔險〕金 shāngcán bǎoxiǎnjīn

Invali'tät *f* -en 伤〔傷〕残〔殘〕shāngcán, 残废〔廢〕cánfèi

Inven'tar *n* -s; -e 1) 财产〔產〕cáichǎn; 存货 cúnhuò; 2) 财产目录〔錄〕cáichǎn mùlù, 存货清单〔單〕cúnhuò qīngdān

Inven'tur *f* -en (商业) 盘〔盤〕货 pánhuò; ～ machen 盘货

inve'stieren *vt* 1) 任命 rènmìng; 2) 投资 tóuzī

Investiti'on *f* -en 投资 tóuzī

'inwie|fern *cj* (表示程度) 怎么〔麼〕样〔樣〕zěnmeyàng, 到什么程度 dào shénme chéngdù **～'weit** *cj* (表示程度、范围)多少 duōshǎo, 到何种〔種〕程度 dào hézhǒng chéngdù

in'zwischen *adv* 1) 在这〔這〕期间 zài zhè qījiān, 在这时〔時〕候 zài zhè shíhòu; 2) 从〔從〕那时起 cóng nàshí qǐ

I'on *n* -s; -en 离〔離〕子 lízǐ

'ird|en *adj* 粘土制〔製〕的 niántǔzhìde, 陶制的 táozhìde **～isch** *adj* 1) 人世间的 rénshìjiānde, 尘〔塵〕世的 chénshìde; 2) 地球上的 dìqiúshàngde

'Ire *m* -n; -n 爱〔愛〕尔〔爾〕兰〔蘭〕人 ài'ěrlánrén

'irgend *adv* 任何 (一个) rènhé, 随〔隨〕便什么〔麼〕(东西) suíbiàn shénme; ～ so ein ... 说不上是个什么...; wenn ～ möglich 只要可能 zhǐyào kěnéng; wenn ich ～ kann 只要我有一点可能 **～'ein** *indef pron* 某一个〔個〕mǒuyīgè, 任何一个 rènhé yīgè **～jemand** *indef pron* 某人 mǒurén, 有人 yǒurén, 任何人 rènhérén **～'wann** *adv* 在某个时〔時〕候 zài mǒugè shíhòu, 任何时候 rènhé shíhòu **～'wie** *adv* 用某种〔種〕方式 yòng mǒuzhǒng fāngshì; 不管用何种方式 bùguǎn yòng hézhǒng fāngshì **～'wo** *adv* 在某处〔處〕zài mǒuchù; 在任何地方 zài rènhé dìfāng **～wo'her** *adv* 从〔從〕某地来〔來〕cóng mǒudì lái; 从任何一个地方来 cóng rènhé yīgè dìfāng lái **～wo'hin** *adv* 到某个地方去 dào mǒugè dìfāng qù; 到任何地方去 dào rènhé dìfāng qù

'irisch *adj* 爱〔愛〕尔〔爾〕兰〔蘭〕的 ài'ěrlánde

Iro'nie *f* -n 讽〔諷〕刺 fěngcì, 冷嘲 lěngcháo, 反话 fǎnhuà

i'ronisch *adj* 讽〔諷〕刺的 fěngcìde, 嘲弄的 cháonòngde

'irre *adj* 1) 迷乱〔亂〕的 míluànde, 困惑的 kùnhuòde, 糊涂〔塗〕的 hútude; 2) 发〔發〕疯〔瘋〕的 fāfēngde, 精神错乱的 jīngshén cuòluàn de

'Irre I *f* in die ～ gehen 走错了路 zǒu cuò le lù; 弄错 nòngcuò, 误解 wùjiě; II *m, f* -n; -n 有精神病的人 yǒu jīngshénbìng de rén, 疯〔瘋〕子 fēngzi; wie ein ～r 象疯子似的

'irre|führen *vt* 1) 把...引入歧途 bǎ ... yǐnrù qítú; 2) 使迷惑 shǐ míhuò, 欺骗 qīpiàn **～gehen*** *vi* (*s*) 1) 迷路 mílù; 2) 弄错 nòngcuò; 受骗 shòupiàn **～machen** *vt* 使迷惑 shǐ míhuò; 把...搞乱〔亂〕bǎ ... gǎoluàn **～n** I *vi* 迷路 mílù, 瞎跑 xiāpǎo; II *v sich* 弄错 nòngcuò, 误解 wùjiě (in *D*); 算错 suàncuò

'Irren|anstalt *f* 精神病院 jīngshén bìngyuàn **～arzt** *m* 精神病医〔醫〕生 jīngshénbìng yīshēng **～haus** *n* 见 Irrenanstalt '**irrereden** *vi* 胡言乱〔亂〕语 húyán luànyǔ

'**Irr|fahrt** *f* 迷失方向的行驶 míshī fāngxiàng de xíngshǐ ~**garten** *m* 迷宫 mígōng ~**glaube** *m* 异〔異〕教 yìjiào, 异端 yìduān

'**irr|gläubig** *adj* 异〔異〕教的 yìjiàode, 异端的 yìduānde ~**ig** *adj* 错误的 cuòwùde, 不正确〔確〕的 bùzhèngquède

irri'tieren *vt* 1) 激怒 jīnù, 使烦躁 shǐ fánzào; 2) 使搞错 shǐ gǎocuò

'**Irr|lehre** *f* 异〔異〕教 yìjiào, 异端 yìduān ~**licht** *n* 磷火 línhuǒ, 鬼火 guǐhuǒ ~**sinn** *m* 精神错乱〔亂〕jīngshén cuòluàn, 发〔發〕疯〔瘋〕fāfēng

'**irrsinnig** *adj* 精神错乱〔亂〕的 jīngshén cuòluàn de, 发〔發〕疯〔瘋〕的 fāfēngde

'**Irrtum** *m* -s; -er 错误 cuòwù, 疏忽 shūhu; im ~ sein 错了, 犯了错误

'**irrtümlich** *adj* 错误的 cuòwùde ~**erweise** *adv* 错误地 cuòwùde

'**Irrwisch** *m* -es; -e 1) 见 Irrlicht; 2) 顽皮的孩子 wánpíde háizi; 冒失轻〔輕〕佻的人 màoshī qīngtiāo de rén; 坐立不定的人 zuòlìbùdìngde rén

'**Ischias** *f* (口语也用 *n, m*) 坐骨神经〔經〕痛 zuògǔ shénjīng tòng

'**Islam** *m* -s; 伊斯兰〔蘭〕教 yīsīlánjiào

'**Isländer** *m* -s; - 冰岛〔島〕人 bīngdǎorén

'**isländisch** *adj* 冰岛〔島〕的 bīngdǎode

Iso'lator *m* -s; -en 1) 绝缘体〔體〕juéyuántǐ; 2) 隔声〔聲〕装〔裝〕置 géshēng zhuāngzhì

Iso'lierband *n* 绝缘带〔帶〕juéyuándài

iso'lieren *vt* 1) 隔离〔離〕gélí, 使孤立 shǐ gūlì; 2) 使绝缘 shǐ juéyuán

Iso'top *n* -s; -e 同位素 tóngwèisù

Isra'eli *m* -s; -s 以色列人 yǐsèlièrén, 犹〔猶〕太人 yóutàirén

Itali'ener *m* -s; - 意大利人 yìdàlìrén

itali'enisch *adj* 意大利的 yìdàlìde

I-Tüpfelchen *n* -s; - bis aufs ~ 十分精细地 shífēn jīngxì de, 一丝〔絲〕不苟地 yīsī bùgǒu de

J j

ja I *adv* 1) 是的 shìde, 对〔對〕duì; ~ doch, ~ freilich 确〔確〕实〔實〕quèshí, 当〔當〕然 dāngrán; da ist er ~! 他在这儿呢! ich sagte es Ihnen ~ 我不是早跟您说过这事了嘛; 2) 一定 yìdìng, 非得 fēiděi; tut es ~ nicht! (你们)可不要干这种事! vergessen Sie es ~ nicht! 您可别把这事给忘了! II *cj* ~ sogar, ~ selbst 甚至 shènzhì; wenn ~ 如果这〔這〕样〔樣〕rúguǒ zhèyàng; er ist ~ mein Freund 他的确是我的朋友; tā díquè shì wǒde péngyou; III *intj* ~, weißt du denn nicht, daß 喔,你真的不知道… ō, nǐ zhēnde bù zhīdào…

Jacht *f* -en 1) (竞赛用)小帆船 xiǎo fānchuán, 快艇 kuàitǐng; 2) 游艇 yóutǐng

'**Jacke** *f* -n 短上衣 duǎn shàngyī, 夹〔夾〕克 jiákè

Jackett [ʒa'kɛt] *n* -s; -e(-s) 西装〔裝〕上衣 xīzhuāng shàngyī

Jagd *f* -en 1) 打猎〔獵〕dǎliè, 狩猎 shòuliè; auf die ~ gehen 去打猎; auf der ~ sein 在打猎; 2) 追逐 zhuīzhú, 追捕 zhuībǔ; auf j-n ~ machen 追捕某人; auf etw. ~ machen 追求某物; 3) 狩猎区〔區〕shòulièqū ~**aufseher** *m* 猎〔獵〕区〔區〕管理员 lièqū guǎnlǐyuán ~**bomber** *m* 歼〔殲〕击〔擊〕(战斗)轰〔轟〕炸机〔機〕jiānjī hōngzhàjī ~**flinte** *f* 猎〔獵〕枪〔槍〕lièqāng ~**flugzeug** *n* 歼〔殲〕击〔擊〕机〔機〕jiānjījī, 战〔戰〕斗〔鬥〕机 zhàndòujī ~**geschwader** *n* 战〔戰〕斗〔鬥〕机〔機〕联〔聯〕队〔隊〕zhàndòujī liánduì ~**gesellschaft** *f* 1) 狩猎〔獵〕协〔協〕会〔會〕shòuliè xiéhuì; 2) 参〔參〕加狩猎的全体〔體〕人员 cānjiā shòuliè de quántǐ rényuán ~**hund** *m* 猎犬 lièquǎn ~**hütte** *f* (狩猎期间住的) 猎舍 lièshè ~**rennen** *n* 障碍〔礙〕或越野赛马〔馬〕zhàng'ài huò yuèyě sàimǎ ~**revier** *n* 猎区〔區〕lièqū ~**schein** *m* 狩猎许可证〔證〕shòuliè xǔkězhèng **~schloß** *n* 狩猎行宫 shòuliè xínggōng **~tasche** *f* 猎(物)袋 lièdài

'jagen I *vi* 1) 打猎〔獵〕dǎliè, 行猎 xíngliè; 2) 追求 zhuīqiú (nach etw. 某物); II *vt* 1) 狩猎 shòuliè, 猎取 lièqǔ; 2) 追赶〔趕〕zhuīgǎn, 追捕 zhuībǔ; 3) 驱〔驅〕赶 qūgǎn, 驱逐 qūzhú; aus dem Haus ~ 赶出家门

'Jäger *m* -s; - 1) 猎〔獵〕人 lièrén; 2) (步兵)狙击〔擊〕射手 jūjī shèshǒu; 3)歼〔殲〕击机〔機〕jiānjījī

'Jaguar *m* -s; -e 美洲虎 měizhōuhǔ

jäh *adj* 1) 突然的 tūránde; 2) 陡峭的 dǒuqiàode, 险〔險〕峻的 xiǎnjùnde

Jahr *n* -(e)s; -e 1) 年 nián; einhalbes ~ 半年; im ~e 1900 在1900年; letztes ~ 去年; das ganze ~ hindurch (über) 整整一年; 2) 年龄 niánlíng; mit 18 ~en, im Alter von 18 ~en 在18岁时

jahr'aus *adj* ~, jahrein 年年 niánnián, 每年 měinián

'Jahrbuch *n* 年鉴〔鑒〕niánjiàn

'jahrelang *adj* 多年的 duōniánde (Erfahrung 经验)

'jähren *v sich* 满〔滿〕周年 mǎn zhōunián; es jährt sich heute, daß... 今天是…的一周年

'Jahres|abonnement *n* (杂志等)预订一年 yùdìng yīnián **~abschluß** *m* 1) 年终 niánzhōng, 学〔學〕年结束 xuénián jiéshù; 2)年终决算 niánzhōng juésuàn **~anfang** *m* 年初 niánchū, 岁〔歲〕首 suìshǒu; 新年 xīnnián, 元旦 yuándàn; zum ~ die besten wünsche! 祝新年好! **~bericht** *m* 年度报〔報〕告 niándù bàogào **~einkommen** *n* 全年收入 quánnián shōurù **~ende** *n* 年终 niánzhōng, 除夕 chúxī **~gehalt** *n* 年薪 niánxīn **~tag** *m* 周年纪念日 zhōunián jìniànrì **~wechsel** *m* 岁〔歲〕序更新 suìxù gēngxīn, 新年 xīnnián **~zahl** *f* 年份数〔數〕字 niánfèn shùzì **~zeit** *f* 季 jì, 季节〔節〕jìjié

'Jahrgang *m* 1) (出生的) 年度 niándù; 同年出生的人 tóngnián chūshēng de rén; 2) 年级 niánjí; 3) (葡萄)一年的收获〔獲〕yīniánde shōuhuò; 4) (报纸、杂志等)发〔發〕行年度 fāxíng niándù; 年集 niánjí, 卷 juàn

Jahr'hundert *m* -s; -e 一百年 yībǎinián, 世纪 shìjì **~feier** *f* 一百周年纪念 yībǎi zhōunián jìniàn

'jährig *adj* 一年(之久)的 yīniánde

'jährlich *adj* 每年的 měiniánde

'Jahr|markt *m* 年集 niánjí, 集市 jíshì **~'teusend** *n* 一千年 yīqiān nián, 十世纪 shíshìjì **~'zehnt** *n* -(e)s; -e 十年 shínián

'Jähzorn *m* 狂怒 kuángnù, 暴躁 bàozào

'jähzornig *adj* 易怒的 yìnùde, 性情暴躁的 xìngqíng bàozào de

Jalou'sie *f* -n 百叶〔葉〕窗 bǎiyèchuāng, 遮光帘〔簾〕zhēguānglián

'Jammer *m* -s; 1) 痛苦 tòngkǔ, 悲痛 bēitòng, 不幸 bùxìng, 悲惨〔慘〕bēicǎn; 2) 痛苦的事 tòngkǔde shì, 可惜的事 kěxīde shì; es ist ein ~! 这真太可惜了!

'jämmerlich *adj* 1) 悲伤〔傷〕的 bēishāngde, 可怜〔憐〕的 kěliánde; 2) 悲惨〔慘〕的 bēicǎnde, 贫困的 pínkùnde

'jammer|n *vi* 1) 悲叹〔嘆〕bēitàn, 哭诉 kūsù; 为〔爲〕…而悲伤〔傷〕wèi ... ěr bēishāng (über *A*, um *A*); 2) 哀求 āiqiú, 苦求 kǔqiú (nach etw. 某物) **~'schade** *adj* es ist ~ 这〔這〕非常可惜 zhè fēicháng kěxī

'Januar *m* -(e)s; -e 一月 yīyuè

Ja'paner *m* -s; - 日本人 rìběnrén

ja'panisch *adj* 日本的 rìběnde

Jar'gon *m* -s; -s 行话 hánghuà, 隐〔隱〕语 yǐnyǔ, 切口 qièkǒu

Jas'min *m* -s; -e 茉莉花 mòlìhuā

'Jastimme *f* 赞成票 zànchéngpiào

'jäten *vt* 拔除(野草) báchú

'Jauche *f* -n 1) 粪〔糞〕肥 fènféi; 2) 污水 wūshuǐ, 臭水 chòushuǐ

'jauchzen *vi* 欢〔歡〕呼 huānhū; vor Freude ~ 高兴得欢呼起来

ja'wohl *adv* 是 shì

je I *adv* 1) 曾经〔經〕céngjīng, 有一次 yǒuyīcì; ohne ihn ~ gesehen zu haben 没有一次见到他; seit eh und ~ 从〔從〕来〔來〕cónglái, 向来 xiànglái; 2) 每一个〔個〕měi yīgè, 每次 měicì; ~ zwei 每次两个; sie bekammen ~ zwei Äpfel 他们每人得到两个苹果; für ~ zehn Wörter 每十个词; in Schachteln mit (zu) ~ zehn Stück verpackt 每十个一盒; II *cj* ~ nach Größe 按大小次序 àn dàxiǎo cìxù; ~ nachdem 按情况而定 àn qíngkuàng ér dìng; ~ nachdem, wie er sich fühlt 要看他的感觉如何而定; ~ mehr, desto besser 越多越好 yuè duō yuè hǎo; ~ länger, ~ lieber 越久越好 yuè jiǔ yuè hǎo; III *prp* die Birnen kosten eine Mark ~ Pfund 梨每磅一马〔馬〕克 lí měi bàng yī mǎkè

'jede|(r,-s) *indef pron* 每一 měiyī, 每个〔個〕 měigè, 任何 rènhé; jeden zweiten Tag 每两天，每隔一天; jeden Augenblick 随〔隨〕时〔時〕随刻 suí shí suí kè; ohne jeden Kommentar 没有任何注解; jeder von uns 我们中的每一个人; jeder beliebige 随便那一个; das weißt jeder 这谁都知道 **~n-'falls** *adv* 无〔無〕论〔論〕如何 wúlùn rúhé, 不管怎样〔樣〕 bùguǎn zěnyàng **~rmann** *indef pron* 每人 měirén, 人人 rénrén **~r'zeit** *adv* 随时 suíshí, 任何时候 rènhé shíhòu **~s'mal** *adv* 每次 měicì; ~ wenn 每当〔當〕 měidāng, 每逢 měiféng

je'doch *cj* 然而 rán'ér, 可是 kěshì

'jeher *adv* von (seit) ~ 从〔從〕来〔來〕 cónglái, 历〔歷〕来 lìlái; 自古以来 zìgǔ yǐlái

'jemals *adv* 1) 在任何时〔時〕候 zài rènhé shíhòu; 在某时候 zài mǒushíhòu; 2) 曾经〔經〕 céngjīng

'jemand *indef pron* 某人 mǒurén, 有人 yǒurén

'jene|(r, -s) *dem pron* 那 nà, 那个〔個〕 nàgè

'jenseitig *adj* 那边〔邊〕的 nàbiānde, 对〔對〕面的 duìmiànde; 彼岸的 bǐ'ànde, 天国〔國〕的 tiānguóde

'jenseits I *prp* (*G*) 1) 在…的那边〔邊〕 zài ... de nàbiān; 2) 超出 chāochū, 远〔遠〕离〔離〕 yuǎnlí; II *adv* 在那边 zài nàbiān

'Jenseits *n* -; 1) 天堂 tiāntáng, 仙界 xiānjiè; 2)来〔來〕世 láishì, 来生 láishēng; 3) 阴〔陰〕间 yīnjiān

'jetzig *adj* 目前的 mùqiánde, 现在的 xiànzàide

jetzt *adv* 目前 mùqián, 现在 xiànzài; bis ~ 直到现在; eben ~ 此刻,正好现在; erst ~ 刚才 gāngcái; für ~暂时〔時〕 zànshí, 暂且 zànqiě; gleich ~ 马〔馬〕上 mǎshàng; noch ~ 现在还; von ~ an 从现在开始;从今以后

'jeweil|ig *adj*当〔當〕时〔時〕的 dāngshíde; 各自的 gèzìde **~s** *adv* 1) 当〔當〕时〔時〕 dāngshí; 2) 每次 měicì, 总〔總〕是 zǒngshì

Joch *n* -(e)s; -e 1) 轭 è; 2) 桎梏 zhìgù, 束缚 shùfù **~bein** *n* 颧骨 quángǔ

'Jockei *m* -s; -s 职〔職〕业〔業〕赛马〔馬〕骑师〔師〕 zhíyè sàimǎ qíshī

Jod *n* -(e)s; 碘 diǎn; 碘酒 diǎnjiǔ

Jo'hanni , **~s** *n* 夏至日 xiàzhìrì **~sbeere** *f* 醋栗 cùlì; rote ~ 红醋栗 **~stag** *m* (宗教)施洗约翰节〔節〕 shīxǐ yuēhànjié

'johlen *vi* 狂叫 kuángjiào, 嚎叫 háojiào

'Jolle *f* -n 小(帆)船 xiǎochuán, 舢板 shānbǎn, 赛艇 sàitǐng

Jon'gleur *m* -s; -e 杂〔雜〕技艺〔藝〕人 zájì yìrén

jon'glieren *vt, vi* 1) 玩杂〔雜〕耍 wán záshuǎ, (技巧性的) 耍弄 shuǎnòng; 2) 巧妙地处〔處〕理 qiǎomiàode chǔlǐ

Jour'nal *n* -s; -e 1) 日记 rìjì, 日志〔誌〕 rìzhì; 2) 日报〔報〕 rìbào, 期刊 qīkān, 杂〔雜〕志 zázhì

Journa'list *m* -en; -en 新闻记者 xīnwén jìzhě, 新闻工作者 xīnwén gōngzuòzhě

'Jubel *m* -s; 欢〔歡〕呼 huānhū, 欢腾 huānténg

'jubeln *vi* 欢〔歡〕呼 huānhū, 欢腾 huānténg, 兴〔興〕高采烈 xìnggāocǎiliè

Jubil|ar [..'laːr] *m* -s; -e 受庆〔慶〕贺者 shòuqìnghèzhě **~äum** *n* -s; ..läen 周年纪念 zhōunián jìniàn

'jucken I *vi* 发〔發〕痒〔癢〕 fāyǎng; II *vt* 使发痒 shǐ fāyǎng; 搔痒 sāoyǎng; sich ~ 搔痒

'Jude *m* -n; -n 1)犹〔猶〕太人 yóutàirén; 2) 犹太教徒 yóutài jiàotú **~ntum** *n* -s; 1) 犹〔猶〕太民族 yóutài mínzú; 2) 犹太教 yóutàijiào **~nverfolgung** *f* 迫害犹〔猶〕太人 pòhài yóutàirén

'Jüdin *f* -nen 犹〔猶〕太女人 yóutài nǚrén

'jüdisch *adj* 犹〔猶〕太人的 yóutàirénde

'Jugend *f* 1) 青春 qīngchūn, 青年时〔時〕代 qīngnián shídài; 2) 青年 qīngnián **~amt** *n* 青年福利局 qīngnián fúlì jú **~buch** *n* 青年读〔讀〕物 qīngnián dúwù

'Jugendkriminalität *f* 青少年刑事犯罪行为〔爲〕 qīngshàonián xíngshì fànzuì xíngwéi

'jugendlich *adj* 1) 青少年的 qīngshàoniánde, 青年人的 qīngniánrénde; 2) 年轻〔輕〕的 niánqīngde

'Jugendliche *m, f* -n; -n 青年人 qīngniánrén

Jugos'lawe *m* -n; -n 南斯拉夫人 nánsīlāfūrén

jugos'lawisch *adj* 南斯拉夫的 nánsīlāfūde

'Juli *m* -(s); -s 七月 qīyuè

jung *adj* 1) 年轻〔輕〕的 niánqīngde; ~e Leute 年轻人; 2) 新鲜的 xīnxiānde, 嫩的 nènde (Gemüse 蔬菜)

'Junge I *m* -n; -n 1) 年轻〔輕〕人 niánqīngrèn, 男孩 nánhái, 小伙子

xiǎohuǒzi; 2) 小伙计 xiǎohuǒji, 学〔學〕徒 xuétú; II *n* -n; -n 幼兽 yòushòu, 崽 zǎi; ～ werfen (动物)下崽

'**jungenhaft** *adj* 1) 男孩似的 nánháishìde; 2) 孩子气〔氣〕的 háiziqìde

'**Jungenstreich** *m* 年轻〔輕〕人的恶〔惡〕作剧〔劇〕 niánqīngrénde èzuòjù

'**jünger** *adj* 1) 较年轻〔輕〕的 jiàoniánqīngde; 2) 较近的 jiàojìnde, 较晚的 jiàowǎnde

'**Jünger** *m* -s; - 1) 学〔學〕生 xuéshēng, 门〔門〕徒 méntú; 2) 信徒 xìntú, 追随〔隨〕者 zhuīsuízhě

'**Jungfer** *f* -n 处〔處〕女 chǔnǚ; alte ～ 老处女

'**Jungfern**|**fahrt** *f* (船的)处〔處〕女航 chǔnǚháng ～**flug** *m* (飞机)第一次飞〔飛〕行 dìyīcì fēixíng ～**rede** *f* (议员的) 初次演说 chūcì yǎnshuō

'**Jung**|**frau** *f* 1) 少女 shàonǚ, 处〔處〕女 chǔnǚ; 2) 纯洁〔潔〕 chúnjié, 贞洁 zhēnjié ～**geselle** *m* 未婚男子 wèihūn nánzǐ, 单〔單〕身汉〔漢〕 dānshēnhàn ～**gesellin** *f* -nen (有职业的)单〔單〕身妇〔婦〕女 dānshēn fùnǚ

'**Jüngling** *m* -s; -e 1) 少年 shàonián; 2) 小青年 xiǎoqīngnián, 小伙子 xiǎohuǒzi

'**jüngst** *adj* 1) 最年轻〔輕〕的 zuìniánqīngde; 2) 最近的 zuìjìnde, 最新的 zuìxīnde (Ereignis 事件, Nachricht 消息); 3) das Jungste Gericht, der Jungste Tag (宗教) 最后〔後〕审〔審〕判日 zuìhòu shěnpànrì

'**Juni** *m* -s; -s 六月 liùyuè ～**käfer** *m* 六月金龟〔龜〕子 liùyuè jīnguīzǐ

'**junior** *adj* (用于人名前，以区别于父辈)小… xiǎo …

'**Junior** *m* -s; -en 1) 年少者 niánshàozhě, 儿〔兒〕子 érzī; 2) 青年运〔運〕动〔動〕员 qīngnián yùndòngyuán

'**Jura** *pl* ～ studieren 学〔學〕法律 xué fǎlǜ

Ju'rist *m* -en; -en 1)法律学〔學〕家 fǎlǜxuéjiā, 法学家 fǎxuéjiā; 2) 学法律的学生 xué fǎlǜ de xuéshēng

ju'ristisch *adj* 法学〔學〕的fǎxuéde, 法律的 fǎlǜde

Ju'ry *f* -s 陪审〔審〕团〔團〕(由十二人组成) péishěntuán

ju'stieren *vt* 调准〔準〕 tiáozhǔn, 校正 jiàozhèng

Ju'stiz *f* 1) 司法 sīfǎ; 2) 司法部门〔門〕 sīfǎbùmén ～**beamte** *m* 法官 fǎguān ～**irrtum** *m* (法院的) 误判 wùpàn, 审〔審〕判不公 shěnpàn bùgōng ～**minister** *m* 司法部长〔長〕 sīfǎ bùzhǎng ～**ministerium** *n* 司法部 sīfǎbù

Ju'wel *m,n* -s; -en 1) 宝〔寶〕石 bǎoshí; 珠宝 zhūbǎo; 2) 贵重饰物 guìzhòng shìwù; 3) 能手 néngshǒu, 杰〔傑〕出人物 jiéchūrénwù

Juwe'lier *m* -s; -e 1) 宝〔寶〕石匠 bǎoshíjiàng; 2) 珠宝商 zhūbǎoshāng

Jux *m* 闹着玩 nàozhe wán, 开〔開〕玩笑 kāi wánxiào

K k

'**Kabel** *n* -s;- 1) 缆〔纜〕 lǎn, 索 suǒ; 2) 电〔電〕缆 diànlǎn; 海底电报〔報〕 hǎidǐ diànbào

'**Kabeljau** *m* -s;-e(-s) (大西洋的) 鳕 xuě

Ka'bine *f* -n 1) 小房间(如更衣室等) xiǎofángjiān; 2) 船舱〔艙〕 chuáncāng, 飞〔飛〕机〔機〕舱 fēijīcāng

Kabi'nett *n* -s;-e 1) 内阁 nèigé, 政府 zhèngfǔ; 2) 橱 chú, 柜〔櫃〕 guì; 小陈列室 xiǎo chénlièshì

Kabrio'let *n* -s;-e 1) 单〔單〕马〔馬〕双〔雙〕轮〔輪〕轻〔輕〕便车〔車〕 dānmǎ shuānglún qīngbiànchē; 2) 半式轿〔轎〕车 bànshì jiàochē

'**Kachel** *f* -n 釉砖〔磚〕 yòuzhuān, 瓷砖 cízhuān ～**ofen** *m* 瓷砖壁炉〔爐〕 cízhuān bìlú

Ka'daver *m* -s;- (动物的)尸〔屍〕体〔體〕 shītǐ

Ka'dett *m* -en; -en 1) 军校学〔學〕生 jūnxiào xuéshēng; 2) 人 rén, 家伙 jiāhuo

'**Käfer** *m* -s;- 1) 甲(壳)虫〔蟲〕 jiǎchóng; 2) 妙龄少女 miàolíng shàonǚ

'**Kaffee** [-'-] *m* -s;-s 1) 咖啡 kāfēi; 2) 咖啡豆 kāfēidòu; 3) 咖啡饮料 kāfēi yǐnliào

'**Kaffee**|**bohne** *f* 咖啡豆 kāfēidòu ～**kanne** *f* 咖啡壶〔壺〕 kāfēihú ～**mühle** *f* 咖啡磨 kāfēimò ～**satz** *m* 咖啡渣 kāfēizhā ～**tasse** *f* 咖啡杯 kāfēibēi

'**Käfig** *m* -s; -e 1) 笼〔籠〕子 lóngzi; 2) (轴承的)护〔護〕圈 hùquān

kahl *adj* 1) 无〔無〕发〔髮〕的 wúfàde, 秃顶的 tūdǐngde; 2) 无叶〔葉〕的 wúyède; 3) 光秃秃的 guāngtūtūde, 不长〔長〕任何东〔東〕西的 bùzhǎng rènhé dōng xide; 4) 无装〔裝〕饰的 wúzhuāngshìde, 无陈设的 wúchénshède

'**Kahlkopf** *m* 1) 秃头〔頭〕 tūtóu, 光头 guāngtóu; 2) 秃子 tūzi

'**kahlköpfig** *adj* 秃头〔頭〕的 tūtóude, 光头的 guāngtóude

Kahn *m* -(e)s; ⸚e 小船 xiǎochuán; (内河的)拖船 tuōchuán, 驳船 bóchuán; ~ fahren 划船,撑船

Kai *m* -s; -e(-s) 码头〔頭〕 mǎtou

'**Kaiser** *m* -s;- 皇帝 huángdì ~**krone** *f* 皇冠 huángguān

'**kaiserlich** *adj* 皇帝的 huángdìde

'**Kaiser|reich** *n*, ~**tum** *n* 帝国〔國〕 dìguó ~**würde** *f* 帝位 dìwèi

Ka'jüte *f* -n 船舱〔艙〕 chuáncāng, 舱房 cāngfáng

Ka'kao *m* -s;-s 1) 可可豆 kěkědòu; 2) 可可粉 kěkěfěn; 3) 可可饮料 kěkě yǐnliào; 4) j-n durch den ~ ziehen 取笑某人 qǔxiào mǒurén

Kak't|ee *f* -n, ~**us** *m* -; ..teen(-se) 仙人掌 xiānrénzhǎng

'**Kalauer** *m* -s;- 文字游戏〔戲〕 wénzì yóuxì, 无〔無〕聊的笑话 wúliáode xiàohua

'**Kalb** *n* -(e)s;⸚er 小牛 xiǎoniú, 牛犊〔犢〕 niúdú ~**fell** *n* 小牛皮 xiǎoniúpí, 犊〔犢〕皮 dúpí ~**fleisch** *n* 小牛肉 xiǎoniúròu ~**leder** *n* 小牛皮 xiǎoniúpí

'**Kalbs|braten** *m* 烤牛肉 kǎo niúròu ~**leder** *n* 见 Kalbleder ~**nierenbraten** *m* 烤小牛腰子 kǎo xiǎoniú yāozi

Ka'lender *m* -s;- 1) 日历〔曆〕 rìlì; 2) 历法 lìfǎ ~**jahr** *n* (日)历〔曆〕年 lìnián

'**Kali** *n* -s;-s 钾盐〔鹽〕 jiǎyán

Ka'liber *n* -s;- 1) 口径〔徑〕 kǒujìng; 直径 zhíjìng; 2) 种〔種〕类〔類〕 zhǒnglèi, 型 xíng

Kalk *m* -(e)s; -e 1) 石灰 shíhuī; 2) 白垩〔堊〕 bái'è

'**kalken** *vt* 1) (用白灰)粉刷 fěnshuā (Wände 墙); 2) 施钙肥于〔於〕 shī gàiféi yú

'**kalkig** *adj* 1) 含石灰的 hánshíhuīde, 石灰质〔質〕的 shíhuīzhìde; 含钙质的 hángàizhìde; 2) 灰白色的 huībáisède

'**Kalk|ofen** *m* 石灰窑〔窯〕shíhuīyáo ~**stein** *m* 石灰石 shíhuīshí

Kalo'rie *f* -n 卡(热量单位) kǎ

kalt *adj* 1) 冷的 lěngde, 寒冷的 hánlěngde; ~e Küche 冷餐; mir ist ~ 我感到冷; 2) 冷淡的 lěngdànde, 冷酷的 lěngkùde; j-m die ~e Schulter zeigen 冷落某人 lěngluò mǒurén, 不理睬某人 bù lǐcǎi mǒurén '~**blütig** *adj* 1) 冷血的 lěngxuède; 2) 冷酷的 lěngkùde, 无〔無〕情的 wúqíngde

'**Kälte** *f* 1) 寒冷 hánlěng; vor ~ zittern 冷得发抖; 2) (摄氏温度)零下 língxià; fünf Grad ~ 零下五度; 3) 冷漠 lěngmò, 无〔無〕情 wúqíng ~**grad** *m* 冷度(零下温度) lěngdù ~**welle** *f* 寒流 hánliú, 寒潮 háncháo

'**kaltstellen** *vt* 让〔讓〕…靠边〔邊〕站 ràng … kàobiān zhàn, 使失去影响〔響〕 shǐ shīqù yǐngxiǎng

'**Kaltwelle** *f* 冷烫〔燙〕 lěngtàng

Ka'mel *n* -(e)s; -e 骆驼 luòtuo ~**haar** *n* (骆)驼毛 tuómáo

'**Kamera** *f* -s 摄〔攝〕影机〔機〕 shèyǐngjī, 照相机 zhàoxiàngjī

Kame'rad *m* -en; -en 同伴 tóngbàn, 同志 tóngzhì; 同学〔學〕 tóngxué; 战〔戰〕友 zhànyǒu ~**schaft** *f* -en 同志关〔關〕系 tóngzhì guānxì, 友谊 yǒuyì

kame'radschaftlich *adj* 同志式的 tóngzhìshìde, 友好的 yǒuhǎode

Ka'mille *f* -n 甘菊 gānjú ~**ntee** *m* 甘菊茶 gānjúchá

Ka'min *m* -s;-e 1) 壁炉〔爐〕 bìlú; 2) 烟〔煙〕囱 yāncōng

Kamm *m* -(e)s; ⸚e 1) 梳子 shūzi; 2) (鸡等的)冠 guān

'**kämmen** *vt* 1) 梳 shū (Haar 头发); 2) sich (die Haare) ~ 梳头〔頭〕 shūtóu

'**Kammer** *f* -n 1) 小房间 xiǎofángjiān; 2) 储藏室 chǔcángshì; 3) 议〔議〕会〔會〕 yìhuì, 议院 yìyuàn; 4) 心室 xīnshì; 5) 枪〔槍〕膛 qiāngtáng ~**diener** *m* (王公显贵的)男仆〔僕〕 nánpú, 仆从〔從〕 púcóng ~**frau** *f* 侍女 shìnǔ, 宫女 gōngnǚ ~**musik** *f* 室内乐〔樂〕 shìnèiyuè

'**Kamm|garn** *n* 精梳(纺)毛纱 jīngshū máoshā; 精纺混合纱 jīngfǎng hǔnhéshā ~**rad** *n* 木齿〔齒〕 mùchǐ

Kampagne[..'panjə] *f* -n 1) (政治)运〔運〕动〔動〕 yùndòng; 2) 战〔戰〕役 zhànyì

Kampf *m* -(e)s; ⸚e 1) 战〔戰〕斗〔鬥〕 zhàndòu, 搏斗 bódòu; 2) 斗争 dòuzhēng, 奋〔奮〕斗 fèndòu; 3) (拳击等)比赛 bǐsài, 竞〔競〕赛 jìngsài

'**kampfbereit** *adj* 作好战〔戰〕斗

〔鬥〕准〔準〕备〔備〕的 zuòhǎo zhàndòu zhǔnbèi de

'kämpfen *vi* 1) 战〔戰〕斗〔鬥〕 zhàndòu, 格斗 gédòu; 2) 斗争 dòuzhēng (gegen j-n, mit j-m 同某人); 奋〔奮〕斗 (um *A*); 3) 比赛 bǐsài, 竞〔競〕赛 jìngsài

'Kampfer *m* -s; 樟脑〔腦〕 zhāngnǎo

Kämpfer *m* -s;- 1) 战〔戰〕士 zhànshì, 士兵 shìbīng; 2) (参加比赛的)运〔運〕动〔動〕员 yùndòngyuán

'Kamp|flugzeug *n* 轰〔轟〕炸机〔機〕 hōngzhàjī **~platz** *m* 1) 战〔戰〕场〔場〕 zhànchǎng; 2) 比赛场地 bǐsài chǎngdì **~richter** *m* 裁判员 cáipànyuán

'kampfunfähig *adj* 无〔無〕战〔戰〕斗〔鬥〕力的 wú zhàndòulì de

kam'pieren *vi* 1) 露营〔營〕lùyíng, 野营 yěyíng; 2) (因陋就简地) 过〔過〕夜 guòyè

Ka'nal *m* -s; ..e 1) 运〔運〕河 yùnhé; 海峡〔峽〕 hǎixiá; 2) 渠道 qúdào; (城市)下水道 xiàshuǐdào; 3) (电视)频道 píndào

Kanalisati'on *f* -en 1) 河流渠道化 héliú qúdàohuà; 2) 排水系统 páishuǐ xìtǒng, 下水道 xiàshuǐdào

kanali'sieren *vt* 1) 开〔開〕凿〔鑿〕运〔運〕河 kāizáo yùnhé; 疏浚 shūjùn (einen Fluß 一条河); 3) 修建下水道 xiūjiàn xiàshuǐdào

Ka'narienvogel *m* 金丝〔絲〕雀 jīnsīquè

Kan'dare *f* -n 马〔馬〕嚼子 mǎjiáozi

Kandi|'dat *m* -en;-en 1) 候选〔選〕人 hòuxuǎnrén; 候补〔補〕者 hòubǔzhě; 2) 应〔應〕试者 yìngshìzhě **~da'tur** *f* -en 候选〔選〕 hòuxuǎn, 竞〔競〕选 jìngxuǎn

kandi'dieren *vi* 竞〔競〕选〔選〕 jìngxuǎn (für ein Amt 某职务)

'Känguruh *n* -s;-s 大袋鼠 dà dàishǔ

Ka'ninchen *n* -s;- 家兔 jiātù

Ka'nister *m* -s;- (方形)桶 tǒng, 罐 guàn

'Kanne *f* -n 壶〔壺〕 hú, 罐 guàn, 桶 tǒng **~gießer** *m* (酒馆里的)闲谈政治者 xiántán zhèngzhì zhě

'Kannibale *m* -n;-n 1) 吃人肉的人 chī rénròu de rén; 2) 野蛮〔蠻〕人 yěmán rén, 残〔殘〕忍的人 cánrěnde rén

'kannibalisch *adj* 吃人(肉)的 chīrénde, 野蛮〔蠻〕的 yěmánde, 残〔殘〕忍的 cánrěnde

'Kanon *m* -s;-s 1) 标〔標〕准〔準〕 biāozhǔn, 准则 zhǔnzé; 2) 教规 jiàoguī; 宗教法规 zōngjiào fǎguī; 3) (音乐)卡农〔農〕 kǎnóng, 卡农曲 kǎnóngqǔ

Ka'none *f* -n 1) 大炮 dàpào, 加农〔農〕炮 jiānóngpào; 2) 行家 hángjiā, 能手 néngshǒu; (体育运动)名将〔將〕 míngjiàng **~nboot** *n* 炮舰〔艦〕 pàojiàn **~nfutter** *n* 炮灰 pàohuī **~nkugel** *f* 炮弹〔彈〕 pàodàn **~nrohr** *n* 炮筒 pàotǒng

Kano'nier *m* -s;-e 炮手 pàoshǒu

'Kante *f* -n 棱 léng, 棱角 léngjiǎo; 边〔邊〕缘 biānyuán; auf die hohe ~ legen 储蓄 chǔxù

'Kanten *m* -s;- 面〔麵〕包头〔頭〕 miànbāo tóu

'kantig *adj* 有棱角的 yǒu léngjiǎo de

Kan'tine *f* -n (工厂、兵营等的)公共食堂 gōnggòng shítáng

'Kanu *n* -s;-s 独〔獨〕木舟 dúmùzhōu, 皮筏 pífá

Ka'nüle *f* -n 1) 注射插管 zhùshè chāguǎn; 2) 针头〔頭〕 zhēntóu

'Kanzel *f* -n 1) (教堂中的)布〔佈〕道坛〔壇〕 bùdàotán; 2) (大学的)讲〔講〕台〔臺〕 jiǎngtái; 3) (飞机的)驾驶舱〔艙〕 jiàshǐcāng

Kanz'lei *f* -en 1) 办〔辦〕公室 bàngōngshì, 事务〔務〕所 shìwùsuǒ; 2) 首相府 shǒuxiàngfǔ, 总〔總〕理府 zǒnglǐfǔ

'Kanzler *m* -s;- 1) 总〔總〕理 zǒnglǐ; 首相 shǒuxiàng; 2) (大学)总务〔務〕长〔長〕 zǒngwùzhǎng

Kap *n* -s;-s 岬角 jiǎjiǎo

Kapazi'tät *f* -en 1) 生产〔產〕能力 shēngchǎn nénglì; 2) (最大)营〔營〕业〔業〕额 yíngyè'é; 3) 容积〔積〕 róngjì, 容量 róngliàng; 4) 权〔權〕威 quánwēi, 专〔專〕家 zhuānjiā

Ka'pelle *f* -n 1) 小教堂 xiǎo jiàotáng; 2) 小型乐〔樂〕队〔隊〕 xiǎoxíng yuèduì **~meister** *m* 乐〔樂〕队队长〔長〕 yuèduì duìzhǎng, 乐队指挥 yuèduì zhǐhuī

'kapern *vt* 1) 劫夺〔奪〕 jiéduó, 劫掠 jiélüè (船只); 2) 占有 zhànyǒu, 夺取 duóqǔ

'Kaperschiff *n* 海盗船 hǎidàochuán

ka'pieren *vt* 理解 lǐjiě, 明白 míngbai

Kapi'tal *n* -s; -e (-ien) 资本 zīběn, 资产〔產〕 zīchǎn, 资金 zījīn; ~ und Zinsen 本息 běnxī **~anlage** *f* 投资 tóuzī **~gesellschaft** *f* 股份公司 gǔfèn gōngsī

Kapita'lis|mus *m* 资本主义〔義〕 zīběn zhǔyì **~t** *m* -en;-en 资本家 zīběnjiā

kapita'listisch *adj* 资本主义〔義〕

的 zīběn zhǔyì de

Kapi'talmarkt *m* 金融市场〔場〕 jīnróng shìchǎng, 资本市场 zīběn shìchǎng

Kapi'tän *m* -s;-e 1) 船长〔長〕 chuánzhǎng, 舰〔艦〕长 jiànzhǎng; 2) (飞机)机〔機〕长 jīzhǎng; 3) (体育)领队〔隊〕 lǐngduì, 队长 duìzhǎng; 4) ~ zur See 海军上校 hǎijūn shàngxiào

Ka'pitel *n* -s;- (书的)章 zhāng, 回 huí, 篇 piān

Kapitulati'on *f* -en 投降 tóuxiáng, 降约 xiángyuē

kapitu'lieren *vi* 1) 投降 tóuxiáng; 2) 屈服 qūfú, 认〔認〕输 rènshū

Ka'plan *m* -s;⸚e 1) 神甫助手 shénfu zhùshǒu; 2) (医院或随军的)神甫 shénfu; (封建诸侯的)家庭神甫 jiātíng shénfu

'Kappe *f* -n 1) 便帽 biànmào; 2) 盖〔蓋〕 gài, 罩 zhào; 3) etw. auf seine ~ nehmen 承担〔擔〕…的责任 chéngdān … de zérèn

'kappen *vt* 1) 剪去 jiǎnqù, 砍去 kǎnqù (Zweig 树枝); 2) 截断〔斷〕 jiéduàn, 砍断 kǎnduàn (ein Tau 缆绳)

Kapri'ole *f* -n 1) 跳跃〔躍〕 tiàoyuè, 腾越 téngyuè; 2) 疯〔瘋〕狂的行为〔爲〕 fēngkuángde xíngwéi

'Kapsel *f* -n 1) 匣 xiá, 盒 hé, 套 tào, 外壳〔殼〕 wàiké; 2) 荚〔莢〕 jiá, 荚果 jiáguǒ; 2) 膜 mó, 囊 náng, 胶〔膠〕囊 jiāonáng

ka'putt *adj* 1) 破碎的 pòsuìde, 坏〔壞〕了的 huàilede; 2) 累的 lèide, 精疲力尽〔盡〕的 jīngpí lìjìn de ~**gehen*** *vi(s)* 1) 破碎 pòsuì, 毁坏〔壞〕 huǐhuài; 2) (动、植物)死去 sǐqù

Ka'puze *f* -n (连在大衣、披风等上的)风〔風〕帽 fēngmào, 兜帽 dōumào

Kara'biner *m* -s;- 卡宾〔賓〕枪〔槍〕 kǎbīnqiāng, 马〔馬〕枪 mǎqiāng

Ka'raffe *f* -n 大腹(玻璃)瓶 dàfùpíng

Karambo'lage *f* 1) (车辆)相撞 xiāngzhuàng; 2) (台球等)连撞二球 liánzhuàng èrqiú

Ka'rat *n* -(e)s;-e 1) 克拉(宝石重量单位) kèlā; 2) 开〔開〕(金的纯度单位) kāi

Kara'wane *f* -n (往返于沙漠的)商队〔隊〕 shāngduì, 旅行团〔團〕 lǚxíngtuán

Kar'bid *n* -(e)s;-e 碳化物 tànhuàwù; 碳化钙 tànhuàgài, 电〔電〕石 diànshí

Kardi'nal *m* -s;⸚e 红衣主教 hóngyīzhǔjiào, 枢〔樞〕机〔機〕主教 shūjīzhǔjiào

Kar'freitag *m* 耶稣受难〔難〕节〔節〕 yēsū shòunàn jié

karg *adj* 1) 贫乏的 pínfáde, 贫瘠的 pínjíde (Boden 土地); 2) 微薄的 wēibóde (Lohn 工资); 3) 简陋的 jiǎnlòude, 节〔節〕俭〔儉〕的 jiéjiǎnde

'kärgen *vi* 吝啬 lìnsè, 吝惜 lìnxī (mit *D*)

'kärglich *adj* 稀少的 xīshǎode, 贫乏的 pínfáde, 微薄的 wēibóde,

ka'riert *adj* 1) 方格纹(图案)的 fānggéwénde; 菱形的 língxíngde; 2) 毫无〔無〕意义〔義〕的 háowú yìyì de; 傻〔儍〕里〔裏〕傻气〔氣〕的 shǎlǐ shǎqì de

Karika'tur *f* -en 漫画〔畫〕 mànhuà, 讽〔諷〕刺画 fěngcìhuà

kari'kieren *vt* 把…画〔畫〕成漫画 bǎ … huàchéng mànhuà

karme'sin *adj* 深红的 shēnhóngde, 绯红的 fēihóngde

'Karneval *m* -s;-e(-s) 狂欢〔歡〕节〔節〕 kuánghuānjié

'Karo *n* -s;-s 1) 菱形 língxíng, 方格纹 fānggéwén; 2) (纸牌)方块〔塊〕 fāngkuài

Karosse'rie *f* -n (汽车)车〔車〕身 chēshēn

Ka'rotte *f* -n 胡萝〔蘿〕卜〔蔔〕 húluóbo

'Karpfen *m* -s;- 鲤鱼〔魚〕 lǐyú

'Karre *f* -n 1) 手推车〔車〕 shǒutuīchē; 2) 破旧〔舊〕汽车 pòjiù qìchē; 旧自行车 jiù zìxíngchē

Kar'riere *f* -n 生涯 shēngyá, 经〔經〕历〔歷〕 jīnglì; ~ machen 升〔昇〕迁〔遷〕发〔發〕迹〔跡〕 shēngqiān fājì, 平步青云〔雲〕 píngbù qīngyún

'Karte *f* -n 1) 卡片 kǎpiàn; 2) 明信片 míngxìnpiàn; 名片 míngpiàn; 3) 车〔車〕票 chēpiào; (戏、电影等)入场〔場〕券 rùchǎngquàn; 4) (酒)菜单〔單〕 càidān; 5) 地图〔圖〕 dìtú; 6) 纸牌 zhǐpái; alles auf eine ~ setzen 孤注一掷〔擲〕 gū zhù yī zhì

Kar'tei *f* -en 卡片索引 kǎpiàn suǒyǐn ~**karte** *f* 索引卡片 suǒyǐn kǎpiàn ~**kasten** *m* 卡片箱 kǎpiànxiāng

Kar'tell *n* -s;-e 1) (经济)卡特尔〔爾〕 kǎtè'er; 2) 挑战〔戰〕 tiǎozhàn, 挑战书〔書〕 tiǎozhànshū

'Karten|legerin *f* -nen 用纸牌占卜的女人 yòng zhǐpái zhānbǔ de nǚrén ~**spiel** *n* 纸牌游戏〔戲〕 zhǐpái yóuxì

Kar'toffel *f* -n 马〔馬〕铃薯 mǎlíngshǔ, 土豆 tǔdòu ~**brei** *m* 土豆糞

tǔdòugēng **~schalen** *pl* 土豆皮 tǔdòupí

Kar'ton *m* -s;-s(-e) 1) 厚纸 hòuzhǐ, 纸板 zhǐbǎn; 2) 纸板盒 zhǐbǎnhé; 3) 补〔補〕缺(订正)页 bǔquēyè

Karto'thek *f* -en 见 Kartei

Karus'sell *n* -s;-s(-e) (游艺场的)旋转〔轉〕木马〔馬〕 xuánzhuǎn mùmǎ

'Karwoche *f* 复〔復〕活节〔節〕前一周 Fùhuójié qián yīzhōu

'Käse *m* -s;- 1) 乳酪 rǔlào, 干〔乾〕酪 gānlào; 2) 胡说 húshuō, 废〔廢〕话 fèihuà

Ka'serne *f* -n 兵营〔營〕 bīngyíng, 营房 yíngfáng

kaser'nieren *vt* 使驻扎 shǐ zhùzhā

'käsig *adj* 1) 似乳酪的 shì rǔlào de; 2) (脸色)苍〔蒼〕白的 cāngbáide

Ka'sino *n* -s;-s 1) 娱乐〔樂〕场〔場〕 yúlèchǎng, 俱乐部 jùlèbù; 2) 军官食堂 jūnguān shítáng; 3) 赌场〔場〕 dǔchǎng

'Kasperle *n. m* -s;- (木偶戏中作为主角的)滑稽角色 huájī juésè, 丑角 chǒujué **~theater** *n* 木偶戏〔戲〕 mù'ǒuxì

'Kasse *f* -n 1) 钱〔錢〕箱 qiánxiāng; 2)现金 xiànjīn, 现款 xiànkuǎn; 3) 出纳处〔處〕 chūnàchù; 4) 售票处 shòupiàochù; 5) (储蓄)银行 yínháng

'Kassen|arzt *m* 疾病保险〔險〕组织〔織〕的医〔醫〕生 jíbìng bǎoxiǎn zǔzhī de yīshēng **~bestand** *m* 库存现金 kùcún xiànjīn **~erfolg** *m* 卖〔賣〕座率高的戏〔戲〕或电〔電〕影 màizuòlǜ gāo de xì huò diànyǐng **~schalter** *m* 1) 出纳处〔處〕 chūnàchù; 2) 售票处 shòupiàochù **~zettel** *m* 付款单〔單〕 fùkuǎndān, 发〔發〕票 fāpiào

Kas'serolle *f* -n (带柄的)平底锅〔鍋〕 píngdǐguō

Kas'sette *f* -n 1) 小箱 xiǎoxiāng, 小盒 xiǎohé; 2) (摄影)暗盒 ànhé; 3) 盒式磁带〔帶〕 héshì cídài **~nrecorder** *m* 盒式录〔錄〕音机〔機〕 héshì lùyīnjī

kas'sieren I *vi* 收款 shōukuǎn (für *A*); II *vt* 1) 收(款、帐等) shōu; 2) 夺〔奪〕取 duóqǔ, 据〔據〕为〔爲〕已有 jùwéi jǐ yǒu; 3) 宣布〔佈〕无〔無〕效 xuānbù wúxiào, 取消 qǔxiāo; 4) 开〔開〕除 kāichú, 免职〔職〕 miǎnzhí; 5) 逮住 dǎizhù, 拘留 jūliú

Kas'sierer *m* -s;- 出纳(员) chūnà

Ka'stanie *f* -n 栗子 lìzi

'Kasten *m* -s; ⸚ 1) 箱子 xiāngzi, 盒子 hézi; 柜〔櫃〕 guì, 橱 chú; 2) 信箱 xìnxiāng; 3) 抽屉〔屜〕 chōuti; 4) (体育)跳箱 tiàoxiāng; 5) 破旧〔舊〕的房子(或车辆等) pòjiùde fángzi; 6) 兵营〔營〕 bīngyíng; 学〔學〕校 xuéxiào, 监〔監〕狱 jiānyù

'Kasus *m* (语法)格 gé

Kata'log *m* -(e)s;-e 目录〔錄〕 mùlù, 目录册 mùlùcè

katalogi'sieren *vt* 把…编入目录〔錄〕 bǎ … biānrù mùlù

Ka'tarrh *m* -s;-e 1) 卡他 kǎtā, 粘〔黏〕膜炎 niánmóyán; 2) 感冒 gǎnmào, 伤〔傷〕风〔風〕 shāngfēng

katastro'phal *adj* 灾〔災〕难〔難〕性的 zāinànxìngde, 悲惨〔慘〕的 bēicǎnde, 可怕的 kěpàde

Kata'strophe *f* -n 1) 灾〔災〕难〔難〕 zāinàn, 灾祸〔禍〕 zāihuò; 2) (悲剧中主角的失败)结局 jiéjú

Kate'chismus *m* -; ..men (尤指基督教教义)问答手册 wèndá shǒucè

Katego'rie *f* -n 1) 类〔類〕别 lèibié, 类型 lèixíng; 2) (哲学)范〔範〕畴〔疇〕 fànchóu

kate'gorisch *adj* 1) 绝对〔對〕的 juéduìde, 无〔無〕条〔條〕件的 wútiáojiànde; 2)断〔斷〕然的 duànrán de

'Kater *m* -s;- 1)雄猫 xióngmāo; 2) 见 Katzenjammer

Kathe'drale *f* -n 大教堂 dà jiàotáng

Katho'lik *m* -en;-en 天主教徒 tiānzhǔ jiàotú

ka'tholisch *adj* 天主教的 tiānzhǔjiàode

'Katze *f* -n 猫 māo **~njammer** *m* 醉后〔後〕的难〔難〕受 zuìhòude nánshòu; 后悔 hòuhuǐ, 内疚 nènjiù

'Kauderwelsch *n* -(s); 难〔難〕懂的语言 nándǒngde yǔyán

'kauderwelschen *vi* 讲〔講〕话难〔難〕懂 jiǎnghuà nándǒng, 说话含混不清 shuōhuà hánhùn bùqīng

'kauen *vt, vi* 咀嚼 jǔjué, 啃 kěn, 咬 yǎo

'kauern I *vi* 蹲 dūn; II *v sich* 蹲下 dūnxià

Kauf *m* -(e)s;⸚e 1) 购〔購〕买〔買〕 gòumǎi; 买卖〔賣〕 mǎimai, 生意 shēngyì; 2) 购买(的物)品 gòumǎipǐn; 3) etw. in ~ nehmen 容忍某事 róngrěn mǒushì

'kaufen *vt* 1) 买〔買〕 mǎi, 购〔購〕买 gòumǎi; sich (*D*) etw. ~ 给自己买某物; 2) 收买 shōumǎi, 贿

赂 huìlù; 3) sich (*D*) j-n ~ 责问某人 zéwèn mǒurén, 训斥某人 xùnchì mǒurén

'Käufer *m* -s;- 顾〔顧〕客 gùkè, 买〔買〕主 mǎizhǔ

'Kauf|haus *n* (大)百货商店(公司) bǎihuò shāngdiàn **~kraft** *f* 购〔購〕买〔買〕力 gòumǎilì

'käuflich *adj* 1) 可购〔購〕买〔買〕的 kě gòumǎi de, 能买到的 néng mǎidào de; 2)可贿赂的 kě huìlù de, 可收买的 kě shōumǎi de

'Kaufmann *m* 1) 商人 shāngrén; 2)杂〔雜〕货商 záhuòshāng

'kaufmännisch *adj* 1) 商业〔業〕的 shāngyède; 2) 商人的 shāngrénde

'Kauf|preis *m* 买〔買〕价〔價〕 mǎijià **~vertrag** *m* 购〔購〕货合同 gòuhuò hétong

'Kaugummi *m* 口香糖 kǒuxiāngtáng

kaum *adv* 1) 几〔幾〕乎没有 jīhū méiyǒu; 勉强地 miǎnqiǎngde, 好不容易 hǎobù róngyì; ~ glaublich 几乎难以相信; 2) 刚〔剛〕gāng, 刚好 gānghǎo; ~ hatte er das gesagt, als ... 他刚讲完这事,就...

'Kautabak *m* 口嚼香烟〔煙〕 kǒujiáo xiāngyān

Kauti'on *f* -en 1) 担〔擔〕保 dānbǎo, 保证〔證〕 bǎozhèng; 2) 保证金 bǎozhèngjīn; 保释〔釋〕金 bǎoshìjīn

'Kautschuk *m* -s;-e 生胶〔膠〕 shēngjiāo; 橡胶 xiàngjiāo

Kava'lier *m* -s;-e 1) 对〔對〕女子献〔獻〕殷勤的人 duì nǚzi xiàn yīnqín de rén, 温文尔〔爾〕雅的人 wēn wén ěr yǎ de rén; 2) 骑士 qíshì

Kavalle'rie *f* -n 骑兵 qíbīng, 骑兵队〔隊〕 qíbīngduì

'Kaviar *m* -s;-e 鱼〔魚〕子酱〔醬〕 yúzǐjiàng

keck *adj* 1) 大胆〔膽〕的 dàdǎnde; 鲁莽的 lǔmǎngde; 厚颜的 hòuyánde; 2) 活泼〔潑〕的 huópode, 有生气〔氣〕的 yǒu shēngqìde; 3) 轻〔輕〕狂的 qīngkuángde, 轻佻的 qīngtiāode; 时〔時〕髦的 shímáode

'Kegel *m* -s;- 1) (圆)锥体〔體〕 zhuītǐ, 锥面 zhuīmiàn; 锥形物 zhuīxíngwù; 2) (九柱戏的) 柱 zhù; ~ schieben 玩九柱戏 **~-bahn** *f* 九柱戏〔戲〕球道 jiǔzhùxì qiúdào; 九柱戏球场〔場〕 jiǔzhùxì qiúchǎng

'kegelförmig *adj* 圆锥形的 yuán zhuīxíngde

'kegeln *vi* 玩九柱戏〔戲〕 wán jiǔzhùxì

'Kehle *f* -n 咽 yān, 咽喉 yānhóu **~kopf** *m* 喉头〔頭〕 hóutóu

Kehre *f* -n 1) 弯〔彎〕 wān; 拐弯处〔處〕 guǎiwānchù; 2) (体操)背腾越 bēn téngyuè

kehren *vt* 1) 打扫〔掃〕 dǎsǎo, 扫除 sǎochú; 2) 翻转〔轉〕 fānzhuǎn, 转过〔過〕来〔來〕 zhuǎn guò lái; j-m den Rücken ~ 不理睬某人 bù lǐcǎi mǒurén

Kehricht *m*, *n* -(e)s; 垃圾 lājī

Kehrseite *f* 1) 背面 bèimiàn, 反面 fǎmiàn; 2) (事物的)反面 fǎmiàn, 阴〔陰〕暗面 yīn'ànmiàn

kehrtmachen *vi* 转〔轉〕身 zhuǎnshēn, 掉头〔頭〕 diàotóu; 向回走 xiàng huí zǒu; 向后〔後〕转 xiàng hòu zhuǎn

'keifen *vi* (用尖声)叫骂 jiàomà, 破口大骂 pòkǒudàmà

Keil *m* -(e)s;-e 楔子 xiēzi; 垫〔墊〕木 diànmù, 楔形垫块〔塊〕 xiēxíng diànkuài **~e** *f* 揍 zòu, 打 dǎ **~e'rei** *f* -er 殴〔毆〕打 ōudǎ, 打架 dǎjià **~kissen** *n* 楔形小枕头〔頭〕 xiēxíng xiǎo zhěntóu **~schrift** *f* 楔形文字 xiēxíng wénzì

Keim *m* -(e)s;-e 1) 胚 pēi, 胚胎 pēitāi; 2) 萌芽 méngyá, 起因 qǐyīn, 开〔開〕端 kāiduān; etw. im ~ ersticken 把某事扼杀于萌芽状态; 3)病菌 bìngjūn

'keimen *vi* 1) 发〔發〕芽 fāyá, 抽芽 chōuyá; 2) 产〔產〕生 chǎnshēng, 萌发 méngfā

'keimfrei *adj* 无〔無〕菌的 wújūnde, 消毒的 xiāodúde

'Keim|träger *m* 带〔帶〕菌者 dàijūnzhě **~zelle** *f* 生殖细胞 shēngzhí xìbāo, 胚细胞 pēixìbāo

kein *indef pron* 1) (作形容词用)没有一个〔個〕 méiyǒu yīgè, 没有 méiyǒu, 无〔無〕 wú; ~ anderer als 只有 zhǐyǒu; 除...没有别的 chú ... méiyǒu biéde; auf ~en Fall 绝对〔對〕不 juéduì bù, 无论〔論〕如何不 wúlùn rúhé bù; 2) (作名词用)无人或物 wú rén huò wù, 没有一个人或物 méiyǒu yīgè rén huò wù; ~er von beiden 两者没有一个; ~er von uns 我们中没有一个人 **~esfalls, ~eswegs** *adv* 绝对〔對〕不 juéduì bù, 根本不 gēnběn bù **~mal** *adv* 一次也没有 yīcì yě méiyǒu, 从〔從〕不 cóngbù

Keks *m,n* -(e)s;-(e) 饼干〔幹〕 bǐnggān

Kelch *m* -(e)s;-e 1) 高脚(酒)杯 gāojiǎobēi; 2) 圣〔聖〕餐杯 shèngcānbēi; 3) 花萼 huā'è

'Kelle *f* -n 1) 抹子 mǒzi, 镘 màn; 2) 勺〔杓〕子 sháozi

'Keller *m* -s;- 1) 地下室 dìxiàshì, 地窖 dìjiào; 2) 酒店 jiǔdiàn

Kelle'rei *f* -en 1) 酒窖 jiǔjiào; 2) 酿〔釀〕酒工场〔場〕 niàngjiǔ gōngchǎng

'Keller|geschoß *n* (建筑物)底层〔層〕 dǐcéng, 地下室 dìxiàshì **~meister** *m* 酒窖管理员 jiǔjiào guǎnlǐyuán

'Kellner *m* -s;- (饭店、咖啡馆的)服务〔務〕员 fúwùyuán, 招待员 zhāodàiyuán **~in** *f* -nen 女服务〔務〕员 nǚfúwùyuán, 女招待 nǚzhāodài

'Kelter *f* -n (葡萄等)榨汁器 zhàzhīqì

'keltern *vt* 用榨汁器压〔壓〕榨 yòng zhàzhīqì yāzhà (Früchte 水果)

'kennen* *vt* 1) 认〔認〕识〔識〕 rènshi, 了〔瞭〕解 liǎojiě; 2) 知道 zhīdào, 熟悉 shúxī **~lernen** *vt* (第一次)认〔認〕识〔識〕 rènshi, 结识 jiéshí; 2) 了〔瞭〕解 liǎojiě, 熟悉 shúxī

'Kenner *m* -s;- 行家 hángjiā, 专〔專〕家 zhuānjiā

'kenntlich *adj* 可认〔認〕识〔識〕的 kě rènshi de, 可识别的 kě shíbié de, 标〔標〕明的 biāobíngde

'Kenntnis *f* -se 1) 认〔認〕识〔識〕 rènshi, 了〔瞭〕解 liǎojiě; ~ nehmen von 开始了解,注意…; 2) 知识 zhīshi

'Kenn|wort *n* 1) 代号〔號〕 dàihào, 记号 jìhào; 暗号 ànhào; 2) (军事上)口令 kǒulìng **~zeichen** *n* 1) 特征〔徵〕 tèzhēng, 记号〔號〕 jìhào; 2) (车辆)牌照 páizhào

'kennzeichnen *vt* 1) 标〔標〕明 biāomíng, 做上记号〔號〕 zuòshàng jìhào; 2) 表明 biǎomíng

'kentern *vi(s)* (船)倾覆 qīngfù, 翻了 fānle

'Kerbe *f* -n 凹痕 āohén, 刻痕 kèhén, 槽 cáo

'kerben *vt* 在…上刻凹痕 zài … shàng kè āohén

'Kerker *m* -s;- 地牢 dìláo, 监〔監〕狱 jiānyù

Kerl *m* -(e)s;-e 1) 男人 nánrén, 人 rén, 小伙子 xiǎohuǒzi; 2) 家伙 jiāhuo, 小子 xiǎozi

Kern *m* -(e)s;-e 1) 果核 guǒhé, 果仁 guǒrén; 2) 中心 zhōngxīn, 核心 héxīn; 3) (原子)核 hé **~energie** *f* 核能 hénéng, 原子能 yuánzǐnéng **~forschung** *f* 核研究 héyánjiū **~gehäuse** *n* 果心 guǒxīn

'kern|gesund *adj* 很健康的 hěn jiànkāng de **~ig** *adj* 1) 结实〔實〕的 jiéshíde, 身强力壮〔壯〕的 shēnqiáng lìzhuàng de; 2) 粗壮的 cūzhuàngde, 粗俗的 cūsúde

'Kern|punkt *m* 核心 héxīn, 中心 zhōngxīn **~spaltung** *f* (原子)核裂变〔變〕 hélièbiàn

'Kerze *f*- n 1) 蜡〔蠟〕烛〔燭〕 làzhú; 2) 烛光(光强度单位) zhúguāng

keß *adj* 1) 年轻〔輕〕漂亮而无〔無〕忧〔優〕无虑〔慮〕的 niánqīng piàoliàng ér wúyōu wúlǜ de, 天真可爱〔愛〕的 tiānzhēn kě'ài de (Mädchen 少女); 2) 莽撞的 mǎngzhuàngde, 冒失的 màoshide; 3) 时〔時〕髦的 shímáode

'Kessel *m* -s;- 1) 烧〔燒〕水壶〔壺〕 shāoshuǐhú; 锅〔鍋〕 guō; 锅炉〔爐〕 guōlú; 2) 盆地 péndì; 3) 包围〔圍〕圈 bāowéiquān

'Kette *f* -n 1) 链 liàn, 链条〔條〕 liàntiáo; 2) 一连串 yīliánchuàn, 一系列 yīxìliè; 3) 项链 xiànliàn

'Ketten|hund *m* 1) 看门〔門〕狗 kānméngǒu; 2) 走狗 zǒugǒu **~raucher** *m* 一支接一支抽烟〔煙〕的人 yīzhī jiē yīzhī chōuyān de rén, 烟鬼 yānguǐ **~reaktion** *f* 链锁(式)反应〔應〕 liànsuǒ fǎnyìng

'Ketzer *m* -s;- 持异〔異〕端论〔論〕者 chí yìduānlùnzhě; 异教徒 yìjiàotú

Ketze'rei *f* -en 异〔異〕端 yìduān, 异教 yìjiào

'ketzerisch *adj* 1) 异〔異〕端的 yìduānde, 异教的 yìjiàode; 2) 该死的 gāisǐde, 可诅咒的 kě zǔzhòude

'keuchen *vi* 喘息 chuǎnxī, 喘气〔氣〕 chuǎnqì

'Keuchhusten *m* 百日咳 bǎirìké

'Keule *f* -n 1) (下端较粗的)木棒 mùbàng; 2) (牛羊等的)后〔後〕腿 hòutuǐ

keusch *adj* 1) 禁欲的 jìnyùde; 2) 纯洁〔潔〕的 chúnjiéde, 贞洁的 zhēnjiéde

'kichern *vi* 格格地笑 gēgēde xiào

'Kiebitz *m* -es;-e 1) 凤〔鳳〕头〔頭〕麦〔麥〕鸡〔鷄〕 fèngtóu màijī; 2) (玩牌或下棋时) 多嘴多舌的旁观〔觀〕者 dōuzuǐ dōushé de pángguān zhě

'kiebitzen *vi* (下棋等时)在旁(时尔插话地)观〔觀〕看 zàipáng guānkàn; 看热〔熱〕闹 kàn rènào

'Kiefer I *m* -s;- 颌 hé, 颌骨 hégǔ; II *f* -n 松树〔樹〕 sōngshù

Kiel *m* -(e)s;-e 1) (船的)龙〔龍〕

骨 lónggǔ; 2) 羽毛管 yǔmáoguǎn; 羽毛笔〔筆〕yǔmáobǐ **~raum** *m* 底舱〔艙〕dǐcāng **~wasser** *n* (船的)尾波 wěibō, 航迹〔跡〕hángjì

'**Kieme** *f* -n 鳃 sāi

Kies *m* -es;-e 1) 砾〔礫〕石 lìshí; 2)(大学生语)钞票 chāopiào, 钱〔錢〕qián '**~el** *m* -s;- 卵石 luǎnshí, 砾〔礫〕石 lìshí, 小石子 xiǎoshízǐ

'**Kilo** *n* -s;-(s), **~gramm** *n* 千克 qiānkè, 公斤 gōngjīn **~hertz** *n* 千赫 qiānhè, 千周 qiānzhōu **~'meter** *m* 公里 gōnglǐ, 千米 qiānmǐ **~'watt** *n* 千瓦 qiānwǎ

Kind *n* -(e)s; -er 1) 小孩 xiǎohái 儿〔兒〕童 értóng; 2) 孩子 háizi, 子女 zǐnǚ; 3) 婴儿 yīng'er

'**Kinder|arzt** *m* 儿〔兒〕科医〔醫〕生 érkē yīshēng **~frau** *f* 保姆 bǎomǔ **~funk** *m* (电台)儿〔兒〕童节〔節〕目 értóng jiémù **~garten** *m* 幼儿〔兒〕园〔園〕yòu'éryuán **~lähmung** *f* 小儿〔兒〕麻痹症〔癥〕xiǎoérmábìzhèng

'**kinderleicht** *adj* 极〔極〕容易的 jíróngyìde, 极简单〔單〕的 jíjiǎndānde

'**Kinderlied** *n* 儿〔兒〕童歌曲 értóng gēqǔ, 童谣 tóngyáo

'**kinderlos** *adj* 无〔無〕子女的 wú zǐnǚ de

'**Kinder|mädchen** *n* (女)保育员 bǎoyùyuán **~spiel** *n* 1) 儿〔兒〕童游戏〔戲〕értóng yóuxì; 2) ein ~ 见 kinderleicht **~stube** *f* 1) 儿〔兒〕童室 értóngshì; 2) 家庭教育 jiātíng jiàoyù **~wagen** *m* 童车〔車〕tóngchē, 婴儿车 yīngérchē **~zeit** *f* 儿〔兒〕童时〔時〕代 értóng shídài, 幼年时代 yòunián shídài, 童年 tóngnián **~zimmer** *n* 儿〔兒〕童游戏〔戲〕室 értóng yóuxìshì; 儿童寝〔寢〕室 értóng qǐnshì

'**Kindes|alter** *n* 幼年 yònnián,童年 tóngnián **~beine** *pl* von ~n an 从〔從〕小时〔時〕候起 cóng xiǎo shíhòu qǐ, 从幼年起 cóng yòunián qǐ

'**Kindheit** *f* 童年 tàngnián

'**kind|isch** *adj* 孩子气〔氣〕的 háiziqìde 傻〔儍〕气的 shǎqìde **~lich** *adj* 孩子般天真的 háizi bān tiānzhēn de, 单〔單〕纯的 dānchúnde

Kinn *n* -(e)s;-e 颏 kē, 下巴 xiàba **~backe** *f*, **~backen** *m* -s;- 颌 hé, 颚 è **~haken** *m* (拳击时)击〔擊〕下巴的上钩拳 jī xiàba de shànggōuquán **~lade** *f* 颌 hé, 颚 è

'**Kino** *n* -s;-s 1) 电〔電〕影院 diànyǐngyuàn; ins ~ gehen 到电影院去,去看电影; 2)电影 diànyǐng **~besucher** *m* 电〔電〕影观〔觀〕众〔衆〕diànyǐng guānzhòng **~vorstellung** *f* (电)影展 yǐngzhǎn

'**Kippe** *f* -n 1) 香烟〔煙〕头〔頭〕xiāngyāntóu, 烟蒂 yāndì; 2) auf der ~ stehen (sein) 悬〔懸〕而未决 xuán ér wèi jué, 尚未肯定 shàngwèi kěndìng

'**kippen** I *vi(s)* 倾斜 qīngxié, (险些)翻倒 fāndǎo; II *vt* 1) 使倾斜 shǐ qīngxié, 把…翻倒 bǎ … fāndǎo; 2) 倒出 dàochū

'**Kirche** *f* -n 1) 教堂 jiàotáng; 礼〔禮〕拜堂 lǐbàitáng; 2) 礼拜 lǐbài; 3) 教会〔會〕jiàohuì

'**Kirchen|älteste** *m* -n;-n 教会〔會〕长〔長〕老 jiàohuì zhǎnglǎo, 教区〔區〕委员 jiàoqū wéiyuán, 教区执〔執〕事 jiàoqū zhíshì **~buch** *n* 教区〔區〕记事录〔錄〕jiàoqū jìshìlù **~diener** *m* 教堂司事 jiàotáng sīshì **~gemeinde** *f* 教区〔區〕jiàoqū, 教区的全体〔體〕居民 jiàoqūde quántǐ jūmín **~lied** *n* 赞美诗 zànměishī, 圣〔聖〕歌 shènggē **~musik** *f* 教堂音乐〔樂〕jiàotáng yīnyuè, 圣〔聖〕乐 shèngyuè **~schiff** *n* 教堂中殿 jiàotáng zhōngdiàn **~steuer** *f* 教(堂)税 jiàoshuì

'**Kirch|gang** *m* 去做礼〔禮〕拜 qù zuò lǐbài **~gänger** *m* -s;- 常去做礼〔禮〕拜的教徒 cháng qù zuò lǐbài de jiàotú **~hof** *m* 教堂墓地 jiàotáng mùdì

'**kirchlich** *adj* 1) 教堂的 jiàotángde, 教会〔會〕的 jiàohuìde; 2) 虔诚的 qiánchéngde, 笃信宗教的 dǔxìn zōngjiào de; 3) 宗教仪〔儀〕式的 zōngjiào yíshì de

'**Kirch|turm** *m* (教堂的)尖顶 jiāndǐng **~weih** *f* -en (每年的)教堂落成纪念日年市 jiàotáng luòchéng jìniànrì niánshì

'**Kirsche** *f* -n 1) 樱桃 yīngtáo; 2) 樱桃树〔樹〕yīngtáoshù

'**Kissen** *n* -s;- 软垫〔墊〕ruǎndiàn; 枕头〔頭〕zhěntou

'**Kiste** *f* -n (方形)盒 hé, 箱子 xiāngzi, 板条〔條〕箱 bǎntiáoxiāng

Kitsch *m* -es; 毫无〔無〕价〔價〕值的作品 háowú jiàzhí de zuòpǐn

Kitt *m* -(e)s;-e 1) 粘〔黏〕合剂〔劑〕niánhéjì; 2) 油灰 yóuhuī

'**Kittel** *m* -s;- 1) (工作)长〔長〕罩衣 cháng zhàoyī; 2) 罩衫 zhàoshān

'**kitten** *vt* (用油灰、粘合剂等)胶〔膠〕合 jiāohé, 粘〔黏〕合 niánhé

'kitz|en I *vt* 1) 搔痒〔癢〕sāoyǎng, 使发〔發〕痒 shǐ fāyǎng; 2) 激起 jīqǐ, 引起 yǐnqǐ; II *vi* 觉〔覺〕得痒 juédé yǎng; meine Nase kitzelt 我鼻子发痒 **~lig** *adj* 1) 发〔發〕痒〔癢〕的 fāyǎngde, 怕痒的 pàyǎngde; 2) 敏感的 mǐngǎnde; 棘手的 jíshǒude

'Kladde *f* -n 1) 草稿本 cǎogǎoběn; (家庭作业)练〔練〕习〔習〕本 liànxíběn; 2) 日记(流水)帐〔帳〕本 rìjì zhàngběn

'klaffen *vi* 裂开〔開〕 lièkāi, 张开 zhāngkāi

'kläffen *vi* 1) (狗)狂吠 kuángfèi; 2) 骂街 màjiē, 臭骂 chòumà

'klagbar *adj* 可控告的 kě kònggào de, 可起诉的 kě qǐsù de

'Klage *f* -n 1) 诉苦 sùkǔ, 悲叹〔嘆〕 bēitàn; 2) 抱怨 bàoyuàn, 怨言 yuànyán; 3) 控告 kònggào, 起诉 qǐsù

'klagen I *vi* 1)诉苦 sùkǔ, 抱怨 bàoyuàn (über *A*); 2) 悲叹〔嘆〕 bēitàn, 叹惜 tànxī; 3) 起诉 qǐsù, 控告 kònggào (gegen *A*); II *vt* j-m etw. ~ 向某人诉说… xiàn mǒurén sùshuō …

'Kläger *m* -s;- 原告 yuángào, 起诉人 qǐsùrén

'kläglich *adj* 1) 可怜〔憐〕的 kěliánde, 悲惨〔慘〕的 bēicǎnde; 2) 少得可怜的 shǎode kelián de, 微不足道的 wēi bù zú dào de; 3) 可鄙的 kěbǐde, 可耻的 kěchǐde

klamm *adj* 1) 湿〔濕〕冷的 shīlěngde; 2) 冻〔凍〕僵的 dòngjiāngde; 3) 缺乏的 quēfáde, 短缺的 duǎnquēde

Klamm *f* -en 溪谷 xīgǔ, 峡〔峽〕谷 xiágǔ

'Klammer *f* -n 1) 夹〔夾〕子 jiāzi, 钳子 qiánzi; 2) 括号〔號〕 kuòhào

'klammern I *vt* 1) (用夹子)夹〔夾〕住 jiāzhù, 夹紧〔緊〕 jiājǐn; 2) sich ~ an (*A*) 紧紧地抓住 … jǐnjǐnde zhuāzhù …, 把一切希望寄托于〔於〕… bǎ yīqiè xīwàng jìtuō yú …; II *vi* (拳击等)扭住对〔對〕手 niǔzhù duìshǒu

Klang *m* -(e)s;⸚e 1) 声〔聲〕音 shēngyīn,声响〔響〕 shēngxiǎng; 声调 shēngdiào, 音色 yīnsè; 2) (*pl*) 音乐〔樂〕 yīnyuè; 3) 名声 míngshēng, 声誉〔譽〕 shēngyù **~farbe** *f* 音色 yīnsè, 音品 yīnpǐn **~fülle** *f* 音量 yīnliàng, 响〔響〕度 xiǎngdù

'klang|los *adj* 无〔無〕声〔聲〕的 wúshēngde, 无声响〔響〕的 wúshēngxiǎngde **~voll** *adj* 1) 响〔響〕亮的 xiǎngliàngde, 悦耳的 yuè'ěrde; 2) 有声〔聲〕望的 yǒu shēngwàngde

'Klappe *f* -n 1) (一端固定的)盖〔蓋〕子 gàizi; 2) (可增大桌面的)折〔摺〕叠桌板 zhédié zhuōbǎn; 3) 阀 fá, 活门〔門〕 huómén; 瓣 bàn, 瓣膜 bànmó; 4) (乐器的)开〔開〕闭器 kāibìqì, 键 jiàn; 5) 床〔牀〕 chuáng; 6) 嘴 zuǐ

'klappen I *vt* 1) 翻 fān, 翻转〔轉〕 fānzhuǎn; nach oben (unten) ~ 向上(下)翻转; 2) 逮住 dǎizhù; II *vi* 1) (开闭、碰撞时) 发〔發〕噼啪声〔聲〕 fā pīpāshēng; 2) 顺当〔當〕 shùndang, 成功 chénggōng

'Klapper *f* -n 拨〔撥〕浪鼓(玩具) bōlànggǔ

'klapperig *adj* 1) 旧〔舊〕的 jiùde, 破旧的 pòjiùde (汽车等); 2) 年老体〔體〕弱的 niánlǎo tǐruò de, 瘦弱的 shòuruòde

'Klapperkasten *m* 1) 旧〔舊〕钢〔鋼〕琴 jiù gāngqín; 2) 旧货(如旧车等) jiùhuò

'klappern *vi* (硬物相碰时)发〔發〕咯咯、嗒〔噠〕嗒或啪嗒声〔聲〕 fā gēgē、dādā huò pādā shēng; er klapperte vor Kälte mit den Zähnen 他冷得牙齿格格地打颤

'Klapperschlange *f* 1) 响〔響〕尾蛇 xiǎngwěishé; 2) 饶〔饒〕舌妇〔婦〕 ráoshéfù

'Klapp|kamera *f* 折〔摺〕叠式摄〔攝〕影机〔機〕 zhédiéshì shèyǐngjī **~messer** *n* 折〔摺〕刀 zhédāo **~sitz** *m* (汽车或戏院的) 翻椅 fānyǐ **~stuhl** *m* 折叠椅 zhédiéyǐ **~tisch** *m* 折叠桌 zhédiézhuō

Klaps *m* -es;-e 轻〔輕〕拍 qīngpāi, 轻击〔擊〕 qīngjī; (轻轻的)耳光 ěrguāng

'klapsen *vt* (轻轻地)打耳光 dǎ ěrguāng; 轻〔輕〕打(拍)一下 qīngdǎ yīxià

klar *adj* 1) 明亮的 míngliàngde, 明朗的 mínglǎngde; 清澈的 qīngchède, 透明的 tòumíngde; 2) 清楚的 qīngchude, 明白的 míngbaide; 明了〔瞭〕的 míngliǎode, 清醒的 qīngxǐngde; sich über etw. im ~en sein 对某事清楚明白; ~en Kopf bewahren 保持清醒的头脑; das ist mir nicht ~ 这一点我不明白; 3) 精细的 jīngxìde (Zucker 糖); 4) 当〔當〕然 dāngrán, 自然 zìrán; (na) ~! (那)当然!

'klären *vt* 1) 澄清 chéngqīng, 滤〔濾〕清 lǜqīng, 净化 jìnghuà; 2) 把…搞清楚 bǎo… gǎo qīngchu, 澄清 chéngqīng

'klar|legen *vt* 解释〔釋〕 jiěshì, 阐〔闡〕明 chǎnmíng **~stellen** *vt* 澄

清 chéngqīng, 解释〔釋〕 jiěshì

'Klärung *f* -en 1) (水、空气等)澄清 chéngqīng, 提纯 tíchún, 净化 jìnghuà; 2) (问题等)澄清 chéngqīng, 解释〔釋〕 jiěshì

'Klasse *f* -n 1) 阶〔階〕级 jiējí; 社会〔會〕等级 shèhuì děngjí; 2) 班级 bānjí, 年级 niánjí; 3) 等级 děngjí, 级别 jíbié; 4) (动植物分类的)纲〔綱〕 gāng

'Klassen|arbeit *f* 课堂作业〔業〕 kètáng zuòyè **~bewußtsein** *n* 阶〔階〕级觉〔覺〕悟 jiējí juéwù **~kamerad** *m* 同学〔學〕 tóngxué **~kampf** *m* 阶〔階〕级斗〔鬥〕争 jiējí dòuzhēng **~zimmer** *n* 教室 jiàoshì

klassifi'zieren *vt* 把…分类〔類〕 bǎ … fēnlèi; 把…分等级 bǎ … fēn děngjí

'Klassiker *m* -s;- 古典作家 gǔdiǎn zuòjiā; 经〔經〕典作家 jīngdiǎn zuòjiā

'klassisch *adj* 1) 古典的 gǔdiǎnde, 经〔經〕典的 jīngdiǎnde; 2) 完美的 wánměide, 典范〔範〕的 diǎnfànde; 3) 传〔傳〕统的 chuántǒngde, 正统的 zhèngtǒngde

klatsch *int* 啪! pā!

Klatsch *m* -es;-e 1) 啪嗒声〔聲〕 pādāshēng, 扑〔撲〕通声 pūtōng shēng; 2) 背后〔後〕议〔議〕论〔論〕 bèihòu yìlùn, 流言蜚语 liúyán fēiyǔ **~base** *f* -n 饶〔饒〕舌妇〔婦〕 ráoshéfù

'klatschen I *vt* 1) 拍 pāi, 鼓 gǔ; Beifall ~ 鼓掌 gǔzhǎng; 2) 打 dǎ; 掴〔摑〕 guāi; j-m eine ~ 掴某人一记耳光; II *vi* 1) 拍手 pāishǒu, 鼓掌 gǔzhǎng; in die Hände ~ 鼓掌; 2) 背后〔後〕议〔議〕论〔論〕 bèihòu yìlùn, 搬弄是非 bānnòng shìfēi

'klatsch|haft *adj* 爱〔愛〕说闲话的 àishuō xiánhuà de, 好搬弄是非的 hào bānnòng shìfēi de **~naß** *adj* 湿〔濕〕漉漉的 shīlùlùde, 湿淋淋的 shīlīnlīnde

'Klaue *f* -n 1) (禽兽的)蹄 tí; 利爪 lìzhǎo; 2) 手 shǒu, 魔爪 mózhǎo

'Klausel *f* -n (条约中的)附加条〔條〕款 fùjiā tiáokuǎn

Kla'vier *n* -s;-e 钢〔鋼〕琴 gāngqín; ~ spielen 弹钢琴 **~konzert** *n* 钢〔鋼〕琴协〔協〕奏曲 gāngqín xiézòuqǔ

'kleb|en *vt, vi* 粘 zhān, 粘贴 zhāntiē **~rig** *adj* 黏的 niánde, 黏糊糊的 niánhūhūde

'Klebstoff *m* 胶〔膠〕水 jiāoshuǐ, 浆〔漿〕糊 jiànghu, 黏合剂〔劑〕 niánhéjì

Klecks *m* -es; -e 污渍 wūzì, 污斑 wūbān

'klecksen I *vi* 1) 渍污 zìwū, 滴脏〔髒〕 dīzāng; 2) 乱〔亂〕涂〔塗〕 luàntú, 乱画〔畫〕 luànhuà; II *vt* 涂上 túshàng; etw. auf etw. ~ 把某物(一层层或一堆堆地)涂到…上

Klee *m* -s; 三叶〔葉〕草 sānyècǎo, 苜蓿 mùxu

Kleid *n* -(e)s; -er 1) 衣服 yīfu, 服装〔裝〕 fúzhuāng; 2) 女服 nǚfú, 连衣裙 liányīqún

'kleiden *vt* 1) 给…穿衣 gěi … chuānyī; 2) sich ~ 穿衣 chuānyī, 穿着 chuānzhuó; 3) j-n gut ~ 对〔對〕某人很合适〔適〕 duì mǒurén hěn héshì

'Kleider|ablage *f* 衣帽间 yīmàojiān **~bügel** *m* 衣架 yījià **~bürste** *f* 衣刷 yīshuā **~hacken** *m* 挂〔掛〕衣钩 guàyīgōu **~schrank** *m* 衣橱 yīchú, 衣柜〔櫃〕 yīguì **~ständer** *m* (立式)衣架 yījià **~stoff** *m* 衣料 yīliào

'kleidsam *adj* 合身的 héshēnde, 合适〔適〕的 héshìde, 相称〔稱〕的 xiāngchènde

'Kleidung *f* -en 衣服 yīfu, 服装〔裝〕 fúzhuāng **~sstück** *n* (单件)衣服 yīfu, 衣裳 yīshang

'Kleie *f* -n 糠 kāng, 麸〔麩〕皮 fūpí

klein *adj* 1) 小的 xiǎode, 矮的 ǎide; ~ schreiben (词的字母开头)小写; ~ anfangen 从〔從〕最低的起点〔點〕(或职位)做起 cóng zuìdīde qǐdiǎn zuòqǐ, 白手起家 báishǒu qǐjiā; 2) 年幼的 niányòude, 年轻〔輕〕的 niánqīngde; von ~ auf 从〔從〕小(起) cóngxiǎo, 自幼 zìyòu; 3) 短暂的 duǎnzànde; 4) 少的 shǎode, 少量的 shǎoliàngde; ein ~ wenig 一点点; 少许; 5) 普通的 pǔtōngde, 不重要的 bù zhòngyào de; 6) 狭〔狹〕隘的 xiá'àide

'Klein|auto *n* (儿童)汽车〔車〕玩具 qìchē wánjù **~bahn** *f* 窄轨铁〔鐵〕道 zhǎiguǐ tiědào **~geld** *n* 硬币〔幣〕 yìngbì, 零钱〔錢〕 língqián

'kleingläubig *adj* 将〔將〕信将疑的 jiāng xìn jiāng yí de; 信心不足的 xìnxīn bùzú de

'Klein|händler *m* 零售商 língshòu shāng **~heit** *f* 1) 小 xiǎo, 微小 wēixiǎo, 小量 xiǎoliàng; 2) 狭〔狹〕隘 xiá'ài, 狭窄 xiázhǎi

'Kleinigkeit *f* -en 1) 小东〔東〕西 xiǎo dōngxi, 零星物件 língxīng wùjiàn; 2) 少许 shǎoxǔ, 少量

shǎoliàng; eine ~ zum Essen — 点吃的东西; 3) 小事 xiǎoshì, 琐事 suǒshì

'**Kleinkind** *n* (3—6岁的)小孩 xiǎohái

'**klein|laut** *adj* 小声〔聲〕小气〔氣〕的 xiǎoshēng xiǎoqì de, 哑〔啞〕口无〔無〕言的 yǎkǒu wúyán de ~**lich** *adj* 1) 狭〔狹〕窄的 xiázhǎide, 狭隘的 xiá'àide, 浅〔淺〕见〔見〕的 qiǎnjiànde; 2) 小气〔氣〕的 xiǎoqìde, 吝啬〔嗇〕的 lìnsède

'**Kleinmut** *m* 怯懦 qiènuò, 沮丧〔喪〕 jǔsàng

'**kleinschneiden*** *vt* 切碎 qiēsuì

'**Klein|staat** *m* 小国〔國〕 xiǎoguó ~**stadt** *f* 小城市 xiǎo chéngshì

'**kleinstädtisch** *adj* 1) 小城市的 xiǎo chéngshì de; 2) 见〔見〕识〔識〕浅〔淺〕的 jiànshì qiǎn de, 目光狭〔狹〕隘的 mùguāng xiá'ài de

'**Kleister** *m* -s;- 浆〔漿〕糊 jiànghu

'**kleistern** *vt* (用浆糊)粘 zhān, 贴 tiē

'**Klemme** *f* -n 1) 夹〔夾〕 jiā, 夹子 jiāzi, 钳子 qiánzi; 2) 困境 kùnjìng; in der ~ sitzen 处于困境

'**klemmen** *vt* 夹〔夾〕住 jiāzhù, 夹紧〔緊〕 jiājǐn

'**Klempner** *m* -s;- 白铁〔鐵〕工 báitiěgōng

'**Klerus** *m* (天主教)教士(总称) jiàoshi

'**Klette** *f* -n 1) 牛蒡 niúbàng, 牛蒡果 niúbàngguǒ; 2) 纠缠〔纏〕不清的人 jiūchán bù qīng de rén

'**klettern** *vi* (*s*) 1) 爬 pá, 攀登 pāndēng (auf einen Baum 一棵树); 2) 上升〔昇〕 shàngshēng, 上涨〔漲〕 shàngzhǎng

'**Kletterpflanze** *f* 攀缘植物 pānyuán zhíwù

Kli'ent *m* -en; -en (律师的)当〔當〕事人 dāngshìrén

'**Klima** *n* -s; -s (-te) 1) 气〔氣〕候 qìhòu; 2) 气氛 qìfēn ~**anlage** *f* 空气〔氣〕调节〔節〕设备〔備〕 kōngqì tiáojié shèbèi

kli'matisch *adj* 气〔氣〕候的 qìhòude

'**klimpern** *vi* 1) 把…弄得丁〔叮〕当〔噹〕作响〔響〕 bǎ…nòngde dīngdāng zuò xiǎng (mit etw. 某物); 2) 乱〔亂〕弹〔彈〕 luàntán, 乱奏 luànzòu (auf dem Klavier 在钢琴上)

'**Klinge** *f* -n 1) 刀刃 dāorèn, 刀口 dāokǒu; 2) 刀 dāo, 剑〔劍〕 jiàn

'**Klingel** *f* -n 铃 líng ~**knopf** *m* 电〔電〕铃按钮 diànlíng ànniǔ

'**klingeln** *vi* 1) 按铃 ànlíng, 摇铃 yáolíng; 2) 发〔發〕出铃声〔聲〕 fāchū língshēng; es klingelt 铃响了

'**klingen*** *vi* 1) 发〔發〕出(清脆的)声〔聲〕音 fāchū shēngyīn; 2) 听〔聽〕起来〔來〕(觉得) tīngqǐlái

'**Klinik** *f* -en 1) 医〔醫〕院 yīyuàn; 2) 临〔臨〕床〔牀〕教学〔學〕 línchuáng jiàoxué

'**klinisch** *adj* 1) 医〔醫〕院的 yīyuànde; 2) 临〔臨〕床〔牀〕的 línchuángde, 临诊的 línzhěnde

'**Klinke** *f* -n 门〔門〕把手 mén bǎshǒu

'**Klippe** *f* -n 1) 礁石 jiāoshí; 危岩〔巖〕 wēiyán; 2) 障碍〔礙〕 zhàng'ài, 险〔險〕阻 xiǎnzǔ

'**klirren** *vi* (窗等)发〔發〕出咯咯声〔聲〕 fāchū gēgē shēng; (链条等)发出当〔噹〕啷声 fāchū dānglāng shēng; (杯子等)丁〔叮〕当作响〔響〕 dīngdāng zuò xiǎng

Kli'stier *n* -s; -e (医学上的)灌肠〔腸〕 guàncháng

Klo'ake *f* -n 阴〔陰〕沟〔溝〕 yīngōu, 下水道 xiàshuǐdào

'**klobig** *adj* 笨重的 bènzhòngde, 笨拙的 bènzhuōde, 粗陋的 cūlòude

'**klopfen** I *vi* 1) 敲 qiāo, 拍 pāi, 叩 kòu; es klopft 有人敲门; 2) (心、脉搏)跳动〔動〕 tiàodòng, 搏动 bódòng; II *vt* 1) 拍打 pāidǎ; 打 dǎ (den Takt 拍子); 钉 (einen Nagel 钉子); 2) 叩诊 kòuzhěn

'**Klöppel** *m* -s;- 1) (鼓等)槌 chuí; 2) (绕线用的)筒管 tǒngguǎn, 筒子 tǒngzi

Klops *m* -es;-e 肉丸子 ròuwánzi

Klo'sett *n* -s;-e, -s (有抽水马桶的)厕所 cèsuǒ ~**papier** *n* 卫〔衛〕生纸 wèishēngzhǐ, 手纸 shǒuzhǐ

Kloß *m* -es; ⸚e 1) (肉、马铃薯)丸子 wánzi; 2) (泥土等)团〔團〕块〔塊〕 tuánkuài

'**Kloster** *n* -s; ⸚ 寺 sì, 庵 ān; 修道院 xiūdàoyuàn ~**frau** *f* 尼姑 nígū, 修女 xiūnǚ

Klotz *m* -es; ⸚e 1) 大木块〔塊〕 dàmùkuài; 2) 蠢人 chǔnrén, 木头〔頭〕人 mùtourén

Klub *m* -s; -s 俱乐〔樂〕部 jùlèbù ~**sessel** *m* 安乐〔樂〕椅 ānlèyǐ

Kluft *f* I ⸚e 1) (岩石)裂缝 lièfèng, 裂隙 lièxì; 2) 深渊〔淵〕shēnyuān, 鸿沟〔溝〕 hónggōu; II -en 制服 zhìfú

klug *adj* 1) 聪〔聰〕明的 cōngmingde, 明智的 míngzhìde, 精明的 jīngmíngde; draus werde ich nicht ~ 对此我还没弄懂; 2) (动物)懂事的 dǒngshìde, 机〔機〕敏的 jīmǐnde; 3) 机智的 jīzhìde, 灵〔靈〕

活的 línghuóde, 巧妙的 qiǎomiàode

'Klugheit *f* 1) 聪〔聰〕明 cōngming; 2) 智慧 zhìhuì, 明智 míngzhì; 3)机〔機〕智 jīzhì, 巧妙 qiǎomiào

'Klump|en *m* -s;- 1) (粘糊的)一团〔糰〕yītuán, 一块〔塊〕yīkuài; 2) (金等)块 kuài ~**fuß** *m* 畸形足 jīxíngzú, 内翻足 nèifānzú

'knabbern *vt, vi* 1) (发出响声地)咬 yǎo, 啃 kěn; 2) (小口地)咬 yǎo, 啃 kěn (an *D*)

'Knabe *m* -n; -n 男孩 nánhái; alter ~ 老兄 lǎoxiōng

'knabenhaft *adj* 1) 孩子似的 háizisìde; 2) 孩子气〔氣〕的 háiziqìde. 稚气的 zhìqìde

Knack *m* -(e)s; -e 喀嚓 kāchā, 劈啪 pīpā

'knacken I *vi* 发〔發〕出喀嚓、劈啪声〔聲〕fāchū kāchā、pīpā shēng; II *vt* 1) 嘎巴一声把…裂开〔開〕gābā yīshēng bǎ…lièkāi; 2) 砸开 zákāi, 撬开 qiàokāi (Tresor 保险箱); 3) eine harte Nuß zu ~ haben 得解决一个〔個〕棘手的问题 děi jiějué yīgè jīshǒu de wèntí

Knacks *m* -es; -e 1) 见 Knack; 2) 裂缝 lièfèng; (心灵、肉体上的)损伤〔傷〕sǔnshāng, 创〔創〕伤 chuàngshāng

'knacksen *vi* 见 knacken I

Knall *m* -(e)s; -e 1) 爆裂声〔聲〕bàolièshēng, 爆炸声 bàozhàshēng, 劈啪声 pīpāshēng; 2) einen ~ haben 发〔發〕疯〔瘋〕fāfēng ~-**effekt** *m* 惊〔驚〕人的效果 jīngrénde xiàoguǒ, 惊人的事 jīngrénde shì

'knallen *vi* 1) 发〔發〕出短促刺耳的响〔響〕声〔聲〕(如枪击、爆炸等声音) fāchū duǎncù cì'ěr de xiǎngshēng; 2) 打枪〔槍〕dǎqiāng, 射击〔擊〕shèjī

knapp *adj* 1) 紧〔緊〕的 jǐnde, 窄小的 zhǎixiǎode (Kleidung 衣服); 2) 少量的 shǎoliàngde, 不足的 bùzúde, 短缺的 duǎnquēde (Vorräte 库存, Geld 钱); 3) 微弱的 wēiruòde, 勉强够的 miǎnqiǎng gòu de (Mehrheit 多数); eine ~e Stunde 将近一小时,不到一小时; ~ gewinnen 勉强做成, 险胜; mit ~er Not entrinnen 费了好大力气才勉强逃脱; 4) 简洁〔潔〕的 jiǎnjiéde, 扼要的 èyàode (Stil 风格); 5) 接近的 jiējìnde, 紧挨着的 jǐn'āizhede

'knapphalten* *vt* 对〔對〕… 供给卡得很紧〔緊〕duì … gōngjǐ kǎde hěnjǐn

'Knappheit *f* 1) 紧〔緊〕jǐn, 短缺 duǎnquē, 不足 bùzú; 2) 简洁〔潔〕jiǎnjié, 简短 jiǎnduǎn

'Knarre *f* -n 1) 拨〔撥〕浪鼓 bōlànggǔ; 2) 枪〔槍〕枝 qiāngzhī

'knarren *vi* 嘎嘎作响〔響〕gāgā zuò xiǎng

'knattern *vi* 发〔發〕出哒〔噠〕哒、嘎嘎声〔聲〕fāchū dādā、gāgā shēng

Knäul *m, n* -s;- 1) 线〔綫〕球 xiànqiú, 线团〔團〕xiàntuán; 2) (人)群 qún, 堆 duī

Knauf *m* -(e)s; ⸚e 1) (剑等)球形把手 qiúxíngbǎshǒu; 2) 柱头〔頭〕zhùtóu

'Knauser *m* -s;- 吝啬〔嗇〕鬼 lìnsèguǐ, 守财奴 shǒucáinú

Knause'rei *f* -en 吝啬〔嗇〕lìnsè, 小气〔氣〕xiǎoqì

'knauserig *adj* 吝啬〔嗇〕的 lìnsède, 小气〔氣〕的 xiǎoqìde

'knausern *vi* 吝啬〔嗇〕lìnsè, 小气〔氣〕xiǎoqì

'Knebel *m* -s;- 1) 锯的绞板 jùde jiǎobǎn; 2) (背行李的)套索棒 tàosuǒbàng; 绕〔繞〕线〔綫〕板(或棒) ràoxànbǎn; 3) 堵口物 dǔkǒuwù

'knebeln *vt* 1) 堵住…的口 dǔzhù …de kǒu; 2) 缚住 fùzhù, 绑住 bǎngzhù; 压〔壓〕制 yāzhì (Presse 新闻)

'Knecht *m* -(e)s; -e 1) 雇〔傭〕工 gùgōng, 雇农〔農〕gùnóng; 2) 奴仆〔僕〕núpú, 仆人 púrén

'knechten *vt* 奴役 núyì

'Knechtschaft *f* 不自由 bù zìyóu, 屈从〔從〕qūcóng, 被奴役 bèi núyì

'kneifen* I *vt* 1) 掐 qiā, 拧〔擰〕nǐng, 捏〔揑〕niē; 2) 闭紧〔緊〕bìjǐn; II *vi* 1) 退缩 tuìsuō, 逃避 táobì; 2) (觉得)紧 jǐn

Kneifer *m* -s;- 夹〔夾〕鼻眼镜 jiābí yǎnjìng ~**zange** *f* 手夹〔夾〕钳 shǒujiāqián, 老虎钳 lǎohǔqián

'Kneipe *f* -n 1) 小酒馆 xiǎojiǔguǎn; 2) 大学〔學〕生酒会〔會〕dàxuéshēng jiǔhuì

'kneten *vt* 1) 揉 róu, 捏〔揑〕niē (Teig 面团); 捏制〔製〕niēzhì; 2) 按摩 ànmó

Knick *m* -(e)s; -e 1) 裂缝 lièfèng, 折痕 zhéhén; 2) 弯〔彎〕曲 wānqū, 拐弯 guǎiwān, 弯曲处〔處〕wānqūchù

'knicken *vt* 1) 开〔開〕裂 kāiliè, 折裂 zhéliè; 2) 折 zhé, 折叠 zhédié; 3) 使沮丧〔喪〕shǐ jǔsàng; geknickt sein 沮丧,垂头丧气

'Knicker *m* -s;- 见Knauser

Knicks *m* -es; -e (女子的)屈膝礼

〔禮〕qūqīlǐ; einen ~ machen 行一个屈膝礼

'knicksen *vi* 行屈膝礼〔禮〕 xíng qūqīlǐ

Knie *n* -s;- 1) 膝 qī, 膝盖 qīgài; 2) 弯〔彎〕曲部分 wānqū bùfen; 3) 管弯头〔頭〕 guǎn wāntóu

'kniefällig *adj* 1) 下跪的 xiàguìde; 2) 低声〔聲〕下气〔氣〕的 dīshēng xiàqì de, 乞求的 qǐqiúde

'Kniekehle *f* 腘〔膕〕窝〔窩〕 guówō

'knien *vi* 1) 跪 guì; 2) sich ~ 跪下 guìxià

'Knie|scheibe *f* 髌骨 bìngǔ, 膝盖骨 qīgàigǔ **~strumpf** *m* 长〔長〕筒袜〔襪〕 chángtǒngwà

Kniff *m* -(e)s;-e 1) 捏〔揑〕 niē, 拧〔擰〕 nǐng, 掐 qiā; 2) 皱〔皺〕纹 zhòuwén, 折痕 zhéhén; 3) 诀窍〔竅〕 juéqiào; 手段 shǒuduàn, 花招 huāzhāo

'kniff(e)lig *adj* 艰〔艱〕难〔難〕的 jiānnánde, 吃力的 chīlìde, 棘手的 jíshǒude

'knipsen I *vt* 1) 拍照 pāizhào, 按快门〔門〕 àn kuàimén; 2) (在车票上)轧洞 zhádòng; II *vi* 拍照 pāizhào

Knirps *m* -es; -e 1) 小男孩 xiǎo nánhái; 2) 矮人 ǎirén, 侏儒 zhūrú; 2) 折叠伞〔傘〕 zhédiésǎn

'knirschen *vi* 嚓嚓作响〔響〕 chāchā zuòxiǎng; mit den Zähnen ~ 把牙齿〔齒〕咬得咯咯响 bǎ yáchǐ yǎode gēgē xiǎng; 气〔氣〕得咬牙切齿 qìde yǎoyá qièchǐ

'knistern *vi* 沙沙作响〔響〕 shāshā zuò xiǎng, 发〔發〕出劈劈啪啪的响声〔聲〕 fāchū pīpīpāpā de xiǎngshēng

'knitter|frei *adj* 不皱〔皺〕的 bùzhòude **~n** *vt, vi* 皱〔皺〕 zhòu, 弄皱 nòngzhòu, 压〔壓〕皱 yāzhòu

'Knoblauch *m* -(e) s; 大蒜 dàsuàn

'Knöchel *m* -s;- 1) 踝骨 huáigǔ; 节〔節〕骨 jiégǔ; 2) 色子 shǎizi

'Knochen *m* -s;- 骨 gǔ **~bruch** *m* 骨折 gǔzhé

'knochig *adj* 骨头〔頭〕突出的 gútou tūchū de, 瘦骨嶙峋的 shòugǔ línxún de

'Knödel *m* -s;- 丸子 wánzi

'Knolle *f* -n 1) 块〔塊〕茎〔莖〕 kuàijìng; 2)团〔團〕 tuán, 块 kuài; 结节〔節〕 jiéjié

Knopf *m* -(e)s;-e 1) 钮扣 niǔkòu; 2) 按钮 ànniǔ, 电〔電〕钮 diànniǔ; 3) (球形)把手 bǎshǒu

'knöpfen *vt* 扣上 kòushàng, 扣住 kòuzhù

'Knopfloch *n* 扣眼 kàuyǎn

'Knorpel *m* -s;- 软骨 ruǎngǔ

'Knorren *m* -s;- (树的)节〔節〕 jié, 瘤 liú, 疤 bā

'knorrig *adj* 多节〔節〕的 duōjiéde, 多节疤的 duōjiébāde

'Knospe *f* -n 蓓蕾 bèilěi

'knospen *vi* 发〔發〕芽 fāyá, 长〔長〕出花蕾 zhǎngchū huālěi

'knoten *vt* 打结 dǎjié; (打结)接(线、绳等) jiē

'Knoten *m* -s;- 1) 结 jié, 疙瘩 gēda; 2) 发〔髮〕髻 fàjì; 3) (树等)节〔節〕 jié, 节瘤 jiéliú; 4)(船速)节(1节=1海里/小时); 5) (戏剧)情节 qíngjié, 冲〔衝〕突 chōngtū; 6) 困难〔難〕 kùnnàn, 症〔癥〕结 zhēngjié **~punkt** *m* (交通)联〔聯〕接点〔點〕 liánjiēdiǎn, 会〔會〕合点 huìhédiǎn, 枢〔樞〕纽站shūniǔzhàn

Knuff *m* -(e)s;¨e (用拳或肘轻)捅 tǒng, 撞 zhuàng

'knuffen *vt* (用拳或肘轻)捅 tǒng, 撞 zhuàng

'knüllen *vt, vi* 皱〔皺〕 zhòu, 起皱纹 qǐ zhòuwén

'Knüller *m* -s;- 引起轰〔轟〕动〔動〕的东〔東〕西 yǐnqǐ hōngdòng de dōngxi, 热〔熱〕门〔門〕货 rèménhuò

'knüpfen *vt* 1) 编织〔織〕 biānzhī, 编结 biānjiē; 2) 打结 dǎjié; 3) 联〔聯〕接 liánjiē, 联系 liánxì

'Knüppel *m* -s;- 1) (短粗的)棍棒 gùnbàng; 2) 操纵〔縱〕杆〔桿〕 cāozònggǎn; 换挡〔擋〕杆 huàndǎnggǎn

'knurren *vi* 1) 发〔發〕出狺狺声〔聲〕、呼噜声 fāchū yínyínshēng、hūlūshēng; 2) (叽里咕噜地)发牢骚 fā láosāo, 抱怨 bàoyuàn, 唠〔嘮〕叨 lāodao

'knusp(e)rig *adj* 1) 松〔鬆〕脆的 sōngcuìde; 2) 年轻〔輕〕迷人的 niánqīng mírén de

'Knute *f* -n 1) 皮鞭 píbiān; 2) 暴力统治 bàolì tǒngzhì

'Kobold *m* -(e)s; -e 1) (传说中的)家神 jiāshén, 地神 dìshén, 小精灵〔靈〕 xiǎo jīnglíng; 2) 淘气〔氣〕鬼 táoqìguǐ, 小捣蛋 xiǎodǎodàn

Koch *m* -(e)s; ¨e 厨师〔師〕 chúshī **~buch** *n* 食谱 shípǔ, 烹调书〔書〕 pēngtiáoshū

'kochen I *vt* 烧〔燒〕 shāo, 煮 zhǔ, 熬 áo; II *vi* 烹饪 pēngrèn, 烧菜 shāocài, 做饭 zuòfàn; vor Wut ~ 怒不可遏 nùbùkě'è

'Kocher *m* -s;- 1) 炉〔爐〕子 lúzi; 2) 高压〔壓〕蒸煮器 gāoyā zhēngzhǔqì, 沸腾器 fèiténgqì

'Köcher *m* -s;- 箭筒 jiàntǒng, 箭袋 jiàndài

'Koch|kiste *f* 食物保暖箱 shíwù bàonuǎnxiāng **~löffel** *m* 烹饪勺〔杓〕pēngrènsháo **~nische** *f* 小灶〔竈〕房 xiǎo zàofáng **~salz** *n* 食盐〔鹽〕shíyán **~topf** *m* 锅〔鍋〕guō, 饭锅 fànguō

'Köder *m* -s;- 钓饵 diào'ěr, 诱饵 yòu'ěr

ködern *vt* 引诱 yǐnyòu, 使上钩 shǐ shànggōu

'Kodex *m* -(es); -e (..dizes) 1) 法典 fǎdiǎn; 2) 习〔習〕俗 xísú, 惯例 guànlì; 3) 古文抄本 gǔwén chāoběn

'Koffer *m* -s;- 衣箱 yīxiāng, 行李箱 xínglixiāng **~radio** *n* 手提收音机〔機〕shǒutí shōuyīnjī

Kognak ['kɔnjak] *m* -s;-s(-e) 法国〔國〕白兰〔蘭〕地(酒) fǎguó báilándì

Kohl *m* -(e) s; -e 甘蓝〔藍〕gānlán, 卷心菜 juǎnxīncài, 洋白菜 yángbáicài

'Kohle *f* -n 1) 煤 méi; 2) 炭 tàn, 木炭 mùtàn; wie auf (glühenden) ~n sitzen 如坐针毡〔氈〕rú zuò zhēnzhān; 3) 钱〔錢〕qián

'Kohlen|bergwerk *n* 煤矿〔礦〕méikuàng **~eimer** *m* 煤桶 méitǒng **~kasten** (家用)煤箱 méixiāng **~säure** *f* 碳酸 tànsuān **~stoff** *m* 碳 tàn

'Kohle|papier *n* 复〔復〕写〔寫〕纸 fùxiězhǐ **~zeichnung** *f* 木炭画〔畫〕mùtànhuà

'Kohlkopf *m* 甘蓝〔藍〕叶〔葉〕球 gānlányèqiú

'Koje *f* -n (船上固定的)床〔牀〕chuáng, 床铺 chuángpù

Koka'in *n* -s; 可卡因 kěkǎyīn

'kokett *adj* 卖〔賣〕俏的 màiqiào, 卖弄风〔風〕情的 màinòng fēngqíng de

koket'tieren *vi* 1) 卖〔賣〕弄风〔風〕情 màinòng fēngqíng, 卖俏 màiqiào; 2) 炫耀 xuànyào, 卖弄 màinòng (mit etw. 某物); 3) 稍有…想法 shāoyǒu …xiǎngfǎ

'Kokosnuß *f* 椰子 yēzi

Koks *m* -es;-e 1) 焦炭 jiāotàn; 2) 现钱〔錢〕xiànqián

'Kolben *m* -s;- 1) 枪〔槍〕托 qiāngtuō; 2) 活塞 huósāi

Kol'chose *f* -n (苏联)集体〔體〕农〔農〕庄〔莊〕jítǐ nóngzhuāng

Kol'leg *n* -s;-s(-ien) 讲〔講〕课 jiǎngkè, 讲座 jiǎngzuò **~e** *m* -n; -n 同事 tóngshì, 同行 tóngháng **~ium** *n* -s; ..gien 1)(一机构)全体〔體〕人员 quántǐ rényuán; 2)(专业)小组 xiǎozǔ, 委员会〔會〕wěiyuánhuì; 3) (大学的)讲〔講〕课 jiǎngkè

Kol'lekte *f* -n 教堂募捐 jiàotáng mùjuān

Kollekti'on *f* -en 1) 募捐 mùjuān; 2) 收集物 shōujíwù, 收藏品 shōucángpǐn

'Koller *m* -s;- 1) 狂怒 kuángnù, 盛怒 shèngnù; 2) (马)眩晕症〔癥〕xuànyùnzhèng

'kollern *vi* 1) (鸡)咯咯叫 gēgē jiào; 2) (肚里)发〔發〕出咕噜咕噜的响〔響〕声〔聲〕fāchū gūlū gūlū de xiǎngshēng; 3) (马)患眩晕症〔癥〕huàn xuànyùnzhèng; 4) (*s*) (球等)滚动〔動〕gǔndòng

kolli'dieren *vi* (车、船等)相撞 xiāngzhuàng; 2) 冲〔衝〕突 chōngtū, 抵触 dǐchù

Kollisi'on *f* -en 1) (车、船等)相撞 xiāngzhuàng; 2) 矛盾 máodùn, 冲〔衝〕突 chōngtū, 抵触 dǐchù

'Kölnischwasser *n* 科隆香水 kēlóng xiāngshuǐ

Kolo'nie *f* -n 殖民地 zhímíndì

koloni'sieren *vt* 1) 开〔開〕拓 kāituò, 开发〔發〕kāifā; 2) 使殖民地化 shǐ zhímíndì huà; 移民于〔於〕… yímín yú …

Ko'lonne *f* -n 1) 队〔隊〕duì, 纵〔縱〕队 zòngduì, 车〔車〕队 chēduì; 2) (书报等上的)栏〔欄〕lán; 3) (蒸馏)柱 zhù, 塔 tǎ

kolo'rieren *vt* 给…着色 gěi…zhuósè

Ko'loß *m* ..sse; ..sse 1) 巨型塑像 jùxíng sùxiàng; 2) 巨人 jùrén

kolos'sal *adj* 庞〔龐〕大的 pángdàde, 巨大的 jùdàde

Kombinati'on *f* -en 1) 联〔聯〕合 liánhé, 组合 zǔhé; 2) 连衣裤工作服 liányīkù gōngzuòfú; 飞〔飛〕行服 fēixíngfú; 3) (号码锁的)暗码 ànmǎ; 4) (足球等战术)配合 pèihé; 4) 联想 liánxiǎng, 推论〔論〕tuīlùn

kombi'nieren *vt, vi* 1) 推理 tuīlǐ, 推断〔斷〕tuīduàn; 2) 联〔聯〕合 liánhé, 结合 jiéhé; 3) (足球等战术)配合 pèihé

Kom'büse *f* -n (船上)厨房 chúfáng

Ko'met *m* -en; -en 彗星 huìxīng

Kom'fort *m* -s; 1) 安逸 ānyì; 2) 舒适〔適〕的现代化设备〔備〕shūshìde xiàndàihuà shèbèi

komfor'tabel *adj* 1) 舒适〔適〕的 shūshìde, 安逸的 ānyìde; 2) 设备〔備〕现代化的 shèbèi xiàndàihuà de

'Komik *f* 诙谐 huīxié, 滑稽 huájī

~**er** *m* -s;- 滑稽演员 huájī yǎnyuán, 丑角 chǒujué
'**komisch** *adj* 1) 滑稽的 huájīde, 诙谐的 huīxiéde, 好笑的 hǎoxiàode; 2) 奇怪的 qíguàide, 古怪的 gǔguàide
Komi'tee *n* -s; -s 委员会〔會〕wěiyuánhuì
'**Komma** *n* -s; -s(-ta) 1) 逗号〔號〕dòuhào; 2) 小数〔數〕点〔點〕xiǎoshùdiǎn
Komman'd|ant *m* -en; -en, ~**eur** *m* -s; -e 司令 sīlìng, 指挥官 zhǐhuīguān
komman'dieren I *vt* 命令 mìnglìng, 指挥 zhǐhuī, 调遣 diàoqiǎn; II *vi* 发〔發〕号〔號〕施令 fāhào shīlìng, 下命令 xià mìnglìng
Kom'mando *n* -s;-s 1) 命令 mìnglìng; 2) 指挥部 zhǐhuībù, 司令部 sīlìngbù; 3) 派遣队〔隊〕pàiqiǎnduì, 小分队 xiǎofēnduì ~-**brücke** *f* (船)驾驶桥〔橋〕楼〔樓〕jiàshǐ qiáolóu, 指挥舰〔艦〕楼 zhǐhuī jiànlóu
'**kommen** *vi* (*s*) 1) 来〔來〕lái, 来到 láidào; ~ lassen (派人)请…(来) qǐng…; 2) 出席 chūxí, 参〔參〕加 cānjiā; 3) 到达〔達〕dàodá, 抵达 dǐdá; 4) 来临〔臨〕láilín, 临近 línjìn; 4) etw. ~ sehen 预见〔見〕到… yùjiàndào…, 料到… liàodào…; 5) an die Reihe ~ 轮〔輪〕到 lúndào; 6) ~ auf (*A*) 想到… xiǎngdào…; 7) zu dem Schluß ~, daß 做出…的决定 zuòchū … de juédìng; 8) hinter etw. ~ 识〔識〕破… shípò …; 9) um etw. ~ 丧〔喪〕失… sàngshī …; 10) zu etw. ~ 得到… dédào …, 获〔獲〕得… huòdé; 11) wieder zu sich ~ 苏〔蘇〕醒过〔過〕来 sūxǐng guòlái; 12) wie ~ Sie dazu! 您怎么〔麼〕敢这〔這〕样〔樣〕呢! nín zěnme gǎn zhèyàng ne!
Kommen't|ar *m* -s;-e 1)注释〔釋〕zhùshì, 评注 píngzhù; 2) 评论〔論〕pínglùn, 述评 shùpíng ~**ator** *m* -s; -en 1) 评论员 pínglùnyuán; 2) 注释者 zhùshìzhě
kommen'tieren *vt* 1) 评论〔論〕pínglùn; 2) 注释〔釋〕zhùshì, 评注 píngzhù
Kommis'sar *m* -s; -e 1) (政府)全权〔權〕代表 quánquán dàibiǎo, 特派员 tèpàiyuán, 专〔專〕员 zhuānyuān; 2) 警察长〔長〕jǐngcházhǎng
Kom'mißbrot *n* (士兵吃的)黑面包 hēimiànbāo
Kommissi'on *f* -en 1) 委托 wěituō; 代理 dàilǐ, 代销 dàixiāo; 2) 委员会〔會〕wěiyuánhuì
Kom'mode *f* -n 抽屉〔屜〕柜〔櫃〕chōutìguì, 五斗橱 wǔdǒuchú
Kommu'nis|mus *m* 共产〔產〕主义〔義〕gòngchǎn zhǔyì ~**t** *m* -en; -en 共产〔產〕主义〔義〕者 gòngchǎn zhǔyì zhě
kommu'nistisch *adj* 共产〔產〕主义〔義〕的 gòngchǎn zhǔyì de
Komö'diant *m* -en; -en 1) 演员 yǎnyuán, 戏〔戲〕子 xìzi; 2) 耍花招的人 shuǎ huāzhāo de rén, 骗子 piànzi
'**Ko'mödie** *f* -n 1) 喜剧〔劇〕xǐjù; 2) 滑稽的事 huájīde shì; 3) 喜剧院 xǐjùyuàn; 4) ~ spielen 耍花招 shuǎ huāzhāo
Kompagnon [..pan 'jõ:] *m* -s; -s 1) 股东〔東〕gǔdōng, 合伙经〔經〕营〔營〕者 héhuǒ jīngyíng zhě; 2) 同伙〔夥〕tónghuǒ, 伙伴 huǒbàn
Kompa'nie *f* -n 1) (军队)连 lián; 2) 公司 gōngsī, 商号〔號〕shānghào
'**Kompaß** *m* ..sses; ..sse 罗〔羅〕盘〔盤〕luópán, 指南针 zhǐnánzhēn
kompe'tent *adj* 1) 主管的 zhǔguǎnde, 有权〔權〕能的 yǒu quánnéng de; 2) 能胜〔勝〕任的 néng shèngrèn de
kom'plett *adj* 1) 完整的 wánzhěngde, 完全的 wánquánde; 2) 彻〔徹〕底的 chèdǐde
Kom'plex *m* -es; -e 1) 总〔總〕体〔體〕zǒngtǐ, 复〔復〕合体 fùhétǐ; 2) (建筑)群 qún; 3) 变〔變〕态〔態〕心理 biàntài xīnlǐ
Kompli'ment *n* -(e)s; -e 1) 客套 kètào, 恭维 gōngwei, 献〔獻〕媚 xiànmèi; j-m ein ~ machen 恭维某人,向某人献殷勤; 2) 问候 wènhòu, 致意 zhìyì
Kom'plize *m* -n; -n 同谋 tóngmóu, 共犯 gòngfàn, 帮〔幫〕凶 bāngxiōng
kompli'zieren *vt* 使复〔復〕杂〔雜〕化 shǐ fùzáhuà, 使麻烦 shǐ máfan
Kom'plott *n* -(e)s; -e 共谋 gòngmóu, 密谋 mìmóu, 串通 chuàntōng
kompo'nieren *vt, vi* 1) 组成 zǔchéng, 构〔構〕成 gòuchéng; 2) 谱曲 pǔqǔ, 创〔創〕作(音乐等) chuàngzuò
Kompo'nist *m* -en; -en 作曲家 zuòqǔjiā
Kom'pott *n* -(e)s;-e 糖煮水果 táng zhǔ shuǐguǒ
kompri'mieren *vt* 1) 压〔壓〕缩 yāsuō; 2) 使简洁〔潔〕shǐ jiǎnjié
Kompro'miß *m* ..sses; ..sse 妥协

〔協〕 tuǒxié, 让〔讓〕步 ràngbù

kompro'mißlos *adj* 不妥协〔協〕的 bù tuǒxié de, 不让〔讓〕步的 bù ràngbù de

kompromit'tieren *vt* 使出丑〔醜〕 shǐ chūchǒu, 使丧〔喪〕失名誉〔譽〕 shǐ sàngshī míngyù

Konden'sator *m* -s;-en 1) 冷凝器 lěngníngqì; 2) 电〔電〕容器 diànróngqì

konden'sieren *vt* 1) 使浓〔濃〕缩 shǐ nóngsuō; 2) 使冷凝 shǐ lěngníng

Kon'dens|milch *f* 炼〔煉〕乳 liànrǔ **~wasser** *n* 冷凝水 lěngníngshuǐ

Kon'ditor *m* -s; -en 制〔製〕作糕点〔點〕甜食的师〔師〕傅 zhìzuò gāodiǎn tiánshí de shīfu

Kondito'rei *f* -en 1) 糕点〔點〕甜食店 gāodiǎn tiánshí diàn; 2) 糕点制〔製〕作 gāodiǎn zhìzuò

Kon'fekt *n* -(e)s; -e 高级(夹心)糖果 gāojí tángguǒ

Konfekti'on *f* -en 1) 服装〔裝〕生产〔產〕 fúzhuāng shēngchǎn; 2) 成衣 chéngyī; 3) 服装业〔業〕 fúzhuāngyè **~sanzug** *m* (工厂成批生产的)成衣 chéngyī, 现成服装〔裝〕 xiànchéng fúzhuāng **~sgeschäft** *n* 服装〔裝〕(成衣)店 fúzhuāngdiàn

Konfe'renz *f* -en 1) 会〔會〕议〔議〕 huìyì, 协〔協〕商会议 xiéshāng huìyì; 2) 磋商 cuōshāng, 会谈 huìtán

Konfessi'on *f* -en 1) 自白 zìbái, 自供 zìgòng, 忏〔懺〕悔 chànhuǐ; 2) (宗教)团〔團〕体〔體〕 tuántǐ, 教派 jiàopài; 信仰 xìnyǎng

konfession'ell *adj* 1) (宗教)信仰的 xìnyǎngde; 2) 教派的 jiàopàide; 3) 自白的 zìbáide, 自供的 zìgòngde, 忏〔懺〕悔的 chànhuǐde

Konfessi'onsschule *f* 教会〔會〕 jiàohuì

Konfirmati'on *f* -en (新教)坚〔堅〕信礼〔禮〕 jiānxìnlǐ

konfir'mieren *vt* 施坚〔堅〕信礼〔禮〕 shī jiānxīnlǐ

konfis'zieren *vt* 查抄 cháchāo, 没收 mòshōu

Kon'fitüre *f* -n 果子酱〔醬〕 guǒzijiàng

Kon'flikt *m* -(e) s; -e 争执〔執〕 zhēngzhì, 冲〔衝〕突 chōngtū

kon'form *adj* ~ gehen mit 与〔與〕… 一致 yǔ … yīzhì

konfron'tieren *vt* 1) 使面对〔對〕 shǐ miànduì; 2) 使对质〔質〕 shǐ duìzhì; 3) 使对照 shǐ duìzhào

kon'fus *adj* 令人稀里糊涂〔塗〕的 lìng rén xīli hútu de, 杂〔雜〕乱〔亂〕的 záluànde, 混乱的 hùnluànde

Kon'greß *m* ..sses; ..sse 1) 代表大会〔會〕 dàibiǎo dàhuì; 2) 国〔國〕会 guóhuì **~halle** *f* 大会〔會〕堂(厅) dàhuìtáng

'König *m* -s;-e 1) 国〔國〕王 guówáng; 2) (扑克中的) K; 3) (国际象棋的)王 wáng **~in** *f* -nen 1) 女王 nǚwáng, 王后 wánghòu; 2) 蜂王 fēngwáng; 3) (国际象棋的)王后 wánghòu

'königlich *adj* 1) 国〔國〕王的 guówángde, 君王的 jūnwángde; 2) 帝王的 dìwángde, 威严〔嚴〕的 wēiyánde; 3) 尽〔盡〕兴〔興〕的 jìnxìngde, 非常的 fēichángde; 4) 慷慨的 kāngkǎide

'König|reich *n* 王国〔國〕 wángguó **~tum** *n* -s; ¨er 1) 君主政体〔體〕 jūnzhǔ zhèngtǐ; 2) 王位 wángwèi, 王权〔權〕 wángquán; 王国〔國〕 wángguó

Konjugati'on *f* (动词)变〔變〕化 biànhuà, 变位 biànwèi

konju'gieren *vt* 使(动词)变〔變〕化 shǐ biànhuà, 使变位 shǐ biànwèi

Konjunk't|iv *m* -s;-e (语法)虚拟〔擬〕式 xūnǐshì **~ur** *f* -en 总〔總〕的经〔經〕济〔濟〕情况 zǒngde jīngjì qíngkuàng, 经济发〔發〕展趋〔趨〕势〔勢〕 jīngjì fāzhǎn qūshì; 景气〔氣〕 jǐngqì

kon'kret *adj* 具体〔體〕的 jùtǐde, 有形的 yǒuxíngde, 实〔實〕际〔際〕的 shíjìde

Konkur'rent *m* -en;-en 竞〔競〕争者 jìngzhēngzhě, 竞赛者 jìngsàizhě, 对〔對〕手 duìshǒu

Konkur'renz *f* -en 1) 竞〔競〕争 jìngzhēng, 比赛 bǐsài; 2) (全体)竞争者 jìngzhēngzhě, 竞赛者 jìngsàizhě

konkur'renzfähig *adj* 有竞〔競〕争能力的 yǒu jìngzhēng nénglì de

Konkur'renzkampf *m* 经〔經〕济〔濟〕竞〔競〕争 jīngjì jìngzhēng, 贸易竞争 màoyì jìngzhēng

konkur'rieren *vi* 竞〔競〕争 jìngzhēng, 比赛 bǐsài

Kon'kurs *m* -es;-e 破产〔產〕 pòchǎn, 倒闭 dǎobì; ~ anmelden 申报破产; in ~ gehen (geraten) 陷于破产 **~masse** *f* 破产〔產〕者的财产 pòchǎnzhěde cáichǎn

können* I *vi* 能 néng, 能够 nénggòu; 会〔會〕 huì, 懂 dǒng; ich kann nicht 我不行(不会); II *vt* 会 huì, 掌握 zhǎngwò, 懂 dǒng; eine Sprache ~ 懂一门语言; III *aux* 1) 能 néng, 能够 nénggòu, 会 huì, 懂 dǒng; es kann sein 这

有可能; er kann schwimmen 他会游泳; 2) 可以 kěyǐ, 允许 yúnxǔ; du kannst hingehen 你可以去

'Können *n* -s; 能力 nénglì; 才能 cáinéng; 技能 jìnéng, 技巧 jìqiǎo

Konnosse'ment *n* -(e)s;-e 船货清单〔單〕chuánhuò qīngdān, 海运〔運〕提货单 hǎiyùn tíhuòdān

konse'quent *adj* 1) 一贯的 yīguànde, 前后〔後〕一致的 qiánhòu yīzhì de; ~ handeln 前后一致地行动; 2) 坚〔堅〕定的 jiāndìngde, 始终不渝的 shǐzhōng bùyú de

Konse'quenz *f* -en 1) 一贯性 yīguànxìng, 前后〔後〕一致性 qiánhòu yīzhìxìng; 2) 坚〔堅〕定 jiāndìng, 坚持 jiānchí; 3) 结果 jiéguǒ, 后果 hòuguǒ; die ~en ziehen 得出结论〔論〕déchū jiélùn

konserva'tiv *adj* 保守的 bǎoshǒude

Kon'serven *pl* 罐头〔頭〕guàntou, 罐头食品 guàntou shípǐn **~büchse** *f*, **~dose** *f* (某食品的)罐头〔頭〕guàntou, 罐子 guànzi **~fabrik** *f* 罐头〔頭〕食品厂〔廠〕guàntou shípǐnchǎng

konser'vieren *vt* 1) 把…装〔裝〕制〔製〕罐头〔頭〕bǎ … zhuāngzhì guàntou; 使…能长〔長〕期贮〔貯〕放 shǐ … néng chángqí zhùfàng; 2) (用特殊方法)保存 bǎocún, 保藏 bǎocáng

Konso'nant *m* -en;-en (语音)辅音 fǔyīn, 子音 zǐyīn

Kon'sortium *n* -s; ..tien (银行、企业等)临〔臨〕时〔時〕性联〔聯〕合组织〔織〕línshíxìng liánhé zǔzhī, 财团〔團〕cáituán

kon'stant *adj* 不变〔變〕的 bùbiànde, 恒常的 héngchángde, 固定的 gùdìngde

konstru'ieren *vt* 1) (语法)构〔構〕成 gòuchéng, 造 zào (Satz 句); 2) 设计 shèjì, 建造 jiànzào; 3) 虚构 xūgòu

Konstruk|'teur *m* -s; -e 1) 设计者 shèjìzhě, 建造者 jiànzàozhě; 2) 制〔製〕图〔圖〕者 zhìtúzhě **~ti'on** *f* -en 1) 设计 shèjì, 建造 jiànzào; 2) 结构〔構〕jiégòu, 构造 gòuzào; 造型 zàoxíng; 3) 作图〔圖〕zuòtú, 绘〔繪〕制〔製〕huìzhì; 4) 构思 gòusī; 虚构 xūgòu; 5) (思想)体〔體〕系 (指其形式结构) tǐxì

'Konsul *m* -s; -n 领事 lǐngshì

Konsu'lat *n* -(e)s; -e 领事馆 lǐngshìguǎn

konsul'tieren *vt* 1) 请教 qǐngjiào, 咨询 zīxún; 2) (政府间)磋商 cuōshāng, 协〔協〕商 xiéshāng

Kon'sum *m* I -s; 消费 xiāofèi; 消费合作社 xiāofèi hézuòshè; II -s;-s 消费合作门〔門〕市部 xiāofèi hézuò ménshìbù

Konsu'ment *m* -en; -en 消费者 xiāofèizhě, 顾〔顧〕客 gùkè

konsu'mieren *vt* 消费 xiāofèi

kon'takt *m* -(e)s; -e 1) 接触〔觸〕jiēchù, 联〔聯〕系 liánxì; in ~ stehen mit 与…有联系; 2) (电) 接通 jiētōng, 触点〔點〕chùdiǎn

Konti'nent *m* -(e)s; -e 洲 zhōu; 大陆〔陸〕dàlù

Kontin'gent *n* -(e)s; -e 1) 份额 fèn'é; 分担〔擔〕额 fēndān'é; 定额 dìng'é; 2) 出兵额 chūbīng'é, 兵员分担额 bīngyuán fēndān'é

'Konto *n* -s; ..ten (..ti) 1) 帐〔帳〕zhàng, 帐目 zhàngmù; 2) 帐户 zhànghù, 户头〔頭〕hùtóu **~auszug** *m* 银行结单〔單〕yínháng jiédān

Kon'tor *n* -s; -e 1) 办〔辦〕事处〔處〕bànshìchù; 帐房间 zhàngfángjiān; 2) 海外事务〔務〕所 hǎiwài shìwùsuǒ

Konto'rist *m* -en; -en 办〔辦〕事员 bànshìyuán, 雇〔僱〕员 gùyuán

Kon'trast *m* -es; -e 1) (鲜明的)对〔對〕照 duìzhào, 对比 duìbǐ; 2) (摄影)对比度 duìbǐdù; 反差 fǎnchā

Kon'trolle *f* -n 1) 监〔監〕督 jiāndū, 监视 jiānshì; 2) 检〔檢〕查 jiǎnchá, 检验〔驗〕jiǎnyàn; 3) 控制 kòngzhì, 支配 zhīpèi

kontrol'lieren *vt* 1) 检〔檢〕查 jiǎnchá, 检验〔驗〕jiǎnyàn; 2) 监〔監〕督 jiāndū, 监视 jiānshì; 3) 控制 kòngzhì, 支配 zhīpèi

Kontro'verse *f* -n 1) 争论〔論〕zhēnglùn, 分歧 fēnqí; 2) (科学上)论争 lùnzhēng

konvention'ell *adj* 1) 惯例的 guànlìde, 常规的 chángguīde; 2) 协〔協〕议〔議〕的 xiéyìde, 协定的 xiédìngde, 条〔條〕约的 tiáoyuēde

Konversati'on *f* -en 会〔會〕话 huìhuà, 谈话 tánhuà **~slexikon** *n* 百科全书〔書〕bǎikē quánshū

Konzentrati'on *f* -en 1) 集中 jízhōng; 集结 jíjié; 2) 专〔專〕心 zhuānxīn, 专注 zhuānzhù; 3) 浓〔濃〕缩 nóngsuō; 浓度 nóngdù

konzen'trieren *vt* 1) 集中 jízhōng; 集结 jíjié; 2) 浓〔濃〕缩 nóngsuō; 3) sich ~ (auf *A*) 集中 jízhōng; 专〔專〕心于〔於〕zhuānxīn yú, 全神贯注于 quánshén guànzhù yú

Kon'zern *m* -s; -e 康采恩 kāngcǎi'ēn

Kon'zert *n* -(e)s; -e 1) 音乐〔樂〕会〔會〕yīnyuèhuì; 2) 协〔協〕奏曲 xiézòuqǔ; 3) 和谐 héxié, 一致 yīzhì **~saal** *m* 音乐厅〔廳〕yīnyuètīng

Konzessi'on *f* -en 1) 让〔讓〕步 ràngbù, 妥协〔協〕tuǒxié; 2)（官方）许可 xǔkě;（营业）许可证〔證〕xǔkězhèng

konzessio'nieren *vt*（官方）许可 xǔkě, 发〔發〕给许可证 fāgěi xǔkězhèng

Kopf *m* -(e); ⸚se 1) 头〔頭〕tóu, 首 shǒu; den ~ hängen lassen 垂头丧〔喪〕气〔氣〕chuítóu sàngqì; 2) 头脑〔腦〕tóunǎo, 才智 cáizhì; j-m über den ~ wachsen 不再听〔聽〕某人的话 bùzài tīng mǒurén de huà; 某人干〔幹〕不了 mǒurén gàn bù liǎo, 解决不了 jiějué bù liǎo; sich den ~ zerbrechen 绞尽〔盡〕脑汁 jiǎojìn nǎozhī, 伤〔傷〕透脑筋 shāngtòu nǎojīn; 3) 首脑 shǒunǎo, 头头儿〔兒〕tóutour; 4) 人 rén; 5) 头部 tóubù, 顶端 dǐngduān, 上端 shàngduān; 6) 信头 xìntóu, 报〔報〕头 bàotóu; 标〔標〕题 biāotí; 7) 球状〔狀〕植物 qiúzhuàng zhíwù **~arbeit** *f* 脑〔腦〕力劳〔勞〕动〔動〕nǎolì láodòng **~bedeckung** *f* 帽子 màozi, 头〔頭〕巾 tóujīn

'köpfen *vt* 1) 杀〔殺〕头〔頭〕shātóu; 2)（足球）用头顶 yòng tóu dǐng

'Kopf|ende *n* 床〔牀〕头〔頭〕chuángtóu;（桌位的）上端 shàngduān, 上席 shàngxí **~hörer** *m* 耳机〔機〕ěrjī **~kissen** *n* 枕头〔頭〕zhěntou

'kopflos *adj* 1) 没有头〔頭〕部的 méiyǒu tóubù de; 2) 欠考虑〔慮〕的 qiàn kǎolǜ de, 没有头脑〔腦〕的 méiyǒu tóunǎo de

'Kopf|nicken *n* -s; 点〔點〕头〔頭〕diǎntóu **~rechnen** *n* -s; 心算 xīnsuàn **~salat** *m* 球叶〔葉〕莴〔萵〕苣 qiúyè wōjù **~schmerzen** *pl* 头〔頭〕痛 tóutòng **~sprung** *m* 头〔頭〕朝下的跳水 tóu cháoxià de tiàoshuǐ **~tuch** *n* 头〔頭〕巾 tóujīn

kopf'über *adv* 头〔頭〕向前 tóu xiàngqián, 头朝前 tóu cháoqián

'Kopf|weh *n* -(e)s; -e 见 Kopfschmerzen **~zerbrechen** *n* -s; j-m ~ machen 使某人伤〔傷〕脑〔腦〕筋 shǐ mǒurén shāng nǎojīn

Ko'pie *f* -n 1) 副本 fùběn, 抄本 chāoběn; 2) 复〔復〕制〔製〕品 fùzhìpǐn; 3)（电影）拷贝〔貝〕kǎobèi

'Koppel I *f* -n 1)（系狗的）皮带〔帶〕pídài;（马的）缰绳〔繩〕jiāngsheng; 2) 一群牵〔牽〕在一起的动〔動〕物（狗、马等）yīqún qiānzài yīqǐ de dòngwù; 3)（有篱笆的）牧地 mùdì; II *n*-s; -腰带 yāodài, 挂〔掛〕刀皮带 guàdāo pídài

'koppeln *vt* 1) 把…系〔繫〕在一起 bǎ … jìzài yīqǐ; 2) 连接 liánjiē, 接合 jiēhé; 3) 结合 jiéhé, 耦合 ǒuhé

Ko'ralle *f* -n 珊瑚 shānhú

Korb *m* -(e)s; ⸚e 1) 篮〔籃〕子 lánzi, 筐 kuāng, 篓〔簍〕子 lǒuzi; 2) 篮球网〔網〕lánqiú wǎng; 3) 拒绝 jùjué; einen ~ bekommen 遭到拒绝; 4) Hahn im ~ 一群妇〔婦〕女中的唯一男性 yīqún fùnǚ zhōng de wéiyī nánxìng **~möbel** *pl* 藤〔籐〕(或柳条) 制〔製〕家具 téngzhì jiājù

'Kordel *f* -n 绳〔繩〕子 shéngzi, 带〔帶〕子 dàizi

Ko'rinthe *f* -n 无〔無〕核（黑）葡萄干〔幹〕wúhé pútaogān

Kork *m* -(e)s; -e, **~en** *m* -s; - 软木 ruǎnmù, 软木塞 ruǎnmùsāi **~-(en)zieher** *m* -s; - 瓶塞钻〔鑽〕píngsāizuàn, 开〔開〕塞钻 kāisāizuàn

Korn I *n* -(e)s; ⸚er 1) 谷〔穀〕粒 gǔlì; 2) 谷物 gǔwù, 庄〔莊〕稼 zhuāngjia; 3) 颗 kē, 颗粒 kēlì; II *n* -(e)s; -e（枪炮的）准〔準〕星 zhǔnxīng; III *m* -(e)s; -（谷物制成的）烧〔燒〕酒 shāojiǔ

'körnig *adj* 1) 颗粒的 kēlìde; 2) 粒状〔狀〕的 lìzhuàngde, 多粒的 duōlìde, 粗糙的 cūcāode

'Körper *m* -s; - 1) 身体〔體〕shēntǐ, 躯〔軀〕干〔幹〕qūgàn; 2) 物体 wùtǐ; 3) 立体 lìtǐ, 几〔幾〕何体 jǐhétǐ; 4) 社团〔團〕shètuán, 团体 tuántǐ **~bau** *m* 体〔體〕格 tǐgé, 身躯〔軀〕shēnqū **~behinderte(r)** *m* 残〔殘〕废〔廢〕者 cánfèizhě **~beschaffenheit** *f* 体〔體〕质〔質〕tǐzhì, 体格 tǐgé **~fülle** *f* 肥胖 féipàng **~geruch** *m*（身上发出的）异〔異〕味 yìwèi; 臭味 chòuwèi **~größe** *f* 身长〔長〕shēncháng, 体〔體〕高 tǐgāo **~kraft** *f* 体〔體〕力 tǐlì

'körperlich *adj* 1) 身体〔體〕的 shēntǐde, 肉体的 ròutǐde; 2) 实〔實〕体的 shítǐde, 立体的 lìtǐde; 3) 物质〔質〕的 wùzhìde, 物体的 wùtǐde

'Körper|pflege *f* 身体〔體〕保养〔養〕shēntǐ bǎoyǎng, 卫〔衛〕生 wèishēng **~schaft** *f* -en 1) 社团〔團〕shètuán, 团体〔體〕tuántǐ;

2) 法人 fǎrén **~verletzung** *f* 身体〔體〕伤〔傷〕害 shēntǐ shānghài, 殴〔毆〕打 ōudǎ

kor'rekt *adj* 正确〔確〕的 zhèngquède, 准〔準〕确的 zhǔnquède, 恰当〔當〕的 qiàdāngde

Kor'rektor *m* -s; -en 校对〔對〕员 jiàoduìyuán

Korrek'tur *f* -en 1) 修正 xiūzhèng, 改正 gǎizhèng; 2) 校对〔對〕jiàoduì, 校勘 jiàokān **~bogen** *m* 校样〔樣〕jiàoyàng

Korrespon'd|ent *m* -en; -en 1) 通讯员 tōngxùnyuán, 记者 jìzhě; 2) (企业单位)书〔書〕信工作人员 shūxìn gōngzuò rényuán; 3) (商业) 客户 kèhù; 4) 通信者 tōngxìnzhě **~enz** *f* -en 1) 通信 tōngxìn, 信件来〔來〕往 xìnjiàn láiwǎng; 2)通迅(稿) tōngxùn, 通迅报〔報〕道 tōngxùn bàodào; 3) 一致 yīzhì, 符合 fǔhé

korrespon'dieren *vi* 1) 通信 tōngxìn (mit j-m 与某人); 2) 取得一致 qǔdé yīzhì, 符合 fǔhé (mit etw. 与某事)

korri'gieren *vt* 1) 修改 xiūgǎi; 纠正 jiūzhèng, 改正 gǎizhèng; 2) 审〔審〕阅 shěnyuè, 校阅 jiàoyuè

Kor'sett *n* -(e)s; -e (-s) (妇女)紧〔緊〕身胸衣 jǐnshēn xiōngyī

'Kosename *m* 爱〔愛〕称〔稱〕àichēng, 昵称 nìchēng

Kos'metik *f* 1) 化妆〔妝〕huàzhuāng, 美容 měiróng; 2) (外科) 整容 zhěngróng **~erin** *f* -nen 女美容师〔師〕nǚměiróngshī, 女整容师 nǚzhěngróngshī

Kost *f* 1) 食物 shíwù, 食品 shípǐn; 2) 伙食 huǒshí, 膳食 shànshí

'kostbar *adj* 贵重的 guìzhòngde, 昂贵的 ángguìde, 宝贵的 bǎoguìde

'kosten I *vt* 1) 品尝〔嘗〕pǐncháng, 尝味 chángwèi; 2)体〔體〕验〔驗〕tǐyàn, 体会〔會〕tǐhuì; II *vi, vt* 1) 价〔價〕值 jiàzhí, 价格为〔爲〕jiàgé wéi; 2) 花费 huāfèi, 使失去 shǐ shīqù, 付出…代价 fùchū … dàijià

'Kosten *pl* 成本 chéngběn, 费用 fèiyòng, 支出 zhīchū; auf ~ (*G*), auf ~ von (*D*) 由…负担费用; 有损于〔於〕… yǒusǔn yú … **~anschlag** *m* 成本估计 chéngběn gūjì, 估价〔價〕gūjià

'kost|frei *adj*, **~los** *adj* 免费的 miǎnfèide

'Kost|gänger *m* -s; - 搭伙者 dāhuǒzhě **~geld** *n* 膳食费 shànshífèi, 伙食费 huǒshífèi

'köstlich *adj* 1) 美味的 měiwèide, 可口的 kěkǒude; 2) sich ~ amüsieren 玩得非常快乐〔樂〕wánde fēicháng kuàilè, 兴〔興〕高采烈 xìnggāo cǎiliè

'Kostprobe *f* 1) 品尝〔嘗〕的食品(饮料) pǐnchángde shípǐn; 2) 示例 shìlì, 实〔實〕例 shílì

'kostspielig *adj* 费用巨大的 fèiyòng jùdà de, 昂贵的 ángguìde

Kos'tüm *n* -s; -e 1) 服装〔裝〕式样〔樣〕fúzhuāng shìyàng; 2) 化装服 huàzhuāngfú; 戏〔戲〕装 xìzhuāng; 3) 成套女服 chéngtào nǚfú **~ball** *m*, **~fest** *n* 化装〔裝〕舞会〔會〕huàzhuāng wǔhuì

Kot *m* -(e)s; 1) 烂〔爛〕泥 lànní, 泥浆〔漿〕níjiāng; 2) 粪〔糞〕便 fènbiàn

Kote'lett *n* -(e)s; -s(e) 1) 排骨 páigǔ; 2) 煎排骨 jiānpáigǔ **~en** *pl* 连鬓〔鬢〕胡〔鬍〕子 liánbìn húzi

'Kotflügel *m* (汽车的)挡〔擋〕泥板 dǎngníbǎn

'kotig *adj* 1) 带〔帶〕污泥的 dài wūní de, 泥泞〔濘〕的 nínìngde; 2) 带粪〔糞〕污的 dài fènwū de, 肮〔骯〕脏〔髒〕的 āngzāngde

'Krabbe *f* -n 虾〔蝦〕xiā

'krabbeln *vi* (*s*) 爬 pá, 爬行 páxíng

Krach *m* -(e)s; -e(-s) 1) 啪嗒声〔聲〕pādashēng, 劈啪声 pīpāshēng; 2) 吵闹声 chǎonàoshēng; 争吵 zhēngchǎo, 责骂 zémà; ~ machen 大发〔發〕脾气〔氣〕dà fā píqì; 大声呵斥 dàshēng hēchì; mit j-m ~ haben 与某人争吵; 3) 破产〔產〕pòchǎn, 倒闭 dǎobì

'krachen *vi* 1) 发〔發〕出爆裂、爆炸声〔聲〕fāchū bàoliè、bàozhàshēng, 发出轰〔轟〕隆声 fāchū hōnglōngshēng; 2) (*s*) 1) (喀啦)裂开〔開〕lièkāi, 绽开 zhànkāi; 2) (*s*) (砰的一声) 撞上 zhuàngshàng

'krächzen *vt, vi* 1) 呱呱地叫 guāguāde jiào; 2) 用嘶哑〔啞〕的声〔聲〕音说 yòng sīyǎde shēngyīn shuō

Kraft *f* ⸚e 1) 力 lì, 力量 lìliàng; 2) 威力 wēilì, 势〔勢〕力 shìlì; 2) 动〔動〕力 dònglì; 3) 功效 gōngxiào, 效力 xiàolì; in ~ sein (setzen, treten) 开始生效; außer ~ setzen 使失效; 4) 人力 rénlì, 劳〔勞〕动力 láodònglì; 5) 兵力 bīnglì, 部队〔隊〕bùduì **~anlage** *f* (电) 动〔動〕力设备〔備〕dònglì shèbèi **~brühe** *f* 浓〔濃〕肉汁 nóng ròuzhī **~fahrer** *m* 汽车〔車〕司机〔機〕qìchē sījī **~fahrzeug** *n* 机动车 jīdòngchē, 汽车 qìchē '**kräftig** *adj* 1) 有力的 yǒulìde, 强壮〔壯〕的 qiángzhuàngde; 2) 牢固的 láogùde, 结实〔實〕的 jiēshide; 3) 营〔營〕养〔養〕丰〔豐〕富的 yíngyǎng fēngfù de; 4) 强烈的 qiángliède ~**en** I *vt* 使强健 shǐ qiáng jiàn, 使增强(体质) shǐ zēngqiáng; II *vi* 增强 zēngqiáng, 强壮〔壯〕起来〔來〕 qiángzhuàng qǐlái

'**kraftlos** *adj* 1) 无〔無〕力的 wúlìde, 软弱的 ruǎnruòde; 2) 无营〔營〕养〔養〕的 wúyíngyǎngde; 3) 无效的 wúxiàode

'**Kraft|probe** *f* 较量 jiàoliàng ~**stoff** *m* 发〔發〕动〔動〕机〔機〕燃料 fādòngjī ránliào

'**kraftvoll** *adj* 有力的 yǒulìde, 强壮〔壯〕的 qiángzhuàngde

'**Kraft|wagen** *m* 汽车〔車〕 qìchē ~**werk** *n* 发〔發〕电〔電〕厂〔廠〕 fādiànchǎng, 发电站 fādiànzhàn

'**Kragen** *m* -s; - (衣服的)领子 lǐngzi

Krähe *f* -n 乌〔烏〕鸦 wūyā

'**krähen** *vi* 1) (公鸟)啼 tí; 2) (婴儿)呀呀欢〔歡〕叫 yāyā huānjiào

'**Kralle** *f* -n (鸟禽的)爪 zhǎo, 钩爪 gōuzhǎo

'**Kram** *m* -(e)s; 1) 废〔廢〕物 fèiwù; 2) 琐事 suǒshì

Krampf *m* -(e)s; ⸚e 抽搐 chōuchù, 痉〔痙〕挛〔攣〕 jìngluán ~**ader** *f* 静脉〔脈〕曲张 jìngmài qūzhāng, 静脉瘤 jìngmàiliú

'**krampfhaft** *adj* 1) 痉〔痙〕挛〔攣〕的 jìngluánde, 抽搐的 chōuchùde; 2) 极〔極〕力的 jílìde, 拼命的 pīnmìngde

Kran *m* -(e)s; ⸚e (-e) 起重机〔機〕 qǐzhòngjī, 吊车〔車〕 diàochē

krank *adj* 有病的 yǒubìngde, 患病的 huànbìngde; ~ sein 病了; ~ werden 生病

'**Kranke** *m, f* -n; -n 病人 bìngrén

'**kränkeln** *vi* 经〔經〕常生病 jīngcháng shēngbìng, 体〔體〕弱多病 tǐruò duōbìng

'**kranken** *vi* 1) 患病 huànbìng (an *A*); 2) 有缺陷 yǒu quēxiàn, 毛病在于〔於〕 máobìng zàiyú (an *A*)

'**kränken** *vt* 1) 使伤〔傷〕心 shǐ shāngxīn, 使受辱 shǐ shòurǔ, 使受委屈 shǐ shòuwěiqu; 2) sich ~ 忧〔憂〕伤 yōushāng, 感到痛苦 gǎndào tòngkǔ

'**Kranken|bett** *n* 病床〔牀〕 bìngchuáng ~**geld** *n* 病假津贴 bìngjià jīntiē, 病假补〔補〕助金 bìngjià bǔzhùjīn ~**haus** *n* 医〔醫〕院 yīyuàn ~**kasse** *f* 疾病保险〔險〕机〔機〕关〔關〕 jíbìng bǎoxiǎn jīguān, 医〔醫〕疗〔療〕储蓄管理机构〔構〕 yīliáo chǔxù guǎnlǐ jīgòu ~**pflege** *f* 病人护〔護〕理 bìngrén hùlǐ ~**pfleger** *m* 男护〔護〕士 nán hùshi ~**schein** *m* 1) 病假单〔單〕 bìngjiàdān; 2) (医疗保险机关发的)医〔醫〕疗〔療〕卡 yīliáokǎ ~**schwester** *m* 护〔護〕士 hùshi ~**versicherung** *f* 疾病保险〔險〕 jíbìng bǎoxiǎn ~**wagen** *m* 救护〔護〕车〔車〕 jiùhùchē ~**zimmer** *n* 病房 bìngfáng

'**krankhaft** *adj* 疾病的 jíbìngde, 病态〔態〕的 bìngtàide, 不正常的 bù zhèngcháng de

'**Krankheit** *f* -en 病 bìng, 疾病 jíbìng ~**serreger** *m* 病原体〔體〕 bìngyuántǐ ~**serscheinung** *f* 病象 bìngxiàng, 症状〔狀〕 zhèngzhuàng

'**kränklich** *adj* 多病的 duōbìngde, 易病的 yìbìngde, 虚弱的 xūruòde

'**Kränkung** *f* -en 受委屈 shòu wěiqu, 伤〔傷〕害 shānghài, 侮辱 wǔrǔ

Kranz *m* -es; ⸚e 1) 花圈 huāquān, 花环〔環〕 huāhuán; 2) 花冠 huāguān, 桂冠 guìguān; 3) 环状〔狀〕物 huánzhuàngwù

'**Kränzchen** *n* -s; - 1) 小花环〔環〕 xiǎo huāhuán; 2) (定期的妇女)小聚会〔會〕 xiǎo jùhuì; 2) 小型舞会 xiǎoxíng wǔhuì

kraß *adj* 1) 明显〔顯〕的 míngxiǎnde, 显著的 xiǎnzhùde; 2) 极〔極〕度的 jídùde, 极端的 jíduānde; 3) 可怕的 kěpàde

'**kratzen** I *vt* 1) 抓 zhuā; 挠〔撓〕náo, 搔痒〔癢〕 sāoyǎng; 2) 使发〔發〕痒 shǐ fāyǎng; 3) 刮去 guāqù, 扒掉 bādiào, 刨去 pàoqù; 4) sich ~ 搔痒 sāoyǎng, 挠痒 náoyǎng; II *vi* 1) 抓 zhuā; 2) 刺得发痒 cìde fāyǎng; 3) 刮(抓)得嚓嚓响〔響〕 guāde chāchāxiǎng

'**kraulen** I *vt* 轻〔輕〕搔 qīngsāo, 轻挠〔撓〕 qīngnáo; II *vi* (*s*) 用爬式游泳 yòng páshì yóuyǒng

kraus *adj* 1) 鬈曲的 quánqūde; 2) 起皱〔皺〕纹的 qǐzhòuwénde; die Stirn ~ ziehen 皱起眉头; 3) 混乱〔亂〕的 hùnluànde, 无〔無〕条〔條〕理的 wú tiáolǐ de

'**Krause** *f* -n 1) 皱〔皺〕领 zhòulǐng; 2) 电〔電〕烫〔燙〕鬈发〔髮〕 diàntàng quánfà

'**kräuseln** *vt* 1) 使鬈曲 shǐ quánqū; 2) 使起皱〔皺〕纹 shǐ qǐ zhòuwén; 3) sich ~(头发)鬈曲 quánqū; (水等)起波纹 qǐ bōwé, 起皱纹 qǐ zhòuwén

Kraut *n* I -(e)s; ⸚er 1) 草本植物

cǎoběn zhíwù; 杂〔雜〕草 zácǎo; 2) 药〔藥〕草 yàocǎo; 3)烟〔煙〕草 yāncǎo; II -(e)s; 1) 洋白菜 yángbáicài, 包菜 bāocài; 2) (某些植物的)茎〔莖〕jìng, 叶〔葉〕yè

Kra'wall *m* -(e)s; -e 1) 暴动〔動〕bàodòng, 骚动 sāodòng; 2) 喧哗〔嘩〕xuānhuá, 吵嚷 chǎorǎng

Kra'watte *f* -n 领带〔帶〕lǐngdài

Krea'tur *f* -en 1) 生物 shēngwù, 创〔創〕造物 chuàngzàowù; 2) 可鄙的家伙 kěbǐde jiāhuo, 走狗 zǒugǒu, 奴才 núcai

Krebs *m* -e; -e 1) 蟹 xiè, 虾〔蝦〕xiā; 2) 癌 ái

Kre'dit *m* -(e)s; -e 1) 信贷 xìngdài, 贷款 dàikuǎn; auf ~ 以信贷方式, 赊欠(的方式); 2) 信用 xìnyòng, 信誉〔譽〕xìnyù

'Kreide *f* -n 粉笔〔筆〕fěnbǐ

Kreis *m* -es; -e 1) 圆 yuán, 圈 quān, 圆周 yuánzhōu; im ~ gehen 兜(转)圈子; 2) 范〔範〕围〔圍〕fànwéi, 领域 lǐngyù; 3)县〔縣〕xiàn, 区〔區〕qū; 4) 界 jiè, 团〔團〕体〔體〕tuántǐ; 5) 电〔電〕路 diànlù

'kreischen *vi* 1) 发〔發〕出刺耳的叫喊声〔聲〕fāchū cì'ěrde jiàohǎnshēng, 尖叫 jiānjiào; 2) 发出嘎吱声 fāchū gāzhīshēng

'Kreisel *m* -s; - 陀螺 tuóluó **~kompaß** *m* 陀螺罗〔羅〕盘〔盤〕tuóluó luópán, 回转〔轉〕罗盘 huízhuǎn luópán

'kreisen *vi* 1) 环〔環〕行 huánxíng, 旋转〔轉〕xuánzhuǎn; 2) (飞机等)盘〔盤〕旋 pánxuán; 3) (血液)循环 xúnhuán

'kreisförmig *adj* 圆形的 yuánxíngde, 环〔環〕状〔狀〕的 huánzhuàngde

'Kreislauf *m* 循环〔環〕(运动) xúnhuán **~störungen** *pl* 血液循环障碍〔礙〕xuèyè xúnhuán zhàng'ài

'kreisrund *adj* 圆的 yuánde, 圆形的 yuánxíngde

'Kreis|säge *f* 圆盘〔盤〕锯 yuánpánjù **~verkehr** *m* 环〔環〕行交通 huánxíng jiāotōng

'Krempe *f* -n 帽檐 màoyán, 帽边〔邊〕màobiān

'Krempel *m* -s; 废〔廢〕物 fèiwù, 破烂〔爛〕pòlàn

kre'pieren *vi(s)* 1) 爆炸 bàozhà; 2) 死亡 sǐwáng

Krepp *m* -s; -s (-e) 绉〔縐〕纱 zhòushā, 绉布 zhòubù, 绉绸 zhòuchóu **~apier** ['krɛppapi:r] *n* 绉〔縐〕(纹)纸 zhòuzhǐ

kreuz *adv* ~ und quer (无目的地) 来〔來〕回走 láihuí zǒu; 纵〔縱〕横交错 zònghéng jiāocuò

Kreuz *n* -es; -e 1) 十字 shízì, 十字形记号〔號〕shízìxíng jìhào; 2) 十字架 shízìjià; 3)十字路口 shízì lùkǒu; 4) 升音号 (♯) shēngyīnhào; 5) (纸牌中的)梅花 méihuā; 6) 苦难〔難〕kǔnàn, 磨难 mónàn, 负担〔擔〕fùdān; 7) 骶骨 dǐgǔ; 8) zu ~(e) kriechen 屈服 qūfú 屈从〔從〕qūcóng

'kreuzen I *vt* 1) 使交叉 shǐ jiāochā, 使相交 shǐ xiāngjiāo; 2) 与〔與〕…交叉 yǔ … jiāochā; 3) 使杂〔雜〕交 shǐ zájiāo; 4) sich ~ 相交错 xiāng jiāocuò; (计划等)相反 xiāngfǎn; (目光等)相遇 xiāngyù; II *vi* 1) (以之字形)逆风〔風〕航行 nìfēng hángxíng; 2) 巡航 xúnháng

'Kreuzer *m* -s; - 巡洋舰〔艦〕xúnyángjiàn

'Kreuz|fahrt *f* 1) 十字军东〔東〕征 shízìjūn dōngzhēng; 2) 巡航 xúnháng, 游弋 yóuyì **~feuer** *n* 交叉火力(射击) jiāochā huǒlì; ins ~ geraten 遭到众〔衆〕人的攻击〔擊〕zāodào zhòngrén de gōngjī

'kreuzigen *vt* 把…钉在十字架上(处以死刑) bǎ … dìngzài shízìjià shàng

'Kreuzigung *f* -en 钉在十字架上(的死刑) dìngzài shízìjià shàng

'Kreuz|otter *f* 龙〔龍〕纹蝰蛇 lóngwén kuíshé **~ritter** *m* 十字军骑士 shízìjūn qíshì **~schmerzen** *pl* 腰痛 yāotòng

'Kreuzung *f* -en 1) 十字路口 shízì lùkǒu, 交叉路口 jiāochā lùkǒu; 2) 交叉点〔點〕jiāochādiǎn; 3) 杂〔雜〕交 zájiāo; 杂交体〔體〕zájiāotǐ, 杂种〔種〕zázhǒng

'Kreuz|worträtsel *n* 纵〔縱〕横填字字谜 zónghéng tiánzì zìmí **~zug** *m* 十字军东〔東〕征 shízìjūn dōngzhēng

'kriechen* *vi(s)* 1) 爬行 páxíng, 匍匐而行 púfú ér xíng; 2) 卑躬屈膝 bēigōng qūxī, 阿谀奉承 ēyú fèngchéng (vor j-m 在某人面前)

'Kriecher *m* -s; - 溜须〔鬚〕拍马〔馬〕的人 liū xū pāi mǎ de rén, 阿谀奉承的人 ēyú fèngchéng de rén

Krieg *m* -(e)s; -e 1) 战〔戰〕争 zhànzhēng; mit j-m ~ führen 与某人开战; in den ~ ziehen 上战场; im ~ sein 处于战争状态; 2) 冲〔衝〕突 chōngtū, 纠纷 jiūfēn

'kriegen *vt* 1) 得到 dédào, 获〔獲〕得 huòdé; 2) 逮住 dǎizhù, 抓住 zhuāzhù

'Krieger *m* -s; - 士兵 shìbīng, 战〔戰〕士 zhànshì **~denkmal** *n* 阵

亡战士纪念碑 zhènwáng zhànshì jìniànbēi

'krieg|erisch *adj* 1) 好战〔戰〕的 hàozhànde, 好斗〔鬥〕的 hàodòude; 2) 战争的 zhànzhēngde, 军事的 jūnshìde **~führend** *adj* 交战中的 jiāozhànzhōngde; 好战的 hàozhànde

'Kriegs|beil *n* das ~ begraben 和解 héjiě, 休战〔戰〕xiūzhàn **~beschädigte** *m* -n; -n 受战伤〔傷〕者 shòu zhànshāng zhě, 残〔殘〕废〔廢〕军人 cánfèi jūnrén **~dienst** *m* 兵役 bīngyì **~dienstverweigerer** *m* -s; - 拒服兵役者 jùfú bīngyì zhě **~erklärung** *f* 宣战 xuānzhàn **~flotte** *f* 舰〔艦〕队〔隊〕jiànduì **~gefangene** *m* 战俘 zhànfú **~gefangenschaft** *f* 被俘 bèifú, 当〔當〕俘虏〔虜〕dāng fúlǔ **~gericht** *n* 军事法庭 jūnshì fǎtíng **~gewinnler** *m* -s; - 发〔發〕战争横财者 fā zhànzhēng héngcái zhě **~hafen** *m* 军港 jūngǎng **~kamerad** *m* 战〔戰〕友 zhànyǒu **~minister** *m* 国〔國〕防部长〔長〕guófáng bùzhǎng **~ministerium** *n* 国防部 guófángbù **~schauplatz** *m* 战场〔場〕zhànchǎng **~schiff** *n* 军舰 jūnjiàn **~teilnehmer** *m* 参〔参〕战者 cānzhànzhě, 现役军人 xiànyì jūnrén **~verbrecher** *m* 战犯 zhànfàn **~zug** *m* 出师〔師〕chūshī, 出征 chūzhēng

Krimi'nal|beamte *m* 侦探 zhēntàn, 便衣警察 biànyī jǐngchá **~film** *m* 侦探影片 zhēntàn yǐngpiàn **~polizei** *f* 刑事警察科 xíngshì jǐngchá kē **~roman** *m* 侦探小说 zhēntàn xiǎoshuō

krimi'nell *adj* 犯罪的 fànzuìde, 犯法的 fànfǎde

Krimi'nelle *m* -n; -n 罪犯 zuìfàn, 犯人 fànrén

'Krippe *f* -n 1) (牲口)槽 cáo; 2) (日间)托儿〔兒〕所 tuō'érsuǒ

'Krise *f* -n 1) 危机〔機〕wēijī; 2) 紧〔緊〕急关〔關〕头〔頭〕jǐnjí guāntóu; 3) (医学)危象 wēixiàng

Kri'stall I *m* -s; -e 1) 结晶 jiéjīng, 晶体〔體〕jīngtǐ; 2)水晶 shuǐjīng; II *n* -s; 水晶玻璃 shuǐjīng bōli, 水晶玻璃器皿 shuǐjīng bōli qìmǐn

kristalli'sieren *vi, v sich* 结晶 jiéjīng, 晶化 jīnghuà

Kri'tik *f* -en 1) 批评 pīpíng, 批判 pīpàn; ~ üben an (*D*) 批评…; 2) 评论〔論〕pínglùn; 3) unter aller ~ 非常糟 fēicháng zāo, 糟透了 zāotòule **~er** *m* -s; - 1) 批评者 pīpíngzhě, 批判者 pīpànzhě; 2) 评论〔論〕家(员) pínglùnjiā

'kritisch *adj* 1) 批评的 pīpíngde, 批判的 pīpànde, 谴责的 qiǎnzéde; 2) 评论〔論〕性的 pínglùnxìngde; 3) 严〔嚴〕重的 yánzhòngde, 危急的 wēijíde; 3) (物理上)临〔臨〕界的 línjiède

kriti'sieren *vt* 1) 批评 pīpíng, 批判 pīpàn, 指责 zhǐzé; 2) 评论〔論〕pínglùn, 评价〔價〕píngjià

'kritteln *vt* 挑剔 tiāoti, 吹毛求疵 chuī máo qiú cī

'kritzeln *vt, vi* 潦草地写〔寫〕liáocǎode xiě, 乱〔亂〕写 luànxiě, 乱涂〔塗〕luàntú

Kroko'dil *n* -s; -e 鳄〔鰐〕鱼〔魚〕èyú

'Krone *f* -n 1) 王冠 wángguān, 花冠 huāguān; 2) 王位 wángwèi, 王权〔權〕wángquán; 3) 冠 guān, 顶端 dǐngduān

'krönen *vt* 1) 加冕 jiāmiǎn; j-n zum König ~ 立某人为〔爲〕王 lì mǒurén wéi wáng; 2) 使圆满〔滿〕完成 shǐ yuánmǎn wánchéng, 使达〔達〕到顶峰 shǐ dádào dǐngfēng

'Kron|leuchter *m* 枝状〔狀〕吊灯〔燈〕zhīzhuàng diàodēng **~prinz** *m* 王储 wángchǔ, 太子 tàizǐ

'Krönung *f* -en 1) 加冕典礼〔禮〕jiāmiǎn diǎnlǐ; 2) 高潮 gāocháo, 顶峰 dǐngfēng, 圆满〔滿〕结束 yuánmǎn jiéshù

'Kronzeuge *m* (公诉人方面的)主要证〔證〕人 zhǔyào zhèngrén

Kröte *f* -n 1) 蟾蜍 chánchú; 2) 小捣〔搗〕蛋(尤指小姑娘) xiǎodǎdàn; 3) (*pl*) 钱〔錢〕qián

'Krücke *f* -n 1) 拐〔柺〕杖 guǎizhàng; 2) (手杖、伞的)柄 bǐng

Krug *m* -(e)s; ⸚e 1) (带柄的)大杯 dàbēi, 壶〔壺〕hú, 罐子 guànzi; 2) 小酒店 xiǎo jiǔdiàn

'Krume *f* -n 1) (面包等)碎屑 suìxiè; 2) 面〔麵〕包心 miànbāoxīn; 2) (耕地的)表土 biǎotǔ

'Krümel *m* -s; - 1) (面包等的)碎屑 suìxiè; 2) 小鬼 xiǎoguǐ

'krümeln *vt, vi* (使)变〔變〕成碎屑 biànchéng suìxiè

krumm *adj* 1) 弯〔彎〕曲的 wānqūde; 2) 不正当〔當〕的 bù zhèngdāng de, 欺诈的 qīzhàde

'krümmen *vt* 1) 使弯〔彎〕曲 shǐ wānqū; 2) sich ~ 弯身 wānshēn, 蜷曲 quánqū; 弯曲 wānqū, 拐弯 guǎiwān; sich vor Schmerzen ~ 痛得缩成一团; sich vor Lachen ~ 笑弯了腰

'Krümmung *f* -en 1) 弯〔彎〕曲

wānqū; 2) 曲线〔綫〕 qūxiàn; 3) 转〔轉〕弯 zhuǎnwān; 4) 曲面 qūmiàn

'**Krüppel** *m* -s; - 折〔摺〕痕 zhéhén, 皱〔皺〕纹 zhòuwén

'**Kruste** *f* -n 1) 干〔乾〕硬的表皮 gānyìngde biǎopí; 2) 外皮 wàipí, 外壳〔殼〕 wàiké; 3) (伤口的) 痂皮 jiāpí

'**Kübel** *m* -s; - 桶 tǒng, 水桶 shuǐtǒng

Ku'**bik**|**meter** *n*, *m* 立方米 lìfāngmǐ ~**wurzel** *f* 立方根 lìfānggēn

'**Küche** *f* -n 1) 厨房 chúfáng; 2) 菜肴 càiyáo; 3) 烹调法 pēngtiáofǎ

'**Kuchen** *m* -s; - 蛋糕 dàngāo, 糕点〔點〕 gāodiǎn

'**Küchen**|**gerät** *n*, ~**geschirr** *n* 厨房用具 chúfáng yòngjù ~**herd** *m* 厨房炉〔爐〕灶〔竈〕 chúfáng lúzào ~**schrank** *m* 碗柜〔櫃〕 wǎnguì ~**zettel** *m* 菜单〔單〕 càidān

'**Kuckuck** *m* -s; -e 1) 布谷〔穀〕鸟〔鳥〕 bùgǔniǎo, 杜鹃 dùjuān; 2) 魔鬼 móguǐ

'**Kufe** *f* -n 1) 滑橇 huáqiāo (冰鞋的)冰刀 bīngdāo; 2) (飞机等) 起落橇 qǐluòqiāo

'**Kugel** *f* -n 1) 球 qiú, 球体〔體〕 qiútǐ; 2) 子弹〔彈〕 zǐdàn, 炮弹 pàodàn, 弹丸 dànwán; 3) 铅球 qiānqiú

'**kugelförmig** *adj* 球形的 qiúxíngde, 球状〔狀〕的 qiúzhuàngde

'**Kugellager** *n* 滚珠轴承 gǔnzhū zhóuchéng

'**kugeln** I *vi* (*s*) 滚 gǔn, 滚动〔動〕 gǔndòng; II *vt* 使滚动 shǐ gǔndòng; sich ~ (孩子们) 打滚 dǎgǔn

'**Kugel**|**schreiber** *m* 圆珠笔〔筆〕 yuánzhūbǐ ~**stoßen** *n* -s; 推铅球 tuī qiānqiú

Kuh *f* ⸚e 1) 母牛 mǔniú, 奶牛 nǎiniú; 2) (象、鹿等) 母兽〔獸〕 mǔshòu; 3) 蠢妇〔婦〕 chǔnfù

kühl *adj* 1) 凉的 liángde, 凉爽的 liángshuǎngde; 2) 冷淡的 lěngdànde; 冷静的 lěngjìngde

'**Küh**|**anlage** *f* 冷藏设备〔備〕 lěngcáng shèbèi ~**e** *f* 1) 凉爽 liángshuǎng, 凉风〔風〕 liángfēng; 2) 冷淡 lěngdàn; 冷静 lěngjìng

'**kühlen** *vt* 1) 使冷却 shǐ lěngquè, 使变〔變〕凉 shǐ biànliáng; 2) 平息 píngxī, 使冷静 shǐ lěngjìng

'**Kühl**|**er** *m* -s; - 1) 冷却器 lěngquèqì; 2) (汽车的) 水箱 shuǐxiāng ~**raum** *m* 冷藏室 lěngcángshì ~**schrank** *m* 冰箱 bīngxiāng

kühn *adj* 1) 大胆〔膽〕的 dàdǎnde, 勇敢的 yǒnggǎnde; 2) 冒失的 màoshide, 鲁莽的 lǔmǎngde

'**Kuhstall** *m* 牛棚 niúpéng

'**Küken** *n* -s; - 雏〔雛〕鸡〔鷄〕 chújī

ku'lant *adj* 通融的 tōngróngde, 优〔優〕惠的 yōuhuìde

Ku'lisse *f* -n 1) (舞台)侧幕 cèmù, 侧面(布景) cèmiàn; 2) 布景 bùjǐng, 背景 bèijǐng; hinter den ~n 在幕后〔後〕 zài mùhòu, 在背后 zài bèihòu

Kult *m* -(e)s; -e 1) (宗教) 礼〔禮〕拜 lǐbài; 2) (狂热) 崇拜 chóngbài, 迷信 míxìn

kulti'vieren *vt* 1) 开〔開〕垦〔墾〕 kāikěn, 耕种〔種〕 gēngzhòng; 2) 栽培 zāipéi, 培养〔養〕 péiyǎng; 3) 使文雅 shǐ wényǎ

Kul'tur *f* -en 1) 文化 wénhuà; 2) 教养〔養〕 jiàoyǎng; 3) 开〔開〕垦〔墾〕 kāikěn, 种〔種〕植 zhòngzhí; 4) (菌类)培养 péiyǎng

kultur'ell *adj* 文化的 wénhuàde

Kul'tur|**film** *m* 科教片 kējiàopiàn ~**geschichte** *f* 文化史 wénhuàshǐ ~**volk** *n* 有高度文化的民族 yǒu gāodù wénhuà de mínzú

'**Kultus** *m* -; ..te 见 Kult ~**minister** *m* 文化部长〔長〕 wénhuà bùzhǎng ~**ministerium** *n* 文化部 wénhuàbù

'**Kummer** *m* -s; 忧〔憂〕愁 yōuchóu, 忧伤〔傷〕 yōushāng, 忧虑〔慮〕 yōulǜ, 苦恼〔惱〕 kǔnǎo

'**kümmer**|**lich** *adj* 1) 贫穷〔窮〕的 pínqióngde, 困苦的 kùnkǔde; 2) (少得)可怜〔憐〕的 kěliánde, 微薄的 wēibóde; 3) 矮小的 ǎixiǎode, 瘦弱的 shòuruòde, 发〔發〕育不良的 fāyù bùliáng de ~**n** *vt* 1) 与〔與〕…有关〔關〕 yǔ … yǒuguān, 使操心 shǐ cāoxīn; es kümmert mich 这要我操心; was kümmert mich das 这和我有什么关系; 2) sich ~ um 关心、照料… guānxīn、zhàoliào …

'**kummervoll** *adj* 忧〔憂〕愁的 yōuchóude, 十分忧伤〔傷〕的 shífēn yōushāng de

Kum'pan *m* -s; -e 1) 同伴 tóngbàn, 伙伴 huǒbàn; 2) 家伙 jiāhuo, 小子 xiǎozi; 3) 同伙 tónghuǒ, 同谋 tóngmóu

'**Kumpel** *m* -s; -(-s) 1) 矿〔礦〕工 kuànggōng; 2) 同事 tóngshì

'**Kunde** I *m* -n; -n 1) 顾〔顧〕客 gùkè, 买〔買〕主 mǎizhǔ; 2) 家伙 jiāhuo; II *f* -n 1) 消息 xiāoxi 音信 yīnxìn; 2) 学〔學〕科 xuékē, 知识〔識〕 zhīshi

'**Kundgebung** *f* -en 1) 公告 gōnggào, 通知 tōngzhī; 2) 声〔聲〕明 shēngmíng, 表明 biǎomíng; 3) 集会〔會〕 jíhuì, 示威 shìwēi

'kündigen I *vi* j-m ～ (通知)解雇〔僱〕某人 jiěgù mǒurén; II *vt* (宣布)到期 dàoqī, 解除 jiěchú, 废〔廢〕除 fèichú

'Kündigung *f* -en 1) 解约通知 jiěyuē tōngzhī, 解雇〔僱〕通知 jiěgù tōngzhī; 2) 解约通知期限 jiěyuē tōngzhī qīxiàn

'Kundschaft *f* -en 1) 侦察 zhēnchá, 探听〔聽〕 tàntīng; 2) 消息 xiāoxi; 3) 顾〔顧〕客(总称) gùkè

'künftig I *adj* 未来〔來〕的 wèiláide, 将〔將〕来的 jiāngláide; II *adv* 今后〔後〕 jīnhòu, 以后 yǐhòu

Kunst *f* ⸚e 1) 艺〔藝〕术〔術〕 yìshù; 2) 本领 běnlǐng, 技术 jìshù, 技巧 jìqiǎo; 3) 人工制〔製〕品 réngōng zhìpǐn; 仿造品 fǎngzàopǐn ～**akademie** *f* 美术〔術〕学〔學〕院 měishù xuéyuàn ～**ausstellung** *f* 艺〔藝〕术〔術〕作品展览〔覽〕会〔會〕 yìshù zuòpǐn zhǎnlǎnhuì ～**dünger** *m* 化肥 huàféi

'kunst|fertig *adj* 懂艺〔藝〕术〔術〕的 dǒng yìshù de; 技术熟练〔練〕的 jìshù shúliàn de ～**gerecht** *adj* 合乎(艺术)规格的 héhū guīgé de, 内行的 nèihángde, 熟练〔練〕的 shúliànde

'Kunst|geschichte *f* 美术〔術〕史 měishùshǐ ～**gewerbe** *n* 工艺〔藝〕美术〔術〕业〔業〕 gōngyì měishùyè ～**griff** *m* 1) 诀窍〔竅〕 juéqiào, 窍门〔門〕 qiàomén; 2) 诡计 guǐjì, 手段 shǒuduàn ～**leder** *n* 人造革 rénzàogé

'Künstler *m* -s; - 1) 艺〔藝〕术〔術〕家 yìshùjiā, 艺人 yìrén; 2) 能人 néngrén, 行家 hángjiā

'kunstlerisch *adj* 艺〔藝〕术〔術〕的 yìshùde, 艺术家的 yìshùjiāde

'künstlich *adj* 1) 人造的 rénzàode, 人工的 réngōngde; 2) 不自然的 bù zìrán de; 3) 艺〔藝〕术〔術〕(家)的 yìshùde

'Kunst|liebhaber *m* 艺〔藝〕术〔術〕爱〔愛〕好者 yìshù àihào zhě ～**maler** *m* 画〔畫〕家 huàjiā ～**seide** *f* 人造丝〔絲〕 rénzàosī ～**stoff** *m* 合成材料 héchéng cáiliào; 塑料 sùliào ～**stück** *n* 1) (杂技、魔术等的)特技 tèjì, 技艺〔藝〕 jìyì; 2) 技巧 jìqiǎo, 本领 běnlǐng

'kunstvoll *adj* 1) 富有艺〔藝〕术〔術〕性的 fùyǒu yìshùxìng de; 2) 漂亮的 piàoliàngde, 高明的 gāomíngde

'Kunstwerk *n* 艺〔藝〕术〔術〕品 yìshùpǐn

'kunterbunt *adj* 五光十色的 wǔ guāng shí sè de, 丰〔豐〕富多彩的 fēngfù duōcǎi de; 混乱〔亂〕的 hùnluànde, 杂〔雜〕乱的 záluànde

'Kupfer *n* -s; 1) 铜 tóng; 2) 铜器 tóngqì; 3) 铜版画〔畫〕 tóngbǎnhuà ～**stich** *m* 1) 铜版画〔畫〕 tóngbǎnhuà; 2) 铜雕术〔術〕 tóngdiāoshù

Ku'pon *m* -s; -s 见 Coupon

'Kuppe *f* -n 1) 圆形山顶 yuánxíng shāndǐng; 2) 圆形顶端 yuánxíng dǐngduān; 3) 指尖 zhǐjiān, 指甲的圆头〔頭〕 zhǐjiǎde yuántóu

Kuppe'lei *f* -en 诱人通奸〔姦〕 yòurén tōngjiān, 撮合通奸 cuōhé tōngtiān; 拉皮条〔條〕 lā pítiáo

'kuppeln I *vt* 联〔聯〕接 liánjiē, 接合 jiēhé, 啮〔嚙〕合 nièhé; II *vi* 撮合 cuōhé, 拉皮条〔條〕 lāpítiáo

'Kuppler *m* -s; - 诱人通奸〔姦〕者 yòurén tōngjiānzhě, 拉皮条〔條〕者 lā pítiáo zhě

'Kupplung *f* -en 1) 联〔聯〕接 liánjiē, 接合 jiēhé, 啮〔嚙〕合 nièhé; 2) 接合器 jiēhéqì, 联接轴 liánjiēzhóu; (火车)车〔車〕钩 chēgōu; 3) (机动车)离〔離〕合器 líhéqì

Kur *f* -en 1) 疗〔療〕养〔養〕 liáoyǎng; 2) (温泉)治疗法 zhìliáofǎ

Kür *f* -en (体育比赛)自选〔選〕动〔動〕作 zìxuǎn dòngzuò

Kura'torium *n* -s; ..ien 管理委员会〔會〕 guǎnlǐ wěiyuánhuì, 董事会 dǒngshìhuì

'Kurbel *f* -n 曲柄 qūbǐng, 手摇柄 shǒuyáobǐng

'kurbeln I *vt* 1) 拍摄〔攝〕 pāishè (Film 电影); 2) in die Höhe ～ (用曲柄)摇(绞)上来〔來〕 yáo shànglái; II *vi* 转〔轉〕动〔動〕曲柄 zhuǎndòng qūbǐng

'Kürbis *m* -ses; -se 1) 南瓜 nánguā; 2) 脑〔腦〕袋瓜 nǎodàiguā

'Kur|gast *m* 疗〔療〕养〔養〕者 liáoyǎngzhě ～**haus** *n* 1) 疗〔療〕养〔養〕大楼〔樓〕 liáoyǎng dàlóu; 2) 疗养地的高级旅馆 liáoyǎngdìde gāojí lǚguǎn

Ku'rier *m* -s; -e (外交)信使 xìnshǐ

ku'rieren *vt* 1) 治愈 zhìyù; 2) 使摆〔擺〕脱 shǐ bǎituō

kuri'os *adj* 奇特的 qítède, 奇异〔異〕的 qíyìde, 古怪的 gǔguàide

'Kur|ort *m* 疗〔療〕养〔養〕地 liáoyǎngdì ～**pfuscher** *m* 庸医〔醫〕 yōngyī, 江湖医生 jiānghú yīshēng

Kurs *m* -es; -e 1) 航向 hángxiàng, 航线〔綫〕 hángxiàn; 2) 方针 fāngzhēn, 路线 lùxiàn; 3) (货币)流通

liútōng; (外汇)行情 hángqíng, 汇〔匯〕价〔價〕 huìjià; 4) 课程 kèchéng, 教程 jiàochéng, 讲〔講〕座 jiǎngzuò ~**buch** *n* (火车) 行车〔車〕时〔時〕刻表 xíngchē shíkèbiǎo

'**Kürschner** *m* -s; - 毛皮加工者 máopí jiāgōngzhě

kur'sieren *vi* 1) 流通 liútōng, 通用 tōngyòng; 2) 流传〔傳〕liúchuán, 传播 chuánbō

Kur'sivschrift *f* 斜体〔體〕字 xiétǐzì

'**Kursus** *m* -; ..se 课程 kèchéng, 教程 jiàochéng

'**Kurve** *f* -n 1) 曲线〔綫〕 qūxiàn; 2) 弯〔彎〕曲 wānqū, 转〔轉〕弯处〔處〕 zhuǎnwānchù

kurz *adj* 1) 短的 duǎnde, 短距离〔離〕的 duǎn jùlí de; ~ Hose 短裤; ~ vor London 在伦敦不远的地方; 2) 短暂的 duǎnzànde; in ~em 尽〔儘〕快地 jìnkuàide; vor ~em 不久前 bùjiǔ qián; 3) 简短的 jiǎnduǎnde, 扼要的 èyàode, 总〔總〕之 zǒngzhī; ~ und gut 总之, 换句话说; sich ~ fassen (讲话)简短些; mit ~en Worten 简单扼要地; um es ~ zu sagen 简而言之; 4) ~ angebunden 冷淡地 lěngdànde, 不友好地 bù yǒuhǎo de; 5) den kürzeren ziehen 吃亏〔虧〕chīkuī, 失败 shībài; 6) zu ~ kommen 吃亏 chīkuī

'**Kürze** *f* 1) 短距离〔離〕 duǎn jùlí; 2) 短时〔時〕间 duǎn shíjiān, 短期 duǎnqī; in ~ 不久 bù jiǔ, 马〔馬〕上 mǎshàng; 3) 简洁〔潔〕 jiǎnjié, 简明 jiǎnmíng

'**kürzen** *vt* 1) 缩短 suōduǎn, 弄短 nòngduǎn; 2) 减少 jiǎnshǎo, 削减 xuējiǎn; 3) 约简 (分数) yuējiǎn

'**kurz**|**erhand** *adv* 立即 lìjí, 干〔乾〕脆 gāncuì ~**fristig** *adj* 1) 短期的 duǎnqīde; 2) 突然的 tūránde, 无〔無〕充分准〔準〕备〔備〕的 wú chōngfèn zhǔnbèi de

'**Kurzgeschichte** *f* 短篇故事 duǎnpiān gùshi

'**kurzlebig** *adj* 短寿〔壽〕的 duǎnshòude, 短命的 duǎnmìngde

'**kürzlich** *adv* 不久以前 bùjiǔ yǐqián, 最近 zuìjìn

'**Kurz**|**schluß** *m* (电流)短路 duǎnlù ~**schrift** *f* 速记 sùjì

'**kurzsichtig** *adj* 1) 近视的 jìnshìde; 2) 目光短浅〔淺〕的 mùguāng duǎnqiǎn de

kurz'um *adv* 总〔總〕而言之 zǒng ér yán zhī, 总之 zǒngzhī

'**Kürzung** *f* -en 1) 缩短 suōduǎn, 改短 gǎiduǎn; 2) 紧〔緊〕缩 jǐnsuō, 削减 xuē jiǎn; 3) 约 (分) yuē

'**Kurz**|**waren** *pl* (针线、钮扣等)小杂〔雜〕货 xiǎo záhuò ~**weil** *f* 娱乐〔樂〕 yúlè, 消遣 xiāoqiǎn

'**kurzweilig** *adj* 消遣的 xiāoqiǎnde, 娱乐〔樂〕的 yúlède

'**Kurzwelle** *f* (无线电)短波 duǎnbō

Ku'sine *f* -n 表姐妹 biǎo jiěmèi, 堂姐妹 táng jiěmèi

Kuß *m* Kusses; Küsse 吻 wěn

'**kußecht** *adj* (口红) 不落色的 bù luò sè de

'**küssen** *vt, vi* 吻 wěn, 亲〔親〕吻 qīnwěn

'**Küste** *f* -n 海岸 hǎi'àn, 海滨〔濱〕 hǎibīn

'**Küsten**|**gewässer** *n* 领海 lǐnghǎi, 近海水域 jìnhǎi shuǐyù ~**schiffahrt** *f* 近海航行 jìnhǎi hángxíng

'**Küster** *m* -s; - 教堂司事 jiàotáng sīshì, 教堂差役 jiàotáng chāiyì

'**Kutsche** *f* -n 1) (轿式)马〔馬〕车〔車〕 mǎchē; 2) 破 (旧汽) 车 pòchē ~**r** *m* 马〔馬〕车〔車〕夫 mǎchēfū

ku'tschieren I *vt* 1) 驾、赶马〔馬〕车〔車〕送 jià、gǎn mǎchē sòng; 2) 为〔爲〕…开〔開〕车 wèi … kāichē, 开车送 kāichē sòng; II *vi(s)* 1) 驾马车 jià mǎchē, 乘马车 chéng mǎchē; 2) 乘车 chéngchē

'**Kutte** *f* -n 1) 僧衣 sēngyī, 袈裟 jiāshā; 2) 风〔風〕雪大衣 fēngxuě dàyī

Ku'vert *n* -(e)s; -e(-s) 1) 信封 xìnfēng; 2) (一副)餐具 cānjù

L l

Lab *n* -(e)s; -e 1) 凝乳酶 níngrǔméi; 2) 干〔乾〕胃膜 gānwèimó

la'bil *adj* 不稳〔穩〕定的 bù wěndìngde, 易变〔變〕的 yìbiànde

La'bor *n* -s;-s(-e) 见 Laboratorium

Labo'rant *m* -en;-en 1) 实〔實〕验〔驗〕员 shíyànyuán; 2) 药〔藥〕剂〔劑〕师〔師〕助理 yàojìshī zhùlǐ

Labora'torium *n* -s; ..rien 实〔實〕验〔驗〕室 shíyànshì

Laby'rinth *n* -(e)s;-e 1) 迷宫 mígōng; 2) 曲折 qūzhé, 错综复〔復〕杂〔雜〕cuòzōng fùzá

'Lache *f* -n 1) 一摊〔攤〕(水、血等) yītān; 2) 笑 xiào, 笑声〔聲〕xiàoshēng

'lächern *vi* 1) 微笑 wēixiào; 2) höhnisch ～ (über *A*) 讥〔譏〕笑 … jīxiào …

'Lächern *n* -s; 微笑 wēixiào; höhnisches ～ 讥〔譏〕笑 jīxiào, 嘲笑 cháoxiào

'lachen *vi* 1) 笑 xiào; 2) über (*A*) ～ 取笑… qǔxiào …

'Lachen *n* -s; 大声〔聲〕笑 dàshēng xiào; j-n zum ～ bringen 逗某人发笑

'lächerlich I *adj* 1) 可笑的 kěxiàode; j-n ～ machen 嘲笑某人 cháoxiào mǒurén, 取笑某人 qǔxiào mǒurén; sich ～ mache 惹人笑话 rě r én xiàohua; 2) 微小的 wēixiǎode, 微不足道的 wēibùzúdàode; II *adv* 十分 shífēn, 非常 fēicháng

Lachs *m* -es; -e 鲑 guī

Lack *m* -(e)s; -e 漆 qī, 清漆 qīngqī

la'ckieren *vt* 1) 油漆 yóuqī; 2) 欺骗 qīpiàn, 使上当〔當〕shǐ shàngdàng

'Lack|leder *n* 漆革 qīgé ～**schuhe** *pl* 漆皮皮鞋 qīpí píxié

'Lade|fähigkeit *f* 1)装〔裝〕载量 zhuāngzàiliàng, 载力 zàilì; 2) (蓄电池的)充电〔電〕容量 chōngdiàn róngliàng ～**fläche** *f* (车辆等) 装载面积〔積〕zhuāngzài miànjī ～**hemmung** *f* 装弹〔彈〕故障 zhuāngdàn gùzhàng, 卡住 kǎzhù

'laden* *vt* 1) 装〔裝〕zhuāng, 装载 zhuāngzài; 2) 装弹〔彈〕药〔藥〕zhuāng dànyào; 3) 充电〔電〕chōngdiàn; 4) 邀请 yāoqǐng; 5) 传〔傳〕讯 chuánxùn

'Laden *m* -s;*u* 1) 商店 shāngdiàn, 铺子 pùzi; 2) 百叶〔葉〕窗 bǎiyèchuāng ～**besitzer** *m* 店主 diànzhǔ, 老板 lǎobǎn ～**dieb** *m* 店铺扒手 diànpù páshǒu ～**hüter** *m* 滞〔滯〕销品 zhìxiāopǐn ～**inhaber** *m* 见 Ladenbesitzer ～**preis** *m* 零售价〔價〕格 língshòu jiàgé ～**schluß** *m* (晚上)关〔關〕店 guāndiàn, 打烊 dǎyáng ～**tisch** *m* 柜〔櫃〕台〔臺〕guìtái

'Lade|raum *m* 货舱〔艙〕huòcāng ～**schein** *m* (内河航运)运〔運〕货单〔單〕yùnhuòdān

'Ladung *f* -en 1) 装〔裝〕载 zhuāngzài; 运〔運〕载的货物 yùnzàide huòwù; 2) 充电〔電〕量 chōngdiànliàng, 电荷 diànhè; (电机等) 负荷 fùhè; 3) (装填的)炸药〔藥〕量 zhàyàoliàng; 4) 传〔傳〕讯 chuánxùn

'Lage *f* -n 1) 位置 wèizhi, 地位 dìwèi; versetzen Sie sich in meine ～! (请)您替我设身处地想一下吧! 2) 形势〔勢〕xíngshì, 情况 qíngkuàng; in der ～ sein, etw. zu tun 能够做… nénggòu zuò …; 3) 一层〔層〕yīcéng, 一叠〔疊〕yīdié; 4) 音域 yīnyù

Lager *n* -s;- 1) 宿营〔營〕地 sùyíngdì; 2) 床〔牀〕铺 chuángpù; 3) 仓〔倉〕库 cāngkù, 货仓 huòcāng; auf ～ 备〔備〕有… bèiyǒu…; 4) 营垒〔壘〕yínglěi, 阵营 zhènyíng; 5) 轴承 zhóuchéng; 6) 支架 zhījià, 支座 zhīzuò; 7) 岩〔巖〕层〔層〕yáncéng, 矿〔礦〕层 kuàngcéng ～**buch** *n* 库存清册 kùcún qīngcè ～**feuer** *n* 营〔營〕火 yínghuǒ ～**geld** *n* 仓〔倉〕库费 cāngkùfèi, 栈〔棧〕租 zhànzū

'lagern I *vi* 1) 躺下休息 tǎngxià xiūxi; 2) 安营〔營〕ānyíng, 扎〔紮〕营 zhāyíng; 3) 存放 cúnfàng, 储藏 chǔcáng; II *vt* 1) 储存 chǔcún, 存放 cúnfàng; 2) 安置 ānzhì, 安放 ānfàng; 3) sich ～ 躺下休息 tǎngxià xiūxi

'Lager|platz *m* 1) 宿营〔營〕地 sùyíngdì; 2) 贮〔貯〕藏处〔處〕zhùcángchù ～**raum** *m* 仓〔倉〕库 cāngkù, 贮〔貯〕藏室 zhùcángshì ～**ung** *f* -en (食品等) 贮〔貯〕藏 zhùcáng, 贮存 zhùcún, 存放 cúnfàng

La'gune *f* -n 泻〔瀉〕湖 xièhú, 环〔環〕礁湖 huánjiāohú

lahm *adj* 1) 跛的 bǒde; 2) 站不住脚的 zhàn bùzhù jiǎo de, (理由) 不充分的 bùchōngfènde '～**en** *vi* 跛行 bǒxíng

'lähmen *vt* 1) 使麻痹 shǐ mábì, 使瘫〔癱〕痪 shǐ tānhuàn; 2) 使停顿 shǐ tíngdùn

'lahmlegen *vt* 使停顿 shǐ tíngdùn, 使瘫〔癱〕痪 shǐ tānhuàn

'Lähmung *f* -en 瘫〔癱〕痪 tānhuàn, 麻痹 mábì

Laib *m* -(e)s;-e 圆形面〔麵〕包 yuánxíng miànbāo ;圆形干〔乾〕酪 yuánxíng gānlào

Laich *m* -(e)s;-e (鱼、蛙等的) 卵 luǎn, 子 zǐ

'laichen *vi* (鱼、蛙等) 产〔產〕卵 chǎnluǎn

'Laie *m* -n;-n 外行 wàiháng, 门〔門〕外汉〔漢〕ménwàihàn

'laienhaft *adj* 外行的 wàihángde, 非专〔專〕业〔業〕的 fēi zhuányè de

La'kai *m* -en;-en 仆〔僕〕从〔從〕 púcóng; 走狗 zǒugǒu

'Laken *n* -s;- 1) 床〔牀〕单〔單〕 chuángdān; 2) 浴巾 yùjīn

'lallen *vi, vt* 口齿〔齒〕不清地说 kǒuchǐ bùqīng de shuō, 喃喃地说 nánnánde shuō

La'melle *f* -n 1) 薄片 báopiàn, 页片 yèpiàn; 2) 菌褶 jūnzhě

lamen'tieren *vi* 诉苦 sùkǔ, 叫苦 jiàokǔ, 悲叹〔嘆〕 bēitàn

Lamm *n* -(e)s; ⸚er 小羊 xiǎoyáng, 羊羔 yánggāo

'Lampe *f* -n 灯〔燈〕 dēng, 灯泡 dēngpào

'Lampen|fieber *n* 怯场〔場〕 qièchǎng; ～ haben 怯场 **～schirm** *m* 灯〔燈〕罩 dēngzhào

Lampi'on *m, n* -s;-s 灯〔燈〕笼〔籠〕 dēnglong

Land *n* -(e)s; ⸚er 1)土地 tǔdì, 耕地 gēngdì; 2) 陆〔陸〕地 lùdì; an ～ gehen 上岸 shàng'àn; 3) 乡〔鄉〕间 xiānjiān, 农〔農〕村 nóngcūn; auf dem ～ 在农村; aufs ～ gehen 下乡; 4) 地带〔帶〕 dìdài, 地区〔區〕 dìqū; 5) 国〔國〕家 guójiā; 6)（联邦）州 zhōu **～arbeiter** *m* 农〔農〕业〔業〕工人 nóngyè gōngrén **～besitz** *m* 地产〔産〕 dìchǎn **～bevölkerung** *f* 农〔農〕业〔業〕人口 nóngyè rénkǒu **～ebahn** *f*（机场的）跑道 pǎodào

land'einwärts *adv* 深入陆〔陸〕地 shēnrù lùdì, 往内地 wàng nèndì

'landen I *vi* (*s*) 1) 登陆〔陸〕dēnglù, 靠岸 kào'àn, 上岸 shàng'àn; (飞本等) 着陆 zhuólù; II *vt* 使上岸 shǐ shàng'àn, 使着陆 shǐ zhuólù

'Landenge *f* 地峡〔峽〕 dìxiá

'Landeplatz *m* （飞机的）降落场〔場〕 jiàngluòchǎng

Lände'reien *pl* 地产〔産〕 dìchǎn, 田地 tiándì

'Länderspiel *n* 国〔國〕际〔際〕比赛 guójì bǐsài

'Landes|grenze *f* 国〔國〕界 guójiè, 边〔邊〕界 biānjiè **～innere** *n* 腹地 fùdì, 内地 nèndì **～sprache** *f* 国〔國〕语 guóyǔ

'landesüblich *adj* 全国〔國〕通行的 quánguó tōngxíng de, 全国流行的 quánguó liúxíng de

'Landes|verräter *m* 卖〔賣〕国〔國〕贼 màiguózéi, 叛国分子 pànguó fènzǐ **～verteidigung** *f* 国〔國〕防 guófáng

'Land|gericht *n* 州法院 zhōufǎyuàn, 地方法院 dìfāng fǎyuàn **～haus** *n* 乡〔鄉〕村别墅 xiāngcūn biéshù **～karte** *f* 地图〔圖〕 dìtú **～kreis** *m* 县〔縣〕 xiàn

'landläufig *adj* 普遍的 pǔbiànde, 通常的 tōngchángde

'ländlich *adj* 1) 农〔農〕村的 nóngcūnde, 乡〔鄉〕村风〔風〕味的 xiāngcūn fēngwèi de; 2) 朴〔樸〕素的 pǔsùde

'Land|maschine *f* 农〔農〕业〔業〕机〔機〕器 nóngyè jīqì **～regen** *m* 连绵阴〔陰〕雨 liánmián yīnyǔ

'Landschaft *f* -en 1) 风〔風〕景 fēngjǐng, 风光 fēngguāng; 2) 地形 dìxíng; 地区〔區〕 dìqū, 地方 dìfāng; 3) 风景画〔畫〕 fēngjǐnghuà

'landschaftlich *adj* 1) 风〔風〕景的 fēngjǐngde; 2) 地方的 dìfāngde, 地区〔區〕的 dìqūde

'Landsmann *m* -(e)s; ..leute 同乡〔鄉〕 tóngxiāng, 同胞 tóngbāo

'Land|straße *f* 公路 gōnglù **～streicher** *m* -s;- 流浪者 liúlàngzhě **～streitkräfte** *pl* 陆〔陸〕军 lùjūn **～tag** *m* 州议〔議〕会〔會〕 zhōuyìhuì

'Landung *f* -en 登陆〔陸〕 dēnglù, 着陆 zhuólù; weiche ～ 软着陆 **～sbrücke** *f* 码头〔頭〕栈〔棧〕桥〔橋〕 mǎtóu zhànqiáo **～ssteg** *m* (船)跳板 tiàobǎn

'Land|vermessung *f* 土地测量 tǔdì cèliáng **～weg** *m* auf dem ～e 陆〔陸〕路 lùlù **～wirt** *m* 农〔農〕场〔場〕主 nóngchǎngzhǔ; 农民 nóngmín, 农夫 nóngfū **～wirtschaft** *f* 农业〔業〕 nóngyè

'landwirtschaftlich *adj* 农〔農〕业〔業〕的 nóngyède

'Landzunge *f* 沙嘴 shāzuǐ, 岬(角) jiǎ

lang I *adj* 长〔長〕的 chángde, 长久的 chángjiǔde; er machte ein ～es Gesicht 他拉长了脸（灰心、失望); II *adv* 长久地 chángjiǔde, 长时〔時〕间地 chǒng shíjiān de; eine Woche ～ 一周之久; über kurz oder ～ 迟〔遲〕早 chízǎo; ～(e) anhaltend 长时间忍受地; ～(e) entbehrt 长期缺乏地; ～(e) ersehnt 久已渴望地; das ist schon ～(e) her 这事已经很久了; ～ und breit 详详细细地 xiángxiáng xìxì de; noch ～(e) nicht 远〔遠〕非 yuǎnfēi, 远没有 yuǎn méiyǒu; wie ～e lernen Sie schon Englisch? 您学英语已经多久？ **～atmig** *adj* 冗长〔長〕的 rǒngchángde, 噜苏〔蘇〕的 lūsūde **～e** *adv* 见 lang II

'Länge *f* -n 1) 长〔長〕 cháng, 长度 chángdù; 2)（时间）持久 chíjiǔ, 延续〔續〕 yánxù; in die ～ ziehen 拖延 tuōyán; 3) 经〔經〕度 jīngdù, 经线〔綫〕 jīngxiàn

'langen *vi* 1) (伸手) 去取 qùqǔ (nach etw. 某物);(把手)伸进〔進〕 shēnjìn; 2) 够用 gòuyòng, 足够 zúgòu; 3) 够得着 gòude zháo, 及于〔於〕 jíyú

'Längen|grad *m* 经〔經〕度 jīngdù **~maß** *n* 长〔長〕度计量单〔單〕位 chángdù jìliáng dānwèi

'länger *adj* 较长〔長〕的 jiàochángde, 较久的 jiàojiǔde (Zeit 时间); ich kann es nicht ~ ertragen 我再也忍受不下去了; je ~, je lieber 越长越好

'Langeweile *f* 无〔無〕聊 wúliáo, 烦闷 fánmèn

'lang|fristig *adj* 长〔長〕期的 chángqīde **~jährig** *adj* 多年的 duōniánde, 长〔長〕年的 chángniánde (Erfahrung 经验)

'Langlauf *m* 长〔長〕距离〔離〕滑雪 cháng jùlí huáxuě

'länglich *adj* 微长〔長〕的 wēichángde, 长形的 chángxíngde

'Langmut *f* 忍耐 rěnnài, 宽容 kuānróng

längs I *prp* (*G*, *D*) 沿着 yánzhe, 顺着 shùnzhe; II *adv* 沿着纵〔縱〕的方向 yánzhe zòng de fāngxiàng; ~ der Küste fahren 沿海岸行驶

'langsam *adj* 1) 慢的 mànde, 缓慢的 huǎnmànde; 2) 迟〔遲〕钝的 chídùnde, 笨的 bènde; 3) 逐渐的 zhújiànde

'Lang|schläfer *m* -s;- 爱〔愛〕睡懒觉〔覺〕的人 àishuì lǎnjiào de rén **~spielplatte** *f* 慢转〔轉〕密纹唱片 mànzhuàn mìwén chàngpiàn

längst *adv* 1) 早就 zǎojiù; ich weiß es ~ 我早就知道这件事了; 2) ~ nicht 远〔遠〕不 yuǎnbù **~ens** *adv* 最多 zuìduō, 至迟 zhìchí

'Lang|streckenlauf *m* 长〔長〕(距离赛) 跑 chángpǎo **~weile** *f* 见 Langeweile

'lang|weilen *vt* 1) 使感到无〔無〕聊 shǐ gǎndào wúliáo, 使厌〔厭〕烦 shǐ yànfán; 2) sich ~ 感到无聊 gǎndào wúliáo, 闷得慌 mèndehuāng **~weilig** *adj* 无〔無〕聊的 wúliáode, 烦闷的 fánmènde

'Langwelle *f* (无线电) 长〔長〕波 chángbō

'langwierig *adj* 长〔長〕期的 chángqīde, 费时〔時〕的 fèishíde, 旷〔曠〕日持久的 kuàngrì chíjiǔ de

'Lanze *f* -n 长〔長〕矛 chángmáo, 梭镖 suōbiāo

Lap'palie *f* -n 小事 xiǎoshì, 锁事 suǒshì, 无〔無〕谓的事 wúwèide shì

'Lappen *m* -s;- 1) 布块〔塊〕bùkuài, 抹布 mābù; 2) 耳垂 ěrchuí; 3) (禽类的)肉垂 ròuchuí; 蹼 pǔ; 4) (植物)裂片 lièpiàn

'läppisch *adj* 幼稚的 yòuzhìde, 愚蠢的 yúchǔnde

'Lärche *f* -n 落叶〔葉〕松 luòyèsōng

Lärm *m* -(e)s; 喧哗〔嘩〕xuānhuá, 吵闹声〔聲〕chǎonàoshēng, 噪音 zàoyīn; ~ schlagen 发〔發〕出警报〔報〕fāchū jǐngbào

'lärmen *vi* 喧嚷 xuānrǎng, 吵闹 chǎonào, 喊叫 hǎnjiào

'Larve *f* -n 1) 假面具 jiǎmiànjù; 2) 幼虫〔蟲〕yòuchóng

lasch *adj* 懒洋洋的 lǎnyángyángde, 没精打采的 méijīng dǎcǎi de; 自由散漫的 zìyóu sǎnmàn de

lassen* I *vt* 1) 放弃〔棄〕fàngqì, 作罢〔罷〕zuòbà; laß das! 别做了! laß das Weinen! 别哭了! er kann das Rauchen nicht ~ 他戒不掉烟; 2) 留下 liúxià, 存放 cúnfàng; sein Leben ~ für 为〔爲〕...牺〔犧〕牲生命 wèi ... xīshēng shēngmìng; 3) 让〔讓〕ràng, 容许 róngxǔ; 4) 转〔轉〕让 zhuǎnràng; II *vi* von etw. ~ 放弃... fàngqì..., 戒掉... jièdiào...; III *v imp* 允许 yǔnxǔ, 许可 xǔkě, 让 ràng, 使 shǐ; 请 qǐng, 请求 qǐngqiú; drucken ~ 让印刷; gehen ~ 让...走; ich habe ihn dieses Buch lesen ~ 我要求他读读这本书; j-n grüßen ~ 托人向某人问候 tuōrén xiàng mǒurén wènhòu; von sich hören ~ 希望听〔聽〕到...的消息 (来信或打电话) xīwàng tīngdào ... de xiāoxi; er läßt sich nichts sagen 他听不进别人批评的话; es läßt sich nicht leugnen 这不容否认

'lässig *adj* 懒散的 lǎnsǎnde, 怠惰的 dàiduòde, 随〔隨〕意的 suíyìde

Last *f* -en 1) 重量 zhòngliàng, 重物 zhòngwù; 2) 负担〔擔〕fùdān, 累赘 léizhui; zu ~en von ... 由...负担; j-m zur ~ fallen 使成为某人负担; j-m etw. zur ~ legen 把...归〔歸〕咎于〔於〕某人 bǎ ... guījiù yú mǒurén **~auto** *n* 见 Lastkraftwagen

'lasten *vi* ~ auf (*D*) (重) 压〔壓〕在...上 yā zài ... shàng

'Lastenaufzug *m* 货物升降机〔機〕huòwù shēngjiàngjī

'Laster *n* -s;- 恶〔惡〕习〔習〕èxí, 罪恶 zuì'è

'Lästerer *m* -s;- 诽谤者 fěibàngzhě, 诬蔑者 wūmièzhě; 渎〔瀆〕神者 dúshénzhě

'lasterhaft *adj* 邪恶〔惡〕的 xié'è-de, 堕〔墮〕落的 duòluòde, 放荡〔蕩〕的 fàngdàngde

'lästig *adj* 麻烦的 máfande, 累赘的 léizhuide, 讨厌〔厭〕的 tǎoyànde

'Last|kahn *m* 运〔運〕货驳船 yùnhuò bóchuán **~kraftwagen** *m* 载重汽车〔車〕 zàizhòng qìchē, 卡车 kǎchē **~schrift** *f* 记入贷方的金额 jìrù dàifāng de jīn'é **~tier** *n* 驮畜 tuóxù **~wagen** *m* 见 Lastkraftwagen

La'tein *n* -s; 拉丁文 lādīngwén

la'teinisch *adj* 拉丁文的 lādīngwénde

La'terne *f* -n 1) 灯〔燈〕笼〔籠〕 dēnglóng, 提灯 tídēng; 2) 路灯 lùdēng **~npfahl** *m* 路灯〔燈〕柱 lùdēngzhù

'latschen *vi* (*s*) 拖着脚行走 tuōzhe jiǎo xíngzǒu, 趿拉着鞋走 tālazhe xié zǒu

'Latte *f* -n 1) 窄条〔條〕木板 zhǎitiáo mùbǎn, 板条 bǎntiáo; 2) 跳高横竿 tiàogāo hénggān; (足球等)球门〔門〕横木 qiúmén héngmù; 3) 瘦高个〔個〕 shòugāogè

'Lätzchen *n* -s;- 小围〔圍〕嘴 xiǎowéizuǐ

lau *adj* 1) 微热〔熱〕的 wēirède, 温和的 wēihéde; 2) 不热心的 bù rèxīn de, 冷淡的 lěngdànde; 3) 不坚〔堅〕决的 bù jiānjué de, 动〔動〕摇的 dòngyáode

Laub *n* -(e)s; 树〔樹〕叶〔葉〕 shùyè

'Laube *f* -n 1) 亭子 tíngzi, 凉亭 liángtíng; 2) 门〔門〕廊 ménláng; 3) (戏院的)包厢 bāoxiāng

'Laub|frosch *m* 雨蛙 yǔwā **~säge** *f* 线〔綫〕锯 xiànjù, 钢〔鋼〕丝〔絲〕锯 gāngsījù

Lauch *m* -(e)s;-e 葱 cōng

'Lauer *f* auf der ~ liegen (sein) 埋伏以待 máifu yǐ dài, 暗中守候 ànzhōng shǒuhòu

'lauern *vi* 1) 潜〔潛〕伏 qiánfú, 埋伏 máifu; 2) ~ auf (*A*) (急切地)等待… děngdài …

Lauf *m* -(e)s; ⸚e 1) 跑 pǎo, 奔跑 bēnpǎo; 赛跑 sàipǎo; 2) 运〔運〕转〔轉〕 yùnzhuàn, 转动〔動〕zhuàndòng; 3) 过〔過〕程 guòchéng, 进〔進〕程 jìnchéng; im ~e der Zeit 随〔隨〕着时〔時〕间的推移 suízhe shíjiān de tuīyí; 4) (江河)流程 liúchéng, 河道 hédào; 5) 枪〔槍〕管 qiāngguǎn; 6)(某些动物的)腿 tuǐ, 脚 jiǎo; 7) (音乐)经〔經〕过句 jīngguò jù **~bahn** *f* 1) 生涯 shēngyá, 经〔經〕历〔歷〕 jīnglì; 2) (赛跑的)跑道 pǎodào **~bursche** *m* 做听〔聽〕差的小伙子 zuò tīngchāi de xiǎohuǒzi

'laufen* I *vi* (*s*) 1) 跑 pǎo, 奔跑 bēnpǎo; j-n ~ lassen 放走某人; 2) 走路 zǒulù, 步行 bùxíng; 3) 运〔運〕转〔轉〕 yùnzhuàn, 转动〔動〕 zhuàndòng; 4) 进〔進〕行 jìnxíng, 经〔經〕过〔過〕 jīngguò; die Dinge ~ lassen 听任事情发展下去; 5)流动 liúdòng; 6) 有效 yǒuxiào; II *vt* 跑出 pǎochū, 跑完 pǎowán **~d** *adj* 1) 不间断〔斷〕的 bù jiānduàn de, 持续〔續〕的 chíxùde; 经常的 jīngchángde; auf dem ~en sein 始终能了解最新情况 shǐzhōng néng liǎojiě zuìxīn qíngkuàng; 2) 目前的 mùqiánde, 当〔當〕前的 dāngqiánde; ~en Monats 当月,本月

'Läufer *m* -s;- 1) 奔跑者 bēnpǎozhě; 赛跑运〔運〕动〔動〕员 sàipǎo yùndòngyuán; 2) (国际象棋中的)象 xiàng; 3) (足球等) 前卫〔衛〕 qiánwèi

'Lauf|masche *f* (针织品)抽丝〔絲〕 chōusī, 脱针 tuōzhēn **~paß** *m* 1) 免职〔職〕 miǎnzhí, 解雇〔僱〕 jiěgù; 2) 解雇证〔證〕书〔書〕 jiěgù zhèngshū **~schritt** *m* im ~ 跑步 pǎobù **~steg** *m* (用木板搭的)小桥〔橋〕 xiǎoqiáo, 过〔過〕道 guòdào; (船)跳板 tiàobǎn

'Lauge *f* -n 1) 浸液 jìnyè; 2)碱液 jiǎnyè

'Laune *f* -n 1) 情绪 qíngxù, 心情 xīnqíng; 2) 脾气〔氣〕 píqi

'launenhaft *adj* 任性的 rènxìngde, 情绪变〔變〕化无〔無〕常的 qíngxù biànhuà wúcháng de, 爱〔愛〕发〔發〕脾气〔氣〕的 àifā píqi de

'launisch *adj* 幽默的 yōumòde, 风〔風〕趣的 fēngqùde, 诙谐的 huīxiéde

Laus *f* ⸚e 虱〔虱〕 shī **~bub** *m* -en; -en 淘气〔氣〕鬼 táoqìguǐ, 小捣〔搗〕蛋 xiǎodǎodàn

'lausch|en *vi* 1) 偷听〔聽〕 tōutīng, 窃〔竊〕听 qiètīng; 2) 细听 xìtīng, 倾听 qīngtīng **~ig** *adj* 寂静的 jìjìngde, 僻静的 pìjìngde, 宁〔寧〕静舒适〔適〕的 níngjìng shūshì de

laut I *adj* 大声〔聲〕的 dàshēngde, 高声的 gāoshēngde; 嘈杂〔雜〕的 cáozáde; (sprechen Sie) ~er! (请您讲话)声音大点! II *prp* (*G*, *D*) 根据〔據〕 gēnjù, 按照 ànzhào

Laut *m* -(e)s; -e 声〔聲〕音 shēngyīn, 响〔響〕声 xiǎngshēng **~e** *f* -n 琵琶 pípá

'lauten *vi* 1) 听〔聽〕起来〔來〕… tīngqǐlái …; 2) 称〔稱〕 chēng, (内容)是 shì, 说 shuō; ~ auf(*A*) 有…内容

'läuten I *vi* (铃等)响〔響〕 xiǎng, 鸣〔鳴〕 míng; es läutet 钟响了; II *vt* 打钟〔鐘〕dǎzhōng, 打（摇）铃 dǎlíng

'**lauter** *adj* 1) 纯粹的 chúncuìde, 真正的 zhēnzhèngde; 2) 诚实〔實〕的 chéngshíde, 正直的 zhèngzhíde

'**läutern** *vt* 1) 澄清 chéngqīng, 净化 jìnghuà; 2) 精炼〔煉〕jīngliàn, 提纯 tíchún

'**lautlos** *adj* 无〔無〕声〔聲〕的 wúshēngde, 寂静的 jìjìngde, 悄悄的 qiāoqiāode

'**Laut|schrift** *f* 1) 音标〔標〕文字 yīnbiāo wénzì; 2) 音标 yīnbiāo ~**sprecher** *m* 扬〔揚〕声〔聲〕器 yángshēngqì ~**stärke** *f* 音量 yīnliàng

'**lauwarm** *adj* 温热〔熱〕的 wēnrède, 微温的 wēiwēnde

'**Lava** *f* ..ven （火山）熔岩〔巖〕róngyán

La'vendel *m* -s;- 薰衣草 xūnyīcǎo

la'vieren *vi* 1)（帆船）抢〔搶〕风〔風〕行驶 qiǎngfēng xíngshǐ; 2) 巧妙地避开〔開〕困难〔難〕qiǎomiàode bìkāi kùnnàn

La'wine *f* -n 1) 雪崩 xuěbēng; 2) 大量（涌来）dàliàng, 大堆 dàduī, 无〔無〕数〔數〕wúshù

lax *adj* 1) 松〔鬆〕驰的 sōngchíde, 不严〔嚴〕格的 bù yángé de; 2) 懒散的 lǎnsǎnde, 马〔馬〕虎的 mǎhūde, 不检〔檢〕点〔點〕的 bù jiǎndiǎn de; 3) 无〔無〕原则的 wú yuánzé de, 不坚〔堅〕定的 bù jiāndìng de

Laza'rett *n* -(e)s;-e 军医〔醫〕院 jūnyīyuàn, 野战〔戰〕医院 yězhàn yīyuàn

'**leben** I *vi* 1) 活着 huózhe, 生存 shēngcún; ~ Sie wohl! 再见! j-n hoch leben lassen 向…欢〔歡〕呼 xiàng … huānhū;（举杯）祝…长〔長〕寿〔壽〕zhù … chángshòu; 2) 生活 shēnghuó, 度日 dùrì; von etw. ~ 靠…生活; 3) 居住 jūzhù, 长住 chángzhù; hier lebt es sich gut 这里生活可以过得好; II *vt* 过〔過〕（生活）guò, 度过 dùguò

'**Leben** *n* -s;- 1) 生命 shēngmìng, 生存 shēngcún; am ~ bleiben 生存下来, 活下来; am ~ erhalten 使活下来; am ~ sein 活着 huózhe; sich das ~ nehmen 自尽〔盡〕zìjìn; sein ~ aufs Spiel setzen 拿生命作赌注; ums ~ kommen 杀〔殺〕死 shāsǐ; 2) 寿〔壽〕命 shòumìng, 一生 yīshēng; sein ~ lang 他的一生; 3) 生活 shēnghuó, 生活方式 shēnghuó fāngshì; ein neues ~ beginnen 开始新的生活; 4) 生气〔氣〕shēngqì, 活力 huólì; 5) ins ~ rufen 建立 jiànlì, 创〔創〕建 chuàngjiàn

le'bendig *adj* 1) 活的 huóde; 2) 活泼〔潑〕的 huópōde; 3) 逼真的 bīzhēnde, 栩栩如生的 xǔxǔ rú shēng de

'**Lebens|abend** *m* 晚年 wǎnnián ~**alter** *n* 年龄〔齡〕niánlíng ~**art** *f* 1) 生活方式 shēnghuó fāngshì; 2) 礼〔禮〕貌 lǐmào, 礼节〔節〕lǐjié ~**auffassung** *f* 生存观〔觀〕shēngcúnguān ~**bedingungen** *pl* 生存条〔條〕件 shēngcún tiáojiàn ~**dauer** *f* 1) 寿〔壽〕命 shòumìng; 2)（机器等）使用寿命 shǐyòng shòumìng ~**erfahrung** *f* 生活经〔經〕验〔驗〕shēnghuó jīngyàn

'**lebensfähig** *adj* 有生命力的 yǒu shēngmìnglì de, 有生存能力的 yǒu shēngcún nénglì de

'**Lebensgefahr** *f* 生命危险〔險〕shēngmìng wēixiǎn; ~! 危险! unter ~ 冒生命危险

'**lebensgefährlich** *adj* 有生命危险〔險〕的 yǒu shēngmìng wēixiǎn de, 致命的 zhìmìngde

'**Lebens|gefährte** *m* 终身伴侣 zhōngshēn bànlǚ, 生活伴侣 shēnghuó bànlǚ ~**größe** *f* 原物一般大小 yuánwù yībān dàxiǎo; in ~ 按原物大小 ~**kraft** *f* 生命力 shēngmìnglì

'**lebenslänglich** *adj* 终身的 zhōngshēnde, 终生的 zhōngshēngde

'**Lebenslauf** *m* 简历〔歷〕jiǎnlì, 履历 lǚlì

'**lebenslustig** *adj* 快乐〔樂〕的 kuàilède, 欢〔歡〕乐的 huānlède

'**Lebensmittel** *pl* 粮〔糧〕食 liángshi, 食品 shípǐn, 食物 shíwù

'**lebens|müde** *adj* 厌〔厭〕世的 yànshìde ~**notwendig** *adj* 生活必需的 shēnghuó bìxū de, 必不可少的 bìbùkěshǎode

'**Lebens|retter** *m* 救命者 jiùmìngzhě ~**standard** *m* 生活水平 shēnghuó shuǐpíng ~**unterhalt** *m* 生活 shēnghuó, 生计 shēngjì; 生活费 shēnghuófèi; seinen ~ verdienen 谋生 móushēng ~**versicherung** *f* 人寿〔壽〕保险〔險〕rénshòu bǎoxiǎn ~**weise** *f* 生活方式 shēnghuó fāngshì

'**lebenswichtig** *adj* 生命攸关〔關〕的 shēngmìng yōuguān de, 生活必需的 shēnghuó bìxū de

'**Lebens|zeichen** *n* 1) 生命征〔徵〕象 shēngmìng zhēngxiàng; 2) 消息 xiāoxi, 音讯 yīnxùn ~**zeit** *f* 寿〔壽〕命 shòumìng; 终身 zhōngshēn, 一生 yīshēng; auf ~ 终身

'Leber *f* -n 1) 肝 gān, 肝脏〔臟〕gānzàng; 2)(供食用的动物)肝 gān ~**fleck** *m*(长在面部的)肝痣 gānzhì,(皮肤上的)色斑 sèbān ~**tran** *m* 鱼〔魚〕肝油 yúgānyóu

'Lebewesen *n* 生物 shēngwù

Lebe'wohl *n* -(e)s;-e(-s) 告别 gàobié

'lebhaft *adj* 1) 活泼〔潑〕的 huópode, 活跃〔躍〕的 huóyuède; 2) 热〔熱〕闹的 rènàode, 繁忙的 fánmángde; 3)(色彩)鲜艳〔艷〕的 xiānyànde, 强烈的 qiánglìède

'Lebkuchen *m* 胡椒蜂蜜饼 hújiāo fēngmì bǐng

'leblos *adj* 无〔無〕生命的 wúshēngmìng de, 死的 sǐde

'Lebzeiten *pl* zu seinen ~ 在他生前 zài tā shēngqián, 在他在世时〔時〕zài tā zàishì shí

'lechzen *vi* ~ nach etw. 想、渴望… xiǎng、kěwàng …, 贪图〔圖〕… tāntú …

leck *adj* 漏的 lòude, 漏水的 lòushuǐde; ~ werden(船)发生漏缝

Leck *n* -(e)s;-s 漏洞 lòudòng, 裂缝 lièfèng

'lecken I *vt* 舔 tiǎn; II *vi* 1) 舔 tiǎn; 2) 漏 lòu, 漏水 lòushuǐ

'lecker *adj* 1) 好吃的 hǎochīde, 美味的 měiwèide; 2) 秀丽〔麗〕的 xiùlìde, 诱人的 yòurénde

'Leckerbissen *m* 美味可口的食物 měiwèi kěkǒu de shíwù

'Leder *n* -s;- 皮革 pígé; in ~ gebunden 用皮封面装订的

'ledern *adj* 1) 皮制〔製〕的 pízhìde; 2) 枯燥无〔無〕味的 kūzào wúwèi de

'ledig *adj* 1) 未婚的 wèihūnde, 单〔單〕身的 dānshēnde; 2) 自由的 zìyóude, 不受约束的 bùshòu yuēshù de ~**lich** *adv* 仅〔僅〕仅 jǐnjǐn, 只是 zhǐshì, 不过〔過〕bùguò

Lee *f*(船的)背风〔風〕面 bèifēngmiàn

leer I *adj* 1) 空的 kōngde, 无〔無〕人的 wúrénde; 2) 空洞的 kōngdòngde, 无内容的 wú nèiróng de; II *adv* ~ laufen(机器等)空转〔轉〕kōngzhuàn

'Leere *f* 1) 空 kōng; 2) 空间 kōng jiān, 空处〔處〕kōngchù; 3) 空洞 kōngdòng, 空虚 kōngxū; 4) 真空 zhēnkōng

'leeren *vt* 腾空 téngkōng, 使空 shǐ kōng

'Leer|gut *n* 空的容器 kōngde róngqì ~**lauf** *m* 1)(机器)空转〔轉〕kōngzhuàn; 2) 空忙 kōngmáng, 瞎忙 xiāmáng

'leerstehend *adj*(房子)空的 kòngde, 无〔無〕人住的 wúrénzhùde

'legal *adj* 合法的 héfǎde, 正当〔當〕的 zhèngdāngde

Le'gat I *m* -en;-en 1)(天主教)教皇的使节〔節〕jiàohuángde shǐjié; 2)(古罗马)使节 shǐjié; 副将〔將〕fùjiàng; II *n* -(e)s;-e 遗赠 yízèng, 遗产〔產〕yíchǎn

'legen I *vt* 1) 平放 píngfàng, 放置 fàngzhì; 2) 铺设 pūshè, 安装〔裝〕ānzhuāng; 3) 播种〔種〕bōzhòng, 栽种 zāizhòng; 4) 下(蛋) xià; 5) sich ~ 躺下 tǎngxià, 卧倒 wòdǎo;(风、怒气等)平息 píngxī, 减弱 jiǎnruò; 6) Wert ~ auf (*A*) 重视… zhòngshì …; II *vi* 下蛋 xiàdàn

Le'gende *f* -n 1) 传〔傳〕说 chuánshuō, 传奇 chuánqí; 2) 地图〔圖〕的图例 dìtúde túlì; 插图的说明 chātúde shuōmíng

le'gieren *vt* 1) 把…制〔製〕成合金 bǎ … zhìchéng héjīn; 2) 勾芡 gōuqiàn

Legisla'tive *f* -n 1) 立法权〔權〕lìfǎquán; 2) 立法机〔機〕关〔關〕lìfǎ jīguān

legi'tim *adj* 1) 合法的 héfǎde, 法定的 fǎdìngde; 2) 婚生的 hūnshēngde, 嫡出的 díchūde

legiti'mieren *vt* 1) 宣布〔佈〕…为〔為〕合法 xuānbù … wéi héfǎ; 确〔確〕认〔認〕…为合法 quèrèn … wéi héfǎ; 2) 给…以权〔權〕力 gěi …yǐ quánlì; 3) sich ~ 证〔證〕明自己身份 zhèngmíng zìjǐ shēnfèn

Lehm *m* -(e)s;-e 黏土 niántǔ

'lehmig *adj* 黏土的 niántǔde, 似黏土的 shì niántǔde

'Lehne *f* -n 1) 扶手 fúshǒu, 背靠 bèikào; 2) 山坡 shānpō

'lehnen I *vi* 倚靠 yǐkào (an *D*); II *vt* 1) 使靠 shǐ kào, 靠置 kàozhì (an *A*); 2) sich ~ 倚靠 yǐkào; 俯身 fǔshēn; sich ~ an, auf (*A*) 倚靠在…; sich ~ aus dem Fenster ~ 探身窗外 tànshēn chuāngwài

'Lehn|sessel *m*, ~**stuhl** *m*(有扶手、背靠的)安乐〔樂〕椅 ānlèyǐ

'Lehrbuch *n* 教科书〔書〕jiàokēshū

'Lehre *f* -n 1) 规则 guīzé, 准〔準〕则 zhǔnzé; 2) 学〔學〕说 xuéshuō, 理论〔論〕lǐlùn, 教义〔義〕jiàoyì; 3) 教训 jiàoxùn, 教育 jiàoyù; 4) 学徒期 xuétúqī; in der ~ sein 在当学徒; in die ~ geben 送去当学徒; 5) 量规 liángguī, 卡规 kǎguī

'lehren *vt* 1) 教 jiāo, 教授 jiàoshòu; 2) 教导〔導〕jiàodǎo, 教育 jiàoyù; 3) 表明 biǎomíng, 说明 shuōmíng

'Lehrer *m* -s;- 教师〔師〕 jiàoshī;导〔導〕师 dǎoshī

'Lehrerin *f* -nen 女教师〔師〕 nǚ jiàoshī

'Lehr|fach *n* 1)(学校的)学〔學〕科 xuékē; 2) 教师〔師〕职〔職〕业〔業〕 jiàoshī zhíyè **~gang** *m* 课程 kèchéng, 教程 jiàochéng **~herr** *m* 师〔師〕傅 shīfu **~jahre** *pl* 学〔學〕徒年限 xuétú niánxiàn **~-junge** *m* 见 Lehrling **~körper** *m* (一校的) 全体〔體〕教师〔師〕 quántǐ jiàoshī **~kraft** *f* 教师〔師〕 jiàoshī, 师资 shīzī **~ling** *m* -s;-e 学〔學〕徒 xuétú, 徒工 túgōng **~mädchen** *n* 女学〔學〕徒 nǚ xuétú, 女徒工 nǚ túgōng **~-meister** *m* 教师〔師〕 jiàoshī, 师傅 shīfu **~mittel** *pl* 教学〔學〕用具 jiàoxué yòngjù **~plan** *m* 教学〔學〕计划〔劃〕 jiàoxué jìhuà

'lehrreich *adj* 富有教育意义〔義〕的 fùyǒu jiàoyù yìyì de, 有教益的 yǒu jiàoyì de

'Lehr|satz *m* 原理 yuánlǐ, 定理 dìnglǐ **~stoff** *m* 教材 jiàocái **~-stuhl** *m* 教授职〔職〕位 jiàoshòu zhíwèi; 讲〔講〕座 jiǎngzuò **~-vertrag** *m* 艺〔藝〕徒训练〔練〕合同 yìtú xùnliàn hétong **~zeit** *f* 学〔學〕徒期 xuétúqī, 学习期间 xuéxí qījiān

Leib *m* -(e)s;-er 1) 身体〔體〕 shēntǐ, 肉体 ròutǐ; bei lebendigem ~e 活活地 huóhuóde; mit ~ und Seele 全心全意地 quánxīn quányì de; sich j-n vom ~e halten 和某人保持一定距离〔離〕 hé mǒurén bǎochí yīdìng jùlí; 2) 腹部 fùbù **~arzt** *m* 私人医〔醫〕生 sīrén yīshēng

'Leibeigen|e *m* -n;-n 农〔農〕奴 nóngnú **~schaft** *f* 农〔農〕奴制度 nóngnú zhìdù

'Leibes|erziehung *f* (学校的) 体〔體〕育课 tǐyùkè; 体育锻炼〔煉〕 tǐyù duànliàn **~frucht** *f* 胎儿〔兒〕 tāir **~kräfte** *pl* aus ~n 拼命地 pīnmìngde **~übung** *f* 身体〔體〕锻炼〔練〕 shēntǐ duànliàn

'Leib|garde *f* 卫〔衛〕队〔隊〕 wèiduì, 禁卫军 jìnwèijūn **~gericht** *n* 爱〔愛〕吃的菜 àichīdecài

'leib|haftig *adj* der ~e Teufel 这〔這〕个〔個〕十足的魔鬼 zhège shízú de móguǐ **~lich** *adj* 1) 肉体〔體〕的 ròutǐde, 身体的 shēntǐde; 2) 嫡亲〔親〕的 díqīnde

'Leib|rente *f* 终生养〔養〕老金 zhōngshēng yǎnglǎojīn **~wächter** *m* 保镖 bǎobiāo **~wäsche** *f* 内衣裤 nèiyīkù

'Leiche *f* -n 尸〔屍〕体〔體〕 shītǐ, 死尸 sǐshī

'Leichenbeschauer *m* -s;- 验〔驗〕尸〔屍〕官 yànshīguān

'leichenblaß *adj* 死人一样〔樣〕苍〔蒼〕白的 sǐrén yīyàng cāngbái de, 毫无〔無〕血色的 háowú xuèsè de

'Leichen|halle *f* 停尸〔屍〕房 tíngshīfáng, 太平间 tàipíngjiān **~-schau** *f* 验〔驗〕尸 yànshī **~-schauhaus** *n* (待人认领尸体的) 陈〔陳〕尸所 chénshīsuǒ **~tuch** *n* -(e)s;⸚er 裹尸布 guǒshībù **~verbrennung** *f* 火葬 huǒzàng, 火化 huǒhuà **~wagen** *m* 柩车〔車〕 jiùchē

'Leichnam *m* -(e)s;-e 见 Leiche

leicht I *adj* 1) 轻〔輕〕的 qīngde, 不重的 bùzhòngde; 2) 轻易的 qīngyìde, 简单〔單〕的 jiǎndānde, 不费力的 bù fèilì de; 3) 轻快的 qīngkàide, 轻松〔鬆〕的 qīngsōngde; 4) 轻率的 qīngshuàide, 轻浮的 qīngfúde; II *adv* es ~ nehmen 从〔從〕容不迫 cōngróng bù pò, 不紧〔緊〕张 bù jǐnzhāng

'Leicht|athlet *m* 田径〔徑〕运〔運〕动〔動〕员 tiánjìng yùndòngyuán **~-athletik** *f* 田径运动 tiánjìng yùndòng

'leichtfetig *adj* 1) 轻〔輕〕率的 qīngshuàide, 草率的 cǎoshuàide; 2) 轻浮的 qīngfúde, 放荡〔蕩〕的 fàngdàngde

'Leichtgewicht *n* (拳击等) 轻〔輕〕量级 qīngliàngjí

'leichtgläubig *adj* 轻〔輕〕信的 qīngxìnde, 易受骗的 yì shòupiàn de

'Leicht|igkeit *f* -en 1) (分量) 轻〔輕〕 qīng; 2) 轻松〔鬆〕 qīngsōng, 无〔無〕忧〔憂〕无虑〔慮〕 wúyōu wúlǜ; 3) 容易 róngyì, 不费劲〔勁〕 bù fèijìn **~metall** *n* 轻金属〔屬〕 qīngjīnshǔ **~sinn** *m* -(e)s; 1) 无〔無〕忧〔憂〕无虑〔慮〕 wúyōu wúlǜ; 2) 轻率 qīngshuài, 鲁莽 lǔmǎng

'leicht|sinnig *adj* 1) 无〔無〕忧〔憂〕无虑〔慮〕的 wúyōu wúlǜ de; 2) 轻〔輕〕率的 qīngshuàide, 轻佻的 qīngtiāode, 放荡〔蕩〕的 fàngdàngde **~verständlich** *adj* 容易理解的 róngyì lǐjiě de

leid *adv* es tut mir ~, daß ... 我很抱歉、遗憾… wǒ hěn bàoqiàn、yíhàn ...

Leid *n* -(e)s; 1) 悲伤〔傷〕bēishāng, 痛苦 tòngkǔ; 2) 不幸 bùxìng, 灾〔災〕难〔難〕 zāinàn, 损害 sǔnhài

'leiden* I *vi* 1) 受苦 shòukǔ, 受难〔難〕 shòunàn; 2) an etw. (*D*) ~

患…病 huàn … bìng; II *vt* 1) 忍受 rěnshòu; 2) 容忍 róngrěn, 容许 róngxǔ; (nicht) ~ können (不)喜欢〔歡〕xǐhuān

'**Leiden** *n* -s;- 1) 疾病 jíbìng; 2) 烦恼〔惱〕fánnǎo, 痛苦 tòngkǔ

'**leidend** *adj* 1) 受苦的 shòukǔde, 受难〔難〕的 shòunànde; 2) 久病的 jiǔbìngde, 多病的 duōbìngde

'**Leidenschaft** *f* -en 1) 热〔熱〕情 rèqíng, 激情 jīqíng; 2) 爱〔愛〕好 àihào, 癖好 pǐhào; 3) (强烈的)爱情 àiqíng, 情欲〔慾〕qíngyù

'**leidenschaftlich** *adj* 1) 热〔熱〕情的 rèqíngde, 激情的 jīqíngde; 2) 酷爱〔愛〕的 kù'àide, 入迷的 rùmíde; 3) 强烈的 qiángliède, 非常的 fēichángde

'**Leidens|gefährte** *m*, **~gefährtin** *f* 难〔難〕友 nànyǒu, 共患难者 gòng huànnàn zhě

'**leid|er** *adv* 可惜 kěxī, 遗憾 yíhàn; ~ muß ich gehen 可惜我得走了 **~ig** *adj* 讨厌〔厭〕的 tǎoyànde, 不愉快的 bù yúkuàide **~lich** *adj* 尚可的 shàngkěde, 凑合的 còuhéde, 过〔過〕得去的 guòdeqùde

'**Leid|tragende** *m*, *f* -n; -n 1) 戴孝者 dàixiàozhě, 服丧〔喪〕者 fúsàngzhě; 2) 受害者 shòuhàizhě; er ist der ~ dabei 他是此事的受害者 **~wesen** *n* -s; zu meinen ~ 使我感到遗憾 shǐ wǒ gǎndào yíhàn

'**Leier** *f* -n 1) 七弦琴 qīxiánqín; 2) 手柄 shǒubǐng, 曲柄 qūbǐng **~kasten** *m* 手摇风〔風〕琴 shǒuyáo fēngqín

'**Leih|bibliothek** *f*, **~bücherei** *f* (私办的)图〔圖〕书〔書〕铺 túshūpù, 图书出租处〔處〕túshū chūzūchù

'**leihen*** *vt* 1) 借出 jièchū, 借给 jiègěi; 2) 借入 jièrù

'**Leih|gebühr** *f* 租借费 zūjièfèi **~haus** *n* 当〔當〕铺 dàngpù

'**leihweise** *adv* 以借用方式 yǐ jièyòng fāngshì, 以出借方式 yǐ chūjiè fāngshì

Leim *m* -(e)s; -e 胶〔膠〕jiāo, 胶水 jiāoshuǐ; aus dem ~ gehen 脱节〔節〕tuōjié, 破裂 pòliè; 发〔發〕胖 fāpàng; auf den ~ gehen 上当〔當〕shàngdàng, 受骗 shòupiàn

'**leimen** *vt* 1) (用胶) 粘贴 zhāntiē, 胶〔膠〕合 jiāohé; 2) 使受骗 shǐ shòupiàn, 使上当〔當〕shǐ shàngdàng

Lein *m* -(e)s; -e 亚〔亞〕麻 yàmá

'**Leine** *f* -n 1) 绳〔繩〕子 shéngzi; 2) (牵狗的)皮带〔帶〕pídài

'**leinen** *adj* 亚〔亞〕麻的 yàmáde, 亚麻织〔織〕成的 yàmá zhīchéng de

'**Leinen** *n* -s;- 亚〔亞〕麻布 yàmábù; in ~ gebunden 用亚麻布装订的

'**Lein|öl** *n* 亚〔亞〕麻油 yàmáyóu **~samen** *m* 亚〔亞〕麻子 yàmázǐ **~wand** *f* 1) 平纹亚〔亞〕麻布 píngwén yàmábù; 2) (电影)银幕 yínmù; 3) (油画)画〔畫〕布 huàbù

'**leise** *adj* 1) 轻〔輕〕声〔聲〕的 qīngshēngde; ~r stellen 把(收音机等)声音调低点; 2) 微弱的 wēiruòde, 轻微的 qīngwēide

'**Leiste** *f* -n 1) (镶边的)板条〔條〕bǎntiáo, 边〔邊〕biān, 框 kuàng; 2) 织〔織〕边 zhībiān, 布边 bùbiān; 3) 鼠蹊 shǔxī, 腹股沟〔溝〕fùgǔgōu

'**leisten** *vt* 1) 做 zuò, 实〔實〕行 shíxíng, 完成 wánchéng; 2) 提供 tígòng, 给予 gěiyǔ; 3) sich (*D*) etw. ~ 买〔買〕得起… mǎideqǐ …

'**Leisten** *m* -s; - 鞋楦 xiéxuàn

'**Leistung** *f* -en 1) 成绩 chéngjī, 成就 chéngjiù; 2)功率 gōnglǜ, 效率 xiàolǜ; 3) 福利金 fúlìjīn, 救济〔濟〕金 jiùjìjīn

'**leistungsfähig** *adj* 有工作能力的 yǒu gōngzuò nénglì de, 有效率的 yǒu xiàolǜde

'**Leistungsfähigkeit** *f* 1) 有效功率 yǒuxiào gōnglǜ, 效率 xiàolǜ; 容量 róngliàng; 2) 能力 nénglì, 工作能力 gōngzuò nénglì

'**Leit|artikel** *m* 社论〔論〕shèlùn **~bild** *n* 榜样〔樣〕bǎngyàng, 模范〔範〕mófàn

'**leiten** *vt* 1) 领导〔導〕lǐngdǎo, 主持 zhǔchí; 2) 带〔帶〕领 dàilǐng, 引导 yǐndǎo, 指引 zhǐyǐn; 3) 输送 shūsòng; 传〔傳〕导 chuándǎo **~d** *adj* 1) 领导〔導〕的 lǐngdǎode, 指导的 zhǐdǎode; ~e Stellung 领导职位; 2) 引导的 yǐndǎode; 传〔傳〕导的 chuándǎode, 导电〔電〕的 dǎodiànde

'**Leiter** I *m* -s; - 1) 领导〔導〕人 lǐngdǎorén, 负责人 fùzérén; 2) 导体〔體〕dǎotǐ; II *f* -n 梯子 tīzi

'**Leit|faden** *m* 1)入门〔門〕(书) rùmén, 手册 shǒucè, 教科书〔書〕jiàokēshū; 2) 主导〔導〕思想 zhǔdǎo sīxiǎng **~motiv** *n* 主题 zhǔtí; 主导〔導〕旋律 zhǔdǎo xuánlǜ **~spruch** *m* 格言 géyán, 箴言 zhēnyán, 座右铭 zuòyòumíng **~ung** *f* -en 1) 领导〔導〕lǐngdǎo; 2) 导线〔綫〕dǎoxiàn, 线路 xiànlù, 管道 guǎndào; die ~ ist besetzt 电话占线

'**Leitungswasser** *n* -s; *u* 自来〔來〕水 zìláishuǐ

Lekti'on *f* -en 1) 课 kè, 课程 kèchéng; 2) 讲〔講〕课 jiǎngkè, 课时〔時〕 kèshí; 3) 教训 jiàoxùn

'Lektor *m* -s; -en 1) 讲〔講〕师〔師〕 jiǎngshī, 教师 jiàoshī; 2) (出版社)编辑 biānjí

Lek'türe *f* -n 1) 读〔讀〕物 dúwù; 2) 阅读 yuèdú; 3) 外语阅读和翻译〔譯〕课 wàiyǔ yuèdú hé fānyì kè

'Lende *f* - n 1) 腰 yāo, 腰部 yāobù; 2) 腰肉 yāoròu, 里〔裏〕脊 lǐji

'lenk|bar *adj* 1) 易操纵〔縱〕的 yì cāozòng de, 易驾驭的 yì jiàyù de; 2) 易管教的 yì guǎnjiào de **~en** *vt* 1) 操纵〔縱〕 cāozòng, 控制 kòngzhì; 2) 驾驭 jiàyù; 3) 引导〔導〕 yǐndǎo, 管教 guǎnjiào; 4) Aufmerksamkeit ~ auf (*A*) 注意… zhùyì …, 把注意力转〔轉〕向 … bǎ zhùyìlì zhuǎnxiàng…

'Lenk|rad *n* 方向盘〔盤〕 fāngxiàngpán **~stange** *f* (自行车)车〔車〕把 chēbǎ **~ung** *f* -en (汽车等)转〔轉〕向装〔裝〕置 zhuǎnxiàng zhuāngzhì, 操纵〔縱〕系统 cāozòng xìtǒng

Leo'pard *m* -en; -en 豹 bào

'Lepra *f* 麻风〔風〕病 máfēngbìng

'Lerche *f* -n 云〔雲〕雀 yúnquè, 百灵〔靈〕 bǎilíng

'lern|begierig *adj* 好学〔學〕的 hàoxuéde, 勤学的 qínxuéde **~en** *vt, vi* 学〔學〕习〔習〕 xuéxí, 学会〔會〕 xuéhuì; er lernt leicht 他学习不吃力

'Lese *f* -n 1) 收获〔獲〕(葡萄) shōuhuò; 2) 选〔選〕集 xuǎnjí **~buch** *n* 读〔讀〕本 dúběn **~lampe** *f* 台〔臺〕灯〔燈〕 táidēng

'lesen* I *vt* 1) 读〔讀〕 dú, 阅读 yuèdú; 2) 看出 kànchū, 察知 cházhī; 3) 讲〔講〕授 jiǎngshòu, 讲课 jiǎngkè; 4) 采〔採〕集 cǎijí, 采摘 cǎizhāi; 5) 拣〔揀〕出 jiǎnchū, 挑选〔選〕 tiāoxuǎn; Ähren ~ 拾穗 shísuì; II *vi* 1) 读 dú, 阅读 yuèdú; 2) über etw. ~ 讲授… jiǎngshòu … **~swert** *adj* 值得一读的 zhíde yīdú de

'Leser *m* -s; -, **~in** *f* -nen 1) 读〔讀〕者 dúzhě; 2) 拾(落)穗者 shísuìzhě; 采〔採〕摘者 cǎizhāizhě

'leserlich *adj* (字迹)清楚可读〔讀〕的 qīngchu kědú de

'Lese|saal *m* 阅览〔覽〕室 yuèlǎnshì **~stoff** *m* 读〔讀〕物 dúwù **~zeichen** *n* 书签〔簽〕 shūqiān

'Lesung *f* -en 1) 朗读〔讀〕 lǎngdú; 2) (议会)宣读议〔議〕案 xuāndú yì'àn

letzt *adj* 1) 最后〔後〕的 zuìhòude, 末了的 mòliǎode; ~e Hand an etw. (*A*) anlegen 完成… wánché …; zu guter Letzt 最后,最终; zum ~en Mal(e) 最后一次; 2) 最近的 zuìjìnde, 刚〔剛〕过〔過〕去的 gāng guòqù de; ~e Nachrichten 最近消息; 3) 最后剩余〔餘〕的 zuìhuò shèngyú de **~ens** *adv,* **~'hin** *adv* 1) 最后〔後〕 zuìhòu; 2) 最近 zuìjìn **~lich** *adv* 1) 最后〔後〕 zuìhòu; 归〔歸〕根结底 guī gēn jié dǐ; 2) 在最后阶〔階〕段中 zài zuìhòu jiēduàn zhōng; 3) 最近 zuìjìn, 近来〔來〕 jìnlái

'Leuchte *f* -n 1) 光源 guāngyuán, 发〔發〕光体〔體〕 fāguāngtǐ, 灯〔燈〕 dēng; 2)名家 míngjiā, 权〔權〕威 quánwēi

'leuchten *vi* 1) 发〔發〕光 fāguāng; 照亮 zhàoliàng, 照耀 zhàoyào; 2) 闪光 shǎnguāng, 闪耀 shǎnyào **~d** *adj* 光亮的 guāngliàngde, 光辉的 guānghuīde

'Leucht|er *m* -s; - 烛〔燭〕台〔臺〕 zhútái; 灯〔燈〕架 dēngjià **~feuer** *n* 灯〔燈〕标〔標〕 dēngbiāo, 信号〔號〕灯光 xìnhào dēngguāng **~käfer** *m* 萤〔螢〕火虫〔蟲〕 yínghuǒchóng **~kugel** *f* 照明弹〔彈〕 zhàomíngdàn, 信号〔號〕弹 xìnhàodàn **~turm** *m* 灯〔燈〕塔 dēngtǎ

'leugnen *vt* 否认〔認〕 fǒurèn, 否定 fǒudìng

Leukä'mie *f* -n 白血病 báixuèbìng

'Leumund *m* -(e)s; 名声〔聲〕 míngshēng, 声誉〔譽〕 míngyù

'Leute *pl* 1) 人们 rénmén, 公众〔衆〕 gōngzhòng; 居民 jūmín; 2) 部下 bùxià, 下属〔屬〕 xiàshǔ; 战〔戰〕士 zhànshì; 3)工人 gōngrén, 职〔職〕工 zhígōng; 4) 家属 jiāshǔ, 亲〔親〕属 qīnshǔ; 5) 下人 xiàrén, 仆〔僕〕人 púrén; 雇〔僱〕工 gùgōng

'Leutnant *m* -s; -s(-e) 少尉 shàowèi

'leutselig *adj* 友好的 yǒuhǎode, 和蔼的 hé'ǎide, 亲〔親〕切的 qīnqiède

'Lexikon *n* -s; ..ka(..ken) 辞〔辭〕典 cídiǎn, 百科辞典 bǎikē cídiǎn

Li'belle *f* -n 1) 蜻蜓 qīngtíng; 2) 水准〔準〕器 shuǐzhǔnqì, 气〔氣〕泡水准仪〔儀〕 qìpào shuǐzhǔnyí

libe'ral *adj* 自由的 zìyóude, 自由主义〔義〕的 zìyóu zhǔyì de

licht *adj* 1) 明亮的 míngliàngde, 光明的 guāngmíngde; 2) 浅〔淺〕色的 qiǎnsède; 3) 稀疏的 xīshūde

Licht *n* -(e)s; -er 1) 光 guāng, 光线〔綫〕 guāngxiàn; 日光 rìguāng; das ~ der Welt erblicken 降生 jiàngshēng, 诞生 dànshēng, 问世 wènshì; j-n hinters ~ führen 欺骗某人 qīpiàn mǒurén; 2) 光源 guāngyuán; 灯〔燈〕 dēng, 蜡〔蠟〕烛〔燭〕 làzhú; ~ machen 开灯, 点灯; grünes ~ geben 开绿灯 (允许某人做某事)

'Licht|anlage *f* 电〔電〕气〔氣〕照明设备〔備〕 diànqì zhàomíng shèbèi **~bild** *n* 1) 照片 zhàopiān; 2) 幻灯〔燈〕片 huàndēngpiān **~bildervortrag** *m* (同时)放幻灯〔燈〕片的报〔報〕告 fàng huàndēngpiān de bàogào **~blick** *m* (困难中看到的)光明 guāngmíng, 希望 xīwàng **~bogen** *m* 电〔電〕弧 diànhú, 弧光 húguāng

'licht|durchlässig *adj* 透明的 tòumíngde **~echt** *adj* 经〔經〕晒〔曬〕的 jīngshàide, 不退色的 bù tuìshǎi de **~empfindlich** *adj* 感光的 gǎnguāngde; ~ machen 使敏化 shǐ mǐnhuà

'lichten *vt* 1) 照亮 zhàoliàng, 使明亮 shǐ míngliàng; 2) 使稀疏 shǐ xīshū; sich ~ (头发、人群)变〔變〕少 biànshǎo, 变稀 biànxī; 3) den Anker ~ 起锚 qǐmáo, 启〔啟〕航 qǐháng

'lichterloh *adv* 火光熊熊地 huǒguāng xióngxióng de, 炽〔熾〕烈地 chìliède

'Licht|geschwindigkeit *f* 光速 guāngsù **~hof** *m* 1) (有玻璃棚的)天井 tiānjǐng; 2) (摄影)晕影 yùnyǐng; 3) (日、月的)晕 yùn, 晕圈 yùnquān **~leitung** *f* 电〔電〕灯〔燈〕线〔綫〕 diàndēngxiàn **~maschine** *f* (机动车的)发〔發〕电〔電〕机〔機〕 fādiànjī **~pause** *f* 蓝〔藍〕图〔圖〕 lántú **~quelle** *f* 光源 guāngyuán **~reklame** *f* 灯〔燈〕光广〔廣〕告 dēngguāng guǎnggào **~schalter** *m* 电〔電〕灯〔燈〕开〔開〕关〔關〕 diàndēng kāiguān, 照明开关 zhàomíng kāiguān **~schein** *m* 光 guāng, 光照 guāngzhào

'lichtscheu *adj* 1) 怕见〔見〕光的 pà jiàn guāng de; 2) 见不得人的 jiàn bùde rén de, 鬼鬼祟祟的 guǐguǐ suìsuì de

'Licht|signal *n* 灯〔燈〕光信号〔號〕 dēngguāng xìnhào **~strahl** *m* 光束 guāngshù, 光线〔綫〕 guāngxiàn

'Lichtung *f* -en 林中空地 línzhōng kòngdì

Lid *n* -(e)s; -er 眼皮 yǎnpí, 眼睑〔瞼〕 yǎnjiǎn

lieb *adj* 1) 亲〔親〕爱〔愛〕的 qīn'àide, 可爱的 kě'àide; ~er Herr N. (信的开头)亲爱的 N. 先生; ~er Himmel! (表示感叹)天哪! 2) 受欢〔歡〕迎的 shòu huānyíng de, 令人高兴〔興〕的 lìngrén gāoxìng de; es ist mir ~, daß ... 我很高兴,...; 3) 友好的 yǒuhǎode, 亲切的 qīnqiède, 衷心的 zhōngxīnde; sei bitte so ~ und ... 劳〔勞〕驾... lǎojià ...; 4) (孩子)听〔聽〕话的 tīnghuàde, 乖的 guāide

'Liebe *f* 1) 爱〔愛〕 ài, 热〔熱〕爱 rè'ài; 喜爱 xǐ'ài; aus der ~ zu 出于对…的爱; 2) 爱情 àiqíng, 恋〔戀〕爱 liàn'ài; aus der ~ 经恋爱; ~ auf den ersten Blick 一见〔見〕钟〔鐘〕情 yījiàn zhōngqíng; 3) 善意 shànyì, 友好 yǒuhǎo

'lieben *vt, vi* 1) 爱〔愛〕 ài; 2) 喜欢〔歡〕 xǐhuān

'Liebende *m,f* -n;-n die ~n 情侣 qínglǚ

'liebens|wert *adj* 可爱〔愛〕的 kě'àide, 令人喜欢〔歡〕的 lìng rén xǐhuán de **~würdig** *adj* 可爱〔愛〕的 kě'àide, 亲〔親〕切的 qīnqiède, 乐〔樂〕于〔於〕助人的 lèyú zhù rén de; das ist sehr ~ von Ihnen 您真客气; 您太费心了

'Liebenswürdigkeit *f* -en 亲〔親〕切 qīnqiè, 和蔼 hé'ǎi; 客气〔氣〕 kèqì, 盛情 shèngqíng

'lieber *adv* 1) 宁〔寧〕愿〔願〕 nìngyuàn, 宁可 nìngkě; ~ haben (mögen) 更喜欢〔歡〕... gèng xǐhuān ...; 2) 最好 zuìhǎo, 较好 jiàohǎo; etw. ~ tun 最好做…

'Liebes|brief *m* 情书〔書〕 qíngshū **~dienst** *m* 恩惠 ēnhuì, 帮〔幫〕忙 bāngmáng, 效劳〔勞〕 xiàoláo **~erklärung** *f* 表白爱〔愛〕慕之心 biǎobái àimù zhī xīn, 爱情的表白 àiqíngde biǎobái **~heirat** *f* 经〔經〕恋〔戀〕爱〔愛〕结婚 jīng liàn'ài jiéhūn, 恋爱婚姻 liàn'ài hūnyīn **~kummer** *m* 失恋〔戀〕的烦恼〔惱〕 shīliànde fánnǎo, 爱情上的苦恼 àiqíng shàng de kǔnǎo **~paar** *n* 情侣 qínglǚ **~verhältnis** *n* 恋〔戀〕爱〔愛〕关〔關〕系 liàn'ài guānxì

'liebevoll *adj* 亲〔親〕切的 qīnqiède, 温柔的 wēnróude, 体〔體〕贴的 tǐtiēde

'lieb|gewinnen* *vt* 慢慢地爱〔愛〕上 mànmànde àishàng, 喜欢〔歡〕上 xǐhuān shàng **~haben*** *vt* 爱〔愛〕 ài, 喜欢〔歡〕 xǐhuān

'Lieb|haber *m* -s;- 1)(女子的)情人 qíngrén, 求爱〔愛〕者 qiú'àizhě; 2)(业余)爱好者 àihàozhě **~habe'rei** *f* -en 业〔業〕余〔餘〕爱〔愛〕好 yèyú àihào

'lieb|kosen *vt* 爱〔愛〕抚〔撫〕 àifǔ **~lich** *adj* 1) 可爱〔愛〕的 kě'àide, 妩〔嫵〕媚的 wǔmèide; 2)(风光)秀丽〔麗〕的 xiùlìde, 明媚的 míngmèide; 3) 悦耳动〔動〕听〔聽〕的 yuè'ěr dòngtīng de; 4) 芬芳的 fēnfāngde, 芳香的 fāngxiāngde

'Liebling *m* -s;-e 1) 情人 qíngrén, 爱〔愛〕人 àirén; 2) 宠〔寵〕儿〔兒〕 chǒng'ér **~sbeschäftigung** *f* 最爱〔愛〕干〔幹〕的事 zuì àigàn de shì; 嗜好 shìhào

'lieblos *adj* 无〔無〕情的 wúqíngde, 冷酷的 lěngkùde, 残〔殘〕忍的 cánrěnde

'Lieb|schaft *f* -en 风〔風〕流韵事 fēngliú yùnshì **~ste** *m, f* -n; -n 情人 qíngrén, 爱〔愛〕人 àirén

Lied *n* -(e)s; -er 1) 歌 gē, 歌曲 gēqǔ; 曲调 qǔdiào; 2) 叙事诗 xùshìshī

'liederlich *adj* 1) 不整洁〔潔〕的 bù zhěngjié de, 邋遢的 lātāde; 2) 马〔馬〕虎的 mǎhūde, 潦草的 liǎocǎode; 3) 放荡〔蕩〕的 fàngdàngde

Liefe'rant *m* -en; -en 供货者 gōnghuòzhě, 供应〔應〕商 gōngyìngshāng

'lieferbar *adj* 可供应〔應〕的 kě gōngyìng de, 可立即交货的 kě lìjí jiāohuò de

'Liefer|bedingungen *pl* 交货条〔條〕件 jiāohuò tiáojiàn **~frist** *f* 交货期限 jiāohuò qīxiàn

'liefern *vt* 1) 提供 tígōng; 送交 sòngjiāo, 交付 jiāofù; 2) 供应〔應〕 gōngyìng, 销售 xiāoshòu

'Liefer|schein *m* 送货单〔單〕sònghuòdān, 发〔發〕货单 fāhuòdān **~ung** *f* -en 1) 交货 jiāohuò, 送货sònghuò; 2) 供应〔應〕品 gōngyìngpǐn, 交来〔來〕的货 jiāoláide huò; 3)(书)分册 fēncè **~ungsbedingungen** *pl* 见 Lieferbedingungen **~wagen** *m* 送货车〔車〕 sònghuòchē

'Liege *f* -n 睡椅 shuìyǐ, 躺椅 tǎngyǐ

'liegen* *vi* 1) 躺着 tǎngzhe, 卧着 wòzhe; 2) 平放 píngfàng, 横放 héngfàng; 3) 位于〔於〕 wèiyú, 处〔處〕在 chùzài; 4) 原因(责任)在于 yuányīn zàiyú; es liegt an (bei) ihm 这取决于他; mir liegt viel daran 我很重视这件事; 5) j-m ~ 适〔適〕合、适宜… shìhé、shìyí ... **~bleiben*** *vi* (*s*) 1) 躺着 tǎngzhe; 2)(商品) 滞〔滯〕销 zhìxiāo; 3)(工作等)搁置 gēzhì, 中止 zhōngzhǐ, 停顿 tíngdùn; 4) 遗忘 yíwàng, 遗留 yíliú **~lassen*** *vt* 1) 遗忘 yíwàng, 忘记带〔帶〕走 wàngjì dàizǒu; 2) 搁着 gēzhe, 留下 liúxià, 中止 zhōngzhǐ; j-n links ~ 不理睬某人 bùlǐcǎi mǒurén

'Liegenschaften *pl* 不动〔動〕产〔產〕 bùdòngchǎn, 地产 dìchǎn

'Liege|stuhl *m* 躺椅 tǎngyǐ **~wagen** *m* 躺椅卧车〔車〕 tǎngyǐ wòchē

Lift *m* -(e)s;-e(-s) 电〔電〕梯 diàntī

'Liga *f* ..gen 1) 同盟 tóngméng, 联〔聯〕盟 liánméng, 协〔協〕会〔會〕 xiéhuì; 2)(体育比赛按实力划分的)级 jí, 组 zǔ

Li'kör *m* -s; -e 利口酒 lìkǒujiǔ, 甜烧〔燒〕酒 tiánshāojiǔ

'lila *adj* 紫丁香的 zǐdīngxiāngde, 淡紫色的 dànzǐsède

'Lilie *f* -n 百合花 bǎihéhuā

Limo'nade *f* -n 汽水 qìshuǐ, 柠〔檸〕檬水 níngméngshuǐ

Limou'sine *f* -n 大型轿〔轎〕车〔車〕 dàxíng jiàochē

lind *adj* 柔和的 róuhéde, 温和的 wēnhéde; 柔软的 róuruǎnde

'Linde *f* -n 菩提树〔樹〕 pútíshù

'lindern *vt* 缓和 huǎnhé, 减轻〔輕〕 jiǎnqīng

Line'al *n* -s;-e 尺 chǐ, 直尺 zhíchǐ

'Linie *f* -n 1) 线〔綫〕 xiàn, 线条〔條〕 xiàntiáo; 2)(皮肤的)纹路 wénlù, 皱〔皺〕纹 zhòuwén; 3) 战〔戰〕线 zhànxiàn; 行列 hángliè; 排 pái; 4) 航线 hángxiàn, 交通路线 jiāotōnglùxiàn; 5) 血统 xuètǒng, 系 xì; 6)(政治)路线 lùxiàn; 7) 赤道 chìdào **~npapier** *n* 线〔綫〕格纸 xiàngézhǐ **~nrichter** *m* (足球等)巡边〔邊〕员 xúnbiānyuán

'linientreu *adj* ~ sein 忠于〔於〕党〔黨〕的路线〔綫〕 zhōngyú dǎng de lùxiàn

li'n(i)ieren *vt* 给…划〔劃〕线〔綫〕 gěi ... huàxiàn

link *adj* 1) 左边〔邊〕的 zuǒbiānde; ~e Seite 左边; 2) 左翼的 zuǒyìde

Linke *f* -n; -n 1) 左边〔邊〕 zuǒbiān, 左手 zuǒshǒu; 2) 左派 zuǒpài, 左翼 zuǒyì

'linkisch *adj* 笨拙的 bènzhuōde

links *adv* 1) 在左边〔邊〕 zài zuǒbiān; 用左手 yòng zuǒshǒu; von ~ nach rechts 从左到右; 2) 左

派 zuǒpài, 左翼 zuǒyì; ~ stehen 是左派

'Linkshänder *m* -s;- 左撇子 zuǒpiězi

'Linse *f* -n 1) 扁豆 biǎndòuī; 2) (眼睛的)晶状〔狀〕体〔體〕 jīngzhuàngtǐ; 3) 透镜 tòujìng

'Lippe *f* -n 唇 chún, 嘴唇 zuǐchún **~nstift** *m* 口红 kǒuhóng, 唇膏 chúngāo

liqui'dieren *vt* 1) 清除 qīngchú, 肃〔肅〕清 sùqīng; 2) 解散 jiěsàn, 清算 qīngsuàn, 清理 qīnglǐ; 3) 杀〔殺〕死 shāsǐ, 除掉 chúdiào; 4) 结帐〔帳〕 jiézhàng

'lispeln *vi, vt* 1) 咬着舌发〔發〕咝〔嘶〕音 yǎozhe shé fā sīyīn; 2) 耳语 ěryǔ, 悄声〔聲〕说话 qiāoshēng shuōhuà; 3)(风、树叶)发出沙沙、飒〔颯〕飒声〔聲〕 fāchū shāshā、sàsà shēng

List *f* -en 诡计 guǐjì

'Liste *f* -n 名单〔單〕 míngdān, 目录〔錄〕 mùlù, 表(格) biǎo

'listig *adj* 狡猾的 jiǎohuáde, 奸诈的 jiānzhàde; 巧妙的 qiǎomiàode

'Liter *n,m* -s;- 升 shēng

lite'rarisch *adj* 文学〔學〕的 wénxuéde

Litera'tur *f* -en 1) 文学〔學〕 wénxué; 文学作品 wénxué zuòpǐn; 2)(科技)文献〔獻〕 wénxiàn **~beilage** *f* (报刊的)文艺〔藝〕附刊 wényì fùkān **~geschichte** *f* 文学〔學〕史 wénxuéshǐ

'Litfaßsäule *f* (街上的)广〔廣〕告柱 guǎnggàozhù

'Litze *f* -n 1) 辫形带〔帶〕 biànxíngdài; (军服肩章)金银绦〔絛〕 jīnyíntāo; 2) 绞合线〔綫〕 jiǎohéxiàn, 软线 ruǎnxiàn

live [laif] *adj* ~ senden (übertragen) 实〔實〕况转〔轉〕播 shíkuàng zhuǎnbō

Live-Sendung *f* 实〔實〕况转〔轉〕播 shíkuàng zhuǎnbō

Li'vree *f* -n 制服 zhìfú, 号〔號〕衣 hàoyī

Li'zenz *f* -en 1) 许可 xǔkě, 特许 tèxǔ; 2) 许可证〔證〕 xǔkězhèng, 执〔執〕照 zhízhào **~inhaber** *m* 领有执〔執〕照者 lǐng yǒu zhízhào zhě

Lob *n* -(e)s; 称〔稱〕赞 chēngzàn, 赞扬〔揚〕 zànyáng, 表扬 biáoyǎng

'loben *vt* 称〔稱〕赞 chēngzàn, 表扬〔揚〕 biǎoyáng **~swert** *adj* 值得称〔稱〕赞的 zhíde chēngzàn de, 应〔應〕受表扬〔揚〕的 yīng shòu biǎoyáng de

'Lobgesang *m* 颂歌 sònggē, 赞歌 zàngē

Lobhude'lei *f* 谄媚 chǎnmèi, 奉承 fèngcheng

'löblich *adj* 见 lobenswert

'Loblied *n* 赞歌 zàngē **~rede** *f* 1) 颂词 sòngcí, 赞词 zàncí; 2) (过分的)颂扬〔揚〕 sòngyáng

Loch *n* -(e)s; ⸚er 1) 孔洞 kǒngdòng, 窟窿 kūlong; 2) 兽〔獸〕穴 shòuxué; 3) 监〔監〕牢 jiānláo; 4) 伤〔傷〕口 shāngkǒu

'lochen *vt* 1) (查票等)在…上打孔 zài … shàng dǎkǒng; 2) 打一排齿〔齒〕孔(便于撕) dǎ yīpái chǐkǒng

'Loch|er *m* -s;- (装订文件用)打孔器 dǎkǒngqì **~karte** *f* 穿孔卡片 chuānkǒng kǎpiàn

'Locke *f* -n 鬈发〔髮〕 quánfà

'locken I *vt, v sich* 鬈曲 quánqū, 使卷起来〔來〕 shǐ juǎnqǐ lái; II *vt* 1) 引…过〔過〕来〔來〕 yǐn … guòlái; 2) 引诱 yǐnyòu, 诱骗 yòupiàn

'Locken|kopf *m* 1) 鬈发〔髮〕的头〔頭〕 quánfàde tóu; 2) 头发鬈曲的人 tóufà quánqū de rén **~wickler** *m* -s;- 卷发〔髮〕筒 juǎnfàtǒng, 卷发夹〔夾〕 juǎnfàjiā

'locker *adj* 1) 松〔鬆〕的 sōngde, 松动〔動〕的 sōngdòngde, 松软的 sōngruǎnde; 2) 轻〔輕〕浮的 qīngfúde, 放荡〔蕩〕的 fàngdàngde **~n** *vt* 1) 弄松〔鬆〕 nòngsōng, 使松动〔動〕 shǐ sōngdòng; 2) 放松 fàngsōng (Muskeln 肌肉); 3) sich ~ 松动 sōngdòng, 松驰 sōngchí

'lockig *adj* 鬈曲的 quánqūde

'Lock|mittel *n* 诱饵 yòu'ěr, 引诱物 yǐnyòuwù **~vogel** *m* 1) 囮子 ézi, 诱鸟〔鳥〕 yòuniǎo; 2) 诱子 yòuzi, 诱人入圈套者 yòurén rù quāntào zhě

'lodern *vi* 1) 冒火焰 mào huǒyàn, 熊熊燃烧〔燒〕 xióngxióng ránshāo; 2) (内心)燃烧 rǎnshāo, (感情)冲〔衝〕动〔動〕 chōngdòng

'Löffel *m* -s; - 1) 匙 chí, 调羹 tiáogēng; 2) 兔子耳朵 tùzi ěrduo

'löffeln *vt* 1) 用勺〔杓〕舀 yòng sháo yǎo, 用匙吃 yòng chí chī; 2) 弄明白 nòng míngbai, 弄清楚 nòng qīngchǔ

'Löffelvoll *m* 一满〔滿〕匙(量) yīmǎnchí

'Loge *f* -n 1) (剧院)包厢 bāoxiāng; 2) 共济〔濟〕会〔會〕分会 gòngjìhuì fēnhuì

lo'gieren *vi* 客居 kèjū, 住宿 zhùsù

'Logik *f* 逻〔邏〕辑 luójì, 逻辑学〔學〕 luójìxué

'logisch *adj* 1) 逻〔邏〕辑的 luójìde, 合乎逻辑的 héhū luójì de; 2)

理所当〔當〕然的 lǐsuǒ dāngrán de ~**er'weise** *adv* 按照逻〔邏〕輯地 ànzhào luójì de

Lohn *m* -(e)s; ⸚e 1) 工资 gōngzī; 2) 报〔報〕酬 bàochou, 报答 bàodá '~**empfänger** *m* 领工资的工人 lǐng gōngzī de gōngrén

'**lohnen** *vt* 1) 值得 zhíde; 2) 酬谢 chóuxiè, 报〔報〕答 bàodá; 3) sich ~ 值得 zhíde; der Film lohnt sich 这部电影值得一看 ~**d** *adj* 值得(一听、一看)的 zhídede, 合算的 hésuànde, 有利的 yǒulìde

'**Lohn|erhöhung** *f* 工资提高 gōngzī tígāo ~**steuer** *f* 工资所得税 gōngzī suǒdéshuì ~**stopp** *m* 工资冻〔凍〕结 gōngzī dòngjié ~**tüte** *f* 工资袋 gōngzīdài

lo'kal *adj* 1) 本地的 běndìde, 地方的 dìfāngde; 2) 局部的 júbùde

Lo'kal *n* -(e)s; -e 1) 场〔場〕所 chǎngsuǒ, 地方 dìfāng; 2) 饭馆 fànguǎn, 酒店 jiǔdiàn

Lokomo'tiv|e *f* -n 机〔機〕车〔車〕 jīchē, 火车头〔頭〕 huǒchētóu ~-**führer** *m* 火车〔車〕司机〔機〕 huǒchē sījī

'**Lorbeer** *m* -s;-en 1) 月桂树〔樹〕 yuèguìshù; 2) 桂冠 guìguān; 荣〔榮〕誉〔譽〕 róngyù

'**Lore** *f* -n 敞篷货车〔車〕 chǎngpéng huòchē

los I *adj* 1) 松〔鬆〕开〔開〕的 sōngkāide, 脱落的 tuōluòde, 不受束缚的 bù shòu shùfù de; 2) was ist ~? 怎么〔麼〕啦? zěnme la? 发〔發〕生了什么事? fāshēng le shénme shì? 3) ~ sein 摆〔擺〕脱 bǎituō; 4) etw. ~ haben 聪〔聰〕明能干〔幹〕 cōngmíng nénggàn; 很在行 hěn zàiháng; II *intj* ~! 走! zǒu! 赶〔趕〕快(干或说)! gǎnkuài!

Los *n* -es; -e 1) 签〔簽〕 qiān, 阄〔鬮〕 jiū; durchs ~ entscheiden 通过抽签来决定; 2) 彩票 cǎipiào, 奖〔獎〕券 jiǎngquàn; 3) 命运〔運〕 mìngyùn, 运气〔氣〕 yùnqì; das Große ~ ziehen 中头奖,中头彩;大为走运

'**losarbeiten** *vi* 开〔開〕始工作 kāishǐ gōngzuò

'**lösbar** *adj* 1) 可解答的 kě jiědá de; 2) 可溶解的 kě róngjiě de

'**los|binden*** *vt* 把…解开〔開〕 bǎ … jiěkāi ~**brechen*** I *vt* 折断〔斷〕 zhéduàn; 敲打下 qiāodǎxià; II *vi(s)* 突然发〔發〕生 tūrán fāshēng, 爆发 bàofā

'**Löschblatt** *n* 吸墨纸 xīmòzhǐ

'**löschen** *vt* 1) 熄灭〔滅〕(灯、火) xīmiè; 2) 清偿〔償〕 qīngcháng, 清除 qīngchú; 3) 擦去 cāqù, 洗掉(录音) xǐdiào; 4) 吸干〔幹〕 xīgān; 5) 卸(货) xiè

'**Lösch|er** *m* s; - 吸墨器 xīmòqì ~-**papier** *n* 吸墨纸 xīmòzhǐ

'**lose** *adj* 1) 松〔鬆〕的 sōngde, 松动〔動〕的 sōngdòngde; 2) 散装〔裝〕的 sǎnzhuāngde; 3) 轻〔輕〕佻的 qīngtiāode, 放荡〔蕩〕的 fàngdàngde

'**Lösegeld** *n* 赎〔贖〕金 shújīn

'**losen** *vi* 抽签〔簽〕 chōuqiān, 抽签决定 chōuqiān juédìng

'**lösen** *vt* 1) 解开〔開〕 jiěkāi, 使分开 shǐ fēnkāi; 2) 解决 jiějué, 解答 jiědá; 3) 购〔購〕买〔買〕 gòumǎi (Fahrkarte 车票); 4) 溶解 róngjiě; 5) 解除 jiěchú, 撤销 chèxiāo; 6) ein Schuß lößte sich (不小心)枪〔槍〕走火了 qiāng zǒuhuǒ le

'**los|fahren*** *vi(s)* (乘车)出发〔發〕 chūfā, 开〔開〕走 kāizǒu ~**gehen*** *vi* (*s*) 1) 动〔動〕身 dòngshēn, 出发〔發〕 chūfā; 2) 开始 kāishǐ; 3) 脱落 tuōluò; 4) auf j-n ~ 向某人袭〔襲〕击、冲〔衝〕击〔擊〕 xiàng mǒurén xíjī、chōngjī; 5) (枪)走火 zǒuhuǒ; 6) (火药)爆炸 bàozhà ~**kaufen** *vt* 赎〔贖〕回 shúhuí ~**ketten** *vt* 给…解除锁链 gěi … jiěchú suǒliàn; 释〔釋〕放 shìfàng, 解放 jiěfàng ~**kommen*** *vi* (*s*) 1) 摆〔擺〕脱 bǎituō, 脱身 tuōshēn; 2) 离〔離〕开〔開〕 líkāi; 3) 出发〔發〕 chūfā, (飞机)起飞〔飛〕 qǐfēi ~**lachen** *vi* 发〔發〕笑 fāxiào, 笑出来〔來〕 xiào chūlái ~**lassen*** *vt* 1) 放松〔鬆〕 fàngsōng, 放开〔開〕 fàngkāi; 2) 放走 fàngzǒu, 释〔釋〕放 shìfàng

'**löslich** *adj* 可溶解的 kě róngjiě de

'**los|lösen** *vt* 使分离〔離〕 shǐ fēnlí, 使脱离 shǐ tuōlí ~**machen** *vt* 1) 解开〔開〕 jiěkāi, 脱离 tuōlí; 2) sich ~ 摆〔擺〕脱 bǎituō, 脱离 tuōlí ~**reißen*** *vt* 1) 扯下 chěxià, 拉掉 lādiào; 2) sich ~ 挣脱 zhèngtuō ~**sagen** *v sich* sich ~ von 宣布与〔與〕…脱离〔離〕关〔關〕系 xuānbù yǔ … tuōlí guānxì ~**schlagen*** I *vt* 1)打脱 dǎtuō, 敲掉 qiāodiào; 2) 廉价〔價〕出售 liánjià chūshòu; II *vi* 1) 开〔開〕战〔戰〕 kāizhàn, 开火 kāihuǒ; 2) auf j-n ~ 痛打某人 tòngdǎ mǒurén ~**schnallen** *vt* 解开〔開〕(扣带) jiěkāi ~**schrauben** *vt* 把…上的螺丝〔絲〕旋下 bǎ … shàng de luósī xuánxià ~**sprechen*** *vt* 1) 解除 jiěchú; 2) 赦免(罪) shèmiǎn; 宣布无〔無〕罪

xuānbù wúzuì; 3) 宣布满〔滿〕师〔師〕 xuānbù mǎnshī **~stürzen** *vi* ~ auf (*A*) 冲〔衝〕向 … chōngxiàng …

'**Losung** *f* -en 1) 标〔標〕语 biāoyǔ, 口号〔號〕 kǒuhào; 2) 口令 kǒulìng; 3) 兽〔獸〕粪〔糞〕 shòufèn; 狗粪 gǒufèn

'**Lösung** *f* -en 1) 解决 jiějué, 解答 jiědá, 答案 dá'àn; 2) 解除 jiěchú, 取消 qǔxiāo; 3) 溶解 róngjiě; 溶液 róngyè **~smittel** *n* 溶剂〔劑〕 róngjì

'**los|werden*** *vt(s)* 1) 脱离〔離〕 tuōlí, 摆〔擺〕脱 bǎituō; 2) 卖〔賣〕掉 màidiào, 脱手 tuōshǒu; 3) 丢失 diūshī, 丧〔喪〕失 sàngshī **~ziehen*** *vi(s)* 1) 出发〔發〕 chūfā, 动〔動〕身 dòngshēn; 2) 骂 mà (über, gegen j-n 某人)

Lot *n* -(e)s; -e 1) 铅锤 qiānchuí; 测锤 cèchuí; 2) 垂直线〔綫〕 chuízhíxiàn; 3) 焊剂〔劑〕 hànjì, 焊料 hànliào

'**löten** *vt* 焊接 hànjiē

'**Lotse** *m* -n; -n 领港员 lǐnggǎngyuán

'**lotsen** *vt* 1) 领港 lǐnggǎng; 导〔導〕航 dǎoháng; 2) 带〔帶〕领 dàilǐng, 领路 lǐnglù; 3) 说服去(某处) shuōfú qù

Lotte'rie *f* -n 奖〔獎〕券抽彩 jiǎngquàn chōucǎi **~gewinn** *m* 奖〔獎〕品 jiǎngpǐn, 奖金 jiǎngjīn **~los** *n* 彩票 cǎipiào, 奖〔獎〕券 jiǎngjuàn

'**Lotto** *n* -s; -s 1) (儿童)盖〔蓋〕牌游戏〔戲〕 gàipái yóuxì; 2) 数〔數〕码奖〔獎〕抽彩 shùmǎjiǎng chōucǎi

'**Löwe** *m* -n; -n 狮〔獅〕子 shīzi

'**Löwen|anteil** *m* 最大的一份 zuìdàde yīfèn **~zahn** *m* -(e)s; 蒲公英 púgōngyīng

'**Löwin** *f* -nen 母狮〔獅〕 mǔshī

lo'yal *adj* 忠诚的 zhōngchéngde, 诚实〔實〕的 chéngshíde

Luchs *m* -es; -e 猞猁 shēlì

'**Lücke** *f* -n 1) 空隙 kòngxì, 缺口 quēkǒu; 2) 遗漏 yílòu, 缺陷 quēxiàn **~nbüßer** *m* 临〔臨〕时〔時〕代替者 línshí dàitìzhě

'**lücken|haft** *adj* 1) 有裂缝的 yǒu lièfèng de; 2) 有缺陷的 yǒu quēxiàn de, 不完备〔備〕的 bù wánbèi de **~los** *adj* 1) 无〔無〕裂缝的 wú lièfèng de; 2) 完备〔備〕的 wánbèide, 无缺陷的 wú quēxiàn de (Beweis 证据)

Luft *f* ⸚e 1) 空气〔氣〕 kōngqì; frische ~ schöpfen 吸新鲜空气; 2) 气流 qìliú, 微风〔風〕 wēifēng; 3) 空间 kōngjiān, 空地方 kòngdìfāng; 4) an die ~ gehen 到户外 dào hùwài; 5) aus der ~ gegriffen 凭〔憑〕空捏〔揑〕造 píngkōng niēzào; 6) in die ~ fliegen (gehen) 爆炸 bàozhà; 7) j-n an die ~ setzen 撵走(解雇)某人 niǎnzǒu mǒurén; 8) sich (sein) Gefühlen ~ machen 发〔發〕泄自己的情绪 fāxiè zìjǐ de qíngxù

'**Luft|angriff** *m* 空袭〔襲〕 kōngxí **~ballon** *m* 气〔氣〕球 qìqiú **~bild** *n* 从〔從〕空中拍摄〔攝〕的照片 cóng kōngzhōng pāishè de zhàopiàn **~blase** *f* 气泡 qìpào **~brücke** *f* 空中桥〔橋〕梁 kōngzhōng qiáoliáng

'**Lüftchen** *n* -s; - 微风〔風〕 wēifēng

'**luftdicht** *adj* 不漏气〔氣〕的 bù lòuqì de, 密封的 mìfēngde

'**Luftdruck** *m* -(e)s; 气〔氣〕压〔壓〕 qìyā

'**lüften** I *vi* 通气〔氣〕 tōngqì, 通风〔風〕 tōngfēng; II *vt* 1) (拿到外面)透空气 tòu kōngqì, 晾 liàng; 2) 使通风 shǐ tōngfēng; 3) 举〔舉〕起 jǔqǐ, 撩起 liāoqǐ; 4) 揭开〔開〕(秘密) jiēkāi

'**Luft|fahrt** *f* 航空 hángkōng; 飞〔飛〕行 fēixíng **~feutigkeit** *f* 空气〔氣〕湿〔濕〕度 kōngqì shīdù **~hoheit** *f* 空中主权〔權〕 kōngzhōng zhǔquán

'**luftig** *adj* 1) 通风〔風〕的 tōngfēngde; 2) 薄的 báode, 透气的 tòuqìde; 3) 轻〔輕〕率的 qīngshuàide, 轻浮的 qīngfúde

'**Luft|kissen** *n* 气〔氣〕垫〔墊〕 qìdiàn **~korridor** *m* 空中走廊 kōngzhōng zǒuláng **~krankheit** *f* 航空病 hángkōngbìng **~krieg** *m* 空战〔戰〕 kōngzhàn **~kurort** *m* 空气疗养〔養〕地 kōngqì liáoyǎngdì

'**luftleer** *adj* 无〔無〕空气〔氣〕的 wú kōngqì de, 真空的 zhēnkōngde; ~er Raum 真空

'**Luft|linie** *f* 航(空)线〔綫〕 hángxiàn; 直线 zhíxiàn **~loch** *n* 1) 气〔氣〕孔 qìkǒng; 2) (使飞机下沉的)气潭 qìtán, 气穴 qìxué **~post** *f* 航空邮〔郵〕件 hángkōng yóujiàn **~pumpe** *f* 气泵 qìbèng **~röhre** *f* 气管 qìguǎn **~schiff** *n* 飞〔飛〕艇 fēitǐng **~schloß** *n* 空中楼〔樓〕阁 kōngzhōng lóugé, 幻想 huànxiǎng **~schutz** *m* 防空 fángkōng **~schutzkeller** *m* 防空洞 fángkōngdòng **~stützpunkt** *m* 空军基地 kōngjūn jīdì

'**Lüftung** *f* -en 1) 通风〔風〕 tōngfēng, 通气〔氣〕 tōngqì; 2) 通风装〔裝〕置 tōngfēng zhuāngzhì

ˈ**Luft|veränderung** *f* 换(空)气〔氣〕 huànqì ~**verkehr** *m* 空中交通 kōngzhōng jiāotōng ~**waffe** *f* 空军 kōngjūn ~**weg** *m* 航空线〔綫〕 hángkōngxiàn; auf dem ~ 用飞〔飛〕机〔機〕 yòng fēijī ~**zug** *m* 通风〔風〕 tōngfēng, 穿堂风 chuāntángfēng

ˈ**Lüge** *f* -n 谎言 huǎngyán; j-n ~n strafen 证明某人是撒谎

ˈ**lügen*** *vi* 说谎 shuōhuǎng, 撒谎 sāhuǎng ~**haft** *adj* 1) 好说谎的 hào shuōhuǎng de; 2) 骗人的 piànrénde, 虚构〔構〕的 xūgòude

ˈ**Lügner** *m* -s;-, ~**in** *f* -nen 说谎者 shuōhuǎngzhě

ˈ**lügnerisch** *adj* 见 lügenhaft

ˈ**Luke** *f* -n 1) 天窗 tiānchuāng; 2) 舱〔艙〕口 cāngkǒu

ˈ**Lümmel** *m* -s;- 1) 粗鄙的人 cūbǐde rén; 2) 家伙 jiāhuo, 小伙子 xiǎohuǒzi

ˈ**lümmeln** *v sich* 懒洋洋地坐、站、靠(等) lǎnyángyángde zuò、zhàn、kào

Lump *m* -en; -en 无〔無〕赖 wúlài, 流氓 liúmáng

ˈ**lumpen** *vi* 1) 生活放荡〔蕩〕 shēnghuó fàngdàng; 2) sich nicht ~ lassen 表明自己不吝啬〔嗇〕 biǎomíng zìjǐ bù lìnsè, 显〔顯〕得慷慨大方 xiǎnde kāngkǎi dàfāng

ˈ**Lumpen** *m* -s;- 1) 破布 pòbù; 抹布 mābù; 2)破衣服 pò yīfu ~**pack** *n* 流氓 liúmáng, 无〔無〕赖 wúlài

ˈ**lumpig** *adj* 1) 无〔無〕赖的 wúlàide, 卑鄙的 bēibǐde; 2) 微薄的 wēibóde; 2) 褴〔襤〕褛〔褸〕的 lánlǚde

ˈ**Lunge** *f* -n 肺 fèi ~**nentzündung** *f* 肺炎 fèiyán

ˈ**lungern** *vi* 闲荡〔蕩〕 xiándàng, 游荡 yóudàng

ˈ**Lupe** *f* -n 放大镜 fàngdàjìng; unter die ~ nehmen 仔细观〔觀〕察 zǐxì guānchá

Lust *f* ㅍe 1) 兴〔興〕趣 xìngqù, 兴致 xìngzhì; ~ zu etw. haben 对…有兴趣; ~ haben, etw. zu tun 对做…感兴趣; 2) 喜悦 xǐyuè, 乐〔樂〕趣 lèqù; 3) 情欲〔欲〕 qíngyù

ˈ**lüstern** *adj* 1) 渴望的 kěwàngde, 贪婪的 tānlánde (nach); 2) 淫荡〔蕩〕的 yíndàngde, 好色的 hàosède

ˈ**lustig** *adj* 1) 快乐〔樂〕的 kuàilède, 高兴〔興〕的 gāoxìngde; 2) 有趣的 yǒuqùde, 逗人乐的 dòu rén lède; sich ~ machen über (*A*) 取笑… qǔxiào …

ˈ**Lüstling** *m* -s; -e 荒淫的人 huāngyínde rén, 好色之徒 hàosè zhī tú

ˈ**lustlos** *adj* 1) 无〔無〕兴〔興〕趣的 wú xìngqù de, 无精打采的 wú jīng dǎ cǎi de; 2) 呆滞〔滯〕的 dāizhìde, 萧〔蕭〕条〔條〕的 xiāotiáode

ˈ**Lust|mord** *m* 强奸〔姦〕杀〔殺〕人 qiángjiān shārén ~**spiel** *n* 喜剧〔劇〕 xǐjù

ˈ**lutschen** *vi, vt* (在嘴里)含 hán, 吮吸 shǔnxī, 嘬 zuō

Luv *f* 1) (船的)迎风〔風〕面 yíngfēngmiàn; 2) (山脉的) 向风面 xiàngfēngmiàn

luxuriˈös *adj* 奢侈的 shēchǐde, 豪华〔華〕的 háohuáde

ˈ**Luxus** *m* 奢侈 shēchǐ, 豪华〔華〕 háohuá ~**artikel** *m* 奢侈品 shēchǐpǐn

ˈ**Lymph|drüse** *f* 淋巴腺 línbāxiàn ~**gefäß** *n* 淋巴管 línbāguǎn

ˈ**lynchen** *vt* 私刑处〔處〕死 sīxíng chǔsǐ

ˈ**Lyrik** *f* 抒情诗 shūqíngshī ~**er** *m* -s; - 抒情诗人 shūqíng shīrén

ˈ**lyrisch** *adj* 抒情的 shūqíngde, 情感丰〔豐〕富的 qínggǎn fēngfù de

M m

Maat *m* -(e)s; -e(n) 海军二级下士 hǎijūn èrjí xiàshì

ˈ**Mache** *f* 1) 做作 zuòzuò, 装〔裝〕模作样〔樣〕 zhuāng mó zuò yàng, 骗人的把戏〔戲〕 piànrènde bǎxì; 2) 制〔製〕做 zhìzuò; etw. in der ~ haben 在做…

ˈ**machen** I *vt* 1) 做 zuò, 干〔幹〕 gàn, 搞 gǎo; 制〔製〕作 zhìzuò, 制造 zhìzào; was macht das (aus)? 这是怎么搞的? mach, daß du fortkommst! 快走开! j-n ~ lassen, was er will 随某人的便(想干什么,干什么); 2) 得出 déchū, 等于〔於〕 děngyú; 总〔總〕计 zǒngjì; 3) 引起 yǐnqǐ, 促使 cùshǐ; 4) 收拾 shōushi, 整理 zhěnglǐ; 5) sich ~ an (*A*) 动〔動〕手

做… dòngshǒu zuò…, 开〔開〕始干 … kāishí gàn…; 6) sich etw. ~ lassen 让〔讓〕人给自己做… ràngrén gěi zìjǐ zuò…; 7) (与 nichts 连用): das macht nichts! (这)没关〔關〕系! méi guānxì! da(gegen) kann man nichts ~对此毫无〔無〕办〔辦〕法 duìcǐ háowú bànfǎ; ich mache mir nichts daraus 我不介意(不生气) wǒ bù jièyì; II *vi* na, mach schon! 赶〔趕〕快! gǎnkuài!

Macht *f* ⸗e 1) 权〔權〕力 quánlì; an der ~ sein 在执〔執〕政 zài zhízhèng; an die ~ kommen 取得政权,上台执政; 2) 力量 lìliang, 势〔勢〕力 shìlì, 威力 wēilì; 3) 武力 wǔlì, 军队〔隊〕 jūnduì; 4) 强国〔國〕 qiángguó, 大国 dàguó **~haber** *m* -s; - 当〔當〕权〔權〕者 dāngquánzhě, 统治者 tǒngzhìzhě

'mächtig I *adj* 1) 有权〔權〕势〔勢〕的 yǒu quánshì de, 强大的 qiángdàde; 2) 粗大的 cūdàde, 巨大的 jùdàde; 3) einer Sache (*G*) ~ sein 精通、掌握… jīngtōng、zhǎngwò…, 控制… kòngzhì…; II *adv* 很 hěn, 非常 fēicháng

'Machtkampf *m* 权〔權〕力斗〔鬥〕争 quánlì dòuzhēng

'machtlos *adj* 无〔無〕力的 wúlìde, 无能的 wúnéngde

'Machtpolitik *f* 强权〔權〕政治 qiángquán zhèngzhì

'machtvoll *adj* 1) 强大的 qiángdàde, 有力的 yǒulìde; 2) 有势〔勢〕力的 yǒu shìlì de, 有影响〔響〕的 yǒu yǐngxiǎng de

'Machtwort *n* -(e)s; -e 绝对〔對〕的命令 juéduìde mìnglìng; ein ~ sprechen 做出结论〔論〕 zuòchū jiélùn, 进〔進〕行裁决 jìnxíng cáijué

'Machwerk *n* 劣品 lièpǐn

'Mädchen n -s; - 1) 女孩 nǚhái, 姑娘 gūniang, 少女 shàonǚ; 2) 女仆〔僕〕 nǚpú, 女佣〔傭〕人 nǚ yōngrén; ~ für alles 什么〔麼〕活都干〔幹〕的人 shénme huó dōu gàn de rén; 3) 女朋友 nǚ péngyou, 情人 qíngrén

'mädchenhaft *adj* 少女的 shàonǚde, 少女似的 shàonǚshìde

'Mädchenname *m* 1) 女性的名字 nǚxìngde míngzi; 2) (婚前)娘家的姓 niángjiade xìng

'Made *f* -n 蛆 qū

'Mädel *n* -s; -(-s) 少女 shàonǚ, 小姑娘 xiǎo gūniang

'madig *adj* 虫〔蟲〕蛀的 chóngzhùde, 腐烂〔爛〕的 fǔlànde; ~ machen 中伤〔傷〕 zhòngshāng, 诽谤 fěibàng

Maga'zin *n* -s; -e 1) 仓〔倉〕库 cāngkù; 书〔書〕库 shūkù; 2) 弹〔彈〕仓 dàncāng, 弹盒 dànhé; 3) (消遣性的)杂〔雜〕志〔誌〕 zázhì, 画〔畫〕报〔報〕 huàbào

'Magen *m* -s; ⸗e(-) 胃 wèi **~beschwerden** *pl* (胃)消化不良 xiāohuà bùliáng **~geschwür** *n* 胃溃疡〔瘍〕 wèi kuìyáng **~krampf** *m* 胃痉〔痙〕挛〔攣〕 wèi jìngluán **~krebs** *m* 胃癌 wèi'ái **~säure** *f* 胃酸 wèisuān

'mager *adj* 1) 瘦的 shòude; 2) 微少的 wēishǎode, 贫乏的 pínfáde; 3) (土地)贫瘠的 pínjíde

'Magermilch *f* 脱脂乳 tuōzhīrǔ

Ma'gie *f* 1) 魔法 mófǎ, 巫术〔術〕 wūshù; 2) 魔力 mólì, 魅力 mèilì

'Magier *m* -s; - 1) 巫师〔師〕 wūshī; 2) 魔术〔術〕师 móshùshī

'magisch *adj* 1) 魔术〔術〕的 móshùde, 有魔法的 yǒu mófǎde; 2) 有魔力的 yǒu mólì de, 神奇的 shénqíde

Magi'strat *m* -(e)s; -e 市政厅〔廳〕 shìzhèngtīng

Ma'gnet *m* -(e)s(-en); -e(n) 1) 磁铁〔鐵〕 cítiě, 磁石 císhí, 磁体〔體〕 cítǐ; 2) 有吸引力的东〔東〕西(人) yǒu xīyǐnlì de dōngxi

ma'gnetisch *adj* 1) 磁性的 cíxìngde, 磁力的 cílìde; 2) 有吸引力的 yǒu xīyǐnlì de, 有魅力的 yǒu mèilì de

mageneti'sieren *vt* 1) 使磁化 shǐ cíhuà; 2) 对〔對〕…施催眠术〔術〕 duì…shī cuīmiánshù

Ma'gnetnadel *f* 磁针 cízhēn

Maha'goni *n* -s; 1) 桃花心木 táohuāxīnmù; 2) 贵重硬木(如红木等) guìzhòng yìngmù

'mähen *vt* 刈 yì, 割 gē

Mahl *n* -(e)s; ⸗er (-e) (一顿)饭 fàn, 餐 cān, 宴 yàn

'mahlen* I *vt* 碾碎 niǎnsuì, 磨细 mòxì; II *vi* 碾 niǎn, 磨 mò; (车轮等)旋转〔轉〕 xuánzhuǎn

'Mahlzeit *f* (一顿)饭 fàn, 膳食 shànshí, 餐 cān; ~! 祝您胃口好!

'Mähne *f* -n 1) 鬣 liè, 鬃毛 zōngmáo; 2) 蓬乱〔亂〕的头〔頭〕发〔發〕 péngluànde tóufà

'mahnen *vt* 1) 提醒 tíxǐng, 使想起 shǐ xiǎngqǐ (an *A*); 2) 催促 cuīcù, 要求 yāoqiú, 劝〔勸〕 quàn; j-n wegen einer Schuld ~ 催促某人还债

'Mahn|mal *n* -(e)s; -e 纪念碑 jìniànbēi **~ung** *f* -en 1) 提醒 tíxǐng, 催促 cuīcù; 劝〔勸〕告 quàngào; 2) 催促信 cuīcùxìn, 催办

〔辦〕函 cuībànhán

Mai *m* -(e)s; -e 五月 wǔyuè; der Erste ~ 五一(劳动)节 **~glöckchen** *n* -s;- 铃兰〔蘭〕 línglán **~käfer** *m* 金龟〔龜〕子 jīnguīzǐ

Mais *m* -es; -e 玉米 yùmǐ

Maje'stät *f* -en 1) 威严〔嚴〕 wēiyán, 雄伟〔偉〕 xióngwěi, 崇高 chónggāo; 2) 陛下 bìxià

maje'stätisch *adj* 庄〔莊〕严〔嚴〕的 zhuàngyánde, 威严的 wēiyánde, 雄伟〔偉〕的 xióngwěide, 崇高的 chónggāode

Ma'jor *m* -s; -e 少校 shàoxiào

'Makel *m* -s; - 1) (身体的)缺陷 quēxiàn; 2) 污点〔點〕 wūdiǎn, 耻辱 chǐrǔ

'makellos *adj* 无〔無〕缺陷的 wú quēxiàn de, 无污点〔點〕的 wú wūdiǎn de, 清白的 qīngbáide

'mäkeln *vi* 挑剔 tiāotì, 吹毛求疵 chuī máo qiú cī

'Makler *m* -s; - 经〔經〕纪人 jīngjìrén, 掮客 qiánkè

mal *adv* 1) 乘 chéng; drei ~ fünf ist fünfzehn 三乘五等于十五; 2)一次 yīcì, 一下 yīxià

Mal I *n* -(e)s; -e (¨er) 1) 记号〔號〕 jìhào, 标〔標〕记 biāojì; 2) 斑点〔點〕 bāndiǎn, 痣 zhì, 记 jì; 3) 界标 jièbiāo, 界石 jièshí; 4) 纪念碑 jìniànbēi; 5) (体育起终点)标志 biāozhì; II *n* -(e)s; -e 次 cì, 回 huí; zum ersten ~e 首次; mit einem ~e 突然 tūrán

'malen *vt* 1) 画〔畫〕 huà, 绘〔繪〕 huì; 2) 描写〔寫〕 miáoxiě, 描绘 miáohuì; 3) 粉刷 fěnshuā, 涂〔塗〕抹 túmǒ

'Maler *m* -s; - 1) 画〔畫〕家 huàjiā; 2) 油漆匠 yóuqījiàng, 粉刷工 fěnshuāgōng

Male'rei *f* -en 1) 绘〔繪〕画〔畫〕 huìhuà, 美术〔術〕 měishù; 2) 画 huà, 图〔圖〕画 túhuà

'malerisch *adj* 1) 绘〔繪〕画〔畫〕的 huìhuàde; 2) 美如画的 měi rú huà de, 可以入画的 kěyǐ rù huà de

'Malkasten *m* 颜料盒 yánliàohé

'malnehmen* *vt* 乘 chéng

Malz *n* -es; 麦〔麥〕芽 màiyá **~bier** *n* 麦芽啤酒 màiyá píjiǔ

Ma'ma *f* -s 妈妈 māma

man *indef pron* 1) 人 rén, 人们 rénmen, 人家 rénjia, 有人 yǒurén; 2) 我 wǒ; 你 nǐ; 我们 wǒmen

'Manager *m* -s; 1) 经〔經〕理 jīnglǐ; 2) 管理人 guǎnlǐrén

manch, **~er**, **~e**, **~es** *adj*, *indef pron* 1) 一些 yīxiē, 好些 hǎoxiē, 不少 bùshǎo; 2) 有的人或事物 yǒude rén huò shìwù

'mancher'lei *adj* 1) 各种〔種〕各样〔樣〕的 gè zhǒng gè yàng de; auf ~ Art 用各种方式; 2)一些 yīxiē, 好些 hǎoxiē

'manchmal *adv* 有时〔時〕 yǒushí, 偶尔〔爾〕 ǒu'ěr

Man'dant *m* -en; -en (律师等的)当〔當〕事人 dāngshìrén, 委托人 wěituōrén

Manda'rina *f* -n 柑 gān, 橘 jú

Man'dat *n* -(e)s; -e 1) 委托 wěituō, 委任(状) wěirèn; 2) (选民对当选代表)授权〔權〕 shòuquán; (选举产生的)议〔議〕席 yìxí; 3) 托管地 tuōguǎndì

'Madel *f* -n 1) 扁桃 biǎntáo; 杏仁 xìngrén; 2) 扁桃腺 biǎntáoxiàn **~entzündung** *f* 扁桃腺炎 biǎntáoxiàn yán

Ma'nege *f* -n 1) 跑马〔馬〕场〔場〕 pǎomǎchǎng; 2) 马戏〔戲〕场 mǎxìchǎng

'Mangel *m* I -s; 1) 缺乏 quēfá, 缺少 quēshǎo, 短缺 duǎnquē; aus ~ an 因(由于)缺乏…; 2) 贫困 pínkùn, 贫穷〔窮〕 pínqióng; ~ leiden an (*D*) (在)…(方面)陷入贫困的境地; II -s; ¨ 缺点〔點〕 quēdiǎn, 缺陷 quēxiàn, 不足之处〔處〕 buzú zhī chù

'mangehaft *adj* 1) 有缺点〔點〕的 yǒu quēdiǎn de, 有缺陷的 yǒu quēxiàn de, 不完美的 bù wánměi de; 2) (成绩)劣 liè, 不及格 bùjígé

'mangeln I *vi* 缺少 quēshǎo, 缺乏 quēfá; es mangelt an Brot 缺少面包; es mangelt ihm an (*A*) 他缺少…; II *vt* (在轧压机上)轧平 zhápíng, 轧压〔壓〕 zháyà

'mangels *prp* (*G*) 由于〔於〕缺乏… yóuyú quēfá…

'Mangelware *f* 供应〔應〕不足的商品 gōngyìng bùzú de shāngpǐn

Ma'nie *f* -n 1) 狂热〔熱〕 kuángrè; 癖好 pǐhào; 2) 躁狂症〔癥〕 zàokuángzhèng

Ma'nier *f* -en 1) 方式 fāngshì, 方法 fāngfǎ; 2)(文艺上的)风〔風〕格 fēnggé, 手法 shǒufǎ; 3) 举〔舉〕止 jǔzhǐ, 礼〔禮〕貌 lǐmào

ma'nierlich *adj* 有礼〔禮〕貌的 yǒu lǐmào de, 有教养〔養〕的 yǒu jiàoyǎng de; sich ~ betragen 举止有礼貌

Mani'fest *n* -es; -e 宣言 xuānyán, 声〔聲〕明 shēngmíng

Mann *m* -(e)s; ¨er 1) 男人 nánrén, 男子 nánzǐ; 2) 丈夫 zhàngfū; 3) 人 rén, 人员 rényuán

'mannbar *adj* 成年的 chéngniánde, 已达〔達〕结婚年龄〔齡〕的 yǐdá jiéhūn niánlíng de

'Männchen *n* -s; - 1) 矮子 ǎizī, 侏儒 zhūrú; 2) 小人儿〔兒〕(对丈夫的爱称) xiǎorénr; 3) 雄性动〔動〕物 xióngxìng dòngwù

'Mannes|alter *n* (男子)成年 chéngnián, 壮〔壯〕年时〔時〕期 zhuàngnián shíqī **~kraft** *f* 男子的体〔體〕力 nánzǐde tǐlì; 生殖力 shēngzhílì

'mannig|fach *adj*, **~faltig** *adj* 多种〔種〕多样〔樣〕的 duō zhǒng duō yàng de, 各式各样的 gè shì gè yàng de

'Mannigfaltigkeit *f* 多种〔種〕多样〔樣〕duō zhǒng duō yàng, 各式各样 gè shì gè yàng

'männlich *adj* 1) 男性的 nánxìngde, 雄的 xióngde; 2) 男子气〔氣〕概的 nánzi qìgài de, 刚〔剛〕强的 gāngqiángde; 3) (语法)阳〔陽〕性的 yángxìngde

'Mannschaft *f* -en 1) (体育选手)队〔隊〕duì; 球队 qiúduì; 2) 全体〔體〕船员 quántǐ chuányuán, 全体乘务〔務〕员 quántǐ chéngwùyuán; 3) 全体士兵 quántǐ shìbīng **~sgeist** *m* 队〔隊〕员之间的协〔協〕作精神 duìyuán zhījiān de xiézuò jīngshén

Ma'növer *n* -s; - 1) 演习〔習〕yǎnxí; 2) (部队)调动〔動〕diàodòng, 机〔機〕动 jīdòng; 3) (驾驶车、船等的)机动动作 jīdòng dòngzuò; 3) 计策 jìcè, 花招 huāzhāo

manöv'rieren *vi* 1) 演习〔習〕yǎnxí; 2) 实〔實〕施机〔機〕动〔動〕shíshī jīdòng, 调动 diàodòng; 3) 用计谋 yòng jìmóu, 耍花招 shuǎ huāzhāo

Man'sarde *f* -n 1) 复〔復〕折屋顶 fùzhé wūdǐng; 2) 复折屋顶层〔層〕fùzhé wūdǐng céng, 阁楼〔樓〕gélóu **~nfenster** *m* 屋顶窗 wūdǐngchuāng, 老虎窗 lǎohǔchuāng

'manschen I *vt* 搅〔攪〕和 jiǎohuo, 搀〔攙〕和 chānhuo; II *vi* 溅〔濺〕泼〔潑〕jiànpō, 洒〔灑〕出 sǎchū

Man'schette *f* -n 袖口 xiùkǒu **~nknopf** *m* 袖口扣子 xiùkǒu kòuzi

'Mantel *m* -s; ¨ 1) 大衣 dàyī, 外套 wàitào; 2) 外胎 wàitāi; 3) 罩 zhào, 外壳〔殼〕wàiké; 4) 伪〔偽〕装〔裝〕wěizhuāng, 遮盖 zhēgài

Manu'skript *n* -(e)s; -e 手稿 shǒugǎo, 原稿 yuángǎo

'Mappe *f* -n 1) 公事包 gōngshìbāo, 书〔書〕包 shūbāo; 2) 文件夹〔夾〕wénjiànjiā

'Märchen *n* -s; - 1) 童话 tónghuà; 2) 无〔無〕稽之谈 wújī zhī tán **~buch** *n* 童话集 tónghuàjí

'märchenhaft *adj* 1) 童话的 tónghuàde; 2) 童话般的 tónghuàbānde, 神奇的 shénqíde, 奇妙的 qímiàode; 3) 不可思议〔議〕的 bùkě sīyì de, 难〔難〕以置信的 nányǐ zhìxìn de

'Marder *m* -s; - 鼬 yòu, 貂 diāo

Ma'rine *f* -n 1) 船舶(总称) chuánbó, 海运〔運〕业〔業〕hǎiyùnyè; 2) 海军 hǎijūn; 舰〔艦〕队〔隊〕jiànduì

mari'nieren *vt* 腌〔醃〕yān, 泡 pào

Mario'nette *f* -n 1) 木偶 mù'ǒu; 2) 傀儡 kuǐlěi **~ntheater** *m* 木偶戏〔戲〕院 mù'ǒu xìyuàn

Mark I *f* 马〔馬〕克 mǎkè; II *n* -(e)s; 1) (骨)髓 suí; 2) 木髓 mùsuí; 3) 精髓 jīngsuí, 核心 héxīn

mar'kant *adj* 显〔顯〕著的 xiǎnzhùde, 引人注目的 yǐn rén zhùmù de

'Marke *f* -n 1) 标〔標〕志〔誌〕biāozhì, 记号〔號〕jìhào; 2) 商标 shāngbiāo, 牌子 páizi; 3) 邮〔郵〕票 yóupiào; 票证〔證〕piàozhèng; 4) 怪人 guàirén **~nartikel** *m* 有商标〔標〕的货品 yǒu shāngbiāo de huòpǐn, 名牌商品 míngpái shāngpǐn

mar'kieren *vt* 1) 作记号〔號〕zuò jìhào, 标〔標〕出 biāochū; 2) 突出 tūchū, 强调 qiángdiào; 3) 假装〔裝〕jiǎzhuāng, 装作 zhuāngzuò; 4) 大致表演(或唱)一下 dàzhì biǎoyǎn yīxià; 5) (赛球中)钉住(对方) dīngzhù; 得(分) dé

Mar'kierung *f* 1) 标〔標〕记 biāojì, 记号〔號〕jìhào; 2) 做记号 zuò jìhào, 做标记 zuò biāojì

'markig *adj* 强有力的 qiángyǒulì de, 健壮〔壯〕的 jiànzhuàngde; 简练〔練〕的 jiǎnliànde

Mar'kise *f* -n(窗外)遮篷 zhēpéng, 遮帘〔簾〕zhēlián

'Markstein *m* 1) 路标〔標〕lùbiāo, 界石 jièshí; 2) 重大的事件 zhòngdàde shìjiàn, 转〔轉〕折点 zhuǎnzhédiǎn

Markt *m* -(e)s; ¨e 市场〔場〕shìchǎng, 集市 jíshì; 集市广〔廣〕场 jíshì guǎngchǎng; auf den ~ bringen 投放市场, 上市 **~flecken** *m* 集镇 jízhèn **~platz** *m* 市场〔場〕(广场) shìchǎng **~schreier** *m* -s; - 1) 叫卖〔賣〕小贩 jiàomài xiǎofàn; 2) 江湖骗子 jiānghú piànzi; 狂热〔熱〕的吹鼓手 kuángrède chuīgǔshǒu

Marme'lade *f* -n 果酱〔醬〕 guǒjiàng

'Marmor *m* -s; -e 大理石 dàlǐshí

marmo'rieren *vt* 饰以大理石花纹 shí yǐ dàlǐshí huāwén

'marmorn *adj* 大理石的 dàlǐshíde

Ma'rotte *f* -n 奇想 qíxiǎng, 幻想 huànxiǎng, 怪癖 guàipí

Marsch I *m* -es; ⸚e 1) 行进〔進〕 xíngjìn, 前进 qiánjìn, 进军 jìnjūn; 2) 进行曲 jìnxíngqǔ; II *f* -en 沼泽〔澤〕地 zhǎozédì, 低湿〔濕〕地 dīshīdì

'Marschall *m* -s; ⸚e 元帅〔帥〕 yuánshuài

'Marschbefehl *m* 行军命令 xíngjūn mìnglìng

mar'schieren *vi* (*s*) 1) 长〔長〕途步行 chángtú bùxíng; 2) 行军 xíngjūn, 行进〔進〕 xíngjìn

'Marter *f* -n 1) 刑讯 xíngxùn, 逼供 bīgòng; 2) 折磨 zhémo, 痛苦 tòngkǔ

'martern *vt* 1) 拷问 kǎowèn, 逼供 bīgòng; 2) 使痛苦 shǐ tòngkǔ, 折磨 zhémo

'Marterpfahl *m* 刑讯柱 xíngxùnzhù

'Märtyrer *m* -s; - 殉教者 xùnjiàozhe; 殉难〔難〕者 xùnnànzhě, 烈士 lièshì **~tum** *n* -s; 1) 殉教 xùnjiào, 殉道 xùndào; 2) 殉难〔難〕 xùnnàn, 牺〔犧〕牲 xīshēng

Mar'xis|mus *m* 马〔馬〕克思主义〔義〕 mǎkèsī zhǔyì **~t** *m* -en; -en 马克思主义者 mǎkèsī zhǔyì zhě

mar'xistisch *adj* 马〔馬〕克思主义〔義〕的 mǎkèsī zhǔyì de

März *m* -(e)s; -e 三月 sānyuè

Marzi'pan *n,m* -s; -e 杏仁果糖 xìngrén guǒtáng

'Masche *f* -n 1) 网〔網〕眼 wǎngyǎn; 2) (缝织的)一针 yīzhēn, 针脚 zhēnjiao; 3) 良机〔機〕 liángjī; 4) 计策 jìcè, 手段 shǒuduàn, 花招 huāzhāo

'maschenfest *adj* 不抽丝〔絲〕的 bù chōusī de

Ma'schine *f* -n 1) 机〔機〕器 jīqì, 机械 jīxiè; 2) (汽车)发〔發〕动〔動〕机 fādòngjī; 3) 飞〔飛〕机 fēijī; 4) 打字机 dǎzìjī; mit der ~ schreiben 用打字机打出

maschi'nell *adj* 机〔機〕械的 jīxiède, 机器的 jīqìde

Ma'schinen|bau *m* -(e)s; 机〔機〕器制〔製〕造 jīqì zhìzào **~gewehr** *n* 机〔機〕(关)枪〔槍〕 jīqiāng **~pistole** *f* 冲〔衝〕锋枪 chōngfēngqiāng **~schaden** 机械故障 jīxiè gùzhàng, 机械损坏〔壞〕 jīxiè sǔnhuài **~schlosser** *m* 装〔裝〕配(修理)钳工 zhuāngpèi qiángōng **~schreiberin** *f* -nen 女打字员 nǚ dǎzìyuán **~schrift** *f* (用)打字机(打出的)字体〔體〕 dǎzìjī zìtǐ

Maschine'rie *f* -n 1) 机〔機〕组 jīzǔ; 2) 机器的构〔構〕造 jīqìde gòuzào; 3) (舞台效果的)机械装〔裝〕置 jīxiè zhuāngzhì; 4) 机器 jīqì, 机构 jīgòu

Maschi'nist *m* -en; -en 机〔機〕械师〔師〕 jīxièshī; 机工 jīgōng

'Masern *pl* 麻疹 mázhěn

Mask|e *f* -n 1)面具 miànjù, 面罩 miànzhào; 2 演员(经化装的)扮相 yǎnyuán bànxiàng; 3) 假面具 jiǎmiànjù, 伪〔僞〕装〔裝〕.wěizhuāng **~enball** *m* 化装舞会〔會〕 huàzhuāng wǔhuì **~e'rade** *f* -n 1) 化装 huàzhuāng; 2) 化装舞会 huàzhuāng wǔhuì, 化装游行 huàzhuāng yóuxíng

mas'kieren *vt* 1) 戴假面具 dài jiǎmiànjù; 化装〔裝〕 huàzhuāng; 2) 掩饰 yǎnshì, 伪〔僞〕装 wěizhuāng; 3) sich ~ 化装 huàzhuāng, 装扮 zhuāngbàn

Maß I *n* -es; -e 1) 计量单〔單〕位 jìliàng dānwèi; 2) 大小 dàxiǎo, 尺度 chǐdù; ~e und Gewichte (货物的)大小与重量; 3) 范〔範〕围〔圍〕 fànwéi; 程度 chéngdù; II *f* -(e) 一升啤酒 yīshēng píjiǔ

Mas'sage *f* -n 按摩 ànmó

'Maßanzug *m* 定做的西服 dìngzuò de xīfú

'Masse *f* -n 1) 团〔團〕 tuán, 块〔塊〕 kuài, 堆 duī; 2) eine ~许多 xǔduō, 大量 dàliàng; 3) 群众〔衆〕 qúnzhòng; die breite ~ 广大群众; 4) (物理)质〔質〕量 zhìliàng; 5) 破产〔產〕人财产 pòchǎnrén cáichǎn

'Maßeinheit *f* 计量单〔單〕位 jìliàng dānwèi

'massenhaft *adj* 大量的 dàliàngde

'Massenversammlung *f* 群众〔衆〕集会〔會〕 qúnzhòng jíhuì

'massenweise *adv* 大量地 dàliàngde, 大批地 dàpīde

Mas'seu|r *m*, **~se** *f* -n (男、女)按摩师〔師〕 ànmóshī

'maß|gebend *adj* 标〔標〕准〔準〕的 biāozhǔnde, 决定性的 juédìngxìngde, 权〔權〕威的 quánwēide **~halten*** *vi* 节〔節〕制 jiézhì, 克制 kèzhì, 适〔適〕可而止 shì kě ér zhǐ

mas'sieren *vt* 1) 按摩 ànmó, 推拿 tuīná; 2) 集结(军队) jíjié

'massig *adj* 1) 粗壮〔壯〕的 cūzhuàngde, 肥胖的 féipàngde, 庞〔龐〕大的 pángdàde; 2) 大量的 dàliàngde, 大批的 dàpīde

'**mäßig** *adj* 1) 适〔適〕度的 shìdùde, 适当〔當〕的 shìdàngde; 有节〔節〕制的 yǒu jiézhì de; 温和的 wēnhéde; 2) 平常的 píngchángde, 一般的 yībānde **~en** *vt* 1) 缓和 huǎnhé, 节制 jiézhì, 减轻〔輕〕 jiǎnqīng; 2) sich ~ 自制 zìzhì, 克制 kèzhì; 减弱 jiǎnruò, 降低 jiàngdī

'**Mäßigung** *f* -en 1) 适〔適〕度 shìdù; 温和 wēnhé; 2) 抑制 yìzhì, 控制 kòngzhì

mas'siv *adj* 1) 实〔實〕心的 shíxīnde, 坚〔堅〕固的 jiāngùde, 粗壮〔壯〕的 cūzhuàngde; 2) 猛烈的 měngliède, 强有力的 qiáng yǒu lì de; 粗暴的 cūbàode

Mas'siv *n* -s; -e 1) 山脉〔脈〕 shānmài; 2) 地块〔塊〕 dìkuài, 块状〔狀〕岩〔巖〕 kuàizhuàngyán

'**Maßkrug** *m* (可装一升的)大啤酒杯 dà píjiǔbēi

'**maßlos** *adj* 过〔過〕分的 guòfènde, 极〔極〕度的 jídùde, 无〔無〕节〔節〕制的 wú jiézhì de

'**Maßnahme** *f* -n 措施 cuòshī, 方法 fāngfǎ

'**maßregeln** *vt* 1) 责备〔備〕 zébèi, 谴责 qiǎnzé; 2) 惩〔懲〕罚〔罰〕 chéngfá, 处〔處〕分 chǔfèn

'**Maß|schneider** *m* (专做定做衣服的)裁缝 cáifeng **~stab** *m* 1) 尺 chǐ; 2) (地图的)比例尺 bǐlìchǐ; 3) 标〔標〕准〔準〕 biāozhǔn, 准则 zhǔnzé

'**maßvoll** *adj* 适〔適〕度的 shìdùde, 适当〔當〕的 shìdàngde, 有节〔節〕制的 yǒu jiézhì de

Mast I *m* -es; -e(n) (船)桅杆〔桿〕 wéigān; 旗杆 qígān; 电〔電〕线〔綫〕杆 diànxiàngān; II *f* -en 1) 喂肥 wèiféi; 2) 饲料 sìliào **~darm** *m* 直肠〔腸〕 zhícháng

'**mästen** *vt* 喂肥 wèiféi, (给鸭等) 填饲 tiánsì

'**Mastkorb** *m* 桅楼〔樓〕 wéilóu

Materi'al *n* -s; -ien 1) 原料 yuánliào, 材料 cáiliào; 2) 资料 zīliào, 素材 sùcái; 3) 物质〔質〕 wùzhì **~ismus** [..'lis..] *m* 唯物主义〔義〕 wéiwù zhǔyì **~ist** [..'list] *m* -en; -en 唯物主义者 wéiwù zhǔyì zhě

materia'listisch *adj* 唯物主义〔義〕的 wéiwù zhǔyì de, 唯物论〔論〕的 wéiwùlùnde; 实〔實〕利主义的 shílì zhǔyì de

Ma'terie *f* -n 1) 物质〔質〕 wùzhì; 2) 内容 nèiróng, 题材 tícái; 3) 材料 cáiliào

materi'ell *adj* 1) 物质〔質〕的 wùzhìde; 2) 经〔經〕济〔濟〕的 jīngjìde, 财政上的 cáizhèngshàngde; 3) 追求实〔實〕利的 zhuīqiú shílì de

Mathema'tik *f* 数〔數〕学〔學〕 shùxué **~er** *m* -s; - 数学家 shùxuéjiā

mathe'matisch *adj* 数〔數〕学〔學〕的 shùxuéde

Mati'nee *f* -n 早场〔場〕(演出) zǎochǎng

Ma'tratze *f* -n (弹簧)床〔牀〕垫〔墊〕 chuángdiàn; (橡胶)气〔氣〕垫 qìdiàn

Ma'trone *f* -n 年高望重的妇〔婦〕女 niángāo wàngzhòng de fùnǚ

Ma'trose *m* -n; -n 海员 hǎiyuán, 水手 shuǐshǒu; 水兵 shuǐbīng

Matsch *m* -es; **~e** *f* 烂〔爛〕泥 lànní, 泥泞〔濘〕 nínìng

'**matschig** *adj* 1) (熟透而)变〔變〕烂〔爛〕的 biànlànde, 泥浆〔漿〕状〔狀〕的 níjiāngzhuàngde; 2) 泥泞〔濘〕的 nínìngde

matt *adj* 1) 虚弱的 xūruòde, 无〔無〕力的 wúlìde, 疲惫〔憊〕的 píbèide; 2) 暗淡的 àndànde, 无神的 wúshénde, 无光泽〔澤〕的 wú guāngzé de; 3) 无说服力的 wú shuōfúlì de; 4) (商业)不景气〔氣〕的 bù jǐngqì de, 萧〔蕭〕条〔條〕的 xiāotiáode; 5) ~ setzen (下棋时)将〔將〕死(对方) jiāngsǐ

'**Matte** *f* -n 席〔蓆〕子 xízi; 垫〔墊〕子 diànzi

'**Mattigkeit** *f* 疲乏 pífá, 无〔無〕力 wúlì, 虚弱 xūruò

'**Mattscheibe** *f* 1) (相机的)承影毛玻璃 chéngyǐng máobōli; 2) (电视机)荧〔熒〕光屏 yíngguāngpíng

'**Mauer** *f* -n 墙〔牆〕 qiáng, 围〔圍〕墙 wéiqiáng, 城墙 chéngqiáng

'**mauern** I *vi* 1) 砌墙〔牆〕 qìqiáng, 砌砖〔磚〕 qìzhuān; 2) 打守牌 dǎ shǒupái; 3) (足球)筑〔築〕人墙 zhù rénqiáng; II *vt* 砌 qì, 垒〔壘〕 lěi

'**Mauerwerk** *n* 墙〔牆〕(砌体) qiáng

Maul *n* -(e)s; ⸚er 1) 兽〔獸〕嘴 shòuzuǐ; 2) (人的)嘴 zuǐ; halt's ~! 住嘴!

'**maulen** *vi* 嘟囔 dūnang, 发〔發〕牢骚 fā láosāo

'**Maul|esel** *m* 驴〔驢〕骡 lúluó **~held** *m* 牛皮大王 niúpí dàwáng **~korb** *m* (狗、马、牛等)口套 kǒutào, 口络 kǒuluò **~schelle** *f* 耳光 ěrguāng **~tier** *n* 骡 luó **~wurf** *m* 鼹鼠 yǎnshǔ **~wurf-**

hügel *m* 鼹鼠窝〔窩〕yǎnshǔwō
'**Maurer** *m* -s; - 砌墙〔牆〕工 qìqiánggōng, 泥瓦工 níwǎgōng
Maus *f* ≈e 老鼠 lǎoshǔ **~efalle** *f* 捕鼠器 bǔshǔqì
'**mausen** I *vi* (猫)捉老鼠 zhuō lǎoshǔ; II *vt* 偷 tōu
'**Mauser** *f* (鸟类)换毛 huànmáo, 换羽 huànyǔ; in der ~ sein 在脱毛(期)中 zài tuōmáo zhōng
'**mausern** *v sich* (鸟类)脱换羽毛 tuōhuàn yǔmáo
'**Maximum** *n* -s; ..ma 最大限度 zuìdà xiàndù, 最大值 zuìdàzhí
Mayon'naise *f* -n 蛋黄酱〔醬〕dàn huángjiàng
Me'chani|k *f* 1) 力学〔學〕lìxué, 机〔機〕械学 jīxièxué; 2) 机械装〔裝〕置 jīxiè zhuāngzhì, 构〔構〕造 gòuzào **~ker** *m* -s;- 机械师〔師〕jīxièshī, 机工 jīgōng
me'chanisch *adj* 1) 机〔機〕械的 jīxiède, 用机械的 yòng jīxiè de; 2) 机械似的 jīxièshìde, 呆板的 dāibǎnde
mechani'sieren *vt* 使机〔機〕械化 shǐ jīxièhuà
Mecha'nismus *m* -; ..men 1) 机〔機〕械装〔裝〕置 jīxiè zhuāngzhì, 结构〔構〕jiégòu; 2) 程序 chéngxù, 必然过〔過〕程 bìrán guòchéng; 3) 机械论〔論〕jīxièlùn
'**meckern** *vi* 1) 咩咩叫 miēmiē jiào; 2) 格格地笑 gēgēde xiào; 3) 发〔發〕牢骚 fā láosāo, 挑剔 tiāotì
Me'daille *f* -n 纪念章 jìniànzhāng, 奖〔獎〕章 jiǎngzhāng
Medail'lon *n* -s; -s 1) (椭)圆形雕饰 yuánxíng diāoshì; 2) 装〔裝〕在(椭)圆形框子里〔裏〕的小画〔畫〕像 zhuāng zài yuánxíng kuàngzi lǐ de xiǎohuàxiàng; 3) 圆形小装饰盒 yuánxíng xiǎozhuāngshìhé
Madika'ment *n* -(e)s; -e 药〔藥〕品 yàopǐn, 药物 yàowù
Medi'zin *f* -en 1) 医〔醫〕学〔學〕yīxué; 2) 药〔藥〕yào **~er** *m* -s;- 1) 医〔醫〕生 yīshēng; 2) 医科大学〔學〕生 yīkē dàxuéshēng
medizi'nisch *adj* 医〔醫〕学〔學〕的 yīxuéde
Meer *n* -(e)s; -e 海 hǎi, 海洋 hǎiyáng **~busen** *m* (较大的)海湾〔灣〕hǎiwān **~enge** *f* 海峡〔峽〕hǎixiá **~esspiegel** *m* 海平面 hǎipíngmiàn **~rettich** *m* 辣根 làgēn **~schweinchen** *n* 豚鼠 túnshǔ
Mehl *n* -(e)s; -e 1) 米粉 mǐfěn, 面〔麵〕粉 miànfěn; 2) 粉末 fěnmò
'**mehlig** *adj* 1) 含面〔麵〕粉的 hán miànfěnde, 撒上面粉的 sǎshàng miànfěn de; 2) 粉末状〔狀〕的 fěnmòzhuàngde; 3) (水果)面的 miànde
'**Mehl|speise** *f* 面〔麵〕制〔製〕食品 miànzhè shípǐn **~suppe** *f* 面〔麵〕汤〔湯〕miàntāng
mehr I *adj* 较多的 jiàoduōde, 更多的 gèngduōde; er hat ~ Geld als ich 他比我更有钱; II *adv* 1) 更 gèng, 更多 gèngduō; 2) nicht ~ 不再 búzài; ich habe nichts ~ 我什么也没有了
'**Mehr|arbeit** *f* 额外劳〔勞〕动〔動〕éwài láodòng **~ausgaben** *pl* 额外支出 éwài zhīchū, 超支 chāozhī
'**mehrdeutig** *adj* 多义〔義〕的 duōyìde, 含义模糊的 hányì móhu de
'**Mehreinnahme** *f* 额外收入 éwài shōurù
'**mehren** *vt* 1) 扩〔擴〕大 kuòdà, 增加 zēngjiā, 增长〔長〕zēngzhǎng; 2) sich ~ 增加 zēngjiā, 增长 zēngzhǎng
'**mehrere** *adj, indef pron* 几〔幾〕个〔個〕jǐgè, 好些 hǎoxiē, 若干 ruògān
'**mehr|fach** I *adj* 几〔幾〕倍的 jǐbèi de, 多次的 duōcìde; II *adv* 多次 duōcì, 一再 yīzài **~farbig** *adj* 多色的 duōsède, 彩色的 cǎisède
'**Mehr|heit** *f* -en 多数〔數〕duōshù, 大多数 dà duōshù **~kosten** *pl* 额外费用 éwài fèiyòng
'**mehr|malig** *adj* 多次的 duōcìde 反复〔復〕的 fǎnfùde **~mals** *adv* 多次地 duōcìde, 反复〔復〕地 fǎnfùde **~sprachig** *adj* 1) 会〔會〕多种〔種〕语言的 huì duōzhǒng yǔyán de; 2) 用多种语言编写〔寫〕的 yòng duōzhǒng yǔyán biānxiě de **~stimmig** *adj* 多声〔聲〕部的 duōshēngbùde; ~er Gesang 多声部合唱
'**Mehr|wertsteuer** *f* 增值税 zēngzhíshuì **~zahl** *f* 1) 多数〔數〕duōshù; 2) 复〔復〕数 fùshù
'**meiden*** *vt* 避开〔開〕bìkāi, 避免 bìmiǎn
'**Meile** *f* -n 英里 yīnglǐ **~nstein** *m* 里程碑 lǐchéngbēi
mein *poss pron* 我的 wǒde; der (die, das) ~e 我的; die Meinen 我的家庭(亲属); ich habe das ~e getan 我已尽力而为; ~e Damen und Herren! 女士们，先生们!
'**Meineid** *m* 假誓 jiǎshì, 伪〔僞〕证〔證〕wěizhèng
'**meinen** *vt* 1) 认〔認〕为〔爲〕rènwéi 以为 yǐwéi; wie meinen Sie

das? 您认为这怎么样? ~ Sie das ernst? 您这（话）当真? 2) 意指 yìzhǐ, 意谓 yìwèi; 3) es gut ~ 对〔對〕…有好意 duì…yǒu hǎoyì

'meinet'wegen *adv* 1) 为〔爲〕了我的缘故 wèile wǒde yuángù; 2) 就我来〔來〕说 jiù wǒ lái shuō

'Meinung *f* -en 意见 yìjiàn, 看法 kànfǎ; 评价〔價〕píngjià, 判断〔斷〕pànduàn; die öffentliche ~ 舆论〔論〕yúlùn; meiner ~ nach 在我看来〔來〕zài wǒ kànlái; j-m die ~ sagen 向某人提意见 **~saustausch** *m* 交换意见 jiāohuàn yìjiàn **~sverschiedenheit** *f* 意见分歧 yìjiàn fēnqí

'Meise *f* -n 山雀 shānquè

'Meißel *m* -s; - 凿〔鑿〕子 záozi

'meißeln *vt, vi* (用凿子)凿〔鑿〕záo

meist I *adj* 大多数〔數〕dà duōshù, 大部分 dà bùfen; die ~en Leute 大多数人; die ~e Zeit 大部分时间; II *adv* 见 meistens; am ~en 最多 zuìduō **'~ens** *adv*, **~en'teils** *adv* 通常 tōngcháng, 多半 duōbàn, 经〔經〕常 jīngcháng

'Meister *m* -s; - 1) 师〔師〕傅 shīfu; 2) 名家 míngjiā, 大师 dàshī, 能手 néngshǒu; 3)（体育）冠军 guànjūn

'meisterhaft *adj* 典范〔範〕的 diǎnfànde, 卓越的 zhuōyuède, 技艺〔藝〕高超的 jìyì gāochāo de

'meistern *vt* 1) 克服 kèfú, 战〔戰〕胜〔勝〕zhànshèng; 2) 精通 jīngtōng, 掌握 zhǎngwò; 胜任 shèngrèn

'Meister|schaft *f* -en 1) 精通 jīngtōng, 熟练〔練〕shúliàn; 高超的技能 gāochāode jìnéng; 2) 冠军（称号）guànjūn, 冠军赛 guànjūnsài **~stück** *n*, **~werk** *n* 杰〔傑〕作 jiézuò

Melancholie [..laŋko'li:] *f* -n 忧〔憂〕郁〔鬱〕yōuyù, 忧伤〔傷〕yōushāng

Melan'cholisch [..'ko:..] *adj* 忧〔憂〕郁〔鬱〕的 yōuyùde, 忧伤〔傷〕的 yōushāngde; ~ sein 忧郁

'Meldeamt *n* 户口登记处〔處〕hùkǒu dēngjìchù

'melden *vt* 1) 报〔報〕告 bàogào, 报导〔導〕bàodǎo, 通报 tōngbào; (电话)通话 tōnghuà; j-m etw. ~ 向某人报告某事; 2) 申报 shēnbào, 报名 bàomíng; 3) 告发〔發〕gàofā; 4) sich ~ 报到 bàodào; 报名 bàomíng; 5) sich ~ zu 要求 … yāoqiú…; sich zu Wort ~ 要求发言; 6) sich krank ~ 请病假 qǐng bìngjià; 7) sich an Inserat ~ 答复〔復〕广〔廣〕告 dáfù guǎnggào

'Meldung *f* -en 1) 通知 tōngzhī, 报〔報〕告 bàogào, 报道 bàodào; 2) 报名 bàomíng, 报到 bàodào; 3) 告发〔發〕gàofā

'melken* *vt* 1) 挤〔擠〕奶 jǐnǎi; 2) 榨取 zhàqǔ

Melo'die *f* -n 旋律 xuánlǜ, 曲调 qǔdiào

me'lodisch *adj* 1) 旋律的 xuánlǜde, 曲调的 qǔdiàode; 2) 旋律优〔優〕美的 xuánlǜ yōuměi de, 音调悦耳的 yīndiào yuè'ěr de

Me'lone *f* -n 1) 甜瓜 tiánguā; 2) 圆顶硬礼〔禮〕帽 yuándǐng yìng lǐmào

Mem'bran *f* -en, **~e** *f* -n 1) 膜 mó, 薄膜 bómó; 2) 膜片 mópiàn

'Memme *f* -n 懦夫 nuòfū, 胆〔膽〕小鬼 dǎnxiǎoguǐ

Me'moiren *pl* 回忆〔憶〕录〔錄〕huíyìlù

'Menge *f* -n 1) 量 liàng, 数〔數〕量 shùliàng; 2) 大量 dàliàng, 大批 dàpī; eine ~ Geld 一大笔钱; eine ~ Büchern 一大堆书; 2) 人群 rénqún

'mengen *vt* 1) 混合 hùnhé, 掺〔摻〕和 chānhuo; 2) sich ~ mit (*D*) 混杂〔雜〕着 … hùnzázhe…, 混合着… hùnhézhe…; 3) sich ~ in (*A*) 干〔幹〕涉… gānshè…, 插手… chāshǒu…

Mensch *m* -en; -en 1) 人 rén, 人类〔類〕rénlèi; kein ~ 没有人; 2) 家伙 jiāhuo, 小子 xiǎozi

'Menschen|affe *m* 类〔類〕人猿 lèirényuán **~alter** *n* 1) (人的)一生 yīshēng, 一世 yīshì; 2) 一代(约30年) yīdài **~feind** *m* 敌〔敵〕视人类〔類〕者 díshì rénlèi zhě, 厌〔厭〕世者 yànshìzhě **~fresser** *m* 食人者 shírénzhě; (童话中)吃人妖怪 chīrén yāoguài **~freund** *m* 人类〔類〕之友 rénlèi zhī yǒu, 慈善家 císhànjiā **~gedenken** *n* seit ~ 有史(记载)以来〔來〕yǒushǐ yǐlái, 历〔歷〕来 lìlái **~geschlecht** *n* 人类〔類〕rénlèi **~haß** *m* 憎恨人类〔類〕zēnghèn rénlèi, 厌〔厭〕世 yànshì **~kenner** *m* 善于〔於〕识〔識〕人者 shànyú shí rén zhě **~kenntnis** *f* 鉴〔鑒〕别人的能力 jiànbié rénde nénglì **~leben** *n* 人生 rénshēng, 人命 rénmìng

'menschenleer *adj* 无〔無〕人的 wúrénde, 荒无人烟〔煙〕的 huāngwú rényān de

'Menschen|liebe *f* 人类〔類〕之爱〔愛〕rénlèi zhī ài, 博爱 bó'ài; **~menge** *f* 人群 rénqún

'menschenmöglich *adj* 人力所及

的 rénlì suǒ jí de

'Menschen|raub *m* 诱拐 yòuguǎi, 绑架 bǎngjià **~rechte** *pl* 人权〔權〕rénquán

'menschensheu *adj* 怕见〔見〕人的 pàjiànrénde, 不喜欢〔歡〕交际〔際〕的 bù xǐhuān jiāojì de

'Menschen|seele *f* keine ~ 一个〔個〕人也没有 yīgè rén yě méiyǒu **~verstand** *m* 理智 lǐzhì, 理性 lǐxìng; (正常人的)见〔見〕识〔識〕jiànshí **~würde** *f* 人(类)的尊严〔嚴〕rénde zūnyán

'Menschheit *f* 人类〔類〕rénlèi

'menschlich *adj* 1) 人的 rénde, 人类〔類〕的 rénlèide; 2) 人性的 rénxìngde, 人道的 réndàode; 通人情的 tōng rénqíng de

'Menschlichkeit *f* 人性 rénxìng, 人情 rénqíng, 人道 réndào

Mentali'tät *f* -en 精神状〔狀〕态〔態〕jīngshén zhuàngtài, 气〔氣〕质〔質〕qìzhì, 情绪 qíngxù

'merkbar *adj* 1) 可记住的 kě jìzhù de; 2) 可觉〔覺〕察到的 kě juéchá dào de, 显〔顯〕著的 xiǎnzhùde

'Merkblatt *n* 1) 说明书〔書〕shuōmíngshū, 须知 xūzhī, 传〔傳〕单〔單〕chuándān; 2) 便条〔條〕biàntiáo, 记事条 jìshìtiáo

'merk|en I *vi* ~ auf (*A*) 注意 … zhùyì…, 留心… liúxīng…; II *vt* 1) 觉〔覺〕察 juéchá, 发〔發〕觉 fājué, 看出 kànchū; 2) sich (*D*) etw. ~ 记住某事 jìzhù mǒushì **~lich** *adj* 可觉〔覺〕察到的 kě juéchá dàode, 明显〔顯〕的 míngxiǎnde, 显著的 xiǎnzhùde

'Merkmal *n* -(e)s; -e 标〔標〕志〔誌〕biāozhì, 标记 biāojì; 特征〔徵〕tèzhēng

'merkwürdig *adj* 1) 值得注意的 zhíde zhùyì de; 2) 奇特的 qítède, 奇怪的 qíguàide, 希奇的 xīpíde **~erweise** *adv* 奇怪地 qíguàide, 值得注意的是 zhíde zhùyì de shì

'Merkwürdigkeit *f* -en 1) 奇特 qítè, 古怪 gǔguài; 2) 希奇的事物 xīqíde shìwù, 奇怪的现象 qíguàide xiànxiàng, 奇观〔觀〕qíguān

'meßbar *adj* 可测量的 kě cèliáng de

'Messe *f* -n 1) 商品交易会〔會〕shāngpǐn jiāoyìhuì, 博览〔覽〕会 bólǎnhuì; 2) 弥〔彌〕撒 mísā; 3) (船员)餐厅〔廳〕cāntīng, 会议〔議〕室 huìyìshì

'messen* *vt* 1) 量 liáng, 测量 cèliáng, 测定 cèdìng; 2) 打量 dǎliang, 估量 gūliáng, 衡量 héngliáng; 3) sich mit j-m ~ 跟某人相比 gēn mǒurén xiāngbǐ, 跟某人较量 gēn mǒurén jiàoliàng; sich nicht mit j-m ~ können 不能同某人相比; 4) gemessen an (*D*) 跟…相比 gēn … xiāngbǐ

'Messer *n* -s;- 1) 刀 dāo; bis aufs ~ 空前激烈 kōng qián jī liè; auf des ~s Schneide stehen 正处〔處〕在紧〔緊〕急关〔關〕头〔頭〕zhèng chǔzài jǐnjí guāntóu; 2) 刀具 dāojù **~steche'rei** *f* -en 持刀殴〔毆〕斗〔鬥〕chídāo ōudòu

'Messing *n* -s; 黄铜 huángtóng

'Meß|instrument *n* 测量仪〔儀〕器 cèliáng yíqì **~latte** *f* 测杆〔桿〕cègān, 标〔標〕杆 biāogān **~tisch** *m* 平板仪〔儀〕píngbǎnyí

Me'tall *n* -s; -e 金属〔屬〕jīnshǔ **~arbeiter** *m* 五金工人 wǔjīn gōngrén

me'tallen *adj* 金属〔屬〕(制)的 jīnshǔde

Me'tall|industrie *f* 冶金工业〔業〕yějīn gōngyè **~waren** *pl* 金属〔屬〕制〔製〕品 jīnshǔ zhìpǐn

Mete'or *m* -s; -e 流星 liúxīng, 陨星 yǔnxīng **~o'loge** *m* -n; -n 气〔氣〕象学〔學〕家 qìxiàngxuéjiā **~olo'gie** *f* 气象学 qìxiàngxué

'Meter *n, m* -s; - 米 mǐ, 公尺 gōngchǐ **~maß** *n* 米尺 mǐchǐ

Me'thode *f* -n 方法 fāngfǎ

me'thodisch *adj* 1) 教授法的 jiàoshòufǎde, 教学〔學〕法的 jiàoxuéfǎde; 2) 有方法的 yǒu fāngfǎ de, 有条〔條〕理的 yǒu tiáolǐ de

Metro'pole *f* -n 1) 大城市 dà chéngshì, 首都 shǒudū; 2) 中心 zhōngxīn, 枢〔樞〕纽 shūniǔ

Metze'lei *f* -en 屠杀〔殺〕túshā, 杀戮 shālù

'metzeln *vt* 屠宰 túzǎi, 屠杀〔殺〕túshā

'Metzger *m* -s; - 屠夫 túfū, 屠宰工人 túzǎi gōngrén

'Meuchel|mord *m* 暗杀〔殺〕ànshā, 行刺 xíngcì **~mörder** *m* 暗杀〔殺〕者 ànshāzhě, 刺客 cìkè

'Meute *f* -n 1) 猎〔獵〕犬 lièquǎn; 2) 一群暴(歹)徒 yīqún bàotú **~'rei** *f* -en 叛乱〔亂〕pànluàn, 哗〔嘩〕变〔變〕huábiàn **'~rer** *m* -s; - 叛乱者 pànluànzhě, 哗变者 huábiànzhě

'meute|risch *adj* 叛乱〔亂〕的 pànluànde, 造反的 zàofǎnde, 哗〔嘩〕变〔變〕的 huábiànde **~rn** *vi* 1) 叛乱 pànluàn, 哗变 huábiàn; 2) 抱怨 bàoyuàn, 发〔發〕牢骚 fā láosāo, 表示不满〔滿〕 biǎoshì bùmǎn

'**Mieder** *n* -s; - (妇女的)紧〔緊〕身胸衣 jǐnshēn xiōngyī, 紧身围〔圍〕腰 jǐnshēn wéiyāo **~waren** *pl* 妇〔婦〕女紧身内衣用品 fùnǚ jǐnshēn nèiyī yòngpǐn

'**Miene** *f* -n (面部)表情 biǎoqíng, 脸〔臉〕色 liǎnsè; gute ~ zum bösen Spiel machen 对〔對〕不遂心的事勉强顺从〔從〕 duì bù suìxīn de shì miǎnqiǎng shùncóng, 逆来〔來〕顺受 nì lái shùn shòu; ~ machen, etw. zu tun 打算、表示要做… dǎsuàn、biǎoshì yào zuò…

mies *adj* 恶〔惡〕劣的 èliède, 坏〔壞〕的 huàide; 卑鄙的 bēibǐde, 下流的 xiàliúde

'**Miete** *f* -n 租金 zūjīn, 房租 fángzū; zur ~ wohnen 租住

'**mieten** *vt* 1) 租 zū, 租用 zūyòng; 2) 雇〔僱〕佣 gùyōng

'**Miet|er** *m* -s;- 租用人 zūyòngrén, 房客 fángkè **~shaus** *n* (较大的)出租房子(公寓) chūzū fángzi **~vertrag** *m* 租赁合同 zūlìn hétóng **~wohnung** *f* 租用住宅 zūyòng zhùzhái

Mi'gräne *f* 偏头〔頭〕痛 piāntóutòng

Mikro'phon *n* -s; -e 麦〔麥〕克风〔風〕 màikèfēng, 话筒 huàtǒng, 传〔傳〕声〔聲〕器 chuánshēngqì

Mikro'skop *n* -s; -e 显〔顯〕微镜 xiǎnwēijìng

mikro'skopisch *adj* 1) 用显〔顯〕微镜才能看见〔見〕的 yòng xiǎnwēijìng cáinéng kànjiàn de; 2) 微观〔觀〕的 wēiguānde, 用显微镜检〔檢〕验〔驗〕的 yòng xiǎnwēijìng jiǎnyàn de

'**Milbe** *f* -n 螨〔蟎〕mǎn, 壁虱〔蝨〕bìshī

Milch *f* 1) 奶 nǎi, 牛奶 niúnǎi; 2) (植物的)乳液 rǔyè **~bar** *f* 牛奶冷饮店 niúnǎi lěngyǐn diàn **~bart** *m* 小青年 xiǎo qīngnián, 毛头〔頭〕小伙子 máotóu xiǎohuǒzi **~brötchen** *n* 牛奶小面〔麵〕包 niúnǎi xiǎo miànbāo **~glas** *n* 1) 乳白玻璃 rǔbái bōlí, 毛玻璃 máobōlí; 2) 牛奶杯 niúnǎibēi

'**milchig** *adj* 乳状〔狀〕的 rǔzhuàngde; 乳白色的 rǔbáisède

'**Milch|kanne** *f* 牛奶罐 niúnǎiguàn **~kuh** *f* 1) 奶牛 nǎiniú; 2) 财源 cáiyuán, 经〔經〕济〔濟〕靠山 jīngjì kàoshān **~mann** *m* 卖〔賣〕牛奶的人 mài niúnǎi de rén, 牛奶商人 niúnǎi shāngrén **~pulver** *n* 奶粉 nǎifěn **~reis** *m* 牛奶甜饭 niúnǎi tiánfàn **~straße** *f* 银河 yínhé **~wirtschaft** *f* 1) 牛奶业〔業〕 niúnǎiyè, 制〔製〕酪业 zhìlàoyè; 2) 牛奶场〔場〕 niúnǎichǎng, 制酪场 zhìlàochǎng **~zahn** *m* 乳牙 rǔyá

mild(e) I *adj* 1) (天气)温和的 wēnhéde, 温暖的 wēnnuǎnde, 和煦的 héxùde; 2) (言词等)柔和的 róuhéde, 和顺的 héshùnde, 温柔的 wēnróude; 3) 宽〔寬〕大的 kuāndàde, 宽容的 kuānróngde; 4) (菜肴)清淡的 qīngdànde; 5) 慈善的 císhànde, 善良的 shànliángde; II *adv* etw. ~ beurteilen 宽容地评断〔斷〕某事 kuānróngde píngduàn mǒushì

'**Milde** *f* 1) 柔和 róuhé, 温和 wēnhé; 2) 和善 héshàn, 宽〔寬〕容 kuānróng

'**mildern** *vt* 减轻〔輕〕 jiǎnqīng, 减弱 jiǎnruò, 使缓和 shǐ huǎnhé; ~de Umstände 可使罪行减轻的情况

'**Milderung** *f* 减轻〔輕〕 jiǎnqīng, 减弱 jiǎnruò, 缓和 huǎnhé

'**mild|herzig** *adj* 好心肠〔腸〕的 hǎoxīnchángde, 仁慈的 réncíde **~tätig** *adj* 慈善的 císhànde, 慷慨好施的 kāngkǎi hàoshī de

'**Mildtätigkeit** *f* 慈善 císhàn, 善行 shànxíng

Milieu [mil'jø:] *n* -s; -s 1) 环〔環〕境 huánjìng; 2) 小桌布 xiǎo zhuōbù; 3) 妓女界 jìnǚjiè

Mili'tär I *n* -s; 军队〔隊〕 jūnduì, 武装〔裝〕力量 wǔzhuāng lìliang; II *m* -s; -s 军人 jūnrén; (较高级的)军官 jūnguān **~attaché** *m* -s; -s (使馆)武官 wǔguān **~dienst** *m* 兵役 bīngyì

mili'tärisch *adj* 军事的 jūnshìde, 军队〔隊〕的 jūnduìde, 军人的 jūnrénde

Mili'tär|musik *f* 军乐〔樂〕 jūnyuè **~regierung** *f* 军政府 jūnzhèngfǔ **~zeit** *f* 服役期 fúyìqī

Mi'liz *f* 民兵(组织) mínbīng **~soldat** *m* 民兵战〔戰〕士 mínbīng zhànshì

Milli'arde *f* -n 十亿〔億〕 shíyì

Milli'meter *n, m* 毫米 háomǐ

Milli'on *f* -en 百万〔萬〕 bǎiwàn

Millio'när *m* -s; -e 百万〔萬〕富翁 bǎiwàn fùwēng

Milz *f* -en 脾(脏) pí

'**minder** I *adv* 较少地 jiàoshǎode, 不大 bùdà; nicht ~ 同样〔樣〕地 tóngyàngde, 不少于〔於〕 bùshǎoyú; II *adj* 较少的 jiàoshǎode, 较差的 jiàochàde, 较轻微的

jiào qīngwēi de

'Minderheit *f* -en 1) 少数〔數〕 shǎoshù; 2) 少数派 shǎoshùpài

'minderjährig *adj* 未成年的 wèi chéngnián de

'mindern *vt, v sich* 减少 jiǎnshǎo, 降低 jiàngdī, 缓和 huǎnhé

'minderwertig *adj* 1) 劣等的 lièděngde, 低质〔質〕量的 dī zhìliàng de; 2) 坏〔壞〕的 huàide, 卑劣的 bēiliède

'Minderwertigkeit *f* 1) 劣等 lièděng, 低劣 dīliè; 2) 卑劣 bēiliè, 卑下 bēixià **~skomplex** *m* 自卑感 zìbēigǎn

'mindest *adj* 最少的 zuìshǎode, 最小的 zuìxiǎode, 最低限度的 zuìdī xiàndù de; nicht die ~e Aussicht haben 毫无〔無〕希望 háowú xīwàng; nicht im ~en 一点〔點〕儿〔兒〕也不 yīdiǎnr yě bù, 毫不 háobù; zum ~en 至少 zhìshǎo

Mindest|alter *n* 最低年龄〔齡〕 zuìdī niánlíng **~betrag** *m* 最低(款)额 zuìdī'é

'mindestens *adv* 至少 zhìshǎo, 起码 qǐmǎ, 最低限度 zuìdī xiàndù

'Mindest|lohn *m* 最低工资 zuìdī gōngzī **~maß** *n* 最低限度 zuìdī xiàndu, 最低量 zuìdīliàng; auf ein ~ herabsetzen 削减到最低限度

'Mine *f* -n 1) 矿〔礦〕山 kuàngshān, 矿井 kuàngjǐng; 2) 水雷 shuǐléi, 地雷 dìléi; 3) 铅笔〔筆〕心 qiānbǐxīn, 圆珠笔心 yuánzhūbǐxīn

Mine'ral *n* -s; -e (-ien) 矿〔礦〕物 kuàngwù

mine'ralisch *adj* 矿〔礦〕物的 kuàngwùde, 含矿物的 hán kuàngwù de

Mineralo'gie *f* 矿〔礦〕物学〔學〕 kuàngwùxué

Mine'ralwasser *n* -s; ⸗ 矿〔礦〕泉水 kuàngquánshuǐ

Minia'tur *f* -en 1) (古籍中的) 图〔圖〕画〔畫〕 túhuà, 花体〔體〕首字母 huātǐ shǒuzìmǔ; 2) 小画像 xiǎo huàxiàng, 小装〔裝〕饰画 xiǎo zhuāngshìhuà

'Minirock *m* 超短裙 chāoduǎnqún

Mi'nister *m* -s; - 部长〔長〕bùzhǎng, 大臣 dàchén

Mini'sterium *n* -s; ...rien (政府)部 bù

Mi'nister|präsident *m* 1) 总〔總〕理 zǒnglǐ, 首相 shǒuxiàng, 部长〔長〕会〔會〕议〔議〕主席 bùzhǎng huìyì zhǔxí; 2) (联邦德国)州总理 zhōu zǒnglǐ **~rat** *m* -(e)s; ⸗e 国〔國〕务〔務〕院 guówùyuàn, 内阁 nèigé, 部长会议 bùzhǎng huìyì

'minus *adv* 1) (温度)零下 língxià; 2)(物理)负 fù; 3) 减 jiǎn

Mi'nute *f* -n 1) 分(钟) fēn; 2) 瞬间 shùnjiān, 片刻 piànkè **~nzeiger** *m* 分针 fēnzhēn

'Mischehe *f* 异〔異〕教婚姻 yìjiào hūnyīn; (纳粹时期)异族婚姻 yìzú hūnyīn

'mischen *vt* 1) 混合 hùnhé, 掺〔摻〕和 chānhuo; 2) 调制〔製〕 tiáozhì, 配制 pèizhì; 3) die Karte ~ 洗牌 xǐpái; 4) sich ~ in (*A*) 干预… gānyù…, 插手… chāshǒu…; 5)sich ~ unter (*A*) 混进〔進〕… hùnjìn …, 挤〔擠〕进… jǐjìn …

'Misch|ling *m* -s; -e 1)混血儿〔兒〕 hùnxuè'ér; 2) 杂〔雜〕种〔種〕 zázhǒng **~masch** *m* -es; -e 混杂〔雜〕物 hùnzáwù, 大杂烩〔燴〕 dàzáhuì **~ung** *f* -en 1) 混合 hùnhé; 2) 混合物 hùnhéwù, 拌和物 bànhuowù; 3) 混乱〔亂〕 hùnluàn, 大杂〔雜〕烩 dàzáhuì

miß'achten *vt* 轻〔輕〕视 qīngshì, 蔑视 mièshì

'Miß|behagen *n* 不舒服 bù shūfu; 不愉快 bùyúkuài, 不高兴〔興〕 bù gāoxìng **~bildung** *f* 畸形 jīxíng, 变〔變〕态〔態〕 biàntài

miß'billigen *vt* 不同意 bù tóngyì, 反对〔對〕 fǎnduì

'Mißbrauch *m* 滥〔濫〕用 lànyòng

miß'brauchen *vt* 1) 滥〔濫〕用 lànyòng; 2) 强奸〔姦〕 qiángjiān, 糟蹋 zāota

'mißbräuchlich *adj* 乱〔亂〕用的 luànyòngde, 滥〔濫〕用的 lànyòngde

miß'deuten *vt* (故意) 误解 wùjiě, 曲解 qūjiě

'missen *vt* 失掉 shīdiào, 缺少 quēshǎo

'Mißerfolg *m* 不成功 bù chénggōng, 失败 shībài

'Misse|tat *f* 1) 罪行 zuìxíng, 恶〔惡〕行 èxíng, 罪恶 zuì'è; 2)恶作剧〔劇〕 èzuòjù **~täter** *m* 1) 干〔幹〕坏〔壞〕事的人 gàn huàishì de rén, 罪犯 zuìfàn, 罪人 zuìrén; 2) 恶〔惡〕作剧〔劇〕者 èzuòjùzhě

miß fallen* *vi* j-m ~ 不喜欢〔歡〕某人 bù xǐhuān mǒurén, 讨厌〔厭〕某人 tǎoyàn mǒurén

'Mißfallen *n* 不喜欢〔歡〕 bù xǐhuān, 讨厌〔厭〕 tǎoyàn

'mißfällig *adj* 不赞同的 bù zàntóng de, 讨厌〔厭〕的 tǎoyànde, 反感的 fǎngǎnde; sich ~ äußern über (*A*) 对…表示不赞同

'Miß geburt *f* 畸胎 jītāi, 怪胎 guàitāi **~geschick** *n* 不幸 bùxìng, 恶〔惡〕运〔運〕 èyùn, 倒霉的事

dǎoméide shì
'**mißgestimmt** *adj* 见 mißmutig
miß|'glücken *vi* (*s*) 失败 shībài, 不成功 bùchénggōng ~'**gönnen** *vt* j-m etw. ~ 妒忌某人某事 dùjì mǒurén mǒushì
'**Miß|griff** *m* 失策 shīcè, 失误 shīwù ~**gunst** *f* 妒忌 dùjì; 不利 bùlì
'**mißgünstig** *adj* 妒忌的 dùjìde, 猜忌的 cāijìde
miß'handeln *vt* 虐待 nüèdài; 糟蹋 zāota
'**Miß|handlung** *f* 虐待 nüèdài; 糟蹋 zāota ~**heirat** *f* 门〔門〕第不配的婚姻 méndì bùpèi de hūnyīn
Missi'on *f* -en 1)(特殊的)任务〔務〕 rènwu, 使命 shǐmìng; 2)(外交)使团〔團〕 shǐtuán, (派往国外的)代表团 dàibiǎotuán
Missio'nar *m* -s; -e 传〔傳〕教士 chuánjiàoshì
'**Miß|klang** *m* 1)不和谐的声〔聲〕音 bù héxié de shēngyīn; 2) 不和谐 bù héxié, 不协〔協〕调 bù xiétiáo ~**kredit** *m* -(e)s; 坏〔壞〕名声 huài míngshēng; in ~ bringen 败坏…的声誉
'**miß|lich** *adj* 糟糕的 zāogāode, 棘手的 jíshǒude, 尴〔尷〕尬的 gāngàde ~**liebig** *adj* 讨人嫌的 tǎo rén xián de, 不受欢〔歡〕迎的 bù shòu huānyíng de
miß'lingen* *vi* (*s*) 失败 shībài, 不成功 bù chénggōng
'**Mißmut** *m* 情绪不好 qíngxù bùhǎo, 烦恼〔惱〕 fánnǎo
'**mißmutig** *adj* 情绪坏〔壞〕的 qíngxù huài de, 闷闷不乐〔樂〕的 mènmèn bùlè de, 烦恼〔惱〕的 fánnǎode
miß'raten* *vi* (*s*) 1) 不成功 bù chénggōng, 失败 shībài; 2) 变〔變〕坏〔壞〕 biànhuài; ein ~es Kind 教养〔養〕不好的孩子 jiàoyǎng bùhǎo de háizi
'**Miß|stand** *m* 弊端 bìduān, 弊病 bìbìng ~**stimmung** *f* 1) 不满〔滿〕的情绪 bùmǎnde qíngxù, 不和谐的气〔氣〕氛 bùhéxiéde qìfēn; 2) 不愉快 bù yúkuài, 烦恼〔惱〕 fánnǎo ~**ton** *m* -(e)s; ㆍe 1) 不谐和音 bù xiéhé yīn; 2) 不一致 bù yīzhì, 分歧 fēnqí
miß'trauen *vi* j-m ~ 不信任某人 bù xìnrèn mǒurén
'**Mißtrauen** *n* -s; 不信任 bù xìnrèn, 怀〔懷〕疑 huáiyí
'**mißtrauisch** *adj* 怀〔懷〕疑的 huáiyíde, 多疑的 duōyíde, 不信任的 bù xìnrèn de
'**Miß|verhältnis** *n* 不相配 bù xiāngpèi, 不相称〔稱〕 bù xiāngchèn ~**verständnis** *n* 误解 wùjiě, 误会〔會〕 wùhuì
'**mißverstehen*** *vt* 误解 wùjiě, 误会〔會〕 wùhuì
Mist *m* -es; -e 1) (动物) 粪〔糞〕 fèn, 粪肥 fènféi; 2) 废〔廢〕物 fèiwù, 脏〔髒〕物 zāngwù; 废话 fèihuà
'**Mistel** *f* -n 槲寄生 hújìshēng
'**Mist|gabel** *f* 粪〔糞〕叉 fènchā ~**haufen** *m* 粪〔糞〕堆 fènduī
mit I *prp* (*D*) 1) 和…一起 hé … yīqǐ; 同 tóng, 跟 gēn; 2) 连同 liántóng, 包括…在内 bāokuò … zài nèi; 3) 具有 jùyǒu, 带〔帶〕有 dàiyǒu; 4) (表示方法或工具等)用 yòng, 以 yǐ; ~ der Bahn 乘火车; ~ Gewalt 以武力; 5) 对〔對〕于 duìyú, 关〔關〕于 guānyú; 6) 在…时〔時〕候 zài … shíhòu, 随〔隨〕着 suízhe; ~ 20 Jahren 在二十岁的时候; ~ einem Schlage 一下子 yīxiàzi, 突然 tūrán; 7) 由于 yóuyú, 因 yīn; II *adv* 一起 yīqǐ, 还〔還〕有 háiyǒu, 也 yě; ~ dabeisein 也在场,也参加
'**Mitarbeiter** *m* 同事 tóngshì, 合作者 hézuòzhě
'**mitbenutzen** *vt* 共同使用 gòngtóng shǐyòng, 也使用 yě shǐyòng
'**Mit|besitzer** *m* 共同占〔佔〕有人 gòngtóng zhànyǒu rén, 共有人 gòngyǒurén ~**bestimmungsrecht** *n* 共同决定权〔權〕 gòngtóng juédìng quán ~**bewerber** *m* 竞〔競〕争者 jìngzhēngzhě ~**bewohner** *m* 同屋(室)居住人 tóngwū jūzhù rén
'**mitbringen*** *vt* 带〔帶〕来〔來〕 dàilái, 携带 xiédài
'**Mit|bringsel** *n* -s;- 带〔帶〕来〔來〕的小礼〔禮〕物 dàiláide xiǎo lǐwù ~**bürger** *m* 同国〔國〕人 tóngguórén, 同市人 tóngshìrén, 同乡〔鄉〕 tóngxiāng
mitein'ander *adv* 1) 一起 yīqǐ, 一同 yītóng; 2) 彼此 bǐcǐ, 互相 hùxiāng
'**mit|fahren*** *vi* (*s*) mit j-m ~ 和某人一起乘车〔車〕去 hé mǒurén yīqǐ chéngchē qù ~**geben*** *vt* 1) 给予 jǐyǔ, 提供 tígōng; 2) 派…陪送 pài … péisòng
'**Mitgefühl** *n* 同情 tóngqíng
'**mitgehen*** *vi* (*s*) mit j-m ~ 和某人同去 hé mǒurén tóngqù
'**Mitgift** *f* -en 嫁妆〔妝〕 jiàzhuāng
'**Mitglied** *n* 成员 chéngyuán ~**sbeitrag** *m* 会〔會〕费 huìfèi; 党〔黨〕、团〔團〕费 dǎng、tuán fèi ~**schaft** *f* 1) 成员资格 chéngyuán

zīge, 会〔會〕籍 huìjí; 2) 全体〔體〕会员 quántǐ huìyuán

'Mit|inhaber *m* 合伙人 héhuǒrén, 共有人 gòngyǒurén **~kämpfer** *m* 战〔戰〕友 zhànyǒu

'mitkommen* *vi* (*s*) 1) 同来〔來〕 tónglái, 同去 tóngqù; 2) 跟得上 gēnde shàng; 理解 lǐjiě, 懂得 dǒngdé

'Mitläufer *m* 随〔隨〕大溜者 suí dàliù zhě, 跟着跑的追随者 gēnzhe pǎo de zhuīsuí zhě

'Mitleid *n* -(e)s; 同情 tóngqíng; aus ~ 出于同情; ~ haben mit 同情… **~enschaft** *f* in ~ ziehen 使…也受损害 shǐ … yě shòu sǔnhài

'mitleid|ig *adj* 同情的 tóngqíngde, 充满〔滿〕同情心的 chōngmǎn tóngqíngxīn de **~(s)los** *adj* 不同情的 bù tóngqíng de, 没有怜〔憐〕悯心的 méiyǒu liánmǐnxīn de

'mitmachen I *vi* 参〔參〕加 cānjiā; II *vt* 1) 参加 cānjiā, 一起做 yīqǐ zuò; 2) 遭受 zāoshòu, 经〔經〕受 jīngshòu

'Mitmensch *m* 别人 biérén, 邻〔鄰〕人 línrén, 周围〔圍〕的人 zhōuwéide rén

'mit|nehmen* *vt* 1) 携带〔帶〕 xiédài, 带着 dàizhe; j-n im Auto ~ 让〔讓〕某人搭车〔車〕 ràng mǒurén dāchē; 2) 顺便买〔買〕 shùnbiàn mǎi; 3) 顺手捞〔撈〕走 shùnshǒu lāozǒu, 偷走 tōuzǒu; 4) (顺便) 参〔參〕观〔觀〕 cānguān, 访问 fǎngwèn; 5) 使疲惫 shǐ píbèi, 使衰弱 shǐ shuāiruò **~nichten** *adv* 绝非 juéfēi **~rechnen** *vt* 把…计算在内 bǎ … jìsuàn zài nèi; nicht mitgerechnet 没有计算在内, 不算 **~reden*** I *vi* 参加谈话 cānjiā tánhuà, 发〔發〕表意见 fābiǎo yìjiàn; 参预决定 cānyù juédìng; II *vt* ein Wort (Wörtchen) mitzureden haben 有发言权〔權〕 yǒu fāyánquán, 有权参预决定 yǒuquán cānyù juédìng **~reißen*** *vt* 1) 把…一起拖走 bǎ … yīqǐ tuōzǒu; 2)感动〔動〕 gǎndòng, 吸引 xīyǐn

'Mitschuld *f* 共同犯罪 gòngtóng fànzuì

'mitschuldig *adj* 共同犯罪的 gòng tóng fànzuì de, 同犯的 tóngfànde

'Mitschüler *m* 同学〔學〕 tóngxué

'mitspielen I *vi* 1) 一起玩 yīqǐ wán, 参〔參〕加 (表演、比赛等) cānjiā; 2) 参与〔與〕 cānyù, 同意 tóngyì; 3) 也起作用 yěqǐ zuòyòng, 也是由于〔於〕…原因 yěshì yóuyú … yuányīn; 4) 虐待 nüèdài, 折磨 zhémo; j-m arg (übel) ~ 虐待某人; 捉弄某人; II *vt* 参加 cānjiā

'Mitspieler *m* 1) 伙伴 huǒbàn, 搭挡〔擋〕 dādàng; 2) 竞〔競〕争者 jìngzhēngzhě, 对〔對〕手 duìshǒu

'Mittag *m* 中午 zhōngwǔ; heute mittag 今天中午; zu ~ essen 吃午饭 chī wǔfàn **~essen** *n* 午饭 wǔfàn

'mittags *adv* 在中午 zài zhōngwǔ

'Mittags|pause *f* 午休 wǔxiū **~tisch** *m* 午餐 wǔcān **~zeit** *f* 中午时〔時〕间 zhōngwǔ shíjiān

'Mitte *f* -n 中间 zhōngjiān, 中心 zhōngxīn, 中央 zhōngyāng; die goldene ~ 中庸之道 zhōngyōng zhī dào; aus unserer ~ 离〔離〕开〔開〕了我们(去世) líkāi le wǒmen; ~ Dreißig 三十五岁〔歲〕左右 sānshíwǔ suì zuǒyòu; ~ Juli 七月中旬 qīyuè zhōngxún

'mitteil|en *vt* j-m etw. ~通知、告知某人… tōngzhī、gàozhī mǒurén … **~sam** *adj* 爱〔愛〕说话的 àishuōhuàde, 心直口快的 xīnzhí kǒukuài de

Mitteilung *f* -en 通知 tōngzhī, 通告 gào, 消息 xiāoxi

'Mittel *n* -s; - 1) 方法 fāngfǎ, 手段 shǒuduàn; ~ und Wege 办〔辦〕法 bànfǎ; 2) 药〔藥〕 yào, 药物 yàowù; 3) (*pl*) 金钱〔錢〕 jīnqián, 资金 zījīn; 4) 平均值 píngjūnzhí; 5) 媒介 méijiè, 介质〔質〕 jièzhì **~alter** *n* 中世纪 zhōng shì jì

'mittel|alterlich *adj* 中世纪的 zhōngshìjìde **~bar** *adj* 间接的 jiànjiēde

'Mittel|ding *n* ein ~ zwischen … und … 与〔與〕…的中间物 … yǔ … de zhōngjiānwù **~finger** *m* 中指 zhōngzhǐ **~gewicht** *n* (拳击等)中量级 zhōngliàngjí

'mittelgroß *adj* 中等大小的 zhōngděng dàxiǎo de

'Mittelläufer *m* (足球等)中卫〔衛〕 zhōngwèi

'mittel|los *adj* 没有钱〔錢〕的 méiyǒu qián de, 贫穷〔窮〕的 pínqióngde **~mäßig** *adj* 中等的 zhōngděngde, 一般的 yībānde, 平常的 píngchángde

'Mittel|mäßigkeit *f* 中等 zhōngděng, 一般 yībān, 平常 píngcháng **~punkt** *m* 1) 中心 zhōngxīn, 中点〔點〕 zhōngdiǎn; 2) 核心 héxīn, 焦点 jiāodiǎn, 重点 zhòngdiǎn; 3) 中心人物 zhōngxīn rénwù **~schule** *f* 中学〔學〕 zhōngxué **~smann** *m* -(e)s; ⸗er (..leute) 1)

中间人 zhōngjiānrén, 调停人 tiáotíngrén; 2) 经〔經〕纪人 jīngjìrén **~stand** *m* 中产〔產〕阶〔階〕级 zhōngchǎn jiējí **~stürmer** *m* (足球等)中锋 zhōngfēng **~weg** *m* 中间道路 zhōngjiān dàolù, 中间路线〔綫〕 zhōngjiān lùxiàn **~welle** *f* 中波 zhōngbō **~wort** *n* -(e)s; ⁼er (语法)分词 fēncí

'mitten *adv* 正中 zhèngzhōng, 在(向)…中间 zài … zhōngjiān; ~ entzwei 从正中断成两半; ~ im Winter 隆冬 lóngdōng; ~ in der Nacht 深更半夜 shēngēng bànyè; ~ ins Herz 正中心脏 **~'drin** *adj* 在中间 zài zhōngjiān, 在当〔當〕中 zài dāngzhōng **~'durch** *adv* 穿过〔過〕中间 chuānguò zhōngjiān

'Mitternacht *f* 半夜 bànyè, 午夜 wǔyè, 子夜 zǐyè

'mittler *adj* 1) 中间的 zhōngjiānde, 当〔當〕中的 dāngzhōngde, 中部的 zhōngbùde; 2) 中等的 zhōngděngde, 中级的 zhōngjíde; 3) 平均的 píngjūnde

'Mittler *m* -s; - 中间人 zhōngjiānrén; 调停人 tiáotíngrén; 经〔經〕纪人 jīngjìrén

mitt'lerweile *adv* 在这〔這〕期间 zài zhè qījiān, 那时〔時〕 nàshí, 当〔當〕时 dāngshí

'Mittwoch *m* -(e)s; -e 星期三 xīngqī sān

mit|'unter *adv* 有时〔時〕 yǒushí, 间或 jiànhuò, 偶尔〔爾〕 ǒu'ěr **~verantwortlich** *adj* 共同负责的 gòngtóng fùzé de

'Mitwelt *f* 同时〔時〕代的人 tóngshídàide rén

'mitwirken *vi* 一起做 yīqǐ zuò, 协〔協〕作 xiézuò, 合作 hézuò, 参〔參〕加 cānjiā

'Mitwirk|ende *m* -n; -n 1)参〔參〕与〔與〕者 cānyùzhě, 协〔協〕作者 xiézuòzhě; 2) 参加表演者 cānjiā biǎoyǎn zhě **~ung** *f* 参〔參〕加 cānjiā, 协〔協〕作 xiézuò

'Mitwisser *m* -s; - 知情人 zhīqíngrén

'mitzählen *vt* 计入 jìrù, 也算在内 yě suàn zài nèi; 把…也考虑〔慮〕在内 bǎ … yě kǎolǜ zài nèi

'Mixbecher *m* (混合饮料等)混合杯 hùnhébēi

'mixen *vt* 1) 混合 hùnhé, 搀〔攙〕和 chānhuo; 2) 混合录〔録〕音 hùnhé lùyīn

Mix'tur *f* -en 1) 混合 hùnhé 2) 混合物 hùnhéwù, 混合剂〔劑〕 hùnhéjì

'Möbel *n* -s; - 家具 jiājù **~händler** *m* 家具商 jiājùshāng **~spediteur** *m* 家具搬运〔運〕工 jiājù bānyùngōng **~stück** *n* (单件)家具 jiājù **~wagen** *m* 家具搬运〔運〕车〔車〕 jiājù bānyùn chē

mo'bil *adj* 1) 活动〔動〕的 huódòngde, 可移动的 kě yídòng de; 2) 健壮〔壯〕的 jiànzhuàngde, 敏捷的 mǐnjiéde; 2) 做好作战〔戰〕准〔準〕备〔備〕的 zuòhǎo zuòzhàn zhǔnbèi de, 动员起来〔來〕的 dòngyuán qǐlái de; ~ machen 进行战争动员(备战)

Mobili'ar *n* -s;-e 家具(总称) jiājù

mobili'sieren *vt* 1) 使变〔變〕成资金 shǐ biànchéng zījīn, 使变成现款 shǐ biànchéng xiànkuǎn; 2) 动〔動〕员 dòngyuán, 使行动起来〔來〕 shǐ xíngdòng qǐlái

Mo'bilmachung *f* -en 动〔動〕员 dòngyuán

mö'blieren *vt* 配置家具 pèizhì jiājù, 用家具布置 yòng jiājù bùzhì; möbliertes Zimmer 备有家具的出租房间

'Mode *f* -n 1) 流行式样〔樣〕 liúxíng shìyàng, 时〔時〕髦 shímáo; die neueste ~ 最新的时装式样; in ~ 时兴,流行; aus der ~ kommen 不流行(时行); mit der ~ gehen 追赶时髦; 2) 时尚 shíshàng, 风〔風〕气〔氣〕 fēngqì **~artikel** *m* 1) 流行商品 liúxíng shāngpǐn, 时〔時〕兴〔興〕货 shíxīnghuò; 2) (衣服)时髦的装〔裝〕饰品 shímáode zhuāngshìpǐn

Mo'dell *n* -s; -e 1) 模型 móxíng; 2) 典范〔範〕 diǎnfàn, 样〔樣〕板 yàngbǎn; 3) 模特儿〔兒〕 mótèr; j-m ~ stehen 为某人站着当模特儿; 4) 时〔時〕装〔裝〕 shízhuāng **~eisenbahn** *f* 铁〔鐵〕道模型 diědào móxíng

model'lieren *vt* 1) 做…的模型 zuò … de móxíng; 2) 塑造 sùzào

'Modenschau *f* 时〔時〕装〔裝〕展览〔覽〕 shízhuāng zhǎnlǎn, 时装表演 shízhuāng biǎoyǎn

'Moder *m* -s; 1) 腐烂〔爛〕 fǔlàn, 霉烂 méilàn; 2) 烂泥 lànní, 泥泞〔濘〕 nínìng

Mode'rator *m* -s; ..'toren (电视、广播节目的)主持人 zhǔchírén, 解说员 jiěshuōyuán

'Modergeruch *m* 腐烂〔爛〕味 fǔlànwèi, 霉味 méiwèi

'modern *vi* 腐烂〔爛〕 fǔlàn, 腐败 fǔbài

mo'dern *adj* 1) 现代的 xiàndàide; 2) 时〔時〕髦的 shímáode, 时新的 shíxīnde

moderni'sieren *vt* 1) 使现代化 shǐ xiàndàihuà; 2) 使时〔時〕髦 shǐ shímáo

'Mode|salon *m* 妇〔婦〕女时〔時〕装店 fùnǚ shízhuāngdiàn **～waren** *pl* 流行商品 liúxíng shāngpǐn, 时兴〔興〕货 shíxīnghuò **～zeichner** *m* 时装设计师〔師〕shízhuāng shèjìshī

modifi'zieren *vt* 1) 更改 gēnggǎi, 修改 xiūgǎi; 2) 限制 xiànzhì, 减轻〔輕〕jiǎnqīng, 缓和 huǎnhé

'modisch *adj* 时〔時〕髦的 shímáode, 流行的 liúxíngde

Mo'distin *f* -nen 女帽商 nǚmàoshāng, 妇〔婦〕女服装〔裝〕店 fùnǚ fúzhuāngdiàn

Moge'lei *f* -en 欺骗 qīpiàn, 作弊 zuòbì, 耍花招 shuǎ huāzhāo

'mogeln *vi* 欺骗 qīpiàn, 作弊 zuòbì

'mögen* I *vi, vt* 1) 喜欢〔歡〕xǐhuān, 喜爱〔愛〕xǐ'ài; lieber ～ 更喜欢…; 2) 想 xiǎng, 要 yào; ich mag nicht 我不想(要); II *aux* 1) 可能 kěnéng; das mag (wohl) sein 这(很)有可能; es mag sein, daß … 可能…; 2) 可以 kěyǐ, 许可 xǔkě; mag er sagen, was er will 他要讲什么，就让他讲什么; 3) 想 xiǎng, 要 yào, 愿〔願〕yuàn; ich möchte wissen 我想知道; ich möchte lieber gehen 我倒是想走; 4) 尽〔儘〕管 jǐnguǎn, 无〔無〕论〔論〕wúlùn; wo er auch sein mag 无论他在哪儿〔兒〕

'möglich I *adj* 可能的 kěnéngde; sein ～stes tun 尽〔盡〕力而为〔爲〕jìnlì ér wéi; nicht ～! (根本)不可能! so bald wie ～ 尽〔盡〕快 jìnkuài; II *adv* ～st bald 尽〔盡〕快地 jìnkàide **～er'weise** *adv* 也许 yěxǔ, 可能 kěnnéng

'Möglichkeit *f* -en 1) 可能性 kěnéngxìng; nach ～ 尽可能地; 2) 途径〔徑〕tújìng, 方法 fāngfǎ; 3) 机〔機〕会〔會〕jīhuì, 希望 xīwàng, 前景 qiánjǐng

Mohamm'daner *m* -s; - 伊斯兰〔蘭〕教徒 yīsīlánjiàotú, 穆斯林 mùsīlín

mohamm'danisch *adj* 伊斯兰〔蘭〕教的 yīsīlánjiàode, 穆斯林的 mùsīlínde

Mohn *m* -(e)s; -e 罂粟 yīngsù; 罂粟籽 yīngsùzǐ

'Möhre *f* -n 胡萝〔蘿〕卜〔蔔〕húluóbo

'Mole *f* -n 防波堤 fángbōdī, 堤道 dīdào

Molke'rei *f* -en 1) 牛奶场〔場〕niúnǎichǎng, 牛奶房 niúnǎifáng; 制〔製〕酪场 zhìlàochǎng; 2) 牛奶加工 niúnǎi jiāgōng

Moll *n* (音乐)小调 xiǎodiào

'mollig *adj* 1) 胖的 pàngde, 丰〔豐〕满〔滿〕的 fēngmǎnde; 2) 舒适〔適〕暖和的 shūshì nuǎnhuo de, 舒适柔软的 shūshì róuruǎn de

Mo'ment I *m* -(e)s; -e 1) 片刻 piànkè, 瞬间 shùnjiān, 一会〔會〕儿〔兒〕yīhuìr; im ～ 此刻 cǐkè, 眼下 yǎnxià; ～ bitte! 请等一下! 2) (某一) 时〔時〕刻 shíkè; II *n* -(e)s; -e 1) 契机〔機〕qìjī, 因素 yīnsù; 2) (物理) 矩 jǔ, 力矩 lìjǔ

momen'tan *adj* 1) 眼下的 yǎnxiàde, 目前的 mùqiánde; 2) 瞬间的 shùnjiānde, 片刻的 piànkède

Mo'mentaufnahme *f* 快镜照相 kuàijìng zhàoxiàng

Mon'arch *m* -en; -en 君主 jūnzhǔ, 国〔國〕王 guówáng

Monar'chie *f* -n 1) 君主政体〔體〕jūnzhǔ zhèngtǐ, 君主制度 jūnzhǔ zhìdù; 2) 君主国〔國〕jūnzhǔguó

'Monat *m* -(e)s; -e 月 yuè, 月份 yuèfèn

'monat|elang *adj* 数〔數〕月之久的 shùyuè zhī jiǔ de **～lich** *adj* 每月的 měiyuède

Mönch *m* -(e)s; -e 修道士 xiūdàoshì; 僧侣 sēnglǚ, 和尚 héshàng

Mond *m* -(e)s; -e 1) 月亮 yuèliàng, 月球 yuèqiú; hinter dem ～ leben 脱离〔離〕现实〔實〕tuōlí xiànshí; 2) (行星的)卫〔衛〕星 wèixīng; 3) 秃头〔頭〕tūtóu, 秃顶 tūdǐng **～finsternis** *f* 月食 yuèshí **～schein** *m* 月光 yuèguāng **～sichel** *f* 月牙 yuèyá, 娥眉月 éméiyuè

'mondsüchtig *adj* 患夜游症〔癥〕的 huàn yèyóuzhèng de

Mono'log *m* -s; -e (戏剧等中的)独〔獨〕白 dúbái

Mono'pol *n* -s; -e 垄〔壟〕断〔斷〕lǒngduàn; 专〔專〕卖〔賣〕权〔權〕zhuānmàiquán

monopoli'sieren *vt* 垄〔壟〕断〔斷〕lǒngduàn, 独〔獨〕占〔佔〕dúzhàn, 专〔專〕营〔營〕zhuānyíng

Monoto'nie *f* -n 单〔單〕音 dānyīn, 单调 dāndiào; 无〔無〕聊 wúliáo

'Monstrum *n* -s; ..stra (..stren) 1) (大) 怪物 guàiwù; 2) 畸胎 jītāi

'Montag *m* 星期一 xīngqīyī

Montage [..'tɑːʒə] *f* -n 1) 安装〔裝〕ānzhuāng, 装配 zhuāngpèi; 2) (电影)蒙太奇 méngtàiqí, 剪辑 jiǎnjí; 3) 剪辑综合画〔畫〕jiǎnjí zōnghéhuà, (不同性质文学的) 作品综合 zuòpǐn zōnghé

Mon'tan|industrie *f* 采〔採〕矿〔礦〕冶金工业〔業〕cǎikuàng yějīn gōngyè **～union** *f* 欧〔歐〕洲煤钢〔鋼〕

联〔聯〕营〔營〕 ōuzhōu méigāng liányíng

Mon'teur *m* -s; -e 安装〔裝〕工人 ānzhuāng gōngrén, 装配工人 zhuāngpèi gōngrén

mon'tieren *vt* 安装〔裝〕ānzhuāng, 装配 zhuāngpèi

Moor *n* -(e)s; -e 沼泽〔澤〕zhǎozé, 沼泽地 zhǎozédì **~bad** *n* 1) 泥浴 níyù; 2) 泥浴疗〔療〕养〔養〕地 níyù liáoyǎngdì

'moorig *adj* 沼泽〔澤〕的 zhǎozéde, 低湿〔濕〕的 dīshīde

Moos *n* -es; -e 苔藓 táixiǎn

'moosig *adj* 1) 生苔的 shēngtáide, 长〔長〕满〔滿〕苔的 zhǎngmǎntáide; 2) 沼泽〔澤〕的 zhǎozéde

'Moped *n* -s; -s 1) 轻〔輕〕型摩托车〔車〕qīngxíng mótuōchē; 2) 机〔機〕动〔動〕脚踏车 jīdòng jiǎotàchē

Mops *m* -es; ⸚e 哈巴狗 hābāgǒu, 狮〔獅〕子狗 shīzìgǒu

'mopsen *vt* 1) 偷 tōu, 扒 pá, (顺手)捞〔撈〕走 lāozǒu; 2) sich ~ 觉〔覺〕得无〔無〕聊 juéde wúliáo, 烦闷 fánmèn

Mo'ral *f* 1) 道德 dàodé, 品行 pǐnxíng; 伦〔倫〕理 lúnlǐ; 2) 教训 jiàoxùn, 寓意 yùyì; 3) 士气〔氣〕shìqì, 风〔風〕纪 fēngjì, 精神状〔狀〕态〔態〕jīngshén zhuàngtài

mo'ralisch *adj* 1) 道德的 dàodéde, 道义〔義〕上的 dàoyìshàngde, 伦〔倫〕理的 lúnlǐde; 2) 品德良好的 pǐndé liánghǎo de, 有道德的 yǒu dàodé de; 3) 道德教育的 dàodé jiàoyù de

Mo'rast *m* -es; -e (⸚e) 1) 沼泽〔澤〕地 zhǎozédì; 2) 烂〔爛〕泥 lànní, 泥泞〔濘〕地 nínìngdì

mo'rastig *adj* 沼泽〔澤〕的 zhǎozéde; 泥泞〔濘〕的 nínìngde

Mord *n* -(e)s; -e 谋杀〔殺〕móushā, 凶〔兇〕杀 xiōngshā; einen ~ begehen 进行谋杀

'morden *vi* 1) 犯杀〔殺〕人罪 fàn shārénzuì, 蓄意杀人 xùyì shārén; 2) 谋杀 móushā, 杀害 shāhài

'Mörder *m* -s; - 杀〔殺〕人犯 shārénfàn, 凶〔兇〕手 xiōngshǒu

'mörderisch *adj* 1) 杀〔殺〕人的 shārénde, 凶〔兇〕残〔殘〕的 xiōngcánde; 2) 要命的 yàomìngde, 可怕的 kěpàde, 极〔極〕其厉〔厲〕害的 jíqí lìhài de

'mordgierig *adj* 嗜杀〔殺〕成性的 shìshā chéngxìng de, 残〔殘〕忍好杀的 cánrěn hàoshā de

'Mords|'angst *f* 极〔極〕度害怕 jídù hàipà **~'glück** *n* 非常幸福 fēicháng xìngfú **~kerl** *m* 了不起的人 liǎobuqǐde rén, 好汉〔漢〕hǎohàn **~spek'takel** *m* 大吵大闹 dàchǎo dànào; 激烈的争吵 jīliède zhēngchǎo

'morgen *adv* 1) (在)明天 míngtiān; ~ früh (abend) 明天早上(晚上); ~ in acht Tagen 下星期的明天; 2) 将〔將〕来〔來〕jiānglái, 未来 wèilái; 3) 早上 zǎoshàng, 上午 shàngwǔ

'Morgen *m* -s; - 1) 早晨 zǎochen; am ~ 在早上; guten ~! 早上好! 2) 上午 shàngwǔ **~blatt** *n* 晨报〔報〕chénbào **~dämmerung** *f* 黎明 límíng, 拂晓〔曉〕fúxiǎo **~gymnastik** *f* 早操 zǎocāo **~land** *n* -(e)s; 东〔東〕方 dōngfāng **~rock** *m* 晨服 chénfú **~röte** *f* 曙光 shǔguāng, 朝霞 zhāoxiá

'morgens *adv* 在早上 zài zǎoshàng, 在清晨 zài qīngchén; 在上午 zài shàngwǔ

'morgig *adj* 1) 明天的 míngtiānde; 2) 将〔將〕来〔來〕的 jiāngláide

'Morphium *n* -s; 吗啡 mǎfēi

morsch *adj* 腐烂〔爛〕的 fǔlànde, 腐朽的 fǔxiǔde, 脆裂的 cuìliède

'Mörser *m* -s; 1) 臼 jiù, 研钵 yánbo; 2)迫击〔擊〕炮 pǎijīpào

'Mörtel *m* -s; - 灰浆〔漿〕huījiāng, 砂浆 shājiāng

Mosa'ik *n* -s; -en 1) 镶嵌细工 xiāngqiàn xìgōng; 2) 镶嵌工艺〔藝〕品 xiāngqiàn gōngyìpǐn

Mo'schee *f* -n 清真寺 qīngzhēnsì

'Moschus *m* 麝香 shèxiāng

Mos'kito *m* -s; -s 蚊子 wénzi **~netz** *n* 蚊帐〔帳〕wénzhàng, (挡蚊)纱窗 shāchuāng

'Moslem *m* -s; -s 穆斯林 mùsīlín, 伊斯兰〔蘭〕教徒 yīsīlánjiàotú

Most *m* -es; -e 1)(未发酵或发酵中的)果汁 guǒzhì; 果子酒 guǒzījiǔ; 2) 激进〔進〕精神 jījìn jīngshén

'Mostrich *m* -(e)s; 芥子 jièzǐ, 芥末 jièmò

Mo'tiv *n* -s; -e 1) 动〔動〕机〔機〕dòngjī, 主旨 zhǔzhǐ; 2) 主题 zhǔtí, 题材 tícái; 3) 基调 jīdiào

'Motor *m* -s; -en 1) 发〔發〕动〔動〕机〔機〕fādòngjī, 马〔馬〕达〔達〕mǎdá; 2) 动力 dònglì, 推动力 tuīdònglì **~boot** *n* 摩托艇 mótuōtǐng **~haube** *f* 汽车〔車〕引擎盖〔蓋〕子 qìchē yǐnqíng gàizi

motori'sieren *vt* 1) 给…安装〔裝〕发〔發〕动〔動〕机〔機〕gěi … ānzhuāng fādòngjī; 2) 使机动化 shǐ jīdònghuà, 使摩托化 shǐ mótuōhuà

'Motor|rad *n* 摩托车〔車〕mótuōchē **~radfahrer** *m* 骑摩托车〔車〕者

qí mótuōchē zhě ~**roller** *m* (低座)小型摩托车〔車〕xiǎoxíng mótuōchē

'**Motte** *f* -n 蛾 é; 蛀虫〔蟲〕zhùchóng, 蠹 dù ~**nkugel** *f* 卫〔衛〕生球 wèishēngqiú, 樟脑〔腦〕丸 zhāngnǎowán

'**motten|sicher** *adj* 防蛀的 fángzhùde, 不蛀的 bùzhùde ~**zerfressen** *adj* 虫〔蟲〕蛀的 chóngzhùde, 蛀坏〔壞〕的 zhùhuàide

'**Motto** *n* -s; -s 1) 格言 géyán, 箴言 zhēnyán, 座右铭 zuòyòumíng; 2) (书扉页或章节前的)题词 tící, 警句 jǐngjù

'**Möwe** *f* -n 海鸥〔鷗〕hǎi'ōu

'**Mücke** *f* -n 蚊子 wénzi; aus einer ~ einen Elefanten machen 小题大作 xiǎotí dàzuò, 夸〔誇〕大其词 kuādà qí cí ~**nstich** *m* 蚊子的叮咬 wénzide dīngyǎo

'**Mucker** *m* -s; - 1) 胆〔膽〕小怕事的人 dǎnxiǎo pàshì de rén; 2) 伪〔僞〕君子 wěijūnzi; 3) 爱〔愛〕发〔發〕牢骚的人 àifā láosāo de rén

'**müde** *adj* 1) 疲倦的 píjuànde, 累的 lèide; 2) 厌〔厭〕倦的 yànjuànde, 厌烦的 yànfánde; einer Sache (*G*) ~ sein 对某事感到厌烦

'**Müdigkeit** *f* 疲乏 pífá, 疲倦 píjuàn

Muff *m* I -(e)s; -e (防寒用)皮手筒 píshǒutǒng, 皮手笼〔籠〕píshǒulóng; II -(e)s; 霉 méi; 霉味 méiwèi, 腐朽的气〔氣〕味 fǔxiǔde qìwèi ~**e** *f* -n (管子)接头〔頭〕jiētóu, 套筒 tàotǒng, 衬〔襯〕套 chèntào

'**muffeln** *vi* 1) 不停地嚼 bùtíngde jiáo; 2) 含糊地说 hánhúde shuō, 咕哝〔噥〕gūnong

'**muffig** *adj* 1) 发〔發〕霉的 fāméide, 有霉味的 yǒuméiwèide; 2) 撅着嘴的 juēzhe zuǐde, 绷着脸的 bēngzhe liǎn de, 生气〔氣〕的 shēngqìde; 3) 满〔滿〕腹牢骚的 mǎnfù láosāo de

'**Mühe** *f* -n 辛苦 xīnkǔ, 辛劳〔勞〕xīnláo, 费力 fèilì; sich ~ geben 花气力,费力; der ~ wert sein 值得花费气力; j-m ~ machen 麻烦某人 máfán mǒnrén

'**mühelos** *adj* 不费气〔氣〕力的 bùfèi qìlì de, 轻〔輕〕而易举〔舉〕的 qīng ér yì jǔ de

'**mühen** *v sich* 操劳〔勞〕cāoláo, 费心 fèixīn, 尽〔盡〕力 jìnlì; 照料 zhàoliào, 关〔關〕怀〔懷〕guānhuái

'**mühevoll** *adj* 费力的 fèilìde, 艰〔艱〕难〔難〕的 jiānnánde

'**Mühle** *f* -n 1) 磨坊 mòfáng, 碾磨厂〔廠〕niǎnmòchǎng; 2) 磨臼 mòjiù; 碾磨机〔機〕niǎnmòjī

'**Mühsal** *f* -e 辛劳〔勞〕xīnláo, 艰〔艱〕辛 jiānxīn

'**müh|sam,** ~**selig** *adj* 辛苦的 xīnkǔde, 艰〔艱〕难〔難〕的 jiānnánde, 吃力的 cīlìde

Mu'latte *m* -n; -n (黑人与白人的)混血儿〔兒〕hùnxuè'ér

'**Mulde** *f* -n 1) 低洼〔窪〕地 dīwādì, 凹地 āodì; 2) (长形)木槽 mùcáo

Mull *m* -(e)s; -e (医用)纱布 shābù

Müll *m* -(e)s; 垃圾 lājī ~**abfuhr** *f* 清除垃圾 qīngchú lājī ~**eimer** *m* 垃圾桶 lājītǒng

'**Müller** *m* -s;- 1) 磨坊工人 mòfáng gōngrén; 2) 磨坊主 mòfángzhǔ

'**Müll|fahrer** *m* 倒垃圾工 dàolājīgōng ~**haufen** *m* 垃圾堆 lājīduī ~**schlucker** *m* (楼房各单元的)垃圾管道 lājī guǎndào ~**wagen** *m* 垃圾车〔車〕lājīchē

Multiplikati'on *f* -n (数学)乘法 chéngfǎ

multipli'zieren *vt* (数学)乘 chéng

'**Mumie** *f* -n 木乃伊 mùnǎiyī

Mumps *m, f* 流行性腮腺炎 liúxíngxìng sāixiànyán

Mund *m* -(e)s; =er 嘴 zuǐ, 口 kǒu; den ~ halten 保持缄默 bǎochí jiānmò, 守口如瓶 shǒu kǒu rú píng; den ~ voll nehmen 夸〔誇〕口 kuākǒu, 吹牛 chuīniú; sich den ~ verbrennen 说话走火 shuōhuà zǒuhuǒ, 出口惹祸〔禍〕chūkǒu rěhuò; nicht auf den ~ gefallen sein 善于〔於〕应〔應〕付(能说会道) shànyú yìngfù; j-m über den ~ fahren 粗暴地打断〔斷〕(驳斥)某人的话 cūbàode dǎduàn mǒurén de huà ~**art** *f* 方言 fāngyán, 土话 tǔhuà

'**mundartlich** *adj* 方言的 fāngyánde, 土语的 tǔyǔde

'**Mündel** *m, n* -s; - 被监〔監〕护〔護〕的人 bèi jiānhù de rén

'**münden** *vi* ~ in (*A*) (江河等)流入… liúrù …, 注入… zhùrù …; (街道)通向… tōngxiàng …

'**mund|faul** *adj* 懒得开〔開〕口的 lǎnde kāikǒu de, 不爱〔愛〕说话的 bù'ài shuōhuà de ~**gerecht** *adj* 可口的 kěkǒude, 美味的 měiwèide

'**Mund|geruch** *m* 口臭 kǒuchòu ~**harmonika** *f* 口琴 kǒuqín ~**höhle** *f* 口腔 kǒuqiāng

'**mündig** *adj* 成年的 chéngniánde, 达〔達〕到法定年龄〔齡〕的 dádào fǎdìng niánlíng de

'**Mündigkeit** *f* 成年 chéngnián; 法

定年龄〔齡〕fǎdìng niánlíng

'mündlich *adj* 口头〔頭〕的 kǒutóude

'Mundstück *n* 1)（管乐器）吹嘴 chuīzuǐ; 2) 烟〔煙〕嘴 yānzuǐ; 3)（马）嚼子 jiáozi

'mundtot *adj* ~ machen 封住…的嘴 fēngzhù … de zuǐ, 使缄默 shǐ jiānmò

'Mündung *f* -en 1) 河口 hékǒu; 江口 jiāngkǒu; 2) 街口 jiēkǒu; 3) 枪〔槍〕炮口 qiāngpàokǒu

'Mund|vorrat *m*（出门带的）食品 shípǐn, 干〔乾〕粮〔糧〕gānliáng ~**wasser** *n* -s; ⸚ 漱口（药）水 shùkǒushuǐ ~**werk** *n* ein gutes ~ haben 能说会〔會〕道 néng shuō huì dào, 口齿〔齒〕伶俐 kǒuchǐ línglì

Muniti'on *f* -en 弹〔彈〕药〔藥〕dànyào

'munkeln *vi* 1) 窃〔竊〕窃私语 qièqiè sīyǔ, 私下议〔議〕论〔論〕sīxià yìlùn; 2) 私下谣传〔傳〕sīxià yáochuán, 私下传说 sīxià chuánshuō

'munter *adj* 1) 活泼〔潑〕的 huópode, 快乐〔樂〕的 kuàilède, 兴〔興〕致很高的 xìngzhì hěn gāo de; 2) 醒着的 xǐngzhede, 清醒的 qīngxǐngde; 3) 健康的 jiànkāngde

'Münz|e *f* -n 1) 硬币〔幣〕yìngbì; etw. für bare ~ nehmen 把…当〔當〕作真的 bǎ… dàngzuò zhēnde, 轻〔輕〕信… qīngxìn…; j-m etw. mit gleicher ~ heimzahlen 以其人之道还〔還〕治其人之身 yǐ qírén zhī dào huán zhì qírén zhī shēn; 2) 造币厂〔廠〕zàobìchǎng ~**einheit** *f* 货币〔幣〕单〔單〕位 huòbì dānwèi

'münzen *vt* 1) 铸〔鑄〕币〔幣〕zhùbì, 造币 zàobì; 2) gemünzt sein auf (*A*) 针对〔對〕… zhēnduì …

'Münz|fernsprecher *m* 自〔動〕动收费公用电〔電〕话 zìdòng shōufèi gōngyòng diànhuà ~**fuß** *m* 硬币〔幣〕的法定纯分 yìngbìde fǎdìng chúnfēn ~**wesen** *n* 铸〔鑄〕币业〔業〕chùbìyè

'mürbe *adj* 1) 腐朽的 fǔxiǔde, 易碎的 yìsuìde; 2) 松〔鬆〕脆的 sōngcuìde, 熟软的 shóuruǎnde; 3) j-n ~ machen 软化某人 ruǎnhuà mǒurén, 使某人屈服 shǐ mǒurén qūfú

'Murmel *f* -n（儿童游戏用的玻璃）弹〔彈〕子 dànzi

'murmeln *vt, vi* 喃喃自语 nánán zìyǔ, 嘟哝〔噥〕dūnong

'Murmeltier *n* 旱獭 hàntǎ

'murren *vi* 1) 咕哝〔噥〕gūnong, 抱怨 bàoyuàn; 2) 发〔發〕出隆隆声〔聲〕fāchū lónglóng shēng

'mürrisch *adj* 生气〔氣〕的 shēngqìde, 心情不好的 xīnqíng bù hǎo de, 闷闷不乐〔樂〕的 mènmèn bù lè de

Mus *n* -es; -e（果）酱〔醬〕jiàng,（面、菜等）糊 hú, 泥 ní

'Muschel *f* -n 1) 贝〔貝〕bèi, 贝壳〔殼〕bèiqiào; 2)（电话）耳机〔機〕ěrjī

Mu'seum *n* -s; ..'seen 博物馆 bówùguǎn

Mu'sik *f* 1) 音乐〔樂〕yīnyuè, 乐曲 yuèqǔ; 2)（军）乐队〔隊〕yuèduì

musi'kalisch *adj* 1) 音乐〔樂〕的 yīnyuède; 2) 爱〔愛〕好音乐的 àihào yīnyuè de, 有音乐才能的 yǒu yīnyuè cáinéng de; 3) 和谐的 héxiéde, 悦耳的 yuè'ěrde

Musi'kant *m* -en; -en 乐〔樂〕师〔師〕yuèshī

Mu'sik|automat *m* 自动〔動〕音乐播放器 zìdòng yīnyuè bōfàngqì '~**er** *m* -s;- 1) 音乐家 yīnyuèjiā; 2) 专〔專〕业〔業〕乐队〔隊〕成员 zhuānyè yuèduì chéngyuán ~**instrument** *n* 乐器 yuèqì ~**lehrer** *m* 音乐教师〔師〕yīnyuè jiàoshī ~**stunde** *f* 音乐课 yīnyuèkè ~**truhe** *f* 乐柜〔櫃〕(装有收录音机、电唱机等) yuèguì

musi'zieren *vi* 合奏 hézòu, 弹〔彈〕奏 tánzòu

Mus'kat *m* -(e)s; -e 肉豆蔻 ròudòukòu

'Muskel *m* -s; -n 1) 肌肉 jīròu; 2) 力量 lìliàng ~**kater** *m*（劳累后的）肌肉疼痛 jīròu téngtòng ~**kraft** *f* 肌肉力 jīròulì, 膂力 lǚlì ~**zerrung** *f* 肌劳〔勞〕损 jīláosǔn

Muskula'tur *f* -en 肌肉 jīròu, 肌肉系统 jīròu xìtǒng

musku'lös *adj* 肌肉发〔發〕达〔達〕的 jīròu fādá de, 强有力的 qiángyǒulìde

Muß *n* 强制 qiángzhì, 必需 bìxū; 不得不做的事 bùdébù zuò de shì; es ist ein ~ 这是件必须做的事

'Muße *f* 清闲 qīngxián, 悠闲 yōuxián; mit ~ 悠闲地

'müssen* I *vi* ich muß 我必须 wǒ bìxū; II *aux* 1) 必须 bìxū, 不得不 bùdébù; 应〔應〕该 yīnggāi; du mußt den Film sehen 你应该看看这部电影; ich habe gehen ~ 我得走了; ich müßte (eigentlich) wissen 我本应该知道的; 2) 想必 xiǎngbì, 一定 yīdìng; sie muß krank sein 她一定是病了; 3)（表示愿望）要是…该多好 yàoshì … gāi duōhǎo; du hättest ihm helfen

～ 你真该帮帮他

'müßig *adj* 1) 闲散的 xiánsǎnde, 空闲的 kòngxiánde; 2) 多余〔餘〕的 duōyúde, 无〔無〕用的 wúyòngde

'Müßig|gang *m* 懒惰 lǎnduò, 游手好闲 yóu shǒu hào xián **～gänger** *m* -s; - 懒汉〔漢〕lǎnhàn, 游手好闲的人 yóu shǒu hào xián de rén

'Muster *n* -s; - 1) 模型 móxíng, 样〔樣〕式 yàngshì; 图〔圖〕案 tú'àn; 2) 货样 huòyàng, 样品 yàngpǐn, 样本 yàngběn; 3) 模范〔範〕mófàn, 榜样 bǎngyàng

'muster|gültig, **～haft** *adj* 模范〔範〕的 mófànde, 可作为〔爲〕典范的 kě zuòwéi diǎnfàn de, 十全十美的 shí quán shí měi de

'mustern *vt* 1) 用图〔圖〕案装〔裝〕饰 yòng tú'àn zhuāngshì, 加花饰 jiā huāshì; 2) 观〔觀〕察 guānchá, 打量 dǎliang; 3) (征兵时)进〔進〕行体〔體〕格检〔檢〕查 jìnxíng tǐgé jiǎnchá

'Musterung *f* -en 1) 图〔圖〕案 tú'àn, 花样〔樣〕huāyàng; 2) 观〔觀〕察 guānchá, 察看 chákàn; 3) (征兵时)体〔體〕格检〔檢〕查 tǐgé jiǎnchá

Mut *m* -(e)s; 1) 勇气〔氣〕yǒngqì, 胆〔膽〕量 dǎnliàng; ～ fassen 鼓起勇气; den ～ verlieren 丧失勇气; j-m ～ machen 使某人振奋〔奮〕shǐ mǒurén zhènfèn, 鼓励〔勵〕某人 gǔlì mǒurén; guten ～(e)s sein 满〔滿〕怀〔懷〕信心 mǎnhuái xìnxīn; 2) 心情 xīngqíng, 情绪 qíngxù

'mut|ig *adj* 勇敢的 yǒnggǎnde, 大胆〔膽〕的 dàdǎnde, 无〔無〕畏的 wúwèide **～los** *adj* 1) 胆〔膽〕小的 dǎnxiǎode, 儒怯的 nuòqiède; 2) 灰心的 huīxīnde, 沮丧〔喪〕的 jǔsàngde **～maßen** *vt* 猜想 cāixiǎng, 推测 tuīcè **～maßlich** *adj* 推测的 tuīcède, 猜想的 cāixiǎngde, 可能的 kěnéngde

'Mutter *f* I ¨ 母亲〔親〕mǔqīn, 妈妈 māma; II -n 螺母 luómǔ, 螺帽 luómào **～leib** *m* 子宫 zǐgōng

'mütterlich *adj* 1) 母亲〔親〕方面的 mǔqīn fāngmiàn de, 母系的 mǔxìde; 2) 慈母般的 címǔbānde, 慈爱〔愛〕的 cí'àide **～er'seits** *adv* 母方地 mǔfāngde, 母系地 mǔxìde

'Mutter|liebe *f* 母爱〔愛〕mǔ'ài **～mal** *n* 母斑 mǔbān, 胎痣 tāizhì **～milch** *f* 母乳 mǔrǔ, 人乳 rénrǔ **～schaft** *f* 1) 母性 mǔxìng, 母道 mǔdào; 2) 母亲〔親〕身份 mǔqīn shēnfèn

'mutter'seelenal'lein *adj* 孤单〔單〕单的 gūdāndānde, 孤零零的 gūlínglíngde

'Mutter|söhnchen *n* -s; - (妈妈的)宝〔寶〕贝〔貝〕儿〔兒〕子 bǎobèi ěrzi **～sprache** *f* 母语 mǔyǔ, 本国〔國〕语言 běnguó yǔyán; 本族语 běnzúyǔ

'Mutwille *m* 1) 故意 gùyì, 有意 yǒuyì, 恶〔惡〕意 èyì; 2) 戏〔戲〕弄 xìnòng, 恶作剧〔劇〕èzuòjù

'mutwillig *adj* 1) 故意的 gùyìde, 有意的 yǒuyìde; 2) 戏〔戲〕弄人的 xìnòngrénde, 恶〔惡〕作剧〔劇〕的 èzuòjùde

Mütze *f* -n 1) 便帽 biànmào, 帽子 màozi; 2) (保温的) 罩 zhào, 套 tào

'Myrrhe *f* -n (医药)没药〔藥〕méiyào

'Myrte *f* -n (植物) 桃金娘科 táojīnniángkē

mysteri'ös *adj* 神秘的 shénmìde, 不可思议〔議〕的 bùkě sīyì de

My'sterium *n* -s; ..rien 1) 神秘 shénmì, 奥秘 àomì; 2) 神秘的事物 shénmìde shìwù, 不可思议〔議〕的事物 bùkě sīyì de shìwù

Mystifikati'on *f* -en 神秘化 shénmìhuà, 故弄玄虚 gùnòng xuānxū, 迷惑 míhuò

mystifi'zieren *vt* 1) 使神秘化 shǐ shénmìhuà; 2) 迷惑 míhuò, 蒙蔽 méngbì

'Mystik *f* 神秘主义〔義〕shénmì zhǔyì; 神秘教 shénmìjiào

'mystisch *adj* 1) 神秘主义〔義〕的 shénmì zhǔyì de; 神秘教的 shénmìjiàode; 2) 神秘的 shénmìde, 不可思议〔議〕的 bùké sīyì de

'Mythe *f* -n 1) 神话 shénhuà; 2) 传〔傳〕说 chuánshuō, 传奇 chuánqí

'mythisch *adj* 1) 神话的 shénhuàde, 神话式的 shénhuàshìde; 2) 想象的 xiǎngxiàngde, 虚构〔構〕的 xūgòude

Mytholo'gie *f* -n 1) 神话 (总称) shénhuà; 2) 神话学〔學〕shénhuàxué

myth'ologisch *adj* 神话的 shénhuàde, 神话学〔學〕的 shénhuàxuéde

'Myth|os *m* -; ..then, **～us** *m* -; ..then 1) 神话 shénhuà; 2) 传〔傳〕说 chuánshuō, 传奇 chuánqí

N n

na *int* 哼 hng, 嗯 ńg (ňg, ǹg), 咳 hāi, 好吧 hǎoba, 喂 wèi
'Nabe *f* -n (轮)毂 gū
'Nabel *m* -s; - 1) 肚脐〔臍〕dùqí; 2) 种〔種〕脐 zhǒngqí; 3) 中心(点) zhōngxīn
nach I *prp* (*D*) 1) 向 xiàng, 到 dào, 往 wàng; 2)接着 jiēzhe, 挨着 āizhe; einer ~ dem andern 一个接着一个; 3)(表示时间)在…以后〔後〕zài … yǐhòu; fünf Minuten ~ eins 一点〔點〕五分 yīdiǎn wǔfēn; 4) 按照 ànzhào, 根据〔據〕gēnjù; ~ Gewicht 按重量; ~ deutschen Geld 按(用)德国货币; II *adv* 跟着 gēnzhe, 接着 jiēzhe; ~ und ~ 逐渐 zhújiàn; ~ wie vor 始终 shǐzhōng, 一如既往 yīrú jìwǎng
'nachahmen *vt* 1) 模仿 mófǎng, 仿效 fǎngxiào; 2) 仿制〔製〕fǎngzhì, 伪〔僞〕造 wěizào; 复〔復〕制 fùzhì
'Nachahmung *f* -en 1) 模仿 mófǎng, 仿造 fǎngzào; 2) 仿制〔製〕品 fǎngzhìpǐn, 复〔複〕制品 fùzhìpǐn, 赝品 yànpǐn
'Nachbar *m* -n(-s); -n 1) 邻〔鄰〕居 línjū, 邻人 línrén; 2) 邻国〔國〕línguó, 邻邦 línbāng **~schaft** *f* -en 1) 邻〔鄰〕近 línjìn, 附近 fùjìn; 2) 邻居关〔關〕系〔係〕línjū guānxì; 3) 邻居(总称) línjū
'Nachbehandlung *f* 辅助治疗〔療〕fǔzhù zhìliáo
'nachbestellen *vt* 补〔補〕订 bǔdìng, 添订 tiāndìng; 补叫 (吃的东西) bǔjiào
'Nachbildung *f* 1) 仿作 fǎngzuò, 复〔複〕制〔製〕fùzhì; 2) 复制品 fùzhìpǐn, 仿制品 fǎngzhìpǐn
'nachblicken *vi* 目送…离〔離〕去 mùsòng … líqù
nach'dem *cj* 1) 在…以后〔後〕zài … yǐhòu, 当〔當〕…之后 dāng … zhī hòu; 2) je ~ 看…(情况)而定 kàn … ér dìng, 根据〔據〕情况 gēnjù qíngkuàng
'nachdenken* *vi* 思考 sīkǎo, 考虑〔慮〕kǎolǜ, 深思 shēnsī
'Nachdenken *n* -s 思考 sīkǎo, 考虑〔慮〕kǎolǜ, 深思熟虑 shēnsī shúlǜ
'nachdenklich *adj* 1)沉思的 chénsīde, 思考的 sīkǎode; 爱〔愛〕动〔動〕脑〔腦〕的 àidòngnǎode; 2) 引人深思的 yǐn rén shēnsī de
'Nachdichtung *f* 意译〔譯〕yìyì, (外国文学作品的)改写〔寫〕gǎixiě
'Nchdruck *m* I -(e)s; 重点〔點〕zhòngdiǎn, 强调 qiángdiào; 坚〔堅〕定 jiāndìng, 坚决 jiānjué; II -(e)s; -e 1) 再版 zàibǎn, 重版 chóngbǎn; 2) 再(重)版本 zàibǎnběn; 翻印 fānyìn
'nachdrucken *vt* 1) 重印 chóngyìn, 再版 zàibǎn; 2) 非法翻印 fēifǎ fānyìn
'nachdrücklich *adj* 强调的 qiángdiàode, 坚〔堅〕决的 jiānjuéde, 有力的 yǒulìde; ~ betonen 着重强调
'nacheifern *vi* 努力赶〔趕〕上 nǔlì gǎnshàng, 竭力仿效 jiélì fǎngxiào
nachein'ander *adv* 1) 一个〔個〕接一个 yīgè jiē yīgè, 依次 yīcì, 相继〔繼〕xiāngjì; 2) 相互 xiānghù, 彼此 bǐcǐ
'nach|empfinden* *vt* 1) 对〔對〕…有同感 duì … yǒu tónggǎn; 2) 仿做 fǎngzuò **~erzählen** *vt* 复〔複〕述 fùshù
'Nachfolge *f* 1) 跟随〔隨〕gēnsuí; 2) 继〔繼〕承 jìchéng, 继任 jìrèn
'nachfolgen *vi* (*s*) 1) 跟随〔隨〕gēnsuí, 跟着来〔來〕gēnzhe lái; 随着 suízhe; 2) 接替 jiētì, 继〔繼〕承 jìchéng, 继任 jìrèn; j-m im Amt ~ 接替某人的职务
'Nachfolger *m* -s;- 继〔繼〕任者 jìrènzhě, 继承者 jìchéngzhě, 接班人 jiēbānrén
'nachforschen *vi* 调查 diàochá, 了〔瞭〕解 liǎojiě, 查询 cháxún
'Nachforschung *f* 调查 diàochá, 了〔瞭〕解 liǎojiě, 查询 cháxún
'Nachfrage *f* 1) 打听〔聽〕dǎtīng, 询问 xúnwèn; 2) 需求 xūqiú
'nach|fragen *vi* 1) 询问 xúnwèn, 打听〔聽〕dǎtīng; 2) 再问 (一次) zàiwèn **~fühlen** *vt* 对〔對〕…有同感 duì … yǒu tónggǎn **~füllen** *vt* 重新装〔裝〕满〔滿〕chóngxīn zhuāngmǎn, 添满 tiānmǎn **~geben*** *vi* 屈服 qūfú, 让〔讓〕步 ràngbù
'Nachgebühr *f* 欠(邮)资 qiànzī, 补〔補〕交邮〔郵〕资 bǔjiāo yóuzī
'nachgehen* *vi* (*s*) 1) 跟随〔隨〕gēnsuí, 跟踪 gēnzōng; 2) 调查 diàochá, 查究 chájiū; 3)从〔從〕事 cóngshì, 致力于〔於〕zhìlìyú; 4)

(在脑海)萦〔縈〕绕〔繞〕yíngrǎo, 萦回 yínghuí; 5)(钟表)走慢 zǒumàn

'**Nachgeschmack** *m* -(e)s; 余〔餘〕味 yúwèi, 回味 huíwèi; (不愉快的)回忆〔憶〕huíyì

'**nach|giebig** *adj* 1) 松〔鬆〕软的 sōngruǎnde; 2) 顺从〔從〕的 shùncóngde, 迁〔遷〕就的 qiānjiùde **~-grübeln** *vi* 反复〔復〕思考 fǎnfù sīkǎo, (不断地)考虑〔慮〕kǎolǜ **~haltig** *adj* 持久的 chíjiǔde, 持续〔續〕的 chíxùde

nach'her *adv* 以后〔後〕yǐhòu, 此后 cǐhòu; bis~! 回头见!

'**Nachhilfe** *f* 1) 支持 zhīchí, 扶助 fúzhù; 2) 补〔補〕习〔習〕bǔxí, 辅导〔導〕fǔdǎo **~lehrer** *m* 辅导〔導〕教师〔師〕fǔdǎo jiàoshī, 私人教师 sīrén jiàoshī **~stunde** *f*, **~unterricht** *m* 补〔補〕习〔習〕课 bǔxíkè

'**nachholen** *vt* 1) 赶〔趕〕上 gǎnshàng; 补〔補〕做 bǔzuò, 挽回 wǎnhuí; 2) 事后〔後〕把…接来〔來〕shìhòu bǎ … jiēlái

'**Nachhut** *f* -en (部队等)后〔後〕卫〔衛〕hòuwèi, 殿后 diànhòu

'**nach|jagen** *vi(s)* 1) 追赶〔趕〕zhuīgǎn; 追捕 zhuībǔ; 2) 追求 zhuīqiú **~klingen*** *vi* 1)余〔餘〕音缭绕〔繞〕yúyīn liáorào, 回响〔響〕huíxiǎng; 2)继〔繼〕续〔續〕影响 jìxù yǐngxiǎng, 继续有效 jìxù yǒuxiào

'**Nachkomme** *m* -n; -n 子孙〔孫〕zǐsūn, 后〔後〕代 hòudài

'**nachkommen*** *vi (s)* 1) 随〔隨〕后〔後〕来〔來〕suíhòu lái; 2) 跟(得)上 gēnshàng; 3) 满〔滿〕足 mǎnzú, 履行 lǚxíng

'**Nachkommenschaft** *f* 子孙〔孫〕后〔後〕代 zǐsūn hòudài, 后裔(总称)hòuyì

'**Nachlaß** *m* ..sses; ..sse (..lässe) 1) 遗产〔產〕yíchǎn, 遗物 yíwù; 2) 减价〔價〕jiǎnjià, 降价 jiàngjià; 3) 减轻〔輕〕jiǎnqīng

'**nachlassen*** I *vt* 降低 jiàngdī, 减低(价格)jiǎndī; II *vi* 1) 减轻〔輕〕jiǎnqīng, 减弱 jiǎnruò; 放松〔鬆〕fàngsōng 变〔變〕(得)差 biànchà; 2)(学习)退步 tuìbù

'**nachlässig** *adj* 1) 马〔馬〕虎的 mǎhude, 粗心的 cūxīnde; 漫不经〔經〕心的 màn bù jīngxīn de, 随〔隨〕便的 suíbiànde; 3) 蹩脚的 biéjiǎode, 邋遢的 lātāde

'**nach|laufen*** *vi (s)* 1) 跟在后〔後〕面跑 gēnzài hòumiàn pǎo, 尾随〔隨〕wěisuí; 2)(死皮赖脸地)追求 zhuīqiú; 强求 qiángqiú **~-lesen*** *vt* 1) 查阅 cháyuè, 查对〔對〕cháduì; 2)(庄稼等)复〔復〕收 fùshōu, 拾(落穗)shí **~liefern** *vt* 1) 逾期交付 yúqì jiāofù; 2) 补〔補〕交 bǔjiāo, 陆〔陸〕续〔續〕交付 lùxù jiāofù **~lösen** *vt* eine Fahrkarte ~ 补〔補〕(买车)票 bǔpiào **~machen** *vt* 1) 补〔補〕做 bǔzuò; 2) 摹仿 mófǎng, 仿效 fǎngxiào; 3) 伪〔僞〕造 wěizào

'**Nachmittag** *m* 下午 xiàwǔ

'**nachmittags** *adv* 在下午 zài xiàwǔ, 每天下午 měitiān xiàwǔ

'**Nach|nahme** *f* -n 1)(货到时通过邮局)代收货款 dàishōu huòkuǎn; 2)(由邮局)代收货款的邮件 dàishōu huòkuǎn de yóujiàn; per ~ schicken 邮寄代收货款的邮件 **~name** *m* 姓 xìng **~-porto** *n* 补〔補〕收邮资 bǔshōu yóuzī, (邮政)欠资 qiànzī

'**nach|prüfen** *vt* 1) 核对〔對〕héduì, 复〔復〕查 fùchá, 检〔檢〕验〔驗〕jiǎnyàn; 2) 补〔補〕考 bǔkǎo **~rechnen** *vt* 1) 复〔復〕算 fùsuàn, 复核 fùhé; 2) 推算 tuīsuàn

'**Nachrede** *f* 1) 后〔後〕记 hòujì, 跋 bá; 2) 诽谤 fěibàng, 中伤〔傷〕zhòngshāng

'**nachreden** *vt* j-m übles ~ 散布诽谤某人的话 sànbù fěibàng mǒurén de huà

'**Nachricht** *f* -en 1) 消息 xiāoxi; 报〔報〕道 bàodào, 新闻 xīnwén; ~ geben 通知 tōngzhī; 2) 新闻节〔節〕目(广播、报道)xīnwén jiémù **~enagentur** *f* 通讯社 tōngxùnshè **~endienst** *m* 1)通讯 tōngxùn, 通讯事务〔務〕tōngxùn shìwù; 通讯社 tīngxùnshè; 2) 新闻广〔廣〕播 xīnwén guǎnbō; 电〔電〕视新闻 diànshī xīnwén; 3)(军事)情报〔報〕机〔機〕构〔構〕qíngbào jīgòu, 谍报机构 diébào jīgòu **~ensatellit** *m* 通讯卫〔衛〕星 tōngxùn wèixīng **~ensprecher** *m* 新闻广播员 xīnwén guǎngbōyuán

'**nachrücken** *vi (s)* 1) 推进〔進〕tuījìn; 跟上 gēnshàng, 尾随〔隨〕wěisuí; 2) 接任 jiērèn, 替补〔補〕tìbǔ

'**Nachruf** *m* 讣告 fùgào; 悼词 dàocí

'**nachsagen** *vt* 1) 模仿着说 mófǎngzhe shuō, 照样〔樣〕说 zhàoyàng shuō; 2) 背后〔後〕说 bèihòu shuō, 背后议〔議〕论〔論〕bèihòu yìlùn; man sagt ihm nach, daß… 有人背后说他…

'**Nachsaison** *f* (旅游等)淡季 dànjì

'nach|schicken *vt* 见 nachsenden **~schlagen*** *vt* 参〔參〕考 cānkǎo, 查阅 cháyuè
'Nach|schlagewerk *n* 参〔參〕考书〔書〕cānkǎoshū, 工具书 gōngjùshū **~schlüssel** *m* 1) 私配的钥〔鑰〕匙 sīpèide yàoshi; 2) 万〔萬〕能钥匙 wànnéng yàoshi **~schrift** *f* 1) (信正文后的) 附言 fùyán, 又及 yòují; 2) 笔〔筆〕记 bǐjì, 记录〔録〕jìlù **~schub** *m* 1) (部队)补〔補〕给 bǔjǐ, 补充供给 bǔchōng gōngjǐ; 2) 供给品 gōngjǐpǐn, 给养〔養〕jǐyǎng
'nach|sehen* I *vi* 1) 目送 mùsòng; 2) 查看 (一下) chákàn; II *vt* 1) 查阅 cháyuè, 查找 cházhǎo; 2) 检〔檢〕查 jiǎnchá, 查看 chákàn; 3) 原谅 yuánliàng, 宽恕 kuānshù; j-m etw. ~ 原谅某人的某(一件)事 **~senden*** *vt* 事后〔後〕送去 shìhòu sòngqù; 转〔轉〕寄 zhuǎnjì, 转递〔遞〕zhuǎndì, 转送 zhuǎnsòng
'Nachsicht *f* 容忍 róngrěn, 宽恕 kuānshù, 谅解 liàngjiě
'nachsicht|ig, ~svoll *adj* 宽厚的 kuānhòude, 宽容的 kuānróngde, 谅解的 liàngjiěde
'Nachsilbe *f* (语法)后〔後〕缀 hòuzhuì
'nach|sinnen* *vi* 考虑〔慮〕kǎolǜ, 深思 shēnsī **~sitzen*** *vi* (处罚学生)留下 liúxià, 关〔關〕学〔學〕guānxué
'Nach|speise *f* 饭后〔後〕水果 fànhòu shuǐguǒ **~spiel** *n* 1) (剧本、乐曲的)结尾部分 jiéwěi bùfèn, 尾声〔聲〕wěishēng; 2) 后〔後〕果 hòuguǒ, 余〔餘〕波 yúbō
'nach|spionieren *vi* 侦查 zhēnchá, 暗中监〔監〕视 ànzhōng jiānshì **~sprechen*** *vi, vt* 重复〔復〕(某人的话) chóngfù, 跟着说 gēnzhe shuō **~spülen** *vt* 1) 冲〔衝〕洗 chōngxǐ, 漂清 piǎoqīng; 2) 再次冲洗 zàicì chōngxǐ **~spüren** *vi* 1) 追踪 zhuīzōng, 跟踪 gēnzōng; 2) 探究 tànjiū, 侦察 zhēnchá
nächst I *adj* 1) (距离)最近的 zuìjìnde; 2) 最亲〔親〕密的 zuì qīmì de, 最亲近的 zuì qījìn de; 3)(时间) 最近的 zuìjìnde, 下次的 xiàcìde; 4) (按次序) 紧〔緊〕接着的 jǐnjiēzhede, 以下的 yǐxiàde, 其次的 qícìde; II *prp* (*D*) 除…之外 chú … zhīwài
'Nächste *m* -n; -n 人 rén, 他人 tārén; 同胞 tóngbāo, 兄弟 xiōngdì
'nach|stehen* *vi* j-m in nichts ~ 在任何方面都不比某人差 zài rènhé fāngmiàn dōu bùbǐ mǒurén chà **~stellen** I *vt* 1) 比…更偏爱〔愛〕bǐ … gèng piān'ài; 2) 把…置于〔於〕后〔後〕面 bǎ … zhìyú hòumiàn; 3) 再次调整 zàicì tiáozhěng, 校准〔準〕jiàozhǔn; 4) 拨〔撥〕慢(钟表) bōmàn; II *vi* j-m ~ 追踪某人 zhuīzōng mǒurén; 追求某人 zhuīqiú mǒurén
'Nächstenliebe *f* 博爱〔愛〕bó'ài
'nächstens *adv* 1) 不久 bùjiǔ, 最近 zuìjìn; 2) 最终 zuìzhōng, 终究 zhōngjiū
'nach|streben *vi* 见 nacheifern **~suchen** *vi* ~ um 申请、请求… shēnqǐng, qǐngqiú …
Nacht *f* ≈e 夜 yè, 夜间 yèjiān; bei ~, des ~s 夜间 **~arbeit** *f* 夜班工作 yèbān gōngzuò **~dienst** *m* (医生等)值夜班 zhí yèbān
'Nachteil *m* 缺点〔點〕quēdiǎn, 害处〔處〕hàichu, 不利 bùlì; im ~ sein 处境不利
'nachteilig *adj* 不利的 bùlìde,有害的 yǒuhàide
'Nacht|essen *n* 晚饭 wǎnfàn **~falter** *m* -s;- 夜蛾 yè'é **~geschirr** *n* 夜壶〔壺〕yèhú **~hemd** *n* 长〔長〕睡衣 cháng shuìyī
'Nachtigall *f* -en 夜莺〔鶯〕yèyīng
'Nachtisch *m* -es; (正餐的) 最后〔後〕一道甜点〔點〕心 zuìhòu yīdào tián diǎnxīn
'nächtlich *adj* 夜晚的 yèwǎnde, 夜间的 yèjiānde
'Nachtlokal *m* 夜总〔總〕会〔會〕yèzǒnghuì
'Nachtrag *m* -(e)s; -e 增补〔補〕zēngbǔ, 补遗 bǔyí, 附录〔録〕fùlù
'nachtragen* *vt* 1) 随〔隨〕后〔後〕送去 suíhòu sòngqù; 2) 补〔補〕充 bǔchóng, 增添 zēngtiān; 3) 怀〔懷〕恨在心 huáihèn zài xīn, 耿耿于〔於〕怀 gěngěn yú huái **~d** *adj* 见〔見〕怪的 jiànguàide, 耿耿于〔於〕怀〔懷〕的 gěngěn yú huái de
'nachträglich *adj* 爱〔愛〕记仇的 àijìchóude, 耿耿于〔於〕怀〔懷〕的 gěngěn yú huái de
nachts *adv* 夜间 yèjiān,在夜里〔裏〕zài yèlǐ
'Nacht|schicht *f* 1) 夜班 yèbān; 2) (全体) 上夜班的人 shàng yèbān de rén **~schwärmer** *m* 夜游神 yèyóushén, 喜欢〔歡〕过〔過〕夜生活的人 xǐhuān guò yèshēnghuó de rén **~tisch** *m* 床〔牀〕头〔頭〕柜〔櫃〕chuáng tóuguì **~topf** *m* 便壶〔壺〕biànhú, 夜壶 yèhú **~wächter** *m* 1) 值夜班者 zhí

yèbān zhě, 值勤人员 zhíqín rényuán; 2) 更夫 gēnfū, 守夜人 shǒuyèrěn ~**wandler** *m* -s;- 梦〔夢〕游(病)者 mèngyóuzhě ~**zeug** *n* 过〔過〕夜用品 guòyè yòngpǐn

'**nachwachsen*** *vi* (*s*) 1) 重新长〔長〕出来〔來〕 chóngxīn zhǎng chū lái; 2) 成长 chéngzhǎng

'**Nach|wahl** *f* 补〔補〕选〔選〕bǔxuǎn, 追加选举〔舉〕zhuījiā xuǎnjǔ ~**weis** *m* -es; -e 证〔證〕明 zhèngmíng, 证据〔據〕zhèngjù

'**nachweis|bar** *adj* 可证〔證〕明的 kě zhèngmíng de, 有据〔據〕可查的 yǒujù kěchá de ~**en*** *vt* 1) 证〔證〕明 zhèngmíng, 证实〔實〕zhèngshí; 2) 指出 zhǐchū, 说明 shuōmíng; 3) 介绍 jièshào ~**lich** *adj* 见 nachweisbar

'**Nach|welt** *f* 后〔後〕代 hòudài, 后世 hòushì ~**wirkung** *f* 后〔後〕果 hòuguǒ, 效果 xiàoguǒ, 影响〔響〕yǐngxiǎng ~**wort** *n* -(e)s; -e 后〔後〕记 hòujì, 跋 bá ~-**wuchs** *m* -(e)s; 1) 新生力量 xīnshēng lìliang, 接班人 jiēbānrén; 2) 孩子 háizi, 小宝〔寶〕贝〔貝〕(们) xiǎo bǎobèi; 3) (头发等)再生 zàishēng

'**nach|zahlen** *vt* 补〔補〕付 bǔfù, 加付 jiāfù ~**zahlen** *vt* 重新数〔數〕chóngxīn shǔ, 再数一遍 zàishǔ yībiàn

'**Nach|zahlung** *f* 1) 补〔補〕付 bǔfù 加付 jiāfù; 2) 补付款 bǔfùkuǎn, 加付金额 jiāfù jīn'é ~**zügler** *m* -s; - 1) 迟〔遲〕到者 chídàozhě; 2) 晚生子 wǎnshēngzǐ

'**Nacken** *m* -s; - 脖颈〔頸〕bójǐng, 项 xiàng

nackt *adj* 1) 裸体〔體〕的 luǒtǐde, 赤裸的 chìluǒde; 2) 光秃的 guāngtūde; 3) 不加掩饰的 bùjiā yǎnshì de, 赤裸裸的 chìluǒluǒde

'**Nadel** *f* -n 1) 针 zhēn; 缝衣针 féngyīzhēn; 编织〔織〕针 biānzhīzhēn; 2) 注射针头〔頭〕zhùshè zhēntóu; 3) 大头针 dàtóuzhēn; 别针 biézhēn; 4) 唱针 chàngzhēn; 5) 针状〔狀〕物 zhēnzhuàngwù ~-**arbert** *f* 针线〔綫〕活 zhēnxiànhuó ~**baum** *m* 针叶〔葉〕树〔樹〕zhēnyèshù ~**stich** *m* 1) 针刺 zhēncì; 2) 针刺的伤〔傷〕口 zhēncìde shāngkǒu; 3) 针眼 zhēnyǎn, 针脚 zhēnjiǎo; 4) 挖苦(话) wākǔ

'**Nagel** *m* -s; ¨ 1) 钉子 dīngzi; 2) 指甲 zhījia; 3) etw. an den ~ hängen 放弃〔棄〕... fàngqì ...; 4) die Arbeit brennt mir auf den Nägeln 完成这〔這〕项工作是我的当〔當〕务〔務〕之急 wánchéng zhèxiàng gōngzuò shì wǒde dāngwù zhī jí ~**lack** *m* 指甲油 zhījiayóu

'**nageln** *vt* (用钉子) 钉牢 dìngláo, 钉 dìng

'**nagelneu** *adj* 崭新的 zhǎnxīnde

'**nagen** I *vi* 1) 咬 yǎo, 啃 kěn, 啮〔嚙〕niè; 2) 折磨 zhémó; 3) 侵蚀 qīnshí; II *vt* 咬碎 yǎosuì, 啃下 kěnxià

'**Nagetier** *n* 啮〔嚙〕齿〔齒〕动〔動〕物 nièchǐ dòngwù

nah *adj* 1) 近的 jìnde, 附近的 fùjìnde; 2) 即将〔將〕发〔發〕生的 jíjiāng fāshēng de, 临〔臨〕近的 línjìnde; 3) 亲〔親〕密的 qīnmìde, 亲近的 qīnjìnde

'**Näharbeit** *f* 针线〔綫〕活 zhēnxiànhuó, 缝纫活 féngrènhuó

'**Nahaufnahme** *f* 特写〔寫〕镜头〔頭〕tèxiě jìngtóu

nahe *adj* 见 nah

'**Nähe** *f* 1) 邻〔鄰〕近 línjìn, 附邻 fùjìn; in der ~ 在附邻; 2) 临〔臨〕近 línjìn; 接近 jiējìn

'**nahe|gehen*** *vi* (s) (*D*) 使悲痛 shǐ bēitòng, 使伤〔傷〕心 shǐ shāngxīn ~**kommen*** *vi* (s) 1) 接近 jiējìn, 靠近 kàojìn; 2) 亲〔親〕近 qīnjìn, 熟悉 shúxī ~-**legen** *vt* 1) 建议〔議〕jiànyì, 劝〔勸〕说 quànshuō; 2) 招致 zhāozhì, 引起 yǐnqǐ ~**liegen*** *vi* 1) 接近 jiējìn; 2) 容易想到 róngyì xiǎngdào, 容易理解 róngyì lǐjiě

nahen I *vi* (s) 接近 jiējìn, 临〔臨〕近 línjìn; II *v sich* 靠近 kàojìn, 走向 zǒuxiàng

'**nähen** *vt, vi* 缝 féng, 缝制〔製〕féngzhì, 缝纫 féngrèn; 缝合 féng hé

'**näher** *adj* 1) 较近的 jiàojìnde; 2) 更仔细的 gèng zǐxì de, 更详细的 gèng xiángxì de; 3) 较亲〔親〕近的 jiào qīnjìn de, 较亲密的 jiào qīnmì de

'**Näherin** *f* -nen 缝纫女工 féngrèn nǚgōng, 女裁缝 nǚ cáifeng

nähern *vt* 1) 使接近 shǐ jiējìn, 使挨近 shǐ āijìn; 2) sich ~ 靠近 kàojìn, 接近 jiējìn; 试图〔圖〕结交 shìtú jiéjiāo

'**nahezu** *adv* 几〔幾〕乎 jīhū, 将〔將〕近 jiāngjìn

'**Nähgarn** *n* (缝纫用)线〔綫〕xiàn

'**Nahkampf** *m* 近战〔戰〕jìnzhàn, 白刃战 báirènzhàn, 肉搏战 ròubózhàn

'**Näh|maschine** *f* 缝纫机〔機〕féng rènjī ~**nadel** *f* (缝衣)针 zhēn

'**nähren** *vt* 1)喂 wèi; 给…喂奶 gěi…

wèinǎi; 2)赡养〔養〕shànyǎng, 养育 yǎngyù; 3) 怀〔懷〕有 huáiyǒu, 抱有 bàoyǒu; 助长〔長〕zhùzhǎng, 加深 jiāshēn; 4) sich ~ von 以 ... 为〔爲〕食物 yǐ ... wéi shíwù, 以 ... 为生 yǐ ... wéishēng

'nahrhaft *adj* 1) 滋补〔補〕的 zībǔde, 有营〔營〕养〔養〕的 yǒu yíngyǎng de; 2)有利可图〔圖〕的 yǒulì kětú de, 赚钱〔錢〕的 zhuànqiánde

'Nahrung *f* 1) 食物 shíwù, 食粮〔糧〕shíliáng; 燃料 ránliào; 2) 生计 shēngjì, 谋生 móushēng; 3) 助长〔長〕zhùzhǎng **~smittel** *pl* 食物 shíwù, 食品 shípǐn

'Nährwert *m* 营〔營〕养〔養〕价〔價〕值 yíngyǎng jiàzhí

Naht *f* ⸚e 1) 线〔綫〕缝 xiànfèng; 接缝 jiēfèng; 焊缝 hànfèng; 2) (头盖骨) 骨缝 gǔfèng; 3) 大量 dàliàng, 许多 xǔduō

'Nahverkehr *m* 短途交通 duǎntú jiāotōng, 郊区〔區〕交通 jiāoqū jiāotōng

'Nähzeug *n* 1) 缝纫用具 féngrèn yòngjù; 2) 针线〔綫〕活 zhēnxiànhuó

naiv *adj* 1) 天真的 tiānzhēnde, 单〔單〕纯的 dānchúnde; 2) 愚蠢的 yúchǔnde, 幼稚的 yòuzhìde

Naivi'tät *f* 1) 天真 tiānzhēn, 单〔單〕纯 dānchún; 2) 幼稚 yòuzhì, 愚蠢 yúchǔn

'Name *m* -ns;-n 1) 姓名 xìngmíng, 名字 míngzi; 名称〔稱〕míngchēng; im ~n (*G*) 以 ... 的名义〔義〕yǐ ... de míngyì; dem ~n nach 名义上 míngyìshàng; dem ~n nach kennen 知道(某人的)名字(未见过面); die Dinge beim rechten ~n nennen (对某事)直言不讳〔諱〕zhíyán bùhuì; darf ich um Ihren ~n bitten? 请问您的尊姓大名? 2) 名声〔聲〕míngshēng, 声誉〔譽〕shēngyù

'namen|los *adj* 1)没有名字的 méiyǒu míngzi de, 无〔無〕名的 wúmíngde; 不知名的 bùzhīmíngde; 2) 不可名状〔狀〕的 bù kě míng zhuàng de, 无比巨大的 wúbǐ jùdà de **~s** I *adv* 名叫... míngjiào...; II *prp* (*G*) 以...的名义〔義〕yǐ ... de míngyì, 代表... dàibiǎo ...

'Namens|tag *m* 命名(纪念)日 mìngmíngrì **~vetter** *m* 同名人 tóngmíngrén **~zug** *m* 1) 亲〔親〕笔〔筆〕签〔簽〕名 qīnbǐ qiānmíng; 2) 花押字 huāyāzì

'namentlich I *adj* 记名的 jìmíngde, 指名的 zhǐmíngde; II *adv* 特别 tèbié, 尤其 yóuqí

'namhaft *adj* 1) 有名的 yǒumíngde, 著名的 zhùmíngde; 2) 可观〔觀〕的 kěguānde, 巨大的 jùdàde, 显〔顯〕著 xiǎnzhùde; 3) ~ machen 指出(说出)...的名字 zhǐchū ... de míngzi

'nämlich I *adj* 同一的 tóngyīde, 同样〔樣〕的 tóngyàngde; II *adv* 即 jí, 也就是 yě jiùshì

Napf *m* -(e)s; ⸚e (大多用于喂猫狗的)钵 bō, 碗 wǎn, 盆 pén

'Narbe *f* -n 1) 疤 bā, 伤〔傷〕疤 shāngbā; 2) 痕迹 hénjī

'narbig *adj* 有疤的 yǒubāde

Nar'kose *f* -n 麻醉 mázuì

narkoti'sieren *vt* 1) 使麻醉 shǐ mázuì; 2) 使麻木 shǐ mámù

Narr *m* -en; -en 1) 傻〔傻〕瓜 shǎguā, 笨蛋 bèndàn; 2) 小丑 xiǎochǒu; 3) j-n zum ~en halten 捉弄某人 zhuōnòng mǒurén, 愚弄某人 yúnòng mǒurén

'narren *vt* 愚弄 yúnòng, 捉弄 zhuōnòng, 欺骗 qīpiàn

'Narrenhaus *n* 疯〔瘋〕人院 fēngrényuàn

'narrensicher *adj* 1) 十分简单〔單〕明了〔瞭〕的 shífēn jiǎndān míngliǎo de; 2) 绝对〔對〕安全的 juéduì ānquán de

'Narrheit *f* -en 1) 愚蠢 yúchǔn, 傻〔傻〕shǎ; 2) 愚蠢的行为〔爲〕yúchǔnde xíngwéi, 蠢事 chǔnshì; 3) 滑稽行为 huáji xíngwéi

'närrisch *adj* 1) 疯〔瘋〕颠的 fēngdiānde, 傻〔傻〕的 shǎde; 2) 古怪的 gǔguàide, 奇特的 qítède; 3)狂欢〔歡〕kuánghuānde

Nar'zisse *f* -n 水仙花 shuǐxiānhuā; gelbe ~ 黄水仙

na'sal *adj* 鼻的 bíde, 鼻音的 bíyīnde; ~e Sprechweise 鼻音, 鼻声

'naschen *vi, vt* 偷吃 tōuchī, 吃(甜食) chī; gern ~ 爱吃甜食

Nasche'reien *pl* 1) 美味 měiwèi; 2) 甜食 tiánshí

'naschhaft *adj* 爱〔愛〕吃甜食的 àichī tiánshí de

'Nase *f* -n 1) 鼻子 bízi; 2) 嗅觉〔覺〕xiùjué; 3) 鼻状〔狀〕物(如飞机机头、船首等) bízhuàngwù; 4) die ~ rümpfen (über *A*) (对...)嗤之以鼻 chī zhī yǐ bí

'näseln *vi* 用鼻音说话 yòng bíyīn shuōhuà

'Nasen|bluten *n* -s; 鼻出血 bíchūxuè **~loch** *n* 鼻孔 bíkǒng **~spitze** *f* 鼻尖 bíjiān

'naseweis *adj* 好管闲事的 hàoguǎn xiánshì de; 唐突的 tángtūde, 冒失的 màoshide

'nasführen *vt* 欺骗 qīpiàn, 愚弄

yúnòng
'Nashorn *n* 犀牛 xīniú
naß *adj* 湿〔濕〕的 shīde, 潮湿的 cháoshīde; 多雨的 duōyǔde
'Nässe *f* 潮湿〔濕〕cháoshī, 湿气〔氣〕shīqì
'nässen I *vt* 弄湿〔濕〕nòngshī, 使湿润 shǐ shīrùn; II *vi* (伤口)出水 chūshuǐ, 渗〔滲〕水 shènshuǐ
'naßkalt *adj* 湿〔濕〕冷的 shīlěngde
Nati'on *f* -en 民族 mínzú; 国〔國〕家 guójiā
natio'nal *adj* 1) 民族的 mínzúde; 国〔國〕家的 guójiāde; 2) 爱〔愛〕国的 àiguóde, 具有民族意识〔識〕的 jùyǒu mínzú yìshí de
Natio'nalhymne *f* 国〔國〕歌 guógē
Nationa'lismus *m* -;..men 民族主义〔義〕mínzú zhǔyì, 国〔國〕家主义 guójiā zhǔyì
Nationali'tät *f* -en 1) 国〔國〕籍 guójí; 2) 民族 mínzú, 族 zú
Natio'nal|mannschaft *f* (体育)国〔國〕家队〔隊〕guójiāduì
'Natter *f* -n 1) 蝮蛇 fùshé; 2) 恶〔惡〕人 èrén
Na'tur *f* -en 1) (ohne *pl*) 自然界 zìránjiè; 自然力 zìránlì; 2) 天性 tiānxìng, 本性 běnxìng, 气〔氣〕质〔質〕qìzhì; von ~ (aus) 生性 shēngxìng, 生来〔來〕shēnglái
Natu'ralien *pl* 1) (作为支付、交换手段的)实〔實〕物 shíwù; 2) 自然博物标〔標〕本 zìrán bówù biāoběn
naturali'sieren *vt* 1) 使入国〔國〕籍 shǐ rù guójí; 2) (植物)使顺化 shǐ shùnhuà, 归〔歸〕化 guīhuà
Natura'lismus *m* 自然主义〔義〕zìrán zhǔyì; 自然论〔論〕zìránlùn
Na'turanlage *f* 天性 tiānxìng, 气〔氣〕质〔質〕qìzhì
Natu'rell *n* -s; -e 1) 天性 tiānxìng, 本性 běnxìn; 2) 性格 xìnggé, 气〔氣〕质〔質〕qìzhì; 3) 体〔體〕质 tǐzhì
Na'tur|ereignis *n*, **~erscheinung** *f* 自然现象 zìrán xiànxiàng **~forscher** *m* 1) 博物学〔學〕家 bówùxuéjiā; 2) 自然科学家 zìrán kēxuéjiā
na'turgemäß *adj* 1) 合乎自然规律的 héhū zìrán guīlǜ de, 根据〔據〕事物本性的 gēnjù shìwù běnxìng de
Na'tur|geschichte *f* 博物学〔學〕bówùxué **~gesetz** *n* 自然规律 zìrán guīlǜ, 自然法则 zìrán fǎzé
na'turgetreu *adj* 写〔寫〕实〔實〕的 xiěshíde, 逼真的 bīzhēnde
Na'turkunde *f* 1) 生物学〔學〕shēngwùxué, 博物学 bówùxué; 2) (小学)自然课 zìránkè
na'türlich I *adj* 1) 自然的 zìránde, 天然的 tiānránde; 2) 天生的 tiānshēngde; 3) 大方的 dàfāngde, 朴〔樸〕实〔實〕的 pǔshíde, 自然的 zìránde; 4) 当〔當〕然的 dāngránde, 必然的 bìránde; II *adv* 当然 dāngrán, 自然 zìrán, 无〔無〕疑 wúyí
Na'tur|produkt *n* 天然产〔產〕品 tiānrán chǎnpǐn **~schutz** *m* 自然保护〔護〕zìrán bǎohù **~schutzgebiet** *n*, **~schutzpark** *m* 自然保护〔護〕区〔區〕zìrán bǎohùqū **~wissenschaft** *f* 自然科学〔學〕zìrǎn kēxué **~wissenschaftler** *m* 自然科学〔學〕家 zìrán kēxuéjiā
'Nebel *m* -s; - 1) 雾〔霧〕wù; 2) 烟〔煙〕雾 yānwù, 尘〔塵〕务 chénwù; 3) 模糊 móhu, 朦胧〔朧〕ménglóng; 4) 星云〔雲〕xīngyún
'nebelhaft *adj* 1) 雾〔霧〕状〔狀〕的 wùzhuàngde; 2) 朦胧〔朧〕的 ménglóngde, 模糊不清的 móhu bùqīng de
'Nebelhorn *n* (船上的) 雾〔霧〕笛 wùdí
'neben *prp* I (*D*) 1)在…旁边〔邊〕zài … pángbiān, 在…附近 zài … fùjìn; 2) 除…之外 chú … zhīwài; 3) 与〔與〕…相比 yǔ … xiāngbǐ; II (*A*) 向…旁边 xiàng … pángbiān, (放)到…旁边 dào … pángbiān
neben'an *adv* 在旁边〔邊〕zài pángbiān, 邻〔鄰〕近 línjìn; 在隔壁 zài gébì
'Neben|anschluß *m* (电话) 分机〔機〕fēnjī **~arbeit** *f* 1) 次要的工作 cìyàode gōngzuò; 2) 兼任的工作 jiānrènde gōngzuò **~ausgabe** *f* 1) 额外支出 éwài zhīchū; 2) (报纸)副刊 fùkān **~ausgang** *m* 边〔邊〕门〔門〕biānmén **~bedeutung** *f* 次要意义〔義〕cìyào yìyì, 附带〔帶〕意义 fùdài yìyì
neben'bei *adv* 1) 此外 cǐwài, 还〔還〕有 háiyǒu; 2) 顺便 shùnbiàn, 附带〔帶〕fùdài
'Nebenberuf *m* 兼职〔職〕jiānzhí
'nebenberuflich *adj* 兼职〔職〕的 jiānzhíde
'Nebenbuhler *m* -s; - 1) 竞〔競〕争者 jìngzhēngzhě, 对〔對〕手 duìshǒu; 2) 情敌〔敵〕qíngdí
nebenein'ander *adv* 并〔併〕排 bìngpái, 毗邻〔鄰〕pílín
'Neben|einkünfte *pl*, **~einnahmen** *pl* 额外收入 ěwài shōurù **~fach** *n* 1) 次要学〔學〕科 cìyào xuékē, 选〔選〕修学科 xuǎnxiū xué-

kē ~**fluß** *m* (河的) 支流 zhīliú ~**gebäude** *n* 侧翼建筑〔築〕cèyì jiànzhù, 附属〔屬〕建筑 fùshǔ jiànzhù ~**geräusch** *n* (收音机) 杂〔雜〕音 záyīn, 干扰〔擾〕声〔聲〕gānrǎoshēng

neben|'**her** *adv* 1) 此外 cǐwài, 另外 lìngwài; 2) 顺便 shùnbiàn, 附带〔帶〕fùdài ~'**hin** *adv* 顺便 shùnbiàn, 附带〔帶〕fùdài

'**Neben**|**kosten** *pl* 额外费用 éwài fèiyòng ~**mann** *m* 旁边〔邊〕(或邻近) 的人 pángbiānde rén ~**produkt** *n* 副产〔產〕品 fùchǎnpǐn ~**rolle** *f* 配角 pèijué ~**sache** *f* 无〔無〕关〔關〕紧〔緊〕要的事 wúguān jǐnyào de shì, 小事 xiǎoshì

'**nebensächlich** *adj* 无〔無〕关〔關〕紧〔緊〕要的 wúguān jǐnyào de, 次要的 cìyàode

'**Neben**|**satz** *m* (语法) 从〔從〕句 cóngjù ~**stelle** *f* 1) 支店 zhīdiàn, 分行 fēnháng; 2) (电话)分机〔機〕fēnjī ~**straße** *f* 支路 zhīlù, 小街 xiǎojiē ~**strecke** *f* (铁路)支线〔綫〕zhīxiàn ~**tisch** *m* 邻〔鄰〕桌 línzhuō ~**wirkung** *f* 副作用 fùzuòyòng ~**zimmer** *n* 邻〔鄰〕室 línshì, 隔壁房间 gébì fángjiān

'**neblig** *adj* 1) 有雾〔霧〕的 yǒuwùde, 浓〔濃〕雾弥〔彌〕漫的 nóngwù mímàn de; 2) 朦胧〔朧〕的 ménglóngde, 模糊不清的 móhu bùqīng de

nebst *prp* (*D*) 同…一起 tóng … yīqǐ, 包括…在内 bāokuò … zài nèng, 连同 liántóng

'**necken** *vt* 嘲弄 cháonòng, 取笑 qǔxiào, 戏〔戲〕弄 xìnòng

Necke'**rei** *f* -en 嘲弄 cháonòng, 戏〔戲〕弄 xìnǒng, 取笑 qǔxiào

'**neckisch** *adj* 1) 逗人乐〔樂〕的 dòurénlède, 滑稽的 huájide; 2) 调皮的 tiáopíde, 嘲弄的 cháonòngde

'**Neffe** *m* -n; -n 侄子 zhízi, 外甥 wàisheng

nega'**tiv** *adj* 1) 否定的 fǒudìngde, 反对〔對〕的 fǎnduìde; 2) 反面的 fǎnmiànde, 消极〔極〕的 xiāojíde, 不利的 bùlìde; 3) (数学) 负的 fùde; 4) (物理)阴〔陰〕极的 yīnjíde, 负的 fùde; 5) (医学) 阴性的 yīnxìngde; 6) (摄影) 负片的 fùpiànde, 底片的 dǐpiànde

Nega'**tiv** *n* -s; -e 底片 dǐpiàn, 负片 fùpiàn

'**Neger** *m* -s; -, ~**in** *f* -nen 黑人 hēirén

'**nehmen*** *vt* 1) 拿 ná, 取 qǔ; 2) 收下 shōuxià, 接受 jiēshòu; 3) 用 yòng, 使用 shǐyòng; 任用 rènyòng, 聘请 pìngqǐng; 4) 结婚 jiéhūn; 5) 乘(车、船等) chéng; 6) 克服 kèfú, 占〔佔〕领 zhànlǐng; 7) zu sich ~ 用餐 yòngcān, 进〔進〕食 jìnshí; 8) j-m etw. ~ 夺〔奪〕取… duóqǔ…, 抢〔搶〕走… qiǎngzǒu …; 9) ein Ende ~ 结束 jiésù; 10) es sich nicht ~ lassen 坚〔堅〕持要(自己)做某事 jiānchí yào zuò mǒushì; 非要做某事不可 fēi yào zuò mǒushì bùkě; 11) streng genommen 严〔嚴〕格地说 yángéde shuō

Neid *m* -(e)s; 忌妒 jìdù; 羡慕 xiànmù

'**neid**|**en** *vt* j-m etw. ~ 妒忌某人的… dùjì mǒurén de … ~**isch** *adj* 忌妒的 jìdùde; 羡慕的 xiànmùde (auf *A*)

'**Neige** *f* -n 1) 倾斜 qīngxié, 斜坡 xiépō; 2) 余〔餘〕滴 yúdī, 残〔殘〕余 cányú; 3) 结束 jiéshù, 耗尽〔盡〕hàojìn

'**neigen** I *vt* 1) 使下垂 shǐ xiàchuí 使弯〔彎〕曲 shǐ wānqū; 2) 使倾斜 shǐ qīngxié, 使倾侧 shǐ qīngcè; II *v sich* 1) 倾斜 qīngxié; 垂下 chuíxià; 2) 俯身 fǔshēn, 鞠躬 jūgōng; 3) 侧向 cèxiàng, 转〔轉〕向 zhuǎnxiàng; 4) 行将〔將〕结束 xíngjiāng jiéshù, 期满〔滿〕qīmǎn; III *vi* zu etw. ~ 易于〔於〕… yìyú …; 喜爱〔愛〕… xǐ'ài …; 倾向于 … qīngxiàng yú…

'**Neigung** *f* -en 1) 倾斜 qīngxié, 斜度 xiédù; 斜坡 xiépō; 2) 倾向 qīngxiàng, 爱〔愛〕好 àihào; 3) 爱慕 àimù, 好感 hǎogǎn

nein *adv* 不 bù, 不是 bùshì, 不行 bùxíng

'**Nektar** *m* -s; 1) (神话)众〔衆〕神饮的酒 zhòngshén yǐn de jiǔ, 琼〔瓊〕浆〔漿〕玉液 qióngjiāng yùyè; 2) 花蜜 huāmì

'**Nelke** *f* -n 1) 石竹 shízhú; 2) 丁香 dīngxiāng

'**nennen*** *vt* 1) 叫做 jiàozuò, 称〔稱〕为〔為〕chēngwéi; 取名 qǔmíng, 命名 mìngmíng; 2) 说出…的名字 shuōchū … de míngzi, 列举〔舉〕lièjǔ; 3) sich ~ 自称 zìchēng; 用…名字 yòng … míngzi ~**swert** *adj* 值得一提的 zhíde yītí de, 重要的 zhòngyàode

'**Nenn**|**er** *m* -s;- (数学)分母 fēnmǔ ~**ung** *f* -en 1) 称〔稱〕呼 chēnghu, 命名 mìngmíng; 2) 列举〔舉〕lièjǔ, 说出 shuōchū; 3) 报〔報〕名 (参加比赛) bàomíng ~**wert** *m* (硬币的)表面价〔價〕值 biǎomiàn jiàzhí, (有价证券)票面价值 piàomiàn jiàzhí

'Neon *n* -s; (化学)氖 nǎi **~röhre** *f* 氖管 nǎiguǎn, 霓虹灯〔燈〕管 níhóngdēngguǎn

Nerv *m* -s; -en 神经〔經〕shénjīng; j-m auf die ~en fallen (gehen) 使某人心烦意乱〔亂〕shǐ mǒurén xīnfǎn yìluàn **~enarzt** *m* 神经科医〔醫〕生 shénjīngkē yīshēng

'nervenauftreibend *adj* 令人(神经)极〔極〕度紧〔緊〕张的 lìng rén jídù jǐnzhāng de, 令人心烦的 lìng rén xīnfán de

'Nerven|heilanstalt *f* 精神病院 jīngshénbìngyuàn **~kitze** *m* -s; (恐怖电影等引起的)过〔過〕度紧〔緊〕张〔張〕感 guòdù jǐnzhānggǎn

'nervenkrank *adj* 患神经〔經〕病的 huàn shénjīngbìng de

'Nerven|schwäche *f* 神经〔經〕衰弱 shénjīng shuāiruò **~system** *n* 神经系统 shénjīng xìtǒng **~zusammenbruch** *m* 神经崩溃 shénjīng bēngkuì

'nervig *adj* 强健的 qiángjiànde, 结实〔實〕的 jiéshíde, 坚〔堅〕韧〔韌〕的 jiānrènde

ner'vös *adj* 1) 神经〔經〕的 shénjīngde, 神经方面的 shénjīng fāngmiàn de; 2) 易激动〔動〕的 yì jīdòng de, 神经质〔質〕的 shénjīngzhìde

Nervosi'tät *f* 紧〔緊〕张不安 jǐnzhāng bù'ān, 精神烦躁 jīngshén fánzào, 易激动〔動〕yì jīdòng, 神经〔經〕质〔質〕shénjīngzhì

'Nessel *f* -n 荨〔蕁〕麻 qiánmá

Nest *n* -es, -er 1) 巢 cháo, 窝〔窩〕wō; 2) 贼窝 zéiwō, 匪窟 fěikū; 3)床〔牀〕chuáng; 4) 偏僻的小地方 piānpìde xiǎodìfang, 小城镇 xiǎo chéngzhèn

nett *adj* 1) 友好的 yǒuhǎode, 亲〔親〕切的 qīnqiède; 2) 可爱〔愛〕的 kě'àide, 漂亮的 piàoliàngde; 3) 愉快的 yúkuàide, 舒畅〔暢〕的 shūchàngde

'netto *adv* 纯 chún, 净 jìng

'Netz *n* -es; -e 1) 网〔網〕wǎng, 网状〔狀〕物 wǎngzhuàngwù; 2) 网状系统 wǎngzhuàng xìtǒng **~anschluß** *m* 电〔電〕源 diànyuán, 电源接头〔頭〕diànyuán jiētóu **~haut** *f* 视网膜 shìwǎngmó **~spannung** *f* 网络电压〔壓〕wǎngluò diànyā

neu *adj* 1) 新的 xīnde, 新近的 xīnjìnde; ~ere Sprachen 现代语言 xiàndài yǔyán; ~este Nachrichten 最新消息; von ~em 重新 chóngxīn; ein ~es Leben beginnen 开始新的生活; was gibt es Neues? 有什么新闻吗？2) 新鲜的 xīnxiānde **~artig** *adj* 新式的 xīnshìde, 新颖的 xīnyǐngde

'Neubau *m* -(e)s; -ten 新建筑〔築〕物 xīn jiànzhùwù, 新住宅 xīnzhùzhái

'neuer'dings *adv* 1) 新近 xīnjìn, 最近 zuìjìn; 2) 又 yòu, 再次 zàicì, 重新 chóngxīn

'Neuer|er *m* -s; - 创〔創〕新者 chuàngxīnzhě, 革新者 géxīnzhě **~scheinung** *f* 新版 xīnbǎn, 新书〔書〕xīnshū

'Neuerung *f* -en 1) 改革 gǎigé, 革新 géxīn, 创〔創〕新 chuàngxīn; 2) 新方法 xīnfāngfǎ, 新创造 xīnchuǎngzào; 3) 新产〔產〕品 xīnchǎnpǐn

'neu|geboren *adj* 刚〔剛〕出世的 gāngchūshìde, 新生的 xīnshēngde **~gestalten** *vt* 改组 gǎizǔ, 改编 gǎibiān, 改革 gǎigé

'Neu|gestaltung *f* 重新编排 chóngxīn biānpái, 重新布局 chóngxīn bùjú **~gier** *f*, **~gierde** *f* 好奇 hàoqí, 好奇心 hàoqíxīn

'neugierig *adj* 好奇的 hàoqíde (auf *A*); ich bin ~, ob... 我急于〔於〕想知道,是否… wǒ jíyú xiǎng zhīdao, shīfǒu ...

'Neu|heit *f* -en 1) 新鲜 xīnxiān, 新奇 xīnqí; 2) 新产〔產〕品 xīnchǎnpǐn, 新式样〔樣〕xīnshìyàng **~igkeit** *f* -en 新闻 xīnwén, 新消息 xīnxiāoxi **~jahr** *n* 新年 xīnnián, 元旦 yuándàn **~land** *n* -(e)s; 1) 新垦〔墾〕地 xīnkěndì; 2) 新领域 xīnlǐngyù

'neulich *adv* 不久前 bùjiǔqián, 最近 zuìjìn

'Neuling *m* -s; -e 新手 xīnshǒu, 生手 shēngshǒu

'neumodisch *adj* 时〔時〕髦的 shímáode, 新式的 xīnshìde

'Neumond *m* -(e)s; 新月 xīnyuè, 弯〔彎〕月 wānyuè, 朔 shuò

neun *adj* 九 jiǔ **~te** *adj* 第九 dìjiǔ

'Neuntel *n* -s; - 九分之一 jiǔfēn zhī yī

'neun|tens *adv* 第九点〔點〕dìjiǔdiǎn **~zehn** *adj* 十九 shíjiǔ **~zehnte** *adj* 第十九 dìshíjiǔ **~zig** *adj* 九十 jiǔshí **~zigste** *adj* 第九十 dìjiǔshí

'Neu|philologe *m* 现代语言学〔學〕家 xiàndài yǔyánxuéjiā **~regelung** *f* 重新调整 chóngxīn tiáozhěng, 重新布置 chóngxīn bùzhì

neu'tral *adj* 1) 中立的 zhōnglìde; 无〔無〕党〔黨〕派的 wúdǎngpàide;

中立国〔國〕的 zhōnglìguóde; 2)（化学）中性的 zhōngxìngde, 中和的 zhōnghéde; 3)（语法）中性的 zhōngxìngde

Neutrali'tät *f* 1) 中立 zhōnglì; 2) 不偏不倚 bùpiān bùyǐ

'Neutrum *n* -s; ..tra (..tren)（语法）中性 zhōngxìng, 中性名词 zhōngxìng míngcí

'neu|vermählt *adj* 新婚的 xīnhūnde **~wertig** *adj* 还〔還〕很新的 hái hěn xīn de

'Neuzeit *f* 近代 jìndài, 现代 xiàndài

nicht *adv* 不 bù, 没有 méiyǒu; auch ~ 也不; durchaus (gar, überhaupt) ~ 绝不; ~ anziehend 没有魅力的, 不吸引人的; ~ besser 不怎么好; ~ bevollmächtigt 未受任命的, 未受权的; ~ einlösbar 不能兑换的; ~ erscheinen 不出席, 未到场

'Nichtachtung *f* 不尊重 bù zūnzhòng, 无〔無〕视 wúshì

'nichtamtlich *adj* 非官方的 fēi guānfāng de

'Nicht|angriffspakt *m* 互不侵犯条〔條〕约 hùbù qīnfàn tiáoyuē **~befolgung** *f* 不遵守 bù zūnshǒu

'Nichte *f* -n 侄女 zhínü; 外甥女 wàishengnǚ

'Nichteinmischung *f* 不干涉 bù gānshè

'nichtig *adj* 1) 无〔無〕意义〔義〕的 wú yìyì de, 微不足道的 wēibù zúdào de; 2) 无效的 wúxiàode; für ~ erklären 宣布无效

'Nichtigkeit *f* -en 1) 无〔無〕效 wúxiào; 2) 无意义〔義〕wú yìyì, 无价〔價〕值 wú jiàzhí; 3) 小事 xiǎoshì, 琐事 suǒshì

'Nichtraucher *m* 不吸烟〔煙〕者 bù xīyān zhě

nichts *indef pron* 一点〔點〕也没有 yīdiǎn yě méiyǒu, 什么〔麼〕也没有 shénme yě méiyǒu, 没有一点东〔東〕西或事情 méiyǒu yīdiǎn dōngxi huò shìqing; ~ mehr 再也没有了; ~ (anderes) als 除了…以外, 没有别的 chúle ... yǐwài, méiyǒu biéde; 只不过〔過〕…而已 zhǐbùguò ..., éryǐ; weiter ~? 没有别的什么了吗?

Nichts *n* 1) 无〔無〕wú, 虚无 xūwú, 不存在 bù cúnzài; 2) 破产〔產〕pòchǎn, 毁灭〔滅〕huǐmiè; 3) 无价〔價〕值的东〔東〕西 wú jiàzhí de dōngxi; 微不足道的人 wēibù zúdào de rén

'nichts|desto'weniger *adv* 尽〔儘〕管如此 jǐnguǎn rúcǐ, 仍然 réngrán, 依然 yīrán **~nutzig** *adj* 无〔無〕用的 wúyòngde, 毫无价〔價〕值的 háowú jiàzhí de **~sagend** *adj* 1) 无〔無〕意义〔義〕的 wú yìyì de, 无内容的 wú nèiróng de, 不知所云的 bù zhī suǒ yún de; 2) 没有表情的 méiyǒu biǎoqíng de

'Nichtstuer *m* -s; - 游手好闲的人 yóushǒu hàoxián de rén, 懒汉〔漢〕lǎnhàn

'nichtswürdig *adj* 卑鄙的 bēibǐde, 无〔無〕耻的 wúchǐde, 恶〔惡〕劣的 èliède

'nicken *vi* 1) 点〔點〕头〔頭〕diǎntóu; 2) 打盹 dǎdǔn, 瞌睡 kēshuì

'Nickerchen *n* -s;- ein ~ machen（坐着）打盹 dǎdǔn, 打瞌睡 dǎ kēshuì

nie *adv* 从〔從〕未 cóngwèi, 决不 juébù

'nieder I *adj* 1) 低的 dīde, 低矮的 dī'ǎide; 2) 低下的 dīxiàde, 低微的 dīwēide; 低级的 dījíde; 3) 未开〔開〕化的 wèi kāihuà de, 低等的 dīděngde; 原始的 yuánshǐde; II *adv* 向下 xiàngxià, 放下 fàngxià; 打倒 dǎdǎo

'Niedergang *m* 1) 下降 xiàjiàng, 衰落 shuāiluò; 2) 没落 mòluò, 衰亡 shuāiwáng

'nieder|gedrückt *adj* 情绪低落的 qíngxù dīluò de, 意志消沉的 yìzhì xiāochén de **~gehen*** *vi* (*s*) 1) 降落 jiàngluò, 落下 luòxià; 2)（暴风雨）袭〔襲〕来〔來〕xílái, 来临〔臨〕láilín; 3)（飞机）着陆〔陸〕zhuólù **~geschlagen** *adj* 沮丧〔喪〕的 jǔsàngde, 垂头〔頭〕丧气〔氣〕的 chuítóu sàngqì de **~hauen*** *vt* 砍倒 kǎndǎo, 砍下 kǎnxià **~kommen*** *vi* (*s*) 分娩 fēnmiǎn (mit einem Kind 小孩)

'Nieder|kunft *f* ≈e 分娩 fēnmiǎn **~lage** *f* 1) 失败 shībài; 2) 仓〔倉〕库 cāngkù, 货栈〔棧〕huòzhàn; 3) 分店 fēndiàn, 支行 zhīháng

'niederlassen* *vt* 1) 降下 jiàngxià, 放下 fàngxià; 2) sich ~ 坐下 zuòxià; 住下 zhùxià, 安家 ānjiā; 开〔開〕业〔業〕kāiyè

'Niederlassung *f* -en 1) 安家 ānjiā; 2) 开〔開〕业〔業〕kāiyè, 开张 kāizhāng; 3) 分公司 fēngōngsī, 分店 fēndiàn, 分行 fēnháng; 4) 殖民地 zhímíndì, 租界 zūjiè

'nieder|legen *vt* 1) 放下 fàngxià, 放到地上 fàngdào dìshàng; 2) 砍倒 kǎndǎo; 折毁 chāihuǐ; 3) 写〔寫〕下 xiěxià, 记下 jìxià; 4) 存放 cúnfàng; 5) 放弃〔棄〕fàngqì, 中断〔斷〕zhōngduàn (die Arbeit 工作); 6) sich ~ 睡下 shuìxià,

躺下 tǎngxià

'Niederschlag *m* 1) 降水(量) jiàngshuǐ; 2) (拳击)击〔擊〕倒 jīdǎo; 3)(化学)沉淀〔澱〕物 chéndiànwù

'nieder|schlagen* *vt* 1) 击〔擊〕倒 jīdǎo, 击毙〔斃〕jībì; 2) 镇压〔壓〕zhènyā; 3) 停止 tíngzhǐ, 中断〔斷〕zhōngduàn; 4) 使镇静 shǐ zhènjìng; 消除 xiāochú, 退(烧等) tuì; 5) 垂下 chuíxià; 6) 使沉淀〔澱〕shǐ chéndiàn; 7) sich ~ 凝聚(成水气) níngjù; 表现 biǎoxiàn, 反映 fǎnyìng **~schmettern** *vt* 1) 击〔擊〕溃 jīkuì, 击倒 jīdǎo; 2) 使…垮掉 shǐ … kuǎdiào, 使极〔極〕度沮丧〔喪〕shǐ jídù jǔsàng **~setzen** *vt* 1) 放下 fàngxià; 2) sich ~ 坐下 zuòxià **~strecken** *vt* 1) 击〔擊〕倒在地 jīdǎo zài dì; 2) sich ~ 躺倒 tǎngdǎo, 躺下 tǎngxià **~trächtig** *adj* 1) 卑鄙的 bēibǐde, 无〔無〕耻的 wúchǐde; 2) 很厉〔厲〕害的 hěn lìhàide, 非常的 fēichángde

'Niederung *f* -en 1) 低地 dīdì, 洼〔窪〕地 wādì; 2) (道德败坏的)泥坑 níkēng, 罪恶〔惡〕渊〔淵〕薮 zuì'è yuānsǒu

'niedlich *adj* 娇〔嬌〕小玲珑〔瓏〕的 jiāoxiǎo línglóng de, 俊俏的 jùnqiàode, 秀气〔氣〕的 xiùqide

'Niednagel *m* (指甲旁的)倒刺 dàocì, 逆剥 nìbō

'niedrig *adj* 1) 低的 dīde, 矮的 ǎide; 2) (价格等)低的 dīde; (数量)少的 shǎode, 小的 xiǎode; 3) 低微的 dīwēide, 卑贱〔賤〕的 bēijiànde; 4) 低级的 dījíde, 庸俗的 yōngsúde

'niemals *adv* 从〔從〕未 cóngwèi, 决不 juébù

'niemand *indef pron* 无〔無〕人 wúrén, 一个〔個〕人也没有 yīgè rén yě méiyǒu

'Niemandsland *n* 1) (两军战线之间的)真空地带〔帶〕zhēnkōng dìdài; 2)(边境)无〔無〕人居住地带 wúrén jūzhù dìdài; 3)未探险〔險〕的地带 wèi tànxiǎn de dìdài

'Niere *f* -n 肾〔腎〕shèn, 腰子 yāozi

'nieseln *vi* 下毛毛雨 xià máomáoyǔ

Niet *m* -(e)s; -e 铆钉 mǎodīng **~e** *f* -n 1) 未中奖〔獎〕的彩票 wèi zhòngjiǎng de cǎipiào, 空签〔簽〕kōngqiān; 2) 失败 shībài, 失误 shīwù; 3) 不中用的人 bùzhōngyòngde rén

'nieten *vt* 1) 铆接 mǎojiē, 铆合 mǎohé; 2) 锤打(冲压)成铆钉头〔頭〕chuídǎchéng mǎodīngtóu, 加工成铆钉 jiāgōngchéng mǎodīng

'Nilpferd *n* 河马〔馬〕hémǎ

'Nimbus *m* -; -se 1) (圣像头上的)光轮〔輪〕guānglún, 圣〔聖〕光 shèngguāng; 2) 名声〔聲〕míngshēng, 声望 shēngwàng; 3) 雨云〔雲〕yǔyún

'nimmer *adv* 1) 永不 yǒngbù, 决不 juébù; 2) 不再 bùzài **~mehr** *adv* 再也不 zàiyěbù

'Nimmer|satt *m* -(e)s(-); -e 贪食者 tānshízhě **~wiedersehen** *n* auf ~ 永远〔遠〕地 yǒngyuǎnde; er verschwand auf ~ 他永远不回来了

'nippen *vi* 抿一口 mǐn yīkǒu, 呷一 xiā, 啜 chuò

Nipp|es *pl*, **~sachen** *pl* 小摆〔擺〕设 xiǎobǎishe

'nirgend|s *adv*, **~(s)'wo** *adv* 没有一个〔個〕地方 méiyǒu yīgè dìfang, 无〔無〕处〔處〕wúchù

'Nische *f* -n 壁龛〔龕〕bìkān

'nisten *vi* 做窝〔窩〕zuòwō, 筑〔築〕巢 zhùcháo

Niveau [..'vo:] *n* -s; -s 1) 水平 shuǐpíng, 水平面 shuǐpíngmiàn; 程度 chéngdù; 2) 等级 děngjí

nivel'lieren *vt* 1) 水准〔準〕测量 shuǐzhǔn cèliáng; 2) 平整 píngzhěng; 3) 使同等 shǐ tóngděng, 把…拉平 bǎ … lāpíng

'Nixe *f* -n 女水怪 nǚshuǐguài

noch I *adv* 1) 还〔還〕是 háishì, 仍然 réngrán; ~ immer 一直 yīzhí; ~ nie 从〔從〕未 cóngwèi; ~ nicht 尚未 shàngwèi; 2) 还 hái, 再 zài; ~ einmal 再一次(遍); ~ etwas? 还要点什么吗? es wird ~ 2 Jahre dauern 这还要持续两年; 3) 就 jiù, 恰好 qiàhǎo; ~ im 19 Jahrhundert 就在19世纪; 4) (用于比较)更 gèng, 还要 háiyào; 5) ~ so (不管)多么〔麼〕duōme; sei er ~ so klein 不管他多么小; II *cj* weder… ~ …既不…也不 jìbù … yěbù … **~malig** *adj* 再次的 zàicìde, 重复〔複〕的 chóngfùde **~mals** *adv* 再一次 zàiyīcì

No'made *m* -n; -n 游牧民 yóumùmín; 流浪者 liúlàngzhě

no'madisch *adj* 1) 游牧民族的 yóumù mínzú de; 2) 流浪的 liúlàngde, 漂泊不定的 piāobó bùdìng de

'Nominativ *m* -s; -e (语法)第一格 dìyīgé

nomi'nieren *vt* 命名 mìngmíng, 提名 tímíng, 任命 rènmìng

'Nonne *f* -n 修女 xiūnǚ, 尼姑 nígū **~nkloster** *n* 女修道院 nǚ xiūdàoyuàn, 尼姑庵 nígū'ān

Nord, ~en *m* -s; 北 běi, 北方 běifāng; 北部 běibù

'nordisch *adj* 北面的 běimiànde, 北方的 běifāngde, 北欧〔歐〕的 běi'ōude

'nördlich *adj* 1) 北方的 běifāngde, 北部的 běibùde; 2) 朝北的 cháoběide

'Nord|licht *n* 北极〔極〕光 běijíguāng **~'ost(en)** *m* 1) 东〔東〕北 dōngběi, 东北方 dōngběifāng; 2) 东北地区〔區〕dōngběi dìqū **~pol** *m* 北极 běijí **~'west(en)** *m* 1) 西北 xīběi, 西北方 xīběifāng; 2) 西北地区 xīběi dìqū

'nörgeln *vi* 1) 埋怨 mányuàn, 发〔發〕牢骚 fā láosāo; 2) 挑刺儿〔兒〕tiāocìr, 爱〔愛〕找碴儿 ài zhǎochár

'Nörgler *m* -s;- 好发〔發〕牢骚的人 hàofā láosāo de rén, 爱〔愛〕挑刺的人 àitiāocìde rén

Norm *f* -en 1) 标〔標〕准〔準〕biāozhǔn, 规范〔範〕guīfàn, 准则 zhǔnzé; 2) 指标 zhǐbiāo, 定额 dìng'é; 3) 通常情况 tōngcháng qíngkuàng, 一般水平 yībān shuǐpíng

nor'mal *adj* 1) 标〔標〕准〔準〕的 biāozhǔnde, 正规的 zhèngguīde, 合格的 hégéde; 2) 正常的 zhèngchángde, 平常的 píngchángde; 3) (精神、智力)正常的 zhèngchángde

normali'sieren *v sich* 恢复〔復〕正常 huīfù zhèngcháng, 合乎标〔標〕准〔準〕héhū biāozhǔn

'normen *vt* 使标〔標〕准〔準〕化 shǐ biāozhǔnhuà, 使规格化 shǐ guīgéhuà, 使统一 shǐ tǒngyī

nor'mieren *vt* 见 normen

Not *f* ⸚e 1) 贫困 pínkùn, 困苦 kùnkǔ; 困难〔難〕kùnnan, 困境 kùnjìng; ~ leiden 受苦受难; in ~ geraten 陷入困境; in ~ sein 处于困境; 2) 缺乏 quēfá, 匮乏 kuìfá; 3) 急迫 jípò, 紧〔緊〕急 jǐnjí, 危急 wēijí; zur ~ 万〔萬〕不得已时〔時〕wàn bùdéyǐ shí; 4) 急需 jíxū, 必需 bìxū; es tut not, daß... 急需…,有必要…

No'tar *m* -s; -e 公证〔證〕人 gōngzhèngrén

'Not|ausgang *m* 太平门〔門〕tàipíngmén **~behelf** *m* 应〔應〕急措施 yìngjí cuòshī, 权〔權〕宜之计 quányí zhī jì; 临〔臨〕时〔時〕代用品 línshí dàiyòngpǐn **~bremse** *f* 紧〔緊〕急刹车〔車〕jǐnjí shāchē, 紧急制动〔動〕器 jǐnjí zhìdòngqì **~durft** *f* 1) 大(小)便 dàbiàn; seine ~ verrichten 解手 jiěshǒu; 2) 生活必需品 shēnghuó bìxūpǐn

'notdürftig *adj* 1) 贫乏的 pínfáde, 不足的 bùzúde; 2) 将〔將〕就的 jiāngjiude, 凑合的 còuhede

'Note *f* -n 1) 音符 yīnfú; 乐〔樂〕谱 yuèpǔ; 2) (外交) 照会〔會〕zhàohuì; 3) 分数〔數〕fēnshù, 成绩 chéngjì; 4) 钞票 chāopiào, 纸币〔幣〕zhǐbì; 5) 注 zhù, 注解 zhùjiě; 6) 特点〔點〕tèdiǎn, 特色 tèsè

'Noten|bank *f* (货币)发〔發〕行银行 fāxíng yínháng **~schlüssel** *m* 谱号〔號〕pǔhào **~system** *m* 五线〔綫〕谱 wǔxiànpǔ

'Notfall *m* 紧〔緊〕急情况 jǐnjí qíngkuàng, 不得已的情况 bùdéyǐde qíngkuàng; im ~ 万一,不得已时

'not|falls *adv* 不得已时〔時〕bùdéyǐshí, 在必要时 zài bìyào shí **~gedrungen** *adv* 迫不得已地 pòbùdéyǐde, 只好 zhǐhǎo

no'tieren *vt* 1) 记下 jìxià, 记录〔錄〕jìlù; 2) 开〔開〕价〔價〕kāijià, 报〔報〕价 bàojià

'nötig *adj* 必要的, bìyàode 必需的 bìxūde; ~ haben 急需、必需… jíxū、bìxū … **~en** *vt* 1) (一再)劝〔勸〕请 quànqǐng, 固请 gùqǐng; 2) 强迫 qiángpò, 迫使 pòshǐ, 使不得不 shǐ bùdébù **~en'falls** *adv* 必要时〔時〕bìyàoshí, 必需时 bìxūshí

'Nötigung *f* -en 1) 力请 lìqǐng, 固请 gùqǐng; 2) 强迫 qiángpò, 强制 qiángzhì

No'tiz *f* -en 1) 笔〔筆〕记 bǐjì, 记录〔錄〕jìlù; sich ~en machen 做笔记; 2) (报纸的) 简闻 jiǎnwén, 简讯 jiǎnxùn; 3) keine ~ nehmen von 毫不注意… háobù zhùyì …, 不理 … bùlǐ … **~block** *m* 拍纸簿 pāizhǐbù, 便条〔條〕本 biàntiáoběn **~buch** *n* 笔〔筆〕记本 bǐjìběn

'Notlage *f* 危境 wēijìng, 困境 kùnjìng

'notlanden *vi* (*s*) 紧〔緊〕急着陆〔陸〕jǐnjí zhuólù, 迫降 pòjiàng

'Notlandung *f* 迫降 pòjiàng, 紧〔緊〕急着陆〔陸〕jǐnjí zhuólù

'notleidend *adj* 贫困的 pínkùnde, 缺衣少食的 quēyī shǎoshí de

'Not|lösung *f* 暂时〔時〕的解决办〔辦〕法 zànshíde jiějué bànfǎ, 权〔權〕宜之计 quányí zhī jì **~lüge** *f* 应〔應〕付人的谎言 yìngfurénde huǎngyán, 礼〔禮〕节〔節〕性谎言 lǐjiéxìng huǎngyán

no'torisch *adj* 1) 有名的 yǒumíngde, 众〔衆〕所周知的 zhòng suǒ zhōu zhī de; 2) 臭名昭著的 chòumíng zhāozhù de, 声〔聲〕名狼藉的 shēngmíng lángjì de

'**Not|ruf** *m* 报〔報〕警电〔電〕话(号码) bàojǐng diànhuà ~**signal** *n* 呼救信号〔號〕hūjiù xìnhào ~**sitz** *m* (汽车等的)临〔臨〕时〔時〕加座 línshí jiāzuò ~**stand** *m* 紧〔緊〕急状〔狀〕态〔態〕jǐnjí zhuàngtài; 紧急情况 jǐnjíqíngkuàng ~**standsgebiet** *n* 灾〔災〕区〔區〕zāiqū ~**standsgesetz** *n* 紧〔緊〕急状〔狀〕态〔態〕法 jǐnjí zhuàngtài fǎ ~**verband** *m* 急救绷带〔帶〕jíjiù bēngdài ~**wehr** *f* 紧〔緊〕急防卫〔衛〕jǐnjí fángwèi, 正当〔當〕自卫 zhèngdāng zìwèi

'**notwendig** *adj* 1) 必要的 bìyàode, 必需的 bìxūde; 2) 必然的 bìránde, 不可避免的 bùkě bìmiǎn de

'**Notwendigkeit** *f* -en 1) 必要性 bìyàoxìng; 2) 必然性 bìránxìng

No'velle *f* -n 中篇小说 zhōngpiān xiǎoshuō

No'vember *m* -(e)s; - 十一月 shíyīyuè

Nu *m* im ~ 转〔轉〕眼间 zhuǎnyǎnjiān, 一瞬间 yīshùnjiān, 很快 hěnkuài

Nu'ance *f* -n 1) (色彩、感情等)细微差别 xìwēi chābié; 2)一点〔點〕儿〔兒〕yīdiǎnr, 微量 wēiliàng

'**nüchtern** *adj* 1) 空腹的 kōngfùde; 2) 未醉的 wèizuìde, 清醒的 qīngxǐngde; 3) 冷静的 lěngjìngde, 客观〔觀〕的 kèguānde, 实〔實〕事求是的 shíshì qiúshì de; 4) 平凡的 píngfánde, 平淡的 píngdànde; 枯燥无〔無〕味的 kūzào wúwèi de

'**Nudel** *f* -n 面〔麵〕条〔條〕miàntiáo

null *adj* 零 líng; ~ und nichtig 无〔無〕效的 wúxiàode

Null *f* -en 1) 零 líng; 2) 零度 língdù, 冰点〔點〕bīngdiǎn; 3) 毫无〔無〕意义〔義〕的事 háowú yìyì de shì; 无足轻〔輕〕重的人 wú zú qīng zhòng de rén ~**punkt** *m* 零点〔點〕língdiǎn, 零度 língdù

nume'rieren *vt* 编号〔號〕biānhào, 标〔標〕号 biāohào; numerierter Platz 编了号的座位

'**Nummer** *f* -n 1) 号〔號〕数〔數〕hàoshù, 号码 hàomǎ; 2) 尺码 chǐmǎ, 尺寸 chǐcùn; 3) (报刊等的)期数 qīshù; 4) (演出的)节〔節〕目 jiémù; 5) 分数 fēnshù ~**nschild** *n* (车、门等的)号〔號〕码牌 hàomǎpái

nun I *adv* 1) 现在 xiànzài, 这〔這〕时〔時〕zhèshí; 2) 既然 jìrán, 既是 jìshì, 已经〔經〕是 yǐjīng shì; 3) 那么〔麼〕nàme, 怎么 zěnme; II *cj* 1) 因为〔爲〕yīnwéi, 既然 jìrán; 2) 当〔當〕…的时〔時〕候 dāng … de shíhòu ~**mehr** *adv* 从〔從〕现在起 cóng xiànzài qǐ, 今后〔後〕jīnhòu

nur *adv* 1) 只 zhǐ, 仅〔僅〕仅 jǐnjǐn; ~ noch 只, 仅仅; 2) 只是 zhǐshì, 不过〔過〕bùguò, 但 dàn

Nuß *f* Nüsse 1) 坚〔堅〕果 (如核桃、榛子等) jiānguǒ; 2) eine harte ~ 难〔難〕题 nántí, 棘手的事 jíshǒude shì; 3) 笨蛋 bèndàn ~**kern** *m* 核桃仁 hétáorén; 榛子仁 zhēnzirén ~**knacker** *m* -s; - 轧碎坚〔堅〕果的钳子 zhásuì jiānguǒ de qiánzi, 核桃钳 hétáoqián ~**schale** *f* 坚〔堅〕果壳〔殼〕jiānguǒ qiào

'**Nüstern** *pl* 鼻孔 bíkǒng

'**Nutzanwendung** *f* 利用 lìyòng, 运〔運〕用 yùnyòng, 应〔應〕用 yìngyòng

'**nutz|bar** *adj* 有用的 yǒuyòngde ~**bringend** *adj* 1) 有益的 yǒuyìde, 有用的 yǒuyòngde; 2) 有(赢)利的 yǒulìde

'**nütze** *adj* 有用的 yǒuyòngde; zu nichts ~ sein 毫无〔無〕用处〔處〕háowú yòngchù

'**Nutzen** *m* -s; - 1) 收益 shōuyì, 得益 déyì; 利润 lìrùn; 2) 收获〔獲〕shōuhuò, 成果 chéngguǒ

'**nutzen**, '**nützen** I *vi* 有益 yǒuyì, 有用 yǒuyòng; zu etw. ~对〔對〕…有用; es nützt nichts zu (*inf*) …这毫无用处; II *vt* 使用 shǐyòng, 利用 lìyòng

'**Nutz|holz** *n* 可用木材 kěyòng mùcái ~**leistung** *f* 有效功率 yǒuxiào gōnglǜ, 有效马〔馬〕力 yǒuxiào mǎlì, 有效输出 yǒuxiào shūchū

'**nützlich** *adj* 有用的 yǒuyòngde, 有益的 yǒuyìde, 有利的 yǒulìde

'**nutzlos** *adj* 无〔無〕用的 wúyòngde, 无益的 wúyìde, 无效的 wúxiàode

'**Nutz|nießer** *m* -s; - 得益者 déyìzhě, 受益者 shòuyìzhě ~**nießung** *f* -en 用益权〔權〕yòngyìquán, 使用权 shǐyòngquán

'**Nylon** *n* -s; 尼龙〔龍〕nílóng ~**strümpfe** *pl* 尼龙长〔長〕筒袜〔襪〕nílóng chángtǒngwà

'**Nymphe** *f* -n (希腊神话中居于山林水泽中的)仙女 xiānnǚ

O o

O *int* 噢 ō, 啊 ā, 哦 ó; ~ weh! 哎呀!

Oase [o'ɑ:zə] *f* -n 1)(沙漠中的)绿洲 lǜzhōu; 2) 宁〔寧〕静的地方 níngjìngde dìfang

ob *cj* 1) 是否 shìfǒu; 2) als ~ 似乎 sìhū, 好象 hǎoxiàng; 3) und ~! (表示肯定)当〔當〕然! dāngrán!

'Obacht *f* ~ geben auf (*A*) 注意… zhùyì…, 当〔當〕心… dāngxīn…

'Obdach *n* -(e)s; 1) 住处〔處〕zhùchù, 住所 zhùsuǒ, (暂时)容身之处 róngshēn zhī chù; 2) 避难〔難〕所 bìnànsuǒ

'obdachlos *adj* 无〔無〕住处〔處〕的 wú zhùchù de, 无家可归〔歸〕的 wújiā kěguī de

'Obdach|lose *m,f* -n;-n 无〔無〕家可归〔歸〕的人 wújiā kěguī de rén **~losenasyl** *n* 收容所 shōuróngsuǒ, 救济〔濟〕院 jiùjìyuàn

Obdukti'on *f* -en 尸〔屍〕体〔體〕剖验〔驗〕shītǐ pōuyàn

obdu'zieren *vt* 剖验〔驗〕(尸体) pōuyàn

'oben *adv* 1) 上面 shàngmiàn; von ~ 从上面, 从高处; von ~ bis unten 从上到下; 2) 上头〔頭〕shàngtou, 上级 shàngjí; 3) 在北方 zài běifāng; 4) ~ ohne (妇女)袒胸 tǎnxiōng; 5) von ~ herab behandeln 傲慢地对〔對〕待 àomànde duìdài **~'an** *adv* 在最上面 zài zuìshàngmian, 在第一位 zài dìyīwèi, 在排头〔頭〕zài páitóu **~'auf** *adv* 1) 在最上面 zài zuìshàngmian; 2) (身心)健康 jiànkāng, 愉快 yúkuài **~'drein** *adv* 此外 cǐwài, 还〔還〕有 háiyǒu, 而且 érqiě **~erwähnt** *adj*, **~genannt** *adj* 上面提到的 shàngmian tídào de, 上述的 shàngshù de **~'hin** *adv* 草率地 cǎoshuàide, 粗略的 cūlüède

'ober *adj* 较高的 jiàogāode, 上面的 shàngmiande, 高级的 gāojíde

'Ober *m* -s; - 1)(饭店等)服务〔務〕员 fúwùyuān; 2) (德国纸牌)王后 wánghòu **~arm** *m* 上臂 shàngbì **~arzt** *m* 主治医〔醫〕生 zhǔzhì yīshēng **~befehl** *m* 最高指挥权〔權〕zuìgāo zhǐhūnquán **~befehlshaber** *m* 总〔總〕司令 zǒngsīlìng **~bekleidung** *f* 外衣 wàiyī **~bürgermeister** *m* (大城市)市长〔長〕shìzhǎng **~deck** *n* 1) (船)上甲板 shàngjiǎbǎn; 2) (双层汽车)上层〔層〕shàngcéng **~fläche** *f* 表面 biǎomiàn

'ober|flächlich *adj* 1) 表面的 biǎomiànde, 肤〔膚〕浅〔淺〕的 fūqiǎnde; 2) 草率的 cǎoshuàide, 马〔馬〕虎的 mǎhūde **~halb** *prp* (*G*) 在…上面 zài… shàngmiàn

'Ober|hand *f* die ~ gewinnen über (*A*) 对〔對〕…取得优〔優〕势〔勢〕duì…qǔdé yōushì **~haupt** *n* 1) 首脑〔腦〕shǒunǎo, 领导〔導〕人 lǐngdǎorén; 2)领头〔頭〕人 lǐngtóurén, 头目 tóumù **~hemd** *n* (男)衬〔襯〕衫 chènshān **~herrschaft** *f* 1) 宗主(国)权〔權〕zōngzhǔquán, 统治权 tǒngzhìquán; 2)主权 zhǔquán, 领导〔導〕权 lǐngdǎoquán; 霸权 bàquán

'Oberin *f* -nen 1) 女修道院主持 nǚ xiūdàoyuàn zhǔchí; 2) 女护〔護〕士长〔長〕nǚ hùshizhǎng

'oberirdisch *adj* 地面上的 dìmiànshàngde

'Ober|kellner *m* (酒馆、饭店给顾客算帐的)服务〔務〕员 fúwùyuán **~kiefer** *m* 上颚骨 shàng'ègǔ **~körper** *m* 上身 shàngshēn, 躯〔軀〕干〔幹〕上部 qūgàn shàngbù **~land** *n* 高地 gāodì, 高原 gāoyuán **~lauf** *m* (河流的)上游 shàngyóu, 上流 shàngliú **~leitung** *f* 1) (企业单位)最高领导〔導〕zuìgāo lǐngdǎo; 2) 架空导线〔綫〕jiàkōng dǎoxiàn; 3) (电车的)触〔觸〕线 zhùxiàn, 空中架线 kōngzhōng jiàxiàn **~leutnant** *m* 中尉 zhōngwèi **~lippe** *f* 上唇 shàngchún **~schenkel** *m* 大腿 dàtuǐ **~schule** *f* 中学〔學〕zhōngxué

'oberst *adj* 在最上面 zài zuìshàngmian, 最高地位的 zuìgāo dìwèi de, 最高级别的 zuìgāo jíbié de

'Oberst *m* -en(-s); -en(-e) 上校 shàngxiào

'Ober|staatsanwalt *m* 最高检〔檢〕察官 zuìgāo jiǎncháguān, 总〔總〕检察长〔長〕zǒng jiǎncházhǎng **~stimme** *f* 高音部 gāoyīnbù

Oberst'leutnant *m* 中校 zhōngxiào

'Ober|tasse *f* (成套杯碟中的)杯子 bēizi **~wasser** *n* ~ bekommen

取得优〔優〕势〔勢〕qǔdé yōushì
ob'gleich *cj* 虽〔雖〕然 suīrán
'Obhut *f* 保护〔護〕bǎohù, 照料 zhàoliào; in (seine) ~ nehmen 照料,保护
'obig *adj* 上面提到的 shàngmian tídào de, 上述的 shàngshùde
Ob'jekt *n* -(e)s; -e 1) 物 wù, 物体〔體〕wùtǐ, 东〔東〕西 dōngxi; 2) 对〔對〕象 duìxiàng, 目标〔標〕mùbiāo; 3) (哲学)客体 kètǐ, 客观〔觀〕kèguān; 4) (语法)宾〔賓〕语 bīnyǔ; 5) (经济)交易 jiāoyì, 买〔買〕卖〔賣〕mǎimai
objek'tiv *adj* 1) 客观〔觀〕的 kèguānde, 真实〔實〕的 zhēnshíde; 2) 如实的 rúshíde, 无〔無〕偏见〔見〕的 wú piānjiàn de
Objek'tiv *n* -s; -e (物理上的)物镜 wùjìng
Objektivi'tät *f* 客观〔觀〕性 kèguānxìng, 现实〔實〕性 xiànshíxìng
obli'gat *adj* 1) 必不可少的 bì bù kě shǎo de, 必需的 bìxūde; 2) 必要的(伴奏) bìyàode
Obligati'on *f* -en 1) 责任 zérèn, 义〔義〕务〔務〕yìwù; 2) 债券 zhàiquàn, 证〔證〕券 zhèngquàn
obliga'torisch *adj* 必须履行的 bìxū lǚxíng de, 有义〔義〕务〔務〕的 yǒu yìwù de; 必修的(学科) bìxiūde
'Obmann *m* 1) (某些团体的)主席 zhǔxí; 头〔頭〕头 tóutou, 负责人 fùzérén; 2) 陪审〔審〕长〔長〕péishěnzhǎng
O'boe *f* -n 双〔雙〕簧管 shuānghuángguǎn, 欧〔歐〕巴管 ōubāguǎn
'Obrigkeit *f* -en 当〔當〕局 dāngjú, 当权〔權〕者 dāngquánzhě, 上级 shàngjì; 政府 zhèngfǔ
'obrigkeitlich *adj* 当〔當〕局的 dāngjúde, 上级的 shàngjíde 政府的 zhèngfǔde
'Obrigkeitsstaat *m* 极〔極〕权〔權〕国〔國〕家 jíquán guójiā, 专〔專〕制国家 zhuānzhì guójiā
ob'schon *cj* 虽〔雖〕然 suīrán, 即使 jíshǐ
Observa'torium *n* -s; ..rien 1) 观〔觀〕察站 guānchàzhàn, 观测站 guāncèzhàn; 2) 气〔氣〕象台〔臺〕qìxiàngtái; 天文台 tiānwéntái
Obst *n* -es; 水果 shuǐguǒ **~baum** *m* 果树〔樹〕guǒshù **~garten** *m* 果园〔園〕guǒyuán **~saft** *m* 鲜果汁 xiānguǒzhī **~züchter** *m* 果农〔農〕guǒnóng
obs'zön *adj* 猥亵〔褻〕的 wěixiède, 无〔無〕耻的 wúchǐde
ob'wohl *cj* 虽〔雖〕然 suīrán, 即使 jíshǐ
'Ochse *m* -n; -n 1) 公牛 gōngniú; 2) 笨蛋 bèndàn
'öde *adj* 1) 荒凉的 huāngliángde, 不毛的 bùmáode, 荒芜〔蕪〕的 huāngwúde; 2) 无〔無〕聊的 wúliáode, 空虚的 kōngxūde, 乏味的 fáwèide
'Öde *f* -n 1) 荒凉的地方 huāngliángde dìfang; 2) 寂寞 jìmò, 无〔無〕聊 wúliáo, 乏味 fáwèi
'oder *cj* 或者 huòzhě
'Ofen *m* -s; ¨ 1) 炉〔爐〕子 lúzi; 2) 熔炉 rónglú
'offen *adj* 1) 开〔開〕着的 kāizhede, 敞开的 chǎngkāide; 2) 空着的 kòngzhede, 空缺的 kòngquēde; 3) 公开的 gōngkāide; 坦率的 tǎnshuàide; 4) 没有解决的 méiyǒu jiějué de, 未完结的 wèi wánjié de
'offenbar I *adj* 公开〔開〕的 gōngkāi de, 明显〔顯〕的 míngxiǎnde; II *adv* 看来〔來〕kànlái
offen'baren *vt* 1) 公开〔開〕gōngkāi, 暴露 bàolù; 2) sich j-m ~ 向某人吐露心事 xiàng mǒurén tǔlù xīnshì
Offen'barung *f* -en 1) 自白 zìbái, 表白 biǎobái; 公开〔開〕gōngkāi, 揭示 jiēshì; 2) (突然的)觉〔覺〕悟 juéwù, 领悟 lǐngwù
'Offenheit *f* 诚实〔實〕chéngshí, 坦率 tǎnshuài
'offen|herzig *adj* 1) 坦率的 tǎnshuàide, 开〔開〕诚布公的 kāi chéng bù gōng de; 2) (女服)袒胸露臂的 tǎnxiōng lùbì de **~kundig** *adj* 显〔顯〕然的 xiǎnránde, 明白的 míngbáide **~sichtlich** *adj* 明显〔顯〕的 míngxiǎnde, 有目共睹的 yǒu mù gòng dǔ de
offen'siv *adj* 1) 进〔進〕攻的 jìngōngde, 攻势〔勢〕的 gōngshìde; 2) 冒犯的 màofànde, 无〔無〕礼〔禮〕的 wúlǐde
Offen'sive *f* -n 进〔進〕攻 jìngōng, 攻势〔勢〕gōngshì
'offenstehen* *vi* 1) (门窗等)开〔開〕着 kāizhe; 2) (帐目)未付清 wèi fùqīng; 3) (职位等)空着 kòngzhe; 4) 向…开放 xiàng…kāifàng, 供…使用 gōng… shǐyòng, 听〔聽〕便 tīngbiàn; es steht ihm offen zu … 由他来〔來〕决定 … yóu tā lái juédìng …
'öffentlich I *adj* 1) 公开〔開〕的 gōngkāide; 2) 公共的 gōnggòngde, 公众〔衆〕的 gōngzhòngde; 3) 官方的 guānfāngde, 国〔國〕家的 guójiāde; II *adv* 公开 gōngkāi, 当〔當〕众 dāngzhòng; ~ auftreten

公开演出

'Offentlichkeit *f* 1) 公开〔開〕gōngkāi; in aller ~ 公开地; 2) 公众〔衆〕gōngzhòng; 社会〔會〕shèhuì; an die ~ bringen 公布于〔於〕众 gōngbù yú zhòng

offe'rieren *vt* 1) 报〔報〕价〔價〕bàojià, 投标〔標〕tóubiāo; 2) 提供 tígōng, 奉献〔獻〕fèngxiàn

Of'ferte *f* -n 报〔報〕价〔價〕bàojià, 投标〔標〕tóubiāo

offi'ziell *adj* 官方的 guānfāngde, 正式的 zhèngshìde; 隆重的 lóngzhòngde

Offi'zier *m* -s;-e 军官 jūnguān

offi'ziös *adj* 半官方的 bàn guānfāng de

'öffnen *vt* 1) 开〔開〕kāi, 打开 dǎkāi; 2) sich ~ 开 kāi, 张〔張〕开 zhāngkāi, 敞开(内心) chǎngkāi

'Offner *m* -s;- 开〔開〕启〔啟〕工具 kāiqǐ gōngjù

'Öffnung *f* -en 1) 打开〔開〕dǎkāi, 开启〔啟〕kāiqǐ; 2) 裂口 lièkǒu, 洞 dòng **~szeit** *f* 开〔開〕放时〔時〕间 kāifàng shíjiān, 营〔營〕业〔業〕时间 yíngyè shíjiān

oft *adv* 经〔經〕常 jīngcháng, 时〔時〕常 shícháng, 多次 duōcì

'öfters *adv* 见 oft

oh *int* 啊 ā, 哦 ò

'ohne I *prep* (*A*) 没有 méiyǒu, 无〔無〕wú; II *cj* ~ daß, ~ zu 不…就 bù…jiù, 没有…就 méiyǒu…jiù **~'dies** *adv* 本来〔來〕běnlái, 反正 fǎn zhèng **~'gleichen** *adv* 无〔無〕比地 wúbǐde, 空前地 kōngqiánde, 独〔獨〕一无二地 dúyī wú'èr de **~'hin** *adv* 见 ohnedies

'Ohnmacht *f* -en 1) 昏厥 hūnjué; in ~ fallen 昏厥过去; 2) 软弱无〔無〕能 ruǎnruò wúnéng

'ohnmächtig *adj* 1) 昏倒的 hūndǎode, 无〔無〕知觉〔覺〕的 wú zhījué de; ~ werden 晕过〔過〕去 yūnguòqù; 2) 无力的 wúlìde, 无能的 wúnéngde

Ohr *n* -(e)s; -en 1) 耳朵 ěrdou; 听〔聽〕觉〔覺〕tīngjué; ein ~ haben für 对〔對〕…有欣赏力 duì…yǒu xīnshǎnglì, 懂… dǒng…; ganz ~ sein 聚精会〔會〕神地听 jùjīng huìshén de tīng; j-n übers ~ hauen 欺骗某人 qīpiàn mǒurén; bis über die ~en verliebt 热〔熱〕恋〔戀〕着 rèliànzhe; 2) (书页角上的)卷〔捲〕折 juǎnzhé

'Ohrenarzt *n* 耳科医〔醫〕生 ěrkē yīshēng

'ohrenbetäubend *adj* 震耳欲聋〔聾〕的 zhèn ěr yù nóng de

'Ohrenschmerzen *pl* 耳痛 ěrtòng

'Ohrfeige *f* 耳光 ěrguāng

'ohrfeigen *vt* j-n ~ 打某人耳光 dǎ mǒurén ěrguāng

'Ohr|läppchen *n* -s;- 耳垂 ěrchún **~ring** *m* 耳环〔環〕ěrhuán

Ökolo'gie *f* 生态〔態〕学〔學〕shēngtàixué

Ökono'mie *f* -n 1) 经〔經〕济〔濟〕jīngjì, 经济学〔學〕jīngjìxué; 2) 节〔節〕约 jiéyuē, 节俭〔儉〕jiéjiǎn

öko'nomisch *adj* 1) 经〔經〕济〔濟〕学〔學〕的 jīngjìxuéde; 2) 节〔節〕约的 jiéyuēde, 节俭〔儉〕的 jiéjiǎnde

Ok'tav *n* -s; -e 1) 八开〔開〕纸 bākāizhǐ; 2) (书刊)八开本 bākāiběn

Ok'tober *m* -(s);- 十月 shíyuè

Oku'lar *n* -s;-e (光学仪器上的)目镜 mùjìng

oku'lieren *vt* 嫁接 jiàjiē, 接枝 jiēzhī

öku'menisch *adj* 1) 地球的 dìqiúde; 2) 世界的 shìjiède, 尘〔塵〕世的 chénshìde

Öl *n* -(e)s;-e 油 yóu; ~ ins Feuer gießen 火上加油; ~ auf die Wogen gießen 调解争执〔執〕tiáojié zhēngzhí; 使平静下来〔來〕shǐ píngjìng xiàlá; **~baum** *m* 橄榄〔欖〕树〔樹〕gǎnlǎnshù

'ölen *vt* 涂〔塗〕油 túyóu, 加(润滑)油 jiāyóu

'Öl|farbe *f* 1) 油画〔畫〕颜料 yóuhuà yánliào; 2) 油漆颜料 yóuqī yánliào **~gemälde** *n* 油画〔畫〕yóuhuà **~heizung** *f* 燃油取暖设备〔備〕rányóu qǔnǎn shèbèi

'ölig *adj* 1) 含油的 hányóude; 油腻的 yóunìde; 2) 油滑的 yóuhuáde, 柔滑的 róuhuáde

O'liv|e *f* -n 1) 橄榄〔欖〕gǎnlǎn; 橄榄树〔樹〕gǎnlǎnshù; 2) 橄榄形(门、窗)手柄 gǎnlǎnxíng shǒubǐng **~enbaum** *m* 见 Ölbaum

'Öl|male'rei *f* 油画〔畫〕yóuhuà **~quelle** *f* (石油)油源 yóuyuán **~ung** *f* -en 涂〔塗〕油 túyóu, 搽油 cháyóu

Olym'piade *f* -n 奥林匹克运〔運〕动〔動〕会〔會〕àolínpǐkè yùndònghuì

o'lympisch *adj* 1) 奥林匹克的 àolínpǐkède; Olympische Spiele 奥林匹克运动会; 2) 奥林匹亚〔亞〕的 àolínpíyàde; 3) 威严〔嚴〕崇高的 wēiyán chónggāo de

'Ölzweig *m* 1) 橄榄〔欖〕枝 gǎnlǎnzhī; 2) 和平的象征〔徵〕hépíngde xiàngzhēng

'Omen *n* -s;- (Omina) 征〔徵〕兆 zhēngzhào, 预兆 yùzhào

omi'nös *adj* 不吉祥的 bù jíxiáng de, 凶〔兇〕兆的 xiōngzhàode

'Omnibus *m* -ses; -se 公共汽车〔車〕gōnggòng qìchē **~haltestelle** *f* 公共汽车站 gōnggòng qìchēzhàn

'Onkel *m* -s; -(s) 1) 伯父 bófù, 叔父 shūfù, 舅父 jiùfù, 姑父 gūfu; 2) 叔叔 shūshu, 伯伯 bóbo

'Oper *f* -n 1) 歌剧〔劇〕gējù; 2) 歌剧院 gējùyuàn

Opera'teur *m* -s;-e 1) 手术〔術〕医〔醫〕生 shǒushù yīshēng; 2) (电影)摄〔攝〕影师〔師〕shèyǐngshī; 放映员 fàngyìngyuán

Operati'on *f* -en 1) 外科手术〔術〕wàikē shǒushù; 2) 工作程序 gōngzuò chéngxù; (数学)运〔運〕算程序 yùnsuàn chéngxù; 3) 军事行动〔動〕jūnshì xíngdòng **~ssaal** *m* 外科手术〔術〕室 wàikē shǒushùshì

opera'tiv *adj* 1) 外科手术〔術〕的 wàikē shǒushù de; 2) 按计划〔劃〕进〔進〕行的 àn jìhuà jìnxíng de; 3) 战〔戰〕略的 chànlüède

Ope'rette *f* -n 小歌剧〔劇〕xiǎogējù

ope'rieren I *vt* j-n ~ 给某人动〔動〕手术〔術〕gěi mǒurén dòng shǒushù; II *vi* 1) 进〔進〕行 jìnxíng, 使用 shǐyòng; 2) 采〔採〕取军事行动 cǎiqǔ jūnshì xíngdòng; 3) sich ~ lassen 让〔讓〕(人)给自己动手术 ràng géi zìjǐ dòng shǒushù

'Opern|glas *n*, **~gucker** *m* -s;- (观剧用)小望远〔遠〕镜 xiǎo wàngyuǎnjìng **~haus** *n* 歌剧〔劇〕院 gējùyuàn **~sänger** *m* 歌剧〔劇〕(男)演员 gējù yǎnyuán **~text** *m* 歌剧〔劇〕剧本 gējù jùběn

'Opfer *n* -s;- 1) 牺〔犧〕牲 xīshēng; ein ~ bringen 为…牺牲; j-m zum ~ fallen 为某人所杀害; 2) 牺牲者 xīshēngzhě, 牺牲品 xīshēngpǐn; 3) 祭品 jìpǐn **~gabe** *f* 1) 祭品 jìpǐn, 供品 gòngpǐn; 2) 自我牺牲 zìwǒ xīshēng

'opfern I *vt* 1) 牺〔犧〕牲 xīshēng, 捐献〔獻〕juānxiànt; sich für etw. ~ 为某事而牺牲生命; 2) 献祭品 xiàn jìpǐn, 供奉 gòngfèng; II *vi* 祭祀 jìsì

'Opferung *f* -en 牺〔犧〕牲 xīshēng; 献〔獻〕祭 xiànjì

'Opium *n* -s; 鸦片 yāpiàn

oppo'nieren *vi* 反对〔對〕fǎnduì, 反驳 fǎnbō, 持反对意见〔見〕chí fǎnduì yìjiàn

Oppositi'on *f* -en 1) 反对〔對〕fǎnduì, 对立 duìlì, 反抗 fǎnkàng; 2) 反对派 fǎnduìpài, 反对党〔黨〕fǎnduìdǎng **~spartei** *f* 反对〔對〕党〔黨〕fǎnduìdǎng, 在野党 zàiyědǎng

'Optik *f* -en 1) 光学〔學〕guāngxué; 2) 透镜 tòujìng, 镜头〔頭〕jìngtóu; 3) 外观〔觀〕wàiguān, 表面 biǎomiàn **~er** *m* -s;- 1) 光学仪〔儀〕器商 guāngxué yíqì shāng; 2) (眼镜店)验〔驗〕光人员 yànguāng rényuán

Opti'm|ismus *m* 乐〔樂〕观〔觀〕主义〔義〕lèguānzhǔyì **~ist** *m* -en; -en 乐观主义者 lèguānzhǔyìzhě

opti'mistisch *adj* 乐〔樂〕观〔觀〕的 lèguānde

optisch *adj* 1) 光学〔學〕的 guāngxuéde; 光的 guāngde; 2) 视力的 shìlìde, 视觉〔覺〕的 shìjuéde; ~e Täuschung 错觉; 3) 外表的 wàibiǎode, 外观〔觀〕的 wàiguānde

O'range *f* -n 橙子 chéngzi

o'rangefarben *adj* 橙色的 chéngsède

Or'chester *n* -s; - (管弦)乐〔樂〕队〔隊〕yuèduì, 乐团〔團〕yuètuán

Orchi'dee *f* -n 兰〔蘭〕花 lánhuā

'Orden *m* -s;- 1) 教团〔團〕jiàotuán; 2) 勋〔勳〕章 xūnzhāng **~sschwester** *f* 修女团〔團〕的修女 xiūnǚtuánde xiūnǚ

'ordentlich *adj* 1) 正式的 zhèngshìde; ~er Professor 正教授; 2) 正派的 zhèngpàide, 正直的 zhèngzhíde; 体〔體〕面的 tǐmiànde; 3) 整齐〔齊〕的 zhěngqíde, 清洁〔潔〕的 qīngjiéde, 井然有序的 jǐngrán yǒuxù de; 4) 很象样〔樣〕的 hěn xiàngyàng de; 很大的 hěndàde, 很多的 hěnduōde

ordi'när *adj* 1) 平常的 píngchángde, 普通的 pǔtōngde; 2) 鄙俗的 bǐsúde, 粗野的 cūyěde

'ordnen *vt* 1) 整理 zhěnglǐ, 清理 qīnglǐ; 2) 排列…的顺序 páiliè …de shùnxù

'Ordner *m* -s;- 1) 维持秩序者 wéichí zhìxù shě; 2) 文件夹〔夾〕wénjiànjiā, 卷宗夹 juànzōngjiā

'Ordnung *f* -en 1) 整顿 zhěngdùn, 整理 zhěnglǐ; in ~ bringen 把…整理好; 2) 秩序 zhìxù, 纪律 jìlǜ; 3) 规章 guīzhāng, 制度 zhìdù; 4) 等级 děngjí, 级别 jíbié, 顺序 shùnxù; 5) (动、植物的)目 mù

'ordnungs|gemäß, ~mäßig *adj* 1) 整洁〔潔〕的 zhěngjiède, 整齐

〔齊〕的 zhěngqíde; 2) 按顺序的 ànshùnxùde, 按照规章制度的 ànzhào guīzhāng zhìdù de

'Ordnungs|strafe *f* 纪律处〔處〕分 jìlǜ chǔfèn, 罚〔罰〕款 fákuǎn **~zahl** *f* 序数〔數〕xùshù

Ordon'nanz *f* -en 1) 命令 mìnglìng, 训令 xùnlìng; 2) 通讯兵 tōngxùnbīng, 传〔傳〕令兵 chuánlìngbīng

Or'gan *n* -s; -e 1) 器官 qìguān; 2) 嗓音 sǎngyīn; 3) 行政机〔機〕关〔關〕 xíngzhèng jīguān, 机构〔構〕jīgòu; 4) 喉舌 hóushé, 机关报〔報〕jīguānbào

Organisati'on *f* -en 1) 组织〔織〕zǔzhī; 2) 编制 biānzhì, 体〔體〕制 tǐzhì; 3) 机〔機〕构〔構〕jīgòu, 团〔團〕体 tuántǐ, 协〔協〕会〔會〕xiéhuì **~stalent** *n* 组织〔織〕才能 zǔzhī cáinéng

Organi'sator *m* -s; ..'toren 1) 组织〔織〕者 zǔzhīzhě, 筹〔籌〕备〔備〕者 chóubèizhě; 2) 有组织能力的人 yǒu zǔzhī nénglì de rén

organisa'torisch *adj* 组织〔織〕(上)的 zǔzhīde

or'ganisch *adj* 1) 器官的 qìguānde; 2) 有机〔機〕的 yǒujīde

organi'sieren *vt* 1) 组织〔織〕zǔzhī, 安排 ānpái; (nicht) organisierter Arbeiter (没)有组织的工人; 2)想法弄到 xiǎngfǎ nòngdào

Orga'nismus *m* -; ..men 1) 生物 shēngwù, 有机〔機〕体〔體〕yǒujītǐ; 2) (有机体的)组织〔織〕zǔzhī, 机构〔構〕jīgòu

Orga'nist *m* -en; -en 管风〔風〕琴师〔師〕guǎnfēngqínshī

'Orgel *f* -n 管风〔風〕琴 guǎnfēngqín

'Orgie *f* -n 1) 纵〔縱〕酒宴乐〔樂〕zòngjiǔ yànlè, 狂欢〔歡〕kuánghuān; 2) 疯〔瘋〕狂 fēngkuáng, 放荡〔蕩〕fàngdàng

'Orient *m* -s; 1) 东〔東〕方 dōngfāng; 2) 东方国〔國〕家 dōngfāng guójiā

Orien'tale *m* -n; -n 东〔東〕方人 dōngfāngrén, 东方居民 dōngfāng jūmín

orien'talisch *adj* 东〔東〕方的 dōngfāngde

orien'tieren *vt* 1) 告知 gàozhī, 通知 tōngzhī; 2) 导〔導〕向 dǎoxiàng, 指示 zhǐshì (auf *A*); 3) gut orientiert sein über (*A*) 对〔對〕…了〔瞭〕如指掌 duì…liǎo rú zhǐ zhǎng; 4) *v sich* 辨认〔認〕方向 biànrèn fāngxiàng; 认清形势〔勢〕rèngīng xíngshì

Orien'tierung *f* -en 1) 方向 fāngxiàng, 方位 fāngwèi; die ~ verlieren 失去方向; 2) 定位 dìngwèi, 定向 dìngxiàng; 3) 了〔瞭〕解 liǎojiě; 4) 态〔態〕度 tàidù

origi'nal *adj* 1) 原来〔來〕的 yuánláide, 真的 zhēnde; 2) (电视、广播)实〔實〕况的 shíkuàngde; 3) 创〔創〕造性的 chuàngzàoxìngde, 独〔獨〕特的 dútède

Origi'nal *n* -s; -e 1) 原物 yuánwù, 原型 yuánxíng; 原作 yuánzuò, 原本 yuánběn, 原稿 yuángǎo; 2) 怪物 guàiwù, 怪人 guàirén

Originali'tät *f* -en 1) 原状〔狀〕yuánzhuàng; 2) 独〔獨〕创〔創〕性 dúchuàngxìng, 独特性 dútèxìng; 3) 稀有性 xīyǒuxìng, 奇珍 qízhēn; 4) 怪人 guàirén

orgi'nell *adj* 1) 新奇的 xīnqíde, 奇特的 qítède; 2) 独〔獨〕特的 dútède, 独创〔創〕的 dúchuàngde

Or'kan *m* -(e)s;-e 飓〔颶〕风〔風〕jùfēng, 风暴 fēngbào

Or'nat *m* -(e)s; -e (法官等)礼〔禮〕服 lǐfú, (教士的)法衣 fǎyī

Ort *m* -(e)s; -e 1) 场〔場〕所 chǎngsuǒ, 地方 dìfang, 地点〔點〕dìdiǎn; ~ der Handlung (剧中)情节发生的地点; an ~ und Stelle 就地 jiùdì, 当〔當〕场 dāngchǎng, 在场 zàichǎng; höher(e)n ~(e)s 在上级机〔機〕构〔構〕zài shàngjí jīgòu; 2) (村、镇等)居民点 jūmíndiǎn

'orten *vt* 测定…的方位 cèdìng…de fāngwèi

ortho'dox *adj* 1) 正统的 zhèngtǒngde; 2) 正教的 zhèngjiàode; 3) 顽固的 wángùde, 保守的 bǎoshǒude

Orthogra'phie *f* -n 正字法 zhèngzìfǎ, 缀字法 zhuìzìfǎ

ortho'graphisch *adj* 正字法的 zhèngzìfǎde, 缀字法的 zhuìzìfǎde

Ortho'päde *m* -n; -n 矫〔矯〕形外科医〔醫〕生 jiǎoxíng wàikē yīshēng

Orthopä'die *f* 矫〔矯〕形外科(学) jiǎoxíng wàikē

ortho'pädisch *adj* 矫〔矯〕形外科(学)的 jiǎoxíng wàikē de

'örtlich *adj* 1) 局部的 júbùde; 2) 地方的 dìfāngde, 地区〔區〕的 dìqūde

'Örtlichkeit *f* -en 地方 dìfāng, 地形 dìxíng

'Ortschaft *f* -en 地方 dìfāng, 居民点〔點〕jūmíneiǎn, 村落 cūnluò

'Orts|gespräch *n* 本埠通(电)话 běnbù tōnghuà, 市内电〔電〕话 shìnèng diànhuà **~kenntnis** *f*

地方情况的知识〔識〕dìfāng qíngkuàng de zhīshì ~**name** *m* 地名 dìmíng ~**verkehr** *m* 1) 市内交通 shìnèn jiāotōng; 2) 市内电〔電〕信(业务) shīnèn diànxìn ~**zeit** *f* 地方时〔時〕dìfāngshí

'**Öse** *f* -n 小环〔環〕xiǎohuán, 小金属〔屬〕圈 xiǎo jīnshǔquān

Ost *m* -(e)s; 1) 东〔東〕dōng, 东方 dōngfāng; 2) 东部 dōngbù, 东区〔區〕dōngqū ~**en** *m* -s; 1) 东〔東〕方 dōngfāng; 2) 东部地区〔區〕dōngbù dìqū; der Ferne (Nahe) ~ 远(近)东

ostenta'tiv *adj* 1) 引人注意的 yǐnrén zhùyì de, 明显〔顯〕的 míngxiǎnde; 2) 夸〔誇〕耀的 kuāyàode, 挑逗的 tiǎodòude

'**Oster|ei** 复〔復〕活节〔節〕彩蛋 fùhuójié cǎidàn ~**fest** *n* 见 Ostern ~**hase** *m* 复〔復〕活节〔節〕兔子 fùhuójié tùzi ~**n** *n* 复〔復〕活节〔節〕fùhuójié

'**Österreicher** *m* -s ;- 奥地利人 àodìlìrén

'**österreichisch** *adj* 奥地利的 àodìlìde

'**östlich** I *adj* 东〔東〕方的 dōngfāngde, 东面的 dōngmiànde; II *adv* ~ von 在…的东面 zài…de dōngmiàn

'**ostwärts** *adv* 向东〔東〕xiàngdōng, 朝东 chàodōng

'**Ostwind** *m* 东〔東〕风〔風〕dōngfēng

'**Otter** I *m* -s; - 水獭 shuǐtǎ; II *f* -n 蝰蛇 kuíshé

Ouver'türe *f* -n 序曲 xùqǔ

o'val *adj* 椭〔橢〕圆形的 tuǒyuánxíngde, 卵形的 luǎnxíngde

O'val *n* -s; -e 卵形 luǎnxíng, 椭〔橢〕圆形 tuǒyuánxíng

Ovati'on *f* -en 喝彩 hècǎi, 欢〔歡〕呼 huānhū; 热〔熱〕烈欢迎 rèliè huānyíng; j-m ~en bereiten 热烈欢迎…

O'xyd *n* -(e)s; -e 氧化物 yǎnghuàwù

oxy'dieren I *vt* 使氧化 shǐ yǎnghuà; II *vi* (*s*) 氧化 yǎnghuà

'**Ozean** *m* -s; -e 大海 dàhǎi, 海洋 hǎiyáng

P p

paar *adj* ein ~ 几〔個〕个〔幾〕jǐgè, 一些 yīxiē; j-m ein ~ Zeilen schreiben 给某人写几行字

Paar *n* -(e)s;-e 一对〔對〕yīduì, 一双〔雙〕yīshuāng

'**paaren** *vt* 1) 使交配 shǐ jiāopèi; 2) 使配合 shǐ pèihé, 使结合 shǐ jiéhé; 3) sich ~ 交配 jiāopèi; 组成双〔雙〕zǔchéng shuān, 组成对〔對〕zǔchéng duì

'**Paarlauf** *m* 双〔雙〕人溜冰 (表演) shuāngrén liūbīng

'**paarmal** *adv* ein ~ 几〔幾〕次 jǐcì

'**Paarung** *f* -en 1) (兽类)交配 jiāopèi; 2) 组成对〔對〕zǔchéng duì, 组成双〔雙〕zǔchéng shuāng; 3) (体育)对垒〔壘〕duìlěi

'**paarweise** *adv* 成对〔對〕地 chéngduìde, 成双〔雙〕地 chéngshuāngde

Pacht *f* -en 1) 租借 zūjiè; 2) 租金 zūjīn

'**pachten** *vt* 租用 zūyòng, 租赁 zūlìn

'**Pächter** *m* -s;- 承租人 chéngzūrén, 租赁者 zūlìnzhě; 佃户 diànhù, 佃农〔農〕diànnóng

Pack I *m* -(e)s;-e(¨e) 一包 yībāo, 一束 yīshù; II *n* -(e)s; 流氓 liúmáng, 无〔無〕赖 wúlài

'**Päckchen** *n* -s;- 1) 小包裹 xiǎo bāoguǒ, 小邮〔郵〕包 xiǎo yóubāo; 2) 一(小)包 yībāo; ein ~ Zigaretten 一包香烟

'**packen** I *vt* 1)装〔裝〕入 zhuāngrù, 包入 bāorù, 收拾 shōushì; 2) 抓住 zhuāzhù, 揪住 jiūzhù; 3) 感动〔動〕gǎndòng, 吸引 xīyǐn; 侵袭〔襲〕qīnxí; 4) pack dich! 你给我走(滚)开〔開〕! nǐ gěi wǒ zǒukāi! II *vi* 收拾行李 shōushī xíngli

'**Packen** *m* -s;- 1) 一(大)捆〔綑〕yīkǔn, 一(大)包 yībāo, 一堆 yīduī; 2) 大量 dàliàng

'**Packer** *m* -s;- 1) 包装〔裝〕工 bāozhuānggōng; 2) 猎〔獵〕犬 lièquǎn

Packe'rei *f* -en 1)包装〔裝〕室 bāozhuāngshì, 包装车〔車〕间 bāozhuāng chējiān; 2) (ohne *pl*) 包

装工作 bāozhuāng gōngzuò

'Pack|esel *m* 1) 驮驴〔驢〕tuólǘ; 2) 工作负担〔擔〕很重的人 gōngzuò fùdān hěn zhòng de rén **~-material** *n* 包装〔裝〕材料 bāozhuāng cáiliào **~papier** *n* 包装〔裝〕纸 bāozhuāngzhǐ, 牛皮纸 niúpízhǐ **~pferd** *n* 驮马〔馬〕tuómǎ **~ung** *f* 1) 包装〔裝〕物 bāozhuāngwù, (商品的)一包 yībāo; eine ~ Zigaretten 一包香烟; 2) (商品的)包装 bāozhuāng, 装潢 zhuānghuáng; 3) (医疗)湿〔濕〕敷 shīfū, 温罨 wēnyǎn **~wagen** *m* 行李车〔車〕xínglichē

Päda'gog|e *m* -n; -n 教育家 jiàoyùjiā, 教师〔師〕jiàoshī **~ik** *f* 教育学〔學〕jiàoyùxué

päda'gogisch *adj* 教育的 jiàoyùde, 教育学〔學〕的 jiàoyùxuéde

'Paddel *n* -s;- 桨〔槳〕jiǎng **~boot** *n* (划桨的)小船 xiǎochuán, 划子 huázi

'paddeln *vi(h,s)* 1) 划桨〔槳〕huájiǎng; 2) 用狗爬式游泳 yòng gǒupáshì yóuyǒng

'Page *m* -n;-n 1)宫廷侍童 gōngtíng shìtóng; 2) (饭店)青年侍者 qīngnián shìzhě, 服务〔務〕员 fúwùyuán

pah *int* 呸 pēi

Pa'ket *n* -(e)s;-e 1) 包裹 bāoguǒ, 邮〔郵〕包 yóubāo; 2) 包 bāo, 封 fēng; 3) 一揽〔攬〕子计划〔劃〕yīlǎnzi jìhuà **~annahme** *f* 邮寄包裹处〔處〕yóujì bāoguǒchù **~-karte** *f* 包裹单〔單〕bāoguǒdān **~post** *f* 包裹邮〔郵〕件运送〔運〕bāoguǒ yóujiàn yùnsòng;包裹邮件运送车〔車〕辆(或递送者) bāoguǒ yóujiàn yùnsòng chēliàng **~zustellung** *f* 包裹递〔遞〕送 bāoguǒ dìsòng

Pakt *m* -(e)s;-e 条〔條〕约 tiáoyuē, 公约 gōngyuē; 协〔協〕定 xiédìng, 契约 qìyuē

Pa'last *m* -es; ⸚e 宫殿 gōngdiàn

'Palm|e *f* -n 棕榈 zōnglǘ **~öl** *n* 棕榈油 zōnglǘyóu **~'sonntag** *m* (耶稣)复〔復〕活节〔節〕前的星期日 fùhuójiéqiánde xīngqīrì

pa'nieren *vt* 裹上鸡〔鷄〕蛋、面〔麵〕粉和面包屑而油炸 guǒshàng jīdàn、miànfěn hé miànbāoxiè ér yóuzhá

'Panik *f* -en 慌乱〔亂〕huāngluàn, 惊〔驚〕慌 jīnghuāng; in ~ geraten 陷入混乱中

'panisch *adj* 慌乱〔亂〕的 huāngluànde, 惊〔驚〕慌失措的 jīnghuāng shī cuò de

'Panne *f* -n 1) 故障 gùzhàng; eine ~ haben 发生故障; 2) 差错 chācuò, 毛病 máobìng

'panschen I *vt* 掺〔摻〕水 chānshuǐ; II *vi* 玩水 wánshuǐ, 戏〔戲〕水 xìshuǐ

'Panther *m* -s; - 豹 bào

Pan'tine *f* -n 木(拖)鞋 mùxié

Pan'toffel *m* -s;-(n) 拖鞋 tuōxié; unter dem ~ stehen 怕老婆 pà lǎopo **~held** *m* 怕老婆的人 pà lǎopo de rén

Panto'mime I *f* -n 哑〔啞〕剧〔劇〕yǎjù; II *m* -n;-n 哑剧演员 yǎjù yǎnyuán

'pantschen *vi, vt* 见 panschen

'Panzer *m* -s;- 1) 盔甲 kuījiǎ; 2) 坦克 tǎnkè, 装〔裝〕甲车〔車〕zhuāngjiǎchē; 3) 甲壳〔殼〕jiǎqiào **~abwehr** *f* 对〔對〕坦克防御 duì tǎnkè fángyù, 防坦克 fángtǎnkè

'panzern *vt* 给…装〔裝〕甲 gěi … zhuāngjiǎ; 给…披上铠〔鎧〕甲 gěi … pīshàng kǎijiǎ

'Panzer|platte *f* 装〔裝〕甲板 zhuāngjiǎbǎn **~schrank** *m* 保险〔險〕柜〔櫃〕bǎoxiǎnguì **~ung** *f* -en 装〔裝〕甲 zhuāngjiǎ

Pa'pa ['- -] *m* -s;-s 1) (儿童语)爸爸 bàba; 2) 教皇 jiàohuáng

Papa'gei *m* -(e)s (-en);-e(n) 鹦鹉 yīngwǔ

Pa'pier *n* -s;-e 1) 纸 zhǐ; ein Bogen ~ 一张纸; 2) 文件 wénjiàn, 稿件 gǎojiàn, 信件 xìnjiàn; 3) 证〔證〕件 zhèngjiàn; 4) 证券 zhèngquàn, 股票 gǔpiào

pa'pieren *adj* 1) 纸做的 zhǐzuòde; 2) 干〔乾〕巴巴的 gānbābāde, 枯燥乏味的 kūzào fáwèi de

Pa'pier|fabrik *f* 造纸厂〔廠〕zàozhǐchǎng **~geld** *n* 纸币〔幣〕zhǐbì **~korb** *m* 字纸篓〔簍〕zìzhǐlǒu **~serviette** *f* 纸餐巾 zhǐcānjīn **~tüte** *f* 纸袋 zhǐdài **~waren** *pl* 文具纸张 wénjù zhǐzhāng

'Papp|band *m* -(e)s;-e 纸板封面的书〔書〕zhǐbǎn fēngmiàn de shū **~deckel** *m* 纸板封面 zhǐbǎn fēngmiàn

'Pappe *f* -n 1) 厚纸板 hòuzhǐbǎn, 马〔馬〕粪〔糞〕纸 mǎfènzhǐ; 2) 油毛毡〔氈〕yóumáozhān; 3) 胶〔膠〕水 jiāoshuǐ, 浆〔漿〕糊 jiànghu

'Pappel *f* -n 白杨〔楊〕(树) báiyáng

'päppeln *vt* (用粥等)喂 wèi

'papp|en *vt,vi* 1) 粘 zhān, 贴 tiē; 2) 喂 wèi, 进〔進〕食 jìnshí **~ig** *adj* 黏的 niánde, 易结团〔團〕的 yìjiétuánde

Papst *m* -es; ⸚e 罗〔羅〕马〔馬〕教皇 luómǎ jiàohuáng

'päpstlich *adj* 罗〔羅〕马〔馬〕教皇的 luómǎ jiàohuáng de

'Papsttum *n* -s; 罗〔羅〕马〔馬〕教皇的职〔職〕位 luómǎ jiàohuáng de zhǐwèi, 教皇的统治 jiàohuángde tǒngzhì

Pa'rade *f* -n 1) 游行 yóuxíng; 2) 阅兵 yuèbīng, 检〔檢〕阅 jiǎnyuè; die ~ abnehmen 检阅; 3) (击剑等)挡〔擋〕开〔開〕 dǎngkāi; 挡住 dǎngzhù

Para'dies *n* -es; -e 天国〔國〕 tiānguó, 天堂 tiāntáng, 乐〔樂〕园〔園〕 lèyuán

para'diesisch *adj* 1) 天堂的 tiāntángde, 乐〔樂〕园〔園〕的 lèyuánde; 2) 优〔優〕美的 yōuměidez, 美妙的 měimiàode

para'dox *adj* 佯谬的 yángmiùde, 似是而非的 sì shì ér fēi de, 怪论〔論〕的 guàilùnde

Para'graph *m* -en(-s);-en 1) 条〔條〕款 tiáokuǎn, 章节〔節〕zhāngjié, 段落 duànluò; 2) 条款或段落的符号〔號〕(§) tiáokuǎn huò duànluò de fúhào

paral'lel *adj* 1) 平行的 píngxíngde; 2) 同时〔時〕进〔進〕行的 tóngshí jìnxíng de

Paral'le *f* -n 1) 平行线〔綫〕 píngxíngxiàn; 2) 类〔類〕似的事(情况) lèisìde shì; 3) 比较 bǐjiào, 对〔對〕比 duìbǐ

Para'lyse *f* -n 麻痹〔痺〕 mábì, 瘫〔癱〕痪 tānhuàn

paraly'sieren *vt* 1) 使麻痹〔痺〕 shǐ mábì, 使瘫〔癱〕痪 shǐ tānhuàn; 2) 使无〔無〕能为〔爲〕力 shǐ wǔ néng wéi lì, 削弱 xuēruò

Para'sit *m* -en;-en 1) 寄生物 jìshēngwù, 寄生虫〔蟲〕 jìshēngchóng; 2) 寄食者 jìshízhě, 食客 shíkè

Paren'these *f* -n 1) 插句 chājù, 插入语 chārùyǔ; 2) 括号〔號〕 kuòhào

Par'füm *n* -s;-e(-s) 1) 香水 xiāngshuì; 2) 芬芳 fēnfāng, 香味 xiāngwèi

Parfüme'rie *f* -n 1) 化妆〔妝〕品 huàzhuāngpǐn; 2) 化妆品店 huàzhuāngpǐndiàn

parfü'mieren *vt* 在…上洒〔灑〕香水 zài … shàng sǎ xiāngshuǐ, 使散发〔發〕香气〔氣〕 shǐ sànfā xiāngqì

'pari *adv* 票面价〔價〕值 piàomiàn jiàzhì; al ~ 照票面价值

pa'rieren I *vt* 1) 挡〔擋〕开〔開〕 dǎngkāi, 避开 bìkāi; 2) 勒住 lèzhù (Pferd 马); 3) 切好 qiēhǎo; II *vi* 听〔聽〕话 tīnghuà, 听从〔從〕 tīngcóng

Park *m* -s;-s(-e) 1) 公园〔園〕 gōngyuán; 2) 停车〔車〕场〔場〕 tíngchēchǎng; 3) (企业等)全部车辆 quánbù chēliàng **~anlage** *f* 公园〔園〕 gōngyuán, 绿化设施 lǜhuà shèshī

'parken I *vi* 停车〔車〕 tíngchē; ~ verboten! 禁止停车! II *vt* 停放 tíngfàng

Par'kett *n* -(e)s;-e 1) 镶木地板 xiāngmù dìbǎn; 2) (剧场正厅)前排座位 qiánpái zuòwèi; 3) (巴黎交易所的)交易厅〔廳〕 jiāoyìtīng; (交易所的)交易 jiāoyì

Park|gebühr *f* (停车场的)停车〔車〕费 tíngchēfèi **~platz** *m* 露天停车〔車〕场〔場〕 lòutiān tíngchēchǎng **~uhr** *f* 停车〔車〕计时〔時〕器 tíngchē jìshíqì

Parla'ment *n* -(e)s;-e 国〔國〕会〔會〕 guóhuì, 议〔議〕会 yìhuì

parlamen'tarisch *adj* 国〔國〕会〔會〕的 guóhuìde, 议〔議〕会的 yìhuìde

Paro'die *f* -n 1) 模仿滑稽作品 mófǎng huájì zuòpǐn; 2) 拙劣的模仿 zhuōliède mófǎng

paro'dieren *vt* 拙劣地模仿 zhuōliède mófǎng

Pa'role *f* -n 1) 口令 kǒulìng; 2) 口号〔號〕 kǒuhào, 标〔標〕语 biāoyǔ; 3) 谣言 yáoyán

Par'tei *f* -en 1) 党〔黨〕 dǎng, 政党 zhèngdǎng, 党派 dǎngpài; 2) (协定或诉讼等的)一方 yīfāng, 当〔當〕事人 dāngshìrén; j-s ~ ergreifen 站在某人一边, 袒护某人; 3)住户 zhùhù,(大楼中的)租户(之一) zūhù; 4) (参加体育比赛的)队〔隊〕 duì **~apparat** *m* 党的机〔機〕构〔構〕 dǎngde jīgòu, 党的机关〔關〕 dǎngde jīguān **~gänger** *m* -s;- 党人 dǎngrén

par'tei|isch, ~lich *adj* 1) 党〔黨〕的 dǎngde, 党性的 dǎngxìngde; 2) 偏袒的 piāntǎnde, 不公正的 bù gōngzhèng de **~los** *adj* 无〔無〕党〔黨〕派的 wúdǎngpàide

Par'tei|mitglied *n* 党〔黨〕员 dǎngyuán **~programm** *n* 党纲〔綱〕 dǎnggāng **~tag** *m* 党代表大会〔會〕 dǎngdàibiǎo dàhuì **~zugehörigkeit** *f* 党籍 dǎngjí

Par'terre *n* -s;-s 1) (楼的)底层〔層〕 dǐcéng; 2) (剧场正厅)中、后〔後〕排座位 zhōng、hòupái zuòwèi; 3) 大花坛〔壇〕 dàhuātán

Par'tie *f* -n 1) 一批 yīpī, 一宗(货物) yīzōng; 2) 远〔遠〕足 yuǎnzú, 郊游 jiāoyóu; 3) (棋、牌等比赛)一局 yījú, 一盘〔盤〕 yīpán; 4) (音乐的)音部 yīnbù, 分谱 fēipǔ; 5) 婚姻对〔對〕象 hūnyīn duìxiàng

Parti'tur *f* -en （乐曲）总〔總〕谱 zǒngpǔ
Parti'zip *n* -s;-ien （语法）分词 fēncí
'Partner *m* -s;- 1) 伙〔夥〕伴 huǒbàn, 合作者 hézuòzhě; 2)（体育）配手 pèishǒu, 搭档〔擋〕dādàng; 3) 配偶 pèi'ǒu **~schaft** *f* 伙〔夥〕伴关〔關〕系〔係〕huǒbàn guānxì, 合作关系 hézuò guānxì
Par'zelle *f* -n 小块〔塊〕土地 xiǎokuài tǔdì, 小块地皮 xiǎokuài dìpí
Paß *m* ..sses; ..sse 1) 护〔護〕照 hùzhào; 2) 关〔關〕口 guānkǒu, 隘口 àikǒu; 3)（足球等）传〔傳〕球 chuánqiú
Pas'sage *f* -n 1) 通过〔過〕tōngguò, 经〔經〕过 jīngguò; 2) 航行 hángxíng, 航道 hángdào; 3) 通路 tōnglù, 通道 tōngdào; 4)（有天棚的）走道 zǒudào, 走廊 zǒuláng; 5)（小说的）章节〔節〕zhāngjié, 片段 piànduàn
Pas'sagier *m* -s;-e 乘客 chéngkè, 旅客 lǚkè **~dampfer** *m* 客轮〔輪〕kèlún **~flugzeug** *n* 客机〔機〕kèjī
'Passah *n* -s; **~fest** *n*（犹太人的）逾越节〔節〕yúyuèjié
Pas'sant *m* -en;-en 行人 xíngrén, 过〔過〕路人 guòlùrén
'Paßbild *n* 护〔護〕照照片 hùzhào zhàopiàn
'passen I *vi* 1) 合适〔適〕héshì, 适当〔當〕shìdāng, 相称〔稱〕xiāngchèn; 2)（桥牌等）放弃〔棄〕叫牌 fàngqì jiàopái, 不叫（牌）bùjiào; 3)（足球等）传〔傳〕球 chuánqiú; II *v sich* 适宜 shìyí, 合适 héshì **~d** *adj* 合适〔適〕的 héshìde, 恰当〔當〕的 qiàdàngde
pas'sier|bar *adj* 可通过〔過〕的 kě tōngguò de, 可通行的 kě tōngxíng de **~en** I *vi(s)* 发〔發〕生 fāshēng, 出事 shūshì, 遭遇 zāoyù; II *vt* 1) 经〔經〕过〔過〕jīngguò, 通过 tōngguò, 越过 yuèguò; 2) 过滤〔濾〕guòlǜ, 筛〔篩〕shāi
Pas'sierschein *m* 通行证〔證〕tōngxíngzhèng
Passi'on *f* -en 1) 热〔熱〕情 rèqíng, 激情 jīqíng; 2) 偏爱〔愛〕piān'ài, 嗜好 shìhào; 3) 基督受难〔難〕jīdū shòunàn
'passiv *adj* 1) 被动〔動〕的 bèidòngde, 消极〔極〕的 xiāojíde; 2)（语法）被动态〔態〕的 bèidòngtàide
'Passiv *n* -s;-e （语法）被动〔動〕态〔態〕bèidòngtài
Pas'siva *pl* 负债 fùzhài, 债务〔務〕zhàiwù
'Paste *f* -n 1) 膏 gāo, 软膏 ruǎngāo; 2) 糊 hú, 酱〔醬〕jiàng
Pa'stell *n* -(e)s;-e 彩色粉笔〔筆〕画〔畫〕cǎisè fénbǐ huà
Pa'stete *f* -n 1) 馅饼 xiànbǐng; 2) 酱〔醬〕jiàng
'Pate I *m* -n;-n 1) 教父 jiàofù; 2) 教子 jiàozǐ; II *f* -n 教母 jiàomǔ **~nkind** *n* 教子 jiàozǐ, 教女 jiàonǚ **~nschaft** *f* -en 教父（母）身份 jiàofù shēnfèn
Pa'tent *n* -(e)s; -e 1) 专〔專〕利权〔權〕zhuānlìquán; ein ~ anmelden 申报一专利权; 2) 委任状〔狀〕wěirènzhuàng; 3) 特许证〔證〕tèxǔzhèng **~amt** *n* 专〔專〕利局 zhuānlìjú
paten'tieren *vt* 1) 给予…专〔專〕利权〔權〕gěiyǔ ... zhuānlìquán; 2) 把…进〔進〕行铅淬 bǎ ... jìnxíng qiāncuì
Pa'tient *m* -en;-en, **~in** *f* -nen（接受治疗的）病人 bìngrén
Patri'ot *m* -en;-en 爱〔愛〕国〔國〕者 àiguózhě
Pa'tron *m* -s;-e 1) 庇护〔護〕人 bìhùrén, 保护人 bǎohùrén; 2) 资助人 zīzhùrén, 赞助人 zànzhùrén; 3) 大老板 dàlǎobǎn; 船主 chuánzhǔ; 4) 家伙 jiāhuo, 小子 xiǎozi
Patro'nat *n* -(e)s;-e 1) 资助 zīzhù, 赞助 zànzhù; 2) 庇护〔護〕bìhù, 保护 bǎohù
Pa'trone *f* -n 1) 子弹〔彈〕zǐdàn, 弹药〔藥〕筒 dànyàotǒng; 2)（相机的）卷〔捲〕片暗匣 juǎnpiàn ànxiá
Pa'trouille *f* -n 1) 巡逻〔邏〕xúnluó, 侦察 zhēnchá; 2) 巡逻队〔隊〕xúnluóduì, 侦察队 zhēncháduì
patrouil'lieren *vi* 巡逻〔邏〕xúnluó, 巡查 xúnchá
'Patsche *f* in der ~ sitzen 处〔處〕于〔於〕困境 chǔyú kùnjìng
'patschen I *vi(s)*（在水等中）劈啪劈啪地跑过〔過〕去 pīpā pīpā de pǎo guòqù; II *vt* 拍击〔擊〕pāijī, 拍打 pāidǎ **~naß** *adj* 湿〔濕〕透的 shītòude, 湿淋淋的 shīlínlínde
'patzig *adj* 狂妄的 kuángwàngde, 无〔無〕耻的 wúchǐde, 粗暴的 cūbàode
'Pauke *f* -n 定音鼓 dìngyīngǔ
'pauken *vi, vt* 刻苦学〔學〕习〔習〕kēkǔ xuéxí, 用功学习 yònggōng xuéxí
Pau'schal|e *f* -n, **~summe** *f* 总〔總〕价〔價〕zǒngjià;（全部费用在内的）一次付款 yīcì fùkuǎn
'Pause *f* -n 1) 休息 xiūxī; 2)（音乐）休止 xiūzhǐ; 3) 描图〔圖〕

miáotú, 用透明纸复〔複〕描的图 yòng tòumíngzhǐ fùmiáo de tú; 4) 蓝〔藍〕图 lántú

'pausen *vt* 描图〔圖〕 miáotú, 晒〔曬〕图 shàitú **~los** *adj* 不停顿的 bùtíngdùnde 不休息的 bùxiūxìde, 持续〔續〕的 chíxùde

'Pausenzeichen *n* 1) (音乐)休止符 xiūzhǐfú; 2) (电台等)休息信号〔號〕 xiūxī xìnhào

pau'sieren *vi* 休息 xiūxi

'Pavian *m* -s;-e 狒狒 fèifèi

'Pavillon [..viljõ] *m* -s;-s 1) 亭 tīng, 园〔園〕亭 yuántīng, 凉亭 liángtīng; 2) 售货亭 shòuhuòtīng, 书〔書〕报〔報〕亭 shūbàotīng; 3) (方形)大帐〔帳〕篷 dàzhàngpéng

Pazi'fist *m* -en;-en 和平主义〔義〕者 hépíng zhǔyì zhě

Pech *n* -(e)s;-e 1) 沥〔瀝〕青 lìqīng, 柏油 bǎiyóu; 2) 不幸 bùxìng, 倒霉 dǎoméi **~strähne** *f* 一连串的倒霉事 yīliánchuànde dǎoméishì **~vogel** *m* 倒霉鬼 dǎoméiguǐ, 倒霉的家伙 dǎoméide jiāhuo

pe'dantisch *adj* 迂腐的 yūfǔde, 死板的 sǐbǎnde, 学〔學〕究式的 xuéjiūshìde

'Pegel *m* -s;- 1) 水(位)标〔標〕 shuǐbiāo, 水(位)尺 shuǐchǐ; 2) 水位 shuǐwèi

'peilen *vt* 1) 定向 dìngxiàng, 测向 cèxiàng; 2) 测定水深 cèdìng shuǐshēn

Pein *f* 1) 痛苦 tòngkǔ, 苦难〔難〕 kǔnàn; 2) 惩〔懲〕罚 chéngfá

'pein|igen *vt* 使痛苦 shǐ tòngkǔ, 折磨 zhémó **~lich** *adj* 1) 不愉快的 bùyúkuàide, 难〔難〕堪的 nánkānde, 尴〔尷〕尬的 gāngàde; 2) 非常认〔認〕真的 fēicháng rènzhēn de, 十分仔细的 shífēn zǐxì de, 严〔嚴〕密的 yánmìde; 3) 刑事的 xíngshìde, 刑讯的 xíngxùnde

'Peitsche *f* -n 鞭子 biānzi

'peitschen *vt* 鞭打 biāndǎ

'Pelikan *m* -s;-e 鹈鹕 tíhú

'Pelle *f* -n 皮 pí, 壳〔殼〕 qiào

'pellen *vt* 去皮 qùpí, 剥皮(或壳) bāopí

'Pellkartoffeln *pl* 带〔帶〕皮的熟土豆 dàipíde shóu tǔdòu

Pelz *m* -es;-e 1) 毛皮 máopí, 兽〔獸〕皮 shòupí; 2) 皮大衣 pídàyī, 皮领子 pílǐngzi; 3) 带〔帶〕毛的果皮(壳) dàimáode guǒpí

'pelzgefüttert *adj* 毛皮里〔裏〕子的 máipí lǐzi de

'Pelzhandschuh *m* 皮手套 píshǒutào

'pelzig *adj* 1) 有毛的 yǒumáode, 象毛皮的 xiàng máopí de; 2) 毛茸茸的 máorōngrōngde; 3) 口干〔乾〕舌燥的 kǒugān shézào de

'Pelz|mantel *m* 皮大衣 pídàyī **~stiefel** *m* 毛皮靴子 máopí xuēzi **~tiere** *pl* 毛皮兽〔獸〕 máopíshòu

'Pendel *n* -s;- (钟等的)摆〔擺〕 bǎi

'pendeln *vi* 1) 摆〔擺〕动〔動〕 bǎidòng, 晃动 huàngdòng; 2) (为了上班在两地间) 来〔來〕回往返 láihuí wǎng fǎn

'Pendel|tür *f* 弹〔彈〕簧门〔門〕 tánhuángmén, (双向) 摆〔擺〕动〔動〕门 bǎidòngmén **~verkehr** *m* 1) 区〔區〕间交通 qūjiān jiāotōng; 2) (上、下班固定线路上的)来〔來〕回交通 láihuí jiāotōng

Pensi'on *f* -en 1) 退休 tuìxiū; 退休金 tuìxiūjīn, 养〔養〕老金 yǎnglǎojīn; 2) 膳宿 shànsù; 膳宿公寓 shànsù gōngyù; 膳宿学〔學〕校 shànsù xuéxiào

Pensio'när *m* -s;-e 1) 退休者 tuìxiūzhě, 领退休金(或养老金)者 lǐng tuìxiūjīn zhě; 2) 住膳宿公寓者 zhù shànsù gōngyù zhě; 3) 寄宿(学)生 jìsùshēng

Pensio'nat *n* -(e)s;-e 寄宿学〔學〕校 jìsù xuéxiào

pensio'nieren *vt* 让〔讓〕退休 ràng tuìxiū; sich ~ lassen 申请退休 shēnqǐng tuìxiū

'Pensum *n* -s; ..sa (..sen) 1) 定额 dìng'é; 2) 课程 kèchéng

per *prp* (*A*) 1) (表示递送的方式方法)用 yòng, 经〔經〕 jīng, 由 yǒu; 凭〔憑〕 píng; 2) (表示时间)到…为〔爲〕止 dào … wéizhǐ, 于〔於〕 yú; 3) 每 měi

per'fekt *adj* 1) 完美的 wánměide, 极〔極〕好的 jíhǎode; 精通的 jīngtōngde; 2) 有效的 yǒuxiàode, 定下来〔來〕的 dìngxiàláide; 完成的 wánchéngde

Per'fekt *n* -(e)s;-e (语法)现在完成时〔時〕 xiànzài wánchéngshí

Perga'ment *n* -(e)s;-e 1) 羊皮纸 yángpízhǐ; 2) 羊皮纸手稿 yángpízhǐ shǒugǎo, 古代文献〔獻〕 gǔdài wénxiàn

Peri'ode *f* -n 1) 时〔時〕期 shíqī, 时代 shídài; 2) 周期 zhōuqī; 3) 月经〔經〕 yuèjīng

peri'odisch *adj* 周期的 zhōuqīde, 定期的 dìngqīde; 间发〔發〕性的 jiānfāxìngde; 循环〔環〕的 xúnhuánde

Periphe'rie *f* -n 1) 圆周 yuánzhōu, 周边〔邊〕 zhōubiān, 周线〔綫〕 zhōuxiàn; 2) 边缘 biānyuán; (城市)郊区〔區〕 jiāoqū

'Perle *f* -n 1) 珍珠 zhēnzhū; 2) (玻璃等)珠子 zhūzi; 3) 珠状〔狀〕

物 chūzhuànwù; 4) 珍品 zhēnpǐn; 5) 好保姆 hǎobǎomǔ; 杰〔傑〕出的人 jiéchūde rén

'perlen *vi* 1) 成珠子状〔狀〕 déng zhūzizhuàng; 2) 起泡 qǐpào, 冒气〔氣〕泡 mào qìpào; 3) 滚落 gǔnluò

'Perl|enkette *f* 珠链 zhūliàn **~-enschnur** *f* 一串珠子 yīchuàn zhūzi **~muschel** *f* 珠蚌 zhūbàng, 珍珠贝〔貝〕 zhēnzhūbèi **~mutt** *n* -s; **~mutter** *f* 珍珠母 zhēnzhūmǔ; 珠母闪光层〔層〕 zhūmǔ shǎnguāngcéng, 真珠层（质） zhēnzhūcéng

Per'son *f* -en 1) 人 rén, 个〔個〕人 gèrén; 2) 身体〔體〕 shēntǐ, 体格 tǐgé, 外形 wàixíng; 3) （戏剧）人物 rénwù, 角色 juésè; 4) （语法）人称〔稱〕 rénchēng; 5) 女人 nǚrén, 姑娘 gūniang

Perso'nal *n* -s; （全体）职〔職〕工 zhígōng, （全体）人员 rényuán **~-abteilung** *f* 人事部门〔門〕 rénshì bùmén **~ausweis** *m* 身份证〔證〕 shēnfènzhèng **~chef** *m* 人事部门〔門〕负责人 rénshì bùmén fùzérén **~ien** *pl* 履历〔歷〕 lǚlì **~pronomen** *n* （语法）人称〔稱〕代词 rénchēng dàicí

Per'sonen|verzeichnis *n* 1) 花名册 huāmíngcè, 人员名单〔單〕 rényuán míngdān; 2) 演员名单 yǎnyuán míngdān **~wagen** *m* 1) 小客车〔車〕 xiǎokèchē, 轿〔轎〕车 jiàochē; 2) （火车）客车厢 kèchēxiāng **~zug** *m* 普通客车〔車〕 pǔtōng kèchē, 慢车 mànchē

personifi'zieren *vt* 拟〔擬〕人化 nǐrénhuà, 使人格化 shǐ réngéhuà

per'sönlich *adj* 1) 个〔個〕人的 gèrénde, 私人的 sīrénde; 2) 本人的 běnrénde, 亲〔親〕自的 qīnzìde

Per'sönlichkeit *f* -en 1) 性格 xìnggé, 个〔個〕性 gèxìng; 2) 人物 rénwù, 人士 rénshì, 名流 míngliú

Pe'rücke *f* -n 假发〔髮〕 jiǎfà

Pest *f* 瘟疫 wēnyì; 鼠疫 shǔyì, 黑死病 hēisǐbìng

Pe'troleum *n* -s; 石油 shíyóu; 煤油 méiyóu

Pfad *m* -(e)s; -e 小路 xiǎolù, 小径〔徑〕 xiǎojìng

Pfahl *m* -(e)s; ⸚e 桩〔樁〕 zhuāng, 柱子 zhùzi

Pfand *n*-(e)s; ⸚er 1) 典当〔當〕品 diǎndàngpǐn, 抵押品 dǐyāpǐn; 2) 押金 yājīn **~brief** *m* 抵押契据〔據〕 dǐyā qìjù, 典契 diǎnqì

'pfänden *vt* 扣押 kòuyā

'Pfand|haus *n* 当〔當〕铺 dàngpù **~-leiher** *m* -s;- 当〔當〕铺老板 dàngpù lǎobǎn **~schein** *m* 抵押凭〔憑〕据〔據〕 dǐyā píngjù, 当〔當〕票 dàngpiào

'Pfändung *f* -en 扣押 kòuyā

'Pfann|e *f* -n 1) 平底锅〔鍋〕 píngdǐguō; 2) 盆状〔狀〕器皿 pénzhuàng qìmǐn **~kuchen** *m* 油炸饼 yóuzhábǐng, 煎饼 jiānbǐng

'Pfarr|bezirk *m* 教区〔區〕 jiàoqū **~er** *m* -s;- 教士（牧师或神甫） jiàoshì **~haus** *n* 教士住宅 jiàoshì zhùzhái **~kirche** *f* 教区〔區〕礼〔禮〕拜堂 jiàoqū lǐbàitáng

Pfau *m* -(e)s; -en 孔雀 kǒngquè

'Pfeffer *m* -s;- 胡椒 hújiāo, 胡椒粉 hújiāofěn **~gurke** *f* 酸黄瓜 suānhuángguā **~kuchen** *m* （圣诞节的）姜味烘饼 jiāngwèi hōngbǐng **~minze** *f* 薄荷 bòhe

'pfeffern *vt* 1) 加胡椒粉于… jiā hújiāofěn yú …; 2) 猛扔 měngrēng, 用力丢 yònglì diū

'Pfeffersteuer *m* -s;- 胡椒瓶（或盒） hújiāopíng

'Pfeife *f* -n 1) （简易的）笛子 dízi; 哨子 shàozi; 2) 声〔聲〕管 shēngguǎn; 3) 烟〔煙〕斗 yāndǒu; 4) 笨蛋 bèndàn, 饭桶 fàntǒng

'pfeifen I *vi* 1) 吹口哨 chuī kǒushào; 2) 鸣〔鳴〕笛 míngdí; 3) （动物）啸〔嘯〕鸣 xiàomíng, 鸣叫 míngjiào; （风等）呼啸 hūxiào; II *vt* 1) （用口哨）吹出 chuīchū; 吹哨作…的裁判 chuīshào zuò … de cáipàn; 2) 泄露 xièlù, 供认〔認〕 gòngrèn

'Pfeifenkopf *m* 烟〔煙〕袋锅〔鍋〕 yāndàiguō, （烟）斗 dǒu

Pfeil *m* -(e)s; -e 1) 箭 jiàn; 2) （指示方向的）箭头〔頭〕 jiàntóu; 3) 簪子 zānzi

'Pfeiler *m* -s;- 1) 柱 zhù, 墩 dūn; 2) 支柱 zhīzhù, 柱石 zhùshí

'pfeilschnell *adj* 快如箭的 kuàirú jiànde, 极〔極〕快的 jíkuàide

'Pfennig *m* -(e)s; -e 芬尼 fēnní; kein ~ haben 身无分文

Pferch *m* -(e)s; -e 家畜栏〔欄〕 jiāchùlán, 羊栏 yánglán

Pferd *n* -(e)s; -e 马〔馬〕 mǎ; zu ~e 骑(着)马

'Pferde|geschirr *n* 马〔馬〕具 mǎjù **~rennen** *n* 赛马〔馬〕 sàimǎ **~schwanz** *m* 1) 马〔馬〕尾巴 mǎwěiba; 2) 马尾式(发型) mǎwěishì **~stall** *m* 马〔馬〕厩 mǎjiù **~stärke** *f* 马〔馬〕力 mǎlì

Pfiff *m* -(e)s; -e 1) 哨子声〔聲〕 shàozishēng, 口哨声 kǒushàoshēng; 2) 妙法 miàofǎ, 窍〔竅〕门

〔門〕 qiàomén

'**Pfingst|en** *n*, ~**fest** *n* (基督教)圣〔聖〕灵〔靈〕降临〔臨〕节〔節〕shènglíng jiànglínjié ~**montag** *m* 圣〔聖〕灵〔靈〕降临〔臨〕节〔節〕后〔後〕的星期一 shènglíng jiànglínjié hòu de xīngqīyī ~**rose** *f* 芍药〔藥〕 sháoyào

'**Pfirsich** *m* -(e)s; -e 桃树〔樹〕 táoshù, 桃子 táozi

'**Pflanze** *f* -n 植物 zhíwù

'**pflanzen** *vt* 栽培 zāipéi, 种〔種〕植 zhòngzhí

'**Pflanzen|faser** *f* 植物纤〔纖〕维 zhíwù xiānwái ~**fett** *n* 植物油 zhíwùyóu

'**pflanzenfressend** *adj* 吃草的 chīcǎode

'**Pflanz|er** *m* -s;- 1) 种〔種〕植者 zhòngzhízhě, 栽培者 zāipéizhě; 2) 种植园〔園〕主 zhòngzhí yuánzhǔ ~**ung** *f* -en 1) 种〔種〕植 zhòngzhí, 栽培 zāipéi; 2) 种植场〔場〕 zhòngzhíchǎng, 大农〔農〕场 dànóngchǎng

'**Pflaster** *n* -s;- 1) 铺石路面 pūshí lùmiàn; 2) 橡皮膏 xiàngpígaō, 膏药〔藥〕 gāoyào; 3) 安慰 ānwèi

'**pflastern** *vt* 1) 用石块〔塊〕铺设(路) yòng shíkuài pūshè; 2) 在…上贴膏药〔藥〕 zài … shàng tiē gāoyào

'**Pflasterstein** *m* 铺路石块〔塊〕 pūlù shíkuài

'**Pflaume** *f* -n 1) 李子 lǐzi, 李子树〔樹〕 lǐzishù; 2) 窝〔窩〕囊废〔廢〕 wōnangfèi, 饭桶 fàntǒng

'**Pflege** *f* -n 1) 照料 zhàoliào, 照管 zhàoguǎn, 护〔護〕理 hùlǐ; in ~ geben 让人照料; in ~ nehmen 负责照料; 2) 保养〔養〕 bǎoyǎng, 维修 wéixiū

'**pflegebedürftig** *adj* 需要照料的 xūyào zhàoliào de

'**Pflege|befohlene** *m, f* -n; -n 1) 受照料的人 shòu zhàoliào de rén; 2) 受保护〔護〕(或监护) 者 shòu bǎohùzhě ~**eltern** *pl* 养〔養〕父母 yǎngfùmǔ ~**heim** *n* 养〔養〕育院 yǎngyùyuàn, 护〔護〕养院 hùyǎngyuàn ~**kind** *n* 养〔養〕子 yǎngzǐ, 养女 yǎngnǚ

'**pflegen** I *vt* 1) 看护〔護〕 kānhù, 照料 zhàoliào; 2) 保养〔養〕 bǎoyǎng, 修饰 xiūshì, 保护 bǎohù; 3) 爱〔愛〕好 àihào, 进〔進〕行 jìnxíng, 从〔從〕事 cóngshì; II *vi* ~ zu tun 习〔習〕惯做… xíguàn zuò …; sie pflegte zu sagen 她习惯说…

'**Pfleger** *m* -s; - 1) 男护〔護〕士 nánhùshì; 2) 保护人 bǎohùrén, 监〔監〕护人 jiānhùrén

Pflicht *f* -en 义〔義〕务〔務〕 yìwù, 责任 zérèn, 职〔職〕责 zhízé

'**pflicht|bewußt** *adj* 有责任感的 yǒu zérèngǎn de, 尽〔盡〕责的 jìnzéde ~**eifrig** *adj* 尽〔盡〕职〔職〕的 jìnzhíde, 富有责任心的 fù yǒu zérènxīn de

'**Pflicht|erfüllung** *f* 尽〔盡〕职〔職〕 jìnzhí, 完成任务〔務〕 wánchéng rènwù ~**fach** *n* 必修课 bìxiūkè

'**pflicht|gemäß** *adj* 按照义〔義〕务〔務〕的 ànzhào yìwù de, 尽〔盡〕本分的 jìn běnfènde ~**getreu** *adj* 尽〔盡〕职〔職〕的 jìnzhíde, 忠于〔於〕职〔職〕守的 zhōngyú zhíshǒu de ~**vergessen** *adj* 玩忽职〔職〕守的 wánhū zhíshǒu de, 不负责任的 bùfù zérèn de

Pflock *m* -(e)s; ⸚e 1) 桩〔樁〕 zhuāng; 2) 塞子 sāizi, 栓 shuān; 销子 xiāozi; 榫 sǔn

'**pflücken** *vt* 1) 采〔採〕 cǎi, 摘 zhāi; 2) 拔羽毛 bá yǔmáo

Pflug *m* -(e)s; ⸚e 犁 lí

'**pflügen** *vt, vi* 耕(田) gēng, 犁(地) lí

'**Pforte** *f* -n 1) 小门〔門〕 xiǎomén; 2) 山口 shānkǒu, 隘口 àikǒu; 3) 舷窗 xiánchuān

'**Pförtner** *m* -s; - 1) 看门〔門〕人 kānménrén, 门房 ménfáng; 2) 幽门 yōumén

'**Pfosten** *m* -s;- 1) 柱子 zhùyì, 支柱 zhīzhù; 2) 球门〔門〕门柱 qiúmén ménzhù

'**Pfote** *f* -n 1) 爪子 zhuǎzǐ; 2) 手 shǒu; 3) 拙劣的字迹〔跡〕 zhuōliède zìjī

Pfropf *m* -(e)s; -e, ~**en** *m* -s;- 1) 塞子 sāizi; 2) 血栓 xuèshuān

'**pfropfen** *vt* 1) (用塞子)塞住 sāizhù; 2) 嫁接 jiàjiē, 接枝 jiēzhī; 3)把…塞进〔進〕 bǎ … sāijìn

Pfuhl *m* -(e)s; -e 1) 污水塘 wūshuǐtáng, 泥潭 nítán; 2)污秽〔穢〕、罪恶〔惡〕之地 wūhuì、zuì'è zhī dì

pfui *int* (表示憎恶、厌烦)呸 pēi, 嘘 xū, 嗳〔噯〕 āi

Pfund *n* -(e)s; -e 1) 磅(重量单位) bàng; 2) 磅 (英国等货币单位) bàng

'**pfundig** *adj* 极〔極〕好的 jíhǎode, 很棒的 hěnbàngde, 绝妙的 juémiàode

'**pfuschen** *vi* 1) 马〔馬〕虎地工作 mǎhude gōngzuò, 草率从〔從〕事 cǎoshuài cóngshì; 2) 弹〔彈〕错 táncuò, 奏错 zòucuò

Pfusche'rei *f* -en 1) 马〔馬〕虎潦草的作风〔風〕 mǎhu liáocǎo de

zuòfēng, 敷衍作风 fūyǎn zuòfēng; 2) 拙劣的活儿〔兒〕zhuōliède huór, 马虎的工作 mǎhude gōngzuò

'Pfütze *f* -n 水洼〔窪〕 shuǐwā, 水潭 shuǐtán

Phäno'men *n* -s; -e 1) (可感觉的)现象 xiànxiàng; 2) 奇迹〔跡〕 qíjī; 奇事 qíshí; 3) 非凡的人 fēifánde rén

phänome'nal *adj* 惊〔驚〕人的 jīngrénde, 了不起的 liǎobùqǐde

Phanta'sie *f* -n 1) 想象力 xiǎngxiànglì, 幻想力 huànxiǎnglì; 2) 幻想 huànxiǎng, 空想 kōngxiǎng; 3) 幻想曲 huànxiàngqǔ

phanta'sieren *vi* 1) 幻想 huànxiǎng, 梦〔夢〕想 mèngxiǎng, 空想 kōngxiǎng; 2) (高烧中) 说胡话 shuō húhuà, 谵语 zhānyǔ; 3) (不按乐谱) 自由演奏 zìyóu yǎnzòu, 即兴〔興〕演奏 jìxìng yǎnzòu

Phan'tast *m* -en; -en 好幻想的人 hào huànxiǎng de rén, 幻想家 huànxiǎngjiā

phan'tastisch *adj* 1) 幻想的 huànxiǎngde, 想象的 xiǎngxiàngde; 离〔離〕奇的 líqíde, 古怪的 gǔguàide; 2) 非凡的 fēifánde, 极〔極〕好的 jíhǎode; 3) 惊〔驚〕人的 jīngrénde, 难〔難〕以置信的 nányǐ zhìxìng de

'Phase *f* -n 1) 阶〔階〕段 jiēduàn, 时〔時〕期 shíqī; 2) (电) 相位 xiāngwèi

Philan'throp *m* -en; -en 博爱〔愛〕主义〔義〕者 bó'ài zhǔyì zhě, 慈善家 císhànjiā

Philo'loge *m* -n; -n 语文学〔學〕家 yǔwénxuéjiā, 语言学家 yǔyán xue jiā

Philolo'gie *f* -n 语文学〔學〕 yǔwénxué, 语言学 yǔyánxué

Philo'soph *m* -en; -en 哲学〔學〕家 zhéxuéjiā

Philoso'phie *f* -n 哲学〔學〕 zhéxué

philoso'phieren *vi* 1) 探讨哲学〔學〕(问题) tàntǎo zhéxué, 推究哲理 tuījiū zhélǐ; 2) 探讨 tàntǎo, 深入思考 shēnrù sīkǎo

philo'sophisch *adj* 哲学〔學〕的 zhéxué de

'Phlegma *n* -s; 迟〔遲〕钝 chídùn, 冷漠 lěngmò, 不动〔動〕感情 bùdòng gǎnqíng

phleg'matisch *adj* 迟〔遲〕钝的 chídùnde, 冷漠的 lěngmòde, 冷淡的 lěngdànde

pho'netisch *adj* 语音的 yǔyīnde, 语音学〔學〕的 yǔyīnxuéde

'Phosphor *m* -s; 磷 lín̄g

'Photo I *n* -s; -s 照片 zhàopiàn, 相片 xiàngpiàn; II *m* -s;- 见 Photoapparat **~apparat** *m* 照相机〔機〕 zhàoxiàngjī, 摄〔攝〕影机 shèyǐngjī

Photo'graph *m* -en; -en 摄〔攝〕影师〔師〕 shèyǐngshī

Photogra'phie *f* -n 1) 摄〔攝〕影术〔術〕 shèyǐngshù; 2) 照片 zhàopiàn

photogra'phieren *vt, vi* 摄〔攝〕影 shèyǐng, 照相 zhàoxiàng; sich ~ lassn 让人给自己照相

photo'graphisch *adj* 摄〔攝〕影的 shèyǐngde

'Phrase *f* -n 1) 短语 duǎnyǔ, 词组 cízǔ, 惯用语 guànyòngyǔ; 2) 乐〔樂〕句 yuèjù; 3) 空话 kōnghuà, 废〔廢〕话 fèihuà

Phy'sik *f* 物理学〔學〕 wùlǐxué

physi'kalisch *adj* 物理(学)的 wùlǐde

Physiker *m* -s; - 物理学〔學〕家 wùlǐxuéjiā

'physisch *adj* 1) 身体〔體〕的 shēntǐde, 肉体的 ròutǐde; 2) 物质〔質〕的 wùzhìde, 有形的 yǒuxíngde; 3) 天生的 tiānshēngde, 自然的 zìránde

Pia'nist *m* -en; -en 钢〔鋼〕琴家 gāngqínjiā

Pi'ano *n* -s; -s 钢〔鋼〕琴 gāngqín

'Picke *f* -n 鹤嘴锄 hèzuǐchú, 镐 gǎo

'Pickel *m* -s;- 1) 脓〔膿〕疱 nóngpào, 丘疹 qiūzhěn; 2) 镐 gǎo; (登山用)冰镐 bīnggǎo

'picken *vi, vt* 1) 啄 zhuó, 啄食 zhuóshí; 2) 贴 tiē, 粘上 zhānshàng

'Picknick *n* -s; -e(-s) 野餐 yěcān

'piekfein *adj* 极〔極〕精美的 jí jīngměi de, 高级的 gāojíde

'piep(s)en *vi* 1) (鸟等)唧唧喳喳地叫 jījizhāzhāde jiào, 吱吱叫 zhīzhījiào; 2) (小孩)尖声〔聲〕说话 jiānshēng shuōhuà

Pie'tät *f* 1) 虔诚 qiánchéng, 虔敬 qiánjìng; 2) 孝顺 xiàoshùn, 尊敬 zūnjìng

Pik I *m* -s; -e(-s) 山顶 shāndǐng, 山峰 shānfēng; II *m* -s; -e einen ~ auf j-n haben 对〔對〕某人生气〔氣〕或怀〔懷〕恨在心 duì mǒurén shēngqì huò huáihèn zài xīn; III *n* -s; -s (纸牌中的)黑桃 hēitáo

pi'kant *adj* 1) 辣的 làde, 味道浓〔濃〕的 wèidào nóng de; 2) 刺激性的 cìjīxìngde, 猥亵〔褻〕的 wěixiède, 下流的 xiàliúde; 3) 迷人的 mírénde, 富有吸引力的 fùyǒu xīyǐnlì de

'Pike *f* -n 长〔長〕矛 chángmáo;

von der ~ auf dienen (手艺、职业等) 从〔從〕基础〔礎〕学〔學〕起 cóng jīchǔ xuéqǐ

'Pilger *m* -s; - 朝拜圣〔聖〕地者 cháobèi shèngdì zhě, 朝圣者 cháoshèngzhě **~fahrt** *f* 1) 朝圣〔聖〕之行 cháoshèng zhī xíng; 2) (佛教) 朝山进〔進〕香 cháoshān jìnxiāng

'pilgern *vi(s)* 1) 去朝圣〔聖〕 qù cháoshèng, 朝山进〔進〕香 cháoshān jìnxiāng; 2) 徒步旅行 túbù lǚxíng, 漫游 mànyóu

'Pille *f* -n 1) 药〔藥〕丸 yàowán; 2) 避孕药片 bìyùn yàopiàn

Pi'lot *m* -en; -en 1) 飞〔飛〕行员 fēixíngyuán, 飞机〔機〕驾驶员 fēijī jiàshǐyuán; 2) 领港员 lǐnggǎngyuán; 领航员 lǐnghángyuán

Pilz *m* -es; -e 真菌 zhēnjūn; 蘑菇 mógu

'pimp(e)lig *adj* 娇〔嬌〕生惯养〔養〕的 jiāoshēng guànyǎng de, 多病的 duōbìngde

'Pinguin *m* -s;-e 企鹅 qǐ'é

'Pinsel *m* -s; - 1) 毛笔〔筆〕máobǐ, 画〔畫〕笔 huàbǐ; 2) (油漆等用的)毛刷 máoshuā; 3) 笨蛋 bèndàn, 蠢货 chǔnhuò

'pinseln *vt, vi* 1) 涂〔塗〕 tú, 画〔畫〕 huà; 2) 涂刷 túshuā, 涂抹 túmǒ; 3) (小心地)写〔寫〕 xiě

'Pinselstrich *m* (书描的)笔〔筆〕触〔觸〕 bǐchù, 笔法 bǐfǎ

Pin'zette *f* -n 镊〔鑷〕子 nièzi, 钳子 qiánzi

Pio'nier *m* -s; -e 1) 先锋 xiānfēng, 先驱〔驅〕 xiānqū, 创〔創〕导〔導〕者 chuàngdǎozhě; 2) 工兵 gōngbīng; 少先队〔隊〕员 shàoxiānduìyuán

Pi'rat *m* -en; -en 海盗 hǎidào

Pirsch *f* 偷袭〔襲〕猎〔獵〕物 tōuxí lièwù, 潜〔潛〕行伏击〔擊〕猎物 qiánxíng fújī lièwù

'Piste *f* -n 1) 滑雪道 huáxuědào; (赛车等)跑道 pǎodào; 2) (飞机的)滑行道 huáxíngdào, 跑道 pǎodào

Pis'tole *f* -n 手枪〔槍〕 shǒuqiāng **~ntasche** *f* 手枪套 shǒuqiāngtào

pla'cieren *vt* 1) 放置 fàngzhì, 安排 ānpái, 安置 ānzhì; 2) 投资 tóuzī; 3) sich ~ (比赛) 得名次 dé míngcì; 坐下 zuòxià

Placke'rei *f* -en 1) 苦工 kǔgōng, 重活 zhònghuó; 2) 烦恼〔惱〕 fánnǎo; 不愉快的事 bù yúkuài de shì

plä'dieren *vi* 1) (在法庭)辩护〔護〕 biànhù, 要求判为〔爲〕 yāoqiú pànwéi; 2) 主张 zhǔzhāng, 支持 zhīchí

Plädo'yer *n* -s; -s 1) (辩护人的)辩护〔護〕词 biànhùcí; 2) (检查员的)起诉 qǐsù

'Plage *f* -n 1) 辛苦 xīnkǔ, 劳〔勞〕累 láolèi; 2) 烦恼〔惱〕 fánnǎo, 痛苦 tòngkǔ, 折磨 zhémo; 3) 不幸 bùxìng, 祸〔禍〕害 huòhai

'plagen *vt* 1) 折磨 zhémo, 使痛苦 shǐ tòngkǔ; 2) 烦扰〔擾〕 fánrǎo, 纠缠〔纏〕 jiūchán; 3) sich ~ 劳〔勞〕累 láolèi, 辛苦操劳 xīnkǔ cāoláo; 受折磨 shòu zhémo

Plagi'at *n* -(e)s; -e 剽窃〔竊〕 piāoqiè, 抄袭〔襲〕 chāoxí; ein ~ begehen 进行剽窃

Pla'kat *n* -(e)s; -e 招贴 zhāotiē, 广〔廣〕告 guǎnggào, 布〔佈〕告 bùgào, 宣传〔傳〕画〔畫〕 xuānchuánhuà **~säule** *f* 广告柱 guǎnggàozhù

Pla'kette *f* -n 奖〔獎〕章 jiǎngzhāng, 纪念章 jìniànzhāng

Plan *m* -(e)s; ⸚e 1) 计划〔劃〕 jìhuà, 规划 guīhuà; 方案 fāng'àn; 2) 意图〔圖〕 yìtú, 打算 dǎsuan; 3) 设计图 shèjìtú, 平面图 píngmiàntú; 4) 鸟〔鳥〕瞰图 niǎokàntú, 地形图 dìxíngtú

'Plane *f* -n 帆布篷 fānbùpéng

'planen *vt* 计划〔劃〕 jìhuà, 规划 guīhuà, 打算 dǎsuàn

Pla'net *m* -en; -en 行星 xíngxīng

pla'nieren *vt* 平整 píngzhěng, 使平坦 shǐ píngtǎn

'Planke *f* -n 1) 厚板 hòubǎn; 2) 船舱〔艙〕板 chuáncāngbǎn

'plänkel *vi* 斗〔鬥〕嘴 dòuzuǐ, 进〔進〕行小争论〔論〕 jìnxíng xiǎozhēnglùn

'plan|los *adj* 无〔無〕计划〔劃〕的 wú jìhùa de, 无目的的 wù mùdì de **~mäßig** *adj* 按计划的 ànjìhuàde, 有计划的 yǒujìhuàde

'planschen *vi* 玩水 wánshuǐ, 戏〔戲〕水 xìshuǐ, 拍溅〔濺〕水 pāijiànshuǐ

Plantage [..'taːʒa] *f* -n 种〔種〕植园〔園〕 zhòngzhíyuán, 大农〔農〕场〔場〕 dànóngchǎng

'Plappermaul *n* 唠〔嘮〕唠叨叨的人 láoláo dāodāo de rén

'plappern *vi* 1) 喋喋不休 diédié bùxiū, 饶〔饒〕舌 ráoshé; 2) (幼儿)咿呀学〔學〕语 yīyā xuéyǔ; 咿咿呀呀说个〔個〕不停 yīyī yāyā shuōge bùtíng

'plärren *vi, vt* 1) 大声〔聲〕哭喊 dàshēng kūhǎn; 2) 大声而难〔難〕听〔聽〕地唱 dàshēng ér nántīng de chàng

'Plastik I *f* -en 1) (ohne *pl*) 造型

艺〔藝〕术〔術〕zàoxíng yìshù, 雕塑艺术 diāosù yìshù; 2) 雕塑 diāosù, 塑像 sùxiàng, 雕塑品 diāosùpǐn; 3) (医学)整形术 zhěngxíngshù; II *n* -s; -s 塑料 sùliào

'plastisch *adj* 1) 雕塑的 diāosùde, 造型的 zàoxíngde; 2) 可塑的 kěsùde, 可捏〔揑〕制〔製〕的 kěniēzhìde; 3) 立体〔體〕的 lìtǐde; 4) 形象的 xíngxiàngde, 直观〔觀〕的 zhíguānde, 清楚的 qīngchǔde; 5) 整形(外科)的 zhěngxíngde

Pla'tin *n* -s; 铂 bó, 白金 báijīn

'plätschern *vi* 1) 玩水 wánshuǐ, 溅〔濺〕拍水 jiànpāishuǐ; 2) 发〔發〕出潺潺、汩汩声〔聲〕fāchū chánchán、gǔgǔ shēng

platt *adj* 1) 平的 píngde, 扁平的 biǎnpíngde; 2) 平庸的 píngyōngde, 单〔單〕调无〔無〕味的 dāndiào wúwèi de; 3) 惊〔驚〕呆的 jīngdāide

'Plättbrett *n* 熨衣板 yùnyībǎn

'Platte *f* -n 1) 平板 píngbǎn; 2) 大碟子 dàdiézi, 盘〔盤〕子 pánzi; 盘菜 páncài, 大拼盘 dàpīnpán; kalte ~ 冷盘; 3) 唱片 chàngpiàn; 4) 照相底版 zhàoxiàng dǐbǎn; 印(刷)版 yìnbǎn; 5) 山的平顶 shānde píngdǐng; 6) 秃头〔頭〕tūtóu

'plätten *vt* 熨 yùn, 熨平 yùnpíng

'Platten|spieler *m* 电〔電〕唱机〔機〕diànchàngjī **~teller** *m* (唱机上放唱片的)转〔轉〕盘〔盤〕zhuànpán

'Platt|form *f* 1) 台〔臺〕tái, 月台 yuètái, 站台 zhàntái; 2) 讲〔講〕台 jiǎngtái; 3) (思考等的)基础〔礎〕jīchǔ, 出发〔發〕点〔點〕chūfādiǎn **~fuß** *m* (扁)平足 píngzú **~heit** *f* -en 1) 平 píng, 平坦 píngtǎn; 2) 平淡无〔無〕奇 píngdàn wúqí, 陈〔陳〕词滥〔濫〕调 chéncí làndiào

Platz *m* -es; ⸚e 1) 地点〔點〕dìdiǎn, 地方 dìfang, 位置 wèizhi, 场〔場〕所 chǎngsuǒ; 2) 座位 zuòwèi, 席位 xíwèi; ~ behalten (仍旧)坐着 zuòzhe; ~ machen 让〔讓〕坐 ràngzuò; ~ nehmen 坐下 zuòxià, 就座 jiùzuò; ist hier noch ~? 这儿还有位子吗? 3) 职〔職〕位 zhíwèi, 地位 dìwèi; 4) 广〔廣〕场 guǎngchǎng; 5) (比赛) 名次 míngcì; den dritten ~ belegen 获得第三名 **~anweiserin** *f* -nen (电影院等)女引座员 nǚ yǐnzuòyuán

'Plätzchen *n* -s;- 1) 一小块〔塊〕地方 yīxiǎokuài dìfang; 2) 小块饼干〔乾〕xiǎokuài bǐnggān

'platzen *vi(s)* 1) 爆炸 bàozhà, 破裂 pòliè; 2) 告终 gàozhōng, 告吹 gàochuī

'Platz|patrone *f* (演习用的)空炮弹〔彈〕kōngpàodàn **~regen** *m* 暴雨 bàoyǔ, 骤雨 zhòuyǔ

Plaude'rei *f* -en 1) 闲谈 xiántán, 聊天 liáotián; 2) (报刊上的)小品 xiǎopǐn, 杂〔雜〕谈 zátán

'plaudern *vi* 1) 闲谈 xiántán, 聊天 liáotiān; 2) 讲〔講〕出 jiǎngchū, 泄露 xièlù

'Pleite *f* -n 破产〔產〕pòchǎn; 失败 shībài

Plis'see *n* -s;-s 褶 zhě, 折裥 zhéjiǎn **~rock** *m* 百褶裙 bǎizhěqún

'Plombe *f* -n 1) 封铅 fēngqiān; 2) (龋齿的)填料 tiánliào; 补〔補〕牙 bǔyá

plom'bieren *vt* 1) 铅封 qiānfēng; 2) 补〔補〕(牙) bǔ

'plötzlich *adj* 突然的 tūránde

plump *adj* 1) 臃肿〔腫〕的 yōngzhǒngde; 2) 笨拙的 bènzhuōde; 3) 粗野的 cūyěde

'plumpsen *vi(s)* 扑〔撲〕通一声〔聲〕坠〔墜〕落 pūtōng yīshēng zhuìluò, 啪嗒一声落下 pādā yīshēng luòxià

'Plunder *m* -s; 无〔無〕用杂〔雜〕物 wúyòng záwù, 破烂〔爛〕pòlàn

'plündern *vt, vi* 抢〔搶〕劫 qiǎngjié, 掠夺 lüèduó

'Plural *m* -s; -e (语法)复〔複〕数〔數〕fùshù

plus *adv* 1) 加 jiā, 加上 jiāshàng; 2) 正 zhèng; 零度以上 língdù yǐshàng

'Plusquamperfekt *n* -s; -e (语法)过〔過〕去完成时〔時〕guòqù wánchéngshí

'Pöbel *m* -s; 暴民 bàomín; 乌〔烏〕合之众〔衆〕wūhé zhī zhòng

'pochen *vi* 1) 敲 qiāo, 叩 kòu; 2) (心脏等)跳动〔動〕tiàodòng; 3) 坚〔堅〕持 jiānchí; auf sein Recht ~ 坚持自己的权利

'Pocke *f* -n 痘疱 dòupào, 痘痕 dòuhén **~n** *pl* 天花 tiānhuā

Po'dest *n, m* -es;-e 1) (楼梯)平台〔臺〕píngtái; 讲〔講〕台 jiǎngtái; 2) 支座 zhīzuò, 垫〔墊〕座 diànzuò

'Podium *n* -s; ..ien 讲〔講〕台〔臺〕jiǎngtái; 戏〔戲〕台 xìtái; 指挥台 zhǐhuītái

Poe'sie *f* -n 诗 shī, 诗歌 shīge; 诗意 shīyì

Po'et *m* -en;-en 诗人 shīrén

po'etisch *adj* 诗的 shīde; 有诗意的 yǒu shīyì de

Pointe [po'ɛ̃:tə] *f* -n (笑话、故事的)要点〔點〕yàodiǎn, 出人意外的高潮 chūrén yìwài de gāocháo,

噱头〔頭〕 xuétóu

Po'kal *m* -s;-e 高脚酒杯 gāojiǎo jiǔbēi; 奖〔奬〕杯 jiǎngbēi ~**endspiel** *n* 争夺锦标〔標〕的决赛 zhēngduó jǐnbiāo de juésài

'Pökelfleisch *n* 腌肉 yānròu

'pökeln *vt* 腌制〔製〕 yānzhì, 腌渍 yānzì

Pol *m* -s;-e 1) (南、北)极〔極〕 jí; 电〔電〕极 diànjí; 磁极 cíjí; 2) (数学)极 jí, 极点〔點〕 jídiǎn

'polar *adj* 1) (南、北)极〔極〕的 jíde; 2) 极端相反的 jíduān xiāngfǎn de

'Pole *m* -n;-n 波兰〔蘭〕人 bōlánrén

Po'lemik *f* -en 争论〔論〕 zhēnglún, 论战〔戰〕 lùnzhàn, 笔〔筆〕战 bǐzhàn

po'lemisch *adj* 论〔論〕战〔戰〕的 lùnzhànde, 争论的 zhēnglùnde

polemi'sieren *vi* 争论〔論〕 zhēnglùn, 论战〔戰〕 lùnzhàn, 笔〔筆〕战 bǐzhàn

Po'lice *f* -n 保险〔險〕单〔單〕 bǎoxiǎndān

Po'lier *m* -s;-e 工头〔頭〕 gōngtóu, 领班 lǐngbān

po'lieren *vt* 磨光 móguāng, 擦亮 cāliàng; 抛光 pāoguāng

Poli'tik *f* -en 1) 政治 zhèngzhì; 2) 政策 zhèngcè; 策略 cèlüè

Po'litiker *m* -s;- 政治家 zhèngzhìjiā

po'litisch *adj* 1) 政治的 zhèngzhìde; 2) 策略的 cèlüède, 明智的 míngzhìde

politi'sieren *vi* 谈论〔論〕政治 tánlùn zhèngzhì

Poli'tur *f* -en 1) (抛光后的)光泽〔澤〕 guāngzé, 光亮 guāngliàng; 2) 抛光剂〔劑〕 pàoguāngjì, 擦光油 cāguāngyóu

Poli'zei *f* -en 1) 公安部门〔門〕 gōng'ān bùmén, 警察局 jǐngchájú; 派出所 pàichūsuǒ; 2) 警察 jǐngchá, 公安人员 gōng'ān rényuán ~**beamte** *m* 警官 jǐngguān, 警察 jǐngchá

poli'zeilich *adj* 公安的 gōng'ānde, 警方的 jǐngfāngde

Poli'zei|präsident *m* 公安局长〔長〕 gōng'ān júzhǎng, 警察局长 jǐngchá júzhǎng ~**revier** *n* 警察分局 jǐngchá fēnjú, 派出所 pàichūsuǒ ~**schutz** *m* unter ~ 在警察的保护〔護〕之下 zài jǐngcháde bǎohù zhī xià ~**streife** *f* 警察巡逻〔邏〕 jǐngchá xúnluó; 巡警 xúnjǐng ~**stunde** *f* (警察局规定的娱乐场)停止营〔營〕业〔業〕时〔時〕间 tíngzhǐ yíngyè shíjiān ~**wache** *f* 警察署 jǐngcháshǔ, 警察所 jǐngchásuǒ

Poli'zist *m* -en;-en 警察 jǐngchá, 公安人员 gōng'ān rényuán ~**in** *f* -nen 女警察 nǚjǐngchá

'polnisch *adj* 波兰〔蘭〕的 bōlánde

'Polster *n* -s;- 垫〔墊〕子 diànzi, 靠垫 kàodiàn, 软垫 ruǎndiàn ~**möbel** *pl* 有软垫的坐椅 yǒu ruǎndiànde zuòyǐ

'polstern *vt* 装〔裝〕软垫〔墊〕 zhuāng ruǎndiàn

'poltern *vi* 1) 发〔發〕出隆隆声〔聲〕 fāchū lónglóngshēng; 2) 吵闹 chǎonào, 喧嚷 xuānrǎng

Pommes frites [pɔm'frit] *pl* 油炸土豆丝〔絲〕 yóuzhá tǔdòusī

Pomp *m* -(e)s; 豪华〔華〕 háohuá, 壮〔壯〕观〔觀〕 zhuàngguān

'pomphaft, pomp'ös *adj* 豪华〔華〕的 háohuáde, 壮〔壯〕观〔觀〕的 zhuàngguānde

Pony I *n* -s;-s 小马〔馬〕 xiǎomǎ; II *m* -s;-s (妇女头发的)刘〔劉〕海 liúhǎi

popu'lär *adj* 1) 普及的 pǔjíde, 通俗的 tōngsúde; 2) 为〔爲〕群众〔衆〕所喜爱〔愛〕的 wéi qúnzhòng suǒ xǐ'ài de

Populari'tät *f* 1) 通俗 tōngsú, 大众〔衆〕化 dàzhònghuà; 2) 众望 zhòngwàng, 声〔聲〕望 shēngwàng

'Pore *f* -n 细孔 xìkǒng, 毛孔 máokǒng

po'rös *adj* 多孔的 duōkǒngde, 可渗〔滲〕透的 kě shèntòu de

Portemonnaie [--'nɛi] *n* -s;-s 钱〔錢〕包 qiánbāo

Por'tier *m* -s;-s 见 Pförtner

Porti'on *f* -en 1) (食物的)一份 yīfèn, 一客 yīkè; zwei ~en Kaffee 两客咖啡; 2) 份额 fèn'è, 部分 bùfen

'Porto *n* -s;-s(..ti) 邮〔郵〕资 yóuzī

'portofrei *adj* 免付邮〔郵〕资的 miǎnfù yóuzī de

Por'trät [..'trɛː(t)] *n* -s;-s 肖像 xiàoxiàng, 画〔畫〕像 huàxiàng

porträ'tieren *vt* 给…画〔畫〕像 gěi…huàxiàng

Portu'giese *m* -n;-n 葡萄牙人 pútáoyárén

portu'giesisch *adj* 葡萄牙的 pútáoyáde

Porzel'lan *n* -s;-e 瓷器 cíqì

Po'saune *f* -n 长〔長〕号〔號〕 chánghào

'Pose *f* -n 1) 姿势〔勢〕 zīshì, 姿态〔態〕 zītài; 2) 装〔裝〕腔作势 zhuāng qiāng zuò shì

Positi'on *f* -en 1) 地位 dìwèi, 身份 shēnfen; 职〔職〕位 zhíwèi; 2) (船只等的)位置 wèizhì, 方位 fāngwèi; 3) 立场〔場〕lìchǎng, 态〔態〕度 tàidù; 4)处〔處〕境 chǔjìng, 状〔狀〕况 zhuàngkuàng

'positiv *adj* 1) 肯地的 kěndìngde, 积〔積〕极〔極〕的 jījíde, 有效的 yǒuxiàode; 2) (数学)正的 zhèngde, (电)阳〔陽〕的 yángde; 3) 确〔確〕定的 quèdìngde, 确实〔實〕的 quèshíde, 实际〔際〕的 shíjìde

Posi'tur *f* -en 姿势〔勢〕zīshì; sich in ~ setzen 摆姿势

'Posse *f* -n 喜剧〔劇〕xǐjù, 滑稽剧 huájìjù

'Possen *m* -s;- 戏〔戲〕弄 xìnòng, 恶〔惡〕作剧〔劇〕èzuòjù

'possenhaft *adj* 喜剧〔劇〕性的 xǐjùxìngde, 滑稽的 huájìde

'possesiv *adj* (语法)所有格的 suǒyǒugéde

pos'sierlich *adj* 滑稽的 huájìde, 逗人发〔發〕笑的 dòurén fāxiào de

Post *f* -en 1) 邮〔郵〕政 yóuzhèng, 邮局 yóujú; 2) 邮件 yóujiàn, 信件 xìnjiàn; 3) 邮车〔車〕yóuchē, 邮班 yóubān; mit der ersten ~ 赶第一个邮班; 4) 消息 xiāoxi **~amt** *n* 邮局 yóujú **~anweisung** *f* 邮局汇〔匯〕款 yóujú huìkuǎn; 邮局汇款单〔單〕yóujú huìkuǎndān **~beamte** *m* 邮局职〔職〕员 yóujú zhíyuán **~bote** *m* 邮递〔遞〕员 yóudìyuán

'Posten *m* -s;- 1) 岗〔崗〕位 gǎngwèi, 哨所 shàosuǒ; 2) 职〔職〕位 zhíwèi, 职务〔務〕zhíwù; 3) (帐册的)项目 xiàngmù, 款项 kuǎnxiàng; 4) (货物)一批 yīpī, 一宗 yīzōng

'Postfach *n* 邮〔郵〕政信箱 yóuzhèng xìnxiāng

po'stieren *vt* 布置(岗哨等) bùzhì; sich ~ 站岗〔崗〕zhàngǎng

'Post|karte *f* 明信片 míngxìnpiàn **~kutsche** *f* 邮〔郵〕政马〔馬〕车〔車〕yóuzhèng mǎchē

'postlagernd *adj* 留邮〔郵〕局待领的 liú yóujú dàilǐng de

'Post|leitzahl *f* 邮〔郵〕政编码 yóuzhèng biānmǎ **~scheck** *m* 邮局支票 yóujú zhīpiào **~schließfach** *n* 见 Postfach **~sparbuch** *n* 邮政储蓄存折 yóuzhèng chǔxù cúnzhé **~stempel** *m* 邮戳 yóuchuō

'postwendend *adv* 立即 lìjí, 随〔隨〕即 suíjí

'Postwertzeichen *n* 邮〔郵〕票 yóupiào

Pracht *f* 壮〔壯〕丽〔麗〕zhuànglì, 华〔華〕丽 huálì, 豪华 háohuá

'prächtig *adj* 1) 华〔華〕丽〔麗〕的 huálìde, 豪华的 háohuáde; 2) 出色的 chūsède, 卓越的 zhuōyuède

Prädi'kat *n* -(e)s;-e 1) (语法)谓语 wèiyǔ; 2) 称〔稱〕号〔號〕chēnghào, 头〔頭〕衔 tóuxián; 3) 成绩 chéngjì, 分数〔數〕fēnshù

'prägen *vt* 1)铸〔鑄〕造 zhùzào; 2) 创〔創〕造(新词等) chuàngzào; 3) 铭刻 míngkè, 刻印 kèyìn

'prahlen *vi* 夸〔誇〕口 kuākǒu, 吹牛 chuīniú; ~ mit 炫耀 … xuànyào …, 卖〔賣〕弄… màinòng…

'Prahler *m* -s;- 爱〔愛〕吹牛的人 ài-chuīniúde rén

Prahle'rei *f* -en 夸〔誇〕口 kuākǒu, 吹牛 chuīniú

'prahlerisch *adj* 夸〔誇〕口的 kuākǒude, 吹牛的 chuīniúde

Prakti'kant *m* -en; -en 实〔實〕习〔習〕生 shíxíshēng

'Prakti|ker *m* -s; - 有经〔經〕验〔驗〕的人 yǒu jīngyàn de rén, 专〔專〕家 zhuānjiā, 实〔實〕践〔踐〕家 shíjiànjiā **~kum** *n* -s; ..ka (..ken) 实习〔習〕shíxí, 实习课 shíxíkè

'praktisch *adj* 1) 实〔實〕践〔踐〕的 shíjiànde, 实际〔際〕的 shíjìde; 2) 实用的 shíyòngde, 有用的 yǒuyòngde; 3) 开〔開〕业〔業〕的 kāiyède; ~er Arzt (通看各科的)开业医生

prakti'zieren *vi* (医生、律师)开〔開〕业〔業〕kāiyè

Prä'lat *m* -en; -en 高级教士(如主教等) gāojí jiàoshì

Pra'line *f* -n 夹〔夾〕心巧克力糖 jiāxīn qiǎokèlìtáng

prall *adj* 1) 装〔裝〕满〔滿〕的 zhuāngmǎnde, 挤〔擠〕满的 jǐmǎnde; 2) 胖的 pàngde, 丰〔豐〕满的 fēngmǎnde; 3) (光线)直射的 zhíshède

'prallen *vi(s)* (猛烈地)碰撞 pèngzhuàng, 撞击〔擊〕zhuàngjī (auf *A*, gegen)

'Prämie *f* -n 1) 保险〔險〕费 bǎoxiǎnfèi; 2) 奖〔獎〕金 jiǎngjīn, 额外津贴 éwài jīntiē

prä'mi(i)eren *vt* 奖〔獎〕励〔勵〕jiǎnglì, 奖赏 jiǎngshǎng

'Pranger *m* -s; - 耻辱柱 chǐrǔzhù, 刑柱 xíngzhù

'Pranke *f* -n (猛兽的)前爪 qiánzhuǎ

Präpa'rat *n* -(e)s; -e 1) 制〔製〕剂〔劑〕zhìjì, 药〔藥〕剂 yàojì; 2) (显微镜用的)切片 qiēpiàn

präpa'rieren *vt* 1) 预备〔備〕yùbèi, 准〔準〕备 zhǔnbèi; 2) 制〔製〕成标〔標〕本 zhìchéng biāoběn; 解剖 jiěpōu

Präpositi'on *f* (语法)介词 jiècí

'Präsens *n* -; ..'sentia (..sen'zien) (语法)现在时〔時〕xiànzàishí

Präsi'dent *m* -en; -en 1) 总〔總〕统 zǒngtǒng, 主席 zhǔxí; 议〔議〕长〔長〕yìzhǎng; 2)（机关、商会）会〔會〕长 huìzhǎng, 社长 shèzhǎng

präsi'dieren *vi* 做会〔會〕议〔議〕的主席 zuò huìyì de zhǔxí, 主持 zhǔchí, 负责 fùzé

Prä'sidium *n* -s; ..ien 1) 主席职〔職〕务〔務〕zhǔxí zhíwù; 2) 主席团〔團〕zhǔxítuán; 3) 总〔總〕局 zǒngjú

'prasseln *vi* 发〔發〕出劈里啪啦声〔聲〕fāchū pīlī pālā shēng; 发出嗒嗒声 fāchū dādāshēng

'prassen *vi* 挥霍 huīhuò, 过〔過〕穷〔窮〕奢极侈的生活 guò qióng shē jí chǐ de shēnghuó

Prä'teritum *n* -s; ..ta （语法）过〔過〕去时〔時〕guòqùshí

'Praxis *f* I 1) 实〔實〕践〔踐〕shíjiàn, 运〔運〕用 yùnyòng; 实习〔習〕shíxí; 2) 实践经〔經〕验〔驗〕shíjiàn jīngyàn; 3)（医生、律师）开〔開〕业〔業〕kāiyè, 办〔辦〕公 bàngōng; II ..xen （医生、律师）诊所 zhěnsuǒ, 事务〔務〕所 shìwùsuǒ; 业务 yéwù, 事务 shìwù

Präzen'denzfall *m* 先例 xiānlì, 前例 qiánlì

prä'zis *adj*, **~e** *adj* 精确〔確〕的 jīngquède, 准〔準〕确的 zhǔnquède

'predigen *vi, vt* 1) 传〔傳〕教 chuánjiào, 布道 bùdào; 2) 劝〔勸〕诫 quànjiè

'Predig|er *m* -s; - 传〔傳〕教士 chuánjiàoshì, 牧师〔師〕mùshī **~t** *f* -en 1) 布道 bùdào, 说教 shuōjiào; 2) 告诫 gàojiè, 训诫 xùnjiè

Preis *m* -es; -e 1) 价〔價〕格 jiàgé, 价钱〔錢〕jiàqián; 代价 dàijià; um jeden ~ 不惜一切代价, 无论如何; 2) 奖〔獎〕赏 jiǎngshǎng; 奖金 jiǎngjīn; 3) 歌颂 gēsòng, 赞扬〔揚〕zànyáng **'~ausschreiben** *n* -s; - 有奖竞〔競〕赛 yǒujiǎng jìngsài

'preisen *vt* 赞美 zànměi, 颂扬〔揚〕sòngyáng

'Preiserhöhung *f* 涨价〔價〕zhàngjià, 提价 tíjià

'preis|geben* *vt* 1) 放弃〔棄〕fàngqì, 背弃 bèiqì; 牺〔犧〕牲 xīshēng; 2) 听〔聽〕任 tīngrèn, 遭受 zāoshòu; 3) 泄露 xièlù **~gekrönt** *adj* 获〔獲〕奖〔獎〕的 huòjiǎngde, 得奖的 déjiǎngde

'Preis|gericht *n* 评奖〔獎〕委员会〔會〕píngjiǎng wěiyuánhuì **~lage** *f* 价〔價〕格范〔範〕围〔圍〕jiàgé fànwéi, 价格幅度 jiàgé fúdù **~-nachlaß** *m* 降价 jiàngjià, 减价 jiǎnjià **~richter** *m* 评奖者 píngjiǎngzhě, 评委 píngwěi **~stopp** *m* -s; 物价冻结 wùjià dòngjié **~-träger** *m* 获〔獲〕奖者 huòjiǎngzhě

'preiswert *adj* ~ sein 价〔價〕廉物美 jiàlián wùměi

'prellen *vt* 1) 撞伤〔傷〕zhuàngshāng, 碰伤 pèngshāng; sich etw. ~ 碰伤…; 2) 骗取 piànqǔ, 诈骗 zhàpiàn (um)

'Prellung *f* -en 青肿〔腫〕qīngzhǒng, 内伤〔傷〕nèishāng

Pre'mier|e *f* -n 首次公演 shǒucì gōngyǎn, 首映 shǒuyìng **~minister** *m* 总〔總〕理 zǒnglǐ, 首相 shǒuxiàng

'Presse *f* -n 1) 压〔壓〕力机〔機〕yālìjī, 压床 yāchuáng; 压榨机 yāzhàjī; 2) 印刷机 yìnshuājī; 3) 报〔報〕刊（总称）bàokān; 新闻界 xīnwénjiè, 出版界 chūbǎnjiè **~-freiheit** *f* 新闻、出版自由 xīnwén、chūbǎn zìyóu **~meldung** *f* 新闻报道 xīnwén bàodào

'pressen *vt* 1) 压〔壓〕yā, 挤〔擠〕jǐ, 榨 zhà; 2) 强迫 qiǎngpò, 迫使 pòshǐ

'Preußluft *f* 压〔壓〕缩空气〔氣〕yāsuō kōngqì

Pres'tige *n* -s; 威望 wēiwàng, 声〔聲〕望 shēngwàng; ~ verlieren 丧失威望

Preuße *m* -n; -n 普鲁士人 pǔlǔshìrén

preußisch *adj* 普鲁士的 pǔlǔshìde

prickeln *vi* 发〔發〕痒〔癢〕fāyǎng, 刺痒 cìyǎng

Priester *m* -s; - 教士 jiàoshì, 牧师〔師〕mùshī, 神甫 shénfù; 僧侣 sēnglǚ, 祭司 jìsī

'priesterlich *adj* 教士的 jiàoshìde, 牧师〔師〕的 mùshīde; 僧侣的 sēnglǚde, 祭司的 jìsīde

'prima *adj* 1) 头〔頭〕等的 tóuděngde, 第一流的 dìyīliúde; 2) 极〔極〕好的 jíhǎode

pri'mär *adj* 1) 原始的 yuánshǐde, 最初的 zuìchūde; 2) 基本的 jīběnde, 主要的 zhǔyàode

'Primel *f* -n 1) 报〔報〕春花属〔屬〕bàochūnhuāshǔ; 2) 樱草 yīngcǎo, 樱草花 yīngcǎohuā

Prinz *m* -en; -en 王子 wángzǐ, 太子 tàizǐ; 亲〔親〕王 qīnwáng

Prin'zessin *f* -nen 公主 gōngzhǔ; 王妃 wángfēi

'Prinzgemahl *m* 女王的丈夫 nǚwángde zhàngfū

Prin'zip *n* -s; -ien 1) 原则 yuánzé, 准〔準〕则 zhǔnzé; aus ~ 根据原

则; im ~ 原则上; 2) 原理 yuánlǐ

Priori'tät *f* -en 1) 优〔優〕先 yōuxiān, 优先权〔權〕 yōuxiānquán; 2) (时间上)领先 lǐngxiān

'Prise *f* -n 1) (海战时)捕获〔獲〕品 bǔhuòpǐn, 战〔戰〕利品 zhànlìpǐn; 2) eine ~ 一点〔點〕点 (盐等) yīdiǎndiǎn, 一撮 yīcuō

'Prisma *n* -s; ..men 1) 棱柱 léngzhù, 棱柱体〔體〕 léngzhùtǐ; 2) 棱镜 léngjìng, 棱晶 léngjīng

pri'vat *adj* 1) 私人的 sīrénde, 个〔個〕人的 gèrénde; 2) 私下的 sīxiàde, 秘密的 mìmìde; 3) 私有的 sīyǒude, 私营〔營〕的 sīyíngde, 私立的 sīlìde

Pri'vatschule *f* 私立学〔學〕校 sīlì xuéxiào

Privi'leg *n* -(e)s; -ien (-e) 特权〔權〕 tèquán, 优〔優〕惠 yōuhuì

pro *prp* (*A*) 每 měi; ~ Jahr 每年; ~ Kopf 每人; ~ Stück 每件

'Probe *f* -n 1) 试验〔驗〕 shìyàn, 检〔檢〕验 jiǎnyàn; auf die ~ stellen 考验… kǎoyàn…; 2) 试样〔樣〕 shìyàng, 样品 yàngpǐn; 3) (歌剧等)排练〔練〕 páiliàn **~fahrt** *f* 试航 shìháng; 试车〔車〕 shìchē

'proben *vt* 练〔練〕习〔習〕 liànxí, 排练 páiliàn

'probeweise *adv* 试验〔驗〕性地 shìyànxìngde, 试用性地 shìyòngxìngde

'Probezeit *f* 见〔見〕习〔習〕期 jiànxíqī, 试用期 shìyòngqī

pro'bieren *vt* 1) 试 shì, 试验〔驗〕 shìyàn, 尝〔嘗〕试 chángshì; 2) 品尝 pǐncháng

Pro'blem *n* -s; -e 问题 wèntí, 难〔難〕题 nántí

proble'matisch *adj* 成问题的 chéngwèntíde, 疑难〔難〕的 yínánde

Pro'dukt *n* -(e)s; -e 1) (数学)乘积〔積〕 chéngjī, 积 jī; 2) 产〔產〕品 chǎnpǐn, 产物 chǎnwù; 3) 成果 chéngguǒ, 结果 jiéguǒ

Produkti'on *f* -en 1) 生产〔產〕 shēngchǎn, 制〔製〕造 zhìzào; 2) 产品 chǎnpǐn, 产量 chǎnliàng

produk'tiv *adj* 1) 生产〔產〕的 shēngchǎnde, 生产性的 shēngchǎnxìngde; 2) 有成效的 yǒu chéngxiào de, 创〔創〕造性的 chuàngzàoxìngde

Produ'zent *m* -en; -en 生产〔產〕者 shēngchǎnzhě, 制〔製〕造者 zhìzàozhě

produ'zieren *vt* 1) 生产〔產〕 shēngchǎn, 制〔製〕造 zhìzào; 2) sich ~ 演出 yǎnchū, 表演 biǎoyǎn; 炫耀 xuànyào, 卖〔賣〕弄 màinòng

professio'nell *adj* 1) 职〔職〕业〔業〕的 zhíyède, 专〔專〕业的 zhuānyède; 2) 职业性的 zhíyéxìngde, 非业余〔餘〕的 fēi yéyú de

Pro'fessor *m* -s; -en 教授 jiàoshòu

Profes'sur *f* -en 教授职〔職〕位 jiàoshòu zhíwèi; 大学〔學〕教席 dàxué jiàoxí

'Profi *m* -s; -s 职〔職〕业〔業〕运〔運〕动〔動〕员 zhíyè yùndòngyuán

Pro'fil *n* -s; -e 1) 侧面 cèmiàn, 侧面像 cèmiànxiàng; 2) 轮〔輪〕廓 lúnkuò, 外形 wàixíng; 3) (轮胎、鞋底等)凸起花纹 tūqǐ huāwén; 4) 鲜明的特征〔徵〕 xiānmíngde tèzhēng, 明确〔確〕的方针 míngquède fāngzhēn

Pro'fit *m* -(e)s; -e 1) 利润 lìrùn; 2) 益处〔處〕 yìchù, 好处 hǎochù

profi'tieren *vi* 获〔獲〕取利润 huòqǔ lìrùn, 得到好处〔處〕 dédào hǎochù

Pro'gnose *f* -n 1) (疾病的)预后〔後〕 yùhòu; 2) (天气等)预测 yùcè, 估计 gūjì

Pro'gramm *n* -s; -e 1)(广播、电视等)节〔節〕目 jiémù; 2) 节目单〔單〕 jiémùdān, 说明书〔書〕 shuōmíngshū; 3) 纲〔綱〕领 gānglǐng, 纲要 gāngyào, 大纲 dàgāng; politisches ~ 政治纲领; 4) 计划〔劃〕 jìhuà, 规划 guīhuà; 5) 程序 chéngxù

Projekti'on *f* -en 投影 tóuyǐng, 投射 tóushè

prokla'mieren *vt* 公布〔佈〕 gōngbù, 宣告 xuāngào, 声〔聲〕明 shēngmíng

Proku'rist *m* -en; -en 代理人 dàilǐrén

Prole'tarier *m* -s; - 无〔無〕产〔產〕者 wúchǎnzhě

prole'tarisch *adj* 无〔無〕产〔產〕者的 wúchǎnzhěde, 无产阶〔階〕级的 wúchǎn jījí de

Pro'log *m* -(e)s; -e 序诗 xùshī, 序幕 xùmù; 开〔開〕场〔場〕白 kāichǎngbái, 前言 qiányán, 序言 xùyán

promi'nent *adj* 知名的 zhīmíngde, 有声〔聲〕望的 yǒu shēngwàng de

Promi'nenz *f* 1) 知名人士 zhīmíng rénshì, 社会〔會〕名流 shèhuì míngliú; 2) 重要性 zhòngyàoxìng, 重要意义〔義〕 zhòngyào yìyì

Promoti'on *f* -en 授予博士学〔學〕位 shòuyǔ bóshì xuéwèi

promo'vieren *vi* 获〔獲〕得博士学〔學〕位 huòdé bóshì xuéwèi (an *D*)

Pro'nomen *n* -s; - (..mina) (语法)代词 dàicí

Pro'peller *m* -s; - (轮船、飞机的)螺旋桨〔槳〕luóxuánjiǎng, 推进〔進〕器 tuījìnqì

Pro'phet *m* -en; -en 先知 xiānzhī; 预言家 yùyánjiā

pro'phetisch *adj* 先知的 xiānzhīde, 预言的 yùyánde

prophe'zeien *vt* 预言 yùyán; 预报〔報〕yùbào

Proporti'on *f* -en 1) 比 bǐ, 比例 bǐlì; 2) 均衡 jūnhéng, 匀称〔稱〕yúnchèn

'Prosa *f* 散文 sǎnwén

'prosit *int* 祝健康 zhù jiànkāng, 祝一切顺利 zhù yīqiè shùnlì

Pro'spekt *m* -(e)s; -e 1) 舞台〔臺〕背景 wǔtái bèijǐng; 2) 广〔廣〕告 guǎnggào, 说明书〔書〕 shuōmíngshū; 价〔價〕目单〔單〕 jiàmùdān

prost *int* 见 prosit

Prostitu'ierte *f* -n; -n 妓女 jìnǚ, 娼妓 chāngjì

Pro'test *m* -es; -e 抗议〔議〕 kàngyì, 反对〔對〕 fǎnduì; ~ einlegen (erheben) gegen 对…提出抗议

Prote'stant *m* -en; -en 新教徒 xīnjiàotú, 基督徒 jīdūtú

pro'stantisch *adj* 新教的 xīnjiàode, 基督徒的 jīdūtúde

protes'tieren *vi* gegen etw. ~ 对〔對〕…提出抗议〔議〕 duì…tíchū kàngyì

Pro'these *f* -n 假肢 jiǎzhī; 假牙 jiǎyá; 假眼 jiǎyǎn

Proto'koll *n* -s; -e 1) (会谈等)记录〔錄〕 jìlù; das ~ aufnehmen (führen) 做记录; zu ~ geben 让人记录下来; etw. zu ~ nehmen 把…记录下来; 2) (外交等) 议〔議〕定书〔書〕 yìdìngshū; 3) 外交礼〔禮〕仪〔儀〕 wàijiāo lǐyì; 4) (外交部)礼宾〔賓〕司 lǐbīnsī

protokol'lieren I *vt* 记录〔錄〕 jìlù; II *vi* 做记录 zuò jìlù

Protz *m* -en(-es); -e(n) 好吹牛的人 hàochuīniúde rén, 爱〔愛〕炫耀的人 àixuānyàode rén

'protz|en *vi* 吹嘘 chuīxū, 炫耀 xuānyào (mit *D*) **~ig** *adj* 吹牛的 chuīniúde, 好卖〔賣〕弄的 hàomàinòngde, 炫耀的 xuānyàode, 摆〔擺〕阔气〔氣〕的 bǎikuòqìde

Pro'viant *m* -s; -e (旅途带的)食物 shíwù, 口粮 kǒuliáng

Pro'vinz *f* -en 1) 省 shěng, 省份 shěngfèn; 2) (首都、城市以外的)地方 dìfang; 3) 范〔範〕围〔圍〕 fànwéi, 领域 lǐngyù

provinzi'ell *adj* 1) 小城市的 xiǎo chéngshì de; 偏狭〔狹〕的 piānxiáde, 闭塞的 bìsàide; 2) 地方性的 dìfangxìngde, 方言的 fāngyánde

Provisi'on *f* -en 手续〔續〕费 shǒuxūfèi, 佣金 yòngjīn

provi'sorisch *adj* 临〔臨〕时〔時〕的 línshíde, 暂时的 zànshíde

provo'zieren *vt* 1) 激怒 jīnù; 2) 挑起 tiáoqǐ, 引起 yǐnqǐ

Pro'zent *n* -(e)s; -e 百分率 bǎifēnlǜ, 百分之… bǎifēnzhī … **~satz** *m* 百分比 bǎifēnbǐ, 百分率 bǎifēnlǜ

prozentu'al *adj* 按百分比计算的 àn bǎifēnbǐ jìsuàn de, 百分率的 bǎifēnlǜde

Pro'zeß *n* ..sses; ..sse 1) 诉讼 sùsòng, 起诉 qǐsù; einen ~ gewinnen 胜诉; ein ~ gegen j-n anstrengen 对…提起诉讼; j-m den ~ machen 对…起诉; kurzen ~ machen mit 对〔對〕…采〔採〕取断〔斷〕然措施 duì … cǎiqǔ duànrán cuòshī; 2) 过〔過〕程 guòchéng, 进〔進〕程 jìnchéng

prozes'sieren *vi* mit j-m ~ 对〔對〕…提起诉讼 duì…tíqǐ sùsòng

Prozessi'on *f* -en 1) (人、车辆等)行列 hángliè, 队〔隊〕列 duìliè; 2) (列队的)行进〔進〕 xíngjìn

'prüde *adj* 过〔過〕分拘谨的 guòfèn jūjǐn de, 古板的 gǔbǎnde

'prüfen *vt* 1) 检〔檢〕验〔驗〕 jiǎnyàn, 检查 jiǎnchá, 审〔審〕查 shěnchá; 2) 考试 kǎoshì; 3) 考验 kǎoyàn, 磨练〔練〕 móliàn **~d** *adj* 审视的 shěnshìde

'Prüf|ler *m* -s; - 检〔檢〕查人 jiǎncharén; 主考人 zhǔkǎorén **~ling** *m* -s; -e 应〔應〕考者 yìngkǎozhě, 考生 kǎoshēng **~stein** *m* 试金石 shìjīnshí **~ung** *f* 1) 考试 kǎoshì; eine ~ machen 参加考试; 2) 检验 jiǎnyàn, 鉴〔鑒〕定 jiàndìng; 3) 考验 kǎoyàn, 磨难〔難〕 mónàn

'Prüfungs|arbeit *f*, **~aufgabe** *f* 考卷 kǎojuàn, 试卷 shìjuàn **~-ausschuß** *m*, **~kommission** *f* 考试委员会〔會〕kǎoshì wěiyuánhuì

'Prügel *m* -s; - 1) (打人的)棍 gùn, 棒 bàng; 2) 打 dǎ, 揍 zòu

Prüge'lei *f* -en 殴〔毆〕打 ōudǎ

'Prügelknabe *m* 替罪羊 tìzuìyáng

'prügeln *vt* 1) (用棍棒等) 痛打 tòngdǎ; 2) sich ~ 扭打 niǔdǎ, 打架 dǎjià

Prunk *m* -(e)s; 豪华〔華〕 háohuá, 奢华 shēhuá

'prunk|en *vi* 炫耀 xuānyào, 夸〔誇〕示 kuāshì (mit etw.) **~voll** *adj* 富丽〔麗〕堂皇的 fùlì tánghuáng de, 奢侈的 shēchǐde

Psalm *m* -s; -en 圣〔聖〕诗 shèngshī; 赞〔讚〕美诗 zànměishī; 诗篇 shīpiān

Pseudo'nym *n* -s; -e 假名 jiǎmíng, 笔〔筆〕名 bǐmíng

pst *int* 嘘(要对方安静或注意) xū

Psychi'ater *m* -s; - 精神病医〔醫〕生 jīngshénbìng yīshēng

'psychisch *adj* 精神的 jīngshénde, 灵〔靈〕魂的 línghúnde

Psycho|ana'lyse *f* 精神分析 jīngshén fēnxī **~ana'lytiker** *m* 精神分析学〔學〕家 jīngshén fēnxī xuéjiā **~'loge** *m* -n; -n 心理学家 xīnlǐ xuéjiā

Psy'chose *f* -n 精神病 jīngshénbìng, 精神变〔變〕态〔態〕者 jīngshén biàntài zhě

Puber'tät *f* 青春期 qīngchūnqī, 性成熟期 xìngchéngshúqī

'Publikum *n* -s; 1) 公众〔衆〕gōngzhòng, 大众 dàzhòng; 2) 观〔觀〕众 guānzhòng, 听〔聽〕众 tīngzhòng; 读〔讀〕者 dúzhě

publi'zieren *vt* 1) 出版 chūbǎn, 发〔發〕行 fāxíng; 2) 公布〔佈〕gōngbù, 发表 fābiǎo

'Pudding *m* -s; -e(-s) 布丁(一种甜点心) bùdīng

'Pudel *m* -s; - 长〔長〕卷〔捲〕毛狗 cháng juǎnmáo gǒu

'Puder *m* -s; - 香粉 xiāngfěn, 扑〔撲〕粉 pūfěn; 药〔藥〕粉 yàofěn **~dose** *f* 粉盒 fěnhé

'pudern *vt* 1) 扑〔撲〕粉 pūfěn; 2) sich ~ (给自己)搽粉 cháfěn

'Puder|quaste *f* 粉扑〔撲〕fěnpū **~zucker** *m* 糖粉 tángfěn, 绵白糖 miánbáitáng

Puff *m* -(e)s; ⸚e(-e) 碰 pèng, 撞 zhuàng

'puffen I *vt* 碰 pèng, 撞 zhuàng; II *vi* 发〔發〕出短促爆裂声〔聲〕fāchū duǎncù bàoliè shēng

'Puffer *m* -s; - 缓冲〔衝〕器 huǎnchōngqì

Puls *m* -es; -e 脉〔脈〕mài, 脉搏 màibó **~ader** *f* 动〔動〕脉 dòngmài

pul'sieren *vi* 1) (血液)流动〔動〕liúdòng; 2) (脉搏等)跳动 tiàodòng, 搏动 bódòng

'Pulsschlag *m* 脉〔脈〕搏跳动〔動〕màibó tiàodòng

Pult *n* -(e)s; -e (斜面的)书〔書〕桌 shūzhuō, 写〔寫〕字台〔臺〕xiězìtái; 讲〔講〕台 jiǎngtái

'Pulver *n* -s; - 1) 粉 fěn, 粉末 fěnmò; 2) 药〔藥〕粉 yàofěn; 火药 huǒyào; 3) 钱〔錢〕qián

'pulverig *adj* 粉状〔狀〕的 fěnzhuàngde, 布满〔滿〕粉末的 bùmǎn fěnmò de

Pump *m* -(e)s;-e auf ~ 靠借贷 kào jièdài **~e** *f* -n 泵 bèng, 唧筒 jītǒng

'pumpen I *vi* 用泵抽 yòng bèng chōu, 用唧筒打 yòng jītǒng dǎ; II *vt* 1) (用泵)抽 chōu, (用气筒)打气〔氣〕dǎqì; 2) 借给 jiègěi; 向…借来〔來〕xiàng … jièlái (etw. von j-m)

Punkt *m* -(e)s; -e 1) 点〔點〕diǎn, 斑点 bāndiǎn; 2) 句号〔號〕jùhào; 圆点号 yuándiǎnhào; 3) 地点 dìdiǎn; der springende ~ 要点 yàodiǎn, 关〔關〕键 guānjiàn; toter ~ 僵局 jiāngjú; 极〔極〕点 jídiǎn; wunder ~ 弱点 ruòdiǎn, 痛处〔處〕tòngchù; in vielen ~en 在许多方面 zài xǔduō fāngmiàn; 4) (时间)正点 zhèngdiǎn; ~ zehn Uhr 十点正; 5) (体育比赛等)(得)分 fēn, 点 diǎn; nach ~en siegen 以积点(分)多而取胜; 6) 条〔條〕款 tiáokuǎn, 项目 xiàngmù

punk'tieren *vt* 1) 在…上打点〔點〕zài … shàng dǎdiǎn, 加点 jiādiǎn; 画〔畫〕虚线〔綫〕huà xūxiàn; 2) 做穿刺(手术) zuò chuāncì; 3) 点绘〔繪〕diǎnhuì

'pünktlich *adj* 精确〔確〕的 jīngquède, 准〔準〕时〔時〕的 zhǔnshíde

'Pünktlichkeit *f* 精确〔確〕jīngquè, 准〔準〕时〔時〕zhǔnshí

Punsch *m* -es; -e 潘趣酒(一种混合饮料) pānqùjiǔ

Pu'pille *f* -n 瞳孔 tóngkǒng

'Puppe *f* -n 1) 玩具娃娃 wánjù wáwa; 2) (厨窗里的) 时〔時〕装〔裝〕模特儿〔兒〕shízhuāng mótér; 3) 木偶 mù'ǒu; 傀儡 kuǐlěi; 4) 女孩 nǚhái; 5) 禾草堆 hécǎoduī; 6) 蛹 yǒng **~nspiel** *n* 木偶戏〔戲〕mù'ǒuxì **~nstube** *f* 玩具小房间 wánjù xiǎofángjiān **~nwagen** *m* 玩具小车〔車〕wánjù xiǎochē

pur *adj* 1) 纯的 chúnde, 不搀〔攙〕杂〔雜〕的 bù chānzá de; 2) 完全的 wánquánde, 十足的 shízúde

'Purpur *m* -s; 紫色 zǐsè; 紫色颜料 zǐsè yánliào

'Purzelbaum *m* 筋斗 jīndou; einen ~ schlagen 翻筋斗

'purzeln *vi* 跌倒 diēdǎo, 跌落 diēluò

'Puste *f* 呼吸 hūxī, 气〔氣〕息 qìxī; ihm ging die ~ aus 他上气不接下气(精疲力竭)

'Pustel *f* -n 脓〔膿〕疱 nóngpào

'pusten *vi* 1) 吹 chuī; 2) 气〔氣〕

喘吁吁 qìchuǎn xūxū

'Pute *f* -n 雌火鸡〔鷄〕 cíhuǒjī ~**r** *m* -s; - 雄火鸡 xiónghuǒjī

Putsch *m* -(e)s; -e 暴动〔動〕 bàodòng, 叛乱〔亂〕 pànluàn

Putz *m* -es;-e 1) (华丽的)服装〔裝〕 fúzhuāng, 装饰 zhuāngshì; 2) 灰泥 huīní, 灰浆〔漿〕 huījiāng

'putzen *vt* 1) 洗刷 xǐshuā, 擦净 cājìng; sich (*D*) die Nase ~ 擤鼻涕 xǐng bítì; sich (*D*) die Zähne ~ 刷牙; 2) sich ~ 打扮 dǎbàn

'Putzfrau *f* (收拾屋子的)女清洁〔潔〕工 nǚqīngjiégōng

'putzig *adj* 滑稽的 huájìde, 可笑的 kěxiàode, 好玩的 hǎowánde

'Putzlappen *m* 抹布 mābù, 揩布 kāibù

pyjama [pi'ʤɑːmɑ] *m* -s; -s (宽大的)睡衣裤 shuìyīkù

Pyramide [pyrɑ'miːdə] *f* -n 1) (埃及)金字塔 jīnzìtǎ; 2) 角锥 jiǎozhuī, 角锥体〔體〕 jiǎozhuītǐ; 3) 角锥状〔狀〕物 jiǎozhuīzhuàngwù

pyra'midenförmig *adj* 金字塔形的 jīuzìtǎxíngde; 角锥状〔狀〕的 jiǎozhuīzhuàngde

Q q

'Quacksalber *m* -s; - 庸医〔醫〕 yōngyī, 江湖医生 jiānghú yīshēng

Qua'drat *n* -(e)s; -e 1) 正方形 zhèngfāngxíng; 2) 平方 píngfāng; ins ~ erheben (把…)平方

qua'dratisch *adj* 1) 正方形的 zhèngfāngxíngde; 2) 二次幂的 èrcìmìde

Qua'drat|meter *n*, *m* 平方米 píngfāngmǐ ~**wurzel** *f* 平方根 píngfānggēn ~**zahl** *f* 平方数〔數〕 píngfángshù

'quaken *vi* (鸭、蛙等)嘎嘎地叫 gāgāde jiào, 呱呱地叫 guāguāde jiào

'quäken *vi* 发〔發〕出刺耳的尖叫声〔聲〕 fāchū cì'ěrde jiānjiàoshēng

Qual *f* -en 痛苦 tòngkǔ, 烦恼〔惱〕 fánnǎo, 折磨 zhémo

'quälen *vt* 1) 使痛苦 shǐ tòngkǔ, 折磨 zhémo; 2) 烦扰〔擾〕 fánrǎo, 纠缠〔纏〕 jiūchán; 3) sich ~ 感到疼痛 gǎndào téngtòng; 辛劳〔勞〕地工作 xīnláode gōngzuò; 费力地前进〔進〕 fèilìde qiánjìn

Qualifikati'on *f* -en 1) 资格 zīgé, 本领 běnlǐng, 技能 jìnéng; 2) 资格证〔證〕明 zīgé zhèngmíng, 合格证明 hégé zhèngmíng; 3) 鉴〔鑒〕定 jiàndīng, 评定 píngdìng

qualifi'zieren *vt, v sich* 1) 培养〔養〕 péiyǎng, 进〔進〕修 jìnxiū, 使有资格 shǐ yǒu zīgé, (使)合格 hégé; 2) 鉴〔鑒〕定 jiàndìng, 评定 píngdìng

Quali'tät *f* -en 1) 质〔質〕量 zhìliàng; 2) 才能 cáinéng, 品质 pǐnzhì

qualita'tiv *adj* 质〔質〕量的 zhìliàngde; 质的 zhìde, 定性的 dìngxìngde

Quali'tätsware *f* 优〔優〕质〔質〕商品 yōuzhì shāngpǐn

Qualm *m* -(e)s; 浓〔濃〕烟〔煙〕 nóngyān, 烟雾 yānwù; 蒸气〔氣〕 zhēngqì

'qualmen I *vi* 1) 冒浓〔濃〕烟〔煙〕 mào nóngyān; 2) 大量抽烟 dàliàng chōuyān; II *vt* 抽(烟) chōu

'qualvoll *adj* 令人痛苦的 lìng rén tòngkǔ de, 折磨人的 zhémorénde

Quanti'tät *f* -en 量 liàng, 数〔數〕量 shùliàng

quantita'tiv *adj* 量的 liàngde, 数〔數〕量的 shùliàngde; 定量的 dìngliàngde

'Quantum *n* -s; ..ten 1) (一定的)量 liàng, 定量 dìngliàng, 份额 fèn'è; 2) (物理)量子 liàngzǐ

Quaran'täne *f* -n 1) 检〔檢〕疫 jiǎnyì; in ~ legen 对…进行检疫; 2) 隔离〔離〕 gélí

Quark *m* -(e)s; 1) 凝乳 níngrǔ; 2) 小事 xiǎoshì; 废〔廢〕话 fèihuà

Quar'tal *n* -s; -e 季度 jìdù

Quar'tett *n* -(e)s; -e 1) 四重唱 sìchóngchàng, 四重奏 sìchóngzòu; 2) (儿童玩的)牌戏〔戲〕 páixì

Quar'tier *n* -s; -e 1) 住所 zhùsuǒ; 2) 宿营〔營〕地 sùyíngdì

Quatsch *m* -es; 胡说 húshuō, 废〔廢〕话 fèihuà

'quatschen *vi* 胡说 húshuō, 瞎扯 xiāchě

'Quecksilber *n* 汞 gǒng, 水银 shuǐyín

'Quelle *f* -n 1) 泉 quán, 源泉 yuánquán, 水源 shuǐyuán; 2) 出处〔處〕 chūchù, 起源 qǐyuán, 根源 gēnyuán

'quellen* *vi(s)* 流出 liúchū, 涌出 yǒngchū, 冒出 màochū

'Quellenangabe *f* (所引资料的)出

处〔處〕说明 chūchù shuōmíng

'quengeln *vi* 1)（孩子）哭闹纠缠〔纏〕kūnào jiūchán; 2) 抱怨 bàoyuàn, 发〔發〕牢骚 fā láosāo

quer *adv* 1) 横 héng, 横着 héngzhe; 2) ~ über (*A*) 穿越 chuānyuè, 穿过〔過〕chuānguò; 3) ~ gehen 不顺当〔當〕bù shùndang

'Quer|e *f* 1) 横向 héngxiàng; der ~ nach 横向; 2) j-m in die ~ kommen 偶然遇见〔見〕… ǒurán yùjiàn…; 妨碍〔礙〕、阻碍…（的工作或计划）fáng'ài、zǔ'ài … **~schiff** *n*（教堂的）交叉甬道 jiāochā yǒngdào, 十字形耳堂 shízìxíng ěrtáng **~schnitt** *m* 1) 横断〔斷〕面 héngduànmiàn, 截面 jiémiàn; 2) 概况 gàikuàng, 一览〔覽〕yīlǎn **~straße** *f* 横路 hénglù, 交叉路 jiāochālù; zweite ~ rechts 在第二个交叉路处朝右拐

Queru'lant *m* -en; -en 爱〔愛〕抱怨者 àibàoyuànzhě, 好发〔發〕牢骚者 hàofāláosāozhě

'quetschen *vt* 1) 挤〔擠〕压〔壓〕jǐyā, 压榨 yāzhà; 2) 挤伤〔傷〕jǐshāng; sich (*D*) den Finger ~ 压伤（自己的）手指

'Quetsch|ung *f* -en, **~wunde** *f* 挫伤〔傷〕cuòshāng

'quieken *vi* 发〔發〕出尖叫声〔聲〕fāchū jiānjiàoshēng

'quietschen *vi* 发〔發〕出尖锐刺耳的声〔聲〕音 fāchū jiānruì cì'ěr de shēngyīn

'quirlen *vt* 搅〔攪〕拌 jiǎobàn, 搅和 jiǎohuo

quitt *adj* ~ sein mit j-m 同…结清帐〔帳〕目 tóng … jiéqīng zhàngmù; 与〔與〕… 断〔斷〕绝关〔關〕系〔係〕yú … duànjué guānxì; jetzt sind wir ~ 现在我们两清了（不再来往）

quit'tieren *vt* 1) 签〔簽〕收 qiānshōu; 2) 辞〔辭〕去 cíqù, 放弃〔棄〕fàngqì

'Quittung *f* -en 1) 收据〔據〕shōujù, 发〔發〕票 fāpiào; gegen ~ 凭发票; 2) 回答 huídá, 报〔報〕应〔應〕bàoyìng

'Quote *f* -n 比率 bǐlǜ; 定额 dìng'é, 分配额 fēnpèi'è, 限额 xiàn'è

Quoti'ent *m* -en; -en（数学）商 shāng

R r

Ra'batt *m* -(e)s; -e（物价的）折扣 zhékòu

'Rabe *m* -n; -n 乌〔烏〕鸦 wūyā

'rabenschwarz *adj* 乌〔烏〕黑的 wūhēide

ra'biat *adj* 1) 粗暴的 cūbàode, 暴躁的 bàozàode; 2) 盛怒的 shèngnùde, 暴跳如雷的 bàotiào rú léi de

'Rache *f* 报〔報〕复〔復〕bàofù, 报仇 bàochóu

'Rachen *m* -s; - 1) 咽喉 yānhóu; 2)（猛兽的）大口 dàkǒu, 嘴 zuǐ; 3) 深渊〔淵〕shēnyuān

'rächen *vt* 1) 报〔報〕仇 bàochóu, 复〔復〕仇 fùchóu; 2) sich ~ 报仇 bàochóu; 造成恶〔惡〕果或损失 zàochéng èguǒ huò sǔnshī

'Rachenkatarrh *m* 咽炎 yānyán

'rach|gierig *adj*, **~süchtig** *adj* 复〔復〕仇心切的 fùchóu xīnqiè de, 有强烈报〔報〕复欲〔慾〕的 yǒu qiángliè bàofùyù de

Rad *n* -(e)s; ⸚er 1) 轮〔輪〕lún, 车〔車〕轮 chēlún; 2) 自行车 zìxíngchē; unter die Räder kommen 堕〔墮〕落 duòluò; 破产〔產〕pòchǎn; 3) ein ~ schlagen 孔雀开〔開〕屏 kǒngquè kāipíng;（体操）作侧手翻 zuò cèshǒufān

Ra'dar *m,n* -s; -s 雷达〔達〕léidá

Ra'dau *m* -s; 喧哗〔嘩〕xuānhuá, 吵闹 chǎonào, 闹哄 nàohōng

'radebrechen *vt* 结结巴巴地说（一种外语）jiéjiē bābā de shuō

'radeln *vi* (*s*) 骑自行车〔車〕qí zìxíngchē

'Rädelsführer *m* 头〔頭〕目 tóumù, 魁首 kuíshǒu

'Räderwerk *n* 齿〔齒〕轮〔輪〕组 chǐlúnzǔ

'radfahren* *vi* (*s*) 骑自行车〔車〕qí zìxíngchē

'Radfahrer *m* 骑自行车〔車〕的人 qí zìxíngche de rén

ra'dieren *vt* 擦去 cāqù, 刮去 guāqù

Ra'dier|gummi *m*（擦字用的）橡皮 xiàngpí **~messer** *n* 刮字刀 guāzìdāo **~ung** *f* -en 1) 蚀刻

shíkè; 2) 铜版画[畫] tǒngbǎnhuà, 蚀刻版 shíkèbǎn

Ra'dieschen *n* -s; 小(红)萝[蘿]卜 xiǎoluóbo

radi'kal *adj* 1) 彻[徹]底的 chèdǐde, 根本的 gēnběnde; 2) 极[極]端的 jíduānde; 激进[進]的 jījìngde

'Radio *n* -s; -s 1) (无线电)收音机[機] shōuyīnjī; im ~ 从收音机里; 2) 广[廣]播电[電]台[臺] guǎngbō diàntái

'radioaktiv *adj* 放射性的 fàngshèxìngde

'Radio|apparat *m* 无[無]线[綫]电[電]收音机[機] wúxiàndiàn shōuyīnjī **~recorder** *m* 收录[録](两用)机 shōulùjī

'Radium *n* -s; 镭 léi

'Radius *m* -; ..dien 半径[徑] bànjìng

'Rad|kappe *f* 轮[輪]毂盖[蓋] lúngǔgài **~rennbahn** *f* (自行车)赛场[場]跑道 sàichǎng pǎodào **~rennen** *n* 自行车[車]比赛 zìxíngchē bǐsài **~sport** *m* 自行车运[運]动[動] zìxíngchē yùndòng

'raffen *vt* 1) 迅速抓起 xùnsù zhuāqǐ, 收拾起 shōushiqǐ; 2) 攫取 juéqǔ, 夺[奪]取 duóqǔ; 聚敛[斂] jùliǎn; 3) 使有褶子 shǐ yǒu zhězi; 4) 提起(裙裾) tíqǐ

raffi'niert *adj* 1)狡猾的 jiǎohuáde, 诡计多端的 guǐjì duōduān de; 2) 精心设计的 jīngxīn shèjì de, 巧妙的 qiǎomiàode

'ragen *vi* 耸[聳]立 sǒnglì, 突出 tūchū

Ra'gout *n* -s; -s 五香肉片(鱼片) wǔxiāng ròupiàn

'Rahe *f* -n (船的)横桁 hénghéng, 横杆[桿] hénggān

Rahm *m* -(e)s; 奶油 nǎiyóu, 乳脂 rǔzhī

'rahmen *vt* 给…装[裝]镜框 gěi … zhuāng jìngkuàng

'Rahmen *m* -s; 1) 框 kuàng, 镜框 jìngkuàng; 2) 机[機]架 jījià, 底座 dǐzuò; 3) 范[範]围[圍] fànwéi, 环[環]境 huánjìng; aus dem ~ fallen 超出范围,出格

Ra'kete *f* -n 1) 焰[燄]火 yànhuǒ; 2) 火箭 huǒjiàn; 导[導]弹[彈] dǎodàn; eine ~ abfeuern (starten) 发射火箭; dreistufige ~三级火箭 **~nantrieb** *m* 火箭推进[進] huǒjiàn tuījìn; mit ~ 用火箭推进 **~nflugzeug** *n* 火箭飞[飛]机[機]huǒjiàn fēijī **~ntriebwerk** *n* 火箭发[發]动[動]机 huǒjiàn fādòngjī

'Ramm|bär *m*, **~bock** *m*, **~e** *f* -n 夯具 hāngjù, 打桩[樁]机[機] dǎzhuāngjī

'rammen *vt* 1) 撞坏[壞] zhuànghuài, 撞伤[傷] zhuàngshāng; 2) 打进[進] dǎjìn

'Rampe *f* -n 1) 斜坡 xiépō, 坡道 pōdào; 2) 舞台[臺]前沿 wǔtái qiányǎn; 3) (火箭)发[發]射台 fāshètái **~nlicht** *n* 1) (舞台)脚灯[燈]灯光 jiǎodēng dēngguāng; 2) im ~ stehen 众[衆]所瞩[矚]目 zhòng suǒ zhǔmù

Ramsch *m* -es; -e 1) (卖剩的)次货 cìhuò, 剩货 shènghuò; im ~ kaufen 大量廉价[價]购[購]买[買] dàliàng liánjià gòumǎi; 2)废[廢]物 fèiwù, 破烂[爛]货 pòlànhuò **~verkauf** *m* 旧[舊]杂[雜]货拍卖[賣] jiù záhuò pāimài **~ware** *f* 廉价出售的剩余[餘]商品 liánjià chūshòu de shèngyú shāngpǐn, 处[處]理品 chǔlǐpǐn

Rand *m* -(e)s; ⸚er 1) 边[邊] biān, 边缘 biānyuán; 棱 léng; vor Freude außer ~ und Band geraten 欣喜若狂 xīnxǐ ruò kúang; 2) 页边的空白 yèbiānde kòngbái; 3) etw. am ~e erwähnen 顺便提到某事 shùnbiàn tídào mǒushì; 4) mit etw. nicht zu ~e kommen 不能胜[勝]任某事 bùnéng shèngrèn mǒushì **~bemerkung** *f* 1) 眉批 méipī, 边注 biānzhù; 2) 评论[論] pínglùn, 评头[頭]论足 píng tóu lùn zú

Rang *m* -(e)s; ⸚e 1) 等级 děngjí, 地位 dìwèi; erstens ~ 第一流的 dìyī liú de; 2) 头[頭]衔 tóuxián; 军衔 jūnxián; 3) (剧场等的)楼[樓]座 lóuzuò, 楼厅[廳] lóutíng; zweiter ~ (剧院)三层楼厅; 4) j-m den ~ ablaufen 超过[過]、胜[勝]过某人 chāoguò、shèngguò mǒurén

'Range *m* -n; -n, *f* -n 顽皮的孩子 wánpíde háizi, 淘气[氣]鬼 táoqìguǐ

ran'gieren I *vt* 使(火车)转[轉]轨 shǐ zhuǎnguǐ, 调轨 diàoguǐ; II *vi* 属[屬]…级 shǔ … jí, 占[佔]…位 zhàn … wèi, 名列 míngliè

'Rang|liste *f* 1) (运动员等)名次表 míngcìbiǎo, 名次册 míngcìcè; 2) 军官名册 jūnguān míngcè; 国[國]家(高级)官员名单[單] guójiā guānyuán míngdān **~ordnung** *f* 等级 děngjí, 级别 jíbie, 顺序 shùnxù

'Ranke *f* -n (某些植物的)卷[捲]须[鬚] juǎnxū

'Ränke *pl* 阴[陰]谋 yīnmóu, 诡计 guǐjì

'ranken *v sich* (蔓生植物)攀缘 pānyuán, 缠〔纏〕绕〔繞〕chánrǎo

'Ranzen *m* -s; - 书〔書〕包 shūbāo, 背包 bēibāo

'ranzig *adj* (油脂等)变〔變〕坏〔壞〕了的 biànhuàilede, 哈喇了的 hālālede

'Rappe *m* -n; -n 黑马〔馬〕hēimǎ

rar *adj* 稀有的 xīyǒude, 少见〔見〕的 shǎojiànde, 珍贵的 zhēnguìde; sich ~ machen 很少露面

Rari'tät *f* -en 1) 稀有 xīyǒu, 希罕 xīhan; 2) 罕物 hǎnwù; 珍品 zhēnpǐn, 古董 gǔdǒng

rasch *adj* 迅速的 xùnsùde, 敏捷的 mǐnjiéde

'rascheln *vi* 沙沙作响〔響〕shāshā zuò xiǎng 发〔發〕出窸窣声〔聲〕fāchū xīsū shēng

'rasen *vi* 1) 暴怒 bàonù; 发〔發〕狂 fākuáng; 咆哮 páoxiāo; 2) (*s*) 飞〔飛〕奔 fēibēn, 疾驰 jíchí

'Rasen *m* -s;- 草地 cǎodì, 草坪 cǎopíng

'rasend *adj* 1) 迅速的 xùnsùde, 飞〔飛〕快的 fēikuàide; 2) 剧〔劇〕烈的 jùliède, 猛烈的 měngliède; 3) 疯〔瘋〕狂的 fēngkuángde

'Rasenplatz *m* 草地 cǎodì, 铺有草皮的场〔場〕地 pūyǒu cǎopí de chǎngdì

Rase'rei *f* -en 1) 恼〔惱〕怒 nǎonù, 狂暴 kuángbào, 咆哮 páoxiāo; j-n zur ~ bringen 使某人恼怒; 2) 飞〔飛〕奔 fēibēn, 疾驰 jíchí

Ra'sierapparat *m* 剃须〔鬚〕刀 tìxūdāo

ra'sieren *vt* 给…刮胡〔鬍〕子 gěi … guā húzi, 给…剃毛发〔髮〕gěi … tì máofà; sich ~ (lassen) (让人给)自己刮胡子

Ra'sier|klinge *f* (双面)刮胡〔鬍〕子刀片 guā húzi dāopiàn **~messer** *n* 剃刀 tìdāo, 刮胡子刀 guā húzi dāo **~pinsel** *m* 修面刷 xiūmiànshuā **~seife** *f* 剃须〔鬚〕皂 tìxūzào **~wasser** *n* 修面(后用的)香液 xiūmiàn xiāngyè **~zeug** *n* 刮脸〔臉〕用具 guāliǎn yòngjù

'Rasse *f* -n 1) 人种〔種〕rénzhǒng, 种族 zhǒngzú; 2) (动、植物)种 zhǒng, 品种 pǐnzhǒng

'rasseln *vi* 1) 丁零零地响〔響〕dīnglínglíngde xiǎng, 发〔發〕出丁零当〔當〕啷的响声〔聲〕fāchū dīnglíng dānglāng de xiǎngshēng; 2) 摇拨〔撥〕浪鼓 yáo bólanggǔ

'Rassen|frage *f* 种〔種〕族问题 zhǒngzú wèntí **~trennung** *f* 种〔種〕族隔离〔離〕zhǒngzú gélí **~unruhen** *pl* 因种〔種〕族歧视引起的动〔動〕乱〔亂〕yīn zhǒngzú qíshì yǐnqǐ de dòngluàn

'rassig *adj* 1) 纯种〔種〕的 chúnzhǒngde, 良种的 liángzhǒngde; 2) 热〔熱〕情奔放的 rèqíng bēnfàng de, 活泼〔潑〕的 huópode; 3) 清秀的 qīngxiùde, 线〔綫〕条〔條〕优〔優〕美的 xiàntiáo yōuměi de

Rast *f* -en 休息 xiūxi, 歇息 xiēxi

'rast|en *vi* 休息 xiūxi, 歇息 xiēxi **~los** *adj* 不休息的 bù xiūxi de, 不间歇的 bù jiānxiē de, 不知疲倦的 bù zhī píjuàn de

'Rastplatz *m* 1) 休息场〔場〕所 xiūxī chǎngsuǒ; 2) (尤指高速公路旁的)停车〔車〕场 tíngchēchǎng

Rat *m* I -(e)s; 1) 劝〔勸〕告 quàngào, 建议〔議〕jiànyì, 主意 zhǔyì; j-n/etw. zu ~e ziehen 向…请教 xiàng … qǐngjiào; j-n um ~ fragen 向…征询意见〔見〕xiàng… zhēngxún yìjiàn; 2) 商量 shāngliáng, 商议 shāngyì; II -(e)s; ⸚e 1) 参〔參〕议会〔會〕cānyìhuì, 委员会 wěiyuánhuì, 理事会 lǐshìhuì; 2) 委员 wěiyuán, 议员 yìyuán; 顾〔顧〕问 gùwèn, 参议 cānyì

'Rate *f* -n 1) 分期付款的款项 fēnqī fùkuǎn de kuǎnxiàn; auf ~n kaufen 分期付款购买; 2) 比率 bǐlǜ; 3) (货物)运〔運〕费 yùnfèi

'raten* I *vi* 建议〔議〕jiànyì, 劝〔勸〕告 quàngào, 出主意 chū zhǔyì; II *vt* 劝告 quàngào, 建议 jiànyì

'Ratenzahlung *f* 1) 分期付款 fēnqī fùkuǎn; 2) 付一期款 fù yīqīkuǎn

'Rat|geber *m* -s; - 1) 建议〔議〕者 jiànyìzhě, 劝〔勸〕告者 quàngàozhě; 顾〔顧〕问 gùwèn; 2) 入门〔門〕rùmén, 指导〔導〕zhǐdǎo **~haus** *n* 市政厅〔廳〕shìzhèngtīng, 市议会〔會〕shìyìhuì, 市政府 shìzhèngfǔ

ratifi'zieren *vt* 批准 pīzhǔn, 通过〔過〕tōngguò

Rati'on *f* -en (食物等)定量 dìngliàng, 配给量 pèijǐliàng

ratio'nell *adj* 合理的 hélǐde, 有效的 yǒuxiàode; 经〔經〕济〔濟〕的 jīngjìde, 节〔節〕省的 jiéshěngde

ratio'nieren *vt* 按定量分配(或供给) àn dìngliàng fēnpèi

'rat|los *adj* 不知所措的 bù zhī suǒ cuò de, 无〔無〕计可施的 wújì kěshī de, 迷惘的 míwǎngde **~sam** *adj* 值得推荐〔薦〕的 zhíde tuījiàn de, 有益的 yǒuyìde, 可取的 kěqǔde

'Ratschlag *m* 建议〔議〕jiànyì, 主意 zhǔyì, 劝〔勸〕告 quàngào

'Rätsel *n* -s;- 1) 谜语 míyǔ; 2) 谜

团〔團〕 mítuán, 秘密 mìmì

'rätselhaft *adj* 神秘的 shénmìde, 莫名其妙的 mò míng qí miào de

'Ratte *f* -n 老鼠 lǎoshǔ

'rattern *vi* 发〔發〕出丁当〔當〕、啪啪、咔嗒咔嗒声〔聲〕 fāchū dīngdāng、pāpā、kādā kādā shēng

Raub *m* -(e)s; 1) 抢〔搶〕劫 qiǎngjié, 掠夺〔奪〕 lüèduó; 2) 拐骗 guǎipiàn; 3) 赃〔臟〕物 zāngwù, 抢来〔來〕物 qiǎngláiwù; 掠夺品 lüèduópǐn '**~bau** *m* -(e)s; 1) ~ treiben 滥〔濫〕伐 lànfá, 滥采〔採〕 làncǎi; 2) ~ treiben mit 滥用… lànyòng …, 过〔過〕分损耗… guòfèn sǔnhào …

'rauben *vt* 1) 抢〔搶〕劫 qiǎngjié, 掠夺〔奪〕 lüèduó; 拐走 guǎizǒu; j-m etw. ~ 抢走某人某物; 2) 剥夺 bōduó, 夺去 duóqù

'Räuber *m* -s; - 1) 强盗 qiángdào, 匪徒 fěitú; 2) 拐骗者 guǎipiànzhě **~bande** *f* 匪帮〔幫〕 fěibāng, (一帮)强盗 qiángdào

'räuberisch *adj* 掠夺〔奪〕的 lüèduóde, 好抢〔搶〕劫的 hào qiǎngjié de, 强盗般的 qiángdàobānde

'Raub|fisch *m* 肉食鱼〔魚〕 ròushíyú **~gier** *f* 抢〔搶〕劫欲〔慾〕 qiǎngjiéyù; (动物的)捕食欲 bǔshíyù

'raubgierig *adj* 抢〔搶〕劫成性的 qiǎngjié chéngxìng de, 掠夺〔奪〕成性的 lüèduó chéngxìng de, 贪婪的 tānlánde

'Raub|mord *m* 谋财害命 móucái hàimìng **~mörder** *m* 谋财害命的凶〔兇〕手 móucái hàimìng de xiōngshǒu **~tier** *n* 猛兽〔獸〕 měngshòu **~überfall** *m* 抢〔搶〕劫 qiǎngjié, 拦〔攔〕路打劫 lánlú dǎjié, 打家劫舍 dǎ jiā jié shè **~vogel** *m* 猛禽 měngqín **~zug** *m* 强盗行径〔徑〕 qiángdào xíngjìng

Rauch *m* -(e)s; 烟〔煙〕 yān, 烟雾〔霧〕 yānwù

'rauchen I *vi* 冒烟〔煙〕 màoyān; 抽烟 chōuyān; II *vt* 抽(烟) chōu, 吸(烟) xī

'Raucher *m* -s; - 1) 抽烟〔煙〕的人 chōuyānde rén; 2) (可)吸烟(的)车〔車〕厢 xīyān chēxiāng

'Räucheraal *m* 熏鳗鱼〔魚〕 xūnmányú

'Raucherabteil *n* (火车上允许)吸烟〔煙〕(的)车〔車〕厢 xīyān chēxiāng

'Räucherhering *m* 冷熏鲱鱼〔魚〕 lěngxūn fēiyú

'räuchern I *vt* 熏 xūn, 熏制〔製〕 xūnzhì; II *vi* 点〔點〕香 diǎnxiāng

'Rauch|fahne *f* (车等后拖的)一道烟〔煙〕 yīdào yān, 一缕〔縷〕烟 yīlǚ yān **~fleisch** *n* 熏肉 xūnròu

'rauchig *adj* 1) 烟〔煙〕雾〔霧〕状〔狀〕的 yānwùzhuàngde, 有烟熏味的 yǒu yānxūnwèi de; 2) 烟雾弥〔瀰〕漫的 yānwù mímàn de

'Rauch|tabak *m* 板烟〔煙〕丝〔絲〕 bǎnyānsī **~verbot** *n* 禁烟 jìnyān **~waren** *pl* 烟草制〔製〕品 yāncǎo zhìpǐn

'Räude *f* -n 疥癣 jièxuǎn, 疥疮〔瘡〕 jièchuāng

'räudig *adj* 1) 患疥疮〔瘡〕的 huàn jièchuāng de; 2) 令人不快的 lìng rén bùkuài de, 使人讨厌〔厭〕的 shǐ rén tǎoyàn de; 3) 部分光秃的 bùfen guāngtū de

'Raufbold *m* -(e)s; -e 好打架的人 hào dǎjià de rén

'raufen I *vt* 拉 lā, 扯 chě, 拔 bá; sich die Haare ~ 懊恼(或激动)地扯自己的头发; II *vi* 打架 dǎjià, 扭打 niǔdǎ

Raufe'rei *f* -en 打架 dǎjià, 殴〔毆〕斗〔鬥〕 ōudòu, 扭打 niǔdǎ

rauh *adj* 1) 粗糙的 cūcāode, 不光滑的 bù guānghuá de; 2) 沙哑〔啞〕的 shāyǎde; 3) (天气)阴〔陰〕冷的 yīnlěngde, 刺骨的 cìgǔde; 4) (食物)生的 shēngde, 未加工的 wèi jiāgōng de; 5) 粗暴的 cūbàode, 生硬的 shēngyìngde; 6) in ~en Mengen 大量地 dàliàngde, 极〔極〕多的 jíduōde

'Rauhreif *m* -(e)s; 白霜 báishuāng

Raum *m* -(e)s; ¨e 1) 房间 fángjiān, 室 shì; 2) 地区〔區〕 dìqū, 区域 qūyù; 3) 地方 dìfang; 场〔場〕地 chǎngdì; 4) 宇宙 yǔzhòu, 空间 kōngjiān; 5) (活动的)范〔範〕围〔圍〕fànwéi, 领域 lǐngyù **~anzug** *n* 宇宙服 yǔzhòufú

'räumen *vt* 1) 腾空 téngkōng, 腾出 téngchū; 2) 移开〔開〕 yíkāi, 搬走 bānzǒu; 撤离〔離〕 chèlí, 迁〔遷〕出 qiānchū; 3) 清理 qīnglǐ, 清除 qīngchú

'Raum|fahrt *f* 宇宙航行 yǔzhòu hángxíng **~flug** *m* 宇宙飞〔飛〕行 yǔzhòu fēixíng **~inhalt** *m* 1) 容积〔積〕 róngjī, 体〔體〕积 tǐjī; 2) 容量 róngliàng **~kaspel** *f* 宇宙(密封)舱〔艙〕 yǔzhòucāng

'räumlich *adj* 1) 空间的 kōngjiānde, 房间的 fángjiānde; 2) 立体〔體〕的 lìtǐde

'Raum|meter *n, m* 立方米 lìfāngmǐ **~schiff** *n* 宇宙飞〔飛〕船 yǔzhòu fēichuán **~sonde** *f* 宇宙探测器 yǔzhòu tàncèqì **~station** *f* 空间站 kōngjiānzhàn

'Räumung *f* -en 1) 出清 chūqīng,

出空 chūkōng; 迁〔遷〕出 qiānchū, 撤出 chèchū; 2) 打扫〔掃〕 dǎsǎo, 清理 qīnglǐ, 清除 qīngchú **~sverkauf** *m* 清仓〔倉〕大甩卖〔賣〕 qīngcāng dà shuǎimài

'raunen *vi, vt* 1) 低声〔聲〕地说 dīshēngde shuō, 喃喃地说 nánnánde shuō; 2) 窃〔竊〕窃私语 qièqiè sīyǔ, 背后〔後〕议〔議〕论〔論〕 bèihòu yìlùn; 3) 发〔發〕出飒〔颯〕飒声 fāchū sàsà shēng, 发出潺潺声 fāchū chánchán shēng

'Raupe *f* -n 1) 毛虫〔蟲〕 máochóng; 蠋 zhú; 2) 履带〔帶〕 lǚdài **~nschlepper** *m* 履带式拖拉机〔機〕 lǚdàishì tuōlājī

raus *int* 1) 出来〔來〕 chūlái; 2) 出去 chūqù, 走(滚)开〔開〕 zǒukāi

Rausch *m* -es; ⸗e 1) 醉 zuì, 醉意 zuìyì; einen ~ haben 喝醉了; 2) 陶醉 táozuì, 心醉神迷 xīnzuì shénmí

'rauschen *vi* 1) (*h*) 发〔發〕出沙沙、潺潺、窸窣声〔聲〕 fāchū shāshā、chánchán、xīsū shēng; 2) (*s*) 疾走 jízǒu; (水等)哗〔嘩〕哗、沙沙地急流 huāhuā、shāshā de jíliú, 快速向前移动〔動〕 kuàisù xiàngqián yídòng

'Rauschgift *n* 麻醉品 mázuìpǐn

'räuspern *v sich* 清嗓子 qīng sǎngzi, 轻〔輕〕咳 qīngké

'Razzia *f* ..zien 大搜捕 dà sōubǔ

rea'gieren *vi* 反应〔應〕 fǎnyìng, 对〔對〕…作出反应 duì … zuòchū fǎnyìng (auf *A*)

Reakti'on *f* -en 1) 反应〔應〕 fǎnyìng, 反作用 fǎnzuòyòng; 2) 反动〔動〕 fǎndòng, 反动势〔勢〕力 fǎndòng shìlì

reaktio'när *adj* 反动〔動〕的 fǎndòngde

Reaktio'när *m* -s; -e 反动〔動〕分子 fǎndòng fènzi, 反动派 fǎndòngpài

Re'aktor *m* -s; -en 1) 核反应〔應〕堆 héfǎnyìngduī; 2) 反应器 fǎnyìngqì

re'al *adj* 1) 物质〔質〕的 wùzhìde, 实〔實〕体〔體〕的 shítǐde; 2) 现实的 xiànshíde, 真实的 zhēnshíde, 实际〔際〕的 shíjìde

reali'sieren *vt* 1) 使实〔實〕现 shǐ shíxiàn; 2) 使变〔變〕成现金 shǐ biànchéng xiànjīn; 3) 意识〔識〕到 yìshídào, 认〔認〕识到 rènshídào

Rea'lismus *m* 现实〔實〕主义〔義〕 xiànshí zhǔyì

rea'listisch *adj* 1) 现实〔實〕主义〔義〕的 xiànshí zhǔyì de; 2) 真实的 zhēnshíde, 切合实际〔際〕的 qièhé shíjì de

Reali'tät *f* -en 现实〔實〕性 xiànshíxìng, 真实性 zhēnshíxìng; 事实 shìshí

Re'alschule *f* (理科)中学〔學〕 zhōngxué

'Rebe *f* -n 葡萄藤 pútáoténg, 葡萄树〔樹〕 pútáoshù

Re'bell *m* -en; -en 造反者 zàofǎnzhě, 叛逆者 pànnìzhě

rebel'lieren *vi* 造反 zàofǎn, 叛逆 pànnì

re'bellisch *adj* 叛逆的 pànnìde, 造反的 zàofǎnde

'Reb|huhn *n* 山鹑 shānchún **~stock** *m* 葡萄 pútáo

'Rechen *m* -s; - 1) 耙子 pázi; 2) (阻止污物流出的)格栅 géshān, 篦子 bìzi

'Rechen|aufgabe *f* 算术〔術〕作业〔業〕 suànshù zuòyè **~fehler** *m* 计算错误 jìsuàn cuòwù **~maschine** *f* 计算机〔機〕 jìsuànjī **~schaft** *f* ~ ablegen 作解释〔釋〕 zuò jiěshì, 说明 shuōmíng; j-n zur ~ ziehen 追究…的责任 zhuījiū … de zérèn **~schieber** *m* 计算尺 jìsuànchǐ

'rechnen I *vi* 1) 计算 jìsuàn; 2) 精打细算 jīngdǎ xìsuàn, 节〔節〕省 jiéshěng; 3) 估计 gūjì, 考虑〔慮〕到 kǎolǜdào; 4) 指望 zhǐwàng, 信赖 xìnlài; 5) 属〔屬〕于〔於〕… shǔyú …; II *vt* 1) 算 suàn, 计算 jìsuàn; 2) ~ zu 算作 … suànzuò …, 看作… kànzuò …

'rechnerisch *adj* 计算上的 jìsuànshàngde

'Rechnung *f* -en 1) 算题 suàntí; 计算 jìsuàn; 2) 帐〔帳〕目 zhàngmù, 帐单〔單〕 zhàngdān; auf ~ kaufen 赊购〔購〕 shēgòu; ~ legen 报帐; es geht auf meine ~ 这算在我的帐上(我付钱); 3) 结算 jiésuàn, 清算 qīngsuàn; 4) 打算 dǎsuàn; 估计 gūjì; 5) einer Sache ~ tragen 考虑〔慮〕… kǎolǜ … **~sprüfer** *m* 审〔審〕计员 shěnjìyuán

recht I *adj* 1) 右的 yòude, 右边〔邊〕的 yòubiānde; 2) 右派的 yòupàide, 右翼的 yòuyìde; 保守的 bǎoshǒude; 3) 真正的 zhēnzhèngde, 十足的 shízúde; ein ~er Narr 一个十足的笨蛋; 4)正确〔確〕的 zhèngquède, 适〔適〕当〔當〕的 shìdàngde, 对〔對〕 duì, 有理 yǒulǐ; zur ~en Zeit 正是时候,在适当的时候; ~ haben 说(或做)得对,有理; j-m ~ geben 同意某人的意见〔見〕 tóngyì mǒurénde yìjiàn; mir ist es ~ 我同意; II *adv* 很 hěn, 相当 xiāngdāng; ganz ~! 很对! es geschieht ihm ~ 他活该如此; ~ gern 很乐意; ~ gut 很好; ich weiß nicht ~ 我不太清楚

Recht *n* -(e)s; -e 1) 法 fǎ, 法律 fǎlǜ; ~ sprechen 执法,审判; 2) 权〔權〕quán, 权力 quánlì; 3) 正确〔確〕zhèngquè, 合理 hélǐ; mit ~ 有理由,有权

'Rechte *f* -n; -n 1) 右边〔邊〕yòubiān, 右手 yòushǒu; 2)(拳击)右手一拳 yǒushǒu yīquán; 3) 右派 yòupài, 保守党〔黨〕派 bǎoshǒu dǎngpài

'Rechteck *n* -(e)s; -e 矩形 jǔxíng, 长〔長〕方形 chángfāngxíng

'rechteckig *adj* 矩形的 jǔxíngde, 长〔長〕方形的 chángfāngxíngde

'rechtfertigen *vt* 1) 辩解 biànjiě, 表明…是正确〔確〕的 biǎomíng … shì zhèngquède; 2) 不辜负 bùgūfù

'Rechtfertigung *f* -en 辩解 biànjiě, 辩护〔護〕biànhù

'recht|gläubig *adj* 正统的 zhèngtǒngde, 信东〔東〕正教的 xìn dōngzhèngjiào de **~haberisch** *adj* 自以为〔爲〕是的 zìyǐwéishìde, 固执〔執〕己见〔見〕的 gùzhí jǐjiàn de **~lich** *adj* 1) 法的 fǎde, 法律(上)的 fǎlǜde; 合法的 héfǎde; 2) 正直的 zhèngzhíde, 诚实〔實〕的 chéngshíde **~los** *adj* 没有权〔權〕利的 méiyǒu quánlì de, 不受法律保护〔護〕的 bùshòu fǎlǜ bǎohù de; 无〔無〕法无天的 wú fǎ wú tiān de **~mäßig** *adj* 依法的 yīfǎde, 合法的 héfǎde

rechts *adv* 1) 在右边〔邊〕zài yòubiān, 向右边 xiàng yòubian; 2)右翼 yòuyì, 保守 bǎoshǒu

'Rechts|anspruch *m* 合法要求 héfǎ yāoqiú **~anwalt** *m* 律师〔師〕lǜshī **~außen** *m* (足球)右边〔邊〕锋 yòubiānfēng **~beistand** *m* 律师 lǜshī, 诉讼代理人 sùsòng dàilǐrén

'rechtschaffen I *adj* 1) 正直的 zhèngzhíde, 诚实〔實〕的 chéngshíde; 2) 十分的 shífēnde, 厉〔厲〕害的 lìhàide; II *adv* 很 hěn, 非常 fēicháng

'Rechtschreibung *f* -en 正字法 zhèngzìfǎ

'Rechts|fall *m* 诉讼案件 sùsòng ànjiàn **~frage** *f* 法律问题 fǎlǜ wèntí **~gelehrte** *m* 法学〔學〕家 fǎxuéjiā

'rechts|gültig, **~kräftig** *adj* 法律上有效的 fǎlǜ shàng yǒuxiào de

'Rechts|kurve *f* 右转〔轉〕弯〔彎〕yòuzhuǎnwān **~lage** *f* 合法地位 hé fǎ dìwèi **~pflege** *f* 司法 sīfǎ

'Rechtsprechung *f* -en 判决 pànjué, 裁判(权) cáipàn

'Rechts|schutz *m* 法律保护〔護〕fǎlǜ bǎohù **~weg** *m* den ~ beschreiten (依据法律手续)进〔進〕行诉讼 jìnxíng sùsòng, 起诉 qǐsù; unter Anschluß des ~es 不经〔經〕过〔過〕法律途径〔徑〕的 bù jīngguò fǎlǜ tújìn de

'rechtswidrig *adj* 违〔違〕法的 wéifǎde, 犯法的 fànfǎde

'Rechtswissenschaft *f* 法学〔學〕fǎxué

'recht|wink(e)lig *adj* 直角的 zhíjiǎode **~zeitig** *adj* 及时〔時〕的 jíshíde, 准〔準〕时的 zhǔnshíde

Reck *n* -(e)s; -e 单〔單〕杠〔槓〕dāngàng

'recken *vt* 1) 伸直 shēnzhí, 伸长〔長〕shēncháng; 2) sich ~ 伸展四肢 shēnzhǎn sìzhī

Redakteur [..'tør] *m* -s; -e 编辑 biānjí

Redakti'on *f* -en 1) 编辑 biānjí; 编辑部 biānjíbù; 3) 编辑人员 biānjírényuán

'Rede *f* -n 1) 演说 yǎnshuō, 讲〔講〕演 jiǎngyǎn; eine ~ halten 讲话 jiǎnghuà; 2) 说话 shuōhuà, 言论〔論〕yánlùn; davon kann keine ~ sein 这根本不可能(谈不上); es ist nicht der ~ wert 这根本不值一谈; 3) (语法)引语 yǐnyǔ, 言语 yányǔ; direkte (indirekte) ~ 直接(间接)引语; 4) j-n zur ~ stellen 质〔質〕问… zhìwèn …

'redegewandt *adj* 能言善辩的 néng yán shàn biàn de, 有口才的 yǒukǒucáide

'Redekunst *f* 雄辩术〔術〕xióngbiànshù, 演说术 yǎnshuōshù

'reden I *vt* 讲〔講〕jiǎng, 说 shuō; II *vi* 1) 说话 shuōhuà, 讲演 jiǎngyǎn; sie läßt nicht mit sich ~ 她这个人不好说话(商量); 2) 交谈 jiāotán, 谈论〔論〕tánlùn

'Redensart *f* 1) 习〔習〕语 xíyǔ, 惯用语 guànyòngyǔ; 2) 空话 kōnghuà, 客套话 kètàohuà

redi'gieren *vt* 编辑 biānjí, 编审〔審〕biānshěn; 校订 jiàodìng

'redlich I *adj* 1) 正直的 zhèngzhíde, 诚实〔實〕可靠的 chéngshí kěkào de; 2) 很大的 hěndàde, 很多的 hěnduōde; II *adv* sich ~ bemüben 非常努力 fēicháng nǔlì

'Redner *m* -s; - 演讲〔講〕者 yǎnjiǎngzhě, 演说家 yǎnshuōjiā **~pult** *n* 讲桌 jiǎngzhuō, 讲台〔臺〕jiǎngtái

'redselig *adj* 健谈的 jiàntánde, 多嘴的 duōzuǐde, 罗〔囉〕嗦的 luōsuode
redu'zieren *vt* 减少 jiǎnshǎo, 缩小 suōxiǎo, 降低 jiàngdī
'Reede *f* -n (船舶)停泊场〔場〕tíngpóchǎng, 泊地 pódì **~r** *m* -s; - (海运)船主 chuánzhǔ, 海运〔運〕企业〔業〕家 hǎiyùn qǐyèjiā
Reede'rei *f* -en 海运〔運〕公司 hǎiyùn gōngsī, 轮〔輪〕船公司 lúnchuán gōngsī
re'ell I *adj* 1) 正直的 zhèngzhíde, 诚实〔實〕可靠的 chéngshí kěkào de; 2) 真实的 zhēnshíde, 实在的 shízàide; 3) 令人满〔滿〕意的 lìngrén mǎnyì de, 实惠的 shíhuìde; II *adv* ~ bedient werden 服务〔務〕周到 fúwù zhōudào, 钱〔錢〕化得值 qián huāde zhí
Refe'rat *n* -(e); -e 1) (专题)报〔報〕告 bàogào; ein ~ halten 作(专题)报告; 2) (书刊、文章等)评论〔論〕pínglùn; 3) 业〔業〕务〔務〕部门〔門〕yèwù bùmén
Referen'dar *m* -s; -e 1) 见〔見〕习〔習〕律师〔師〕jiànxí lǜshī; 2) 见习教师 jiànxí jiàoshī
Refe'rent *m* -en; -en 1) (专题)报〔報〕告人 bàogàorén; 2) (部门)负责人 fùzérén
Refe'renz *f* -en 1) 推荐〔薦〕tuījiàn, 介绍 jièshào; 2) (关于品行、能力的)证〔證〕明(书) zhèngmíng
refe'rieren *vi* 1) 汇〔匯〕报〔報〕huìbào (über *A*); 2) 作(专题)报告 zuò bàogào
reflek'tieren I *vt* 反射 fǎnshè; II *vi* 1) 考虑〔慮〕kǎolǜ, 思考 sīkǎo (über *A*); 2) ~ auf (*A*) 谋求… móuqiú …, 追求… zhuīqiú
Re'flex *m* -es; -e 1) 反射 fǎnshè; 2) 反映 fǎnyìng
refle'xiv *adj* (语法)反身的 fǎnshēnde
Re'form *f* -en 改革 gǎigé, 革新 géxīn, 改良 gǎiliáng **~er** *m* -s; - 改革者 gǎigézhě, 革新者 géxīnzhě, 改良者 gǎiliángzhě
refor'mieren *vt* 改革 gǎigé, 改造 gǎizào; 革新 géxīn, 改良 gǎiliáng
Re'frain *m* -s; -s (诗、歌的)叠句 diéjù; 重唱句 chóngchàngjù, 副歌 fùgē
Re'gal *n* -s; -e 架子 jiàzi, 书〔書〕架 shūjià
'rege *adj* 活跃〔躍〕的 huóyuède, 生气〔氣〕勃勃的 shēngqì bóbó de; 热〔熱〕闹的 rènaode, 繁忙的 fánmángde
'Regel *f* -n 1) 规则 guīzé, 准〔準〕则 zhǔnzé; 2) 习〔習〕惯 xíguàn, 常规 chángguī; in der ~ 通常 tōngcháng, 一般 yībān; 3) 月经〔經〕yuèjīng
'regel|los *adj* 无〔無〕规则的 wú guīzé de, 无规律的 wú guīlǜ de **~mäßig** *adj* 有规律的 yǒu guīlǜ de, 定期的 dìngqīde, 经〔經〕常的 jīngchángde **~n** *vt* 调整 tiáozhěng, 整顿 zhěngdùn, 处〔處〕理 chǔlǐ **~recht** *adj* 正规的 zhèngguīde, 正常的 zhèngchángde; 真正的 zhēnzhèngde, 完全的 wánquánde
'Regelung *f* -en 1) 整顿 zhěngdùn, 处〔處〕理 chǔlǐ, 调整, tiáozhěng; 2) 规定 guīdìng, 规章 guīzhāng
'regelwidrig *adj* 违〔違〕犯规则的 wéifàn guīzé de, 犯规的 fànguīde
'regen *vt, v sich* 1) 移动〔動〕yídòng, 活动 huódòng; 2) 激起 jīqǐ, 产〔產〕生 chǎnshēng
'Regen *m* -s; - 雨 yǔ; vom ~ in die Traufe kommen 避坑落井 bì kēng luò jǐng, 越来〔來〕越倒霉 yuè lái yuè dǎoméi
'regenarm *adj* 缺雨的 quēyǔde
'Regenbogen *m* 虹 hóng **~haut** *f* 虹膜 hóngmó
'regendicht *adj* 防雨的 fángyǔde, 不透雨的 bùtòuyǔde
'Regen|guß *n* 倾盆大雨 qīngpén dàyǔ **~mantel** *m* 雨衣 yǔyī **~schauer** *m* 阵雨 zhènyǔ, 骤雨 zhòuyǔ **~schirm** *m* 雨伞〔傘〕yǔsǎn **~tag** *m* 雨天 yǔtiān **~tropfen** *m* 雨点〔點〕yǔdiǎn **~wasser** *n* 雨水 yǔshuǐ **~wetter** *m* 下雨的天气〔氣〕xiàyǔde tiānqì **~wurm** *m* 蚯蚓 qiūyǐn **~zeit** *f* 雨季 yǔjì
Re'gie [..ʒiː] *f* -n 1) 经〔經〕营〔營〕jīngyíng, 管理 guǎnlǐ; 2) 导〔導〕演 dǎoyǎn; unter der ~ von 由…导演
re'gieren I *vi* 统治 tǒngzhì; II *vt* 1) 统治 tǒngzhì, 管理 guǎnlǐ; 2) (语法)支配 zhīpèi
Re'gierung *f* -en 1) 统治 tǒngzhì, 管理 guǎnlǐ; 2) 政府 zhèngfǔ
Re'gierungs|bezirk *m* 行政专〔專〕区〔區〕xíngzhèng zhuānqū **~sprecher** *m* 政府发〔發〕言人 zhèngfǔ fāyánrén
Regi'ment *n* I -(e)s; -e 统治 tǒngzhì, 治理 zhìlǐ; II -(e)s; -er (军队的)团〔團〕tuán
Regisseur [..'søːr] *m* -s; -e 导〔導〕演 dǎoyǎn
Re'gister *n* -s; - 1) 目录〔録〕mùlù, 索引 suǒyǐn; 2) 登记簿 dēng-

jìbù, 注册簿 zhùcèbù; 3)（风琴的）音栓 yīnshuān

regi'strieren *vt* 1) 登记 dēngjì, 注册 zhùcè; 2) 觉〔覺〕察 juéchá, 注意到 zhùyìdào

Regi'strierkasse *f* 现金收入记录〔錄〕机〔機〕 xiànjīn shōurù jìlùjī, 现金出纳机 xiànjīn chūnàjī

'reglos *adj* 不动〔動〕的 bùdòngde

'regne|n *vi* 下雨 xiàyǔ; es regnet in Strömen 大雨如注 **~risch** *adj* 下雨的 xiàyǔde, 象下雨的 xiàng xiàyǔ de, 多雨的 duōyǔde

Re'greß *m* ..sses; ..sse 赔偿〔償〕péicháng, 补〔補〕偿 bǔcháng

re'greßpflichtig *adj* 有偿〔償〕还〔還〕义〔義〕务〔務〕的 yǒu chánghuán yìwù de

regu'lär *adj* 正规的 zhèngguīde, 正式的 zhèngshìde; 正常的 zhèngchángde

regu'lier|bar *adj* 可调整的 kětiáozhěngde, 可校准〔準〕的 kějiàozhǔnde **~en** *vt* 调整 tiáozhěng, 校准 jiàozhǔn; 整治 zhěngzhì

'Regung *f* -en 1) 活动〔動〕 huódòng, 行动 xíngdòng; 2)（感情）冲〔衝〕动 chōngdòng, 激动 jīdòng

'regungslos *adj* 静止不动〔動〕的 jìngzhǐ bùdòng de

Reh *n* -(e)s; -e 狍〔麅〕子 páozi

rehabili'tieren *vt* 恢复〔復〕…的名誉〔譽〕 huīfù … de míngyù, 给…平反 gěi … píngfǎn

'Rehbock *m* 牡狍〔麅〕 mǔpáo

'reh|braun, ~farben *adj* 淡褐色的 dàn hèsè de

'Reh|kalb *n*, **~kitz** *n* -es; -e 小狍〔麅〕 xiǎopáo

'Reib|e *f* -n, **~eisen** *n* 礤床儿〔兒〕 cǎchuángr

'reiben* I *vi* 蹭 cèng, 擦 cā; II *vt* 1) 摩擦 mócā; wund ~ 擦伤; 2) 擦碎 cāsuì, 磨碎 mósuì

Reibe'rei *f* -en 摩擦 mócā, 口角 kǒujué

'Reibung *f* -en 1) 摩擦 mócā; 2) 摩擦力 mócālì; 3) 争执〔執〕 zhēngzhì, 冲〔衝〕突 chōngtū

'reibungslos *adj* 1) 无〔無〕摩擦的 wú mócā de; 2) 顺利的 shùnlìde

reich *adj* 1) 富的 fùde, 有钱〔錢〕的 yǒuqiánde; 2) 丰〔豐〕富的 fēngfùde, 富饶〔饒〕的 fùráode; 3) 富丽〔麗〕的 fùlìde, 豪华〔華〕的 háohuáde; 4) 丰富多彩的 fēngfù duōcǎi de, 大量的 dàliàngde

Reich *n* -es; -e 1) 帝国〔國〕 dìguó, 王国 wángguó; 2) 领域 lǐngyù, 界 jiè

'reichen I *vt* 递〔遞〕给 dìgěi, 伸给 shēngěi; 端上 duānshàng; j-m etw. ~ 把某物递给某人; sich die Hände ~ 握手 wòshǒu; 联〔聯〕合 liánhé, 合作 hézuò; II *vi* 1) 够 gòu, 足够 zúgòu; das reicht! 够了! 2) 够得着 gòudezháo, 达〔達〕到 dádào, 延伸 yánshēn

'reich|haltig *adj* 丰〔豐〕富的 fēngfùde, 丰盛的 fēngshèngde **~lich** I *adj* 丰富的 fēngfùde, 充裕的 chōngyùde, 足够的 zúgòude; ~e Zeit 时间充裕; II *adv* 很 hěn, 相当〔當〕 xiāngdāng

'Reichtum *m* -s; ⸚er 财富 cáifù, 财产〔產〕 cáichǎn; 丰〔豐〕富 fēngfù

'Reichweite *f* 1) 射程 shèchéng; 2)（视觉等）作用范〔範〕围〔圍〕 zuòyòng fànwéi, 有效范围 yǒuxiào fànwéi; 3) in ~ 在手边〔邊〕 zài shǒu biān

reif *adj* 成熟的 chéngshúde

Reif *m* -(e)s; 霜 shuāng

'Reife *f* 成熟 chéngshú

'reifen *vi* 1) (*s*) 成熟 chéngshú; 2) es hat gereift 降霜了 jiàng shuāng le

'Reifen *m* -s; - 1) 环〔環〕 huán; 戒指 jièzhǐ; 2)（桶等的）箍 gū; 3) 轮〔輪〕胎 lúntāi; ~ wechseln 换轮胎 **~panne** *f* 轮胎故障 lúntāi gùzhàng

'Reife|prüfung *f* 见 Abitur **~zeugnis** *n* 见 Abschlußzeugnis

'reiflich *adj* 成熟的 chéngshúde, 仔细的 zǐxìde

'Reihe *f* -n 1) 行 háng, 排 pái; 2) 串 chuàn, 一系列 yīxìliè; 3) 顺序 shùnxù, 次序 cìxù, der ~ nach 依次; ich bin an der ~ 轮到我了

'Reihen|folge *f* 顺序 shùnxù, 次序 cìxù; alphabetische ~ 字母顺序 **~haus** *n* 行列式住宅 hánglièshì zhùzhái

''reihenweise *adv* 成排地 chéngpáide, 大量地 dàliàngde

'Reiher *m* -s; - 苍〔蒼〕鹭 cānglù

Reim *m* -(e)s; -e 韵〔韻〕 yùn

'reimen I *vi* 押韵〔韻〕 yāyùn; II *vt, v sich* 1) 押韵 yāyùn; 2) 协〔協〕调一致 xiétiáo yīzhì

rein *adj* 1) 纯的 chúnde, 纯净的 chúnjìngde, 纯正的 chúnzhèngde; 2) 清洁〔潔〕的 qīngjiéde, 整洁的 zhěngjiéde; 3) 纯洁的 chúnjiéde, 贞洁的 zhēnjiéde

'Rein|fall *m* 上当〔當〕 shàngdàng **~gewinn** *m* 纯利 chúnlì **~heit** *f* 1) 纯净 chúnjìng, 纯正 chúnzhèng; 2) 清洁〔潔〕 qīngjié; 干〔乾〕净 gānjìng; 3) 纯洁 chúnjié, 贞洁 zhēnjié

'reinigen *vt* 1) 使干〔乾〕净 shǐ gānjìng, 打扫〔掃〕 dǎsǎo; 2) 使纯净 shǐ chúnjìng, 使洁〔潔〕净 shǐ jiéjìng

'Reinigung *f* -en 1) 洗涤〔滌〕 xǐdí, 扫〔掃〕除 sǎochú; chemische ~ 干洗; 2) 洗衣店 xǐyīdiàn **~smittel** *n* 清洁〔潔〕剂〔劑〕 qīngjiéjì, 洗涤剂 xǐdíjì

'rein|lich *adj* 1) 爱〔愛〕干〔乾〕净的 ài gānjìng de; 2) 干净的 gānjìngde, 整洁〔潔〕的 zhěngjiéde; 3) 清楚的 qīngchǔde, 明确〔確〕的 míngquède **~rassig** *adj* 纯种〔種〕的 chúnzhǒngde

'Reinschrift *f* 誊〔謄〕清稿 téngqīnggǎo

Reis *m* -es; -e 稻 dào, 稻米 dàomǐ, 米饭 mǐfàn

'Reise *f* -n 旅行 lǚxíng **~büro** *n* 旅行社 lǚxíngshè **~führer** *m* 1) 旅行指南 lǚxíng zhǐnán; 2) 导〔導〕游者 dǎoyóuzhě **~gesellschaft** *f* 旅游团〔團〕 lǚyóutuán **~leiter** *m* 旅游团领队〔隊〕 lǚyóutuán lǐngduì

'reisen *vi* (*s*) 旅行 lǚxíng; ~ nach 前往… qiánwáng …; ins Ausland ~ 去外国〔國〕(旅行) qù wàiguó

'Reisende *m, f* -n;-n 1) 旅行者 lǚxíngzhě, 旅客 lǚkè; 2) 旅行推销员 lǚxíng tuīxiāoyuán

'Reise|paß *m* 旅行护〔護〕照 lǚxíng hùzhào **~scheck** *m* 旅行支票 lǚxíng zhīpiào **~tasche** *f* 旅行手提包 lǚxíng shǒutíbāo

'Reisig *n* -s; 干〔乾〕树〔樹〕枝 gānshùzhī

'Reißbrett *n* 绘〔繪〕图〔圖〕板 huìtúbǎn

'reißen* I *vt* 1) 拉 lā, 扯 chě; 2) 撕开〔開〕 sīkāi, 撕破 sīpò; 3) etw. an sich ~ 抢〔搶〕夺 … qiǎngduó …; 4) sich ~ 戳破 chuōpò, 划〔劃〕破 huápò; 5) sich um etw. ~ 争 … zhēng …; II *vi* (*s*) 1) 扯 chě, 撕 sī, 拉 lā; mir riß die Geduld 我忍耐不住了; 2) 断〔斷〕 duàn, 中断 zhōngduàn **~d** *adj* 1) 湍急的 chuǎnjíde; 剧〔劇〕烈的 jùliède; 2) 凶〔兇〕猛的 xiōngméngde; 3) 迅速的 xùnsùde; 畅〔暢〕销的 chàngxiāode; ~en Absatz finden 十分畅销

'Reiß|er *m* -s;- 畅〔暢〕销货 chàngxiāohuò, 热〔熱〕门〔門〕货 rèménhuò **~feder** *f* 鸭嘴笔〔筆〕 yāzuǐbǐ **~nagel** *m* 见 Reißzwecke **~verschluß** *m* 拉链 lāliàn **~zwecke** *f* 图〔圖〕钉 túdīng

'Reitbahn *f* 跑马〔馬〕场〔場〕 pǎomǎchǎng

'reiten* I *vi*(*s*) 骑 qí, 骑马〔馬〕 qímǎ; II *vt* 骑 qí, 乘 chéng

'Reiter *m* -s;- 骑马〔馬〕者 qímǎzhě; 骑兵 qíbīng

'Rei|hose *f* 马〔馬〕裤 mǎkù **~peitsche** *f* 马鞭 mǎbiān **~pferd** *n* 坐骑 zuòqí **~stiefel** *m* 马靴 mǎxuē

Reiz *m* -es;-e 1) 刺激 cìjī; 2) 魅力 mèilì, 魔力 mólì; 吸引力 xīyǐnlì

'reiz|bar *adj* 易受刺激的 yìshòu cìjī de, 敏感的 míngǎnde **~en** I *vt* 1) 刺激 cìjī; 2) 激起 jīqǐ, 惹起 rěqǐ; 激怒 jīnù; 3) 引诱 yǐnyòu, 诱惑 yòuhuò; II *vi* (打牌时)叫分 jiàofēn **~end** *adj* 美丽〔麗〕的 měilìde,可爱〔愛〕的 kě'àide, 迷人的 mírénde **~los** *adj* 不吸引人的 bù xīyǐn rén de, 乏味的 fáwèide

'Reiz|mittel *n* 刺激物 cìjīwù, 兴〔興〕奋〔奮〕药〔藥〕 xìngfènyào **~ung** *f* -en 1) 刺激 cìjī; 2) 发〔發〕炎 fāyán; 3) 魅力 mèilì

'reizvoll *adj* 迷人的 mírénde, 富有吸引力的 fùyǒu xīyǐnlì de

'rekeln *v sich* 伸懒腰 shēn lǎnyāo, 舒展四肢 shūzhǎn sìzhī

Reklamati'on *f* -en 1) 抱怨 bàoyuàn, 指责 zhǐzé; 2) 索赔 suǒpéi

Re'klame *f* -n 广〔廣〕告 guǎnggào, 宣传〔傳〕 xuánchǎn; ~ machen 做广告; ~ machen für etw. 为…做广告,宣传…

rekla'mieren I *vt* 索赔 suǒpéi; II *vi* 抱怨 bàoyuàn, 叫屈 jiàoqū

Rekonvales'zen|t *m* -en;-en 康复〔復〕期的病人 kāngfùqīde bìngrén **~z** *f* 康复期 kāngfùqī, 恢复期 huīfùqī

Re'kord *m* -(e)s;-e (最高)记录〔錄〕 jìlù, 最佳成绩 zuìjiā chéngjì

Re'krut *m* -en;-en 1) 新兵 xīnbīng; 2) 新手 xīnshǒu

rekru'tieren *vt* 招募(新兵) zhāomù, 征兵 zhēngbīng

'Rektor *m* -s;-en 1) 校长〔長〕 xiàozhǎng; 2) 修道院院长 xiūdàoyuàn yuànzhǎng

rela'tiv *adj* 1) 比较的 bǐjiàode; 相对〔對〕的 xiāngduìde; 2) 有关〔關〕系〔係〕的 yǒu guānxì de

Reli'ef *n* -s; -s(-e) 1) 浮雕 fúdiāo; 2) (地势的)起伏 qǐfú, 地形 dìxíng

Religi'on *f* -en 宗教 zōngjiào

religi'ös *adj* 宗教的 zōngjiàode

'Reling *f* -s;-e (船)舷栏〔欄〕杆〔桿〕 xiánlángān

Re'liquie *f* -n 圣〔聖〕骨 shènggǔ;

圣遗物 shèngyíwù

'Renn|bahn *f* 赛马〔馬〕场〔場〕sàimǎchǎng; 赛车〔車〕场 sàichēchǎng, 跑道 pǎodào **~boot** *n* 赛艇 sàitǐng

'rennen* I *vi(s)* 1) 奔跑 bēnpǎo; 2) 赛跑 sàipǎo, 赛车〔車〕、马〔馬〕sàichē、mǎ; II *vt* j-n zu Boden ~ 将〔將〕…撞倒在地 jiāng … zhuàngdǎo zài dì

'Rennen *n* -s;- 赛跑 sàipǎo, 赛车〔車〕sàichē, 赛马〔車〕sàimǎ

'Renn|fahrer *m* 赛车〔車〕运〔運〕动员 sàichē yùndòngyuán **~pferd** *n* 赛马 sàimǎ **~rad** *n* 比赛用自行车 bǐsàiyòng zìxíngchē **~sport** *m* 比赛速度的运动 bǐsài sùdùde yùndòng **~stall** *m* 赛马的马厩 sàimǎde mǎjiù **~strecke** *f* 跑程 pǎochéng, 赛程 sàichéng **~wagen** *m* (比)赛(的)车 sàichē

renom'miert *adj* 有名气〔氣〕的 yǒumíngqìde, 享有盛誉〔譽〕的 xiǎngyǒu shèngyù de

reno'vieren *vt* 整修 zhěngxiū, 修缮 xiūshàn

ren'tabel *adj* 有利可图〔圖〕的 yǒulìkětúde, 得益的 déyìde

'Rente *f* -n 1) 养〔養〕老金 yǎnglǎojīn; 年金 niánjīn; 抚〔撫〕恤金 fǔxùjīn; 2) 息金 xījīn, 租金 zūjīn **~nempfänger** *m* 见 Renntner

'Rentier *n* 驯鹿 xúnlù

ren'tieren *v sich* 1) 有利可图〔圖〕yǒulìkětú, 能获〔獲〕利 néng huòlì; 2) 值得 zhíde

'Rentner *m* -s;- 领养〔養〕老金者 lǐng yǎnglǎojīn zhě, 领抚〔撫〕恤金者 lǐng fǔxùjīn zhě

Repara'tur *f* -en 修理 xiūlǐ, 修复〔復〕xiūfù **~werkstall** *f* 修理工场〔場〕(车间) xiūlǐ gōngchǎng

repa'rieren *vt* 修理 xiūlǐ, 修复〔復〕xiūfù

Reportage [--'taːʒə] *f* -n 1) 报〔報〕告文学〔學〕bàogào wénxué; 2) 新闻报道 xīnwén bàodào

Re'porter *m* -s;- 记者 jìzhě, 通讯员 tōngxùnyuán

repräsen'tieren I *vt* 1) 代表 dàibiǎo; 体〔體〕现 tǐxiàn; 2) 价〔價〕值 jiàzhí; II *vi* 应〔應〕酬 yìngchou, 交际〔際〕jiāojì

Repres'salie *f* -n 镇压〔壓〕zhènyā, 报〔報〕复〔復〕措施 bàofù cuòshī

reprodu'zieren *vt* 复〔複〕制〔製〕fùzhì, 翻印 fānyìn

Rep'til *n* -s;-ien (-e) 爬行动〔動〕物 páxíng dòngwù

Repu'blik *f* -en 共和国〔國〕gònghéguó; 共和政体〔體〕gònghé zhèngtǐ

Republi'kaner *m* -s;- 1) 拥〔擁〕护〔護〕共和政体〔體〕者 yōnghù gònghé zhèngtǐ zhě; 2) 共和党〔黨〕人 gònghédǎng rén

republi'kanisch *adj* 共和国〔國〕的 gònghéguóde, 共和政体〔體〕的 gònghé zhèngtǐ de

Re'serve *f* -n 1) 储备〔備〕chǔbèi, 保存 bǎocún; 2) 后〔後〕备军 hòubèijūn; 预备队〔隊〕员 yùbèi duìyuán; 3) 谨慎 jǐnshèn; 缄默 jiānmò **~rad** *n* 备用车〔車〕轮〔輪〕bèiyòng chēlún

reser'vier|en *vt* 1) 储备〔備〕chǔbèi, 保存 bǎocún; 2) 预定 yùdìng, 保留 bǎoliú; etw. ~ lassen 预定… **~t** *adj* 保留的 bǎoliúde; 缄默的 jiānmòde, 谨慎的 jǐnshènde

Resi'denz *f* -en 1) 官邸 guāndǐ; 2) 国〔國〕都 guódū, 首都 shǒudū

resig'nieren *vi* 放弃〔棄〕fàngqì; 顺从〔從〕shùncóng, 听〔聽〕天由命 tīng tián yóu mìng

Re'spekt *m* -(e)s; 尊敬 zūnjìng, 敬重 jìngzhòng

respek'tieren *vt* 尊敬 zūnjìng, 敬重 jìngzhòng

re'spkt|los *adj* 失敬的 shījìngde, 无〔無〕礼〔禮〕wúlǐde **~voll** *adj* 尊敬的 zūnjìngde, 必恭必敬的 bì gōng bì jìng de

Res'sort *n* -s;-s 职〔職〕权〔權〕范〔範〕围〔圍〕zhíquán fànwéi, 管辖范围 guǎnxiá fànwéi

Rest *m* -es;-e(-er) 1) 剩余〔餘〕shèngyú, 残〔殘〕余 cányú; 2) 余数〔數〕yúshù; 3) 零头〔頭〕布 língtóubù; 4) j-m den ~ geben 给…以致命打击〔擊〕gěi … yǐ zhìmìng dǎjī, 使…陷入绝境 shǐ … xiànrù juéjìng

Restaurant [rɛsto'rãː] *n* -s;-s 饭店 fàndiàn, 饭馆 fànguǎn

'Restbetrag *m* 余〔餘〕数〔數〕yúshù, 余额 yú'è

'rest|lich *adj* 剩下的 shèngxiàde, 多余〔餘〕的 duōyúde **~los** *adj* 彻〔徹〕底的 chèdǐde, 完完全全的 wánwán quánquán de

'Restzahlung *f* 支付余〔餘〕额 zhīfù yú'è

Resul'tat *n* -(e)s;-e 结果 jiéguǒ, 成果 chéngguǒ; 2) (体育比赛)得分 défēn

'retten *vt* 救 jiù, 解救 jiějiù, 拯救 zhěngjiù

'Rettich *m* -s;-e 萝〔蘿〕卜〔蔔〕luóbo

'Rettung *f* -en 1) 解救 jiějiù, 救护〔護〕jiùhù; 2) 救护站 jiùhù-

zhàn, 救护车〔車〕 jiùhùchē
'Rettungs|boot *n* 救生艇 jiùshēngtǐng **~gürtel** *m* 救生带〔帶〕 jiùshēngdài, 救生衣 jiùshēngyī **~mannschaft** *f* 救护〔護〕队〔隊〕 jiùhùduì **~ring** *m* 救生圈 jiùshēngquān
'Reue *f* 后〔後〕悔 hòuhuǐ, 悔恨 huǐhèn
'reuen *vt* 使后〔後〕悔 shǐ hòuhuǐ, 使懊悔 shǐ àohuǐ
'reuevoll *adj* 后〔後〕悔的 hòuhuǐde, 悔悟的 huǐwùde
'reu(müt)ig *adj* 后悔的 hòuhuǐde, 悔恨的 huǐhènde, 悔过〔過〕的 huǐguòde
Revanche [re'vɑ̃:ʃ(ə)] *f* -n 报〔報〕仇 bàochóu, 报复〔復〕 bàofù
revan'chieren *v sich* 1) 报〔報〕仇 bàochóu, 报复〔復〕 bàofù; 2) 报答 bàodá, 酬谢 chóuxiè
Re'vers I *n, m* 翻领 fānlǐng; II *m* -es;-e 保证〔證〕书〔書〕 bǎozhèngshū
revi'dieren *vt* 1) 审〔審〕查 shěnchá, 审核 shěnhé; 2) 修正 xiūzhèng, 修订 xiūdìng
Re'vier *n* -s;-e 1) 区〔區〕 qū, 地区 dìqū; 2) 矿〔礦〕区 kuàngqū; 3) 林区 línqū, 猎〔獵〕区 lièqū; 4) 派出所 pàichūsuǒ; 5) 军营〔營〕 jūnyíng
Revisi'on *f* -en 1) 审〔審〕核 shěnhé, 复〔復〕查 fùchá; 2) 校订 jiàodìng, 修正 xiūzhèng; 3) 海关〔關〕检〔檢〕查 hǎiguān jiǎnchá; 4) 上诉 shàngsù; ~ einlegen 提起上诉
Re'volte *f* -n 造反 zàofǎn, 叛乱〔亂〕 pànluàn
revol'tieren *vi* 造反 zàofǎn, 反抗 fǎnkàng, 叛乱〔亂〕 pànluàn
Revoluti'on *f* -en 1) 革命 gémìng; 2) 公转〔轉〕 gōngzhuǎn
revolutio'när *adj* 革命的 gémìngde
Revolutio'när *m* -s;-e 革命者 gémìngzhě
Re'volver *m* -s;- 左轮〔輪〕手枪〔槍〕 zuǒlún shǒuqiāng
Re'vue [rə'vy:] *f* -n 1) 歌舞剧〔劇〕 gēwǔjù; 2) (有插图的)杂〔雜〕志〔誌〕 zázhì; 3) 检〔檢〕阅 jiǎnyuè, 阅兵 yuèbīng; ~ passieren lassen 回想 huíxiǎng, 追忆〔憶〕 zhuīyì
rezen'sieren *vt* (在报刊等上)评论〔論〕 pínglùn
Rezensi'on *f* -en 评论〔論〕 pínglùn; 评注 píngzhù
Re'zept *n* -(e)s;-e 1) 处〔處〕方 chǔfāng; 2) 烹饪法 pēngrènfǎ; 3) 方法 fāngfǎ
Rha'barber *m* -s; (植物)大黄 dàhuáng
rhe'torisch *adj* 修辞的 xiūcíde
rheu'matisch *adj* 风〔風〕湿〔濕〕性的 fēngshīxìngde
Rheuma'tismus *m* -; ..men 风〔風〕湿〔濕〕病 fēngshībìng
'rhythmisch *adj* 有韵〔韻〕律的 yǒu yùnlǜde, 有节〔節〕奏的 yǒu jiézòude; 周期性的 zhōuqīxìngde
'Rhythmus *m* -; ..men 韵〔韻〕律 yùnlǜ, 节〔節〕奏 jiézòu; 有规律的反复〔復〕 yǒu guīlǜde fǎnfù
'richten *vt* 1) 指向 zhǐxiàng, 对〔對〕准〔準〕 duìzhǔn (gegen *A*); 2) 校准 jiàozhǔn; 3) 准备〔備〕 zhǔnbèi, 整理 zhěnglǐ; 4) 处〔處〕决 chǔjué; 审〔審〕判 shěnpàn; zugrunde ~ 毁灭〔滅〕 huǐmiè; 5) in die Höhe ~ 竖〔豎〕起 shùqǐ, 升〔昇〕起 shēngqǐ; 6) sich ~ nach 遵从〔從〕 zūncóng, 以…为〔爲〕榜样〔樣〕 yǐ … wéi bǎngyàng; 视…而定 shì … ér dìng; ich richte mich nach Ihnen 我照您的样子办
'Richter *m* -s;- 法官 fǎguān, 审〔審〕判官 shěnpànguān
'richterlich *adj* 法庭的 fǎtíngde, 法官的 fǎguānde, 审判的 shěnpànde
'Richterspruch *m* 判决 pànjué, 裁决 cáijué
'richtig I *adj* 1) 正确〔確〕的 zhèngquède, 对〔對〕的 duìde; 2) 恰当〔當〕的 qiàdàngde, 合适〔適〕的 héshìde; 3) 真正的 zhēnzhèngde, 真实〔實〕的 zhēnshíde; ein ~er Londoner 一个真正(地道)的伦敦人; II *adv* ~ gehen (钟表)走时〔時〕准〔準〕确 zǒushí zhǔnquè
'Richtigkeit *f* 正确〔確〕(性) zhèngquè
'richtigstellen *vt* 更正 gēngzhèng, 纠正 jiūzhèng
'Richt|linie *f* 方针 fāngzhēn, 路线〔綫〕 lùxiàn; 准〔準〕则 zhǔnzé **~preis** *m* 官价〔價〕 guānjià, 牌价 páijià **~schnur** *f* 1) 铅垂线〔綫〕 qiānchuíxiàn; 2) 准〔準〕绳〔繩〕 zhǔnshéng, 准则 zhǔnzé
'Richtung *f* -en 1) 方向 fāngxiàng, 路线〔綫〕 lùxiàn; 2) 流派 liúpài; 倾向 qīngxiàng
'riechen* I *vi* 1) 发〔發〕出气〔氣〕味 fāchū qìwèi, 有气味 yǒu qìwèi (an *D*, nach); 2) 闻到 wéndào, 嗅出 xiùchū (an *D*); II *vt* 闻到 wéndào, 嗅到 xiùdào
'Riegel *m* -s; - 1) 门〔門〕闩 ménshuān, 插销 chāxiāo; 2) (肥皂、

巧克力)条〔條〕 tiáo

'Riemen *m* -s; - 1) 皮带〔帶〕 pídài, 腰带 yāodài; 2) 桨〔槳〕 jiǎng, 橹 lǔ

'Riese *m* -n; -n 巨人 jùrén, 巨物 jùwù

'rieseln *vi* 1) (*s*) (水等)潺潺地流着 chánchánde liúzhe, 汩汩地淌着 gǔgǔde tǎngzhe; 2) es rieselt 下着蒙蒙细雨 xiàzhe méngméng xìyǔ

'ries|enhaft *adj*, **~ig** *adj* 巨大的 jùdàde, 庞〔龐〕大的 pángdàde

Riff *n* -(e)s; -e 礁 jiāo, 暗礁 ànjiāo

'Rille *f* -n 槽 cáo, 沟〔溝〕纹 gōuwén

Rind *n* -(e)s; -er 1) 牛 niú; 2) 牛肉 niúròu

'Rinde *f* -n 1) 树〔樹〕皮 shùpí; 2) (硬的)外皮 wàipí

'Rinderbraten *m* 烤牛肉 kǎoniúròu

'Rind|fleisch *n* 牛肉 niúròu **~(s)-leder** *n* 牛皮 niúpí **~vieh** *n* 牛(总称) niú

Ring *m* -(e)s; -e 1) 环〔環〕 huán, 圈 quān; 戒指 jièzhi; 2) 拳击〔擊〕场〔場〕 quánjīchǎng; 3) 集团〔團〕 jítuán; (企业等)联〔聯〕营〔營〕 liányíng **~bahn** *f* (有轨电车等)环行线〔綫〕 huánxíngxiàn

'ringeln *v sich* 卷曲 juǎnqū, 盘〔盤〕曲 pánqū

'Ringelnatter *f* 游蛇 yóushé

'ringen* I *vi* 1) 摔交〔跤〕 shuāijiāo, 搏斗〔鬥〕 bódòu; 2) 竭力争取 jiélì zhēngqǔ; nach Atem ~ 拼命喘气〔氣〕 pīnmìng chuǎnqì; II *vt* 拧〔擰〕 nǐng, 绞 jiǎo, 扭 niǔ

'Ringer *m* -s; - 摔交〔跤〕运〔運〕动〔動〕员 shuāijiāo yùndòngyuán

'ringförmig *adj* 环〔環〕状〔狀〕的 huánzhuàngde, 圈状的 quānzhuàngde

'Ringrichter *m* 拳击〔擊〕裁判员 quánjī cáipànyuán

rings *adv* 周围〔圍〕 zhōuwéi, 围绕〔繞〕 wéirào **~'um(her)** *adv* 周围 zhōuwéi, 四周 sìzhōu

'Rinne *f* -n 1) 沟〔溝〕 gōu; 排水管 páishuǐguǎn; 2) 槽 cǎo, 凹槽 āocǎo

'rinnen* *vi(s)* 流淌 liútǎng, 流动〔動〕 liúdòng

'Rinn|sal *n* -(e)s;-e 涓涓细流 juānjuān xìliú; 小溪 xiǎoxī **~stein** *m* 1) (人行道旁的)排水口 páishuǐkǒu; 2) (厨房的)下水道 xiàshuǐdào

'Rippe *f* -n 1) 肋骨 lèigǔ; 排骨 páigǔ; 2) (建筑)交叉拱 jiāochāgǒng; 3) (巧克力、肥皂等)条〔條〕 tiáo

'Rippen|fell *n* 胸膜 xiōngmó **~-fellentzündung** *f* 胸膜炎 xiōngmóyán **~stoß** *m* 捅(撞)腰部 tǒng yāobù

'Risiko *n* -s; -s (..ken) 危险〔險〕 wēixiǎn, 风〔風〕险 fēngxiǎn; ein ~ eingehen 冒风险

ris'kant *adj* 危险〔險〕的 wēixiǎnde, 冒险的 màoxiǎnde

ris'kieren *vt* 冒险〔險〕 màoxiǎn, 担〔擔〕风〔風〕险 dān fēngxiǎn

Riß *m* ..sses; ..sse 1) 撕破 sīpò, 断〔斷〕裂 duànliè; 2) 裂缝 lièfèng, 裂痕 lièhén; 3) 草图〔圖〕 cǎotú, 平面图 píngmiàntú

'rissig *adj* 有裂缝的 yǒu lièfèngde, 龟〔龜〕裂的 guīliède

Ritt *m* -(e)s; -e 骑 qí, 骑马〔馬〕 qímǎ

'Ritter *m* -s;- 骑士 qíshì; zum ~ schlagen 晋封为骑士

'ritterlich *adj* 1) 骑士的 qíshìde, 豪侠〔俠〕的 háoxiáde; 2) 正派的 zhèngpàide; 有礼〔禮〕貌的 yǒu lǐmào de

'rittlings *adv* 骑 qí, 跨着 kuàzhe (auf dem Pferd 在马上)

'Ritze *f* -n 裂痕 lièhén, 裂缝 lièfèng

'ritzen *vt* 划〔劃〕伤〔傷〕 huáshāng, 抓伤 zhuāshāng; 刻上 kèshàng

Ri'val|e *m* -n; -n, **~in** *f* -nen 竞〔競〕争者 jìngzhēngzhě, 对〔對〕手 duìshǒu

rivali'sieren *vi* 竞〔競〕争 jìngzhēng, 竞赛 jìngsài (mit j-m 与某人)

Rivali'tät *f* -en 竞〔競〕争 jìngzhēng, 竞赛 jìngsài

'Rizinusöl *n* -(e)s; 蓖麻油 bìmáyóu

'Robbe *f* -n 海豹 hǎibào

'Robe *f* -n 1) 法衣 fǎyī, 长〔長〕袍 chángpáo; 2) 礼〔禮〕服 lǐfú, (女子)夜礼服 yèlǐfú

'Roboter *m* -s;- 机〔機〕器人 jīqìrén

ro'bust *adj* 健壮〔壯〕的 jiànzhuàngde, 结实〔實〕的 jiēshíde; 牢固的 láogùde

'röcheln I *vi* (喘气等时)发〔發〕出呼噜声〔聲〕 fāchū hūlushēng; II *vt* 气〔氣〕喘吁吁地说 qìchuǎn xūxū de shuō

Rock *m* -(e)s; ⸚e 1) 裙子 qúnzi; 2) (男)外衣 wàiyī, 外套 wàitào

'Rodelbahn *f* 雪橇的滑道 xuěqiāoce huádào

'rodeln *vi* (乘雪橇)滑雪 huáxuě

'Rodelschlitten *m* 平底雪橇 píngdǐ xuěqiāo
'roden *vt* 1) 开〔開〕垦〔墾〕 kāikěn; 2) 刨 páo, 挖 wā
'Rogen *m* -s;- 鱼〔魚〕卵 yúluǎn
'Roggen *m* -s;- 黑麦〔麥〕 hēimài
roh *adj* 1) 生的 shēngde, 未煮过〔過〕的 wèizhǔguòde; 2) 未加工的 wèi jiāgōng de; 3) 粗鲁的 cūlǔde, 粗野的 cūyěde
'Roh|bau *m* (尚未装修的)建筑〔築〕物 jiànzhùwù, 骨架建造(阶段) gǔjià jiànzào
'Roheit *f* -en 1) 未加工状〔狀〕态〔態〕 wèi jiāgōng zhuàngtài; 2) 粗鲁 cūlǔ, 野蛮〔蠻〕 yěmán; 3) 野蛮行为〔爲〕 yěmán xíngwéi
'Rohling *m* -s;-e 粗野的人 cūyěde rén **~material** *n* 原料 yuánliào
Rohr *n* -(e)s; -e 1) 管 guǎn, 管道 guǎndào; 2) 管状〔狀〕植物 guǎnzhuàng zhíwù
'Röhre *f* -n 1) 管 guǎn, 筒 tǒng, 管道 guǎndào; 2) 电〔電〕子管 diànzǐguǎn
'Rohr|leitung *f* 管道 guǎndào **~post** *f* 气〔氣〕送邮〔郵〕件装〔裝〕置 qìsòng yóujiàn zhuāngzhì **~zucker** *m* 蔗糖 zhètáng
'Rohstoff *m* 原料 yuánliào
'Rolladen *m* -s; (⸚) 卷〔捲〕帘〔簾〕式百叶〔葉〕窗 juǎnliánshì bǎiyèchuāng
'Rollbahn *f* (飞机)滑行道 huáxíngdào
'Rolle *f* -n 1) (纸、线等)卷〔捲〕 juǎn, 轴 zhóu; eine ~ Garn 一卷棉线; 2) 滚子 gǔnzi, 滚筒 gǔntǒng; 滚轴 gǔnzhóu; 3) 滑轮〔輪〕 huálún, (椅子等)小脚轮 xiǎo jiǎolún; 4) 角色 juésè; 台〔臺〕词 táicí; aus der ~ fallen 忘记台词; 5) 作用 zuòyòng; das spielt keine ~这无关紧要; Geld spielt keine ~ 钱不成问题
'rollen I *vi(s)* 1) 滚 gǔn, 滚动〔動〕 gǔndòng; 2) (飞机)滑行 huáxíng; 3) 发〔發〕出隆隆声〔聲〕 fāchū lónglóngshēng; II *vt* 1) 使滚动 shǐ gǔndòng; 2) 卷〔捲〕 juǎn, 卷起 juǎnqǐ; 3) 将〔將〕(衣服等)送入挤〔擠〕干〔乾〕机〔機〕挤压〔壓〕 jiāng ... sòngrù jǐgānjī jǐyā; 4) 擀(面) gǎn
'Roller *m* -s; - 1) (儿童游戏用的)踏板车〔車〕 tàbǎnchē; 2) (低座)小摩托车 xiǎo mótuōchē
'Roll|film *m* (摄影)胶〔膠〕卷〔捲〕 jiāojuǎn **~kragen** *m* 圆翻领 yuánfānlǐng **~schuh** *n* (四轮)滑冰鞋 huábīngxié **~schuhbahn** *f* 旱冰场〔場〕 hànbīngchǎng **~stuhl** *m* 轮〔輪〕椅 lúnyǐ **~treppe** *f* 自动〔動〕扶梯 zìdòng fútī
Ro'man *m* -s;-e (长篇)小说 xiǎoshuō **~schriftsteller** *m* 小说家 xiǎoshuōjiā
Ro'mantik *f* 浪漫主义〔義〕 làngmàn zhǔyì, 浪漫派 làngmànpài
ro'mantisch *adj* 1) 浪漫主义〔義〕的 làngmàn zhǔyì de; 2) 传〔傳〕奇性的 chuánqíxìngde, 富有浪漫色彩的 fùyǒu làngmàn sècǎi de; 3) 美如画〔畫〕的 měi rú huà de
'Römer *m* -s;- 1) 罗〔羅〕马〔馬〕市民 luómǎ shìmíng; 古罗马(帝国)人 gǔ luómǎrén
'römisch *adj* 罗〔羅〕马〔馬〕的 luómǎde
'röntgen *vt* 用X线〔綫〕检〔檢〕查 yòng àikèsī xiàn jiǎnchá, 透视 tòushì
'Röntgen|aufnahme *f*, **~bild** *n* X线〔綫〕照相 àikèsī xiàng zhàoxiàng, X线照片 àikèsī xiàn zhàopiàn **~strahlen** *pl* X射线 àikèsī shèxiàn
'rosa *adj* 粉红色的 fěnhóngsède
'Rose *f* -n 1) 玫瑰花 méiguìhuā, 蔷〔薔〕薇花 qiángwēihuā; 2) (医学)丹毒 dāndú
'Rosen|kohl *m* 球芽甘蓝〔藍〕 qiúyá gānlán **~kranz** *m* 1) (一串)念珠 niànzhū; 2) (念珠)祈祷〔禱〕 qídǎo **~stock** *m* -(e)s; ⸚e 蔷〔薔〕薇灌木 qiánwēi guànmù
'rosig *adj* 1) 粉红色的 fěnhóngsède; 2) 美好的 měihǎode, 愉快的 yúkuànde
Ro'sine *f*-n 葡萄干〔乾〕 pútáogān
Roß *n* ..sses; ..sse (Rösser) (骏)马〔馬〕 mǎ **~haar** *n* 马毛 mǎmáo, 马鬃毛 mǎzōngmáo
Rost *m* I -es; 锈 xiù, 铁〔鐵〕锈 tiěxiù; II -es;-e 1) 炉〔爐〕篦 lúbì, 炉条〔條〕 lútiáo; 2) 烤架 kǎojià
'rosten *vi* 生锈 shēngxiù
'rösten *vt* 烤 kǎo, 烧〔燒〕 shāo, 焙 bèi, 炒 chǎo
'Rostfleck *m* 锈斑 xiùbān
'rost|frei *adj* 不锈的 bùxiùde **~ig** *adj* 生锈的 shēngxiùde
rot *adj* 红色的 hóngsède
Rot *n* -s;-(-s) 红色 hóngsè
'Röte *f* 红 hóng, 红色 hóngsè; 脸〔臉〕红 liǎnhóng
'röten *vt* 染红 rǎnhóng, 使发〔發〕红 shǐ fāhóng; sich ~ 变〔變〕红 biànhóng
'rotglühend *adj* 烧〔燒〕红的 shāohóngde, 赤热〔熱〕的 chìrède
'Rothaut *f* (北美)红种〔種〕人 hóngzhǒngrén, 印第安人 yìndì'ān-

rén

ro'tieren *vi* 旋转〔轉〕 xuánzhuǎn, 转动〔動〕 zhuàndòng

'Rot|käppchen *n* -s;- 小红帽(格林童话中的人物) xiǎohóngmào **~-kehlchen** *n* -s;- 欧〔歐〕鸲 ōuqú, 知更鸟〔鳥〕 zhīgēngniǎo

'rötlich *adj* 微红色的 wēihóngsède, 略呈红色的 lüè chéng hóngsè de

'Rot|stift *m* 红铅笔〔筆〕hóng qiānbǐ **~wein** *m* 红葡萄酒 hóng pútao jiú **~wild** *n* 赤鹿 chìlù

'Route['ruːtə] *f* -n 路线〔綫〕 lùxiàn, 旅程 lǚchéng

Rou'tine *f* 1) 熟练〔練〕 shúliàn, 经〔經〕验〔驗〕 jīngyàn; 2) 例行公事 lìxíng gōngshì, 惯例 guànlì

'Rübe *f* -n 萝〔蘿〕卜〔蔔〕 luóbo; gelb (weiße) ~ 胡(白)萝卜; rote ~ 甜菜根 tiáncàigēn

Ru'bin *m* -s;-e 红宝〔寶〕石 hóngbǎoshí

Ruck *m* -(e)s;-e 猛一拉 měngyīlā, 猛一推 měngyītuī; 冲〔衝〕击〔擊〕 chōngjī

'Rückantwort *f* 1) (书面)回答 huídá, 答复〔復〕 dáfù, 复件 fùjiàn; 2) 邮〔郵〕资预付的回信(明信片) yóuzī yùfùde huíxìng, 回电〔電〕 huídiàn; Postkarte mit ~ 邮资预付的回复明信片; mit bezahlter ~ 回电(邮资)预付地

'rückbezüglich *adj* (语法)反身的 fǎnshēnde

'Rückblick *m* 回想 huíxiǎng, 回顾〔顧〕 huígù, 回溯 huísù (auf *A*)

'rücken I *vt* 移动〔動〕 yídòng, 挪动 nuódòng; II *vi*(*s*) 1) 移动 yídòng, 挪动 nuódòng; näher ~ 接近 jiējìn, 走近 zǒujìn; 2) 开〔開〕赴 kāifù

'Rücken *m* -s;- 1) 背 bèi, 背脊 bèijǐ, 背部 bèibù; 3) 山脊 shānjǐ **~deckung** *f* 支持 zhīchí, 庇护〔護〕 bìhù; 靠山 kàoshān **~-lehne** *f* (椅子)靠背 kàobèi **~-mark** *n* 脊髓 jǐsuǐ **~schmerzen** *pl* 背痛 bèitòng **~schwimmen** *n* -s; 仰泳 yǎngyǒng **~wind** *m* 顺风〔風〕 shùnfēng **~wirbel** *m* 胸椎 xiōngzhuī

'Rück|erstattung *f* 偿〔償〕还〔還〕 chánghuán, 归〔歸〕还 guīhuán **~-fahrkarte** *f* (车、船等)往返票 wǎngfǎnpiào **~fahrt** *f* 归程 guīchéng **~fall** *m* (病)复〔復〕发〔發〕 fùfā; (罪行)重犯 chóngfàn

'rückfällig *adj* ~ werden 犯病 fànbìng; 重犯 chóngfàn

'Rück|flug *m* (飞机)返航 fǎnháng **~gabe** *f* 归〔歸〕还〔還〕 guīhuán **~gang** *m* 下降 xiàjiàng, 倒退 dàotuì, 衰败 shuāibài

rückgängig *adj* 倒退的 dàotuìde, 减弱的 jiǎnruòde; ~ machen 取消 qǔxiāo

Rück|grat *n* -(e)s;-e 1) 脊椎 jǐzhuī; 2) 支柱 zhīzhù, 命脉〔脈〕 mìngmài; 骨气〔氣〕 gǔqì **~halt** *m* 依靠 yīkào, 支持 zhīchí; 保留 bǎoliú

'rückhaltlos *adj* 毫无〔無〕保留的 háowú bǎoliú de, 无条〔條〕件的 wútiáojiànde

'Rück|hand *f* (网球等)反手击〔擊〕球 fǎnshǒu jīqiú **~kauf** *m* 赎〔贖〕回 shúhuí, (卖出又)买〔買〕回 mǎihuí **~kehr** *f* 归〔歸〕来〔來〕 guīlái, 返回 fǎnhuí **~kopp(e)-lung** *f* 反馈 fǎnkuì, 回授 úhuíshòu **~lage** *f* 储备〔備〕 chǔbèi, 存款 cúnkuǎn; 储备金 chǔbèijīn

'rückläufig *adj* 回动〔動〕的 huídòngde, 反向的 fǎnxiàngde, 逆行的 nìxíngde

'rücklings *adv* 向后〔後〕 xiànghòu, 朝后 cháohòu; 从〔從〕背后 cóngbèihòu

'Rück|porto *n* 回信邮〔郵〕资 huíxìn yóuzī **~reise** *f* 返回 fǎnhuí, 归〔歸〕程 guīchéng

'Rucksack *m* 旅行背包 lǚxíng bēibāo

'Rück|schlag *m* 1) 回击〔擊〕 huíjī; 反跳 fǎntiào, 反冲〔衝〕 fǎnchòng; 2) 挫折 cuòzhé, 倒退 dàotuì; 3) (病等)复〔復〕发〔發〕 fùfā **~schluß** *m* 结论〔論〕 jiélùn, 推断〔斷〕 tuīduàn **~seite** *f* 反面 fǎnmiàn, 背面 bèimiàn **~-sendung** *f* (邮件等)退回(寄件人) tuìhuí **~sicht** *f* 1) 考虑〔慮〕 kǎolǜ, 注意 zhùyì, 照顾〔顧〕 zhàogù (auf i-n 某人); 2) 理由 lǐyóu, 动〔動〕机〔機〕 dòngjī

'rücksichts|los *adj* 1)毫无〔無〕顾〔顧〕忌的 háowú gùjì de, 肆无忌惮〔憚〕的 sì wú jì dàn de; 2) 冷酷的 lěngkùde, 无情的 wúqíngde, 粗暴的 cūbàode **~voll** *adj* 考虑〔慮〕周到的 kǎolǜ zhōudào de, 体〔體〕贴入微的 tǐtiē rùwēi de

'Rück|sitz *m* (车辆)后〔後〕座 hòuzuò **~spiegel** *m* (车辆)反光镜 fǎnguāngjìng **~spiel** *n* 回访(比)赛 huífǎngsài **~stand** *m* 1) 残〔殘〕留物 cánliúwù, 残渣 cánzhā; 2) 欠款 qiànkuǎn, 拖欠 tuōqiàn; im ~ sein mit 拖欠…; 3) 落后 luòhòu

'rückständig *adj* 1) 落后〔後〕的 luòhòude; 2) 未付清的 wèifùqīngde, 拖欠的 tuōqiànde (Miete 房

租)
'Rück|tritt *m* 1) 辞职〔職〕 cízhí, 引退 yǐntuì; 2) 放弃〔棄〕 fàngqì **~trittbremse** *f* (自行车)倒轮〔輪〕闸 dàolúnzhá **~versicherung** *f* 再保险〔險〕 zàibǎoxiǎn, 分保 fēnbǎo
'rückwärts *adv* 向后〔後〕 xiànghòu, 后退 hòutuì
'Rück|wärtsgang *m* (汽车)倒挡〔擋〕 dàodǎng **~weg** *m* 归〔歸〕途 guītú, 回程 huíchéng
'ruckweise *adv* 急动〔動〕地 jídòngde, 颤动地 chàndòngde, 一阵一阵地 yīzhèn yīzhèn de
'rückwirkend *adj* 1) 反作用的 fǎnzuòyòngde; 2) (法律)有追溯效力的 yǒu zhuīsù xiàolì de
'Rück|wirkung *f* 1) 反作用 fǎnzuòyòng; 2) (法律等)追溯效力 zhuīsù xiàolì **~zahlung** *f* 偿〔償〕还〔還〕 chánghuán **~zug** *m* 撤退 chètuì, 退却 tuìquè
'Rüde *m* -n;-n 雄性狗、狼或狐狸 xióngxìng gǒu、láng huò húli
'Rudel *n* -s;- 1) 兽〔獸〕群 shòuqún; 2) (人)群 qún
'Ruder *n* -s;- 1) 舵 duò; 2) 桨〔槳〕 jiǎng, 橹 lǔ **~boot** *n* 划子 huázi **~er** *m* -s;- 划船运〔運〕动〔動〕员 huáchuán yùndòngyuán
'rudern I *vi* 划船 huáchuán, 划行 huáxíng; II *vt* (用桨)划 huá
'Rudersport *m* 划船运〔運〕动〔動〕 huáchuán yùndòng
Ruf *m* -(e)s; -e 1) 呼喊 hūhǎn, 喊声〔聲〕 hǎnshēng; 2) 名誉〔譽〕 míngyù, 声望 shēngwàng; 3) 电〔電〕话号〔號〕码 diànhuà hàomǎ; 4) 任聘 rènpìn
'rufen* I *vi* 叫 jiào, 喊 hǎn; II *vt* 1) 叫来〔來〕 jiàolái; ~ lassen 派人叫来; 2) 呼唤 hūhuàn, 叫喊 jiàohǎn; 称〔稱〕呼 chēnghu
'Ruf|name *m* 名字 míngzi **~nummer** *f* 电〔電〕话号〔號〕码 diànhuà hàomǎ
'Rüge *f* -n 叱责 chìzé, 训斥 xùnchì
'rügen *vt* 指责 zhǐzé, 斥责 chìzé
'Ruhe *f* 1) 寂静 jìjìng; 静止(状态) jìngzhǐ; sich zur ~ setzen 退休 tuìxiū; 2) 安宁〔寧〕 ānníng, 安静 ānjìng; ~! 安静(别再闹)! lassen Sie mich in ~! 您别打扰我! immer mit der ~! 别性急! 3) 休息 xiūxi, 安睡 ānshuì
'ruhelos *adj* 不安的 bù'ānde, 心神不定的 xīnshén bùdìng de
'ruhen *vi* 1) 静止 jìngzhǐ, 停止 tíngzhǐ; 2) 休息 xiūxi; 3) 睡眠 shuìmián; 安息 ānxī; laß die Vergangenheit ~! 过去的就让它过去吧!
'Ruhe|pause *f* 休息 xiūxi **~stand** *m* -(e)s; 退休 tuìxiū; im ~ 退休的; in den ~ treten 退休 **~stätte** *f* letzte ~ 长〔長〕眠之处〔處〕 chángmián zhī chù **~störer** *m* -s; - 喧扰〔擾〕者 xuānrǎozhě, 扰乱〔亂〕治安者 rǎoluàn zhì'ān zhě **~tag** *m* 休息日 xiūxīrì, 假日 jiàrì
'ruhig *adj* 1) 静止的 jìngzhǐde, 不动〔動〕的 bùdòngde; 2) 安静的 ānjìngde, 寂静的 jìjìngde; 3) 沉着的 chénzhuóde, 冷静的 lěngjìngde; 4) (运转等)平稳〔穩〕的 píngwěnde
Ruhm *m* -(e)s; 荣〔榮〕誉〔譽〕 róngyù, 声〔聲〕望 shēngwàng
'rühm|en *vt* 称〔稱〕赞 chēngzàn, 赞扬〔揚〕 zànyáng; sich einer Sache ~ 以…自豪 yǐ … zìhǎo, 夸〔誇〕耀… kuāyào … **~lich** *adj* 值得称赞的 zhíde chēngzàn de, 光彩的 guāngcǎide
'ruhm|los *adj* 不出名的 bùchūmíngde, 默默无〔無〕闻的 mòmò wúwén de **~reich** *adj* 光荣〔榮〕的 guāngróngde, 享有盛名的 xiǎngyǒu shèngmíng de
Ruhr *f* 痢疾 lìji
'Rührei *n* 炒蛋 chǎodàn
'ruhr|en I *vt* 1) 使活动〔動〕 shǐ huódòng, 使移动 shǐ yídòng; sich ~ 动弹〔彈〕, 活动; 2) 搅〔攪〕拌 jiǎobàn; 3) 感动 gǎndòng; II *vi* an etw. ~ 触〔觸〕动… chùdòng …; 谈到… tándào…; 由…引起 yóu … yǐnqǐ; wir wollen nicht daran ~ 我们还是不要谈此事 **~end** *adj* 动人的 dòngrénde, 令人感动的 lìng rén gǎndòng de **~ig** *adj* 活跃〔躍〕的 huóyuède, 勤奋〔奮〕的 qínfènde, 有进〔進〕取心的 yǒu jìnqǔxīn de **~selig** *adj* 易动感情的 yìdòng gǎnqíng de, 多愁善感的 duō chóu shàn gǎn de
'Rührung *f* 感动〔動〕 gǎndòng, 同情 tóngqíng
Ru'in *m* -s; 崩溃 bēngkuì, 破产〔產〕 pòchǎn; 毁灭〔滅〕 huǐmiè **~e** *f* -n 废〔廢〕墟 fèixū; 遗址 yízhǐ, 遗迹〔跡〕 yíjī
rui'nieren *vt* 1) 毁坏〔壞〕 huǐhuài, 损害 sǔnhài; 2) 使破产〔產〕 shǐ pòchǎn; sich ~ 破产, 崩溃
'rülpsen *vi* 打嗝 dǎgé
Ru'mäne *m* -n;-n 罗〔羅〕马〔馬〕尼亚〔亞〕人 luómǎníyàrén
ru'mänisch *adj* 罗〔羅〕马〔馬〕尼亚〔亞〕的 luómǎníyàde

'Rummel *m* -s; 1) 热〔熱〕闹 rènào; 2) 破烂〔爛〕pòlàn, 旧〔舊〕货 jiùhuò; 3) 游乐〔樂〕场〔場〕yóulèchǎng; 年市 niánshì **~platz** *m* 年市 niánshì; 游乐场 yóulèchǎng

ru'moren *vi* 发〔發〕出嘈杂〔雜〕声〔聲〕fāchū cáozáshēng, 发出隆隆声 fāchū lónglóngshēng

'Rumpelkammer *f* 放破烂〔爛〕的小房间 fàngpòlànde xiǎo fángjiān

Rumpf *m* -(e)s; ⸚e 1) (人、动物的)躯〔軀〕干〔幹〕qūgàn; 2) 船身 chuánshēn; (飞机)机〔機〕身 jīshēn

'rümpfen *vt* die Nase ~ 皱〔皺〕起鼻子 zhòuqǐ bízi, 嗤之以鼻 chīzhī yǐ bí

rund I *adj* 1) 圆的 yuánde, 球形的 qiúxíngde; 2) 完整的 wánzhěngde; II *adv* 大约 dàyuē

'Rund|blick *m* 全景 quánjǐng; 环〔環〕顾〔顧〕huángù **~e** *f* -n 1) 圆圈 yuánquān; 周围〔圍〕zhōuwéi; 2) 比赛场〔場〕bǐsàichǎng; (拳击等)轮〔輪〕lún, 局 jú, 回合 huíhé; 3) 巡逻〔邏〕xúnluó; 4) (酒的)一巡 yīxún; 5)(社交活动中的)小圈子 xiǎoquānzi, 一伙〔夥〕人 yīhuǒrén

'runden *v sich* 变〔變〕圆 biànyuán; 变完整 biàn wánzhěng

'Rund|fahrt *f* 周游 zhōuyóu, 环〔環〕行 huánxíng **~flug** *m* 环程飞〔飛〕行 huánchéng fēixíng, 来〔來〕回程飞行 láihuíchéng fēixíng

'Rundfunk *m* 1) 无〔無〕线〔綫〕电〔電〕广〔廣〕播 wúxiàndiàn guǎngbō; 广播电台〔臺〕guǎngbō diàntái; 2) 收音机〔機〕shōuyīnjī **~gerät** *n* 收音机 shōuyīnjī **~hörer** *m* 无线电广播收听〔聽〕者 wúxiàndiàn guǎngbō shōutīng zhě **~sender** *m* 无线电广播发射机 wúxiàndiàn guǎngbō fāshèjī **~sendung** *f* 无线电广播 wúxiàndiàn guǎngbō

'Rundgang *m* 1) 遛一圈 liùyīquān; 周游 zhōuyóu; 2) 巡逻〔邏〕xúnluó; 3) 回廊 huíláng

'rund|he'raus *adv* 坦率地 tǎnshuàide, 直截了当〔當〕地 zhíjié liǎodàng de **~he'rum** *adv* 周围〔圍〕zhōuwéi, 环〔環〕绕〔繞〕huánrào **~lich** *adj* 略带〔帶〕圆形的 lüèdài yuánxíng de; 丰〔豐〕满〔滿〕的 fēngmǎnde

'Rund|reise *f* 环〔環〕游 huányóu, 周游 zhōuyóu **~schau** *f* 1) 环顾〔顧〕huángù; 2) 评论〔論〕pínglùn **~schreiben** *n* 通函 tōnghán, 通知 tōngzhī

'rundweg *adv* 率直地 shuàizhíde, 断〔斷〕然地 duànránde

'Runzel *f* -n 皱〔皺〕纹 zhòuwén

'runzelig *adj* 有皱〔皺〕纹的 yǒu zhòuwén de

'runzeln *vt* 皱〔皺〕zhòu, 蹙 cù; die Stirne ~ 皱眉头(不满意)

'Rüpel *m* -s; - 粗野的人 cūyěde rén

'rüpelhaft *adj* 粗鲁的 cūlǔde, 粗野的 cūyěde

'rupfen *vt* 1) 拔(毛等) bá; 2) 骗取(钱) piànqǔ

Ruß *m* -es; 烟〔煙〕灰 yānhuī, 炭黑 tànhēi

'Russe *m* -n;-n 俄罗〔羅〕斯人 éluósīrén, 俄国〔國〕人 éguórén

'Rüssel *m* -s;- 1) (象等)长〔長〕鼻 chángbí; 2) (人的)大鼻子 dàbízi

'rußig *adj* 沾上煤烟的 zhānshàng méiyān de, 熏黑的 xūnhēide

'russisch *adj* 俄罗〔羅〕斯的 éluósīde, 俄国〔國〕的 éguóde

'rüsten I *vt, v sich* 准〔準〕备〔備〕zhǔnbèi, 预备 yùbèi; II *vi* 备战〔戰〕bèizhàn

'rüstig *adj* 精力充沛的 jīnglì chōngpèi de, 矍铄〔鑠〕的 juéshuòde

'Rüstung *f* -en 1) 装〔裝〕备〔備〕zhuāngbèi, 军备 jūnbèi; 2) 甲胄 jiǎzhòu; 3) 脚手架 jiǎoshǒujià **~sindustrie** *f* 军火工业〔業〕jūnhuǒ gōngyè

'Rüstzeug *n* 1) 工具 gōngjù; 2) (做某事必需的)知识〔識〕zhīshi, 技能 jìnéng

'Rute *f* -n 1) 枝条〔條〕zhītiáo; (拷打用)荆条 jīngtiáo, 鞭子 biānzi; 2) (钓鱼等)竿 gān; 3) (狗等)尾巴 wěiba

Rutsch *m* -es; -e 1) 滑跌 huádiē; 坍方 tānfāng; 2) 短途旅行 duǎntú lǚxíng, 郊游 jiāoyóu **~bahn** *f*, **~e** *f* -n 1) 滑道 huádào; 滑梯 huátī; 2) (滑冰)跑道 pǎodào

'rutschen *vi(s)* 滑动〔動〕huádòng, 滑下来〔來〕huáxiàlái; 滑倒 huádǎo

'rütteln I *vt* 摇动〔動〕yáodòng, 摇晃 yáohuàng; II *vi* 晃动 huàngdòng, 摇动 yáodòng; (车)颠簸 diānbǒ; an der Tür ~ 猛力地摇晃门; daran ist nicht zu ~ 这是无法改变的

S s

Saal *m* -(e)s; Säle 大厅〔廳〕dàtīng, 厅堂 tīngtáng, 大礼〔禮〕堂 dàlǐtáng

Saat *f* -en 1) 播种〔種〕bōzhǒng, 种子 zhǒngzi; 2) 秧苗 yāngmiáo **'~feld** *n* 秧田 yāngtián **'~gut** *n* -(e)s; 种子 zhǒngzi

'Sabbat *m* -s; -e 安息日 ānxīrì

'sabbern *vi* 1) 淌口水 tǎngkǒushuǐ; 2) 说废〔廢〕话 shuōfèihuà

'Säbel *m* -s;- 马〔馬〕刀 mǎdāo, 军刀 jūndāo; mit dem ~ rasseln 剑〔劍〕拔弩张〔張〕jiànbánǔzhāng **'~beine** *pl* 内翻膝 nèifānxī

'säbelbeinig *adj* 内翻膝的 nèifānxīde

'Säbelhieb *m* 军刀的劈砍 jūndāo de pīkǎn

'säbeln *vt* 割 gé, 切 qiē

Sabotage [..'ta:ʒə] *f* -n 怠工 dàigōng, 破坏〔壞〕活动〔動〕pòhuài huódòng

Saboteur [..'tø:r] *m* -s; -e 破坏〔壞〕者 pòhuàizhě

sabo'tieren *vt* 破坏〔壞〕pòhuài

'Sach|bearbeiter *m* -s; -（主管某一部门的）专〔專〕职〔職〕人员 zhuānzhí rényuán **~beschädigung** *f* 财产〔產〕损害 cáichǎn sǔnhài

'sachdienlich *adj* 有关〔關〕的 yǒuguānde, 有用的 yǒuyòngde

'Sache *f* -n 1) 东〔東〕西 dōngxi, 物品 wùpǐng; 2) 事情 shìqíng; das ist eine ~ für sich 这是另一回事; er kann nicht bei der ~ bleiben 他说话老是离题; mit j-m gemeinsame ~ machen 与某人勾结起来做坏事; 3) 案件 ànjiàn

'sachgemäß *adj* 符合实〔實〕际〔際〕的 fúhé shíjì de, 恰当〔當〕的 qiàdàngde

'Sachkenntnis *f* 专〔專〕门〔門〕知识〔識〕zhuānmén zhīshí

'sach|kundig *adj* 有专〔專〕门〔門〕知识〔識〕的 yǒu zhuānmén zhīshí de, 内行的 nèihángde **~lich** *adj* 就事论〔論〕事的 jiùshìlùnshìde, 客观〔觀〕的 kèguānde, 实〔實〕事求是的 shíshìqiúshìde

'sächlich *adj*（语法）中性的 zhōngxìngde

'Sachlichkeit *f* 实〔實〕事求是 shíshìqiúshì, 客观〔觀〕公正 kèguān gōngzhèng

'Sach|register *n* 图〔圖〕书〔書〕索引 túshū suǒyǐn **~schaden** *m* 财产〔產〕损失 cáichǎn sǔnshī

sacht *adj* 1) 轻〔輕〕轻的 qīngqīngde; 温和的 wēnhéde; 2) 慢慢的 mànmànde

'Sachverhalt *m* 事态〔態〕shìtài, 实〔實〕情 shíqíng

'sachverständig *adj* 内行的 nèihángde, 懂行的 dǒnghángde

'Sach|verständige *m* -n; -n 行家 hángjiā, 内行人 nèihángrén, 专〔專〕家 zhuānjiā **~wert** *m* 实〔實〕际〔際〕价〔價〕值 shíjìjiàzhí

Sack *m* -(e)s; ⸚e 口袋 kǒudài; mit ~ und Pack 连同全部家当〔當〕liántóng quánbù jiādang **'~gasse** *f* 1) 不通行的街巷 bùtōngxíngde jiēxiàng; 2) 死胡同 sǐhútòng **'~leinwand** *f* 口袋布 kǒudàibù

Sa'dismus *m* 性虐待狂 xìngnüèdàikuáng

sa'distisch *adj* 性虐待狂的 xìngnüèdàikuángde

'säen *vt, vi* 播种〔種〕bōzhòng, 播下 bōxià

Saft *m* -(e)s; ⸚e 1) 汁 zhī, 液 yè; 2) 果汁 guǒzhī; 3) 活力 huólì, 生气〔氣〕shēngqì

'Sage *f* -n 传〔傳〕说 chuánshuō, 神话 shénhuà

Säge *f* -n 锯 jù **'~blatt** *n* 锯条〔條〕jùtiáo **'~bock** *m* 锯架 jùjià **'~mehl** *n* 锯屑 jùxiè

'sagen I *vt* 说 shuō; j-m etw. ~ 告诉某人…; j-m ~ lassen 给某人传话; er läßt sich nichts ~ 他不听任何劝告; das hat nichts zu ~ 这没有什么可说的; etw. zu ~ haben 有发言权; j-m gute Nacht ~对某人说晚安; II *vi* 说 shuō; wenn ich so ~ darf, …如果我可以这样说的话; von Glück ~ können 可以说是侥倖; sage und schreibe 的的确〔確〕确 dídí quèquè

'sägen *vt, vi* 锯 jù

'sagenhaft *adj* 传〔傳〕说的 chuánshuōde, 神话般的 shénhuàbānde, 非常巨大的 fēichángjùdàde

'Sägewerk *n* 锯木厂〔廠〕jùmùchǎng

'Sahne *f* 奶油 nǎiyóu

Sai'son *f* -s 季节〔節〕jìjié **~arbeiter** *m* 季节工人 jìjié gōngrén

'Saite *f* -n 琴弦 qínxián **~ninstrument** *n* 弦乐〔樂〕器 xiányuè-

qì
'Sakko *m, n* -s; -s 短上衣 duǎnshàngyī
Sakris'tei *f* -n (教堂的)法衣室 fǎyīshì, (教士的)更衣室 gēngyīshì
Sa'lat *m* -(e)s; -e 色拉 sèlā, 生菜 shēngcài
'Salbe *f* -n 软膏 ruǎngāo, 药〔藥〕膏 yàogāo
'salben *vt* 涂〔塗〕油膏 túyóugāo, 涂药〔藥〕膏 túyàogāo, 涂护〔護〕肤〔膚〕膏 túhùfūgāo
'Salbung *f* 1) 涂〔塗〕以软膏 túyǐ ruǎngāo; 2) 涂油 túyóu, 敷油 fūyóu; 3) 甜言蜜语 tiányán mìyǔ
'salbungsvoll *adj* 甜言蜜语的 tiányán mìyǔ de
sal'dieren *vt* 结算 jiésuàn
'Saldo *m* -s; ..den 差额 chā'é, 余〔餘〕额 yú'é **~vortrag** *m* 余〔餘〕额结转〔轉〕yú'é jiézhuǎn
Sa'line *f* -n 盐〔鹽〕场〔場〕 yánchǎng
Sa'lon *m* -s; -s 1) 会〔會〕客室 huìkèshì; 2) 沙龙〔龍〕shālóng, 美容院 měiróngyuàn; 3) 陈〔陳〕列室 chénlièshì
sa'lonfähig *adj* 适〔適〕于社交穿戴的 shì yú shèjiāo chuāndàide
Sa'lon|löwe *m* 社交界的名流 shèjiāojiè de míngliú **~wagen** *m* (火车)豪华〔華〕车〔車〕厢 háohuáchēxiāng
Sal'peter *m* -s; 硝石 xiāoshí
'Salto *m* -s; -s 腾空滚翻 téngkōng gǔnfān; einen ~ schlagen 空翻跟斗
Sa'lut *m* -(e)s; -e 敬礼〔禮〕 jìnglǐ, 礼炮 lǐpào
salu'tieren *vi* 放礼〔禮〕炮 fànglǐpào, 行军礼 xíng jūnlǐ
'Salve *f* -n 礼〔禮〕炮齐〔齊〕鸣 lǐpào qímíng
Salz *n* -es; -e 盐〔鹽〕 yán **'~bergwerk** *n* 盐矿〔礦〕 yánkuàng
'salzen* *vt* 加盐〔鹽〕 jiāyán
'Salz|faß *n*, **~fäßchen** *n* -s; - 盐〔鹽〕瓶 yánpíng **~gurke** *f* 咸〔鹹〕黄瓜 xiánhuángguā
'salzhaltig *adj* 含盐〔鹽〕的 hányánde, 加盐的 jiāyánde
'Salz|hering *m* 咸〔鹹〕鲱鱼 xiánfēiyú **~säure** *f* 盐〔鹽〕酸 yánsuān **~wasser** *n* 1) 盐水 yánshuǐ; 2) 咸水 xiánshuǐ
'Same *m* -ns; -n, **~n** *m* -s; - 种〔種〕子 zhǒngzi, 精子 jīngzǐ
'Sammelbüchse *f* 捐款箱 juānkuǎnxiāng
'sammeln I *vt* 1) 采〔採〕集 cǎijí, 搜集 sōují, 募集 mùjí; 2) sich ~ 集合 jíhé, 积〔積〕聚 jījù; 聚精会〔會〕神 jùjīnghuìshén; II *vi* 集资 jízī
'Sammler *m* -s; - 搜集者 sōujízhě, 收藏家 shōucángjiā
Sammlung *f* -en 1) 搜集 sōují; 2)文集 wénjí, 画〔畫〕集 huàjí; 3) 募捐 mùjuān; 4) 聚精会〔會〕神 jùjīng huìshén
'Samstag *m* 星期六 xīngqīliù
samt *prp* 连同 liántóng, 包括 bāokuò
Samt *m* -(e)s; -e 天鹅绒 tiān'éróng
'sämtlich *adj* 全部的 quánbùde, 所有的 suǒyǒude
Sana'torium *n* -s; ..rien 疗〔療〕养〔養〕院 liáoyǎngyuàn
Sand *m* -(e)s; -e 1) 沙 shā, 砂 shā; j-m ~ in die Augen streuen 蒙蔽某人 méngbì mǒurén; im ~e verlaufen 毫无〔無〕结果 háowú guǒ; 2) 沙滩〔灘〕shātān **'~bank** *f* 沙滩 shātān **'~boden** *m* 沙质〔質〕土壤 shāzhì tǔrǎng **'~grube** *f* 沙坑 shākēng
'sandig *adj* 含沙的 hánshāde, 沙质〔質〕的 shāzhìde
'Sand|korn *n* 砂粒 shālì **~papier** *n* 砂纸 shāzhǐ **~sack** *m* 砂袋 shādài **~stein** *m* 砂岩〔巖〕 shāyán **~uhr** *f* 沙漏 shālòu
sanft *adj* 柔和的 róuhéde, 轻〔輕〕轻的 qīngqīngde, 温柔的 wēnróude; ~er Zwang 温和的强制; mit ~er Stimme 用柔和的声音 **'~mütig** *adj* 轻〔輕〕轻的 qīngqīngde, 柔和的 róuhéde
'Sänger *m* -s; - 歌唱家 gēchàngjiā
Sangu'iniker *m* -s; - 爽朗的人 shuǎnglǎngde rén
sangu'inisch *adj* 爽朗的 shuǎnglǎngde
sa'nieren *vt* 1) 改善卫〔衛〕生条〔條〕件 gǎishàn wèishēng tiáojiàn; 2) 治理 zhìlǐ, 整顿 zhěngdùn
sani'tär *adj* 卫〔衛〕生的 wèishēngde, 保健的 bǎojiànde
Sani'täter *m* -s; 急救员 jíjiùyuán, 卫〔衛〕生员 wèishēngyuán
Sar'dine *f* -n 沙丁鱼〔魚〕shādīngyú
Sarg *m* -(e)s; ⸚e 棺材 guāncái **'~deckel** *m* 棺材盖〔蓋〕 guāncáigài
Sar'kasmus *m* -; ..men 冷嘲热〔熱〕讽〔諷〕lěngcháo rèfěng, 挖苦 wākǔ
sar'kastisch *adj* 讽〔諷〕刺的 fěngcìde, 挖苦的 wākǔde
'Satan *m* -s; -e 撒旦 sādàn, 恶〔惡〕魔 èmó
'satanisch *adj* 恶〔惡〕魔似的 èmósìde
Sate'llit *m* -en; -en 卫〔衛〕星 wèi-

xīng, 人造卫星 rénzào wèixīng **~enstaat** *m* 卫星国〔國〕wèixīngguó
Sa'tin *m* -s; -s 缎子 duànzi
Sa'tire *f* -n 讽〔諷〕刺 fěngcì, 讽刺作品 fěngcì zuòpǐn
Sa'tiriker *m* -s; - 讽〔諷〕刺作家 fěngcì zuòjiā
sa'tirisch *adj* 讽〔諷〕刺的 fěngcìde
satt *adj* 1) 吃饱的 chībǎode; sich ~ essen 吃得饱饱的; ich bin ~ 我吃饱了; 2) 厌〔厭〕倦的 yànjuànde, 厌烦的 yànfánde; etw. ~ haben 对某事厌倦; 3)（色彩）浓〔濃〕的 nóngde, 深的 shēnde
'Sattel *m* -s; ⸚ 鞍 ān, 马〔馬〕鞍 mǎ'ān **'~gurt** *m* 马鞍肚带〔帶〕mǎ'āndùdài
'satteln *vt* 给…上鞍子 gěi…shàng ānzi
Sattheit *f* 1) 饱 bǎo, 餍〔饜〕足 yànzú; 2) 浓〔濃〕艳〔艷〕nóngyàn; 3) 自满〔滿〕情绪 zìmǎn qíngxù
'sättigen I *vt* 1) 使吃饱 shǐ chībǎo; 2) 使满〔滿〕足 shǐ mǎnzú; 3) 使饱和 shǐ bǎohé; II *vi* 吃饱 chībǎo
'Sättigung *f* -en 1) 吃饱 chībǎo; 2) 饱和 bǎohé
'Sattler *m* -s; - 鞍具匠 ānjùjiàng **~ei** *f* -en 马〔馬〕具作坊 mǎjùzuōfāng
'sattsam *adv* 足够地 zúgòude
Satz *m* -es; ⸚e 1) 句子 jùzi; 2) 定理 dìnglǐ, 定律 dìnglǜ; 3) 乐〔樂〕章 yuèzhāng; 4) 一盘〔盤〕yīpán, 一局 yījú; 5) 排版 páibǎn; 6) 一套 yītào, 一组 yīzǔ; 7) 收费率 shōufèilǜ
'Satzung *f* -en 章程 zhāngchéng, 条〔條〕例 tiáolìè
'satzungsgemäß *adj* 法定的 fǎdìngde, 照章的 zhàozhāngde
'Satzzeichen *n* 标〔標〕点〔點〕符号〔號〕biāodiǎn fúhào
Sau *f* I ⸚e 1) 母猪 mǔzhū; 2)猪猡〔玀〕zhūluó, 肮〔骯〕脏〔髒〕人 āngzāngrén; II -en 野猪 yězhū
'sauber *adj* 1) 清洁〔潔〕的 qīngjiéde, 整齐〔齊〕的 zhěngqíde; 2) 正派的 zhèngpàide, 漂亮的 piàoliàngde
'Sauberkeit *f* 1) 整洁〔潔〕zhěngjié, 清洁 qīngjié; 2) 规矩 guījù, 纯洁 chúnjié
'säubern *vt* 打扫〔掃〕dàsǎo, 使清洁〔潔〕shǐ qīngjié; 2) 清洗 qīngxǐ
'Sauberungsaktion *f* 扫〔掃〕荡〔蕩〕sǎodàng, 清洗行动〔動〕qīngxǐ xíngdòng
'sauer *adj* 1) 酸的 suānde, 发〔發〕酸的 fāsuānde; 2) 酸性的 suānxìngde; 3) 辛苦的 xīnkǔde, 吃力的 chīlìde
'säuer|lich *adj* 1) 微酸的 wēisuānde; 2) 闷闷不乐〔樂〕的 mènmènbùlède **'~n** *vt* 使发〔發〕酸 shǐfāsuān, 使发酵 shǐ fāxiào
'Sauer|stoff *m* -(e)s; 氧 yǎng, 氧气〔氣〕yǎngqì **~teig** *m* 面〔麵〕肥 miànféi, 发酵面团〔團〕fāxiàomiàntuán
'saufen* *vt*, *vi* 1)（牲口）喝水 hēshuǐ; 2) 狂饮 kuángyǐn, 酗酒 xùjiǔ
'Säufer *m* -s; - 酒鬼 jiǔguǐ
'saugen* I *vi* 吮 shǔn, 吸 xī; II *vt* 吸入 xīrù
'säugen *vt* 给…吃奶 gěi…chīnǎi
'Säugetier *n* 哺乳动〔動〕物 bǔrǔdòngwù
'Säugling *m* -s; -e 婴儿〔兒〕yīng-ér **~skrippe** *f* 婴儿托儿所 yīng'ér tuō'érsuǒ
'Saug|papier *n* 吸墨纸 xīmòzhǐ **~pumpe** *f* 吸入泵 xīrùbèng
'Säule *f* -n 1) 圆柱 yuánzhù, 柱子 zhùzi; 2) 柱状物 zhùzhuàngwù; 3) 支柱 zhīzhù **~ngang** *m* 柱廊 zhùláng **~nhalle** *f* 圆柱大厅〔廳〕yuánzhù dàtīng
Saum *m* -(e)s; ⸚e 1) 贴边〔邊〕tiēbiān, 镶边 xiāngbiān; 2) 边缘 biānyuán
'säumen *vt* 1) 给…镶边〔邊〕gěi…xiāngbiān; 2) 围〔圍〕着 wéizhe; die Straßen ~ 围着街道两旁
'säumig *adj* 拖欠的 tuōqiànde
'Saum|pfad *m* 山间小道 shānjiān xiǎodào **~tier** *n* 驮畜(骡、驴) tuóchù
'Säure *f* -n 酸 suān, 酸味 suānwèi, 胃酸 wèisuān
'Sauregurkenzeit *f*（商业、演出等的）淡季 dànjì
'säuseln I *vi*（树叶等）飒〔颯〕飒作响 sàsà zuòxiǎng; II *vt* 悄悄地说 qiāoqiāode shuō
'sausen *vi* (*s*) 疾驰而过〔過〕jíchí-érguò, 呼啸〔嘯〕hūxiào, 发出嗖嗖声〔聲〕fāchū sōusōu shēng
'Saustall *m* 1) 猪圈 zhūjuàn; 2)很脏〔髒〕的地方 hěnzāngde dìfāng
Saxo'phon *n* -s; -e 萨克斯管 sàkèsīguǎn
'Schabe *f* -n 1) 刮子 guāzi, 刮刀 guādāo; 2) 蟑螂 zhāngláng **~fleisch** *n* 剁碎的牛肉 duòsuìde niúròu **~messer** *n* 雕刻用刮刀 diāokè yòng guādāo, 木工用刮刀 mùgōng yòng guādāo
'schaben *vt* 刮下来〔來〕guāxiàlái, 刮去 guāqù
'Schabernack *m* -(e)s; -e 恶〔惡〕

作剧〔劇〕 èzuòjù, 戏〔戲〕弄 xìnòng

'schäbig *adj* 1) 破旧〔舊〕的 pòjiùde, 褴〔襤〕褛〔褸〕的 lánlǚde; 2) 吝啬的 lìnsède, 小气〔氣〕的 xiǎoqìde

Scha'blone *f* -n 1) 模板 móbǎn, 模型 móxíng; 2)老框框 lǎokuàngkuang, 刻板公式 kèbǎn gōngshì

scha'blonen|haft *adj*, **~mäßig** *adj* 刻板的 kèbǎnde,千篇一律的 qiānpiān yī lǜ de

Schach *n*-s;-s国〔國〕际〔際〕象棋 guójìxiàngqí; ~ und matt! 将死了! jiāng sǐ le! j-n in ~ halten 控制某人 kòngzhì mǒurén **~brett** *n* 棋盘〔盤〕 qípán

'schachern *vi* 讲〔講〕价〔價〕钱〔錢〕 jiǎng jiàqián, 讨价还〔還〕价 tǎojià huánjià

'Schach|feld *n* 棋盘〔盤〕格子 qípán gézi **~figur** *f* 1) 棋子 qízǐ; 2) 傀儡 kuǐlěi

'schachmatt *adj* 1) 被将死的 bèijiāngsǐde; 2) 筋疲力尽〔盡〕的 jīnpí lìjìn de

'Schachspiel *n* 下棋 xiàqí

Schacht *m* -(e)s; ⸚e 井状〔狀〕构〔構〕造 jǐngzhuàng gòuzào, 矿〔礦〕井 kuàngjǐng, 窨井 yìnjǐng

'Schachtel *f* -n 1) 盒子 hézi; 2) alte ~ 老太婆 lǎotàipó

'Schachzug *m* 一着棋 yīzhāoqí; geschickter ~ 一着妙棋

'schade *adj* 可惜 kěxī; es ist ~ 这真可惜; für etw. zu ~ sein 用作…太可惜

'Schädel *m* -s; - 头〔頭〕盖〔蓋〕骨 tóugàigǔ, 脑〔腦〕袋 nǎodai **~bruch** *m* 颅〔顱〕骨骨折 lúgǔ gǔzhé

'schaden *vi* 1) 损害 sǔnhài, 伤〔傷〕害 shānghài; 2) 有损于 yǒusǔn yú, 不利于 bùlì yú; das schadet nichts 这没有关系

'Schaden *m* -s; ⸚ 1) 损失 sǔnshī, 亏〔虧〕损 kuīsǔn; 2) 损伤〔傷〕 sǔnshāng, 残〔殘〕废〔廢〕 cánfèi; 3) 吃亏 chīkuī

'Schaden|ersatz *m* 赔偿〔償〕 péicháng; ~ verlangen 要求赔偿; auf ~ klagen 起诉索赔 **~freude** *f* 幸灾〔災〕乐〔樂〕祸〔禍〕 xìngzāi lèhuò

'schadenfroh *adj* 幸灾〔災〕乐〔樂〕祸〔禍〕的 xìngzāi lèhuò de

'schadhaft *adj* 损坏〔壞〕的 sǔnhuàide, 有毛病的 yǒu máobìngde; ~e Zähne 龋〔齲〕齿〔齒〕 qǔchǐ

'schädigen *vt* 损害 sǔnhài; 损伤〔傷〕 sǔnshāng

'schädlich *adj* 有害的 yǒuhàide, 有损健康的 yǒusǔn jiànkāng de

'Schädling *m* -s; -e 1) 害虫〔蟲〕 hàichóng, 害兽〔獸〕 hàishòu; 2) 害人虫 hàirénchóng

'schadlos *adj* sich ~ an j-m/etw. halten 使…补〔補〕偿〔償〕自己的损失 shǐ… bǔcháng zìjǐde sǔnshī

Schaf *n* -(e)s; -e 1) 绵羊 miányáng; 2) 笨伯 bènbó **'~bock** *m* 公绵羊 gōngmiányáng

'Schäfer *m* -s; - 牧羊人 mùyángrén **~hund** *m* 牧羊犬 mùyángquǎn

'Schaffell *n* 羊皮 yángpí

'schaffen I *vt* 1) 创〔創〕作 chuàngzuò, 创造 chuàngzào; 2) 创立 chuànglì; II *vt* 1) 创造 chuàngzào, (设法)弄到 nòngdào; 2) 做成 zuòchéng, 办〔辦〕成 bànchéng; 3) 运〔運〕走 yùnzǒu, 弄走 nòngzǒu; III *vi* 干〔幹〕活 gànhuó, 忙碌 mánglù

Schaffner *m* -s; - 列车〔車〕员 lièchēyuán, 乘务〔務〕员 chéngwùyuán

Schafhirt *m* 牧羊人 mùyángrén

Scha'fott *n* -(e)s; -e 断〔斷〕头〔頭〕台〔臺〕 duàntóutái

'Schaf|pelz *m* 羊皮 yángpí **~stall** *m* 羊圈 yángjuàn

Schaft *m* -(e)s; ⸚e 1) 杆〔桿〕 gǎn, 长〔長〕柄 chángbǐng; 2) 枪〔槍〕托 qiāngtuō; 3) 靴统 xuētǒng, 鞋帮〔幫〕 xiébāng **'~stiefel** *m* 高统靴 gāotǒngxuē

'Schaf|wolle *f* 羊毛 yángmáo **~zucht** *f* 养〔養〕羊 yǎngyáng

'schäkern *vi* 1) 开〔開〕玩笑 kāiwánxiào, 打趣 dǎqù; 2) 调戏〔戲〕 tiáoxì

schal *adj* 1) 走了味的 zǒuleweìde (Bier 啤酒); 2) 乏味的 fáwèide, 无〔無〕聊的 wúliáode (Witz 笑话)

Schal *m* -s; -e (-s) 围〔圍〕巾 wéijīn

'Schale *f* -n 1) 碗 wǎn, 盘〔盤〕 pán; 2) (蛋、坚果等的)壳〔殼〕 ké; 3) (水果、土豆等的)皮 pí; 4) 贝〔貝〕壳 bèiké; sich in ~ werfen 穿上漂亮的衣服 chuānshàng piàoliangde yīfu

'schälen *vt* 剥皮 bōpí, 削皮 xiāopí; sich ~ 蜕皮

Schalk *m* -(e)s; ⸚e 1) 流氓 liúmáng, 无〔無〕赖 wúlài; 2) 狡猾的人 jiǎohuáde rén

'schalkhaft *adj* 狡猾的 jiǎohuáde, 狡黠的 jiǎoxiéde

Schall *m* -(e)s;-e (⸚e) 1) 声〔聲〕 shēng; 2) 声音 shēngyīn, 声响〔響〕 shēngxiǎng **'~dämpfer** *m* 消声器 xiāoshēngqì

'schalldicht *adj* 隔音的 géyīnde

'schallen *vi* 发〔發〕出声〔聲〕音 fāchū shēngyīn, 回声 huíshēng' **~d** *adj* ~es Gelächter 哈哈大笑 hāhā dàxiào

'**Schall|mauer** *f* 音障 yīnzhàng, 声〔聲〕垒〔壘〕 shēnglěi **~platte** *f* 唱片 chàngpiān **~welle** *f* 声波 shēngbō

'**Schaltbrett** *n* 配电〔電〕盘〔盤〕 pèidiànpán

'**schalten** I *vi* 1) 接通电〔電〕流 jiētōng diànliú, 合闸 hézhá; 2)换挡〔擋〕 huàndǎng; II *vt* 处〔處〕理 chǔlǐ, 控制 kòngzhì

'**Schalter** *m* -s; - 1) (银行、剧场等的)窗口 chuāngkǒu; 2) 开〔開〕关〔關〕 kāiguān, 电〔電〕闸 diànzhá

'**Schalt|hebel** *m* 1) 控制盘〔盤〕 kòngzhìpán, 驾驶杆 jiàshǐgǎn, 变〔變〕速杆 biànsùgǎn **~jahr** *n* 闰年 rùnnián **~tafel** *f* 配电〔電〕盘〔盤〕 pèidiànpán **~tag** *m* 闰日 rùnrì

Scham *f* 1) 羞耻 xiūchǐ, 害羞 hàixiū; 2) 阴〔陰〕部 yīnbù, (人的)外生殖器 wàishēngzhíqì

'**schämen** *v sich* 害羞 hàixiū, 害臊 hàisào, 感到惭愧 gǎndào cánkuì

'**Schamgefühl** *n* 羞耻心 xiūchǐxīn

'**scham|haft** *adj* 害羞的 hàixiūde; 羞愧的 xiūkuìde **~los** *adj* 无〔無〕耻的 wúchǐde, 不要脸〔臉〕的 bùyàoliǎnde

'**Schamott** *m* -(e)s; 废〔廢〕物 fèiwù, 破烂〔爛〕 pòlàn

'**schamrot** *adj* 羞得脸〔臉〕红的 xiūde liǎnhóng de

'**Scham|röte** *f* 脸〔臉〕红 liǎnhóng, 赧颜 nǎnyán '**~teile** *pl* 阴〔陰〕部 yīnbù, 外生殖器 wàishēngzhíqì

'**Schande** *f* -n 耻辱 chǐrǔ, 丢脸〔臉〕 diūliǎn, 羞耻 xiūchǐ

'**schänden** *vt* 1) 亵〔褻〕渎〔瀆〕 xièdú, 玷污 diànwū; 2) 奸污 jiānwū; 3) 使破相 shǐ pòxiàng

'**Schandfleck** *m* 1) 污斑 wūbān; 2) 污点〔點〕 wūdiǎn, 耻辱 chǐrǔ

'**schändlich** *adj* 1) 可耻的 kěchǐde, 丢脸〔臉〕 diūliǎn; 2) 卑鄙的 bēibǐde, 无〔無〕耻的 wúchǐde

'**Schandtat** *f* 无〔無〕耻行径〔徑〕 wúchǐ xíngjìng

'**Schändung** *f* -en 1) 耻辱 chǐrǔ; 2) 玷污 diànwū, 奸污 jiānwū; 3) 破相 pòxiàng

'**Schanze** *f* -n 1) 战〔戰〕壕 zhànháo, 掩体〔體〕 yǎntǐ; 2) 滑雪跳台〔臺〕 huáxuě tiàotái; 3) 后〔後〕甲板 hòujiǎbǎn

'**schanzen** *vi* 筑〔築〕工事 zhù gōngshì, 挖战〔戰〕壕 wā zhànháo

Schar *f* -en 1) 一群 yīqún, 一队 yīduì; ein ~ Gänse 一群鹅; 2) 犁铧〔鏵〕 líhuá

'**scharen** *vt* 围〔圍〕在…wéizài…, 聚集在 jùjízài; sich um j-n ~ 聚集在某人周围

scharf *adj* 1) 锐利的 ruìlìde, 锋利的 fēnglìde (Messer 刀); 2) 味浓〔濃〕的 wèinóngde (Soße 调味汁), 呛〔嗆〕人的 qiàngrénde, 烈性的 lièxìngde (Schnaps 烧酒); 3) 尖的 jiānde, 刺耳的 cì'ěrde (Stimme 声音); 4) 清晰的 qīngxīde, 线〔綫〕条〔條〕分明的 xiàntiáo fēnmíng de; 5) 凛冽的 lǐnliède, 寒冷的 hánlěngde; 6) 敏锐的 mǐnruìde (Blick 目光); 7) 猛烈的 měngliède (Kritik 批评)

'**Scharfblick** *m* 敏锐的目光 mǐnruìde mùguāng

'**Schärfe** *f* -n 锐利 ruìlì, 锋利 fēnglì, 敏锐 mǐnruì, 鲜明 xiānmíng, 尖锐 jiānruì

'**schärfen** *vt* 1) 磨 mó, 磨快 mókuài; 2) 使敏锐 shǐ mǐnruì

'**Scharf|macher** *m* -s; - 挑动〔動〕者 tiǎodòngzhě, 煽动者 shāndòngzhě '**~richter** *m* 刽〔劊〕子手 guìzishǒu '**~schütze** *m* 优〔優〕秀射手 yōuxiù shèshǒu

'**scharfsichtig** *adj* 1) 视力敏锐的 shìlì mǐnruì de; 2) 目光敏锐的 mùguāng mǐnruì de

'**Scharfsinn** *m* -(e)s; 洞察力 dòngchálì, 机〔機〕敏 jīmǐn

'**scharfsinnig** *adj* 感觉〔覺〕敏锐的 gǎnjué mǐnruì de, 机〔機〕敏的 jīmǐnde

'**Scharlach** *m* -s; -e 1) 鲜红 xiānhóng, 绯红 fēihóng; 2) 猩红热〔熱〕 xīnghóngrè

'**scharlachrot** *adj* 鲜红的 xiānhóngde

'**Scharlatan** *m* -s; -e 江湖骗子 jiānghú piànzi, 江湖医〔醫〕生 jiānghú yīshēng

Schar'mützel *n* -s; - 小战〔戰〕斗 xiǎozhàndòu

Schar'nier *n* -s; -e 铰链 jiǎoliàn, 合页 héyè

'**Schärpe** *f* -n 佩带〔帶〕 pèidài, 绶带 shòudài

'**scharren** I *vi* 扒 bā, 抓 zhuā, 刨 páo; II *vt* 扒出 bāchū, 抓出 zhuāchū

'**Scharte** *f* -n 1) 缺口 quēkǒu, 凹痕 āohén; 2) 隘口 àikǒu, 豁口 huōkǒu; 3) 窥孔 kuīkǒng, 栓眼 shuānyǎn; 4) 缺陷 quēxiàn; eine ~ auswetzen 弥补缺陷

'**schartig** *adj* 有缺口的 yǒu quēkǒu de

'**Schatten** *m* -s; - 1) 影子 yǐngzi,

阴〔陰〕影 yīnyǐng; 2) 背阴处〔處〕 bèiyīnchù, 阴暗 yīn'àn '**~bild** *n* 1) 剪影 jiǎnyǐng; 2) 阴影图〔圖〕象 yīnyǐng túxiàng

'**schattenhaft** *adj* 模糊的 móhúde, 朦胧〔朧〕的 ménglóngde

'**Schatten|kabinett** *n* 影子内阁 yǐngzī nèigé **~riß** *m* 剪影 jiǎnyǐng **~seite** *f* 1) 背阴〔陰〕的一面 bèiyīnde yīmiàn; 2) 阴暗面 yīn'ànmiàn

schat'tieren *vt* 1) 使具有明暗浓〔濃〕淡 shǐ jùyǒu míng'àn nóngdàn; 2) 在…上画〔畫〕阴〔陰〕影 zài ... shàng huà yīnyǐng

'**Schat'tierung** *f* 1) (画上的) 阴〔陰〕影 yīnyǐng, (色调的)深浅〔淺〕程度 shēnqiǎn chéngdù; 2)(政治)色彩 sècǎi, 派别 pàibié

'**schattig** *adj* 背阴〔陰〕的 bèiyīnde, 阴暗的 yīn'ànde

Schatz *m* -es; ⸗e 1) 宝〔寶〕藏 bǎozàng, 财宝 cáibǎo; 2) 宝贝〔貝〕 bǎobèi, 亲〔親〕爱〔愛〕的人 qīn'àide rén '**~amt** *n* 1) 国〔國〕库 guókù; 2) 财政部 cáizhèngbù '**~anweisung** *f* 国库债券 guókù zhàiquàn

'**schätzen** *vt* 1) 估计 gūjì, 估价〔價〕 gūjià; 2) 赏识〔識〕 shǎngshí, 重视 zhòngshì; sich glücklich ~ zu 对〔對〕…感到高兴 duì ... gǎndào gāoxìng '**~swert** *adj* 值得珍视的 zhíde zhēnshì de

'**Schatz|kammer** *f* 1) 贵重物品的保管库 guìzhòng wùpǐn de bǎoguǎnkù; 2) (英国的)财政部 cáizhèngbù **~meister** *m* 财务〔務〕主任 cáiwùzhǔrèn, 司库 sīkù

'**Schätzung** *f* -en 1) 估计 gūjì, 估价〔價〕 gūjià; 2) 尊重 zūnzhòng

'**Schatzwechsel** *m* 国〔國〕库债券 guókù zhàiquàn

Schau *f* -en 展出 zhǎnchū, 展览 zhǎnlǎn; Muster zur ~ stellen 展出样品

'**Schauder** *m* -s; - 1) 战〔戰〕栗〔慄〕 zhànlì, 寒战 hánzhàn; 2)恐怖 kǒngbù

'**schauder|haft** *adj* 1) 可怕的 kěpàde, 令人不寒而栗〔慄〕的 lìng rén bùhán'érlìde; 2) 糟透的 zāotòude (Wetter 天气), 极〔極〕度的 jídùde; eine ~e Kälte 严寒 **~n** *vi* 打寒战〔戰〕dǎ hánzhàn, 感到恐怖 gǎndào kǒngbù

'**schauen** *vi* 1) 看 kàn, 瞧 qiáo; 2) 露出 lùchū; 3) 照看 zhàokàn

'**Schauer** *m* -s; - 1) 阵雨 zhènyǔ; 2) 恐怖 kǒngbù, 寒噤 hánjìn

'**schauer|lich** *adj* 恐怖的 kǒngbùde, 骇人听〔聽〕闻的 hàirén tīngwén de **~n** *vi* 发〔發〕抖 fādǒu, 感到毛骨悚然 gǎndào máo gǔ sǒngrán

'**Schauerroman** *m* 惊〔驚〕险〔險〕小说 jīngxiǎn xiǎoshuō

'**Schaufel** *f* -n 铲〔鏟〕子 chǎnzi, 铁〔鐵〕锹 tiěqiāo

'**schaufeln** *vt, vi* 铲〔鏟〕 chǎn, 挖掘 wājué

'**Schaufenster** *m* 橱窗 chúchuāng **~bummel** *m* einen ~ machen 逛大街看橱窗 guàng dàjiē kàn chúchuāng **~dekoration** *f* 橱窗布置 chúchuāng bùzhì

'**Schaukel** *f* -n 秋〔鞦〕千〔韆〕 qiūqiān

'**schaukeln** I *vi* 1) 荡〔蕩〕秋〔鞦〕千〔韆〕 dàng qiūqiān; 2) 摇晃 yáohuàng; II *vt* 摇 yáo

'**Schaukel|pferd** *n* 摇动〔動〕木马〔馬〕 yáodòng mùmǎ **~stuhl** *m* 摇椅 yáoyǐ

Schaum *m* -(e)s; ⸗e 1) 沫子 mòzi, 泡沫 pàomò; 2) 白沫 báimò; 3) 泡影 pàoyǐng

'**schäumen** *vi* 冒泡 màopào, 起泡沫 qǐ pàomò

'**Schaumgummi** *n, m* 泡沫橡胶〔膠〕 pàomò xiàngjiāo

'**schaumig** *adj* 起泡沫的 qǐ pàomòde

'**Schaumwein** *m* 香槟〔檳〕酒 xiāngbīngjiǔ, 汽酒 qìjiǔ

'**Schau|platz** *m* 1) (事故)发〔發〕生地点〔點〕 fāshēng dìdiǎn, 现场〔場〕 xiànchǎng; 2) 活动〔動〕场所 huódòng chǎngsuǒ **~prozeß** *m* 公开〔開〕审〔審〕判 gōngkāi shěnpàn

'**Schau|spiel** *n* 1) 景象 jǐngxiàng; 2) 戏〔戲〕剧〔劇〕 xìjù **~spieler** *m* 演员 yǎnyuán **~spielhaus** *n* 戏院 xìyuàn, 剧场〔場〕 jùchǎng **~spielkunst** *f* 演技 yǎnjì

Scheck *m* -s; -s 支票 zhīpiào '**~buch** *n* 支票本 zhīpiàoběn

'**scheckig** *adj* 有花斑的 yǒu huābānde (Kuh 奶牛, Pferd 马)

scheel *adj* 1) 斜视的 xiéshìde; j-n ~ ansehen 斜着眼看人; 2) 眼红的 yǎnhóngde, 妒忌的 dùjìde

'**scheffeln** *vt* 大量搜括(钱财等) dàliàng sōuguā

'**Scheibe** *f* -n 1) 圆盘〔盤〕 yuánpán; 2) 靶 bǎ; 3) 薄片 bópiàn; 4) (窗、柜等的)玻璃 bōli **~nwischer** *m* -s; - (汽车前玻璃的)刮水器 guāshuǐqì

'**Scheide** *f* -n 1) (刀、剑等的)鞘 qiào, 套 tào; 2) 分界线〔線〕 fēnjièxiàn **~münze** *f* 硬辅币〔幣〕 yìngfǔbì

'scheiden* I *vt* 1) 挑出 tiāochū; 2) 使离〔離〕婚 shǐ líhūn; sich ~ lassen 离婚 II *vi* (*s*) 离开〔開〕 líkāi, 分别 fēnbié; aus dem Dienst ~ 辞〔辭〕职〔職〕 cízhí; aus dem Leben ~与〔與〕世长〔長〕辞 yǔ shì chángcí

'Scheide|wand *f* 隔墙〔牆〕 géqiáng, **~weg** *m* 交叉路 jiāochālù, 十字路口 shízì lùkǒu

'Scheidung *f* -en 1) 分离〔離〕 fēnlí; 2) 离婚 líhūn; 3) 离析 líxī, 分解 fēnjiě

Schein *m* -(e)s; -e 1) 光 guāng, 光线〔綫〕 guāngxiàn, 光亮 guāngliàng; 2) 外貌 wàimào, 外表 wàibiǎo; 3) 证〔證〕件 zhèngjiàn, 收据〔據〕 shōujù; 4) 钞票 chāopiào

'scheinbar *adj* 1) 表面上的 biǎomiànshàngde; 2) 虚假的 xūjiǎde

'scheinen* *vi* 1) 照耀 zhàoyào, 照射 zhàoshè; 2) 看来 kànlái, 似乎 sìhū

'Scheingrund *m* 托词 tuōcí, 借口 jièkǒu

'scheinheilig *adj* 假正经〔經〕的 jiǎ zhèngjīngde, 假虔诚的 jiǎ qiánchéngde

'Scheintod *m* 假死 jiǎsǐ

'scheintot *adj* 假死的 jiǎsǐde

'Scheinwerfer *m* -s; - 探照灯〔燈〕 tànzhàodēng; (汽车)车〔車〕前灯 chēqiándēng

Scheit *n* -(e)s; -e 劈柴 pǐchái

'Scheitel *m* -s; - 1) 头〔頭〕顶 tóudǐng; 2) 头发〔髮〕的头路 tóufa de tóulù; 3) 顶点〔點〕 dǐngdiǎn, 顶峰 dǐngfēng

'scheiteln *vt* 分头〔頭〕路 fēntóulù

'scheitern *vi* (*s*) 1) (计划、试验等) 失败 shībài, 落空 luòkōng; 2) (船因触礁)撞毁 zhuànghuǐ

'Schelle *f* -n 1) 小铃铛〔鐺〕 xiǎolíngdāng; 2) 耳光 ěrguāng, 嘴巴子 zuǐbazi

Schelm *m* -(e)s; -e 1) 淘气〔氣〕鬼 táoqìguǐ; 2) 流氓 liúmáng, 无〔無〕赖 wúlài

'Schelmenstreich *m* 恶〔惡〕作剧〔劇〕 èzuòjù, 戏〔戲〕谑 xìxuè

'schelmisch *adj* 恶〔惡〕作剧〔劇〕的 èzuòjùde

'Schelte *f* -n 责骂 zémà, 呵斥 hēchì

'schelten* I *vt* 责骂 zémà, 痛斥 tòngchì; II *vi* 骂人 màrén

'Schema *n* -s; -s 1) 格式 géshì, 图〔圖〕表 túbiǎo; 2) 规范 guīfàn, 标〔標〕准 biāozhǔn, 样〔樣〕板 yàngbǎn

'schematisch *adj* 1) 图〔圖〕表的 túbiǎode, 概要的 gàiyàode; 2) 机〔機〕械的 jīxiède, 公式化的 gōngshìhuàde

Schema'tismus *m* 公式化 gōngshìhuà, 千篇一律 qiānpiān yīlǜ

'Schemel *m* -s; - 凳子 dèngzi, 小板凳 xiǎobǎndèng

'Schemen *m* -s; - 幽灵〔靈〕 yōulíng, 鬼怪 guǐguài

'schemenhaft *adj* 虚幻的 xūhuànde, 幽灵〔靈〕似的 yōulíngsìde

'Schenke *f* -n 小酒店 xiǎojiǔdiàn

'Schenkel *m* -s; - 1) 腿 tuǐ, 大腿 dàtuǐ; 2) (三角形的)腰 yāo, 角的边〔邊〕 jiǎode biān, (圆规等的)脚 jiǎo

'schenken *vt* 1) 赠送 zèngsòng, 给予 jǐyǔ; 2) 斟 zhēn, 注入 zhùrù; 3) 零沽 línggū (Schnaps 酒); 4) 免除 miǎnchú; sich (*D*) nichts ~ 不惜花力气

'Schenkung *f* -en 赠与〔與〕 zèngyǔ, 馈赠 kuìzèng

'Scherbe *f* -n 碎片 suìpiàn, 破片 pòpiàn

'Schere *f* -n 1) 剪刀 jiǎndāo; 2) (虾、蟹的)钳 qián, 螯 áo

'scheren* I *vt* 1) 剪短 jiǎnduǎn, (Haar 头发), 剃 tì (Bart 胡子); 2) 给…剪毛 gěi… jiǎnmáo 绵羊); 3) 修剪 xiū jiǎn (Rasen 草坪); II *vt* 1) 与〔與〕…有关〔關〕 yǔ … yǒu guān, 涉及 shèjí; was schert euch das? 这关你们什么事? 2) sich um etw. ~为〔爲〕…操心 wèi… cāoxīn; II *vi* 1) 走开〔開〕 zǒukāi, 离〔離〕开 líkāi; scher dich zum Teufel! 滚你妈的蛋! 2) 关〔關〕心 guānxīn

Schere'rei *f* -en 麻烦 máfán, 烦恼〔惱〕 fánnǎo

Scherz *m* -es; -e 玩笑 wánxiào, 戏〔戲〕谑 xìxuè; ~ beiseite! 说正经的; etw. zum ~ sagen 某事是说着玩的; ~ treiben 开玩笑

'scherzen *vi* 戏〔戲〕弄 xìnòng, 开〔開〕玩笑 kāiwánxiào

'scherzhaft *adj* 开〔開〕玩笑的 kāiwánxiàode, 打趣的 dǎqùde

scheu *adj* 胆〔膽〕怯的 dǎnqiède, 害羞的 hàixiūde; die Pferde ~ machen 使马受惊

Scheu *f* 胆〔膽〕怯 dǎnqiè, 害羞 hàixiū

'scheuchen *vt* 吓〔嚇〕走 xiàzǒu, 赶〔趕〕走 gǎnzǒu

'scheuen I *vt* 1) 畏惧〔懼〕 wèijù, 害怕 hàipà; 2) sich ~ 畏缩 wèisuō, 对…有顾〔顧〕忌 duì … yǒu gùjì; II *vi* (马)受惊〔驚〕 shòujīng

'Scheuer|lappen *m* 抹布 mābù **~leiste** *f* 踢脚板 tījiǎobǎn

'scheuern *vt* 1) 擦 cā, 刷 shuā, 刷净 shuājìng; 2) 擦去 cāqù; 3) 擦伤〔傷〕 cāshāng, 擦痛 cātòng; 4) sich ~ 擦痒〔癢〕 cāyǎng
'Scheuklappe *f* (马的)眼罩 yǎnzhào
'Scheune *f* -n 谷〔穀〕仓〔倉〕 gǔcāng
'Scheusal *n* -(e)s; -e 怪物 guàiwù
'scheußlich I *adj* 1) 可憎的 kězèngde, 丑〔醜〕陋的 chǒulòude; 2) 恶〔惡〕劣的 èliède, 残〔殘〕忍的 cánrěnde; II *adv* 十分 shífēn, 非常 fēicháng; sich ~ ärgern 十分恼火
'Scheußlichkeit *f* 1) 丑〔醜〕陋 chǒulòu, 难〔難〕看 nánkàn; 2) 可憎的事 kězèngde shì, 令人厌〔厭〕恶〔惡〕的事 lìng rén yànwùde shì
Schi *m* -s; -er 滑雪板 huáxuěbǎn; ~ laufen 滑雪 huáxuě
Schicht *f* -en 1) (云、大气)层〔層〕 céng, 2) 地层 dìcéng, 矿〔礦〕层 kuàngcéng; 3) 社会〔會〕阶〔階〕层 shèhuì jiēcéng; 4) 工作班 gōngzuòbān, 同班工人 tóngbān gōngrén
'schichten *vt* 1) 使成层〔層〕 shǐ chéngcéng, 分层 fēncéng, 分类〔類〕 fēnlèi; 2) 叠 dié, 垒〔壘〕起 lěiqǐ
'schichtweise *adv* 1) 一层〔層〕一层地 yīcéngyīcéngde 2) 轮〔輪〕班地 lúnbānde
schick *adj* 时〔時〕髦的 shímáode, 雅致的 yǎzhìde
Schick *m* -es; 时〔時〕髦 shímáo, 漂亮 piàoliàng, 雅致 yǎzhì
'schicken *vt* 1) 送 sòng, 送去 sòngqù; 2) 派遣 pàiqiǎn, 打发〔發〕 dǎfā; 3) sich ~in 顺应〔應〕 shùnyìng, 适〔適〕应 shìyìng; sich ~ für 合适 héshì, 适当〔當〕 shìdàng
'schicklich *adj* 适〔適〕当〔當〕的 shìdàngde, 合适的 héshìde, 合乎礼〔禮〕仪〔儀〕的 héhū lǐyí de
'Schicklichkeit *f* 合适〔適〕 héshì, 得体〔體〕 détǐ
'Schicksal *n* -(e)s; -e 1) 命运〔運〕 mìngyùn, 遭遇 zāoyù; 2) 天命 tiānmìng, 天数〔數〕 tiānshù
'schicksalhaft *adj* 1) 命中注定的 mìngzhōng zhùdìng de, 2) 决定命运〔運〕的 juédìng mìngyùn de
'Schiebe|dach *n* (汽车)活动〔動〕车〔車〕顶 huódòng chēdǐng **~fenster** *n* 拉窗 lāchuāng
'schieben* I *vt* 推 tuī, 推动〔動〕 tuīdòng, 移动 yídòng; 2) 推诿 tuīwěi; II *vi* 走私 zǒusī, 非法买〔買〕卖〔賣〕 fēifǎ mǎimài
'Schieber *m* -s; - 1) 门〔門〕闩 ménshuān, 炉〔爐〕门 lúmén, 阀门 fámén; 2) 投机〔機〕商 tóujīshāng, 黑市商人 hēishì shāngrén
Schiebetür *f* 拉门〔門〕 lāmén
Schiebung *f* -en 黑市交易 hēishì jiāoyì, 投机〔機〕倒把 tóujī dǎobǎ
'Schieds|gericht *n* 仲裁法庭 zhòngcái fǎtíng **~richter** *m* 1) 仲裁法庭法官 zhòngcái fǎtíng fǎguān; 2) 裁判 cáipàn
schief *adj* 1) 斜的 xiéde, 歪的 wāide, 偏的 piānde; ~e Ebene 斜面; j-n ~ ansehen 斜眼看人; 2) 不正确〔確〕的 bù zhèngquède, 错误的 cuòwùde
'Schiefer *m* -s; - 1) 板岩〔巖〕 bǎnyán, 片岩 piànyán; 2) 碎木片 suìmùpiàn **'~tafel** *f* (小学生写字的)石板 shíbǎn
'schiefgehen* *vi(s)* 失败 shībài, 不成功 bù chénggōng
'schielen *vi* 1) 斜视 xiéshì; 2) 偷看 tōukàn, 瞟 piǎo; auf (etw) ~ 对…眼馋
'Schienbein *n* 胫〔脛〕骨 jìnggǔ
'Schiene *f* -n 1) 钢〔鋼〕轨 gāngguǐ, 轨道 guǐdào; 2) 母线〔綫〕 mǔxiàn; 3) (接骨用)夹〔夾〕板 jiābǎn
'schienen *vt* 给骨伤〔傷〕上夹〔夾〕板 gěi gǔshāng shàng jiābǎn
'schießen* I *vi* 1) 射击〔擊〕 shèjī; 2) 迅速发〔發〕芽 xùnsù fāyá; 3) 疾驰掠过〔過〕 jíchí luěguò; II *vt* 1) 射 shè, 射击〔擊〕 shèjī; 2) 射门〔門〕 shèmén
'Schieß|pulver *n* 火药〔藥〕 huǒyào **'~scharte** *f* 枪〔槍〕眼 qiāngyǎn, 炮眼 pàoyǎn **'~scheibe** *f* 靶子 bǎzi **'~stand** *m* 打靶场〔場〕 dǎbǎchǎng
Schiff *n* -(e)s; -e 1) 船 chuán, 船舶 chuánbó; 2) 教堂的中殿 jiàotángde zhōngdiàn
'Schiffahrt *f* -en 航行 hángxíng
'schiffbar *adj* 可通航的 kě tōnghángde
'Schiff|bau *m* 造船 zàochuán **'~bauer** *m* -s; - 造船工人 zàochuán gōngrén **'~bruch** *m* 船舶遇难〔難〕 chuánbó yùnàn
'schiffbrüchig *adj* 船舶失事的 chuánbó shīshì de
'Schiffbrücke *f* 浮桥〔橋〕 fúqiáo
'schiffen *vi (s)* 航行 hángxíng
Schiffs|junge *m* 见〔見〕习〔習〕水手 jiànxí shuǐshǒu **~kapitän** *m* 船长〔長〕 chuánzhǎng **~mannschaft** *f* 船员 chuányuán, 水手 shuǐshǒu **~raum** *m* 1) 船舱〔艙〕 chuáncāng, 货舱 huòcāng; 2) 吨〔噸〕位 dūnwèi **~werft** *f* 船坞〔塢〕 chuánwū

'**Schikane** *f* -n （利用职权）刁难〔難〕diāonàn
schika'nieren *vt* 故意刁难〔難〕gùyì diāonàn, 捉弄 zhuōnòng
Schild I *m* -(e)s; -e 盾 dùn, 盾牌 dùnpái; 2) 甲壳〔殻〕jiǎké; II *n* -(e)s; -er 1) 牌子 páizi, 牌照 páizhào; 2) 路标〔標〕lùbiāo; 3) 帽舌 màoshé '~**drüse** *f* 甲状〔狀〕腺 jiǎzhuàngxiàn
'**Schilder|haus** *n* 岗〔崗〕亭 gǎngtíng, 哨所 shàosuǒ '~**maler** *m* 招牌画〔畫〕匠 zhāopái huàjiàng
'**schildern** *vt* 叙述 xùshù, 描述 miáoshù
'**Schilderung** *f* 叙述 xùshù, 描述 miáoshù
'**Schild|kröte** *f* 龟〔龜〕guī, 龟鳖目 guībiēmù ~**wache** *f* 岗〔崗〕哨 gǎngshào
Schilf *n* -(e)s; -e 芦〔蘆〕苇〔葦〕lúwěi
'**schilfig** *adj* 长〔長〕满〔滿〕芦〔蘆〕苇〔葦〕的 zhǎngmǎn lúwěi de
'**Schilfrohr** *n* 芦〔蘆〕管 lúguǎn
'**schillern** *vi* 闪闪发〔發〕光 shǎnshǎn fāguāng, 发彩虹色 fā cǎihóng sè
'**Schimmel** *m* -s; - 1) 白马〔馬〕báimǎ, 2) 霉 méi, 霉菌 méijūn
'**schimmelig** *adj* 发〔發〕霉的 fāméide
'**schimmeln** *vi* 发〔發〕霉 fāméi
'**Schimmer** *m* -s; 微光 wēiguāng, 闪烁〔爍〕shǎnshuò
Schim'panse *m* 黑猩猩 hēixīngxīng
Schimpf *m* -(e)s; -e 辱骂〔罵〕rǔmà, 侮辱 wǔrǔ
'**schimpfen** I *vi* 辱骂〔罵〕rǔmà, 侮辱 wǔrǔ; II *vt* 辱骂 rǔmà; j-n einen Lügner ~骂某人是说谎者
'**schimpflich** *adj* 1) 侮辱人的 wǔrǔrénde; 2) 丢脸〔臉〕的 diūliǎnde, 可耻的 kěchǐde
'**Schimpf|name** *m* 侮辱人的绰号〔號〕wǔrǔrénde chuòhào ~**wort** *n* 骂〔罵〕人话 màrénhuà
'**Schindel** *f* -n 盖〔蓋〕屋顶的薄板 gài wūdǐngde báobǎn
'**schinden*** *vt* 1) 剥兔子的皮 bō tùzi de pí; 2) 压〔壓〕榨 yāzhà; sich ~ 当牛马,卖苦力
'**Schinder** *m* -s; - 剥皮者 bōpízhě, 剥削榨取者 bōxuē zhàqǔ zhě
Schinde'rei *f* -en 辛苦 xīnkǔ, 当〔當〕牛马〔馬〕dāng niúmǎ
'**Schinken** *m* -s; - 火腿 huǒtuǐ
'**Schippe** *f* -n 铲〔鏟〕子 chǎnzi
'**schippen** *vt* 铲〔鏟〕chǎn, 铲掉 chǎndiào
Schirm *m* -(e)s; -e 1) 伞〔傘〕sǎn, 罩 zhào, 灯〔燈〕罩 dēngzhào; 2) 荧〔熒〕光屏 yíngguāngpíng; 3) 帽檐 màoyán '~**herr** *m* 保护〔護〕者 bǎohùzhě, 庇护者 bìhùzhě '~**mütze** *f* 鸭舌帽 yāshémào
Schlacht *f* -en 战〔戰〕役 zhànyì '~**bank** *f* 宰牲凳 zǎishēngdèng
'**schlachten** *vt* 1) 屠宰 túzǎi; 2) 屠杀〔殺〕túshā
'**Schlächter** *m* -s; 1) 屠夫 túfū, 屠户 túhù; 2) 屠杀〔殺〕者 túshāzhě
'**Schlacht|feld** *n* 战〔戰〕场〔場〕zhànchǎng ~**haus** *n*, ~**hof** *m* 屠宰场 túzǎichǎng ~**kreuzer** *m* 战列巡洋舰〔艦〕zhànliè xúnyángjiàn ~**plan** *m* 作战计划〔劃〕zuòzhàn jìhuà ~**schiff** *n* 战列舰 zhànlièjiàn
'**Schlacke** *f* -n 炉〔爐〕渣 lúzhā, 矿〔礦〕渣 kuàngzhā
'**schlacken** *vi* 1) 成渣 chéngzhā, 渣化 zhāhuà; 2) 下雨夹〔夾〕雪 xià yǔjiāxuě
'**schlackig** *adj* 1) 矿〔礦〕渣的 kuàngzhāde; 2) 雨雪交加的 yǔxuějiāojiāde
Schlaf *m* -(e)s; 睡觉〔覺〕shuìjiào, 睡眠 shuìmián; einen leichten ~ haben 睡得不沉; in tiefem ~ liegen 熟睡
Schläfchen *n* 小睡 xiǎoshuì, 午睡 wǔshuì; ein ~ machen 打盹儿〔兒〕dǎdǔnr
'**Schläfe** *f* -n 太阳〔陽〕穴 tàiyángxuè, 鬓〔鬢〕角 bìnjiǎo
'**schlafen*** *vi* 睡觉〔覺〕shuìjiào; ~ gehen 去睡觉; sich ~ gehen 躺下睡
schlaff *adj* 1) 松的 sōngde, 松弛的 sōngchíde; 2) 虚弱的 xūruòde, 软弱无〔無〕力的 ruǎnruò wúlì de
'**Schlafkammer** *f* 卧室 wòshì
'**schlaflos** *adj* 失眠的 shīmiánde, 不眠的 bùmiánde
'**Schlaf|mittel** *n* 安眠药〔藥〕ānmiányào ~**mütze** *f* 1)睡帽 shuìmào; 2) 贪睡的人 tānshuìde rén
'**schläfrig** *adj* 1) 睏的 kùnde, 困倦的 kùnjuànde; 2) 令人昏昏欲睡的 lìng rén hūnhūn yù shuì de
'**Schlaf|rock** *m* 晨服 chénfú ~**saal** *m* 大寝室 dàqǐnshì ~**stelle** *f* 床〔牀〕位 chuángwèi, 铺〔舖〕位 pùwèi
'**schlaftrunken** *adj* 睡眼惺松的 shuìyǎn xīngsōng de
'**Schlaf|wagen** *m* 卧车〔車〕wòchē '~**wandler** *m* -s; - 梦〔夢〕游者 mèngyóuzhě '~**zimmer** *n* 卧室 wòshì

Schlag *m* -(e)s; ⸚e 1) 打 dǎ, 打击〔擊〕dǎjī, 抽打 chōudǎ, 打击声〔聲〕dǎjīshēng; 2)（脉）搏动〔動〕bódòng,（心脏）跳动 tiàodòng,（波涛）击拍 jīpāi; 3) 电〔電〕击 diànjī, 打雷 dǎléi; 4) 中风〔風〕zhòngfēng; 5) 汽车〔車〕门〔門〕qìchēmén; 6) 种〔種〕zhǒng, 种类〔類〕zhǒnglèi, '~**ader** *f* 动脉〔脈〕dòngmài '~**anfall** *m* 中风〔風〕zhòngfēng

'**schlagartig** *adj* 突发〔發〕的 tūfāde, 突然的 tūránde

'**Schlag|ball** *m* 棒球 bàngqiú '~**baum** *m*（铁路道口）横木 héngmù, 栏〔欄〕木 lánmù

'**schlagen*** I *vt* 1) 打 dǎ, 敲 qiāo, 击〔擊〕jī, 拍 pāi; Alarm ~ 敲警钟; 2) 锤打 chuídǎ (Blech 金属薄片); 3) 砍伐 kǎnfá (Baum 树木); 4) 打败 dǎbài, 击溃 jīkuì; 5) 击鼓 jīgǔ, 打拍子 dǎpāizi; 6) 搅〔攪〕打 jiǎodǎ (Eiweiß 蛋白, Sahne 奶油); 7) sich ~ 打架 dǎjià, 争斗 zhēngdòu; II *vi* 1) 打 dǎ, 击 jī, 敲 qiāo; 2) 跳动〔動〕tiàodòng, 搏动 bódòng; 3) 摆〔擺〕动 bǎidòng, 晃动 huàngdòng; 4)（钟、鸟等）鸣 míng

Schläger *m* -s; - 1) 流行歌曲 liúxíng gēqǔ; 2) 畅〔暢〕销品 chàngxiāopǐn, 畅销书〔書〕chàngxiāoshū; 3)（网球、羽毛球的）球拍 qiúpāi; 4) 打蛋器 dǎdànqì; 5) 好打架的人 hào dǎjià de rén

Schläge'rei *f* -en 殴〔毆〕斗 ōudòu, 厮打 sīdǎ

'**schlagfertig** *adj* 1) 应〔應〕对〔對〕如流的 yìngduì rú liúde (Person 人); 2) 敏捷机〔機〕智的 mǐnjié jīzhì de (Antwort 回答)

'**Schlag|instrument** *n* 打击〔擊〕乐〔樂〕器 dǎjī yuèqì ~**kraft** *f* 打击力量 dǎjī lìliàng ~**loch** *n*（路面上的）坑洼 kēngwā ~**wort** *n* 口号〔號〕kǒuhào, 标〔標〕语 biāoyǔ ~**zeile** *f*（报纸的）大字标题 dàzì biāotí ~**zeug** *n* 打击乐器 dǎjī yuèqì

'**schlaksig** *adj* 瘦长〔長〕而动〔動〕作不灵〔靈〕活的人 shòucháng ér dòngzuò bù línghuó de rén

Schlamm *m* -(e)s; -e (⸚e) 烂〔爛〕泥 lànní, 污泥 wūní '~**bad** *n* 泥浴 níyù

'**schlammig** *adj* 泥泞〔濘〕的 nínìngde, 满〔滿〕是污泥的 mǎnshì wūní de

'**Schlampe** *f* -n 邋遢的女人 lātā de nǚrén

'**schlampig** *adj* 1) 邋遢的 lātāde; 2) 草率的 cǎoshuàide

'**Schlange** *f* -n 1) 蛇 shé; 2) 蛇管 shéguǎn; 3) 长〔長〕队〔隊〕chángduì; ~ stehen（购物）排长队

'**schlängeln** *v sich* 1) 爬行 páxíng, 蜿蜒 wānyán; 2) 盘〔盤〕旋而行 pánxuán ér xíng, 从〔從〕人群中穿过〔過〕去 cóng rénqún zhōng chuānguò qù

'**Schlangenlinie** *f* 波浪线〔綫〕bōlàngxiàn, 蛇形曲线 shéxíng qūxiàn

schlank *adj* 1) 细长〔長〕的 xìchángde, 苗条〔條〕的 miáotiáode, 纤〔纖〕细的 xiānxìde; 2) 轻〔輕〕快的 qīngkuàide

schlapp *adj* 松弛的 sōngchíde, 疲惫〔憊〕无〔無〕力的 píbèi wúlì de, 软弱的 ruǎnruòde

'**Schlappe** *f* -n 挫折 cuòzhé, 失败 shībài

'**schlappmachen** *vi* 昏厥 hūnjué

schlau *adj* 狡猾的 jiǎohuáde, 狡诈的 jiǎozhàde, 诡谲的 guǐjuéde

'**Schlauch** *m* -(e)s; ⸚e 1) 橡皮管 xiàngpíguǎn, 软管 ruǎnguǎn; 2) 内胎 nèitāi ~**boot** *n* 橡皮艇 xiàngpítǐng

'**Schlaufe** *f* -n 搭〔搭〕环〔環〕dāhuán, 套扣 tàokòu, 襻 pàn

Schlauheit *f* 狡猾 jiǎohuá, 狡诈 jiǎozhà

'**schlecht** *adj* 1) 低劣的 dīliède, 质〔質〕量次的 zhìliàngcìde; 2) 坏〔壞〕的 huàide, 不好的 bùhǎode; ~e Laune haben 心情不好; ~e Aussichten 前景不好; 3) 恶〔惡〕的 ède, 恶劣的 èliède; ~e Zeiten 困难时期; mir ist ~ 我感到不舒服

'**schlechterdings** *adv* 完全地 wánquánde, 绝对〔對〕地 juéduìde, 简直 jiǎnzhí

'**schlechthin** *adv* 1) 绝对〔對〕地 juéduìde, 无〔無〕条〔條〕件地 wútiáojiànde; 2) 干脆 gāncuì

'**Schlechtigkeit** *f* 1) 坏〔壞〕huài, 恶〔惡〕劣 èliè; 2) 低劣 dīliè; 3) 恶行 èxíng, 坏事 huàishì

'**schlecht|machen** *vt* 说坏〔壞〕话 shuō huàihuà, 贬低 biǎndī ~**weg** *adv* 干〔乾〕脆 gānacuì, 直截了当〔當〕地 zhíjié liǎodàng de

'**schleichen*** *vi(s)* 爬行 páxíng, 潜〔潛〕行 qiánxíng, 蹑〔躡〕着脚走 nièzhe jiǎo zǒu

'**Schleicher** *m* -s; - 虚情假意的人 xūqíng jiǎyì de rén 伪〔偽〕君子 wěijūnzi

'**Schleich|handel** *m* 非法买〔買〕卖〔賣〕fēifǎmǎimài, 黑市交易 hēishì jiāoyì ~**händler** *m* 黑市商人 hēishì shāngrén ~**weg** *m* 秘密途

径〔徑〕mìmì tújìng
'Schleier *m* -s; - 1) 面纱 miànshā, 面罩 miànzhào; 2) 雾〔霧〕霭 wù'ǎi; 3) 模糊 móhu, 浑浊〔濁〕húnzhuó
'schleierhaft *adj* 不清楚的 bùqīngchǔde, 谜一般的 míyībānde, 费解的 fèijiěde
'Schleife *f* -n 1) 活扣 huókòu, 活结 huójié; 2) 饰带〔帶〕shìdài; 3) 弯〔彎〕道 wāndào; 4) 滑梯 huátī
'schleifen I* *vt* 磨快 mókuài; 磨光 móguāng, 琢磨 zhuómó; II *vt* 1) 拖曳 tuōyè; 2) 夷为〔爲〕平地 yíwéipíngdì; III *vi* 拖 tuō, 擦 cā
'Schleifstein *m* 磨刀石 módāoshí, 磨轮〔輪〕mólún
Schleim *m* -(e)s; -e 1) 粘胶〔膠〕niánjiāo; 2) 粘液 niányè, 鼻涕 bítì **'~haut** *f* 粘膜 niánmó
'schleimig *adj* 1) 有粘液的 yǒu niányè de, 粘滑的 niánhuáde; 2) 谄媚的 chǎnmèide
'schlemmen *vi* 大吃大喝 dàchīdàhē, 讲〔講〕究吃喝 jiǎngjiū chīhē
'Schlemmer *m* -s; - 大吃大喝的人 dàchī dàhē de rén
'Schlemmerei *f* -en 盛馔 shèngzhuàn, 大吃大喝 dàchī dàhē
'schlendern *vi* (s) 溜达〔達〕liūda, 闲逛 xiánguàng
'Schlendrian *m* -(e)s; 例行公事 lìxíng gōngshì, 老一套 lǎoyītào
'schlenkern *vt, vi* 摆〔擺〕动〔動〕bǎidòng, 晃动 huàngdòng; mit den Armen ~ 挥动两手
'Schleppdampfer *m* 拖轮〔輪〕tuōlún
'Schleppe *f* -n 拖裙 tuōqún, 长〔長〕衣裙后〔後〕襟 chángyījúnhòujīn
'schleppen I *vt* 拖 tuō, 拉 lā, 牵〔牽〕引 qiānyǐn; sich ~ 拖着脚步走; II *vi* 1) 硬拖 yìngtuō; 2) 穿旧〔舊〕chuānjiù **~d** *adj* 慢条〔條〕斯理的 màntiáo sīlǐ de, 缓慢的 huǎnmànde
'Schlepper *m* -s; - 拖轮〔輪〕tuōlún
'Schlepptau *n* 纤〔纖〕qiàn, 拖缆〔纜〕tuōlǎn; j-n ins ~ nehmen 拉某人一把 lā mǒurén yībǎ
'Schleuder *f* -n 1) 弹〔彈〕弓 dàngōng, 投石器 tóushíqì; 2) 离〔離〕心机〔機〕líxīnjī
'schleudern I *vt* 1) 投 tóu, 掷〔擲〕zhì; 2) (用离心机)离〔離〕心分离 líxīn fēnlí; II *vi* (后轮)打滑 dǎhuá
'Schleuderpreis *m* 倾销价〔價〕格 qīngxiāo jiàgé; etw. zu ~en verkaufen 大削价出售某物
'schleunig *adj* 迅速的 xùnsùde
'Schleuse *f* -n 水闸 shuǐzhá
'schleusen *vt* 1) 使…通过〔過〕闸门〔門〕shí … tōngguò zhámén; 2) 带〔帶〕领 dàilǐng, 引 yǐn
schlicht *adj* 1) 纯朴〔樸〕的 chúnpǔde, 朴素的 pǔsùde; 2) 光滑的 guānghuáde (Haar 头发)
'schlichten *vt* 调停 tiáotíng, 调解 tiáojiě
'Schlichter *m* -s; - 调解者 tiáojiězhě, 仲裁人 zhòngcáirén
'schließen* I *vt* 关〔關〕guān, 关闭 guānbì, 锁上 suǒshàng; 2) 缔结 dìjié, 结成 jiéchéng; Freundschaft ~ 缔交; Vertrag ~ 缔约; 3) 结束 jiésù (Debatte 辩论); II *vi* 1) 关得上 guāndeshàng; 2) 关门〔門〕guānmén; 3) aus etw. auf etw. ~ 从〔從〕…推论〔論〕出 cóng … tuīlùn chū
'Schließfach *n* 邮〔郵〕政信箱 yóuzhèng xìnxiāng, 银行保险〔險〕箱 yínháng bǎoxiǎnxiāng
'schließlich *adv* 最后〔後〕zuìhòu, 终于 zhōngyú, 终究 zhōngjiū
Schliff *m* -(e)s; -e 磨光 móguāng, 琢磨 zhuómó
schlimm I *adj* 1) 坏〔壞〕的 huàide, 不好的 bùhǎode, 糟糕的 zāogāode; es wird immer ~er 事情越来越糟; 2) 恶〔惡〕劣的 èliède; 3) 有病的 yǒubìngde
'schlimmstenfalls *adv* 在最坏〔壞〕的情况下 zài zuìhuàide qíngkuàng xià
'Schlinge *f* -n 1) 活套 huótào, 套索 tàosuǒ; 2) 挂〔掛〕带〔帶〕guàdài; den kopf in die ~ stecken 走上危险〔險〕的道路 zǒushàng wēixiǎnde dàolù
'Schlingel *m* -s; - 小流氓 xiǎoliúmáng, 小淘气〔氣〕xiǎotáoqì
'schlingen* *vt* 围〔圍〕绕〔繞〕wéirǎo, 盘〔盤〕绕 pánrǎo; die Arme ~ um j-n 两臂搂住某人的腰; sich um etw. ~ 盘绕在…上
'Schlingpflanze *f* 攀缘植物 pānyuán zhíwù
Schlips *m* -es; -e 领带〔帶〕lǐngdài
'Schlitten *m* -s;- 雪橇 xuěqiāo
'Schlittschuh *m* 滑冰鞋 huábīngxié; ~ laufen 滑冰 huábīng **~läufer** *m* 滑冰的人 huábīngde rén
Schlitz *m* -es; -e 1) 裂口 lièkǒu, 缝隙 fèngxī; 2) 开〔開〕裆〔襠〕kāidāng, 衩 chà
'schlitzen *vt* 在…开〔開〕叉 zài … kāichà, 扯开 chěkāi
Schloß Schlosses; Schlösser *n* 1) 宫殿 gōngdiàn; 2) 锁 suǒ; ins ~ fallen 关锁上; hinter ~ und Riegel 关在牢里

'**Schlosser** *m* -s; - 钳工 qiángōng, 锁匠 suǒjiàng
Schlot *m* -(e)s; -e 烟筒 yāntong, 烟囱 yāncōng '~**feger** *m* -s; - 扫〔掃〕烟囱的人 sǎo yāncōng de rén
'**schlotterig** *adj* 1) 抖动〔動〕的 dǒudōngde, 颤抖的 chàndǒude; 2)(衣服)宽大的 kuāndàde
'**schlottern** *vi* 1) 发〔發〕抖 fādǒu, 颤抖 chàndǒu; 2)(衣服宽松)晃动〔動〕huàngdòng
Schlucht *f* -en 峡〔峽〕谷 xiágǔ
'**schluchzen** *vi* 啜泣 chuòqì
Schluck *m* -(e)s; -e (¨e) 一口 yīkǒu, 一口吞下的量 yīkǒu tūnxiàde liàng '~**auf** *m* -s; 打嗝儿〔兒〕dǎgér
'**schlucken** *vt, vi* 1) 吞咽 tūnyàn; 2) 忍受 rěnshòu, 忍住 rěnzhù; 3) 吞并〔併〕tūnbìng, 侵吞 qīntūn
'**Schlucken** *m* -s; 打嗝儿〔兒〕dǎgér
'**Schlummer** *m* -s; 假寐 jiǎmèi, 打瞌睡 dǎkēshuì
'**schlummern** *vi* 1) 微睡 wēishuì, 假寐 jiǎmèi; 2) 蕴藏 yùncáng
Schlund *m* -(e)s; ¨e 1) 食管 shíguǎn, 咽喉 yānhóu; 2) 深渊〔淵〕shēnyuān
'**schlüpfen** *vi* 钻〔鑽〕zuān; 穿过〔過〕chuānguò; in die Kleider ~ 迅速穿上衣服; aus den Kleidern ~ 迅速脱掉衣服
'**Schlüpfer** *m* -s; - 紧〔緊〕身短衬〔襯〕裤 jǐnshēn duǎnchènkù
'**Schlupfloch** *n* 1) 洞穴 dòngxuè; 2) 隐〔隱〕蔽所 yǐnbìsuǒ, 避难〔難〕所 bìnànsuǒ
'**schlüpfrig** *adj* 1) 滑溜的 huáliude, 黏滑的 niánhuáde; 2) 下流的 xiàliúde, 淫秽〔穢〕的 yínhuìde
'**Schlupfwinkel** *m* 隐〔隱〕匿处〔處〕yǐnnìchù
'**schlurfen** *vi* 拖着脚走 tuōzhe jiǎozǒu
'**schlürfen** *vt, vi* 啜 chuò, 咂 zā; 咂咂地吃喝 zāzāde chīhē
Schluß *m* Schlusses; Schlüsse 1) 结束 jiésù, 结尾 jiéwěi, 结论〔論〕jiélùn; 2) 关〔關〕闭 guānbì
'**Schlüssel** *m* -s; - 1) 钥〔鑰〕匙 yàoshi; 2) 密码本 mìmǎběn; 3) 题解答案 tíjiě dá'àn; 4)(音乐的)调 diào ~**bart** *m* 钥〔鑰〕匙头〔頭〕yàoshitóu ~**bund** *m, n* -(e)s; -e 钥匙串 yàoshichuàn ~**industrie** *f* 基础工业〔業〕jīchǔ gōngyè ~**loch** *n* 锁眼 suǒyǎn, 钥匙孔 yàoshikǒng ~**ring** *m* 钥匙圈 yàoshiquān
'**Schluß|folgerung** *f* 结论〔論〕jiélùn, 推论 tuīlùn ~**formel** *f* 信尾套语 xìnwěi tàoyǔ
'**schlüssig** *adj* 结论〔論〕性的 jiélùnxìngde, 有说服力的 yǒu shuōfúlìde; sich ~ werden 下定决心
'**Schluß|licht** *n* 1) 车〔車〕辆〔輛〕尾灯〔燈〕chēliàngwěidēng; 2)(比赛)末名 mòmíng ~**runde** *f* 决赛 juésài
Schmach *f* 耻辱 chǐrǔ
'**schmachten** *vi* 1) 渴望 kěwàng, 向往 xiàngwǎng; 2) 受苦 shòukǔ, 忍饥〔饑〕挨饿 rěnjī āi'è
'**schmächtig** *adj* 瘦小的 shòuxiǎode (Junge, 男孩)
'**schmachvoll** *adj* 耻辱的 chǐrǔde, 屈辱的 qūrǔde
'**schmackhaft** *adj* 美味的 měiwèide, 可口的 kěkǒude
'**schmähen** *vt* 侮辱 wǔrǔ, 诽谤 fěibàng
'**schmählich** *adj* 可耻的 kěchǐde, 卑劣的 bēiliède
'**Schmähschrift** *f* 谤书〔書〕bàngshū, 骂人的文章 màrénde wénzhāng
'**Schmähung** *f* 侮辱 wǔrǔ, 诽谤 fěibàng
schmal *adj* 1) 狭窄的 xiázhǎide; 2) 瘦削的 shòuxiāode; 3) 微薄的 wēibóde
'**schmälern** *vt* 减少 jiǎnshǎo, 缩小 suōxiǎo
'**Schmal|film** *m* 窄电〔電〕影胶〔膠〕片 zhǎi diànyǐng jiāopiàn ~**spur** *f* 窄轨距 zhǎiguǐjù ~**spurbahn** *f* 窄轨铁〔鐵〕路 zhǎiguǐ tiělù
Schmalz *n* -es; -e (炼过的)动〔動〕物油 dòngwùyóu
'**schmalzig** *adj* 1) 油腻的 yóunìde; 2) 卖〔賣〕弄风情的 màinòng fēngqíng de
schma'rotzen *vi* 寄生 jìshēng
Schma'rotzer *m* -s; - 寄生物 jìshēngwù, 寄生虫 jìshēngchóng, 过〔過〕寄生生活的人 guò jìshēng shēnghuó de rén
'**Scchmarre** *f* -n 伤〔傷〕疤 shāngbā
Schmatz *m* -es; -e (出声的)亲〔親〕嘴 qīnzuǐ
'**schmatzen** *vi* 1) 出声〔聲〕地吻 chūshēngde wěn; 2) 咂咂地吃 zāzāde chī
Schmaus *m* -es; ¨e 酒席 jiǔxí, 盛宴 shèngyàn
'**schmausen** *vi* 大吃大喝 dàchī dàhē
'**schmecken** I *vt* 尝〔嘗〕cháng, 辨味 biànwèi; II *vi* 有滋味 yǒuzīwèi, 觉〔覺〕得好吃 juéde hǎochī; dieser Wein schmeckt mir 这种酒我觉得好喝
Schmeiche'lei *f* -en 阿谀逢迎 ēyú féngyíng
'**schmeichelhaft** *adj* 谄媚的 chǎnmèide
'**schmeicheln** *vi* 向…献〔獻〕媚 xiàng … xiànmèi

'**Schmeichler** *m* -s; - 马〔馬〕屁精 mǎpìjīng, 谄媚者 chǎnmèizhě
'**schmeichlerisch** *adj* 谄媚的 chǎnmèide, 拍马〔馬〕屁的 pāimǎpìde
'**schmeißen*** I *vt* 1) 扔 rēng, 投 tóu, 掷〔擲〕zhì; 2) 砰地关〔關〕上 pēngde guānshàng; II *vi* 扔 rēng, 掷 zhì; mit Geld um sich ~ 乱花钱
Schmelz *m* -es; -e 1) 珐琅 fàláng, 搪瓷 tángcí; 2)（颜色、音色）柔和 róuhé, 圆润 yuánrùn
'**schmelzen*** *vi* (*s*) 1) 融化 rónghuà; 2) 熔化 rónghuà; 3) 变〔變〕软 biànruǎn; 4) 冰释 bīngshì; II *vt* 使融化 shǐ rónghuà, 使熔化 shǐ rónghuà
'**Schmelz|hütte** *f* 冶炼〔煉〕厂〔廠〕yěliànchǎng **~ofen** *m* 熔炉〔爐〕rónglú **~tiegel** *m* 熔炼〔煉〕坩埚〔堝〕rónglián gānguō
'**Schmerbauch** *m* 大肚子 dàdùzi
Schmerz *m* -es; -en 疼痛 téngtòng, 痛苦 tòngkǔ, 悲痛 bēitòng
'**schmerzen** I *vi* 疼痛 téngtòng; II *vt* 使疼痛 shǐ téngtòng, 使痛苦 shǐ tòngkǔ, 使悲痛 shǐ bēitòng
'**schmerz|haft** *adj* 疼痛的téngtòngde, 令人痛苦的 lìng rén tòngkǔde **~lich** *adj* 疼痛的 téngtòngde, 痛苦的 tòngkǔde, 悲痛的 bēitòngde **~los** *adj* 无〔無〕痛的 wútòngde; ~e Operation 无痛手术
'**Schmetterling** *m* -s; -e 蝴蝶 húdié
'**schmettern** I *vt* 1) 摔 shuāi, 甩 shuǎi; 2) einen (Schnaps) ~ 喝一杯 hē yībēi; 3) ein Lied ~大声〔聲〕唱一支歌 dàshēng chàng yīzhī ge; II *vi* 大声歌唱 dàshēng gēchàng
Schmied *m* -(e)s; -e 铁〔鐵〕匠 tiějiàng, 锻工 duàngōng
'**Schmiede** *f* -n 铁〔鐵〕匠铺 tiějiàngpù **~eisen** *n* 熟铁 shútiě **~hammer** *m* 锻锤 duànchuí
'**schmieden** *vt* 1) 锤打 chuídǎ, 锻造 duànzào; 2) 策划〔劃〕cèhuà
'**schmiegen** *v sich* 紧〔緊〕贴 jǐntiē, 紧靠 jǐnkào, 偎依 wēiyī
'**schmiegsam** *adj* 1) 柔韧〔韌〕的 róurènde, 易弯〔彎〕曲的 yìwānqūde; 2) 柔软的 róuruǎnde, 灵〔靈〕活的 línghuóde
'**Schmiere** *f* -n 1) 润滑油 rùnhuáyóu; 2) 油泥 yóuní; 3) 简陋的小剧〔劇〕团〔團〕jiǎnlòude xiǎojùtuán
'**schmieren** I *vt* 1) 涂〔塗〕抹 túmǒ, 给…上油 gěi … shàngyóu; II *vi* 涂鸦 túyā, 乱〔亂〕画〔畫〕luànhuà
Schmiere'rei *f* -en 1) 涂〔塗〕鸦 túyā, 乱〔亂〕画〔畫〕luànhuà; 2) 拙劣的画 zhuóliède huà, 潦草的字迹 liácǎode zìjì
'**schmierig** *adj* 1) 油腻的 yóunìde, 油污的 yóuwūde; 2) 卑鄙的 bēibǐde, 下流的 xiàliúde
'**Schmiermittel** *n* 润滑剂〔劑〕rùnhuájì
'**Schminke** *f* -n 1) 脂粉 zhīfěn, 胭脂 yānzhī; 2)化妆〔妝〕huàzhuāng
'**schminken** *vt, v sich* 涂〔塗〕脂抹粉 túzhīmǒfěn,擦口红 cā kǒuhóng
'**Schmirgel** *m* -s; 金刚〔剛〕砂 jīngāngshā
'**schmirgeln** *vt* 用金刚〔剛〕砂磨 yòng jīngāngshā mó
'**Schmirgelpapier** *n* 砂纸 shāzhǐ
Schmiß *m* -sses; -sse 剑〔劍〕伤〔傷〕疤痕 jiànshāng bāhén; 2) 生气〔氣〕shēngqì, 妙趣 miàoqù
'**Schmorbraten** *m* 炖肉 dùnròu
'**schmoren** *vt, vi* 煨 wēi, 炖 dùn
schmuck *adj* 整洁〔潔〕的 zhěngjiéde, 秀丽〔麗〕的 xiùlìde, 漂亮的 piàoliàngde
Schmuck *m* -(e)s; -e 1) 装〔裝〕饰 zhuāngshì, 美化 měihuà; 2) 首饰 shǒushì, 装饰品 zhuāngshìpǐn
'**schmucklos** *adj* 无〔無〕装〔裝〕饰的 wúzhuāngshìde, 朴[樸]素的 pǔsùde
'**Schmucksachen** *pl* 首饰 shǒushì, 装〔裝〕饰品 zhuāngshìpǐn
'**Schmuggel** *m* 走私 zǒusī, 偷运〔運〕tōuyùn
'**schmuggeln** *vt, vi* 走私 zǒusī, 偷运〔運〕tōuyùn
'**Schmuggelware** *f* 走私品 zǒusīpǐn
'**Schmuggler** *m* 走私者 zǒusīzhě
'**schmunzeln** *vi* 高兴〔興〕地微笑 gāoxìngde wēixiào
Schmutz *m* -es; 1) 污物 wūwù, 尘〔塵〕垢 chéngòu; 2) 肮〔骯〕脏〔髒〕āngzāng, 卑鄙 bēibǐ
'**schmutzen** *vi* 变〔變〕脏〔髒〕biànzāng, 弄脏 nòngzāng
'**Schmutz|fink** *m* 邋遢的人 lātāde rén, 脏〔髒〕鬼 zāngguǐ **~fleck** *m* 污渍 wūzì, 污斑 wūbān
'**schmutzig** *adj* 肮〔骯〕脏〔髒〕的 āngzāngde, 下流的 xiàliúde, 淫秽〔穢〕的 yínhuìde
'**Schnabel** *m* -s; ⸚ 嘴 zuǐ, 鸟〔鳥〕嘴 niǎozuǐ, 喙 huì
'**Schnalle** *f* -n 带〔帶〕扣 dàikòu, 扣环〔環〕kòuhuán
'**schnallen** *vt* 扣住 kòuzhù, 带〔帶〕扣 dàikòu
'**schnalzen** *vi* mit den Fingern ~ 打榧子 dǎ fěizi; mit der Zunge ~ 咂舌作声〔聲〕zāshé zuòshēng
'**schnappen** I *vi* 1)（猛地）一掀 yīxiān, 一撞 yīzhuàng, 一跳 yītiào; 2)发〔發〕喀嚓声〔聲〕fā kācāshēng 3) 伸嘴去咬 shēnzuǐ qù yǎo; II

vt 抓住 zhuāzhù, 逮住 dǎizhù
'**Schnapp|messer** *n* 折刀 zhédāo '**~schloß** *n* 弹〔彈〕簧锁 tánhuángsuǒ '**~schuß** *m* 快照 kuàizhào, 快镜摄〔攝〕影 kuàijìng shèyǐng
Schnaps *m* -es; ⸚e 烧〔燒〕酒 shāojiǔ, 烈酒 lièjiǔ
'**schnarchen** *vi* 打鼾 dǎhān
'**Schnarcher** *m* -s; - 打鼾者 dǎhānzhě
'**schnarren** *vi* 发〔發〕哒〔噠〕哒声〔聲〕 fā dādāshēng
'**schnattern** *vi* 1) 嘎嘎地叫 gāgāde jiào; 2) 喋喋不休 diédié bùxiū
'**schnauben** I *vi* 1) 发〔發〕鼻息声〔聲〕 fā bíxīshēng; 2) 喘气〔氣〕 chuǎnqì; vor Wut ~气得直呼哧; II *vt* sich (*D*) die Nase ~擤鼻涕 xǐng bítì
'**schnaufen** *vi* 喘气〔氣〕 chuǎnqì, 喘息 chuǎnxī
'**Schnauzbart** *m* 大髭须〔鬚〕 dàzīxū
'**Schnauze** *f* -n 1) (动物的)口鼻部 kǒubíbù; 2) (飞机、汽车的)头〔頭〕部 tóubù; 3) 壶〔壺〕嘴 húzuǐ
'**schnauzen** *vi* 1) 呵斥 hēchì, 责骂〔罵〕 zémà; 2) 高声〔聲〕叫嚷 gāoshēngjiàorǎng
'**Schnecke** *f* -n 1) 蜗〔蝸〕牛 wōniú; 2) 耳蜗 ěrwō
'**Schnecken|haus** *n* 蜗〔蝸〕牛壳〔殼〕 wōniúké **~tempo** *n* 蜗牛步 wōniúbù
Schnee *m* -s; 雪 xuě '**~ball** *m* 雪球 xuěqiú '**~ballschlacht** *f* 雪球战〔戰〕 xuěqiúzhàn
'**schnee|bedeckt** *adj* 白雪复〔覆〕盖〔蓋〕的 bái xuěfùgài de **~ blind** *adj* 雪盲的 xuěmángde
'**Schnee|brille** *f* (登山者的)墨片眼镜 mòpiàny ǎnjìng '**~fall** *m* 下雪 xiàxuě '**~flocke** *f* 雪花 xuěhuā, 雪片 xuěpiàn '**~gestöber** *n* 暴风〔風〕雪 bàofēngxuě '**~glöckchen** *n* 雪花莲 xuěhuālián '**~grenze** *f* 雪线〔綫〕 xuěxiàn '**~pflug** *m* 铲〔鏟〕雪机〔機〕 chǎnxuějī '**~sturm** *m* 暴风雪 bàofēngxuě '**~wehe** *f* -n 雪堆 xuěduī
'**schneeweiß** *adj* 雪白的 xuěbáide
Schneid *m* -(e)s; 魄力 pòlì, 胆〔膽〕量 dǎnliàng, 闯劲〔勁〕 chuǎngjìn
'**Schneide** *f* -n 刀锋 dāofēng, 刀刃 dāorèn
'**schneiden*** I *vt* 1) 切 qiē, 割 gé, 剪裁 jiǎncái; 2) 切破 qiēpò, 割伤〔傷〕 géshāng; II *vi* 切 qiē, 割 gé, 剪 jiǎn
'**Schneider** *m* -s; - 裁缝 cáiféng
'**Schneide'rei** *f* -en 1) 缝纫业〔業〕 féngrènyè; 2) 裁缝铺 cáiféngpù
'**Schneidermeister** *m* 裁缝师〔師〕傅 cáiféng shīfù
'**schneidern** *vt, vi* 缝制〔製〕 féngzhì, 做衣服 zuò yīfú
'**Schneidezahn** *m* 门〔門〕齿〔齒〕 ménchǐ
'**schneidig** *adj* 1) 鲁莽的 lǔmǎngde; 2) 果敢的 guǒgǎnde, 有魄力的 yǒu pòlìde
'**schneien** *vi* 下雪 xiàxuě
schnell *adj* 1) 快的 kuàide, 迅速的 xùnsùde, 敏捷的 mǐnjiéde; 2) 突然的 tūránde, 骤然的 zhòuránde; 3) 匆忙的 cōngmángde; ~ handeln 迅速处理; mach ~! 快点!
'**Schnelläufer** *m* 赛跑运〔運〕动〔動〕员 sàipǎo yùndòngyuán, 速滑运动员 sùhuá yùndòngyuán
'**Schnelldienst** *m* 快修部 kuàixiūbù
'**schnellen** *vt, vi* 一跃〔躍〕而起 yīyuè ér qǐ, 蹿〔躥〕起 cuānqǐ
'**Schnelligkeit** *f* 1) 迅速 xùnsù, 敏捷 mǐnjié; 2) 速度 sùdù
'**Schnell|imbiß** *m* 快餐 kuàicān **~kraft** *f* 弹〔彈〕力 tánlì, 弹性 tánxìng **~verfahren** *n* 1) 快速处〔處〕理方法 kuàisù chǔlǐ fāngfǎ; 2) 即席审〔審〕判程序 jíxí shěnpàn chéngxù **~zug** *m* 快车〔車〕 kuàichē, 特别快车 tèbié kuàichē
'**schneuzen** *v sich* 擤鼻涕 xǐng bítì
'**schniegeln** *v sich* 打扮 dǎbàn; geschniegelt und gebügelt 衣冠楚楚 yīguān chǔchǔ
'**Schnippchen** *n* j-m ein ~ schlagen 使…打算落空 shǐ … dǎsuàn luòkōng
'**schnippisch** *adj* 唐突的 tángtūde, 莽撞的 mǎngzhuàngde, 傲慢的 àomànde (Mädchen 姑娘)
Schnitt *m* -(e)s; -e 1) 切 qiē, 割 gé, 剪 jiǎn; 2) 截痕 jiéhén, 刻痕 kèhén, (书本的)边〔邊〕 biān; 3) 平均值 píngjūnzhí; 4) (影片的)剪辑 jiǎnjí '**~blumen** *pl* 插花 chāhuā '**~fläche** *f* 切面 qiēmiàn, 截面 jiémiàn
'**schnittig** *adj* 笔〔筆〕挺的 bǐtǐngde (Anzug 西服), 流线〔綫〕型的 liúxiànxíngde (Auto 汽车)
'**Schnitt|muster** *n* (服装裁剪的)纸样〔樣〕 zhǐyàng '**~punkt** *m* 交点〔點〕 jiāodiǎn, 交叉口 jiāochākǒu, '**~wunde** *f* 伤〔傷〕口 shāngkǒu
'**Schnitzel** I *n* -s; - 炸肉排 zhároupái; II *n, m* -s; - 碎屑 suìxiè, 碎纸 suìzhǐ, 碎布 suìbù
'**schnitzen** *vt* 雕刻 diāokè
'**Schnitzer** *m* -s; - 1) 木刻家 mùkèjiā; 2) 错误 cuòwù, 纰漏 pīlòu
Schnitze'rei *f* -en 木刻品 mùkèpǐn, 木雕 mùdiāo
'**schnöde** *adj* 1) 可耻的 kěchǐde, 可

鄙的 kěbǐde; 2) 轻〔輕〕蔑的 qīngmiède, 鄙视的 bǐshìde
'Schnörkel *m* -s; - 1) 旋涡〔渦〕饰 xuánwōshì; 2) 华丽〔麗〕词藻 huálì cízǎo
'schnorren *vt, vi* 乞讨 qǐtǎo, 讨得 taǒdé
'Schnorrer *m* -s; - 乞讨者 qǐtǎozhě
'schnüffeln *vi* 1) 嗅一嗅 xiùyīxiù, 闻一闻 wényīwén; 2) 刺探 cìtàn, 探听〔聽〕tàntīng
'Schnüffler *m* 1) 侦探 zhēntàn; 2) 爱〔愛〕打听〔聽〕的人 ài dǎtīng de rén
'Schnuller *f* -s; - 橡皮奶头〔頭〕xiàngpí nǎitóu
'Schnulze *f* -n 伤〔傷〕感的歌曲、电〔電〕影或戏〔戲〕剧〔劇〕shānggǎnde gēqǔ、diànyǐng huò xìjù
'schnupfen *vi* 吸鼻烟 xī bíyān
Schnupfen *m* -s; - 感冒 gǎnmào, 伤〔傷〕风〔風〕shāngfēng
'Schnupfer *m* -s; - 吸鼻烟者 xī bíyān zhě
'Schnupftabak *m* 鼻烟 bíyān
'schnuppe *adj* das ist mir ~这〔這〕对〔對〕我无〔無〕所谓 zhè duì wǒ wú suǒ wèi
'schnuppern *vi* 嗅 xiù, 闻 wén
Schnur *f* ⸚e (-en) 1) 线〔綫〕xiàn, 绳〔繩〕shéng; 2) 导线 dǎoxiàn, 电〔電〕线 diànxiàn; 3) 捆扎用的绳子 kǔnzhāyòngde shéngzi
'Schnür|band *n* 细线〔綫〕xìxiàn
~**chen** *n* -s;- wie am ~流畅顺利 liúchàng shùnlì
'schnurgerade *adj* 笔〔筆〕直的 bízhíde
'Schnurrbart *m* 髭须〔鬚〕zīxū, 小胡〔鬍〕子 xiǎohúzi
'schnurren *vi* 发〔發〕出呼噜声〔聲〕fāchū hūlushēng, 嗡嗡地响〔響〕wēngwēngde xiǎng
'Schnürsenkel *m* 鞋带〔帶〕xiédài
'schnurstracks *adv* 径〔徑〕直 jìngzhí, 立刻 lìkè
'Schober *m* -s; - 干〔乾〕草棚 gāncǎopéng
Schock I *n* -(e)s; -e 1) 六十个 liùshígè; 2) 大量 dàliàng, 许多 xǔduō; II *m* -(e)s; -s (-e) 休克 xiūkè
scho'ckieren *vt* 激怒 jīnù, 使震惊〔驚〕shǐ zhènjīng
Schoko'lade *f* -n 巧克力 qiǎokèlì
'Scholle *f* -n 1) 土块〔塊〕tǔkuài, 泥块 níkuài; 2) 地块 dìkuài; 3) 鲽 dié
schon *adv* 已经〔經〕yǐjīng,就会〔會〕jiùhuì, 终于 zhōngyú; ~ lange 已经很久;~ gut! 很好! ~ der Gedanke 就是这个意思; hast du ~ einmal...? 你是否有过…; muß du ~ gehen? 你这就走吗?
schön I *adj* 1) 美丽〔麗〕的 měilìde, 漂亮的 piàoliàngde; 2) 晴朗的 qínglǎngde; 3) 美好的 měihǎode; 4) 可观〔觀〕的 kěguānde; 4) das ~e Geschlecht 女性 nǚxìng; die ~e Künste 美术〔術〕měishù; ~e Literatur 文学〔學〕wénxué; II *adv* danke ~! 多谢! duōxiè! ~ warm 暖和 nuǎnhuo; du hast mich ~ erschreckt 你吓了我一大跳
'schonen *vt* 1) 爱〔愛〕护〔護〕àihù, 爱惜 àixī; 2) 照顾〔顧〕zhàogù, 关〔關〕怀〔懷〕guānhuái; 3) sich ~ 保重 bǎozhòng
'Schönheit *f* 1) 美 měi, 美丽〔麗〕měilì; 2) 美人 měirén ~**spflege** *f* 美容 měiróng
'schöntun* *vi* 奉承 fèngchéng, 献〔獻〕媚 xiànmèi
'Schonung *f* 1) 爱〔愛〕护〔護〕àihù, 爱惜 àixī; 2) 保重 bǎozhòng, 珍重 zhēngzhòng; 3) 宽大 kuāndà, 仁慈 réncí; 4) 育林区〔區〕yùlínqū
'schonungslos *adj* 严〔嚴〕厉〔厲〕的 yánlìde, 毫不留情的 háobùliúqíngde
Schopf *m* -(e)s; ⸚e 1) 满〔滿〕头〔頭〕密发〔髮〕mǎntóu mìfà, 一绺头发 yīliǔ tóufà; 2) 鸟〔鳥〕的冠毛 niǎode guānmáo
'schöpfen *vt* 1) 汲取 jíqǔ, 汲水 jíshuǐ; 2) 取得 qǔdé; neue Hoffnung ~ 取得新的希望; Verdacht ~ 发〔發〕生怀〔懷〕疑 fāshēng huáiyí
'Schöpfer *m* -s; - 1) 创〔創〕造者 chuàngzàozhě; 2) 造物主 zàowùzhǔ; 3) 勺子 sháozi
'schöpferisch *adj* 创〔創〕造性的 chuàngzàoxìngde
'Schöpfung *f* -en 艺〔藝〕术〔術〕创〔創〕作 yìshù chuàngzuò; 作品 zuòpǐn
Schorf *m* -(e)s; -e 痂 jiā
'schorfig *adj* 结痂的 jiéjiāde
'Schornstein *m* 烟囱 yāncōng
Schoß *m* -es; ⸚e 1) 膝间 xījiān, 怀〔懷〕huái; 2) 母腹 mǔfù; 3) (衣服的)下摆〔擺〕xiàbǎi
'Schote *f* -n 1) 嫩枝 nènzhī; 2) 豆荚〔莢〕dòujiā, 荚果 jiāguǒ
'Schotter *m* -s; - (铺路的)卵石 luǎnshí, 碎石 suìshí
schräg I *adj* 斜的 xiéde, 不正的 bùzhèngde, 倾斜的 qīngxiéde; II *adv* ~ gegenüber 斜对面 xiéduìmiàn
'Schramme *f* -n 1) 抓痕 zhuāhén, 搔伤〔傷〕sāoshāng; 2) 裂痕 lièhén

'**schrammen** *vt* 抓伤〔傷〕 zhuāshāng, 刮伤 guāshāng

Schrank *m* -(e)s; ⸚e 橱 chú, 柜〔櫃〕 guì

'**Schranke** *f* -n 1) 栅栏〔欄〕 zhàlan; 2) (铁路) 道口杆 dàokǒugān; 3) 界限 jièxiàn

'**schrankenlos** *adj* 1) 无〔無〕边〔邊〕无际〔際〕的 wúbiān wújì de; 2) 无约束的 wúyuēsùde

'**Schrankenwärter** *m* 道口看守员 dàokǒu kānshǒuyuán

'**Schraube** *f* -n 1) 螺丝〔絲〕luósī, 螺杆 luógǎn; 2) 螺旋桨 luóxuánjiǎng

'**schrauben** *vt* 1) 拧〔擰〕紧〔緊〕螺丝〔絲〕 níngjǐn luósī; 2) 提高价格 tígāo jiàgé

'**Schrauben|dampfer** *m* 螺旋桨〔槳〕轮〔輪〕船 luóxuánjiǎng lúnchuán ~**mutter** *f* 螺母 luómǔ ~**schlüssel** *m* 扳手 bānshǒu, 扳子 bānzi ~**zieher** *m* 改锥 gǎizhuī, 螺丝〔絲〕起子 luósī qǐzi

'**Schraubstock** *m* 虎钳 hǔqián, 台〔臺〕钳 táiqián,

'**Schrebergarten** *m* (郊区)小菜园〔園〕 xiǎocàiyuán

Schreck *m* -(e)s; -e 惊〔驚〕恐 jīngkǒng, 惊吓〔嚇〕 jīngxià '~**bild** *n* 恐怖景象 kǒngbù jǐngxiàng

'**schrecken** *vt* 恐吓〔嚇〕kǒnghè, 使害怕 shǐ hàipà

'**Schreckens | botschaft** *f* 可怕的消息 kěpàde xiāoxī ~**herrschaft** *f* 恐怖统治 kǒngbùtǒngzhì

'**schreck|haft** *adj* 胆〔膽〕怯的 dǎnqiède, 易惊〔驚〕吓〔嚇〕的 yìjīngxiàde ~**lich** I *adj* 可怕的 kěpàde, 令人吃惊〔驚〕的 lìng rén chījīngde; II *adv* 非常 fēicháng, 很 hěn; es hat ~lange gedauert 延续了很长时间

'**Schreckschuß** *m* 警告性鸣枪〔槍〕 jǐnggàoxìng míngqiāng

Schrei *m* -(e)s; -e 大叫 dàjiào, 大喊 dàhǎn, 惊〔驚〕呼 jīnghū

'**schreiben*** *vt, vi* 写〔寫〕 xiě, 写字 xiězì, 写作 xiězuò; mit der Maschine ~ 打字 dǎzì

'**Schreiben** *n* -s; - 信 xìn, 函件 hánjiàn

'**Schreiber** *m* -s; - 1) 作者 zuòzhě; 2) 文书〔書〕 wénshū, 书记 shūjì

'**schreibfaul** *adj* 懒得动〔動〕笔〔筆〕的 lǎnde dòngbǐ de

'**Schreib|feder** *f* 羽毛笔〔筆〕 yǔmáobǐ, 钢〔鋼〕笔 gāngbǐ ~**fehler** *m* 拼写〔寫〕错误 pīnxiě cuòwù ~**heft** *n* 练〔練〕习〔習〕簿 liànxíbù ~**maschine** *f* 打字机〔機〕 dǎzìjī ~**material** *n* 文具 wénjù ~**papier** *n* 写字用纸 xiězì yòngzhǐ ~**schrift** *f* 手写稿 shǒuxiěgǎo ~**tisch** *m* 写字台 xiězìtái ~**ung** *f* 写 xiě, 书〔書〕写 shūxiě, 拼写 pīnxiě ~**waren** *pl* 文具 wénjù ~**warenhändler** *m* 文具店主 wénjù diànzhǔ ~**zeug** *n* 写字用具 xiězì yòngjù

'**schreien*** *vt, vi* 1) 叫喊 jiàohǎn, 呼喊 hūhǎn; 2) 啼哭 tíkū; 3) 大声〔聲〕说话 dàshēng shuōhuà ~**d** *adj* 1) 刺眼的 cìyǎnde (Farben 颜色), 显〔顯〕著的 xiǎnzhùde (Unrecht 不公正)

'**schreiten*** *vi* (*s*) 1) 阔步 kuòbù, 迈〔邁〕步 màibù; 2) 进〔進〕行 jìn xíng; zu etw. ~ 着手做…

Schrift *f* -en 1) 文字 wénzì, 笔〔筆〕迹 bǐjì; 2) 文件 wénjiàn; 3) 论〔論〕文 lùnwén, 著作 zhùzuò

'**schriftdeutsch** *adj* 书〔書〕面德语的 shūmiàn déyǔ de

'**Schrift|führer** *m* 记录〔錄〕 jìlù, 秘书〔書〕 mìshū ~**leiter** *m* 报〔報〕纸主笔〔筆〕 bàozhǐ zhǔbǐ

'**schriftlich** *adj* 书〔書〕面的 shūmiànde

'**Schrift|setzer** *m* 排字工人 páizì gōngrén ~**sprache** *f* 书〔書〕面语言 shūmiàn yǔyán ~**steller** *m* -s; - 作家 zuòjiā ~**stück** *n* 文件 wénjiàn ~**wechsel** *m* 书信往来 shūxìn wǎnglái ~**zeichen** *n* 文字 wénzì, 字母 zìmǔ

schrill *adj* 刺耳的 cì'ěrde, 尖声〔聲〕的 jiānshēngde

Schritt *m* -(e)s; -e 1) 步子 bùzi, 步伐 bùfá; mit der Zeit ~ halten 跟上时代步伐; auf ~ und Tritt 经〔經〕常 jīngcháng, 处〔處〕处 chù chù; 2) 步骤 bùzhòu, 措施 cuòshī; ~e unternehmen 采取措施

'**schrittweise** *adv* 逐步地 zhúbùde

schroff *adj* 1) 陡峭的 dǒuqiàode; 2) 生硬的 shēngyìngde, 粗暴的 cūbàode; 3) 鲜明的 xiānmíngde (Widerspruch 矛盾)

'**schröpfen** *vt* 1) 为…拔火罐 wèi … báhuǒguàn; 2) 诈取钱〔錢〕财 zhàqǔ qiáncái

Schrot *m, n* -(e)s; -e 1) 粗磨的谷〔穀〕粒 cūmóde gǔlì; 2) (猎枪用的)铅弹〔彈〕 qiāndàn '~**brot** *n* 粗面〔麵〕粉面包 cūmiànfěn miànbāo' ~**flinte** *f* 霰弹〔彈〕枪〔槍〕 xiàndànqiāng

Schrott *m* -(e) s; -e 废〔廢〕铁〔鐵〕 fèitiě, 金属〔屬〕废料 jīnshǔ fèiliào

'**schrubben** *vt* 刷净 shuājìng, 擦净 cājìng

'**Schrulle** *f* -n 怪癖 guàipì, 怪脾气〔氣〕 guàipíqì

'**schrumpfen** *vi* (*s*) 1) 干〔乾〕缩 gānsuō, 皱〔皺〕缩 zhòusuō; 2) 缩

小 suōxiǎo
'**Schrumfung** *f* -en 干〔乾〕缩 gānsuō, 皱缩 zhòusuō
Schub *m* -(e)s; ⸚e 1) 推 tuī, 推动〔動〕tuīdòng; 2) 推力 tuīlì; 3) (人) 一批 yīpī, 一炉〔爐〕(面包) yīlú '~-**fach** *n* 抽屉 chōuti '~**karren** *m* 手推车〔車〕shǒutuīchē '~**kraft** *f* 推力 tuīlì, 剪力 jiǎnlì '~**lade** *f* -n 抽屉 chōuti
Schubs *m* -es; -e 推 tuī, 撞 zhuàng
'**schubsen** *vt* 推 tuī, 推动〔動〕tuīdòng
'**schüchtern** *adj* 害羞的 hàixiūde, 腼腆的 miǎntiande, 胆〔膽〕怯的 dǎnqiède
'**Schüchternheit** *f* 害羞 hàixiū, 胆〔膽〕怯 dǎnqiè
Schuft *m* -(e)s; -e 流氓 liúmáng, 恶〔惡〕棍 ègùn
'**schuften** *vi* 辛苦工作 xīnkǔ gōngzuò, 做苦工 zuò kǔgōng
'**schuftig** *adj* 流氓的 liúmángde, 无〔無〕赖的 wúlàide, 无耻的 wúchǐde
Schuh *m* -(e)s; -e 1) 鞋 xié; 2) 马〔馬〕掌 mǎzhǎng; 3) j-m etw. in die ~e schieben 委过〔過〕于人 wěi guò yú rén; wissen, wo der ~ drückt 知道某人的难〔難〕处〔處〕zhīdao mǒurénde nánchù '~**anzieher** *m* -s; - 鞋拔 xiébá '~**band** *n* 鞋带〔帶〕xiédài '~**creme** *f* 鞋油 xiéyóu '~**geschäft** *n* 鞋店 xiédiàn '~**macher** *m* -s;- 鞋匠 xiéqiàng '~**putzer** *m* 擦皮鞋者 cāpíxiézhě '~**sohle** *f* 鞋跟底 xiégēndǐ '~**spanner** *m* -s; - 鞋楦 xiéxuàn
'**Schul|amt** *n* 教育局 jiàoyùjú '~**arbeit** *f* 家庭作业〔業〕jiātíng zuòyè '~**bank** *f* (课堂)课桌 kèzhuō '~**besuch** *m* -(e)s; 上学〔學〕shàngxué '~**bildung** *f* 学校教育 xuéxiào jiàoyù; höhere ~中学教育 zhōngxué jiàoyù '~**buch** *n* 课本 kèběn, 教科书〔書〕jiàokēshū
Schuld *f* -en 过〔過〕错 guòcuò, 过失 guòshī; es ist seine ~ 这是他的过错; 2) 债 zhài, 债务〔務〕zhàiwù; ~en machen 负债
'**schuld|bewußt** *adj* 知过〔過〕的 zhīguòde, 自知有罪的 zìzhī yǒuzuì de ~**en** *vt* 对〔對〕…负有义〔義〕务〔務〕duì … fùyǒuyìwù, 多亏〔虧〕… duōkuī …; j-me tw. ~ 欠某人… qiàn mǒurén …; j-m Dank ~ 要向某人致谢 yào xiàng mǒurén zhìxiè
'**schuldig** *adj* 1) 有过〔過〕失的 yǒu guòshīde, 有罪的 yǒuzuìde; für ~ befinden 认为有罪; 2) 应〔應〕有的 yīngyǒude; 3) 欠债的 qiànzhàide; j-m etw. ~ sein 欠某人的…; j-m Dank ~ sein 要感谢某人 yào gǎnxiè mǒurén
'**Schuldigkeit** *f* 责任 zérèn, 义〔義〕务〔務〕yìwù
'**schuldlos** *adj* 无〔無〕罪的 wúzuìde, 无辜的 wúgūde
'**Schuldlosigkeit** *f* 无〔無〕罪 wúzuì, 无辜 wúgū
'**Schuldner** *m* -s; - 负债者 fùzhàizhě, 债务〔務〕人 zhàiwùrén
'**Schuld|schein** *m* 债据〔據〕zhàijù ~**verschreibung** *f* 长〔長〕期债券 chángqī zhàiquàn
'**Schule** *f* -n 学〔學〕校 xuéxiào; höhere ~中学; auf der ~在学校; in die ~ gehen 到学校去
'**schulen** *vt* 传〔傳〕授 chuánshòu, 训练〔練〕xùnliàn
'**Schüler** *m* -s; - 学〔學〕生 xuéshēng, 弟子 dìzǐ, 门〔門〕徒 méntú
'**Schul|ferien** *pl* 学〔學〕校假期 xuéxiào jiàqī, 寒暑假 hánshǔjià '~-**fernsehen** *n* 教学电〔電〕视 jiàoxué diànshì ~**funk** *m* 广播教学 guǎngbō jiàoxué ~**geld** *n* 学费 xuéfèi ~**hof** *m* 校园〔園〕xiàoyuán ~**kamerad** *m* 同学 tóngxué ~**lehrer** *m* 学校教师〔師〕xuéxiào jiàoshī ~**mappe** *f* 书〔書〕包 shūbāo ~**ordnung** *f* 校规 xiàoguī
'**schulpflichtig** *adj* 学〔學〕龄〔齡〕的 xuélíngde
'**Schul|rat** *m* 督学〔學〕dūxué ~-**schwänzer** *m* 逃学 táoxué, 旷〔曠〕课 kuàngkè ~**stunde** *f* 一节〔節〕课 yījiékè, 课时〔時〕kèshí
'**Schulter** *f* -n 肩 jiān, 肩膀 jiānbǎng ~**blatt** *n* 肩骨 jiāngǔ
'**schultern** *vt* 扛 káng, 肩挑 jiāntiāo
'**Schul|unterricht** *m* (学校)课程教学〔學〕kèchéng jiàoxué ~**wesen** *n* 教育事业〔業〕jiàoyù shìyè ~-**zeugnis** *n* 学〔學〕生成绩单〔單〕xuéshēng chéngjìdān
'**schummeln** *vi* 蒙骗 mēngpiàn, 作弊 zuòbì
Schund *m* -(e)s; 废〔廢〕品 fèipǐn, 破烂〔爛〕pòlàn '~**roman** *m* 黄色小说 huángsè xiǎoshuō
'**Schuppe** *f* -n 1) 鳞 lín, 鳞片 línpiàn; 2) 头〔頭〕皮屑 tóupíxiè
'**schuppen** *vt* 1) 刮鳞 guālín; 2) sich ~ (头皮屑)脱落 tuōluò
'**Schuppen** *m* 工具棚 gōngjùpéng, 车〔車〕库 chēkù, 飞〔飛〕机〔機〕库 fēijīkù
'**schuppig** *adj* 有鳞的 yǒulínde, 有头〔頭〕皮屑的 yǒu tóupíxiè de
'**Schüreisen** *n* 拨〔撥〕火钩 bōhuǒgōu
'**schüren** *vt* 1) 拨〔撥〕火 bōhuǒ, 捅

炉〔爐〕子 tǒng lúzi; 2) 煽 shān, 煽动〔動〕 shāndòng

ˈ**schürfen** I *vi* 探究 tànjiū; II *vt* 1) 探钻〔鑽〕 tànzuàn, 勘探 kāntàn; 2) sich den Arm ～擦破手 cāpòshǒu

ˈ**Schurke** *m* -n; -n 无〔無〕赖 wúlài, 恶〔惡〕棍 ègùn

Schurkeˈrei *f* -en 耍流氓 shuǎliúmáng, 流氓成性 liúmáng chéngxìng

ˈ**Schürze** *f* -n 1) 围〔圍〕裙 wéiqún; 2) (儿童的)围涎 wéixián

ˈ**schürzen** *vt* 1) 撩起 liāoqǐ (Rock 裙子); 2) 撅起 juēqǐ (Lippen 嘴唇); 3) 给…打结 gěi … dǎjié (Faden 线)

ˈ**Schürzenjäger** *m* 追逐女人的人 zhuīzhú nǚrén de rén, 色鬼 sèguǐ

Schuß *m* Schusses; Schüsse 1) 射击〔擊〕 shè- jī; 2) 枪〔槍〕炮声〔聲〕 qiāng pàoshēng; 3) (足球) 射门〔門〕 shèmén; 4) in ～ sein 情况良好 qíngkuàng liánghǎo

ˈ**Schüssel** *f* -n 碗 wǎn, 盖〔蓋〕碗 gàiwǎn

ˈ**Schuß|waffe** *f* 火器 huǒqì, 枪〔槍〕炮 qiāngpào ～**weite** *f* 射程 shèchéng ～**wunde** *f* 枪伤〔傷〕 qiāngshāng

ˈ**Schuster** *m* -s; - 鞋匠 xiéjiàng

ˈ**schustern** *vi* 1) 补〔補〕鞋 bǔxié; 2) 干活粗糙马〔馬〕虎 gànhuó cūcāo mǎhu

Schutt *m* -(e)s; 瓦砾〔礫〕 wǎlì, 垃圾 lājī

ˈ**Schüttelfrost** *m* (高烧前)寒战〔戰〕 hánzhàn

ˈ**schütteln** *vt* 摇动〔動〕 yáodòng, 抖动〔動〕 dǒudòng; den Kopf ～ 摇摇头; j-m die Hand ～ 跟某人握手 gēn mǒurén wòshǒu

ˈ**schütten** I *vt* 倒 dào, 倾倒 qīngdào; II *vi* es schüttet 下倾盆大雨 xià qīng pén dàyǔ

Schutz *m* -es 1) 保护〔護〕 bǎohù, 守卫〔衛〕shǒuwèi; 2) 躲藏处〔處〕 duǒcángchù ˈ～**brille** *f* 护〔護〕目镜 hùmùjìng

ˈ**Schütze** *m* -n; -n 1) 射击〔擊〕者 shèjīzhě, 射手 shèshǒu; 2) 步兵 bùbīng

ˈ**schützen** *vt* 保护〔護〕 bǎohù, 庇護 bìhù, 守卫〔衛〕 shǒuwèi

ˈ**Schützengraben** *m* 战〔戰〕壕 zhànháo

ˈ**Schutz|haft** *f* 保护〔護〕性拘留 bǎohùxìng jūliú ～**herr** *m* 1) 保护人 bǎohùrén, 庇护人 bìhùrén; 2) 赞助人 zànzhùrén ～**impfung** *f* 注射疫苗 zhùshè yìmiáo, 种〔種〕痘 zhòng dòu

ˈ**Schützling** *m* -s; - 被保护〔護〕人 bèibǎohùrén

ˈ**schutzlos** *adj* 无〔無〕保护〔護〕的 wú bǎohù de, 无防卫〔衛〕的 wú fángwèi de

ˈ**Schutz|mann** *m* -(e)s; ⸚er 警察 jǐngchá ～**marke** *f* 商标〔標〕 shāngbiāo ～**mittel** *n* 1) 防腐剂〔劑〕 fángfǔjì; 2) 避孕用品 bìyùn yòngpǐn ～**umschlag** *m* 书〔書〕皮 shūpí, 书封 shūfēng ～**zoll** *m* -n; -n 保护〔護〕关〔關〕税 bǎohù guānshuì

ˈ**schwach** *adj* 1) 弱的 ruòde, 虚弱的 xūruòde; 2) 懦弱的 nuòruòde; ～**e** Seite 弱点; 3) 功能差的 gōngnéngchàde; 4) 淡的 dànde, 薄的 bóde; 5) 微小的 wēixiǎode; das ～e Geschlecht 女性 nǚxìng

ˈ**Schwäche** *f* -n 1) 虚弱 xūruò, 衰弱 shuāiruò; 2) 癖好 pǐhào

ˈ**schwächen** *vt* 1) 使虚弱 shǐ xūruò, 使衰弱 shǐ shuāiruò; 2) 削弱 xiāoruò, 损耗 sǔnhào

ˈ**Schwach|heit** *f* -en 1) 虚弱 xūruò, 衰弱 shuāiruò; 2) 懦弱 nuòruò ～**kopf** *m* 笨人 bènrén, 头〔頭〕脑〔腦〕简单〔單〕的人 tóunǎo jiǎndān de rén

ˈ**schwächlich** *adj* 体〔體〕弱多病的 tǐruò duōbìng de

ˈ**Schwächling** *m* -(e)s; -e 懦弱的人 nuòruòde rén

ˈ**schwachsinnig** *adj* 愚笨的 yúbènde, 低能的 dīnéngde

ˈ**Schwachstrom** *m* -(e)s; 弱电〔電〕流 ruòdiànliú

ˈ**Schwadron** *f* -en 骑兵中队〔隊〕 qíbīng zhōngduì

ˈ**Schwager** *m* -s; ⸚ 姐夫 jiěfū, 妹夫 mèifū, 内兄弟 nèixiōngdì, 大舅子 dàjiùzi, 连襟 liánjīn

ˈ**Schwägerin** *f* -nen 大姑子 dàgūzi, 大姨子 dàyízi, 嫂子 sǎozi, 弟媳 dìxí, 妯娌 zhóuli

ˈ**Schwalbe** *f* 燕子 yànzi

Schwall *m* -(e)s; -e 1) 波涛〔濤〕 bōtāo, 洪流 hóngliú; 2) ein ～ von Worten 滔滔不绝的话 tāotāo bùjué de huà

Schwamm *m* -(e)s; ⸚e 1) 海绵 hǎimián; 2) 菌类〔類〕 jùnlèi

ˈ**schwammig** *adj* 1) 海绵状的 hǎimiánzhuàngde; 2) 浮肿的 fúzhǒngde

Schwan *m* -(e)s; ⸚e 天鹅 tiān'é

ˈ**schwanger** *adj* 怀〔懷〕孕的 huáiyùnde

ˈ**schwängern** *vt* 怀〔懷〕孕 huáiyùn

ˈ**Schwangerschaft** *f* 怀〔懷〕孕 huáiyùn, 怀孕期 huáiyùnqī

ˈ**schwanken** *vi* 1) 摇摆〔擺〕 yáobǎi, 摆动〔動〕 bǎidòng; 2) (物价)

波动 bōdòng; 3) 动摇 dòngyáo, 摇晃 yáohuàng, 踉跄〔蹌〕liàngqiàng
Schwanz *m* -es; ⸚e 1) 尾 wěi, 尾巴 wěiba, 尾部 wěibù; 2) 一长〔長〕串 yīchángchuàn
'schwänzeln *vi* 1) 摇尾巴 yáo wéiba; 2) 摇尾乞怜 yáowěi qǐlián; 巴结 bājié
'schwänzen *vt* 逃避 táobì; die Schule ~ 逃学〔學〕,旷课
Schwarm *m* -(e)s; ⸚e 1) 群 qún, 一群 yīqún, 群集 qúnjí; 2) 热〔熱〕衷 rèzhōng, 醉心 zuìxīn
'schwärmen *vi* 1) 成群飞〔飛〕出 chéngqún fēichū, 群集 qúnjí; 2) 空想 kōngxiǎng, 梦〔夢〕想 mèngxiǎng; 3) 醉心 zuìxīn, 入迷 rùmí
'Schwärmer *m* -s; - 1) 空想者 kōngxiǎngzhě; 2) 狂热〔熱〕者 kuángrèzhě; 3) 爆竹 bàozhú, 焰火 yànhuǒ
'schwärmerisch *adj* 醉心的 zuìxīnde, 热〔熱〕中的 rèzhōngde, 狂热的 kuángrède
'Schwarte *f* -n 1) 兽〔獸〕皮 shòupí, 生皮 shēnpí; 2) 旧〔舊〕书〔書〕jiùshū
schwarz *adj* 黑的 hēide, 黑色的 hēisède; ~es Brot 黑面包 ~er Markt 黑市; ~ auf weiß 白纸黑字; auf die ~e Liste setzen 落入黑名单; ~es Brett 布告栏〔欄〕bùgàolán
'Schwarz|arbeit *f* 非法劳〔勞〕动〔動〕fēifǎ láodòng **~brot** *n* 黑面〔麵〕包 hēimiànbāo **~e** *m, f* -n; -n 黑人 hēirén
'Schwärze *f* 黑 hēi, 黑色 hēisè, 黑暗 hēi'àn
'schwärzen *vt* 涂〔塗〕黑 túhēi, 染黑 rǎnhēi, 使变〔變〕黑 shǐ biànhēi
'schwarzfahren* *vi* (*s*) 无〔無〕票乘车〔車〕wúpiào chéngchē; 无照开〔開〕车 wúzhào kāichē
'Schwarz|fahrer *m* 无〔無〕票乘车〔車〕者 wúpiào chéngchēzhě, 无照开〔開〕车者 wúzhào kāichēzhě **~händel** *m* 黑市交易 hēishì jiāoyì **~händler** *m* 黑市商人 hēishì shāngrén **~hörer** *m* 不交费偷听〔聽〕广〔廣〕播者 bùjiāofèi tōutīng guǎngbō zhě
'schwärzlich *adj* 深灰色的 shēnhuīsède
'Schwarz|markt *m* 黑市 hēishì **~seher** *m* 1) 悲观〔觀〕厌〔厭〕世者 bēiguān yànshìzhě; 2) 未交费偷看电〔電〕视者 wèi jiāofèi tōukàn diànshì zhě **~sender** *m* 非法营〔營〕业〔業〕的电台 fēifǎ yíngyè de diàntái **~weißfilm** *m* 黑白影片 hēibái yǐngpiàn
'schwatzen *vi* 闲聊 xiánliáo, 闲谈 xiántán
'Schwätzer *m* -s; - 饶〔饒〕舌者 ráoshézhě, 空话连篇的人 kōnghuà liánpián de rén
'schwatzhaft *adj* 饶〔饒〕舌的 ráoshéde, 爱〔愛〕闲聊的 àixiánliáode
'Schwebe *f* in der ~ sein 悬〔懸〕而未决 xuán ér wèi jué, 搁置 gēzhì **~bahn** *f* 索道缆〔纜〕车〔車〕suǒdào lǎnchē
'schweben *vi* 1) 悬〔懸〕着 xuánzhe; in Gefahr ~ 处〔處〕于危险〔險〕之中 chǔyú wēixiǎn zhī zhōng; 2) 飘〔飄〕荡〔蕩〕piāodàng, 滑翔 huáxiáng, 翱翔 áoxiáng
'Schwefel *m* -s; 硫 liú **~säure** *f* 硫酸 liúsuān
Schweif *m* -(e)s; -e 1) 尾巴 wěiba; 2) 拖裙 tuōqún
'schweifen I *vi* (*s*) 漫游 mànyóu, 游荡〔蕩〕yóudàng; II *vt* 把…截成弧形 bǎ … jiéchéng húxíng
'schweigen* *vi* 沉默 chénmò, 不说话 bù shuōhuà
'schweigsam *adj* 沉默不语的 chénmò bùyǔ de
Schwein *n* -(e)s; -e 1) 猪 zhū; 2) 猪猡〔玀〕zhūluó; 3) ~ haben 交好运〔運〕jiāo hǎoyùn
'Schweine|braten *m* 烤猪肉 kǎozhūròu **~fleisch** *n* 猪肉 zhūròu **~hund** *m* 猪猡〔玀〕zhūluó, 杂〔雜〕种〔種〕zázhǒng **~'rei** *f* -en 1) 肮〔骯〕脏〔髒〕āngzāng; 2) 猥亵〔褻〕wěixiè; 3) 下流话 xiàliúhuà **~stall** *m* 1) 猪圈 zhūjuàn; 2) 又脏〔髒〕又乱〔亂〕的地方 yòuzāng yòuluàn de dìfāng
'schweinisch *adj* 肮〔骯〕脏〔髒〕的 āngzāngde, 下流的 xiàliúde
'Schweinsleder *n* 猪皮 zhūpí
Schweiß *m* -es; -e 汗 hàn, 汗水 hànshuǐ
'schweißen *vt* 焊接 hànjiē
'Schweiß|er *m* -s; - 电〔電〕焊工 diànhàngōng **~fuß** *m* 汗脚 hànjiǎo
'schweißig *adj* 出汗的 chūhànde, 多汗的 duōhànde
'Schweizer *m* -s; - 1) 瑞士人 ruìshìrén; 2) 挤〔擠〕奶工 jǐnǎigōng
'schwelen *vi* 干〔乾〕馏 gānliú, 无〔無〕烟燃烧〔燒〕wúyān ránshāo
'schwelgen *vi* 1) 过〔過〕奢侈生活 guò shēchǐ shēnghuó; 2) 醉心于… zuìxīnyú…
'Schwelger *m* -s; - 纵〔縱〕情享乐〔樂〕的人 zòngqíng xiǎnglè de rén
'schwelgerisch *adj* 奢侈的 shēchǐde, 纵〔縱〕情欢〔歡〕乐的 zòng-

qíng huānlè de

'Schwelle *f* -n 1) 门〔門〕槛〔檻〕ménkǎn; 2) 枕木 zhěnmù

'schwellen I* *vi* (*s*) 肿〔腫〕zhǒng, 肿胀〔脹〕zhǒngzhàng; II *vt* 把…吹胀 bǎ … chuīzhàng, 使鼓起 shǐ gǔqǐ

'Schwellung *f* -en 肿〔腫〕胀〔脹〕zhǒngzhàng, 肿大 zhǒngdà

'Schwemme *f* -n 1) 水坑 shuǐkēng, 水塘 shuǐtáng; 2) 大量上市的商品 dàliàng shàngshì de shāngpǐn; 3) 小酒铺 xiǎojiǔpù

'Schwengel *m* -s; - 1) 铃舌 língshé, (唧筒的)手柄 shǒubǐng

'schwenken I *vt* 1) 摇动〔動〕yáodòng, 挥动 huīdòng; 2) 冲洗 chōngxǐ; II *vi* (*s*) 转〔轉〕身 zhuǎnshēn, 转弯〔彎〕zhuǎnwān

'Schwenkung *f* -en 1) 转〔轉〕身 zhuǎnshēn; 2) 改变〔變〕方向 gǎibiàn fāngxiàng; 3) 改变主意 gǎibiàn zhǔyì

schwer *adj* 1) 重的 zhòngde, 沉重的 chénzhòngde; 2 Pfund ~ sein 重两磅; ~ hören 重听; 2) 重大的 zhòngdàde, 严〔嚴〕重的 yánzhòngde; 3) 浓〔濃〕重的 nóngzhòngde, 猛烈的 měngliède; 4) 难〔難〕的 nánde, 困难的 kùnnande; ~e Zeiten 困难时期

'Schwere *f* 1) 重 zhòng, 沉重 chénzhòng; 2) 重力 zhònglì; 3) 重大 zhòngdà, 严〔嚴〕重 yánzhòng

'schwerfallen* *vi*(*s*) 感到困难〔難〕gǎndào kùnnan

'schwerfällig *adj* 慢性子的 mànxìngzide, 迟〔遲〕钝的 chídùnde, 笨拙的 bènzhuóde

'Schwergewicht *n* 1) (拳击等)重量级 zhòngliàngjí; 2) 重点〔點〕zhòngdiǎn

'schwerhörig *adj* 重听〔聽〕的 zhòngtīngde

'Schwer|industrie *f* 重工业〔業〕zhònggōngyè **~kraft** *f* 重力 zhònglì

'schwerlich *adv* 几〔幾〕乎 jīhu, 差点〔點〕儿〔兒〕chàdiǎnr

'schwermut *f* 忧〔憂〕伤〔傷〕yōushāng

'schwermütig *adj* 忧〔憂〕伤〔傷〕的 yōushāngde, 忧郁〔鬱〕的 yōuyùde

'Schwerpunkt *m* 重心 zhòngxīn, 重点〔點〕zhōngdiǎn

Schwert *n* -(e)s; -er 剑〔劍〕jiàn

'Schwerverbrecher *m* 重罪犯 zhōngzuìfàn

'schwer|verdaulich *adj* 难〔難〕消化的 nánxiāohuàde **~verständlich** *adj* 难〔難〕懂的 nándǒngde **~verwundet** *adj* 伤〔傷〕势〔勢〕严〔嚴〕重的 shāngshì yánzhòng de **'~wiegend** *adj* 重大的 zhòngdàde, 严重的 yánzhòngde

'Schwester *f* -n 姐妹 jiěmèi, 姐 jiě, 妹 mèi

'Schwieger|eltern *pl* 岳父母 yuèfùmǔ **~mutter** *f* 岳母 yuèmǔ **~sohn** *m* 女婿 nǚxu **~tochter** *f* 儿〔兒〕媳 érxí **~vater** *m* 岳父 yuèfù

'Schwiele *f* -n 茧〔繭〕子 jiǎnzi

'schwielig *adj* 起老茧〔繭〕的 qǐ lǎojiǎn de

'schwierig *adj* 困难〔難〕的 kùnnande, 艰〔艱〕难的 jiānnánde, 难办〔辦〕的 nánbànde

'Schwierigkeit *f* -en 困难〔難〕kùnnan, 麻烦 máfán

'Schwimmbad *n* 游泳场〔場〕yóuyǒngchǎng, 游泳池 yóuyǒngchí

'schwimmen* *vi* (*s*) 游泳 yóuyǒng, 漂浮 piāofú; in Geld ~ 有许多钱〔錢〕yǒu xǔduō qián

'Schwimm|gürtel *m* 救生圈 jiùshēngquān **~weste** *f* 救生背心 jiùshēn bèixīn

'Schwindel *m* -s; 1) 眩晕 xuànyūn, 头〔頭〕昏眼花 tóuhūn yǎnhuā; 2) 欺骗 qīpiàn, 欺诈 qīzhà **'~anfall** *m* 头〔頭〕晕发〔發〕作 tóuyūn fāzuò

'schwindelerregend *adj* 令人头〔頭〕晕的 lìng rén tóuyūn de

'schwindeln *vi* 欺骗 qīpiàn, 撒谎 sāhuǎng

'schwinden* *vi* (*s*) 1) 减少 jiǎnshǎo, 缩小 suōxiǎo, 减弱 jiǎnruò; 2) 褪去 tuìqù

'Schwindler *m* -s; - 骗子 piànzi, 说谎者 shuōhuǎngzhě

'schwindlig *adj* 头〔頭〕晕的 tóuyūnde

'Schwindsucht *f* 痨〔癆〕病 láobìng, 肺结核 fèijiéhé

'schwindsüchtig *adj* 患痨病的 huàn láobìng de

'Schwinge *f* -n 翅膀 chìbǎng, 翼 yì

'schwingen* I *vt* 1) 挥动〔動〕huīdòng, 挥舞 huīwǔ; 2) 摇 yáo; II *vi* 摆〔擺〕动 bǎidòng, 颤动 chàndòng

'Schwingung *f* -en 振动〔動〕zhèndòng, 颤动 chàndòng, 振荡〔蕩〕zhèndàng

'schwirren *vi* (*s*) 1) 发〔發〕出呼呼声〔聲〕fāchū hūhūshēng, 发出嗡嗡声 fāchū wēngwēngshēng; 2) (谣言)流传〔傳〕liúchuán

'Schwitzbad *n* 蒸汽浴 zhēngqìyù

'schwitzen I *vi* 出汗 chūhàn, 发〔發〕汗 fāhàn; II *vt* Blut und

Wasser ~ 十分紧张〔張〕害怕 shí fēnjǐnzhāng hàipà
'schwören * I *vt* 宣誓 xuānshì, 发〔發〕誓 fāshì; eine Meineid ~发伪誓; j-m Rache ~ 发〔發〕誓要向某人报仇; II *vi* 发誓 fāshì; ~ auf (*A*) 发誓坚信
schwül *adj* 闷热〔熱〕的 mēnrède
'Schwüle *f* 闷热〔熱〕mēnrè, 气〔氣〕闷 qìmèn
Schwulst *m* -es; ⸚e (词语的)堆砌 duīqì, 夸〔誇〕张〔張〕 kuāzhāng; (文字)雕琢 diāozhuó
'schwülstig *adj* 夸〔誇〕张〔張〕的 kuāzhāngde, 堆砌的 duīqìde, 雕琢的 diāozhuóde
Schwund *m* -(e)s; 1) 减少 jiǎnshǎo, 收缩 shōusuō; 2) 音量衰减 yīnliàng shuāijiǎn; 3) 萎缩 wěisuō
Schwung *m* -(e)s; ⸚e 1) 摆〔擺〕动〔動〕bǎidòng, 振动 zhèngdòng; 2) 劲〔勁〕头〔頭〕jìntóu, 生气〔氣〕勃勃 shēngqì bóbó
'schwunghaft *adj* 活跃〔躍〕的 huóyuède, 富有生气〔氣〕的 fùyǒu shēngqì de
'Schwungrad *n* 飞〔飛〕轮〔輪〕 fēilún, 摆〔擺〕轮 bǎilún
'schwungvoll *adj* 生气〔氣〕勃勃的 shēngqì bóbó de, 热〔熱〕情洋溢的 rèqíng yángyì de, 生动〔動〕活泼〔潑〕的 shēngdòng huópo de
Schwur *m* -(e)s; ⸚e 誓言 shìyán, 誓约 shìyuē **~gericht** *n* 刑事陪审〔審〕法庭 xíngshì péishěn fǎtíng
sechs *adj* 六 liù
Sechs *f* -en 六 liù, 六个 liùgè **~eck** *n* -(e)s; -e 六边〔邊〕形 liùbiānxíng
'sechs|eckig *adj* 六边〔邊〕形的 liùbiānxíngde **~fach** *adj* 六倍的 liùbèide **~mal** *adv* 六次 liùcì **~monatig** *adj* 六个月的 liùgèyuède **~monatlich** *adj* 每六个月的 měiliùgèyuède **~stündig** *adj* 六小时〔時〕的 liù xiǎo shíde **~tägig** *adj* 六天的 liùtiānde **~te** *adj* 第六 dìliù
'Sechstel *n* -s; - 六分之一 liù fēn zhī yī
'sech|zehn *adj* 十六 shíliù **~zig** *adj* 六十 liùshí **~zigste** *adj* 第六十 dì liùshí
See I *m* -s; -n 湖 hú; II *f* 1) 海 hǎi, 海洋 hǎiyáng; an die ~ gehen 到海滨去; in ~ stechen (船舶)离港, 出海; zur ~ gehen 当海员; 2) 波涛〔濤〕bōtāo, 海浪 hǎilàng **'~bad** *n* 海滨〔濱〕浴场〔場〕hǎibīn yùchǎng, 海水浴 hǎishuǐ yù **'~fahrer** *m* 水手 shuǐshǒu, 海员 hǎiyuán **'~fahrt** *f* 航海 hánghǎi
'seefest *adj* 适〔適〕于航海的 shìyú hánghǎi de, 不晕船的 bùyùnchuánde
'See|gang *m* 海浪 hǎilàng **~hafen** *m* 海港 hǎigǎng **~handel** *m* 海外贸易 hǎiwài màoyì **~herrschaft** *f* 海上霸权hǎishàng bàquán **~hund** *m* 海豹 hǎibào
'seekrank *adj* 晕船的 yùnchuánde
'Seele *f* 1) 灵〔靈〕魂 línghún; 2) 心灵 xīnlíng; 3) von ganzer ~ 全心全意地 quánxīn quányì de
'Seelengröße *f* 崇高的思想 chónggāode sīxiǎng
'seelenlos *adj* 没有灵〔靈〕魂的 méiyǒu línghúnde
'Seelen|qual *f* 内心痛苦 nèixīn tòngkǔ **~ruhe** *f* 心神安定 xīnshén āndìng
'seelisch *adj* 精神的 jīngshénde, 心灵〔靈〕的 xīnlíngde
'Seelsorger *m* 牧师〔師〕mùshī
'See|macht *f* 海军强国〔國〕hǎijūn qiángguó **~mann** *m* 海员 hǎiyuán, 水手 shuǐshǒu **~meile** *f* 海浬 hǎilǐ **~not** *f* 海上遇难〔難〕hǎishàng yùnàn **~räuber** *m* 海盗 hǎidào **~räube'rei** *f* 海盗行径〔徑〕hǎidào xíngjìng **~recht** *n* 海事法 hǎishìfǎ **~schiff** *n* 海轮〔輪〕hǎilún **~schlacht** *f* 海战〔戰〕hǎizhàn **~stadt** *f* 海滨〔濱〕城市 hǎibīn chéngshì **~streitkräfte** *pl* 海军 hǎijūn
'seetüchtig *adj* 适〔適〕于航海的 shìyú hánghǎi de
'See|warte *f* 海洋观〔觀〕察站 hǎiyáng guāncházhàn **~weg** *m* 航线〔綫〕hángxiàn **~wesen** *n* -s; 海事 hǎishì
'Segel *n* -s; - 帆 fān, 篷 péng; unter ~ gehen 扬帆出航 **~boot** *n* 帆船 fānchuán, 游艇 yóutǐng **~fliegen** *n* -s; 滑翔飞〔飛〕行 huáxiáng fēixíng **~flug** *m* 滑翔 huáxiáng **~flugzeug** *n* 滑翔机〔機〕huáxiángjī
'segeln *vi* 1) 帆船航行 fānchuán hángxíng; 2) 滑翔 huáxiáng
'Segel|schiff *n* 大帆船 dàfānchuán **~sport** *m* 帆船比赛 fānchuán bǐsài **~tuch** *n* -(e)s; -e 帆布 fānbù
'Segen *m* -s; - 赐福 cìfú, 祝福 zhùfú
'segensreich *adj* 造福社会〔會〕的 zàofú shèhuì de
'Segler *m* -s; - 1) 帆船 fānchuán; 2) 帆船竞〔競〕赛运〔運〕动〔動〕员 fānchuán jìngsài yùndòngyuán
'segnen *vt* 为〔爲〕…祝福 wèi …

zhùfú

'sehen* I *vi* 看 kàn; gut ～ 视力好 shìlì hǎo; 2) 观〔觀〕看 guānkàn, 照料 zhàoliào, 照看 zhàokàn; II *vt* 观看 guānkàn, 观察 guānchá ～**swert** *adj* 值得一看的 zhídé yīkànde

'Sehenswürdigkeit *f* -en 名胜〔勝〕古迹 míngshèng gǔjì

'Seher *m* -s; - 先知 xiānzhī, 预言家 yùyánjiā ～**gabe** *f* 洞察力 dòngchálì

'Seh|fehler *m* 视觉缺陷 shìjué quēxiàn ～**kraft** *f* 视力 shìlì

'Sehne *f* -n 1) 肌腱 jījiàn; 2) 弓弦 gōngxián, 弦 xián

'sehnen *v sich* 思慕 sīmù, 渴望 kěwàng

'Sehnerv *m* 视神经〔經〕shìshénjīng

'sehnig *adj* 1) (肉)多筋的 duōjīnde; 2) 强壮的 qiángzhuàngde, 结实〔實〕的 jiēshide

'sehnlich *adj* 思慕的 sī mù de, 渴望的 kěwàngde, 热〔熱〕切的 rèqiède

'Sehnsucht *f* 思慕 sīmù, 渴望 kěwàng

'sehnsüchtig *adj* 渴望的 kěwàngde, 朝思暮想的 zhāosī mùxiǎng de, 望眼欲穿的 wàngyǎn yùchuān de

sehr *adv* 1) 很 hěn, 十分 shífēn, 非常 fēicháng; 2) 大量地 dàliàngde

'Seh|rohr *n* 潜〔潛〕望镜 qiánwàngjìng ～**weite** *f* 视距 shìjù

seicht *adj* 1) 浅〔淺〕的 qiǎnde; 2) 肤〔膚〕浅的 fūqiǎnde, 浅薄的 qiǎnbóde

'Seide *f* 1) 丝〔絲〕sī; 2) 丝绸 sīchóu

'seiden *adj* 丝〔絲〕的 sīde, 丝织〔織〕的 sīzhīde

'Seiden|glanz *m* 1) 丝〔絲〕光 sīguāng, 丝一般的光泽〔澤〕sīyībānde guāngzé ～**papier** *n* 薄纸 bózhǐ, 绵纸 miánzhǐ ～**raupe** *f* 蚕〔蠶〕cán ～**spinne'rei** *f* 1) 纺丝 fǎngsī; 2) 纺丝厂〔廠〕fǎngsīchǎng ～**stoff** *m* 绸缎 chóuduàn, 丝织〔織〕品 sīzhīpǐn

'seidig *adj* 1) 丝〔絲〕织〔織〕的 sīzhìde; 2) 丝一般的 sīyībānde

'Seife *f* -n 肥皂 féizào

'Seifen|blase *f* 肥皂泡 féizàopào ～**lauge** *f* 肥皂液 féizàoyè ～**pulver** *n* 肥皂粉 féizàofěn ～**schaum** *m* 肥皂泡沫 féizào pàomò

'seifig *adj* 涂〔塗〕着肥皂的 túzhe féizào de

'seihen *vt* 过〔過〕滤〔濾〕guòlǜ

'Seiher *m* -s; - 过〔過〕滤器 guòlǜqì

Seil *n* -(e)s; -e 绳〔繩〕shéng, 索suǒ **'～bahn** *f* 缆〔纜〕车〔車〕索道 lǎnchē suǒdào **'～tänzer** *m* -s; - 走钢〔鋼〕丝〔絲〕演员 zǒu gāngsī yǎnyuán

sein* *vi* (*s*) 是 shì, 有 yǒu, 存在 cúnzài

sein *poss pron* 他的 tāde;它的 tāde; ～ Glück machen 交好运; die Seinen 他的家人

Sein *n* -s; 存在 cúnzài, 生存 shēngcún

seiner|'seits *adv* 他那方面tānàfāngmiàn, 就他而言 jiùtā ér yán ～**zeit** *adv* 那时〔時〕nàshí

seines'gleichen *pron* 与〔與〕他一样的人 yǔ tā yīyàng de rén; j-n wie ～ behandeln 平等待人 píngděng dài rén; er hat nicht ～ 他没有可以跟他匹敌的人

seit I *prp* 自从〔從〕...以来〔來〕zìcóng... yǐlái, ～1945 自 1945 年以后; ～drei Wochen 三星期以来; II *cj* 自从...以来 zìcóng ... yǐlái; es ist ein Jahr her, ～ ... 从...以来已经有一年了

'Seite *f* -n 1) 面 miàn, 边〔邊〕biān, 侧翼 cèyì; 2) 书〔書〕页 shūyè

'Seiten|ansicht *f* 侧面图〔圖〕cèmiàntú ～**blick** *m* 侧视 cèshì, 斜眼一看 xiéyǎn yīkàn ～**flügel** *m* 侧翼 cèyì ～**hieb** *m* 1) 侧击〔擊〕cèjī; 2) 影射 yǐngshè

'seitens *prp* (*G*) 从〔從〕...方面 cóng ... fāngmiàn

'Seiten|schiff *n* (教堂)厢堂 xiāngtáng ～**sprung** *m* 放荡〔蕩〕行为〔爲〕fàngdàng xíngwéi ～**straße** *f* 横街 héngjiē ～**weg** *m* 旁道 pángdào, 小路 xiǎolù

seit|'her *adv* 自从〔從〕...以来〔來〕zìcóng ... yǐlái **'～lich** *adj* 侧面的cèmiànde, 一侧的 yīcède **'～wärts** *adv* 向旁边〔邊〕xiàng pángbiān, 在旁边 zài pángbiān

Sekre'tär *m* -s; -e 秘书〔書〕mìshū, 文书 wénshū

Sekretari'at *n* -(e)s; -e 秘书〔書〕处〔處〕mìshūchù, 书记处 shūjìchù

Sekt *m* -(e)s; -e 香槟〔檳〕酒 xiāngbīnjiǔ

'Sekte *f* -n 教派 jiàopài, 党〔黨〕内宗派 dǎngnèi zōngpài, 政治派别 zhèngzhì pàibié

'Sektierer *m* -s; - 宗派主义〔義〕者 zōngpàizhǔyìzhě

'Sektor *m* -s; -en 1) 防区〔區〕fángqū; 2) 领域 lǐngyù, 方面 fāngmiàn; 3) 扇形 shànxíng

Se'kunde *f* -n 秒 miǎo ～**nzeiger** *n* 秒针 miǎozhēn

selb *adj* 同一 tóngyī, 相同 xiāngtóng **'～er** *pron* 自己 zìjǐ

selbst I *pron* 自己 zìjǐ; ich ～ 我自己; II *adv* 甚至 shènzhì

'Selbst *n* 自身 zìshēn, 本身 běnshēn

'selbständig *adj* 独〔獨〕立的 dúlìde, 独自的 dúzìde, 单〔單〕独的 dāndúde; sich ~ machen 独立开业

'Selbständigkeit *f* 独〔獨〕立 dúlì, 独立性 dúlìxìng, 自主 zìzhǔ

'Selbst|anschluß *m* (电话) 自动〔動〕接线〔綫〕zìdòng jiēxiàn **'~bedienungsladen** *m* 自选〔選〕商店 zìxuǎn shāngdiàn **'~beherrschung** *f* 自我控制 zìwǒ kòngzhì **'~bestimmung** *f* 民族自决 mínzú zìjué **'~betrug** *m* 自欺欺人 zìqī qīrén

'selbstbewußt *adj* 自信的 zìxìnde

'Selbst|bewußtsein *n* 自信心 zìxìnxīn **~erhaltung** *f* 保存自己 bǎocún zìjǐ **~erkenntnis** *f* 自知 zìzhī, 自我认〔認〕识〔識〕zìwǒ rènshí **~erniedrigung** *f* 自轻〔輕〕自贱〔賤〕zìqīng zìjiàn

'selbstgefällig *adj* 自鸣得意的 zìmíngdéyìde

'Selbst|gefälligkeit *f* 自信 zìxìn, 自负 zìfù **~gefühl** *n* -(e)s 自信心 zìxìnxīn

'selbst|gemacht *adj* 自制的 zìzhìde **'~gerecht** *adj* 自以为〔爲〕是的 zì yǐwéi shì de

'Selbstgespräch *n* 自言自语 zìyánzìyǔ, 独〔獨〕白 dúbái

'selbstherrlich *adj* 独〔獨〕断〔斷〕独行的 dúduàn dúxíng de, 专〔專〕断的 zhuānduànde

'Selbst|hilfe *f* 自助 zìzhù **'~kostenpreis** *m* 成本价〔價〕格 chéngběn jiàgé **~kritik** *f* 自我批评 zìwǒpī píng

'selbstlos *adj* 忘我的 wàngwǒde, 无私的 wúsīde

'Selbstmord *m* 自杀〔殺〕zìshā

'selbstsicher *adj* 自信的 zìxìnde

'Selbstsucht *f* 自私自利 zìsīzìlì

'selbst|süchtig *adj* 自私自利的 zìsī zìlì de **~tätig** *adj* 自动〔動〕的 zìdòngde

'Selbst|täuschung *f* 自我欺骗 zìwǒ qīpiàn **~unterricht** *m* 自修 zìxiū, 自学〔學〕zìxué

'selbstverständlich I *adj* 不言而喻的 bù yán ér yù de; II *adv* 当〔當〕然 dāngrán, 无〔無〕疑地 wúyíde

'Selbst|verteidigung *f* 自卫〔衛〕zìwèi **~vertrauen** *n* 自信心 zìxìnxīn **~verwaltung** *f* 自治 zìzhì

'selbstzufrieden *adj* 自满〔滿〕的 mǎnzìde

'Selbstzweck *m* -(e)s; 目的本身 mùdì běnshēn

'selig *adj* 1) 亡故的 wánggùde, 死后〔後〕升天堂的 sǐhòu shēng tiántáng de; 2) 极〔極〕度幸福的 jídù xìngfú de

'Sellerie *m* -s; -(s) 芹菜 qíncài

'selten I *adj* 稀少的 xīshǎode, 稀有的 xīyǒude; II *adv* 很少 hěnshǎo, 难〔難〕得 nándé

'Seltenheit *f* -en 1) 稀有 xīyǒu, 稀罕 xīhan; 2) 珍奇的东〔東〕西 zhēnqí de dōngxi

'Selterswasser *n* -s; ⁼ 矿〔礦〕泉水 kuàngquánshuǐ

'seltsam *adj* 罕见的 hǎnjiànde, 奇异〔異〕的 qíyìde

Se'mester *n* (大学)学〔學〕期 xuéqī

Semi'kolon *n* -s; -s 分号〔號〕fēnhào

Semi'nar *n* -s; -e 1) (大学) 研究班 yánjiūbān, 课堂讨论〔論〕kètáng tǎolùn; 2) 神学〔學〕院 shénxuéyuàn

Se'nat *m* -(e)s; -e 参议〔議〕院 cānyìyuàn, 上议院 shàngyìyuàn

'senden* *vt* 1) 送 sòng, 寄发〔發〕jìfā; 2) 播送 bōsòng, 发射 fāshè

'Sender *m* -s; - 1) 发〔發〕射台〔臺〕fāshètái, 广〔廣〕播电〔電〕台 guǎngbō diàntái; 2) 寄发者 jìfàzhě

'Senderaum *m* 播音室 bōyīnshì

'Sendung *f* 1) 送 sòng, 发〔發〕出 fāchū; 2) 广〔廣〕播 guǎngbō; 3) 使命 shǐmìng

Senf *m* -(e)s; -e 芥末 jièmo

'sengen *vt* 烧〔燒〕焦 shāojiāo **~d** *adj* 灼热〔熱〕的 zhuórède

se'nil *adj* 衰老的 shuāilǎode

Senili'tät *f* 衰老 shuāilǎo, 老态〔態〕龙〔龍〕钟 lǎo tài lóng zhōng

'senior *adj* 年长〔長〕的 niánzhǎngde, 老… lǎo…; Karl Schmidt ~ 老卡尔·施密特

'Senk|blei *n* 铅锤 qiānchuí, 测锤 cèchuí

'Senke *f* -n 洼地 wādì

'senken *vt* 1) 使下垂 shǐ xiàchuí, 使下沉 shǐ xiàchén; 2) 降低 jiàngdī, 减低 jiǎndī; 3) sich ~ 下陷 xiàxiàn, 下降 xiàjiàng, 下垂 xiàchuí

'Senkfuß *m* 平足 píngzú

'senkrecht *adj* 垂直的 chuízhíde

'Senkung *f* -en 1) 沉陷 chénxiàn; 2) 下降 xiàjiàng, 降低 jiàngdī; 3) 下垂 xiàchuí

Sensati'on *f* -en 轰〔轟〕动〔動〕hōngdòng, 轰动一时〔時〕的事件 hōngdòng yìshí de shìjiàn

sensatio'nell *adj* 轰〔轟〕动〔動〕一时〔時〕的 hōngdòng yìshí de

Sensati'onspresse *f* 黄色报〔報〕刊

huángsè bàokān
'**Sense** *f* -n 大镰刀 dàliándāo
sen'sibel *adj* 敏感的 mǐngǎnde
Sensibili'tät *f* 敏感性 mǐngǎnxìng
sentimen'tal *adj* 伤〔傷〕感的 shānggǎnde, 多愁善感的 duōchóu shàngǎn de
Sentimentali'tät *f* -en 伤〔傷〕感 shānggǎn, 多愁善感 duōchóu shàngǎn
Sep'tember *m* -(s); - 九月 jiǔyuè
Sere'nade *f* -en 小夜曲 xiǎoyèqǔ
'**Serie** *f* -n 1) 连续〔續〕liánxù, 系列 xìliè; 2) 套 tào, 组 zǔ, 丛〔叢〕书〔書〕cóngshū
'**serienmäßig** *adj* 成批的 chéngpīde; ～ herstellen 批量生产
se'riös *adj* 严〔嚴〕肃〔肅〕的 yánsùde, 认〔認〕真的 rènzhēnde, 可信赖的 kěxìnlàide
'**Serum** *n* -s; ..ren 血清 xuèqīng
Ser'vice I *n* -s; - 全套餐具 quántào cānjù; II ['zøːr..] *m, n* -; -s 服务〔務〕fúwù, 修理服务部 xiūlǐ fúwùbù
ser'vieren *vt* 服务〔務〕fúwù, 上菜 shàngcài
Ser'viette *f* -n 餐巾 cānjīn
'**Sessel** *m* -s; - 圈手椅 quānshǒuyǐ, 软椅 ruǎnyǐ
'**seßhaft** *adj* 定居的 dìngjūde
'**Setzei** *n* 荷包蛋 hébāodàn
'**setzen** I *vt* 放 fàng, 放置 fàngzhì; 2) 排字 páizì; 3) 树〔樹〕立 shùlì; 4) 栽种〔種〕zāizhòng; II *vi* (*s*) über (*A*) ～ 跳过 tiàoguò
'**Setzer** *m* -s; - 排字工人 páizì gōngrén
Setze'rei *f* -en 排字车〔車〕间 páizì chējiān
'**Seuche** *f* -n 瘟疫 wēnyì
'**seuf'zen** *vi* 叹〔嘆〕气〔氣〕tànqì, 唉声〔聲〕叹气 āi shēng tàn qì
'**Seufzer** *m* -s; - 叹〔嘆〕气〔氣〕tànqì, 叹〔嘆〕息声〔聲〕tànxīshēng
sexu'ell *adj* 性的 xìngde, 性欲的 xìngyùde
se'zieren *vt* 1) 解剖 jiěpōu; 2) 剖析 pōuxī
sich *ref pron* 自己 zìjǐ, 本身 běnshēn; setzen Sie ～ bitte! 请坐! qǐng zuò!
'**Sichel** *f* -n 镰刀 liándāo
'**sicher** *adj* 1) 安全的 ānquánde; 2) 可靠的 kěkàode, 稳〔穩〕当〔當〕的 wěndangde; 3) 一定的 yīdìngde, 有把握的 yǒubǎwòde
'**Sicherheit** *f* -en 1) 安全 ānquán; etw. in ～ bringen 把某物放到安全的地方; 2) 可靠性 kěkàoxìng; 3) 肯定 kěndìng, 确〔確〕信 quèxìn ～**sgurt** *m* 安全带〔帶〕ānquándài
'**sicherheitshalber** *adv* 为〔爲〕安全起见〔見〕wèi ānquán qǐjiàn
'**Sicherheits|nadel** *f* (安全) 别针 biézhēn ～**schloß** *n* 保险〔險〕锁 bǎoxiǎnsuǒ
'**sicherlich** *adv* 肯定 kěndìng, 无〔無〕疑 wúyí; er wird ～ kommen 他一定会来
'**sichern** *vt* 1) 使安全 shǐ ānquán; 2) 保证 bǎozhèng, 保障 bǎozhàng, 确〔確〕保 quèbǎo
'**sicherstellen** *vt* 保管 bǎoguǎn, 使安全 shǐ ānquán
'**Sicherung** *f* -en 1) 保护〔護〕bǎohù, 保障 bǎozhàng; 2) 保证〔證〕bǎozhèng; 3) 保险〔險〕装置 bǎoxiǎn zhuāngzhì, 保险丝 bǎoxiǎnsī
Sicht *f* 1) 能见〔見〕度 néngjiàndù, 视界 shìjiè; 2) 看法 kànfǎ; 3) in ～ kommen 出现 chūxiàn; auf lange ～ 长期的 chángqīde; bei ～ 当〔當〕面即付 dāngmiàn jífù
sichtbar *adj* 1) 看得见〔見〕的 kàndéjiànde; 2) 显〔顯〕而易见的 xiǎn ér yì jiàn de
'**sichten** *vt* 1) 望见〔見〕wàngjiàn, 看见 kànjiàn; 2) 筛〔篩〕分 shāifēn
'**sichtlich** *adv* 显〔顯〕然的 xiǎnránde
'**Sichtvermerk** *m* (护照) 签〔簽〕证〔證〕qiānzhèng
'**sickern** *vi* 漏 lòu, 渗 shèn, 滴 dī
sie *pers. pron* 1) 她 tā, 它 tā; 2) 他们 tāmén
Sie *pers. pron* 您 nín, 你们 nǐmén
Sieb *n* -(e)s;-e 筛〔篩〕shāi, 筛子 shāizi, 过〔過〕滤〔濾〕器 guòlǜqì
'**sieben** I *vt* 1) 筛〔篩〕shāi, 滤〔濾〕lǜ; 2) 挑选〔選〕tiāoxuǎn, 淘汰 táotài; II *adj* 七 qī
'**Sieben** *f* 1) 七 qī; 2) 七路车〔車〕qīlùchē, 七次车 qīcìchē; 3) böse ～ 悍妇〔婦〕hànfù
'**sieben|fach** *adj* 七倍的 qībèide '～**mal** *adj* 七次 qīcì
'**Siebensachen** *pl* 日常用品 rìcháng yòngpǐn
'**siebente** *adj* 第七 dìqī
'**Siebentel** *n* -s; - 七分之一 qīfēn zhī yī
'**siebentens** *adv* 第七 dìqī
'**sieb|zehn** *adj* 十七 shíqī ～**zig** *adj* 七十 qīshí ～**zigste** *adj* 第七十 dìqīshí
siech *adj* 多病的 duōbìngde, 久病不愈的 jiǔbìng bù yù de
'**Siechtum** *n* -s; 久病不愈 jiǔbìng-bù yù
'**Siedehitze** *f* 沸点〔點〕的温度 fèidiǎn de wēndù
'**siedeln** *vi* 1) 定居 dìngjū, 垦〔墾〕

殖 kěnzhí; 2) 栖〔棲〕息 qīxī

'**sieden** *vt, vi* 煮开〔開〕zhǔkāi, 沸腾 fèiténg

'**Siedepunkt** *m* 沸点〔點〕fèidiǎn

'**Siedler** *m* -s; - 垦〔墾〕殖者 kěnzhízhě, 拓荒者 tuòhuāngzhě

'**Siedlung** *f* -en 1) 垦〔墾〕殖 kěnzhí, 移民 yímín; 2) 移民区〔區〕yímínqū, 居民点〔點〕jūmíndiǎn

Sieg *m* -(e)s; -e 胜〔勝〕利 shènglì, 获〔獲〕胜 huòshèng; den ~ davontragen 取得胜利

'**Siegel** *n* -s; - 1) 印 yìn, 印章 yìnzhāng; 2) 封印 fēngyìn, 印记 yìnjì ~**lack** *m* 封蜡〔蠟〕fēnglà, 火漆 huǒqī

'**siegeln** *vt* 盖〔蓋〕印 gàiyìn

'**siegen** *vi* 战〔戰〕胜〔勝〕zhànshèng, 获〔獲〕胜 huòshèng

'**Sieger** *m* -s; - 胜〔勝〕利者 shènglìzhě, 获〔獲〕胜者 huòshèngzhě

'**siegreich** *adj* 胜〔勝〕利的 shènglìde, 凯〔凱〕旋的 kǎixuánde

Si'gnal *n* -s; -e 信号〔號〕xìnhào

signali'sieren *vt* 发〔發〕出信号〔號〕fāchū xìnhào

'**Silbe** *f* -n 音节〔節〕yīnjié ~**ntrennung** *f* 音节划〔劃〕分 yīnjiéhuàfēn

'**Silber** *n* -s; 1) 银 yín; 2) 银器 yínqì; 3) 银餐具 yíncānjù

'**silbern** *adj* 银的 yínde, 银制〔製〕的 yínzhìde

'**Silberzeug** *n* 银器 yínqì

Silhouette [zilu'ɛtə] *f* -n 剪影 jiǎnyǐng, 侧面黑影像 cèmiàn hēiyǐngxiàng

Sil'vester *n* -s; - 新年前夕 xīnnián qiánxī

'**simpel** *adj* 1) 简单〔單〕的 jiǎndānde; 2) 憨直的 hānzhíde, 愚蠢的 yúchǔnde

'**Simpel** *m* -s; - 笨伯 bènbó 头〔頭〕脑〔腦〕简单〔單〕的人 tóunǎo jiǎndān de rén

Sims *m, n* -es; -e 1) 外窗台〔臺〕wàichuāngtái; 2) (墙上)搁板 gébǎn; 3) 壁炉〔爐〕台 bìlútái

Simu'lant *m* -en; -en 装〔裝〕病者 zhuāngbìngzhě, 装病开〔開〕小差者 zhuāngbìng kāixiǎochāi zhě

simu'lieren *vt* 1) 伪〔僞〕装〔裝〕wěizhuāng, 假装 jiǎzhuāng; 2) 装病 zhuāngbìng

Sinfo'nie *f* -n 交响〔響〕乐〔樂〕jiāoxiǎngyuè

'**singen** *vt, vi* 歌唱 gēchàng, 演唱 yǎnchàng; nach Noten ~ 看着乐谱唱

'**Singspiel** *n* 德国〔國〕小歌剧〔劇〕déguó xiǎogējù

'**Singular** *m* 单〔單〕数〔數〕dānshù

'**Singvogel** *m* 鸣禽 míngqín

'**sinken*** *vi* (*s*) 1) 降落 jiàngluò, 落下 luòxià, 下沉 xiàchén; 2) (价格) 下跌 xiàdiē; den Mut sinken lassen 丧〔喪〕失勇气〔氣〕sàngshī yǒngqì

Sinn *m* -(e)s; -e 1) 官能 guānnéng, 感官 gǎnguān; 2) 感觉〔覺〕gǎnjué; 3) 记忆〔憶〕jìyì; 4) 思想 sīxiǎng, 想法 xiǎngfǎ; etw. im ~ haben 打算做某事; etw. aus dem ~ verlieren 忘记做某事; 5) 意义〔義〕yìyì; in gewissem ~ 在一定意义上 '~**bild** *n* 象征〔徵〕xiàngzhēng, 标〔標〕志 biāozhì

'**sinnbildlich** *adj* 象征〔徵〕性的 xiàngzhēngxìngde

'**sinnen*** *vi* 考虑〔慮〕kǎolǜ, 思索 sīsuǒ; auf Rache ~ 想要报仇

'**Sinnen|freude** *f* 感官享受 gǎnguān xiǎngshòu, 肉欲 ròuyù ~**lust** *f* 肉欲 ròuyù, 耽于女色 dān yú nǚsè

'**sinnentstellend** *adj* 歪曲原意的 wāiqū yuányì de

'**Sinnenwelt** *f* 感性世界 gǎnxìng shìjiè

'**Sinnes|änderung** *f* 改变〔變〕主意 gǎibiàn zhǔyì ~**art** *f* 性情 xìngqíng, 气〔氣〕质〔質〕qìzhì ~**organ** *n* 感觉〔覺〕器官 gǎnjué qìguān ~**täuschung** *f* 感官错觉 gǎnguān cuòjué, 幻觉 huànjué

'**sinnlich** *adj* 1) 感觉〔覺〕的 gǎnjuéde, 感官的 gǎnguānde; 2) 性感的 xìnggǎnde, 肉欲的 ròuyùde

'**sinnlos** *adj* 1) 无〔無〕意义〔義〕的 wúyìyìde; 2) 欠考虑〔慮〕的 qiànkǎolǜde

'**sinn|reich** *adj* 1) 构〔構〕思巧妙的 gòusī qiǎomiào de; 2) 意味深长〔長〕的 yìwèi shēncháng de ~**verwandt** *adj* 同义〔義〕的 tóngyìde, 意义近似的 yìyì jìnsì de

'**Sippe** *f* -n 氏族 shìzú, 宗族 zōngzú

'**Sippschaft** *f* -en 1) 亲〔親〕族 qīnzú; 2) 一帮〔幫〕yībāng, 一伙 yīhuǒ; die ganze ~ 这一帮歹徒

Si'rene *f* -n 汽笛 qìdí

'**Sirup** *m* -s; -e 糖浆 tángjiāng

'**Sitte** *f* -n 1) 习〔習〕惯 xíguàn, 风〔風〕俗 fēngsú; 2) 礼〔禮〕貌 lǐmào, 规矩 guījǔ

'**Sitten|gemälde** *n* 风〔風〕俗画〔畫〕fēngsúhuà ~**lehre** *f* 伦理学〔學〕lúnlǐxué ~**polizei** *f* 风纪警察 fēngjì jǐngchá ~**prediger** *m* 道德说教者 dàodé shuōjiào zhě

'**sittenstreng** *adj* 循规蹈矩的 xún guī dǎo jǔ de

'**sittlich** *adj* 合乎道德的 héhū dàodé de, 有德行的 yǒu déxíngde, 道义〔義〕上的 dàoyìshàngde

'Sittlichkeit *f* 美德 měidé, 品德 pǐndé **~sverbrechen** *n* 伤〔傷〕风〔風〕败俗 shāngfēng bàisú

'sittsam *adj* 庄〔莊〕重的 zhuāngzhòngde, 端庄的 duānzhuāngde

Situati'on *f* -en 形势〔勢〕 xíngshì, 情况 qíngkuàng

Sitz *m* -es; -e 1) 座 zuò, 坐位 zuòwèi; 2) (衣服) 合身 héshēn

'sitzen* *vi* 1) 坐 zuò, 坐着 zuòzhe; bleiben Sie bitte sitzen! 请您坐着,不必起来! 2) (衣服)合身 héshēn; 3) 命中 mìngzhòng, 击〔擊〕中 jīzhòng **~bleiben*** *vi* (*s*) 1) 留级 liújí, 蹲班 dūnbān; 2) (姑娘在舞会上)干〔乾〕坐 gānzuò; 3) 尚未嫁出 shàngwèi jiàchū; 4) ~ auf 某物尚未售出 mǒuwù shàngwèi shòuchū **~lassen*** *vt* 1) 抛弃〔棄〕 pāoqì, 遗弃 yíqì; 2)让〔讓〕姑娘白等 ràng gūniáng báiděng; 3) 不娶(某人为妻) bùqǔ; 4) 忍受 rěnshòu, 容忍 róngrěn

'Sitz|gelegenheit *f* (剧院、车辆等的)坐位 zuòwèi; sich nach eine ~ umsehen 找一个坐位 **~platz** *m* 坐位 zuòwèi **~streik** *m* 静坐罢〔罷〕工 jìngzuò bàgōng

'Sitzung *f* -en 1) (议会等)开〔開〕会〔會〕 kāihuì; 2) 坐着供人画〔畫〕像 zuòzhe gōngrén huàxiàng

'Skala *f* ..len 1) 刻度 kèdù, 刻度盘〔盤〕 kèdùpán; 2) 音阶〔階〕 yīnjiē; 3) gleitende ~ 计算尺 jìsuànchǐ

Skan'dal *m* -s; -e 1) 轰〔轟〕动〔動〕的事 hōngdòngde shì, 丑〔醜〕闻 chǒuwén; 2) 吵闹 chǎonào

skan'dalös *adj* 骇人听〔聽〕闻的 hài rén tīng wén de, 令人愤慨的 lìng rén fènkǎi de

Ske'lett *n* -(e)s; -e 骨骼 gǔgé, 骨架 gǔjià

'Skepsis *f* 怀〔懷〕疑 huáiyí

'Skeptiker *m* -s; - 怀〔懷〕疑论〔論〕者 huáiyílùnzhě

'skeptisch *adj* 怀〔懷〕疑的 huáiyíde, 持怀疑态〔態〕度的 chí huáiyí tàidù de

Ski *m* -s; -(er) 滑雪板 huáxuěbǎn ~ laufen 滑雪 huáxuě **'~läufer** *m* 滑雪者 huáxuězhě

'Skizze *f* -n 1) 速写〔寫〕 sùxiě; 2) 草图〔圖〕 cǎotú, 略图 lüètú; 3) 草稿 cǎogǎo, 提纲〔綱〕 tígāng

skiz'zieren *vt* 1) 速写〔寫〕 sùxiě; 2) 画〔畫〕出草图〔圖〕 huàchū cǎotú; 3) 草拟〔擬〕 cǎonǐ

'Sklave *m* -n; -n 奴隶〔隸〕 núlì **~nhändler** *m* 奴隶〔隸〕贩子 núlì fànzi

Sklave'rei *f* -en 奴隶身份 núlì shēnfèn, 奴隶制度 núlì zhìdù

'sklavisch *adj* 奴隶〔隸〕般的 núlìbānde, 奴性的 núxìngde

'Skonto *m, n* -s; -s 付现折扣 fùxiàn zhékòu

'Skrupel *m* -s; - 疑虑〔慮〕 yílǜ, 顾〔顧〕虑 gùlǜ

'skrupellos *adj* 毫无〔無〕顾〔顧〕忌的 háowú gùjì de, 肆无忌惮〔憚〕的 sì wú jì dàn de

Skulp'tur *f* -en 雕刻 diāokè, 雕塑 diāosù

'Slalom *m* -s; -s 障碍〔礙〕滑雪 zhàngài huáxuě

'Slawe *m* -n; -n 斯拉夫人 sīlāfūrén

'slawisch *adj* 斯拉夫(语)的 sīlāfūde

Sma'ragd *m* -(e)s; -e 绿宝〔寶〕石 lǜbǎoshí

'Smoking *m* -s; -s 黑色晚礼〔禮〕服 hēisè wǎnlǐfú

so I *adv* 如此 rúcǐ, 这样〔樣〕 zhèyàng; ~ ein Mensch 这样的一个人; ~ oder ~ 无〔無〕论如何 wúlùn rúhé; II *cj* ~ daß ... 以致于... yǐzhì yú ...; ~ ...wie 象...那样〔樣〕 xiàng ... nàyàng; ~ schnell wie möglich 尽〔盡〕快 jìnkuài

so'bald *cj* 一俟...就... yīsì...jiù...

'Socke *f* -n 短袜〔襪〕 duǎnwà

'Sokel *m* -s; - 台〔臺〕座 táizuò, 支座 zhīzuò, 柱脚 zhùjiǎo

so'dann *adv* 然后〔後〕 ránhòu, 此后 cǐhòu

'Sodawasser *n* 苏〔蘇〕打水 sūdǎshuǐ, 汽水 qìshuǐ

'Sodbrennen *n* -s; 烧〔燒〕心 shāoxīn, 胃灼痛 wèizhuótòng

so'eben *adv* 正好 zhènghǎo, 刚〔剛〕刚 gānggāng

'Sofa *n* -s; -s 沙发〔發〕 shāfā

so'fern *cj* 倘使 tǎngshǐ,只要 zhǐyào

so'fort *adv* 立即 lìjí, 立刻 lìkè

so'fortig *adj* 立即的 lìjíde

Sog *m* -(e)s; -e 1) 吸入 xīrù, 抽吸 chōuxī; 2) 吸引 xīyǐn

so|'gar *adv* 而且 érqiě, 甚至于 shènzhìyú **~'genannt** *adj* 所谓 suǒwèi **~'gleich** *adv* 立刻 lìkè, 马〔馬〕上 mǎshàng

'Sohle *f* -n 1) 鞋底 xiédǐ; 2) 山谷 shāngǔ; 3) (河流等的) 底部 dǐbù

Sohn *m* -(e)s; ⁼e 儿〔兒〕子 érzi

so'lange *cj* 在...期间 zài...qījiān

solch *pron* 如此的 rúcǐde, 这样〔樣〕的 zhèyàngde

Sold *m* -(e)s; -e 军饷 jūnxiǎng

Sol'dat *m* -en; -en 士兵 shìbīng; der unbekannte ~ 无名英雄 wúmíng yīngxióng
'Söldner *m* -s; - 雇佣〔傭〕兵 gùyōngbīng
'Sole *f* -n 盐〔鹽〕水 yánshuǐ, 卤〔鹵〕水 lǔshuǐ
so'lid *adj* 1) 坚〔堅〕固的 jiāngùde, 耐用的 nàiyòngde, 结实〔實〕的 jiēshíde; 2) 正派的 zhèngpàide, 讲〔講〕信用的 jiǎngxìnyòngde; 3) (价格)公道的 gōngdàode
soli'darisch *adj* 团〔團〕结一致的 tuánjié yīzhì de; sich mit j-m ~ erklären 声明和某人团结一致
So'list *m* -en; -en 独〔獨〕奏者 dúzòuzhě, 独唱者 dúchàngzhě, 独舞者 dúwǔzhě
Soll *n* -s; -s 1) 借方 jièfāng; 2) 定额 dìng'é
sollen* I *vi* (按规定惯例等)应〔應〕该 yīnggāi, 应当〔當〕(要) yīngdāng; II *v aux* 1) (表示命令,愿望等)应该 yīnggāi, 本该 běngāi, 本当 běndāng; 2) 可能 kěnéng
'Solo *n* -s; -s 独〔獨〕奏 dúzòu, 独唱 dúchàng, 独舞 dúwǔ
so'mit *cj* 因此 yīncǐ, 所以 suǒyǐ
'Sommer *m* -s; - 夏 xià, 夏季 xiàjì ~**frische** *f* -n 避暑地 bìshǔdì
'sommerlich *adj* 夏令的 xiàlìngde, 夏季般的 xiàjìbānde
'Sommer|sprosse *f* 雀斑 quèbān, ~**zeit** *f* -en 1) 夏令 xiàlìng, 夏季 xiàjì; 2) 夏令时〔時〕xiàlìngshí
So'nate *f* -n 奏鸣曲 zòumíngqǔ
'Sonde *f* -n 1) 探针 tànzhēn; 2) 钻〔鑽〕探 zhuàntàn
'Sonder|angebot *n* 特价〔價〕供应〔應〕tèjià gōngyìng ~**ausgabe** *f* 1) 特刊 tèkān; 2) 增刊 zēngkān; 2) 特别版本 tèbié bǎnběn
'sonderbar *adj* 特别的 tèbiéde, 奇怪的 qíguàide
'Sonderberichterstatter *m* 特派记者 tèpài jìzhě
'sonderlich *adj* 特别的 tèbiéde, 奇特的 qítède; nicht ~ gut 不是特别好
'Sonderling *m* -s; -e 怪人 guàirén, 怪物 guàiwù
'sondern I *cj* 1) 而是 érshì; 2) nicht nur, ~ auch 不但…, 而且 bùdàn…, érqiě; II *vt* 使分离〔離〕shǐ fēnlí; die Spreu von Weizen ~ 去粗取精 qù cū qǔ jīng
'Sonder|recht *n* 特权〔權〕tèquán ~**zug** *m* 专〔專〕列 zhuānliè, 专车〔車〕zhuānchē; einen ~ einsetzen 增开一列专车
son'dieren I *vt* 1) 用探针检〔檢〕查 yòng tànzhēn jiǎnchá; 2) 探测 tàncè; II *vi* 试探 shìtàn
'Sonnabend *m* -s; -e 星期六 xīngqīliù
'Sonne *f* -n 日 rì, 太阳〔陽〕tàiyáng, 阳光 yángguāng
'sonnen *vt* 晒〔曬〕shài; sich ~ 晒太阳
'Sonnen|aufgang *m* 日出 rìchū, ~**bad** *n* 日光浴 rìguāngyù ~**brand** *m* 晒〔曬〕斑 shàibān ~**brille** *f* 太阳〔陽〕镜 tàiyángjìng ~**finsternis** *f* 日蚀 rìshí ~**fleck** *m* 日斑 rìbān
'sonnenklar *adj* 1) 明如白昼〔晝〕的 míngrú báizhòu de; 2) 明明白白的 míngmíng báibái de
'Sonnen|licht *n* -(e)s; 阳〔陽〕光 yángguāng, 日照 rìzhào ~**schein** *m* -(e)s; 太阳照射 tàiyáng zhàoshè, 阳光 yángguāng ~**schirm** *m* 阳伞〔傘〕yángsǎn ~**segel** *n* 遮阳顶篷 zhēyáng dǐngpéng ~**seite** *f* 向阳的一面 xiàngyángde yímiàn ~**stich** *m* 日射病 rìshèbìng ~**strahl** *m* 太阳光线〔線〕tàiyáng guāngxiàn ~**uhr** *f* 日晷仪〔儀〕rìguǐyí ~**untergang** *m* 日落 rìluò
'sonnenverbrannt *adj* 晒〔曬〕得黑黑的 shàide hēihēi de
'Sonnenwende *f* (夏至、冬至)二至点〔點〕èrzhìdiǎn
'sonnig *adj* 有阳〔陽〕光的 yǒu yángguāng de, 阳光充足的 yángguāng chōngzú de
'Sonntag *m* 星期日 xīngqīrì
'Sonntags|anzug *m* 星期日穿的服装 xīngqīrì chuān de fúzhuāng ~**kind** *n* 幸运〔運〕儿〔兒〕xìngyùn'ér ~**rückfahrkarte** *f* 星期日回程票 xīngqīrì huíchéngpiào ~**ruhe** *f* 星期日休息 xīngqīrì xiūxī
so'nor *adj* 洪亮的 hóngliàngde, 响〔響〕亮的 xiǎngliàngde
sonst I *adv* 此外 cǐwài, 另外 lìngwài, 通常 tōngcháng; wer ~? 还有别人吗? wie ~ 跟平常一样; ~ nichts 没有别的事; II *cj* 否则 fǒuzé '~**wie** *adv* 以任何别的方式 yǐ rènhé biéde fāngshì '~**wo** *adv* 别的什么地方 biéde shénmo dìfāng
So'pran *m* -s; -e 女高音 nǚgāoyīn
Sopra'nistin *f* 女高音歌唱家 nǚgāoyīn gēchàngjiā
'Sorge *f* -n 忧〔憂〕虑〔慮〕yōulǜ, 担〔擔〕心 dānxīn, 关〔關〕怀〔懷〕guānhuái; ~ tragen für 照管某事; sich ~n machen um 为…忧虑; mach dir keine ~ 不要担心

'sorgen I *vt* 操心 cāoxīn, 关〔關〕心 guānxīn, 照料 zhàoliào; II *v sich* 担〔擔〕忧〔憂〕 dānyōu, 担心 dānxīn

'sorgen|frei *adj*, **~los** *adj* 无〔無〕忧〔憂〕无虑〔慮〕的 wúyōu wúlǜ de

'Sorgfalt *f* 细心 xìxīn, 谨慎 jǐnshèn, 认〔認〕真 rènzhēn

'sorg|fältig *adj* 细心的 xìxīnde, 认〔認〕真的 rènzhēnde, 谨慎的 jǐnshènde **~lich** *adj* 细心的 xìxīnde, 谨慎的 jǐnshènde; 关〔關〕心的 guānxīnde **~los** *adj* 1) 逍遥自在的 xiāoyáo zìzài de; 2) 漫不经〔經〕心的 màn bù jīngxīn de, 草率的 cǎoshuàide **~sam** *adj* 细心的 xìxīnde, 谨慎的 jǐngshènde, 小心的 xiǎoxīnde

'Sorte *f* -n 种〔種〕类〔類〕 zhǒnglèi, 品种 pǐnzhǒng

sor'tieren *vt* 把…分类〔類〕 bǎ… fēnlèi, 拣〔揀〕选〔選〕 jiǎnxuǎn

Sorti'ment *n* -(e)s; -e (商店里)花色品种〔種〕 huā sè pǐn zhǒng

'Soße *f* -n 调味汁 tiáowèizhī, 酱汁 jiàngzhī

Souf'fleur *m* -s; -e 提台〔臺〕词的人 tí táicí de rén

souff'lieren *vt, vi* 提台〔臺〕词 tí táicí, 暗示 ànshì

souve'rän *adj* 独〔獨〕立自主的 dúlì zìzhǔ de, 行使主权〔權〕的 xíngshǐ zhǔquán de

Souveräni'tät *f* 1) 主权〔權〕 zhǔquán; 2) 独〔獨〕立自主 dúlì zìzhǔ

so|'viel I *cj* 如此多 rúcǐ duō, 这么〔麼〕多 zhème duō; ~ ich weiß 就我所知 jiù wǒ suǒ zhī; II *adv* doppelt ~ 一倍多 yībèi duō **~'weit** I *cj* ~ es mich betrifft 就我而言 jiù wǒ ér yán; II *adv* ~ ganz gut 很不错 hěn bù cuò

sowie'so *adv* 无〔無〕论〔論〕如何 wúlùn rúhé, 反正 fǎnzhèng

so'wohl *cj* ~ … als (auch) 不仅〔僅〕…而且 bùjǐn … érqiě

so'zial *adj* 社会〔會〕的 shèhuìde

So'zialdemokrat *m* 社会〔會〕民主党〔黨〕人 shèhuì mínzhǔdǎng rén

soziali'sieren *vt* 使社会〔會〕化 shǐ shèhuìhuà

Sozia'lismus *m* 社会〔會〕主义〔義〕 shèhuìzhǔyì

Sozia'list *m* -en; -en 社会〔會〕主义〔義〕者 shèhuìzhǔyìzhě

sozia'listisch *adj* 社会〔會〕主义〔義〕的 shèhuìzhǔyìde

'Sozius *m* -; -se 合股人 hégǔrén, 合伙人 héhuǒrén **~sitz** *m* 1) 摩托车〔車〕后〔後〕座 mótuōchē hòuzuò; 2) 坐在摩托车后座的人 zuòzài mótuōchē hòuzuò de rén

sozu'sagen *adv* 可以说 kěyǐ shuō, 可以这样〔樣〕说 kěyǐ zhèyàng shuō

'Spachtel *m* -s; - 1) 抹刀 mǒdāo, 刮刀 guādāo; 2) 填料 tiánliào, 油灰 yóuhuī

'spähen *vi* 张〔張〕望 zhāngwàng, 窥探 kuītàn

'Späher *m* -s; - 1) 侦探 zhēntàn, 密探 mìtàn; 2) 侦察员 zhēncháyuán

Spa'lier *m* -(e)s; -e 1) (藤本植物)棚架 péngjià; 2) 夹〔夾〕道欢〔歡〕迎的行列 jiādào huānyíng de hángliè

Spalte *f* -n 1) 裂缝 lièfèng; 2) (书报的)栏〔欄〕 lán

spalten* *vt* 1) 劈开〔開〕 pīkāi, 使裂开 shǐ lièkāi; 2) (头发) 分开 fēnkāi; 3) 使分裂 shǐ fēnliè, 裂变〔變〕 lièbiàn; 4) sich ~ 裂开 lièkāi; 分裂 fēnliè

'Spaltung *f* -en 1) 分裂 fēnliè, 裂变〔變〕 lièbiàn

Span *m* -(e)s; ⸗e 木屑 mùxiè, 金属〔屬〕屑 jīnshǔxiè, 碎片 suìpiàn

'Spange *f* -n 1) 发〔髮〕夹〔夾〕 fàjiā; 2) 夹针 jiāzhēn, 别针 biézhēn; 3) 鞋襻 xiépàn, 带〔帶〕扣 dàikòu

'Spanier *m* -s; - 西班牙人 xībānyárén

'spanisch *adj* 西班牙的 xībānyáde; ~e Sprache 西班牙语

Spann *m* 1) 足背 zúbèi; 2) 一拃宽 yīzhǎkuān

'spannen I *vt* 1) 张〔張〕紧〔緊〕 zhāngjǐn, 拉紧 lājǐn, 绷紧 bēngjǐn; den Bogen ~ 张弓; ein Pferd vor den Wagen ~ 把一匹马驾在车前; 2) 绷入 bēngrù, 夹〔夾〕紧 jiājǐn; II *vi* 绷得太紧 bēngde tàijǐn **~d** *adj* 紧张的 jǐnzhāngde, 引人入胜〔勝〕的 yǐnrén rùshèng de

'Spann|kraft *f* 弹〔彈〕力 tánlì, 张〔張〕力 zhānglì **'~ung** *f* 1) 拉紧〔緊〕 lājǐn, 绷紧 bēngjǐn; 2) 拉力 lālì, 张力 zhānglì; 3) 电〔電〕压〔壓〕 diànyā; 4) 聚精会〔會〕神 jùjīng huìshén

'Sparbüchse *f* 储蓄罐 chǔxùguàn, 扑满〔滿〕 pūmǎn

'sparen I *vt* 1) 储蓄 chǔxù, 省下 shěngxià; 2) 节〔節〕省 jiéshěng, 节用 jiéyòng, 节约 jiéyuē; 3) 省去 shěngqù, 避免 bìmiǎn; II *vi* 储蓄 chǔxù, 节约 jiéyuē; er sparte nicht mit Lob 他不惜大加赞扬

'Sparer *m* -s; - 储蓄者 chǔxùzhě, 存款人 cūnkuǎnrén

'Spargel *m* -s; - 芦〔蘆〕笋〔筍〕 lúsǔn, 龙〔龍〕须〔鬚〕菜 lóngxūcài

'Sparkasse *f* 储蓄银行 chǔxù yínháng

'spärlich *adj* 1) 稀少的 xīshǎode, 稀疏的 xīshūde; 2) 贫乏的 pínfáde, 少量的 shǎoliàngde

'Sparren *m* -s; - 1) 椽 chuán; 2) 头〔頭〕脑〔腦〕有点不正常 tóunǎo yǒudiǎn bù zhèngcháng

'sparsam *adj* 1) 节〔節〕约的 jiéyuēde, 节省的 jiéshěngde; 2) 微薄的 wēibóde

'Sparsamkeit *f* 节〔節〕约 jiéyuē, 节俭〔儉〕 jiéjiǎn

Spaß *m* -es; ⸚e 1) 玩笑 wánxiào, 笑话 xiàohuà; etw. aus ~ sagen 开玩笑地说; ~ beiseite! 不开玩笑! er hat nur ~ gemacht 他只是开开玩笑; 2) 愉快 yúkuài, 乐〔樂〕趣 lèqù; viel ~! 祝你愉快!

'spaß|en *vi* 开〔開〕玩笑 kāiwánxiào, 打趣 dǎqù; damit ist nicht zu ~ 这不是开玩笑的事 **~haft** *adj*, **~ig** *adj* 滑稽的 huájīde, 引人发〔發〕笑的 yǐn rén fāxiào de, 逗乐〔樂〕的 dòulède,

'Spaßmacher *m* 爱〔愛〕开〔開〕玩笑的人 ài kāiwánxiào de rén

spät *adj* 1)迟〔遲〕的 chíde, 晚的 wǎnde; am ~en Nachmittag 傍晚; wie ~ ist es? 现在几点钟; er kommt 5 Minuten zu ~ 他晚来五分钟; ~ in der Nacht 深夜; 2) 后〔後〕期的 hòuqīde, 晚期的 wǎngqīde; ~e Apfel 晚熟苹果; das ~e Mittelalter 中世纪后期

'Spaten *m* -s; - 铁〔鐵〕锹 tiěqiāo, 铲〔鏟〕chǎn

'später I *adj* 今后〔後〕的 jīnhòude, 后来〔來〕的 hòuláide; ~e Generationen 后代; II *adv* 以后 yǐhòu, 此后 cǐhòu; drei Monaten ~ 三个月以后; darüber sprechen wir ~ 此事我们以后再谈

'spätestens *adv* 至迟〔遲〕 zhìchí

Spatz *m* -en (-es); -en 麻雀 máquè

spa'zieren *vi* (*s*) 漫步 mànbù, 闲逛 xiánguàng, 散步 sànbù **~fahren*** I *vi* (*s*) 开〔開〕车兜风〔風〕 kāichē dōufēng; II *vt* das Baby ~ 推小孩出去转〔轉〕转 tuī xiǎohái chūqù zhuànzhuàng **~gehen*** *vi* (*s*) 散步 sànbù

Spa'zier|fahrt *f* 驱〔驅〕车〔車〕游玩 qūchē yóuwán **~gang** *m* 散步 sànbù; einen ~ machen 出去散步 **~gänger** *m* 散步的人 sànbùde rén

Speck *m* -(e)s; -e 肥肉 féiròu, 熏板肉 xūnbǎnròu

Spedi'teur *m* -s; -e 运〔運〕输商 yùnshūshāng, 搬运工人 bānyùn gōngrén

Spedi'tion *f* -en 运〔運〕输行 yùnshūháng

Speer *m* -(e)s; -e 1) 矛 máo; 2) 标〔標〕枪〔槍〕 biāoqiāng **~werfen** *n* -s; 掷〔擲〕标枪 zhì biāoqiāng

'Speiche *f* -n 1) 轮〔輪〕辐 lúnfú; 2) 桡〔橈〕骨 ráogǔ

'Speichel *m* -s; 唾液 tuòyè, 口水 kǒushuǐ **~lecker** *m* -s; - 拍马〔馬〕屁的人 pāi mǎpì de rén

'Speicher *m* -s; - 1) 仓〔倉〕库 cāngkù, 货栈〔棧〕 huòzhàn; 2) 谷〔穀〕仓 gǔcāng; 3) 顶楼 dǐnglóu, 阁楼〔樓〕 gélóu

'speien* I *vt* 吐 tù (Blut 血, Schleim 粘痰), 喷出 pēnchū; II *vi* 1) 吐唾沫 tù tuòmo; 吐痰 tùtán; 2)呕〔嘔〕吐 ǒutù

'Speise *f* -n 菜 cài, 菜肴 càiyáo, 饮食 yǐnshí **~eis** *n* 冰淇淋 bīngqílín **~kammer** *f* 食物储藏室 shíwù chǔcángshì **~karte** *f* 菜单〔單〕 càidān

'speisen I *vi* 用膳 yòngshàn, 进〔進〕餐 jìncān; II *vt* 1) 吃 chī, 给…吃 gěi…chī; 2) 供给 gōngjǐ; einen Motor ~ 给马达供电

'Speise|öl *n* 食用油 shíyòngyóu **~röhre** *f* 食管 shíguǎn, 食道 shídào **~saal** *m* 餐厅〔廳〕 cāntīng **~schrank** *m* 食物橱 shíwùchú **~wagen** *m* 餐车〔車〕 cānchē **~zimmer** *n* 餐室 cānshì

Spek'takel *m* -s; - 大吵大闹 dàchǎo dànào, 喧哗〔嘩〕 xuānhuá

Speku'lant *m* -en; -en 投机〔機〕商 tóujīshāng

Spekula'tion *f* -en 1) 投机〔機〕 tóujī, 投机活动 tóujī huódòng; 2) 推测 tuīcè

speku'lieren *vi* 投机〔機〕 tóujī; auf der Börse ~ 在交易所搞投机

Spe'lunke *f* -n 1) 下流场〔場〕所 xiàliú chǎngsuǒ, 下流酒吧 xiàliú jiǔbā; 2) 贫民窟 pínmínkū

'Spende *f* -n 捐赠 juānzèng, 捐助 juānzhù

'spenden *vt* 捐助 juānzhù, 献〔獻〕出 xiànchū

'Spender *m* -s; - 捐赠者 juānzèngzhě, 捐助者 juānzhùzhě

spen'dieren *vt* 慷慨给予 kāngkǎi jǐyǔ; j-m etw. ~ 给某人付帐〔帳〕 gèi mǒurén fùzhàng

'Sperling *m* -s; -e 麻雀 máquè

'Sperre *f* -n 1) 关〔關〕闭 guānbì, 封锁 fēngsuǒ; 2) 栅栏〔欄〕 zhàlan, 障碍〔礙〕 zhàng'ài, 障碍物 zhàng'àiwù

'**sperren** I *vt* 1) 关〔關〕闭 guānbì, 封锁 fēngsuǒ; 2) 禁止 jìnzhǐ, 停止 tíngzhǐ, 隔断〔斷〕 géduàn; II *vi* 卡牢 kǎláo, 卡住 kǎzhù

'**Sperr|holz** *n* 胶〔膠〕合板 jiāohébǎn **~konto** *n* 冻〔凍〕结帐〔帳〕户 dòngjie zhànghù, 限制提款户 xiànzhì tíkuǎn hù **~kreis** *m* 带〔帶〕阻滤〔濾〕波器 dàizǔ lǜbōqì **~sitz** *m* (剧场)正厅〔廳〕前排 zhèngtīng qiánpái **~ung** *f* -en 1) (进出口)禁止 jìnzhǐ; 2) (帐户)冻〔凍〕结 dòngjié; 3) 封锁 fēngsuǒ **~-~zoll** *m* 保护〔護〕性关〔關〕税 bǎohùxìng guānshuì **~zone** *f* 封锁区〔區〕 fēngsuǒqū

'**Spesen** *pl* 费用 fèiyòng, 手续〔續〕费 shǒuxùfèi

'**Spezial|arzt** *m* 专〔專〕科医〔醫〕生 zhuānkē yīshēng **~ausbildung** *f* 专门〔門〕训练〔練〕zhuānmén xùnliàn **~fach** *n* 专业〔業〕 zhuānyè, 专科 zhuānkē '**~geschäft** *n* 专门商店 zhuānmén shāngdiàn

speziali'sieren *v sich* 专〔專〕攻 zhuāngōng, 专门〔門〕从〔從〕事 zhuānmén cóngshì

Spezia'list *m* -en; -en 专〔專〕家 zhuānjiā

Speziali'tät *f* 1) 专〔專〕业〔業〕 zhuānyè, 专长〔長〕 zhuāncháng; 2) 特产〔產〕 tèchǎn, 名菜 míngcài

spezi'ell *adj* 特别的 tèbiéde, 专〔專〕门〔門〕的 zhuānménde

spe'zifisch *adj* ~es Gewicht 比重 bǐzhòng

'**Sphäre** *f* -n 1) 球体〔體〕 qiútǐ; 2) 范围〔圍〕 fànwéi, 领域 lǐngyù

'**spicken** I *vt* 1) (在准备烤的肉上)涂〔塗〕油 túyóu; 2) 填满〔滿〕 tiánmǎn, 塞满 sāimǎn; 3) 贿赂 huìlù; II *vi* 偷看 tōukàn, 作弊 zuòbì

'**Spiegel** *m* -s; - 1) 镜子 jìngzi; 2) 反射镜 fǎnshèjìng **~bild** *n* 1) 镜中的形象 jìngzhōngde xíngxiàng; 2) 影象 yǐngxiàng, 倒影 dàoyǐng

'**spiegelblank** *adj* 光亮如镜的 guāngliàng rú jìng de

'**Spiegelei** *n* 油煎蛋 yóujiāndàn

'**spiegelglatt** *adj* 1) 平滑如镜的 pínghuá rú jìng de; 2) 光滑的 guānghuáde, 滑溜的 huáliūde

'**spiegeln** I *vi* 反射 fǎnshè, 反照 fǎnzào; II *v sich* 反映 fǎnyìng, 反射 fǎnshè

'**Spieg(e)lung** *f* -en 反射 fǎnshè, 反映 fǎnyìng, 映象 yìngxiàng

Spiel *n* -(e)s; -e 1) 玩耍 wánshuǎ, 游戏〔戲〕 yóuxì; 2) 表演 biǎoyǎn, 演奏 yǎnzòu; auf dem ~ stehen 处于危险中; etw. aufs ~ setzen 拿某事冒险 '**~art** *f* 品种〔種〕 pǐnzhǒng, 种类〔類〕 zhǒnglèi '**~ball** *m* 游戏〔戲〕用球 yóuxì yòng qiú, 网〔網〕球 wǎngqiú, 台〔臺〕球 táiqiú '**~bank** *f* -en 赌场〔場〕 dǔchǎng

'**spielen** I *vi* 1) 玩 wán, 游戏〔戲〕 yóuxì; 2) 赌博 dǔbó; 3) 跟…比赛 gēn…bǐsài; 4) 表演 biǎoyǎn; II *vt* 1) 玩 wán, 做游戏 zuò yóuxì; 2) 打牌 dǎpái, 下棋 xiàqí, 玩球 wánqiú, 演奏 yǎnzòu **~d** *adv* 玩儿〔兒〕似的 wánrsìde

Spieler *m* -s; - 1)游戏〔戲〕者 yóuxìzhě; 2) 比赛者 bǐsàizhě; 3) 演员 yǎnyuán, 演奏者 yǎnzòuzhě; 4) 赌徒 dǔtú

'**Spiele'rei** *f* -en 玩耍 wǎnshuǎ, 游戏〔戲〕 yóuxì

'**Spiel|ergebnis** *n* 比赛结果 bǐsài jiéguǒ **~feld** *n* 游戏〔戲〕场〔場〕 yóuxìchǎng, 运〔運〕动〔動〕场 yùndòngchǎng **~film** *m* 故事片 gùshìpiān **~gefährte** *m* 游戏的伙伴 yóuxìde huǒbàn **~karte** *f* 纸牌 zhǐpái **~leiter** *m* 1) 戏院经〔經〕理 xìyuàn jīnglǐ; 2) 电〔電〕影导〔導〕演 diànyǐng dǎoyǎn; 3)比赛裁判 bǐsài cáipàn **~marke** *f* 赌博筹〔籌〕码 dǔbó chóumǎ **~-plan** *m* 戏单〔單〕 xìdān, 剧〔劇〕目表 jùmùbiǎo **~platz** *m* 游戏场 yóuxìchǎng **~raum** *m* 活动〔動〕余〔餘〕地 huódòng yúdì **~-regel** *f* 比赛规则 bǐsài guīzé **~-sachen** *pl* 玩具 wánjiù **~schuld** *f* 赌债 dǔzhài **~schule** *f* 幼儿〔兒〕园〔園〕 yòu'éryuán **~tisch** *m* 赌桌 dǔzhuō **~verderber** *m* -s; - 扫〔掃〕兴〔興〕的人 sǎoxìngde rén **~waren** *pl* 玩具 wánjù **~zeit** *f* 1) 演出季节〔節〕 yǎnchū jìjié; 2) 比赛时〔時〕间 bǐsài shíjiān

Spieß *m* -es; -e 1) (旧式兵器) 矛 máo, 枪〔槍〕 qiāng; 2) (烤肉)铁〔鐵〕叉 tiěchā; 3) den ~ umdrehen 反唇相讥〔譏〕 fǎnchún xiàngjī '**~bürger** *m* 市侩〔儈〕 shìkuài, 庸人 yōngrén '**~geselle** *m* 伙伴 huǒbàn, 帮〔幫〕凶 bāngxiōng '**~ruten** *pl* ~ laufen 受严〔嚴〕厉〔厲〕批评 shòu yánlì pīpín

spi'nal *adj* 脊椎的 jǐzhuīde; ~e Kinderlähmung 脊髓灰质〔質〕炎 jǐsuǐhuīzhìyán, 小儿〔兒〕麻痹 xiǎo'érmábì

Spi'nat *m* 菠菜 bōcài

Spind *n, m* -(e)s; -e (兵营、运动场

的)窄柜〔櫃〕zhǎiguì

'**Spindel** *f* -n 锭子 dìngzi, 纺锤 fǎngchuí

'**spindeldürr** *adj* 骨瘦如柴的 gǔshòu rú chái de

'**Spinne** *f* -n 蜘蛛 zhīzhū

'**spinnen*** I *vt* 1) 纺 fǎng, 喷丝〔絲〕pēnsī, 蜘蛛结网〔網〕zhīzhū jiéwǎng; 2) 策划〔劃〕cèhuà; II *vi* 1) 纺纱 fǎngshā, 纱织〔織〕shāzhī; 2) 胡说 húshuō, 胡扯 húchě; du spinnst wohl? 你发疯啦?

'**Spinnengewebe** *n* 蜘蛛网〔網〕zhīzhūwǎng

'**Spinner** *m* -s; - 纺织〔織〕工人 fǎngzhī gōngrén

Spinne'rei *f* 纺纱厂〔廠〕fǎngshāchǎng

'**Spinn|maschine** *f* 纺纱机〔機〕fǎngshājī ~**webe** *f* -n 蜘蛛网〔網〕zhīzhūwǎng

Spi'on *m* -s; -e 间谍 jiàndié, 侦探 zhēntàn

Spi'onage [..ʒə] *f* 间谍活动〔動〕jiàndié huódòng

spio'nieren *vi* 刺探情报〔報〕cìtàn qíngbào

Spi'rale *f* -n 1) 螺线〔綫〕luóxiàn, 螺旋线 luóxuánxiàn; 2) (价格)螺旋形上涨〔漲〕luóxuánxíng shàngzhǎng

spi'ralförmig *adj* 螺旋形的 luóxuánxíngde

Spiritu'osen *pl* 酒类〔類〕jiǔlèi, 含酒精的饮料 hánjiǔjīngde yǐnliào

'**Spiritus** *m* -; -se 1) 乙醇 yǐchún, 酒精 jiǔjīng; 2) 烈酒 lièjiǔ, 烧〔燒〕酒 shāojiǔ ~**kocher** *m* -s;- 酒精炉〔爐〕jiǔjīnglú

Spi'tal *n* -s; ⸚er 医〔醫〕院 yīyuàn, 养〔養〕老院 yǎnglǎoyuàn

spitz *adj* 1) 尖的 jiānde, 尖形的 jiānxíngde; 2) 瘦削的 shòuxiāode; 3) 尖锐的 jiānruìde, 尖刻的 jiānkède; ein ~er Winkel 锐角; eine ~e Zunge haben 有一张利嘴

'**Spitz|bube** *m* 小偷 xiǎotōu, 扒手 páshǒu, 骗子 piànzi, 无〔無〕赖 wúlài ~**bübe'rei** *f* -en 诈骗 zhàpiàn, 偷窃〔竊〕tōuqiè

'**spitzbübisch** *adj* 调皮的 tiáopíde, 淘气〔氣〕的 táoqìde

'**Spitze** *f* -n 1) 尖端 jiānduān, 前端 qiánduān, 顶端 dǐngduān; 2) (企业等的)领〔導〕导人 lǐngdǎorén; 3) an der ~ liegen 比赛时〔時〕领先 bǐsàishí lǐngxiān; j-m die ~ bieten 顶撞某人 dǐngzhuàng mǒurén; auf die ~ treiben 做事走极〔極〕端 zuòshì zǒu jíduān

'**Spitzel** *m* -s; - 密探 mìtàn

'**spitzen** *vt* 削尖 xiāojiān, 弄尖 nòngjiān; dem Mund ~ 撅起嘴 juēqǐzuǐ; die Ohren ~ 竖〔豎〕起耳朵听〔聽〕shùqǐ ěrduo tīng

'**Spitzenleistung** *f* 1) 最好的成绩 zuìhǎode chéngjì; 2) 最高功率 zuìgāo gōnglǜ

'**spitzfindig** *adj* 吹毛求疵的 chuīmáo qiúcī de

'**Spitz|findigkeit** *f* -en 吹毛求疵 chuīmáo qiúcī ~**hacke** *f* 鹤嘴锄 hèzuǐchú

'**spitzig** *adj* 尖的 jiānde, 尖刻的 jiānkède

'**Spitz|marke** *f* 标〔標〕题字 biāotízì '~**name** *m* 外号〔號〕wàihào, 绰号 chuòhào

'**Splitter** *m* -s; - 碎片 suìpiàn, 裂片 lièpiàn, 碴儿〔兒〕chár

'**splitter|frei** *adj* (玻璃)不碎的 bùsuìde, 防裂的 fángliède ~**ig** *adj* 易碎的 yìsuìde, 易裂的 yìliède ~**n** *vi* 碎裂 suìliè, 裂成碎片 lièchéng suìpiàn ~**nackt** *adj* 赤身裸体〔體〕的 chìshēn luǒtǐ de

'**Splitterpartei** *f* (分裂出来的)小党〔黨〕派 xiǎodǎngpài

spon'tan *adj* 自发〔發〕的 zìfāde, 自然发生的 zìrán fāshēng de

spo'radisch *adj* 分散的 fēnsànde, 零星的 língxīngde

Sporn *m* -(e)s; Sporen 马〔馬〕刺 mǎcì, 靴刺 xuēcì; die Sporen geben 用靴刺踢马; sich die Sporen verdienen 初显〔顯〕身手 chū xiǎn shēnshǒu

'**spornen** *vt* 1) 给…装〔裝〕靴刺 gěi... zhuāng xuēcì; 2) 用靴刺踢 yòng xuēcì tī; 3) 刺激 cìjī, 鞭策 biāncè

Sport *m* -(e)s; -e 1) 体〔體〕育运〔運〕动〔動〕tǐyù yùndòng; 2) 业〔業〕余〔餘〕爱〔愛〕好 yèyú àihào '~**geschäft** *n* 体〔體〕育用品商店 tǐyù yòngpǐn shāngdiàn '~**kleidung** *f* 运〔運〕动〔動〕服 yùndòngfú '~**lehrer** *m* 教练〔練〕员 jiàoliànyuán

'**sportlich** *adj* 体〔體〕育的 tǐyùde, 运〔運〕动〔動〕的 yùndòngde; 运动员的 yùndòngyuánde

'**Sportplatz** *m* 运〔運〕动〔動〕场〔場〕yùndòngchǎng

Spott *m* -(e)s; 嘲笑 cháoxiào, 讥〔譏〕讽〔諷〕jīfěng; ~ mit j-m treiben 取笑某人

'**spottbillig** *adj* 极〔極〕便宜的 jí piányì de

Spötte'lei *f* -en 戏〔戲〕弄 xìnòng, 开〔開〕玩笑 kāiwánxiào

'**spötteln** *vi* 戏〔戲〕弄 xìnòng, 捉弄

zhuōnòng

'**spotten** *vi* 1) 嘲笑 cháoxiào, 戏〔戲〕弄 xìnòng; 2) etw. spottet jeder Beschreibung ...坏〔壞〕得无〔無〕法形容 ...huàide wúfǎ xíngróng

'**Spötter** *m* -s; - 嘲讽〔諷〕者 cháofěngzhě, 爱〔愛〕戏〔戲〕弄人者 àixìnòng rén zhě

Spötte'rei *f* -en 嘲弄 cháonòng, 讥〔譏〕讽〔諷〕jīfěng

'**spöttisch** *adj* 嘲笑的 cháoxiàode, 戏〔戲〕弄人的 xìnòngrénde

'**Spott|name** *m* 绰号〔號〕chuòhào, 浑名 húnmíng ~**preis** *m* 极〔極〕便宜的价〔價〕格 jí piányi de jiàgé ~**schrift** *f* 讽〔諷〕刺作品 fěngcì zuòpǐn

'**Sprache** *f* -n 1) 语言 yǔyán; 2) zur ~ bringen 谈论〔論〕某事 tánlùn mǒushì; zur ~ kommen 成为〔爲〕讨论的话题 chéngwéi tǎolùn de huàtí ~**fehler** *m* 语言障碍〔礙〕yǔyán zhàng'ài ~**-führer** *m* 外语学〔學〕习〔習〕指南 wàiyǔ xuéxí zhǐnán ~**gebrauch** *m* 语言惯用法 yǔyán guànyòngfǎ ~**gefühl** *n* -(e)s; 语感 yǔgǎn

'**sprach|kundig** *adj* 精通各种〔種〕语言的 jīngtōng gèzhǒng yǔyán de ~**lich** *adj* 语言的 yǔyánde, 语言学〔學〕的 yǔyánxuéde ~**los** *adj* 张〔張〕口结舌的 zhāngkǒu jiéshé de

'**Sprach|rohr** *n* 话筒 huàtǒng, 传〔傳〕声〔聲〕筒 chuánshēngtǒng ~**schatz** *m* 词汇〔匯〕cíhuì ~**-wissenschaft** *f* 语言学〔學〕yǔyánxué ~**wissenschaftler** *m* 语言学家 yǔyánxuéjiā

'**Sprechchor** *m* 同声〔聲〕朗诵 tóngshēng lǎngsòng

'**sprechen*** I *vt* 1) 说 shuō, 讲〔講〕jiǎng; 2) 跟…说话 gēn... shuōhuà; j-n zu ~ wünschen 想要见某人 xiǎng yào jiàn mǒurén; j-n schuldig ~ 宣判…有罪 xuānpàn...yǒuzuì; Bände ~ 充分地表明 chōngfènde biǎomíng; II *vi* 1) 说 shuō, 说话 shuōhuà; 2) 谈论〔論〕tánlùn, 讨论 tǎolùn; über etw. ~ 谈论某事; von j-m ~ 说起某人; ~ wir nicht darüber 我们不谈此事

'**Sprecher** *m* -s; - 1) 讲〔講〕话人 jiǎnghuàren; 2) 播音员 bōyīnyuán; 3) 发〔發〕言人 fāyánrén

'**Sprech|fehler** *m* 失言 shīyán ~**stunde** *f* 1) 诊病时〔時〕间 zhěnbìng shíjiān; 2) 会〔會〕客时间 huìkè shíjiān ~**übung** *f* 口语练〔練〕习〔習〕kǒuyǔ liànxí ~**zimmer** *n* 1) 会〔會〕客室 huìkèshì; 2) 诊疗〔療〕室 zhěnliáoshì

'**spreizen** *vt* 1) 分开〔開〕fēnkāi, 叉开 chǎkāi (Beine 两腿); 2) 张〔張〕开 zhāngkāi, 展开 zhǎnkāi; 3) sich ~ 装〔裝〕腔 zhuāngqiāng, 假推辞〔辭〕jiǎtuīcí

'**Spreng|bombe** *f* 爆破炸弹〔彈〕bàopò zhàdàn ~**el** *m* -s; - 教区〔區〕jiàoqū

'**sprengen** I *vt* 1) 炸 zhà, 爆破 bàopò; 2) 给…洒〔灑〕水 gěi...sǎshuǐ; 3) 砸开〔開〕zákāi, 冲开 chōngkāi; 4) 驱〔驅〕散 qūsàn; II *vi* (*s*) 疾驰 jíchí, 飞〔飛〕奔 fēibēn

'**Spreng|stoff** *m* 炸药〔藥〕zhàyào ~**ung** *f* -en 炸开〔開〕zhàkāi, 爆破 bàopò ~**wagen** *m* 洒〔灑〕水车〔車〕sǎshuǐchē

'**Sprenkel** *m* -s; - 点〔點〕diǎn, 斑点 bāndiǎn

'**sprenkeln** *vt* 使带〔帶〕有斑点〔點〕shǐ dàiyǒu bāndiǎn

Spreu *f* 糠 kāng, 谷〔穀〕壳〔殼〕gǔké

'**Sprichwort** *n* -(e)s; ~er 谚语 yànyǔ

'**sprichwörtlich** *adj* 1) 谚语式的 yànyǔshìde; 2) 人人皆知的 rénrén jiézhī de

'**sprießen*** *vi* (*s*) 发〔發〕芽 fāyá, 抽条〔條〕chōutiáo

'**Springbrunnen** *m* 喷泉 pēnquán

'**springen*** *vi* 1) 跳 tiào, 跳跃〔躍〕tiàoyuè, 弹〔彈〕跳 tántiào; 2) 裂开〔開〕lièkāi, 破裂 pòliè; 3) 喷出 pēnchū, 涌〔湧〕出 yǒngchū; 4) 跳过〔過〕tiàoguò

'**Springer** *m* -s; - 跳高(远)运〔運〕动〔動〕员 tiàogāo yùndòngyuán

'**Springflut** *f* 大潮 dàcháo

Sprit *m* -(e)s; -e 1) 酒精 jiǔjīng, 烧〔燒〕酒 shāojiǔ; 2) 火酒 huǒjiǔ

'**Spritze** *f* -n 1) 注射器 zhùshèqì; j-m eine ~ geben 给某人打针; 2) 喷雾〔霧〕器 pēnwùqì, 喷洒〔灑〕器 pēnsǎqì; 3) 水龙〔龍〕灭〔滅〕火器 shuǐlóng mièhuǒqì

'**spritzen** I *vt* 1) 喷 pēn, 洒〔灑〕sǎ, 浇〔澆〕jiāo; 2) 给…冲淡 gěi ... chōngdàn; II *vi* 1) 喷水 pēnshuǐ, 溅〔濺〕出 jiànchū; 2) 涌〔湧〕出 yǒngchū, 迸出 bèngchū

'**Spritzer** *m* -s; - 溅〔濺〕起的水滴 jiànqǐde shuǐdī, 污迹 wūjì

'**spröde** *adj* 1) 脆的 cuìde, 易碎的 yìsuìde; 2) 皲〔皸〕裂的 jūnliède; 3) (姑娘)怕羞的 pàxiūde, 难〔難〕接近的 nánjiējìnde

Sproß *m* -(ss)es; -(ss)e 1) 幼芽 yòuyá, 嫩枝 nènzhī; 2) 后[後]裔 hòuyì

'**Sprosse** *f* -n 梯子横木 tīzi héngmù

'**Sprößling** *m* -s; -e 幼芽 yòuyá, 嫩枝 nènzhī

Spruch *m* -(e)s; ⸚e 1) 格言 géyán, 箴言 zhēnyán; 2) 判决 pànjué, 判词 pàncí '~**band** *n* 横幅标[標]语 héngfú biāoyǔ

'**spruchreif** *adj* 已可作出决定的 yǐ kě zuòchū juédìng de

'**Sprudel** *m* -s; - 矿[礦]泉水 kuàngquánshuǐ

'**sprudeln** *vi* 1) 冒泡 màopào; 2) (*s*) 涌出 yǒngchū, 冒出 màochū

'**sprühen** I *vt* 喷出 pēnchū, 飞[飛]溅[濺] fēijiàn; II *vi* 1) 溅开[開] jiànkāi; 2) 闪光 shǎnguāng; 3) es sprüht 下蒙蒙细雨 xià méngméng xìyǔ

'**Sprühregen** *m* 蒙蒙细雨 méngméng xìyǔ

Sprung *m* -(e)s; ⸚e 1) 跳出 tiàochū, 跳跃[躍] tiàoyuè; 2) 裂缝 lièfèng; 3) 突然转[轉]变[變] tūrán zhuǎnbiàn '~**brett** *n* 1) (跳水)跳板 tiàobǎn; 2) 进[進]身阶[階]梯 jìnshēng jiētī '~**feder** *f* (床垫等的)弹[彈]簧 tánhuáng

'**Spucke** *f* 唾沫 tuòmò

'**spucken** I *vt* 吐 tù (Blut 血); II *vi* 吐痰 tǔtán, 吐唾沫 tǔtuòmò

Spuk *m* -(e)s; -e 1) 鬼魂 guǐhún, 幽灵[靈] yōulíng; 2) 喧闹[鬧] xuānnào

'**spuken** *vi* 闹[鬧]鬼 nàoguǐ, 鬼魂作祟 guǐhún zuòsuì

'**Spule** *f* -n 1) 线[綫]轴 xiànzhóu, 梭芯 suōxìn; 2) 纱管 shāguǎn; 3) 线圈 xiànquān

'**spülen** I *vt* 冲洗 chōngxǐ, 刷洗 shuāxǐ, 漱口 shùkǒu; 2) 把…冲到… bǎ … chōngdào …; an Land ~ 冲到岸上; II *vi* 冲洗(马桶) chōngxǐ

Spund *m* -(e)s; ⸚e 塞子 sāizi, 栓 shuān

Spur *f* -en 1) 痕迹 hénjì, 足迹 zújì; 2) 轮[輪]迹 lúnjì; 2) 征[徵]兆 zhēngzhào, 迹象 jìxiàng, 线[綫]索 xiànsuǒ

'**spurbar** *adj* 可感觉[覺]到的 kě gǎnjué dào de

'**spüren** *vt* 觉[覺]察到 juéchádào, 感觉到 gǎnjuédào

'**Spürsinn** *m* -(e)s; 1) 嗅觉[覺] xiùjué; 2) 觉察能力 juéchá nénglì

'**Spurweite** *f* 轨距 guǐjù

'**sputen** *v sich* 赶[趕]紧[緊] gǎnjǐn, 赶快 gǎnkuài

Staat *m* I -(e)s; 华[華]丽[麗] huálì, 壮[壯]观[觀] zhuàngguān; viel ~ machen 大讲排场; II -(e)s; -en 国[國]家 guójiā, 政府 zhèngfǔ

'**Staatenbund** *m* -(e)s; ⸚e 邦联[聯] bānglián

'**staatenlos** *adj* 无[無]国[國]籍的 wúguójíde

'**staatlich** *adj* 1) 国[國]家的 guójiāde, 国有的 guóyǒude, 国立的 guólìde; 2) 政府的 zhèngfǔde, 公共的 gōnggòngde

'**Staats|angehörige** *m,f* -n; -n 国[國]民 guómín ~**angehörigkeit** *f* 国籍 guójí ~**anleihe** *f* 公债 gōngzhài ~**anwalt** *m* 检[檢]察官 jiǎncháguān ~**beamte** *m* 政府官员 zhèngfǔ guānyuán ~**begräbnis** *n* 国葬 guózàng ~**besuch** *m* 国事访问 guóshì fǎngwèn ~**bürger** *m* 公民 gōngmín ~**dienst** *m* 国家公务[務] guójiā gōngwù

'**staats|eigen** *adj* 国[國]有的 guóyǒude, 国营[營]的 guóyíngde ~**feindlich** *adj* 危害国家的 wēihài guójiā-de

'**Staats|gewalt** *f* 国家最高权[權]力 guójiā zuìgāo quánlì ~**haushalt** *m* 国家预算 guójiā yùsuàn ~**hoheit** *f* 国家主权 guójiā zhǔquán ~**kasse** *f* 国库 guókù ~**mann** *m* 国务[務]活动[動]家 guówù huódòngjiā '~**oberhaupt** *n* 国家元首 guójiā yuánshǒu ~**rat** *m* 国务院 guówùyuàn ~**recht** *n* 公法 gōngfǎ ~**schulden** *pl* 国债 guózhài ~**sekretär** *m* 国务秘书[書] guówù mìshū ~**streich** *m* 政变[變] zhèngbiàn ~**trauer** *f* 国丧 guósàng ~**vertrag** *m* 条[條]约 tiáoyuē ~**wesen** *n* 国务 guówù ~**wissenschaft** *f* 政治学[學] zhèngzhìxué ~**wohl** *n* 公共福利 gōnggòng fúlì

Stab *m* -(e)s; ⸚e 1) 棍 gùn, 棒 bàng, 杖 zhàng; 2) 权[權]杖 quánzhàng; 3) 乐[樂]队[隊]指挥棒 yuèduì zhǐhuībàng; 4) 参谋部 cānmóubù

sta'bil *adj* 1) 坚[堅]固的 jiāngùde, 稳定的 wěndìngde; 2) 强壮[壯]的 qiángzhuàngde, 结实[實]的 jiēshide

stabili'sieren *vt* 使坚[堅]固 shǐ jiāngù, 使固定 shǐ gùdìng, 使稳[穩]定 shǐ wěndìng

'**Stachel** *m* -s; -n 1) (植物)针 zhēn, 刺 cì; 2) (动物)毒刺 dúcì, 硬刺 yìngcì; 3) 钉杖 dīngzhàng; 4) 刺激 cìjī, 刺痛 cìtòng ~**draht** *m* 铁[鐵]丝[絲]网[網]

tiěsīwǎng
'**stachelig** *adj* 1) 有刺的 yǒucìde, 多刺的 duōcìde; 2) 扎人的 zhārénde; 3) 尖刻的 jiānkède
'**Stadion** *n* -s; ..dien 体〔體〕育场〔場〕tìyùchǎng
'**Stadium** *n* -s: ..dien (发展)阶〔階〕段 jiēduàn, 时〔時〕期 shíqī
Stadt *f* ⸚e 城市 chéngshì, 市区〔區〕shìqū
'**Städt**|**chen** *n* -s; - 小城镇 xiǎochéngzhèn ~**ebau** *m* -(e)s; 城市建设 chéngshì jiànshè
'**Stadt**|**gebiet** *n* 市区〔區〕shìqū ~**gespräch** *n* 1) 市区电〔電〕话 shìqū diànhuà; 2) 全市的话题 quánshìde huàtí ~**haus** *n* 市政厅〔廳〕shìzhèngtīng
'**städtisch** *adj* 城市的 chéngshìde, 市政的 shìzhèngde
'**Stadt**|**plan** *m* 市区〔區〕图〔圖〕shìqūtú ~**planung** *f* 城市规划〔劃〕chéngshì guīhuà ~**rand** *m* 市郊 shìjiāo, 城边〔邊〕chéngbiān ~**rat** *m* 市议〔議〕会〔會〕shìyìhuì ~**viertel** *n* 市区〔區〕shìqū
'**Staffel** *f* -n 1) 梯级 tījí; 2) 等级 děngjí, 级别 jíbié
Staffe'lei *f* -en 画〔畫〕架 huàjià
'**Staffellauf** *m* 接力赛跑 jiēlì sàipǎo
'**staffeln** *vt* 1) (税收等) 按等级分 àn děngjí fēn; 2) (工作时间等) 按等级排列 àn děngjí páiliè
Stahl *m* -(e)s; ⸚e (-e) 钢〔鋼〕gāng, 钢铁〔鐵〕gāngtiě
'**stählen** *vt* 1) 把…炼〔煉〕成钢〔鋼〕bǎ…liànchéng gāng; 2) 锻炼 duànliàn
'**Stahl**|**feder** *f* 钢〔鋼〕笔〔筆〕gāngbǐ ~**kammer** *f* (银行)保险〔險〕库 bǎoxiǎnkù ~**stich** *m* 钢版雕刻 gāngbǎn diāokè
Stall *m* -(e)s; ⸚e 马〔馬〕厩 mǎjiù, 牛棚 niúpéng, 猪圈 zhūjuàn '~-**knecht** *m* 马夫 mǎfū
Stamm *m* -(e)s; ⸚e 1) 树〔樹〕干〔幹〕shùgàn; 2) 部落 bùluò, 部族 bùzú; 3) 词干 cígàn; 4) 骨干 gǔgàn '~**baum** *m* 家谱 jiāpǔ, 谱系 pǔxì
'**stammeln** *vt, vi* 口吃 kǒuchī, 结结巴巴地说 jiējiēbābāde shuō
'**Stammeltern** *pl* 祖先 zǔxiān
'**stammen** *vi* (*s*) 1) 出身于 chūshēnyú, 出生于 chūshēngyú; aus gutem Haus ~ 出身名门; 2) 源出 yuánchū, 起源于 qǐyuányú
'**Stammgast** *m* 老主顾〔顧〕lǎozhǔgù, 常客 chángkè
'**stämmig** *adj* 粗壮〔壯〕的 cūzhuàngde, 矮而结实〔實〕的 ǎi ér jiēshí de (Kerl 人, Fichte 树)
'**Stamm**|**kapital** *n* 本钱〔錢〕běnqián, 资本 zīběn ~**kunde** *m* 老主顾〔顧〕lǎozhǔgù ~**tisch** *m* (老顾客的)固定餐桌 gùdìng cānzhuō
'**stammverwandt** *adj* 本家的 běnjiāde, 同族的 tóngzúde
'**stampfen** I *vt* 1) 捣碎 dǎosuì, 舂 chōng; 2) 夯实〔實〕hāngshí, 踩实 cǎishí; 3) etw. aus dem Boden ~ 凭〔憑〕空变〔變〕出… píngkōng biànchū…; II *vi* 踏 tà, 踩 cǎi
Stand *m* -(e)s; ⸚e 1) 站 zhàn, 立 lì, 站立 zhànlì; 2) 站立处〔處〕zhànlìchù, 位置 wèizhì; 3) 货摊〔攤〕huòtān, 停车〔車〕处 tíngchēchù; 4) (水、太阳等的) 位置 wèizhì
Stan'darte *f* -n 小四方旗 xiǎosìfāngqí, 队〔隊〕旗 duìqí
Standbild *n* 立式雕像 lìshì diāoxiàng
Ständchen *n* -s; - 情歌 qínggē, 小夜曲 xiǎoyèqǔ
Ständer *m* -s; - 1) 架 jià, 架子 jiàzi; 2) 立柱 lìzhù, 柱脚 zhùjiǎo
'**Standesamt** *n* 户籍登记处〔處〕hùjí dēngjìchù
'**standesgemäß** *adj* 与〔與〕身份相当〔當〕的 yǔ shēnfèn xiāngdāng de
'**Standes**|**person** *f* 职〔職〕位或社会〔會〕地位高的人 zhíwèi huò shèhuì dìwèi gāo de rén ~**unterschied** *m* 社会地位差别 shèhuì dìwèi chābié
'**stand**|**fest** *adj* 站稳〔穩〕的 zhànwěnde, 地位稳固的 dìwèi wěngù de ~**haft** *adj* 坚〔堅〕定的 jiāndìngde, 坚强的 jiānqiángde
'**Standhaftigkeit** *f* 坚〔堅〕定 jiāndìng, 坚毅 jiānyì
'**standhalten*** *vi* 顶住 dǐngzhù, 经〔經〕受住 jīngshòuzhù; einer Prüfung ~ 经受住考验
'**ständig** *adj* 1) 永久的 yǒngjiǔde (Wohnsitz 住址); 2) 常设的 chángshède (Institution 机构); 3) 固定的 gùdìngde (Einkommen 收入)
'**Stand**|**ort** *m* 1) (船舶等) 位置 wèizhì, 方位 fāngwèi; 2) (部队) 驻地 zhùdì ~**platz** *m* 停车〔車〕场〔場〕tíngchēchǎng ~**punkt** *m* 观〔觀〕点〔點〕guāndiǎn ~**quartier** *n* 驻地 zhùdì, 营〔營〕房 yíngfáng ~**recht** *n* 军事管制法 jūnshì guǎnzhìfǎ
'**Stange** *f* -n 1) 竿 gān, 长〔長〕棒

chángbàng; 2) eine ~ Geld — 大笔〔筆〕钱〔錢〕yīdàbǐ qián; j-m die ~ halten 袒护〔護〕… tǎnhù…; Anzug von der ~ kaufen 买〔買〕现成衣服 mǎi xiànchéng yīfu

'Stänk(er)er *m* -s; - 爱〔愛〕找岔儿的人 ài zhǎochár de rén, 爱争吵的人 ài zhēngchǎo de rén

'stänkern *vi* 找岔 chǎochá, 挑起争端 tiǎoqǐ zhēngduān

Stan'niol *n* -s; -e 锡箔 xībó

'Stanze *f* -n 冲模 chòngmú, 冲孔机〔機〕chòngkǒngjī

'stanzen *vt* 冲孔 chōngkǒng, 打印 dǎyìn

'Stapel *m* -s; - 1) 堆垛 duīduò; 2) 船台〔臺〕chuántái; von ~ laufen 新船下水 **~lauf** *m* 新船下水 xīnchuán xiàshuǐ

'stapeln *vt* 1) 堆叠 duīdié, 把…堆成垛 bǎ … duīchéng duò; 2) 积〔積〕累 jīlěi, 积聚 jījù

'Stapelplatz *m* 堆货场〔場〕duīhuòchǎng, 堆料场 duīliàochǎng

'stapfen *vi* (*s*) 脚步沉重的走 jiǎobù chénzhòng de zǒu

Star *m* I -(e)s; -e 1) 椋鸟〔鳥〕liángniǎo; 2) 白内障 báinèizhàng; j-m den ~ stechen 使某人看清…; II -s; -s 明星 míngxīng, 名演员 míngyǎnyuán

stark I *adj* 1) 强壮〔壯〕的 qiángzhuàngde, 强健的 qiángjiànde; 2) 强大的 qiángdàde; 3) 坚〔堅〕固的 jiāngùde; 4) 坚强的 jiānqiángde; 5) 肥胖的 féipàngde; 6) 剧〔劇〕烈的 jùliède, 厉〔厲〕害的 lìhàide; ~e Erkältung 重伤风; ~er Raucher 烟瘾大的人; ~e Seite 强的一方; II *adv* 大量地 dàliàngde, 强烈地 qiángliède, 很 hěn; ~ erkältet sein 患重感冒; ~ übertrieben 过分夸大

'Stärke *f* -n 1) 力气〔氣〕lìqì, 力量 lìliàng; 2) 势〔勢〕力 shìlì, 实〔實〕力 shílì; 3) 强烈程度 qiángliè chéngdù; 4) 矮胖 ǎipàng, 肥胖 féipàng; 5) 优〔優〕点〔點〕yōudiǎn, 强处〔處〕qiángchù

'stärken *vt* 1) 使强壮〔壯〕shǐ qiángzhuàng, 使精力充沛 shǐ jīnglì chōngpèi; 2) 加强 jiāqiáng; 3) 给…上浆 gěi…shàngjiāng; 4) sich ~ 吃点〔點〕东〔東〕西 chī diǎn dōngxi

'Starkstrom *m* 高压〔壓〕电〔電〕gāoyādiàn

'Stärkung *f* -en 1) 加强 jiāqiáng, 增强 zēngqiáng; 2) (恢复体力或精神的)点〔點〕心 diǎnxīn **~smittel** *n* 补〔補〕品 bǔpǐn, 滋补剂 cībǔjì

starr *adj* 1) 僵硬的 jiāngyìngde, 僵直的 jiāngzhíde, 冻〔凍〕僵的 dòngjiāngde; 2) 凝视的 níngshìde, 吓〔嚇〕呆的 xiàdāide; j-n ~ ansehen 盯着眼睛看人

'starren *vi* 1) 凝视 níngshì, 呆视 dāishì; 2) 沾满〔滿〕zhānmǎn; vor Schmutz ~ 身上沾满灰尘

'Starrkopf *m* 顽固的人 wángùde rén, 固执〔執〕的人 gùzhìde rén

'starrköpfig *adj* 固执〔執〕的 gùzhìde

'Starr|krampf *m* 破伤〔傷〕风〔風〕pòshāngfēng **~sinn** *m* -(e)s; 顽固 wángù, 固执〔執〕gùzhì

'starrsinnig *adj* 固执〔執〕的 gùzhìde, 顽固的 wángùde

Start *m* -(e)s; -s 1) 起跑 qǐpǎo, 起跑点〔點〕qǐpǎodiǎn; 2) 起飞〔飛〕qǐfēi **'~bahn** *f* 飞机〔機〕跑道 fēijī pǎodào

'starten I *vi* (*s*) 1) 起跑 qǐpǎo, 起跳 qǐtiào, 起飞〔飛〕qǐfēi; 2) 出发〔發〕chūfā, 开〔開〕始 kāishǐ; II *vt* 开动〔動〕kāidòng, 发射 fāshè

'Starter *m* -s; - 起跑发〔發〕令员 qǐpǎo fālìngyuán

'Startplatz *m* 1) 起跑点〔點〕qǐpǎodiǎn; 2) 发〔發〕射场〔場〕fāshèchǎng

Stati'on *f* -en 1) 火车〔車〕站 huǒchēzhàn; 2) (医院)病区 bìngqū; 3) freie ~ 享受免费住宿 xiǎngshòu miǎnfèi zhùsù; bei j-m ~ machen 中途下车〔車〕在…稍作逗留 zhōngtú xiàchē zài … shāozuò dòuliú **~vorsteher** *m* 火车站站长〔長〕huǒchēzhàn zhànzhǎng

Sta'tist *m* -en; -en 跑龙〔龍〕套角色 pǎolóngtào juésè

Sta'tistik *f* -en 1) 统计学〔學〕tǒngjìxué, 统计表 tǒngjìbiǎo **~er** *m* -s; - 统计学〔學〕家 tǒngjìxuéjiā, 统计员 tǒngjìyuán

Sta'tiv *n* -s; -e 三角架 sānjiǎojià

statt *prp* (*G*) 代替 dàitì; ~ einer Antwort 代替一个回答; ~ meiner 代替我

Statt *f* an Eides ~ 代替宣誓 dàitì xuānshì; j-n an Kindes ~ annehmen 收养〔養〕… shōuyǎng …

'Stätte *f* -n 地点〔點〕dìdiǎn, 场〔場〕所 chǎngsuǒ, 出事地点 chūshì dìdiǎn

'statt|finden* *vi* 举〔舉〕行 jǔxíng, 发〔發〕生 fāshēng **~haft** *adj* 允许的 yǔnxǔde, 许可的 xǔkěde

'Statthalter *m* -s; - 总〔總〕督 zǒngdū, 地方长〔長〕官 dìfāng zhǎngguān

'stattlich *adj* 1) 魁伟〔偉〕的 kuíwěide; 2) 雄伟的 xióngwěide; 3) 很大的 hěndàde, 可观〔觀〕的 kěguānde

'Statue *f* -n 雕像 diāoxiàng, 塑像 sùxiàng

statu'ieren *vt* 决定 juédìng, 确〔確〕定 quèdìng; an j-m ein Exempel ~ (惩罚某人)以儆效尤 yǐ jǐng xiàoyóu

Sta'tur *f* -en 体〔體〕形 tǐxíng, 身材 shēncái

Sta'tut *n* -(e)s; -en 规则 guīzé, 章程 zhāngchéng

Staub *m* -(e)s; -e 1) 尘〔塵〕土 chéntǔ, 灰尘 huīchén; 2) 粉末 fěnmò

'Staubecken *n* 水库 shuǐkù, 蓄水池 xùshuǐchí

'stauben *vi* 扬〔揚〕起灰尘〔塵〕yángqǐ huīchén

'stäuben I *vi* 1) 尘〔塵〕土飞〔飛〕扬〔揚〕 chéntǔ fēiyáng; 2) 飞散 fēisàn; II *vt* 撒 sǎ

'Staub|sauger *m* -s; - 吸尘〔塵〕器 xīchénqì **~tuch** *n* -(e)s; ⸚er 抹布 mābù

'stauchen *vt* 镦锻 dūnduàn, 镦粗 dūncū

'Staudamm *m* 堤坝〔壩〕dībà, 堰 yàn

'Staude *f* -n 1) 灌木 guànmù; 2) 莴〔萵〕苣头〔頭〕wōjùtóu

'stauen *vt* 1) 筑〔築〕坝〔壩〕拦〔攔〕住 zhùbà lánzhù; 2) 装〔裝〕载 zhuāngzǎi; 3) sich ~ 水积〔積〕聚 shuǐjījù; (车辆)拥〔壅〕塞 yōngsél

'staunen *vi* 惊〔驚〕讶 jīngyà, 惊异〔異〕jīngyì **'~swert** *adj* 令人惊异的 lìng rén jīngyì de

'Stau|see *m* 水库 shuǐkù, 蓄水池 xùshuǐchí **~ung** *f* -en 1) 积〔積〕聚 jījù; 2) 阻塞 zǔsè; 3) 郁〔鬱〕血 yùxuè

'stechen* I *vt* 1) 叮 dīng, 螫 shì, 咬 yǎo; 2) 刺痛 cìtòng; 3) (以大牌)吃进〔進〕chījìn; 4) 钢〔鋼〕版雕刻 gāngbǎn diāokè; II *vi* 1) 咬 yǎo, 螫 shì; 2) 灼痛 zhuōtòng; 3) j-m in die Augen ~ 使某人眼馋〔饞〕shǐ mǒurén yǎnchán

'Steck|brief *m* 通缉令 tōngjīlìng, **~dose** *f* 插座 chāzuò

'stecken I *vt* 1) 插 chā, 插入 chārù; 2) 塞进〔進〕sāijìn; 3) 别住 biézhù; 4) 种〔種〕植 zhòngzhí; II* *vi* 1) 在…上插着 zài…shàng chāzhe; 2) 存在 cúnzài, 逗留 dòuliú; 3) tief in Schulden ~ 负债累〔纍〕累 fùzhàiléiléi

'Stecken *m* -s; - 棍 gùn, 棒 bàng

'steckenbleiben* *vi* (*s*) 1) 卡住 kǎzhù, 掉进〔進〕diàojìn; im Schlamm ~ 陷在泥里; 2) (话说不下去)停住 tíngzhù

'Steckenpferd *n* 1) 木马〔馬〕mùmǎ; 2) 爱〔愛〕好 àihào, 癖好 bǐhào

'Stecker *m* -s; - 插头〔頭〕chātóu

'Stecknadel *f* 大头〔頭〕针 dàtóuzhēn

Steg *m* -(e)s; -e 1) 小木桥〔橋〕xiǎomùqiáo; 2) (船靠岸时上岸的)跳板 tiàobǎn **'~reif** *m* -(e)s; -e aus dem ~ 即席的 jíxíde, 即兴〔興〕的 jíxìngde; aus dem ~ sprechen 即席发言

'stehen* *vi* 1) 站 zhàn, 立 lì; 2) 竖〔竪〕立 shùlì, 直立 zhílì; 3) 停住 tíngzhù; 4) 处〔處〕于…情况 chǔyú…qíngkuàng; mit j-m gut ~ 与某人相处很好; es kam ihm teuer zu ~ 他得付沉重代价; wie steht's mit…? 事情怎么样了? wie steht das Spiel? 比赛比分是几? **~bleiben*** *vi*(*s*) 站住 zhànzhù, 停住 tíngzhù **~lassen*** *vt* 1) 丢下…不管 diūxià…bùguǎn, 留下 liúxià; 2) 忘记带走 wàngjì dàizǒu

'Steh|geiger *m* -s; - (小乐队)首席小提琴手 shǒuxí xiǎotíqínshǒu **~lampe** *f* 落地式座灯〔燈〕luòdìshì zuòdēng **~leiter** *f* 梯凳 tīdèng

stehlen* *vt* 偷 tōu; j-m Geld ~ 偷某人的钱; II *vi* 偷窃〔竊〕tōuqiè

Stehplatz *m* 剧〔劇〕场〔場〕站席 jùchǎng zhànxí

steif *adj* 1) 僵硬的 jiāngyìngde, 冻〔凍〕僵的 dòngjiāngde **~'halten*** *vt* die Ohren ~ 不气〔氣〕馁 bù qìněi

Steig *m* -(e)s; -e 小路 xiǎolù, 山路 shānlù **'~bügel** *m* 马〔馬〕镫 mǎdēng

'steigen* *vi* (*s*) 爬 pá, 攀登 pāndēng; auf einen Baum ~ 爬上树; 2) 升起 shēngqǐ, 上升 shàngshēng; 3) 上涨 shàngzhǎng, 提高 tígāo

'steigern *vt* 1) 增高 zēnggāo, 提高 tígāo; 2) 加强 jiāqiáng, 增强 zēngqiáng

Steigerung *f* -en 1) 增高 zēnggāo, 提高 tígāo; 2) (语法)比较级 bǐjiǎojí

'Steigung *f* -en 坡度 pōdù, 斜坡 xiépō

steil *adj* 陡的 dǒude, 陡峭的 dǒuqiàode

Stein *m* -(e)s; -e 1) 石 shí, 岩〔巖〕

石 yánshí, 宝〔寶〕石 bǎoshí; 2) 果核 guǒhé; 3) 结石 jiéshí;
'**steinalt** *adj* 年迈〔邁〕的 niánmàide
'**Stein|bruch** *m* 采石场〔場〕cǎishíchǎng ~**druck** *m* -(e)s; -e 1) 石印 shíyìn, 石版画〔畫〕shíbǎnhuà ~**drucker** *m* 石印工人 shíyìn gōngrén
'**steinern** *adj* 1) 石的 shíde, 石制的 shízhìde; 2) 硬的 yìngde; 3) 冷酷的 lěngkùde
'**Steingut** *n* -(e)s; -e 石器 shíqì, 陶器 táoqì
'**steinig** *adj* 多石的 duōshíde
'**steinigen** *vt* 投石击〔擊〕毙〔斃〕tóushí jībì, 用石砸死 yòng shí zásǐ
'**Stein|kohle** *f* 烟煤yānméi,石炭 shítàn ~**metz** *m* -en; -en 石匠 shíjiàng ~**obst** *n* 核果 héguǒ
'**steinreich** *adj* 极〔極〕富的 jífùde
'**Stein|salz** *n* -es; 岩〔巖〕盐〔鹽〕yányán ~**zeit** *f* 石器时〔時〕代 shíqì shídài
Steiß *m* -es; -e 臀部 túnbù
'**stellar** *adj* 恒星的 héngxīngde, 星系的 xīngxìde
'**Stelldichein** *n* -(s); -(s) 约会〔會〕yuēhuì, 会谈 huìtán, 幽会 yōuhuì
'**Stelle** *f* -n 1) 地位 dìwèi, 职〔職〕位 zhíwèi; auf deiner ~ 处在你的地位; 2) 地方 dìfāng, 地点〔點〕dìdiǎn; auf der ~ 当〔當〕场〔場〕dāngchǎng; freie ~ 空缺 kòngquē; 3) 段落 duànluò, 章节〔節〕zhāngjié
'**stellen** *vt* 1) 放 fàng, 摆〔擺〕bǎi, 置放 zhìfàng; 2) 校准 jiàozhǔn; 3) 提出 tíchū; Bedingungen ~ 提出条件; eine Falle ~ 设置陷阱 shèzhì xiànjǐng; 4) sich ~ 投案自首 tóu'àn zìshǒu; 假装 jiǎzhuāng, 装作 zhuāngzuò; sich krank ~ 假装生病
'**Stellen|angebot** *n* 招聘 zhāopìn, 招工 zhāogōng ~**gesuch** *n* 求职〔職〕qiúzhí, 申请工作 shēnqǐng gōngzuò
'**stellenweise** *adv* 有些地方 yǒuxiē dìfāng, 这儿〔兒〕那儿 zhèr nàr
'**Stellung** *f* -en 1) 职〔職〕位 zhíwèi, 地位 dìwèi, 身分 shēnfèn; 2) 位置 wèizhì, 地位 dìwèi; 3) 姿势〔勢〕zīshì; 4) 词序 cíxù ~**nahme** *f* -n 表态〔態〕biǎotài, 发〔發〕表看法 fābiǎo kànfǎ
'**stellungslos** *adj* 无〔無〕职〔職〕业〔業〕的 wú zhíyède, 失业〔業〕的 shīyède
'**stellvertretend** *adj* 代表的 dàibiǎode, 代理的 dàilǐde, 副职〔職〕fùzhí; ~er Vorsitzender 副主席
'**Stell|vertreter** *m* 代表 dàibiǎo, 代理人 dàilǐrén ~**vertretung** *f* 代表 dàibiǎo, 代理 dàilǐ
'**Stelzbein** *n* 木制假腿 mùzhì jiǎtuǐ
'**Stelze** *f* -n 高跷〔蹺〕gāoqiāo
'**stelzen** *vi* 踩高跷〔蹺〕cǎigāoqiāo
'**stemmen** *vt* 1) 举〔舉〕jǔ, 举起 jǔqǐ; 2) sich ~ 抵制 dǐzhì, 抵抗 dǐkàng
'**Stempel** *m* -s; - 1) 印章 yìnzhāng, 印记 yìnjì; 2) 气〔氣〕泵的活塞 qìbèngde huósāi; 3) 雌蕊 círuǐ ~**geld** *n* 失业〔業〕救济〔濟〕金 shīyè jiùjìjīn ~**kissen** *n* 印台〔臺〕yìntái
'**stempeln** I *vt* 给…盖〔蓋〕章 gěi…gàizhāng; 2) 给金、银压〔壓〕上检〔檢〕验印记 gěi jīn、yín yāshàng jiǎnyàn yìnjì; II *vi* ~ gehen 领取失业〔業〕救济金 lǐngqǔ shīyè jiùjìjīn
'**Stengel** *m* -s; - (植物的) 茎〔莖〕jīng, 秆〔稈〕gǎn
Steno|'gramm *n* -s; -e 速记稿 sùjìgǎo; ein ~ aufnehmen 作速记 ~'**graph** *m* -en; -en 速记员 sùjìyuán ~**gra'phie** *f* -n 速记法 sùjìfǎ
steno|gra'phieren *vt* 速记 sùjì ~**gra'phisch** *adj* 速记的 sùjìde
Stenoty'pistin *f* 女速记打字员 nǚ sùjì dǎzìyuán
'**Steppdecke** *f* 绗被子 hángbèizi
'**steppen** I *vt* 缝 féng, 缝合 fénghé; II *vi* 跳踢跶〔躂〕舞 tiào tītàwǔ
'**Sterbebett** *n* 垂死病人的病床 chuísǐ bìngrén de bìngchuáng
'**sterben*** *vi* (*s*) 1) 死 sǐ, 死亡 sǐwáng; 2) 逝去 shìqù, 消逝 xiāoshì
'**sterblich** *adj* 死亡的 sǐwángde, 非永生的 fēiyǒngshēngde; ~ verliebt 爱得要命 àidé yàomìng
'**Sterblichkeit** *f* 死亡 sǐwáng ~**sziffer** *f* 死亡率 sǐwánglǜ
stereo'typ *adj* 1) 用铅版排印的 yòng qiānbǎn páiyìn de; 2) 固定的 gùdìngde, 不变〔變〕的 bùbiànde; 3) 刻板的 kèbǎnde, 老一套的 lǎoyītàode
stereoty'pieren *vt* 把…浇〔澆〕铸〔鑄〕成铅版 bǎ … jiāozhùchéng qiānbǎn
ste'ril *adj* 消毒的 xiāodúde, 无〔無〕菌的 wújūnde
sterili'sieren *vt* 给…消毒 gěi… xiāodú
Stern *m* -(e)s; -e 1) 星 xīng, 恒星 héngxīng; 2) 星状物 xīngzhuàngwù, 星号〔號〕xīnghào '~**bild** *n* 星座 xīngzuò '~**deuter** *m* -s; - 占星术〔術〕家 zhànxīngshùjiā '~**deutung** *f* 占星术 zhànxīngshù

'~**fahrt** *f* 星线〔綫〕赛车〔車〕xīngxiàn sàichē '~**gucker** *m* -s; - 观〔觀〕星者 guānxīngzhě
'**sternhell** *adj* 星光灿〔燦〕烂〔爛〕的 xīngguāng cànlàn de
'**Stern|himmel** *m* -s; 星空 xīngkōng ~**kunde** *f* 天文学〔學〕tiānwénxué ~**schnuppe** *f* -n 流星 liúxīng ~**warte** *f* 天文台〔臺〕tiānwéntái
'**stetig** *adj* 持续〔續〕不断〔斷〕的 chíxù bùduàn de, 稳〔穩〕定的 wěndìngde
stets *adv* 经〔經〕常地 jīngchángde
'**Steuer** I *n* -s; - 舵 duò, 驾驶盘〔盤〕jiàshǐpán; II *f* -n 税 shuì ~**amt** *n* 税务〔務〕局 shuìwùjú ~**beamte** *m* 税务人员 shuìwùrényuán ~**bord** *n* 右舷 yòuxián ~**erklärung** *f* 纳税申报〔報〕nàshuì shēnbào
'**steuerfrei** *adj* 免税的 miǎnshuìde
'**Steuer|hinterziehung** *f* 偷税 tōushuì, 漏税 lòushuì ~**mann** *m* -(e)s; ¨er 舵手 duòshǒu, 舵工 duògōng
'**steuern** I *vt* 驾驶 jiàshǐ; 2) 控制 kòngzì; II *vi* 1) 遏制 èzì; 2) 进〔進〕港 jìngǎng
'**steuerpflichtig** *adj* 应〔應〕纳税的 yīngnàshuìde
'**Steuer|rad** *n* 舵轮〔輪〕duòlún, 方向盘〔盤〕fāngxiàngpán ~**ung** *f* -en 1) 驾驶 jiàshǐ; 2) 控制 kòngzhì ~**zahler** *m* -s; - 纳税人 nàshuìrén
Stich *m* -(e)s; -e 1) 刺 cì, 戳 chuō, 叮 dīng; 2) 刺痛 cìtòng, 刺伤〔傷〕cìshāng; 3) 针脚 zhēnjiǎo; 4) 吃进〔進〕的一副牌 chījìnde yīfùpái; 5)雕版 diāobǎn; 6) ~ halten 经〔經〕得起考验〔驗〕jīngdéqǐ kǎoyàn; j-n im ~ lassen 丢下…不管 diūxià...bùguǎn
Stiche'lei *f* -en 1) 针线〔綫〕活 zhēnxiànhuó; 2) 讥〔譏〕讽〔諷〕jīfěng, 嘲笑 cháoxiào
'**sticheln** *vi* 1) 缝纫 féngrèn, 刺绣〔繡〕cìxiù; 2) 嘲笑 cháoxiào, 挖苦 wākǔ
'**Stichflamme** *f* 火舌 huǒshé
'**stichhaltig** *adj* 令人信服的 lìng rén xìnfú de, 驳不倒的 bóbùdǎode
'**Stich|probe** *f* 抽样〔樣〕chōuyàng ~**tag** *m* 规定的日期 guīdìngde rìqī, 期限 qīxiàn ~**wahl** *f* (在两个候选人中)第二次投票选〔選〕举〔舉〕dì'ercì tóupiào xuǎnjǔ ~**wort** *n* 1) (词典中的)词目 címù; 2) (戏剧)提示词语 tíshì cíyǔ ~**wund** *f* 刺伤〔傷〕cìshāng
'**sticken** *vt, vi* 刺绣〔繡〕cìxiù, 绣花 xiùhuā
'**Stick|garn** *n* 绣〔繡〕花线〔綫〕xiùhuāxiàn ~**husten** *m* 百日咳 bǎirìké
'**stickig** *adj* 气〔氣〕闷的 qìmènde, 令人窒息的 lìng rén zhìxī de
'**Stickstoff** *m* 氮 dàn ~**dünger** *m* 氮肥 dànféi
'**stieben*** *vi* (*s*) (火花、水珠) 迸发〔發〕bèngfā, 飞〔飛〕溅 fēijiàn
'**Stiefel** *m* -s; - 靴子 xuēzi ~**schaft** *m* 靴统 xuētǒng
'**Stief|mutter** *f* ¨ 继〔繼〕母 jìmǔ, 后〔後〕母 hòumǔ ~**mütterchen** *n* -s; - 三色堇 sānsèjǐn ~**vater** *m* 继父 jìfù, 后父 hòufù
Stiel *m* -(e)s; -e 1) 柄 bǐng, 把手 bǎshǒu; 2) 叶〔葉〕柄 yèbìng, 果把 guǒbà, 花梗 huāgěng
stier *adj* 凝视的 níngshìde, 呆滞的 dāizhìde
Stier *m* -(e)s; -e 公牛 gōngniú
'**stieren** *vi* 凝视 níngshì
'**Stierkampf** *m* 斗牛 dòuniú
Stift I *m* -(e)s; -e 1) 平头〔頭〕钉 píngtóudīng, 销钉 xiāodīng; 2) 铅笔〔筆〕qiānbǐ, 彩色铅笔 cǎisè qiānbǐ; 3) 学〔學〕徒 xuétú, 小伙计 xiǎohuǒjì; II *n* -(e)s; -e (-er) 慈善机〔機〕关〔關〕císhàn jīguān
'**stiften** *vt* 1) 捐赠 juānzèng; 2) 创〔創〕办〔辦〕chuàngbàn; 3) 促成 cùchéng, 引起 yǐnqǐ; Frieden ~ 促成和平; Unheil ~ 酿〔釀〕成祸害
'**Stifter** *m* -s; - 1) 捐赠者 juānzèngzhě; 2) 创〔創〕办〔辦〕者 chuàngbànzhě, 创始人 chuàngshǐrén
'**Stiftung** *f* -en 1) 捐助 juānzhù, 捐赠 juānzèng, 捐款 juānkuǎn; 2) 创〔創〕办〔辦〕chuàngbàn, 建立 jiànlì
'**Stil** *m* -(e)s; -e 文体〔體〕wèntǐ, 风〔風〕格 fēnggé, 格调 gédiào
sti'listisch *adj* 文体〔體〕的 wéntǐde, 风〔風〕格的 fēnggéde, 文体学〔學〕的 wéntǐxuéde
still *adj* 安静的 ānjìngde, 文静的 wénjìngde, 寂静的 jìjìngde; im ~en 暗地里, 悄悄的; der ~e Ort 厕所 cèsuǒ; der stille Ozean 太平洋 tàipíngyáng
Stille *f* 寂静 jìjìng, 清静 qīngjìng, 平静 píngjìng, 静止 jìngzhǐ; in aller ~ 悄悄地
'**Stilleben** *n* -s; - 静物画〔畫〕jìngwùhuà
'**stillegen** *vt* 1) 关〔關〕闭 guānbì, 停歇 tíngxiē; 2) 停止 tíngzhǐ, 中断〔斷〕zhōngduàn
'**stillen** *vt* 1) 止住 zhǐzhù, 缓和 huǎnhé; 2) 解(渴、饥) jiě; 3) 给

孩子喂奶 gěi háizi wèinǎi
'**stillhalten*** *vi* 1) 静止 jìngzhǐ, 保持不动〔動〕bǎochí bùdòng; 2) 容忍 róngrěn, 忍耐 rěnnài
'**stilliegen*** *vi* 1) 关〔關〕闭 guānbì, 停工 tínggōng; 2) 停止 tíngzhǐ, 中断〔斷〕zhōngduàn
'**stillos** *adj* 缺乏风〔風〕格的 quēfá fēnggé de
'**stillschweigen*** *vi* 保持沉默 bǎochí chénmò
'**Stillschweigen** *n* -s; 1) 缄默 jiānmò, 沉默 chénmò; 2) 保密 bǎomì; etw. ~ bewahren 对某事保密; etw. mit ~ übergehen 对某事不予置辩
'**Stillstand** *m* -(e)s; 停顿 tíngdùn, 停止 tíngzhǐ, 停滞 tíngzhì
'**stillstehen*** *vi* 停顿 tíngdùn, 停止 tíngzhǐ; stillgestanden! 立正! lìzhèng
'**stilvoll** *adj* 格调和谐的 gédiào héxié de, 雅致的 yǎzhìde
'**Stimmband** *n* -(e)s; ⸗er 声〔聲〕带〔帶〕shēngdài
'**stimmberechtigt** *adj* 有表决权〔權〕的 yǒu biǎojuéquán de
'**Stimme** *f* -n 1) 声〔聲〕音 shēngyīn; 2) 嗓音 sǎngyīn; 3) 歌声 gēshēng, 声部 shēngbù; 4) 呼声 hūsheng; 5) 投票 tóupiào
'**stimmen** I *vt* 1) 给…调音 gěi…tiáoyīn; 2) 使具有…的心情 shǐ jùyǒu…de xīnqíng; j-n fröhlich ~ 使某人心情愉快; II *vi* 1) 对〔對〕duì, 正确〔確〕zhèngquè; 2) 投票 tóupiào; ~ für 投票赞成
'**Stimm|enthaltung** *f* 弃〔棄〕权〔權〕qìquán ~**gabel** *f* 音叉 yīnchā ~**recht** *n* 选〔選〕举〔舉〕权〔權〕xuǎnjǔquán ~**ung** *f* 1) 校音 jiàoyīn, 调音 tiáoyīn; 2) 情绪 qíngxù, 心境 xīnjìng; 3) 气〔氣〕氛 qìfèn, 情调 qíngdiào
'**stimmungsvoll** *adj* 富有情趣的 fùyǒu qíngqù de
'**Stimmungzettel** *m* 选〔選〕票 xuǎnpiào
'**stinken*** *vi* 1) 发〔發〕恶〔惡〕臭 fā èchòu; 2) 令人怀〔懷〕疑 lìng rén huáiyí
Sti'pendium *n* -s; ..dien (大学)奖〔獎〕学〔學〕金 jiǎngxuéjīn
'**stippen** *vt* 把…浸入 bǎ…jìnrù, 浸渍 jìnzī
'**Stippenvisite** *f* 短暂访问 duǎnzàn fǎngwèn
Stirn *f* -en 1) 额头〔頭〕étóu; 2) 面颊〔頰〕miànjiá; j-m die ~ bieten 顶撞某人 dǐngzhuàng mǒurén ~**runzeln** *n* -s; 皱〔皺〕眉头〔頭〕zhòu méitóu
'**stöbern** *vi* 1) (雪花)飞〔飛〕扬〔揚〕fēiyáng; 2) 大扫〔掃〕除 dàsǎochú, 彻底清扫 chèdǐ qīngsǎo; 3) 搜寻〔尋〕sōuxún, 翻寻 fānxún
'**stochern** *vi* 1) 剔牙 tīyá; 2) 拨〔撥〕火 bōhuǒ
Stock *m* -(e)s; ⸗e 1) 棒 pàng, 棍 gùn; 2) 手杖 shǒuzhàng; 3) 指挥棒 zhǐhuīpàng; 4) 蜂房 fēngfáng; 5) 树〔樹〕干〔幹〕shùgàn; 6) 楼〔樓〕层〔層〕lóucéng; im ersten ~ 在二楼
'**stockdunkel** *adj* 极〔極〕暗的 jí'ànde, 漆黑的 qīhēide
'**Stöckelschuh** *m* 高跟鞋 gāogēnxié
'**stocken** *vi* 1) 停顿 tíngdùn, 中止 zhōngzhǐ, (说话)顿住 dùnzhù; 2) 发〔發〕霉 fāméi, 长〔長〕霉 zhǎngméi; 3) (血、奶) 凝住 níngzhù
'**stockfinster** *adj* 漆黑的 qīhēide
'**Stockfleck** *m* 霉斑 méibān, 霉点〔點〕méidiǎn
'**stockfleckig** *adj* 有霉点〔點〕的 yǒu méidiǎnde
'**Stockschnupfen** *m* 伤〔傷〕风〔風〕鼻塞 shāngfēng bísāi
'**stocktaub** *adj* 两〔兩〕耳全聋〔聾〕的 liǎng'ěr quánlóng de
'**Stockung** *f* -en 停滞 tíngzhì, 阻塞 zǔsè
'**Stockwerk** *n* 楼〔樓〕层〔層〕lóucéng, 楼房 lóufáng
Stoff *m* -(e)s; -e 1) 物质〔質〕wùzhì, 材料 cáiliào; 2) 衣料 yīliào, 织〔織〕物 zhīwù; 3) 素材 sùcái, 题材 tícái
'**stofflich** *adj* 1) 物质〔質〕的 wùzhìde, 材料的 cáiliàode; 2) 题材的 tícáide
'**stöhnen** *vi* 呻吟 shēnyín, 悲叹〔嘆〕bēitàn
'**Stolle** *f* -n (圣诞节)果子蛋糕 guǒzi dàngāo
'**Stollen** *m* -s; - 地下坑道 dìxià kēngdào
'**stolpern** *vi* (s) 1) 绊一脚 bànyìjiǎo; 2) 跌跌撞撞地走 diēdiē zhuàngzhuàng de zǒu
stolz *adj* 高傲的 gāo'àode, 傲慢的 àomànde
Stolz *m* -es; 1) 自豪 zìháo, 自负 zìfù; 2) 骄〔驕〕傲 jiāo'ào, 傲慢 àomàn
stol'zieren *vi* (s) 昂首阔步地走 ángshǒu kuòbù de zǒu
'**stopfen** *vt* 1) 塞满〔滿〕sāimǎn, 装〔裝〕满 zhuāngmǎn (Pfeife 烟斗); 2) 塞住 sāizhù, 堵住 dǔzhù; j-m den Mund 堵住某人的嘴; 3) 织〔織〕补〔補〕zhībǔ; 4) 养〔養〕肥 yǎngféi (Enten 鸭)

'**Stopfgarn** *n* 织[織]补[補]用纱线[綫] zhībǔ yòng shāxiàn

'**Stoppel** *f* -n 茬儿[兒] chár, 禾茬 héchá ~**bart** *m* 胡[鬍]子茬 húzichá

'**stoppen** I *vt* 使停住 shǐ tíngzhù; II *vi* 停住 tíngzhù

'**Stopp|licht** *n* (汽车) 尾灯[燈] wěidēng, 停车[車]灯 tíngchēdēng ~**uhr** *f* 马[馬]表 mǎbiǎo, 跑表 pǎobiǎo

'**Stöpsel** *m* -s; - 1) 塞子 sāizi, 瓶塞 píngsāi; 2) 插头[頭] chātóu; 3) 小男孩 xiǎonánhái

'**stöpseln** *vt* 1) 塞住 sāizhù; 2) 插上塞头[頭] chāshàng sāitóu

Storch *m* -(e)s; ⸚e 鹳 guàn, 仙鹤 xiānhè

'**stören** *vt* 1) 干扰[擾] gānrǎo, 打扰 dǎrǎo; 2) 妨碍[礙] fáng'ài; darf ich Sie kurz ~? 我可以打扰你一会儿吗?

'**Störfried** *m* -(e)s; -e 捣乱[亂]者 dǎoluànzhě

'**störr|ig** *adj*, ~**isch** *adj* 1) 倔强的 juéjiàngde, 执[執]拗的 zhíniùde; 2) 难[難]驾驭的 nánjiàyùde (Pferd 马)

'**Störung** *f* -en 扰[擾]乱[亂] rǎoluàn, 故障 gùzhàng, 干扰 gānrǎo

'**Stoß** *m* -es; ⸚e *m* 1) 推 tuī, 撞 zhuàng, 撞击[擊] zhuàngjī; 2) 捅 tǒng, 刺 cì, 戳 chuō; 3) 震动[動] zhèndòng; 4) 一叠 yīdá ~**dämpfer** *m* 减震器 jiǎnzhènqì

'**stoßen*** I *vt* 1) 推 tuī, 撞 zhuàng; 2) 刺 cì, 捅 tǒng; 3) 捣碎 dǎosuì, 研细 yánxì; II *vi* 1) 颠簸 diānbǒ, 震动[動] zhèndòng; 2) 顶撞 dǐngzhuàng; 3) 邻[鄰]接 línjiē

'**Stoß|seufzer** *m* 叹[嘆]气[氣] tànqì, 叹息 tànxī ~**stange** *f* 减震器 jiǎnzhènqì, (汽车)保险[險]杆[桿] bǎoxiǎngān

'**stoßweise** *adj* 间歇的 jiànxiēde, 一阵一阵的 yīzhèn yīzhèn de

'**stottern** I *vt* 口吃 kǒuchī, 结巴 jiébā; II *vi* 1) 结结巴巴地说 jiéjié bābā de shuō; 2) 马[馬]达[達]转[轉]动[動]不匀 mǎdá zhuàndòng bùyún

'**Straf|anstalt** *f* 劳[勞]改所 láogǎisuǒ, 监[監]狱 jiānyù ~**arbeit** *f* 惩[懲]罚性作业[業] chéngfáxìng zuòyè

'**strafbar** *adj* 应[應]受惩[懲]罚的 yīngshòu chéngfá de

'**Strafe** *f* -n 惩[懲]罚 chéngfá, 处[處]罚 chǔfá

'**strafen** *vt* 惩[懲]罚 chéngfá, 处[處]罚 chǔfá

straff *adj* 1)拉紧[緊]的 lājǐnde, 绷紧的 bēngjǐnde; 2) 严[嚴]格的 yángéde, 严厉[厲]的 yánlìde

'**straffällig** *adj* 犯刑事罪的 fàn xíngshìzuì de

'**Strafgesetz** *n* 刑法 xíngfǎ ~**buch** *n* 刑法法典 xíngfǎ fǎdiǎn

'**Strafling** *m* -s; -e 刑事犯 xíngshìfàn

'**straflos** *adj* 免予处[處]分的 miǎnyǔ chǔfèn de

'**Straf|porto** *n* (邮政) 欠资罚款 qiànzī fákuǎn ~**predigt** *f* 严[嚴]厉[厲]训斥 yánlì xùnchì ~**prozeß** *m* 刑事诉讼 xíngshìsùsòng '~**raum** *m* (足球)罚球区[區] fáqiúqū ~**stoß** *m* 罚球 fáqiú ~**verfahren** *n* 刑事诉讼程序 xíngshì sùsòng chéngxù

Strahl *m* -(e)s; -en 1) 光 guāng, 光线[綫] guāngxiàn; 2) (流体的)射束 shèsù

'**strahlen** *vi* 1) 发[發]光 fāguāng, 射出光芒 shèchū guāngmáng; 2) 辐射 fúshè, 放射 fàngshè

'**Strahlung** *f* -en 照射 zhàoshè, 辐射 fúshè

'**Strähne** *f* -n 1) 绺 liǔ, 缕[縷] lǚ; 2) 一绺头[頭]发[發] yīliǔ tóufà

stramm *adj* 1) 绷得紧[緊]紧的 bēngde jǐnjǐn de; 2) 雄纠纠的 xióngjiūjiūde

'**strampeln** *vi* (婴孩)两脚乱[亂]动[動] liǎngjiǎo luàndòng

Strand *m* -(e)s; -e (⸚e) 海滩[灘] hǎitān

'**stranden** *vi* *(s)* 1) (船舶) 搁浅[淺] gēqiǎn; 2) 失败 shībài, 未得逞 wèidéchěng

Strang *m* -(e)s; ⸚e 1) 粗绳[繩] cūshéng, 绳索 shéngsuǒ; 2) 一绞 yījiǎo, 一束 yīsù; 3) (铁路) 线[綫]段 xiànduàn; 4) über die Stränge schlagen 放荡不羁[羈] fàngdàng bùjī

'**Strapaze** *f* -n 劳[勞]累 láolèi, 辛苦 xīnkǔ

strapa'zier|en *vt* 1) 使过[過]度辛劳[勞] shǐ guòdù xīnláo; 2) 使用过度 shǐyòng guòdù, 损耗 sǔnhào '~**fähig** *adj* 经[經]久耐用的 jīngjiǔ nàiyòng de

'**Straße** *f* -n 1) 大街 dàjiē, 马[馬]路 mǎlù; 2) 海峡 hǎixiá

'**Straßen|bahn** *f* 有轨电[電]车[車] yǒuguǐ diànchē ~**bahnhaltestelle** *f* 电车站 diànchēzhàn ~**bahnwagen** *m* 有轨电车 yǒuguǐ diànchē ~**beleuchtung** *f* 路灯[燈] lùdēng ~**händler** *m* 小贩 xiǎofàn, 街头[頭]叫卖[賣]者 jiētóu jiàomàizhě ~**junge** *m* 街头流浪

儿〔兒〕jiētóu liúlàng'ér ~**kehrer** *m* -s; - 街道清洁〔潔〕工 jiēdào qīngjiégōng ~**kreuzung** *f* 十字路口 shízì lùkǒu

stra'tegisch *adj* 战〔戰〕略的 zhànluède

'**sträuben** *vt* 竖〔豎〕起羽毛 shùqǐ yǔmáo; sich ~ 毛发〔髮〕直竖

Strauch *m* -(e)s; ¨er 灌木 guànmù, 矮树〔樹〕丛〔叢〕ǎishùcóng

'**straucheln** *vi* 1) 绊一脚 bànyījiǎo; 2) 失足 shīzú, 走入歧途 zǒurù qítú

Strauß *m* I -es; ¨e 1) 花束 huāsù; 2) 争执〔執〕zhēngzhì, 争论〔論〕zhēnglùn; II -es; -e 鸵鸟〔鳥〕tuóniǎo

'**streben** *vi* 力求 lìqiú, 追求 zhuīqiú

'**Streber** *m* -s; - 雄心勃勃的人 xióngxīn bóbó de rén, 追逐名利者 zhuīzhù mínglì zhě

'**Strecke** *f* -n 1) 一段路程 yīduàn lùchéng, 距离〔離〕jùlí; 2) 路段 lùduàn, 铁〔鐵〕路线〔綫〕tiělùxiàn, 航线 hángxiàn; 2) 水平巷道 shuǐpíng hàngdào

'**strecken** *vt* 1) 伸展 shēnzhǎn, 展开〔開〕zhǎnkāi; sich ~伸展四肢; 2) 拉长〔長〕lācháng; 延伸 yánshēn; 3) (经稀释)冲淡 chōngdàn; 4) die Waffen ~ 放下武器（认输）fàngxia wǔqì

Streich *m* -(e)s; -e 1) 击〔擊〕jī, 打 dǎ; auf einen ~ 一下子; 2) 开〔開〕玩笑 kaiwánxiào, 恶〔惡〕作剧〔劇〕èzuòjù; j-m einen ~ spielen 捉弄某人

'**streicheln** *vt* 抚〔撫〕摸 fǔmō, 爱〔愛〕抚 àifǔ

'**streichen*** I *vt* 1) 涂〔塗〕tú, 抹 mǒ (Butter 黄油, Salbe 油膏); 2) 上油漆 shàng yóuqī; 3) 删去 shānqù, 划〔劃〕掉 huádiào; 4) 弹〔彈〕奏 tánzòu, 用弓拉 yònggōnglā (Geige 小提琴); II *vi* 1) 掠 luě, 拂 fú, 轻〔輕〕轻掠过〔過〕qīngqīng luěguò; 2) 绵延 miányán, 延伸 yánshēn

'**Streich**|**holz** *n* 火柴 huǒchái ~**instrument** *n* 弦乐〔樂〕器 xiányuèqì ~**orchester** *n* 弦乐队〔隊〕*xiányuèduì*

'**Streife** *f* -n 巡逻〔邏〕队〔隊〕xúnluóduì, 巡逻 xúnluó, 巡查 xúnchá

'**streifen** I *vt* 1) 轻〔輕〕触〔觸〕qīngchù, 擦过〔過〕cāguò; 2) 捋 lǚ; 3) 顺带〔帶〕提及 shùndài tíjí; 4) 剥皮 pōpí; II *vi* (*s*) 漫游 mànyóu

'**Streifen** *m* -s; - 1) 条〔條〕带〔帶〕tiáodài; 2) 影片 yǐngpiān, 胶〔膠〕片 jiāopiàn ~**wagen** *m* 警车〔車〕jǐngchē

'**Streifzug** *m* 1) 漫步 mànbù, 漫游 mànyóu; 2) 侦察 zhēnchá

Streik *m* -(e)s; -s 罢〔罷〕工 bàgōng '~**brecher** *m* -s; - 破坏〔壞〕罢工者 pòhuài bàgōngzhě

'**streiken** *vi* 1) 罢〔罷〕工 bàgōng; 2)(机器等)运〔運〕转〔轉〕不灵〔靈〕yùnzhuǎn bùlíng

Streit *m* -(e)s; -e 1) 战〔戰〕斗 zhàndòu; 2) 争吵 zhēngchǎo, 争执〔執〕zhēngzhì

'**streitbar** *adj* 1) 好争论〔論〕的 hào zhēnglùnde; 2) 好争斗的 hào zhēngdòude

'**streiten** ⁎ *vi* 1) 争吵 zhēngchǎo, 争论〔論〕zhēnglùn, 争执〔執〕zhēngzhì; 2) 为…而斗争 wèi…ér dòuzhēng; II *v sich* 争吵 zhēngchǎo, 争执 zhēngzhì

'**streitig** *adj* 有争议〔議〕的 yǒu zhēngyìde

'**Streitigkeit** *f* 争议〔議〕zhēngyì, 法律争执〔執〕fǎlǜ zhēngzhì

'**Streitkräfte** *pl* 武装力量 wǔzhuāng lìliàng, 兵力 bīnglì

'**streitsüchtig** *adj* 好争吵的 hào zhēngchǎode, 好斗的 hàodòude

streng *adj* 1) 严〔嚴〕格的 yángéde, 严厉〔厲〕的 yánlìde; Zutritt ~ verboten! 严禁入内; 2) 严密的 yánmìde, 精密的 jīngmìde '~-**genommen** *adv* 严〔嚴〕格地说 yángéde shuō '~**nehmen*** *vt* 严〔嚴〕格对〔對〕待 yángé duìdài

Streu *f* -en (给牲口铺的)草 cǎo, 草垫〔墊〕子 cǎodiànzi

'**streuen** *vt* 撒 sǎ, 给…撒上 gěi…sǎshàng

'**Strich** *m* -(e)s; -e 1) 划〔劃〕huà, 涂〔塗〕tú; 2) (划出的) 线〔綫〕xiàn; 3) (鱼、鸟等的)群 qún; 4) 地带〔帶〕dìdài

'**strichweise** *adv* 局部地 júbùde; 在局部地区〔區〕zài júbù dìqū

Strick *m* -(e)s; -e 1) 绳〔繩〕shéng, 麻绳 máshéng; 2) 小淘气〔氣〕xiǎotáoqì

'**stricken** *vt, vi* 编结 biānjié, 织〔織〕zhī

'**Strick**|**nadel** *f* 编针 biānzhēn ~**waren** *pl* 针织〔織〕品 zhēnzhīpǐn

'**Striemen** *m* -s; - 鞭痕 biānhén

'**strittig** *adj* 有争议〔議〕的 yǒu zhēngyì de, 有争论〔論〕的 yǒu zhēnglùn de

Stroh *n* -(e)s; 麦〔麥〕秆〔稈〕màigǎn, 稻草 dàocǎo '~**halm** *m* 稻草秆〔稈〕dàocǎogǎn; nach einem ~greifen 捞救命稻草 '~**hut** *m*

草帽 cǎomào '~**mann** *m* 稻草人 dàocǎorén '~**sack** *m* 草褥 cǎorù, 草垫〔墊〕子 cǎodiànzi '~-**witwe** *f* 跟丈夫分居的妇〔婦〕女 gēn zhàngfu fēnjū de fùnǚ

Strolch *m* -(e)s; -e 流浪汉〔漢〕liúlànghàn, 流氓 liúmáng, 小坏〔壞〕蛋 xiǎohuàidàn

'**strolchen** *vi* (*s*) 游荡〔蕩〕yóudàng, 闲逛 xiánguàng

Strom *m* -(e)s; ⸚e 1) 大河 dàhé, 河流 héliú; 2) 流 liú, 气〔氣〕流 qìliú, 人流 rénliú; 3) 电〔電〕流 diànliú

'**strom|ab(wärts)** *adv* 顺流而下 shùnliú ér xià ~**auf(wärts)** *adv* 逆流而上 nìliú ér shàng

'**strömen** *vi* (*s*) 1) 流 liú, 流动 liúdòng; 2) 涌现 yǒngxiàn; 3) 下大雨 xiàdàyǔ

'**Strom|kreis** *m* 电〔電〕路 diànlù ~**linienform** *f* 流线〔綫〕型 liúxiànxíng

'**stromlinienförmig** *adj* 流线〔綫〕型的 liúxiànxíngde

'**Strom|schnelle** *f* -n 急流 jíliú, 湍流 tuānliú ~**sperre** *f* 断〔斷〕电〔電〕duàndiàn

.'**Strömung** *f* -en 1) 流 liú, 水流 shuǐliú; 2) 思潮 sīcháo, 潮流 cháoliú, 流派 liúpài

'**Stromzähler** *m* 电〔電〕表 diànbiǎo

'**Strophe** *f* -n (诗歌的)节〔節〕jié, 段 duàn

'**strotzen** *vi* 1) 充满〔滿〕chōngmǎn; 2) (精力)充沛 chōngpèi

'**Strudel** *m* -s; - 1) 旋涡〔渦〕xuánwō, 涡流 wōliú; 2) 混乱〔亂〕hùnluàn, 纷乱 fēnluàn

'**strudeln** *vi* 起旋涡〔渦〕qǐxuánwō, 冒泡 màopào

Struk'tur *f* -en 结构〔構〕jiégòu, 构造 gòuzào, 组织〔織〕zǔzhi, 纹理 wénlǐ

Strumpf *m* -(e)s; ⸚e (长统)袜〔襪〕子 wàzi '~**band** *n* -(e)s; ⸚er 长袜松〔鬆〕紧〔緊〕带〔帶〕chángwà sōngjǐndài ~**halter** *m* -s; - 吊袜带 diàowàdài '~**waren** *pl* 袜类〔類〕商品 wàlèi shāngpǐn

'**struppig** *adj* 蓬乱〔亂〕的 péngluànde (Haar 头发), 毛粗浓〔濃〕蓬松〔鬆〕的 máo cūnóng péngsōng de (Hund 狗)

'**Stube** *f* -n 房间 fángjiān

'**Stuben|hocker** *m* -s; - 老呆在家里〔裏〕的人 lǎo dāizài jiālǐ de rén ~**mädchen** *n* 房间侍女 fángjiān shìnǚ

Stück *n* -(e)s; -e 1) 块〔塊〕kuài, 段 duàn, 节〔節〕jié, 断〔斷〕片 duànpiàn; 2) 一块 yīkuài, 一片 yīpiàn; in freie ~e gehen 打成碎片; 3) 剧〔劇〕本 jùběn; 4) aus freien ~en 自愿〔願〕地 zìyuànde; ~**arbeit** *f* 计件工 jìjiàngōng

'**stückweise** *adv* 逐件地 zhújiànde, 逐个地 zhúgède

Stu'dent *m* -en; -en, ~**in** *f* -nen 大学〔學〕生 dàxuéshēng

'**Studie** *f* -n 习〔習〕作 xízuò, 草图〔圖〕cǎotú, 略图 lüètú ~**nrei-se** *f* 学〔學〕习〔習〕旅行 xuéxílǚxíng

stu'dieren I *vt* 1) (在大学)攻读〔讀〕gōngdú, 学〔學〕习〔習〕xuéxí; 2) 研究 yánjiū, 钻〔鑽〕研 zuānyán; II *vi* 上大学 shàng dàxué

'**Studierzimmer** *n* 书〔書〕房 shūfáng

'**Studium** *n* -s; ..dien 攻读〔讀〕gōngdú, 研究 yánjiū

'**Stufe** *f* -n 1) 级 jí, 阶〔階〕jiē, 梯级 tījí; 2) 等级 děngjí, 阶段 jiēduàn

'**Stufen|folge** *f* 1) 梯级 tījí, 顺序 shùnxù; 2) 按阶〔階〕段发〔發〕展 àn jiēduàn fāzhǎn; 分阶段 fēn jiēduàn ~**leiter** *f* 1) 梯 tī, 阶梯 jiētī, 楼〔樓〕梯 lóutī; 2) 等级 děngjí

'**stufenweise** *adv* 一步一步地 yībùyībùde, 逐级地 zhújíde

Stuhl *m* -(e)s; ⸚e 1) 椅 yǐ, 长〔長〕椅 chángyǐ; 2) 织〔織〕布机〔機〕zhībùjī; 3) 大便 dàbiàn ~**bein** *n* 椅脚 yǐjiǎo '~**gang** *m* 排便 páibiàn, 大便的排泄 dàbiàn de páixiè '~**lehne** *f* 椅子靠背 yǐzi kàobèi

'**stülpen** *vt* 1) 把…翻起 bǎ…fānqǐ, 卷起 juǎnqǐ; 2) 把…罩上 bǎ…zhàoshàng

stumm *adj* 1) 哑〔啞〕的 yǎde; 2) 缄默的 jiānmòde, 不作声〔聲〕的 bùzuòshēngde 无〔無〕声的 wúshēngde

'**Stummel** *m* -s; - 残〔殘〕干〔幹〕cángàn, 残余〔餘〕部分(烟蒂、铅笔头等) cányú bùfen

'**Stummfilm** *m* 无〔無〕声〔聲〕电〔電〕影 wúshēng diànyǐng

'**Stümper** *m* -s; - 工作拙劣的人 gōngzuò zhuóliè de rén, 半瓶醋 bànpíngcù

Stümpe'rei *f* -en 粗劣的活儿〔兒〕cūliède huór, 拙劣作品 zhuóliè zuòpǐn

'**stümperhaft** *adj* 拙劣的 zhuóliède, 粗劣的 cūliède

'**stümpern** *vi* 1) 工作拙劣 gōngzuò zhuóliè; 2) 胡乱〔亂〕弹〔彈〕奏 húluàn tánzòu

stumpf *adj* 1) 钝的 dùnde, 不锋利的 bù fēnglìde; 2) 无〔無〕光泽〔澤〕的 wú guāngzéde, 迟〔遲〕钝

'Tennis *n* 网[網]球运[運]动[動] wǎngqiú yùndòng **'~ball** *m* 网球 wǎngqiú **'~platz** *m* 网球场[場] wǎngqiúchǎng **'~schläger** *m* 网球拍 wǎngqiúpāi **'~spieler** *m* 网球运动员 wǎngqiú yùndòngyuán **'~turnier** *n* 网球比赛 wǎngqiú bǐsài

Te'nor *m* s; ..e 男高音 nángāoyīn

'Teppich *m* -s; -e 地毯 dìtǎn, 壁毯 bìtǎn

Ter'min *m* -s; -e 1) (规定的)日子 rìzhi, 期限 qīxiàn; 2) 交货期 jiāohuòqī **~geschäfte** *pl* 期货交易 qīhuò jiāoyì

Terpen'tin *n* -s; -e 松脂精 sōngzhījīng, 松节[節]油 sōngjiéyóu

Ter'rain *n* -s; -s 1) 地域 dìyù, 地区[區] dìqū; 2) 建筑[築]工地 jiànzhù gōngdì

Ter'rasse *f* -n 平台[臺] píngtái; 阳[陽]台 yángtái

Ter'rine *f* -n (盛汤、菜的)盖[蓋]碗 gàiwǎn

Terri'torium *n* -s; ..ien 1) 领土 lǐngtǔ, 版图[圖] bǎntú, 疆域 jiāngyù; 2) 领域 lǐngyù

'Terror *m* -s; 恐怖 kǒngbù, 恐怖统治 kǒngbù tǒngzhì

terrori'sieren *vt* 威吓[嚇] wēihè, 实[實]施恐怖统治 shíshī kǒngbù tǒngzhì

Terz *f* -en 三度音程 sāndù yīnchéng, 第三音 dìsānyīn

Ter'zett *n* -(e)s; -e 三重唱 sānchóngchàng

Testa'ment *n* -(e)s; -e 遗嘱[囑] yízhǔ, 遗言 yíyán

testa'mentarisch *adj* 遗嘱[囑]规定的 yízhǔ guīdìng de

Testa'mentsvollstrecker *m* -s;- 遗嘱[囑]执[執]行人 yízhǔ zhíxíngrén

'testen *vt* 检[檢]验[驗] jiǎnyàn, 测试 cèshì

'teuer *adj* 昂贵的 ángguìde; wie ~ ist es? 这要多少钱?

'Teufel *m* -s; - 鬼 guǐ, 魔鬼 móguǐ; zum ~! 见鬼去吧! scher dich zum ~! 滚你妈的蛋!

Teufe'lei *f* -n 残[殘]酷行为[爲] cánkù xíngwéi, 恶[惡]作剧[劇] èzuòjù

'Teufelskerl *m* 好汉[漢] hǎohàn

'teuflisch *adj* 恶[惡]魔的 èmóde, 恶魔般的 èmóbānde

Text *m* -es; -e 本文 běnwén, 课文 kèwén, 说明文字 shuōmíng wénzì, 歌词 gēcí **'~buch** *n* 歌剧[劇]剧本 gējù jùběn

Texti'lien *pl*, **Textilwaren** *pl* 纺织[織]品 fǎngzhīpǐng

The'ater *n* -s;- 1) 剧[劇]院 jùyuàn, 剧场[場] jùchǎng; 2) 戏[戲]剧 xìjù, 演戏 yǎnxì **~karte** *f* 戏票 xìpiào **~kasse** *f* 戏院售票处[處] xìyuàn shòupiàochù **~stück** *n* 戏 xì, 剧本 jùběn **~vorstellung** *f* 戏剧演出 xìjù yǎnchū; **~zettel** *m* 节[節]目单[單] jiémùdān

thea'tralisch *adj* 舞台[臺]的 wǔtáide, 剧[劇]院的 jùyuànde; 2) 装[裝]腔作势[勢]的 zhuāngqiāng zuòshìde

'Theke *f* -n 1) 酒馆 jiǔguǎn; 2) 商店柜台 shāngdiàn guìtái

'Thema *n* -s; ..men 题目 tímù, 主题 zhǔtí

Theo'loge *m* -n; -n 神学[學]家 shénxuéjiā

Theolo'gie *f* 神学[學] shénxué

Theo'retiker *m* -s; - 理论[論]家 lǐlùnjiā

theo'retisch *adj* 理论[論]的 lǐlùnde

Theo'rie *f* -n 原理 yuánlǐ, 学[學]说 xuéshuō

'Therapie *f* -n 治疗[療] zhìliáo, 疗法 liáofǎ

Ther'malbad *n* 温泉浴 wēnquányù

Thermo'meter *n* -s; - 温度计 wēndùjì, 体[體]温表 tǐwēnbiǎo **~stand** *m* 温度计读[讀]数 wēndùjì dúshù

'Thermosflasche *f* 保温瓶 bǎowēnpíng

'These *f* -n 命题 mìngtí, 论[論]纲[綱] lùngān

Throm'bose *f* -n 血栓形成 xuèshuān xíngchéng

Thron *m* -(e)s; -e 御座 yùzuò, 王位 wángwèi **'~besteigung** *f* 登基 dēngjī **'~erbe** *m* 王储 wángchǔ **'~folge** *f* 王位继[繼]承 wángwèi jìchéng **'~folger** *m* 王位继承者 wángwèi jìchéngzhě

'Thunfisch *m* 金枪[槍]鱼[魚] jīnqiāngyú

Tick *m* -(e)s; -e 1) 面肌抽搐 miànjī chōuchù; 2) 怪癖 guàipǐ; einen ~ haben 有怪癖

'ticken *vi* 钟[鐘]表滴答声[聲] zhōngbiǎo dīdāshēng

tief *adj* 1) 深的 shēnde, 低的 dīde; bis ~ in die Nacht 直到深夜; 2) 深沉的 shēnchénde; 3) im ~sten Winter 隆冬 lóngdōng

Tief *n* -(e)s; -e 低气[氣]压[壓] dīqìyā **'~bau** *m* 地下工程 dìxià gōngchéng **'~druckgebiet** *n* 低气压区[區] dīqìyāqū

'Tiefe *f* -n 1) 深 shēn, 深度 shēn-

dù; 2) 深沉 shēnchén, 深刻 shēnkè

'**Tief**|**ebene** *f* 低地 dīdì ~**flug** *m* 低飞〔飛〕dīfēi ~**gang** *m* (船) 吃水 chīshuǐ

'**tief**|**gekühlt** *adj* 冷冻〔凍〕的 lěngdòngde ~**greifend** *adj* 深入的 shēnrùde, 彻〔徹〕底的 chèdǐde, 根本的 gēnběnde

'**Tief**|**land** *n* 低地 dīdì ~**see** *f* 深海 shēnhǎi

'**tiefsinnig** *adj* 1) 意义〔義〕深长〔長〕的 yìyì shēncháng de 2) 情绪消沉的 qíngxù xiāochén de

'**Tiefstand** *m* -(e)s; 1) 低水位 dīshuǐwèi; 2) 低水平 dīshuǐpíng, 低潮 dīcháo

'**Tiegel** *m* -s; - 1) 坩埚〔堝〕gānguō, 平底锅〔鍋〕píngdǐguō; 2) 金属〔屬〕压〔壓〕板 jīnshǔ yābǎn

Tier *n* -(e)s; -e 1) 兽〔獸〕shòu, 动〔動〕物 dòngwù, 牲畜 shēnchù; 2) großes ~ 大亨 dàhēng, 要人 yàorén '~**arzt** *m* 兽医〔醫〕shòuyī '~**garten** *m* 动物园〔園〕dòngwùyuán '~**heilkunde** *f* 兽医学〔學〕shòuyīxué

'**tierisch** *adj* 1) 兽〔獸〕类〔類〕的 shòulèide, 动〔動〕物的 dòngwùde; 2) 野兽般的 yěshòubānde, 残〔殘〕暴的 cánbàode

'**Tier**|**kreis** *m* 黄道带〔帶〕huángdàodài ~**quäle'rei** *f* -en 虐待动〔動〕物 nüèdài dòngwù ~**reich** *n* -(e)s; 动物界 dòngwùjiè ~**schutzverein** *m* 动物保护〔護〕协〔協〕会〔會〕dòngwù bǎohù xiéhuì

'**Tiger** *m* -s; - 虎 hǔ

'**tilgen** *vt* 1) 消灭〔滅〕xiāomiè; 2) 擦去 cāqù, 清除 qīngchú, 勾销 gōuxiāo; 3) 偿〔償〕还〔還〕chánghuán, 清偿 qīngcháng

'**Tilgung** *f* -en 1) 消灭〔滅〕xiāomiè; 2) 勾销 gōuxiāo; 3) 清偿〔償〕qīngcháng

Tik'tur *f* -en 酊剂〔劑〕dīngjì, 浸剂 jìnjì

'**Tinte** *f* -n 1) 墨水 mòshuǐ; 2) in der ~ sitzen 处〔處〕于困境 chǔyú kùnjìng

'**Tinten**|**faß** *n* 墨水瓶 mòshuǐpíng, 墨水盂 mòshuǐyú ~**fisch** *m* 墨斗鱼〔魚〕mòdǒuyú ~**fleck** *m* 墨水渍 mòshuǐzì ~**stift** *m* 复〔複〕写〔寫〕用笔〔筆〕fùxiě yòng bǐ

Tip *m* -s; -s 暗示 ànshì, 示意 shìyì

'**tipen** I *vi* 轻〔輕〕拍 qīngpāi; j-m auf die Schulter ~ 拍某人的肩膀; 2) 打字 dǎzì; 3) 猜测 cāicè; II *vt* 1) 预测 yùcè; 2) 打字 dǎzì,

Tisch *m* -es; -e 桌子 zhuōzi, 餐桌 cānzhuō; den ~ decken 摆〔擺〕好餐具 bǎi hǎo cānjù; zu ~ bitten 请入席 qǐng rùxí; bitte zu ~ 请用餐 qǐng yòngcān; reinen ~ machen 清算 qīngsuàn '~**decke** *f* 桌布 zhuōbù '~**gesellschaft** *f* 宴会〔會〕yànhuì '~**lampe** *f* 台〔臺〕灯〔燈〕táidēng

'**Tischler** *m* -s; - 细木工 xìmùgōng

Tischle'rei *f* -en 细木工手艺〔藝〕xìmùgōng shǒuyì

'**Tisch**|**platte** *f* 桌面 zhuōmiàn ~**rede** *f* 宴会〔會〕上讲〔講〕话 yànhuìshàng jiǎnghuà ~**tennis** *n* 乒乓球运〔運〕动〔動〕pīngpāngqiú yùndòng ~**tuch** *n* 桌布 zhuōbù ~**zeit** *f* 午餐时〔時〕间 wǔcān shíjiān

Ti'tan *m* -en; -en 泰坦 tàitǎn, 巨人 jùrén

ti'tanisch *adj* 巨大的 jùdàde, 强有力的 qiángyǒulìde

'**Titel** *m* -s; - 1) 称〔稱〕号〔號〕chēnghào, 头〔頭〕衔〔銜〕dóuxián; 2) 标〔標〕题 biāotí, 书〔書〕名 shūmíng ~**bild** *n* 封面画〔畫〕fēnmiànhuà ~**blatt** *n* 封面 fēnmiàn, 扉页 fēiyè ~**rolle** *f* 主角 zhǔjué

titu'lieren *vt* 1) 给…题名 gěi…tímíng (Buch 书); 2) 用头〔頭〕衔称〔稱〕呼 yòng dóuxián chēnghū

Toast *m* -es; -e 敬酒 jìngjiǔ, 祝酒词 zhùjiǔcí

'**toben** *vi* 1) 狂风〔風〕怒号〔號〕guángfēn nùháo, 呼啸〔嘯〕hūxiào; 2) 喧闹〔鬧〕xuānnào

'**Tobsucht** *f* 癫狂 diānkuáng, 狂躁 kuángzào

'**tobsüchtig** *adj* 癫狂的 diānkuángde; 狂躁的 kuángzàode

'**Tochter** *f* ¨e 女儿〔兒〕nǚ'ér ~**gesellschaft** *f* 子公司 zǐgōngsī

Tod *m* -(e)s; -e 死 sǐ, 死亡 sǐwáng

'**Todes**|**angst** *f* 害怕死 hàipàsǐ, 极〔極〕度恐惧〔懼〕jídù kǒngjù ~**anzeige** *f* 讣告 fùgào ~**fall** *m* 1) 丧〔喪〕事 sāngshì; 2) 伤〔傷〕亡人数〔數〕shāngwáng rénshù ~**kampf** *m* 1) 垂死挣扎 chuísǐ zhēngzhá; 2) 濒死的痛苦 bīnsǐ de tòngkǔ ~**strafe** *f* 死刑 sǐxíng ~**ursache** *f* 死亡原因 sǐwáng yuányīn ~**urteil** *n* 判处〔處〕死刑 pànchǔ sǐxíng

'**Todfeind** *m* 死敌〔敵〕sǐdí

'**todkrank** *adj* 病危的 bìngwēide

'**tödlich** *adj* 致命的 zhìmìngde

'**tod**|**müde** *adj* 累死的 lèisǐde ~**schick** *adj* 非常时〔時〕髦的

fēicháng shímáo de **~sicher** *adj* 极[極]有把握的 jíyǒu bǎwò de

'Todsünde *f* 罪孽深重 zuìniè shēnzhòng

Toi'lette *f* -n 盥洗室 guànxǐshì, 厕所 cèsuǒ

Toi'letten|artikel *pl* 化妆[妝]品 huàzhuāngpǐn **~papier** *n* 手纸 shǒuzhǐ, 卫[衛]生纸 wèishēng zhǐ **~tisch** *m* 梳妆[妝]台[臺] shūzhuāngtái

tole'rant *adj* 容忍的 róngrěnde, 宽容的 kuānróngde

Tole'ranz *f* 1) 容忍 róngrěn, 宽容 kuānróng; 2) 公差 gōngchā, 容许误[誤]差 róngxǔ wùchā

toll *adj* 1) 疯[瘋]狂的 fēngkuángde, 发疯的 fāfēngde; 2) 了不起的 liǎobùqǐde, 极[極]好的 jíhǎode, 惊[驚]人的 jīngrénde

'tollen *vi* 嬉闹[鬧] xīnào

'Toll|haus *n* 1) 疯[瘋]人院 fēngrényuàn; 2) 一片混乱 yīpiàn hùnluàn **~heit** *f* -en 疯狂 fēngkuáng, 疯狂行为[爲] fēngkuáng xíngwéi

'tollkühn *adj* 极[極]大胆[膽]的 jídàdǎnde, 蛮[蠻]勇的 mányǒngde

'Tollwut *f* 狂犬病 kuángquǎnbìng, 恐水病 kǒngshuǐbìng

'Tolpatsch *m* es; -e 笨手笨脚的人 bènshǒu bènjiǎo de rén

'tolpatschig *adj* 笨拙的 bènzhuóde

'Tölpel *m* -s; - 笨蛋 bèndàn, 蠢货 chǔnhuò

To'mate *f* -n 西红柿 xīhóngshì

Ton *m* I -(e)s; -e 陶土 táotǔ; II -(e)s; ¨e 1) 音 yīn, 声[聲]音 shēngyīn; 2) 语调 yǔdiào, 语气[氣] yǔqì; den ~ angeben 定调子; große Töne reden 说大话 shuōdàhuà **'~abnehmer** *m* 唱头[頭]拾音器 chàngdóu shíyīnqì

'tonangebend *adj* 定调子的 dìngdiàozide

'Ton|art *f* 乐[樂]调 yuèdiào **'~band** *n* 录[錄]音带[帶] lùyīndài **'~bandgerät** *n* 磁带录音机[機] cídài lùyīnjī

'tönen I *vi* 鸣响[響] míngxiǎng, 发[發]出声[聲]音 fāchū shēngyīn; II *vt* 涂[塗]色 túsè, 给…上色 gěi…shàngsè

'tönern *adj* 陶土的 táotǔde

'Ton|fall *m* 语调 yǔdiào, 声[聲]调 shēngdiào **~film** *m* 有声电[電]影 yǒushēng diànyǐng **~lage** *f* 音域 yīnyù **~leiter** *f* 音阶[階] yīnjiē

'tonlos *adj* 1) 无[無]声[聲]的 wúshēngde; 2) 无声调的 wúshēngdiàode, 平板的 píngbǎnde

'Tonmeister *m* 录[錄]音师[師] lùyīnshī

'Tonne *f* -n. 1) 桶 tǒng; 2) 吨[噸] dūn, 吨位 dūnwèi

'Tonsilbe *f* 重音节[節] zhòngyīnjié

'Tönung *f* -en 1) 着色 zhuósè; 2)色泽[澤] sèzé, 色调 sèdiào

'Tonwaren *pl* 陶器 táoqì

Topf *m* -(e)s; ¨e 盆 pén, 钵[鉢] bō, 罐 guàn

'Töpfer *m* -s; - 陶工 táogōng

Töpfe'rei *f* -en 制[製]陶业[業] zhìtáoyè

topp *int* 好吧! hǎoba, 就这样吧 jiù zhèyàng ba

Topp *m* -s; -e 桅顶 wéidǐng

Tor I *n* -(e)s; -e 1) 大门[門] dàmén; 2) (足球、水球的)球门 qiúmén; II *m* -en; -en 傻瓜 shǎguā, 蠢人 chǔnrén

Torf *m* -(e)s; 泥炭 nítàn

'Torhüter *m* 1) 看门[門]人 kānménrén; 2) 守门员 shǒuményuán

'töricht *adj* 笨的 bènde, 愚蠢的 yúchǔnde

'torkeln *vi* (*s*) 蹒[蹣]跚 mánshān, 跌跌撞撞 diēdiē zhuàngzhuàng

'Tor|lauf *m* 障碍[礙]滑雪 zhàng'ài huáxuě **'~linie** *f* 足球场[場]底线[綫] zúqiúchǎng dǐxiàn

Tor'nister *m* -s; - 背包 bēibāo, 书[書]包 shūbāo

torpe'dieren *vt* 1) 用鱼[魚]雷袭[襲]击[擊] yòng yúléi xījī; 2) 破坏[壞] pòhuài

Tor'pedo *m* -s; -s 鱼[魚]雷 yúléi **'~boot** *n* 鱼雷艇 yúléitǐng

'Torschuß *m* 射门[門] shèmén

'Torte *f* -n 奶油大蛋糕 nǎiyóu dàdàngāo

Tor'tur *f* -en 1) 拷问 kǎowèn, 刑讯 xíngxùn; 2) 折磨 zhémó

'Tor|wart *m* -(e)s; -e 守门[門]员 shǒuményuán **~weg** *m* 大门[門]通道 dàmén tōngdào

'tosen *vi* (*s*) 怒号[號] nùháo, 呼啸[嘯] hūxiào; ~der Beifall 雷鸣般的掌声

tot *adj* 1) 死的 sǐde, 死去的 sǐqùde; 2) 枯死的 kūsǐde; 3) 无[無]生气[氣]的 wú shēngqìde; 4) ~er Punkt (冲程的)死点[點] sǐdiǎn; 僵局 jiāngjú

to'tal *adj* 完全的 wánguánde, 全面的 quánmiànde, 全部的 quánbùde

'totarbeiten *v sich* 累得要死 lèide yàosǐ

'Tote *m* -n; -n 1) 死者 sǐzhě, 尸[屍]体[體] shītǐ; 2) die ~n 死亡人数[數] sǐwáng rénshù

'töten *vt* 杀〔殺〕死 shāsǐ, 杀害 shāhài; 2) 扼杀 èshā, 毁灭〔滅〕huǐmiè
'totenbleich *adj* 死灰色的 sǐhuīsède
'Toten|gräber *m* -s; - 掘墓人 juémùrén **~hemd** *n* 寿〔壽〕衣 shòuyī **~kopf** *m* 骷髅〔髏〕kūlóu **~liste** *f* 死亡名单〔單〕sǐwáng míngdān **~maske** *f* 死者面形 sǐzhě miànxíng **~messe** *f* 安魂弥〔彌〕撒 ānhún mísa **~schein** *m* 死亡证〔證〕书〔書〕sǐwáng zhèngshū
'totenstill *adj* 死一般寂静的 sǐyībān jìjìng de
'tot|geboren *adj* 产〔產〕下即死的 chǎnxià jí sǐ de **~lachen** *v sich* 笑死 xiàosǐ **~schießen** *vt* 射死 shèsǐ, 枪〔槍〕杀〔殺〕qiāngshā
'Totschlag *m* 谋杀〔殺〕móushā
'tot|schlagen* *vt* 1) 打死 dǎsǐ; 2)消磨时〔時〕间 xiāomó shíjiān **~schweigen** *vt* 保持缄默 bǎochí jiānmò **~stechen*** *vt* 刺死 cìsǐ **~stellen** *v sich* 装〔裝〕死 zhuāngsǐ
'Tötung *f* -en 杀〔殺〕死 shāsǐ, 杀害 shāhài; fahrlässige ~ 过失杀人
Tour *f* -en 1) 旅游 lǚyóu, 旅行 lǚxíng; 2) 旋转〔轉〕xuánzhàn, 转数〔數〕zhuànshù
Tou'rist *m* -en; -en 旅游者 lǚyóuzhě
Tour'nee *f* -s (-n) 巡回演出 xúnhuí yànchū
Trab *m* -(e)s; 马〔馬〕小步跑 mǎ xiǎobù pǎo
Tra'bant *m* -en; -en 人造卫〔衛〕星 rénzào wèixīng
'traben *vi* (*s*) 小步跑 xiǎobùpǎo
'Trabrennen *n* 赛马〔馬〕sàimǎ
Tracht *f* -en 1) 服装〔裝〕fúzhuāng; 2) eine ~ Prügel 一顿鞭打 yīdùn biāndǎ
'trachten *vi* 追求 zhuīqiú, 致力于 zhìlìyú; j-m nach dem Leben ~ 企图谋害某人
'trächtig *adj* (动物)怀〔懷〕胎的 huáitāide
Traditi'on *f* -en 传〔傳〕统 chuántǒng
'Tragbahre *f* 担〔擔〕架 dānjià
'tragbar *adj* 1) 便于携带〔帶〕的 biànyú xiédài de; 2) 可穿戴的 kěchuāndàide; 2) 负担〔擔〕得起的 fùdāndéqǐde
'Trage *f* -n 担〔擔〕架 dānjià
'träge *adj* 1) 懒散的 lǎnsǎnde, 懒惰的 lǎnduòde; 2) 惰性的 duòxìngde
'tragen* I *vt* 1) 负担〔擔〕fùdān, 承担 chéngdān; 2) 承受 chéngshòu, 忍受 rěnshòu; 3) 产〔產〕 chǎn, 结出 jiéchū; II *vi* 1) 负责 fùzé; 2) 结果实〔實〕jiéguǒshí
'Träger *m* -s; - 1) 搬运〔運〕者 bānyùnzhě; 2) 获〔獲〕得者 huòdézhě; 3) 穿着者 chuānzhuózhě; 4) 支架 zhījià, 托架 tuōjià
'Trag|fähigkeit *f* 承载能力 chéngzài nénglì **~flügel** *m* 机〔機〕翼 jīyì
'Trägheit *f* 1) 懒惰 lǎnduò; 2) 惰性 duòxìng
'tragisch *adj* 1) 悲剧〔劇〕的 bēijùde; 2) 悲惨〔慘〕的 bēicǎnde, 严〔嚴〕重的 yánzhòngde
Tra'gödie *f* -n 悲剧〔劇〕bēijù
'Trag|'riemen *m* 皮吊带〔帶〕pídiàodài **'~tier** *n* 驮货牲口 tuóhuò shēngkǒu **'~weite** *f* 1) 射程 shèchéng, 有效距离〔離〕yǒuxiào jùlí; 2) 效果 xiàoguǒ, 影响〔響〕yǐngxiǎng; von großer ~ 有重大影响
'Trainer *m* -s; - 教练〔練〕员 jiàoliànyuán, 训练员 xùnliànyuán
train'nieren *vt, vi* 训练〔練〕xùnliàn, 锻炼〔煉〕duànliàn
trak'tieren *vt* 虐待 nuèdài, 使受苦 shǐ shòukǔ
'Traktor *m* -s; -en 拖拉机〔機〕tuōlājī
'trällern *vt, vi* 哼唱 hēnchàng
'trampeln *vi* 践〔踐〕踏 jiàntà, 踩 cǎi, 顿足 dùnzú
'Trampelpfad *m* 踩出来〔來〕的路 cǎi chūlái de lù
Tran *m* -(e)s; -e 鱼〔魚〕肝油 yúgānyóu
'Träne *f* -n 泪 lèi, 眼泪 yǎnlèi; in ~n ausbrechen 哭起来
'tränen *vi* 流泪 liúlèi
'Tränengas *n* 催泪瓦斯 cuīlèi wǎsī
Trank *m* -(e)s; ≃e 饮料 yǐnliào
'Tränke *f* -n 饮水槽 yǐnshuǐcáo
'tränken *vt* 1) 给牲畜饮水 gěi shēngchù yǐnshuǐ; 2) 浸透 jìntòu, 充满〔滿〕chōngmǎn
Trans|for'mator *m* -s; -en 变〔變〕压〔壓〕器 biànyāqì **~fusi'on** *f* -en 输血 shūxuè, 输液 shūyè
Tran'sistorradio *n* 晶体〔體〕管收音机〔機〕jīngtǐguǎn shōuyīnjī
'transitiv *adj* (语法)及物的 jíwùde; ~es Verb 及物动词
transpa'rent *adj* 透明的 tòumíngde
Transpa'rent *n* -(e)s; -e 大幅标〔標〕语 dàfú biāoyǔ
transpi'rieren *vi* 1) 出汗 chūhàn; 2) 分泌 fēnmì
Transplantati'on *f* 器官移植 qìguān yízhí

Trans'port *m* -(e)s; -e 运〔運〕输 yùnshū
transpor'tabel *adj* 可搬运〔運〕的 kě bānyùn de
Trans'porter *m* -s; - 运〔運〕输船 yùnshūchuán, 运输机〔機〕 yùnshūjī
transpor'tieren *vt* 运〔運〕输 yùnshū
Tra'pez *n* -es; -e 1) 梯形 tīxíng; (空中飞人用的)吊架 diàojià
'trappeln *vi* (马、小孩)小跑 xiǎopǎo
Tras'sant *m* -en; -en (汇票)出票人 chūpiàorén
Tras'sat *m* -en; -en (汇票)付款人 fùkuǎnrén
'Trasse *f* -n 路线〔綫〕 lùxiàn, 定线 dìngxiàn
'Tratte *f* -n 汇〔匯〕票 huìpiào
'Traube *f* -n 葡萄 pútáo, 一串葡萄 yīchuàn pútáo
'Trauben|saft *m* 葡萄汁 pútáozhī **~zucker** *m* 葡萄糖 pútáotáng
'trauen *vt* 1) 给某人举〔舉〕行婚礼〔禮〕 gěi mǒurén jǔxíng hūnlǐ; sich ~ lassen 登记结婚; 2)信托 xìntuō, 信赖 xìnlài
'Trauer *f* 1) 悲痛 bēitòng, 悲伤〔傷〕 bēishāng; 2) 哀悼 āidào **~botschaft** *f* 噩耗 èhào **~fall** *m* 丧〔喪〕事 sāngshì **~feier** *f* 葬礼〔禮〕 zànglǐ; 追悼会〔會〕 zhuīdàohuì **~flor** *m* 黑纱 hēishā **~geleit** *n* 送葬行列 sòngzàng hángliè **~kleid** *n* 丧服 sāngfú **~marsch** *m* 葬礼进〔進〕行曲 zànglǐ jìnxíngqǔ
'trauern *vi* 1) 悲哀 bēi'āi, 悲伤〔傷〕 bēishāng; 2) 哀悼 āidào, 带〔帶〕孝 dàixiào
'Trauer|spiel *n* 悲剧〔劇〕 bēijù **~weide** *f* 垂柳 chuíliǔ **~zug** *m* 送葬行列 sòngzàng hángliè
'Traufe *f* -n 屋檐 wūyán, 檐水 yánshuǐ
träufeln *vt* 使滴下 shǐ dīxià, 滴入 dīrù
'traulich *adj* 1) 舒适〔適〕的 shūshìde; 2) 亲〔親〕切的 qīnqiède
Traum *m* -(e)s; ⸗e 梦〔夢〕 mèng; das fällt mir nicht im ~ ein! 我做梦也没有想到! **'~bild** *n* 梦幻 mènghuàn **'~deutung** *f* 圆梦 yuánmèng
'träumen *vi, vt* 做梦〔夢〕 zuòmèng, 梦见〔見〕 mèngjiàn
'Träumer *m* -s; - 1) 做梦〔夢〕的人 zuòmèngde rén; 2) 梦想者 mèngxiǎngzhě
Träume'rei *f* -en 梦〔夢〕幻 mènghuàn, 幻想 huànxiǎng
'träumerisch *adj* 爱〔愛〕梦〔夢〕想的 ài mèngxiǎng de
'traurig *adj* 1) 悲哀的 bēi'āide, 伤〔傷〕心的 shāngxīnde; 2) 可怜〔憐〕的 kěliánde, 悲惨〔慘〕的 bēicǎnde
'Trau|ring *m* 结婚戒指 jiéhūn jièzhi **~schein** *m* 结婚证〔證〕书〔書〕 jiéhūn zhèngshū **~ung** *f* -en 结婚 jiéhūn **~zeuge** *m* 证〔證〕婚人 zhènghūnrén
Treff *n* -s; -s (纸牌)梅花 méihuā
'treffen* I *vt* 1) 遇见〔見〕 yùjiàn, 碰见 pèngjiàn; 2) 猜中 cāizhòng, 猜对〔對〕 cāiduì; 3) 打中 dǎzhòng, 击〔擊〕中 jīzhòng; vom Blitz getroffen 遭雷电击中; 4) 打击 dǎjī; sich getroffen fühlen 感到受打击; 5) eine Entscheidung ~ 作出决定 zuòchū juédìng; Maßnahmen ~ 采〔採〕取措施 cǎiqǔ cuòshī; II *vi* 击中 jīzhòng, 打中 dǎzhòng
'Treffen *n* -s; - 1) 聚会〔會〕 jùhuì, 会见〔見〕 huìjiàn; 会晤 huìwù; 2) 遭遇战〔戰〕 zāoyùzhàn
'treffend *adj* 中肯的 zhòngkěnde, 恰当〔當〕的 qiàdàngde
'Treffer *m* -s; - 1)击〔擊〕中 jīzhòng, 中奖〔獎〕 zhòngjiǎng
'Treffpunkt *m* 集会〔會〕地点〔點〕 jíhuì dìdiǎn
'Treibeis *n* 浮冰 fúbīng
'treiben* I *vt* 1) 赶〔趕〕 gǎn, 驱〔驅〕赶 qūgǎn, 放牧 fàngmù; 2) 推动〔動〕 tuīdòng, 带〔帶〕动 dàidòng; 2) 驱散 qūsàn; 4) 使发〔發〕芽 shǐ fāyá, 使抽条 shǐ chōutiáo; 5) 从〔從〕事于(音乐、体育) cóngshìyú; was treibst du da? 你在那里干什么? II *vi* 发〔發〕芽 fāyá, 抽条〔條〕 chōutiáo; 2) 发酵 fājiào; 3) 活动 huódòng, 繁忙 fánmáng, 熙熙攘攘 xīxī rǎngrǎng
'Treib|haus *n* 温室 wēnshì, 暖房 nuǎnfáng **~holz** *n* 浮运〔運〕木材 fúyùn mùcái **~jagd** *f* 围〔圍〕猎〔獵〕 wéiliè **~riemen** *m* 传〔傳〕动〔動〕带〔帶〕 chuándòngdài **~stoff** *m* 发〔發〕动〔動〕机〔機〕燃料 fādòngjī ránliào
'trennen *vt* 1) 使分开〔開〕 shǐ fēnkāi, 使分离〔離〕 shǐ fēnlí; sich ~ 分离,分别; 2) 拆开 chāikāi, 切断〔斷〕 qiēduàn
'Trenn|schärfe *f* 收音机〔機〕选〔選〕择〔擇〕性 shōuyīnjī xuǎnzéxìng **~ung** *f* -en 1) 分开〔開〕 fēnkāi, 分离〔離〕 fēnlí, 隔离 gélí **~wand** *f* 隔板 gébǎn, 挡〔擋〕板 dǎngbǎn, 隔墙〔牆〕 géqiáng
'Treppe *f* -n 阶〔階〕梯 jiētī, 楼〔樓〕梯 lóutī; zwei ~n hoch wohnen

住在三楼 zhùzài sānlóu
Treppen|absatz *m* 楼[樓]梯平台[臺] lóutī píngtái **~geländer** *n* 楼梯扶手 lóutī fúshǒu **~haus** *n* 楼梯间 lóutījiān **~stufe** *f* 梯级 tījí
Tre'sor *m* -s; -e 保险[險]箱 bàoxiǎnxiāng, 保险库[庫] bàoxiǎnkù
treten* I *vi* 向…走去 xiàng…zǒuqù; zu j-m ~ 走到某人跟前; ins Haus ~ 走进屋里; j-m zu nahe ~ 冒犯某人; II *vt* 踩 cǎi, 践[踐]踏 jiàntà; etw. mit Füßen ~ 用脚踩某物
treu *adj* 忠诚的 zhōngchéngde, 忠实[實]的 zhōngshíde
'Treubruch *m* 背信弃[棄]义[義] bèixìn qìyì, 背叛 bèipàn
'Treue *f* 忠诚 zhōngchéng, 忠实[實] zhōngshí
'Treuhänder *m* -s; - 受托管理人 shòutuō guǎnlǐrén
'treu|herzig *adj* 正直的 zhèngzhíde, 坦率的 tǎnshuàide, 天真的 tiānzhēnde **~los** *adj* 背信弃[棄]义[義]的 bèixìn qìyì de, 不忠诚的 bù zhōngchéngde
Tri'büne *f* -n 1) 观[觀]礼[禮]台[臺] guānlǐtái, 看台 kàntái; 2) 讲[講]坛[壇] jiǎngtán
Tri'but *m* -(e)s; -e 贡物 gòngwù
'Trichter *m* -s; - 1) 漏斗 lòudǒu; 2) 弹[彈]坑 dànkēng; 3) 喇叭筒 lǎbatǒng
Trick *m* -s; -e (-s) 1) 诡计 guǐjì, 花招 huāzhāo; 2) 绝招 juézhāo **'~film** *m* 动[動]画[畫]片 dònghuàpiān
Trieb *m* -(e)s; -e 1) 嫩枝 nènzhī, 新梢 xīnshāo; 2) 本能 běnnéng; 3) 性欲 xìngyù, 情欲 qíngyù; 4) 传[傳]动[動] chuándòng, 传动装[裝]置 chuándòng zhuāngzhì **'~feder** *f* 1) 发[發]条[條] fātiáo; 2) 动力 dònglì; 推动力 tuīdònglì **'~kraft** *f* 推动力 tuīdònglì, 驱[驅]动力 qūdònglì **'~werk** *n* 1) 驱动装置 qūdòng zhuāngzhì; 2) 推进[進]器 tuījìnqì
'triefen* *vi* 滴下 dīxià, 滴落 dīluò
'triftig *adj* 有说服力的 yǒu shuōfúlì de, 有根据[據]的 yǒu gēnjù de
Trigonome'trie *f* 三角学[學] sānjiǎoxué
Tri'kot I *m* -s; -s 针编织[織]物 zhēnbiān zhīwù; II *n* -s; -s 紧[緊]身衣 jǐnshēnyī
Triko'tagen *pl* 针织[織]内衣 zhēnzhī nèiyī
'Triller *m* -s; - 颤音 chànyīn, 鸟[鳥]的鸣啭[囀] niǎo de míngzhuàn
'trillern *vi, vt* 用颤音唱 yòng chànyīn chàng, 吹出颤音 chuīchū chànyīn, 鸟[鳥]啁啾 niǎo zhāujiū
'trinkbar *adj* 可以饮用的 kěyǐ yínyòng de
'trinken* I *vt* 饮 yǐn, 喝 hē (Tee 茶, Milch 牛奶); II *vi* 喝酒 hējiǔ, 祝酒 zhùjiǔ
'Trinker *m* -s; - 酒徒 jiǔtú
'Trink|gelage *n* 狂饮酒宴 kuángyǐn jiǔyàn **~geld** *n* 酒钱[錢] jiǔqián, 小费 xiǎofèi; j-m eine Mark ~ geben 给某人一马克小费 **~glas** *n* 喝水杯 hēshuǐbēi **~kur** *f* eine ~ machen 饮矿[礦]泉水治疗[療] yǐn kuàngquánshuǐ zhìliáo **~spruch** *m* 祝酒词 zhùjiǔcí; **~wasser** *n* 饮用水 yǐnyòngshuǐ
Trio *n* -s; -s 三重奏 sānchóngzòu, 三重唱 sānchóngchàng
Tritt *m* -(e)s; -e 1) 脚步 jiǎobù, 步子 bùzhi; 2) 脚印 jiǎoyìn; 3) 踢 tī; 4) 踏板 tàbǎn **'~brett** *n* 踏板 tàbǎn **'~leiter** *f* 踏凳 tàdèng
Tri'umph *m* -(e)s; -e 凯[凱]旋 kǎixuán, 胜[勝]利 shènglì
trium'phal *adj* 凯[凱]旋的 kǎixuánde, 胜[勝]利的 shènglìde
trium'phieren *vi* 战[戰]胜[勝] zhànshèng
'trocken *adj* 干[乾]的 gānde, 干燥的 gānzàode; 2) 干巴巴的 gānbābāde
'Trocken|dock *n* 干[乾]船坞 gānchuánwù **~heit** *f* 干燥 gānzào, 干旱 gānhàn
'trockenlegen *vt* 1) 排干[乾] páigān; 2) 给婴儿[兒]换尿布 gěi yīng'ér huàn niàobù
'Trockenobst *n* 干[乾]果 gānguǒ
'trocknen *vt, vi (s)* 使干[乾]燥 shǐ gānzào, 变[變]干燥 biàn gānzào
'Troddel *f* -n 缨 yīng, 流苏[蘇] liúsū
'Trödel *m* -s; 1) 旧[舊]货 jiùhuò; 2) 废[廢]品 fèipǐn
'trödeln *vi* 买[買]卖[賣]旧[舊]货 mǎimài jiùhuò; 2) 磨蹭 mócèng
'Trödler *m* -s; 1) 旧[舊]货商 jiùhuòshāng; 2) 游手好闲的人 yóu shǒu hào xián de rén
Trog *m* -(e)s; ⸚e 饲料槽 sìliàocáo, 木盆 mùpén
'Trommel *f* -n 1) 鼓 gǔ; 2) 卷筒 juǎntǒng, 滚筒 gǔntǒng **~fell** *n* 1) 鼓面 gǔmiàn, 鼓皮 gǔpí; 2) 耳膜 ěrmó
'trommeln *vi, vt* 击[擊]鼓 jīgǔ
'Trommler *m* -s; - 击[擊]鼓者 jīgǔzhě
Trom'pete *f* -n 喇叭 lǎbā, 小号

〔號〕xiǎohào
trom'peten *vi, vt* 吹喇叭 chuī lǎbā
Trom'peter *m* -s; - 吹喇叭者 chuīlǎbāzhě
'Tropen *pl* 热〔熱〕带〔帶〕rèdài
Tropf *m* -(e)s; ⸚e 头〔頭〕脑〔腦〕简单〔單〕的人 dóunǎo jiǎndān de rén, 笨蛋 bèndàn; armer ~ 可怜〔憐〕虫〔蟲〕kěliánchóng
'tröpfeln I *vi* 滴下 dīxià, 滴出 dīchū; es tröpft 掉雨点了; II *vt* 将…滴入 jiāng…dīrù
'tropfen I *vi* 滴下 dīxià, 滴出 dīchū; II *vt* 使滴下 shǐ dīxià
'Tropfen *m* -s; - 点〔點〕滴 diǎndī; ein ~ auf den heißen Stein 杯水车〔車〕薪 bēishuǐ chēxīn
'tropfen|förmig *adj* 水滴状〔狀〕的 shuǐdī zuàngde **~weise** *adv* 一滴一滴地 yīdī yīdī de
Tro'phäe *f* -n 奖〔獎〕品 jiǎngpǐng, 奖杯 jiǎngbēi
'tropisch *adj* 热〔熱〕带〔帶〕的 rèdàide
'Trosse *f* -n 缆〔纜〕索 lǎnsuǒ, 锚索 máosuǒ
Trost *m* -es; 安慰 ānwèi, 慰藉 wèijí; du bist wohl nicht recht bei ~ 你头脑大概有点不正常
'trösten *vt* 1) 安慰 ānwèi; 2) sich ~ 自我安慰 zìwǒ ānwèi; ~ Sie sich! 您心放宽些!
'tröstlich *adj* 令人安慰的 lìng rén ānwèi de
'trostlos *adj* 1) 无〔無〕希望的 wú xīwàng de, 绝望的 juéwàngde; 2) 荒凉的 huāngliángde (Gegend 地区)
'Trostpreis *m* 安慰奖〔獎〕ānwèijiǎng
'trostreich *ad* 安慰的 ānwèide, 令人鼓舞的 lìng rén gǔwǔ de
Trott *m* -(e)s; -e 1) 慢步走 mànbù zǒu; 2) 老一套 lǎoyītào, 例行公事 lìxíng gōngshì
'Trottel *m* -s; - 白痴 báichī, 笨蛋 bèndàn
'trotten *vi* (*s*) 懒洋洋地走 lǎnyángyángde zǒu
trotz *prp* (*G*) 不管 bùguǎn, 不顾〔顧〕bùgù; ~ alledem 尽〔盡〕管如此 jǐnguǎn rúcǐ
Trotz *m* -es; 抗拒 kàngjù, 执〔執〕拗 zhíniù
'trotz|dem *cj* 尽〔盡〕管…,仍然… jǐnguǎn…, réngrán…, **~en** *vi* 1) 抗拒 kàngjù, 蔑视 mièshì; 2) 执〔執〕拗 zhíniù **~ig** *adj* 固执〔執〕的 gùzhíde, 倔强的 juéjiàngde
trüb(e) *adj* 1) 混浊〔濁〕的 hùnzhuóde, 模糊的 móhude; 2) 无〔無〕光泽〔澤〕的 wú guānzéde, 无〔無〕神的 wúshénde; 3) 阴〔陰〕暗的 yīn'ànde, 阴沉的 yīnchénde; 4) 沮丧〔喪〕的 jǔsàngde
'Trubel *m* -s; 喧闹〔鬧〕xuānnào, 纷乱〔亂〕fēnluàn
'trüben *vt* 1) 使浑浊〔濁〕shǐ húnzhuó, 使失去光泽〔澤〕shǔ shīqù guāngzé; 2) 损害 sǔnhài, 搞坏〔壞〕gǎohuài; 3) 变〔變〕浑浊 biàn húnzhúo, 变阴〔陰〕暗 biàn yīn'àn; 变壞 biànhuài, 恶〔惡〕化 èhuà
'Trübsal *f* -e 忧〔憂〕愁 yōuchóu, 沮丧〔喪〕jǔsàng; ~ blasen 垂头〔頭〕丧气〔氣〕chuítóu sàngqì
'trübselig *adj* 悲愁的 bēichóude, 沮丧〔喪〕的 jǔsàngde
'Trübsinn *m* -(es) 凄凉 qīliáng, 沮丧〔喪〕jùsàng, 意气〔氣〕消沉 yìqì xiāochén
'trübsinnig *adj* 凄凉的 qīliángde 沮丧〔喪〕的 jǔsàngde, 垂头〔頭〕丧气〔氣〕的 chuítóu sàngqì de
'Trübung *f* -en 浑浊〔濁〕húnzhuó, 模糊 móhu, 阴〔陰〕暗 yīn'àn
'Trüffel *f* -n 松露 sōnglù, 块〔塊〕菌 kuàijùn
Trug *m* -(e)s; 1) 欺骗 qīpiàn, 欺诈 qīzhà; 2) 幻觉〔覺〕huànjué **'~bild** *n* 幻觉〔覺〕huànjué, 幻象 huànxiàng
'trügen* I *vt* 欺骗 qīpiàn; II *vi* 迷惑 míhuò
'trügerisch *adj* 骗人的 piànrénde, 迷惑人的 míhuòrénde, 欺诈的 qīzhàde
'Trugschluß *m* 谬误〔誤〕miùwù, 错误的结论〔論〕cuòwù de jiélùn,
'Truhe *f* -n 衣箱 yīxiāng, 箱子 xiāngzi, 盒子 hézi
'Trümmer *pl* 1) 废〔廢〕墟 fèixū, 瓦砾〔礫〕wǎlì; 2)(飞机、船舶的)残〔殘〕骸 cánhái **~haufen** *m* 废墟 fèixū, 瓦砾〔礫〕堆 wǎlìduī
Trumpf *m* -(e)s; ⸚e 将〔將〕牌 jiàngpái, 王牌 wángpái; seinen ~ ausspielen 打出他的王牌
Trunk *m* -(e)s; ⸚e 1) 饮 yǐn, 喝 hē; 2) 酗酒 xùjiǔ
'trunken *adj* 1) 喝醉的 hē zuìde; 2) 陶醉的 táozuìde
'Trunken|bold *m* -(e)s; -e 醉汉〔漢〕zuìhàn, 酒鬼 jiǔguǐ **~heit** *f* 酒醉 jiǔzuì, 醉态〔態〕zuìtài
'Trunksucht *f* 嗜酒 shìjiǔ
Trupp *m* -s; -s 1) 一群 yīqún, 一队〔隊〕yīduì; 2) 一队士兵 yīduì shìbīng
'Truppe *f* -n 1) 部队〔隊〕bùduì, 军队 jūnduì; 2) 剧〔劇〕团〔團〕jùtuán, 杂〔雜〕技团 zájìtuán
'Truppen|gattung *f* 兵种〔種〕bīngzhǒng, 军种 jūnzhǒng

~**übungsplatz** *m* 练〔練〕兵场〔場〕liànbīngchǎng

Truthahn *m* 吐绶鸡〔鷄〕tǔshòujī, 火鸡 huǒjī

Tube *f* -n 1) 大号〔號〕 dàhào; 2) 管子 guǎnzhi

Tuberku'lös *adj* 结核病的 jiéhébìngde

Tuberku'lose *f* -n 结核病 jiéhébìng

Tuch *n* I -(e)s; -e 织〔織〕物 zhīwù, 料子 liàozhi; II -(e)s; ¨er 1) 头〔頭〕巾 tóujīn, 围〔圍〕巾 wéijīn, 帕 pà; 2) 布块〔塊〕bùkuài, 抹布 mābù '~**fühlung** *f* 紧〔緊〕靠 jǐnkào, 肩并肩 jiān bìngjiān; auf ~ gehen 紧靠着走

'**tüchtig** *adj* 1) 熟练〔練〕的 shúliànde, 能干〔幹〕的 nénggànde; 2) 优〔優〕异〔異〕的 yōuyìde, 卓越的 zhuóyuède; 3) 非常的 fēichángde, 厉〔厲〕害的 lìhàide,

'**Tüchtigkeit** *f* 能干〔幹〕nénggàn, 熟练〔練〕shúliàn, 出色 chūsè

'**Tuchwaren** *pl* 纺织〔織〕品 fǎngzhīpǐng

'**Tücke** *f* -n 阴〔陰〕险〔險〕yīnxiǎn, 狡诈 jiǎozhà, 诡计 guǐjì

'**tückisch** *adj* 阴〔陰〕险〔險〕的 yīnxiǎnde, 狡诈的 jiǎozhàde, 险恶〔惡〕的 xiǎn'ède

'**tüfteln** *vi* 苦苦思索 kǔkǔ sīsuǒ, 钻〔鑽〕牛角尖 zuān niújiǎojiān

'**Tugend** *f* -en 品德 pǐngdé, 德行 déxíng ~**bold** *m* -(e)s; -e 道貌岸然的人 dàomào ànrán de rén

'**tugendhaft** *adj* 有道德的 yǒu dàodéde, 善良的 shànliángde

Tüll *m* -s; -e 薄纱 báoshā

'**Tulpe** *f* -n 郁金香 yùjīnxiāng

'**tummeln** *v sich* 嬉闹〔鬧〕xīnào, 玩耍 wánshuǎ

'**Tummelplatz** *m* 游戏〔戲〕场〔場〕地 yóuxì chǎngdì

'**Tümmler** *m* -s; - 1) 翻头〔頭〕鸽 fāndóugē; 2) 海豚 hǎitún

'**Tumor** *m* -s; -en 肿〔腫〕瘤 zhǒngliú

'**Tümpel** *m* -s; - 小池塘 xiǎochítáng

Tu'mult *m* -(e)s; -e 喧哗〔嘩〕xuānhuá, 吵闹〔鬧〕chǎonào, 骚动〔動〕sāodòng

tun* I *vt* 做 zuò, 干〔幹〕gàn, 从〔從〕事 cóngshì; seine Arbeit ~ 干他的活; viel zu ~ haben 有许多事要做; es tut nichts! 这没关系! II *vi* 做 zuò, 装〔裝〕作 zhuāngzuò; tu doch nicht so! 不要装模作样

Tun *n* -s; 行动〔動〕xíngdòng, 作为〔爲〕zuòwéi, 举〔舉〕动 jǔdòng; j-s ~ und Treiben 某人的所作所为

'**Tünche** *f* -n 1) 石灰水 shíhuīshuǐ; 2) 粉饰 fěnshì

'**tünchen** *vt* 粉刷 fěnshuā (Mauer 墙)

'**Tunichtgut** *m* -(e)s; -e 小流氓 xiǎoliúmáng, 捣蛋鬼 dǎodànguǐ

'**Tunke** *f* -n 调味汁 tiáowèizhī

'**tunken** *vt* 浸 jìn, 泡 pào

'**Tunnel** *m* -s; -(s) 地道 dìdào, 隧道 suídào

'**Tüpfel** *m, n* -s;- 小点〔點〕 xiǎodiǎn, 小斑点 xiǎobāndiǎn

'**tüpfeln** *vt* 使有小点〔點〕shǐ yǒu xiǎodiǎn, 弄上斑点 nòngshàng bāndiǎn

'**tupfen** *vt* 1) 轻〔輕〕搽 qīngchá, 轻涂〔塗〕qīngtú; 2) 弄上斑点〔點〕nòngshàng bāndiǎn

Tür *f* -en 门〔門〕户 ménhù; mit der ~ ins Haus fallen 开门见山地提出; j-n vor die ~ setzen 把某人赶出家门; j-m etw. zwischen ~ und Angel sagen 在门口匆匆对某人说某事 '~**angel** *f* 户枢〔樞〕hùshū, 门〔門〕铰链 ménjiǎoliàn

Tur'bine *f* 涡〔渦〕轮〔輪〕机〔機〕wōlúnjī ~**flugzeug** *n* 涡轮喷气〔氣〕式飞〔飛〕机 wōlún pēngqìshì fēijī

'**Tür**|**flügel** *m* 门〔門〕扇 ménshàn ~**griff** *m,* ~**klinke** *f* 门把手 ménbǎshǒu

Turm *m* -(e)s; ¨e 1) 钟〔鐘〕楼〔樓〕zhōnglóu, 钟塔 zhōngtǎ; 2) (国际象棋的)车〔車〕jū

'**türmen** I *vt* 堆起来 duīqǐlái, 摞 luò; II *vi* (*s*) 逃走 táozǒu

'**turmhoch** *adv* 高耸〔聳〕gāosǒng; j-m ~ überlegen 远〔遠〕远胜〔勝〕过〔過〕… yuǎnyuǎn shèngguò…

'**Turmspringen** *n* -s; 高台〔臺〕跳水 gāotái tiàoshuǐ

'**turnen** *vi* 做体〔體〕操 zuòtǐcāo

'**Turnen** *n* -s; 体〔體〕操 tǐcāo, 体育锻炼〔煉〕tǐyù duànliàn

'**Turner** *m* -s; -, ~**in** *f* -nen 体〔體〕操运〔運〕动〔動〕员 tǐcāo yùndòngyuán

'**Turn**|**gerät** *n* 体〔體〕操器械 tǐcāo qìxiè ~**halle** *f* 体育馆 tǐyùguǎn ~**hemd** *n* 运〔運〕动〔動〕衫 yùndòngshān ~**hose** *f* 运动裤 yùndòngkù

'**Turnier** *n* -s; -e 体〔體〕育比赛 tǐyù bǐsài

'**Turn**|**lehrer** *m* 体〔體〕操教师〔師〕tǐcāo jiàoshī ~**schuh** *m* 运〔運〕动〔動〕鞋 yùndòngxié ~**unter-**

richt *m* 体育课 tǐyùkè ~**verein** *m* 体育协[協]会[會] tǐyù xiéhuì
'**Tür**|**pfosten** *m* 门[門]框柱子 ménkuàng zhùzhi ~**rahmen** *m* 门框 ménkuàng ~**schild** *n* 门牌 ménpái
'**Tusche** *f* -n 墨汁 mòzhī
'**tuscheln** *vi* 窃[竊]窃私语 qièqiè sīyǔ
'**tuschen** *vt* 用墨汁作画[畫] yòng mòzhī zhòhuà
'**Tüte** *f* -n 纸袋 zhǐdài
'**tuten** *vi* 吹出嘟嘟声[聲] chuīchū dūdūshēng
Typ *m* -s; -en 模型 móxíng, 型式 xíngshì
'**Type** *f* -n 1) 铅字 qiānzhì; 2) 怪人 guàirén
'**Typhus** *m* 伤[傷]寒 shānghán
'**typisch** *adj* 典型的 diǎnxíngde, 有特征[徵]的 yǒu tèzhēng de
Ty'rann *m* -en; -en 暴君 bàojūn, 专[專]制统治者 zhuānzhì tǒngzhìzhě
Tyran'nei *f* 暴政 bàozhèng, 专[專]制统治 zhuānzhì tǒngzhì
ty'rannisch *adj* 专[專]制的 zhuānzhìde, 专横的 zhuānhéngde
tyranni'sieren *vt* 压[壓]制 yāzhì, 虐待 nüèdài, 折磨 zhémó

U u

'**U-Bahn** *f* 地下铁[鐵]道 dìxià tiědào
'**übel** *adj* 1) 坏[壞]的 huàide, 恶[惡]劣的 èliède; ~ gelaunt sein 情绪恶劣; 2) 不舒服的 bù shūfude; mir ist ~ 我觉得恶心
'**Übel** *n* -s;- 坏[壞]事 huàishì, 祸[禍]害 huòhài, 弊端 bìduān, 弊病 bìbìng ~**keit** *f* -en 恶[惡]心 ěxin
'**übelnehmen*** *vt* 对[對]…见[見]怪 duì …jiànguài, 为[爲]…生气[氣] wèi… shēngqì
'**Übel**|**stand** *m* 弊病 bìbìng, 弊端 bìduān ~**täter** *m* 作恶[惡]者 zuò'èzhě, 犯罪者 fànzuìzhě
'**übelwollen** *vi* 对[對]…心怀[懷]恶[惡]意 duì … xīnhuái èyì
'**üben** *vt, vi* 1) 练[練]习[習] liànxí; 2) 训练 xùnliàn, 锻炼[煉] duànliàn; 3) 作 zuò, 从[從]事 cóngshì
'**über** I *prep* (*D, A*) 1) 在…上面 zài … shàngmiàn; 2) 越过[過] yuèguò, 经[經]过 jīngguò, 超过 chāoguò; ~ seine Verhältnisse leben 超过他的收入生活; 3) 关[關]于 guānyú; ~ Politik sprechen 谈论政治; ein Buch ~ etw. schreiben 写一本关于…的书; 4) ~ kurz oder lang 迟[遲]早 cízǎo; II *adv* das ganze Jahr ~ 整个[個]一年 zhěnggè yīnián; j-m in etw. ~ sein 在…事上胜[勝]过[過]… zài … shìshàng shèngguò…
über'all *adv* 到处[處] dàochù, 遍地 biàndì
über|'**anstrengen** *vt* 使过[過]于劳[勞]累 shǐ guòyú láolèi ~'**arbeiten** *vt* 1) 修改 xiūgǎi, 修订 xiūdìng; 2) sich ~ 劳[勞]累过度 láolèi guòdù
'**überaus** *adv* 极[極]其 jíqí, 非常 fēicháng
'**überbelichten** *vt* 使感光过[過]度 shǐ gǎnguāng guòdù
über'bieten *vt* 1) 出价[價]比别人高 chūjià bǐ biérén gāo; 2) 胜[勝]过[過] shèngguò, 超过 chāoguò
'**Überbleibsel** *n* -s;- 残[殘]余[餘] cányú, 剩余部分 shèngyú bùfèn
'**Überblick** *m* 概况 gàikuàng, 概貌 gàimào
über|'**blicken** *vt* 1) 眺望 tiàowàng, 鸟[鳥]瞰 niǎokàn, 俯视 fǔshì; 2) 通观[觀] tōngguān, 展望 zhǎnwàng ~'**bringen*** *vt* 送交 sòngjiāo, 递[遞]交 dìjiāo
Über'bringer *m* -s;- 送交者 sòngjiāozhě, 带[帶]交者 dàijiāozhě
über|'**brücken** *vt* 1) 在…上架桥[橋] zài … shàng jiàqiáo; 2) 克服 kèfú, 渡过[過] dùguò, 消除 xiāochú ~'**dachen** *vt* 盖[蓋]屋顶 gài wūdǐng ~'**dauern** *vt* 比…经[經]久 bǐ … jīng jiǔ, 经受住 jīngshòuzhù ~'**denken** *vt* 仔细考虑[慮] zǐxì kǎolǜ
über'dies *adv* 1) 反正 fǎnzhèng; 2) 此外 cǐwài
über'drehen *vt* 把…拧[擰]过[過]头[頭] bǎ … nǐng guòtóu, 把…拧坏[壞] bǎ … nǐng huài
'**Überdruck** *m* -(e)s; -e 1) 套印 tàoyìn; 2) 超压[壓] chāoyā
'**Überdruß** *m* 厌[厭]恶[惡] yànwù, 厌[厭]烦 yànfán
'**überdrüssig** *adj* 对[對]…感到腻烦 duì … gǎndào nìfán, 厌[厭]烦… yànfán …
'**Übereifer** *m* 过[過]份热[熱]心

guòfèn rèxīn
'übereifrig *adj* 过〔過〕于热〔熱〕心的 guòyú rèxīn de
über'eilen *vt, v sich* 仓〔倉〕促行事 cāngcù xíngshì
überein'ander *adv* 1)重叠地 chóngdiéde; 2) 相互 xiānghù **~schlagen*** *vt* 交叠 jiāodié, 交叉 jiāochā; die Beine ~ 两腿交叉
über'einkommen* *vi* 意见一致 yìjiàn yīzhì
Über'ein|kommen *n* -s; -, **~kunft** *f* 协〔協〕定 xiédìng, 协议〔議〕xiéyì
über'einstimmen *vi* 一致 yīzhì 互相协〔協〕调 hùxiāng xiétiáo
Über'einstimmung *f* 一致 yīzhì, 协〔協〕调 xiétiáo
'überfahren* *vi (s)* 摆〔擺〕渡过〔過〕去 bǎidù guòqù
über'fahren* *vt* 1) 在…身上辗过 zài … shēnshàng niǎnguò; 2) 驶越 shǐyuè, 驾车〔車〕超越 jiàchē chāoyuè
'Überfahrt *f* 摆〔擺〕渡 bǎidù, 横渡 héngdù
'Überfall *m* 侵袭〔襲〕qīnxí, 袭击〔擊〕xíjī
über'fallen* *vt* 突然袭〔襲〕击〔擊〕tūrán xíjī, 侵袭 qīnxí
'überfällig *adj* 1) 误〔誤〕点〔點〕的 wùdiǎnde; 2) 过〔過〕期的 guòqīde
über'fliegen *vt* 飞〔飛〕过〔過〕fēiguò, 飞越 fēiyuè; den Atlantik ~ 飞越大西洋
'überfließen* *vi (s)* 溢出 yìchū
über'flügeln *vt* 1)对〔對〕…进〔進〕行侧翼包围〔圍〕duì … jìnxíng cèyì bāowéi; 2) 超过〔過〕chāoguò, 胜〔勝〕过 shèngguò
'Überfluß *m* 丰〔豐〕富 fēngfù, 充裕 chōngyù; an etw. ~ haben 有大量的…
'überflüssig *adj* 多余〔餘〕的 duōyúde
über'fluten *vt* 1) 溢出 yìchū, 淹没 yānmò; 2) 泛滥〔濫〕fànlàn, 充斥 chōngchì
'Überfracht *f* 超重货物 chāozhòng huòwù
'überführen *vt* 运〔運〕送 yùnsòng, 转〔轉〕运 zhuǎnyùn
über'führen *vt* 1) 运〔運〕送 yùnsòng; 2) 证〔證〕明有罪 zhèngmíng yǒuzuì; 3) 架桥〔橋〕jiàqiáo
'Über'führung *f* 1) 运〔運〕送 yùnsòng; 2) 旱桥〔橋〕hànqiáo; 3) 证〔證〕明有罪 zhèngmíng yǒuzuì
'Überfülle *f* 充裕 chōngyù, 过〔過〕多 guòduō
über|'füllen *vt* 装〔裝〕得太满〔滿〕zhuāngde tàimǎn, 塞满 sāimǎn; sich den Magen ~ 吃得太多 **~-'füttern** *vt* 给…喂得太多 gěi … wèide tàiduō
'Übergabe *f* 1) 交出 jiāochū, 移交 yíjiāo; 2) (投降后)让〔讓〕出 ràngchū
'Übergang *m* 1) 越过〔過〕yuèguò, 渡过 dùguò; 2) 过道 guòdào, 通道 tōngdào; 3) 过渡 guòdù **~sstadium** *n* 过渡阶〔階〕段 guòdu jiēduàn
über'geben* *vt* 1) 递〔遞〕交 dìjiāo, 移交 yíjiāo; 2) 向敌〔敵〕方交出 xiàng dífāng jiāochū; 3) 把…交付使用 bǎ… jiāofù shǐyòng; 4) sich ~ 呕〔嘔〕吐 ǒutù
'übergehen* *vi(s)* 1) 转〔轉〕到 zhuǎndào, 转向 zhuǎnxiàng, 转而从〔從〕事 zhuǎn ér cóngshì; 2) 转入…之手 zhuǎnrù … zhī shǒu
über'gehen* *vt* 1) 略过〔過〕lüèguò; 2) 不顾〔顧〕bùgù, 不考虑〔慮〕bù kǎolǜ
'Übergewicht *n* -(e)s; 1)超重 chāozhòng, 过重 guòzhòng; 2) 优〔優〕势〔勢〕yōushì
über'gießen* *vt* 浇〔澆〕jiāo, 灌 guàn, 注 zhù; mit Wasser ~ 用水浇
'übergreifen* *vi* 1) (弹钢琴时)交叉弹〔彈〕奏 jiāochā tánzòu; 2) 蔓延 mànyán
'Übergriff *m* 侵犯 qīnfàn, 干涉 gānshè
'überhaben *vt* 1) 剩余〔餘〕shèngyú; 2) (在衣服外面)穿着 chuānzhuó; 3) 对〔對〕…厌〔厭〕烦 duì … yànfán
'über'handnehmen* *vi* 剧〔劇〕增 jùzēng, 不断〔斷〕发〔發〕生 bùduàn fāshēng
'überhängen I* *vi* 悬〔懸〕挂〔掛〕xuánguà; II *vt* 披着 pīzhe, 披在肩上 pī zài jiānshàng
über'häufen *vt* 堆放 duīfàng, 堆满〔滿〕duīmǎn
über'haupt *adv* 1) 总〔總〕的说来 zǒngde shuōlái, 一般 yībān; er ist ~ selten zu Hause 他一般很少在家; 2) 根本 gēnběn, 到底 dàodǐ, 究竟 jiūjìng; ~ nicht 根本不是; das geht ihn ~ nichts an 这与他根本无关; gibt es das ~? 究竟有没有这个呢?
über'heblich *adj* 傲慢的 àomànde, 骄〔驕〕傲自大的 jiāo'ào zìdàde
Überheblichkeit *f* 傲慢 àomàn, 狂妄自大 kuángwàng zìdà
über|'hitzen *vt* 过〔過〕度加热〔熱〕guòdù jiārè **~'holen** *vt* 赶〔趕〕上 gǎnshàng, 超过 chāoguò, 胜

〔勝〕过 shèngguò ～'**holt** *adj* 陈〔陳〕旧〔舊〕的 chénjiùde, 过时〔時〕的 guòshíde ～'**hören** *vt* 1) 未听〔聽〕见〔見〕 wèi tīngjiàn; 2) 不理会〔會〕 bù lǐhuì, 不理睬 bù lǐcǎi
'**überirdisch** *adj* 1) 地面上的 dìmiànshàngde; 2) 超自然的 chāo zhìrán de
'**überkippen** *vi* (*s*) 1) 倾倒 qīngdǎo; 2) 失去平衡 shīqù pínghéng
über'kleben *vt* 糊上 hūshàng, 贴盖〔蓋〕 tiēgài
'**Überkleidung** *f* 外衣 wàiyī
'**überklug** *adj* 过〔過〕于聪〔聰〕明的 guòyú cōngmíng de, 自作聪明的 zìzuò cōngmíng de
'**überkochen** *vi* (*s*) 1) 沸溢 fèiyì; 2) leicht ～ 动〔動〕不动就发〔發〕怒的 dòngbùdòng jiù fānù de
über|'kommen* *vt* (某种感觉)侵袭〔襲〕 qīnxí; Furcht überkam ihn 他感到一阵恐惧〔懼〕 ～'**laden** *vt* 1) 使装〔裝〕载〔載〕过〔過〕量 shǐ zhuāngzǎi guòliàng; sich den Magen ～ 饮食过量; 2) 堆砌 duīqì
'**Überland|bus** *m* 长〔長〕途汽车〔車〕 chángtu qìchē ～**zentrale** *f* (远距离)供电〔電〕中心 gōngdiàn zhōngxīn
über|'lassen* *vt* 1) 转〔轉〕让〔讓〕 zhuǎnràng, 出让 chūràng; 2) 托付 tuōfù; 3) 听〔聽〕任 tīngrèn; j-n seinem Schicksal ～ 让某人听天由命 ～'**lasten** *vt* 1) 超重装〔裝〕载 chāozhòng zhuāngzài; 2) 使负担过〔過〕重 shǐ fùdān guòzhòng
'**überlaufen*** I *vi* (*s*) 1) 溢出 yìchū, 沸溢 fèiyì; 2) 投敌〔敵〕 tóudí; II *vt* 使烦恼〔惱〕 shǐ fánnǎo, 纠缠〔纏〕 jiūchān
'**Überläufer** *m* 投敌〔敵〕者 tóudízhě, 变〔變〕节〔節〕者 biànjiézhě
'**überlaut** *adj* 太响〔響〕的 tàixiǎngde
über'leben *vt* 1) 活着度过〔過〕 huózhe dùguò; 2) 比…活得长〔長〕 bǐ … huóde cháng
Über'lebende *m, f* -n; -n 幸存者 xìngcúnzhě
'**überlebensgroß** *adj* 比实〔實〕物大的 bǐ shíwù dà de
über'lebt *adj* 陈〔陳〕旧〔舊〕的 chénjiùde, 过〔過〕时〔時〕的 guòshíde
'**überlegen** *vt* 1) 打(小孩)屁股 dǎ pìgǔ; 2) 盖〔蓋〕上 gàishàng
über'legen I *vt,v sich* 考虑〔慮〕 kǎolǜ, 思考 sīkǎo; ich will es mir ～ 我要考虑一下; es sich anders ～ 改变主意; II *vi* 考虑 kǎolǜ; er überlegt noch 他还在考虑; III *adj* 优〔優〕势〔勢〕的 yōushìde, 优越的 yōuyuède
Über'legenheit *f* 优〔優〕势〔勢〕 yōushì, 优越 yōuyuè
Über'legung *f* -en 考虑〔慮〕 kǎolǜ; nach reiflicher ～ 在考虑成熟以后
über'lesen* *vt* 1) 粗略阅读〔讀〕 cūlüè yuèdú, 浏〔瀏〕览〔覽〕 liúlǎn; 2) (阅读时)疏忽 shūhu, 漏读 lòudú
über'liefern *vt* 交给 jiāogěi, 传〔傳〕给 chuángěi
Über'lieferung *f* 1) 传〔傳〕说 chuánshuō; 2) 传统 chuántǒng, 习〔習〕俗 xísú
über'listen *vt* 智胜〔勝〕 zhìshèng, 以诡计取胜 yǐ guǐjì qǔshèng
'**Übermacht** *f* 优〔優〕势〔勢〕 yōushì; in der ～ sein 军力上占优势
'**übermächtig** *adj* 占压〔壓〕倒优〔優〕势〔勢〕的 zhàn yādǎo yōushì de
über|'malen *vt* 涂〔塗〕上颜色 túshàng yánsè ～'**mannen** *vt* 侵袭〔襲〕 qīnxí, 压〔壓〕服 yāfú
'**Übermaß** *n* -es; 过〔過〕量 guòliàng, 过分 guòfèn
'**übermäßig** *adj* 过〔過〕量的 guòliàngde, 过度的 guòdùde; ～ trinken 饮酒过量
'**Übermensch** *m* 超人 chāorén
'**übermenschlich** *adj* 超人的 chāoréndе, 非凡的 fēifánde
über'mitteln *vt* 传〔傳〕达〔達〕 chuándá, 传送 chuánsòng, 传输 chuánshū
Über'mittlung *f* -en 传〔傳〕达〔達〕 chuándá, 传输 chuánshū
'**übermorgen** *adv* 后〔後〕天 hòutiān
über'müdet *adj* 过〔過〕度疲劳〔勞〕的 guòdù píláo de
'**Übermut** *m* 1) 傲慢 àomàn, 狂妄自大 kuángwàng zìdà; 2) 纵〔縱〕情欢〔歡〕乐〔樂〕 zòngqíng huānlè
'**übermütig** *adj* 1) 纵〔縱〕情欢〔歡〕乐〔樂〕的 zòngqíng huānlè de, 傲慢的 àomànde
'**übernächst** *adj* 再下一个〔個〕的 zài xià yīgè de; ～e Woche 再下一个星期
über'nachten *vi* 过〔過〕夜 guòyè; bei Freunden ～ 在朋友家过夜
Über'nachtung *f* -en 宿夜 sùyè, 住宿 zhùsù; ～ und Frühstück 住宿和早餐
'**Übernahme** *f* -n 1) 接收 jiēshōu, 接管 jiēguǎn; 2) 担〔擔〕任 dānrèn, 承担 chéngdān
'**übernatürlich** *adj* 超自然的 chāo zìrán de
über'nehmen* *vt* 1) 接收 jiēshōu, 接管 jiēguǎn; 2) 担〔擔〕任 dānrèn, 承担 chéngdān; 3) sich ～

过〔過〕度操劳〔勞〕 guòdù cāoláo
'**übernehmen*** *vt* 1) 披上 pīshàng, 盖〔蓋〕上 gàishàng; 2) das Gewehr ～ 荷枪〔槍〕 hèqiāng
'**überordnen** *vt* 把…置于…之上 bǎ … zhìyú … zhī shàng; die überordnete Stelle 上级单位
'**überparteilich** *adj* 无〔無〕党〔黨〕派的 wú dǎngpài de
'**Überproduktion** *f* 生产〔產〕过〔過〕剩 shēngchǎn guòshèng
über'prüfen *vt* 审〔審〕查 shěnchá, 检〔檢〕查 jiǎnchá
Über'prüfung *f* 审〔審〕查 shěnchá, 检〔檢〕查 jiǎnchá,
über|'queren *vt* 横越 héngyuè, 穿过〔過〕 chuānguò, 横渡 héngdù ～'**ragen** *vt* 1) 突出 tūchū, 伸出 shēnchū; 2) 超过〔過〕 chāoguò, 胜〔勝〕过 shèngguò
über'raschen *vt* 使惊〔驚〕讶 shǐ jīngyà; (出其不意地)逮住 dǎizhù
Über'raschung *f* 惊〔驚〕讶 jīngyà, 意外 yìwài, 意外的事 yìwài deshì
über'reden *vt* 劝〔勸〕说 quànshuō, 说服 shuōfú
über|'reichen *vt* 递〔遞〕交 dìjiāo, 呈递 chéngdì, 授予 shòuyǔ ～'**reizen** *vt* 过〔過〕度刺激 guòdù cìjī, 使过度兴〔興〕奋〔奮〕 shǐ guòdù xīngfèn ～'**reizt** *adj* 过度兴〔興〕奋〔奮〕的 guòdù xīngfèn de ～'**rennen*** *vt* 1) 冲倒 chōngdǎo, 撞倒 zhuàngdǎo; 2) 突然袭〔襲〕击〔擊〕 tūrán xíjī, 突破 tūpò
'**Überrest** *m* 残〔殘〕余〔餘〕 cányú, 残渣 cánchā; die sterbische ～e 遗骸 yíhái
über|'rumpeln *vt* 奇袭〔襲〕 qíxí, 突然袭击〔擊〕 tūrán xíjī ～'**runden** *vt* 1) (赛跑中)比…领先一圈 bǐ … lǐngxiān yīquān; 2) 超过〔過〕 chāoguò, 胜〔勝〕过 shèngguò ～'**sät** *adj* 布满〔滿〕的 bùmǎnde, 撒满的 sǎmǎnde ～'**sättigen** *vt* 1) 使吃得太饱 shǐ chīde tàibǎo; 2)使过〔過〕饱和 shǐ guòbǎohé
Über'sättigung *f* 1) 饮食过〔過〕度 yǐnshí guòdù; 2) 过饱和 guòbǎohé
'**Überschallgeschwindigkeit** *f* 超音速 chāoyīnsù
über|'schatten *vt* 1) 遮蔽 zhèbì; 2) 使黯然失色 shǐ ànrán shīsè ～'**schätzen** *vt* 过〔過〕高估计 guògāo gūjì
'**Überschlag** *m* 1) 概算 gàisuàn, 粗略估计 cūlüè gūjì; 2) 翻筋斗 fānjīndǒu
'**überschlagen*** I *vt* 叠置 diézhì, 使交叉 shǐ jiāochā; II *vi* (*s*) 1) 飞〔飛〕溅 fēijiàn, 迸出 bèngchū; 2) 突变〔變〕 tūbiàn, 骤变 zhòubiàn
über'schlagen I *vt* 1) 省略 shěnglüè, 略过〔過〕 lüèguò; 2) 概算 gàisuàn, 粗略估计 cūlüè gūjì; 3) sich ～ 滚翻 gǔnfān, 翻筋斗 fānjīndǒu; 声〔聲〕音变〔變〕尖锐 shēngyīn biàn jiānruì; II *adj* 微热〔熱〕的 wēirède, 温的 wēnde
'**überschnappen** *vi* 1) 声〔聲〕音变〔變〕尖锐 shēngyīn biàn jiānruì; 2) 发〔發〕疯〔瘋〕 fāfēng, 丧〔喪〕失理智 sàngshī lǐzhì
über|'schneiden* *v sich* 重叠 chóngdié,重合 chónghé; 互相关〔關〕联〔聯〕 hùxiāng guānlián ～'**schreiben** *vt* 注册转〔轉〕让〔讓〕 zhùcè zhuǎnràng, 过〔過〕户 guòhù ～'**schreiten** *vt* 1) 横穿 héngchuān (Straße 街道), 越过〔過〕 yuèguò (Grenze 边境); 2) 逾越 yúyuè, 违〔違〕背 wéibèi, 违反 wéifǎn
'**Über|schrift** *f* 标〔標〕题 biāotí, 题目 tímù ～**schuh** *m* 套鞋 tàoxié ～**schuß** *m* 1) 盈余〔餘〕 yíngyú, 利润 lìrùn; 2) 剩余 shèngyú, 过〔過〕剩 guòshèng
'**überschüssig** *adj* 剩余〔餘〕的 shèngyúde, 过〔過〕剩的 guòshèngde
über|'schütten *vt* 1) 倾倒 qīngdǎo; 2) 大量给予 dàliàng jǐyǔ ～'**schwemmen** *vt* 1) 泛滥〔濫〕 fànlàn, 淹没 yānmò; 2) 充斥 chōngchì
Über'schwemmung *f* -en 洪水泛滥〔濫〕 hóngshuǐ fànlàn, 淹没 yānmò
'**überschwenglich** *adj* 感情奔放的 gǎnqín gbēnfàng de, 热〔熱〕情洋溢的 rèqíng yángyì de,
'**Übersee** *f* 海外 hǎiwài; 国〔國〕外 guówài; nach ～ gehen 去国外 ～**dampfer** *m* 远〔遠〕洋轮〔輪〕 yuǎnyánglún ～**handel** *m* 海外贸易 hǎiwài màoyì
über|'sehen *vt* 1) 俯瞰 fǔkàn, 眺望 tiàowàng; 2) 忽视 hūshì, 忽略 hūlüè ～'**senden** *vt* 送 sòng, 寄发〔發〕 jìfā
'**übersetzen** I *vi* (*s*) 摆〔擺〕渡 bǎidù; II *vt* 摆渡运〔運〕载过〔過〕河 bǎidù yùnzài guòhé
über'setzen *vt* 翻译〔譯〕 fānyì
Über'setzer *m* -s; - 译〔譯〕者 yìzhě
Über'setzung *f* -en 翻译〔譯〕 fānyì, 译文 yìwén
Übersicht *f* -en 1) 概况 gàikuàng, 概要 gàiyào; 2) 一览〔覽〕 yīlǎn,

一览表 yīlǎnbiǎo

'übersichtlich *adj* 一目了然的 yīmù liǎorán de, 条〔條〕理清楚的 tiáolǐ qīngchǔ de

'übersiedeln *vi(s)* 迁〔遷〕居 qiānjū, 迁移 qiānyí

'Übersied(e)lung *f* 迁〔遷〕居 qiānjū, 迁徙 qiānxǐ

'übersinnlich *adj* 超感觉〔覺〕的 chāogǎnjuéde, 超自然的 chāozìránde

über'spannen *vt* 1) 蒙上 méngshàng, 绷上 bēngshàng; 2) 绷得太紧〔緊〕 bēngde tàijǐn; 3) den Bogen ～ 把事情做过〔過〕火 bǎ shìqing zuò guòhuǒ

über'spannt *adj* 夸〔誇〕张〔張〕的 kuāzhāngde, 过〔過〕分的 guòfènde

über'spitzt *adj* 夸〔誇〕张〔張〕的 kuāzhāngde, 言过〔過〕其实〔實〕的 yánguò qíshí de

'überspringen *vi (s)* 1) (火花) 跳跃〔躍〕 tiàoyuè; 2) (说话) 直接转〔轉〕入另一题目 zhíjiē zhuǎnrù lìngyī tímù

über'springen *vt* 1) 越过〔過〕 yuèguò (Hindernis 障碍); 2) 跳班 tiàobān; 3) 跳过 tiàoguò, 略过 lüèguò

'überstehen* *vi* 凸出 tūchū, 伸出 shēnchū]

über'stehen *vt* 1) 挺住 tǐngzhù, 经〔經〕受住 jīngshòuzhù; 2) 克服 kèfú, 渡过〔過〕 dùguò (Gefahr 危险, Krise 危机)

über|'steigen* *vt* 1) 攀过〔過〕 pānguò, 爬过 páguò; 2) 超越 chāoyuè, 超过 chāoguò **～'stimmen** *vt* 得票多于… dépiào duō yú …, 以多数票否决 yǐ duōshù piào fǒujué

'über|streifen *vt* 戴上 dàishàng, 穿上 chuānshàng **～strömen** *vi(s)* 溢出 yìchū, 泛滥〔濫〕 fànlàn; 2) 淹没 yānmò

'Überstunden *pl* 加班 jiābān, 加点〔點〕 jiādiǎn

über'stürzen *vt* 1)仓〔倉〕猝从〔從〕事 cāngcù cóngshì; 2) sich ～ 仓猝从事 cāngcù cóngshì; 3)接踵而来 jiēzhǒng ér lái

Über'stürzung *f* -en 仓〔倉〕猝 cāngcù, 匆忙 cōngmáng

über|'teuern *vt* 索价〔價〕过〔過〕高 suǒjià guògāo **～'tölpeln** *vt* 欺骗 qīpiàn, 愚弄 yúnòng **～'tönen** *vt* 盖〔蓋〕过〔過〕…的声〔聲〕音 gàiguò … de shēngyīn

'Übertrag *m* -(e)s; ≈e 过〔過〕帐〔帳〕 guòzhàng, 过帐金额 guòzhàng jīn'é

über'tragbar *adj* 1) 可转〔轉〕让〔讓〕的 kě zhuǎnràng de; 2) 传〔傳〕染的 chuánrǎnde

über'tragen I *vt* 1) 转〔轉〕帐〔帳〕 zhuǎnzhàng, 过〔過〕帐 guòzhàng; 2) 转载 zhuǎnzǎi, 转播 zhuǎnbō, 转录〔錄〕 zhuǎnlù; 3) 翻译〔譯〕 fānyì; 4) 给予 jǐyǔ, 交给 jiāogěi; 5) 传〔傳〕染 chuánrǎn; II *adj* 转义〔義〕的 zhuǎnyìde

Über'tragung *f* -en 1) 转〔轉〕帐〔帳〕 zhuǎnzhàng; 2) 转播 zhuǎnbō, 播送 bōsòng; 3) 翻译〔譯〕 fānyì; 4) 授予 shòuyǔ, 委托 wěituō; 5) 传〔傳〕染 chuánrǎn

über'treffen* *vt* 超过〔過〕 chāoguò, 胜〔勝〕过 shèngguò

über'treiben* *vt, vi* 把…做得过〔過〕分 bǎ … zuòde guòfèn, 言过其实〔實〕 yánguò qíshí, 夸〔誇〕张〔張〕 kuāzhāng

Über'treibung *f* -en 夸〔誇〕张〔張〕 kuāzhāng, 夸大 kuādà

'übertreten* *vi(s)* 1) 踩线〔綫〕犯规 cǎixiàn fànguī; 2) 改变〔變〕信仰 gǎibiàn xìnyǎng; zum Katholizismus ～ 改信天主教

über'treten* *vt* 1) 逾越 yúyuè, 触〔觸〕犯 chùfàn, 违〔違〕反 wéifǎn; 2) sich den Fuß ～ 扭伤〔傷〕脚踝 niǔshāng jiǎohuái

Über'tretung *f* -en 逾越 yúyuè, 违〔違〕反 wéifǎn

'Übertritt *m* 1) 转〔轉〕入 (另一政党) zhuǎnrù; 2) 改信(宗教) gǎixìn

über'völkern *vt* 使人口过〔過〕密 shǐ rénkǒu guòmì

Über'völkerung *f* 人口过〔過〕密 rénkǒu guòmì

über|'vorteilen *vt* 诈取 zhàqǔ, 占…的便宜 zhàn … de piányi **～'wachen** *vt* 监〔監〕督 jiāndū, 监视 jiānshì, 看守 kānshǒu

Über'wachung *f* 监〔監〕督 jiāndū, 监视 jiānshì

über'wältigen *vt* 1) 制胜〔勝〕 zhìshèng, 制服 zhìfú; 2) 压〔壓〕倒 yādǎo **～d** *adj* 压〔壓〕倒一切的 yādǎo yīqiè de, 出色的 chūsède

über'weisen* *vt* 1) 汇〔匯〕款 huìkuǎn; 2) 提交 tíjiāo, 转〔轉〕给 zhuǎngěi; 3) 转诊 zhuǎnzhěn

'überwefen* *vt* 披上 pīshàng, 穿上 chuānshàng

über'werfen *v sich* sich mit j-m ～ 跟某人闹翻 gēn mǒurén nàofān

'überwiegen* *vi* (邮件等) 超重 chāozhòng

über'wiegen* *vi* 占上风〔風〕 zhànshàngfēn, 占优〔優〕势〔勢〕 zhànyōushì ~**d** *adj* 占优〔優〕势〔勢〕的 zhàn yōushì de, 主要的 zhǔyàode, 压〔壓〕倒的 yādǎode

über|'winden *vt* 克服 kèfú, 制服 zhìfú; sich ~ 克制自己 ~'**wintern** *vi* 过〔過〕冬 guòdōng

'**Über|wurf** *m* 披风〔風〕pīfēn, 床〔牀〕罩 chuángzhào ~**zahl** *f* -en 大量 dàliàng, 多数〔數〕duōshù; in der ~ 数量上占多数

'**überzählig** *adj* 多余〔餘〕的 duōyúde, 过〔過〕剩的 guòshèngde

über'zeugen *vt* 说服 shuōfú, 使确〔確〕信 shǐ quèxìn

Über'zeugung *f* 确〔確〕信 quèxìn, 信念 xìnniàn

'**überziehen*** *vt* 穿上 chuānshàng, 套上 tàoshàng

über'ziehen* *vt* 1) 铺上 pūshàng, 盖〔蓋〕上 gàishàng, 蒙上 méngshàng; 2) 透支 tòuzhī; 3) 超过〔過〕(限度、时间) chāoguò; 4) sich ~ 笼〔籠〕罩 lǒngzhào, 密布 mìbù

'**Überzieher** *m* -s; - 男大衣 nándàyī, 外衣 wàiyī

'**Überzug** *m* 1) 涂〔塗〕层〔層〕túcéng, 表层 biǎocéng; 2) 套子 tàozi, 罩子 zhàozi

'**üblich** *adj* 通常的 tōngchángde, 流行的 liúxíngde

'**U-Boot** *n* 潜〔潛〕水艇 qiánshuǐtǐng

'**übrig** *adj* 1) 其余〔餘〕的 qíyúde, 剩余的 shèngyúde, 多余的 duōyúde; die ~e Welt 世界其余地方; keine Zeit ~ haben 没有富余时间; 2) im ~en 此外 cǐwài; für etwas ~ haben 喜爱〔愛〕… xǐ'ài … ~**bleiben*** *vi(s)* 剩下 shèngxià, 余〔餘〕下 yúxià; es blieb ihm nichts anderes übrig 他没有别的办法 ~**ens** *adv* 此外 cǐwài ~**lassen*** *vt* 剩余〔餘〕shèngyú, 留下 liúxià; viel zu wünschen ~ 尚有许多不足之处〔處〕shàng yǒu xǔduō bùzú zhī chù

'**Übung** *f* -en 练〔練〕习〔習〕liànxí, 训练 xùnliàn, 锻炼〔煉〕duànliàn

'**Ufer** *n* -s; - 海岸 hǎi'àn, 河岸 hé'àn, 湖滨〔濱〕húbīn

Uhr *f* -en 1) 钟〔鐘〕表〔錶〕zhōngbiǎo; 2) 钟点〔點〕zhōngdiǎn; 3) 仪〔儀〕表 yíbiǎo '~**armband** *n* -(e)s; ¨er 表带〔帶〕biǎodài '~**feder** *f* 钟表发〔發〕条〔條〕zhōngbiǎo fātiáo '~**macher** -s; - 钟表匠 zhōngbiǎojiàng '~**werk** *n* 钟表机〔機〕构〔構〕zhōngbiǎo jīgòu '~**zeiger** *m* 钟表指针 zhōngbiǎo zhǐzhēn '~**zeigersinn** *m* -(e)s; im ~ 顺时〔時〕针方向 shùn shízhēn fāngxiàng; entgegen dem ~ 逆时针方向 nì shízhēn fāngxiàng

'**Uhu** *m* -s; -s 雕鸮 diāoxiāo

Ulk *m* -(e)s; -e 玩笑 wánxiào, 戏〔戲〕弄 xìnòng

'**ulken** *vi* 开〔開〕玩笑 kāi wánxiào, 戏〔戲〕弄 xìnòng

'**ulkig** *adj* 滑稽的 huájìde, 可笑的 kěxiàode

'**Ulme** *f* -n 榆树〔樹〕yúshù

Ulti'matum *n* -s; 最后〔後〕通谍 zuìhòu tōngdié; j-m ein ~ stellen 向某人提出最后通谍

'**ultimo** *adv* 在最后〔後〕一天 zài zuìhòu yītiān; bis ~ April 四月的最后一天

Ultra'kurzwelle *f* 超短波 chāoduǎnbō

um I *prp* (*A*) 在…时〔時〕间 zài… shíjiān, 在…左右 zài … zuǒyòu, 关〔關〕于 guānyú, 为了 wèile; ~ vier Uhr 在四点钟; ~ etw. kämpfen 为…而斗争; ~ Hilfe rufen 呼救; etw. ~ zwei Mark verkaufen 某物以二马克出售; II *cj* je schneller, ~ so besser 越快越好 yuè kuài yuè hǎo; ~ zu… 为了 wèile; III *adv* er drehte sich ~ 他转过身来

'**um|ändern** *vt* 改动〔動〕gǎidòng, 改变〔變〕gǎibiàn ~**arbeiten** *vt* 1) 翻改 fāngǎi; 2) 改编 gǎibiān, 修改 xiūgǎi

um'armen *vt* 拥〔擁〕抱 yōngbào; sich ~ 互相拥抱

Um'armung *f* -en 拥〔擁〕抱 yōngbào

'**Umbau** *m* -(e)s; -e(-ten) 1) 改建 gǎijiàn, 改建的房子 gǎijiànde fángzi; 2) 改组 gǎizǔ

'**um|bauen** *vt* 1) 改建 gǎijiàn; 2) 改组 gǎizǔ ~**biegen** I *vt* 1) 使弯〔彎〕曲 shǐ wānqū; 2) 翻起 fānqǐ; 3) 歪曲 wāiqū; II *vi* (*s*) 拐弯 guǎiwān, 转〔轉〕弯 zhuǎnwān ~**bilden** *vt* 1) 改建 gǎijiàn; 2) 改组 gǎizǔ ~**binden** *vt* 系〔繫〕上 jìshàng, 扎上 zhāshàng ~**blättern** I *vt* 翻转〔轉〕fānzhuǎn; II *vi* 翻书〔書〕页 fān shūyè ~**brechen*** I *vt* 1) 翻耕 fāngēng; 2) 折 zhé, 折断〔斷〕zhéduàn, 弄倒 nòngdǎo (Zaun 篱笆)

um'brechen *vi* 拼版 pīngbǎn

'**umbringen** *vt* 杀〔殺〕死 shāsǐ, 杀害 shāhài; sich ~ 自杀

'**Umbruch** *m* 1) 拼版 pīngbǎn; 2) 变〔變〕革 biàngé

'**um|buchen** *vt* 1) 过〔過〕帐〔帳〕guòzhàng, 转〔轉〕帐 zhuǎnzhàng; 2) 改签〔簽〕gǎiqiān (Flug 飞机票, Schiffsplatz 船票) ~**disponieren** *vi* 重新安排 chóngxīn ānpái **~drehen** I *vt* 转〔轉〕动〔動〕zhuàndòng, 翻转 fānzhuǎn; sich ~ 转过身; II *vi* 汽车〔車〕掉头〔頭〕qìchē diàotóu

'Umdrehung *f* -en 转〔轉〕动 zhuàndòng, 旋转 xuánzhuàn

'umfahren* I *vt* 撞倒 zhuàngdǎo; II *vi* 绕〔繞〕圈子 ràoquānzi

um'fahren* *vi* 绕〔繞〕开〔開〕行驶 ràokāi xíngshǐ

'umfallen* *vi* (*s*) 倒下 dǎoxià, 跌倒 diēdǎo; tot ~ 倒毙

'Umfang *m* -(e)s; 1) (树干、身体等) 周长 zhōucháng, 胸〔圍〕围 xiōngwéi; 2) 篇幅 piānfu; 3) 范围 fànwéi; in großem ~ 大规模地

'umfangreich *adj* 广〔廣〕大的 guǎngdàde, 广泛的 guǎngfànde, 广博的 guǎngbóde

um'fassen *vt* 1) 拥〔擁〕抱 yōngbào, 搂〔摟〕抱 lǒubào; 2) 包围〔圍〕bāowéi; 3) 包括 bāokuò, 包含 bāohán **~d** *adj* 全面的 quánmiànde, 广〔廣〕博的 guǎngbóde

'umformen *vt* 1) 改造 gǎizào, 改制 gǎizhì; 2) 使变〔變〕流 shǐ biànliú

'Umformer *m* -s;- 变〔變〕流器 biànliúqì

'Umfrage *f* 民意调查 mínyì diàochá

'Umgang *m* 1) 交际〔際〕jiāojì, 交往 jiāowǎng; 2) 仪〔儀〕仗巡行 yízhàng xúnxíng; 3) 回廊 huíláng

'umgänglich *adj* 和气〔氣〕的 héqìde, 和蔼的 hé'ǎide, 会〔會〕交际〔際〕的 huì jiāojì de

'Umgangs|formen *n* 1) (社交)举〔舉〕止 jǔzhǐ; 2) 礼〔禮〕仪〔儀〕lǐyí **~sprache** *f* 口语 kǒuyǔ

um'garnen *vt* 迷惑 míhuò, 诱惑 yòuhuò **~'geben*** *vt* 围〔圍〕绕〔繞〕wéirào, 包围 bāowéi

Um'gebung *f* -en 1) 周围〔圍〕zhōuwéi, 郊区〔區〕jiāoqū; 2) 环〔環〕境 huánjìng; 3) 周围的人 zhōuwéide rén

'umgehen* *vi*(*s*) 1) 走弯〔彎〕路 zǒuwānlù; 2) (谣言) 流传〔傳〕liúchuán; (幽灵)出没 chūmò; 4) 打算 dǎsuàn, 考虑〔慮〕kǎolǜ

um'gehen* *vt* 1) 绕〔繞〕过〔過〕…走 ràoguò … zǒu, 绕过…行驶 ràoguò … xíngshǐ; 2) 绕开〔開〕ràokāi; 3) 包抄 bāochāo

'um|gehend *adj* 立刻 lìkè, 即刻 jìkè **~gekehrt** I *adj* 相反的 xiāngfǎnde, 翻过〔過〕来〔來〕的 fānguòláide; im ~en Verhältnis zu … 与…成反比例; II *adv* 相反 xiāngfǎn, 反之 fǎnzhī **~graben*** *vt* 翻掘 fānjué, 掘松〔鬆〕juésōng

un'grenzen *vt* 1) 围〔圍〕上 wéishàng, 把…围起来 bǎ … wéiqǐlái; 2) 划〔劃〕定界限 huàdìng jièxiàn

'um|gruppieren *vt* 重新组合 chóngxīn zǔhé, 重新分类〔類〕chóngxīn fēnlèi **~haben*** *vt* 披着 pīzhe, 穿着 chuānzhe

'Umhang *m* 披风〔風〕pīfēn

'um|hängen *vt* 1) 把…挂〔掛〕到另一地方 bǎ…guàdào lìngyī dìfāng; 2) 挎上 kuàshàng, 披上 pīshàng; sich den Mantel ~ 披上大衣 **~hauen*** *vt* 1) 砍伐 kǎnfá, 砍倒 kǎndǎo; 2) 使人受不了 shǐ rén shòu bù liǎo

um'her|blicken *vi* 四面张〔張〕望 sìmiàn zhāngwàng 东〔東〕张西望 dōngzhāng xīwàng **~streifen** *vi*(*s*) 漫游 mànyóu, 漫步 mànbù

um'hinkönnen* *vi* ich kann nicht umhin, zu sagen 我不得不说 wǒ bù dé bù shuō

um'hüllen *vt* 裹上 guǒshàng, 包上 bāoshàng

Um'hüllung *f* - en 包套 bāotào, 包装 bāozhuāng

'Umkehr *f* 1) 转〔轉〕回 zhuànhuí, 折回 zhéhuí; 2) 回头〔頭〕huítóu

'um|kehren I *vi* 1) 转回 zhuànhuí, 返回 fǎnhuí; 2) 回头〔頭〕huítóu; II *vt* 把…翻过〔過〕来 bǎ … fānguòlái, 翻转〔轉〕fānzhuǎn **~kippen** I *vi* 1) 倾倒 qīngdǎo, 翻倒 fāndǎo; 2) 晕倒 yūndǎo; 3) 突然变〔變〕卦 tūrán biànguà; II *vt* 弄翻 nòngfān, 翻倒 fāndǎo

'umklammern *vt* 揪住 jiūzhù, (拳击时)扭住 niǔzhù

'umkleiden *v sich* 换衣服 huàn yīfu

'Umkleideraum *m* 更衣室 gēngyīshì

'umkommen* *vi* (*s*) 丧〔喪〕命 sàngmìng, 丧生 sàngshēng, 遇难〔難〕yùnàn; vor Hitze ~ 热〔熱〕得要命

'Umkreis *m* -es 1) 周围〔圍〕zhōuwéi, 四周 sìzhōu; im ~ von 3 km 方圆三公里以内; 2) 周围的人 zhōuwéide rén; 3) 外接圆 wàijiēyuán, 圆周 yuánzhōu

um'kreisen *vt* 围〔圍〕绕〔繞〕…走 wéirǎo … zǒu, 围绕…行驶 wéirǎo … xíngshǐ

'um|krempeln *vt* 1) 挽起 wǎnqǐ, 卷起 juǎnqǐ; 2) 把…翻过〔過〕来 bǎ … fānguòlái; 3) 翻腾 fānténg ～**laden*** *vt* 转〔轉〕装〔裝〕zhuǎnzhuāng; Güter ～ 把货物转装到另一条船

'**Umlauf** *m* 1) 运〔運〕转〔轉〕yùnzhuǎn, 运行 yùnxíng; 2) 流通 liútōng, 流传〔傳〕liúchuán; etw. im ～ bringen 使某事流传开来; Geld außer ～ setzen 停止货币流通 ～**bahn** *f* 运行轨道 yùnxíng guǐdào

'**umlaufen*** I *vt* 撞倒 zhuàngdǎo; II *vi(s)* 1) 流通 liútōng, 流传〔傳〕liúchuán; 2) 环〔環〕绕〔繞〕huánrào

'**Umlegekragen** *m* 翻领 fānlǐng

'**um|legen** *vt* 1) 弄倒 nòngdǎo, 使倒伏 shǐ dǎofú; 2) 披上 pīshàng, 围〔圍〕上 wéishàng; 3) 分配 fēnpèi, 摊〔攤〕派 tānpài; 4) 移放 yífàng, 重新铺设 chóngxīn pūshè ～**leiten** *vt* 改变〔變〕…的线〔綫〕路 gǎibiàn... de xiànlù

'**Umleitung** *f* -en 1) 交通改道 jiāotōng gǎidào; 2) 绕〔繞〕行路 ràoxínglù

'**umliegend** *adj* 周围〔圍〕的 zhōuwéide, 附近的 fùjìn de

um'nachtet *adj* geistig ～ 精神错乱〔亂〕的 jīngshén cuòluàn de

Um'nachtung *f* 精神错乱〔亂〕jīngshén cuòluàn

'**um|packen** *vt* 重装〔裝〕chóngzhuāng; den Koffer ～ 重新装箱 ～**pflanzen** *vt* 移栽 yízāi

um'pflanzen *vt* 在…周围〔圍〕栽植 zài ... zhōuwéi zāizhí

'**umpflügen** *vt* 翻耕 fāngēng

um|'rahmen *vt* 把…围〔圍〕起来〔來〕bǎ ... wéiqǐlái, 围绕〔繞〕wéirǎo ～'**randen** *vt* 给…镶边〔邊〕gěi... xiāngbiān ～'**ranken** *vt* 缠〔纏〕绕〔繞〕chánrǎo, 攀缘 pānyuān

'**umrechnen** *vt* 换算 huànsuàn

'**Umrechnungskurs** *m* 换算率 huànsuànlǜ, 兑换率 duìhuànlǜ

'**umreißen*** *vt* 1) 拆毁 chāihuǐ (Mauer 墙); 2) 撞倒 zhuàngdǎo (Person 人)

um|'reißen* *vt* 勾勒 gōulè, 概述 gàishù ～'**ringen** *vt* 环〔環〕绕〔繞〕huánrǎo

'**Umriß** *m* 轮〔輪〕廓 lúnkuò

'**um|rühren** *vt* 搅〔攪〕拌 jiǎobàn, 搅动〔動〕jiǎodòng ～**satteln** I *vt* 给换鞍 gěihuàn'ān; II *vi* 1) 改行 gǎiháng; 2) 转〔轉〕学〔學〕科 zhuǎnxuékē

'**Umsatz** *m* 销售 xiāoshòu, 销售额 xiāoshòu'é, 成交额 chéngjiāo'é

'**umschalten** I *vt* 1) 转〔轉〕接 zhuǎnjiē, 转换 zhuǎnhuàn; 2) 变〔變〕速调挡〔擋〕biànshù tiáodǎng; II *vi* 转换 zhuǎnhuàn, 调到另一台〔臺〕tiáodào lìngyītái

'**Umschalter** *m* 转〔轉〕换开〔開〕关〔關〕zhuǎnhuàn kāiguān

'**Umschau** *f* 环〔環〕顾〔顧〕huángù, 展望 zhǎnwàng

'**um|schauen** *v sich* 环〔環〕顾〔顧〕huángù, 四下张〔張〕望 sìxià zhāngwàng ～**schichten** *vt* 重新堆置 chóngxīn duīzhì, 重新组合 chóngxīn zǔhé ～**schichtig** *adv* 交替地 jiāotìde, 轮〔輪〕流地 lúnliúde

'**Umschichtung** *f* -en 重新组合 chóngxīn zǔhé; soziale ～en 社会结构大变动

um'schiffen *vt* 使转〔轉〕船 shǐ zhuǎnchuán; Güter ～ 把货物转装到另一条船

'**Umschlag** *m* 1) (书的)包皮 bāopí, 信封 xìnfēng; 2) 卷边〔邊〕juǎnbiān, 折边 zhébiān; 3) 罨敷 yǎnfū; 4) 突变〔變〕tūbiàn; 5) (货物)转〔轉〕运〔運〕zhuǎnyùn

'**umschlagen*** I *vt* 1) 翻 fān, 卷〔捲〕juǎn; 2) 砍伐 kǎnfá; 3) 转〔轉〕运〔運〕zhuǎnyùn; II *vi* 1) (船)翻倒 fāndǎo; 2) (天气)突变〔變〕tūbiàn; 3) (酒)变酸 biànsuān

'**Umschlaghafen** *m* 水陆〔陸〕转〔轉〕运〔運〕港 shuǐlù zhuǎnyùngǎng

um|'schließen* *vt* 1) 环〔環〕抱 huánbào, 拥〔擁〕抱 yōngbào; 2) 围〔圍〕住 wéizhù, 包围 bāowéi ～'**schlingen*** *vt* 缠〔纏〕绕〔繞〕chánrǎo, 搂〔摟〕抱 lǒubào

'**um|schmeißen*** *vt* 撞翻 zhuàngfān, 撞倒 zhuàngdǎo ～**schnallen** *vt* (用扣带)扣住 kòuzhù ～**schreiben*** *vt* 1) 改写〔寫〕gǎixiě, 重写 chóngxiě; 2) 转〔轉〕让〔讓〕zhuǎnràng, 过〔過〕户 guòhù

um'schreiben* *vt* 1) 扼要阐〔闡〕述 èyào chǎnshù; 2) 规定 guīdìng; 3) 婉言表达〔達〕wǎnyán biǎodá

'**Umschrift** *f* 1) 改写〔寫〕文本 gǎixiě wénběn; 2) 用音标〔標〕书〔書〕写 yòng yīnbiāo shūxiě

'**umschütten** *vt* 1) 洒〔灑〕掉 sǎdiào; 2) 把…倒入另一容器 bà ... dàorù lìngyī róngqì

'**Umschweife** *pl* ～ machen 转〔轉〕弯〔彎〕抹角地 zhuǎnwānmòjiǎo de; ohne ～ 直截了当〔當〕地 zhíjiéliǎodàng de

'**umschwenken** *vi(s)* 1) 改变〔變〕方向 gǎibiàn fāngxiàng; 2) 改变看法 gǎibiàn kànfǎ

'**Umschwung** *m* 转〔轉〕变〔變〕zhuǎnbiàn, 彻〔徹〕底改变 chèdǐ gǎibiàn, 剧〔劇〕变 jùbiàn

um'segeln *vt* (乘帆船)绕〔繞〕过

〔過〕航行 ràoguò hángxíng, 环〔環〕游 huányóu

'um|sehen* *v sich* 1) 环〔環〕顾〔顧〕huángù, 四下张望 sìxià zhāngwàng; 2) 寻〔尋〕找 xúnzhǎo **~sein*** *vi(s)* 1) (时间)过〔過〕去 guòqù; 2) (假期)已满〔滿〕 yǐmǎn **~-setzen** *vt* 1) 移置 yízhì; 2) 移栽 yícāi; 3) 销售 xiāoshòu; 4) 使转〔轉〕化 shǐ zhuǎnhuà, 变〔變〕换 biànhuàn; etw. in die Tat ~ 实〔實〕施 ... shíshī ...

'Umsicht *f* 考虑〔慮〕周到 kǎolǜ zhōudào, 审〔審〕慎 shěnshèn

'umsichtig *adj* 考虑〔慮〕周到的 kǎolǜ zhōudào de, 审〔審〕慎的 shěnshènde

'umsiedeln I *vt* 使迁〔遷〕移 shǐ qiānyí; II *vi* 迁移 qiānyí, 迁居 qiānjū

um'sonst *adv* 1) 无〔無〕偿〔償〕地 wúchángde, 免费地 miǎnfèide; 2) 徒劳〔勞〕 túláo, 徒然 túrán; nicht ~ 不是无缘无故地

'umspannen *vt* 1) 换套 huàntào; 2) 变〔變〕压〔壓〕 biànyā

um'spannen *vt* 1) 合抱 hébào, 围〔圍〕抱 wéibào; 2) 包括 bāokuò

'Umspanner *m* -s;- 变〔變〕压〔壓〕器 biànyāqì

'umspringen* *vi* 1) 快转〔轉〕体〔體〕 kuàizhuǎntǐ; 2) 风〔風〕突然变〔變〕向 fēn tūrán biànxiàng; 3) mit j-m ~ 虐待... nüèdài ...

'Umstand *m* 情形 qíngxíng, 情况 qíngkuàng; unter diesen Umständen 在这种情况下; unter keinen Umständen 绝不 juébù; unter Umständen 可能 kěnéng, 也许 yěxǔ; ohne Umständen 开〔開〕门〔門〕见〔見〕山地 kāi mén jiàn shān de; in anderen Umständen sein 怀〔懷〕孕 huáiyùn

'umständlich *adj* 1) 烦琐的 fánsuǒde; 2) 麻烦的 máfánde, 费事的 fèishìde; das ist mir viel zu ~ 这对我是太麻烦了

'Umstands|kleid *n* 孕妇〔婦〕服 yùnfùfú **~wort** *n* (语法)副词 fùcí

'umstehend *adj* auf der ~en Seite 在背面的一页〔頁〕上 zǎi bèimiànde yīyè shàng

'Umstehenden *pl* 围〔圍〕观〔觀〕者 wéiguānzhě

'Umsteigekarte *f* 换乘(车、船)客票 huànchéng kèpiào

'um|steigen* *vi(s)* 换乘 huànchéng, 倒车〔車〕 dǎochē **~stellen** *vt* 1) 移置 yízhì, 重新放置 chóngxīn fàngzhì; 2) 转〔轉〕换 zhuǎnhuàn, 调整 tiáozhěng; 3) sich ~ 适〔適〕应〔應〕(新情况) shìyìng

um'stellen *vt* 包围〔圍〕 bāowéi, 围捕 wéibǔ

'Umstellung *f* -en 转〔轉〕换 zhuǎnhuàn, 改变〔變〕 gǎibiàn; 2) 适〔適〕应〔應〕 shìyìng

'um|stimmen *vt* 1) 给...重新调音 gěi ... chóngxīng tiáoyīn; 2) j-n ~ 使改变〔變〕想法 shǐ gǎibiàn xiǎngfa **~stoßen*** *vt* 1) 撞倒 zhuàngdǎo, 翻倒 fāndǎo; 2) 取消 qǔxiāo, 推翻 tuīfān

'um|stricken *vt* 笼〔籠〕络 lǒngluò, 诱惑 yòuhuò **~'stritten** *adj* 有争论〔論〕的 yǒu zhēnglùn de, 有争议〔議〕的 yǒu zhēngyì de

'Umsturz *m* 推翻 tuīfān, 颠覆 diànfù

'umstürzen I *vt* 弄翻 nòngfān, 推翻 tuīfān; II *vi(s)* 倒塌 dǎotā

'umstürzlerisch *adj* 颠覆性的 diānfùxìngde

'Umtausch *m* -es;-e 调换 diàohuàn, 兑换 duìhuàn

'um|tauschen *vt* 调换 diàohuàn, 交换 jiāohuàn, 兑换 duìhuàn **~-tun*** *vt* 1) 披上 pīshàng, 围〔圍〕上 wéishàng; 2) sich nach etw.~ 探询 tànxún, 寻〔尋〕觅 xúnmì **~-wälzen** *vt* 1) 翻转〔轉〕fānzhuǎn; 2) 推翻 tuīfān, 彻〔徹〕底变〔變〕革 chèdǐ biàngé **~wälzend** *adj* 革命性的 gémìngxìngde

'Umwälzung *f* -en 推翻 tuīfān, 用暴力变〔變〕革 yòng bàolì biàngé

'um|wandeln *vt* 改变〔變〕 gǎibiàn, 转〔轉〕变 zhuǎnbiàn, 转换 zhuǎnhuàn **~wechseln** *vt* 调换 diàohuàn, 兑换 tuìhuàn

'Umweg *m* 1) 弯〔彎〕路 wānlù; 2) auf ~en 间接地 jiànjiēde

'umwehen *vt* 吹倒 chuīdǎo, 刮倒 guādǎo

'Umwelt *f* -en 环〔環〕境 huánjìng

'um|wenden I *vt* 翻转〔轉〕 fānzhuǎn; II* *v sich* 转身 zhuǎnshēn, (汽车等) 掉头〔頭〕 diàotóu **~-werfen*** *vt* 1) 弄翻 nòngfān, 推翻 tuīfān; 2) sich einen Mantel ~ 披上大衣 pīshàng dàyī

um|'wickeln *vt* 缠〔纏〕绕〔繞〕chánrǎo, 捆扎 kǔnzā **~'wölken** *v sich* 1) 云〔雲〕雾〔霧〕密布 yúnwù mìbù; 2) (脸色) 阴〔陰〕沉 yīnchén **~'zäunen** *vt* 给围〔圍〕上篱〔籬〕笆 gěi wéishàng líba

'umziehen* I *vi(s)* 搬家 bānjiā, 迁〔遷〕居 qiānjū; II *v sich* 换衣服 huàn yīfu

um|'ziehen* *v sich* 被云〔雲〕遮蔽 bèiyún zhēbì **~'zingeln** *vt* 包围〔圍〕 bāowéi

'Umzug *m* 1) 游行行列 yóuxíng hánglìè; 2) 搬家 bānjiā, 迁〔遷〕居 qiānjū
unab'änderlich *adj* 不容变〔變〕更的 bùróng biàngēng de
'unabhängig *adj* 独〔獨〕立的 dúlìde, 不依赖的 bù yīlài de; ~ von ... 不管... bùguǎn...
'Unabhängigkeit *f* 独〔獨〕立 dúlì
'unabkömmlich *adj* 不能脱身的 bùnéng tuōshēn de; ich bin augenblicklich ~ 我此刻离不开
unab|'lässig *adj* 不停的 bùtíngde, 不间断〔斷〕的 bù jiànduàn de; es regnete ~ 雨下个不停 ~**'sehbar** *adj* 1) 一望无〔無〕际〔際〕的 yīwàn gwújì de; in ~er Ferne 目不可及的，在遥远的将来; 2) 预见〔見〕不到的 yùjiàn bùdào de
'unabsichtlich *adj* 无〔無〕意的 wúyìde, 不是故意的 bùshì gùyì de
unab'wendbar *adj* 不可避免的 bùkě bìmiǎn de
'unachtsam *adj* 不小心的 bùxiǎoxīnde, 粗心大意的 cūxīn dàyì de
'unähnlich *adj* 不相象的 bùxiāngxiàngde
'unan|fechtbar *adj* 无〔無〕可辩驳的 wúkě biànbó de, 不容置疑的 bùróng zhìyí de ~**gebracht** *adj* 不恰当〔當〕的 bùqiàdàngde ~**gefochten** *adj* 没有争议〔議〕的 méiyǒu zhēngyì de, 无〔無〕异〔異〕议〔議〕的 wúyíyìde, 未受阻挠〔撓〕的 wèishòu zǔnáo de ~**gemessen** *adj* 不恰当〔當〕的 bùqiàdàngde ~**genehm** *adj* 1) 令人不快的 lìng rén bùkuàide, 难〔難〕受的 nánshòude (Wetter 天气), 难堪的 nánkānde (Lage 处境); 2) 难办〔辦〕的 nánbànde (Aufgabe 任务)
unan'nehmbar *adj* 不可接受的 bùkě jiēshòu de (Bedingungen 条件)
'Unannehmlichkeit *f* -en 不愉快 bùyúkuài, 麻烦 máfán
'unan|sehnlich *adj* 其貌不扬〔揚〕的 qímào bùyáng de, 寒酸相的 hánsuānxiàngde ~**ständig** *adj* 不正派的 bùzhèngpàide
unan'tastbar *adj* 不可侵犯的 bùkě qīnfàn de, 无〔無〕可指摘的 wúkě zhǐzhāi de
'unappetitlich *adj* 1) 不可口的 bù kěkǒude; 2) 令人作呕〔嘔〕的 lìng rén zuò'ǒu de
'Unart I *f* 坏〔壞〕习〔習〕惯 huàixíguàn; II *m* -(e)s;-e 顽皮孩子 wánpí háizi
'unartig *adj* 顽皮的 wánpíde, 淘气〔氣〕的 táoqìde
'unauffällig *adj* 不引人注目的 bù yǐnrén zhùmù de, 不招眼的 bù zhāoyǎnde
unauf'findbar *adj* 发〔發〕现不了的 fāxiàn bùliǎo de, 寻〔尋〕找不到的 xúnzhǎo bùdào de
'unaufgefordert *adj* 未经〔經〕要求的 wèijīng yāoqiú de, 自愿〔願〕的 zìyuànde
unauf'hörlich *adj* 不停的 bùtíngde, 不间断〔斷〕的 bùjiànduànde; es regnet ~ 雨不停地下着
'unaufmerksam *adj* 不专〔專〕心的 bùzhuānxīnde, 不周到的 bùzhōudàode
'Unaufmerksamkeit *f* 不专〔專〕心 bù zhuānxīn, 不注意 bùzhùyì
'unaufrichtig *adj* 不真诚的 bùzhēnchéngde, 不坦率的 bùtǎnsuàide
'Unaufrichtigkeit *f* 不正直 bùzhèngzhí
unauf'schiebbar *adj* 刻不容缓的 kèbù rónghuǎn de
unaus|'bleiblich *adj* 不可避免的 bùkě bìmiǎn de ~**'führbar** *adj* 行不通的 xíngbùtōngde
'unausgeglichen *adj* 1) (情绪)不稳〔穩〕定的 bù wěndìngde; 2) (收支)不平衡的 bù pínghéngde
unaus|'löschlich *adj* 1) 不可磨灭〔滅〕的 bùkě mómiè de, 难〔難〕忘的 nánwàngde (Eindruck 印象); 2) 无〔無〕法消除的 wúfǎ xiāochú de (Schmach 耻辱) ~**'sprechlich** *adj* 1) 难〔難〕发〔發〕音的 nánfāyīnde; 2) 难以名状〔狀〕的 nányǐ míngzhuàng de ~**'stehlich** *adj* 讨人厌〔厭〕的 tǎorényànde, 受不了的 shòubùliǎode
'unbarmherzig *adj* 残〔殘〕忍的 cánrěnde, 无〔無〕情的 wúqíngde
'Unbarmherzigkeit *f* 冷酷无〔無〕情 lěngkù wúqíng, 残〔殘〕忍 cánrěn
'unbe|absichtigt *adj* 无〔無〕意的 wúyìde, 无心的 wúxīnde ~**achtet** *adj* 不引人注意的 bù yǐnrén zhùyìde, 不受重视的 bùshòu zhòngshìde ~**anstandet** *adj* 未遭反对〔對〕的 wèizāo fǎnduì de, 未受责难〔難〕的 wèishòu zénàn de ~**baut** *adj* 未耕作的 wèi gēngzuò de, 未开〔開〕发〔發〕的 wèi kāifā de ~**dacht** *adj* 欠考虑〔慮〕的 qiànkǎolǜ de, 冒失的 màoshīde ~**denklich** *adj* 毫无〔無〕疑虑〔慮〕的 háowú yílǜ de, 毫不迟〔遲〕疑的 háobù chíyí de ~**deutend** *adj* 不重要的 bù zhòngyàode, 微不足道的 wēibù zúdào de ~ **dingt** I *adj* 无〔無〕条〔條〕件的 wútiáojiànde, 绝对〔對〕的 juéduìde; II *adv* 绝对juéduì, 无论〔論〕如何 wúlùn rúhé
unbe'fahrbar *adj* 无〔無〕法行驶的

wúfǎ xíngshǐ de, 不通行的 bùtōngxíngde

'unbe|fangen *adj* 1) 无〔無〕偏见的 wúpiānjiànde; 2) 无拘束的 wújūsùde, 自然的 zìránde **~friedigend** *adj* 不能令人满〔滿〕意的 bùnéng lìng rén mǎnyì de **~friedigt** *adj* 不满〔滿〕意的 bùmǎnyìde, 失望的 shīwàngde **~fugt** *adj* 未被授权〔權〕的 wèibèi shòuquán de, 未经准许的 wèijīng zhǔnxǔ de **~gabt** *adj* 无〔無〕才能的 wúcáinéng de, 缺乏天赋的 quēfá tiānfù de

unbe'greiflich *adj* 不可理解的 bùkě lǐjiě de, 费解的 fèijiěde

'unbe|grenzt *adj* 1) 无〔無〕边〔邊〕际〔際〕的 wúbiānjìde; 2) 无限的 wúxiànde **~gründet** *adj* 没有理由的 méiyǒu lǐyóu de, 没有根据〔據〕的 méiyǒu gēnjù de

'Unbehagen *n* 不舒服 bùshūfu, 不快 bùkuài

'unbe|haglich *adj* 不舒适〔適〕的 bùshūshìde **~helligt** *adj* 不受阻碍〔礙〕的 bùshòu zǔ'ài de **~herrscht** *adj* 控制不住自己的 kòngzhì bùzhù zhìjǐ de **~hindert** *adj* 不受阻碍的 bùshòu zǔ'ài de **~holfen** *adj* 笨手笨脚的 bènshǒu bènjiǎo de

unbe'irrt *adj* 毫不动〔動〕摇的 háobù dòngyáo de

'unbekannt *adj* 不知道的 bùzhīdàode, 不认〔認〕识〔識〕的 bùrènshide

unbe'kümmert *adj* 无〔無〕忧〔憂〕虑〔慮〕的 wúyōulǜde, 漠不关〔關〕心的 mòbù guānxīn de

'unbelebt *adj* 1) 无〔無〕生命的 wúshēngmìngde; 2) 僻静的 pìjìngde

unbe'lehrbar *adj* ~ sein 不听〔聽〕劝〔勸〕告 bù tīng quàngào

'unbe|liebt *adj* 不得人心的 bùdé rénxīn de **~mannt** *adj* 无〔無〕人驾驶的 wúrén jiàshǐ de **~merkt** *adj* 未被察觉〔覺〕的 wèibèi chájué de **~mittelt** *adj* 没有资金的 méiyǒu zījīn de **~nutzt** *adj* 未经〔經〕使用的 wèijīng shǐyòng de **~quem** *adj* 不舒适〔適〕的 bùshūshìde, 不方便的 bùfāngbiànde **~rechtigt** *adj* 无权〔權〕的 wúquánde, 不合理的 bùhélǐde

unbe'schadet *prp* (*G*) 不妨碍〔礙〕… bùfáng'ài …, 无〔無〕损于 wúsǔnyú

'unbe|schädigt *adj* 没有损坏〔壞〕的 méiyǒu sǔnhuài de **~scheiden** *adj* 过〔過〕分苛求的 guòfèn kēqiú de **~scholten** *adj* 正派的 zhèngpàide, 无〔無〕可指摘的 wúkě zhǐzhāi de **~schränkt** *adj* 不受限制的 bùshòu xiànzhì de, 无〔無〕限的 wúxiànde

unbe|schreiblich *adj* 难〔難〕以形容的 nányǐ xíngróng de **~'sehen** *adv* 未细看地 wèixìkànde, 未加考虑〔慮〕wèijiā kǎolǜ

'unbesetzt *adj* 未占用的 wèizhànyòngde, 空着的 kōngzhede

unbe'siegbar *adj* 不可战〔戰〕胜〔勝〕的 bùkě zhànshèng de

'unbe|'sonnen *adj* 不审〔審〕慎的 bùshěnshènde **~ständig** *adj* 不稳〔穩〕定的 bùwěndìngde, 变〔變〕化不定的 biànhuà bùdìng de **~stätigt** *adj* 未经〔經〕证〔證〕实〔實〕的 wèijīng zhèngshí de, 未经认〔認〕可的 wèijīng rènkě de

unbe'stechlich *adj* 不受贿赂的 bùshòu huìlù de

'unbestimmt *adj* 1) 不确〔確〕定的 bùquèdìngde, 不明确的 bùmíngquède; 2) 不定的 bùdìngde

unbe'streitbar *adj* 无〔無〕可争辩的 wúkě zhēngbiàn de

'unbe|stritten *adj* 没有争议〔議〕的 méiyǒu zhēngyì de, 公认〔認〕的 gōngrènde **~teiligt** *adj* 1) 不参与〔與〕的 bùcānyùde; 2) 无〔無〕动〔動〕于衷的 wú dòng yú zhōng de

unbe'trächtlich *adj* 微不足道的 wēibù zúdào de

'unbeugsam *adj* 不屈不挠〔撓〕的 bùqū bùnáo de

'unbe|wacht *adj* 无〔無〕人看守的 wúrén kānshǒu de **~waffnet** *adj* 1) 无〔無〕武器的 wúwǔqìde; 2) 无装〔裝〕备〔備〕的 wúzhuāngbèide **~weglich** *adj* 不能移动〔動〕的 bùnéng yídòng de, 不动的 bùdòngde **~wiesen** *adj* 未经〔經〕证〔證〕明的 wèijīng zhèngmíng de **~wohnt** *adj* 无〔無〕人居住的 wúrén jūzhù de **~wußt** *adj* 无〔無〕意识的 wúyìshíde, 不自觉〔覺〕的 bùzìjuéde

unbe'zähmbar *adj* 遏制不住的 èzhì bùzhù de

'Unbilden *pl* (天气引起的)不适〔適〕bùshì, 难〔難〕受 nánshòu

'Unbildung *f* 缺乏教育 quēfá jiàoyù

un|billig *adj* 不公平的 bùgōngpíngde **~blutig** *adj* 不流血的 bùliúxuède, 不出血的 bùchūxuède **~botmäßig** *adj* 不顺从〔從〕的 bùshùncóngde **~brauchbar** *adj* 不能用的 bùnéngyòngde, 不适〔適〕用的 bùshìyòngde

und *cj* 和 hé, 而 ér, 并〔並〕且 bìngqiě

'Undank *m* 不知感激 bùzhī gǎnjī

'undankbar *adj* 1) 不知感激的 bùzhī gǎnjī de; 2) 吃力不讨好的

chīlì bùtǎohǎo de

un|'denkbar *adj* 不可想象的 bùkě xiǎngxiàng de ~**'denklich** *adj* seit ~en Zeiten 很久很久以前 hěnjiǔ hěnjiǔ yǐqián

'un|deutlich *adj* 不清楚的 bùqīngchǔde, 分辨不清的 fēnbiàn bùqīng de, 模糊的 mōhude ~**deutsch** *adj* 非德国〔國〕的 fēidéguóde, 非德语的 fēidéyǔde ~**dicht** *adj* 不密闭的 bùmìbìde, 渗漏的 shènlòude

'Unding *n* 不合理 bùhélǐ, 荒唐 huāngtáng

'unduldsam *adj* 不宽容的 bùkuānróngde

undurch|'dringlich *adj* 1) 穿不过〔過〕的 chuānbùguòde (Gestrüpp 树丛〔叢〕); 2) 看不透的 kànbùtòude (Miene 脸部表情) ~**'führbar** *adj* 行不通的 xíngbùtōngde

'undurch|lässig *adj* 不渗〔滲〕透的 bùshèntòude ~**sichtig** *adj* 1) 不透明的 bùtòumíngde (Glas 玻璃); 2) 看不透的 kànbùtòude (Mensch 人)

'uneben *adj* 不平坦的 bùpíngtǎnde 不平整的 bùpíngzhěngde

'Unebenheit *f* 1) 高低不平 gāodī bùpíng; 2) 不平整的地方 bùpíngzhěng de dìfāng

'un|echt *adj* 1) 假的 jiǎde, 仿制〔製〕的 fǎngzhìde; 2) 人造的 rénzàode ~**ehelich** *adj* 非婚生的 fēi hūnshēng de

'Unehre *f* 耻辱 chǐrǔ; j-m ~ machen 玷辱某人

'unehr|enhaft *adj* 耻辱的 chǐrǔde, 不光彩的 bùguāngcǎide ~**lich** *adj* 不诚实〔實〕的 bùchéngshíde

'Unehrlichkeit *f* 不诚实〔實〕 bù chéngshí

'uneigennützig *adj* 无〔無〕私的 wúsīde, 不谋私利的 bùmóu sīlì de

'uneinig *adj* 意见不一致的 yìjiàn bùyīzhì de

'Uneinigkeit *f* 意见分歧 yìjiàn fēnqí

unein'nehmbar *adj* 无〔無〕法攻占的 wúfǎ gōngzhàn de

'unempfänglich *adj* 无〔無〕接受能力的 wújiēshòunénglìde

'unempfindlich *adj* 无〔無〕感觉〔覺〕的 wúgǎnjuéde, 不敏感的 bùmǐngǎnde

'Unempfindlichkeit *f* 麻木不仁 mámù bùrén, 不敏感 bùmǐngǎn

un'endlich *adj* 无〔無〕穷〔窮〕尽〔盡〕的 wúqióngjìnde, 无止境的 wúzhǐjìngde

unent|'behrlich *adj* 不可缺少的 bùkě quēshǎo de, 必需的 bìxūde

~**'geltlich** *adj* 1) 无〔無〕报〔報〕酬的 wúbàochóude, 无偿〔償〕的 wúchángde; 2) 免费的 miǎnfèide

'unent|schieden *adj* 1) 未决定的 wèi juédìng de; 2) (比赛)平局的 píngjúde ~**schlossen** *adj* 未下决心的 wèi xià juéxīn de

unent|'schuldbar *adj* 不可宽恕的 bùkě kuānshù de ~**'wegt** *adj* 坚〔堅〕持不懈的 jiānchí bùxiè de, 继〔繼〕续〔續〕不断〔斷〕的 jìxù bùduàn de ~**'wirrbar** *adj* 解不开〔開〕的 jiébùkāide

uner'bittlich *adj* 毫不留情的 háobù liúqíng de, 严〔嚴〕峻的 yánjùnde

'unerfahren *adj* 没有经〔經〕验的 méiyǒu jīngyàn de

uner|'findlich *adj* 不可理解的 bùkě lǐjiě de ~**'forschlich** *adj* 玄妙的 xuánmiàode

'unerfreulich *adj* 令人不愉快的 lìng rén bùyúkuài de

uner'füllbar *adj* 无〔無〕法实〔實〕现的 wúfǎ shíxiàn de

'uner|giebig *adj* 收益甚微的 shōuyì shènwēi de ~**heblich** *adj* 无〔無〕足轻〔輕〕重的 wúzú qīngzhòng de, 微不足道的 wēibù zúdào de ~**hört** *adj* 闻所未闻的 wénsuǒ wèiwén de ~**kannt** *adj* 未被认〔認〕出的 wèibèi rènchū de

uner|'klärlich *adj* 无〔無〕法解释〔釋〕的 wúfǎ jiěshì de ~**'läßlich** *adj* 不可免除的 bùkě miǎnchú de

'uner|laubt *adj* 未经〔經〕许可的 wèijīng xǔkě de, 非法的 fēifǎde; ~e Handlung 非法行为 ~**ledigt** *adj* 未处〔處〕理的 wèichǔlǐde, 未了结的 wèiliǎojiéde

uner|'meßlich *adj* 无〔無〕法量度的 wúfǎ liángdù de, 巨大的 jùdàde ~**'müdlich** *adj* 不知疲倦的 bùzhī píjuàn de

'unerquicklich *adj* 令人不愉快的 lìng rén bùyúkuài de

uner|'reichbar *adj* 够不着的 gòubùzháode, 达〔達〕不到的 dábùdàode ~**'reicht** *adj* 未达〔達〕到过〔過〕的 wèi dádào guò de ~**'sättlich** *adj* 吃不饱的 chībùbǎode, 满〔滿〕足不了的 mǎnzú bùliǎo de ~**'schöpflich** *adj* 取之不尽〔盡〕的 qǔzhī bùjìn de

'unerschrocken *adj* 不害怕的 bùhàipàde, 无〔無〕畏的 wúwèide

uner|'schütterlich *adj* 不动〔動〕摇的 bùdòngyáode, 坚〔堅〕定的 jiāndìngde ~**'schwinglich** *adj* 昂贵的 ángguìde, 买不起的 mǎibùqǐde ~**'setzlich** *adj* 无〔無〕法补〔補〕偿〔償〕的 wúfǎ bǔcháng de ~**'träglich** *adj* 不堪忍受的 bù-

kān rěnshòu de
'uner|wartet *adj* 出乎意料的 chūhū yìliào de **~wünscht** *adj* 不受欢〔歡〕迎的 bùshòu huānyíng de
'unfähig *adj* 无〔無〕能的 wúnéngde
'Unfall *m* 事故 shìgù; einen ~ haben 发生事故 **~station** *f* 事故急救站 shìgù jíjiùzhàn **~versicherung** *f* 事故保险〔險〕 shìgù bǎoxiǎn
un|'faßlich *adj* 不可理解的 bùkělǐjiě de; das ist mir ~ 这对我是不可理解的 **~'fehlbar** I *adj* 绝对〔對〕正确〔確〕的 juéduì zhèngquè de, 不容置疑的 bùróng zhìyí de; II *adv* 肯定 kěndìng, 一定 yīdìng
'un|fein *adj* 不文雅的 bùwényǎde, 粗糙的 cūcāode **~fern** *prp* (*G*, von) 不远〔遠〕 bùyuǎn **~fertig** *adj* 1) 未完成的 wèi wánchéng de (Arbeit 作品); 2) 不成熟的 bùchéngshúde (Mensch 人) **~flätig** *adj* 下流的 xiàliúde, 污秽〔穢〕的 wūhuìde (Ausdrücke 话语) **~folgsam** *adj* 不服从〔從〕的 bùfúcóngde **~förmig** *adj* 畸形的 jīxíngde, 不成样〔様〕子的 bùchéng yàngzi de **~frankiert** *adj* 未贴邮〔郵〕票的 wèi tiē yóupiào de **~frei** *adj* 1) 不自由的 bù zìyóude; 2) 未付邮资的 wèi fù yóuzī de **~freiwillig** *adj* 1) 非自愿〔愿〕的 fēi zìyuànde; 2) 无〔無〕意的 wúyìde **~freundlich** *adj* 1) 不友好的 bùyǒuhǎode; 2) 不愉快的 bùyúkuàide; 3) 阴〔陰〕寒的 yīnhánde (Wetter 天气)
'Unfriede(n) *m* 不和 bùhé, 争吵 zhēngchǎo
'unfruchtbar *adj* 1) 不结果实〔實〕的 bùjiē guǒshí de; 2) 不生育的 bùshēngyùde; 3) 贫瘠的 pínjíde
'Unfug *m* -(e)s; 胡作非为〔爲〕 húzuò fēiwéi
'ungastlich *adj* 不好客的 bùhàokède
'unge|achtet *prp* (*G*) 不顾〔顧〕 bùgù, 尽〔盡〕管 jìnguǎn **~ahnt** *adj* 意想不到的 yìxiǎng bùdào de **~bärdig** *adj* 野的 yěde, 难〔難〕管教的 nán guǎnjiào de (Kind 孩子) **~beten** *adj* 未被邀请的 wèibèi yāoqǐng de; ~er Gast 不速之客 bù sù zhī kè **~bildet** *adj* 未受教育的 wèishòu jiàoyù de, 缺乏教养〔養〕的 quēfá jiàoyǎng de **~bräuchlich** *adj* 不常用的 bùchángyòng de, 罕见的 hànjiànde **~braucht** *adj* 未用过〔過〕的 wèi yòngguòde (Gerät 工具) **~bührlich** *adj* 不得体〔體〕的 bùdétǐde, 不妥的 bùtuǒde, 过分的 guòfènde **~bunden** *adj* 1) 未装〔裝〕钉的 wèi zhuāngdīngde, 散的 sǎnde; 2) 无〔無〕拘束的 wújūsùde **~deckt** *adj* 1) 无〔無〕复〔覆〕盖〔蓋〕的 wúfùgàide; 2) 未摆〔擺〕好餐具的 wèi bǎihǎo cānjù de; 3) 无掩护〔護〕的 wúyǎnhùde, 无保证〔證〕的 wúbǎozhèngde; 4) 空头〔頭〕的 kōngdóude (Scheck 支票)
'Ungeduld *f* 不耐烦 bù nài fán, 急躁 jízào
'unge|duldig *adj* 不耐烦的 bùnàifánde, 性急的 xìngjíde **~eignet** *adj* 不适〔適〕当〔當〕的 bù shìdàngde, 不合时〔時〕宜的 bù hé shíyíde
'ungefähr I *adj* 约略的 yuēlüède; II *adv* 大约 dàyuē, 差不多 chàbùduō **~det** *adj* 没有危险〔險〕的 méiyǒu wēixiǎn de, 安全的 ānquánde **~lich** *adj* 无〔無〕害的 wúhàide, 没有危险〔險〕的 méiyǒu wēixiǎn de
'unge|fällig *adj* 不亲〔親〕切的 bùqīnqiède, 不殷勤的 bùyīnqínde **~halten** *adj* 恼〔惱〕火的 nǎohuǒde **~hemmt** *adj* 无〔無〕拘束的 wújūsùde **~heuer** *adj* 巨大的 jùdàde, 非凡的 fēifánde, 惊〔驚〕人的 jīngrénde
'Ungeheuer *n* -s; - 1) 巨兽〔獸〕 jùshòu, 庞〔龐〕然大物 pánrándàwù; 2) 残〔殘〕忍的人 cánrěnderén
unge'heurlich *adj* 1) 巨大的 jùdàde; 2) 阴〔陰〕森森的 yīnsēnsēnde; 3) 令人愤慨的 lìng rén fènkǎi de
'unge|hobelt *adj* 1) 粗糙的 cūcāode; 2) 粗鲁无〔無〕礼〔禮〕的 cūlǔ wúlǐ de **~hörig** *adj* 不得体〔體〕的 bùdétǐde, 举〔舉〕止失当〔當〕的 jǔzhǐ shīdàng de
'Ungehörigkeit *f* 举〔舉〕止失当〔當〕 jǔzhǐ shīdàng, 粗鲁 cūlǔ
'ungehorsam *adj* 不顺从〔從〕的 bù shùncóngde, 不听〔聽〕话的 bù tīnghuàde
'Ungehorsam *m* 不顺从〔從〕 bùshùncóng, 不听〔聽〕话 bùtīnghuà
'unge|künstelt *adj* 不矫〔矯〕揉造作的 bù jiǎoróu zàozuò de **~legen** *adj* 时〔時〕间不合适〔適〕的 shíjiān bùhéshì de, 不方便的 bù fāngbiànde
'Ungelegenheiten *pl* 不便 bùbiàn, 麻烦 máfan; j-m ~ machen 给某人添麻烦
'unge|lehrig *adj* 难〔難〕教的 nánjiāode **~lenk** *adj* 笨拙的 bènzhuōde, 动〔動〕作迟〔遲〕钝的 dòngzuò chídùn de **~lernt** *adj* 不熟练〔練〕的 bùshúliànde, 无〔無〕技能的 wújìnéngde **~mütlich** *adj* 不舒适〔適〕的 bùshūshì-

de, 不惬意的 bùqièyìde **~nannt** *adj* 未署名的 wèishǔmíngde, 匿名的 nìmíngde **~nau** *adj* 不准确〔確〕的 bùzhǔnquède

'Ungenauigkeit *f* 不准确〔確〕 bùzhǔnquè

'ungeniert *adj* 不拘礼〔禮〕的 bùjūlǐde, 无〔無〕拘无束的 wújū wúsù de

'unge|nießbar *adj* 1) 不能食用的 bùnéng shíyòng de; 2) 不堪忍受的 bùkān rěnshòu de, 情绪恶〔惡〕劣的 qíngxùèliè de **~nügend** *adj* 不够的 bùgòude, 不足的 bùzúde **~pflegt** *adj* 1) 保养〔養〕不良的 bǎoyǎng bùliáng de; 2) 不整洁〔潔〕的 bùzhěngjiéde **~rade** *adj* 1) 不直的 bùzhíde; 2) ~ Zahl 奇数〔數〕 qíshù **~raten** *adj* 惯坏〔壞〕的 guànhuàide, 不成器的 bùchéngqìde **~recht** *adj* 不公平的 bùgōngpíngde, 不公正的 bùgōngzhèngde

'Ungerechtigkeit *f* 不公平 bùgōngpíng, 不公正 bùgōngzhèng

'ungern *adv* 不情愿〔願〕 bùqíngyuàn, 不乐〔樂〕意 bùlèyì

'ungeschehen *adj* etw. am liebsten ~ machen 最好没有发〔發〕生… zuìhǎo méiyǒu fāshēng…

'Ungeschick *n* -(e)s; **~lichkeit** *f* 不灵〔靈〕活 bùlínghuó, 笨拙 bènzhuō

'unge|schickt *adj* 不灵〔靈〕活的 bùlínghuóde, 笨拙的 bènzhuōde **~schlacht** *adj* 块〔塊〕头〔頭〕大的 kuàitóudàde, 粗笨的 cūbènde **~schliffen** *adj* 1) 未打磨的 wèidǎmóde, 粗糙的 cūcāode; 2) 粗俗的 cūsúde **~schminkt** *adj* 1) 未涂脂抹粉的 wèi túzhī mǒfěn de; 2) 未加粉饰的 wèijiā fěnshì de **~setzlich** *adj* 不法的 bùfǎde, 非法的 fēifǎde **~sittet** *adj* 不合礼〔禮〕俗的 bùhé lǐsú de, 伤〔傷〕风〔風〕败俗的 shāngfēn bàisú de **~stört** *adj* 不受干扰〔擾〕的 bùshòu gānrǎo de **~straft** *adj* 不受惩〔懲〕罚的 bùshòu chěngfá de; ~ davonkommen 未受惩罚 **~stüm** *adj* 迅猛的 xùnměngde, 剧〔劇〕烈的 jùliède

'Ungestüm *n* -(e)s; 狂热〔熱〕 kuángrè, 剧〔劇〕烈 jùliè

'unge|sund *adj* 1) 不健康的 bujiànkāngde, 有病的 yǒubìngde; 2) 不利于健康的 bùlìyú jiànkāng de, 不卫〔衛〕生的 bùwèishēngde **~teilt** *adj* 1) 不分开〔開〕的 bùfēnkāide, 完整的 wánzhěngde; 2) 一致的 yīzhìde **~trübt** *adj* 不浑浊〔濁〕的 bù húnzhuóde, 纯净的 chúnjìngde

'Ungetüm *n* -(e)s; -e 巨兽〔獸〕 jùshòu, 大怪物 dàguàiwù

'unge|übt *adj* 不熟练〔練〕的 bùshúliànde **~waschen** *adj* 未洗净的 wèixǐjìngde, 污秽〔穢〕的 wūhuìde **~wiß** *adj* 不明确〔確〕的 bùmíngquède, 不肯定的 bùkěndìngde; j-n im ungewissen lassen 不让某人明确知道

'Ungewißheit *f* -en 不明确〔確〕 bùmíngquè, 不肯定 bùkěndìng

'unge|wöhnlich *adj* 不平常的 bùpíngchángde, 非凡的 fēifánde **~-wohnt** *adj* 不习〔習〕惯的 bùxíguànde, 不寻〔尋〕常的 bùxúnchángde **~zählt** *adj* 不计其数的 bù jì qí shù de

'Ungeziefer *n* 1) 小害虫〔蟲〕 xiǎohàichóng; 2) 寄生虫 jìshēngchóng

'unge|zogen *adj* 没有教养〔養〕的 méiyǒu jiàoyǎng de, 粗野的 cūyěde (Kind 孩子) **~zügelt** *adj* 无〔無〕约束的 wúyuēsùde, 放纵〔縱〕的 fàngzòngde **~zwungen** *adj* 不做作的 bùzuòzuòde, 自然的 zìránde

'Unglaube(n) *m* 1) 无〔無〕信仰 wúxìnyǎng; 2) 怀〔懷〕疑 huáiyí

'ungläubig *adj* 1) 无〔無〕信仰的 wúxìnyǎngde, 不信神的 bùxìnshénde; 2) 有怀〔懷〕疑的 yǒuhuáiyíde

un'glaub|lich *adj* 难〔難〕以置信的 nányǐ zhìxìn de **~würdig** *adj* 1) 不可信任的 bùkě xìnrèn de; 2) 不可信的 bùkěxìnde

'ungleich *adj* 不相同的 bùxiāngtóngde, 不相等的 bùxiāngděngde; ~ besser 好得多 hǎodéduō **~artig** *adj* 不同种〔種〕类〔類〕的 bùtóng zhǒnglèi de

'Ungleichheit *f* 不相同 bùxiāngtóng, 不相等 bùxiāngděng, 力量悬〔懸〕殊 lìliàng xuánshū

'ungleichmäßig *adj* 不均匀的 bùjūnyúnde, 不平均的 bùpíngjūnde

'Unglück *n* -(e)s; 不幸 bùxìng, 灾〔災〕祸〔禍〕 zāihuò

'unglück|lich *adj* 不幸的 bùxìngde, 悲伤〔傷〕的 bēishāngde **~licherweise** *adv* 不幸地 bùxìngde **~-selig** *adj* 多灾〔災〕多难〔難〕的 duōzāiduōnàn de, 倒霉的 dǎoméide

'Unglücks|fall *m* 不幸事件 bùxìng shìjiàn, 事故 shìgù **~rabe** *m* 倒霉鬼 dǎoméiguǐ

'Ungnade *f* 失宠〔寵〕 shīchǒng; bei j-m in ~ fallen 失宠于某人

'ungnädig *adj* 1) 情绪恶〔惡〕劣的 qíngxù èliè de; 2) 时〔時〕运〔運〕不好的 shíyùn bùhǎo de

'ungültig *adj* 无〔無〕效的 wúxiàode, 失效的 shīxiàode

'Ungültigkeit *f* 无〔無〕效 wúxiào, 失效 shīxiào

'Ungunst *f* 1) 失宠〔寵〕 shīchǒng; 2) 不利 bùlì; zu meinen ~en 对我不利

'ungünstig *adj* 不利的 bùlìde (Bedingungen 条〔條〕件)

'un|gut *adj* 1) 不良的 bùliángde, 令人不快的 lìngrén bùkuàide (Gefühl 感觉); 2) nichts für ~! 别见〔見〕怪! bié jiànguài! **~haltbar** *adj* 保不住的 bǎobùzhùde, 站不住脚的 zhàn bù zhù jiǎo de~-**handlich** *adj* 不轻〔輕〕便的 bù qīngbiànde, 使用不便的 shǐyòng bùbiàn de

'Unheil *n* 灾〔災〕祸〔禍〕 zāihuò, 祸害 huòhài

'un|heilbar *adj* 无〔無〕法医〔醫〕治的 wúfǎ yīzhì de, 不可救药〔藥〕的 bùkě jiùyào de **~heimlich** *adj* 引起灾〔災〕难〔難〕的 yǐnqǐ zāinàn de, 不祥的 bùxiángde; ~ viel 一大堆 yīdàduī **~höflich** *adj* 不礼〔禮〕貌的 bùlǐmàode

'Unhöflichkeit *f* 无〔無〕礼〔禮〕 wúlǐ, 粗鲁 cūlǔ

'Unhold *m* -(e)s; -e 恶〔惡〕魔 èmuó, 恶棍 ègùn

'un|hörbar *adj* 听〔聽〕不见的 tīngbùjiànde **~hygienisch** *adj* 不卫〔衛〕生的 bùwèishēngde

'Uni *f* -s 单〔單〕色 dānsè

Uni'form *f* 制服 zhìfú

'Unikum *n* -s; -s 1) 稀有的东〔東〕西 xīyǒude dōngxī; 2) 怪人 guàirén

'uninteress|ant *adj* 没有趣味的 méiyǒu qùwèi de **~iert** *adj* 不感兴〔興〕趣的 bùgǎn xìngqù de

univer'sal *adj* 万〔萬〕有的 wànyǒude, 广〔廣〕博的 guǎngbóde

Universi'tät *f* -en 大学〔學〕 dàxué

Uni'versum *n* -s; 宇宙 yǔzhòu

'unken *vi* 说不吉利的话 shuō bùjílì de huà

'unkenntlich *adj* 无〔無〕法辨认〔認〕的 wúfǎ biànrèn de

'Unkenntnis *f* 无〔無〕知 wúzhī

'unklar *adj* 1) 不清楚的 bùqīngchǔde, 不明确〔確〕的 bùmíngquède; 2) 浑浊〔濁〕的 húnzhuóde

'Unklarheit *f* 不清楚 bùqīngchǔ, 不明确〔確〕 bùmíngquè

'unklug *adj* 不明智的 bùmíngzhìde

'Unkosten *pl* 开〔開〕支 kāizhī, 费用 fèiyòng; sich in ~ stürzen 开销很大

'Unkraut *n* 杂〔雜〕草 zácǎo

'un|kündbar *adj* 不能解雇〔僱〕的 bùnéng jiègù de **~längst** *adv* 不久以前 bùjiǔ yǐqián, 新近 xīnjìn **~-lauter** *adj* 不正当〔當〕的 bùzhèngdàngde; sich ~er Mittel bedienen 使用不正当手段 **~leidlich** *adj* 1) 脾气〔氣〕不好的 píqì bùhǎo de (Kind 孩子), 2) 难〔難〕以忍受的 nányǐ rěnshòu de (Ort 地方) **~-leserlich** *adj* 不可辨认〔認〕的 bùkě biànrèn de **~leugbar** *adj* 不可否认〔認〕的 bùkě fǒurèn de **~-logisch** *adj* 不合逻〔邏〕辑的 bùhé luójí de **~lösbar** *adj* 解不开[開]的 jiěbùkāide (Knoten 结子), 无[無]法解答的 wúfǎ jiědá de (Rätsel 谜)

'Unlust *f* 缺乏兴〔興〕致 quēfáxìngzhì 不乐〔樂〕意 bùlèyì

'un|männlich *adj* 无〔無〕男子气〔氣〕的 wúnánzǐqìde **'~maßgeblich** *adj* 不足为〔爲〕准〔準〕的 bù zú wéi zhǔn de; nach meiner ~en Meinung 依我的浅〔淺〕见〔見〕 yī wǒde qiǎnjiàn **~mäßig** *adj* 过〔過〕度的 guòdùde, 无〔無〕节〔節〕制的 wújiézhìde

'Unmenge *f* 大量 dàliàng, 无〔無〕数〔數〕 wúshù

'Unmensch *m* 残〔殘〕酷的人 cánkùde rén

'unmenschlich *adj* 残〔殘〕忍的 cánrěnde

'Unmenschlichkeit *f* 残〔殘〕忍 cánrěn

'un|mißverständlich *adj* 不会〔會〕误解的 bùhuì wùjiě de **~mittelbar** *adj* 直接的 zhíjiēde, 贴近的 tiējìnde **~möbiliert** *adj* 没有家具的 méiyǒu jiājù de (Zimmer 房间) **~modern** *adj* 不时〔時〕髦的 bùshímáode, 过〔過〕时的 guòshíde **~möglich** I *adj* 1)不可能的bùkěnéngde; 2) 不象话的 bùxiànghuàde; II *adv* 绝不 juébù **~moralisch** *adj* 不道德的 bùdàodéde **~-mündig** *adj* 未成年的 wèichéngniánde **~musikalisch** *adj* 不懂音乐〔樂〕的 bùdǒng yīnyuè de

'Unmut *m* -(e)s; 闷闷不乐〔樂〕 mēnmēn bùlè, 愤怒 fènnù

'un|nachahmlich *adj* 无〔無〕法模仿的 wúfǎ mófǎng de **~nachgiebig** *adj* 不让〔讓〕步的 bùràngbùde **~-nachsichtig** *adj* 严〔嚴〕厉〔厲〕的 yánlìde, 不宽恕的 bùkuānshùde

un'nahbar *adj* 难〔難〕接近的 nánjiējìnde

'un|natürlich *adj* 不自然的 bùzìránde, 装〔裝〕模作样〔樣〕的 zhuāngmó zuòyàng de **~nötig** *adj* 不必要的 bùbìyàode **~nütz** *adj* 无〔無〕用的 wúyòngde **~ordentlich** *adj* 不整洁〔潔〕的 bùzhěngjiéde, 放荡〔蕩〕的 fàngdàngde

'Unordnung *f* 杂〔雜〕乱〔亂〕无〔無〕

章 záluàn wúzhāng

'un|parteiisch *adj* 不偏袒的 bùpiāntǎnde, 公正的 gōngzhèngde **～passend** *adj* 不合适〔適〕的 bùhéshìde, 不恰当〔當〕的 bùqiàdàngde **～passierbar** *adj* 不能通过〔過〕的 bùnéng tōngguò de **～päßlich** *adj* 身体〔體〕不适〔適〕的 shēntǐ bùshì de **～persönlich** *adj* 1) 非个〔個〕人的 fēigèrénde, 无〔無〕个人特色的 wú gèrén tèsè de; 2)（语法）无人称〔稱〕的 wúrénchēngde **～politisch** *adj* 1) 不问政治的 bùwèn zhèngzhì de; 2) 不明智的 bùmíngzhìde **～praktisch** *adj* 1) 不切实〔實〕际〔際〕的 bùqièshíjì de; 2) 不实用的 bùshíyòngde

'Unrat *m* -(e)s; 垃圾 lājī, 废〔廢〕物 fèiwù; ～ wittern 觉〔覺〕得可疑 juéde kěyí

'unrecht *adj* 1) 错误的 cuòwùde; ～ haben 错了; 2) 不公平的 bùgōngpíngde; j-m ～ tun 对某人不公平

'Unrecht *n* -(e)s; 1) 错误 cuòwù; 2) 不公正 bùgōngzhèng; ihm ist ～ geschehen 他受冤屈了

'unrechtmäßig *adj* 非法的 fēifǎde, 不合法的 bùhéfǎde

'unreel *adj*（做生意）不诚实〔實〕的 bùchéngshíde, 靠不住的 kàobùzhùde

'unregelmäßig *adj* 不规律的 bùguīlǜde, 不均匀的 bùjūnyúnde

'Unregelmäßigkeit *f* 1) 不规律 bùguīlǜ, 不均匀 bùjūnyún; 2) 舞弊行为〔爲〕 wǔbì xíngwéi

'un|reif *adj* 1) 未成熟的 wèichéngshúde (Obst 水果); 2) 不成熟的 bùchéngshúde (Gedanke 想法) **～rein** *adj* 不干〔乾〕净的 bùgānjìngde, 不清洁〔潔〕的 bùqīngjiéde

un'rettbar *adj* 无〔無〕法挽救的 wúfǎ wǎnjiù de; ～ verloren sein 毫无挽救可能

'unrichtig *adj* 不正确〔確〕的 bùzhèngquède, 错误〔誤〕的 cuòwùde

'Unruh *f* -en 平衡轮〔輪〕 pínghénglún

'Unruhe *f* -n 1) 不安 bù'ān, 焦虑〔慮〕 jiāolǜ; 2) 不宁〔寧〕 bùníng, 骚动〔動〕 sāodòng, 骚乱〔亂〕 sāoluàn

'unruhig *adj* 不安静的 bù'ānjìngde, 不平静的 bùpíngjìngde (Meer 海)

'unrühmlich *adj* 不光彩的 bùguāngcǎide

uns *pers pron* 我们 wǒmén; ein Freund von ～ 我们的一个朋友

'un|sachgemäß *adj* 外行的 wàihángde, 不得法的 bùdéfǎde **～sachlich** *adj* 不客观〔觀〕的 bùkèguānde

un'säglich *adj* 说不出的 shuōbùchūde, 无〔無〕法形容的 wúfǎ xíngróngde

'un|sanft *adj* 不温柔的 bùwēnróude **～sauber** *adj* 1) 不干〔乾〕净的 bùgānjìngde, 肮〔骯〕脏〔髒〕的 ānzāngde; 2) 不光明正大的 bù guāngmíng zhèngdà de **～schädlich** *adj* 无〔無〕害的 wúhàide; j-n ～ machen 使某人不能为害 **～scharf** *adj* 不清晰的 bùqīngxīde, 模糊的 móhūde, 不精确〔確〕的 bùjīngquède

un'schätzbar *adj* 不可估计的 bùkě gūjì de, 异〔異〕常珍贵的 yìcháng zhēnguì de

'un|scheinbar *adj* 不显〔顯〕眼的 bùxiǎnyǎnde, 不引人注意的 bù yǐnrén zhùyì de **～schicklich** *adj* 不得体〔體〕的 bùdétǐde, 不适〔適〕当〔當〕的 bùshìdàngde **～schlüssig** *adj* 犹〔猶〕豫不决的 yóuyù bùjué de, 优〔優〕柔寡断〔斷〕的 yōuróu guǎduàn de **～schön** *adj* 1) 不美的 bùměi de, 不好看的 bùhǎokànde; 2) 不愉快的 bùyúkuàide

'Unschuld *f* 无〔無〕罪 wúzuì, 无辜 wúgū, 清白 qīngbái

'un|schuldig *adj* 无〔無〕罪的 wúzuìde, 清白的 qīngbáide **～selbständig** *adj* 不自主的 bùzìzhǔde, 依赖别人的 yīlài biérén de

'unser I *poss pron* 我们的 wǒménde; II *pers pron* 我们 wǒmén; wir sind ～ drei 我们是三个人

'un|sicher *adj* 不安全的 bù'ānquánde, 不稳〔穩〕当〔當〕的 bùwěndàngde, 无〔無〕把握的 wúbǎwòde **～sichtbar** *adj* 看不见的 kànbùjiànde

'Unsinn *m* -(e)s; 胡闹〔鬧〕 húnào, 瞎扯 xiāchě

'unsinnig *adj* 无〔無〕意义〔義〕的 wúyìyìde, 胡闹〔鬧〕的 húnàode

'Unsitte *f* 恶〔惡〕习〔習〕 èxí, 陋俗 lòusú

'un|sittlich *adj* 不道德的 bùdàodéde, 伤〔傷〕风〔風〕败俗的 shāngfēn bàisú de **～solide** *adj* 1) 轻〔輕〕浮的 qīngfúde, 放纵〔縱〕的 fàngzòngde; 2) 不可靠的 bùkěkàode **～sozial** *adj* 非社会〔會〕性的 fēishèhuìxìngde, 非群居的 fēiqúnjūde **～statthaft** *adj* 不许可的 bùxǔkěde **～sterblich** *adj* 不死的 bùsǐde, 不朽的 bùxiǔde **～stet** *adj* 不稳〔穩〕定的 bùwěndìngde, 不安定的 bù'āndìngde

'Unstimmigkeit *f* 1) 差错 chācuò; 2) 分歧 fēnqí

'un|sträflich *adj* 无〔無〕可指摘的 wúkě zhǐzhāi de **～streitig** *adj* 无

〔無〕可争辩的 wúkě zhēngbiàn de **~-sympathisch** *adj* 不讨人喜欢〔歡〕的 bù tǎorén xǐhuān de; er ist mir ~ 我不喜欢他 **~tätig** *adj* 无〔無〕所事事的 wúsuǒ shìshì de **~tauglich** *adj* 不中用的 bùzhōngyòngde

un'teilbar *adj* 不可分的 bùkěfēnde

'unten *adv* 在下面 zài xiàmiàn, 底下 dǐxià; von oben bis ~ 从上到下

'unter I *prep* (*D, A*) 1) 在…下面 zài … xiàmiàn; ~ zehn Mark 十马〔馬〕克以下; ~ Null 零度以下; ~ aller Kritik sein 坏〔壞〕得不值一评 huàide bù zhí yī píng; 2) 从〔從〕 cóng, 以 yǐ; ~ diesem Gesichtspunkt 从这种观点看; II *adj* 低一级的 dīyījíde, 底下的 dǐxiàde; die ~en Räume 楼下房间

'Unter|arm *m* 前臂 qiánbì **~bau** *m* -(e)s; -ten 基础 jīchǔ, 地基 dìjī, 路基 lùjī

unter|'bieten* *vt* 1) 要价〔價〕低于别人 yàojià dīyú biérén; 2) 缩短记录〔録〕时〔時〕间 suōduǎn jìlù shíjiān, **~'binden*** *vt* 1) 结扎 jiēzhā; 2) 止住 zhǐzhù **~'bleiben*** *vi*(*s*) 不发〔發〕生 bùfāshēng, 停止 tíngzhǐ **~'brechen*** *vt* 中断〔斷〕 zhōngduàn, 打断 dǎduàn

Unter'brechung *f* -en 暂停 zàntíng, 中断〔斷〕 zhōngduàn

unter'breiten *vt* 提出 tíchū, 提交 tíjiāo

'unterbringen* *vt* 安放 ānfàng, 安置 ānzhì, 安顿 āndùn

'Unterbringung *f* -en 1) 安放 ānfàng, 安顿 āndùn; 2) 住处〔處〕 zhùchù

unter|'dessen *adv* 这时〔時〕 zhèshí, 在此期间 zài cǐqījiān **~'drücken** *vt* 压〔壓〕迫 yāpò, 压制 yāzhì, 镇压 zhènyā

Unter'drückung *f* -en 压〔壓〕迫 yāpò, 压制 yāzhì, 镇压 zhènyā

'unterernährt *adj* 营养〔養〕不良的 yíngyǎng bùliáng de

Unter'führung *f* 下跨道 xiàkuàdào, 桥〔橋〕下公路（铁路） qiáoxià gōnglù

'Untergang *m* -(e)s; ⸚e 1) 下沉 xiàchén, 沉没 chénmò; 2) 衰亡 shuāiwáng, 毁灭〔滅〕 huǐmiè

Unter'gebene *m* -n; -n 下级 xiàjí, 部下 bùxià

'untergehen* *vi*(*s*) 1) 下沉 xiàchén, 沉没 chénmò; 2) 毁灭〔滅〕 huǐmiè

'untergeordnet *adj* 1) 从〔從〕属〔屬〕性的 cóngshǔxìngde; 2) 次要的 cìyàode

'Untergewicht *n* -(e)s; 1) 重量不足 zhòngliàng bùzú; 2) 体〔體〕重过〔過〕轻〔輕〕 tǐzhòng guòqīng

unter'graben* *vt* 1) 冲刷 chōngshuā, 冲蚀 chōngshí; 2) 损害 sǔnhài

'Untergrund *m* -(e)s; 1) 下层〔層〕土 xiàcéngtǔ, 底土 dǐtǔ; 2) 底色 dǐsè **~bahn** *f* 地下铁〔鐵〕道 dìxià tiědào **~bewegung** *f* 地下活动〔動〕 dìxià huódòng

'unterhalb *prp* (*G*) 在…下面 zài … xiàmiàn, 在…之下 zài … zhī xià

'Unterhalt *m* -(e)s; 1) 生计 shēngjì, 生活费用 shēnghuó fèiyòng; 2) 保养〔養〕费用 bǎoyǎng fèiyòng

unter'halten* *vt* 1) 供养〔養〕 gōngyǎng; 2) 保养 bǎoyǎng, 维修 wéixiū; 3) 使得到消遣 shǐ dédào xiāoqiǎn, 为〔爲〕…助兴〔興〕 wèi …zhùxìng; 4) sich ~ 谈话 tánhuà; 消遣 xiāoqiǎn

Unter'haltung *f* 1) 维修 wéixiū, 保养〔養〕 bǎoyǎng; 2) 谈话 tánhuà; 3) 消遣 xiāoqiǎn, 娱乐〔樂〕 yúlè

'Unterhändler *m* 1) 谈判者 tánpànzhě; 2) 调停人 tiáotíngrén

'Unter|haus *n* -es; 下议〔議〕院 xiàyìyuàn **~hemd** *n* 内衣 nèiyī, 汗衫 hànshān **~holz** *n* -es; 从〔叢〕林里〔裏〕的下层〔層〕林木 cónglín lǐ de xiàcéng línmù **~hose** *f* 内裤 nèikù, 衬〔襯〕裤 chènkù

'unterirdisch *adj* 地下的 dìxiàde, 隐〔隱〕蔽的 yǐnbìde

unter'jochen *vt* 征服 zhēngfú, 奴役 núyì

'Unter|kiefer *m* 下颚 xià'è **~kleid** *n* 内衣 nèiyī, 衬〔襯〕裙 chènqún **~kleidung** *f* 内衣 nèiyī

'unterkommen* *vi* (*s*) 找到工作 zhǎodào gōngzuò, 找到住处〔處〕 zhǎodào zhùchù

'Unterkommen *n* -s; 住处〔處〕 zhùchù, 工作 gōngzuò

'unterkriegen *vt* 制服… zhìfú…; sich nicht ~ lassen 不屈服 bù qūfú

'Unter|kunft *f* ⸚e 1) 住处〔處〕 zhùchù, 寄宿处 jìsùchù; 2) 营〔營〕房 yíngfáng **~lage** *f* 1) 垫〔墊〕子 diànzi, 底座 dǐzuò; 2) 书〔書〕面证〔證〕明 shūmiàn zhèngmíng

unter'lassen* *vt* 1) 搁置 gēzhì, 放弃〔棄〕 fàngqì; 2) 疏忽 shūhu, 忽略 hūlüè

Unterlassungssünde *f* 玩忽职〔職〕守罪 wánhū zhíshǒu zuì

'unterlegen *vt* 1) 把…放在下面 bǎ … fàng zài xiàmiàn; 2) 赋与〔與〕文本另一意思 fùyǔ wénběn

lìngyī yìsi
unter'legen *adj* 处[處]于劣势[勢]的 chǔyú lièshì de
Unter'legenheit *f* 劣势[勢] lièshì, 下风[風] xiàfēn
'Unterleib *m* 下腹 xiàfǔ
unter'liegen* *vi* (*s*) 1) 输[輸]shū, 失败 shībài; 2) 遭受… zāoshòu…; es unterliegt keinem Zweifel, daß … …是毫无[無]疑问的 … shì háowú yíwèn de
'Unter|lippe *f* 下唇 xiàchún **~-mieter** *m* 转[轉]租房客 zhuǎnzū fángkè
unter'nehmen* *vt* 着手 zhuóshǒu, 从[從]事 cóngshì
Unter'nehmen *n* -s; - 1) 企业[業] qǐyè; 2) 作战[戰]行动[動] zuòzhàn xíngdòng
unter'nehmend *adj* 有事业[業]心的 yǒu shìyèxīnde
Unter'nehmung *f* -en 1) 企业[業]经[經]营[營] qǐyè jīngyíng; 2) 作战[戰]行动[動] zuòzhàn xíngdòng
unter'nehmungslustig *adj* 有事业[業]心的 yǒu shìyèxīnde
'Unteroffizier *m* 士官 shìguān, 军士 jūnshì
'unterordnen *vt* 使隶[隸]属[屬]于 shǐ lìshǔ yú; sich ~ 隶属于
Unter'redung *f* -en 会[會]谈 huìtán, 商谈 shāngtán
'Unterricht *m* -(e)s; -e 功课 gōngkè, 课程 kèchéng
unter'richten *vt* 1) 授课 shòukè, 教课 jiāokè; 2) 告知 gàozhī
'Unterrichts|stunde *f* 学[學]时[時] xuéshí **~wesen** *n* 教学[學] jiàoxué, 教学制度 jiàoxué zhìdù
'Unterrock *m* 衬[襯]裙 chènqún
unter'sagen *vt* 不准 bùzhǔn, 禁止 jìnzhǐ; j-m das Rauchen ~ 不准某人吸烟
'Untersatz *m* 托盘[盤] tuōpán, 垫[墊]子 diànzi, 底座 dǐzuò
unter|'schätzen *vt* 低估 dīgū **~-'scheiden*** *vt* 辨别 biànbié, 区[區]别 qūbié; sich ~ von 有别于
Unter'scheidung *f* 区[區]别 qūbié
'Unterschenkel *m* 小腿 xiǎotuǐ
'unterschieben* *vt* 把…推到下面 bǎ … tuīdào xiàmiàn; j-m etw. ~ 把…归[歸]咎于 bǎ … guījiù yú
'Unterschied *m* -(e)s; -e 区[區]别 qūbié, 差别 chābié
'unterschied|lich *adj* 不同的 bùtóngde, 有区[區]别的 yǒu qūbiéde **~slos** *adj* 无[無]差别的 wúchābiéde
unter'schlagen* *vt* 1) 侵吞 qīntūn, 贪污 tānwū; 2) 隐[隱]瞒[瞞] yǐnmán
Unter'schlagung *f* -en 侵吞 qīntūn, 贪污 tānwū
'Unterschlupf *m* -(e)s; ≃e 栖[棲]身处[處] qīshēnchù, 庇护[護]所 bìhùsuǒ
unter'schreiben* *vt, vi* 签[簽]字 qiānzì, 签名 qiānmíng
'Unterschrift *f* 签[簽]字 qiānzì
'Untersee|boot *n* 潜[潛]水艇 qiánshuǐtǐng **~kabel** *n* 海底电[電]缆[纜] hǎidǐdì ànlǎn
unter'setzt *adj* 矮小结实[實]的 ǎixiǎo jiēshi de
'unterst *adj* 最下面的 zuìxiàmiànde, 最低的 zuìdīde
'Unterstand *m* 避弹[彈]所 bìdànsuǒ, 掩体[體] yǎntǐ
unter'stehen* I *vi* 隶[隸]属[屬]于 lìshǔyú, 从属于 cóngshǔyú; II *v sich* 胆[膽]敢 dǎngǎn; ~ Sie sich! 你敢!
'unterstellen *vt* 1) 存放 cúnfàng, 暂存 zàncún; 2) 把…放到…下面 bǎ … fàngdào … xiàmiàn; 3) sich ~ 躲避(风雨) duǒbì
unter'stellen *vt* 1) 假定 jiǎdìng, 假设 jiǎshè; 2) 使受…的领导[導] shǐ shòu … de lǐngdǎo
Unter'stellung *f* -en 假设 jiǎshè, 假定 jiǎdìng
unter|'streichen* *vt* 在…下划[劃]线[綫] zài … xià huàxiàn, 强调 qiángdiào **~'stützen** *vt* 支持 zhīchí, 援助 yuánzhù **~'suchen** *vt* 1) 调查 diàochá, 检[檢]查 jiǎnchá, 检验[驗] jiǎnyàn; 2) 分析 fēnxì, 研究 yánjiū
Unter'suchung *f* -en 检[檢]查 jiǎnchá, 调查 diàochá, 探讨 tàntǎo
Unter'suchungs|gefangene *m* 拘留[留]候审[審]的人 jūliú hòushěn de rén **~gefängnis** *n* 拘留所 jūliúsuǒ **~haft** *f* 拘留 jūliú **~richter** *m* 预审法官 yùshěn fǎguān
'Untertan *m* -s; -en 1) 臣民 chénmín; 2) 奴仆[僕] núpú
'untertänig *adj* 卑躬屈膝的 bēigōng qūxī de
'Untertasse *f* 茶碟 chádié
'untertauchen I *vi* (*s*) 1) 潜[潛]入 qiánrù, 潜水 qiánshuǐ; 2) 潜伏 qiánfú, 隐[隱]藏 yǐncáng; II *vt* 浸入 jìnrù, 使沉没 shǐ chénmò
'Unterteil *n, m* 下部 xiàbù, 底部 dǐbù
unter'teilen *vt* 分 fēn, 划[劃]分 huàfēn
Unter'teilung *f* 划[劃]分 huàfēn
'Unter|titel *m* 1) 副标[標]题 fù-

biāotí; 2) 电〔電〕影字幕 diànyǐng zìmù ~**ton** *m* 语气〔氣〕yǔqì, 弦外音 xiánwàiyīn
'**unter vermieten** *vt* 转〔轉〕租 zhuǎnzū
unter'wandern *vt* 渗〔滲〕透 shèntòu
'**Unterwäsche** *f* 内衣 nèiyī
unter|'**wegs** *adv* 路上 lùshàng, 途中 túzhōng ~'**weisen*** *vt* 指导〔導〕zhǐdǎo, 向…传〔傳〕授 xiàng … chuánshòu
'**Unterwelt** *f* 1) 阴〔陰〕曹地府 yīncáo dìfǔ; 2) 黑社会〔會〕hēishèhuì
unter'werfen* *vt* 1) 制服 zhìfú, 征服 zhēngfú, 使臣服 shǐ chénfú; 2) 使经〔經〕受 shǐ jīngshòu; 4) sich ~ 服从〔從〕fúcóng, 听命于 tīngmìngyú
Unter'werfung *f* 1) 征服 zhēngfú; 2) 屈服 qūfú, 屈从〔從〕qūcóng
unter|'**würfig** *adj* 卑躬屈膝的 bēigōng qūxī de ~'**zeichnen** *vt* 签〔簽〕署 qiānshǔ, 签字 qiānzì
Unter'zeichner *m* 签〔簽〕署者 qiānshǔzhě ~**staat** *m* 签字国 qiānzìguó
Unterzeichnete *m,f* -n; -n 签〔簽〕字者 qiānzìzhě
Unter'zeichnung *f* 签〔簽〕字 qiānzì, 签名 qiānmíng
'**unterziehen*** *vt* 1) 把…穿在里面 bǎ … chuān zài lǐmiàn; 2) 加进〔進〕jiājìn, 放入 fàngrù
unter'ziehen* *vt* 1) 使遭受 shǐ zāoshòu; 2) sich ~ 经〔經〕受 jīngshòu, 承受 chéngshòu; sich einer Operation ~ 动过一次手术; sich einer Prüfung ~ 经受一次考验; sich der Mühe ~ zu … 为…花一番力气
'**Untiefe** *f* 浅〔淺〕滩〔灘〕qiǎntān
'**Untier** *n* 1) 怪物 guàiwù, 巨兽〔獸〕jùshòu; 2) 凶残〔殘〕的人 xiōngcánde rén
un|'**tilgbar** *adj* 无〔無〕法偿〔償〕还〔還〕的 wúfǎ chánghuán de; 2) 无法补〔補〕救的 wúfǎ bǔjiù de (Schuld 罪过); 3) 抹不掉的 mǒbùdiàode (Schmach 耻辱), 不可磨灭〔滅〕的 bùkě mómiè de (Eindruck 印象) ~'**tragbar** *adj* 1) 担负不了的 dānfù bùliǎo de; 2) 难〔難〕以承受的 nányǐ chéngshòu de ~'**trennbar** *adj* 不可分的 bùkěfēnde
'**untreu** *adj* 不忠实〔實〕的 bùzhōngshíde
'**Untreue** *f* 不忠 bùzhōng, 不忠诚 bùzhōngchéng
un|'**tröstlich** *adj* 伤〔傷〕心的 shāngxīnde, 难〔難〕过〔過〕的 nánguòde ~'**trüglich** *adj* 确〔確〕实〔實〕的 quèshíde, 明白无〔無〕误〔誤〕的 míngbái wúwù de
'**Untugend** *f* 恶〔惡〕习〔習〕èxí, 坏〔壞〕习〔習〕惯 huàixíguàn
'**unüber**|**legt** *adj* 欠考虑〔慮〕的 qiànkǎolǜde ~**sichtlich** *adj* 看不清楚的 kàn bù qīngchu de, 混乱〔亂〕的 hùnluànde
unüber|'**trefflich** *adj* 出众〔衆〕的 chūzhòngde, 不可超越的 bùkě chāoyuè de ~'**windlich** *adj* 不可征服的 bùkě zhēngfú de, 不可攻破的 bùkě gōngpò de, 不可克服的 bùkě kèfú de
unum|'**gänglich** *adj* 不可回避的 bùkě huíbì de, 绝对〔對〕必要的 juéduì bìyào de ~'**schränkt** *adj* 没有限制的 méiyǒu xiànzhì de ~'**stößlich** *adj* 无〔無〕法推翻的 wúfǎ tuīfān de, 无法更改的 wúfǎ gēnggǎi de
'**unumwunden** *adj* 坦率的 tǎnshuàide
'**ununterbrochen** *adj* 持续〔續〕不断〔斷〕的 chíxù bùduàn de
unver|'**änderlich** *adj* 不变〔變〕的 bùbiànde ~'**antwortlich** *adj* 不负责任的 bùfù zérèn de ~'**besserlich** *adj* 无〔無〕法改正的 wúfǎ gǎizhèngde
'**unverbindlich** *adj* 不承担义〔義〕务〔務〕的 bù chéngdān yìwù de, 不受约束的 bùshòu yuēsù de
unver|'**blümt** *adj* 不掩饰的 bùyǎnshìde, 直率的 zhíshuàide ~'**bürgt** *adj* 未证〔證〕实〔實〕的 wèizhèngshíde
'**unver**|**dächtig** *adj* 无〔無〕可怀〔懷〕疑的 wúkě huáiyí de ~**daulich** *adj* 1) 不易消化的 bùyìxiāohuàde; 2) 难〔難〕理解的 nánlǐjiěde; 3) 吃不消的 chībùxiāode ~**dient** *adj* 不应〔應〕得的 bùyīngdéde (Lob 称赞, Vorwürfe 谴责) ~**dorben** *adj* 1) 未腐烂〔爛〕的 wèifǔlànde (Speisen 食物); 2) 未变〔變〕质〔質〕的 wèibiànzhìde, 纯洁〔潔〕的 chúnjiéde (Mädchen 姑娘) ~**drossen** *adj* 孜孜不倦的 zīzī bùjuàn de, 勤勉的 qínmiǎnde ~**dünnt** *adj* 未稀释的 wèixīshìde, 未冲淡的 wèichōngdànde
unver'einbar *adj* 互不相容的 hùbù xiāngróng de, 不一致的 bù yīzhìde
'**unver**|**fälscht** *adj* 非伪〔僞〕造的 fēiwěizàode, 未搀〔攙〕假的 wèichānjiǎde ~**fänglich** *adj* 不令人疑虑〔慮〕的 bù lìng rén yílǜ de ~**froren** *adj* 放肆的 fàngsìde, 无〔無〕礼〔禮〕的 wúlǐde ~**gänglich**

adj 永不磨灭〔滅〕的 yǒngbù mómiè de, 不朽的 bùxiǔde

unver|'geßlich *adj* 难〔難〕忘的 nánwàngde **~'gleichlich** *adj* 无〔無〕与〔與〕伦〔倫〕比的 wúyǔ lúnbǐ de

'unver|hältnismäßig *adj* 不相称〔稱〕的 bùxiāngchènde **~heiratet** *adj* 未婚的 wèihūnde **~hofft** *adj* 喜出望外的 xǐchū wàngwài de **~-hohlen** *adj* 不隐〔隱〕瞒〔瞞〕的 bùyǐnmánde **~käuflich** *adj* 不出售的 bùchūshòude, 非卖〔賣〕的 fēimàide

unver|'kennbar *adj* 不会〔會〕看错的 bùhuì kàncuò de, 明显〔顯〕的 míngxiǎnde **~'letzbar** *adj* 不可伤〔傷〕害的 bùkě shānghài de, 不容侵犯的 bùróng qīnfàn de **~'meidlich** *adj* 不可避免的 bùkě bìmiǎn de

'unver|mindert *adj* 不减少的 bùjiǎnshǎode **~mittelt** *adj* 突然的 tūránde

'Unvermögen *n* -s; 无〔無〕能 wúnéng, 无力 wúlì

'unver|mögend *adj* 无〔無〕资产〔產〕的 wúcīchǎnde **~mutet** *adj* 未估计到的 wèigūjìdàode

'Unvernunft *f* 无〔無〕理性 wúlǐxìng

'unver|nünftig *adj* 不理智的 bùlǐzhìde **~richteterdinge** *adv* 未如愿〔願〕以偿〔償〕地 wèi rúyuàn yǐcháng de **~schämt** *adv* 厚颜无耻的 hòuyán wúchǐ de **~schuldet** *adj* 1) 不负债的 bùfùzhàide; 2) 无〔無〕辜的wúgūde **~sehens** *adv* 1) 转〔轉〕眼间 zhuǎnyǎnjiān; 2) 意外地 yìwàide, 突然地 tūránde **~-sehrt** *adj* 未受伤〔傷〕害的 wèishòu shānghài de **~söhnlich** *adj* 1) 势〔勢〕不两〔兩〕立的 shìbù liǎnglì de(Feind 敌人); 2) 不可调和的 bùkě tiáohé de (Gegensatz 矛盾) **~sorgt** *adj* 无〔無〕人供养〔養〕的 wúrén gōngyǎng de

'Unverstand *m* 缺乏理解力 quēfá lǐjiělì, 愚昧 yúmèi

'unver|ständig *adj* 无〔無〕理性的 wúlǐxìngde, 无知的 wúzhīde **~-ständlich** *adj* 听不清楚的 tīngbù qīngchǔ de, 无〔無〕法理解的 wúfǎ lǐjiě de; das ist mir ~ 这我难以理解 **~sucht** *adj* nichts ~ lassen 千方百计 qiānfāngbǎijì **~-träglich** *adj* 1) 不随〔隨〕和的 bùsuíhéde, 好争吵的 hàozhēngchǎode; 2) 难〔難〕消化的 nánxiāohuàde **~wandt** *adj* 目不转〔轉〕睛的 mùbù zhuǎnjīng de **~-wundbar** *adj* 不易受伤〔傷〕害的 bùyì shòu shānghài de

unver'wüstlich *adj* 1) 结实〔實〕的 jiéshíde; 2) 不可动〔動〕摇的 bùkě dòngyáo de

'unverzagt *adj* 无〔無〕畏的 wúwèide, 不泄气〔氣〕的 bùxièqìde

unver|'zeilich *adj* 不可原谅的 bùkě yuánliàng de **~'zinslich** *adj* 无〔無〕息的 wúxīde **~'zuglich** *adj* 刻不容缓的 kèbù rónghuǎn de

'unvollendet *adj* 未完成的 wèiwánchéngde

'unvoll|kommen *adj* 不完善的 bùwánshànde **~ständig** *adj* 不全的 bùquánde, 不足数〔數〕的 bùzúshùde

'unvorbereitet *adj* 未准〔準〕备〔備〕的 wèizhǔnbèide, 即兴〔興〕的 jìxìngde

'unvoreingenommen *adj* 无〔無〕成见的 wúchéngjiànde

'unvorhergesehen *adj* 未预见〔見〕到的 wèiyùjiàndàode, 意外的 yìwàide

'unvorsichtig *adj* 不小心的 bùxiǎoxīnde, 冒失的 màoshīde

'Unvorsichtigkeit *f* 鲁莽 lǔmǎng, 冒失 màoshī

unvor'stellbar *adj* 难〔難〕以想象的 nányǐ xiǎngxiàng de

'unvorteilhaft *adj* 不会〔會〕有好处〔處〕的 bùhuì yǒu hǎochù de, 不会使人有好感的 bùhuì shǐ rén yǒu hǎogǎn de

'unwahr *adj* 不真实〔實〕的 bùzhēnshíde

'Unwahrheit *f* 不真实〔實〕 bùzhēnshí, 假话 jiǎhuà

'unwahrscheinlich *adj* 不大可能的 bùdà kěnéng de, 难〔難〕以置信的 nányǐ zhìxìn de

'un|wegsam *adj* 无〔無〕路可通的 wúlù kětōng de **~weit** *prp* (*G, od* von) 离〔離〕…不远〔遠〕 lí … bùyuǎn

'Unwesen *n* -s; 胡作非为〔爲〕 húzuò fēiwéi; sein ~ treiben 干坏事

'unwesentlich *adj* 不重要的 bùzhòngyàode, 无〔無〕关〔關〕宏旨的 wúguān hóngzhǐ de

'Unwetter *n* 暴风〔風〕雨 bàofēngyǔ

'unwichtig *adj* 不重要的 bùzhòngyàode

unwider|'legbar *adj* 无〔無〕可辩驳的 wúkě biànbó de **~'ruflich** *adj* 不可撤销的 bùkě chèxiāo de **~-'stehlich** *adj* 不可抗拒的 bùkě kàngjù de **~bringlich** *adj* 无〔無〕法挽回的 wúfǎ wǎnhuí de

'Unwille *m* -ns; 不满〔滿〕 bùmǎn, 气〔氣〕愤 qìfèn

'unwill|ig *adj* 生气〔氣〕的 shēngqìde, 不乐〔樂〕意的 bùlèyìde **~-**

kürlich *adj* 不由自主的 bù yóu zìzhǔ de

'**unwirk|lich** *adj* 不实〔實〕在的 bùshízàide ~**sam** *adj* 无〔無〕效的 wúxiàode, 失效的 shīxiàode

'**unwirsch** *adj* 不亲〔親〕切的 bùqīnqiède, 粗暴的 cūbàode

'**unwirt|lich** *adj* 不吸引人的 bùxīyǐnrénde, 荒凉的 huāngliángde (Gegend 地方), 阴〔陰〕寒的 yīnhánde (Wetter 天气) ~**schaftlich** *adj* 不经〔經〕济〔濟〕的 bùjīngjìde

'**unwissend** *adj* 无〔無〕知的 wúzhīde, 一无所知的 yīwú suǒzhī de; sich ~ stellen 装作不知道

'**Unwissenheit** *f* 无〔無〕知 wúzhī, 愚昧 yúmèi

'**unwissentlich** *adj* 不知情的 bùzhīqíngde

'**unwohl** *adj* 不舒服的 bùshūfude 不适〔適〕的 bùshìde

'**Unwohlsein** *n* -s; 身体不适〔適〕shēntǐ bù shì

'**unwürdig** *adj* 1) 不配的 bùpèide 2) 有失身分的 yǒushī shēnfèn de

un'**zählig** *adj* 无〔無〕数〔數〕的 wúshùde, 大量的 dàliàngde

'**unzart** *adj* 不温柔的 bùwēnróude

'**Unze** *f* 盎司 àngsī

'**Unzeit** *f* zur ~ kommen 来〔來〕的不是时〔時〕候 láide bùshì shíhou

'**unzeit|gemäß** *adj* 不合时〔時〕宜的 bùhé shíyí de ~**ig** *adj* 1) 不及时的 bùjíshíde, 晚到的 wǎndàode; 2) 未成熟的 wèichéngshúde (Obst 水果)

unzer|'**brechlich** *adj* 1)不易破碎的 bùyì pòsuì de; 2) 坚〔堅〕定的 jiāndìngde ~'**reißbar** *adj* 撕不断〔斷〕的 sībùduànde ~'**störbar** *adj* 牢不可破的 láobùkěpòde ~'**trennlich** *adj* 不可分离〔離〕的 bùkě fēnlí de

'**unziemlich** *adj* 1) 不得体〔體〕的 bùdétǐde; 2) 不适〔適〕当〔當〕的 bùshìdàngde

'**Unzucht** *f* 淫乱〔亂〕yínluàn, 猥亵〔褻〕wěixiè

'**unzüchtig** *adj* 淫乱〔亂〕的 yínluànde, 猥亵〔褻〕的 wěixiède

'**unzufrieden** *adj* 不满〔滿〕意的 bù mǎnyìde

'**unzugänglich** *adj* 1) 不大好去的 bùdà hǎoqù de; 2) 难〔難〕接近的 nánjiējìnde

'**unzulänglich** *adj* (知识等)不足的 bùzúde, 欠缺的 qiànquēde

'**Unzulänglichkeit** *f* 不足 bùzú, 欠缺 qiànquē

'**unzulässig** *adj* 不许可的 bùxǔkěde (Einmischung 干预)

'**unzurechnungsfähig** *adj* 无〔無〕力对〔對〕自己的行为〔爲〕负责的 wúlì duì zìjǐde xíngwéi fùzé de, 精神失常的 jīngshén shīcháng de

'**unzu|reichend** *adj* 不充足的 bùchōngzúde ~**sammenhängend** *adj* 不连贯的 bùliánguànde, 无〔無〕关〔關〕联〔聯〕的 wúguānliánde ~-**träglich** *adj* 不利于健康的 bùlì yú jiànkāng de ~**treffend** *adj* 不恰当〔當〕的 bùqiàdàngde, 不贴切的 bùtiēqiè de ~**verlässig** *adj* 不可靠的 bùkěkàode, 不可信赖的 bùkě xìnlài de

'**un|zweckmäßig** *adj* 不适〔適〕当〔當〕的 bùshìdàngde ~**zweideutig** *adj* 明确〔確〕的 míngquède, 不含糊的 bùhánhūde ~**zweifelhaft** *adj* 无〔無〕疑的 wúyíde

'**üppig** *adj* 1) 茂盛的 màoshèngde; 2) 丰〔豐〕盛的 fēngshèngde, 丰满〔滿〕的 fēngmǎnde

'**uralt** *adj* 1) 古老的 gǔlǎode, 古旧〔舊〕的 gǔjiùde; 2) 年迈〔邁〕的 niánmàide

U'**ran** *n* 铀 yóu

'**Uraufführung** *f* 首次上演 shǒucì shàngyǎn

'**urbar** *adj* 可耕种〔種〕的 kěgēngzhòngde; Heide ~ machen 开〔開〕垦〔墾〕荒原

'**Ur|bevölkerung** *f* 土著居民 tǔzhù jūmín ~**bild** *n* (艺术作品的)原型 yuánxíng

'**ureigen** *adj* 自己的 zìjǐde, 切身的 qièshēnde

'**Ur|enkel** *m* 曾孙〔孫〕zēngsūn, 曾外孙 zēngwàisūn ~**großeltern** *pl* (外)曾祖父母 zēngzǔfùmǔ ~**großmutter** *f* (外) 曾祖母 zēngzǔmǔ ~**großvater** *m* (外)曾祖父 zēngzǔfù

'**Urheber** *m* -s; - 1) 倡议〔議〕者 chàngyìzhě; 2)创〔創〕作者 chuàngzuòzhě ~**recht** *n* 著作权〔權〕zhùzuòquán ~**schaft** *f* 作者身份 zuòzhě shēnfèn

U'**rin** *m* -s; -e 尿 niào

uri'nieren *vi* 排尿 páiniào

'**Urkunde** *f* 证〔證〕件 zhèngjiàn, 证书〔書〕zhèngshū ~**nfälschung** *f* 伪〔僞〕造证件 wěizào zhèngjiàn

'**Urlaub** *m* -(e)s; -e 休假 xiūjià, 假期 jiàqī ~**er** *m* -s; - 休假者 xiūjiàzhě

'**Urne** *f* -n 1) 骨灰盒 gǔhuīhé; 2) 投票箱 tóupiàoxiāng; 3) 签〔簽〕筒 qiāntǒng

'**urplötzlich** I *adj* 突如其来〔來〕的 tūrú qílái de; II *adv* 突然 tūrán

'**Ursache** *f* -n 1) 原因 yuányīn; 2) keine ~! 不用谢! bùyòng xiè!

'**ursächlich** *adj* 原因的 yuányīnde,

因果的 yīnguǒde

'Ur|schrift *f* 原稿 yuángǎo, 原文 yuánwén **～sprung** *m* 起源 qǐyuán, 根源 gēnyuán

'ursprünglich *adj* 起初的 qǐchūde, 原来的 yuánláide

'Urstoff *m* 原始物质〔質〕 yuánshǐ wùzhì, 原材料 yuáncáiliào

'Urteil *n* -s; -e 1) 判决 pànjué; 2) 判断〔斷〕 pànduàn; meinem ～ nach 按照我的判断; sich ein ～ bilden über ... 对…作出自己的判断

'urteilen *vi* 判断〔斷〕 pànduàn, 评判 píngpàn

'Urteilskraft *f* ..e 判断〔斷〕力 pànduànlì

'Ur|text *m* 最初文本 zuìchū wénběn **～wald** *m* 原始森林 yuánshǐ sēnlín

'urwüchsig *adj* 原始的 yuǎnshǐde, 天然的 tiānránde, 未雕琢的 wèidiāozhuóde

'Urzeit *f* 原始时〔時〕代 yuánshǐ shídài

Uten'silien *pl* 用具 yòngjù, 器具 qìjù

Uto'pie *f* -n 乌〔烏〕托邦 wūtuōbāng, 理想社会〔會〕 lǐxiǎng shèhuì

u'topisch *adj* 乌〔烏〕托邦的 wūtuōbāngde, 空想的 kōngxiǎngde

V v

Vaga'bund *m* -en; -en 流浪汉〔漢〕 liúlànghàn

'Vakuum *n* -s; ..en 真空 zhēnkōng

Va'luta *f* ..ten 1) 币〔幣〕值 bìzhí; 2) 外汇〔匯〕 wàihuì

Va'nille *f* 香草 xiāngcǎo, 香子兰〔蘭〕 xiāngzǐlán

vari'abel *adj* 可变〔變〕的 kěbiànde

Vari'ante *f* -n 1) 变〔變〕形 biànxíng, 变种〔種〕 biànzhǒng; 2) 变值 biànzhí, 变量 biànliàng

Variati'on *f* -en 变〔變〕化 biànhuà, 变异〔異〕 biànyì, 变体〔體〕 biàntǐ

Varie'te *n* -s; -s 杂〔雜〕耍 záshuǎ **～theater** *n* 杂耍剧〔劇〕院 záshuǎ jùyuàn

vari'ieren *vi, vt* 变〔變〕化 biànhuà, 改变 gǎibiàn

'Vase *f* -n 花瓶 huāpíng

'Vater *m* -s; ..̈ 父亲〔親〕 fùqin **～land** *n* 祖国〔國〕 zǔguó **～landsliebe** *f* 爱〔愛〕国心 àiguóxīn

'väterlich *adj* 父亲〔親〕般的 fùqīnbānde

'Vaterschaft *f* 父亲〔親〕身份 fùqīn shēnfèn

'Vati *m* -s; -s 爹爹 diēdiē

Vege'tarier *m* -s; - 素食者 sùshízhě

vege'tarisch *adj* 素食的 sùshíde

Vegetati'on *f* -en 植物生长〔長〕 zhíwù shēngzhǎng

vege'tieren *vi* 过〔過〕艰〔艱〕苦生活 guò jiānkǔ shēnghuó

'Veilchen *n* -s; - 紫罗〔羅〕兰〔蘭〕 zǐluólán

'Vene *f* -n 静脉〔脈〕 jìngmài

Ven'til *n* -s; -e 1) 阀 fá, 活门〔門〕 huómén; 2) 栓 shuān; 3) 出气〔氣〕 chūqì

Ventilati'on *f* -en 通风〔風〕 tōngfēng, 换气〔氣〕 huànqì

Venti'lator *m* -s; -en 通风〔風〕机〔機〕 tōngfēngjī

ver'ab|folgen *vt* 1) 交出 jiāochū; 2) 交付 jiāofù; 3) 给 gěi (Arznei 药物) **～reden** 1) 约定 yuēdìng, 商定 shāngdìng; 2) 说妥 shuōtuǒ, 说定 shuōdìng; 3) sich ～ 约定 yuēdìng **～reichen** *vt* 给 gěi; j-m Arznei ～ 给某人吃药 **～scheuen** *vt* 憎恶〔惡〕 zèngwù, 厌〔厭〕恶 yànwù **～schieden** *vt* 1) 为〔爲〕…送行 wèi ... sòngxíng; 2) 使退役 shǐ tuìyì, 解除…职〔職〕务〔務〕 jiěchú ... zhíwù; 3) 通过〔過〕 tōngguò (Gesetz 法律); 4) sich ～ 告别 gàobié

Ver'abschiedung *f* 1) 使退役 shǐ tuìyì, 解除职〔職〕务 jiěchú zhíwù; 2) 通过〔過〕法律 tōngguò fǎlǜ

ver|'achten *vt* 蔑视 mièshì, 鄙视 bǐshì **～'ächtlich** *adj* 1) 蔑视的 mièshìde; 2) 卑鄙的 bēibǐde

Ver'achtung *f* 蔑视 mièshì, 鄙视 bǐshì

ver|allge'meinern *vt* 使一般化 shǐ yībānhuà **～'altet** *adj* 陈〔陳〕旧〔舊〕的 chénjiùde, 过〔過〕时〔時〕的 guòshíde

Ve'randa *f* ..den 阳〔陽〕台〔臺〕 yángtái

veränder|lich *adj* 可变〔變〕的 kěbiànde, 易变的 yìbiànde **～n I** *vt* 改变〔變〕 gǎibiàn, 变更 biàngēng; **II** *v sich* 变化 biànhuà, 变换 biànhuàn

Ver'änderung *f* 改变〔變〕gǎibiàn, 变化 biànhuà
ver|'ängstigt *adj* 惊〔驚〕恐的 jīngkǒngde, 恐惧〔懼〕的 kǒngjùde ~-'**anlagen** *vt* 给…估定税款 gěi… gūdìng shuìkuǎn ~'**anlagt** *adj* 有天资的 yǒu tiānzīde
Ver'anlagung *f* -en 1) (税款)估定 gūdìng; 2) 天资 tiānzī, 秉赋 bǐngfù
ver'anlassen *vt* 1) 促使 cùshǐ, 引起 yǐnqǐ; 2) 安排 ānpái
Ver'anlassung *f* -en 1) 原因 yuányīn, 契机〔機〕qìjī; 2) 促使 cùshǐ; auf meine ~ 按照我的建议〔議〕ànzhào wǒde jiànyì
ver|'anschaulichen *vt* (用图表)说明 shuōmíng ~'**anschlagen** *vt* 1) 估计 gūjì; 2) 评价〔價〕píngjià ~'**anstalten** *vt* 举〔舉〕办〔辦〕jǔbàn, 举行 jǔxíng
Ver'anstaltung *f* -en 1) 举〔舉〕行 jǔxíng, 举办〔辦〕jǔbàn; 2) (举行的)活动〔動〕huódòng
ver'antwort|en *vt* 负责 fùzé, 承担责任 chéngdān zérèn ~**lich** *adj* 有责任的 yǒuzérènde, 负责的 fùzéde; j-n ~ machen 要某人承担责任
Ver'antwortung *f* -en 责任 zérèn, 职〔職〕责 zhízé; j-n zur ~ ziehen 要某人承担责任
ver|'arbeiten *vt* 1) 加工 jiāgōng, 处〔處〕理 chǔlǐ; 2) 消化 xiāohuà, 吸收 xīshōu ~'**ärgern** *vt* 见〔見〕怪 jiànguài, 责怪 zéguài
ver'arm|en *vi* 变〔變〕穷〔窮〕biànqióng, 破落 pòluò ~**t** *adj* 破落的 pòluòde
ver|'ausgaben *vt* 1) 支出 zhīchū, 开〔開〕支 kāizhī; 2) 花费 huāfèi; sich ~ 花光钱; 耗尽精力 ~'**äußern** *vt* 出让〔讓〕chūràng, 变〔變〕卖〔賣〕biànmài
Verb *n* -s; -en (语法)动〔動〕词 dòngcí
Ver'band *m* -es; ⸚e 1) 绷带〔帶〕bēngdài; 2) 联〔聯〕合 liánhé; 2) 协〔協〕会〔會〕xiéhuì
ver'bannen *vt* 1) 驱〔驅〕逐(出境) qūzhú; 2) 流放 liúfàng; 3) 排除 páichú
ver|barrika'dieren *vt* 设路障 shè lùzhàng, 用障碍〔礙〕物堵住 yòng zhàng'àiwù dǔzhù ~'**bergen*** *vt* 藏匿 cángnì, 隐〔隱〕藏 yǐncáng, 躲藏 duǒcáng ~'**bessern** *vt* 1) 改进〔進〕gǎijìn, 改善 gǎishàn; 2) 改正 gǎizhèng
Ver'besserung *f* 1) 改善 gǎishàn, 改良 gǎiliáng; 2) 修改 xiūgǎi, 改正 gǎizhèng
ver'beugen *v sich* 鞠躬 jūgōng
Ver'beugung *f* -en 鞠躬 jūgōng
ver|'biegen* *vt* 扭弯〔彎〕niǔwān, 扭曲 niǔqū ~'**bieten*** *vt* 禁止 jìnzhǐ ~'**billigen** *vt* 减价〔價〕jiǎnjià, 降价 jiàngjià
ver'bind|en* *vt* 缠〔纏〕chán, 裹 guǒ, 包扎 bāozhā; j-m die Augen ~ 把某人的眼睛蒙起来; 2) 联〔聯〕结 liánjié; 使联系在一起 shǐ liánxì zài yīqǐ; sich ~ 参加, 加入; 3) 接通(电话) jiētōng; falsch verbunden! 电话接错了! ~**lich** *adj* 1) 殷勤的 yīnqínde, 亲〔親〕切的 qīnqiède; 2) 有义〔義〕务〔務〕的 yǒuyìwùde
Ver'bindlichkeit *f* 义〔義〕务〔務〕yìwù, 约束 yuēsù; 2) 客气〔氣〕kèqì, 客气话 kèqìhuà
Ver'bindung *f* 结合 jiéhé, 联〔聯〕系 liánxì; die ~ verlieren 失去联系; in ~ bleiben 保持联系; ~ bekommen 电〔電〕话接通 diànhuà jiētōng
ver|'bissen *adj* 顽强的 wánqiángde, 坚〔堅〕韧〔韌〕不拔的 jiānrèn bùbá de ~'**bitten*** *vt* 不允许发〔發〕生 bù yǔnxǔ fāshēng; das verbitte ich mir! 我不容许发生这种事! ~'**bittern** I *vt* 使不满〔滿〕shǐ bùmǎn, 使怨恨 shǐ yuànhèn; II *vi* 变〔變〕得愤世嫉俗 biànde fènshì jísú ~'**blassen** *vi(s)* 1) 变〔變〕苍〔蒼〕白 biàn cāngbái, 失去光泽〔澤〕shīqù guāngzé; 2) 变淡薄 biàn dànbó
Ver'bleib *m* -(e)s; 1)(在某地)逗留 dòuliú; 2) (人或物的)下落 xiàluò
ver|'bleiben* *vi(s)* 1) 停留 tíngliú, 留任 liúrèn; 2) 遗留 yíliú, 剩下 shèngxià; 3) 说定 shuōdìng, 约定 yuēdìng ~'**blenden** *vt* 1) 镶饰面板 xiāngshì miànbǎn, 装璜 zhuānghuáng; 2) 使失去理智 shǐ shīqù lǐzhì, 眩惑 xuànhuò ~'**blichen** *adj* 褪色的 tuìsède ~'**blühen** *vi* 凋谢 diāoxiè, 开〔開〕败 kāibài ~-'**bluten** *vi* 流血而死 liúxuè ér sǐ ~'**borgen** *adj* 隐〔隱〕藏的 yǐncángde, 潜〔潛〕伏的 qiánfúde
Ver'bot *n* -(e)s; -e 禁止 jìnzhǐ, 禁令 jìnlìng
ver'boten *adj* 禁止的 jìnzhǐde; Rauchen ~ 禁止吸烟 jìnzhǐ xīyān
Ver'brauch *m* -(e)s; ⸚e 消费 xiāofèi, 消耗 xiāohào
ver'brauchen *vt* 1) 消费 xiāofèi, 消耗 xiāohào; 2) 损耗 sǔnhào
Ver'braucher *m* -s;- 消费者 xiāofèizhě, 用户 yònghù
ver'braucht *adj* 用坏〔壞〕的 yòng-

huàide; ~e Luft 污浊〔濁〕的空气〔氣〕 wūzhuóde kōngqì
ver'brechen* *vt* 犯罪 fànzuì, 干〔幹〕坏〔壞〕事 gàn huàishì; was hat er verbrochen? 他干了什么坏事?
Ver'brechen *n* -s;- 罪行 zuìxíng, 犯罪 fànzuì
Ver'brecher *m* -s;- 罪犯 zuìfàn, 犯罪者 fànzuìzhě
ver'brecherisch *adj* 犯罪的 fànzuìde, 犯法的 fànfǎde
ver'breit|en *vt* 1) 传〔傳〕播 chuánbō, 散布 sànbù; 2) sich ~ 散布开〔開〕来〔來〕 sànbù kāilái, 蔓延 mànyán **~ern** *vt, v sich* 加宽 jiākuān, 变〔變〕宽 biànkuān
Ver'breitung *f* 传〔傳〕播 chuānbō, 散布 sànbù, 蔓延 mànyán
ver'brennen* I *vi(s)* 烧〔燒〕尽〔盡〕 shāojìn, 烧毁 shāohuǐ; II *vt* 烧 shāo, 烧掉 shāodiào
Ver'brennung *f* -en 1) 烧〔燒〕 shāo, 烧毁 shāohuǐ; 2) 燃烧 ránshāo; 3) 烧伤〔傷〕 shāoshāng **~smotor** *m* 内燃机〔機〕 nèiránjī
ver|'bringen *vt* 1) 度过〔過〕 dùguò (Urlaub 假期); 2) 花费 huāfèi (Geld 钱) **~'brüdern** *v sich* 与〔與〕...结义〔義〕 yǔ ... jiéyì
Ver'brüderung *f* -en 结成密友 jiéchéng mìyǒu, 结拜 jiébài
ver|'brühen *vt* 1) sich (*D*) etw. ~ 烫伤〔傷〕 ... tàngsāng ...; 2) sich ~ 烫伤 tàngsāng **~'buchen** *vt* 把...入帐〔帳〕 bǎ ... rùzhàng, 把...记载下来〔來〕 bǎ ... jìzǎi xiàlái **~-'bünden** *v sich* 结盟 jiéméng, 联〔聯〕合 liánhé
Ver'bündenheit *f* 联合 liánhé, 团〔團〕结 tuánjié, 亲〔親〕密无〔無〕间 qīnmì wújiān
Ver'bündete *m, f* -n; -n 盟国〔國〕 méngguó, 同盟者 tóngméngzhě
ver|'bürgen *vt* 担〔擔〕保 dānbǎo, 保证〔證〕 bǎozhèng; sich für j-n/etw. ~ 担保,保证... **~büßen** *vt* 服刑 fúxíng, 受惩〔懲〕罚 shòuchéngfá
Ver'dacht *m* -(e)s; 怀〔懷〕疑 huáiyí, 嫌疑 xiányí; j-n in ~ haben 对某人怀疑
ver'dächtig *adj* 有嫌疑的 yǒuxiányíde, 可疑的 kěyíde **~en** *vt* 怀〔懷〕疑 huáiyí; j-n einer Sache (*G*) ~ 认为某人有嫌疑
Ver'dächtigung *f* -en 怀〔懷〕疑 huáiyí, 嫌疑 xiányí
ver'damm|en *vt* 谴责 qiǎnzé, 诅咒 zǔzhòu **~t** I *adj* 该诅咒的 gāizǔzhòude, 该死的 gāisǐde; II *adv* 非常 fēicháng, 很 hěn; ~ kalt 非常冷
Ver'dammung *f* -en 诅咒 zǔzhòu, 判入地狱 pàn rù dìyù
ver|'dampfen *vt, vi(s)* 使蒸发〔發〕 shǐ zhēngfā, 蒸发 zhēngfā **~-'danken** *vt* 归〔歸〕功于 guīgōngyú, 为...感谢 wèi ... gǎnxiè, 由于 yóuyú
ver'dau|en *vt* 消化 xiāohuà **~lich** *adj* 可消化的 kěxiāohuàde; leicht ~ 容易消化的
Ver'dauung *f* 消化 xiāohuà **~s-störung** *f* 消化不良 xiāohuà bùliáng
Ver'deck *n* -(e)s; -e 1) 甲板 jiǎbǎn; 2) 车〔車〕顶 chēdǐng
ver|'decken *vt* 遮蔽 zhēbì, 掩盖〔蓋〕 yǎngài **~'denken*** *vt* 为〔爲〕...责怪 wèi ... zéguài; ich kann es ihm nicht ~, daß... 这事我不能怪他
Ver'derb *m* -(e)s; 不幸 bùxìng, 厄运〔運〕 èyùn
ver'derben* I *vi* 腐烂〔爛〕 fǔlàn, 腐败 fǔbài; 2) 堕〔墮〕落 duòluò, 变〔變〕坏〔壞〕 biànhuài; II *vt* 1) 损坏 sǔnhuài, 败坏 bàihuài; sich (*D*) den Magen ~ 把胃吃坏; er will es mit niemandem ~ 他不想跟任何人搞坏关系; 2) 使堕落 shǐ duòluò
Verderben *n* -s; 毁灭〔滅〕 huǐmiè, 堕〔墮〕落 duòluò
ver'derblich *adj* 1) 易变〔變〕质〔質〕的 yìbiànzhìde; 2) 有害的 yǒuhàide, 使人堕〔墮〕落的 shǐ rén duòluò de
Ver'derbnis *f* -se 腐化 fǔhuà, 堕〔墮〕落 duòluò
ver|'deutlichen *vt* 使清楚明白 shǐ qīngchǔ míngbái **~'dichten** I *vt* 使浓〔濃〕密 shǐ nóngmì; II *vi* 1) 变〔變〕浓 biànnóng, 变稠 biànchóu; 2) (疑心等)增强 zēngqiáng, 加重 jiāzhòng **~'dicken** I *vt* 使厚 shǐhòu, 使稠 shǐchóu; II *v sich* 变〔變〕厚 biànhòu, 变稠 biànchóu **~'dienen** *vt* 1) 挣得 zhèngdé; 2) 理应〔應〕得到 lǐyīng dédào
Ver'dienst I *m* -es; -e 工资 gōngzī, 利润 lìrùn, 赚头〔頭〕 zhuàntóu; II *n* 功劳〔勞〕 gōngláo; es ist sein ~ 这是他的功劳 **~-spanne** *f* 利润幅度 lìrùn fúdù
ver'dienstvoll *adj* 可嘉奖的 kějiājiǎngde, 有功的 yǒugōngde
ver|'dorren *vi* 枯萎 kūwěi **~'drängen** *vt* 1) 排挤〔擠〕 páijǐ, 排除 páichú, 排斥 páichì; 2) 抑制 yìzhì **~'drehen** *vt* 1) 扭转〔轉〕 niǔzhuǎn, 扭坏〔壞〕 niǔhuài; 2) 曲解 qūjiě, 歪曲 wāiqū **~'dreht** *adj*

颠三倒四的 diānsān dǎosì de ~-**'dreifachen** *vt, v sich* 增加两〔兩〕倍 zēngjiā liǎngbèi

ver'drieß|en* *vt* 使烦恼〔惱〕 shǐ fánnǎo, 使生气〔氣〕 shǐ shēngqì ~**lich** *adj* 1) 恼〔惱〕怒的 nǎonùde, 生气〔氣〕的 shēngqìde; 2) 伤〔傷〕脑〔腦〕筋的 shāngnǎojīnde

ver'drossen *adj* 不愉快的 bùyúkuàide, 生气〔氣〕的 shēngqìde

Ver'druß *m* 不愉快 bùyúkuài, 生气〔氣〕 shēngqì

ver'dummen I *vt* 使愚昧 shǐ yúmèi; II *vi* (*s*) 变〔變〕愚昧 biànyúmèi

ver'dunkeln *vt* 1) 使暗 shǐ àn, 使阴〔陰〕暗 shǐ yīn'àn; 2) 遮蔽 zhēbì, 掩饰 yǎnshì

Ver'dunk(e)lung *f* -en 1) 变〔變〕暗 biàn'àn, 遮光 zhēguāng; 2) 掩盖〔蓋〕真相 yǎngàizhēnxiàng

ver|'dünnen *vt* 稀释〔釋〕 xīshì, 冲淡 chōngdàn ~**'dunsten** *vi*(*s*) 蒸发〔發〕 zhēngfā, 汽化 qìhuà ~-**'dursten** *vi*(*s*) 渴死 kěsǐ ~-**'dutzt** *adj* 惊〔驚〕愕的 jīng'ède, 迷惘的 míwǎngde ~**'edeln** *vt* 1) 使高尚 shǐ gāoshàng; 2) 改良 gǎiliáng; 3) 精制〔製〕 jīngzhì; 4) 嫁接 jiàjiē ~**'ehren** *vt* 尊敬 zūnjìng, 崇拜 chóngbài, 仰慕 yǎngmù

Ver'ehrer *m* -s;- 敬仰者 jìngyǎngzhě, 崇拜者 chóngbàizhě, 爱〔愛〕慕者 àimùzhě

Ver'ehrung *f* -en 敬仰 jìngyǎng, 崇拜 chóngbài

ver'eidigen *vt* 宣誓 xuānshì, 使宣誓就职〔職〕 shǐ xuānshì jiùzhí

Ver'ein *m* -(e)s; -e 协〔協〕会〔會〕 xiéhuì, 联〔聯〕合会〔會〕 liánhéhuì

ver'einbar *adj* 与〔與〕…协〔協〕调一致的 yǔ … xiétiáo yízhì de ~**en** *vt* 约定 yuēdìng, 使协〔協〕调一致 shǐ xiétiáo yīzhì

Ver'einbarung *f* -en 约定 yuēdìng, 商定 shāngdìng, 协〔協〕定 xiédìng

ver|'einen *vt* 使联〔聯〕合 shǐ liánhé, 使统一 shǐ tǒngyī ~**'einfachen** *vt* 简化 jiǎnhuà ~**'einheitlichen** *vt* 使统一 shǐ tǒngyī, 使划〔劃〕一 shǐ huàyī ~**'einigen** *vt* 1) 联〔聯〕合 liánhé; 2) 使一致 shǐ yīzhì

Ver'einigung *f* -en 1) 联〔聯〕合 liánhé; 2) 协〔協〕会 xiéhuì, 联合会 liánhéhuì

ver'ein|samen *vi*(*s*) 变〔變〕得孤独〔獨〕 biàndé gūdú ~**zelt** *adj* 个〔個〕别的 gèbiéde, 零星的 língxīngde

ver|'eiteln *vt* 挫败 cuòbài, 使…破灭〔滅〕 shǐ … pòmiè ~**'ekeln** *vt* 使厌〔厭〕恶〔惡〕 shǐ yànwù, 使对〔對〕…扫〔掃〕兴〔興〕 shǐ duì … sǎoxìng; er hat mir das Essen verekelt 他使我倒胃口 ~**'elenden** *vi* (*s*) 贫困化 pínkùnhuà ~**'enden** *vi*(*s*) (牲口)倒毙〔斃〕 dǎobì ~**'enge(r)n** *vt, v sich* 使变〔變〕窄 shǐ biànzhǎi (Straße 街道), 变窄 biànzhǎi ~**'erben** *vt* 1) 留给 liúgěi, 赠给 zènggěi; 2) 把…遗传〔傳〕给 bǎ … yíchuán gěi

Ver'erbung *f* -en 遗传〔傳〕 yíchuán ~**slehre** *f* 遗传学〔學〕 yíchuánxué

ver'ewig|en *vt* 使永存 shǐ yǒngcún, 使永世不忘 shǐ yǒngshì bùwàng ~**t** *adj* 亡故的 wánggùde

ver'fahren I *vi*(*s*) 处〔處〕理 chǔlǐ, 对〔對〕待 duìdài; II *vt* 1) 弄错 nòngcuò, 弄乱〔亂〕 nòngluàn; 2) sich ~ 驶入歧途 shǐrù qítú

Ver'fahren *n* -s;- 1) 方法 fāngfǎ, 程序 chéngxù; 2) 诉讼 sùsòng

Ver'fall *m* -(e)s; 倒塌 dǎotā, 朽坏〔壞〕 xiǔhuài; 2) 到期 dàoqī

ver'fallen I* *vi*(*s*) 1) 倒塌 dǎotā; 2) 衰弱 shuāiruò, 憔悴 qiáocuì; 3) 衰亡 shuāiwáng, 没落 mòluò; 4) 到期 dàoqī, 失效 shīxiào; 5) j-m ~ 落入…之手 luòrù … zhī shǒu; einer Sache (*D*) ~ 沉溺于 chénnìyú; II *adj* 1) 倒塌的 dǎotāde; 2) 过〔過〕期的 guòqīde; 3) 吸毒成瘾〔癮〕的 xīdú chéngyǐn de

Ver'fallstag *m* (票据等)到期日 dàoqīrì

ver|'fälschen *vt* 1) 伪〔僞〕造 wěizào, 篡改 cuàngǎi; 2) 给…搀〔攙〕假 gěi … chānjiǎ (Wein 酒) ~**'fänglich** *adj* 棘手的 jíshǒude, 伤〔傷〕脑〔腦〕筋的 shāngnǎojīnde ~**'färben** I *vt* 染污 rǎnwū, 染坏〔壞〕 rǎnhuài; II *v sich* 变〔變〕色 biànsè, 脸〔臉〕色变白 liǎnsè biànbái ~**'fassen** *vt* 撰写〔寫〕 zhuànxiě

Ver'fasser *m* -s;- 著者 zhùzhě

Ver'fassung *f* 1) 状〔狀〕态〔態〕 zhuàngtài, 状况 zhuàngkuàng; 2) 情绪 qíngxù; 3) 宪〔憲〕法 xiànfǎ

ver'fassungs|mäßig *adj* 依据〔據〕宪〔憲〕法的 yījù xiànfǎ de ~**widrig** *adj* 违〔違〕反宪法的 wéifǎn xiànfǎ de

ver|'faulen *vi*(*s*) 腐烂〔爛〕 fǔlàn, 腐败 fǔbài ~**'fechten*** *vt* 维护〔護〕 wéihù, 捍卫〔衛〕 hànwèi ~-**'fehlen** *vt* 1) 未击〔擊〕中 wèi jīzhòng; 2) 错过〔過〕 cuòguò, 耽误〔誤〕 dānwù

Ver'fehlung *f* -en 过〔過〕错 guòcuò, 违〔違〕反规章 wéifǎn guīzhāng

ver|'feinden *vt* 与〔與〕…为〔爲〕敌〔敵〕yǔ … wéidí; sich mit j-m ~ 与…为敌 ~**'feineren** *vt, v sich* 使精美 shǐ jīngměi, 变〔變〕优〔優〕雅 biàn yōuyǎ ~**'fertigen** *vt* 制〔製〕造 zhìzào, 制作 zhìzuò ~**'filmen** *vt* 把…拍成电〔電〕影 bǎ … pāichéng diànyǐng ~**'finstern** *vt* 1) 使黑暗 shǐ hēi'àn; 2) sich ~ 变〔變〕黑暗 biàn hēi'àn, 变阴〔陰〕沉 biàn yīnchén ~**'flachen** *vi(s), v sich* 变〔變〕平坦 biàn píngtǎn, 变浅〔淺〕 biànqiǎn ~**'flechten*** *vt* 1) 编 biān, 编结 biānjié, 使交织〔織〕 shǐ jiāozhī; 2) 使紧〔緊〕密结合 shǐ jǐnmì jiéhé ~**'fliegen*** I *vi(s)* 1) 挥发〔發〕huīfā, 消散 xiāosàn; 2) (时间)流逝 liúshì; 3) (怒气)消释〔釋〕 xiāoshì; II *v sich* 飞〔飛〕错方向 fēi cuò fāngxiàng ~**'fließen*** *vi (s)* 1) 融合 rónghé; 2) 变〔變〕模糊 biàn móhu; 3) 消逝 xiāoshì ~**'flossen** *adj* 消逝的 xiāoshìde (Zeit 时间),过〔過〕去的 guòqùde (Freund 朋友)

ver'fluch|en *vt* 诅咒 zǔzhòu, 咒骂〔罵〕zhòumà ~**t** *adj* 该死的 gāisǐde, 讨厌〔厭〕的 tǎoyànde

ver|'flüchtigen *vt* 1) 使蒸发〔發〕shǐ zhēngfā; 2) sich ~ 蒸发 zhēngfā, 挥发 huīfā; 消失 xiāoshī ~**'flüssigen** *vt, v sich* 使液化 shǐ yèhuà, 液化 yèhuà ~**'folgen** *vt* 1) 跟踪〔蹤〕 gēnzōng; 2) 迫害 pòhài; 3) 追求 zhuīqiú, 谋求 móuqiú; 4) 密切注视 mìqiè zhùshì; 5) 追究 zhuījiū

Ver'folger *m* -s;- 跟踪〔蹤〕者 gēnzōngzhě

Verfolgung *f* -en 跟踪〔蹤〕 gēnzōng, 迫害 pòhài, 追究 zhuījiū; gerichtliche ~ 依法追究

ver|'frachten *vt* 1) 装〔裝〕运〔運〕zhuāngyùn; 2) 用船运 yòng chuán yùn; j-n in den Zug ~ 把某人送上火车 ~**'froren** *adj* 1) 受冻〔凍〕的 shòudòngde; 2) 怕冷的 pàlěngde ~**'früht** *adj* 过〔過〕早的 guòzǎode, 早到的 zǎodàode

ver'füg|bar *adj* 1) 可动〔動〕用的 kě dòngyòngde; 2) 有现货的 yǒu xiànhuòde ~**en** I *vt* 指示 zhǐshì, 命令 mìnglìng; II *vi* 1) 支配 zhīpèi, 使用 shǐyòng; 2) 拥〔擁〕有 yōngyǒu

Ver'fügung *f* -en 1) 指示 zhǐshì, 命令 mìnglìng; 2) 支配 zhīpèi, 使用 shǐyòng; j-m zur ~ stehen 听候某人差遣

ver'führen *vt* 引诱 yǐnyòu, 拐骗 guǎipiàn, 诱奸 yòujiān

Ver'führer *m* -s;- 拐骗者 guǎipiànzhě, 诱奸者 yòujiānzhě

ver'führerisch *adj* 诱惑人的 yòuhuòrénde, 有诱惑力的 yǒu yòuhuòlìde

Ver'führung *f* 拐骗 guǎipiàn, 诱惑 yòuhuò

ver'gangen *adj* 过〔過〕去的 guòqùde; im ~en Jahr 在过去的一年

Ver'gangenheit *f* 1) 往日 wǎngrì, 过〔過〕去 guòqù; 2) (语法)过去时〔時〕guòqùshí

ver|'gänglich *adj* 暂时〔時〕的 zànshíde, 短暂的 duǎnzànde ~**'gasen** *vt* 1) 使气〔氣〕化 shǐ qìhuà; 2) 用毒气〔氣〕杀〔殺〕死 yòng dúqìshāsǐ

Ver'gaser *m* -s;- (内燃机的)汽化器 qìhuàqì

ver'geb|en* *vt* 1) 给予 jǐyǔ, 授予 shòuyǔ; 2) 原谅 yuánliàng, 宽恕 kuānshù; 3)放弃〔棄〕fàngqì, 交出 jiāochū; 4) sich (*D*) etw. ~ 有损威信 yǒusǔn wēixìn ~**ens** *adv* 徒劳〔勞〕地 túláode ~**lich** *adj* 徒劳〔勞〕的 túláode, 徒然的 túránde

Ver'gebung *f* -en 1) 给予 jǐyǔ, 授予 shòuyǔ; 2) 宽恕 kuānshù

vergegen'wärtigen *vt* 想起 xiǎngqǐ; sich (*D*) etw. ~ 想起,忆起

ver'gehen* I *vi(s)* 1) 过〔過〕去 guòqù, 流逝 liúshì; 2) 消失 xiāoshī, 消散 xiāosàn; 3) vor (*D*) ~ 渴望 kěwàng, 切望 qièwàng; vor Durst ~ 渴得要命; II *v sich* sich an j-m ~ 强奸… qiángjiān …; sich gegen das Gesetz ~ 违〔違〕犯法律 wéifàn fǎlǜ

Ver'gehen *n* -s; - 1)消逝 xiāoshì, 过〔過〕去 guòqù; 2) 犯法 fànfǎ, 做违〔違〕法的事 zuò wéifǎde shì

ver'gelten *vt* 1) 酬劳〔勞〕chóuláo, 报〔報〕答 bàodá; 2) 报复〔復〕bàofù

Ver'geltung *f* -en 1) 报〔報〕答 bàodá; 2) 报复〔復〕bàofù

ver'gessen* *vt* 忘记 wàngjì, 遗忘 yíwàng

Ver'gessenheit *f* 忘记 wàngjì; in ~ geraten 逐渐被忘却

ver|'geßlich *adj* 健忘的 jiànwàngde, 易忘的 yìwàngde ~**'geuden** *vt* 挥霍 huīhuò (Geld 钱财), 浪费 làngfèi (Zeit 时间)

verge'waltigen *vt* 1) 强奸 qiángjiān; 2) 压〔壓〕迫 yāpò; 3) 强词夺〔奪〕理 qiángcí duólǐ

ver|ge'wissern *v sich* 证〔證〕实

〔實〕zhèngshí, 弄确〔確〕实 nòngquèshí ~'**gießen*** *vt* 1) 使流出 shǐ liúchū (Schweiß 汗, Tränen 眼泪); 2) 泼〔潑〕出 pōchū (Michl 奶, Wasser 水) ~'**giften** *vt* 1) 毒害 dúhài, 毒杀〔殺〕dúshā, 毒化 dúhuà; sich ~ 服毒 fúdú

Ver'giftung *f* 中毒 zhòngdú

Ver'gißmeinnicht *n* -(e)s;-(e) 勿忘我花 wùwàngwǒhuā

ver'gittern *vt* 给…装〔裝〕栅栏〔欄〕gěi … zhuāng zhàlan

Ver'gleich *m* -(e)s;-e 1) 比较 bǐjiào, 对〔對〕比 duìbǐ; 2) 调解 tiáojiě, 和解 héjiě

ver'gleich|bar *adj* 可比较的 kěbǐjiàode ~**en*** *vt* 1) 比较 bǐjiào, 对〔對〕比 duìbǐ; 2) sich ~ 和解 héjiě ~**sweise** *adv* 比较 bǐjiào, 相对〔對〕地 xiāngduìde

ver'gnügen *vt* 1) 逗乐〔樂〕dòulè, 使感到有趣 shǐ gǎndào yǒuqù; 2) sich ~ 娱乐〔樂〕yúlè, 消遣 xiāoqiǎn

Ver'gnügen *n* -s;- 愉快 yúkuài, 乐〔樂〕趣 lèqù; viel ~! 祝你愉快! mit ~ 愉快地; an etw. ~ finden 在…中得到乐趣

ver'gnügt *adj* 欢〔歡〕乐〔樂〕的 huānlè de, 愉快的 yúkuàide

Ver'gnügung *f* -en 娱乐〔樂〕yúlè, 文娱活动〔動〕wényú huódòng ~**sreise** *f* 旅游 lǚyóu

ver'gnügungssüchtig *adj* 追求欢〔歡〕乐〔樂〕的 zhuīqiú huānlè de

ver|'golden *vt* 1) 镀金 dùjīn; 2) 使闪金光 shǐ shǎn jīnguāng ~'**göttern** *vt* 崇拜 chóngbài ~'**graben*** *vt* 1) 埋 mái, 将…埋入 jiāng … máirù; 2) 掩藏 yǎncáng; 3) sich ~ 埋头〔頭〕于 máitóu yú, 藏身于 cángshēn yú ~'**greifen*** *v sich* 1) 拿错 nácuò; 2) 弹〔彈〕错 táncuò; 3) 逞凶 chěngxiōng, 动〔動〕手打人 dòngshǒu dǎ rén; 4) 侵占 qīnzhàn, 强占 qiángzhàn ~'**griffen** *adj* 脱销的 tuōxiāode, 售完的 shòuwánde ~'**größern** *vt* 1) 放大 fàngdà, 扩〔擴〕大 kuòdà; 2) sich ~ 变〔變〕大 biàndà, 扩大 kuòdà

Ver'größerung *f* 放大 fàngdà, 扩〔擴〕大 kuòdà ~**sglas** *n* 放大镜 fàngdàjìng

Ver'günstigung *f* 优〔優〕惠 yōuhuì, 优待 yōudài

ver'güten *vt* 1) 补〔補〕偿〔償〕bǔcháng, 赔偿 péicháng; 2) 改善质〔質〕量 gǎishàn zhìliàng

Ver'gütung *f* 1) 补〔補〕偿〔償〕bǔcháng, 赔偿 péicháng; 2) 改善质〔質〕量 gǎishàn zhìliàng

ver'haften *vt* 逮捕 dàibǔ

Ver'haftung *f* -en 逮捕 dàibǔ, 被捕 bèibǔ

ver'halten* *vt* 1) 忍住 rěnzhù, 抑制住 yìzhìzhù; 2) 放慢 fàngmàn, 压〔壓〕低 yādī; 3) sich ~ 采〔採〕取…态〔態〕度 cǎiqǔ … tàidu

Ver'halten *n* -s; 举〔舉〕止 jǔzhǐ, 行为〔爲〕xíngwéi, 态〔態〕度 tàidù

Ver'hältnis *n* -ses; -se 1) 比例 bǐlì; 2) 人际〔際〕关〔關〕系〔係〕rénjì guānxì; 3) 男女关系 nánnǚ guānxì; 4) 情况 qíngkuàng, 局势〔勢〕júshì

ver'hältnismäßig *adv* 1) 按比例地 ànbǐlìde; 2) 比较 bǐjiào, 相当〔當〕xiāngdāng

Ver'hältniswort *n* -(e)s; ⸗er (语法)介词 jiècí

ver'handeln *vi* 1) 商谈 shāngtán, 协〔協〕商 xiéshāng; 2) 审〔審〕理 shěnlǐ

Ver'handlung *f* 1) 协〔協〕商 xiéshāng, 谈判 tánpàn; 2) 审〔審〕判 shěnpàn

ver'hängen *vt* 1) 遮蔽 zhēbì, 罩上 zhàoshàng; 2) 施加惩〔懲〕罚 shījiā chéngfá

Ver'hängnis *n* -ses; -se 厄运〔運〕èyùn, 灾〔災〕难〔難〕zāinàn

ver|'hängnisvoll *adj* 灾〔災〕难〔難〕性的 zāinànxìngde ~'**härmt** *adj* 愁容满〔滿〕面的 chóuróng mǎnmiàn de, 忧〔憂〕伤〔傷〕的 yōushāngde ~'**harren** *vi(s)* 坚〔堅〕持 jiānchí; auf seiner Meinung ~ 固执己见; in einer bestimmten Stellung ~ 保持某种姿势 ~'**härten** I *vt* 1) 使坚〔堅〕硬 shǐ jiānyìng; 2) 使冷酷无〔無〕情 shǐ lěngkù wúqíng; II *v sich* 1) 变〔變〕坚硬 biàn jiānyìng, 变冷酷无情 biàn lěngkù wúqíng ~'**haßt** *adj* 可恨的 kěhènde, 令人憎恨的 lìng rén zēnghèn de ~'**hätscheln** *vt* 溺爱〔愛〕nì'ài, 娇〔嬌〕惯 jiāoguàn ~'**hauen*** *vt* 殴〔毆〕打 ōudǎ, 痛打 tòngdǎ

ver'heer|en *vt* 蹂躏 róulìn, 破坏〔壞〕pòhuài ~**end** *adj* 毁灭〔滅〕性的 huǐmièxìngde

ver|'hehlen *vt* 隐〔隱〕瞒〔瞞〕yǐnmán ~'**heilen** *vi(s)* 痊愈 quányù, 愈合 yùhé ~'**heimlichen** *vt* 隐〔隱〕瞒〔瞞〕yǐnmán ~'**heiraten** *vt* 1) 使结婚 shǐ jiéhūn; 2) sich ~ 结婚 jiéhūn ~'**heiratet** *adj* 已婚的 yǐhūnde

ver'heiß|en* *vt* 1) 许诺 xǔnuò; 2) 预兆 yùzhào, 预告 yùgào ~**ungsvoll** *adj* 大有希望的 dàyǒu xīwàng de

ver|'helfen* *vi* 协〔協〕助 xiézhù, 帮〔幫〕助得到 bāngzhù dédào **~-'herrlichen** *vt* 颂扬〔揚〕 sòngyáng **~'hetzen** *vt* 唆使 suōshǐ, 煽动〔動〕 shāndòng **~'hexen** *vt* 施以魔法 shīyǐ mófǎ **~'hindern** *vt* 阻碍〔礙〕 zǔ'ài, 妨碍 fáng'ài

Ver'hinderung *f* -en 阻碍〔礙〕 zǔ'ài, 阻止 zǔzhǐ

ver'höhnen *vt* 嘲笑 cháoxiào, 嘲弄 cháonòng

Ver'hör *n* -(e)s; -e 审〔審〕问 shěnwèn, 盘〔盤〕问 pánwèn

ver|'hören *vt* 1) 审〔審〕问 shěnwèn, 盘〔盤〕问 pánwèn; 2) sich ~ 听〔聽〕错 tīngcuò **~'hüllen** *vt* 1) 遮盖〔蓋〕 zhēgài, 掩盖 yǎngài; 2) 委婉地说 wěiwǎnde shuō **~-'hungern** *vi(s)* 1) 饿死 èsǐ; 2) 饿得要死 è de yàosǐ **~'hüten** *vt* 防止 fángzhǐ, 预防 yùfáng **~-'irren** *v sich* 迷路 mílù, 走失 zǒushī; verirrtes Schaf 迷途的羔羊

Verirrung *f* -en 偏离〔離〕正道 piānlí zhèngdào, 误〔誤〕入歧途 wùrù qítú

ver|'jagen *vt* 赶〔趕〕走 gǎnzǒu, 驱〔驅〕散 qūsàn **~'jähren** *vi(s)* (时效届满而) 失效 shīxiào **~'jüngen** *vt* 1) 使变〔變〕年轻〔輕〕 shǐ biàn niánqīng; 2) sich ~ 变年轻 biàn niánqīng, 缩小 suōxiǎo, 变细 biànxì

Ver'kauf *m* 卖〔賣〕 mài, 出售 chūshòu

ver'kaufen *vt* 卖〔賣〕 mài, 出售 chūshòu, 销售 xiāoshòu; sich gut ~ 畅销

Ver'käufer *m* -s;- 1) 出售者 chūshòuzhě, 卖〔賣〕主 màizhǔ; 2) 售货员 shòuhuòyuán **~in** *f* -nen 女售货员 nǚshòuhuòyuán

ver'käuflich *adj* 可以出售的 kěyǐ chūshòu de, 有销路的 yǒu xiāolù-de

Ver'kaufs|automat *m* 自动〔動〕售货机〔機〕 zìdòng shòuhuòjī **~-schlager** *m* 畅〔暢〕销货 chàngxiāohuò

Ver'kehr *m* -(e)s; -e 1) 交通 jiāotōng, 运〔運〕输 yùnshū; 2) 交往 jiāowǎng, 交际〔際〕jiāojì; 3) 货币〔幣〕流通 huòbì liútōng; aus dem ~ ziehen 停止流通; 4) 性交 xìngjiāo

ver'kehren I *vt* 颠倒 diāndǎo, 转〔轉〕变〔變〕 zhuǎnbiàn; II *vi* 1) (定时)行驶 xíngshǐ, 运〔運〕行 yùnxíng; 2) mit j-m ~ 与〔與〕…交往 yǔ … jiāowǎng; bei j-m ~ 经〔經〕常在某人家作客 jīngcháng zài mǒurén jiā zuòkè

Ver'kehrs|ader *f* 交通干〔幹〕线〔綫〕 jiāotōng gànxiàn **~ampel** *f* 交通信号〔號〕灯〔燈〕 jiāotōng xìnhàodēng **~büro** *n* 旅行社 lǚxíngshè **~flugzeug** *n* 班机〔機〕 bānjī, 民航机 mínhángjī **~insel** *f* 安全岛 ānquándǎo **~mittel** *n* 交通工具 jiāotōng gōngjù **~polizist** *m* 交通警察 jiāotōng jǐngchá

ver'kehrsreich *adj* 交通繁忙的 jiāotōng fánmáng de

Ver'kehrs|schild *n* 交通指示牌 jiāotōng zhǐshìpái **~stockung** *f* 交通阻塞 jiāotōng zǔsè **~straße** *f* 交通大道 jiāotōng dàdào **~-unfall** *m* 交通事故 jiāotōng shìgù **~verein** *m* 旅行社 lǚxíngshè **~vorschrift** *f* 交通规则 jiāotōng guīzé **~wesen** *n* -s; 交通事业〔業〕 jiāotōng shìyè **~zeichen** *n* 交通示意标〔標〕志 jiāotōng shìyì biāozhì

ver|'kehrt *adj* 1) 反的 fǎnde, 颠倒的 diāndǎode; 2) 错误〔誤〕的 cuòwùde **~'kennen** *vt* 误认〔認〕 wùrèn, 对〔對〕…判断〔斷〕错误 duì …pànduàn cuòwù **~'klagen** *vt* 控告 kònggào, 告状〔狀〕 gàozhuàng **~'kleben** *vt* 粘合 niánhé **~'kleiden** *vt* 1) 乔〔喬〕装〔裝〕qiáozhuāng; 2) 包 bāo, 覆盖〔蓋〕 fùgài

Ver'kleidung *f* -en 1) 乔〔喬〕装〔裝〕 qiáozhuāng, 伪〔僞〕装 wěizhuāng; 2) 覆盖〔蓋〕 fùgài, 外壳〔殼〕 wàiké

ver|'kleinern *vt* 1) 使变〔變〕小 shǐ biànxiǎo, 缩小 suōxiǎo; 2) 小看 xiǎokàn, 贬低 biǎndī **~-'klingen*** *vi(s)* 声〔聲〕音逐渐消失 shēngyīn zhújiàn xiāoshī **~-'knöchern** *vi(s)* 1) 骨化 gǔhuà, 骨质〔質〕化 gǔzhìhuà; 2) 僵硬 jiāngyìng **~'knoten** *vt* 打结 dǎjié **~'knüpfen** *vt* 1) 扎住 zhāzhù, 拴住 shuānzhù; 2) 连结 liánjié **~'kohlen** I *vt* 1) 把…烧〔燒〕成炭 bǎ … shāochéng tàn; 2) 嘲弄 cháonòng, 戏〔戲〕弄 xìnòng; II *vi(s)* 炭化 tànhuà **~-'kommen** I* *vi(s)* 1) 堕〔墮〕落 duòluò; 2) 衰败 shuāibài, 腐朽 fǔxiǔ; II *adj* 堕落的 duòluòde, 腐朽的 fǔxiǔde **~'korken** *vt* (用软木塞)塞住 sāizhù **~'körpern** *vt* 1) 使具体〔體〕化 shǐ jùtǐhuà; 2) 体现 tǐxiàn; 3) 扮演 bànyǎn; eine Rolle ~ 扮演一个角色

Ver'körperung *f* -en 具体〔體〕化 jùtǐhuà, 体现 tǐxiàn

ver|'krachen *v sich* 争吵 zhēngchǎo, 闹〔鬧〕翻 nàofān ~-'**krampft** *adj* 1)痉〔痙〕挛〔攣〕的 jìngluánde; 2)拘束的 jūsùde, 不自然的 bùzìránde ~'**kriechen*** *v sich* 爬开〔開〕 pákāi, 躲藏 duǒcáng ~'**krümmt** *adj* 弯〔彎〕曲的 wānqūde ~'**krüppelt** *adj* 残〔殘〕废〔廢〕的 cánfèide, 畸形的 jīxíngde ~'**kühlen** *v sich* 着凉 zháoliáng

ver'kümmer|n *vi (s)* 1) 渐渐枯萎 jiànjiàn kūwěi, 凋谢 diāoxiè; 2) 萎缩 wěisuō; 3) 失去活力 shīqù huólì ~**t** *adj* 枯萎的 kūwěide, 失去活力的 shīqù huólì de

ver'künd|en *vt* 宣告 xuāngào (Urteil 判决), 公布 gōngbù (Gesetz 法律, Nachricht 消息) ~**igen** *vt* 宣布 xuānbù; das Evangelium ~ 宣布福音

ver|'kuppeln *vt* 1) 接合 jiēhé, 使耦合 shǐ ǒuhé; 2)撮合 cuōhé, 为〔爲〕…拉皮条〔條〕wěi … lā pítiáo ~'**kürzen** *vt* 1) 缩短 suōduǎn; 2) 削减 xuējiǎn ~'**lachen** *vt* 嘲笑 cháoxiào ~'**laden*** *vt* 装〔裝〕载 zhuāngzài, 载运〔運〕zàiyùn

Ver'lag *m* -(e)s; -e 出版社 chūbǎnshè

ver'lagern *vt* 移置 yízhì, 转〔轉〕移 zhuǎnyí

Ver'lags|buchhandlung *f* 出版社 chūbǎnshè ~**recht** *n* 版权〔權〕bǎnquán

ver|'langen I *vt* 1) 要求 yāoqiú; 2) 盼望 pànwàng; II *vi* 渴望 kěwàng, 盼望 pànwàng (nach) ~-'**längern** *vt* 加长〔長〕 jiācháng, 放长 fàngcháng, 延长 yáncháng

Ver'längerung *f* -en 放长〔長〕fàngcháng, 延长 yáncháng

ver|'langsamen *vt* 放慢 fàngmàn ~'**lassen*** *vt* 1) 离〔離〕开〔開〕líkāi, 离弃〔棄〕 líqì; 2) sich auf (*A*) ~ 信赖 xìnlài, 信任 xìnrèn

Ver'lassenheit *f* 1) 孤寂 gūjì, 孤独〔獨〕gūdú; 2) 荒凉 huāngliáng

ver'läßlich *adj* 可靠的 kěkàode, 可信赖的 kě xìnlàide

Ver'lauf *m* 1) 经〔經〕过〔過〕jīngguò, 过程 guòchéng; 2) 走向 zǒuxiàng

ver|'laufen* I *vi(s)* 1)流逝 liúshì; 2) 经〔經〕过〔過〕 jīngguò; 3) 走向 zǒuxiàng, 伸展 shēnzhǎn; 4) 流开〔開〕liúkāi, 化开 huàkāi; II *v sich* 1) 走错路 zǒu cuò lù, 迷路 mílù; 2) 走散 zǒusàn, 散去 sànqù; 3) 流去 liúqù, 消失 xiāoshī ~'**lauten** *vi(s)* 透露 tòulù, 传〔傳〕出来〔來〕chuánchūlái; etw. ~ lassen 透露某事; wie verlautet 据传

ver'leb|en *vt* 度 dù, 度过〔過〕dùguò ~**t** *adj* 萎靡的 wěimíde, 憔悴的 qiáocuìde

ver'legen I *vt* 1) 迁〔遷〕移 qiānyí, 搬迁 bānqiān; 2) 改期 gǎiqī, 展期 zhǎnqī; 3) 阻挡〔擋〕zǔdǎng, 隔断〔斷〕géduàn; 4) 出版 chūbǎn; 5) 安装〔裝〕ānzhuāng, 敷设 fūshè; II *adj* 难〔難〕堪的 nánkānde, 狼狈的 lángbèide

Ver'legenheit *f* -en 1) 尴〔尷〕尬 gāngà, 窘迫 jiǒngpò; 2) 难〔難〕堪 nánkān, 困境 kùnjìng

Ver'leger *m* -s;- 出版者 chūbǎnzhě

Ver'legung *f* -en 1) 搬迁〔遷〕bānqiān; 2) 安装〔裝〕ān'zhuāng; 3) 展期 zhǎnqī

ver|'leiden *vt* 使扫〔掃〕兴〔興〕shǐ sǎoxìng ~'**leihen*** *vt* 1) 出借 chūjiè, 出租 chūzū; 2) 赋予 fùyǔ, 授予 shòuyǔ ~'**leiten** *vt* 引诱 yǐnyòu, 唆使 suōshǐ ~'**lernen** *vt* 荒疏 huāngshū ~'**lesen*** *vt* 1) 朗读〔讀〕 lǎngdú, 宣读 xuāndú; 2) 挑出 tiāochū, 剔出 tīchū; 3) sich ~ 读错 dúcuò

ver'letzen *vt* 1) 损害 sǔnhài, 使受伤〔傷〕shǐ shòushāng; 2) 违〔違〕犯 wéifàng ~**d** *adj* 伤〔傷〕害感情的 shānghài gǎnqíng de, 伤人的 shāngrénde

Ver'letzte *m, f* -n; -n 伤〔傷〕员 shāngyuán

Ver'letzung *f* -en 1) 损伤〔傷〕sǔnshāng, 受伤 shòushāng; 2) 违〔違〕犯 wéifàn

ver|'leugnen *vt* 1) 否认〔認〕fǒurèn, 不承认 bù chéngrèn; 2) sich ~ lassen 让〔讓〕人说自己不在家 ràng rén shuō zìjǐ bù zǎi jiā ~-'**leumden** *vt* 诽谤 fěibàng, 中伤〔傷〕zhòngshāng

ver'lieb|en *v sich* 热〔熱〕恋〔戀〕rèliàn, 迷恋 míliàn ~**t** *adj* 热恋的 rèliànde

ver|'lieren* I *vt* 1) 遗失 yíshī, 失去 shīqù, 丧〔喪〕失 sàngshī; 2) 输 shū, 失败 shībài; 3) sich ~ 消失 xiāoshī; II *vi* 1) 丧失 sàngshī, 失去 shīqù; 2) 输 shū, 失败 shībài ~'**loben** *vt* 许配 xǔpèi; sich mit j-m ~ 与某人订婚

Ver'lobung *f* -en 订婚 dìnghūn

ver|'locken *vt* 引诱 yǐnyòu, 诱惑 yòuhuò ~'**logen** *adj* 好撒谎的 hào sàhuǎngde, 骗人的 piànrénde, 虚伪〔僞〕的 xūwěide

Ver'logenheit *f* 不诚实〔實〕bùchéngshí, 虚伪〔僞〕xūwěi

ver'loren *adj* 1) 徒劳〔勞〕的 túláo-

de, 白费力气〔氣〕的 báifèi lìqì de; 2) 无〔無〕望的 wúwàngde, 失去的 shīqùde **~gehen*** *vi*(*s*) 遗失 yíshī, 丢失 diūshī
ver|'losen *vt* 抽签〔簽〕分配 chōuqiān fēnpèi **~'löten** *vt* 焊接 hànjiē
Ver'lust *m* -es; -e 1) 遗失 yíshī, 丢失 diūshī; 2) 损失 sǔnshī, 亏〔虧〕损 kuīsǔn; 3) ~e 伤〔傷〕亡的人 shāngwáng de rén
ver'machen *vt* 遗留 yíliú, 遗赠 yízèng
Ver'mächtnis *n* -ses; -se 1) 遗嘱〔囑〕yízhǔ; 2) 遗赠 yízèng, 遗赠物 yízèngwù
ver|'mählen *vt* 结婚 jiéhūn; sich mit j-m ~ 与某人结婚 **~'mehren** *vt* 1) 增多 zēngduō; 扩〔擴〕大 kuòdà, 增强 zēngqiáng; 2) sich ~ 繁殖 fánzhí, 增多 zēngduō
Ver'mehrung *f* -en 增多 zēngduō, 增长〔長〕zēngzhǎng, 繁殖 fánzhí
ver|'meiden* *vt* 避免 bìmiǎn **~'meintlich** *adj* 臆想的 yìxiǎngde, 假定的 jiǎdìngde **~'mengen** *vt* 搀〔攙〕和 chānhuo, 混合 hùnhé
Ver'merk *m* -(e)s; -e 附注 fùzhù, 按语 ànyǔ
ver|'merken *vt* 1) 记下 jìxià, 注意到 zhùyìdào; 2) etw. übel ~ 见〔見〕怪… jiànguài… **~'messen I*** *vt* 1) 测量 cèliáng, 丈量 zhàngliáng; 2) sich ~ 量错 liángcuò; II *adj* 傲慢的 àomànde, 狂妄的 kuángwàngde
Ver'messenheit *f* 傲慢 àomàn, 狂妄 kuángwàng
Ver'messung *f* -en 测量 cèliáng, 丈量 zhàngliáng
ver'mieten *vt* 出租 chūzū; Haus zu ~ 本房出租
Ver'mieter *m* -s;- 出租者 chūzūzhě
ver|'mindern *vt* 减少 jiánshǎo, 降低 jiàngdī **~'mischen** *vt* 搀〔攙〕和 chānhuo, 混合 hùnhé **~'missen** *vt* 1) 发〔發〕觉〔覺〕丢失 fājué diūshī; 2) 感到 … 不在 gǎndào … bùzài, 惦念 diànniàn
Ver'mißte *m, f* -n; -n 失踪者 shīzōngzhě, 下落不明者 xiàluò bùmíng zhě
ver'mitteln I *vi* 调解 tiáojiě; II *vt* 1) 调解 tiáojiě, 调停 tiáotíng; 2) 介绍 jièshào; j-m eine Arbeit ~ 给某人介绍工作
Ver'mittler *m* 1) 调解人 tiáojiěrén; 2) 介绍人 jièshàorén
Ver'mittlung *f* -en 1) 调解 tiáojiě, 介绍 jièshào; 2) 电〔電〕话交换台〔臺〕diànhuà jiāohuàntái
ver|'modern *vi* (*s*) 腐朽 fǔxiǔ **~'mögen** *vt* 能够 nénggòu, 有能力 yǒu nénglì
Ver'mögen *n* -s; 1) 能力 nénglì, 才能 cáinéng; 2) 财产〔產〕cáichǎn, 财力 cáilì
ver'mögend *adj* 富有的 fùyǒude
ver'mut|en *vt* 猜测 cāicè, 猜想 cāixiǎng **~lich** I *adj* 猜测的 cāicède, 可能的 kěnéngde; II *adv* 大概 dàgài, 也许 yěxǔ
Ver'mutung *f* -en 猜测 cāicè, 猜想 cāixiǎng
ver'nachlässigen *vt* 疏忽 shūhū, 忽视 hūshì
Ver'nachlässigung *f* -en 忽视 hūshì, 荒废〔廢〕huāngfèi
ver|'narben *vi* 结疤 jiébā **~'narrt** *adj* 迷恋〔戀〕的 míliànde, 痴情的 chīqíngde
ver'nehm|en* *vt* 1) 听〔聽〕说 tīngshuō, 耳闻 ěrwén; 2) 审〔審〕问 shěnwèn **~lich** *adj* 听〔聽〕得清楚的 tīngde qīngchǔ de
Ver'nehmung *f* -en 审〔審〕讯 shěnxùn
ver|'neigen *v sich* 鞠躬 jūgōng **~'neinen** I *vt* 否认〔認〕fǒurèn, 否定 fǒudìng; II *vi* 作否定答复〔復〕zuò fǒudìng dáfù
Ver'neinung *f* -en 否认〔認〕fǒurèn, 否定 fǒudìng
ver'nichten *vt* 消灭〔滅〕xiāomiè, 毁灭 huǐmiè **~d** *adj* 1) 毁灭〔滅〕性的 huǐmièxìngde; 2) 全盘〔盤〕否定的 quánpán fǒudìng de
Ver'nichtung *f* 消灭〔滅〕xiāomiè, 毁灭 huǐmiè, 摧毁 cuīhuǐ
ver|'nickeln *vt* 镀镍 dùniè **~'nieten** *vt* 铆接 mǎojiē
Ver'nunft *f* 理性 lǐxìng, 理智 lǐzhì; j-n zur ~ bringen 使某人头脑冷静
ver'nünftig *adj* 理智的 lǐzhìde, 头〔頭〕脑〔腦〕冷静的 tóunǎo lěngjìng de
ver|'öden I *vt* 使荒芜〔蕪〕shǐ huāngwú; II *vi* 变〔變〕荒芜 biàn huāngwú **~'öffentlichen** *vt* 公布 gōngbù, 发〔發〕表 fābiǎo, 出版 chūbǎn
Ver'öffentlichung *f* -en 公布 gōngbù, 发〔發〕表 fābiǎo, 出版 chūbǎn
ver'ordnen *vt* 1) 命令 mìnglìng, 规定 guīdìng; 2) 开〔開〕药〔藥〕方 kāi yàofāng
Ver'ordnung *f* 1) 命令 mìnglìng, 规定 guīdìng; 2) 处〔處〕方 chǔfāng, 医〔醫〕嘱〔囑〕yīzhǔ
ver|'pachten *vt* 出租 chūzū (Land 土地) **~'packen** *vt* 包装 bāo-

zhuāng, 装〔裝〕箱 zhuāngxiāng
Ver'packung *f* -en 包装〔裝〕bāozhuāng, 包装材料 bāozhuāng cáiliào
ver|'passen *vt* 错过〔過〕cuòguò, 耽误〔誤〕dānwù (Gelegenheit 机会, Zug 火车) ～**'patzen** *vt* 做坏〔壞〕zuòhuài, 搞糟 gǎozāo ～**'pesten** *vt* 污染 wūrǎn ～**'pfänden** *vt* 典当〔當〕diǎndàng, 抵押 dǐyā ～**'pflanzen** *vt* 1) 移栽 yízāi; 2) 迁〔遷〕移 qiānyí; 3) 器官移植 qìguān yízhí ～**'pflegen** *vt* 供给膳食 gōngjǐ shànshí
Ver'pflegung *f* en 膳食 shànshí
ver'pflichten *vt* 1) 使承担〔擔〕义〔義〕务〔務〕shǐ chéngdān yìwù; 2) 聘用 pìnyòng
Ver'pflichtung *f* -en 1) 职〔職〕责 zhízé, 义〔義〕务〔務〕yìwù; 2) 聘用 pìnyòng
ver'pfusch|en *vt* 弄坏〔壞〕nònghuài, 搞糟 gǎozāo ～**t** *adj* 1) 弄坏〔壞〕的 nònghuàide; 2) 腐化堕〔墮〕落的 fǔhuà duòluò de
ver|'prügeln *vt* 痛打 tòngdǎ ～**'puffen** *vi(s)* 消失 xiāoshī, 烟消云〔雲〕散 yānxiāo yúnsàn
Ver'putz *m* -es; -e 砂浆〔漿〕shājiāng, 抹灰 mòhuī
ver|'putzen *vt* 用灰泥抹墙〔牆〕yòng huīní mòqiáng ～**'quicken** *vt* 结合 jiéhé, 联〔聯〕系 liánxì ～**'quollen** *adj* 膨胀〔脹〕的 péngzhàngde, 肿〔腫〕胀的 zhǒngzhàngde ～**'rammeln** *vt* 堵塞 dǔsè
Ver'rat *m* -(e)s; 1) 泄露 xièlù; 2) 背叛 bèipàn
ver'raten *vt* 1) 泄露 xièlù, 透露 tòulù; 2) 背叛 bèipàn; 3) 显〔顯〕露 xiǎnlù, 流露 liúlù; 4) sich ～ 显露 xiǎnlù, 流露 liúlù
Ver'räter *m* -s;- 叛徒 pàntú, 变〔變〕节〔節〕者 biànjiézhě
ver|'räterisch *adj* 1) 背叛的 bèipànde, 背信弃〔棄〕义〔義〕的 bèixìng qìyì de; 2) 透露风〔風〕声〔聲〕的 tòulu fēngshēng de ～**'rechnen** *vt* 1) 结算 jiésuàn, 结清 jiéqīng; 2) sich ～ 算错 suàncuò, 失算 shīsuàn; 打错主意 dǎcuò zhǔyì
Ver'rechnung *f* 结清 jiéqīng ～**s-scheck** *m* 划〔劃〕线〔綫〕支票 huàxiàn zhīpiào
ver|'regnet *adj* 雨水过〔過〕多的 yǔshuǐ guòduō de ～**'reisen** *vi(s)* 出外旅行 chūwài lǚxíng; dienstlich ～ 出差 chūchāi ～**'reißen*** *vt* 1) 穿破 chuānpò; 2) 激烈的批评 jīliède pīpíng ～**'renken** *vt* 1) 使脱臼 shǐ tuōjiù; 2) sich (*D*) etw. ～ 肢体扭〔體〕歪 zhītǐ niǔwāi; sich (*D*) den Hals ～ 伸长脖子张望 shēncháng bózi zhāngwàng
Ver'renkung *f* -en 脱臼 tuōjiù, 扭伤〔傷〕niǔshāng
ver|'richten *vt* 1) 做 zuò, 办〔辦〕理 bànlǐ; 2) seine Notdurft ～ 解手 jiěshǒu; sein Gebet ～ 做祷〔禱〕告 zuò dǎogào ～**'riegeln** *vt* 上插销 shàng chāxiāo, 闩上 shuānshàng (Tür 门, Fenster 窗) ～**'ringern** *vt* 1) 减少 jiǎnshǎo, 减轻〔輕〕jiǎnqīng, 降低 jiàngdī; 2) sich ～ 减少, jiǎnshǎo 降低 jiàngdī ～**'rosten** *vi(s)* 生锈 shēngxiù, 锈蚀 xiùshí ～**'rotten** *vi(s)* 腐朽 fǔxiǔ
ver'rück|en *vt* 把…移开〔開〕bǎ…yíkāi ～**t** *adj* 发〔發〕疯〔瘋〕的 fāfēnde, 疯狂的 fēnkuángde; wie ～ 发疯似的; j-n ～ machen 使某人发疯
Ver'rückte *m, f* -n; -n 疯〔瘋〕子 fēnzi
Ver'ruf *m* -(e)s; 坏〔壞〕名声〔聲〕huàimíngshēng; j-n in ～ bringen 使某人声名狼藉; in ～ kommen 弄得声名狼藉
ver'rutschen *vi(s)* 滑落 huáluò
Vers *m* -es; -e 诗 shī, 诗行 shīháng
ver'sagen I *vt* 拒绝 jùjué, 不同意 bùtóngyì; sich (*D*) etw. ～ 放弃某事; II *vi* 1) 不听〔聽〕使唤 bùtīng shǐhuan; 2) 不灵〔靈〕bùlíng,
Ver'sager *m* -s; 1) 失败的人 shībàide rén, 失败之作 shībài zhī zuò; 2) 失灵〔靈〕shīlíng
ver|'salzen* *vt* 1) 放盐〔鹽〕过〔過〕多 fàngyán guòduō; 2) 弄糟 nòngzāo, 弄坏〔壞〕nònghuài, 使人扫兴〔興〕shǐ rén sǎoxìng ～**'sammeln** *vt* 1) 集合 jíhé, 召集 zhāojí; 2) sich ～ 集会〔會〕jíhuì
Ver'sammlung *f* -en 1) 召集 zhāojí, 集合 jíhé; 2) 集会〔會〕jíhuì
Ver'sand *m* -(e)s; 发〔發〕送 fāsòng; ～ ins Ausland 运送国外 ～**abteilung** *f* 货物发送部 huòwù fāsòngbù ～**geschäft** *n* 邮〔郵〕售商店 yóushòu shāngdiàn
ver'säumen *vt* 1) 忽视 hūshì, 玩忽 wánhū; 2) 错过〔過〕cuòguò, 耽误〔誤〕dānwù
Ver'säumnis *n* 疏忽 shūhu, 耽误〔誤〕dānwù
ver|'schachern *vt* 索高价〔價〕售出 suǒ gāojià shòuchū ～**'schaffen** *vt* 1) 弄到 nòngdào, 努力取得 nǔlì qǔdé; 2) sich (*D*) Respekt ～ 使自己受人尊敬 shǐ zìjǐ shòu rén zūnjìng ～**'schämt** *adj* 害羞的

hàixiūde, 难〔難〕为〔爲〕情的 nánwéiqíngde ~'**schanzen** *v sich* 筑〔築〕工事防御〔禦〕zhù gōngshì fángyù; sich hinter etw. ~ 躲在…后〔後〕面 duǒ zǎi … hòumian ~-'**schärfen** *vt* 1) 使尖锐化 shǐ jiānruìhuà, 加剧〔劇〕 jiājù; 2) sich ~ 尖锐化 jiānruìhuà, 激化 jīhuà ~'**scheiden*** *vi(s)* 逝世 shìshì, 亡故 wánggù ~'**schenken** *vt* 赠送 zèngsòng, 馈赠 kuìzèng ~'**scherzen** *vt, v sich* 失去 shīqù, 丧〔喪〕失 sàngshī ~-'**scheuchen** *vt* 1) 吓〔嚇〕走 xiàzǒu, 赶〔趕〕走 gǎnzǒu; 2) 使消失 shǐ xiāoshī ~'**schicken** *vt* 1) 发〔發〕送 fāsòng, 寄送 jìsòng; 2) 丧〔喪〕失 sàngshī ~'**schieben*** *vt* 1) 移动〔動〕 yídòng, 挪动 nuódòng; 2) 推迟〔遲〕 tuīchí; 3) 倒卖〔賣〕 dǎomài; 4) sich ~ 移动 yídòng; 延期 yánqī

ver'schieden *adj* 不同的 bùtóngde, 各种〔種〕各样〔樣〕的 gèzhǒng gèyàng de; aus ~en Gründen 由于各种不同的原因 ~**artig** *adj* 各式各样〔樣〕的 gèshì gèyàng de

Ver'schiedenheit *f* -en 不同 bùtóng, 多种〔種〕多样〔樣〕 duōzhǒng duōyàng

ver'schiedentlich *adv* 经〔經〕常 jīngcháng, 多次 duōcì

ver|'schiffen *vt* 用船装运〔運〕yòng chuán zhuāngyùn ~'**schimmeln** *vi(s)* 长〔長〕霉 zhǎngméi, 发〔發〕霉 fāméi ~'**schlafen** I* *vt* 1) (因睡过头而)耽误〔誤〕 dānwù, 错过〔過〕cuòguò; 2) (通过睡觉)度过 dùguò, 消磨 xiāomó; 3) (通过睡觉)消除 xiāochú; II* *vi(s)* 睡过头〔頭〕 shuìguòtóu; III *adj* 没睡醒的 méishuìxǐngde, 困倦的 kùnjuànde

Ver'schlag *m* -(e)s; ⸚e 1) 棚屋 péngwū; 2) 木板屋 mùbǎnwū

ver'schlagen I* *vt* (用板条)钉紧〔緊〕 dīngjǐn; es verschlug ihm die Sprache 他激动得说不出话; II *adj* 奸诈的 jiānzhàde

Ver'schlagenheit *f* 奸诈 jiānzhà, 狡猾 jiǎohuá

ver|'schlechtern *vt* 1) 使变〔變〕坏〔壞〕 shǐ biànhuài, 恶〔惡〕化 èhuà; 2) sich ~ 变坏 biànhuài, 恶化 èhuà ~'**schleiern** *vt* 1) (用面纱) 遮掩 zhēyǎn; 2) 掩饰 yǎnshì

Ver'schleiß *m* -es; -e 损耗 sǔnhào, 磨损 mósǔn

ver|'schleißen* *vt* 磨损 mósǔn ~-'**schleppen** *vt* 1) 拖走 tuōzǒu; 2) 劫走 jiézǒu; 3) (疾病等)拖延 tuōyán, 延误〔誤〕 yánwù ~'**schleudern** *vt* 1) 浪费 làngfèi; 2) 削价〔價〕抛售 xiāojià pāoshòu ~-'**schließen*** *vt* 锁上 suǒshàng, 关〔關〕锁门〔門〕户 guānsuǒ ménhù ~'**schlimmern** *vt* 1) 使变〔變〕坏〔壞〕 shǐ biànhuài; 恶〔惡〕化 èhuà; 2) sich ~ 变坏 biànhuài, 恶化 èhuà ~'**schlingen*** *vt* 1) 吞食 tūnshí, 吞下 tūnxià; 2) 缠〔纏〕结 chánjié, 缠绕〔繞〕 chánrǎo; 3) sich ~ 缠住 chánzhù, 缠绕在一起 chánrǎo zǎi yīqǐ ~-'**schlossen** *adj* 1) 关〔關〕闭的 guānbìde, 锁着的 suǒzhede; 2) 沉默寡言的 chénmò guǎyán de

Ver'schlossenheit *f* 沉默寡言 chénmò guǎyán

ver'schlucken *vt* 1) 吞咽 tūnyàn; 2) sich ~ 吃呛〔嗆〕chīqiàng

Ver'schluß *m* 1) 锁 suǒ, 塞子 sāizi, 盖〔蓋〕子 gàizi, 扣子 kòuzi; unter ~ 锁藏; 2) 闭塞 bìsè, 梗阻 gěngzǔ; 3) (照相)快门〔門〕 kuàimén

ver|'schmachten *vi (s)* 受(饥、渴等) 折磨 shòu zhémó; vor Durst ~ 渴得要命 ~'**schmähen** *vt* 蔑视 mièshì, 鄙弃〔棄〕 bǐqì ~-'**schmelzen*** *vt, vi(s)* 熔化 rónghuà, 熔炼〔煉〕 róngliàn; 2) 融合 rónghé, 结合 jiéhé

Ver'schmelzung *f* -en 1) 熔化 rónghuà; 2) 熔合 rónghé, 合并〔併〕 hébìng

ver|'schmerzen *vt* 对〔對〕…想得开〔開〕 duì … xiǎngdekāi, 不放在心上 bù fàngzà ixīnshàng ~-'**schmieren** *vt* 涂〔塗〕抹 túmǒ, 乱〔亂〕涂 luàntú, 弄脏〔髒〕nòngzāng ~'**schmitzt** *adj* 狡猾的 jiǎohuáde ~'**schmutzen** I *vt* 弄脏〔髒〕 nòngzāng, 污染 wūrǎn; II *vi(s)* 变〔變〕脏 biànzāng ~-'**schnaufen** *vi, v sich* 歇口气〔氣〕 xiēkǒuqì ~'**schneiden*** *vt* 1) 修剪 xiūjiǎn, 剪坏〔壞〕 jiǎnhuài; 2) (酒类)混合 hùnhé, 搀〔攙〕在一起 chānzài yīqǐ; 3) 阉割 yāngē ~'**schneit** *adj* 覆盖〔蓋〕着雪的 fùgàizhe xuě de

Ver'schnitt *m* -(e)s; (酒类)搀〔攙〕兑 chānduì

ver'schnupf|en *vt* 气〔氣〕恼〔惱〕 qìnǎo, 使生气 shǐ shēngqì ~**t** *adj* 伤〔傷〕风〔風〕的 shāngfēnde

ver|'schnüren *vt* 捆扎 kǔnzhā ~'**schollen** *adj* 失踪〔蹤〕的 shīzōngde, 生死不明的 shēngsǐ bùmíng de ~'**schonen** *vt* 1) 饶〔饒〕恕 ráoshù, 使免受苦难〔難〕 shǐ miǎnshòu kǔnàn; 2) j-n mit etw. ~ 不

打搅〔攪〕某人 bù dǎjiǎo mǒurén **~'schöne(r)n** *vt* 美化 měihuà

Ver'schönerung *f* -en 美化 měihuà, 装〔裝〕饰 zhuāngshì

ver|'schränken *vt* 使交叉 shǐ jiāochā; die Arme ~ 两臂交叉 **~-'schreiben*** *vt* 1) (纸张)写〔寫〕完 xiěwán; 2) 处〔處〕方 chǔfāng; 3) 传〔傳〕给 chuángěi, 遗赠 yízèng; 4) sich ~ 写错 xiěcuò; sich einer Sache ~ 献〔獻〕身于某事 xiànshēnyú mǒushì **~'schroben** *adj* 怪僻的 guàipìde, 乖戾的 guāilìde **~'schrotten** *vt* 作废〔廢〕铁〔鐵〕处〔處〕理 zuò fèitiě chǔlǐ **~'schüchtert** *adj* 胆〔膽〕怯的 dǎnqiède, 吓〔嚇〕坏〔壞〕了的 xiàhuàilede **~'schulden** I *vt* 对〔對〕…有过〔過〕错 duì … yǒu guòcuò, 对…有责任 duì … yǒu zérèn; II *vi* (*s*) 负债 fùzhài; über und über verschuldet sein 负债累累 **~'schütten** *vt* 1) 泼〔潑〕出 pōchū; 2) 填没 tiánmò; 3) 掩埋 yǎnmái, 活埋 huómái **~'schwägern** *v sich* 结成姻亲〔親〕 jiéchéng yīnqīn (mit j-m 与某人) **~'schweigen*** *vt* 隐〔隱〕瞒〔瞞〕 yǐnmán, 不说 bùshuō **~'schwenden** *vt* 浪费 làngfèi, 乱〔亂〕花 luànhuā, 挥霍 huīhuò

Ver'schwender *m* -s; - 奢侈浪费者 shēchǐ làngfèi zhě

ver'schwenderisch *adj* 挥霍浪费的 huīhuò làngfèi de, 奢侈的 shēchǐde

Ver'schwendung *f* -en 浪费 làngfèi, 挥霍 huīhuò

ver'schwiegen *adj* 1) 缄默的 jiānmòde; 2) 僻静的 pìjìnde

Ver'schwiegenheit *f* 缄默 jiānmò, 沉默寡言 chénmò guǎyán

ver|'schwimmen* *vi* (*s*) 1) 变〔變〕模糊 biàn móhu **~'schwinden*** *vi* (*s*) 消失 xiāoshī, 离〔離〕去 líqù, 不见 bùjiàn **~'schwommen** *adj* 模糊的 móhude, 不清楚的 bùqīngchude **~'schwören*** *v sich* 密谋策划〔劃〕 mìmóu cèhuà

Ver'schwörung *f* -en 阴〔陰〕谋 yīnmóu, 密谋 mìmóu

ver'sehen* *vt* 1) 履行 lǚxíng; 2) 照管 zhàoguǎn; 3) mit etw. ~ 使备〔備〕有 shǐ bèiyǒu; ehe man sich's versieht 一转〔轉〕眼间 yīzhuǎnyǎn jiān

Ver'sehen *n* -s; - 疏忽 shūhu, 过〔過〕失 guòshī

ver'sehentlich *adv* 无〔無〕意地 wúyìde, 不小心地 bùxiǎoxīnde

Ver'sehrte *m* -n; -n 伤〔傷〕残〔殘〕人 shāngcánrén

ver'senden* *vt* 发〔發〕送 fāsòng, 寄发 jìfā, 运〔運〕送 yùnsòng

Ver'sendung *f* -en 发〔發〕送 fāsòng, 运〔運〕送 yùnsòng

ver|'sengen *vt* 使微焦 shǐ wēijiāo **~'senken** *vt* 1) 使沉没 shǐ chénmò; 2) sich in etw. ~ 埋头〔頭〕于… máitóuyú … **~'sessen** *adj* 醉心于…的 zuìxīnyú … de, 热〔熱〕中于…的 rèzhōngyú…de **~'setzen** *vt* 1) 移动〔動〕 yídòng, 移置 yízhì; 2) 调动 diàodòng, 调任 diàorèn; 3) 使升班 shǐ shēngbān; 4) 典当〔當〕 diǎndàng, 变〔變〕卖〔賣〕 biànmài; 5) 让〔讓〕…白等 ràng … báiděng; 6) 混和 hùnhé, 搀〔攙〕杂〔雜〕 chānzá; Wein mit Wasser ~ 酒里搀水; 7) j-n in Zorn ~ 使…发〔發〕怒 shǐ fānù; j-m einen Schlag ~ 给某人一击〔擊〕 gěi mǒurén yījī; j-n in Angst ~ 使…害怕 shǐ … hàipà; j-n in den Ruhestand ~ 让〔讓〕某人退休 ràng mǒurén tuìxiū; ~ Sie sich in meine Lage! 请设想处于我的地位!

Ver'setzung *f* -en 1) 调任 diàorèn, 升级 shēngjí; 2) 升班 shēngbān

ver'seuchen *vt* 传〔傳〕染 chuánrǎn, 污染 wūrǎn

Ver'seuchung *f* -en 传〔傳〕染 chuánrǎn, 污染 wūrǎn

ver'sichern *vt* 1) 保证〔證〕 bǎozhèng, 担〔擔〕保 dānbǎo; 2) 保险〔險〕 bǎoxiǎn; 3) sich ~ 确〔確〕信 quèxìn, 对〔對〕…取得保证 duì …qǔdé bǎozhèng; 保险 bǎoxiǎn

Ver'sicherung *f* -en 1) 保证〔證〕 bǎozhèng, 担〔擔〕保 dānbǎo; 2) 保险〔險〕 bǎoxiǎn, 保险合同 bǎoxiǎn hétóng **~sgesellschaft** *f* 保险公司 bǎoxiǎn gōngsī **~sprämie** *f* 保险费 bǎoxiǎnfèi

ver|'sickern *vi* (*s*) 渗〔滲〕漏 shènlòu **~'siegeln** *vt* 封上 fēngshàng, 密封 mìfēng **~'siegen** *vi*(*s*) 干〔乾〕涸 gānhé, 枯竭 kūjié **~'silbern** *vt* 1) 镀银 dùyíng; 2) 变〔變〕卖〔賣〕 biànmài **~'sinken*** *vi* (*s*) 下沉 xiàchén, 沉没 chénmò **~'sinnbildlichen** *vt* 象征〔徵〕 xiàngzhēng

Versi'on *f* -en 1) 译〔譯〕本 yìběn, 文本 wénběn; 2) 说法 shuōfǎ

'Versmaß *n* 诗律 shīlǜ

ver'söhn|en *vt* 调解 tiáojiě, 使和解 shǐ héjiě; sich (wieder) ~ 和解 **~lich** *adj* 谅解的 liàngjiěde, 和解的 héjiěde

Ver'söhnung *f* -en 调解 tiáojiě, 和解 héjiě

ver'sorgen *vt* 1) 供给 gōngjǐ, 提供

tígōng; 2) 照料 zhàoliào, 照管 zhàoguǎn

Ver'sorgung *f* -en 1) 照管 zhàoguǎn; 2) 供应〔應〕 gōngyìng, 供养〔養〕 gōngyǎng

ver'spät|en *v sich* 迟〔遲〕到 chídào, 延误〔誤〕 yánwù **~et** *adj* 迟到的 chídàode

Ver'spätung *f* -en 迟〔遲〕到 chídào, 晚点〔點〕 wǎndiǎn; mit 2 Stunden ~ 晚点二小时

ver|'speisen *vt* 吃完 chīwán **~'sperren** *vt* 挡〔擋〕住 dǎngzhù, 堵住 dǔzhù, 遮住 zhēzhù **~'spielen** *vt* 赌输 dǔshū (Geld 钱) **~'spielt** *adj* 贪玩的 tānwánde (Kind 孩子) **~'spotten** *vt* 讥〔譏〕笑 jīxiào, 嘲弄 cháonòng **~'sprechen*** *vt* 1) 答应〔應〕 dāyìng, 许诺 xǔnuò; 2) sich ~ 说错 shuōcuò; sich von ... viel ~ 对〔對〕...期望很大 duì ... qīwàng hěndà **~'sprühen** *vt* 喷洒〔灑〕 pēnsǎ **~'spüren** *vt* 感觉〔覺〕 gǎnjué, 觉得 juéde (Schmerz 疼痛, Durst 口渴) **~'staatlichen** *vt* 使国〔國〕有化 shǐ guóyǒuhuà, 收归〔歸〕国有 shōuguī guóyǒu

Ver'stand *m* -(e)s; 理智 lǐzhì, 理解 lǐjiě, 智力 zhìlì; den ~ verlieren 丧失理智; ~ haben 有头脑

Ver'standes|kraft *f* 理解力 lǐjiělì **~mensch** *m* 实〔實〕事求是的人 shíshì qiúshì de rén

ver'ständ|ig *adj* 明理的 mínglǐde, 理智的 lǐzhìde, 有头〔頭〕脑〔腦〕的 yǒu tóunǎode **~igen** *vt* 通知 tōngzhī, 告知 gàozhī **~lich** *adj* 可理解的 kělǐjiěde, 听〔聽〕明白的 tīngmíngbáide; j-m etw. ~ machen 把某事对某人说清楚; sich ~ machen 让别人听明白自己的意思

Ver'ständnis *n* -ses; -se 理解 lǐjiě, 领会〔會〕 lǐnghuì; für j-n ~ haben 对某人很理解

ver|'ständnisvoll *adj* 充分理解的 chōngfèn lǐjiě de **~'stärken** *vt* 1) 增强 zēngqiáng, 加固 jiāgù; 2) 加强 jiāqiáng, 提高 tígāo (Ton 声音)

Ver'stärker *m* -s; - 扩〔擴〕音器 kuòyīnqì, 放大器 fàngdàqì

Ver'stärkung *f* -en 1) 增强 zēngqiáng, 加固 jiāgù; 2) 扩〔擴〕大 kuòdà, 放大(声音) fàngdà

ver'staub|en *vi (s)* 蒙上灰尘〔塵〕 méngshàng huīchén **~t** *adj* 满〔滿〕是灰尘的 mǎnshì huīchén de

ver|'stauchen *vt* 扭伤〔傷〕 niǔshāng; sich (*D*) den Fuß ~ 扭伤脚 **~'stauen** *vt* 堆放 duīfàng, 码好 mǎhǎo

Ver'steck *n* -(e)s; -e 藏匿处〔處〕 cángnìchù; ~ spielen 捉迷藏 zhuō mícáng

ver|'stecken *vt* 1) 隐〔隱〕藏 yǐncáng, 藏匿 cángnì; 2) sich ~ 躲起来〔來〕 duǒqǐlai **~'stehen** *vt* 1) 听〔聽〕清 tīngqīng, 听明白 tīngmíngbái; 2) 了解 liǎojiě, 懂得 dǒngde; etw. falsch ~ 错误地理解某事; j-m etw. zu ~ geben 让某人了解某事; 3) 谅解 liàngjiě; 4) 通晓〔曉〕 tōngxiǎo; eine Sprache ~ 通晓一种语言; 5) sich ~ 互相了解 hùxiāng liǎojiě; 合得来 hédelái; sich mit j-m gut ~ 跟某人很合得来; 6) 熟悉 shúxī, 精通 jīngtōng; sich auf etw. ~ 对某事精通; es versteht sich von selbst 这是不言而喻的 **~'steifen** *vt* 1) 支撑 zhīcheng, 使牢固 shǐ láogù; 2) sich ~ 变〔變〕硬 biànyìng, 僵直 jiāngzhí; sich auf etw. ~ 坚〔堅〕持 jiānchí **~'steigern** *vt* 拍卖〔賣〕 pāimài

Ver'steigerung *f* 拍卖〔賣〕 pāimài

ver'steinern I *vt* 使呆滞 shǐdāizhì; II *vi (s)* 1) 变〔變〕成石头〔頭〕 biànchéng shítóu, 石化 shíhuà

ver'stell|bar *adj* 可移动〔動〕的 kěyídòngde, 可调整的 kětiáozhěngde **~en** *vt* 1) 挡〔擋〕住 dǎngzhù, 阻挡 zǔdǎng; 2) 移置 yízhì (Gegenstand 物体); 3) 调整 tiáozhěng, 校准 jiàozhǔn (Fernglas 望远镜); 4) 放错位置 fàngcuò wèizhì; 5) sich ~ 伪〔僞〕装 wěizhuāng

Ver'stellung *f* -en 伪〔僞〕装〔裝〕 wěizhuāng, 假装 jiǎzhuāng

ver|'steuern *vt* 纳税 nàshuì, 为〔爲〕...付税 wèi...fùshuì **~'stiegen** *adj* 异〔異〕想天开〔開〕的 yìxiǎng tiānkāi de, 古怪的 gǔguàide

ver'stimm|en *vt* 1)使走调 shǐ zǒudiào; 2) 使情绪不好 shǐ qíngxù bùhǎo **~t** *adj* 1) 走调的 zǒudiàode; 2) 情绪不好的 qíngxù bùhǎo de, 生气〔氣〕的 shēngqìde

Ver'stimmung *f* 情绪不好 qíngxù bùhǎo, 恼〔惱〕火 nǎohuǒ

ver|'stockt *adj* 顽固不化的 wángù bùhuà de **~'stohlen** *adj* 偷偷的 tōutōude, 悄悄的 qiāoqiāode **~'stopfen** *vt* 1) 堵塞 dǔsè, 塞住 sāizhù; 2) 便秘 biànbì

Ver'stopfung *f* -en 便秘 biànbì

verstört *adj* 心烦意乱〔亂〕的 xīnfán yìluàn de

Ver'stoß *m* 违〔違〕反 wéifǎn, 触

〔觸〕犯 chùfàn
ver|'stoßen* I *vt* 驱〔驅〕逐 qūzhú, 把…赶〔趕〕出去 bǎ…gǎn chūqù; II *vi* 违〔違〕背 wéibèi, 违犯 wéifàn ~'**streichen*** I *vt* 涂〔塗〕抹 túmǒ (Salbe 油膏, Butter 黄油); II *vi* (*s*) (岁月)流逝 liúshì ~'**streuen** *vt* 撒播 sǎbō ~'**stümmeln** *vt* 1)使断〔斷〕肢 shǐ duànzhī, 使残〔殘〕废〔廢〕 shǐ cánfèi; 2) 使支离〔離〕破碎 shǐ zhīlí pòsuì ~'**stummen** *vi* 沉默 chénmò, 默不作声〔聲〕 mò bù zuòshēng
Ver'such *m* -(e)s; -e 1) 尝〔嘗〕试 chángshì; 2) 试〔驗〕验 shìyàn, 实〔實〕验 shíyàn
ver'suchen *vt* 1) 尝〔嘗〕 cháng, 品尝 pǐncháng; 2) 尝试 chángshì; j-n ~ 考验某人; es ~ mit 试一试
Ver'suchsanstalt *f* 研究所 yánjiūsuǒ
ver'suchsweise *adv* 试验〔驗〕性地 shìyànxìngde
Ver'suchung *f* -en 引诱 yǐnyòu, 诱惑 yòuhuò
ver|'sündigen *v sich* 犯下罪过〔過〕 fànxià zuìguò, 作孽 zuònìè ~'**süßen** *vt* 1) 使有甜味 shǐ yǒu tiánwèi; 2) 使尝〔嘗〕到甜头〔頭〕 shǐ chángdào tiántóu ~'**tagen** *vt* 延期 yánqī, 推迟〔遲〕 tuīchí; sich ~ 决定延期
Ver'tagung *f* 延期 yánqī, 推迟〔遲〕 tuīchí
ver|'tauschen *vt* 交换 jiāohuàn, 调换 diàohuàn ~'**teidigen** *vt* 1) 保卫〔衛〕 bǎowèi, 捍卫 hànwèi; 2) 为〔為〕…辩护〔護〕 wèi … biànhù; 3) sich ~ 自卫 zìwèi; 为自己辩护 wèi zìjǐ biànhù
Ver'teidiger *m* -s; - 1) 保卫〔衛〕者 bǎowèizhě; 2) 辩护〔護〕人 biànhùrén; 3) (足球) 后〔後〕卫 hòuwèi
Ver'teidigung *f* -en 1) 保卫〔衛〕 bǎowèi; 2) 辩护〔護〕 biànhù ~**sministerium** *n* 国〔國〕防部 guófángbù
ver'teilen *vt* 分配 fēnpèi, 分发〔發〕 fēnfā, 分布 fēnbù
Ver'teiler *m* -s; - 分发〔發〕者 fēnfāzhě
Ver'teilung *f* -en 分配 fēnpèi, 分发〔發〕 fēnfā
ver|'teuern *vt* 涨〔漲〕价〔價〕 zhǎngjià, 提高价格 tígāo jiàgé ~'**tiefen** *vt* 加深 jiāshēn, 挖深 wāshēn; sich ~ 变深; sich ~ in … 埋头于… máitóu yú
Ver'tiefung *f* -en 凹处〔處〕 āochù, 洞 dòng, 沟〔溝〕 gōu
verti'kal *adj* 垂直的 chuízhíde
ver'tilgen *vt* 1) 消灭〔滅〕 xiāomiè, 根除 gēnchú; 2) 吃光 chīguāng, 耗尽〔盡〕 hàojìn
Ver'tilgung *f* -en 根除 gēnchú, 消灭〔滅〕 xiāomiè
ver'tonen *vt* 谱曲 pǔqǔ, 配乐〔樂〕 pèiyuè
Ver'trag *m* -(e)s; ≈e 合同 hétóng, 协〔協〕定 xiédìng, 条〔條〕约 tiáoyuē
ver'trag|en* *vt* 1) 忍受 rěnshòu, 受得了 shòudeliǎo; 2) 穿旧〔舊〕 chuānjiù, 穿破 chuānpò; 3) sich ~ 协〔協〕调 xiétiáo, 调和 tiáohé; sich mit j-m ~ 跟某人合得来 ~**lich** *adj* 合同上的 hétóngshàngde, 按条〔條〕约的 àntiáoyuēde; ~ verpflichtet sein 受条约约束
ver'träglich *adj* 1) 易消化的 yìxiāohuàde; 2) 容易相处〔處〕的 róngyì xiāngchǔ de
Ver'tragsbruch *m* 毁约 huǐyuē
ver'tragsbrüchig *adj* 违〔違〕反条〔條〕约的 wéifǎn tiáoyuē de
Ver'trags|entwurf *m* 协〔協〕定草案 xiédìng cǎo'àn ~**partner** *m* 缔约一方 dìyuē yīfāng
ver'trauen *vi* 信任 xìnrèn, 信赖 xìnlài
Ver'trauen *n* -s; 信任 xìnrèn, 信赖 xìnlài
ver'trauenerweckend *adj* 令人信任的 lìng rén xìnrèn de
Ver'trauens|bruch *m* 背信弃〔棄〕义〔義〕 bèixìn qìyì ~**frage** *f* 信任问题 xìnrèn wèntí ~**votum** *n* 信任投票 xìnrèn tóupiào
ver'trauenswürdig *adj* 值得信任的 zhídé xìnrèn de
ver'trau|lich *adj* 机〔機〕密的 jīmìde, 亲〔親〕密的 qīnmìde ~**t** *adj* 1) 亲〔親〕密的 qīnmìde (Freund 朋友); 2) 熟悉的 shúxīde; mit etw. ~ sein 熟悉某事
ver|'treiben* *vt* 1) 驱〔驅〕逐 qūzhú, 排遣 páiqiǎn; sich die Zeit mit etw. ~ 以…消磨时间; 2) 销售 xiāoshòu ~'**treten*** *vt* 1) 代表 dàibiǎo, 代替 dàitì; 2) 代理 dàilǐ, 代销 dàixiāo; 3) 主张〔張〕 zhǔzhāng, 维护〔護〕 wéihù; 4) sich den Fuß ~ 扭伤〔傷〕脚 niǔshāng jiǎo; sich die Beine ~ 活动〔動〕活动腿脚 huódòng huódòng tuǐjiǎo
Ver'treter *m* -s; - 1) 代表 dàibiǎo, 代理人 dàilǐrén; 2) 主张〔張〕者 zhǔzhāngzhě, 维护〔護〕者 wéihùzhě
Ver'tretung *f* -en 1) 代办〔辦〕 dàibàn, 代理 dàilǐ; 2) 代办处〔處〕

dàibànchù

Ver'trieb *m* -(e)s; -e 1) 销售 xiāoshòu, 代销 dàixiāo; 2) 销售部 xiāoshòubù

ver|'trocknen *vi* (*s*) 变〔變〕干〔乾〕涸 biàn gānhé, 干枯 gānkū ~**'trödeln** *vt* 虚度时〔時〕日 xūdù shírì, 浪费时间 làngfèi shíjiān ~**'trösten** *vt* 敷衍 fūyǎn, 用空话安慰 yòng kōnghuà ānwèi ~**'tuschen** *vt* 隐〔隱〕瞒〔瞞〕yǐnmán, 掩饰 yǎnshì ~**'übeln** *vt* 为〔爲〕… 而抱怨 wèi…ér bàoyuàn, 责怪 zéguài ~-**'üben** *vt* 干〔幹〕gàn, 作 zuò, 犯 fàn; ein Verbrechen ~ 犯一种罪行; einen Anschlag ~ 行凶 xíngxiōng

ver'un|glücken *vi* 1) 遇难〔難〕yùnàn, 出事故 chū shìgù; 2) 失败 shībài ~**reinigen** *vt* 弄脏〔髒〕nòngzāng, 污染 wūrǎn ~**stalten** *vt* 使变〔變〕丑〔醜〕陋 shǐ biàn chǒulòu, 使破相 shǐ pòxiàng ~**treuen** *vt* 侵吞 qīntūn, 贪污 tānwū

ver'ursachen *vt* 引起 yǐnqǐ, 造成 zàochéng (Schaden 损失)

ver'urteilen *vt* 1) 谴责 qiǎnzé; 2) 判处〔處〕pànchǔ

Ver'urteilung *f* -en 1) 谴责 qiǎnzé; 2)判处〔處〕pànchǔ

ver|'vielfältigen *vt* 复〔複〕印 fùyìn, 复制〔製〕fùzhì ~**'vollkommnen** *vt* 使完善 shǐwánshàn; sich ~ 完善,完美 ~**'vollständigen** *vt* 使完整 shǐ wánzhěng, 使完备〔備〕shǐ wánbèi ~**'wachsen** I* *vi* (*s*) 1) 愈合 yùhé; 2) 连生 liánshēng; miteinander ~ 长在一起; II *adj* 长〔長〕成畸形的 zhǎngchéng jīxíng de ~**'wackeln** *vt* 使(照片)模糊 shǐ móhu

ver'wahr|en *vt* 1) 保存 bǎocún, 保管 bǎoguǎn; 2) sich gegen etw. ~ 对〔對〕…抗议〔議〕duì…kàngyì ~**lost** *adj* 1) 无〔無〕人管教的 wúrén guǎnjiào de (Kinder 孩子); 2) 荒芜〔蕪〕的 huāngwúde (Garten 花园)

Ver'wahrung *f* 保存 bǎocún, 保管 bǎoguǎn; j-m etw. in ~ geben 把…交某人保管; etw. in ~ nehmen 保管某物

ver|'waist *adj* 1) 失去父母的 shīqù fùmǔ de (Kind 孩子); 2) 孤独〔獨〕的 gūdúde, 荒僻的 huāngpíde (Dorf 村子) ~**'walten** *vt* 管理 guǎnlǐ, 掌管 zhǎngguǎn

Ver'walter *m* -s; - 管理员 guǎnlǐyuán, 经〔經〕管人 jīngguǎnrén

Ver'waltung *f* -en 管理 guǎnlǐ, 管理处〔處〕guǎnlǐchù

ver'wandeln *vt* 改变〔變〕gǎibiàn, 变换 biànhuàn; sich ~ in … 变成,变样

Ver'wandlung *f* -en 变〔變〕化 biànhuà, 转〔轉〕变 zhuǎnbiàn

ver'wandt *adj* 1) 同族的 tóngzúde, 有亲〔親〕戚关〔關〕系的 yǒu qīnqī guānxì de; 2) 同语系的 tóngyǔxìde; 3) 近似的 jìnsìde

Ver'wandt|e *m, f* -n; -n 亲〔親〕戚 qīnqī ~**schaft** *f* -en 亲〔親〕戚 qīnqī, 亲属〔屬〕关〔關〕系 qīnshǔ guānxì

ver'warnen *vt* 警告 jǐnggào, 告诫 gàojiè

Ver'warnung *f* -en 警告 jǐnggào, 训斥 xùnchì

ver|'wässern *vt* 1)用水冲淡 yòngshuǐ chōngdàn, 在 … 里〔裏〕搀〔攙〕水 zài … lǐ chānshuǐ; 2) 冲淡(作用、效果) chōngdàn ~**'wechseln** *vt* 弄错 nòngcuò, 混淆 hùnxiáo

Ver'wechselung *f* -en 弄错 nòngcuò, 混淆 hùnxiáo

ver|'wegen *adj* 大胆〔膽〕的 dàdǎnde, 鲁莽的 lǔmǎngde ~**'wehren** *vt* 禁止 jìnzhǐ, 阻止 zǔzhǐ; j-m den Zutritt ~ 禁止某人进入 ~-**'weichlicht** *adj* 娇〔嬌〕生惯养〔養〕的 jiāoshēng guànyáng de ~**'weigern** *vt* 拒绝 jùjué, 不给予 bùgěiyǔ, 不准 bùzhǔn ~**'weilen** *vi* 逗留 dòuliú, 停留 tíngliú

Ver'weis *m* -es; -e 训斥 xùnchì, 责备〔備〕zébèi

ver|'weisen* *vt* 1) 参〔參〕阅 cānyuè; 2) 训斥 xùnchì, 责备〔備〕zébèi; j-m etw. ~ 为 … 斥责某人; 3) 逐出 zhúchū; j-n des Landes ~ 把某人逐出国境 ~-**'welken** *vi* 枯萎 kūwěi, 凋谢 diāoxiè ~**'wenden** *vt* 1) 应〔應〕用 yìngyòng, 使用 shǐyòng; 2) 花费 huāfèi; 3) sich bei j-m ~ für etw. 为〔爲〕…给某人说项 wèi … gěi mǒurén shuōxiàng

Ver'wendung *f* -en 应〔應〕用 yìngyòng, 使用 shǐyòng, 用途 yòngtú; keine ~ für etw. haben 派不上用场

ver'werf|en* *vt* 1) 拒绝 jùjué, 不采〔採〕纳 bù cǎinà; 2) 乱〔亂〕放 luànfàng, 乱扔 luànrēng ~**lich** *adj* 下流的 xiàliúde, 卑鄙的 bēibǐde

ver|'werten *vt* 利用 lìyòng; altes Eisen ~ 利用废铁 ~**'wesen** *vi* (*s*) 腐烂〔爛〕fǔlàn

ver'wickel|n I *vt* 1) 弄乱〔亂〕nòngluàn, 把…缠〔纏〕在一起 bǎ…chán zài yīqǐ; 2) 使卷〔捲〕入 shǐ juǎnrù; j-n in etw. ~使某人卷入…; 3) sich ~ 乱成一团〔團〕luànchéng yītuán; 卷入 … juǎnrù,

牵〔牽〕连到…里〔裏〕 qiānlián dào … lǐ ~**t** *adj* 错综复〔複〕杂〔雜〕的 cuòzōng fùzá de

Ver'wick(e)lung *f* 混乱〔亂〕 hùnluàn, 纠纷 jiūfen, 错综复〔複〕杂〔雜〕 cuòzōng fùzá

ver|'wildern *vi* (*s*) 1) 变〔變〕荒蕪 biàn huāngwú; 2) 变粗野 biàn cūyě ~**'winden*** *vt* 1) 忍受 rěnshòu, 熬过〔過〕 áoguò; 2) 克服 kèfú ~**'wirklichen** *vt* 1) 实〔實〕现 shíxiàn (Traum 梦想, Wunsch 愿望), 实行 shíxíng; 2) sich ~ 实现 shíxiàn

Ver'wirklichung *f* -en 实〔實〕现 shíxiàn

ver'wirr|en *vt* 1) 使混乱〔亂〕 shǐ hùnluàn; 2) 使迷惘 shǐ míwǎng; j-n ~ 把某人搞糊涂 ~**t** *adj* 迷惘的 míwǎngde, 困惑的 kùnhuòde

Ver'wirrung *f* -en 混乱〔亂〕 hùnluàn, 困惑 kùnhuò

ver|'wischen *vt* 1) 擦去 cāqù, 使消失 shǐ xiāoshī; 2) 使模糊 shǐ móhu, 使辨认〔認〕不清 shǐ biànrèn bùqīng ~**'wittern** *vi* (*s*) 剥蚀 bōshí, 风〔風〕化 fēnghuà ~**'witwet** *adj* 丧〔喪〕偶的 sàngǒude

ver'wöhn|en *vt* 溺爱〔愛〕 nì'ài, 娇〔嬌〕惯 jiāoguàn ~**t** *adj* 讲〔講〕究的 jiǎngjiūde, 爱〔愛〕挑剔的 àitiāotìde

ver'worren *adj* 混乱〔亂〕的 hùnluànde, 不清楚的 bùqīngchǔde

ver'wund|bar *adj* 易受损伤〔傷〕的 yìshòu sǔnshāng de, 敏感的 mǐngǎnde ~**en** *vt* 1) 使受伤〔傷〕 shǐ shòushāng; 2) 伤害 … 的感情 shānghài … de gǎnqíng ~**erlich** *adj* 令人惊〔驚〕异〔異〕的 lìng rén jīngyì de ~**ern** *vt* 令人惊异 lìng rén jīngyì; sich über etw. ~ 对…感到惊异

Ver'wunderung *f* -en 惊〔驚〕异〔異〕 jīngyì

Ver'wundete *m* -n; -n 伤〔傷〕员 shāngyuán

Ver'wundung *f* -en 1) 受伤〔傷〕 shòushāng, 伤口 shāngkǒu; 2) 伤害 shānghài, 侮辱 wǔrǔ

ver|'wünschen *vt* 咒骂 zhòumà, 诅咒 zǔzhòu ~**'wüsten** *vt* 使荒芜〔蕪〕 shǐ huāngwú, 蹂躏 róulìn, 破坏〔壞〕 pòhuài

Ver'wüstung *f* -en 蹂躏 róulìn 破坏〔壞〕 pòhuài

ver'zag|en *vi* 沮丧〔喪〕 jǔsàng, 气〔氣〕馁 qìněi ~**t** *adj* 沮丧的 jǔsàngde, 气馁的 qìněide

Ver'zagtheit *f* 沮丧〔喪〕 jǔsàng, 气〔氣〕馁 qìněi

ver|'zählen *v sich* 数〔數〕错 shǔcuò, 算错 suàncuò ~**'zärteln** *vt* 娇〔嬌〕惯 jiāoguàn ~**'zaubern** *vt* 1) 施魔法于… shī mófǎ yú…; 2) 使着迷 shǐ zháomí ~**'zehren** *vt* 1) 吃光(钱) chīguāng, 吃喝 chīhē; 2) 耗费 hàofèi ~**'zeichnen** *vt* 1) 记录〔錄〕 jìlù, 记下 jìxià; 2) 画〔畫〕坏〔壞〕 huàhuài, 歪曲 wāiqū

Ver'zeichnis *n* -ses; -se 表格 biǎogé, 目录〔錄〕 mùlù, 一览〔覽〕表 yīlǎnbiǎo

ver'zeih|en* *vt, vi* 原谅 yuánliàng, 宽恕 kuānshù; ~ Sie bitte! 请您原谅! ~**lich** *adj* 可以原谅的 kěyǐ yuánliàng de

Ver'zeihung *f* 原谅 yuánliàng, 宽恕 kuānshù; ~! 请原谅!

ver'zerren *vt* 1) 扭歪 niǔwāi, 使变〔變〕形 shǐ biànxíng; sich ~ 变形, 变歪; 2) 歪曲 wāiqū, 曲解 qūjiě

Ver'zerrung *f* -en 1) 扭歪 niǔwāi, 变〔變〕形 biànxíng; 2) 歪曲 wāiqū, 曲解 qūjiě

ver'zetteln *vt* 1) 把…写〔寫〕在纸片上 bǎ … xiě zài zhǐpiàn shàng; 2) sich ~ 浪费精力 làngfèi jīnglì

Ver'zicht *m* -(e)s; -e 放弃〔棄〕 fàngqì

ver|'zichten *vi* 放弃〔棄〕 fàngqì (auf ein Recht 一项权利) ~**'ziehen*** I *vi* (*s*) 迁〔遷〕居 qiānjū, 搬家 bānjiā; II *vt* 1) 扭歪 niǔwāi (Gesicht 脸); 2) 娇〔嬌〕惯 jiāoguàn (Kind 孩子); 3) ohne eine Miene zu ~ 不动〔動〕声〔聲〕色 bù dòng shēngsè; 4) sich ~ 变〔變〕形 biànxíng, 走样〔樣〕 zǒuyàng, 翘〔翹〕棱 qiáoleng; 消散 xiāosàn, 消失 xiāoshī ~**'zieren** *vt* 装〔裝〕饰 zhuāngshì, 装潢 zhuānghuáng

Ver'zierung *f* 装〔裝〕饰 zhuāngshì, 装饰品 zhuāngshìpǐn

ver|'zinsen *vt* 付利息 fùlìxī; sich ~ 生息 ~**'zögern** *vt* 推迟〔遲〕 tuīchí, 拖延 tuōyán

Ver'zögerung *f* -en 推迟〔遲〕 tuīchí, 推延 tuōyán

ver|'zollen *vt* 交纳关〔關〕税 jiāonà guānshuì; haben Sie etw. zu ~? 您有什么东西要纳税的吗? ~**'zückt** *adj* 欣喜若狂的 xīnxǐ ruò kuáng de, 令人陶醉的 lìng rén táozuì de

Ver'zückung *f* -en 狂喜 kuángxǐ, 陶醉 táozuì

Ver'zug *m* -(e)s; 拖延 tuōyán; in ~ geraten 延误; ohne ~ 立即 lìjí, 马〔馬〕上 mǎshàng

ver'zweifel|n *vi* (*s*)绝望 juéwáng, 丧〔喪〕失信心 sàngshī xìnxīn **~t** *adj* 失望的 shīwàngde, 绝望的 juéwàngde

Ver'zweiflung *f* 失望 shīwàng, 绝望 juéwàng; j-n zur ~ bringen 使人极不耐烦

ver'zweigen *v sich* (树)分枝 fēnzhī, (路)分岔 fēnchà, (商行等)分支 fēnzhī

Ver'zweigung *f* 1) 分枝 fēnzhī, 分岔 fēnchà; 2) 分支 fēnzhī

ver'zwickt *adj* 难〔難〕办〔辦〕的 nánbànde, 错综复〔複〕杂〔雜〕的 cuòzōng fùzá de

Vete'ran *m* -en; -en 1) 老兵 lǎobīng; 2) 老前辈 lǎoqiánbèi

Veteri'när *m* -s; -e 兽〔獸〕医〔醫〕shòuyī

'Veto *n* -s; -s 否决 fǒujué, 否决权〔權〕fǒujuéquán; ein ~ einlegen gegen ... 对…提出否决

'Vetter *m* -s; -n 堂兄弟 tángxiōngdì, 表兄弟 biǎoxiōngdì **~nwirtschaft** *f* 裙带风〔風〕qúndàifēng, 任人唯亲〔親〕之风 rènrén wéiqīn zhī fēng

Vieh *n* -(e)s; 1) 牲畜 shēngchù, 牲口 shēngkǒu; 2) 畜生 chùshēng

'viehisch *adj* 兽〔獸〕性的 shòuxìngde, 野蛮〔蠻〕的 yěmánde, 残〔殘〕忍的 cánrěnde

'Vieh|weide *f* 牧场〔場〕mùchǎng **~zucht** *f* 畜牧业〔業〕xùmùyè **~züchter** *m* 牲畜饲养〔養〕员 shēngchù sìyǎngyuán

viel I *adj* 许多 xǔduō, 大量 dàliàng; ~ Arbeit 许多工作; ~en Dank 多谢; II *adv* 多 duō; ~ besser 好得多; etw. ~ lieber tun 宁〔寧〕愿〔願〕做… nìngyuàn zuò…

'viel|beschäftigt *adj* 工作很忙 gōngzuò hěn máng **~deutig** *adj* 1) 多义〔義〕的 duōyìde; 2) 意义模糊的 yìyì móhu de **~erlei** *adj* 各色各样〔樣〕的 gèsè gèyàng de **~fach** I *adj* 多倍的 duōbèide, 多股的 duōgǔde; II *adv* 经〔經〕常 jīngcháng, 多次 duōcì **~fältig** *adj* 各式各样〔樣〕的 gèshì gèyàng de

viel'leicht *adv* 也许 yěxǔ, 可能 kěnéng

'viel|mals *adv* 多多 duōduō, 一再 yīzài; Dank ~! 多谢! ich bitte ~ um Entschuldigung 我请求您多多原谅; er läßt dich ~ grüßen! 他向你衷心问候 **~mehr** *cj* 宁〔寧〕可 nìngkě, 更确〔確〕切地说 gèng quèqiède shuō **~sagend** *adj* 意义〔義〕深长〔長〕的 yìyì shēncháng de **~seitig** *adj* 多方面的 duōfāngmiànde **~versprechend** *adj* 大有希望的 dàyǒu xīwàng de

vier *adj* 1) 四 sì; zu ~t 一行四人; 2) auf allen ~en gehen 爬行 páxíng; um halb ~ 三点〔點〕半钟〔鐘〕sān diǎn bàn zhōng; unter ~ Augen sprechen 私下密谈 sīxià mìtán **~beinig** *adj* 四条〔條〕腿的 sìtiáotuǐde

'Viereck *n* 四边〔邊〕形 sìbiānxíng

'vier|eckig *adj* 四边形的 sìbiānxíngde **~fach** *adj* 四倍的 sìbèide; ~e Ausfertigung 一式四份 **~füßig** *adj* 有四足的 yǒusìzúde **~schrötig** *adj* 矮墩墩的 ǎidūndūnde **~seitig** *adj* 1) 四边〔邊〕形的 sìbiānxíngde; 2) 四方面的 sìfāngmiànde **~stöckig** *adj* 四层〔層〕的 sìcéngde **~te** *adj* 第四 dìsì

'Viertel *n* -s; - 1) 四分之一 sìfēnzhīyī; 2) 一刻钟〔鐘〕yīkèzhōng; ~ fünf 四点一刻; drei ~ drei 三点三刻; 3) (城市的)区〔區〕qū **~jahr** *n* 一季度 yījìdù, 三个月 sāngè yuè

viertel'jährlich *adj* 每一季度的 měiyī jìdù de, 按季度的 àn jìdùde

'Viertel|note *f* 四分音符 sìfēn yīnfú **~stunde** *f* 一刻钟〔鐘〕yīkèzhōng

'viertens *adv* 第四 dìsì

'vierzehn *adj* 十四 shísì; ~ Tage 两星期 **~te** *adj* 第十四 dìshísì

'vierzig *adj* 四十 sìshí

Vi'kar *m* -s; -e 副牧师〔師〕fùmùshī, 助理牧师 zhùlǐ mùshī

'Villa *f* ..len 郊外住宅 jiāowài zhùzhái, 别墅 biéshù

vio'lett *adj* 紫罗〔羅〕兰〔蘭〕色的 zǐluólánsède

Vio'line *f* -n 小提琴 xiǎotíqín

'Viper *f* -n 1) 蝰蛇 kuíshé; 2) 恶〔惡〕毒的人 èdúde rén

virtu'os *adj* 技艺〔藝〕精湛的 jìyì jīngzhàn de

Virtu'ose *m* -n; -n 演奏能手 yǎnzòu néngshǒu

Virtuosi'tät *f* 技艺〔藝〕高超 jìyì gāochāo

'Virus *n, m* ..ren 病毒 bìngdú

Visi'on *f* -en 梦〔夢〕幻 mènghuàn, 幻想 huànxiǎng, 幻影 huànyǐng

Visitati'on *f* -en 1) 检〔檢〕查 jiǎnchá, 搜查 sōuchá; 2) 视察 shìchá, 探望 tànwàng

Vi'site *f* 1) 拜望 bàiwàng; 2) 查病房 chá bìngfáng **~nkarte** *f* 名片 míngpiàn

'Visum *n* -s; ..sa (..sen) 签〔簽〕证〔證〕qiānzhèng

Vitali'tät *f* 活力 huólì, 生命力 shēngmìnglì

Vita'min *n* -s; -e 维生素 wéishēngsù
'Vize|kanzler *m* 副总〔總〕理 fùzǒnglǐ **'~konsul** *m* 副领事 fùlǐngshì **'~präsident** *m* 副总〔總〕统 fùzǒngtǒng
'Vogel *m* -s; ⸚e 1) 鸟〔鳥〕 niǎo; 2) den ~ abschießen 在比赛中取胜〔勝〕 zài bǐsài zhōng qǔshèng **~bauer** *n* -s; - 鸟〔鳥〕笼〔籠〕 niǎolóng
'vogelfrei *adj* 不受法律保护〔護〕的 bùshòu fǎlǜ bǎohù de
'Vogel|kunde *f* 鸟〔鳥〕类〔類〕学〔學〕 niǎolèixué **~schau** *f* 鸟瞰 niǎokàn **~scheuche** *f* （吓鸟的）稻草人 dàocǎorén **~-'Strauß-Politik** *f* 鸵鸟政策 tuóniǎo zhèngcè **~warte** 鸟类研究所 niǎolèi yánjiūsuǒ **~zug** *m* 候鸟的迁〔遷〕徙 hòuniǎo de qiānxǐ
Vo'kabel *f* -n 单〔單〕词 dāncí
Vo'kabular *n* -s; -e 词汇〔匯〕表 cíhuìbiǎo
Vo'kal *m* -s; -e 元音 yuányīn
Volk *n* -(e)s; ⸚er 1) 人民 rénmín, 民族 mínzú; 2) 平民 píngmín, 老百姓 lǎobǎixìng; der Mann aus dem ~e 普通老百姓; 3) 一群 yīqún, 一窝〔窩〕 yīwō
'Völker|kunde *f* 民族学〔學〕 mínzúxué, 人种〔種〕学 rénzhǒngxué **~recht** *n* 国〔國〕际〔際〕法 guójìfǎ **~wanderung** *f* 民族大迁〔遷〕徙 mínzú dàqiānxǐ
'Volkes|abstimmung *f* 民族自决 mínzú zìjué **~ausgabe** *f* 普及版 pǔjíbǎn **~bücherei** *f* 群众〔衆〕图〔圖〕书〔書〕馆 qúnzhòng túshūguǎn **~charakter** *m* 民族性格 mínzú xìnggé **~dichter** *m* 民间诗人 mínjiān shīrén **~entscheid** *m* -(e)s; -e 公民表决 gōngmín biǎojué **~fest** *n* 民间节〔節〕日 mínjiān jiérì **~herrschaft** *f* 人民政权〔權〕 rénmín zhèngquán **~hochschule** *f* 业〔業〕余〔餘〕大学〔學〕 yèyú dàxué **~lied** *n* 民歌 míngē **~menge** *f* 人群 rénqún **~republik** *f* 人民共和国〔國〕 rénmín gònghéguó **~schule** *f* 公立小学 gōnglì xiǎoxué **~-sprache** *f* 民间语言 mínjiān yǔyán **~stamm** *m* 种〔種〕族 zhǒngzú, 部落 bùluò **~tanz** *m* 民间舞蹈 mínjiān wǔdǎo **~tracht** *f* 民族服装〔裝〕 mínzú fúzhuāng
'volkstümlich *adj* 民间的 mínjiānde; 大众〔衆〕化的 dàzhònghuàde
'Volks|versammlung *f* 群众〔衆〕大会〔會〕 qúnzhòng dàhuì **~vertreter** *m* 人民代表 rénmín dàibiǎo, 国〔國〕会〔會〕议〔議〕员 guóhuì yìyuán **~vertretung** *f* 人民代议〔議〕机〔機〕构〔構〕 rénmín dàiyì jīgòu **~wirtschaft** *f* 国〔國〕民经〔經〕济〔濟〕 guómín jīngjì **~-wirtschaftler** *m* 经〔經〕济〔濟〕学〔學〕家 jīngjìxuéjiā **~zählung** *f* 人口统计 rénkǒu tǒngjì
voll I *adj* 1) 满〔滿〕的 mǎnde, 装〔裝〕满的 zhuāngmǎnde; 2) 完全的 wánquánde, 完整的 wánzhěngde; mit ~em Recht 完全正确地; in ~er Fahrt 全速行驶; 3) 丰〔豐〕满的 fēngmǎnde; 4) aus ~em Halse singen 放声〔聲〕歌唱 fàngshēng gēchàng; aus ~em Herzen danken 衷心感谢 zhōngxīn gǎnxiè; in ~er Blüte 花繁叶〔葉〕茂 huāfán yèmào; II *adv* 完全 wánquán, 全部 quánbù; ~ und ganz 完完全全; j-n nicht für ~ nehmen 瞧不起某人 qiáobuqǐ mǒurén
'voll|auf *adv* 充裕地 chōngyùde, 足够地 zúgòude **~automatisch** *adj* 全自动〔動〕的 quánzìdòngde
'Voll|bad *n* 全身浴 quánshēnyù **~-bart** *m* 络缌胡子〔鬍〕 luòsāihúzi **~beschäftigung** *f* 充分就业〔業〕 chōngfèn jiùyè **~besitz** *m* 完全占有 wánquán zhànyǒu **~blut(pferd)** *n* 纯种〔種〕马〔馬〕 chúnzhǒngmǎ
voll'bringen* *vt* 完成 wánchéng, 实〔實〕现 shíxiàn
'Volldampf *m* 开〔開〕足马〔馬〕力 kāizú mǎlì; mit ~ 全力以赴地
voll'enden *vt* 结束 jiésù, 完成 wánchéng
'vollends *adv* 完全地 wánquánde, 全部地 quánbùde
Voll'endung *f* -en 1) 结束 jiésù, 完成 wánchéng; 2) 完美无〔無〕缺 wánměi wúquē
Völle'rei *f* -en 暴饮暴食 bàoyǐn bàoshí
voll'führen *vt* 作成 zuòchéng, 完成 wánchéng
'vollfüllen *vt* 装〔裝〕满〔滿〕 zhuāngmǎn, 灌满 guànmǎn
'Vollgas *n* ~ geben 开〔開〕足油门〔門〕 kāizú yóumén; mit ~ 全速行驶 quánsù xíngshǐ
'vollgießen* *vt* 1) 灌满〔滿〕 guànmǎn; 2) 在…上洒〔灑〕满 zài … shàng sǎmǎn
'Vollgummi *n, m* 实〔實〕心橡胶〔膠〕 shíxīn xiàngjiāo
'völlig *adj* 完全的 wánquánde; ~ recht haben 完全正确
'volljährig *adj* ~ sein 已成年 yǐ chéngnián

'Volljährigkeit *f* 达〔達〕到法定年龄〔齡〕dádào fǎdìng niánlíng

voll'kommen *adj* 完美的 wánměide, 完全的 wánquánde

Voll'kommenheit *f* -en 完美 wánměi, 完善 wánshàn

'Vollkornbrot *n* 粗面〔麵〕粉面包 cūmiànfěn miànbāo

'vollmachen *vt* 1) 装〔裝〕满〔滿〕zhuāngmǎn; 2) 弄脏〔髒〕nòngzāng

'Voll|macht *f* -en 全权〔權〕quánquán, 全权证〔證〕书〔書〕quánquán zhèngshū **~matrose** *m* 熟练〔練〕水手 shúliàn shuǐshǒu **~milch** *f* 全脂鲜奶 quánzhī xiānnǎi **~mond** *m* 满〔滿〕月 mǎnyuè, 望月 wàngyuè

'vollpacken *vt* 塞满〔滿〕sāimǎn, 装〔裝〕满 zhuāngmǎn

'Vollpension *f* -en 供应〔應〕膳宿 gōngyìng shànsù; Zimmer mit ~ 供应膳宿的客房

'voll|schenken *vt* 斟满〔滿〕zhēnmǎn **~schlank** *adj* 丰〔豐〕满〔滿〕的 fēngmǎnde (Frau 女人) **~ständig** *adj* 完全的 wánquánde, 完整的 wánzhěngde **~stopfen** *vt* 塞满〔滿〕sāimǎn, 装〔裝〕满 zhuāngmǎn; sich die Taschen ~ 把口袋装得满满的

voll'strecken *vt* 执〔執〕行 zhíxíng, 实〔實〕施 shíshī

Voll'streckung *f* -en 执〔執〕行 zhíxíng

'volltönend *adj* 圆润的 yuánrùnde (Stimme 嗓音)

'Voll|treffer *m* 命中 mìngzhòng, 击〔擊〕中靶心 jīzhòng bǎxīn **~versammlung** *f* 全体〔體〕会〔會〕议〔議〕quántǐ huìyì

'voll|wertig *adj* 同等价〔價〕值的 tóngděng jiàzhí de **~zählig** *adj* 齐〔齊〕全的 qíquánde

voll'ziehen* *vt* 1) 执〔執〕行 zhíxíng, 举〔舉〕行 jǔxíng; 2) sich ~ 发〔發〕生 fāshēng

Voll'zug *m* -(e)s; 执〔執〕行 zhíxíng

Volon'tär *m* -s; -e 实〔實〕习〔習〕生 shíxíshēng

Volt *n* -(e)s; - (电压)伏特 fútè

Vo'lumen *n* -s; - 1) 体〔體〕积〔積〕tǐjī, 容积 róngjī; 2) 卷 juàn, 册 cè

von *prp* (*D*) 1) 从〔從〕…出发〔發〕cóng…chūfā; von Hamburg 从汉堡; 2) 从…时〔時〕候起 cóng…shíhòu qǐ; ~ nun an 从现在起; ~ morgen an 从明天起; 3) (表示所属) …的 … de; ein Freund ~ mir 我的一位朋友; die Einrichtung ~ Schulen 学校的设施; ein Gedicht ~ Schiller 席勒的一首诗; 4) (表示特性) ~ drei Meter Länge 三米长〔長〕sānmǐ cháng; eine Stadt von 50000 Einwohnern 五万〔萬〕人的城市 wǔwànrénde chéngshì; 5) (表示来源) ~ mir aus 就我来〔來〕说 jiù wǒ lái shuō; ich habe ~ ihm gehört 我从他那里听说的

von'statten *adv* gut ~ gehen 进〔進〕行顺利 jìnxíng shùnlì

vor *prp* (*D*, *A*) 1) (*D*) 在…前面 zài…qiánmian; 在…之前 zài … zhī qián; 由于 yóuyú; 2) (*A*) 到…前面去 dào…qiánmian qù; 3) ~ Hunger sterben 饿得要死 è de yào sǐ; ~ Kälte zittern 冷得发〔發〕抖 lěngde fādǒu

vor'an *adv* 1) 在前面 zài qiánmiàn; 2) 向前 xiàngqián; Kopf ~ 头向前 **~gehen*** *vi* (*s*) 走在前面 zǒuzài qiánmiàn; 领头〔頭〕lǐngtóu **~kommen*** *vi*(*s*) 1) 向前走 xiàngqián zǒu, 前进〔進〕qiánjìn; 2) 有进展 yǒu jìnzhǎn

'Voran|schlag *m* 预估 yùgū, 估价〔價〕gūjià **~zeige** *f* 1) 预告 yùgào; 2) 电〔電〕影预告片 diànyǐng yùgàopiān

'vorarbeiten *vt* 做准备〔備〕工作 zuò zhǔnbèi gōngzuò

'Vorarbeiter *m* 工长〔長〕gōngzhǎng, 领班 lǐngbān

vor'aus *adv* 在前 zàiqián, 领先 lǐngxiān; vielen Dank im ~! 预先向您致谢! Miete im ~ 预付房租 **~bezahlen** *vt* 预付 yùfù **~gehen*** *vi*(*s*) 走在前面 zǒu zài qiánmiàn, 先走 xiānzǒu

Vor'aussage *f* 预言 yùyán, 预报〔報〕yùbào

vor'aus|sagen *vt* 预言 yùyán, 预报〔報〕yùbào **~schicken** *vt* 1) 先送走 xiān sòngzǒu; 2) 先说 xiānshuō **~sehen*** *vt* 预见 yùjiàn, 预料 yùliào **~setzen** *vt* 1) 以…为〔為〕前提 yǐ…wéi qiántí; 2) 假定 jiǎdìng; vorausgesetzt, daß … 假定…

Vor'aus|setzung *f* -en 1) 前提 qiántí; 2) 假定 jiǎdìng **~sicht** *f* 1) 预测 yùcè, 预见 yùjiàn; 2) aller ~ nach 极〔極〕其可能 jíqí kěnéng

vor'aussichtlich *adj* 预料的 yùliàode, 推测的 tuīcède

Vor'auszahlung *f* 预付 yùfù

'Vor|bedacht *m* mit ~ 有意 yǒuyì; ohne ~ 无〔無〕意 wúyì **~bedeutung** *f* 预兆 yùzhào **~bedingung** *f* 前提 qiántí, 先决条〔條〕件 xiānjué tiáojiàn **~behalt** *m* -(e)s; 保留条〔條〕件 bǎoliú tiáojiàn '**vorbehalt|en** *vt* 保留 bǎoliú; sich (*D*) das Recht auf Änderung ~ 保留变更的权利 **~los** *adj* 无〔無〕保留的 wú bǎoliúde, 无〔無〕条〔條〕件的 wú tiáojiànde

vor'bei *adv* 1) 在旁边〔邊〕经〔經〕过〔過〕 zài pángbiān jīngguò; 2) 过去 guòqù, 消失 xiāoshī; der Sommer ist ~ 夏天已经过去 **~-fahren*** *vi* (*s*) (在…旁边)驶过〔過〕 shǐguò **~gehen*** *vi* (*s*) 走过〔過〕 zǒuguò; an j-m ~ 在…身旁走过 **~kommen*** *vi* (*s*) 1) 路过〔過〕 lùguò; bei j-m ~ 顺路看望某人; 2) 过去 guòqù, 消失 xiāoshī **~lassen*** *vt* 放过〔過〕 fàngguò, 让〔讓〕…过去 ràng…guò-qù

'**Vorbemerkung** *f* 绪论〔論〕 xù-lùn, 引言 yǐnyán

'**vorbereiten** *vt* 准〔準〕备〔備〕 zhǔnbèi

'**Vorbereitung** *f* 准〔準〕备〔備〕 zhǔnbèi, 筹〔籌〕备 chóubèi

'**Vorbesprechung** *f* 初步商谈 chū-bù shāngtán

'**vor|bestellen** *vt* 预订 yùdìng (Hotelzimmer 旅馆房间, Flugkarte 飞机票) **~bestraft** *adj* 有前科的 yǒu qiánkēde

'**vorbeugen** I *vi* 预防 yùfáng, 防止 fángzhǐ; II *vt*, *v sich* 屈身向前 qūshēng xiàngqián **~d** *adj* 预防性的 yùfángxìngde

'**Vorbeugung** *f* 预防措施 yùfáng cuòshī

'**Vorbild** *n* 1) 模范 mófàn, 榜样〔樣〕 bǎngyàng; 2) 原型 yuánxíng

'**vor|bildlich** *adj* 模范的 mófànde **~bringen*** *vt* 1) 拿到前面 ná-dào qiánmiàn; 2) 说出 shuōchū, 提出 tíchū **~datieren** *vt* 在…上填事后〔後〕日期 zài…shàng tián shìhòu rìqī

'**vorder** *adj* 前面的 qiánmiànde

'**Vorder|achse** *f* 前轴 qiánzhóu **~ansicht** *f* 正面 zhèngmiàn, 前面 qiánmiàn **~bein** *n* 前腿 qián-tuǐ **~fuß** *m* 前足 qiánzú **~grund** *m* 前面部分 qiánmiàn bùfèn, 前景 qiánjǐng **~rad** *n* 前轮〔輪〕 qián-lún **~seite** *f* (建筑物、硬币等的) 正面 zhèngmiàn **~sitz** *m* (车辆的)前座 qiánzuò **~teil** *n* 前面部分 qiánmiàn bùfèn **~tür** *f* 前门〔門〕 qiánmén

'**vordrängen** *v sich* 1) 向前挤〔擠〕 xiàngqián jǐ; 2) 突出自己 tūchū zìjǐ

'**vordring|en*** *vi* (*s*) 1) 推进〔進〕 tuījìn, 挺进 tǐngjìn; 2) 传〔傳〕播 chuánbō **~lich** *adj* 紧〔緊〕急的 jǐnjíde

'**Vordruck** *m* -(e)s; -e (印好的)表格 biǎogé

'**voreilig** *adj* 匆忙的 cōngmángde, 仓〔倉〕促的 cāngcùde; ~e Schlüsse ziehen 仓促作出决定

'**voreingenommen** *adj* 有成见的 yǒu chéngjiànde

'**vorenthalten*** *vt* 扣留 kòuliú, 扣发〔發〕 kòufā, 不给 bùgěi

'**Vorentscheidung** *f* 初步决定 chū-bù juédìng

'**vorerst** *adv* 目前 mùqián, 暂且 zànqiě

'**Vorfahr** *m* -en; -en 祖先 zǔxiān

'**vorfahren*** *vi* 1) 向前行驶 xiàng-qián xíngshǐ; 2) 优〔優〕先行驶 yōuxiān xíngshǐ; den Wagen ~ lassen 让这辆车先开

'**Vorfall** *m* 突然事件 tūrán shìjiàn, 事故 shìgù

'**vor|fallen*** *vi* (*s*) 突然发〔發〕生 tū-rán fāshēng **~finden*** *vt* 碰上 pèngshàng, 发〔發〕现 fāxiàn

'**Vorfreude** *f* 期待的欢〔歡〕乐〔樂〕 qīdàide huānlè

'**vorführen** *vt* 1) 把…带到面前 bǎ…dàidào miànqián; 2) 展示 zhǎnshì, 出示 chūshì; 3) 演出 yǎnchū, 放映 fàngyìng

'**Vorführ|er** *m* 电〔電〕影放映员 diànyǐng fàngyìngyuán **~ung** *f* 1) 展出 zhǎnchū, 陈〔陳〕列 chénliè; 2) 演出 yǎnchū, 放映 fàngyìng

'**Vor|gabe** *f* (比赛时对弱方的)让〔讓〕步 ràngbù **~gang** *m* 1) 事情 shìqing, 事件的经〔經〕过〔過〕 shì-jiàn de jīngguò; 2) 档〔檔〕案 dàng'àn **~gänger** *m* -s; - 前任 qiánrèn **~garten** *m* 屋前花园〔園〕 wūqián huāyuán

'**vorgeben*** *vt* 1) (比赛时)让〔讓〕子(分) ràngzǐ; 2) 假装〔裝〕 jiǎ-zhuāng, 伪〔僞〕称〔稱〕 wěichēng

'**Vor|gebirge** *n* 高山余〔餘〕脉〔脈〕 gāoshān yúmài **~gefühl** *n* 预感 yùgǎn

'**vorgehen*** *vi*(*s*) 1) 走在前面 zǒu zài qiánmiàn, 先走 xiānzǒu; 2) 向前挺进〔進〕 xiàngqián tǐngjìn; 3) 发〔發〕生 fāshēng; 4) (钟表)走快 zǒukuài; 5) 优〔優〕先于 yōuxiān yú; 6) 采〔採〕取措施 cǎiqǔ cuòshī

'**Vorgesetzte** *m* -n; -n 上级 shàng-jí, 上司 shàngsī

'**vor|gestern** *adv* 前天 qiántiān **~-greifen*** *vi* 抢〔搶〕先 qiǎngxiān **~haben*** *vt* 1) 打算 dǎsuàn, 计划〔劃〕 jìhuà; haben Sie heute abend etwas vor? 您今晚有什么打算? 2) 系在胸前 jì zài xiōngqián

'**Vorhaben** *n* -s; - 计划〔劃〕 jìhuà,

打算 dàsuàn

'Vorhalle *f* 门〔門〕厅〔廳〕méntīng, 前厅 qiántīng

'vorhalten* I *vt* 1) 把…持于面前 bǎ…chíyú miànqián; 2) 责备〔備〕zébèi, 告诫 gàojiè; II *vi* 持续〔續〕chíxù

'Vorhaltung *f* -en 责备〔備〕zébèi, 告诫 gàojiè; j-m ~en machen 责备某人

vor'handen *adj* 手头〔頭〕有的 shǒutóuyǒude, 有存货的 yǒucúnhuòde; ~ sein 有,存在

'Vor|hang *m* -(e)s; ⸚e 窗帘〔簾〕chuānglián, 帷幕 wéimù **~geschloß** *n* 挂〔掛〕锁 guàsuǒ

'vorher *adv* 早先 zǎoxiān, 事先 shìxiān; am Tage ~ 在前一天

vor'her|bestellen *vt* 预订 yùdìng **~bestimmen** *vt* 预先规定 yùxiān guīdìng, 注定 zùdìng **~gehen*** *vi* (*s*) 居前 jūqián, 早先发〔發〕生 zǎoxiān fāshēng **~ig** *adj* 在前的 zàiqiánde, 以前的 yǐqiánde

'Vorherrschaft *f* 占优〔優〕先地位 zhàn yōuxiān dìwèi

'vorherrschen *vi* 占上风〔風〕zhàn shàngfēng, 占优〔優〕势〔勢〕zhàn yōushì

Vor'hersage *f* -n 预言 yùyán, 预报〔報〕yùbào

vor'her|sagen *vt* 预告 yùgào,预言 yùyán, 预报〔報〕yùbào **~sehen*** *vt* 预见 yùjiān, 预料 yùliào

'vorhin *adv* 刚〔剛〕才 gāngcái

'Vor|hof *m* 1) 前院 qiányuàn; 2) 心房 xīnfáng **~hut** *f* 1) 前卫〔衛〕qiánwèi, 先头〔頭〕部队〔隊〕xiāntóu bùduì; 2) 先驱〔驅〕xiānqū, 先锋 xiānfēng

'vor|ig *adj* 过〔過〕去的 guòqùde, 上次的 shàngcìde **~jährig** *adj* 去年的 qùniánde

'Vor|kämpfer *m* 先锋 xiānfēng, 先驱〔驅〕xiānqū **~kehrung** *f* -en 预防措施 yùfáng cuòshī; ~en treffen 采取预防措施 **~kenntnisse** *pl* 基础知识〔識〕jīchǔ zhīshí; mit guten ~n in … 对…具有结实的基础知识

'vorkommen* *vi* (*s*) 出现 chūxiàn, 发〔發〕生 fāshēng, 存在 cúnzài; es kommt mir komisch vor 我觉得这事可笑

'Vorkomm|en *n* -s; - 1) 出现 chūxiàn, 发〔發〕生 fāshēng; 2) 矿〔礦〕藏 kuàngcáng **~nis** *n* -ses; -se 事件 shìjiàn

'vorladen* *vt* 传〔傳〕唤 chuánhuàn, 传讯 chuánxùn

'Vorlage *f* 1)样〔樣〕品 yàngpǐn, 模型 móxíng; 2) 草案 cǎo'àn; 3) 传〔傳〕球 chuánqiú

'vorlassen* *vt* 1) 让〔讓〕…先走 ràng…xiānzǒu; 2) 召见 zhāojiàn, 接见 jiējiàn

'Vorläufer *m* -s; - 先行者 xiānxíngzhě

'vor|läufig I *adj* 暂时〔時〕的 zànshíde, 临〔臨〕时的 línshíde; II *adv* 暂且 zànqiě **~laut** *adj* 插嘴的 chāzuǐde

'Vorleben *n* 过〔過〕去的经〔經〕历〔歷〕guòqùde jīnglì

'vorlegen I *vt* 1) 挂〔掛〕上锁 guàshàngsuǒ; 2) 呈送 chéngsòng, 提交 tíjiāo (Entwurf 草案); 3) 出示 chūshì (Ausweis 证件); 4) j-m etw. ~ 把…放在某人面前 bǎ…fàngzài mǒurén miànqián; j-m eine Frage 向某人提出一个问题; 5) sich ~ 弯〔彎〕腰 wānyāo, 俯身 fǔshēn

'Vorleger *m* -s; - 床前小地毯 chuángqián xiǎodìtǎn

'vorlesen* *vt* 朗读〔讀〕lǎngdú; j-m einen Brief ~ 把一封信念给某人听

'Vorlesung *f* 大学〔學〕讲〔講〕课 dàxué jiǎngkè; ein ~ halten 讲一次课

'vorletzt *adj* 倒数第二的 dàoshǔ di'èr de; im ~en Jahr 在前年 zài qiánnián

'Vorliebe *f* 偏爱〔愛〕piān'ài, 爱好 àihào

'vorliebnehmen* *vi* 将〔將〕就 jiāngjiù, 凑合着用 còuhezhe yòng; ~ mit dem, was da ist 将就着吃点现成的东西

'vor|liegen* *vi* 1) 有 yǒu, 存在 cúnzài; da muß ein Irrtum ~ 这里必定有一个错误; was liegt gegen ihn vor? 人们对他有什么非议? 2) 在前面放着 zài qiánmiàn fàngzhe **~lügen*** *vt* j-m etw. ~ 对〔對〕…当〔當〕面说慌 duì…dāngmiàn shuōhuǎng **~machen** *vt* 1) 示范 shìfàn, 做给…看 zuògěi … kàn; 2) 用…欺骗 yòng…qīpiàn; sich selbst etw. ~ 自己骗自己

'Vormacht *f* 优〔優〕势〔勢〕yōushì, 霸权〔權〕bàquán

'Vormarsch *m* 挺进〔進〕tǐngjìn, 进军 jìnjūn

'vormerken *vt* 预约 yùyuē, 登记 dēngjì; sich ~ lassen für 为…预先登记

'Vormittag *m* 上午 shàngwǔ

'vormittags *adv* 在上午 zàishàngwǔ

'Vormund *m* -(e)s; ⸚er 监〔監〕护〔護〕人 jiānhùrén **~schaft** *f* -en

监〔監〕护〔護〕 jiānhù, 监护人的职〔職〕责 jiānhùrén de zhízé

vorn *adv* 在前面 zài qiánmiàn; von ~ anfangen 重新开〔開〕始 chóngxīn kāishǐ

'Vorname *m* 名字 míngzi, 教名 jiàomíng

'vornehm *adj* 高贵的 gāoguìde, 高尚的 gāoshàngde; ~e Gesinnung 高尚思想 **·~en*** *vt* 1) 把…往前挪 bǎ...wǎngqián nuó; 2) 把…系在胸前 bǎ...jì zài xiōngqián; 3) 打算做 dǎsuàn zuò, 开始做 kāishǐzuò; eine Änderung ~ 作一变更; sich (*D*) etw. ~ 决心做…; sich (*D*) j-n ~ 训斥… xùnchì...

'Vornehmheit *f* 高贵 gāoguì, 高尚 gāoshàng

'vornherein *adv* von ~ 从〔從〕一开〔開〕始 cóng yīkāishǐ, 立即 lìjí

'Vorort *m* -(e)s; -e 郊区〔區〕 jiāoqū, 市郊 shìjiāo **~(s)verkehr** *m* 市郊交通 shìjiāo jiāotōng **~(s)zug** *m* 市郊列车〔車〕 shìjiāo lièchē

'Vor|posten *m* 前哨 qiánshào **~rang** *m* -(e)s; 优〔優〕先地位 yōuxiān dìwèi **~rat** *m* 存货 cúnhuò, 库存 kùcún, 储备〔備〕品 chǔbèipǐn

'vor|rätig *adj* 存货的 cúnhuòde **~rechnen** *vt* j-m etw. ~ 当〔當〕面算清 dāngmiàn suànqīng

'Vor|recht *n* 特权〔權〕 tèquán, 优〔優〕先权 yōuxiānquán **~rede** *f* 1) 序言 xùyán, 前言 qiányán; 2) 开〔開〕场〔場〕白 kāichǎngbái **~redner** *m* 1) 作开场白者 zuò kāichǎngbáizhě; 2) 前一讲〔講〕话人 qiányī jiǎnghuàrén **~richtung** *f* 装〔裝〕置 zhuāngzhì, 设备〔備〕 shèbèi

'vorrücken I *vt* 向前移动〔動〕 xiàngqián yídòng; II *vi* 推进〔進〕 tuījìn

'Vorrunde *f* 预赛 yùsài, 淘汰赛 táotàisài

'vorsagen *vi* j-m ~ 提示…tíshì...

'Vor|saison *f* -s 淡季 dànjì **~satz** *m* 1) 意图〔圖〕 yìtú; 2) 蓄意 xùyì, 故意 gùyì

'vorsätzlich *adj* 故意的 gùyìde, 蓄意的 xùyìde; ~er Mord 蓄意杀害

'Vorschein *m* zum ~ bringen 使显〔顯〕露出来 shǐ xiǎnlù chūlái; zum ~ kommen 显现 xiǎnxiàn, 露面 lùmiàn

'vor|schieben* *vt* 1) 把…推向前 bǎ...tuī xiàngqián; 2) 推托 tuītuō **~schießen*** *vt* 预付 yùfù, 预支 yùzhī

'Vorschlag *m* 提议〔議〕 tíyì, 建议 jiànyì

'vorschlagen* *vt* 提议〔議〕 tíyì, 建议 jiànyì, 提出 tíchū

'Vorschlußrunde *f* 半决赛 bànjuésài

'vor|schnell *adj* 匆忙的 cōngmángde, 仓〔倉〕促的 cāngcùde **~schreiben*** *vt* 1)把…写〔寫〕给人看 bǎ...xiě gěi rén kàn; 2) 规定 guīdìng

'Vorschrift *f* 1) 规定 guīdìng, 规章 guīzhāng; 2) 医〔醫〕嘱〔囑〕 yīzhǔ, 处〔處〕方 chǔfāng

'vorschrifts|mäßig *adj* 合乎规定的 héhū guīdìng de; ~e Kleidung 合乎规定的服装 **~widrig** *adj* 违〔違〕反规定的 wéifǎn guīdìng de

'Vor|schub *m* 1)走刀 zǒudāo, 进〔進〕刀 jìndāo; 2) einer Sache ~ leisten 支持… zhīchí... **~schuß** *m* 预支 yùzhī, 预付 yùfù

'vor|schützen *vt* 借口 jièkǒu, 推托 tuītuō; eine Krankheit ~ 借口有病 **~schweben** *vi* (脑海中)浮现出 fúxiànchū; mir schwebt etwas Bestimmtes vor 我心里在想一件事 **~sehen*** *vt* 1) 预计 yùjì, 预定 yùdìng; 2) sich ~ 留神 liúshén, 小心 xiǎoxīn

'Vorsicht *f* 留神 liúshén, 小心 xiǎoxīn; ~, Stufe! 小心台阶!

'vorsichtig *adj* 小心的 xiǎoxīnde, 谨慎的 jǐnshènde

'vorsichtshalber *adv* 为〔爲〕谨慎起见 wèi jǐnshèn qǐjiàn

'Vorsichtsmaßnahme *f* 预防措施 yùfáng cuòshī

'Vorsilbe *f* -n (语法)前缀 qiánzhuì

'vorsingen* *vt* j-m etw. ~ 给…演唱… gěi...yǎnchàng...

'Vorsitz *m* -es; 主席职〔職〕位 zhǔxí zhíwèi; den ~ führen 担任主席 **~ende** *m, f* -n; -n 主席 zhǔxí

'Vorsorge *f* 事先操心 shìxiān cāoxīn; ~ treffen 预防措施 yùfáng cuòshī

'vorsorg|en *vi* 预作准〔準〕备〔備〕 yùzuò zhǔnbèi **~lich** *adj* 防备〔備〕性的 fángbèixìngde

'Vorspeise *f* 餐前小吃 cānqián xiǎochī

'vorspiegeln *vt* 假装〔裝〕 jiǎzhuāng; j-m etw. ~ 虚构…来欺骗某人

'Vorspiel *n* 序曲 xùqǔ, 前奏曲 qiánzòuqǔ

'vor|spielen *vt* j-m etw. ~ 给人演奏 gěi rén yǎnzòu **~sprechen*** I *vt* 把…念给某人听〔聽〕 bǎ...niàn gěi mǒurén tīng; II *vi* 1) 拜

访 bàifǎng; 2) 朗诵 lǎngsòng **~-springen*** *vi(s)* 1) 向前跳 xiàngqián tiào; 2) 向外突出 xiàngwài tūchū

'**Vor|sprung** *m* 1) 突出部 tūchūbù; 2) (赛跑时)领先 lǐngxiān; 3) 优〔優〕势〔勢〕 yōushì **~stadt** *f* 市郊 shìjiāo, 郊区〔區〕 jiāoqū **~-stand** *m* 理事会〔會〕 lǐshìhuì, 董事会 dǒngshìhuì

'**vorstehen*** *vi* 1) 伸出 shēnchū, 突出 tūchū; 2) 领导〔導〕 lǐngdǎo, 主管 zhǔguǎn

'**Vorsteher** *m* 主管人 zhǔguǎnrén, 领导〔導〕人 lǐngdǎorén

'**vorstellen** I *vt* 1) 把…向前放 bǎ…xiàngqián fàng; 2) 介绍 jièshào; 3) 表演 biǎoyǎn; 4) sich ~ 想象 xiǎngxiàng; 5) 自我介绍 zìwǒ jièshào

'**Vorstellung** *f* 1) 想象 xiǎngxiàng, 概念 gàiniàn; 2) 演出 yǎnchū, 放映 fàngyìng; 3) 异〔異〕议〔議〕 yìyì, 责难〔難〕 zénàn **~svermögen** *n* 想象力 xiǎngxiànglì

'**Vor|stoß** *m* 挺进〔進〕 tǐngjìn, 进军 jìn jūn **~strafe** *f* 前科 qiánkē

'**vorstrecken** *vt* 1) 向前伸出 xiàngqián shēnchū; 2) 预付 yùfù; j-m Geld ~ 预付钱给某人

'**Vorstufe** *f* -n 初步 chūbù, 预备〔備〕阶〔階〕段 yùbèi jiēduàn

'**vortäuschen** *vt* 用…蒙蔽 yòng…méngbì, 假装〔裝〕 jiǎzhuāng

'**Vorteil** *m* 1) 利益 lìyì, 好处〔處〕 hǎochù; 2) 有利条〔條〕件 yǒulì tiáojiàn

'**vorteilhaft** *adj* 有利益的 yǒulìyìde, 有好处〔處〕的 yǒuhǎochùde

'**Vortrag** *m* -(e)s; ⸚e 1) 朗诵 lǎngsòng, 演唱 yǎnchàng; 2) 报〔報〕告 bàogào, 演讲〔講〕 yǎnjiǎng; einen ~ halten 做报告

'**vortragen*** *vt* 1) 演唱 yǎnchàng, 演奏 yǎnzòu; 2) 陈〔陳〕述 chénshù, 作报〔報〕告 zuò bàogào; 3) 把…转〔轉〕入新帐 bǎ…zhuǎnrù xīnzhàng

'**vor|trefflich** *adj* 优〔優〕秀的 yōuxiùde, 杰〔傑〕出的 jiéchūde **~-treten*** *vi(s)* 1) 站到前面 zhàndào qiánmiàn; 2) 凸出 tūchū

'**Vortritt** *m* -(e)s; 优〔優〕先 yōuxiān, 先走 xiānzǒu; j-m den ~ lassen 让某人先走

vor'über *adv* 1) 在…旁边〔邊〕过〔過〕去 zǎi…pángbiān guòqù; 2) 过去 guòqù, 消逝 xiāoshì **~gehen*** *vi (s)* 在…旁边〔邊〕走过〔過〕去 zài…pángbiān zǒuguòqù **~-gehend** *adj* 暂时〔時〕的 zǎnshíde, 一时的 yīshíde

'**Vor|übung** *f* 预习〔習〕 yùxí **~-untersuchung** *f* 1) 预先检〔檢〕查 yùxiān jiǎnchá; 2) 预审〔審〕 yùshěn **~urteil** *n* 成见 chéngjiàn, 偏见 piānjiàn

'**vorurteilslos** *adj* 没有成见的 méiyǒu chéngjiàn de, 公正的 gōngzhènde

'**vorverlegen** *vt* 1) (时间上)提前 tíqián; 2) 把…移到前面 bǎ…yídào qiánmiàn

'**Vorwand** *m* -(e)s; ⸚e 借口 jièkǒu

'**vorwärts** *adv* 向前 xiàngqián; ~ gehen 向前走 **~kommen*** *vi(s)* 1) 有进〔進〕步 yǒu jìnbù, 有成绩 yǒu chéngjì; 2) (年龄) 长〔長〕进〔進〕 zhǎngjìn

vor'weg *adv* 预先 yùxiān **~neh-men*** *vt* 提前 tíqián, 抢〔搶〕先 qiǎngxiān

'**vor|weisen*** *vt* 1) 出示 chūshì; 2) 显〔顯〕出 xiǎnchū, 具有 jùyǒu **~-werfen*** *vt* 1) 把…往前扔 bǎ…wǎngqián rēng, 扔到面前 rēngdào miànqián; 2) 指责 zhǐzé, 斥责 chìzé **~wiegend** I *adj* 占优〔優〕势的 zhànyōushìde, 主要的 zhǔyàode; II *adv* 主要 zhǔyào **~witzig** *adj* 好奇的 hàoqíde, 好管闲事的 hàoguǎn xiánshì de

'**Vorwort** *n* -(e)s; -e 前言 qiányán

'**Vorwurf** *m* 斥责 chìzé, 责备〔備〕 zébèi; j-m einen ~ machen 责备某人

'**vor|wurfsvoll** *adj* 非难〔難〕的 fēinànde, 责备〔備〕的 zébèide **~-zählen** *vt* 当〔當〕面点〔點〕清 dāngmiàn diǎnqīng

'**Vorzeichen** *n* 预兆 yùzhào, 征〔徵〕兆 zhēngzhào

'**vor|zeichnen** *vt* 1) 画〔畫〕给某人看 huà gěi mǒurén kàn; 2) 预先规定 yùxiān guīdìng; j-m Beschränktheiten ~ 给某人定框框 **~-zeigen** *vt* 出示 chūshì

'**Vorzeit** *f* 古代 gǔdài, 从〔從〕前 cóngqián

'**vor|zeitig** *adj* 提前的 tiqiánde, 过〔過〕早的 guòzǎode **~ziehen*** *vt* 1) 拉出 lāchū, 拉上 lāshàng; (Gardine 窗帘); 2) 偏爱〔愛〕 piān'ài, 更喜欢〔歡〕 gèn gxǐhuān

'**Vor|zimmer** *n* 前室 qiánshì, 接待室 jiēdàishì **~zug** *m* 1) 优〔優〕点 yōudiǎn, 长〔長〕处〔處〕 chángchù; 2) 优先权〔權〕 yōuxiānquán

'**vorzüglich** *adj* 优〔優〕秀的 yōuxiùde, 出色的 chūsède

'**Vorzugs|aktie** *f* 优〔優〕待股票 yōudài gǔpiào **~preis** *m* 优惠价〔價〕格 yōuhuì jiàgé

'**vorzugsweise** *adj* 首先 shǒuxiān,

主要 zhǔyào
'Votum *n* -s; ..ten 投票 tóupiào, 表决 biǎojué
vul'gär *adj* 庸俗的 yōngsúde
Vul'kan *m* -s; -e 火山 huǒshān
vul'kanisch *adj* 火山的 huǒshānde

W w

'Waage *f* -n 天平 tiānpíng, 秤 chèng; die ~ halten 保持平衡 bǎochí pínghéng
'waag(e)recht *adj* 水平的 shuǐpíngde
'Waagschale *f* 秤盘〔盤〕 chèngpán
'Wabe *f* -n 蜂房 fēngfáng
wach *adj* 醒的 xǐngde, 清醒的 qīngxǐngde; j-n ~ rufen 唤醒某人
'Wache *f* -n 警卫〔衛〕 jǐngwèi, 岗〔崗〕哨 gǎngshào, 值勤室 zhíqínshì
'wachen *vi* 守卫〔衛〕 shǒuwèi, 看护〔護〕 kānhù
'Wachhund *m* 看家狗 kānjiāgǒu
'wach|rufen* *vt* 唤醒 huànxǐng, 唤起 huànqǐ **~rütteln** *vt* 1) 摇醒 yáoxǐng; 2) 使醒悟 shǐ xǐngwù
Wachs *n* -es; -e 蜡〔蠟〕 là
'wachsam *adj* 警惕的 jǐngtìde
'Wachsamkeit *f* 警觉〔覺〕 jǐngjué, 警惕性 jǐngtìxìng
'wachsen I* *vi* 1) 生长〔長〕 shēngzhǎng, 成长 chéngzhǎng; 2) 增长 zēngzhǎng; II *vt* 给…上蜡〔蠟〕 gěi … shànglà, 涂〔塗〕腊 túlà
'wächsern *adj* 1) 蜡〔蠟〕制〔製〕的 làzhìde; 2) 似蜡的 sìlàde, 苍〔蒼〕白的 cāngbáide
'Wachs|kerze *f*, **~licht** *n* 蜡〔蠟〕烛〔燭〕 làzhú; **~tuch** *n* 油布 yóubù
'Wachstum *n* -s; 生长〔長〕 shēngzhǎng, 增长 zēngzhǎng
'Wachtel *f* -n 鹌鹑 ānchún
'Wächter *m* -s; - 守卫〔衛〕者 shǒuwèizhě, 看守人 kānshǒurén
Wacht|meister *m* 中士 zhōngshì, 警官 jǐngguān **~turm** *m* 了〔瞭〕望塔 liáowàngtǎ
'wackelig *adj* 摇动〔動〕的 yáodòngde, 摇晃的 yáohuàngde, 松〔鬆〕动的 sōngdòngde (Zahn 牙)
'Wackelkontakt *m* (电)接触〔觸〕不良 jiēchù bùliáng
'wackeln *vi* 摇动〔動〕 yáodòng, 摆〔擺〕动 bǎidòng, 抖动 dǒudòng, 松〔鬆〕动 sōngdòng
'wacker *adj* 诚实〔實〕的 chéngshíde, 正直的 zhèngzhíde, 勇敢的 yǒnggǎnde
'Wade *f* -n 小腿肚 xiǎotuǐdù **~nbein** *n* 腓骨 féigǔ
'Waffe *f* -n 兵器 bīngqì, 武器 wǔqì
'Waffel *f* -n 蛋奶烘饼 dànnǎi hōngbǐng
'Waffen|fabrik *f* 兵工厂〔廠〕 bīnggōngchǎng **~gattung** *f* 兵种〔種〕 bīngzhǒng **~gewalt** *f* 军事力量 jūnshì lìliàng, 武力 wǔlì; mit ~ 用武力
'waffenlos *adj* 无〔無〕武装〔裝〕的 wú wǔzhuāngde
'Waffen|schein *m* 武器许可证〔證〕 wǔqì xǔkězhèng **~stillstand** *m* 停战〔戰〕 tíngzhàn
'Wagehals *m* 大胆〔膽〕的人 dàdǎnde rén, 莽汉〔漢〕 mǎnghàn
'wagehalsig *adj* 蛮〔蠻〕勇的 mányǒngde, 莽撞的 mǎngzhuàngde
'Wagemut *m* 大胆〔膽〕 dàdǎn, 勇敢 yǒnggǎn
'wagen *vt* 冒风〔風〕险 mào fēngxiǎn, 敢于 gǎnyú; sich ~ 胆敢
'Wagen *m* -s;- 车〔車〕辆〔輛〕 chēliàng, 汽车〔車〕 qìchē
'wägen* *vt* 1) 称〔稱〕 chēng, 掂量 diānliang; 2) 权〔權〕衡 quánhéng, 斟酌 zhēnzhuó
'Wagen|heber *m* -s; - 千斤顶 qiānjīndǐng **~park** *m* -(e)s; 车〔車〕队〔隊〕 chēduì **~schmiere** *f* 车轴润滑油 chēzhóu rùnhuáyóu **~spur** *f* 车辙 chēzhé
Wag'gon *m* -s; -s 火车〔車〕车箱 huǒchē chēxiāng, 车皮 chēpí
'Wagnis *n* -ses; -se 冒险〔險〕行动〔動〕 màoxiǎn xíngdòng, 勇敢 yǒnggǎn
Wahl *f* -en 1) 选〔選〕举〔舉〕 xuǎnjǔ; 2) 选择〔擇〕 xuǎnzé, 挑选 tiāoxuǎn; eine ~ treffen 作出选择; ich hatte keine ~ 我别无选择
'wählbar *adj* 1) 可选〔選〕择〔擇〕的 kěxuǎnzéde; 2) 由选举〔舉〕产〔產〕生的 yóu xuǎnjǔ chǎnshēng de
'wahlberechtigt *adj* 有选〔選〕举〔舉〕权〔權〕的 yǒu xuǎnjǔquán de
'Wahlbezirk *m* 选〔選〕区〔區〕 xuǎnqū
'wählen I *vt* 选〔選〕举〔舉〕 xuǎnjǔ, 挑选 tiāoxuǎn; II *vi* 拨〔撥〕电〔電〕话号〔號〕码 bō diànhuà hàomǎ

'Wahlergebnis *n* 选〔選〕举〔舉〕结果 xuǎnjǔ jiēguǒ

'Wähler *m* -s; - 选〔選〕举〔舉〕人 xuǎnjǔrén

'wählerisch *adj* 爱〔愛〕挑剔的 àitiāotìde

'Wählerschaft *f* -en (全体)选〔選〕民 xuǎnmín

'Wahlfach *n* 选〔選〕修课 xuǎnxiūkè

'wahlfrei *adj* 自由选〔選〕择〔擇〕的 zìyóu xuǎnzé de

'Wahl|gang *m* 投票 tóupiào, 选〔選〕举〔舉〕 xuǎnjǔ **~kampf** *m* 竞〔競〕选 jìngxuǎn **~kreis** *m* 选〔選〕区〔區〕 xuǎnqū **~lokal** *n* 投票站 tóupiàozhàn

'wahllos *adj* 不加选〔選〕择〔擇〕的 bùjiā xuǎnzé de, 任意的 rènyìde

'Wahl|recht *n*-(e)s; 选〔選〕举〔舉〕权〔權〕 xuǎnjǔquán **~rede** *f* 竞〔競〕选演说 jìngxuǎn yǎnshuō **~spruch** *m* 格言 géyán, 箴言 zhēnyán **~urne** *f* 选票箱 xuǎnpiàoxiāng **~versammlung** *f* 竞选大会 jìngxuǎn dàhuì

Wahn *m* -(e)s; 幻想 huànxiǎng, 妄想 wàngxiǎng **'~sinn** 疯〔瘋〕狂 fēngkuáng, 精神错乱〔亂〕 jīngshén cuòluàn

'wahnsinnig *adj* 疯〔瘋〕狂的 fēngkuángde, 精神错乱〔亂〕的 jīngshén cuòluàn de

'Wahnvorstellung *f* 妄想 wàngxiǎng, 病态〔態〕思想 bìngtài sīxiǎng

wahr *adj* 真的 zhēnde, 真实〔實〕的 zhēnshíde, 真正的 zhēnzhèngde **'~en** *vt* 维护〔護〕wéihù, 保全 bǎoquán; den Schein ~ 保全面子

'währen *vi* 持续〔續〕 chíxù, 延续 yánxù

'während I *prp* (*G*) 在…期间 zài … qījiān; II *cj* 当…时〔時〕 dāng … shí

'wahrhaft *adv* 真的 zhēnde, 确〔確〕实〔實〕 quèshí **~ig** I *adj* 诚实〔實〕的 chéngshíde; II *adv* 真的 zhēnde, 的确〔確〕 díquè

'Wahrheit *f* -en 1) 真理 zhēnlǐ; 2) 真话 zhēnhuà, 真情 zhēnqíng; j-m die ~ sagen 对某人说真话

'wahrheitsgetreu *adj* 真实〔實〕的 zhēnshíde, 如实的 rúshíde

'Wahrheitsliebe *f* 诚实〔實〕 chéngshí, 爱〔愛〕说真话 ài shuō zhēnhuà

'wahr|lich *adv* 的确〔確〕 díquè, 真正地 zhēnzhèngde **~nehmbar** *adj* 看得见的 kàndejiànde, 听〔聽〕得到的 tīngdedàode, 觉〔覺〕察得到的 juéchá dedào de **~nehmen*** *vt* 1) 感觉〔覺〕 gǎnjué, 察觉 chájué; 2) 利用 lìyòng; 3) 代表 dàibiǎo; 4) 履行 lǚxíng

'Wahrnehmung *f* 1) 感觉〔覺〕 gǎnjué, 知觉 zhījué; 2) 代表 dàibiǎo; 3) 履行 lǚxíng

'wahrsagen *vt, vi* 预言 yùyán, 占卜 zhànbǔ, 算命 suànmìng; sich ~ lassen 请人算命

'Wahrsagerin *f* -nen 预言吉凶者 yùyán jíxiōng zhě, 算命者 suànmìngzhě

wahr'scheinlich *adj* 大概 dàgài, 多半 duōbàn, 很可能 hěn kěnéng ich werde ~ gehen 我多半要去

'Wahrscheinlichkeit *f* -en 可能性 kěnéngxìng, 概率 gàilǜ; aller ~ nach 极有可能

'Wahrung *f* 维护〔護〕 wéihù, 保持 bǎochí

'Währnug *f* -en 货币〔幣〕 huòbì, 币制 bìzhì **~sfond** *m* 货币基金 huòbì jījīn **~sreform** *f* 币制改革 bìzhì gǎigé

'Wahrzeichen *n* 特征〔徵〕 tèzhēng, 象征 xiàngzhēng

'Waise *f* -n 孤儿〔兒〕 gū'ér **~nhaus** *n* 孤儿院 gū'éryuàn

Wal *m* -(e)s; -e 鲸 jīng

Wald *m* -(e)s; ⸚e 树〔樹〕林 shùlín **'~brand** *m* 森林火灾〔災〕 sēnlín huǒzāi

'waldreich *adj* 森林茂密的 sēnlín màomì de

'Waldung *f* -en 林区〔區〕 línqū

'Walfänger *m* -s; - 捕鲸船 bǔjīngchuán, 捕鲸者 bǔjīngzhě

'walken *vt* 揉 róu, 滚压〔壓〕 gǔnyā

Wall *m* -(e)s; ⸚e 1)壁垒〔壘〕 bìlěi; 2) 围〔圍〕墙〔牆〕 wéiqiáng, 土堤 tǔdī

'Wallach *m* -(e)s; -e 阉马〔馬〕 yānmǎ

'wallen *vi* 沸腾 fèiténg, 翻腾 fānténg, 滚动〔動〕 gǔndòng

'wallfahren *vi* 朝圣〔聖〕 cháoshèng, 朝山进〔進〕香 cháoshān jìnxiāng

'Wall|fahrer *m* 朝拜圣〔聖〕地者 cháobài shèngdì zhě **~fahrt** *f* 徒步朝圣〔聖〕 túbù cháoshèng **~ung** *f* -en 1) 沸腾 fèiténg; j-n in ~ bringen 使某人热血沸腾; 2) 充血 chōngxuè

'Walnuß *f* 核桃 hétáo **~baum** *m* 桃核树〔樹〕 hétáoshù

'Walroß *n* 海象 hǎixiàng

'walten *vi* 治理 zhìlǐ, 管理 guǎnlǐ; seines Amtes ~ 行使职〔職〕权〔權〕 xíngshǐ zhíquán; Gnade ~

lassen 宽恕 kuānshù

'**Walze** *f* -n 轧辊 zhágǔn, 滚筒 gǔntóng

'**walzen** *vt* 辗压〔壓〕niǎnyā (Straße 马路)

'**wälzen** *vt* 翻 fān, 推 tūi, 滚动〔動〕gǔndòng; Bücher ~ 翻书; die Schuld auf einen anderen ~ 把过失推给别人; sich im Gras ~ 在草地上打滚; Probleme ~ 反复思考问题

'**Walzer** *m* -s; - 华〔華〕尔〔爾〕兹舞 huá'ěrzīwǔ

Wand *f* ⸗e 墙〔牆〕壁 qiángbì; die Wände haben Ohren 隔墙有耳; j-n an die ~ stellen 枪〔槍〕毙某人 qiāngbì mǒurén; gegen die ~ reden 枉费唇舌 wǎngfèi chúnshé

'**Wandel** *m* -s; 转〔轉〕变〔變〕zhuǎnbiàn, 改变 gǎibiàn

'**wandelbar** *adj* 可变〔變〕的 kěbiànde, 不稳〔穩〕定的 bùwěndìngde

'**Wandel|gang** *m*, '**~halle** *f* 走廊 zǒuláng, 游廊 yóuláng

'**wandeln** I *vi* (*s*) 漫步 mànbù; II *v sich* 转〔轉〕变〔變〕zhuǎnbiàn, 改变 gǎibiàn

'**Wander|er** *m* -s; - 漫游者 mànyóuzhě **~leben** *n* 流浪生活 liúlàng shēnghuó

'**wandern** *vi* (*s*) 徒步旅行 túbù lǚxíng, 漫游 mànyóu

'**Wander|preis** *m* 流动〔動〕奖〔獎〕杯 liúdòng jiǎngbēi **~schaft** *f* 游历〔歷〕yóulì, 漫游 mànyóu **~ung** *f* -en 徒步旅行 túbù lǚxíng, 漫游 mànyóu

'**Wand|gemälde** *m* 壁画〔畫〕bìhuà **~kalender** *m* 挂〔掛〕历〔曆〕guàlì **~karte** *f* 地理挂图〔圖〕dìlǐ guàtú

'**Wandlung** *f* -en 1) 变〔變〕化 biànhuà, 改变 gǎibiàn; 2) 解除契约 jiěchú qìyuē

'**Wand|schirm** *m* 折叠屏风〔風〕zhédié píngfēn **~schrank** *m* 壁橱 bìchú **~tafel** *f* (墙上的)黑板 hēibǎn **~teppich** *m* 壁毯 bìtǎn **~uhr** *f* 挂〔掛〕钟〔鐘〕guàzhōng

'**Wange** *f* -n 面颊〔頰〕miànjiá

'**Wankelmut** *m* 不坚〔堅〕定 bùjiāndìng, 无〔無〕定见〔見〕wúdìngjiàn

'**wankelmütig** *adj* 不坚〔堅〕定的 bùjiāndìngde, 无〔無〕定见〔見〕的 wúdìngjiànde

'**wanken** *vi* (*s*) 1) 蹒〔蹣〕跚地走 pánshānde zǒu; 2) 摇摆〔擺〕yáobǎi, 摇晃 yáohuàng; 3) 动〔動〕摇 dòngyáo, 犹〔猶〕豫 yóuyù

wann *adv* 何时〔時〕héshí, 什么〔麼〕时候 shénme shíhou; seit ~ 从〔從〕何时起

'**Wanne** *f* -n 浴盆 yùpén **~nbad** *n* 盆浴 pényù

'**Wanze** *f* -n 臭虫 chòuchóng

'**Wappen** *n* -s; - (骑士)纹章 wénzhāng, 徽章 huìzhāng **~schild** *m, n* 饰有纹章的盾 shìyǒu wénzhāng de dùn

'**wappnen** *v sich* 1) 武装〔裝〕自己 wǔzhuāng zìjǐ 2) 作好准〔準〕备〔備〕对〔對〕付… zuòhǎo zhǔnbèi duìfù …; sich mit Geduld ~ 使自己有耐心

'**Ware** *f* -n 商品 shāngpǐn, 货物 huòwù

'**Waren|bestand** *m* 存货 cúnhuò **~haus** *n* 百货商店 bǎihuò shāngdiàn **~lager** *n* 货栈〔棧〕huòzhàn **~probe** *f* 货样〔樣〕huòyàng, 商品样〔樣〕品 shāngpǐn yàngpǐn **~zeichen** *n* 商标〔標〕shāngbiāo

warm *adj* 1) 温暖的 wēnnuǎnde, 暖和的 nuǎnhuode (Wetter 天气); 2) 热〔熱〕的 rède (Wasser 水)

'**Wärme** *f* -n 1) 温暖 wēnnuǎn, 暖和 nuǎnhuo; 2) 热〔熱〕rè, 温度 wēndù; 3) 热情 rèqíng **~grad** *m* 温度 wēndù

'**warmen** *vt* 使温暖 shǐ wēnnuǎn; sich die Füße ~ 暖和自己的脚

'**Wärmflasche** *f* 热〔熱〕水壶〔壺〕rèshuǐhú

'**warmherzig** *adj* 热〔熱〕心的 rèxīnde, 热情的 rèqíngde

'**Warmwasser|heizung** *f* 热〔熱〕水供暖 rèshuǐ gōngnuǎn **~versorgung** *f* 热水供应〔應〕rèshuǐ gōngyìng

'**warnen** *vt* 警告 jǐnggào

'**Warn|schild** *n* 报〔報〕警牌 bàojǐngpái **~signal** *n* 报警信号〔號〕bàojǐng xìnhào **~ung** *f* -en 警告 jǐnggào, 告诫 gàojiè **~ungstafel** *f* 报〔報〕警牌 bàojǐngpái

'**Warte** *f* -n 1) 了〔瞭〕望台 liàowàngtái; 2) 观〔觀〕点〔點〕〔臺〕guāndiǎn

'**warten** *vi* 等候 děnghòu, 等待 děngdài; j-n ~ lassen 让某人久等

'**Wärter** *m* -s; - 看守者 kānshǒuzhě, 管理员 guǎnlǐyuán; 护〔護〕士 hùshì

'**Warte|saal** *m*, **~zimmer** *n* 候车〔車〕室 hòuchēshì, 候诊室 hòuzhěnshì

'**Wartung** *f* -en 保养〔養〕bǎoyǎng, 维修 wéixiū

wa'rum *adv* 为〔爲〕什么〔麼〕wèishénme

'**Warze** *f* -n 疣 yóu, 肉赘 ròuzhuì

was I *interr pron* 什么〔麼〕shénme;

was kostet das Buch? 这本书是什么价钱？was rennst du denn so? 你为什么要跑这么快？II *indef pron* 某一事物 mǒuyī shìwù; ich will dir mal ~ sagen 我要跟你说件事

'**waschbar** *adj* 可洗的 kěxǐde

'**Waschbecken** *n* (厨房或盥洗室的)洗涤[滌]池 xǐdíchí

'**Wäsche** *f* -n 1) 洗涤[滌] xǐdí; 2) 可洗涤的衣物 kě xǐdí de yīwù; sie hat heute große ~ 她今天要洗很多衣服

'**waschecht** *adj* 耐洗的 nàixǐde, 洗涤[滌]后[後]不褪色的 xǐdíhòu bù tuìsè de

'**Wäsche|klammer** *f* 衣夹[夾]yījiā ~**leine** *f* 晾衣绳[繩] liàngyīshéng

'**waschen*** *vt* 洗 xǐ, 洗涤[滌] xǐdí; sich warm ~ 用热水洗脸; sich das Haar ~ 洗头

Wäsche'rei *f* 洗衣店 xǐyīdiàn

'**Wäscheschrank** *m* 衣橱 yīchú

'**Wasch|frau** *f* 洗衣妇[婦] xǐyīfù ~**küche** *f* 洗衣间 xǐyījiān ~**lappen** *m* 毛巾 máojīn, 浴巾 yùjīn ~**maschine** *f* 洗衣机[機] xǐyījī ~**pulver** *n* 洗衣粉 xǐyīfěn ~**schüssel** *f* 洗手盆 xǐshǒupén ~**ung** *f* -en 1) 冲洗 chōngxǐ; 2) 沐浴仪[儀]式 mùyù yíshì ~**weib** *n* 饶[饒]舌妇[婦] ráoshéfù ~**wanne** *f* 大洗衣盆 dàxǐyīpén

'**Wasser** *n* -s; - 1) 水 shuǐ; 2) ~ lassen 撒尿 sāniào; zu ~ und zu Land(e) 经[經]由水路和陆[陸]路 jīng yóu shuǐlù hé lùlù

'**wasserarm** *adj* 缺水的 quēshuǐde

'**Wasser|ball** *n* 1) 橡皮球 xiàngpíqiú; 2) 水球 shuǐqiú, 水球比赛 shuǐqiú bǐsài ~**behälter** *m* 水箱 shuǐxiāng ~**blase** *f* (皮肤上的)水泡 shuǐpào ~**dampf** *m* 水蒸汽 shuǐzhēngqì

'**wasserdicht** *adj* 不漏水的 bù lòushuǐde, 防水的 fángshuǐde

'**Wasser|eimer** *m* 水桶 shuǐtǒng ~**fall** *m* 瀑布 pùbù ~**farbe** *f* 水彩颜料 shuǐcǎi yánliào; Gemälde in ~ 水彩画 ~**flugzeug** *n* 水上飞[飛]机[機] shuǐshàng fēijī ~**glas** *n* 1) 玻璃杯 bōlíbēi; 2) 水玻璃 shuǐ bōlí ~**graben** *m* 水沟[溝] shuǐgōu ~**hahn** *m* 水笼[籠]头[頭] shuǐlóngtóu

'**wässerig** *adj* 1) 含水多的 hánshuǐduōde, 似水的 sìshuǐde; 2) 淡而无[無]味的 dànér wúwèi de; 3) j-m den Mund ~ machen 使某人垂涎欲滴 shǐ mǒurén chuíxián yù dī

'**Wasser|kanne** *f* 水罐 shuǐguàn ~**kessel** *m* 水锅[鍋] shuǐguō ~**klosett** *n* 抽水马[馬]桶 chōushuǐ mǎtǒng ~**kraft** *f* 水力 shuǐlì ~**kraftwerk** *n* 水力发[發]电[電]站 shuǐlì fādiànzhàn ~**krug** *n* 水罐 shuǐguàn ~**kur** *f* 水疗[療] shuǐliáo ~**lauf** *m* 河流 héliú, 水流 shuǐliú ~**leitung** *f* 自来水管 zìlái shuǐguǎn

'**wassern** *vi* 水上降落 shuǐshàng jiàngluò

'**wässern** I *vt* 1) 浸泡 jìnpào, 浸软 jìnruǎn; 2) 浇[澆] jiāo, 灌溉 guàngài; 3) 冲洗相片 chōngxǐ xiàngpiàn; II *vi* 流泪 liúlèi, 淌口水 tǎngkǒushuǐ

'**Wasser|pflanze** *f* 水生植物 shuǐshēng zhíwù ~**rinne** *f* 檐槽 yáncáo 街沟[溝] jiēgōu ~**rohr** *n* 水管 shuǐguǎn ~**schaden** *m* 水害 shuǐhài, 水灾[災] shuǐzāi ~**scheide** *f* 分水岭[嶺] fēnshuǐlǐng

'**wasserscheu** *adj* 怕水的 pàshuǐde

'**Wasser|schlauch** *m* 橡皮水管 xiàngpí shuǐguǎn ~**spiegel** *m* 水平面 shuǐpíngmiàn ~**sport** *m* 水上运[運]动[動] shuǐshàng yùndòng ~**spülung** *f* 冲水设备[備] chōngshuǐ shèbèi ~**stand** *m* 水位 shuǐwèi ~**standsanzeiger** *m* 水位标[標]尺 shuǐwèi biāochǐ ~**stiefel** *pl* 高统防水靴 gāotǒng fángshuǐ xuē ~**stoff** *m* 氢[氫] qīng ~**stoffbombe** *f* 氢弹[彈] qīngdàn ~**strahl** *m* 喷射水流 pēnshè shuǐliú ~**straße** *f* 航道 hángdào ~**tier** *n* 水生动物 shuǐshēng dòngwù ~**verdrängung** *f* 排水量 páishuǐliàng ~**versorgung** *f* 供水 gōngshuǐ ~**weg** *m* 水路 shuǐlù; auf dem ~ 经由水路 ~**welle** *f* 波浪 bōlàng ~**werk** *n* 自来水厂[廠] zìlái shuǐchǎng ~**zeichen** *n* 水印花纹 shuǐyìn huāwén

'**waten** *vi* 蹚水 tāngshuǐ

'**watscheln** *vi(s)* 蹒[蹣]跚 mán shān

Watt *n* -s; - 瓦特 wǎtè

'**Watte** *f* -n 药[藥]棉 yàomián, 脱脂棉 tuōzhīmián ~**bausch** *m* 棉花球 miánhuāqiú

wat'tieren *vt* 用棉絮衬[襯]垫[墊] yòn gmiánxù chèndiàn

'**weben** *vt, vi* 织[織]布 zhībù

'**Weber** *m* -s; - 织[織]工 zhīgōng

Webe'rei *f* 1) 纺织[織] fǎngzhī; 2) 纺织工场[場] fǎngzhī gōngchǎng

'**Webstuhl** *m* 织[織]布机[機] zhībùjī,

'**Wechsel** *m* -s; -1) 变〔變〕化 biànhuà; 2) 更换 gēnghuàn; 3) 汇〔匯〕票 huìpiào

'**Wechsel|beziehung** *f* 相互关〔關〕系 xiānghù guānxì ~**fälle** *pl* 兴〔興〕衰浮沉 xīngshuāi fúchén ~**fieber** *n* -s; 间歇热〔熱〕 jiànxiērè, 疟〔瘧〕疾 nüèji ~**frist** *f* 汇〔匯〕票付款期 huìpiào fùkuǎnqī ~**geld** *n* 找头〔頭〕 zhǎodóu, 零钱〔錢〕 língqián ~**kurs** *m* 外汇〔匯〕兑换率 wàihuì duìhuànlǜ

'**wechseln** I *vt* 换 huàn, 更换 gēnghuàn; die Kleider ~ 换衣服; 2) 变〔變〕动〔動〕 biàndòng; den Besitzer ~ 某物易主; II *vi* 更换 gēnghuàn, 变迁〔遷〕 biànqiān ~**seitig** *adj* 相互的 xiānghùde

'**Wechsel|strom** *m* 交流电〔電〕 jiāoliúdiàn ~**stube** *f* 兑换所 duìhuànsuǒ

'**wechselweise** *adv* 交替地 jiāotìde, 相互地 xiānghùde

'**Wechselwirkung** *f* 相互作用 xiānghù zuòyòng

'**wecken** *vt* 唤醒 huànxǐng, 唤起 huànqǐ

'**wedeln** *vi* 摇摆〔擺〕 yáobǎi, 摇尾 yáowěi

'**weder** *cj* ~ ... noch 既不…也不 jìbù ... yěbù

weg *adv* 离〔離〕开〔開〕 líkāi, 走开 zǒukāi, 拿开 nákāi; geh ~! 走开! Hände ~! 把手拿开! ich muß ~ 我必须走开; ganz ~ sein 喜欢〔歡〕 xǐhuan, 醉心 zuìxīn

Weg *m* -(e)s; -e 1) 路 lù, 路途 lùtú, 路线〔綫〕 lùxiàn; auf halbem ~ 在半路上; am ~e 在路边〔邊〕; 2) j-n aus dem ~ räumen 除掉某人 chúdiào mǒurén; etw. in die ~e leiten 着手做某事 zhúoshǒu zuò mǒushì

'**weg|bleiben*** *vi* (*s*) 1) 不来〔來〕 bùlái, 不出席 bùchūxí; 2) 省去 shěnqù ~**bringen*** *vt* 拿开〔開〕 nákāi

'**wegen** *prp* (*G*) 因为 yīnwèi, 由于 yóuyú

'**weg|fahren*** I *vt* 运〔運〕走 yùnzǒu, 移去 yíqù; II *vt* (*s*) 离〔離〕开〔開〕 líkāi ~**fallen*** *vi* (*s*) 省去 shěnqù, 除去 chúqù ~**gehen*** *vi* (*s*) 走开〔開〕 zǒukāi, (商品)脱手 tuōshǒu ~**haben*** *vt* 1) 摆〔擺〕脱 bǎituō, 去掉 qùdiào; 2) 得到 dédào, 受到(处罚) shòudào, 遭到 zāodào; 3) 掌握 zhǎngwò, 理解 lǐjiě; 4) einen ~ 精神有点〔點〕不正常 jīngshén yǒudiǎn bù zhèngcháng ~**jagen** *vt* 赶〔趕〕走 gǎnzǒu ~**kommen*** *vi*(*s*) 1) 走开〔開〕 zǒukāi; mach, daß du wegkommst! 你快走开; 2) 丢失 diūshī ~**lassen*** *vt* 1) 让〔讓〕…离〔離〕去 ràng ... líqù; 2) 省去 shěnqù, 略去 lüèqù ~**laufen*** *vi* (*s*) 跑掉 pǎodiào, 流掉 liúdiào ~**legen** *vt* 1) 把…放在一旁 bǎ ... fàng zài yīpáng; 2) 积〔積〕攒 jīzǎn ~**machen** *vt* 除去 chúqù, 擦掉 cādiào ~**müssen*** *vi* 1) 必须走开〔開〕 bìxū zǒukāi; 2) 要扔掉 yào rēngdiào ~**nehmen*** *vt* 1) 拿走 názǒu, 拿开〔開〕 nákāi; 2) 占去 zhànqù; viel Platz ~ 占去许多地方; 3) 夺〔奪〕取 duóqǔ; j-m etw. ~ 向某人夺取某物 ~**raffen** *vt* 掠取 lüěqǔ, 夺〔奪〕走 duózǒu

'**Wegrand** *m* 路边〔邊〕 lùbiān

'**weg|räumen** *vt* 移开〔開〕 yíkāi, 清除 qīngchú ~**reißen*** *vi* (*s*) 拆除 chāichú ~**schicken** *vt* 1) 寄出 jìchū; 2) 打发〔發〕走 dǎfā zǒu ~**setzen** *vt* 放到别处〔處〕 fǎngdào biéchù, 移开〔開〕 yíkāi; sich über etw. ~ 不顾〔顧〕 bùgù, 不在意 bù zàiyì ~**streichen*** *vt* 涂〔塗〕去 túqù, 划〔劃〕去 huàqù ~**tun*** *vt* 移去 yíqù, 倒掉 dàodiào

'**Wegweiser** *m* -s; - 1) 路标〔標〕 lùbiāo; 2) 旅行指南 lǚxíng zhǐnán

'**weg|werfen*** *vt* 扔掉 rēngdiào ~**werfend** *adj* 鄙弃〔棄〕的 bǐqìde

'**weg|wischen** *vt* 揩去 kāiqù, 擦去 cāqù ~**ziehen*** I *vt* 拖开〔開〕 tuōkāi, 拉开 lākāi (Vorhang 帷幕); II *vi* (*s*) 迁〔遷〕徙 qiānxǐ

weh I *adj* 1) 痛苦的 tòngkǔde, 伤〔傷〕心的 shāngxīnde; 2) 疼痛的 téngtòngde; II *adv* ~ tun 疼痛 téngtòng; j-m ~ tun 使某人疼痛或伤心; sich ~ tun 受伤; mir tut der Finger ~ 我手指痛; ~ mir! 我真伤心啊!

'**wehen** I *vt* 吹掉 chuīdiào; II *vi* 吹 chuī, 刮 guā; es weht ein starker Wind 刮大风

'**Wehen** *pl* 阵痛 zhèntòng

'**weh|klagen** *vi* 悲叹〔嘆〕bēitàn, 诉苦 sùkǔ ~**leidig** *adj* 伤〔傷〕心的 shāngxīnde, 哭哭啼啼的 kūkū títíde

'**Wehmut** *f* 悲哀 bēi'āi, 忧〔憂〕伤〔傷〕 yōushāng

'**wehmütig** *adj* 悲哀的 bēi'āide

Wehr I *f* -en sich zur ~ setzen 进〔進〕行抵抗 jìnxíng dǐkàng; II *n* -(e)s; -e 坝〔壩〕 bà, 堰闸 yànzhá '~**dienst** *m* 兵役 bīngyì

'**wehr|en** *v sich* 自卫〔衛〕 zìwèi, 抵抗 dǐkàng ~**fähig** *adj* 能服兵役

的 néngfú bīngyì de **~los** *adj* 无〔無〕自卫〔衛〕能力的 wú zìwèinénglì de

'**Wehrpflicht** *f* 兵役义〔義〕务〔務〕bīngyì yìwù

Weib *n* -(e)s; -er 1) 女人 nǚrén; 2) 妻子 qīzǐ '**~chen** *n* -s; - 雌性动〔動〕物 cíxìng dòngwù

'**Weiber|feind** *m* 憎恶〔惡〕女人者 zēngwù nǚrén zhě **~held** *m* 色鬼 sèguǐ, 好色之徒 hàosè zhī tú

'**weib|isch** *adj* 似女人的 sìnǚrénde; 女人气〔氣〕的 nǚrénqìde **~lich** *adj* 1) 女性的 nǚxìngde; 2) 阴〔陰〕性的 yīnxìngde

weich *adv* 软的 ruǎnde (Butter 黄油), 嫩的 nènde (Fleisch 肉); ~ werden 软化 ruǎnhuà, 让〔讓〕步 ràngbù

'**Weiche** *f* -n 1) 道岔 dàochà; 2) 腰侧yāocè, 侧腹 cèfù

'**weichen** I* *vi* (*s*) 退让〔讓〕tuìràng, 让步 ràngbù; nicht von der Stelle ~ 坚〔堅〕持不走 jiānchí bù zǒu; j-m nicht von der Seite ~ 不离〔離〕开〔開〕某人身边〔邊〕bù líkāi mǒuren shēnbiān; II *vi*(*s*) 变〔變〕软 biàn ruǎn

'**Weichensteller** *m* -s; - 扳道岔工 bāndàochàgōng

'**weich|herzig** *adj* 软心肠〔腸〕的 ruǎnxīnchángde **~lich** *adj* 1) 柔软的 róuruǎnde; 2) 懦弱的 nuòruòde

'**Weich|ling** *m* -s; -e 懦夫 nuòfū, 胆〔膽〕小鬼 dǎnxiǎoguǐ **~tier** *n* 软体〔體〕动〔動〕物 ruǎntǐ dòngwù

'**Weide** *f* -n 1) 柳树〔樹〕liǔshù; 2) 牧场〔場〕mùchǎng; auf der ~ 放牧 **~land** *n* 牧场 mùchǎng

'**weiden** I *vt* 放牧 fàngmù; sich an etw. ~ 对〔對〕…感到高兴 duì…gǎndào gāoxìng; II *vi* (牲畜)吃草 chīcǎo

'**Weiden|korb** *m* 柳条〔條〕筐 liǔtiáokuāng **~rute** *f* 柳条 liǔtiáo, 柳枝 liǔzhī

'**weigern** *v sich* 拒绝 jùjué

'**Weihe** *f* -n 1) 授以圣〔聖〕职〔職〕的仪〔儀〕式 shòu yǐ shèngzhí de yíshì; 2) 落成典礼〔禮〕luòchéng diǎnlǐ

'**weihen** *vt* 授予圣〔聖〕职〔職〕shòuyǔ shèngzhí; j-n zum Bischof 授予某人以主教职位

'**Weiher** *m* -s; - 池塘 chítáng

'**weihevoll** *adj* 庄〔莊〕严〔嚴〕的 zhuāngyánde, 隆重的 lóngzhòngde

'**Weihnachten** *n* -s; 圣〔聖〕诞节〔節〕shèngdànjié

'**Weihnachts|abend** *m* 圣〔聖〕诞前夜 shèngdàn qiányè **~baum** *m* 圣诞树〔樹〕shèngdànshù **~ferien** *pl* 圣诞节〔節〕假日 shèngdànjié jiàrì **~geschenk** *n* 圣诞礼〔禮〕物 shèngdàn lǐwù **~lied** *n* 圣诞歌 shèngdàngē **~mann** *m* 圣诞老人 shèngdàn lǎorén **~markt** *m* 圣诞节市场〔場〕shèngdànjié shìchǎng **~zeit** *f* 耶稣圣诞节时〔時〕期 (从降临节到除夕) yēsū shèngdànjiē shíqī

'**Weih|rauch** *m* 香 xiāng, (焚香时的)烟 yān **~wasser** *n* 圣〔聖〕水 shèngshuǐ

weil *cj* 因为〔爲〕yīnwèi

'**Weilchen** *n* -s; - 片刻 piànkè; ein ~ 一会〔會〕儿〔兒〕yīhuìr

'**Weile** *f* eine ~ 一段时〔時〕间 yīduàn shíjiān

Wein *m* -(e)s; -e 葡萄酒 pútáo jiǔ '**~bau** *m* -(e)s; 葡萄的种〔種〕植 pútáo de zhòngzhí '**~beere** *f* 葡萄 pútáo '**~berg** *m* 葡萄园〔園〕pútáoyuán

'**wein|en** *vi* 哭泣 kūqì **~erlich** *adj* 哭泣的 kūqìde, 爱〔愛〕哭的 àikūde

'**Wein|essig** *m* 酒醋 jiǔcù **~faß** *n* 酒桶 jiǔtǒng **~flasche** *f* 酒瓶 jiǔpíng **~glas** *n* 酒杯 jiǔbēi **~keller** *m* 酒窖 jiǔjiào **~lese** *f* 采〔採〕摘葡萄 cǎizāi pútáo **~ranke** *f* 葡萄蔓 pútáomàn **~traube** *f* 葡萄串 pútáochuàn

'**weise** *adj* 聪〔聰〕明的 cōngmíngde, 英明的 yīngmíngde

'**Weise** I *m* -n; -n 智者 zhìzhě; II *f* -n 1) 曲调 qǔdiào, 旋律 xuánlǜ; 2) 方式 fāngshì, 方法 fāngfǎ; auf diese ~ 按这种方式

'**weisen*** *vt* 1) 引导〔導〕yǐndǎo, 指点〔點〕zhǐdiǎn; 2) 使离〔離〕开〔開〕shǐ líkāi; j-m die Tür ~ 要某人出去; von der Schule ~ 开除出学校

'**Weisheit** *f* -en 1) 智慧 zhìhuì, 聪〔聰〕明 cōngming, am Ende seiner ~ sein 智穷才尽; 2)格言 géyán, 名言 míngyán **~szahn** *m* 智齿〔齒〕zhìchǐ

'**weismachen** *vt* 骗人 piànrén, 愚弄 yúnòng

weiß *adj* 白的 báide, 洁〔潔〕白的 jiébáide

'**Weiß|blech** *n* 白铁〔鐵〕皮 báitiěpí **~brot** *n* 白〔麵〕面包 bái miànbāo

'**Weiße** *m* -n; -n 白人 báirén

'**weißen** *vt* 刷白 shuābái, 粉刷 fěnshuā

'**Weißkohl** *m* 洋白菜 yángbáicài

'**weißlich** *adj* 略带〔帶〕白色的 lüèdài báisè de

'**Weiß|waren** *pl* 白色棉织〔織〕物 báisè miánzhīwù **~wein** *m* 白葡

萄酒 báipútáojiǔ

'**Weisung** *f* -en 指示 zhǐshì, 命令 mìnglìng

weit *adj* 1) 广〔廣〕阔的 guǎngkuòde, 辽〔遼〕阔的 liáokuòde (Fläche 平原, Wälder 树林); 2) 宽大的 kuāndàde (Ärmel 袖子); 3) 远〔遠〕的 yuǎnde, 长〔長〕的 chángde, 遥远的 yáoyuǎnde (Weg 道路, Entfernung 距离); ~ und breit 四处〔處〕sìchù; bei ~em 远远; zu ~ gehen 做得过分; 4) ~ über sechzig (Jahre alt) 六十好几〔幾〕了 liùshí hǎo jǐ le

'**weit|ab** *adv* 远〔遠〕离〔離〕yuǎnlí ~**aus** *adv* 远〔遠〕来〔來〕得 yuǎnláide

'**Weitblick** *m* -(e)s; 远〔遠〕见〔見〕yuǎnjiàn

'**weit|blickend** *adj* 有远〔遠〕见〔見〕的 yǒu yuǎnjiàn de ~**en** I *vt* 放大 fàngdà, 放宽 fàngkuān; II *v sich* 扩〔擴〕大 kuòdà, 变〔變〕宽 biànkuān

'**weiter** I *adj* 其他的 qítāde, 另外的 lìngwàide, 进〔進〕一步的 jìnyībùde; nach einer ~en Stunde 再过〔過〕一小时〔時〕之后〔後〕zàiguò yī xiǎoshí zhī hòu; bis auf ~es 直到另行通知 zhídào lìngxíng tōngzhī; ohne ~es 立即 lìjí, 二话没说 èr huà méi shuō; II *adv* 1) 此外 cǐwài; 2) 继〔繼〕续〔續〕地 jìxùde; 3) nichts ~ 没有别的 méiyǒu biéde; und so ~ 等等 děngděng; bis hierher und nicht ~ 到此为〔爲〕止 dào cǐ wéizhǐ ~**befördern** *vt* 把…继〔繼〕续〔續〕向前运〔運〕bǎ … jìxù xiàngqián yùn ~**bestehen** *vi* 继续存在 jìxù cúnzài ~**bilden** *vt* 使深造 shǐ shēnzào; sich ~ 深造, 进〔進〕修 ~**geben*** *vt* 转〔轉〕交 zhuǎnjiāo, 转达〔達〕zhuǎndá ~**gehen*** *vi* (*s*) 1) 继续走去 jìxù zǒuqù; 2) 继续下去 jìxù xiàqù ~**hin** *adv* 1) 将〔將〕来〔來〕jiānglái, 今后〔後〕jīnhòu, 此外 cǐwài; 2) etw. ~ tun 继续做… jìxù zuò … ~**kommen*** *vi* (*s*) 进〔進〕展 jìnzhǎn ~**können*** *vi* 能继续进〔進〕行下去 néng jìxù jìnxíng xiàqù ~**machen** *vt, vi* 继续做 jìxù zuò

'**weit|gehend** *adj* 大大的 dàdàde, 广〔廣〕泛的 guǎngfànde ~**herzig** *adj* 慷慨的 kāngkǎide, 宽宏大量的 kuānhóng dàliàng de ~'**hin** *adv* 直到很远〔遠〕zhídào hěn yuǎn ~**läufig** I *adj* 1) 宽敞的 kuānchangde (Raum 房间); 2) 远〔遠〕房的 yuǎnfángde (Verwandter 亲戚); er ist ~ verwandt mit mir 他跟我是远亲; 3) 详细的 xiángxìde (Darstellung 陈述); II *adv* ~ erählen 详细讲〔講〕述 xiángxì jiǎngshù ~**reichend** *adj* 广〔廣〕泛的 guǎngfànde, 深远〔遠〕的 shēnyuǎnde ~**schweifig** *adj* 冗长〔長〕的 rǒngchángde, 烦琐的 fánsuǒde ~**sichtig** *adj* 1) 远〔遠〕视的 yuǎnshìde; 2) 有远见的 yǒu yuǎnjiànde

'**Weitsprung** *m* -(e)s; 跳远〔遠〕tiàoyuǎn

'**weit|tragend** *adj* 1) 远〔遠〕程的 yuǎnchéngde; 2) 深远的 shēnyuǎnde ~**verbreitet** *adj* 广〔廣〕泛流传〔傳〕的 guǎngfàn liúchuán de

'**Weizen** *m* 小麦〔麥〕xiǎomài ~**brot** *n* 小麦面〔麵〕包 xiǎomài miànbāo ~**mehl** *n* 小麦面粉 xiǎomài miànfěn

welch I *interr pron* 哪一个〔個〕nǎyīgè, 哪些 nǎxiē; ~er von beiden 两人中的哪一个; II *rel pron* 那一个 nàyīgè, 那些 nàxiē; III *indef pron* 一些 yīxiē, 几〔幾〕个 jǐgè; es gibt ~e, die sagen, daß … 有些人说,…; es sollen viele Ausländer hier sein, hast du schon ~e gesehen? 这里有许多外国人,你看见过一些吗?

welk *adj* 1) 干〔乾〕枯的 gānkūde, 枯萎的 kūwěide (Blumen 花); 2) 干瘪〔癟〕的 gānbiěde (Haut 皮肤) ~**en** *vi* (*s*) 1) 枯萎 kūwěi, 皱〔皺〕缩 zhòusuō

'**Wellblech** *n* 瓦垄〔壟〕铁〔鐵〕皮 wǎlǒng tiěpí

'**Welle** *f* -n 1) 波 bō, 波浪 bōlàng; 2) 轴 zhóu

'**wellen** *vt, v sich* 使有波纹 shǐ yǒu bōwén, 成波浪形 chéng bōlàngxíng

'**Wellen|bereich** *m* 波段 bōduàn ~**länge** *f* 波长〔長〕bōcháng ~**linie** *f* 波状〔狀〕线〔綫〕bōzhuàngxiàn ~**reiten** *n* -s; 冲浪运〔運〕动〔動〕chōnglàng yùndòng

'**wellig** *adj* 波状〔狀〕的 bōzhuàngde, 波形的 bōxíngde

'**Wellpappe** *f* 瓦楞纸板 wǎléngzhǐbǎn, 波纹纸 bōwénzhǐ

Welt *f* 1) 世界 shìjiè; die ganze ~ 全世界; auf der ~ 在世界上; 2) zur ~ kommen 出世 chūshì, 诞生 dànshēng

'**Welt|all** *n* 宇宙 yǔzhòu ~**anschauung** *f* 世界观〔觀〕shìjièguān ~**ausstellung** *f* 世界博览〔覽〕会 shìjiè bólǎnhuì

'**welt|bekannt** *adj* 举〔舉〕世皆知的 jǔshì jiēzhī de ~**berühmt** *adj*

世界著名的 shìjiè zhùmíng de ~-**erschütternd** *adj* 震撼世界的 zhènhàn shìjiè de ~**fremd** *adj* 脱离〔離〕现实〔實〕的 tuōlí xiànshí de

'**Welt|friede(n)** *m* 世界和平 shìjiè hépíng ~**geschichte** *f* 世界史 shìjièshǐ

'**weltgewandt** *adj* 老于世故的 lǎoyú shìgù de

'**Welt|handel** *m* -s; 国〔國〕际〔際〕贸易 guójì màoyì ~**karte** *f* 世界地图〔圖〕 shìjiè dìtú ~**krieg** *m* 世界大战〔戰〕 shìjiè dàzhàn ~-**lage** *f* 国〔國〕际〔際〕形势〔勢〕 guójì xíngshì ~**lauf** *m* 世事 shìshì

'**weltlich** *adj* 人世的 rénshìde, 尘〔塵〕世的 chénshìde, 世俗的 shìsúde

'**Welt|literatur** *f* 世界文学〔學〕 shìjiè wényué ~**macht** *f* 世界强国〔國〕 shìjiè qiángguó

'**weltmännisch** *adj* 精通世故的 jīngtōng shìgù de

'**Welt|markt** *m* -(e)s; 世界市场〔場〕 shìjiè shìchǎng ~**meer** *n* 大洋 dàyáng ~**meister** *m* 世界冠军 shìjiè guànjūn ~**meisterschaft** *f* 世界冠军赛 shìjiè guànjūnsài 世界冠军称号〔號〕 shìjiè guànjūn chēnghào ~**raum** *m* 宇宙 yǔzhòu, 外层〔層〕空间 wàicéng kōngjiān ~**reich** *n* 世界帝国〔國〕 shìjiè dìguó ~**reise** *f* 环〔環〕球旅行 huánqiú lǚxíng ~**rekord** *m* 世界纪录〔錄〕 shìjiè jìlù ~**ruf** *m* 国〔國〕际〔際〕声〔聲〕誉〔譽〕 guójì shēngyù ~**schmerz** *m* 悲观〔觀〕厌〔厭〕世 bēiguān yànshì ~**stadt** *f* 大都会〔會〕 dàdūhuì

'**weltweit** *adj* 世界范围〔圍〕的 shìjiè fànwéi de

'**Weltwunder** *n* 世界奇观〔觀〕 shìjiè qíguān

'**Wende** *f* -n 1) 转〔轉〕折 zhuǎnzhé, 转折点〔點〕 zhuǎnzhédiǎn; 2) 掉头〔頭〕处〔處〕 diàotóuchù, 转身处 zhuǎnshēnchù ~**kreis** *m* 1) 回归〔歸〕线〔綫〕 huíguīxiàn; 2) (汽车)大转〔轉〕弯〔彎〕 dàzhuǎnwān

'**Wendeltreppe** *f* 盘〔盤〕旋楼梯 pánxuán lóutī

'**wenden** I *vt* 翻转〔轉〕 fānzhuǎn, 翻过〔過〕来〔來〕 fānguòlái; II *v sich* 1) 转身 zhuǎnshēn; 2) 转变〔變〕 zhuǎnbiàn; 3) sich an j-n ~ 向某人请教(或求助) xiàng mǒurén qǐngjiào; III *vi* 掉头〔頭〕 diàotóu

'**Wendepunkt** *m* 1) 转〔轉〕折点〔點〕 zhuǎnzhédiǎn; 2) 掉头〔頭〕处〔處〕 diàotóuchù

'**wendig** *adj* 1) 灵〔靈〕活的 línghuóde; 2) 易驾驶的 yìjiàshǐde (Fahrzeug 车辆)

'**Wendung** *f* -en 1) 翻转〔轉〕 fānzhuǎn, 旋转 xuánzhuǎn; 2) 转变〔變〕 zhuǎnbiàn; 3) 习〔習〕语 xíyǔ, 成语 chéngyǔ

'**wenig** *adj* 不多的 bùduōde, 少量的 shǎoliàngde; ein klein ~ Geduld 一点儿耐心 ~**stens** *adv* 至少 zhìshǎo

wenn *cj* 1) 如果 rúguǒ, 假如 jiǎrú; 2) 当〔當〕 dāng, 每当 měidāng; als ~ 似乎 sìhu; ~ auch 虽〔雖〕然 suīrán; wie wäre es, ~ wir jetzt heimgehen? 我们现在回家怎么样?

wer I *interr pron* 谁 shuí; ~ von euch? 你们中的谁? II *rel pron* 谁 shuí; ~ auch 不管是谁; III *indef pron* 某人 mǒurén; ist schon ~ gekommen? 有人来过吗?

'**Werbe|abteilung** *f* (企业的)广〔廣〕告科 guǎnggàokē ~**film** *m* 广〔廣〕告电〔電〕影 guǎnggào diànyǐng

'**werben*** I *vt* 招揽〔攬〕 zhāolǎn (Käufer 顾客); 2) 招募 zhāomù (Rekruten 新兵); II *vi* 做广〔廣〕告 zuò guǎnggào

'**Werbung** *f* -en 1) 广〔廣〕告 guǎnggào, 宣传〔傳〕 xuānchuán; 2) 招募 zhāomù

'**Werdegang** *m* 1) 经〔經〕历〔歷〕 jīnglì; 2) 制〔製〕作过〔過〕程 zhìzuòguòchéng

'**werden*** *vi* (*s*) 产〔產〕生 chǎnshēng, 形成 xíngchéng, 变〔變〕成 biànchéng; was ist aus ihm geworden? 他已成为什么样的人? was will er ~? 他将成为什么人?

'**Werden** *n* -s; noch im ~ sein 在形成中 zài xíngchéng zhōng

'**werfen*** I *vt* 1) 抛 pāo, 扔 rēng; 2) 投 tóu, 投下 tóuxià; 3) Falten ~ 使起折皱〔皺〕 shǐqǐ zhézhòu; II *vi* 产〔產〕仔 chǎnzǐ

Werft *f* -en 造船厂〔廠〕 zàochuánchǎng

Werk *n* -(e)s; -e 1) 工作 gōngzuò; 2) 行动 xíngdòng; 3) 作业〔業〕 zuòyè, 事业 shìyè; 4) 作品 zuòpǐn; 5) 工厂〔廠〕 gōngchǎng ~-**bank** *f* 工作台〔臺〕 gōngzuòtái ~**meister** *m* 车〔車〕间主任 chējiān zhǔrèn ~**statt** *f* 工场〔場〕 gōngchǎng, 车〔車〕间 chējiān ~-**tag** *m* 工作日 gōngzuòrì

'**werktätig** *adj* 劳〔勞〕动〔動〕的 láodòngde, 工作的 gōngzuòde

'**Werkzeug** *n* 工具 gōngjù

'**Wermut** *m* -(e)s; 苦艾 kǔ'ài
wert *adj* 1) 贵重的 guìzhòngde; 2) 值得的 zhídéde, 有价〔價〕值的 yǒujiàzhíde; 3) 尊敬的 zūnjìngde
Wert *m* -(e)s; -e 1) 价〔價〕值 jiàzhí; 2) 重要性 zhòngyàoxìng; auf etw. großen ~ legen 高度重视某事
'**Wertbrief** *m* 保价〔價〕信 bǎojiàxìn
'**werten** *vt* 评价〔價〕píngjià, 估价 gūjià
'**Wertgegenstand** *m* 贵重的东〔東〕西 guìzhòng de dōngxī
'**wertlos** *adj* 无〔無〕价〔價〕值的 wújiàzhíde
'**Wert|papiere** *pl* 有价〔價〕证券 yǒujià zhèngquàn ~**sachen** *pl* 贵重物品 guìzhòng wùpǐn ~**ung** *f* -en 1) 评价〔價〕píngjià, 估价 gūjià; 2) (竞赛)比分 bǐfēn
'**wertvoll** *adj* 贵重的 guìzhòngde, 宝〔寶〕贵的 bǎoguìde
'**Wesen** *n* -s; - 1) 本质 běnzhì, 本性 běnxìng, 性格 xìnggé; 2) 有生命之物 yǒu shēngmìng zhī wù
'**wesen|los** *adj* 无〔無〕实〔實〕质〔質〕的 wúshízhìde ~**tlich** *adj* 本质〔質〕的 běnzhìde, 重要的 zhòngyàode
'**weshalb** I *interr pron* 为〔爲〕什么〔麽〕wèishénmē; II *cj* 因此 yīncǐ
'**Wespe** *f* -n 马〔馬〕蜂 mǎfēng
West *m* 西 xī, 西面 xīmiàn, 西区〔區〕xīqū
'**Weste** *f* -n 1) 背心 bèixīn, 马〔馬〕甲 mǎjiǎ; 2) eine reine ~ haben 没做亏〔虧〕心事 méi zuò kuīxīnshì
'**Westen** *m* -s; 1) 西 xī, 西方 xīfāng; 2) 西面 xīmiàn, 西部 xībù, 西区〔區〕xīqū; 3) 西欧〔歐〕xī'ōu
'**westlich** *adj* 西面的 xīmiànde, 朝西的 cháoxīde, 从〔從〕西面来〔來〕的 cóng xīmiànláide
'**Westwind** *m* 西风〔風〕xīfēng
'**Wettbewerb** *m* -(e)s; -e 竞〔競〕赛 jìngsài, 竞争 jìngzhēng
'**Wette** *f* -n 打赌 dǎdǔ; eine ~ eingehen 与某人打赌
'**Wetteifer** *m* 竞〔競〕赛 jìngsài, 竞争心 jìngzhēngxīn
'**wetteifern** *vi* 跟…竞〔競〕争 gēn … jìngzhēng, 竞赛 jìngsài
'**wetten** I *vt* 打赌 dǎdǔ; II *vi* 1) 跟…打赌 gēn … dǎdǔ, 用…打赌 yòng … dǎdǔ; 2) 把赌注押在…上 bǎ dǔzhù yā zài … shàng
'**Wetter** *n* -s; - 天气〔氣〕tiānqì ~**bericht** *m* 天气〔氣〕预报〔報〕tiānqì yùbào
'**wetterfest** *adj* 防风〔風〕雨的 fáng fēngyǔde
'**Wetter|karte** *f* 天气〔氣〕形势〔勢〕图 tiānqì xíngshìtú ~**lage** *f* 天气形势 tiānqì xíngshì ~**leuchten** *n* -s; (远方)闪电〔電〕shǎndiàn ~**vorhersage** *f* -n 天气预报〔報〕tiānqì yùbào ~**warte** *f* 气象台〔臺〕qìxiàngtái
'**Wett|kampf** *m* 竞〔競〕赛 jìngsài, 比赛 bǐsài ~**kämpfer** *m* 竞赛者 jìngsàizhě, 比赛者 bǐsàizhě ~**lauf** *m* 赛跑 sàipǎo ~**läufer** *m* 赛跑运〔運〕动〔動〕员 sàipǎo yùndòngyuán
'**wettmachen** *vt* 弥〔彌〕补〔補〕míbǔ, 补偿〔償〕bǔcháng, 报〔報〕答 bàodá
'**Wett|rennen** *n* 赛跑 sàipǎo, 竞〔競〕走 jìngzǒu ~**rüsten** *n* -s; 军备〔備〕竞〔競〕赛 jūnbèi jìngsài ~**spiel** *n* 比赛 bǐsài ~**streit** *m* 竞争 jìngzhēng, 争夺〔奪〕zhēngduó
'**wetzen** *vt* 磨 mó, 磨快 mókuài (Messer 刀)
'**Wichse** *f* 1) 鞋油 xiéyóu; 2) 鞭打 biāndǎ
'**wichsen** *vt* 擦亮 cāliàng (Schuh 鞋)
'**wichtig** *adj* 重要的 zhòngyàode; sich ~ machen 自高自大 zìgāo zìdà
'**Wichtig|keit** *f* 重要性 zhòngyàoxìng ~**tuer** *m* -s; - 自高自大的人 zìgāo zìdà de rén
'**wichtigtuerisch** *adj* 自负的 zìfùde, 傲慢的 àomànde
'**Wickel** *m* -s; - 裹布 guǒbù, 敷布 fūbù
'**wickeln** *vt* 1) 卷〔捲〕juǎn, 绕〔繞〕rào; 2) 包 bāo, 裹 guǒ; 3) 用绷带包扎 yòng bēngdài bāozhā
'**Widder** *m* -s; - 公羊 gōngyáng
'**wider** *prp* (*A*) 1) 反对〔對〕fǎnduì, 违〔違〕反 wéifǎn; 2) 向着 xiàngzhe ~**borstig** *adj* 不服从〔從〕的 bùfúcóngde, 倔强的 juéjiàngde ~'**fahren*** *vi* 发〔發〕生 fāshēng, 遭到 cāodào
'**Wider|haken** *m* 倒钩 dàogōu ~**hall** *m* -(e)s; -e 1) 回声〔聲〕huíshēng; 回响〔響〕huíxiǎng; 2) 反响 fǎnxiǎng, 反应〔應〕fǎnyìng
'**wider|hallen** *vi* 发〔發〕出回声〔聲〕fāchū huíshēng ~'**legen** *vt* 驳斥 bóchì ~**lich** *adj* 令人厌〔厭〕恶〔惡〕的 lìng rén yànwù de, 可憎的 kězèngde ~**natürlich** *adj* 反常的 fǎnchángde, 不自然的 bùzìránde ~**rechtlich** *adj* 违〔違〕法的 wéifǎde, 非法的 fēifǎde

'**Wider|rede** *f* 反驳 fǎnbó, 顶嘴 dǐngzuǐ **~ruf** *m* 撤销 chèxiāo, 废〔廢〕除 fèichú
wider|'rufen* *vt* 撤销 chèxiāo, 废〔廢〕除 fèichú '**~ruflich** *adj* 可撤销的 kěchèxiāode
'**Wider|sacher** *m* -s; - 敌〔敵〕手 díshǒu, 对〔對〕手 duìshǒu **~schein** *m* 反光 fǎnguāng, 反照 fǎnzhào
wider|'setzen *v sich* 反抗 fǎnkàng, 抗拒 kàngjù **~'setzlich** *adj* 反抗的 fǎnkàngde, 不服从〔從〕的 bùfúcóngde '**~sinnig** *adj* 荒谬的 huāngmiùde '**~spenstig** *adj* 不顺从〔從〕的 bùshùncóngde, 执〔執〕拗的 zhíniùde
'**Widerspenstigkeit** *f* 执〔執〕拗 zhíniù, 倔强 juéjiàng
'**wider|spiegeln** *vt* 反照 fǎnzhào, 反射 fǎnshè; sich ~ in 反映 **~sprechen*** *vi* j-m ~ 反驳某人 fǎnbó mǒurén
'**Widerspruch** *m* 1) 矛盾 máodùn, 对〔對〕立 duìlì; im ~ zu 跟…相矛盾; 2) 异〔異〕议〔議〕yìyì, 抗议 kàngyì
'**widersprüchlich** *adj* 矛盾的 máodùnde, 不一致的 bùyīzhìde
'**Widerstand** *m* 1) 抵抗 dǐkàng, 反抗 fǎnkàng; ~ leisten 进行反抗; 2) 阻力 zǔlì; auf ~ stoßen 遇到阻力
'**wider|standsfähig** *adj* 有抵抗能力的 yǒu dǐkàng nénglì de **~'stehen*** *vi* 抵抗 dǐkàng, 抵制 dǐzhì **~'streben** *vi* 反对〔對〕fǎnduì, 抗拒 kàngjù **~'strebend** *adv* 勉强地 miǎnqiángde
'**Widerstreit** *m* -(e)s; -e 对〔對〕抗 duìkàng, 冲突 chōngtū
'**widerwärtig** *adj* 令人厌〔厭〕恶〔惡〕的 lìng rén yànwù de, 可憎的 kězèngde
'**Widerwille** *m* 厌〔厭〕恶〔惡〕yànwù, 不愿〔願〕意 bùyuànyì
'**widerwillig** *adj* 不情愿〔願〕的 bùqíngyuànde, 勉强的 miǎnqiángde
'**widmen** *vt* 奉献〔獻〕fèngxiàn, 献给 xiàngěi
'**Widmung** *f* -en 1) 奉献〔獻〕fèngxiàn; 2) 赠言 zèngyán, 题词 tící
'**widrig** *adj* 逆的 nìde, 相反的 xiāngfǎnde, 不利的 bùlìde; ~e Winde 逆风; ~e Umstände 逆境
wie I *adv* 怎么[麼] zěnme, 怎样[樣] zěnyàng; ~ alt ist er? 他多大岁数? ~ spät ist es? 现在是什么时候? II *cj* 如同 rútóng, 象 xiàng; ein Mann wie er 象他这样的人; ich hörte, ~ er es sagte 我听到他是这样说的
'**wieder** *adv* 又 yòu, 再 zài, 重新 chóngxīn; immer ~ 一再
'**Wiederaufbau** *m* -(e)s; 重建 chóngjiàn
'**wieder|aufbauen** *vt* 重建 chóngjiàn **~'aufleben** *vi* (*s*) 恢复〔復〕生气〔氣〕huīfù shēngqì, 复兴〔興〕fùxīng
Wieder'aufnahme *f* 恢复〔復〕huīfù, 重新开〔開〕始 chóngxīn kāishǐ
wieder|'aufnehmen* *vt* 恢复〔復〕huīfù, 重新开〔開〕始 chóngxīn kāishǐ **~bekommen*** *vt* 重新得到 chóngxīn dédào, 取回 qǔhuí **~beleben** *vt* 使复〔復〕活 shǐ fùhuó, 使复苏〔蘇〕shǐ fùsū
'**Wiederbelebungsversuch** *m* 抢〔搶〕救 qiǎngjiù
'**wieder|bringen*** *vt* 归〔歸〕还〔還〕guīhuán, 送回 sònghuí **~'einsetzen** *vt* 使复〔復〕职〔職〕shǐ fùzhí, 使复位 shǐ fùwèi **~erkennen*** *vt* 重新认〔認〕出 chóngxīn rènchū **~erstatten** *vt* 偿〔償〕还〔還〕chánghuán, 付还 fùhuán **~geben*** *vt* 1) 交还〔還〕jiāohuán, 归〔歸〕还 guīhuán; 2) 表演 biǎoyǎn; 3) 复〔復〕述 fùshù **~'gutmachen** *vt* 1) 补〔補〕偿〔償〕bǔcháng, 赔偿 péicháng; 2) 修复〔復〕xiūfù
Wieder'gutmachung *f* 赔偿〔償〕péicháng, 修复〔復〕xiūfù
wieder|'herstellen *vt* 重修 chóngxiū, 修复〔復〕xiūfù '**~holen** *vt* 取回 qǔhuí, **~'holen** *vt* 重复〔復〕chóngfù, 复习〔習〕fùxí
Wieder'holung *f* -en 重复〔復〕chóngfù, 复习〔習〕fùxí
'**wiederkäuen** I *vi* 反刍〔芻〕fǎnchú, 倒嚼 dǎojiáo; II *vt* 反复〔復〕说 fǎnfùshuō
'**Wiederkehr** *f* 1) 归〔歸〕来〔來〕guīlái; 2) 再现 zàixiàn
'**wieder|kehren** *vi* (*s*) 1) 归〔歸〕来〔來〕guīlái; 2) 再现 zàixiàn **~kommen*** *vi* (*s*) 回来 huílái, 重新出现 chóngxīn chūxiàn **~sehen** *vt, v sich* 再见 zàijiàn, 重逢 chóngféng;
'**Wiedersehen** *n* 再见〔見〕zàijiàn; auf Wiedersehen! 再见!
'**wieder|um** *adv* 1) 再次 zàicì, 重新 chóngxīn; 2) 另一方面 lìng yī fāngmiàn **~vereinigen** *vt* 使重新统一 shǐ chóngxīn tǒngyī
'**Wiederwahl** *f* 重新选〔選〕举〔舉〕chóngxīn xuǎnjǔ
'**wiederwählen** *vt* 重选〔選〕chóngxuǎn
'**Wiege** *f* -n 1) 摇篮 yáolán; 2)

发〔發〕源地 fāyuándì

'**wiegen** I* *vt* 称〔稱〕 chēng, 称重量 chēng zhòngliàng; II* *vi* 1) 重量为〔爲〕... zhòngliàng wéi ...; 2) 有分量 yǒu fènliàng; III *vt* 轻〔輕〕摇 qīngyáo; j-n in Sicherheit ~ 使某人有虚假的安全感 shǐ mǒurén yǒu xūjiǎde ānquángǎn

'**Wiegenlied** *n* 摇篮曲 yáolánqǔ

'**wiehern** *vi* 1) 马〔馬〕嘶 mǎsī; 2) 哄笑 hōngxiào

'**Wiese** *f* -n 草地 cǎodì, 草坪 cǎopíng

wie'so *interr pron* 为〔爲〕什么〔麼〕 wèishénme, 怎么会〔會〕 zěnmehuì

wie'viel *adv* 多少 duōshǎo; den ~-ten ist heute? 今天是几号?

wild *adj* 1) 野的 yěde, 野生的 yěshēngde; 野蛮的 yěmánde; 2) ~-es Fleisch 息肉 xīròu; ~e Ehe 姘居 pīnjū

Wild *n* -(e)s; 野味 yěwèi '~**bach** *m* 山涧 shānjiàn '~**bret** *n* -s; 野味 yěwèi

'**Wilde** *m* -n; -n 野蛮人 yěmánrén

'**Wilderer** *m* -s; - 偷猎〔獵〕者 tōulièzhě

'**wildern** *vi* 偷猎〔獵〕 tōuliè

'**wildfremd** *adj* 完全陌生的 wánquán mòshēng de

'**Wild|hüter** *m* 猎〔獵〕场〔場〕看守人 lièchǎng kānshǒurén ~**leder** *n* 麂皮 jǐpí ~**nis** *f* -se 荒野 huāngyě, 荒地 huāngdì ~**schwein** *n* 野猪 yězhū

'**Wille** *m* -ns; -n 意志 yìzhì, 志愿〔願〕 zhìyuàn; seinen ~n durchsetzen 贯彻他的意志; gegen seinen ~n 违反他的意愿; aus freiem ~n 自愿地

'**willenlos** *adj* 意志薄弱的 yìzhì bóruò de

'**Willens|freiheit** *f* 意志自由 yìzhì zìyóu ~**kraft** *f* 意志力 yìzhìlì ~**schwäche** *f* 意志薄弱 yìzhì bóruò

'**willensstark** *adj* 意志〔堅〕坚强的 yìzhì jiānqiáng de

'**willig** *adj* 1) 乐〔樂〕意的 lèyìde, 愿〔願〕意的 yuànyìde; 2) 顺从〔從〕的 shùncóngde

will'kommen *adj* 欢〔歡〕迎的 huānyíngde

'**Willkür** *f* 任意 rènyì, 专〔專〕断〔斷〕 zhuānduàn, 专横 zhuānhèng

'**willkürlich** *adj* 专〔專〕断〔斷〕的 zhuānduànde, 专横的 zhuānhèngde

'**wimmeln** *vi* 蜂拥〔擁〕 fēngyōng, 群集 qúnqí

'**wimmern** *vi* 呻吟 shēnyín, 呜咽 wūyè

'**Wimpel** *m* -s; - 三角旗 sānjiǎoqí, 信号〔號〕旗 xìnhàoqí

'**Wimper** *f* -n 睫毛 jiémáo

Wind *m* -(e)s; -e 风〔風〕 fēng ~-'**beutel** *m* 1) 奶油夹〔夾〕心饼 nǎiyóu jiāxīnbǐng; 2) 空话连篇的人 kōnghuà liánpiān de rén

'**Winde** *f* -n 卷〔捲〕扬〔揚〕机〔機〕 juǎnyángjī, 绞盘〔盤〕 jiǎopán

'**Windel** *f* -n 尿布 niào bù; 襁褓 qiángbǎo

'**winden*** *vt* 1) 卷〔捲〕起 juǎnqǐ, 绞起 jiǎoqǐ; 2) 编制〔製〕 biānzhì (Kranz 花圈); 缠〔纏〕绕〔繞〕 chánrǎo

'**Wind|hose** *f* 旋风〔風〕 xuànfēng ~**hund** *m* 灵〔靈〕猩 língtí

'**windig** *adj* 1) 有风〔風〕的 yǒufēngde, 多风的 duōfēngde; 2) 轻〔輕〕浮的 qīngfúde, 空洞的 kōngdòngde

'**Wind|mühle** *f* 风〔風〕磨 fēngmò ~**pocken** *pl* 水痘 shuǐdòu ~-**richtung** *f* 风向 féngxiàng ~-**schutzscheibe** *f* (汽车)挡〔擋〕风玻璃 dǎngfēng bōli ~**stärke** *f* 风速 fēngsù

'**windstill** *adj* 无〔無〕风〔風〕的 wúfēngde

'**Wind|stille** *f* 风〔風〕平浪静 fēngpíng làngjìng ~**stoß** *m* 阵风 zhènfēng

'**Windung** *f* -en 1) 曲折 qūzhé, 蜿蜒 wǎnyán; 2) 蛇行 shéxíng

Wink *m* -(e)s; -e 示意 shìyì, 暗示 ànshì

'**Winkel** *m* -s; - 1) 角 jiǎo, 角度 jiǎodù; 2) 角落 jiǎoluò

'**winkelig** *adj* 1) 多角落的 duōjiǎoluòde (Haus 房屋); 2) 弯〔彎〕弯曲曲的 wānwān qūqū de (Straße 街道)

'**Winkelzug** *m* 1) 诡计 guǐjì; 2) 借口 jièkǒu

'**winken** *vi* 示意 shìyì, 向...招手 xiàng ... zhāoshǒu; mit dem Taschentuch ~ 挥动手帕示意

'**winseln** *vi* 悲鸣 bēimíng, 哀泣 āiqì, 哀求 āiqiú

'**Winter** *m* -s; - 冬 dōng, 冬天 dōngtiān; im ~ 在冬天

'**winterlich** *adj* 冬天的 dōngtiānde, 冬寒的 dōnghánde

'**Winter|schlaf** *m* 冬眠 dōngmián ~**sport** *m* 冬季运〔動〕动〔動〕 dōngjì yùndòng

'**Winzer** *m* -s; - 种〔種〕植葡萄者 zhòngzhí pútáo zhě

'**winzig** *adj* 微小的 wēixiǎode

'**Wipfel** *m* -s; - 树〔樹〕梢 shùshāo

'**Wippe** *f* -n 跷〔蹺〕跷板 qiāoqiāobǎn

'**wippen** *vi*) 玩跷〔蹺〕跷板 wán qiāoqiāobǎn; 2) 摆〔擺〕动〔動〕bǎidòng

wir *pers pron* 我们 wǒmen; ~ drei 我们三人

'**Wirbel** *m* -s; - 1) 旋转〔轉〕xuánzhuàn; 2) 旋涡〔渦〕xuánwō; 3) 阵风〔風〕zhènfēng; 4) 椎骨 zhuīgǔ

'**wirbelig** *adj* 1) 眩晕的 xuànyùnde; 2) 坐不住的 zuòbùzhùde, 好动〔動〕的 hàodòngde

'**wirbeln** *vi* 1) 起旋涡〔渦〕qǐ xuánwō; 2) 旋转〔轉〕xuánzhuàn; 2) 发〔發〕出咚咚声〔聲〕fāchū dōngdōngshēng

'**Wirbel|säule** *f* 脊椎 jǐzhuī ~**sturm** *m* 旋风〔風〕xuànfēng, 龙〔龍〕卷〔捲〕风 lóngjuǎnfēng ~**tier** *n* 脊椎动〔動〕物 jǐzhuī dòngwù ~**wind** *m* 1) 旋风 xuànfēng, 龙卷风 lóngjuǎnfēng; 2) 非常活跃〔躍〕fēicháng huóyuè; wie ein ~ 迅速

'**wirk|en** I *vt* 1) 编织〔織〕biānzhī; 2) 创〔創〕造(奇迹) chuàngzào; II *vi* 起作用 qǐ zuòyòng, 产〔產〕生效果 chǎnshēng xiàoguǒ ~**lich** *adj* 真实〔實〕的 zhēnshíde, 实际〔際〕的 shíjìde

'**Wirklichkeit** *f* 真实〔實〕zhēnshí, 实际〔際〕shíjì; in ~ 事实上

'**wirksam** *adj* 有效的 yǒuxiàode

'**Wirksamkeit** *f* 作用 zuòyòng, 效力 xiàolì, 效果 xiàoguǒ

'**Wirkung** *f* -en 1) 效力 xiàolì, 效果 xiàoguǒ; 2) 作用 zuòyòng, 影响〔響〕yǐngxiǎng ~**skreis** *m* 作用范围〔圍〕zuòyòng fànwéi

'**wirkungs|los** *adj* 不起作用的 bùqǐzuòyòngde, 无〔無〕效的 wúxiàode ~**voll** *adj* 有效的 yǒuxiàode

wirr *adj* 混乱〔亂〕的 hùnluànde, 紊乱的 wěnluànde

'**Wirr|en** *pl* 混乱〔亂〕hùnluàn; 变〔變〕乱 biànluàn ~**warr** *m* -s; - 混乱〔亂〕hùnluàn, 纷乱 fēnluàn

Wirt *m* -(e)s; -e 旅店主人 lǚdiàn zhǔrén, 房东〔東〕fángdōng

'**Wirtschaft** *f* -en 1) 经〔經〕济〔濟〕jīngjì, 工商业〔業〕gōngshāngyè; 2) 家务〔務〕jiāwù, 家政 jiāzhèng

'**wirtschaft|en** *vi* 1) 管理 guǎnlǐ, 经〔經〕营〔營〕jīngyíng; 2) 料理家务〔務〕liàolǐ jiāwù ~**lich** *adj* 经〔經〕济〔濟〕的 jīngjìde, 节〔節〕约的 jiéyuēde

'**Wirtschafts|geld** *n* 家用钱〔錢〕jiāyòngqián ~**jahr** *n* 财政年度 cáizhèng niándù ~**krise** *f* 经〔經〕济〔濟〕危机〔機〕jīngjì wēijī ~**politik** *f* 经济政策 jīngjì zhèngcè ~**prüfer** *m* 会〔會〕计师〔師〕kuàijìshī

'**Wirtshaus** *n* 饮食店 yǐnshídiàn, 客栈〔棧〕kèzhàn

Wisch *m* -es; -e 1) 捆 kǔn, 束 sù; 2) 一张〔張〕废〔廢〕纸 yīzhāng fèizhǐ

'**wischen** *vt* 擦 cā, 抹 mǒ

'**wispern** *vt, vi* 低语 dīyǔ, 耳语 ěryǔ

'**Wißbegierde** *f* 求知欲 qiúzhīyù

'**wißbegierig** *adj* 好学〔學〕的 hàoxuéde, 求知欲强的 qiúzhīyùqiángde

'**wissen*** *vt* 1) 知道 zhīdào, 了解 liǎojiě; 2) 会〔會〕huì, 懂得 dǒngdé; man kann nie ~ 你不可能知道

'**Wissen** *n* -s; 1) 知识〔識〕zhīshi, 学〔學〕问 xuéwèn; 2) 知道 zhīdào, 了解 liǎojiě; meines ~s 据我所知

'**Wissenschaft** *f* -en 科学〔學〕kēxué, 知识〔識〕zhīshi ~**ler** *m* -s; - 科学〔學〕家 kēxuéjiā

'**wissenschaftlich** *adj* 科学〔學〕的 kēxuéde

'**Wissensdrang** *m* -(e)s; 求知欲 qiúzhīyù

'**wissenswert** *adj* 值得知道的 zhídé zhīdào de

'**wissentlich** *adj* 有意识〔識〕的 yǒuyìshide, 有意的 yǒuyìde

'**wittern** *vt* 1) 嗅出 xiùchū, 闻到 wéndào; 2) 预感 yùgǎn

'**Witterung** *f* -en 1) 天气〔氣〕tiānqì; 2) (动物的)嗅觉〔覺〕xiùjué ~**sverhältnisse** *pl* 天气〔氣〕情况 tiānqì qíngkuàng

'**Witwe** *f* -n 寡妇〔婦〕guǎfù

'**Witwer** *m* -s; - 鳏夫 guānfū

'**Witz** *m* -es; -e 1) 才智 cáizhì, 机〔機〕智 jīzhì; 2) 笑话 xiàohuà, 妙语 miàoyǔ ~**blatt** *n* 漫画〔畫〕报〔報〕mànhuàbào

'**witzig** *adj* 机〔機〕智的 jīzhìde, 妙趣横生的 miàoqù héngshēng de

wo *adv* 在什么〔麼〕地方 zài shénme dìfāng

wo'bei *adv* 在那方面 zài nà fāngmiàn, 在干〔幹〕什么〔麼〕zài gàn shénme

'**Woche** *f* -n 星期 xīngqī, 周 zhōu; heute in einer ~ 一星期后

'**Wochen|bett** *n* 产〔產〕褥期 chǎnrùqī ~**blatt** *n* 周报〔報〕zhōubào ~**ende** *n* 周末 zhōumò

'**wochenlang** I *adj* nach ~em Warten 等了几〔幾〕星期以后〔後〕děng le jǐ xīngqī yǐhòu; II *adv* 好几个〔個〕星期 hǎojǐgèxīngqī

'**Wochen|schau** *f* (电影)新闻简报

〔報〕xīnwén jiǎnbào **~tag** *m* 平日 píngrì, 工作日 gōngzuòrì

'**wöchentlich** *adj* 每星期的 měixīngqīde; einmal ~ 每周一次

'**Wöchnerin** *f* -en 产〔產〕妇〔婦〕chǎnfù

wo|'**durch** *adv* 由于什〔甚〕么〔麼〕yóuyú shénme, 因而 yīn'ér **~'für** *adv* 为〔爲〕了什么 wèi le shénme, 为此 wèicǐ

'**Woge** *f* -n 巨浪 jùlàng, 波涛〔濤〕bōtāo; die ~n glätten 平息风波

'**wogen** *vi* 1) 波涛〔濤〕汹涌 bōtāo xiōngyǒng; 2) 波动〔動〕bōdòng, 起伏 qǐfú

wo|'**her** *adv* 从〔從〕哪儿〔兒〕cóng nǎr, 从何处〔處〕cóng héchù; ~ wissen Sie das? 您从哪儿知道这个的? **~'hin** *adv* 向何处〔處〕xiàng héchù

wohl *adv* 1) 健康 jiànkāng, 舒服 shūfu; sich nicht ~ fühlen 觉得不舒服; 2) ~ und übel 好歹 hǎodǎi; leben Sie ~! 祝你平安!

Wohl *n* -(e)s; 幸福 xìngfú, 繁荣 fánróng, 健康 jiànkāng; auf Ihr ~! 祝您健康!

'**Wohl**|**befinden** *n* 平安 píng'ān, 幸福 xìngfú **~behagen** *n* 愉快 yúkuài, 舒适〔適〕shūshì

'**wohl**|**behalten** *adv* 平安地 píng'ānde **~bekannt** *adj* 众〔衆〕所周知的 zhòngsuǒ zhōuzhī de

'**Wohlergehen** *n* -s; 幸福 xìngfú, 康乐〔樂〕kānglè

'**wohlerzogen** *adj* 有教养〔養〕的 yǒu jiàoyǎngde

'**Wohl**|**fahrt** *f* 福利 fúlì, 社会〔會〕救济〔濟〕shèhuì jiùjì **~gefallen** *n* -s; 称〔稱〕心 chènxīn, 欢〔歡〕乐〔樂〕huānlè; sein ~ an etw. haben 在某事上得到乐趣

'**wohl**|**gemeint** *adj* 善意的 shànyìde **~gemut** *adj* 心情愉快的 xīnqíng yúkuài de **~genährt** *adj* 吃得好的 chīdehǎode

'**Wohlgeruch** *m* 香味 xiāngwèi, 芳香 fāngxiāng

'**wohl**|**gesinnt** *adj* 善意的 shànyìde, 友好的 yǒuhǎode **~habend** *adj* 富裕的 fùyùde **~ig** *adj* 舒适〔適〕的 shūshìde, 惬意的 qièyìde

'**Wohlklang** *m* -(e)s; 和谐悦耳的声〔聲〕音 héxié yuè'ěr de shēngyīn

'**wohlklingend** *adj* 悦耳的 yuè'ěrde

'**Wohlleben** *n* -s; 富裕的生活 fùyùde shēnghuó

'**wohl**|**riechend** *adj* 芳香的 fāngxiāngde **~schmeckend** *adj* 美味可口的 měiwèi kěkǒu de

'**Wohl**|**sein** *n* 健康 jiànkāng, 安好 ānhǎo **~stand** *m* -(e)s; 富裕 fùyù **~tat** *f* 1) 善行 shànxíng, 善举〔舉〕shànjǔ; 2) 舒适〔適〕shūshì **~täter** *m* 行善者 xíngshànzhě

'**wohltätig** *adj* 慈善的 císhànde 行善的 xíngshànde

'**Wohltätigkeit** *f* 慈善事业〔業〕císhàn shìyè

'**wohl**|**tuend** *adj* 令人愉快的 lìng rén yúkuàn de **~verdient** *adj* 应〔應〕得的 yīngdéde **~wollen** *vi* 对〔對〕…表示好意 duì ... biǎoshì hǎoyì

'**Wohlwollen** *n* -s 亲〔親〕切 qīnqiè hǎoyì

'**wohn**|**en** *vi* 居住 jūzhù; bei j-m ~ 住在某人处 **~haft** *adj:* ~ sein 住 zù, 居住 jūzhù

'**Wohnhaus** *n* 住宅 zhùzhái

'**wohnlich** *adj* (房屋)舒适〔適〕的 shūshìde, 宜于住人的 yíyú zhùrén de

'**Wohn**|**ort** *m* 居住地 jūzhùdì **~ung** *f* -en 住房 zhù fáng, 寓所 yùsuǒ

'**Wohnungs**|**amt** *n* 房产〔產〕管理局 fángchǎn guǎnlǐjú **~not** *f* 房荒 fánghuāng **~problem** *n* 住房问题 zhùfáng wèntí

'**Wohn**|**viertel** *n* 住宅区〔區〕zhùzháiqū **~zimmer** *n* 起居室 qǐjūshì, 客厅〔廳〕kètīng

'**wölben** *vt* 使成拱形 shǐ chéng gǒngxíng, 给…盖拱顶 gěi ... gài gǒngdǐng

'**Wölbung** *f* -en 拱顶 gǒngdǐng, 拱形结构〔構〕gǒngxíng jiégòu

Wolf *m* -(e)s; ≃e 1) 狼 láng; 2) 绞肉机〔機〕jiǎoròujī

'**Wolke** *f* -n 云〔雲〕yún

'**Wolken**|**bruch** *m* 大暴雨 dàbàoyǔ **~kratzer** *m* -s; - 摩天大楼 mótiān dàlóu

'**wolkenlos** *adj* 无〔無〕云〔雲〕的 wúyúnde (Himmel 天空)

'**wolkig** *adj* 多云〔雲〕的 duōyúnde

'**Woll**|**decke** *f* 羊毛毯 yángmáotǎn **~e** *f* -n 羊毛 yángmáo

'**wollen** I *vt* 想要 xiǎngyào, 愿意 yuànyì; er weiß, was er will 他知道, 他想要什么; II *aux* 想要 xiǎngyào, 意欲 yìyù; er hat nicht gehen ~ 他不想去; III *adj* 羊毛制〔製〕的 yángmáozhìde

'**Wollenstoff** *m* 毛织〔織〕物 máozhīwù

'**wollig** *adj* 羊毛状〔狀〕的 yángmáozhuàngde

'**Wollust** *f* 1) 肉欲 ròuyù; 性交快感 xìngjiāo kuàigǎn; 2) 狂喜

kuángxǐ
'wollüstig *adj* 淫欲的 yínyùde
'Wollwaren *pl* 毛织〔織〕品 máozhīpǐn
wo|'mit *adv* 1) 用什〔甚〕么〔麼〕 yòng shénme, 怎样〔樣〕 zěnyàng; 2) 以此 yǐcǐ, 对〔對〕此 duìcǐ **~'möglich** *adv* 1) 也许 yěxǔ, 可能 kěnéng; 2) 尽〔盡〕可能 jìnkěnéng
'Wonne *f* -n 欢〔歡〕乐〔樂〕 huānlè, 乐趣 lèqù
'wonnig *adj* 欢〔歡〕乐〔樂〕的 huānlède, 令人喜悦的 lìngrén xǐyuè de
wo|'ran *adv* 怎么〔麼〕 zěnme, 何以 héyǐ; ~ denkst du? 你在想什么? ~ liegt es, daß ... 这是怎么一回事? **~'rauf** *adv* 关〔關〕于什〔甚〕么 guānyú shénme, 在什么上面 zài shénme shàngmiàn; ~ wartest du? 你在等什么? **~'raus** *adv* 从〔從〕什么 cóng shénme, 从何 cónghé **~'rin** *adv* 在哪里 zài nǎli, 在哪一点〔點〕上 zài nǎ yīdiǎn shàng
Wort *n* I -(e)s; ⸚er 词 cí; er kann seine Wörter noch nicht 他还不认识字; II -(e)s; -e 话 huà, 词句 cíjù, 发〔發〕言 fāyán, 诺言 nuòyán; ums ~ bitten 要求发言; das ~ ergreifen 开始发言; das große ~ führen 说大话; ~ halten 遵守诺言
'wortbrüchig *adj* 背约的 bèiyuēde, 食言的 shíyánde
'Wörter|buch *n* 词典 cídiǎn **~verzeichnis** *n* 词汇〔匯〕表 cíhuìbiǎo
'Wortführer *m* 发〔發〕言人 fāyánrén
'wort|getreu *adj* 忠于原话的 zhōngyú yuánhuà de **~karg** *adj* 沉默寡言的 chénmò guǎyán de, 话不多的 huàbùduōde
Wort|klaube'rei *f* -en 咬文嚼字 yǎowén jiáozì **'~laut** *m* -(e)s; 原文 yuánwén, 本文 běnwén
'wörtlich *adj* 1) 按字面的 ànzìmiànde; 2) 逐字的 zhúzìde
'Wort|schatz *m* -es; 词汇〔匯〕量 cíhuìliàng **~schwall** *m* -(e)s; 滔滔不绝的话 tāotāo bùjué de huà **~spiel** *n* 1) 文字游戏〔戲〕 wénzì yóuxì, 双关〔關〕语 shuāngguānyǔ **~stellung** *f* (语法)词序 cíxù **~stamm** *m* 词干〔幹〕 cígàn **~streit** *m*, **~wechsel** *m* 争论〔論〕 zhēnglùn
wo|'rüber *adv* 关〔關〕于什〔甚〕么〔麼〕 guānyú shénme, 对〔對〕什么 duì shénme; ~ habt ihr gesprochen? 你们谈了些什么? **~'rum** *adv* 为〔爲〕什么事 wèi shénme shì; ~ handelt es sich? 这是关于什么事? **~'runter** *adv* 1) 在什么下面 zài shénme xiàmiàn, 在什么中间 zài shénme zhōngjiān; 2) 对此 duìcǐ, 在其中 zài qízhōng **~'von** *adv* 关于什么 guānyú shénme **~'vor** *adv* 在什么前面 zài shénme qiánmàn, 对什么 duì shénme **~'zu** *adv* 为何 wèihé, 为什么目的 wèi shénme mùdì
Wrack *n* -(e)s; -e 1) 废〔廢〕弃〔棄〕的船、车〔車〕辆等 fèiqìde chuán、chēliàng děng; 2) 极端衰弱的人 jíduān shuāiruò de rén
'wringen* *vt* 绞干〔乾〕 jiǎogān, 拧〔擰〕干 nǐnggān (Wäsche 洗涤物)
'Wucher *m* -s; 暴利 bàolì, 高利贷 gāolìdài; ~ treiben 放高利贷 **~er** *m* -s; - 放高利贷者 fànggāolìdàizhě
'wucher|isch *adj* 放高利贷的 fànggāolìdàide **~n** *vi* 蔓生 mànshēng, 丛〔叢〕生 cóngshēng
'Wucherzinsen *pl* 高利 gāolì, 重利 zhònglì
Wuchs *m* -es; ⸚e 1) 生长〔長〕 shēngzhǎng, 培育 péiyù; 2) 身材 shēncái, 体〔體〕格 tǐgé
Wucht *f* -en 重量 zhòngliàng, 压〔壓〕力 yālì
'wuchtig *adj* 1) 巨大的 jùdàde (Gebäude 楼房); 2) 强有力的 qiángyǒulìde, 沉重的 chénzhòngde (Gegenstand 物件)
'Wühlarbeit *f* 秘密煽动〔動〕 mìmì shāndòng, 颠覆活动 diānfù huódòng
'wühlen *vi* 1) 挖掘 wājué, 翻寻〔尋〕 fānxún; 2) 煽动〔動〕 shāndòng
'Wühler *m* -s; - 煽动〔動〕者 shāndòngzhě
Wulst *m* -es; ⸚e 隆起物 lóngqǐwù, 凸起部 tūqǐbù
'wulstig *adj* 鼓起的 gǔqǐde; ~e Lippen 厚嘴唇
wund *adj* 擦伤〔傷〕的 cāshāngde, 受伤害的 shòushānghàide; ~e Stelle 痛处〔處〕 tòngchù; ~er Punkt 敏感处 mǐngǎnchù
'Wunde *f* -n 创〔創〕伤〔傷〕 chuāngshāng, 伤口 shāngkǒu; alte ~n wieder aufreißen 揭旧伤疤,重又提伤心事
'Wunder *n* -s; 奇迹 qíjì, 奇观〔觀〕 qíguān; ~ wirken 有神奇效力
'wunderbar *adj* 1) 神妙的 shénmiàode, 奇妙的 qímiàode; 2) 美妙的 měimiàode, 了不起的 liǎobùqǐde
'Wunderkind *n* 神童 shéntóng
'wunder|lich *adj* 奇异〔異〕的 qíyìde, 奇特的 qítède, 古怪的 gǔguài-

de ~**n** *vt* 1) 使惊〔驚〕异〔異〕 shǐ jīngyì, 使惊奇 shǐ jīngqí; 2) sich ~ 感到惊奇 gǎndào jīngqí ~**schön** *adj* 极〔極〕美的 jíměide (Mädchen 姑娘, Tag 日子)
'Wundertat *f* 奇迹 qíjì
'wunder|tätig *adj* 创〔創〕造奇迹的 chuàngzào qíjì de ~**voll** *adj* 绝妙的 juémiàode, 美妙的 měimiàode
'Wunderwerk *n* 奇迹 qíjì, 惊〔驚〕人成就 jīng rén chéngjiù
'Wundfieber *n* 创〔創〕伤〔傷〕热〔熱〕 chuāngshāngrè
'Wunsch *m* -es; ⸚e 1) 愿〔願〕望 yuànwàng, 希望 xīwàng; 2) 祝愿 zhùyuàn, 祝贺 zhùhè; beste Wünsche zum Geburtstag 祝贺生日
'wünschen *vt* 祝愿〔願〕 zhùyuàn, 愿望 yuànwàng; ganz wie Sie ~ 完全如您所愿; was ~ Sie? 您想要点什么? ~**swert** *adj* 值得想望的 zhíde xiǎngwàng de
'wunschgemäß *adv* 按照愿〔願〕望 ànzhào yuànwàng
'Würde *f* -n 尊严〔嚴〕 zūnyán, 体〔體〕面 tǐmiàn; unter seiner ~ 有失他的尊严
'würdelos *adj* 有失身份的 yǒu shī shēnfèn de
'Würdeträger *m* 显〔顯〕贵人物 xiǎnguì rénwù, 身居要职〔職〕者 shēnjū yàozhí zhě
'würdig *adj* 庄〔莊〕严〔嚴〕的 zhuāngyánde, 威严的 wēiyánde ~**en** *vt* 赏识〔識〕 shǎngshí, 赞赏 zànshǎng; j-n keines Blickes ~ 对某人不屑一顾
'Würdigung *f* 重视 zhòngshì, 赞许 zànxǔ
Wurf *m* -(e)s; ⸚e 1) 投 tóu, 掷〔擲〕 zhì; 2) 一胎产〔產〕的幼畜 yītāi chǎn de yòuchù
'Würfel *m* -s; - 1) 色子 shǎizi; 2) 立方体〔體〕 lìfāngtǐ ~**spiel** *n* 掷〔擲〕色子 zhì shǎizi ~**zucker** *m* 方糖 fāngtáng
'Wurfgeschoß *n* 飞〔飛〕弹 fēidàn, 导〔導〕弹 dǎodàn
'würgen I *vt* 掐住…的喉咙〔嚨〕 qiāzhù … de hóulóng, 使窒息 shǐ zhìxī; II *vi* 哽住 gěngzhù, 噎住 yēzhù
Wurm *m* -(e)s; ⸚er 蠕虫〔蟲〕 rúchóng
'wurmen *vt* 激怒 jīnù, 使恼〔惱〕恨 shǐ nǎohèn
'wurmstichig *adj* 虫〔蟲〕蛀的 chóngzhùde
Wurst *f* ⸚e 香肠〔腸〕 xiāngcháng, 腊〔臘〕肠 làcháng
'Würstchen *n* -s; - 小香肠〔腸〕 xiǎoxiāngcháng; heißes ~ 热〔熱〕狗 règǒu
'Würze *f* -n 1) 香料 xiāngliào, 调味品 tiáowèipǐn; 2) 趣味 qùwèi, 风〔風〕味 fēngwèi
'Wurzel *f* -n 根 gēn; ~ schlagen 生根
'wurzeln *vi* 生根 shēnggēn, 扎根 zhāgēn
'würz|en *vt* 1) 在…中加调味品 zài … zhōng jiā tiáowèipǐn; 2) 使增添趣味 shǐ zēngtiān qùwèi ~**ig** *adj* 1) 加香料的 jiā xiāngliàode, 香味浓〔濃〕的 xiāngwèinóngde; 2) 有香味的 yǒu xiāngwèide, 有趣味的 yǒu qùwèide
Wust *m* -es; 混乱〔亂〕 hùnluàn, 杂〔雜〕乱的一堆 záluànde yīduī
wüst *adj* 1) 荒凉的 huāngliángde, 混乱〔亂〕的 hùnluànde; 2) 放荡〔蕩〕的 fàngdàngde
'Wüstling *m* -s; -e 放荡〔蕩〕者 fàngdàngzhě, 纵〔縱〕欲者 zòngyùzhě
Wut *f* 愤怒 fènnù; in ~ kommen 发怒
'wüten *vi* 发〔發〕怒 fānù, 大怒 dànù ~**d** *adj* 盛怒的 shèngnùde, 大怒的 dànùde
'Wüterich *m* -(e)s; -e 狂暴的人 kuángbàode rén, 残〔殘〕忍的人 cánrěnde rén
'wutschnaubend *adj* 勃然大怒的人 bórán dànù de rén

X x

X-Achse *f* X-轴 **X**-zhóu, 横坐标〔標〕轴 héng zuòbiāozhóu
X-Beine *pl* 外翻膝 wàifānxī
x-beinig *adj* 膝外翻的 xīwàifānde
x-beliebig *adj* 任何的 rènhéde; jeder ~e 任何一个人; eine ~e Zahl 任何一个数
x-mal *adv* 屡次 lǚcì, 多次 duōcì
'X-strahlen *pl* 爱〔愛〕克斯射线〔綫〕 àikèsī shèxiàn
Xylogra'phie *f* -n 木刻术〔術〕 mùkèshù
Xylo'phon *n* -s;-e 木琴 mùqín
Xy'lose *f* 木糖 mùtáng

Y y

Y-Achse *f* Y-轴 Y-zhóu 纵〔縱〕坐标〔標〕轴 zòng zuòbiāozhóu

Yacht *f* -en 游艇 yóutǐng

Z z

'Zacke *f* -n 1) 尖端 jiānduān, 尖角 jiānjiǎo; 2) (梳、锯等的)齿〔齒〕chǐ

'zacken *vt* 使成锯齿〔齒〕状〔狀〕shǐchéng jùchǐzhuàng

'Zacken *m* -s ;- 见 Zacke

'zackig *adj* 1) 有尖角的 yǒu jiānjiǎode; 2)锯齿〔齒〕形的 jùchǐxíngde; 3) 雄纠纠的 xióngjiūjiūde

'zaghaft *adj* 胆〔膽〕怯的 dǎnqiède, 畏缩的 wèisuōde

zäh *adj* 1) 坚〔堅〕韧〔韌〕的 jiānrènde; 2) 粘稠的 niánchóude; 3) 顽强的 wánqiángde **'~flüssig** *adj* 粘稠的 niánchóude (Brei 粥)

'Zähigkeit *f* 坚〔堅〕韧〔韌〕jiānrèn, 坚毅 jiānyì, 顽强 wánqiáng

Zahl *f* -en 数〔數〕shù, 数目 shùmù, 数字 shùzì

'zahlbar *adj* 可支付的 kězhīfùde, 能支付的 néngzhīfùde

'zählbar *adj* 可数〔數〕的 kěshǔde

'zahlen I *vi* 付款 fùkuǎn; Herr Ober, ~! 服务员,付帐; II *vt* 1) 支付 zhīfù (Geld 钱); 2) 付清 fùqīng (Miete 房租)

'zählen I *vt* 1) 点〔點〕数〔數〕diǎnshù, 计算 jìsuàn; 2) 计有 jìyǒu, 共计 gòngjì; 3) 把…算作 bǎ … suànzuò; II *vi* 1) 数 shǔ, 计数 jìshù; 2) auf j-n/etw. ~ 指望于… zhǐwàngyú …

'zahlenmäßig *adj* 1) 数〔數〕字的 shùzìde, 数量上的 shùliàngshàngde; j-m ~ überlegen sein 数量上超过某人; 2) 用数字表示的 yòng shùzì biǎoshì de

'Zähler *m* -s; - 1) 分子 fēnzǐ; 2) 计算器 jìsuànqì; 3) 电〔電〕表 diànbiǎo, 煤气〔氣〕表 méiqìbiǎo

'Zahlkarte *f* 邮〔郵〕政储蓄存单〔單〕yóuzhèng chǔxù cúndān

'zahllos *adj* 无〔無〕数〔數〕的 wúshùde, 数不清的 shǔbùqīngde

'Zahlmeister *m* 1) 出纳员 chūnàiyuán; 2) 军需官 jūnxūguān

'zahlreich *adj* 众〔衆〕多的 zhòngduōde, 大量的 dàliàngde

'Zahl|tag *m* 发〔發〕薪日 fāxīnrì, 付款日 fùkuǎnrì **~ung** *f* 付款 fùkuǎn, 支付 zhīfù

'Zählung *f* -en 点〔點〕数〔數〕diǎnshù, 计数 jìshù

'Zahlungs|anweisung *f* 付款凭单〔單〕fùkuǎn píngdān **~aufforderung** *f* 付款要求 fùkuǎn yāoqiú **~bedingungen** *pl* 付款条〔條〕件 fùkuǎn tiáojiàn **~befehl** *m* 支付命令 zhīfùmìnglìng **~einstellung** *f* 停止付款 tíngzhǐ fùkuǎn

'zahlungsfähig *adj* 有支付能力的 yǒu zhīfù nénglì de

'Zahlungsmittel *n* 支付手段(如支票、汇票、现金等) zhīfù shǒuduàn

'zahlungsunfähig *adj* 无〔無〕支付能力的 wú zhīfù nénglì de

'Zahlwort *n* -(e)s; ⸚er (语法)数〔數〕词 shùcí

zahm *adj* 温顺的 wēnshùnde, 驯服的 xùnfúde

zähmen *vt* 使顺从〔從〕shǐ shùncóng, 驯养〔養〕xùnyǎng

Zahn *m* -(e)s; ⸚e 牙齿〔齒〕yáchǐ; Zähne bekommen 出牙 **'~arzt** *m* 牙科医〔醫〕生 yákē yīshēng **'~bürste** *f* 牙刷 yáshuā **'~creme** *f* 牙膏 yágāo

'zahnen *vi* 出牙 chūyá, 长〔長〕牙 zhǎngyá

'Zahn|ersatz *m* 镶牙 xiāngyá **~fäule** *f* 龋〔齲〕齿〔齒〕qǔchǐ; 蛀牙 zhùyá **~fleisch** *n* 牙龈〔齦〕yáyín **~füllung** *f* 补〔補〕牙 bǔyá **~heilkunde** *f* 牙科医〔醫〕学〔學〕yákē yīxué

'zahnlos *adj* 没有牙的 méiyǒuyáde

'Zahn|lücke *f* 牙齿〔齒〕缺口 yáchǐ quēkǒu **~pasta** *f* 牙膏 yágāo **~rad** *n* 齿〔齒〕轮〔輪〕chǐlún **~schmerzen** *pl* 牙痛 yátòng **~stocher** *m* -s;- 牙签〔簽〕yáqiān

'Zange *f* -n 1) 钳子 qiánzi, 产〔產〕钳 chǎnqián; 2) 螯 áo

Zank *m* -(e)s; 争吵 zhēngchǎo **~apfel** *m* 争端 zhēngduān, 祸〔禍〕根 huògēn

'zanken I *vi* 训斥 xùnchì, 责骂 zé-

mà; II *v sich* 争吵 zhēngchǎo
'zänkisch *adj* 爱〔愛〕争吵的 àizhēngchǎode
'Zäpfchen *n* -s;- 1) 小木栓 xiǎomùshuān, 小栓塞 xiǎoshuānsāi; 2) 栓剂〔劑〕shuānjì; 3) 悬〔懸〕雍垂 xuányōngchuí
'zapfen *vt* 1) 开〔開〕塞孔汲取 kāisāikǒng jíqǔ (Bier 啤酒); 2) 用榫头〔頭〕连接 yòng sǔntou liánjiē (Balken 梁)
'Zapfen *m* -s;- 1) 木栓 mùshuān; 2) 榫头〔頭〕sǔntou, 销子 xiāozi; 3) 轴颈〔頸〕zhóujǐng; 4) 球果 qiúguǒ **~streich** *m* 归〔歸〕营〔營〕号〔號〕guīyínghào
'zappelig *adj* 坐立不安的 zuòlì bù'ān de
'zappeln *vt* 坐立不安 zuòlì bù'ān, 烦躁 fánzào
zart *adj* 1) 娇〔嬌〕嫩的 jiāonènde; 2) 柔弱的 róuruòde; 2) 温柔的 wēnróude **'~fühlend** *adj* 体〔體〕贴的 tǐtiēde, 体谅的 tǐliàngde
'Zartgefühl *n* -(e)s; 体〔體〕贴 tǐtiē, 体谅 tǐliàng
'zärtlich *adj* 温柔的 wēnróude, 温存的 wēncúnde, 亲〔親〕切的 qīnqiède
'Zartlichkeit *f* 温柔 wēnróu, 体〔體〕贴 tǐtiē
'Zauber *m* -s;- 1) 魔术〔術〕móshù, 魔法 mófǎ; 2) 魔力 mólì, 魅力 mèilì
Zaube'rei *f* -en 魔术〔術〕móshù, 巫术 wūshù
'Zauberer *m* -s;- 1) 巫师〔師〕wūshī, 魔术〔術〕师 móshùshī
'Zauberflöte *f* 魔笛 módí
'zauberhaft *adj* 魔术〔術〕的 móshùde, 巫术的 wūshùde, 迷人的 míréndé
'Zauber|kraft *f* 魔力 mólì **~kunst** *f* 巫术〔術〕wūshù, 魔术 móshù **~künstler** *m* 魔术师〔師〕móshùshī, 变〔變〕戏〔戲〕法者 biànxìfǎzhě **~kunststück** *n* 魔术 móshù, 戏法 xìfǎ
'zaubern *vi, vt* 施魔术〔術〕变〔變〕出 shī móshù biànchū, 变戏〔戲〕法变出 biàn xìfǎ biànchū
'Zauber|spruch *m* 符咒 fúzhòu **~stab** *m* 魔杖 mózhàng **~würfel** *m* 魔方 mófāng
'zaudern *vi* 踌〔躊〕躇 chóuchú, 迟〔遲〕疑 chíyí
Zaum *m* -(e)s; ⸚e 1) 马〔馬〕笼〔籠〕头〔頭〕mǎlóngtóu; 2) etw. im ~ halten 控制… kòngzhì …
'zäumen *vt* 给马〔馬〕套上笼〔籠〕头〔頭〕gěi mǎ tàoshàng lóngtou

Zaun *m* -(e)s; ⸚e 篱〔籬〕笆 líba, 栅栏〔欄〕zhàlan **'~pfahl** *m* 篱笆桩 líbazhuāng
'Zebra *n* -s;-s 斑马〔馬〕bānmǎ **~streifen** *m* 斑马纹 bānmǎwén
'Zeche *f* -n 1) 酒菜帐〔帳〕jiǔcàizhàng; 2) 矿〔礦〕山 kuàngshān
'zechen *vi* 狂饮 kuángyǐn
'Zech|gelage *n* 狂饮酒宴 kuángyǐn jiǔyàn **~preller** *m* -s; - 酒后〔後〕不付帐〔帳〕者 jiǔhòu bùfù zhàng zhě
Zeh *m* -(e)s; -en 脚趾 jiǎozhǐ **~enspitze** *f* 足尖 zújiān; auf ~n gehen 踮着足尖走
zehn *adj* 十 shí
'Zehner *m* -s;- 十分尼钱〔錢〕币〔幣〕shí fēnní qiánbì
'zehnfach *adj* 十倍 shíbèi
'Zehnkampf *m* 十项全能运〔運〕动〔動〕shíxiàng quánnéng yùndòng
'zehnte *adj* 第十 dìshí
'Zehntel *n* -s;- 十分之一 shífēn zhī yī
'zehren *vi* 1) 靠…维持生命 kào … wéichí shēngmìng; 2) 消耗 xiāohào, 耗尽〔盡〕hàojìn
'Zeichen *n* -s;- 1) 信号〔號〕xìnhào, 记号 jìhào, 符号 fúhào; 2) 迹象 jìxiàng, 征〔徵〕候 zhēnghòu **~block** *m* 写〔寫〕生簿 xiěshēngbù **~brett** *n* 制〔製〕图〔圖〕板 zhìtúbǎn **~lehrer** *m* 图〔圖〕画〔畫〕教师〔師〕túhuàjiàoshī **~papier** *n* 绘〔繪〕图纸 huìtúzhǐ **~setzung** *f* 标〔標〕点〔點〕符号〔號〕biāodiǎn fúhào **~sprache** *f* 手势〔勢〕语 shǒushìyǔ **~stift** *m* 绘图铅笔〔筆〕huìtú qiānbǐ **~trickfilm** *m* 动〔動〕画〔畫〕片 dònghuàpiān; **~unterricht** *m* 绘画课 huìhuàkè
'zeichnen I *vt* 画〔畫〕huà, 绘〔繪〕制〔製〕huìzhì; 2) 在…上作标〔標〕记 zài … shàng zuò biāojì; 签〔簽〕名 qiānmíng, 认〔認〕购〔購〕rèngòu; II *vi* 1) 绘画 huìhuà, 制图〔圖〕zhìtú; 2) 签名 qiānmíng
'Zeichner *m* -s;- 1) 绘〔繪〕图〔圖〕者 huìtúzhě, 制〔製〕图者 zhìtúzhě; 2) 认〔認〕购〔購〕者 rèngòuzhě
'Zeichnung *f* -en 1) 图〔圖〕画〔畫〕túhuà, 图样〔樣〕túyàng; 2) 描绘〔繪〕miáohuì; 3) 花纹 huāwén; 4) 认〔認〕购〔購〕rèngòu
'Zeigefinger *m* 食指 shízhǐ
'zeigen I *vt* 1) 出示 chūshì, 指示 zhǐshì; 2) 显〔顯〕示出 xiǎnshìchū, 表明 biǎomíng; 3) 指明 zhǐmíng, 指点〔點〕zhǐdiǎn; 4) sich ~出现 chūxiàn, 露面 lùmiàn; 表现出 biǎoxiànchū; II *vi* 指 zhǐ, 指向

zhìxiàng, 示意 shìyì

'**Zeiger** *m* -s;- (钟表、仪器的)针 zhēn, 指针 zhǐzhēn

'**Zeigestock** *m* 指示棒 zhǐshìbàng, 教鞭 jiàobiān

'**Zeile** *f* -n 排 pái, 行 háng; j-m ein paar ~n schreiben 给某人写几行话

'**Zeisig** *m* -(e)s; -e 金翅雀 jīnchì-què

Zeit *f* -en 时〔時〕间 shíjiān, 时代 shídài, 时期 shíqī; freie ~ 空闲时间; mit der ~ 随着时间的推移; von ~ zu ~ 不时,有时候; zur ~ 目前; zu meiner ~ 在我的时代; das hat ~ 有的是时间; es ist höchste ~ 正是时候; j-m ~ lassen 给某人时间; sich die ~ vertreiben 消磨时间; laß dir ~! 不要急! bù yào jí

'**Zeit|abschnitt** *m* 时〔時〕期 shíqí, 时代 shídài ~**alter** *n* 时代 shídài, 年代 niándài ~**angabe** *f* 注明日期 zhùmíng rìqī ~**dauer** *f* 持续[續]时间 chíxù shíjiān ~**geist** *m* -es; 时代精神 shídài jīngshén

'**zeitgemäß** *adj* 合乎时〔時〕代的 héhū shídài de

'**Zeitgenosse** *m* 同时〔時〕代人 tóngshídàirén

'**zeitgenössisch** *adj* 同时〔時〕代的 tóngshídàide, 当〔當〕代的 dāngdàide

'**Zeit|geschichte** *f* 当〔當〕代历〔歷〕史 dāngdài lìshǐ ~**gewinn** *m* 赢得时〔時〕间 yíngdé shíjiān

'**zeitig** I *adj* 早的 zǎode; II *adv* 早 zǎo, 准时〔時〕 zhǔnshí

'**Zeit|karte** *f* 月票 yuèpiào, 季票 jìpiào ~**lang** *f* eine ~ 一会〔會〕儿〔兒〕 yīhuìr, 片刻 piànkè

'**zeit|lebens** *adv* 一生 yīshēng ~**lich** *adj* 1) 时〔時〕间上的 shíjiānshàngde; 2) 一时的 yīshíde, 非永恒的 fēiyǒnghéngde ~**los** *adj* 无〔無〕时限的 wúshíxiànde, 永恒的 yǒnghéngde

'**Zeitlupe** *f* (电影、电视等)慢镜头〔頭〕 mànjìngtóu

'**zeitnah** *adj* 反映时〔時〕代的 fǎnyìng shídài de

'**Zeit|punkt** *m* 时〔時〕刻 shíkè, 时机〔機〕 shíjī ~**rafferaufnahme** *f* 快镜头〔頭〕 kuàijìngtóu

'**zeitraubend** *adj* 费时〔時〕间的 fèishíjiānde

'**Zeit|raum** *m* 时〔時〕期 shíqī, 时间 shíjiān ~**rechnung** *f* 纪元 jìyuán, 纪年 jìnián, nach unserer ~ 公元后 ~**schrift** *f* 期刊 qīkān ~**tafel** *f* 年表 niánbiǎo

'**Zeitung** *f* -en 日报〔報〕 rìbào, 报纸 bàozhǐ

'**Zeitungs|artikel** *m* 报〔報〕纸文章 bàozhǐ wénzhāng ~**ausschnitt** *m* 剪报 jiǎnbào ~**kiosk** *m* 售报亭 shòubàotíng ~**papier** *n* 新闻纸 xīnwénzhǐ ~**verkäufer** *m* 报童 bàotóng, 售报者 shòubàozhě ~**wesen** *n* 新闻业〔業〕 xīnwényè, 报业 bàoyè

'**Zeit|verlust** *m* 时〔時〕间损失 shíjiān sǔnshī ~**verschwendung** *f* 浪费时间 làngfèi shíjiān ~**vertreib** *m* -(e)s; -e 消磨时间 xiāomó shíjiān

'**zeit|weilig** *adj* 短暂的 duǎnzànde, 暂时〔時〕的 zànshíde ~**weise** *adv* 有时〔時〕 yǒushí, 间或 jiànhuò

'**Zeit|wort** *n* (语法)动〔動〕词 dòngcí ~**zeichen** *n* 时〔時〕间信号〔號〕 shíjiān xìnhào

'**Zell|e** *f* -n 1) 小房间 xiǎofángjiān, 牢房 láofáng; 2) 蜂房 fēngfáng; 3) 细胞 xìbāo ~**stoff** *m*, ~**ulose** [..ulo:..] *f* -n 纤〔纖〕维素 xiānwéisù

Zelt *n* -(e)s; -e 帐〔帳〕篷 zhàngpéng

'**zelten** *vi* 露营〔營〕 lùyíng

'**Zeltplatz** *m* 宿营〔營〕地 sùyíngdì

Ze'ment *m* -(e)s; -e 1) 水泥 shuǐní; 2) (牙科)粘固粉 niángùfěn

zemen'tieren *vt* 1) 将…涂〔塗〕以水泥 jiāng … tú yǐ shuǐní; 2) 渗〔滲〕碳 shèntàn

Ze'nit *m* -(e)s; 1) 顶点〔點〕 dǐngdiǎn, 极〔極〕点 jídiǎn; 2) 顶峰 dǐngfēng

zen'sieren *vt* 1) 检〔檢〕查 jiǎnchá (Brief 信, Zeitung 报纸); 2) 给…评分 gěi … píngfēn (Aufsatz 作文)

'**Zensor** *m* -s; -en (新闻、书刊)审〔審〕查员 shěncháyuán

Zen'sur *f* 1) 检〔檢〕查 jiǎnchá, 审〔審〕查 shěnchá; 2) (学生)分数〔數〕 fēnshù

Zenti'meter *n, m* 厘米 límǐ, 公分 gōngfēn

'**Zentner** *m* -s;- 公担〔擔〕(50公斤) gōngdàn

zen'tral *adj* 中央的 zhōngyāngde; 中心的 zhōngxīnde

Zen'trale *f* -n 1) 中央 zhōngyāng, 2) 总〔總〕部 zǒngbù; 3) 总机〔機〕 zǒngjī ~**heizung** *f* 集中供暖 jízhōng gōngnuǎn

'**Zentrum** *n* -s; ..tren 中央 zhōngyāng, 中心 zhōngxīn

'**Zepter** *n* -s;- 1) 权〔權〕杖 quánzhàng; 2) 最高权力 zuìgāo quánlì; das ~ führen 大权在握

zer|'beißen* *vt* 咬碎 yǎosuì, 咬断〔斷〕yǎoduàn, 咬坏〔壞〕yǎohuài ~**'brechen*** *vt* 打碎 dǎsuì (Geschirr器皿); sich (*D*) den Kopf ~ 绞尽〔盡〕脑〔腦〕汁 jiǎojìnnǎozhī ~**'brechlich** *adj* 1) 脆的 cuìde, 易碎的 yìsuìde; 2) 脆弱的 cuìruòde ~**'bröckeln** I *vi*(*s*) 破碎 pòsuì, 碎裂 suìliè; II *vt* 弄碎 nòngsuì, 捏〔揑〕碎 niēsuì ~**'drücken** *vt* 压〔壓〕碎 yāsuì, 压扁 yābiǎn, 压皱〔皺〕yāzhòu

Zeremo'nie *f* -en 仪〔儀〕式 yíshì, 典礼〔禮〕diǎnlǐ

zeremo'niell *adj* 1) 仪〔儀〕式的 yíshìde, 典礼〔禮〕的 diǎnlǐde; 2) 讲〔講〕究礼节〔節〕的 jiǎngjiu lǐjié de

'Zeremo'niell *n* -s;-e 礼〔禮〕仪〔儀〕lǐyí, 礼节〔節〕lǐjié

zer'fahren *adj* 1) 压〔壓〕坏〔壞〕的 yāhuàide (Weg 道路); 2) 漫不经〔經〕心的 mànbù jīngxīn de

Zer'fall *m* -(e)s; 1) 倒塌 dǎotā, 崩溃 bēngkuì; 2) 衰变〔變〕shuāibiàn

zer|'fallen* *vi*(*s*) 1) 倾塌 qīngtā, 崩落 bēngluò; 2) 瓦解 wǎjiě ~**'fetzen** *vt* 撕碎 sīsuì, 扯破 chěpò ~**'fleischen** *vt* 咬碎 yǎosuì, 撕碎 sīsuì ~**fließen*** *vi*(*s*) 流散 liúsàn, 咽开〔開〕yànkāi ~**fressen*** *vt* 1) 咬坏〔壞〕yǎohuài; 2) 腐蚀 fǔshí ~**'gehen*** *vi*(*s*) 溶化 rónghuà ~**'gliedern** *vt* 解剖 jiěpōu, 剖析 pōuxī, 分析 fēnxī ~**'hacken** *vt* 砍碎 kǎnsuì, 剁碎 duòsuì ~**'kauen** *vt* 嚼碎 jiáosuì ~**'kleinern** *vt* 切碎 qiēsuì, 剁碎 duòsuì, 劈碎 pīsuì ~**'knirscht** *adj* 后〔後〕悔的 hòuhuǐde, 悔恨的 huǐhènde ~**'knittern** *vt* 压〔壓〕皱〔皺〕yāzhòu, 捏〔揑〕皱 niēzhòu ~**'knüllen** *vt* 把…揉皱〔皺〕bǎ… róuzhòu ~**'kratzen** *vt* 擦破 cāpò, 抓破 zhuāpò ~**'krümeln** *vt* 捏〔揑〕碎 niēsuì, 弄碎 nòngsuì ~**'lassen*** *vt* 使溶化 shǐ rónghuà ~**'legen** *vt* 1) 拆开〔開〕chāikāi, 拆卸 chāixiè; 2) 肢解 zhījiě; 3) 分析 fēnxī (Satz 句子) ~**'lumpt** *adj* 衣衫褴〔襤〕褛〔褸〕的 yīshānlánlǚde ~**'mahlen** *vt* 磨碎 mósuì, 研碎 yánsuì ~**'malmen** *vt* 捣碎 dǎosuì, 压〔壓〕碎 yāsuì ~**'mürben** *vt* 1) 使风〔風〕化 shǐ fēnghuà, 使变〔變〕脆 shǐ biàncuì; 2) 折磨 zhémó ~**'platzen** *vi* 炸裂 zhàliè, 爆开〔開〕bàokāi ~**'quetschen** *vt* 压〔壓〕碎 yāsuì, 榨碎 zhàsuì

'Zerrbild *n* 讽〔諷〕刺画 fěngcìhuà

zer|'reiben* *vt* 搓碎 cuōsuì, 磨碎 mósuì ~**'reißen*** I *vt* 撕碎 sīsuì, 撕破 sīpò; in Stücke ~ 撕成碎片; II *vi*(*s*) 扯断〔斷〕chěduàn

'zerren I *vt* 1) 硬拖 yìngtuō; 2) 扭伤〔傷〕niǔshāng; II *vi* 扯 chě, 牵〔牽〕扯 qiānchě

zer'rinnen* *vi*(*s*) 1) 融化 rónghuà; 2) 使化为〔爲〕乌〔烏〕有 shǐ huàwéi wūyǒu

'Zerrung *f* -en 硬拖 yìngtuō, 扭伤〔傷〕niǔshāng

zer|'rütten *vt* 1) 使错乱〔亂〕shǐ cuòluàn (Geist 精神); 2) 损害 sǔnhài (Nerven 神经); 3) 破坏〔壞〕pòhuài (Ehe 婚姻) ~**'sägen** *vt* 锯开〔開〕jùkāi ~**'schellen** *vi* 摔破 shuāipò, 撞破 zhuàngpò ~**'schlagen** *vt* 1) 打破 dǎpò, 打碎 dǎsuì; 2) 击〔擊〕溃 jīkuì ~**'schmettern** *vt* 击〔擊〕碎 jīsuì, 砸碎 zásuì, 击〔擊〕毁 jīhuǐ ~**'schneiden*** *vt* 剪开〔開〕jiǎnkāi, 剪碎 jiǎnsuì ~**'setzen** I *vt* 1) 分解 fēnjiě; 2) 瓦解 wǎjiě; II *v sich* 腐烂〔爛〕fǔlàn, 解体〔體〕jiětǐ ~**'spalten*** *vt* 劈开〔開〕pīkāi, 分裂 fēnliè ~**'splittern** I *vt* 1) 使成碎片 shǐ chéng suìpiàn; 2) 分散 fēnsàn; II *vi* (*s*) 裂成碎片 lièchéng suìpiàn ~**'sprengen** *vt* 1) 炸裂 zhàliè, 爆破 bàopò; 2) 驱〔驅〕散 jūsàn ~**'springen*** *vi*(*s*) 破裂 pòliè, 裂开〔開〕lièkāi; mein Kopf zerspringt mir 我头痛欲裂 ~**'stampfen** *vt* 踩碎 cǎisuì, 踏坏〔壞〕tàhuài ~**'stäuben** *vt* 喷洒〔灑〕pēnsǎ

Zer'stäuber *m* -s;- 喷雾〔霧〕器 pēnwùqì

zer'stören *vt* 1) 破坏〔壞〕pòhuài, 毁坏 huìhuài; 2) 使破灭〔滅〕shǐ pòmiè

Zer'störer *m* -s;- 1) 毁坏〔壞〕者 huǐhuàizhě; 2) 驱〔驅〕逐舰〔艦〕qūzhújiàn

Zer'störung *f* 破坏〔壞〕pòhuài, 毁坏 huǐhuài

zer'streu|en *vt* 1) 吹散 chuīsàn, 驱〔驅〕散 qūsàn; 2) 消除 xiāochú; 3) 给…解闷 gěi … jiěmèn; 4) sich ~ 四散 sìsàn; 解闷 jiěmèn ~**t** *adj* 心不在焉的 xīn bù zài yān de

Zer'streuung *f* 1) 四散 sìsàn, 驱〔驅〕散 qūsàn; 2) 消遣 xiāoqiǎn, 散心 sànxīn

zer|'stückeln *vt* 切成小块〔塊〕qiēchéng xiǎokuài, 肢解 zhījiě ~**'teilen** I *vt* 1 切开〔開〕qiēkāi, 剖开 pōukāi; 2) 分开 fēnkāi, 使分散 shǐ fēnsàn; II *v sich* 分开 fēnkāi; 散开 sànkāi ~**'trennen** *vt* 拆开〔開〕chāikāi (Mantel 大衣)

~'**treten*** *vt* 1) 践〔踐〕踏 jiàntà; 2) 踩灭〔滅〕 cǎimiè, 踩死 cǎisǐ ~'**trümmern** *vt* 毁坏〔壞〕 huǐhuài, 捣毁 dǎohuǐ

Zer'würfnis *n* -ses; -se 反目 fǎnmù, 不和 bùhé

'**Zettel** *m* -s;- 1) 纸条〔條〕 zhǐtiáo, 纸片 zhǐpiàn; 2) 卡片 kǎpiàn, 单〔單〕子 dānzhī ~**kartei** *f*, ~**kasten** *m* 卡片索引 kǎpiàn suǒyǐn

Zeug *n* -(e)s; -e 1) 东〔東〕西 dōngxī, 什物 shíwù; 2) 材料 cáiliào, 工具 gōngjù; 3) 织〔織〕物 zhīwù, 衣物用品 yīwū yòngpǐn; 4) 胡话 húhuà; ~ reden 胡诌

'**Zeuge** *m* -n; -n 证〔證〕人 zhèngrén, 见〔見〕证人 jiànzhèngrén

'**zeugen** I *vi* 1) 作证〔證〕zuòzhèng; 2) 提供证词 tígōng zhèngcí; II *vt* 生育 shēngyù; 生殖 shēngzhí

'**Zeugen|aussage** *f* 证〔證〕词 zhèngcí ~**bank** *f* 证人席 zhèngrénxí

'**Zeugnis** *n* -ses; -se 1) 证〔證〕书〔書〕 zhèngshū, 文凭〔憑〕 wénpíng, 成绩单〔單〕 chéngjìdān; 2) 证明 zhèngmíng

'**Zeugung** *f* -en 生育 shēngyù, 生殖 shēngzhí

'**zeugungsfähig** *adj* 有生育能力的 yǒu shēngyù nénglì de

'**Zeugungskraft** *f* 生殖力 shēngzhílì

'**zeugungsunfähig** *adj* 无〔無〕生育能力的 wú shēngyù nénglì de

'**Zick|lein** *n* -s;- 小山羊 xiǎoshānyáng ~**zack** *m* -(e)s; -e 锯齿〔齒〕形 jùchǐxíng, 之字形 zhīzìxíng; im ~ fahren 按之字形行驶

'**Ziege** *f* -n 雌山羊 císhānyáng

'**Ziegel** *m* - s;- 砖〔磚〕瓦 zhuānwǎ ~**dach** *n* 瓦屋顶 wǎwūdǐng

Ziege'lei *f* 砖〔磚〕厂〔廠〕 zhuānchǎng

'**Ziegelstein** *m* 砖〔磚〕 zhuān

'**Ziegen|bock** *m* 公山羊 gōngshānyáng ~**fell** *n* 山羊皮 shānyángpí ~**hirt** *m* 牧羊人 mùyángrén ~**leder** *n* 山羊革 shānyánggé ~**peter** *m* 腮腺炎 sāixiànyán

'**Ziehbrunnen** *m* 吊桶井 diàotǒngjǐng

'**ziehen*** I *vt* 1) 拉 lā, 拖 tuō (Wagen 车辆); 2) 抽出 chōuchū, 拔出 báchū (Degen 剑); 3) 饲养〔養〕 sìyǎng, 栽培 zāipéi; 4) 画〔畫〕线〔綫〕 huàxiàn; 5) einen Vergleich ~ 作一比较 zuò yī bǐjiào; Aufmerksamkeit auf sich ~ 引人注意 yǐn rén zhùyì; aus etw. Nutzen ~ 利用… lìyòng …; etw. in Erwägung ~ 考虑〔慮〕… kǎolǜ …; etw. in die Länge ~ 拖延… tuōyán …; II *vi* 1) 通风〔風〕 tōngfēng, 通气〔氣〕 tōngqì; 2) 吸 xī, 抽 chōu; 3) 泡 pào, 泡开〔開〕 pàokāi; 4) 拉 lā, 扯 chě; 5) 吸引 xīyǐn; III *vi(s)* 1) 行进〔進〕 xíngjìn, 漫游 mànyóu; 2) 迁〔遷〕徙 qiānxǐ, 搬家 bānjiā; IV *v sich* 1) 拖延 tuōyán; sich in die Länge ~ 拖延,延长; 2) 延伸 yánshēn

'**Zieh|harmonika** *f* 手风〔風〕琴 shǒufēngqín ~**ung** *f* -en 抽签〔簽〕 chōuqiān

Ziel *n* -(e)s; -e 1) 目的 mùdì, 目标〔標〕 mùbiāo; 2) 靶子 bǎzi; 3) 终点〔點〕 zhōngdiǎn, 目的地 mùdìdì; sein ~ erreichen 达到目的; sich ein ~ setzen 下一个目标; j-m drei Monate ~ geben 给某人三个月期限; ohne Maß und ~ 无节制地

'**ziel|bewußt** *adj* 目标〔標〕明确〔確〕的 mùbiāo míngquède ~**en** *vi* 瞄准〔準〕 miáozhǔn, 对〔對〕准 duìzhǔn; auf j-n/etw. ~ 针对… ~**los** *adj* 无〔無〕目的的 wúmùdìde

'**Zielscheibe** *f* 靶子 bǎzi, 攻击〔擊〕对〔對〕象 gōngjī duìxiàng; ~ des Spottes 嘲笑对象

'**zielstrebig** *adj* 有目的的 yǒumùdìde, 目的明确的 mùdì míngquè de

'**ziemlich** I *adj* 颇多的 pōduōde, 相当〔當〕可观〔觀〕的 xiāngdāng kěguān de; II *adv* 1) 颇 pō, 相当 xiāngdāng; 2) 差不多 chàbùduō

Zier *f*, '~**de** *f* -n 1) 装〔裝〕饰 zhuāngshì, 装饰物 zhuāngshìwù; 2) 给…增光的人或物 gěi … zēngguāng de rén huò wù

'**zier|en** *vt* 1) 装〔裝〕饰 zhuāngshì; 2) sich ~ 忸怩 niǔní, 假谦虚 jiǎ qiānxū ~**lich** *adj* 娇〔嬌〕小的 jiāoxiǎode, 秀丽〔麗〕的 xiùlìde, 秀气〔氣〕的 xiùqìde

'**Zierpflanze** *f* 观〔觀〕赏植物 guānshǎng zhíwù

'**Ziffer** *f* -n 数〔數〕字 shùzì, 号〔號〕码 hàomǎ ~**blatt** *n* 表盘〔盤〕 biǎopán

Ziga'rette *f* -n 香烟 xiāngyān

Ziga'retten|etui *n* 烟盒 yānhé ~**spitze** *f* 烟嘴儿〔兒〕 yānzhuǐr ~**stummel** *m* 烟蒂 yāndì

Zi'garre *f* -n 雪茄 xuějiā

Zi'geuner *m* -s;- ~**in** *f* -nen 吉卜赛人 jíbǔsàirén

'**Zimmer** *n* -s;- 房间 fángjiān ~**antenne** *f* 室内天线〔綫〕 shìnèi tiānxiàn ~**flucht** *f* 一排房间 yīpái fángjiān ~**mädchen** *n* 1) 房间侍女 fángjiān shìnǚ; 2) 房间女服务〔務〕员 fángjiān nǚfúwùyuán

~mann *m* -(e)s; ..leute 木匠 mùjiàng
'**zimmern** *vt, vi* 做木匠活 zuò mùjiànghuó
'**Zimmer|pflanze** *f* 室内观〔觀〕赏植物 shì nèi guānshǎng zhíwù **~vermieterin** *f* -nen 女房东〔東〕nǚfángdōng
'**zimperlich** *adj* 娇〔嬌〕气〔氣〕的 jiāoqìde, 忸怩的 niǔníde
Zimt *m* -(e)s; -e 1) 肉桂 ròuguì; 2) 废〔廢〕物 fèiwù, 废话 fèihuà
Zink *n* -(e)s; 锌 xīn '**~blech** *n* 薄锌板 báoxīnbǎn
'**Zinke** *f* -n (梳、叉等的)尖齿〔齒〕jiānchǐ
Zinn *n* -(e)s; 锡 xī
'**Zinne** *f* -n 城垛 chéngduò, 雉堞 zhìdié
'**Zinnober** *m* -s;- 辰砂 chénshā, 朱砂 zhūshā
'**zinnoberrot** *adj* 朱红色的 zhūhóngsède
Zins *m* -es; -en 1) 租金 zūjīn; 2) 利息 lìxī; ~en tragen 生息 '**~eszins** *m* 复〔複〕利 fùlì
'**zinsfrei** *adj* 1) 无〔無〕息的 wúxīde; 2) 不收租金的 bùshōu zhūjīn de
'**Zins|fuß** *m*, **~satz** *m* 利率 lìlù
'**Zipfel** *m* -s;- (衣服等的)角 jiǎo, 尖端 jiānduān, 末端 mòduān
'**zipfelig** *adj* 有尖角的 yòu jiānjiǎode
'**Zipfelmütze** *f* 尖顶帽 jiāndǐngmào, 睡帽 shuìmào
'**Zirkel** *m* -s;- 1) 圆 yuán, 周围〔圍〕zhōuwéi; 2) 圆规 yuánguī
zirku'lieren *vi* 循环〔環〕xúnhuán, 流通 liútōng, 流传〔傳〕liúchuán
'**Zirkus** *m* -; -se 马〔馬〕戏〔戲〕团〔團〕mǎxìtuán
'**zirpen** *vi* 唧唧地叫 jījīde jiào
'**zischeln** *vt, vi* 嘀咕 dígu, 低声〔聲〕细语 dīshēng xìyǔ
'**zischen** *vi* 1) 嘶嘶作声〔聲〕sīsī zuò shēng; 2) 发〔發〕嘘声 fā xūshēng
zise'lieren *vt* 镂〔鏤〕刻 lòukè
Zi'sterne *f* -n (地下)蓄水池 xùshuǐchí
Zi'tat *n* -(e)s; -e 引文 yǐnwén
zita'tieren *vt* 引证〔證〕yǐnzhèng
Zi'trone *f* -n 柠〔檸〕檬 níngméng
Zi'tronen|limonade *f* 柠〔檸〕檬汽水 níngméng qìshuǐ **~presse** *f* 榨柠檬器 zhàníngméngqì **~saft** *m* 柠檬汁 níngméngzhī
'**zittern** *vi* 战〔戰〕栗〔慄〕zhànlì, 发〔發〕抖 fādǒu
zi'vil *adj* 1) 民用的 míngyòngde; 2) 价〔價〕钱〔錢〕公道的 jiàqián gōngdào de
Zi'vil *n* -s; 1) 平民 píngmín; 2) 便服 biànfú **~bevölkerung** *f* 平民百姓 píngmín bǎixìng **~isa-ti'on** *f* -en 文明 wénmíng
zivili'sieren *vt* 使开〔開〕化 shǐ kāihuà
Zivi'list *m* -en; -en 平民 píngmín, 市民 shìmín
Zi'vilkleidung *f* 便服 biànfú
'**Zofe** *f* -n 侍女 shìnǚ, 丫头〔頭〕yātou
'**zögern** *vi* 踌〔躊〕躇 chóuchú, 迟〔遲〕疑 chíyí
'**Zögling** *m* -s; -e (住读的)学〔學〕生 xuéshēng
Zoll *m* I -(e)s; - 寸 cùn; keinen ~ nachgeben 寸步不让; II -(e); ≈e 关〔關〕税 guānshuì, 海关 hǎiguān '**~abfertigung** *f* 验〔驗〕关〔關〕yànguān '**~amt** *n* 海关 hǎiguān '**~beamte** *m* 海关人员 hǎiguān rényuán '**~behörde** *f* 海关 hǎiguān '**~erklärung** *f* 报〔報〕关(单) bàoguān
'**zollfrei** *adj* 免纳关〔關〕税的 miǎnnà guānshuì de
'**Zollkontrolle** *f* 海关〔關〕检〔檢〕查 hǎiguān jiǎnchá
'**zollpflichtig** *adj* 应〔應〕纳关〔關〕税的 yīngnà guānshuì de
'**Zoll|stock** *m* 折尺 zhechǐ **~tarif** *m* 关〔關〕税税则 guānshuì shuìzé
'**Zone** *f* -n 地区〔區〕dìqū, 地带〔帶〕dìdài
Zoo *m* -(s); -s 动〔動〕物园〔園〕dòngwùyuán
Zoo'loge *m* -n; -n 动〔動〕物学〔學〕家 dòngwùxuéjiā
Zoolo'gie *f* 动〔動〕物学〔學〕dòngwùxue
zoo'logisch *adj* 动〔動〕物学〔學〕的 dòngwùxuéde
Zopf *m* -(e)s; ≈e 1) 发〔髮〕辫 fàbiàn; 辫子 biànzi; 2) alter ~ 过〔過〕时〔時〕的习〔習〕惯 guòshíde xíguàn
Zorn *m* -(e)s; 愤怒 fènnù
'**zornig** *adj* 发〔發〕怒的 fānùde
'**Zote** *f* -n 猥亵〔褻〕的话 wěixiède huà
'**Zottel** *f* -n 蓬乱〔亂〕的发〔髮〕绺 béngluànde fàliǔ
zu I *prp* (*D*) 向 xiàng, 往 wǎng, 到…去 dào… qù; zum Arzt gehen 去看病; zur Schule gehen 上学校去; 2) 在…时〔時〕候 zài… shíhòu; ~ Beginn (在)开始时; ~ Weihnachten 在圣诞节; 3) 为〔爲〕了 wèile, 用于 yòngyú; Papier zum Schreiben 写字用纸; zum Beispiel 例如 lìrú; 4) 共同

gòngtóng, 一起 yīqǐ; ~ Tausenden 共几千人; ~ dritt gehen 三人同行; II *adv* 1) 过〔過〕分 guòfèn, 过于 guòyú; 2) 关〔關〕着 guānzhe; Tür ~关门; 3) 朝 cháo, 向 xiàng

'zubauen *vt* 1) 用…填满〔滿〕yòng… tiánmǎn, 用…堵塞 yòng … dǔsè

'Zubehör *n, m* -(e)s; -e 附件 fùjiàn, 附属〔屬〕物 fùshǔwù

'zubereiten *vt* 1) 烹调 pēngtiáo, 做饭 zuòfàn; 2) 配制〔製〕(药物) pèizhì

'Zubereitung *f* 1) 烹调 pēngtiáo, 做饭 zuòfàn; 2) 配制〔製〕pèizhì

'zu|billigen *vt* 赞〔贊〕同 zàntóng, 同意 tóngyì, 认〔認〕可 rènkě **~binden** *vt* 扎紧〔緊〕zhājǐn **~blinzeln** *vi* 向…使眼色 xiàng … shǐ yǎnsè **~bringen*** *vt* 捱过〔過〕áiguò, 渡过 dùguò

Zucht *f* 1) 纪律 jìlǜ; 2) 管教 guǎnjiào; 3) 饲养〔養〕sìyǎng; 4) 栽培 zāipeí **~bulle** *m* 种〔種〕牛 zhǒngniú

'züchten *vt* 1) 饲养〔養〕sìyǎng; 2) 栽培 zāipeí

'Züchter *m* -s;- 饲养〔養〕者 sìyǎngzhě, 种〔種〕植者 zhòngzhízhě

'Zucht|haus *n* 监〔監〕禁 jiānjìn, 监狱 jiānyù **~häusler** *m* -s;- 囚徒 qiútú, 受监〔監〕禁者 shòu jiānjìnzhě **~hengst** *m* 种〔種〕马〔馬〕zhǒngmǎ

'züchtig *adj* 贞洁〔潔〕的 zhēnjiéde, 端庄〔莊〕的 duānzhuāngde **~en** *vt* 毒打 dúdǎ

'zuchtlos *adj* 无[無]纪律的 wūjìlǜde

'zucken *vi* 震颤 zhènchàn, 抽搐 chōuchù

'zücken *vt* 抽出 chōuchū (Degen 剑), 拔出 báchū (Bleistift 铅笔)

'Zucker *m* -s; 糖 táng **~dose** *f* 糖罐 tángguàn **~guß** *m* 糖霜 tángshuāng, 糖衣 tángyī **~hut** *m* 宝〔寶〕塔糖块〔塊〕bǎotǎ tángkuài

'zucker|ig *adj* 含糖的 hántángde **~krank** *adj* 患糖尿病的 huàn tángniàobìngde **~n** *vt* 给…加糖 gěi…jiātáng

'Zucker|rohr *n* 甘蔗 gānzhe **~rübe** *f* 甜菜 tiáncài **~wasser** *n* 糖水 tángshuǐ **~zange** *f* 方糖夹〔夾〕子 fāngtáng jiāzhi

'Zuckung *f* 抽搐 chōuchù, 痉〔痙〕挛〔攣〕jìngluán

'zudecken *vt* 1) 把…盖〔蓋〕住 bǎ … gàizhù, 遮住 zhēzhù; 2) 掩盖 yǎngài, 掩饰 yǎnshǐ

zu'dem *adv* 此外 cǐwài, 而且 érqiě

'zu|drehen *vt* 1) 关〔關〕guān, 旋紧〔緊〕xuánjǐn (Wasserhahn 水笼头); 2) j-m den Rücken ~ 把背转〔轉〕向某人 bǎ bèi zhuǎnxiàng mǒurén **~dringlich** *adj* 强求的 qiángqiúde, 纠缠〔纏〕的 jiúchánde **~drücken** *vt* 1) 关〔關〕上 guānshàng; 2) 压〔壓〕紧〔緊〕yàjǐn **~erkennen*** *vt* 1) 赋予 fùyǔ, 授予 shòuyǔ; 2) 判给 pàngěi

zu'erst *adv* 首先 shǒuxiān, 最初 zuìchū; er kam ~ an 他首先来到

'zufahren* *vi* (*s*) 1) 驶向 shǐxiàng, 开〔開〕往 kāiwǎng; 2) 扑〔撲〕向 pūxiàng

'Zufahrt *f* -en 1) 驶向 shǐxiàng; 2) 通道 tōngdào

'Zufall *m* 偶然 ǒurán; 偶然事件 ǒurán shìjiàn

'zufallen* *vi* (*s*) 1) 闭上 bìshàng, 关〔關〕上 guānshàng; 2) j-m ~归〔歸〕…所有 guī … suǒyǒu

'zufällig *adj* 偶然的 ǒuránde, 意外的 yíwàide

'zufassen *vt* 1) 抓住 zhuāzhù; 2) 帮〔幫〕一手 bāngyīshǒu, 帮助 bāngzhù

'Zuflucht *f* ⸚e 1) 躲避 duǒbì, 避难〔難〕bìnàn; 2) seine ~ zu etw. nehmen 求助于… qiúzhùyú…

'Zufluß *m* 1) 流入 liúrù, 注入 zhùrù; 2) 支流 zhīliú

zuflüstern *vi* j-m etw. ~ 低声〔聲〕告诉某人 dīshēng gàosù mǒurén

zu'folge *prp* (*G, D*) 按照 ànzhào

zu'frieden *adj* 满〔滿〕意的 mǎnyìde

Zu'friedenheit *f* 满〔滿〕意 mǎnyì

zu'frieden|lassen* *vt* 让〔讓〕人安静 ràng rén ānjìng **~stellen** *vt* 使满〔滿〕意 shǐ mǎnyì **~stellend** *adj* 令人满意的 lìng rén mǎnyì de

'zu|frieren* *vi* 结冰 jiébīng, 冰冻〔凍〕bīngdòng **~fügen** *vi* 1) 添加 tiānjiā; 2) 使遭受 shǐ zāoshòu

'Zufuhr *f* -en 1) 供给 gōngjǐ, 输送 shūsòng; 2) 供应〔應〕品 gōngyīngpǐn

'zuführen *vt* 1) 把…带〔帶〕到 bǎ … dàidào, 输送 shūsòng; 2) 供给 gōngjǐ

Zug *m* -(e)s; ⸚e 1) (火车) 列车〔車〕lièchē, 带〔帶〕拖车的卡车 dàituōchē de kǎche; 2) 群 qún, 队〔隊〕duì; 3) 移动〔動〕yídòng, 行进〔進〕xíngjìn; 4) 气〔氣〕流 qìliú, 通风〔風〕tōngfēng; 5) 特征〔徵〕tèzhēng, 特色 tèsè; 6) 线〔綫〕条〔條〕xiàntiáo, 一笔〔筆〕yībǐ; 7) 走一步棋 zǒu yībù qí; 8) 吸 xī, 抽 chōu

'Zu|gabe *f* 1) 额外给的东〔東〕西 éwài gěi de dōngxi; 2) 加演节〔節〕目 jiāyǎn jiémù **~gang** *m* 1) 入口 rùkòu, 通道 tōngdào; 2) 进〔進〕入 jìnrù

'zu|gänglich *adj* 1) 可进〔進〕入的 kějìnrùde; 2) 供参观〔觀〕的 gōngcānguānde; 3) 平易近人的 píngyì jìn rén de **~geben*** *vt* 1) 添加 tiānjiā, 加演 jiāyǎn; 2) 承认〔認〕chéngrèn, 容许 róngxǔ

zu'gegen *adj* 出席 chūxí, 在场〔場〕zàichǎng

'zugehen* *vi* (*s*) 1) 走近 zǒujìn; auf j-n ~ 向某人走去; 2) 关〔關〕上 guānshàng, 闭合 bìhé; 3) 发〔發〕生 fāshēng

'Zugehörigkeit *f* 1) 会〔會〕员资格 huìyuán zīge; 2) 隶〔隸〕属〔屬〕lìshǔ

'Zügel *m* -s;- 1) 缰绳〔繩〕jiāngshéng; 2) 驾驭 jiàyù

'zugel|los *adj* 1) 未套缰绳〔繩〕的 wèitào jiāngshéng de; 2) 无〔無〕约束的 wúyuēsùde, 放纵〔縱〕的 fàngzòngde **~n** *vt* (用缰绳)勒住 lèzhù, 约束 yuēsù

'Zugeständnis *n* 1) 让〔讓〕步 ràngbù; 2) 承认〔認〕chéngrèn

'zugestehen* *vt* 1) 让〔讓〕与〔與〕ràngyǔ; 2) 承认〔認〕chéngrèn

'zugetan *adj* einer Sache (*D*) ~ sein 喜欢〔歡〕... xǐhuan..., 喜爱〔愛〕... xǐ'ài...

'Zugführer *m* 列车〔車〕长〔長〕lièchēzhǎng

'zugießen* *vt* 添注 tiānzhù, 斟满〔滿〕zhēnmǎn

'zugig *adj* 有穿堂风〔風〕的 yǒu chuāntángfēngde

'Zugkraft *f* 1) 拉力 lālì, 牵〔牽〕引力 qiānyǐnlì; 2) 吸引力 xīyǐnlì

zu'gleich *adv* 同时〔時〕tóngshí, 一起 yīqǐ

'Zug|luft *f* 气〔氣〕流 qìliú, 穿堂风 chuāntángfēng **~maschine** *f* 牵〔牽〕引机〔機〕qiānyǐnjī

'zugreifen* *vi* 1) 抓 zhuā, 抓住 zhuāzhù, 抓紧〔緊〕zhuājǐn; 2) (就餐时)取用 qǔyòng; 3) 插手 chāshǒu, 帮忙 bāngmáng

'Zugriff *m* 1) 抓取 zhuāqǔ, 抓住 zhuāzhù; 2) 下手 xiàshǒu, 采取行动〔動〕cǎiqǔ xíngdòng

zu'grunde *adv*: ~ gehen 垮台 kuǎntái, 毁灭〔滅〕huǐmiè; ~ richten 破坏〔壞〕pòhuài

'Zugtier *n* 挽畜 wǎnchù

zu|'gunsten *prp* (*G*) 有利于 yǒulìyú **~'gute** *adv* j-m etw. ~ halten 因...原谅某人 yīn ... yuánliàng mǒurén; j-m ~ kommen 对〔對〕...有好处〔處〕duì ... yǒu hǎochù

'Zugvogel *m* 候鸟〔鳥〕hòuniǎo

'zuhalten* *vt* 遮蔽 zhēbì, 堵住 dǔzhù; sich (*D*) die Ohren ~ 捂住耳朵

Zu'hause *n* 家 jiā, 住处〔處〕zhùchù

'zu|heilen *vi* (*s*) 愈合 yùhé **~hören** *vi* 倾听〔聽〕qīngtīng

'Zuhörer *m* 听〔聽〕讲〔講〕人 tīngjiǎngrén, 听众〔衆〕tīngzhòng **~schaft** *f* -en 听〔聽〕众〔衆〕tīngzhòng

'zu|jubeln *vi* 向...欢〔歡〕呼 xiàng... huānhū **~kleben** *vt* (用浆糊)封上 fēngshàng **~knallen** *vt* 砰地一声〔聲〕关〔關〕上 pēngde yīshēng guānshàng (die Tür 门) **~knöpfen** *vt* 扣上 kòushàng, 系〔繫〕上钮扣 jìshàngniǔkòu **~kommen*** *vi*(*s*) 1) 走近 zǒujìn; auf j-n ~ 向某人走去; 2) j-m ~ 应〔應〕归〔歸〕于... yīngguīyú... 3) j-m etw. ~ lassen 把...送交某人 bǎ ... sòngjiāo mǒurén

'Zukunft *f* 1) 未来〔來〕wèilái, 将〔將〕来 jiānglái; 2) (语法)将来时〔時〕jiāngláishí; 3) 前程 qiánchéng, 前途 qiántú

'zukünftig *adj* 未来〔來〕的 wèiláide, 将〔將〕来的 jiāngláide

'zulächeln *vi* 向...微笑 xiàng ... wēixiào

'Zu|lage *f* 津贴 jīntiē, 附加工资 fùjiā gōngzī

'zu|langen *vi* 1)伸手取(食物) shēnshǒu qǔ, 用膳 yòngshàn; 2) 够用 gòuyòng **~lassen*** *vt* 1) 允许 yǔnxǔ, 容许 róngxǔ; 2) 让〔讓〕它关〔關〕着 ràngtāguānzhe **~lässig** *adj* 容许的 róngxǔde, 许可的 xǔkěde

'Zulassung *f* -en 准许 zhǔnxǔ, 许可 xǔkě

'zulegen *vt* 添加 tiānjiā; sich etw. ~ 添置

zu'leide *adv* j-m etw. ~ tun 伤〔傷〕害某人 shānghài mǒurén

'zuleiten *vt* 1) 引(水) yǐn, 输(电) shū; 2) 传〔傳〕递〔遞〕chuándì

zu|'letzt *adv* 最后〔後〕zuìhòu; er kam ~ an 他最后来到 **~'liebe** *adv* j-m ~ 取悦于... qǔyuè yú...

zum *prp* = zu dem

'zumachen *vt* 1) 关〔關〕闭 guānbì; 2) 扣上 kòushàng, 系〔繫〕上 jìshàng

zu'mal *cj* 特别 tèbié, 尤其 yóuqí

'zumauern *vt* 砌砖〔磚〕堵塞 qìzhuān dǔsè

'zumuten *vt* (过高地)要求 yāoqiú, 指望 zhǐwàng

zu'nächst I *prp* (*D*) 紧〔緊〕挨...

jǐn'āi…; II *adv* 首先 shǒuxiān, 目前 mùqián

'zu|nageln *vt* 钉牢 dīngláo **～nähen** *vt* 缝合 fénghé

'Zu|nahme *f* -n 增加 zēngjiā, 增多 zēngduō, 增长〔長〕zēngzhǎng **～name** *m* 1) 姓 xìng; 2) 别名 biémíng

'zünden *vi* 1) 点〔點〕燃 diǎnrán; 2) 使人振奋〔奮〕shǐ rén zhènfèn

'Zünd|holz *n* 火柴 huǒchái **～kerze** *f* 火花塞 huǒhuāsāi **～schnur** *f* 引信线〔綫〕yǐnxìnxiàn **～stoff** *m* 1) 爆炸物 bàozhàwù; 2) 爆炸性的政治问题 bàozhàxìng de zhèngzhì wèntí

'zu|nehmen* *vi* 1) 增加 zēngjiā, 增长〔長〕zēngzhǎng; 2) 体〔體〕重增加 tǐzhòng zēngjiā; 3) 月亮渐圆 yuèliàng jiànyuán; die Tage nehmen zu 白昼渐长 **～neigen** I *vi* 倾向于 qīngxiàngyú; II *v sich* 1) 俯身于 fǔshēn yú; 2) 接近 jiējìn; sich dem Ende ～ 快要结束

'Zuneigung *f* 倾心 qīngxīn, 爱〔愛〕慕 àimù

Zunft *f* ⸚e 1) 行业〔業〕hángyè; 2) 同业公会〔會〕tóngyè gōnghuì

'Zunge *f* -n 舌头〔頭〕shétou

'züngeln *vi* 1) 伸吐舌头〔頭〕shēntǔ shétou; 2) 火焰乱〔亂〕窜〔竄〕huǒyàn luàncuàn

'zungenfertig *adj* 口齿〔齒〕伶俐的 kǒuchǐ línglì de, 能言善辩的 néngyán shànbiàn de

'Zungenspitze *f* 舌尖 shéjiān

zu'nichte *adv* ～ machen 使破灭〔滅〕shǐ pòmiè

'zunicken *vi* 向…点〔點〕头〔頭〕xiàng … diǎntóu

zu|'nutze *adv* sich (*D*) etw. ～ machen 利用… lìyòng… **～'oberst** *adv* 在最上面 zài zuìshàngmiàn, 在顶上 zài dǐngshàng

'zupfen I *vt* 拉 lā, 扯 chě, 拔 bá; II *vi* 弹〔彈〕拨〔撥〕tánbō

zur = zu der

'zurechnen *vt* 1) 把…列入 bǎ… lièrù; 2) 把…归〔歸〕咎于 bǎ … guījiù yú

'zurechnungsfähig *adj* 1) 智力正常的 zhìlì zhèngcháng de; 2)(刑事上) 有责任能力的 yǒu zérèn nénglì de

zu'recht|finden* *v sich* 1) 认〔認〕得 rèndé, 辨认 biànrèn; 2) 找到门〔門〕径〔徑〕zhǎodào ménjìng **～kommen*** *vi(s)* 1) 准〔準〕时〔時〕来〔來〕zhǔnshí lái; 2) 跟…合得来 gēn … hédelái; 3) mit etw. ～ 会〔會〕使用 huì shǐyòng **～legen** *vt* 放好 fànghǎo, 安排好 ānpáihǎo; sich eine Sache ～ 把事情想好 **～machen** *vt* 1) 准备〔備〕好 zhǔnbèihǎo, 收拾停当〔當〕shōushí tíngdang; 2) sich ～ 梳妆打扮 shūzhuāng dǎbàn **～weisen*** *vt* 斥责 chìzé

Zu'rechtweisung *f* 教训 jiàoxùn, 训斥 xùnchì

'zu|reden *vi* 劝〔勸〕说 quànshuō, 劝告 quàngào **～reichen** I *vt* 递〔遞〕给 dìgěi; II *vi* 足够 zúgòu, 充裕 chōngyù **～reiten*** I *vt* 训练〔練〕xùnliàn (Pferd 马); II *vi* 骑往 qíwǎng **～riegeln** *vt* 闩上 shuānshàng (Tür 门)

'zürnen *vi* 对〔對〕…生气〔氣〕duì… shēngqì

zu'rück *adv* 1) 返回 fǎnhuí, 退后〔後〕tuìhòu; 2)落后 luòhòu **～behalten** *vt* 保留 bǎoliú, 留下 liúxià, 扣留 kòuliú **～bekommen*** *vt* 1) 收回 shōuhuí, 取回 qǔhuí; 2) 找回(零钱) zhǎohuí **～bleiben*** *vi* 留下 liúxià, 停留 tíngliú; 2) 走慢 zǒumàn; 落在…后〔後〕面 luòzài … hòumiàn **～blicken** *vi* 向后〔後〕看 xiànghòu kàn, 回顾〔顧〕huígù **～bringen*** *vt* 把…送回 bǎ … sònghuí, 归〔歸〕还〔還〕guīhuán **～datieren** *vt* 在…上倒填日期 zài … shàng dàotián rìqī **～drängen** *vt* 1) 把…向后〔後〕挤〔擠〕bǎ … xiànghòu jǐ; 2) 抑制 yìzhì **～erobern** *vt* 收复〔復〕shōufù, 重新占领 chóngxīn zhànlǐng **～erstatten** *vt* 归〔歸〕还〔還〕guīhuán, 偿〔償〕还 chánghuán **～fahren** I *vi* (*s*) 驶回 shǐhuí, 乘车〔車〕返回 chéngchē fǎnhuí; II *vt* 驾车送回 jiàchē sònghuí **～fordern** *vt* 索回 suǒhuí, 要回 yàohuí **～führen** *vt* 1) 送回 sònghuí, 领回 lǐnghuí; 2) 追溯 zhuīsù, 把…归〔歸〕因于 bǎ … guīyīn yú **～geben*** *vt* 1) 送还〔還〕sònghuán, 交还 jiāohuán; 2) 答复〔復〕dáfù, 3) 找还(零钱) zhǎohuán **～gehen*** *vi* (*s*) 1) 往回走 wǎnghuí zǒu; 2) 后〔後〕退 hòutuì; 3) 减弱 jiǎnruò **～gezogen** *adj* 退隐〔隱〕闲居的 tuìyǐn xiánjū de **～greifen*** *vi* auf (*A*) ～ (急需时)动〔動〕用 dòngyòng; 追溯到… zhuīsù dào…, 归〔歸〕因于… guīyīn yū … **～halten*** I *vt* 1) 拉住 lāzhù; 2) 抑制 yìzhì; II *vi* mit etw. ～ 不流露… bù liúlù …, 不表示 bù biǎoshì …

Zu'rückhaltung *f* 1) 抑制 yìzhì, 克制 kèzhì; 2) 保留 bǎoliú, 观〔觀〕望 guānwàng

zu'rück|kehren *vi(s)* 返回 fǎnhuí,

回家 huíjiā **~kommen*** *vi(s)* 回来 huílái, 归〔歸〕来 guīlái; auf etw. ~ 回到…上 **~lassen*** *vt* 1) 留下 liúxià, 遗留 yíliú; 2)把…甩在后〔後〕面 bǎ … shuǎi zài hòumián **~legen** *vt* 1) 放回原处〔處〕fànghuí yuánchù; 2) 留存 liúcún, 贮藏 zhùcáng, 储蓄 chǔxù **~nehmen*** *vt* 1) 拿回 náhuí, 领回 lǐnghuí; 2) 撤回 chèhuí (Klage 起诉), 收回 shōuhuí (Worte 诺言) **~prallen** *vi(s)* 弹回 tánhuí **~rufen*** I *vt* 唤回 huànhuí; sich ins Gedächtnis ~ 回想起; II *vi* 回电〔電〕话 huí diànhuà **~schicken** *vt* 送回 sònghuí **~schlagen*** I *vt* 打回 dǎhuí, 踢回 tīhuí; 2) 击〔擊〕退 jītuì; 3) 拉开〔開〕lākāi (Gardine 窗帘), 揭开 jiēkāi (Decke 被子); II *vi* 还〔還〕击〔擊〕huánjī **~schrecken*** I *vt* 吓〔嚇〕退 xiàtuì; II *vi(s)* 畏缩 wèisuō, 害怕 hàipà **~setzen** *vt* 1) 放回原处〔處〕fànghuí yuánchù, 放到后〔後〕面 fàng dào hòumiàn; 2) 冷落 lěngluò, 冷淡对〔對〕待 lěngdàn duìdài **~stellen** *vt* 1) 放回原处〔處〕fànghuí yuánchù; 2) (钟表) 往后〔後〕拨 wǎnghòu bō; 3) 搁置 gēzhì, 推迟〔遲〕tuīchí **~strahlen** *vt* 反射 fǎnshè **~streifen** *vt* 卷〔捲〕起 juǎnqǐ (Ärmel 袖子) **~treten*** *vi(s)* 1) 往后〔後〕退 wǎnghòu tuì; 2) 引退 yǐntuì, 辞〔辭〕职〔職〕cízhí; 3) 收回 shōuhuí, 撤回 chèhuí **~weichen*** *vi(s)* 1) 向后〔後〕退 xiànghòu tuì, 撤退 chètuì; 2) 退缩 tuìsuō **~weisen*** *vt* 拒绝 jùjué, 驳回 bóhuí **~zahlen** *vt* 1) 偿〔償〕还〔還〕chánghuán, 付还 fùhuán; 2) 回敬 huíjìng **~ziehen*** I *vt* 1) 向后〔後〕拉 xiànghòu lā, 拉向一边〔邊〕lāxiàng yībiān; 2) 后撤 hòuchè, 撤退 chètuì; 3) 收回 shōuhuí, 撤销 chèxiāo; 4) sich ~ 退场〔場〕tuìchǎng, 退隐〔隱〕tuìyǐn, 撤退 chètuì; II *vi(s)* 迁〔遷〕回 qiānhuí

'Zuruf *m* 呼喊 hūhǎn

'zurufen* *vt* 向…呼喊 xiàng… hūhǎn

'Zusage *f* 答应〔應〕dāyìng, 承诺 chéngnuò

'zusagen I *vt* 答应〔應〕dāyìng, 承诺 chéngnuò; II *vi* 答应来〔來〕dāyìng lái, 接受邀请 jiēshòu yāoqǐng; j-m ~ 合…的意 hé … de yì

zu'sammen *adv* 共同 gòngtóng, 一起 yīqǐ, 一同 yītóng; alles ~ 合计 héjì; ~ betragen 共计 gòngjì

Zu'sammenarbeit *f* 合作 hézuò, 协〔協〕作 xiézuò

zu'sammen|arbeiten *vi* 合作 hézuò, 协〔協〕同工作 xiétóng gōngzuò **~beißen*** *vt* 咬紧〔緊〕yǎojǐn; die Zähne ~ 咬紧牙关 **~brechen*** *vi(s)* 倒塌 dǎotā, 崩溃 bēngkuì, 破产〔產〕pòchǎn

Zu'sammenbruch *m* 崩溃 bēngkuì, 破产〔產〕pòchǎn

zu'sammen|drücken *vt* 压〔壓〕扁 yābiǎn, 压紧〔緊〕yājǐn **~fahren*** *vi(s)* 1) 车〔車〕辆〔輛〕相撞 chēliàng xiāngzhuàng; 2) 吓〔嚇〕一跳 xiàyītiào **~fallen*** *vi (s)* 1) 倒塌 dǎotā, 坠〔墜〕毁 zhuìhuǐ; 2) 跟…同时〔時〕发〔發〕生 gēn … tóngshí fāshēng **~falten** *vt* 折叠 zhédié **~fassen** *vt* 1) 总〔總〕结 zǒngjié, 概括 gàikuò; 2) 合并〔併〕hébìng, 联〔聯〕合 liánhé

Zu'sammenfassung *f* -en 总〔總〕结 zǒngjié, 概述 gàishù

zu'sammen|fügen *vt* 拼接 pīnjiē, 接合 jiēhé **~halten*** I *vt* 1) 封住 fēngzhù, 绷紧〔緊〕fùjǐn; 2) 使集合在一起 shǐ jíhé zài yīqǐ; II *vi* 1) 粘住 niánzhù; 2) 团〔團〕结 tuánjié, 同心协〔協〕力 tóngxīn xiélì

Zu'sammenhang *m* 1) 关〔關〕联〔聯〕guānlián, 内在联系 nèizài liánxì; 2) 上下文 shàngxiàwén, 连贯性 liánguànxìng

zu'sammen|hängen I *vi* 1) 相连接 xiāngliánjiē; 2) 跟…有关〔關〕联〔聯〕gēn … yǒu guānlián; II *vt* 把…挂〔掛〕在一起 bǎ … guà zài yīqǐ **~klappen** *vt* 折叠 zhédié (Taschenmesser 小刀), 合拢〔攏〕hélǒng (Schirm 伞); 2) (喀嚓一声)靠拢〔攏〕kàolǒng (Hacken 足跟) **~kommen*** *vi (s)* 相遇 xiāngyù, 相会〔會〕xiānghuì

Zu'sammenkunft *f* -en 会〔會〕晤 huìwù, 集会 jíhuì

zu'sammen|laufen* *vi(s)* 1) 聚拢〔攏〕jùlǒng; 2) 汇〔匯〕流 huìliú; 3) 融合 rónghé; 4) 凝结 níngjié **~legen** *vt* 1) 堆集 duījí, 集拢〔攏〕jílǒng; 2) 筹〔籌〕集 chóují **~nehmen*** *vt* 1) 集中 jízhōng (Gedanken 思想); 2) 合并〔併〕hébìng, 总〔總〕括 zǒngkuò; 3) sich ~ 留神 liúshén, 尽〔盡〕力控制自己 jìnlì kòngzhì zìjǐ **~packen** *vt* 打包 dǎbāo, 包在一起 bāo zài yīqǐ **~passen** *vi* 相配 xiāngpèi, 协〔協〕调 xiétiáo **~rechnen** *vt* 合计 héjì, 总〔總〕算 zǒngsuàn **~reißen*** *v sich* 全神贯注 quánshénguànzhù, 振作精神 zhènzuò jīngshén **~rollen** *vt, v sich* 卷〔捲〕起 juǎnqǐ; sich ~ 蜷

缩起来 quánsuō qǐlai ~**rotten** *v sich* 结伙 jiéhuǒ, 聚众[衆]闹[鬧]事 jùzhòng nàoshì ~**rücken** I *vt* 使靠紧 shǐ kàojǐn, 挪拢[攏] nuólǒng; II *vi* 移近 yíjìn, 靠拢 kàolǒng ~**schlagen*** I *vt* 1) 拍 pāi, 击[擊] jī; 2) 使相碰 shǐ xiāngpèng; 3) 击毁 jīhuǐ, 打碎 dǎsuì, 击倒 jīdǎo; II *vi(s)* 冲没 chōngmò, 向…袭[襲]来[來] xiàng … xílái ~**schließen*** *v sich* 联[聯]合 liánhé, 团[團]结 tuánjié

Zu'sammenschluß *m* 联[聯]合 liánhé, 团[團]结 tuánjié

zu'sammen|schrumpfen *vi(s)* 1) 皱[皺]缩 zhòusuō; 2) 缩减 suōjiǎn ~**setzen** *vt* 1) 组成 zǔchéng, 接合 jiēhé; sich aus etw. ~ 由…组成; 2) 装[裝]配 zhuāngpèi

Zu'sammensetzung *f* -en 组成 zǔchéng, 接合 jiēhé, 装[裝]配 zhuāngpèi; 2) 成分 chéngfèn; 3) 复[複]合词 fùhécí

zu'sammenstellen *vt* 并[並]列 bìngliè, 放到一起 fàngdào yīqǐ; 2) 组合 zǔhé, 编排 biānpái

Zu'sammenstoß *m* 1) 碰撞 pèngzhuàng, 相撞 xiāngzhuàng; 2) 冲突 chōngtū

zu'sammen|stoßen* I *vi(s)* 1) 相撞 xiāngzhuàng; 2) 毗邻[鄰] pílín, 相交接 xiāngjiāojiē; 3) 冲突 chōngtū; II *vt* 捣碎 dǎosuì ~**stürzen** *vi(s)* 倒塌 dǎotā ~**tragen*** *vt* 搜集 sōují, 编写[寫] biānxiě ~**treffen*** *vi* 1) 遇见[見] yùjiàn, 碰上 pèngshàng; 2) 巧合 qiǎohé

Zu'sammentreffen *n* -s; 1) 会[會]见[見] huìjiàn; 2) 同时[時]发[發]生 tóngshí fāshēng

zu'sammen|treten* *vi(s)* 开[開]会[會] kāihuì, 聚会 jùhuì ~**wirken** *vi* 合作 hézuò, 同心协[協]力 tóngxīn xiélì ~**zählen** *vt* 合计 héjì, 总[總]算 zǒngsuàn ~**ziehen*** *vt* 1) 拉紧[緊] lājǐn, 抽紧 chōujǐn; 2) 集合 jíhé, 集中 jízhōng; 3) sich ~ 愈合 yùhé; 缩水 suōshuǐ; 酝[醞]酿[釀] yùnniàng

'Zusatz *m* 1) 附加 fùjiā, 添加 tiānjiā; 2) 添加物 tiānjiāwù, 附录[錄] fùlù

'zu|sätzlich *adj* 附加的 fùjiāde, 追加的 zhuījiāde ~**schauen** *vi* 注视 zhùshì, 观[觀]看 guānkàn

'Zuschauer *m* -s; - 旁观[觀]者 pángguānzhě, 观众[衆] guānzhòng

'zuschicken *vt* 发[發]送 fāsòng, 寄送 jìsòng

'Zuschlag *m* 1) 附加费 fùjiāfèi, 追加费 zhuījiāfèi; 2) (拍卖时)拍板 pāibǎn

'zu|schlagen I *vi* 1) 砰地自行关[關]上 pēngde zìxíng guānshàng; 2) 痛打 tòngdǎ, 狠揍 hěnzòu; II *vt* 1) 砰地把…关上 pēngde bǎ … guānshàng; 2) 拍板成交 pāibǎn chéngjiāo ~**schließen*** *vt* 锁上 suǒshàng, 关[關]锁 guānsuǒ ~**schnallen** *vt* 把…扣上 bǎ… kòushàng ~**schnappen** *vi* 1) (狗)一口咬住 yīkǒu yǎozhù; 2) *(s)* (弹簧锁)砰地锁上 pēngde suǒshàng ~**schneiden*** *vt* 裁剪(衣服) cáijiǎn

'Zuschnitt *m* -(e)s; -e 裁剪 cáijiǎn

'zu|schnüren *vt* 捆紧[緊] kǔnjǐn, 缚紧 fùjǐn ~**schrauben** *vt* (把螺丝)拧[擰]紧[緊] níngjǐn ~**schreiben*** *vt* 1) 把…归[歸]于 bǎ … guīyú; 2) 转[轉]让[讓] zhuǎnràng; 过[過]户 guòhù

'Zuschrift *f* 信件 xìnjiàn

zu'schulden *adv* sich etw. ~ kommen lassen ~ 犯…罪 fàn … zuì, 犯…过[過]错 fàn… guòcuò

'Zuschuß *m* .. sses; -sse 津贴 jīntiē, 补[補]助费 bǔzhùfèi

'zu|schütten *vt* 1) 填平 tiánpíng, 填塞 tiánsè; 2) 撒上 sǎshàng ~**sehen*** *vi* 观[觀]看 guānkàn, 旁观 pángguān ~**sehends** *adv* 明显[顯]地 míngxiǎnde ~**senden** *vt* 发[發]送 fāsòng, 寄送 jìsòng ~**setzen** I *vt* 1) 添加 tiānjiā; 2) 亏[虧]损 kuīsǔn; II *vi* 1) 亏本 kuīběn; 2) 强求 qiángqiú, 紧[緊]逼 jǐnbī ~**sichern** *vt* 许诺 xǔnuò, 向…保证[證] xiàng … bǎozhèng ~**spielen** *vt* 1) 传[傳]球 chuánqiú; 2) 传递[遞]信息 chuándì xìnxī ~**spitzen** *vt* 1) 削尖 xiāojiān; 2) sich ~ 逐渐变[變]尖 zhújiàn biàn jiān, 尖锐化 jiānruìhuà

'Zu|spruch *m* -(e)s; 1) 鼓励[勵] gǔlì, 安慰 ānwèi; 2) 好评 hǎopíng, 受欢[歡]迎 shòu huānyíng ~**stand** *m* 情况 qíngkuàng, 状[狀]况 zhuàngkuàng

zu'stande *adv* ~ bringen 完成 wánchéng; ~ kommen 实[實]现 shíxiàn

'zuständig *adj* 主管的 zhǔguǎnde

'Zuständigkeit *f* 主管 zhǔguǎn, 管辖权[權] guǎnxiáquán

zu'statten *adv* j-m ~ kommen 对[對]…有益 duì … yǒuyì

'zu|stehen* *vi* 应[應]当[當]得到 yīngdāng dédào, 有权[權]利 yǒu quánlì ~**stellen** *vt* 寄送 jìsòng,

送达〔達〕(传票等) sòngdá **~stimmen** *vi* 同意 tóngyì, 赞〔贊〕成 zànchéng

'Zustimmung *f* 同意 tóngyì

'zustoßen* *vi*(*s*) j-m ~ (某人) 遭到 zāodào

zu'tage *adv* ~ treten 露出地面 lùchū dìmiàn; 败露 bàilù

'Zutaten *pl* (衣服) 配件 pèijiàn, (食品)配料 pèiliào

zu'teil *adv* j-m ~ werden 分给 fēngěi

'zuteilen *vt* 分配 fēnpèi, 配给 pèijǐ

'Zuteilung *f* 配给 pèijǐ, 配给额 pèijǐ'é

'zutragen* *v sich* 发〔發〕生 fāshēng

'zutrau|en *vt* j-m etw. ~ 相信某人有… xiāngxìn mǒurén yǒu …, 相信某人做得出来〔來〕 xiāngxìn mǒurén zuòdé chūlai; sich zuviel ~ 过〔過〕于自信 guòyú zìxìn **~lich** *adj* 1) 信任的 xìnrènde; 2) 亲〔親〕切的 qīnqiède; 3) 驯服的 xùnfúde

'zu|treffen* *vi* 正确〔確〕zhèngquè, 合适〔適〕 héshì, 合乎实〔實〕际〔際〕 héhū shíjì **~trinken*** *vi* j-m ~ 向某人祝酒 xiàng mǒurén zhùjiǔ

'Zutritt *m* -(e)s; 进〔進〕入 jìnrù, 入场〔場〕 rùchǎng; ~ verboten! 禁止入内!

zu'unterst *adv* 最低 zuìdī, 在最下面 zài zuìxiàmiàn

'zuverlässig *adj* 可靠的 kěkàode, 可信赖的 kěxìnlàide

'Zuverlässigkeit *f* 可靠性 kěkàoxìng

'Zuversicht *f* 信心 xìnxīn, 信念 xìnniàn

'zuversichtlich *adj* 坚〔堅〕信的 jiānxìnde, 充满〔滿〕信心的 chōngmǎn xìnxīn de

zu'viel *adv* 太多 tàiduō, 过〔過〕多 guòduō

zu'vor *adv* 事先 shìxiān, 首先 shǒuxiān **~kommen*** *vi* 抢〔搶〕在…之先 qiǎngzài … zhī xiān **~kommend** *adj* 殷勤的 yīnqínde, 热〔熱〕情的 rèqínde

'Zuwachs *m* -es; 增加 zēngjiā, 增长〔長〕 zēngzhǎng

'zuwachsen* *vi* (*s*) 1) 长满〔滿〕 zhǎngmǎn, 愈合 yùhé

zu|'wege *adv* ~ bringen 完成 wánchéng **~'weilen** *adv* 有时〔時〕 yǒushí, 偶尔〔爾〕 ǒu'ěr

'zu|weisen* *vt* 分配 fēnpèi, 指派 zhǐpài **~wenden** *vt* 1) 转〔轉〕向 zhuǎnxiàng, 朝向 cháoxiàng; 2) 使得到 shǐ dédào; 3) sich ~ 转向 zhuǎnxiàng; 从〔從〕事于 cóngshì yú

zu'wenig *adv* 太少 tàishǎo

'zuwerfen* *vt* 1) 填平 tiánpíng; 2) 猛地把门关〔關〕上 měngde bǎ mén guānshàng; j-m etw. ~ 把…扔给、投向… bǎ … rēnggei、tóuxiàng …

zu'wider *prp* (*D*) 违〔違〕反… wéifǎn …; 厌〔厭〕恶〔惡〕 yànwù **~handeln** *vi* (*D*) 违〔違〕背 wéibèi, 违反 wéifǎn; einem Verbot ~ 违反禁令

'zu|winken *vi* (*D*) 向…示意xiàng… shìyì **~zahlen** *vt* 加付 jiāfù, 另付 lìngfù **~zählen** *vt* 添算 tiānsuàn, 加算 jiāsuàn **~ziehen*** I *vt* 1) 拉紧〔緊〕 lājǐn, 拉上 lāshàng (Vorhänge 窗帘); 2) 延请 yánqǐng (Arzt 医生); 3) 招致 zhāozhì (Krankheit 疾病); II *vi* (*s*) 迁〔遷〕来〔來〕 qiānlái, 迁入 qiānrù **~züglich** *prp* (*G*) 加上 jiāshàng, 包括 bāokuò

Zwang *m* -(e)s; ⸚e 1) 强制 qiángzhì, 约束 yuēsù; j-m ~ antun 强制某人; 2) 暴力 bàolì, 胁〔脅〕迫 xiépò

'zwängen *vt* 1) 挤〔擠〕 jǐ, 压〔壓〕 yā; 2) 强迫 qiángpò

'zwanglos *adj* 随〔隨〕便的 suíbiànde, 不受约束的 bùshòuyuēsùde

'Zwangs|arbeit *f* 强制劳〔勞〕动〔動〕 qiángzhì láodòng **~jacke** *f* (给疯人穿的)拘束衫 jūsùshān **~lage** *f* 困境 kùnjìng

'zwangsläufig *adj* 强制的 qiángzhìde, 必要的 bìyàode

'Zwangs'maßnahme *f* 强制措施 qiángzhì cuòshī **~vollstreckung** *f* 强制执〔執〕行 qiángzhì zhíxíng

'zwangsweise *adj* 强制地 qiángzhìde

'Zwangswirtschaft *f* 统制经〔經〕济〔濟〕 tǒngzhì jīngjì

'zwanzig *adj* 二十 èrshí **~ste** *adj* 第二十 dì'èrshí

zwar *cj* 固然 gùrán, 不错 bùcuò; und ~ 更确〔確〕切地说 gèng quèqiède shuō

Zweck *m* -(e)s; -e 1) 目的 mùdì, 意图〔圖〕 yìtú; seinen ~ erfüllen 满足他的目的; zu dem ~ 为了这个目的; 2) 意义〔義〕 yìyì, 用处〔處〕 yòngchù; keinen ~ haben 没有用处

'zweckdienlich *adj* 有效的 yǒuxiàode, 有用的 yǒuyòngde

'Zwecke *f* -n 图〔圖〕钉 túdīng, 平头〔頭〕钉 píngtóudīng

'zweck|los *adj* 无〔無〕目的的 wúmùdìde, 无意义〔義〕的 wúyìyìde, 无用的 wúyòngde **~mäßig** *adj* 合

适〔適〕的 héshìde, 实〔實〕用的 shíyòngde

zwei *adj* 二 èr ~**beinig** *adj* 两〔兩〕条〔條〕腿的 liǎngtiáotuǐde

'**Zweibettzimmer** *n* 双〔雙〕人床房间 shuāngrénchuáng fángjiān

'**zwei|deutig** *adj* 含糊的 hánhude, 模棱两〔兩〕可的 móléng liǎngkě de ~**erlei** *adj* 两种〔種〕的 liǎngzhǒngde, 两类〔類〕的 liǎnglèide ~**fach** *adj* 两次的 liǎngcìde, 两倍的 liǎngbèide

'**Zweifel** *m* -s;- 怀〔懷〕疑 huáiyí, 疑问 yíwèn

'**zweifel|haft** *adj* 有问题的 yǒuwèntíde, 可疑的 kěyíde ~**n** *vi* 怀〔懷〕疑 huáiyí

Zweig *m* -(e)s; -e 1) 嫩枝 nènzhī, 树〔樹〕枝 shùzhī; 2) 支线〔綫〕zhīxiàn; 3) 分支机〔機〕构〔構〕fēnzhī jīgòu; '~**geschäft** *n* 分店 fēndiàn '~**niederlassung** *f*, '~**stelle** *f* 分行 fēnháng

'**zweijährig** *adj* 两〔兩〕岁〔歲〕的 liǎngsuìde, 两年生的 liǎngniánshēngde

'**Zweikampf** *m* 决斗〔鬥〕juédòu

'**zwei|mal** *adv* 两〔兩〕次 liǎngcì ~-**malig** *adj* 两次的 liǎngcìde, 重复〔複〕的 chóngfùde ~**motorig** *adj* 双〔雙〕发〔發〕动〔動〕机〔機〕的 shuāngfādòngjīde ~**reihig** *adj* 1) 两排的 liǎngpáide; 2) 双排钮扣的 shuāngpái niǔkòu de (Anzug 西服) ~**schneidig** *adj* 双刃的 shuāngrènde ~**seitig** *adj* 两面的 liǎngmiànde, 两边〔邊〕的 liǎngbiānde, 双边的 shuāng biānde (Vertrag 条约)

'**Zweisitzer** *m* -s;- 双〔雙〕座车〔車〕辆〔輛〕shuāngzuòchēliàng

'**zwei|sprachig** *adj* 双〔雙〕语的 shuāngyǔde (Wörterbuch 词典) ~**stimmig** *adj* 两〔兩〕人合唱的 liǎngrén héchàng de ~**stockig** *adj* 两层〔層〕的 liǎngcéngde (Haus 房屋) ~**stufig** *adj* 两级的 liǎngjíde (Rakete 火箭) ~**stündig** *adj* 两小时〔時〕的 liǎngxiǎoshíde (Besprechung 会谈)

zweit *adj* 第二 dì'èr; aus ~er hand 二手货; wir sind zu ~ 我们一行二人

'**Zweitaktmotor** *m* 二冲程发〔發〕动〔動〕机〔機〕èrchōngchéng fādòngjī

zweit'best *adj* 第二位的 dì'èrwèide, 第二等的 dì'èrděngde

'**zweiteilig** *adj* 由两〔兩〕部分组成的 yóu liǎngbùfèn zǔchéng de (Kleid 女衫)

'**zweitens** *adv* 第二 dì'èr

'**zweitklassig** *adj* 二等的 èrděngde

'**Zwerchfell** *n* 横隔膜 hénggémó

Zwerg *m* -(e)s; -e 侏儒 zūrú, 矮子 ǎizi

'**zwergenhaft** *adj* 矮小的 ǎixiǎode

'**Zwickel** *m* -s;- (衣服上的)三角衬〔襯〕sānjiǎochèn

'**zwicken** *vt, vi* 1) 捏〔揑〕niē, 掐 qiā; 2) 在车〔車〕票上打孔 zài chēpiàoshàng dǎkǒng

'**Zwicker** *m* -s;- 夹〔夾〕鼻眼镜 jiābí yǎnjìng

'**Zwickmühle** *f* 困境 kùnjìng, 左右为〔爲〕难〔難〕zuǒyòu wéinán

'**Zwieback** *m* -(e)s; ⸗e 烤面〔麵〕包片 kǎomiànbāopiàn

'**Zwiebel** *f* -n 洋葱 yángcōng, 球茎〔莖〕qiújīng

'**Zwie|gespräch** *n* 对〔對〕话 duìhuà ~**licht** *n* -(e)s; 曙光 shǔguāng ~**spalt** *m* -(e)s; -e 纠纷 jiūfēn, 分裂 fēnliè

'**zwiespältig** *adj* (内心)矛盾的 máodùnde, 分裂的 fēnliède

'**Zwietracht** *f* 不和 bùhé, 争执〔執〕zhēngzhí

'**Zwillinge** *pl* 双〔雙〕胞胎 shuāngbāotāi, 孪〔孿〕生子女 luánshēngzǐnǚ

Zwillings|bruder *m* 孪〔孿〕生兄弟 luánshēng xiōngdì ~**schwester** *f* 孪生姐妹 luánshēng jiěmèi

'**Zwinge** *f* -n 1) 虎钳 hǔqián, 夹〔夾〕钳 jiāqián; 2) 金属〔屬〕包头〔頭〕jīnshǔ bāotóu

'**zwingen*** *vt* 强迫 qiángpò, 强制 qiángzhì ~**d** *adj* 1) 强制的 qiángzhìde; 2) 有说服力的 yǒu shuōfúlìde

'**Zwinger** *m* -s;- 狗窝〔窩〕gǒuwō, 兽〔獸〕笼〔籠〕shòulóng

'**zwinkern** *vi* 眨眨眼 zhǎzhǎyǎn; mit den Augen ~ 使眼色 shǐ yǎnsè

Zwirn *m* -(e)s; -e 线〔綫〕xiàn, 棉线 miánxiàn '~**sfaden** *m* 合股线 hégǔxiàn

'**zwischen** *prp* (*D, A*) 在…中间 zài … zhōngjiān

'**Zwischen|bilanz** *f* 中期结算 zhōngqī jiésuàn ~**deck** *n* 中层〔層〕甲板 zhōngcéng jiǎbǎn

zwischen'durch *adv* 在其中 zài qízhōng, 在其间 zài qíjiān

'**Zwischen|ergebnis** *n* 初步结果 chūbù jiéguǒ ~**händler** *m* 中间商 zhōngjiānshāng ~**landung** *f* 中途降落 zhōngtú jiàngluò ~**pause** *f* (演出时)幕间休息 mùjiān xiūxi ~**raum** *m* 间隔 jiàngé, 间隙 jiànxì ~**spiel** *n* 幕间插曲 mùjiān chāqǔ

'**zwischenstaatlich** *adj* 国〔國〕与

[與]国之间的 guó yǔ guó zhī jiān de

'Zwischen|stück *n* 插件 chājiàn, 插片 chāpiàn **~stufe** *f* 中间阶〔階〕段 zhōngjiān jiēduàn **~wand** *f* 隔墙〔牆〕géqiáng **~zeit** *f* 间隔 jiàngé, 间歇 jiànxiē

Zwist *m* -es; -e 不和 bùhé, 纷争 fēnzhēng

'zwitschern *vi* 鸣啭〔囀〕míngzhuàn, 唧唧喳喳地叫 jījīzhāzhā de jiào

'Zwitter *m* -s;- 两[兩]性人 liǎngxìngrén, 雌雄同体〔體〕cíxióngtóngtǐ

zwölf *adj* 十二 shí'èr; um ~ (Uhr) 十二点钟

Zwölf'fingerdarm *m* 十二指肠〔腸〕shí'èrzhǐcháng

'zwölfte *adj* 第十二 dìshí'èr

Zyan'kali *n* -s; 氰化钾 qínghuàjiǎ

'Zyklus *m* -; ..klen 1) 循环〔環〕xúnhuán, 周期 zhōuqī; 2) 丛〔叢〕刊 cōngkān

Zy'linder *m* -s;- 1) 圆柱体〔體〕yuánzhùtǐ; 2) 灯〔燈〕罩 dēngzhào; 3) 汽缸 qìgāng; 4) 大礼〔禮〕帽 dàlǐmào

zy'linderisch *adj* 圆柱体〔體〕的 yuánzhùtǐde, 圆筒形的 yuántǒngxíngde

'Zyniker *m* -s;- 玩世不恭的人 wán shì bù gōng de rén

'zynisch *adj* 玩世不恭的 wán shì bù gōng de

Zy'nismus *m* -; ..men 1) 玩世不恭 wán shì bù gōng; 2) 厚颜无〔無〕耻 hòuyán wúchǐ

Zy'presse *f* -n 柏树〔樹〕bǎishù

'Zyste *f* -n 囊肿〔腫〕nángzhǒng

附　录

德语动词强变化和不规则变化表

不定式	现在时	过去时	虚拟式	命令式	分词
backen	backe, bäckst, bäckt	**buk, ~(e)st, backte**	büke	back(e)	**gebacken**
befehlen	befehle, befiehlst, befiehlt	**befahl**	beföhle (befähle)	befiehl	**bofohlen**
beginnen	beginn/e, ~st, ~t	**begann**	begönne	beginn(e)	**begonnen**
beißen	beiß/e, ~(es)t, ~t	**biß, bissest**	bisse	beiß(e)	**gebissen**
bergen	berge, birgst, birgt	**barg**	bürge (bärge)	birg	**geborgen**
bersten	berste, birst (berstest), birst (berstet)	**barst (borst, berstete), ~est**	börste (bärste)	birst	**geborsten**
bewegen	beweg/e, ~st, ~t	**bewog (bewegte)**	bewöge	beweg(e)	**bewogen (bewegt)**
wird in der ursprünglichen Bedeutung schwach konjugiert, im übertragenen Sinn dagegen stark					
biegen	bieg/e, ~st, ~t	**bog**	böge	bieg(e)	**gebogen**
bieten	biet/e, ~(e)st, ~et	**bot, ~(e)st**	böte	biet(e)	**geboten**
binden	bind/e, ~est, ~et	**band, ~(e)st**	bände	bind(e)	**gebunden**
bitten	bitt/e, ~est, ~et	**bat, ~(e)st**	bäte	bitt(e)	**gebeten**
blasen	blase, bläs(es)t, bläst	**blies, ~est**	bliese	blas(e)	**geblasen**
bleiben	bleib/e, ~st, ~t	**blieb, ~(e)st**	bliebe	bleib(e)	**geblieben**
bleichen	bleich/e, ~st, ~t	**blich**	bliche	bleich(e)	**geblichen**
vt schwash konjugiert					
braten	brate, brätst, brät	**briet, ~(e)st**	briete	brat(e)	**gebraten**

不定式	现在时	过去时	虚拟式	命令式	分词
brechen	breche brichst bricht	**brach**	bräche	brich	**gebrochen**
brennen	brenn/e, ~st, ~t	**brannte**	brennte	brenn(e)	**gebrannt**
bringen	bring/e, ~st, ~t	**brachte**	brächte	bring(e)	**gebracht**
denken	denk/e, ~st, ~t	**dachte**	dächte	denk(e)	**gedacht**
dingen	ding/e, ~st, ~t	**dang (dingte)**	ding(e)te (dünge, dünge)	ding(e)	**gedungen (gedingt)**
dreschen	dresche, drisch(e)st, drischt	**drosch (drasch), ~(e)st**	drösche	drisch	**gedroschen**
dringen	dring/e, ~st, ~t	**drang, ~(e)st**	dränge	dring(e)	**gedrungen**
dünken	mich dünkt (deucht)	**dünkte (deuchte)**	—	—	**gedünkt (gedeucht)**
dürfen	darf, ~st, ~; dürften	**durfte**	dürfte	—	**gedurft**
empfehlen	empfehle, ~fiehlst, ~fiehlt	**empfahl**	empföhle	empfiehl	**empfohlen**
erlöschen	erlösche, erlisch(e)st, erlischt	**erlosch, ~est**	erlösche	erlisch	**erloschen**
essen	esse, issest (ißt), ißt	**aß, ~est**	äße	iß	**gegessen**
fahren	fahre, fährst, fährt	**fuhr, ~(e)st**	führe	fahr(e)	**gefahren**
fallen	falle, fällst, fällt	**fiel**	fiele	fall(e)	**gefallen**
fangen	fange, fängst, fängt	**fing**	finge	fang(e)	**gefangen**
fechten	fechte, fichtst, ficht	**focht, ~(e)st**	föchte	ficht	**gefochten**
finden	find/e, ~est ~et	**fand, ~(e)st**	fände	find(e)	**gefunden**
flechten	flechte, flichtst, flicht	**flocht, ~est**	flöchte	flicht	**geflochten**
fliegen	flieg/e, ~st, ~t	**flog, ~(e)st**	flöge	flieg(e)	**geflogen**
fliehen	flieh/e, ~st, ~t	**floh, ~(e)st**	flöhe	flieh(e)	**geflohen**
fließen	fließ/e, ~(es)t, ~t	**floß, flossest**	flösse	fließ(e)	**geflossen**
fressen	fresse, frissest (frißt), frißt	**fraß, ~est**	fräße	friß	**gefressen**
frieren	frier/e, ~st, ~t	**fror**	fröre	frier(e)	**gefroren**
gären	gär/e, ~st, ~t	**gor (gärte)**	göre(gärte)	gär(e)	**gegoren (gegärt)**

wird im übertragenen Sinn schwach konjugiert

gebären	gebäre, gebierst, gebiert	**gebar**	gebäre	gebier	**geboren**
geben	gebe, gibst, gibt	**gab**	gäbe	gib	**gegeben**
gedeihen	gedeih/e, ~st, ~t	**gedieh**	gediehe	gedeih(e)	**gediehen**
gehen	geh/e, ~st, ~t	**ging**	ginge	geh(e)	**gegangen**
gelingen	es gelingt	**es gelang**	es geläng	geling(e)	**gelungen**
gelten	gelte, giltst, gilt	**galt, ~(e)st**	gölte(gälte)	gilt	**gegolten**
genesen	genes/e, ~(es)t, ~t	**genas, ~est**	genäse	genese	**genesen**
genießen	genieß/e, ~(es)t, ~t	**genoß, genossest**	genösse	genieß(e)	**genossen**
geschehen	es geschieht	**es geschah**	es geschähe	—	**geschehen**
gewinnen	gewinn/e, ~st, ~t	**gewann, ~(e)st**	gewönne (gewänne)	gewinn(e)	**gewonnen**
gießen	gieß/e, ~(es)t, ~t	**goß, gossest**	gösse	gieß(e)	**gegossen**
gleichen	gleich/e, ~(e)st, ~t	**glich, ~(e)st**	gliche	gleich(e)	**geglichen**
gleißen	gleiß/e, ~(es)t, ~t	**gleißte (gliß), glissest**	glisse	gleiß(e)	**gegleißt (geglissen)**
gleiten	gleit/e, ~est, ~et	**glitt, ~(e)st**	glitte	gleit(e)	**geglitten**
glimmen	glimm/e, ~st, ~t	**glomm (glimmte)**	glömme	glimm(e)	**geglommen (geglimmt)**
graben	grabe, gräbst, gräbt	**grub, ~(e)st**	grübe	grab(e)	**gegraben**
greifen	greif/e, ~st, ~t	**griff, ~(e)st**	griffe	greif(e)	**gegriffen**
haben	habe, hast, hat	**hatte**	hätte	hab(e)	**gehabt**
halten	halte, hältst, hält	**hielt, ~(e)st**	hielte	halt(e)	**gehalten**
hängen	häng/e, ~st, ~t	**hing, ~(e)st**	hinge	häng(e)	**gehangen (gehängt)**
vt schwach konjugiert					
hauen	hau/e, ~st, ~t	**hieb (haute)**	hiebe	hau(e)	**gehauen**
heben	heb/e, ~st, ~t	**hob (hub), ~(e)st**	höbe (hübe)	heb(e)	**gehoben**
heißen	heiß/e, ~(es)t, ~t	**hieß, ~est**	hieße	heiß(e)	**geheißen**
helfen	helfe, hilfst, hilft	**half, ~(e)st**	hülfe	hilf	**geholfen**
kennen	kenn/e, ~st, ~t	**kannte**	kennte	kenn(e)	**gekannt**
klimmen	klimm/e, ~st, ~t	**klomm, ~(e)st**	klömme	klimm(e)	**geklommen**

不定式	现在时	过去时	虚拟式	命令式	分词
klingen	kling/e, ~st, ~t	**klang, ~(e)st**	klänge	kling(e)	**geklungen**
kneifen	kneif/e, ~st, ~t	**kniff**	kniffe	kneif(e)	**gekniffen**
kommen	komm/e, ~st, ~t	**kam**	käme	komm(e)	**gekommen**
können	kann, ~st, ~; können	**konnte**	könnte	—	**gekonnt**
kriechen	kriech/e, ~st, ~t	**kroch**	kröche	kriech(e)	**gekrochen**
laden	lad/e, ~est (lädst), ~et (lädt)	**lud (ladete), ~(e)st**	lüde (ladete)	lad(e)	**geladen**
lassen	lasse, läßt(lässest), läßt	**ließ, ~est**	ließe	laß(lasse)	**gelassen**
laufen	laufe, läufst, läuft	**lief, ~(e)st**	liefe	lauf(e)	**gelaufen**
leiden	leid/e, ~est, ~et	**litt, ~(e)st**	litte	leid(e)	**gelitten**
leihen	leih/e, ~st, ~t	**lieh, ~(e)st**	liehe	leih(e)	**geliehen**
lesen	lese, lies(es)t, liest	**las, ~est**	läse	lies	**gelesen**
liegen	lieg/e, ~st, ~t	**lag**	läge	lieg(e)	**gelegen**
lügen	lüg/e, ~st, ~t	**log, ~(e)st**	löge	lüg(e)	**gelogen**
mahlen	mahl/e, ~st, ~t	**mahlt/e, ~est**	mahlte	mahle	**gemahlen**
meiden	meid/e, ~est, ~et	**mied, ~(e)st**	miede	meid(e)	**gemieden**
melken	melk/e, ~st (milkst), ~t(milkt)	**melkte (molk)**	mölke	melk(e)	**gemelkt (gemolken)**
messen	messe, missest (mißt), mißt	**maß, ~est**	mäße	miß	**gemessen**
mißlingen	es mißlingt	**es mißlang**	es mißlänge	—	**mißlungen**
mögen	mag, ~st, ~; mögen	**mochte**	möchte	—	**gemocht**
müssen	muß, ~t, ~; müssen, müßt (müsset), müssen	**mußte**	müßte	—	**gemußt**
nehmen	nehme, nimmst, nimmt	**nahm, ~(e)st**	nähme	nimm	**genommen**
nennen	nenn/e, ~st, ~t	**nannte**	nennte	nenn(e)	**genannt**
pfeifen	pfeif/e, ~st, ~t	**pfiff, ~(e)st**	pfiffe	pfeif(e)	**gepfiffen**
pflegen	pfleg/e, ~st, ~t	**pflegte (pflog), ~st**	pflegte (pflöge)	pfleg(e)	**gepflegt (gepflogen)**

wird meist schwach konjugiert

preisen	preis/e, ~(es)t, ~t	**pries, ~est**	priese	preis(e)	**gepriesen**
quellen	quelle, quillst (quellst), quillt (quellt)	**quoll (quellte)**	quölle	quill (quelle)	**gequollen (gequellt)**
vt schwach konjugiert					
raten	rate, rätst, rät	**riet, ~(e)st**	riete	rat(e)	**geraten**
reiben	reib/e, ~st, ~t	**rieb, ~(e)st**	riebe	reib(e)	**gerieben**
reißen	reiß/e, ~(es)t, ~t	**riß, rissest**	risse	reiß(e)	**gerissen**
reiten	reit/e, ~est, ~et	**ritt, ~(e)st**	ritte	reit(e)	**geritten**
rennen	renn/e, ~st, ~t	**rannte**	rennte	renn(e)	**gerannt**
riechen	riech/e, ~st, ~t	**roch**	röche	riech(e)	**gerochen**
ringen	ring/e, ~st, ~t	**rang**	ränge	ring(e)	**gerungen**
rinnen	rinn/e, ~st, ~t	**rann, ~(e)st**	ränne (rönne)	rinn(e)	**geronnen**
rufen	ruf/e, ~st, ~t	**rief, ~(e)st**	riefe	ruf(e)	**gerufen**
salzen	salz/e, ~(es)t, ~t	**salzte**	salzte	salz(e)	**gesalzen (gesalzt)**
im übertragenen Sinn nur „gesalzen"					
saufen	saufe, säufst, säuft	**soff, ~(e)st**	söffe	sauf(e)	**gesoffen**
saugen	saug/e, ~st, ~t	**sog (saugte), ~(e)st**	söge	saug(e)	**gesogen (gesaugt)**
schaffen	schaff/e, ~st, ~t	**schuf, ~(e)st**	schüfe	schaff(e)	**geschaffen**
wird in der Bedeutung „arbeiten" und in Ableitung mit ver- und an- schwach konjugiert					
schallen	schall/e, ~st, ~t	**schallte (scholl)**	schallete (schölle)	schall(e)	**geschollen (geschallt)**
scheiden	scheid/e, ~est, ~et	**schied, ~(e)st**	schiede	scheid(e)	**geschieden**
scheinen	schein/e, ~st, ~t	**schien, ~(e)st**	schiene	schein(e)	**geschienen**
scheißen	scheiß/e, ~(es)t, ~t	**schiß, schissest**	schisse	scheiß(e)	**geschissen**
schelten	schelte, schiltst, schilt	**schalt, ~(e)st**	schölte	schilt	**gescholten**
scheren	schere, schierst (scherst), schiert (schert)	**schor (scherte)**	schöre	schier, scher(e)	**geschoren**
schieben	schieb/e, ~st, ~t	**schob, ~(e)st**	schöbe	schieb(e)	**geschoben**

不定式	现在时	过去时	虚拟式	命令式	分词
schießen	schieß/e, ~(es)t, ~t	**schoß, schossest**	schösse	schieß(e)	**geschossen**
schinden	schind/e, ~est, ~et	**schund, ~(e)st**	schünde	schind(e)	**geschunden**
schlafen	schlafe, schläfst, schläft	**schlief, ~(e)st**	schliefe	schlaf(e)	**geschlafen**
schlagen	schlage, schlägst, schlägt	**schlug, ~(e)st**	schlüge	schlag(e)	**geschlagen**
schleichen	schleich/e, ~st, ~t	**schlich, ~(e)st**	schliche	schleich(e)	**geschlichen**
schleifen	schleif/e, ~st, ~t	**schliff, ~(e)st**	schliffe	schleif(e)	**geschliffen**
wird in der Bedeutung „zerstören" schwach konjugiert					
schleißen	schleiß/e, ~(es)t, ~t	**schliß (schleißte), schlissest**	schlisse	schleiß(e)	**geschlissen**
schließen	schließ/e, ~(es)t, ~t	**schloß, schlossest**	schlösse	schließ(e)	**geschlossen**
schlingen	schling/e, ~st, ~t	**schlang, ~(e)st**	schlänge	schling(e)	**geschlungen**
schmeißen	schmeiß/e, ~(es)t, ~t	**schmiß, schmissest**	schmisse	schmeiß(e)	**geschmissen**
schmelzen	schmelze, schmilz(es)t, schmilzt	**schmolz, ~est (schmelzte)**	schmölze	schmilz	**geschmolzen (geschmelzt)**
vt häufig schwach konjugiert					
schnauben	schnaub/e, ~st, ~t	**schnaubte (schnob)**	schnaubte (schnöbe)	schnaub(e)	**geschnaubt (geschnoben)**
meist schwach konjugiert					
schneiden	schneid/e, ~est, ~et	**schnitt, ~(e)st**	schnitte	schneid(e)	**geschnitten**
schrecken	schrecke, schrickst (schreckst), schrickt (schreckt)	**schrak, ~(e)st**	schräke	schrick	**geschrocken**
vt schwach konjugiert					
schreiben	schreib/e, ~st, ~t	**schrieb, ~(e)st**	schriebe	schreib(e)	**geschrieben**
schreien	schrei/e, ~st, ~t	**schrie**	schriee	schrei(e)	**geschrie(e)n**
schreiten	schreit/e, ~est, ~et	**schritt, ~(e)st**	schritte	schreit(e)	**geschritten**
schweigen	schweig/e, ~st, ~t	**schwieg, ~(e)st**	schwiege	schweig(e)	**geschwiegen**
schwellen	schwelle, schwillst (schwellst),	**schwoll**	schwölle	schwill	**geschwollen**

	schwillt (schwellt)				
vt schwach konjugiert					
schwimmen	schwimm/e, ~st, ~t	**schwamm, ~(e)st**	schwömme (schwämme)	schwimm(e)	**geschwommen**
schwinden	schwind/e, ~est, ~et	**schwand, ~(e)st**	schwände	schwind(e)	**geschwunden**
schwingen	schwing/e, ~st, ~t	**schwang, ~(e)st**	schwänge	schwing(e)	**geschwungen**
schwören	schwör/e, ~st, ~t	**schwur (schwor), ~(e)st**	schwüre	schwör(e)	**geschworen**
sehen	sehe, siehst, sieht	**sah, ~st**	sähe	sieh(e)	**gesehen**
sein	bin, bist, ist, sind, seid, sind	**war, ~st**	wäre	sei; seid	**gewesen**
			Konjunktiv Präsens: sei, sei(e)st, sei; seien, seiet, seien		
senden	send/e, ~est, ~st	**sandte (sendete), ~st**	sendete	send(e)	**gesandt (gesendet)**
sieden	sied/e, ~est, ~et	**sott (siedete)**	sötte (siedete)	sied(e)	**gesotten (gesiedet)**
vi schwach konjugiert					
singen	sing/e, ~st, ~t	**sang, ~(e)st**	sänge	sing(e)	**gesungen**
sinken	sink/e, ~(e)st, ~t	**sank, ~(e)st**	sänke	sink(e)	**gesunken**
sinnen	sinn/e, ~st, ~t	**sann, ~(e)st**	sänne (sönne)	sinn(e)	**gesonnen**
sitzen	sitz/e, ~(e)st, ~t	**saß, ~est**	säße	sitz(e)	**gesessen**
sollen	soll, ~st	**sollte**	sollte	—	**gesollt**
spalten	spalt/e, ~est, ~et	**spaltete**	spaltete	spalt(e)	**gespalten (gespaltet)**
speien	spei/e, ~st, ~t	**spie**	spiee	spei(e)	**gespie(e)n**
spinnen	spinn/e, ~st, ~t	**spann, ~(e)st**	spönne (spänne)	spinn(e)	**gesponnen**
spleißen	spleiß/e, ~(es)t, ~t	**spliß, splissest**	splisse	spleiß(e)	**gesplissen**
sprechen	spreche, sprichst, spricht	**sprach, ~(e)st**	spräche	sprich	**gesprochen**
sprießen	sprieß/e, ~(es)t, ~t	**sproß, sprossest**	sprösse	sprieß(e)	**gesprossen**
springen	spring/e, ~st, ~t	**sprang, ~(e)st**	spränge	spring(e)	**gesprungen**
stechen	steche, stichst, sticht	**stach, ~(e)st**	stäche	stich	**gestochen**
stecken	steck/e, ~st, ~t	**stak**	stäke	steck(e)	**gesteckt**
vt schwach konjugiert					

不定式	现在时	过去时	虚拟式	命令式	分词
stehen	steh/e, ~st, ~t	**stand, ~(e)st**	stände (stünde)	steh(e)	**gestanden**
stehlen	stehle, stiehlst, stiehlt	**stahl**	stöhle (stähle)	stiehl	**gestohlen**
steigen	steig/e, ~st, ~t	**stieg, ~(e)st**	stiege	steig(e)	**gestiegen**
sterben	sterbe, stirbst; stirbt	**starb**	stürbe	stirb	**gestorben**
stieben	stieb/e, ~st, ~t	**stob, ~(e)st**	stöbe	stieb(e)	**gestoben**
stinken	stink/e, ~st, ~t	**stank, ~(e)st**	stänke	stink(e)	**gestunken**
stoßen	stoße, stöß(es)t, stößt	**stieß, ~est**	stieße	stoß(e)	**gestoßen**
streichen	streich/e, ~st, ~t	**strich, ~(e)st**	striche	streich(e)	**gestrichen**
streiten	streit/e, ~est, ~et	**stritt, ~(e)st**	stritte	streit(e)	**gestritten**
tragen	trage, trägst, trägt	**trug**	trüge	trag(e)	**getragen**
treffen	treffe, triffst, trifft	**traf, ~(e)st**	träfe	triff	**getroffen**
treiben	treib/e, ~st, ~t	**trieb**	triebe	treib(e)	**getrieben**
treten	trete, trittst, tritt	**trat, ~(e)st**	träte	tritt	**getreten**
triefen	trief/e, ~st, ~t	**troff (triefte), ~(e)st**	tröffe (triefte)	trief(e)	**getroffen (getrieft)**
trinken	trink/e, ~st, ~t	**trank, ~(e)st**	tränke	trink(e)	**getrunken**
trügen	trüg/e, ~st, ~t	**trog, ~(e)st**	tröge	trüg(e)	**getrogen**
tun	tue, tust, tut; tun	**tat, ~(e)st**	täte	tu(e)	**getan**
verderben	verderbe, verdirbst, verdirbt	**verdarb**	verdürbe	verdirb	**verdorben**
verdrießen	verdrieß/e, ~(es)t, ~t	**verdroß, verdrossest**	verdrösse	verdrieß(e)	**verdrossen**
vergessen	vergesse, vergissest (vergißt), vergißt	**vergaß, ~est**	vergäße	vergiß	**vergessen**
verlieren	verlier/e, ~st, ~t	**verlor**	verlöre	verlier(e)	**verloren**
wachsen	wachse, wächs(es)t, wächst	**wuchs, ~est**	wüchse	wachs(e)	**gewachsen**
wägen	wäg/e, ~st, ~t	**wog (wägte)**	wöge (wägte)	wäg(e)	**gewogen (gewägt)**
waschen	wasche, wäsch(e)st, wäscht	**wusch, ~(e)st**	wüsche	wasch(e)	**gewaschen**
weben	web/e, ~st, ~t	**wob, ~(e)st**	wöbe	web(e)	**gewoben**

im konkreten Sinn meist schwach konjugiert				
weichen	weich/e, ~st, ~t	**wich, ~est**	wiche	weich(e)	**gewichen**
weisen	weis/e, ~(es)t, ~t	**wies, ~est**	wiese	weis(e)	**gewiesen**
wenden	wend/e, ~est, ~et	**wandte (wendete)**	wendete	wend(e)	**gewandt (gewendet)**
werben	werbe, wirbst, wirbt	**warb**	würbe	wirb	**geworben**
werden	werde, wirst, wird	**wurde (ward)**	würde	werd(e)	**geworden**
das Partizip des Hilfsverbs lautet „worden“					
werfen	werfe, wirfst, wirft	**warf, ~(e)st**	würfe	wirf	**geworfen**
wiegen	wieg/e, ~st, ~t	**wog**	wöge	wieg(e)	**gewogen**
winden	wind/e, ~est, ~et	**wand, ~(e)st**	wände	wind(e)	**gewunden**
wissen	weiß, ~t, ~; wissen, wißt, wissen	**wußte**	wüßte	wisse	**gewußt**
wollen	will, ~st, ~; wollen	**wollte**	wollte	wolle	**gewollt**
wringen	wring/e, ~st, ~t	**wrang**	wränge	wring(e)	**gewrungen**
zeihen	zeih/e, ~st, ~t	**zieh, ~(e)st**	ziehe	zeih(e)	**geziehen**
ziehen	zieh/e, ~st, ~t	**zog, ~(e)st**	zöge	zieh(e)	**gezogen**
zwingen	zwing/e, ~st, ~t	**zwang, ~(e)st**	zwänge	zwing(e)	**gezwungen**

用法说明

一、条目

1. 本词典所收单字条目和多字条目均按汉语拼音字母顺序排列。同音同调的单字按起笔(即书写时的第一笔)丶(点)一(横)丨(直)丿(撇)乛(折,包括亅𠃌乚𠃋等笔形)的顺序排列;多字条目按第一个字分别列于单字条目下。

2. 除"讠""门""饣""纟""马""车""贝""见""风""钅""鸟""页""鱼"等常用偏旁构成的字外,在简化汉字之后的圆括号( )内注明其繁体字,括号内只适用于个别义项的繁体字则在字后加上所适用的义项数码①②等。

二、注音

1. 汉语拼音的声调符号(阴平"ˉ"、阳平"ˊ"、上声"ˇ"、去声"ˋ")标在音节的主要母音上,轻音不标符号。

2. 儿化音在词的基本读音后加"r"。

3. 单字另有其他不同读音时,在该条目最后加一星号"•",并注明"另见…"。

三、释义

1. 不同词类,除少数可以合并释义者外,用罗马数字分开,并分项进行释义。

2. 需要注明修辞特征的一般条目、六种虚词(副词、介词、连词、助词、叹词、象声词)和部分量词的词类,所用略语放在尖括号"‹ ›"内。

3. 有关语法特征,使用范围等方面的简略说明放在方括号"[ ]"内。

4. 条目一般均用对应的德语释义;一个条目有两个以上的意义时,用①②③…等号码标出,同一义项下有两个或两个以上的德语释义时,用分号";"隔开。

5. 汉语特有名词(无德语对应词)用汉语拼音(不加调号)对译,并用斜体字表示。

四、检字法

本词典正文前有新式部首与汉语拼音对照检字表。

检字方法:①根据字的部首在表(一)内查出该部首的号码;②在表(二)内按部首号码和字的笔画(字的笔画数不含其部首)查到该字的汉语拼音。

略 语 表

汉 语 缩 写

(按汉语拼音字母顺序排列)

〈方〉方言
〈副〉副词
〈简〉简称
〈介〉介词
〈敬〉敬辞
〈旧〉旧时用语
〈口〉口语
〈连〉连词
〈量〉量词
〈骂〉骂人的话
〈书〉文言书面语
〈数〉数词
〈叹〉叹词
〈套〉套语
〈象〉象声词
〈助〉助词

部首检字表

(一)部首目录

部首左边的号码表示部首的次序

一　画

1 丶
2 一
3 丨
4 丿
5 乙
(→㇆乚)

二　画

6 亠
7 冫
8 冖
9 讠(言)
10 二
11 十
12 厂
13 匚
14 卜(⺊)
15 刂
16 冂
17 八(丷)
18 人(入)
19 亻
20 勹
⺈(见刀)
21 儿
22 几(⺇)
23 厶
24 又(㇇)
25 廴
26 卩(㔾)
27 阝(在左)
28 阝(在右)
29 凵
30 刀(⺈)
31 力
㔾(见卩)

三　画

32 氵
33 忄(⺗)
34 宀
35 丬(爿)
36 广
37 门(門)
38 辶(辵)
39 工
40 土
41 士
42 艹
43 大
44 廾(在下)
45 尢
46 寸
47 弋
48 扌
49 小(⺌)
50 口
51 囗
52 巾
53 山
54 彳
55 彡
56 夕
57 夂
58 犭
59 饣(食)
60 彐(⺕彑)
61 尸
62 己(巳)
63 弓
64 屮
65 女
66 幺
67 子(孑)
68 纟(糸)
69 马(馬)
70 巛

四　画

71 灬
72 斗
73 文
74 方
75 火
76 心
77 户
78 礻(示)
79 王
80 韦(韋)
81 木
82 犬
83 歹
84 车(車)
85 戈
86 比
87 瓦
88 止
89 支
90 日
91 曰(⺜)
92 贝(貝)
93 见(見)
94 父
95 牛(牜⺧)
96 手
97 毛
98 气
99 攵
100 片
101 斤
102 爪(爫)
103 月(⺝)
104 欠
105 风(風)
106 殳
⺗(见忄)
107 肀(聿⺻)
爿(见丬)
108 毋(母)
109 水(氺)

五　画

110 穴
111 立
112 疒
113 衤
114 示
(示见礻)
115 石
116 龙(龍)
117 业
118 目
119 田
120 罒
121 皿
122 钅(金)
123 矢
124 禾
125 白
126 瓜
127 鸟(鳥)
128 用
氺(见水)
129 矛
聿(见肀)
艮(见⺻)
130 疋(⺪)
131 皮
母(见毋)

六　画

132 衣
133 羊(⺶⺷)
134 米
135 耒
136 老
137 耳
138 臣
139 西(覀)
140 页(頁)
141 虍
142 虫
143 缶
144 舌
145 竹(⺮)
146 臼
147 自
148 血
149 舟
150 羽
⺻(见肀)
151 艮(⺻)
152 糸
(糸见纟)

七　画

153 辛
154 言
(言见讠)
155 麦(麥)
156 走
157 赤
158 豆
車(见车)
159 酉
160 辰
161 豕
162 卤(鹵)
163 里
貝(见贝)
見(见见)
164 足(⻊)
165 豸
166 谷
167 釆
168 身
169 角

八　画

170 青
171 其
172 雨(⻗)
173 齿(齒)
食(见饣)
174 金
(金见钅)
175 隹
176 鱼(魚)
門(见门)

九　画

177 音
178 革
頁(见页)
179 骨
180 食
(食见饣)
181 鬼
(風见风)
韋(见韦)

十　画

182 鬥
183 髟
馬(见马)

十一画

184 麻

185 鹿
麥(见麦)
鹵(见卤)
鳥(见鸟)
魚(见鱼)

十二画以上

186 黑
187 鼠
188 鼻
齒(见齿)
龍见龙

（二）检字表

(1) 丶部

义 yì
丫 yā
丸 wán
之 zhī
为 wéi; wèi
头 tóu
主 zhǔ
半 bàn
州 zhōu
农 nóng
良 liáng
举 jǔ
叛 pàn

(2) 一部

一 yī

一至二画

七 qī
丁 dīng
三 sān
千 qiān
于 yú
下 xià
上 shang
shàng
丈 zhàng
万 wàn
与 yǔ; yù
才 cái

三画

丰 fēng
天 tiān
夫 fū
开 kāi
井 jǐng
无 wú
专 zhuān
丐 gài
五 wǔ
不 bù
丑 chǒu
屯 tún
互 hù
牙 yá

四画

平 píng
击 jī
未 wèi
末 mò
正 zhēng;
zhèng
甘 gān
世 shì
且 qiě
可 kě; kè
丙 bǐng
册 cè
东 dōng
丝 sī

五画

夹 gā; jiā; jiá
亚 yà
再 zài
吏 lì
百 bǎi
而 ér
丞 chéng

六画

来 lái
严 yán
巫 wū
丽 lì
甫 fǔ
更 gēng;gèng
束 shù
两 liǎng
（夾） gā; jiā;
jiá
求 qiú

七画

表 biǎo
（長） cháng;
zhǎng
（亞） yà
（來） lái
（東） dōng
事 shì
枣 zǎo
（兩） liǎng

八画

奏 zòu
韭 jiǔ
甚 shèn
柬 jiǎn
歪 wāi
面 miàn
昼 zhòu

九至十三画

艳 yàn
哥 gē
焉 yān
（棗） zǎo
棘 jí
（壽） shòu
（爾） ěr

十四画以上

（憂） yōu
噩 è
整 zhěng
臻 zhēn
囊 náng

(3) 丨部

三至六画

丰 fēng
中 zhōng;
zhòng
内 nèi
北 běi
凸 tū
旧 jiù
甲 jiǎ
申 shēn
电 diàn
由 yóu
且 qiě
冉 rǎn
史 shǐ
央 yāng
凹 āo
出 chū
师 shī
曳 yè
曲 qū; qǔ
肉 ròu
串 chuàn

七画以上

非 fēi
畅 chàng
临 lín
艳 yàn
（暢） chàng

(4) 丿部

一至二画

九 jiǔ
乃 nǎi
匕 bǐ
千 qiān
川 chuān
么 me
久 jiǔ
及 jí

三画

乏 fá
午 wǔ
夭 yāo
升 shēng
长 cháng;
zhǎng
币 bì
反 fǎn
丹 dān
氏 shì
乌 wū

四画

乎 hū
生 shēng
失 shī
乍 zhà
丘 qiū
甩 shuǎi
乐 lè; yuè

五画

兆 zhào
年 nián
朱 zhū
丢 diū
乔 qiáo
乒 pīng
向 xiàng
后 hòu

六至八画

我 wǒ
每 měi
卵 luǎn
龟 guī
系 jì; xì
垂 chuí
乖 guāi
秉 bǐng
质 zhì
周 zhōu
拜 bài
重 chóng;
zhòng
复 fù

九画以上

乘 chéng
（師） shī
甥 shēng
（喬） qiáo
舞 wǔ
睾 gāo
孵 fū
疑 yí
靠 kào
（舉） jǔ
（歸） guī
（釁） xìn

(5) 乙（乛𠃌乚）部

乙 yǐ

一至三画

刁 diāo
了 le; liǎo;
liào
习 xí
也 yě
飞 fēi
乞 qǐ
孑 jié
乡 xiāng
以 yǐ
予 yú
尺 chǐ
（弔） diào
丑 chǒu
巴 bā
孔 kǒng
书 shū

四画以上

司 sī
民 mín
电 diàn
发 fā; fà
买 mǎi
尽 jìn
乱 luàn
肃 sù
乳 rǔ
承 chéng
亟 jí
昼 zhòu
（飛） fēi
（發） fā
（肅） sù
（亂） luàn
豫 yù

(6) 亠部

一至五画

亡 wáng
六 liù
亢 kàng
市 shì
玄 xuán
产 chǎn
交 jiāo
亦 yì
充 chōng
亩 mǔ

亨 hēng
弃 qì
六至七画
变 biàn
京 jīng
享 xiǎng
卒 zú
夜 yè
帝 dì
亭 tíng
亮 liàng
哀 āi
八画
旁 páng
衰 shuāi
(畝) mǔ
衷 zhōng
高 gāo
离 lí
九画
(產) chǎn
商 shāng
毫 háo
烹 pēng
孰 shú
率 lǜ; shuài
十至十一画
亵 xiè
就 jiù
(棄) qì
(裏) lǐ
禀 bǐng
雍 yōng
十二至十四画
(齊) qí
豪 háo
膏 gāo
裹 guǒ
褒 bāo
十五画以上
(齋) zhāi
(褻) xiè
襄 xiāng
嬴 yíng
羸 léi

(7)
冫部
一至五画
习 xí
冲 chōng; chòng
次 cì
决 jué
冰 bīng
冻 dòng
况 kuàng
冷 lěng
冶 yě
六至八画
冽 liè
净 jìng
凉 liáng; liàng
凌 líng
(凍) dòng
凄 qī
准 zhǔn
凋 diāo
九画以上
凑 còu
减 jiǎn
凛 lǐn
凝 níng

(8)
冖部
冗 rǒng
写 xiě
军 jūn
罕 hǎn
冠 guān; guàn
冢 zhǒng
冥 míng
冤 yuān

(9)
讠(言)部
二画
计 jì
订 dìng
讣 fù
认 rèn
讥 jī
三画
讨 tǎo
让 ràng
讯 xùn
讪 shàn
议 yì
讫 qì
训 xùn
记 jì
四画
访 fǎng
讲 jiǎng
讳 huì
讴 ōu
论 lùn
讼 sòng
许 xǔ
讹 é
讽 fěng
设 shè
诀 jué
五画
评 píng
证 zhèng
诃 hē
诅 zǔ
识 shí
诊 zhěn
诈 zhà
诉 sù
诋 dǐ
译 yì
词 cí
诏 zhào
六画
诧 chà
该 gāi
详 xiáng
诨 hún
诓 kuāng
试 shì
诗 shī
诘 jié
(誇) kuā
诙 huī
诚 chéng
诠 quán
诛 zhū
话 huà
诞 dàn
诟 gòu
诡 guǐ
询 xún
诣 yì
七画
说 shuì; shuō
诫 jiè
诬 wū
语 yǔ
误 wù
诰 gào
诱 yòu
诲 huì
诳 kuáng
诵 sòng
(認) rèn
八画
谊 yì
谅 liàng
谆 zhūn
谈 tán
请 qǐng
诸 zhū
诺 nuò
读 dú
诽 fěi
课 kè
(論) lùn
谁 shuí
谀 yú
调 diào; tiáo
谄 chǎn
九画
谛 dì
谙 ān
谚 yàn
谜 mí
谎 huǎng
谋 móu
谍 dié
谏 jiàn
谐 xié
谓 wèi
(諷) fěng
谗 chán
(諱) huì
十画
谤 bàng
谦 qiān
(講) jiǎng
谟 mó
谣 yáo
谢 xiè
十一画
谨 jǐn
(謳) ōu
谩 màn
谬 miù
十二画
(識) shí
谰 lán
谱 pǔ
(證) zhèng
(譏) jī
十三至十四画
(議) yì
(護) hù
谴 qiǎn
(譯) yì
十五画以上
(讀) dú
(讓) ràng
(讒) chán

(10)
二部
二 èr
干 gān; gàn
于 yú
亏 kuī
五 wǔ
开 kāi
井 jǐng
元 yuán
无 wú
云 yún
些 xiē

(11)
十部
十 shí
二至六画
支 zhī
卉 huì
古 gǔ
考 kǎo
毕 bì
华 huá
协 xié
克 kè
卒 zú
丧 sāng; sàng
卓 zhuō
直 zhí
卑 bēi
阜 fù
卖 mài
(協) xié
七至十画
南 nán
真 zhēn
(喪) sāng; sàng
啬 sè
乾 qián
(乾) gān
博 bó
十一画以上
(準) zhǔn
(幹) gàn
(嗇) sè
斡 wò
兢 jīng
翰 hàn
矗 chù

(12)
厂部
厂 chǎng
二至六画
厅 tīng
仄 zè
历 lì
厄 è
厉 lì
压 yā; yà
厌 yàn
励 lì
厕 cè
七至十画
厘 lí
厚 hòu
原 yuán
厢 xiāng

厩 jiù
厥 jué
厨 chú
厦 shà
雁 yàn
十一画以上
厮 sī
(厲) lì
(廠) chǎng
(厭) yàn
(勵) lì
(歷) lì
(贋) yàn
(壓) yā; yà

(13)
匚部

二至五画
区 qū
匹 pǐ
巨 jù
匠 jiàng
匣 xiá
医 yī
六画以上
匿 nì
匪 fěi
匾 biǎn
匮 kuì
(區) qū
(匯) huì
颐 yí

(14)
卜(⺊)部

卜 bǔ
二至四画
卡 kǎ; qiǎ
占 zhàn
外 wài
贞 zhēn
五画以上
卦 guà
卧 wò
卓 zhuō
桌 zhuō

(15)
刂部

二至四画
刈 yì
刊 kān
刑 xíng
列 liè
划 huá; huà
刚 gāng
则 zé
创 chuāng; chuàng
刎 wěn
五画
判 pàn
别 biē; biè
利 lì
删 shān
刨 bào; páo
六画
剂 jì
刻 kè
刺 cì
到 dào
刽 guì
刹 chà; shā
制 zhì
刮 guā
剁 duò
刷 shuā; shuà
七画
前 qián
剃 tì
荆 jīng
削 xiāo; xuē
剐 guǎ
剑 jiàn
八画
剜 wān
剖 pōu
(剛) gāng
剔 tī
(剮) guǎ
剥 bāo; bō
剧 jù
九至十一画
副 fù
割 gē
(創) chuāng; chuàng
剩 shèng
剽 piāo
剿 jiǎo
十二画以上
(劃) huá; huà
(劇) jù
(劍) jiàn
(劊) guì
(劑) jì

(16)
冂部

冈 gāng
冉 rǎn
同 tóng
网 wǎng
肉 ròu
罔 wǎng
周 zhōu

(17)
八(丷)部

八 bā
二至五画
公 gōng
分 fēn; fèn
兰 lán
半 bàn
只 zhī; zhǐ
兴 xīng; xìng
关 guān
并 bìng
共 gòng
兑 duì
兵 bīng
弟 dì
六至八画
卷 juǎn; juàn
(並) bìng
具 jù
单 dān
典 diǎn
养 yǎng
前 qián
酋 qiú
首 shǒu
真 zhēn
益 yì
兼 jiān
九至十五画
黄 huáng
兽 shòu
普 pǔ
奠 diàn
曾 céng; zēng
(義) yì
(與) yǔ; yù
(養) yǎng
舆 yú
(興) xīng; xìng

(18)
人(入)部

人 rén
入 rù
一至三画
个 gè
今 jīn
从 cōng; cóng
介 jiè
以 yǐ
仓 cāng
令 lǐng; lìng
丛 cóng
四至五画
伞 sǎn
全 quán
会 huì; kuài
合 hé
企 qǐ
众 zhòng
含 hán
余 yú
巫 wū
(夾) gā; jiā; jiá
六至九画
舍 shě; shè
命 mìng
(倉) cāng
拿 ná
龛 kān
盒 hé
十画以上
禽 qín
舒 shū
(傘) sǎn
(會) huì; kuài
(龕) kān

(19)
亻部

一至二画
亿 yì
仁 rén
什 shén; shí
仆 pū; pú
仇 chóu
仍 réng
化 huā; huà
仅 jǐn
三画
们 men
仕 shì
仗 zhàng
付 fù
代 dài
仙 xiān
仪 yí
仟 qiān
他 tā
仔 zǐ
四画
仿 fǎng
伉 kàng
伙 huǒ
伪 wěi
传 chuán; zhuàn
伟 wěi
休 xiū
伎 jì
伍 wǔ
伏 fú
优 yōu
伐 fá
仲 zhòng
价 jià; jie
伦 lún
份 fèn
件 jiàn
任 rèn
伤 shāng
仰 yǎng
似 shì; sì
伊 yī
五画
位 wèi
住 zhù
伴 bàn
估 gū
体 tǐ
何 hé
(佔) zhàn
但 dàn
伸 shēn
佃 diàn
伶 líng
作 zuō; zuó; zuò
伯 bó
佣 yōng; yòng
低 dī
你 nǐ
伺 cì; sì
佛 fó
六画
佼 jiǎo
依 yī
佯 yáng
(併) bìng
侠 xiá
佳 jiā
侍 shì
佶 jí
佬 lǎo
供 gōng; gòng
使 shǐ
佰 bǎi
例 lì
侄 zhí
侥 jiǎo
侦 zhēn
侣 lǚ
侃 kǎn
侧 cè
侩 kuài
侏 zhū
侨 qiáo
侈 chǐ

佩 pèi

七画

信 xìn
俨 yǎn
俪 lì
便 biàn; pián
俩 liǎ; liǎng
(俠) xiá
俏 qiào
修 xiū
俚 lǐ
保 bǎo
促 cù
俘 fú
俭 jiǎn
俗 sú
侮 wǔ
(係) xì
俑 yǒng
俊 jùn
俟 sì
侵 qīn
侯 hóu

八画

倌 guān
倍 bèi
俯 fǔ
(倣) fǎng
倦 juàn
俸 fèng
债 zhài
借 jiè
值 zhí
(倆) liǎ
倚 yǐ
俺 ǎn
倒 dǎo; dào
倾 qīng
倘 tǎng
(條) tiáo
俱 jù
倡 chàng
(個) gè
候 hòu
(倫) lún
俾 bǐ
健 jiàn
倔 jué; juè

九画

停 tíng
偏 piān
做 zuò
偃 yǎn
偕 xié
偿 cháng
偶 ǒu
偎 wēi
偷 tōu
傀 kuǐ
假 jiǎ; jià
(偉) wěi

十画

傧 bīn
傍 bàng
储 chǔ
傲 ào
(備) bèi
(傑) jié

十一画

(傭) yōng; yòng
(僅) jǐn
(傳) chuán; zhuàn
催 cuī
(傷) shāng
傻 shǎ
像 xiàng

十二画

僧 sēng
(僱) gù
(僥) jiǎo
儆 jǐng
僚 liáo
(僕) pú
(僞) wěi
(僑) qiáo

十三至十四画以上

(億) yì
(儀) yí
僵 jiāng
(價) jià; jie
(儍) shǎ
(儉) jiǎn
(儈) kuài
僻 pì
(儐) bīn
儒 rú
(優) yōu
(償) cháng
(儘) jǐn
(儷) lì
(儼) yǎn

(20)
勹部

一至四画

勺 sháo
匀 yún
勿 wù
勾 gōu; gòu
句 jù
匆 cōng
包 bāo
旬 xún

五画以上

匍 pú
(芻) chú
够 gòu

(21)
儿部

儿 ér
元 yuán
允 yǔn
兄 xiōng
充 chōng
光 guāng
(兇) xiōng
兑 duì
先 xiān
克 kè
(兒) ér
党 dǎng
兜 dōu
兢 jīng

(22)
几(⺇)部

几 jī; jǐ
凡 fán
凤 fèng
夙 sù
凫 fú
壳 ké; qiào
秃 tū
凯 kǎi
凭 píng
(凱) kǎi
(鳳) fèng
凳 dèng

(23)
厶部

允 yǔn
去 qù
弁 biàn
台 tái
牟 móu
县 xiàn
矣 yǐ
叁 sān
参 cān; cēn; shēn
畚 běn
能 néng
(參) cān;cēn, shēn

(24)
又(⺀)部

又 yòu

一至六画

叉 chā; chǎ
支 zhī
友 yǒu
反 fǎn
双 shuāng
劝 quàn
圣 shèng
对 duì
发 fā; fà
戏 xì
观 guān
欢 huān
变 biàn
取 qǔ
叔 shū
受 shòu
艰 jiān

七画以上

叙 xù
叟 sǒu
难 nán; nàn
叠 dié
(叢) cóng
(雙) shuāng

(25)
廴部

廷 tíng
延 yán
建 jiàn

(26)
卩(㔾)部

卫 wèi
叩 kòu
印 yìn
危 wēi
却 què
即 jí
卷 juǎn; juàn
卸 xiè

(27)
阝(在左)部

二至四画

队 duì
阡 qiān
防 fáng
阱 jǐng
阵 zhèn
阳 yáng
阶 jiē
阴 yīn

五画

陆 liù; lù
际 jì
阿 ā; ē
陈 chén
阻 zǔ
附 fù

六至七画

陋 lòu
陌 mò
降 jiàng; xiáng
限 xiàn
院 yuàn
陡 dǒu
陛 bì
陨 yǔn
险 xiǎn
除 chú

八至九画

陪 péi
(陸) liù; lù
陵 líng
(陳) chén
陶 táo
陷 xiàn
(隊) duì
随 suí
(階) jiē
(陽) yáng
(陰) yīn
隆 lóng
隐 yǐn

十画以上

隘 ài
隔 gé
隙 xì
障 zhàng
(際) jì
隧 suì
(隨) suí
(險) xiǎn
(隱) yǐn

(28)
阝(在右)部

邦 bāng
邪 xié
那 nà
邮 yóu
邻 lín
邸 dǐ
郊 jiāo
郑 zhèng
郎 láng
耶 yē
郁 yù

七至十二画以上

却 què
部 bù
郭 guō
都 dōu; dū

(郵) yóu
(鄉) xiāng
鄙 bǐ
(鄰) lín
(鄭) zhèng

(29)
凵部

凶 xiōng
击 jī
出 chū
凸 tū
凹 āo; wā
画 huà
函 hán
幽 yōu
凿 záo; zuò

(30)
刀(⺈)部

刀 dāo
一至六画
刃 rèn
切 qiē; qiè
分 fēn; fèn
召 zhào
刍 chú
危 wēi
负 fù
争 zhēng
色 sè; shǎi
初 chū
龟 guī; jūn
免 miǎn
券 quàn
兔 tù
七画以上
剪 jiǎn
象 xiàng
赖 lài
劈 pī; pǐ
(龜) guī; jūn
(釁) xìn

(31)
力部

力 lì
二至六画
办 bàn
劝 quàn
功 gōng
夯 hāng
加 jiā
务 wù
动 dòng
劣 liè
劫 jié
劳 láo
励 lì
助 zhù
男 nán
劲 jìn; jìng
努 nǔ
劾 hé
势 shì
七至十画以上
勃 bó
(勁) jìn; jìng
勖 xù
勉 miǎn
勇 yǒng
勘 kān
(動) dòng
(勞) láo
(勢) shì
勤 qín
(勵) lì
(勳) xūn
(勸) quàn

(32)
氵部

二至三画
汁 zhī
汇 huì
汉 hàn
汗 hàn
污 wū
江 jiāng
汛 xùn
汲 jí
池 chí
汝 rǔ
汤 tāng
四画
沁 qìn
沉 chén
汪 wāng
沐 mù
沛 pèi
汰 tài
沤 òu
沥 lì
沏 qī
沙 shā
汩 gǔ
泛 fàn
汹 xiōng
沦 lún
沧 cāng
汽 qì
沃 wò
沟 gōu
没 méi; mò
五画
泣 qì
注 zhù
泫 xuàn
泌 mì
泻 xiè
泳 yǒng
沫 mò
浅 qiǎn
法 fǎ
泔 gān
泄 xiè
沽 gū
河 hé
沾 zhān
泪 lèi
沮 jǔ
油 yóu
泅 qiú
泊 bó; pō
沿 yán
泡 pào
泽 zé
治 zhì
泥 ní; nì
泯 mǐn
沸 fèi
泓 hóng
波 bō
沼 zhǎo
泼 pō
六画
浏 liú
济 jǐ; jì
洲 zhōu
洋 yáng
浑 hún
浓 nóng
洼 wā
洁 jié
洪 hóng
洒 sǎ
浇 jiāo
浊 zhuó
洞 dòng
洄 huí
测 cè
洽 qià
洗 xǐ
活 huó
涎 xián
派 pài
津 jīn
七画
浣 huàn
流 liú
润 rùn
涕 tì
浪 làng
涛 tāo
涝 lào
酒 jiǔ
涟 lián
消 xiāo
涉 shè
涓 juān
涡 wō
浮 fú
涂 tú
浴 yù
浩 hào
海 hǎi
涤 dí
涣 huàn
涌 yǒng
浚 jùn
浸 jìn
涨 zhǎng; zhàng
涩 sè
八画
淙 cóng
淀 diàn
淳 chún
淬 cuì
液 yè
淤 yū
淡 dàn
(淚) lèi
深 shēn
清 qīng
渍 zì
添 tiān
鸿 hóng
淋 lín
渎 dú
淹 yān
涯 yá
渐 jiàn
渠 qú
(淺) qiǎn
淌 tǎng
混 hùn
涸 hé
(渦) wō
淫 yín
(淪) lún
淆 xiáo
渊 yuān
渔 yú
淘 táo
渗 shèn
涮 shuàn
涵 hán
九画
湾 wān
渡 dù
游 yóu
滋 zī
湛 zhàn
港 gǎng
滞 zhì
湖 hú
渣 zhā
渺 miǎo
(湯) tāng
湿 shī
温 wēn
渴 kě
溃 kuì
湍 tuān
溅 jiàn
滑 huá
渝 yú
湃 pài
(淵) yuān
十画
溶 róng
滨 bīn
滂 pāng
滚 gǔn
溢 yì
溯 sù
(溝) gōu
满 mǎn
漠 mò
(滅) miè
(滙) huì
源 yuán
滤 lǜ
滥 làn
滔 tāo
溪 xī
(滄) cāng
滗 bì
(滌) dí
溜 liū; liù
滩 tān
溺 nì
十一画
演 yǎn
滴 dī
(漢) hàn
(滿) mǎn
(滯) zhì
潇 xiāo
漆 qī
漱 shù
(漚) òu
漂 piāo; piǎo; piào
漫 màn
(滲) shèn
漏 lòu
(漲) zhǎng; zhàng

十二画
澈 chè
澜 lán
(澇) lào
(潔) jié
潜 qián
(澆) jiāo
澎 pēng
潮 cháo
潸 shān
潭 tán
潦 liǎo
(潛) qián
(潷) bì
澳 ào
澄 chéng; dèng
(潑) pō
潺 chán

十三画
濒 bīn
(濃) nóng
澡 zǎo
(澤) zé
(濁) zhuó
激 jī
(澱) diàn

十四至十六画
(濱) bīn
(濟) jǐ; jì
(濤) tāo
(濫) làn
(濬) jùn
(濕) shī
(瀏) liú
(澀) sè
(瀉) xiè
(瀆) dú
(濾) lǜ
瀑 pù
(濺) jiàn
(瀝) lì
瀚 hàn
(瀟) xiāo

十七画以上
灌 guàn
(灘) tān
(灑) sǎ
(灣) wān

(33)
忄(⺗)部

一至三画
忆 yì
忙 máng
忖 cǔn
忏 chàn

四画
忭 biàn
忱 chén
怄 òu
怀 huái
忧 yōu
怅 chàng
忡 chōng
怆 chuàng
快 kuài
忸 niǔ

五画
怦 pēng
怯 qiè
怙 hù
怵 chù
怖 bù
怏 yàng
怜 lián
性 xìng
怕 pà
怪 guài
怡 yí

六画
恼 nǎo
恸 tòng
恃 shì
恭 gōng
恒 héng
恢 huī
恍 huǎng
恫 dòng
恻 cè
恰 qia
恬 tián
恤 xù
恪 kè
恨 hèn

七画
悯 mǐn
悦 yuè
悖 bèi
悚 sǒng
悟 wù
悄 qiāo
悍 hàn
悔 huǐ

八画
惋 wǎn
惊 jīng
惦 diàn
惮 dàn
惬 qiè
情 qíng
(悵) chàng
惜 xī
惭 cán
悼 dào
惘 wǎng
惧 jù
惕 tì
悸 jì
惟 wéi
惆 chóu
惨 cǎn
惯 guàn

九画
(愜) qiè
愤 fèn
慌 huāng
惰 duò
愦 kuì
愕 è
愣 lèng
愉 yú
愎 bì
惶 huáng
愧 kuì
慨 kǎi
(惱) nǎo

十至十二画
慑 shè
慕 mù
慎 shèn
慄 lì
(愴) chuàng
慷 kāng
(慪) òu
慢 màn
(慟) tòng
(慘) cǎn
憧 chōng
(憐) lián
憎 zēng
懂 dǒng
憬 jǐng
(憚) dàn
憔 qiáo
懊 ào

十三画以上
懒 lǎn
憾 hàn
懈 xiè
懦 nuò
懵 měng
(懷) huái
(懺) chàn
(懾) shè
(懼) jù

(34)
宀部

二至四画
宁 níng; nìng
它 tā
宇 yǔ
守 shǒu
宅 zhái
安 ān
字 zì
灾 zāi
完 wán
宏 hóng
牢 láo

五画
实 shí
宝 bǎo
宗 zōng
定 dìng
宕 dàng
宠 chǒng
宜 yí
审 shěn
官 guān
宛 wǎn

六至八画
宣 xuān
宦 huàn
室 shì
宫 gōng
宪 xiàn
客 kè
宰 zǎi
害 hài
宽 kuān
家 jiā
宵 xiāo
宴 yàn
宾 bīn
密 mì
寇 kòu
寄 jì
寂 jì
宿 sù; xiǔ
(寃) yuān

九至十一画
寒 hán
富 fù
寓 yù
寐 mèi
寝 qǐn
塞 sāi; sài
寞 mò
(寧) níng; nìng
蜜 mì
寨 zhài
赛 sài
(賓) bīn
寡 guǎ
察 chá
寥 liáo
(寢) qǐn
(實) shí

十二画以上
(審) shěn
(寫) xiě
(憲) xiàn
(寵) chǒng
(寶) bǎo

(35)
丬(爿)部

壮 zhuàng
(壯) zhuàng
妆 zhuāng
(妝) zhuāng
状 zhuàng
(狀) zhuàng
将 jiāng; jiàng
(將) jiāng; jiàng

(36)
广部

广 guǎng

二至五画
庄 zhuāng
庆 qìng
应 yīng; yìng
庐 lú
床 chuáng
庋 guǐ
库 kù
庇 bì
序 xù
庞 páng
店 diàn
庙 miào
府 fǔ
底 dǐ
废 fèi

六至九画
度 dù; duó
庭 tíng
席 xí
座 zuò
唐 táng
廊 láng
庶 shù
庵 ān
庸 yōng
康 kāng

十至十三画以上
廓 kuò
廉 lián
(廣) guǎng
腐 fǔ
(廟) miào
(廠) chǎng
(廢) fèi

(慶) qìng
(應) yīng; yìng
膺 yīng
鹰 yīng
(龐) páng
(廬) lú
(廳) tīng

(37)
门(門)部

门 mén
(門) mén

一至五画

闩 shuān
闪 shǎn
闭 bì
问 wèn
闯 chuǎng
闷 mēn; mèn
闰 rùn
(開) kāi
闲 xián
间 jiān; jiàn
(閒) xián
闹 nào
闸 zhá

六至十一画以上

阂 hé
闺 guī
闻 wén
闾 lǘ
阀 fá
阁 gé
阅 yuè
阄 jiū
阐 chǎn
阉 yān
阍 hūn
阎 yán
阔 kuò
阑 lán
阙 què
(關) guān
(闡) chǎn
(鬮) jiū

(38)
辶(辶)部

二至三画

边 biān
辽 liáo
迂 yū
达 dá
迈 mài
过 guò
迅 xùn
迁 qiān
迄 qì
巡 xún

四至五画

这 zhè
进 jìn
远 yuǎn
运 yùn
违 wéi
还 hái; huán
连 lián
近 jìn
返 fǎn
迎 yíng
迟 chí
述 shù
迥 jiǒng
迭 dié
迤 yí; yǐ
迫 pǎi; pò
迢 tiáo

六画

迹 jì
送 sòng
迸 bèng
迷 mí
逆 nì
逃 táo
选 xuǎn
适 shì
追 zhuī
退 tuì
逊 xùn

七画

(這) zhè
递 dì
逗 dòu
逋 bū
速 sù
逐 zhú
逝 shì
逍 xiāo
逞 chěng
途 tú
造 zào
透 tòu
逢 féng
逛 guàng
通 tóng; tòng

八至十画

逻 luó
(過) guò
逶 wēi
(進) jìn
逸 yì
逮 dǎi; dài
道 dào
遂 suì
(運) yùn
遍 biàn
(達) dá
逼 bī
遇 yù
遏 è
遗 yí
逾 yú
遁 dùn
遐 xiá
(違) wéi
遨 áo
(遠) yuǎn
遣 qiǎn
遥 yáo
(遞) dì
(遜) xùn

十一画以上

(適) shì
遮 zhē
遭 zāo
遛 liù
遴 lín
遵 zūn
(邁) mài
(遷) qiān
(遼) liáo
(遲) chí
(選) xuǎn
遽 jù
(還) hái; huán
邀 yāo
避 bì
邈 miǎo
(邊) biān
(邋) lā
(邏) luó

(39)
工部

工 gōng
左 zuǒ
巧 qiǎo
功 gōng
式 shì
巩 gǒng
贡 gòng
巫 wū
攻 gōng
汞 gǒng
差 chā; chà; chāi
项 xiàng

(40)
土部

土 tǔ

二至三画

去 qù
圣 shèng
在 zài
寺 sì
至 zhì
尘 chén
地 de; dì
场 cháng; chǎng

四画

坟 fén
坊 fáng
坑 kēng
社 shè
坛 tán
坏 huài
址 zhǐ
坚 jiān
坝 bà
坐 zuò
坂 bǎn
坍 tān
均 jūn
坎 kǎn
坞 wù
块 kuài
坠 zhuì

五至六画

垃 lā
幸 xìng
坪 píng
坯 pī
垄 lǒng
坦 tǎn
坤 kūn
坡 pō
型 xíng
垮 kuǎ
城 chéng
垫 diàn
垢 gòu
垛 duǒ; duò
垒 lěi
垠 yín
垦 kěn

七至九画

埂 gěng
埋 mái; mán
埃 āi
培 péi
(執) zhí
堵 dǔ
域 yù
基 jī
(堅) jiān
堑 qiàn
堂 táng
堆 duī
埠 bù
堕 duò
(報) bào
堪 kān
塔 tǎ
堤 dī
(場) cháng; chǎng
堡 bǎo
(塊) kuài

十至十二画

(塗) tú
塞 sāi; sài
塘 táng
塑 sù
墓 mù
填 tián
塌 tā
(塢) wù
境 jìng
(塵) chén
墙 qiáng
(墊) diàn
墟 xū
墅 shù
(墜) zhuì
(墮) duò
墩 dūn
增 zēng
(墳) fén
墨 mò

十三画以上

(壇) tán
壅 yōng
(牆) qiáng
(墾) kěn
壁 bì
壕 háo
壑 hè
(壘) lěi
(壟) lǒng
(壞) huài
疆 jiāng
壤 rǎng
(壩) bà

(41)
士部

士 shì

三至四画

壮 zhuàng
志 zhì
吉 jí
壳 ké; qiào
声 shēng
(壯) zhuàng

扬 yáng
四画
抖 dǒu
抗 kàng
护 hù
扶 fú
抚 fǔ
技 jì
抠 kōu
扰 rǎo
扼 è
拒 jù
找 zhǎo
批 pī
扯 chě
抄 chāo
扮 bàn
抢 qiǎng
折 zhē; zhé; shé
抓 zhuā
扳 bān
投 tóu
抑 yì
抛 pāo
拟 nǐ
抒 shū
抉 jué
扭 niǔ
把 bǎ; bà
报 bào
五画
拧 níng; nǐng
拉 lā; lá
拄 zhǔ
拦 lán
拌 bàn
抨 pēng
抹 mā; mǒ; mò
拓 tà; tuò
拔 bá
拢 lǒng
拣 jiǎn
拈 niān
担 dān; dàn
押 yā
抽 chōu
拐 guǎi
拙 zhuō
拎 līn
拖 tuō
拍 pāi
拆 chāi
拥 yōng
抵 dǐ
拘 jū
抱 bào
择 zé; zhái
抬 tái
抿 mín
拂 fú
披 pī
招 zhāo
拨 bō
拗 ào; niù
拇 mǔ
六画
挖 wā
按 àn
挤 jǐ
拼 pīn
挥 huī
挟 xié
拭 shì
挂 guà
持 chí
拮 jié
拷 kǎo
拱 gǒng
挞 tà
挎 kuà
挠 náo
挡 dǎng
拽 zhuài
拴 shuān
拾 shí
挑 tiāo; tiǎo
挺 tǐng
括 kuò
指 zhī; zhí; zhǐ
挣 zhēng; zhèng
挪 nuó
拯 zhěng
七画
捞 lāo
捕 bǔ
捂 wǔ
(挾) xié
振 zhèn
捎 shāo
捍 hàn
捏 niē
捉 zhuō
捆 kǔn
捐 juān
损 sǔn
捌 bā
捋 lǚ
捡 jiǎn
挫 cuò
捣 dǎo
换 huàn
挽 wǎn
捅 tǒng
挨 āi; ái
八画
控 kòng
接 jiē
掠 lüè
掂 diān
掷 zhì
(捲) juǎn
掸 dǎn
掮 qián
探 tàn
捧 pěng
(掛) guà
措 cuò
描 miáo
捺 nà
掩 yǎn
捷 jié
排 pái
掉 diào
掳 lǔ
授 shòu
(採) cǎi
捻 niǎn
(捨) shě
捶 chuí
推 tuī
掀 xiān
掬 jū
掏 tāo
掐 qiā
掇 duō
(掃) sǎo; sào
据 jù
掘 jué
九画
搅 jiǎo
搁 gē
搓 cuō
搂 lōu; lǒu
揍 zòu
搽 chá
搭 dā
(揀) jiǎn
揠 yà
揩 kāi
揽 lǎn
提 dī; tí
(揚) yáng
揭 jiē
揣 chuāi; chuǎi
援 yuán
揪 jiū
插 chā
(揑) niē
搜 sōu
搀 chān
搔 sāo
揆 kuí
揉 róu
握 wò
十画
摈 bìn
搞 gǎo
搪 táng
(搧) shān
摄 shè
摸 mō
搏 bó
摁 èn
摆 bǎi
摇 yáo
(搶) qiǎng
携 xié
搬 bān
摊 tān
十一画
摘 zhāi
摔 shuāi
撇 piē; piě
(摳) kōu
(摟) lōu; lǒu
撂 liào
摧 cuī
十二画
撞 zhuàng
撤 chè
(撈) lāo
撵 niǎn
(撻) tà
(撓) náo
撕 sī
撒 sā; sǎ
撩 liāo; liáo
撅 juē
撑 chēng
(撲) pū
撮 cuō; zuǒ
(撣) dǎn
擒 qín
播 bō
撬 qiào
(撫) fǔ
(撥) bō
撰 zhuàn
十三画
擅 shàn
(擁) yōng
擂 léi; lèi
擀 gǎn
撼 hàn
(擋) dǎng
(據) jù
(擄) lǔ
操 cāo
(擇) zé; zhái
(撿) jiǎn
(擔) dān; dàn
十四画
(擰) níng; nǐng
(擯) bìn
擦 cā
(擠) jǐ
(擴) kuò
(擲) zhì
(擡) tái
擤 xǐng
(擬) nǐ
十五至十七画
(擾) rǎo
(擺) bǎi
(攏) lǒng
攒 zǎn
(攙) chān
(攔) lán
十八画以上
(攝) shè
(攤) tān
攥 zuàn
攫 jué
(攪) jiǎo
(攬) lǎn

(49)

小(⺌⺍)部

小 xiǎo
一至四画
少 shǎo; shào
尔 ěr
尘 chén
尖 jiān
光 guāng
劣 liè
当 dāng; dàng
肖 xiào
五至八画
尚 shàng
尝 cháng
省 shěng; xǐng
党 dǎng
堂 táng
常 cháng
雀 què
九至十画
掌 zhǎng
辉 huī
(當) dāng; dàng
裳 sháng

(嘗) cháng
(黨) dǎng
耀 yào

(50) 口部

口 kǒu

二画

叶 yè
古 gǔ
右 yòu
叮 dīng
可 kě; kè
号 háo; hào
占 zhān; zhàn
只 zhī; zhǐ
史 shǐ
兄 xiōng
叱 chì
句 jù
叽 jī
叹 tàn
台 tái
司 sī
叼 diāo
叫 jiào
叩 kòu
叨 dāo
召 zhào
另 lìng

三画

问 wèn
吁 xū; yù
吓 hè; xià
吐 tǔ; tù
吉 jí
吊 diào
合 hé
吃 chī
向 xiàng
后 hòu
名 míng
各 gè
吸 xī
吗 má; mǎ; ma

四画

吝 lìn
吭 háng; kēng
呈 chéng
吞 tūn
呓 yì
呆 ái; dāi
吱 zī
吾 wú
吠 fèi
呕 ǒu
否 fǒu; pǐ
呃 è
呀 yā
吵 chǎo
呗 bei
员 yuán
呐 nà
吟 yín
吩 fēn
呛 qiāng; qiàng
告 gào
听 tīng
吹 chuī
吻 wěn
呜 wū
吮 shǔn
君 jūn
吧 bā; ba
吼 hǒu

五画

味 wèi
哎 āi
咕 gū
呵 hē
呸 pēi
咀 jǔ
呻 shēn
呷 xiā
咒 zhòu
咄 duō
呼 hū
知 zhī
咋 zǎ
和 hé; hè; huó; huò
呱 gū; guā
咎 jiù
鸣 míng
咆 páo
呢 ne; ní
咖 gā; kā

六画

咬 yǎo
咨 zī
咳 hāi; ké
咪 mī
哐 kuāng
哇 wā; wa
哉 zāi
哑 yǎ
哄 hǒng; hōng; hòng
咸 xián
咧 liě
咦 yí
哔 bì
呲 cī
虽 suī
品 pǐn
咽 yān; yàn
哈 hā
哗 huā; huá
咱 zán
响 xiǎng
咯 gē; kǎ
哆 duō
哞 mōu
哪 nǎ; na; něi
哟 yō; yo

七画

唁 yàn
哼 hēng; hng
唐 táng
哥 gē
哮 xiāo
哺 bǔ
哽 gěng
唇 chún
哲 zhé
哨 shào
哭 kū
哦 ó; ò
唤 huàn
唆 suō
唉 āi; ài
啊 á; ǎ; à; a

八画

商 shāng
啐 cuì
唳 lì
(啟) qǐ
(啞) yǎ
营 yíng
啄 zhuó
啦 la
啪 pā
啃 kěn
唱 chàng
(唸) niàn
啥 shà
唾 tuò
唯 wéi; wěi
售 shòu
啤 pí
啜 chuò
啸 xiào

九画

喧 xuān
喀 kā
啼 tí
善 shàn
喷 pēn; pèn
喜 xǐ
喋 dié
喃 nán
(喪) sāng; sàng
喳 chā; zhā
喇 lǎ
喊 hǎn
喝 hē; hè
喂 wèi
(單) dān
喘 chuǎn
喻 yù
(啣) xián
喉 hóu
喔 ō; wō
喙 huì

十画

嗨 hāi
嗷 áo
嘟 dū
嗜 shì
嗑 kè
(嘩) huā; huá
嗬 hē
嗔 chēn
嗝 gé
(號) háo; hào
(嗶) bì
嗣 sì
嗯 ń; ň; ǹ; ńg; ňg; ǹg
嗤 chī
嗳 ǎi; ài
(嗆) qiāng; qiàng
嗡 wēng
嗅 xiù
嗥 háo
(嗚) wū
嗓 sǎng

十一画

嘀 dí
嘛 ma
嗾 sǒu
嘉 jiā
(嘆) tàn
嘈 cáo
(嘔) ǒu
嘎 gā
嘘 shī
嘣 bēng

十二至十三画

噎 yē
嘶 sī
嘻 xī
嘲 cháo
嘹 liáo
嘿 hēi
噙 qín
嘱 zhǔ
(嘰) jī
(營) yíng
噩 è
噤 jìn
嘴 zuǐ
器 qì
噪 zào
(噯) ǎi; ài
(嘯) xiào

十四至十六画

嚓 cā
嚎 háo
嚏 tì
(嚇) hè; xià
嚣 xiāo
(嚥) yàn
(嚴) yán

十七画以上

嚷 rāng
嚼 jiáo; jué
(囈) yì
(囉) luō
(囑) zhǔ

(51) 囗部

二至四画

囚 qiú
四 sì
团 tuán
因 yīn
回 huí
园 yuán
围 wéi
困 kùn
囤 dùn; tún
囫 hú

五至七画

国 guó
固 gù
囹 líng
图 tú
圄 yǔ
圃 pǔ
圆 yuán

八至十一画

圈 juān; juàn; quān
啬 sè
(國) guó
(圍) wéi

绽 zhàn
绩 jī
绪 xù
续 xù
(綫) xiàn
绯 fēi
绰 chuò
(網) wǎng
(綱) gāng
绳 shéng
维 wéi
绵 mián
绷 bēng; běng; bèng
绸 chóu
缀 zhuì
绿 lǜ

九画

缔 dì
缕 lǚ
编 biān
(練) liàn
缄 jiān
缅 miǎn
缆 lǎn
缉 jī
缓 huǎn
缎 duàn
(緯) wěi
缘 yuán

十至十一画

缟 gǎo
缤 bīn
缠 chán
缢 yì
缜 zhěn
缚 fù
(緻) zhì
缝 féng; fèng
(縐) zhòu
缩 suō
缥 piāo
(縷) lǚ
缨 yīng
(總) zǒng
(縱) zòng
缫 sāo

十二画

(織) zhī
缮 shàn
(繞) rào
缭 liáo
(繩) shéng

十三至十五画以上

缰 jiāng
(繪) huì
缴 jiǎo
(繽) bīn
(繼) jì
(纏) chán
(續) xù
(變) biàn
(纖) xiān
(纔) cái
(纜) lǎn

(69)
马(馬)部

马 mǎ
(馬) mǎ

二至四画

驭 yù
闯 chuǎng
驮 tuó
驯 xùn
驰 chí
驴 lǘ
驱 qū
驳 bó

五画

驼 tuó
驻 zhù
驶 shǐ
驷 sì
驸 fù
驹 jū
驿 yì
驾 jià

六至八画

骇 hài
骂 mà
骄 jiāo
骆 luò
骋 chěng
验 yàn
骏 jùn
骑 qí

九至十四画以上

骗 piàn
骚 sāo
骛 wù
腾 téng
(驅) qū
骡 luó
(驚) jīng
(驕) jiāo
(驛) yì
(驗) yàn
骤 zhòu
骥 jì
(驢) lǘ

(70)
巛部

(災) zāi
巢 cháo

(71)
灬部

四至七画

杰 jié
点 diǎn
羔 gāo
烈 liè
热 rè
(烏) wū
烹 pēng
焉 yān

八至九画

煮 zhǔ
(爲) wéi; wèi
(無) wú
焦 jiāo
然 rán
煎 jiān
蒸 zhēng
煦 xù
照 zhào
煞 shā; shà

十画以上

熬 áo
熙 xī
熏 xūn
熊 xióng
熟 shú
(熱) rè
熹 xī
燕 yàn

(72)
斗部

斗 dǒu; dòu
料 liào
斜 xié
斟 zhēn
斡 wò

(73)
文部

文 wén
齐 qí
吝 lìn
斋 zhāi
虔 qián
紊 wěn
斑 bān

(74)
方部

方 fāng
房 fáng
(於) yú
放 fàng
施 shī
旁 páng
旅 lǚ
旌 jīng
族 zú
旋 xuán; xuàn
旗 qí

(75)
火部

火 huǒ

一至三画

灭 miè
灰 huī
灯 dēng
灾 zāi
灶 zào
灿 càn
灼 zhuó
灵 líng
(災) zāi

四画

炕 kàng
炎 yán
炉 lú
炬 jù
炖 dùn
炒 chǎo
炙 zhì
炊 chuī

五画

炫 xuàn
烂 làn
荧 yíng
炳 bǐng
炼 liàn
炽 chì
炭 tàn
炯 jiǒng
炸 zhá; zhà
炮 bāo; páo; pào
烁 shuò

六至七画

烫 tàng
烤 kǎo
耿 gěng
烘 hōng
烦 fán
烧 shāo
烛 zhú
烟 yān
烩 huì
烙 lào
烬 jìn
焖 mèn
焊 hàn
烽 fēng
焕 huàn

八至十画

焙 bèi
焚 fén
焰 yàn
煸 biān
煤 méi
(煉) liàn
煨 wēi
煅 duàn
煌 huáng
熔 rōng
(犖) luò
(熒) yíng
(榮) róng
煽 shān
熄 xī
熘 liū

十一至十二画

熨 yùn
(燙) tàng
(熾) chì
燧 suì
(營) yíng
(燒) shāo
燎 liáo
燃 rán
(燄) yàn
(燈) dēng

十三至十五画以上

(燦) càn
燥 zào
(燭) zhú
(燴) huì
(燼) jìn
爆 bào
(爍) shuò
(爐) lú
(爛) làn

(76)
心部

心 xīn

一至三画

必 bì
忘 wàng
闷 mèn
志 zhì
忐 tǎn

明 míng
昏 hūn
易 yì
昂 áng
五画
春 chūn
昧 mèi
是 shì
显 xiǎn
映 yìng
星 xīng
昨 zuó
昵 nì
昭 zhāo
六至七画
晕 yūn; yùn
晖 huī
(時) shí
晋 jìn
晒 shài
(晉) jìn
晓 xiǎo
晃 huǎng; huàng
晌 shǎng
匙 chí
晤 wù
晨 chén
晦 huì
晚 wǎn
(晝) zhòu
八画
晾 liàng
普 pǔ
景 jǐng
晴 qíng
暑 shǔ
晰 xī
量 liáng; liàng
暂 zàn
晶 jīng
智 zhì
晷 guǐ
九至十一画
暗 àn
暖 nuǎn
暇 xiá
暮 mù
暧 ài
暴 bào
十二至十四画以上
(曇) tán
(曉) xiǎo
曚 méng
曙 shǔ
(曖) ài
(曠) kuàng
曝 pù
曦 xī
(曬) shài

(91) 日(曰)部

曰 yuē
二至八画
曲 qǔ
旨 zhǐ
曳 yè
者 zhě
沓 dá; tà
冒 mào
曷 hé
書 shū
冕 miǎn
曾 céng
替 tì
最 zuì
(嘗) cháng

(92) 贝(貝)部

贝 bèi
(貝) bèi
二至四画
贞 zhēn
则 zé
负 fù
贡 gòng
财 cái
员 yuán
贮 zhù
责 zé
贤 xián
贪 tān
贬 biǎn
贫 pín
货 huò
质 zhì
贩 fàn
购 gòu
贯 guàn
五画
(貯) zhù
贰 èr
贱 jiàn
贲 bēn; bì
贴 tiē
贵 guì
(買) mǎi
贷 dài
贸 mào
贻 yí
费 fèi
贺 hè
六至七画
赃 zāng
资 zī
贼 zéi
贾 gǔ
贿 huì
赁 lìn
(賓) bīn
(實) shí
赈 zhèn
赊 shē
八画
赔 péi
赋 fù
(賣) mài
赌 dǔ
赎 shú
(賢) xián
(賤) jiàn
赏 shǎng
赐 cì
(質) zhì
九画以上
赖 lài
赛 sài
赚 zhuàn
赘 zhuì
(購) gòu
赠 zèng
赞 zàn
赡 shàn
(贓) zāng
(贖) shú

(93) 见(見)部

见 jiàn
(見) jiàn
二至七画
观 guān
视 shì
现 xiàn
规 guī
觅 mì
觉 jiào; jué
览 lǎn
觊 jì
舰 jiàn
八画以上
(親) qīn
(覬) jì
觐 jìn
觑 qù
(覺) jiào; jué
(覽) lǎn
(觀) guān

(94) 父部

父 fù
爷 yé
斧 fǔ
爸 bà
釜 fǔ
爹 diē
(爺) yé

(95) 牛(牜⺧)部

牛 niú
二至四画
牢 láo
牡 mǔ
告 gào
牧 mù
物 wù
五至九画以上
荦 luò
牯 gǔ
牵 qiān
牲 shēng
特 tè
牺 xī
(牽) qiān
犁 lí
犄 jī
犀 xī
犒 kào
(犖) luò
靠 kào
犟 jiàng
(犧) xī

(96) 手部

手 shǒu
四至八画
承 chéng
拜 bài
挛 luán
拳 quán
挈 qiè
挚 zhì
拿 ná
掌 zhǎng
掰 bāi
掣 chè
九画以上
摩 mó
(摯) zhì
擎 qíng
(擊) jī
擘 bò
攀 pān
(攣) luán

(97) 毛部

毛 máo
三至九画以上
尾 wěi
毡 zhān
毫 háo
毯 tǎn
毽 jiàn
麾 huī
氅 chǎng
(氈) zhān

(98) 气部

气 qì
氢 qīng
氨 ān
氧 yǎng
(氣) qì
(氫) qīng
氮 dàn

(99) 攵部

二至五画
收 shōu
攻 gōng
改 gǎi
孜 zī
放 fàng
败 bài
政 zhèng
故 gù
六至七画
效 xiào
致 zhì
敌 dí
敝 bì
(啓) qǐ
赦 shè
教 jiāo; jiào
救 jiù
敛 liǎn
敏 mǐn
敢 gǎn
八至十一画以上
敦 dūn
散 sǎn; sàn
敬 jìng
敞 chǎng
数 shǔ; shù;

shuò
(敵) dí
敷 fū
(數) shǔ; shù; shuò
整 zhěng
(斂) liǎn
(變) biàn

(100)
片部

片 piān; piàn
版 bǎn
牍 dú
牒 dié
牌 pái
(牘) dú

(101)
斤部

斤 jīn
斥 chì
斩 zhǎn
斧 fǔ
所 suǒ
欣 xīn
断 duàn
斯 sī
新 xīn
(斷) duàn

(102)
爪(爫)部

爪 zhǎo; zhuǎ
妥 tuǒ
受 shòu
采 cǎi
觅 mì
(爭) zhēng
爬 pá
乳 rǔ
爱 ài
(爲) wéi; wèi
奚 xī
(愛) ài
(亂) luàn
孵 fū
爵 jué

(103)
月(⺼)部

月 yuè
一至三画
有 yǒu
肌 jī
肋 lèi
肝 gān
肛 gāng
肚 dǔ; dù
肘 zhǒu
肖 xiào
肠 cháng
四画
肮 āng
育 yù
肩 jiān
肤 fū
肢 zhī
肺 fèi
肯 kěn
肾 shèn
肿 zhǒng
肴 yáo
胀 zhàng
朋 péng
股 gǔ
肥 féi
服 fú; fù
胁 xié
五画
胖 pàng
脉 mài; mò
胡 hú
胚 pēi
背 bēi; bèi
胪 lú
胆 dǎn
胃 wèi
胜 shèng
胞 bāo
胫 jìng
胎 tāi
六画
脐 qí
胶 jiāo
脊 jí; jǐ
脑 nǎo
脏 zāng; zàng
朔 shuò
朗 lǎng
脓 nóng
胯 kuà
胰 yí
脍 kuài
(脈) mài; mò
脆 cuì
胳 gē
胸 xiōng
脂 zhī
能 néng
(脅) xié
七画
望 wàng
脱 tuō
脖 bó
脚 jiǎo
脯 fǔ
(脛) jìng
脸 liǎn
八画
腔 qiāng
腕 wàn
腋 yè
(勝) shèng
(脹) zhàng
期 qī
腊 là
朝 cháo; zhāo
(腎) shèn
腌 ā; yān
腓 féi
脾 pí
腱 jiàn
九画
腾 téng
腻 nì
腰 yāo
腼 miǎn
(腸) cháng
腥 xīng
腮 sāi
腭 è
(腫) zhǒng
腹 fù
腺 xiàn
鹏 péng
腿 tuǐ
(腦) nǎo
十至十二画
膀 bǎng; páng
膏 gāo
膂 lǚ
膜 mó
膊 bó
膈 gé
膝 xī
膘 biāo
膛 táng
(膚) fū
(膠) jiāo
膳 shàn
膨 péng
十三画以上
臆 yì
膺 yīng
臃 yōng
(騰) téng
朦 méng
(膿) nóng
臊 sāo; sào
(膾) kuài
(臉) liǎn
(膽) dǎn
臀 tún
臂 bì
(臍) qí
(臘) là
(臚) lú
(臟) zàng

(104)
欠部

欠 qiàn
二至八画
次 cì
欢 huān
欧 ōu
软 ruǎn
欣 xīn
欲 yù
欸 ê̄; ế; ê̌; ề
款 kuǎn
欺 qī
九画以上
歇 xiē
歉 qiàn
歌 gē
(歐) ōu
(歡) huān

(105)
风(風)部

风 fēng
(風) fēng
飒 sà
飓 jù
飘 piāo
飙 biāo
(飆) biāo

(106)
殳部

四至八画
殴 ōu
段 duàn
(殺) shā
般 bān
殷 yīn
(殼) ké; qiào
(發) fā
九画以上
毁 huǐ
殿 diàn
毅 yì
(穀) gǔ
(毆) ōu

(107)
肀(⺻聿)部

隶 lì
(書) shū
肃 sù
(晝) zhòu
(畫) huà
肆 sì
肄 yì
肇 zhào
(肅) sù
(盡) jìn

(108)
毋(母)部

毋 wú
母 mǔ
每 měi
毒 dú
贯 guàn

(109)
水(氺)部

水 shuǐ
一至六画以上
永 yǒng
求 qiú
汞 gǒng
录 lù
尿 niào
沓 dá; tà
泰 tài
泵 bèng
泉 quán
浆 jiāng; jiàng
黎 lí
(漿) jiāng; jiàng

(110)
穴部

穴 xué
一至五画
穷 qióng
究 jiū
空 kōng; kòng
帘 lián
穹 qióng
突 tū
窃 qiè
穿 chuān
窍 qiào
容 róng

窄 zhǎi
窈 yǎo

六至七画

窒 zhì
窑 yáo
窜 cuàn
窝 wō
窖 jiào
窗 chuāng
窘 jiǒng

八画以上

窥 kuī
窠 kē
(窩) wō
窟 kū
(窪) wā
(窮) qióng
(窯) yáo
(竅) qiào
(竄) cuàn
(竈) zào
(竊) qiè

(111) 立部

立 lì

一至六画

产 chǎn
妾 qiè
亲 qīn; qìng
竖 shù
飒 sà
站 zhàn
竞 jìng
章 zhāng
竟 jìng
(産) chǎn
翌 yì

七画以上

童 tóng
竣 jùn
靖 jìng
(豎) shù
意 yì
竭 jié
端 duān
(競) jìng

(112) *疒部*

二至四画

疔 dīng
疖 jiē
疗 liáo
疟 nüè; yào
疙 gē
疚 jiù
疡 yáng
疥 jiè
疮 chuāng
疯 fēng
疫 yì
疤 bā

五画

症 zhēng; zhèng
病 bìng
疽 jū
疾 jí
疼 téng
疱 pào
痉 jìng
疲 pí
痂 jiā

六至七画

痒 yǎng
痔 zhì
痍 yí
疵 cī
痊 quán
痕 hén
痣 zhì
痘 dòu
痨 láo
痞 pǐ
(痙) jìng
痢 lì
痛 tòng

八至九画

瘁 cuì
痰 tán
痱 fèi
痼 gù
痴 chī
(瘧) nüè; yào
(瘍) yáng
瘟 wēn
瘦 shòu
瘊 hóu
(瘋) fēng

十至十一画

(瘡) chuāng
瘪 biě
瘢 bān
瘤 liú
瘫 tān
瘰 luǒ
瘾 yǐn

十二至十四画以上

(癆) láo
癍 bān
(療) liáo
癌 ái
癔 yì
癞 lài
(癤) jiē
癖 pǐ
(癢) yǎng
(癟) biě
癣 xuǎn
(癡) chī
(癥) zhēng
癫 diān
(癮) yǐn
(癱) tān

(113) 衤部

二至四画

补 bǔ
初 chū
衬 chèn
衫 shān
衩 chà
袄 ǎo

五至六画

袜 wà
袒 tǎn
袖 xiù
袍 páo
被 bèi
裆 dāng

七至八画

裤 kù
(補) bǔ
裕 yù
裙 qún
裱 biǎo
褂 guà
裸 luǒ
裨 bì

九画以上

褊 biǎn
褙 bèi
褐 hè
(複) fù
褥 rù
褴 lán
褫 chǐ
褶 zhě
(襖) ǎo
襁 qiǎng
襟 jīn
(襠) dāng
(襪) wà
(襤) lán
(襯) chèn

(114) 示部

示 shì
奈 nài
祟 suì
票 piào
祭 jì
禀 bǐng
禁 jīn; jìn
(禦) yù

(115) 石部

石 shí

二至四画

矿 kuàng
矾 fán
码 mǎ
研 yán
砖 zhuān
砌 qì
砂 shā
砚 yàn
砍 kǎn
泵 bèng

五画

砰 pēng
砸 zá
砺 lì
砻 lóng
砧 zhēn
础 chǔ
砾 lì
破 pò

六至七画

硅 guī
硕 shuò
硫 liú
硬 yìng
硝 xiāo
确 què

八画

碇 dìng
碗 wǎn
碎 suì
碰 pèng
碍 ài
碘 diǎn
碑 bēi
碉 diāo
碌 lù

九画

磋 cuō
磁 cí
碧 bì
碟 dié
碴 chá
碱 jiǎn
碳 tàn

十至十二画

磅 bàng; páng
(確) què
磕 kē
磊 lěi
磐 pán
碾 niǎn
磨 mó; mò
磺 huáng
(磚) zhuān
磷 lín
礁 jiāo

十三画以上

(礎) chǔ
(礦) kuàng
(礪) lì
(礙) ài
(礫) lì
(礱) lóng

(116) 龙(龍)部

龙 lóng
(龍) lóng
垄 lǒng
(壟) lǒng
袭 xí
(襲) xí
龛 kān
(龕) kān

(117) 业部

业 yè
凿 záo; zuò
(業) yè
(叢) cóng

(118) 目部

目 mù

二至四画

盯 dīng
盲 máng
相 xiāng; xiàng
盹 dǔn
省 shěng; xǐng
眨 zhǎ
盼 pàn
看 kān; kàn
盾 dùn
眉 méi

五至七画

眩 xuàn
眠 mián
眷 juàn
眯 mī; mǐ
眶 kuàng
眺 tiào

睁 zhēng
眸 móu
眼 yǎn
睒 shǎn
睑 jiǎn
鼎 dǐng

八画

睛 jīng
睦 mù
睹 dǔ
瞄 miáo
睫 jié
督 dū
睬 cǎi
睡 shuì

九至十一画

瞅 chǒu
睽 kuí
瞎 xiā
瞑 míng
瞌 kē
瞒 mán
瞋 chēn
瞥 piē
(瞞) mán
(縣) xiàn
瞟 piǎo
瞠 chēng
瞰 kàn

十二画以上

瞳 tóng
(瞭) liǎo
liào
瞬 shùn
瞧 qiáo
瞪 dèng
瞩 zhǔ
矇 méng
(瞼) jiǎn
瞻 zhān
(矚) zhǔ

(119) 田部

田 tián
甲 jiǎ
申 shēn
由 yóu
电 diàn

二至四画

亩 mǔ
男 nán
备 bèi
思 sī
畏 wèi
毗 pí
胃 wèi
界 jiè

五至六画

(畝) mǔ
畜 chù; xù
畔 pàn
(畢) bì
留 liú
畚 běn
畦 qí
(異) yì
略 lüè
累 léi; lěi;
lèi

七至十一画以上

富 fù
畴 chóu
番 fān
(畫) huà
畸 jī
(當) dāng
dàng
(奮) fèn
(壘) lěi
(疇) chóu
(纍) léi; lěi
(疊) dié

(120) 罒部

四 sì

二至八画

罗 luō; luó
罚 fá
罢 bà
(買) mǎi
署 shǔ
置 zhì
罪 zuì
罩 zhào

九画以上

(罰) fá
(罵) mà
(罷) bà
罹 lí
羁 jī
(羅) luó

(121) 皿部

三至五画

盂 yú
孟 mèng
盆 pén
盈 yíng
益 yì
盏 zhǎn
盐 yán
监 jiān
盎 àng

六画

盗 dào
盖 gài
盔 kuī
盛 chéng;
shèng
蛊 gǔ
盒 hé
盘 pán

八画以上

(盞) zhǎn
盟 méng
(監) jiān
(盡) jǐn; jìn
(盤) pán
盥 guàn
(蠱) gǔ
(鹽) yán

(122) 钅(金)部

一至三画

针 zhēn
钉 dīng;
dìng
钓 diào
钗 chāi

四画

钙 gài
钝 dùn
钞 chāo
钟 zhōng
钠 nà
钢 gāng
钧 jūn
钥 yào; yuè
钦 qīn
钩 gōu
钨 wū
钮 niǔ

五画

钱 qián
钳 qián
钵 bō
钻 zuān;
zuàn
钾 jiǎ
铃 líng
铁 tiě
铅 qiān
铆 mǎo

六画

铵 ǎn
铲 chǎn
铰 jiǎo
铐 kào
铛 dāng
铝 lǚ
铜 tóng
铠 kǎi
铤 tǐng
铧 huá
铭 míng
银 yín

七画

锌 xīn
锐 ruì
锒 láng
铸 zhù
铺 pù
链 liàn
销 xiāo
锁 suǒ
铿 kēng
锄 chú
锅 guō
锉 cuò
锈 xiù
锋 fēng

八画

锭 dìng
鎯 láng
(錶) biǎo
错 cuò
锚 máo
锛 bēn
(錢) qián
(鋼) gāng
锡 xī
锣 luó
(鍋) guō
锤 chuí
锥 zhuī
锦 jǐn
锨 xiān
键 jiàn
(録) lù
锯 jù
锰 měng

九至十画

锵 qiāng
镀 dù
镁 měi
镂 lòu
锲 qiè
锹 qiāo
(鍾) zhōng
锻 duàn
镑 bàng
镐 gǎo
镇 zhèn
(鎧) kǎi
镍 niè
(鎢) wū
镌 juān

十一至十二画

镜 jìng
(鏟) chǎn
(鏗) kēng
镖 biāo
镗 táng
(鏤) lòu
(鏘) qiāng
(鐘) zhōng
镣 liào
(鐫) juān

十三至十五画

镰 lián
(鐵) tiě
(鐺) dāng
镯 zhuó

十四画以上

(鑄) zhù
镳 biāo
镶 xiāng
(鑰) yào;
yuè
(鑼) luó
(鑽) zuān;
zuàn

(123) 矢部

矢 shǐ
矣 yǐ
知 zhī
矩 jǔ
矫 jiǎo
短 duǎn
矮 ǎi
(矯) jiǎo

(124) 禾部

禾 hé

二至三画

利 lì
秃 tū
秀 xiù
私 sī
秆 gǎn
和 hé; hè;
huó
秉 bǐng
委 wěi
季 jì

四画

科 kē
秋 qiū
秕 bǐ
秒 miǎo
香 xiāng
种 zhǒng;

zhòng

五画

秘 mì
秤 chèng
秣 mò
乘 chéng
租 zū
秧 yāng
积 jī
秩 zhì
称 chèn; chēng

六至七画

秸 jiē
秽 huì
移 yí
税 shuì
稍 shāo
(稈) gǎn
程 chéng
稀 xī
黍 shǔ

八画

稚 zhì
稗 bài
稠 chóu
颓 tuí
颖 yǐng

九至十一画

(稭) jiē
(稱) chèn; chēng
(種) zhǒng; zhòng
稳 wěn
稼 jià
稿 gǎo
(穀) gǔ
稽 jī; qǐ
稻 dào
黎 lí
(積) jī
穆 mù

十二画以上

穗 suì
黏 nián
(穢) huì
馥 fù
(穩) wěn

(125)
白部

白 bái

一至三画

百 bǎi
皂 zào
帛 bó
的 de; dí; dì

四至十画以上

皇 huáng
皆 jiē
泉 quán
皎 jiǎo
皑 ái
皓 hào
魄 pò
(皚) ái

(126)
瓜部

瓜 guā
瓢 piáo
瓣 bàn
瓤 ráng

(127)
鸟(鳥)部

鸟 niǎo
(鳥) niǎo

二至四画

(鳧) fú
鸩 zhèn
鸡 jī
鸣 míng
(鳳) fèng
鸥 ōu
鸦 yā

五画

鸵 tuó
鸭 yā
鸳 yuān

六至八画

鸿 hóng
鸾 luán
鸽 gē
鹄 gǔ; hú
鹅 é
鹊 què
鹏 péng
鹌 ān

九画以上

鹤 hè
(鷄) jī
(鷗) ōu
鹦 yīng
鹫 jiù
鹬 yù
鹰 yīng
鹳 guàn
(鸞) luán

(128)
用部

用 yòng
甩 shuǎi
甫 fǔ
甭 béng

(129)
矛部

矛 máo
柔 róu
矜 jīn
(務) wù

(130)
疋(⺪)部

蛋 dàn
疏 shū
楚 chǔ
疑 yí

(131)
皮部

皮 pí
皱 zhòu
颇 pō
皴 cūn
(皺) zhòu

(132)
衣部

衣 yī

二至六画

表 biǎo
衰 shuāi
衷 zhōng
袅 niǎo
袭 xí
袋 dài
装 zhuāng
裁 cái
裂 liè
亵 xiè

七画以上

裘 qiú
(裏) lǐ
裔 yì
(裝) zhuāng
裹 guǒ
(製) zhì
褒 bāo
(褻) xiè
襄 xiāng
(襲) xí

(133)
羊(⺶⺷)部

羊 yáng

一至四画

养 yǎng
差 chā; chà; chāi
美 měi
姜 jiāng
羔 gāo
恙 yàng
羞 xiū

五画以上

着 zhāo; zháo; zhe; zhuó
盖 gài
羚 líng
羡 xiàn
善 shàn
翔 xiáng
(義) yì
群 qún
(羣) qún
(養) yǎng
羹 gēng

(134)
米部

米 mǐ

二至四画

籴 dí
类 lèi
娄 lóu
屎 shǐ
籽 zǐ
料 liào
粉 fěn

五至八画

粒 lì
粘 nián; zhān
粗 cū
粪 fèn
粟 sù
粥 zhōu
粱 liáng
粮 liáng
粳 jīng
粹 cuì
精 jīng
粼 lín

九画以上

糊 hū; hú; hù
糖 táng
糕 gāo
糙 cāo
糜 mí
糠 kāng
糟 zāo
(糧) liáng
糯 nuò
(糴) dí

(153)
耒部

耕 gēng
耘 yún
耗 hào
耙 bà; pá
耩 jiǎng

(136)
老部

老 lǎo
考 kǎo

(137)
耳部

耳 ěr

二至四画

取 qǔ
耶 yē
闻 wén
耷 dā
耿 gěng
耽 dān
耻 chǐ
耸 sǒng

五至七画

聋 lóng
职 zhí
聆 líng
聊 liáo
联 lián
聒 guō
(聖) shèng
聘 pìn

八画以上

聚 jù
聪 cōng
聩 kuì
(聲) shēng
(聰) cōng
(聳) sǒng
(聯) lián
(職) zhí
(聾) lóng
(聽) tīng

(138)
臣部

臣 chén
卧 wò
(臨) lín

(139)
西(覀)部

西 xī
要 yāo; yào
栗 lì

釉 yòu
释 shì
(釋) shì

(168)
身部

身 shēn
射 shè
躬 gōng
(躭) dān
躯 qū
躲 duǒ
躺 tǎng
(軀) qū

(169)
角部

角 jiǎo; jué
触 chù
解 jiě; jiè
(觸) chù

(170)
青部

青 qīng
靖 jìng
静 jìng
靛 diàn

(171)
其部

其 qí
甚 shèn
基 jī
斯 sī
期 qī
欺 qī

(172)
雨(⻗)部

雨 yǔ
二至五画
雪 xuě
(雲) yún
(電) diàn
雷 léi
零 líng
雾 wù
雹 báo
六至八画
需 xū
震 zhèn
霄 xiāo
霉 méi
霎 shà
霖 lín
霍 huò
霓 ní
九画以上
霜 shuāng
霞 xiá
霭 ǎi
(霧) wù
霸 bà
露 lòu; lù
霹 pī
(靈) líng

(173)
齿(齒)部

齿 chǐ
(齒) chǐ
龃 jǔ
龄 líng
龅 bāo
龈 yín
龌 wò

(174)
金部

金 jīn
鉴 jiàn
(鑒) jiàn
(鑿) záo; zuò

(175)
隹部

隽 juàn
难 nán; nàn
(隻) zhī
雀 què
售 shòu
焦 jiāo
雇 gù
集 jí
雁 yàn
雄 xióng
雅 yǎ
雍 yōng
雏 chú
雌 cí
雕 diāo
(雖) suī
(雜) zá
(離) lí
(雞) jī
(雙) shuāng
(雛) chú
(難) nán; nàn

(176)
鱼(魚)部

鱼 yú
(魚) yú
四至六画
鲁 lǔ
鲅 bà
鲍 bào
鲜 xiān
鲑 guī
鲨 shā
鲢 lián
鲤 lǐ
鲫 jì
八画以上
鲸 jīng
鳄 è
鳊 biān
鳏 guān
鳍 qí
鳖 biē
鳔 biào
鳞 lín
(鱷) è

(177)
音部

音 yīn
章 zhāng
竟 jìng
韵 yùn
(韻) yùn
(響) xiǎng

(178)
革部

革 gé
二至八画
勒 lè; lēi
靴 xuē
靶 bǎ
鞍 ān
鞋 xié
(鞏) gǒng
鞘 qiào; shāo
鞠 jū
九画以上
鞭 biān

(179)
骨部

骨 gú; gǔ
三至八画
(骯) āng
骷 kū
骸 hái
九画以上
(髒) zāng
髓 suǐ
(體) tǐ
髑 dú

(180)
食部

食 shí
餐 cān

(181)
鬼部

鬼 guǐ
魁 kuí
魅 mèi
魂 hún
魄 pò
魔 mó

(182)
鬥部

(鬥) dòu
(鬧) nào

(183)
髟部

(髮) fà
髻 jì
髭 zī
鬃 zōng
鬈 quán
(鬆) sōng
鬓 bìn
(鬍) hú
(鬢) bìn

(184)
麻部

麻 má
(麼) me
麾 huī
摩 mó
磨 mó; mò
糜 mí
靡 mí; mǐ
魔 mó

(185)
鹿部

鹿 lù
(塵) chén
麓 lù
(麗) lì
鏖 áo
麝 shè

(186)
黑部

黑 hēi
墨 mò
默 mò
(點) diǎn
黜 chù
黝 yǒu
黩 dú
(黨) dǎng
黯 àn
(黷) dú

(187)
鼠部

鼠 shǔ

(188)
鼻部

鼻 bí
鼾 hān

A a

ā

阿 ā [用于小名、姓、排行或亲属名称前]: ～宝 A Bao ～哥 älterer Bruder ～婆 Oma *f*; Großmutter *f*
阿飞 āfēi Rowdy *m*
阿訇 āhōng Imam *m*
阿拉伯 Ālābó Arabien; ～半岛 arabische Halbinsel ～国家 arabische Staaten ～数字 arabische Zahlen ～语 Arabisch *n*
阿门 āmén Amen *n*
阿摩尼亚 āmóníyā Ammoniak *n*
阿司匹林 āsīpǐlín Aspirin *n*
阿姨 āyí ① Tante *f*; Schwester der Mutter; ② Kindergärtnerin *f*; Kindermädchen *n*

腌 ā *另见 yān
腌臜 āza schmutzig; dreckig

á

啊 á 〈叹〉 [表示追问或要求再说一遍]: ～? 你说什么? Wie bitte?

ǎ

啊 ǎ 〈叹〉 [表示惊疑]: 你还小哪! —～! 还小哪? Na, du bist doch noch zu jung! —Was? Noch zu jung?

à

啊 à 〈叹〉 ①[表示应诺，音较短]: ～,好吧! Na gut (denn)! ②[表示明白过来，音较长]: ～,原来如此! Ach so!

a

啊 a 〈助〉 ①[用于句末，表示赞叹、肯定、嘱咐等语气]: 多好的天儿～! Was für ein schöner Tag! 你可要小心～! Sei aber ja vorsichtig! ②[用于句末，表示疑问的语气]: 这消息是真的～? Ist diese Nachricht wahr? ③[用于句中，稍作停顿，让人注意下面的话]: 你～,老这样下去可不行! Du! Mach du nur so weiter!

āi

哀 āi ① Trauer *f*; Wehmut *f*; Schmerz *m*: 喜怒～乐 Freude, Ärger, Trauer und Frohsinn — die verschiedenen menschlichen Gefühle ② um j-n trauern: 志～ Trauer um j-n zum Ausdruck bringen ③ Mitleid *n*; sich j-s erbarmen: ～怜 sich j-s erbarmen; mitfühlen *vi*; Mitgefühl *n*
哀悼 āidào um j-n trauern; Beileid *n*; Kondolenz *f*: ～死者 Trauer um einen Toten
哀号 āiháo laut jammern; wehklagen *vi*; Wehklage *f*
哀鸣 āimíng sich beklagen; jammern *vi*; jämmerlich schreien; Wehgeschrei *n*
哀求 āiqiú j-n um etw. anflehen: 苦苦～ j-n flehentlich (um etw.) bitten
哀伤 āishāng Melancholie *f*; traurig; melancholisch
哀思 āisī Gefühl der Trauer; Traurigkeit *f*: 寄托～ Trauer zum Ausdruck bringen
哀叹 āitàn vor Kummer tief seufzen; jammern *vi*; klagen *vi*
哀痛 āitòng Gram *m*; Kummer und Leid; tiefe Trauer
哀乐 āiyuè Trauermusik *f*; Klage-, Trauerlied *n*; Grabgesang *m*

哎 āi 〈叹〉 [表示惊讶、提醒或不满意]: ～! 连你都不知道啊! Was, selbst du hast keine Ahnung davon? ～, 你怎么不早说呢? Warum hast du das nicht früher gesagt?
哎呀 āiyā 〈叹〉 [表示惊讶]: ～, 水真甜哪! Ah, das Wasser schmeckt aber süß! ～,好大的雨呀! Meine Güte, wie es gießt!

埃 āi ① Staub *m* ② Ångström (Å) *n*

挨 āi ① neben; an; nahe bei: 这所房子～着火车站。 Das Haus soll nahe am Bahnhof liegen ② der Reihe nach; in Reihenfolge: 不要挤, 一个～一个! Nicht drängeln, der Reihe nach!

*另见 āi

唉 ài ‹叹› [答应的声音]: 快开门去! — ~。Mach schnell die Tür auf! — Ja! Gut! *另见 ài

唉声叹气 āi shēng tàn qì seufzen *vi*; einen Seufzer ausstoßen; jammern *vi*; wehklagen *vi*

ái

癌 ái Krebsgeschwulst *f*: ~转移 Metastase *f* ~扩散 Karzinose *f* 致~物质 kanzerogene Substanz

癌细胞 áixìbāo Krebszelle *f*

癌症 áizhèng Krebs *m*; Karzinom *n*

呆 ái *另见 dāi

呆板 áibǎn steif; förmlich; erstarrt: 举止~ ein steifes Benehmen 他为人~。Er ist nicht so flexibel

皑(皚) ái schneeweiß

皑皑 ái'ái ‹书› schneeweiß: 白雪~ eine weite schneebedeckte Fläche

挨 ái ① erleiden *vt*; ertragen *vt*; erdulden *vt*; etw. hinnehmen müssen: ~饿 Hunger leiden ~冻 Kälte ertragen müssen ~骂 Schelte bekommen ~批评 kritisiert werden ② durchmachen *vt*; durchstehen *vt*: ~日子 eine schwere Zeit durchmachen ③zögern *vi*; hinziehen *vt*; auf später verschieben; aufschieben *vt* *另见 āi

ǎi

霭 ǎi ‹书› Wolkendunst *m*; Nebelschleier *m*; Dunst *m*: 暮~ Abenddunst *m*

蔼 ǎi freundlich; liebenswürdig: ~然可亲 entgegenkommend; liebenswürdig; j-m gefällig sein

嗳(噯) ǎi ‹叹› [表示不同意或否定]: ~,别客气了! Nicht doch, machen Sie keine Umstände! ~,你搞混啦。Nein, du hast das verwechselt. *另见 ài

矮 ǎi ① klein: 他比他哥哥~一头。Er ist einen Kopf kleiner als sein älterer Bruder. ② niedrig: ~墙 eine niedrige Mauer ③ 他比我~一级(年级)。Er ist eine Klasse unter mir.

矮个儿 ǎigèr eine Person von kleinem Wuchs

矮小 ǎixiǎo niedrig; klein: 身材~ von kleinem Wuchs

矮子 ǎizi sehr kleiner Mensch

ài

隘 ài ① Paß *m*: 要~ strategisch wichtiger Paß ② eng; schmal: ~巷 schmale Gasse

艾 ài ① Beifuß *m*; Wermut *m*; Moxe (*od* Moxa) *f*: ~绒 Moxa *f*; Beifußwolle *f* ② ‹书› enden *vi*; aufhören *vi*: 方兴未~ im Ansteigen sein; gerade in der Entwicklung stehen

碍(礙) ài hindern *vt*; behindern *vt*; im Wege stehen: 你别管,这不~你的事! Misch dich nicht ein! Das geht dich nichts an. ~于情面 um j-s Gefühle zu schonen

碍口 àikǒu etw. nicht über die Lippen bringen können; zu sagen zögern

碍事 àishì ① hindern *vt*; j-m im Wege stehen: 这桌子放在门口太~了。Der Tisch an der Tür steht allen im Wege. ② schlimm; arg: 这不~。Das ist nicht so schlimm.

碍手碍脚 ài shǒu ài jiǎo j-m im Weg stehen; j-m hinderlich sein; j-n stören

唉 ài ‹叹› [表示伤感或惋惜]: ~,不必再提了! Ach, reden wir nicht mehr davon! *另见 āi

爱(愛) ài ① lieben *vt*: ~祖国 das Vaterland lieben 母~ mütterliche Liebe ② gern; mit Vorliebe: ~听音乐 die Musik lieben ③ für j-n sorgen; j-n/etw. behutsam und pfleglich behandeln ④ leicht; schnell: ~发脾气 ein aufbrausendes Temperament haben; schnell aufbrausen

爱…不… ài...bù... [用于相同的动词前面,表示听便的意思]: 你爱去不去。Mir ist egal, ob du dahin gehen willst 爱信不信。Ob Sie es glauben oder nicht, liegt ganz bei Ihnen.

爱不释手 ài bù shì shǒu von etw. nicht lassen können; etw. nicht aus der Hand geben können

爱称 àichēng Kosename *m*

爱戴 àidài j-n verehren und lieben; j-n ehrfurchtsvoll lieben: 受到人民的～ von der Liebe des Volkes getragen; beim Volk beliebt sein

爱抚 àifǔ liebkosen *vt*; streicheln *vt*

爱国 àiguó das Vaterland lieben; patriotisch: ～心 patriotisch Gesinnung ～者 Patriot *m* ～主义 Patriotismus *m*

爱好 àihào ① mögen *vt*; eine Vorliebe für etw. haben; sich für etw. begeistern: ～京剧 sich für die Beijing-Oper begeistern ～和平 friedliebend ② Neigung *f*; Liebhaberei *f*; Hobby *n*: 你有什么业余～？ Hast du ein Hobby?

爱好者 àihàozhě Liebhaber *m*: 音乐～ Musikfreund *m* 无线电～ Radiobastler *m*

爱护 àihù hegen und pflegen; j-n/etw. behutsam behandeln; j-n/etw. liebevoll umsorgen; schützen *vt*: ～公物 Gemeineigentum schützen

爱面子 ài miànzi das Gesicht wahren wollen; sehr auf sein Ansehen bedacht sein

爱莫能助 ài mò néng zhù trotz besten Willens nicht helfen können

爱慕 àimù für j-n tiefe Zuneigung empfinden; liebhaben *vt*; verlangen nach; heiß begehren

爱情 àiqíng Liebe *f* (zwischen Mann und Frau)

爱人 àiren ① Ehemann *m*; Ehefrau *f* ② Geliebte(r)

爱惜 àixī schonen *vt*; mit etw. sorgsam umgehen; wertschätzen *vt*: ～时间 Zeit sparen

嗳(嗳) ài 〈叹〉［表示悔恨、懊恼］：～，早知道就好了。Ach, wenn ich das nur früher gewußt hätte! *另见 ǎi

暧(暧) ài 〈书〉 schwach; trübe (Licht)

暧昧 àimèi ① unklar; zweideutig; undeutlich ② unanständig; verdächtig: 有～关系 eine Liebesaffäre mit j-m haben

ān

安 ān ① Ruhe *f*; ruhig: ～睡 ruhig schlafen 心神不～ (innerlich) keine Ruhe finden; sehr nervös sein ② beruhigen *vt*; besänftigen: ～神 die Nerven beruhigen ③ Sicherheit *f*; (körperlich) gesund: 转危为～ (Unglück, Gefahr u.ä.) zum Guten wenden ④ mit etw. zufrieden sein: ～于现状 sich mit den derzeitigen Zuständen zufriedengeben ⑤ einsetzen *vt*: ～插 j-n in ein Amt einsetzen ⑥ installieren *vt*; montieren *vt*; aufstellen *vt*: ～电灯 elektrisches Licht installieren ⑥ (etwas Böses) hegen *vt*; beabsichtigen *vt*: ～坏心 eine böse Absicht hegen ⑦ 〈书〉 wo: 昔日威风，而今～在？ Wo ist der ehemalige Hochmut geblieben? ⑧ 〈书〉 wie: ～能袖手旁观？ Wie kann man da tatenlos zusehen?

安瓿 ānbù Ampulle *f*

安插 ānchā unterbringen *vt*; einsetzen *vt*; j-m eine Stellung verschaffen: ～亲信 enge Gefolgsleute in Schlüsselstellungen einsetzen

安定 āndìng ① stabil; sicher; ruhig: 生活～ in gesicherten Verhältnissen leben 情绪～ ruhig und ausgeglichen sein ② stabilisieren *vt*; aufrechterhalten *vt*: ～人心 die Öffentlichkeit beruhigen

安顿 āndùn ① unterbringen *vt*; etw. in Ordnung bringen: 家里都～好了吗？ Haben Sie zu Hause alles geregelt? ② ruhig; friedlich: 病人睡觉～多了。 Der Kranke schlief viel ruhiger

安放 ānfàng abstellen *vt*; hinstellen *vt*; legen *vt*; hinlegen: 我想把桌子～在这里。 Hier möchte ich den Tisch hinstellen.

安分 ānfèn redlich; anständig: ～守己 sich anständig benehmen

安抚 ānfǔ 〈书〉 beruhigen *vt*; beschwichtigen *vt*; besänftigen *vt*

安好 ānhǎo heil und gesund; gutes Befinden: 全家～，请勿挂念！ Es geht der ganzen Familie gut, keine Sorgen!

安家 ānjiā ① sich ansiedeln; sich niederlassen; ② eine Familie gründen

安静 ānjìng ① Ruhe *f*; Stille *f*; still; geräuschlos: 病人需要～。 Der Kranke bedarf der Ruhe. 保持～！ Ruhe, bitte! ② ruhig; friedlich: 孩子们睡得很～。 Die Kinder schlafen ruhig.

安居乐业 ān jū lè yè in Ruhe leben und mit Freude arbeiten; zufrieden leben und arbeiten

安乐 ānlè glücklich und zufrieden; Behaglichkeit *f*: ～窝 warmes Nest ～椅 Ohrensessel *m*; Lehnstuhl *m*

安眠 ānmián ruhig schlafen: ～药 Schlafmittel *n*

安宁 ānníng ① Friede(n) *m*; Ruhe *f*: 确保边境～ die Ruhe an der Grenze sichern ② innere Ruhe: 心里不～ sehr beunruhigt sein

安排 ānpái anordnen *vt*; arrangieren *vt*; zuweisen *vt*: 为外宾～参观游览 Rundfahrten und Besichtigungen für ausländische Gäste organisieren

安培 ānpéi Ampere *n* (A): ～小时 Amperestunde *f* (Ah)

安全 ānquán Sicherheit *f*; sicher: ～到达 wohlbehalten zu Hause angekommen sein 交通～ Verkehrssicherheit *f* ～岛 Verkehrsinsel *f* ～阀 Sicherheitsventil *n* ～梯 Nottreppe *f*; Feuerleiter *f*

安然 ānrán ① unversehrt; wohlbehalten; in Sicherheit sein: ～无恙 heil und gesund sein ② friedlich; ruhig: ～入睡 sanft einschlafen

安如磐石 ān rú pánshí felsenfest; unerschütterlich

安设 ānshè errichten *vt*; anlegen *vt*: ～气象观测站 eine Wetterwarte errichten

安身 ānshēn Obdach finden; eine Bleibe haben: 无处～ obdachlos sein

安神 ānshén ① die Nerven beruhigen ② innere Unruhe (*od* Nervosität) beseitigen: 镇静～药 Beruhigungsmittel *n*

安适 ānshì Wohlbehagen *n*; gemütlich; behaglich

安危 ān-wēi Sicherheit und Gefahr; Wohl und Wehe

安慰 ānwèi trösten *vt*; j-m Trost bringen

安稳 ānwěn ruhig und gleichmäßig; ruhig und gelassen

安息 ānxī ① ruhen *vi*; sich ausruhen: 你现在该去～了。 Du mußt jetzt zur Ruhe gehen. ② in Frieden ruhen

安详 ānxiáng ruhig; gemächlich; gelassen: 举止～ sich ruhig benehmen

安歇 ānxiē sich zur Ruhe begeben; schlafen gehen

安心 ānxīn beruhigt; unbesorgt: 希望你～休养。 Sei unbesorgt! Erhole dich gut!

安逸 ānyì geruhsam; behaglich; bequem: 生活～ ein geruhsames Leben führen

安营 ānyíng ein Zeltlager aufschlagen

安葬 ānzàng beerdigen *vt*; begraben *vt*

安之若素 ān zhī ruò sù etw. Widerliches ruhig hinnehmen; sich nicht aus der Ruhe bringen lassen

安置 ānzhì unterbringen *vt*: 把行李～在行李架上 Gepäck im Gepäcknetz unterbringen 给某人～在银行工作 j-n bei der Bank unterbringen

安装 ānzhuāng montieren *vt*; installieren *vt*; aufstellen *vt*: ～电话 einen Telephonanschluß installieren

鞍 ān Sattel *m*

鞍马 ānmǎ ① Pferd *n*: ～表演 Übungen am Pferd ② <书> Sattel und Pferd — ein Leben im Sattel

氨 ān Ammoniak *n*

谙 ān <书> über etw. Bescheid wissen; in etw. erfahren sein: ～练 versiert; in einer Sache bewandert

庵 ān ① Hütte *f* ② buddhistisches Nonnenkloster

鹌 ān

鹌鹑 ānchún Wachtel *f*

ǎn

俺 ǎn ich; wir: ～爹 mein Vater ～村 unser Dorf

铵 ǎn Ammonium *n*

àn

案 àn ① Tischplatte *f*; Tisch *m*; Pult *n*: 条～ langer, schmaler Tisch ② Rechtsfall *m*; Prozeß *m*: 办～ einen Fall behandeln ③ Akte *f*; Prozeßakte *f*; Dokumente *pl*; Vorlage *f*; Entwurf *m*: 提～ Antrag *m*; Vorschlag *m* 决议草～ Resolutionsentwurf *m*

案板 ànbǎn Schneide-, Hack-, Nudelbrett *n*; Küchenbrett *n*

案件 ànjiàn Prozeß *m*; Rechtsfall *m* *f*: 民事～ Zivilprozeß *m* 刑事～ Straffall *m*

案卷 ànjuàn Aktenstück *n*; Do-

kumentensammlung *f*
案情 ànqíng Tatbestand eines Falls: ～严重。Der Fall ist schwerwiegend.
案头 àntóu auf dem Tisch: ～日历 Tischkalender *m*
案验 ànyàn <书> Beweise zu einem Fall untersuchen
案子 ànzi ① Tischplatte *f*; langer Tisch; Theke *f*: 肉～ Hackbrett *n*; Hackbank *f* ② Rechtsfall *m*
按 àn ① pressen *vt*; drücken *vt/vi*: ～电钮 auf den Knopf drücken ② zügeln *vt*; unterdrücken *vt*: ～不住心头怒火 seinen Zorn nicht zügeln können ③ die Hand auf etw. legen; festhalten *vt*: ～住操纵杆 den Kontrollhebel fest in der Hand halten ④ nach; gemäß; entsprechend: ～政策办事 in Übereinstimmung mit den politischen Richtlinien handeln ～姓氏笔划为序 nach der Anzahl der Striche des Familiennamens geordnet (sein) ⑤ Anmerkung *f*; Bemerkung *f*: 编者～ redaktionelle Anmerkung
按兵不动 àn bīng bù dòng seine Truppen bis zu einem geeigneten Augenblick zurückhalten; eine abwartende Haltung einnehmen
按部就班 àn bù jiù bān Schritt für Schritt vorgehen; ordnungsgemäß
按劳分配 àn láo fēnpèi jedem nach seiner Leistung
按理 ànlǐ logischerweise; vernunftgemäß
按脉 ànmài den Puls fühlen
按摩 ànmó massieren *vt*; Massage *f*: ～疗法 Massagetherapie *f*
按捺 ànnà unterdrücken *vt*; zügeln: ～不住激动的心情 sein Temperament nicht zügeln können
按钮 ànniǔ Druckknopf *m*
按期 ànqī einem Termin entsprechend; termingemäß; fristgerecht: ～交货 termingerechte Warenlieferung
按时 ànshí pünktlich; rechtzeitig: ～到达 pünktlich ankommen
按图索骥 àn tú suǒ jì genau nach Muster vorgehen
按需分配 àn xū fēnpèi jedem nach seinen Bedürfnissen
按语 ànyǔ Anmerkung *f*; Kommentar *m*
按照 ànzhào nach; gemäß; laut; zufolge; entsprechend: ～具体情况处理 nach Lage der Dinge handeln ～计划 planmäßig
黯 àn dunkel; finster; düster
黯然 ànrán ① glanzlos; matt; trübe: ～失色 den Glanz verlieren ② trübsinnig; betrübt; schwermütig: ～神伤 schwermütig; melancholisch
暗 àn ① dunkel; finster: 天色渐～ Es wird dunkel. ② heimlich; geheim; insgeheim: ～送秋波 insgeheim mit j-m liebäugeln ③ unklar; verschwommen
暗暗 àn'àn heimlich; im stillen: ～跟踪 j-n heimlich beschatten ～自喜 sich im stillen freuen
暗娼 ànchāng nicht registrierte Prostituierte
暗淡 àndàn dämmerig; halbdunkel: 月光～ das fahle Licht des Mondes
暗地里 àndìlǐ im geheimen; heimlich; insgeheim; innerlich: ～捣鬼 Böses im Schild führen
暗害 ànhài ① Meuchelmord *m* ② j-m hinterhältig schaden
暗号 ànhào Geheimzeichen *n*; Geheimsignal *n*
暗箭 ànjiàn Pfeilschuß aus dem Hinterhalt: ～难防。Angriffen aus dem Hinterhalt kann man schwer ausweichen
暗礁 ànjiāo Riff *n*; Unterwasserklippe *f*
暗杀 ànshā Attentat *n*; Meuchelmord *m*; ein Attentat auf j-n verüben
暗示 ànshì j－m einen Wink geben; j－m etw. andeuten
暗室 ànshì Dunkelkammer *f*
暗算 ànsuàn einen Anschlag auf j-n verüben; j-n heimtückisch schädigen
暗锁 ànsuǒ Einbauschloß *n*
暗滩 àntān Untiefe *f*; verborgene Sandbank
暗探 àntàn Spitzel *m*; Detektiv *m*
暗无天日 àn wú tiān rì unerhörte Grausamkeit; finstere Zeiten
暗箱 ànxiāng Camera obscura *f*; Lochkamera *f*
暗笑 ànxiào sich ins Fäustchen lachen; versteckt grinsen
暗语 ànyǔ Geheimsprache *f*; Kodewort *n*
暗中 ànzhōng ① im Dunkeln: ～摸索 im Dunkeln tappen; ② auf heimliche Weise: ～勾结 heimlich mit j-m paktieren
岸 àn Ufer *n*; Küste *f*: 河～ Flußufer *n* 海～ Küste *f* 上～

an Land gehen;

岸然 ànrán ernst; seriös: 道貌～ sich als Mann von hoher Moral ausgeben

āng

肮(骯) āng

肮脏 āngzāng schmutzig; unsauber; dreckig: 干～勾当 ein schmutziges Geschäft treiben

áng

昂 áng ① den Kopf heben ② hoch: 雄赳赳,气～～ furchtlos und kämpferisch

昂贵 ángguì kostspielig; teuer

昂然 ángrán würdevoll; erhaben

昂首阔步 ángshǒukuòbù hochmütig einherschreiten

昂扬 ángyáng hochgestimmt; begeistert: 斗志～ von hohem Kampfgeist erfüllt sein

àng

盎 àng altes bauchiges Gefäß mit kleiner Öffnung

盎然 àngrán voll; im Überschuß; üppig: 春意～。Überall herrscht Frühlingsstimmung.

āo

凹 āo hohl; vertieft; konkav: ～凸不平的山路 holperiger Bergpfad

凹透镜 āotòujìng Konkav-, Zerstreuungslinse *f*

凹陷 āoxiàn konkav; nach innen gekrümmt; eingesunken: 双颊～ eingefallene Wangen

áo

鏖 áo 〈书〉 heftig kämpfen; einen erbitterten Kampf führen; sich ein blutiges Gefecht liefern

鏖战 áozhàn 〈书〉 bitterer Kampf; heftige Schlacht

熬 áo ① langsam kochen; abkochen *vt*; auskochen *vt*: ～粥 Reisbrei kochen ～药 Heilkräuter auskochen ② durchhalten *vt*; aushalten *vt*; ertragen *vt*; leiden *vt/vi*: ～过苦难的岁月 Jahre von Not und Leiden durchmachen

熬煎 áojiān Leiden *n*; Tortur *f*: 受尽～ allen möglichen Leiden ausgesetzt sein

熬夜 áoyè die Nacht durchwachen; bis spät in die Nacht aufbleiben

遨 áo bummeln *vi*; herumspazieren *vi*; schlendern *vi*

遨游 áoyóu umherreisen *vi*; umherstreifen *vi*

嗷 áo

嗷嗷 áo'áo 〈象〉 疼得～叫 vor Schmerzen aufschreien

翱 áo 〈书〉 losfliegen *vi*; aufsteigen *vi*

翱翔 áoxiáng hochfliegen *vi*; in großer Höhe schweben: 海鸥在惊涛骇浪上～。Seemöven schweben über den brandenden Wogen.

ǎo

袄(襖) ǎo gefütterte chinesische Jacke; kurzer gefütterter Mantel: 棉～ wattierte Jacke 皮～ Pelzrock *m*; Pelzjacke *f*

媪 ǎo 〈书〉 alte Frau

ào

傲 ào ① stolz; überheblich; arrogant; hochnäsig; hochmütig ② unnachgiebig; trotzend

傲岸 ào'àn 〈书〉 stolz und erhaben; hochmütig: ～不群 stolz und unnahbar

傲骨 àogǔ stolzer und unbeugsamer Charakter

傲慢 àomàn anmaßend; arrogant; überheblich: 态度～ eine arrogante Haltung einnehmen; sich anmaßend benehmen

傲气 àoqì Arroganz *f*; Anmaßung *f*; Überheblichkeit *f*: ～十足 sehr überheblich

傲然 àorán stolz; erhaben; unbeugsam; majestätisch

傲视 àoshì j-m gegenüber überheblich sein; hochmütig auf j-n herabsehen

奥 ào von tiefer Bedeutung; abstrus; schwerverständlich;

geheimnisvoll; mysteriös
奥秘 àomì schwer zu ergründendes Geheimnis; Rätsel *n*
奥妙 àomiào geheimnisvoll; rätselhaft; undurchschaubar
澳 ào Bucht mit Ankerplatz
懊 ào ① bereuen *vt*; bedauern *vt* ② ärgerlich; verärgert; verdrossen
懊悔 àohuǐ reuen *vt*; bereuen *vt*; Reue *f*: 我～不该错怪了他。Ich bereue sehr, ihn zu Unrecht beschuldigt zu haben.
懊恼 àonǎo Verdruß haben; verärgert; verdrießlich; mißmutig
懊丧 àosàng niedergeschlagen; in schlechter Laune; mißmutig; übellaunig; betrübt
拗 ào *另见 niù
拗口 àokǒu schwer auszusprechen: ～令 Zungenbrecher *m*

B b

bā

捌 bā acht (Schreibweise der Zahl “八” auf Schecks, Banknoten, Quittungen usw. zur Vermeidung von Fehlern oder Fälschungen)
八 bā acht
八宝 bābǎo „acht Kostbarkeiten“ (ausgewählte Zutaten für spezielle Gerichte): ～菜 in Sojasoße eingelegtes Mischgemüse, Nüsse, Pickles usw.
八成 bāchéng achtzig Prozent: ～新 fast neu 事情有了～啦。Es ist so gut wie sicher. ② sehr wahrscheinlich; aller Wahrscheinlichkeit nach: ～他不来了。Höchstwahrscheinlich kommt er nicht.
八方 bāfāng die acht Himmelsrichtungen (N, NO, S, SO usw.); die acht Punkte der Windrose: 四面～ von allen Seiten
八股 bāgǔ ① achtgliedrige Schrift: ～文 achtgliedriger Prüfungsaufsatz ② schematisches und inhaltloses Schreiben
八卦 bāguà die acht Wahrsagezeichen; die acht Trigramme
八路军 Bālùjūn die Achte Route-Armee (geführt von der KPCh im Widerstandskrieg gegen Japan 1937—1945)
八面玲珑 bāmiàn línglóng sehr wendig und geschickt; Situationen schnell erkennend und ausnutzend
八仙 Bāxiān die acht taoistischen Genien: ～过海，各显神通 Alle wetteifern in dem Bestreben, ihr Bestes zu geben
八仙桌 bāxiānzhuō quadratischer Tisch für acht Personen
八月 bāyuè August *m*: ～节 Mittelherbstfest *n* (am 15. des achten Monats nach dem chinesischen Mondkalender)
八字 bāzì Schriftzeichen 八: ～还没有一撇儿。Selbst der erste Schritt ist noch nicht getan.
巴 bā ① hoffen *vi*; sich nach etw. sehnen: 朝～夜望 sich Tag und Nacht nach etw. sehnen ② an etw. haften; j-m/etw. anhaften: 爬山虎～在墙上。Der Efeu haftet an der Wand. 米饭～锅了。Der Reis klebt an der Pfanne. ③ nahe bei; in der Nähe von: 前不～村，后不～店 kein Dorf vorne und kein Gasthaus hinten; in ein unbewohntes Gebiet geraten
巴不得 bābude <口> nach etw. bestrebt sein; begierig sein; lieber mögen; von Herzen wünschen: 他～立刻回到工作岗位。Er möchte lieber sofort auf seinen Arbeitsplatz zurückkehren.
巴结 bājie ① sich bei j-m einschmeicheln; sich bei j-m lieb Kind machen ② fleißig; eifrig: 工作～ mit Eifer an die Arbeit gehen
巴儿狗 bārgǒu ① Pekinghündchen *n*; Pekinese *m* ② Kriecher *m*; Speichellecker *m*
巴掌 bāzhang Handfläche *f*; Ohrfeige *f*: 脸上挨了一～ eine Ohrfeige bekommen 一个～拍不响。Zu einem Zank gehören zwei.
疤 bā ① Narbe *f* ② Makel *m*; Fehler *m*; 碗上有个～。Die Schüssel hat einen Fehler.
疤痕 bāhén Narbe *f*
芭 bā
芭蕉 bājiāo Zwergbanane *f*: ～扇 Palmblattfächer *m*

芭蕾舞 bāléiwǔ Ballett *n*

吧 bā ① <象> ～的一声,弦断了。Die Saite sprang mit einem Ping entzwei. *另见 ba

bá

拔 bá ① ziehen *vt*; ausziehen *vt*; ausreißen *vt*: ～草 Unkraut jäten ～牙 einen Zahn ziehen ② aussaugen *vt*: ～毒 Gift aussaugen ③ erheben *vt*: ～起嗓子直嚷 aus vollem Hals schreien ④ auswählen *vt*: 选～人材 fähige Leute auswählen ⑤ übertreffen *vt*; sich auszeichnen: 出类～萃 sich vor allen anderen auszeichnen; hervorragend ⑥ einnehmen *vt*; erobern *vt*: ～除敌人一个据点。einen feindlichen Stützpunkte erobertn. ⑦ etw. in kaltem Wasser kühlen: 把西瓜放在冰水里～一～ Wassermelonen im eiskalten Wasser kühlen

拔除 báchú entfernen *vt*; herausziehen *vt*; abreißen *vt*; erobern *vt*

拔海 báhǎi über dem Meeresspiegel: ～五千米 5000 m über dem Meeresspiegel

拔河 báhé Tauziehen *n*

拔尖儿 bájiānr ① <口> vorzüglich; hervorragend ② sich hervortun

拔节 bájié interkalares Wachstum

拔苗助长 bá miáo zhù zhǎng gegen die Natur schnelles Wachstum erzwingen wollen; durch Übereifer alles verderben

拔腿 bátuǐ ～就跑 sofort loslaufen; die Beine in die Hand nehmen

跋 bá ① über Berge steigen: ～山涉水 Berge überklettern und Ströme durchwaten ② Nachwort *n*

跋扈 báhù gebieterisch; herrisch; despotisch

跋涉 báshè über Berge steigen und Flüsse durchwaten; eine mühsame Reise unternehmen

bǎ

靶 bǎ Ziel-, Schußscheibe *f*: 打～ auf einer Scheibe schießen; Scheibenschießen *n*

靶场 bǎchǎng Schießstand *m*; Schießplatz *m*

靶子 bǎzi Ziel-, Schießscheibe *f*

把 bǎ ① halten *vt*; greifen *vt*; ergreifen *vt*: ～舵 das Steuer führen ～住栏杆 sich an einem Geländer festhalten ② ein Kind halten (während es seine Notdurft verrichtet); abhalten *vt* ③ monopolisieren *vt*; alles allein beherrschen ④ bewachen *vt*: ～门 die Tür bewachen ⑤ Griff *m*; Kurbel *f*: 自行车～ Lenkstange eines Fahrrads ⑥ Bund *n*; Bündel *n*: 草～ Strohbund *n* ⑦ <量> (a) eine Handvoll: 一～米 eine Handvoll Reis (b) [用于有柄的器具]: 一～刀 ein Messer 一～茶壶 eine Teekanne (c) [用于某些抽象事物]: 有一～年纪 bejahrt sein 加～劲 sich größte Mühe geben (d) [用于手的动作]: 拉他一～! Reich ihm mal eine Hand! ⑧ <介> (a) [宾语是后面动词的受事者, 整个格式有处置的意思]: ～衣服洗洗! Wasch die Kleider! ～头一扭 den Kopf zur Seite wenden (b) [宾语后面接"忙""累""急""气" 等词, 加上表示结果的补语, 整个格式有致使的意思]: 这一趟可～他累坏了。Dieser Gang hat ihn ganz kaputt gemacht. ⑨ ungefähr; etwa: 个～月 ungefähr ein Monat 百～人 etwa 100 Leute *另见 bà

把柄 bǎbǐng Anlaß *m*; Handhabe *f*: 给人以～ j-m eine Handhabe geben

把持 bǎchí etw. allein beherrschen; monopolisieren *vt*; dominieren *vt*: ～一切 alles an sich reißen

把舵 bǎduò das Ruder halten; steuern *vt*

把风 bǎfēng Schmiere stehen

把关 bǎguān ① einen Paß bewachen ② kontrollieren *vt*; nachprüfen *vt*; überprüfen *vt*: 层层～ auf allen Ebenen nachprüfen 把好质量关 die Qualität kontrollieren

把酒 bǎjiǔ ① eine Weinschale in der Hand halten ② j-m Wein einschenken

把式 bǎshi ① *Wushu n* (chinesischer Kampfsport): 练～ ***Wushu*** üben ② Meister seines Faches: 车～ Fuhrmann *m*; Kutscher *m*

把守 bǎshǒu bewachen *vt*; hüten *vt*: ～边境 die Grenze bewachen

把手 bǎshou Griff *m*; Henkel *m*

把头 bǎtóu Monopolmakler *m*; Arbeitsvermittler *m*

把稳 bǎwěn vertrauenswürdig;

zuverlässig: 他办事很～。Was er verrichtet, verrichtet er zuverlässig.

把握 bǎwò ① halten *vt*; ergreifen *vt*; erfassen *vt*: ～时机 eine Gelegenheit ergreifen ② Gewißheit *f*; Sicherheit *f*

把戏 bǎxì ① Akrobatik *f*: 耍～ Akrobatik vorführen; jonglieren *vi* ② Trick *m*; Intrige *f*: 耍鬼～ einen gemeinen Streich verüben

bà

霸 bà ① Führer des Bundes der Herzöge im alten China; Hegemon *m* ② Tyrann *m*; Despot *m*: 恶～ lokaler Despot ③ etw. mit Gewalt bsetzen; tyrannisieren *vt* ④ Vorherrschaft *f*; Hegemonie *f*

霸道 bàdào ① Tyrannei *f*; Weg der Gewaltherrschaft ② gebieterisch; gewalttätig

霸道 bàdao 〈方〉 (von Alkohol, Medikamenten usw.) stark; kräftig

霸权 bàquán Hegemonie *f*; Vormachtstellung *f*; Vorherrschaft *f*: ～主义 Hegemonismus *m*; Hegemoniestreben *n*

霸占 bàzhàn von etw. unrechtmäßig Besitz ergreifen; etw. mit Gewalt besetzen: ～别国领土 das Territorium eines anderen Landes mit Gewalt besetzen

坝(壩) bà ① Staudamm *m*; Talsperre *f* ② Damm *m*; Deich *m*; Damm gegen Hochwasser ③ Sandbank *f* ④ [多用于地名] Ebene *f*; Flachland *n*

罢(罷) bà ① (eine Tätigkeit) einstellen *vt*; mit etw. aufhören: 欲～不能 aufhören wollen, aber nicht können ② absetzen *vt*; entlassen *vt*: ～官 j-n seines Amtes entheben ③ fertig: 说～,他就走了。Nachdem er es gesagt hatte, ging er fort.

罢黜 bàchù 〈书〉 ① j-n seines Amtes entheben ② ablehnen *vt*; zurückweisen *vt*

罢工 bàgōng die Arbeit niederlegen; streiken *vi*; Streik *m*: 举行～ in den Streik treten

罢课 bàkè Schul- oder Hochschulstreik *m*; den Unterricht boykottieren

罢了 bàle 〈助〉 [用在句末，有"仅此而已"的意思]: 这没有什么，我不过做了我应该做的事～。Keine Ursache, ich habe nur meine Pflicht getan.

罢免 bàmiǎn ein Mandat entziehen; abberufen *vt*

罢市 bàshì Ausstand der Händler; Händlerstreik *m*

罢手 bàshǒu aufgeben *vt*; mit etw. aufhören: 不试验成功，我们决不～。Wir werden nicht aufhören, bis der Versuch gelungen ist.

罢休 bàxiū [多用于否定句]: aufgeben *vt*; Ruhegeben: 不达目的，决不～。Wir werden den Kampf nicht aufgeben, bis wir unser Ziel erreicht haben.

罢职 bàzhí j-n von seinem Posten entfernen; j-n (aus dem Amt) entlassen

鲅 bà

鲅鱼 bàyú Königsmakrele *f*

耙 bà ① Egge *f* ② eggen *另见 pá

把 bà ① Griff *m*; Henkel *m*; Schaft *m*; Holm *m*: 茶壶～儿 Teekannenhenkel *m* 枪～儿 Gewehrkolben *m* ② Stiel *m* (eines Blattes, einer Blume oder einer Frucht) *另见 bǎ

把子 bàzi Griff *m*; Schaft *m*: 锄头～ Hackenstiel *m*

爸 bà Papa *m*; Vati *m*; Vater *m*

爸爸 bàba Papa *m*; Vati *m*; Vater *m*

ba

吧 ba 〈助〉 ① [在句末表示商量、提议、请求、命令]: 咱们走～。Gehen wir! 你好好儿想想～! Denke darüber nach! ②[在句末表示同意或认可]: 好～。Gut! 或 Einverstanden! 明天就明天～。Gut, lassen wir es bei morgen (bewenden). ③ [在句末表示疑问,带有揣测的意味]: 他会来～? Er wird wohl kommen, nicht? ④ [在句末表示不肯定]: 他好象是这么说的～。Es scheint wohl, daß er es so gesagt hat. *另见 bā

bāi

掰 bāi mit beiden Händen etw. brechen: ～成两半 etw. in zwei Teile brechen

bái

白 bái ① weiß: ～衬衫 weißes Hemd 几根～发 ein paar weiße Haare ② ohne jeglichen Zusatz; einfach: ～开水 abgekochtes Wasser ③ klar, deutlich: 真相大～。Die Wahrheit kommt ans Licht. ④ umsonst; vergebens: 我～忙了半天。Ich habe mir eine ganze Weile nur vergebliche Mühe gemacht. ⑤ kostenlos; unentgeltlich; gratis: ～送 etw. ohne Entgelt geben ～给我也不要。Das möcht'ich nicht geschenkt! ⑥ weiß; reaktionär: ～军 weiße Armee ⑦ gesprochener Text in einer chinesischen Oper; Rezitativ *n*: 独～ Monolog *m* 对～ Dialog *m* ⑧ erklären *vt*; ausführen *vt*: 自～ Bekenntnis *n*; Geständnis *n*

白班儿 báibānr <口> Tagschicht *f*; Tagdienst *m*

白报纸 báibàozhǐ Zeitungspapier *n*

白璧微瑕 bái bì wēi xiá ein kleiner Makel in weißem Jade; kleiner Mangel; unbedeutender Fehler

白菜 báicài Chinakohl *m*; chinesischer Weißkohl

白痴 báichī ① Schwachsinn *m* ② Idiot *m*; Schwachsinnige(r) ③ <口> Dummkopf *m*

白炽 báichì Weißglut *f*; weißglühend: ～电灯 Glühlampe *f*

白搭 báidā <口> umsonst; nutzlos: 和他争辩也是～。Es ist nutzlos, mit ihm zu streiten.

白垩 bái'è Kreide *f*

白费 báifèi vergebens; umsonst; nutzlos: ～唇舌 vergeblich zureden ～心思 umsonst nach etw. streben ～力气 sich vergebens bemühen

白果 báiguǒ Ginkgo *m*; Ginkjo *m*

白鹤 báihè weißer Kranich

白喉 báihóu Diphtherie *f*

白话 báihuà ① moderne Literatursprache: ～文 in moderner Literatursprache geschriebene Artikel usw. ② leere Worte: 空口说～ leere Worte machen; Phrasen dreschen

白金 báijīn Platin *n* (Pt)

白净 báijing rein (Haut)

白酒 báijiǔ Schnaps *m*; Branntwein *m*

白茫茫 báimángmáng [用于云、雾、雪、大水等] neblig; dunstig; eine unendlich weite schemenhafte Fläche: 下了一场大雪，放眼望去～的一片。Es herrscht ein starkes Schneetreiben, so weit das Auge reicht, ist alles weiß in weiß.

白米 báimǐ (geschälter und polierter) Reis: ～饭 (gekochter) Reis

白面 báimiàn Weizenmehl *n*; weißes Mehl

白面书生 báimiàn shūshēng Stubengelehrter *m*

白描 báimiáo ① Skizzieren ohne Verwendung von Farben (Stil der traditionellen chinesischen Tuschmalerei) ② schlichter, ungezierter Stil

白内障 báinèizhàng Katarakt *f*; grauer Star

白热 báirè Weißglut *f*; Weißglühen *n*

白热化 báirèhuà sich bis zum äußersten verschärfen; äußerste Zuspitzung

白人 báirén Weiße(r); die weiße Rasse

白刃 báirèn blankes Schwert: ～战 Nahkampf *m*

白日做梦 báirì zuòmèng Wunschtraum *m*; Hirngespinst *n*; reines Phantasiegebilde

白色 báisè ① weiß ② Weiß *n*; reaktionär: ～恐怖 weißer Terror

白手起家 báishǒu qǐ jiā mit leeren Händen etw. anfangen; aus dem Nichts etw. aufbauen

白薯 báishǔ Süßkartoffel *f*; Batate *f*

白糖 báitáng Zucker *m*; Zuckerraffinade *f*

白天 báitiān am (hellichten) Tag

白铁 báitiě Weißblech *n*; verzinktes Eisenblech

白头 báitóu ① weißhaarig ② im hohen Alter: ～偕老 (als Ehepaar) bis ins hohe Alter harmonisch zusammenleben

白血病 báixuèbìng Leukämie *f*

白血球 báixuèqiú Leukozyt *m*; weißes Blutkörperchen

白眼 báiyǎn verächtliche Blicke: 遭人～ mißachtet werden

白杨 báiyáng Filzpappel *f*

白银 báiyín Silber *n*

白纸 báizhǐ ① weißes Papier ② unbeschriebenes Papier: ～黑字 schwarz auf weiß

白昼 báizhòu Tag *m*; helle Tageszeit

白字 báizì verkehrt ausgesprochenes bzw. geschriebenes Schriftzeichen: ～连篇 voll verwechselter Schriftzeichen sein

bǎi

百 bǎi ① hundert; Hundert *n* ② (der, die, das) hundertste ③ viel; zahlreich; alle: ～花盛开。Hundert Blumen blühen.

百般 bǎibān alle Arten von...; auf jegliche Weise: ～抵赖 etw. hartnäckig ableugnen

百倍 bǎibèi hundertfach

百尺竿头,更进一步 bǎi chǐ gān tóu, gèng jìn yī bù große Erfolge mit weiteren Forstschritten krönen; immer noch weiter vorwärtsstreben

百发百中 bǎi fā bǎi zhòng jeder Schuß trifft; immer ins Schwarze treffen; stets erfolgreich sein

百废俱兴 bǎi fèi jù xīng alles bisher vernachlässigte auf einmal in Angriff nehmen

百分比 bǎifēnbǐ Prozent-, Hundertsatz *m*; prozentual: 按～计算 in Prozenten gerechnet

百分之百 bǎifēn zhī bǎi hundertprozentig; völlig; voll und ganz: 有～的把握 einer Sache hundert Prozent sicher sein

百货 bǎihuò verschiedene Waren: 日用～ tägliche Gebrauchsartikel; Haushaltwaren *pl* ～商店 Waren-, Kaufhaus *n*

百科全书 bǎikē quánshū Enzyklopädie *f*

百孔千疮 bǎi kǒng qiān chuāng voller Wunden und Beulen; von tausend Plagen heimgesucht; stark zerstört

百里挑一 bǎi lǐ tiāo yī unter Hunderten ist kaum ein solcher zu finden; ungewöhnlich schön

百年 bǎinián ① hundert Jahre; Jahrhundert *n*: ～纪念 Hundertjahrfeier *f*; hundertjähriges Jubiläum ② Lebenszeit *f*: ～之后 nach dem Hinscheiden

百万 bǎiwàn Million *f*: ～富翁 Millionär *m*

百闻不如一见 bǎi wén bù rú yī jiàn einmal sehen ist besser als hundertmal hören

百无聊赖 bǎi wú liáolài schrecklich gelangweilt; sterbenslangweilig; von Langweile geplagt werden

百姓 bǎixìng (einfaches) Volk *n*; gewöhnliche Leute: 普通老～ der Mann von der Straße

百叶窗 bǎiyèchuāng Fensterladen *m*; Rolladen *m*; Jalousie *f*

百依百顺 bǎi yī bǎi shùn in allem gefügig sein; jederzeit zu Willen sein

百战百胜 bǎi zhàn bǎi shèng in allen Schlachten siegen; immer siegreich sein; unbesiegbar

百折不挠 bǎi zhé bù náo unbeugsam; trotz aller Rückschläge den Kampf weiterführen

佰 bǎi hundert (Schreibweise der Zahl "百" auf Schecks, Banknoten usw. zur Vermeidung von Fehlern oder Fälschungen)

柏 bǎi Zypresse *f*

柏树 bǎishù Zypresse *f*

柏油 bǎiyóu Asphalt *m*; Teer *m*; Pech *n*

摆(擺) bǎi ① stellen *vt*; setzen *vt*; legen *vt*; aufsetzen *vt*; ausstellen *vt*: 把碗筷～好 den Tisch decken 把你的看法～出来! Trage deine Meinung vor! ② zeigen *vt*; etw. sehen lassen; zur Schau stellen: ～威风 vornehm tun; sich aufs hohe Roß setzen ③ etw. hin und her bewegen; schwenken *vt*; schwingen *vt*; winken *vi*: 他～手叫我走开。Er winkt mir ab. ⑤ Pendel *n*

摆布 bǎibu manipulieren *vt*; herumkommandieren *vt*; gängeln *vt*: 任人～ über sich am ergehen führen lassen

摆动 bǎidòng pendeln *vi*; schwingen *vi/vt*: 钟摆来回～。Das Pendel der Uhr schwingt hin und her.

摆渡 bǎidù ① übersetzen *vt*; von einem Ufer zum andern fahren ② Fähre *f*

摆架子 bǎijiàzi sich überheblich benehmen; sich groß aufspielen: 摆官架子 arrogante Beamtenallüren annehmen

摆弄 bǎinòng etw. hin und her umstellen; hantieren mit; spielen mit: ～着钢笔 mit dem Federhalter spielen

摆设 bǎishè ausstatten *vt*; (ein Zimmer) schmücken: 屋里～很简单。Das Zimmer ist recht einfach eingerichtet.

摆设 bǎishe Zimmereinrichtung, -ausstattung

摆脱 bǎituō sich von etw. losreißen; von etw. loskommen; abwerfen *vt*; abschütteln *vt*: ～殖民枷锁 das Kolonialjoch abschütteln ～困境 sich aus einer schwierigen Lage befreien

bài

败 bài ① unterliegen *vi*; besiegt werden; eine Niederlage erleiden: ～下阵来 eine Schlacht verlieren ② besiegen *vt*; j-m eine Niederlage bereiten; über j-n siegen: 大～侵略军 den Aggressoren eine schwere Niederlage beibringen ③ scheitern *vi*; mißlingen *vi*; einen Mißerfolg erleiden: 不计成～ ungeachtet des Erfolgs oder des Mißerfolgs ④ vereiteln *vt*; verderben *vt*; etw. zum Scheitern bringen: 成事不足,～事有余 einer Sache mehr schaden als nützen ⑤ beseitigen *vt*; etw. unschädlich machen: ～毒 Giftstoffe neutralisieren ⑥ verfault; verdorben; verwelkt: 枯枝～叶 verdorrte Äste und verwelkte Blätter

败北 bàiběi 〈书〉 besiegt werden; eine Niederlage erleiden; unterliegen *vi*

败笔 bàibǐ ① mißglückter Pinselstrich (in der Kalligraphie oder Malerei) ② verfehlter Ausdruck (in einem Aufsatz)

败坏 bàihuài verderben *vt*; unterminieren *vt*: ～名誉 j-n in Verruf bringen 道德～ moralisch degeneriert; unmoralisch

败家子 bàijiāzǐ Verschwender *m*; Ruin der Familie

败类 bàilèi Abschaum der Menschheit; degenerierte Kreatur: 民族～ Abschaum der Nation; Volksschädling *m*

败露 bàilù aufgedeckt werden; ans Licht kommen

败落 bàiluò verfallen *vi*; in Verfall geraten: 家道～ Es geht mit der Familie immer mehr bergab.

败兴 bàixìng j-m die Lust verderben; j-m die Freude nehmen: ～而归 enttäuscht heimkehren

败阵 bàizhèn die Schlacht verlieren; (im Kampf) unterliegen

败子回头 bàizǐ huítóu Heimkehr eines verlorenen Sohnes; ein Taugenichts bessert sich

拜 bài ① j-m Ehrerbietung bezeigen: ～佛 Buddha anbeten ～寿 j-m zum Geburtstag gratulieren ② j-n als etw. verehren: ～老工人为师 bei einem alten Arbeiter in die Lehre gehen ③ einen Anstandsbesuch abstatten; j-n besuchen: 回～ j-s Besuch erwidern ④ 〈敬〉[用于动词之前]: ～领 mit Dankbarkeit etw. in Empfang nehmen

拜把子 bàibǎzi Brüderschaft schließen

拜别 bàibié 〈敬〉 von j-m Abschied nehmen; sich von j-m verabschieden

拜辞 bàicí 〈敬〉 sich von j-m empfehlen

拜倒 bàidǎo sich vor j-m auf die Knie werfen; sich vor j-m niederwerfen; j-n anbeten.

拜访 bàifǎng j-n besuchen; j-m einen Besuch abstatten: 专诚～ j-m eigens seine Aufwartung machen

拜会 bàihuì [多用于外交场合] j-m einen offiziellen Besuch abstatten: 礼节性～ Höflichkeitsbesuch *m*

拜见 bàijiàn ① j-m einen offiziellen Besuch abstatten ② (Angehörigen der älteren Generation oder Vorgesetzten) j-n ehrerbietig grüßen

拜年 bàinián bei j-m einen Neujahrsbesuch machen; j-m zum Neujahr gratulieren

拜托 bàituō 〈敬〉 j-n höflichst beauftragen: ～你捎封信给他。Bitte, tu mir den Gefallen und bringe ihm den Brief!

拜谒 bàiyè ① j-m einen offiziellen Besuch abstatten ② ehrerbietig besuchen; pietätvoll betrachten

稗 bài ① Hühnergras *n* ② 〈书〉 inoffiziell

稗官野史 bàiguānyěshǐ inoffizielle Historie; Anekdotensammlung *f*

稗子 bàizi Hühnergras *n*

bān

斑 bān ① Fleck(en) *m*; Klecks *m*; Sprenkel *m*: 油～ Ölfleck *m* 雀～ Sommersprossen *pl* ② fleckig; gescheckt; scheckig; gestreift

斑白 bānbái 〈书〉 graumeliert; ergraut: 他两鬓～。Seine Schläfen sind graumeliert.

斑驳 bānbó 〈书〉 buntgesprenkelt; buntscheckig

斑点 bāndiǎn Fleck *m*; Sprenkel *m*

斑斓 bānlán farbenprächtig; bunt; prächtig:五彩～ farbenreich; farbenfreudig

斑马 bānmǎ Zebra *n*

斑秃 bāntū kreisförmiger Haarschwund; partieller Haarausfall

斑纹 bānwén Streifen *m*; Streifenmuster *n*

癍 bān abnormale Pigmentierung der Haut; fleckförmiger Hautausschlag

班 bān ① Schulklasse *f*; Gruppe *f*: 作业～ Arbeitsgruppe *f*; Team *n* 速成～ Schnellkurs *m* ② Schicht *f*; Dienst *m*: 三～倒 in drei Schichten arbeiten ③ Gruppe *f*; kleinster Verband der Infanterie ④ regelmäßig; fahrplanmäßig: ～轮 Liniendampfer *m* ⑤ 〈量〉 (a) [用于人群]: 这～青年人真了不起。 Alle Achtung vor diesen jungen Leuten! (b) [用于车船班次]: 搭下一～火车 den nächsten Zug nehmen

班车 bānchē fahrplanmäßig verkehrender Betriebsbus

班次 bāncì ① Reihenfolge der Schulklassen ② Zahl der Fahrten eines Linienbusses o. ä.

班底 bāndǐ 1) Stammensemble *n* 2) Gefolgsleute *pl*

班房 bānfáng 〈口〉 Gefängnis *n*; Gefängniszelle *f*; Zuchthaus *n*: 坐～ im Gefängnis sitzen

班机 bānjī Linien-, Verkehrsflugzeug *n*

班门弄斧 Bān mén nòng fǔ vor einem großen Meister sein geringes Können zeigen wollen; seine Fähigkeiten überschätzen

班长 bānzhǎng ① Gruppenälteste(r); Klassenältester(r) ② Gruppenführer *m* ③ Gruppenleiter *m*

班主任 bānzhǔrèn Klassenlehrer *m*

班子 bānzi ① 〈旧〉 Theatergruppe *f* ② mit bestimmten Aufgaben betrauter Personenkreis; Team *n*: 专业～ Expertenteam *n*; Fachgruppe *f*

扳 bān drehen *vt*; ziehen *vt*; umschalten *vt*: ～倒 umlegen *vt*; umkippen *vt* ～着指头算 an den Fingern abzählen

扳手 bānshǒu ① Schrauben-, Mutterschlüssel *m* ② Hebel *m*

扳机 bānjī Gewehrhahn *m*; Abzug *m*

扳子 bānzi Schraubenschlüssel *m*

颁 bān erlassen *vt*; verkünden *vt*; bekanntmachen *vt*

颁布 bānbù erlassen *vt*; veröffentlichen *vt*; verkünden *vt*: ～法令 ein Gesetz erlassen

颁发 bānfā ① erlassen *vt*; bekanntmachen *vt*; veröffentlichen *vt*: ～命令 einen Befehl erlassen ② verleihen *vt*: ～奖(勋)章 eine Medaille (einen Orden) verleihen

颁行 bānxíng etw. veröffentlichen und in Kraft setzen; erlassen *vt*

般 bān Art *f*; Weise *f*; Sorte *f*: 百～ auf jede nur mögliche Weise 暴风雨～的掌声 stürmischer Beifall

瘢 bān Narbe *f*

瘢痕 bānhén Narbe *f*

搬 bān ① fortschaffen *vt*; befördern *vt*; umlegen *vt*; umstellen *vt*: 把桌子～走 den Tisch fortschaffen ② umziehen *vi*; den Wohnsitz wechseln: 他早就～走了。 Er ist schon längst umgezogen. ③ mechanisch nachahmen (oder übernehmen): 生～硬套 etw. mechanisch übernehmen

搬家 bānjiā umziehen *vi*

搬弄 bānnòng ① mit etw. herumhantieren; etw ziellos umstellen: 别～桌上的东西! Hantiere nicht mit den Sachen auf dem Tisch herum! ② etw. prahlerisch zur Schau stellen: ～自己的一点儿知识 mit seinem bißchen Wissen prahlen ③ schüren *vt*; anfachen *vt*: ～是非 Zwietracht säen; Streit anzetteln

搬运 bānyùn befördern *vt*; transportieren *vt*: ～货物 Güter befördern ～工人 Gepäckträger *m*; Dockarbeiter *m*

bǎn

坂 bǎn 〈书〉 Berghang *m*; Abhang *m*; Böschung *f*

板 bǎn ① Brett *n*; Platte *f*; Planke *f*: 切菜～ Küchen-, Hackbrett *n* 钢～ Stahlplanke *f* ② Holzläden *pl* (als Schutz vor der Außenfront eines Geschäfts): 上～儿 die Holzläden eines Geschäfts schließen ③ Klapper *f* ④ Takt *m*; Taktmaß *n*: 慢(快)～ langsames (schnelles) Tempo ⑤ steif; starr; hölzern: 这张照片里我显得太～了。 Ich wirke auf diesem Bild sehr steif. ⑥ ernst werden: ～起面孔 ein langes Gesicht ziehen; eine strenge Miene aufsetzen

板壁 bǎnbì Holzverschlag *m*; Bretterwand *f*
板凳 bǎndèng Holzbank *f*
板胡 bǎnhú *Banhu f* (chinesisches Streichinstrument mit einem dünnen Boden aus Holz)
板栗 bǎnlì Chinesische Kastanie
板刷 bǎnshuā Scheuerbürste *f*; Waschbürste *f*
板牙 bǎnyá ① Schneidezahn *m* ② Backenzahn *m*
板眼 bǎnyǎn ① Takt *m*; Taktmaß *n* (in der chinesischen Volksmusik) ② ordnungsliebend und maßvoll (beim Sprechen oder Handeln): 他说话总是有板有眼。Er spricht immer sachlich und maßvoll
板滞 bǎnzhì (Artikel, Gemälde, Gesichtsausdruck u. ä.) steif; starr; langweilig
板子 bǎnzi ① Brett *n*; Planke *f* ② riemenartiger Prügel aus Bambus oder Holz
版 bǎn ① Druckplatte *f*; Druckstock *m*; Matrize *f*: 纸～ Pappmatrize *f* 铅～ Bleiklischee *n* ② Auflage *f*; Ausgabe *f*: 初～ erste Auflage 修订～ neubearbeitete Auflage ③ Zeitungsseite *f*: 人民日报第二～ die 2. Seite der Volkszeitung
版本 bǎnběn Auflage *f*; Ausgabe *f*
版次 bǎncì Reihenfolge von Auflagen
版画 bǎnhuà Graphik *f*: 石～ Lithographie *f* 铜～ Kupferstich *m*
版面 bǎnmiàn ① Layout *n*; Bild-, und Textgestaltung *f*: ～设计 Gestaltungsskizze *f*; Layout *n* ② Druckseite *f*
版权 bǎnquán Urheberrecht *n*; Copyright *n*: ～所有 alle Rechte vorbehalten
版式 bǎnshì Satzbild *n*; Satzgestaltung *f*
版税 bǎnshuì Autorenhonorar *n*
版图 bǎntú Hoheitsgebiet *n*; Territorium *n*: ～辽阔 ein großes Territorium einnehmen

bàn

瓣 bàn ① Blumenblatt *n* ② Scheibe *f*: 蒜～儿 Knoblauchzehe *f* 桔子～儿 Mandarinenscheibe *f* ③ Scherbe *f*; Bruchstück *n*: 摔成几～儿 in Scherben gegangen sein; zerborsten sein ④ 〈量〉把苹果切成四～儿 einen Apfel in vier Teile schneiden
瓣膜 bànmó Klappe *f*
半 bàn ① Hälfte *f*; halb: 一个～小时 anderthalb Stunden ～路上 auf halbem Wege; unterwegs ② Mitte *f*; (in)mitten: ～夜 um Mitternacht ～山腰 auf halber Bergeshöhe ③ teilweise; unvollständig: ～机械化 Teilmechanisierung *f* 房门～掩着。Die Zimmertür ist halb geöffnet. ④ nicht das Geringste: 他连～句话都不说。Er hat kein einziges Wort gesagt.
半…半… bàn…bàn… [分别用在意义相反的两个词或词素前面，表示相对的两种性质或状态同时存在]: 半饥半饱 unterernährt; nur teilweise gesättigt 半推半就 sich halb sträuben, halb nachgeben; sich nur zum Schein wehren 半心半意 halbherzig 半信半疑 halb glauben, halb zweifeln; nicht ganz überzeugt
半辈子 bànbèizi die Hälfte des Lebens; Lebenshälfte *f*
半成品 bànchéngpǐn Halbfabrikat *n*; halbfertiges Industrieprodukt
半岛 bàndǎo Halbinsel *f*
半导体 bàndǎotǐ Halbleiter *m*: ～收音机 Transistorempfänger *m* ～集成电路 integrierte Halbleiterschaltung
半封建 bànfēngjiàn halbfeudal
半工半读 bàngōngbàndú zur Hälfte arbeiten und zur Hälfte studieren; Werkstudium *n*
半截 bànjié Hälfte *f*; Halbteil *n*/*m*: 他话只说了～儿。Er hat nur die Hälfte gesagt.
半斤八两 bàn jīn bā liǎng das ist völlig einerlei; kaum einen Unterschied aufweisen; das ist Jacke wie Hose
半径 bànjìng Radius *m*; Halbmesser *m*
半决赛 bànjuésài Halb-, Semifinale *n*; Vorschlußrunde *f*; Vorentscheidung *f*
半路 bànlù auf halbem Weg; unterwegs; halben Weges: 走到～天就黑了。Auf halbem Weg wurde es schon dunkel. ～出家 auf halbem Weg umsatteln
半票 bànpiào Fahr-, Eintrittskarte zum halben Preis; eine halbe Karte
半瓶醋 bànpíngcù Halbgebildete(r); Stümper *m*; Dilettant *m*
半旗 bànqí halbmast: 下～ eine Fahne (auf) halbmast setzen;

halbmast flaggen

半球 bànqiú Halbkugel *f*; Hemisphäre *f*: 北～ nördliche Hemisphäre

半晌 bànshǎng ① ein halber Tag: 前～ Vormittag *m* 后～ Nachmittag *m* ② eine lange Weile; einige Zeit: 他想了～才想起来。Erst nach langem Nachdenken ist es ihm eingefallen.

半身不遂 bànshēn bù suí halbseitig gelähmt; motorische Lähmung einer Körperseite; Hemiplegie *f*

半数 bànshù Hälfte einer Anzahl: ～以上 mehr als die Hälfte

半天 bàntiān ① ein halber Tag: 前～ Vormittag *m* 后～Nachmittag *m* ② längere Zeit: 他激动得～说不出话来。Er war so aufgeregt, daß er eine ganze Weile lang nichts herausbrachte.

半途而废 bàntú ér fèi etw. auf halbem Weg aufgeben; eine Sache nicht vollenden

半夜 bànyè mitten in der Nacht; mitternachts: 会议一直开到～。Die Sitzung dauerte bis tief in die Nacht.

半夜三更 bànyèsāngēng spät in der Nacht; mitten in der Nacht

半圆 bànyuán Halbkreis *m*

半殖民地 bànzhímíndì Halbkolonie *f*: ～国家 halbkoloniales Land

拌 bàn mischen *vt*; mengen *vt*; vermengen *vt*; rühren *vt*: ～匀 etw. gleichmäßig umrühren ～饲料 Futter mischen

拌种 bànzhǒng Samen mit Desinfektionsmittel vermischen; Saatgut beizen

拌嘴 bànzuǐ sich zanken; sich streiten; Zank *m*; heftiger Wortwechsel

伴 bàn ① Gefährte *m*; Partner *m*; Gesellschafter *m*: 旅～ Reisegefährte *m* 作～ j-n begleiten; j-m Gesellschaft leisten ② begleiten *vt*: ～同 begleiten *vt*; mit sich bringen

伴随 bànsuí begleiten *vt*; folgen *vi*; unmittelbar nach

伴奏 bànzòu musikalische Begleitung; Begleitmusik machen: 钢琴～ Gesang auf dem Klavier begleiten; j-n auf dem Klavier begleiten

绊 bàn stolpern *vi*; straucheln *vi*: 他被树桩～了一交。Er ist über einen Baumstumpf gestolpert. ～手～脚 hinderlich sein; j-m im Weg stehen

绊脚石 bànjiǎoshí Hemmschuh *m*; Hindernis *n*; Stolperstein *m*

扮 bàn ① schmücken *vt*; sich verkleiden: 女～男装。Eine Frau verkleidet sich als Mann. ② eine Rolle spielen; darstellen *vt* ③ das Gesicht zum Scherz verziehen; grimassieren *vi*: ～鬼脸 Grimassen ziehen; Fratzen schneiden

扮演 bànyǎn eine Rolle spielen

办(辦) bàn ① handeln *vi*; erledigen *vt*; besorgen *vt*: 这可怎么～? Was soll ich denn nur machen? ② veranstalten *vt*; errichten *vt*; verwalten *vt*: ～好医院 ein Krankenhaus gut verwalten ③ in großen Mengen einkaufen; besorgen *vt*: ～年货 Einkäufe zum Frühlingsfest machen ④ bestrafen *vt*; über j-n eine Strafe verhängen: 法～ j-n nach dem Gesetz bestrafen 首恶必～。Die Hauptverbrecher müssen bestraft werden.

办案 bàn'àn ① eine Amtshandlung vollziehen ② einen Rechtsfall behandeln

办报 bànbào eine Zeitung verlegen

办法 bànfǎ Methode *f*; Mittel *n*; Maßnahme *f*: 找出～来改进我们的工作 Mittel und Wege finden, um die Arbeit zu verbessern

办公 bàngōng im Büro arbeiten; Amtsgeschäfte erledigen: ～室 Büro *n*; Kanzlei *f*

办理 bànlǐ behandeln *vt*; erledigen *vt*; handhaben *vt*; betreiben *vt*: ～手续 Formalitäten erledigen ～进出口业务 für Import- und Exportgeschäfte zuständig sein

办事 bànshì handeln *vi*; eine Aufgabe erfüllen: ～认真 bei der Arbeit gewissenhaft sein ～处 Büro *n*; Dienststelle *f*

bāng

邦 bāng Staat *m*; Land *n*: 邻～ Nachbarstaat *m*

邦交 bāngjiāo diplomatische Beziehungen: 建立(断绝、恢复)～ diplomatische Beziehungen aufnehmen (abbrechen, wiederherstellen)

邦联 bānglián Konföderation *f*; Bund *m*

梆 bāng ① Klapper des Nachtwächters ②〈象〉[敲打木头的声音]: ～～～, 有人敲门。 Poch, poch, poch! Es klopft an der Tür.

梆子 bāngzi Klapper des Nachtwächters

帮(幫) bāng ① helfen *vi*; beistehen *vi*; Beistand leisten: ～他搬行李 ihm das Gepäck tragen helfen 互～互学 einander helfen und voneinander lernen ② Außenblätter von Gemüsepflanzen, Schuhoberteil u.ä. ③ Bande *f*; Clique *f*: 匪～ Räuberbande *f* ④ 〈量〉[用于人] Gruppe *f*; Schar *f*: 来了一～孩子。 Da kommt eine Schar von Kindern.

帮办 bāngbàn Assistent *m*

帮倒忙 bāngdàománg j-m einen Bärendienst erweisen

帮工 bānggōng ① bei der Feldarbeit helfen ② Gehilfe *m*; Saisonlandarbeiter *m*

帮会 bānghuì 〈旧〉 Geheimbünde *pl*; Geheimgesellschaften *pl*

帮忙 bāngmáng helfen *vi*; Hilfe leisten; behilflich sein: 请你帮个忙。 Wollen Sie mir bitte behilflich sein!

帮腔 bāngqiāng einstimmen *vi*; im Chor mitsingen ③ für j-n sprechen; in dasselbe Horn blasen; beistehen

帮手 bāngshou Gehilfe *m*; Helfer *m*

帮闲 bāngxián von reichen und einflußreichen Leuten unterhalten werden und sich bei ihnen durch literarische Arbeiten einschmeicheln: ～文人 Schmarotzer *m*

帮凶 bāngxiōng Komplize *m*; Helfershelfer *m*; Mittäter *m*

帮助 bāngzhù helfen *vi*; Hilfe leisten; beistehen *vi*; unterstützen *vt*: 互相～ einander helfen

bǎng

榜 bǎng öffentlich ausgehängte Namensliste: 选民～ Wählerliste *f* 发～ die Liste der bei einer Zulassungsprüfung erfolgreichen Bewerber bekanntgeben ② 〈旧〉 amtliche Bekanntmachung

榜样 bǎngyàng Beispiel *n*; Vorbild *n*; Muster *n*: 树立～ für j-n oder etw. vorbildlich sein; ein Beispiel geben 以某人为～ j-n zum Vorbild nehmen

膀 bǎng ① Oberarm *m*; Arm *m* ② Schulter *f*: ～阔腰圆 breitschultrig; kräftig gebaut ③ Flügel *m* (eines Vogels) *另见 páng

膀臂 bǎngbì ① Arm *m*; Oberarm *m* ② zuverlässiger Helfer; j-s rechte Hand

膀子 bǎngzi ① Arm *m*; Oberarm *m*: 光着～ mit entblößtem Oberkörper; halbnackt ② Flügel *m* (eines Vogels)

绑 bǎng ① binden *vt*; festbinden *vt* ② j-m die Hände auf dem Rücken zusammenbinden

绑架 bǎngjià j-n gewaltsam entführen; kidnappen *vt*

绑票 bǎngpiào j-n zur Erpressung von Lösegeld entführen; kidnappen *vt*

绑腿 bǎngtuǐ Wickelgamasche *f*

bàng

谤 bàng verleumden *vt*; anschwärzen *vt*; diffamieren *vt*: 毁～ j-n verleumden

磅 bàng ① Pfund *n* ② Waage *f* ③ wiegen *vt*: ～体重 das Körpergewicht feststellen; sich oder j-n wiegen *另见 páng

磅秤 bàngchèng Brückenwaage *f*

镑 bàng Pfund Sterling *n*

傍 bàng nahe bei; sich nähern: 依山～水 am Fuß eines Berges und dicht bei einem Fluß liegen

傍晚 bàngwǎn gegen Abend

棒 bàng ① Stock *m*; Stange *f*; Knüppel *m*; Keule *f*: 垒球～ Schlagholz *n* ② 〈口〉 bestens; prima; Klasse: 字写得真～。 Diese Handschrift ist einfach Klasse! ～小伙子 ein starker Bursche

棒槌 bàngchui Waschknüppel *m*; Waschkeule *f*

棒球 bàngqiú Schlagball *m*; Baseball *m*

棒子 bàngzi ① Stock *m*; Knüppel *m* ② Mais *m*: ～面 Maismehl *n*

蚌 bàng Süßwassermuschel *f*

bāo

褒 bāo loben *vt*; auszeichnen *vt*

褒贬 bāobiǎn beurteilen *vt*; bewerten *vt*: ～人物 Menschen bewerten 不加～ kommentarlos; ohne Wertung

褒贬 bāobian tadeln *vt*; kritisieren *vt*; verurteilen *vt*: 别在背地里～人! Sage niemandem hinter seinem Rücken Schlechtes nach!

褒奖 bāojiǎng auszeichnen *vt*; j-m einen Preis verleihen

包 bāo ① einwickeln *vt*; einschlagen *vt*; einpacken *vt*; verpacken *vt*: 把东西～起来 Sachen einwickeln ～伤口 eine Wunde verbinden ② Paket *n*; Päckchen *n*; Bündel *n*: 邮～ Postpaket *n* ③ Sack *m*; Beutel *m*: 麻～ Hanfsack *m* 书～ Schultasche *f* 钱～ Brieftasche *f* ④ Beule *f*; Geschwulst *f*; Blase *f*: 他额头上碰了个～。Er hat sich eine Beule am Kopf geholt. ⑤ einkreisen *vt*; umfassen *vt*; umgeben *vt*; umzingeln *vt*; umhüllen *vt*: 浓雾～住了群山。Dichter Nebel verhüllt die Berge. ⑥ enthalten *vt*; einschließen *vt*; umfassen *vt*: 无所不～ allumfassend ⑦ versichern *vt*; garantieren *vt*: ～你满意。Du wirst sicher zufrieden sein. ⑧ für etw. die volle Verantwortung übernehmen: 这项任务我们～了。Wir stehen für die Erfüllung dieser Aufgabe gerade. ⑨ etw. im voraus bestellen; vorbestellen *vt*; mieten *vt*; chartern *vt*: ～机 Charterflugzeug *n* ～一只船 ein Schiff chartern ⑩ 〈量〉[用于成包的东西]: 两～大米 zwei Sack Reis 一～棉纱 ein Ballen Baumwollgarn

包办 bāobàn ① etw. in Eigenregie übernehmen; monopolisieren *vt*: ～一切 alles an sich reißen ② die Alleinverantwortung übernehmen: 这件事你一个人～了吧。Kümmere du dich allein um diese Sache.

包庇 bāobì decken *vt*; in Schutz nehmen; vertuschen *vt*: ～坏人坏事 schlechte Menschen decken und schlechte Taten vertuschen

包藏 bāocáng verbergen *vt*; bergen *vt*; enthalten *vt*: ～祸心 eine üble, heimtückische Absicht hegen

包产到户 bāochǎn dào hù die Produktionsquoten auf der Grundlage der einzelnen Haushalte festsetzen

包抄 bāochāo umzingeln *vt*; einkreisen *vt*:

包袱 bāofu ① Einschlag-, Packtuch *n* ② Stoffbündel *n*; Paket *n* ③ Last *f*; Ballast *m*; Bürde *f*: 思想～ seelische Belastung; Sorge *f*

包裹 bāoguǒ ① einwickeln *vt*; einpacken *vt* ② Paket *n*; Bündel *n*: 邮政～ Postpaket *n*

包含 bāohán enthalten *vt*; umfassen *vt*; etw. in sich tragen: 他的建议～不少合理的因素。Sein Vorschlag enthält viel Vernünftiges.

包涵 bāohan 〈套〉 entschuldigen *vt*; verzeihen *vt*: 我唱得不好，请多多～。Ich habe nicht gut gesungen und bitte deshalb vielmals um Entschuldigung.

包括 bāokuò umfassen *vt*; einschließen *vt*; inbegriffen sein; einschließlich: 房租每月四元，水电费～在内。Die Miete für die Wohnung beträgt monatlich 4 *Yuan*, Wasser und Strom inbegriffen.

包揽 bāolǎn etw. ganz allein übernehmen; alles an sich reißen

包罗 bāoluó umfassen *vt*; enthalten *vt*; viele Bereiche abdecken

包罗万象 bāoluó wànxiàng allumfassend; sehr umfangreich

包容 bāoróng ① Nachsicht üben; tolerant: 大度～ großzügig; nachsichtig; großmütig ② in sich bergen; enthalten sein

包围 bāowéi einkreisen *vt*; umzingeln *vt*; belagern *vt*; einschliessen *vt*

包厢 bāoxiāng Theaterloge *f*

包扎 bāozā etw. mit Bindfaden verschnüren; verbinden *vt*: ～伤口 die Wunde verbinden

包装 bāozhuāng verpacken *vt*; einpacken *vt*: ～车间 Verpackungshalle *f* ～箱 Verpackungskiste *f*; Karton *m*

包子 bāozi *Baozi* (gedämpfte Teigtasche mit Fleisch-, Gemüse- oder süßer Füllung)

炮 bāo ① Fleischstreifen in heißer Pfanne unter schnellem Umrühren braten; sautieren *vt*: ～羊肉 sautiertes Hammelfleisch ② durch Erwärmen trocknen *另见 páo; pào

苞 bāo Blütenknospe *f*: 含～欲放 vor der Blüte stehen

龅(齙) bāo

龅牙 bāoyá vorstehender Zahn; Raffzahn *m*

胞 bāo ① Nachgeburt mit Fruchtblase ② blutsverwandt; leiblich: ～兄弟 leibliche Brüder

孢 bāo

孢子 bāozǐ Spore *f*

剥 bāo schälen *vt*; enthülsen *vt*: ～豌豆 Erbsen enthülsen ～香蕉 Bananen schälen ～兔皮 einen Hasen abziehen *另见 bō

báo

雹 báo Hagel *m*

薄 báo ① dünn: ～纸 dünnes Papier ～雾 leichter Nebel ② fade; geschmacklos; wässerig: 酒味很～。Dieser Wein ist wässerig. ③ kühl; abweisend: ～待 j-n kühl behandeln ④ unfruchtbar; mager: ～地 unfruchtbares Land; magerer Ackerboden *另见 bó

薄板 báobǎn dünne Metallplatte; Blech *n*: 不锈钢～ rostfreies Stahlblech

bǎo

宝(寶) bǎo ① Schatz *m*; Kleinod *n*; Wertsachen *pl*: 粮食是～中之～。Das tägliche Brot ist der wertvollste aller Schätze. ② kostbar; wertvoll; edel: ～石 Edelstein *m* ③ 〈敬〉[旧时用于称别人的家眷等]: ～眷 Ihre werte Frau Gemahlin; Ihre Familie

宝贝 bǎobèi ① Schatz *m* ② kleiner Liebling; Schätzchen *n* ③ Hanswurst *m*; Original *n*: 这个人真是个～! Das ist wirklich ein komischer Kauz.

宝贵 bǎoguì wertvoll; kostbar: ～意见 wertvolle Meinungen ～经验 unschätzbare Erfahrungen

宝剑 bǎojiàn Schwert *n*

宝库 bǎokù Schatzkammer *f*

宝石 bǎoshí Edelstein *m*; Juwel *n*; Korund *m*: 红～ Rubin *m* 蓝～ Saphir *m*

宝塔 bǎotǎ Pagode *f*

宝藏 bǎozàng Schatz *m*; kostbare Erzvorkommen: 发掘地下～ Bodenschätze erschließen

宝座 bǎozuò Thron *m*

保 bǎo ① schützen *vt*; verteidigen *vt*: ～家卫国 die Heimat schützen und das Vaterland verteidigen ② erhalten *vt*; bewahren *vt*; behalten *vt*; aufrechterhalten *vt*: 你要注意～暖。Achten Sie darauf, daß Sie warm angezogen sind! ③ gewährleisten *vt*; garantieren *vt*; versichern *vt*: ～质～量 sowohl Qualität als auch Quantität garantieren ④ Bürge *m*; Bürgschaft *f*: 具～释放 j-n gegen eine Bürgschaft freilassen

保安 bǎo'ān ① öffentliche Sicherheit: ～措施 Sicherheitsmaßnahme *f* ② Arbeitsschutz *m*: ～规程 Vorschriften zum Arbeitsschutz

保镖 bǎobiāo Leibwächter *m*; Leibwache *f*

保不住 bǎobuzhù vielleicht; möglich; möglicherweise: ～会下雨。Es wird vielleicht regnen.

保藏 bǎocáng etw. sorgfältig aufbewahren; konservieren *vt*

保持 bǎochí aufrechterhalten *vt*; wahren *vt*; halten *vt*: ～安静 Ruhe halten; sich ruhig verhalten 水土～ Wasser und Erdreich schützen ～清醒的头脑 einen kühlen Kopf bewahren ～警惕 wachsam bleiben

保存 bǎocún verwahren *vt*; aufbewahren *vt*; erhalten *vt*: ～实力 seine Kräfte erhalten 这批文物～得很完好。Diese Kulturdenkmäler (*od* Kulturgegenstände) sind gut erhalten.

保单 bǎodān Garantieschein *m*

保管 bǎoguǎn ① aufbewahren *vt*; verwahren *vt*: 请您们把贵重物品交给我们～。Bitte übergeben Sie uns Ihre Wertsachen zur Aufbewahrung! ② sicher; gewiß: ～你成功。Ich garantiere dir den Erfolg.

保护 bǎohù schützen *vt*; hüten *vt*; behüten *vt*: ～环境，防止污染 die Umwelt gegen Verschmutzung schützen ～贸易政策 Protektionismus *m*; protektionistische Handelspolitik

保皇党 bǎohuángdǎng Royalisten *pl*

保驾 bǎojià j-m Geleitschutz gewähren: 放心吧，我给你～。Sei unbesorgt, ich gebe dir Geleitschutz.

保健 bǎojiàn Gesundheitsschutz *m*; Gesundheitspflege *f*: 妇幼～ Gesundheitsfürsorge für Mutter und Kind

保留 bǎoliú ① bewahren *vt*; erhalten *vt*: 这种风俗一直～到今天。

Dieser Brauch hat sich bis heute erhalten. ② vorbehalten *vt*: ～以后再答复的权利 sich das Recht vorbehalten, in späterer Zeit zu antworten ～节目 ständiges Programmstück ～条款 Vorbehaltsklausel *f*

保密 bǎomì ein Geheimnis bewahren; geheimhalten *vt*: 这事绝对～。Das muß absolut geheimgehalten werden.

保姆 bǎomǔ ① Kinderbetreuerin *f*; Kindermädchen *n* ② Dienstmädchen *n*

保全 bǎoquán etw. unversehrt erhalten; aufrechterhaleten *vt*: 他冒着生命危险～国家财产。Er hat unter Lebensgefahr Eigentum des Staates gerettet. ～面子 das Gesicht wahren

保墒 bǎoshāng die Bodenfeuchtigkeit erhalten

保释 bǎoshì j-n gegen Bürgschaft freilassen: 准予～ Haftverschonung gegen Bürgschaft gewähren

保守 bǎoshǒu ① wahren *vt*; bewahren *vt*: ～国家机密 Staatsgeheimnisse wahren ② konservativ: ～思想 konservative Gesinnung ～主义 Konservatismus

保送 bǎosòng zur Aufnahme empfehlen

保卫 bǎowèi verteidigen *vt*; schützen *vt*: ～祖国 das Vaterland verteidigen

保温 bǎowēn Wärmeschutz *m* ～瓶 Thermosflasche *f*

保险 bǎoxiǎn ① Versicherung *f*: 人寿～ Lebensversicherung *f* ～公司 Versicherungsgesellschaft *f* ② sicher; sicherheitshalber: 你还是带上雨衣～点儿。Nehmen Sie sicherheitshalber den Regenmantel mit. ～带 Sicherheits-, Anschnallgurt *m* ③ sich einer Sache gewiß sein; etw. mit Bestimmtheit behaupten: 他明天～会来。Morgen wird er sicher kommen.

保险丝 bǎoxiǎnsī Sicherung *f*

保修 bǎoxiū Garantie *f* (für Reparatur): 这只表～一年。Die Uhr hat ein Jahr Garantie.

保养 bǎoyǎng ① pflegen *vt*; sich bei Kräften halten: 他很会～。Er weiß, wie er sich gesund erhält. ② instand halten: 这条路～得很好。Diese Straße ist gut instand gehalten.

保佑 bǎoyòu segnen *vt*; göttliche Gnade: 上帝～你！Gott segne dich!

保育 bǎoyù Kinder pflegen: ～员 Kinderpflegerin *f*; Kindergärtnerin *f*

保障 bǎozhàng sichern *vt*; gewährleisten *vt*: ～人民生命财产的安全 die Sicherheit von Menschenleben und Sachwerten gewährleisten

保证 bǎozhèng garantieren *vt*; gewährleisten *vt*; versichern *vt*; bürgen *vi*: ～完成计划 sich verpflichten, den Plan zu erfüllen 我向你～ ich versichere dir, daß…; ich gebe dir mein Wort darauf ～金 Kaution *f*; Anzahlung *f* ～书 schriftliche Verpflichtung

保证人 bǎozhèngrén Garant *m*; Bürge *m*; Gewährsmann *m*

保重 bǎozhòng sich schonen; auf seine Gesundheit achten: 多多～。Nimm deine Gesundheit in acht!

堡 bǎo Fort *n*; Burg *f*

堡垒 bǎolěi Fort *n*; Befestigungsanlage *f*; Festung *f*

葆 bǎo ① üppig wachsen ② bewahren *vt*; erhalten *vt*; pflegen *vt*: 永～青春 jung und kraftvoll bleiben

饱 bǎo ① satt; gesättigt: 我～了。Ich bin satt. ② voll; prall: 谷粒很～。Die Getreidekörner sind dick. ③ erfüllt von; voll: 旧中国～经忧患。Das alte China hat genug leiden müssen. ④ befriedigen *vt*; genügen *vi*; zufriedenstellen *vt*: 一～眼福 sich an dem Anblick ergötzen

饱和 bǎohé Sättigung *f*

饱经风霜 bǎo jīng fēngshuāng viel Schweres durchgemacht haben; viel Mühsal im Leben erlitten haben

饱满 bǎomǎn voll; voll und rund: 颗粒～ volle Körner 精神～ voller Vitalität; frisch und munter

饱学 bǎoxué gelehrt; gebildet: ～之士 Gelehrte(r); Person mit sehr umfangreichem Wissen

bào

报(報) bào ① mitteilen *vt*; Bericht erstatten; benachrichtigen *vt*: ～火警 Feueralarm geben 如实上～ etw.

wahrheitsgetreu nach oben berichten ② erwidern *vt*; belohnen *vt*; vergelten *vt*; heimzahlen *vt*: ～以热烈的掌声 j-m starken Beifall spenden 以怨～德 Wohlwollen mit Undank vergelten ③ Zeitung *f*; Blatt *n*; Bulletin *n*: 晚～ Abendblatt *n* 周～ Wochen(zeit)schrift 画～ Illustrierte *f* ④ Botschaft *f*; Meldung *f*; Ankündigung *f*: 海～ Ankündigung *f* (einer Kulturveranstaltung) ⑤ Telegraphie *f*; Telegramm *n*

报案 bào'àn Anzeige gegen j-n bei der Polizei erstatten; eine Straftat melden

报表 bàobiǎo statistische Aufstellung zu Berichtzwecken

报仇 bàochóu sich rächen; sich revanchieren: ～雪恨 Rache nehmen, um seinen berechtigten Haß zu stillen

报酬 bàochóu Belohnung *f*; Lohn *m*

报答 bàodá erwidern *vt*; vergelten *vt*: 以实际行动～党的关怀 die Fürsorge der Partei mit Taten vergelten

报单 bàodán Steuererklärungs-, Warendeklarationsformular *n*

报导 bàodǎo Pressebericht *m*; aktuelle Meldung

报到 bàodào sich anmelden; sich registrieren lassen: 向秘书处～ sich beim Sekretariat anmelden

报道 bàodào melden *vt*; berichten *vt*; Bericht *m*: ～新闻 eine Nachricht übermitteln 比赛实况～ Direktübertragung eines Wettspiels

报恩 bào'ēn j-m eine Wohltat vergelten; j-s Gunstbezeigungen erwidern

报废 bàofèi ① etw. als Ausschuß melden ② unbrauchbar werden; sich abnutzen

报复 bàofù sich revanchieren; Vergeltung üben; Repressalie *f*: 进行～ Repressalien ergreifen

报告 bàogào melden *vt*; berichten *vt*; Vortrag *m*; Bericht *m*; Referat *n*: ～工作 *über geleistete* Arbeit Rechenschaft ablegen 总结～ Rechenschaftsbericht *m* ～文学 Reportage *f*

报关 bàoguān Zollerklärung *f*; Zolldeklaration *f*; etw. (beim Zoll) deklarieren: 你有什么东西要～吗? Haben Sie etwas zu verzollen?

报国 bàoguó sich für das Vaterland aufopfern; seine Kräfte dem Vaterland weihen

报户口 bào hùkǒu sich beim Einwohnermeldeamt anmelden; seinen Aufenthalt polizeilich melden; polizeiliche Anmeldung

报价 bàojià einen Preis angeben; Preisangebot *n*

报捷 bàojié einen Sieg melden; den Sieg verkünden

报界 bàojiè Pressekreise *pl*; Presse *f*; Journalisten *pl*

报警 bàojǐng ① einen Vorfall (bei) der Polizei melden; anzeigen *vt* ② die Polizei alarmieren Alarm geben: 报火警 die Feuerwehr alarmieren

报刊 bàokān Zeitungen und Zeitschriften; Presse *f*

报考 bàokǎo sich zur Aufnahmeprüfung melden

报名 bàomíng sich anmelden; sich registrieren (*od* eintragen) lassen: ～参加比赛 sich zur Teilnahme an einem Wettkampf melden

报幕 bàomù das Programm ansagen: ～员 Ansager *m*; Conférencier *m*

报社 bàoshè Zeitungsbetrieb *m*; Zeitungsverlag *m*

报失 bàoshī eine Verlustanzeige bei den zuständigen Behörden erstatten; etw. als verloren melden

报时 bàoshí Zeitansage *f*:

报数 bàoshù abzählen *vt*: ～! Abzählen!

报务员 bàowùyuán Telegraphist *m*; Funker *m*

报喜 bàoxǐ eine freudige Nachricht bringen; über Erfolge berichten

报销 bàoxiāo ① sich seine Kosten wiedererstatten lassen; Spesen abrechnen; Quittungsbelege einreichen ② <口> j-n ins Jenseits befördern; erledigen *vt*

报晓 bàoxiǎo den Tagesanbruch melden; den Morgen ankündigen: 晨鸡～。Die Hähne kündigen den Morgen an.

报效 bàoxiào j-m voller Hingabe Dienste leisten

报信 bàoxìn j-m etw. mitteilen; j-n von etw. benachrichtigen; j-m eine Nachricht übermitteln

报应 bàoyìng (göttliche) Vergeltung; Strafe Gottes

报章 bàozhāng Zeitungen *pl*: ～杂志 Zeitungen und Zeitschriften

报纸 bàozhǐ ① Zeitung *f* ② Zeitungspapier *n*

暴 bào ① jäh; ungestüm: ～雨 heftiger Regen ～饮～食 unmäßig im Essen und Trinken sein ② grausam; brutal; tyrannisch: 残～ brutal; grausam ③ hitzköpfig; ungestüm; jähzornig: 他脾气很～。Er ist ein Hitzkopf.

暴病 bàobìng plötzlich auftretende schwere Krankheit: 得～ plötzlich von einer schweren akuten Krankheit befallen werden

暴跌 bàodiē (Preise) plötzlich fallen; stürzen *vi*

暴动 bàodòng Aufstand *m*; Aufruhr *m*;

暴发 bàofā ① hervorbrechen *vi*; hervorquellen *vi*: 山洪～。Wasserfluten ergossen sich aus den Bergen. ② rasch reich oder mächtig werden: ～户 Emporkömmling *m*

暴风 bàofēng ① Sturm *m* ② orkanartiger Sturm (Windstärke 11)

暴风雨 bàofēngyǔ Gewitter *n*: ～般的掌声 stürmischer Beifall; donnernder Applaus

暴风骤雨 bàofēng zhòuyǔ Orkan *m*; Gewittersturm *m*

暴光 bàoguāng Belichtung *f*

暴君 bàojūn Tyrann *m*; Despot *m*

暴力 bàolì Gewalt *f*: ～手段 Gewaltmaßnahme *f*

暴利 bàolì rasch erzielter hoher Profit; Wuchergewinn *m*: 牟取～ Riesenprofite herausschlagen

暴戾 bàolì <书> grausam und jähzornig; tyrannisch

暴露 bàolù enthüllen *vt*; demaskieren *vt*; offenlegen *vt*; etw. ans Tageslicht bringen; ans Licht treten: ～思想 seine Gedanken offenbaren ～无遗 völlig bloßgestellt sein

暴乱 bàoluàn Aufruhr *m*; Revolte *f*; Putsch *m*

暴虐 bàonüè brutal; grausam; tyrannisch

暴殄天物 bào tiǎn tiān wù Nahrungsmittel rücksichtslos vergeuden; Sachen leichtsinnig verschwenden

暴跳如雷 bào tiào rú léi zornig aufstampfen; aufbrausen *vi*; zornig hochfahren

暴徒 bàotú Gangster *m*; Bandit *m*; Rowdy *m*; Terrorist *m*

暴行 bàoxíng Greueltat *f*; Untat *f*

暴雨 bàoyǔ heftiger Regenguß; Gewitterregen *m*

暴躁 bàozào jähzornig; hitzig; zornig

暴涨 bàozhǎng plötzlich ansteigen: 河水～。Der Fluß schwillt plötzlich an.

暴政 bàozhèng Tyrannei *f*; Despotie *f*; Gewaltherrschaft *f*

暴卒 bàozú jäher Tod; eines plötzlichen Todes sterben

爆 bào ① platzen *vi*; bersten *vi*; explodieren *vi* ② etw. schnell braten

爆发 bàofā ausbrechen *vi*: 火山～ Vulkanausbruch *m* 战争～。Der Krieg ist ausgebrochen.

爆破 bàopò etw. in die Luft sprengen; etw. durch eine Explosion zerstören; zersprengen *vt*

爆炸 bàozhà explodieren *vi*

爆竹 bàozhú Feuerwerk *n*; Feuerwerkskörper *m*: 放～ ein Feuerwerk abbrennen

豹 bào Leopard *m*; Panther *m*

抱 bào ① in die Arme nehmen; in den Armen halten ② sich an etw. festhalten; zusammenhalten *vt*: ～成一团 wie Pech und Schwefel zusammenhalten ③ <口> ein Kind bzw. Enkelkind bekommen: 这老太太快～孙子了。Die alte Frau wird bald ein Enkelkind bekommen. ④ hegen *vt*; haben *vt*: 不～幻想 keine Illusionen haben ⑤ <量> [表示两臂合围的量] Armvoll *m*; Klafter *m/n*: 一～草 ein Armvoll Stroh

抱病 bàobìng an einer Krankheit leiden: ～在床 das Bett hüten

抱不平 bàobùpíng über eine Ungerechtigkeit empört sein: 打～ j-n gegen ein Unrecht verteidigen

抱成见 bàochéngjiàn gegen j-n voreingenommen sein; gegen j-n oder etw. ein Vorurteil haben: 不～ vorurteilfrei

抱残守缺 bào cán shǒu quē konservativ sein und neue Dinge ablehnen; am Alten hängen

抱负 bàofù Streben *n*; Ambition *f*; Zielsetzung *f*: 有～ zielstrebig sein; weitgesteckte Ziele vor Augen haben

抱恨 bàohèn reumütig; reuevoll; reuig; verbittert: ～终天 ein Leben lang bereuen

抱歉 bàoqiàn leider; bedauerlicherweise: 很～,这件事我无能为力。So sehr leid es mir tut, aber da ist nichts zu machen.

抱头鼠窜 bào tóu shǔ cuàn Hals über Kopf fliehen; sich eilig aus dem Staub machen

抱头痛哭 bào tóu tòng kū einander in den Armen liegen und bitterlich weinen; das Gesicht in den Armen bergen und sich ausweinen

抱怨 bàoyuàn sich beschweren; sich beklagen; herumnörgeln *vi*

刨 bào ① hobeln *vt*: ～木板 ein Brett hobeln ② Hobel *m*; Hobelbank *f*; Hobelmaschine *f* * 另见 páo

刨床 bàochuàng ① Kasten *m* ② Hobelmaschine *f*

刨子 bàozi Hobel *m*

鲍 bào

鲍鱼 bàoyú ① Seeohr *n* ② Salz-, Pökelfisch *m*

bēi

杯 bēi ① Tasse *f*; Glas *n*; Becher *m*: 茶～ Teetasse *f* 一～茶 eine Tasse Tee 玻璃～ Glas *n* ② Pokal *m*: 银～ Silberpokal *m*

杯弓蛇影 bēi gōng shé yǐng über ein Trugbild der eigenen Phantasie erschrecken; einen unbegründeten Verdacht hegen

杯水车薪 bēi shuǐ chē xīng ein Tropfen auf den heißen Stein; so wenig, daß es keine Wirkung hat

杯子 bēizi Tasse *f*; Becher *m*; Glas *n*

悲 bēi ① Trauer *f*; Kummer *m*: ～不自胜 von Trauer überwältigt ② Mitleid *n*; Erbarmen *n*: 慈～ voller Mitleid

悲哀 bēi'āi Trauer *f*; traurig; betrübt

悲惨 bēicǎn traurig; jammervoll; tragisch: ～景象 ein furchtbarer Anblick

悲悼 bēidào um j-n trauern; j-s Tod betrauern

悲愤 bēifèn traurig und empört: ～填膺 von Schmerz und Entrüstung ergriffen werden

悲歌 bēigē ① Trauergesang *m*; schwermütige Melodie ② Elegie *f*; Klagelied *n*; Trauergesang *m* ③ mit wehmütigem Pathos singen

悲观 bēiguān schwarzseherisch; pessimistisch: ～情绪 Mutlosigkeit *f*

悲剧 bēijù Tragödie *f*; Trauerspiel *n*

悲鸣 bēimíng jammern *vi*; jämmerlich klagen

悲泣 bēiqì vor Gram schluchzen; vor Jammer weinen

悲伤 bēishāng nagender Kummer; tiefe Traurigkeit; traurig; trauervoll

悲叹 bēitàn schmerzlich seufzen; lamentieren *vi*; wehklagen *vi*

悲天悯人 bēi tiān mǐn rén über die Ungerechtigkeit der Welt klagen und die Menschen bemitleiden

悲痛 bēitòng Trauer *f*; mit großem Schmerz; in tiefer Trauer sein

悲喜交集 bēixǐ jiāojí von Freude und Schmerz zugleich erfüllt sein

悲壮 bēizhuàng tragisch und heroisch: ～的结局 ein heldenhaftes und tragisches Ende

背 bēi ① etw. auf dem Rükken tragen; etw. auf den Rücken nehmen: ～枪 das Gewehr schultern ② etw. auf sich nehmen: 我怕～不起这样的责任。Ich fürchte, daß mir die Verantwortung zu groß ist. * 另见 bèi

背包 bēibāo ① Rucksack *m*; Tornister *m* ② zusammengerollte Decke

背包袱 bēibāofu Ballast mit sich herumschleppen: 你不要因此～。Du solltest dich damit nicht belasten.

背负 bēifù tragen *vt*; auf den Rücken nehmen; aufbürden *vt*

背黑锅 bēi hēiguō 〈口〉 zu Unrecht verdächtigt werden

背债 bēizhài schulden *vt*; Schulden machen; in Schulden geraten

卑 bēi ① niedrig: 地势～湿 (ein Gebiet) niedrig liegen und feucht sein; sumpfig ② gemein; niederträchtig: ～不足道 nicht der Erwähnung wert sein ③ 〈书〉 bescheiden; demütig

卑鄙 bēibǐ gemein; niederträchtig: ～无耻 schamlos und gemein ～手段 unlautere Mittel ～勾当 üble Machenschaften ～家伙 ein gemeiner Kerl

卑躬屈节 bēi gōng qū jié vor j-m auf dem Bauch kriechen; kriecherisch; unterwürfig

卑贱 bēijiàn ① (Stand, Herkunft) gering; niedrig ② (Gesinnung) gemein; niedrig

卑劣 bēiliè niederträchtig; verabscheuenswert; infam: ～行径 schändliche Taten ～手法 niederträchtiger Trick
卑怯 bēiqiè gemein und feige: ～行为 gemeine Tat eines Feiglings
卑微 bēiwēi (Stand, Herkunft) gering; niedrig
卑污 bēiwū schmutzig; unanständig; niederträchtig
卑下 bēixià (Charakter, Gesinnung) niedrig; demütig
碑 bēi Denkmal *n*; Gedenktafel *f*; Grab-, Gedenkstein *m*: 人民英雄纪念～ das Denkmal der Volkshelden 墓～ Grabstein *m*
碑帖 bēitiè Abklatsch *m*; Steinabzug *m* (von Inschriften als kalligraphische Vorlage)
碑文 bēiwén Denkmalinschrift *f*

běi

北 běi ① Norden *m*; nördlich; nordwärts: ～风 Nordwind *m* 城～ nördlicher Stadtteil 华～ Nordchina ② eine Niederlage erleiden: 连战皆～。eine Niederlage nach der anderen erleiden
北半球 běibànqiú nördliche Hemisphäre; nördliche Halbkugel
北冰洋 Běibīngyáng Nordpolarmeer *n*
北斗星 běidǒuxīng Großer Bär
北方 běifāng ① Norden *m* ② nördlicher Teil eines Landes; die nördlich des Huanghe-Flusses liegenden Gebiete Chinas: ～话 nordchinesischer Dialekt ～人 Nordchinese *m*
北国 běiguó <书> nördlicher Teil eines Landes; Norden *m*: ～风光 Landschaft im Norden
北极 běijí ① Nordpol *m*: ～圈 nördlicher Polarkreis ② magnetischer Nordpol
北京 Běijīng Beijing (Peking)
北京人 Běijīngrén Peking-Mensch *m* (*Sinanthropus pekinensis*)
北美洲 Běi Měizhōu Nordamerika
北纬 běiwěi nördliche Breite
北温带 běiwēndài nördliche gemäßigte Zone

bèi

焙 bèi rösten *vt*; auf kleiner Flamme hart und trocken werden lassen; dörren *vt*: ～干 über schwachem Feuer trocknen ～制 (Kräuter, Tee, Tabak u.ä.) trocknen *vt*
焙烧 bèishāo rösten *vt*; backen *vt*
倍 bèi ① -fach; -mal: 三～ dreifach 增长了五～ um das Fünffache gestiegen sein 产量成～增长。Die Produktion wurde um ein Mehrfaches gesteigert. ② doppelt; verdoppeln *vt*: 加～努力 den Eifer verdoppeln 事半功～ mit halber Anstrengung doppelten Erfolg erzielen
蓓 bèi
蓓蕾 bèilěi Knospe *f*
悖 bèi <书> ① zuwider; unvereinbar; gegen; widersprechend: ～理 gegen die Vernunft 并行不～ im Einklang miteinander stehen; sich nicht widersprechen ② verkehrt; widersinnig
悖谬 bèimiù <书> absurd; unsinnig
悖入悖出 bèi rù bèi chū wie gewonnen, so zerronnen
辈 bèi ① Sorte *f*; Menschenschlag *m*: 我～ unsereins 无能之～ Nichtsnutze *pl* ② Generation *f*; Geschlechterfolge *f*: 长～ ältere Generation; Senior *m* 晚～ jüngere Generation; Junior *m* 同～ zur gleichen Generation gehören; Altersgenosse *m* ③ Lebenszeit *f*: 后半～子 die zweite Hälfte des Lebens
辈出 bèichū sich in großer Anzahl hervortun: 人材～。Begabte Leute treten in großer Zahl hervor.
辈分 bèifen Geschlechterfolge in einer Familie oder Sippe
背 bèi ① Rücken *m* ② Oberseite *f*; Rückenpartie *f*: 手～ Handrücken *m* 椅～ Rückenlehne eines Stuhls; Stuhllehne *f* ③ den Rücken zu gewandt: ～山面海 im Rücken die Berge und vor sich das Meer ④ umkehren *vi/vt*; umdrehen *vi/vt*: 把脸～过去 das Gesicht abwenden ⑤ im geheimen; insgeheim: ～着人干坏事 hinter dem Rücken der anderen Böses tun ⑥ zuwiderhandeln *vi*: ～约 einen Vertrag brechen; eine Verabredung nicht einhalten ⑦ etw. auswendig lernen oder hersagen: ～一首诗 ein Gedicht auswendig lernen ⑧ abgelegen; entlegen; abseits: ～街 abgelegene Gasse ⑨ schwer-

hörig: 左耳有点～ auf dem linken Ohr etwas schwerhörig sein ⑩ 〈口〉 ungünstig; miserabel: 手气～ (beim Karten oder Glücksspiel) Pech haben * 另见 bēi

背道而驰 bèi dào ér chí zuwiderlaufen *vi*; zuwiderhandeln *vi*; (einer Sache) diametral entgegengesetzt sein

背地里 bèidìlǐ hinter j-s Rücken; hinter den Kulissen; im geheimen

背光 bèiguāng mit dem Rücken zum Licht; sich von der Sonne abwenden

背后 bèihòu ① hinter; auf der Rückseite von: 房子～ auf der Rückseite des Hauses ② hinter dem Rücken eines anderen; im geheimen: ～捣鬼 hinterrücks Ränke spinnen

背脊 bèijǐ Rücken *m*

背井离乡 bèi jǐng lí xiāng die Heimat verlassen; Heim und Herd verlasen

背景 bèijǐng Hintergrund *m*: 历史～ historischer Hintergrund

背静 bèijing entlegen und einsam; abgelegen und still

背离 bèilí von etw. abweichen; von etw. abgehen; zuwiderlaufen *vi*

背面 bèimiàn Rück-, Kehrseite *f*: 请阅～ siehe Rückseite; bitte wenden

背叛 bèipàn verraten *vt*; Verrat *m*; rebellieren *vi*; sich gegen j-n empören

背弃 bèiqì von etw. abweichen; aufgeben *vt*; mit etw. brechen: ～自己的诺言 sein Versprechen nicht halten; sein Wort brechen

背时 bèishí ① zeitlich ungünstig ② Pech haben

背书 bèishū ① einen Text auswendig lernen ② Indossament *n*; Indossierung *f*

背水一战 bèi shuǐ yī zhàn ein verzweifelter Kampf; einen Kampf auf Leben und Tod führen

背诵 bèisòng auswendig lernen; aus dem Kopf aufsagen

背心 bèixīn ärmelloses Kleidungsstück: 汗～ ärmelloses Unterhemd 毛线～ ärmelloser Pullover

背信弃义 bèi xìn qì yì sein Wort brechen; wortbrüchig; treulos: ～的行为 Verrat *m*; Treubruch *m*; Perfidie *f*

背阴 bèiyīn im Schatten; schattig

背影 bèiyǐng Rückansicht einer Gestalt

背约 bèiyuē einen Vertrag brechen; eine Verabredung nicht einhalten

褙

bèi Papiere bzw. Stoffe aufeinanderkleben

贝(貝)

bèi ① Schalentier *n*; Konchifere *f* ② Muschelgeld *n*

贝雕 bèidiāo Muschelschnitzerei *f*: ～画 Muschelbild *n*

贝壳 bèiké Muschelschale *f*

贝类 bèilèi Schalentier *n*; Schalenträger *m*

备(備)

bèi ① haben *vt*; besitzen *vt*; vorhanden sein: 德才兼～ über gute Moral und fachliches Können verfügen ② vorbereiten *vt*; bereiten *vt*; bereithalten *vt*; Vorkehrungen treffen: 有～无患 Vorsorge verhütet Nachsorge. 或 auf alle Eventualitäten vorbereitet sein 以～不时之需 Vorräte für den Notfall ③ Ausrüstung *f*; Ausstattung *f*: 军～ militärische Ausrüstung ④ allerlei; allerhand; auf jede nur mögliche Weise: 艰苦～尝 viel Schweres durchgemacht haben ～受欢迎 sich allgemeiner Beliebtheit erfreuen

备案 bèi'àn zu Protokoll geben; in die Akten eintragen; zu den Akten legen

备查 bèichá für Nachschlagezweck (bereitliegen)

备而不用 bèi ér bù yòng etw. für den Eventualfall bereithalten; etw. für den Notfall zurücklegen

备耕 bèigēng Vorbereitungen für die Feldbestellung treffen

备荒 bèihuāng sich gegen Naturkatastrophen wappnen; Vorsorge gegen Naturkatastrophen treffen

备件 bèijiàn Ersatzteil *n*; Einzelteil *n*

备考 bèikǎo ① zum Nachschlagen ② Anmerkung *f*; Appendix *m*

备课 bèikè (als Lehrer) den Unterricht vorbereiten

备料 bèiliào ① Materialien bereitstellen ② Materialvorrat *m* ③ Viehfutter zurechtmachen

备忘录 bèiwànglù ① Memorandum *n*; Aide-mémoire *n* ② Notizbuch *n*

备用 bèiyòng etw. für später aufheben; etw. in Reserve haben; etw. als Vorrat speichern:

～轮胎 Ersatzreifen *m*

备战 bèizhàn ① einen Krieg vorbereiten: 扩军～ Aufrüstung und Kriegsvorbereitung ② sich auf einen Krieg vorbereiten

备至 bèizhì auf jegliche Weise; bis zum äußersten; aufs Äußerste: 关怀～ sich um j-n bis ins Kleinste kümmern

备注 bèizhù Anmerkung *f*; Fußnote *f*; Vermerk *m*; kurze Erläuterung

惫(憊) bèi erschöpft; völlg ermüdet

被 bèi ① Bett-, Steppdecke *f*; Oberbett *n*: 棉～ wattierte Decke ② 〈介〉 [在被动式里引进主动者]: 他～他的敌手杀害。Er wurde von seinem Rivalen ermordet. ③ 〈助〉 [用在动词前,表示主语是被动者]: ～捕 verhaftet werden 他～选为主席。Er wurde zum Vorsitzenden gewählt.

被剥削阶级 bèibōxuējiējí ausgebeutete Klasse

被单 bèidān Bettuch *n*; Bettlaken *n*

被动 bèidòng passiv: 陷于～地位 sich im Nachteil befinden werden ～式 Passiv *n*; passive Form

被服 bèifú Bettzeug und Montur: ～厂 Bettzeug- und Uniformfabrik *f*

被俘 bèifú (im Krieg) gefangengenommen werden: ～人员 Kriegsgefangene(r)

被告 bèigào (刑事) Angeklagte(r); (民事) Beklagte(r); beklagte Partei: ～席 Anklagebank *f*

被害人 bèihàirén Geschädigte(r); Opfer *n*; Ermordete(r)

被里 bèilǐ Innenseite einer Steppdecke

被面 bèimiàn Oberseite einer Steppdecke

被迫 bèipò sich gezwungen sehen (etw. zu tun); zu etw. genötigt sein: 敌人～放下武装。Die Feinde wurden gezwungen, die Waffen niederzulegen

被褥 bèirù Ober- und Unterbett *n*; Bettzeug *n*

被套 bèitào ① als Gepäck mitgeführter Sack für Bettzeug ② Steppdeckenüberzug *m* ③ Wattefutter einer Steppdecke

被选举权 bèixuǎnjǔquán passives Wahlrecht; Wählbarkeit *f*

被压迫民族 bèiyāpò mínzú unterdrückte Nation

被子 bèizi wattierte Zudecke; Steppdecke *f*; Deckbett *n*

bei

呗 bei 〈助〉 ① [表示事实或道理明显,很容易了解]: 不会种地,那你们就学～。 Wenn ihr nicht Felder bestellen könnt, dann lernt es eben. ② [表示勉强同意的语气]: 你非要去,就一起去～。Wenn du unbedingt gehen willst, dann geh halt.

bēn

贲 bēn *另见 bì

贲门 bēnmén oberer Magenmund *m*; Kardia *f*

奔 bēn ① schnell laufen; rennen *vi*: ～马 ein galoppierendes Pferd ② eilen *vi*: ～赴前线 an die Front eilen ③ fliehen *vi*; entfliehen *vi*; entkommen *vi*: 东～西窜 in alle Himmelsrichtungen fliehen * 另见 bèn

奔波 bēnbō (wegen einer Angelegenheit überall) herumlaufen *vi*: 两地～ zwischen zwei Orten hin und her pendeln

奔驰 bēnchí schnell laufen; galoppieren *vi*; rasen *vi*; dahineilen *vi*: 火车向前～。Der Zug saust dahin.

奔放 bēnfàng zügellos; ungebändigt; ungezügelt; enthusiastisch: 热情～ von stürmischer Leidenschaft erfaßt

奔流 bēnliú ① strömen *vi*; schnell fließen: ～入海 sich brausend ins Meer ergießen 铁水～。Das geschmolzene Eisen schoß hervor. ② strömendes Wasser; reißender Wasserlauf

奔忙 bēnmáng geschäftig umherlaufen; immer auf den Beinen sein

奔命 bēnmìng einem Befehl eilig Folge Leisten; für j-n / etw. ständig auf den Beinen sein: 疲于～ dauernd auf den Beinen sein; von der Arbeit erschöpft sein

奔跑 bēnpǎo laufen *vi*; rennen *vi*

奔丧 bēnsāng zur Beerdigung der Eltern heimkehren

奔逃 bēntáo fliehen *vi*; entfliehen *vi*; weglaufen *vi*: 敌人四散～。Der Feind zerstreute sich Hals über Kopf in heilloser

Flucht.

奔腾 bēnténg ① galoppieren *vi*: 犹如万马～ wie Tausende galoppierender Pferde ② brausend vorwärtsströmen

奔泻 bēnxiè rasend strömen; ungestüm herunterstürzen

奔走 bēnzǒu ① eilen *vi*; laufen *vi*: ～相告 die Kunde in Windeseile Verbreiten ② überall umher laufen: ～呼号 umherlaufen und um Hilfe flehen

锛 bēn ① Dechsel *f*; Dachsbeil *n* ② mit einer Dechsel bearbeiten

běn

本 běn ① Wurzel *f*; Stamm *m*; Stengel *m*; Stiel *m* ② Grundlage *f*; Basis *f* ③ Kapital *n*; Selbstkosten *pl*: 还～付息 ein Kapital mit Zinsen zurückzahlen ④ gemäß; nach; laut; aufgrund: ～着政策办事 der Politik gemäß handeln ⑤ eigentlich; ursprünglich: 我～想不去。Eigentlich wollte ich nicht hingehen. ⑥ dies; jetzig; gegenwärtig: ～周 diese Woche ～厂 unsere Fabrik ⑦ Buch *n*; Heft *n*: 笔记～ Notizbuch *n* 帐～儿 Geschäfts-, Rechnungsbuch *n* 照相～ Fotoalbum *n* ⑧ Ausgabe *f*: 普及～ Volksausgabe *f* 简装～ broschierte Ausgabe ⑨ 〈量〉 [用于书籍、簿册等]: 两～书 zwei Bücher

本草 běncǎo einheimische Drogen; chinesische Heilpflanze: «～纲目» „Abriß der Arzneimittelkunde"

本初子午线 běnchū zǐwǔxiàn Nullmeridian *m*

本地 běndì einheimisch; hiesig: ～人 Einheimische(r); Eingeborene(r) ～口音 einheimischer Akzent

本分 běnfèn ① Pflicht *f*; Verpflichtung *f*: 尽～ seine Pflicht tun ② solide; anständig

本国 běnguó das eigene Land: ～资源 nationale Ressourcen

本行 běnháng j-s eigentlicher Beruf; eigenes Fach

本家 běnjiā Stammverwandte(r); Angehörige(r) der gleichen Sippe

本届 běnjiè diesjährig; gegenwärtig; jetzig: ～毕业生 diesjähriger Absolvent

本金 běnjīn Kapital *n*; Einlage *f*

本来 běnlái ① ursprünglich: ～的计划 der ursprüngliche Plan ～面目 j-s wahres Gesicht ② eigentlich; an sich: 这样的事～不应该发生。So was hätte eigentlich nicht geschehen sollen. ③ selbstverständlich; natürlich: ～就不应当这样办！Natürlich sollte man nicht so vorgehen.

本领 běnlǐng Fähigkeit *f*; Fertigkeit *f*; Können *n*

本末 běn mò das A und O; von A bis Z; von Anfang bis Ende: 事情的～ das A und O einer Sache

本末倒置 běn mò dào zhì das Pferd beim Schwanz aufzäumen; alles auf den Kopf stellen

本能 běnnéng Instinkt *m*; instinktiv

本钱 běnqián Kapital *n*

本人 běnrén ① ich persönlich; ich selbst ② persönlich; selbst; Betreffende(r): 必须你～来。Du mußt selbst kommen.

本色 běnsè (wahre) Natur; Wesen *n*; Eigenschaft *f*; Beschaffenheit *f*; Charakttermerkmale *pl*: 劳动人民的～ die Eigenschaften der Werktätigen

本色 běnshǎi natürliche Farbe: ～布 naturfarbenes Tuch

本身 běnshēn selbst; an sich: 条约～ der Vertrag an sich

本事 běnshi Fähigkeit *f*; Können *n*

本题 běntí Thema *n*: 请不要离开～。Bitte, schweifen Sie nicht vom Thema ab.

本土 běntǔ ① Heimatland *n* ② Mutterland *n*

本位 běnwèi ① Standard *m*: 金～ Goldstandard *m*; Goldwährung *f* ② eigenes Ressort: ～工作 ins eigene Ressort fallende Arbeit

本文 běnwén ① dieser Text; dieser Artikel ② Haupttext eines Buches ③ der originale Text

本性 běnxìng angeborene Eigenschaft; Natur *f*; Wesen *n*; Charakter *m*: ～难移 Man kann nicht über seinen eigenen Schatten springen.

本义 běnyì ursprüngliche Bedeutung; Grundbedeutung *f*

本意 běnyì ursprüngliche Idee; eigentliche Absicht

本职 běnzhí Ressort *n*; Aufgabenbereich *m*; Zuständigkeit *f*: 做好～工作 seine Arbeit gut verrichten

本质 běnzhì Wesen *n*; Natur *f*; Essenz *f*: 透过现象看～ hinter dem äußeren Schein das Wesen erkennen

本子 běnzi ① Heft *n*; Notizbuch *n*: 笔记～ Notizbuch *n* ② Auflage *f*

本族语 běnzúyǔ Muttersprache *f*

畚 běn zusammenfegen *vt*

畚箕 běnjī ① aus Bambus oder Weidenzweigen geflochtene Schaufel ② Kehrichtschaufel *f*; Kehrblech *n*

bèn

奔 bèn ① eilen (nach); auf etw. zugehen: 直～车间 direkt zur Werkstatt gehen ② (bei Altersangaben) nahezu; gegen; bald ... Jahre alt werden: 他是～六十的人了。Er geht schon auf die Sechzig zu. *另见 bēn

奔命 bènmìng ‹口› sich die Beine nach etw. ablaufen; sich abrackern

奔头儿 bèntour ‹口› gute Aussichten: 大有～ glänzende Aussichten haben; aussichtsreich

笨 bèn ① dumm; geistig beschränkt; blöde: ～人 dummer Mensch; Dummkopf *m* ② ungeschickt; linkisch; schwerfällig: ～手～脚 unbeholfen; ungeschickt ③ massig; plump; unhandlich

笨伯 bènbó Dummkopf *m*; Narr *m*; Tor *m*

笨蛋 bèndàn Idiot *m*; Dummkopf *m*

笨鸟先飞 bèn niǎo xiān fēi wer ungeschickt ist, muß früher als die anderen anfangen; ein Dummer muß sich eben mehr anstrengen

笨重 bènzhòng schwer; schwerfällig; unhandlich; plump: ～的家具 schwere Möbel

笨拙 bènzhuō ungeschickt; unbeholfen: 动作～ sich ungeschickt bewegen ～的伎俩 ungeschickte List

bēng

崩 bēng ① einstürzen *vi*; zusammenbrechen *vi*: 山～ Bergsturz *m*; Bergrutsch *m* 雪～ Lawine *f* ② platzen *vi*; bersten *vi*: 双方谈～了。Die zweiseitigen Verhandlungen platzten. ③ von einem Splitter getroffen werden: 放爆竹～了手 sich bei einer Feuerwerksexplosion die Hand verletzt haben ④ Ableben eines Kaisers

崩溃 bēngkuì zusammenbrechen *vi*; Zusammenbruch *m*; Zerfall *m*

崩裂 bēngliè (zer)bersten *vi*; zersplittern *vi*: 轰隆一声,山石～。Mit einem dumpfen Dröhnen bersten die Felsen auseinander.

崩塌 bēngtā umstürzen *vi*; einstürzen *vi*

崩陷 bēngxiàn einstürzen *vi*; zusammenstürzen *vi*

嘣 bēng ‹象› [东西跳动或爆裂的声音]: 我心里～～直跳。Mein Herz pocht wild.

绷 bēng ① spannen *vt*; straffziehen *vt*: 弓弦～得很紧。Die Bogensehne ist straff gespannt. ② schnellen *vi*; in die Höhe fahren: 弹簧～飞了。Die Feder schnellte in die Höhe. ③ heften *vt*; mit Steppstichen lose zusammennähen *另见 běng; bèng

绷带 bēngdài Verband *m*; Bandage *f*; Binde *f*

绷子 bēngzi Stick-, Spannrahmen *m*

béng

甭 béng nicht; nicht nötig; es erübrigt sich: 这事就～再说了。Darüber braucht man nicht weiter zu reden. ～提 unnötig zu erwähnen

běng

绷 běng ‹口› ① [多用于]: ～着脸 ein mißvergnügtes Gesicht machen ② sich trotz großer Müdigkeit zusammenreißen: 咬住牙～住劲 die Zähne zusammenbeißen und die Muskeln anspannen *另见 bēng; bèng

bèng

迸 bèng sprühen *vi*; aussprühen *vi*; spritzen *vi*; hervorstoßen *vt*: 火星乱～。Die Funken sprühten nach allen Seiten. 他怎么突然～出这句话来? Warum platzte er mit einer solchen Bemerkung heraus?

迸发 bèngfā ausbrechen *vi*; sprühen *vi*: 象火山一样～ wie ein Vulkan ausbrechen

迸裂 bèngliè platzen *vi*; auseinanderbersten *vi*

泵 bèng Pumpe *f*: 离心～ Zentrifugalpumpe *f*

蹦 bèng springen *vi*; hüpfen *vi*: 他使劲一～就过了水沟。 Mit einem kräftigen Satz sprang er über den Wassergraben.

绷 bèng ① einen Riß bekommen; rissig werden; sich spalten: 玻璃上～了一条缝。 Die Glasscheibe hat einen Sprung bekommen. ② 〈口〉 [用于"硬"、"直"、"亮"等一类形容词前面表示程度深] sehr; in hohem Maße: ～脆 sehr knusprig ～硬 steinhart *另见 bēng; běng

bī

逼 bī ① zwingen *vt*; nötigen *vt*; auf j-n Druck ausüben: 敌人～他招供。Die Feinde zwingen ihn zu diesem Geständnis. ② erzwingen *vt*; j-m etw. abzwingen: ～租 Pachtzinsen abpressen ③ vorrücken *vi*; vorgehen *vi*; vorstoßen *vi*: 直～城下 (von Truppen) bis an die Stadtmauer vorrücken

逼宫 bīgōng 〈旧〉 den Kaiser bzw. König mit Gewalt zur Abdankung zwingen

逼供 bīgòng j-m ein Geständnis abnötigen

逼近 bījìn in bedrohliche Nähe rücken; vorrücken *vi*; sich herandrängen: 天色～黄昏。Der Tag neigt sich.

逼迫 bīpò zwingen *vt*; nötigen *vt*; antreiben *vt*; drängen *vt*

逼上梁山 bī shàng Liángshān gezwungen werden, sich den Liangshan-Rebellen anzuschließen — aufs Ganze gehen müssen; zum Äußersten treiben

逼债 bīzhài Schulden eintreiben; j-n zur Zahlung seiner Schulden zwingen

逼真 bīzhēn ① lebensecht; lebensnah; dem Leben abgelauscht: 这幅画画得十分～。 Das Bild ist ganz naturgetreu. ② genau; haargenau; deutlich: 听得～ ganz deutlich hören

bí

荸 bí

荸荠 bíqí Wasserkastanie *f*

鼻 bí Nase *f*

鼻窦 bídòu Nasennebenhöhle *f*: ～炎 Nasennebenhöhlenentzündung *f*

鼻孔 bíkǒng Nasenloch *n*

鼻梁 bíliáng Nasenrücken *m*

鼻腔 bíqiāng Nasenhöhle *f*

鼻青脸肿 bí qīng liǎn zhǒng mit blutiger Nase und Beulen im Gesicht: 打得～ j-n grün und blau schlagen

鼻儿 bír 〈方〉 ① Loch *n*; Öse *f*: 针～Nadelöhr *n* 门～Überwurf *f* (für Vorhängeschloß) ② Pfeife *f*: 火车拉～了。Die Lokomotive pfeift.

鼻涕 bítì Nasenschleim *m*; Rötz *m*: 流～ j-s Nase läuft

鼻息 bíxī Atmung *f* (durch die Nase): 仰人～von j-m sklavisch abhängig sein; nach j-s Pfeife tanzen

鼻音 bíyīn Nasallaut *m*; Nasal *m*: 说话带～ näseln *vi*; nasal sprechen

鼻子 bízi Nase *f*: 鹰钩～ Adler-, Hakennase *f* 牵着～走 j-m auf der Nase herumtanzen

鼻祖 bízǔ erster Vorfahr; Urahn *m*; Begründer *m*; Urheber *m*

bǐ

鄙 bǐ ① gemein; niederträchtig; vulgär: 卑～ gemein; niederträchtig ② 〈谦〉 mein: ～意 meine bescheidene Meinung ③ verachten *vt*; geringschätzen *vt*: 可～ verächtlich

鄙薄 bǐbó 〈书〉 verachten *vt*; verschmähen *vt*

鄙俚 bǐlǐ 〈书〉 vulgär; spießbürgerlich; derb

鄙吝 bǐlìn 〈书〉 ① vulgär; gemein ② geizig; knauserig

鄙陋 bǐlòu niedrig; gemein; kümmerlich: ～无知 oberflächlich und unwissend

鄙弃 bǐqì verachten *vt*; verabscheuen *vt*: ～这种庸俗作风 solche gemeinen Praktiken verabscheuen

鄙人 bǐrén 〈谦〉 meine bescheidene Person; meine Wenigkeit; ich

鄙视 bǐshì geringschätzen *vt*; mißachten *vt*; verachten *vt*

鄙俗 bǐsú vulgär; gemein; spießbürgerlich

笔(筆) bǐ ① Schreibzeug *n*: 毛～ Schreibpinsel *m* 铅～ Bleistift *m* 自来水～ Füllfederhalter *m*; Füller *m* 粉～ Kreide *f* ② Kalligraphie-, Mal- oder Schreibtechnik *f*: 文～ literarischer Stil ③ schreiben *vt*: ～之于书 etw. zu Papier bringen ④ Strich *m* (eines chinesischen Schriftzeichens): "大"字有三～。Das Schriftzeichen „大" besteht aus drei Strichen. 你给他写信时，替我带一～。Wenn du ihm schreibst, bitte übermittele ihm auch meine Grüße. ⑤ 〈量〉[用于款项等]: 一～钱 eine Summe Geld

笔触 bǐchù (in Kalligraphie oder Malerei) Pinselführung *f*; Schreibstil *m*; Schreibweise *f*

笔底下 bǐdǐxia Fähigkeit zu schreiben; schriftlicher Ausdruck: 他～不错。Er weiß die Feder zu führen.

笔调 bǐdiào Stil *m*: 讽刺的～ satirischer Stil

笔法 bǐfǎ Kalligraphie-, Maltechnik *f*

笔锋 bǐfēng ① Spitze eines Schreibpinsels ② Pinsel-, Federstrich *m*: ～犀利 in scharfem Stil schreiben

笔杆 bǐgǎn ① Schaft eines Pinsels oder Stifts; Pinselstiel *m*; Federhalter *m* ② Feder *f*: 要～〈口〉die Feder führen

笔画 bǐhuà Striche, aus denen sich chinesische Schriftzeichen zusammensetzen

笔会 bǐhuì Pen-Club *m*

笔迹 bǐjī Handschrift *f*; Schriftzug *m*: 对～ j-s Handschrift identifizieren

笔记 bǐjì ① Notiz *f*: 记～ sich Notizen machen; notieren *vt* ② eine aus Notizen und Skizzen bestehende Prosaform: ～小说 literarische Skizzen

笔力 bǐlì Kraft der Pinsel- oder Federführung (in Kalligraphie oder Malerei); Ausdruckskraft *f*: ～雄健 mit kräftigen Strichen (schreiben oder malen); in einer kraftvollen Sprache (schreiben)

笔录 bǐlù ① niederschreiben *vt*; notieren *vt* ② Niederschrift *f*; Notiz *f*

笔名 bǐmíng Schriftstellername *m*; Pseudonym *n*

笔墨 bǐmò Feder und Tinte; Worte *pl*; Schreiben *n*: 我们激动的心情难以用～来形容。Unsere Empfindungen lassen sich schwer in Worte fassen. ～官司 schriftlich ausgetragener Streit; Polemik *f*

笔试 bǐshì schriftliche Prüfung

笔顺 bǐshùn Reihenfolge der Striche (beim Schreiben eines chinesischen Schriftzeichens)

笔挺 bǐtǐng ① kerzengerade: ～地站着 kerzengerade stehen ② geschniegelt und gebügelt: 穿得～ schmuck angezogen sein

笔头 bǐtóu ① Spitze einer Schreibfeder ② Schreibgewandtheit *f*: 他～快。Er schreibt einen gewandten Stil. ③ schriftlich; in geschriebener Form: ～练习 schriftliche Übungen

笔误 bǐwù Schreibfehler *m*

笔译 bǐyì schriftliche Übersetzung

笔者 bǐzhě [多用于作者自称] Verfasser *m*; Autor *m*

笔直 bǐzhí kerzen-, schnurgerade: ～的马路 eine schnurgerade Straße ～走 geradeaus

俾 bǐ 〈书〉 damit; um zu: ～众周知 um es an die Öffentlichkeit zu bringen

匕 bǐ Löffel *m*

匕首 bǐshǒu Dolch *m*

比 bǐ ① vergleichen *vt*; gegenüberstellen *vt*: 拿抄件跟原文～ das Original mit der Abschrift vergleichen ② mit j-m wetteifern; sich mit j-m messen: 他不能跟他～。Er kann sich nicht mit ihm messen. ③ eine Analogie ziehen; vergleichen ④ eine Geste machen; gestikulieren *vi*; sich mit Gesten verständlich machen: 连说带～ beim Sprechen gestikulieren ⑤ nachahmen *vt*; nachmachen *vt*; imitieren *vt*: ～着旧衣裁新衣 ein neues Kleid nach einem alten zuschneiden ⑥ [用来比较性状和程度的差别] als: 今天天气～昨天还冷。Es ist heute noch kälter als gestern. 她～你大三岁。Sie ist drei Jahre älter als du. ⑦ [用于体育比赛得分的对比] zu (bei Punktspielen): 甲队以二～一胜乙队。Die Mannschaft A hat die Mannschaft B mit 2 zu 1 besiegt. 现在几～几？Wie ist der Spielstand?

比比皆是 bǐ bǐ jiē shì überall vor-

handen sein; sich überall finden
比方 bǐfang Beispiel *n*; Metapher *f*
比分 bǐfēn Punktzahl *f*; Spielstand *m*: 场上～是三比二。Das Spiel steht 3 zu 2.
比画 bǐhua j-m etw. durch Gesten verständlich machen; gestikulieren *vi*: 她边说边～。Sie spricht mit lebhaften Gesten.
比价 bǐjià Preisverhältnis *n*: 工业品和农产品的～ Preisverhältnis zwischen industriellen und landwirtschaftlichen Produkten
比较 bǐjiào ① vergleichen *vt*: 有～才有鉴别。Erst wenn man vergleicht, kann man unterscheiden. ② im Vergleich zu: 人民的生活水平同去年～又有所提高。Das Lebensniveau des Volkes hat sich im Vergleich zum Vorjahr weiter erhöht. ③ 〈副〉 verhältnismäßig; relativ: ～简单 relativ einfach 这个～好一点儿。Dieses ist ein bißchen besser.
比例 bǐlì ① Porprotion *f*: 正～ proportionales Verhältnis 按～发展 etw. proportional entwickeln ② Maßstab *m*: 按缩小的～绘制 etw. in verkleinertem Maßstab zeichnen
比例尺 bǐlìchǐ ① Maßstab *m*: 这张地图的～是四十万分之一。Der Kartenmaßstab ist 1:400000 gezeichnet. ② Proportionalitätsstab *m*
比邻 bǐlín ① (unmittelbarer) Nachbar *m* ② in der Nähe; neben: ～而居 Tür an Tür mit j-m wohnen
比率 bǐlǜ Verhältnis *n*; Rate *f*
比拟 bǐnǐ ① vergleichen *vt*; eine Parallele ziehen: 无可～ unvergleichlich ② Analogie *f*; Metapher *f*; Vergleich *m*: 这种～是不恰当的。Eine solche Analogie ist unangebracht.
比热 bǐrè spezifische Wärme
比如 bǐrú zum Beispiel; beispielsweise
比赛 bǐsài Wettkampf *m*; Wettbewerb *m*; wettstreiten *vi*: 足球～ Fußballspiel *n* 象棋～ Schachmeisterschaft *f*
比翼 bǐyì nebeneinander fliegen: ～双飞 Seite an Seite fliegen
比喻 bǐyù Gleichnis *n*; Metapher *f*; bildlicher Vergleich: 这只是一个～的说法。Das ist nur bildlich gesprochen.
比照 bǐzhào ① vergleichen *vt*; gegenüberstellen *vt*: 两相～ miteinander vergleichen ② nach; gemäß; entsprechend
比值 bǐzhí Verhältnis *n*; spezifischer Wert
比重 bǐzhòng ① spezifisches Gewicht ② Anteil *m*; Proportion *f*: 工业在整个国民经济中的～ der Anteil der Industrie an der gesamten Volkswirtschaft
秕 bǐ (Körner) nicht voll; taub
秕糠 bǐkāng ① taube Körner und Spreu ② wertloses Zeug
秕子 bǐzi leere (*od* taube) Körner
妣 bǐ 〈书〉 verstorbene Mutter: 先～ meine verstorbene Mutter; meine Mutter selig
彼 bǐ ① jener; jene; ein anderer; die anderen: ～时 zu jener Zeit 由此及～ vom einen zum anderen fortschreiten ② er; Gegenseite *f*; die andere Seite: 知～知己，百战不殆。den Gegner und sich selbst gut Kennen — jede Schlacht gewinnen
彼岸 bǐ'àn ① das andere Ufer ② Jenseits *n*
彼此 bǐcǐ ①einander; gegenseitig: 不分～ sehr intim; mit j-m eng befreundet sein ② 〈套〉 [常叠用做答话，表示大家一样]: 您辛苦啦！——～～！ Sie haben große Mühe auf sich genommen! — Sie ebenfalls!

bì

滗(潷) bì (vorsichtig) abgießen *vt*; durchseihen *vt*
愎 bì eigenwillig; eigensinnig; halsstarrig
闭 bì ① schließen *vt*; verschließen *vt*; zumachen *vt*: ～上眼 die Augen schließen ～口不谈 kein Wort sagen; über etw. schweigen ～嘴！ Halt das Maul! ② verstopfen *vt*; verschließen *vt*: ～住气 den Atem anhalten
闭关自守 bì guān zì shǒu sich von der Außenwelt abkapseln; eine Politik der verschlossenen Tür betreiben
闭门羹 bìméngēng [多用于]: 飨以～ j-m die Tür vor der Nase zuschlagen 吃～ vor verschlossener Tür stehen
闭门思过 bì mén sī guò hinter verschlossenen Türen über seine Fehler nachdenken

闭门造车 bì mén zào chē realitätsfern handeln; sich von der Praxis isolieren

闭幕 bìmù ① der Vorhang fällt; den Vorhang herunterlassen ② (Sitzung, Ausstellung u.ä.) schließen *vt*; beenden *vt*: ～词 Schlußrede *f*; Schlußansprache *f* ～式 Abschlußzeremonie *f*

闭塞 bìsè ① verstopfen *vt*; verschließen *vt*: 鼻孔～。Die Nase ist verstopft. ② entlegen; abgelegen; schwer zugänglich: 交通～ ohne Verkehrsverbindung ③ nicht aufgeklärt; provinziell: 消息～ schlecht informiert

闭音节 bìyīnjié geschlossene Silbe

敝 bì ① 〈书〉 abgenutzt; verdorben; kaputt: ～衣 abgetragenes Kleid ② 〈谦〉 mein; unser: ～乡 mein Heimatort ～姓王。Mein Name ist Wang.

敝屣 bìxǐ 〈书〉 abgetragene Schuhe; unnützes Zeug: 弃之如～ etw. leichten Herzens wegwerfen

敝帚自珍 bì zhǒu zì zhēn jeder hat das Seine lieb; zerschlissen aber liebgeworden

蔽 bì zudecken *vt*; verbergen *vt*; Schutz gewähren: ～风雨 vor Wind und Regen Schutz bieten 衣不～体 in Lumpen gehüllt sein

弊 bì ① Betrug *m*; Schwindel *m*: 舞～ Betrügereien begehen ② Schaden *m*; Übel *n*; Nachteil *m*: 有利有～ sowohl Vorals auch Nachteile haben 兴利除～ gemeinnützige Einrichtungen fördern und Übelstände beheben

弊病 bìbìng ① Übelstand *m*; Übel *n*; korrupte Praktiken ② Fehler *m*; Nachteil *m*

弊端 bìduān Übel *n*; Mißstand *m*; Korruption *f*

必 bì ① sicher; bestimmt; gewiß; unbedingt: ～不可少 unbedingt nötig ② müssen *vi*: 言～信,行～果。glaubwürdig in den Worten und entschieden in der Tat

必定 bìdìng bestimmt; gewiß; sicher: 后天我～来接你。Übermorgen hole ich dich bestimmt ab.

必恭必敬 bì gōng bì jìng ehrerbietig; ehrfürchtig; respektvoll; in Ehrfurcht

必然 bìrán ① unausbleiblich; unvermeidlich; unabwendbar; zwangsläufig: ～结果 zwangsläufiges Ergebnis ② Notwendigkeit *f*: ～规律 unwiderlegbares Gesetz ～性 Notwendigkeit

必修课 bìxiūkè Pflichtfach *n*; obligatorisches Fach

必须 bìxū müssen *vi*; verpflichtet sein, etw. zu tun; etw. nötig haben: ～厉行节约。Sparsamkeit ist ein absolutes Muß. 学习～刻苦。Das Studium verlangt Beharrlichkeit und Fleiß.

必需 bìxū notwendig; unentbehrlich: 发展工业所～的技术 die für die Entwicklung der Industrie unbedingt erforderlichen Technik 日用～品 Artikel des täglichen Bedarfs

必要 bìyào notwendig; erforderlich; nötig: 提供～的资金 die erforderlichen Geldmittel bereitstellen 没有～再讨论了。Es ist nicht nötig, darüber weiter zu diskutieren. ～前提 unentbehrliche Voraussetzung ～条件 notwendige Bedingung

毖 bì Vorsicht *f*; vorsichtig sein: 惩前～后 aus früheren Fehlern lernen, um künftige zu vermeiden

碧 bì ① 〈书〉 grüner Jade ② bläulich; grün; blau: ～空 (azur) blauer Himmel ～草如茵 ein Teppich von grünem Gras

碧绿 bìlǜ saftiges Grün

碧血 bìxuè für eine gerechte Sache vergossenes Blut

碧玉 bìyù grüner Jade; Jaspis *m*

贲 bì 〈书〉 schön geschmückt
*另见 bēn

贲临 bìlín 〈书〉 Ihr lieber Besuch

庇 bì beschirmen *vt*; beschützen *vt*; j-n unter seine Fittiche nehmen

庇护 bìhù beschirmen *vt*; beschützen *vt*; j-n in Schutz nehmen; j-m Schutz und Schirm gewähren; j-m Zuflucht gewähren

庇荫 bìyìn ① Schatten spenden; beschatten *vt* ② j-n unter seine Fittiche nehmen

毕(畢) bì ① beenden *vt*; beendigen *vt*; abschließen *vt*; vollenden *vt*: 阅～请放回原处! Nach dem Lesen bitte zurückstellen! ② 〈书〉 völlig; vollständig; ganz; sämtlich: 原形～露 sich in seiner wahren Gestalt zeigen

毕竟 bìjìng 〈副〉 allenfalls; alles in allem; immerhin; jedoch;

schließlich

毕生 bìshēng das ganze Leben (lang); zeitlebens; auf Lebenszeit: ～事业 Lebenswerk *n*

毕肖 bìxiào 〈书〉 j-m sehr ähnlich sehen; j-m wie aus dem Gesicht geschnitten sein: 画得神情～ ein lebensechtes Porträt von j-m malen

毕业 bìyè eine Schule abschließen; einen Lehrgang beenden; ein Studium absolvieren: ～证书 Abschlußzeugnis *n*; Reifezeugnis *n*; Diplom *n*

哔(嗶) bì

哔叽 bìjī Serge *f*; Sersche *f*

筚(篳) bì

Weidenruten- oder Baumbuszaun *m*

筚路蓝缕 bìl ù lán lǚ 〈书〉 unter großen Schwierigkeiten Pionierarbeit leisten

毙(斃) bì

① ums Leben kommen; umkommen *vi*; verrecken *vi* ② 〈口〉 erschießen *vt*; an die Wand stellen

毙命 bìmìng umkommen *vi*; verrecken *vi*; getötet werden

陛 bì

〈书〉 Treppenstufen vor der Thronhalle

陛下 bìxià Euer (od. Eure) Majestät; Ihre (od. Seine) Majestät

裨 bì

〈书〉 Vorteil *m*; Nutzen *m*; von Nutzen sein: 无～于事 von keinem Nutzen sein; es hilft nichts.

裨益 bìyì 〈书〉 Vorteil *m*; Nutzen *m*: 大有～ von großem Nutzen sein

婢 bì

Magd *f*; Dienerin *f*

婢女 bìnǚ Magd *f*; Dienerin *f*

币(幣) bì

Geld *n*; Währung *f*: 纸～ Papiergeld *n*; Banknoten *pl* 硬～ Hartgeld *n*; Münze *f* 外～ ausländische Währung; Devisen ***pl***

币值 bìzhí Geld-, Währungswert *m*: ～稳定。eine stabile Währung

蓖 bì

蓖麻 bìmá Riznus *m*; Wunderbaum *m*: ～油 Rizinus-, Kastoröl *n* ～子 Rizinussamen *m*

篦 bì

feinzinkeriger Kamm; Staubkamm *m*: ～头 sich mit einem feinzinkerigen Kamm kämmen

篦子 bìzi Schuppen-, Staubfeinzinkeriger Kamm

辟 bì

①〈书〉Monarch *m*; Herrscher *m*: 复～ eine Monarchie wiedererrichten; Restauration *f* ② 〈书〉 abwenden *vt*; vertreiben *vt*: ～邪 böse Geister austreiben * 另见 pì

避 bì

① ausweichen *vi*; vermeiden *vt*; meiden *vt*: ～而不谈 nicht über etw. sprechen wollen ～而不答 die Antwort schuldig bleiben ～雨 Schutz vor Regen suchen ② abwenden *vt*; verhüten *vt*; fernhalten *vt*: ～孕 Schwangerschaftsverhütung *f*

避风 bìfēng ① Schutz vor dem Wind suchen ② untertauchen *vi* (um einer Gefahr auszuweichen); einer unangenehmen Lage ausweichen: ～港 sicherer Hafen; Zufluchtsort *m*

避雷针 bìléizhēn Blitzableiter *m*

避免 bìmiǎn vermeiden *vt*; umgehen *vt*: ～错误 einen Fehler vermeiden ～卷入纠纷 einem Streit aus dem Weg gehen ～一场事故 einen Unfall verhüten

避难 bìnàn (bei j-m) Zuflucht suchen; ein Asyl haben: 政治～ politisches Asyl

避暑 bìshǔ in die Sommerfrische fahren; sich zur Erholung in einer Sommerfrische aufhalten: ～胜地 Sommerkurort *m*

避嫌 bìxián Verdacht vermeiden

避重就轻 bì zhòng jiù qīng Schwerwiegendes meiden und das Leichte wählen; (beim Eingeständnis seiner Schuld) dem eigentlichen Vorwurf aus dem Weg gehen

璧 bì

runde Jadescheibe mit einem Loch in der Mitte (zum zeremoniellen Gebrauch im alten China)

璧还 bìhuán 〈敬〉 ① ein Geschenk höflich ablehnen ② etwas Geliehenes mit Dank zurückgeben

壁 bì

① Wand *f*; Mauer *f* ② Dinge von der Form oder Funktion einer Wand ③ Felswand *f*; jäher Abgrund

壁橱 bìchú Wandschrank *m*; eingebauter Schrank

壁画 bìhuà Wandgemälde *n*; Freskomalerei *f*

壁垒 bìlěi Wallanlagen *pl*; Schutzwall *m*; Barriere *f*; Schranke *f*: ～分明 streng abgegrenzt

壁垒森严 bìlěi sēnyán ① durch

Schutzwälle stark gesichert sein ② im scharfen Gegensatz zueinander stehen
壁炉 bìlú (offener) Kamin *m*
壁毯 bìtǎn Wandteppich *m*; Teppich *m*
臂 bì ① Arm *m*: 左～ linker Arm 助一～之力 j-m unter die Arme greifen ② Oberarm *m*
臂膀 bìbǎng Arm *m*
臂章 bìzhāng Abzeichen am Ärmel
弼 bì 〈书〉 helfen *vi*; beistehen *vi*; j-m zur Seite stehen: 辅～ einen Regenten beraten

biān

煸 biān (Fleisch, Gemüse usw. vor dem Schmoren) kurz anbraten
蝙 biān
蝙蝠 biānfú Fledermaus *f*
鳊 biān
鳊鱼 biānyú Pekinger Brachse *f*; Pekinger Brachsen *m*
编 biān ① flechten *vt*: ～柳条筐 Weidenkörbe flechten ② organisieren *vt*; einordnen *vt*: ～组 Gruppen bilden ③ etw. redaktionell bearbeiten; zusammenstellen *vt*: ～教材 Lehrmaterial zusammenstellen ④ verfassen *vt*; komponieren *vt*: ～剧本 ein Drama schreiben ⑤ erdichten *vt*; fabrizieren *vt*: 这是他胡～的。Das hat er glatt erfunden ⑥ Teil eines Buches; Band *m*: 上～ Band I (erster von zwei oder drei Bänden)
编导 biāndǎo ① ein Drama u.ä. schreiben und inszenieren; nach eigenem Drehbuch einen Film drehen ② (戏剧) Stückeschreiber und Regisseu; (舞剧) Choreograph und Regisseur; (电影) Drehbuchautor und Regisseur
编队 biānduì sich in einer Kolonne formieren; eine Formation bilden; Verband *m*; Formation *f*: ～飞行 Verbandsflug *m*; in Formation fliegen
编号 biānhào ① numerieren *vt*; beziffern *vt* ② Seriennummer *f*; laufende Nummer
编辑 biānjí ① redaktionell bearbeiten; zusammenstellen *vt*; herausgeben *vt*: ～部 Redaktion *f* ② Redakteur *m*: 总～ Chefredakteur *m*
编剧 biānjù ① (戏剧) Dramatiker *m*; Stückeschreiber *m*; (电影) Drehbuchautor *m*; (舞剧) Choreograph ② ein Drama, Drehbuch, Libretto usw. schreiben
编码 biānmǎ chiffrieren *vt*
编目 biānmù ① ein Verzeichnis aufstellen ② Katalog *m*; Liste *f*
编年史 biānniánshǐ Annalen *pl*; Chronik *f*
编排 biānpái einordnen *vt*; etw. ordnen und aufstellen; der Reihe nach anordnen: 文字和图片的～ Anordnung von Bildern und Artikeln
编审 biānshěn ① redigieren und bearbeiten ② ordentlicher Redakteur
编写 biānxiě ① zusammenstellen *vt*: ～教科书 ein Lehrbuch zusammenstellen ② schreiben *vt*; verfassen *vt*; komponieren *vt*: ～剧本 ein Drama schreiben
编译 biānyì zusammenstellen und übersetzen
编造 biānzào ① anfertigen *vt*; ausarbeiten *vt*: ～预算 einen Haushaltsplan ausarbeiten; ein Budget aufstellen ② erdichten *vt*; erfinden *vt* ～情节 eine Geschichte erfinden ③ etw. aus der Phantasie erschaffen: 古代人民～的神话 von Völkern in alter Zeit geschaffene Mythen
编者 biānzhě Redakteur *m*; Herausgeber *m*: ～按 redaktionelle Anmerkung; Anmerkung der Redaktion
编织 biānzhī flechten *vt*; stricken *vt*: ～毛衣 einen Pullover stricken
编制 biānzhì ① flechten *vt*: ～竹器 Flechtwaren aus Bambus herstellen ② entwerfen *vt*; ausarbeiten *vt*: ～生产计划 einen Produktionsplan ausarbeiten ～教学大纲 ein Lehrprogramm aufstellen ③ Soll-Stärke *f*; Stellenplan *m*: 部队～ Soll-Stärke einer Truppeneinheit
编纂 biānzuǎn zusammenstellen *vt*: ～词典 ein Wörterbuch zusammenstellen
鞭 biān ① Peitsche *f*; Knute *f*; Geißel *f* ② Gerte *f*; Rute *f*; Rohrstock *m* ③ lange Reihe aneinandergebundener

Knallfrösche ④ peitschen *vt*; geißeln *vt*: ～马 ein Pferd peitschen
鞭策 biāncè Ansporn *m*; anspornen *vt*; antreiben *vt*: 这是对我们的～。Das ist ein Ansporn für uns.
鞭长莫及 biān cháng mò jí ① außerhalb der eigenen Macht liegen ② unerreichbar sein
鞭笞 biānchī 〈书〉 peitschen *vt*; geißeln *vt*; j-n züchtigen
鞭打 biāndǎ peitschen *vt*; auspeitschen *vt*; geißeln *vt*
鞭炮 biānpào Feuerwerkskörper *m*; Knallfrosch *m*: 放～ Feuerwerkskörper abbrennen
鞭辟入里 biān pì rù lǐ tiefschürfend; tiefgehend; den Nagel auf den Kopf treffen
鞭挞 biāntà 〈书〉 geißeln *vt*; anprangern *vt*
鞭子 biānzi Peitsche *f*; Knute *f*; Geißel *f*

边(邊) biān ① Seite *f*: 三角形的一～ eine Seite eines Dreiecks ② (Seiten-)Rand *m*; Kante *f*: 碗～儿 Schüsselrand *m* ③ Grenze *f*: ～境 Grenzgebiet *n* ④ Schranke *f*; Grenze *f*: 无～无际的大海 die unendliche Weite des Meeres ⑤ an; nahe bei; neben; von: 手～没有纸笔 weder Feder noch Papier zur Hand haben

边(邊) bian [方位词后缀]: 这～ hier; diesseits 东～ im Osten 左～ links 前～ vorn 里～ innerhalb; drinnen; Innenseite *f*

边…边… biān…biān… [分别用在动词前,表示动作同时进行]: 边干边学 bei der Arbeit lernen
边陲 biānchuí 〈书〉 Grenzgebiet *n*; Grenzregion *f*
边防 biānfáng Grenzschutz *m*: Grenzverteidigung *f*: ～部队 Grenzschutztruppe *f* ～检查站 Grenzkontrollstation *f*
边锋 biānfēng Flügelstürmer *m*: 左～ Linksaußen *m* 右～ Rechtsaußen *m*
边际 biānjì Grenze *f*; Grenzlinie *f*; Grenzscheide *f*: 漫无～ weitschweifig 不着～ weit vom Ziel sein
边疆 biānjiāng Grenzgebiet *n*
边界 biānjiè Grenze *f*; Grenzlinie *f*: 划定～ abgrenzen *vt*; die Grenze festlegen ～事件 Grenzzwischenfall *m* ～线 Grenzlinie *f* ～争端 Grenzstreitigkeit *f*
边境 biānjìng Grenzgebiet *n*; Grenzland *n*: 封锁～ die Grenzen schließen
边卡 biānqiǎ Grenzkontrollpunkt *m*
边区 biānqū Grenzgebiet *n*
边塞 biānsài Grenzbefestigungswerk *n*
边线 biānxiàn ① Seitenlinie *f* ② 〈棒、垒球〉 Linie vom Ziel über das 1. bzw. 3. Mal bis zur Spielfeldgrenze
边沿 biānyán Rand *m*; Saum *m*; Peripherie *f*: ～地带 Randgebiet *n*
边缘 biānyuán ① Rand *m*; Grenze *f* ② am Rand; im Grenzbereich: ～科学 Grenzwissenschaft *f*

biǎn

扁 biǎn flach; platt: 一只～盒子 ein flacher Kasten 纸盒子压～了。Die Pappschachtel ist breit gedrückt.
扁担 biǎndan Tragestange *f*
扁豆 biǎndòu Helmbohne *f*
扁圆 biǎnyuán flach und rund

褊 biǎn 〈书〉 ① eng; beschränkt ② ungestüm; hitzig: ～急 hitzig
褊狭 biǎnxiá 〈书〉 eng; beschränkt: 气量～ engherzig; engstirnig

匾 biǎn ① Spruchtafel *f* ② mit Lobsprüchen besticktes Seidenbanner ③ flacher Bambuskorb
匾额 biǎn'é Spruchtafel *f*

贬 biǎn ① degradieren *vt*; j-n im Rang herabsetzen ② abwerten *vt*; entwerten *vt*: ～价出售 etw. zu herabgesetzten Preisen verkaufen ③ herabwürdigen *vt*; herabsetzen *vt*: ～得一文不值 etw. für wertlos erklären
贬斥 biǎnchì ① degradieren *vt* ② j-n herabsetzen und verdrängen
贬低 biǎndī abwerten *vt*; herabwürdigen *vt*; herunterspielen *vt*
贬义 biǎnyì negativer Sinn: ～词 abwertender Ausdruck
贬抑 biǎnyì absetzen *vt*; herabwerten *vt*; herabwürdigen *vt*
贬谪 biǎnzhé (einen Beamten) degradieren und vom Kaiserhof verbannen
贬值 biǎnzhí entwerten *vt*; abwerten *vt*; devalvieren *vt*; an Wert verlieren: 货币～ Abwer-

tung *f*

biàn

辨 biàn unterscheiden *vt*; etw. von etw. trennen: 不～真伪 Wahres und Falsches nicht auseinanderhalten

辨别 biànbié unterscheiden *vt*; auseinanderhalten *vt*: ～是非 Recht von Unrecht unterscheiden ～方向 sich orientieren

辨认 biànrèn identifizieren *vt*; erkennen *vt*: 他的笔迹容易～。Seine Handschrift ist leicht zu identifizieren.

辨析 biànxī unterscheiden und analysieren *vt*; feine Unterschiede machen

辩(辯) biàn erörtern *vt*; eingehend besprechen; debattieren *vi*: 真理愈～愈明。Je längere Erörterungen man anstellt, desto klarer wird die Wahrheit.

辩驳 biànbó widerlegen *vt*; bestreiten *vt*: 无可～ unwiderlegbar; unbestreitbar

辩才 biàncái ‹书› Redegabe *f*; Redekunst *f*; Beredsamkeit

辩护 biànhù ① verteidigen *vt*; rechtfertigen *vt*: 不要为错误行为～。Man soll **einen** Fehltritt nicht verteidigen. ② j-n vor Gericht verteidigen: 为被告人～ einen Angeklagten (vor Gericht) verteidigen ～权 Recht auf Verteidigung ～人 Anwalt in Strafsachen

辩护士 biànhùshì Verteidiger *m*; Verfechter *m*; Apologet *m*

辩解 biànjiě sich rechtfertigen; verteidigen *vt*; eintreten für

辩论 biànlùn debattieren *vi*; erörtern *vt*; diskutieren *vi*; streiten *vi*: ～会 Debatte *f*; Diskussion *f*

辩证 biànzhèng dialektisch: ～逻辑 dialektische Logik ～的统一 dialektische Einheit ～地看问题 an ein Problem dialektisch herangehen ～法 Dialektik *f*

辩证唯物主义 biànzhèng wéiwù zhǔyì dialektischer Materialismus: ～观点 dialektisch-materialistischer Standpunkt

辫(辮) biàn Zopf *m*; Flechte *f*

辫子 biànzi Zopf *m*; Flechte *f*: 梳～ sein Haar kämmen und es in Zöpfe flechten 把问题梳梳～ Probleme zusammenstellen und klassifizieren

忭 biàn ‹书› erfreut; glückselig; frohen Herzens: 不胜欣～ hoch erfreut sein; überglücklich sein

变(變) biàn ① sich verändern; sich wandeln: 情况～了。Die Lage hat sich geändert. ② ändern *vt*; verändern *vt*; umwandeln *vt*: ～农业国为工业国 ein Agrarland zu einem Industrieland machen ③ unerwartetes Ereignis; unvorhergesehene Änderung: 政～ Staatsstreich *m* 兵～ Meuterei *f*

变本加厉 biàn běn jiā lì noch intensiver; in noch stärkerem Maße; noch schlimmer werden

变电站 biàndiànzhàn Transformatorenstation *f*; Umspannwerk *n*

变动 biàndòng verändern *vt*; abändern *vt*; umändern *vt*

变法 biànfǎ politische Reform

变革 biàngé umwälzen *vt*; umwandeln *vt*: 社会～ soziale Umwandlung

变更 biàngēng ändern *vt*; umändern *vt*; abändern *vt*; verändern *vt*: 计划稍有～。Der Plan wurde etwas geändert.

变故 biàngù Vorfall *m*; unvorhergesehenes Ereignis; Unglücksfall *m*: 发生了～。Es ist ein Unglück geschehen.

变卦 biànguà sich anders besinnen; andern Sinnes werden; ein Versprechen widerrufen: 昨天说得好好的,怎么～了? Gestern war es schon abgemacht. Warum hast du dich eines anderen besonnen?

变化 biànhuà Veränderung *f*; Umwandlung *f*: 化学～ chemische Umwandlung 天气～ Wetterwechsel *m*; Witterungsumschlag *m*

变幻 biànhuàn sehr veränderlich sein; sich fortwährend verändern: ～莫测 rasch wechselnd 风云～ rasche Veränderung der politischen Lage

变换 biànhuàn wechseln *vt*; ändern *vt*: ～手法 seine Taktik ändern

变节 biànjié abtrünnig werden: ～分子 Abtrünnige(r)

变乱 biànluàn Aufruhr *m*; soziale Unruhe

变卖 biànmài (sein Eigentum) verkaufen *vt*

变迁 biànqiān Wandel *m*; Umwanlung *f*; Verwandlung *f*: 生

活～ Wechselfälle des Lebens 山村～ Wandel in einem Bergdorf

变色 biànsè ① die Farbe wechseln; die Farbe verändern ② ein böses Gesicht aufsetzen; ärgerlich werden

变色龙 biànsèlóng Chamäleon *n*

变态 biàntài ① Metamorphose *f* ② anormal; abnormal: ～反应 Allergie *f* ～心理 Psychopathie *f*

变天 biàntiān ① Wetterumschlag *m* ② Restauration einer reaktionären Herrschaft

变通 biàntōng flexibel sein; sich den Umständen anpassen

变戏法 biàn xìfǎ Taschenspielertricks vorführen; zaubern *vi*

变相 biànxiàng getarnt; in versteckter Form: ～的剥削行为 versteckte Ausbeutung

变心 biànxīn (in der Liebe) die Treue brechen

变形 biànxíng seine Form verlieren; deformiert werden: 这箱子压得～了。Der Koffer hat durch den Druck völlig seine Form verloren.

变压器 biànyāqì Transformator *m*; Umspanner *m*

变异 biànyì Variation *f*

变质 biànzh verderben *vi*; schlecht werden; entarten *vi*: 这肉～了。Das Fleisch ist verdorben. 蜕化～ moralisch verkommen

变种 biànzhǒng Mutation *f*; Varietät *f*; Abart *f*; Spielart *f*

遍 biàn ① überall; über und über: 走～全国 überall im Land gewesen sein ② ‹量›[表示动作从开始到结束的整个过程]: 这本书我从头到尾看过两～。Ich habe dieses Buch zweimal von Anfang bis Ende gelesen. 请再说一～。Bitte, sagen Sie es noch einmal.

遍布 biànbù auf Schritt und Tritt zu finden sein; überall verbreitet: ～全国 überall im Land vorkommen

遍地开花 biàn dì kāi huā überall blühen und gedeihen; sich überall entfalten.

遍及 biànjí sich überallhin erstrecken; überall zu finden sein

遍体鳞伤 biàn tǐ lín shāng am ganzen Körper mit Wunden bedeckt sein; grün und blau geschlagen

便 biàn ① bequem; günstig; dienlich; angenehm: 顾客称～ von den Kunden als bequem empfunden werden ② bei passender Gelegenheit; gelegentlich: 得～请来一趟。Kommen Sie doch gelegentlich einmal bei mir vorbei! 悉听尊～。Es steht ganz in Ihrem Belieben. ③ nicht formell; zwanglos; gewöhnlich; alltäglich: ～宴 kleines Essen ～装 Alltagskleidung *f* ④ Notdurft *f*: 小～ urinieren *vi*; kleine Notdurft 大～ Stuhlgang *m*; große Notdurft ⑤ ‹副› [表示事情发生或结束得早及某种情况带来的结果等]: 天一亮她～下地去了。Sie ging aufs Feld, sobald der Morgen dämmerte. ⑥ ‹连› [表示假设的让步]: 即～剩下一个人，也要战斗下去。Selbst wenn nur einer übrigbleibt, wird er weiter kämpfen. *另见 pián

便秘 biànbì Stuhlverstopfung *f*

便池 biànchí Urinal *n* (in Toiletten); Pissoir *n*

便当 biàndang leicht; bequem; handlich: 这个房间收拾起来很～。Man kann das Zimmer leicht in Ordnung bringen.

便道 biàndào ① kürzerer Weg; Abkürzung *f*: 抄～走 eine Abkürzung nehmen ② Fußweg *m*; Bürgersteig *m*: 行人走～。Fußgänger, bitte die Gehwege benutzen. ③ Behelfsweg *m*; provisorischer Weg

便饭 biànfàn einfaches Essen; alltägliche Kost

便服 biànfú ① Alltagskleidung *f* ② Zivilkleidung *f*

便函 biànhán kurzer Brief; schriftliche Mitteilung

便壶 biànhú Nachtgeschirr *n*; Nachttopf *m*

便笺 biànjiān Schreibpapier *n*; Notizzettel *m*

便览 biànlǎn Übersicht *f*; Führer *m*: 旅游～ Reiseführer *m*

便利 biànlì ① bequem; günstig; dienlich: 交通～ verkehrsgünstig; günstige Verkehrsverhältnisse ② erleichtern *vt*: 使某人工作～ j-m seine Arbeit erleichtern

便门 biànmén Seiten-, Nebentür *f*

便桥 biànqiáo Behelfsbrücke *f*

便条 biàntiáo Notizzettel *m*; kurze Mitteilung

便鞋 biànxié Hausschuhe *pl*; Pantoffeln *pl*; Slipper *pl*

便血 biànxiě Stuhlgang mit Blut

便宴 biànyàn informelles Essen:

设～招待 ein kleines Essen für j-n geben

便衣 biànyī 1) Zivilkleidung *f*; 2) Detektiv in Zivil

便宜行事 biàn yí xíng shì nach eigenem Ermessen handeln

便于 biànyú bequem; handlich: ～携带 bequem mitzunehmen; leicht tragbar

便中 biànzhōng bei Gelegenheit; gelegentlich; wenn sich eine Gelegenheit bietet: ～望示知一二。Lassen Sie gelegentlich etwas von sich hören.

弁 biàn ① frühere Kopfbedeckung für Männer ② frühere Militärperson niederen Ranges: 马～ Lebgardist eines hohen Offiziers

弁言 biànyán ‹书› Vorwort *n*; Einleitung *f*

biāo

镳 biāo ① ‹书› Kandare *f*: 分道扬～ getrennte Wege einschlagen ② spitzes Wurfeisen (eine Waffe)

标(標) biāo ① Marke *f*; (Kenn-)Zeichen *n*; (Merk-)Mal *n*: 商～ Warenzeichen *n* 路～ Wegweiser *m* ② bezeichnen *vt*; markieren *vt*; vermerken *vt*: 商品都～了价格。Jeder Artikel ist mit einem Preis(schild) versehen. ③ Preis *m*; erster Platz; Meisterschaft *f*: 夺～ um den 1. Platz kämpfen ④ äußere Erscheinung: 治～ die Symptone behandeln; nur Behelfsmaßnahmen treffen ⑤ Angebot auf eine öffentliche Ausschreibung; Offerte *f*: 招～ einen Auftrag ausschreiben 投～ sich an einer Ausschreibung beteiligen

标榜 biāobǎng ① mit etw. prahlen; sich brüsten; ausposaunen *vt*: ～自由平等 Freiheit und Gleichheit an die große Glocke hängen ② loben *vt*; preisen *vt*; rühmen *vt*: 互相～ einander übermäßig loben

标本 biāoběn Präparat; Musterstück *n*: 动物～ ausgestopftes Tier

标兵 biāobīng ① Paradeposten *pl* (entlang eines Aufmarschweges) ② Vorbild *n*: 树立～ ein gutes Beispiel geben

标尺 biāochǐ ① Meßstab *m*; Absteckpfahl *m* ② Wasserstandsanzeiger *m* ③ Visier *n* Kimme *f*

标点 biāodiǎn Interpunktion *f*; Satzzeichen *n*: ～符号 Interpunktionszeichen *n*

标定 biāodìng abgrenzen *vt*; festlegen *vt*: ～边界线 (einverständlich) den Grenzverlauf festlegen)

标记 biāojì Zeichen *n*; Merkmal *n*

标价 biāojià ① den (Waren-) Preis angeben ② notierter Preis; angegebener Preis

标明 biāomíng markieren *vt*; kennzeichnen *vt*: 箱子上～"小心轻放"。Die Kiste ist mit der Aufschrift „Vorsicht, nicht werfen" versehen.

标签 biāoqiān Etikett *n*; Schild *n*; Zettel *m*: 贴上～ ein Etikett aufkleben 价目～ Preisschild *n*; Aufschrift *f*;

标枪 biāoqiāng Speer *m*

标题 biāotí Überschrift *f*; Titel *m*; Schlagzeile *f*: 通栏大字～ Schlagzeile über die ganze Breite einer Zeitung

标新立异 biāo xīn lì yì Neues und Außergewöhnliches schaffen; schöpferische Initiative entwikkeln

标语 biāoyǔ Slogan *m*; Losung *f*; Schlagwort *n*

标志 biāozhì ① Zeichen *n*; Kennzeichen *n*; Merkmal *n*: 兴旺发达的～ ein Zeichen von Aufschwung und Prosperität ② kennzeichnen *vt*; symbolisieren *vt*

标致 biāozhì [多用于女子] schön; hübsch

标准 biāozhǔn Norm *f*; Standard *m*; Kriterium *n*: 工业～ Industrienorm *f* 合乎～ dem Standard entsprechen

镖 biāo kurzes eisernes Wurfgeschoß (in Form einer Speerspitze); spitzes Wurfeisen

膘 biāo [用于牲畜] Fett *n*: 长～ Fett ansetzen

飙(飇) biāo Sturm *m*; Orkan *m*

彪 biāo ① ‹书› junger Tiger ③ riesengroß; reckenhaft: ～形大汉 ein kräftiger Kerl; Riesenkerl *m*

彪炳 biāobǐng ‹书› glänzen *vi*; strahlen *vi*: ～显赫的功绩 glänzende und verdienstvolle Taten

biǎo

表(錶⑦) biǎo ① Äußenseite *f*; Äußere *n*; Oberfläche *f*: 由～及里 vom Äußeren zum Inneren ② Modell *n*; Beispiel *n*; Vorbild *n* ③ Tabelle *f*; Liste *f*; Formular *n*; graphische Darstellung: 时间～ Zeitplan *m* 登记～ Eintragungsformular *n* 价目～ Preisliste *f* Meßgerät *n* ④ Meßinstrument *n*; Zähler *m*: 温度～ Thermometer *n* ⑤ zeigen *vt*; ausdrükken *vt*: 深～同情 tief empfundene Anteilnahme zeigen ⑥ [称呼父系姐妹或母系兄弟姐妹生的子女，用来表示亲属关系]: ～姐妹 Cousine *f*; Kusine *f*; Base *f* ～兄弟 Cousin *m*; Vetter *m* ～叔 Vetter des Vaters ⑦ (am Körper getragene) Uhr *f*: 手～ Armbanduhr *f*

表白 biǎobái sich rechtfertigen: ～诚意 seine Aufrichtigkeit zum Ausdruck bringen

表册 biǎocè statistische Sammlung (mit Tabellen oder graphischen Darstellungen)

表达 biǎodá ausdrücken *vt*; etw. zum Ausdruck bringen; äußern *vt*

表带 biǎodài Uhr(arm)band *n*

表格 biǎogé Tabelle *f*; Formular *n*; Formblatt *n*: 填写～ ein Formular ausfüllen

表决 biǎojué abstimmen *vi*; etw. durch Abstimmung entscheiden: 付～ etw. zur Abstimmung bringen ～权 Stimmrecht *n*

表里 biǎo-lǐ außen und innen; Äußeres und Inneres: ～如一 Die Worte entsprechen den Gedanken.

表蒙子 biǎoméngzi Uhrglas *n*

表面 biǎomiàn Oberfläche *f*; Außenseite *f*; Erscheinung *f*: 地球的～ Erdoberfläche *f* ～价值 Nennwert *m* ～现象 äußere Erscheinung

表明 biǎomíng etw. klar erkennen lassen; etw. deutlich machen; demonstrieren *vt*: ～立场 seinen Standpunkt deutlich machen ～态度 Stellung zu etw. nehmen

表亲 biǎoqīn ① Vetter *m*; Cousin *m*; Cousine *f* ② Vetternschaft *f*

表情 biǎoqíng Miene *f*; Gefühlsausdruck *m*: 面部～ Gesichtsausdruck *m*

表示 biǎoshì zeigen *vt*; ausdrükken *vt*; äußern *vt*: ～关切 seine Sorge äußern ～热烈欢迎 j-n herzlich begrüßen

表率 biǎoshuài Vorbild *n*; Beispiel *n*: 他可以当我们的～。Er kann uns als Vorbild dienen.

表态 biǎotài Stellung nehmen; seine Haltung darlegen; seinen Standpunkt erklären

表现 biǎoxiàn ① Ausdruck *m*; Manifestation *f*; Niederschlag *m*: 政治则是经济的集中～。Die Politik ist der konzentrierte Ausdruck der Ökonomie. ② zutagebringen *vt*; etw. an den Tag bringen: ～出极大的勇敢和智慧 außerordentlich viel Mut und Weisheit an den Tag legen ③ sich zur Schau stellen; sich wichtigtun: 好～ sich gern aufspielen

表演 biǎoyǎn ① spielen *vt*; aufführen *vt*; darstellen *vt*: ～节目 eine Vorstellung geben; etw. vorführen ② zeigen *vt*; vorführen *vt*; demonstrieren *vt*: ～新操作方法 neue Produktionsmethoden vorführen

表扬 biǎoyáng loben *vt*; auszeichnen *vt*: ～信 Anerkennungsschreiben *n*

表语 biǎoyǔ Prädikat *n*; Satzaussage *f*

表彰 biǎozhāng auszeichnen *vt*; lobend erwähnen

裱 biǎo aufkleben *vt*; aufziehen *vt*: 把画拿去～一下 ein Bild aufziehen lassen

裱糊 biǎohú (Wand, Decke, usw.) mit Papier bekleben; tapezieren *vt*

婊 biǎo

婊子 biǎozi Hure *f*; Dirne *f*; Prostituierte *f*

biào

鳔 biào 〈动〉 ① Schwimmblase *f* ② Hausenblase *f*; Fischleim *m*

biē

憋 biē ① ersticken *vi*; sich bedrückt fühlen; bedrückt sein: 心里～得慌 sich sehr beklemmt fühlen 屋里闷，～得人透不过气来。Die Luft im Zimmer ist zum Ersticken. ② unterdrükken *vt*; zurückhalten *vt*: ～住气 den Atem anhalten ～了一肚子火 voll unterdrückter Wut

鳖 biē Weichschildkröte *f*; Schildkröte mit weichem Panzer

bié

蹩 bié sich verstauchen; sich verrenken: 他把脚～了。Er hat sich den Fuß verstaucht. ～脚货 minderwertige Ware

别 bié ① verlassen *vt*; weggehen *vi*; sich trennen; scheiden *vi*: 告～ sich von j-m verabschieden 久～重逢 sich nach langer Trennung wiedersehen ② anderer: ～人 anderer; jemand anders ～处 anderswo; an einem anderen Ort ③ Unterschied *m*; Unterscheidung *f*: 天渊之～ ein himmelweiter Unterschied 性～ Geschlecht *n* ④ unterscheiden *vt*: ～其真伪 das Wahre von dem Falschen unterscheiden ⑤ mit einer Klammer anheften; mit einer Nadel anstecken: 把表格～在一起 die Formulare zusammenheften ⑥ etw. nicht tun: ～见怪! Nimm es nicht übel! ～忙! Keine Eile! *另见 biè

别出心裁 bié chū xīn cái einen originellen Gedanken haben; neue Wege gehen

别号 biéhào Beiname *m*; Künstlername *m*

别具一格 bié jù yī gé eigenartig; originell; eigentümlich

别开生面 bié kāi shēng miàn neue Wege gehen; einer Sache ein neues Gesicht verleihen

别离 biélí sich trennen; sich verabschieden; scheiden *vi*

别名 biémíng andere Bezeichnung; anderer Name

别人 biérén der andere; die anderen; andere (Leute): 认真考虑～的意见 ernsthaft über die Meinungen anderer nachdenken

别墅 biéshù Villa *f*

别有风味 bié yǒu fēng wèi einen ungewöhnlichen Geschmack besitzen; von eigenartigem Reiz sein

别有用心 bié yǒu yòng xīn (boshafte) Hintergedanken haben; ein Doppelspiel treiben

别致 biézhì einzigartig; unkonventionell: 天坛的建筑结构非常～。Die Architektur des Himmelstempels ist einzigartig.

别字 biézì (aufgrund einer Verwechslung) falsch geschriebenes oder ausgesprochenes Schriftzeichen

biě

瘪(癟) biě eingeschrumpft; eingefallen; verwelkt; platt: 干～ ausgedörrt und zusammengeschrumpft; runzelig 车带～了。Der Reifen ist platt.

biè

别 biè *另见 bié

别扭 bièniu ① schwierig (zu behandeln); widerwärtig: 他这个人真～。Er ist wirklich sehr sonderbar ② sich mit j-m nicht vertragen: 闹～ mit j-m auf gespanntem Fuß stehen ③ unbeholfen; ungeschickt; unnatürlich: 这个句子听起来有点～。Dieser Satz klingt ein bißchen holprig.

bīn

濒 bīn ① nahe (bei); in der Nähe (von); benachbart: 东～大海 im Osten in der Nähe des Meeres liegen ② nahe (vor); bald; unmittelbar bevorstehend; im Begriff sein: ～危 dem Tod nahe; im Sterben liegen; in drohender Gefahr sein

濒临 bīnlín nahe (bei); in der Nähe (von); in unmittelbarer Nähe; bevorstehen *vi*: ～黄海 in der Nähe des Huanghai-Meeres liegen

濒于 bīnyú am Rande sein: ～破产 am Rande des Ruins

宾(賓) bīn Gast *m*: 贵～ Ehrengast *m*

宾馆 bīnguǎn Gästehaus *n*; Hotel *n*

宾客 bīnkè Gast *m*; Besucher *m*

宾语 bīnyǔ Objekt *n*

宾至如归 bīn zhì rú guī sich wie zu Hause fühlen

滨(濱) bīn ① Ufer *n*; Strand *m*; Gestade *n*: 海～ Seeufer *n*; Meeresstrand *m* ② nahe an (einem Gewässer, dem Meer, See oder Fluß) liegen; in der Nähe (eines Meeres oder Sees): ～海 am Meer liegen

傧(儐) bīn

傧相 bīnxiàng die Begleiter der Braut und des Bräutigams beim Hochzeitszug: 男～ Brautführer *m* 女～ Brautjungfer *f*

缤(繽) bīn vielfältig;

缤纷 bīnfēn <书> in buntem Durcheinander; vielfältig: 五彩～ die Vielfalt der Farben; in verschiedenen Farben leuchtend

彬 bīn

彬彬有礼 bīnbīn yǒu lǐ vornehm und liebenswürdig; höflich; zuvorkommend

bìn

鬓(鬢) bìn Schläfe *f*; Schläfenhaar *n*: 两～斑白 graue Schläfen haben

鬓发 bìnfà Schläfenhaar *n*: ～灰白 an den Schläfen ergraut sein

殡(殯) bìn ① einen Sarg in der Kondolenzhalle aufstellen ② einen Sarg zur Grabstätte tragen: 送～ zur letzten Ruhe geleiten

殡仪馆 bìnyíguǎn Bestattungsinstitut *n*

殡葬 bìnzàng (die Leiche) zu Grabe tragen und beisetzen; Bestattung *f*

摈(擯) bìn <书> verwerfen *vt*; etw. von sich weisen; ausschließen *vt*: ～而不用 etw. verwerfen; etw. ablehnen

摈斥 bìnchì verdrängen *vt*; abweisen *vt*: ～异己 diejenigen verdrängen, die nicht die gleiche Gesinnung und die gleichen Interessen haben

摈弃 bìnqì fallenlassen *vt*; aufgeben *vt*; verwerfen *vt*; wegwerfen *vt*

bīng

冰 bīng ① Eis *n* ② mit Eis kühlen; einfrieren *vt*: 把啤酒～上 Bier auf Eis legen

冰雹 bīngbáo Hagel *m*; Hagelkorn *n*

冰场 bīngchǎng Eis(lauf)bahn *f*; Eis(lauf)stadion *n*

冰川 bīngchuān Gletscher *m*

冰刀 bīngdāo Stahlkufe *f* (eines Schlittschuhs)

冰点 bīngdiǎn Gefrierpunkt *m*

冰冻 bīngdòng gefrieren *vi*; gefroren: ～三尺，非一日之寒。Eine drei Fuß dicke Eisschicht ist nicht von einem Frosttag.

冰棍儿 bīnggùnr Eis am Stiel

冰窖 bīngjiào Eiskeller *m*

冰冷 bīnglěng eiskalt; eisig kalt

冰淇淋 bīngqílín Eiscreme *f*

冰球 bīngqiú ① Eishockey *n* ② Puck *m*; Spielscheibe *f*

冰山 bīngshān Eisberg *m*

冰释 bīngshì <书> (Argwohn, Mißverständnis u.ä.) verschwunden sein; zerstreut sein

冰霜 bīngshuāng <书> ① moralische Integrität (*od* Unversehrtheit) ② streng; ernst: 凛若～ ernst und würdevoll auftreten

冰糖 bīngtáng Kandis *m*; Kandiszucker *m*; Kristallzucker *m*

冰天雪地 bīng tiān xuě dì eine Welt von Eis und Schnee; weit und breit mit Eis und Schnee bedeckt

冰箱 bīngxiāng Kühlschrank *m*

冰鞋 bīngxié Schlittschuhe *pl*

冰镇 bīngzhèn eisgekühlt: ～西瓜 eisgekühlte Wassermelone

兵 bīng ① Waffe *f*; Kampfgerät *n*: 短～相接 Nahkampf *m*; Mann gegen Mann kämpfen ② Soldat *m*: 当～ als Soldat dienen ③ Armee *f*; Truppe *f* ④ Kriegs-, Militärwesen *n*: ～书 Buch über Kriegsführung

兵变 bīngbiàn Meuterei *f*

兵不厌诈 bīng bù yàn zhà im Krieg ist jede List erlaubt

兵法 bīngfǎ Strategie und Taktik der Kriegsführung; Kriegskunst *f*

兵工厂 bīnggōngchǎng Munitions-, Waffenfabrik *f*

兵贵神速 bīng guì shén sù im Krieg ist Schnelligkeit entscheidend

兵荒马乱 bīng huāng mǎ luàn Kriegswirren *pl*; unruhige Kriegszeiten

兵家 bīngjiā ① Militärstratege *m* ② Militärkommandeur *m*; Feldherr *m*: ～必争之地 ein strategisch wichtiger Ort

兵舰 bīngjiàn Kriegsschiff *n*

兵力 bīnglì Truppenstärke *f*; Streitkräfte *pl*

兵马 bīngmǎ Truppen und Pferde; militärische Kräfte
兵强马壮 bīng qiáng mǎ zhuàng über eine schlagkräftige Truppe verfügen; starke militärische Kräfte (besitzen)
兵权 bīngquán militärische Macht; Militärmacht *f*; Befehlsgewalt *f*
兵士 bīngshì (gemeiner) Soldat
兵役 bīngyì Wehrpflicht *f*; Militärdienst *m*: 服～ den Militärdienst ableisten 义务～制 System der Wehrpflicht
兵营 bīngyíng Kaserne *f*; Truppenlager *n*
兵站 bīngzhàn Militärstation *f*; Militär-, Truppendepot *n*

bǐng

禀 bǐng ① Bericht (an seinen Vorgesetzten oder die Eltern) erstatten ② Bericht *m*; Eingabe *f* ③ (Befehle u.ä.) entgegennehmen *vt*; befolgen *vt*
禀赋 bǐngfù (natürliche) Veranlagung; Geistesgabe *f*: ～聪明 mit großen Geistesgaben ausgestattet sein; begabt
禀告 bǐnggào respektvoll einen Tätigkeitsbericht erstatten
禀性 bǐngxìng natürliche Veranlagung; Disposition *f*; von Natur (aus *od* her): ～纯厚 von Natur aus schlicht und aufrichtig sein
饼 bǐng ① runder flacher Kuchen: 月～ Mondkuchen *m* 烙～ (ungesäuerte) Pfannkuchen *m* ② fladenförmiger Gegenstand: 豆～ Ölkuchen *m* (aus Sojabohnen) 铁～ 〈体〉 Diskus *m*
饼干 bǐnggān Keks *m/n*; Crackers *pl*; Biskuit *n*
屏 bǐng ① anhalten *vt*; zurückhalten *vt*; ② ablehnen *vt*; zurückweisen *vt*; verwerfen *vt*
屏弃 bǐngqì verwerfen *vt*; entfernen *vt*; ablehnen *vt*
屏息 bǐngxī den Atem anhalten: ～静听 mit angehaltenem Atem zuhören
丙 bǐng ① der dritte der zehn Himmelsstämme ② das dritte: ～等 die dritte Klasse; der dritte Grad ～种维生素 Vitamin C
炳 bǐng 〈书〉 glänzend; leuchtend: 彪～ glänzen *vi*; strahlen *vi*
柄 bǐng ① Griff *m*; Stiel *m*: 刀～ Messergriff *m*; 斧～ Axtholm *m* ② Stengel *m*: 花～ (Blumen-)Stengel *m* ③ Anlaß für Gerede: 话～ Gesprächsstoff *m* 笑～ Gegentsand des Spottes
秉 bǐng 〈书〉 ① fassen *vt*; halten *vt*; festhalten *vt* ② kontrollieren *vt*; etw. in Händen haben
秉承 bǐngchéng 〈书〉 (Befehle u.ä.) befolgen *vt*; nach j-s Befehl (*od* Anweisungen) handeln
秉公 bǐnggōng gerecht; unparteiisch: ～办理 etw. gerecht erledigen

bìng

病 bìng ① krank sein; erkranken *vi*: 生～ krank werden; erkrankt sein ② Krankheit *f*; Beschwerde *f*: 心脏～ Herzkrankheit *f*; Herzleiden *n* 流行～ Epidemie *f*; Seuche *f* ③ Fehler *m*; Mangel *m*; Defekt *m*: 语～ fehlerhafter Ausdruck
病变 bìngbiàn pathologische Veränderung
病虫害 bìngchónghài Pflanzenkrankheiten und Insektenbefall; Befall durch Pflanzenkrankheiten und Schädlinge
病床 bìngchuáng Krankenbett *n*; Krankenhausbett *n*
病毒 bìngdú Virus *n*
病笃 bìngdǔ 〈书〉 schwerkrank; ernstlich erkrankt sein
病房 bìngfáng Station *f*; Krankenzimmer *n*: 隔离～ Isolierstation *f*
病根 bìnggēn ① Krankheitsherd *m*; ein altes Leiden ② die Wurzel des Übels
病故 bìnggù an einer Krankheit sterben
病号 bìnghào Kranke(r); Patient *m*: 老～ einer, der ständig krank ist
病假 bìngjià Kranken-, Krankheitsurlaub *m*: 请～ um Krankenurlaub bitten
病菌 bìngjūn Krankheitserreger *m*; Bakterien *pl*
病理 bìnglǐ Pathologie *f*; Lehre von den Krankheiten
病历 bìnglì Krankengeschichte *f*; Krankenbericht *m*
病例 bìnglì Krankheitsfall *m*
病情 bìngqíng Befinden eines

Patienten: ～好转 auf dem Wege der Besserung
病人 bìngrén Kranke(r); Patient *m*
病入膏肓 bìng rù gāo huāng unheilbar erkrankt sein
病态 bìngtài krankhaft; krankhafter Zustand: ～心理 morbider Seelenzustand
病危 bìngwēi sich im kritischen Stadium einer Krankheit befinden
病因 bìngyīn Krankheitsursache *f*
病愈 bìngyù sich von einer Krankheit erholt haben; wiederhergestellt sein; genesen sein
病院 bìngyuàn Krankenhaus *n*; Klinik *f*; Hospital *n*: 传染～ Hospital für ansteckende Krankheiten 精神～ Anstalt für Geisteskranke

并(併①、並) bìng ① verbinden *vt*; zusammenlegen *vt*; zusammenschließen *vt*; vereinigen *vt*: 把几个小厂～成一个大厂 einige kleine Betriebe zu einem großen zusammenschließen ② nebeneinander; gleich(zeitig): 两者～重 gleichen Wert auf beides legen ③ <副> [用于否定词之前以加重语气] durchaus: 他～不笨。Er ist überhaupt nicht dumm. 我对此事～不赞同。Ich bin damit durchaus nicht einverstanden. ④ <连> und: 我完全同意～拥护这个报告。Ich bin voll und ganz mit den Ausführungen einverstanden und begrüße sie sehr.
并驾齐驱 bìng jià qí qū im Gleichschritt gehen; gleichziehen *vi*
并肩 bìngjiān Seite an Seite; Schulter an Schulter; nebeneinander: ～作战 Schulter an Schulter kämpfen
并立 bìnglì nebeneinanderstehen *vi*; gleichzeitig bestehen
并列 bìngliè Seite an Seite stehen; (dicht) nebeneinanderstellen *vt*; auf gleicher Höhe sein: ～第二名 Beide liegen auf Platz 2.
并排 bìngpái Seite an Seite; nebeneinander
并且 bìngqiě <连> und; ferner; außerdem: 任务艰巨，～时间紧迫。Die Aufgabe ist schwierig, außerdem drängt die Zeit.
并入 bìngrù mit etw. vereinigen; angliedern *vt*
并吞 bìngtūn annektieren *vt*; einverleiben *vt*; sich etw. (gewaltsam) aneignen
并行不悖 bìng xíng bù bèi einander nicht ausschließen; keinen Widerspruch darstellen
并重 bìngzhòng auf die gleiche Stufe stellen: 两者～ beides in gleicher Weise beachten

bō

拨(撥) bō ① (mit der Hand, dem Fuß, einem Stock usw.) rühren *vt*; drehen *vt*; bewegen: ～钟 die Uhr stellen ～电话号码 eine Telefonnummer wählen ② zuteilen *vt*; zuweisen *vt*: ～粮 Nahrungsmittel zuteilen lassen 给我们车间～了五名青年工人。Fünf junge Arbeiter sind unserer Werkhalle zugeteilt worden. ③ <量> Gruppe *f*; Trupp *m*: 参观的人分成两～儿。Die Besucher teilen sich in 2 Gruppen.
拨款 bōkuǎn ① eine Geldsumme zuweisen ② Geldzuwendung *f*; Geldbewilligung *f* bewilligte Mittel
拨弄 bōnong ① etw. (mit der Hand, dem Fuß oder einem Stäbchen) hin- und herbewegen: ～琴弦 die Saiten zupfen ② Zwietracht säen: ～是非 Streit anzetteln; Haß schüren
拨冗 bōrǒng <套> sich freimachen; sich Zeit nehmen: 务希～出席。Um Ihre Anwesenheit wird herzlich gebeten.

播 bō ① säen *vt*; aussäen *vt*; die Saat bestellen ② senden *vt*; verbreiten *vt*; übertragen *vt*
播送 bōsòng senden *vt*; übertragen *vt*; verbreiten *vt*: ～新闻 Nachrichten senden
播种 bōzhǒng säen *vt*; Aussäen *n*: ～机 Sämaschine *f*
播种 bōzhòng das Feld bestellen; Aussaat *f*: ～面积 Aussaat-, Anbaufläche *f*

钵 bō ① Tontopf *m*; irdene Schüssel ② Eßnapf *m* (eines buddhistischen Mönchs)

波 bō ① Welle *f*: 微～ kleine Wellen ② Streitigkeit *f*; Affäre *f*; Skandal *m*: 风～ Skandal *m*
波长 bōcháng Wellenlänge *f*
波动 bōdòng ① schwanken *vi*; fluktuieren *vi*; steigen und sinken; auf und ab: 物价～ Die Preise schwanken. 情绪～ in unruhiger Gemütsverfassung
波段 bōduàn Frequenzband Wel-

lenbereich *m*

波及 bōjí sich über etw. ausdehnen; erfassen *vt*: 经济危机～整个资本主义世界。Die Wirtschaftskrise hat die ganze kapitalistische Welt in Mitleidenschaft gezogen.

波澜 bōlán Wellen *pl*; Wogen *pl*: ～壮阔 hohe Wellen schlagend; stürmisch

波浪 bōlàng Welle *f*

波涛 bōtāo hohe Wellen; Woge *f*: ～汹涌 brausende Wellen

波纹 bōwén ① Wellenlinie *f*; leichtes Kräuseln des Wassers ② gewellt; gerippt: ～纸板 Wellpappe *f*

波折 bōzhé Windungen und Wendungen; **Hinternis** *n*: 事情发生了～。Die Sache nahm eine ungünstige Wendung.

菠 bō

菠菜 bōcài Spinat *m*

菠萝 bōluó Ananas *f*

玻 bō

玻璃 bōli Glas *n*: 雕花～ geschliffenes Glas 彩色～ buntes Glas; Farbglas *n* ～杯 Trinkglas *n* ;**Glas** *n*

剥 bō abstreifen *vt*; abschälen *vt*; abrinden *vt* *另见 bāo

剥夺 bōduó ① berauben *vt* ② entziehen *vt*; absprechen *vt*; aberkennen *vt*: ～政治权利 j-m die politischen Rechte aberkennen ～权力 entmachten *vt*

剥离 bōlí (Gewebe, Haut usw.) abgehen *vi*; sich lösen; abtrennen *vt*; ablösen *vt*

剥落 bōluò abblättern *vi*; abbröckeln *vi*: 墙上的白灰都～了。Der Putz bröckelt von den Wänden ab.

剥削 bōxuē ausbeuten *vt*; Ausbeutung *f*: ～阶级 Ausbeuterklasse *f* ～者 Ausbeuter *m*

bó

脖 bó Hals *m*: ～子 Hals *m*

勃 bó emporkommend; lebensvoll; üppig; überschwenglich

勃勃 bóbó lebensvoll; lebhaft; vital: 生气～ voller Lebenskraft sein 兴趣～ voller Begeisterung; mit großer Lust 野心～ voller Ambitionen; hochstrebend

勃发 bófā ① gedeihen *vi*; blühen *vi* ② ausbrechen *vi*; hervorbrechen *vi*; plötzlich auftreten: 游兴～ plötzlich Lust haben, einen Ausflug zu machen

勃然 bórán aufgeregt: ～变色 vor Jähzorn rot anlaufen ～大怒 jäh in Zorn geraten

博 bó ① umfassend; groß; weit ausgedehnt; umfangreich: 地大物～ ein riesiges Territorium mit reichen Ressourcen ～而不精 ein umfangreiches aber nur oberflächliches Wissen besitzen ② gewinnen *vt*; erlangen *vt*; finden *vt*: 聊～一笑 nur zu eurer Unterhaltung

博爱 bó'ài Fraternität *f*; Brüderlichkeit *f*; allgemeine Menschenliebe

博得 bódé gewinnen *vt*; erlangen *vt*; erringen *vt*: ～同情 Sympathie gewinnen ～好评 allgemeine Anerkennung finden

博古通今 bó gǔ tōng jīn über ein universales Wissen verfügen; allseitig gebildet

博览 bólǎn umfassend studieren: ～群书 sehr belesen sein

博览会 bólǎnhuì (internationale) Messe, Ausstellung *f*

博取 bóqǔ etw. zu erreichen versuchen; gewinnen *vt*; erlangen *vt*; sich um etw. bemühen: ～欢心 um j-s Gunst werben ～信任 sich um j-s Vertrauen bemühen

博士 bóshì Doktor *m* (Dr.): 获得～学位 einen Doktortitel erhalten

博闻强识 bó wén qiáng zhì über ein universales Wissen verfügen und ein ausgezeichnetes Gedächtnis besitzen

博物 bówù Naturkunde *f*: ～学家 Naturkundige(r) ～馆(院) Museum *n*

博学 bóxué vielseitig gebildet; gelehrt; belesen: ～之士 Gelehrte(r)

薄 bó ① dünn; klein; leicht; gering: ～酬 geringe Belohnung ② nicht freigebig; kleinlich; knausrig: ～待 j-n schlecht behandeln; einen Gast knausrig bewirten ③ leichtsinnig; würdelos: 轻～ würdelos; liederlich ④ verachten *vt*; geringschätzen *vt*: 厚此～彼 den einen begünstigen und den anderen benachteiligen ⑤ 〈书〉 in der Nähe; nahe: 日～西山。Die Sonne geht hinter den westlichen Bergen unter. *另见 báo

薄利 bólì geringer Profit: ～多销

geringer Profit, schneller Umsatz
薄命 bómìng elendes Schicksal; unter einem unglücklichen Stern geboren sein (meist für eine junge Frau)
薄膜 bómó ① Membran *f*; dünnes Häutchen：细胞～ Plasmahaut *f* ② Film *m* 塑料～ Kunststoffolie *f*
薄暮 bómù 〈书〉 Dämmerung *f*
薄情 bóqíng unbeständig (in der Liebe); untreu und gewissenlos
薄弱 bóruò schwach: 意志～ willensschwach ～环节 schwaches Kettenglied

搏 bó ① kämpfen *vi*; ringen *vi*; Kampf *m*: 肉～ Nahkampf *m* ② sich (plötzlich) auf j-n stürzen; über j-n herfallen; j-n überfallen ③ schlagen *vi*, pochen *vi*: 脉～ Pulsschlag
搏动 bódòng rhythmisch schlagen; pochen *vi*; rhythmischer Schlag
搏斗 bódòu kämpfen *vi*; ringen *vi*: 与风浪～ gegen Wind und Wellen kämpfen

膊 bó Arm *m*: 赤～ mit nacktem Oberkörper

泊 bó anlegen *vt*; am Kai festmachen; ein Schiff vertäuen: 停～ vor Anker liegen ～岸 am Ufer anlegen *另见 pō
泊位 bówèi Liege-, Ankerplatz *m*: 深水～ Tiefwasser-Ankerplatz *m*

箔 bó ①Schutzmatte *f* (aus Schilf, Sorghumstengeln usw.): 苇～ Schilfmatte *f* ② flaches Bambuskörbchen für die Seidenraupenzucht ③ dünnes Blechplättchen; Folie *f*: 金～ Flittergold *n*; Goldfolie *f* ④ imitiertes Silberpapiergeld (als Totenopfer)

帛 bó 〈书〉 Seide *f*: 布～ Baumwolle und Seide ～画 Seidenmalerei *f*

伯 bó ① älterer Bruder des Vaters; Onkel *m* ② ältester Bruder ③ Graf *m* (dritthöchste der fünf Adelsstufen im alten China)
伯父 bófù älterer Bruder des Vaters; Onkel *m*
伯爵 bójué Graf *m*: ～夫人 Gräfin *f*
伯母 bómǔ Frau des älteren Bruders des Vaters; Tante *f*

舶 bó Ozean-, Überseedampfer *m*; Überseeschiff *n*: ～来品 Importware *f*

驳 bó ① widerlegen *vt*; widersprechen *vi*; bestreiten *vt*; zurückweisen *vt*: 真理不怕人～。 Die Wahrheit ist unwiderlegbar. ② Leichter *m*; Schlepp-, Lastkahn *m*: 铁～ Eisenleichter *m* 油～ Ölleichter *m* ③ mit einem Lastkahn transportieren: ～卸 mit einem Leichter entladen ④ 〈书〉 verschiedenfarbig; von verschiedenen Farben sein; vielfarbig: 斑～ buntscheckig; bunt gefleckt
驳斥 bóchì widerlegen *vt*; bestreiten *vt*
驳船 bóchuán Leichter *m*; Last-, Schleppkahn *m*
驳倒 bódǎo j-n/etw. restlos widerlegen
驳回 bóhuí zurückweisen *vt*; von sich weisen; ablehnen *vt*: ～上诉 eine Berufung zurückweisen
驳运 bóyùn mit Leichtern transportieren
驳杂 bózá heterogen; verschiedenartig: 内容～ von wirrem Inhalt sein

bǒ

跛 bǒ lahm; hinkend: ～了一只脚 auf einem Fuß humpeln
跛子 bǒzi Hinkende(r); Humpelnde(r)

簸 bǒ worfeln *vt*: ～谷 ungeschälter Reis worfeln *另见 bò
簸荡 bǒdàng schaukeln *vi*; schlingern *vi*: 船～得很厉害。 Das Schiff schlingerte heftig.
簸扬 bǒyáng (Getreide) worfeln *vt*

bò

簸 bò *另见 bǒ
簸箕 bòji ① Worfschaufel *f* ② Kehrichtschaufel *f* ③ Schleife *f*

擘 bò 〈书〉 Daumen *m*: 巨～ die Autorität auf einem Fachgebiet
擘画 bòhuà 〈书〉 planen *vt*; arrangieren *vt*: 此事尚待～。 Das muß noch geregelt werden.

bū

逋 bū 〈书〉 fliehen *vi*; flüchten *vi*: ～逃 fliehen *vi*; entweichen *vi*; flüchtig werden

bǔ

捕 bǔ fangen *vt*; verhaften *vt*; festnehmen *vt*: ～鱼 Fische fangen 被～ verhaftet werden

捕风捉影 bǔ fēng zhuō yǐng etw. aus der Luft greifen; völlig unbegründet

捕获 bǔhuò gefangennehmen *vt*; verhaften *vt*; festnehmen *vt*: 当场～ auf frischer Tat ertappen ～量 Fangmenge *f*; Fangquote *f*

捕捞 bǔlāo nach Wassertieren oder -pflanzen fischen

捕食 bǔshí sich von bestimmten Beutetieren ernähren; Jagd auf etw. machen; erbeuten *vt*

捕捉 bǔzhuō fangen *vt*; fassen *vt*; packen *vt*; ergreifen *vt*; erhaschen *vt*: ～害虫 Schädlinge fangen ～逃犯 nach einem Flüchtigen fahnden

哺 bǔ 〈书〉 ① die Brust geben; stillen *vt* ② 〈书〉 der Bissen im Mund

哺乳 bǔrǔ säugen *vt*; mit Muttermilch ernähren; stillen *vt*: ～动物 Säugetier *n*

哺育 bǔyù ① nähren *vt*; pflegen *vt*: ～雏鸟 (bei Vögeln) die Brut füttern ② aufziehen *vt*; erziehen *vt*

卜 bǔ ① Wahrsagerei *f*; Weissagung *f*; Prophetie *f*; Vorhersage *f*: ～卦 mittels der Acht Diagramme wahrsagen ② 〈书〉 voraussagen *vt*; voraussehen *vt*; prophezeien *vt*: 胜败可～。 Sieg oder Niederlage läßt sich voraussehen. ③ 〈书〉 ～居 einen Wohnsitz wählen

卜辞 bǔcí Orakelinschrift der Shang-Dynastie (1600—1066 v. Chr.) auf Schilfkrötenpanzern oder Tierknochen

卜筮 bǔshì Wahrsagekunst *f*; Weissagung *f*

补(補) bǔ ① reparieren *vt*; ausbessern *vt*; flicken *vt*: ～衣服 Kleidungsstükke flicken ～鞋 Schuhe reparieren ～车带 einen Reifen flikken ② füllen *vt*; ergänzen *vt*; wettmachen *vt*: 弥～损失 den Verlust (wieder) wettmachen ③ kräftigen *vt*; stärken *vt*: ～血 die Blutbildung anregen ④ 〈书〉 helfen *vi*; nützlich sein; nützen *vi*: 不无小～ nicht ohne einigen Vorteil sein; von Nutzen sein 无～于事。 Das hilft nichts.

补白 bǔbái Füllsel *n*; Füller *m* (nebensächlicher Artikel, der freien Raum in einer Zeitung oder Zeitschrift füllen soll)

补偿 bǔcháng kompensieren *vt*; wettmachen *vt*; aufwiegen *vt*: ～所受的损失 einen Verlust ersetzen ～差额 die Differenz ausgleichen ～贸易 Kompensationsgeschäft *n*

补充 bǔchōng ① ergänzen *vt*; hinzufügen; ersetzen *vt*: ～人力 menschliche Arbeitskraft ersetzen ～库存 den Lagerbestand auffüllen ～两点意见。 Zwei Punkte sind hinzuzufügen. ② zusätzlich; nachträglich ergänzend: ～读物 zusätzlicher Lesestoff ～规定 Zusatzbestimmungen *pl* ～说明 zusätzliche Bemerkungen

补丁 bǔding Flicken *m*: 打～ einen Flicken aufsetzen

补发 bǔfā nachträglich ausgeben; nachzahlen *vt*: ～增加的工资 die Lohnerhöhung nachzahlen

补给 bǔjǐ versorgen *vt*; Nachschub *m*: ～品 Nachschub *m*; Proviant *m*

补救 bǔjiù einen Schaden wiedergutmachen; Abhilfe schaffen: ～办法 Maßnahme zur Berichtigung von Fehler 无可～ nicht mehr nachzuholen sein

补考 bǔkǎo Nachprüfung *f*; nachgeholte Prüfung

补课 bǔkè versäumten Unterricht nachholen

补票 bǔpiào eine Karte nachlösen

补品 bǔpǐn Tonikum *n*; Stärkungsmittel *n*

补缺 bǔquē eine freie Stelle besetzen

补税 bǔshuì hinterzogene Steuern nachzahlen; überfällige Steuern bezahlen

补贴 bǔtiē (finanzielle) Beihilfe *f*; Subvention *f*; Zuschuß *m*: 粮食～ Getreidezulage *f* 生活～ Unterhaltszuschuß *m*

补习 bǔxí (nach der Schule oder der Arbeit) sich fortbilden; an einem Nachhilfekurs teilnehmen

补选 bǔxuǎn Ersatzwahl *f*; Nachwahl *f*: ～人民代表 eine Ersatzwahl für einen Volksvertreter abhalten

补牙 bǔyá einen Zahn plombieren; eine Zahnfüllung vornehmen

补养 bǔyǎng kräftigen *vt*; stärken *vt*

补药 bǔyào Tonikum *n*; stärkendes Mittel

补遗 bǔyí Nachtrag *m*; Zusatz *m*; Appendix *m*; Addenda *pl*

补益 bǔyì 〈书〉 Nutzen *m*; helfen *vi*; nützen *vi*; Nutzen bringen: 有所～ von einigem Nutzen sein

补语 bǔyǔ Komplement *n*; Ergänzung *f*

补助 bǔzhù Unterstützungsgelder *pl*: 生活～ Zuschuß zum Lebensunterhalt

补缀 bǔzhuì ausbessern *vt*; flicken *vt*: 缝连～ flicken und stopfen

补足 bǔzú füllen *vt*; ergänzen *vt*; vervollständigen *vt*

bù

部 bù ① Teil *m*; Abschnitt *m*: 分为三～ etw. in drei Teile zerlegen 南～ Südteil *m*; südlich; im Süden von etw. ② Einheit *f*; Amt *n*; Ministerium *n*; Abteilung *f*: 外交～ Außenministerium *n* 编辑～ Redaktion *f*; Redaktionskollegium *n* 门市～ Einzelhandelsabteilung *f*; Verkaufsstelle *f* ③ Kommandostelle *f*; Führungsstab *m*: 司令～ Hauptquartier *n* ④ 〈书〉befehligen *vt*; kommandieren *vt*: 所～ Truppen unter j-s Kommando ⑤ 〈量〉 一～电影 ein Film 两～词典 zwei Wörterbücher

部队 bùduì Armee *f*; Truppe *f*; Armeeverband *m*; Streitkräfte *pl*

部分 bùfen Teil *n/m*; Anteil *m*: 国家最美的～ der schönste Teil des Landes 日程安排有～变动。Das (Besichtigungs-)Programm ist zum Teil abgeändert.

部件 bùjiàn Maschinenteile *pl*

部落 bùluò Stamm *m*; Horde *f*: ～社会 Stammesgesellschaft *f*

部门 bùmén Abteilung *f*; Branche *f*; Zweig *m*: 政府各～ verschiedene Regierungsorgane 主管～ die zuständige Behörde

部首 bùshǒu Radikale *pl* (nach denen in traditionellen Wörterbüchern die chinesischen Schriftzeichen geordnet sind)

部署 bùshǔ Disposition *f*; Planung *f*; anordnen *vt*: ～兵力 die Truppen verteilen 作战～ Gefechtsplan *m*

部位 bùwèi Lage *f*; Position *f*; Stelle *f*

部下 bùxià ① die unter j-s Kommando stehenden Truppen ② Untergebener *m*

部长 bùzhǎng Minister *m*: 外贸部～ Außenhandelsminister *m*; Minister für Außenhandel ～会议 Ministerkonferenz *f* Ministerrat *m* ～助理 **Assistent für** Minister

埠 bù ① Kai *m*; Landungsplatz *m*; Ortschaft mit einem (Schiffs-)Anlegeplatz: 本～ diese (Hafen-)Stadt; hier am Ort 外～ auswärts; in anderen Städte ② Handelshafen *m*

不 bù 〈副〉 ①［表示否定］: ～严重 nicht ernsthaft ～正常 anormal; abnorm ～合法 illegal 吃～了 nicht aufessen können ②［单用,表示否定对方的话］: 他知道吧? ——～, 他～知道。Weiß er das? Nein, er weiß es nicht. ③［跟"就"连用,表示选择］: 晚上他～是看书, 就是看报。Wenn er abends kein Buch liest, greift er nach der Zeitung. ④［用在句末表示疑问, 跟反复问句的作用相等］: 他现在身体好～? Wie steht es jetzt mit seiner Gesundheit?

不安 bù'ān ① unruhig; ruhelos: 坐立～ sehr beunruhigt; wie auf Kohlen sitzen 令人～的消息 eine beunruhigende Nachricht ②〈套〉 leid tun: 老来麻烦您,真是～。Es tut mir leid, Sie so oft zu belästigen.

不白之冤 bù bái zhī yuān eine ungerechtfertigte Anschuldigung; grundlose Anschuldigung

不败之地 bù bài zhī dì unbesiegbare Position: 立于～ sich in einer überlegenen Position befinden

不必 bùbì 〈副〉 nicht nötig; unnötig; nicht brauchen: ～担心 Es besteht kein Grund zur Sorge.

不便 bùbiàn ① ungünstig; ungelegen; unbequem; ungeeignet: 交通～ verkehrsungünstig gelegen sein 这个问题～在这儿讨论。Es ist nicht angebracht, dieses Problem hier zu besprechen. ② 〈口〉 knapp bei Kasse: 手头～ auf dem Trockenen sitzen

不…不… bù…bù… ①［用于意思相同的字之前,表示否定,稍强调］: 不慌不忙 ruhig; gelassen; gemächlich; ohne Hast und Eile 不言不语 schweigen *vi*; schweigsam ②［用于意思相对的字之前, 表示

"既不…又不…"，表示适中，恰到好处的中间状态]: 不大不小 weder zu groß noch zu klein 不多不少 nicht zu viel und auch nicht zu wenig ③ [用于意思相对的字之前，表示"如不…就不…"]: 不破不立，不塞不流。Ohne Niederreißen kein Aufbau, ohne Eindämmen kein Fließen.

不测 bùcè unvorhergesehenes Ereignis; Mißgeschick *n*: 以防～ um einem zufälligen Unglück vorzubeugen 险遭～ mit knapper Not der Gefahr entkommen

不成 bùchéng ① es geht nicht: 只说不做，那是～的。Wenn man bloß reden, aber nicht tun kann, geht es nicht. ② unfähig; nicht gewachsen: 我记忆力可～。Ich habe ein Gedächtnis wie ein Sieb. ③ <助>[用在句末，表示揣度或反问的语气]: 难道就这样算了～? Kann man das etwa auf sich beruhen lassen?

不成文法 bùchéngwénfǎ Gewohnheitsrecht *n*; ungeschriebenes Gesetz

不逞之徒 bùchěng zhī tú Störenfried *m*; Unruhestifter *m*; übles Element

不齿 bùchǐ <书> nicht der Erwähnungwert sein; verachtenswert; verschmähen *vt*: ～于人类的狗屎堆 scheußlich und ekelerregend wie Hundedreck

不耻下问 bù chǐ xià wèn sich nicht scheuen, Untergebene um Rat zu fragen

不出所料 bù chū suǒ liào erwartungsgemäß; wie erwartet:

不辞而别 bù cí ér bié sich verdrücken; ohne Abschied davongehen

不辞辛苦 bù cí xīn kǔ keine Mühe scheuen

不错 bùcuò ① korrekt; richtig; nicht falsch: ～，他是这么说的。Ganz genau, das hat er gesagt. ② <口> nicht übel; recht gut; ziemlich gut: 庄稼长得挺～。Das Getreide steht recht gut.

不打自招 bù dǎ zì zhāo ohne Folter ein Geständnis ablegen; sich selbst entlarvend

不大 bùdà ① nicht sehr; nicht so: ～好 nicht besonders gut ～清楚 nicht ganz klar; etw. nicht genau wissen ② nicht oft: 他最近～来。In der letzten Zeit kam er nicht häufig zu uns.

不但 bùdàn <连> nicht nur: 她～漂亮，而且聪明。Sie ist nicht nur hübsch, sondern auch klug.

不当 bùdàng unpassend; ungeeignet; unzweckmäßig: 措词～ unpassende Worte 处理～ etw. nicht richtig handhaben

不倒翁 bùdǎowēng Stehaufmännchen *n*; Stehauf *m*

不道德 bùdàodé unmoralisch; unsittlich; unanständig

不得 bùdé nicht dürfen; nicht erlaubt sein; nicht gestattet sein: ～入内! Eintritt verboten! ～有误。Es darf nicht fehlschlagen.

不得 bùde [用在动词后面，表示不可以或不能够]: 去～。Du sollst nicht hingehen! 这种态度要～。Ein solches Benehmen ist höchst anstößig.

不得不 bùdé bù nicht umhinkönnen; sich gezwungen sehen: 我～把这事告诉他。Ich kann nicht umhin, es ihm mitzuteilen

不得了 bùdéliǎo ① sehr ernsthaft; verhängnisvoll: 这下可～，他闯下大祸了。Entsetzlich, was er diesmal für ein Unheil angerichtet hat. ②[用在"得"后作补语] außerordentlich; überaus; äußerst: 高兴得～ höchst erfreut sein; außer sich vor Freude sein

不得人心 bù dé rén xīn unbeliebt; unpopulär

不得要领 bù dé yàolǐng den Kern einer Sache nicht erfassen können; nicht begreifen, worum es geht

不得已 bùdéyǐ keine andere Wahl haben; sich gezwungen sehen: ～而求其次 gezwungenermaßen sich mit dem zweitbesten abfinden

不等 bùděng nicht gleich; verschieden; unterschiedlich: 数量～ in verschiedenen Mengen 大小～ in verschiedenen Größen

不迭 bùdié [用于动词之后]: ① zu spät: 后悔～。Die Reue kommt zu spät. ② unaufhörlich; unablässig: 叫苦～ sich dauernd beklagen

不定 bùdìng <副> [表示不肯定]: 一天他～来多少次。Er kommt, wer weiß wie oft, täglich vorbei. 事情还～怎样呢。Schwer zu sagen, wie die Sache ausgehen wird. ～冠词 unbestimmter Artikel ～式 Infinitiv *m*; Nenn-, Grundform *f* (des Verbs)

不动产 bùdòngchǎn Immobilien *pl*; Liegenschaften *pl*; unbewegliche Besitz

不动声色 bù dòng shēng sè ohne eine Miene zu verziehen; ohne mit der Wimper zu zucken

不冻港 bùdònggǎng eisfreier Hafen

不端 bùduān unanständig; unehrenhaft: 品行～ sich unanständig benehmen; ein moralisch nicht einwandfreies Leben führen

不断 bùduàn unaufhörlich; ununterbrochen; fortlaufend: 促进生产力的～发展 die kontinuierliche Entwicklung der Produktivkräfte fördern

不对 bùduì ① falsch; unkorrekt: 在这个问题上他没有什么～的地方。In dieser Frage ist gegen ihn nichts einzuwenden. ② [单用，表示否定对方的话] nicht stimmen; nein: ～，我没有那么说。Nein, das habe ich nicht gesagt.

不…而… bù…ér… [表示虽不具有某条件或原因而产生某结果]: 不别而行 ohne Abschied davongehen

不二法门 bù èr fǎmén der einzig richtige Weg; die beste Methode

不乏 bùfá 〈书〉 es fehlt nicht an etw.: ～先例。Es fehlt nicht an Präzedenzfällen. ～其人。Solche Leute kommen nicht selten vor.

不法 bùfǎ gesetzlos; gesetzwidrig: ～行为 strafbare Handlung; Delikt *n* ～之徒 Rechtsbrecher *m*; verbrecherischer Mensch

不凡 bùfán außerordentlich; ungewöhnlich; hervorragend: 自命～ sich für etwas Außerordentliches halten

不妨 bùfáng es schadet nichts; man könnte einmal: 你～跟他谈谈。Es schadet nichts, wenn du mit ihm darüber sprichst. ～一试。Ein Versuch schadet nichts.

不费吹灰之力 bù fèi chuī huī zhī lì nicht die geringste Mühe kosten; mühelos; etw. aus dem Ärmel schütteln

不分青红皂白 bù fēn qīng hóng zào bái ohne jeden Grund; ohne viel Federlesens

不分胜负 bù fēn shèng fù (ein Spiel, Gefecht u.ä.) unentschieden ausgehen; unentschieden beenden; punktgleich enden

不服 bùfú sich ungerecht behandelt fühlen; sich nicht fügen: ～裁判员的裁判 die Entscheidung des Schiedsrichters nicht akzeptieren ～输 seine Niederlage nicht zugeben; sich nicht mit seiner Unterlegenheit abfinden wollen ～气 j-s Überlegenheit nicht anerkennen; nicht klein beigeben

不服水土 bù fú shuǐ tǔ das Klima nicht **vertragen; sich nicht akklimatisieren** können

不符 bùfú mit etw. nicht übereinstimmen; nicht entsprechen; mit etw. nicht im Einklang stehen: 言行～ eine Diskrepanz zwischen Reden und Handeln

不干不净 bù gān bù jìng schmutzig; dreckig: 嘴里～ schmutzige Reden führen; unflätige Ausdrücke gebrauchen

不甘 bùgān sich mit etw. nicht abfinden; sich in etw. nicht fügen: ～后人 nicht hinter den anderen zurückbleiben wollen ～寂寞 sich nicht ins Abseits drängen lassen wollen

不甘心 bù gānxīn sich mit etw. nicht abfinden

不敢当 bùgǎndāng 〈谦〉 [表示承当不起对方的招待、夸奖等] Ich bin dessen nicht würdig; zu viel (der) Ehre; Das verdiene ich gar nicht!

不公 bùgōng nicht gerecht; ungerecht; unfair: 办事～ j-n/etw. ungerecht behandeln

不共戴天 bù gòng dài tiān tiefste Abscheu **haben vor j-m**; j-s Todfeind sein; absolut unversöhnlich sein

不苟 bùgǒu sorgfältig; gewissenhaft; nicht leichtfertig: 工作一丝～ äußerst sorgfältig arbeiten

不够 bùgòu ungenügend; unzureichend; unzulänglich; mangelhaft: 我做得很～。Ich habe viel zu wenig getan. 分析得～深入。Es wurde nicht gründlich genug analysiert.

不顾 bùgù ohne Rücksicht auf etw.; trotz; ungeachtet: ～后果 ungeachtet der Folgen ～规章制度 sich über die Vorschriften hinwegsetzen

不管 bùguǎn was auch immer; wenn auch; gleichgültig: ～后果如何 ohne sich um die Folgen zu kümmern ～怎样 wie dem auch sei; jedenfalls; sowieso

不轨 bùguǐ Gesetzwidrigkeit *f*: 图谋～ einen heimtückischen Anschlag planen; sich zu einem Putsch verschwören

不过 bùguò ① [用在形容词性的词组后面,表示程度最高]: 那就再好~! Es könnte nicht besser sein! 或 Ausgezeichnet! ② <副> nur; bloß; lediglich; nicht mehr als: 那时候他~十七岁。Damals war er nicht älter als 17 Jahre alt. ~尔尔 nicht außergewöhnlich; nichts Besonderes ③ <连> aber; allerdings; jedoch: 病人精神还不错, ~胃口不大好。Der Kranke ist recht munter, hat aber keinen großen Appetit.

不寒而栗 bù hán ér lì ein Schauder läuft j-m über den Rücken; j-n überläuft es eiskalt; vor Angst zittern

不好意思 bù hǎo yìsi ① verlegen; schüchtern; verschämt: 她被大家夸得~了。Das Lob aller Leute macht sie verlegen. ② sich genieren; sich scheuen (etw. zu tun): ~推辞 sich genieren, etw. abzusagen

不合 bùhé nicht entsprechen; nicht passen; nicht übereinstimmen; unvereinbar sein: ~规定 nicht mit den Regeln übereinstimmen ~标准nicht der Norm entsprechen 脾气~ von unterschiedlichem Temperament ~时宜 unzeitgemäß

不和 bùhé ① Unfrieden *m*; Zwist *m*: 制造~ Unfrieden stiften; Zwietracht säen ② mit j-m nicht auf gutem Fuß stehen; mit j-m im Zwist leben

不怀好意 bù huái hǎo yì nichts Gutes im Sinne haben; böse Absichten hegen

不欢而散 bù huān ér sàn sich im Unfrieden trennen; im Groll auseinandergehen

不讳 bùhuì <书> nichts verbergen; kein Hehl aus etw. machen; unverhohlen; offen: 供认~ alles offen eingestehen 直言~ etw. frei heraussagen; frisch von der Leber weg reden

不会 bù huì ① es wird nicht geschehen; es wird nicht der Fall sein: 他~去的。Er wird wohl nicht hingehen. ②nicht können; zu etw. nicht fähig sein: 我~俄语。Ich kann kein Russisch. 他~打字。Er versteht sich nicht aufs Maschinenschreiben. ③ [表示责备语气]: 你就~打个电话问一问? Hättest du nicht wenigstens einmal telefonisch anfragen können?

不羁 bùjī <书> ungezügelt; unbeherrscht

不及 bùjí ① nicht so gut wie; sich nicht mit j-m/etw. messen können; etw./j-m nicht gleichkommen: 在刻苦学习方面我~他。Im Lerneifer kann ich mich nicht mit ihm messen. ② zu spät; nicht rechtzeitig: 躲避~。Es war zu spät, um auszuweichen.

不即不离 bù jí bù lí weder zu entgegenkommend, noch zu distanziert; nicht vertraut, aber auch nicht abweisend; einen gewissen Abstand wahren

不计其数 bù jì qí shù unzählig; zahllos

不假思索 bù jiǎ sī suǒ ohne Bedenken; ohne zu überlegen; ohne weiteres; ohne Zögern; aus dem Stegreif

不简单 bù jiǎndān ① nicht einfach; ziemlich schwierig: 这事~。Die Sache ist nicht so einfach. ② beachtlich; bemerkenswert: 这个人可~。Dieser Mann ist nicht zu unterschätzen.

不见得 bùjiàndé nicht unbedingt; kaum; unwahrscheinlich: 他~会来。Er wird kaum noch kommen.

不结盟 bùjiéméng bündnisfrei; blockfrei: ~国家 bündnisfreie Staaten

不解 bùjiě nicht verstehen: 大惑~ ganz verwirrt sein ② unlösbare Bande (der Liebe, der Freundschaft): ~之缘 unlösbare Verbindung

不禁 bùjīn nicht umhinkönnen; unwillkürlich: ~鼓起掌来 in spontanen Beifall ausbrechen

不仅 bùjǐn nicht nur; nicht bloß; nicht allein: ~如此 nicht nur das; überdies; noch dazu; 这~是我一个人的看法。 Ich bin nicht der einzige, der diesen Standpunkt vertritt.

不景气 bùjǐngqì ① Depression *f*; Stagnation *f*; Flaute *f*; Baisse *f* ② flau; schlecht

不胫而走 bù jìng ér zǒu sich schnell verbreiten; rasch bekannt werden: 消息~。Die Nahricht verbreitete sich rasch.

不咎既往 bù jiù jì wǎng j-m seinen alten Fehltritt verzeihen; das Vergangene ruhen lassen

不久 bùjiǔ ① bald; in Kürze; kurz bevor: 水库~就能完工。Der Stausee wird bald fertiggestellt sein. ② wenig später; kurz darauf; kurz danach: ~就下了

一场喜雨。Kurz danach kam der erwünschte Regen.

不拘 bùjū nicht an etw. festhalten; sich nicht auf etw. beschränken: ～小节 sich nicht um Kleinigkeiten kümmern ～一格 sich nicht starr an ein vorgegebenes Muster halten

不倦 bùjuàn unermüdlich; nicht ermüdend; ausdauernd: 诲人～ j-n unermüdlich unterweisen

不堪 bùkān ①nicht leiden können; unerträglich; schrecklich: ～入耳 nicht zum Anhören sein; unerträglich zu hören sein ～设想 unvorstellbar; folgenschwer; fürchterlich ② [用在消极意义的词后面] äußerst, höchst, völlig: 疲惫～ völlig erschöpft; hundemüde 狼狈～ in großer Verlegenheit sein

不亢不卑 bù kàng bù bēi weder hochmütig noch demütg

不可 bùkě ① nicht können; nicht dürfen; nicht sollen: ～偏废 keines von beiden vernachlässigen dürfen ～一概而论 nicht alles über einen Leisten schlagen dürfen ② [与"非"连用,表示必须或一定] müssen; haben ... zu: 今天这个会很重要,我非去～。Die heutige Sitzung ist sehr wichtig, und ich muß unbedingt daran teilnehmen.

不可救药 bù kě jiù yào unheilbar; nicht mehr zu retten sein; dagegen ist kein Kraut gewachsen

不可开交 bù kě kāi jiāo [只作"得"后的补语,表示无法摆脱或结束]: unentwirrbar; etw. nicht loswerden können: 忙得～ alle Hände voll zu tun haben

不可磨灭 bù kě mó miè unvergänglich; unauslöschlich; unvergeßlich

不可收拾 bù kě shōushi nicht mehr gut zu machen; hoffnungslos; völlig verfahren

不可思议 bù kě sīyì unvorstellbar; unbegreiflich

不可一世 bù kě yī shì überaus anmaßend; unerträglich arrogant

不可逾越 bù kě yúyuè unüberschreitbar; unüberbrückbar; unübersteigbar; unüberwindlich: ～的鸿沟 unüberbrückbare Kluft

不可知论 bùkězhīlùn Agnostizismus *m*

不可终日 bù kě zhōng rì es keinen einzigen Tag mehr aushalten können: 惶惶然～ die ganze Zeit von panischer Angst erfüllt sein

不客气 bù kèqi ① unhöflich; barsch; grob: 说句～的话,他没有全力以赴。Ohne Umschweife gesagt, er hat nicht sein Bestes gegeben. ② <套> [回答别人的感谢]: (es ist) gern geschehen; bitte; nicht der Rede wert; nichts zu danken ③ <套>[感谢别人的好意]: bitte bemühen Sie sich nicht; machen Sie sich keine Umstände

不快 bùkuài ① schlecht gelaunt; mißgestimmt ② unpäßlich; nicht wohl

不愧 bùkuì eines Namens würdig sein; sich würdig erweisen

不劳而获 bù láo ér huò Früchte ernten, ohne selbst gearbeitet zu haben; ernten, wo man nicht gesät hat

不理 bùlǐ etw. nicht beachten; ignorieren *vt*

不力 bùlì nicht sein Bestes tun; sich nicht anstrengen: 办事～ seine Arbeit nicht sorgfältig verrichten

不利 bùlì ① ungünstig; nachteilig; abträglich: 这对于他的声誉～。Das ist seinem Ruf abträglich. ② nicht erfolgreich; erfolglos: 首战～ bei der ersten Schlacht einen Fehlschlag erleiden

不良 bùliáng schlecht; übel; böse; ungesund; negativ: ～倾向 negativer Trend ～现象 ungesunde Tendenzen ～影响 schlechter Einfluß

不了了之 bù liǎo liǎo zhī unvollendet bleiben; es gut sein lassen

不料 bùliào unerwartet; unvorhergesehen; unvermutet

不灵 bùlíng versagen *vi*; schlecht funktionieren; unwirksam sein: 这机器～了。Diese Maschine funktioniert nicht. 老太太手脚有点～了。Die alte Dame ist ein bißchen unbeholfen.

不露声色 bù lù shēng sè sich nichts anmerken lassen; ohne eine Miene zu verziehen

不伦不类 bù lún bù lèi weder Fisch noch Fleisch; nichts Halbes und nichts Ganzes; nicht angebracht; unanständig: 举止～ unanständiges Benehmen

不论 bùlùn <连>[下文多用"都"、"总"等副词跟它呼应] was auch immer; gleichgültig ob; ungeachtet: 国家～大小,都应一律平等。Alle Länder sollen, ungeachtet ihrer Größe, gleichberechtigt sein.

不落窠臼 bù luò kē jiù sich nicht den alten Normen beugen; nicht in das alte Schema verfallen; einen originellen Stil besitzen

不满 bùmǎn unzufrieden; unbefriedigt; Unzufriedenheit *f*: 心怀～ gegen j-n Groll hegen

不忙 bùmáng keine Eile haben; sich Zeit lassen; sich nicht übereilen

不毛之地 bù máo zhī dì Wüstenei *f*; Einöde *f*; ödes Land

不免 bùmiǎn unvermeidlich; unausbleiblich

不妙 bùmiào ungünstig; alles andere als gut: 情况有些～。Es sieht nicht gut aus.

不明 bùmíng ① unklar; unbekannt; ungeklärt: 失踪的渔船至今下落～。Der Verbleib der vermißten Fischerboote ist bis jetzt nicht aufgeklärt. ② etw. nicht verstehen können: ～事理 j-m fehlt die Einsicht ～真相 den Sachverhalt nicht erkennen

不谋而合 bù móu ér hé ohne vorherige Absprache einer Meinung sein; zufällig übereinstimmen: 我们的意见～。Unsere Ansichten stimmen zufällig überein.

不偏不倚 bù piān bù yǐ unparteiisch; sich neutral verhalten

不平 bùpíng ① Ungerechtigkeit *f*; Unrecht *n* ② empört; entrüstet: 愤愤～ voller Ingrimm; zornentbrannt

不平等条约 bùpíngděng tiáoyuē ungleicher Vertrag

不平衡 bùpínghéng Ungleichgewicht *n*; Unausgeglichenheit *f*: 工农业发展～。Industrie und Landwirtschaft entwickeln sich ungleichmäßig.

不期而遇 bù qī ér yù j-m zufällig begegnen; j-n unerwartet treffen

不巧 bùqiǎo unglücklicherweise; bedauerlicherweise

不切实际 bù qiè shí jì unrealistisch; unpraktisch: ～的计划 unrealistischer Plan

不求甚解 bù qiú shèn jiě den Dingen nicht auf den Grund gehen; sich mit oberflächlichem Wissen begnügen

不屈 bùqū unbeugsam; unbezähmbar; unnachgiebig: 宁死～ lieber sterben als sich ergeben

不屈不挠 bùqū bùnáo unbeugsam; unnachgiebig; unerschütterlich

不然 bùrán ① nicht so: 其实～。In der Tat verhält es sich nicht so. ② [用在句子开头，表示否定] nein: ～，事情没有那样简单。Nein, so einfach ist die Sache nicht. ③ 〈连〉 sonst; andernfalls; wenn nicht, dann: 我得早点去，～就赶不上火车了。Ich muß etwas früher aufbrechen, sonst verpasse ich den Zug.

不仁 bùrén ① herzlos; gefühllos; grausam: 为富～ Auf der Suche nach Reichtum gibt es kein Erbarmen ② gefühllos; empfindungslos: 麻木～ abgestumpft; gefühllos

不忍 bùrěn nicht übers Herz bringen (etw. zu tun); es nicht dulden: ～坐视 nicht untätig zusehen können

不日 bùrì 〈书〉 in Kürze; in wenigen Tagen; sehr bald

不如 bùrú nicht ebenbürtig; nicht so gut wie; sich mit j-m nicht vergleichen können: 论手巧，谁都～她。Keiner kann sich mit ihr an Fingerfertigkeit messen.

不三不四 bù sān bù sì ① zweifelhaft; verdächtig; unanständig; gemein: ～的人 verdächtiger Kerl ② weder das eine noch das andere; weder Fisch noch Fleisch: 说些～的话 zweideutige Bemerkungen machen

不善 bùshàn ① schlecht; unpassend: 来意～ mit bösen Absichten kommen 处理～ etw. falsch behandeln ② in etw. nicht gut sein; zu etw. nicht taugen: ～于经营管理 für Bewirtschaftung unfähig sein

不胜 bùshèng ① nicht ertragen können: ～其烦 bis zur Unerträglichkeit belästigt werden ② sehr; äußerst: ～感谢 j-m außerordentlich verbunden sein; j-m sehr viel zu verdanken haben ～枚举 zu zahlreich, um einzeln genannt zu werden

不失时机 bù shī shí jī sich eine Gelegenheit nicht entgehen lassen; den geeigneten Zeitpunkt nicht verpassen

不识时务 bù shí shí wù kein Gefühl für die Zeichen der Lage haben; die Erfordernisse der Zeit nicht erkennen

不时 bùshí von Zeit zu Zeit; ab und zu; gelegentlich

不识抬举 bù shí táiju eine Gunst nicht zu würdigen wissen; die entgegengebrachte Wertschätzung nicht erkennen

不是 bùshi schuld haben; schuldig sein; im Unrecht sein: 这就是你的～了。Es ist dein Fehler.

不适 bùshì sich nicht wohl fühlen; unpäßlich; verstimmt: 胃部～ eine Magenverstimmung haben

不速之客 bù sù zhī kè unerwarteter Besuch; ungebetener Gast

不通 bù tōng ① versperrt; blokkiert; verstopft: 管子～。Das Rohr ist verstopft. 此路～。Kein Durchgang! 电话～ Die Leitung ist besetzt. ② unverständlich: 他的文章写得～。Sein Artikel ist unverständlich.

不同 bùtóng ungleich; verschieden; unterschiedlich

不同凡响 bù tóng fán xiǎng [多指文艺作品] hervorragend; vorzüglich; außerordentlich

不痛不痒 bù tòng bù yǎng nur ganz oberflächlich; flüchtig: ～的批评 oberflächliche Kritik

不妥 bùtuǒ ungeeignet; unangebracht; unzweckmäfig; unpassend: 我觉得有些～。Ich finde, daran ist etwas faul.

不外 bùwài nichts mehr als; nichts anderes als; nur: ～两种可能。Es gibt nur zwei Möglichkeiten.

不闻不问 bù wén bù wèn sich um etw. nicht kümmern; sich gleichgültig verhalten

不问 bù wèn ① etw. / j-m keine Aufmerksamkeit schenken; etw. außer acht lassen; ignorieren *vt*: ～年龄大小 ungeachtet des Alters ② j-n nicht bestrafen; j-n nicht zur Rechenschaft ziehen

不务正业 bù wù zhèng yè keiner geregelten Arbeit nachgehen; nicht in seinem eigentlichen Beruf arbeiten

不惜 bùxī etw. nicht schonen; vor etw. nicht haltmachen; keine Bedenken haben: ～工本 keine Anstrengungen und Kosten scheuen ～一切代价 um jeden Preis.

不相干 bù xiānggān nicht zur Sache gehörig; in keiner Beziehung zu etw. stehen: ～的话 nicht zur Sache gehörende Bemerkungen 那件事跟你～。Das geht dich nichts an.

不相上下 bù xiāng shàng xià auf gleicher Stufe stehen; sich mit j-m messen können: 她的能力跟他～。Sie kann sich mit ihm auf die gleiche Stufe stellen.

不详 bùxiáng ① nicht ausführlich; nicht klar; wenig bekannt: 此人历史情况～。Die Lebensgeschichte dieses Mannes ist wenig bekannt.

不祥 bùxiáng ominös; unheilvoll; unheilverkündend:～之兆 ungünstiges Vorzeichen; schlechtes Omen

不象话 bù xiàng huà unerhört; unmöglich; ungehörig: 要你们替我付钱,这可～。Es kommt gar nicht in Frage, daß ihr für mich zahlt.

不象样 bù xiàngyàng **weder gehauen noch gestochen; unansehnlich; miserabel** 他那么敞胸露怀的实在～。Wie er so mit entblößter Brust herumläuft, ist wirklich keine Art. ② [用在"得"后作补语] äußerst; außerordentlich: 瘦得～ sehr mager; zum Skelett abgemagert

不肖 bùxiào 〈书〉 unsolide und ausschweifend; unwürdig; moralisch verkommen: ～子孙 verlotterte Nachkommenschaft; unwürdige Kinder

不屑 bùxiè verachten *vt*; verschmähen *vt*; für unter seiner Würde halten (etw. zu tun): ～一顾 j-n/etw. keines Blickes würdigen

不懈 bùxiè unermüdlich; unablässig; beharrlich; ausdauernd: 作～的努力 unablässig Anstrengungen machen

不行 bùxíng ① ausgeschlossen sein; nicht möglich sein; nicht in Frage kommen: ② ungeeignet; für etw. nicht geschaffen sein

不省人事 bù xǐng rén shì in Ohnmacht fallen; ohnmächtig werden; das Bewußtsein verlieren

不幸 bùxìng ① Unglück *n*; Unheil *n*: 遭到～ von einem Unglück betroffen werden ② unglücklich; böse: ～的消息 Unglücksnachricht *f* ③ unglücklicherweise; zum Unglück: ～而言中。Unglücklicherweise hat sich die Voraussage bewahrheitet.

不休 bùxiū [用做补语] endlos; unaufhörlich; unendlich; kein Ende nehmen: 争论～ ohne Ende streiten

不修边幅 bù xiū biānfú sich nicht

um sein Äußeres kümmern; ungepflegt aussehen

不朽 bùxiǔ unvergänglich; unsterblich: ～的著作 unsterbliches Meisterwerk 人民英雄永垂～! Ewiger Ruhm den Helden des Volkes!

不学无术 bù xué wú shù weder Kenntnisse noch Fähigkeiten besitzen; ganz ungeblidet

不言而喻 bù yán ér yù das versteht sich von selbst; selbstverständlich

不要 bùyào nicht dürfen; nicht brauchen; es ist nicht nötig: ～麻痹大意。Lasse in der Wachsamkeit nicht nach! ～客气 nur keine Umstände

不要脸 bùyàoliǎn schamlos; unverschämt; kein Schamgefühl haben

不一 bùyī sich unterscheiden; verschieden sein: 质量～ sich qualitativ unterscheiden 长短～ von unterschiedlicher Länge

不宜 bùyí nicht geeignet; unangebracht; nicht gut für etw.: ～操之过急。Man soll nicht übereilt handeln.

不遗余力 bù yí yú lì keine Mühe scheuen; alle Kräfte einsetzen; nichts unversucht lassen

不已 bùyǐ endlos; unaufhörlich; unablässig: 赞叹～ j-n mit Lob überschütten; etw. wieder und wieder bewundern

不以为然 bù yǐ wéi rán mißbilligend; etw. für falsch halten; etw. nicht gelten lassen

不义之财 bù yì zhī cái unrechtmäßig erworbener Reichtum

不翼而飞 bù yì ér fēi ① auf unerklärliche Weise abhanden kommen; plötzlich verschwunden sein; ② sich in Windeseile verbreiten

不用 bùyòng etw. nicht brauchen; nicht nötig sein: ～着急。Du brauchst keine Sorge zu haben. ～客气! Bitte, keine Umstände

不由得 bùyóude unwillkürlich; nicht umhinkönnen

不由自主 bù yóu zì zhǔ unwillkürlich; unbewußt; ohne es zu wollen: ～地流下了眼泪 die Tränen nicht zurückhalten können

不约而同 bù yuē ér tóng ohne vorherige Absprache miteinander übereinstimmen; ohne Verabredung das gleiche tun

不在 bù zài nicht da sein; weg sein; fehlen *vi*: 你找老王吗？他～。Suchst du Lao Wang? Er ist nicht da.

不在乎 bùzàihu gleichgültig; unbekümmert; desinteressiert; j-m nichts ausmachen: 满～ sich nicht das geringste daraus machen

不在意 bù zàiyì auf etw. nicht achtgeben; unaufmerksam; etw. nicht beachten; etw. auf die leichte Schulter nehmen

不择手段 bù zé shǒu duàn jedes Mittel ist recht; kein Mittel unversucht lassen; skrupellos im Einsatz seiner Mittel

不怎么 bù zěnme nicht sehr; nicht sonderlich: 我～想去。Ich habe nicht sonderlich Lust hinzugehen.

不折不扣 bù zhé bù kòu ① hundertprozentig; auf den Buchstaben genau: ～地遵守规章 sich genau an die Bestimmungen halten ② durch und durch; vollständig; ganz und gar; voll und ganz: ～的机会主义分子 durch und durch ein Opportunist

不正之风 bù zhèng zhī fēng ungesunde Tendenzen; schädliche Praktiken

不知不觉 bù zhī bù jué unbewußt; unbemerkt; unwissentlich

不知好歹 bù zhī hǎo dǎi nicht begreifen, wer es gut mit einem meint; eine Gunst nicht zu würdigen wissen

不知所措 bù zhī suǒ cuò aus der Fassung geraten; nicht aus noch ein wissen; ratlos sein

不知所云 bù zhī suǒ yún unverständlich sein; nicht wissen, wovon die Rede ist

不值 bùzhí nicht wert sein: ～一文 keinen Heller wert sein ～一驳 keiner Widerlegung wert sein

不止 bùzhǐ ① mit etw. nicht aufhören; ohne Ende; fortgesetzt: 大笑～ ohne Ende laut lachen ② mehr als; nicht auf etw. beschränkt: 他恐怕～六十岁了。Er ist vermutlich schon über sechzig. ～一次 wiederholt; immer wieder

不只 bùzhǐ nicht nur; nicht bloß; nicht allein

不治之症 bù zhì zhī zhèng unheilbare Krankheit

不置可否 bù zhì kě fǒu weder ja noch nein sagen; keine klare Antwort geben

不中意 bù zhòngyì nicht nach j-s Geschmack sein; j-m nicht zusagen; j-m nicht gefallen

不准 bùzhǔn nicht erlauben; verbieten: 此处～吸烟。Hier ist Rauchen untersagt.

不足 bùzú ①ungenugend; unzulänglich; unzureichend: 准备～ unzulängliche Vorbereitung 人手～ mit zu wenig Arbeitskräften ausgestattet ② nicht wert: ～道 unbedeutend; nicht der Rede wert sein ③ nicht können; nicht dürfen: ～为训 nicht als Vorbild dienen können

布 bù ①Tuch *n*; Gewebe *n*; Stoff *m*: 花～ gemusterter Baumwollstoff ～鞋 Stoffschuhe *pl* ② verkünden *vt*; bekanntgeben *vt*; veröffentlichen *vt*: 公～于众 etw. öffentlich bekanntmachen ③ verbreiten *vt*; verteilen *vt*; ausbreiten *vt*: 控制疫病传～ die Ausbreitung von Epidemie unter Kontrolle bringen ④ einrichten *vt*; aufstellen *vt*: ～好阵势 (Truppen) in Schlachtordnung aufstellen

布帛 bùbó Gewebe aus Baumwolle und Seide; Baumwolle und Seidenstoff

布道 bùdào predigen *vi*; eine Predigt halten

布防 bùfáng mit Truppen belegen; Verteidigungsstellungen beziehen

布告 bùgào offizielle Mitteilung; öffentliche Bekanntmachung: 张贴～ eine Bekanntmachung anschlagen ～栏 Anschlagbrett *n*

布谷鸟 bùgǔniǎo Kuckuck *m*

布景 bùjǐng ① künstlerische Anordnung; Komposition *f* (eines Gemäldes); Aufbau *m* (eines Kunstwerks) ② Bühnenbild *n*; Ausstattung *f*; Dekoration *f*

布局 bùjú ① (Gesamt-)Anordnung *f*; Arrangement *n*; Planung *f*: 新市区的～ Bebauungsplan für einen neuen Stadtbezirk ② Anlage *f*; Gestaltung *f*

布雷 bùléi Minen legen; verminen *vt*: ～区 vermintes Gebiet

布匹 bùpǐ Baumwollstoffe *pl*; Schnittware *f*

布施 bùshī Almosen *pl*; milde Gabe

布置 bùzhì ① einrichten *vt*; ausstatten *vt*: ～房间 ein Zimmer ausstatten ② anordnen *vt*; zuteilen *vt*: ～工作 Aufgaben zuweisen; Arbeit aufteilen

怖 bù Angst *f*; Furcht *f*; vor etw. Angst haben: 恐～ Schrecken *m*; Entsetzen *n*; Terror *m* 可～ schrecklich; fürchterlich; entsetzlich

簿 bù Heft *n*; Buch *n*: 练习～ Übungsheft *n* 账～ Konto-, Geschäftsbuch *n* 登记～ Eintragungsheft *n*; Register *n*

簿记 bùjì Buchführung *f*

簿子 bùzi Notizbuch *n*; Heft *n*

步 bù ① Schritt *m*; Gang *m*; Tritt *m*: 只有几～路了。Es sind nur noch ein paar Schritte. 快～走 schnell gehen 走错一～ einen Fehltritt tun ② Schritt *m*; Etappe *f*; Abschnitt *m*: 下一～怎么办? Wie soll es weitergehen? 这只好一～一～地去做。Dies kann nur Schritt für Schritt gemacht werden. ③ Zustand *m*; Lage *f*: 不幸落到这～田地 unglücklicherweise in eine solche Lage geraten ④ zu Fuß gehen: 散～ spazierengehen *vi*

步兵 bùbīng ① Infanterie *f*; Fußtruppe *f* ② Infanterist *m*; Fußsoldat *m*

步调 bùdiào Schritt *m*; Tritt *m*: ～一致 im **Gleichschritt** und Tritt 统一～ gemeinsame Schritte unternehmen

步伐 bùfá Schritt *m*: Gang *m*; Gangart *f*: 加快～ die Schritte beschleunigen 跟上时代的～ mit der Zeit Schritt halten

步履维艰 bù lǚ wéi jiān <书> mit unsicheren Schritten gehen; sich mühsam fortbewegen

步枪 bùqiāng Gewehr *n*

步人后尘 bù rén hòu chén in j-s Fußstapfen treten; andere nachahmen

步行 bùxíng zu Fuß gehen; laufen *vi*

步骤 bùzhòu Schritt *m*; Maßnahme *f*: 有计划有～地进行工作 planmäßig und schrittweise die Arbeit vorantreiben 采取适当的～ angemessene Maßnahmen treffen

C c

cā

擦 cā ① abwischen *vt*; trockenwischen *vt*: ～桌子 den Tisch abwischen ～眼泪 die Tränen abwischen ～地板 den Fußboden schrubben ～汗 sich den Schweiß trocknen ② aufstreichen *vt*; auftragen *vt*: ～油 Salbe auftragen ～皮鞋 Schuhe putzen ③ reiben *vt*; schaben *vt*; sich schürfen; reibend streichen: ～伤了膝盖 sich das Knie aufgeschürft haben ④ hart vorbeigehen; leicht berühren; streifen *vt*: ～肩而过 j-n im Vorbeigehen streifen 子弹从他头上～过去。Die Kugel strich hart an seinem Kopf vorbei. ⑤ (mit einem Reibeisen) fein zerkleinern: 把萝卜～成丝儿 die Rüben reiben

擦干 cāgān abtrocknen *vt*: ～桌子 den Tisch abtrocknen

擦伤 cāshāng wundreiben *vt*; abschürfen *vt*

擦拭 cāshì wischen *vt*: ～尘土 Staub wischen

嚓 cā 〈象〉 kreischend; quietschend: 汽车～的一声停住了。Der Wagen hielt quietschend an.

cāi

猜 cāi raten *vt*; vermuten *vt*; schätzen *vt*; rätseln *vi*: 你～谁来了? Rate mal, wer gekommen ist?

猜测 cāicè Vermutung *f*; Mutmaßung *f*; vermuten *vt*; mutmaßen *vt*: 那都是～。Das sind alles Vermutungen.

猜忌 cāijì Mißtrauen hegen; Argwohn *m*

猜谜儿 cāimèir ① Rätsel raten ② die wahre Absicht vermuten: 快说吧，别让我们～了。 Heraus mit der Sprache! Laß uns nicht herumrätseln.

猜拳 cāiquán Fingerknobeln *n* (beim Weintrinken); knobeln *vi*

猜想 cāixiǎng annehmen *vt*; vermuten *vt*; Annahme *f*; Vermutung *f*

猜疑 cāiyí (grundlos) argwöhnen *vt*; Befürchtungen hegen; Argwohn *m*; Verdächtigung *f*

cái

裁 cái ① schneiden *vt*; zuschneiden *vt*; abschneiden *vt*; ausschneiden *vt*: ～开 in zwei Teile zerschneiden ～缝 zuschneiden und nähen ② verringern *vt*; reduzieren *vt* ③ entscheiden *vt*; urteilen *vi*; ein Urteil fällen ④ Einhalt gebieten; unter Kontrolle bringen: 经济制～ ökonomische Sanktionen

裁定 cáidìng richterliche Verfügung; eine gerichtliche Entscheidung fällen

裁缝 cáifeng Schneider *m*: ～铺 Schneiderei *f*

裁减 cáijiǎn abbauen *vt*; reduzieren *vt*; vermindern *vt*; verringern *vt*: ～机关工作人员 das Personal eines Büros reduzieren ～军备 abrüsten *vt*; Abrüstung *f*

裁剪 cáijiǎn zuschneiden *vt*: ～衣服 Kleidungsstücke zuschneiden

裁决 cáijué eine Entscheidung fällen; einen Spruch ergehen lassen: 依法～ eine Entscheidung nach dem Gesetz fällen

裁军 cáijūn abrüsten *vt*/*vi*; Abrüstung *f*

裁判 cáipàn ① schiedsrichtern *vi* ② Schiedsrichter *m*

才(纔③) cái ① Befähigung *f*; Begabung *f*: 多～多艺的人 auf vielen Gebieten bewanderter Mensch ② Mensch bestimmter Eigenart: 全～ Universalgenie *n* 蠢～ eine dumme Person 奴～ Lakai *m*; Kriecher *m* ③〈副〉 (a) ［表示事情刚发生，或发生得晚］ vor kurzer Zeit; gerade; soeben; eben erst: 比赛～开始。Das Wettspiel hat soeben begonnen. 你怎么～来? Warum kommst du so spät? (b) ［表示事情取决于某种条件］ nicht früher als; erst wenn; erst nachdem: 只有用功～能学好。 Ohne Fleiß kein Preis. (c) ［表示对比之下数量小，次数少等］ erst; nur: 他参加长征的时候～十四岁。 Er war erst 14 Jahre alt, als er am Langen Marsch teilnahm. (d) ［表示

强调，句尾常用'呢'字] doch; gewiß; wahrhaftig; in der Tat: 麦子长得～好呢! Der Weizen ist in der Tat gut geraten! 他要是不知道～怪呢! Es wäre doch sonderbar, wenn er davon nichts wüßte.

才干 cáigàn Befähigung *f*; Begabung *f*; Fähigkeiten *pl*

才华 cáihuá musische Begabung; musisches Talent: 他是一位很有～的作家。Er ist ein sehr talentierter Schriftsteller.

才能 cáinéng Fähigkeit *f*; Können *n*; Talent *n*; Befähigung *f*

才气 cáiqì literarisches Talent: ～横溢 literarisch hochbegabt

才疏学浅 cái shū xué qiǎn <谦> wenig Talent und geringe Kenntnisse besitzen; wenig begabt und ungebildet

才学 cáixué Talent und Bildung; Gelehrsamkeit *f*

才智 cáizhì Begabung *f*; Talent *n*; geistige Fähigkeiten

才子 cáizǐ begabter Gelehrter: ～佳人 junge Gelehrte und anmutige Schönheiten (in chinesischen Romanzen)

材 cái ① Nutzholz: *n*: 木～ Nutz-, Bauholz *n* ② Material *n*: 教～ Lehrmaterial *n*; Lehrstoff *m* ③ fähiger Mensch; talentierte Person: 人～辈出。Viele Talente treten auf den Plan.

材料 cáiliào ① Material *n*; Werkstoff *m*: 建筑～ Baumaterial *n* 原～ Rohmaterial *n*; fester Rohstoff

财 cái Vermögen *n*; Reichtum *m*

财宝 cáibǎo Geld und Wertgegenstände; Schatz *m*; Kostbarkeiten *pl*

财产 cáichǎn Eigentum *n*; Vermögen *n*: 公共～ öffentliches Eigentum

财团 cáituán Finanzgruppe *f*: 国际～ Finanz-, Banken-, Geschäftskonsortium *n*

财务 cáiwù Finanzen *pl*; Finanzangelegenheiten *pl*

财物 cáiwù Hab und Gut *n*; Habe *f*; Habseligkeiten *pl*; Eigentum *n*: 个人～ persönliches Eigentum; persönliche Habe

财政 cáizhèng Finanzwesen *n*; Staatsfinanzen *pl*: ～赤字 Finanzdefizit *n* ～收支平衡 Gleichgewicht von Einnahmen und Ausgaben

财主 cáizhu reicher Mann; Geldsack *m*

cǎi

采(採①) cǎi ① pflücken *vt*; abnehmen *vt*; zusammenlesen *vt*: ～茶 Teeblätter pflücken ～药 Heilkräuter sammeln ② (Bodenschätze) zutage fördern; abbauen *vt*; gewinnen *vt*: ～煤 Kohle fördern

采伐 cǎifá Bäume fällen; Holzeinschlag *m*

采访 cǎifǎng j-n aufsuchen und Material sammeln: ～新闻 sich Nachrichten über etw. beschaffen 向一位名演员进行～ einen berühmten Schauspieler interviewen

采购 cǎigòu einkaufen *vt*; ankaufen *vt*: ～员 Einkäufer *m*

采集 cǎijí sammeln *vt*: ～标本 Musterstücke sammeln

采矿 cǎikuàng Bergbau *m*; Gruben-, Bergwerksbetrieb *m*: 露天～ Tagbau *m*

采纳 cǎinà annehmen *vt*; übernehmen *vt*; akzeptieren *vt*

采取 cǎiqǔ anwenden *vt*; annehmen *vt*; ergreifen *vt*; treffen *vt*: ～紧急措施 Notmaßnahmen treffen

采撷 cǎixié <书> ① auslesen *vt*; Auslese *f* ② (ab)pflücken *vt*

采用 cǎiyòng verwenden *vt*; anwenden *vt*; benutzen *vt* einführen *vt*: ～新技术 neue Techniken verwenden

采油 cǎiyóu Ölgewinnung *f*; Erdölförderung *f*

采摘 cǎizhāi pflücken *vt*

睬 cǎi j-n beachten; von j-m Notiz nehmen: 理～ von j-s Anwesenheit Notiz nehmen ～也不～ j-n keines Blickes würdigen

踩 cǎi treten *vt*; zertreten *vt*; niedertrampeln *vt*; zertrampeln *vt*

彩 cǎi ① Farbe *f*; Buntheit *f*; (viel)farbig: 五～ bunt ② bunte Seide; bunte Girlande (aus Seide): 张灯结～ mit Lampions und bunten Seidengirlanden schmücken 剪～ das Band durchschneiden (bei der Eröffnung einer Ausstellung usw.) ③ Bravoruf *m*; Zuruf *m*; Ovation *f*: 喝～ Bravo rufen ④ vielfarbig; Mannigfaltigkeit *f*; Vielfalt *f*: 丰富多～ reichhaltig; vielfältig ⑤ Preis *m*; Gewinn *m*; Treffer *m*: 中～ einen Treffer erzielen; einen Preis gewinnen

彩虹 cǎihóng Regenbogen *m*; Iris *f*
彩礼 cǎilǐ Verlobungsgeschenk *n* (an die Eltern der Braut); Brautpreis *m*
彩排 cǎipái Kostümprobe *f*
彩票 cǎipiào Los *n*
彩色 cǎisè (viel)farbig; Farb-; Color-: ～胶卷 Farb-, Colorfilm *m* ～影片 Farbfilm *m*; Film in Farbe ～电视 Farbfernsehen *n*

cài

菜 cài ①Gemüse *n*: 咸～ eingesalzenes Gemüse; in Salz eingelegtes Gemüse ② Lebensmittel außer Reis und Mehlprodukten: 上街买～ Fleisch, Gemüse o.ä. einkaufen gehen ③ Gericht *n*; Gang *m*; Speise *f*; Küche *f*: 荤～ Fleischgericht *n*; Fleischspeise *f* 素～ vegetarisches Gericht; pflanzliche Kost 一道～ ein Gang
菜单 càidān Menü *n*; Speisekarte *f*
菜刀 càidāo Küchenmesser *n*
菜花 càihuā ① Blumenkohl *m* ② Rapsblume *f*
菜市 càishì Gemüsemarkt *m*
菜肴 càiyáo 〈书〉 fertiges Gericht; Speise *f* (meist von Fleischspeisen)
菜油 càiyóu Rapsöl *n*
菜园 càiyuán Gemüsegarten *m*
菜籽 càizǐ ① Gemüsesaat *f*; Gemüsesaatgut *n* ② Rapssamen *m*

cān

餐 cān ① essen *vt*; speisen *vt*; eine Mahlzeit einnehmen: 聚～ aus einem besonderen Anlaß zu einem geselligen Essen zusammenkommen 野～ ein Picknick machen; picknicken *vi* ② Essen *n*; Speise *f*; Gericht *n*: 中～ chinesisches Essen; chinesische Küche 西～ europäische Kost 早～ Frühstück *n*
餐车 cānchē Speisewagen *m*
餐巾 cānjīn Serviette *f*; Mundtuch *n* (beim Essen)
餐具 cānjù Tafelgeschirr *n*; Service *n*

参(參) cān ① an etw. teilnehmen; an etw. teilhaben: ～军 in den Militärdienst eintreten ～战 in den Krieg eintreten ② nachschlagen *vt*; vergleichen *vt*: ～阅 nachlesen *vt*; vergleichen *vt* *另见 cēn; shēn
参观 cānguān besichtigen *vt*; besuchen *vt*; Besichtigung *f*: ～名胜古迹 Sehenswürdigkeiten und Kulturdenkmäler besichtigen ～展览 eine Ausstellung besuchen
参加 cānjiā ① teilnehmen *vi*; sich anschließen; sich beteiligen; beitreten *vi*: ～革命 sich der Revolution anschließen ～会议 einer Konferenz beiwohnen ～讨论 an einer Diskussion teilnehmen ② (eine Meinung, eine Ansicht) bekanntgeben (od. vortragen): 请你也～意见。Bitte, teilen Sie uns auch Ihre Meinung mit.
参见 cānjiàn ① siehe (auch); Vergleiche (vgl.); confer (cf.): ～第九章 Siehe Kapitel 9. ② (einer hochgestellten Persönlichkeit) seine Aufwartung machen
参看 cānkàn ①siehe (auch): ～下面注释。Siehe Fußnote. ② etw. zu Rate ziehen; heranziehen *vt*
参考 cānkǎo nachschlagen *vi*; nachlesen *vt*; zu Rate ziehen ② Referenz *f*; Empfehlung *f*: 仅供～ nur zur Kenntnisnahme ～书 Nachschlagebuch *n*
参谋 cānmóu ① Stabsoffizier ～长 Stabschef *m* ② raten *vt*; beraten *vt*
参事 cānshì Berater *m*; Ratgeber *m*
参议员 cānyìyuán Senator *m*; Mitglied des Senats
参与 cānyù mitwirken *vi*; teilnehmen *vi*; bei etw. seine Hand im Spiel haben; beteiligt sein
参赞 cānzàn Botschafts-, Gesandschaftsrat *m*; Rat *m*: 文化～ Kulturrat *m* 商务～ Handelsrat *m*
参照 cānzhào vergleichen *vt*; unter Verweis auf etw.; gemäß
参酌 cānzhuó etw. in Anbetracht der aktuellen Verhältnisse erwägen

cán

惭 cán sich schämen; Scham *f*; Schamgefühl *n*: 大言不～ mit etw. unverfroren prahlen; schamlos herumprahlen
惭愧 cánkuì beschämt sein

蚕(蠶) cán Seidenraupe *f*; Raupe des Seidenspinners
蚕茧 cánjiǎn Seidenkokon *m*; Kokon (des Seidenspinners) *m*
蚕食 cánshí annagen *vt*; anknab-

bern *vt*; Stück um Stück von etw. Besitz ergreifen: ～政策 Salamitaktik *f*

蚕丝 cánsī Seidenfaden *m*; Naturseide *f*

残(殘) cán ① unvollständig; defekt; fragmentarisch: ～稿 unvollständige Manuskript; Fragment *n* ② Rests *m*; Überbleibsel *n*; übriggeblieben: ～敌 Reste der feindlichen Truppen ～冬 die letzten Tage des Winters ③ beschädigen *vt*; verletzen *vt*: 身～志不～。Der Körper ist gelähmt, aber der Wille nicht. ④ grausam; brutal; barbarisch: 凶～ grausam; unmenschlich

残暴 cánbào grausam; unbarmherzig; brutal

残喘 cánchuǎn Todesröcheln *n*: 苟延～ ein kümmerliches Dasein fristen

残存 cáncún übrigbleiben *vi*; übrigbleibend; überlebend

残废 cánfèi ① beschädigt; verstümmelt; verkrüppelt; arbeitsunfähig ② Beschädigte(r); Invalide *m*

残羹剩饭 cán gēng shèng fàn Reste eines Mahls; Speisereste *pl*

残骸 cánhái ① Gerippe *n*; Skelett *n* ② Wrack *n*; Trümmer *pl*; Bruchstücke *pl*: 飞机～ Flugzeugwrack *n*

残害 cánhài brutal abschlachten

残疾 cánjí Mißbildung *f*; Mißgestaltetheit *f*

残局 cánjú ① eine mißliche Lage: 收拾～ die mißliche Sache wieder in Ordnung bringen ② Endphase im Schachspiel

残酷 cánkù grausam; brutal; rücksichtslos: ～无情 kein Erbarmen kennen; grausam

残缺 cánquē unvollständig; bruchstückhaft fragmentarisch: 一套～不全的茶具 ein unvollständiges Teeservice

残忍 cánrěn unbarmherzig; grausam; rücksichtslos

残杀 cánshā niedermetzeln *vt*; abschlachten *vt*; grausam töten; massakrieren *vt*

残余 cányú Überbleibsel *n*; Rest *m*: 封建～ Überreste des Feudalismus

cǎn

惨(慘) cǎn ① traurig; jämmerlich; entsetzlich: ～不忍睹 einen schrecklichen Anblick bieten ② brutal; grausam; rücksichtslos: ～无人道 unmenschlich ③ drastisch; katastrophal: 股票价格～跌 Die Börsenkurse sind drastisch gefallen.

惨案 cǎn'àn blutige Ereignisse; Massaker *n*; Gemetzel *n*

惨白 cǎnbái blaß; bleich: 脸色～ sehr blaß aussehen

惨败 cǎnbài eine vernichtende Niederlage

惨淡 cǎndàn bleich; trüb; düster: 月光～ das bleiche Licht des Mondes ～经营 unter schweren Bedingungen ein Unternehmen weiterführen; schwer erarbeiten

惨绝人寰 cǎn jué rén huán grauenhaft; unerhört grausam

惨杀 cǎnshā ermorden *vt*; j-n grausam töten

惨痛 cǎntòng schmerzlich; bitter: ～的教训 eine bittere Lektion; böse Erfahrungen

惨重 cǎnzhòng schlimm; verhängnisvoll; schwer(wiegend); verheerend: 损失～ schwerer Verlust 伤亡～ eine vernichtende Niederlage

惨状 cǎnzhuàng schreckliches Bild; erbärmlicher Anblick

càn

灿(燦) càn

灿烂 cànlàn glänzend; strahlend; prächtig; herrlich: ～的阳光 glänzender Sonnenschein

璨 càn Edelstein *m*

cāng

仓(倉) cāng Aufbewahrungsort *m*; Stapelplatz *m*; Kornkammer *f*; Lager *n*: 谷～ Getreidespeicher *m*; Silo *n*; Scheune *f*

仓促 cāngcù eilig; übereilt; hastig; in aller Eile: 走得～ in aller Eile weggehen

仓皇 cānghuáng panisch übereilt; in aller Hast: ～失措 in Panik geraten ～逃窜 überstürzt die Flucht ergreifen

仓库 cāngkù Speicher *m*; Schuppen *m*; Lager(haus) *n*: 清理～ das Lager aufnehmen ～保管员 Lager(haus)aufseher *m*

沧(滄) cāng (Wasser) dunkelblau

沧海 cānghǎi (blaues) Meer; (blaue) See; tiefes, großes Meer: ～海一粟 wie ein Hirsekörnchen im weiten Meer; unheimlich wenig

沧桑 cāngsāng stürmische Veränderung: 饱经～ viele Wechselfälle des Lebens erfahren haben

苍(蒼) cāng ① dunkelgrün: ～松 dunkelgrüne Kiefer ② (himmel) blau; azurblau: ～天 blauer Himmel ③ grau; ergraut: 脸色～白 blaßes Gesicht; blaß aussehen

苍翠 cāngcuì (satt)grün; dunkelgrün: ～的山峦 grüne Hügel

苍劲 cāngjìng ① kraftvoll; energisch: ～挺拔的青松 mächtige alte Kiefer ② schwungvoll; kühn: 笔力～ mit zügigen Pinselstrichen (schreiben oder malen)

苍老 cānglǎo alt; gealtert

苍凉 cāngliáng öde; wüst; verlassen; trostlos; traurig

苍茫 cāngmáng fern und verschwommen; weit und im Dunst verschwindend: ～大地 endlos ausgedehntes Land 暮色～ im Abenddunst

苍蝇 cāngying Fliege *f*: ～拍子 Fliegenklatsche *f*; Fliegenklappe *f*

舱(艙) cāng ① gesamter Innenraum (eines Schiffes oder Flugzeugs): 客～ Kabine *f* 货～ Fracht-, Laderaum *m*; Bunker *m*

舱位 cāngwèi Kojenplatz *m* (auf einem Schiff); Sitzplatz *m* (im Flugzeug)

cáng

藏 cáng ① (ver)bergen *vt*; verstecken *vt*; weglegen *vt*; verdecken *vt* ② bewahren *vt*; aufbewahren *vt*; aufspeichern *vt* *另见 zàng

藏匿 cángnì verstecken; *vt*; verbergen *vt*; sich versteckt halten

藏身 cángshēn sich verstecken; sich verbergen: ～之处 Obdach *n*; Zufluchtsstätte *f*

藏书 cángshū ①Bücher sammeln ②Büchersammlung *f*; Bibliothek *f*

藏拙 cángzhuō sich schweigsam halten, um seine Unzulänglichkeit zu verbergen

cāo

糙 cāo roh; grob; rauh: ～纸 rauhes Papier 工作粗～ schludrige Arbeit

糙米 cāomǐ halbpolierter Reis

操 cāo ① etw. in der Hand haben; halten *vt*; etw. in die Hand nehmen; fassen *vt* ② sich mit etw. befassen; tun *vt*; betreiben *vt*: 重～旧业 seinem alten Beruf wieder nachgehen ③ (eine Sprache oder einen Dialekt) sprechen *vi*: ～本地口音 mit hiesigem Akzent sprechen

操场 cāochǎng Sport-, Turn-, Übungsplatz *m*

操持 cāochi ①besorgen *vt*; verwalten *vt*; erledigen *vi*: ～家务 haushalten *vi*; den Haushalt führen ② planen *vt*

操劳 cāoláo ① hart arbeiten; mühsam arbeiten: ～过度 sich überarbeiten; sich überanstrengen ② sich um etw. kümmern

操练 cāoliàn drillen *vi*; üben *vi*

操心 cāoxīn sich sorgen und mühen; sich über etw. den Kopf zerbrechen

操行 cāoxíng Benehmen *n*; Betragen *n* (des Schülers)

操纵 cāozòng ① steuern *vt*; lenken *vt*; regulieren *vt*; Steuerung *f*: 无线电～ Radiosteuerung *f* ② Kunstgriff anwenden; manipulieren *vt*: ～市场 den Markt manipulieren 幕后～ hinter den Kulissen manipulieren

操作 cāozuò (Maschine usw.) bedienen *vt*; an etw. arbeiten

cáo

槽 cáo ① Krippe *f*; Trog *m*: 马～ Pferdekrippe *f* 水～ Wassertrog *m*; Wasserrinne *f* ② Einschnitt *m*; Kerbe *f*; Nut *f*; Rinne *f*; Rille *f*: 在木头上挖个～ eine Nut in ein Holzstück einziehen 河～ Flußbett *n*

嘈 cáo Lärm *m*; Krach *m*; Getöse *n*

嘈杂 cáozá lärmend: 大厅里人声～。Im Saal herrschte großes Stimmengewirr.

cǎo

草 cǎo ① Gras *n*; Kräuter *pl*; Heu *n*; Stroh *n* ② entwerfen *vt*; Entwurf *m*: 起～ einen Entwurf ausarbeiten ③ ungewissenhaft; unordentlich; nachlässig; leichtfertig: 字写得很潦～。Die Schrift ist unlesbar.

草案 cǎo'àn Entwurf *m* (eines Plans, Gesetzes usw.): 决议～ Resolutionsentwurf *m*

草包 cǎobāo ① Strohsack *m* ② Strohkopf *m*; Hohlkopf *m*

草草 cǎocǎo oberflächlich; nachlässig; flüchtig: ～了事 eine Sache rasch und oberflächlich erledigen ～收场 etw. übereilt abschließen

草地 cǎodì ① Wiese *f*; Rasen *m* ② Steppe *f*; Weideland *n*

草稿 cǎogǎo Rohentwurf *m*; Manuskript *n*

草菅人命 cǎo jiān rénmìng mit Menschen wie mit Unkraut verfahren; Menschenleben achtlos vernichten

草料 cǎoliào Futter *n*; Furage *f*

草莽 cǎomǎng unbebautes Land; Wildnis *f*: ～英雄 Räuberheld aus dem Wald

草帽 cǎomào Strohhut *m*

草木皆兵 cǎo mù jiē bīng an allen Ecken und Enden Gefahr wittern; von panischer Angst erfüllt

草拟 cǎonǐ entwerfen *vt*; einen Entwurf machen: ～一个计划 einen Plan aufstellen

草坪 cǎopíng Rasen-, Grünfläche *f*; Rasen(platz) *m*

草签 cǎoqiān paraphieren *vt*; unterzeichnen *vt*: ～协定 ein Abkommen paraphieren

草率 cǎoshuài nachlässig; oberflächlich; unüberlegt: 不宜～从事。Man soll eine Sache nicht übereilt anpacken.

草图 cǎotú Entwurf *m*; Skizze *f*

草席 cǎoxí Strohmatte *f*

草鞋 cǎoxié Strohsandale *f*

草药 cǎoyào Heilkräuter *pl*; Kräutermedizin *f*

草原 cǎoyuán Steppe *f*; Steppen-, Grasland *n*

cè

测 cè ① messen *vt*; abmessen *vt*; vermessen *vt*; schätzen *vt*; feststellen *vt* ② vermuten *vt*; mutmaßen *vt*; erraten *vt*: 莫～高深 schwer verständlich; abstrus

测定 cèdìng messen *vt*; bestimmen *vt*; feststellen *vt*

测绘 cèhuì vermessen und kartographisch aufnehmen

测量 cèliáng messen *vt*; vermessen *vt*; Vermessung *f*

测验 cèyàn prüfen *vt*; testen *vt*; probieren *vt*

恻 cè traurig; kummervoll; betrübt: 凄～ traurig; trübselig; bekümmert

恻隐 cèyǐn Mitleid *n*; Erbarmen *n*: ～之心 Gefühl des Mitleids; Mitgefühl *n*

厕 cè ① Toilette *f*; Abort *m*; Abtritt *m*; WC *n*; Klosett *n*: 公～ öffentliche Toilette

厕所 cèsuǒ Toilette *f*; WC *n*; Abort *m*; Abtritt *m*: 公共～ öffentliche Toilette (*od* Bedürfnisanstalt) 男～ Herrentoilette *f* („Herren", „Männer") 女～ Frauentoilette *f* („Damen")

侧 cè ① Seite *f*; seitlich; seitwärts; an der Seite; auf der Seite: 左(右)～ linke (rechte) Seite; links (rechts) ② (sich) seitlich neigen

侧面 cèmiàn Seite *f*; Seitenansicht *f*; Profil *n*; Flanke *f*: 从～了解 etw. von dritter Seite erfahren ～像 Profil *n*

侧重 cèzhòng besonderen Wert legen auf; besonderes Gewicht legen auf: ～面 Schwerpunkt *m*

策 cè ① Taktik *f*; Kunstgriff *m*; List *f*: 决～ eine Entscheidung treffen ② anstacheln *vt*; anspornen *vt*: 鞭～ antreiben *vt*; anspornen *vt*

策动 cèdòng anzetteln *vt*; anstiften *vt*: ～叛乱 j-n zum Putsch anstiften

策划 cèhuà anzetteln *vt*; aushekken *vt*; ausbrüten *vt*; intrigieren *vi*: ～阴谋 ein Komplott ausbrüten; Ränke schmieden 幕后～ hinter den Kulissen manipulieren

策略 cèlüè Taktik *f*; taktisch

策源地 cèyuándì Herd *m*; Brutstätte *f*; Ausgangspunkt *m*: 战争～ Kriegsherd *m*

册 cè ①Heft *n*; Buch *n*: 画～ Bildband *m* 装订成～ in Buchform binden ② 〈量〉 Heft *n*; Band *m*; Exemplar *n*: 这部书一共六～。Dieses Werk besteht aus sechs Bänden.

cēn

参(參) cēn *另见 cān; shēn

参差 cēncī uneben; ungleichmäßig; verschieden: ～不齐 ungleich; unterschiedlich; ungleichförmig

céng

曾 céng 〈副〉 schon; bereits: 我未～听说过这样的事。 Ich habe noch nie von so etwas gehört. *另见 zēng

曾几何时 céng jǐ hé shí es ist gar nicht lange her; binnen kurzem

曾经 céngjīng 〈副〉 [表示有过某些行为或情况]: 他～参加过这场大会战。 Er hatte an der großen Schlacht teilgenommen.

曾经沧海 céng jīng cāng hǎi die Welt kennen und einen weiten Horizont haben

层(層) céng ① Schicht *f*; Schichtung *f*: 五～大楼 vierstöckiges Gebäude 云～ Wolkenschicht *f* ② Schicht *f*; Überzug *m*; Belag *m*: 一～油漆 eine Lackschicht ③ übereinanderliegend ～层峦迭嶂 viele Bergspitzen hintereinander

层层 céngcéng Schicht auf Schicht; Ring auf Ring; Reihe auf Reihe: ～把关 auf jeder Stufe kontrollieren

层次 céngcì ① administrative Ebene ② die Gliederung der Gedanken (in Schriften oder Reden): 这篇文章～不清。Dieser Aufsatz ist unsystematisch gegliedert.

cèng

蹭 cèng ① reiben *vt*; schleifen *vi*; wetzen *vt*: 把手～破了 sich die Hand geschrammt haben ② mit etw. beschmiert sein: 小心～油! Vorsicht, beschmutzen Sie sich nicht mit Öl! ③ gemächlich schlendern; die Zeit vertrödeln: 磨～ die Zeit vertun; Trödelei *f*

chā

差 chā ①Unterschied *m*; Verschiedenheit *f*; verschieden; ungleichartig: 时～ Zeitdifferenz *f*; Zeitunterschied *m* ② Fehler *m*: 偏～ Abweichung *f*; Abweichen *n* *另见 chà; chāi

差别 chābié Unterschied *m*; Verschiedenheit *f*; Ungleichheit *f*: 年龄～ Altersunterschied *m*

差错 chācuò ① Fehler *m*; Irrtum *m*; Versehen *n*: 这笔账目里有～。Bei dieser Rechnung ist ein Irrtum unterlaufen. ② Unfall *m*; Unglück *n*; Unglücksfall *m*: 万一这孩子出了～怎么办? Was tun, wenn dem Kind etwas passiert?

差额 chā'é Differenz *f*; Saldo *m*; Fehlbetrag *m*

差距 chājù ① Unterschied *m*; Ungleichheit *f*; Abstand *m*: 我们和先进单位比还有很大的～。Verglichen mit den fortgeschrittenen Einheiten haben wir noch einen weiten Weg vor uns. ② Differenz *f*; Abweichung *f*

差强人意 chā qiáng rén yì gerade noch annehmbar; leidlich; halbwegs gut

差异 chāyì Unterschied *m*; Differenzierung *f*; Verschiedenheit *f*; Diskrepanz *f*: 这两个地区气候～很大。Diese beiden Regionen weisen bedeutende klimatische Unterschiede auf.

喳 chā *另见 zhā

喳喳 chāchā Flüsterton *m*

喳喳 chācha wispern *vi*; flüstern *vi*: 她在她妈妈耳边～了两句。Sie flüsterte ihrer Mutter einige Worte ins Ohr.

插 chā ① stecken *vt*; hineinstecken *vt*; aufstecken *vt*: 把插头～上 einen Stecker in die Dose **stecken** ② einsetzen *vt*; einschalten *vt*: 这本书再版时～入了新的一章。In die zweite Auflage ist ein neues Kapitel aufgenommen worden.

插翅难飞 chā chì nán fēi auch mit Flügeln nicht davonfliegen können; schwer entkommen können

插话 chāhuà j-m ins Wort fallen; einwerfen *vi*; beiläufig bemerken

插曲 chāqǔ ① Zwischenspiel *n*; Intermezzo *n* ② Lied in einem Film ③ Episode

插入 chārù ① hineinstecken *vt*; einstecken *vt* ② anschließen *vt*: ～部件 Steckeinheit *f*

插手 chāshǒu ① mit Hand anlegen; an etw. teilnehmen: 人够多了，您就不用～了。Es sind mehr als genug Leute da, Sie brauchen nicht mit Hand anzulegen. ② die Hände bei etw. im Spiel haben; sich in etw. einmischen: ～别国的内部事务 sich in die inneren Angelegenheiten anderer Länder einmischen

插图 chātú Abbildung *f*; Illustration *f*

插销 chāxiāo ① Tür- oder Fensterriegel *m* ② Stecker *m*

插秧 chāyāng Reissetzlinge pflanzen

插嘴 chāzuǐ j-m ins Wort fallen; j-n unterbrechen; sich in ein Gespräch einmischen: 插不上嘴 nicht zu Wort kommen können

插座 chāzuò Anschluß-, Steckdose *f*

叉 chā ① Gabel *f*: 草～ Heugabel *f* ② gabeln *vt*; aufgabeln *vt*: ～草上垛 Heu mit einer Gabel stapeln ③ Kreuzchen *n*: 在每个错字上打个～ jedes falsch geschriebene Wort ankreuzen *另见 chǎ

杈 chā Holzgabel *f*; Erntegabel *f* *另见 chà

chá

茬 chá ① Stoppeln *pl*; Stoppelfeld *n*: 麦～ Weizenstoppel *f* ② Ernte *f*; Schnitt *m*: 二～韭菜 der zweite Schnitt des Schnittlauchs

茶 chá ① Tee *m*: 沏～ Tee aufgießen 浓(淡)～ starker (schwacher) Tee 红(绿)～ schwarzer (grüner) Tee ② Getränke oder flüssige Nahrung: 杏仁～ Mandelmehlaufguß *m*

茶杯 chábēi Teetasse *f*

茶点 chádiǎn Tee und Kuchen (od. Gebäck); Erfrischung *f*

茶馆 cháguǎn Teehaus *n*

茶壶 cháhú Teekanne *f*

茶话会 cháhuàhuì Tee *m*; Teegesellschaft *f*; Teeparty *f*

茶几 chájī Teetisch *m*; Teetischchen *n*; Teebord *n*

茶具 chájù Teeservice *n*; Teegeschirr *n*; Teeset *n*

茶叶 cháyè Tee *m*; Teeblätter *pl*

茶余酒后 chá yú jiǔ hòu in den Mußestunden; in der Freizeit

搽 chá aufstreichen *vt*; einreiben *vt*; auftragen *vt*: ～药 Salbe auftragen ～粉 pudern *vt*; mit Puder bestäuben

查 chá ① prüfen *vt*; überprüfen *vt*; nachprüfen *vt*: ～卫生 Inspektion der hygienischen Zustände ～血 eine Blutprobe vornehmen ② erforschen *vt*; untersuchen *vt*: ～一～事故的原因 die Ursache des Unfalls untersuchen ② nachschlagen *vt*; nachlesen *vt*: ～字典 im Wörterbuch nachschlagen ～档案 sich Daten aus einem Archiv verschaffen

查办 chábàn untersuchen und zur Rechenschaft ziehen: 撤职～ j-n des Amtes entheben und gerichtlich belangen

查抄 cháchāo beschlagnahmen *vt*; konfiszieren *vt*

查点 chádiǎn (die Anzahl von etw.) feststellen *vt*; Inventur machen: ～存货 eine Inventur der Waren vornehmen

查对 cháduì auf die Richtigkeit einer Sache prüfen; überprüfen *vt*; vergleichen *vt*: ～材料 Fakten prüfen ～原文 etw. im Originaltext nachprüfen

查访 cháfǎng untersuchen *vt*; nachforschen *vi*; über etw. Erkundigungen einziehen

查封 cháfēng untersuchen und versiegeln; unter Verschluß nehmen

查户口 cháhùkǒu die Wohn- und Aufenthaltsberechtigung überprüfen

查获 cháhuò aufstöbern und festnehmen; ausfindig machen und sicherstellen

查禁 chájìn überprüfen und verbieten; untersagen *vt*

查究 chájiū untersuchen und feststellen; herausfinden *vt*: ～责任 herausfinden, wer dafür verantwortlich ist

查看 chákàn untersuchen *vt*; prüfen *vt*; überprüfen *vt*: ～帐目 die Rechnung prüfen

查明 chámíng durch Untersuchungen beweisen; ermitteln *vt*; herausfinden *vt*: ～事实真相 den Tatbestand feststellen

查票 chápiào Fahrkarten kontrollieren

查清 cháqīng feststellen *vt*; herausfinden *vt*; ermitteln *vt*

查收 cháshōu etw. nachprüfen und in Empfang nehmen

查询 cháxún sich nach etw. / j-m erkundigen; nach etw. fragen: ～地址 sich nach j-s Adresse erkundigen

查阅 cháyuè nachschlagen *vt*;

nachsehen *vi*: ～技术资料 technische Literatur nachschlagen

查帐 cházhàng eine Rechnung prüfen

楂 chá Stoppel *f*: 胡子～ Stoppelbart *m*

碴 chá sich (an einem Glas- oder Porzellansplitter) schneiden

察 chá untersuchen *vt*; etw. genau prüfen; (prüfend) in etw. Einblick nehmen: ～访 untersuchen *vt*; über etw. Erkundigungen einziehen

察觉 chájué wahrnehmen *vt*; bemerken *vt*

察看 chákàn etw. genau beobachten; etw. aufmerksam betrachten: ～风向 beobachten, woher der Wind weht

察言观色 chá yán guān sè auf Worte und Miene genau achten; einen Menschen genau beobachten

chǎ

叉 chǎ auseinanderstellen *vt*; spreizen *vt*; sich gabeln: ～着腿站着 mit gespreizten Beinen dastehen *另见 chā

chà

诧 chà staunen *vi*; über etw. erstaunt sein; von etw. überrascht werden; sich wundern

诧异 chàyì überrascht; erstaunt; verblüfft

姹 chà 〈书〉 (wunder) schön

姹紫嫣红 chà zǐ yān hóng purpur und rotleuchtend; ein buntes Blumenmeer

差 chà ① nicht gleichen; nicht übereinstimmen; sich mit etw. nicht decken; mit etw. nicht identisch: ～得远。Kein Vergleich-mit...! ② falsch; irrig: 这你可说～了。Da irren Sie sich. ③ fehlen *vi*; ermangeln *vi*; geringer als; kurz vor: ～十分四点 zehn (Minuten) vor vier (Uhr) 我还～你五马克。Ich schulde dir noch fünf Mark. ④ schlecht; ungenügend; unbefriedigend: 成绩不算太～。Die Leistungen sind nicht schlecht. *另见 chā; chāi

差不多 chàbùduō ① fast gleich; ähnlich: 这两种观点～。Die beiden Ansichten sind fast gleich. ② beinahe; nahe; so gut wie: ～五点了。Es ist ungefähr fünf Uhr. ③ ungefähr ausreichend; hinlänglich

差点儿 chàdiǎnr ① etwas zu wünschen übriglassen; nicht gut genug ② 〈副〉 fast; beinahe; nahe daran: ～没赶上车 den Zug fast verpassen

差劲 chàjìn nicht gut; enttäuschend; minderwertig; mangelhaft

刹 chà buddhistischer Tempel *另见 shā

刹那 chànà Augenblick *m*; Moment *m*: 一～ einen Augenblick (lang); im Nu

岔 chà ① abzweigen *vi*; sich gabeln: 三～路口 an der Weggabelung ② sich seitwärts wenden

岔开 chàkāi ① abzweigen *vi*; abweichen *vi*: 路在这儿～了。Der Weg zweigt hier ab. ② (das Thema einer Unterhaltung) wechseln *vt* ③ auseinanderhalten *vt*; trennen *vt*; staffeln *vt*: 把休假日～ die Ruhetage staffeln

岔子 chàzi Fehltritt *m*; Mißgeschick *n*: 拖拉机出了什么～? Was für eine Panne hat der Traktor gehabt?

杈 chà Zweig *m*; Ast *m* *另见 chā

杈子 chàzi Zweig *m*; Ast *m*; Schoß *m*

衩 chà Seitenschlitz in einem Kleid

chāi

差 chāi ① j-n mit etw. beauftragen; j-n schicken, etw. zu tun: ～人去送封信 einen Brief durch einen Boten schicken 因公出～ eine Dienstreise machen ② Posten *m*; Amt *n*; Anstellung *f*: 兼～ gleichzeitig auch ein anderes Amt bekleiden *另见 chā; chà

差遣 chāiqiǎn j-n entsenden; j-n schicken; j-n mit etw. beauftragen: 听候～ j-m zu Diensten stehen

差使 chāishi amtliche Anstellung; Amt *n*; übertragene Aufgabe

差事 chāishi Boten-, Bestellgang *m*; Auftrag *m*

差役 chāiyì Gerichtsdiener *m*; Büttel *m*; Gerichtsbote *m*

拆 chāi ①aufmachen *vt*; auftrennen *vt*; auseinandernehmen *vt*: ～信 einen Brief öffnen ～机

器 eine Maschine abbauen ② abreißen *vt*; abbrechen *vt*: ～帐篷 die Zelte abbrechen

拆除 chāichú niederreißen *vt*; abreißen *vt*; schleifen *vt*: ～军事基地 militärische Stützpunkte schleifen

拆穿 chāichuān entlarven *vt*; enthüllen *vt*: ～骗局 den Betrug aufdecken

拆毁 chāihuǐ niederreißen *vt*

拆伙 chāihuǒ eine Partnerschaft auflösen

拆开 chāikāi zerlegen *vt*; auseinandernehmen *vt*; trennen *vt*

拆散 chāisǎn auseinanderreißen *vt*; trennen *vt*; zerlegen *vt*

拆台 chāitái j-m das Wasser abgraben; j-m den Boden unter den Füßen wegziehen

拆线 chāixiàn die Fäden ziehen

拆卸 chāixiè auseinandernehmen *vt*; zerlegen *vt*; demontieren *vt*

钗 chāi früher als Schmuck im Haar getragene Nadeln, Spangen usw.; Haarnadel *f*

chái

柴 chái Brennholz *n*

柴草 cháicǎo Brennholz *n*; Reisig *n*; Stroh *n*

柴米油盐 chái mǐ yóu yán Brennholz, Reis, Speiseöl und Salz — die wichtigsten Sachen des täglichen Lebens

柴油 cháiyóu Dieselöl *n*: ～泵 Dieselpumpe *f* ～机车 Diesellokomotive *f*

豺 chái Schakal *m*

豺狼 cháiláng Schakale und Wölfe; grausame und böse Leute: ～当道 Schurken an der Macht

chān

搀(攙) chān ① j-n am Arm führen; j-m den Arm zur Stütze reichen: 护士把病人～回病房。Die Krankenschwester führte den Kranken am Arm ins Krankenzimmer zurück. ② mischen *vt*; vermischen *vt*: 往水泥里～沙子 Sand und Zement vermischen

搀扶 chānfú j-n mit der Hand stützen; j-n aufrichten

搀和 chānhuo mischen *vt*; vermischen *vt*

搀假 chānjiǎ mit falschen Bestandteilen vermengen; verfälschen *vt*

搀杂 chānzá mischen *vt*; vermischen *vt*; vermengen *vt*

chán

缠(纏) chán ① wicklen *vt*; winden *vt*: ～毛线 Wollfaden (*od* Strickwoolle) aufwickeln ② etw. / j-n in etw. verwickeln; j-n mit etw. belästigen: 这两股线～在一起了。Die beiden Fäden haben sich verheddert. 你干吗老～着我? Weshalb belästigen Sie mich ständig?

缠绵 chánmián ① sich (von einer Krankheit, einem Gefühl usw.) nicht befreien können: ～病榻 seit langem bettlägerig sein ② bewegend: ～悱恻 äußerst sentimental; gefühlvoll; empfindsam

缠绕 chánrǎo ① wickeln *vt*; winden *vt*; binden *vt*; sich schligen ② j-n fortwährend belästigen; plagen *vt*; quälen *vt*

禅(禪) chán ① anhaltende kontemplative Versenkung; tiefe Meditation: 坐～ meditieren *vi* ② buddhistisch: ～堂 Meditationsraum *m*

婵(嬋) chán

婵娟 chánjuān <书> ① schön; reizend; lieblich; anmutig ② Mond *m*

蝉(蟬) chán Zikade *f*

蝉联 chánlián einen Posten oder einen Titel weiter behalten: ～世界冠军 den Weltmeistertitel erneut behaupten

蟾 chán

蟾蜍 chánchú <书> ① Erdkröte *f* ② Kröte im Mond ③ Mond *m*

谗(讒) chán (meistens bei einem Kaiser oder bei einem Vorgesetzten) j-n verleumden

谗言 chányán (einem Kaiser oder Vorgesetzten hinterbrachte) Verleumdung *f*; falsche Anschuldigung

馋(饞) chán gefräßig; schleckrig; begierig naschhaft: 嘴～ naschhaft

馋涎欲滴 chán xián yù dī das Wasser läuft j-m im Munde zusammen; j-m den Mund wässerig machen

孱 chán schwach; schwächlich

孱弱 chánruò schwach; schwächlich; gebrechlich; kränklich

潺 chán

潺潺 chánchán murmeln *vi*; plätschern *vi*: ～流水 murmelndes Bächlein

chǎn

产(產) chǎn ① gebären *vt*; zur Welt bringen: 初～ erste Geburt ②produzieren *vt*; erzeugen *vt*; herstellen: ～棉区 Baumwollanbaugebiet *n* ③ Produkt *n*; Erzeugnis *n*: 土特～ einheimische Sonderprodukte; einheimische Spezialitäten ④ Eigentum *n*; Vermögen *n*; Besitztum *n*: 房地～ Grundeigentum *n* 家～ Familienbesitz *m*

产地 chǎndì Herkunfts-, Herstellungsort *m*

产妇 chǎnfù Gebärende *f*; Gebärerin *f*; Wöchnerin *f*

产科 chǎnkē Abteilung für Geburtshilfe: ～医师 Arzt für Obstetrik ～医院 Entbindungsklinik *f*

产量 chǎnliàng Produktion(smenge) *f*; Ausstoß *m*; Leistung *f*; Ertrag *m*: 平均亩～ Pro-*Mu*-Ertrag *m*

产卵 chǎnluǎn Eier legen; laichen *vi*

产品 chǎnpǐn Produkt *n*; Erzeugnis *n*: 农～ landwirtschaftliche Produkte 畜～ tierische Produkte

产权 chǎnquán Eigentumsrecht *n*

产生 chǎnshēng erzeugen *vt*; hervorbringen *vt*; hervorrufen *vt*; sich aus ... ergeben: ～好的结果 gute Resultate erzielen ～很大的影响 einen großen Einfluß ausüben

产物 chǎnwù Produkt *n*; Ergebnis *n*

产销 chǎnxiāo Produktion und Absatz

产业 chǎnyè ① Eigentum *n*; Besitz *m* ② industriell: ～革命 industrielle Revolution

产值 chǎnzhí Produktionswert *m*

铲(鏟) chǎn ① Schaufel *f*; Schippe *f*: 煤～ Kohlenschaufel *f* 锅～ Wender *m*; Heber *m* ② schaufeln *vt*: ～土 Erde schaufeln 把地～平 den Boden mit einer Schaufel ebnen

铲除 chǎnchú ausmerzen *vt*; ausrotten *vt*; etw. mit den Wurzeln ausreißen; beseitigen *vi*

铲子 chǎnzi Schaufel *f*; Schippe *f*

阐(闡) chǎn erklären *vt*; erläutern *vt*

阐发 chǎnfā erläutern *vt*; entwickeln *vt*

阐明 chǎnmíng erklären *vt*; darlegen *vt*

阐释 chǎnshì erklären *vt*; erläutern *vt*; interpretieren *vt*

阐述 chǎnshù erläutern *vt*; darlegen *vt*: 各方～了自己的立场。Jede Seite legte ihren Standpunkt in dieser Frage dar.

谄 chǎn schmeicheln *vi*; sich einschmeicheln; vor j-m kriechen; j-m den Hof machen

谄媚 chǎnmèi (servil) schmeicheln *vi*; liebedienern *vi*; schmeichlerisch; kriecherisch

chàn

颤 chàn zittern *vi*; beben *vi*; vibrieren *vi*: 他激动得说话声音都发～了。Er war so aufgeregt, daß seine Stimme zitterte. *另见 zhàn

颤动 chàndòng vibrieren *vi*; zittern *vi*: 树叶在微风中～。Im leichten Wind flirren die Blätter des Baumes.

颤抖 chàndǒu zittern *vi*; sich schütteln; beben *vi*: 冻得全身～ vor Kälte am ganzen Körper zittern

忏(懺) chàn bereuen *vt*; Reue empfinden

忏悔 chànhuǐ ① bereuen *vt*; Reue empfinden ② beichten *vi*/*vt*; die Beichte ablegen; (die Sünden) bekennen

chāng

昌 chāng blühen *vi*; gedeihen *vi*; blühend; gedeihlich

昌盛 chāngshèng blühend; glücklich; gedeihlich: 把中国建设成一个繁荣～的社会主义国家 China zu einem blühenden sozialistischen Land aufbauen

猖 chāng

猖獗 chāngjué sein Unwesen treiben; Überhandnehmen *n*; wild; roll; wütend; zügellos

猖狂 chāngkuáng wütend; ungezügelt; tollwütig: ～的挑衅 wahnsinnige Provokation

娼 chāng Prostituierte *f*; Dirne *f*; Straßenmädchen *n*; Hure *f*

娼妇 chāngfù [旧时多用于骂人] Hure *f*; Dirne *f*

娼妓 chāngjì Prostituierte *f*; Hure *f*; Straßenmädchen *n*

cháng

尝(嘗) cháng ① kosten *vt*; schmecken *vt*: 艰苦备～ alle Härten durchmachen; viel Drangsal erdulden ② einst; einmal; ehemals: 未～见过此人 die Person niemals gesehen haben

尝试 chángshì versuchen *vt*; probieren *vt*; Versuch *m*; Probe *f*

偿(償) cháng zurückzahlen *vt*; wiedererstatten *vt*; j-n entschädigen; büßen *vt*: 补～损失 den Schaden wiedergutmachen

偿付 chángfù zahlen *vt*; bezahlen *vt*; (Schulden) begleichen *vt*

偿还 chánghuán zurückzahlen *vt*; zurückerstatten *vt*: ～债务 die Schulden bezahlen

偿命 chángmìng (einen Mord) mit dem Leben sühnen; Leben um Leben

偿清 chángqīng abtragen *vt*; etw. vollständig bezahlen; tilgen *vt*: ～债务 Schulden restlos begleichen

裳 cháng Frauenrock *m*

常 cháng ① allgemein; gewöhnlich; üblich; normal: 人之～情 gewöhnliche menschliche Gefühle 习以为～ sich an etw. gewöhnt haben ② unveränderlich; immer; ständig; beständig: 冬夏～青 das ganze Jahr über frisch und grün bleiben; immergrün ③ oft; häufig; öfter(s); immer wieder: ～来～往 sich gegenseitig oft besuchen

常常 chángcháng oft; öfter(s); häufig; gewöhnlich: ～受到表扬 öfters gelobt werden

常规 chángguī herkömmliche Regeln; Konvention *f*; Routine *f*: 按照～办事 nach herkömmlicher Praxis handeln ～武器 konventionelle Waffen

常会 chánghuì regelmäßige Sitzung

常年 chángnián ①das ganze Jahr (über) ② jahrein, jahraus; jahrelang ③ in gewöhnlichen Jahren; in einem normalen Jahr

常情 chángqíng Vernunft *f*; Verstand *m*; gesunder Menschenverstand: 按照～ der Vernunft nach; vernunftgemäß

常人 chángrén gewöhnlicher Mensch

常任 chángrèn ständig; permanent: 安理会～理事国 ständiges Mitglied des UN-Sicherheitsrates

常设 chángshè ständig; permanent: ～机构 ständiges Organ; permanente Organisation

常识 chángshí ① Elementarkenntnisse *pl* ② gesunder Menschenverstand

常态 chángtài normaler Zustand; gewohntes Verhalten

常务 chángwù Routinearbeit *f*; ständige Aufgaben: ～委员会 ständiger Ausschuß

常言 chángyán (sprichwörtliche) Redensart *f*; Volksmund *m*: ～道 wie man zu sagen pflegt

常驻 chángzhù ständg; permanent: ～记者 ständiger Korrespondent ～联合国代表 ständiger UNO-Delegierter

嫦 cháng

嫦娥 Cháng'é Mondgöttin *f*; Mondfee *f*

长(長) cháng ① lang: ～袍 langer Männerrock ～距离 große Entfernung ② Länge *f*: 这张桌子～二米。Der Tisch mißt 2 m in der Länge ③ dauerhaft; von langer Dauer: ～谈 längeres Gespräch ～生不老 ewig jung bleiben ④ Stärke *f*; starke Seite: 她～于绘画。Malerei ist ihre Stärke. *另见 zhǎng

长城 Chángchéng die Große Mauer

长处 chángchu Vorteil *m*; Stärke *f*; gute Eigenschaft; starke Seite

长度 chángdù Länge *f*

长短 chángduǎn ① Länge *f*: 这两条裤子～差不多。Die beiden Hosen sind ungefähr gleich lang. ②Unfall *m*; Unglück *n*: 他万一有个～怎么办? Was, wenn ihm ein Unglück zustößt? ③ Recht und Unrecht; Vorzüge und Mängel: 不要背后说人～。Man soll nicht hinter j-s Rücken über ihn herziehen.

长工 chánggōng Knecht; ganzjährige Landarbeiter

长江 Chángjiāng Changjiang-Fluß

m; Yangtse *m*
长久 chángjiǔ (für) lange Zeit; auf Dauer; dauerhaft: 缔结～和平 einen dauerhaften Frieden schließen
长眠 chángmián ewiger Schlaf; ewige Ruhe
长年 chángnián das ganze Jahr hindurch: ～累月 Jahr für Jahr; jahraus jahrein
长跑 chángpǎo Langstreckenlauf *m*
长篇小说 chángpiān xiǎoshuō Roman *m*
长衫 chángshān langes und ungefüttertes chinesisches Männergewand; Talar *m*
长寿 chángshòu langes Leben; Langlebigkeit *f*: 祝您健康～。Ich wünsche Ihnen gute Gesundheit und ein langes Leben.
长叹 chángtàn tiefes Stöhnen; Seufzer *n*; seufzen *vi*
长途 chángtú große Entfernung; Langstrecke *f*: ～跋涉 eine lange mühsame Reise machen ～电话 Ferngespräch *n* ～汽车 Fernverkehrsbus *m*
长远 chángyuǎn langfristig; auf lange Sicht: ～规划 langfristige Planung
长征 chángzhēng ① weite Reise; entfernte Expedition ② der Lange Marsch
长足 chángzú mit Riesenschritten; in großen Sprüngen; sprunghaft; rasche Entwicklung: 取得～的进步 große Fortschritte machen

场(場) cháng ① Dreschplatz unter freiem Himmel; Tenne *f*: ～院 Dreschplatz *m* 打～ Dreschen *n* ② Dorfmarkt *m*: 赶～ zum Markt gehen ③ 〈量〉［用于事情的经过］: 一～大雨 ein Regenguß 害了一～病 einmal krank gewesen sein *另见 chǎng

肠(腸) cháng Darm *m*
肠断 chángduàn tieftraurig; herzzerreißend
肠胃 chángwèi Magen und Darm: ～不好 an Verdauungsstörungern leiden ～病 Magen- und Darmkrankheiten *pl*

chǎng

场(場) chǎng ① Sammelstelle *f*; Versammlungsplatz *m*: 会～ Konferenzsaal *m* 篮球～ Basketballspielfeld *n* 现～ Tatort *m* 凭票进～ Einlaß nur gegen Eintrittskarte ② Farm *f*: 国营农～ Staatsfarm *f*; Staatsgut *n* 养鸭～ Entenfarm *f* ③ Bühne *f*: 出～ auf der Bühne erscheinen ④ Auftritt *m*; Szene *f*: 第二幕第三～ die dritte Szene des zweiten Akts ⑤ Feld *n*: 电(磁)～elektrisches (magnetisches) Feld ⑥ 〈量〉［用于文娱活动］: 一～电影 eine Kinovorführung 一～球赛 ein Ballwettspiel *另见 cháng
场地 chǎngdì freier Platz; Sitz *m*; Stelle *f*
场合 chǎnghé Lage *f*; Umstände *pl*; Situation *f*; Fall *m*: 在这种～下 in diesem Fall
场面 chǎngmiàn ① Szene *f* ② Szene *f*; Bild *n*: 感人的～ eine ergreifende Szene ③ Szenerie *f*; Szene *f*: 盛大的～ eine großartige Szenerie ④ Aussehen *n*; Fassade *f*; Schein *m*
场所 chǎngsuǒ Platz *m*; Ort *m*: 公共～ öffentlicher Ort 娱乐～ kulturelle Einrichtungen *pl*

厂(廠) chǎng Fabrik *f*; Werk *n*: 面粉～ Mühle *f* 机床～ Werkzeugmaschinenfabrik *f* 钢铁～ Eisen- und **Stahl**werk *n*
厂房 chǎngfáng ① Fabrikgebäude *n* ② Werkstatt *f*
厂矿 chǎngkuàng Fabriken und Bergwerke: ～企业 Fabriken, Bergwerke und andere Betriebe
厂商 chǎngshāng Firma *f*: 承包～ Lieferfirma *f*; Auftragnehmer *m*
厂长 chǎngzhǎng Fabrikdirektor *m*; Werk-, Betriebsleiter *m*

敞 chǎng ① geräumig: 宽～ geräumig; weit ② offen; weit offen; offenstehen *vi*: ～着门 Die Tür steht offen.
敞开 chǎngkāi ganz offen; weit geöffnet; (weit) öffnen *vt*; aufmachen *vt*: 把门～ die Tür weit öffnen

氅 chǎng Mantel *m*; Umhang *m*; Cape *n*: 大～ Mantel *m*; Überzieher *m*

chàng

唱 chàng ① singen *vt*/*vi*: ～歌 ein Lied singen ② schreien *vi*/*vt*; rufen: 鸡～三遍。Der Hahn hat zum dritten Mal gekräht.
唱段 chàngduàn Arie *f*: 京剧～

Beijing-Opernarie *f*
唱高调 chàng gāodiào den Mund voll nehmen; leere Phrasen dreschen
唱机 chàngjī Plattenspieler *m*; Grammophon *n*
唱片 chàngpiàn Schallplatte *f*; Grammophonplatte *f*: 放～ eine Schallplatte spielen 灌～ eine Schallplatte bespielen
唱腔 chàngqiāng Singweise *f*; Gesangsmelodie *f* (in chinesischen Opern)
唱戏 chàngxì ‹口› in einer Oper auftreten
倡 chàng etw. ins Leben rufen und fördern; etw. einführen und sich dafür einsetzen: 首～ initiieren *vt*
倡导 chàngdǎo etw. in die Wege leiten; anregen *vt*; vorschlagen *vt*
倡议 chàngyì vorschlagen *vt*; initiieren *vt*: ～书 schriftlicher Vorschlag
怅(悵) chàng enttäuscht; betrübt: 走访不遇为～。Es tut mir leid, Sie nicht zu Hause angetroffen zu haben.
怅然 chàngrán enttäuscht; verdrießlich: ～而返 niedergeschlagen zurückkehren
怅惘 chàngwǎng verstimmt; trübsinnig; lustlos
畅(暢) chàng ① ungehindert; reibungslos; fließend; flüssig: ～行无阻 ungehindert hindurchgehen 说话流～ fließend sprechen ② ausgelassen; ungehemmt: ～饮 nach Herzenslust trinken ～谈 fröhlich schwatzen
畅快 chàngkuài fröhlich; heiter: 心情～ in munterer Stimmung
畅所欲言 chàng suǒ yù yán sich offen aussprechen; offen seine Meinung sagen
畅通 chàngtōng ungehindert; ungehemmt
畅销 chàngxiāo große Nachfrage haben; gut abgehen; breiten Absatz finden: 中国丝绸～国外。Chinesische Seide findet im Ausland einen guten Absatz. ～书 Bestseller *m*
畅叙 chàngxù sich angeregt unterhalten: ～旧日友情 eine alte Freundschaft im Gespräch wiederaufleben lassen
畅游 chàngyóu nach Herzenslust wandern; fröhlich umherstreifen

chāo

抄 chāo ① abschreiben *vt*; kopieren *vt*; etw. ins reine schreiben: ～稿件 ein Manuskript abschreiben ② plagiieren *vt*; ein Plagiat begehen ③ durchsuchen und beschlagnahmen *vt* ④ einen kürzeren Weg nehmen; den Weg abschneiden ⑤ die Arme kreuzen: ～着手站在一边 mit verschränkten Armen dabeistehen
抄本 chāoběn handschriftliche Kopie; Abschrift *f*
抄获 chāohuò bei einer Durchsuchung etw. ausfindig machen
抄件 chāojiàn Abschrift *f*; Kopie *f*; Duplikat *n*
抄袭 chāoxí ① ein Plagiat begehen; plagiieren *vt* ② Erfahrungen anderer unkritisch übernehmen
抄写 chāoxiě abschreiben *vt*; ins reine schreiben
钞 chāo Banknote *f*: 现～ Bargeld *n*; in bar
钞票 chāopiào Banknote *f*
超 chāo ① überholen *vt*; übersteigen *vt*; übertreffen *vt*; überbieten *vt* ② super-; ultra-: ～短波 Ultrakurzwellen *pl*
超产 chāochǎn das Plansoll übererfüllen
超车 chāochē (andere Wagen) überholen *vt*: 不准～! Überholen verboten!
超出 chāochū überschreiten *vt*; übertreffen *vt*; über etwas hinausgehen: ～定额 das Soll überschreiten
超额 chāo'é über der Quote; über dem Soll; über der Norm
超过 chāoguò übertreffen *vt*; überschreiten *vt*; überragen *vt*
超级 chāojí Extraklasse *f*; super-: ～大国 Supermacht *f* ～市场 Supermarkt *m*
超假 chāojià den Urlaub überziehen
超群 chāoqún hervorragend; vortrefflich; außergewöhnlich: ～绝伦 unübertrefflich; alle anderen überragend
超然 chāorán gleichgültig; über den Dingen stehend; überparteilich; neutral: ～的态度 überparteiliche Haltung
超声波 chāoshēngbō Ultraschallwellen *pl*
超速 chāosù die Geschwindigkeitsgrenze überschreiten

超脱 chāotuō ① unkonventionell; originell ② sich aus etw. heraushalten; fern von

超音速 chāoyīnsù Ultraschall-, Überschallgeschwindigkeit *f*: ～喷气机 Überschalldüsenflugzeug *n*

超越 chāoyuè übersteigen *vt*; überwinden *vt*; überschreiten *vt*: ～职权范围 seine Machtbefugnis überschreiten

超载 chāozài überladen *vt*; überlasten *vt*; Überbelastung *f*; Überlast *f*

超支 chāozhī überziehen *vt*

超重 chāozhòng ① Überlastung *f*; Überlastetsein *n* ② Übergewicht *n*; Überfracht *f*: ～行李 Überfracht *f*

cháo

朝 cháo ① Kaiserhof *m*; Regierung *f*: 上～ (als Beamter) zur Audienz gehen ～臣 hohe Beamte und Militärs am Kaiserhof ②Dynastie *f*; Herrscherhaus *n*: 唐～ Tang-Dynastie *f* 改～换代 Dynastienwechsel *m* ③nach ... hin; gegen; auf ... zu; in Richtung auf: 坐东～西 nach Westen hin 这门～里开 Diese Tür öffnet sich nach innen *另见 zhāo

朝拜 cháobài einem Herrscher kniend Reverenz erweisen; einen Gott auf den Knien anbeten

朝代 cháodài Dynastie *f*

朝贡 cháogòng (dem Kaiser) Tribut darbringen; (dem kaiserlichen Hof) den Tribut entrichten

朝圣 cháoshèng Wall-, Pilgerfahrt *f*

朝廷 cháotíng kaiserliche oder königliche Regierung

潮 cháo ① Gezeiten *pl*; Ebbe und Flut: 涨～ Flut *f* 落～ Ebbe ② (geistige) Strömung *f*; (soziale) Bewegung *f*: 工～ Arbeiterstreik *m* 思～ Gedankenströmung ③ feucht; naß: 火柴受～了。Die Streichhölzer sind feucht geworden.

潮流 cháoliú ① Strömung *f* ② geistige Strömung; Trend *m*: 顺应世界之～ sich dem Trend der heutigen Welt anpassen

潮湿 cháoshī feucht; naß

潮水 cháoshuǐ Ebbe und Flut; Gezeiten *pl*; Gezeitenwasser

潮汐 cháoxī Gezeiten *pl*; Morgen- und Abendflut *f*

嘲 cháo verspotten *vt*; lächerlich machen; verhöhnen *vt*: 冷～热讽 bittere Ironie und ätzender Spott

嘲讽 cháofěng spötteln *vi*; sticheln *vi*; sich über j-n/etw. lustig machen; Spöttelei *f*

嘲弄 cháonòng j-n aufziehen; j-n zum Narren halten; j-n zum Besten halten

嘲笑 cháoxiào j-n lächerlich machen; verspotten *vt*; sich lustig über etw./j-n machen

巢 cháo Nest *n*: 鸟～ Vogelnest *n* 匪～ Banditennest *n*; Räuberhöhle *f*

巢穴 cháoxué Höhle *f*; Nest *n*; Schlupfwinkel *m*

chǎo

炒 chǎo etw. in der Pfanne kurz braten; sautieren *vt*: ～肉丝 dünne, gebratene Fleischstreifen 蛋～饭 gebratener, mit Eiern vermischter Reis

炒菜 chǎocài ① sautieren *vt*; (in der Pfanne mit wenig Fett) kurz braten ② sautierte Speisen

吵 chǎo ① Krach machen; lärmen *vi*: 别～! Mache keinen Lärm! ② mit j-m zanken; mit j-m streiten: 不要为一点小事就～起来。Mach kein Geschrei wegen einer Lappalie!

吵架 chǎojià sich zanken; streiten *vi*; Streitigkeit *f*; Gezänk *n*

吵闹 chǎonào ① laut streiten; sich ein Wortgefecht liefern: ～不休 sich endlos in den Haaren liegen ② Tumult *m*; Stimmengewirr *n*; Getöse *n*

吵嘴 chǎozuǐ sich zanken; streiten *vi*

chē

车(車) chē ① Fahrzeug *n* (mit Rädern); Wagen *m*: 马～ Pferdewagen *m* ② mit Rädern versehene Geräte, Instrumente und Maschinen: 纺～ Spinnrad *n* 水～ Wasserrad *n* ③ drechseln *vt*; drehen *vt*; etw. auf der Drehbank bearbeiten: ～机器零件 einen Maschinenteil bearbeiten ④ (mit dem Wasserrad) Wasser schöpfen *另见 jū

车场 chēchǎng Parkplatz *m*

车床 chēchuáng Drehbank *f*

车次 chēcì ① Zugnummer *f* ② Busnummer *f*
车费 chēfèi Fahrgeld *n*; Fahrkosten *pl*; Fahrpreis *m*
车工 chēgōng ① Arbeit an der Drehbank ② Dreher *m*
车轱辘 chēgūlu 〈口〉 Rad *n*
车祸 chēhuò Verkehrsunfall *m*
车间 chējiān Werkstatt *f*; Werkhalle *f*
车库 chēkù Garage *f*
车辆 chēliàng Wagen *m*; Fahrzeug *n*
车票 chēpiào Zugfahrkarte *f*; Busfahrschein *m*
车速 chēsù Fahrgeschwindigkeit *f*
车胎 chētāi Radreifen *m*
车厢 chēxiāng Reisezugwagen *m*
车站 chēzhàn Station *f*; Bahnhof *m*; Haltestelle *f*

chě

扯 chě ① ziehen *vt*; zerren *vt*: ～住某人衣袖 j-n am Ärmel zupfen ② reißen *vt*; abreißen *vt*: 把纸～下来! Reiß das Blatt Papier ab! ③ plaudern *vi*; schwatzen *vi*; klatschen *vi*: ～家常 über alltägliche Ding klatschen 别～远了! Schweif nicht vom Thema ab! 胡～! Quatsch!
扯淡 chědàn 〈方〉 Quatsch *m*; Unsinn reden
扯谎 chěhuǎng lügen *vi*; Lügenmärchen erzählen
扯皮 chěpí über Nichtigkeiten streiten; Streit suchen

chè

澈 chè klar; rein; durchsichtig (Flüssigkeiten): 清～见底 so klar, daß man bis auf den Grund sehen kann

撤 chè ① entfernen *vt*; fortnehmen *vt*; wegschaffen *vt*: 把餐具～掉 das Geschirr abräumen ② sich zurückziehen; räumen *vt*: 向后～ zurückweichen *vi*; den Rückzug antreten 主动～出 sich aus eigenem Antrieb zurückziehen
撤兵 chèbīng Truppen abziehen
撤换 chèhuàn ablösen *vt*; auswechseln *vt*
撤除 chèchú wegschaffen *vt*; fortschaffen *vt*; wegnehmen *vt*; beseitigen *vt*: ～军事设施 militärische Anlagen abbauen
撤回 chèhuí ① j-n zurückrufen; j-n abberufen: ～大使 einen Botschafter abberufen ② zurücknehmen *vt*; zurückziehen *vt*; widerrufen *vt*: ～声明 eine Erklärung widerrufen
撤离 chèlí sich von etw. zurückziehen; etw. verlassen; evakuieren *vt*: ～阵地 eine Stellung aufgeben
撤退 chètuì sich zurückziehen; den Rückzug antreten; abziehen *vi*
撤销 chèxiāo etw. rückgängig machen; abschaffen *vt*; annullieren *vt*; widerrufen *vt*: ～其职务 j-n seines Amtes entheben ～处分 eine Strafe aufheben
撤职 chèzhí j-n aus seinem Amt entlassen; j-n von seinem Posten entfernen: ～查办 j-n seines Amtes entheben und gerichtlich belangen

彻(徹) chè durch und durch; gründlich; völlig: 透～的了解 vollstes Verständnis
彻底 chèdǐ gründlich; gänzlich; durchgreifend
彻骨 chègǔ bis auf die Knochen: 寒风～。Der kalte Wind geht einem durch Mark und Bein.
彻头彻尾 chè tóu chè wěi von Kopf bis Fuß; von Anfang bis Ende; von A bis Z; hundertprozentig; durch und durch: ～的骗局 ein Betrug vom Anfang bis zum Ende
彻夜 chèyè die ganze Nacht hindurch: ～不眠 die ganze Nacht über nicht schlafen können

掣 chè ① ziehen *vt*; zerren *vt* ②herausziehen *vt*; wegziehen *vt*
掣肘 chèzhǒu j-n an etw. hindern; Hemmung *f*

chēn

嗔 chēn sich über etw. / j-n ärgern; ärgerlich sein
嗔怪 chēnguài j-m etw. übelnehmen; über j-n verärgert sein
嗔怒 chēnnù ärgerlich werden

瞋 chēn 〈书〉 im Ärger j-n durchdringend anblick en; j-n scharf ansehen: ～目而视 j-n wütend anstarren

chén

沉 chén ① versinken *vi*; sinken *vi*; untergehen *vi*: 月落星～。Der Mond und die Sterne sind untergangen. ② [多指抽象事物] versenken *vt*; zum Sinken bringen; unterdrücken *vt*: 把脸一～ein finsteres Gesicht machen ～住气 sich nicht aus der Fassung bringen lassen ③ tief; sehr: 睡得很～ tief und fest schlafen ④ schwer von Gewicht; drückend: 箱子很～。Diese Kiste ist sehr schwer.

沉沉 chénchén ① schwer: 稻穗～地垂下来。Die Reisähren hängen schwer zur Erde herab. ② tief: ～入睡 in tiefen Schlaf versinken 暮霭～in Abenddunst eingetaucht

沉甸甸 chéndiāndiān schwer

沉淀 chéndiàn ① sich als Niederschlag ablagern; Sedimentation *f*; Ausfällung *f* ② Sediment *n*; Bodensatz *m*; Niederschlag *m*

沉积 chénjī Ablagerung *f*; Sedimentierung *f*

沉寂 chénjì ① ruhig; still; geräuschlos: 四周一片～。Ringsumher herrschte völlige Stille. ② ohne Nachricht; kein Laut ist zu hören.: 消息～。Es gab überhaupt keine Nachricht.

沉浸 chénjìn versunken: ～在幸福的回忆中 in glückliche Erinnerungen versunken

沉静 chénjìng ① ruhig; lautlos; geräuschlos; still: 四周一片～。Ringsumher alles war still. ② ruhig; gesetzt; gelassen: 心情～ in gelassener Stimmung

沉闷 chénmèn ① beklommen; drückend ② schwermütig; bedrückt: 心情～ schwermütig sein ③ in sich gekehrt; zurückhaltend; verschlossen

沉湎 chénmiǎn 〈书〉 verfallen *vi*; frönen *vi*; schwelgen *vi*: ～于酒 sich dem Trunk ergeben

沉没 chénmò (ver) sinken *vi*; untergehen *vi*

沉默 chénmò ① zurückhaltend; schweigsam; verschlossen: ～寡言 wortkarg; schweigsam ② still bleiben; schweigen *vi*: 保持～ Stillschweigen bewahren

沉溺 chénnì in etw. vernarrt; verblendet; in etw. schwelgen: ～声色 sich sinnlichen Genüssen hingeben

沉睡 chénshuì tief schlafen; in tiefen Schlaf versunken sein

沉思 chénsī nachdenken *vi*; nachsinnen *vi*; grübeln *vi*

沉痛 chéntòng ① tiefe Reue empfinden; zerknirscht sein; großen Schmerz fühlen: 表示～的哀悼 sein tief empfundenes Beileid zum Ausdruck bringen ② tiefgreifend; bitter: ～的教训 eine bittere Lehre

沉吟 chényín vor sich hin murmeln; in sich hinein brummen

沉冤 chényuān langwährendes und bitteres Unrecht: 昭雪～ ein altes Unrecht wiedergutmachen

沉重 chénzhòng ① schwer; schwerwiegend: ～的打击 schwere Schläge 心情～ schweren Herzens ② ernst; kritisch: 病情～ Die Krankheit ist ernst.

沉住气 chénzhùqì sich beherrschen; sich nicht aus der Fassung bringen lassen

沉着 chénzhuó gesetzt; besonnen; ruhig und sicher: ～应战 kühlen Mutes den Kampf aufnehmen

沉醉 chénzuì ① berauscht; trunken ② sich einer Sache gänzlich hingeben

忱 chén 〈书〉 wahre Gefühle; Aufrichtigkeit *f*; Herzlichkeit *f*: 热～ Hingabe *f* Eifer *m*

辰 chén ① Himmelskörper *m*: 星～ Sterne *pl* ② Zeit *f*; Tag *m*: 诞～ Geburtstag *m*

辰时 chénshí die Zeit von sieben Uhr bis neun Uhr morgens

晨 chén Morgen *m*; Morgenfrühe *f*: 清～ frühmorgens; bei Tagesanbruch ～光熹微 das erste Licht der Morgendämmerung

晨星 chénxīng Sterne am Morgenhimmel: 寥若～ so wenig wie Sterne am Morgenhimmel

橙 chén (～子) Orange *f*; Apfelsine *f* *另见 chéng

臣 chén Würdenträger *m*; Vasall *m*; Beamte(r)

臣服 chénfú 〈书〉 sich j-s Herrschaft unterwerfen

臣民 chénmín Untertanen *pl*

尘(塵) chén ① Staub *m*: 灰～满面 das Gesicht voll Staub ② irdische Welt

尘埃 chén'āi Staub *m*

尘世 chénshì diese Welt; irdische Welt

尘土 chéntǔ Staub *m*

尘嚣 chénxiāo Lärm *m*; Getöse *n*; Tumult *m*

陈(陳) chén ① ausstellen *vt*; (Waren usw.) darlegen *vt* ② alt; abgestanden: ～酒 länge abgelagerter Wein

陈兵 chénbīng Truppen zusammenziehen: ～百万 ein Millionenheer zusammenziehen

陈词滥调 chén cí làn diào abgedroschene Redensart; alte Leier

陈腐 chénfǔ abgestanden; abgegriffen; muffig; abgedroschen: ～的词句 abgenutzte Phrasen

陈规 chénguī veraltete Konventionen; altmodische Bräuche: ～陋习 veraltete Regeln und schlechte Gewohnheiten

陈货 chénhuò Ladenhüter *m*; angestaubte Ware

陈迹 chénjì Spuren aus alten Zeiten; Überbleibsel *n*

陈旧 chénjiù alt; überholt; altmodisch; obsolet

陈列 chénliè ausstellen *vt*; etw. zur Schau stellen; zeigen *vt*: ～馆 Ausstellungshalle *f* ～品 Ausstellungsstück *n*; Exponat *n*

陈设 chénshè aufstellen *vt*; einrichten *vt*; Ausstattung *f*; Einrichtung *f*: 房间里的～朴素大方。Das Zimmer ist einfach und geschmackvoll eingerichtet.

陈述 chénshù darlegen *vt*; auseinandersetzen *vt*; vortragen *vt*; ausführen *vt*: ～自已的意见 seine Meinung darlegen

chèn

衬(襯) chèn ① füttern *vt*; Futterstoff einnähen unterlegen *vt*; unterziehen *vt*: ～上一层纸 ein Blatt Papier unterlegen ② Futter *n*: 袖～ Ärmelfutter *n* ③ Kontrast *m*; als Hintergrund dienen: 绿叶～红花。Die grünen Blätter lassen die roten Blüten hervortreten.

衬垫 chèndiàn Futter *n*; Unterlage *f*

衬裤 chènkù Unterhose *f*

衬衫 chènshān Hemd *n*; Bluse *f*

衬托 chèntuō als Folie dienen; hervortreten lassen; hervorheben *vt*

衬衣 chènyī Unterzeug *n*; Unterkleidung *f*; Unterhemd *n*

趁 chèn ① nutzen *vt*; ausnutzen *vt*: ～机 eine Gelegenheit nutzen ② anläßlich; während; solange: 咱们～亮儿走吧。Laße uns aufbrechen, solange es hell ist.

趁便 chènbiàn bei Gelegenheit; wenn es gelegen ist

趁火打劫 chèn huǒ dǎ jié aus dem Unglück anderer Nutzen ziehen

趁机 chènjī die Gelegenheit ausnutzen; bei dieser Gelegenheit

趁空 chènkòng die freie Zeit nutzen

趁热打铁 chèn rè dǎ tiě das Eisen schmieden, solange es heiß ist

趁早 chènzǎo bei nächstbester Gelegenheit; so früh wie möglich; je eher desto besser

称(稱) chèn angemessen; entsprechend; gemäß; geeignet; passend; in Einklang mit: 颜色相～。Die Farben passen zueinander. *另见 chēng

称心 chènxīn nach Wunsch; mit etw. zufrieden sein: ～如意 voll zufriedengestellt sein 他日子过得很～。Er lebt herrlich und in Freuden.

称职 chènzhí seinem Amt gewachsen sein

chēng

撑 chēng ① stützen *vt*; abstützen *vt*; unterstützen *vt*: 两手～着下巴 das Kinn auf beide Hände gestützt ② mühsam aufrechterhalten: ～不住 nicht an sich halten können ③ etw. mit einer Stange schieben; staken *vt*: ～船 ein Boot staken ④ aufspannen *vt*; aufhalten *vt*: ～伞 einen Schirm aufspannen ⑤ vollpfropfen *vt*; vollstopfen *vt*; etw. zum Bersten füllen: 我肚子吃了～。Ich habe mir übergegessen.

撑持 chēngchí abstützen *vt*; notdürftig aufrechterhalten: 勉强～局面 eine labile Lage stützen

撑腰 chēngyāo beistehen *vi*; j-m Rückhalt geben; j-m den Rück stärken

瞠 chēng auf j-n / etw. starren; anstarren *vt*: ～目结舌 sprachlos und starr anblicken; große Augen machen und stammeln

称(稱) chēng ① nennen *vt*; benennen *vt*; bezeichnen *vt*: 自～ sich selbst als etw. bezeichnen ～兄道弟 einander Brüder nennen ② Name *m*; Bezeichnung *f*; Benennung *f*: 俗～ volkstümlicher Name ③rühmen *vt*; preisen *vt* ④ wiegen *vt*:用秤～一～ mit einer Waage wiegen

*另见 chèn

称霸 chēngbà als Hegemon schalten und walten; deminieren *vi*

称病 chēngbìng sich für krank ausgeben

称道 chēngdào loben *vt*; anerkennen *vt*; etw. lobend erwähnen

称号 chēnghào Titel *m*; Name *m*; Bezeichnung *f*

称呼 chēnghu ① anreden *vt*; nennen *vt*: 我该怎么～她？Wie soll ich sie anreden? ② Anredeform *f*

称快 chēngkuài seine Freude zum Ausdruck bringen: 拍手～ vor Freude in die Hände klatschen

称王称霸 chēng wáng chēng bà sich als unumschränkter Herrscher aufspielen; als Hegemon nach Gutdünken schalten und walten

称谓 chēngwèi Titel *m*; Bezeichnung *f*; Benennung *f*

称羡 chēngxiàn zu j-m bewundernd aufschauen; j-m neidvoll Achtung zollen: 他的毅力令人～。Seine Ausdauer ist zu bewundern.

称雄 chēngxióng die Gewaltherrschaft ausüben

称赞 chēngzàn preisen *vt*; loben *vt*; rühmen *vt*

chéng

成 chéng ① vollenden *vt*; glükken *vi*; gelingen *vi*; vollbringen *vt*; erfüllen *vt*: 事～之后 nachdem dies erreicht ist ② zu etw. werden; sich in etw. verwandeln: 雪化～水。Der Schnee schmilzt zu Wasser. ③ Erfolg *m*; Ergebnis *n*; Frucht *f*; Resultat *n*: ～果 Erfolg *m*; Früchte *pl* ④ erwachsen; ausgewachsen; ausgebildet: ～人 Erwachsene(r) ⑤ fertig; bestehend; vollendet: ～品 Fertigware *f* 既～事实 vollendete Tatsache ⑥ in großer Zahl; in großer Menge; in langer Zeit: ～千上万 tausend und aber tausend ～年累月 jahraus, jahrein ⑦ gut; es geht; O.K.; einverstanden: ～！就这么办吧！Gut, machen wir es so! ⑧ Zehntel *n*; 10 Prozent: 增产两～ ein Produktionswachstum von 20 Prozent; 20% Produktionssteigerung

成败 chéngbài Erfolg oder Mißerfolg: ～在此一举。Erfolg oder Mißerfolg hängen allein von diesem Schritt ab.

成本 chéngběn Selbstkosten *pl*: 生产～ Produktionskosten *pl*

成材 chéngcái ① zu einem verwertbaren Baum heranwachsen ② ein tauglicher Mensch werden

成分 chéngfèn ① Bestandteil *m*; Zusammensetzung *f*: 化学～ chemische Zusammensetzung ② Klassenzugehörigkeit *f*; Klassenherkunft *f*

成风 chéngfēng tägliche Praxis werden; zur (allgemeinen) Gewohnheit werden

成功 chénggōng gelingen *vi*; Erfolg *m*

成规 chéngguī übliche Praxis; festgesetzte Regeln: 墨守～ sich am Überlieferten festklammern

成果 chéngguǒ Errungenschaft *f*; Leistung *f*; Erfolg *m*; Früchte *pl*

成绩 chéngjī Errungenschaft *f*; Leistung *f*; Erfolg *m*; Ergebnis *n*; Resultat *n*: 取得很大的～ große Erfolge erzielen

成家 chéngjiā ① (als Mann) eine Familie gründen: 他还没有～。Er ist noch nicht verheiratet. ② Experte werden

成见 chéngjiàn Vorurteil *n*; vorgefaßte Meinung; gegen etw./j-n voreingenommen

成交 chéngjiāo einen Handel abschließen; handelseinig werden: ～额 Handelsvolumen *n*

成就 chéngjiù ① Errungenschaft *f*; Erfolg *m*; Erreichte *n* ② etw. zum Abschluß bringen; vollenden *vt*

成立 chénglì ① gründen *vt*; errichten *vt*; ins Leben rufen ② haltbar; tragfähig: 这种说法不能～。Diese Behauptung ist nicht haltbar.

成名 chéngmíng sich einen Namen machen; sich Ruhm erwerben: 一举～ über Nacht berühmt werden

成年 chéngnián ① aufwachsen *vi*; mündig werden; erwachsen ② Jahr für Jahr; jahrelang

成品 chéngpǐn Fertigfabrikat *n*; Fertigware *f*

成器 chéngqì ein nützlicher Mensch werden

成亲 chéngqīn heiraten *vi*/*vt*; sich verheiraten

成全 chéngquán j-m etw. ermöglichen; j-m beim Erreichen seines Ziels behilflich sein: ～好事 j-m zu einer guten Sache verhelfen

成群 chéngqún in Gruppen; in großer Zahl; zahlreich: ～结队

sich gruppenweise zusammenschließen

成人 chéngrén ① erwachsen werden; volljährig werden: 长大～ erwachsen sein ② Erwachsene(r): ～教育 Erwachsenenbildung *f*

成色 chéngsè ① Feingehalt *m* (von Gold oder Silber) ② Qualitätsgrad *m*; Warengüte *f*

成熟 chéngshú reifen *vi*; reif: 桃子～了。Die Pfirsiche sind reif. 时机～。Die Zeit ist reif.

成套 chéngtào vollständig; komplett; kompletter Satz; vollständige Gruppe (*od* Serie): ～设备 eine vollständige Ausrüstungsserie; komplette Anlage

成为 chéngwéi (zu) etw. werden; sich zu etw. entwickeln

成效 chéngxiào Erfolg *m*; Wirkung *f*; Wirksamkeit *f*: ～显著 eine bemerkenswerte Wirkung erzielen

成性 chéngxìng von Natur (aus); zur zweiten Natur werden

成药 chéngyào fertiges medizinisches Präparat; pharmazeutisch hergestellte Arznei

成衣 chéngyī Konfektion *f*; Fertigkleidung *f*

成语 chéngyǔ sprichwörtliche Redensart; Redewendung *f*; Idiom *n*

成员 chéngyuán Mitglied *n*: ～国 Mitgliedsstaat *m*

成灾 chéngzāi Unheil verursachen: 暴雨～ Der heftige Gewitterregen hat zu Verwüstungen geführt.

成长 chéngzhǎng ① auswachsen *vi*; heranwachsen *vi*; reif werden ② aufwachsen *vi* groß werden: 关心年青一代的健康 ～ für das gesunde Aufwachsen der jungen Generation Sorge tragen

诚 chéng ① aufrichtig; ehrlich; rechtschaffen: 开～相见 j-m gegenüber offenherzig sein ② 〈书〉 wirklich; tatsächlich; in der Tat: ～非易事。Die Sache ist gar nicht einfach.

诚恳 chéngkěn aufrichtig; ehrlich: ～听取群众的意见 freimütig die kritischen Stimmen der Massen anhören

诚实 chéngshí redlich; ehrlich; aufrichtig

诚心诚意 chéng xīn chéng yì aufrichtig; mit ganzem Herzen

诚挚 chéngzhì aufrichtig; herzlich: ～友好的气氛 eine herzliche und freundschaftliche Atmosphäre

城 chéng ① Stadtmauer *f*; Mauer *f*; Wall *m*: 长～ die Große Mauer ② Stadtviertel *n*; Innenstadt *f* ③ Stadt *f*: ～乡差别 Unterschied zwischen Stadt und Land

城池 chéngchí Wall und Graben (einer Stadt); Stadt *f*

城关 chéngguān Gebiete unmittelbar außerhalb eines Stadttors

城郊 chéngjiāo nähere Umgebung einer Stadt; Peripherie einer Stadt

城里 chénglǐ innerhalb einer Stadt

城楼 chénglóu Turm über einem Stadttor: 天安门～ Torturm über dem Tiananmen

城门 chéngmén Stadttor *n*

城区 chégqū Stadtgebiet *n*; Stadtvierteln: ～和郊区 das Stadtgebiet und die Vororte

城市 chéngshì Stadt *f*: ～居民 Stadtbewohner *m*; städtische Bevölkerung

城镇 chéngzhèn Städte und Gemeinden

盛 chéng ① füllen *vt*: ～饭 eine Schale mit Reis füllen ②aufnehmen *vt*; fassen *vt*: 这麻袋可以～一百多斤粮食。 Dieser Sack kann mehr als hundert *Jin* Getreide fassen *另见 shèng

盛器 chéngqì Behälter *m*; Gefäß *n*

呈 chéng ① sich darbieten; aussehen *vi*; einen bestimmten Anblick bieten; sich zeigen: 叶～椭圆形。Das Blatt ist oval. ② etw. bei vorgesetzten Stellen einreichen; überreichen *vt*; unterbreiten *vt*; Antrag *m*; Bittschrift *f*

呈报 chéngbào etw. einer höheren Instanz schriftlich berichten; Bericht *m*

呈递 chéngdì einreichen *vt*; überreichen *vt*; unterbreiten *vt*: ～申请书 ein Gesuch einreichen

呈文 chéngwén Eingabe *f*; Gesuch *n*; Bittschrift *f*

呈现 chéngxiàn darbieten *vt*; bieten *vt*; sich zeigen: 我国各条战线～一片大好形势。An allen Fronten unseres Landes bot sich ein ausgezeichnetes Bild.

程 chéng ① Regel *f*; Vorschrift *f*: 章～ Satzung *f*; Statut *n* ② Ordnung *f*; Verfahren *n*: 议～ Tagesordnung *f* ③ Reise *f*; Strecke *f*; Reiseabschnitt *m*: 启～ eine Reise antreten ④ Strek ke *f*; Entfernung *f*: 行～三万公里 eine Strecke von dreißigtausend Kilometern zurücklegen

程度 chéngdù ① Niveau *n*; Stand *m*; Grad *m*: 文化～ Bildungsstand *m* ② Umfang *m*; Ausmaß *n*; Grad *m*: 在一定～上 in einem gewissen Grad

程序 chéngxù ① Ordnung *f*; Verfahren *n*; Prozedur *f*: 会议～ Geschäftsordnung einer Konferenz ② Programm *n*

乘 chéng ① fahren *vi*: ～公共汽车 mit dem Bus fahren ～火车（飞机、轮船）旅行 mit der Eisenbahn (dem Flugzeug, dem Schiff) reisen ② ausnutzen *vt*; benutzen *vt*; von etwas Gebrauch machen: ～夜出击 im Schutz der Nacht angreifen ③ multiplizieren *vt*; malnehmen *vt*: 五～三等于十五。Fünf mal drei ist fünfzehn.

乘便 chéngbiàn bei Gelegenheit; zu gelegener Zeit

乘法 chéngfǎ Multiplikation *f*

乘机 chéngjī eine Gelegenheit ergreifen (*od* ausnutzen): ～反攻 die Gelegenheit zum Gegenangriff benutzen

乘客 chéngkè Fahrgast *m*; Passagier *m*; Fluggast *m*

乘凉 chéngliáng sich an einem kühlen Ort ausruhen; sich abkühlen

乘人之危 chéng rén zhī wēi aus den Schwierigkeiten anderer profitieren wollen; die schwierige Lage anderer ausnutzen

乘胜 chéngshèng einen Sieg ausnutzen: ～前进 den Siegesmarsch fortsetzen

乘务员 chéngwùyuán Schaffner *m*; Zugbegleiter *m*

乘兴 chéngxìng gutgelaunt; bei guter Laune; frohgesinnt: ～作了一首诗 in fröhlicher Stimmung ein Gedicht improvisieren

乘虚 chéngxū eine schwache Stelle ausnutzen; sich j-s Unachtsamkeit zunutze machen: ～而入 eine schwache Stelle ausnutzen und eindringen

惩(懲) chéng bestrafen *vt*; strafen *vt*: 严～不贷 j-n ohne jede Nachsicht bestrafen

惩办 chéngbàn bestrafen *vt*; strafen *vt*: 依法～ j-n nach dem Gesetz bestrafen

惩处 chéngchù bestrafen *vt*; j-n / etw. mit Strafe belegen

惩罚 chéngfá Strafe *f*; Bestrafung *f*; bestrafen *vt*

惩前毖后 chéng qián bì hòu aus früheren Fehlern lernen, um künftige zu vermeiden

澄 chéng klar; hell; durchsichtig *另见 dèng

澄清 chéngqīng ① klar; durchsichtig ② klären *vt*; aufklären *vt*: ～事实 eine Sache klären

橙 chéng ① Orange *f* ② orange; orangenfarben; orangenfarbig; rötlich gelb: ～黄 Orange *n* *另见 chén

承 chéng ① tragen *vt*; auffangen *vt* ② übernehmen *vt*; etw. auf sich nehmen: ～印 einen Druckauftrag übernehmen ③ 〈套〉 j-m zu Dank verpflichtet: ～蒙过奖 Danke für Ihr Kompliment! ④ fortsetzen *vt*; weiterführen *vt*; Erbe sein: 继～革命传统 die revolutionäre Tradition fortsetzen

承办 chéngbàn einen Auftrag übernehmen *vt*

承包 chéngbāo sich vertraglich zu etw. verpflichten: ～商 Auftragnehmer *m*; Vertragskontrahent *m*

承担 chéngdān übernehmen *vt*; tragen *vt*; sich verpflichten: ～一切费用 alle Kosten tragen ～一切严重后果 die Verantwortung für alle schwerwiegenden Folgen übernehmen

承兑 chéngduì honorieren *vt*; einlösen *vt*; akzeptieren *vt*: ～旅行支票 einen Reisescheck einlösen

承蒙 chéngméng 〈套〉 j-m zu Dank verpflichtet sein; einer Gunst teilhaftig werden: ～大力协助，不胜感激。Für Ihre tatkräftige Hilfe bin ich Ihnen sehr zu Dank verpflichtet.

承诺 chéngnuò versprechen, etwas zu übernehmen

承认 chéngrèn ① anerkennen *vt*; zugeben *vt*: ～错误 seinen Fehler bekennen ② Anerkennung *f*; anerkennen *vt*

承受 chéngshòu ① tragen *vt*; ertragen *vt*; aushalten *vt*: ～种种考验 sich allen Prüfungen unterziehen ② übernehmen *vt*

承袭 chéngxí ① sich etw. zu eigen machen; nachfolgen *vi*; fortsetzen *vt* ② (Adelstitel usw.) erben *vt*

承运人 chéngyùnrén Spediteur *m*

丞 chéng 〈书〉 assistierender Beamter (im alten China): 县～ Assistent des Kreispräfekten

丞相 chéngxiàng Kanzler *m* (in der feudalen Zeit)

chěng

逞 chěng ① etw. stolz zur Schau tragen; prunken *vi*: ～能 mit seinem Können protzen ～凶 gewalttätig vorgehen ② gelingen *vi*; durchführen: 他的阴谋是决不会得～的。Es wird ihm nie gelingen, ihre Intrigen zu Ende zu spinnen. ③ j-m / etw. freien Lauf lassen ～性子 seinen Launen freien Lauf lassen

骋 chěng 〈书〉 ① laufen: 驰～ galoppieren *vi* ② im Galopp die Zügel freigeben

chèng

秤 chèng Waage *f*: 杆～ Laufgewichtswaage *f* 台～ Tischwaage *f*

chī

痴(癡) chī ① töricht; blödsinnig; idiotisch: ～人说梦 ein Narr erzählt seinen Traum; irrereden *vi* ② auf etw. versessen; nach j-m verrückt; von etw. besessen: 书～ Bücherwurm *m*

痴呆 chīdāi ① dumm; stupide; einfältig ② Schwachsinn *m*; Demenz *f*: 老年性～ Altersblödsinn *m*

痴情 chīqíng Vernarrtheit *f* (in j-n); heiße Liebe

痴心 chīxīn Vernarrtheit *f*; Vernarrtsein *n*; Verliebtheit *f*: ～妄想 Hirngespinst *n*; Wunschtraum *m*

吃 chī ① essen *vt*; verzehren *vt*; etw. zu sich nehmen: ～早饭 frühstücken *vi* ～药 Arznei einnehmen ② eine Mahlzeit einnehmen; speisen *vt*: ～馆子 in einem Restaurant essen ③ seinen Lebensunterhalt bestreiten; von etw. leben ④ bekommen *vt*; erhalten *vt*; kriegen *vt*; erleiden *vt*: ～惊 einen Schreck bekommen 连～败仗 eine Niederlage nach der anderen erleiden ⑤ mit etw. viel Mühe haben: 感到～力 eine Arbeit mühsam erledigen ⑥ vernichten *vt*; tilgen *vt*: ～掉敌人一个师 eine Division des Feindes aufreiben ～一个子儿 eine Figur (*od* einen Stein) schlagen ⑦ aufsaugen *vt*; absorbieren *vt*: 这种纸不～墨。Diese Papiersorte saugt Tinte nicht auf.

吃不开 chībùkāi unbeliebt; unpopulär; Mißfallen erregen: 现在这一套可～了。Solche Praktiken sind jetzt nicht mehr populär.

吃不消 chībuxiāo etw. nicht ertragen können; unerträglich; unzumutbar: 走这么多的路，恐怕你～。Ich fürchte, ein so weiter Weg wird zu viel für Sie sein.

吃穿 chīchuān Nahrung und Kleidung; Lebensmittel und Bekleidung: ～不愁 sich keine Sorge um Nahrung und Kleidung zu machen brauchen

吃醋 chīcù eifersüchtig (gewöhnlich auf einen Nebenbuhler); neidisch

吃得开 chīdekāi beliebt; populär; gesucht; begehrt; gefragt

吃得消 chīdexiāo aushalten *vt*; ertragen können; überstehen können

吃饭 chīfàn ① essen *vt*; eine Mahlzeit einnehmen ② von etw. leben; sich ernähren: 靠自己劳动～ von seiner Hände Arbeit leben

吃紧 chījǐn (Lage, Situation) kritisch sein: 形势～。Die Lage ist kritisch.

吃惊 chījīng erschrecken *vi*; erstaunt sein; erschüttert sein: 大吃一惊 verblüfft sein

吃苦 chīkǔ Not erleiden; Schweres ertragen: ～耐劳 ein hartes Leben voll schwerer Arbeit auf sich nehmen

吃苦头 chīkǔtóu bittere Erfahrungen machen; für etw. schwer büßen müssen: 蛮干是要～的。Man wird für seine Tollkühnheit schwer büßen müssen.

吃亏 chīkuī Schaden erleiden; zum Nachteil gereichen; benachteiligt: 这会使你～。Es wird dir zum Schaden gereichen

吃力 chīlì sehr mühevoll sein; große Anstrengungen kosten: ～不讨好 für seine große Mühe keine Anerkennung finden

吃奶 chīnǎi an der Brust saugen; gesäugt werden: ～的孩子 Säugling *m*

吃素 chīsù sich nur von pflanzlicher Kost ernähren; vegetarisch leben

吃闲饭 chīxiánfàn essen, ohne zu arbeiten; schmarotzen *vi*; müßiggehen *vi*

吃香 chīxiāng 〈口〉 sehr beliebt; sehr populär: 这种花布在农村中

很～。Solcher Kattun ist auf dem Land sehr gefragt.

吃一堑，长一智 chī yī qiàn, zhǎng yī zhì durch Schaden wird man klug

笞 chī 〈书〉 mit einem gespleißten Bambusrohr schlagen: 鞭～ peitschen *vt*; geißeln *vt*; prügelstrafe *f*

嗤 chī auslachen *vt*; verspotten *vt*; hänseln *vt*: ～笑 über j-n/etw. lachen; verspotten *vt*; ～之以鼻 verächtlich die Nase über j-n rünpfen

chí

迟（遲） chí ① langsam; säumig: ～复，歉甚。Für die säumige Antwort bitte ich um Entschuldigung. ② spät; verspätet: 对不起，来～了。Entschuldigen Sie, daß ich mich verspätet habe.

迟迟 chíchí langsam; säumig: ～不表态 zu lange mit einer Stellungnahme zögern

迟到 chídào sich verspäten: ～五分钟 sich fünf Minuten verspäten

迟钝 chídùn (im Denken *od* Handeln) schwerfällig; unbeholfen

迟缓 chíhuǎn langsam; säumig; zögernd: 进展～ geringe Fortschritte machen

迟疑 chíyí zögern *vi*; zaudern *vi*: ～不决 mit dem Entschluß zögern; unschlüssig

迟早 chízǎo früher oder später

持 chí ① halten *vt*: ～枪 ein Gewehr in der Hand halten ～保留态度 Vorbehalte haben ② aufrechterhalten *vt*: 维～秩序 die Ordnung aufrechterhalten ③ verwalten *vt*; führen *vt*; leiten *vt*: 主～工作 eine Arbeit leiten 操～家务 den Haushalt führen ④ entgegentreten *vi*; widerstehen *vi*; mit j-m in Konflikt stehen: 相～不下 Jeder hält an seiner Haltung fest.

持家 chíjiā haushalten *vi*; Haushaltung *f*: 勤俭～ den Haushalt fleißig und sparsam führen

持久 chíjiǔ lange aushalten; andauernd; langwierig, dauerhaft: 作～打算 langfristig vorausplanen; auf lange Sicht planen

持续 chíxù andauern *vi*; anhalten *vi*; kontinuierlich; ununterbrochen: 工业生产～跃进 eine kontinuierliche Aufwärtsentwicklung in der industriellen Produktion

持有 chíyǒu haben *vt*; führen *vt*; halten *vt*: ～护照 einen Paß haben; über einen Paß verfügen ～不同意见 verschiedene Meinungen vertreten

持之以恒 chí zhī yǐ héng beharrlich daran festhalten; beständig sein

持重 chízhòng umsichtig; behutsam; gesetzt: 老成～ erfahren und umsichtig sein

匙 chí Löffel *m*; Schöpfkelle *f*: 汤～ (Suppen-)Löffel *m*

踟 chí

踟蹰 chíchú zögern *vi*; zaudern *vi*; unschlüssig sein: ～不前 zögern, vorwärts zu gehen; zögern, etw. zu tun; unschlüssig sein

池 chí ① Teich *m*; Pfuhl *m*; Weiher *m*: 游泳～ Schwimmbad *n*: 养鱼～ Fischteich *m* ② durch erhöhte Ränder eingeschlossener Raum oder eingefaßte Fläche: 乐～ Orchesterraum *m* 舞～ Tanzparkett *n*

池塘 chítáng Teich *m*; Weiher *m*

弛 chí entspannen *vt*; lockern *vt*; etw. locker machen: 一张一～ zuerst An-, dann Entspannung

弛缓 chíhuǎn entspannen *vt*; verlangsamen *vt*

驰 chí ① schnell fahren; galoppieren *vi* ② etw. weit verbreiten: ～名 weithin bekannt

驰名 chímíng weit und breit angesehen sein; weithin berühmt: ～中外 weithin bekannt im In- und Ausland

chǐ

耻 chǐ Scham *f*; Schande *f*; sich schämen: 知～ Schamgefühl besitzen 奇～大辱 riesengroße Schande; Schmach und Schande

耻辱 chǐrǔ Schande *f*; Schmach *f*; Erniedrigung *f*

耻笑 chǐxiào verhöhnen *vt*; hohnlächeln *vi*; verspotten *vt*; j-n lächerlich machen

齿（齒） chǐ ① Zahn *m*: 门～ Schneidezähne *pl* ② Zahn *m*: 梳～儿 Zahn eines Kamms

齿冷 chǐlěng 〈书〉 verächtlich lachen; verspotten *vt*; necken *vt*: 令人～ eine lächerliche Figur machen

齿轮 chǐlún Zahnrad *n*; Getrieberad *n*

侈 chǐ 〈书〉 ① verschwenderisch: 奢～ Luxus *m* ② übertrieben: ～谈 leichtfertig daherreden; in großen Tönen sprechen

褫 chǐ 〈书〉 entziehen *vt*; aberkennen *vt*; wegnehmen *vt*

褫夺 chǐduó entziehen *vt*; aberkennen *vt*: ～公权 j-m die Bürgerrechte aberkennen

尺 chǐ ① Chi *n* (Längenmaß: 1/3 Meter) ② Lineal *n*; Zollstock *m*: 卷～ Bandmaß *n* 丁字～ Reißschiene *f*

尺寸 chǐcun Maß *n*; Ausmaß *n*; Größe *f*: 量～ bei j-m Maß nehmen

尺度 chǐdù Maßstab *m*

chì

炽(熾) chì glühend; brennend; flammend: ～烈 hell aufflammend; heftig brennend ～热 (rot-)glühend; brennend; sehr heiß

赤 chì ① rot: 面红耳～ rot (bis über beide Ohren) werden ② treu; loyal; ergeben: ～诚 absolut treu ③ nackt; bloß; bar: ～身露体 unbekleidet; nackt

赤膊 chìbó mit nacktem Oberkörper: 打～ den Oberkörper bis zur Taille entblößen

赤道 chìdào Äquator *m*

赤胆忠心 chì dǎn zhōng xīn voller Hingabe; besonders treu

赤脚 chìjiǎo barfuß; barfüßig; mit bloßen Füßen

赤金 chìjīn Feingold *n*; reines Gold

赤裸裸 chìluǒluǒ ① nackt; vollständig entblößt ② unverhohlen; unverhüllt; offensichtlich

赤贫 chìpín äußerst arm; bettelarm

赤手空拳 chì shǒu kōng quán mit bloßen Händen; wehrlos; unbewaffnet

赤字 chìzì Defizit *n*; rote Zahlen; Fehlbetrag *m*: 财政～ Finanzdefizit *n*

翅 chì ① Flügel *m* ② Flosse *f*

翅膀 chìbǎng Flügel *m*

叱 chì anbrüllen *vt*; rüffeln *vt*; schelten *vt*: 怒～ j-n zornig rüffeln ～骂 beschimpfen *vt*; schelten *vt*

叱责 chìzé rügen *vt*; schelten *vt/vi*; beschimpfen *vt*; j-m Vorwürfe machen

斥 chì ① tadeln *vt*; j-n/etw. öffentlich rügen; vorwerfen *vt*: 痛～ j-n/etw. heftig tadeln ② ausschließen *vt*; entfernen *vt*; zurückweisen *vt*; vertreiben *vt*

斥责 chìzé j-m einen Verweis geben; rüffeln *vt*; heruntermachen *vt*

饬 chì 〈书〉 ① ordnen *vt*; etw. (wieder) in Ordnung bringen: 整～纪律 die Disziplin wieder festigen ②befehlen *vt*; einen Befehl erteilen: 严～ strenge Befehle erteilen

chōng

充 chōng ① ausreichend; reichlich; voll: 供应～分 reichlich versorgt sein ② füllen *vt*; laden *vt*: ～电 (eine Batterie) aufladen *vt* ③ als etw. dienen; als etw. tätig sein: ～向导 Fremdenführer sein ④ sich ausgeben als etw.; als etw. gelten wollen: ～内行 sich als Experte aufspielen; sich als Sachverständiger ausgeben

充斥 chōngchì voll von etw. sein; überschwemmen *vt*; überfluten *vt*: 市场上～着外国商品。Der Markt ist von ausländischen Waren überschwemmt

充当 chōngdāng als etw. dienen; sich verdingen; ausüben

充耳不闻 chōng ěr bù wén vor jm/etw. sein Ohr verschließen; sich taub stellen; etw. nicht hören wollen

充分 chōngfèn genügend; in vollem Maße; voll; reichlich: ～协商 ausführliche Konsultation; eingehende Beratung 证据～ handfester Beweis

充公 chōnggōng beschlagnahmen *vt*; konfiszieren *vt*

充饥 chōngjī den Hunger stillen

充沛 chōngpèi im Überfluß vorhanden; überladen mit etw.; voll von etw.: 精力～ energisch; voller Kraft

充任 chōngrèn als etw. dienen; einen (bestimmten) Posten bekleiden: 聘请某人～顾问 j-n als Berater hinzuziehen

充塞 chōngsè (auf-)füllen *vt*; vollstopfen *vt*; durchdringen *vt*; überschwemmen *vt*

充实 chōngshí ① reichlich: 内容～ inhaltsreich ② bereichern *vt*; kräftigen *vt*: ～论据 Argumente untermauern ～库存 ein Vorratslager auffüllen

充数 chōngshù die Zahl vollmachen; als Lückenbüßer dienen: 滥竽～ nur die Zahl vollmachen
充裕 chōngyù reichlich; im Überfluß; vollauf genügend: 时间～ sehr viel Zeit haben
充足 chōngzú hinreichend; voll; genügend: 经费～ über reichliche Geldmittel verfügen 阳光～ viel Sonne haben; sonnig

春 chōng (zer)stampfen *vt*; zerstoßen *vt*; zerkleinern *vt*: ～米 den Reis mit einem Stößel in einem Mörser schälen; Reis schälen

冲(衝) chōng ① etw. mit kochendem Wasser übergießen; aufbrühen *vt*: ～茶 Tee aufgießen ② spülen *vt*; waschen *vt*: 把酒杯用水～一～! Spül den Becher aus! 便后～水! Nach der Benutzung (der Toilette) bitte spülen! ③ stürmen *vi*; vorstoßen *vi*: 向敌人～去 gegen die Feinde anstürmen ④ Krach *m*; Zusammenstoß *m*; Kollision *f*: ～突 Konflikt *m* ⑤ Verkehrsader *f*; Hauptverkehrsstraße *f*; wichtiger Platz: 要～Knotenpunkt *m* ⑥ entwickeln *vt*: ～胶卷 einen Film entwickeln * 另见 chòng
冲冲 chōngchōng in einem Zustand der Aufregung; sehr erregt: 怒气～ vor Wut kochen; voller Zorn sein
冲淡 chōngdàn ① verdünnen *vt*: 把溶液～ eine Lösung verdünnen ② verwässern *vt*; abschwächen *vt*: ～语气 dem Ton die Schärfe nehmen
冲动 chōngdòng ① aufgeregt sein; leidenschaftlich; Impuls *m*: 出于一时～ einem Impuls folgend; durch einen Impuls veranlaßt ② erregbar; überschweglich: 他很容易～。Er regt sich leicht auf.
冲服 chōngfú (eine Arznei) mit Wasser oder Wein vermischt einnehmen
冲击 chōngjī ①anprallen *vi*; peitschen *vt*; schlagen *vt*: 海浪～着堤岸。Die Meereswellen branden gen den Deich. ② anstürmen ; angreifen *vt* ③ bestürmen *vt*; gegen etw. stürmen
冲剂 chōngjì Medikamentenaufguß *m*; mit Wasser einzunehmende Arznei
冲垮 chōngkuǎ etw. durch Flut zerstören; durchbrechen *vt*
冲破 chōngpò durchbrechen *vt*; durchschlagen *vt*: ～重围 eine Umzingelung durchbrechen
冲散 chōngsàn zerstreuen *vt*; auseinandertreiben *vt*; versprengen *vt*
冲杀 chōngshā im Kampf vorwärts stürmen
冲晒 chōngshài (Fotos) entwickeln und abziehen; einen Abzug machen
冲刷 chōngshuā erodieren *vt*; auswaschen *vt*
冲天 chōngtiān hochfliegend; zum Himmel aufsteigend: 怒气～ in rasender Wut
冲突 chōngtū Konflikt *m*; Kollision *f*; Krach *m*: 武装～ bewaffneter Konflikt
冲洗 chōngxǐ ① spülen *vt*; waschen *vt*: ～伤口 eine Wunde auswaschen ② entwickeln *vt*: ～相片 einen Film entwickeln
冲撞 chōngzhuàng ① kollidieren *vi*; gegen etw. schlagen; auf etw. prallen; zusammenstoßen *vi* ② kränken *vt*; beleidigen *vt*

憧 chōng
憧憧 chōngchōng flackernd; sich hin und her bewegend: 人影～ vorbeihuschende Schatten von Menschen
憧憬 chōngjǐng sich nach etw. sehnen; j-m/etw. erwartungsvoll entgegensehen: 对未来的～ hoffnungsvoll in die Zukunft blikken

忡 chōng
忡忡 chōngchōng von Sorge erfüllt; tief besorgt; mit Kummer beladen: 忧心～ von Sorgen gequält; schweren Herzens

chóng

虫(蟲) chóng Insekt *n*; Wurm *m*: ～害 Insektenbefall *m*; Insektenplage *f*

崇 chóng ① hoch; aufragend; erhaben: ～山峻岭 hohe Gebirge ② hochschätzen *vt*; achten *vt*; verehren *vt*
崇拜 chóngbài einen Kult mit etw./j-m treiben; anbeten *vt*; vergöttern *vt*: 偶象～ Idolatrie *f*; Götzendienst *m*
崇高 chónggāo hoch; erhaben; edel: ～的理想 erhabenes Ideal ～的威望 hohes Ansehen; großes Prestige
崇敬 chóngjìng respektieren *vt*; hochschätzen *vt*; verehren *vt*: 受

到人民的～beim Volk ewige Verehrung finden

重 chóng ①wiederholen *vt*; verdoppeln *vt*: 书买～了 aus Versehen ein Buch doppelt gekauft haben ② wieder; noch einmal: ～启战端 von neuem einen Krieg anfangen ③ Schicht *f*; Lage *f*; Geschichtetsein *n*: 超过万～山 Tausende von Bergen überwinden* 另见 zhòng

重版 chóngbǎn (ein Buch) neu auflegen; eine neue Auflage herausbringen

重操旧业 chóng cāo jiù yè seinen alten Beruf wiederaufnehmen

重唱 chóngchàng Singstück für zwei oder mehr Stimmen: 二～ Duett *n*

重重 chóngchóng Schicht auf Schicht; schichtweise; mehrfach: 克服～困难 eine Schwierigkeit nach der anderen überwinden 顾虑～ voller Bedenken

重蹈覆辙 chóng dǎo fù zhé in den gleichen Fehler zurückfallen

重迭 chóngdié sich überlappen; sich überschneiden; sich decken; übereinanderliegend: 精简～的行政机构 sich überschneidende Verwaltungsorganisationen vereinfachen

重返 chóngfǎn zurückkehren *vi*

重逢 chóngféng sich wiedersehen; Wiederbegegnung *f*: 久别～ sich nach langer Trennung wieder treffen

重复 chóngfù wiederholen *vt*

重婚 chónghūn Bigamie *f*; Doppelehe *f*

重申 chóngshēn beteuern *vt*; wiederholen *vt*; erneut bekräftigen *vt*: ～我们的立场 unseren Standpunkt aufs neue beteuern

重围 chóngwéi mehrfache Einkreisung; feste Umzingelung

重温 chóngwēn wiederholen *vt*; etw. ins Bewußtsein zurückrufen; sich wieder erinnern an: ～旧梦 seine alten Träume wieder aufleben lassen

重新 chóngxīn 〈副〉 wieder; von neuem; aufs neue; noch einmal: ～做人 ein neuer Mensch werden; sich zum Besseren bekehren ～考虑 nochmals überlegen

重演 chóngyǎn ① (ein Theaterstück usw.) wiederaufführen *vt* ② sich wiederholen: 历史是不会～的。 Die Geschichte wiederholt sich nicht.

重洋 chóngyáng der weite Ozean; das weite Meer: 远涉～ den weiten Ozean überqueren

重印 chóngyìn (ein Buch) neu drucken; nachdrucken *vt*

重整旗鼓 chóng zhěng qí gǔ seine Kräfte zu neuen Taten sammeln; eine Sache von neuem anfangen

重奏 chóngzòu Komposition für zwei oder mehr Soloinstrumente: 四～ Quartett *n*

chǒng

宠(寵) chǒng j-m seine Gunst schenken; bevorzugen *vt*: 得～ bei j-m Gunst finden 失～ bei j-m in Ungnade fallen

宠爱 chǒng'ài j-m eine Gunst gewähren; j-m seine Gunst schenken; liebbehalten *vt*

宠儿 chǒng'ér Günstling *m*; Liebling *m*; Schoßkind *n*

宠信 chǒngxìn j-n begünstigen und ihm vertrauen

chòng

冲(衝) chòng 〈口〉 ① voller Schwung und Energie; tatkräftig: 他干活儿真～。Er arbeitet voller Schwung und Energie. 水流得很～。Das Wasser fließt reißend. ②stark riechend: 这药味儿很～。Diese Medizin hat einen starken und durchdringenden Geruch. ③ nach einer bestimmten Richtung hin liegen; in eine Richtung gehen: 窗户～南开。Das Fenster geht nach Süden. 这话是～他说的。Diese Bemerkung zielte auf ihn. *另见 chōng

chōu

抽 chōu ① herausziehen *vt*: 从书架上～出一本书 ein Buch aus dem Bücherstand ziehen ② sprießen *vi*; treiben *vt*: ～枝 Zweige bilden 小树～出了嫩芽。Die jungen Bäume treiben Blattknospen. ③ (Luft oder Flüssigkeit) ansaugen *vt*; abpumpen *vt*: ～水 Wasser pumpen ～血 Blut entnehmen ④ (Textilien) eingehen *vi*: 这种布一洗就～。Dieser Stoff geht beim Waschen ein. ⑤ peitschen *vt*: ～牲口 ein Tier peitschen

抽查 chōuchá eine Stichprobe machen; Stichprobe *f*

抽搐 chōuchù zucken *vi*; sich verkrampfen; Zuckung *f*; Muskelkrampf *m*

抽打 chōudǎ peitschen *vt*; mit Stockhieben antreiben

抽调 chōudiào verlegen *vt*; versetzen *vt*; hinübertragen *vt*

抽风 chōufēng Konvulsion *f*; einen Schüttelkrampf haben

抽筋 chōujīn Krampf *m*: 腿～ einen Krampf im Bein haben

抽空 chōukòng Zeit finden; sich freimachen; sich freie Zeit nehmen

抽泣 chōuqì schluchzen *vi*; wimmern *vi*

抽签 chōuqiān ein Los ziehen; losen *vi*; auslosen *vt*

抽纱 chōushā Hohlsaumarbeit *f*

抽身 chōushēn sich freimachen; sich freie Zeit nehmen

抽屉 chōuti Schublade *f*; Schubfach *n*

抽象 chōuxiàng Abstraktion *f*; abstrahieren *vt*; abstrakt: ～的概念 abstrakter Begriff

抽烟 chōuyān (Zigarette, Zigarre, Pfeife) rauchen *vt*

chóu

畴(疇) chóu 〈书〉① Ackerland *n*; Flur *f* ② Gattung *f*; Einteilung *f*; Klassifizierung *f*: 范～ Kategorie *f*

踌(躊) chóu

踌躇 chóuchú zögern *vi*; zaudern *vi*; unentschlossen; unschlüssig: ～不前 zögernd einhalten; sich scheuen, vorwärts zu gehen ～满志 stolzgebläht; voller Hochmut und Selbstzufriedenheit

筹(籌) chóu vorbereiten *vt*; planen *vt*: 统～ Gesamtplanung *f*; umfassend planen ～款 Geldmittel beschaffen

筹办 chóubàn ① etw. vorbereiten und organisieren; arrangieren *vt* ② anschaffen *vt*; aufbringen *vt*: ～嫁妆 eine Mitgift zusammenstellen

筹备 chóubèi vorbereiten *vt*; arrangieren *vt*

筹措 chóucuò (Geld) auftreiben *vt*; beschaffen *vt*: ～旅费 Geld für eine Reise beschaffen

筹划 chóuhuà planen und vorbereiten: ～举办中国工艺品展览 eine Ausstellung chinesischen Kunsthandwerks planen und vorbereiten

筹集 chóují Mittel beschaffen; Gelder aufbringen: ～基金 Kapital auftreiben; Fonds beschaffen

筹建 chóujiàn Vorbereitungen für einen Bau treffen

筹码 chóumǎ Spielmarke *f*; Bon *m*; Chip *m*: 政治交易的～ Spielmarke im politischen Geschäft

筹募 chóumù (Geld) sammeln *vt*; zusammentragen *vt*

酬 chóu ① Belohnung *f*; Vergütung *f*: 稿～ Autorenhonorar *n* ② verwirklichen *vt*; realisieren *vt*: 壮志未～。Seine hochfliegenden Pläne ließen sich nicht in die Tat umsetzen.

酬报 chóubào vergüten *vt*; belohnen *vt*; Honorar *n*; Belohnung *f*

酬金 chóujīn Entgelt *n*; Honorar *n*; Vergütung *f*

酬劳 chóuláo Belohnung *f*; Entgelt *n*

酬谢 chóuxiè sich bei j-m mit Geld oder Geschenken bedanken

愁 chóu besorgt; beunruhigt; bekümmert; betrübt; Sorge *f*; Kummer *m*: 不～吃，不～穿 sich keine Sorgen um Nahrung und Kleidung zu machen brauchen

愁肠 chóucháng verborgener Kummer; verhaltener Schmerz

愁眉 chóuméi mit Sorgenfalten auf der Stirn; mit sorgenvollem Blick; niedergeschlagen aussehen: ～苦脸 ein enttäuschtes Gesicht machen; mit besorgter Miene

愁闷 chóumèn schwermütig; trübsinnig; sich bedrückt fühlen

愁容 chóuróng niedergeschlagen aussehen; düstere Miene: ～满面 mit einem sorgenvollen Gesicht

愁绪 chóuxù 〈书〉 Schwermut *f*; Kummer *m*; Trübsal *f*

仇 chóu ① Feind *m*; Erzfeind *m*: 亲痛～快 Freunde bekümmern, Feinde beglücken ② Haß *m*; Feindschaft *f*: 报～ an j-m Rache nehmen

仇敌 chóudí Feind *m*; Erzfeind *m*; Widersacher *m*

仇恨 chóuhèn Haß *m*; Feindschaft *f*

仇人 chóurén Feind *m*; Gegner *m*; Widersacher *m*

仇视 chóushì hassen *vt*; j-m feindlich gesinnt sein

惆 chóu

惆怅 chóuzhàng melancholisch; schwermütig; trübselig

稠 chóu ① dick: ～粥 dicker Reisbrei ② dicht

稠密 chóumì dicht: 人烟～ dicht bevölkert

绸 chóu Seide *f*; Seidenstoff *m*; Seidenwaren *pl*

绸缎 chóuduàn Seide und Atlas; Seidengewebe *pl*

chǒu

瞅 chǒu 〈方〉 auf etw. schauen: ～了一眼 einen Blick auf etw. werfen

瞅见 chǒujiàn 〈方〉 sehen *vt*; erblicken *vt*

丑(醜①②) chǒu ① häßlich; garstig; unansehnlich; abscheulich; scheußlich: 长得不～ nicht unschön aussehen ② anrüchig; entehrend; schimpflich: 出～ sich tüchtig blamieren ③ Clown *n*; komische Figur

丑八怪 chǒubāguài 〈口〉 Ausbund von Häßlichkeit

丑恶 chǒu'è häßlich; scheußlich; abscheulich; ekelhaft: ～嘴脸 widerliche Fratze

丑化 chǒuhuà verketzern *vt*; diffamieren *vt*; verunstalten *vt*; in den Schmutz ziehen

丑剧 chǒujù Farce *f*; Skandal *m*

丑角 chǒujué Clown *m*; Komiker *m*; lächerliche Figur

丑陋 chǒulòu häßlich; scheußlich

丑态 chǒutài würdelose Haltung; albernes Getue; Possenreißerei *f*: ～百出 eine verächtliche Figur abgeben

丑闻 chǒuwén Skandal *m*

chòu

臭 chòu ① übelriechend; stinkend: ～鸡蛋 faule Eier ② abscheulich; abstoßend: 摆～架子 eine widerwärtige Hochnäsigkeit zur Schau stellen * 另见 xiù

臭虫 chòuchóng Bettwanze *f*

臭骂 chòumà heftig schimpfen; j-n ausschimpfen; j-m tüchtig den Kopf waschen: 挨了一顿～ eine Standpauke gehalten bekommen

臭名昭著 chòumíng zhāozhù berüchtigt; verrufen; anrüchig

臭气 chòuqì Gestank *m*; übler Geruch: ～熏天 zum Himmel stinken

chū

初 chū ① zu Beginn; am Anfang; früh: 年～ zu Beginn des Jahres ② der (die, das) erste: ～一 erster Tag eines Monats nach dem chinesischen Mondkalender ～雪 erster Schnee ③ erst; gerade; eben: 感冒～起 im Anfangsstadium einer Erkältung ④ original; ursprünglich: ～衷 originales Vorhaben 和好如～ sich wie früher wieder gut vertragen ⑤ elementar; grundlegend; primär: ～级班 Grundkurs *m*; Elementarkurs *m*

初版 chūbǎn erste Auflage; Erstausgabe *f*

初步 chūbù anfänglich; vorläufig; einleitend: ～设想 vorläufige Gedanken

初出茅庐 chū chū máo lú gerade erst die Welt kennen; noch unerfahren sein

初次 chūcì das erste Mal: ～见面 j-n zum ersten Mal treffen

初等 chūděng elementar; primär: ～教育 Grundschulbildung *f*

初稿 chūgǎo erster Entwurf; Erstfassung *f*

初级 chūjí elementar; primär: ～产品 Primär-, Rohprodukt *n* ～读本 Fibel *f*

初交 chūjiāo neuer Freund; kürzliche Bekanntschaft

初露锋芒 chū lù fēng máng zum ersten Mal seine Fähigkeiten beweisen; erstmalig sein Können zeigen

初期 chūqī Anfangsstadium *n*; erste Tage: 解放～ kurz nach der Befreiung

初生之犊 chū shēng zhī dú neugeborenes Kalb: ～不畏虎 Junges Blut hat Mut.

初试 chūshì ① erste Probe; erster Versuch; erster Test ② Vorprüfung *f*

初诊 chūzhěn erster Arzt- oder Klinikbesuch; erste Konsultation eines Arztes

出 chū ① hinausgehen *vi*; herauskommen *vi*: ～城 aus der Stadt gehen ～国 ins Ausland fahren ② erscheinen *vi*: ～席 anwesend sein ③ überschreiten *vt*; über etw. hinausgehen; übertreffen *vt*: ～轨 entgleisen *vi*; aus dem Gleis springen 不～三月 nicht über drei

Monate hinaus ④ abgeben *vt*; ausgeben *vt*: ～证明 eine Bescheinigung ausstellen ～主意 einen Rat geben ～布告 eine Bekanntmachung anschlagen ⑤ erzeugen *vt*; vorkommen *vi*; hervorbringen *vt*: 这里～白金。In dieser Gegend kommt Platin vor. 多～钢，～好钢 mehr und besseren Stahl hervorbringen ⑥ geschehen *vi*; sich ereignen: ～事 einen Unfall haben ～问题 probleme treten auf ⑦ ausscheiden *vt*; absondern *vt*; Knospen treiben: ～芽儿 junge Sprossen treiben ～汗 schwitzen *vi* ⑧ sich zeigen: ～色 ausgezeichnet; hervorragend ～丑 sich tüchtig blamieren ⑧ ausgeben *vt*: 量入为～ seinen Einnahmen entsprechend leben ⑩ 〈量〉 一～戏 eine Oper; ein Theaterstück

出 chū [用于动词之后，表示向外、显露或完成]: 从大厅里走～ aus einer Halle herauskommen 拿～证件 seinen Ausweis zeigen 看～问题 klar sehen, wo das Problem liegt 做～成绩 gute Ergebnisse erzielen

出版 chūbǎn erscheinen *vi*; verlegen *vt*; herausgeben *vt*: ～社 Verlag *m* ～物 Publikation *f*

出殡 chūbìn einen Sarg zu Grabe tragen; einen Trauerzug veranstalten

出兵 chūbīng Truppen entsenden; Soldaten in Marsch setzen

出差 chūchāi dienstlich verreisen; eine Dienstreise machen

出产 chūchǎn produzieren *vt*; erzeugen *vt*

出场 chūchǎng ① auftreten *vi*; auf der Bühne erscheinen ② zum Wettkampf antreten

出超 chūchāo Exportüberschuß *m*: 贸易～ aktive Handelsbilanz

出车 chūchē ① (als Chauffeur) mit einem Wagen unterwegs sein ② starten *vi*; abfahren *vi*

出丑 chūchǒu sich blamieren; sich lächerlich machen

出处 chūchù Quelle *f*; Ursprung *m* (eines Zitats oder einer angeführten Stelle): 注明～ Quellenangabe *f*

出错 chūcuò Fehler machen (besonders bei rechnerischen Arbeiten)

出动 chūdòng ① sich in Bewegung (*od* Marsch) setzen; abmarschieren *vi*; eine Tätigkeit aufnehmen: 全组～扫雪。Die ganze Gruppe machte sich ans Schneeräumen ②senden *vt*; aussenden *vt*; einsetzen *vt*: ～军舰 Kriegsschiffe entsenden

出尔反尔 chū ěr fǎn ěr seinen eigenen Worten widersprechen

出发 chūfā ① aufbrechen *vi*; starten *vi*; abmarschieren *vi*: 巡回医疗队今晚～。Das mobile medizinische Team bricht heute abend auf. ② von etw. ausgehen: 从长远的观点～ ausgehend von langfristigen Gesichtspunkten

出轨 chūguǐ ① entgleisen *vi*; aus dem Gleis springen ② das Maß überschreiten; aus dem Rahmen fallen; Entgleisung *f*: ～行为 Entgleisung *f*; taktloses Benehmen

出海 chūhǎi in See stechen; auslaufen *vi*

出汗 chūhàn schwitzen *vi*: 出一身汗 in Schweiß geraten

出乎意料 chū hū yì liào über alle Erwartung; unvorhergesehen: 试验结果～地好。Das Ergebnis des Experiments übertraf alle Erwartungen.

出击 chūjī angreifen *vt*; losschlagen *vi*; zuschlagen *vi*; eine Offensive starten

出家 chūjiā sich zum Buddhismus bekehren und ins Kloster gehen: ～人 buddhistischer Mönch

出价 chūjià ein Preisangebot machen; den Preis nennen

出嫁 chūjià einen Mann heiraten; (als Frau) sich vermählen

出界 chūjiè Aus *n*; Ausball *m*

出借 chūjiè leihen *vt*; ausleihen *vt*

出境 chūjìng ausreisen *vi*; das Land verlassen: 办理～手续 Ausreiseformalitäten erledigen ～签证 Ausreisevisum *n* ～许可证 Ausreiseerlaubnis *f*

出口 chūkǒu ① aussprechen *vt*; äußern *vt* ② Ausgang *m* ③ Export *m*; Ausfuhr *f*

出来 chūlái herauskommen *vi*; hervorkommen *vi*: 太阳～了。Die Sonne kommt hervor.

出来 chūlái [用在动词后面表示动作由里向外或动作完成]: 他从屋里走～。Er kam aus dem Zimmer. 他们终于把特种钢炼～了。Schließlich gelang es ihnen, einen Spezialstahl herzustellen.

出类拔萃 chū lèi bá cuì alle übertreffen; hervorragend; vortrefflich

出力 chūlì seine Kräfte für etw. einsetzen; sich für etw. anstrengen

出路 chūlù Ausweg *m*

出马 chūmǎ ins Feld ziehen; in Aktion treten; eingreifen *vi*: 亲自～ persönlich eingreifen

出卖 chūmài ① verkaufen *vt*; etw. zum Verkauf anbieten ② verraten *vt*; verschachern *vt*

出毛病 chū máobìng schiefgehen *vi*; eine Panne haben; versagen *vi*: 路上没出什么毛病。Auf der Reise ging alles glatt.

出门 chūmén ① sein Haus verlassen; ausgehen *vi* ② auf eine Reise gehen: 出远门 eine weite Reise machen

出面 chūmiàn auftreten *vi*; sich in der Öffentlichkeit zeigen; persönlich eingreifen: ～调停 als Vermittler auftreten 为什么你自己不～? Warum halten Sie sich im Hintergrund?

出名 chūmíng berühmt; bekannt; prominent

出没 chūmò erscheinen und wieder untertauchen; mal auftauchen, mal verschwinden: ～无常 unerwartet kommen und wieder gehen

出谋划策 chū móu huà cè hinter den Kulissen Ratschläge erteilen und Pläne machen ② für j-n Ränke schmieden

出纳 chūnà ① Einnahmen und Ausgaben ② Kassierer *m*

出品 chūpǐn Produkt *n*: 中国～ in China hergestellt

出其不意 chū qí bù yì j-n überraschen; unerwartet

出奇 chūqí ungewöhnlich; außerordentlich: 今年夏天热得～。In diesem Sommer herrscht eine anhaltende Hitze.

出奇制胜 chū qí zhì shèng durch einen unvorhersehbaren Trick den Sieg erringen

出气 chūqì ①ausatmen *vi*: ～不匀 ungleichmäßig ausatmen ② seinem Ärger Luft machen; seine Wut an j-m auslassen

出去 chūqu ausgehen *vi*; nach draußen gehen: ～走走 zu einem Spaziergang hinausgehen

出去 chūqu [用在动词后，表示动作由里向外]: 把侵略者赶～ die Aggressoren verjagen

出让 chūràng verkaufen *vt*; abtreten *vt*; veräußern *vt*: 将某物减价～ etw. mit Preisnachlaß verkaufen

出人头地 chū rén tóu dì sich in etw. auszeichnen; allen anderen überlegen sein

出任 chūrèn 〈书〉 ein Amt antreten

出入 chūrù ① hereinkommen und hinausgehen; ein- und ausgehen: ～证 Ausweis *m* ② Diskrepanz *f*; Widerspruch *m*: 他说的和你说的有～。Es gibt einige Unterschiede zwischen Ihrem Bericht und dem seinen.

出色 chūsè hervorragend; vortrefflich; wunderbar

出身 chūshēn ① (familiäre) Herkunft *f*; Abstammung *f*; stammen (aus); abstammen (von) ② früherer Beruf

出神 chūshén wie gebannt; fasziniert; gedankenverloren: 听得～ wie gebannt zuhören

出生 chūshēng Geburt *f*; geboren sein; in eine Familie hineingeboren werden: ～日期 Geburtsdatum *n* ～证 Geburtsurkunde *f*

出生入死 chū shēng rù sǐ unter Lebensgefahr; für j-n/etw. durchs Feuer gehen

出师 chūshī ① Truppen entsenden; in den Kampf ziehen ② die Ausbildung abschließen; die Lehre beenden

出使 chūshǐ in diplomatischer Mission gesandt werden; als Regierungsbeauftragter ins Ausland fahren

出示 chūshì vorzeigen *vt*; vorweisen *vt*: ～证件 den Ausweis zeigen

出事 chūshì von einem Unglück betroffen sein; einen Unfall haben; es passiert etwas: 出了什么事? Ist etwas passiert?

出售 chūshòu verkaufen *vt*; etw. zum Verkauf anbieten

出庭 chūtíng vor Gericht stehen; vor Gericht erscheinen: ～作证 als Zeuge vor Gericht aussagen

出头 chūtóu ① das Haupt erheben; sich aus Not und Elend befreien ②auf den Plan treten: ～露面 an die Öffentlichkeit treten ③ etwas über; etwas mehr als: 他三十刚～。Er ist etwas über 30 (Jahre alt).

出土 chūtǔ ① ausgegraben werden: ～文物展览 Ausstellung archäologischer Funde ② aus der Erde sprießen; aufgehen *vi*: 小苗刚～。Die Sprößlinge sind eben erst aufgeschossen.

出席 chūxí erscheinen *vi*; teilnehmen *vi*; anwesend sein

出息 chūxi vielversprechende Aussichten; große Zukunft: 这孩子将来一定有～。Dieses Kind hat eine große Zukunft vor sich.

出现 chūxiàn erscheinen *vi*; auftreten *vi*; auftauchen *vi*; vorkommen *vi*; entstehen *vi*: ～了激动人心的场面。Es kommt zu begeisternden Szenen.

出游 chūyóu auf Wanderschaft gehen

出于 chūyú aus; von etw. ausgehen; aus etw. hervorgehen: ～自愿 freiwillig

出院 chūyuàn aus dem Krankenhaus entlassen werden: 病愈～ als geheilt aus dem Krankenhaus entlassen worden sein

出诊 chūzhěn ärztlicher Hausbesuch; eine Krankenvisite machen

出征 chūzhēng einen Feldzug unternehmen; in die Schlacht gehen

出众 chūzhòng hervorragend; außergewöhnlich; überragend: 人才～ eine Person von außergewöhnlichen Fähigkeiten

出资 chūzī finanzieren *vt*; mit Geldmitteln ausstatten

出租 chūzū vermieten *vt*; verpachten *vt*; ausleihen *vt*: ～汽车 Taxi *n*; Mietauto *n*

chú

厨 chú Küche *f*

厨房 chúfáng Küche *f*: ～用具 Küchengerät *n*

厨师 chúshī Küchenmeister *m*; Koch *m*

橱 chú Schrank *m*: 壁～ Wandschrank *m* 衣～ Kleiderschrank *m* 书～ Bücherschrank *m* 碗～ Speise- Geschirrschrank *m*

橱窗 chúchuāng ① Schaufenster *n* ② Schaukasten *m*

橱柜 chúguì ①Küchenschrank *m* ② Büfett *n*; Schranktisch *m*

除 chú ① loswerden *vt*; entfernen *vt*; ausmerzen *vt*; beseitigen *vt*: 为民～害 das Volk von einer Plage befreien ② ausschließen *vt*; ausnehmen *vt*; ausgenommen: ～此而外 mit Ausnahme davon ③ abgesehen davon; neben: ～水稻外，我们还种棉花。Neben Reis bauen wir noch Baumwolle an. ④ dividieren *vt*; teilen *vt*: 八～以四得二。Acht geteilt durch vier ist zwei.

除草 chúcǎo Unkraut entfernen: ～机 Unkrautjätmaschine *f* ～剂 Unkrautbekämpfungsmittel *n*

除法 chúfǎ Teilrechnung *f*; Division *f*

除非 chúfēi 〈连〉 ①［常跟"才"、"否则"、"不然"等合用，表示唯一的条件］nur wenn: 若要人不知，～己莫为。Tue nichts, von dem du nicht willst, daß es die Leute erfahren. ② wenn nicht; ausgenommen wenn; außer wenn: 他不会不来，～病了。Er wird sicherlich kommen, es sei denn, daß er krank ist.

除根 chúgēn ① ausrotten *vt*; entwurzeln *vt*; etw. von Grund aus beseitigen: 斩草要～。Das Unkraut muß mit der Wurzel ausgerottet werden. ②eine Krankheit ein für allemal zu heilen

除了 chúle ① außer; ausgenommen: 那条山路，～他谁也不熟悉。Außer ihm ist keiner mit diesem Gebirgspfad vertraut. ② neben; außer; abgesehen von: 他～教课，还负责学校图书馆的工作。Neben seiner Lehrtätigkeit ist er für die Arbeit der Bibliothek in der Schule verantwortlich.

除外 chúwài außer; mit Ausnahme von; abgesehen von: 展览会每天开放，星期一～。Die Ausstellung ist täglich außer montags geöffnet.

除夕 chúxī Silvester *n*; Silvesterabend *m*

锄 chú ① Hacke *f*; Haue *f* ② hacken *vt*; mit der Hacke lockern: ～草 Unkraut jäten ③ ausrotten *vt*; beseitigen *vt*: ～奸 Verräter liquidieren

刍(芻) chú 〈书〉 ① Heu *n*; Grasfutter *n* ② Gras schneiden

刍议 chúyì 〈谦〉 meine bescheidene Meinung

雏(雛) chú Vogeljunge *n*; Nestling *m*: ～燕 junge Schwalbe ～鸡 Küken *n*

雏鸟 chúniǎo Nestling *m*; junger Vogel

雏形 chúxíng Rohentwurf *m*; Vorlage im kleinen Modell

chǔ

储 chǔ ① aufspeichern *vt*; lagern *vt*: 冬～白菜 für den Winter eingelagerter Chinakohl

储备 chǔbèi ① aufbewahren *vt*; aufspeichern *vt*; aufheben *vt*: ～粮食 Getreidevorräte anlegen ② Reserve *f*; Vorrat *m*: 黄金～ Goldreserve *f* 外汇～ Devisenreserve *f*

储藏 chǔcáng ① aufbewahren *vt*; deponieren *vt*: 鲜果～ Aufbewahrung von frischen Früchten ～室 Lagerraum *m* ②Ablagerung *f*: 我国有丰富的石油～。Unser Land ist reich an Erdölvorkommen.

储存 chǔcún einlegen *vt*; speichern *vt*; deponieren *vt*: ～余粮 überschüssiges Getreide aufspeichern ～战略物资 strategische Materialien auf Vorrat legen

储量 chǔliàng Vorrat *m*; Reserven *pl*

储蓄 chǔxù sparen *vt/vi*; einlegen *vt*; Ersparnisse *pl*: 活期～ unbefristete Spareinlage; laufendes Konto 定期～ Termineinlage *f*; feste Einlage

楚 chǔ ① klar; rein; ordentlich: 一清二～ völlig klar; klipp und klar 衣冠～ sauber und gepflegt gekleidet ② 〈书〉 Leiden *n*; Schmerz *m*: 苦～ Leiden *n*; Qual *f*

础(礎) chǔ Sockel *m*; Plinthe *f*; Sockel-, Fußplatte: ～石 Sockel einer Säule; Grundstein *m*

处(處) chǔ ① sich vertragen; mit j-m auskommen: ～得很好 sich mit j-m gut vertragen ② sich befinden; liegen *vi*; in einem bestimmten Zustand sein: 我们～于困难境地。Wir befinden uns in einer schwierigen Lage. ③ behandeln *vt*; regeln *vt*: ～事 Angelegenheiten regeln ④ strafen *vt*; bestrafen *vt*; verurteilen *vt*: ～以两年徒刑 j-n zu zwei Jahren Gefängnis verurteilen * 另见 chù

处罚 chǔfá strafen *vt*; bestrafen *vt*; mit einer Strafe belegen

处方 chǔfāng ① ein Rezept verschreiben ② Rezept *n*

处分 chǔfèn maßregeln *vt*; Disziplinarstrafe *f*: 免予～ j-m Straffreiheit gewähren 予以警告～ j-m eine Verwarnung erteilen

处境 chǔjìng (ungünstige) Situation *f*; (schlimmer) Zustand *m*: ～困难 sich in einer schwierigen Lage befinden ～危险 einer Gefahr ausgesetzt sein

处决 chǔjué hinrichten *vt*; eine Todesstrafe vollziehen: 依法～ j-n nach dem Gesetz hinrichten

处理 chǔlǐ ① behandeln *vt*; regeln *vt*; ordnen *vt*: ～日常事务 die tägliche Arbeit erledigen 垃圾～ Müllbeseitigung *f* ② behandeln *vt*: 热～ Wärmebehandlung *f* ③ zu herabgesetzten Preisen verkaufen: ～积压商品 Ladenhüter losschlagen ～品 preisreduzierte Ware

处女 chǔnǚ ①Jungfer *f*; Jungfrau *f*: 老～ alte Jungfer ② Erstlings-: ～地 Neuland *n*

处世 chǔshì sich (im Leben) einrichten; sich in einem gesellschaftlichen Umfeld bewegen

处死 chǔsǐ ein Todesurteil vollstrecken; j-n exekutieren; hinrichten *vt*

处心积虑 chǔ xīn jī lǜ von langer Hand vorbereitet; mit Vorbedacht

处于 chǔyú sich (in einer bestimmten Lage) befinden: ～有利的地位 sich in einer günstigen Lage befinden

处之泰然 chǔ zhī tài rán etw. ruhig hinnehmen; ruhig und gelassen bleiben

处置 chǔzhì ① behandeln *vt*; regeln *vt*: ～失当 etw. falsch behandeln ② bestrafen *vt*: 依法～ nach dem Gesetz bestrafen

chù

畜 chù Haustier *n*; Vieh *n* *另见 xù

畜生 chùsheng ① Tier *n*; Haustier *n*; Vieh *n* ② schmutziges Schwein; viehischer Kerl

怵 chù sich fürchten; befürchten *vt*; Angst haben: ～场 öffentliches Auftreten scheuen

矗 chù 〈书〉 hochragend und aufrecht

矗立 chùlì aufrecht und erhaben (da)stehen

处(處) chù ① Ort *m*; Platz *m*: 住～ Unterkunft *f*; Quartier *n* 停车～ Parkplatz *m* ② Stelle *f*; Punkt *m*: 长～ starke Seite; Vorzug *m*; Stärke *f* 有相同之～ etwas Gemeinsames haben ③ 〈量〉 几～人家 einige Wohnhäuser ④ Abteilung *f*; Amt *n*: 人事～ Personalabteilung *f* 总务～ Verwaltungsbüro *n* ～长 Abteilungsleiter *m* *另见 chǔ

处处 chùchù überall; allerorts; nach allen Seiten; in jeder Hinsicht

黜 chù 〈书〉 j-n seines Amtes entheben; j-n entlassen; absetzen *vt*

黜免 chùmiǎn 〈书〉 j-n seines Amtes entheben; entlassen *vt*; absetzen *vt*

绌 chù 〈书〉 unzulänglich; ungenügend: 相形见～ beim Vergleich mit j-m/etw. in den Schatten gestellt werden

触(觸) chù ① berühren *vt*; auf etw. stoßen: 请勿～摸展品。Bitte die Exponate nicht berühren! ～到痛处 j-m an einer wunden Stelle berühren ② rühren *vt*; aufwühlen *vt*; treffen *vt*

触电 chùdiàn einen (elektrischen) Schlag bekommen: 小心～! Vorsicht! Elektrisch geladen!

触动 chùdòng ① berühren *vt*; auf etw. stoßen ② bewegen *vt*; treffen *vt*; rühren *vt*

触发 chùfā auslösen *vt*; triggern *vt*

触犯 chùfàn verletzen *vt*; gegen etw. verstoßen; beleidigen *vt*; ärgern *vt*: ～法律 das Gesetz verletzen 我什么地方～了你? Womit habe ich Sie vor den Kopf gestoßen?

触礁 chùjiāo auf eine Klippe (*od* ein Riff) auflaufen; auf Grund stoßen

触角 chùjiǎo Fühler *m*; Fühlhorn *n*

触景生情 chù jǐng shēng qíng etw. schlägt bei j-m eine Saite an; durch etw. innerlich berührt werden

触目惊心 chù mù jīng xīn sich vor einem Anblick entsetzen; schmerzlich berührt sein

触怒 chùnù j-n zum Zorn reizen; erzürnen *vt*; j-n in Wut bringen

chuāi

揣 chuāi (unter die Kleidung) stecken *vt*; daruntertragen *vt*; tragen *vt*: 把孩子～到怀里 ein Kind an dem Busen bergen
* 另见 chuǎi

chuǎi

揣 chuǎi 〈书〉 schätzen *vt*; vermuten *vt*; mutmaßen *vt*: ～测 vermuten *vt*; mutmaßen *vt* ～摩 etw zu ergründen versuchen; etw. auszudenken versuchen

chuài

踹 chuài ① mit dem Fuß stoßen; einen Fußtritt geben; kicken *vt*: 一脚把门～开 mit einem Fußtritt die Tür aufstoßen ② treten *vi*; stampfen *vi*: 把火～灭 Feuer austreten

chuān

穿 chuān ① ziehen *vt*; ankleiden *vt*; anhaben *vt*; tragen *vt*: ～上大衣 den Mantel anziehen 衣服～旧了。Die Kleider sind abgetragen. ② durch etw. gehen; über etw. gehen: ～过马路 eine Straße überqueren ③ bohren *vt*; durchlöchern *vt*: ～个窟窿 ein Loch bohren 看～ durchschauen *vt*

穿插 chuānchā ① abwechseln *vt* ② einfügen *vt*; einschalten *vt* ③ Einschaltung *f*; Episode *f*

穿戴 chuāndài Kleidung und Schmuck; mit Kleidung versehen: ～整齐 sauber und ordentlich gekleidet sein

穿孔 chuānkǒng ① ein Loch bohren; durchbohren *vt*; durchlöchern *vt* ② Perforation *f*; Durchbruch *m*

穿越 chuānyuè durchlaufen *vi*; hindurchlaufen *vi*

穿针引线 chuān zhēn yǐn xiàn vermitteln *vt*; die Verbindung herstellen

穿着 chuānzhuó Kleidung *f*; Bekleidung *f*; Aufmachung *f*

穿凿 chuānzuó eine weithergeholte Interpretation geben: ～附会 etw. an den Haaren herbeiziehen

川 chuān ① Fluß *m*; Strom *m*: 高山大～ hohe Gebirge und große Flüsse ② Ebene *f*; Flachland *n*

川流不息 chuān liú bù xī dauerndes Kommen und Gehen; reges Hin und Her; ununterbrochen

chuán

椽 chuán Sparren *m*; schräger Dachbalken

传(傳) chuán ① weitergeben *vt*; weiterschicken *vt*: ～球 den Ball abgeben ② etw. als Erbe hinterlassen; vererben *vt*; überliefern *vt*: 家～秘方 ein in der Familie seit alters überliefertes Geheimrezept ③ verbreiten *vt*; sich verbreiten: 消息很快～开了。Die Nachricht verbreitete sich rasch. ④ rufen *vt*;

j-n kommen lassen; vorladen *vt*: ～证人 einen Zeugen laden ⑤ übertragen *vt*; leiten *vt*: ～热Wärme leiten ⑥ ausdrücken *vt*: 眉目～情 j-m zärtliche Blicke zuwerfen; mit j-m liebäugeln anstekken *vt*; infizieren *vt* *另见 zhuàn

传播 chuánbō verbreiten *vt*; propagieren *vt*; ausstreuen *vt*: ～知识 Kenntnisse verbreiten

传布 chuánbù etw. in Umlauf setzen; verbreiten *vt*

传抄 chuánchāo (ein Schriftstück) kopieren und weitergeben

传达 chuándá ① weitergeben *vt*; weiterleiten *vt*: ～命令 einen Befehl weitergeben ～信息 eine Nachricht weiterleiten ②Empfang *m*; Anmeldung *f* ③ Mitarbeiter der Anmeldestelle; Pförtner *m*: ～室 Anmeldestelle *f*

传单 chuándān Flugblatt *n*; Handzettel *m*

传导 chuándǎo Leitung *f*

传递 chuándì weitergeben *vt*; übergeben *vt*; übermitteln *vt*: ～信息 eine Nachricht überbringen

传呼 chuánhū j-m einen Telephonanruf ausrichten; einen Telephonanruf weitergeben: ～电话 Nachbarschaftstelephondienst *m*

传教 chuánjiào Mission betreiben; missionieren *vt/vi*: ～士 Missionar *m*

传票 chuánpiào ① gerichtliche Vorladung; Vorladungsbefehl *m* ② Rechnungsbeleg *m*; Belegschein *m*

传奇 chuánqí Legende *f*; Sage *f*: ～式的人物 legendäre Person

传染 chuánrǎn anstecken *vt*; infizieren *vt*; versuchen *vt*: ～病 ansteckende Krankheit

传神 chuánshén lebendig; lebensecht: ～之笔 lebenswahre Darstellung (in der Malerei oder in literarischen Werken)

传声筒 chuánshēngtǒng ① Sprachrohr *n*; Schalltrichter *m*; Sprechmuschel *f* ② j-m nachsprechen; j-s Sprachrohr sein

传授 chuánshòu beibringen *vt*; lehren *vt*; unterweisen *vt*; überliefern *vt*

传说 chuánshuō ① das Gerücht geht um; es wurde gesagt; man sagt: ～如此。So sagt man. ② Legende *f*; Sage *f*; (mündliche) Überlieferung *f*: 民间～ Volkssage *f*

传诵 chuánsòng etw. geht von Mund zu Mund; in aller Munde sein

传统 chuántǒng Tradition *f*: ～观念 überlieferte Ideen

传闻 chuánwén ① vom Hörensagen wissen; es heißt; man sagt ② Gerede *n*; Gerücht *n*; Hörensagen *n*

传讯 chuánxùn vorladen *vt*; vor Gericht laden

传扬 chuányáng ausstreuen *vt*; ausbreiten *vt*; verbreiten *vt*

传阅 chuányuè etw. in Umlauf geben; zirkulieren lassen

船 chuán Schiff *n*; Boot *n*: 上～ an Bord (eines Schiffes) gehen 下～ von Bord gehen ～边交货 frei längsseits des Seeschiffes; f.a.s.

船舶 chuánbó Schiffe *pl*

船舱 chuáncāng Schiffsraum *m*; Kajüte *f*; Laderaum *m*

船坞 chuánwù Dock *n*; Werft *f*: 浮～ Schwimmdock *n*

船员 chuányuán Schiffsmannschaft *f*; Schiffsbesatzung *f*; Seemann *m*; Matrose *m*

船长 chuánzhǎng Kapitän *m*; Schiffsführer *m*

船只 chuánzhī Schiffe *pl*; Seefahrzeuge *pl*

chuǎn

喘 chuǎn ① schwer atmen; um Luft ringen; nach Luft schnappen ② Asthma *n*

喘气 chuǎnqì ① schwer atmen; nach Luft ringen: 喘不过气来 außer Atem sein ② eine Atempause machen: 喘口气儿再干 Schöpfen wir einmal Luft, bevor wir weitermachen.

喘息 chuǎnxī ① schwer atmen; außer Atem sein ② Atempause *f*; Zeit zum Atemschöpfen

舛 chuǎn 〈书〉 ① Fehler *m*; Irrtum *m*: 命途多～ im Leben immer wieder von schlimmen Schicksalschlägen heimgesucht worden sein ② zuwiderlaufen *vi*

chuàn

串 chuàn ① aufreihen *vt*; aneinanderreihen *vt*; etw. auf eine Schnur ziehen: 把鱼～起来 die Fische auf eine Schnur ziehen ② ganz durcheinander geraten: 电话～线 gekreuzter Anschluß

③ sich mit j-m verschwören; sich zusammentun: ～通作弊 gemeinsam Gaunereien begehen ④ von Ort zu Ort gehen: 走村～寨 von Dorf zu Dorf gehen ～亲戚 Verwandte besuchen ⑤ 〈量〉[用于串连起来的东西] Schnur *f*; Bund *m*; Traube *f*: 一～珠子 eine Perlenschnur 一～钥匙 ein Schlüsselbund 一～葡萄 eine Weintraube

串联 chuànlián ① vereinigen *vt*; zusammenschließen *vt*; miteinander verknüpfen ② Serienschaltung *f*

串通 chuàntōng sich heimlich verabreden; sich zu einer Bande zusammentun ～一气 mit j-m gemeinsame Sache machen

chuāng

窗 chuāng Fenster *n*: 纱～ Fliegenfenster *n* ～明几净 helle Fenster und saubere Tische

窗户 chuānghu Fenster *n*: 一扇～ ein Fensterflügel

窗台 chuāngtái Fensterbank *f*; Fensterbrett *n*; Fenstersims *m*

疮(瘡) chuāng ① Geschwür *n*; Eiterbeule *f* ② Verletzung *f*; Wunde *f*

疮疤 chuāngbā Narbe *f*

疮痍满目 chuāng yí mǎn mù völlig verwüstet; überall sieht es verheerend aus

创(創) chuāng Wunde *f*: ～痕 Narbe *f* ～巨痛深 tiefe Wunden und tiefer Schmerz *另见 chuàng

创伤 chuàngshāng Wunde *f*; Trauma *n* 精神上的～ seelische Verletzung

chuáng

幢 chuáng ① Wimpel *m* (in alter Zeit) ② Steinsäule *f* (mit buddhistischen Texten oder Namen von Buddhas) *另见 zhuàng

幢幢 chuángchuáng schwankend; flatternd; flackernd: 人影～ tanzende Menschenschatten

床(牀) chuáng ① Bett *n*; Lager *n*: 单人～ Einzelbett *n* 双人～ Doppelbett *n* 折叠～ Klappbett *n* 卧病在～ das Bett hüten; bettlägerig sein ② 〈量〉: 两～被 zwei Steppdecken

床单 chuángdān Bettuch *n*; Laken *n*

床垫 chuángdiàn Matratze *f*

床铺 chuángpù (mit Schlafzeug versehenes) Bett *n*; Schlafstelle *f*

床上用品 chuángshàngyòngpǐn Bettzeug *n*

床位 chuángwèi Bett *n*; Lagerstatt *f*; Schlafstelle *f*

chuǎng

闯(闖) chuǎng ① sich stürzen; stürmen *vi*; sich durchschlagen: 横冲直～ wild umherlaufen ② sich durchkämpfen; sich durchs Leben schlagen: ～出一条新路子 sich eine neue Bahn brechen

闯祸 chuǎnghuò Unheil anrichten: 你～了! Was hast du denn da angerichtet!

闯将 chuǎngjiàng ① wagemutiger Feldherr; tapferer Krieger ② Vorkämpfer *m*; Bahnbrecher *m*

闯劲 chuǎngjìn großer Enthusiasmus für bahnbrechende Taten

chuàng

怆(愴) chuàng 〈书〉 kummervoll; traurig: ～然泪下 voll Trauer in Tränen ausbrechen

创(創) chuàng (erstmals) erzielen *vt*; etw. zustande bringen; errichten *vt*: ～办 gründen *vt*; errichten *vt* ～记录 einen Rekord aufstellen *另见 chuāng

创见 chuàngjiàn originelle Idee; schöpferische Auffassung; neuer Gedanke

创建 chuàngjiàn gründen *vt*; errichten *vt*: ～政党 eine politische Partei gründen

创举 chuàngjǔ Pionierleistung *f*; Pionierunternehmen *n*; Pionierarbeit *f*

创刊 chuàngkān (eine Zeitung oder Zeitschrift) erstmals herausgeben; gründen *vt*

创立 chuànglì gründen *vt*; etw. ins Leben rufen

创始 chuàngshǐ gründen *vt*; schaffen *vt*: ～人 Begründer *m*

创新 chuàngxīn neue Ideen hervorbringen; neue Wege bahnen; Neuerung *f*

创业 chuàngyè Pionierarbeit lei-

sten; ein Werk beginnen; ein Unternehmen gründen
创造 chuàngzào schaffen *vt*; erzeugen *vt*; hervorbringen *vt*: ～优异成绩 vortreffliche Leistungen erzielen ～性 Schöpfergeist *m*; Kreativität *f*
创作 chuàngzuò schaffen *vt*; verfassen *vt*; schreiben *vt*: 文艺～ Literatur- und Kunstschaffen *n*

chuī

炊 chuī kochen *vt*; Essen (zu)-bereiten
炊具 chuījù Küchengerät *n*
炊事 chuīshì Kochen *n*; Küchenarbeit *f*: ～员 Koch *m* (als Angestellter eines öffentlichen Betriebs)
炊烟 chuīyān Rauch aus dem Küchenkamin; Rauch aus einem Herd
吹 chuī ① blasen *vi*; pusten *vi*; wehen *vi*: 把灯～灭 die Lampe ausblasen ～一口气 Atemluft ausstoßen ～掉书上的灰尘 den Staub von dem Buch wegblasen ② blasen *vt/vi*; pfeifen *vt/vi*: ～号 Trompete spielen ～笛子 Flöte blasen; flöten *vi* ③ 〈口〉 prahlen *vi*; sich aufblasen: 自～自擂 sich mit Prahlereien großtun ～得天花乱坠 über etw. das Blaue vom Himmel herunter schwatzen ④ sich entzweien; abbrechen *vt*: 他们俩～了。Sie haben miteinander Schluß gemacht. 原来的计划～了。Der ursprüngliche Plan ist abgeblasen worden.
吹打乐 chuīdǎyuè Blas- und Schlagmusik *f*
吹风 chuīfēng ① in den Zug kommen; einen Zug bekommen; sich erkälten ② die Haare mit dem Fön trocknen; fönen *vt* ③ (Nachrichten, Informationen usw.) durchsickern lassen: ～会 kurze Lagebesprechung
吹拂 chuīfú (vom Wind) streicheln *vt*
吹鼓手 chuīgǔshǒu Trompeter *m*; Hornist *m*
吹灰之力 chuī huī zhī lì so leicht, wie man Staub wegbläst; sehr leicht: 不费～ j-n nicht die geringste Mühe kosten; etw. aus dem Ärmel schütteln
吹毛求疵 chuī máo qiú cī herummäkeln *vi*; an allem herumnörgeln; überall ein Haar in der Suppe finden
吹牛 chuīniú prahlen *vi*; aufschneiden *vi*: ～拍马 prahlen und schmeicheln
吹捧 chuīpěng in den Himmel heben; übermäßig rühmen: 互相～ aufeinander Loblieder singen
吹嘘 chuīxū prahlen *vi*; sich rühmen; sich (bzw. einen anderen) übermäßig loben: 自我～ Selbstlob *n*; sich selbst rühmen
吹奏 chuīzòu (ein Blasinstrument) spielen *vt*; blasen *vt*: ～乐 Blasmusik *f*

chuí

槌 chuí Klöppel *m*; Schlegel *m*: 鼓～儿 Trommelstock *m*
垂 chuí ① herabhängen *vi*; nach unten hängen; etw. fallen lassen: ～手站着 mit herabhängenden Armen dastehen ～泪 Tränen vergießen; weinen *vi* ② 〈书〉 etw. der Nachwelt überliefern ③ 〈书〉 nahe an; beinahe; sich nähern: ～老 sich einem hohen Alter nähern
垂钓 chuídiào mit einer Angel fischen; angeln *vt*
垂柳 chuíliǔ Trauerweide *f*
垂暮 chuímù 〈书〉 kurz vor dem Sonnenuntergang; in der Abenddämmerung: ～之年 Lebensabend *m*
垂青 chuíqīng 〈书〉 j-m gönnerhaft zugetan sein; j-m gewogen sein
垂死 chuísǐ sterbend; im Sterben liegend: 作～挣扎 bis zuletzt einen Verzweiflungskampf führen
垂头丧气 chuí tóu sàng qì den Kopf hängen lassen; mit gesenktem Kopf; niedergeschlagen
垂危 chuíwēi tödlich krank; in den letzten Zügen liegen
垂涎 chuíxián neidisch sein; etw. mit scheelen Augen ansehen: ～欲滴 das Wasser läuft j-m im Mund zusammen
垂直 chuízhí senkrecht; vertikal
捶 chuí (mit der Keule *od* der Faust) gegen etw. schlagen; klopfen *vt*: ～胸顿足 sich an die Brust schlagen und mit den Füßen stampfen; völlig außer sich sein
锤 chuí ① Hammer *m*
锤炼 chuíliàn ① hämmern *vt*; schmieden *vt* ② stilistisch verbessern; (an einem Text) feilen *vi*

chūn

春 chūn ① Frühling *m*; Frühjahr *n*; Lenz *m*: 温暖如～ so warm wie im Frühling ②Liebe *f*; erotische Lust: ～情 Liebesregung *f* ③ Leben *n*; Lebenskraft *f*: 妙手回～eine wunderbare Heilung vollbringen

春播 chūnbō Frühlingsaussaat *f*

春耕 chūngēng Frühjahrsbestellung *f*

春光 chūnguāng Frühlingslandschaft *f*: ～明媚 bezaubernde Frühlingslandschaft

春季 chūnjì Frühling *m*; Frühjahr *n*

春节 chūnjié Frühlingsfest *n*

春秋 chūnqiū ① Frühling und Herbst; ein ganzes Jahr ② das Alter eines Menschen: ～鼎盛 in der Blüte des Lebens

春色 chūnsè Frühlingslandschaft *f*; Frühlingsszene *f*: ～满园 ein Garten im Frühlingsrausch

春天 chūntiān Frühling *m*; Frühjahr *n*; Lenz *m*

chún

淳 chún 〈书〉 rein; schlicht; ehrlich; aufrichtig

淳厚 chúnhòu rein und aufrichtig

淳朴 chúnpǔ ehrlich; einfach; schlicht; echt

醇 chún ① 〈书〉 edler Wein ② rein; ungemischt; pur ③ Alkohol *m*

醇厚 chúnhòu ① vollmundig; rein: 酒味～。Der Wein schmeckt ausgereift. ② natürlich; aufrichtig; ehrlich

唇 chún Lippe *f*: 上～ Oberlippe *f* 下～ Unterlippe *f*

唇膏 chúngāo Lippenstift *m*

唇枪舌剑 chún qiāng shé jiàn sich ein erbittertes Wortgefecht liefern; hitzige Debatte

唇舌 chúnshé Worte *pl*; Angument *n*: 徒费～ vergebens viele Worte machen

纯 chún ① rein; lauter; unvermischt: ～毛 reine Wolle ～金 reines Gold ② einfach; bloß: ～属捏造 es ist alles Lüge ③ geübt; geschickt; versiert: 功夫不～ nicht gewandt genug

纯粹 chúncuì ① rein; echt; unverfälscht ② ganz und gar; nur; einfach: ～是浪费时间 völlig Zeit vergeuden

纯洁 chúnjié rein; unschuldig: 心地～ treuherzig

纯利 chúnlì Rein-, Nettogewinn *m*

纯朴 chúnpǔ ehrlich; schlicht; einfach; ungekünstelt: ～敦厚 schlicht und ehrlich

纯收入 chúnshōurù Netttoeinkommen *n*; Nettoeinnahme *f*

纯熟 chúnshú geübt; gewandt; geschickt: 技术～ sehr geschickt

纯真 chúnzhēn rein; echt; aufrichtig; ehrlich: ～无邪 rein und unschuldig

纯正 chúnzhèn rein; echt; sauber: 思想～ ideologisch rein

纯种 chúnzhǒng Vollblut *n*; Vollblüter *m*; vollblütig; rasserein; reinrassig: ～牛 Vollblutrind *n*

chǔn

蠢 chǔn ① dumm; stupid: ～货 Dummkopf *m*; Idiot *m* ② ungeschickt; schwerfällig: ～笨 unbeholfen; schwerfällig

蠢动 chǔndòng ① sich langsam fortbewegen; sich winden; sich schlängeln ② Störakte verüben

chuō

戳 chuō stechen *vt*; hineinstechen *vi*; stoßen *vt*: 在纸上～了一个洞 ein Loch in das Papier stechen 一～就破 beim geringsten Stoß schon kaputt

戳穿 chuōchuān durchstechen *vt*; enthüllen *vt*; bloßlegen *vt*: ～敌人的谣言 die Gerüchte der Feinde als solche entlarven

戳子 chuōzi 〈口〉 Stempel *m*; Siegel *n*: 在文件上盖个～ das Dokument siegeln 橡皮～ Gummistempel *m*

chuò

辍 chuò 〈书〉 mit etw. aufhören; einstellen *vt*: ～学 die Schule unterbrechen

啜 chuò 〈书〉 ① schlürfen *vt*; nippen *vi*; trinken *vt* ② schluchzen *vi*

啜泣 chuòqì schluchzen *vi*; wimmern *vi*

绰 chuò 〈书〉 geräumig; reichlich: ～～有余 in Hülle

und Fülle etw. in Überbluß haben

绰号 chuōhào Spitz-, Neckname *m*

cī

疵 cī Makel *m*; Fleck *m*: ～点 Makel *m*; Mangel *m*; schadhafte Stelle.

呲 cī 〈口〉 j-m eine Standpauke erteilen; j-n zurechtweisen: 挨了一顿～儿 einen Tadel bekommen

cí

瓷 cí Porzellan *n*: 细～ feines Porzellan ～土 Porzellanton *m*; Kaolin *n*

瓷器 cíqì Porzellan *n*; Porzellanwaren *pl*: 青花～ blau-weißes Porzellan

瓷实 císhi 〈方〉 solid; fest; drall: 地基夯～了。Das Fundament ist festgestampft.

瓷砖 cízhuān Porzellanziegel *m*

慈 cí ① barmherzig; mitleidig; gütig: 心～ gutherzig ② 〈书〉 Mutter *f*: 家～ meine Mutter.

慈爱 cí'ài (von der älteren zur jüngeren Generation) Liebe *f*; zärtliche Güte; gütig; liebevoll

慈悲 cíbēi Mitleid *n*; Erbarmen *n*; Barmherzigkeit *f*; Mildtätigkeit *f*: 发～ Erbarmen haben; j-m Mitleid entgegenbringen

慈母 címǔ liebevolle Mutter; Mutter *f*

慈善 císhàn wohltätig; gütig; barmherzig; philanthropisch: ～事业 Wohltätigkeit *f*

慈祥 cíxiáng gütig; freundlich: ～的面容 gütiges Gesicht

磁 cí Magnetismus *m*: ～场 magnetisches Feld; Magnetfeld *n*

磁带 cídài Magnettonband *n*: ～录音机 Tonbandgerät *n*; Magnettonanlage *f*

磁铁 cítiě Magnet *m*; Magneteisen *n*

雌 cí weiblich

雌性 cíxìng weiblich; das weibliche Geschlecht

雌雄 cíxióng Sieg und Niederlage: 决一～ den Entscheidungskampf austragen; um die Entscheidung kämpfen

辞(辭) cí ① sprachlicher Ausdruck; sprachliche Wendung: 修～ Rhetorik *f*; Redekunst *f* ② sich verabschieden: 告～ von j-m Abschied nehmen. 不～而别 ohne Abschied weggehen ③ ablehnen *vt*; nicht zustimmen: 固～ kategorisch ablehnen ④ kündigen *vi/vt*: ～退 entlassen *vt*; kündigen *vt* ⑤ ausweichen *vi*; sich vor etw. drücken: 不～劳苦 keine Mühe scheuen

辞别 cíbié sich verabschieden; Abschied nehmen; auf Wiedersehen sagen; Lebewohl sagen

辞呈 cíchéng Entlassungsgesuch *n*; Kündigung *f*: 提出～ ein Entlassungsgesuch vorlegen

辞典 cídiǎn Wörterbuch *n*

辞令 cílìng zu einer bestimmten Gelegenheit passende Worte: 善于～ redegewandt

辞让 círàng höflich ablehnen

辞退 cítuì entlassen *vt*; kündigen *vt*

辞谢 cíxiè dankend ablehnen; sich höflich weigern

辞行 cíxíng (vor einer Reise) Abschied nehmen; auf Wiedersehen sagen

辞藻 cízǎo schmückende Worte; blumige Sprache (*od* Ausdrücke): 堆砌～ blumige Phrasen aneinanderreihen

辞职 cízhí sein Amt niederlegen; (von einem Amt) zurücktreten *vi*; abdanken *vi*

词 cí ① Wort *n*: 贬义～ abfälliges Wort 同义～ Synonym *n*; sinnverwandtes Wort ② Rede *f*; Äußerung *f*: 开幕～ Eröffnungsrede *f* 台～ Theater-, Bühnentext *m* ③ *Ci n* (bevorzugte literarische Gattung in der Songzeit)

词不达意 cí bù dá yì sich nicht klar und deutlich ausdrücken

词典 cídiǎn Wörterbuch *n*

词法 cífǎ Formenlehre *f*; Morphologie *f*

词汇 cíhuì Wortschatz *m*; Wortbestand *m*

词句 cíjù Wörter und Sätze; Ausdrücke *pl*: 空洞的～ leere Phrasen

词类 cílèi Wortart *f*; Wortklasse *f*

词序 cíxù Wortfolge *f*; Wortstellung *f*

词义 cíyì Wortbedeutung *f*; ～学 Semantik *f*

词语 cíyǔ Wörter und Wendun-

gen
词源 cíyuán Etymologie *f*
词缀 cízhuì Affix *n*
词组 cízǔ Wortgruppe *f*; Redewendung *f*
祠 cí Ahnentempel *m*; Gedächtnisstätte *f*: 宗～ Clan-, Sippentempel *m*
祠堂 cítáng Ahnentempel *m*; Ahnensaal *m*

cǐ

此 cǐ dieser; dies: ～处 hier; an dieser Stelle ～等 diese; diese Art; solch ein 由～往南 von hier nach Süden (gehen)
此后 cǐhòu von da an; nachher; danach; später
此间 cǐjiān hier; hiesig: ～已有传闻。Hier hört man schon Gerüchte darüber.
此刻 cǐkè jetzt; da; in diesem Augenblick; zu dieser Zeit
此路不通 cǐ lù bù tōng Sackgasse *f*
此起彼伏 cǐ qǐ bǐ fú aufeinanderfolgend wie eine Welle auf die andere; unaufhörlich
此时 cǐshí gerade jetzt; in diesem Augenblick: ～此刻 gerade in diesem Moment; zu dieser Zeit ～此地 hier und jetzt
此外 cǐwài außerdem; überdies; abgesehen von...
此致 cǐzhì [信末套语]: ～敬礼 Mit herzlichen Grüßen

cì

次 cì ① Reihenfolge *f*; Rangordnung *f*; Reihe *f*: 依～ der Reihe nach; nacheinander 车～ Zugnummer *f* 二十一～列车 der Zug Nr. 21 ② zweite; nächst; nachfolgend: ～子 der zweite Sohn ～日 am nächsten Tag ③ von minderer Qualität; geringwertig: ～棉 Baumwolle von minderer Qualität 真～ wirklich nicht gut ④ 〈量〉 三～ dreimal 首～ zum ersten Mal
次大陆 cìdàlù Subkontinent *m*
次等 cìděng zweitklassig; zweitrangig; geringwertig
次货 cìhuò Ware von minderer Qualität; fehlerhafte Ware
次品 cìpǐn fehlerhafte Waren; Produkte zweiter Wahl
次数 cìshù Mal *n*; Häufigkeit *f*: ～不多 nicht häufig; nicht sehr oft
次序 cìxù Reihe *f*; Folge *f*; Reihenfolge *f*; Rangordnung *f*: ～颠倒了。Die Reihenfolge ist umgekehrt.
次要 cìyào sekundär; minder wichtig; nebensächlich: ～的东西 unwesentliche Dinge
刺 cì ① Dorn *m*; Stachel *m*; Stich *m*: 他手指上扎了个～。Er hat sich mit einem Stachel in den Finger gestochen. ② stechen *vi/vi*: ～伤 Stichwunde *f*; j-n durch einen Stich verletzen ③ morden *vt*; meucheln *vt*: 行～ ein Attentat (auf j-n) verüben 被～ meuchlerisch umgebracht werden ④ reizen *vt*; irritieren *vt*: ～鼻 die Nase reizen ⑤ kritisieren *vt*: 讽～ j-n/ etw. satirisch angreifen
刺刀 cìdào Bajonett *n*; Seitengewehr *n*: 上～! Seitengewehr pflanzt auf!
刺耳 cì'ěr ① durchdringend laut; schrill; grell ② bissig; scharf; verletzend: ～的话 sarkastische Bemerkungen
刺骨 cìgǔ durch Mark und Bein; schneidend; durchdringend: 寒风～。Der kalte Wind dringt durch Mark und Bein.
刺激 cìjī ① anreizen *vt*; stimulieren *vt*; anregen *vt*: 物质～ materieller Anreiz ② erregen *vt*; reizen *vt*; irritieren *vt*; erschüttern *vt*: 这消息给她很大的～。Diese Nachricht hat sie sehr erschüttert.
刺客 cìkè Attentäter *m*; Meuchelmörder *m*
刺杀 cìshā j-n meuchlings ermorden
刺探 cìtàn auskundschaften *vt*; spionieren *vi*: ～军情 Militärgeheimnisse auskundschaften
刺猬 cìwei Igel *m*
刺绣 cìxiù sticken *vt*; Stickerei *f*
刺眼 cìyǎn blendend; grell; knallig; auffallend; unangenehm für die Augen: 灯光亮得～。Das Licht blendet die Augen. 她那身奇装异服看着很～。Ihre schreiende Kleidung fiel unangenehm ins Auge.
赐 cì gewähren *vt*; verleihen *vt*; schenken *vt*: 赏～ (einen Untergebenen oder Jüngeren) belohnen *vt*; bescheren *vt* 请即～复。Bitte beehren Sie mich so bald wie möglich mit einer Antwort!

伺 cì *另见 sì

伺候 cìhou aufwarten *vi*; bedienen *vt*: 这个人难～。Diese Kerl ist sehr schwer zu bedienen.

cōng

聪(聰) cōng ① 〈书〉 Hörvermögen *n*: 左耳失～ auf dem linken Ohr taub sein ② ein gutes Gehör; hellhörig: 耳～目明 scharfe Augen und Ohren; scharfsichtig und hellhörig

聪慧 cōnghuì klug; gescheit; intelligent

聪明 cōngming klug; begabt; gescheit; intelligent: ～能干 klug und tüchtig

聪颖 cōngyǐng klug; gescheit; intelligent

匆 cōng hastig; eilig; überstürzt

匆匆 cōngcōng hastig; in Eile: ～离去 in großer Eile weggehen

匆促 cōngcù hastig; in Eile: 时间～ knapp an Zeit

匆忙 cōngmáng hastig; in Eile: ～做出决定 einen hastigen Beschluß fassen

葱 cōng ① Röhrenlauch *m*: 大～ Chinesischer Porree 小～ Schalotte *f* 洋～ Zwiebel *f* ② grün

葱翠 cōngcuì von einem frischen Grün; lauchgrün

葱花 cōnghuā feingeschnittener Porree

葱绿 cōnglǜ lauchgrün; gelblichgrün; junges Grün

从(従) cōng * 另见 cóng

从容 cōngróng ① ruhig; gelassen; geruhsam: ～不迫 ohne Hast und Eile; ruhig und gelassen ② genügend; nicht eilig: 时间很～。Es ist noch Zeit genug.

cóng

淙 cóng

淙淙 cóngcóng gurgeln *vi*; rauschen *vi*: 流水～。Wasser rauscht

从(従) cóng ① 〈介〉 aus; von; ab: ～现在起 von jetzt an ～这儿往西 von hier aus westwärts ～根本上说 im wesentlichen; im Grunde genommen ② 〈介〉 durch; über: ～窗子里往外望 durch das Fenster hinausschauen ～桥上过 über die Brücke gehen ③ 〈副〉 [用在否定词前面,表示"从来"] immer: ～不骄傲 niemals hochnäsig ④ folgen *vi*; befolgen *vt*; sich fügen; gehorchen *vi*: ～俗 sich den allgemeinen Gepflogenheiten fügen ～命 j-s Wunsch nachkommen ⑤ eintreten *vi*; beitreten *vi*: ～军 in die Armee eintreten ⑥ Gefolge *n*; Begleitpersonal *n*; Gefolgschaft *f* ⑦ sekundär; abhängig; untergeordnet: 主～ das Primäre und das Sekundäre

从长计议 cóng chǎng jì yì sich Zeit für einen Entschluß lassen; etw. bis auf weiteres offenlassen

从此 cóngcǐ von nun an; seit dieser Zeit

从…到… cóng … dào … von … bis …: 从上到下 von oben bis unten 从早到晚 vom frühen Morgen bis zum späten Abend; von früh bis spät 从古到今 seit alter Zeit

从而 cóng'ér 〈连〉 infolgedessen; deshalb; damit

从犯 cóngfàn Mittäter *m*; Mitschuldige(r)

从简 cóngjiǎn in einfacher Weise; auf einfachstem Wege (etw. tun): 一切～ alles vereinfachen

从句 cóngjù Nebensatz *m*

从军 cóngjūn in die Armee eintreten

从来 cónglái immer; zu jeder Zeit; seit jeher: 我～没有见过他。Ich habe ihn vorher nie gesehen.

从略 cónglüè ausgelassen; weggelassen: 此处引文～。Das Zitat ist hier weggelassen worden.

从前 cóngqián früher; ehemals; vormals; in der Vergangenheit: 一切都还是跟～一样。Es ist alles noch wie früher.

从事 cóngshì ① sich mit etw. befassen; sich mit etw. beschäftigen; ～文学创作sich literarisch betätigen ～技术革新 an technischen Neuerungen arbeiten ② mit etw. umgehen; behandeln *vt*: 慎重～ etw. vorsichtig behandeln

从属 ncóngshù abhängig; untergeordnet sein: ～地位 untergeordneter Status

从速 cóngsù schnellstens; unverzüglich; so schnell wie möglich: ～处理 eine Sache auf schnellstem Wege erledigen

从头 cóngtóu ① von Anfang an: ～到尾 von Anfang bis Ende; von A bis Z ② noch einmal; nochmals: ～儿再来 nochmal von vorne anfangen

从小 cóngxiǎo von Kindesbeinen an; von klein auf: 她～就喜欢音乐。Sie liebt die Musik von klein auf.

从中 cóngzhōng von; aus; zwischen: ～渔利 aus etw. Profit schlagen ～吸取教训 daraus eine Lehre ziehen

丛(叢) cóng ① Gebüsch *n*; Gesträuch *n*: 树～ Gestrüpp *n* ② Gedränge *n*; Menge *f*; Sammlung *f*: 人～ Menschenmenge *f* 论～ Essaysammlung *f*

丛刊 cóngkān eine Reihe von Büchern; Sammelband *n*

丛林 cónglín Dschungel *m*; dichter Wald

丛书 cóngshū eine Reihe von Büchern: 历史知识～ Buchreihe auf dem Gebiet geschichtlichen Wissens

còu

凑 còu ① sammeln *vt*; zusammentun *vt*: ～钱 Geld zusammenlegen ～足人数 genügend Leute zusammenbringen ② zufällig; gerade; bei Gelegenheit: 正～上是星期日。Es fiel gerade auf einen Sonntag. ③ sich nähern; an etw. heranrücken: ～近点儿。Treten Sie bitte näher!

凑合 còuhe ① sich versammeln; sich zusammenfinden; zusammenkommen ② sich mit etw. behelfen ③ leidlich; nicht allzu schlecht

凑巧 còuqiǎo zufällig; wie es der Zufall wollte: 我～在城里遇见他。Ich traf ihn zufällig in der Stadt.

凑趣儿 còuqùr sich über etw./j-n lustig machen: 别拿我～。Nimm mich nicht auf den Arm!

凑热闹 còu rènào ① sich dem fröhlichen Treiben anschließen ② die Unruhe noch vergrößern

凑数 còushù die Zahl vollmachen

cū

粗 cū ① dick: 一根～树枝 ein dicker Ast ② grobkörnig; rauh: ～沙 grobkörniger Sand ～盐 Grobsalz *n* ③ tief und kräftig: ～嗓子eine tiefe und kräftige Stimme ④ unfein; grob; vulgär: 说话很～ grobe Reden gebrauchen ⑤ roh; ein bißchen: ～知一二 etw. nur in groben Zügen wissen

粗暴 cūbào roh; grob; barsch; brutal: 态度～ grobes Verhalten

粗笨 cūbèn plump; unbeholfen; ungeschickt; schwerfällig

粗鄙 cūbǐ grob; vulgär: 言语～ vulgäre Sprache; grobe Worte

粗糙 cūcāo grob; rauh: 皮肤～ rauhe Haut; grobhäutig 手工～ grobe Arbeit; Flickwerk *n*

粗茶淡饭 cū chá dàn fàn einfache Kost; bescheidenes Essen

粗犷 cūguáng ① grob; ungeschlacht ② kraftvoll; zügellos

粗话 cūhuà vulgäre Sprache; grobe Worte

粗劣 cūliè von schlechter Qualität; minderwertig

粗鲁 cūlǔ grob; rauh; plump: 态度～ grobes Benehmen

粗略 cūlüè grob; flüchtig; oberflächlich: ～估计 grobe Schätzung

粗浅 cūqiǎn oberflächlich; nicht gründlich

粗疏 cūshū flüchtig; unsorgfältig; nachlässig

粗率 cūshuài nachlässig; unbesonnen; unüberlegt: ～的决定 eine unbesonnene Entscheidung

粗俗 cūsú vulgär; grob: 说话～ eine vulgäre Sprache gebrauchen

粗心 cūxīn unsorgfältig; fahrlässig; unbedacht: ～大意 lässig; unachtsam

粗野 cūyě grob; ungehobelt; ungezügelt; wild: 举止～ sich lümmelhaft benehmen

粗枝大叶 cū zhī dà yè leichtfertig und oberflächlich; nachlässig; flüchtig

粗制滥造 cū zhì làn zào pfuschen *vi*; in großen Mengen Schund produzieren

粗壮 cūzhuàng ① stämmig; stark: ～的小伙子 ein stämmiger Bursche ② tief und lauttönend: ～的声音 eine tiefe und dröhnende Stimme

cù

猝 cù 〈书〉 plötzlich; unerwartet: ～不及防 überrascht werden

猝然 cùrán plötzlich; unerwartet;

hastig

簇 cù ① Haufen *m*; Menge *f*: 花团锦～ farbenprächtig ② 〈量〉 Haufen *m*; Traube *f*; Bündel *n*: 一～翠竹 ein grüner Bambusbusch

簇新 cùxīn völlig neu; brandneu

簇拥 cùyōng umgeben *vt*; umringen *vt*: 前后～着一大群人 vorne und hinten von viel Volk umgeben sein

醋 cù ① Essig *m* ② eifersüchtig; neidisch: 吃～ Eifersucht fühlen ～意 Eifersucht *f*

促 cù ① kurz; eilig; dringend: 气～ schnell atmen; keuchen *vi* 时间短～ eine kurze Zeit; von kurzer Dauer ② fördern *vt*; antreiben *vt*: ～生产 die Produktion voranbringen

促成 cùchéng fördern *vt*; vorantreiben *vt*; einer Sache zum Erfolg verhelfen;

促进 cùjìn fördern *vt*; vorantreiben *vt*; stärken *vt*; anspornen *vt*: ～贸易 den Handel fördern

促使 cùshǐ antreiben *vt*; veranlassen *vt*; anregen *vt*: 是什么～你这样做? Was hat dich dazu veranlaßt?

促膝谈心 cù xī tánxīn eng beieinander sitzen und ein vertrautes Gespräch führen

cuān

蹿(躥) cuān in die Höhe schnellen; hinaufspringen *vi*

cuàn

窜(竄) cuàn fliehen *vi*; davonlaufen *vi*; davonstürzen: 东逃西～ nach allen Richtungen fliehen 鼠～ wie erschreckte Ratten davonlaufen

窜犯 cuànfàn eindringen *vi*; einfallen *vi*: ～边境 in ein Grenzgebiet eindringen

窜扰 cuànrǎo stören *vt*; beunruhigen *vt*: ～活动 Störaktion *f*; Störangriff *m*

窜逃 cuàntáo Hals über Kopf fliehen; die Flucht ergreifen

篡 cuàn usurpieren *vt*; etw. an sich reißen: ～权 die Macht usurpieren

篡夺 cuànduó usurpieren *vt*; ergreifen *vt*: ～领导权 die Führung usurpieren

篡改 cuàngǎi verfälschen *vt*; entstellen *vt*; falsch darstellen; verdrehen *vt*: ～历史 die Geschichte fälschen

篡位 cuànwèi den Thron usurpieren

cuī

摧 cuī brechen *vt*; zerbrechen *vt*; zerstören *vt*: ～折 brechen *vt* 无坚不～ in der Lage sein, jede Festung zu zerstören

摧残 cuīcán zerstören *vt*; zerrütten *vt*; ruinieren *vt*; verwüsten *vt*: ～身体 j-s Gesundheit ruinieren

摧毁 cuīhuǐ zerstören *vt*; zerschmettern *vt*; zertrümmern *vt*

摧枯拉朽 cuī kū lā xiǔ etw. wie einen Halm knicken; leicht zu vernichten

催 cuī drängen *vt*; antreiben *vt*; auf Eile dringen: ～办 j-n drängen, etw. zu tun

催促 cuīcù drängen *vt*; antreiben *vt*; auf Eile dringen

催眠 cuīmián hypnotisieren *vt*; einlullen *tv*

cuǐ

璀 cuǐ

璀璨 cuǐcàn 〈书〉 glänzend; glitzernd: ～夺目 glitzern; blendend schön

cuì

淬 cuì abschrecken *vt*; Abschrecken *n*: ～火 abschrecken *vt*; Abschrecken *n*; härten

淬砺 cuìlì 〈书〉 sich abhärten; sich stählen

瘁 cuì 〈书〉 völlig erschöpft; überanstrengt; überarbeitet: 心力交～ geistig und körperlich erschöpft sein

粹 cuì ① pur; rein ② Essenz *f*; Kern *m*: 精～ Quintessenz *f*

啐 cuì spucken *vi*; ausspeien *vi*: ～他一口 vor ihm ausspucken

翠 cuì smaragd-, zartgrün

翠绿 cuìlǜ jade-, smaragdgrün

脆 cuì ① zerbrechlich; brüchig; spröde: 这纸太～。Diese Art Papier ist zu brüchig. ② knusprig; bröckelig: 这梨又甜又～。Die Birne ist süß und knusprig. ③ klar und hell: 她的嗓音多～! Welch eine klare und helle Stimme sie hat!

脆弱 cuìruò schwach; zart; verletzbar; empfindlich: 感情～ seelisch leicht verletzbar; leicht zu beleidigen

cūn

村 cūn Dorf *n*; Weiler *m*; Siedlung *f*: ～庄 Dorf *n*; Weiler *m*; Siedlung *f*

村镇 cūnzhèn Dörfer und Gemeinden

皴 cūn rauh; rissig; aufgesprungen: 孩子的手～了。Die Hände sind dem Kind (vor Kälte) aufgesprungen.

cún

存 cún ① existieren *vi*; leben *vi*: ～活 am Leben bleiben ② aufspeichern *vt*; lagern *vt*; anlegen *vt*: ～粮 Getreidevorräte anlegen ③ deponieren *vt*; hinterlegen *vt*: 把钱～在银行里 Geld bei der Bank deponieren ④ etw. ruhen lassen; etw. beiseite lassen: 求同～异 nach Gemeinsamkeiten suchen und die Differenzen auf sich beruhen lassen ⑤ aufbewahren *vt*: ～行李 Gepäckstücke zur Aufbewahrung geben ～自行车 sein Fahrrad auf einem bewachten Fahrrad-Parkplatz abstellen ⑥ hegen *vt*: 不～幻想 sich keine Illusionen machen

存车处 cúnchēchù (bewachter) Parkplatz für Fahrräder

存单 cúndān Depositenschein *m*: 定期～ Depositenschein einer Termineinlage

存档 cúndàng Akten ins Archiv geben; etw. zu den Akten nehmen;

存放 cúnfàng j-m etw. zur Aufbewahrung geben; unterbringen *vt*

存根 cúngēn Kontrollabschnitt *m*; Quittungstalon *m*: 支票～ der Kontrollabschnitt eines Schecks

存户 cúnhù Kontoinhaber *m*; Einzahler *m*

存货 cúnhuò Warenvorrat *m*; Warenbestand *m*

存款 cúnkuǎn Spareinlagen *pl*; Depositengelder *pl*: 活期～ Sichteinlage *f*; laufendes Konto 定期～ Termineinlage *f*; befristete Einlage ～人 Einleger *m*

存亡 cúnwáng leben oder sterben; Leben oder Tod: 生死～的斗争 ein Kampf auf Leben und Tod

存心 cúnxīn die Absicht haben; beabsichtigen *vt*; absichtlich: ～不良 böse Absichten hegen 我不是～要伤害他。Ich hatte nicht beabsichtigt, ihn zu beleidigen.

存疑 cúnyí eine Frage offenlassen; ein Problem zurückstellen

存折 cúnzhé Sparbuch *n*

cǔn

忖 cǔn über etw. nachdenken; hin und her überlegen

忖度 cǔnduó überlegen *vt*; erwägen *vt*; abwägen *vt*

cùn

寸 cùn ① 〈量〉 *Cun n* (chinesische Längeneinheit: 1/3 Dezimeter) ② sehr wenig; sehr kurz; sehr klein: ～进 bescheidener Fortschritt ～土必争 um jeden Zollbreit Boden kämpfen

寸步 cùnbù ein kleiner Schritt; ein Fußbreit; ein Zollbreit: ～不离 j-n auf Schritt und Tritt begleiten; j-m wie ein Schatten folgen ～不让 keinen Zoll zurückweichen ～难行 keinen Schritt vorwärtskommen können

寸心 cùnxīn Herz *n*; Gefühle *pl*: 聊表～ j-m (mit einem Geschenk) seine Wertschätzung bezeigen

cuō

磋 cuō sich beraten; konsultieren *vt*: 切～ gemeinsame Beratung

磋商 cuōshāng sich beraten; Meinungsaustausch *m*; Konsultation *f*

搓 cuō etw. mit den Händen reiben

搓板 cuōbǎn Waschbrett *n*

撮 cuō ① sammeln *vt*; zusammenbringen; zusammenschaufeln *vt* ② 〈量〉 eine Handvoll; ein bißchen: 一～盐 ein bißchen Salz 一小～匪徒 eine Handvoll Banditen * 另见 zuǒ

撮合 cuōhé (eine Heirat) zustandebringen *vt*; (ein Paar) zusammenbringen *vt*; vermitteln *vt*

撮弄 cuōnòng ① foppen *vt*; j-n zum Narren halten ② verleiten *vt*; aufwiegeln *vt*

蹉 cuō

蹉跎 cuōtuó Zeit vergeuden: ～岁月 Zeit vertrödeln; die Zeit ungenützt vorübergehen lassen

cuò

措 cuò ① anordnen *vt*; einrichten *vt*: 惊慌失～ vor Schreck den Kopf verlieren 不知所～ aus der Fassung geraten ② auftreiben *vt*; beschaffen: 筹～款项 Geld beschaffen

措辞 cuòcí Ausdrucksweise *f*; Formulierung *f*: ～不当 unangebrachte Ausdrucksweise ～强硬 entschieden ausgedrückt

措施 cuòshī Maßnahme *f*; Schritt *m*

措手不及 cuò shǒu bù jí völlig überraschend; unerwartet: 打他个～ auf j-n unversehens einschlagen

措置 cuòzhì behandeln *vt*; arrangieren *vt*; einrichten *vt*: ～得当 (eine Angelegenheit) korrekt handhaben

错 cuò ① Fehler *m*; Irrtum *m*; falsch; irrtümlich: 你弄～了。 Sie haben sich geirrt. 这是他的～。Das ist sein Fehler. ② sich kreuzen; ineinander verzahnt; verwickelt: 犬牙交～ ineinandergreifend; verzahnt ③ sich reiben: ～牙 (im Schlaf) mit den Zähnen knirschen ④ zeitlich staffeln: 把工作时间～开 die Arbeitszeit staffeln

错爱 cuò'ài 〈谦〉 unverdiente Freundlichkeit; zu viel Ehre

错怪 cuòguài j-n zu Unrecht beschuldigen

错过 cuòguò versäumen *vt*; verpassen *vt*: ～机会 eine Gelegenheit verpassen

错觉 cuòjué Täuschung *f*; Illusion *f*; falscher Eindruck: 造成～ einen falschen Eindruck erwecken

错乱 cuòluàn in Unordnung; durcheinander; verwirrt: 精神～ geistesgestört; irrsinnig

错落 cuòluò verstreut daliegen; unregelmäßig hingestreut: ～有致 harmonisch angeordnet

错误 cuòwù ① falsch; verkehrt; irrtümlich: ～观点 falsche Ansichten ～的结论 falsche Schlußfolgerung ② Irrtum *m*; Fehler *m*: 犯～ einen Fehler machen ～百出 voll von Fehlern

错综复杂 cuò zōng fù zá verwickelt; kompliziert

挫 cuò ① vereiteln *vt*; durchkreuzen *vt* ② unterdrücken *vt*; niederhalten *vt*; dämpfen *vt*: ～敌人的锐气 die Arroganz der Feinde dämpfen ～其锋芒 j-m die Flügel stutzen

挫败 cuòbài vereiteln *vt*; durchkreuzen *vt*; zum Scheitern bringen

挫伤 cuòshāng ① sich prellen; quetschen *vt* ② beeinträchtigen *vt*; hemmen *vt*

挫折 cuòzhé Fehlschlag *m*; Rückschlag *m*: 遭受～ einen Rückschlag erleiden

锉 cuò ① Feile *f*: ～刀 Feile *f* ② feilen *vt*; abfeilen *vt*

D d

dā

搭 dā ① aufstellen *vt*; aufschlagen *vt*; bauen *vt*; errichten *vt*: ～帐篷 ein Zelt aufschlagen ～桥 eine Brücke schlagen ② hängen *vt*; umhängen *vt*: 把衣服～在绳上 die Wäsche auf die Leine hängen ③ anknüpfen *vt*; sich berühren: 跟某人～上关系 eine Beziehung zu j-m anknüpfen ④ heben *vt*; beim Aufheben mithelfen: 把机器～上卡车! Heb bitte mal die Maschine auf den Lastkraftwagen! ⑤ per... fahren; (Zug, Schiff, Flugzeug) nehmen: ～轮船 mit dem Dampfer fahren ～他们的汽车走 in ihrem Wagen mitfahren ～下一班飞机去上海 die nächste Maschine nach Schanghai nehmen

搭伴 dābàn mitfahren *vi*; zusammen reisen

搭档 dādàng ① sich zusammentun; partnerschaftlich zusammenarbeiten ② Partner *m*: 老～ alter Arbeitspartner

搭伙 dāhuǒ ① sich zusammentun; mitmachen *vt*: 和他～做买卖 mit ihm zusammen Handel treiben ② an der Gemeinschaftsverpflegung teilnehmen

搭救 dājiù retten *vt*; zu Hilfe kommen

搭配 dāpèi zusammenstellen *vt*; kombinieren *vt*; arrangieren *vt*; zusammenpassen *vi*

搭腔 dāqiāng antworten *vt*; erwidern *vt*

搭讪 dāshàn ① ein Gespräch mit j-m suchen ② etw. sagen, um die Verlegenheit zu überspielen

答 dā 另见 dá

答理 dāli ［多用于否定句］ erwidern *vt*; antworten *vt*: 我跟他打招呼,他却没～我。 Ich habe ihn gegrüßt, aber er hat (meinen Gruß) nicht erwidert.

答应 dāying ① antworten *vt*: 我打过几次电话，但没有人～。 Ich habe schon mehrmals angerufen, aber niemand hat geantwortet. ② erlauben *vt*; zustimmen *vi*; versprechen *vt*: 我～他一起去。 Ich habe ihm erlaubt, mitzugehen.

耷 dā 〈书〉 mit großen Ohren

耷拉 dāla herabhängen *vi*; herabsinken *vi*: ～着脑袋 den Kopf hängenlassen; mit gesenktem Kopf

dá

达(達) dá ① reichen *vi*; gelangen *vi*: 铁路四通八～。Die Eisenbahnlinien führen in alle Regionen. ② erreichen *vt*; sich belaufen auf...: 粮食亩产～千斤。Der Pro-*Mu*-Getreideertrag beläuft sich auf 1000 *Jin*. 不～目的,决不罢休。Wir wollen nicht aufgeben, ehe wir das Ziel erreicht haben. ③ völlig verstehen: 通情～理 verständig und vernünftig ④ mitteilen *vt*; ausdrücken *vt*: 词不～意 sich nicht klar und deutlich ausdrücken

达成 dáchéng erzielen *vt*; erlangen *vt*; erreichen *vt*: ～协议 eine Übereinstimmung erzielen ～交易 ein Geschäft abschließen

达旦 dádàn bis Tagesanbruch; bis zum Morgen: 通宵～ die ganze Nacht hindurch

达到 dádào erreichen *vt*; anlangen *vi*: ～目的 ans Ziel kommen ～高潮 den Höhepunkt erreichen

达官贵人 dáguān guìrén hohe Beamte und vornehme Persönlichkeiten

答 dá ① antworten *vt*; entgegnen *vt*; erwidern *vt*: 有问必～ bereit sein, auf jede Frage eine Antwort zu geben ② erwidern *vt*; vergelten *vt*: ～礼 den Gruß erwidern *另见 dā

答案 dá'àn Lösung *f*; Schlüssel *m*: 问题的～ Lösung des Problems 习题～ Lösung einer Übungsaufgabe

答辩 dábiàn sich verteidigen; Verteidigung *f*: 对博士论文进行公开～ eine Dissertation öffentlich verteidigen

答复 dáfù antworten *vt*; beantworten *vt*; Antwort *f*; Antwortbotschaft *f*

答谢 dáxiè sich revanchieren; sich erkenntlich zeigen: ～宴会 Erwiderungsbankett *n*

沓 dá Stapel *m*; Stoß *m*: 一～报纸 ein Stoß Zeitungen 一～信纸 ein Briefpapierblock *另见 tà

dǎ

打 dǎ ① schlagen *vt*; j-m/etw. einen Schlag (*od* Stoß) versetzen: ～稻子 Reis dreschen ② zerschlagen *vt*; zerbrechen *vt*: 碗～了。Die Schüssel ist zerbrochen. ③ schlagen *vt*; prügeln *vt*; angreifen *vt*: ～人 j-n schlagen; j-n prügeln ～嘴巴 j-m eine Ohrfeige geben ～他个措手不及 j-m ganz überrumpeln ④ bauen *vt*; errichten *vt*: ～坝 einen Staudamm aufschütten ～墙 eine Mauer aufführen ⑤ herstellen *vt*; anfertigen *vt*; formen *vt*: ～金银首饰 Gold- und Silberschmuck schmieden ⑥ rühren *vt*; mischen *vt*: ～蛋 Eier verrühren ～浆糊 Mehlkleister anrühren ⑦ binden *vt*; zusammenbinden *vt*; packen: ～行李 die Bagage pakken; das Gepäck schnüren ⑧ flechten *vt*; stricken *vt*; wirken *vt*: ～毛衣 einen Pullover stricken ～草鞋 Strohsandalen flechten ⑨ zeichnen *vt*; kennzeichnen *vt*; entwerfen *vt*: ～记号 ein Zeichen anbringen ～手印 seine Fingerabdrücke auf eine Urkunde setzen ⑩ auftragen *vt*; aufstreichen *vt*; bespritzen *vt*; sprengen *vt*: 往果树上～药 Obstbäume (mit Schädlingsbekämpfungsmitteln) spritzen 在地板上～腊 den Fußboden wachsen ⑪ aufmachen *vt*; öffnen *vt*; graben *vt*; ausheben *vt*: ～井 einen Brunnen graben ⑫ tragen *vt*; aufheben *vt*: ～伞 einen Schirm tragen ～起精神 sich aufraffen; sich zusammenraffen ⑬ strahlen *vi*; senden *vt*; abgeben *vt*: ～信号 ein Signal geben; signalisieren *vt* ～电报 ein Telegramm aufgeben ～电话 telephonieren *vi*; fernsprechen *vi*; anrufen *vt* ⑭ ausstellen *vt*; etw. ausstellen lassen: ～介绍信 einen Einführungsbrief schreiben lassen ⑮ etw. holen gehen: 从井里～水 Wasser aus dem Brunnen schöpfen ～饭 das Essen holen ⑯ kaufen *vt*: ～油 Speiseöl kaufen ～车票 eine Fahrkarte lösen ⑰ fangen *vt*; jagen *vt*: ～鸟 Vögel schießen ～鱼 Fische fangen; Fischfang *m* ⑱ planen *vt*; veranschlagen *vt*; einkalkulieren *vt*: ～草稿 einen Entwurf anfertigen 精～细算 sorgfältig planen; alles genau berechnen ⑲ machen *vt*; verrichten *vt*; sich mit etw. beschäftigen: ～短工 als Tagelöhner arbeiten ～夜班 Nachtschicht haben ⑳ spielen *vt*: ～球 Ball spielen ～扑克 Karten spielen ㉑ [表示身体的动作]: ～手势 mit den Händen gestikulieren *vi* ～喷嚏 niesen *vi* ㉒ anführen *vt*; heranziehen *vt*: ～个比方 einen Vergleich ziehen; ein Beispiel geben ㉓ seit; von; aus: 你～哪儿来? Woher kommst du? ～那以后 seitdem; seit damals; seit dieser Zeit

打败 dǎbài ① besiegen *vt*; bezwingen *vt*; überwältigen *vt* ② besiegt werden; eine Niederlage einstecken; unterliegen *vi*

打扮 dǎban schmücken *vt*; sich herausputzen; schminken *vt*; Aufmachung *f*; Aufputz *m*

打抱不平 dǎ bào bù píng sich für die Unterdrückten einsetzen; gegen Ungerechtigkeit auftreten

打草惊蛇 dǎ cǎo jīng shé durch Unachtsamkeit den Feind warnen; unnötiges Aufsehen erregen

打岔 dǎchà j-m ins Wort fallen; j-n unterbrechen: 别～,听我说下去。Unterbrich mich nicht, laß mich ausreden!

打场 dǎcháng (auf der Tenne Getreide u.ä.) dreschen *vt*

打成一片 dǎchéng yīpiàn sich mit j-m identifizieren; mit j-m eins werden

打倒 dǎdǎo niederschlagen *vt*; stürzen *vt*

打动 dǎdòng rühren *vt*; bewegen *vt*; ergreifen *vt*: 这番话～了他的心。Diese Worte gingen ihm zu Herzen.

打赌 dǎdǔ wetten *vi*; eine Wette eingehen

打盹儿 dǎdǔnr 〈口〉 dösen *vi*; einnicken *vi*; schlummern *vi*; ein Nickerchen machen

打耳光 dǎ'ěrguāng j-m eine Ohrfeige geben; ohrfeigen *vt*

打发 dǎfa ① senden *vt*; schicken *vt*: 赶快～人去请大夫。Man muß auf der Stelle nach einem Arzt schicken. ② fortschicken *vt*; j-n kurz abfertigen: 他把孩子～走。Er hat die Kinder weggeschickt. ③ (Zeit) vertreiben *vt*

打翻 dǎfān umwerfen *vt*; umkippen *vt*; umstoßen *vt*: 一个大浪把小船～了。Eine hohe Woge ließ das Boot kentern.

打躬作揖 dǎ gōng zuō yī die Hände falten und eine tiefe Verbeugung machen

打官腔 dǎ guānqiāng wie ein Bürokrat reden; im Beamtenjargon sprechen

打官司 dǎ guānsi ① einen Fall vor Gericht bringen; verklagen *vt*; j-m den Prozeß machen ② sich zanken; streiten *vi*

打鼾 dǎhān schnarchen *vi*

打火 dǎhuǒ mit Feuersteinen Funken schlagen; Feuer schlagen: ～机 Feuerzeug *n*

打击 dǎjī ① schlagen *vt*: ～乐器 Schlaginstrumente *pl* ② angreifen *vt*; Schläge versetzen: ～歪风 Mißstände bekämpfen

打架 dǎjià raufen *vi*; sich balgen; Schlägerei *f*; Handgemenge *n*

打交道 dǎ jiāodao Umgang mit j-m haben; mit j-m/etw. zu tun haben: 我从未和他打过交道。Ich habe nie Umgang mit ihm gehabt.

打搅 dǎjiǎo stören *vt*: belästigen

vt; behelligen *vt*: ～了，请原谅！Entschuldigen Sie die Störung!

打劫 dǎjié plündern *vt*; berauben *vt*: 趁火～ aus der Not anderer Vorteile ziehen; j-s Notlage ausnutzen

打开 dǎkāi ① öffnen *vt*; aufmachen *vt*: 把门～ die Tür öffnen ～缺口 eine Bresche schlagen ② anschalten *vt*; einschalten *vt*: ～收音机 das Radio einschalten

打瞌睡 dǎ kēshuì einnicken *vi*; schlummern *vi*; dösen *vi*

打捞 dǎlāo (eine Schiffsladung usw.) bergen *vt*: ～沉船 ein gesunkenes Schiff bergen

打量 dǎliang mustern *vt*; j-n/etw. prüfend ansehen: 上下～ j-n von oben bis unten mustern

打猎 dǎliè jagen *vi*; auf die Jagd gehen

打乱 dǎluàn durcheinanderbringen *vt*; etw. in Unordnung bringen: ～部署 den Plan umwerfen

打落水狗 dǎ luòshuǐgǒu einem Geschlagenen den Rest geben

打埋伏 dǎ máifu ① sich in einen Hinterhalt legen; lauern *vi* ② etw. verschweigen; mit etwas noch zurückhalten

打破 dǎpò brechen *vt*; zerbrechen *vt*; zerschlagen *vt*: ～僵局 aus der Sackgasse herauskommen ～记录 den Rekord brechen ～砂锅问到底 einer Sache auf den Grund gehen; j-m ein Loch in den Bauch fragen

打气 dǎqì ① aufpumpen *vt*; Luft zupumpen: 给车胎～ den Reifen aufpumpen ～筒 Luftpumpe *f* ② aufpumpen *vt*; ermutigen *vt*; seinen Mut machen

打趣 dǎqù Spaß (*od* Scherz) mit j-m treiben; j-n necken; j-n auf den Arm nehmen

打扫 dǎsǎo reinigen *vt*; säubern *vt*; aufräumen *vt*: ～房间 ein Zimmer saubermachen

打手 dǎshou Totschläger *m*; gedungener Handlanger; Raufbold *m*

打算 dǎsuàn planen *vt*; beabsichtigen *vt*; vorhaben *vt*; Vorhaben *n*

打碎 dǎsuì zerbrechen *vt*; zertrümmern *vt*; zerstören *vt*: 玻璃杯～了。Das Glas ist zerbrochen

打铁 dǎtiě Eisen schmieden; als Schmied arbeiten: ～趁热 Man muß das Eisen schmieden, solange es heiß ist.

打听 dǎting sich erkundigen; nach j-m/etw fragen: 跟您～一件事。Ich hätte gern eine Auskunft über etwas.

打通 dǎtōng durchbrechen *vt*; durchstoßen *vt*: 把两个房间～ zwischen zwei Zimmern einen Durchgang schaffen ～思想 j-n zur Einsicht bringen

打退堂鼓 dǎ tuìtánggǔ zum Rückzug blasen; ein Vorhaben abblasen; einen Plan aufgeben

打消 dǎxiāo aufgeben *vt*; zerstreuen *vt*; verjagen *vt*: ～顾虑 Bedenken (*od* Befürchtungen) zerstreuen

打印 dǎyìn ① ein Siegel aufdrükken; siegeln *vt* ② eine Matritze beschreiben und vervielfältigen

打游击 dǎ yóujī einen Partisanen-, Guerillakrieg führen; als Partisan kämpfen ② <口> keinen festen Arbeitsplatz haben

打杂儿 dǎzár den Laufburschen machen; Handlangerdienste verrichten; dies und jenes erledigen

打战 dǎzhàn zittern *vi*; schlottern *vi*: 浑身～ am ganzen Körper zittern

打仗 dǎzhàng kämpfen *vi*; Krieg führen

打招呼 dǎ zhāohu ① grüßen *vt*/*vi*; begrüßen *vt* ② etw. vorher mitteilen; im voraus auf etw. aufmerksam machen

打折扣 dǎ zhékòu Rabatt geben; ermäßigen *vt*

打针 dǎzhēn eine Spritze geben; einspritzen *vt*; Einspritzung *f*

打主意 dǎ zhǔyì ① sich einen Plan ausdenken; auf eine Idee kommen: 打定主意 einen festen Entschluß fassen

打字 dǎzì tippen *vt*; maschineschreiben *vi*: ～员 Maschinenschreiber(in *f*) *m* ～机 Schreibmaschine *f*

dà

大 dà ① groß; riesig; gewaltig: 风～ stark windig; heftiger Wind ～声说话 laut sprechen 名声很～ einen großen Ruf genießen ② Größe *f*: 你穿多～的鞋？ Welche Größe haben deine Schuhe? ③ Alter *n*: 他跟我一样～。Er ist in meinem Alter. 他比他弟弟～三岁。 Er ist drei Jahre älter als sein Bruder. ④ sehr; höchst; völlig; in großem Umfang: 天已经～亮了。Es tagt bereits. ～搞技术革新 in großem Umfang technische Neuerungen fördern ⑤ der (*od* die) Erste (*od* Älteste) der Geschwister: ～哥 der älteste Bruder 老～ der (od. die) Älteste der Geschwister ⑥[跟'不'连用,表示程度浅] (nicht) sehr; (nicht) ganz (nur bei Verneinungen): 不～爱说话 wortkarg; nicht gern redend 不～出门 selten ausgehen ⑦ 〈敬〉 Ihr: ～作 Ihr geschätztes Werk 请问尊姓～名? Mit wem habe ich die Ehre? ⑧ [用在时间、时令或节日前表示强调]: ～白天 am hellichten Tag ～热天 großer Hitzetag ～年初一 der erste Tag des Frühlingsfestes *另见 dài

大白 dàbái herauskommen *vi*; an den Tag kommen: 真相～。Die ganze Wahrheit ist an den Tag gekommen

大半 dàbàn die größere Hälfte; Mehrzahl *f*; zum größten Teil; sehr wahrscheinlich; vermutlich: 他～不来了。Er kommt sehr wahrscheinlich nicht.

大本营 dàběnyíng Hauptquartier *n*; Basislager *n*

大便 dàbiàn ① seine Notdurft verrichten; Stuhl haben ② Stuhl *m*; Kot *m*; Fäkalien *pl*

大伯 dàbó ① der älteste Bruder des Vaters ② Onkel *m* (Anrede für ältere Männer)

大部 dàbù der größere Teil; größtenteils

大材小用 dà cá xiǎo yòng edles Material für unbedeutende Zwekke verwenden; großen Talenten gering geachtete Tätigkeiten zuweisen

大臣 dàchén Minister *m* (einer Monarchie); hoher kaiserlicher (bzw. königlicher) Beamter

大吃一惊 dà chī yī jīng ganz baff (*od* verblüfft, bestürzt) sein; heftig erschrecken

大处落墨 dà chù luò mò vom Wesentlichen ausgehen; seine Aufmerksamkeit auf das Wesentliche richten

大吹大擂 dà chuī dà lèi viel Lärm um etw. machen; sich lautstark rühmen; prahlen *vi*

大慈大悲 dà cí dà bēi voller Mitleid und Barmherzigkeit

大打出手 dà dǎ chū shǒu auf j-n losschlagen; es kommt zu einer wilden Schlägerei

大大 dàdà in hohem Grade; beträchtlich; enorm: 生产效率～提高。Die Produktivität hat sich enorm erhöht.

大…大… dà…dà… [用在名词、动词或形容词的前面,表示规模大,程度深]: 大吵大闹 krach schlagen; eine Szene machen 大吃大喝 in Essen und Trinken schwelgen

大大咧咧 dàdaliēliē unbedacht; unbesorgt; ungezwungen; gleichgültig

大胆 dàdǎn kühn; (wage)mutig dreist

大刀阔斧 dà dāo kuò fǔ kühn und entschlossen; drastisch

大道理 dàdàoli Hauptlehrsatz *m*; Grundprinzip *n*; wichtigster Grundsatz: 一套～ hochtönende Redensarten

大抵 dàdǐ in der Hauptsache; im großen und ganzen; allgemein genommen

大地 dàdì Erde *f*; die Mutter Erde: ～回春。Auf der Erde kehrt der Frühling wieder.

大典 dàdiǎn große Zeremonie: 开国～ Feierlichkeit zur Proklamierung der Staatsgründung

大动脉 dàdòngmài ① Aorta *f*; Hauptschlagader *f* ② Hauptverkehrsader *f*

大豆 dàdòu Sojabohne *f*

大都 dàdū (zu) meist; meistens; meistenteils; in den meisten Fällen:

大队 dàduì ① größere Truppeneinheit ② Geschwader *n*: 飞行～ Geschwader der Luftwaffe ③ Produktionsbrigade *f* (einer Volkskommune) ④ ein langer Zug; großer Trupp

大多 dàduō meist; meistens; zum größten Teil

大多数 dàduōshù große Mehrheit; Großteil *m*; größerer Teil

大发雷霆 dà fā léi tíng in Wut geraten; aufbrausen *vi*; zornig hochfahren; ein Donnerwetter loslassen

大凡 dàfán im allgemeinen; in den meisten Fällen

大方 dàfang ① freigebig; großzügig ② natürlich und ungezwungen, ungeniert: 举止～ sich natürlich und ungezwungen benehmen ③ geschmackvoll: 衣着～ sich mit Geschmack kleiden

大放厥词 dà fàng jué cí den größten Unsinn verzapfen; ohne jeden Skrupel von etw. sprechen

大粪 dàfèn menschlicher Kot;

Abtritts-; Fäkaldünger *m*; Fäkalien *pl*

大腹便便 dà fù pián pián dickbäuchig; wohlbeleibt; dickwanstig

大概 dàgài ① ungefähre Vorstellung; in großen Zügen; grobe Umrisse: 我只知道个～。Ich habe nur eine ungefähre Vorstellung ② grob; in etwa; annäherungsweise: 只有个～的印象 nur einen ungenauen Eindruck haben ③ vielleicht; möglicherweise; wahrscheinlich: 会议～要延期。Die Sitzung wird wahrscheinlich verschoben.

大纲 dàgāng Grundriß *m*; Abriß *m*; Überblick *m*

大公无私 dà gōng wú sī selbstlos; gerecht und uneigennützig

大功 dàgōng großes Verdienst: ～告成。Die große Sache ist vollendet.

大观 dàguān prächtiger Anblick; großartiges Schauspiel: 洋洋～ prachtiges Bild; imposant in seiner Mannigfaltigkeit

大规模 dàguīmó massiv; umfassend; umfangreich; in großem Maßstab: ～兴修水利 umfangreiche Wasserbauprojekte errichten ～生产 Massenproduktion *f*

大海捞针 dà hǎi lāo zhēn eine Stecknadel in einem Heuschober suchen

大好 dàhǎo sehr gut; ausgezeichnet; vortrefflich: ～时机 günstiger Moment; gute Gelegenheit

大合唱 dàhéchàng Kantate *f*; Chorus *m*; großer Chor

大亨 dàhēng gewichtige Amtsperson; Magnat *m*; einflußreiche Persönlichkeit

大话 dàhuà große Worte; Aufschneiderei *f*; hochtrabende Reden: 说～ prahlen *vi*; aufschneiden *vi*

大会 dàhuì ① Plenartagung *f*; Vollversammlung *f*; Plenarsitzung *f* ② Massenkundgebung *f*

大计 dàjì eine Angelegenheit von fundamentaler Bedeutung; ein Plan von überragender Wichtigkeit

大街 dàjiē Hauptstraße *f*: 逛～ einen Schaufensterbummel machen

大惊小怪 dà jīng xiǎo guài viel Aufhebens um Kleinigkeiten machen; viel Lärm um nichts: 有什么值得～的？Was ist denn eigentlich so erstaunlich daran!

大局 dàjú Gesamtsituation *f*; allgemeine Lage: 顾全～ die Gesamtsituation berücksichtigen; Rücksicht auf die Interessen der Allgemeinheit nehmen

大快人心 dà kuài rén xīn zur vollen Befriedigung der breiten Volksmassen

大力 dàlì tatkräftig; energisch: ～支援农业 der Landwirtschaft tatkräftige Unterstützung gewähren

大量 dàliàng ① große Anzahl; große Menge: ～财富 große Reichtümer; ein großes Vermögen ～事实 zahlreiche Fakten ② Großzügigkeit *f*; Weitherzigkeit: 宽宏～ hochherzig; tolerant; mit Großmut

大陆 dàlù Kontinent *m*; Festland *n*: ～架 Festlandsockel *m*

大略 dàlüè grob; ganz allgemein

大名 dàmíng ① offizieller Name (einer Person) ② 〈敬〉 Ihr Name ③ Ruf *m*; Ruhm *m*: ～鼎鼎 allgemein berühmt; renommiert; weit und breit bekannt

大模大样 dà mú dà yàng ostentativ; prahlerisch; wichtigtuerisch

大脑 dànǎo Gehirn *n*; Großhirn *n*; Cerebrum *n*: ～皮层 Großhirnrinde *f*

大逆不道 dà nì bù dào Hochverrat und Ketzerei; frevelhaft; lästerlich

大年 dànián ① gutes Erntejahr; einträgliches Jahr (für die Obsternte) ② das „Große Jahr“, dessen letzter Monat (nach dem chinesischen Mondkalender) dreißig Tage umfaßt

大批 dàpī große Anzahl; große Menge: ～轻工业品 große Mengen von Leichtindustriewaren

大气 dàqì ① Atmosphäre *f*; Luft *f*: ～层 Luftschicht *f* ～污染 Luftverschmutzung *f* ② schwere Atmung; schwerer Atem: 跑得直喘～ beim Laufen außer Atem sein

大权 dàquán Macht *f*; Befehlsgewalt *f*; große Befugnis: ～独揽 die entscheidenden Befugnisse nicht aus der Hand geben

大人 dàren ① Erwachsene(r) ② Euer Gnaden; Eure Exzellenz

大人物 dàrénwù große (*od* prominente) Persönlichkeit; wichtige Person; VIP *f*

大厦 dàshà Hochhaus *n*; großes Gebäude

大扫除 dàsǎochú Großreinemachen *n*

大赦 dàshè Amnestie *f*; Straferlaß *m*; Begnadigung *f*

大声疾呼 dàshēng jíhū mit laut mahnender Stimme appellieren; einen Warnruf ausstoßen

大师 dàshī ① großer Meister; Meister *m*; Maestro *m*: 书法～ großer Meister der Kalligraphie ② Großer Lehrer (höfliche Anrede für einen buddhistischen Mönch)

大师傅 dàshīfu Koch *m*; Chefkoch *m*; Küchenchef *m*

大使 dàshǐ Botschafter *m*: ～馆 Botschaft *f*

大事 dàshì ① großes Ereignis; wichtige Angelegenheit; Kernfrage *f*: ～记 Chronik wichtiger Ereignisse ② etw intensiv betreiben: ～渲染 etw. grell darstellen; etw. aufbauschen

大势 dàshì allgemeine Entwicklungstendenz; allgemeine Lage: ～所趋 allgemeiner Lauf der Dinge

大手大脚 dà shǒu dà jiǎo verschwenderisch; auf großem Fuß leben; großen Aufwand treiben

大肆 dàsì rücksichtslos; wild; willkürlich: ～攻击 willkürlich angreifen; ohne jede Rücksicht angreifen

大…特… dà…tè… [分别用在同一个词前面,表示规模大,程度深]: 大错特错 völlig verkehrt 大书特书 etw. in großer Aufmachung bringen

大提琴 dàtíqín (Violon-)Cello *n*

大体 dàtǐ ① allgemeine Grundsätze; die Interessen der Gesamtheit: 不识～ allgemeine Grundprinzipien nicht kennen ② im großen und ganzen; großenteils: 我～上同意你的看法。 Generell stimme ich dir zu.

大庭广众 dà tíng guǎng zhòng vor der Öffentlichkeit; vor aller Augen

大同小异 dà tóng xiǎo yì im großen und ganzen gleich, nur geringfügig unterschiedlich

大王 dàwáng Magnat *m*; König *m*

大显身手 dà xiǎn shēnshǒu sein ganzes Können zeigen

大显神通 dà xiǎn shéntōng seine Fähigkeiten voll unter Beweis stellen

大相径庭 dà xiāng jìng tíng 〈书〉 voneinander stark abweichen; weit auseinandergehen

大小 dàxiǎo ① groß und klein: ～水库十座 zehn Staubecken verschiedener Größe ② Größe *f*: 城市的～ die Größe einer Stadt ③ Erwachsene und Kinder; alt und jung: 全家～五口。 Die Familie besteht aus fünf Personen.

大写 dàxiě ① [用于汉语数目字] in Langform ausgeschriebene Zahlen ② [用于拉丁字母] Großschreibung *f*

大修 dàxiū Generalreparatur *f*; Generalüberholung *f*

大选 dàxuǎn allgemeine Wahl

大学 dàxué Universität *f*; Hochschule *f*: ～生 Student *m*

大言不惭 dà yán bù cán schamlos herumprahlen; den Mund reichlich vollnehmen; großsprecherisch

大业 dàyè große Tat; großes Unternehmen

大衣 dàyī Mantel *m*

大义 dàyì gerechte Sache; Gerechtigkeit *f*: 深明～ ein tiefes Verständnis für die gerechte Sache haben ～凛然 von strenger Gerechtigkeit

大意 dàyì Hauptinhalt *m*; Hauptpunkt *m*: 文章～ Hauptpunkt eines Aufsatzes

大意 dàyi fahrlässig; nachlässig; unaufmerksam; unvorsichtig: 他太～了。Er ist zu nachlässig.

大有作为 dà yǒu zuò wéi seine schöpferischen Kräfte voll entfalten können

大雨 dàyǔ starker Regen: ～如注 Es gießt in Strömen.

大约 dàyuē ① ungefähr; etwa; annähernd: ～一小时的路程。 Es ist ungefähr eine Stunde Weg. ② wahrscheinlich: 他～是到车间去了。Wahrscheinlich ist er in die Werkhalle gegangen.

大志 dàzhì großes Ziel; hohes Streben

大智若愚 dà zhì ruò yú ein Weiser sieht oft wie ein Tölpel aus

大众 dàzhòng Massen *pl*; Volk *n*; Publikum *n*: 人民～ Volksmassen *pl* ～读物 Massenlektüre *f*; Massenpublikation *f* ～化 populär; volkstümlich; popularisieren

dāi

呆(獃①②) dāi ① dumm; blöd(e); idiotisch; närrisch: ～头～脑 Dummkopf *m*; stumpfsinnig ② ausdruckslos; starr; verblüfft: 吓得发～ vor

Schrecken erstarren ～若木鸡 (vor Schreck, Erstaunen) wie angewurzelt dastehen ③ bleiben *vi*: ～在家中 zu Hause bleiben *另见 ái

呆滞 dāizhì ① steif; starr; unbeweglich: 两眼～无神 mit apathischem Blick stieren ② stokken *vi*; untätig: 避免资金～ Kapitalstockungen vermeiden

呆子 dāizi Idiot *m*; Dummkopf *m*

待 dāi 〈口〉 sich aufhalten; bleiben *vi*; verweilen *vi*: 他在广州～了三天。Er weilte drei Tage in Guangzhou. *另见 dài

dǎi

歹 dǎi schlecht; übel; böse; Übel *n*: 为非作～ sein Unwesen treiben; nur Übles tun

歹徒 dǎitú böser Kerl; Schurke *m*; Übeltäter *m*

逮 dǎi fangen *vt*; festnehmen *vt*: 猫～老鼠。Katzen fangen Mäuse. *另见 dài

dài

戴 dài ① tragen *vt*; aufsetzen *vt*; anziehen *vt*: ～眼镜 Brille tragen ～上帽子 eine Mütze aufsetzen ② verehren *vt*; lieben *vt*: 爱～ lieben und ehren

戴罪立功 dàizuì lìgōng seine Verbrechen (durch gute Taten) wiedergutmachen

带(帶) dài ① Band *n*; Gürtel *m*; Streifen *m*: 皮～ Lederriemen *m* 丝～ Seidenstreifen *m* 录音～ Tonband *n* 鞋～ Schuhriemen *m*; Schnürsenkel *m* ② Reifen *m*: 自行车～ Fahrradreifen *m* ③Zone *f*; Gürtel *m*; Gebiet *n*: 热～ tropische Zone 绿化地～ Grünstreifen *m* ③ mitnehnen *vt*; mitbringen *vt*: 我可以～多少行李？Wieviel Gepäck darf ich mitnehmen? 我身上没～着钱。Ich habe kein Geld bei mir ④ etw. nebenbei für j-n tun: 上街时给～点茶叶来。Wenn Sie einkaufen gehen, besorgen Sie mir etwas Tee. 请把门～上。Machen Sie die Tür zu. ⑤ enthalten *vt*: ～有时代的特点 die Merkmale der Zeit in sich tragen 面～笑容 mit einem Lächeln ⑥ mit; und: ～家俱的房间 möbliertes Zimmer ⑥ j-m etw. beibringen; ausbilden *vt*: ～徒弟 Lehrlinge ausbilden ⑦ führen *vt*; leiten *vt*: ～队 eine Gruppe von Menschen anführen ～兵 Truppen führen ⑧ großziehen *vt*; aufziehen *vt*: 在家～孩子 zu Hause die Kinder hüten 他是他姑母～大的。Er wurde von seiner Tante aufgezogen.

带劲 dàijìn ① mit Elan; energisch; kraftvoll: 他干起活来可～了。Er arbeitet voll Energie. ② interessant; wunderbar; phantastisch: 这场比赛真～。Dies ist ein ausgezeichneter Wettkampf.

带领 dàilǐng führen *vt*; leiten *vt*

带路 dàilù j-n einen Weg führen; den Weg weisen

带头 dàitóu sich selbst als Beispiel anführen; als erster; die Initiative ergreifen: 起～作用 die Rolle eines Vorbildes spielen

带孝 dàixiào in Trauer(kleidung); Trauer tragen

带子 dàizi Band *n*; Gürtel *m*; Streifen *m*

大 dài *另见 dà

大夫 dàifu Arzt *m*; Doktor *m*

代 dài ① an j-s Stelle treten; ersetzen *vt*: ～人受过 für andere büßen müssen 请～我向他问候。Bitte, bestellen Sie ihm einen Gruß von mir! ② amtierend: ～部长 amtierender Minister ③ geschichtliche Periode; Zeitalter *n*: 古～ alte Zeiten 当～ Gegenwart *f* ④ Generation *f*: ～～相传 von Generation zu Generation überliefert werden

代办 dàibàn ① für j-n etwas machen; vertreten *vt*: 这件事请你～吧！Könnten Sie bitte das für mich tun? ② Geschäftsträger *m*; Chargé d'affaires *m*: 临时～ Geschäftsträger ad interim (a.i.)

代表 dàibiǎo ① Vertreter *m*; Delegierte(r); Abgeordnete(r) ② verkörpern *vt*; etw./j-n symbolisch darstellen *vt*: ～时代精神 den Zeitgeist versinnbildlichen ～人物 Repräsentant *m*; typischer Vertreter ③ in j-s Namen; im Auftrag von j-m; für j-n: ～我国政府表示衷心感谢 den herzlichen Dank seitens unserer Regierung aussprechen

代表大会 dàibiǎo dàhuì Kongreß *m*

代表团 dàibiǎotuán Delegation *f*

代词 dàicí Pronomen *n*; Fürwort *n*

代号 dàihào Tarnbezeichnung *f*; Kennziffer *f*

代价 dàijià Preis *m*; Kosten *pl*: 不惜一切～ keine Kosten scheuen; um jeden Preis

代劳 dàiláo j-m eine Arbeit abnehmen; einspringen *vi*: 这事请你～一下。Könnten Sie diese Sache tun für mich.

代理 dàilǐ die Vertretung übernehmen; vertreten *vt*; amtieren *vi*; stellvertrend: ～厂长 amtierender Betriebsleiter ～处 Agentur *f*; Vertretung *f*

代替 dàitì ersetzen *vt*; an die Stelle treten; als Ersatz dienen

代售 dàishòu im Auftrag verkaufen

代销 dàixiāo im Auftrag verkaufen; etw. in Kommission absetzen: ～店 Verkaufsstelle für Kommissionswaren ～商 Kommissionär *m*

代言人 dàiyánrén Wortführer *m*; Sprecher *m*; Fürsprecher *m*

袋 dài ① Tasche *f*; Beutel *m*; Sack *m*; Tüte *f*: 旅行～ Reisetasche *f* 邮～ Postsack *m* 工具～ Werkzeugtasche *f* ② 〈量〉一～面粉 ein Sack Mehl

袋装 dàizhuāng in Papier oder Plastikhüllen verpackt: ～奶粉 Milchpulver in Plastikverpackung

贷 dài ① Kredit *m*; Anleihe *f*; Darlehen *n*: 农～ Agrarkredit *m* ② einen Kredit geben bzw. aufnehmen: 向银行～款 bei der Bank einen Kredit aufnehmen ③ abschieben *vt*; abwälzen *vt*: 责无旁～ unaufschiebbare Pflicht; pflichtgebunden ④ verzeihen *vt*: 严惩不～ ohne jede Nachsicht bestrafen

贷方 dàifāng Haben-, Einnahmeseite *f*; Kredit *m*

贷款 dàikuǎn ① kreditieren *vi*; Kredit gewähren ② Kredit *m*: 定期～ befristeter Kredit 无息～ zinsfreier Kredit

待 dài ① behandeln *vt*; mit j-m umgehen: ～朋友真诚 mit Freunden ehrlich umgehen ～人接物 der Umgang mit anderen 虐～ j-n mißhandeln ② warten *vi*; erwarten *vt*: 请稍～片刻! Bitte, warten Sie einen Moment! ～机 auf eine Gelegenheit warten ③ vorhaben *vt*; im Begriff sein, etw. zu tun: 我正～出门,有人来了。Kaum hatte ich das Haus verlassen, kam Besuch. *另见 dāi

待续 dàixù Fortsetzung folgt

待遇 dàiyù ① Behandlung *f*: 最惠国～ Meistbegünstigung *f* ② Gehalt *n*; Belohnung *f*; Vergütung

怠 dài träge; nachlässig; bumm(e)lig

怠惰 dàiduò träge; faul; lässig

怠工 dàigōng Bummelstreik *m*; absichtlich langsam arbeiten

怠慢 dàimàn ① j-n kühl behandeln; unzureichend bewirten: 不要～了客人。Gäste soll man nicht vernachlässigen. ②〈套〉[表示招待不周]: ～了! Ich befürchte, daß ich ein schlechter Gastgeber war.

殆 dài 〈书〉① Gefahr *f*: 危～ in großer Gefahr ② beinahe; fast: 敌人伤亡～尽。Der Feind wurde so gut wie völlig vernichtet.

逮 dài 〈书〉 reichen *vi*; (einen gewissen Grad) erreichen *vt*: 力有未～ die Kräfte übersteigen (*od* überfordern) *另见 dǎi

逮捕 dàibǔ verhaften *vt*; festnehmen *vt*: ～证 Haftbefehl *m*

dān

单(單) dān ①(一个) ein; einzeln; einzig: ～人床 Einzelbett *n* ～行道 Einbahnstraße *f* ～裤 ungefutterte Hose ② ungerade: ～数 ungerade Zahl ～日 ungerade Tage ③ separat; allein: ～人独马 ganz allein auf sich gestellt ③ 这几件行李要～放。Bitte legen Sie diese Gepäckstükke gesondert hin! ④ nur; bloß: ～凭热情是不够的。Eifer allein genügt nicht. ⑤ Liste *f*; Karte *f*: 菜～ Menü *n*; Speisekarte *f* 名～ Namensliste *f* ⑥ Tuch *n*: 床～ Bettuch *n*

单薄 dānbó ① dünn: 穿得～ zu leicht gekleidet ② schwächlich: 身体～ die Schwäche des Körpers ③ schwach; nicht überzeugend begründet: 论据～ wenig überzeugendes Argument

单程 dānchéng einfache Fahrt; einfach: ～车票 eine einfache Fahrkarte

单纯 dānchún ① einfach: 事情并不是那末～。Die Sache ist gar nicht so einfach. ② rein; nur; allein: ～技术观点 ein rein technischer Gesichtspunkt

单词 dāncí einzelnes Wort; Vokabel *f*

单打 dāndǎ Einzelspiel *n*: 男子～

Herreneinzel *n* 女子～ Dameneinzel *n*
单刀直入 dān dāo zhí rù ohne Umschweife; freiheraus; geradezu
单调 dāndiào eintönig; einförmig; monoton: 声音～ monotone Stimme 色彩～ eintönige Farbe
单独 dāndú allein; einzeln: 他～住一间房。Er hat ein Zimmer für sich. 我要～和他谈一谈。 Ich möchte gern mit ihm unter vier Augen sprechen.
单干 dāngàn etw. allein machen; Einzelwirtschaft betreiben; Einzelgänger sein: ～户 Einzelbauer *m*
单据 dānjù Urkunde *f*; Quittung *f*; Beleg *m*; Dokumente *pl*
单枪匹马 dān qiāng pǐ mǎ etw. ganz allein tun; ohne fremde Hilfe handeln
单身 dānshēn ① ledig; unverheiratet: ～汉 Junggeselle *m*; Alleinstehende(r) ～宿舍 Ledigenheim *n*; Heim für Alleinstehende ② allein; alleinstehend
单位 dānwèi ① (Maß-)Einheit *f*: 长度～ Längeneinheit *f* ② (Organisations-)Einheit *f*: 行政～ administrative Einheit 基层～ Grund-, Basiseinheit *f* 您在哪个～工作？In welcher Einheit arbeiten Sie?
单相思 dānxiāngsī unerwiderte Liebe; einseitige Zuneigung
单行本 dānxíngběn Einzelausgabe *f*; Sonderausgabe *f*
单衣 dānyī ungefüttertes Kleidungsstück
单元 dānyuán Einheit *f*: 三号楼丙～五号 Gebäude 3, Eingang C, Nr. 5
单子 dānzi ① Liste *f*; Schein *m*; Formular *n*: 开个～ eine Liste aufstellen ② Bettuch *n*
单字 dānzì ① einzelnes Schriftzeichen ② einzelnes Wort; Vokabel *f*

殚(殫)

dān 〈书〉 aufbrauchen *vt*; ausschöpfen *vt*: ～思极虑 sich den Kopf zerbrechen

耽

dān

耽搁 dānge ① verweilen *vi*; sich aufhalten: 去北京途中在上海～一下 auf der Reise nach Beijing Station in Shanghai machen ② hinausschieben *vt*; verzögern *vt*: 毫不～ ohne Verzögerung; unverzüglich
耽误 dānwù versäumen *vt*; verzögern *vt*; aufhalten *vt*: ～功夫 Zeit vergeuden

担(擔)

dān ① Lasten mit einer Schulterstange tragen: ～水 zwei Eimer Wasser an einer Schulterstange tragen ② übernehmen *vt*; etw. auf sich nehmen: 把任务～起来 die Aufgabe übernehmen 不怕～风险 kein Risiko scheuen *另见 dàn
担保 dānbǎo für etw./ j-n bürgen; für etw. / j-n haften; sich verbürgen; garantieren *vt/vi*: 出口信贷～ Exportkreditgarantie *f* ～人 Bürge *m*; Gewährsmann *m*
担当 dāndāng etw. auf sich nehmen; tragen *vt*: ～重任 eine wichtige Verpflichtung übernehmen
担负 dānfù tragen *vt*; etw. auf sich nehmen: ～责任 die Verantwortung auf sich nehmen ～费用 die Kosten tragen
担架 dānjià Bahre *f*; Tragbahre *f*
担惊受怕 dānjīng shòupà in tausend Ängsten schweben; in Angst versetzt werden; in Sorge sein
担任 dānrèn auf sich nehmen; als... fungieren; als... tätig sein: ～会议主席 den Vorsitz in einer Versammlung führen ～领导职务 eine führende Funktion bekleiden
担心 dānxīn sich um j-n/etw. sorgen; sich Sorgen um j-n/etw. machen: ～她的健康 sich um ihre Gesundheit sorgen
担忧 dānyōu besorgt sein; Kummer haben

丹

dān rot

丹青 dānqīng 〈书〉 Malerei *f*: ～妙笔 hervorragendes zeichnerisches Geschick
丹田 dāntián Unterleibsgegend *f*: ～之气 tief vom Zwerchfell angesetzter Atemzug
丹心 dānxīn treues Herz; Treue *f*; treue Ergebenheit

dǎn

掸(撣)

dǎn (mit einem Staubbesen u.ä.) etw. leicht abstauben: ～掉身上的雪 Schneeflocken von den Kleidern abklopfen
掸子 dǎnzi Staubwedel *m*: 鸡毛～ Federstaubwedel *m*

胆(膽)

dǎn ① Gallenblase *f* ② Mut *m*; Kühnheit *f*; Tapferkeit *f*: ～大心细 kühn und umsichtig ③ Einsatzgefäß *n*: 热水瓶～ Thermosfla-

scheneinsatz *m*
胆大 dǎndà kühn; tapfer: ～包天 waghalsig; halsbrecherisch ～妄为 skrupellos Unfug treiben; rücksichtlos sein Unwesen treiben
胆敢 dǎngǎn wagen *vt*; sich erdreisten
胆寒 dǎnhán von großer Angst ergriffen sein; sich zu Tode ängstigen
胆量 dǎnliàng Mut *m*; Courage *f*: 很有～ viel Mut haben
胆略 dǎnlüè Kühnheit und strategische Weisheit: ～过人 ungewöhnlichen Mut besitzen und strategisch denken
胆怯 dǎnqiè feige; zaghaft; ängstlich; furchtsam
胆小 dǎnxiǎo ängstlich; feige; mutlos: ～鬼 Feigling *m*; Angsthase ～如鼠 sehr feige; sehr ängstlich; furchtsam wie ein Mäuschen
胆战心惊 dǎn zhàn xīn jīng vor Angst zittern und beben; von panischer Angst erfüllt
胆子 dǎnzi Mut *m*; Kühnheit *f*: 好大的～! Was erlaubst du dir eigentlich.

dàn

惮(憚) dàn 〈书〉 scheuen *vt*; fürchten *vt*: 不～辛劳 keine Mühe scheuen
弹(彈) dàn ① Kugel *f*; Kügelchen *n* ② Geschoß *n*; Bombe *f*: ～坑 Granattrichter ～头 Sprengkopf *m*
弹道 dàndào Geschoß-, Schußbahn *f*: ～导弹 ballistisches Geschoß ～火箭 ballistische Rakete
弹药 dànyào Munition *f*: ～库 Munitionsdepot *n*
弹子 dànzi ① Schleuderkugel *f* ② Billard *n*: ～房 Billardraum *m*
淡 dàn ① dünn; wässerig: ～酒 leichter Wein ② schal; fade: ～而无味 schal; ohne Geschmack; geistlos 这道菜太～ Dieses Gericht ist zu wenig gesalzen ③ blaß; hell: ～黄 hellgelb ～绿 mattgrün ④ kühl; teilnahmsolos; gleichgültig; indifferent: 态度冷～ die kalte Schulter zeigen; sich kühl verhalten ⑤ matt; flau: 生意清～。 Die Geschäfte gehen flau.
淡泊 dànbó nicht nach Ruhm und Ehre streben
淡薄 dànbó ① dünn: 朝雾渐渐地～了。Nach und nach hat sich der Morgennebel gelichtet. ② gleichgültig werden; nachlassen *vi*: 他对象棋的兴趣～了。 Sein Interesse für chinesisches Schach hat nachgelassen. ③ verschwommen; schwach; getrübt: 时间隔得太久，印象也就～了。Nach so langer Zeit verwischen sich die Eindrücke.
淡季 dànjì Zeit der geschäftlichen Flaute; Sauregurkenzeit *f*
淡漠 dànmò ① gleichgültig; indifferent ② verschwommen; blaß: 这件事在我记忆中已～了。Das ist in meiner Erinnerung schon ziemlich verschwommen.
淡水 dànshuǐ Süßwasser *n*
淡忘 dànwàng allmählich vergessen
淡雅 dànyǎ schlicht und geschmackvoll; fein
氮 dàn Stickstoff *m* (N); Nitrogen *n*; Nitrogenium *n*
氮肥 dànféi Stickstoffdünger *m*
诞 dàn ① gebären *vt* ② Geburtstag *m* ③ absurd; paradox: 荒～ absurd; widersinnig
诞辰 dànchén Geburtstag *m*
诞生 dànshēng geboren werden; zur Welt kommen
旦 dàn ① 〈书〉 Tagesanbruch *m*; Morgen *m*; Tag *m*: 元～ Neujahrstag 通宵达～ die ganze Nacht hindurch ② weibliche Rolle (in traditionellen chinesischen Opern)
旦夕 dànxī 〈书〉 diesen Morgen oder Abend; in Kürze: 危在～ in Sterben liegen
担(擔) dàn ① Traglast *f*; Tragbürde *f*: 货郎～ Tragladen eines Hausierers ② 〈量〉[用于成担的东西] eine Traglast voll: 三～水 drei Traglasten Wasser *另见 dān
但 dàn ① 〈连〉 aber; doch; dennoch ② 〈副〉 nur; bloß; allein
但是 dànshì 〈连〉 aber; indessen; jedoch
但书 dànshū Klausel *f*; Einschränkung *f*
但愿 dànyuàn hoffentlich; wenn nur: ～天气好。Hoffentlich wird das Wetter schön. ～如此 ich wünsche, es ist so
蛋 dàn ① Ei *n* ② kugelförmiger Gegenstand
蛋白 dànbái ① Eiweiß *n*; Albumen *n* ② Protein *n*

蛋白质 dànbáizhì Protein *n*; Eiweiß *n*
蛋糕 dàngāo (mit Eiern hergestellter) Kuchen *m*: 圆形大～ Torte *f*
蛋黄 dànhuáng Eidotter *m/n*; Eigelb *n*

dāng

当(當) dāng ① als… fungieren; als… tätig sein: ～教员 als Lehrer tätig sein ② etw. zu tun und zu verantworten wagen: 敢做敢～ etw. auf sich nehmen; tragen *vt* ③ verwalten *vt*; (Aufsicht) führen *vt*: ～家 den Haushalt führen ④ gleich; ebenbürtig: 实力相～ von gleicher Stärke ⑤ j-m gegenüber; angesichts: ～着大家的面把意见说出来 in Gegenwart aller seine Meinung aussprechen ⑥ gerade als; gerade dort; gerade dabei; während: ～今 heutzutage ～时 damals ～场 an Ort und Stelle *另见 dàng
当兵 dāngbīng als Soldat dienen; Soldat sein
当场 dāngchǎng an Ort und Stelle; auf der Stelle; hier und jetzt: ～抓住 j-n auf frischer Tat ertappen
当初 dāngchū ursprünglich; seinerzeit; früher; damals; einst: 我～怎么对你讲的? Was habe ich dir eigentlich gesagt? ～你就不该这么做。 Du hättest eigentlich nicht so handeln sollen.
当代 dāngdài unsere Zeit; die gegenwärtige Epoche; Gegenwart *f*; gegenwärtig; zeitgenössisch; heute
当道 dāngdào ① mitten auf einem Weg; im Weg: 别在～站着! Steh nicht im Weg! ② am Ruder sein; das Zepter schwingen
当地 dāngdì an dem in Frage kommenden Platz; am Ort; lokal; örtlich: ～时间 Ortszeit *f*
当机立断 dāng jī lì duàn rechtzeitig eine Entscheidung treffen; im richtigen Moment einen Entschluß fassen
当即 dāngjí sofort; sogleich; gleich
当家 dāngjiā bewirtschaften *vt*; den Haushalt führen: ～作主 der Herr im Hause sein; seine Angelegenheiten in die eigenen Hände nehmen
当今 dāngjīn gegenwärtig; jetzt; heutzutage: ～之世 in der heutigen Welt; in der gegenwärtigen Zeit
当局 dāngjú Behörde *f*; Obrigkeit *f*; Führungsgremium *n*: 政府～ Regierungsbehörde *f*
当空 dāngkōng hoch am Himmel: 皓月～。Der Mond scheint hell am Himmel.
当面 dāngmiàn vor j-m; j-m gegenüber; in j-s Gegenwart: ～撒谎 offen und unverschämt lügen
当年 dāngnián ① seinerzeit; in jenen Jahren ② im besten Alter: 他正～。Er steht in der Blüte seiner Jahre.
当前 dāngqián ① angesichts; gegenüber; vor: 大敌～。Ein mächtiger Feind steht uns gegenüber. ② augenblicklich; im Augenblick; gegenwärtig: ～的中心任务 die gegenwärtige Hauptaufgabe
当权 dāngquán an der Macht sein
当然 dāngrán ① natürlich; freilich; selbstverständlich: 这是理所～的 Das ist doch selbstverständlich! ② zweifelsohne; bestimmt; sicherlich: 他～会同意。Bestimmt ist er damit einverstanden. ～是他对。Freilich hat er recht!
当时 dāngshí damals; seinerzeit; zu jener Zeit
当事人 dàngshìrén ① Prozessierende(r); Prozeßpartei *f* ② beteiligte Person; Beteiligte(r) *m*
当头 dāngtóu ① direkt auf den Kopf; direkt von oben: ～一棒 ein Schlag direkt auf den Kopf ② unmittelbar bevorstehen: 国难～。 Für die Nation ist Gefahr im Verzug.
当务之急 dāng wù zhī jí eine aktuelle, dringlichte Angelegenheit; die dringendste Aufgabe der Gegenwart
当心 dāngxīn achtgeben *vi*; vorsichtig sein: ～! 汽车来了。Achtung! Ein Wagen kommt. ～,路上结冰了! Vorsicht, Glatteis!
当选 dāngxuǎn eine Wahl gewinnen; gewählt werden
当政 dāngzhèng an der Macht sein; Macht in der Hand haben; regieren *vt*
当之无愧 dāng zhī wúkuì sich einer Sache würdig erweisen; eine Ehrenbezeichnung verdient haben
当中 dāngzhōng ① in der Mitte; im Zentrum: 坐在～ in der Mitte sitzen ② unter; inmitten; in; zwischen: 在我们～ unter uns 三天～ in drei Tagen

当众 dāngzhòng vor aller Öffentlichkeit

裆(襠) dāng ① Schritt (der Hose) *m* ② Stelle zwischen den beiden Oberschenkeln

铛(鐺) dāng 〈象〉 klirren *vi*; rasseln *vi* *另见 chēng

dǎng

挡(擋) dǎng ① versperren *vt*; abwehren *vt*; verhindern *vt*; abhalten *vt*: ～雨 gegen Regen schützen ～路 j-m im Weg stehen ② verbergen *vt*; abhalten *vt*: ～太阳 die Sonne verdecken ③ Gang *m*: 倒车～ Rückwärtsgang *m* 开四～ in den vierten Gang schalten

挡架 dǎngjià 〈婉〉 den Besuch ablehnen; höflich ablehnen, Gäste zu empfangen

挡箭牌 dǎngjiànpái ① Schild *n* ② Ausrede *f*; Ausflucht *f*; Vorwand *m*

党(黨) dǎng ① politische Partei: 入～ in eine Partei eintreten ② Fraktion *f*; Clique *f*; Klüngel *m*: 死～ aufeinander abverschworene Clique

党报 dǎngbào Parteiorgan *n*; Parteizeitung *f*

党纲 dǎnggāng Parteiprogramm *n*

党籍 dǎngjí Parteizugehörigkeit *f*; Parteimitgliedschaft *f*: 开除～ j-n aus der Partei ausschließen

党纪 dǎngjì Parteidisziplin *f*

党派 dǎngpài politische Parteien und Gruppen; Parteigruppierungen *pl*

党徒 dǎngtú ① Parteianhänger *m*; Parteigänger *m*; politischer Anhänger ② Gefolgsmann *m*; Anhänger *m*; Spießgeselle *m*

党委 dǎngwěi Parteikomitee *n*

党性 dǎngxìng Parteigesinnung *f*; Parteigeist *m*; Parteiethos *n*

党羽 dǎngyǔ Anhängerschaft *f*; Anhänger *pl*; Spießgesellen *pl*

党员 dǎngyuán Parteimitglied *n*

党章 dǎngzhāng Parteistatut *n*

党支部 dǎngzhībù Parteizelle *f*: ～书记 Parteizellensekretär *m*

dàng

当(當) dàng ① j-n/etw. für ... halten; j-n/etw. als... betrachten: 他把她～作自己的女儿。Er betrachtet sie als seine Tochter. ② gleichkommen *vi*: 他一个人能～两个人用。 Er arbeitet für zwei. ③ denken *vt*; annehmen *vt*; meinen *vt*: 我～你不知道。Ich dachte, du wüßtest das nicht. ④ verpfänden *vt*: ～衣服 seine Kleider verpfänden ⑤ passend; treffend; angemessen; angebracht: 用词不～。Der Ausdruck ist fehl am Platz.

当年 dàngnián dasselbe Jahr; im gleichen Jahr

当铺 dàngpù Pfand-, Leihhaus *n*; Pfandanstalt *f*

当日 dàngrì derselbe Tag; nur dieser Tag: ～有效 nur für den angegebenen Tag gültig

当时 dàngshí gerade in diesem (bzw. jenem) Augenblick; noch in demselben Moment; sogleich; sofort: 他接到通知，～就赶来了。Als er die Mitteilung bekam, eilte er sogleich herbei.

当天 dàngtiān am gleichen Tag; der gleiche Tag

当真 dàngzhēn ① etw. für wahr halten; ernst nehmen: 开个玩笑，不必～。Es war doch nur ein Scherz. Nimm's nicht so ernst! ② tatsächlich; wirklich; wahrhaftig; im Ernst: 这话～? Ist das Ihr Ernst?

宕 dàng 〈书〉 verzögern *vt*: 延～ verschieben *vt*; hinauszögern *vt*

荡(蕩) dàng ① hin und her schwingen; schaukeln *vi*: ～桨 rudern *vi* ～秋千 auf der Schaukel hin und her schwingen ② herumlaufen *vi*: 游～ sich umhertreiben ③ abspülen *vt*; hinwegspülen *vt*: ～涤 hinwegspülen *vt*; wegwaschen *vt* ③ etw. restlos abschaffen; beseitigen *vt*: 扫～ hinwegfegen *vt* ④ unmoralisch und ausschweifend: 放～ ausschweifend; amoralisch; zügellos 淫～ lüstern; geil; unzüchtig ⑤ seichter See: 芦苇～ mit Schilf bewachsener See

荡然无存 dàng rán wú cún 〈书〉 alles ist zerstört; dem Erdboden gleichgemacht sein

荡漾 dàngyàng sich kräuseln; wogen *vi*; schwingen *vi*

档(檔) dàng ① Aktenschrank *m*; Aktenständer *m*; Aktenregal *n*: 把文件归～ Dokumente ablegen ② Archiv *n*: 查～ Akten einsehen ③

Steg *m*: 横～· Querstück *n* ④ Güteklasse *f*; Gütegrad *m*: 高～商品 hochwertige Güter
档案 dàng'àn Akte *f*; Aktenheft *n*; Archiv *n* ～馆 Archiv *n* ～管理员 Archivar *m*

dāo

刀 dāo ① Messer *n* ② messerförmiges Gerät: 冰～ Schlittschuhkufen *pl*
刀叉 dāochā Messer und Gabel
刀口 dāokǒu ① (Messer-)Schneide *f* ② beste Seite; richtige Stelle ③ Schnittwunde *f*; operativer (Ein-)Schnitt
刀片 dāopiàn Rasierklinge *f*
刀枪 dāoqiāng Schwert und Speer; Waffen *pl*

叨 dāo
叨唠 dāolao fortwährend reden; schwatzen *vi*; plappern *vi*

dǎo

祷(禱) dǎo beten *vi*
祷告 dǎogào beten *vi*; ein Gebet sprechen

蹈 dǎo ①〈书〉 betreten *vt*; schreiten *vi*; stampfen *vi*: 赴汤～火 für j-n/etw. durchs Feuer gehen 循规～矩 alten Verhaltensmustern folgen ② springen *vi*; hüpfen *vi*: 舞～ tanzen *vi*

倒 dǎo ① fallen *vi*; stürzen *vi*; umkippen *vi*: 摔～ hinfallen *vi*; hinstürzen *vi* 花瓶～了。 Die Vase ist umgekippt. 大风把树刮～了。Der Sturm hat den Baum umgeweht. ② j-n/etw. zu Fall bringen; umstoßen *vt*: ～台 gestürzt werden; abgesetzt werden 真理是驳不～的。 Die Wahrheit ist unumstößlich. ③ ruiniert; zugrunde gerichtet ④ wechseln *vt*; tauschen *vt*: ～肩 die Last von einer Schulter auf die andere wechseln ～车 den Zug (bzw. Bus) umsteigen *vi* *另见 dào
倒班 dǎobān die Arbeitsschicht wechseln; die Schicht ablösen; in Schichten arbeiten
倒闭 dǎobì ruiniert werden; Bankrott machen; pleite gehen
倒戈 dǎogē ins feindliche Lager übergehen; zum Feind überlaufen
倒霉 dǎoméi Mißgeschick *n*; Pech haben: 真～! So ein Pech!
倒塌 dǎotā einstürzen *vt*; zusammenbrechen *vi*; zusammenfallen *vi*

岛(島) dǎo Insel *f*: ～国 Inselstaat *m* ～屿 Inseln *pl*

捣 dǎo mörsern *vt*; etw. in einem Mörser zerreiben
捣蛋 dǎodàn stören *vt*; stänkern *vi*; Unfug treiben; Unruhe stiften
捣鬼 dǎoguǐ heimtückisch Böses tun; Schabernack treiben
捣毁 dǎohuǐ zerstören *vt*; demolieren *vt*; zerschlagen *vt*
捣乱 dǎoluàn belästigen *vt*; Unruhe stiften: 叔叔忙着呢,你别～。 Der Onkel ist sehr beschäftigt, stör ihn nicht. ～分子 Unruhestifter *m*
捣碎 dǎosuì zermalmen *vt*: zerstampfen *vt*; zerschmettern *vt*

导(導) dǎo ① führen *vt*; lenken *vt*; leiten *vt* ② weiterführen *vt*; leiten *vt*: ～电 Elektrizität leiten
导弹 dǎodàn gesteuerte Rakete; Lenkrakete *f*
导航 dǎoháng Navigation *f*
导火线 dǎohuǒxiàn ① Zündschnur *f* ② ein Zwischenfall, der unmittelbar zu einem anderen Vorfall führt: 战争的～ einen Krieg auslösender Vorfall
导师 dǎoshī ① Lehrer *m* ② wissenschaftlicher Betreuer: 博士论文～ Doktorvater *m*
导体 dǎotǐ Leiter *m*; Leitungsstück *n*: 非～ Nichtleiter *m* 超～ Superleiter *m*
导言 dǎoyán Einleitung *f*
导演 dǎoyǎn ① Regie *f*; Regie führen; inszenieren *vt* ② Regisseur *m*
导游 dǎoyóu ① Führer *m*; Reisebegleiter *m* ② Reisehandbuch *n*; Reiseführer *m*: ～图 Reise-, Touristikkarte *f*
导致 dǎozhì zu etw. führen *vi*; herbeiführen *vi*; bewirken *vt*; hervorrufen *vt*: 这样的要求只会～矛盾。 Solche Forderungen rufen nur Widerspruch hervor.

dào

盗 dào ① stehlen *vt*; entwenden *vt*; rauben *vt* ② Dieb *m*; Räuber *m*
盗匪 dàofěi Banditen *pl*; Räuber *pl*

盗汗 dàohàn Nachtschweiß *m*
盗卖 dàomài öffentliches Eigentum entwenden und verkaufen
盗窃 dàoqiè stehlen *vt*; einen Diebstahl begehen: ～犯 Dieb *m*; Täter bei einem schweren Diebstahl
盗用 dàoyòng entwenden *vt*; veruntreuen *vt*: ～公款 öffentliche Gelder veruntreuen
盗贼 dàozéi Räuber und Diebe; Banditen *pl*; Wegelagerer *pl*

悼 dào um j-n trauern; betrauern *vt*; j-m nachtrauern: 哀～死者 um einen Verstorbenen trauern
悼词 dàocí Traueransprache *f*; Trauerrede *f*: 致～ eine Traueransprache halten
悼念 dàoniàn um j-n trauern; betrauern *vt*; j-s in Trauer gedenken

道 dào ① Weg *m*; Straße *f*; Fahrbahn *f*; Pfad *m*: 康庄大～ breite Straße 羊肠小～ schmaler Bergpfad 河～ Flußlauf *m* ② Linie *f*; Strich *m*: 画一横～儿 einen waagerechten Strich ziehen ③ Weg *m*; Art und Weise; Methode *f*; Mittel *n*: 养生之～ die Methode, sich fit zu halten ④ Grundsatz *m*; Prinzip *n*; Doktrin *f*; Lehrmeinung *f*: 志同～合 gleicher Wille, gleicher Sinn ⑤ Taoismus *m*; Taoist *m*: ～观 taoistischer Tempel 老～ ein Tao-Priester ⑥ sagen *vt*; reden *vt*; sprechen *vt*: 能说会～ eine beredte Zunge haben ～谢 seinen Dank aussprechen ⑦ 〈量〉 (a) [用于某些长条的东西]: 几～皱纹 ein paar Falten 三～防线 dreifach gestaffelte Verteidigungsfront (b) [用于命令、题目等]: 一～命令 ein Befehl 五～算术题 fünf Rechenaufgaben (c) [表示"次"数]: 上四～菜 vier Gänge hintereinander auftragen
道德 dàodé Moral *f*; Ethik *f*; Tugend *f*; moralisch; ethisch; sittlich: ～败坏 unsittlich; moralisch degeneriert
道贺 dàohè *Glückwünsche* aussprechen; gratulieren *vi*
道家 Dàojiā die taoistische Schule; die Taoisten
道教 Dàojiào Taoismus *m*
道具 dàojù Requisiten *pl*; Ausstatung *f*
道口 dàokǒu ① Bahnübergang *m*; ② Straßengang *m*
道理 dàoli ① Wahrheit *f*; Grundsatz *m*; Prinzip *n*: 言语不多～深。Wenige Worte, aber ein tiefer Sinn. ② Grund *m*; Argument *n*: 毫无～ völlig grundlos
道路 dàolù Weg *m*; Straße *f*: 使他走上正确的～ ihn auf die rechte Bahn bringen
道貌岸然 dào mào àn rán sich mit einem Heiligenschein umgeben; scheinheilig
道歉 dàoqiàn sich entschuldigen; j-n um Verzeihung bitten
道听途说 dào tīng tú shuō etw. vom Hörensagen wissen; bloßes Gerede
道谢 dàoxiè j-m Dank sagen; seinen Dank aussprechen; sich bedanken
道义 dàoyì Moralität und Gerechtigkeit: 给予～上的支持 j-m moralische Unterstützung gewähren

到 dào ① ankommen *vi*; gelangen *vi*; eintreffen *vi*: 火车～站了。Der Zug ist angekommen. ② nach (...hin); sich (an einen Ort) begeben: ～上海去 nach Shanghai fahren ③ bis; bis zu (in, auf): 直～现在 bis jetzt, bisher ～目前为止 bis heute; bis jetzt; so weit 从早～晚 von früh bis spät ④ aufmerksam; umsichtig: 不～之处请原谅。Entschuldigen Sie, wenn ich Sie nicht aufmerksam bedient habe. ⑥ [用作动词的补语,表示动作有结果]: 说～做～。Gesagt, getan. 办得～ fertig machen; etw. zustande bringen
到场 dàochǎng sich einfinden; erscheinen *vi*
到处 dàochù an allen Orten; allerorts; überall: 我～找你。Ich habe dich überall gesucht.
到达 dàodá ankommen *vi*; anlangen *vi*; eintreffen *vi*; sich einfinden
到底 dàodǐ ① bis zum Ende: 打～ bis zum bitteren Ende kämpfen ② zum Schluß; schließlich; endlich: 试验～成功了 Das Experiment ist endlich gelungen ③ [用于问句,加强语气]: 你～是什么意思? Was meinst du denn eigentlich? ④ am Ende (doch); schließlich: ～还是他对。Am Ende hatte er doch recht.
到家 dàojiā ① nach Hause gekommen sein ② Vollkommenheit erreichen; im höchsten Grade; äußerst: 这个活儿做得很～。Das ist wirklich eine ausgezeichnete

Arbeit. 坏～了 wirklich miserabel sein; unter aller Kritik sein

到来 dàolái eintreten *vi*; Ankunft *f*

到期 dàoqī ablaufen *vi*; fällig werden: 借的书已经～了。 Das geliehene Buch ist schon überfällig. 这张票据什么时候～? Wann verfällt der Gutschein?

倒 dào ① umkehren *vi*; etw. ins Gegenteil verkehren; rückwärts: 次序～了。Die Reihenfolge ist umgekehrt. 小孩把画挂～了。Das Kind hat das Bild verkehrt herum aufgehängt. 火车～回去了。Der Zug fährt rückwärts. ② gießen *vt*; einschenken *vt*; auskippen *vt*; ausschütten *vt*: ～一杯茶 eine Tasse Tee einschenken ～垃圾 Abfälle auskippen ③ ‹副› (a) [表示跟意料相反]: 他的来访一点也没有打扰我，～使我非常高兴。 Sein Besuch störte mich gar nicht, im Gegenteil hat es mich sogar sehr gefreut. (b) [表示事情不是那样]: 你说得～容易，做起来可不容易。Das ist leichter gesagt als getan. (c) [表示让步]: 我跟他～是认识，就是不太熟。Ich kenne ihn, aber nicht sehr gut. *另见 dǎo

倒彩 dàocǎi seine Mißbilligung ausdrücken: 喝～ (einen Schauspieler, einen Redner) auspfeifen *vt*

倒打一耙 dào dǎ yī pá den Spieß umdrehen; statt die eigene Schuld zu bekennen, den Ankläger bezichtigen

倒立 dàolì ① das Oberste zuunterst; verkehrt (herum) ② auf dem Kopf stehen

倒数 dàoshǔ von unten (*od* von hinten) zählen: ～第三行 die dritte Zeile von unten (gezählt)

倒退 dàotuì zurückfallen *vi*; Rückfall *m*

倒行逆施 dào xíng nì shī eine tyrannische Herrschaft ausüben; skrupellose Untaten (begehen)

倒置 dàozhì das Unterste zuoberst kehren; etw. auf den Kopf stellen, umgekehrt sein: 本末～ Unbedeutendes über Bedeutendes stellen

稻 dào Reis *m*; ungeschälter Reis: ～田 Reisfeld *n*

稻草 dàocǎo Reisstroh *n*: ～人 Vogelscheuche *f*; Strohpuppe *f*

dé

得 dé ① bekommen *vt*; erhalten *vt*; erwerben *vt*; holen *vt*; gewinnen *vt*; erlangen *vt*: ～到一件礼物 ein Geschenk bekommen ～病 erkranken; krank werden 取～信任 j-s Vertrauen genießen ② Rechenergebnis *n*; ... ist gleich ... (=): 二三～六。Zwei mal drei ist sechs. ③ passend; geeignet; geziemend: ～用 zum Gebrauch geeignet; gut zu gebrauchen ⑤ ‹口› gebrauchsfertig: 饭～了。 Das Essen ist fertig zubereitet. ⑥ dürfen *vi*: 任何人不～挪用公款。Niemand darf sich an öffentlichen Geldern vergreifen. *另见 de, děi

得便 débiàn bei Gelegenheit; wenn sich eine Gelegenheit bietet; gelegentlich: 我～去看你。Ich werde gelegentlich bei dir vorbeischauen.

得不偿失 dé bù cháng shī der Gewinn wiegt den Verlust nicht auf; mehr verlieren als gewinnen

得逞 déchěng gelingen *vi*; sein Ziel erreichen

得宠 déchǒng in j-s Gunst stehen; j-s Gunst genießen

得寸进尺 dé cùn jìn chǐ immer mehr haben wollen; immer unersättlich sein

得当 dédàng passend; geeignet; zweckmäßig; angemessen: 问题处理～。Das Problem wurde in geeigneter Weise behandelt. 资金使用～ Die Geldmittel werden zweckmäßig eingesetzt.

得到 dédào bekommen *vt*; erhalten *vt*

得法 défǎ genau in der richtigen Weise; kunstgerecht; zweckmäßig; methodisch richtig

得过且过 dé guò qiě guò gleichgültig; in den Tag hinein leben

得奖 déjiǎng einen Preis gewinnen

得力 délì ① Hilfe bekommen ② befähigt, tüchtig: ～助手 tüchtiger Assistent

得胜 déshèng siegen *vi*; von Erfolg gekrönt: ～归来 siegreich heimkehren

得失 déshī ① Gewinn und Verlust; Erfolg und Mißerfolg: ～相当。Gewinn und Verlust gleichen sich aus. ② Vor- und Nachteil; Vorzug und Mangel

得势 déshì an die Macht kommen; die Oberhand gewinnen

得体 détǐ diskret; passend; angemessen: 讲话～ etw. in geziemender Weise sagen

得天独厚 dé tiān dú hòu von der Natur begünstigt

得悉 déxī etw. zur Kenntnis nehmen; eine Mitteilung erhalten; erfahren *vt*

得心应手 dé xīn yīng shǒu ① in etwas sehr gewandt sein; j-m leicht von der Hand gehen ② sehr handlich; bequem zu handhaben

得宜 déyí passend; angemessen; gut geeignet; zweckmäßig: 措置～ etw. in geeigneter Weise handhaben

得益 déyì aus etw. Nutzen ziehen; Gewinn erlangen

得意 déyì stolz; zufrieden; vergnügt: ～扬扬 sehr selbstgefällig ～忘形 vom Erfolg berauscht

得志 dézhì eine erfolgreiche Laufbahn haben; eine glänzende Karriere machen

得罪 dézuì bei j-m Anstoß erregen; beleidigen *vt*; kränken *vt*

德 dé ① Tugend *f*; Moral *f*; Sittlichkeit *f*: 公～ allgemein verbindliche gute Sitten; Moralgesetz *n* ② Wille *m*: 一心一～ eines Herzens und eines Willens sein ③ Gunst *f*; Güte *f*: 感恩戴～ für j-s Güte von Dank erfüllt sein

德高望重 dé gāo wàng zhòng ehrwürdig und hochgeachtet

德国 Déguó Deutschland: ～人 Deutsche(r)

德行 déxíng moralische Integrität; Tugend *f*

德语 déyǔ Deutsch *n*

德育 déyù sittliche (od. moralische) Erziehung

de

地 de [表示它前面词或词组是状语]: 实是求是～处理问题 *Probleme pragmatisch behandeln* 天渐渐～冷了。Es wird allmählich kalt. *另见 dì

的 de ① [用在定语后面，表示修饰关系]: 幸福～生活 glückliches Leben ② [在定语后面表示领属关系]: 办公室～钥匙 der Schlüssel für das Bürozimmer ③ [在定语后，表示职务或身份]: 明天开会是你～主席。Du übernimmt den Vorsitz bei der morgigen Versammlung. ④ [在定语后，表示动作的受事者]: 你不要找我～麻烦! Mach mir keine Schwierigkeiten! ⑤ [表示人或事物]: 送信～ Briefträger *m*; Briefbote *m* ⑥ [表示某种情况]: 平白无故～，他把我骂了一顿。 Ohne jeglichen Grund hat er mich getadelt. ⑦ [表示与别人无关]: 我干我～，你不用管。Steck deine Nase nicht in meine Sache. ⑧ [表示人或事物有这样的，有那样的]: 来～来，走～走。Die einen kommen, die anderen gehen. ⑨ [表示强调动作的施事者或时间、地点、方式等]: 这个瓶子是谁打碎～? Wer hat diese Vase zerschlagen? ⑩ [表示肯定语气]: 这事儿我是知道～。Das weiß ich ja. *另见 dí; dì

得 de ① [用在动词后面，表示可以或能够]: 这万万使不～! Es darf keinesfalls so sein! ② [在动词和补语中间，表示可能]: 这办～到。Das läßt sich machen. ③ [用在动词或形容词后面，连接表示结果或程度的补语]: 冷～打哆嗦 vor Kälte zittern *另见 dé; děi

děi

得 děi 〈口〉 ① brauchen *vt*; benötigen *vt*: 这项工程还～三个月才能完成。 Dieses Projekt braucht bis zu seiner Fertigstellung noch drei Monate. ② müssen; erforderlich: 这可～注意。Das muß aber ganz bestimmt im Auge behalten werden. *另见 dé; de

dēng

灯(燈) dēng Leuchte *f*; Lampe *f*; Laterne *f*: 电～ elektrische Lampe; Licht; Glühlampe *f* ～笼 Lampion *m/n*

灯光 dēngguāng ① Lampenlicht *n* ② Beleuchtung *f*: 舞台～ Bühnenbeleuchtung *f*

灯火 dēnghuǒ Lichter *pl*: ～辉煌 im dichterglanz erstrahlen ～管制 Verdunkelung *f*

灯笼 dēnglong Lampion *m/n*; Papierlaterne *f*

灯泡 dēngpào Glühbirne *f*; (elektrische) Birne *f*

灯塔 dēngtǎ Leuchtturm *m*;

登 dēng ① in die Höhe gehen; nach oben steigen; besteigen *vt*; ersteigen *vt*: ～高 eine Höhe (bzw. einen Berg, Turm) besteigen ～岸 an Land gehen ② veröffentlichen *vt*; (in der Zeitung oder Zeitschrift) erscheinen *vi*: ～广告 ein Inserat (in einer Zeitung) aufgeben ③ aufzeichnen *vt*; eintragen *vt*: ～帐 etw. auf die Rechnung setzen

登场 dēngchǎng auf der Bühne auftreten; Auftritt *m*

登程 dēngchéng eine Reise antreten; abreisen *vi*; sich auf den Weg machen

登峰造极 dēng fēng zào jí die äußerste Vollkommenheit erreichen; zur höchsten Vollendung gelangen

登基 dēngjī den Thron besteigen

登记 dēngjì registrieren *vt*; etw. ins Register eintragen: 结婚～ Eheregister *n*; Eheschließungen beurkunden 户口～ Anmeldung beim Einwohnermeldeamt 来宾～簿 Eintragungsbuch für Besucher

登陆 dēnglù landen *vi*; an Land gehen; sich ausschiffen

登门 dēngmén über j-s Schwelle treten: ～拜访 j-m einen Besuch abstatten

登台 dēngtái die Bühne betreten; auftreten *vi*: ～表演 auf der Bühne auftreten

登载 dēngzǎi (in einer Zeitung oder Zeitschrift) veröffentlichen *vt*

děng

等 děng ① Klasse *f*; Grad *m*; Rang *m*: 一～货 erstklassige Ware 二～舱 Kabine zweiter Klasse 三～功 Verdienst dritter Klasse ② gleich wie; identisch; gleichermaßen: 大小不～ an Größe ungleich; von unterschiedlicher Größe ③ warten *vi*; erwarten *vt*: ～车 auf den Zug oder Bus warten ～一下! Warten Sie bitte einen Moment! ④ 〈助〉[用在人称代词或指人的名词后面，表示复数]: 我～ wir; unsereins 你～ (Leute wie) ihr ⑤ 〈助〉(表示列举未尽) und so weiter; und so fort; und vieles andere mehr: 毛笔、钢笔、圆珠笔、铅笔～～ Schreibpinsel, Federhalter, Kugelschreiber, Bleistift und so weiter ⑥ 〈助〉[列举后煞尾]: 熊猫、麝牛、黑猩猩～珍贵动物 seltene Tiere wie der Panda, der Moschusochse und der Schimpanse

等待 děngdài warten *vi*; erwarten *vt*; abwarten *vt*: ～时机 den richtigen Zeitpunkt (*od* eine günstige Gelegenheit) abwarten

等等 děngděng und so weiter; und so fort; etc.

等号 děnghào Gleichheitszeichen *n*

等候 děnghòu warten *vi*; erwarten *vt*: ～回信 auf einen Antwortbrief warten

等级 děngjí ① Grad *m*; Rang *m*; Stufe *f*: 商品的～ Warenklasse *f* ② sozialer Status; gesellschaftlicher Rang: ～制度 Hierachie *f*; Ständeordnung *f*

等价 děngjià äquivalent; gleichwertig: ～交换 wertgleiche Waren austauschen

等量齐观 děng liàng qí guān etw. auf eine Stufe stellen

等同 děngtóng gleichsetzen *vt*; gleichstellen *vt*

等闲 děngxián 〈书〉 gewöhnlich; unbedeutend; belanglos: ～视之 etw. als unerheblich betrachten; auf die leichte Schulter nehmen

等于 děngyú ① (ist) gleich; (gleich) machen *vt*; (gleiches) ergeben *vt*: 八加二～十。 8 plus 2 ist gleich 10. ② gleichkommen; gleich bedeutend sein mit

dèng

澄 dèng etw. klar werden lassen; sich klären; sich setzen: ～清 sich abklären *另见 chéng

瞪 dèng (die Augen) weit aufmachen; auf etw. starren: ～眼 die Augen weit aufreißen

凳 dèng Bank *f*; Hocker *m*: 长～ lange Bank 方～ größerer Hocker

dī

滴 dī ① tropfen *vi*; in Tropfen fallen; triefen *vi*; tröpfeln *vi*: 他汗水直往下～。Er trieft von Schweiß. ～眼药 Augentropfen in j-s Augen träufeln ② 〈量〉 Tropfen *m*: ～水 ein Tropfen Wasser

滴答 dīdā 〈象〉 tickend; ticktack

滴水穿石 dī shuǐ chuān shí Steter Tropfen höhlt den Stein

堤 dī Damm *m*; Deich *m*: ～坝 Deiche und Dämme ～防

Deich *m*; Schutzdamm *m*

提 dī *另见 tí

提防 dīfang vorsichtig sein; auf der Hut sein; sich vor j-m/etw. hüten

低 dī ① niedrig; tief: ～水位 niedriger Wasserstand 处于～水平 auf einem niedrigen Niveau stehen 声音～ tiefe Stimme; leiser Ton ② etw. sinken lassen; senken *vt*; etw. hängen lassen: ～头 den Kopf sinken lassen

低潮 dīcháo Niedrigwasser *n*; Ebbe *f*; Tiefpunkt *m*: 处于～ sich auf einem Tiefstand befinden

低沉 dīchén ① bewölkt; trüb: ～的天空 trüber Himmel ② tief; dumpf ③ niedergedrückt; bedrükkend

低估 dīgū etw. zu niedrig einschätzen; unterschätzen *vt*

低级 dījí ① niedrig; primitiv ② vulgär; gemein; unfein: ～趣味 vulgärer Geschmack

低贱 dījiàn niedrig; gemein

低廉 dīlián billig; preiswert; wohlfeil

低劣 dīliè minderwertig; geringer Wert

低落 dīluò sinken; zurückgehen: 情绪～ mißgestimmt; niedergeschlagen

低三下四 dī sān xià sì ① entehrend; entwürdigend ② dienerisch; kriecherisch; demütig

低洼 dīwā niedrig liegen

低下 dīxià niedrig; nieder

dí

涤(滌) dí 〈书〉 waschen *vt*; reinigen: ～除 beseitigen *vt*; ausmerzen *vt* ～荡 wegwaschen *vt*; ausmerzen *vt*

涤纶 dílún Terylen *n*; Polyesterfasern *pl*

嘀 dí

嘀咕 dígu ① flüstern *vt/vi*; tuscheln *vi* ② unruhig sein; etw. geht j-m im Kopf herum: 我心里直～这件事。Die Sache geht mir im Kopf herum.

嫡 dí ① von der Hauptfrau geboren: ～长子 ältester Sohn der Hauptfrau ② blutsverwandt; von direkter Abkunft

嫡传 díchuán von j-m direkt überliefert

嫡亲 díqīn blutsverwandt: ～兄弟 Blutsbrüder *pl*

笛 dí ① (～子) Flöte ② Pfeife *f*; Sirene *f*: 汽～ Dampfpfeife *f*

敌(敵) dí ①Feind *m*; Gegner *m*; ② feindlich; gegnerisch: ～军 feindliche Armee ③ widerstehen; Widerstand leisten: 寡不～众 gegen eine zahlenmäßige Übermacht nicht ausrichten

敌对 díduì feindlich; gegnerisch; feindselig; antagonistisch; gegensätzlich: ～情绪 feindselige Gesinnung

敌情 díqíng die Lage des Feindes; die Aktivitäten des Gegners: 侦察～ die Feindlage aufklären

敌人 dírén Feind *m*; Gegner *m*

敌视 díshì j-n als Feind betrachten; feindlich gegenüberstehen

敌手 díshǒu Gegner *m*; Widersacher *m*

敌意 díyì Feindschaft *f*; Feindseligkeit *f*; feindselige Einstellung

的 dí *另见 de; dì

的确 díquè wirklich; tatsächlich: 我～不知道。Ich weiß es wirklich nicht.

的确良 díquèliáng Dacron *n*; Terylen *n*

籴(糴) dí (Reis, Getreide) einkaufen *vt*

dǐ

底 dǐ ① Boden *m*; Sohle *f*; Grund *m*: 井～ Brunnensohle *f* ② Zuversicht *f*; Gewißheit: 心中有～ ein sicheres Gefühl für etw. haben ③ ursprünglicher Entwurf; erste Niederschrift ④ Ende *n*; Schluß *m*: 年～ Jahresende *n* ⑤ Hintergrund *m*; Untergrund *m*: 白～红花 rote Blumen auf weißem Untergrund

底层 dǐcéng ① unterste Etage; Erdgeschoß *n* ② unterste Schicht: 社会的～ die unterste Schicht der Gesellschaft

底稿 dǐgǎo Originalmanuskript *n*; Entwurf *m*

底片 dǐpiàn Negativ(bild) *n*

底细 dǐxì nähere Einzelheiten; genauer Sachverhalt

底下 dǐxia ① unter; unten: 树～ unter dem Baum ② nachher; danach; später: 我们～再谈吧。Nachher können wir darüber besprechen

底子 dǐzi ① Boden *m*; Sohle *f*: 鞋～ Schuhsohle *f* ② Hintergrund *m*; Einzelheiten *pl*: 把～摸清了 den Hintergrund ausfindig machen ③ Grundlage *f*; Basis *f*: ～薄 auf einer schwachen Basis stehen ④ Entwurf *m*; Skizze *f* ⑤ als Beleg aufbewahrte Kopie

诋 dǐ verleumden *vt*; diffamieren *vt*; j-n durch den Schmutz ziehen

诋毁 dǐhuǐ verleumden *vt*; verunglimpfen *vt*; schmähen *vt*

抵 dǐ ① stützen *vt*; Halt geben: 用桩子把快要倒塌的屋子～住 ein baufälliges Haus durch Pfeiler stützen ② widerstehen *vi*; abwehren *vt* ③ Ersatz leisten; büßen *vi*: ～命 mit dem Leben büßen ④ Pfand *n*; verpfänden *vi*: 用房屋做～ das Haus mit einer Hypothek belasten ⑤ ersetzen *vt*; gleichkommen; ausgleichen *vt* ⑥ ankommen *vi*; eintreffen *vi*: 平安～京 wohlbehalten in Beijing ankommen

抵偿 dǐcháng ersetzen *vt*; Schadenersatz leisten; wiedergutmachen

抵触 dǐchù in Widerspruch zu etw. stehen; gegen etw. verstoßen: 与法律相～ sich gegen das Gesetz vergehen

抵达 dǐdá ankommen *vi*; eintreffen *vi*

抵挡 dǐdǎng widerstehen *vi*; abwehren *vt*; standhalten *vi*: ～风寒 Wind und Kälte abhalten

抵抗 dǐkàng j-m/etw. Widerstand leisten; sich widersetzen; sich gegen j-n/etw. zur Wehr setzen

抵赖 dǐlài leugnen *vt*; ableugnen *vt*; abstreiten *vt*: 不容～ unbestreitbar; Es läßt sich nicht abstreiten

抵消 dǐxiāo ausgleichen *vt*; sich aufheben

抵押 dǐyā verpfänden *vt*: ～品 Pfand *n*; Sicherheit

抵御 dǐyù sich zur Wehr setzen; j-m/etw. Widerstand leisten

抵债 dǐzhài eine Schuld durch etw. abtragen (*od* abzahlen, begleichen, tilgen)

抵制 dǐzhì boykottieren *vt*; sich widersetzen; entgegenwirken

抵罪 dǐzuì für ein Verbrechen büßen; eine Schuld sühnen

邸 dǐ Wohnsitz *m* (eines hohen Beamten); Residenz *f*: 官～ Amtssitz *m*

dì

帝 dì ① höchstes Wesen: 上～ Gott *m* ② Kaiser *m*: 称～ sich selbst zum Kaiser erklären

帝国 dìguó Imperium *n*; Reich *n*

帝国主义 dìguózhǔyì Imperialismus *m*

帝王 dìwáng König *m*; Monarch *m*

帝制 dìzhì Monarchie *f*

谛 dì 〈书〉 ① aufmerksam; genau: ～听 aufmerksam zuhören ～视 etw. genau ansehen ② Sinn *m*; Signifikanz *f*: 真～ wahrer Sinn; Wahrheit *f*

蒂 dì Kelch *m*; Blumen-, Fruchtkelch *m*

缔 dì (Freundschaft) schließen *vt*; (Vertrag u.ä.) abschließen *vt*

缔交 dìjiāo ① diplomatische Beziehungen aufnehmen ② Freundschaft schließen

缔结 dìjié (Verträge u.ä.) abschließen *vt*: ～条约 einen Vertrag abschließen

缔约 dìyuē einen Vertrag abschließen: ～双方 beide Vertragspartner; beide vertragschließenden Parteien ～国 Vertragsstaat *m*

缔造 dìzào gründen *vt*; schaffen *vt*; ins Leben rufen

弟 dì jüngerer Bruder: ～～ jüngerer Bruder

弟兄 dìxiong Brüder *pl*; ältere und jüngere Brüder: 亲～ leibliche Brüder

弟子 dìzǐ Jünger *m*; Schüler *m*; Anhänger *m*

第 dì ① [用在数词前面表示次序]: ～一 der (die, das) erste ② kaiserliches Staatsexamen: 落～ im Staatsexamen durchgefallen sein ③ Residenz eines hohen Beamten

第三世界 dìsān shìjiè Dritte Welt; Entwicklungsländer

第一 dìyī der (die, das) erste; der beste; Wichtigste *n*: 获得～名 den ersten Platz belegen ～流 erstklassig; hervorragend ～线 vorderste Linie; Frontlinie

递(遞) dì ① überreichen *vt*; übergeben *vt*; aushändigen *vt*: 把报～给我。Reichen Sie mir bitte die Zeitung! ～眼色 j-m einen Wink geben; ② der Reihe nach; nacheinander: ～补 etw. der Reihe nach ergänzen

递交 dìjiāo überreichen *vt*; übergeben *vt*: ～国书 ein Beglaubigungsschreiben überreichen

递送 dìsòng zustellen *vt*; austragen *vt*; weitergeben *ut*; übergeben *vt*

递增 dìzēng progressiv anwachsen; nach und nach zunehmen

地 dì ① Erde *f*; Erdkugel *f*; Erdball *m* ② Erde *f*; Land *n*: 高～ Hochland *n* ③ Feld *n*: 盐碱～ Salzboden *m* ④ Boden *m*: 水泥～ Zementboden *m* ⑤ Platz *m*; Ort *m*; Gebiet *n*: ～处山区 in einer Gebirgsgegend liegen ⑥ [用于里数后] Entfernung *f*: 二十里～ eine Entfernung von 20 *Li* *另见 de

地板 dìbǎn Boden *m*; Diele *f*

地步 dìbù ① (ungünstiger) Zustand *m*; (mißliche, unangenehme) Lage *f*: 你怎么到了这样的～? Wie bist du in solche Lage geraten? ② Grad *m*; Umfang *m*; Ausmaß *n*: 兴奋到不能入睡的～ vor Aufregung keinen Schlaf finden

地层 dìcéng geologische Schicht; Stratifikation *f*; Formation *f*

地产 dìchǎn Grundbesitz *m*

地大物博 dì dà wù bó ein riesiges Territorium mit reichen Ressourcen

地带 dìdài Gegend *f*; Zone *f*; Gelände *n*: 危险～ Gefahrenzone *f*

地道 dìdào Tunnel *m*

地道 dìdao ① echt; wahr; unverfälscht: ～的吉林人参 echter Jilin-Ginseng ② rein; ausgesprochen; perfekt; typisch: 她的北京话说得真～。Sie spricht typisch Beijing-Dialekt.

地点 dìdiǎn Ort *m*; Platz *m*; Stelle *f*

地段 dìduàn Gebietsteil *m*; Landstrich *m*; Abschnitt *m*; Sektor *m*

地方 dìfāng örtliche bzw. regionale Verwaltungseinheit: ～政府 örtliche Regierung

地方 dìfang ① Platz *m*; Raum *m*; Stelle *f*: 你是什么～人? Wo sind Sie zu Hause? ② Teil *m/n*: 这话有对的～。Das Gesagte ist zum Teil richtig

地基 dìjī ① Baugrundstück *n* ② Fundament *n*

地窖 dìjiào Keller *m*

地界 dìjiè Grundstücksgrenze *f*

地雷 dìléi Mine *f*

地理 dìlǐ Geographie *f*; Erdkunde *f*

地面 dìmiàn Boden *m*; Erdoberfläche *f*

地盘 dìpán Machtbereich *m*; Domäne *f*

地皮 dìpí Baugrundstück *n*; Bauland *n*

地痞 dìpǐ einheimischer Strolch; ortsansässiger Schurke

地壳 dìqiào Erdkruste *f*; Erdrinde *f*

地勤 dìqín Bodendienst *m*: ～人员 Bodenpersonal *n*; Bodenmannschaft *f*

地球 dìqiú Erde *f*; Erdball *m*; Erdkugel *f*; Globus *m*: ～卫星 Erdsatellit ～仪 Globus *m*

地区 dìqū Gebiet *n*; Zone *f*; Region *f*; Bezirk *m*: 多山～ Bergland *n*

地热 dìrè Erdwärme *f*

地势 dìshì bodenphysikalische Eigenschaten; Terrain *n*; Gelände *n*: ～险要 strategisch wichtiges und schwer passierbares Gelände

地毯 dìtǎn Teppich *m*; Läufer *m*

地图 dìtú Landkarte *f*

地位 dìwèi Stellung *f*; Stand *m*; Position *f*; Status *m*: 政治～ politische Stellung 社会～ sozialer Status

地峡 dìxiá Landenge *f*; Isthmus *m*

地下 dìxià ① Untergrund *m*; untergründig; unterirdisch: ～室 Kellergschoß *n* ～水 Grundwasser *n* ～铁道 U-Bahn *f*; Untergrundbahn *f* ② illegal: 转入～ in die Illegalität gehen

地形 dìxíng Geländeverhältnisse *pl*; Topographie *f*

地狱 dìyù Hölle *f*; Inferno *n*

地域 dìyù Gebiet *n*; Region *f*: ～辽阔 weite territoriale Ausdehnung

地震 dìzhèn Erdbeben *n*: ～预报 Erdbebenwarnung *f* ～震级 Stärke eines Erdbebens

地址 dìzhǐ Adresse *f*; Anschrift *f*

地质 dìzhì geologische Beschaffenheit

地主 dìzhǔ Gutsbesitzer *m*; Grundherr *m*

地租 dìzū Boden-, Grundrente *f*; Pachtzins *m*

的 dì Ziel *n*; Schwarze *n* (auf der Schießscheibe): 有～放矢 einen Pfeil gezielt abschießen; auf ein Ziel schießen *另见 de; dí

diān

颠 diān ① Scheitel *m* ② Gipfel *m*; Spitze *f*: 山～ Berggipfel *m* ③ holpern *vi*; rütteln *vi* ④ stürzen *vi*; umfallen *vi*

颠簸 diānbō rumpeln *vi*; rütteln *vi*; holpern *vi*; schwanken *vi*

颠倒 diāndǎo ① umkehren *vt*; etw. auf den Kopf stellen: 别放～了。Stelle es nicht verkehrt herum hin. ～黑白 schwarz für weiß und weiß für schwarz ausgeben ～是非 die Wahrheit auf den Kopf stellen

颠覆 diānfù umstürzen *vt*: ～活动 Umsturzaktivitäten *pl*; subversive Tätigkeit

颠来倒去 diān lái dǎo qù immer dasselbe wiederholen; abgedroschenes Zeug von sich geben

颠沛流离 diān pèi liú lí elend und obadachlos umherziehen

颠扑不破 diān pū bù pò unumstößlich; unwiderlegbar: ～的真理 unumstößliche Wahrheit

颠三倒四 diān sān dǎo sì verworren; durcheinander; konfus (beim Sprechen od. Handeln)

癫 diān wahnsinnig; verrückt; geistesgestört; toll: ～狂 verrückt, wahnsinnig, toll

癫痫 diānxián Epilepsis *f*

巅 diān Berggipfel *m*

掂 diān mit (*od* auf) der Hand das Gewicht schätzen

掂量 diānliang ① etw. in der Hand wiegen ② erwägen *vt*; einschätzen *vt*

diǎn

踮 diǎn auf Zehen stehen: ～着脚走 auf Zehenspitzen gehen

点(點) diǎn ① Tropfen *m*: 雨～ Regentropfen ② Fleck; Tupfen *m*: 污～ Schmutzfleck ③ Stelle *f*; Grad *m*; Punkt *m*: 沸～ Siedepunkt 居民～ Siedlung ④ Aspekt *m*; Gesichtspunkt *m*: 从这～上来看 von diesem Gesichtspunkt aus betrachten ⑤ Stunde *f*: 上午九～ um neun Uhr vormittags 现在几～了? Wieviel Uhr ist es? ⑥ Gebäck *n*; Erfrischung *f*: 茶～ Teegebäck 早～ Frühstück *n* ⑦ tropfen *vt*; träufeln *vt*: ～眼药 Augentropfen ins Auge träufeln ⑧ abzählen *vt*: 请你把钱～一～。Zählen Sie bitte das Geld noch. ～货 den Bestand aufnehmen ⑨ anzünden *vt*: ～灯 Licht anzünden ⑩ eine Andeutung machen; einen Hinweis geben: 他一～就明白了。Ein kleiner Hinweis genügte, und er verstand. ⑪ 〈量〉 ein bißchen; ein wenig: 给我一～盐! Gib mir bitte ein bißchen Salz! ⑫ 〈量〉 [用于事项]: 五～建议 Fünf-Punkte-Vorschlag

点菜 diǎncài Gerichte nach der Speisekarte auswählen; a la carte essen

点名 diǎnmíng ① die Namenliste verlesen ② namentlich benennen: 他～要你去。Er hat dich namentlich aufgefordert

点明 diǎnmíng j-n auf etw. genau hinweisen; j-m etw. klarmachen

点破 diǎnpò enthüllen *vt*; offenlegen *vt*; entlarven *vt*

点燃 diǎnrán anzünden *vt*; etw. in Brand setzen

点收 diǎnshōu etw. nach Überprüfung annehmen; einzeln im Empfang nehmen

点头 diǎntóu nicken *vi*: ～同意 zustimmend nicken 他～了。er hat bereits zugestimmt

点心 diǎnxin leichter Imbiß; Gebäck und Kuchen

点缀 diǎnzhuì ① schmücken *vt*; verzieren *vt* ② nur zur Dekoration dienen

点子 diǎnzi ① Tropfen *m*: 雨～ Regentropfen *m* ② Fleckchen *n*; kleiner Fleck: 油～ kleiner Ölfleck ③ Taktschlag *m* ④ Kernpunkt *m*: 这话说到～上了。Diese Bemerkung trifft den Kern der Sache ⑤ Idee *f*; Einfall *m*; Tip *m*: 出～ j-m einen Tip geben

典 diǎn ① Maßstab *m*; Gesetz *n*; Kanon *m* ② Standardwerk *n*; als Richtschnur dienendes Buch: 词～ Wörterbuch *n* 药～ Arzneibuch *n* ③ Zitat aus der klassischen Literatur ④ Zeremonie *f*: 盛～ feierliche Zeremonie ⑤ verpfänden *vt*

典当 diǎndàng verpfänden *vt*; versetzen *vt*; etw. ins Leihhaus bringen

典范 diǎnfàn Vorbild *n*; Muster *n*

典故 diǎngù Anspielung; Zitat aus der klassischen Literatur

典籍 diǎnjí klassische Schriften;

Bücher aus alten Zeiten

典礼 diǎnlǐ Zeremonie *f*; Feierlichkeiten *pl*

典型 diǎnxíng ① Vorbild *n*; Typ *m*; Muster *n* ② typisch; vorbildlich; mustergültig: ～人物 typische Gestalt

典雅 diǎnyǎ elegant; fein; in gewähltem Stil

碘 diǎn Jod *n* (I): ～酒 Jodtinktur *f*

diàn

淀(澱) diàn ① Bodensatz *m*; sich ablagern; sedimentieren *vi* ② seichter See

淀粉 diànfěn Stärke *f*; Glykogen *n*

靛 diàn Indigo *m*: ～青 Indigoblau *n*

奠 diàn ① gründen *vt*; etw. zustande bringen ② opfern; Totenopfer darbringen

奠定 diàndìng gründen *vt*; begründen *vt*; erricthen *vt*: ～基础 das Fundament legen

奠基 diànjī den Grundstein legen

垫(墊) diàn ① Unterlage *f*; unterlegen *vt* ② Polster *n*; Kissen *n*: 椅～ Sitzkissen *n* 床～ Matratze *f* ③ Vorschuß *m*: 我先给你～上。Ich lege den Betrag für dich aus.

垫肩 diànjiān ① Schulterpolster *n* ② Tragpolster *n*

垫款 diànkuǎn Vorschuß *m*

垫平 diànpíng ebnen *vt*; einebnen *vt*; planieren *vt*

垫子 diànzi Matte *f*; Matratze *f*; Unterlage *f*

店 diàn Laden *m*; Geschäft *n*: 书～Buchladen *m*; Buchhandlung *f*

店铺 diànpù Laden *m*; Geschäft *n*

店员 diànyuán Ladenangestellte(r); Verkäufer *m*

惦 diàn denken an; sich über etw. Gedanken machen

惦记 diànjì sich um etw. bekümmern; sich um etw. sorgen

惦念 diànniàn sich um j-n/etw. kümmern; für j-n/etw. sorgen: 我一切都好，请勿惦念！Mit mir ist alles gut. Seien Sie unbesorgt.

玷 diàn ① Makel an einem Jadestück ② beflecken *vt*; etw. fleckig machen

玷辱 diànrǔ j-m Schande bringen (*od* machen); eine Schande für j-n sein; entehren *vt*

玷污 diànwū beflecken *vt*; beschmutzen *vt*; entehren *vt*

电(電) diàn ① Elektrizität *f* ② einen elektrischen Schlag erhalten ③ Telegramm *n*: 急～ dringendes Telegramm

电报 diànbào Telegramm *n*; Kabel *n*: ～挂号 Telegrammadresse *f*

电表 diànbiǎo Elektromeßgerät *n*

电冰箱 diànbīngxiāng (elektrischer) Eisschrank *m*; Kühlschrank *m*

电波 diànbō elektrische Welle

电场 diànchǎng elektrostatisches (*od* elektrisches) Feld

电唱机 diànchàngjī Plattenspieler *m*; elektrisches Grammophon

电车 diànchē Straßenbahn *f*; Trollybus *m*

电池 diànchí Batterie *f*; Zelle *f*

电灯 diàndēng elektrische Lampe; elektrisches Licht: ～泡 Glühbirne *f*; Birne *f*

电动 diàndòng Elektro(motor)-antrieb *m*

电镀 diàndù galvanisieren *vt*; Galvanisation *f*

电工 diàngōng ① Elektrotechnik *f* ② Elektrotechniker *m*

电焊 diànhàn elektrisches Schweißen; Elektroschweißung *f*

电话 diànhuà Telephon *n*; Fernsprecher *m*: 打～ anrufen *vt*; telephonieren *vi* 有你的～ Sie haben einen Anruf 公用～ öffentliches Telephon 长途～ Ferngespräch *n* ～簿 Telephon-, Fernsprechbuch *n* ～分机 Nebenanschluß *m*

电汇 diànhuì telegraphisch überweisen

电机 diànjī Elektromaschine *f*; (elektrischer) Motor *m*; Dynamo *m*

电缆 diànlǎn Kabel *n*

电力 diànlì Leistung *f*: ～供应 Elektrizitätsversorgung *f* ～网 Strom-, Energieversorgungsnetz *n*

电疗 diànliáo Elektrotherapie *f*

电铃 diànlíng elektrische Klingel

电流 diànliú elektrischer Strom

电炉 diànlú ① elektrische Kochplatte; Elektrokocher *m* ② Elektroofen *m*

电路 diànlù Stromkreis *m*; Schaltung *f*: 集成～ integrierte Schaltung

电码 diànmǎ Telegrammcode *m*

电脑 diànnǎo elektronisches Gehirn; Computer *m*

电能 diànnéng elektrische Energie

电钮 diànniǔ Knopf *m*; Schaltknopf *m*: 按～ auf den Knopf

drücken
电气 diànqì Elektrizität *f*: ～机车 Elektrolokomotive *f*: Elektro-Lok *f* ～化 Elektrifizierung *f*
电器 diànqì Elektrogerät *n*; Elektroapparat *m*
电容 diànróng Kapazitanz *f*; elektrische Kapazität
电扇 diànshàn Ventilator *m*
电视 diànshì Fernsehen *n*; Television *f*: 看～ fernsehen *vi*; eine Fernsehsendung anschauen ～机 Fernsehapparat *m*; TV Gerät *n*; Fernseher *m* ～节目 Fernsehprogramm *n* ～剧 Fernsehfilm *m*; Fernsehspiel *n* ～连续剧 Fernsehserie *f* ～台 Fernsehsender *m*; Fernsehstation *f* ～转播 Fernsehübertragung *f*
电台 diàntái Radiostation *f*; Rundfunksender *m*
电梯 diàntī Fahrstuhl *m*; Lift *m*
电筒 diàntǒng Taschenlampe *f*
电网 diànwǎng Stromnetz *n*
电文 diànwén Telegrammtext *m*; Telegramminhalt *m*
电线 diànxiàn elektrische Leitung
电信 diànxìn Fernmeldewesen *n*; Fernmeldeverkehr *m*; Fernverbindung *f*; Telekommunikation *f*: ～局 Fernmeldeamt
电讯 diànxùn Drahtnachricht *f*; telegraphischer Bericht
电压 diànyā Stromspannung *f*
电唁 diànyàn ein Beileidstelegramm schicken
电影 diànyǐng Film *m*: 有声～ Tonfilm *m* ～院 Kino *n*; Filmtheater *n* ～制片厂 Filmstudio *n*
电源 diànyuán Stromquelle *f*: 接上～ Netzanschluß haben
电熨斗 diànyùndǒu elektrisches Bügeleisen
电子 diànzǐ Elektron *n*: ～管 (Elektronen-, Vakuum-) Röhre *f*: ～计算机 Computer *m*; Elektronenrechner *m*
电阻 diànzǔ Widerstand *m*
佃 diàn (Acker- oder Weide-land) pachten *vt*: ～户 Pächter *m*; Pachtbauer *m* ～农 Pachtbauer *m* ～租 Pachtzins *m*
殿 diàn ① (Tempel- bzw. Palast-)Halle *f*: 佛～ buddhistischer Tempel
殿下 diànxià Eure Hoheit; seine Hoheit

diāo

貂 diāo Zobel *m*
貂皮 diāopí Zobelpelz *m*; Marderfell *n*
凋 diāo verwelken *vi*; verblühen *vi*; in Verfall geraten
凋零 diāolíng verwelkt und verweht
凋落 diāoluò welken und abfallen; verblüht
凋谢 diāoxiè ① verwelken und abfallen; verblühen *vi* ② sterben *vi*; dahinscheiden *vi*
碉 diāo
碉堡 diāobǎo Festungsturm *m*; Bunker *m*
雕 diāo ① schnitzen *vt*; stechen *vt/vi*; eingravieren *vt*; Schnitzarbeit *f*; Schnitzerei *f*: 石～ Steinschnitzerei *f* 浮～ Relief *n*
雕虫小技 diāo chóng xiǎo jì unbedeutendes Können; minderwertige künstlerische Fähigkeit
雕花 diāohuā ① Muster auf eine Holzarbeit schnitzen ② Schnitzerei *f*
雕刻 diāokè schnitzen *vt*; Schnitzerei *f*: 玉石～ Jadeschnitzerei *f*
雕梁画栋 diāo liáng huà dòng geschnitzte Balken und bemalte Pfeiler; prächtig verziertes Haus
雕塑 diāosù Bildhauerei *f*; Bildnerei *f*; Bildhauerkunst *f*
雕像 diāoxiàng Statue *f*; Standbild *n*
雕琢 diāozhuó ① (Edelstein) schnitzen und polieren; schleifen *vt* ② in einem gezierten Stil schreiben
刁 diāo schlau; listig; verschlagen; trickreich
刁悍 diāohàn listig und grausam
刁滑 diāohuá schlau; hinterhältig; verschlagen
刁难 diāonàn j-n schikanieren; j-m Schwierigkeiten bereiten; j-m etw. erschweren: 百般～ j-m unzählige Steine in den Weg legen
叼 diāo etw. zwischen den Lippen halten; im Mund haben; im Schnabel halten

diào

调 diào ① versetzen *vt*; verlegen *vt*; etw. von... nach ... bewegen: ～干部 sich Kader zuweisen lassen ～军队 Truppen verlegen; Streitkräfte umdisponieren ② Akzent *m*: 他说话带山东～儿。Er spricht mit Shandong-Akzent ③ Tonart *f*: C 大～ C-Dur ④ Melodie *f*; Weise *f* ⑤ Ton *m*: 升～ steigender Ton 降～ fallender Ton

调兵遣将 diào bīng qiǎn jiàng Truppen zusammenziehen; alle verfügbaren Kräfte einsetzen

调拨 diàobō zuteilen *vt*; zuweisen

调查 diàochá erforschen *vt*; untersuchen *vt*; Untersuchungen anstellen: ～原因 den Grund erforschen

调动 diàodòng ① versetzen *vt*; verlegen: ～工作 j-n an einen anderen Arbeitsplatz versetzen ② etw. in Gang bringen (*od* setzen); mobilisieren *vt*

调度 diàodù ① (öffentliche Verkehrsmittel) abfertigen *vt* ② Fahrdienstleiter *m*; ② Dispatcher *m* ③ kontrollieren *vt*; verwalten *vt*: 生产～ Produktionsverwaltiung *f*

调换 diàohuàn wechseln *vt*; tauschen *vt*; austauschen *vt*

调回 diàohuí (Truppen usw.) zurückberufen *vt*; abberufen *vt*

调集 diàojí sammeln *vt*; aufbieten *vt*: ～兵力 Streitkräfte zusammenziehen

调配 diàopèi etw. herbeischaffen und verteilen

调遣 diàoqiǎn j-n zusammenholen und entsenden; einsetzen *vt*: ～军队 Truppen abkommandieren 听候～ sich zu j-s Verfügung halten

调任 diàorèn auf einen anderen Posten versetzen

调职 diàozhí die Stellung wechseln; auf einen anderen Posten versetzen

调子 diàozi ① Melodie *f*; Weise *f* ② Klang *m*; Ton *m* (beim Sprechan): 定～ den Ton angeben

掉 diào ① fallen *vi*; herunterfallen *vi*; abfallen *vi*: 扣子～了。Der Knopf ist abgerissen. ～眼泪 Tränen vergießen ② zurückbleiben *vi*: ～队 hinter anderen zurückgeblieben ③ verlieren *vt*; verschwinden *vi*: 他～了一支钢笔。Er hat eine Feder verloren. ④ wenden *vt*; umkehren *vt*: 把车头～过来 das Auto wenden ⑤ [用在某些动词后，表示动作的完成]: 扔～ wegwerfen *vt* 擦～ abwischen *vt* 改～坏习气 schlechte Manieren ablegen

掉队 diàoduì (hinter anderen) zurückbleiben *vi*

掉色 diàoshǎi verblassen *vi*; verbleichen *vi*; (an) Farbe verlieren: 这种料子不～。Dieser Stoff ist farbecht.

掉头 diàotóu sich umdrehen; umkehren *vi*; wenden *vt*

掉以轻心 diào yǐ qīng xīn etw. auf die leichte Schulter nehmen

掉转 diàozhuǎn umdrehen *vt*; wenden *vt*: ～身子 sich umdrehen

吊 diào ① hängen *vi*/*vt*; aufhängen *vi*/*vt* ② emporwinden *vt*; hochziehen *vt* ③ (Pelz) annähen *vt*; einnähen *vt* ④ annulieren *vt*; für ungültig erklären ⑤ kondolieren *vt*; sein Beileid aussprechen

吊车 diàochē Kran *m*; Aufzug *m*

吊灯 diàodēng Hängelampe *f*

吊儿郎当 diào'erlángdāng nachlässig; leichtfertig; liederlich; leichtsinnig

吊环 diàohuán Ringe *pl*

吊桥 diàoqiáo Hängebrücke *f*; Zugbrücke *f*

吊死 diàosǐ ① erhängen *vt*; aufhängen *vt*; ② sich erhängen; sich aufhängen

吊丧 diàosāng einen Kondolenzbesuch abstatten; sein Beileid aussprechen

吊销 diàoxiāo annulieren *vt*; für ungütilg erklären

钓 diào angeln *vt*; Angeln *n*

钓饵 diào'ěr Köder *m*

钓竿 diàogān Angelrute *f*

钓钩 diàogōu Angelhaken *m*

钓具 diàojù Angelgerät *n*; Angelzeug *n*

钓鱼 diàoyú angeln *vt*; fischen *vt*

diē

跌 diē ① fallen *vi*; hinfallen *vi*; umfallen *vi*; stürzen *vi*: ～伤 sich beim Fallen verletzen ② (im Preis) fallen; sinken: 物价下～ Die Preise sinken.

跌倒 diēdǎo fallen *vi*; stürzen *vi*;

hinfallen *vi*
跌跌撞撞 diēdiēzhuàngzhuàng stolpernd; taumelnd
跌价 diējià (im Preis) fallen; sinken
跌交 diējiāo ① ballen *vt*; stürzen *vi*; hinfallen *vi*: 跌了一交 zu Boden fallen ② straucheln *vi*; einen Fehltritt begehen
跌落 diēluò herunterfallen *vi*; herabstürzen *vi*
爹 diē ‹口› Vater *m*; Papa *m*; Vati *m*: ～娘 Vater und Mutter; Papa und Mama; Eltern *pl*

dié

谍 dié Spion *m*; Geheimdienstagent *m*; Spionage *f*
谍报 diébào Spionagebericht *m*: ～人员 Geheimdienstler
碟 dié (～子) kleiner Teller; Tellerchen *n*
喋 dié
喋喋不休 dié dié bù xiū in einem fort plappern; ohne Punkt und Komma reden
喋血 diéxuè Blutvergießen *n*; Blutbad *n*
蝶 dié Schmetterling *m*: 蝴～ Schmetterling *m* ～泳 Schmetterlings-, Butterflystil *m*
牒 dié offizielles Dokument; Urkunde *f*: 最后通～ Ultimatum *n*
迭 dié ① abwechseln *vi*; abwechselnd; im Wechsel aufeinander folgend: 季节更～ der Wechsel der Jahreszeiten ② wiederholt; mehrmals; häufig: ～起 häufig geschehen
叠 dié ① aufschichten *vt*; aufhäufen *vt*: 层峦～嶂 viele Bergspitzen hintereinander ② falten *vt*; zusammenlegen: 把信～好 einen Brief falten ～被子 die Bettdecke zusammenlegen
叠床架屋 dié chuáng jià wū unnötige Wiederholung; sich unnötig wiederholen
叠字 diézì Reduplikation *f*

dīng

丁 dīng ① erwachsener Mann; Erwachsene(r); Mündiger(r): 壮～ wehrfähiger Mann 园～ Gärtner *m* ② Angehörige einer Familie; Bevölkerung *f*: 添～ Familienzuwachs bekommen ③ viertens; der (die, das) vierte: ～种维生素 Vitamin D ④ Würfelchen *n*: 黄瓜～ Gurkenwürfel
丁当 dīng dāng ‹象› klirrend; Klingklang *m*
丁点儿 dīngdiǎnr ‹方› Jota *n*; ein kleines bißchen
丁东 dīngdōng ‹象› klingen *vi*; klimpern *vi*; Klang *m*
丁香 dīngxiāng ① Flieder *m* ② Gewürznelkenbaum *m*
丁字 dīngzì T-Form *f*; T-förmig: ～钢 T-Stahl *m*; T-Eisen *n*
疔 dīng bösartiges Geschwür oder Furunkel: ～疮 Geschwür *n*
叮 dīng ① stechen *vt/vi*; Stich *m* ② etw. wiederholt sagen oder fragen, um sich zu vergewissern
叮咛 dīngníng eindringlich ermahnen; j-m etw. einschärfen
叮嘱 dīngzhǔ j-m etw. (wiederholt) einschärfen; j-m immer wieder ins Gewissen reden
盯 dīng starren *vi*; fixieren *vt*; unbeweglich blicken
盯梢 dīngshāo j-n heimlich verfolgen
钉 dīng ① Nagel *m* ② dicht folgen *另见 dìng
钉子 dīngzi Nagel *m*: 碰～ eine Abfuhr bekommen

dǐng

顶 dǐng ① höchster Punkt; Scheitel *m*; Spitze *f*: 山～ Berggipfel *m* 屋～ Dach *n* ② emporschießen *vi*; aufgehen *vi*: 芽把土～起来了。Der Keim sprießt aus der Erde. ③ etw. auf dem Kopf tragen ④ abstützen *vt*; etw. gegen etw. stellen ⑤ vergelten *vt*; ablehnen *vt*: 我～了他几句 Ich gab ihm ein paar scharfe Worte zurück. ⑥ gleichen *vi*; gleichkommen *vi*: 他干活一个～俩。Er arbeitet für zwei. ⑦ ersetzen *vt*; etw. als etw. ausgeben ⑧ äußerst; extrem: ～难 äußerst schwierig ～好 sehr gut ⑨‹量›[用于某些有顶的东西]: 一～帽子 eine Mütze 一～帐子 ein Moskitonetz
顶点 dǐngdiǎn Spitze *f*; Gipfel *m*;

Zenit *m*; Höhepunkt *m*; Höchstpunkt *m*

顶端 dǐngduān Gipfel *m*; Spitze *f*

顶多 dǐngduō meistens; höchstens; bestenfalls

顶梁柱 dǐngliángzhù Säule *f*; Stütze *f*; Rückgrat

顶事 dǐngshì zweckdienlich; nützlich; brauchbar; wirksam: 这药～。Diese Arznei wirkt.

顶替 dǐngtì an j-s Stelle treten; j-n ersetzen: 冒名～ unter fremdem Namen auftreten

顶天立地 dǐng tiān lì dì eine gigantische, ehrfurchteinflößende Gestalt; heroisch; heldenhaft

顶头上司 dǐngtóu shàngsi unmittelbare(r) Vorgesetzte(r)

顶用 dǐngyòng nützen können; von Nutzen sein; zweckdienlich sein

顶住 dǐngzhù Standhalten *vi*; sich behaupten; widerstehen *vi*: ～进攻 dem Angriff standhalten

顶嘴 dǐngzuǐ widersprechen *vi*; scharf entgegnen

鼎 dǐng antikes Kochgefäß mit zwei Handgriffen und drei oder vier Beinen

鼎鼎大名 dǐngdǐng dàmíng prominent; allgemein bekannt; berühmt; große Berühmtheit

鼎沸 dǐngfèi brodeln *vi*: 人声～ Es herrscht ein lärmendes Gebrodel

dìng

定 dìng ① festsetzen *vt*; bestimmen *vt*; beschließen *vt*: ～计划 einen Plan aufstellen ～调子 den Ton angeben ② ruhig; still: 心神不～ innerlich unruhig; zerstreut ③ bestimmt; sicher; gewiß: 我们～可取胜。Wir sind des Sieges sicher.

定案 dìng'àn ① einen Fall entscheiden *vt*; (über einen Plan oder Entwurf) eine endgültige Entscheidung treffen ② endgültige Entscheidung; abschließendes Urteil

定单 dìngdān Bestellblock *m*; Bestelliste *f*

定额 dìng'é Norm *f*; Quote *f*; Soll *n*: 完成生产～ das Produktionssoll erfüllen

定稿 dìnggǎo ① ein Manuskript fertig stellen; einem Manuskript den letzten Schliff geben ② endgültige Fassung

定价 dìngjià ① einen Preis festsetzen ② festgesetzter Preis

定户 dìnghù ① Abonnent *m*; Besteller *m* ② (mit Milch o.ä.) regelmäßig zu beliefernder Haushalt

定见 dìngjiàn endgültige Ansicht; feste Meinung

定睛 dìngjīng die Augen an etw. heften; fixieren *vt*: ～细看 starr und forschend blicken

定居 dìngjū sich niederlassen; sich ansiedeln: ～点 Siedlung *f*

定局 dìngjú feststehen *vi*; schon sicher (*od* gewiß) sein; etw. endgültig entscheiden

定理 dìnglǐ Theorem *n*; Lehrsatz *m*: 基本～ fundamentaler Lehrsatz

定量 dìngliàng festgesetzte Menge; Ration *f*: 实行～供应 (Waren, Lebensmittel usw.) rationieren *vt*

定律 dìnglǜ Gesetz *n*; Regel *f*

定论 dìnglùn endgültige Beurteilung; feststehende Meinung

定期 dìngqī ① einen Termin festsetzen ② periodisch; in regelmäßigen Zeitabständen: ～存款 Termineinlage *f*; befristete Einlage ～刊物 periodische Publikation; Periodikum *n*

定然 dìngrán sicher; gewiß; bestimmt

定神 dìngshén sich fassen; sich (geistig) sammeln; sich aufraffen; sich konzentrieren; aufmerksam

定时炸弹 dìngshí zhàdàn Zeitbombe *f*

定型 dìngxíng die Form festlegen; den Typ festsetzen; typisieren *vt*; Typisierung *f*

定性 dìngxìng die chemische Zusammensetzung einer Substanz bestimmen (*od* analysieren): ～分析 qualitative Analyse

定义 dìngyì Definition *f*: 下～ eine Definition geben; definieren *vt*

定语 dìngyǔ Attribut *n*; Beifügung *f*; nähere Bestimmung: ～从句 Attribut-, Beifügungssatz *m*

定罪 dìngzuì eine Strafe über j-n verhängen; verurteilen *vt*

定做 dìngzuò auf Bestellung anfertigen: ～的衣服 maßgeschneiderte Kleidung

碇 dìng Steinpoller *m*

锭 dìng ① Barren *m*; Block *m*; Ingot *m* ② Spindel *f*

订 dìng ① vereinbaren *vt*; übereinkommen *vi*; festlegen

vt: ～条约 einen Vertrag abschließen ～合同 einen Kontrakt vereinbaren ～计划 einen Plan aufstellen ② (eine Zeitung usw.) abonnieren *vt*; (einen Platz, Fahrkarten usw.) buchen *vt*; (Waren, Güter usw.) bestellen *vt*: ～报 eine Zeitung abonnieren ③ Korrekturen anbringen: 修～ etw. überarbeiten und verbessern ④ binden *vt*; zusammenheften *vt*

订购 dìnggòu bestellen *vt*; einen Lieferauftrag erteilen

订户 dìnghu Abonnent *m*; Besteller *m* ② (mit Milch o.ä.) regelmäßig zu beliefernder Haushalt

订婚 dìnghūn sich mit j-m verloben; eine Verlobung eingehen

订货 dìnghuò (Waren) bestellen *vt*; einen Lieferauftrag erteilen

订正 dìngzhèng Korrekturen vornehmen; revidieren *vi*

订座 dìngzuò Plätze (im Theater, Kino oder Restaurant) reservieren lassen

钉 dìng ① annageln *vt*; einschlagen *vt*: ～钉子 Nägel einschlagen ② annähen *vt*: ～扣子 Knöpfe annähen * 另见 dīng

diū

丢 diū ① verlieren *vt*: 我的钥匙～了。Mein Schlüssel ist verlorengegangen. ② zuwerfen *vt*; wegwerfen *vt*: 把菜叶～给小兔吃 dem Kanichen Gemüseblätter als Futter hinwerfen ③ beiseitelegen *vt*; liegenlassen *vi*: ～在脑后 etw. völlig aus dem Gedächtnis verlieren

丢丑 diūchǒu das Gesicht (*od* die Ehre) verlieren; sich blamieren: 简直是～! Es ist wirklich eine Schande!

丢掉 diūdiào ① verlieren *vt* ② wegwerfen *vt*; fortwerfen *vt*; ablegen *vt*; aufgeben *vt*: ～官气 den bürokratischen Dünkel über Bord werfen

丢脸 diūliǎn das Gesicht verlieren; eine Schmach erleiden

丢面子 diū miànzi das Gesicht verlieren; an Ansehen verlieren

丢弃 diūqì aufgeben *vt*; wegwerfen *vt*; fallenlassen *vt*; j-n / etw. im Stich lassen

丢三落四 diū sān là sì sehr vergeßlich (*od* zerstreut) sein; ein Gedächtnis wie ein Sieb haben

丢失 diūshī verlieren *vt*; verlorengehen *vi*

dōng

东(東) dōng ① Osten *m*; östlich: ～郊 östliche Vorstadt ②Herr *m*; Eigentümer *m*: 房～ Vermieter *m*; Hausbesitzer *m* ③ Gastgeber *m*: 做～ den Gastgeber spielen

东半球 dōngbànqiū östliche Halbkugel (*od* Hemisphäre)

东道 dōngdào Gastgeber *m*: ～主 Gastgeber *m* ～国 Gastgeberland *n*; gastgebender Staat

东家 dōngjia Herr *m*; Chef *m*; Boß *m*

东经 dōngjīng östliche Länge

东拉西扯 dōng lā xī chě nur über belanglose Dinge, aber nicht zum Thema sprechen

东鳞西爪 dōng lín xī zhǎo zusammenhangloses Zeug; Bruchstücke *pl*; fragmentarisch

东山再起 Dōng shān zài qǐ wieder an die Macht kommen

东西 dōngxī Osten und Westen; vom Osten bis zum Westen; ostwestlich

东西 dōngxi ① Ding *n*; Sache *f*; Gegenstand *m*: 她买～去了。Sie ging einkaufen. ② [指人或动物，多含厌恶或喜爱的感情] Ding *n*; Kreatur *f*: 这小～真可爱。Welch ein nettes kleines Ding! 你这个蠢～! Du dummes Ding!

冬 dōng ① Winter *m*: 隆～ tiefster Winter ～季 Winter ② Getrommel *n*; lautes Pochen

冬眠 dōngmián Winterschlaf *m*; Hibernation *f*

冬至 Dōngzhì Wintersonnenwende *f*

dǒng

董 dǒng

董事 dǒngshì Vorstandsmitglied *n*: ～会 Vorstand *m*; Verwaltungsrat *m* ～长 Vorsitzender des Verwaltungsrats; Vorstandsvorsitzende(r)

懂 dǒng verstehen *vt*; begreifen *vt*; (Bescheid) wissen *vt*: ～德语 Deutsch verstehen ～礼貌 sich gut zu benehmen wissen

懂行 dǒngháng sich auf ein Fachgebiet verstehen; sachkundig; kompetent

懂事 dǒngshì intelligent; einsichtig; einsichtsvoll

dòng

动(動) dòng ① sich rühren; sich bewegen: 别～! Rühren Sie sich nicht! ② Aktion *f*; Handlung *f*: 一举一～ jede einzelne Handlung ③ ändern *vt*; verändern *vt*: 搬～ etw. an eine andere Stelle legen 改～ (Wörter, Pläne) ändern ④ gebrauchen *vt*; verwenden *vt*: ～脑筋 sich über etw. Gedanken machen ⑤ anregen *vt*; erregen *vt*; rühren *vt*: ～感情 von seinen Gefühlen hingerissen werden

动不动 dòngbudòng leicht; häufig; beim kleinsten Anlaß: ～就发脾气 beim geringsten Anlaß gleich in Wut geraten

动产 dòngchǎn bewegliches Eigentum; mobile Habe; Mobilien *pl*

动词 dòngcí Verb *n*; Tätigkeitswort *n*

动荡 dòngdàng Unruhe *f*; Umwälzung *f*

动画片 dònghuàpiàn Zeichentrickfilm *m*

动机 dòngjī Beweggrund *m*; Motiv *n*: 出于自私的～ aus selbstsüchtigen Motiven

动静 dòngjìng ① Geräusch *n* (einer Bewegung): 屋子里一点没有～。Im Zimmer nichts rührt sich. ② Geschehen *n*; Vorkommnis *n*: 没有特别的～ keine besonderen Vorkommnisse

动力 dònglì ① Kraft *f*; Energie *f* ② Triebekraft *f*; Antrieb *m*

动乱 dòngluàn Unruhe *f*; Aufruhr *m*; Wirren *pl*: 社会～ soziale Unruhe ～年代 Jahre des Aufruhrs; chaotische Jahre

动脉 dòngmài Schlagader *f*; Arterie *f*

动气 dòngqì 〈口〉 sich ärgern; wütend werden

动情 dòngqíng ① aufgewühlt sein; sich aufregen; von Leidenschaft erfüllt ② sich verlieben

动人 dòngrén bewegend; rührend: ～的情景 ergreifender Anblick

动身 dòngshēn aufbrechen *vi*; sich auf den Weg machen

动手 dòngshǒu ① die Arbeit beginnen; sich an die Arbeit machen ② berühren *vt*; anfassen *vt* ③ Schläge austeilen; losschlagen *vi*: 谁先～的? Wer hat zuerst losgeschlagen?

动手术 dòngshǒushù ① eine Operation vornehmen; j-n operieren ② sich einer Operation unterziehen

动态 dòngtài Tendenz *f*; Trend *m*; Entwicklung *f*: 科技新～ neue Entwicklungen in Wissenschaft und Technik

动听 dòngtīng interessant; wohlklingend; sich gut anhören; schön klingen

动武 dòngwǔ zu Gewaltmaßnahmen greifen; Gewalt anwenden

动物 dòngwù Tier *n*: ～界 Tierreich *n* ～园 Zoo *m*; zoologischer Garten

动向 dòngxiàng Trend *m*; Entwicklungstendenz *f*

动心 dòngxīn bewegt; ergriffen; zu Herzen gehen

动摇 dòngyáo ① schütteln *vt*; erschüttern *vt* ② wanken *vi*; schwanken *vi*

动议 dòngyì Antrag *m*; Vorschlag *m*: 提出一项～ einen Antrag vorlegen

动用 dòngyòng verwenden *vt*; gebrauchen *vt*; in Gebrauch nehmen: ～库存 auf den Vorrat zurückgreifen

动员 dòngyuán mobilisieren *vt*; (militärisch) mobilmachen *vt*

动辄 dòngzhé 〈书〉 leicht; häufig; beim kleinsten Anlaß: ～得咎 beim geringsten Anlaß getadelt werden

动作 dòngzuò sich bewegen; Bewegung *f*: ～敏捷 sich flink bewegen

冻(凍) dòng ① frieren *vi*; gefrieren *vi*; einfrieren *vi*: 水～了。Das Wasser ist gefroren. ～肉 Gefrierfleisch *n* ② frösteln *vi*; frieren *vi*: 穿暖和些, 别～着了。Zieh dich warmer an, damit du nicht frierst.

冻冰 dòngbīng frieren *vi*; zu Eis werden: 河上～了。Der Fluß ist zugefroren.

冻疮 dòngchuāng Frostbeule *f*

冻僵 dòngjiāng steif gefroren; starr vor Kälte

冻结 dòngjié ① frieren *vi*; erstarren *vi* ② einfrieren *vt*: 工资～ Löhne einfrieren

冻死 dòngsǐ erfrieren *vi*; durch Frieren absterben

栋(棟) dòng 〈量〉: 一～楼房 ein Gebäude

栋梁 dòngliáng Firstbalken und Gebälk — die Stützen des Staates

洞 dòng Loch *n*; Höhle *f*; Grotte *f*

洞察 dòngchá durchschauen *vt*; etw. klar erkennen: ～力 Einsicht *f*; Scharfblick *m*

洞房 dòngfáng Brautgemach *n*; Brautkammer *f*

洞若观火 dòng ruò guān huǒ völlige Klarheit gewinnen; sich genau auskennen

洞悉 dòngxī etw. klar wissen; etw. gründlich verstehen

洞穴 dòngxué Höhle *f*; Grotte *f*

恫 dòng

恫吓 dònghè drohen *vi*; bedrohen *vt*; einschüchtern *vt*

dōu

都 dōu 〈副〉 ① all; ganz; sämtlich: 大家～到了吗? Sind alle da? ② [跟"是"字合用，说明理由] dank, wegen: ～是你老磨蹭，害得我们迟到了。 Wegen deiner Langsamkeit haben wir uns verspätet. ③ sogar; noch: 今天中午比早晨～冷。Heute mittags ist es noch kälter als am Morgen. ④ bereits; schon: 他～八十岁了，身子骨还那么硬朗。Er ist schon achtzig, aber noch kerngesund *另见 dū

兜 dōu ① Tasche *f*; Tüte *f*: 网～儿 Einkaufsnetz *n* ② (in ein Tuch oder in Papier) einpacken *vt*; einwickeln *vt*; einschlagen *vt* ③ für etw. werben; feilbietn *vt*: ～售 mit etw. hausieren gehen

兜风 dōufēng ① (Wind) abhalten ②(mit dem Auto, Segelboot usw.) eine Spritztour machen

兜揽 dōulǎn ① locken *vt*; anlokken *vt*; werben *vi*: ～生意 Kunden anlocken ② an sich reißen

兜圈子 dōu quānzi ① kreisen *vi*; im Kreis herumgehen ② (beim Sprechen) nicht über das Wesentliche reden

dǒu

斗 dǒu ① *Dou n* (Hohlmaß-Einheit = 1 Dekaliter) ② scheffelförmiger Gegenstand: 烟～ Pfeife *f* 漏～ Trichter *m* *另见 dòu

斗胆 dǒudǎn 〈谦〉 sich die Freiheit nehmen; sich erlauben; wagen *vi*

斗笠 dǒulì breitkrempiger Bambushut

斗篷 dǒupéng Umhang *m*; Cape *n*

斗室 dǒushì 〈书〉 winziges Zimmer; kleine Kammer; Kämmerchen *n*

抖 dǒu ① zittern *vi*; beben *vi*; schaudern *vi*: 浑身直～ am ganzen Körper zittern ② schütteln *vt*; abschütteln *vt*: 把衣服上的雪～掉 Schnee von einem Kleidungsstück abschütteln ③ wachrütteln *vt*; aufrütteln *vt*: ～起精神 sich aufraffen ⑤ ein emporkömmling sein; sich groß tun: ～威风 sich wichtig tun

抖动 dǒudòng schütteln *vt*; zittern *vi*

抖擞 dǒusǒu sich aufraffen; sich zusammenreißen: 精神～ voller Energie; frisch und Munter

陡 dǒu ① steil; abschüssig: 山～路险。Der Berg ist steil und der Weg gefährlich. ② plötzlich; jäh: 天气～变。Das Wetter ist unversehens umgeschlagen

陡峻 dǒujùn hoch und steil

陡峭 dǒuqiào steil; schroff; abschüssig

陡然 dǒurán plötzlich; ganz unerwartet: ～下降 plötzlich herunterfallen

dòu

斗(鬥) dòu ① kämpfen *vi*; streiten *vi*; ringen *vi*; Kampf *m*: ～智 einander überlisten ② sich mit j-m messen; mit j-m wetteifern: 我哪里能～得过你呢? Wie könnte ich dich überlisten? ③ Tierkämpfeveranstalten: ～蟋蟀 Grillen kämpfen lassen *另见 dǒu

斗争 dòuzhēng kämpfen *vi*; bekämpfen *vt*; Kampf *m*: 跟错误意见作～ eine falsche Meinung bekämpfen

斗志 dòuzhì Kampfwille *m*; Kampfgeist *m*: ～昂扬 voller Kampfgeist sein

豆 dòu Bohne *f*: 大～ Sojabohne *f* 蚕～ Saubohne *f* 豌～ Erbse *f*

豆腐 dòufu Bohnenkäse *m*

豆制品 dòuzhìpǐn Eßwaren aus Bohnen

痘 dòu ① Pocken *pl*; Blattern *pl* ② Pockenimpfpusteln *pl*

痘苗 dòumiáo Pockenimpfstoff *m*

逗 dòu ① necken *vt*; sich belustigen; sich amusieren ② (zum Lachen, Liebhaben usw.) reizen *vt* ③ spaßhaft; komisch; j-n zum Lachen bringen ④ verweilen *vi*; sich aufhalten; Aufenthalt *m*
逗号 dòuhào Komma *n* (,)
逗留 dòuliú bleiben *vi*; verweilen *vi*; sich aufhalten
逗弄 dòunong foppen *vt*; sich über j-n lustig machen; hänseln *vt*: 他～你呢。Er hält dich zum besten.
逗趣儿 dòuqùr Spaß machen; necken *vt*

dū

都 dū ① Hauptstadt *f*; Metropole *f* ② Großstadt *f*; Metropole *f*: 通～大邑 Metropolen *pl* * 另见 dōu
都城 dūchéng Hauptstadt *f*; Metropole *f*
都会 dūhuì Großstadt *f*; Metropole *f*
都市 dūshì Großstadt *f*; Metropole *f*
嘟 dū ① <象> hupen *vi*; tuten *vi*; „tüt": 汽车喇叭～～响。Das Auto hupt. ② (Lippen) vorstülpen; schürzen
嘟哝 dūnóng murmeln *vi*; murren *vi*; knurren *vi*; mürrisch vor sich hinbrummen
督 dū überwachen *vt*; beaufsichtigen *vt*; leiten *vt*; verwalten *vt*: ～战 die Schlacht leiten
督察 dūchá inspizieren *vt*; beaufsichtigen *vt*
督促 dūcù anspornen *vt*; antreiben

dú

毒 dú ① Gift *n*; Giftstoff *m*; Toxikum *n*: 服～ Gift nehmen; sich vergiften 投～ Gift in etw. mischen ② Rauschgift *n*; Droge *f*: 吸～ Rauschgift (*od* Drogen) nehmen ③ giftig: ～箭 Giftpfeil *m* ④ j-n/etw. durch Gift töten; vergiften *vt*: ～老鼠 Ratten und Mäuse vergiften ⑤ grausam; brutal; rücksichtslos: 这个人心肠真～! Wie grausam dieser Kerl war!
毒草 dúcǎo giftiges Unkraut; Giftkraut *n*
毒害 dúhài vergiften *vt*; verderben *vi*
毒计 dújì gefährliches Komplott; tödliche Falle; üble Machenschaften
毒辣 dúlà grausam; brutal; rücksichtslos
毒气 dúqì Giftgas *n*
毒蛇 dúshé Giftschlange *f*
毒手 dúshǒu mörderischer Plan; Mord *m*: 下～ einen Mord begehen
毒死 dúsǐ j-n durch Gift töten; vergiften *vt*
毒药 dúyào Gift *n*; Toxikum *n*
渎(瀆) dú <书> mißachten *vt*; nachlässig behandeln: 亵～ entweihen *vt*; entheiligen *vt* ～职 Pflichtverletzung im Amt; seine Pflichten vernachlässigen
读(讀) dú ① laut lesen; vorlesen *vi/vt*: 朗～课文 einen Text laut lesen ② lesen *vi/vt*: ～一本书 ein Buch lesen ③ lernen *vi*; studieren *vi*: 在学校～书 in einer Schule lernen
读本 dúběn Lesebuch *n*; Reader *m*
读书 dúshū ① lesen *vi/vt*; vorlesen *vi/vt* ② lernen *vt*; studieren *vt*
读数 dúshù Ablesung *f*; Anzeige *f*; Ablesewert *m*: 温度计～ Thermometeranzeige *f*
读物 dúwù Lektüre *f*; Lesestoff *m*; Literatur *f*: 儿童～ Kinderbücher *pl*; Kinderliteratur *f*
读音 dúyīn Aussprache *f*
读者 dúzhě Leser *m*; Leserkreis *m*
黩(黷) dú ① lästern *vt*; besudeln *vt*; beflekken *vt* ② leichtfertig; willkürlich
黩武 dúwǔ kriegslüstern: 穷兵～ Aufrüstung und Kriegstreiberei; kriegslustig
椟(櫝) dú ① hölzernes Schreibtäfelchen (in alten Zeiten) ② Urkunde *f*; Akte *f*; Brief *m*; Dokument *n*
髑 dú
髑髅 dúlóu <书> Totenkopf *m*; Totenschädel *m*
独(獨) dú ① einzig; allein: ～子 einziger Sohn ② allein; in Einsamkeit: ～居 allein leben
独霸 dúbà allein über etw. herrschen; monopolisieren *vt*: ～一方 despotisch über eine Region

herrschen
独白 dúbái Monolog *m*
独裁 dúcái Diktatur *f*; Autokratie *f*; Alleinherrschaft *f*: ～政治 diktatorisches Regime
独唱 dúchàng Solo *n*; ein Solo singen
独出心裁 dú chū xīn cái eigene Vorstellungen entwickeln; originell
独创 dúchuàng originelle Schöpfung: ～性 Originalität *f* ～一格 einen eigenen Stil schaffen
独断 dúduàn willkürlich; eigenmächtig; diktatorisch: ～独行 eigenmächtig handeln; Willkür *f*
独角戏 dújiǎoxì Ein-Mann-Theater *n*; Monodrama *n*: 唱～ etw. ganz allein machen
独揽 dúlǎn sich etw. anmaßen; monopolisieren *vt*: ～大权 die ganze Macht an sich reißen
独立 dúlì ① Unabhängigkeit *f*; Selbständigkeit *f*: ～自主 Selbständig; unabhängig ～思考 selbständig denken ② allein stehen
独木桥 dúmùqiáo ① Einbaumbrücke *f* ② schwerer Weg
独幕剧 dúmùjù Einakter *m*
独身 dúshēn ① ledig; unverheiratet ② von seiner Familie getrennt (leben): ～在外 fern von Zuhause in der Fremde leben
独树一帜 dú shù yī zhì seinen eigenen Weg gehen; eine neue Richtung (in Wissenschaft, Kunst) begründen
独特 dútè einzigartig; speziell-: ～的风格 einzigartiger Stil
独一无二 dú yī wú èr einzig und allein; dazu gibt es keine Parallele
独占 dúzhàn monopolisieren *vt*; (etw.) mit Beschlag belegen
独奏 dúzòu Solo *n*: 钢琴～ Klaviersolo *n*

dǔ

堵 dǔ ① stopfen *vt*; verstopfen *vt*; versperren *vt*: 别～着门! Nicht den Eingang versperren! ② erstickend; drückend; beklemmend ③ 〈量〉 一～墙 ein Mauerwerk
堵塞 dǔsè verstopfen *vt*; zustopfen *vt*; versperren *vt*: 交通～ Verkehrsstockung *f* ～漏洞 ein Loch zustopfen; eine Lücke füllen
堵嘴 dǔzuǐ j-m den Mund verbieten (*od* stopfen); j-n zum Schweigen bringen
睹 dǔ sehen *vt*; wahrnehmen *vt*: 亲眼目～ etw. mit eigenen Augen gesehen haben Augenzeuge von etw. sein
赌 dǔ ① Hasardspiel *n*; um Geld spielen ② wetten *vi*/*vt*; eine Wette eingehen: 打～ auf etw. wetten
赌博 dǔbó Glücks-, Hasardspiel *n*
赌场 dǔchǎng Kasino *n*; Spielhölle *f*; Spielbank *f*
赌气 dǔqì beleidigt tun; den Gekränkten spielen
赌钱 dǔqián um Geld spielen
赌咒 dǔzhòu beschwören *vt*; auf etw. schwören
赌注 dǔzhù Spieleinsatz *m*
笃(篤) dǔ ① treu; treuherzig; von ganzem Herzen; mit Leib und Seele ② (von einer Krarkheit) kritisch; schwer; bösartig: 病～ ernstlich krank sein
笃实 dǔshí ① redlich; ehrlich ② solid; fest: 他学问～。Er hat ein solides Wissen
笃信 dǔxìn an etw. fest glauben; Frömmigkeit *f*; frommer Glaube
笃学 dǔxué fleißig lernen; sich intensiv seinen Studien widmen
肚 dǔ (～子) Kaldaunen *pl*; Kutteln *pl* * 另见 dù

dù

度 dù ① Längenmaß *n* ② Intensitätsgrad *m*: 硬～ Härtegrad *m*; Härte *f* 密～ Dichtigkeit *f*; Dichte *f* ③ Maßeinheit von Winkeln, Temperaturen u. ä.; 宽～ Breite *f* 长～ Länge *f* 零下三～。Minus drei Grad (Temperatur) 北纬三十八度 auf 38 Grad nördlicher Breite 这种酒五十度 Dieser Schnaps enthält 50% Alkohol. ④ Kilowattstunde *f* (kWh) ⑤ Grenze *f*; Höhe *f*; Grad *m*: 劳累过～ überanstrengt; überarbeitet ⑥ Toleranz *f*; Großherzigkeit *f*: 大～包容 tolerant gegen etw./j-n; großzügig ⑦ Erwägung *f*; Berücksichtigung *f*: 把个人安危置之～外 seine persönliche Sicherheit außer acht lassen ⑧ Mal *n*; -mal: 再～ ein zweites Mal; noch einmal 一年一～ einmal im Jahr ⑨ verbringen *vt*; zubringen *vt*: ～假 Ferien (*od* den Urlaub) verbrin-

gen 虚～年华 die Zeit vertun
*另见 duó

度量 dùliàng Großmut *f*; Toleranz *f*: ～大 weitherzig; großzügig ～小 engherzig; kleinlich

度量衡 dùliànghéng Größe, Menge und Gewicht; Gewichts- und Mengenmaße

度日 dùrì sich kümmerlich durchschlagen; sein Leben fristen: ～如年 vor Ungeduld fast vergehen; ein trauriges Dasein fristen

度数 dùshu Grad *m* (bei Maßangaben); Ablesung *f*; Anzeige *f*; Skalenwert *m*

渡 dù ① übersetzen *vi*; überqueren *vt*: ～河 einen Fluß überqueren; über einen Fluß setzen ② (hin)übersetzen *vt* ③ über etw. hinwegkommen; überwinden *vt*; durchkommen *vi*: ～过难关 über Schwierigkeiten hinwegkommen ④ Fährstelle *f*; Übergang

渡船 dùchuán Fähre *f*; Fährboot *n*

渡口 dùkǒu Übergang *m*; Überfahrtsstelle *f*

渡轮 dùlún Fähre *f*; Fährschiff *n*

镀 dù plattieren *vt*; mit Metall überziehen: 电～ Elektroplattieren *n*; Galvanisierung *f* ～金 Vergolden *n*; Gddauflage *f*

杜 dù versperren *vt*; stopfen *vt*: ～门谢客 keinen Besuch empfangen

杜绝 dùjué unterbinden *vt*; verbieten *vt*; stoppen *vt*; etw. unmöglich machen: ～弊端 allen korrupten Praktiken ein Ende setzen

杜撰 dùzhuàn erdichten *vt*; erfinden *vt*; Fiktion *f*

肚 dù Bauch *m*; Leib *m*
*另见 dǔ

肚皮 dùpí Bauch *m*

肚脐 dùqí Nabel *m*

妒 dù neiden *vt*; eifersüchtig; neidisch

妒忌 dùjì neiden *vt*; Neid gegen j-n hegen

duān

端 duān ① Ende *n*; Rand *m*; Extrem *n*; Spitze *f*: 两～ beide Enden 岛的南～ südliche Spitze der Insel ② Anfang *m*; Beginn *m*: 开～ Anfang; *m* Beginn *m* ③ Grund *m*; Ursache *f*; Anlaß *m*: 无～ grundlos ④ Punkt *m*: 变化多～ wechselhaft; wechselvoll ⑤ aufrecht; richtig: 品行不～ schlechtes Benehmen; unaufrichtiges Betragen ⑥ waagerecht halten; tragen *vt*: ～盘子 ein Servierbrett tragen ～饭上菜 das Essen auftragen

端量 duānliáng j-n genau ansehen; j-n von oben bis unten mustern

端倪 duānní erstes Anzeichen; Andeutung *f*; Schlüssel zu einer Sache; Anhaltspunkt *m*: 略有～。Es gibt schon eine Spur.

端详 duānxiáng ① Einzelheiten *pl*; Details *pl*: 细说～ genaue Einzelheiten angeben ② würdevoll und ruhig: 举止～ sich würdevoll und gelassen geben

端正 duānzhèng ① aufrecht; ordentlich: 五官～ regelmäßig geschnittenes Gesicht ② einwandfrei; solide; anständig: 品行～ anständiges Benehmen ③ berichtigen *vt*; verbessern *vt*: ～思想 seine Geisteshaltung berichtigen

端庄 duānzhuāng würdevoll; erhaben; gesittet: 举止～ sich würdevoll betragen

duǎn

短 duǎn ① kurz: 请说得简～些。Fasse dich bitte kurz! ② fehlen *vi*; mangeln *vi*; schuldig: 理～ im Unrecht sein ～斤缺两 nicht das volle Gewicht abwiegen ③ Fehler *m*; schwache Seite: 说长道～ über andere klatschen 揭人的～儿 j-s Schwäche bloßstellen

短兵相接 duǎnbīng xiāngjiē Mann gegen Mann kämpfen; Nahkampf *m*

短波 duǎnbō Kurzwelle *f*

短处 duǎnchu Schwäche *f*; Fehler *m*

短促 duǎncù kurz; von kurzer Dauer

短见 duǎnjiàn ① beschränkte Auffassung; Kurzsichtigkeit *f* ② Selbstmord *m*: 寻～ Selbstmord begehen

短裤 duǎnkù Shorts *pl*; Unterhose *f*

短路 duǎnlù Kurzschluß *m*

短命 duǎnmìng jung sterben; kurzlebig

短跑 duǎnpǎo Kurzstreckenlauf *m*

短篇小说 duǎnpiān xiǎoshuō Erzählung *f*

短期 duǎnqī kurze Zeit; kurze Frist: ～贷款 kurzfristiger Kredit
短浅 duǎnqiǎn engstirnig; borniert: 目光～ kurzsichtig 见识～ Borniertheit *f*
短缺 duǎnquē knapp an etw.; mangeln *vi*
短小 duǎnxiǎo kurz und klein; klein: 身材～ klein von Wuchs; von kleiner Statur
短小精悍 duǎnxiǎo jīnghàn ① kurz und prägnant; prägnanter Stil ② klein aber leistungsfähig
短语 duǎnyǔ Phrase *f*; Wendung *f*
短暂 duǎnzàn von kurzer Dauer; kurz; vorübergehend

duàn

断(斷) duàn ① brechen *vi*/*vt*; zerbrechen *vt*; knicken *vi*/*vt*: 竹竿～了。Die Bambusstange ist entzwei. 绳子～了。Das Seil ist abgerissen. ② abbrechen *vt*; abschneiden *vt*: ～水 die Wasserversorgung unterbrechen ③ j-m etw. abgewöhnen; aufgeben *vt*; unterlassen *vt* ④ urteilen *vi* entscheiden *vi*/*vt*: 当机立～ rechtzeitig eine Entscheidung treffen ⑤ 〈书〉〈副〉[只用于否定式] kategorisch; absolut; durchaus: ～不可信 absolut unglaublich ～无此理 absolut unmöglich
断肠 duàncháng gebrochenen Herzens; tiefstes Leid
断炊 duànchuī am Hungertuch nagen; nichts zu essen haben
断定 duàndìng folgern *vt*; eine Schlußfolgerung ziehen; aus etw. schließen
断断续续 duànduànxùxù dann und wann; mit Unterbrechungen; ab und zu; intermittierend
断根 duàngēn vollkommen geheilt
断交 duànjiāo ① einer Freundschaft ein Ende setzen ② diplomatische Beziehungen abbrechen
断句 duànjù klassische Schriftstükke interpunktieren
断绝 duànjué abbrechen *vt*; abschneiden *vt*: ～外交关系 diplomatische Beziehungen abbrechen ～交通 den Verkehr unterbrechen (*od* sperren)
断气 duànqì seinen letzten Atemzug tun; sterben *vi*
断然 duànrán ① entschieden; energisch; kategorisch: ～拒绝 eindeutig ablehnen; ein klares Nein sagen ② drastisch; resolut: 采取～措施 drastische Maßnahmen ergreifen
断送 duànsòng verlieren *vt*; ruinieren *vt*; einbüßen *vt*: ～前程 seine Zukunft ruinieren
断头台 duàntóutái Guillotine *f*; Fallbeil *n*
断言 duànyán [mit Bestimmtheit sagen; nachdrücklich behaupten; kategorisch erklären
断语 duànyǔ Schluß *m*; Schlußfolgerung *f*; Urteil *n*
断章取义 duàn zhāng qǔ yì aus dem Zusammenhang reißen; den Sinn (eines Textes oder einer Rede) verdrehen
段 duàn 〈量〉 Teil *m*; Stück *n*; Strecke *f*; Abschnitt *m*: 一～铁路 eine Eisenbahnstrecke 一～时间 eine Zeitlang; eine Zeitspanne
段落 duànluò ① Paragraph *m*; Abschnitt *m* ②Phase *f*; Stadium *n*
煅 duàn schmieden *vt*: ～铁 Eisen schmieden
锻 duàn schmieden *vt*
锻工 duàngōng ① Schmieden *n* ② Schmied *m*
锻炼 duànliàn ① sich stählen; Sport treiben: ～身体 sich körperlich abhärten ② abhärten *vt* stählen *vt*; trainieren *vt*
缎 duàn Atlas *m*; Atlasgewebe *n*; Satin *m*

duī

堆 duī ① häufen *vt*; aufstapeln *vt*; auftürmen *vt*: 桌子上～满了书。Auf dem Tisch liegen Stapel von Bücher. ② Haufen *m*; Stapel *f*: 土～ Erdhaufen *m* ③ 〈量〉 Haufen *m*; Menge *f*: 一～垃圾 ein Müllhaufen
堆放 duīfàng häufen *vt*; stapeln *vt*; aufschichten *vt*
堆积 duījī häufen *vt*; aufstapeln *vt*; auftürmen *vt*: ～如山 sich zu Bergen auftürmen
堆砌 duīqì mit schmückenden Ausdrücken überladen; schwülstig schreiben

duì

兑 duì wechseln *vt*; umtauschen *vt*: 承～ (einen Wechsel) akzeptieren *vt*

兑换 duìhuàn umwechseln *vt*; umtauschen *vt*: ～率 Wechselkurs *m*

兑现 duìxiàn ① einlösen *vt* ② erfüllen *vt*; halten *vt*: 说话不～ sein Versprechen nicht halten

对(對) duì ① antworten *vi*; entgegnen *vi*; erwidern *vt*: 无言以～ um eine Antwort verlegen sein ② gegenüberliegen *vi*; gerichtet auf ...: ～坐 einander gegenübersitzen ～岸 gegenüberliegendes Ufer ③ zwei Dinge in Kontakt bringen; etw. ineinander fügen; gut passen: ～胃口 j-m angenehm; ganz nach j-s Geschmack ④ vergleichen *vt*; identifizieren *vt*; genau prüfen: ～笔迹 die Handschrift identifizieren ～表 die Uhr stellen ⑤ richtig; korrekt; stimmen *vi*: 猜～了 etw. richtig erraten 你的话很～。Was Sie sagen, ist richtig. ⑥ 〈量〉 Paar *n*: 一～花瓶 ein Paar Vasen 一～夫妇 ein Ehepaar ⑮ 〈介〉～敌狠,～己和 Haß den Feinden, Friede den eigenen Genossen

对白 duìbái Dialog *m*; Bühnendialog *m*

对半 duìbàn ① Hälfte *f*; je zur Hälfte: ～儿分 halbieren *vt*; etw. in zwei gleiche Hälften teilen ② doppelt: ～儿利 doppelter Profit

对比 duìbǐ vergleichen *vt*; gegenüberstellen *vt*; Verhältnis: 敌我力量的～ das Kräfteverhältnis zwischen uns und dem Feind

对不起 duìbuqǐ ① 〈套〉 Verzeihung!; Pardon!; es tut mir leid!: ～,给你添麻烦了。Es tut mir leid, Ihnen Mühe gemacht zu haben. ② schuldig werden; sich nicht rechtfertigen können vor

对策 duìcè Gegenmaßnahme *f*

对称 duìchèn Symmetrie *f*; symmetrisch

对答 duìdá antworten *vi*; erwidern *vt*; entgegnen *vi*: ～如流 auf jede Frage eine Antwort wissen; schlagfertig

对待 duìdài sich gegenüber ... verhalten; behandeln *vt*; mit ... umgehen

对得起 duìdeqǐ sich würdig erweisen; j-m ehrlich (*od* aufrichtig) begegnen

对等 duìděng Gleichheit *f*; Parität *f*; ebenbürtig: 在～的基础上 auf der Basis der Gleichheit

对调 duìdiào umtauschen *vt*; wechseln *vt*: ～工作 die Arbeitsplätze tauschen

对方 duìfāng Gegenpartei *f*; die andere Seite

对付 duìfù ① behandeln *vt*; begegnen *vi*: ～敌人 dem Feind begegnen ② sich begnügen; sich behelfen: 这件大衣暂时～着穿 sich vorübergehend mit diesem Mantel behelfen

对号 duìhào die Nummer kontrollieren; auf die Nummer achten: ～入座 den numerierten Platz einnehmen

对话 duìhuà Dialog *m*; Gespräch *n*

对劲儿 duìjìnr ① j-s Geschmackentsprechen; nach j-s Geschmack sein ② einander gut verstehen; ähnliche Neigungen haben

对开 duìkāi ① aneinander vorbeifahren ② in zwei Hälften teilen; halbieren *vt* ③ Folio *n*: ～本 Folioband *m*

对抗 duìkàng ① Antagonismus *m*; Konfrontation *f* ② sich widersetzen; entgegentreten *vi*

对立 duìlì Gegensatz *m*; antagonistisch; entgegengesetzt; im Gegensatz zueinander stehen: ～情绪 Antagonismus *m*; Widerstreit *m* ～物 Antithese *f*; Widerpart *m*

对联 duìlián Spruchpaar *n* (geschrieben auf Schriftrollen); Spruchrollen *pl*

对路 duìlù den Anforderungen entsprechen; passend

对门 duìmén ① (von zwei Häusern) gegenüberliegend ② das Gebäude (bzw. Zimmer) gegenüber

对面 duìmiàn ① gegenüberliegend; gegenüber: 他住在我家～。Er wohnt mir gegenüber. ② direkt vor j-m: ～来了一条狗。Ein Hund kam direkt auf uns zu. ③ von Angesicht zu Angesicht: 他俩～坐着。Beide saßen sich gegenüber.

对牛弹琴 duì niú tánqín einer Kuh die Laute vorspielen; tauben Ohren predigen

对手 duìshǒu ① Gegner *m*; Rivale *m* ② einer, der j-m ebenbürtig ist: 他体力上不是你的～。Er ist dir an Kraft nicht ebenbürtig.

对台戏 duìtáixì Konkurrenzveranstaltung *f*; Kampf von Rivalen um Einfluß: 唱～ mit j-m rivalisieren

对头 duìtóu ① richtig; geeignet:

方法～，效率就高。Geeignete Methoden führen zu hohen Leistungen. ② ［多用于否定］ normal; recht: 他的脸色不～。Er sieht schlecht aus.

·对头 duìtou ① Feind *m*: 死～ **Todfeind *m*** ② Gegner *m*; Widersacher *m*; Rivale *m*

对外 duìwài äußerlich; auswärtig; extern; nach außen: ～贸易 Außenhandel *m*

对象 duìxiàng ① Objekt *n*; Gegenstand *m*: 研究～ Gegenstand des Studiums ② Freund bzw. Freundin; Verlobte(r)

对应 duìyìng entsprechend; gleichnamig; gleichwertig; übereinstimmend: ～词 Äquivalent *n*

对于 duìyú 〈介〉 gegenüber; im Verhältnis zu: ～公共财产，我们应该爱惜。Wir müssen mit dem Volkseigentum sorgsam umgehen.

对照 duìzhào Kontrast *m*; Vergleich *m*; gegenüberstellen *vt*

对症下药 duì zhèng xià yào die richtige Maßnahme ergreifen

对质 duìzhì gegenüberstellen *vt* eine Gegenüberstellung vornehmen

对峙 duìzhì sich gegenüberstehen; miteinander konfrontiert: 武装～ militärische Konfrontation

队(隊) duì ① (Menschen) in Reih und Glied: 站～ antreten *vi*; sich aufstellen 排成两～ sich in zwei Reihen aufstellen ② Gruppe *f*; Mannschaft *f*; Team *n*: 篮球～ Basketballmannschaft *f* 军乐～ Militärkapelle *f*

队伍 duìwǔ ① Armee *f*; Armee-Einheit *f* ② Reihe *f*; Kolonne *f*; Zug *m*; Kontingent *n*

队形 duìxíng Formation *f*: 成战斗～ in Kampfformation

队员 duìyuán Mannschaftsmitglied *n*; Mitglied eines Teams

队长 duìzhǎng Gruppenleiter *m*

dūn

敦 dūn ehrlich; aufrichtig: ～请 herzlich einladen

敦促 dūncù j-n aufrichtig drängen; antreiben *vt*

敦厚 dūnhòu ehrlich; aufrichtig; rechtschaffen

敦实 dūnshi ① klein von Wuchs, aber stark; stämmig ② ehrlich; verläßlich

墩 dūn ① Erdhügel *m*; Erdhaufen *m*: 土～ Erdhügel *m* ② Block *m*: 树～ Baumstumpf *m* 桥～ Brückenpfeiler *m* 菜～子 Hackklotz *m*

墩布 dūnbù Mop *m*

吨(噸) dūn Tonne *f*

吨位 dūnwèi Tonnage *f*

蹲 dūn ① sich niederhocken ② hocken *vi*; untätig bleiben: ～在家里 zu Hause herumhocken

蹲点 dūndiǎn sich an die Basis begeben

dǔn

盹 dǔn Nickerchen *n*; Schlummer *m*: 打～儿 dösen *vi*; ein Nickerchen machen

趸(躉) dǔn ① en gros; in großen Mengen ② Engros-Einkauf *m*: ～货 Waren en gros einkaufen

趸船 dǔnchuán Ponton *m*; Brückenschiff *n*; Landungsbrücke *f*; Landungssteg *m*

dùn

炖 dùn ① schmoren *vt*; langsam kochen: ～鸡 geschmortes Huhn ② (in einem heißen Wasserbad) aufwärmen *vt*: ～酒 Reiswein erhitzen

顿 dùn ① Pause *f* ② arrangieren *vt*; unterbringen *vt*: 安～ unterbringen *vt* ③ mit dem Fuß auf die Erde schlagen: ～足 mit den Füßen aufstampfen ④ sofort; plötzlich; auf einmal: ～开茅塞 j-m geht ein Licht auf ⑤ 〈量〉 一天三～饭 täglich drei Mahlzeiten 挨了一～打 eine Tracht Prügel bekommen haben

顿挫 dùncuò rhetorische Pause; Kunstpause *f*: 抑扬～ (im Vortrag) ausdrucksvoll durch rhythmisches und in der Stimmung variierendes Sprechen

顿号 dùnhào Interpunktionszeichen (、) (in Aufzählungen oder gereihten Redewendungen gebraucht)

顿时 dùnshí plötzlich; auf einmal

囤 dùn Getreidebehälter *m* (geflochten aus Bambus, Weidengerte oder Stroh zum Aufbewahren von Getreide) *另见 tún

钝 dùn ① stumpf; nicht schneidend ② stumpfsinnig; schwerfällig: 迟～ schwerfälliges Geistes sein

盾 dùn ① Schild *n* ② schildförmig

遁 dùn fliehen *vi*; flüchten *vi*; die Flucht ergreifen

遁词 dùncí Ausrede *f*; Vorwand *m*; Ausflucht *f*

duō

咄 duō pfui

咄咄逼人 duō duō bī rén sich aggressiv verhalten; in aggressivem Ton; herausfordernd

咄咄怪事 duōduō guàishì was für eine sonderbare Sache; wie merkwürdig das ist

多 duō ① viel; eine Menge; eine große Anzahl: 我还有许多事要办。Ich habe noch vielerlei zu tun. ② mehr (als die korrekte oder verlangte Anzahl); zu viel: 这句～一个字。In diesem Satz steht ein Wort zu viel ③ übermäßig; zu viel: ～疑 über empfindlich ④ mehr als; länger als: 三个～月 mehr als drei Monate 六十～岁 über 60 Jahre ⑤ viel mehr; weit mehr: 病人今天好～了。Dem Patienten geht es heute viel besser. ⑥ 〈副〉[表示程度]: 他～大年纪了? Wie alt ist er? 看他～精神! Schau dir nur seine Energie an!

多半 duōbàn ① der größere Teil; meist; zum größten Teil ② höchstwahrscheinlich; vermutlich; anscheinend

多边 duōbiān multilateral; mehrseitig: ～会谈 mehrseitige Gespräche ～贸易 multilateraler Handel

多变 duōbiàn wechselhaft; unbeständig; veränderlich: ～的天气 unbeständiges Wetter 性情～ launenhaft

多才多艺 duō cái duō yì talentiert; vielseitig begabt

多愁善感 duō chóu shàn gǎn sentimental; empfindsam

多此一举 duō cǐ yī jǔ überflüssig; unnötigerweise

多次 duōcì mehrmals; vielmals; immer wieder; bei vielen Gelegenheiten; wiederholt

多多益善 duō duō yì shàn je mehr, dseto besser

多方 duōfāng auf verschieden Weise; auf alle mögliche Weise: ～设法 alles Mögliche tun ～支援 Unterstützungen jeder Art

多寡 duōguǎ Anzahl *f*; Summe *f*; Menge *f*: ～不等 unterschiedlich in der Menge

多亏 duōkuī dank; zum Glück; glücklicherweise: ～你的帮助 dank Ihrer Hilfe

多么 duōme 〈副〉[表示程度] wie; was für ein; welch ein: ～新鲜的水果啊! Was für frisches Obst!

多面手 duōmiànshǒu vielseitig beschlagener Mensch

多谋善断 duō móu shàn duàn einfallsreich und entscheidungsfreudig sein

多情 duōqíng empfindsam; liebvoll

多少 duōshǎo ① Zahl *f*; Menge *f*; Ausmaß *n*: ～不等 verschieden an Zahl (*od* Umfang, Menge) ② etwas; einigermaßen; mehr oder weniger: ～感到失望 sich etwas enttäuscht fühlen

多少 duōshao ① wie viel; wieviel: 这一班有～学生? Wieviel Schüler sind in dieser Klasse? ② [表示不定的数量]: 我跟你说过不知～次了。Das habe ich Ihnen zum zigsten Mal gesagt.

多事 duōshì ① zudringlich; übereifrig; einen anderen belästigend: 怪我～。Ich bin zudringlich. ② ereignisreich: ～之秋 ereignisreiche Periode; unruhige Zeiten

多数 duōshù Mehrheit *f*; Majorität *f*; Mehrzahl *f*; meist: 绝大～ überwältigende Mehrheit 微弱的～ knappe Mehrheit

多谢 duōxiè 〈套〉 vielen Dank; danke vielmals

多心 duōxīn mißtrauisch; argwöhnisch

多余 duōyú überflüsig; unnötig; nicht wünschenswert; überschüssig: 删掉～的词语 überflüssige Worte streichen

多云 duōyún stark bewölkt

多种多样 duōzhǒng duōyàng mannigfaltig; vielfältig; aller Art

多种经营 duōzhǒng jīngyíng mannigfaltige Wirtschaften

多嘴 duōzuǐ vorlaut; naseweis: ～多舌 geschwätzig; schwatzhaft 别～! Red nicht so darauf los!

哆 duō

哆嗦 duōsuo zittern *vi*; schauern *vi*; frösteln *vi*: 冷得打～ vor Kälte zittern

掇 duō aufheben *vt*; aufnehmen *vt*: 拾～ etw. in Ordnung

bringen; aufräumen *vt* reparieren

duó

度 duó 〈书〉 vermuten *vt*; schätzen *vt*: 揣～ annehmen *vt*; mutmaßen *vt* *另见 dù

度德量力 duó dé liàng lì seine Tugend und seine Fähigkeiten einschätzen; seine eigene Position objektiv einschätzen

踱 duó schlendern *vi*; gemächlich gehen: ～来～去 auf und ab schlendern

夺(奪) duó ① etw. gewaltsam wegnehmen; etw. an sich reißen; rauben *vt*; entreißen *vt* ② sich einen Weg freikämpfen: ～门而出 durch die Tür stürzen ③ um etw. Wetteifern; um etw. ringen: ～得冠军 den ersten Preis (*od* Platz) erringen ④ absprechen *vt*; aberkennen *vt*; entziehen *vt*: 剥～ j-n berauben; aberkennen *vt*

夺回 duóhuí zurückerobern *vt*; zurückgewinnen *vt*: ～阵地 eine Stellung zurückerobecrn

夺目 duómù die Augen [blenden: 光彩～ blendende Brillanz; glänzend; prunkvoll

夺取 duóqǔ ① erobern *vt*; ergreifen *vt* ② gewinnen *vt*; erringen *vt*: ～新的胜利 die neue Siege erringen

duǒ

朵 duǒ 〈量〉 一～花 eine Blüte 一～云 eine Wolke

垛 duǒ ① vorspringender Teil einer Mauer ② Zinne *f* *另见 duò

躲 duǒ ① sich verbergen; sich verstecken ② ausweichen *vi*; meiden *vt*: ～雨 sich vor dem Regen schützen

躲避 duǒbì ① sich verbergen ② ausweichen *vi*; (ver)meiden *vt*: ～暗礁 ein Riff umschiffen

躲藏 duǒcáng sich verbergen; sich versteckt halten

躲开 duǒkāi ausweichen *vi*; j-m/etw. aus dem Weg gehen

躲闪 duǒshǎn ausweichen *vi*; rasch zur Seite springen

duò

惰 duò faul; träge; lässig: 懒～ faul

惰性 duòxìng träge; inaktiv: ～元素 träges Element

堕(墮) duò fallen *vi*; sinken *vi*: ～地 zu Boden fallen

堕落 duòluò degenerieren *vi*; sittlich verkommen; moralisch sinken

堕胎 duòtāi Abtreibung *f*; eine Abtreibung vornehmen

舵 duò Ruder *n*; Steuer *n*: ～轮 Steuer-, Lenkrad *n*

舵手 duòshǒu Steuermann *m*

垛 duò ① aufstapeln *vt*; anhäufen *vt*: 把木头～起来 Holz aufstapeln ② Haufen *m*; Stapel *m*: 麦～ Weizen(garben)haufen *m* *另见 duǒ

剁 duò hacken *vt*: ～肉馅 Fleisch kleinhacken

跺 duò stampfen *vi*: 气得直～脚 vor Zorn mit dem Fuß aufstampfen

E e

ē

阿 ē j-m auf jede Weise entgegenkommen

阿弥陀佛 Ēmítuófó ① Amitabha *m*; Amitajus *m* ② oh Buddha, bewahre uns; oh Buddha, sei barmherzig

阿谀 ēyú j-m schmeicheln; vor j-m kriechen: ～奉承 j-m um den Bart gehen; j-m Honig um den Mund schmieren

婀 ē

婀娜 ēnuó zart und anmutig; graziös

é

额 é ① Stirn *f* ② Soll *n*; Quote *f*; festgesetzte Zahl;

贸易～ Handelsvolumen *n* 超～ über der Norm; die Norm (*od* das Plansoll) übererfüllen

额定 édìng (Zahl oder Menge) festgesetzt; Nenn-: ～人数 festgesetzte Personenzahl ～功率 Nennleistung *f*

额外 éwài extra; zusätzlich; hinzugefügt: ～开支 Extraausgaben *pl* ～负担 Zusatzlast *f*

蛾 é Motte *f*

峨 é ‹书› hoch emporragend: 巍～ in die Höhe ragend; majestätisch

鹅 é Gans *f*: ～绒 Gänsedaune *f*

鹅卵石 éluǎnshí großer Kieselstein

鹅毛 émáo Gänsefeder *f*: 下了一场～大雪。Der Schnee fiel in dichten Flocken.

娥 é schöne junge Frau: 宫～ Hofdienerin *f*; Hof-, Ehrendame *f*; Ehrenfräulein *n*: ～眉 fein geschwungene Augenbrauen

讹 é ① irrig; fehlerhaft; Irrtum *m*; Fehler *m*: 以～传～ Fehlinformationen ausstreuen; Unwahrheiten weiterverbreiten ② erpressen *vt*; beschwindeln *vt*; bluffen *vt*

讹传 échuán Gerücht *n*; falsche Nachricht; unwahres Gerede

讹诈 ézhà erpressen *vt*: ～钱财 Geld von j-m erpressen

ě

恶(惡) ě *另见 è; wù

恶心 ěxīn ① Übelkeit *f*; Brechreiz *m* ② ekelhaft; widerlich; Ekel empfinden

è

恶(惡) è ① Übeltat *f*; Laster *n*; Verbrechen *n*: 无～不作 vor keinem Verbrechen zurückschrecken ② böse; grausam; erbittert: 一场～战 ein erbitterter Kampf ～狗 bissiger Hund ③ schlecht; übel: ～势力 finstere Mächte *另见 ě; wù

恶霸 èbà örtlicher Despot

恶臭 èchòu starker Gestank; übler Geruch

恶毒 èdú boshaft; böswillig; giftig: ～攻击 j-n böswillig angreifen; eine giftige Bemerkung machen ～污蔑 böswillig verleumden

恶感 ègǎn Abneigung *f*; Antipathie *f*

恶贯满盈 è guàn mǎn yíng das Maß an Schlechtigkeit ist voll

恶棍 ègùn Schurke *m*; böser Mensch

恶果 èguǒ schlimmes Ende; böse Folgen

恶狠狠 èhěnhěn wütend; grimmig; böse

恶化 èhuà sich verschlimmern; sich verschlechtern; sich zum Bösen wenden: 他的病情～了。Seine Krankheit hat sich verschlimmert.

恶劣 èliè sehr schlecht; schlimm; entsetzlich: ～态度 schlechte Einstellung ～行为 böse Tat; Übeltat *f*

恶梦 èmèng Alptraum *m*

恶魔 èmó böser Geist; Dämon *m*; Teufel *m*

恶习 èxí schlechte Gewohnheit; Laster *n*

恶性 èxìng bösartig; boshaft: ～贫血 bösartige Blutarmut ～肿瘤 bösartige Geschwulst

恶意 èyì böswillige Absicht; Böswilligkeit *f*

恶作剧 èzuòjù Possen *pl*; böser Scherz; einen üblen Streich spielen

噩 è schrecklich; entsetzlich

噩耗 èhào Todesnachricht *f*; schlechte Nachricht

噩梦 èmèng böser Traum; Alptraum *m*

厄 è ‹书› ① strategisch wichtiger Punkt: 险～ schwer passierbare Stelle ② Unheil *n*; Katastrophe *f*; Unglück *n*: 遭～ von einem Unglück betroffen ③ in einer Notlage sein; in Bedrängnis geraten

厄运 èyùn Schicksalsschlag *m*; hartes Los; Unglück *n*

扼 è ‹书› ① am Hals drükken; würgen *vt* ② kontrollieren *vt*; bewachen *vt*

扼杀 èshā erdrosseln *vt*; erwürgen *vt*; ersticken *vt*

扼守 èshǒu (eine Feldbefestigung) bewachen *vt*; behaupten *vt*

扼要 èyào zusammenfassend; den Kern betreffend; bündig: 简明～ kurz und bündig

呃 è

呃逆 ènì Schluckauf *m*

遏 è eindämmen *vt*; hemmen *vt*; zurückhalten *vt*; aufhalten *vt*: 怒不可～ vor Empörung außer sich sein

遏止 èzhǐ eindämmen *vt*; hemmen *vt*; Einhalt gebieten

遏制 èzhì etw. in Grenzen halten; hemmen *vt*; aufhalten *vt*

愕 è erstaunt; bestürzt; erschrocken: ～然 verblüfft; bestürzt

颚 è Kiefer *m*; Kinnlade *f*; Kinnbacke *f*: 上～ Oberkiefer *m* 下～ Unterkiefer *m*

腭 è Gaumen *m*: 硬(软)～ harter (weicher) Gaumen

鳄(鱷) è Krokodil *n*; Alligator *m*

鳄鱼 èyú Krokodil *n*; Alligator *m*: 流出～的眼泪 Krokodilstränen weinen (*od* vergießen)

饿 è Hunger *m*; Hunger haben; hungrig: 挨～ hungern *vi*; Hunger leiden

ê̄

欸 ê̄ 〈叹〉[表示招呼]: ～,你快来! He! Komm schnell her!

ế

欸 ế 或 éi 〈叹〉[表示诧异]: ～,他怎么走了! Was? Er ist weg!

ê̌

欸 ê̌ 或 ěi〈叹〉[表示不以为然]: ～,你这话可不对呀! Hör mal! Das kannst du doch nicht sagen!

ề

欸 ề 或 èi 〈叹〉[表示答应或同意]: ～,我这就来! Ja, ich komme gleich. ～,就这么办! Gut, abgemacht!

ēn

恩 ēn Wohltat *f*; Gunst *f*; Güte *f*; Gnade *f*: 报～ j-s Wohltaten erwidern ～将仇报 Gutes mit Bösem vergelten

恩爱 ēn'ài eheliche Liebe

恩赐 ēncì Gunst *f*; Gnade *f*; gnädig gewähren

恩德 ēndé Güte *f*; Gnade *f*; Gunst *f*; Wohltat *f*

恩惠 ēnhuì Wohltat *f*; Mildtätigkeit *f*; Güte *f*

恩情 ēnqíng Güte *f*; Wohlwolen *n*

恩人 ēnrén Retter *m*; Wohltäter *m*

恩怨 ēnyuàn Liebe und Haß; Zuneigung oder Abneigung

èn

摁 èn drücken *vi*; niederdrücken *vi*: ～电钮 auf einen Knopf drücken

摁钉儿 èndīngr 〈口〉 Reißnagel *m*; Reiß-, Heftzwecke *f*

摁扣儿 ènkòur 〈口〉 Druckknopf *m*

ér

而 ér ① [连接语意相承的成分]: 伟大～艰巨的任务 eine große und schwierige Aufgabe 穿得朴素～大方 sich einfach und mit Geschmack kleiden ② [连接肯定和否定互相补充的成分]: 华～不实 äußerlich glänzend, innen hohl ③ [连接语意相反的成分,表示转折]: 大～无当 groß, aber unpraktisch ④ [连接事理上前后相因的成分]: 疗效因人～异。Das Resultat der Behandlung ist bei den einzelnen Patienten verschieden. ⑤ [表示"到"的意思]: 由南～北 von Nord nach Süd ⑥ [把表示时间或方式的成分连接到动词上面]: 匆匆～来 eilig herbeikommen 半途～废 etw. auf der Hälfte des Weges aufgeben

而今 érjīn jetzt; heutzutage; gegenwärtig

而且 érqiě 〈连〉 ① 这屋子很宽敞,～光线充足。Dieses Zimmer ist geräumig und hell. ② 不但在下雪,～雪下得很大。Es schneit, und es schneit in dichten Flocken.

而已 éryǐ 〈助〉 das ist alles; weiter nichts: 他不过说说～。Er hat das nur so hingesagt.

儿(兒) ér ① Kind *n*: 婴～ Säugling *m*; Baby *n* 幼～ kleines Kind ② Sohn *m*; Knabe *m*: 他有一～一女。Er hat einen Sohn und eine

Tochter. ③ Jugendliche(r): 男～ junger Mann; Bursche *m* ④ [后缀]: 小猫～ Kätzchen *n* 屋里有亮～。Es ist Licht im Zimmer.

儿歌 érgē Kinderlied *n*

儿化 érhuà nonsyllabisches „r" bei Substantiven, sehr selten bei Verben, das den vorausgehenden Vokal retroflex macht z.B. 猫～ (māor) Katze *f* 花～ (huār) Blume *f*

儿科 érkē Abteilung für Kinderkrankheiten: ～医生 Kinderarzt *m*

儿女 érnǚ Söhne und Töchter; Kinder *pl*; junger Mann und junge Frau: ～情长 von Liebe ergriffen sein

儿孙 érsūn Kinder und Enkel; Nachkommen *pl*

儿童 értóng Kind *n*

儿媳妇儿 érxífur Schwiegertochter *f*

儿戏 érxì Spielerei *f*; Kinderspiel *n*: 这可不是～。Das ist kein Kinderspiel.

儿子 érzi Sohn *m*

ĕr

耳 ĕr ① Ohr *n* ② an beiden Seiten befindlich: ～房 Seitenraum *m*; Seitengemach *n*

耳背 ĕrbèi schwerhörig

耳边风 ĕrbiānfēng zum einen Ohr hinein, zum andern hinaus: 把某事当作～ etw. in den Wind schlagen

耳聪目明 ĕr cōng mù míng scharfsichtig und hellhörig

耳朵 ĕrduo Ohr *n*: ～尖 ein scharfes Gehör haben ～软 leicht zu beeinflussen sein

耳光 ĕrguāng Ohrfeige *f*; Backenstreich *m*: 打～ j-m eine Ohrfeige geben

耳环 ĕrhuán Ohrring *m*

耳机 ĕrjī Kopfhörer *m*

耳鸣 ĕrmíng Ohrensausen *n*; Ohrenbrausen *n*

耳目 ĕrmù ① Augen und Ohren Hören und Sehen: 掩人～ den *anderen Ohren* und Augen zuhalten wollen; den anderen Sand in die Augen streuen ～一新 alles, was man sieht und hört, ist neu für einen ～闭塞 schlecht informiert ② gedungener Spion; Ausspäher *m*; Spitzel *m*

耳闻 ĕrwén etw. von Hörensagen kennen: ～目睹 was man selber sieht und hört

耳语 ĕryǔ Flüstern *n*; etw. (ins Ohr) flüstern

饵 ĕr ① Kuchen *m*; Gebäck *n* ② Köder *m*

尔(爾) ĕr 〈书〉 ① du; ihr ② jener: ～日 jener Tag ～时 zu jener Zeit

尔后 ĕrhòu 〈书〉 danach; bald darauf

尔虞我诈 ĕr yú wǒ zhà einander betrügen; sich gegenseitig hintergehen

èr

二 èr ① zwei: ～两茶叶 zwei *Liang* Tee ～者必居其一 entweder das eine oder das andere ② der (die, das) zweite: ～路公共汽车 Autobuslinie 2 ～层楼 erster Stock ② anders; ungleich: 不～价 feststehender Preis; Festpreise *pl*

二百五 èrbăiwǔ 〈口〉 ① Trottel *m*; Dummkopf *m*: 你真是个～! Du dummes Ding! ② 〈方〉 Stümper *m*

二重唱 èrchóngchàng Duett *n*

二重性 èrchóngxìng Doppelcharakter *m*; Dualität *f*

二等 èrdĕng zweite Klasse; zweitrangig; zweiter Rang

二话 èrhuà Einwendung Einwand *m*; Widerworte *pl*: ～不说 ohne Einwand; ohne gegen etw. Bedenken zu äußern

二流子 èrliúzi Nichtstuer *m*; Bummelant *m*

二元论 èryuánlùn Dualismus *m*

二月 èryuè Februar *m*

贰 èr zwei (Schreibweise der Zahl „二" auf Schecks, Banknoten, Quittungen usw. zur Vermeidung von Fehlern oder Fälschungen)

F f

fā

发(發) fā ① senden *vt*; absenden *vt*; aufgeben *vt*: ～电报 ein Telegramm aufgeben ～工资 Löhne auszahlen ② äußern *vt*; etw. zum Ausdruck bringen: 在会上～言 in einer Versammlung das Wort ergreifen ③ schießen *vt*; abfeuern *vt*; ausstrahlen *vt*: ～光～热 Licht und Wärme ausstrahlen ④ hervorbringen *vt*; erzeugen *vt*: ～电 elektrischen Strom erzeugen 旧病复～ einen Rückfall erleiden ⑤ werden *vi*; in Erscheinung treten: 树叶开始～黄。Das Laub begann gelb zu werden. 肉～臭了。Das Fleisch riecht schon. ⑥ empfinden *vt*: 有点～冷 es fröstelt j-n 嘴里～苦 einen bitteren Geschmack im Mund haben ⑦ 〈量〉两百～子弹 zweihundert Patronen *另见 fà

发榜 fābǎng die Namenliste der erfolgreichen Bewerber veröffentlichen

发报 fābào eine Nachricht funken; telegrafieren *vi*: ～机 Funk-, Sendegerät *n*

发表 fābiǎo veröffentlichen *vt*; herausgeben *vt*; mit etw. an die Öffentlichkeit treten: ～声明 eine Erklärung abgeben

发病 fābìng krank werden; erkranken *vi*

发布 fābù erlassen *vt*; erteilen *vt*; bekanntgeben *vt*: ～命令 einen Befehl erlassen ～新闻 Nachrichten bekanntgeben

发财 fācái reich werden; Reichtum erwerben

发愁 fāchóu sich Sorgen machen; besorgt sein

发出 fāchū abgeben *vt*; aussenden *vt*; etw. ergehen lassen: ～指示 eine Direktive ausgeben ～警告 eine Warnung erteilen

发达 fādá sich entwickeln; gedeihen *vi*; entwickelt; blühened: ～国家 entwickeltes Land

发呆 fādāi erstarren *vi*; vor sich hin sinnen; geistesabwesend: 他坐在那里～。Er saß starr da.

发电 fādiàn elektrischen Strom erzeugen: ～量 erzeugte Elektrizität ～站 Kraftwerk *n* ～机 Generator *m*; Dynamomaschine *f*

发动 fādòng ① beginnen *vt*; starten *vt*; etw. in Gang setzen: ～机器 eine Maschine in Gang setzen ～战争 einen Krieg entfesseln ② mobilisieren *vt*; j-n in Bewegung setzen; aufrütteln *vt*: ～群众 die Massen mobilisieren

发抖 fādǒu zittern *vi*; beben: 吓得～ vor Furcht beben

发放 fāfàng verteilen *vt*; austeilen *vt*; ausgeben *vt*

发奋 fāfèn ① sich anstrengen; Energie aufbieten: ～有为 angestrengt und erfolgreich arbeiten

发愤 fāfèn mit großem Eifer; voller Energie: ～工作 seine ganze Kraft auf die Arbeit verwenden

发疯 fāfēng verrückt werden; geisteskrank

发福 fāfú zunehmen *vi*; dicker werden

发光 fāguāng scheinen *vi*; leuchten *vi*; Licht verbreiten: 群星闪闪～。Die Sterne funkeln.

发汗 fāhàn (künstlich hervorgerufene) Schweißabsonderung: ～药 schweißtreibendes Mittel

发号施令 fā hào shī lìng (selbstherrlich) Befehle erteilen; herumkommandieren *vt*

发慌 fāhuāng nervös sein; in Verwirrung geraten

发挥 fāhuī ① entfalten *vt*; etw. zur Geltung bringen: ～专长 j-s spezifischen Qualifikationen volle Entfaltungsmöglichkeit geben ② (Gedanken, Themen u.ä.) entwickeln *vt*

发昏 fāhūn ① schwindeln *vi*; schwindlig werden ② den Kopf verlieren; aus der Fassung geraten: 你～啦! Du bist wohl verrückt?

发火 fāhuǒ ① anbrennen *vi*; sich entzünden ② aufbrausen *vi*; zornig werden; in Wut geraten

发迹 fājī Karriere machen; rasch emporkommen

发家 fājiā reich werden; zu Wohlstand kommen

发奖 fājiǎng einen Preis verleihen: ～仪式 Preisverleihungsfeier *f*

发酵 fājiào gären *vi*; Fermentation *f*

发觉 fājué bemerken *vt*; entdekken *vt*; wahrnehmen *vt*

发掘 fājué ausgraben *vt*; ausheben *vt*; erschließen *vt*: ～古墓 eine antike Grabstätte freilegen ～潜力 latente Kräfte erschließen

发狂 fākuáng verrückt werden; sich wie toll gebärden

发困 fākùn 〈口〉 schläfrig werden; sich müde fühlen

发楞 fālèng 〈口〉 erstarren *vi*; benommen sein; geistesabwesend

发亮 fāliàng glänzen *vi*; strahlen *vi*

发霉 fāméi schimm(e)lig werden; verschimmeln *vi*

发明 fāmíng ① erfinden *vt*: 印刷术是中国首先～的。Die Buchdrukkerkunst wurde zuerst in China erfunden. ② Erfindung *f*: 最新～ die neuste Erfindung ～权 Patentrecht *n*

发怒 fānù in Wut (*od* Zorn) geraten; wütend werden

发脾气 fāpíqi vor Zorn toben; seinem Ärger Luft machen; in Wut geraten

发票 fāpiào Quittung *f*: 开～ eine Quittung ausstellen

发起 fāqǐ ① die Initiative ergreifen: ～人 Initiator *m* ② entfesseln *vt*; starten *vt*: ～反攻 einen Gegenangriff unternehmen

发情 fāqíng brunsten *vi*; Brunst *f*: ～期 Brunstzeit *f*

发球 fāqiú (den Ball) angeben *vt*; den Aufschlag machen: 该谁～? Wer hat Angabe?

发人深省 fā rén shēn xǐng zum Nachdenken anregend; j-n nachdenklich machen

发烧 fāshāo Fieber haben; fiebern *vi*

发射 fāshè starten *vt*; abschießen *vt*; abfeuern *vt*: ～导弹 eine Rakete starten

发生 fāshēng geschehen *vi*; sich ereignen; entstehen *vi*

发誓 fāshì schwören *vt*; geloben *vt*; einen Eid ablegen

发售 fāshòu verkaufen *vt*

发条 fātiáo Spiralfeder *f*; Uhrfeder *f*

发问 fāwèn fragen *vt*; (mündlich) eine Frage stellen

发现 fāxiàn entdecken *vt*; finden *vt*

发祥地 fāxiángdì Ursprungsgebiet *n*; Wiege *f*; Quelle *f*

发泄 fāxiè auslassen *vt*: ～不满 seinen Mißmut an j-m/etw. auslassen

发信 fāxìn einen Brief zur Post geben; einen Brief aufgeben: ～人 Absender *m*; Adressant *m*

发行 fāxíng ① ausgeben *vt*; etw. in Umlauf bringen: ～货币 eine (neue) Währung ausgeben ② verlegen *vt*; herausgeben *vt*: ～辞书 Wörterbücher verlegen ～人 Herausgeber *m*

发芽 fāyá aufkeimen *vi*; sprossen *vi*; ausschlagen *vi*; Knospen treiben

发言 fāyán reden *vt*; sprechen *vt*; eine Rede halten; das Wort ergreifen: ～权 das Recht auf Meinungsäußerung

发言人 fāyánrén Redner *m*; Sprecher *m*: 政府～ Regierungssprecher *m*

发炎 fāyán Entzündung *f*; entzündet sein

发扬 fāyáng entfalten *vt*; entwickeln *vt*; etw. zur Geltung bringen: ～光大 etw. weiterentwickeln und zur vollen Entfaltung bringen

发音 fāyīn aussprechen *vt*; Aussprache *f*; Artikulation *f*: ～器官 Sprechorgane *pl*

发育 fāyù sich entwickeln; Entwicklung *f*; Wachstum *n*: ～健全 körperlich gesund entwickelt

发源 fāyuán entspringen *vi*; seinen Ursprung haben; herstammen *vi*: ～地 Quellgebiet *n*; Ursprungsort *m*

发展 fāzhǎn entwickeln *vt*; Entwicklung *f*; entfalten *vt*; wachsen *vi*: ～经济 die Wirtschaft entwickeln ～中国家 Entwicklungsland *n*

发作 fāzuò ① Anfall *m*; plötzliches Auftreten; 他的心脏病又～了。 Er hat wieder einen Herzanfall bekommen. ② ausbrechen *vi*; Ausbruch *m*: 歇斯底里大～ einen schweren hysterischen Anfall haben

fá

罚(罸) fá strafen *vt*; rügen *vt*; Strafe *f*: 赏～分明。 Belohnung und Strafen sind angemessen.

罚款 fákuǎn ① Geldstrafe *f*; j-n mit einer Geldstrafe belegen ② Strafgeld *n*

罚球 fáqiú (篮球、手球) Freiwurf *m*; (足球) Strafstoß *m*

乏 fá ① fehlen *vi*; mangeln *vi*: 回天～术 unfähig sein, eine Situation zu retten ② müde; matt; erschöpft: 显出疲～ müde aussehen

乏味 fáwèi schal; abgeschmackt; geschmacklos

伐 fá ① fällen *vt*; schlagen *vt*; umhauen *vt*; abholzen *vt*: ～木 Holz fällen *n*; holzen *vi* ② einen Straffeldzug unternehmen

阀 fá ① einflußreiche, mächtige Person (bzw. Clique, Familie): 军～ regionaler Militärmachthaber *m* 财～ Finanzmagnat *m* ② Ventil *n*; Klappe *f*: 安全～ Sicherheitsventil *n*

阀门 fámén Ventil *n*

筏 fá Floß *n*: 橡皮～ Gummi-, Schlauchboot *n*

fǎ

法 fǎ ① Gesetz *n*: 守～ das Gesetz befolgen 违～ das Gesetz verletzen ② Methode *f*; Weg *m*; Mittel *n*: 教学～ Lehrmethode *f*

法案 fǎ'àn Gesetz(es)entwurf *m*; Gestzesvorlage *f*

法办 fǎbàn j-n nach dem Gesetz bestrafen

法宝 fǎbǎo Zaubermittel *n*; Zauber-, Geheimwaffe *f*

法场 fǎchǎng Richtplatz *m*; Hinrichtungsstätte *f*

法典 fǎdiǎn Gesetzbuch; *n*; Kodex *m*

法定 fǎdìng gesetzlich; gesetzlich festgelegt: ～年龄 **Volljährigkeit** *f* ～期限 gesetzliche Frist ～人数 Quorum *n*; beschlußfähige Mitgliederzahl

法官 fǎguān Richter *m*

法规 fǎguī Gesetze; Verordnungen; gesetzliche Bestimmungen

法纪 fǎjì Gesetze; gesetzliche Bestimmungen: 目无～ gesetzliche Bestimmungen mißachten

法警 fǎjǐng Gerichtspolizei *f*; Gerichtsdiener *m*

法令 fǎlìng Dekret *n*; Verordnungen *pl*; Erlaß *m*

法律 fǎlǜ Gesetz *n*; Recht *n*: ～保护 Rechtsschutz *m* ～顾问 Rechtsberater *n* ～规定 Rechtsvorschrift *f*; rechtliche Regelung ～手续 Gerichtsverfahren *n* ～制裁 gesetzliche Sanktion

法术 fǎshù magische Künste; Zaubertrick *m*

法庭 fǎtíng Gericht *n*; Gerichtshof *m*

法网 fǎwǎng die Maschen des Gesetzes; der Arm des Gesetzes

法学 fǎxué Jura *pl*; Rechtswissenschaft *f*; Jurisprudenz *f*: ～家 Jurist *m*

法医 fǎyī Gerichtsmediziner *m*; Gerichtsarzt *m*

法院 fǎyuàn Gericht *n*; Gerichtshof *m*: 最高人民～ Oberstes Volksgericht

法则 fǎzé Gesetz *n*; Regel *f*: 自然～ Naturgesetze *pl*

法治 fǎzhì auf der Grundlage von Gesetzen regieren

法制 fǎzhì Rechtssystem *n*

法子 fǎzi Mittel *n*; Methode *f*; Weg *m*

砝 fǎ

砝码 fǎmǎ Gewichtsstein *m*; Gewichtsstück *n*

fà

珐 fà

珐琅 fàláng Emaille *f*

珐琅质 fàlángzhì Zahnschmelz *m*

发(髮) fà Haar *n*: ～夹 Haarklemme *f* 去理～ sich die Haare schneiden lassen

发型 fàxíng Frisur *f*; Haartracht *f*

fān

帆 fān Segel *n*

帆布 fānbù Segeltuch *n*

帆船 fānchuán Segelschiff *n*; Dschunke *f*

番 fān 〈量〉三～五次 immer wieder; wiederholt 粮食产量翻了一～。Der Getreideertrag hat sichverdoppelt. 费了一～心思 sich viel Kopfzerbrechen gemacht haben

番号 fānhào Truppenbezeichnung *f*

番茄 fānqié Tomate *f*: ～酱 Tomatenmark *n* ～汁 Tomatensaft *m*

番薯 fānshǔ Süßkartoffel *f*; Batate *f*

藩 fān

藩篱 fānlí Zaun *m*; Hecke *f*; Umzäunung *f*

藩属 fānshǔ Vasallenstaat *m*

幡 fān Fahne *f*; Trauerfahne *f*

幡然 fānrán plötzlich; auf einmal

翻 fān ① umkehren *vt*; umdrehen *vt*: 车～了。Der Wagen hat sich überschlagen. 碰～ umkippen *vt*; umstoßen *vt* ② übersteigen *vt*: ～过山头 einen Berg übersteigen ～墙 eine Mauer überklettern ③ durchwühlen *vt*; stöbern *vi*: 抽屉我都～遍了。Ich habe alle Schubladen durchsucht. ④ übersetzen *vt*; übertragen *vt*: 把一本书～译成德文 ein Buch ins Deutsche übersetzen ⑤ verdoppeln; vervielfachen *vt*: 使炼油能力～一番 die Kapazität der Ölraffinierung verdoppeln ⑥ 〈口〉 sich entzweien; sich überwerfen: 他们闹～了。 Sie haben sich überworfen.

翻案 fān'àn ein Urteil (eine Strafe) aufheben

翻版 fānbǎn Nachdruck *m*; Reproduktion *f*

翻地 fāndì den Acker pflügen

翻斗 fāndǒu Kippkübel *m*; Kippgefäß *n*

翻跟头 fān gēntou sich überschlagen; einen Purzelbaum schlagen

翻滚 fāngǔn rollen *vi*; sich wälzen; sich überschlagen

翻悔 fānhuǐ bereuen *vi*; sich eines anderen besinnen; sein Versprechen zurücknehmen

翻来复去 fān lái fù qù ① sich hin und her werfen; sich schlaflos hin und her wälzen ② wiederholt; immer wieder: ～地说这件事 immer wieder dasselbe sagen

翻脸 fānliǎn sich mit j-m überwerfen; sich mit j-m entzweien

翻然 fānrán schnell und gründlich: ～悔悟 rasch seinen Fehler einsehen und korrigieren

翻身 fānshēn ① (im Bett) sich wälzen ② sich befreien: ～农奴 befreiter Leibeigner

翻腾 fānteng ① wallen *vi*; wogen *vi*; sich aufbäumen: 波浪～ sich auftürmende Wellen ② (Schränke, Koffer) durchstöbern *vt*; durchwühlen *vt*

翻天复地 fān tiān fù dì Himmel und Erde umstürzend; welterschütternd: ～的变化 ein weltumwälzender Wandel

翻胃 fānwèi Regurgitation *f*; Übelkeit *f*

翻新 fānxīn ausbessern *vt*; umarbeiten *vt*; wenden *vt*: 把大衣～ einen Mantel wenden

翻修 fānxiū renovieren *vt*; umbauen *vt*: ～房屋 ein Haus renovieren

翻译 fānyì ① übersetzen *vt*; dolmetschen *vt/vi*: 逐字逐句的～ wörtliche Übersetzung ② Übersetzer *m*; Dolmetscher *m*

翻译片 fānyìpiàn synchronisierter Film

翻印 fānyìn nachdrucken *vt*; Nachdruck *m*

翻阅 fānyuè durchblättern *vt*; (in einem Lexikon) nachschlagen

fán

烦

fán ① verdrossen; mißmutig; verärgert: 心～ mißgestimmt sein 真～人! Wie lästig! ② überdrüssig: 厌～ einer Sache überdrüssig sein ③ liebenswürdigerweise; freundlicherweise: ～交某人 aus Gefälligkeit etw. bei j-m abgeben ～您给她捎个信儿。Wollen Sie gefälligst ihr eine Nachricht übermitteln.

烦劳 fánláo bemühen *vt*; behelligen *vt*; bitten *vt*

烦闷 fánmèn betrübt; bedrückt; verdrießlich

烦恼 fánnǎo ärgerlich; bekümmert; besorgt; Besorgnis *f*; Kummer *m*: 自寻～ sich über eine Nichtigkeit Kummer machen

烦扰 fánrǎo ① plagen *vt*; stören *vt*; belästigen *vt* ② sich gestört fühlen; beunruhigt sein

烦琐 fánsuǒ weitschweifig; langatmig; mit trivialen Details überladen: ～的手续 umständliche Formalitäten

烦琐哲学 fánsuǒ zhéxué ① Scholastizismus *m* ② 〈口〉 Haarspalterei *f*; Umstandskrämerei *f*

烦躁 fánzào unruhig; ungeduldig; nervös

繁

fán zahlreich; massenhaft; verwickelt; umständlich: ～星满天 mit Sternen übersäter Himmel 删～就简 etw. vereinfachen durch Streichen von Überflüssigem

繁华 fánhuá belebt; gedeihend; blühend: 城里最～的地区 das belebteste Viertel der Stadt

繁忙 fánmáng geschäftig; betriebsam; viel zu tun haben: 工作～ sehr beschäftigt sein

繁茂 fánmào üppig wachsend; wuchernd: 草木～ üppiger Pflanzenwuchs

繁荣 fánróng ① gedeihend; blühend; aufblühend; Aufschwung *m*; Prosperität *f*: ～富强 blühend und mächtig ～昌盛 blühen und gedeihen; prosperieren *vi*

繁盛 fánshèng blühend und gedeihend

繁体字 fántǐzì nichtvereinfachte Form der chinesischen Charaktere; Langzeichen *n*

繁杂 fánzá mannigfaltig: ～的日常事务 allerlei Alltagskram

繁殖 fánzhí sich fortpflanzen; sich vermehren; züchten *vt*: ～牲畜 Vieh züchten 动植物的～ die Fortpflanzung von Tieren und Pflanzen

繁重 fánzhòng schwer; schwierig: 任务～ schwierige Aufgabe

凡 fán ① gewöhnlich; alltäglich; ordinär: 非～ außergewöhnlich ② das irdische Leben; Diesseits *n*: 天仙下～。Eine Fee ist vom Himmel auf die Erde heruntergekommen. ③ all; jede

凡例 fánlì Leseanleitung *f*; Hinweis für die Benutzung (eines Wörterbuchs)

凡人 fánrén ① gewöhnlicher Mensch ② Sterbliche(r); Irdische(r)

凡事 fánshì alles; alle Dinge; jede Angelegenheit

凡是 fánshì jede; alle; jegliche: ～正确的东西我们都应该支持。Alles, was richtig ist, sollen wir fördern.

凡士林 fánshìlín Vaselin *n*; Vaseline *f*

凡庸 fányōng (als Mensch) gewöhnlich; mittelmäßig

矾 fán Vitriol *n*: 明～ Alaun *m*

fǎn

反 fǎn ① umwenden *vt*; umdrehen *vt*: 易如～掌 so leicht, wie man eine Hand umdreht; wie aus dem Ärmel geschüttelt ～败为胜 Eine Niederlage schlägt in einen Sieg um. ② im Gegenteil; auf die Gegenseite (*od* Rückseite); umgekehrt: ～面 Rückseite *f* 适得其～ gerade das Gegenteil erreichen 袜子穿～了 die Strümpfe umgekehrt angezogen haben ③ zurück; Rück-; Gegen-: ～问 eine Gegenfrage stellen; rückfragen *vi* ～击 Gegenangriff *m* ④ rebellieren *vi*; sich gegen j-n erheben ⑤ gegen; wider; anti-: ～法西斯斗争 antifaschistischer Kampf

反比例 fǎnbǐlì umgekehrte Proportion

反驳 fǎnbó widerlegen *vt*; widersprechen *vi*

反常 fǎncháng ungewöhnlich; außergewöhnlich; anormal

反刍 fǎnchú Wiederkauen *n*: ～动物 Wiederkäuer *pl*

反帝 fǎndì gegen den Imperialismus; antiimperialistisch

反动 fǎndòng reaktionär; Reaktion *f*

反对 fǎnduì bekämpfen *vt*; gegen j-n/etw. auftreten: 有～意见吗? Hat jemand etwas dagegen? ～派 oppositionelle Gruppe; Opposition *f*

反而 fǎn'ér 〈连〉 im Gegenteil; umgekehrt

反封建 fǎnfēngjiàn antifeudal; gegen den Feudalismus

反复 fǎnfù ① wiederholt; immer wieder; hin und her: ～解释 etw. wiederholt erklären ② Rückfall *m*; (in einen alten Fehler, eine Krankheit) zurückfallen *vi* ③ wechselhaft: ～无常 bald so, bald anders; veränderlich; unbeständig

反感 fǎngǎn Antipathie *f*; Widerwille *m*; Abneigung *f*

反革命 fǎngémìng konterrevolutionär; Gegenrevolutionär *m*

反攻 fǎngōng Gegenoffensive *f*; Gegenangriff *m*

反光 fǎnguāng reflektieren *vt*; Strahlen zurückwerfen; reflektiertes Licht

反过来 fǎnguòlái ① umgekehrt; hingegen; andererseits; hinwiederum: ～也是一样。Umgekehrt ist das auch so. ② dann wieder; seinerseits

反话 fǎnhuà ironische Worte; spöttische Äußerung, mit der das Gegenteil gemeint ist

反悔 fǎnhuì bereuen; ein gegebenes Wort zurücknehmen

反击 fǎnjī zurückschlagen *vt*; zum Gegenangriff übergehen

反间 fǎnjiàn innerhalb des feindlichen Lagers Zwietracht säen: ～计 die List (*od* Strategie) des Zwietrachtstiftens

反抗 fǎnkàng sich widersetzen; Widerstand leisten

反馈 fǎnkuì Rückkopplung *f*

反面 fǎnmiàn ① Rück-, Kehrseite *f*; hintere Seite: 料子的～ die linke Seite von Stoffen ② Gegenteil *n*: 走向～ etw. ins Gegenteil verwandeln ③ negativ: ～的教训 aus negativen Beispielen eine Lehre ziehen ～人物 negativer Charakter

反扑 fǎnpū zurückschlagen *vt* Gegenschlag *m*; einen Gegenangriff unternehmen,

反射 fǎnshè ① Reflex *m*: 条件～ bedingter Reflex ② Reflexion *f*; Zurückstrahlung *f*

反特 fǎntè Spionageabwehr *f*; Gegenspionage *f*

反问 fǎnwèn mit einer Gegenfrage antworten

反响 fǎnxiǎng Echo *n*; Widerhall *m*

反省 fǎnxǐng sich prüfen; sein Gewissen erforschen; Selbstprü-

fung *f*
反义词 fǎnyìcí Antonym *n*
反应 fǎnyìng ① Reaktion *f*; reagieren ② Echo *n*; Widerhall *m*
反映 fǎnyìng ① widerspiegeln *vt*; Widerspiegelung *n* ② (einem Vorgesetzten) berichten *vt*/*vi*; Informationen liefern
反正 fǎnzheng 〈副〉 wie dem auch sei; jedenfalls; sowieso; auf jeden Fall; immerhin
反证 fǎnzhèng Gegenbeweis *m*; Gegenargument *n*
反之 fǎnzhī im Gegenteil; umgekehrt; vic e versa: ～亦然。Umgekehrt ist das auch so.
反作用 fǎnzuòyòng Rückwirkung *f*; Gegenwirkung *f*
返 fǎn zurück; zurückkommen *vi*; zurückkehren *vi*: ～回 zurückkommen *vi* 一去不复～ für immer vorbei sein
返潮 fǎncháo feucht werden; Feuchtigkeit anziehen
返工 fǎngōng eine (schlecht ausgeführte) Arbeit noch einmal tun
返航 fǎnháng (船、舰) zurückfahren *vi*; (飞机) (zur Flugbasis) zurückfliegen *vi*
返回 fǎnhuí zurückkommen *vi*; zurückkehren *vi*; zurückgehen *vi*: ～原地 zum Ausgangspunkt zurückkehren
返老还童 fǎn lǎo huán tóng sich verjüngen; wieder jung werden
返青 fǎnqīng (von Wintergetreide oder umgepflanzten Setzlingen) grünen *vi*; frische Triebe zeigen

fàn

泛 fàn ① 〈书〉 (auf dem Wasser) treiben *vi*; schwimmen *vi*: ～舟湖上 auf dem See Boot fahren ② hervorkommen *vi*; auftauchen *vi*: 她脸上～出红晕。Ihr stieg die Röte ins Gesicht. ③ überschwemmen *vt*; überfluten *vt*
泛泛 fànfàn oberflächlich; flüchtig: ～而谈 sich über etw. oberflächlich unterhalten ～之交 flüchtige Bekanntschaft
泛滥 fànlàn ① über die Ufer treten: 河水～。Der Fluß verursacht Überschwemmungen. ② sich (unkontrolliert) ausbreiten: ～成灾 überhandnehmen *vi*
泛指 fànzhǐ allgemein gemeint; allgemein hinweisen auf
范 fàn ① Muster *n*; Vorbild *n*: 典～ Musterbeispiel *n* 示～ etw. an einem Beispiel zeigen ② Bereich *m*; Grenze *f*
范畴 fànchóu Kategorie *f*
范例 fànlì Beispiel *n*; Vorbild *n*
范围 fànwéi Bereich *m*; Rahmen *m*; Grenze *f*
梵 fàn buddhistisch: ～宫 buddhistischer Tempel
梵文 Fànwén Sanskrit *n*
贩 fàn ① etw. zum Wiederverkauf erwerben; als Zwischenhändler einkaufen: ～牲口 mit Vieh handeln ② Händler *m*; Hausierer *m*: 小～ Straßenhändler *m*
贩卖 fànmài Waren ein- und verkaufen; handeln *vi*: ～军火 Waffengeschäfte betreiben
贩运 fànyùn Waren an einem Ort einkaufen und an einem anderen Ort verkaufen; handeln *vi*
贩子 fànzi Händler *m*; Straßenhändler *m*
饭 fàn ① gekochte Getreidespeise: 米～ (gekochter) Reis *m* ② Nahrung *f*; Essen *n* ③ Mahlzeit *f*: ～前洗手 vor dem Essen die Hände waschen
饭菜 fàncài Essen *n*; Speise *f*; Mahl *n*; Gerichte *pl*
饭店 fàndiàn ① Hotel *n* ② Restaurant *n* ③ kleine Gaststätte
饭馆 fànguǎn Restaurant *n*; Gaststätte *f*; Gastwirtschaft *f*
饭量 fànliàng Speisemenge, die j-d bei einer Mahlzeit zu sich nehmen kann; Appetit *m*
饭厅 fàntīng Speisehalle *f*; Speisesaal *m*; Kantine *f*: 大学生～ Mensa *f*
饭桶 fàntǒng ① Reiskübel *m* ② Vielfraß *m*; Freßsack *m* ③ Taugenichts *m*; schwerfälliger Mensch
饭碗 fànwǎn ① Reisschüssel *f*; Eßnapf *m* ② 〈旧〉 Beschäftigung *f*; Broterwerb *m*: 丢～ seinen Arbeitsplatz verlieren
饭庄 fànzhuāng Restaurant *n*
饭桌 fànzhuō Eß-, Speisetisch *m*; Tafel *f*
犯 fàn ① gegen etw. verstoßen; verletzen *vt*; übertreten *vt*: ～法 gegen die Gesetze verstoßen ② angreifen *vt*; überfallen *vt* ③ Verbrecher *m*: 在押～ Häftling *m* ④ begehen *vt*; verüben *vt*; vorkommen *vi*: ～错误 einen Fehler begehen
犯病 fànbìng von neuem erkran-

ken; rückfällig werden

犯不着 fànbuzháo 〈口〉 nicht der Mühe wert; sich nicht lohnen

犯愁 fànchóu sich Sorgen machen; bekümmert

犯法 fànfǎ das Gesetz übertreten; gegen ein Gesetz verstoßen

犯规 fànguī ① gegen die Regeln verstoßen ② Regelverstoß *m*; Regelverletzung *f*

犯人 fànrén Häftling *m*; Gefangene(r) *f, m*

犯罪 fànzuì ein Verbrechen begehen: ～分子 Verbrecher *m*; Kriminelle(r)

fāng

方 fāng ① Viereck *n*; Quadrat *n*; viereckig; quadratisch: ～桌 viereckiger Tisch ② Himmelsrichtung *f*; Orientierung *f*: 东～ Osten *m* 四面八～ alle Himmelsrichtungen; in alle Richtungen; von allen Seiten ③ Seite *f*: 双～ beide Parteien ④ Methode *f*; Weg *m*: 千～百计 mit allen Mitteln 多～ auf verschiedene Weise 领导有～ eine gute Führungsmethode haben ⑤ Rezept *n*: 处～ ein Rezept ausstellen ⑥ 〈副〉 eben; gerade; erst: 年～二十 erst zwanzig Jahre alt sein

方案 fāng'àn Entwurf *m*; Plan *m*; Programm *n*: 汉语拼音～ Plan für die Lautumschrift des Chinesischen

方便 fāngbiàn ① Bequemlichkeit *f*; Annehmlichkeit *f*; günstig: 为了～起见 aus Bequemlichkeit 这儿说话不～。Hier ist nicht der richtige Ort für ein Gespräch. ② 〈口〉 auf die Toilette gehen: 你要不要～一下？Wollen Sie mal austreten? ③ 〈婉〉 gut bei Kasse sein: 手头不～ knapp bei Kasse sein

方才 fāngcái soeben; erst (dann): 她～还在这儿。Sie war eben hier.

方程 fāngchéng Gleichung *f*: ～式 Gleichung *f*

方法 fāngfǎ Methode *f*; Verfahren *n*; Weise *f*

方格 fānggé Karo *n*; Viereck *n*

方面 fāngmiàn Hinsicht *f*; Aspekt *m*; Seite *f*: 在这～ in dieser Hinsicht 考虑各～的意见 die Meinungen aller Seiten berücksichtigen

方式 fāngshì Weise *f*; Art und Weise: 生活～ Lebensweise *f* 斗争～ Kampfform *f* 领导～ Führungsstil *m*

方位 fāngwèi Himmelsrichtung *f*; Azimut *m*; Lage *f*

方向 fāngxiàng Richtung *f*; Orientierung *f*: 朝这个～ in dieser Richtung～盘 Steuerrad *n*; Lenkrad *n*

方言 fāngyán Dialekt *m*; Mundart *f*

方圆 fāngyuán ① Umkreis *m* ② Umgebung *f*; Nachbarschaft *f*

方针 fāngzhēn (politischer) Kurs *m*; Richtung (in Politik, Wirtschaft, Kunst)

芳 fāng ① duftend; wohlriechend: ～草 duftende Gräser ② (Ruf, Name usw.) gut; tugendhaft: 流～百世 noch hundert Generationen lang in hohem Ansehen stehen

芳香 fāngxiāng duftend; aromatisch: ～剂 aromatisches Mittel; Aromastoff *m*

fáng

房 fáng ① Haus *n*: 平～ ebenerdiges Haus 楼～ ein- oder mehrstöckiges Haus ② Zimmer *n*; Raum *m*: 客～ Gästezimmer *n* 书～ Studierstube *f*; Arbeitszimmer *n* 病～ Krankenzimmer *n*

房产 fángchǎn Hausbesitz *m*; Immobilien *pl*

房地产 fángdìchǎn Haus- und Grundbesitz *m*; Liegenschaften *pl*; Immobilien *pl*

房顶 fángdǐng Dach *n*

房东 fángdōng Vermieter *m*; Hausbesitzer *m*; Hauswirt *m*

房间 fángjiān Zimmer *n*; Raum *m*: 一套～ eine Wohnung; ein Appartement

房客 fángkè Mieter *m*; Untermieter *m*

房事 fángshì Geschlechtsverkehr *m* (eines Ehepaars)

房屋 fángwū Häuser *pl*; Gebäude *pl*

房檐 fángyán überhängende Dachkante; Dachvorsprung *m*

房子 fángzi ① Haus *n*; Gebäude *n* ② Zimmer *n*; Raum *m*

房租 fángzū Wohnungsmiete *f*

坊 fáng Werkstatt *f*; Werkstätte *f*; Betrieb *m*: 染～ Färberei *f* 油～ Ölmühle *f*

防 fáng ① sich in acht nehmen; Vorkehrungen treffen; vorbeugen *vi*; sich hüten: 预～ (einem Ereignis, einer Krankheit usw.) vorbeugen 以～万一 auf Unerwartetes gefaßt sein ② verteidigen *vt*; schützen *vt*: 国～ Landesverteidigung *f* 边～ Grenzschutz *m* ～身 sich schützen ③ Damm *m*; Deich *m*; Eindämmung *f*

防备 fángbèi Vorkehrungen treffen; vorbeugen *vi*; sich hüten

防不胜防 fáng bù shèng fáng nicht alles abwenden können

防潮 fángcháo ① feuchtigkeitsbeständig; Nässe abhalten ② vor Flut schützen: ～大堤 Gezeitendeich *m*

防尘 fángchén staubdicht; staubgeschützt

防磁 fángcí antimagnetisch

防弹 fángdàn kugelsicher

防盗 fángdào Vorkehrungen gegen Diebstahl treffen

防冻 fángdòng Frostschutz *m*; frostgeschützt: ～剂 Frostschutzmittel *n*

防毒 fángdú Gasabwehr *f*; Gasschutz *m*: ～面具 Gasmaske *f*

防范 fángfàn auf der Hut sein; sich hüten

防风林 fángfēnglín Windschutzwald *m*

防腐 fángfǔ fäulnishemmend; fäulnisverhütend; antiseptisch

防洪 fánghóng Hochwasser-, Überschwemmungsschutz *m*

防护 fánghù Schutz *m*; schützen *vt*

防火 fánghuǒ Feuerschutz *m*; feuerfest; feuersicher

防空 fángkōng Luft-, Flugabwehr *f*; Luftschutz *m*: ～警报 Luftschutzalarm *m* ～壕 Luftschutzgraben ～洞 Luftschutzkeller *m*; Luftschutzbunker *m*

防涝 fánglào Wasseranstauungsschutz *m*; Vorbeugung gegen Überschwemmungen

防守 fángshǒu verteidigen *vt*; schützen *vt*; wachen *vi*

防暑 fángshǔ Hitzschlagvorbeugung *f*

防水 fángshuǐ wasserdicht; wasserfest

防卫 fángwèi verteidigen *vt*; schützen *vt*

防锈 fángxiù Rostschutz *m*

防汛 fángxùn Hochwasser-, Überschwemmungsschutz *m*

防疫 fángyì Epidemieschutz *m*: ～针 präventive Impfung

防御 fángyù verteidigen *vt*; Abwehr *f*

防震 fángzhèn ① Vorsorge gegen Erdbebenkatastrophen treffen ② erschütterungssicher; stoßfest

防止 fángzhǐ verhüten *vt*; vorbeugen *vi*; sich hüten

防治 fángzhì Verhütung und Bekämpfung

妨 fáng hindern *vt*; hemmen *vt*

妨碍 fáng'ài hindern *vt*; behindern *vt*; hemmen *vt*

妨害 fánghài beeinträchtigen *vt*; gefährden *vt*; schädigen *vt*

fǎng

访 fǎng ① besuchen *vt*; einen Besuch machen; aufsuchen *vt*: ～友 einen Freund besuchen 互～ sich gegenseitig besuchen ② untersuchen *vt*; etw. ausfindig machen

访问 fǎngwèn besuchen *vt*; einen Besuch abstatten: 正式(非正式)～ offizieller (inoffizieller) Besuch 国事～ Staatsbesuch *m* ～亲友 Freunde und Verwandte besuchen

仿(倣) fǎng ① nachahmen *vt*; imitieren *vt*; kopieren *vt*; nachbilden *vt*: ～造 imitieren *vt*; reproduzieren *vt* ② ähnlich sein; ähneln *vi*: 相～ sehr ähnlich sein

仿佛 fǎngfú ① scheinen *vi*; als ob; dem Anschein nach: 她～认识他。Sie scheint ihn zu kennen. ② ähnlich; ziemlich gleich: 这两个人的年纪相～。Die beiden sind ungefähr im gleichen Alter.

仿效 fǎngxiào nachmachen *vt*; imitieren *vt*; etw./j-n zum Muster (*od* Vorbild) nehmen; sich an etw./j-m ein Beispiel nehmen

仿造 fǎngzào nachmachen *vt*; imitieren *vt*; nachbilden *vt*

仿制 fǎngzhì nachbilden *vt*; imitieren *vt*

舫 fǎng Boot *n*: 画～ buntbemaltes Vergnügungsboot

纺 fǎng ① spinnen *vt* ② dünnes Seidengewebe

纺车 fǎngchē Spinnrad *n*

纺锤 fǎngchuí Spindel *f*

纺纱 fǎngshā spinnen *vt*; Spinnen *n*: ～机 Spinnmaschine *f*

纺织 fǎngzhī spinnen und weben:

～厂 Textilfabrik *f* ～品 Textilien *pl*; Textilwaren *pl*

fàng

放 fàng ① setzen *vt*; stellen *vt*; legen *vt*: 把书～在桌子上。Leg das Buch auf den Tisch! ② freilassen *vt*; j-n auf freien Fuß setzen: 把俘虏～了 Gefangene freilassen ③ abgeben *vt*; aussenden *vt*: ～枪 einen Schuß abfeuern (*od* abgeben); schießen *vt* ～焰火 ein Feuerwerk abbrennen ～风筝 Drachen steigen lassen ④ Schluß machen; zu Ende gehen: ～学 die Schule ist aus ⑤ auf die Weide führen; hüten *vt*: ～牛 Rinder weiden ～鸭 Enten hüten ⑥ etw. / j-m freien Lauf lassen; sich gehen lassen: ～声歌唱 laut singen; aus voller Kehle singen ⑦ auslassen *vt*; etw. länger oder weiter machen: 把上衣～长一点 die Jacke ein bißchen verlängern ⑧blühen *vi*; aufblühen *vi*: 心花怒～ da lacht einem das Herz im Leibe ⑨ beiseitelassen *vt*; beiseiteschieben *vt*: 这事不急，先～一～。Diese Sache ist nicht dringend. Lassen wir sie einstweilen beiseite! ⑩ zeigen *vt*; vorführen *vt*: ～电影 einen Film zeigen ～幻灯 Lichtbilder zeigen

放出 fàngchū ausströmen *vt*; ausstrahlen *vt*: ～光和热 Licht und Wärme ausstrahlen

放大 fàngdà vergrößern *vt*: 把照片～ ein Foto vergrößern ～镜 Lupe *f*

放荡 fàngdàng ausschweifend; zügellos; liederlich: ～不羁 unkonventionell und zügellos

放风 fàngfēng ① frische Luft hereinlassen; lüften *vt* ② Gefängnishofgang *m* ③ bestimmte Informationen durchsickern lassen

放工 fànggōng Feierabend machen; zu arbeiten aufhören

放过 fàngguò sich entgehen lassen; verpassen *vt*: 不～一个好机会 eine gute Gelegenheit nicht verpassen lassen

[**放火** fànghuǒ etw. in Brand stekken; Brandstiftung *f*

放假 fàngjià Feiertag haben; Ferien machen; frei haben

放空炮 fàng kōngpào hohles Gerede; leeres Stroh dreschen

放宽 fàngkuān (Beschränkungen) lockern *vt*; Erleichterungen gewähren: ～期限 eine Frist verlängern

放款 fàngkuǎn Darlehen geben; Kredit gewähren

放牧 fàngmù Vieh auf die Weide führen (*od* treiben); hüten *vt*; eine Herde weiden lassen: ～期 Weidezeit *f*

放屁 fàngpì ① einen Wind fahren lassen; furzen *vi* ② Unsinn reden: ～! Blödsinn!; Quatsch!

放弃 fàngqì aufgeben *vt*; preisgeben *vt*; auf etw. verzichten: ～表决权 sich der Stimme enthalten

放晴 fàngqíng sich aufheitern; sich aufklären; aufklären *vi*

放任 fàngrèn etw./j-n sich selbst überlassen; die Dinge laufen lassen: ～自流 etw. freien Lauf lassen

放哨 fàngshào Posten stehen; auf Wache sein; Wachdienst haben

放射 fàngshè ausstrahlen *vt*; aussenden *vt*: ～治疗 Strahlentherapie *f* ～线 radioaktive Strahlen ～性尘埃 radioaktiver Staub

放手 fàngshǒu ① loslassen *vt*; die Hand wegnehmen ② j-m freie Hand lassen: 让年轻人～工作 den jungen Leuten bei der Arbeit freie Hand lassen

放肆 fàngsì ungezügelt; ungezähmt; rücksichtslos; skrupellos: 胆敢如此～! Wie kannst du dir solche Ungehörigkeiten erlauben!

放松 fàngsōng lockern *vt*; etw. locker machen; entspannen *vt*; nachlassen *vi*: ～警惕 in der Wachsamkeit nachlassen

放心 fàngxīn sich beruhigen; sich keine Sorge machen; erleichtert sein: ～不下 besorgt sein; beunruhigt sein

放行 fàngxíng j-n durchlassen; j-n passieren lassen

放学 fàngxué die Schule ist aus

放映 fàngyìng zeigen *vt*; vorführen *vt*: ～电影 einen Film vorführen

放债 fàngzhài Geld verleihen; Kredit geben

放置 fàngzhì beiseite legen; hinlegen *vt*: ～不用 (Maschinen, Ausrüstungen usw.) ungenutzt liegen lassen

放逐 fàngzhú verbannen *vt*; j-n in die Verbannung schicken

放纵 fàngzòng ① j-n gewähren lassen; j-m gegenüber zu nachsichtig sein ② ungezügelt; seinen Gefühlen freien Lauf lassen

fēi

非 fēi ① Fehler *m*; Unrecht *n*; Unwesen *n*: 分清是～ Recht und Unrecht unterscheiden 为～作歹 sein Unwesen treiben ② nicht; un-: 答～所问 beim Antworten nicht auf die Frage eingehen ～比寻常 ungewöhnlich; außerordentlich ③[跟"不"呼应,表示"必须"]: 不行,我～去不可。Nein, ich muß unbedingt hingehen.

非常 fēicháng ① ungewöhnlich; außerordentlich: ～措施 Notmaßnahme *f* ～时期 ungewöhnliche Zeiten ② sehr; äußerst; höchst: ～必要 höchst notwendig ～精彩 einfach phantastisch; fabelhaft

非但 fēidàn nicht nur: ～我不知道,连他也不知道。Nicht ich allein weiß das nicht, selbst er hat davon keine Ahnung.

非得 fēiděi müssen; haben ... zu: 干这活儿～仔细才行。Diese Arbeit verlangt unbedingte Sorgfalt.

非法 fēifǎ ungesetzlich; widerrechtlich; rechtswidrig; illegitim: ～活动 rechtswidrige Aktivitäten

非凡 fēifán außerordentlich; hervorragend; ungewöhnlich: ～的成就 hervorragende Errungenschaften

非分 fēifèn anmaßend; dreist; übertrieben: ～的要求 übertriebene Forderungen

非公莫入 fēi gōng mò rù Zutritt für Unbefugte verboten

非金属 fēijīnshǔ Nichtmetall *n*

非礼 fēilǐ unhöflich; ungehörig

非卖品 fēimàipǐn unverkäufliches Warenmuster

非难 fēinàn beanstanden *vt*; tadeln *vt*: 无可～ nicht zu beanstanden

非人 fēirén unmenschlich: ～待遇 unmenschliche Behandlung

非议 fēiyì vorwerfen *vt*; tadeln *vt*: 无可～ daran ist nichts auszusetzen; tadellos; einwandfrei

非正式 fēizhèngshì inoffiziell; nichtamtlich; nichtoffiziell; informell

非洲 Fēizhōu Afrika

扉 fēi Tür *f*; Torflügel *m*

扉页 fēiyè Titelblatt *n*; Innentitel *m*

蜚 fēi

蜚声 fēishēng 〈书〉 sich einen Namen machen; berühmt werden

绯 fēi rot

绯红 fēihóng leuchtend rot; karminrot; karmesinrot: 脸羞得～ vor Scham erröten

飞(飛) fēi ① fliegen *vi*: 鹰～得高。Der Adler fliegt in großer Höhe. ② schweben *vi*; flattern *vi*; wirbeln *vi*: 大雪纷～。Die Schneeflocken wirbeln. ③ rasch; schnell: ～奔 schnell laufen; rasen *vi*; sausen *vi*

飞驰 fēichí dahinrasen *vi*: 火车～而过。Ein Zug raste vorbei.

飞船 fēichuán Luftschiff *n*: 宇宙～ Raumschiff *n*

飞地 fēidì Enklave *f*; Exklave *f*

飞蛾投火 fēi'é tóu huǒ Die Motten fliegen ins Licht — sich ins Verderben stürzen; sich selbst den Untergang bereiten

飞黄腾达 fēihuáng téng dá schnell Karriere machen; Blitzkarriere *f*

飞机 fēijī Flugzeug *n*: ～票 Flugticket *n*; Flugkarte *f* ～场 Flugplatz *m*; Flughafen *m* ～库 Flugzeughalle *f*

飞溅 fēijiàn spritzen *vi*: 岸边浪花～。Die Wellen prallen ans Ufer und zerstieben.

飞快 fēikuài ① blitzschnell; in Windeseile: ～前进 in Windeseile vorankommen ② (Messer) außerordentlich scharf

飞禽走兽 fēi qín zǒu shòu Vieh und Geflügel; Vögel und Vierbeiner

飞舞 fēiwǔ umherfliegen *vi*; flattern *vi*; schweben *vi*: 雪花～。Die Schneeflocken tanzen in der Luft.

飞翔 fēixiáng kreisen *vi*; schweben *vi*

飞行 fēixíng fliegen *vi*; Flug *m*

飞扬 fēiyáng aufwehen *vt*; aufwirbeln *vt*; emporsteigen *vi*: 尘土～。Staubwolken wirbeln empor.

飞扬跋扈 fēiyáng báhù gebieterisch; diktatorisch; despotisch

飞跃 fēiyuè Sprung *m*; sprunghaft; stürmisch: ～发展 stürmische Entwicklung

飞涨 fēizhǎng in die Höhe schnellen; emporschnellen *vi*: 物价～。Die Preise stiegen sprunghaft an.

妃 fēi ① kaiserliche Konkubine ② Ehefrau eines Fürsten,

Prinzen usw.
妃子 fēizi kaiserliche Konkubine

féi

腓 féi Wade *f*
腓骨 féigǔ Wadenbein *n*; Fibula *f*
肥 féi ① fett: ～猪 fettes Schwein ② (Ackerboden) fruchtbar ③ Dünger *m*; Düngemittel *n*: 化～ chemisches Düngemittel 农家～ Naturdünger *m* ④ weit; lose sitzend: 这裤子太～了。Die Hose ist zu weit.
肥厚 féihòu dick; fett; fleischig
肥力 féilì Fruchtbarkeit *f*; Ergiebigkeit *f* (des Ackerbodens)
肥料 féiliào Düngemittel *n*; Dünger *m*: 有机～ organischer Dünger
肥胖 féipàng fett; beleibt; dick
肥缺 féiquē lukrativer Posten; einträgliche Stellung
肥硕 féishuò ① (Frucht) groß und fleischig ② beleibt; dick
肥田 féitián ① Boden düngen: ～粉 Düngemehl *n* ② fruchtbarer Boden
肥沃 féiwò fruchtbar; ertragreich
肥皂 féizào Seife *f*: ～粉 Seifenpulver *n*
肥壮 féizhuàng fett und stark

fěi

诽 fěi verleumden *vt*; verunglimpfen *vt*: ～谤 verleumden *vt*; schmähen *vt*; Verleumdung *f*
菲 fěi
菲薄 fěibó ① bescheiden; dürftig; gering: ～的礼物 kleines Geschenk ② geringschätzen *vt*: 妄自～ sich herabsetzen; sich demütigen
匪 fěi ① Bandit *m*; Räuber *m* ② 〈书〉 nicht: 获益～浅 viele nützliche Lehren ziehen
匪帮 fěibāng Banditen-, Räuberbande *f*
匪巢 fěicháo Räuberhöhle *f*; Banditennest *n*
匪徒 fěitú Räuber *m*; Bandit *m*; Gangster *m*
翡 fěi
翡翠 fěicuì Jadeit *m*; Chrysopras *m*

fèi

吠 fèi bellen *vi*; kläffen *vi*; Gebell *n*
废(廢) fèi ① aufgeben *vt*; abschaffen *vt*; etw. ungültig machen: 半途而～ etw. auf halbem Weg aufgeben ② unbrauchbar; gebraucht; Abfall *m*: ～汽 Abdampf *m* ～旧物资 Altmaterial *n*; Abfallmaterial *n* ③ invalid(e); körperlich behindert
废除 fèichú aufheben *vt*; etw. außer Kraft setzen; annullieren *vt*
废黜 fèichù entthronen *vt*; absetzen *vt*
废话 fèihuà überflüssiges Gerede; Unsinn *m*; Quatsch *m*: ～连篇 lauter Unsinn reden
废料 fèiliào Abfall *m*; Müll *m*; unbrauchbare Reste
废票 fèipiào ① ungültige Karte; ungültiges Ticket ② ungültige Wahlstimme
废品 fèipǐn ① Ausschuß *m*; Ausschußware *f* ② Abfall *m*; Altmaterial *n*; Schrott *m*: ～回收 Wiedergewinnung von Altmaterial
废弃 fèiqì ablegen *vt*; aufgeben *vt*; verwerfen *vt*: ～陈规旧习 alte Sitten und Gewohnheiten ablegen
废人 fèirén ① Arbeits-, Dienstunfähige(r) *m*; ② Taugenichts *m*
废水 fèishuǐ Abwasser *n*
废铁 fèitiě Alteisen *n*; Schrott *m*
废物 fèiwù ① Altmaterial *n*; wertloses Zeug; unnützer Kram: ～利用 Abfallverwertung *f* ② Taugenichts *m*
废墟 fèixū Ruinen *pl*; Trümmerfeld *n*
废止 fèizhǐ aufheben *vt*; abschaffen *vt*; annullieren *vt*
废纸 fèizhǐ Papierabfall *m*; Altpapier *n*; Makulatur *f*
废置 fèizhì ausrangieren *vt*; etw. als nutzlos beiseite legen; ungenutzt lassen
肺 fèi Lunge *f*
肺癌 fèi'ái Lungenkrebs *m*; Lungenkarzinom *n*
肺病 fèibìng Lungenkrankheit *f*; Lungentuberkulose *f*
肺腑 fèifǔ Herzensgrund *m*: ～之言 Worte aus tiefstem 感人～ herzbewegend

肺活量 fèihuóliàng Vitalkapazität *f*
肺结核 fèijiéhé Lungentuberkulose *f*; Lungenschwindsucht *f*
肺炎 fèiyán Lungenentzündung *f*; Pneumonie *f*

痱 fèi
痱子 fèizi Hitzeausschlag *m*; Friesel *m/n*: ～粉 Pulver gegen Hitzeausschlag

沸 fèi sieden *vi*; brodeln *vi*: ～水 kochendes Wasser
沸点 fèidiǎn Siedepunkt *m*
沸腾 fèiténg ① sieden *vi*; aufwallen *vi* ② brodeln *vi*; wallen *vi*: 热血～ Das Blut aufwallt vor gerechter Empörung.

费 fèi ① Gebühr *f*; Kosten *pl*: 学～ Schulgeld *n*; Studiengebühr *f* 免～ kostenlos; gratis; unentgeltlich ② kosten *vt*; verwenden *vt*; aufwenden *vt*: 这项工作～了我两天工夫。 Die Arbeit hat mich zwei ganze Tage gekostet. ③ zu viel verbrauchen; sich zu schnell abnutzen: 男孩子穿鞋很～。Bei den Jungen verschleißen die Schuhe schnell
费工 fèigōng Arbeitsaufwand *m*; zeitraubend; viel Zeit verbrauchend
费解 fèijiě schwerverständlich; schwer zu verstehen
费劲 fèijìn große Bemühungen erfordern; anstrengend
费力 fèilì Kraft kosten; Mühe machen; anstrengend: ～不讨好 für seine große Mühe keine Anerkennung finden; nichts als Undank ernten
费钱 fèiqián aufwendig; kostspielig; viel Geld aufwenden
费神 fèishén ① 〈套〉 würden Sie so freundlich sein; sich die Mühe machen ② Mühe kosten; sich Gedanken machen
费事 fèishì viel Arbeit machen; umständlich; mühselig
费心 fèixīn ① sich bemühen; sich Gedanken machen ② seien Sie so gut: 请～把这封信交给他。Seien Sie so freundlich, diesen Brief ihm abzugeben!
费用 fèiyòng Kosten *pl*; Ausgaben *pl*: 生产～ Produktionskosten *pl* 生活～ Lebenshaltungskosten *pl*

fēn

分 fēn ① teilen *vt*; trennen *vt*; spalten *vt*: 难舍难～(beim Abschied) sich nicht voneinander trennen wollen ② verteilen *vt*; austeilen *vt*; zuteilen *vt*: ～任务 die Rollen verteilen ③ unterscheiden *vt*; auseinanderhalten *vt*: 良莠不～ Gut und Böse nicht unterscheiden ④ Zweigstelle *f*; Niederlassung *f*; Filiale *f*: ～店 Zweiggeschäft *n* ⑤ Bruch *m*; Bruchzahl *f*: 三～之二 zwei Drittel ⑥ 〈量〉 (长度单位) *Fen m* (= 1/3 Zentimeter); (地积单位) *Fen m* (=66,666m²); (货币单位) *Fen m* (=1/100 yuan); (时间单位) Minute *f* (=1/60 Stunde); (重量单位) *Fen m* (=1/2g)
*另见 fèn
分崩离析 fēn bēng lí xī zerfallen *vi*; auseinanderfallen *vi*; sich auflösen
分辨 fēnbiàn unterscheiden *vt*; auseinanderhalten *vt*: ～真假 Wahres und Falsches auseinanderhalten ～是非 Recht und Unrecht klar unterscheiden
分辩 fēnbiàn sich rechtfertigen; sich verteidigen; sich erklären: 不容～ keinen Widerspruch dulden
分别 fēnbié ① sich trennen; sich verabschieden ③ unterscheiden *vt*; auseinanderhalten *vt*: ～善恶 Gutes und Böses auseinanderhalten ③ getrennt, unterschiedlich: ～对待 unterschiedlich behandeln
分布 fēnbù sich verteilen; verbreitet sein; sich ausbreiten: 我国石油资源～很广。Die Öllagerstätten sind weit über unser Land verteilt.
分册 fēncè Band *m*; Heft *n*; Lieferung *f*
分寸 fēncun Sinn für Schicklichkeit; richtiges Maß (beim Sprechen und Handeln): 他说话很有～。Er sprach sehr taktvoll.
分担 fēndān teilweise übernehmen; mittragen; gemeinsam verantwortlich: ～费用 einen Teil der Kosten übernehmen
分道扬镳 fēn dào yáng biāo seinen eigenen Weg gehen
分等 fēnděng sortieren *vt*; klassifizieren *vt*; den Rang bestimmen
分发 fēnfā austeilen *vt*; ausgeben *vt*; verteilen *vt*: 把钱～给穷人 Geld unter die Armen unterteilen 给孩子们～礼品 Geschenke an die Kinder austeilen
分赴 fēnfù sich getrennt begeben: ～各工作岗位 sich auf verschiedene Arbeitsposten begeben
分割 fēngē abtrennen *vt*; spalten *vt*; etw. voneinander scheiden;

aufteilen *vt*:

分隔 fēngé abteilen *vt*; trennen *vt*; absondern *vt*

分工 fēngōng Arbeitsteilung *f*; die Arbeit aufteilen: 咱们怎么～? Wie sollen wir die Arbeit unter uns aufteilen?

分号 fēnhào ① Semikolon *n* (;) ② Zweigstelle *f*; Zweiggeschäft *n*

分红 fēnhóng den Gewinn verteilen; eine Dividende ausschütten

分洪 fēnhóng Hochwasser (getrennt) ableiten; die Wassermenge eines Flusses aufteilen

分化 fēnhuà ① sich spalten; sich teilen: ～成两派 sich in zwei Lager spalten ② spalten *vt*; zersetzen *vt*: ～瓦解 auflösen *vt*

分会 fēnhuì Unterorganisation *f*; Ortsgruppe *f*; Zweiggesellschaft *f*

分机 fēnjī Fernsprechnebenanschluß *m*

分家 fēnjiā Haushalt und Vermögen aufteilen; den Familienverband auflösen

分解 fēnjiě zersetzen *vt*; zerfallen *vi*; zerlegen *vt*; auflösen *vt*; aufschließen *vt*

分界 fēnjiè ① demarkiert durch ...; etw. als gemeinsame Grenze haben ② Demarkationslinie *f*

分居 fēnjū getrennt leben (von Familienangehörigen)

分开 fēnkāi trennen *vt*; auseinanderhalten *vt*; getrennt; separat

分类 fēnlèi klassifizieren *vt*; einordnen *vt*; in Klassen einteilen

分离 fēnlí trennen *vt*; loslösen *vt*; ausscheiden *vt*; spalten *vt*: 从空气中把氮～出来 den Stickstoff aus der Luft gewinnen

分裂 fēnliè ① spalten *vt*; zerspalten *vt*; zersplittern *vt*; zerfallen *vi* ② Spaltung *f*; Teilung *f*: 核～ Kernspaltung *f* 细胞～ Zellteilung *f*

分米 fēnmǐ Dezimeter *m/n* (dm)

分泌 fēnmì absondern *vt*; Sekretion *f*

分娩 fēnmiǎn Niederkunft *f*; Entbindung *f*; Geburt *f*

分明 fēnmíng klar; offenbar; offensichtlich: 这～是句谎话。Das ist offen sichtlich eine Lüge 爱憎～ Liebe und Haß klar voneinander scheiden

分派 fēnpài zuteilen *vt*; zuweisen *vt*; verteilen *vt*

分配 fēnpèi ① verteilen *vt*; zuteilen *vt*; anweisen *vt*: ～住房 j-m eine Wohnung zuteilen ② Verteilung *f*; Distribution *f*

分批 fēnpī in Gruppen; gruppenweise

分期 fēnqī etappenweise; in bestimmten Zeitabschnitten: ～付款 abstottern *vt*; etw. in Raten abzahlen; Ratenzahlung *f*

分歧 fēnqí Differenz *f*; Unterschied *m*: 意见～ Meinungsverschiedenheit *f* 制造～ Unfrieden stiften; Zwietracht säen

分清 fēnqīng unterscheiden *vt*; einen klaren Unterschied machen

分散 fēnsàn verstreuen *vt*; zerstreuen *vt*; dezentralisieren *vt*: ～活动 einzeln in Aktion treten ～注意力 j-s Aufmerksamkeit ablenken

分身 fēnshēn Zeit für etwas anderes finden: 我很忙,无法～。Ich habe so viel zu tun, daß ich mich zerreißen könnte.

分手 fēnshǒu sich von j-m trennen; sich verabschieden; (zu) j-m auf Wiedersehen sagen

分数 fēnshù ① Bruch *m*; Bruchzahl *f* ② Note *f*; Zensur *f*

分水岭 fēnshuǐlǐng ① Wasserscheide *f* ② Trennungs-, Demarkationslinie *f*

分摊 fēntān (Kosten u.ä.) aufteilen *vt*; sich an den Kosten beteiligen: ～费用 sich in die Kosten teilen

分庭抗礼 fēn tíng kàng lǐ j-m als Ebenbürtiger entgegentreten; sich mit j-m auf gleiche Stufe stellen

分头 fēntóu getrennt; einzeln

分文 fēnwén ein einziger Pfennig: ～不取 keinen Pfennig annehmen; kostenlos

分析 fēnxī analysieren *vt*; Analyse *f*: 善于～形势 eine Lage in allen Einzelheiten zu untersuchen verstehen

分享 fēnxiǎng mitgenießen *vt*; teilen *vt*; teilhaben an: ～胜利的喜悦 mit j-m die Freude über den Sieg teilen

分晓 fēnxiǎo Ergebnis *n*; Resultat *n*: 选举结果明天可见～。Das Ergebnis der Wahl wird morgen herausstellen.

分心 fēnxīn j-s Aufmerksamkeit ablenken; sich ablenken lassen

分野 fēnyě Trennungslinie *f*

分忧 fēnyōu j-s Sorgen und Nöte teilen; j-m helfen, über Schwierigkeiten hinwegzukommen

分赃 fēnzāng die Beute (*od* das Diebesgut) teilen

分支 fēnzhī Zweig *m*; Filiale *f*: ～机构 Zweigstelle *f*

分子 fēnzǐ ① Zähler *m* (eines

Bruchs) ② Molekül *n*
分组 fēnzǔ gruppieren *vt*; sich in Gruppen teilen
芬 fēn Wohlgeruch *m*; Duft *m*
芬芳 fēnfāng wohlriechend; duftend; Wohlgeruch *m*; Duft *m*
吩 fēn
吩咐 fēnfu mündlich einen Auftrag geben; anweisen *vt*
纷 fēn ① verwirrt; durcheinander ② viel und verschiedenartig; massenhaft: 大雪～飞。Der Schnee fällt in dichten Flokken.
纷繁 fēnfán zahlreich und verwikkelt; mannigfaltig: 头绪～ sehr kompliziert und verwirrend
纷纷 fēnfēn ① einer nach dem anderen; hintereinander: 青年～报名参军。Einer nach dem anderen melden sich die Jugendlichen freiwillig zum Wehrdienst. ② zahlreich und verwirrend: 敌军～逃窜。Die feindlichen Truppen fliehen Hals über Kopf. 议论～ lebhaft diskutieren
纷乱 fēnluàn durcheinander; wirr; verworren: ～的局面 eine chaotische Situation
纷扰 fēnrǎo Verwirrung *f*; Konfusion *f*; Durcheinander *n*
纷纭 fēnyún mannigfaltig; verworren; verwickelt
纷至沓来 fēn zhì tà lái in großer Anzahl auftreten; massenhaft erscheinen

fén

坟(墳) fén Grab *n*; Grabstätte *f*: ～地 Friedhof *m*; Grabstätte *f* ～墓 Grab *n*
焚 fén brennen *vt*; verbrennen *vt*: ～香 Weihrauch abbrennen 玩火者必自～。Wer mit dem Feuer spielt, wird sich verbrennen.
焚化 fénhuà verbrennen *vt*; einäschern *vt*
焚毁 fénhuǐ niederbrennen *vt*; abbrennen *vt*
焚烧 fénshāo verbrennen *vt*; etw. in Brand stecken

fěn

粉 fěn ① Pulver *n*: 磨成～ pulverisieren *vt*; etw. zu Pulver zermahlen 奶～ Milchpulver *n* 面～ Weizenmehl *n* ② rosa: ～色 zartrote (*od* hellrote) Farbe ③ weißen *vt*; etw. weiß anstreichen: 墙刚～过。Diese Wand ist frisch geweißt.
粉笔 fěnbǐ Kreide *f*; Kreidestift *m*
粉饰 fěnshì beschönigen *vt*; weißwaschen *vt*; reinwaschen *vt*: ～错误 j-s Fehler beschönigen
粉刷 fěnshuā etw. weiß anstreichen; weißen *vt*; tünchen *vt*
粉碎 fěnsuì ① zerschmettern *vt*; zerschlagen *vt*; zunichte machen: ～军事进攻 den militärischen Angriff zurückschlagen ② in ganz kleine Teile zerbrechen: 茶杯摔得～。Das Teetasse ist in tausend Scherben zerbrochen.

fèn

粪(糞) fèn Kot *m*; Exkremente *pl*; Ausscheidungen *pl*; Dung *m*; Mist *m*
粪便 fènbiàn Urin und Kot; Exkremente *pl*; Ausscheidungen *pl*
粪肥 fènféi Mistdünger *m*; Jauche *f*
粪土 fèntǔ Kot und Dreck; Mist *m*: 视如～ etw. als wertlos betrachten; j-n wie Dreck behandeln
愤 fèn Entrüstung *f*; Zorn *m*; Ärger *m*; Groll *m*; in Zorn geraten: 公～ öffentliches Ärgernis
愤愤不平 fènfèn bùpíng sehr entrüstet sein; voller Groll sein
愤恨 fènhèn Ingrimm *m*; Haß *m* Groll *m*
愤激 fènjī erzürnt und aufgeregt
愤慨 fènkǎi empört; entrüstet; Empörung *f*; Entrüstung *f*
愤懑 fènmèn ingrimmig; verbissen
愤怒 fènnù Entrüstung *f*; Zorn *m*; Wut *f*
愤世嫉俗 fèn shì jí sú mit der Welt unzufrieden sein; alles Irdische mit Abscheu betrachten
奋(奮) fèn ① sich anstrengen; sich aufraffen: 振～ sich zusammenreißen ～不顾身 todesmutig; aufopferungsvoll ② aufheben *vt*; erheben *vt*: ～臂高呼 seine Hand heben und laut rufen
奋斗 fèndòu kämpfen *vi*; um etw. ringen; nach etw. streben: 为胜利而～ um den Sieg kämpfen
奋发 fènfā tatkräftig arbeiten;

sich anstrengen; begeistert; schwungvoll: ～图强 sich tatkräftig für die Stärkung des Vaterlandes einsetzen

奋力 fènlì unter Einsatz aller Kräfte; alle Kräfte aufbieten; keine Mühe scheuen

奋起 fènqǐ sich entschlossen und kraftvoll erheben: ～自卫 sich zur Selbstverteidigung erheben

奋勇 fènyǒng mit großer Kühnheit; mutig: ～前进 unerschrokken vorwärtsschreiten

奋战 fènzhàn unermüdlich kämpfen; harter Kampf

分 fèn ① Bestandteil *m*: 盐～ Salzgehalt *m* ② j-s Pflichten oder Rechte: 尽本～ seine Pflicht tun 过～ übermäßig; seine Grenzen überschreiten 非～之想 Wunschtraum *m* * 另见 fēn

分量 fènliàng Gewicht *n*: 他说的话很有～。Seine Worte haben großes Gewicht.

分内 fènnèi zu j-s Pflicht gehörend; verpflichtet sein: 我觉得给他帮助是我的～事。Ich fühle mich verpflichtet, ihm zu helfen.

分外 fènwài ① äußerst; außergewöhnlich; besonders: ～高兴 sich außerordentlich freuen ② außerhalb des eigenen Aufgabenbereiches liegend

分子 fènzǐ Element *n*; Mitglied *n*: 积极～ Aktivist *m* 知识～ Intellektuelle(r); Intelligenz *f*

份 fèn ① Teil *m*; Anteil *m*; Portion *f*: 股～ Anteil(schein) *m*; Aktie *f* ② 〈量〉 一～礼品 ein Geschenk 复写三～ drei Durchschläge machen

份额 fèn'é Anteil *m*; Kontingent *n*

fēng

丰(豐) fēng ① reichlich; üppig; im Überfluß: ～收 reiche Ernte ② groß: ～功伟绩 große Verdienste ③ ansehnlich hübsch; schön aussehend: ～满 vollschlank

丰采 fēngcǎi Anmut *f*; Grazie *f*

丰产 fēngchǎn reiche Ernte; ertragreich

丰富 fēngfù ① reich; reichlich; üppig: 资源～ reich an Bodenschätzen ② bereichern *vt*: ～自己的生活经验 seine Lebenserfahrungen bereichern ～多采 reich und vielgestaltig

丰厚 fēnghòu ① üppig und dick ② reichlich; sehr viel: ～的礼品 großzügige Geschenke

丰满 fēngmǎn ① gefüllt; voll: 羽毛～ flügge; vollentwickelt ② vollschlank; füllig; voll: 她体态～。Sie hat eine üppige Figur.

丰茂 fēngmào üppig; üppig wuchernd 水草～ üppiges Gras und viel Wasser; saftig sprießendes Weidegras

丰年 fēngnián fruchtbares (*od* gutes) Jahr

丰沛 fēngpèi reichlich (Niederschläge): 雨水～ viel Regen; reichliche Regenfälle

丰盛 fēngshèng reichlich; in Fülle vorhanden: ～的酒席 ein üppiges Festmahl

丰收 fēngshōu reiche (*od* gute) Ernte: ～在望。Eine reiche Ernte ist in Sicht.

丰硕 fēngshuò zahlreich und groß: 取得～的成果 reiche Früchte tragen; große Erfolge erzielen

丰衣足食 fēng yī zú shí gut gekleidet und ernährt; ausreichend mit Kleidung und Nahrung versorgt sein

丰裕 fēngyù gut versorgt; in Hülle und Fülle: 生活～ im Überfluß leben

封 fēng ① schließen *vt*; verschließen *vt*; siegeln *vt*: 把信～上 einen Brief zukleben ～门 eine Tür versiegeln ② j-n (mit Titeln oder Land) belehnen: 分～诸侯 die Fürsten mit Titeln und Land belehnen ③ Umschlag *m*; (Papier-)Hülle *f*: 信～ Briefumschlag *m*; Kuvert *n* ④ 〈量〉 一～信 ein Brief

封闭 fēngbì ① etw. dicht verschließen; abdichten *vt*: 用蜡～瓶口 eine Flaschenöffnung mit Wachs verschließen ② schließen *vt*: ～机场 einen Flughafen schließen

封存 fēngcún etw zur sicheren Aufbewahrung versiegeln

封底 fēngdǐ hintere Außenseite des Bucheinbandes

封建 fēngjiàn Lehenssystem *n*: ～主义 Feudalismus *m*

封口 fēngkǒu ① verschließen *vt*; zukleben *vt*: 信～了吗? Ist der Brief zugeklebt? ② zuheilen: 腿上的伤已经～了。Die Wunde am Bein ist schon zugeheilt.

封面 fēngmiàn ① Titelseite *f*; Deckblatt *n* ② Außenseite des Einbandes

封锁 fēngsuǒ Blockade *f*; absperren *vt*; versperren *vt*: ～港口 einen Hafen blockieren 经济～ Wirtschaftsblockade *f*

封条 fēngtiáo Klebe-, Verschlußstreifen *m*; amtliche Siegel oder Pfändungsmarke

烽 fēng Signal-, Alarmfeuer *n*

烽火 fēnghuǒ ① Signal-, Alarmfeuer *n*: ～台 Alarmfeuerturm *m* ② Kriegsfeuer *n*; Kriegsfackel *f*: ～连天。 Überall loderten die Flammen des Krieges auf.

烽烟 fēngyān ① Alarmfeuer *n*; Signalrauch *m* ② Kriegsflamme *f*; Kriegsfeuer *n*

蜂 fēng ① Wespe *f* ② Biene *f*: 蜜～ Honigbiene *f*

蜂房 fēngfáng Bienenwabe *f*

蜂蜜 fēngmì Bienenhonig *m*

蜂窝 fēngwō Bienenwabe *f*

蜂拥 fēngyōng in hellen Scharen zusammenströmen: ～而来 wie ein Bienenschwarm ankommen

峰 fēng ① Gipfel *m*; Spitze *f*: 山～ Berggipfel *m*; Bergspitze *f* 攀登科学高～ den Gipfel der Wissenschaft erklimmen ② Hökker *m*; Buckel *m*: 驼～ Kamelhöcker *m*

峰峦 fēngluán Bergkette *f*; Gebirgskamm *m*

锋 fēng ① Schneide *f*; Klinge *f* (einer Hieb- bzw. Stichwaffe) ② Vorhut *f*; Stürmer *m*: 先～ Avantgarde *f*; Vorhut *f*

锋利 fēnglì ① scharf; schneidend; geschliffen ② schneidend; scharf; beißend: 一张～的嘴 eine scharfe Zunge

锋芒 fēngmáng ① Spitze *f*; Schärfe *f*; Schneide *f* (einer Waffe) ② das sichtbar werdende Talent: ～毕露 seine Fähigkeiten hervorkehren

风(風) fēng ① Wind *m*: ～吹雨打 Wind und Wetter ausgesetzt sein ～平浪静 Windstille und ruhige See ② Stil *m*; Sitten und Bräuche: 文～ literarischer Stil 纠正不正之～ ungesunde Tendenzen berichtigen ③ Ausblick *m*: ～景 Szenerie *f*; Landschaft *f* ④ Gerücht *n*; Nachricht *f*: 听到～声 Wind von etw. bekommen 闻～而动 in Aktion treten, sobald man von etw. Wind bekommen

风暴 fēngbào Sturm *m*

风波 fēngbō Wind und Wellen; Aufregung *f*; Unruhe *f*; Streitigkeiten *pl*

风采 fēngcǎi Anmut *f*; Grazie *f*; Charme *m*

风潮 fēngcháo Unruhe *f*; Aufruhr *m*

风车 fēngchē ① Windmühle *f*; Windrad *n* ② Kornreinigungs-, Worfelmaschine *f*

风尘 fēngchén Reisemüdigkeit *f*: ～仆仆 von der Reise staubbedeckt und müde sein

风驰电掣 fēng chí diàn chè schnell wie der Wind (dahinjagen); blitzschnell

风传 fēngchuán Hörensagen *n*; Gerücht *n*; es geht das Gerücht um

风度 fēngdù feines (*od* vornehmes) Auftreten; Charme *m*

风干 fēnggān in Freien getroknet; luftgetrocknet

风格 fēnggé Stil *m*; Kunststil *m*: 简练的～ knapper Stil

风光 fēngguāng Landschaft *f*: ～秀丽 wunderschöne Szenerie

风寒 fēnghán kalter Wind; Kälte *f*

风和日暖 fēng hé rì nuǎn sonnig mildes Wetter

风华 fēnghuá Charme und Talent: ～正茂 in der Blüte seiner Jugend

风化 fēnghuà ① Sitten und moralische Normen: 有伤～ die öffentliche Moral verderben ② verwittern *vi*; Verwitterung *f*

风景 fēngjǐng Landschaft *f*: ～如画 malerisch ～优美 landschaftliche Schönheit

风镜 fēngjìng Windschutzbrille *f*

风口 fēngkǒu zugige Stelle: 别站在～上! Stehen Sie nicht im Zug!

风浪 fēnglàng Sturm und Wogen; stürmische Welle

风力 fēnglì ① Windkraft *f*; windbetrieben ② Windstärke *f*

风凉 fēngliáng kühl

风凉话 fēngliánghuà verantwortungslose und ironische Bemerkungen: 说～ sarkastische Bemerkungen machen

风流 fēngliú ① prominent; hervorragend: ～人物 hervorragende Persönlichkeit ② charmant; galant: ～韵事 Liebesaffäre *f*

风帽 fēngmào Kapuze *f*; Windkappe *f*

风貌 fēngmào ① Stil und Gepräge ② Antlitz *n*; Gesicht *n*; Aussehen *n*

风靡 fēngmǐ in Mode kommen; Furore machen: ～一时 einige Zeit in Mode sein

风气 fēngqì allgemeine Praxis; herrschende Praktiken: Sitten *pl*;

soziale Moral
风琴 fēngqín Orgel *f*
风情 fēngqíng Liebesverlangen *n*; Koketterie *f*: 卖弄～ sich kokett benehmen; flirten *vi*
风趣 fēngqù Humor *m*; Witz *m*: 他说话很有～。Er spricht sehr geistreich.
风骚 fēngsāo ① Poesie *f*; Literatur *f* ② kokett; liederlich: 她很～。Sie ist sehr kokett.
风沙 fēngshā Sandsturm *m*
风扇 fēngshàn Ventilator *m*
风尚 fēngshàng allgemeine Gewohnheit; herrschende Praxis; Sitten *pl*
风声 fēngshēng Gerücht *n*; Nachricht *f*: 听到～ Wind von etw. bekommen
风湿 fēngshī Rheumatismus *m*; Rheuma *n*
风霜 fēngshuōng Wind und Wetter (ausgesetzt); Härte und Schwierigkeiten (auf einer Reise oder im Leben): 饱经～ viel Mühsal gekostet haben
风俗 fēngsú Sitte *f*; Sitten und Gebräuche
风调雨顺 fēng tiáo yǔs hùn günstige Winde und pünktliche Regenfälle; für den Ackerbau sehr günstiges Wetter
风土 fēngtǔ natürliche und soziale Gegebenheiten in einer Gegend: ～人情 lokale Verhältnisse und Sitten
风味 fēngwèi typischer Geschmack; lokale Eigenheiten: 别有～ ein eigenartiges Gepräge haben ～菜 typische örtliche Speise; lokale Spezialität
风闻 fēngwén etw. durch Hörensagen erfahren; von etw. Wind bekommen
风险 fēngxiǎn Risiko *n*; Gefahr *f*: 冒～ ein Risiko eingehen; riskieren *vt*
风向 fēngxiàng ① Windrichtung *f*: ～标 Wetterfahne *f*; Wetterhahn *m* ② Tendenz *f*; Entwicklungsrichtung *f*
风行 fēngxíng in Mode sein; überall verbreitet sein: ～一时 für eine Zeitlang im Schwung sein
风雅 fēngyǎ ① literarische und musische Beschäftigung ② geschmackvoll; gebildet; vornehm: 举止～ sich vornehm benehmen; mit feinen Manieren
风言风语 fēng yán fēng yǔ Gerüchte *pl*; unbegründete Behauptung; üble Nachrede
风衣 fēngyī Staub-, Windmantel *m*
风雨 fēngyǔ Sturm und Regen; Mühsal *f*: ～同舟 alle in einem Boot sitzen ～无阻 Sturm und Regen nicht **scheuen**; Wind und Wetter trotzen
风云 fēngyún stürmische, unstabile Situation: ～变幻 rasche Veränderung der politischen Lage ～人物 einflußreiche Persönlichkeit; der Held des Tages
风韵 fēngyùn Anmut *f*; Grazie *f*; Charme *m*; Liebreiz *m*
风筝 fēngzheng Drachen *m*: 放～ Drachen steigen lassen
风烛残年 fēngzhú cánnián betagt sein; dem Lebensende nahe sein
风姿 fēngzī Anmut *f*; Grazie *f*; liebliche Schönheit

疯(瘋) fēng geisteskrank; verrückt; irrsinnig
疯癫 fēngdiān irrsinnig; wahnsinnig; verrückt; toll
疯疯癫癫 fēngfengdiāndiān sich verrückt benehmen; nicht recht bei Verstand sein; toller (*od* tollwütiger) Hund
疯狂 fēngkuáng ① irrsinnig; wahnsinnig; verrückt ② wahnsinnig; rasend; ungezügelt: ～反扑 tollwütiger Gegenangriff
疯人院 fēngrényuàn Irrenhaus *n*; Irrenanstalt *f*
疯子 fēngzi Wahnsinnige(r); Irre(r)

枫(楓) fēng Ahorn *m*

féng

逢 féng treffen *vt*; sich begegnen; auf etw./j-n stoßen: 久别重～ sich nach langer Trennung wieder treffen ～人便问 j-n fragen, der gerade des Weges kommt ～场作戏 gelegentlich einmal mitspielen
逢年过节 féng nián guò jié aus Anlaß eines Festtages; zu einem Feiertag; an Feiertagen
逢凶化吉 féng xiōng huà jí ein Mißgeschick in Glück umwandeln
逢迎 féngyíng sich bei j-m einschmeicheln: 阿谀～ vor j-m kriechen und ihm Honig um den Mund schmieren

缝 féng nähen *vt*: ～衣服 ein Kleid nähen ～伤口 eine Wunde nähen * 另见 fèng
缝补 féngbǔ (Kleidung) nähen

und flicken
缝纫 féngrèn schneidern *vt*: ～机 Nähmaschine *f*

fěng

讽(諷) fěng spotten *vi*; verspotten *vt*; höhnen *vi*; verhöhnen *vi*; Satire *f*; Ironie *f*: 冷嘲热～ bittere Ironie und ätzender Spott
讽刺 fěngcì spotten *vi*; verspotten *vt*; ironisieren *vt*: ～画 Karikatur *f*; Spottbild *n* ～文学 satirische Literatur
讽喻 fěngyù Parabel *f*; satirisch; karikierend

fèng

奉 fèng ① etw. höflich übergeben oder empfangen: ～上新书一册 j-m ein neues Buch überreichen ② respektieren *vt* hochschätzen *vt*; erachten *vt*: ～为上宾 j-n als hohen Gast mit gebührender Ehre behandeln ③ umsorgen *vt*; j-n aufopferungsvoll pflegen: 侍～老人 Eltern bzw. Großeltern umsorgen
奉承 fèngcheng j-m schmeicheln; sich bei j-m einschmeicheln: ～话 Schmeichelei *f*
奉告 fènggào <敬> j-m etw. mitteilen; j-n etw. wissen lassen: 详情容后～。Die näheren Umstände werde ich (Ihnen) später mitteilen.
奉公守法 fèng gōng shǒu fǎ nach Pflicht und Gesetz handeln
奉还 fènghuán etw. dankend zurückgeben
奉命 fèngmìng einem Befehl folgen; auf Befehl (*od* Weisung)
奉陪 fèngpéi <敬> j-m Gesellschaft leisten: 恕不～。Entschuldigen Sie, daß ich Ihnen keine Gesellschaft leisten kann.
奉劝 fèngquàn <敬> raten *vt*; einen Rat geben
奉送 fèngsòng <敬> schenken *vt*; etw. als Geschenk darbringen
奉献 fèngxiàn <敬> etw. mit Hochachtung überreichen; ehrerbietig ein Geschenk machen
奉行 fèngxíng (eine Politik u.ä.) verfolgen *vt*; betreiben *vt*:
奉养 fèngyǎng für den Unterhalt arbeitsunfähiger Eltern, Großeltern u.ä. sorgen und sie betreuen

俸 fèng Gehalt *n*: ～禄 Gehalt eines Beamten
缝 fèng ① Naht *f*: 无～钢管 nahtloses Stahlrohr ② Ritz *m*; Spalt *m*; Riß *m*: 瓷瓶上有一道～儿。Die Porzellanvase hat einen Sprung. * 另见 féng
缝隙 fèngxì Riß *m*; Spalt *m*
凤(鳳) fèng Phönix *m*
凤凰 fènghuáng Phönix *m*
凤毛麟角 fèng máo lín jiǎo wie Phönixfeder und Einhornhörner — sehr seltener und wertvoller Gegenstand; Mensch von außergewöhnlichen Qualitäten; seltene Kostbarkeit; Rarität *f*

fó

佛 fó ① Buddha *m* ② Buddhismus *m*
佛教 fójiào Buddhismus *m*: ～徒 Buddhist *m*
佛经 fójīng kanonische Schriften des Buddhismus; Sutras *pl*
佛龛 fókān Nische mit Buddhastatue
佛堂 fótáng Haustempel *m*
佛像 fóxiàng Buddhafigur *f*; Buddhastatue *f*
佛学 fóxué Buddhismus *m*
佛爷 fóye Buddha *m*

fǒu

否 fǒu ① verneinen *vt*; nein sagen: ～认 verneinen *vt*; leugnen *vt* ② <书> nein: 你的表准吗？～。Geht deine Uhr richtig? Nein. ③ 君知其事～？ Wissen Sie etwas darüber? ④ ob: 明日能～出发要看天气。Ob wir morgen aufbrechen können, hängt vom Wetter ab.
否定 fǒudìng ① verneinen *vt*; negieren *vt* ② negativ: ～的答复 negative Antwort
否决 fǒujué Veto gegen etw. einlegen; ablehnen *vt*: 提案被～了。Der Antrag wurde abgelehnt. ～权 Veto *n*; Vetorecht *n*
否认 fǒurèn verneinen *vt*; ableugnen *vt*; etw. nicht anerkennen
否则 fǒuzé <连> sonst; ansonsten; ander(e)nfalls; wenn nicht ...; falls nicht ...: 快点走，～要迟到了。Beeilen wir uns, sonst kommen wir zu spät.

fū

夫 fū ① Ehemann *m*; Gatte *m* ② Mann *m*: 匹～ einfacher Mann ③ körperlich arbeitender Mensch: 船～ Bootsführer *m*; Schiffer *m* 樵～ Holzfäller *m*

夫妇 fūfù Ehepaar *n*; Mann und Frau; Gatte und Gattin: 新婚～ Neuvermählte *pl*; Brautpaar *n*; junge Eheleute

夫妻 fūqī Mann und Frau; Ehepaar *n*

夫人 fūrén Gattin *f*; Dame *f*; Frau *f*: 各国使节和～ diplomatische Vertreter und ihre Gattinnen 某某～ Madame ...

夫子 fūzǐ ① Meister *m* (Anrede für einen Gelehrten oder Lehrer in der alten Zeit) ② Pedant *m*: 迂～ ein pedantischer Kauz

麸(麩) fū Kleie *f*: ～皮 Weizenkleie *f* ～子 Weizenkleie *f*

肤(膚) fū Haut *f*: ～色 Hautfarbe *f*

肤皮潦草 fūpí liáocǎo oberflächlich und lässig (etw. tun): ～的工作 eine flüchtige Arbeit

肤浅 fūqiǎn oberflächlich; flüchtig; nicht gründlich

敷 fū ① (Salbe, Pulver) aufstreichen *vt*; auftragen *vt*; einschmieren *vt*: 外～ etw. äußerlich einreiben; zur äußerlichen Anwendung ② genügen *vi*; ausreichen *vi*: 入不～出 Die Einnahmen decken nicht die Ausgaben.

敷设 fūshè legen *vt*; verlegen *vt*: ～管道 eine Pipeline verlegen ～铁轨 Eisenbahnschienen verlegen

敷衍 fūyan oberflächlich, nachlässig handeln: ～了事 etw. flüchtig erledigen ～塞责 leichtfertig und unverantwortlich sein

孵 fū brüten *vt*; ausbrüten *vt*: ～小鸡 Küken ausbrüten; Junge (*od* Eier) ausbrüten

孵化 fūhuà ausbrüten *vt*: 人工～ künstliche Brütung

孵卵 fūluǎn ausbrüten *vt*

fú

芙 fú

芙蓉 fúróng ① Eibisch *m*; Hibiskus *m* ② Lotos *m*

扶 fú ① (mit der Hand) stützen *vt*; Halt geben: ～着栏杆 auf das Geländer stützen ～病人站起来 einen Kranken aufrichten ② j-m unter die Arme greifen; Hilfe leisten; unterstützen *vt*:救死～伤 Sterbende retten, Verwundete heilen

扶病 fúbìng trotz Krankheit; in krankem Zustand: ～出席 trotz Krankheit erscheinen

扶持 fúchí j-n stützen; j-m unter die Arme greifen; j-m Hilfe gewähren

扶老携幼 fú lǎo xié yòu ① Alten unter die Arme greifen und Kinder an der Hand führen; alten Menschen und Kindern helfen ② mit der ganzen Familie; alt und jung

扶手 fúshǒu ① Treppengeländer *n*; Geländerstange *f* ② Armlehne *f*: ～椅 Armsessel *m*; Lehnstuhl *m*

扶梯 fútī Treppe mit Geländer

扶养 fúyǎng ernähren *vt*; großziehen *vt*: ～成人 (ein Kind) aufziehen *vt*

扶植 fúzhí aufziehen *vt*; züchten *vt*;heranzüchten *vt*;unterstützen *vt*: ～新生力量 dem Nachwuchs unter die Arme greifen

扶助 fúzhù helfen *vi*; beistehen *vi*; unterstützen *vt*: ～老弱 den Alten und Schwachen helfen

福 fú Glück *n*; Segen *m*; Glückseligkeit *f*: 造～人类 dem Wohl der Menschheit dienen

福利 fúlì Wohlfahrt *f*; soziale Fürsorge: ～事业 Sozial-, Wohlfahrtswesen *n*

福气 fúqi Glück *n*; glückliches Geschick

福星 fúxīng Glücksstern *m*: ～高照 vom Glück gesegnet sein

福音 fúyīn ① Evangelium *n* ② gute Nachricht; frohe Botschaft

辐 fú Speiche *f*: 轮～ Radspeiche *f*

辐射 fúshè Strahlung *f*; Radiation *f*

幅 fú ① Breite einer Stoffbahn: 单(双)～床单 Bettdecke einfacher (doppelter) Breite ② Größe *f*; Umfang *m*; Format *n*: 大～照片 Bild im Großformat; großformatiges Foto ③ 〈量〉［用于布帛、图画等］: 一～画 ein Bild

幅度 fúdù Ausmaß *n*; Schwingungsweite *f*: 粮食产量大～增长。Die Getreideproduktion nahm in großem Maßstab zu.

幅员 fúyuán Fläche eines Territoriums; Größe eines Landes: ～广大 sich über ein weites Gebiet erstrecken

浮 fú ① auf der Oberfläche schwimmen; auftauchen *vt*: ～冰 Treibeis *n* ～上来 auftauchen|*vi*|② swimmen: 他～到对岸。Er schwamm ans andere Ufer ③ auf der Oberfläche; oberflächlich: ～尘 Staub|*m* 他这人做事太～。Er macht alles viel zu flüchtig. ④ übersteigen *vt*; überzählig: 人～于事 mehr Büropersonal als benötigt

浮标 fúbiāo Boje *f*; Seezeichen *n*

浮财 fúcái bewegliche Habe; Mobilien

浮沉 fúchén auf und ab; auftauchen und versinken: 与世～ mit dem Strom schwimmen

浮雕 fúdiāo Relief *n* (Skulptur *f*)

浮动 fúdòng ① schwimmen *vi*; auf dem Wasser dahintreiben ② unruhig sein; unstet; schwankend: ～汇率 floatender Wechselkurs

浮华 fúhuá prunkvoll; protzig; prahlerisch

浮夸 fúkuā prahlerisch; übertrieben darstellen: ～作风 Neigung zum Aufbauschen eigener Leistungen; Aufschneiderei *f*

浮力 fúlì Auftrieb *m*; Schwimmkraft *f*

浮桥 fúqiáo Pontonbrücke *f*; schwimmende Brücke

浮现 fúxiàn vor j-s Augen auftauchen; wieder in Erinnerung kommen

浮躁 fúzào unstet; leichtfertig und ungeduldig: 性情～ von unstetem Charakter sein; flatterhaft sein

浮肿 fúzhǒng Ödem *n*; Wassersucht *f*

俘 fú ① gefangennehmen *vt* ② Kriegsgefangene(r)

俘虏 fúlǔ ① gefangennehmen *vt* ② Gefangene(r): 遣返～ Gefangene repatriieren

伏 fú ① sich beugen ② auf dem Bauch liegen ③ herab; herunter; hinab; hinunter: 此起彼～ hier anschwellen, dort abflauen ④ sich verbergen; sich versteckt halten: 昼～夜出 sich tagsüber verstecken und nachts herauskommen

伏笔 fúbǐ Andeutung *f*; Vorzeichen *n* (für die späteren Entwicklungen in einem Roman, Drama usw.)

伏兵 fúbīng Truppen im Hinterhalt; Hinterhalt *m*

伏击 fújī j-n aus dem Hinterhalt überfallen: 遭到～ in einen Hinterhalt geraten

伏特 fútè Volt *n*

伏天 fútiān Hundstage *pl*; heiße Sommertage

伏贴 fútiē (Kleidung) sehr gut passen; einen guten Sitz haben

符 fú ① Symbol *n*; Kennzeichen *n*: 音～ Musiknote *f*; Tonzeichen *n* ② übereinstimmen *vi*; entsprechen *vi*: 与事实不～ mit den Tatsachen nicht übereinstimmen

符号 fúhào ① Zeichen *n*; Symbol *n*: 标点～ Interpunktion *f*; Zeichensetzung ② Kennzeichen *n*; Abzeichen *n*; Marke *f*

符合 fúhé mit etw. übereinstimmen; entsprechen *vi*: ～要求 mit den Forderungen übereinstimmen ～实际情况 mit den realen Gegebenheiten in Einklang sein

符咒 fúzhòu (taoistische) Zauberzeichen und Zaubersprüche

凫(鳧) fú Wildente *f*

服 fú ① Kleidung *f*; Kleid *n*; Anzug *m*: 工作～ Arbeitskleidung *f*; Arbeitsanzug *m* ② (Medizin) einnehmen *vt*: 日～三次，每次两片 dreimal täglich je zwei Tabletten ③ etw. auf sich nehmen; übernehmen *vt*: ～兵役 Militärdienst leisten ～刑 seine Strafe absitzen ④ j-n überzeugen: 以理～人 j-n mit Argumenten überzeugen ⑤ sich einleben; sich eingewöhnen; sich akklimatisieren: 不～水土 an einem Ort nicht heimisch werden können
* 另见 fù

服从 fúcóng gehorchen *vi*; befolgen *vt*; Folge leisten; sich j-m unterordnen: ～命令 einen Befehl befolgen 少数～多数。Die Minderheit fügte sich der Mehrheit.

服毒 fúdú Gift nehmen; sich vergiften

服气 fúqì überzeugt sein; etw. zugeben; klein beigeben

服丧 fúsāng Trauer tragen

服饰 fúshì Kleidung und Putz; Aufmachung *f*

服侍 fúshi bedienen *vt*; aufwarten *vi*: ～病人 einen Kranken pflegen

服输 fúshū seine Niederlage eingestehen; sich geschlagen geben;

klein beigeben
服帖 fútiē sich fügen; gehorchen *vi*; fügsam; gehorsam
服务 fúwù dienen *vi*; im Dienst von j-m/etw. stehen: ～周到 guten Service bieten ～台 Servicepult *n*; Etagendienst *m*
服务员 fúwùyuán Bedienungspersonal *n*; Zimmermädchen *n*; Kellner *m*; Steward *m*; Stewardeß *f*
服刑 fúxíng eine Gefängnisstrafe verbüßen: ～期满 nach verbüßter Freiheitsstrafe
服役 fúyì aktiven Militärdienst leisten; beim Militär dienen
服装 fúzhuāng Kleidung *f*; Kostüm *n*: 民族～ Nationaltracht *f*
拂 fú ① etw. sanft streichen; streicheln *vt*: 春风～面。Der Frühlingswind streicht sanft über das Gesicht. ② fegen *vt*; wischen *vt*; kehren *vt*
拂拭 fúshì abstauben *vt*; abwischen *vt*
拂晓 fúxiǎo Morgendämmerung *f*; Tagesanbruch *m*

fǔ

府 fǔ ① Regierungssitz *m*; Residenz *f*: 首～ Hauptstadt *f* ② Wohnsitz höherer Beamter; Regierungswohnsitz *m*; Amtswohnung *f*: 总统～ Präsidentenresidenz *f* ③ <敬> Ihre Familie: 贵～ Ihre (werte) Familie
府第 fǔdì Wohnhaus *n*; herrschaftlicher Wohnsitz
府上 fǔshang <敬> ① Ihre Familie: ～都好？Wie geht es Ihrer Familie? ② Ihr Geburtsort: ～是哪儿？Wo sind Sie zu Hause?
腐 fǔ ① verfaulen *vi*; verderben *vi*: 流水不～。Fließendes Wasser fault nicht. ② Bohnenkäse *m*
腐败 fǔbài ① verfault; verdorben; verfallen ② korrupt; verrottet; moralisch verdorben
腐化 fǔhuà degeneriert; korrupt; sittlich verkommen: 生活～ ein korruptes Leben führen
腐烂 fǔlàn ① verfaulen *vi*; verwesen *vi* ② korrupt; verkommen
腐蚀 fǔshí (chemisch) zerfressen *vt*; zersetzen *vt*; ätzen *vt*: ～剂 Ätzmittel *n*
腐朽 fǔxiǔ ① verfault; morsch; verfallen ② degenerieren *vi*; entarten *vi*; korrupt werden
腐殖质 fǔzhízhì Humus *m*; Huminstoff *m*
俯 fǔ (den Kopf) neigen *vt*: ～视 nach unten blicken ～冲 Sturzflug *m*; einen Sturzflug machen
俯瞰 fǔkàn hinabblicken *vi*; aus der Vogelschau
俯拾即是 fǔ shí jí shì leicht zu finden sein; es kommt nicht selten vor
俯视 fǔshì hinabblicken *vi*
俯首 fǔshǒu das Haupt beugen; sich beugen: ～帖耳 j-m in sklavischem Gehorsam folgen
抚(撫) fǔ ① trösten *vt*; Trost zusprechen: 安～ beschwichtigen *vt*; beruhigen *vt*; befrieden *vt* ② aufziehen *vt*; nähren *vt*
抚爱 fǔ'ài liebkosen *vt*
抚摩 fǔmó sanft über etw. streichen; streicheln *vt*
抚弄 fǔnòng (leicht, sanft) streichen *vi*; streicheln *vt*
抚慰 fǔwèi trösten *vt*; beruhigen *vt*
抚恤 fǔxù (Dienstunfall- oder Kriegsopfer bzw. deren Familien) finanziell unterstützen: ～金 Unterstützungsgeld *n*
抚养 fǔyǎng aufziehen *vt*; pflegen *vt*; ernähren *vt*
抚育 fǔyù aufziehen *vt*; erziehen *vt*; pflegen *vt*
甫 fǔ <书> soeben; gerade; nur: 年～二十 gerade 20 Jahre alt
辅 fǔ helfen *vi*; beistehen *vi*; assistieren *vi*; unterstützen *vt*; ergänzen *vt*: 相～相成 einander ergänzen
辅币 fǔbì Scheidemünze *f*; Scheidegeld *n*
辅导 fǔdǎo anleiten *vt*; Anleitung *f*; Nachhilfe *f*: ～员 Instrukteur *m*
辅音 fǔyīn Mitlaut *m*; Konsonant *m*
辅助 fǔzhù ① helfen *vi*; beistehen *vi*; unterstützen *vt* ② ergänzen *vt*; Ergänzung *f*; zusatzlich; hilfs-: ～材料 Zusätzmaterial *n*
脯 fǔ ① Dörrfleisch *n*: 兔～ gedörrtes Kaninchenfleisch ② kandiertes Obst: 桃～ kandierte Pfirsiche
斧 fǔ (～子) Axt *f*; Beil *n*
斧头 fǔtou Axt *f*; Beil *n*
釜 fǔ eine Art Kochkessel im alten China: ～底抽薪 ein Übel an der Wurzel packen ～底游鱼 sich in einer kritischen

Situation befinden; am Rande des Todes stehen

fù

父 fù ① Vater *m* ② männliche Verwandte der älteren Generation: 伯～ Onkel *m* (älterer Bruder des Vaters) 祖～ Großvater *m*

父老 fùlǎo die Ältesten (in der Heimat, in einem Land usw.) die Landes-, Dorfältesten: ～兄弟 Landsleute *pl*; Alt und Jung in der Heimat

父母 fùmǔ Vater und Mutter; Eltern *pl*

父亲 fùqin Vater *m*

父系 fùxì väterliche Linie; väterlicherseits

缚 fù binden *vt*; festbinden *vt*; fesseln *vt*: 束～手足 an Händen und Füßen gefesselt

富 fù ① reich; wohlhabend ② reichlich; in reichem Maße

富贵 fùguì Reichtum und Ansehen: 荣华～ der Glanz von Reichtum und Ruhm

富豪 fùháo steinreicher Mann

富丽堂皇 fùlì tánghuáng prächtig; herrlich; prunkvoll

富强 fùqiáng reich und mächtig: 繁荣～ blühend und mächtig

富饶 fùráo fruchtbar; reich; ertragreich: 美丽～的国家 ein schönes und fruchtbares Land

富庶 fùshù reich und bevölkert

富有 fùyǒu ① reich; wohlhabend ② reich an; voll von

富裕 fùyù wohlhabend; in guten Verhältnissen:

富余 fùyu etw. im Überfluß haben; mehr als genug

富足 fùzú reichlich; reich; im Überfluß

副 fù ① stellvertretend; Vize-: ～部长 stellvertretender Minister ～教授 außerordentlicher Professor ～主任 Vizedirektor *m* ② zusätzlich; Neben-; Sekundär-: ～业 Nebenbeschäftigung *f* ③ 〈量〉 一～手套 ein Paar Handschuhe 一～笑脸 ein Lächeln

副本 fùběn Abschrift *f*; Kopie *f*; Duplikat *n*

副产品 fùchǎnpǐn Nebenprodukt *n*

副词 fùcí Umstandswort *n*; Adverb *n*

副官 fùguān Adjutant *m*

副刊 fùkān Beiblatt *n*; Beilage *f*: 文学～ Literaturbeilage *f*

副食 fùshí Nebennahrungsmittel *pl*

副手 fùshǒu Gehilfe *m*; Assistent *m*; Stellvertreter *m*

副业 fùyè Nebengewerbe *n*; Nebenbeschäftigung *f*: 家庭～ häusliches Nebengewerbe

副作用 fùzuòyòng Nebenwirkung *f*

讣 fù Nachruf *m*; Todesanzeige *f*; Todesnachricht *f*: ～闻 Nachruf *m*

讣告 fùgào ① j-s Verwandten und Freunden eine Todesnachricht überbringen ② Todesanzeige *f*; Todesnachricht *f*; Nachruf *m*

赴 fù gehen *vi*; sich begeben: ～宴 der Einladung zu einem Bankett Folge leisten

赴难 fùnàn dem Vaterland zu Hilfe eilen

赴任 fùrèn seinen Posten antreten

赴汤蹈火 fù tāng dǎo huǒ für j-n durchs Feuer gehen; keine Gefahren scheuen

赋 fù ① erteilen *vt*; verleihen *vt*: ～予 verleihen *vt*; ausstatten mit 秉～ Begabung *f*; Veranlagung ② dichten *vt*: ～诗一首 ein Gedicht verfassen

赋税 fùshuì Steuern und Abgaben

赋闲 fùxián arbeitslos; erwerbslos

复(複、復) fù ① doppelt; wiederholt: ～本 Duplikat *n*; Doppel *n* ② komplex; zusammengesetzt ③ sich umwälzen; sich hin und her drehen: 翻来～去 sich von einer Seite auf die andere wälzen ④ antworten *vi*; erwidern *vt*: 请即电～。Bitte, antworten Sie sogleich telegraphisch! ⑤ wiederherstellen *vt*: 病人已康～ Der Kranke ist wiederhergestellt ～职 ein altes Amt wiedererlangen ⑥ rächen *vt*; Revanche *f*: 报～ sich rächen; Rache nehmen ⑦ wieder; noch einmal: 周而～始 wiederkehren; zyklisch verlaufen 一去不～返 für immer vorbei sein

复辟 fùbì Restauration *f*

复查 fùchá nochmals überprüfen; nochmalige Kontrolle

复仇 fùchóu sich an j-m rächen; Rache nehmen

复工 fùgōng die Arbeit wiederaufnehmen

复古 fùgǔ das Althergebrachte pflegen

复合 fùhé zusammengesetzt: ～词 zusammengesetztes Wort

复核 fùhé kontrollieren *vt*; nachprüfen *vt*;
复会 fùhuì eine Sitzung wiederaufnehmen
复活 fùhuó ① wiederbeleben *vt*; Wiederbelebung *f*, ② Wiederauferstehung *f*: ～节 Osterfest *n*; Ostern *n*
复旧 fùjiù alte Sitten und Gebräuche wiederherstellen
复刊 fùkān Wiedererscheinen *n* (ener Zeitung oder Zeitschrift)
复述 fùshù wiederholen *vt*; nacherzählen *vt*
复数 fùshù Plural *m*; Mehrzahl *f*
复苏 fùsū wieder zu Bewußtsein kommen; Wiederbelebung *f*
复习 fùxí (den Unterricht) wiederholen *vt*; Wiederholung *f*: ～功课 Gelerntes wiederholen
复信 fùxìn ① einen Brief beantworten ② Antwort *f*; Antwortbrief *m*
复兴 fùxīng wiedererstehen *vi*; Wiedererstehung *f*; Wiedererwachen *n*: 文艺～ Renaissance *f*
复姓 fùxìng Familienname aus zwei Schriftzeichen
复印 fùyìn abziehen *vt*; Abzüge machen; vervielfältigen *vt*
复员 fùyuán vom Militärdienst (*od* aus der Armee) entlassen; demobilisieren *vt*: ～军人 entlassener Soldat; Demobilisierte(r)
复原 fùyuán wieder gesund werden; genesen *vi*; wiederhergestellt sein
复杂 fùzá kompliziert; verwickelt
复诊 fùzhěn weitere Behandlung (*od* Konsultation); Nachbehandlung *f*
复制 fùzhì eine Kopie machen; ein Duplikat anfertigen; imitieren *vt*: ～品 Nachbildung *f*; Imitation *f*; Reproduktion *f*

覆 fù ① bedecken *vt*; überdecken *vt* ② umstürzen *vt*; umkippen *vt*; umwerfen *vt*: 前车之～,后车之鉴。Ein umgekippter Wagen sollte dem nachfolgenden eine Lehre sein.
覆盖 fùgài bedecken *vt*: 积雪～着地面。Der Boden ist von Schnee bedeckt.
覆灭 fùmiè Untergang *m*; zugrunde gehen; völliger Zusammenbruch
覆没 fùmò ① <书> kentern und sinken ② völlig vernichtet werden: 全军～。Die ganze Armee wurde aufgerieben.
覆亡 fùwáng Untergang *m*; Fall *m* (eines Reichs, einer Nation usw.)
覆辙 fùzhé die Spur eines Wagens, der sich überschlagen hat: 重蹈～ einen falschen Weg noch einmal einschlagen; einen alten Fehler wiederholen

蝮 fù
蝮蛇 fùshé Halysschlange *f*

馥 fù <书> Wohlgeruch *m*; Duft *m*; wohlriechend; duftend
馥郁 fùyù <书> intensiver Duft; sehr wohlriechend

腹 fù Bauch *m*; Unterleib *m*; Abdomen *n*
腹背受敌 fù bèi shòu dí frontal und rücklings zugleich angegriffen werden; zugleich von vorn und hinten überfallen werden
腹地 fùdì Hinter-, Binnenland *n*
腹稿 fùgǎo gedankliches Konzept; im Kopf zurechtgelegter Entwurf
腹腔 fùqiāng Bauchhöhle *f*
腹痛 fùtòng Bauchschmerzen *pl*
腹泻 fùxiè Durchfall *m*; Diarrhöe *f*

付 fù ① zahlen *vt*; bezahlen *vt*: ～税 Steuern zahlen (*od* bezahlen) ② geben *vt*; übergeben *vt*; überlassen *vt*: ～表决 etw. zur Abstimmung bringen; über etwas abstimmen lassen ～诸实施 etw. ausführen; etw. in die Tat umsetzen
付出 fùchū bezahlen *vt*; ausgeben *vt*; aufwenden *vt*: ～高昂的代价 für etw. einen hohen Preis bezahlen ～辛勤劳动 für etw. hart arbeiten; sich für etw. große Mühe geben
付款 fùkuǎn• eine Geldsumme auszahlen | (*od* bezahlen)
付讫 fùqì bezahlt; beglichen
付息 fùxī Zinsen bezahlen; Zinszahlung *f*
付印 fùyìn ① ein Manuskript der Druckerei geben ② (nach der Fahnenkorrektur) in den Druck geben
付邮 fùyóu (Postsendungen) aufgeben *vt*; zur Post geben
付之一炬 fù zhī yī jù etw. in Brand stecken; etw. den Flammen übergeben
付诸东流 fù zhū dōng liú unwiederbringlich verlorengehen; es ist alles umsonst

附 fù ① beifügen *vt*; beiliegen *vt*: ～寄一张照片 beiliegend ein Photo ② nahe; nebenan: ～

耳低声细语 j-m ins Ohr flüstern

附带 fùdài ① im Vorübergehen; nebenbei; beiläufig: ～说一句 nebenbei bemerkt ② beilegen *vt*; beifügen *vt*: 不～条件 ohne Zusatzbedingung

附和 fùhè sich j-s Meinung anschließen: ～别人的意见 die Ansichten anderer Leute übernehmen 随声～ j-m nach dem Munde reden; blindlings beipflichten

附加 fùjiā ① beifügen *vt*; beilegen *vt*; hinzufügen *vt* ② zusätzlich; beigefügt: ～条款 Zusatzklausel *f*; Zusatzartikel *m*

附件 fùjiàn ① Anhang *m*; Nachtrag *m*; Anlage *f*; beiliegende Dokumente; Beilage *f* ② Zubehör *n*

附近 fùjìn in der Nähe befindlich; in der Nachbarschaft; nahebei: ～地区 nähere Umgebung; umliegende Gegend

附录 fùlù Anhang *m*; Annex *m*; Appendix *m*

附上 fùshàng anliegend; in der Anlage; hiermit beigefügt: 随信～商品目录一份。In der Anlage erhalten Sie einen Warenkatalog.

附设 fùshè Zusatzeinrichtungen erstellen; zugehörig: 这学院～一所中学。Diesem Institut ist eine Mittelschule angegliedert.

附属 fùshǔ untergeordnet; einer Institution angeschlossen: 医学院～医院 einer medizinischen Hochschule angeschlossenes Krankenhaus; Universitätsklinik *f* ～机构 untergeordnete Institution

附言 fùyán Postskript(um) *n* (PS); Nachtrag *m*

附议 fùyì (einem Vorschlag, Antrag usw.) beipflichten *vi*

附庸 fùyōng Vasall *m*; Anhängsel *n*

附注 fùzhù Anmerkungen *pl*; Fußnoten *pl*

驸 fù

驸马 fùmǎ Schwiegersohn des Kaisers bzw. Königs; Ehemann einer Prinzessin

阜 fù 〈书〉①*Erdhügel m; Erdwall m* ② reichlich; reich: 物～民丰。Güter gibt es im Überfluß, und das Volk lebt im Wohlstand.

服 fù 〈量〉[用于中药] Dosis *f*: 一～药 eine Dosis Medizin

* 另见 fú

负 fù ①（背）etw. auf dem Rücken tragen: 如释重～ wie von einer schweren Last befreit; erleichtert aufatmen 身～重任 mit einer wichtigen Aufgabe betraut ② sich verschulden: ～债 Schulden haben ③ untreu werden: ～约 ein Versprechen nicht einhalten 忘恩～义 ein Wohlwollen mit Undank lohnen ④ verlieren *vt*; besiegt werden: 不分胜～ unentschieden enden ⑤ sich etw. zuziehen: 身～重伤 schwer verwundet sein ⑥ sich auf etw. stützen; mit etw. im Rücken: ～险固守 unter Ausnützung seiner strategischen Position sich standhaft verteidigen ⑦ Null; negativ; minus: ～一点五 minus eins Komma fünf (-1,5)

负担 fùdān ① übernehmen *vt*; tragen *vt*; sich etw. aufbürden: ～费用 die Kosten tragen ② Bürde *f*; Last *f*; Belastung *f*: 家庭～ eine Familie zu ernähren haben 思想～ geistige Bürde; seelische Last

负号 fùhào Minuszeichen *n*

负荷 fùhè Belastung *f*; Leistung *f*

负极 fùjí negativer Pol

负疚 fùjiù 〈书〉 Gewissensbisse fühlen; ein schlechtes Gewissen haben; sich schuldig fühlen

负伤 fùshāng verwundet werden; verletzt sein

负隅顽抗 fù yú wánkàng verbissenen Widerstand leisten; halsstarrig seinen Widerstand fortsetzen

负责 fùzé ① verantworten *vt*; für etw. verantwortlich sein: 他对这一行动～。Er verantwortet diese Maßnahme. ～干部 verantwortlicher Kader ② verantwortungsbewußt; gewissenhaft: 对工作很～ gewissenhaft in der Arbeit sein

负债 fùzhài Schulden haben; Schulden machen

妇(婦) fù Frau *f*: ～孺 Frauen und Kinder ② verheiratete Frau: 少～ junge Frau ③ Ehefrau *f*: 夫～ Ehemann und Ehefrau; Ehepaar *n*

妇产科 fùchǎnkē Abteilung für Gynäkologie und Obstetrik

妇女 fùnǚ Frau

妇人 fùrén verheiratete Frau

妇科 fùkē Abteilung für Gynäkologie: ～医生 Frauenarzt *m*

G g

gā

夹 gā *另见 jiā; jiá

夹肢窝 gāzhiwō Achselhöhle

嘎 gā

嘎巴 gābā 〈象〉 krach: 树枝～一声断了 Der Ast ist krachend abgebrochen.

嘎嘎 gāgā 〈象〉 schnattern *vi*; quaken *vi*

咖 gā *另见 kā

咖喱 gālí Curry *n/m*: ～牛肉 Curry-Rindfleisch *n*

gāi

该 gāi ① sollen; müssen: 这事你早就～办了！ Das hätten Sie längst erledigen müssen! ② verdienen *vt*; j-m recht geschehen: 他～受到表扬。Er soll sich das Lob erst noch verdienen. ③ an der Reihe sein: 下一个～谁发言？ Wer spricht als nächster? ④ schulden; schuldig sein: 我不～他钱。Ich schulde ihm kein Geld. ⑤ oben erwähnt; oben angegeben; oben genannt; besagt: ～校 die erwähnte Schule ～项工作 besagte Arbeit

该死 gāisǐ 〈口〉 [表示厌恶或愤恨的话] verdammt; verflucht; verflixt: ～的天气！ verdammtes Wetter!

gǎi

改 gǎi ① verwandeln *vt*; verändern *vt*: ～洼地为稻田 Niederungen zu Reisfeldern machen ② ändern *vt*; umarbeiten *vt*; revidieren *vt*: 请把裙子～短一点。Kürzen Sie bitte die Rock etwas! ③ verbessern *vt*; korrigieren *vt*; berichtigen *vt*: ～作业 die Hausarbeiten korrigieren ④ umschalten *vt*; umstellen *vt*: ～种水稻 sich auf Reisanbau umstellen ～乘五路公共汽车 in den Bus Linie 5 umsteigen

改编 gǎibiān ① umarbeiten *vt*; umschreiben: 根据小说～的剧本 Bühnenstück oder Drehbuch nach einer Romanvorlage ② reorganisieren *vt*; umorganisieren *vt*; umbilden *vt*

改变 gǎibiàn ändern *vt*; verändern *vt*; wandeln *vt*; abwandeln *vt*; wechseln *vt*: ～主意 die Absicht ändern

改道 gǎidào ① die Reiseroute ändern ② (von einem Fluß) den Lauf ändern

改掉 gǎidiào aufgeben *vt*; ablegen *vt*: ～坏习惯 eine schlechte Gewohnheit ablegen

改动 gǎidòng ändern *vt*; abändern *vt*; modifizieren *vt*: 作少许文字上的～ nur einige stilistische Änderungen vornehmen

改革 gǎigé reformieren *vt*; Reform *f*: 文字～ Schriftreform *f*

改过 gǎiguò seine Fehler korrigieren: ～自新 seine Fehler ablegen und ein neues Leben beginnen

改行 gǎiháng einen anderen Beruf ergreifen; die Beschäftigung wechseln

改换 gǎihuàn wechseln *vt*; ersetzen *vt*

改嫁 gǎijià (als Frau) sich wieder verheiraten; eine neue Ehe eingehen

改进 gǎijìn verbessern *vt*; etw. besser machen: ～工作作风 den Arbeitsstil verbessern

改良 gǎiliáng ① verbessern *vt*; veredeln *vt*: ～土壤 den Boden meliorieren ② Reform *f*: ～主义 Reformismus *m*

改名 gǎimíng seinen Namen ändern; einen anderen Namen annehmen

改期 gǎiqī einen Termin ändern: 会议～举行。Die Sitzung wurde verschoben.

改日 gǎirì ein andermal; an einem anderen Tag; später

改善 gǎishàn verbessern *vt*: ～劳动条件 die Arbeitsbedingungen verbessern

改头换面 gǎi tóu huàn miàn sich hinter einer anderen Maske verbergen

改弦更张 gǎi xián gēng zhāng einen

Wandel herbeiführen; einen neuen Weg einschlagen
改邪归正 gǎi xié guī zhèng sich vom Bösen zum Guten wenden; sich zum Besseren bekehren
改写 gǎixiě umschreiben *vt*; umarbeiten *vt*; bearbeiten *vt*
改选 gǎixuǎn neu wählen; Neuwahlen *pl*
改造 gǎizào umwandeln *vt*; umgestalten *vt*; umerziehen *vt*: ～自然 die Natur umgestalten
改正 gǎizhèng korrigieren *vt*; berichtigen *vt*: ～错误 Fehler korrigieren
改组 gǎizǔ reorganisieren *vt*; umbilden *vt*; umgruppieren *vt*; neubilden *vt*: ～管理机构 Verwaltungsorgane reorganisieren

gài

盖(葢) gài ① Deckel *m*: 茶壶～ Teekannendeckel *m* ② bedecken *vt*; zudecken *vt*; überziehen *vt*: 箱子没～严。Der Koffer ist nicht richtig zu ③ verbergen *vt*; verschleiern *vt*; verhüllen *vt* ④ bauen *vt*: ～新房 ein neues Haus bauen
盖棺论定 gài guān lùn dìng Erst nach dem Tod eines Menschen läßt sich ein endgültiges Urteil über ihn fällen
盖世 gàishì unvergleichlich; ohne Parallele; unübertrefflich; beispiellos: ～英雄 ein Held ohnegleichen
盖章 gàizhāng siegeln *vt*; stempeln *vt*; etw. mit einem Siegel versehen
盖子 gàizi Deckel *m*; Verschluß *m*; Decke *f*
丐 gài 〈书〉 ① betteln *vi* ② Bettler *m*
钙 gài Kalzium *n* (Ca): ～化 verkalken *vi*; Verkalkung *f*
概 gài ① allgemein; im allgemeinen: ～而言之 allgemein gesprochen ② ohne Ausnahme; ausnahmslos; kategorisch; überhaupt: ～不追究 von jeglicher Bestrafung absehen 商品售出，～不退换。Verkaufte Waren sind vom Umtausch ausgeschlossen.
概况 gàikuàng allgemeine Lage; Überblick *m*; Übersicht *f*; Abriß *m*
概括 gàikuò ① zusammenfassen *vt*; resümieren *vt* ② kurz und bündig; in groben Zügen; kurzgefaßt: ～地说 kurz gesagt
概率 gàilǜ Wahrscheinlichkiet *f*
概略 gàilüè Umriß *m*; Grundzüge *pl*; Abriß *m*
概论 gàilùn Grundriß *m*; Einführung *f*
概念 gàiniàn Begriff *m*; Allgemeinvorstellung *f*
概要 gàiyào Abriß *m*; kurze Darstellung; Kompendium *n*

gān

干(乾) gān ① trocken: 口～ eine trockene Kehle haben; Durst haben 池塘快～了。Der Teich wird bald ausgetrocknet sein. 油漆未～! Frisch gestrichen! ② zubereitete und getrocknete Nahrungsmittel: 豆腐～ getrockneter Sojabohnenkäse 牛肉～ Rinderdörrfleisch *n* ③ hohl; leer: 外强中～ stark aussehend, aber in Wirklichkeit schwach ④ Patenschaft *f*; Patenschaftsverhältnis *n*: ～儿子 Patensohn *m* ⑤ umsonst; vergebens; vergeblich: ～等着 vergebens warten ⑥ angehen *vt*; mit etw. zu tun haben: 与你何～? Was geht Sie das an? * 另见 gàn
干巴 gānba 〈口〉 trocken; ausgedorrt; verdorrt: ～的皮肤 runzelige Haut 枣儿都晒～了。Die Datteln sind in der Sonne eingetrocknet.
干巴巴 gānbābā ① trocken ② uninteressant; langweilig: 小说写得～的。Der Roman ist langweilig.
干杯 gānbēi austrinken *vt*; ein Glas leeren; prost: 为朋友们的健康～! Auf die Gesundheit unserer Freunde!
干瘪 gānbiě verhutzelt; zusammengeschrumpft
干脆 gāncuì ① ohne Umschweife; keine Umstände machen: 我～跟你说吧。Ich will ganz offen mit dir sprechen. ② einfach; geradezu; ohne weiteres: 他～不承认有这回事。Er leugnete diese Tatsache schlichtweg ab.
干电池 gāndiànchí Trockenelement *n*; Trockenzelle *f*
干戈 gāngě Waffe *f*; Krieg *m*: 动～ Krieg führen; mit Waffengewalt
干果 gānguǒ ① Nüsse *pl* ② getrocknetes Obst
干旱 gānhàn Dürre *f*; Trockenheit *f*; dürr
干涸 gānhé versiegen *vi*; austrock-

nen *vi*
干净 gānjìng ① sauber; rein(lich); frei von Schmutz: ～利落 sauber und ordentlich ② restlos; gründlich; völlig; vollständig: 把饭菜吃～ die Speise ganz aufessen 忘得干干净净 etw. völlig vergessen haben
干咳 gānké trockener Husten; Husten ohne Auswurf
干枯 gānkū verwelken *vi*; trocknen *vi*; welk; dürr: ～的树木 ausgedörrte Bäume
干酪 gānlào Käse *m*
干扰 gānrǎo stören *vt*; Störung *f*: 别～人家! Störe die anderen nicht! 排除～ Obstruktion ausschalten
干涉 gānshè eingreifen *vi*; sich einmischen; intervenieren *vi*: 互不～内政 gegenseitige Nichteinmischung in die inneren Angelegenheiten
干瘦 gānshòu spindeldürr; knochig; abgezehrt
干洗 gānxǐ Trockenreinigung *f*
干预 gānyù eingreifen *vi*; sich einschalten; intervenieren *vi*
干燥 gānzào ① trocken: 气候～ trockenes Klima ② fade; langweilig: ～无味 langweilig
杆(桿) gān Pfahl *m*; Stange *f*; Mast *m*: 旗～ Fahnenmast *m* *另见 gǎn
竿 gān Stange *f*; Stab *m*; Stock *m*: 竹～ Bambusstange *f* 钓鱼～ Angel *f*; Angelrute *f*
肝 gān Leber *f*: ～癌 Leberkrebs *m* ～功能 Leberfunktion *f*
肝胆 gāndǎn ① Leber und Galle: ～俱裂 j-n so erschrecken, daß Leber und Galle platzen ② Aufrichtigkeit *f*; Offenheit *f*; Offenherzigkeit *f*: ～相照 einander offenherzig gegenübertreten
肝火 gānhuǒ Reizbarkeit *f*; Jähzorn *m*: 动～ in Zorn geraten
肝炎 gānyán Leberentzündung *f*; Hepatitis *f*
甘 gān ① gefällig; wohltuend; süß: ～泉 süße Quelle ② willig; freiwillig; aus eigenem Antrieb: 不～落后 (hinter anderen) nicht zurückbleiben wollen
甘拜下风 gān bài xià fēng seine Unterlegenheit eingestehen; sich bereitwillig unterordnen
甘苦 gānkǔ ① Freud und Leid; Wohl und Weh: 同甘共苦 Wohl und Wehe miteinander teilen ② Mühsal; Schwierigkeiten
甘美 gānměi delikat; süß und wohlschmeckend
甘薯 gānshǔ Süßkartoffel *f*; Batate *f*
甘心 gānxīn ① willig; bereitwillig: ～情愿 ganz bereitwillig; mit Freude bereit sein ② sich mit etw. zufriedengeben; sich mit etw. abfinden: 不～失败 sich mit einer Niederlage nicht abfinden
甘休 gānxiū aufgeben *vt*; resignieren *vi*; etw. ruhen lassen wollen
甘愿 gānyuàn sich bereit zeigen; freiwillig; gern; aus eigenem Antrieb; aus freiem Willen
甘蔗 gānzhe Zuckerrohr *n*
泔 gān
泔水 gānshuǐ Küchenabwasser *n* (als Schweinetrank)
柑 gān Orange *f*; Apfelsine *f*
柑橘 gānjú Citrusfrüchte *pl*
尴(尷) gān
尴尬 gāngà Verlegenheit *f*; verlegen: 处境～ in Verlegenheit sein; sich in einem Dilemma befinden

gǎn

赶(趕) gǎn ① einholen *vt*; aufholen *vt/vi*: ～先进 die Fortgeschrittenen einholen ② sich beeilen, um etw. nicht zu versäumen: ～头班车 den ersten Bus zu erreichen versuchen ③ treiben *vt*; vertreiben *vt*; verjagen *vt*: 把羊～到山坡上去放 Schafe auf einen Berghang zum Weiden treiben 把敌人～走 die Feinde verjagen
赶到 gǎndào etw. pünktlich erreichen; an ein Ziel eilen; rechtzeitig ankommen
赶集 gǎnjí zum (*od* auf den) Markt gehen
赶紧 gǎnjǐn keine Zeit verlieren; sich beeilen
赶快 gǎnkuài schnell; sofort: ～上火车站 zum Bahnhof hasten
赶路 gǎnlù sich eilends auf den Weg machen
赶忙 gǎnmáng eilen *vi*; hasten *vi*; sich beeilen; eilends: 他～启程。Er machte sich eilends auf.
赶巧 gǎnqiǎo zufällig auf etwas stoßen
赶时髦 gǎn shímáo der Mode

folgen; sich der neuesten Mode anpassen; jede Mode mitmachen

杆(桿) gǎn ① Arm *m* (eines Geräts); Schaft *m*; Stange *f*: 秤~ Waagebalken *m* 钢笔~ Federhalter *m* 枪~ Gewehrlauf *m* ② 〈量〉〔用于有杆的器物〕: 一~秤 eine Laufgewichtswaage 一~枪 ein Gewehr * 另见 gān

秆(稈) gǎn Halm *m*; Stengel *f*: 高粱~ Gaoliang-, Sorghumhalm *m* 麻~ Hanfhalm *m*

擀 gǎn auswalken *vt*; ausrollen *vt*: ~饺子皮 Teig für Fleischtäschchen auswalken

擀面杖 gǎnmiànzhàng Nudelholz *n*; Teigrolle *f*; Nudelwalke *f*

感 gǎn ① sich fühlen; vorkommen *vi*; merken *vt*: 他~到自己错了。Er fühlte, daß er im Unrecht war. ② (innerlich) berühren *vt*; bewegen *vt*; imponieren *vi*: ~人至深 die Menschen tief berühren ③ danken *vi*; dankbar sein: 请早日寄下为~。Ich wäre Ihnen sehr dankbar, wenn Sie es mir bald senden könnten. ④ Gefühl *n*; Empfindung *f*: 责任~ Verantwortungsgefühl *n* 自卑~ Minderwertigkeitsgefühl *n*

感触 gǎnchù Gedanken und Gefühle; Eindrücke *pl*: 深有~地说 tief beeindruckt (*od* bewegt) etw. sagen

感动 gǎndòng bewegen *vt*; berühren *vt*: ~得流下眼泪 zu Tränen gerührt

感恩 gǎn'ēn sich dankbar zeigen; j-m dankbar sein; voll Dankbarkeit sein

感官 gǎnguān Sinnesorgan *n*; sensorisches Organ

感光 gǎnguāng sensibilisieren *vt*; Sensibilisierung lichtempfindlich

感化 gǎnhuà j-n läutern; bekehren; j-n zur Umkehr bringen

感激 gǎnjī dankbar sein; Dankbarkeit empfinden; zu Dank verpflichtet sein: 不胜~ äußerst dankbar sein; zu tiefstem Dank verpflichtet sein

感觉 gǎnjué ① sinnliche Wahrnehmung; Gefühl *n* ② sich fühlen; wahrnehmen *vt*; empfinden *vt*: 你~怎么样? Wie fühlen Sie sich?

感慨 gǎnkǎi Wehmut *f*; wehmutlich; gefühlvoll

感冒 gǎnmào sich erkälten; Erkältung *f*: 患~ sich eine Erkältung zuziehen

感情 gǎnqíng ① Gefühl *n*; Gemüt *n*; Empfinden *n*: 动~ sich von seinen Gefühlen hinreißen lassen 伤~ j-s Gefühle verletzen ~用事 nach Lust und Laune handeln ② Zuneigung *f*; Sympathie *f*

感染 gǎnrǎn ① angesteckt werden; Infektion *f*; Ansteckung *f*; operative Infektion: 细菌~ bakterielle Infektion ② mitreißen *vt*; beeinflussen *vt*; anstecken *vt*: 艺术~力 künstlerische Anziehungskraft

感受 gǎnshòu ① sich etw. zuziehen; von etw. befallen sein; angesteckt sein: ~风寒 sich erkältet haben ② empfinden *vt*; spüren *vt*; fühlen *vt*; Eindruck *m*: ~很深 sehr tief eindruckt

感叹 gǎntàn seufzen *vi*; aufstöhnen *vi*: ~词 Interjektion *f*; Ausrufe-, Empfindungswort *n* ~号 Ausrufe-, Interjektionszeichen *n*

感想 gǎnxiǎng Eindruck *m*; Gefühle und Gedanken

感谢 gǎnxiè danken *vi*; sich bedanken; Dank *m*: 衷心的~ herzlichen Dank

感性 gǎnxìng sinnlich: ~知识 sinnliche Erkenntnis

感召 gǎnzhào j-n bewegen und veranlassen; beeinflussen *vt*

敢 gǎn ① mutig; kühn; tapfer: 果~ entschieden und mutig ② sich getrauen; sich erdreisten; sich erkühnen: ~说~干 den Mut zum Sprechen und Handeln haben

敢于 gǎnyú wagen zu; sich erkühnen zu; sich erdreisten zu

橄 gǎn

橄榄 gǎnlǎn Olive *f*: ~球 Rugby *n*

gàn

干(幹) gàn ① Stamm *m*; Rumpf *m*; Rückgrat *n*: 树~Baumstamm *m* 骨~Rückgrat *n*; Hauptstütze *f* ② 〈简〉 Kader *m*; Funktionär *m*: 高~ hoher Funktionär ③ tun *vt*; machen *vt*: ~活 eine Arbeit ausführen 说~就~! Gesagt, getan! * 另见 gān

干部 gànbù Kader *m*; Funktionär *m*: 各级领导~ leitende Funktionäre aller Ebenen

干掉 gàndiào j-n erledigen; j-n aus dem Weg schaffen

干活 gànhuó arbeiten *vi*; schuften

vi; schaffen *vi*: ～去吧！Ran an die Arbeit!

干劲 gànjìn Arbeitseifer *m*; Arbeitselan *m*; Enthusiasmus *m*: ～十足 voller Arbeitseifer ～冲天 himmelstürmender Arbeitsenthusiasmus

干练 gànliàn geübt und erfahren; tüchtig

干吗 gànmá 〈口〉 ① warum; weshalb; wozu: 你～要做这件事？Warum hast du das getan? ② was machst du?: 今儿下午～？Was machen wir heute nachmittag?

干事 gànshi Angestellte(r) *f*, *m*; *m*; Beauftragter *m*

干线 gànxiàn Hauptlinie *f*; Hauptader *f*: 交通～ Hauptverkehrsader *f*

gāng

缸 gāng irdener Topf; Tongefäß *n*; großer Behälter (für Wasser): 水～ tönerne Wassertonne 金鱼～ Goldfischglas *n*

缸子 gāngzi Becher *m*; Tasse *f*

肛 gāng After *m*; Anus *m*

肛门 gāngmén After *m*; Anus

冈(崗) gāng Kamm eines Hügels; Grat eines niedrigen Berges

刚(剛) gāng ① hart; stark; fest; kräftig: 志气～强 einen unbezwingbaren Willen haben ② gerade; eben: 大小～合适 gerade die richtige Größe ③ eben; vor kurzem: 她～走。Sie ist eben fortgegangen.

刚愎自用 gāngbì zìyòng eigensinnig und herrisch; selbstherrlich und starrsinnig

刚才 gāngcái eben; gerade; soeben: ～我想起。Da fällt mir gerade ein.

刚刚 gānggāng ① gerade; genau; nur; erst: 那时候天～亮。Es begann gerade erst hell zu werden. ② eben; soeben: 他～到。Er ist eben angekommen

刚好 gānghǎo ① gerade; passend; gelegen: 你们来得～。Sie kommen wie gerufen. 这件上衣我穿着～。Diese Jacke paßt mir gut. ② gerade; zufällig: 我～在城里遇见他。Ich traf ihn zufällig in der Stadt.

刚健 gāngjiàn robust; kräftig; kraftvoll

刚劲 gāngjìng kraftvoll; kraftstrotzend; markig

刚…就… gāng …jiù …［表示两件事紧接］ gleich danach; sobald; sofort: 他刚回来，就开始工作了。Kaum war er zurück, da machte er sich auch schon an die Arbeit.

刚强 gāngqiáng willensstark; willensfest; unbeugsam

刚巧 gāngqiǎo gerade; zufällig

刚毅 gāngyì willensstark; entschieden und standhaft

刚正 gāngzhèng aufrecht; rechtschaffen; mit festen Grundsätzen

刚直 gāngzhí standhaft und freimütig; aufrichtig und redlich

钢(鋼) gāng Stahl *m*: 炼～ Stahlschmelzen *n* 不锈～ rostfreier Stahl

钢笔 gāngbǐ Füllfederhalter *m*; Füller *m*

钢材 gāngcāi Stahlprodukte *pl*; Walzstahl *m*

钢管 gāngguǎn Stahlrohr *n*: 无缝～ nahtloses Stahlrohr

钢筋 gāngjīn Bewehrungsstahl *m*; Armierung *f*: ～混凝土 Stahlbeton *m*

钢精锅 gāngjīngguō Aluminiumtopf *m*

钢盔 gāngkuī Stahlhelm *m*

钢琴 gāngqín Klavier *n*; Piano *n*: 弹～ Klavier spielen

钢丝 gāngsī (Stahl-)Draht *m*: 走～ ① Drahtseiltanz *m*; Drahtseilakrobatik *f*: ～床 Bett mit Sprungfedermatratze

纲(綱) gāng ① Hauptleine *f* (eines Netzes) ② Hauptkettenglied *n* ③ Programm *n* ④ Klasse *f*: 哺乳动物～ die Klasse der Säugetiere

纲领 gānglǐng Programm *n*; leitendes Prinzip

纲目 gāngmù Abriß *m*; Grundzüge *pl*

纲要 gāngyào Grundriß *m*; Abriß *m*

gǎng

港 gǎng Hafen *m*

港口 gǎngkǒu Hafen *m*

港湾 gǎngwān Bucht *f*; Meerbusen *m*; Golf *m*

港务局 gǎngwùjú Hafenamt *n*; Hafenbehörde *f*

岗(崗) gǎng ① kleiner Hügel; Hügelchen *n*; Anhöhe *f* ② Schwiele *f*; Strie-

men *m* ③ Posten *m*; Wache *f*; Wachdienst *m*: 站～ Wache stehen 换～ die Wache ablösen
岗楼 gǎnglóu Wachturm *m*
岗哨 gǎngshào ① Schilderhaus *n*; Wachposten *m* ② Wache *f*; Wächter *m*
岗位 gǎngwèi Posten *m*; Platz *m*; Stellung *f*

gàng

杠 gàng ① kräftiger Stock; feste Tragstange ② Reck- und Barrengeräte *pl*: 单～ Reck *n* 双～ Barren *m* ③ kräftige Unterstreichung (zur Hervorhebung oder Korrektur)
杠杆 gànggǎn Hebel *m*

gāo

高 gāo ① hoch; groß: ～山 hohes Gebirge 她比我高一头。Sie ist (um) einen Kopf größer als ich. ② Höhe *f*; Größe *f*: 身～ Körpergröße *f* 坝～四十米。Der Damm ist 40 Meter hoch. ③ über dem Durchschnitt; hochgradig: ～质量 hohe Qualität 要价太～ einen zu hohen Preis fordern ④ laut: 嗓门～ eine laute Stimme haben ～喊 laut rufen ⑤ 〈敬〉 Ihr: ～见 Ihre werte Meinung
高矮 gāo'ǎi Höhe *f*; Größe *f*
高昂 gāo'áng ① (den Kopf) heben *vt* ② hoch; gehoben: 情绪～ in guter Stimmung; voller Begeisterung ③ teuer
高傲 gāo'ào hochmütig; anmaßend; arrogant; stolz
高不可攀 gāo bù kě pān unerreichbar hoch; unzugänglich hoch
高产 gāochǎn hoher Ernteertrag; hohe Produktion
高超 gāochāo ausgezeichnet; hervorragend; überragend; exzellent: 技艺～ ausgezeichnete Kunst
高潮 gāocháo ① Hochwasser *n* ② Aufschwung *m*; Höhepunkt *m*; Klimax *f*
高大 gāodà hoch (und groß); riesig; großartig; erhaben
高档 gāodàng erstklassig; von sehr guter Qualität: ～商品 teure Qualitätsware
高等 gāoděng höher; hochrangig; auf höherer Stufe: ～院校 Hochschulen und Universitäten
高低 gāodī ① Höhe *f*: 山崖的～ Höhe eines Felsens 声调的～ Tonhöhe *f* ② relative Über- bzw. Unterlegenheit: 争个～ mit j-m um die Vorrangstellung streiten ③ Anstands-, Schicklichkeitsgefühl *n*: 不知～ (beim Reden oder Handeln) nicht wissen, wo die Grenze des Erlaubten ist
高地 gāodì Hochebene *f*; Hochland *n*; Plateau *n*
高调 gāodiào hoher Ton; hohe Stimme: 唱～ in hochtönenden Worten sprechen
高度 gāodù ① Höhe *f*: 飞行～ Flughöhe *f* ② hoch; in hohem Grade; hoch gradig: ～赞扬 etw./j-n sehr loben
高峰 gāofēng Gipfel *m*; Bergspitze *f*; Höhe *f*; Spitze *f*; Höhepunkt *m*: ～时间 Stoßzeit *f*; Zeit der höchsten Belastung
高高在上 gāogāo zài shàng hoch über den Massen stehen; auf dem hohen Roß sitzen
高跟鞋 gāogēnxié Damenschuhe mit hohem Absatz
高贵 gāoguì ① edel; vornehm; nobel; gut: ～品质 gute (*od* noble) Eigenschafte ② von hohem Stand; adlig
高级 gāojí ① hoch; hochrangig; auf höherer Stufe: 最～会议 Gipfeltreffen *n*; Gipfelkonferenz ② erstklassig; hochwertig: ～商品 erstklassige Verbrauchsgüter
高价 gāojià hoher Preis; Höchstpreis *m*
高峻 gāojùn hoch und steil
高亢 gāokàng laut und klangvoll
高空 gāokōng in großer Höhe; hoch in den Lüften: ～作业 Arbeit in großer Höhe
高利贷 gāolìdài Wucher *m*; Wucherei *f*
高粱 gāoliang Gaoliang *n*; Sorghum *n*
高龄 gāolíng hohe Alter
高楼大厦 gāolóu dàshà Hochhäuser *pl*
高炉 gāolú Hochofen *m*
高论 gāolùn 〈敬〉 Ihre einleuchtenden Bemerkungen; Ihre geistreiche Worte
高帽子 gāomàozi Lobhudelei *f*; Lobrede *f*; Schmeichelei *f*: 爱戴～ sehr gern Schmeichelworte hören
高妙 gāomiào meisterhaft; geschickt; ingeniös: 手艺～ große Kunstfertigkeit
高明 gāomíng gescheit; einsichtig;

intelligent; weise; klug: 意见～ glänzende Ideen 另请～。Bitte, wenden Sie sich an einen Klügeren!

高频 gāopín Hochfrequenz *f*

高强 gāoqiáng ausgezeichnet; meisterhaft; überragend: 武艺～ sich sehr mit seinen Kampfkünsten hervortun

高跷 gāoqiāo Stelze *f*: 踩～ stelzen *vi*; auf Stelzen gehen

高尚 gāoshàng nobel; edel; erhaben

高烧 gāoshāo hohes Fieber: 发～ hohes Fieber haben

高射炮 gāoshèpào Flak *f*; Flugabwehrkanone *f*

高深 gāoshēn gründlich; profund; gelehrt; tiefgründig: 莫测～ unergründlich; unerforschlich

高视阔步 gāo shì kuò bù stolzieren *vi*; hochmütig einhergehen

高手 gāoshǒu großer Könner; von Meisterhand: 棋坛～ hervorragender Schachmeister

高寿 gāoshòu ① langes Leben; Langlebigkeit *f* ② 〈敬〉 Ihr ehrwürdiges Alter

高耸 gāosǒng emporragend; überragend; hochragend: ～入云 hoch in den Himmel emporragend

高速 gāosù große Geschwindigkeit; schnelles Tempo; sehr schnell: ～公路 Autobahn *f*

高谈阔论 gāo tán kuò lùn hochtrabende Worte machen; ein langes und breites darüber reden

高温 gāowēn hohe Temperatur

高兴 gāoxìng ① froh; freudig; glücklich ② gern; mit Vergnügen

高血压 gāoxuèyā erhöhter Blutdruck; Bluthochdruck *m*; Hypertonie *f*

高压 gāoyā ① Hochdruck *m* ② Hochspannung *f*: ～线 Hochspannungsleitung *f*

高原 gāoyuán Hoch-, Tafelland *n*; Plateau *n*

高瞻远瞩 gāo zhān yuǎn zhǔ von einem überlegenen Standpunkt aus; weitblickend

高涨 gāozhǎng steigen *vi*; sich erhöhen; im Aufstieg (begriffen) sein

高枕无忧 gāo zhěn wú yōu sich in Sicherheit wiegen; sich keine Sorgen machen

高姿态 gāozītài großzügige Haltung; nachsichtig; großmütig

膏 gāo ① Paste *f*; Creme *f*; Salbe *f*: 牙～ Zahnpasta *f* ② Fett *n*; Schmalz *n*

膏药 gāoyao Heilpflaster *n*: 贴～ ein Heilpflaster auflegen

羔 gāo ① Lamm *n*; Zcikel *n* ② Junge *n*; Kitz *n*

羔皮 gāopí Lammfell *n*; Lammpelz *m*

羔羊 gāoyáng Lamm *n*; Zickel *n*

糕 gāo Kuchen *m*: 蛋～ Kuchen *m*

糕点 gāodiǎn Kuchen *m*; Gebäck *n*; Backwerk *n*

睾 gāo

睾丸 gāowán Hoden *m*; Orchis *m*

gǎo

搞 gǎo ①tun *vt*; machen *vt*; verrichten *vt*; sich mit etw. beschäftigen: ～理论工作 sich mit theoretischer Arbeit befassen ～生产 die Produktion anpacken ～个计划 einen Plan ausarbeiten ② verschaffen *vt*; auftreiben *vt*: ～点资料 schriftliche Materialien beschaffen 给某人～一个工作 j-m eine Arbeit verschaffen ③ herbeiführen *vt*: 把事情～糟了 eine Angelegenheit verpfuschen 把问题～清楚 die Frage klären

镐 gǎo Hacke *f*; Pickel *m*; Haue *f*

稿 gǎo ① flüchtige Niederschrift bzw. Zeichnung: 初～ erster Entwurf; erste Niederschrift ② Manuskript *n*; Original *n*

稿酬 gǎochóu Honorar *n*; Autorenhonorar *n*

稿件 gǎojiàn Manuskript *n*; Beitrag *m*

缟 gǎo dünne weiße Seide

缟素 gǎosù weiße Trauerkleidung

gào

告 gào ①sagen *vt*; mitteilen *vt*; informieren *vt*; bekanntgeben *vt*: 何时启程,盼～。Bei Antritt Ihrer Reise teilen Sie uns mit. ② anzeigen *vt*; anklagen *vt*: 到法院～某人 j-n vor Gericht anklagen ③ j-n um etw. bitten; verlangen *vt*: ～假 um Urlaub bitten ④ erklären *vt*; ankündigen *vt*: 不～而别 sich ohne Abschied auf den Weg machen 自～奋勇 sich zu etw. bereit erklären

告别 gàobié ① sich verabschieden; von j-m Abschied nehmen: ～仪式 Abschiedsfeier *f* 向遗体～ dem Verstorbenen die letzte Ehre erweisen

告辞 gàocí (vom Gastgeber) Abschied nehmen; sich empfehlen

告发 gàofā anzeigen *vt*; anklagen *vt*; verklagen *vt*

告急 gàojí eine Gefahr melden; Alarm geben; in Gefahr sein

告诫 gàojiè j-n vor etw. warnen; j-n zu etw. ermahnen

告密 gàomì denunzieren *vt*; j-n heimlich anzeigen

告示 gàoshi (amtliche) Bekanntmachung; öffentlicher Anschlag

告诉 gàosu sagen *vt*; mitteilen *vt*; erzählen *vt*; j-m etw. wissen lassen: 有什么消息，～我一声。Laß mich wissen, wenn es etwas Neues gibt.

告知 gàozhī informieren *vt*; unterrichten *vt*; Bescheid sagen

告终 gàozhōng enden *vi*; das Ende finden: 以失败而～ mit der Niederlage enden

告状 gàozhuàng ① j-n vor Gericht anklagen ② sich über j-n (bei seinem Vorgesetzten) beschweren

gē

割 gē schneiden *vt*: ～草 Gras mähen (*od* schneiden)

割爱 gē'ài sich von etwas Liebgewonnenem trennen; sich aus dem Herzen reißen

割断 gēduàn abschneiden *vt*; abtrennen *vt*; durchschneiden; abbrechen

割据 gējù mit Waffengewalt ein separatistisches Regime errichten: 封建～ feudales Separatregime

割裂 gēliè absondern *vt*; abtrennen *vt*; voneinander trennen; auseinanderreißen *vt*

割让 gēràng abtreten *vt*: ～领土 Abtreten eines Gebietes

哥 gē (älterer) Bruder

哥哥 gēge (älterer) Bruder

哥儿 gēr Brüder *pl*; Jungen *pl*: 你们～几个？Wieviel Brüder seid ihr zu Hause?

哥儿们 gērmen 〈口〉 ① Brüder *pl* ② Kameraden *pl*; Kumpanen *pl*: 穷～ arme Kumpane

歌 gē ① Lied *n*; Gesang *m* ② singen *vt/vi*

歌唱 gēchàng singen *vi*; besingen *vt*: ～家 Sänger *m*

歌词 gēcí Text eines Liedes; Lieder-, Gesangstext *m*

歌功颂德 gē gōng sòng dé auf j-n ein Loblied anstimmen; j-n lobpreisen; j-n in den Himmel heben

歌喉 gēhóu Stimme *f*: ～婉转 mit schöner Stimme singen

歌曲 gēqǔ Lied *n*; Gesang *m*; Singstück *n*

歌手 gēshǒu Sänger *m*; Vokalist *m*

歌颂 gēsòng besingen *vt*; ein Lied auf j-n/etw. singen; ein Loblied auf j-n/etw. anstimmen

歌剧 gējù Oper *f*

歌舞 gēwǔ singen und tanzen; Gesang und Tanz: ～升平 Ruhe und Frieden vortäuschen; ein friedliches Bild vorgaukeln

歌谣 gēyáo Volkslied *n*; Ballade *f*; volkstümliches Gedicht

歌咏 gēyǒng singen *vi*

戈 gē Hiebaxt *f* (einschneidige Hiebwaffe mit langem Schaft im alten China)

疙 gē

疙瘩 gēda ① Hautausschlag *m*; Pickel *m*; Beule *f* ② Knoten *m*; Knollen *m*; Knolle *f*; Klumpen *m* ③ schwer zu lösendes Problem; Herzensqual *f*

鸽 gē Taube *f*: 通信～ Brieftaube *f*

咯 gē

咯咯 gēgē 〈象〉 ① gackern *vi* ② kichern *vi*

咯吱 gēzhī 〈象〉 knarrend; quietschend

胳 gē

胳臂 gēbei Arm *m*

胳膊 gēbo Arm *m*: ～肘儿 Ellbogen *m*

搁 gē ① legen *vt*; stellen *vt*; setzen *vt* ② beiseite legen *vt*; beiseite schieben *vt*; aufschieben *vt*: 这件事得～一～再办。Diese Angelegenheit wollten wir vorläufig beiseite legen

搁浅 gēqiǎn stranden *vi*; auf Grund laufen: 船～了。Das Schiff ist gestrandet.

搁置 gēzhì beiseite legen *vt*; beiseite schieben *vt*; auf die lange Bank schieben

gé

革 gé ① Leder *n*: ～制品 Lederwaren *pl* 制～厂 Gerberei *f* ② verändern *vt*; transformieren *vt*: 变～ Umwälzung *f* ③ entlassen *vt*; absetzen *vt*: ～职 seines Postens (*od* Amtes) entheben

革除 géchú ① abschaffen *vt*; aufheben *vt*; beseitigen *vt*: ～陈规陋习 alte Vorschriften und überlebte Gewohnheiten abschaffen ② j-n entlassen; j-n seines Postens entheben

革命 gémìng Revolution *f*: ～者 Revolutionär *m*

革新 géxīn Neuerung *f*: 技术～ technische Neuerung

革职 gézhí j-n entlassen; j-n seines Postens entheben

嗝 gé ① Rülps(er) *m*; hörbares Aufstoßen ② Schluckauf *m*

膈 gé Zwerchfell *n*; Diaphragma *n*

膈膜 gémó Zwerchfell *n*; Diaphragma *n*

隔 gé ① trennen *vt*; aufteilen *vt*; dazwischenliegen *vi*: 把一间屋～成两间 ein Zimmer in zwei unterteilen ② entfernt; im Abstand von: 两地相～很远。Die beiden Orte liegen weit voneinander entfernt.

隔岸观火 gé àn guān huǒ das Unheil aus sicherer Entfernung betrachten; unbeteiligt zuschauen

隔壁 gébì nächste Türe; Nachbar *m*; (das Haus bzw. die Tür) nebenan: 他住在～。Er wohnt nebenan. ～邻居 der Nachbar (von) nebenan

隔断 géduàn abtrennen *vt*; abspalten *vt*; abschneiden *vt*

隔阂 géhé ① Barriere *f*: 语言上的～ Mißverständnis ② Sprachbarriere *f*

隔绝 géjué isolieren *vt*; abtrennen *vt*; absondern *vt*; ausscheiden *vt*; abkapseln *vt*: 与外界～ von der Außenwelt isoliert sein

隔离 gélí isolieren *vt*; separieren *vt*; absondern *vt*: ～病房 Isolierzimmer *n*; Isolierstation *f*; Isoliertrakt *m* 种族～Rassentrennung *f*; Apartheid *f*

隔膜 gémó Mißverständnis *n*; nicht Bescheid wissen; fremd

隔墙有耳 gé qiáng yǒu ěr die Wände haben Ohren

隔音 géyīn Schallisolation *f*; schalldicht: ～室 schalldichter Raum

蛤 gé Muschel *f* * 另见 há

蛤蜊 gélì Muschel *f*

阁 gé ① (meistens zweistökkiger) Pavillon ② Kabinett *n*: 组～ ein Kabinett bilden

阁楼 gélóu Dachstube *f*; Mansarde *f*; Dachboden *m*

阁下 géxià 〈敬〉 Eure Exzellenz; Seine (*od* Ihre) Exzellenz: 大使～ Eure Exzellenz Herr Botschafter

格 gé ① Karomuster *n*; Quadrat *n* (eines Karomusters): 方～ Karo *n*, Quadrat *n* ② Einteilung *f*: 横～纸 liniertes Papier 每服一小～(von Dosis)jeweils eine Einheit 四～儿的书架 Bücherregal mit vier Fächern ③ Norm *f*; Muster *n*; Stil *m*; Standard *m*: 合～ der Norm entsprechend 别具一～ einen originellen Stil haben; ein eigenes Gepräge haben ④ Kassus *m*; Fall *m*: 主～ Nennfall *m* 宾～ Objektsfall *m*

格调 gédiào Stil *m*

格斗 gédòu Ringen *n*; Ringkampf *m*; Handgemenge *n*

格格不入 gégé bù rù mit etw. absolut unvereinbar sein; j-m völlig fremd sein; völlig unpassend

格局 géjú Muster *n*; Aufbau *m*; Struktur *f*

格律 gélǜ (in der chinesischen Dichtung) klassisches Metrum (*od* Versmaß)

格外 géwài 〈副〉 besonders; außergewöhnlich; äußerst: 这里要～小心。Hier muß man besonders vorsichtig sein

格式 géshi Form *f*; Muster *n*; Schablone *f*: 公文～ Muster für ein Amtsschreiben

格言 géyán Maxime *f*; Motto *n*; Spruch *m*; geflügeltes Wort; Aphorismus *m*

格子 gézi Quadrat(feld) *n*; Karo *n*: ～布 karierter Stoff

gě

舸 gě Prahm *m*; Zille *f*; Lastkahn *m*

gè

个(個) gè ① 〈量〉 (a) [多用于没有专用量

词的名词]: 三～苹果 drei Äpfel 两～星期 zwei Wochen 一～故事 eine Geschichte (b) [用于约数的前面]: 这点活儿有～两三天就干完了。Dieses bißchen Arbeit kann doch leicht in zwei oder drei Tagen erledigt werden. (c) [用于带宾语的动词后面]: 洗～澡 ein Bad nehmen 睡～好觉 sich einmal richtig ausschlafen (d)[用于动词和补语之间]: 吃～饱 sich satt essen 忙～不停 sehr beschäftigt sein ② jeder für sich; individuell; allein; einzeln

个别 gèbié ① einzeln; besonder; individuell: ～辅导 individueller Nachhilfeunterricht 同她～谈话 mit ihr persönlich sprechen ② ganz selten; ganz wenig: 这种情况是极其～的。Solche Fälle sind ganz selten.

个个 gègè jeder; alle: 她的孩子～都聪明 Jedes ihrer Kinder ist klug.

个儿 gèr ① Körpermaß *n*; Körpergröße *f*; Höhe *f*; Statur *f* ② einzeln: 挨～问好 jeden Einzelnen begrüßen

个人 gèrén ① Einzelperson *f*; Individuum *n*; individuell; persönlich; privat: ～主义 Individualismus *m* ② ich: 在我～看来 Meiner Ansicht nach

个体 gètǐ individuell; einzeln: ～户 kleiner Privatbetrieb ～经济 Einzel-, Individualwirtschaft *f* ～经营 private Bewirtschaftung

个性 gèxìng Individualität *f*; Individuelle *n*

个子 gèzi Körpergröße *f*

各 gè jeder (jede, jedes); all; verschieden; verschiedenartig: ～种～样 die verschiedensten; alle mögliche; allerei ～持己见 Jeder beharrt auf seiner Meinung. ～得其所 Jeder nimmt die ihm gebührende Stelle ein.

各…各… gè … gè … ① jeder … sein eigenes …: ～就～位 Jeder begibt sich an seinen Platz. ② alle; verschieden: ～行～业 alle Branche und Berufe

各个 gège ① jeder (jede, jedes); verschieden: 社会上的～阶级 die verschiedenen Klassen der Gesellschaft ② eins nach dem anderen; gesondert; einzeln: ～击破 jeden einzeln vernichten

各级 gèjí alle Ebenen; jede Stufe ～领导机关 führende Organe jeder Ebene

各界 gèjiè alle Kreise; alle Schichten: ～人士 Persönlichkeiten aller Schichten

各色 gèsè verschiedenartig; allerlei; allerhand: ～货物一应俱全 eine reiche Auswahl verschiedenster Waren haben

各位 gèwèi ① meine Herrschaften (Anredeform): ～请注意! Darf ich um Ihre Aufmerksamkeit bitten. ② jeder; alle: ～代表 Verehrte Delegierte

各有千秋 gè yǒu qiān qiū jeder hat seine Vorzüge

各有所好 gè yǒu suǒ hào ein jeder hat seine eigenen Vorlieben

各自 gèzì jeder; jeweilig; jeder selbst; jeder einzelne: 既要～努力,也要彼此帮助。Jeder soll sich selbst bemühen, aber auch dem anderen helfen.

各自为政 gè zì wéi zhèng jeder macht, was er will

gěi

给 gěi ① geben *vt*; gewähren *vt*: 这本书是～你的。Dieses Buch ist für dich. 请～我盐! Bitte gib mir das Salz! ② lassen *vt*: ～我看看。Laß sehen! ③ [用在动词后面,表示交付]: 交～他一封信 ihm einen Brief überreichen 把钥匙留～他 den Schlüssel für ihn zurücklassen ④ [表示行为的对象或有关事物] für; zu j-s Wohlergehen: 我～孩子们讲个故事。Ich erzähle den Kindern eine Geschichte. ⑤ [表示被动,相当于 "被"]: 东西全～雨淋湿了。Die Sachen sind völlig vom Regen durchnäßt. ⑥ <助> [常与前面"叫"、"让"、"把"相呼应,以加强语气]: 我差点儿把这 事 ～ 忘 了。Beinahe hätte ich es vergessen.

给以 gěiyǐ [多用于抽象事物] geben *vt*; erteilen *vt*; gewähren *vt*; verleihen *vt*: ～充分的重视 etw. / j-m genügend Beachtung schenken

gēn

根 gēn ① Wurzel *f*: 连～拔 etw. mit den Wurzeln herausziehen 扎～ Wurzeln schlagen ② Fuß *m*; Ende *n*; Basis *f*: 舌～ Zungenwurzel *f* 墙～ Fuß der Mauer ③ Ursprung *m*; Ursache *f*: 祸～die Wurzel des Übels 刨～问底 einer Sache auf den Grund gehen ④ gründlich; vollkommen: ～除 etw. mit Stumpf und Stiel ausrotten ⑦ 〈量〉［用于细长的东西］: 一～针 eine Nadel 一～火柴 ein Streichholz

根本 gēnběn ① Grund *m*; Basis *f*; grundsätzlich; grundlegend: ～原因 Grundursache *f* ～矛盾 Grundwiderspruch *m* 从～上 von Grund auf ②［多用于否定］überhaupt; gar; durchaus; absolut: 这话我～没说过。Das habe ich überhaupt nicht gesagt. 我～不知道。Ich weiß absolut nichts davon. ③ gründlich; völlig: 问题已得到～解决。Das Problem ist bereits von Grund auf gelöst worden.

根除 gēnchú etw. (mit der Wurzel) ausrotten; ausmerzen *vt*

根底 gēndǐ ① Grundlage *f*; Fundament *n*: 他的德文～好。Er hat eine solide Grundlage in der deutschen Sprache. ② Detail *n*; Einzelheit *f*; Herkunft *f*: 摸清～ etw. bis ins Detail kennen

根基 gēnjī Basis *f*; Fundament *n*: 打好～ eine feste Basis legen

根据 gēnjù ① nach; gemäß; laut; aufgrund: ～具体情况 nach den konkreten Umständen ～您的愿望 Ihrem Wunsch gemäß ② Beweis *m*; Begründung *f*: 说话要有～。Was man sagt, muß beweiskräftig sein. 毫无～ völlig grundlos

根绝 gēnjué etw. restlos beseitigen; ausrotten *vt*

根深蒂固 gēn shēn dì gù tiefeingewurzelt; fest verwurzelt: ～的偏见 tief verwurzeltes Vorurteil

根由 gēnyóu Ursprung *m*; Ursache *f*; Grund *m*

根源 gēnyuán Wurzel *f*; Ursprung *m*; Quelle *f*: 战争的～ Wurzel des Krieges

根治 gēnzhì ① (eine Krankheit) ein für allemal heilen ② von Grund auf regulieren; vollständig in Ordnung bringen

跟 gēn ① Ferse *f*: 鞋后～ Schuhabsatz *m*; Hacke *f*; Hakken *m* ② folgen *vi*; nachkommen *vi*; befolgen *vt*: ～我来! Folge mir! ③ 〈介〉［表示"和"、"同"］: ～农民一起劳动 zusammen mit den Bauern arbeiten ④ 〈介〉［表示"向" "对"］: 快～大伙说说。Schnell, sag es uns allen! ⑤ 〈介〉［引出比较的对象］: 今天的工作～往常一样。Die heutige Arbeit ist die selbe wie früher.

跟前 gēnqián vor j-m/etw.; in der Nähe: 他把我叫到～。Er rief mich zu sich.

跟随 gēnsuí folgen *vi*; nachgehen *vi*: 紧紧～某人 j-m auf Schritt und Tritt folgen

跟踪 gēnzōng einer Spur nachgehen (*od* folgen); verfolgen *vt*: ～敌舰 feindliche Kriegsschiffe verfolgen

gēng

羹 gēng Tunke *f*; dicke Suppe (*od* Brühe): 鱼～ kräftige Fischbrühe

耕 gēng das Land bebauen; pflügen *vt*; ackern *vt*: ～田 das Land pflügen 精～细作 den Boden intensiv bearbeiten

耕畜 gēngchù Zugtier *n* (zur Feldbestellung)

耕地 gēngdì ① pflügen *vt*; Bodenbestellung *f* ② bebautes Land; Ackerland *n*

耕耘 gēngyún pflügen und jäten: 一分～,一分收获。Wie man den Boden bestellt, so erntet man.

耕种 gēngzhòng pflügen und säen; Ackerland bebauen; kultivieren *vt*

耕作 gēngzuò Feldarbeit verrichten; ein Feld anbauen; Feldpflege *f*

更 gēng ① ändern *vt*; verändern *vt*; wechseln *vt*; auswechseln *vt*: ～改 ändern *vt*; umändern *vt* ② „Doppelstunde" *f* (die Nacht war früher in fünf Doppelstunden eingeteilt): 打～ (als Nachtwächter) die Stunden ausrufen 三～半夜 um Mitternacht; mitternachts *另见 gèng

更迭 gēngdié wechseln *vt*; abwechseln *vt*; Wechsel *m*: 内阁～ Regierungswechsel *m*

更动 gēngdòng ändern *vt*; wechseln *vt*: 人事～ personale Änderung; Personalwechsel *m*

更番 gēngfān turnusmäßig; abwechselnd; in regelmäßgem Wechsel

更改 gēnggǎi ändern *vt*; abändern *vt*: 这是不能～的。Das ist nicht zu ändern.

更换 gēnghuàn wechseln *vt*; abwechseln *vt*; ersetzen *vt*; ablösen *vt*

更替 gēngtì wechseln *vt*; abwechseln *vt*; ersetzen *vt*; ablösen *vt*

更衣 gēngyī sich umkleiden: ～室 Umkleideraum *m*

更正 gēngzhèng korrigieren *vt*; berichtigen *vt*; Berichtigung *f*

gěng

耿 gěng ① 〈书〉 licht; glänzend ② rechtschaffen; aufrichtig

耿耿 gěnggěng ① treu; getreu; ergeben: 忠心～ treu ergeben ② etw. auf dem Herzen haben; besorgt: ～于怀 j-m etw. lange nachtragen

耿直 gěngzhí ehrlich und offen; aufrecht; gerade: 为人～ ein aufrichtiger Mensch

埂 gěng ① (höher gelegener) Feldrain ② Deich *m* (aus Erde)

梗 gěng ① (Pflanzen-)Stengel *m*; Stiel *m* ② etw. aufrecht halten; aufrichten *vt*: ～着脖子 trotzig den Kopf in die Höhe recken ③ hindern *vt*; Hindernis *n*: 从中作～ j-m Hindernisse in den Weg legen

梗概 gěnggài (grober) Umriß; Hauptinhalt *m*; Wesentliche *n*

梗塞 gěngsè blockieren *vt*; versperren *vt*: 交通～ Verkehrsstau *m*; Verkehrsstockung *f*

梗阻 gěngzǔ versperren *vt*; verhindern *vt*

哽 gěng ① atemlos (*od* sprachlos) vor Aufregung sein; einen Kloß im Hals spüren ② sich verschlucken

哽咽 gěngyè schluchzen *vi*

gèng

更 gèng 〈副〉 noch; noch mehr; weiter; außerdem: ～大 noch größer 这就～美丽了。Das wäre ja noch schöner. ～上一层楼 weitere Fortschritte machen
* 另见 gēng

更加 gèngjiā 〈副〉 noch mehr; umsomehr: 她学习比过去～勤奋了。Sie lernt noch fleißiger als früher.

gōng

工 gōng ① Werktätige(r); Arbeiter *m*; Arbeiterklasse *f*: 矿～ Bergmann *m* 熟练～ qualifizierter Arbeiter ② Arbeit *f*: 上～ zur Arbeit gehen 省料省～ Material und Arbietskräfte sparen ③ Projekt *n*; Bauvorhaben *n*: 动～ einen Bau beginnen 竣～ ein Bauwerk fertigstellen ④ Industrie *f*: 化～ chemische Industrie ⑤ Tagesleistung *f* Arbeitstag *m*: 这项工程需五千个～。Für dieses Projekt benötigt man 5000 Arbeitstage.

工本 gōngběn Selbstkosten *pl*: 不惜～ vor keinen Kosten zurückschrecken; um jeden Preis

工笔 gōngbǐ durch feine Pinselführung und detaillierte Darstellung gekennzeichneter Stil der chinesischen traditionellen Malerei

工厂 gōngchǎng Fabrik *f*; Werk *n*; Betrieb *m*

工场 gōngchǎng Werkstatt *f*; Werkstätte *f*

工程 gōngchéng Bau *m*; Bauprojekt *n*; Bauwerk *n*: 土木～ ziviles Ingenieurwesen 水利～ Wasserbauprojekt *n* ～师 Ingenieur *m*

工段 gōngduàn ① Teilbereich bei einem Arbeitsprojekt ② Produktionsbereich in einer Fabrikhalle

工夫 gōngfu ① Zeit *f*: 明天有～再来吧！Wenn Sie morgen Zeit haben, kommen Sie noch einmal vorbei. ② Zeit und Mühe; Anstrengung *f*: 花了好大～ sich viel Mühe geben ③ Fähigkeit *f*; Können *n*: 这位杂技演员真有～。Dieser Akrobat ist wirklich virtuos.

工会 gōnghuì Gewerkschaft *f*

工件 gōngjiàn Werkstück *n*

工具 gōngjù Instrument *n*; Werkzeug *n*; Gerät *n*: 生产～ Produktionswerkzeuge *pl* 运输～ Transportmittel *pl*

工具书 gōngjùshū Nachschlagebuch *n*; Nachschlagewerk *n*; Lexikon *n*

工力 gōnglì Kunstfertigkeit *f*; (handwerkliches) Können: ～深厚 ungewöhnliche Kunstfertigkeit

工龄 gōnglíng Dienstalter *n*

工钱 gōngqian ① Lohn *m* (für eine Gelegenheitsarbeit oder ein einzelnes Arbeitsstück) ② Gehalt *n*; Lohn *m*

工人 gōngrén Arbeiter *m*: ～阶级 Arbeiterklasse *f*

工伤 gōngshāng Arbeitsunfall *m*

工商界 gōngshāngjiè Industrie- und Handelskreise *pl*; Geschäftskreise *pl*

工商业 gōngshāngyè Industrie und Handel

工时 gōngshí Arbeitsstunde *f*

工事 gōngshì Befestigungsanlage *f*; Befestigungswerk *n*

工头 gōngtóu Vorarbeiter *m*; Aufseher *m*
工效 gōngxiào Arbeitsleistung *f*
工业 gōngyè Industrie *f*: 轻～ Leichtindustrie *f* 重～ Schwerindustrie *f* ～化 Industrialisierung *f* ～基地 industrielle Basis
工艺 gōngyì ① Technologie *f* ② Handwerk *n*; Gewerbe *n*: ～美术 Kunstgewerbe *n*; Kunsthandwerk *n*
工整 gōngzhěng ordentlich und rein; säuberlich; sorgfältig: 字迹～。Die Handschrift ist ordentlich und säuberlich.
工资 gōngzī Lohn *m*; Gehalt *n*: ～表 Lohnliste *f* ～级别 Lohnstufe *f*; Lohnskala *f*
工作 gōngzò arbeiten *vi*; Arbeit *f*; berufstätig sein: ～服 Arbeitsanzug *m* ～证 Arbeitsausweis *m* ～效率 Leistungsfähigkeit *f*
工作者 gōngzuòzhě Arbeiter *m*; Schaffende(r); Beschäftigte(r): 文艺～ Literatur- und Kunstschaffende *pl* 医务～ im medizinischen Bereich tätige Personen; Arzt *m*

攻 gōng ① angreifen *vt*; die Offensive ergreifen; Angriff *m*; Offensive *f*: ～城 eine Stadt angreifen 以～为守 den Angriff als Mittel der Verteidigung einsetzen ② studieren *vt*; sich einem Studium widmen: 专～遗传工程 sich auf Gentechnik spezialisieren
攻读 gōngdú ① eifrig studieren ② sich auf etw. spezialisieren
攻打 gōngdǎ angreifen *vt*; gegen etw. anstürmen
攻击 gōngjī ① angreifen *vt*; attackieren *vt*; Angriff *m*; Attacke *f*: 发起总～ eine Generaloffensive starten ② attackieren *vt*; tadeln *vt*: 恶毒～某人 an j-m boshaft kritisieren
攻坚 gōngjiān eine Festung stürmen; eine stark befestigte Stellung erstürmen
攻势 gōngshì Offensive *f*: 采取～ die Offensive ergreifen
攻陷 gōngxiàn (eine Stadt usw. im Sturm nehmen; einnehmen *vt*
攻占 gōngzhàn erobern *vt*; erstürmen *vt*

功 gōng ① Verdienst *n*; verdienstvolle Tat: 立大～ sich hervorragende Verdienste erwerben 劳而无～ nutzlose Bemühung ② Können *n*; Fertigkeit *f*; Geschicklichkeit *f*: 练～ seine Fertigkeiten trainieren
功败垂成 gōng bài chuí chéng kurz vor der Vollendung mißlingen; im letzten Moment scheitern
功臣 gōngchén verdienstvolle Person; Person mit großen Verdiensten
功德 gōngdé Verdienste und Tugenden
功夫 gōngfu 见"工夫"
功绩 gōngjī Verdienste und Erfolge; verdienstvolle Beiträge; große Leistung
功课 gōngkè Haus-, Schulaufgabe *f*; Hausarbeit *f*
功亏一篑 gōng kuī yī kuì kurz vor dem Ziel aufgeben
功劳 gōngláo Verdienst *n*; verdienstvolle Leistung
功利 gōnglì Nützlichkeit *f*; Utilität *f*: ～主义 Utilitarismus *m*
功名 gōngmíng akademische bzw. amtliche Würden
功能 gōngnéng Funktion *f*: ～性障碍 Funktionsstörung *f*
功效 gōngxiào Wirkung *f*; Wirksamkeit *f*
功勋 gōngxūn Verdienst *n*
功业 gōngyè Heldentaten *pl*; unvergängliches Werk; Errungenschaften *pl*

供 gōng ① liefern *vt*; versorgen *vt*; anbieten *vt*; Angebot *n*: ～电 Stromversorgung *f* ～不上 Die Versorgung wird knapp. ～过于求 Überangebot *n* ② etw. zur Verfügung stellen; bieten *vt*: 仅～参考 nur zu Ihrer Information * 另见 gòng
供给 gōngjǐ liefern *vt*; anbieten *vt*; j-n mit etw. versorgen: ～膳宿 Unterkunft und Verpflegung bieten
供求 gōngqiú Angebot und Nachfrage: ～平衡 das Gleichnis zwischen Angebot und Nachfrage
供销 gōng xiāo Lieferung und Absatz: ～(合作)社 Ein- und Verkaufsgenossenschaft *f*
供养 gōngyǎng für j-s Lebensunterhalt sorgen; j-n unterstützen
供应 gōngyìng versorgen *vt*; liefern *vt*; beliefern *vt*; Versorgung *f*: 计划～ planmäßige Versorgung

恭 gōng ehrerbietig; ehrfurchtsvoll; voller Respekt: ～贺 gratulieren *vi*; ergebenste Glückwünsche aussprechen ～候 höflich warten; ehrerbietig erwarten
恭敬 gōngjìng ehrerbietig; respektvoll; achtungsvoll
恭顺 gōngshùn respektvoll und

gehorsam; ehrerbietig ergeben

恭维 gōngwei schmeicheln *vi*; Komplimente machen: ～话 Lobhudelei *f*; Schmeichelei *f*

恭喜 gōngxǐ 〈套〉 gratulieren *vi*; beglückwünschen *vt*: ～! Ich gratuliere! Herzliche Glückwünsche!

公 gōng ① staatlich; öffentlich; gemeinschaftlich: 一心为～ sich mit ganzem Herzen für die Gemeinschaftsinteressen einsetzen ②Amtspflicht *f*; Dienst *m*; Amtsgeschäfte *pl*: 因～外出 auf Dienstreise; dienstlich verreist 非～莫入 Zutritt für Unbefugte verboten ③ gerecht; unparteilich: 秉～办理 eine Angelegenheit gerecht behandeln ④ etw. bekannt machen; veröffentlichen *vt*: ～之于世 etw. der ganzen Welt bekanntgeben ⑤ männlich (Tiere): ～牛 Bulle *m*; Stier *m* ～鸡 Hahn *m* ⑥ metrisch; Maße und Gewichte betreffend: ～里 Kilometer *m* ～斤 Kilogramm *n*

公安 gōng'ān öffentliche Sicherheit: ～局 Büro für öffentliche Sicherheit ～人员 Personal für öffentliche Sicherheit; Sicherheitsbeamte(r)

公报 gōngbào Kommuniqué *n*; Bulletin *n*: 联合～ gemeinsames Kommuniqué 新闻～ Pressekommuniqué *n*

公布 gōngbù veröffentlichen *vt*; bekanntmachen *vt*; etw. zur Veröffentlichung freigeben: ～法令 ein Dekret erlassen

公差 gōngchāi öffentlicher Auftrag: 出～ öffentliche Aufträge ausführen

公尺 gōngchǐ Meter *m/n*

公道 gōngdào ① Gerechtigkeit *f*: 主持～ für Gerechtigkeit eintreten ② gerecht; unparteiisch: 办事～ gerecht handeln

公敌 gōngdí gemensamer Feind; Volksfeind

公断 gōngduàn Schiedsspruch *m*; gerechte Entscheidung

公费 gōngfèi auf öffentlichen Mitteln; auf Staatskosten: ～医疗 kostenlose medizinische Betreuung

公分 gōngfēn ① Zentimeter *m/n* ② Gramm *n*

公愤 gōngfèn allgemeine Empörung; Volkszorn *m*

公干 gōnggàn amtliche Angelegenheit; Amtsgeschäfte *pl*: 有何～? Welcher Auftrag führt Sie zu mir?

公告 gōnggào Bekanntmachung *f*; amtliche Mitteilung

公共 gōnggòng öffentlich; gemeinschaftlich: ～财产 öffentliches Eigentum; Staatseigentum *n* ～厕所 öffentliche Bedürfnisanstalt ～卫生 Sozialhygiene *f*; öffentliche Gesundheitspflege

公共汽车 gōnggòng qìchē öffentlicher Bus

公海 gōnghǎi hohe See; internationale Gewässer

公害 gōnghài Umweltschäden *pl*

公函 gōnghán amtliches Schreiben

公家 gōngjia 〈口〉 Staat *m*; Gemeinschaft *f*

公斤 gōngjin Kilo(gramm) *n*

公爵 gōngjué Herzog *m*: ～夫人 Herzogin *f*

公开 gōngkāi offen; öffentlich; offenkundig: ～信 offener Brief ～的秘密 offenes Geheimnis; etw. an die Öffentlichkeit bringen; etw. öffentlich bekanntmachen

公款 gōngkuǎn öffentliche Gelder; öffentlicher Fonds

公里 gōnglǐ Kilometer *m/n*

公理 gōnglǐ ① allgemeingültige Grundsätze ② Axiom *n*

公历 gōnglì ① Grogorianischer Kalender ② unsere Zeitrechnung

公粮 gōngliáng Getreideabgaben an den Staat; Pflichtablieferung von Getreide

公论 gōnglùn öffentliche Meinung

公路 gōnglù Land-; Autostraße *f*: 高速～ Autobahn *f*

公民 gōngmín Bürger *m*; Staatsangehörige(r): ～投票 Volksabstimmung *f*

公墓 gōngmù Friedhof *m*

公平 gōngpíng gerecht; ehrlich; anständig; unparteiisch; fair: ～合理 fair und vernünftig ～交易 fairer Handel

公婆 gōngpó Vater und Mutter des Ehemanns; Schwiegereltern *pl* (der Frau)

公仆 gōngpú Staatsdiener *m*; öffentlicher Bediensteter

公顷 gōngqǐng Hektar *m/n* (ha)

公然 gōngrán 〈贬〉 unverfroren; offen; unverhüllt: ～撕毁协议 unverfroren ein Abkommen brechen

公认 gōngrèn allgemein anerkannt

公审 gōngshěn öffentlicher Prozeß; öffentliche Gerichtsverhandlung

公升 gōngshēng Liter *n/m*

公式 gōngshì Formel *f*
公式化 gōngshìhuà ① Formalismus *m* (in Kunst und Literatur) ② schablonenhaft; formelhaft schematisch
公事 gōngshì Amtsgeschäft *n*; Dienstangelegenheit *f*
公司 gōngsī Firma *f*; Gesellschaft *f*
公诉 gōngsù öffentliche Anklage: ～人 Staatsanwalt *m*; öffentlicher Ankläger
公文 gōngwén amtliches Dokument; offizielles Schreiben
公务 gōngwù öffentlicher Dienst; in offiziellem Auftrag
公物 gōngwù Staats-, Volkseigentum *n*
公休 gōngxiū Feier-, Ruhetag *m*
公演 gōngyǎn öffentliche Aufführung
公益 gōngyì Gemeinwohl *n*; öffentliches Wohl; allgemeine Wohlfahrt
公用 gōngyòng etw. gemeinsam benutzen; zur allgemeinen Verwendung: ～电话 öffentlicher Fernsprecher
公有化 gōngyǒuhuà sozialisieren *vt*; vergesellschaften *vt*
公寓 gōngyù ① Apartmenthaus *n* ② Pension *f*
公元 gōngyuán unsere Zeitrechnung (u. z.): ～一二〇〇年 das Jahr 1200 nach unserer Zeitrechnung; 1200 n.u.Z.
公园 gōngyuán Park *m*; öffentliche Anlagen
公约 gōngyuē ① Pakt *m*; Konvention *f* ② öffentlich eingegangene Verpflichtung; Gelöbnis *n*
公允 gōngyǔn gerecht und unparteiisch: 持论～ j-n etw. gerecht beurteilen
公债 gōngzhài Staatsanleihe *f*: ～券 Staatsanleihepapiere *pl*
公章 gōngzhāng Amtssiegel *n*
公正 gōngzhèng unparteiisch; rechtschaffen; gerecht
公证 gōngzhèng notarielle Beglaubigung; notarielle Urkunde: ～处 Notariat *n* ～人 Notar *m*
公职 gōngzhí öffentliches Amt; öffentlicher Dienst
公众 gōngzhòng Öffentlichkeit *f*
公主 gōngzhǔ Prinzessin *f*; Prinzeß *f*
公子 gōngzǐ der Sohn eines Herzogs, Fürsten oder hohen Beamten

弓 gōng ① Bogen *m*: ～箭 Pfeil und Bogen 弹～ Schleuder *f* ② bogenförmige Gegenstände ③ krümmen *vt*; biegen *vt*: ～着背 den Rücken krümmen
弓子 gōngzi ① Bogen *m* (eines Streichinstruments) ② bogenförmige Gegenstände

躬 gōng ① persönlich; selbst; eigen: ～逢其盛 persönlich einer großen Feierlichkeit beiwohnen ② sich biegen; sich nach vorn beugen

宫 gōng ① Palast *m*; Schloß *n*; Palais *n*: 皇～ Kaiserpalast *m* ② (Taoist) Tempel *m* ③ Stätte für Kulturveranstaltungen und Erholung: 工人文化～ Kulturpalast der Arbeiter 少年～ Pionierhaus *n*
宫殿 gōngdiàn Palast *m*; Schloß *n*; Palais *n*
宫廷 gōngtíng ① Kaiserpalast *m* ② Kaiserhof *m*: ～政变 Coup d'Etat am Kaiserhof

gǒng

巩(鞏) gǒng konsolidieren *vt*; festigen *vt*
巩固 gǒnggù ① festigen *vt*; befestigen *vt*; konsolidieren *vt* ② fest; stark; solide; stabil

汞 gǒng Quecksilber *n* (Hg)

拱 gǒng ① die Hände zusammenlegen: ～手 (zum Gruß) die Hände in Brusthöhe gewölbt aufeinanderlegen ② sich biegen; sich verbiegen: 猫～了～腰。Die Katze macht einen Buckel. ③ etw. mit dem Körper stoßen ④ sich drängen; drängeln *vi*; wühlen *vi*: 猪用嘴～地。Das Schwein wühlt mit dem Rüssel in der Erde. ⑤ Bogen *m*; gewölbt; überwölbt
拱门 gǒngmén Bogentür *f*
拱桥 gǒngqiáo Bogenbrücke *f*

gòng

贡 gòng Tribut *m*: 进～ (dem Kaiserhof) Tribut zahlen; Tribut leisten
贡品 gòngpǐn Tributgaben *pl*; Tribut *m*
贡献 gòngxiàn widmen *vt*; weihen *vt*; hingeben *vt*; beitragen; Beitrag *m*

共 gòng ① gemeinsam; gleich; allgemein: ～性 das Gemeinsame; das Allgemeine ② an etw.

teilhaben; teilen *vt*: 同呼吸~命运 das Schicksal mit j-m teilen ③ gemeinsam; zusammen: 和平~处 friedliche Koexistenz ④ alles in allem; insgesamt; im ganzen genommen: 一~花费 2000 马克。alles in allem kostet es 2000 Mark.

共产党 gòngchǎndǎng Kommunistische Partei

共产主义 gòngchǎn zhǔyì Kommunismus *m*

共处 gòngchǔ Koexistenz *f*; Zusammenleben *n*: 和平~ friedliche Koexistenz

共和 gònghé Republikanismus *m*; republikanisch: ~国 Republik *f*

共计 gòngjì alles in allem; im ganzen; insgesamt

共鸣 gòngmíng ① Resonanz ② sympathisieren *vi*; mitfühlen *vi*; Sympathie *f*

共青团 gòngqīngtuán 〈简〉(共产主义青年团) Kommunistischer Jugendverband

共事 gòngshì (in derselben Institution) zusammenarbeiten *vi*; Kollege sein

共同 gòngtóng ① gemeinsam: ~关心的问题 Fragen von gemeinsamen Interesse ② zusammen; gemeinsam; vereint: ~努力 gemeinsame Anstrengungen machen

共同体 gòngtóngtǐ Gemeinschaft *f*: 欧洲经济~ Europäische Wirtschaftsgemeinschaft (EWG)

供 gòng ① darbringen *vt*; opfern *vi/vt*; Opfer *n* ② gestehen *vt*; eine Aussage machen; Geständnis *n*; Aussage *f*: 口~ mündliche Aussage

供词 gòngcí Geständnis *n*; Aussage *f*

供奉 gòngfèng darbringen *vt*; opfern *vi/vt*; weihen *vt*

供认 gòngrèn eingestehen *vt*; zugeben *vt*: ~不讳 seine Schuld offen bekennen

供职 gòngzhí ein Amt bekleiden

gōu

篝 gōu

篝火 gōuhuǒ offenes Feuer; Lager-, Freudenfeuer *n*

勾 gōu ① anhaken *vt*; anstreichen: 把重要项目~出来 die wichtigen Posten anstreichen ② abhaken *vt*; wegstreichen *vt*; tilgen *vt*: ~了这笔帐 diese Schuld tilgen ③ skizzieren *vt*; umreißen *vt*: ~一个轮廓 etw. in Umrissen zeichnen ④ wachrufen *vt*; erwecken *vt*; in Erinnerung bringen: 他的这番话~起我对一件往事的回忆。Seine Bemerkung hat ein Erlebnis in mir wachgerufen *另见 gòu

勾搭 gōuda ① sich zusammenrotten; sich mit j-m zusammentun: 两个坏家伙~上了。Die beiden Schurken haben sich zusammengetan. ② mit j-m anbändeln; j-n verführen

勾画 gōuhuà skizzieren *vt*; umreißen *vt*; etw. mit wenigen Strichen aufs Papier werfen

勾结 gōujié sich mit j-m verschwören; mit j-m gemeinsame Sache machen

勾通 gōutōng sich mit j-m verschwören; mit j-m zu einem geheimen Einverständnis kommen

勾销 gōuxiāo ausstreichen *vt*; wegstreichen *vt*; tilgen *vt*: 一笔~ etw. mit einem Strich auslöschen

勾引 gōuyǐn verführen *vt*; verleiten *vt*; verlocken *vt*; j-n in Versuchung führen

沟(溝) gōu ① Graben *m*; Schützengraben *m*; Kanal *m* ② Furche *f*; Rinne *f*; Rille *f* ③ Felsenschlucht *f*

沟壑 gōuhè Graben *m*; Schlucht *f*

沟渠 gōuqú Bewässerungskanäle und -gräben

沟通 gōutōng verbinden *vt*; verknüpfen *vt*

钩 gōu ① Haken *m*: 钓鱼~ Angelhaken *m* 挂衣~ Kleiderhaken *m* ② Haken *m*; Häkchen *n* ③ einhaken *vt*: 用钩子~住 etw. mit Haken befestigen ④ heften *vt*; etw. lose zusammennähen: ~贴边 einen Saum heften ⑤ häkeln *vt*: ~花边 Spitzen häkeln

钩心斗角 gōu xīn dòu jiǎo gegeneinander intrigieren; offen und im geheimen miteinander rivalisieren

gǒu

苟 gǒu ① nachlässig; oberflächlich; fahrlässig: 一丝不~ etw. sehr genau nehmen; sorgfältig und exakt

苟安 gǒu'ān nach momentaner Sicherheit trachten; in den Tag hinein leben

苟活 gǒuhuó sich kümmerlich

durchschlagen; dahinvegetieren *vi*
苟且 gǒuqiě in den Tag hinein leben; dahinvegetieren *vi*: ～偷生 unwürdig vegetieren; in demütigenden Umständen leben
苟全 gǒuquán unter allen Umständen seine Haut retten
苟同 gǒutóng [用于否定句] j-s Meinung gutheißen, ohne ernst darüber nachzudenken; unbedacht zustimmen: 未敢～。Ich erlaube mir, anderer Meinung zu sein.
苟延残喘 gǒu yán cán chuǎn mühsam sein Lelben fristen

狗 gǒu Hund *m*
狗胆包天 gǒudǎn bāo tiān anmaßend frech; seine Frechheit auf die Spitze treiben
狗急跳墙 gǒu jí tiào qiáng ein Mensch in Bedrängnis ist zu allem fähig
狗屁 gǒupì Hundefurz *m*; Quatsch *m*: ～不通 dummes Zeug; so ein Blödsinn
狗腿子 gǒutuǐzi 〈口〉 Lakai *m*; Helfershelfer *m*; gedungener Schurke
狗血喷头 gǒu xuè pēn tóu [多用于]: 骂得～ j-n ausschimpfen; j-n mit Schimpfworten überhäufen
狗仗人势 gǒu zhàng rén shì der Hund bellt lauter, wenn er seinen Herrn hinter sich hat

gòu

媾 gòu 〈书〉 ① sich vermählen; sich vereinigen: 婚～ eine Ehe schließen ② begatten *vt*; kopulieren *vi*: 交～ mit j-m geschlechtlich verkehren ③ zu einer Übereinkunft kommen: ～和 Frieden schließen
媾和 gòuhé Frieden schließen; Friedensschluß *m*: 单独～ Separatfrieden(sschluß) *m*

诟 gòu 〈书〉 ① Schande *f*; Scham *f*; Schmach *f*; Demütigung *f* ② schmähen *vt*; beschimpfen *vt*
诟病 gòubìng 〈书〉 brandmarken *vt*; tadeln *vt*; verurteilen *vt*: 为世～ von der Öffentlichkeit verdammt werden
诟骂 gòumà schmähen *vt*; beschimpfen *vt*

垢 gòu ① 〈书〉 schmutzig; dreckig ② Schmutz *m*; Dreck *m*: 油～ ③ Schande *f*; Erniedrigung *f*: 含～忍辱 Schande und Beleidigung erdulden

够 gòu ① ausreichen *vi*; genügen *vi*; hinlänglich; genug: 这点钱～不～？Reicht dieses Geld aus? ② an etw. reichen; erreichen *vt*: 太高，我～不着。Es ist zu hoch für mich, um es erreichen zu können. ③ recht; ziemlich: 这儿的土～肥的。Die Erde hier ist recht fruchtbar.
够格 gòugé die Eignung haben; qualifiziert sein
够戗 gòuqiàng allzu viel; unerträglich; schrecklich: 天气热得真～。Es ist furchtbar heiß.
够味儿 gòuwèir 〈口〉 zur vollsten Zufriedenheit; virtuos; großartig

勾 gòu * 另见 gōu
勾当 gòudang Geschäft *n*; schmutzige unredliche Tätigkeit

构(構) gòu ① konstruieren *vt*; formen *vt*; bilden *vt*: ～词 Wortbildung *f* ② [用于抽象事物] bilden *vt*; hervorbringen *vt*: 虚～ erdichten *vt*; fabrizieren *vt*
构成 gòuchéng bilden *vt*; zusammensetzen *vt*; formen *vt*: ～部分 Bestandteil *m* ～威胁 eine Drohung darstellen
构件 gòujiàn ① Konstruktionsglied *n*; Bestandteil *m* ② Bauteil *n*
构思 gòusī (in Dichtung und Malerei) die Handlung ausarbeiten; den Plot konzipieren; die Komposition entwerfen
构造 gòuzào Konstruktion *f*; Struktur *f*; Bau *m*: 人体～ Körperbau *m*

购(購) gòu kaufen *vt*; ankaufen *vt*: 采～ Einkäufe machen 收～ aufkaufen *vt*
购买 gòumǎi kaufen *vt*; einkaufen *vt*; ankaufen *vt*: ～力 Kaufkraft *f*
购销 gòuxiāo Einkauf und Verkauf; kaufen und verkaufen
购置 gòuzhì (Mobilien bzw. Immobilien) anschaffen *vt*; erwerben *vt*

gū

沽 gū
沽名钓誉 gūmíng diàoyù Lorbeeren einheimsen wollen; ruhmbegierig sein

辜 gū Schuld *f*; Sünde *f*: 无～ unschuldig; schuldlos 死有余～ selbst mit dem Tod seine Verbrechen nicht sühnen können

辜负 gūfù sich einer Sache als unwürdig erweisen; etw. nicht rechtfertigen

轱 gū

轱辘 gūlu ‹口› Rad *n*

咕 gū ‹象› girren *vi*; gurren *vi*; gackern *vi*

咕咚 gūdōng ‹象› bumsen *vi*; plumpsen *vi*: ～一声掉进水里 mit einem Plumps ins Wasser fallen

咕嘟 gūdū ‹象› sprudeln *vi*; gurgeln *vi*; gluckern *vi*; glucksen *vi*: 泉水～～往外冒。Die Quelle hört nicht auf zu sprudeln.

咕噜 gūlū ‹象› knurren *vi*; rollen *vi*; grollen *vi*

咕噜 gūlu murmeln *vi/vt*; murren *vi*

咕哝 gūnong brummen *vi/vt*; murren *vi*; murmeln *vi/vt*

估 gū schätzen *vt*; einschätzen *vi*; veranschlagen *vt*; kalkulieren *vt*: 低～ unterschätzen

估计 gūjì schätzen *vt*; abschätzen *vt*: 过高～ überschätzen *vt*; überbewerten *vt* 我们必须～到这种可能性。Wir müs sen diese Möglichkeit in Rechnung ziehen.

估价 gūjià ① einschätzen *vt*; den Wert bestimmen; bewerten *vt* ② geschätzter Preis; Schätzpreis *m*

姑 gū ① Schwester des Vaters; Tante *f* ② Schwester des Gatten; Schwägerin *f* ③ Nonne *f*: 尼～ buddhistische Nonne ④ ‹书› einstweilen; einstweilig: ～置勿论。Sprechen wir vorerst nicht davon!

姑母 gūmǔ Schwester des Vaters; Tante *f*

姑娘 gūniang ① Mädchen *n*; Mädel *n* ② ‹口› Tochter *f*

姑且 gūqiě ‹副› vorerst; vorderhand; vorläufig: 此事～不谈 vorerst nicht davon reden

姑嫂 gūsǎo ein Mädchen und die Ehefrau seines Bruders; Schwägerinnen *pl*

姑妄听之 gū wàng tīng zhī etw. nur einmal anhören (aber nicht ernst nehmen)

姑妄言之 gū wàng yán zhī etw. nur mal so erzählen (ohne daß man es ernst zu nehmen braucht)

姑息 gūxī zu große Nachsicht sein; großzügig dulden: ～养奸 dem Bösen durch zu große Toleranz Vorschub leisten

菇 gū eßbarer Pilz

箍 gū ① Reifen *m*; Ring *m*; Band *n* ② umbinden *vt*; etw. mit Reifen versehen

呱 gū *另见 guā

呱呱 gūgū ‹书› der Schrei eines Neugeborenen

孤 gū einsam; isoliert; verlassen: ～岛 einsame Insel

孤傲 gū'ào überheblich und eingebildet

孤单 gūdān allein; einsam; verlassen: ～一人 ganz allein; einsam und allein

孤独 gūdú allein; einsam; verlassen: 过着～的生活 einsam leben; in Einsamkeit leben

孤儿 gū'ér elternloses Kind; Waise *f*; Waisenkind *n*: ～院 Waisenhaus *n*

孤芳自赏 gū fāng zì shǎng sich selbst gefallen; selbstgefällig; eingebildet

孤寂 gūjì einsam; verlassen

孤家寡人 gūjiā guǎrén ein völlig isolierter Mensch; Eigenbrötler *m*

孤苦伶仃 gū kǔ líng dīng einsam und allein dastehen; allein und hilflos; alleinstehend

孤立 gūlì ① isoliert; zusammenhanglos; unverbunden ② allein gestellt sein; isoliert: ～无援 isoliert und hilflos dastehen ③ isolieren *vt*: ～敌人 die Feinde isolieren

孤零零 gūlínglíng allein; verlassen; vereinsamt

孤陋寡闻 gū lòu guǎ wén geringes Wissen haben und schlecht unterrichtet sein; von geringem Wissen

孤僻 gūpì ungesellig und exzentrisch; unzugänglich

孤掌难鸣 gū zhǎng nán míng ein einzelner erreicht nicht viel

孤注一掷 gū zhù yī zhì alles auf eine Karte setzen; ein großes Risiko eingehen

gú

骨 gú Knochen *m* *另见 gǔ

骨头 gútou ① Knochen *m* ② Rückgrat *n*: 懒～ Faulpelz *m* 硬～ ein Mann mit unbeugsamem Charakter

gǔ

鼓 gǔ ① Trommel *f*: 打～ die Trommel rühren ～声 Trommelschlag *m* ② ermuntern *vt*; antreiben *vt*: ～起勇气 Mut fassen; seinen Mut zusammennehmen ③ Luft in etw. hineinblasen: ～风 mit einem Gebläse einen Luftstrom erzeugen

鼓吹 gǔchuī propagieren *vt*; predigen *vt*; Reklame für etw. machen

鼓动 gǔdòng ① agitieren *vt*; aufrütteln *vt*; anstiften *vt*

鼓励 gǔlì anspornen *vt*; ermuntern *vt*; Ansporn *m*

鼓舞 gǔwǔ ermutigen *vt*; aufmuntern *vt*; begeistern *vt*: ～群众的斗志 den Kampfwillen der Massen steigern

鼓噪 gǔzào Geschrei *n*; Lärm machen

鼓掌 gǔzhǎng in die Hände klatschen; Beifall klatschen; applaudieren *vi*: 观众热烈～。Die Zuschauer spendeten begeisterten Beifall.

古 gǔ Altertum *n*; alte Zeit; altertümlich; aus alter Zeit stammend: ～时候 in alten Zeiten ～画 Gemälde aus alter Zeit ～玩 Antiquität *f*; Rarität *f*

古板 gǔbǎn altmodisch; sich nach dem alten richten

古代 gǔdài alte Zeiten; Altertum *n*; Antike *f*: ～文化 alte Kultur

古典 gǔdiǎn klassisch

古董 gǔdǒng Antiquität *f*; alte Rarität: ～商 Antiquitäthändler *m*

古怪 gǔguài sonderbar; merkwürdig; seltsam; exzentrisch: 脾气～ einen exzentrischen Charakter besitzen 样子～ ein merkwürdiges Aussehen

古话 gǔhuà althergebrachter Ausspruch; alter Spruch

古迹 gǔjì Überreste alter Zeit; historische Sehenswürdigkeiten

古籍 gǔjí Schriften der Alten; alte Schriften; Bücher aus alter Zeit

古老 gǔlǎo alt; uralt: ～的传说 uralte Legende

古色古香 gǔ sè gǔ xiāng nach altem, gediegenem Stil; von klassischer Schönheit

古往今来 gǔ wǎng jīn lái von alters her; von der Vergangenheit bis zur Gegenwart

古文 gǔwén ① Prosa in klassischem Stil ② antike chinesische Schriftform

古物 gǔwù Gegenstände aus dem Altertum; Antiquität *f*

古稀 gǔxī 70 Jahr alt: 年近～ an die Siebzig sein

古雅 gǔyǎ von klassischer Schönheit und feinem Geschmack; von klassischer Eleganz

牯 gǔ Stier *m*; Bulle *m*

牯牛 gǔniú Stier *m*; Bulle *m*

贾 gǔ ① Kaufmann *m* ② Handel treiben; verkaufen *vt*; liefern *vt*

蛊(蠱) gǔ (sagenhafter) giftiger Wurm; Giftwurm *m*

蛊惑 gǔhuò (die Seele des Menschen) vergiften *vt*; irreführen *vt*: ～人心 die Menschen irreführen; Demagogie *f*

骨 gǔ ① Knochen *m* ② Rückgrat *n*; Charakter *m*: 傲～ stolzer und unnachgiebiger Charakter

骨干 gǔgàn Rückgrat *n*; Kern *m*; Führenskader *m*

骨骼 gǔgé Skelett *n*; Knochengerüst *n*

骨灰 gǔhuī ① Knochenasche *f* ② Totenasche *f*

骨架 gǔjià ① Skelett *n*; Gerippe *n*; Knochengerüst *n* ② Gerüst *n*; Gestell *n*; Fachwerk *n*

骨牌 gǔpái Domino(spiel) *n*

骨气 gǔqì moralische Integrität

骨肉 gǔròu Fleisch und Blut; blutsverwandt: 亲生～ sein eigen Fleisch und Blut ～兄弟 leibliche Brüder; Blutsbrüder *pl*

骨髓 gǔsuǐ Knochenmark *n*

骨子里 gǔzilǐ bis auf die Knochen; aus innerstem Herzen; im tiefsten Grunde

谷(穀②③) gǔ ① Tal *n*; Schlucht *f*: 深～ Bergschlucht *f* ② Getreide *n*; Korn *n* ③ Hirse *f*

谷仓 gǔcāng Getreidespeicher *m*; Kornkammer *f*; Scheune *f*

谷草 gǔcǎo ① Hirsestroh *n* (als Viehfutter) ② Reisstroh *n*

谷物 gǔwù Getreide *n*; Korn *n*; Getreidepflanze *f*

谷子 gǔzi ① Hirse *f* ② ungeschälter Reis

鹄 gǔ <书> Ziel *n*; Zielscheibe *f* (beim Bogenschießen): 中～ das Ziel treffen ～的 Zielscheibe *f*; Ziel *n*

股 gǔ ① Oberschenkel *m* ② Unterabteilung *f* (einer Institution u.ä.) ③ 〈量〉 (a) [用于成条的东西]: 一～线 ein Faden 一～泉水 ein Rinnsal aus der Quelle (b) [用于气体、气味、力气]: 一～香味 ein feiner Duft 一～热气 ein Hauch warmer Luft 一～劲 in einem Atemzug (c) 〈贬〉 [用于成批的人] Gruppe *f*; Bande *f*; Rotte *f*: 两～土匪 zwei Rotten Banditen

股本 gǔběn Aktien-, Stammkapital *n*

股东 gǔdōng Aktieninhaber *m*; Aktionär *m*

股份 gǔfèn Aktie *f*: ～公司 Aktiengesellschaft *f* (AG) ～有限公司 Gesellschaft mit beschränkter Haftung (GmbH)

股金 gǔjīn Kapitalanteil an einer Aktiengesellschaft; Aktienanteil *m*

股票 gǔpiào Aktie *f*; Anteilschein *m*: ～交易所 Aktienbörse *f* ～经纪人 Aktienmakler *m*

股息 gǔxī Dividende *f*

汩 gǔ

汩汩 gǔgǔ 〈象〉 gurgeln *vi*; stromend; plätschernd: ～流水 das Wasser plätschert

gù

雇(僱) gù j-n anstellen; j-n einstellen; j-n in Dienst nehmen; mieten *vt*

雇工 gùgōng ①Arbeiter anstellen ② Arbeiter *m*; Landarbeiter *m*; Tagelöhner *m*

雇佣 gùyōng beschäftigen *vt*; anstellen *vt*; einstellen *vt*; dingen *vt*: ～军 Söldnerarmee *f* ～劳动 Lohnarbeit *f*

雇员 gùyuán Beschäftigte(r); Angestellte(r); Arbeitnehmer *m*

雇主 gùzhǔ Arbeitgeber *m*; Dienstherr *m*

顾(顧) gù ① sich herumdrehen und schauen; sich umsehen: 环～四周 sich ringsherum umschauen ② auf etw. Rücksicht nehmen; berücksichtigen *vt*: 兼～ beides in Betracht ziehen 不～个人安危 ohne Rücksicht auf die eigene Sicherheit zu nehmen ③ besuchen *vt*: 光～ j-n mit seinem Besuch beehren

顾此失彼 gù cǐ shī bǐ dieses gewinnen, jenes verlieren; auf dieses achten, aber jenes außer acht lassen

顾及 gùjí etw. in Betracht ziehen; etw./j-m Rechnung tragen; berücksichtigen *vt*

顾忌 gùjì Befürchtung *f*; Bedenken *n*; Skrupel *m*: 毫无～ skrupellos

顾客 gùkè Kunde *m*

顾虑 gùlǜ Bedenken *n*; Befürchtung *f*: ～重重 voller Bedenken

顾名思义 gù míng sī yì dem Namen nach; wie schon der Name besagt

顾盼 gùpàn 〈书〉 umherschauen *vi*; um sich blicken

顾全 gùquán etw. mit Umsicht bewahren wollen; auf etw. achten und es schützen: ～大局 die Interessen der Gesamtheit in Betracht ziehen

顾问 gùwèn Berater *m*; Ratgeber *m*

故 gù ① Fall *m*; Ereignis *n*: 事～ Unfall *m* ② Grund *m*; Ursache *f*: 无～缺勤 ohne jeglichen Grund abwesend sein; unentschuldigt fehlen ③ mit Absicht; absichtlich; vorsätzlich: 明知～犯 sich wissentlich gegen etw. vergehen ④ ehemalig; einstig; früher; alt: ～址 ehemaliger Sitz ⑤ Freund *m*; Bekanntschaft *f*: 非亲非～ mit j-m weder verwandt noch bekannt sein ⑦ sterben *vi*: 病～ an eniner Krankheit sterben

故步自封 gù bù zì fēng starr an überlieferten Vorstellungen festhalten

故都 gùdū ehemalige Hauptstadt

故宫 Gùgōng ehemaliger Kaiserpalast: ～博物院 Palastmuseum *n*

故技 gùjì alte List; alter Trick; alter Kunstgriff: ～重演 eine alte List wiederholen

故居 gùjū ehemaliger Wohnsitz

故人 gùrén alter Freund; alter Bekannter

故事 gùshi ① Geschichte *f*; Erzählung *f*: 民间～ Volkssage *f* ② Handlung *f*; Fabel *f*: ～片 Spielfilm *m*

故土 gùtǔ Heimat *f*; Gebutsort *m*

故乡 gùxiāng Geburtsort *m*; Heimatstadt *f*; Heimatdorf *n*

故意 gùyì mit Absicht; mit Vorsatz; absichtlich; vorsätzlich; willentlich: ～刁难 j-m absichtlich Hindernisse in den Weg legen

故障 gùzhàng (technische) Störung *f*; Defekt *m*: 发动机出了～。

Der Motor hat einen Defekt.

固 gù ① fest; stabil; solide: 加～ etw. festmachen; befestigen *vt*; verstärken *vt*: ② beharrlich; entschieden; fest: ～辞 etw. entschieden absagen

固定 gùdìng ② fest; feststehend; fix: ～职业 feste Anstellung ～资产 festes Anlagevermögen ② befestigen *vt*; festlegen *vt*: 把次序～下来 die Reihenfolge festlegen

固然 gùrán 〈副〉［表示承认某个事实，引起下文转折］ gewiß; natürlich; zwar: 这些家具～好，但非常贵。Diese Möbel sind zwar schön, aber auch sehr teuer.

固守 gùshǒu etw. standhaft verteidigen; sich festsetzen

固体 gùtǐ Festkörper *m*: ～燃料 fester Brennstoff

固有 gùyǒu angeboren; eigen; innewohnend; inhärent: ～属性 charakteristische Eigenschaften

固执 gùzhí hartnäckig; eigensinnig; halsstarrig; dickköpfig: ～己见 starrköpfig an seiner Meinung festhalten

痼 gù

痼疾 gùjí unheilbare (*od* chronische) Krankheit

梏 gù hölzerne Kragenfessel (in alter Zeit): 桎～ Fesseln *pl*; Joch *n*

guā

瓜 guā Kürbis *m*; Gurke *f*; Melone *f*: 南～ Kürbis *m* 西～ Wassermelone *f* 黄～ Gurke *f*

瓜分 guāfēn einteilen *vt*; aufteilen *vt*; Aufteilung *f*: 重新～世界 Neuaufteilung der Welt

瓜葛 guāgé verbunden; verwikkelt; Verwickelung *f*

瓜熟蒂落 guā shú dì luò eine reife Melone fällt von selbst ab; zur rechten Zeit ist alles leicht

瓜子 guāzǐ Melonen-, Kürbiskern *m*

呱 guā ＊另见 gū

呱呱 guāguā 〈象〉（鸭） schnattern *vi*; （蛙） quaken *vi*; （鸦） krächzen *vi* ＊另见 gūgū

呱呱叫 guāguājiào 〈口〉 prima; erstklassig

刮 guā ① schaben *vt*; abschaben *vt*: ～鱼鳞 einen Fisch schuppen ～胡子 sich rasieren ② wehen *vi*; blasen *vi*: ～大风了。Es weht ein starker Wind.

刮脸 guāliǎn sich rasieren: ～刀 Rasiermesser *n*

刮目相看 guā mù xiāng kàn j-n mit anderen Augen sehen; j-n neu einschätzen

guǎ

寡 guǎ ① wenig; karg; gering; spärlich: 沉默～言 wortkarg; schweigsam ～不敌众 wenige können nicht vielen widerstehen ② geschmacklos: 清汤～水 wässerige Suppe; etwas Fades ③ verwitwet; Witwe *f*: 守～ Witwe bleiben; als Witwe leben

寡妇 guǎfù Witwe *f*

寡廉鲜耻 guǎ lián xiǎn chǐ unverschämt; schamlos

寡人 guǎrén 〈旧〉 ich (der Herrscher)

寡头 guǎtóu Oligarch *m*; Magnat *m*: 金融～ Finanzmagnat *m*

剐(剮) guǎ j-n zerstückeln, bis der Tod eintritt (eine Hinrichtungsart im alten China): 千刀万～ verdienen, durch Zerstückelung getötet zu werden

guà

褂 guà ungefüttertes Gewand: 小～ chinesisches Alltagshemd 短～儿 Rock *m*; Jacke *f* 大～儿 Robe *f*; langes Gewand

挂(掛) guà ① hängen *vt/vi*: 把地图～在墙上 die Landkarte an die Wand hängen 拖车～上 den Anhänger ankoppeln ② sich festhaken; sich verfangen; hängenbleiben *vi*: 她的裙子被荆棘～住了。Ihr Rock blieb an den Stacheln hängen. ③ (den Telephonhörer) auflegen *vt*: 他把电话～了。Er hat (den Hörer) aufgelegt. ④ eine Fernsprechverbindung herstellen; anrufen *vt*: 明儿下午给我～个电话。Ruf mich morgen nachmittag an! ⑤ Sorge tragen; um j-n/etw. besorgt sein: ～念 sich sorgen um; sich beunruhigen ⑥ sich anmelden: 我要～外科。Ich möchte mich für die chirurgische Abteilung anmelden. ⑦ 〈量〉［用于成套或成串的东西］: 一～大车 ein Pferdegespann 十多～鞭炮

ein gutes Dutzend Knallfroschkordeln

挂彩 guàcǎi ① etw. mit Girlanden schmücken ② verwundet sein (von einem Kampf)

挂车 guàchē Anhänger(wagen) *m*

挂齿 guàchǐ <套> erwähnen *vt*: 区区小事,何足~。Diese Kleinigkeit ist doch nicht der Redewert!

挂钩 guàgōu ① Kupplung *f*; Ankuppeln *n* ② mit j-m Kontakt aufnehmen; Partnerschaft schließen

挂号 guàhào ① (beim Arzt usw.) sich anmelden ② eine Postsendung einschreiben lassen; Einschreiben *n*: ~信 Einschreibebrief *m*

挂面 guàmiàn (getrocknete) Fadennudeln *pl*

挂名 guàmíng nur dem Namen (*od* Titel) nach; nominell; Titular-

挂念 guàniàn sich Sorgen um j-n machen; an j-n denken

挂牌 guàpái eine Privatpraxis betreiben (als Arzt oder Rechtsanwalt)

挂失 guàshī etw. (als) verloren melden; den Verlust von etw. anzeigen; Verlustmeldung *f*

挂帅 guàshuài ① das Kommando führen ② an der Spitze stehen

挂毯 guàtǎn Wandteppich *m*

挂一漏万 guà yī lòu wàn vieles unberücksichtigt lassen; ganz unvollständig sein

卦 guà Wahrsagesymbole *pl*; Orakeldiagramme *pl*: 占~ Divination *f*; Zukunftsschau *f*; Weissagung *f*

guāi

乖 guāi ① brav; artig; manierlich: ~孩子 braves Kind ② klug; geschickt: 上回当,学回~。Durch Schaden wird man klug.

乖谬 guāimiù absurd; widersinnig

乖僻 guāipì exzentrisch; wunderlich; verschroben; schrullig

乖巧 guāiqiǎo aufgeweckt; gewitzt; schlau; gewandt

guǎi

拐 guǎi ① biegen *vi*; einbiegen *vi*: ~进一条胡同 in eine Gasse einbiegen 往左~! nach links abbiegen! ② hinken *vi*; humpeln *vi*: 一~一~地走 dahinhinken *vi*; entlang humpeln *vi* ③ Krücke *f*: 架着~走 an Krücken gehen ④ entführen *vt*; kidnappen *vt*

拐棍 guǎigùn Stock *m*; Wanderstab *m*; Krückstock *m*

拐角 guǎijiǎo Straßenecke *f*; Biegung *f*

拐骗 guǎipiàn ① j-n um etw. betrügen: ~钱财 j-n um sein Geld betrügen ② ein Kind oder eine Frau heimlich entführen

拐弯 guǎiwān ① um die Ecke biegen; eine Biegung machen ② umschwenken *vi*

拐弯抹角 guǎi wān mò jiǎo viele Umwege machen; Umschweife machen; darum herumreden

拐杖 guǎizhàng Wanderstab *m*

guài

怪 guài ① merkwürdig; seltsam; sonderbar; wunderlich: 奇谈~论 absurdes Gerede ② j-m die Schuld geben; j-m etw. vorwerfen: 不能~他们。Das liegt nicht an ihnen. ③ Dämon *m*; Monster *n*; finstere Kräfte

怪不得 guàibude es ist nicht zu verwundern, daß...; kein Wunder, daß...

怪诞 guàidàn wunderlich; unsinnig; haltlos: ~不经 absurd; widersinnig

怪话 guàihuà zynische Bemerkungen; üble Nachrede

怪模怪样 guài mú guài yàng seltsam aussehend; grotesk

怪僻 guàipì exzentrisch; absonderlich; verschroben; schrullig

怪物 guàiwu ① Ungeheuer *n*; Monstrum *n* ② Sonderling *m*; seltsamer Mensch; komischer Kauz

怪异 guàiyì ungewöhnlich; seltsam; unheimlich

guān

官 guān ① Beamte(r); Staatsangestellte(r); Offizier *m*: ~兵 Offiziere und Soldaten ② staatlich; öffentlich; offiziell: ~办 staatliches Unternehmen ③ Organ *n*: 感~ Sinnesorgane *pl*

官场 guānchǎng Beamtenkreise *pl*

官邸 guāndǐ Wohnsitz eines höheren Beamten; Residenz *f*

官方 guānfāng offiziell; amtlich:

～消息 Nachrichten aus offizieller Quelle

官吏 guānlì Regierungs-, Staatsbeamte *pl*

官僚 guānliáo Bürokrat *m*; hoher Beamter

官僚主义 guānliáozhǔyì Bürokratismus *m*: ～作风 bürokratischer Arbeitsstil

官能 guānnéng Organfunktionen *pl*; Sinn *m*: 视、听、嗅、味、触五种～ die fünf Sinne: Sehen, Hören, Riechen, Schmecken und Tasten

官腔 guānqiāng bürokratischer Ton; Beamtenjargon *m*: 打～ in amtlichem Ton sprechen

官司 guānsi 〈口〉 Prozeß *m*; Rechtsfall *m*; Rechtsstreit *m*: 和人打～ j-m einen Prozeß machen

官员 guānyuán Beamte(r): 外交～ Diplomat *m*; diplomatisches Personal

官衔 guānxián Amtstitel *m*; offizieller Titel

官职 guānzhí öffentliches Amt; Regierungsposten *m*

棺 guān Sarg *m*

棺材 guāncai Sarg *m*

倌 guān ① Viehhüter *m*; Hirt *m*: 猪～儿 Schweinehirt *m* 羊～ Schäfer *m*; Schafhirt *m* ② 堂～儿 Kellner *m*; Ober *m*

关(關) guān ① zumachen *vt*; schließen *vt*; verschließen *vt*: 请随手～门！Bitte, schließen Sie die Tür hinter sich! ② ausmachen *vt*; abstellen *vt*; abschalten *vt*: ～电灯 das Licht ausmachen ③ einschließen *vt*; einsperren *vt*: ～进监狱 j-n ins Gefängnis bringen ④ betreffen *vt*; angehen *vt*: 这不～他的事。Das geht ihn nichts an. 事～大局。Das berührt das große Ganze. ⑤ schließen *vt*; stillegen *vt*: 镇上～了好几家店铺。 In dem Städtchen sind mehrere Läden bankrott gegangen. ⑥ Paß *m* ⑦ Zollamt *n* ⑧ Engpaß *m*; eine Zeit der Bedrängnis: 技术难～ ein technischer Engpaß

关闭 guānbì ① schließen *vt*; zumachen *vt* ② (Betrieb, Geschäft usw.) einstellen *vt*; schließen *vt*; stillegen *vt*

关怀 guānhuái Anteilnahme zeigen; Anteil an etw. nehmen; etw. Aufmerksamkeit widmen

关键 guānjiàn Schlüssel *m*; Angelpunkt *m*: 问题的～ der Kern des Problems ～时刻 kritischer Moment

关节 guānjié Gelenk *n*: ～炎 Gelenkentzündung *f*; Arthritis *f*

关口 guānkǒu ① strategischer Paß; Engpaß *m* ② kritischer Zeitpunkt; entscheidender Augenblick

关联 guānlián zusammenhängen *vi*; miteinander verbunden sein; in Beziehung stehen

关门 guānmén ① schließen *vt*: 商店几点～？Wann wird das Geschäft geschlossen? ② die Tür zuschlagen (für Verhandlungen)

关切 guānqiè um etw. besorgt sein; Besorgnis *f*; Sorge für etw. tragen

关税 guānshuì Zoll *m*; Zolltarif *m*; Zollgebühren *pl*: 保护～ Schutzzoll *m* 特惠～ Vorzugs-, Präferenzzoll *m* ～壁垒 Zollschranken *pl*

关头 guāntóu Wendepunkt *m*; (entscheidender) Augenblick *m*: 紧要～ im kritischen Moment

关系 guānxi ①Beziehung *f*; Verhältnis *n*: 外交～ diplomatische Beziehungen ② Bedeutung *f*; Belang *m*: 这一点对今后工作～重大。Das ist von großer Bedeutung für die weitere Arbeit. ③ [泛指原因、条件，多与“由于”、“因为”连用]: 由于时间～，就谈到这里吧。Aus Zeitgründen möchte ich nun Schluß machen. ④ betreffen *vt*; angehen *vt*: 这与我们没有～。Das geht uns nichts an.

关心 guānxīn für j-n/etw. sorgen; sich um j-n/etw. kümmern; Interesse für etw. haben: ～某人的健康 sich um j-s Gesundheit sorgen 他对此事毫不～。 Er hat überhaupt kein Interesse dafür.

关押 guānyā einsperren *vt*; j-n in Haft nehmen

关于 guānyú 〈介〉 über; zu; bezüglich; in Bezug auf: ～保护森林的若干规定 Bestimmungen für den Forstschutz

关照 guānzhào ① für j-n/etw. sorgen; sich um j-n/etw. kümmern: 请～一下这些孩子。 Bitte kümmere dich um die Kinder! ② benachrichtigen *vt*; j-m etw. mündlich mitteilen: 你走的时候请～一声。Bitte lassen Sie es mich wissen, wenn Sie gehen wollen.

关注 guānzhù voller Interesse verfolgen; Aufmerksamkeit richten auf; Besorgtheit *f*: 我们对这个地区的事态发展十分～。Wir verfolgen äußerst aufmerksam die Entwicklung in diesem Gebiet.

鳏 guān verwitwet (als Mann); Witwer werden

鳏夫 guānfū Witwer *m*

冠 guān ① Kopfbedeckung *f*; Hut *m*: 衣～整齐 anständig gekleidet sein ② Krone *f*: 树～ Baumkrone *f* ③ Kamm *m*: 鸡～ Hahnenkamm *m* * 另见 guàn

冠冕堂皇 guān miǎn táng huáng hochtrabend; wohlklingend; scheinbar rechtschaffen

冠心病 guānxīnbìng Verkalkung der Kranzarterien; Koronarsklerose *f*

观(觀) guān ① schauen *vt*; sehen *vt*; beobachten *vt* ②Anblick *m*; Aussehen *n*: 奇～ herrlicher Anblick ③ Anschauung *f*; Ansicht *f*: 世界～ Weltanschauung *f*

观测 guāncè beobachten *vt*: ～气象 Wetterbeobachtungen vornehmen

观察 guānchá beobachten *vt*; betrachten *vt*; auf etw. aufpassen: 地形～ Geländeaufklärung *f* ～家 Beobachter *m* ～所 Beobachtungsstelle *f*

观点 guāndiǎn Gesichtspunkt *m*; Auffassung *f*

观感 guāngǎn Eindrücke von einer Reise oder Besichtigung

观光 guānguāng (Sehenswürdigkeiten usw.) besichtigen *vt*: ～团 Besichtigungsgruppe *f* ～者 Tourist *m*

观看 guānkàn sich etw. ansehen; betrachten *vt*; zuschauen *vi*: ～演出 sich eine Aufführung anschauen

观摩 guānmó gegenseitig die fachlichen Leistungen überprüfen und voneinander lernen

观念 guānniàn Idee *f*; Vorstellung *f*

观赏 guānshǎng etw. beobachten und bewundern; sich an einem Anblick erfreuen: ～植物 Zierpflanze *f*

观望 guānwàng sehen und abwarten: 采取～态度 eine abwartende Haltung einnehmen

观众 guānzhòng Zuschauer *m*; Publikum *n*; Besucher *m*

guǎn

管 guǎn ① Rohr *n*; Röhre *f*; Leitung *f*: 水～ Wasserleitung *f* 电子～ Elektronenröhre *f* 血～ Blutgefäß *n* ② Blasinstrument *n*: 单簧～ Klarinette *f* ③ 〈量〉［用于细长圆筒形的东西］: 一～牙膏 eine Tube Zahnpasta ④ verwalten *vt*; besorgen *vt*; für etw. zuständig sein: ～家务 den Haushalt führen 这件事谁～? Wer ist dafür zuständig? ⑤ sich um etw. kümmern; beaufsichtigen *vt*: 谁来～这些孩子呢? Wer sorgt inzwischen die Kinder? ⑥ eingreifen *vi*; sich einmischen: 他真～得宽。Er mischt sich in alles ein. 别～我! Bemühen Sie sich nicht um mich! ⑦ 〈介〉［专用于"管…叫…"］: 大家～这男孩子叫小淘气。Man nennt diesen Jungen „kleinen Bengel".

管保 guǎnbǎo ① garantieren *vt*; versichern *vt*: 我～不会再发生这样的事。Ich garantiere dir, daß so etwas nicht mehr vorkommt. ② gewiß; bestimmt; sicher: 他～不知道。Er weiß gewiß nicht.

管道 guǎndào Rohr *n*; Rohrleitung *f*

管教 guǎnjiao disziplinieren *vt*; j-n zur Ordnung anhalten

管理 guǎnlǐ verwalten *vt*; führen *vt*; leiten *vt*; die Aufsicht über etw. haben: 改革企业～ die Betriebsführung auf ein neues System umstellen

管事 guǎnshì ① für etw. verantwortlich (*od* zuständig) sein: 这里谁～? Wer ist hier verantwortlich? ② wirksam; von Nutzen sein: 这药很～儿。Diese Medizin hilft sehr.

管束 guǎnshù j-n in Zucht halten; j-m Einhalt gebieten: 严加～ j-n in strenge Zucht nehmen

管辖 guǎnxiá zuständig sein; verwalten *vt*: 在～范围之内 in der Zuständigkeit von ...

管乐器 guǎnyuèqì Blasinstrument *n*

管制 guǎnzhì kontrollieren *vt*; Kontrolle *f*: 军事～ militärische Kontrolle 外汇～ Devisenkontrolle *f*

管子 guǎnzi Rohr *n*; Röhre *f*

馆 guǎn ① Unterkunft für Gäste: 旅～ Hotel *n*; Gasthaus *n* 宾～ Gästehaus *n* ② Laden *m*; Geschäft *n*: 理发～ Friseursalon *m* 茶～ Teehaus *n* 饭～ Gaststätte *f* ③ Stätte für kulturelle Aktivitäten: 博物～ Museum *n* 展览～Ausstellungshalle *f* 美术～ Kunst-, Gemäldegalerie *f* 体育～ Sporthalle *f* 图书～ Bücherei *f*; Bibliothek *f*

馆子 guǎnzi Gaststätte *f*; Wirtshaus *n*: 下～ auswärts essen gehen

guàn

冠 guàn * 另见 guān

冠军 guànjūn Meister *m*; Beste(r)

灌 guàn ① bewässern *vt*; berieseln *vt*: 引水～田 Wasser zur Bewässerung der Felder durch Gräben leiten ② füllen *vt*; eingießen *vt*: 暖瓶都～满了。Die Thermosflaschen sind gefüllt worden. ～醉 j-n betrunken machen

灌溉 guàngài bewässern *vt*; berieseln *vt*; Bewässerung *f*; Irrigation *f*: ～面积 bewässerte Fläche ～渠 Bewässerungskanal *m*

灌木 guànmù Strauch *m*; Strauchgewächs *n*; Busch *m*

灌输 guànshū einflößen *vt*; eintrichtern *vt*; vermitteln *vt*

灌注 guànzhù eingießen *vt*; einfüllen *vt*; einschütten *vt*

罐 guàn Büchse *f*; Dose *f*; Topf *m*; Krug: 一～苹果酱 ein Glas Apfelmarmelade 水～ Wasserkrug *m*

罐头 guàntou Büchse *f*; Konservendose *f*; Konserve *f*: ～食品 konservierte Nahrungsmittel

鹳 guàn Storch *m*

盥 guàn 〈书〉 (sich Gesicht oder Hände) waschen

盥洗 guànxǐ sich Hände und Gesicht waschen: ～室 Waschraum *m*

贯 guàn ① durch etw. hindurch; sich durch etw. ziehen: 学～古今 sich sowohl in der Vergangenheit als auch in der Gegenwart auskennen ② miteinander verbunden; in ununterbrochener Reihe aufeinander folgen: 鱼～而入 hintereinander eintreten

贯彻 guànchè durchführen *vt*; durchsetzen *vt*; etw. in die Tat umsetzen; verwirklichen *vt*: ～党的路线 den Kurs der Partei durchführen

贯穿 guànchuān durchdringen *vt*; durch etw. laufen; sich durch etw. ziehen

贯通 guàntōng ① gründliche Kenntnisse in etw. haben; in etw. bewandert sein: 豁然～ j-m geht plötzlich ein Licht auf ② verbinden *vt*; verknüpfen *vt*: 这条铁路全线已经～。Alle Strecken dieser Eisenbahnlinie sind schon miteinander verbunden.

贯注 guànzhù (seine Aufmerksamkeit) auf etw. konzentrieren; in etw. vertieft sein: 全神～ ganz konzentriert

惯 guàn ① an etw. gewöhnt sein; sich an j-n/etw. gewöhnen: 他对这点～了。Er ist daran gewöhnt ② verwöhnen *vt*; verziehen *vt*; verhätscheln *vt*: 别把孩子～坏了! Verwöhne die Kinder nicht!

惯犯 guànfàn Gewohnheitsverbrecher *m*

惯技 guànjì übliche Taktik; alter Trick

惯例 guànlì Konvention *f*; Gepflogenheit *f*: 国际～ internationale Gepflogenheiten

惯性 guànxìng Beharrung *f*; Trägheit *f*

guāng

光 guāng ① Licht *n*; Strahl *m*: 日～ Sonnenlicht *n*; Sonnenstrahlen *pl* 爱克斯～ Röntgenstahlen *pl* ② Glanz *m*; Helle *f*: 红～满面 j-s Gesicht glänzt (vor Gesundheit usw.) 两眼无～ matte Augen ③ Ehre *f*; Ruhm *m*: 为祖国争～ für sein Vaterland Ruhm erwerben ④ Landschaft *f*: 春～明媚 herrliche Frühlingslandschaft ⑤ glatt; geschliffen; poliert ⑤ nichts übrig; alle; aufgebraucht: 墨水用～了。Die Tinte ist alle. ⑥ bar; nackt; bloß: ～着头 barhäuptig; ohne Kopfbedeckung

光彩 guāngcǎi ① Glanz *m*; Farbenpracht *f*: ～夺目 blendend; farbenprächtig ② ruhmreich; ehrenvoll: 扮演一个极不～的角色 eine äußerst schimpfliche Rolle spielen

光复 guāngfù zurückgewinnen *vt*; wiedererobern *vt*

光顾 guānggù mit einem Besuch

beehren

光怪陆离 guāng guài lù lí seltsam und bizarr aussehend; eigenartig und bunt; schillernd

光棍儿 guānggùnr Junggeselle *m*; Hagestolz *m*

光辉 guānghuī ① Glanz *m*; Licht *n*; Glorie *f*; Brillanz *f* ② glänzend; leuchtend; glorreich: ～的榜样 leuchtendes Beispiel

光滑 guānghuá glatt; geschliffen; glänzend

光洁 guāngjié blank und sauber

光景 guāngjǐng ① Szene *f*; Bild *n* ② Umstände *pl*; Lage *f* ③ etwa; ungefähr

光亮 guāngliàng hell; leuchtend; licht

光临 guānglín 〈敬〉 geschätzte Anwesenheit; Ehre Ihres Gesuchs: 敬请～。Sie werden herzlich um Ihre Anwesenheit gebeten.

光溜溜 guāngliūliū ① glatt; rutschig; glitschig: ～的地板 glatter Fußboden ② nackt; völlig entblößt; unbedeckt: 孩子们脱得～地在河里游泳。Die Kinder zogen ihre Kleider aus und badeten nackt im Fluß.

光芒 guāngmáng Lichtstrahlen *pl*; strahlender Glanz; Lichtschein *m*

光明 guāngmíng ① Licht *n*: 黑暗中的一线～ ein Lichtstreifen in der Dunkelheit ② licht; hell; erfolgversprechend: 前途是～的。Die Zukunft liegt in hellem Licht. ③ offen; aufrichtig; ehrlich: ～磊落 redlich und offenherzig

光荣 guāngróng Ehre *f*; Ruhm *m*: ～称号 ehrenvoller Titel ～传统 ruhmreiche Tradition

光润 guāngrùn glänzend; glatt

光头 guāngtóu barhaupt; barhäuptig; ohne Kopfbedeckung

光秃秃 guāngtūtū kahl; nackt

光线 guāngxiàn Licht *n*; Strahl *m*: ～不好 spärliches Licht

光耀 guāngyào ① blendendes Licht; Brillanz *f* ② glorreich; ruhmvoll; ehrenvoll;

光阴 guāngyīn Zeit *f*: ～似箭。Die Zeit vergeht (wie) im Flug.

光泽 guāngzé Glanz *m*; Schein *m*; Schimmer *m*

光照 guāngzhào Sonnenstrahlung *f*; Sonnenbestrahlung *f*

光宗耀祖 guāng zōng yào zǔ seinen Vorfahren Ehre machen

guǎng

广(廣) guǎng ① weit; breit; ausgedehnt; extensiv: 见多识～ viel Erfahrung und ein breitgefächertes Wissen besitzen ② zahlreich: 在大庭～众之中 vor einem großen Publikum ③ verbreiten *vt*: 以～流传 so daß es eine weite Verbreitung finden kann

广播 guǎngbō senden *vt*; ausstrahlen *vt*: 实况～ Direktübertragung *f* ～电台 Rundfunksender *m*; Radiostation *f* ～员 Ansager *m*; Rundfunksprecher *m*

广博 guǎngbó (Wissen oder Kenntnisse) umfangreich; umfassend

广场 guǎngchǎng öffentlicher Platz

广大 guǎngdà ① weit und breit; großräumig; ausgedehnt: 幅员～ ein ausgedehntes Territorium ② zahlreich; in großer Anzahl: ～群众 die breiten Volksmassen

广度 guǎngdù Breite *f*; Weite *f*; Umfang *m*

广泛 guǎngfàn umfangreich; umfassend; weit verbreitet; breit: ～的兴趣 vielseitiges Interesse ～征求意见 Meinungen von allen Seiten sammeln

广告 guǎnggào Anzeige *f*; Inserat *n*; Annonce *f*; Reklame *f*: 登～ inserieren *vi*; annoncieren *vi* ～栏 Inseratenteil *m* (in einer Zeitung) ～牌 Reklameplakat *n*

广阔 guǎngkuò breit; weit; ausgedehnt: ～的国土 ein ausgedehntes Land 交游～ einen weiten Bekanntenkreis haben

广漠 guǎngmào 〈书〉 Ausdehnung (*od* Länge und Breite) eines Landgebietes

广义 guǎngyì allgemeine Bedeutung; in der weiteren Bedeutung: ～地说 im weiteren Sinne

犷(獷) guǎng 〈书〉 grob; roh; flegelhaft: ～悍 barsch und wagemutig; grob und furchtlos

guàng

逛 guàng spazierengehen *vi*; bummeln *vi*; wandern *vi*; schlendern *vi*: ～大街 einen Straßenbummel machen

逛荡 guàngdang bummeln *vi*;

umherschlendern *vi*

guī

规 guī ①Regel *f*; Vorschrift *f*; Satzung *f*: 校～ Schulsatzung *f* ② ermahnen *vt*; raten *vi*: ～劝 ermahnen *vt*; Vorhaltungen machen ③ planen *vt*; Überlegungen anstellen: ～划 entwerfen *vt*; planen *vt*

规程 guīchéng Bestimmungen *pl*; Vorschriften *pl* Verordnungen *pl*; Satzung *f*: 操作～ Bedienungsvorschriften *pl*

规定 guīdìng bestimmen *vt*; festsetzen *vt*; vorsehen *vt*: 宪法～男女平等。Die Verfassung sieht vor, daß Frauen und Männer gleichberechtigt sind. ～的指标 festgesetzte Quote 在～的时间内 innerhalb einer vorgeschriebenen Frist

规范 guīfàn Norm *f*; Standard *m*; Regel *f*: 合乎～ dem Standard entsprechen

规格 guīgé Norm *f*; Standard *m*; Spezifikation *f*; Spezifizierung *f*: 统一的～ einheitlicher Standard 不合～ dem Standard nicht entsprechen; normwidrig

规划 guīhuà Planung *f*; Plan *m*; Entwurf *m*: 长远～ langfristiger Plan 生产～ Produktionsplan *m*

规矩 guīju ① Regel *f*; Gepflogenheit *f*; Brauch *m*: 这是我们这儿的～。Das ist bei uns so Brauch. ② anständig; solide; ordentlich: 放～点! Benehmen Sie sich anständig!

规律 guīlǜ Gesetz *n*; Gesetzmäßigkeit *f*; Regelmäßigkeit *f*: 客观～ objektives Gesetz

规模 guīmó Ausmaß *n*; Umfang *m*: ～宏大 in gewaltigem Umfang

规劝 guīquàn ermahnen *vt*; raten *vi*

规则 guīzé ① Regel *f*; Satzung *f*; Verordnung *f*; Vorschrift *f*: 交通～ Verkehrsvorschriften *pl* ② regulär; regelmäßig; gleichmäßig

规章 guīzhāng Regeln *pl*; Vorschriften *pl*; Bestimmungen *pl*; Verordnungen *pl*; Satzung *f*: 遵守～制度 Regeln und Vorschriften befolgen

闺 guī Frauengemach *n*; Boudoir *n*

闺房 guīfáng Frauengemach *n*; Boudoir *n*

闺女 guīnü ① Mädchen *n*; Mädel *n* ② 〈口〉 Tochter *f*

硅 guī Silizium *n* (Si)

鲑 guī Lachs *m*

归(歸) guī ① heimkehren *vi*; zurückkehren *vi*: ～期 Zeit der Rückkehr 无家可～ obdachlos sein ② zurückgeben *vt*; wiedergeben *vt*: 物～原主 etw. seinem ursprünglichen Besitzer zurückgeben ③ zusammenkommen *vi*; zusammenstellen *vt*: 把性质相同的问题～为一类 in dieselbe Kategorie gehörende Fragen zusammenstellen ④ j-m etw. überlassen; gehören *vi*: ～集体所有 dem Kollektiv gehören ⑤ [用在重叠动、名词之间,表示不相干或无结果]: 批评～批评,他就是不改。Trotz wiederholt vorgetragener Kritik änderte er sich einfach nicht.

归案 guī'àn (einen Verbrecher) vor Gericht stellen: 缉拿～ j-n verhaften und dem Gericht übergeben

归并 guībìng (sich) vereinigen; angliedern *vt*; zusammentun *vt*

归档 guīdàng etw. ins Archiv geben; archivieren *vt*

归根到底 guī gēn dào dǐ letzten Endes; im Grunde genommen; letztlich

归功 guīgōng verdanken *vt*; j-m Verdienst zusprechen: 我们的一切成就都应～于政策正确。Alle unsere Erfolge sind der Richtigkeit der Politik zu verdanken

归国 guīguó in sein Heimatland zurückkehren: ～华侨 heimgekehrter Auslandschinese

归还 guīhuán zurückgeben *vt*; wiedergeben *vt*: ～债务 Schulden zurückzahlen

归结 guījié zusammenfassen *vt*; zusammennehmen *vt*; resümieren *vt*: ～起来,原因有下列几点: ... Alles in allem sind folgende Gründe zu nennen: ...

归咎 guījiù j-m etw. zur Last legen; j-m die Schuld zuschieben: ～于人 die Schuld auf j-n schieben

归拢 guīlǒng zusammenbringen *vt*; zusammenlegen *vt*; zusammenstellen *vt*

归纳 guīnà zusammenfassen *vt*; Schluß ziehen; resümieren *vt*

归属 guīshǔ Zugehörigkeit *f*; zugehören *vi*

归顺 guīshùn sich j-s Herrschaft

unterwerfen; sich (j-m) unterordnen
归宿 guīsù Ende *n*; Ausgang *m*; Ruhestätte *f*
归途 guītú Heimweg *m*; Rückweg *m*
归向 guīxiàng sich auf j-s (gerechte) Seite schlagen; sich zu ... neigen: 人心～ Neigung der Volksmassen
归心似箭 guī xīn sì jiàn voller Ungeduld an die Heimkehr denken; begierig sein, nach Hause zurückzukehren
归于 guīyú ① gehören *vi*: ～另一范畴 in eine andere Kategorie gehören ② in ... enden; auf ... hinauslaufen: 经过讨论,大家的意见～一致。Nach einer Diskussion trafen sich alle mit ihren Ansichten.
归罪 guīzuì j-m die Schuld geben; die Schuld auf j-n schieben

瑰 guī 〈书〉 selten und kostbar; wunderbar
瑰宝 guībǎo seltene Kostbarkeit; Klonod *n*
瑰丽 guīlì unvergleichlich schön; wunderschön; herrlich: ～多彩 prächtig

龟(龜) guī Schildkröte *f*
龟缩 guīsuō Kopf und Füße wie eine Schildkröte einziehen; sich verkriechen; sich hinter etw. verschanzen
龟头 guītóu Eichel des männlichen Glieds

guǐ

庋 guǐ 〈书〉 ① Regal *n*; Gestell *n* ② verwahren *vt*; lagern *vt*: ～藏 aufbewahren *vt*
晷 guǐ ① 〈书〉 Sonnenschatten *m* ② Zeit *f*: 余～ verbleibende Zeit ③ Sonnenuhr *f*
鬼 guǐ ① Geist *m*; Gespenst *n*; Spuk *m* ② 〈骂〉 胆小～ Feigling *m* 懒～ Faulpelz *m* 酒～ Säuter *m*; Trunkenbold *m* 吸血～ *Blutsauger m*; Vampir *m* ③ hinterlistig; voll Arglist ④ dunkle Machenschaften; schmutzige Geschäfte: 心里有～ Hintergedanken haben ⑤ sehr schlecht; verdammt; miserabel: ～地方 verdammte Gegend ～天气 miserables Wetter; Sauwetter *n* ⑥ 〈口〉 gescheit; gerissn; schlau; pfiffig: 这家伙真～。Der Kerl ist wirklich raffiniert.
鬼把戏 guǐbǎxì finsteres Komplott; teuflisches Spiel; schmutziger Trick; Gaunerei *f*: 耍～ Kunstgriffe anwenden
鬼怪 guǐguài Geister und Ungeheuer; böse Geister; Dämon *m*
鬼鬼祟祟 guǐguǐsuìsuì heimlich; verstohlen; diebisch
鬼话 guǐhuà Lüge *f*; dummes Geschwätz; unglaubliche Geschichte
鬼魂 guǐhún Seele eines Verstorbenen; arme Seele; Geist *m*
鬼混 guǐhùn sich herumtreiben; ziellos in den Tag hineinleben
鬼脸 guǐliǎn Grimasse *f*; Fratze *f*: 做～ Grimassen machen; Gesichter schneiden
鬼神 guǐshén Dämonen und Götter; übernatürliche Mächte
鬼胎 guǐtāi böse Absicht; finstere Pläne; dunkle Machenschaften: 心怀～ böse Absichten hegen
鬼蜮 guǐyù böser Geist; Dämon *m*; Heimtücker *m*: ～伎俩 schmutzige und heimtückische Tricks

轨 guǐ ① Gleis *n*; Schiene *f*; Bahn *f*: 钢～ Stahlschiene *f* 出～ entgleisen *vi* ② Lauf *m* (der Dinge); Ordnung *f*; Regel *f*: 常～ ausgefahrene Gleise; gewohnte Bahn 走上正～ ins rechte Gleis kommen; den rechten Weg gehen 越～行为 Ausschweifung *f*; Übertretung *f*
轨道 guǐdào ① Gleis *n*; Geleise *n*; Schiene *f* ② Bahn *f*; Bahnkurve *f*: 卫星～ Bahn eines Satelliten ③ Bahn *f*; Weg *m*; Kurs *m*: 工作已走上～。Die Arbeit läuft schon in den richtigen Bahnen.

诡 guǐ ① tückisch; hinterhältig; betrügerisch ② 〈书〉 unheimlich; seltsam
诡辩 guǐbiàn Sophismus *m*; Sophisterei *f*; Wortklauberei *f*
诡称 guǐchēng fälschlich behaupten; vorgeben *vt*
诡计 guǐjì List *f*; Machenschaft *f*; Trick *m*: ～多端 voller Ränke stecken
诡谲 guǐjué 〈书〉 listig; verschmitzt; verschlagen
诡秘 guǐmì heimlich; Heimlichtuerei *f*
诡诈 guǐzhà hinterlistig; durchtrieben; verschlagen

guì

桂 guì ① chinesischer Zimt ② Lorbeerbaum *m* ③ Duftblüte *f*; Osmanthus *m*
桂冠 guìguān Lorbeerkranz *m*
桂花 guìhuā Duftblüte *f*; Osmanthus *m*

柜(櫃) guì Schrank *m*; Truhe *f*: 书～ Bücherschrank *m* 碗～ Geschirrschrank *m* 衣～ Kleiderschrank *m*
柜台 guìtái Ladentisch *m*; Theke *f*: 站～ hinter dem Ladentisch stehen

贵 guì ① von hohem Preis; teuer; kostspielig: 这本书不～。Das Buch ist nicht teuer. ② wertvoll; kostbar: 人～有自知之明。Es ist wertvoll, daß man sich richtig zuschätzen weiß. ③ 〈敬〉 Sie; Ihr: ～姓? Wie ist Ihr (geschätzter) Name? ～国 Ihr Land
贵宾 guìbīn Ehrengast *m*: ～席 Sitze für Ehrengäste
贵重 guìzhòng kostbar; edel; wertvoll: ～物品 Wertsachen *pl*
贵族 guìzú Adlige(r); Aristokrat *m*

跪 guì knien *vi*; niederknien *vi*; sich auf die Knie werfen
跪拜 guìbài kniefällg verehren; einen Kotau machen
跪倒 guìdǎo sich auf die Knie werfen; auf die Knie fallen

刽(劊) guì abschlagen *vt*; abhauen *vt*; köpfen *vt*
刽子手 guìzishǒu ① Henker *m*; Scharfrichter *m* ② Schlächter *m*; Massenmörder *m*

gǔn

滚 gǔn ① rollen *vi*; wälzen *vt*: 泪珠从她的颊上～下来。Tränen rollten ihr über die Wangen. 他痛得在地上翻～。Er wälzt sich vor Schmerzen auf dem Boden. ② sich davonscheren; sich trollen: ～出去! Hau schon ab! ③ 〈方〉 kochen *vi*; sieden *vi*: 水～了。Das Wasser kocht.
滚动 gǔndòng rollen *vi*; sich wälzen; wogen *vi*
滚瓜烂熟 gǔnguā lànshú etw. auswendig wissen; aus dem Kopf hersagen können
滚滚 gǔngǔn rollen *vi*; sich wälzen; wallen *vi*: 江水～东去。Der Strom wälzt sich nach Osten.
滚烫 gǔntàng siedend heiß; brühheiß
滚圆 gǔnyuán kugelrund
滚珠 gǔnzhū Kugel *f*: ～轴承 Kugellager *n*

gùn

棍 gùn ① Stange *f*; Stock *m*; Stab *m* ② Schuft *m*; Lump *m*; Halunke *m*: 恶～ Schurke *m* 赌～ Glücksspieler *m*
棍棒 gùnbàng Keule *f*; Prügelstock *m*
棍子 gùnzi Stange *f*; Stock *m*; Stab *m*

guō

郭 guō äußerer Wall einer Stadt

聒 guō geräuschvoll; lärmend: ～噪 von Lärm erfüllt; lärmend

锅(鍋) guō ① Kochtopf *m*: 炒菜～ Bratpfanne *f* ② Kessel *m*: 热水～炉 Wasserkessel *m*
锅巴 guōbā verkrusteter Reisbelag in einem Topf; Reiskruste *f*
锅炉 guōlú Kessel *m*

guó

国(國) guó ① Land *n*; Staat *m*; Nation *f*: 全～各地 überall im Land ～营 staatlich geleitet (*cd* verwaltet) 收归～有 verstaatlicht werden ② staatlich; national: ～旗 Nationalflagge *f* ～画 traditional chinesische Malerei
国宝 guóbǎo nationale Kunstschätze
国产 guóchǎn im eigenen Land hergestellt; in China hergestellt
国耻 guóchǐ nationale Schmach
国都 guódū Hauptstadt *f*
国度 guódù Land *n*; Staat *m*
国防 guófáng Landesverteidigung *f*; nationale Verteidigung
国歌 guógē Nationalhymne *f*
国徽 guóhuī Staatswappen *n*; Staatsemblem *n*
国会 guóhuì Parlament *n*; Kongreß *m* (USA)

国货 guóhuò 〈旧〉 chinesische Waren; einheimische Produkte
国籍 guójí Staatsangehörigkeit *f*: 双重～ doppelte Staatsangehörigkeit
国计民生 guó jì mín shēng nationale Ökonomie und Volkswohlfahrt
国际 guójì international; zwischenstaatlich; Welt-: ～地位 internationaler Status ～形势 internationale Lage; Weltlage *f* ～影响 Einfluß in der Welt
国际主义 guójì zhǔyì Internationalismus *m*
国家 guójiā Staat *m*; Land *n*; Nation *f*
国界 guójiè Staats-, Landesgrenze *f*
国境 guójìng Territorium *n*; Hoheitsgebiet *n*: ～线 Grenzlinie *f*
国君 guójūn Monarch *m*
国库 guókù Staatskasse *f*; Fiskus *m*; Staatsschatz *m*: ～券 Schatzanweisung *f*
国立 guólì staatlich (gegründet, finanziert oder geleitet): ～大学 nationale Universität
国民 guómín Staatsangehörige(r); Staatsbürger *m*; Volk *n*: ～生产总值 Bruttoproduktionswert *m* ～收入 Nationaleinkommen *n*
国民经济 guómín jīngjì Volkswirtschaft *f*; Nationalökonomie *f*: ～计划 Volkswirtschaftsplan *m*
国内 guónèi im Inneren des Landes; innerstaatlich; inländisch; einheimisch: ～战争 Bürgerkriege ～贸易 Binnenhandel *m* ～市场 Binnen-, Inlandsmarkt *m*
国旗 guóqí Nationalflagge *f*
国庆节 guóqìngjié National-, Staatsfeiertag *m*
国事 guóshì Staatsgeschäft *n*; Staatsangelegenheit *f*: ～访问 Staatsbesuch *m*
国体 guótǐ ① Staatsordnung *f*; Staatsform *f* ② Prestige eines Staates
国书 guóshū Beglaubigungsschreiben *n*: 递交～ das Beglaubigungsschreiben überreichen
国土 guótǔ Staats-, Hoheitsgebiet *n*; Territorium *n*: 神圣～ geheiligter Boden des Vaterlandes
国外 guówài ausländisch; im Ausland; auswärtig: ～市场 Auslandsmarkt *m* 去～ ins Ausland gehen
国王 guówáng König *m*
国务院 guówùyuàn (中国) Staatsrat *m*; (美国) *State Department*
国宴 guóyàn Staatsbankett *n*
国药 guóyào traditionelle chinesische Arznei
国营 guóyíng (Wirtschaftsunternehmen, Betrieb) staatseigen; staatlich; volkseigen: ～经济 staatlicher Sektor der Wirtschaft ～农场 staatlich betriebenes Gut ～企业 Staatsbetrieb *m*; volkseigener Betrieb
国有 guóyǒu staatseigen; staatlich: 收归～ etw. in Staatseigentum überführen; verstaatlichen *vt* ～化 verstaatlichen *vt*
国葬 guózàng Staatsbegräbnis *n*
国债 guózhài Staatsanleihe *f*; Staatsschulden *pl*

guǒ

果 guǒ ① Frucht *f*; Obst *n*; Beere *f*: 开花结～ blühen und Früchte tragen ② Ergebnis *n*; Folge *f*: 前因后～ Ursache und Wirkung ③ entschieden; entschlossen ④ wie zu erwarten; und tatsächlich: ～不出所料 ganz wie zu erwarten; erwartungsgemäß
果断 guǒduàn entschieden; entschlossen; beherzt: ～地作出决定 resolut eine Entscheidung treffen
果脯 guǒfǔ kandierte Früchte
果敢 guǒgǎn kühn und entschlossen; beherzt; mutig
果酱 guǒjiàng Marmelade *f*
果木 guǒmù Obstbaum *m*
果品 guǒpǐn Obst und Früchte: 干鲜～ getrocknete Früchte und frisches Obst
果实 guǒshí ① Frucht *f*: ～累累 schwer von den Bäumen herunterhängende Früchte ② Ergebnis *n*; Ertrag *m*; Früchte *pl*
果树 guǒshù Obstbaum *m*
果园 guǒyuán Obstgarten *m*
果真 guǒzhēn 〈副〉 wirklich; tatsächlich; in Wirklichkeit
果汁 guǒzhī Frucht-, Obstssaft *m*; Juice *m*
果子 guǒzi (eßbare) Frucht *f*: ～露 Fruchtsirup *m* ～酱 Marmelade *f*
裹 guǒ einwickeln *vt*; einhüllen *vt*; verbinden *vt*; umwickeln *vt*: 把小孩用毛巾被～起来 das Kind in ein Frottiertuch hüllen
裹足不前 guǒ zú bù qián auf der Stelle treten; zögern, nach

vorne zu gehen; stehenbleiben *vi*

guò

过(過) guò ① hinübergehen *vi*; überschreiten *vt*; überqueren *vt*: ～马路 auf die andere Straßenseite gehen; die Straße überqueren ～河 zum anderen Ufer übersetzen ② verbringen *vt*; verleben *vt*: 你在哪里～的假期? Wo hast du deine Ferien verlebt? 他跟父母～。Er lebt bei seinen Eltern. ③ vergehen *vi*; dahingehen *vi*: 光阴～得真快。Die Zeit vergeht schnell. ④ nach; später: ～了好几个月他才回来。Erst einige Monate später kehrte er zurück. 我～十分钟就来。Ich komme in zehn Minuten wieder. ⑤ über etw. hinausgehen; übertreffen *vt*; überschreiten *vt*: 亩产～千斤。Der Pro-*Mu*-Ertrag liegt über 1 000 *Jin*. 雪深～膝。Der Schnee reicht bis übers Knie. ⑥ mehr als genug; übermäßig; zu (sehr, viel): 雨水～多 übermäßiger Regenfall 劳累～度 übermäßige Anstrengungen ⑦ Fehler *m*; Vergehen *n*; Fehltritt *m*: 记～ j-s Fehler vermerken 悔～自新 Reue und Wille zur Besserung; auf den rechten Weg zurückkehren ⑧ [用在动词后，跟"得"或"不"连用，表示胜过或通过]: 论勤奋谁也比不～他。An Fleiß übertrifft ihn keiner. 我们完全信得～他。Auf ihn können wir uns ganz verlassen.

过(過) guo ① [用在动词后，表示完毕]: 我吃～午饭就去。Ich gehe gleich nach dem Mittagessen. 桃花都已经开～了。Die (Zeit der) Pfirsichblüte ist bereits vorbei. ② [用在动词后面，表示行为曾经发生，但并未继续到现在]: 您去～瑞士吗? Waren Sie schon einmal in der Schweiz?

过磅 guòbàng (mit einer Zeigerwaage) wiegen *vt*

过不去 guòbuqù ① nicht durchgehen können; unpassierbar; nicht überschreitbar: 前面正在修路，～。Die Straße vorne wird gerade repariert, hier ist kein Durchkommen. ② j-m Schwierigkeiten bereiten; j-m Hindernisse in den Weg legen: 你不要总跟我～! Komme mir nicht immer so ins Gehege! ③ j-m unangenehm sein; peinlich sein; unbehaglich: 费了你这么多时间，我心里真～。Es tut mir sehr leid, Ihre Zeit so sehr in Anspruch genommen zu haben.

过场 guòchǎng ① Zwischenspiel *n*; kurzer Auftritt ② [多用于]: 走～ etw. nur zum Schein tun; etw. oberflächlich und flüchtig erledigen

过程 guòchéng Prozeß *m*; Verlauf *m*

过错 guòcuò Fehler *m*; Irrtum *m*; Schuld *f*

过道 guòdào Durchgang *m*; Korridor *m*; Hausflur *m*

过得去 guòdeqù ① durchgehen können; überschreitbar. ② leidlich; erträglich; es geht: 他身体还～。Es geht ihm leidlich. ③ sich zufriedengeben; sich beruhigen: 我心里怎么～呢? Wie kann ich beruhigt sein?

过度 guòdù zu sehr; übermäßig; übertrieben: ～疲劳 überanstrengt sein ～谦虚 übertriebene Bescheidenheit

过渡 guòdu übergehen *vi*; Übergang *m*

过分 guòfèn zu sehr; übermäßig; übertrieben: ～强调 zu sehr betonen; überbetonen *vt* 这做得太～了。Das geht zu weit.

过关 guòguān ① eine Sperre passieren; eine Prüfung (*od* Probe) bestehen: 企图蒙混～ durch Vorspiegelung falscher Tatsachen davonzukommen versuchen ② einen Standard (*od* eine Norm) erreichen: 这项新产品的质量已经～。Dieses neue Produkt hat in seiner Qualität den Standard erreicht.

过河拆桥 guò hé chāi qiáo seine Wohltäter vergessen, wenn man ihre Hilfe nicht mehr braucht

过后 guòhòu nachher; später

过户 guòhù Eigentumsübertragung *f*

过活 guòhuó leben *vi*; sein Dasein fristen

过火 guòhuǒ zu weit gehen; übers Ziel hinausschießen: 这个玩笑开得有点太～了。Dieser Scherz ging ein bißchen zu weit.

过激 guòjī übersteigert; zu scharf; extrem; radikal: ～的言论 radikale Meinungsäußerungen

过继 guòjì den Sohn eines nahen Verwandten adoptieren

过奖 guòjiǎng 〈谦〉 übertrieben

loben; zu schmeichelhaft: 您～了。Sie sind sehr schmeichelhaft.

过节 guòjié ein Fest feiern; einen Feiertag begehen

过境 guòjìng Gebietstelle eines Landes durchqueren; Transit *m*: ～签证 Transitvisum *n*

过来 guòlái [用在动词后，多跟"得"或"不"连用，表示时间、能力、数量充分或不足]: 你一个人忙得～吗? Schaffst du es allein?

过来 guòlai ① herüberkommen *vi*: 快～! Komm hierher, schnell! ② [用在动词后，表示来到自己所在的地方]: 孩子们朝参观的外宾跑～。Die Kinder liefen zu den ausländischen Besuchern herüber. ③ [用在动词后，表示使正面对着自己]: 把大衣翻～晒晒 den Mantel wenden und in die Sonne hängen ④ [用在动词后，表示回到原来的、正常的状态]: 从昏迷中醒～ aus der Ohnmacht aufwachen

过量 guòliàng übermäßig: 饮食～ übermäßiges Essen und Trinken

过路 guòlù vorbeigehen *vi*; vorübergehen; durchreisen

过虑 guòlǜ sich zu viel Gedanken machen; überängstlich

过滤 guòlǜ filtern *vt*; filtrieren *vt*; Filtration *f*; Filtrierung *f*

过敏 guòmǐn Allergie *f*; Überempfindlichkeit *f*: ～性反应 allergische Reaktion

过目 guòmù etw. prüfend nachlesen; durchsehen *vt*; Durchsicht *f*: 名单已经排好，请您～。Bitte sehen Sie die bereits aufgestellten Listen durch!

过年 guònián (新年) Neujahr feiern; (春节) das Frühlingsfest begehen

过期 guòqī Termin überschreiten; überfällig sein: 你借的书早已～了。Das von dir entliehene Buch ist schon längst überfällig. ～作废 ungültig nach Ablauf eines bestimmten Datums

过谦 guòqiān zu bescheiden: 他～了。Er ist viel zu bescheiden.

过去 guòqù (in der) Vergangenheit; früher: 他现在比～胖多了。Er ist jetzt viel dicker als früher. ～的事不必提了。Vorbei ist vorbei.

过去 guòqu hinübergehen *vi*; vorbeigehen *vi*: 我～看看。Ich gehe hinüber und schaue mich mal um.

过去 guòqu ① [用在动词后，表示离开或经过自己所在的地方]: 孩子朝妈妈跑～。Das Kind lief auf die Mutter zu. ② [用在动词后，表示使反面对着自己]: 先别把这一页翻～。Blättere vorläufig noch nicht um. ③ [用在动词后，表示失去原来的、正常的状态]: 病人晕～了。Der Patient ist in Ohnmacht gefallen. ④ [用在动词后，表示通过]: 他休想骗～。Es wird ihm nie gelingen, uns darüber hinwegzutäuschen.

过日子 guò rìzi leben *vi*; haushalten *vi*: 勤俭～ sparsam leben

过甚 guòshèn übertreiben *vt*; aufbauschen *vt*: ～其词 einen Sachverhalt übertrieben darstellen

过剩 guòshèng Überschuß *m*; Mehr *n*; überschüssig: 生产～ Überproduktion *f*

过失 guòshī ① Fehler *m*; Nachlässigkeit *f*; ② Verfehlung *f*; nicht vorsätzliches Vergehen

过时 guòshí unmodern; altmodisch; veraltet; überholt: ～设备 überholte (*od* veraltete) Einrichtung ～的观念 überlebte Vorstellung

过堂风 guòtángfēng Zugluft *f*; Luftzug *m*

过头 guòtóu über die Grenze hinausgehen; zu viel (des Guten) tun: 菜煮～了。Die Speisen sind zu lange gekocht. 聪明～ ein bißchen zu klug

过问 guòwèn sich um etw. kümmern; sich (teilnahmsvoll) nach etw. erkundigen; für etw. Sorge tragen: 亲自～ sich selbst um etw. kümmern

过夜 guòyè die Nacht verbringen; übernachten *vi*

过意不去 guòyì bùqù sich schuldig fühlen; j-m ist etw. unangenehm: 这事给您添了不少麻烦，真～。Es tut mir wirklich sehr leid, Ihnen so viel Mühe gemacht zu haben.

过瘾 guòyǐn von großer Wonne erfüllt sein; sich nach Herzenslust freuen; eine Begierde befriedigen; ein wohliges Gefühl in sich verspüren: 这段唱腔听起来很～。Es ist ein Genuß, diese Arie zu hören.

过硬 guòyìng etw. perfekt beherrschen; einer Sache in jeder Beziehung gewachsen sein

过于 guòyú <副> zu sehr; allzu; übermäßig: ～劳累 überanstrengt sein

H h

hā

哈 hā ① hauchen *vi*; ausatmen *vi/vt* ② [形容笑声,大多叠用]: ～～大笑 laut lachen; aus vollem Halse lachen; lauthals loslachen ③ [表示得意或满意,大多叠用]: ～～，我猜着了。 Aha, ich habe also richtig geraten. ～～，你们已经在这里了！ Ha, da seid ihr ja schon!

哈欠 hāqian Gähnen *n*: 打～ gähnen *vi*

哈腰 hāyāo ① den Rücken krümmen; einen krummen Rükken machen; sich bücken; bukkeln *vi* ② sich verbeugen; sich verneigen: 点头～ sich unterwürfig beugen; einen Kratzfuß machen; katzbuckeln *vi*

há

蛤 há ＊另见 gé

蛤蟆 háma ① Frosch *m* ② Kröte *f*

hāi

嗨 hāi

嗨哟 hāiyō <叹> [多用于集体做重体力劳动时]: holt aus; hau ruck

咳 hāi <叹> [表示伤感、后悔或惊异]: ～，我怎么这样糊涂！ Verdammt, wie konnte ich nur so dumm sein! ＊另见 ké

hái

骸 hái ① Skelett *n*; Knochengerüst *n*; Gerippe *n* ② Körper *m*; Leib *m*: 形～ menschlicher Körper 遗～ Leiche *f*; Leichnam *m*; sterbliche Überreste 残～ Gerippe *n*; Wrack *n*

骸骨 háigǔ Skelett *n*; Knochengerüst *n* Gerippe *n*

孩 hái Kind *n*: 小女～儿 kleines Mädchen

孩子 háizi ① Kind *n*: 男～ Junge *m*; Knabe *m* 女～ Mädchen *n*; Mädel *n* ② Sohn oder Tochter; Kind *n*: 她有两个～。 Sie hat zwei Kinder.

孩子气 háiziqì kindlich; Kindlichkeit *f*; kindisch: 别耍～！ Benimm dich nicht so kindisch!

还(還) hái ① noch; nach wie vor: 他～住在北京。 Er wohnt noch in Beijing. 他～在这家公司工作。 Er arbeitet nach wie vor in dieser Firma. ② noch mehr: 他比你～要高(好)。 Er ist noch größer (besser) als du. ③ (sowohl...) als auch ...; (nicht nur...,) sondern auch ...; außerdem noch: 我们不但参观了工厂，～参观了学校。 Wir besichtigten sowohl Fabriken als auch Schulen. ④ leidlich; passabel; nicht sonderlich gut, aber auch nicht gerade schlecht: 屋子收拾得倒～干净。 Das Zimmer ist leidlich sauber gemacht worden. ⑤ selbst; sogar: 他连吃饭的钱～没有,更谈不上买一辆汽车。 Er hat nicht einmal Geld zum Leben, geschweige (denn) für ein Auto. 你～搬不动，何况我呢？ Wenn du es schon nicht wegrükken kannst, wie sollte ich es denn können? ⑥ [用以加强语气]: 那～用说！ Das ist doch selbstverständlich! ⑦[表示居然]: 他～真有办法。 Er ist in der Tat sehr gewieft (*od* raffiniert). ＊另见 huán

还好 háihǎo ① leidlich; passabel; nicht schlecht: 您今天感觉怎样？ —— ～。 Wie fühlen Sie sich heute? — Danke, leidlich! ② glücklicherweise: 发生事故时～没有人受伤。 glücklicherweise wurde bei dem Unfall niemand verletzt.

还是 háishi ① nichtsdestoweniger; gleichwohl; trotzdem: 尽管大雨倾盆，我们～准时出发了。 Obwohl es in Strömen regnete, brachen wir pünktlich auf. ② es wäre besser; lieber: 天冷了，你～多穿点儿吧。 Es wird kalt, du ziehst dich am besten etwas wärmer an. ③ oder: 你去，～他去？ Gehst du, oder geht er? ④ [表示居然]: 我没想到这事儿～真

难办。Ich hätte mir nicht vorgestellt, daß es so schwierig sein würde.

hǎi

海 hǎi ① Meer *n*; See *f* ② großer See ③ unübersehbare Menge (von Personen oder gleihartigen Dingen): 人～ ein Meer von Menschen; unübersehbare Menschenmenge 林～ riesiger Waldstrich ④ sehr groß

海岸 hǎi'àn Küste *f*; Meeresufer *n*: ～线 Küstenlinie *f*

海拔 hǎibá Höhenlage über dem Meeresspiegel; Meereshöhe *f*: ～四千米 4000 Meter über dem Meersesspiegel

海报 hǎibào Ankündigung *f* (einer kulturellen Veranstaltung); Plakat *n*; Poster *n*

海滨 hǎibīn Meeresufer *n*; Meeresstrand *m*; Meeresküste *f*; Küstenstrich *m*: ～浴场 Seebad *n*

海产 hǎichǎn Meeresprodukte *pl*

海盗 hǎidào Seeräuber *m*; Freibeuter *m*; Pirat *m*: ～船 Seeräuber-, Piratenschiff *n* ～行为 Piraterie *f*; Piratentum *n*; Seeräuberei *f*

海底 hǎidǐ Meeresboden *m*; Meeresgrund *m*; unterseeisch: ～捞月 den Mond aus dem Meer herausfischen wollen — Unerreichbares anstreben; etw. umsonst versuchen; nach dem Mond (*od* den Sternen) greifen ～捞针 eine Nadel im Meer finden wollen; eine Stecknadel in einem Heuschober (*od* Heuhaufen) suchen ～油田 Ölfeld auf dem Meeresboden ～资源 Tiefseeressourcen *pl* ～电缆 Unterseekabel *f*

海港 hǎigǎng Seehafen *m*: ～设备 Hafeneinrichtungen *pl*; Hafenanlagen *pl*

海关 hǎiguān Zoll *m*; Zollamt *n*: ～人员 Zollbeamte(r) ～手续 Zollformalitäten *pl*

海疆 hǎijiāng Küstengebiete und Hoheitsgewässer

海角 hǎijiǎo Kap *n*; Vorgebirge *n*: 天涯～ die entferntesten (*od* entlegensten) Winkel der Erde; am End der Welt

海军 hǎijūn Marine *f*; Kriegsflotte *f*: ～基地 Flottenbasis *f*

海口 hǎikǒu ① Seehafen *m* ② [多用于]: 夸～ den Mund voll nehmen; große Reden schwingen; eine große Klappe haben; die große Klappe schwingen; die Klappe aufreißen; Prahlerei *f*

海枯石烂 hǎi kū shí làn wenn auch die Meere vertrocknet und die Felsen verwittert sind; bis in alle Ewigkeit: ～心不变。Noch wenn die Meere vertrocknet und die Felsen verwittert sind, bleiben wir uns treu.

海阔天空 hǎi kuò tiān kōng unendliches Meer und grenzenloser Himmel — sich langatmig über etw. auslassen; unermeßlich weit und grenzenlos: ～地聊个没完 endlos daherschwätzen

海量 hǎiliàng ①großzügig; großmütig; hochherzig ② ungewöhnlich trinkfest

海轮 hǎilún Überseedampfer *m*; Ozeandampfer *m*; hochseetüchtiges Schiff

海绵 hǎimián ① Schwamm *m* ② Schaumgummi *n*

海内 hǎinèi innerhalb der vier Meere; überall im Lande; Inland *m*; inländisch

海鸥 hǎi'ōu Möwe *f*; Sturmmöwe *f*

海市蜃楼 hǎi shì shèn lóu Fata Morgana *f*; Luftspiegelung *f*; Trugbild *n*

海誓山盟 hǎi shì shān méng Schwüre so hoch wie die Berge und Gelübde so tief wie das Meer ablegen; einander ewige Liebe schwören; ewige Treue geloben

海滩 hǎitān Meeresstrand *m*; Strand *m*

海外 hǎiwài ausländisch; überseeisch; in Übersee; im Ausland; Übersee-; Auslands-: ～华侨 Auslandschinesen in Übersee

海湾 hǎiwān Golf *m*; Bucht *f*; Meerbusen *m*

海味 hǎiwèi Seedelikatessen *pl*; Leckerbissen aus dem Meer; Meeresfrüchte *pl*

海峡 hǎixiá Meerenge *f*; Meeresstraße *f*; Kanal *m*: 台湾～ Taiwan-Straße *f*

海啸 hǎixiào Tsunami *m*; seismische Woge; Flutwelle *f*

海洋 hǎiyáng Seen und Meere; Ozean *m*; Weltmeer *n*: ～性气候 ozeanisches Klima; Seeklima *n* ～资源 Meeresressourcen *pl*

海域 hǎiyù Seegebiet *n*; Meeresbezirk *m*

海员 hǎiyuán Matrose *m*; Seemann *m*: ～俱乐部 Seemannsklub *m*; Seemannsheinm *n*

海运 hǎiyùn Seeschiffahrt *f*; Seetransport *m*; Seeverkehr *m*

hài

害 hài ① Übel *n*; Unheil *n*; Katastrophe *f*; Schaden *m*: 灾～ Katastrophe *f*; Unglück *n*; Schicksalsschlag *m* ～多利少 mehr Nachteile als Vorteile ② schädlich; nachteilig; verderblich: ～鸟 schädlicher Vogel ③ schädigen *vt*; j-n in eine mißliche Situation bringen: ～人不浅 j-m großen Schaden zufügen ④ ermorden *vt*; umbringen *vt*: 遇～ einem Mordanschlag zum Opfer fallen; ermordet werden ⑤ erkranken *vi*; an (einer Krankheit) leiden; sich eine Krankheit zuziehen: ～了一场大病 von einer schweren Krankheit heimgesucht werden ⑥ sich (beschämt, bange) fühlen: ～羞 sich schämen; beschämt sein

害处 hàichu Schaden *m*; Nachteil *m*: 这可能给你带来～。Das kann dir Nachteile bringen.

害怕 hàipà fürchten *vt*; Angst haben: 没什么可～的。 Es gibt nichts zu fürchten.

害群之马 hài qún zhī mǎ ein Pferd, das der Herde Schaden bringt; ein Mensch, der der Gemeinschaft schadet; ein räudiges Schaf

害臊 hàisào <口> beschämt sein; sich schämen

害羞 hàixiū sich schämen; sich genieren; schüchtern; verschämt: 她见了生人～。 Sie geniert sich vor fremden Leuten.

骇 hài erschrecken *vt*; j-n in Schrecken versetzen; erschreckt; schrecklich

骇人听闻 hài rén tīngwén haarsträubend; schreckenerregend; grauenhaft; entsetzlich; erschreckend

骇异 hàiyì bestürzt; erstaunt; schockiert

hān

鼾 hān Schnarchen *n*: ～声 Schnarchen *n*; Schnarchgeräusch *n*

憨 hān ① einfältig; närrisch; albern: ～痴 töricht; dämlich ② arglos; treuherzig; naiv; kindlich

憨厚 hānhòu schlicht und ehrlich; bieder und rechtschaffen

憨直 hānzhí bieder; ehrlich und offenherzig

酣 hān nach Herzenslust (trinken usw.): ～饮 nach Herzenslust trinken; Trinkgelage *n* ～歌 aus voller Kehle (*od* aus vollem Hals) singen

酣畅 hānchàng überschwenglich; ausgelassen; hoch hergehend (bei einem Trinkgelage); ruhig und fest (Schlaf)

酣睡 hānshuì tiefer (*od* fester) Schlaf; fest schlafen

hán

寒 hán ① kalt; frostig; Kälte: 天～地冻。Es herrscht eine eisige Kälte. 或 Es friert Stein und Bein. 受了一点～ leicht erkältet sein ② Angst haben: 胆～ vor Furcht zittern ③ arm; armselig; bedürftig: 贫～ in armseligen Verhältnissen

寒潮 háncháo kalter Luftstrom; Kältewelle *f*; Kaltlufteinbruch *m*

寒带 hándài kalte Zone

寒噤 hánjìn kalter Schauder; Frösteln *n*: 他打了个～。 Ihn schauderte. 或 Ihn packte ein kalter Schauder.

寒冷 hánlěng kalt; frostig; eisig; eiskalt

寒流 hánliú kalte Strömung; kalter Luftstrom

寒暑表 hánshǔbiǎo Thermometer *n*

寒微 hánwēi <书> von niedriger Abstammung: 出身～ von armer und niedriger Herkunft sein

寒心 hánxīn ① bitterlich enttäuscht sein; in der Seele schmerzen (*od* weh tun) ② schaudererregend

寒暄 hánxuān Höflichkeitsfloskeln, Grüße, Komplimente u.ä. austauschen; (sich) begrüßen

含 hán ① (im Mund) halten; etw. im Mund haben; lutschen(an): ～一口水 einen Schluck Wasser lutschen (*od* im Mund haben) ② enthalten *vt*: ～泪 mit Tränen in den Augen; mit tränenfeuchtem Blick ③ hegen *vt*; zurückhalten *vt*: ～恨 Haß hegen ～怒 mit verhaltenem (*od* unterdrücktem) Zorn; seinen Zorn zurückhalten

含苞 hánbāo <书> noch nicht aufgegangene Blüte; Knospe *f*: ～待放 aufgehende (*od* sich öffnende) Knospe; knospend; in der Knospe stehen; noch nicht aufgeblüht sein

含垢忍辱 hán gòu rěn rǔ Schmach und Schande erdulden; Schimpf und Schande über sich ergehen lassen; Demütigungen (*od* Beleidigungen) ertragen

含糊 hánhu ① zweideutig; unklar; doppelsinnig; undeutlich; verschwommen; vage; unbestimmt: ～不清 unklar und zweideutig; verschwommen; verworren ～其词 absichtlich etw. undeutlich formulieren; sich mit Absicht unklar ausdrücken ② flüchtig; nachlässig; obenhin; oberflächlich; leichtfertig; unachtsam: 这事一点儿也不能～。Diese Angelegenheit duldet nicht die geringste Nachlässigkeit.

含混 hánhùn undeutlich; unklar; verschwommen: 他言词～，令人费解。Er drückt sich so unklar aus, daß man ihn kaum versteht.

含沙射影 hán shā shè yǐng verleumderische Anspielungen; versteckte Angriffe; auf j-n anspielen; j-n durch versteckte Anspielungen anschwärzen; etw. ist auf j-n gemünzt

含笑 hánxiào mit einem Lächeln: ～点头 j-m lächelnd zunicken

含辛茹苦 hán xīn rú kǔ die Bitternis (des Lebens) kosten; Mühsal ertragen müssen; bittere Not leiden

含蓄 hánxù ① enthalten *vt* ② mitenthalten: ～的批评 unausgesprochene Kritik ③ zurückhaltend; versteckt

含义 hányì Sinn *m*; Bedeutungsgehalt *m*; Bedeutung *f*: 这句话～深刻。Diese Bemerkung hat einen tieferen Sinn.

含冤 hányuān Unrecht erleiden; über erlittenes Unrecht grollen; ungerecht behandelt werden

函 hán Brief *m*: 公～ amtliches Schreiben 复～ Antwortschreiben *n*

函购 hángòu etw. brieflich bestellen; Bestellung (von Waren) durch die Post: ～部 Postversandgeschäft *n*; Postversandstelle *f*

函件 hánjiàn Briefe *pl*; Schreiben *n*; Korrespondenz *f*

函授 hánshòu einen Fern(unterrichts)kurs abhalten; Fernstudium *n*: ～学校 Schule für Fernunterricht; Fernlehrinstitut *n*

涵 hán ① enthalten *vt* ② Durchlaß *m*; überwölbter Abflußkanal: 桥～ Brücken und Durchlässe

涵洞 hándòng Durchlaß *m*; Durchflußkanal *m* (unter Eisenbahnen, Autobahnen usw.)

涵养 hányǎng Selbstbeherrschung *f*; Selbstkontrolle *f*: 有～ Kontenance wahren

hǎn

罕 hǎn selten; rar: ～见 selten; seltsam; kaum vorkommend; selten zu sehen sein; rar ～闻 selten zu hören sein 人迹～至 selten betreten

喊 hǎn ① rufen *vt/vi*; schreien *vi*: ～口号 Losungen rufen; in Parolenrufe ausbrechen ～救命 um Hilfe rufen ② j-n rufen: 请～他一声！bitte, rufen Sie ihn!

喊叫 hǎnjiào laut rufen; aufschreien *vi*

hàn

汗 hàn Schweiß *m*: 出～ schwitzen *vi*; in Schweiß kommen ～流浃背 der Schweiß läuft j-m in Strömen über den Rücken; der Schweiß rinnt j-m den Rücken hinunter; in Schweiß gebadet; von Schweiß durchnäßt

汗马功劳 hàn mǎ gōngláo ① auf dem Rücken eines Streitrosses erworbene Verdienste — Kriegsverdienste ② bedeutsamer Beitrag; Verdienst *n*

汗毛 hànmáo feines Härchen auf dem menschlichen Körper; Körperhärchen *n*

汗衫 hànshān Unterhemd *n*; Trikotunterhemd *n*; Sporthemd *n*; T-Shirt *n*

汗颜 hànyán <书> vor Scham schwitzen; verschämt; beschämt; schamrot werden

旱 hàn ① Trockenheit *f*; Dürre *f*: 抗～ Kampf gegen Dürre 久～的禾苗逢甘雨。Ein erquikkender Regen fällt auf die ausgetrockneten Reissämlinge. ② trocken: ～稻 Trockenreis *m* ③ Land-: ～路 auf dem Landweg; zu Lande

旱季 hànjì Trockenperiode *f*; Trockenzeit *f*

旱情 hànqíng Dürre *f*; das Ausmaß der Trockenheit

旱灾 hànzāi Dürre *f*; Trockenheit *f*; Dürreschaden *m*

悍 hàn ① tapfer; unerschrocken: 一员～将 ein tapferer Krieger ② wild; grausam: 凶～ wild und brutal; berserkerhaft

悍然 hànrán rücksichtslos; skrupellos; brüsk: ～入侵 rücksichtslos (in ein Land) einfallen

焊 hàn löten *vt*; schweißen *vt*: 气～ Gasschweißen *n*; autogenes Schweißen

焊接 hànjiē schweißen *vt*; löten *vt*; zusammenschweißen *vt*; verlöten *vt*; anlöten *vt*

捍 hàn verteidigen *vt*; schützen *vt*; bewahren *vt*

捍卫 hànwèi verteidigen *vt*; schützen *vt*; wahren *vt*: ～国家主权 die Souveränität des Staates verteidigen ～民族利益 die nationalen Interessen wahren

汉 hàn ① Han-Nationalität *f* ② Chinesisch *n* ③ Mann *m*; männliche Person: 好～ Held *m*; Heros *m*; ganzer Kerl

汉奸 hànjiān (chinesischer) Landesverräter *m*; Kollaborateur *m*; Quisling *m*: ～卖国贼 Landesverräter und Kollaborateur

汉学 Hànxué ① Han-Schule der klassischen Philologie ② Chinakunde *f*; Sinologie *f*: ～家 Sinologe *m*

汉语 Hànyǔ chinesische Sprache; Chinesisch *n*: ～拼音字母 phonetisches Alphabet der chinesischen Sprache

汉字 Hànzì chinesische Schrift; Schriftzeichen der chinesischen Sprache; chinesische Charaktere: 简化～ die chinesischen Schriftzeichen vereinfachen

汉族 Hànzú Han-Nationalität *f*; Han-Volk *n*

翰 hàn 〈书〉 Pinsel *m*; Feder *f*: 挥～ den Pinsel führen; mit einem Pinsel schreiben

翰墨 hànmò 〈书〉 Pinsel und Tusche — Schreiben, Malen oder Kalligraphie

瀚 hàn 〈书〉 riesig; ausgedehnt: 浩～ unendlich; grenzenlos

憾 hàn Bedauern *n*: 引以为～ etw. für bedauerlich halten; mit Bedauern an etw. denken

撼 hàn schütteln *vt*; erschüttern *vt*; rütteln *vt*; etw. ins Schwanken bringen: 摇～ erschüttern *vt*; rütteln *vt* 震～天地 die ganze Welt erschüttern

hāng

夯 hāng ① Ramme *f*; Rammbock *m*; Stampfer *m* ② rammen *vt*; stampfen *vt*

háng

吭 háng Kehle *f*; Gurgel *f*; Schlund *m*: 引～高歌 aus vollem Hals (*od* aus voller Kehle) singen * 另见 kēng

航 háng ① Boot *n*; Schiff *n* ② schiffen *vi*; segeln *vi*; steuern *vi*; fliegen *vi*: ～线 Flug- oder Schiffahrtslinie *f*; Kurs *m* 夜～ Nachtfahrt *f*; Nachtflug *m* 首～ Jungfernfahrt *f*; Jungfernflug *m*

航班 hángbān planmäßiger Flug; fahrplanmäßige Fahrt; Linienschiffsnummer *f*; Flugnummer *f*

航标 hángbiāo Seezeichen *n*; Boje *f*

航程 hángchéng Luftstrecke *f*; Fahrstrecke *f* (eines Schiffes)

航道 hángdào Schiffahrtsweg *m*; Fahrrinne *f*; Fahrwasser *n*: 主～ Hauptfahrrinne *f*

航海 hánghǎi Seeschiffahrt *f*; Navigation *f*; Nautik *f*: ～日志 Logbuch *n*

航空 hángkōng Luftfahrt *f*; Flugverkehr *m*: 民用～ Zivilflugwesen *n*; Zivilluftfahrt *f* ～公司 Fluggesellschaft *f*; Luftverkehrsgesellschaft *f* ～货运 Luftfracht *f* ～母舰 Flugzeugträger *m* ～协定 Luftverkehrsabkommen *n* ～信 Luftpostbrief *m*

航路 hánglù See- oder Luftweg *m*: ～标志 Seewegmarkierung *f*

航天 hángtiān Weltraumflug *m*: ～飞机 Raumtransporter *m*; Raumfähre *f* ～通信 Nachrichtenverkehr im Weltraum; Weltraumverbindung ～站 Raumstation *f*; Orbitalstation *f* ～工业部 Ministerium für Raumfahrtindustrie

航向 hángxiàng Fahrtrichtung *f*; Kurs eines Schiffes oder Flugzeugs: 改变～ Kurs ändern

航行 hángxíng ① navigieren *vi*;

schiffen *vi*; fahren *vi*: 内河～ Binnenschiffahrt *f* ② fliegen *vi*: 空中～ Luftfahrt *f*

航运 hángyùn Schiffstransport *m*; Schiffsversand *m*: ～公司 Reederei(gesellschaft) *f*

行 háng ① Linie *f*; Zeile *f*; Reihe *f*: 排成两～ in zwei Reihen antreten; etw. in zwei Linien aufstellen 杨柳成～。Die Weiden stehen in langen Reihen ② Geschwisterfolge *f*: 你～几? ——我～三。Der wievielte unter deinen Geschwistern bist du? — Ich bin der drittälteste. ③ Beruf *m*; Geschäftsbereich *m*; Gewerbe *n*; Zunft *f*: 各～各业 alle Berufe und Gewerbe 改～ einen anderen Beruf ergreifen; den Beruf wechseln; umsatteln *vi* ④ Firma *f*; Geschäft *n*: 银～ Bank *f* ⑤ 〈量〉一～树 eine Reihe Bäume 四～诗句 vier Verszeilen * 另见 xíng

行家 hángjia Fachmann *m*; Sachverständige(r); Fachkundige(r); Kenner *m*; Experte *m*

行列 hángliè Reihe *f*; Zug *m*; Glied *n*: 参加革命～ sich den Reihen der Revolution anschließen

行情 hángqíng Marktlage *f*; Kurs *m*: ～表 Kursnotierung *f*; Börsennotierung *f*

行市 hángshi Marktpreis *m*; Kurs *m*

行业 hángyè Beruf *m*; Gewerbe *n*; Branche *f*: 服务～ Dienstleistungsgewerbe *n*

绗 háng steppen *vt*; etw. mit lückenlos aneinandergereihten Hinterstichen zusammennähen: ～被子 eine Decke steppen

hàng

巷 hàng * 另见 xiàng

巷道 hàngdào Stollen *m*; Strecke *f*

háo

豪 háo ① Person von überragender Fähigkeit; hervorragender Mensch: 文～ literarische Größe; Dichterfürst *m* ② mannhaft und beherzt; frei und ungezwungen; unbändig; ungezügelt: ～气 unerschrockener Mut ③ despotisch; herrisch; gewalttätig: 土～ örtlicher Despot 巧取～夺 etw. durch Betrug und Gewalt erlangen

豪放 háofàng frei und unbefangen; natürlich und ungezwungen: ～不羁 frei und zügellos

豪富 háofù ①von großem Reichtum und Einfluß ② mächtige und reiche Person

豪华 háohuá luxuriös; verschwenderisch; prunkvoll; prächtig: ～的饭店 Luxushotel *n* ～版 Luxusausgabe *f*

豪杰 háojié Held *m*; Heros *m*; hervorragende Persönlichkeit

豪迈 háomài heroisch; heldenhaft; herrlich: ～的气概 heroischer Geist

豪门 háomén reiche und einflußreiche Familie; mächtige Familie

豪气 háoqì Heroismus *m*; Heldenmut *m*

豪强 háoqiáng ① despotisch; tyrannisch ② Despot *m*; Tyrann *m*

豪情 háoqíng erhabene Empfindungen; hehres Gefühl; Heldenmut *m*: ～壮志 edle Gefühle und große Ideale

豪爽 háoshuǎng heiter und offenherzig; gradlinig und freimütig; freiheraus

豪兴 háoxìng wilde Lust; heftige Leidenschaft; Frohsinn *m*; Heiterkeit *f*

豪言壮语 háo yán zhuàng yǔ heroische (*od* heldenhafte) Worte

壕 háo ① Wassergraben *m* ② Graben *m*: 掘～ einen Graben ausheben 防空～ Luftschutzgraben *m*

壕沟 háogōu ① Schützengraben *m* ② Graben *m*

嚎 háo heulen *vi*; brüllen *vi*

嚎啕 háotáo wehklagen *vi*; laut jammern *vi*; heulen *vi*; laut weinen *vi*

毫 háo ① feines Härchen: 狼～笔 Marderhaarpinsel *m* ② Pinsel *m* ③ Milli-: ～米 Millimeter *m/n* ～升 Milliliter *m/n* ④ [用于否定式] im geringsten: ～不犹豫 ohne im geringsten zu zögern; ohne sich auch nur zu bedenken; ohne Zaudern (*od* Zögern); unverzüglich ～无诚意 ohne die geringste Aufrichtigkeit ～无二致 einander aufs Haar gleichen; haargenau das gleiche; ganz gleich; ohne jeglichen Unterschied; identisch

毫厘 háolí winzig klein; Jota *n*; winzige Summe: ～不差 ohne die geringste Abweichung; ganz genau; haargenau

毫毛 háomáo Körperhärchen *n*: 诬蔑无损于他一根～。Die Verleumdungen können ihm kein einziges Härchen krümmen.

蚝(蠔) háo Auster *f*: ～油 Öl mit Austernaroma; Austernsauce *f*

号(號) háo ① schreien *vi*; heulen *vi*: 北风怒～。Der Nordwind heult. ② laut weinen; wehklagen *vi*; flennen *vi* * 另见 hào

号啕 háotáo laut schreien (*od* jammern): ～大哭 laut schreien und heulen; zetern *vi*

嗥 háo heulen *vi* (Wölfe, Schakale)

hǎo

好 hǎo ① gut; schön; nett; fein: ～天气 schönes Wetter ～脾气 gutmütig 这本小说很～。Das ist eine ausgezeichnete Novelle. 这道菜很～吃。Dieses Gericht schmeckt wunderbar. 你当时不说话就～了。Es wäre besser, wenn du geschwiegen hättest. ② gesund; genesen *vi*: 他的胃口很～。Er hat einen gesunden Appetit. 我的病～了。Ich bin wieder gesund. 或 Ich bin von der Krankheit wieder genesen. ③ befreundet; freundlich: ～朋友 guter Freund ④ [用于日常礼貌俗套话]: 您～! Guten Tag! ～睡! Gute Nacht! ⑤ [用在动词后,表示完成或达到完善]: 工具都准备～了。Die Werkzeuge liegen bereit. 坐～吧，要开会了。Bitte Ruhe und Platz nehmen, gleich beginnt die Sitzung. ⑥ [表示赞许、同意、结束、不满等语气]: ～,就这么办。Schön, machen wir es so. ～，不要再说了。Schon gut, lassen wir das. ⑦ leicht; bequem: 这个问题～回答。Diese Frage ist leicht zu beantworten. 这段文字不～懂。Diese Textstelle ist schwer zu lesen. ⑧ [用在多,久,长等之前,表示程度数量等]: ～久 sehr lange; eine lange Zeit ～几个月 mehrere Monate ⑨[用在形容词前面,表示程度深]: ～大的工程! Was für ein riesiges Projekt! 今天～冷哪! Heute ist es verdammt kalt. 这～困难啊! Was ist das doch schwierig! 前些日子我～忙了一阵。Vor einiger Zeit war ich tüchtig beschäftigt. ⑩ dürfen; können: 我～进来吗? Darf ich eintreten? 现在我～走吗? kann ich jetzt gehen? ⑪ damit: 告诉我她的地址,我～找她。Sag mir ihre Adresse, damit ich sie finden kann. ⑫ [表示问候]: 替我向你父亲问～! Grüß mir deinen Vater! 请代我向老师问～。Bitte, übermitteln Sie dem Lehrer Grüße von mir! ⑬ [表示喝采]: 观众向演员叫～。Das Publikum jubelte den Schauspieler zu. * 另见 hào

好比 hǎobǐ gleichen *vi*; gleich wie: 军民关系～鱼水关系。Armee und Volk gehören zusammen wie Fische und Wasser.

好吃 hǎochī gut schmecken; köstlich; schmackhaft; wohlschmekkend

好处 hǎochu ① Vorteil *m*; Nutzen *m*; Vorzug *m*: 这对你有～。Das ist für dich von Vorteil. 对革命事业有～ von Nutzen für die revolutionäre Sache sein ② Gewinn *m*; Profit *m*; Nutzen *m*: 没有人能从中得到～。Niemand kann daraus Profit ziehen.

好歹 hǎodǎi ① gut und böse; wohl oder übel: 不知～ keinen Unterschied zwischen Gut und Böse erkennen; eine Gunst nicht zu würdigen wissen ② Unfall *m*; Unglück *n*: 万一她有个～，这可怎么办? Wenn ihr etwas zugestoßen ist, was sollen wir dann nur machen? ③ auf jeden Fall; so oder so; wie auch immer; ohnehin: 他要是在这里,～也能拿个主意。Wäre er hier, könnte er jedenfalls eine Idee beisteuern. ④ mehr recht als schlecht; so gut wie es geht: 别做菜了，～吃点儿就得了。Kochen Sie nicht viele Speisen, wir essen ein bißchen, und damit gut.

好多 hǎoduō ① eine (große)Menge; (sehr) viel ② wieviel: 剩下～? wieviele blieb es übrig?

好感 hǎogǎn gute Meinung; günstiger Eindruck; Zuneigung *f*; Sympathie *f*; wohlwollen *vi*: 对他有～ ihm (zu) geneigt sein; ihn sympathisch finden; eine gute Meinung von ihm haben

好汉 hǎohàn Held *m*; Heroe (Heros) *m*; braver Mann *m*

好好儿 hǎohāor ① ordnungsgemäß; in recht gutem Zustand:

电话刚才还是～的，怎么就坏了？Das Telephon war doch eben noch in Ordnung, warum funktioniert es jetzt nicht mehr? ② gründlich; nach besten Kräften; nach Herzenslust: 我得～谢谢您。Ich muß mich bei Ihnen von ganzem Herzen bedanken. 咱们～聊一聊。Laß uns einmal richtig aussprechen!

好话 hǎohuà ① gute Worte; Lobesworte *pl*: 给他说句～ ein gutes Wort für ihn einlegen ② wohlklingende Worte; schmeichelhafte Reden: 爱听～ gern Gutes hören

好看 hǎokàn ① gutaussehend; nett; schön; hübsch ② gut; interessant: 这本小说很～。Dieser Roman ist sehr interessant. ③ stolz; j-m Ehre machen; j-m zum Ruhm gereichen: 儿子得了金牌，我的脸上也～。Mein Sohn hat goldene Medaille erworben, was mich stolz macht. ④ in Verlegenheit geraten; sich blamieren; Blamage *f*: 让我上台表演，这不是要我的～吗？Ich soll auftreten? Willst du, daß ich mich lächerlich mache?

好评 hǎopíng positives Urteil; gute Kritik; gute Resonanz; Anerkennung *f*: 这部小说博得读者～。Dieser Roman findet bei den Lesern Anklang.

好容易 hǎoróngyì durchaus nicht leicht; mit Mühe und Not; unter großen Schwierigkeiten; Mühe haben, etw. zu tun: 我～才找到您。Mit großer Mühe habe ich Sie gefunden. 又作"好不容易"

好事多磨 hǎoshì duō mó positive Verhaben stoßen auf viele Hindernisse

好似 hǎosì scheinen *vi*; so sein wie ...; gleichsam: ～秋风扫落叶 wie der Herbstwind das abgefallene Laub wegfegt

好听 hǎotīng wohlklingend; schönklingend: ～的话 schönklingende Worte 这支歌很～。Das ist wirklich ein schönes Lied.

好象 hǎoxiàng scheinen *vi*; wie; gleich wie; genau wie; als ob...; als wenn...: ～要下雨。Es sieht nach Regen aus. 他们～是多年的老朋友。Sie scheinen seit vielen Jahren Freunde zu sein. 两个姑娘相处得～亲姐妹一样。Die beiden Mädchen vertragen sich so gut wie Schwestern.

好笑 hǎoxiào lächerlich; lustig; komisch; drollig; zum Lachen: 有什么～的？Was gibt's zu lachen?

好心 hǎoxīn gutherzig; mit guter Absicht; gutmütig; wohlgemeint: 她是一片～。Das war sehr gut von ihr gemeint.

好意 hǎoyì gute Absicht; Wohlwollen *n*; Gutmütigkeit *f*: 不怀～ mit böser Absicht 谢谢您的～。Vielen Dank für Ihre Freundlichkeit!

好意思 hǎoyìsi [多用于反诘句中] sich nicht scheuen (*od* schämen); dreist; die Unverfrorenheit besitzen: 做了这种事，亏他还～说呢！Erst macht er solche Sachen, und dann besitzt er noch die Unverschämtheit, darüber zu reden! 老师的表扬使他不～。Das Lob des Lehrers macht ihn verlegen.

好转 hǎozhuǎn eine Wendung zum Besseren nehmen; sich zum Guten wenden; sich bessern: 形势～。Die Lage nahm eine Wendung zum Besseren.

hào

耗 hào ① verbrauchen *vt*; kosten *vt*; verausgaben *vt*; abnutzen *vt*: 他们已～尽全部储备。Sie haben den ganzen Vorrat verbraucht. ② (Zeit) vertrödeln *vt*; herumtrödeln *vi*; bummeln *vi*: 别～了，快走吧！Vertrödele die Zeit nicht und geh sofort los! ③ schlechte Nachricht: 噩～ Hiobsbotschaft *f*; Hiobspost *f*

耗费 hàofèi aufwenden *vt*; verbrauchen *vt*; verschwenden *vt*; vergeuden *vt*: ～人力物力 die menschlichen und materiellen Kräfte aufwenden 这项工程～了大量时间和金钱。Dieses Bauprojekt hat viel Zeit und Geld verbraucht.

耗竭 hàojié aufbrauchen *vt*; aufzehren *vt*; erschöpfen *vt*; ausschöpfen *vt*: 资源～ die Ressourcen erschöpft sein

号(號) hào ① Name *m*; Bezeichnung *f*: 绰～ Spitzname *m* 国～ Bezeichnung einer Dynastie ② anderer Name; weitere (*od* sonstige) Bezeichnung ③ Geschäft *n*: 银～ Bankgeschäft *n* 分～ Filiale *f*; Zweiggeschäft *n* ④ Zeichen *n*; Kennzeichen *n*; Merkmal *n*: 问～ Fragezeichen *n* 击掌为～ ein Signal mit Klatschen geben ⑤ Nummer *f*: 五～楼 Gebäude Nr. 5 编～ numerieren *vt*; Seriennummer *f*; laufende Nummer ⑥ Maß *n*; Größe *f*: 大（中、小）～ große (mittlere, kleine) Nummer 这鞋小了一～。Diese Schuhe sind eine Nummer kleiner. ⑦ Tag *m*: 今天几～？——十三～。Der wievielte ist heute? — Der dreizehnte. 或 Welches Datum haben wir heute? — Den dreizehnten. ⑧ Befehl *m*: 发～施令 Befehle erteilen; (herum)kommadieren *vi* ⑨ Horn *n*; Trompete *f*: 军～ Signalhorn *n* 小～ Trompete *f* 螺～ Tritonshorn *n*; Schneckenmuschelhorn *n* ⑩ Hornsignal *n*: 熄灯～ Zapfenstreich *m* 吹起床～ ein Wecksignal geben; die Reveille (*od* den Weckruf) blasen ⑪ kennzeichnen *vt*; markieren *vt*: ～房子 (beim Quartiermachen u. ä.) Häuser markieren ⑫ (den Puls) fühlen *vt*: ～脉 j-m den Puls fühlen ⑬ [用于人数]: 一百多～人 mehr als hundert Personen * 另见 háo

号称 hàochēng ① sich einen Namen als etw. machen; als etw. bekannt sein: 四川～"天府之国"。Die Provinz Sichuan wird auch „Land im Überfluß" genannt. ② angeben *vt*; behaupten *vt*; angeblich: 敌军～一万二千人。Das feindliche Heer gab seine Truppenstärke mit 12 000 Mann an.

号角 hàojiǎo ① Signalhorn *n* ② Hornsignal *n*

号令 hàolìng Befehl *m*; Kommando *n*: ～三军 den drei Teilstreitkräften einen Befehl erteilen

号码 hàomǎ Nummer *f*: 电话～ Telefonnummer *f*

号外 hàowài Extrablatt *n* (einer Zeitung); Extra-, Sonderausgabe *f*; Sondernummer *f*

号召 hàozhào aufrufen *vt*; Aufruf *m*; Appell *m*

浩 hào sehr groß; ausgedehnt; grandios: ～如烟海 (von Notizen, Dokumenten usw.) zahllos wie Sand am Meer; unzählig wie die Sterne am Himmel; zahllos und umfassend; in unübersehbarer Fülle vorhanden sein; in Hülle und Fülle

浩大 hàodà mächtig; gewaltig; gigantisch; umfangreich: 工程～ ein großangelegtes (*od* enormes) Projekt

浩荡 hàodàng unermeßlich mächtig; gewaltig; unübersehbar: ～的长江 der gewaltige Changjiang-Fluß

浩瀚 hàohàn unübersehbar; unermeßlich; sehr weit: ～的沙漠 ausgedehnte Wüste

浩劫 hàojié Katastrophe *f*; großes Unheil

浩气 hàoqì edler Geist; edle Gesinnung: ～长存 unvergänglicher Edelsinn

皓 hào ① weiß; rein: ～首 Graukopf *m*; grau-, silberhaarig ② hell; klar; leuchtend; glänzend: ～月当空。Ein heller Mond hing am Himmel.

好 hào ① etw. lieb (*od* gern) haben: ～学 lerneifrig ～管闲事 sich ungefragt einmischen; seine Nase in alles stecken ② zu etw. neigen; leicht: ～伤风 sich leicht erkälten; für Erkältungen anfällig sein ～发脾气 leicht in Zorn geraten * 另见 hǎo

好吃懒做 hào chī lǎn zuò gern gut essen, aber ungern arbeiten; lieber mit den Zähnen als mit den Händen arbeiten; gern essen und faulenzen

好大喜功 hào dà xǐ gōng nur darauf bedacht sein, große Taten zu vollbringen und Verdienste zu erwerben; nach Macht und Erfolg streben

好高务远 hào gāo wù yuǎn in die Ferne streben; allzu hohe Ziele erstreben (*od* verfolgen); hochfliegende Pläne haben; Rosinen im Kopf haben

好客 hàokè gastfrei; gastfreundlich; gastlich; ein offenes Haus haben

好奇 hàoqí neugierig; wißbegierig: ～心 Neugier(de) *f*

好强 hàoqiáng nirgends zurückbleiben wollen; in allem strebsam; ehrgeizig; geltungsbedürftig

好胜 hàoshèng anderen immer überlegen sein wollen; nicht zurückstecken wollen; andere in den Schatten stellen wollen; sich gern hervortun

好事 hàoshì sich gern ungefragt in anderer Leute Angelegenheiten einmischen; vorwitzig; naseweis: ～之徒 G(e)schaftlhuber *m*; Topfgucker *m*

好恶 hàowù Neigung und Abneigung; Geschmack *m*

好逸恶劳 hào yì wù láo Bequemlichkeit lieben und Arbeit verachten; sich die Arbeit vom Leibe halten; dem Müßiggang verfallen; müßiggängerisch und arbeitsscheu; auf der faulen Haut liegen

好战 hàozhàn kriegslüstern; kriegsliebend; kriegerisch: ～分子 kriegslüsternes Element; Kriegslustige(r); Kriegshetzer *m*

hē

诃 hē schelten *vt*; beschimpfen *vt*; auszanken *vt*

呵 hē ① hauchen *vi*: ～一口气 einen Atemzug Luft hauchend ausstoßen ② schelten *vt*; beschimpfen *vt*; auszanken *vt*: ～责 j-n laut (*od* heftig) tadeln; j-n ausschelten; j-n ausschimpfen; j-n anschnauzen

呵斥 hēchì j-n heftig ausschelten; heruntermachen *vt*; auszanken *vt*

呵呵 hēhē haha; hahaha; hoho: ～大笑 laut(hals) lachen; in lautes Lachen ausbrechen; aus vollem Halse lachen

嗬 hē 〈叹〉[表示惊讶] ach!; Oh!: ～，真了不起！ Oh, es ist doch ungewöhlich!

喝 hē ① trinken *vt*: ～茶 Tee trinken ～酒 Wein trinken ② Alkohol trinken: 爱～ gern trinken; gern einen heben ～醉了 betrunken sein * 另见 hè

hé

涸 hé 〈书〉 austrocknen *vi*; ausdörren *vi*; versiegen *vi*

阂 hé von etw. abgeschnitten (*od* getrennt, isoliert): 隔～ Mißverständnis *n*; Entfremdung *f* 语言隔～ Sprachbarriere *f*

核 hé ① Kern *m*; Stein *m*: 桃～ Pfirsichkern *m* 无～水果 kernloses Obst ② Kern *m*: 原子～ Atomkern *m* ③ untersuchen *vt*; nachprüfen *vt*: ～准 nach Prüfung genehmigen; billigen *vt*; ratifizieren *vt*

核定 hédìng nach Prüfung entscheiden; etw. überprüfen und gutheißen; etw. auswerten und eine Entscheidung treffen

核对 héduì überprüfen *vt*; kontrollieren *vt*; etw. nach Prüfung bestätigen: ～数字 Zahlen überprüfen ～事实 einen Sachverhalt feststellen

核计 héjì berechnen *vt*; kalkulieren *vt*; sich ausrechnen

核能 hénéng Kern-, Atomenergie *f*

核实 héshí bestätigen *vt*; überprüfen *vt*; verifizieren *vt*: ～的产量 verifizierte Produktionsmenge; bestätigtes Produktionsergebnis

核算 hésuàn berechnen *vt*; ausrechnen *vt*; kalkulieren *vt*: 成本～ Kostenberechnung *f*

核武器 héwǔqì Kernwaffe *f*

核心 héxīn Kern *m*; Kernpunkt *m*: ～力量 elitebildende Kraft ～人物 Schlüsselperson *f*; zentrale Figur

劾 hé j-s Verbrechen entlarven; j-s Verfehlungen aufdecken: 弹～ (wegen Amtsmißbrauchs u.ä.) j-n unter Anklage stellen; verklagen *vt*; Impeachment *n*

翮 hé ① Federkiel *m* ② Flügel *m*: 振～高飞 mit den Flügeln schlagen und sich hoch in die Lüfte aufschwingen

河 hé Fluß *m*; Strom *m*

河床 héchuáng Flußbett *n*

河谷 hégǔ Flußtal *n*

河流 héliú Flüsse *pl*: ～沉积 Flußablagerungen *pl*

河渠 héqú Flüsse und Kanäle

河山 héshān Flüsse und Berge; Land *n*; Territorium *n*: 锦绣～ Landschaft von malerischer Schönheit

河网 héwǎng ein Netz von Wasserstraßen; Flußnetz *n*; Wasserstraßensystem *n*

何 hé ①[表示疑问]: ～人 wer ～时 wann ～处 wo ② [表示反问]: 谈～容易！ Das ist leichter gesagt als getan! 有～不可？ Warum soll das nicht gehen?

何必 hébì wozu denn; warum denn; es ist unnötig: 既然不会下雨，～带伞。 Wenn es nicht regnen wird, warum nimmst du einen Regenschirm mit?

何不 hébù warum nicht: ～早说？ Warum hast du es nicht früher gesagt?

何尝 hécháng [用于反问，表示未曾或并不]: 我～不想去城里，只是没有工夫罢了。 Nicht daß ich nicht in die Stadt fahren möchte, ich habe bloß keine Zeit.

何等 héděng ①welch; was für: 你知道他是～人物？ Weißt du, was für einer er ist? ② [用于感

叹语气，表示不寻常]：～幸福的孩子啊！Was sind das für glückliche Kinder! 她唱得～美啊！Wie schön hat sie gesungen!

何妨 héfáng warum nicht; man könnte doch: ～试试？Warum eigentlich nicht einen Versuch wagen? 或 Versuch es doch wenigstens mal!

何苦 hékǔ warum das alles; wozu die Mühe: 你～在这些小事上伤脑筋？Wozu zerbrichst du dir den Kopf wegen solcher Kleinigkeiten?

何况 hékuàng <连> geschweige denn; erst recht: 他连付一套房间的钱还没有，～整幢屋子。Er hat nicht einmal das Geld für eine Wohnung, geschweige (denn) für ein ganzes Haus.

何其 héqí wie; wie sehr: ～荒谬！Wie absurd!

何去何从 hé qù hé cóng welchen Weg soll man gehen?; was soll man annehmen, was ablehnen? — am Scheideweg stehen: ～，速作抉择。Was annehmen, was ablehnen — das ist eine Frage, über die Sie sich schnell klar werden müssen.

何如 hérú wie wäre es damit; wie steht's mit ...; wie: 你先试一下，～？Wie wäre es, wenn du erst einmal einen Versuch machst?

何谓 héwèi was bedeutet...?; was heißt...?; was ist ...?; was ist damit gemeint?: ～幸福？Was ist mit dem Glück gemeint?

何许 héxǔ welch; was für...: 他是～人？Was für einer ist er?

何以 héyǐ <书> ① wieso; weshalb; wie: ～教我？Wieso werden Sie mich beraten? ② warum: ～变卦？Warum hast du dich eines anderen besonnen?

何在 hézài wo; worin besteht...: 理由～？Wo liegt der Grund dafür? 或 Woran liegt es?

何止 hézhǐ noch weit mehr: 例子～这些。Es könnten noch viel mehr Beispiele angeführt werden. 或 Es ließen sich noch weitere Beispiele aufzählen.

荷 hé Lotos *m*; Lotosblume *f* * 另见 hè

荷包 hébāo ① Beutel *m* ② Jackentasche *f*

荷包蛋 hébāodàn Spiegelei *n*; Setzei *n*; Ochsenauge *n*

曷 hé <书> ① wie; warum ② wann

合 hé ① schließen *vt*; zumachen *vt*: 把书～上！mach das Buch zu! 笑得～不上嘴 vor Lachen den Mund nicht schließen können ② vereinigen *vt*; zusammenschließen *vt*: 同心～力 eines Sinnes sein und vereinte Anstrengungen machen; am selben (*od* gleichen) Strang ziehen ③ entsprechen *vi*; passen *vi*; j-m bekommen; zusagen: 正～我意。Das ist mir gerade recht so. 或 Das kommt mir gelegen. 或 Das paßt gerade in meinen Kram. ④ umgerechnet; gleich sein: 一公顷～十五市亩。Ein Hektar entspricht 15 *Mu*.

合办 hébàn gemeinsam betreiben; gemeinsam durchführen

合并 hébìng zusammenlegen *vt*; vereinigen *vt*: 这三个提议可以～起来讨论。Diese drei Anträge können wir bei der Diskussion zusammen behandeln.

合唱 héchàng Chor *m*; im Chor singen: ～团 Chorgruppe *f*; Chor *m*

合成 héchéng zusammensetzen *vt*; Zusammensetzung *f*: 由重要原料～ aus wichtigen Materialien zusammengesetzt ～洗涤剂 synthetisches Waschmittel ～纤维 synthetische Faser

合法 héfǎ legal; legitim; gesetzlich; rechtmäßig: ～地位 rechtmäßige Stellung ～手段 legales Mittel

合格 hégé der Norm (*od* dem Standard, den Anforderungen) entsprechend; normgerecht; qualifiziert: ～的教师 qualifizierter Lehrer 保证质量～ (für) die erforderliche Qualität garantieren

合乎 héhū entsprechen *vi*; mit etw. übereinstimmen: ～规律 mit den Gesetzen übereinstimmen ～要求 mit den Forderungen übereinstimmen; den Anforderungen genügen

合伙 héhuǒ sich mit j-m zu einer Partnerschaft zusammentun; gemeinsam mit anderen ein wirtschaftliches Unternehmen gründen: ～经营 gemeinsam ein Geschäft führen; ein gemeinsames Geschäft betreiben

合计 héjì zusammenrechnen *vt*; zusammenzählen *vt*; insgesamt

合计 héji ① ausrechnen *vt*; überschlagen *vt*; sich über etw. Gedanken machen; überlegen *vt*: 他心里老～这件事。Er ließ es sich unablässig durch den Kopf gehen. ② besprechen *vt*; sich beraten: 大家~一下,这事该怎么办? Laßt uns gemeinsam beratschlagen, was zu tun ist. 或 Wir müssen besprechen, wie wir vorgehen sollen.

合金 héjīn Legierung *f*: ~钢 Legierungsstahl *m*; legierter Stahl

合理 hélǐ rationell; vernünftig; zweckmäßig; gerecht: ~使用 von etw. rationell Gebrauch machen; etw. rationell nutzen 他说的话很~。Was er sagt, ist sehr vernünftig.

合理化 hélǐhuà rationalisieren *vt*; Rationalisierung *f*: ~建议 Verbesserungs-, Rationalisierungsvorschlag *m*

合力 hélì mit vereinten Anstrengungen (*od* Kräften)

合龙 hélóng ① (einen Deich, Damm usw.) schließen *vt* ② (beide Uferteile einer Brücke) verbinden *vt*

合谋 hémóu ① mit j-m konspirieren; zusammen mit j-m ein Komplott schmieden (*od* planen); sich verschwören ② verbrecherisches Zusammenwirken; Konspiration *f*; Verschwörung *f*

合拍 hépāi ① Takt halten; im Takt bleiben; nach dem Takt ② mit etw. in Einklang stehen: 同时代~ mit dem Trend der Zeit gehen; mit der Zeit Schritt halten

合群 héqún mit anderen harmonisch auskommen; gesellig; kontaktfreudig

合身 héshēn (Kleidung) gut passen: 这身衣服你穿着很~。Dieser Anzug sitzt dir wie angegossen.

合适 héshì passen *vi*; gebührend; angemessen (*od* angebracht) sein: 这个词用在这里不~。 Dieses Wort ist hier fehl am Platz.

合算 hésuàn sich bezahlt machen; rentabel; lohnend; der Mühe wert

合同 hétóng Vertrag *m*; Kontrakt *m*: 签订~ einen Vertrag unterzeichnen 撕毁~ einen Vertrag brechen

合意 héyì zusagen *vi*; gefallen *vi*; j-m in den Kram passen; nach j-s Geschmack sein; gelegen; den Wünschen entsprechen; wunschgemäß

合影 héyǐng Gruppenphoto *n*; Gruppenbild *n*; sich zusammen photographieren lassen: ~留念 ein Gruppenphoto zur Erinnerung machen lassen

合作 hézuò zusammenarbeiten *vi*; Kooperation *f*: 互相~ miteinander zusammenarbeiten ~经济 genossenschaftliche (*od* kooperative) Wirtschaft ~社 Genossenschaft *f*

颌 hé Kiefer *m*: 上(下)~ Ober-(Unter)kiefer *m*

盒 hé Schachtel *f*; Kästchen *n*; Büchse *f*; Dose *f*: 一~火柴 eine Schachtel Zündhölzer 铅笔~ Bleistiftkästchen *n*

禾 hé auf dem Feld stehendes Getreide (besonders Reis)

禾苗 hémiáo junge Saat; Getreidekeimlinge *pl*; Setzlinge *pl*

和 hé ① mild; mäßig; gemäßigt ② mit j-m in Harmonie leben; mit j-m auf gutem Fuße stehen; friedlich; einträchtig; harmonisch: ~睦相处 in Eintracht leben ③ Frieden *m*: 讲~ Frieden schließen ④ Patt *n*; unentschieden: 最后一盘棋~了。Die letzte Schachpartie endete mit einem Patt. ⑤ (zusammen) mit: ~衣而卧 bekleidet (*od* in seiner Kleidung) schlafen ⑥ [表示相关、比较等]: ~这件事没有关系 damit nichts zu tun haben 他~我一样高。Er ist so groß wie ich. ⑦ und ⑧ Summe *f*; Gesamtzahl *f*: 两数之~ die Summe zweier Zahlen * 另见 hè; huó

和蔼 hé'ǎi freundlich; nett; liebenswürdig: ~可亲 freundlich; leutselig; umgänglich

和畅 héchàng (vom Wind) sanft; mild; lau: 春风~。Der Frühlingswind ist sanft und angenehm.

和好 héhǎo sich aussöhnen; ausgesöhnt; versöhnt: ~如初 wieder Freunde sein wie früher; gute Beziehungen wiederherstellen

和缓 héhuǎn ① ruhig; mild ② entspannen *vt*; entschärfen *vt*; mildern *vt*: ~一下气氛 die Spannung etwas vermindern 语气~ in mildem Tonfall sprechen

和解 héjiě sich versöhnen; sich aussöhnen; Versöhnung *f*; Aussöhnung *f*; versöhnlich

和局 héjú unentschiedenes Spiel; Unentschieden *n*; Ausgleich *m*; punktgleich

和睦 hémù Harmonie *f*; Eintracht *f*; gutes Einvernehmen: ~关系 einträchtige Beziehungen

和暖 hénuǎn angenehm warm;

mild: 天气～。 Das Wetter ist lau und lind.

和盘托出 hé pán tuō chū vorbehaltlos die Wahrheit sagen; ein umfassendes Geständnis ablegen; sich etw. vom Herzen reden; (alles) ganz offen darlegen; rückhaltlos alles erzählen

和平 hépíng ① Frieden *m*; friedlich: 保卫世界～ den Weltfrieden verteidigen ～共处 friedliche Koexistenz ② mild; gelind; schwach: 中药药性～。 Die traditionelle chinesische Arznei ist mild wirkend.

和气 héqì gefällig; sympathisch; freundlich; liebenswürdig: 待人～ j-n freundlich behandeln; mit jedem liebenswürdig umgehen 伤了～ j-s Gefühle verletzen

和善 héshàn freundlich und gütig; gutmütig; liebenswürdig

和尚 héshang buddhistischer Mönch; Bonze *m*

和声 héshēng Harmonie *f*

和事老 héshìlǎo Friedensstifter *m*; Versöhnler *m*; Vermittler *m*

和谈 hétán Friedensverhandlungen *pl*

和谐 héxié harmonisch; Harmonie *f*; Einklang *m*

和颜悦色 hé yán yuè sè mit liebenswürdiger und freundlicher Miene

和约 héyuē Friedensvertrag *m*

和衷共济 hé zhōng gòng jì gemeinsam den Fluß überqueren — mit vereinten Kräften (*od* gemeinschaftlich) Schwierigkeiten überwinden; an einem Strang ziehen

hè

鹤 hè Kranich *m*

鹤发童颜 hè fà tóng yán weiße Haare und rote Gesichtsfarbe — trotz hohen Alters gesund; alt und rüstig

鹤立鸡群 hè lì jī qún wie ein Kranich unter den Hühnern — (durch Hervorragendes) von anderen abstechen

赫 hè ① prominent; hervorragend; auffällig; augenfällig; bemerkenswert: 显～ prominent und einflußreich ② Hertz *n* (Hz): 千～ Kilohertz *n* (KHz) 兆～ Megahertz *n* (MHz)

赫赫 hèhè hervorragend; herausragend; sehr eindrucksvoll; berühmt: ～有名 sehr berühmt; weit und breit bekannt; namhaft

赫然 hèrán ① schreckenerregend; furchtbar; furchteinflößend ② entsetzlich (zornig); schrecklich (wütend): ～大怒 aufbrausen *vi*; wütend werden; wutentbrannt; in großen Zorn geraten

荷 hè ① (auf der Schulter) tragen *vt*; schultern *vt* ② Bürde *f*; Last *f*; Verantwortung *f*: 肩负重～ große Verantwortung auf sich nehmen ③ [多用于书信，表示客气] dankbar; erkenntlich: 无任感～。 Ich bin Ihnen sehr zu Dank verpflichtet. * 另见 hé

壑 hè Abgrund *m*; Kluft *f*; Tal *n*; Schlucht *f*: 千山万～ unzählige Berge und Täler

吓(嚇) hè ① drohen *vi*; erschrecken *vt*; einschüchtern ② [表示不满] pah; na, na; ach, so etwas; sieh an; hört, hört: ～，瞧你干了什么! Na, na! Was hast du da angerichtet! * 另见 xià

褐 hè ① grobes Tuch; Kleidung aus grobem Tuch ② braun

褐煤 hèméi Braunkohle *f*; Lignit *m*

喝 hè schreien *vi*; (laut) rufen *vi*: 大～一声 einen lauten Schrei von sich geben * 另见 hē

喝彩 hècǎi zujauchzen *vi*; zujubeln *vi*; mit Bravorufen empfangen; applaudieren *vi*; Applaus *m*: 齐声～ j-m im Chor zujubeln

喝倒彩 hèdàocǎi auspfeifen *vt*; auszischen *vt*; buhen *vi*

和 hè ① einstimmen *vi* ② mit einem Gedicht (gleicher Thematik, Form und gleichen Reimschemas) erwidern; ein Gedicht erwidern *另见 hé; huó

贺 hè gratulieren *vi*; beglückwünschen *vt*: ～词 Glückwunschansprache *f*; Gratulation *f* ～电 Glückwunschtelegramm *n* ～信 Gratulationsschreiben *n*; Glückwunschbrief *m*; Glückwunschadresse *f*

贺年 hènián Neujahrsgrüße übermitteln; Glückwünsche zum Neujahr überbringen; einen Neujahrsbesuch machen: ～片 Neujahrskarte *f*

贺喜 hèxǐ beglückwünschen *vt*; gratulieren *vi*

hēi

黑 hēi ① schwarz: ～发 schwarzes Haar ② dunkel; finster: 天～了。Es ist dunkel geworden. ③ geheim; illegal; schwarz: ～交易 dunkle Geschäfte; Schwarzhandel *m* ④ finster; böse; schlecht; schwarz: ～心 böse Absicht; Boshaftigkeit *f*

黑暗 hēi'àn schwarz; dunkel; finster: ～的角落 dunkle Ecke; düsterer Winkel 在～的旧社会 in der dunklen alten Gesellschaft ～面 Schattenseite *f*

黑白 hēibái schwarz und weiß; richtig und falsch: 混淆～ aus schwarz weiß und aus weiß schwarz machen; schwarz für weiß und weiß für schwarz ausgeben; richtig und falsch durcheinanderbringen

黑话 hēihuà ① Geheim-, Gaunersprache *f*; Jargon *m* ② zweideutige Redeweise; bösartige Worte

黑货 hēihuò Schmuggelware *f*; Diebesgut *n*; Konterbande *f*

黑名单 hēimíngdān schwarze Liste

黑幕 hēimù Hintergründe eines Komplotts, schmutziger Geschäfte usw.: 揭穿～ dunkle Machenschaften aufdecken

黑人 hēirén ① Farbige(r); Schwarze(r); Neger *m* ② eine Person, die keine Aufenthaltsbescheinigung hat

黑市 hēishì Schwarzmarkt *m*

黑压压 hēiyāyā eine unübersehbare Menge (von Menschen); eine dichte oder schwarze Masse: 广场上～地挤满了人。Der Platz war schwarz von der dicht gedrängten Menschenmenge.

黑油油 hēiyōuyōu glänzend schwarz: ～的头发 glänzend schwarzes Haar

嘿 hēi 〈叹〉 he; heda; hallo; ha; aha: ～，快走吧！He! Beeil dich! ～，下雪了！Aha! Es schneit schon!

hén

痕 hén Spur *f*; Narbe *f*; Abdruck *m*: 刀～ Messerwunde *f* 泪～ Tränenspur *f*

痕迹 hénjì Spur *f*; Abdruck *m*: 旧日的～几乎完全消失了。Die Spuren in der Vergangenheit sind fast völlig verschwunden.

hěn

很 hěn sehr; recht; überaus: ～高兴 sehr froh ～满意 recht zufrieden ～有价值 von großem Wert sein 我～知道他是个什么样的人。Ich weiß sehr wohl, was für ein Mann er ist.

狠 hěn ① grausam; brutal; unbarmherzig: 凶～ wild und grausam ② sich überwinden; sich ein Herz fassen: 我～着心把泪止住。Ich unterdrückte meine Gefühle und versagte mir Tränen. ③ energisch; entschlossen; heftig: ～～的批评 heftige Kritik

狠毒 hěndú grausam; giftig; boshaft; tückisch

狠心 hěnxīn ① schonungslos; herzlos; grausam; hartherzig; erbarmungslos; unmenschlich ② fest entschlossen; rücksichtslos; bedenkenlos

hèn

恨 hèn ① hassen *vt*; verabscheuen *vt*; Haß *m*: ～之入骨 j-n bis ins Mark hassen ～铁不成钢 sich ärgern, daß aus Eisen kein Stahl wird — sich darüber ärgern, daß aus j-m nichts wird ② Bedauern *n*; Schmerz *m*; Reue *f*: 遗～ ewige Reue; ewiger Schmerz

hēng

亨 hēng reibungslos; zügig; glatt

亨通 hēngtōng reibungslos erfolgen; erfolgreich: 万事～。Es geht (*od* läuft) alles wie am Schnürchen.

哼 hēng ① schnauben *vi*; schnaufen *vi*; stöhnen *vi*: 痛得直～～ vor Schmerzen stöhnen ② leise singen; summen *vt*: ～着曲子 ein Lied leise singen (*od* summen) * 另见 hng

héng

恒 héng ① lange Zeit; andauernd; ausdauernd; dauerhaft; ständig; beständig: 永～ ewig; immer bleibend ② gewöhnlich; ständig; üblich: ～言 Binsenwahrheit *f* ③ Beharrlichkeit *f*; Ausdauer *f*: 持之以～ auf etw. fest beharren; ausharren *vi*

恒温 héngwēn gleichbleibende Temperatur

恒心 héngxīn Beständigkeit *f*; Ausdauer *f*; Beharrlichkeit *f*: 她这人有志气，有～。Sie ist ambitiös und beharrlich bei ihrem Ziel.

恒星 héngxīng Fixstern *m*

横 héng ① horizontal; querlaufend: ～梁 Querbalken *m* 纵～ vertikal und horizontal ② quer; seitwärts; waagerecht: ～写 auf waagerechten Zeilen (*od* horizontal) schreiben 一队飞机～掠过城市。eine Staffel Flieger raste quer über die Stadt. ③ durchqueren *vt*; überqueren *vt*: 这条铁路～贯五省。Diese Eisenbahnlinie durchquert fünf Provinzen. ④ kreuz und quer; turbulent; ungezügelt: 他老泪～流。Die Tränen strömen aus seinen alten Augen. ⑤ mit Gewalt; gewaltsam; boshaft; brutal: ～加阻挠 etw. brutal verhindern ～冲直撞 ohne Bedenken alles beiseite stoßen; rücksichtslos herumrasen; sich wie ein Wilder benehmen * 另见 hèng

横生 héngshēng ① wild wuchern: 荆棘～ von Dornen überwuchert ② randvoll von etw. sein; von etw. strotzen: 妙趣～ ein Ausbund an Witz und Humor sein; voller Witz und Humor ③ unerwartet geschehen; auf einmal passieren: ～枝节 einem unerwartet in die Quere kommen; immer neue Hindernisse errichten; zu unvorhergeschenen Komplikationen kommen

横行 héngxíng blindwütig rasen; wild herumrennen; herumtoben *vi*; querschießen *vi*; sein Unwesen treiben: ～一时 eine Zeitlang wie ein Berserker toben ～霸道 als Tyrann auftreten; sein Unwesen treiben; grausam schalten und walten; rücksichtslos und gewalttätig vorgehen; ein zügelloses Wesen an den Tag legen

横征暴敛 héng zhēng bào liǎn mit Gewalt Steuern und Abgaben erpressen

桁 héng Pfette *f*; Dachstuhlbalken *m* (auf dem die Sparren aufliegen)

桁架 héngjià Binder *m*; Fachwerk *n*; Tragbalken *m*: ～桥 Fachwerkbrücke *f*

衡 héng ① Waage *f* ② wiegen *vt*; abwiegen *vt*: ～情度理 die Sachlage erwägen (*od* die Umstände berücksichtigen) und daraus einen vernünftigen Schluß ziehen

衡量 héngliáng wiegen *vt*; abwägen *vt*; beurteilen *vt*; erwägen *vt*: ～得失 die Vorzüge und Nachteile abwägen (*od* vergleichen)

衡器 héngqì Geräte zur Gewichtsbestimmung; Wiegeapparat *m*; Waagen *pl*

hèng

横 hèng ① grob; barsch; aggressiv; streitsüchtig: ～话 barsche, unvernünftige Worte ② völlig unerwartet; unvorhergesehen: ～祸 unerwartete Katastrophe; plötzliches Unheil (*od* Unglück) * 另见 héng

横财 hèngcái unehrlicher Gewinn; Zufallsgewinn *m*; unerwarteter Gewinn (durch unerlaubte Mittel); großer Reibach; unrechtmäßiger Gewinn: 发～ (auf unredliche Weise) zu unerwartetem (*od* plötzlichem) Reichtum kommen; mit unerlaubten Mitteln reich werden; einen kräftigen Reibach machen

横死 hèngsǐ eines unnatürlichen Todes sterben; tödlich verunglücken

hng

哼 hng <叹> [表示不满或怀疑] hm; hum: ～，谁信你的！Hm! Wer soll dir das glauben? * 另见 hēng

hōng

烘 hōng ① etw. am Feuer trocknen oder wärmen; rösten: 把湿衣服～干 nasse Kleider am Feuer trocknen ② etw. hervortreten (*od* in die Augen fallen) lassen; herausstreichen *vt*;

etw. von etw. abheben lassen
烘焙 hōngbèi (Tee- oder Tabakblätter) rösten *vt*
烘烤 hōngkǎo rösten *vt*; backen *vt*; toasten *vt*
烘托 hōngtuō ① (in der chinesischen Malerei) den Gegenstand durch Schattenkonturen herausheben ② etw. durch Kontrast hervorheben; etw. von etw. abstechen lassen
哄 hōng ① schallendes (*od* tosendes) Gelächter ② Lärm *m*; Tumult *m*; Stimmengewirr *n* * 另见 hǒng; hòng
哄传 hōngchuán sich verbreiten (von Gerüchten); von Mund zu Mund gehen; in aller Munde sein
哄动 hōngdòng eine Sensation sein; Aufregung verursachen; Aufsehen erregen
哄抬 hōngtái die Preise hinauftreiben (*od* in die Höhe treiben) hochtreiben *vt*
哄堂大笑 hōngtáng dà xiào homerisches (*od* nicht enden wollendes) Gelächter im ganzen Saal; in schallendes Gelächter ausbrechen; brausendes Gelächter
轰(轟) hōng ① bum!; bums!: ～的一声，震得山鸣谷应。Die Berge schallen mit einem Knall wider. ② beschießen *vt*; bombardieren *vt*: 万炮齐～。Zehntausend Geschütze donnern. ③ aufscheuchen *vt*; vertreiben *vt*; verjagen *vt*: ～下台 j-n auszischen; j-n durch Geschrei von der Tribüne vertreiben; j-n aus seinem Amt vertreiben
轰动 hōngdòng eine Sensation sein; Aufregung verursachen; Aufsehen erregen: ～全国 großes Aufsehen im ganzen Land erregen 全场～。Das Publikum wurde mitgerissen. 或 Der ganze Saal wurde von einem Sturm der Begeisterung erfaßt.
轰轰烈烈 hōnghōnglièliè mit (*od* voll) Schwung und Begeisterung; stürmisch; schwungvoll; dynamisch
轰击 hōngjī beschießen *vt*; bombardieren *vt*: ～敌人阵地 feindliche Stellungen beschießen
轰隆 hōnglōng 〈象〉 dröhnen *vi*; rollen *vi*; grollen *vi*
轰鸣 hōngmíng dröhnen *vi*; donnern *vi*: 马达～。Die Motoren dröhnen
轰炸 hōngzhà bombardieren *vt*; etw. mit Bomben belegen; Bombardierung *f*; Bombardement *n* ～机 Bomber *m*; Bombenflugzeug *n*

hóng

鸿 hóng ① Schwanengans *f* ② 〈书〉 Brief *m*; Schreiben *n*: 远方来～ ein Brief aus der Ferne ③ groß; großartig: ～图 grandioser Plan; gewaltiges Vorhaben
鸿沟 hónggōu breite Kluft; Abgrund *m*: 不可逾越的～ unüberbrückbare Kluft
鸿雁 hóngyàn Schwanengans *f*
虹 hóng Regenbogen *m*; Iris *f*
红 hóng ① rot: ～铅笔 roter Bleistift ② rot; revolutionär: ～军 Rote Armee; Rotarmist *m* ③ rotes Tuch; roter Kattun (*od* Stoff); rote Seide ④ (Symbol für) Erfolg *m*: ～运 Glück *n*; günstiges Geschick ⑤ Dividende *f*
红茶 hóngchá schwarzer Tee; Schwarztee *m*
红尘 hóngchén irdisches Dasein; irdische Welt: 看破～ vom irdischen Leben und Treiben genug haben
红光满面 hóngguāng mǎnmiàn rotwangig; vor Gesundheit strotzen
红利 hónglì Dividende *f*; Bonus *m*
红领巾 hónglǐngjīn ① rotes Halstuch (der Jungen Pioniere) ② junger Pionier
红绿灯 hónglǜdēng Verkehrsampel *f*; Verkehrssignal *n*
红旗 hóngqí rote Fahne; rotes Banner: 工业战线上的一面～ eine rote Fahne auf der industriellen Front
红人 hóngrén Günstling *m*; Favorit *m*; Liebling *m*
红润 hóngrùn (Haut) rötlich; rosa: 脸色～ rotbackig; rotwangig
红烧 hóngshāo etw. in Sojasoße kochen oder schmoren; (mit Sojasoße) rot garen: ～肉 in Sojasoße langsam gekochtes Schweinefleisch; (mit Sojasoße) rotgegartes Fleisch; Schweinegulasch *m/n*
红十字会 Hóngshízìhuì Rotes Kreuz
红薯 hóngshǔ Süßkartoffel *f*; Batate *f*
红外线 hóngwàixiàn infraroter

Strahl; ultraroter Strahl

红血球 hóngxuèqiú rote Blutkörperchen; Erythrozyten *pl*

红药水 hóngyàoshuǐ Merkurochromum *n*

红晕 hóngyùn Schamröte *f*: 脸上泛出～ Schamröte steigt j-m ins Gesicht

红肿 hóngzhǒng Rötung und Schwellung

洪 hóng ① groß; gewaltig: ～涛 Wogen *pl*; große Wellen ② Flut *f*: 防～ Hochwasserschutz *m*; Vorkehrungen gegen Hochwasser treffen

洪峰 hóngfēng Höchststand der Flut; Höhepunkt der Flut; höchster Hochwasserstand

洪亮 hóngliàng laut und klar; klangvoll: ～的回声 lauter Widerhall

洪流 hóngliú mächtiger Strom; Strömung *f*

洪水 hóngshuǐ Hochwasser *n*; Überschwemmung *f*; Sintflut *f*

宏 hóng groß; großartig; grandios

宏大 hóngdà groß; grandios; gewaltig; riesig: 规模～ von großem Ausmaß; großangelegt

宏观 hóngguān makroskopisch; Makroskopie *f*: ～经济 Makroökonomie *f*

宏论 hónglùn gescheite (*od* intelligente, scharfsinnige) Feststellung; kluge Ansicht; bemerkenswerte Worte

宏伟 hóngwěi herrlich; großartig; erhaben; grandios: ～建筑 prächtiges Gebäude; eindrucksvoller Bau

宏愿 hóngyuàn ehrgeiziges Streben; hochfliegende Pläne; hochgestecktes Ziel; große Ambition

宏旨 hóngzhǐ Wesen *n*; Leitgedanke *m*; Hauptthema *n*: 无关～ nicht von großer Wichtigkeit sein; bedeutungslos; unwichtig; belanglos; unerheblich

弘 hóng ① groß; großartig; prächtig ② erweitern *vt*; verbreiten *vt*; popularisieren *vt*

弘大 hóngdà sehr groß; großartig

泓 hóng ① tief (wasser) ② <量> 一～秋水 eine weite Fläche klaren herbstlichen Wassers

hǒng

哄 hǒng ① belügen *vt*; betrügen *vt*; täuschen *vt*; übertölpeln *vt*; j-n um etw. prellen: 你这是～我。Du willst mich wohl zum Narren halten. ② schmeichelnd zureden; j-n durch Schmeicheln überreden: 她很会～孩子。Sie versteht (es gut), mit Kindern umzugehen. * 另见 hōng; hòng

哄骗 hǒngpiàn betrügen *vt*; täuschen *vt*; beschwindeln *vt*

hòng

哄 hòng Aufruhr *m*; Lärm *m*: 一～而散 lärmend auseinandergehen; sich in einem Tumult auflösen; mit Getöse auseinanderstieben * 另见 hōng; hǒng

hóu

侯 hóu ① Fürst *m*; Marquis *m*: ～爵 Fürst *m*; Marquis *m* ② hoher Würdenträger (*od* Beamter)

瘊 hóu Warze *f*: ～子 Warze *f*

喉 hóu Kehle *f*; Schlund *m*; Hals *m*

喉咙 hóulóng Kehle *f*; Gurgel *f*; Schlund *m*; Hals *m*: ～痛 Halsschmerzen haben; Der Hals tut weh.

喉舌 hóushé Sprachrohr *n*: 人民的～ Sprecher der Volksmassen

猴 hóu Affe *m*: ～子 Affe *m*

hǒu

吼 hǒu ① brüllen *vi*; heulen *vi*: 狮～ Löwengebrüll *n* ② (wind) heulen *vi*; brausen *vi*; tosen *vi*: 北风怒～。Der Nordwind heult (*od* braust).

hòu

厚 hòu ① dick: ～棉衣 dicke wattierte Kleidung ② tief; innig: 深情～谊 tiefe (*od* enge) Freundschaft ③ gutherzig; gütig: 忠～ ehrlich und warmherzig; ehrenhaft und tolerant; aufrichtig und großherzig ④ groß; teuer; reichlich: ～利 großer Gewinn ～酬 hohe Belohnung ⑤ stark (riechend); scharf (schmekkend) ⑥ achten *vt*; beachten *vt*; auf etw. Wert legen: ～此薄彼 das eine bevorzugen und das andere vernachlässigen; dem einen mit Respekt begegnen und dem anderen die kalte Schulter zeigen

厚薄 hòubó Dicke *f*; Stärke *f*

厚道 hòudao redlich und tolerant; großmütig; gutherzig; gütig

厚度 hòudù Dicke *f*; Stärke *f*

厚脸皮 hòuliǎnpí schamlos; aufdringlich; unverschämt; frech: 厚着脸皮说 die Stirn haben, etw. zu sagen

厚望 hòuwàng große Erwartungen (*od* Hoffnungen): 不负～ j-s großen Erwartungen gerecht werden

厚颜 hòuyán unverschämt; schamlos; frech: ～无耻 frech und schamlos; bar allen (*od* jeden) Schamgefühls

厚意 hòuyì Güte *f*; Freundlichkeit *f*; Liebenswürdigkeit *f*: 多谢您的一番～。Ich danke Ihnen für Ihre Güte.

候 hòu ① warten *vi*; abwarten *vt*; erwarten *vt*: 请稍～一会儿。Bitte warten Sie einen Moment! ② grüßen *vt*: 致～ j-m Grüße senden; an j-n einen Gruß ausrichten ③ Zeit *f*; Jahreszeit *f*; Saison *f*: 时～ Zeit *f* ④ Zustand *m*; Lage *f*: 症～ Symptom *n*

候补 hòubǔ kandidieren *vi*; Kandidatur *f*; Anwartschaft *f*

候车室 hòuchēshì Wartesaal *m*; Warteraum *m*

候鸟 hòuniǎo Zugvogel *m*

候选人 hòuxuǎnrén Kandidat *m*: 提出～ Kandidaten aufstellen

候诊 hòuzhěn auf die ärztliche Untersuchung warten; auf die Behandlung warten: ～室 Wartezimmer *n* (beim Arzt)

后 hòu Kaiserin *f*; Königin *f*

后(後) hòu ① hinten; hinter: 屋～ hinter dem Haus ～排 hintere Reihe ② nach; danach; später: 不久以～ bald danach (*od* darauf) ③ Nachkommenschaft *f*; Nachkomme *m*: 无～ ohne männliche Nachkommenschaft; ohne Erben

后备 hòubèi Reserve *f*: 留有～ etw. in Reserve haben ～基金 Reservefonds *m* ～军 Ersatztruppen *pl*; Reservearmee *f*

后辈 hòubèi ① Nachwelt *f*; spätere Generationen (*od* Geschlechter); Nachkommen *pl* ② jüngere Generation; Nachwuchs *m*

后尘 hòuchén 〈书〉[多用于]: 步人～ in j-s Fußstapfen treten; ausgetretene Wege gehen

后代 hòudài ① spätere Perioden; nachfolgende Zeitalter ② spätere Geschlechter; Nachkommenschaft *f*; kommende Generationen; Nachkomme *m*

后盾 hòudùn Stütze *f*; Rückhalt *m*: 坚强的～ mächtiger Rückhalt; feste Stütze

后方 hòufāng Etappe *f*; Hinterland *n*: ～勤务 rückwärtige Dienste; Etappendienst *m*

后顾 hòugù ① nach hinten sehen, um auf etw. achtzugeben: 无暇～ keine Zeit haben, sich umzusehen ② zurückblicken *vi*; Rückblick *m*: ～与前瞻 Rückblick und Vorausschau

后果 hòuguǒ Folge *f*; Auswirkungen *pl*; Nachwirkungen *pl*: 承担一切～ all die Folgen tragen

后患 hòuhuàn böse (*od* schlimme) Folgen; Schäden für die Zukunft; künftiges Unheil: ～无穷 unermeßliche Schäden hinterlassen; verheerende Folgen zurücklassen

后悔 hòuhuǐ bereuen *vt*; Reue empfinden (*od* fühlen, verspüren): ～莫及。Die Reue kommt zu spät.

后继 hòujì nachfolgen *vi*: ～无人 keinen Nachfolger haben

后进 hòujìn ① Nachwuchs *m* ② Zurückgebliebene(r)

后劲 hòujìn ① Nachwirkung *f*; spätere Wirkung; Folgeerscheinung *f*: 这酒～大。Dieser Schnaps hat eine nachhaltige Wirkung. ② Ausdauer *f*; Zähigkeit *f*

后来 hòulái später; darauf; danach; in der Folge; dann

后来居上 hòu lái jū shàng der Nachfolger übertrifft den Vorgänger; der Zurückgebliebene überholt den Fortgeschrittenen

后路 hòulù ① Rückzugsweg *m*; Fluchtroute *f*; Verbindungslinie mit dem Hinterland: 切断敌人～ dem Feind den Rückzug abschneiden; den Feind von rückwärtigen Verbindungen abschneiden ② Bewegungsfreiheit *f*; Spielraum *m*; Manövrierfähigkeit *f*

后门 hòumén ① Hintertür *f*: 大院的～ Hintereingang des Gemeinschaftshofs ② Hintertür-

Praktiken *pl*

后面 hòumian ① hinten; hinter- ② später; nachher

后起 hòuqǐ heranreifend; Nachwuchs *m*; von jüngerer Generation: ～之秀 ein junges Talent; vielversprechender Nachwuchs; Nachwuchstalent *n*

后勤 hòuqín rückwärtige Dienste; Logistik *f*; Etappendienst *m*: ～部 Logistik-Abteilung *f*; Versorgungsabteilung *f* ～基地 Nachschubbasis *f* ～支援 logistische Unterstützung

后人 hòurén ① spätere Geschlechter (*od* Generationen); Nachwelt *f* ② Nachkommen *pl*; Nachfahren *pl*; Abkömmlinge *pl*

后生可畏 hòushēng kě wèi dem Nachwuchs gebührt Achtung; die Nachgeborenen überflügeln oft die ältere Generation; die junge Generation ist zu respektieren

后世 hòushì ① spätere Geschichtsperiode; künftige Zeiten ② spätere Generationen

后事 hòushì ① [多见于章回小说] was weiter geschehen ist; die weitere Entwicklung ② Obliegenheiten anläßlich eines Todesfalls; Begräbnis *n*: 料理～ ein Begräbnis arrangieren; die Trauerangelegenheiten besorgen

后台 hòutái ① Platz hinter der Bühne; in den Garderoben; hinter den Kulissen ② Hintermann *m*; Drahtzieher *m*: ～很硬 eine einflußreiche Person im Rücken haben

后卫 hòuwèi ① Nachhut *f* ② Verteidiger *m*: 左(右)～ linker (rechter) Verteidiger

后遗症 hòuyízhèng Folgekrankheit *f*; Nachkrankheit *f*

后裔 hòuyì Deszendent *m*; Nachkomme *m*; Nachfahre *m*; Abkomme *m*; Abkömmling *m*

后者 hòuzhě der (die, das) letztere

后缀 hòuzhuì Suffix *n*; Nachsilbe *f*

hū

糊 hū verputzen *vt*; zugipsen *vt*: 用灰把墙缝～上 Risse in der Wand zugipsen bzw. zumorteln ～一层泥 eine Lehmschicht auftragen * 另见 hú; hù

乎 hū ① <书><助> [在句末表示疑问或揣度]: 有朋自远方来，不亦乐～? Ist es nicht angenehm, wenn die Freunden aus weiter Ferne kommen? ② [动词后缀]: 出～意料 wider alles Erwarten; unerwartet ③ [形容词或副词后缀]: 确～重要 wirklich sehr wichtig

呼 hū ① ausatmen *vt/vi* ② herausschreien *vt*; rufen *vt*: ～口号 Losungen ausrufen ③ nennen *vt*; aufrufen *vt*: ～之即来，挥之即去 sich auf j-s Abruf (*od* leisesten Wink) bereit halten ④ puffen *vi*: 北风～～地吹。Der Nordwind pfeift.

呼喊 hūhǎn rufen *vt*; ausrufen *vt*; einen Schrei ausstoßen

呼号 hūháo wehklagen *vi*; jammern *vi*; heulen *vi*: 奔走～ überall um Hilfe appellieren; für eine Sache von Pontius zu Pilatus laufen

呼号 hūhào ① Rufzeichen *n* ② Parole *f* (einer Organisation)

呼唤 hūhuàn rufen *vt*; aufrufen *vt*; anrufen *vt*: 远处有人在～我们。Jemand ruft uns in der Ferne.

呼叫 hūjiào ① aufschreien *vi*; Geschrei *n* ② (bei Fernmeldeamt) rufen *vi*; Ruf *m*: ～信号 Rufsignal *n*; Rufzeichen *n*

呼救 hūjiù Notruf *m*; um Hilfe rufen

呼噜 hūlu schnarchen *vi*: 打～ schnarchen *vi*

呼声 hūshēng Ruf *m*; Stimme *f*: 群众的～ die Stimme der Massen 世界舆论的～ die Stimme der Weltöffentlichkeit

呼吸 hūxī ① atmen *vi*: ～新鲜空气 reine, frische Luft atmen ～困难 mühsam atmen; Atembeschwerden haben; Atemnot *f* ② Atmung *f*; Atem *m*; Atmen *n*; Atemzug *m*: 口对口～ Beatmung von Mund zu Mund 人工～ künstliche Beatmung 他的～迟缓而困难。Sein Atem ist mühsam und schwer. 或 Er ringt nach Atem.

呼啸 hūxiào pfeifen *vi*; sausen *vi*; heulen *vi*: 北风～。Der Nordwind pfeift.

呼应 hūyìng rufen und antworten; einander in die Hände arbeiten; ein Echo finden: 遥相～ über weite Entfernung sich auf gemeinsames Handeln verständigen; über eine weite Entfernung koordiniert handeln

呼吁 hūyù appellieren *vi*; aufrufen *vt*; Appell *m*; Aufruf *m*: ～援助灾区难民 Appell zur Hilfe für die Flüchtlinge aus dem Katastrophengebiet

忽 hū vernachlässigen *vt*; übersehen *vt*; ignorieren *vt* ② plötzlich; auf einmal: ～发奇想 auf einen originellen Einfall (*od* auf eine merkwürdige Idee) kommen

忽而 hū'ér mal... mal... ; bald... bald...; plötzlich: ～哭～笑 bald weinen, bald lachen

忽略 hūlüè vernachlässigen *vt*; übersehen *vt*; etw. außer acht lassen: 错误虽小,但不可～。Zwar ist der Fehler klein, aber man darf diesen nicht übersehen.

忽然 hūrán plötzlich; unversehens; unerwartet; auf einmal; jählings

忽视 hūshì ignorieren *vt*; übersehen *vt*; etw. außer acht lassen; vernachlässigen *vt*

hú

壶(壺) hú ① Kanne *f*; Kessel *m*; Krug *m*: 水～ Wasserkessel *m* 茶～ Teekanne *f* 油～ Ölkanne *f* ② Flasche *f*: 暖～ Thermosflasche *f*

胡(鬍④) hú ① historische Bezeichnung für früher im Norden und Westen Chinas angesiedelte Volksgruppen ② von auswärts eingeführt: ～萝卜 Mohrrübe *f*; Karotte *f* ～椒 Pfeffer *m* ③ rücksichtslos; willkürlich; leichtsinnig; unverantwortlich: ～闹 Blödsinn *m*; Unsinn *m*; unfug *m* ～说 Blödsinn *m*; Unsinn *m*; Quatsch *m* ④ Bart *m*

胡话 húhuà Fieberphantasien *pl*; Fieberwahn *m*; unsinniges Gerede (*od* Geschwätz)

胡搅 hújiǎo ① j-n belästigen; j-n stören; j-m lästig sein ② sich mit allen Mitteln verteidigen; allerlei Ausflüchte gebrauchen; sich mit allerlei Ausflüchten (*od* spitzfindig) verteidigen: ～蛮缠 j-m mit anmaßenden Forderungen in den Ohren liegen; j-n endlos belästigen

胡来 húlái ① herummurksen *vi*; herumpfuschen *vi* ② Unfug treiben; dumme Streiche machen; Unsinn machen

胡乱 húluàn willkürlich; nach Belieben; blindlings: ～写几行 ein paar Zeilen hinschmieren ～猜测 wilde (*od* willkürliche) Vermutungen anstellen

胡闹 húnào Unfug treiben; randalieren *vi*; Radau machen; Unsinn (*od* dumme Streiche) machen

胡琴 húqin *Huqin f* (zweisaitige chinesische Geige)

胡说 húshuō ① Unsinn reden (*od* schwatzen); faseln *vi*; dummes Zeug erzählen ② unsinniges Gerede (*od* Geschwätz); Blödsinn *m*; Quatsch *m*: ～八道 hirnverbrannten Unsinn reden; faseln *vi*; ins Blaue hineinreden; wirres Zeug reden; sinnloses Geschwätz

胡思乱想 hú sī luàn xiǎng von etw. phantasieren; der Phantasie freien Lauf lassen; spintisieren *vi*; sich dumme Gedanken machen

胡同 hútòng Gasse *f*; kleine Nebenstraße

胡须 húxū Bart *m*

胡言乱语 húyán luànyǔ Unsinn reden; quatschen *vi*; faseln *vi*; ins Blaue hineinschwätzen; schwafeln *vi*; wirr durcheinanderreden

胡诌 húzhōu das Blaue vom Himmel herunterlügen; dumme Geschichten erdichten; etw. aus der Luft greifen

胡作非为 hú zuò fēi wéi sein Unwesen treiben; Untaten begehen; willkürlich schalten und walten; über die Stränge schlagen

湖 hú See *m*

湖滨 húbīn Seeufer *n*; am See

湖泊 húpō Seen *pl*

糊 hú ① Kleister *m*; Klebstoff *m*; Kleber *m* ② kleben *vt*; bekleben *vt*; kleistern *vt*: ～窗户 Fensterspalten mit Papierstreifen verkleben ～墙 eine Wand mit einer Tapete bekleben; ein Zimmer tapezieren *另见 hū; hù

糊涂 hútu wirrköpfig; konfus; unklar; durcheinander: ～思想 ein konfuser Gedanke 一时～ zeitweise auf den Irrweg geraten

蝴 hú

蝴蝶 húdié Schmetterling *m*

猢 hú

猢狲 húsūn Affe *m*; Rhesusaffe *m*: 树倒～散。Sobald der Baum fällt, laufen die Affen auseinander. — Wenn der Anführer am Boden liegt, gehen die Anhänger auseinander.

糊 hú Brei *m*

糊口 húkǒu mit Mühe und Not sein Brot verdienen; sich kümmerlich durchschlagen; sein Leben fristen

核 hú * 另见 hé

核儿 húr ① Kern *m*; Stein *m*: 杏～ Aprikosenkern *m* 梨～ Birnenkern *m* ② einen Kern bildende Gegenstände: 煤～ angebrannte Kohlenreste

囫 hú

囫囵 húlún ganz; vollständig: ～吞下 etw. als Ganzes schlucken ～吞枣 eine Dattel hinunterschlukken, ohne sie zu kauen — etw. lesen, ohne es zu verstehen; etw. lernen, ohne es zu verdauen

鹄 hú Schwan *m*

鹄候 húhòu 〈书〉 respektvoll warten; erwarten *vt*: ～回音 in Erwartung Ihrer Antwort; Ihrer Antwort erwartungsvoll entgegensehend

鹄望 húwàng auf j-n gespannt warten; sich nach j-m/etw. den Hals verrenken; einer Sache erwartungsvoll (*od* ungeduldig) entgegensehen; mit gerecktem Hals Ausschau halten

狐 hú Fuchs *m*

狐臭 húchòu Achselgeruch *m*; Achselgestank *m*

狐假虎威 hú jiǎ hǔ wēi der Fuchs macht sich die Macht des Tigers zunutze — mit der Macht eines anderen imponieren; die Macht eines Höheren für eigene Zwecke mißbrauchen

狐狸 húli Fuchs *m*: ～尾巴总是要露出来的。Der Fuchs kann nicht immer seinen Schwanz verbergen. 或 Der Pferdefuß wird [früher oder später schon herausschauen.

狐媚 húmèi j-n durch Koketterie, Schmeichelei usw. für sich zu gewinnen versuchen; umgarnen *vt*; verlocken *vt*

狐群狗党 hú qún gǒu dǎng Klüngel *m*; schlechte Gesellschaft; Schurkenbande *f*; üble Sippschaft; Gesindel *pl*; ehrlose Gesinnungsgenossen; Lumpenpack *n*

狐疑 húyí Argewohn *m*; Zweifel *m*; Mißtrauen *n*: 满腹～ voller Argwohn

弧 hú Kreisbogen *m*

弧光 húguāng Bogenlicht *n*: ～灯 Bogenlampe *f*

弧形 húxíng Kurve *f*; Bogen *m*; kurvenförmig; bogenartig; bogenförmig

hǔ

虎 hǔ ① Tiger *m* ② tollkühn; tapfer; kräftig; unerschrokken: ～～有生气 voll Lebenskraft; voller Kraft; temperamentvoll

虎口 hǔkǒu ① Tigerrachen *m* ② Todesrachen *m*; Höllenschlund *m*; gefährliche Lage: ～余生 aus dem Tigerrachen gerettet — einer tödlichen Gefahr entkommen; einem Unglück knapp entrinnen; mit knapper Not davonkommen

虎视眈眈 hǔ shì dāndān wie ein gieriger Tiger j-m auflauern; lauernd nach etw. starren

虎头蛇尾 hǔ tóu shé wěi Tigerkopf und Schlangenschwanz — groß anfangen, aber mit nichts enden; wie das Hornberger Schießen ausgehen; mit Schwung beginnen und nicht beenden

虎穴 hǔxué ① Tigerhöhle *f* ② gefährlicher Ort

琥 hǔ

琥珀 hǔpò Bernstein *m*; gelber Amber

hù

糊 hù Brei *m*; Mus *n*; Paste *f*: 辣椒～ Paprikapaste *f* 玉米～ Maismehlbrei *m* *另见 hū; hú

糊弄 hùnong täuschen *vt*; betrügen *vt*: hintergehen *vt*; nasführen *vt*; j-n auf den Arm nehmen: 别～我。täusche mich nicht!

户 hù ① Tür *f*; Tor *n*: 门～ Tor *m*; Tür *f* ② Familie *f*; Haushalt *m*: 全村共好几百～。Das Dorf zählt mehrere hundert Haushalte. ③ Bankkonto *n*: 存～ Deponent *m*; Kontoinhaber *m*; Einzahler *m*

户籍 hùjí ① Einwohnerliste *f*;

Einwohnerverzeichnis *n*; Haushaltsregister *n* ② eingetragener ständiger Wohnsitz

户口 hùkǒu ① Anzahl der Haushalte und der Gesamtbevölkerung ② eingetragener ständiger Wohnsitz: 迁～ seinen Wohnsitz verlegen 报～ den Aufenthalt beim Einwohneramt mitteilen (*od* anmelden); sich polizeilich anmelden ～普查 Zensus *m*; Volkszählung *f* ～登记本 Register für den Haushalt; Familienregister *n*

户枢不蠹 hù shū bù dù Türangeln werden nicht wurmstichig — Bewegung erhält gesund und frisch

户头 hùtóu Bankkonto *n*: 开～ ein Konto eröffnen

户主 hùzhǔ Hausherr *m*; Haushaltungsvorstand *m*; Familienoberhaupt *n*

护(護) hù ① schützen *vt*; hüten *vt*; bewachen *vt*: ～航 eskortieren *vt*; geleiten *vt*; Geleitschutz *m*; Konvoi *m* ② j-n gegen Tadel decken; j-n in Schutz nehmen: ～短 Fehler vor sich oder Nahestehenden vertuschen; Fehler bemänteln; Mängel beschönigen

护持 hùchí hüten und pflegen

护理 hùlǐ (einen Patienten) pflegen *vt*; Krankenpflege *f*: ～伤病员 Kranke und Verwundete pflegen

护士 hùshi Krankenschwester *f*; Krankenwärterin *f*; Krankenpflegerin *f*

护送 hùsòng eskortieren *vt*; geleiten *vt*; j-m Geleitschutz geben

护养 hùyǎng ① kultivieren *vt*; pflegen *vt*; züchten und aufziehen: ～秧苗 Reissetzlinge züchten und aufziehen ② instandhalten *vt*; unterhalten *vt*: ～公路 Fernverkehrsstraßen instandhalten

护照 hùzhào Paß *m*; Reisepaß *m*: 外交～ Diplomatenpaß *m* 公务～ Dienstpaß *m*

怙 hù 〈书〉 sich auf etw. / j-n verlassen; sich auf j-n/etw. angewiesen sein

怙恶不悛 hù è bù quān ohne Reue und unverbesserlich; hartnäckig an Fehlern festhalten und nicht zur Reue bereit sein

互 hù gegenseitig; wechselseitig; einander: ～通有无 jeder liefert, was der andere braucht; sich gegenseitig mit notwendigen Gütern aushelfen; gegenseitig benötigte Waren austauschen ～不干涉 gegenseitige Nichteinmischung; sich (gegenseitig) nicht in etw. einmischen ～不侵犯 gegenseitiger Nichtangriff; sich (gegenseitig) nicht angreifen

互访 hùfǎng einander besuchen; Besuche austauschen

互惠 hùhuì gegenseitige Begünstigung; gegenseitiger Vorteil: 平等～ Gleichberechtigung und gegenseitige Begünstigung

互利 hùlì gegenseitiger Nutzen (*od* Vorteil)

互相 hùxiāng wechselseitig; gegenseitig; einander: ～排斥 gegenseitig exklusiv; einander ausschließen ～支持 gegenseitig unterstützen ～尊重 gegenseitige Achtung; gegenseitig respektieren ～勾结 miteinander gemeinsame Sache machen

互助 hùzhù sich gegenseitig Beistand leisten; einander helfen; gegenseitige Hilfe: ～合作 gegenseitige Hilfe und Zusammenarbeit

huā

化 huā ausgeben *vt*; aufwenden *vt*: ～钱不少 viel Geld ausgeben * 另见 huà

花 huā ① Blume *f*; Blüte *f*: ～盆 Blumentopf *m* 献～ j-m einen Blumenstrauß (*od* Blumen) überreichen ② etwas einer Blume Ähnliches: 火～ Funke(n) *m* 雪～ Schneeflocke *f* ③ Feuerwerk *n*: 放～ ein Feuerwerk abbrennen ④ Muster *n*; Verzierung *f*: 白地蓝～ blaue Muster auf weißem Untergrund ⑤ gemustert; geblümt; bunt; vielfarbig ⑥ verschwommen; verwischt; undeutlich; geblendet ⑦ verwundet: 挂～ verwundet werden ⑧ ausgeben *vt*; verwenden *vt*; aufwenden *vt*: ～了不少钱 viel Geld ausgeben 很～时间 viel Zeit in Anspruch nehmen; für etw. viel Zeit aufwenden

花白 huābái grau; ergraut; graumeliert: 头发～ graumeliert; grauhaarig

花瓣 huābàn Blumen-, Kronblatt *n*

花边 huābiān ① Randverzierung *f*; Zierrand *m* ② Spitze *f*; Borte *f*; ③ Rand *m*; Umrandung *f*

花茶 huāchá Dufttee *m*: 茉莉～ Jasmintee *m*

花朵 huāduǒ Blüte *f*; Blume *f*

花费 huāfèi ausgeben *vt*; aufwenden *vt*; verwenden *vt*: ～心血 sein Herzensblut vergießen; sich Mühe geben

花费 huāfei Geldausgabe *f*; Aufwand *m*; Kosten *pl*

花好月圆 huā hǎo yuè yuán [旧时用作新婚的颂词] prachtvolle Blumen und ein runder Mond — vollkommenes Eheglück

花花公子 huāhuā gōngzǐ Playboy *m*; reicher, junger Lebemann

花花绿绿 huāhuālǜlǜ bunt; farbig; farbenprächtig; farbenfreudig

花花世界 huāhuā shìjiè eine bunte Welt; eine die Sinne betäubende Welt

花环 huāhuán Kranz *m*; Girlande *f*; Blumenband *n*

花卉 huāhuì ① Blumen und Gräser; Zierpflanzen *pl* ② Blumenmalerei *f*

花甲 huājiǎ im Alter von sechzig Jahren; sechzigjährige Periode: 年逾～ über sechzig Jahre alt sein; über die Sechzig sein

花篮 huālán Blumenkorb *m*

花名册 huāmíngcè Personalliste *f*; Namenregister *n*; Mitgliederverzeichnis *n*

花木 huāmù Blumen und Bäume (in einem Park oder Garten); Zierpflanzen *pl*; Grünanlage *f*

花鸟 huāniǎo Blumen- und Vogelmalerei *f*: ～画 Bild mit Blumen und Vögeln

花圃 huāpǔ Blumenbeet *n*; Blumengarten *m*; Pflanzschule *f*

花腔 huāqiāng ① Koloratur *f*: ～女高音 Koloratursopran *m* ② listige (*od* betrügerische) Worte: 耍～ trügerisch sprechen

花圈 huāquān Blumenkranz *m*; kranz *m*: 献～ einen Kranz niederlegen

花色 huāsè ① Muster und Farben; Färbung und Design ② Sorte *f*; Sortiment *n*; Auswahl *f*; Spezies *f*: ～繁多 ein reichhaltiges Sortiment; eine reiche Auswahl

花哨 huāshao ① farbenfreudig; grell; prunkhaft ② mannigfaltig; vielfältig; vielgestalitig; abwechselungsreich

花饰 huāshì Ornament *n*; Verzierung *f*

花束 huāshù Blumenstrauß *m*; Blumenbukett *n*

花天酒地 huā tiān jiǔ dì in Saus und Braus leben; ausschweifend leben; ein verschwenderisches Leben führen

花团锦簇 huā tuán jǐn cù farbenreich und prunkvoll; farbenprächtig

花纹 huāwén dekoratives Muster; Verzierung *f*; Schnörkel *m*

花絮 huāxù interessante Episoden; Hintergrundinformationen *pl*; Randnotizen *pl*; Kulissenklatsch *m*

花言巧语 huā yán qiǎo yǔ honigsüße (*od* schöne) Worte im Mund führen; j-m Honig um den Mund schmieren

花样 huāyàng ① Muster *n*; Fasson *f*; Form *f*; Art *f* ② Trick *m*: 玩～ einen Trick anwenden (*od* ausspielen); tricksen *vi* ～滑冰 Eiskunstlauf *m*

花园 huāyuán Blumengarten *m*; Garten *m*

花招 huāzhāo ① effektvolle Bewegung beim *Wushu* ② Trick *m*; Kunstgriff *m*; Finte *f*; Kniff *m*; List *f*; Ränke *pl*; Schliche *pl*: 玩弄～ einen Trick anwenden

花枝招展 huāzhī zhāozhǎn sich wie ein Pfau herausputzen; in prunkvoller Aufmachung

哗(嘩) huā 〈象〉 铁门～的一声关上了。Das eiserne Tor schloß sich rasselnd. 流水～～地响。Das Wasser rauscht. * 另见 huá

哗啦 huālā 〈象〉 墙～一声倒了。Die Wand stürzte krachend ein.

huá

划(劃) huá ① rudern *vi/vt*; paddeln *vi*: ～船 das Boot rudern; Boot fahren ② ritzen *vt*; kratzen *vt*; aufreißen *vt*: ～火柴 Zündholz anzünden 他手～破了。Er hat sich an der Hand geritzt. ③ sich lohnen; sich bezahlt machen: ～不来 sich nicht bezahlt machen * 另见 huà

划拳 huáquán Fingerknobeln *n*; mit den Fingern knobeln (bei einem Trinkgelage)

划算 huásuàn ① berechnen *vt*; überlegen *vt*; kalkulieren *vt*; wägen *vt*: ～来～去 hin und her überlegen; etw. sorgfältig abwägen ② sich bezahlt machen;

sich lohnen

滑 huá ① glatt; rutschig; glitscherig; glitschig; schlüpfrig: 又圆又～的小石子 runde, glatte Kieselsteine 路面有雪～得很。Die straße ist sehr glatt mit Schnee. ② gleiten *vi*; rutschen *vi*; schlittern *vi* ③ schlau; verschlagen; arglistig; raffiniert

滑冰 huábīng Schlittschuh laufen; eislaufen *vi*: ～场 (künstliche) Eisbahn *f*

滑稽 huájī komisch; spaßhaft; drollig; witzig; lächerlich; schalkhaft

滑溜 huáliu glatt; glitschig; schlüpfrig: 缎子被面摸着挺～。Die seidene Oberseite einer Steppdecke ist weich und glatt gespürt.

滑腻 huánì seidenweich; seidig; samtweich; samten; samtig

滑头 huátóu ① aalglatter, gerissener Mensch; schlauer Fuchs ② aalglatt; schlau; listig; gerissen

滑翔 huáxiáng segeln *vi*; gleiten *vi*; Segelflug *m*: ～机 Segelflugzeug *n*; Gleiter *m*; Gleitflugzeug *n*

滑行 huáxíng gleiten *vi*; rollen *vi*: 飞机在跑道上～。Das Flugzeug rollt die Piste entlang.

滑雪 huáxuě Schilaufen *n*: ～板 Schi *m*; Ski *m*

华(華) huá ① prächtig; prunkvoll; prachtvoll; glanzvoll: ～丽 herrlich; prächtig; glänzend ② gedeihend; blühend: 繁～ florierend; belebt; geschäftig ③ das Beste; das Vorzüglichste: 精～ Elite *f*; Auslese *f*; Essenz *f*; Blüte *f*; das Erlesenste ④ China: 来～正式访问 China einen offiziellen Besuch abstatten ⑤ luxuriös; extravagant; verschwenderisch; prunkend: 奢～ prunkvoll; prunkhaft; luxuriös ⑥ ergraut: ～发 graues (*od* ergrautes) Haar

华而不实 huá ér bù shí die Blüte ist prächtig, aber taub — schöne Form, leerer Inhalt; nur äußerlich schön, aber innen leer; außen blank, innen stank

华贵 huáguì prächtig; luxuriös; edel; wertvoll

华丽 huálì herrlich; prächtig; glänzend; prunkvoll: 服饰～ prächtig gekleidet und reichlich geschmückt ～的词藻 blumenreiche (*od* blumige) Sprache

华侨 huáqiáo Auslandschinese *m*

华夏 huáxià altertümliche Bezeichnung für China

华裔 huáyì ausländischer Staatsbürger chinesischer Abstammung

哗(嘩) huá Lärm *m*; Geräusch *n*; Spektakel *m*; Getöse *n*: 寂静无～ tiefe Stille; geräuschlos * 另见 huā

哗变 huábiàn meutern *vi*; Meuterei *f*

哗然 huárán in Aufruhr; in Erregung; erregt; tumulthaft: 舆论～。Die Öffentlichkeit ist sehr entrüstet.

哗众取宠 huá zhòng qǔ chǒng mit hohlen Phrasen nach billigen Effekten haschen; Eindruck schinden; Schaum schlagen

铧(鏵) huá Pflugschar *f*: 双～犁 Doppelpflug *m*; zweispuriger Pflug

huà

话 huà ① Wort *n*; Rede *f*; Sprache *f*: 说几句～ ein paar Worte sagen ② sprechen *vi*; reden *vi*: ～家常 über Familienangelegenheiten plaudern

话别 huàbié sich verabschieden; auf Wiedersehen (*od* ade) sagen

话柄 huàbǐng Anlaß für Gerede und Gespött

话锋 huàfēng Thema einer Unterhaltung: 把～一转 das Gesprächsthema wechseln; in einer Unterhaltung auf ein anderes Thema übergehen

话剧 huàjù Sprechtheater *n*; Theaterstück *n*; Drama *n*; Schauspiel *n*

话题 huàtí Thema (*od* Gegenstand) eines Gesprächs

话筒 huàtǒng ① Mikrophon *n* ② Telephonmikrophon *n* ③ Megaphon *n*

画(畫) huà ① malen *vt*; zeichnen *vt*: ～画 ein Bild malen ～饼充饥 mit gemalten Kuchen abspeisen; von Illusionen leben; sich von Illusionen nähren ～一张草图 eine Skizze zeichnen ② Malerei *f*; Bild *n*; Zeichnung *f*: 年～ Neujahrsbild *n* 油～ Ölgemälde *n* ③ mit Bildern geschmückt: ～栋雕梁 bemalte Säulen und mit Schnitzereien verzierte Balken

画报 huàbào Illustrierte *f*; Bildzeitung *f*

画册 huàcè Bildband *m*

画家 huàjiā Kunstmaler *m*; Maler *m*

画卷 huàjuǎn Bildrolle *f*

画廊 huàláng ① bemalter Säulengang ② Gemäldegalerie *f*; Galerie *f*

画龙点睛 huà lóng diǎn jīng auf das Bild eines Drachen die Pupillen auftupfen — das Wesentliche mit einem treffenden Wort erfassen; den letzten Schliff geben; das Pünktchen aufs i setzen

画面 huàmiàn ① das auf einem Bild Dargestellte; Bildinhalt *m* ② Einzelbild *n*; Teilbild *n*

画蛇添足 huà shé tiān zú eine Schlange malen und Füße hinzuzeichnen — etwas Überflüssiges tun; Holz in den Wald tragen; Eulen nach Athen tragen

画图 huàtú ① zeichnen *vt*; malen *vt* ② Bild *n*; Zeichnung *f*

画像 huàxiàng ① ein Porträt malen; j-n porträtieren ② Porträt *n*; Bildnis *n*: 巨幅～ überlebensgroßes Porträt

画展 huàzhǎn Gemäldeausstellung *f*; Bildergalerie *f*

划(劃) huà ① abgrenzen *vt*: ～界 eine Grenze festsetzen (*od* ziehen) ② übertragen *vt*; überweisen *vt*: ～款 Geldüberweisung *f* ③ planen *vt*: ～策 anzetteln *vt*; aushecken *vt*; ausbrüten *vt* ④ Strich *m* *另见 huá

划拨 huàbō überweisen *vt*; zuteilen *vt*; zuweisen *vt*

划分 huàfēn ① einteilen *vt*; aufgliedern *vt*: ～小组 in kleine Gruppen einteilen ② unterscheiden *vt*: ～两种不同类型的错误 die beiden ihrem Wesen nach verschiedenen Typen von Fehler unterscheiden

划清 huàqīng einen Trennungsstrich ziehen; einen klaren Unterschied machen; sich klar abgrenzen

划时代 huàshídài epochemachend; epochal; bahnbrechend: 具有～的意义 von epochemachender Bedeutung

划一 huàyī einheitlich; vereinheitlicht; übereinstimmend

化 huà ① verändern *vt*; umwandeln *vt*; verwandeln *vt*; zu etw. werden: ～险为夷 einer Gefahr entrinnen (*od* entgehen); die Gefahr beseitigen und Sicherheit geben ～害为利 Schädliches in Nützliches verwandeln ② schmelzen *vi*; auftauen *vi*; sich lösen: 用水～开 etw. im Wasser auflösen ③ verdauen *vt*; etw. loswerden: ～痰 schleimlösend ④ verbrennen *vt*: 火～ (Leichen) einäschern *vt*; kremiren *vt* ⑤ [后缀，加在名词或形容词之后构成动词]: 机械～ mechanisieren *vt* 工业～ industrialisieren *vt* 现代～ modernisieren *vt* 美～ verschönern *vt* 简～ vereinfachen *vt*; simplifizieren *vt* *另见 huā

化合 huàhé sich (chemisch) verbinden; chemische Verbindung: ～物 chemische Verbindung

化名 huàmíng inkognito *n*; Pseudonym *n*; Deckname *m*

化脓 huànóng eitern *vi*; eitrig werden: 伤口～了。Die Wunde ist vereitert. 或 Die Wunde eitert.

化身 huàshēn Verkörperung *f* Inkarnation *f*: 正义的～ Verkörperung von Gerechtigkeit

化石 huàshí Fossil *n*; Versteinerung *f*

化为乌有 huà wéi wū yǒu sich in nichts auflösen; zunichte werden; in Rauch aufgehen; zu Asche werden; spurlos verschwinden

化纤 huàxiān Chemiefaser *f*; Kunstfaser *f*

化学 huàxué Chemie *f*: 应用～ angewandte Chemie 理论～ theoretische Chemie ～成分 chemische Zusammensetzung ～反应 chemische Reaktion

化验 huàyàn chemisch untersuchen; Laboruntersuchung *f*: ～单 Laborbericht *m* ～室 Labor *n*; Laboratorium *n*

化妆 huàzhuāng sich schminken; sich zurechtmachen: ～品 Kosmetikum *n*; kosmetisches Mittel; Schönheitsmittel *n*; Make-up *n*; Schminke *f*; Toilettenartikel *pl*

化装 huàzhuāng ① sich kostümieren; sich schminken ② sich verkleiden: ～舞会 Maskenball *m*

huái

怀(懷) huái ① Brust *f*; Busen *m*; Schoß *m*: 她把孩子搂在～里。Sie drückt das kind an ihre Brust. 或 Sie nimmt ein Kind auf den Schoß. ② Gemüt *n*; Herz *n*; Sinn *m*: 襟～坦白 offenherzig (und redlich); selbstlos und großmütig ③ hegen *vt*; tragen *vt*: 胸～大志 weitgesteckte Ziele haben; von hohen Idealen beseelt sein 不～好意 böse Absichten haben ④ sich nach j-m/etw. sehnen; an j-n/etw. denken: ～友 an einen Freund denken ⑤ (ein Kind) empfangen *vt*: ～了孩子 schwanger sein; guter Hoffnung sein

怀抱 huáibào ① Brust *f*; Schoß *m*; Busen *m*: 回到祖国的～ in den Schoß des Vaterlandes zurückkehren ② hegen *vt*; beseelt sein: ～着全心全意为人民服务的崇高理想 von einem hohen Ideal beseelt sein, dem Volk mit Leib und Seele zu dienen

怀恨 huáihèn von Haß erfüllt sein; Haß empfinden

怀旧 huáijiù sich nach der Vergangenheit und früheren Bekannten zurücksehnen; sich an alte Zeiten oder alte Freunde erinnern

怀念 huáiniàn an j-n/etw. denken; sich nach j-m/etw. sehnen; von etw. zehren: ～故乡 sich nach der Heimat sehnen

怀疑 huáiyí ① zweifeln *vi*; bezweifeln *vt*; verdächtigen *vt*; Zweifel *m*: 引起～ Zweifel erwecken ② vermuten *vt*; annehmen *vt*: 我～他今天来不了。Ich nehme an, daß er heute nicht kommen kann.

怀孕 huáiyùn schwanger sein; trächtig sein: ～期 Schwangerschaft(szeit) *f*

槐 huái Japanischer Schnurbaum

踝 huái Knöchel *m*: ～骨 Knöchel *m*

huài

坏(壞) huài ① schlecht; schlimm: 不～ nicht schlimm ～人～事 Übeltäter und Untaten ② schlecht werden; kaputtgehen *vi*; verderben *vi*: 鱼～了。Der Fisch ist verdorben. ③ sehr; äußerst; furchtbar: 吓～了 von panischem Schrecken ergriffen werden 累～了 hundemüde (*od* todmüde) sein; restlos geschafft sein 渴～了 sehr durstig sein; unter großem Durst leiden ④ böse Absicht; gemeiner Trick: 使～ gemeine Tricks anwenden

坏处 huàichu Schaden *m*; Nachteil *m*: 这对你没有～。Das brachte dir keinen Nachteil.

坏蛋 huàidàn Halunke *m*; Bösewicht *m*; übler Kerl; Schuft *m*; schurke *m*

坏话 huàihuà böswillige Bemerkungen; boshaftes Gerede; üble Nachrede; unangenehme Worte: 讲别人～ anderen Schlechtes nachsagen

坏事 huàishì Schlechtigkeit *f*; Mißstand *m*; Übeltat *f*; etw. verderben; etw. zugrunde richten: 急躁只能～。Ungeduld kann der Sache nur schaden.

huān

欢(歡) huān ① froh; erfreut; freudig: ～呼 zujubeln *vi*; jubeln *vi*; Jubel *m*; Ovation *f* ～唱 fröhlich singen ～声雷动 die Hochrufe hallen wie Donnerrollen; donnernder Beifall erhebt sich; es erschallt donnernder Jubel ② lebhaft; rege; begeistert; schwungvoll: 雨下得正～。Der Regen fällt gerade sehr heftig (*od* stark).

欢畅 huānchàng hocherfreut; vergnügt; in guter Stimmung sein; gute Laune haben; frohgelaunt

欢度 huāndù (ein Fest, einen Anlaß usw.) fröhlich feiern: ～佳节 ein Freudenfest feiern

欢聚 huānjù fröhliche Runde; freudiges Zusammentreffen; glückliches Beisammensein: ～一堂 sich in fröhlicher Runde versammeln

欢快 huānkuài heiter und unbeschwert; lebhaft und schwungvoll; munter; vergnügt: ～的乐曲 schwungvolle Melodie

欢乐 huānlè freudig; fröhlich; lustig; vergnügt: ～的心情 fröhliche Stimmung

欢庆 huānqìng feierlich begehen; feiern *vt*

欢送 huānsòng sich von j-m (vor seiner Reise) verabschieden: ～会 Abschiedsfeier *f*; Abschiedsveranstaltung *f*

欢腾 huānténg vor Freude jubeln und tanzen

欢天喜地 huān tiān xǐ dì hocherfreut; voller Freude: ～迎新年 mit großer Freude dem Neujahr entgegensehen

欢喜 huānxǐ ① froh; erfreut: 满心～ voller Freude sein; mit Freude erfüllt sein; hocherfreut ② gern haben (*od* mögen); an etw. Vergnügen finden; an j-m/etw. Freude haben: 他～弹钢琴。Er spielt gern Klavier.

欢心 huānxīn Zuneigung *f*; Gunst *f*; Wohlwollen *n*; 博取～ um j-s Zuneigung werben; um j-s Gunst buhlen

欢欣 huānxīn freudig; fröhlich: ～鼓舞 voll Freude und Begeisterung; hocherfreut und begeistert sein

欢迎 huānyíng begrüßen *vt*; j-n willkommen heißen: ～贵宾 zur Begrüßung der Ehrengäste; die hohen Gäste willkommen heißen 这部小说深受读者～。Dieser Roman hat bei dem Publikum großen Anklang gefunden. ～词 Begrüßungsansprache *f*

huán

还(還) huán ① zurückkommen *vi*; zurückkehren *vi*: ～家 nach Hause zurückkehren; heimkehren *vi* ② zurückgeben *vt*: 这几本是到期要～的书。Die Rückgabe dieser Bücher ist fällig. ～债 Darlehen zurückzahlen; Schulden bezahlen (*od* begleichen) ～嘴 erwidern *vt*; entgegnen *vi* ③ vergelten *vt*; erwidern *vt*; mit etw. antworten: ～礼 einen Gruß erwidern * 另见 hái

还本 huánběn Kapital zurückzahlen; Kapitalrückzahlung *f*: ～付息 Kapital zurückzahlen und angelaufene Zinsen auszahlen

还击 huánjī einen Gegenangriff starten; zurückschlagen *vi*: 进行自卫～ in Selbstverteidigung zurückschlagen

还价 huánjià um den Preis feilschen (*od* handeln): 讨价～ feilschen *vi*; handeln *vi*

还原 huányuán in den ursprünglichen Zustand zurückführen; restaurieren

环(環) huán ① Ring *m*; Reif(en) *m*: 光～ Lichtring *m* 耳～ Ohrring *m* ② Kettenglied *n*; Glied *n*: 薄弱的～节 schwaches Glied; wunder Punkt ③ umgeben *vt*; umringen *vt*; umkreisen *vt*: 四面～山 von Bergen umschlossen

环抱 huánbào umschließen *vt*; umgeben *vt*

环顾 huángù 〈书〉 sich umsehen; sich umschauen; Umschau halten

环节 huánjié ① Kettenglied *n*: 主要～ Hauptkettenglied *n* ② Glied *n*; Körpersegment *n*

环境 huánjìng Umgebung *f*; Umwelt *f*; Verhältnisse *pl*; Milieu *n*: 适应～sich seiner Umwelt anpassen 如～许可 falls die Verhältnisse es erlauben 新的工作～ neue Arbeitsbedingungen ～保护 Umweltschutz *m* ～污染 Umweltverschmutzung *f*

环球 huánqiú ① rund um die Welt: ～旅行 eine Reise um die Welt ② Erde *f*; die ganze Welt; Erdball *m*

环绕 huánrǎo umgeben *vt*; umschließen *vt*; umkreisen *vt*: 地球～太阳运行。Die Erde umkreist die Sonne.

环视 huánshì sich umschauen; mit den Blicken umfassen

环行 huánxíng im Kreis gehen (*od* fahren); umkreisen *vt*; herumführen *vi*: ～一周 einen Rundgang machen ～公路 Ringstraße *f*

huǎn

缓 huǎn ① langsam; gemächlich: ～流 langsam fließen ～步 gemächlichen Schrittes gehen; schlendern *vi* ② verzögern *vt*; verschieben *vt*; etw. in die Länge ziehen: ～兵之计 Hinhaltetaktik *f*; Verzögerungsmanöver *n* ③ wieder zu sich kommen; das Bewußtsein wiedererlangen; sich erholen: 过了好一阵他才～过来。Nach einer ganzen Weile kam er erst wieder zu sich

缓冲 huǎnchōng (einen Konflikt) entschärfen *vt*; (einen Stoß usw.) dämpfen *vt*; Puffer *m*; Stoßdämpfer *m*: ～地带 Pufferzone *f*

缓和 huǎnhé ① entspannen *vt*; mildern *vt*; lindern *vt*; abschwächen *vt*: ～紧张局势 die gespannte Lage mildern 风势渐趋～。Der Wind läßt allmählich nach. ② Entspannung *f*; Detente *f*

缓急 huǎnjí von mehr oder weniger großer Dringlichkeit; unterschiedlich dringend: 分别轻重～加以处理 nach unterschiedlicher Bedeutung und Dringlichkeit behandelt werden

缓慢 huǎnmàn langsam; sacht: 行动～ langsam (*od* schwerfällig) im Handeln sein 进展～ im Schneckentempo vorankommen

缓期 huǎnqī einen Termin verschieben; eine Frist verlängern: ～付款 Zahlungsaufschub *m*; Stundung *f*

缓刑 huǎnxíng eine Strafe aussetzen; Aufschub des Strafvollzugs; Bewährung *f*

huàn

浣 huàn 〈书〉 waschen *vt*: ～衣 Wäsche waschen

宦 huàn ① Beamte *m* ② Eunuch *m*

宦海 huànhǎi Beamtentum *n*; Beamtenschaft *f*

宦途 huàntú Beamtenlaufbahn *f* Beamtenkarriere *f*

患 huàn ① Unheil *n*; Katastrophe *f*; Unglück *n*; Not *f*: 防～于未然 einem Unheil rechtzeitig vorbeugen; ein drohendes Unheil abzuwenden suchen ② sich sorgen; sich kümmern: 何～之有。Es besteht kein Grund zur Sorge. ③ (an einer Krankheit) leiden *vi*; erkranken *vi*: ～病 an einer Krankheit leiden; erkranken *vi*

患得患失 huàn dé huàn shī immer um den eigenen Gewinn oder Verlust besorgt sein; auf sein eigenes Wohl und Wehe bedacht sein

患难 huànnàn Not *f*; Leid *n*; Unglück *n*: ～之交 Freund in der Not; bewährter Freund; in der Not erprobter Freund ～与共 in Freud und Leid (treu) zusammenhalten; Not und Unglück gemeinsam tragen

涣 huàn sich auflösen; schmelzen *vi*; zerschmelzen *vi*; zerfließen *vi*;

涣然 huànrán zergehen *vi*; dahinschwinden *vi*; dahinschmelzen *vi*

涣散 huànsàn schlaff; locker; lax: 纪律～ sich disziplinlos verhalten; undiszipliniert sein ～斗志 die Kampfmoral untergraben

焕 huàn glänzend; leuchtend; strahlend

焕发 huànfā strahlen *vi*; voller Vitalität stecken: 精神～ mit wachen Lebensgeistern ausgestattet sein; voller Energie stecken

焕然 huànrán sehr glänzend; prächtig: ～一新 mit völlig neuem Antlitz; in neuem Glanz erstrahlen

换 huàn ① tauschen *vt*; austauschen *vt*; eintauschen *vt*; umtauschen *vt*: ～货 Warenaustausch *m*; Tauschhandel *m* ② wechseln *vt*: ～衣服 die Kleidung wechseln; sich umziehen ～车 (Bus, Straßenbahn, Zug u.ä.) umsteigen *vi*

换班 huànbān ① die Schicht wechseln (*od* ablösen); sich (im Dienst) ablösen; ② an j-s Stelle treten; j-s Posten übernehmen

换季 huànjì sich der Jahreszeit gemäß umziehen; entsprechend der Jahreszeit die Garderobe wechseln

换取 huànqǔ etw. gegen etw. tauschen (*od* einhandeln); etw. im Austausch gegen (*od* für) etw. erhalten

换文 huànwén Notenwechsel *m*; Notenaustausch *m*

唤 huàn laut rufen; herbeirufen *vt*: 呼～ rufen *vt*; schreien *vi*

唤起 huànqǐ ① aufrufen *vt*: ～民众 die Volksmassen aufrütteln ② wachrufen *vt*; erwecken *vt*; wekken *vt*: ～人们的注意 die allgemeine Aufmerksamkeit (er)wecken

唤醒 huànxǐng wachrütteln *vt*; aufwecken *vt*; wachrufen *vt*

幻 huàn ① unwirklich; trügerisch; illusorisch: 虚～ illusorisch; irreal ② magisch; zauberhaft: 变～莫测 sich ständig verändern; wechselvoll; häufig wechselnd

幻灯 huàndēng Lichtbilder-, Diavorführung *f*: 放～ Lichtbilder zeigen ～机 Projektor *m*; Bildwerfer *m*

幻境 huànjìng Traumwelt *f*; Märchenland *n*

幻觉 huànjué Halluzination *f*

幻灭 huànmiè desillusionieren *vt*; zunichte werden; zerrinnen *vi*

幻术 huànshù Zauberei *f*; Magie *f*; Gaukelei *f*

幻想 huànxiǎng Illusion *f*; Phantasie *f*; Hirngespinst *n*: 不抱～ keine Illusionen haben

幻象 huànxiàng Phantasiegebilde *n*; Trugbild *n*; Phantom *n*

huāng

荒 huāng ①öde; verlassen; brachliegend: 地～了。Das Feld liegt brach. ② wüst; verlassen: ～岛 einsame Insel; öde Insel ～山 kahler Berg; ödes Bergland ③

Mißernte *f*; Hungersnot *f*: 储粮备～ Getreide speichern, um gegen Mißernten vorzusorgen ④ vernachlässigen *vt*; verlernen *vt*; aus der Übung kommen: 别把学业～了! Vernachlässige dein Studium nicht! ⑤ Ödland *n*; unkultiviertes Land: 垦～ Ödland urbar machen (*od* erschließen) ⑥ großer Mangel; große Knappheit: 房～ Wohnungsnot *f*; Wohnraumnot *f* 水～ große Wasserknappheit

荒诞 huāngdàn absurd; erdichtet; grotesk; lächerlich: ～的想法 absurde Idee; Unsinn *m*

荒地 huāngdì Ödland *n*; unkultiviertes Land; unbebautes Land

荒废 huāngfèi ① brachliegen *vi*; unkultiviert; unbebaut ② vernachlässigen *vt*: ～时间 Zeit verschwenden (*od* vergeuden, vertrödeln) ③ nicht benutzen; verfallen lassen

荒凉 huāngliáng öde und verlassen: 一片～景象 ein tönige, trostlose Landschaft (*od* Szenerie)

荒谬 huāngmiù absurd; widersinnig; unsinnig: ～的论点 absurde Behauptung (*od* These)

荒漠 huāngmò Wüste *f*; Wildnis *f*

荒年 huāngnián Hungerjahr *n*; mageres Jahr; ein Jahr der Mißernte

荒僻 huāngqì verlassen und abgelegen

荒疏 huāngshū aus der Übung kommen; vernachlässigen *vt*: 他的古典文学有点～了。Er ist ein bißchen vernachlässigt über die klassischen Literatur.

荒唐 huāngtang grotesk; absurd; unsinnig; unglaubwürdig: ～可笑 unglaublich lächerlich

荒芜 huāngwú verwahrlost; verwildert; von Unkraut überwuchert

荒淫 huāngyín ausschweifend; verkommen; zuchtlos: ～无耻 lasterhaft und ohne Scham

慌 huāng unruhig; nervös; konfus; verwirrt: 不要～! keine Aufregung! ～了神 verwirrt sein ～了手脚 (völlig) aus der Fassung geraten; kopflos sein; Hals über Kopf

慌乱 huāngluàn Unruhe und Verwirrung; bestürzt und verstört

慌忙 huāngmáng eilig; hastig; Hals über Kopf

慌张 huāngzhāng konfus; verwirrt; überstürzt: 神色～ erregte Miene

huáng

黄 huáng ① gelb; blond ② abgekürzte Bezeichnung für Huanghe-Fluß: 治～ den Huanghe-Fluß regulieren

黄道吉日 huángdào jírì glückverheißender (*od* günstiger) Tag

黄昏 huánghūn Abenddämmerung *f*

黄金 huángjīn Gold *n*: ～储备 Goldreserve *f* ～时代 goldenes Zeitalter; Blütezeit *f*

黄粱美梦 huángliáng měimèng ein schöner Traum beim Hirsekochen; Wunschtraum *m*

黄色 huángsè ① gelb ② dekadent; entartet; zotig; obszön; pornographisch: ～电影 pornographischer Film; Sexfilm *m*

黄种 huángzhǒng gelbe Rasse

磺 huáng Schwefel *m*

磺胺 huáng'àn Sulfanilamid *n* (SN)

簧 huáng ① Rohrblatt *n*; Zunge *f*: ～乐器 Rohrblatt-, Zungeninstrument *n* ② Sprungfeder *f*; Feder *f*: 弹～秤 Federwaage *f*

皇 huáng Kaiser *m*: 女～ Kaiserin *f*

皇帝 huángdì Kaiser *m*

皇宫 huánggōng Kaiserpalast *m*; Kaiserhof *m*

皇后 huánghòu Kaiserin *f*; Gemahlin eines Kaisers

皇室 huángshì kaiserliche Familie; Kaiser-, Herrscherhaus *n*

皇太子 huángtàizǐ Kronprinz *m*; Thronfolger *m*

惶 huáng Furcht *f*; Angst *f*; Beklemmung *f*: ～悚 Entsetzen *n*; Schreck(en) *m*

惶惶 huánghuáng in Panik; furchtsam; angsterfüllt: ～不可终日 außerordentlich beunruhigt sein; von tödlicher Panik erfaßt werden

惶惑 huánghuò verwirrt und bestürzt sein; völlig verstört sein; verdattert

惶恐 huángkǒng erschrocken; entsetzt

煌 huáng hell; glänzend; strahlend; leuchtend: 明星～～。Die Sterne funkeln.

蝗 huáng Heuschrecke *f*: ～灾 Heuschreckenplage *f*

蝗虫 huángchóng Heuschrecke *f*

huǎng

谎 huǎng Lüge *f*; Unwahrheit *f*

谎话 huǎnghuà Lüge *f*; Unwahrheit *f*: 说～ lügen *vi*; die Unwahrheit sagen

谎言 huǎngyán Lüge *f*; Unwahrheit *f*

恍 huǎng ① schlagartig (klarwerden); ganz plötzlich (begreifen) ② [与"如"、"若"等字连用] wie; gleichsam; als wenn; es scheint so, als ob: ～如梦境 wie im Traum

恍惚 huǎnghū ① in einem hypnotischen Traumzustand; zerstreut; verwirrt; geistesabwesend; in Trance: 精神～ sich in Trance befinden ② undeutlich; unklar; trübe; allem Anschein nach; anscheinend: ～记得 sich vage erinnern; sich unklar entsinnen

恍然大悟 huǎngrán dàwù plötzlich Zusammenhänge begreifen (*od* verstehen); auf einmal etw. verstehen; es fällt j-m wie Schuppen von den Augen

晃 huǎng ① blenden *vt/vi*; grell; ausstrahlend; blitzend ② schnell vorbeigehen; vorbeihuschen *vi* *另见 huàng

幌 huǎng

幌子 hnǎngzi ① Laden-, Aushängeschild *n* ② äußerer Schein; Fassade *f*; Deckmantel *m*

huàng

晃 huàng schwenken *vt*; hin und her bewegen; schlenkern *vi/vt* *另见 huǎng

晃荡 huàngdang schwanken *vi*; schaukeln *vi*: 小船在江面上～。Der Kahn schaukelt auf dem Fluß.

晃动 huàngdòng wackeln *vi*; wanken *vi*; schwanken *vi*; hin und her bewegen: 别～桌子。Bringe den Tisch nicht ins Wanken.

晃悠 huàngyou schwanken *vi*; taumeln *vi*; wackeln *vi*: 他晃晃悠悠地走着。Er taumelt (*od* torkelt).

huī

麾 huī ① Kommandeursbanner *n* (in der alten Zeit) ② kommandieren *vt*; befehligen *vt*: ～军前进 Truppen beim Vormarsch anführen

挥 huī ① schwingen *vt*; schwenken *vt*; fuchteln *vi*: ～手 mit der Hand winken ② abwischen *vt*: ～泪 Tränen abwischen ③ kommandieren *vt* ④ zerstreuen *vt*; sich verflüchtigen: ～金如土 mit Geld um sich schmeißen; Geld mit vollen Händen ausgeben; das Geld aus dem Fenster werfen

挥动 huīdòng schwingen *vt*; schwenken *vt*: ～大棒 einen großen Stock schwingen; mit einem großen Stock fuchteln ～拳头 mit der Faust fuchteln

挥霍 huīhuò verschwenden *vt*; vergeuden *vt*: ～无度 maßlos (Geld) verschwenden; Geld zum Fenster hinauswerfen

挥手 huīshǒu mit der Hand winken: ～告别 zum Abschied mit der Hand winken

挥舞 huīwǔ schwingen *vt*; herumschwenken *vt*; fuchteln *vi*: ～花束表示欢迎 einen Blumenstrauß als Willkommensgruß schwenken

辉 huī ① Glanz *m*; heller Schein ② leuchten *vi*; glänzen *vi*

辉煌 huīhuáng brillant; glorreich; hell leuchtend; Prächtig: 灯火～ von Lampenlicht durchflutet; glanzvoll illuminiert

辉映 huīyìng leuchten *vi*; sich widerspiegeln; Strahlen zurückwerfen: 湖光山色，交相～。Der Glanz des Sees und der Widerschein der Hügel übertreffen sich in ihrem Leuchten.

晖 huī Sonnenlicht *n*; Sonnenschein *m*

灰 huī ① Asche *f*: 炉～ Ofenasche *f* ②Staub *m*: 书桌上积了厚厚一层～。Auf dem Schreibtisch hat sich eine dicke Staubschicht gebildet. ③Kalk *m*; Kalkmörtel *m*: ～墙 getünchte (*od* gekalkte) Wand ④ grau: ～马 graues Pferd ⑤ niedergeschlagen; verzagt; niedergedrückt; deprimiert: 心～意懒 niedergeschlagen und verzagt; tief pessimistisch

灰暗 huī'àn düster; finster: ～的天空 düsterer (*od* dunkelgrauer) Himmel

灰白 huībái aschgrau; aschfahl: 脸色～ bleich im Gesicht sein

灰尘 huīchén Staub *m*: 掸掉桌上的～ den Tisch abstauben

灰烬 huījìn Asche *f*: 化为～ zu Asche zerfallen
灰溜溜 huīliūliū niedergeschlagen; deprimiert; verdrießlich: 他看起来有点～的样子。Er sieht ein bißchen verdrießlich aus.
灰色 huīsè ① grau ② mißmutig; pessimistisch
灰心 huīxīn entmutigt; mutlos; verzweifelt

恢 huī ausgedehnt; weit(räumig)

恢复 huīfù ① wiederherstellen *vt*; erneuern *vt*; restaurieren *vt*: ～邦交 diplomatische Beziehungen wiederaufnehmen (*od* wiederherstellen) ～青春 die Jugendfrische wiedererlangen ② genesen *vi*; wiederhergestellt sein: ～健康 von einer Krankheit genesen sein; wieder gesund werden ③ wiedereinsetzen *vt*; rehabilitieren *vt*; wiederherstellen *vt*: ～名誉 sich rehabilitieren ～秩序 die Ordnung wiederherstellen ～期 Rekonvaleszens *f*; Genesungszeit *f*
恢恢 huīhuī 〈书〉 ausgedehnt; extensiv; weit: 天网～ Des Himmels Netz ist grobmaschig und doch kann keiner hindurchschlüpfen. 或 Dem Gottesgericht entgeht kein Übeltäter. 或 Niemand entkommt seiner verdienten Strafe.

诙 huī

诙谐 huīxié humorvoll; witzig; scherzhaft

徽 huī Abzeichen *n*; Wappen *n*; Emblem *n*: 国～ Staatswappen *n*; Staatsemblem *n* 校～ Schulabzeichen *n*; Plakette *f* (einer Schule) 帽～ Mützenabzeichen *n*

徽号 huīhào Ehrentitel *m*
徽章 huīzhāng Abzeichen *n*; Emblem *n*; Plakette *f*

huí

回 huí ① zurückkommen *vi*; zurückkehren *vi*: ～家 nach-Haus(e) zurückkehren; heimkehren *vi* ～乡 in die Heimat zurückgehen (*od* zurückkommen) 放～原处 zurücklegen *vt*; etw. an seinen Platz zurückstellen ② sich drehen; sich umwenden: ～过身来 sich umwenden; sich umdrehen ③ erwidern *vt*; beantworten *vt*: ～信 zurückschreiben *vi*; einen Brief beantworten (*od* erwidern) ④ Kapitel *n*: 这部小说共一百二十～。Dieser Roman hat 120 Kapitel. ⑤ ［用于事情、动作的次数］ Mal *n*; mal: 他来过这儿一～。Er war schon einmal hier.

回报 huíbào ① Bericht erstatten ② erwidern *vt*; vergelten *vt*; lohnen *vt*; vergüten *vt*: ～他的盛情 seine Freundlichkeit (*od* Gastfreundschaft) erwidern ③ sich rächen; Vergeltung üben; sich revanchieren
回避 huíbì ausweichen *vi*; sich vor etw. drücken; vermeiden *vt*; sich abwenden: ～要害问题 der entscheidenden Frage ausweichen
回春 huíchūn ① Wiederkehr des Frühlings: 大地～。Der Frühling ist wieder eingekehrt. ② j-n wieder zum Leben erwecken; j-m ein zweites Leben schenken: ～灵药 Wundermittel *n*
回答 huídá antworten *vi*; beantworten *vt*; erwidern *vt*
回荡 huídàng widerhallen *vi*; schweben *vi*; schwingen *vi*
回访 huífǎng einen Gegenbesuch abstatten; einen Besuch erwidern
回复 huífù (auf einen Brief) antworten *vi*
回顾 huígù zurückblicken *vi*; sich etw. ins Gedächtnis zurückrufen; Rückschau halten: ～过去 sich in die Vergangenheit zurückversetzen
回光返照 huí guāng fǎn zhào ① der letzte Widerschein der Abendsonne ② letztes Aufflackern des Bewußtseins vor dem Tod; kurze Blüte vor dem Untergang
回归线 huíguīxiàn Wendekreis *m*
回合 huíhé Runde *f*: 第一个～的胜利 Sieg in der ersten Runde
回话 huíhuà Erwiderung *f*; Antwort *f*
回击 huíjī Gegenangriff *m*; Gegenschlag *m*
回见 huíjiàn 〈套〉 auf baldiges Wiedersehen!; bis dann!
回敬 huíjìng (ein Kompliment oder Geschenk) erwidern *vt*; als Gegenleistung etwas höflich anbieten
回绝 huíjué ablehnen *vt*; zurückweisen *vt*: 一口～ etwas rundweg ablehnen
回来 huílai zurückkommen *vi*: 他马上就～。Er kommt gleich zurück.
回笼 huílóng ① noch einmal dämpfen; im Dampf aufwärmen

② (umlaufendes Geld) aus dem Verkehr ziehen; zurückfließen *vi*; Rückfluß *m*

回民 huímín Angehörige(r) der Hui-Nationalität; Hui *m*

回去 huíqù zurückgehen *vi*; zurückkehren *vi*

回去 huíqù 〔用在动词后,表示到原来的地方去〕 zurück: 请把这封信给他退～。Bitte geben (*od* senden) Sie ihm diesen Brief zurück.

回升 huíshēng wieder steigen; erneut ansteigen: 气温～。Die Temperatur steigt wieder. 经济～ Wiederbelebung der wirtschaftlichen Konjunktur

回声 huíshēng Echo *n*; Widerhall *m*

回收 huíshōu (zur Wiederverwertung) einsammeln *vt*; rückgewinnen *vt*

回首 huíshǒu ① den Kopf wenden; sich umdrehen ② <书> sich etw. ins Gedächtnis zurückrufen; sich erinnern; zurückdenken *vi*

回溯 huísù zurückschauen *vi*; im Rückblick auf etw.; rückblickend; zurückgehen *vi*; zurückverfolgen *vt*: ～过去,瞻望未来 auf die Vergangenheit zurückschauen und in die Zukunft blicken

回头 huítóu ① den Kopf wenden; sich umdrehen ② umkehren *vi*; bereuen *vt*; Reue empfinden und sich eines Besseren besinnen: 浪子～ die Rückkehr des verlorenen Sohnes 现在～还不算晚。Es ist nicht zu spät, eine Schuld zu bereuen. ～是岸 sich vom Weg des Bösen abkehren; seiner verbrecherischen Vergangenheit den Rücken kehren ③ <口> später; nachher: ～再谈。Wir sprechen später darüber. ～见! Auf baldiges Wiedersehen! 或 Bis dann (*od* nachher)!

回味 huíwèi ① Nachgeschmack *m* ② nachsinnen *vi*; sich etw. ins Gedächtnis zurückrufen und darüber nachdenken: ～他说的话 über seine Worte nachsinnen (*od* nachdenken)

回响 huíxiǎng Widerhall *m*; Echo *n*: 歌声在山谷里激起了～。Im Tal hallte der Gesang wider.

回想 huíxiǎng zurückdenken *vi*; sich erinnern; sich etw. ins Gedächtnis zurückrufen

回心转意 huí xīn zhuǎn yì sich eine Sache anders überlegen und zur Versöhnung bereit sein; abgebrochene Beziehungen (innerhalb der Familien) wiederherstellen; die Gesinnung ändern

回信 huíxìn ① zurückschreiben *vi*; einen Brief beantworten (*od* erwidern): 望早日～。Ich erwarte eine baldige Antwort. ② Antwortschreiben *n*; Antwortbrief *m*; Antwort *f* ③ (mündliche) Antwort *f*

回旋 huíxuán ① (in der Luft) kreisen *vi*; Kreise ziehen: 飞机在城市上空～。Das Flugzeug kreist über der Stadt. ② Manövrierraum *m*: 这件事还有～余地。In dieser Angelegenheit gibt es noch Entscheidungsspielraum.

回忆 huíyì sich erinnern; sich etw. ins Gedächtnis zurückrufen; zurückdenken *vi*: ～录 Memoiren *pl*; Erinnerungen *pl*

回音 huíyīn ① Echo *n*; Widerhall *m* ② Antwort *f*: 立候～ in Erwartung einer sofortigen (*od* umgehenden) Antwort

洄 huí <书> Strudel *m*; Wirbel *m*; Gegenströmung *f*

洄游 huíyóu gegen die Strömung schwimmen; Migration *f*

huǐ

悔 huǐ bedauern *vt*; bereuen *vt*: ～不当初 es bereuen, damals nicht anders gehandelt zu haben; seine Fehler bereuen; die Reue kommt zu spät ～改 Reue empfinden und sich bessern; in sich gehen

悔过 huǐguò seine Fehler bereuen; reuig; reuevoll: ～自新 seinen Fehler bereuen und ein neues Leben anfangen; seine Fehler einsehen und sich gründlich ändern

悔恨 huǐhèn etw. bitter bereuen; tief zerknirscht sein

悔悟 huǐwù seinen Fehler einsehen und bedauern; zur Einsicht kommen

悔罪 huǐzuì für eine Schuld büßen; eine Schuld sühnen; seine Sünden bereuen

毁 huǐ ①zerstören *vt*; vernichten *vt* ② verbrennen *vt*; etw. durch Feuer vernichten; niederbrennen *vt*: 焚～ niederbrennen *vt*; abbrennen *vt* ③ verleumden *vt*; diffamieren *vt*; verunglimpfen *vt*: 诋～ verleumden *vt*; schmähen *vt*; verunglimpfen *vt*

毁谤 huǐbàng verleumden *vt*; schmähen *vt*; j-n in schlechten Ruf

bringen; j-n mit Schmutz bewerfen; diffamieren *vt*
毁坏 huǐhuài beschädigen *vt*; zerstören *vt*: ～庄稼 die Saaten beschädigen
毁灭 huǐmiè vernichten *vt*; ruinieren *vt*; zerstören *vt*; zugrunde gehen *vi*
毁损 huǐsǔn eine Sache beschädigen; demolieren *vt*; verderben *vt*
毁誉 huǐyù Lob und Tadel; Lobpreisung und Verdammung: 不计～ ungeachtet des Lobes oder Tadels; sich weder durch Tadel noch durch Lob beeinflussen lassen

huì

汇(滙) huì ① zusammenfließen *vi*; zusammenlaufen *vi*; zusammenströmen *vi*: 百川所～ von hundert Flüßen zusammenlaufen ② sammeln *vt*: ～印成书 etw. als Sammelband herausgeben ③ (Geld) anweisen *vt*; überweisen *vt*: ～款 (durch die Post) Geld anweisen; (durch die Bank) Geld überweisen; eine Überweisung tätigen 电～ telegraphische Überweisung ④ Sammlung *f*; Ansammlung *f*: 词～ Wortschatz *m*
汇报 huìbào j-m Bericht erstatten; j-m etw. mitteilen; j-n über etw. informieren: ～工作 über geleistete Arbeit berichten
汇编 huìbiān Sammlung *f*; Sammelwerk *n*; Korpus *n*: 资料～工作 Sammlung von Nachschlagematerial 文件～ Dokumentensammlung *f*
汇合 huìhé zusammenfließen *vi*; zusammenlaufen *vi*; zusammenströmen *vi*; sich vereinen: 这两条河在什么地方～? Wo fließen die beiden Flüsse zusammen?
汇集 huìjí ① sammeln *vt*; zusammenstellen *vt*: ～材料 alle wichtigen Daten sammeln ② zusammenströmen *vi*; sich sammeln
汇款 huìkuǎn ① Geld anweisen; Geld überweisung *f* ② Anweisung *f*; Überweisung *f*: 收到一笔～ eine Überweisung erhalten ～单 Überweisungsauftrag *m*; Überweisungsformular *n*
汇率 huìlǜ Umrechnungskurs *m*; Wechselkurs *m*: 固定～ fester Wechselkurs 浮动～ variabler Kurs; Schwankungskurs *m*
汇票 huìpiào (trassierter) Wechsel *m*; Tratte *f*; Geldanweisung *f*: 银行～ Banküberweisung *f*; Bankwechsel *m* 邮政～ Postanweisung *f*; postalische Geldanweisung
汇总 huìzǒng summieren *vt*; zusammenbringen *vt*; zusammenfassen *vt*: ～上报 gesammelte Daten an eine höhere Instanz weiterleiten

讳(諱) huì ① etw. als Tabu vermeiden: ～莫如深 über etw. Stillschweigen bewahren; etw. für sich behalten; im tiefsten Herzen verbergen 隐～ verhehlen *vt*; verheimlichen *vt* 直言不～ kein Hehl aus etw. machen; unverhohlen; frei (*od* frisch) von der Leber weg reden (*od* sprechen) ② Tabu *n*; verbotene Worte
讳疾忌医 huì jí jì yī sich aus Angst, daß die Krankheit entdeckt wird, nicht behandeln lassen — aus Angst vor Kritik seine Fehler verheimlichen
讳言 huìyán nicht sprechen wollen oder es nicht wagen, etw. zu sagen: 毫不～ kein Hehl aus etw. machen; etw. offen (*od* freimütig) zugeben

彗 huì 〈书〉 Besen *m*
彗星 huìxīng Komet *m*

慧 huì klug; weise; intelligent; scharfsinnig: 智～ Weisheit *f*; Intelligenz *f*
慧眼 huìyǎn ① geistige Sicht des Vergangenen und des Künftigen (*od* von Werden und Vergehen) ② Scharfsinn *m*; Scharfblick *m*; Einsicht *f*

卉 huì Gräser *pl*; Pflanzen *pl*: 奇花异～ seltene Blumen und Gräser

惠 huì Gunst *f*; Wohltat *f*; Vorteil *m*; Nutzen *m*: 受～ Vergünstigungen erfahren; begünstigt werden 互～ gegenseitiger Vorteil; gegenseitige Begüngstigung
惠存 huìcún 〈敬〉 bitte, nehmen Sie dies als Andenken; behalten Sie es gütigst zur Erinnerung
惠临 huìlín 〈敬〉 Ihr freundlicher Besuch: 敬请～! Um Ihre Anwesenheit wird freundlich gebeten. 或 Beehren Sie mich mit Ihrem Besuch! 或 Bitte, erweisen Sie mir die Ehre Ihres Besuchs!

喙 huì ① Schnabel *m*; Maul *n*; Rachen *m*; Schnauze *f* ② Mund *m*: 不容置～ j-n seinen

Schnabel nicht dazwischensetzen lassen — j-m nicht erlauben, ein Wort mitzureden

秽(穢) huì ① schmutzig: 污～ dreckig; Dreck *m*; Schmutz *m*; Unrat *m* ～土 Müll *m*; Kehricht *n*; Dreck *m*; Schmutz *m* ② schmutzig; unsittlich; häßlich: ～行 unzüchtige Handlungen; unsittliches Benehmen; unmoralisches Verhalten

贿 huì bestechen *vt*; Bestechung *f*: 受～ sich bestechen lassen; Bestechungsgelder oder Bestechungsgeschenke annehmen

贿赂 huìlù bestechen *vt*; Bestechung *f*

会(會) huì ① zusammentreffen *vi*: 在门口～齐 sich vor dem Tor treffen ② treffen *vt*; begegnen *vi*; sehen *vt*: 昨天我没有～着他。Gestern habe ich ihn nicht gesehen. ③ Versammlung *f*; Sitzung *f*; Zusammenkunft *f*; Konferenz *f*: 欢迎～ Begrüßungszeremonie *f*; Begrüßungsparty *f* 年～Jahresversammlung *f* ④ Verein *m*; Bund *m*; Gesellschaft *f*: 帮～ Geheimgesellschaft *f* 工～ Gewerkschaft *f* ～址 Sitz *m* (einer Gesellschaft); Vereinssitz *m* ⑤ Hauptstadt *f*: 都～ Großstadt *f*; Metropole *f* 省～ Provinzhauptstadt *f* ⑥ Moment *m*; Augenblick *m*: 机～ Gelegenheit *f*; günstiger Augenblick; Chance *f* 适逢其～ etw. geschieht gerade zur rechten Zeit; gerade bei der richtigen Gelegenheit

会(會) huì ① verstehen *vt*; begreifen *vt*; erfassen *vt*: 误～ mißverstehen *vt*; Mißverständnis *n* ② können *vt*; zu etw. fähig sein; die Fähigkeit (*od* das Vermögen) zu etw. haben: ～使筷子 Eßstäbchen gebrauchen können 不～德语 kein Deutsch verstehen ③ etw. zu tun wissen; sich auf etw. verstehen: 能说～道 ein schnelles (*od* flinkes) Mundwerk haben; schlagfertig; redegewandt 我不太～下棋。Ich weiß nicht sehr gut Schach zu spielen * 另见 kuài

会餐 huìcān gemeinsames Festessen; Tischgesellschaft *f*; sich zum Essen zusammenfinden

会场 huìchǎng Versammlungsort *m*; Konferenzsaal *m*; Sitzungraum *m*

会费 huìfèi Mitgliedsbeitrag *m*

会合 huìhé sich vereinigen; sich versammeln; zusammenkommen *vi*

会话 huìhuà Gespräch *n*; Konversation *f*

会见 huìjiàn mit j-m zusammentreffen; eine Zusammenkunft mit j-m haben

会客 huìkè einen Besucher (*od* Gast) empfangen: ～时间 Sprechstunde *f*; Besuchszeit *f*; Empfangstag *m* ～室 Empfangszimmer *n*

会面 huìmiàn mit j-m zusammenkommen; mit j-m zusammentreffen; sich mit j-m treffen

会儿 huìr Augenblick *m*; Moment *m*: 一～ eine Weile; einen Moment 等～。Warte einen Augenblick! 我去一～就回来。Ich bin gleich wieder da.

会商 huìshāng Beratungen (*od* Konsultationen) mit j-m abhalten; gemeinsam beraten; sich besprechen

会师 huìshī (von mehreren selbständig operierenden Streitkräften) sich vereinigen

会谈 huìtán ein Gespräch führen; eine Unterredung mit j-m haben: 双边～ zweiseitige Unterredung 最高级～ Verhandlungen auf höchster Ebene ～纪要 Gesprächsprotokoll *n*; Gesprächsniederschrift *f*; Gesprächsaufzeichnung *f*

会堂 huìtáng Kongreßhalle *f*: 人民大～ Große Halle des Volkes (in Beijing); Volkskongreßhalle *f*

会同 huìtóng (bei der Behandlung einer Sache) gemeinsam mit anderen Stellen; zusammen mit: ～有关部门办理 etw. mit den zuständigen Organen gemeinsam behandeln; etw. in Absprache mit den betreffenden Stellen abwickeln

会晤 huìwù zusammentreffen *vi*: 两国外长定期～。Die Außenminister der beiden Länder treffen regelmäßig zusammen

会心 huìxīn einen Wink (*od* einen Sinn) verstehen; verständnisvoll; verständnisinnig: 带着～的微笑 mit einem verständnisvollen Lächeln

会演 huìyǎn Festival *n*; Festspiele *pl*: 文艺～ Festival *n* (Theater, Musik, Tänze usw.)

会议 huìyì Konferenz *f*; Kongreß *m*; Versammlung *f*; Tagung *f*; Sitzung *f*: 全体～ Plenarsitzung *f*; Plenum *n*; Vollversammlung *f*

会员 huìyuán Mitglied *n* (eines

Vereins): 正式～ Vollmitglied *n* ～人数 Mitgliederzahl *f* ～国 Mitgliedsland *n*; Mitglied(s)staat *m* ～证 Mitgliedskarte *f*; Mitgliedsausweis *m* ～资格 Mitgliedseigenschaft *f*; Mitgliedschaft *f*; Mitgliedsstatus *m*

会诊 huìzhěn Konsilium *n*; ärztliche Konsultation

烩(燴) huì ① schmoren *vt*; dünsten *vt*: ～虾仁 geschmorte Krabben (bzw. Garnelen) ② einen Eintopf bereiten (aus vorgekochtem Reis oder Pfannkuchenstreifen mit Fleisch, Gemüse u. ä. und wenig Wasser)

荟(薈) huì 〈书〉 (von Pflanzen) üppig gedeihen; üppiger Pflanzenwuchs

荟萃 huìcuì zusammentreffen *vi*; sich versammeln; sich konzentrieren; zusammenkommen *vi*: 人才～ Versammlung von glänzenden Talenten

绘(繪) huì malen *vt*; zeichnen *vt*; etw. bildlich darstellen

绘画 huìhuà Malen *n*; Malerei *f*; zeichnen *n*

绘声绘色 huì shēng huì sè anschaulich beschreiben; plastisch und lebendig: ～的描述 etw. besonders lebendig beschreiben; etw. sehr anschaulich schildern; etw. lebensecht darstellen

绘制 huìzhì (Karten, Tabellen u. ä.) zeichnen *vt*; anfertigen *vt*

诲 huì belehren *vt*; unterweisen *vt*; ermahnen *vt*; instruieren *vt*: ～人不倦 unermüdlich im Lehren; mit unermüdlichem Lehreifer ～淫～盗 Menschen zu Unzucht und Diebstahl verlocken; Leute zu Kriminalität verleiten

晦 huì dunkel; finster; düster; unverständlich; unklar

晦气 huìqì Pech *n*; Unglück *n*; Mißgeschick *n*; unglücklich: 自认～ sich mit seinem Pech abfinden

晦涩 huìsè schwerverständlich; obskur; dunkel: ～的语言 obskure Sprache (in Gedichten, Dramen u. ä.)

hūn

荤 hūn Nahrungsmittel tierischer Herkunft: ～菜 Fleisch- bzw. Fischgerichte ～油 Schweinefett *n*; Schweineschmalz *m* 她不吃～。Sie ißt kein Fleisch. 或 Sie ist Vegetarierin.

昏 hūn ① Abenddämmerung *f*: 晨～ morgens und abends ② dunkel; finster; düster; trübe ③ verwirrt; konfus: 利令智～ vor Gier mit Blindheit geschlagen sein; aus Habgier den Verstand verlieren ④ ohnmächtig; bewußtlos: ～倒 in Ohnmacht fallen (*od* sinken); bewußtlos werden; ohnmächtig umfallen (*od* niederstürzen) ～迷 Koma *n*; Ohnmacht *f*; Bewußtlosigkeit *f*; ohnmächtig; bewußtlos

昏暗 hūn'àn dunkel; düster; trübe: ～的灯光 schwaches (*od* düsteres) Licht

昏沉 hūnchén ① dunkel; düster; finster; trübe: 暮色～。Der Abend dämmert. ② verwirrt; betäubt; benommen: 头脑～ wirrköpfig; ganz wirr im Kopf; völlig verwirrt; benommen

昏花 hūnhuā (von Sehkraft) trübe; verschwommen; schwach: 老眼～ alterssichtig sein

昏黄 hūnhuáng trübe; dämm(e)rig; matt; mattgelb: 月色～ mattes (*od* schwaches) Mondlicht; trüber Mondschein ～的灯光 schwaches Licht

昏厥 hūnjué Ohnmacht *f*; Bewußtlosigkeit *f*: ～过去 in Ohnmacht fallen; bewußtlos werden; das Bewußtsein verlieren

昏聩 hūnkuì senil und wirrköpfig

昏乱 hūnluàn verwirrt; konfus; schwachsinnig; durcheinander

昏迷 hūnmí bewußtlos; ohnmächtig: 处于～状态 in Ohnmacht liegen; in bewußtlosem Zustand sein; in Koma liegen ～不醒 bewußtlos bleiben

昏睡 hūnshuì Schlafsucht *f*; Lethargie *f*; einen bleiernen Schlaf haben

昏天黑地 hūn tiān hēi dì ① tiefe Finsternis; stockdunkel ② schwindlig werden; j-m wird schwarz vor den Augen: 我觉得一阵～。Plötzlich wurde mir schwarz vor den Augen. ③ liederlich; lasterhaft; dekadent: ～的生活 ein ausschweifendes Leben

昏眩 hūnxuàn schwindeln *vi*; j-m wird schwarz vor den Augen; Schwindel *m*; schwindlig; taumelig

昏庸 hūnyōng wirrköpfig und töricht

阍 hūn 〈书〉 ① das Tor bewachen: 司～ Torwächter *m*; Pförtner *m*; Torhüter *m* ② Palasttor *n*

婚 hūn ① heiraten *vi*; sich verheiraten (*od* vermählen); Heirat *f* ② Ehe *f*

婚配 hūnpèi eine Ehe eingehen; sich ehelich verbinden: 他们尚未～。Sie sind noch nicht vermählt.

婚礼 hūnlǐ Hochzeit *f*; Hochzeitsfeier *f*; Trauung *f*

婚事 hūnshì Heirat *f*; Verheiratung *f*; Vermählung *f*

婚姻 hūnyīn Ehe *f*; Ehestand *m*: ～自由 die Freiheit der Eheschließung 美满的～ glückliche Ehe ～法 Ehegesetz *n* ～介绍所 Eheanbahnungsinstitut *n*; Ehevermittlung *f*

婚约 hūnyuē Verlobung *f*; Eheversprechen *n*: 解除～ die Verlobung auflösen; sich entloben

hún

浑 hún ① trübe; unklar; verschmutzt: ～水 trübes Wasser ② dämlich; dusslig; bescheuert ③ einfach und natürlich; unberührt; ungekünstelt ④ ganz und gar; vollständig; völlig; gesamt

浑蛋 húndàn Idiot *m*; Trottel *m*; Lump *m*; Schweinehund *m*; Dummkopf *m*; blöder Kerl

浑厚 húnhòu ① rechtschaffen; schlicht und aufrichtig; einfach und ehrlich ② einfach (*od* schlicht) und kraftvoll

浑浑噩噩 húnhún'è'è dumm und unwissend; stumpfsinnig; stupid; ohne Kenntnisse; ungebildet

浑然一体 húnrán yītǐ ein harmonisches Ganzes; zu einer unteilbaren Einheit verschmelzen; eine untrennbare Einheit bilden

浑身 húnshēn von Kopf bis Fuß; am ganzen Körper (*od* Leib): 吓得～发抖 vor Furcht am ganzen Körper zittern ～湿透 durch und durch naß; bis aufs Hemd (*od* auf die Haut) naß ～是劲 aus Leibeskräften; mit vollem Elan; kraftstrotzend

浑水摸鱼 hún shuǐ mō yú im trüben fischen

浑浊 húnzhuó trübe; schlammig; verschmutzt

魂 hún ① Seele *f* ② Stimmung *f*; Geist *m*: 神～不定 zerstreut sein; seine fünf Sinne nicht beisammen haben ③ edler Geist (einer Nation)

魂不附体 hún bù fù tǐ vor Schreck außer sich (*od* wie gelähmt, starr, halb ohnmächtig) sein

魂魄 húnpò Seele *f*

馄 hún

馄饨 húntun *Huntun f* — Suppe mit gekochten Fleischtäschchen

hùn

混 hùn ① mischen *vt*; vermischen *vt*; vermengen *vt*; zusammenmischen *vt*: ～为一谈 durcheinanderbringen *vt*; etw. mit etw. verwechseln; alles in einen Topf werfen 这是两个概念,不要搞～了。Das sind zwei ganz verschiedene Begriffe, bringe sie nicht durcheinander. ② sich als j-n/etw. (*od* für j-n/etw.) ausgeben: 鱼目～珠 wie ein Fischauge unter Perlen — das Wahre mit dem Falschen verwechseln; Falsches unter Echtem ③ in den Tag hineinleben; dahinleben *vi*: ～日子 ziellos in den Tag hineinleben ④ mit j-m auskommen; mit j-m zurechtkommen: 同他们～得很熟 es mit ihnen gut können

混纺 hùnfǎng Mischen *n*; Gewebe aus verschiedenen Fasern herstellen: ～织物 Mischgewebe *n*

混合 hùnhé mischen *vt*; vermischen *vt*; vermengen *vt*; zusammenmischen *vt*: ～物 Mischung *f*; Mixtur *f* ～双打 gemischtes Doppel

混乱 hùnluàn Chaos *n*; Wirrwarr *m*; Durcheinander *n*; Konfusion *f*; Unordnung *f*: 陷于～ in Verwirrung geraten

混凝土 hùnníngtǔ Beton *m*: ～结构 Betonstruktur *f*

混同 hùntóng vermischen *vt*; verwechseln *vt*; etw. in einen Topf werfen

混淆 hùnxiáo verwechseln *vt*; verwischen *vt*; verdunkeln *vt*: ～黑白 aus weiß schwarz und aus schwarz weiß machen ～视听 die öffentliche Meinung (*od* die Öffentlichkeit) verwirren; eine richtige Beurteilung der Dinge unmöglich machen

混血儿 hùnxuè'ér Mischling *m*; Halbblut *n*; Mischblut *n*

混杂 hùnzá vermischen *vt*; vermengen *vt*; zusammenmischen *vt*: 鱼龙～ Fische und Drahen vermischen sich miteinander; Gutes und Schlechtes ist miteinander vermischt

混帐 hùnzhàng Schweinehund *m*; Lump *m*; Bastard *m*; Schuft *m*; Schamloser *m*: ～话 dummes Zeug; Quatsch *m*; Unsinn *m*

混浊 hùnzhuó trübe; unklar; verschmutzt; unrein: ～的空气 schlechte Luft

诨 hùn scherzen *vi*; spaßen *vi*; Scherz treiben; Witze machen: 打～ extemporieren *vi*; Gags einbauen; komische Improvisationen anbringen

诨名 hùnmíng Spitzname *m*; Scherzname *m*

huō

豁 huō ① Risse (*od* Brüche) bekommen; einen Riß haben; brechen *vi*: 墙上～了一个口子。Die Wand hat einen Riß bekommen. ② keine Opfer scheuen; bereit sein, für eine Sache etw. herzugeben: ～出去 zu jedem Opfer bereit; bereit, alles zu riskieren; komme, was mag; keine Kosten scheuen * 另见 huò

huó

活 huó ① leben *vi*: ～到老,学到老。Man lernt; solange man lebt. 或 Man lernt nie aus. ② lebendig; lebend: 在他～着的时候 bei (*od* zu) seinen Lebzeiten ～捉 j-n lebendig gefangennehmen ～字典 wandelndes Lexikon; ein lebendes Wörterbuch ③ lebhaft; nicht starr: 脑子很～ Köpfchen haben; einen wachen Verstand haben; geistig rege; geistesgegenwärtig ④ beweglich; elastisch; flexibel: ～水 fließendes Wasser ⑤ genau; wirklich; einfach: ～象 j-m ganz ähnlich sein; genau so wie ⑥ Arbeit *f*: 针线～儿 Nadelarbeit *f* 庄稼～ Feld-, Ackerarbeit *f* ⑦ Produkt *n*; Erzeugnis *n*; Fabrikat *n*: 这批～儿做得好。Diese Serie von Produkten ist gut gefertigt

活宝 huóbǎo Possenreißer *m*; komischer Kauz; lustiger Geselle; Spaßvogel *m*

活动 huódòng ① sich regen; sich bewegen; sich Bewegung machen: 出去～～ hinausgehen und sich die Beine vertreten ② wackelig; locker: 这颗牙～了。Dieser Zahn ist locker. 或 Dieser Zahn wackelt. ③ beweglich; elastisch; flexibel; mobil: ～房屋 bewegliches Haus ④ Aktivität *f*; Betätigung *f*: 户外～ Betätigung im Freien 政治～ politische Aktivität ～余地 Spielraum *m*; Raum zum Manövrieren ⑤ auf etw. Einfluß nehmen; seine Beziehungen spielen lassen: 替他～～ für j-n Fürsprache einlegen; seinen Einfluß für j-n geltend machen; sich für j-n einsetzen

活该 huógāi 〈口〉 etw. geschieht j-m recht

活计 huóji ① Arbeit *f*; Beschäftigung *f* ② Handarbeit *f*

活力 huólì Lebens-, Tatkraft *f*; Energie *f*; Vitalität *f*: 充满青春的～ voll jugendlicher Lebenskraft

活灵活现 huó líng huó xiàn lebensnah; naturgetreu; wirklichkeitsgetreu

活路 huólù ① Mittel für den Lebensunterhalt; Auskommen *n* ② brauchbare Methode

活命 huómìng ① sich seinen Lebensunterhalt verdienen; seinen Lebensunterhalt bestreiten; sich am Leben erhalten ② 〈书〉 j-m das Leben (*od* j-s Leben) retten

活泼 huópo lebhaft; lebendig; munter: 天真～的孩子 lebhafte (*od* muntere) Kinder 文字～ lebendig geschrieben; in einem lebendigen Stil

活期 huóqī unbefristet; laufend: ～储蓄 laufendes Sparkonto

活受罪 huóshòuzuì 〈口〉 Quälerei *f*; Höllenpein *f*

活象 huóxiàng j-m sehr ähnlich sehen; ein Ebenbild von j-m sein: 他长得～他父亲。Er ist seinem Vater wie aus dem Gesicht geschnitten.

活页 huóyè lose Blätter: ～笔记本 Notizbuch aus losen Blättern; Loseblatt-Schreibblock *n*

活跃 huóyuè ① lebhaft; aktiv; dynamisch; rege: 市场～。Der Markt floriert. ② beleben *vt*; etw. Leben geben: ～气氛 die Atmosphäre beleben

和 huó etw. mit Wasser vermischen (*od* verrühren, anmachen): ～点灰泥 etwas Mörtel mischen ～面 den Teig bereiten (vom Ansetzen, Rühren bis zum Kneten) * 另见 hé; hè

huǒ

火 huǒ ① Feuer *n*; Flamme *f*: 生～ Feuer machen ② Feuerwaffen *pl*; Munition *f*: 交～ einander ein Feuergefecht liefern ③ Zorn *m*; Ärger *m*; Verdruß *m*: 心头～起 Wut steigt in j-m hoch ④ feurig; glühend: ～红 feuer-, glutrot; flammend rot ⑤ dringend; eilig: ～急 brandeilig; dringend; dringlich

火把 huǒbǎ Fackel *f*

火并 huǒbìng offener Zusammenstoß zwischen mehreren Fraktionen

火柴 huǒchái Streichholz *n*: ～盒 Streichholzschachtel *f*

火车 huǒchē Eisenbahnzug *m*; Eisenbahn *f*: ～站 Bahnhof *m* ～头 Lokomotive *f* ～时刻表 Eisenbahnfahrplan *m*; Zugfahrplan *m*

火红 huǒhóng feuerrot; glutrot: ～的太阳 glühende Sonne

火花 huǒhuā Funke *m*: ～四溅。Die Funken sprühen nach allen Richtungen.

火化 huǒhuà (Leichen) einäschern *vt*; Einäscherung *f*; Leichenverbrennung *f*; Kremation *f*

火急 huǒjí eilig; dringend: 十万～ in größter Eile; höchst eilig

火箭 huǒjiàn Rakete *f*: 发射～ eine Rakete abschießen

火警 huǒjǐng Feueralarm *m*

火炬 huǒjù Fackel *f*: ～赛跑 Fackellauf *m*

火坑 huǒkēng Feuerschlund *m*; (wahre) Hölle *f*: 跳出～ der Hölle entkommen

火辣辣 huǒlālā brennend; glühend; feurig; sengend: ～的太阳 sengende Sonne 脸上觉得～的 spüren, wie das Blut ins Gesicht steigt; merken, daß man einen heißen Kopf bekommt

火力 huǒlì Feuerkraft *f*; Feuer *n*

火炉 huǒlú Ofen *m*

火苗 huǒmiáo Feuerstrahl *m*; Flamme *f*; Feuerzunge *f*

火器 huǒqì Feuerwaffe *f*; Schußwaffe *f*

火上加油 huǒ shàng jiā yóu Öl ins Feuer gießen

火烧眉毛 huǒ shāo méimao Flammen versengen schon die Augenbrauen — äußerst dringend; etw. brennt j-m auf den Nägeln; brandeilig

火石 huǒshí Flint *m*; Feuerstein *m*

火速 huǒsù brandeilig; in größter Eile; unverzüglich; sofort; auf schnellstem Wege

火腿 huǒtuǐ Schinken *m*

火险 huǒxiǎn Feuerversicherung *f*

火线 huǒxiàn ① Feuerlinie *f*; Front *f* ② Stromzuführungsleitung *f*

火星 huǒxīng ① Funke *m*: ～迸发。Funken sprühen. ② Mars *m*

火性 huǒxìng hitziges Temperament; aufbrausender Charakter

火焰 huǒyàn Flamme *f*: ～喷射器 Flammenwerfer *m*

火药 huǒyào Schießpulver *n*: ～库 Pulvermagazin *n* ～桶 Pulverfaß *n*

火灾 huǒzāi Feuersbrunst *f*; großer Brand; Feuer-, Brandkatastrophe *f*

火葬 huǒzàng Feuerbestattung *f*: ～场 Krematorium *n*; Feuerbestattungsanstalt *f*

火中取栗 huǒ zhōng qǔ lì j-m (*od* für j-n) die Kastanien aus dem Feuer holen

火种 huǒzhǒng Anzündmaterial *n*; Anmachholz *n*; Kien *m*; Kienspäne *pl*; Zunder *m*

火烛 huǒzhú feuergefährliche Gegenstände: 小心～! Vorsicht, Feuergefahr!

伙 huǒ ① Beköstigung *f*; Verpflegung *f*; Kost *f*; Pension *f*: 包～ in Kost gehen; in Pension essen; Speisen zu einem festgesetzten Preis beziehen ② Gefährte *m*; Partner *m* ③ Gemeinschaft *f*; Partnerschaft *f*: 合～ eine Gemeinschaft bilden ④ 〈量〉 —～强盗 eine Räuberbande

伙伴 huǒbàn Kamerad *m*; Kumpan *m*; Partner *m*; Gefährte *m*

伙房 huǒfáng Gemeinschaftsküche *f* (einer Schule, einer Fabrik usw.)

伙计 huǒji ① Kompagnon *m*; Geschäftspartner *m*; Geschäftsteilhaber *m* ② 〈口〉 Kumpel *m*: ～,上哪儿去? Wohin gehst du, mein Lieber? ③ Handlungsgehilfe *m*; Ladenverkäufer *m*

伙食 huǒshi Essen *n*; Kost *f*; Verpflegung *f*: 管理～ die Küche verwalten ～补助 Verpflegungszulage *f*

伙同 huǒtóng im Verein (*od* im Bund) mit j-m; gemeinsam mit j-m

夥 huǒ 〈书〉 sehr viel; zahlreich; eine Menge: 获益甚～ großen Nutzen aus etw. ziehen

huò

豁 huò ① geräumig; weit; offen; großmütig; generös; aufgeschlossen; großherzig: ～达大度 aufgeschlossen und edelmütig ② j-n verschonen; j-n von etw. befreien (*od* entlasten): ～免 j-n von etw. befreien * 另见 huō

豁然贯通 huòrán guàntōng j-m geht plötzlich ein Licht auf; schlagartig verstehen; plötzlich begreifen

豁然开朗 huòrán kāilǎng j-m geht plötzlich ein Licht auf; plötzlich zur Einsicht kommen; es fällt j-m wie Schuppen von den Augen

祸(禍) huò ① Unglück *n*; Unfall *m*; Unheil *n*; Verhängnis *n*; Katastrophe *f*: 车～ Verkehrsunfall *m* ② ins Unglück rennen; Unheil anrichten (*od* stiften); Schaden zufügen

祸不单行 huò bù dān xíng ein Unglück (*od* Übel) kommt selten allein

祸端 huòduān 〈书〉 Wurzel des Übels; Quelle des Unglücks; Ursache der Katastrophe

祸根 huògēn Quelle des Unglücks

祸国殃民 huò guó yāng mín dem Land und Volk Unheil bringen; Land und Volk ins Unglück stürzen

祸害 huòhai ① Unglück *n*; Übel *n*; Unheil *n*; Katastrophe *f* ② Schaden anrichten (*od* zufügen); zerstören *vt*; verheeren *vt*

祸患 huòhuàn Unheil *n*; Katastrophe *f*; Desaster *n*; Kalamität *f*; Verhängnis *n*

祸首 huòshǒu Anstifter *m*; Rädelsführer *m*; Hauptschuldige(r); Hauptmissetäter *m*

祸胎 huòtāi Wurzel des Übels

祸心 huòxīn böse (*od* hinterhältige) Absicht: 包藏～ böse Absichten hegen; nichts Gutes (*od* etwas Böses) im Schilde führen

霍 huò plötzlich; auf einmal; jählings; im (*od* in einem) Nu; unversehens

霍然 huòrán ① jählings; plötzlich; auf einmal: 手电筒～一亮。Plötzlich ließ jemand eine Taschenlampe aufblitzen ② (von einer Krankheit) rasch genesen

获(獲) huò ① fangen *vt*; gefangennehmen *vt*; erbeuten *vt*: 捕～ gefangennehmen *vt* ② bekommen *vt*; erlangen *vt*; erringen *vt*; erreichen *vt*; gewinnen *vt*: ～利 Profit machen ③ ernten *vt*: 收～ Ernte einbringen

获得 huòdé bekommen *vt*; erlangen *vt*; erringen *vt*; erreichen *vt*; gewinnen *vt*; erzielen *vt*; erhalten *vt*: ～独立 die Unabhängigkeit erringen ～宝贵经验 unschätzbare Erfahrungen erzielen

获胜 huòshèng einen Sieg erringen; von Sieg gekrönt sein

获悉 huòxī 〈书〉 erfahren *vt*; Bescheid erhalten; Kenntnis von etw. bekommen

或 huò ① vielleicht; wahrscheinlich; möglicherweise: 代表团明晨～可到达。Es kann sein, daß die Delegation morgen früh kommt an. ② oder; entweder ... oder ...: 你～他必须参加这个会。Entweder Du oder er muß an dieser Sitzung teilnehmen. ～多～少卷了进去 j-n mehr oder weniger in eine Angelegenheit hineinziehen

或然 huòrán wahrscheinlich; vermutlich; mutmaßlich: ～率 Wahrscheinlichkeit *f*

或许 huòxǔ vielleicht; wohl; wahrscheinlich: ～她已经改变了主意。Vielleicht hat sie ihre Absicht schon geändert.

或者 huòzhě ① vielleicht: 赶快走,～还赶得上末班车。Beeil dich! Vielleicht kannst du den letzten Bus noch erreichen. ② oder; entweder ... oder ...: 请把这个口信转达给李先生～他的夫人。Bitte, richten Sie diese mündliche Nachricht Herrn Li oder seiner Frau aus!

惑 huò ① verwirren *vt*; durcheinanderbringen *vt*; irreführen *vt*; verwirrt; verblüfft; konfus: 大～不解 j-m einfach unverständlich sein; etw. völlig unverständlich finden; aus etw. nicht klug werden können; vor einem Rätsel stehen ② j-n verwirren; j-n irreführen: 造谣～众 Gerüchte in Umlauf setzen, um die Massen irrezuführen

货 huò ① Ware *f*; Artikel *m* Güter *pl*: 送～ die Waren liefern ～畅其流 den Güterumlauf ungehindert (*od* reibungslos) gewährleisten ② Geld *n*: 通～ Währung *f*: Umlaufmittel *n* ③

Kerl *m*; Stück *n*: 蠢～ Dummkopf *m*; Esel *m*; Tölpel *m*

货币 huòbì Geld *n*; Währung *f*: ～周转 Geldzirkulation *f*; Geldumlauf *m* 自由兑换～ konvertierbare Währung ～危机 Währungskrise *f*

货舱 huòcāng Frachtraum *m*; Laderaum *m*

货车 huòchē ① Güterzug *m* ② Güterwagen *m* ③ Lastwagen *m*; Lastkarren *m*

货船 huòchuán Frachtschiff *n*; Frachtdampfer *m*; Frachter *m*: 定期～ Linienfrachter *m*

货单 huòdān Warenverzeichnis *n*; Frachtbrief *m*; Manifest *n*

货款 huòkuǎn Kaufgeld *n*; Kaufsumme *f*

货色 huòsè ① Waren *pl*: ～齐全 ein reiches Warenangebot; eine reiche Warenauswahl ③ wertlose Zeug; Plunder *m*; Gerümpel *n*

货物 huòwù Waren *pl*; Güter *pl*; Fracht *f*

货样 huòyàng Warenprobe *f*; Warenmuster *n*

货源 huòyuán Warenquelle *f*; Belieferungsquelle *f*: ～充足 ausreichende (*od* genügende) Belieferungsquellen

货运 huòyùn Gütertransport *m*; Frachtverkehr *m*: ～单 Frachtbrief *m*; Beförderungsschein *m*; Begleitschein *m* ～费 Frachtgeld *n*; Frachtgebühr *f*

货栈 huòzhàn Warenlager *n*; Lagerhaus *n*; Magazin *n*; Speicher *m*

货真价实 huò zhēn jià shí ① gute (*od* anständige) Ware zu angemessenen (*od* reellen) Preisen ② waschecht; ausgemacht; durch und durch: ～的好战分子 ein ausgemachter Kriegshetzer

J j

jī

激 jī ① aufprallen *vi*; gegen etw. schlagen (*od* stoßen): 波浪冲击礁石，～起两三米高。Gegen das Riff peitschend, türmen sich die Wellen meterhoch. ② erregen *vt*; anreizen *vt*; anstacheln *vt*; hervorrufen *vt*; entfachen *vt*: ～于义愤 vor gerechter Empörung beben; von gerechtem Zorn gepackt ③ heftig; bitter; gewaltig; ungestüm: ～流 reißende Strömung; stromschnelle *f* ～战 wilder (*od* erbitterter) Kampf

激昂 jī'áng von Leidenschaft bewegt; entflammt; leidenschaftlich: ～慷慨 leidenschaftlich; inbrünstig; temperamentvoll; feurig

激荡 jīdàng wogen *vi*; aufwallen *vi*; aufbrausen *vi*: 海水～。Die See wogt. 或 Das Meer braust.

激动 jīdòng sich regen; sich aufregen; ergreifen *vt*; Erregung *f*: ～人心的场面 rührende Szene; rührender Anblick ～得流下眼泪 zu Tränen gerührt

激发 jīfā anstacheln *vt*; anreizen *vt*; entzünden *vt*; entfachen *vt*: ～群众的积极性 den Enthusiasmus der Massen entflammen

激愤 jīfèn empört; entrüstet; in Rage gebracht; aufgebracht

激光 jīguāng Laser *m*: ～束 Laserstrahl *m*

激化 jīhuà sich verschärfen; sich zuspitzen; akut werden: 矛盾～。Die Widersprüche spitzen sich zu.

激进 jījìn radikal; extrem; drastisch: ～派 Radikale(r)

激励 jīlì ① ermutigen *vt*; vorwärtstreiben *vt*; ermuntern *vt*; aufmuntern *vt*; anspornen *vt*: ～战士 die Kämpfer anspornen ～士气 den Kampfgeist entfachen

激烈 jīliè heftig; stürmisch; hitzig: 大家争论得很～。Wir (Sie) haben eine sehr heftige Auseinandersetzung geführt.

激怒 jīnù erzürnen *vt*; j-n wütend machen; j-n in Wut versetzen; empören *vt*

激切 jīqiè leidenschaftlich; ungestüm; vehement: 言辞～ leidenschaftlich (*od* offen und temperamentvoll) sprechen

激情 jīqíng Leidenschaft *f*; Gefühlswallung *f*; starke Emotion: 满怀革命～ von revolutionärem Enthusiasmus erfüllt

激素 jīsù Hormon *n*

激增 jīzēng rapide steigen; stark zunehmen; rasch anwachsen: 购买力～。Die Kaufkraft wächst rapide.

跻(躋) jī <书> emporsteigen *vi*; aufsteigen *vi*: 使中国科学～于世界先进科学之列 die chinesische Wissenschaft zu den fortgeschrittensten der Welt machen

迹(跡) jī ① Spur *f*; Fährte *f*; Stapfen *m*: 足～ Fußspur *f*; Fußstapfen *m* 血～ Blutfleck *m*; Blutspur *f* ② Überbleibsel *n*; Überrest *n*; Ruine *f*: 古～ Altertümer *pl*; Überreste alter Zeit; antike Ruine; historische Sehenswürdigkeiten

迹象 jīxiàng Anzeichen *n*; Indikation *f*; Vorzeichen *n*; Symptom *n*; Omen *n*: ～表明 dem Anschein nach; die Anzeichen sprechen dafür, daß...

绩 jī Verdienst *n*; Tat *f*; Leistung *f*; Erfolg *m*; Ergebnis *n*: 战～ Kampferfolg *m*; militärische Leistung 功～ Verdienste und Leistungen

积(積) jī ① aufhäufen *vt*; anhäufen *vt*; ansammeln *vt*: ～少成多 aus vielen Wenig wird ein Viel; viele Bäche bilden einen Strom ② seit langer Zeit (bestehend); althergebracht; eingewurzelt: ～案 liegengebliebene (*od* unerledigte) Rechtsfälle ～弊 eingewurzeltes Übel

积极 jījí ① positiv: ～因素 positiver Faktor ～作用 positive Rolle ② aktiv; eifrig; enthusiastisch; energisch; tatkräftig: ～分子 Aktivist *m* ～性 Aktivität *f*; Enthusiasmus *m*; Initiative *f*

积聚 jījù sammeln *vt*; horten *vt*; aufspeichern *vt*; sich anhäufen; sich ansammeln: ～财富 Reichtümer sammeln ～力量 Kräfte sammeln

积劳成疾 jī láo chéng jí infolge Überarbeitung (*od* durch Überanstrengung) krank werden; unter der Last der Arbeit zusammenbrechen

积累 jīlěi anhäufen *vt*; sammeln *vt*; akkumulieren *vt*: ～经验 Erfahrungen sammeln; über Erfahrungen verfügen

积木 jīmù Baukasten *m*; Bauklötzchen *pl*

积习 jīxí alte Gewohnheiten; ausgemachte Praktiken: ～难改。Eingefleischte Gewohnheiten sind schwer zu ändern

积蓄 jīxù ① etw. beiseitelegen; aufsparen *vt* ② Ersparnisse *pl*; Rücklage *f*; Spareinlage *f*

积压 jīyā etw zu lange auf Lager haben (*od* halten); überfüllen *vt*

积怨 jīyuàn aufgestauter Groll; angesammlter Haß

积攒 jīzǎn <口> etw. Stück für Stück sammeln; etw. nach und nach sparen; hamstern *vt*; zurücklegen *vt*: ～肥料 (über einen langen Zeitraum hinweg in kleinen Mengen) Dünger sammeln

积重难返 jī zhòng nán fǎn eine alte Gewohnheit läßt sich schwer ablegen

击(擊) jī ① schlagen *vt*; einen Schlag versetzen; einen Stoß versetzen; zuschlagen *vt* / *vi*: ～鼓 die Trommel rühren (*od* schlagen); trommeln *vi* ② angreifen *vt*; anfallen *vt*; überfallen *vt*: 声东～西 Finten im Osten, Angriff im Westen

击败 jībài niederschlagen *vt*; besiegen *vt*; vereiteln *vt*; die Oberhand gewinnen

击毙 jībì totschießen *vt*; erschießen *vt*; töten *vt*

击毁 jīhuǐ zerstören *vt*; zertrümmern *vt*; vernichten *vt*

击剑 jījiàn Fechten *n*; Fechtsport *m*

击溃 jīkuì (Truppen) in die Flucht schlagen; zerschlagen *vt*; zerschmettern *vt*

击落 jīluò abschießen *vt*; herunterschießen *vt*: ～敌机 die feindliche Flugzeuge abgeschossen haben

击破 jīpò durchbrechen *vt*; etw. zunichte machen; schlagen *vt*; zerschlagen *vt*

击中 jīzhòng (das Ziel) treffen *vt*: ～目标 das Ziel treffen; ins Schwarze treffen ～要害 j-s wunde Stelle treffen; den springenden Punkt berühren; den Nagel auf den Kopf treffen

基 jī ① Grundlage *f*; Basis *f*; Fundament *n*: 路～ Gleisbett *n*; Bahndamm *m*; Bahnkörper *m*; **Aufschüttung** *f*; Damm *m* 奠～ den Grundstein legen ② grundlegend; elementar; grundsätzlich; Grund-: ～调 Grundton *m*; Grundmotiv *n* ～数 Grund-, Kardinalzahl *f*; Basis *f* ③ Gruppe *f*; Radikal *n*

基本 jīběn ① grundlegend; fundamental; elementar; Grund-: ～要求 Grundforderung *f* ～原则 Grundprinzip *n* ～知识 Elementarwissen *n*; Grundkenntnisse *pl* ② hauptsächlich; wesentlich;

Haupt-: ～条件 Hauptbedingung *f*; prinzipielle Bedingungen ～工资 Grundgehalt *n*; Grundlohn *m*; Basislohn *m* ～建设 Investbau *m*; Grundaufbau *m*

基层 jīcéng Basis *f*; unterste Organisationsebene; untere Ebene

基础 jīchǔ Grundmauer *f*; Fundament *n*; Grundlage *f*; Basis *f*: 打～ das Fundament legen; eine Grundlage schaffen 物质～ materielle Grundlage (*od* Basis) ～工业 Grundstoff-, Schlüsselindustrie *f* ～教育 Elementarerziehung, -schulbildung *f* ～科学 Basiswissenschaft *f* ～课 Grundkurs *m* (eines Curriculums) ～设施 Infrastruktur *f* (z.B. Verkehrsnetz, Eisenbahnen, Häfen)

基地 jīdì Basis *f*; Stützpunkt *m*: 军事～ Militärstützpunkt *m*; Militärbasis *f* 工业～ industrielle Basis 原料～ Rohstoffbasis *f*; Rohstoffquelle *f*

基点 jīdiǎn Zentrum *n*; Schwerpunkt *m*

基调 jīdiào ① Haupttonart *f* ② Grundton *m*; Grundgedanke *m*: 他讲话的～是团结。Der Tenor seiner Rede war die Einheit.

基督 jīdū Christus (Jesus): ～教 Christentum *n*; christliche Religion ～徒 Christ *m*

基金 jījīn Fonds *m*: ～会 Stiftung *f*

基石 jīshí Grundstein *m*; Fundament *n*

基数 jīshù ① Kardinal-, Grundzahl *f* ② Basis *f*; Grundlage *f*: 以1965年的产量为～ die Produktion von 1965 als Grundlage genommen

基因 jīyīn Gen *n*; Erbfaktor *m*

基于 jīyú aufgrund; auf der Grundlage; gestützt auf; im Hinblick auf; beruhen auf; basieren auf: ～以上理由，我不赞同他的意见。Gestützt auf die ebengenannten Gründe bin ich nicht seiner Meinung.

奇 jī ungerade: ～数 ungerade Zahl

畸 jī ① nach einer Seite hängend; aus dem Gleichgewicht gebracht; ungleichgewichtig ② anomal; abnorm; unregelmäßig

畸形 jīxíng ① Mißbildung *f*; Verunstaltung *f*; Deformität *f* ② abnormal; anomal; unausgeglichen; deformiert: ～发展 abnormale Entwicklung ～现象 abnormales Phänomen

犄 jī

犄角 jījiǎo Ecke *f*: 屋子～ die Ecke des Zimmers

犄角 jījiao Horn *n*: 牛～ Ochsen-, Stierhorn *n*

羁(覊) jī ① Zaum *m*; Halfter *n*: 无～之马 ein Pferd ohne Zaum; zügelloses Pferd ② j-n in Schranken halten; einschränken *vt*; behindern *vt*; j-n unter Kontrolle haben: 放荡不～ ein ausschweifendes Leben führen ③ aufhalten *vt*; zurückhalten *vt*

羁绊 jībàn Fessel *f*; Joch *n*; Zwang *m*

羁押 jīyā <书> j-n in Haft (*od* in Gewahrsam) nehmen; inhaftieren *vt*

稽 jī ① kontrollieren *vt*; überprüfen *vt*; nachprüfen *vt*; untersuchen *vt*; kollationieren *vt*: 无～之谈 Unsinn *m*; dummes Zeug; albernes Geschwätz ② aufhalten *vt*; verschieben *vt*; aufschieben *vt*; hinauszögern *vt* *另见 qǐ

稽留 jīliú <书> sich aufhalten: 因事～ geschäftlich verhindert (*od* aufhalten) sein; unabkömmlich sein

几 jī ① kleiner Tisch; Tischchen *n*: 茶～儿 Teetischchen *n* ② beinah(e); fast; annähernd; nahezu: 到会者～三千人。Es waren gegen 3000 Personen bei der Versammlung anwesend. *另见 jǐ

几乎 jīhū beinahe; fast; annähernd; nahezu; gegen; ungefähr: 我～忘了。Fast hätte ich es vergessen. 他～一夜没睡。Er tat fast die ganze Nacht kein Auge zu.

讥(譏) jī auslachen *vt*; verlachen *vt*; verspotten *vt*; verhöhnen *vt*

讥讽 jīfěng über etw. spotten; j-n zum Gespött machen; j-n lächerlich machen; sich höhnisch äußern

讥诮 jīqiào <书> j-n satirisch angreifen; sich über j-n lustig machen; über j-n/etw. die Nase rümpfen; hohnlächeln *vi*

讥笑 jīxiào über j-n/etw. spotten; sich über etw./ j-n lustig machen; hohnlachen *vi*; auslachen *vt*; verlachen *vt*; verspotten *vt*

机(機) jī ① Maschine *f*; mechanisches Werkzeug; Apparat *m*; Gerät *n*: 缝纫～ Nähmaschine *f* ～床 Werkzeugmaschine *f*; Drehbank *f* 影印～ Photokopiergerät *n* ② Flugzeug *n*: 客～ Passagierflugzeug *m* 运输～ Transportflugzeug *n* ③ Angelpunkt *m*; kritischer (*od* springender) Punkt: 转～ Wendepunkt *m* ④ Gelegenheit *f*; Möglichkeit *f*; Chance *f*: 趁～ die Gelegenheit ergreifen (*od* beim Schopfe fassen); die Lage ausnutzen 随～应变 geistesgegenwärtig handeln; den wechselnden Umständen Rechnung tragen; sich nach den veränderten Umständen richten; der Situation (*od* den Umständen) entsprechend handeln ⑤ organisch: 有～体 Organismus *m* 无～化学 anorganische Chemie ⑥ geschmeidig; gewandt; geschickt; behende; findig: ～智 findig; einfallsreich; geschickt, erfinderisch, gescheit; geistesgegenwärtig

机场 jīchǎng Flughafen *m*; Flugplatz *m*

机车 jīchē Lokomotive *f*: 内燃～ Diesellokomotive *f* 电力～ elektrische Lokomotive; Elektrolok *f* 蒸气～ Dampflokomotive *f*

机动 jīdòng ① motorisiert; mit Motorantrieb; mit Kraftbetrieb: ～车 Kraft-, Motorfahrzeug *n* ② beweglich; flexibel; mobil; zweckdienlich: ～处置 etw. flexibel handhaben ～性 Beweglichkeit *f*; Flexibilität *f*; Mobilität *f*; Manövrierfähigkeit *f* ③ in Reserve; zum Ersatz: ～力量 mobile Kräfte ～开支 Sonderausgaben *pl* ～费 Reservefonds *m*

机构 jīgòu ① Mechanismus *m*; Maschinerie *f*: 传动～ Trieb(schalt)werk *n* ② Organisation *f*; Institution *f*; Organ *n*; Gremium *n*: 政府～ Regierungsapparat *m*; Regierungsorganisation *f* 精简～ den Verwaltungsapparat vereinfachen

机关 jīguān ① Mechanismus *m*; Getriebe *n*: 起动～ Anlaßtriebwerk *n* ② Organisation *f*; Körperschaft *f*; Organ *n*; Behörde *f*: 领导～ Leitungsapparat *m*; Führungsorgan *n* ～报 Organ *n*; offizielle Zeitung; offizielles Blatt (einer Organisation) ③ List *f*; Trick *m*; Kunstgriff *m*; Strategem *n*; Kniff *m*; Intrige *f*: 识破～ eine Machenschaft (*od* einen Trick) durchschauen

机会 jīhuì Gelegenheit *f*; Chance *f*; Möglichkeit *f*; Opportunität *f*; Anlaß *m*; Gelegenheit *f*: 千载一时的好～ eine nie mehr wiederkehrende Gelegenheit

机会主义 jīhuìzhǔyì Opportunismus *m*

机警 jījǐng wachsam; aufmerksam; geistesgegenwärtig

机密 jīmì ① geheim; heimlich; vertraulich: ～文件 Geheimdokument *n*; vertrauliches Schriftstück ② Geheimnis *n*: 严守国家～ Staatsgeheimnisse strikt bewahren

机敏 jīmǐn findig; flink; einfallsreich; wendig

机能 jīnéng Funktion *f*

机器 jīqì Maschine *f*; Maschinerie *f*; Apparat *m*: 安装新～ neue Maschinen aufstellen (*od* installieren, montieren) 国家～ Staatsmaschinerie *f*; Staatsapparat *m* ～人 Roboter *m*; Maschinenmensch *m* ～油 Maschinenöl *n*

机械 jīxiè ① Maschine *f*; Maschinerie *f*; Mechanismus *m*: ～故障 Maschinenschaden *m*; Maschinenstörung *f* ～工程学 Maschinenbau *m* ② mechanisch; schablonenhaft; unflexibel; rigid: ～地照搬别人的经验 die Erfahrungen anderer mechanisch übernehmen

机械化 jīxièhuà Mechanisierung *f*; Motorisierung *f*: 农业～ Mechanisierung der Landwirtschaft ～部队 motorisierter Truppenverband

机要 jīyào geheim; vertraulich: ～工作 vertrauliche Arbeit ～秘书 für die Verwaltung von Verschlußsachen zuständiger Sekretär

机宜 jīyí Handlungsrichtlinien *pl*; Anleitung *f*; Anweisung *f*: 面授～ j-m unter vier Augen eine Anweisung geben; j-n in einen Plan einweihen

机遇 jīyù günstige Verhältnisse; glücklicher Umstand; passende (*od* geeignete) Gelegenheit

机缘 jīyuán Glücksfall *m*; günstige Schicksalsfügung: ～凑巧 wie es das Schicksal (*od* der Zufall) wollte; durch einen glücklichen Zufall

机智 jīzhì erfinderisch; findig; schlagfertig; gescheit; geschickt

机组 jīzǔ ① Aggregat *n*: 发电～ Stromerzeugersatz *m*; Generatormaschinensatz *m* ② Flugzeugbesatzung *f*

叽(嘰) jī 〈象〉 zwitschern *vi*; piepsen *vi*: 小鸟～～叫。Die vögelchen zwitschern.

叽咕 jīgu wispern *vt/vi*; flüstern *vi/vt*; brummen *vi*; tuscheln *vi*; murmeln *vt/vi*: 他们俩叽叽咕咕不知谈了多久。Die beiden haben Gott weiß wie lange untereinander gewispert.

肌 jī Muskel *m*

肌理 jīlǐ Hautgewebe *n*: ～细腻 feinporige und glatte Haut

肌体 jītǐ Organismus *m*; menschlicher Körper

饥(饑) jī ① hungrig sein; Hunger haben ② Hungersnot *f*; Hunger *m*

饥不择食 jī bù zé shí wer Hunger hat, ist beim Essen nicht wählerisch; Hunger ist der beste Koch

饥饿 jī'è Hunger *m*; Hungerleiden *n*; hungern *vi*; hungrig

饥寒交迫 jīhán jiāopò unter Hunger und Kälte leiden; Hunger und Not leiden

饥荒 jīhuang ① Hungersnot *f* ② 〈口〉 auf dem trockenen sitzen; knapp bei Kasse sein

饥馑 jījǐn Hungersnot *f*

汲 jī (Wasser) schöpfen *vt*; heraufholen *vt*: 从井里～水 aus einem Brunnen Wasser schöpfen

汲汲 jījī auf etw. erpicht; nach (*od* auf) etw. begierig; nach etw. bestrebt: ～于个人名利 auf persönlichen Ruhm und Gewinn bedacht

汲取 jīqǔ schöpfen *vt*; aufnehmen *vt*: ～营养 Nährstoffe in sich aufnehmen 从中～教训 eine Lehre daraus ziehen

鸡(鷄) jī Huhn *n*: 公～ Hahn *m* 母～ Henne *f* 雏～ Küken *n*

鸡蛋 jīdàn Hühnerei *n*; Ei *n*: ～糕 Biskuitkuchen *m*

鸡飞蛋打 jī fēi dàn dǎ die Hühner sind entwischt und die Eier zerbrochen; sämtliche Gelegenheiten verpaßt haben; alle Chancen verschenkt haben; sich zwischen zwei Stühle setzen

鸡肋 jīlèi 〈书〉 Hühnerrippchen *n* — Dinge von wenig Nutzen oder geringem Interesse

鸡毛蒜皮 jīmáo suànpí Hühnerfedern und Knoblauchschalen — Lappalien *pl*; Bagatellen *pl*; Belanglosigkeiten *pl*

鸡犬不宁 jī quǎn bù níng selbst Hühner und Hunde finden keine Ruhe — große Unruhe stiften

鸡尾酒 jīwěijiǔ Cocktail *m*: ～会 Cocktailparty *f*

屐 jī ① Holzschuh *m*; Pantine *f* ② Schuh *m*

缉 jī gefangennehmen *vt*; verhaften *vt*; arrestieren *vt*; fahnden *vi*

缉拿 jīná nach j-m fahnden und ihn verhaften (*od* gefangennehmen): ～凶手 nach dem Mörder fahnden und ihn festnehmen

缉私 jīsī Schmuggler verhaften; Schmuggelwaren sicherstellen; Schleichhandel unterbinden: ～人员 Zollfahnder *m*; Zollfahndungspersonal *n*

jí

疾 jí ① Krankheit *f*; Leiden *n*; Unwohlsein *n* ② Leiden *n*; Schmerz *m*; Not *f*: ～苦 Leiden *n*; Mühsal *f* ③ hassen *vt*; verabscheuen *vt*: ～恶如仇 ein Übel wie die Pest hassen; das Böse zutiefst verabscheuen ④ schnell; mit hoher Geschwindigkeit: ～驰而过 mit größter Geschwindigkeit vorbeigaloppieren; (vorbei) sausen *vi*

疾病 jíbìng Krankheit *f*; Unwohlsein *n*

疾言厉色 jí yán lì sè in barschem (*od* scharfem) Ton und mit strenger Miene; hitzig und schroff

嫉 jí ① neidisch sein; eifersüchtig sein; neiden *vt*; mißgönnen *vt*; ② hassen *vt*; verabscheuen *vt*

嫉妒 jídù beneiden *vt*; neiden *vt*; mißgönnen *vt*; auf etw./j-n eifersüchtig sein

嫉恨 jíhèn Neid und Haß; j-n aus Neid hassen

脊 jí * 另见 jǐ

脊梁 jíliang Rücken *m*: ～骨 Wirbelsäule *f*; Rückgrat *n*

瘠 jí 〈书〉 ① mager; dünn und schwach ② unfruchtbar; unergiebig: ～土 unfruchtbarer (*od* dürrer, karger) Boden

瘠薄 jíbó unfruchtbar; ertragsarm; unergiebig; mager

吉 jí glücklich; glückverheißend; günstig; Glück *n*: 万事大～。Alles ist in bester Ordnung.

吉利 jílì glücklich; glückverheißend; günstig; Glück *n*

吉庆 jíqìng glückverheißend; Gutes verheißend; glücklich

吉祥 jíxiáng glückverheißend; Gutes verheißend; glücklich

吉凶 jíxiōng Glück oder Unglück

吉兆 jízhào gutes Omen; Vorzeichen eines glücklichen Ereignisses

佶 jí 〈书〉 robust; stark

佶屈聱牙 jíqū áoyá voll von schwierigen, zungenbrecherischen Worten; sehr schwer auszusprechen: ～之词 Zungenbrecher *m*

籍 jí ① Buch *n*; Werk *n*: 古～ klassische Bücher ② Mitgliedschaft *f*: 国～ Staatsangehörigkeit *f*; Staatsbürgerschaft *f* 党～ Parteimitgliedschaft *f* ③ Heimat *f*; Geburtsort *m*; Herkunftsort *m*: 祖～ Heimat der Vorfahren; Land der Väter; Stammland *n*

籍贯 jíguàn Heimat *f*; Geburts-, Abstammungs-, Herkunftsort *m*

棘 jí ① wilde Jujube ② Dorn *m*; Stachel *m*

棘手 jíshǒu heikel; kitzelig; beschwerlich: ～的问题 schwieriges Problem

楫 jí 〈书〉 Ruder *n*; Riemen *m*: 舟～ Schiffe *pl*

辑 jí ① kompilieren *vt*; zusammenstellen *vt*; edieren *vt*; redigieren *vt*: 编～ edieren *vt*; redigieren *vt* ② Teil *m*; Band *m*; Abschnitt *m*

辑录 jílù zusammenstellen *vt*; redigieren *vt*

集 jí ① versammeln *vt*; sammeln *vt*: 惊喜交～ von einer überraschenden Freude heimgesucht werden ～各家之长 die Vorteile von verschiedenen Schulen in sich anfnehmen ② Dorfmarkt *m*; Marktplatz *m*: 赶～ auf einen ländlichen Markt gehen; zum Markt gehen ③ Sammlung *f*; Werk *n*; Anthologie *f*: 诗～ Gedichtsammlung *f* 影～ Photoalbum *n* ④ Band *m*; Teil *m*: 这部影片分上、下两～。Dieser Film besteht aus zwei Teilen.

集成电路 jíchéng diànlù integrierte Schaltung

集合 jíhé sich versammeln; antreten *vi*; zusammenkommen *vi*: ～地点 Versammlungsort *m*; Sammelplatz *m*; Treffpunkt *m* 我们在校门口～。Wir versammeln uns vor der Schule

集会 jíhuì sich versammeln; zusammentreten *vi*; Versammlung *f*; Kundgebung *f*

集结 jíjié konzentrieren *vt*; zusammenziehen *vt*: 军队～待命。Die Truppen sammeln sich und warten auf Befehle.

集锦 jíjǐn eine Sammlung ausgewählter Bilder oder Gedichte: 花鸟画～ Sammelband (*od* Sammlung) von Blumen- und Vogelmalerei

集权 jíquán Zentralisierung der Staatsmacht

集思广益 jí sī guǎng yì verschiedene Ansichten aufgreifen und nützliche Ratschläge beherzigen; den Ideenreichtum aller Leute zusammenfassen

集体 jítǐ Kollektiv *n*: ～创作 kollektiv Leistung ～领导 kollektive Führung ～化 Kollektivierung *f* ～农场 Kollektivfarm *f* ～安全 kollektive Sicherheit ～舞 Gemeinschaftstanz *m*

集团 jítuán Block *m*; Clique *f*; Gruppe *f*: 统治～ herrschende Clique 军事～ Militärblock *m*

集训 jíxùn zum Training zusammenkommen; in ein Trainingslager ziehen

集腋成裘 jí yè chéng qiú viele Fellstückchen ergeben einen Pelz; viele Wenig macht ein Viel

集邮 jíyóu Briefmarkensammeln *n*; Philatelie *f*: ～簿 Briefmarkenalbum *n*

集中 jízhōng konzentrieren *vt*; zentralisieren *vt*; zusammenlegen *vt*; anhäufen *vt*: ～精力 seine Energie konzentrieren ～大量财富 eine große Menge von Reichtümern anhäufen ～管理 zentralisierte Verwaltung ～营 Konzentrationslager *n*

集装箱 jízhuāngxiāng Container *m*: ～船 Containerschiff *n* ～运输 Containerverkehr *m*

及 jí ① reichen *vi*; hinaufreichen *vi*; sich (bis zu einem bestimmten Ort) erstrecken: 力所能～ in j-s Macht; in j-s Reichweite; in j-s Kräften stehen ② zur rechten Zeit: ～时 rechtzeitig ③ 〔连接并列名词或名词性词组，连接的成分中主要的放在"及"之前〕 und; sowie: 词典～其他参考书 Wörterbücher und andere Nachschlagewerke; Lexiken und andere Nachschlagebücher

及格 jígé eine Prüfung bestehen; „bestanden" (Notenstufe bei der Bewertung einer Prüfungsleistung)

及时 jíshí ① rechtzeitig; zur rechten Zeit; zeitgemäß; zeitgerecht: ～的忠告 rechtzeitige Ratschlag ② unverzüglich; ohne Zögern; sofort: 有问题就～解决。Sobald ein Problem auftaucht, muß es unverzüglich gelöst werden.

及早 jízǎo frühzeitig; unverzüglich; ehe es zu spät ist; so bald wie möglich; beizeiten: 有病要～治。Geh sofort zum Arzt, wenn du krank bist.

极(極)

jí ① Extrem n; äußerstes Ende; äußerste Grenze; äußerster Punkt; höchster Grad; Gipfelpunkt m: 无所不用其～ sein Außerstes tun; bis zum Außersten gehen; kein Mittel scheuen; kein Mittel unversucht lassen 荒谬之～ in höchstem Grad absurd sein; absolut unsinnig ② Pol m: 北(南)～ Nord-(süd-)pol m ③ äußerst; extrem; übermäßig; höchst; außerordentlich: ～为重要 äußerst wichtig 冷～了 übermäßig kalt

极点 jídiǎn äußerste Grenze; das Außerste: 我们忍耐到了～。Uns geht die Geduld aus.

极度 jídù äußerst; höchst; außerordentlich; übermäßig: ～困难 äußerst schwierig ～兴奋 in einen Begeisterungstaumel geraten

极端 jíduān äußerst; sehr; höchst; extrem: ～仇视 gegen j-n/etw. wilden Haß hegen ～腐败 bis ins Mark verfault ～左倾分子 die äußerste Linke; Linksextremisten pl

极乐世界 jílè shìjiè Glücksland des Westens (Sukhavati); das im Westen gelegene Paradies des Buddha Amitabha

极力 jílì sein Äußerstes tun; kein Mittel scheuen; alles tun, was in j-s Macht steht: ～劝阻 sein Möglichstes tun, um j-m von etw. abzuraten ～否认 heftig verleugnen

极其 jíqí sehr; äußerst; extrem; außerordentlich: ～深刻 sehr tiefgründig ～艰巨 äußerst schwierig

极权主义 jíquánzhǔyì Totalitarismus m

极盛 jíshèng Höhe-, Gipfelpunkt m; Vollblüte f; Zenit m

极刑 jíxíng Todesstrafe f

岌

jí <书> hoch aufragend

岌岌 jíjí <书> einzustürzen drohen: ～可危 in Gefahr schweben; an einem (dünnen, seidenen) Faden hängen

级

jí ① Rang m; Ebene f; Stufe f; Grad m; Klasse f: 高～ hochrangig; auf höherer Stufe (od Ebene) 部长～会谈 Gespräche auf Ministerebene 七～地震 Erdbebenstärke 7 (nach der Richter-Skala) ② Klassenstufe f; Jahrgang m: 同～不同班 in Parallelklassen desselben Jahrgangs sein; vom selben Jahrgang, aber nicht aus derselben Klasse ③ Treppenstufe f: 石～ Steinstufe f

级别 jíbié Rang m; Skala f; Stufenleiter f; Grad m; Tarif m: 工资～ Lohnskala f; Lohntarif m; Lohnstufe f

急

jí ① es eilig haben; auf etw. brennen; ungeduldig; dringend; dringlich: ～着要到前线去 ungeduldig auf den Abmarsch an die Front warten; dringend gegen den Feind marschieren wollen ② j-m bange machen; j-n in Sorge versetzen: 火车快开了，他还不来，实在～人。Der Zug wird bald abfahren, aber kommt er noch nicht. Das macht mir wirklich bange. ③ ärgerlich; böse; gereizt: 没说上几句话他就～了。Kaum hat er ein paar Worte gesprochen, als er schon ärgerlich wurde. ④ geschwind; hastig; ungestüm; rapid; hitzig: 水流很～。Das Wasser strömt ungestüm dahin. ～风暴雨 Orkan m; Sturm m; Gewitter n; Unwetter n ⑤ dringend; dringlich; eilig: ～电 dringendes Telegramm; Blitztelegramm n 他走得很～。Er geht in größter Eile weg. ⑥ eilends bestrebt, zu helfen: ～公好义 dienstbeflissen und hilfsbereit; um das Gemeinwohl besorgt sein ～功好利 nach schnellen Erfolgen jagen; augenblicklichen Vorteilen nachjagen

急促 jícù ① hastig; eilig; schnell: ～的脚步声 hastige (od eilige) Schritte 呼吸～ kurzatmig ② kurz; knapp: 时间很～，要速作决定。Die Zeit drängt, und man muß sich schnell entscheiden.

急件 jíjiàn dringendes Dokument; (dringende) Depesche *f*; Eilbotschaft *f*

急救 jíjiù Erste Hilfe leisten; Notversorgung *f*; Notbehandlung *f*: ～药箱 Rettungskoffer *m*; Verbandskasten *m* ～站 Rettungsstation *f*

急剧 jíjù rasch; rapid; jäh: ～的变化 umwälzende Veränderungen ～转折 jähe Wendung; plötzlicher Umschlag

急遽 jíjù jäh; plötzlich; rapid; drastisch

急流 jíliú ① reißender Strom; Sturzbach *m*; Stromschnelle *f* ② Strahlstrom *m*; Jetstream *m*

急忙 jímáng eilig; hastig; in aller Eile; in großer Hast; Hals über Kopf: 他穿上大衣,～赶去车站。Er zog den Mantel an und eilte (*od* hastete) zum Bahnhof.

急难 jínàn ① 〈书〉 ernste Gefahr; drückende Not und Gefahr; Mißgeschick *n*; Unglück *n* ② sich bemühen, j-n in seiner Not zu helfen; besorgt, j-m zu helfen

急迫 jípò dringend; dringlich; zwingend; drückend; drängend: 最～的任务 die vordringlichste Aufgabe 形势～ kritischer Augenblick; entscheinendes Moment

急起直追 jí qǐ zhí zhuī j-n im beschleunigten Tempo einholen; einen Rückstand (*od* Zeitverlust) schnell aufholen

急切 jíqiè ① dringlich; begierig; ungeduldig: ～地盼望 etw. / j-m erwartungsvoll entgegensehen; etw./ j-n ungeduldig erwarten ② in großer Eile; in großer Hast

急速 jísù sehr schnell; mit größter Geschwindigkeit; rapide: ～行驶 in rasendem Tempo fahren 情况～变化。Die Situation schlug jäh um. 或 Die Lage hat sich rasch verändert.

急需 jíxū etw. dringend brauchen; etw. sehr nötig haben; dringendes Bedürfnis; dringend erforderlich sein: 提供～的资金 dringend benötigte Geldmittel zur Verfügung stellen 以应～ um einem dringenden Bedürfnis abzuhelfen

急于 jíyú auf etw. / j-n sehr erpicht; auf etw. / j-n begierig; auf etw. (*od* nach etw.) brennen: ～回去 begierig, zurückzugehen

急躁 jízào ① jähzornig; leicht erregbar; reizbar; ungeduldig; rasch aufbrausend ② Voreiligkeit *f*; überstürztes Vorgehen; Übereilung *f*; Ungeduld *f*: 防止～情绪 sich vor Übereilung hüten

急诊 jízhěn Intensiv-, Notfallbehandlung *f*: ～病人 Patient einer Intensivstation; Notfall *m* ～室 Zimmer für Notfall- und Intensivbehandlung

急中生智 jí zhōng shēng zhì Not macht erfinderisch

急转直下 jí zhuǎn zhí xià sich nach einem plötzlichen Umschwung rasch entwickeln

即 jí ① sich nähern; dicht an ... herankommen; sich zu etw. / j-m begeben: 可望而不可～ zwar zu sehen, aber nicht zu fassen; in Sicht-, aber außer Reichweite ② übernehmen *vt*: ～位 den Thron besteigen; ein Amt antreten ③ sein *vi*; bedeuten *vt*; das ist; nämlich: 此陌生人～约翰逊教授。Dieser Fremde ist kein anderer als Professor Johnson. ④ sofort; unmittelbar; sogleich: 成功在～。Der Erfolg ist zum Greifen nah. ～日生效 mit dem heutigen Tag in Kraft treten ⑤ aus dem Augenblick heraus: ～景诗 Verse aus einer augenblicklichen Eingebung heraus; Stegreifgedicht *n* ⑥ sobald als; unmittelbar nachdem; unverzüglich; prompt: 闻过～改 einen Hinweis bekommen, und seinen Fehler auch schon verbessern

即便 jíbiàn wenn auch; selbst (wenn): ～你当头,也不该摆架子。Selbst wenn du als Chef tätig bist, sollst du dich nicht groß aufspielen (*od* darfst du dich nicht überheblich benehmen).

即将 jíjiāng nahe daran; bald; demnächst: 理想～实现。Das Ideal wird bald verwirklichen. 春节～来临。Das Frühlingsfest steht bevor.

即景生情 jíjǐng shēng qíng das Bild von etw. (*od* ein Ereignis) ruft eine bestimmte Erinnerung wach; durch etw. innerlich berührt werden; sich durch etw. angesprochen fühlen; etw. schlägt bei j-m eine Saite an

即刻 jíkè sofort; sogleich; unverzüglich

即时 jíshí sofort; unverzüglich; unmittelbar; umgehend; augenblicklich

即使 jíshǐ selbst; selbst wenn; wenn auch; wenngleich

即席 jíxí ① aus dem Stegreif; unvorbereitet; improvisiert: ~讲话 aus dem Stegreif sprechen; extemporieren *vi* ② seinen Platz einnehmen; zu Tisch gehen

即兴 jíxìng improvisiert; extemporiert; aus dem Stegreif: ~之作 Improvisation *f*

亟 jí 〈书〉 dringend; eilig; brennend; ernsthaft: ~盼 sehr hoffen; brennend erhoffen; ernst(lich) hoffen ~待解决 etw. drängend zur Lösung benötigen * 另见 qì

殛 jí 〈书〉 töten *vt*: 雷~ vom Blitz erschlagen werden

jǐ

脊 jǐ ① Rückgrat *n*; Wirbelsäule *f* ② Rücken *m*: 山~ Bergkamm *m* 屋~ Dachfirst *m* * 另见 jí

脊背 jǐbèi Rücken *m*

脊椎 jǐzhuī Wirbel *m*; Vertebra *f*: ~动物 Wirbeltier *n*; Vertebraten *pl* ~骨 Wirbel *m*; Wirslbeäule *f*

济(濟) jǐ * 另见 jì

济济 jǐjǐ (Menschen) viel; zahlreich; in großer Zahl; eine große Menge: 人才~ eine große Menge fähiger Leute

挤(擠) jǐ ① pressen *vt*; auspressen *vt*; drükken *vt*; herausdrücken *vt*: ~牙膏 Zahnpaste herausdrücken ~牛奶 melken *vt* ② sich drängen; sich zwängen: ~进去 sich hineinzwängen 人多~不进去。Es sind so viele Menschen, daß keiner hineindrängen kann. ③ vollgestopft; Gedränge *n*: ~做一团 dichtgedrängt wie die Sardinen (*od* Heringe) 礼堂已经~满了。Die Aula ist schon überfüllt.

几(幾) jǐ ① wieviel(e): ~点钟了? Wie spät ist es? 你能在这里住~天 Wieviel(e) Tage kannst du hier bleiben? ② einige; mehrere: 说~句话 einige Worte sagen ~十 Dutzende; ...zig 十~岁的孩子 Teenager *m* 二十~个人 über zwanzig Personen 所剩无~。Es ist kaum etwas übrig. * 另见 jī

几分 jǐfēn etwas; ein wenig; ein bißchen: 她说的有~道理。An dem, was sie sagt, ist etwas dran. 或 Es spricht einiges für ihre Äußerung. ~怀疑 einigermaßen mißtrauisch sein 有~醉意 angetrunken sein; leicht beschwipst sein

几何 jǐhé ① 〈书〉 wieviel(e): 不知尚有~。man weiß nicht, wieviel es noch übrig ist. ② Geometrie *f*: ~图形 geometrische Figur

几何学 jǐhéxué Geometrie *f*: 解析~ analytische Geometrie; Analysis *f* 立体~ Stereometrie *f*; Geometrie des Raumes 平面~ Planimetrie *f*; Geometrie der Ebene

几时 jǐshí wann

几许 jǐxǔ wieviel: 不知~。Niemand weiß wieviel(e).

己 jǐ selbst; sich; persönlich: 舍~为公 sich für das Allgemeinwohl aufopfern 引为~任 etw. als seine (eigene) Pflicht betrachten 各抒~见。Jeder äußert seine (persönliche) Meinung.

己方 jǐfāng die eigene Seite

给 jǐ ① versorgen *vt*; liefern *vt*: 自~自足 sich selbst versorgen; Selbstversorgung *f*; Autarkie *f* ② ausreichend; genügend; gut versorgt sein: 家~户足。Jede Familie ist gut versorgt. * 另见 gěi

给养 jǐyǎng Versorgung *f*; Verpflegung *f*; Proviant *m*; Nachschub *m*: ~充足 ausreichende Versorgung; überreichlich mit Proviant versehen sein

给予 jǐyǔ gewähren *vt*; geben *vt*: ~支持 Unterstützung gewähren ~同情 mit j-m/etw. sympathisieren; mit j-m Mitgefühl haben

jì

寂 jì ① still; ruhig: 万籁俱~。Es herrscht tiefste Stille. ② einsam; verlassen: 枯~ öde und einsam

寂静 jìjìng still; ruhig: 在~的深夜里 in nächtlicher Stille

寂寞 jìmò einsam; einsiedlerisch: 感到~ sich einsam fühlen

寂然 jìrán 〈书〉 still; ruhig

济(濟) jì ① übersetzen *vi*; einen Fluß überqueren: 同舟共~ im selben Boot den Fluß überqueren — gemeinsam eine schwierige Situation meistern ② helfen *vi*; unterstützen *vt*; retten *vt*: 缓不~急。Langwierige Maßnahmen helfen nicht

in dringenden Fällen. ③ helfen *vi*; nützen *vi*: 无～于事 es hilft (*od* nützt) nichts; vergeblich sein
* 另见 jǐ

剂(劑) jì ① pharmazeutisches oder chemisches Präparat: 针～ Injektion *f*; Injektionsflüssigkeit *f* 片～ Tablette *f* 麻醉～ Betäubungs-, Narkosemittel *n*; Narkotikum *n* 防腐～ antiseptisches Mittel; Antiseptikum *n* ② 〈量〉 一～中药 eine Dosis chinesischer Heilkräuter

剂量 jìliàng Dosis *f*; Dose *f*

计 jì ① rechnen *vt*; zählen *vt*; kalkulieren *vt*: 不～其数 unzählig; zahllos ② Messer *m*; Zähler *m*: 雨量～ Regenmesser *m* ③ Plan *m*; List *f*; Intrige *f*: 中～ in eine Falle gehen 长远之～ auf lange Sicht vorausschauend; auf lange Sicht planen

计策 jìcè Strategem *n*; List *f*; Taktik *f*; Plan *m*

计划 jìhuà ① Plan *m*; Projekt *n*: 可行的～ durchführbarer Plan ② planen *vt*; vorausplanen *vt*: 我们～周末去上海。Wir planen eine Reise nach Shanghai am Wochenende. ③ planmäßig: ～经济 Planwirtschaft *f* ～生产 planmäßige Produktion; Planproduktion *f* ～生育 Familienplanung *f*

计件 jìjiàn nach der Stückzahl berechnen: ～工资 Akkordlohn *m*; Stücklohn *m* ～工作 Stückarbeit *f*

计较 jìjiào ① auf etw. bedacht sein; um etw. feilschen: 斤斤～ sich mit Kleinigkeiten abgeben; sich jede unbedeutende Sache zu Herzen nehmen; sehr kleinlich abwägen ② debattieren *vt* / *vi*; disputieren *vi*; streiten *vi*: 我不同你～，等你气平了再说。Ich möchte jetzt nicht mit Ihnen streiten. Sprechen wir darüber, wenn Sie sich beruhigt haben. ③ bedenken *vt*; überlegen *vt*: 从不～个人名利 nie auf seinen persönlichen Ruhm und Reichtum bedacht sein

计量 jìliàng messen *vt*: 不可～ unermeßlich

计谋 jìmóu Strategem *n*; List *f*; Intrige *f*

计算 jìsuàn ① rechnen *vt* / *vi*; ausrechnen *vt*; kalkulieren *vt*: ～产值 den Produktionswert berechnen ～尺 Rechenschieber *m* ② überlegen *vt*; sich Gedanken machen: 做事不能没个～。Man darf nichts ohne Plan beginnen.

计算机 jìsuànjī Rechenmaschine *f*; Rechner *m*; Computer *m*: ～程序设计 Computerprogrammieren *n* ～存储器 elektronischer Speicher ～软件 Computer-Software *f*; Programmierungshilfsmittel *pl* ～硬件 Computer-Hardware *f*; Computer-Elemente *pl*

计议 jìyì beraten *vt*; besprechen *vt*; erörtern *vt*: 从长～ sich bei einer Entscheidung Zeit lassen; gründlich beraten

髻 jì Haarknoten *m*; Dutt *m*

技 jì Fähigkeit *f*; Kunstfertigkeit *f*; Können *n*; Geschicklichkeit *f*: ～巧 Kunstfertigkeit *f*; handwerkliches Können (*od* Geschick) 有一～之长 Fähigkeit auf einem bestimmten Gebiet haben; berufliche Qualifikation in einem bestimmten Fach besitzen

技工 jìgōng ① qualifizierter Arbeiter; Facharbeiter *m* ② Techniker *m*; Mechaniker *m*

技能 jìnéng technische Fähigkeit; Geschicklichkeit *f*; Technik *f*: 生产～ berufliches Können bei der Produktion; technische Fertigkeiten bei der (produktiven) Arbeit

技师 jìshī qualifizierte technische Fachkraft; Techniker *m* (mit höherer Qualifikation)

技术 jìshù Technik *f*; Technologie *f*; technische Kenntnisse; Geschicklichkeit *f*; Kunst *f*: ～水平 das technische Niveau ～革新 technische Neuerung ～工人 Facharbeiter *m* ～力量 technische Fachkräfte ～员 Techniker *m* ～知识 technisches Wissen; Know-how *n* ～资料 technische Daten; technisches Informationsmaterial

技艺 jìyì künstlerische Fähigkeiten; Kunstfertigkeit *f*; Geschicklichkeit *f*; Meisterschaft *f*: ～精湛 sehr kunstvoll; meisterhaft

伎 jì ① Fähigkeit *f*; Fertigkeit *f*; Kniff *m*; Kunstgriff *m*: 故～重演 einen alten Trick wiederholen; wieder den alten Schwindel machen; auf einen alten Kunstgriff zurückgreifen ② Tänzerin oder Sängerin in der alten Zeit

伎俩 jìliǎng Trick *m*; Intrige *f*; Manöver *n*

妓 jì Prostituierte *f*; Dirne *f*; Straßen-, Freudenmädchen *n*: ～女 Prostituierte *f*; Dirne *f*; Hure *f* ～院 Freudenhaus *n*; Bordell *n*

寄 jì ① schicken *vt*; senden *vt*: ～信 einen Brief aufgeben (*od* abschicken) ～包裹 ein Paket auf die Post bringen (*od* durch die Post befördern lassen) ② anvertrauen *vt*; etw. zu treuen Händen überlassen; etw. in Obhut geben: ～希望于青年 die Hoffnung auf die Jugend setzen ③ von j-m abhängig sein; auf einen anderen angewiesen sein: ～食 (wegen eigener Armut) bei Verwandten oder Bekannten essen; auf die Verpflegung durch andere angewiesen sein

寄存 jìcún etw. aufbewahren lassen; etw. zur Aufbewahrung geben: 把大衣～在衣帽间 den Mantel an der Garderobe abgeben 行李～处 Gepäckannahme *f*; Gepäckaufbewahrung *f*

寄放 jìfàng etw. aufbewahren lassen; j-m etw. anvertrauen: 我要外出一段时间，这些书可以～在你那里吗? Ich werde eine Zeitlang auf eine Reise gehen. Darf ich diese Bücher bei dir unterstellen?

寄卖 jìmài etw. in Kommission verkaufen; mit Kommissionswaren handeln: ～商店 Kommissionsgeschäft *n*

寄人篱下 jì rén lí xià die Füße unter j-s Tisch stecken; j-m auf der Tasche liegen

寄生 jìshēng ① Parasitismus *m*; Schmarotzertum *n* ② parasitär; parasitisch; schmarotzend: ～生活 parasitäres Leben; Schmarotzerdasein *n* ～虫 Parasit *m*; Schmarotzer *m*

寄宿 jìsù ① logieren *vi*; vorübergehend wohnen: 我暂时～在朋友家里。Ich quartierte mich vorläufig bei einem Freund ein. ② im Internat (*od* Studentenheim) wohnen; Internatsschüler oder -student sein: ～生 Internatsschüler; Interne(r) ～学校 Internatsschule *f*

寄托 jìtuō ① anvertrauen *vt*: 把孩子～在邻居家里 sein Kind einem Nachbarn zur Betreuung übergeben ② (Hoffnung u.ä.) auf etw./j-n setzen: 作者把自己的思想感情～在剧中主人翁身上。Der Autor setzte sein eigenes Denken und Fühlen auf den Held seines Theaterstücks.

寄养 jìyǎng j-m die Sorge für das Aufziehen seines Kindes übertragen; bei j-m sein Kind in Obhut geben

寄予 jìyǔ ① (seine Hoffnung) auf j-n/etw. setzen;auf j-n bauen: 国家对青年一代～很大的希望。Der Staat setzt große Hoffnungen auf die junge Generation. ② etw. zum Ausdruck bringen; zeigen *vt*: ～深切的同情 herzliche (*od* große) Sympathie entgegenbringen

骥 jì 〈书〉 edles Roß

觊(覬) jì

觊觎 jìyú 〈书〉 begehrliche Blicke auf etw. werfen; mit gierigen Augen ansehen

季 jì ① Jahreszeit *f*; Saison *f*: 一年四～ die vier Jahreszeiten; das ganze Jahr hindurch 雨～ Regenzeit *f* 旱～ Trockenzeit *f*; Trockenperiode *f* ② das Ende einer Epoche: 清～ das Ende (*od* letztes Jahr) der Qing-Dynastie ③ letzter Monat einer Jahreszeit: ～春 der letzte Frühlingsmonat

季度 jìdù Vierteljahr *n*; Quartal *n*: ～报告 Vierteljahresbericht *m*

季风 jìfēng Monsun *m*: ～气候 Monsunklima *n*

季节 jìjié Saison *f*: ～性 saisonnal; saisonbedingt; von der Jahreszeit (*od* Saison) abhängig ～工 Saisonarbeiter *m*

悸 jì 〈书〉 (das Herz) vor Angst heftig klopfen: 心有余～ noch ganz von Angst erfüllt sein; Der Schrecken sitzt noch in den Knochen.

祭 jì ① eine Gedenkfeier (*od* Trauerfeier) veranstalten ② etw. zum Opfer bringen; opfern *vi*: ～天 dem Himmel ein Opfer darbringen

祭奠 jìdiàn eine Gedenkfeier (*od* Trauerfeier) veranstalten

祭祀 jìsì (einem Gott *od* den Vorfahren) opfern *vi*

祭文 jìwén Trauerrede *f*; Grabrede *f*; Nachruf *m*

际(際) jì ① Grenze *f*; Rand *m*: 天～ Horizont *m* 无边无～ endlos; grenzenlos; unendlich ② zwischen; unter: 星～旅行 interplanetarer Flug; Weltraumflug *m* 国～ international; zwischenstaatlich ③ im Innern: 脑～ im Kopf; im Sinn ④ Zeit *f*; Gelegenheit *f*: 临别之～ beim Abschied ⑤ Los *n*; Geschick *n*: 遭～ Lebensumstände *pl*; Schicksal *n*; Geschicke *pl*

鲫 jì Karausche *f*

系(繫) jì zubinden *vt*; zuknöpfen *vt*; umbinden *vt*; schnüren *vt*: ～安全带 sich **anschnallen** 把上衣扣子～上 eine Jacke zuknöpfen ～着领带 einen Schlips tragen * 另见 xì

系泊 jìbó vertäuen *vt*

既 jì ① schon; bereits: ～成事实 vollendete Tatsache; Fait accompli ～得利益 geschaffene Vorteile; bestehender (*od* verbriefter) Anspruch auf Nutznießung ② wenn ..., dann...: ～来之,则安之。Da es nun einmal so ist, muß man sich damit abfinden. 或 Was schon geschehen ist, soll man gelassen hinnehmen. ③ [与"且""又""也"等词连用表示兼有] sowohl... als auch: 这本书～有趣,又有教育意义。Dieses Buch ist sowohl interessant als auch aufschlußreich.

既然 jìrán da; weil: ～如此 wenn es nun so ist; unter diesen Umständen

既往不咎 jì wǎng bù jiù j-m vergangene Verfehlungen verzeihen; das Vergangene ruhen lassen

暨 jì <书> ① und; sowie ② bis; bis zu: ～今 bis heute

记 jì ① sich merken; sich etw. einprägen; etw. im Gedächtnis behalten; etw. auswendig lernen: ～忆 Erinnerung *f*; Gedächtnis *n* ～不清 sich nicht genau erinnern können 我们要牢牢～住这点。Wir müssen dies dem Gedächtnis fest einprägen (*od* fest im Gedächtnis behalten). ② sich Notizen machen; notieren *vt*; niederschreiben *vt*: ～在笔记本上 etw. ins Notizbuch schreiben ～下这些号码 diese Nummern notieren ③ Notiz *f*; Aufzeichnung *f*: 游～ Reisebericht *m* 大事～ Chronik wichtiger Ereignisse ④ Marke *f*; Merkmal *n*; Merkzeichen *n*: 暗～儿 Geheimzeichen *n* ⑤ Muttermal *n*: 他左边眉毛上方有块～。Oben an seiner linken Braue hat er ein Muttermal ⑥ <量> ein Schlag: 打一～耳光 j-m eine Ohrfeige (*od* einen Schlag ins Gesicht) geben

记功 jìgōng j-s Verdienst registrieren

记过 jìguò j-m einen Verweis erteilen; ein Vergehen aktenkundig machen

记号 jìhào Zeichen *n*; Markierung *f*: 做个～ ein Zeichen machen; markieren *vt*; ankreuzen *vt*

记录 jìlù ① protokollieren *vt*; registrieren *vt*; Protokoll führen: 教授堂上讲的我都～下来了。Die Vorlesung des Professors habe ich sorgfältig aufgezeichnet. ～本 Protokollbuch *n* ② Protokoll *n*; Niederschrift *f*: 会议～ Konferenzprotokoll *n* 会谈～ Gesprächsprotokoll *n* 逐字～ wörtliche Mitschrift (*od* Wiedergabe) ③ Protokollführer *m*; Protokollant *m*: 这次讨论请你做～好吗? Würden Sie bei dieser Diskussion das Protokoll führen? ④ Rekord *m*; Höchstleistung *f*: 打破～ einen Rekord brechen

记录片 jìlùpiàn Dokumentarfilm *m*

记述 jìshù etw. schriftlich aufzeichnen (*od* erzählen, schildern)

记性 jìxing Gedächtnis *n*; Erinnerungsvermögen *n*: ～好 ein gutes Gedächtnis haben ～坏 ein schlechtes (*od* kurzes) Gedächtnis haben; ein Gedächtnis wie ein Sieb haben

记叙 jìxù erzählen *vt*; Erzählung *f*; Schilderung *f* (von wirklichen Gegebenheiten): ～文 Darstellung von Fakten; Tatsachenschilderung *f*; Bericht *f*

记忆 jìyì sich erinnern; sich etw. ins Gedächtnis rufen: 就我～所及 soweit ich mich erinnern kann ～力 Gedächtnis *n*; Erinnerungs**vermögen** *n* ～犹新 etw. noch frisch in Erinnerung haben; sich noch genau erinnern

记载 jìzǎi ① eintragen *vt*; niederschreiben *vt*; aufzeichnen *vt* ② Bericht *m*; Aufzeichnung *f*; Protokoll *n*

记者 jìzhě Journalist *m*; Korrespondent *m*; Berichterstatter *m*: 新闻～ Journalist *m* 特派～ Sonderkorrespondent *m* ～招待会 Pressekonferenz *f*

忌 jì ① neiden *vt*; beneiden *vt*; mißgönnen *vt*; Neid empfinden: 猜～ argwöhnen und neidisch sein; mißtrauisch und eifersüchtig sein ② vermeiden *vt*; sich von etw. fernhalten: ～生冷

sich kalter und roher Speisen enthalten ③aufgeben *vt*; sich etw. abgewöhnen: ～酒 keinen Alkohol mehr trinken ～烟 das Rauchen aufgeben ④ fürchten *vt*; befürchten *vt*; scheuen *vt*: 横行无～ unbarmherzig und rücksichtslos handeln

忌辰 jìchén Todestag *m* (eines Vorfahren oder einer bekannten Persönlichkeit)

忌惮 jìdàn fürchten *vt*; befürchten *vt*; scheuen *vt*; Bedenken haben: 肆无～ rücksichtslos; skrupellos; unverfroren

忌妒 jìdu neiden *vt*; beneiden *vt*; mißgönnen *vt*; Neid empfinden; neidisch sein

忌讳 jìhuì ① Tabu *n*: 犯～ ein Tabu verletzen (*od* brechen) ② tabuisieren *vt*; etw. für Tabu erklären; etw. als Tabu achten: 他～人家叫他的外号。Er nimmt es übel, wenn man ihn mit seinem Spitznamen ruft. ③ meiden *vt*; etw. nicht tun sollen: 在学习上，最～的是有始无终。In dem Studium darf man nicht auf halbem Weg stehenbleiben. 或 Im Studium müssen wir es vermeiden, auf halbem Weg stehenzubleiben.

忌口 jìkǒu (wegen einer Krankheit) sich gewisser Nahrung enthalten; Diät halten; nach einer bestimmten Diät leben

纪 jì ① Disziplin *f*: 军～ militärische Disziplin 党～国法 die Parteidisziplin und die Staatsgesetze 违法乱～ Gesetze übertreten und die Disziplin verletzen ② Aufzeichnung *f*; Chronik *f*; Annalen *pl*: ～事 Chronik *f* ③ Zeitalter *n*; Epoche *f*: 中世～ Mittelalter *n*

纪律 jìlǜ Disziplin *f*: 遵守～ Disziplin halten 劳动～ Arbeitsdisziplin *f* ～松弛 laxe Disziplin

纪念 jìniàn ① gedenken *vi*; feiern *vt*: ～大会 Gedenkversammlung *f* ～国际儿童节 den Internationalen Kindertag feiern ② Gedenken *n*; Andenken *n*: 这张照片给您作个～。Bitte nehmen Sie das Bild als Andenken an. ③ Gedenktag *m*: 一百年周年～ Hundertjahrfeier *f*; hundertjähriges Jubiläum ～册 Erinnerungsalbum *n* ～品 Souvenir *n*; ndenken *n*; Erinnerungsstück *n* ～日 Gedenktag *m* ～章 Gedenkplakette *f*; Andenkennadel *f*; Medaille *f* ～碑 Denkmal *n*; Monument *n* ～馆 Gedenkstätte *f*; Gedenkhalle *f* ～堂 Gedenkhalle *f*

纪行 jìxíng Reisebericht *m*: 西伯利亚～ Bericht über eine Sibirien-Reise

纪要 jìyào kurzgefaßte Aufzeichnung (*od* Niederschrift); Notiz *f*: 会谈～ Gesprächsnotizen *pl*; Kurzzusammenfassung eines Gesprächs

纪元 jìyuán ① Beginn einer Ära ② Epoche *f*; Ära *f*: 世界历史的新～ eine neue weltgeschichtliche Ära

继(繼) jì ①fortsetzen *vt*; fortführen *vt*; nachfolgen *vi*: 前赴后～ Welle auf Welle vorwärtsstürmen; in Wellen vordringen; Immer neue Kämpfer treten an die Stelle der gefallenen. ② dann; danach: 他初感头晕，～又呕吐。Erst wurde ihm schwindlig, dann begann er sich zu erbrechen.

继承 jìchéng erben *vt*; eine Erbschaft machen: ～财产 Eigentum erben ～权 Erbrecht *n* ～人 Erbe *m*; Nachfolger *m*

继而 jì'ér dann; darauf; daraufhin

继母 jìmǔ Stiefmutter *f*

继任 jìrèn j-m im Amt nachfolgen: ～首相 j-m im Amt des Premierministers nachfolgen; j-s Nachfolger als Premier sein

继往开来 jì wǎng kāi lái ein von den Vorgängern begonnenes Projekt fortsetzen und einer neuen Entwicklung Bahn brechen; das Begonnene fortführen

继续 jìxù fortsetzen *vt*; fortfahren *vi*; weiterführen *vt*: ～学习 weiter lernen (*od* studieren); das Studium fortsetzen ～执政 am Ruder bleiben ～有效 Geltung behalten; in Kraft bleiben 战斗～到第二天凌晨。Der Kampf ging bis zum frühen Morgen des nächsten Tages weiter.

jiā

家 jiā ① Familie *f*; Haushalt *m*: 他～一共有四口人。In seiner Familie gibt es vier Köpfe. 或 seine Familie besteht aus vier Köpfen. ～事 Familienangelegenheit *f* ② Haus *n*; Heim *n*: 回～ nach Hause gehen ③ ein bestimmtes Gewerbe ausübende Person oder Familie: 行～ Fachmann *m*; Sachverständige(r) *m*; Experte *m* ④ ein Spezialist auf einem bestimmten Gebiet: 科学～ Wissenschaftler *m* 画～ Maler *m* ⑤ Schule *f*; (philosophische) Richtung *f*: 百～争鸣。Hundert Schulen wetteifern miteinander. ⑥ <谦>[对别人称自己的辈分高或年纪大的亲属]: ～父 mein Vater ～兄 mein älterer Bruder ⑦ häuslich; gezähmt: ～畜 Haustier *n* ⑧ <量>[用来计算家庭或企业]: 两～饭馆 zwei Restaurants; zwei Gaststätten (*od* Speisehäuser) — ～电影院 ein Kino 两～人家 zwei Familien

家产 jiāchǎn Familiengut *n*; Familienvermögen *n*; Familienbesitz *m*

家常 jiācháng ① häuslich; familiär: ～便饭 einfaches Essen; Hausmannskost *f* ② Alltagsleben einer Familie; alltäglich; gewöhnlich: ～话 Gespräch über Alltagsdinge; Plauderei über Familienangelegenheiten; Familienklatsch *m*

家丑 jiāchǒu unangenehmes Familiengeheimnis; Familienskandal *m*; Familienschande *f*: ～不可外扬。Seine schmutzige Wäsche soll man nicht in der Öffentlichkeit waschen. 或 Häuslicher Streit gehört nicht auf die Straße.

家传 jiāchuán von früheren Generationen her (in einer Familie) überliefert sein; zur Familientradition gehörig: ～秘方 ein in der Familie überliefertes Geheimrezept

家当 jiādang <口> Familiengut *n*; Familienbesitz *m*; Vermögen *n*; Eigentum *n*

家底 jiādǐ seit langer Zeit angehäuftes Familienvermögen; Familienbesitz *m*

家伙 jiāhuo <口> ① Werkzeug *n*; Gerät *n*; Waffe *f*: 他从口袋中拔出一把～。Er zog (*od* zückte) einen Dolch aus der Tasche. ② Kerl *m*; Bursche *m*: 你认识那～吗？Kennst du jenen Kerl?

家教 jiājiào Familienerziehung *f*; Erziehung durch das Elternhaus

家境 jiājìng finanzielle Situation der Familie: ～困难 in ärmlichen (*od* bedrängten) Verhältnissen leben

家具 jiājù Möbel *n*; Mobiliar *n*; Hausrat *m*: 一套～ eine Möbelgarnitur

家眷 jiājuàn ① Weib und Kind; Familie *f* ② Ehefrau *f*

家谱 jiāpǔ Stammbaum *m*; Ahnentafel *f*

家禽 jiāqín Hausgeflügel *n*; Federvieh *n*

家书 jiāshū Brief von zu Hause oder nach Hause

家属 jiāshǔ Familienangehörige(r); Angehörige(r)

家庭 jiātíng Familie *f*; Haushalt *m*: ～背景 Familienhintergrund *m* ～成员 Familienmitglieder *pl* ～出身 Familienherkunft *f* ～负担 (finanzielle) Belastung durch die Familie; Familienlasten *pl* ～妇女 Hausfrau *f* ～副业 häusliches Nebengewerbe ～收入 Familieneinkommen *n* ～作业 Hausaufgabe *f* ～教师 Privatlehrer *m*

家务 jiāwù Familienangelegenheiten *pl*; häusliche Pflichten (*od* Aufgaben): ～劳动 häusliche Arbeiten; Hausarbeit *f*

家乡 jiāxiāng Heimat-. Geburtsort *m*; Heimat *f*

家小 jiāxiǎo <口> Weib und Kind; Familie *f*

家信 jiāxìn Brief von zu Hause oder nach Hause

家用 jiāyòng Wirtschaftsgeld *n*; Familienunterhaltskosten *pl*; Haushaltskosten *pl*

家喻户晓 jiā yù hù xiǎo überall sehr bekannt; allbekannt; in Stadt und Land bekannt; allgemein bekannt: 马克思这个名字在中国已～。Der Name Marx ist in China weit und breit bekannt.

家园 jiāyuán Heimat *f*; Haus und Hof: 重建～ seine Heimat wiederaufbauen 重返～ Rückkehr in die Heimat

家长 jiāzhǎng ① Familienoberhaupt *n*; Hausherr *m*; Patriarch *m* ② ein Elternteil (*od* Vormund) eines Kindes; Erziehungsberechtigte(r)

家族 jiāzú Familie *f*; Clan *m*; Sippe *f*

夹(夾)

jiā ① (von beiden Seiten) zusammendrücken *vt*; einzwängen *vt*; einlegen *vt*; in die Mitte nehmen: 把枫叶～在书里 Ahornblätter in ein Buch einlegen (*od* zwischen die Seiten eines Buches legen) 用筷子～菜 mit Eßstäbchen die Speise fassen 他被汽车门～住了。Er ist von der Tür eines Autos eingeklemmt. ② sich vermischen;

einmengen *vt*; einfügen *vt*: ～在人群里 sich unter die Massen (*od* Leute) mischen ～心巧克力 gefüllte Schokolade ③ Klammer *f*: 纸～ Papierklammer *f* 发～ Haarspange *f* 衣～ Wäscheklammer *f* * 另见 gā; jiá

夹带 jiādài etw. versteckt mit sich tragen; schmuggeln *vt*: 邮寄包裹,不能～信件。In Paketen dürfen keine Briefe mitgeschickt werden.

夹缝 jiāfèng ein enger Zwischenraum zwischen zwei aneinander liegenden Gegenständen; Spalt *m*; Spalte *f*; Schlitz *m*; Ritze *f*

夹攻 jiāgōng j-n von zwei Seiten angreifen; Zangenangriff *m*: 受到两面～ einem Zangenangriff ausgesetzt sein

夹杂 jiāzá zusammengemischt; durcheinandergemischt; mit etw. vermischt (*od* versetzt); beigemischt

夹子 jiāzi ① Klammer *f*; Zwicke *f*: 弹簧～ Federklammer *f* ② Mappe *f*; Hefter *m*: 文件～ Aktenmappe *f* 皮～ Brieftasche *f*; Geldtasche *f*

佳 jiā gut; schön; ausgezeichnet: ～景 schöne Landschaft 成绩甚～ sehr gute Leistungen erzielen ～节 schönes Fest; Feier, Festtag *m* ～宾 willkommener Gast ～肴 Delikatesse *f*; erlesenes Gericht; Leckerbissen *m*

佳话 jiāhuà weit und breit gepriesene Tat; gern erzählte Geschichte; beliebte Anekdote

佳境 jiājìng <书> die erfreulichste oder angenehmste Phase; schöne (*od* herrliche) Gegend

佳期 jiāqī Hochzeitstag *m*

佳人 jiārén <书> schöne Frau; Schönheit *f*

佳音 jiāyīn gute Nachricht; erfreuliche Botschaft

加 jiā ① plus; addieren *vt*; zusammenzählen *vt*: 二～三等于五。Zwei plus drei ist fünf. ② vermehren *vt*; steigern *vt*: ～强 verstärken *vt*; festigen *vt* ③ hinzufügen *vt*; zufügen *vt*: 汤里～点盐 die Suppe mit einer Prise Salz würzen ～大压力 den Druck verstärken ～注解 mit einer Fußnote versehen ④ [表示施以某种动作]: 不～考虑 etw. nicht berücksichtigen; keine Rücksicht auf etw. nehmen 大～赞扬 überschwenglich loben

加班 jiābān Überstunden machen: ～费 Überstundenvergütung *f*

加倍 jiābèi verzweifachen *vt*; verdoppeln *vt*: ～努力 seine Anstrengungen verdoppeln 产量可以在五年内～。Das Produktionsvolumen (*od* Der Ertrag) kann in fünf Jahren verdoppelt werden.

加法 jiāfǎ Addition *f*

加工 jiāgōng ① bearbeiten *vt*; verarbeiten *vt*: 食品～ Lebensmittelverarbeitung 这篇文章需要～。Dieser Artikel ist noch zu bearbeiten (*od* überzuarbeiten). ② Behandlung *f*: 冷～ Kältebehandlung *f* 机～ maschinelle Bearbeitung (*od* Behandlung) ～厂 Verarbeitungs betrieb *m*

加害 jiāhài (mit Absicht) j-m schaden; j-m Leid zufügen

加紧 jiājǐn intensivieren *vt*; beschleunigen *vt*: ～生产 die Produktion beschleunigen; schneller und mehr produzieren

加剧 jiājù verschärfen *vt*; zuspitzen *vt*; intensivieren *vt*: ～紧张局势 die Spannung verschärfen

加快 jiākuài beschleunigen *vt*; die Geschwindigkeit vergrößern (*od* steigern): ～步子 seine Schritte beschleunigen

加强 jiāqiáng verstärken *vt*; festigen *vt*; steigern *vt*; stärken *vt*: ～纪律 die Disziplin erhöhen ～控制 die Kontrolle verschärfen ～兵力 die Streitkräfte verstärken

加入 jiārù ① hinzufügen *vt*; ergänzen *vt*; beigeben *vt* ② teilnehmen *vi*; (in eine Organisation) eintreten *vi*; beitreten *vi*; sich anschließen: ～联合国 in die Vereinten Nationen eintreten

加深 jiāshēn vertiefen *vt*: ～理解 ein tieferes Verständnis gewinnen; klarer begreifen ～印象 einen tiefen Eindruck machen

加速 jiāsù beschleunigen *vt*; forcieren *vt*: ～发展工业 die Geschwindigkeit bei der Entwicklung der Industrie erhöhen ～植物的生长 das Wachstum der Pflanzen beschleunigen

加以 jiāyǐ ① [表示如何对待或处理前面提到的事物]: 原计划须～小小修改。Der ursprüngliche Plan muß etwas geändert werden. ② [表示进一步的原因或条件] außer; dazu noch; überdies: 天气太冷，～孩子也病了，今天我就不来了。Heute will ich nicht kommen. Es ist zu kalt und außerdem ist mein Kind krank.

加油 jiāyóu ① ölen *vt*; schmieren *vt*: 这台机器该～了。Diese Maschine muß geölt werden. ② tanken *vi*: 空中～ Flugbetankung *f*; Lufttanken *n* ～站 Tankstelle *f*; Tankstation *f* ③ anfeuern *vt*; mit vollem Einsatz arbeiten: ～干 mit Volldampf arbeiten

加重 jiāzhòng ① schwerer werden; erschweren *vt*; das Gewicht vermehren: ～工作量 das Arbeitspensum erhöhen ② etw. ärger machen; verschärfen *vt*; schlimmer werden; verschlimmern *vt*: 病情～了。Der Krankheitszusand hat sich verschlechtert.

痂 jiā Schorf *m*; Kruste *f*; Grind *m*: 结～ verschorfen *vi*; eine Kruste bilden

嘉 jiā ① gut; vornehm; ausgezeichnet: ～宾 hoher (*od* willkommener) Gast ② loben *vt*; preisen *vt*: 他的精神可～。Seine geistige Einstellung verdient Anerkennung.

嘉奖 jiājiǎng auszeichnen *vt*; lobend erwähnen; belobigen *vt*

嘉许 jiāxǔ 〈书〉 auszeichnen *vt*; loben *vt*; lobpreisen *vt*; anerkennen *vt*

枷 jiā schwerer, hölzerner Halskragen (Strafinstrument in der alten Zeit)

枷锁 jiāsuǒ Joch *n*; Fessel *f*: 摆脱～ das Joch abschütteln

jiá

夹(夾) jiá gefüttert: ～袄 gefütterte Jacke *另见 gā; jiā

颊(頰) jiá Backe *f*; Wange *f*: 两～红润 rote Wangen haben

jiǎ

甲 jiǎ ① der erste der zehn Himmelsstämme ② das erste; das beste; erstklassig: ～级 die höchste Klasse; Spitzenklasse *f*; der Gruppe A 桂林山水～天下。Die Landschaft von Guilin ist die schönste unter dem Himmel (*od* in ganz China). ③ [用作代称]: ～方和乙方 die eine Seite und die andere Seite ④ Schale *f*; Panzer *m*: 龟～ Schildkrötenpanzer *m* ⑤ Nagel *m*: 手指～ Fingernagel *m* ⑥ Panzer *m*: 装～车 Panzerwagen *m*; gepanzertes Fahrzeug

甲板 jiǎbǎn Deck *n*

甲骨文 jiǎgǔwén Orakelknocheninschriften der Shang-Dynastie (ca. 1500—1066 v.u.Z.); Schildkrötenpanzer- und Knocheninschriften *pl*

甲鱼 jiǎyú chinesische Weichschildkröte

岬 jiǎ ① Kap *n*; Vorgebirge *n*: ～角 Kap *n*; Vorgebirge *n*; Landspitze *f* ② Paßweg zwischen zwei Berghängen

钾 jiǎ Kalium *n* (K)

钾肥 jiǎféi Kalidünger *m*

假 jiǎ ① falsch; künstlich; Schein-; Pseudo-: ～话 Lüge *f*; Unwahrheit *f* ～发 Perücke *f* ～牙 Zahnprothese *f*; künstlicher (*od* falscher) Zahn ～肢 Prothese *f* ② borgen *vt*; ausleihen *vt*: 久～不归 etwas Geborgtes lange nicht zurückgeben; etw. über lange Zeit ausgeliehen haben ③ wenn; falls; angenommen, daß ...: ～令 im Falle; gesetzt den Fall, daß ... * 另见 jià

假扮 jiǎbàn sich als ... verkleiden

假充 jiǎchōng sich als etw. ausgeben; vorgeben *vt*; so tun, als ob: ～内行 sich als Experte ausgeben

假定 jiǎdìng ① annehmen *vt*; angenommen; vorausgesetzt: ～他明天起程,后天就可以到达上海。Vorausgesetzt, daß er sich morgen auf den Weg macht, wird er am folgenden Tag nach Shanghai ankommen. ② Hypothese *f*

假公济私 jiǎ gōng jì sī unter Vorschiebung öffentlichen Interesses privaten Interessen nachgehen; sich unter Mißbrauch seiner Stellung unerlaubte Vorteile verschaffen; eine Position zum persönlichen Vorteil nutzen

假话 jiǎhuà Lüge *f*; Unwahrheit *f*: 说～ lügen *vi*

假借 jiǎjiè von etw. Gebrauch machen: ～外力 äußere Kräfte benutzen; mit fremder Hilfe ～名义 etw. als Vorwand benutzen; unter dem Deckmantel von; unter falschem Namen

假冒 jiǎmào scih für (*od* als) ... ausgeben: 谨防～。Hüten Sie sich vor Fälschungen oder falschen Warenangaben.

假面具 jiǎmiànjù Maske *f*; Larve *f*
假仁假义 jiǎ rén jiǎ yì scheinheilig; heuchlerisch
假如 jiǎrú wenn; falls; angenommen (daß): ～天下雨，我就不来了。Falls es regnet, komme ich nicht mehr.
假若 jiǎruò wenn; falls; angenommen
假设 jiǎshè ① annehmen *vt*; voraussetzen *vt*; angenommen ② Hypothese *f*: 科学～ wissenschaftliche Hypothese
假使 jiǎshǐ wenn; falls; im Falle: ～他同意，那就很好。Wenn er damit einverstanden wäre, würde es am schönsten werden.
假手 jiǎshǒu sein Ziel durch die Hilfe anderer erreichen; j-n zu seinem Handlanger machen: ～于人 j-n die Kastanien aus dem Feuer holen lassen; sich eines Handlangers bedienen
假说 jiǎshuō Annahme *f*; Hypothese *f*
假托 jiǎtuō ① unter einem Vorwand; vorgeblich: 他～家里有事，站起来就走了。Er stand auf und ging gleich unter dem Vorwand, daß er etwas zu Hause vorhat. ② unter dem Namen eines anderen ③ durch; mittels; an Hand von
假想 jiǎxiǎng phantastisch; eingebildet; imaginär; ausgedacht: ～敌 imaginärer Feind
假象 jiǎxiàng Schein *m*; Trugbild *n*; falscher Eindruck
假惺惺 jiǎxīngxīng heuchlerisch; unaufrichtig; scheinheilig
假意 jiǎyì ① Unaufrichtigkeit *f*; Falschheit *f*; heuchlerisch; unecht ② absichtlich; mit Absicht; mit Hintergedanken so tun, als ob: 他～笑着问，刚来的这位是谁？Er lächelt hämisch und fragt: „Wer ist der eben Kommende?"
假造 jiǎzào ① fälschen *vt*; nachmachen *vt*: ～证件 eine Urkunde fälschen ② erfinden *vt*; erdichten *vt*; fingieren *vt*; zusammenlügen *vt*: ～理由 eine Entschuldigung erfinden; einen Grund vortäuschen
假装 jiǎzhuāng so tun, als ob; vorgeben *vt*; vortäuschen *vt*; simulieren *vt*; sich ausgeben für (*od* als): ～不知道 sich unwissend stellen

jià

稼 jià ① anbauen *vt*; säen *vt*: 耕～ Ackerbau *m*; Pflügen und Säen; das Feld bestellen ～穑 Landarbeit *f*; Feldarbeit *f* ② Getreide *n*: 庄～ Getreide *n* (auf dem Halm); Getreidekultur *f*

嫁 jià ① (einen Mann) heiraten *vt*; (eine Tochter) verheiraten *vt* ② (eine Schuld usw.) auf j-n abwälzen; einem anderen etwas zuschieben: ～祸于人 ein Unheil auf einen anderen abwälzen; j-m die Schuld (*od* Verantwortung) für etw. in die Schuhe schieben; j-m die Schuld zuschieben
嫁接 jiàjiē okulieren *vt*; durch Pfropfung veredeln
嫁娶 jiàqǔ Heirat *f*
嫁妆 jiàzhuang Mitgift *f*; Aussteuer *f*

价(價) jià ① Preis *m*: 要～ einen Preis fordern ② Wert *m*: 等～交换 Austausch gleicher Werte; Äquivalentenaustausch *m*; gleichwertiger Austausch 估～ bewerten *vt*; schätzen *vt* ③ Valenz *f*; Wertigkeit *f*: 氢是一～元素。Der Wasserstoff ist ein einwertiges Element. 或 Der Wasserstoff hat die Valenzzahl 1. * 另见 jie
价格 jiàgé Preis *m*: 批发(零售)～ Groß(Einzel)handelspreis *m* ～补贴 Preiszulage *f*; Preiszuschuß *m*
价目 jiàmù ausgezeichneter Preis: ～表 Preisliste *f*; Preisverzeichnis *n*; Preistafel *f*
价钱 jiàqian Preis *m*: 讲～ um den Preis feilschen ～公道 angemessener Preis
价值 jiàzhí ① Wert *m*: 使用～ Gebrauchswert *m* ～规律 Wertgesetz *n* ～二百万元的援助 eine Unterstützung im Wert von zwei Millionen ② Bedeutung *f*; Wert *m*: 毫无～ völlig wertlos
价值连城 jiàzhí liánchéng so viel wert wie ein paar Städte; nicht mit Gold zu bezahlen sein; sich nicht mit Gold auf wiegen lassen; einen unschätzbaren Wert haben; überaus wertvoll

假 jià Urlaub *m*; Ferien *pl*: 请～ um Beurlaubung bitten; um Urlaub nachsuchen; sich für eine bestimmte Zeit freinehmen 寒～ Winterferien *pl* 病～ Krankenurlaub *m* 学术～ einjähriger Urlaub (an der Universität) *另见 jiǎ

假期 jiàqī Urlaubszeit *f*; Urlaub *m*; Ferien *pl*

假日 jiàrì freier Tag; Fast-, Feiertag *m*

架

jià ① Gestell *n*; Gerüst *n*; Stütze *f*; Regal *n*; Gerippe *n*; Ständer *m*: 窗～ Fensterrahmen *m* 行李～ Gepäcknetz *n* (in einem Eisenbahnwagen) 衣～ Kleiderbügel *m* 书～ Bücherregal *n* ② stützen *vt*; aufstellen *vt*; errichten *vt*: ～桥 eine Brücke bauen (*od* schlagen) ～起接收天线 eine Empfangsantenne errichten (*od* installieren, anbringen) ③ abwehren *vt*; parieren *vt* ④ halten *vt*; stützen *vt*: ～着拐走 an Krücken gehen ⑤ verschleppen *vt*; entführen *vt*; kidnappen *vt* ⑥ Rauferei *f*; Balgerei *f*; Prügelei *f*; Streit *m*: 劝～ einen Streit schlichten; zwischen zwei streitenden Parteien vermitteln ⑦ <量> 一～电视机 ein Fernsehapparat (*od* TV-Gerät)

架空 jiàkōng ① undurchführbar; gegenstandslos; auf Sand gebaut ② j-n zur Galionsfigur machen

架设 jiàshè anlegen *vt*; aufstellen *vt*: ～帐蓬 ein Zelt aufschlagen ～输电线路 eine Hochspannungsleitung verlegen

架势 jiàshi Pose *f*; Positur *f*; Gehabe *n*; Haltung *f*: 摆出一副盛气凌人的～ ein überhebliches (*od* herrisches) Gehabe zur Schau tragen

架子 jiàzi ① Regal *n*; Ständer *m*; Gestell *n*; Gerüst *n*: 脸盆～ Waschgestell *n* ② Rahmen *m*; Gerippe *n*; Umriß *m*: 写文章要先搭个～。Bevor man einen Artikel schreibt, sollte man zuerst ein Gliederungsgerüst entwerfen. ③ Getue *n*; Wichtigtuerei *f*: 摆～ sich wichtig machen ④ Körperhaltung *f*; Positur *f*

驾

jià ① anspannen *vt*; vorspannen *vt*; ziehen *vt* ② fahren *vt*; steuern *vt*; lenken *vt*; führen *vt*

驾轻就熟 jià qīng jiù shú mit einem leichten Wagen einen bekannten Weg fahren; eine Arbeit spielerisch erledigen; etw. routiniert erledigen

驾驶 jiàshǐ lenken *vt*; führen *vt*; fahren *vt*; steuern *vt*: ～盘 Lenkrad *n*; Steuer *n* ～室 Fahrerkabine *f*; Führerhaus *n* ～员（车辆的）Fahrer *m*; Chauffeur *m*;（飞机的）Pilot *m* ～执照 Führerschein *m*

驾驭 jiàyù ① fahren *vt*; lenken *vt*: 这匹马不好～。Das Pferd ist schwer im Zaum zu halten. ② kontrollieren *vt*; meistern *vt*: ～形势 eine Situation meistern; eine Situation im Griff haben

jiān

煎

jiān ① etw. in wenig Öl braten: ～鱼 Fisch braten ② kochen *vt*: ～药 Heilkräuter abkochen; einen Kräutersud bereiten

煎熬 jiān'áo Qualen ertragen müssen; viel leiden; in Not und Elend leben

兼

jiān ① doppelt; zweifach; zweimal: ～旬 zwanzig Tage; zwei Dekaden ② gleichzeitig bestehen; zeitlich nebeneinander tun oder erledigen: ～管 mitverwalten *vt*; mit zwei Aufgaben gleichzeitig betraut; sich um etw. gleichzeitig kümmern ～而有之 zur gleichen Zeit zweierlei haben 身～数职 mehrere Posten bekleiden

兼备 jiānbèi (zwei Eigenschaften) gleichzeitig besitzen; gleichzeitig nebeneinander bestehen: 德才～ moralisch korrekt und fachlich qualifiziert

兼并 jiānbìng annektieren *vt*; sich etw. einverleiben

兼程 jiānchéng doppelt so schnell reisen; in doppeltem Tempo marschieren: 日夜～ Tag und Nacht vorwärtseilen

兼顾 jiāngù mehrere Dinge gleichzeitig berücksichtigen; zugleich beachten: 统筹～ einheitlich und umsichtig planen; einheitliche Planung unter Berücksichtigung der jeweiligen speziellen Verhältnisse

兼任 jiānrèn ① gleichzeitig verschiedene Ämter bekleiden ② nebenberuflich: ～教师 nebenberuflicher Lehrer

兼收并蓄 jiān shōu bìng xù alles in Bausch und Bogen übernehmen

兼职 jiānzhí ① gleichzeitig verschiedene Ämter innehaben; Ämterhäufung *f*: ～过多 zu viele

Ämter bekleiden; gleichzeitig zu viele Funktionen ausüben ② Zusatzaufgabe *f*; zusätzliche Funktion

间 jiān ① zwischen; inmitten; unter: 劳资之～ zwischen Arbeit und Kapital ② in einem bestimmten Zeitraum oder innerhalb eines bestimmten Gebiets: 世～ in der Welt; auf der Erde 田～ auf dem Feld 晚～ am Abend; abends ③ Zimmer *n*; Raum *m*: 洗澡～ Badezimmer *n* 衣帽～ Garderobe *f* ④ <量>一～卧室 ein Schlafzimmer *另见 jiàn

间不容发 jiān bù róng fà eine Gefahr steht unmittelbar bevor; die Situation ist sehr ernst (*od* kritisch)

肩 jiān ① Schulter *f*: 并～战斗 Schulter an Schulter kämpfen ② tragen *vt*; etw. auf sich nehmen; schultern *vt*: 身～重任 eine schwere Verantwortung tragen

肩膀 jiānbǎng Schulter *f*

肩负 jiānfù etw. auf den Schultern tragen; schultern *vt*: ～重托 ein verantwortungsvoller (*od* wichtiger) Auftrag tragen

肩章 jiānzhāng Achselklappe *f*; Epaulette *f*; Schulterstück *n*

笺(箋) jiān ① Schreibpapier *n*: 信～ Briefpapier *n* ② Brief *m* ③ Erläuterung *f*; Anmerkung *f*

笺注 jiānzhù <书> Anmerkungen und Kommentare zu klassischen Texten oder Werken

歼(殲) jiān vernichten *vt*; ausrotten *vt*; aufreiben *vt*

歼灭 jiānmiè vernichten *vt*; ausrotten *vt*; austilgen *vt*; aufreiben *vt*: ～敌军有生力量 die Schlagkraft der feindlichen Truppen auslöschen; den Lebensnerv des Feindes treffen ～战 Vernichtungsschlacht *f*

缄 jiān (einen Brief) versiegeln *vt*; zumachen *vt*: ～封 einen Brief zumachen

缄口 jiānkǒu <书> den Mund nicht aufmachen; verschweigen *vt*; kein Wort verlieren

缄默 jiānmò schweigen *vi*; den Mund halten

监(監) jiān ① überwachen *vt*; beaufsichtigen *vt*; kontrollieren *vt* ② Gefängnis *n*; Haftanstalt *f*; Kerker *m*

监察 jiānchá kontrollieren *vt*; prüfen *vt*; überwachen *vt*: ～制度 Überwachungssystem *n*

监督 jiāndū ① überwachen *vt*; beaufsichtigen *vt*; kontrollieren *vt*: 国际～ internationale Kontrolle ～权 Kontrollrecht *n* ② Kontrolleur *m*; Inspektor *m*

监工 jiāngōng ① eine Arbeit überwachen (*od* kontrollieren) ② Arbeitsaufseher *m*; Aufpasser *m*

监护 jiānhù Vormundschaft *f*: ～人 Vormund *m*

监禁 jiānjìn einkerkern *vt*; einsperren *vt*; j-n ins Gefängnis werfen; j-n in Haft nehmen (*od* halten)

监牢 jiānláo Gefängnis *n*; Haft-, Strafanstalt *f*; Kerker *m*; Knast *m*

监视 jiānshì überwachen *vt*; beaufsichtigen *vt*; j-n nicht aus den Augen lassen: ～敌人的行动 die Operationen des Feindes überwachen 严密～ j-n/etw. streng überwachen

监守 jiānshǒu überwachen *vt*; etw./j-n in Gewahrsam haben (*od* halten); bewachen *vt*

监听 jiāntīng durch Abhören kontrollieren; abhören *vt*; abhorchen *vt*

监狱 jiānyù Gefängnis *n*; Strafanstalt *f*; Kerker *m*

坚(堅) jiān ① fest; hart; solid; stark: ～冰 festes Eis ～果 Nuß(frucht) *f* ～不可摧 unzerstörbar; unbezwinglich; felsenfest ② ein stark befestigter Ort; Festung *f*: 攻～ eine befestigte Stellung stürmen ③ unbeirrbar; standhaft; beharrlich: ～信 fest von etw. überzeugt sein ～不吐实 sich standhaft weigern, mit der Wahrheit herauzurücken

坚持 jiānchí an etw. festhalten; auf etw. beharren; auf etw. bestehen; ausharren *vi*; durchhalten *vi/vt*: ～原则 auf einem Prinzip beharren; an einem Prinzip festhalten ～己见 seinen Kopf durchsetzen; sich hartnäckig an seine Meinung klammern ～不懈 unermüdlich; ausdauernd; rastlos

坚定 jiāndìng fest; konsequent; konstant; unbeirrt: ～不移 felsenfest; entschieden; unbeirrt; unerschütterlich; unverrückbar ～的立场 fester (*od* unerschütterlicher) Standpunkt

坚固 jiāngù fest; solid; stabil; hart; stark; massiv: ～耐用 stabil und dauerhaft; strapazierfähig

坚决 jiānjué entschlossen; energisch; tatkräftig: ～支持 etw. tatkräftig unterstützen ～反对 entschieden gegen etw. auftreten

坚强 jiānqiáng ① fest; standhaft; mächtig; kräftig; unbeugsam: 意志～ von festem Willen ～不屈 fest und unbeugsam ② festigen *vt*; verstärken *vt*

坚忍 jiānrěn (angesichts von Schwierigkeiten) zäh und ausdauernd

坚韧 jiānrèn beharrlich; ausdauernd; zäh

坚如磐石 jiān rú pánshí felsenfest

坚实 jiānshí solide; fest: ～的基础 solide Basis

坚毅 jiānyì von kühner Entschlossenheit; fest entschlossen; unerschütterlich; unbeugsam

坚硬 jiānyìng hart; fest

坚贞 jiānzhēn treu; standhaft; ergeben: ～不屈 treu ergeben und unbeugsam; treu und unerschütterlich

尖 jiān ① Spitze *f*: 针～ Nadelspitze *f* 指～ Fingerspitze *f* 塔～ Turmspitze *f* ② zur Spitzengruppe gehörig; einer der Besten: 拔～儿的 erstklassig; ausgezeichnet; vorzüglich; hervorragend ③ spitz: ～下巴 spitzes Kinn 削～铅笔 einen Bleistift spitzen ④ hell; grell; schrill; scharf: ～叫 kreischen *vi* 耳朵～ scharfe Ohren (*od* ein gutes Gehör) haben 鼻子～ mit einem guten Geruchssinn ausgestaltet; gut riechen können

尖兵 jiānbīng ① Vorhut *f* ② Pionier *m*; Bahnbrecher *m*

尖端 jiānduān ① Spitze *f*: 标枪的～ Speerspitze *f* ② am höchsten entwickelt: ～科学 die fortgeschrittensten (*od* höchstentwikkelten) Wissenschaftszweige ～武器 modernste (*od* technisch ausgeklügelte) Waffen

尖刻 jiānkè sarkastisch; beißend; bissig: 说话～ mit Sarkasmus sprechen; eine spitze Zunge haben

尖利 jiānlì ① scharf: ～的钢刀 scharfes Messer ② schrill; grell: ～的叫声 schrilles Schreien; Kreischen *n*

尖锐 jiānruì ① scharf ② scharfsichtig: ～的批评 scharfe Kritik ③ schrill: ～的哨声 die schrillen Stimmen der Pfeifen ④ scharf; heftig: ～的对立 in Opposition zueinander stehen; sich in einem klaren Gegensatz befinden ～的斗争 heftiger Kampf

尖酸 jiānsuān beißend; scharf; bissig: ～刻薄 bissig und boshaft; zynisch

艰(艱) jiān hart; schwierig

艰巨 jiānjù schwer; schwierig; mühselig: ～的任务 eine schwierige Aufgabe 付出～的劳动 schwere Arbeit leisten

艰苦 jiānkǔ hart; schwierig: ～的年代 die harten Jahre ～朴素 hart arbeiten und einfach leben

艰难 jiānnán schwer; schwierig: 步履～ schwerfällig (*od* unbeholfen, mit unsicheren Schritten) gehen 生活～ ein entbehrungsreiches Leben führen

艰涩 jiānsè unklar; verworren; schwerverständlich: 文词～ umständliche Ausdrucksweise

艰深 jiānshēn schwerverständlich; abstrus

艰险 jiānxiǎn Schwierigkeiten und Gefahren: 不避～ keine Schwierigkeiten und Gefahren scheuen

艰辛 jiānxīn Leid *n*; Mühsal *f*; Elend *n*: 历尽～ viel Leid durchmachen

奸 jiān ① hinterhältig; heimtückisch; arglistig: ～计 heimtückische Intrige ② schlau; hinterlistig; egoistisch ③ Verräter *m*: 内～ versteckter Kollaborateur; feindlicher Agent 汉～ (chinesischer) Landesverräter *m*; Verräter an seinem chinesischen Vaterland ④ unerlaubtes sexuelles Verhältnis; Unzucht *f*: 通～ mit j-m ein illegitimes Verhältnis haben; Ehebruch begehen

奸猾 jiānhuá hinterhältig; listig; heimtückisch

奸佞 jiānnìng 〈书〉 ① listig und schmeichlerisch; heuchlerisch ② tückischer Heuchler (*od* Kriecher); Schmeichler *m*

奸污 jiānwū (eine weibliche Person) verführen und entehren; notzüchtigen *vt*; vergewaltigen *vt*; schänden *vt*

奸细 jiānxi Agent *m*; Spion *m*; Spitzel *m*

奸险 jiānxiǎn arglistig; heimtückisch; hinterhältig; verschlagen; bösartig

奸邪 jiānxié ① gerissen und böse; hinterhältig und ruchlos ② hinterlistiger und gefährlicher

Mensch; übler Ränkeschmied; Bösewicht *m*

奸淫 jiānyín ① unerlaubtes sexuelles Verhältnis; Unzucht *f* ② vergewaltigen (*od.* verführen)

奸诈 jiānzhà tückisch und heuchlerisch; falsch und voller Arglist; verschlagen

jiǎn

简 jiǎn ① einfach; knapp; unkompliziert: ～而言之 kurz gesagt ② Bambustäfelchen *n* (in alten Zeiten zum Beschreiben) ③ Brief *m*: 书～ Briefe *pl*; Korrespondenz *f* ④〈书〉(Personal) aussuchen *vt*: ～拔 j-n auswählen und befördern; j-n erwählen und begünstigen

简报 jiǎnbào Bulletin *n*; Kurzbericht *m*: 会议～ Konferenzbulletin *n*; Konferenzbericht *m*

简编 jiǎnbiān [多用于书名] Abriß *m*; kurzer Überblick

简便 jiǎnbiàn einfach; handlich: ～的方法 eine einfache und bequeme Methode 烹调～ leicht zu kochen 手续～ einfache Formalität

简称 jiǎnchēng ① Abkürzung *f*; abgekürzte Bezeichunung ② kurz ... genannt

简单 jiǎndān ① simpel; einfach; unkompliziert: ～明了 kurz und klar; kurz und bündig; kurz und deutlich 解释～明了。Die Erläuterungen sind einfach und klar. ② oberflächlich; flüchtig; nicht sorgfältig: ～粗暴 vorschnell und barsch 头脑～ einfältig; naiv

简单化 jiǎndānhuà vereinfachen *vt*; simplifizieren *vt*

简短 jiǎnduǎn kurz und bündig: 他的文章～有力。Sein Artikel war kurz und wirkungsvoll

简化 jiǎnhuà vereinfachen *vt*: ～工序 das Produktionsverfahren vereinfachen

简化汉字 jiǎnhuàhànzì ① Vereinfachung der chinesischen Schriftzeichen ② vereinfachtes chinesisches Schriftzeichen

简洁 jiǎnjié kurz und bündig; knapp und klar: ～生动的语言 eine unverblümte, lebendige Sprache 文笔～ in einem knappen und prägnanten Stil schreiben

简历 jiǎnlì kurzer Lebenslauf; biographische Anmerkung

简练 jiǎnliàn kurz und treffend; prägnant

简陋 jiǎnlòu primitiv; kärglich: 设备～ eine primitive Ausstattung

简略 jiǎnlüè kurz und einfach (*od* knapp); nicht ausführlich: 他提供的材料过于～。Die von ihm gelieferten Unterlagen sind allzu skizzenhaft.

简明 jiǎnmíng einfach und klar; klipp und klar: ～扼要 kurz und prägnant; kurz und bündig; den Kern der Sache treffen ～新闻 Kurznachrichten *pl*; Kurzmeldungen *pl*

简朴 jiǎnpǔ schlicht; bescheiden: 生活～ ein bescheidenes (*od* schlichtes) Leben führen

简写 jiǎnxiě ① ein (chinesisches) Zeichen in seiner vereinfachten Form schreiben; Kurzzeichen *n* ② ein Buch für ungeübte Leser vereinfachen: ～本 gekürzte (*od* bearbeitete) Buchausgabe; Abkürzungsausgabe *f*

简讯 jiǎnxùn Kurzbericht *m*; kurze Nachricht

简要 jiǎnyào kurz und bündig (*od* knapp): ～的介绍 kurze Einführung; kurzer Überblick

简易 jiǎnyì ① einfach und leicht: ～的办法 eine einfache und leichte Methode ② einfach konstruiert; provisorisch ausgestattet: ～读物 leicht verständliche Lesebücher

简章 jiǎnzhāng allgemeine Vorschriften (*od* Bestimmungen)

简直 jiǎnzhí einfach; direkt; geradezu; überhaupt; gar: 街上的汽车，一辆跟着一辆，～没个完。Der Zug der Autos, ein nach dem anderen, war geradezu endlos.

剪 jiǎn ① Schere *f* ② abschneiden *vt*; scheren *vt*: ～发 die Haare schneiden ～羊毛 Schafe scheren ③ ausrotten *vt*; auslöschen *vt*; vertilgen *vt*: ～除 ausrotten *vt*; ausmerzen *vt*

剪裁 jiǎncái ① zuschneiden *vt* ② (einen Text) ausfeilen und straffen

剪彩 jiǎncǎi bei einer Einweihung das Band durchschneiden

剪除 jiǎnchú ausrotten *vt*; vernichten *vt*; beseitigen *vt*; ausmerzen *vt*

剪刀 jiǎndāo Schere *f*: ～差 Preisschere *f*; unterschiedliche Preisentwicklung

剪辑 jiǎnjí ① Montage *f*; Schnitt

m; Filmschnitt *m* ② überarbeiten und neu zusammenstellen

剪票 jiǎnpiào eine Fahrkarte entwerten

剪影 jiǎnyǐng ① Scherenschnittsilhouette *f*; Schattenriß *m*; Schattenbild *n* ② (literarische) Skizze *f*; Abriß *m*; Streiflichter *pl*

茧(繭) jiǎn ① Kokon *m*: 蚕～ Seidenraupenkokon *m* ～绸 (chinesischer) Pongé *m*; Shandongseide *f* ② Schwiele *f*: 老～ dicke Schwiele

柬 jiǎn Karte *f*; Brief *m*: 请～ Einladungskarte *f*

拣(揀) jiǎn ① auswählen *vt*; aussuchen *vt*; auslesen *vt*: ～最重要的说! Beschränke dich in deiner Rede auf das Wesentlichste! ② 见"捡" jiǎn

拣选 jiǎnxuǎn wählen *vt*; auslesen *vt*; aussuchen *vt*

减 jiǎn ① minus; subtrahieren *vt*; abziehen *vt*: 五～二得三。Fünf minus zwei ist drei. ② reduzieren *vt*; senken *vt*; vermindern *vt*; kürzen *vt*: ～半 auf die Hälfte reduzieren; halbieren *vt* ～价 den Preis senken (*od* herabsetzen); Preissenkung *f*; Preisermäßigung *f* ～产 Produktionssenkung *f*; Ertragsminderung *f*

减法 jiǎnfǎ Subtraktion *f*

减免 jiǎnmiǎn ① (eine Strafe) ermäßigen (*od.* streichen) ② (die Steuern) vermindern (*od.* erlassen)

减轻 jiǎnqīng erleichtern *vt*; nachlassen *vt*; mildern *vt*: ～工作 die Arbeitsintensität vermindern ～痛苦 die Leiden lindern

减色 jiǎnsè den Glanz (*od* die Farbe) nehmen; die Wirkung beeinträchtigen; verderben *vt*: 演技不高使演出大为～。Schlechte Schauspielkunst bringt die Aufführung beträchtlich um ihre Wirkung.

减少 jiǎnshǎo reduzieren *vt*; verringern *vt*; abkürzen *vt*: ～开支 Ausgaben verringern

减退 jiǎntuì nachlassen *vi*; zurückgehen *vi*: 视力～。Die Sehkraft läßt nach. 记忆力～ j-s Gedächtnis wird immer schwächer

碱 jiǎn ① Alkali *n*: ～地 alkalihaltiger Boden ② Soda *n/f*: 纯～ Sodaasche *f*

检(檢) jiǎn ① prüfen *vt*; untersuchen *vt*: ～定 prüfen und entscheiden; nach Prüfung eine Entscheidung treffen ② sich zügeln; sich zurückhalten; sich mäßigen; Selbstdisziplin haben: 行为不～ sich unanständig benehmen; aus der Rolle fallen

检查 jiǎnchá ① nachprüfen *vt*; überprüfen *vt*; untersuchen *vt*: ～工作 eine Arbeit überprüfen ～质量 die Qualität prüfen ～身体 sich einer ärztlichen Untersuchung unterziehen ② Selbstkritik *f*: 作～ Selbstkritik üben ③ Kontrolle *f*: ～哨 Kontrollposten *m* ～站 Kontroll-, Überwachungsstation *f*; Checkpoint *m*

检察 jiǎnchá etw. gerichtlich untersuchen; amtliche (polizeiliche oder gerichtliche) Nachforschungen anstellen: ～官 Staatsanwalt *m*; öffentlicher Ankläger

检点 jiǎndiǎn ① durchzählen *vt*; nachsehen *vt*; nachprüfen *vt*: ～行李 Gepäckstücke nachzählen ② (beim Sprechen, im Benehmen u.ä.) das rechte Maß bewahren; beherrscht sein: 言行有失～ unüberlegt sprechen und handeln; mit Worten und Taten indiskret sein

检举 jiǎnjǔ (eine Person oder eine Straftat) anzeigen *vt*; denunzieren *vt*: ～信 schriftlich erstattete Anzeige; schriftliche Anschuldigung

检讨 jiǎntǎo Selbstkritik *f*: 做～ Selbstkritik üben

检修 jiǎnxiū etw. überprüfen und reparieren; überholen *vt*: ～汽车 ein Auto überholen

检验 jiǎnyàn testen *vt*; prüfen *vt*; erproben *vt*; überprüfen *vt*: 商品～ Warentest *m*

检疫 jiǎnyì Quarantäne *f*

检阅 jiǎnyuè eine Parade abnehmen; inspizieren *vt*: ～仪仗队 eine Ehrenkompanie abschreiten

捡(撿) jiǎn sammeln *vt*; lesen *vt*; auflesen *vt*: ～破烂 Abfall nach Brauchbarem durchsuchen; die Brauchbaren im Müll herumwühlen

睑(瞼) jiǎn Augenlid *n*

俭(儉) jiǎn sparsam; genügsam; haushälterisch

俭朴 jiǎnpǔ sparsam und bescheiden: 生活～ sparsam und bescheiden leben 衣着～ sich einfach kleiden

俭省 jiǎnshěng sparsam; Sparsamkeit *f*: ～过日子 sparsam leben; sich einschränken

jiàn

渐 jiàn allmählich; nach und nach; zunehmend: 天气～冷。Es wird nach und nach kälter.

渐变 jiànbiàn sich allmählich ändern; sich schrittweise zu etw. entwickeln

渐渐 jiànjiàn allmählich; nach und nach; immer mehr

渐进 jiànjìn sich allmählich entwickeln; langsam Fortschritte machen: 循序～ schrittweise vorwärtsgehen; Schritt für Schritt vorangehen

间(間) jiàn ① Zwischenraum *m*; Lücke *f*; Zwischenzeit *f*: 团结无～ sich eng vereinigen (*od* zusammenschließen) ② trennen *vt*; scheiden *vt*; teilen *vt*: ～隔 ab-, aufteilen *vt* 黑白相～ abwechselnd weiß und schwarz; schwarzweiß gemustert ③ Zwietracht säen; **entzweien** *vt*

间谍 jiàndié Spion *m*: ～活动 Spionagetätigkeit *f*

间断 jiànduàn unterbrechen *vt*; abbrechen *vt*: 从不～ ununterbrochen; ohne Unterbrechung

间隔 jiàngé Distanz *f*; Abstand *m*; Entfernung *f*; Zwischenraum *m*: 幼苗～匀整。Die Keimlinge stehen in gleichen Abständen.

间或 jiànhuò ab und zu; hin und wieder; gelegentlich; manchmal: 大家聚精会神地听着，～有人笑一两声。Jedermann hört aufmerksam zu, gelegentlich brach der eine oder der andere ins Gelächter aus.

间接 jiànjiē indirekt; mittelbar; aus **zweit er** Hand: ～经验 mittelbare Erfahrung ～选举 indirekte Wahl

间隙 jiànxì Abstand *m*; Zwischenraum *m*; Zwischenzeit *f*

间歇 jiànxiē Pause *f*; Unterbrechung *f*; Intervall *n*

谏 jiàn <书> (einem Kaiser, Vorgesetzten, Freund) Fehler vorhalten; j-m ernste Vorhaltungen machen; ermahnen *vt*: ～止 j-n anflehen, etwas zu unterlassen; sich entschieden gegen ein Vorhaben aussprechen

践(踐) jiàn ① stampfen *vi*; auf etw. herumtrampeln; mit Füßen treten ② etw. in die Tat umsetzen; ausführen *vt*: ～诺 ein Versprechen erfüllen (*od* einlösen); Wort halten

践踏 jiàntà erstampfen *vt*; trampeln *vi*; etw. mit Füßen treten; zertreten *vt*

践约 jiànyuē ein verabredetes Treffen einhalten; sich an eine Verabredung halten; eine Abmachung (ein)halten

贱(賤) jiàn ① billig; für wenig Geld: ～卖 billig verkaufen; zu niedrigem Preis verkaufen ② von niederem Stand; von unbedeutender Herkunft: 贫～ arm und einfach ③ minderwertig; niederträchtig; gemein; verächtlich: 下～ niederträchtig; gemein; niedrig

溅(濺) jiàn sprühen *vi*; spritzen *vi*: ～落 wassern *vi*; anwässern *vi*

饯(餞) jiàn ein Abschiedsessen geben: ～行 ein Abschiedsessen geben; zum Abschied einen Umtrunk veranstalten

荐(薦) jiàn einführen *vt*; empfehlen *vt*: ～举 empfehlen *vt*; j-n für einen Posten vorschlagen 毛遂自～ sich zu einem Unternehmen freiwillig melden; sich (selbst) anbieten

鉴(鑒) jiàn ① Messing- oder Bronzespiegel *m* ② warnendes Beispiel; **Mahnung** *f*: 引以为～ etw. soll j-m eine Warnung sein; aus etw. eine Lehre ziehen ③ spiegeln *vt*; sich widerspiegeln: 「水清可～。Das Wasser ist so klar, daß man darin sein Spiegelbild erkennt. ④ einer genauen Prüfung unterziehen; etw. genau untersuchen: ～核 etw. prüfen und kontrollieren

鉴别 jiànbié unterscheiden *vt*; auseinanderhalten *vt*; differenzieren *vt*: 有比较才能～。Erst beim Vergleich kann man Differenzen feststellen. ～真假 zwischen Wahrem und Falschem unterscheiden

鉴定 jiàndìng ① Befund *m*; Gutachten *n*; begutachten *vt*: 工作～ eine Abschätzung von j-s Arbeit ② bewerten *vt*; prüfen *vt*; begutachten *vt*; identifizieren *vt*: ～文物的年代 das Alter von Kulturgegenständen bestimmen

鉴戒 jiànjiè Warnung *f*; Lehre *f*

鉴赏 jiànshǎng (ein Kunstwerk, einen Kulturgegenstand usw.) fachmännisch beurteilen; begutachten und schätzen: ～能力 musisches Verständnis; Empfänglichkeit *f*; Kennerblick *m*

鉴于 jiànyú in Anbetracht; angesichts; in Hinblick auf ...

见(見)

jiàn ① sehen *vt*; wahrenhmen *vt*: 所～所闻 Gesehenes und Gehörtes; was man gesehen und gehört hat ～义勇为 mutig für eine gerechte Sache eintreten; für die Gerechtigkeit in die Bresche springen; sich für eine gerechte Sache mutig einsetzen ② berühren *vt*; mit etw./j-m in Kontakt kommen: 冰～热就化。Eis schmilzt bei Wärme. ③ sichtbar werden; erscheinen *vi*: ～诸行动 etw. in die Tat umsetzen 病已～轻。Die Krankheit klingt ab. ④ siehe: ～第三十六页 siehe Seite 36 ⑤ treffen *vt*; besuchen *vt*; sehen *vt*: 你～到他了没有? Hast du ihn getroffen? ⑥ Meinung *f*; Ansicht *f*: 依我之～ meiner Meinung nach; meines Erachtens 真知灼～ gründliche Kenntnis und tiefe Einsicht

见长 jiàncháng etw. gut können; sich in etw. auskennen

见得 jiànde [只用于否定式或疑问句] ersichtlich sein; scheinen *vi*: 怎么～他不来了? Woher sollte man wissen, daß er nicht kommt?

见地 jiàndì Einsicht *f*; Urteilsvermögen *n*: 很有～ scharfsinnig sein; Durchblick haben

见风使舵 jiàn fēng shǐ duò mit dem Wind segeln; **die Fahne** nach dem Winde **drehen**; den Mantel nach dem Wind hängen

见怪 jiànguài übelnehmen *vt*; an etw. Anstoß nehmen: 事情没给您办好,请不要～! Nehmen Sie es mir nicht übel, daß ich Ihren Auftrag nicht ausgeführt habe!

见鬼 jiànguǐ ① absurd; phantastisch; komisch: 这真是～,他怎么一转眼就不见了? Es ist wirklich phantastisch, wieso ist er im Nu verschwunden? ② zum Teufel; sich zum Teufel scheren: 让旧世界～去吧! Zum Teufel mit der alten Welt!

见好 jiànhǎo (von einer Krankheit) genesen *vi*; gesund werden: 她的病～了。Ihre Krankheit ist im Abklingen. 或 Sie befindet sich auf dem Weg der Besserung.

见机 jiànjī eine Gelegenheit nutzen; situationsgerecht; geistesgegenwärtig: ～行事 der Situation (*od* den Umständen) entsprechend handeln; geistesgegenwärtig handeln

见解 jiànjiě Meinung *f*; Ansicht *f*; Auffassung *f*: 相同～ gleiche (*od* identische) Ansicht

见面 jiànmiàn sich treffen; sich sehen: 他们多年没有～了。Sie haben sich jahrelang nicht getroffen.

见仁见智 jiàn rén jiàn zhì verschiedene Leute sind unterschiedlicher Meinung in derselben Frage; die Meinungen gehen auseinander; jeder hat seinen eigenen Standpunkt

见识 jiànshi Erlebnis *n*; Kenntnis *f*; Einblick *m*: 长～ Erfahrungen sammeln; seinen Horizont erweitern; Einblicke gewinnen

见外 jiànwài j-n als Fremden betrachten: 你对我这样客气,倒有点～了。Wenn Sie mir gegenüber so höflich sind, fühle ich mich eigentlich ein bißchen als Fremder behandelt.

见闻 jiànwén Erlebte(s); Erfahrungen und Kenntnisse: 增长～ seinen Erfahrungsschatz bereichern; Bildung anhäufen

见习 jiànxí sich in einen Beruf einarbeiten; auf Probe angestellt sein; ein Praktikum absolvieren: ～技术员 technischer Praktikant ～医生 Assistenzarzt *m*; Medizinalassistent *m*

见效 jiànxiào Wirkung zeigen; den gewünschten Effekt haben; wirkungsvoll: 我们的一切努力均未～。Alle Bemühungen von uns wiesen erfolgslos nach.

见笑 jiànxiào auslachen *vt*; sich über j-n lustig machen: 我手拙,您可别～。Lachen Sie nicht über meine Schwerfälligkeit (*od* Ungeschicktheit).

见证 jiànzhèng Zeuge *m*: ～人 Augenzeuge *m*; Zeuge *m*

舰(艦)

jiàn Kriegsschiff *n*: ～队 Flotte *f*

舰艇 jiàntǐng Kriegsschiffe und Militärboote; Seefahrzeuge der Kriegsmarine

剑(劍)

jiàn (zweischneidiges) Schwert *n*: ～柄 Schwertgriff *m* ～鞘 Schwertscheide *f*

剑拔弩张 jiàn bá nǔ zhāng das Schwert gezogen, den Bogen gespannt; es herrscht eine sehr gespannte Atmosphäre; mit den Waffen klirren

箭

jiàn Pfeil *m*: ～在弦上,不得不发。Der Pfeil liegt schon

auf der gespannten Bogensehne, und es gibt keine Rückkehr mehr.

箭步 jiànbù gewaltiger (*od* weiter) Sprung; Satz *m*

件 jiàn ①〈量〉一~衬衫 ein Hemd 两~事情 zwei Sachen; zwei Angelegenheiten 三~行李 drei Gepäckstücke 工~ Werkstück *n* 案~ Rechtsfall *m* ② Brief *m*; Botschaft *f*; Dokument *n*: 信~ Briefschaften *pl*; Post *f*; Briefe und Drucksachen 来~ erhaltenes Schreiben bzw. Paket; eingegangene Postsendung 密~ Geheimbrief *m*; Geheimdokument *n*

建 jiàn ①bauen *vt*; errichten *vt*; aufbauen *vt*: ~电站 ein Kraftwerk bauen 重~家园 die Heimat wiederaufbauen ② gründen *vt*; etw. ins Leben rufen; etablieren: ~都 zur Hauptstadt machen ~党 eine Partei gründen (*od* ins Leben rufen) ③ vorbringen *vt*; beantragen *vt*: ~议 Vorschlag *m*; vorschlagen *vt*; beantragen *vt*

建交 jiànjiāo diplomatische Beziehungen aufnehmen

建立 jiànlì errichten *vt*; gründen *vt*; etablieren *vt*; herstellen *vt*: ~友谊 eine Freundschaft (mit j-m) schließen (*od* anknüpfen) ~统一战线 eine Einheitsfront bilden ~信心 sein Selbstvertrauen stärken

建设 jiànshè aufbauen *vt*; Aufbau *m*: 把中国~成现代化强国 China zu einem modernen und mächtigen Staat aufbauen 社会主义~ sozialistischer Aufbau

建设性 jiànshèxìng konstruktiv: ~的意见 konstruktiver Vorschlag

建树 jiànshù 〈书〉 sich Verdienste erwerben; einen Beitrag leisten

建议 jiànyì ①vorschlagen *vt*; beantragen *vt*: 他们~休会。Sie beantragen eine Sitzungspause. ② Vorschlag *m*; Anregung *f*; Empfehlung *f*: 有益的~ nützlicher Vorschlag 合理化~ Rationalisierungsvorschlag *m*

建造 jiànzào errichten *vt*; bauen *vt*: ~船只 Schiffe bauen

建制 jiànzhì organisatorische Struktur; Organisationsform *f*: 部队~ organisatorische Struktur der Armee

建筑 jiànzhù ① bauen *vt*; anlegen *vt*; errichten *vt*: ~地下铁道 die U-Bahn bauen ② Gebäude *n*; Bau *m*: 古老的~ altes Gebäude; Bauwerk aus alter Zeit 宏伟的~ eindrucksvolles Gebäude; prächtiger Bau ③ Archtektur *f*: ~材料 Baumaterialien *pl* ~工地 Bauplatz *m*; Baustelle *f*

键 jiàn Taste *f*: 琴~ Taste *f* (eines Musikinstruments)

键盘 jiànpán Tastatur *f*; Klaviatur *f*

毽 jiàn Stoffbällchen mit Federn (Kinderspielzeug)

毽子 jiànzi Stoffbällchen mit Federn (Kinderspielzeug): 踢~ ein Stoffbällchen immer wieder mit den Füßen nach oben kicken (Spiel)

健 jiàn ① gesund; stark ② kräftigen *vt*; stärken *vt*: ~身 den Körper stärken (*od* kräftigen) ~胃 den Magen kräftigen ② in etw. gewandt sein; sich auf etw. verstehen: ~谈 (sehr) gesprächig sein; sich gut unterhalten können; redselig sein

健步 jiànbù gut zu Fuß sein; festen Schritts gehen: 「~如飞 kräftig ausschreiten; in Windeseile marschieren; auf Windesflügeln eilen

健儿 jiàn'ér ① tapferer Kämpfer ② guter Sportler: 乒坛~ ausgezeichneter Tischtennisspieler

健将 jiànjiàng Meister *m*; Spitzensportler *m*: 运动~ Sportmeister *m*

健康 jiànkāng ① Gesundheit *f*: ~状况 Gesundheitszustand *m* ② gesund: 身体~ bei guter Gesundheit 祝您~! Ich wünsche Ihnen Gesundheit! 情况基本上是~的。Die Situation ist im wesentlich gesund.

健美 jiànměi kräftig und schön; kraftvoll und anmutig

健全 jiànquán ① gesund; perfekt: 体魄~ eine kräftige Konstitution haben ② vervollkomnen *vt*; vervollständigen *vt*; perfektionieren *vt*: ~规章制度 Regeln und Vorschriften perfektionieren

健忘 jiànwàng vergeßlich; ein schlechtes Gedächtnis haben; zerstreut: ~症 Amnesie *f*

健在 jiànzài 〈书〉 [多指上年纪的人] (von einer älteren Person) am Leben und wohlauf sein

健壮 jiànzhuàng kerngesund; gesund und stark

腱 jiàn Sehne *f*; Tendo *m*

腱鞘 jiànqiào Sehnenscheide *f*

jiāng

将(將) jiāng ① tun *vt*; sich mit etw. beschäftigen: 慎重～事 mit viel Umsicht zu Werke|gehen; etw. mit großer Vorsicht tun ② Schach bieten ③ j-n in verlegenheit bringen (*od* setzen); j-n in eine unangenehme Situation bringen; j-n in die Enge treiben ④ j-n mit höhnischen Worten reizen; provozieren *vt*: 他做事稳重，你～他也没用。Er wirkte sehr gesetzt. Wenn du auch ihn mit Worten dazu reizste, war es nutzlos. ⑤ mit; durch; mittels: ～功折罪 böse Taten mit guten sühnen; sein Vergehen durch gute Taten sühnen ⑥ [引进放在动词前面的宾语]: ～革命进行到底 die Revolution zu Ende führen ⑦ werden; wollen: 明晨～有霜冻。Morgen früh wird es frösteln. 必～以失败告终 sicher mit der Niederlage enden ⑧ [叠用，表示"又"、"且"的意思]: ～信～疑 glauben und gleichzeitig auch zweifeln; teils trauen, teils mißtrauen; noch etwas skeptisch sein ⑨ [用在动词和"进来"、"出去"、"起来"等补语之间，表示动作的开始]: 传～出去 (von Nachrichten usw.) sich verbreiten; die Runde machen *另见 jiàng

将计就计 jiāng jì jiù jì den Gegner in die Grube fallen lassen, die er selbst gegraben hat; List mit Gegenlist beantworten

将近 jiāngjìn annähernd; gegen; an (die); nahe bei: ～一百人 an die hundert Mann (*od* Personen) ～完成 beinahe vollendet; fast fertig 他～四十岁了。Er ist gegen vierzig Jahre alt. 或 Er geht ins vierzigste Jahre.

将就 jiāngjiu zur Not; notfalls; gerade noch; als Notbehelf; mit etw./j-m vorliebnehmen; sich etw. gefallen lassen: 衣服稍微小了点，你～着穿吧。Der Anzug ist ein bißchen zu knapp, aber mach dir nichts draus und zieh ihn an.

将军 jiāngjūn ① Schach bieten ② j-n in Verlegenheit (*od* Schwierigkeiten) bringen ③ General *m*; hoher Kommandeur

将来 jiānglái künftig; in Zukunft; später: 在不远的～ in nicht allzu ferner Zukunft; in naher Zukunft

将息 jiāngxī sich (von einer Krankheit) erholen; sich schonen, um wieder auf die Beine zu kommen

将要 jiāngyào werden; bald (geschehen); im Begriff sein: 会议～在大厅举行。Die sitzung wird im Saal stattfinden.

浆(漿) jiāng ① dicke Flüssigkeit: 糖～ Sirup *m* 纸～ Papierbrei *m* ② stärken *vt*: ～衣服 die Wäsche stärken ～洗 waschen und stärken *另见 jiàng

江 jiāng ① Strom *m*; großer Fluß ② Changjiang-Fluß *m* (Yangtse): ～南 südlich des Changjiang-Flusses

江河日下 jiāng hé rì xià es geht (mit ...) bergab; in Verfall geraten; mehr und mehr zurückgehen

江湖 jiānghú ① Flüsse und Seen ② alle Ecken und Enden des Landes; überall; allerorts: 流落～ überall im Lande umherziehen; ein Wanderleben führen

江湖 jiānghu ① wandernde Gaukler; Quacksalber *m*; Jahrmarktkünstler *pl*; fahrendes Volk; Landfahrer *pl* ② Gewerbe von Landfahreren usw.: ～骗子 umherziehender Schwindler; Scharlatan *m* ～医生 Quacksalber *m*; Kurpfuscher *m*

江山 jiāngshān ① Gebirges und Gewässer; Berge und Flüsse: ～如画 eine malerische Landschaft ～易改，本性难移。es ist leicht, Berge und Flüsse zu versetzen, aber schwer, den Charakter eines Menschen zu ändern. 或 Die Natur ist leichter zu verändern als der Charakter eines Menschen. ② Land *n*; Hoheitsgebiet *n*; Staatsgewalt *f*

僵 jiāng ① steif; starr: 他的手足都冻～了。Seine Hände und Füße sind alle steif vor Kälte. ② sich festfahren; an einem toten Punkt anlangen: 事情搞～了。Die Dinge sind ins Stocken geraten.

僵持 jiāngchí (von beiden Seiten) ablehnen, Zugeständnisse zu machen; sich festfahren: 双方～好久。Beide Seiten haben sich lange festgefahren.

僵化 jiānghuà steif (*od* starr) werden; erstarren *vi*; verknöchern *vi*: 思想～ geistig verknöchert; verknöchertes Denken; geistige Erstarrung

僵局 jiāngjú Sackgasse *f*; toter Punkt; Pattsituation *f*: 打破～ den toten Punkt überwinden; aus einer Sackgasse herauskommen 谈判陷入～。Die Verhandlungen sind auf dem toten Punkt angelangt.

僵尸 jiāngshī Leiche *f*; Leichnam *m*

僵死 jiāngsǐ erstarren *vi*; starr werden; verknöchern *vi*

僵硬 jiāngyìng ① starr; steif; erstarrt; versteinert: 觉得四肢～ sich starr an alle Gliedern fühlen ② starr; halsstarrig; unnachgiebig; intransigent; unflexibel: ～的态度 eine starre Haltung

疆 jiāng Grenze *f* (eines Landes oder Gebietes); Begrenzung *f*

疆场 jiāngchǎng Kampf-, Schlachtfeld *n*; Kampfplatz *m*

疆界 jiāngjiè Staats-, Landesgrenze *f*

疆土 jiāngtǔ Staatsgebiet *n*; Territorium *n*

疆域 jiāngyù Hoheits-, Staatsgebiet *n*; Territorium *n*

缰 jiāng Zügel *m*; Halfter *n*: ～绳 Zügel *m*

姜 jiāng Ingwer *m*: ～汁酒 Ginger-ale *n*

jiǎng

桨(槳) jiǎng Riemen *m*; Paddel *n*; Ruder *n*

奖(獎) jiǎng ① belohnen *vt*; prämiieren *vt*; auszeichnen *vt*; loben *vt*: ～许 preisen *vt*; würdigen *vt* ～勤罚懒 den Fleiß belohnen und die Faulheit bestrafen ② Belohnung *f*; Preis *m*; Prämie *f*: 发～ j-m einen Preis überreichen; einen Preis verleihen 得～ einen Preis bekommen; eine Prämie (*od* eine Auszeichnung) erhalten

奖杯 jiǎngbēi Pokal *m* (als Siegestrophäe bei sportlichen Wettkämpfen)

奖惩 jiǎngchéng Belohnung und Bestrafung: ～制度 System von Belohnungen und Bestrafungen

奖金 jiǎngjīn Prämie *f*; Preis *m*; Geldpreis *m*

奖励 jiǎnglì belohnen *vt*; auszeichnen *vt*; preisen *vt*: 物质～ materieller Anreiz; j-n materiell belohnen ～发明 die Neuerungen unterstützen; den Neuerer oder den Erfinder mit Preis unterstützen

奖品 jiǎngpǐn Belohnung *f*; Auszeichnung *f*; Preis *m*

奖赏 jiǎngshǎng Belohnung *f*; Auszeichnung *f*; Prämie *f*

奖学金 jiǎngxuéjīn Stipendium *n*; Preis für einen guten Schüler

奖章 jiǎngzhāng Medaille *f*; Orden *m*; Ehrenzeichen *n*

奖状 jiǎngzhuàng schriftliche Auszeichnung; Verdiensturkunde *f*

耩 jiǎng drillen *vt*; mit einer Drillmaschine säen

讲(講) jiǎng ① sprechen *vi/vt*; sagen *vt*; reden *vi/vt*; erzählen *vt*: ～故事 eine Geschichte erzählen ～几点意见 ein paar Meinungen äußern (*od* zu Gehör bringen) ② erläutern *vt*; erklären *vt*; aus-, darlegen *vt*: ～明立场 j-s Standpunkt erläutern 这个字有几个～法。Diesen Begriff kann man verschieden auslegen. ③ verhandeln *vt/vi*; durchsprechen *vt*: ～价钱 handeln *vi*; feilschen *vi*; Bedingungen aushandeln ④ berücksichtigen *vt*; etw. in Betracht ziehen; auf etw. Gewicht legen: ～质量 auf die Qualität achten

讲和 jiǎnghé (mit j-m) Frieden schließen; sich aussöhnen; sich versöhnen; einen Streit beilegen

讲话 jiǎnghuà ① sprechen *vi*; reden *vi*; sich äußern: 他在会上讲了话。Er hat auf der Versammlung gesprochen. ② Rede *f*; Ansprache *f*: 鼓舞人心的～ eine begeisternde Rede ③ [多用于书名] Einführung *f*; Leitfaden *m*: «政治经济学～» »Einführung in die politische Ökonomie«

讲解 jiǎngjiě erklären *vt*; erläutern *vt*: ～要点 die wesentlichen Punkte erklären; einen Kernpunkt erläutern

讲究 jiǎngjiu ① etw. für besonders wichtig halten; großen Wert (*od* größtes Gewicht) auf etw. legen: ～效率 auf Leistung(sfähigkeit) achten ② fein; elegant; geschmackvoll; gewählt; anspruchsvoll: 这家旅馆布置得很～。Dieses Hotel ist festlich (*od* prächtig) eingerichtet. ③ forschendes Denken: 这篇社论大有～。Dieser Leitartikel muß bedachtsam (*od* sorgfältig) studiert werden.

讲理 jiǎnglǐ ① j-m seine Meinung sagen; sich mit j-m auseinandersetzen ②vernünftig; verständig; mit sich reden lassen: 蛮不～ bar jeder Vernunft; Vernunftgründen unzugänglich

讲情 jiǎngqíng Fürbitte (*od* ein Wort) für j-n einlegen; für j-n bitten; sich für j-n verwenden

讲师 jiǎngshī Dozent *m*

讲授 jiǎngshòu lehren *vt*; unterrichten *vt*; Vorlesungen halten

讲述 jiǎngshù von etw. berichten; von (*od* über) etw. erzählen; darlegen *vt*; erläutern *vt*

讲坛 jiǎngtán ① Rednertribüne *f*; Plattform *f*; Podium *n* ② Forum *n*

讲学 jiǎngxué einen wissenschaftlichen Vortrag halten; (als Gastprofessor) Vorlesungen halten: 应邀来我校～ auf Einladung zu Gastvorträgen an unsere Universität kommen

讲演 jiǎngyǎn ① eine Rede (*od* einen Vortrag) halten ② Rede *f*; Ansprache *f*

讲义 jiǎngyì Lehrmaterial *n*; (vervielfältigter) Lehrstoff *m*

讲座 jiǎngzuò Kurs(us) *m*; Lehrgang *m*; Vortragsserie *f*; Vorlesung *f*; Kolleg *n*

jiàng

酱(醬) jiàng ① gesalzene Sojabohnen- und Weizenmehltunke: ～油 Sojasoße *f* ② etw. in Sojasoße einkochen; etw. in Sojasoße einlegen: ～肉 in Sojasoße eingekochtes Fleisch (als kalte Platte) ③ Soße *f*; Mus *n*; Paste *f*; Mark *n*: 番茄～ Tomatenmark *n* 芝麻～ Sesampaste *f*

酱菜 jiàngcài in Sojasoße eingelegtes Gemüse; Sojapickles *pl*

酱园 jiàngyuán Laden für gesalzenen Bohnenquark, Sojasoße, eingepöckeltes Gemüse und Gewürze

将(將) jiàng ① General *m*; Offizier im Rang eines Generals ② befehligen *vt*; kommandieren *vt*; leiten *vt* ③ Oberbefehlshaber *m* (höchste Figur der einen Seite im chinesischen Schachspiel, entspricht dem „帅" shuài der Gegenseite) *另见 jiāng

将官 jiàngguān Offizier im Generalsrang; General *m*; Admiral *m*

将领 jiànglǐng höherer Offizier

将士 jiàngshì Offiziere und Mannschaften; Kommandeure und Kämpfer

浆(漿) jiàng *另见 jiāng

浆糊 jiànghu Kleister *m*

匠 jiàng Handwerker *m*; Meister *m*: 能工巧～ geschickter und erfahrener Meister 铁～ Eisenschmied *m*

匠人 jiàngrén Handwerker *m*

匠心 jiàngxīn 〈书〉 künstlerisches Können; Schöpfer-, Erfindungsgeist *m*: 独具～ Originalität besitzen

降 jiàng fallen *vi*; sinken *vi*: ～雨 Regenfall *m*; ～价 den Preis senken (*od* herabsetzen); im Preis sinken 许多消费品价格已经～了。Viele Konsumgüter wurden im Preis herabgesetzt. ～级 degradieren *vt*; j-n im Rang herabsetzen *另见 xiáng

降低 jiàngdī herabsetzen *vt*; reduzieren *vt*; senken *vt*; sinken *vi*: ～生产成本 die Produktionskosten senken

降格 jiànggé den Maßstab herabsetzen; den Status verringern: ～以求 sich mit dem nächstbesten begnügen müssen; Hat man nichts Besseres, tut es das Schlechtere.

降临 jiànglín ankommen *vi*; hereinbrechen *vi*; herniedersteigen *vi*; erscheinen *vi*; sich einfinden: 夜色～。Die Abenddämmerung bricht an (*od* bricht herein).

降落 jiàngluò landen *vi*; Landung *f*: 飞机的～ das Landen von Flugzeugen 强迫～ notlanden *vi*; Notlandung *f* ～伞 Fallschirm *m*

降水 jiàngshuǐ Niederschlag *m*: 人工～ künstlicher Niederschlag ～量 Niederschlagsmenge *f*

降温 jiàngwēn ① die Temperatur senken ② Temperatursturz *m*: ～设备 Abkühlungsanlage *f*

绛 jiàng dunkelrot; tiefrot; karmesinrot; karminrot

绛紫 jiàngzǐ purpurn; purpurrot; blaurot

强 jiàng hartnäckig; unnachgiebig; eigensinnig; halsstarrig: 倔～ unbeugsam; starrsinnig; hartnäckig; unnachgiebig *另见 qiáng; qiǎng

强嘴 jiàngzuǐ trotzig dagegenreden; widersprechen *vi*; eine Lippe riskieren

犟 jiàng eigensinnig; halsstarrig; starrköpfig

jiāo

浇(澆) jiāo ① etw. mit Wasser besprengen; durchnässen *vt*: 大雨～得他全身都湿透了。Der Regenguß hat ihn bis auf die Haut durchnäßt. ② gießen *vt*; begießen *vt*; bewässern *vt*; berieseln *vt*: ～花 Blumen gießen ～地 Felder bewässern

浇灌 jiāoguàn ① bewässern *vt* ② etw. in eine Form gießen: ～混凝土 Beton gießen

浇铸 jiāozhù gießen *vt*; Guß *m*; Gießen *n*: ～机 Gießmaschine *f*

交 jiāo ① aushändigen *vt*; übergeben *vt*; abliefern *vt*; abgeben *vt*: ～还 zurückgeben *vt*; zurückerstatten *vt* ～税 Steuer zahlen; Zoll bezahlen ～作业 Hausaufgaben abgeben ②(örtlich) an etw. angrenzen; (zeitlich) sich anschließen: ～界 aneinander grenzen; an etw. angrenzen; an etw. stoßen ③ (auf eine bestimmte Zeit oder Jahreszeit) zugehen *vi*; werden *vi*: ～冬以后 als der Winter begann ④ sich kreuzen; sich überschneiden: 圆周内两直径必相～。Zwei Durchmesser in einem Kreis kreuzen sich bestimmt. ⑤ mit j-m Bekanntschaft schließen und Umgang pflegen: ～朋友 mit j-m Freundschaft schließen; sich mit j-m anfreunden ⑥ geschlechtlich verkehren; Verkehr haben; sich paaren; sich begatten: 杂～ kreuzen *vt*; Kreuzung *f*; Hybridisation *f*; Bastardierung *f* ⑦ Freund *m*; Freundschaft *f*; Bekanntschaft *f*: 结～ sich mit j-m befreunden; mit j-m Bekanntschaft (*od* Freundschaft) schließen; mit j-m verkehren 点头之～ j-n nur von Grüßen kennen; eine flüchtige Bekanntschaft mit j-m haben 建～ diplomatische Beziehungen aufnehmen ⑧ Kauf und Verkauf; Handel *m*: 成～ einen Handel (*od* ein Geschäft) mit j-m abschließen ⑨ gegenseitig; wechselseitig; miteinander: ～换 austauschen ⑩ zusammen; zugleich; gleichzeitig; gemeinsam: 饥寒～迫 unter Hunger und Kälte leiden; Hunger und Not leiden

交班 jiāobān (die Arbeit) an die nächste Schicht übergeben; Schichtwechsel *m*

交叉 jiāochā ① sich überschneiden; sich kreuzen: ～路口 Straßenkreuzung *f*; Kreuzung *f* ② sich überschneidend; sich überlappend: 他们的意见有点～。Ihre Ansichten haben sich ein bißchen übergelappt.

交差 jiāochāi der Leitung die Ausführung einer Arbeit melden; Vollzugsmeldung erstatten

交错 jiāocuò ① ineinandergreifen *vi* ② kreuz und quer; gekreuzt; miteinanderverzahnt

交代 jiāodài ① übertragen *vt*; übergeben *vt*: ～工作 (seinem Stellvertreter bzw. Nachfolger) die Arbeit übergeben ② j-m etw. klarmachen; j-m etw. verständlich machen; j-m Rechenschaft ablegen: ～任务 j-m eine Aufgabe erläutern ③ j-m etw. einprägen; klarmachen *vt*; instruieren *vt*: 这个问题你怎么～? Was für eine Erklärung hast du für diese Frage? ④ eingestehen *vt*; bekennen *vt*; eine Aussage machen: ～罪行 sein Verbrechen gestehen * 又作"交待"。

交底 jiāodǐ j-m seine wahren Absichten anvertrauen; seine Karten auf den Tisch legen; etw. gründlich erklären

交锋 jiāofēng mit j-m die Klingen kreuzen; sich mit j-m auseinandersetzen; sich mit j-m ein Gefecht liefern

交付 jiāofù ① zahlen *vt*; bezahlen *vt*: ～佣金 eine Provision zahlen ② übergeben *vt*; freigeben *vt*; abliefern *vt*: ～表决 über etw. abstimmen lassen ～使用 freigeben *vt*

交割 jiāogē ein Geschäft abwikkeln; abrechnen *vt*

交公 jiāogōng etw. an das Kollektiv (bzw. an den Staat) abliefern

交媾 jiāogòu Geschlechtsverkehr *m*; Koitus *m*; Beischlaf *m*; Kohabitation *f*

交互 jiāohù ① gegenseitig; wechselseitig; einander ② abwechselnd; wechselweise: 两种策略～使用 abwechselnd zwei verschiedene Taktiken anwenden

交换 jiāohuàn tauschen *vt*; austauschen *vt*; wechseln *vt*: ～意见 Meinungen austauschen ～场地 die Seiten wechseln 实物～ Naturalientausch *m*; Tauschhandel *m* ～留学生 Studentenaustausch (zwischen zwei Staaten)

交货 jiāohuò Güter liefern; Waren ausliefern: 即期～ sofortige (*od* prompte) Lieferung 分批～ Lieferung in mehreren Sendungen ～港 Lieferhafen *m* ～期 Lieferzeit *f*; Liefertermin *m*

交集 jiāojí (von widerstrebenden Gefühlen) bewegt werden; hin und her gerissen werden; durcheinanderschwirren *vi*: 悲喜～ teils froh und teils traurig; mit einem lachenden und einem weinenden Auge; mit gemischten Gefühlen

交际 jiāojì sozialer (*od* gesellschaftlicher) Verkehr; Kommunikation *f*; verkehren *vi*; Umgang pflegen: 语言是人们～的工具。Die Sprache ist das Kommunikationsmittel der Menschen. 他不善于～。Er ist keine gesellige Natur. 或 Er ist nicht sehr umgänglich. ～场合 gesellschaftliche Anlässe

交加 jiāojiā (von zwei Dingen) gleichzeitig vorkommen; einander begleiten: 风雨～。Ein Regensturm tobt. 悲喜～ ein Gefühl von Freude und Kummer

交接 jiāojiē ① verbinden *vt*; verknüpfen *vt*; zusammenfügen *vt* ② abgeben und annehmen; wechseln *vt*: ～班 Schichtwechsel *m*; Ablösung *f* ～仪式 Übergabezeremonie *f*

交界 jiāojiè (von zwei oder mehreren Orten) eine gemeinsame Grenze haben; aneinander grenzen; an etw. angrenzen; an etw. stoßen: 三省～的地方 der Ort, wo drei Provinzen aneinander grenzen; Schnittpunkt dreier Provinzen

交口称誉 jiāokǒu chēngyù einstimmig loben und preisen

交流 jiāoliú ① tauschen *vt*; austauschen *vt*; Austausch *m*: ～经验 Erfahrungen austauschen 文化～ Kulturaustausch *m* ② wechselnd; Wechsel-: ～电 Wechselstrom *m*

交纳 jiāonà zahlen *vt*; bezahlen *vt*; liefern *vt*; abliefern *vt*: ～会费 den Mitgliedsbeitrag entrichten

交配 jiāopèi sich (geschlechtlich) paaren; Paarung *f*; Kopulation *f*: ～期 Paarungszeit *f*

交情 jiāoqing freundschaftliche Beziehungen; in Freundschaft|verbunden; befreundet

交融 jiāoróng (zu einer harmonischen Einheit) verschmelzen *vt*; (sich) passend mischen (*od* mengen): 水乳～ gut gemischt wie Wasser und Milch; außerordentlich harmonisch

交涉 jiāoshè verhandeln *vi*; unterhandeln *vi*; (Bedingungen) aushandeln *vt*; Einsprüche vorbringen: 办～ mit j-m über etw. verhandeln; eine Verhandlung (*od* Unterredung) führen 口头～ mündliche Vorstellungen

交谈 jiāotán mit j-m ein Gespräch führen; sich mit j-m unterhalten; miteinander plaudern

交替 jiāotì ① ablösen *vt*; ersetzen *vt*; an die Stelle von etw. treten: 新旧～。Das Neue tritt an die Stelle des Alten. ② abwechselnd: ～使用 alternativ verwenden

交通 jiāotōng ① Verkehr *m*: ～规则 Verkehrsvorschriften *pl*; Verkehrsregeln *pl* 公路～ Fernstraßen-, Fernverkehr *m* ～事故 Verkehrsunfall *m* ～阻塞 Verkehrsstockung *f*; Verkehrsstörung *f*

交头接耳 jiāo tóu jiē 'ěr die Köpfe zusammenstecken; miteinander tuscheln (*od* flüstern)

交往 jiāowǎng Kontakt *m*; Verkehr *m*; Umgang *m*; Beziehung *f*

交尾 jiāowěi sich begatten; sich paaren

交响乐 jiāoxiǎngyuè Symphonie *f*; Sinfonie *f*: ～队 philharmonisches Orchester; Sinfonieorchester *n*

交易 jiāoyì Geschäft *n*; Handel *m*: 现款～ Bargeschäft *n* 商品～会 Handelsmesse *f* 政治～ politischer (Kuh)handel

交易所 jiāoyìsuǒ Börse *f*: 证券～ Aktienbörse *f*

交谊 jiāoyì 〈书〉 Freundschaft *f*; freundschaftliche Beziehungen

交游 jiāoyóu 〈书〉 Freundschaft schließen; sich mit j-m anfreunden; freundschaftlichen Umgang pflegen: ～甚广 einen großen Freundeskreis (*od* Bekanntenkreis) haben

交战 jiāozhàn gegeneinander Krieg führen; im Krieg miteinander stehen: ～状态 Kriegszustand *m* ～双方 beide kriegführenden Länder (*od* Parteien)

交帐 jiāozhàng ① eine Rechnung (zur Begleichung) vorlegen ② Rechenschaft über etw. ablegen

交织 jiāozhī in (*od* mit) etw. verwoben sein; sich in (*od* mit) etw. verflechten

胶(膠) jiāo ① Leim *m* ② Gummi *m*; Kautschuk *m* ③ leimen *vt* ④ leimig; zähflüssig; klebrig

胶版 jiāobǎn Offsetplatte *f*: ～印刷 Offsetdruck *m*

胶布 jiāobù ① gummierter Stoff ② Heftpflaster *n*

胶卷 jiāojuǎn Film *m*; Rollfilm *m*

胶片 jiāopiàn Film *m*: 缩微～ Mikrofilm *m*; Mikrokarte *f*

胶水 jiāoshuǐ Leim *m*; Leimflüssigkeit *f*

胶鞋 jiāoxié Gummischuh *m*

胶印 jiāoyìn Offsetdruck *m*: ～机 Offsetdruckmaschine *f*

胶着 jiāozhuó festgefahren; auf einem toten Punkt ankommen: 处于～状态 auf einem toten Punkt ankommen; sich festfahren

郊 jiāo Vorort *m*; Vorstadt *f*; Peripherie *f* (der Stadt); Stadtrand *m*: ～游 Ausflug *m*; Exkursion *f* 京～ die Vorstadt von Beijing

郊区 jiāoqū Vorstadt *f*; Vorort *m*; Randgebiet *n*; Außenbezirk *m*

姣 jiāo 〈书〉 hübsch aussehend; anmutig

教 jiāo lehren *vi/vt*; unterrichten *vi/vt*; beibringen *vt*: ～书 an einer Schule unterrichten; Unterricht erteilen; lehren *vi/vt* 他～我们开车。Er lehrt uns fahren. *另见 jiào

椒 jiāo Gewürzpflanzen, denen ein scharfer Geschmack eigen ist: 辣～ Paprika *m*; roter Pfeffer; Spanischer Pfeffer 胡～ Pfeffer *m*

娇(嬌) jiāo ① zart; zärtlich; süß; fein; zierlich; reizend; bezaubernd ② schwächlich; schwach; zerbrechlich; fragil ③ weichlich; zimperlich; verhätschelt ③ verwöhnen *vt*; verzärteln *vt*; verhätscheln *vt*; verziehen *vt*: ～生惯养 von klein auf maßlos verhätschelt; als Kind schon verwöhnt und verzärtelt

娇惯 jiāoguàn verzärteln *vt*; verhätscheln *vt*; verwöhnen *vt*: ～孩子 Kinder verziehen

娇媚 jiāomèi ① kokett; eitel; gefallsüchtig ② liebreizend; anmutig (süß)

娇嫩 jiāonèn zart; fein; sanft; zerbrechlich: ～的身子 eine schwache Gesundheit

娇气 jiāoqì verweichlicht; verzärtelt; verwöhnt; verhätschelt

骄(驕) jiāo Hochmut *m*; Überheblichkeit *f*; Arroganz *f*; Dünkelhaftigkeit *f*: ～必败。Hochmut kommt vor dem Fall.

骄傲 jiāo'ào ① hochmütig; überheblich; arrogant; eingebildet: ～自大 hochnäsig und großtuerisch; überheblich und eingebildet ② stolz (sein): 为…感到～ auf etw. stolz sein ③ Stolz *m*: 民族的～ der Stolz der Nation

骄横 jiāohèng arrogant und anmaßend; überheblich

骄矜 jiāojīn 〈书〉 hochmütig; überheblich; anmaßend; dünkelhaft; selbstgefällig

骄奢淫逸 jiāo shē yín yì ein parasitäres Luxusdasein führen; einem maßlos schwelgerischen Leben huldigen; ein ausschweifendes Leben führen

焦 jiāo ① gebrannt; verbrannt; verkohlt; versengt ② besorgt; beunruhigt: 心～ ängstlich besorgt ③ Koks *m*: 炼～ koken *vi*; verkoken *vt*; Verkokung *f*; Verkohlung *f*

焦点 jiāodiǎn ① Brennpunkt *m*; Fokus *m* ② Brennpunkt (*od* Mittelpunkt) einer Sache; Herz der Dinge; Kern *m*: 争论的～ der Mittelpunkt der Diskussion

焦急 jiāojí beunruhigt; besorgt; voller Ungeduld: ～万分 von Ungeduld erfüllt; voller Besorgnis

焦虑 jiāolǜ sehr besorgt; sorgenvoll; sehr beunruhigt; sehr bedrückt

焦头烂额 jiāo tóu làn é mit zerschlagener Stirn und angesengtem Kopf; in arge Bedrängnis geraten; sich in einem jammervollen Zustand befinden

焦躁 jiāozào von Unruhe gepackt; voll(er) Ungeduld; sich erhitzen; sich ereifern

焦灼 jiāozhuó 〈书〉 von Unruhe gepackt; von Ungeduld ergriffen; von Sorgen bedrückt

蕉 jiāo Bananengewächse *pl*; bananenähnliche Pflanze: 香～ Banane *f*

礁 jiāo Riff *n*; Klippe *f*: 触～ auf eine Klippe auflaufen; an einem Riff zerschellen

jiáo

嚼 jiáo kauen *vi/vt*; zerkauen *vt*: 细～慢咽 gründlich kauen und langsam schlucken *另见 jué

嚼舌 jiáoshé ① eine lose Zunge haben; klatschen *vi* ② sinnlos streiten; sich herumzanken

jiǎo

铰 jiǎo 〈口〉 ① etw. mit der Schere schneiden; ausschneiden *vt*; scheren *vt*: ～成两半 etw. in zwei Hälften schneiden ② ausreiben *vt*; durchreiben *vt*: ～孔 ein Loch ausreiben

铰链 jiǎoliàn Scharnier *n*; Gelenk *n*; Angel *f*: 接合～ Scharniergelenk *n*

佼 jiǎo 〈书〉 hübsch; wunderschön

佼佼 jiǎojiǎo 〈书〉 über dem Durchschnitt; überdurchschnittlich; außergewöhnlich; hervorragend; weitaus überlegen

皎 jiǎo klar und hell: ～月 ein heller Mond

皎皎 jiǎojiǎo bleich-glänzend; marmorleuchtend; glänzend weiß; strahlend weiß; silberweiß

皎洁 jiǎojié (vom Mondlicht) fahl glänzend; hell und klar; rein

狡 jiǎo raffiniert; listig; schlau; verschlagen: ～计 verschlagener Trick; Hinterlist *f*; schlauer Kunstgriff

狡辩 jiǎobiàn sich mit (billigen) Ausflüchten rechtfertigen; sophistisch argumentieren; sich herausreden

狡猾 jiǎohuá raffiniert; schlau; listig; verschlagen; trickreich; durchtrieben; tückisch

狡赖 jiǎolài etw. (mit billigen Ausflüchten) ableugnen; abstreiten *vt*; etw. in Abrede stellen

狡兔三窟 jiǎo tù sān kū ein schlauer Hase hat drei Löcher; der Fuchs weiß mehr als ein Loch

狡黠 jiǎoxiá 〈书〉 arglistig; hinterlistig; aalglatt

狡诈 jiǎozhà arglistig; hinterlistig; abgefeimt

饺 jiǎo *Jiaozi n*: 蒸～ gedämpfte *Jiaozi*

饺子 jiǎozi *Jiaozi n* (mit kleingewiegtem Fleisch oder Gemüse gefüllte halbmondförmige Nudelteigtasche); Ravioli *pl*

绞 jiǎo ① wringen *vt*; aus(w)ringen *vt*: 把洗过的衣服～干 die Wäsche auswringen ～尽脑汁 sich den Kopf zerbrechen; sich das Gehirn (*od* den Kopf) zermartern ② aufhängen *vt*; j-n mit einem Strick erdrosseln: ～索 Galgenstrick *m*; Galgenschlinge *f* ③ 〈量〉 Strang *m*; Docke *f*: 一～毛线 eine Docke Strickwolle

绞车 jiǎochē Winde *f*; Haspel *f*

绞杀 jiǎoshā erdrosseln *vt*; erhängen *vt*; strangulieren *vt*; erwürgen *vt*

绞痛 jiǎotòng Kolik *f*; Grimmen *n*: 肚子～ Bauchgrimmen *n* 心～ Herzbräune *f*

绞刑 jiǎoxíng eine Todesstrafe durch Erhängen (*od* Erdrosseln); eine Hinrichtung durch den Strang: 上～ (j-n) an den Galgen bringen

搅(攪) jiǎo ① umrühren *vt*; mischen *vt*: 把粥～一下 Brei umrühren 别打～她。Stör' sie nicht!

搅拌 jiǎobàn mischen *vt*; vermengen *vt*; umrühren *vt*; durchrühren *vt*: ～机 Misch-, Rührmaschine *f*

搅动 jiǎodòng rühren *vt*; auf-, umrühren *vt*: 拿棍子～灰浆 den Mörtel mit einem Stock umrühren

搅混 jiǎohun sich vermischen

搅浑 jiǎohún trübe machen; trüben: 企图把水～ versuchen, Verwirrungen zu stiften

搅和 jiǎohuo ① mischen *vt*; mengen *vt*; umrühren *vt*; vermengen, -mischen *vt*: 别把这两件事～在一起。Man sollte diese zwei Dinge nicht miteinander verquikken. ② eingreifen *vi*; sich einmischen; stören *vt*; durcheinanderbringen *vt*

搅乱 jiǎoluàn etw. in Unordnung bringen; durcheinanderbringen *vt*; etw. konfus machen

搅扰 jiǎorǎo stören *vt*; belästigen *vt*; beunruhigen *vt*

矫(矯) jiǎo ① korrigieren *vt*; berichtigen *vt*; richtigstellen *vt*; begradigen *vt*;erademachen *vt* ② stark; kräftig; tapfer; kühn: ～若游龙 so voller Kraft und Mächtigkeit wie ein fliegender Drache

矫健 jiǎojiàn stark und kräftig: ～的步伐 kräftige Schritte

矫揉造作 jiǎo róu zào zuò gekünstelt; gespreizt; sich unnatürlich (*od* geziert) verhalten; affektiert

矫枉过正 jiǎo wǎng guò zhèng beim Korrigieren eines Fehlers das Maß überschreiten

矫正 jiǎozhèng korrigieren *vt*; berichtigen *vt*; verbessern *vt*: ～发音 eine fehlerhafte Aussprache korrigieren ～偏差 eine Abweichung korrigieren ～错误 Fehler verbessern (*od* berichtigen)

侥(僥) jiǎo

侥幸 jiǎoxìng zum Glück; glücklicherweise; durch einen Glücksfall; aufgrund glücklicher Umstände; wie es der Zufall wollte: ～取胜 mit viel Glück den Sieg erringen

缴

jiǎo ① zahlen *vt*; bezahlen *vt*; (Geld usw.) abliefern *vt*; (eine Abgabe) entrichten *vt*: ～房租 Miete zahlen ～税 Steuern bezahlen 上～ etw. an den Staat (bzw. an eine höhere Verwaltungsbehörde) abführen ② (mit Gewalt) j-m die Waffe abnehmen; erbeuten; j-n entwaffnen: ～获三挺机枪 drei Maschinengewehre erbeutet haben

缴获 jiǎohuò ① erbeuten *vt* ② Kriegsbeute *f*; Beutegut *n*; Beutestück *n*; Trophäe *f*

缴械 jiǎoxiè ① (mit Gewalt) j-m die Waffe abnehmen; j-n entwaffnen ② die Waffen niederlegen (*od* strecken, abliefern)

脚

jiǎo ① Fuß *m*: 赤～ barfuß ② Basis *f*; Fuß *m*: 山～ Fuß eines Berges

脚本 jiǎoběn Szenarium *n*; Szenario *n*; Textbuch *n*; Skript *n*: 电影～ Drehbuch *n*

脚步 jiǎobù Schritt *m*; Gang *m*: 加快～ die Schritte beflügeln; den Gang beschleunigen

脚跟 jiǎogēn Ferse *f*; Hacke *f*; Hacken *m*: 站稳～ fest stehenbleiben; standhaft bleiben; sich behaupten

脚力 jiǎolì Kraft in den Beinen

脚镣 jiǎoliào Fußfessel *f*; Bein-, Fußschellen *pl*

脚手架 jiǎoshǒujià Baugerüst *n*

脚踏两只船 jiǎo tà liǎng zhī chuán auf zwei Booten zugleich stehen; zwischen zwei Parteien lavieren; aus zwei Schüsseln essen

脚踏实地 jiǎo tà shídì mit beiden Beinen im Leben (*od* auf der Erde) stehen; auf dem Boden der Tatsachen bleiben: ～工作 Arbeit nach dem Prinzip „mit beiden Beinen im Leben stehen"

脚注 jiǎozhù Fußnote *f*

角

jiǎo ① Horn *n*; Geweih *n*: 牛～ Ochsenhorn *n* 鹿～ Geweih *n* ② Horn *n*; Jagdhorn *n* 号～ Horn *n* ③ etwas Hornförmiges: 菱～ Wassernuß *n* ④ Ecke *f*; Winkel *m*: 拐～ Straßenecke *f*; Biegung *f* ⑤ Winkel *m*: 锐(钝)～ spitzer (stumpfer) Winkel 直～ rechter Winkel *另见 jué

角度 jiǎodù ① Winkel *m* ② Gesichtspunkt *m*; Blickwinkel *m*; Aspekt *m*: 如果光从自己～来看问题，意见就难免不一致。 Wenn man das Problem nur vom Gesichtspunkt seines eigenen Interesses beobachtet, werden die Ansichten sicher ungleich sein.

角落 jiǎoluò Ecke *f*; Winkel *m*: 在房间的一个～里 in einem Winkel des Zimmers 找遍每一个～ etw. in allen Ecken und Winkeln suchen; alle Winkel und Enden nach etw. durchsuchen

剿

jiǎo (mit Waffengewalt) niederschlagen *vt*; unterdrücken *vt*: ～匪 Banditen ausrotten *另见 chāo

jiào

窖

jiào Keller *m*; in den Boden gegrabene Vorratshöhle: 菜～ Gemüsekeller *m*

觉(覺)

jiào Schlaf *m*: 睡一～ ein Schläfchen machen (*od* halten) 午～ Mittagsschläfchen *n* *另见 jué

校

jiào ① (einen Text, eine Kopie usw.) mit dem Original vergleichen; Korrekturen lesen; kollationieren *vt*: ～长条样 Korrekturfahnen (*od* Korrekturbögen) lesen ② sich mit j-m messen *另见 xiào

校对 jiàoduì ① prüfen *vt*; adjustieren *vt*; eichen *vt* ② (einen Text, eine Kopie usw.) mit dem Originalmanuskript vergleichen; Korrektur lesen ③ Korrektor *m*; Revisor *m*

校样 jiàoyàng Korrekturfahne *f*; Fahne *f*; Fahnenabzug *m*; Korrekturbogen *m*

校阅 jiàoyuè ein Manuskript redigieren; Endkorrekturen vornehmen

校正 jiàozhèng berichtigen *vt*; korrigieren *vt*; richtigstellen *vt*: ～错字 Schreibfehler (*od* Druckfehler) berichtigen

校准 jiàozhǔn eichen *vt*; kalibrieren *vt*: 方位～ Richtungskalibrierung *f*

较 jiào ① vergleichen *vt*; messen *vt*: 工作～前更为努力了。 Die Arbeit ist noch angestrengter als früher. ② vergleichsweise; verhätnismäßig; relativ; ziemlich: ～好 ziemlich gut; relativ gut ③ klar; sichtbar; merklich: 彰明～著 allgemein bekannt; sehr klar; ganz deutlich

较量 jiàoliàng Fähigkeiten (*od* Kräfte) mit j-m vergleichen; sich mit j-m messen; Kraftprobe *f*

教 jiào ① lehren *vt*; unterrichten *vt*; erziehen *vt*; belehren *vt*: 因材施～ (Studierende *od* Schüler) nach ihrer Begabung fördern; Schüler oder Studenten je nach dem Aufnahmevermögen unterweisen 请～ j-n um Rat fragen; sich bei j-m Rat holen ② Religion *f*: 信～ eine Religion haben; eine Religion ausüben; religiös 基督～ Christentum *n*; christliche Religion *另见 jiāo

教材 jiàocái Lehrstoff *m*; Lehr-, Unterrichtsmaterial *n*

教程 jiàochéng ① Kurs *m*; Lehrgang *m* ② [用于书名] Kurs *m*; Lehrbogen *m*: 《近代史～》 »Kurs in neuerer Geschichte«

教导 jiàodǎo ① lehren *vt*; belehren *vt*; anleiten *vt*; unterweisen *vt* ② Belehrung *f*; Anleitung *f*

教皇 jiàohuáng Papst *m*

教会 jiàohuì Kirche *f*: ～学校 Missionsschule *f*

教诲 jiàohuì Belehrung *f*; Unterweisung *f*: 谆谆～ ernste Belehrung

教科书 jiàokēshū Lehrbuch *n*; Lehrwerk *n*

教练 jiàoliàn ① trainieren *vt*; drillen *vt*; exerzieren *vt* ② Trainer *m*; Drill-, Exerziermeister *m*; Ausbilder *m*; Instrukteur *m*: 足球～ Fußballtrainer *m* ～员 Trainer *m*; Drill-, Exerziermeister *m*; Instrukteur *m*

教师 jiàoshī Lehrer *m*

教士 jiàoshì Priester *m*; Pfarrer *m*; Geistliche(r)

教室 jiàoshì Schul-, Klassenzimmer *n*; Unterrichtsraum *m*

教授 jiàoshòu ① Professor *m*: 副～ außerordentlicher Professor 客座～ Gastprofessor *m* ② lehren *vt*; unterrichten *vt*: ～历史 Geschichte unterrichten

教唆 jiàosuō anstiften *vt*; aufhetzen *vt*; aufwiegeln *vt*: ～犯 mittelbarer Täter; Anstifer *m*; Drahtzieher *m*

教堂 jiàotáng Gotteshaus *n*; Kirche *f*; Dom *m*; Kathedrale *f*; Münster *n*; Kapelle *f*

教条 jiàotiáo Dogma *n*; Glaubenssatz *m*; Doktrin *f*: ～主义 Dogmatismus *m*

教徒 jiàotú Gläubige(r); Anhänger einer Religion; Mitglied einer Religionsgemeinschaft

教学 jiàoxué ① den Studenten die Kenntnisse beibringen: ～相长 Lehren und Lernen befruchten einander; Lehrende und Lernende wachsen aneinander; der Unterricht bringt nicht nur den Studierenden, sondern auch den Lehrern Nutzen ② Unterricht *m*: ～大纲 Lehr-, Unterrichtsprogramm *n*; Gesamtlehrplan *m*; Curriculum *n* ～方针 Unterrichtsprinzig *n*; pädagogische Grundsätze

教训 jiàoxun ① (einprägsame) Lehre *f*; Lektion *f*: 吸取～ eine Lehre aus etw. ziehen ② belehren *vt*; zurechtweisen *vt*; j-m einen Verweis erteilen

教养 jiàoyǎng ① Bildung *f*; Kultur *f*; Kultiviertheit *f*; gutes Benehmen ② zum Besseren erziehen

教育 jiàoyù ① Ausbildung *f*; Erziehung *f*: ～部 Ministerium für Erziehungswesen; Ministerium für Volksbildung ② lehren *vt*; erziehen *vt*; belehren *vt*; j-m eine Lektion erteilen: 我们从中得到了很大的～。 Daraus haben wir sehr viel gelernt. 或 wir haben daraus eine tüchtige Lehre gezogen.

教员 jiàoyuán Lehrer *m*; Ausbilder *m*; Dozent *m*: 汉语～ Chinesischlehrer *m*

酵 jiào gären *vi*; Gärung *f*

酵母 jiàomǔ Hefe *f*

叫 jiào ① rufen *vt*; ausrufen *vt*; schreien *vi*: 大～一声 einen lauten Schrei ausstoßen; laut aufschreien 狗～ bellen *vi* ② rufen *vt*; anrufen *vt*; ansprechen *vt*: 外边有人～你。 Draußen ruft einer nach dir. ③ bestellen *vt*; anfordern *vt*: ～辆出租汽车 ein Taxi bestellen ④ heißen *vi*; bedeuten *vt*; nennen *vt*; anreden *vt*: 您～

什么名字？Wie heißen Sie? 或 Wie ist Ihr Name? ⑤ veranlassen *vt*; anordnen *vt*: ～他进来吗？Soll ich ihn hereinbitten? 或 Darf er hereinkommen? 医生～他戒烟。Der Arzt verordnete ihm, sich das Rauchen abgewöhnen. ⑥ [用在被动式里引进主语者]: ～你猜对了。Du hast es erraten.

叫喊 jiàohǎn laut rufen; schreien *vi*; heulen *vi*

叫花子 jiàohuāzi <口> Bettler *m*

叫唤 jiàohuan laut rufen; schreien *vi/vt*; heulen *vi*: 疼得直～ vor Schmerz schreien

叫苦 jiàokǔ wehklagen *vi*; jammern *vi*; lamentieren *vt*: ～不迭 immer wieder Beschwerden vorbringen; unablässig wehklagen

叫屈 jiàoqū sich über ein erlittenes Unrecht beklagen (*od* beschweren)

叫嚷 jiàorǎng laut rufen; schreien *vi*; heulen *vi*; lärmen *vi*; ein großes Geschrei machen (*od* erheben)

叫嚣 jiàoxiāo lauthals schreien; Lärm schlagen: 战争～ Kriegsgeschrei *n* 大肆～ ein gewaltiges Geschrei anstimmen

叫座 jiàozuò Publikumserfolg (*od* Kassenerfolg) sein

叫做 jiàozuò heißen *vi*; lauten *vi*; nennen *vt*; etw. als ... bezeichnen: 这种装置～呼吸分析器。Dieser Apparat heißt Atmungsanalysator.

轿(轎)

jiào (～子) Sänfte *f*

轿车 jiàochē Kraftwagen *m* (mit Verdeck): 大～ Omnibus *m*; Bus *m* 小～ Personenwagen *m*; Auto *n*; Limousine *f*; Kleinwagen *m*

jiē

秸(稭)

jiē Getreidehalme nach dem Dreschen; Stengel *m*; Strohhalm *m*: 麦～ Weizenstroh *n*

秸秆 jiēgǎn Strohhalm *m*; Stroh *n*; Stengel *m*

结

jiē (Früchte bzw. Samen) tragen *vt*: 开花～果 Blüten treiben und Früchte tragen; von Erfolg gekrönt sein *另见 jié

结巴 jiēba ① stammeln *vi/vt*; stottern *vt/vi* ② Stammler *m*; Stotterer *m*

结实 jiēshí ① Früchte tragen (*od* ansetzen) ② solide; fest; stabil; haltbar: 这张桌子很～。Dieser Tisch ist sehr stabil. 绑～点。Bind (*od* Schnüre) ein bißchen fester! ③ gesund; stark; kräftig: 他长得很～。Er ist sehr stark und kräftig herangewachsen.

接

jiē ① sich berühren; naheliegen *vi*; in der Nähe; unweit: ～近 näherkommen *vi*; sich nähern; sich annähern ② verbinden *vt*; verknüpfen *vt*; sich in Verbindung setzen; Kontakt auf nehmen: 请～上去！Bitte, setzen Sie sich fort! 请～286分机。Würden Sie mich bitte mit Apparat (*od* Nummer) 286 verbinden. ③ auffangen *vt*: ～球 den Ball (mit den Händen) auffangen ④ entgegennehmen *vt*; empfangen *vt*; bekommen *vt*; erhalten *vt*: ～到一封信 einen Brief erhalten (*od* bekommen) ～电话 ans Telephon gehen; ein Telephongespräch entgegennehmen ⑤abholen *vt*: 到飞机场～一个代表团 eien Delegation vom Flughafen abholen

接班 jiēbān eine Arbeit (*od* Pflicht) von j-m übernehmen; die Nachfolge antreten; den Posten übernehmen; Schicht ablösen; Schichtwechsel *m*; Ablösung *f*: 谁接你的班？Wer wird dich (bei der Arbeit) ablösen? ～人 Nachfolger *m*; Fortsetzer *m*

接触 jiēchù ① berühren *vt*; in Berührung mit j-m kommen; Verbindung (*od* Kontakt) mit j-m aufnehmen: 代表团～了各界人士。Die Delegation hat Kontakt mit Persönlichkeiten verschiedener Kreise bekommen. ② Berührung *f*; Kontakt *m*: ～不良 schlechter Kontakt

接待 jiēdài empfangen *vt*; aufnehmen *vt*: ～外宾 ausländische Besucher (*od* Gäste) empfangen 受到亲切的～ freundlich aufgenommen werden; j-m wird ein herzlicher Empfang bereitet ～室 Empfangsraum *m*; Empfangszimmer *n* ～单位 gastgebende Institution; Gastgeber-Organisation *f*

接二连三 jiē èr lián sān eins nach dem anderen; aufeinanderfolgend; Schlag auf Schlag; ununterbrochen: 他～收到朋友来信。Er hat die Briefe von seinem Freund aufeinanderfolgend erhalten. 捷报～地传来。Rasch nacheinander kamen Siegesnachrichten.

接风 jiēfēng den Gast, der aus weiter Ferne gekommen ist, zu

einem Willkommensbankett einladen; ein Essen für einen Besucher von weit her geben

接济 jiējì j-m materielle oder finanzielle Hilfe gewähren; j-n mit Geld unterstützen

接见 jiējiàn empfangen *vt*; j-m eine Audienz gewähren (*od* erteilen)

接近 jiējìn näherkommen *vi*; sich nähern; sich annähern: ～国际水平 sich dem internationalen Niveau nähern 该项工程～完成。Dieses Projekt geht seiner Fertigstellung entgegen. 这个人不容易～。Dieser Mann ist nicht sehr umgänglich (*od* zugänglich).

接力 jiēlì Staffellauf *m*: ～赛跑 Stafetten-, Staffellauf *m*

接连 jiēlián hintereinander; eines nach dem anderen; unablässig; ununterbrochen; in einem fort; wiederholt: ～好几天 für viele Tage; tagelang ～三小时 drei Stunden hintereinander

接纳 jiēnà j-n (in einen Verein, eine Organisation usw.) aufnehmen: ～新会员 neue Mitglieder aufnehmen

接洽 jiēqià sich mit j-m in Verbindung setzen; mit j-m über etw. sprechen: 同有关部门～ sich mit den zuständigen Behörden in Verbindung setzen 他来～工作。Er kommt her, um dienstlich (*od* geschäftlich) zu verhandeln.

接壤 jiērǎng grenzen *vi*; angrenzend; benachbart; anliegend: ～地区 angrenzendes Gebiet

接生 jiēshēng Geburtshilfe leisten; bei einer Entbindung helfen

接收 jiēshōu ① empfangen *vt*; in Empfang nehmen: ～无线电信号 ein Radiosignal empfangen ② übernehmen *vt*; konfiszieren *vt*; enteignen *vt*: ～这一家饭店 dieses Hotel in Besitz nehmen ③ aufnehmen *vt*: ～新会员 neue Mitglieder aufnehmen

接受 jiēshòu annehmen *vt*; entgegennehmen *vt*; akzeptieren *vt*: ～邀请 eine Einladung annehmen ～意见 einen Vorschlag akzeptieren ～群众的监督 sich der Aufsicht der Massen unterstellen

接替 jiētì an j-s Stelle treten; vertreten *vt*; übernehmen *vt*; ersetzen *vt*

接通 jiētōng j-n (telephonisch) verbinden: 电话～了吗？Ist das Gespräch durch (gestellt worden)? 或 Ist die Verbindung zustandegekommen?

接头 jiētóu mit j-m Kontakt aufnehmen; mit j-m in Verbindung treten: 我找谁～？Mit wem soll ich den Kontakt herstellen? ～地点 Treffpunkt *m*

接吻 jiēwěn küssen *vt*; sich küssen

接应 jiēyìng ① j-m zur Hilfe kommen; stützen *vt* ② versorgen *vt*; liefern *vt*: 水泥一时～不上。Der Zement ist zeitweise ausgeblieben.

接着 jiēzhe ① abfangen *vt*; auffangen *vt*; fangen *vt*: 你～我从树上扔下的苹果，好吗？Du fängst den Apfel auf, den ich von dem Baum niederwerfe, geht es? ② folgen *vi*; fortsetzen *vt*; anschließend: 一个～一个 einer nach dem anderen 请～讲下去！Bitte, weiter im Text!

接踵 jiēzhǒng 〈书〉 j-m auf den Fersen folgen; aufeinanderfolgen *vi*: 来访者～而来。Ein Besucher kam nach dem anderen.

揭

jiē ① abnehmen *vt*; abheben *vt*; abdecken *vt*: 把墙上那张布告～下来。Nimm die Bekanntmachung von der Wand ab! ② aufdecken *vt*; enthüllen *vt*; entlarven *vt*; bloßlegen *vt*: ～盖子 versteckte Probleme ans Tageslicht bringen ～老底 j-s früheren Fehler offenbaren ～人疮疤 j-n absichtlich an seiner empfindlichsten Stelle treffen; j-s wunden Punkt berühren ③ hochhalten *vt*; hochziehen *vt*; hissen *vt*: ～竿而起 das Banner des Aufstandes aufpflanzen (*od* hissen); sich zum Kampf erheben

揭穿 jiēchuān entlarven *vt*; enthüllen *vt*; aufdecken *vt*: ～他的假面具 ihm die Maske vom Gesicht (herunter-)reißen

揭底 jiēdǐ Hintergründe aufdekken; j-s persönliche Geschichte enthüllen

揭短 jiēduǎn j-s Fehler offenbaren; j-s dunkle Punkte ans Licht bringen

揭发 jiēfā entlarven *vt*; enthüllen *vt*; ans Tageslicht bringen; aufdecken *vt*; offenbaren *vt*

揭开 jiēkāi öffnen *vt*; aufdecken *vt*: ～宇宙奥密 die Geheimnisse des Alls aufdecken

揭露 jiēlù an die Öffentlichkeit bringen; aufdecken *vt*; enthüllen *vt*: ～其真面目 sein wahres Gesicht ans Tageslicht bringen; j-n entlarven ～矛盾 Widersprüche bloßlegen (*od* aufdecken)

揭幕 jiēmù den Vorhang hochziehen; eröffnen *vt*; enthüllen *vt*: ～式 Enthüllungszeremonie *f*

揭示 jiēshì ① bekanntmachen *vt*; ankündigen *vt*; ansagen *vt* ② aufzeigen *vt*; zeigen *vt*; aufdecken *vt*; ans Tageslicht bringen

揭晓 jiēxiǎo bekanntmachen *vt*; ankündigen *vt*; veröffentlichen *vt*: 选举结果已经～。Das Wahlergebnis wurde bekanntgegeben.

皆

jiē 〈书〉 alle; jeder; allgemein: 人人～知 allen (*od* allgemein) bekannt; jedermann geläufig

皆大欢喜 jiē dà huānxǐ zu jedermanns Zufriedenheit; alle sind hocherfreut (*od* zufrieden)

阶(階)

jiē Treppe *f*; Stufe *f*: 台～ Treppe *f*; Stufe *f*; Treppenstufe *f*

阶层 jiēcéng (soziale) Schicht *f*; Stratum *n*: 社会～ Gesellschaftsschicht *f*

阶段 jiēduàn Phase *f*; Stadium *n*; Etappe *f*; Periode *f*; Stufe *f*; Ebene *f*: 过渡～ Übergangsperiode *f* 第一～的工程已经完成。Das erste Stadium des Bauwerks ist schon erreicht.

阶级 jiējí Klasse *f*: ～斗争 Klassenkampf *m* ～分析 Klassenanalyse *f* ～矛盾 Klassenwidersprüche *pl*

阶梯 jiētī Treppenstufe *f*; Stufenleiter *f*

阶下囚 jiēxiàqiú Gefangene(r); Häftling *m*

街

jiē Straße *f*: 上～买东西 einkaufen gehen

街道 jiēdào ① Straße *f* ② Wohnbezirk *m*; Wohngebiet *n*; Wohnviertel *n*: ～办事处 **Wohngebietsdienststelle** *f*

街坊 jiēfang 〈口〉 Nachbarn *pl*; Nachbarschaft *f*

街谈巷议 jiē tán xiàng yì Stadt-, Straßenklatsch *m*; Klatsch und Tratsch auf der Straße

街头 jiētóu Straßenecke *f*; Straße *f*: 流落～ sich auf der Straße herumtreiben; in einer Stadt herumvagabundieren

节(節)

jiē *另见 jié

节骨眼 jiēguyǎn 〈口〉 entscheidender Moment; kritischer Augenblick

疖(癤)

jiē (～子) ① Furunkel *n*; Eiter-, Blutgeschwür *n* ② Knoten *m*

jié

洁(潔)

jié rein; sauber; klar: 整～ ordentlich und sauber

洁白 jiébái fleckenlos (*od* strahlend) weiß

洁净 jiéjìng sauber; rein

洁身自好 jié shēn zì hào ① sich eine weiße Weste bewahren; unbestechlich bleiben ② nur seine eigene weiße Weste vor Augen haben; nur auf seine eigene Rechtschaffenheit bedacht sein

诘

jié 〈书〉 ausfragen *vt*; eingehend befragen; j-n ins Verhör nehmen: ～问 ausfragen *vt*; befragen *vt*; j-n ins Kreuzverhör nehmen

拮

jié ～据 in Geldnot; finanziell bedrängt sein; auf dem trockenen sitzen

结

jié ① knüpfen *vt*; knoten *vt*; schlingen *vt*; binden *vt*: ～网 ein Netz knüpfen ② Knoten *m*: 打～ einen Knoten machen; knoten *vt* ③ binden *vt*; schmieden *vt*; schließen *vt*; sich formen: ～痂 eine Kruste bilden; verkrusten *vi*; verschorfen *vi* ④ abschließen *vt*; abrechnen *vt*: ～帐 eine Rechnung bezahlen; abrechnen *vi*; die Bücher abschließen *另见 jiē

结案 jié'àn einen Fall abschließen; ein Gerichtsverfahren beenden (*od* zum Abschluß bringen)

结拜 jiébài sich verbrüdern; sich gegenseitig Treue schwören

结伴 jiébàn sich j-m anschließen; sich gesellen zu; mit j-m; in Begleitung von: ～而行 mit j-m gemeinsam gehen (*od* reisen)

结冰 jiébīng einfrieren *vi*; gefrieren *vi*; zu Eis werden; vereisen *vi*

结彩 jiécǎi mit bunten Girlanden dekorieren: 张灯～ mit Girlanden und Laternen dekorieren

结成 jiéchéng formen *vt*; schließen *vt*; bilden *vt*: ～同盟 ein Bündnis eingehen; sich verbünden ～一伙 eine Bande bilden; sich zusammenrotten

结党营私 jié dǎng yíng sī eine Clique bilden und um des eigenen Vorteils willen böse Taten begehen; einen Klüngel bilden, um eigene Interessen durchzusetzen;

Cliquenbildung aus Eigennutz

结构 jiégòu Struktur *f*; Aufbau *m*; Gliederung *f*; Konstruktion *f*: 经济～ Wirtschaftsstruktur *f* 文章～ der Aufbau eines Aufsatzes 消费～ Konsumptionsvorbild *n* 技术～ technische Anlage ～严密 Perfekt organisiert 钢筋混凝土～ Stahlbetonkonstruktion *f*

结果 jiéguǒ ① Resultat *n*; Ergebnis *n*; Folge *f*; Ausgang *m*; Auswirkung *f*: 必然的～ notwendige Folge 刻苦学习的～ ein Resultat des fleißigen und intensiven Studiums ② töten *vt*; erledigen *vt*

结合 jiéhé ① kombinieren *vt*; vereinigen *vt*; verbinden *vt*; vereinen *vt*; zusammenschließen *vt*; integrieren *vt*: 劳逸～ Arbeit und Freizeit aufeinander abstimmen; Arbeit und Erholung aufeinander folgen lassen ② sich verehelichen; eine eheliche Bindung eingehen; in den Ehestand treten

结婚 jiéhūn heiraten *vi*; sich verheiraten; sich vermählen: ～登记 Heiratsregistrierung *f* ～证书 Heiratsurkunde *f*; Trauschein *m*

结交 jiéjiāo sich mit j-m befreunden; mit j-m Bekanntschaft (*od* Freundschaft) schließen; mit j-m verkehren; sich mit j-m anfreunden

结局 jiéjú Ende *n*; Schluß *m*; Ergebnis *n*; Folge *f*; Resultat *n*; Ausgang *m*: 悲惨的～ tragisches Ende

结论 jiélùn Folgerung *f*; Schlußfolgerung *f*; Urteil *n*; Zusammenfassung *f*: 得出～ einen Schluß ziehen

结盟 jiéméng eine Allianz bilden; ein Bündnis eingehen (*od* schließen); sich mit j-m verbünden: 不～政策 die Politik der Bündnisfreiheit (*od* Blockfreiheit)

结亲 jiéqīn ① 〈口〉 heiraten *vi*; eine Ehe eingehen; sich verheiraten ② (von zwei Familien) durch eine Heirat verwandtschaftliche Beziehungen herstellen

结社 jiéshè eine Koalition (*od* Vereinigung) bilden; eine Gesellschaft gründen: ～自由 Koalitionsfreiheit *f*

结识 jiéshí kennenlernen *vt*; eine Bekanntschaft mit j-m anknüpfen; j-s Bekanntschaft machen

结束 jiéshù zu Ende sein; beenden *vt*; erledigen *vt*; ein Ende setzen; Schluß machen; zu Ende führen: ～讲话 eine Rede schließen 会议在下午五时～。Die Sitzung wird um 17 Uhr beendet. ～语 Schlußworte *pl*; abschließende Worte

结尾 jiéwěi Schluß *m*; Ende *n*; Abschluß

结业 jiéyè einen Kurs absolvieren; die Schule (*od* das Studium) beenden

结余 jiéyú Überschuß *m*; Saldo *n*; Bilanz *f*

结怨 jiéyuàn sich j-s Feindschaft zuziehen; sich j-m zum Feind machen; sich mit j-m verfeiden

结帐 jiézhàng Kassenabschluß *m*; eine Rechnung bezahlen; ein Konto ausgleichen (*od* saldieren); Bücher abschließen

截 jié ①abschneiden *vt*; zerschneiden *vt*; abtrennen *vt*: ～成两段 in zwei Hälften schneiden; entzweischneiden *vt* ② stoppen *vt*; anhalten *vt*; aufhalten *vt*; abfangen *vt*: ～流 einen Fluß stauen ～球 den Ball abfangen (*od* abnehmen) ③ bis: ～至八月底 bis Ende August ④ Stück *n*; Teil *m*: 一～儿木头 ein Klotz

截长补短 jié cháng bǔ duǎn das Lange verkürzen, um das Kurze zu verlängern; einander in ihren Stärken ergänzen; Mängel durch Vorteile ausgleichen: 我们要彼此～。Wir müssen uns gegenseitig ergänzen.

截断 jiéduàn ① entzweischneiden *vt*; abschneiden *vt*; zerschneiden *vt*: ～敌人的退路 dem Feind den Rückweg abschneiden ② unterbrechen *vt*; eindämmen *vt*

截获 jiéhuò abfangen und an sich bringen; erbeuten *vt*; kapern *vt*

截然 jiérán durchaus; völlig; gänzlich; vollkommen: ～不同 grundverschieden; völlig anders(artig); ein himmelweiter Unterschied ～相反 diametral entgegengesetzt; in völligem Widerspruch

截止 jiézhǐ beenden *vt*; erlöschen *vi*; aufhören *vi*; schließen *vt*: 报名已经～了。Die Anmeldung ist bereits abgeschlossen.

劫 jié ① rauben *vt*; berauben *vt*; plündern *vt*; überfallen *vt*: 抢～ rauben *vt*; plündern *vt* ② zwingen *vt*; drohen *vi* ③ Katastrophe *f*; Unglück *n*; Verhängnis *n*: 浩～ ein großes Verhängnis ～后余生 eine Katastrophe überleben

劫持 jiéchí entführen *vt*; kidnappen *vt*: ～飞机 ein Flugzeug ent-

führen
劫掠 jiélüè ausplündern *vt*; ausrauben *vt*; marodieren *vi*
劫狱 jiéyù einen Gefangenen gewaltsam aus dem Gefängnis befreien
节(節) jié ① Gelenk *n*; Glied *n*; Knoten *m*: 竹～ Bambusknoten *m* 骨～ Knochengelenk *n* ② Abschnitt *m*; Absatz *m*; Takt *m*: 音～ Silbe *f* ③ Fest *n*; Feiertag *m*: 过～ einen Feiertag begehen 春～ Frühlingsfest *n* 国庆～ Nationalfeiertag *m* ④ Punkt *m*; Sache *f*; Angelegenheit *f*: 细～ Details *pl* ⑤ Moral *f*; moralische Integrität; Zucht *f*: 气～ moralische Integrität ⑥ abkürzen *vt*; kürzen *vt*: ～译 gekürzte Übersetzung ⑦ sparen *vt*: ～煤 Kohle sparen ⑧ 〈量〉 Stück *n*: 一～铁管 ein Stück Eisenrohr 八～车厢 acht Eisenbahnwaggons
*另见 jiē
节俭 jiéjiǎn sparsam; haushälterisch: 提倡～ zur Sparsamkeit aufrufen (*od* anhalten)
节录 jiélù Auszug *m*; Exzerpt *n*
节目 jiémù Programm *n*; Programmnummer *f*: 晚会的～ Programm der Abendveranstaltung ～单 Programm *n*; Programmheft *n*
节拍 jiépāi Takt *m*
节日 jiérì Fest-, Feiertag *m*; Fest *n*: ～气氛 Feststimmung *f*
节省 jiéshěng sparen *vt*; ersparen *vt*; sparsam mit etw. umgehen: ～行政开支 Verwaltungsausgaben ersparen
节外生枝 jié wài shēng zhī neue Komplikationen tauchen (unerwartet) auf; etwas Unvorhergesehenes kommt dazwischen; Schwierigkeiten (absichtlich) machen
节衣缩食 jié yī suō shí an Kleidung und Nahrung sparen; sich etwas vom eigenen Leib absparen; sich den letzten Bissen vom Mund absparen; den Gürtel enger schnallen
节余 jiéyú Überschuß *m*; Mehrbetrag *m* (als Folge von Einsparungen); übrigbleiben *vi*; einsparen *vt*
节育 jiéyù Geburtenbeschränkung *f*; Geburtenkontrolle *f*
节约 jiéyuē sparen *vt*; einsparen *vt*; mit etw. sparsam umgehen: ～能源 Energie sparen
节制 jiézhì ① zügeln *vt*; beschränken *vt*; mäßigen *vt*; kontrollieren *vt*: ～饮食 im Essen und Trinken maßhalten ② Mäßigkeit *f*; Zurückhaltung *f*; Abstinenz *f*
节奏 jiézòu Rhythmus *m*: ～明快 lebhafter Rhythmus
捷 jié ① Sieg *m*; Triumph *m*: 大～ großer Sieg 报～ einen Sieg verkünden (*od* melden) ② schnell; flink; geschickt; prompt: 敏～ flink und schnell; agil; behende
捷报 jiébào Siegesbotschaft *f*; Siegeskunde *f*; Erfolgsmeldung *f*: ～频传。Die Kette der Siegesmeldungen reißt nicht ab.
捷径 jiéjìng kürzester Weg; Abkürzung *f*: 走～ den kürzesten Weg nehmen; eine Abkürzung gehen
捷足先登 jié zú xiān dēng als Schnellfüßiger zuerst das Ziel erreichen
睫 jié Augenwimper *f*; Wimper *f*: ～毛 Augenwimper *f*; Wimper *f*
竭 jié sich anstrengen; sich bemühen; sich erschöpfen
竭诚 jiéchéng aufrichtig; von (*od* mit) ganzem Herzen
竭尽 jiéjìn ausschöpfen *vt*; aufbrauchen *vt*; verbrauchen *vt*; (Kraft) erschöpfen *vt*: ～全力 keine Anstrengung scheuen; sein möglichstes tun; alle Kräfte einsetzen
竭力 jiélì mit aller Kraft; alles in seiner Macht Stehende tun; sein Bestes tun; keine Mühe scheuen; alles daran setzen: ～支持 mit allen Kräften unterstützen ～反对 sich mit aller Kraft widersetzen
竭泽而渔 jié zé ér yú den Teich trockenlegen, um an die Fische zu kommen; auf Kosten eines langfristigen Nutzens einen augenblicklichen Vorteil zu erreichen suchen; das Huhn schlachten, das goldene Eier legt
杰(傑) jié ① außergewöhnlich; überragend; hervorragend ② Held *m*; Heros *m*
杰出 jiéchū hervorragend; außergewöhnlich; stupend: ～贡献 hervorragender Beitrag; bedeutende Verdienste
杰作 jiézuò Meisterwerk *n*; großer Wurf; Prachtstück *n*
孑 jié 〈书〉 allein; einsam
孑然 jiérán 〈书〉 allein; einsam; verwaist; verlassen: ～一身 allein

und verlassen; mutterseelenallein; ohne einen Gefährten leben

jiě

解 jiě ① trennen *vt*; lösen *vt*; losmachen *vt*; separieren *vt*; zerlegen *vt*; zerschneiden *vt*; sezieren *vt*: ～剖 sezieren *vt*; Sektion *f* 溶～ (in einer Flüssigkeit) auflösen *vt* 难～难分 schwer trennbar; eng umschlungen ② öffnen *vt*; aufbinden *vt*; aufknöpfen *vt*; aufrollen *vt*; auftrennen *vt*: ～鞋带 einen Schuhbändel aufmachen (*od* lösen) ～扣儿 aufknöpfen *vt* ③ stillen *vt*; loswerden *vt*; lösen *vt*; entheben *vt*: ～渴 den Durst löschen (*od* stillen) ④ erklären *vt*; interpretieren *vt*; verständlich machen: 注～ Annotation *f*; Anmerkung *f* ～题 eine (mathematische usw.) Aufgabe lösen ⑤ verstehen *vt*; begreifen *vt*: 百思不～ etw. trotz großen Kopfzerbrechens nicht begreifen können 令人不～ unbegreiflich; rätselhaft; unverständlich ⑥ auf die Toilette gehen; aufs Klo gehen: 小～ Wasser lassen; urinieren *vi* *另见 jiè

解嘲 jiěcháo sich trösten; sich eine Ausrede zurechtlegen, um sein Gesicht zu wahren; eine Entschuldigung vorbringen, um nicht völlig zum Gespött zu werden

解除 jiěchú aufheben *vt*; annullieren *vt*; beheben *vt*; lösen *vt*; loswerden *vt*: ～职务 j-n seines Amtes entheben; j-n absetzen; j-n von seinem Posten entfernen ～合同 einen Vertrag aufkündigen ～武装 entwaffnen *vt* ～禁令 ein Verbot aufheben

解答 jiědá antworten *vi*; beantworten *vt*; erklären *vt*; erläutern *vt*: ～疑难问题 schwierige Fragen beantworten

解冻 jiědòng ① auftauen *vi*; schmelzen *vi*: ～季节 Tauwetterperiode *f* ② (Gelder, Guthaben usw.) zur Auszahlung freigeben

解放 jiěfàng befreien *vt*; freisetzen *vt*; Befreiung *f*; Emanzipation *f*: 妇女～ Frauenbefreiung *f* 民族～运动 nationale Befreiungsbewegung ～思想 sich von alten Denkvorstellungen lösen; sich von alten Denkschemata frei machen; das Denken befreien

解雇 jiěgù j-m kündigen; j-n entlassen

解恨 jiěhèn seinen Zorn befriedigen; seinem Ärger (Haß, Groll) freien Lauf lassen

解救 jiějiù retten *vt*; befreien *vt*; erretten *vt*

解决 jiějué ① lösen *vt*; schlichten *vt*; erledigen *vt*; beilegen *vt*; überwinden *vt*: ～纠纷 eine Streitigkeit beilegen (*od* schlichten) ～困难 Schwierigkeiten überwinden ② aus dem Weg räumen; beseitigen *vt*; vernichten *vt*: 把敌人完全～了。Wir haben die Feinde völlig vernichtet (*od* aufgerieben).

解开 jiěkāi lösen *vt*; aufknoten *vt*; aufknöpfen *vt*; aufbinden *vt*; losmachen *vt*: ～上衣 die Jacke aufknöpfen ～这个谜 das Rätsel lösen; hinter das Geheimnis kommen

解聘 jiěpìn einem Arbeitnehmer kündigen; entlassen *vt*

解剖 jiěpōu sezieren *vt*; Sektion *f*: 尸体～ Autopsie *f*; eine Leiche sezieren ～学 Anatomie *f*

解气 jiěqì beschwichtigt werden; nach einem Ärger Trost finden; seinem Zorn Luft machen

解散 jiěsàn ① wegtreten *vi*; sich auflösen; sich zerstreuen: ～队伍 sich auflösen; sich zerstreuen ② auflösen *vt*: ～组织 eine Organisation auflösen ～议会 das Parlament auflösen

解释 jiěshì erklären *vt*; erläutern *vt*; auslegen *vt*; auseinandersetzen *vt*; interpretieren *vt*: ～法律 Gesetze auslegen 这事你怎么～? Wie erklärst du dich das?

解手 jiěshǒu auf die Toilette gehen; sich die Hände waschen

解说 jiěshuō erläutern *vt*; erklären *vt*; interpretieren *vt*

解体 jiětǐ zusammenbrechen *vi*; sich auflösen; zerfallen *vi*: 社会的～ der Zusammenbruch der Gesellschaft

解脱 jiětuō sich von etw. lossagen; sich einer Sache entziehen; sich befreien: 使政府从危机中～出来 die Regierung sich aus der Krise befreien

解围 jiěwéi ① einen Belagerungsring von außen durchbrechen; j-n von einer Belagerung befreien; j-n entsetzen ② j-n aus der Verlegenheit (*od* Klemme) helfen

解职 jiězhí j-n seines Amtes entheben; j-n von seinen Pflichten entbinden; j-n aus dem Amt entfernen

姐 jiě ① ältere Schwester ② Bezeichnung für junge Mädchen

姐夫 jiěfu Mann einer älteren Schwester; Schwager *m*

姐姐 jiějie ältere Schwester

jiè

戒 jiè ① sich vor etw./j-m hüten; sich vor etw./j-m in acht nehmen; auf etw. achtgeben; vorbeugen *vi*: 力～骄傲 sich nach Kräften vor Hochmut hüten ② warnen *vt*; mahnen *vt/vi*; ermahnen *vt*: 引以为～ sich etw. als Warnung dienen lassen; sich etw. eine Lehre (*od* Warnung) sein lassen; sich etw. als warnendes Beispiel vor Augen führen ③ sich enthalten; sich entwöhnen; sich von etw. entfernen; sich etw. abgewöhnen: ～烟 sich das Rauchen abgewöhnen ～酒 mit dem Trinken aufhören ④ buddhistische Klosterregeln: 受～ die Klostergelübde ablegen; die Mönchs- bzw. Nonnenweihen empfangen ⑤ Ring *m*: 钻～ Diamantring *m*

戒备 jièbèi Wachsamkeit *f*; Alarm-, Kampfbereitschaft *f*; Vorsichtsmaßregel *f*; auf der Hut sein; sich vor etw. in acht nehmen: ～森严 schwer bewacht sein

戒除 jièchú sich enthalten; sich etw. abgewöhnen; verzichten *vi*: ～恶习 sich eine schlechte Gewohnheit abgewöhnen

戒律 jièlǜ religiöse Disziplin; Gebot *n*

戒心 jièxīn Wachsamkeit *f*; Vorsicht *f*: 对某人怀有～ gegenüber j-m auf der Hut sein; ein wachsames Auge auf j-n haben

戒严 jièyán den Ausnahmezustand verhängen; den Belagerungszustand ausrufen; eine Ausgangssperre verhängen; das Standrecht erklären; ein Gebiet polizeilich absperren

戒指 jièzhi Fingerring *m*; Ring *m*

诫 jiè warnen *vt*; verwarnen *vt*; ermahnen *vt*: 告～ eine Verwarnung erteilen

介 jiè ① zwischen; zwischendrin; dazwischen liegen: 这座山～于两县之间。 Dieser Berg liegt zwischen zwei Kreisen. ② sich um etw. sorgen; bekümmert sein; sich zu Herzen nehmen: 不～意 etw. nicht ernst nehmen; sich keine Sorge machen

介词 jiècí Präposition *f*

介入 jièrù eingreifen *vi*; sich einmischen; intervenieren *vi*

介绍 jièshào ① vorstellen *vt*; j-n bekannt machen: 让我～一下，这是王先生。 Darf ich Ihnen Herrn Wang vorstellen. ～对象 j-m einen Ehepartner vorschlagen; einen Ehe partner (Partner) vermitteln ② empfehlen *vt*; vorschlagen *vt*: 我给你～一本书。 Ich möchte dir ein Buch empfehlen. ③ j-n mit etw. vertraut machen; einführen *vt*: ～情况 j-n mit einer Situation vertraut machen ～经验 Erfahrungen weitergeben ～人 Vermittler *m*; Bürge *f*, ～信 Empfehlungsschreiben *n*; Referenz *f*

疥 jiè Krätze *f*; Skabies *f*

芥 jiè Sarepta-Senf *m*

芥末 jièmo Senf *m*; Senfmehl *n*; Mostrich *m*

界 jiè ① Grenze *f*: 国～ Staats-, Landesgrenze *f* ② Feld *n*; Bereich *m*: 眼～ Gesichtskreis *m*; Blickfeld *n*; Horizont *m* ③ Kreise *pl*; Schichten *pl*: 新闻～ Pressekreise *pl*; journalistische Kreise 各～人士 Persönlichkeiten aller (*od* aus allen) Schichten ④ Reich *n*; Welt *f*: 动(植、矿)物～ Tierwelt *f*; Fauna *f* (Pflanzenreich *n*; Flora *f*, Mineralreich *n*)

界石 jièshí Grenz-, Mark-, Markierstein *m*

界限 jièxiàn ① Trennungs-, Scheide-, Demarkationslinie *f*: 划清～ eine klare Trennungslinie ziehen ② Grenze *f*; Beschränkung *f*; Barriere *f*

界线 jièxiàn ① Grenz-, Abgrenzungs-, Demarkationslinie *f*; Grenze *f* ②见"界限"①

借 jiè ① entleihen *vt*; leihen *vt*; borgen *vt*: 跟人～书 sich Bücher von j-m leihen (*od* borgen) ② ausleihen *vt*; verleihen *vt*; ausborgen *vt*; verborgen *vt*: ～书给他 ihm das Buch leihen ③ mit Hilfe; durch; aufgrund; mittels; vermittels; ausnutzen *vt* ④ unter dem Vorwand; etw. als Vorwand benutzen; unter dem Deckmantel: ～酒浇愁 seinen Kummer mit Wein begießen; seine Sorgen im Alkohol ertränken

借贷 jièdài Darlehen oder Kredite aufnehmen

借刀杀人 jiè dāo shā rén einen Gegner durch fremde Hände ausschalten

借端 jièduān etw. als Vorwand benutzen: ～生事 unter irgendeinem Vorwand Streit beginnen; etw. zum Vorwand nehmen, um einen Streit vom Zaun zu brechen

借故 jiègù unter einem Vorwand; etw. als Vorwand benutzen; vorschützen *vt*

借鉴 jièjiàn etw. als Beispiel heranziehen; sich an etw. ein Beispiel nehmen; von einer Erfahrung profitieren; sich zum Vorbild nehmen: ～外国的经验 ausländische Erfahrungen als Beispiel heranziehen

借口 jièkǒu ① Vorwand *m*; Ausflucht *f*; Ausrede *f* ② zum Vorwand nehmen; als Vorwand benutzen

借款 jièkuǎn ① j-m oder von j-m Geld leihen; ein Darlehen aufnehmen oder gewähren ② Darlehen *n*; Kredit *m*

借题发挥 jiè tí fāhuī etw. zum Anlaß nehmen, um seine wahre Meinung zum Ausdruck zu bringen; einen Gesprächsgegenstand als Vorwand für eine eigene Meinungsäußerung benutzen

借重 jièzhòng j-s Hilfe in Anspruch nehmen; auf j-n angewiesen sein

借助 jièzhù mit; mit Hilfe; durch: ～外资 mit Hilfe des ausländischen Kapitals

解 jiè j-n unter Bewachung an einen anderen Ort bringen: ～送 j-n unter Bewachung an einen anderen Ort schicken; eskortieren *vt* *另见 jiě

届 jiè ① fällig werden; ablaufen *vi*; verstreichen *vi*: ～期 zum Fälligkeitstermin; zur festgesetzten Frist ② <量> [用于定期会议、毕业的班级等]: 本～联大 die diesjährige Vollversammlung der UNO 本～毕业生 Absolventen dieses Jahres

届满 jièmǎn ablaufen *vi* (Zeit); bei Ablauf der Frist (*od* Amtszeit): 任期～。Die Amtszeit ist abgelaufen.

届时 jièshí zur gegebenen Zeit; zum fälligen Zeitpunkt

jie

价(價) jie [某些副词的后缀]: 整天～响 ein schreckliches Geräusch in ganzen Tag machen *另见 jià

jīn

津 jīn ① Furt *f*; Fähre *f*: ～渡 Fähre *f*; Furt *f* 要～ wichtiger Durchgang ② Speichel *m*

津津乐道 jīnjīn lè dào mit großem Gefallen über etw. sprechen; gern und viel über etw. reden

津津有味 jīnjīn yǒu wèi mit großem Vergnügen; mit großem Appetit; mit großem Interesse; mit sehr viel Gusto: 听得～ mit großem Interesse zuhören

津贴 jīntiē Zuschuß *m*; Zulage *f*; Sonderzuwendung *f*; Unterhaltszuschuß *m*; Gratifikation *f*: 岗位～ Zuschuß für eine Sonderarbeit

津液 jīnyè ① Körperflüssigkeit *f* ② Speichel *m*

禁 jīn unterdrücken *vt*; niederhalten *vt*; zügeln *vt*; sich enthalten: 不～流下眼泪 seine Tränen nicht unterdrücken können *另见 jìn

禁受 jīnshòu erdulden *vt*; erleiden *vt*; sich etw. unterziehen: ～考验 sich einer Prüfung unterziehen

襟 jīn ① Vorderteil eines Kleidungsstücks ② Ehegatten von Schwestern; Schwager *m*

襟怀 jīnhuái Busen *m*; Gemüt *n*; Geist *m*; Gesinnung *f*: ～坦白 offenherzig und redlich; selbstlos und großmütig

巾 jīn Tuch *n*; Schal *m*: 手～ Handtuch *n* 围～ Schal *m*; Halstuch *n* 餐～ Mundtuch *n*; Serviette *f*

巾帼 jīnguó Frau *f*: ～英雄 Heldin *f*

今 jīn ① Gegenwart *f*; gegenwärtig: ～人 ein Mensch von heute; Zeitgenosse *m* ② heute: ～明两天 heute und morgen ～晚 heute abend ③ dies(jährig): ～冬 der Winter in diesem Jahr ④ jetzt; nun; heute: 至～ bis heute; bis jetzt 从～以后 von nun an

今后 jīnhòu von jetzt an; in der kommenden Zeit; künftig; hin-

fort: ～的十年内 in den kommenden zehn Jahren; im nächsten Jahrzehnt
今年 jīnnián dieses Jahr
今日 jīnrì ① heute ② heutig; gegenwärtig: ～中国 China in der Gegenwart
今生 jīnshēng dieses Leben; das jetzige Leben
今世 jīnshì ① dieses Leben ② dieses Zeitalter
今天 jīntiān ① heute: 一年前的～ heute vor einem Jahr ② heutig; gegenwärtig
今昔 jīnxī die Gegenwart und die Vergangenheit; heute und gestern
今朝 jīnzhāo <书> heute; jetzt; Gegenwart *f*
矜 jīn ① arrogant; überheblich; hochmütig; eingebildet: 骄～之气 arrogantes Gebaren (*od* Gehabe); Arroganz *f* ② zurückhaltend; reserviert: ～重 zurückhaltend und würdevoll
矜持 jīnchí reserviert; zurückhaltend: 举止～ ein reserviertes Benehmen an den Tag legen
金 jīn ① Metall *n*: 合～ Legierung *f* 五～店 Metallwarengeschäft *n* ② Geld *n*: 现～ bares Geld; Bargeld *n* ③ altertümliches Schlaginstrument aus Metall: ～鼓齐鸣。Gong- und Trommelschläge ertönen gleichzeitig. ④ Gold *n*: ～币 Goldmünze *f* ～条 Goldbarren *m* ⑤ golden: ～婚 goldene Hochzeit
金碧辉煌 jīnbì huīhuáng (von einem Gebäude usw.) in leuchtenden Farben erstrahlen (*od* prangen); voller Glanz und Pracht; prunkvoll; prächtig; herrlich
金蝉脱壳 jīnchán tuō qiào die Gold-Zikade wirft ihre Haut ab — unbemerkt (*od* spurlos) verschwinden; sich aus dem Staub machen
金城汤池 jīn chéng tāng chí Wälle aus Eisen und Gräben voll kochenden Wassers — uneinnehmbare Festung
金额 jīn'é Geldsumme *f*; Geldbetrag *m*
金刚石 jīngāngshí Diamant *m*
金黄 jīnhuáng goldgelb; golden
金科玉律 jīn kē yù lǜ goldene Regel; ehernes Gesetz; heiliger Kanon; unumstößliches Gesetz
金钱 jīnqián Geld *n*
金融 jīnróng Finanzen *pl*; Bankwesen *n*: ～寡头 Finanzmagnat *m*; Finanzaristokratie *f* ～市场 Geldmarkt *m*
金属 jīnshǔ Metall *n*: 黑色～ schwarze Metalle (Eisen, Mangan, Chrom) 有色～ Buntmetalle *pl*
金玉 jīnyù Gold und Jade; Geschmeide *n*; Schätze *pl*: ～良言 goldene Worte; wertvolle Ratschläge
金字塔 jīnzìtǎ Pyramide *f*
金字招牌 jīnzì zhāopái ① Aushängeschild mit goldenen Lettern ② hochtrabender Titel
筋 jīn ① Muskel *m* ② Sehne *f* ③ adern- oder sehnenartige Dinge: 钢～ Betonstahl *m*; Betoneisen *n* 叶～ Blattadern *pl*
筋斗 jīndǒu ① Purzelbaum *m*; Rolle *f*: 翻～ einen Purzelbaum schlagen ② fallen *vi*; stolpern *vi*: 摔个～ zu Boden fallen
筋骨 jīngǔ Knochen und Muskeln — menschlicher Körper
筋疲力尽 jīn pí lì jìn am Ende seiner Kräfte sein; völlig erschöpft; ausgelaugt; gliederlahm; wie gerädert
斤 jīn *Jin*, chinesische Gewichtseinheit (=500g *od* 1/2kg)
斤斤计较 jīnjīn jìjiào um jede Unze Gewicht feilschen; Kleinigkeiten übertrieben wichtig nehmen; sich jede unbedeutende Sache zu Herzen nehmen; sehr kleinlich
斤两 jīnliǎng Gewicht *n*: ～不足 Untergewicht haben. 他的话很有～。Seine Äußerungen haben großes Gewicht. 或 Er sprach gewichtige Worte.

jǐn

谨 jǐn ① behutsam; vorsichtig; sorgfältig: ～小慎微 ängstlich und übervorsichtig; außerordentliche Vorsicht bei Kleinigkeiten; von bangen Bedenken erfüllt; äußerst umsichtig ～守规则 die Regeln strikt einhalten ～言慎行 behutsam reden und umsichtig handeln; sorgfältig in Wort und Tat sein ② feierlich; respektvoll; ehrerbietig; hochachtungsvoll: ～致谢意 mit ergebenstem Dank
谨防 jǐnfáng sich von j-m/etw. hüten (*od* in acht nehmen)
谨慎 jǐnshèn umsichtig; achtsam; vorsichtig: 谦虚～ bescheiden

und umsichtig

紧(緊) jǐn ① straff; stramm: 把绳子拉～ das Seil straff spannen 把螺丝钉拧～ die Schrauben fester anziehen 这件上衣太～。Diese Jacke ist zu eng. 放学后～接着有足球比赛。Es gibt ein Fußballspiel gleich nach dem Schulschluß. ② heftig; stark: 风刮得～。Der Wind weht heftig. ③ streng: 管得～ etw. streng kontrollieren; streng gegen j-n sein ④ knapp; rar; kärglich; arm: 手头～ knapp (*od* schlecht) bei Kasse sein 银根～ Geldknappheit *f*

紧凑 jǐncòu kompakt; kurz und bündig; gedrängt: 时间安排得很～ einen vollen (*od* gedrängten) Terminkalender haben

紧急 jǐnjí dringend; dringlich; kritisch; eilig; akut: 情况～。Die Situation ist kritisch. ～措施 Notstands-, Sofort-, Eilmaßnahme *f* ～会议 Dringlichkeitssitzung *f* ～着陆 notlanden *vi*; Notlandung *f*

紧密 jǐnmì eng; unzertrennlich: ～合作 enge Zusammenarbeit ～联系 enge Verbindung

紧迫 jǐnpò dringend; ernstlich; dringlich: 时间～ in Zeitnot sein 任务～。Die Aufgabe ist drängend.

紧缩 jǐnsuō reduzieren *vt*; verringern *vt*; sparen *vt*; kürzen *vt*: ～开支 Ausgaben verringern

紧要 jǐnyào kritisch; entscheidend; dringend und wichtig: ～关头 kritischer Augenblick; entscheidender Moment 无关～ nicht von Bedeutung; unwichtig

紧张 jǐnzhāng ① aufgeregt; erregt; unruhig; nervös: 神情～ erregter Gesichtsausdruck 慢慢来,别～! Handeln Sie ohne Eile, nicht so aufgeregt! ② spannend; intensiv; anstrengend; gespannt: ～的局势 angespannte Situation; gespannte Lage 关系～ die Beziehungen sind gespannt. ③ knapp; Engpaß *m*: 人力～。Die Arbeitskraft ist knapp.

锦 jǐn ① Brokat *m* ② schön; geblümt; bunt; prächtig; pompös: 前程似～ prächtige Zukunft; große Zukunft; glänzende Aussichten

锦标 jǐnbiāo Ehrenbanner *n*; Pokal *m*; ausgesetzter Preis: ～赛 Meisterschaft *f*; Championat *n*; Pokalspiel *n*

锦缎 jǐnduàn Brokat *m*

锦上添花 jǐn shàng tiān huā auf Brokat noch Blumen sticken — etwas Schönes noch prächtiger gestalten; j-m/etw. zusätzlichen Glanz verleihen

锦绣 jǐnxiù prächtig; glanzvoll; wunderschön: ～山河 ein Land voller Zauber und Schönheit; ein wunderschönes Land

仅(僅) jǐn nur; bloß; erst: ～次于 erst hinter ... stehen ～供参考 nur zur Information (*od* Kenntnisnahme) ～存一人。Es gibt nur einen Überlebenden.

仅仅 jǐnjǐn nur; lediglich; bloß; allein: 这～是问题的一面。Das ist bloß eine Seite des Dings.

尽(儘) jǐn ① möglichst; mit allen Mitteln; mit aller Kraft: ～早 möglichst früh ② höchstens; innerhalb von: ～着三天把事情办妥 eine Sache innerhalb von drei Tagen erledigen ③ vor allem; an erster Stelle; in erster Linie; Priorität gewähren; zuallererst: 先～老年人和小孩儿上车。In erster Linie sollen die Alten und die Kinder aufsteigen. ④ [用在表示方位的词前面,与'最'相同] ganz; äußerst: ～北边 nördlichstes Ende *另见 jìn

尽管 jǐnguǎn ① nur; freilich: 有什么建议～提。Wenn es irgendwelche Vorschläge gibt, äußern Sie sich nur. 你～直说。Sprich nur frei von der Leber weg! ② obgleich; wenn auch; trotzdem: ～有几个国家反对,决议还是通过了。Trotz der Opposition von einigen Staaten ist die Resolution angenommen.

尽可能 jǐnkěnéng so (viel, groß, stark usw.) wie möglich; sein Bestes tun; möglichst: ～多邀请些人。Laden Sie die Gäste so viel wie möglich ein!

尽快 jǐnkuài möglichst schnell: 请～答复! Antworten Sie bitte möglichst schnell!

尽量 jǐnliàng so viel (*od* groß, stark usw.) wie möglich; möglichst: 把你亲眼看见的～报告给大家。Erzählen Sie bitte uns so ausführlich wie möglich, was Sie mit eigenen Augen gesehen haben! *另见 jìnliàng

jìn

进(進) jìn ① vorgehen *vi*; vorwärtsgehen *vi*; vorrücken *vi*; vordringen *vi*; vorankommen *vi*: 不～则退。Strebt man nicht vorwärts, bleibt man zurück. 或 Ohne Fortschritt nur Rückschritt. 或 Wer rastet, der rostet. ② hineingehen *vi*; hineinkommen *vi*; hineintreten *vi*; betreten *vt*: ～教室 ein Klassenzimmer (*od* einen Unterrichtsraum) betreten ～大学 auf die Universität (*od* Hochschule) gehen; die Universität besuchen ③ einnehmen *vt*; bekommen *vt*: ～款 einkassierte (*od* eingegangene) Beträge ④ essen *vt*; trinken *vt*; etw. zu sich nehmen (*od* einnehmen): 共～晚餐 gemeinsam zu Abend essen ⑤ überreichen *vt*; offerieren *vt*; darbieten *vt*; anbieten *vt*; darbringen *vt*: ～言 eine Meinung äußern (*od* vorbringen); einen Rat geben; einen Vorschlag machen ⑥ [用在动词后,表示到里面] in; hinein: 走～车间 in die Werkhalle kommen 把钉子钉～墙壁 einen Nagel in die Wand einschlagen ⑦ einer der mehreren Wohnhöfe eines traditionellen chinesischen Wohnkomplexes

进逼 jìnbī nach vorn drängen; gegen etw./j-n vorrücken; vordringen *vi*: 步步～ sich Schritt für Schritt nach vorne drängen

进步 jìnbù ① fortschreiten *vi*; Fortschritt *m*; fortschreitende Entwicklung: 你～很快。Du hast große Fortschritte gemacht. ② fortschrittlich: 思想～ fortschrittlich gesinnt ～人士 fortschrittliche Persönlichkeiten

进程 jìnchéng Verlauf *m*; Gang *m*: 历史～ der Lauf der Geschichte

进出口 jìnchūkǒu Im- und Export *m*; Ein- und Ausfuhr *f*: ～管理委员会 Verwaltungsausschuß für Im- und Export

进度 jìndù ① vorgesehenes Tempo; Geschwindigkeit *f*: 加快～ das Arbeitstempo beschleunigen ② Arbeits-, Zeitplan *m*: 按照～完成这道工序。Dieser Arbeitsgang ist dem Arbeitsplan nach erledigt.

进发 jìnfā sich in Bewegung (*od* Marsch) setzen; vorrücken *vi*; vorstoßen *vi*: 列车向柏林～。Der Zug setzt sich in Richtung Berlin in Bewegung.

进犯 jìnfàn angreifen *vt*; überfallen *vt*; eindringen *vi*: 打退～的敌人 die eindringenden feindlichen Truppen zurückschlagen

进攻 jìngōng angreifen *vt*; attakkieren *vt*; Angriff *m*; Offensive *f*

进化 jìnhuà Evolution *f*: ～论 Evolutionismus *m*

进军 jìnjūn marschieren *vi*; im Vormarsch begriffen sein; einen Vorstoß unternehmen; Kriegs-, Feldzug *m*

进口 jìnkǒu ① (in den Hafen) einlaufen *vi* ② importieren *vt*; einführen *vt* ③ Import *m*; Einfuhr *f*: ～港 Einfuhrhafen *m* ～商 Importeur *m* ～许可证 Einfuhrgenehmigung *f*

进来 jìnlai ① hereinkommen *vi*; eintreten *vi*: 让他～。Laß ihn herein! ② [用在动词后面,表示到里面来] herein: 她哼着小调走～。Sie summt eine Weise und kommt herein.

进取 jìnqǔ vorwärtsstreben *vi*; unternehmungslustig: ～心 Tatendrang *m*; Unternehmungsgeist *m*; Initiative *f*

进去 jìnqu ① hineingehen *vi*: 你～看看。Geh hinein und schau dich um. ② [用在动词后,表示到里面去] hinein: 把桌子搬～ den Tisch hineintragen

进入 jìnrù hineingehen *vi*; hineintreten *vi*; eintreten *vi*: ～阵地 in Stellung gehen ～决赛阶段 das Finale erreichen; ins Finale kommen

进退 jìntuì ① vor- und rückwärts; Vormarsch und Rückzug: ～自如 Spielraum zum Manövrieren haben ～维谷 sich in einer hoffnungslosen Lage befinden; in einer Zwickmühle stecken; zwischen zwei Feuer geraten; in der Klemme sitzen

进行 jìnxíng ① verlaufen *vi*; im Gange sein; vor sich gehen: 学习～得怎么样? Wie steht's mit dem Studium? ② führen *vt*; ausführen *vt*; durchführen *vt*; verrichten *vt*; vornehmen *vt*: ～讨论 eine Debatte führen ～实地调查 Untersuchungen an Ort und Stelle vornehmen ～科学实验 sich mit wissenschaftlichem Experimentieren beschäftigen ～

表决 über etw. abstimmen lassen; etw. zur Abstimmung bringen ～英勇斗争 einen heldenhaften Kampf führen ③ Marsch *m*: ～曲 Marsch *m*; Marschmusik *f*

进修 jìnxiū sich fortbilden; sich weiterbilden; sich vervollkommnen: 在职～ berufsbegleitende Fortbildung ～班 Fortbildungskurs(us) *m*; Fortbildungslehrgang *m* ～学校 Fortbildungsschule *f*; ～生 Postgraduierte(r)

进展 jìnzhǎn sich entwickeln; vorankommen *vi*; Fortgang *m*; Verlauf *m*: ～顺利 gute Fortschritte machen 谈判毫无～。Die Verhandlungen machten keine Fortschritte (*od* sind festgefahren).

晋(晉) jìn ① eintreten *vi*; vorgehen *vi*; vorrücken *vi* ② befördert werden: 加官～爵 befördert werden und aufsteigen; im Rang erhöht und in ein höheres Amt befördert werden

晋级 jìnjí im Rang aufsteigen; befördert werden

晋见 jìnjiàn eine Audienz bei j-m haben

晋升 jìnshēng j-n in ein höheres Amt befördern; j-m einen höheren Dienstrang geben

觐 jìn: ～见 sich zu einer Audienz (bei einem König bzw. Kaiser) einfinden; in Audienz empfangen werden; sich bei Hof einführen 朝～ auf Pilgerreise gehen

禁 jìn ① verbieten *vt*; untersagen *vt*: 严～烟火! Rauchen und offenes Feuer streng verboten! ～酒 Alkoholverbot *n* ② einkerkern *vt*; j-n ins Gefängnis stecken; einsperren *vt*; festhalten *vt*: 监～ einkerkern *vt*; einsperren *vt*; j-n ins Gefängnis werfen 软～ Hausarrest *m*; j-n unter Hausarrest stellen ③ Tabu *n*: 违～品 Konterbande *f*; verbotene Ware ④ verbotener Ort; für den Zugang gesperrter Ort: 宫～ Kaiserpalast *m* *另见 jīn

禁闭 jìnbì einschließen *vt*; einsperren *vt*; einkerkern *vt*

禁地 jìndì Sperrgebiet *n*; verbotene Zone

禁锢 jìngù ① j-n von allen politischen Aktivitäten (bzw. Ämtern) ausschließen (in feudalen Zeiten) ② einsperren *vt*; einkerkern *vt* ③ j-n in Fesseln legen; j-m Fesseln anlegen

禁忌 jìnjì ① Tabu *n*; tabu ② Kontraindikation *f*

禁区 jìnqū ① verbotene Zone; verbotenes Gebiet ② Naturschutzgebiet *n*; Schonung *f* ③ (Fußball) Torraum *m* ④ (Basketball) begrenzte Zone

禁止 jìnzhǐ verbieten *vt*; untersagen *vt*: ～入内! Zutritt verboten! ～停车! Parken verboten! ～通行 Durchfahrt verboten! ～招贴! Ankleben verboten!

噤 jìn ① Schweigen bewahren ② schaudern *vi*; frösteln *vi*; sich schütteln: 寒～ vor Kälte schaudern

噤若寒蝉 jìn ruò hánchán schweigen wie in kalten Tagen die Zikaden; sich in Stillschweigen hüllen; sich nicht zu mucksen wagen; aus Angst stumm wie ein Fisch sein

近 jìn ① nahe; unweit; dicht bei: 圣诞节很～了。Weihnachten rückt näher. 或 Weihnachten steht vor der Tür. 附～的邮局 in der Nähe gelegene Post ～在咫尺 ganz in der Nähe; zum Greifen nahe; einen Steinwurf entfernt; nur ein Katzensprung ～年来 in den vergangenen (*od* letzten) Jahren ～在眼前 in j-s Reichweite sein; sich in unmittelbarer Nähe befinden ② sich nähern; an etw. grenzen; annähernd: 年～六十 nahe (an die) Sechzig ③ innig; intim: 亲～ eng verbunden; vertraut; sich mit j-m befreunden; mit j-m auf vertrautem Fuß stehen ④ leicht verständlich: 浅～ einfach und leicht verständlich

近代 jìndài Neuzeit *f*; Neuere Zeit: ～史 die Geschichte der Neuzeit

近海 jìnhǎi küstennah; in Küstennähe; vor der Küste; an der Küste liegend: ～渔业 Küstenfischerei *f*

近乎 jìnhu an etw. grenzen; fast; nahezu: ～荒谬的论点 ein an Absurdität grenzendes Argument

近郊 jìnjiāo Vorstadt *f*; Vorort *m*; Peripherie *f*

近况 jìnkuàng letzte (*od* neueste) Entwicklung; neuester Stand; neueste Situation: 不知你～如何? Wie ist Ihr Befinden? 或 Wie ist es Ihnen in der letzten Zeit ergangen?

近来 jìnlái kürzlich; letzthin; in der letzten Zeit; neulich; seit kurzem

近邻 jìnlín nächster Nachbar

近旁 jìnpáng nahe; in der Nähe; nahebei: 大楼～ nahe beim Gebäude; dicht neben dem Gebäude

近日 jìnrì ① vor kurzem; jüngst; unlängst; in den letzten Tagen ② in den nächsten Tagen; in Kürze

近视 jìnshì kurzsichtig; Kurzsichtigkeit *f*; Myopie *f*

近视眼 jìnshìyǎn kurzsichtig; Kurzsichtigkeit *f*: 他是～。Er ist kurzsichtig.

近水楼台先得月 jìn shuǐ lóutái xiān dé yuè wer im Wasserpavillon sitzt, der sieht den Mond zuerst — infolge günstiger Umstände Vorteile genießen; an der Quelle (*od* Krippe) sitzen

近似 jìnsì angenähert; annähernd; approximativ; sehr ähnlich; annähernd gleich: ～值 Näherungswert *m*

劲(勁) jìn ① Kraft *f*; Energie *f*: 用～ seine Kräfte anstrengen; Kraft anwenden; sich anstrengen 她仿佛有使不完的～。Sie scheint eine unerschöpfliche Energie zu haben. 或 Sie scheint keine Müdigkeit zu kennen. 或 Sie strotzt vor Energie. ② Geist *m*; Schwung *m*; Elan *m*: 鼓～ seinen Elan aufbringen ③ Miene *f*; Gesichtsausdruck *m*: 瞧他那高兴～儿。Schau nur, wie er vor Freude strahlt! ④ Lust *f*; Interesse *n*; Freude *f*: 打弹子没～，咱们去游泳吧。Billard spielen macht keinen Spaß; gehen wir schwimmen! *另见 jìng

劲头 jìntóu ① Kraft *f*; Stärke *f* ② Enthusiasmus *m*; Elan *m*; Schwung *m*; Energie *f*; Eifer *m*: 工作有～ in seiner Arbeit voller Energie und Tatkraft sein

浸 jìn eintauchen *vt*; eintunken *vt*; einweichen *vt*; wässern *vt*; tränken *vt*: 把它在温水中～泡两分钟。Es soll zwei Minuten im lauwarmen Wasser eingeweicht werden.

浸泡 jìnpào eintauchen *vt*; wässern *vt*; tränken *vt*; einweichen *vt*

浸染 jìnrǎn von j-m/etw. beeinflußt werden; unter allmählicher Einwirkung von etw.

浸润 jìnrùn einweichen *vt*; einsikkern *vi*; durchdringen *vi*: 春雨～着田野。Der Frühlingsregen sickert ins Feld ein.

浸透 jìntòu durchnässen *vt*; durchtränken *vt*; durchfeuchten *vt*; einfeuchten *vt*: 汗水～了他的衣裳。Seine Kleider sind vom Schweiß durchnäßt.

浸渍 jìnzì wässern *vt*; rösten *vt*; imprägnieren *vt*: 亚麻～ Rösten (*od* Rotten) von Flachs ～剂 Einweichmittel *n*

尽(盡) jìn ① zu Ende; erschöpft: 取之不～ unerschöpflich 无穷无～ unbeschränkt; unerschöpflich; unversieglich; unendlich ② alles tun, was in j-s Kräften steht; alles Menschenmögliche versuchen; sein Möglichstes tun: 用～力气 alle Kräfte aufbieten ③ am Ende; nicht mehr weiter; äußerst: 一言难～ mit einem Wort läßt es sich nicht erklären ④ sein Bestes tun; tun, was man kann: ～最大努力 größte Anstrengungen unternehmen; sein Bestes geben ⑤ erfüllen *vt*; zur vollen Geltung bringen: ～责任 seine Pflicht tun ⑥ all; voll; ganz: 不可～信 nicht ganz glauben können ～人皆知 in aller Munde sein; allen bekannt sein; wie jeder weiß; allbekannt *另见 jǐn

尽力 jìnlì sein Bestes tun (*od* geben); alles in seiner Macht Stehende tun; alle Kräfte mobilisieren; sein Äußerstes tun; alles tun; alles einsetzen: ～而为 sein Bestes tun; alles in seiner Macht Stehende tun 我们将～援助你们。Wir werden unser Bestes tun, um euch zu helfen

尽量 jìnliàng nach Kräften (trinken oder essen) *另见 jǐnliàng

尽情 jìnqíng soviel, wie man möchte; nach Herzenslust: ～欢呼 unbändig jubeln

尽头 jìntóu Ende *n*; Endpunkt *m*: 学问是没有～的。Die wissenschaftlichen Kenntnisse sind ohne Grenzen.

尽兴 jìnxìng sich nach Herzenslust an etw. erfreuen

尽职 jìnzhí seinen Pflichten nachkommen: 他工作一向很～。Er arbeitet stets sehr verantwortungsbewußt.

烬(燼) jìn Asche *f*; Zunder *m*; ausgeglühte

Kohle; Verbrennungsrückstand *m*: 灰～ Asche *f*

jīng

京 jīng ① Hauptstadt *f*; Metropole *f* ② (Jing) Abk. für Beijing

京城 jīngchéng Hauptstadt eines Staates

京都 jīngdū Hauptstadt eines Staates

京剧 jīngjù Beijing-Oper *f* 又作"京戏"

惊(驚) jīng ① erschrecken *vi*; bestürzt sein: 恶梦把她～醒了。Sie schreckte durch einen Alptraum aus dem Schlaf auf. ～呆了 verblüfft sein; starr vor staunen sein 大吃一～ ganz baff (*od* verblüfft, bestürzt) sein ② bestürzen *vt*; schokkieren *vt*; aufschrecken *vt*: 令人震～的消息 eine erschreckende Nachricht ③ scheuen *vi*; durchgehen *vi*; wild werden: 马～了。Das Pferd hat gescheut.

惊诧 jīngchà <书> erstaunt; in Erstaunen geraten; überrascht; sich wundern

惊动 jīngdòng stören *vt*; belästigen *vt*; j-n unangenehm überraschen; erschrecken *vt*; j-n in Unruhe versetzen: 别为这么点儿小事～他。Belästigt (*od* stört) ihn nicht mit so einer Belanglosigkeit!

惊愕 jīng'è <书> fassungslos; bestürzt; verblüfft; erschrocken

惊弓之鸟 jīng gōng zhī niǎo aufgescheuchte Vögel erschreckt der nächste Pfeil im Köcher; völlig eingeschüchtert; ein gebranntes Kind scheut das Feuer

惊骇 jīnghài <书> von Schrecken ergriffen; von panischer Angst erfüllt

惊慌 jīnghuāng bestürzt; erschrokken; aufgeschreckt; beunruhigt: ～失措 vor Schreck den Kopf verlieren; in Panik und Verwirrung geraten; vor Schrecken ratlos (*od* wie von Sinnen) sein 不必～。Verliere nicht die Fassung! 或 Gerate nicht in Panik!

惊魂未定 jīnghún wèi dìng sich noch nicht von seinem Schreck erholt haben

惊恐 jīngkǒng von panischer Angst gepackt (*od* erfüllt); voll panischen Schreckens: ～万状 in tausend Ängsten schweben; aufs äußerste (*od* zu Tode) erschrokken sein; in Panik geraten; abgrundtiefe Furcht empfinden

惊奇 jīngqí sich wundern; erstaunen *vi*; überrascht sein

惊扰 jīngrǎo stören *vt*; beunruhigen *vt*; aufscheuchen *vt*; auf schrecken *vt*: 自相～ sich gegenseitig in Unruhe versetzen; blinden Alarm schlagen

惊人 jīngrén staunenerregend; erstaunlich; verwunderlich: ～的毅力 erstaunliche Willenskraft

惊叹 jīngtàn bewundern *vt*; voller Bewunderung ausrufen; bestaunen *vt*: ～号 Ausrufezeichen *n*

惊涛骇浪 jīng tāo hài làng ① hohe Wellen; stürmische Wogen; tosende (*od* tobende) Flut ② eine Situation oder ein Leben voller Gefahren; Fährnisse *pl*

惊天动地 jīng tiān dòng dì den Himmel erschüttern und die Erde bewegen; die ganze Welt erschüttern (*od* in Erstaunen versetzen); welterschütternd; weltbewegend: ～的胜利 ein die Welt erschütternder Sieg

惊悉 jīngxī etw. mit Bestürzung zur Kenntnis nehmen (*od* erfahren)

惊喜 jīngxǐ angenehm überrascht; überrascht und erfreut sein; freudig überrascht

惊吓 jīngxià erschrecken *vt*; j-n in Furcht setzen: 这孩子受了～。Das Kind ist von Furcht gepackt.

惊险 jīngxiǎn atemberaubend; haarsträubend; äußerst spannend; abenteuerlich: ～的表演 eine spannungsgeladene Darbietung (*od* Aufführung) ～的场面 eine atemberaubende Szene ～小说 Abenteuerroman *m*; Spannungsroman *m*

惊心动魄 jīng xīn dòng pò atemberaubend; erschütternd; aufwühlend; ergreifend

惊醒 jīngxǐng ① aus dem Schlaf aufschrecken (*od* auffahren, aufstören) ② aufwecken *vt*

惊讶 jīngyà Erstaunen *n*; Verwunderung *f*; erstaunen *vt*/*vi*; sich wundern

惊疑 jīngyí erstaunt und verwirrt sein

惊异 jīngyì erstaunt; verblüfft; verwundert

鲸 jīng Wal *m*; Walfisch *m*

鲸吞 jīngtūn (ein fremdes Gebiet) schlucken *vt*; einverleiben *vt*; annektieren *vt*

鲸鱼 jīngyú Wal(fisch) *m*

旌 jīng Banner *n* (in antiker Zeit an einem mit bunter Federn geschmuckten Mast befestigt)

旌旗 jīngqí Banner und Flaggen: ～迎风招展。Die Fahnen (*od* Flaggen) flattern im Wind.

粳 jīng

粳稻 jīngdào runde, etwas klebrige **Reissorte**

粳米 jīngmǐ (geschälter) runder, etwas klebriger Reis

精 jīng ① raffiniert; verfeinert; erlesen; ausgesucht: ～盐 raffiniertes Salz; Feinsalz *n* ～制糖 raffinierter Zucker; Raffinade *f* ～白米 feinpolierter Reis ② Extrakt *m/n*; Essenz *f*; Auszug *m*: 酒～ Alkohol *m* ③ vorzüglich; (vor-)trefflich: ～良 hervorragend; vortrefflich; vorzüglich; von bester Qualität ④ fein; präzis; genau: 这花瓶工艺很～。Diese Vase ist ein Meisterwerk von feiner Kunstfertigkeit. ⑤ raffiniert; klug; gewitzt; geistreich ⑥ gewandt; bewandert: ～于绘画 in Malerei gut bewandert sein ⑦ Geist *m*; Energie *f*: 聚～会神 seine Gedanken beisammen haben (*od* auf etw. konzentrieren); mit großer Konzentration; mit angespannter (*od* konzentrierter) Aufmerksamkeit; sich geistig sammeln; sich konzentrieren ⑧ Sperma *n*; Samenflüssigkeit *f*; Samen *m*: 受～ Befruchtung *f*; Besamung *f* ⑨ Geist *m*; Dämon *m*: 害人～ j-d, der einem anderen zum Verhängnis wird; Unheilstifter *m*

精彩 jīngcǎi ausgezeichnet; vorzüglich; wunderschön; exzellent: ～的杂技表演 brillante Vorstellung der Akrobatik

精诚 jīngchéng <书> aufrichtig; ehrlich; absolute Offenheit

精干 jīnggàn tüchtig; leistungsfähig

精耕细作 jīng gēng xì zuò intensive Landbestellung; Intensivwirtschaft *f*; Intensivkultur *f*; Intensivanbau *m*

精光 jīngguāng ① nichts übriglassen; restlos ② glatt und blank

精悍 jīnghàn ① tüchtig und tatkräftig; beherzt ② scharf; beißend; stechend; kräftig: 笔力～ mit kräftigen Strichen (schreiben oder malen)

精华 jīnghuá Auslese *f*; Blüte *f*; Essenz *f*; Elite *f*

精简 jīngjiǎn vereinfachen *vt*; vermindern *vt*; kürzen *vt*; verkürzen *vt*: ～机构 den Verwaltungsapparat vereinfachen ～会议 Die Versammlungen auf ein Minimum reduzieren

精力 jīnglì Tatkraft *f*; Energie *f*: ～充沛 voller Tatkraft; vor Energie strotzen; energisch; tatkräftig 集中～解决主要矛盾 alle seine Anstrengungen auf die Lösung des Hauptwiderspruchs konzentrieren

精练 jīngliàn kurz und bündig; prägnant; geschliffen; lakonisch; lapidar: 语言～ knappe (*od* gedrängte, lakonische) Sprache

精炼 jīngliàn raffinieren *vt*; läutern *vt*

精良 jīngliáng hervorragend; vortrefflich; vorzüglich; von bester Qualität

精灵 jīngling ① Geist *m*; Gespenst *n*; abgeschiedene Seele ② (von einem Kind) klug; gewitzt

精美 jīngměi ausgezeichnet; vorzüglich; vortrefflich; fein: ～的刺绣 feine Seidenstickerei

精密 jīngmì präzis; exakt; fein; genau: ～仪器 Präzisionsinstrument *n*

精明 jīngmíng scharfsinnig; gescheit; intelligent; gewandt: ～的政治家 wacher und tüchtiger Politiker ～强干 hellwach und tüchtig; geschickt und fähig

精疲力竭 jīng pí lì jié todmüde; restlos (*od* total) erschöpft; völlig ermattet

精辟 jīngpì durchdringend; tiefschürfend; einschneidend; scharf-, tiefsinnig: ～的论述 tiefschürfende Darlegung; scharfsinnige Ausführungen; brillante Interpretation

精巧 jīngqiǎo fein; vorzüglich; kunstvoll: ～的牙雕 kunstvolle Elfenbeinschnitzerei

精确 jīngquè genau; exakt; präzis: ～的统计 genaue Statistik

精锐 jīngruì gut ausgerüstet und kampffähig: ～部队 Kern-, Elitetruppen *pl*

精深 jīngshēn profund; eingehend; tief und gründlich: 博大～ über umfassende Kenntnisse und eine gründliche Gelehrsamkeit verfügen

精神 jīngshén ① Geist *m*; Sinn *m*: 国际主义～ Gesinnung des Internationalismus; internationalistischer Geist ～面貌 geistiges Antlitz; geistige Verfassung ② Wesentliche *n*; Hauptpunkt *m*; Hauptinhalt *m*; Kern *m*; Grundgedanke *m*: 文件的～ die wesentlichen Punkte eines Dokuments ～鼓励 moralischer Ansporn; geistiger Anreiz ～生活 kulturelles Leben ～文明 geistige Zivilisation

精神 jīngshen ① Energie *f*; Lebenskraft *f*; Lebensfrische *f*: ～饱满 voller Energie (*od* Lebenskraft, Vitalität); energisch 没有～ schwunglos; energielos; träge; schlaff ② lebhaft; munter; frisch; rüstig:

精神病 jīngshénbìng Geisteskrankheit *f*; Psychose *f*

精髓 jīngsuǐ Mark *n*; Kern *m*; Wesentliche *n*; Quintessenz *f*

精通 jīngtōng in etw. bewandert; in etw. gut (*od* sehr) beschlagen; in etw. ein Meister sein; in einem Fach (*od* auf einem Gebiet) zu Hause sein: ～业务 in einem Fachgebiet gut bewandert sein ～德语 Deutsch sehr gut beherrschen

精细 jīngxì äußerst sorgfältig; übergenau; fein: 手工十分～ feine Handarbeit

精心 jīngxīn mit größter Sorgfalt; sehr gewissenhaft; sorgsam: ～护理 j-n mit liebevoller Sorgfalt (*od* sorgsam) pflegen

精益求精 jīng yì qiú jīng immer bestrebt sein, Vorhandenes zu verbessern; sich um ständige Verbesserung bemühen: 对技术～ unermüdlich sein Können vervollkommnen

精湛 jīngzhàn ausgezeichnet; vorzüglich; vortrefflich: 工艺～ mit großem technologischem Können gefertigt

精制 jīngzhì etw. mit großer Sorgfalt herstellen; veredeln *vt*; verfeinern *vt*

精致 jīngzhì fein; zierlich; exquisit; elegant

精装 jīngzhuāng (ein Buch) mit steifem Einband versehen: ～本 Luxusausgabe *f*; Luxusband *m*

菁 jīng: ～华 Essenz *f*; Elite *f*; Creme *f*; Beste *n*

睛 jīng Augapfel *m*: 目不转～ starr ansehen; kein Auge von etwas lassen; etw. intensiv (*od* konzentriert) betrachten; unverwandt anblicken

荆 jīng Keuschbaum *m*

荆棘 jīngjí Disteln und Dornen: ～丛生。Das Dornengestrüpp wächst üppig.

荆条 jīngtiáo weicher Zweig der Vitex (zum Flechten von Körben u.ä.)

兢 jīng: ～～业业 vorsichtig und gewissenhaft; behutsam und verantwortungsbewußt

晶 jīng glänzend; glitzernd; leuchtend: 水～ Kristall *m* 亮～～ leuchtend; glänzend ～莹 funkelnd und kristallklar; glitzernd und durchsichtig

晶体 jīngtǐ Kristall *m*

晶体管 jīngtǐguǎn Transistor *m*; Transistorröhre *f*: 硅～ Siliziumtransistor *m* ～收音机 Transistorradio *n*

茎(莖) jīng Stengel *m*; Stiel *m*; Halm *m*

经(經) jīng ① Kette *f*; Längs-, Kettfaden *m* ② (geographische) Länge *f*: 东～三十度 30 Grad östlicher Länge ③ heilige Schrift; Kanon *m*; kanonische Bücher; klassische Werke: 佛～ buddhistische Sutra; kanonische Schriften des Buddhismus 圣～ Bibel *f*; Heilige Schrift ④ durchmachen *vt*; erleben *vt*; hindurchgehen *vi*; passieren *vt*: 途～巴黎去波恩 sich über Paris nach Bonn begeben ～卡拉奇回国 via (*od* über) Karatschi zurückkehren ⑤ führen *vt*; verwalten *vt*; sich mit etw. beschäftigen (*od* befassen): ～商 Handel treiben; kaufmännisch (*od* geschäftlich) tätig sein ⑥ aushalten *vt*; ertragen *vt*; ausstehen *vt*: ～得起时间的考验 die Zeit der Prüfungen bestehen können ⑦ auf eine bestimmte Weise; durch: ～他一说，我才明白。Nach seiner Erklärung habe ich erst (jetzt) es begriffen. *另见 jìng

经常 jīngcháng ① (all-)täglich: ～工作 tägliche Arbeit; Routinearbeit *f* ② häufig; öfter; stets; laufend; regelmäßig: 他～听德意志电波的广播。Er hört immer Deutsche Welle. 或 Er ist ein regelmäßiger Hörer von Deutschen Welle. 他～帮助他人。Er hat den anderen häufig geholfen.

经典 jīngdiǎn ① (anerkannte) klassische Werke; Klassiker *m* ② kanonische Bücher: 佛教～ kanonische Schriften des Buddhismus; Sutras *pl* ③ klassisch: 马列主义～著作 klassische Werke des Marxismus-Leninismus; marxistisch-leninistische Klassiker

经度 jīngdù geographische Länge; Längengrad *m*

经费 jīngfèi Ausgaben *pl*; Kosten *pl*; Fonds *m*

经管 jīngguǎn verwalten *vt*; bewirtschaften *vt*: ～财务 finanzielle Angelegenheiten regeln

经过 jīngguò ① vorbeigehen *vi*; vorbeifahren *vi*; durch etw. gehen; passieren *vt*: 这汽车～火车站吗? Fährt dieser Bus am Bahnhof? ② auf die Weise; infolge; nach; durch: ～充分讨论,大家取得一致意见。Nach einer gründlichen Diskussion wurde Einmütigkeit erzielt. ③ Verlauf *m*; Lauf *m*: 事情的全部～ der ganze Ablauf der Dinge

经纪 jīngjì ① (ein Geschäft) führen *vt* ② Makler *m*; Mittelsmann *m*; Agent *m*; Kommissionär *m*; Handelsbeauftragte(r)

经济 jīngjì ① Ökonomie *f*; Wirtschaft *f*: 国民～ Volkswirtschaft *f*; Nationalökonomie *f* 国营～ staatlicher Sektor der Wirtschaft (*od* Ökonomie); Staatswirtschaft *f* ② von wirtschaftlichem Nutzen: ～作物 Industriepflanze *f* ～效益 wirtschaftliche Effizienz ～犯罪 wirtschaftliches Vergehen ③ finanzielle Lage: ～宽裕 in guten Verhältnissen leben; wohlhabend ④ ökonomisch; wirtschaftlich; rentabel: ～实惠 wirtschaftlich und praktisch ～地位 wirtschaftliche Stellung (*od* Position); ökonomischer Status ～基础 ökonomische Basis ～危机 Wirtschaftskrise *f* ～学 Ökonomie *f*; Wirtschaftswissenschaft *f* ～学家 Ökonom *m*; Wirtschaftswissenschaftler *m* ～援助 Wirtschaftshilfe *f* ～制裁 wirtschaftliche Sanktionen ～核算 wirtschaftliche Rechnungsführung ～特区 Wirtschaftssonderzone *f*

经久 jīngjiǔ ① lang; dauernd; von langer Dauer; langwierig: ～不息的掌声 lang anhaltender Beifall ② dauerhaft: ～耐用 lange brauchbar; fest und haltbar; strapazierfähig

经理 jīnglǐ ① führen *vt*; verwalten *vt* ② Direktor *m*; Geschäftsführer *m*; Manager *m*

经历 jīnglì ① erleben *vt*; erfahren *vt*; durchmachen *vt*; durchstehen *vt*; sich unterziehen: 工业正～着一场伟大的革命。Die Industrie erfährt einen revolutionären Umschwung. ② Erlebnisse *pl*; Lebensweg *m*: 他这人～多,见识广。Er ist ein welterfahrener Mann mit einem weiten Horizont.

经手 jīngshǒu durch j-s Hände gehen; anfassen *vt*; handhaben *vt*: 整个这件事全是他～的。Alles, was damit zusammenhängt, ist durch seine Hände gegangen. ～人 für bestimmte Aufgaben zuständige Person; Verantwortliche(r)

经受 jīngshòu bestehen *vt*; überstehen *vt*; aushalten *vt*; durchmachen *vt*; widerstehen *vi*: ～了各种考验 allerlei Prüfungen bestanden haben

经销 jīngxiāo etw. im Auftrag (*od* in Kommission) verkaufen; mit etw. Handel treiben; verkaufen *vt*: ～处 Lieferstelle *f*; Verkaufsbüro *n*; Kommissionsagentur *f*

经心 jīngxīn vorsichtig; achtsam; aufmerksam; bedacht: 漫不～ unachtsam; nachlässig; unbeteiligt

经验 jīngyàn Erfahrung *f*: 交流～ Erfahrungen austauschen ～丰富 reiche Erfahrungen haben; reich an Erfahrungen sein

经营 jīngyíng wirtschaften *vi*; (Geschäfte) führen *vt*; betreiben *vt*; Wirtschaftsführung *f*: 发展多种～ eine vielseitige Wirtschaft aufbauen 苦心～ sich große Mühe geben, einen Betrieb oder eine Firma zu führen; etw. mit Mühe und Hingabe auf die Beine stellen ～性亏损 Verluste durch schlechte Wirtschaftsführung

经由 jīngyóu über; via: ～法兰克福去巴黎 über Frankfurt nach Paris fahren (*od* fliegen)

经传 jīngzhuàn klassische Werke: 不见～ in den klassischen Werken nicht vermerkt sein; nicht dokumentarisch belegt; es steht nirgends geschrieben; nicht anerkannt; nicht sehr berühmt

jǐng

井 jǐng ① Brunnen *m*: 打～ einen Brunnen bohren (*od* graben) ～底之蛙 ein Frosch im Brunnen — ein Mensch mit beschränktem Horizont; Mensch mit Scheuklappen ② brunnenähnlicher Schacht: 矿～ Bergwerksschacht *m*; Schacht *m*; Zeche *f* 油～ Ölbohrloch *n*; Ölbrunnen *m*

井架 jǐngjià Bohrturm *m*; Bohrgestell *n*

井井有条 jǐngjǐng yǒu tiáo wohlgeordnet; in bester Ordnung sein: ～地工作 systematisch arbeiten

井然 jǐngrán 〈书〉 wohlgeordnet; ordentlich; systematisch; folgerecht: 秩序～ in vorbildlicher Ordnung

阱 jǐng Falle *f*; Fallgrube *f*

警 jǐng ① wachsam; aufmerksam; vor etw. auf der Hut sein; sich in Acht nehmen: ～醒 einen leichten Schlaf haben ② warnen *vt*; alarmieren *vt*: ～告 warnen *vt* ～钟 Alarmglocke *f*; Warnsignal *n* ③ Alarm *m*: 火～ Feueralarm *m* ④ 〈简〉(警察) Polizei *f*

警报 jǐngbào Alarm *m*; Warnsignal *n*: 拉～ Alarm schlagen (*od* blasen, geben)

警备 jǐngbèi bewachen *vt*; (einen Ort) mit Truppen (*od* einer Garnison) belegen: ～区 Garnisons-, Kommandanturbereich *m* ～司令部 Garnisonskommandantur *f*

警察 jǐngchá Polizei *f*; Polizist *m*: 交通～ Verkehrspolizei *f*

警告 jǐnggào ① warnen *vt*; ermahnen *vt*: 提出严重～ eine ernste Warnung an j-n richten ② Verwarnung *f*; Verweis *m*: 给予～处分 j-m einen Verweis geben

警戒 jǐngjiè ① Warnung *f*; Ermahnung *f* ② alarmbereit; in Alarmbereitschaft sein; vor etw. auf der Hut sein: 采取～措施 Sicherheitsmaßnahmen treffen (*od* ergreifen) ～线 Kordon *m*; Posten-, Sperr-, Sicherheitskette *f*; Sicherheitslinie *f*

警句 jǐngjù kurzer Denkspruch; Aphorismus *m*; geistreicher Sinnspruch; Epigramm *n*

警犬 jǐngquǎn Polizeihund *m*; Spürhund *m*

警惕 jǐngtì wachsam sein; auf der Hut sein: 提高～ die Wachsamkeit erhöhen

警卫 jǐngwèi bewachen *vt*; Wache halten: ～员 Leibwächter *m*

儆 jǐng warnen *vt*; ermahnen *vt*: 惩一～百 einen bestrafen, um Hunderte zu warnen (*od* abzuschrecken); j-n exemplarisch bestrafen; ein Exempel statuieren

景 jǐng ① Anblick *m*; Landschaft *f*; Szene *f*: 西湖十～ zehn landschaftlichen Schönheiten des Westsees ② Situation *f*; Zustand *m*; Lage *f*: 好～不长。Schöne Zeiten dauern nicht lange. 或 Es ist nicht alle Tage Sonntag. 或 Die guten Umstände bleiben nicht ewig. ③ Szenerie *f*; Bühnendekoration *f*: 换～ Bühnenwechsel *m* ④ Szene *f*: 第三幕第一～ III. Akt, 1. Szene

景况 jǐngkuàng Verhältnisse *pl*; Umstände *pl*; Lage *f*; Situation *f*: 她家的～日益见好。Es geht ihrer Familie von Tag zu Tag besser.

景气 jǐngqì Hochkonjunktur *f*; Blüte *f*; Boom *m*; Aufschwung *m*: 不～ Depression *f*; Baisse *f*; Tiefstand *m*

景色 jǐngsè Anblick *m*; Landschaft *f*; Landschaftsbild *n*; Szenerie *f*: 日出的时候～特别美丽。Beim Sonnenaufgang ist das Landschaftsbild (*od* der Anblick) besonders schön.

景泰蓝 jǐngtàilán Cloisonné *n*

景物 jǐngwù Landschaft *f*; Szenerie *f*: ～宜人 freundliche Landschaft

景象 jǐngxiàng Szene *f*; Anblick *m*; Bild *n*

景仰 jǐngyǎng respektvoll zu j-m aufschauen; j-m tiefe Verehrung bezeigen; j-n verehren; j-n bewundern

景致 jǐngzhì Landschaft *f*; Aussicht *f*: 窗口看出去～真美。Von dem Fenster aus sieht das Landschaftsbild wunderbar schön aus.

憬 jǐng: ～悟 wieder zu Besinnung kommen; zur Einsicht gelangen

颈(頸) jǐng Hals *m* *另见 gěng

颈项 jǐngxiàng Hals *m*; Genick *n*; Nacken *m*

颈椎 jǐngzhuī Halswirbel *m*

jìng

竟 jìng ① vollenden *vt*; beenden *vt*: 未～之业 unvollendete Sache ② endlich; schließlich; letzten Endes: 有志者事～成。Wo ein Wille ist, da ist auch ein Weg. 或 Fester Wille führt zum Erfolg. 或 Geduld und Fleiß bricht alles Eis. ③ gegen jede Erwartung; unerwartet: 谁知他～答应了。Wer hätte gedacht, daß er zugestimmt hat. ④ so weit gehen, daß...; sogar

竟敢 jìnggǎn die Unverfrorenheit besitzen; wagen *vt*: 他～如此说话。Er besaß die Unverfrorenheit, so etwas zu sagen.

竟然 jìngrán ① unerwartet; überraschend: 这样宏伟的建筑，～只用十个月的时间就完成了。Unvorstellbar, daß solch ein prächtiges Gebäude in nur zehn Monaten fertiggebaut werden konnte! ② so weit gehen,daß...; die Unverfrorenheit besitzen: ～不顾事实 sogar die Tatsachen ignorieren

境 jìng ① Grenze *f*: 国～ Staats-, Hoheitsgrenze *f* 入～签证 Einreisevisum *n* 越～(illegal) die Grenre überschreiten ② Gegend *f*; Gebiet *n*; Ort *m*: 敌～ feindliches Territorium ③ Lage *f*; Zustand *m*; Umstände *pl*: 困～mißliche (*od* unangenehme) Lage; übler Zustand; Verlegenheit *f* 处于逆～ sich in einem widrigen Geschick (*od* in den widrigen Umständen) befinden; in einer mißlichen Lage sein

境地 jìngdì Lage *f*; Zustand *m*; Umstände *pl*: 陷入完全孤立的～ in einen Zustand völliger Isolierung geraten

境界 jìngjiè ① Grenze *f* ② (erreichter) Umfang *m*; Reich *n*; Bereich *m*; Stand *m*; Sphäre *f*: 理想～ ideale Welt; Ideal *n*

境况 jìngkuàng Situation *f*; Verhältnisse *pl*; Lebensumstände *pl*: ～不佳 sich in einer bedrängten Lage befinden

境遇 jìngyù Umstände *pl*; Verhältnisse *pl*; Los *n*: 极困难的～ äußerst schwierige Verhältnisse; höchst widrige Umstände

镜 jìng ① Spiegel *m*: 哈哈～ Vexier-, Zerrspiegel *m* ② optisches Glas; Linse *f*: 放大～ Lupe *f*; Vergrößerungsglas *n* 墨～ Sonnenbrille *f*

镜头 jìngtóu ① Objektiv *n*: 远摄～ Teleobjektiv *n* 广角～Weitwinkelobjektiv *n* ② Aufnahme *f*; Schnappschuß *m*: 特写～ Großaufnahme *f*

竞(競) jìng wetteifern *vi*; wettstreiten *vi*; konkurrieren *vi*

竞技 jìngjì Athletik *f*; Sport *m*: ～场 Arena *f*; Kampfplatz *m*; Kampfbahn *f*

竞赛 jìngsài Wettkampf *m*; Wettbewerb *m*; Wettstreit *m*: 体育～ sportliche Wettkämpfe 军备～ Wettrüsten *n*

竞选 jìngxuǎn Wahlkampf *m*; sich um etw. bewerben; sich als Kandidat aufstellen lassen: ～总统 sich um die Präsidentschaft bewerben

竞争 jìngzhēng Konkurrenz *f*: 自由～ freie Konkurrenz

淨 jìng ① sauber; rein: ～水 reines Wasser 擦～ etw. sauber wischen ② netto: ～收入 Nettoeinkommen *n*; Nettoeinnahme *f* ～重 Netto *n*; Nettogewicht *n* ～利 Nettoertrag *m*; Reingewinn *m* ③ restlos: 用～ verbrauchen *vt* ④ nur; bloß; lauter; lediglich: ～说不干 nur reden, aber nicht handeln 这一带～是楼房。In dieser Gegend (*od* diesem Gebiet) gibt es nur mehrstöckiges Gebäude.

净化 jìnghuà reinigen *vt*; klären *vt*: 水的～ Wasserreinigung *f*

净值 jìngzhí Nettowert *m*: 出口～ Nettoexportwert *m* 进口～ Nettoimportwert *m*

静 jìng still; ruhig; friedlich; geräuschlos; bewegungslos: 风平浪～ lauer Wind und ruhiger Wellengang; bei Windstille und spiegelglatter See; ein Zustand ungestörter Ordnung; in Ruhe und Frieden 请～一～。Bitte (einen Augenblick) Ruhe!

静脉 jìngmài Blutader *f*; Vene *f*

静默 jìngmò in stiller Trauer; in schweigender Achtung stehen; im schweigenden Gedenken verharren: ～致哀 (des Toten) schweigend gedenken; trauernd in Schweigen verharren

静悄悄 jìngqiāoqiāo ganz still; ruhig; geräuschlos; lautlos

静养 jìngyǎng sich in Ruhe erholen, um wieder gesund zu werden; rekonvaleszieren *vi*

静止 jìngzhǐ statisch; unbeweglich; Stillstand *m*; Ruhe *f*

静坐 jìngzuò ① stillsitzen [*vi*: ~示威 Sitzdemonstration *f*; Sit-in *n* ②Ruhig-Sitzen *n* (als Therapie, etwas wie Yoga)

靖 jìng ① still; ruhig; friedlich ② befrieden *vt*; pazifizieren *vt*; den Frieden bringen: ~乱 einen Aufruhr unterdrücken

敬 jìng ① achten *vt*; ehren *vt*; verehren *vt*; respektieren *vt*: 尊~ verehren *vt*; hochschätzen *vt*; hochachten *vt* 致~ grüßen *vt*; salutieren *vi*; j-m Hochachtung erweisen ~请光临。Wir beehren uns, Sie einzuladen. 或 Bitte beehren Sie uns (mit Ihrem Besuch)! ② etw. höflich anbieten: ~茶 Tee anbieten

敬爱 jìng'ài verehren und lieben: ~的领袖 verehrter und lieber Führer

敬而远之 jìng ér yuǎn zhī j-n achten, aber Abstand zu ihm halten; sich j-m nur auf Armeslänge nähern

敬酒 jìngjiǔ einen Toast (*od* Trinkspruch) ausbringen

敬礼 jìnglǐ ① Salut *m*; salutieren *vi* ②grüßen *vt*; einen Gruß entbieten; Gruß *m* ③ 〈敬〉 [用于书信结尾]: 此致~! Mit freundlichen (*od* herzlichen, besten, vielen) Grüßen!

敬佩 jìngpèi achten *vt*; bewundern *vt*; respektieren *vt*

敬仰 jìngyǎng verehren *vt*; hochachten *vt*; ehrfurchtsvoll zu j-m aufblicken: 深受人民的爱戴和~ sich aufrichtiger Liebe und Achtung beim Volk erfreuen

敬意 jìngyì Achtung *f*; Hochachtung *f*; Gruß *m*: 表示衷心的~ große Hochachtung bezeigen

敬重 jìngzhòng respektieren *vt*; hochschätzen *vt*; verehren *vt*; achten *vt*

痉(痙) jìng

痉挛 jìngluán Krampf *m*; Verkrampfung *f*; Spasmus *m*

径(徑) jìng ① Pfad *m*; Fußweg *m*; Weg *m* ② Weg *m*; Mittel *n*: 捷~ Abkürzung *f*; schnellster (*od* kürzester) Weg ③ Durchmesser *m*: 半~ Radius *m*; Halbmesser *m* ④ geradeswegs; direkt; ohne Umweg *m*; schnurstracks: 客机~直飞往柏林。Das Passagierflugzeug fliegt direkt nach Berlin.

径庭 jìngtíng 〈书〉 sehr unterschiedlich; sehr ungleich: 大相~ zwischen ... besteht ein Unterschied wie Tag und Nacht; voneinander stark abweichen; außerordentlich verschieden sein

径自 jìngzì ohne auch nur zu fragen; ohne die Erlaubnis der anderen; willkürlich: 会没开完，他~走了。Mitten in der Versammlung ging er plötzlich weg.

胫(脛) jìng Unterschenkel *m*: ~骨 Schienbein *n*; Tibia *f*

劲(勁) jìng stark; kräftig; stämmig; mächtig: ~敌 starker Feind; mächtiger Gegner ~旅 starkes Heer; Elitetruppe *f*; schlagkräftiges Kontingent

经(經) jìng zetteln *vt*; schären *vt*; Zettel *m* *另见 jīng

jiǒng

窘 jiǒng ① in bedrängten Umständen; in Not; in Bedrängnis: 他一度生活很~。Er war einmal in den bedrängten Verhältnissen geraten. 或 Er lebte einmal in ärmlichen Verhältnissen. ② verlegen; peinlich berührt; in Verlegenheit bringen: 这使他感到很~。Dies macht ihn sehr verlegen. 或 Das brachte (*od* setzte) ihn in Verlegenheit.

窘境 jiǒngjìng mißliche (*od* unangenehme) Lage; übler Zustand; Verlegenheit *f*; peinliche Situation; Notlage *f*

窘迫 jiǒngpò ① in Armut; in drückendem Elend: 生活~ in bedrängten Verhältnissen (*od* Armut) leben ② in sehr schwieriger Lage; in einem Dilemma: 处境~ in einer Zwickmühle stecken

炯 jiǒng leuchtend; strahlend; hell; glänzend

炯炯 jiǒngjiǒng (von Augen) leuchtend; strahlend; funkelnd; glänzend: 他的眼睛~有神。Er hat strahlende Augen.

迥 jiǒng 〈书〉 ① weit entfernt; himmelweit ② sehr verschieden

迥然 jiǒngrán sehr unterschiedlich; sich sehr von einander unterscheiden: ~不同 ein beträchtlicher Unterschied; völlig verschieden; ein Unterschied wie Tag und Nacht

jiū

阄(鬮) jiū Los *n*: 抓～ ein Los ziehen; losen *vi*

揪 jiū ① ergreifen *vt*; packen *vt*; fassen *vt*; festhalten *vt*: ～住一个小偷 einen Dieb ergreifen ② heftig ziehen (*od* reißen, zerren): 使劲～绳子 fest an der Leine ziehen

揪辫子 jiū biànzi an alten Zöpfen zerren — ständig an j-s vergangenen Fehlern herumnörgeln; j-s Fehler als Handhabe benutzen

究 jiū erforschen *vt*; nachforschen *vt*; untersuchen *vt*; einer Sache auf den Grund gehen: 深～ etw. gründlich ermitteln; auf den Grund einer Sache gehen ～其根源 einer Sache auf den Grund gehen; eine Sache bis an ihren Ursprung **zurückverfolgen**

究竟 jiūjìng ① Ergebnis *n*; was tatsächlich geschehen ist: 大家都想知道个～。Jeder will wissen, was wirklich geschehen ist. ② [用于问句,表示追究] eigentlich; wirklich; denn; doch: 你～想说什么? Was willst du denn **sagen**? ③ schließlich; endlich; nach alledem; also doch; letzten Endes: 他～经验丰富。Er ist also doch reich an Erfahrungen.

赳 jiū

赳赳 jiūjiū tapfer; mutig; heldenhaft; kühn; ritterlich: 雄～ voller Kampfesmut

纠 jiū ① sich verwickeln; sich verstricken: ～缠 sich verwickeln; sich verschlingen; sich verstricken ② zusammenrotten *vt*; zusammentrommeln *vt*: ～合一伙流氓 eine Handvoll Halunken zusammentrommeln ③ verbessern *vt*; berichtigen *vt*; korrigieren *vt*: ～错 einen Fehler berichtigen (*od korrigieren*)

纠察 jiūchá ① für Ordnung sorgen (in einer Massenversammlung u.ä.) ② Ordner *m*; Wachposten *m*; Aufseher *m*; Feldwache *f*: ～线 Wachpostenkette *f*

纠缠 jiūchán ① sich verwickeln; sich verstricken: 在枝节问题上～不休 sich mit Belanglosigkeiten (*od* Nebensachen) endlos aufhalten; in Nebensächlichkeiten steckenbleiben ② stören *vt*; belästigen *vt*: 他忙着呢,别再～他了。Er ist beschäftigt. Stör ihn nicht länger!

纠纷 jiūfēn Streit *m*; Streitigkeit *f*; Kontroverse *f*; Disput *m*; Zwist *m*; Zusammenstoß *m*: 种族～ Rassendisput *m* 国家间的～ Streitigkeiten zwischen Staaten

纠葛 jiūgé Verwicklung *f*; Zwist *m*; Hader *m*; Streit *m*; Auseinandersetzung *f*

纠集 jiūjí zusammentrommeln *vt*; zusammenrotten *vt*; zusammenbringen *vt*: ～一批打手 eine Schar gedungener Rohlinge um sich sammeln

纠正 jiūzhèng berichtigen *vt*; korrigieren *vt*; verbessern *vt*; richtigstellen *vt*: ～错误 einen Fehler (*od* Irrtum) berichtigen ～不正之风 ungesunde Tendenzen korrigieren

jiǔ

酒 jiǔ alkoholische Getränke; Spirituosen *pl*; Wein *m*; Schnaps *m*; Likör *m*

酒菜 jiǔcài Speise und Trank; Speisen zum Wein; kleine Häppchen beim Genuß von Alkohol

酒厂 jiǔchǎng Gewerbebetrieb zur Herstellung von alkoholischen Getränken; Brauerei *f*; Schnapsbrennerei *f*; Weinkellerei *f*

酒店 jiǔdiàn Weingeschäft *n*; Weinhandlung *f*; Weinschenke *f*; Gast-, Wirtshaus *n*; Weinlokar *n*

酒会 jiǔhuì Cocktailparty *f*; Cocktail *m*

酒家 jiǔjiā Restaurant *n*; Schenke *f*; Schankwirtschaft *f*

酒精 jiǔjīng Weingeist *m*; Alkohol *m*; Spiritus *m*

酒量 jiǔliàng Trinkvermögen *n*: 他～很大。Er ist trinkfest.

酒囊饭袋 jiǔ náng fàn dài Weinschlauch und Freßsack; Taugenichts *m*

酒肉朋友 jiǔròu péngyou Trink- und Tischgenossen *pl*; falscher Freund

酒窝 jiǔwō Wangengrübchen *n*; Grübchen *n*

酒席 jiǔxí Festessen *n*; Festmahl *n*; Bankett *n*; festlich gedeckte Tafel

韭(韮) jiǔ: ～菜 Schnittlauch *m* 青～ junger

Schnittlauch

九 jiǔ ① neun: ～中 Mittelschule No. 9 ② jede der neun neuntägigen Perioden vom Tage der Wintersonnenwende an gerechnet: 三～ die dritte neuntägige Periode nach der Wintersonnenwende; die kältesten Tage des Jahres ③ viel; zahlreich: ～曲桥 zickzackförmige (*od* zickzackförmig in neun scharfen Knicken verlaufende) Brücke

九九归一 jiǔ jiǔ guī yī nach alledem; schließlich doch; letzten Endes: ～，还是他的话对。 Letzten Endes hat er recht gehabt.

九牛一毛 jiǔ niú yī máo wie ein Härchen von neun Ochsen; ganz winzig; ein winziger Bruchteil; ein winziges bißchen; ein Tropfen im Meer

九泉 jiǔquán <书> Totenreich *n*; Unterwelt *f*; Hades *m*: ～之下 im Jenseits; nach dem Tod

九死一生 jiǔ sǐ yī shēng neunmal um Haaresbreite dem Tod entkommen sein; mit knapper Not größter Gefahr (*od* dem Tod) entronnen sein

九霄云外 jiǔ xiāo yún wài über die höchsten Sphären hinaus: 把个人的安危抛到～ auf seine persönliche Sicherheit pfeifen; ohne Rücksicht auf seine eigene Sicherheit

九月 jiǔyuè ① September *m* ② der neunte Monat nach dem chinesischen Mondkalender

九州 jiǔzhōu literarische Bezeichnung für China

久 jiǔ ① lange; lange Zeit: 很～以前 vor langer Zeit ～别重逢 sich nach langer Trennung wiedersehen ② von bestimmter Dauer; für eine bestimmte Zeit: 你在北京住了有多～？ Wie lange haben Sie in Beijing gewohnt (*od* gelebt)?

久而久之 jiǔ ér jiǔ zhī im Laufe der Zeit; mit der Zeit; nach und nach; auf die Dauer

久久 jiǔjiǔ lange; lange Zeit: 他心情激动，～不能成寐。 Er ist in innere Erregung versetzt, so daß er lange nicht einschlafen kann.

久违 jiǔwéi <套> (wir haben uns) lange nicht gesehen: ～了，这几年你上哪儿去啦？ Ich habe Sie lange nicht gesehen. Wohin sind Sie in den letzten Jahren gegangen?

久仰 jiǔyǎng <套> sehr erfreut; ich habe schon lange von Ihnen gehört

久远 jiǔyuǎn weit zurück; vor langer Zeit; früher: 年代～ aus dunkler Vergangenheit; aus fernen Tagen; aus ferner Vergangenheit

玖 jiǔ neun (Schreibweise der Zahl "九" auf Schecks, Banknoten, Quittungen usw., um Fehler oder Fälschungen zu vermeiden)

jiù

就 jiù ① näherrücken *vi*; heranrücken *vi*; näherkommen *vi*: ～着蜡烛灯用餐 beim Kerzenschein (*od* Kerzenlicht) essen ② sich zu... begeben; etw. in Angriff nehmen: ～学 zur Schule gehen ～席 zu Tisch gehen; am Tisch Platz nehmen ③ vollendet; fertiggestellt: 功成业～ (j-s Karriere ist) von Erfolg gekrönt ④ (den gegebenen Verhältnissen) entsprechen *vi*; sich anpassen; sich einrichten: 只好～我们现在手头有的东西做了。 Uns bleibt nichts anderes übrig, als mit dem Vorhandene auszukommen. ⑤ dazunehmen *vt*: 炒鸡蛋～饭 zum Reis Rührei nehmen ⑥ gemäß; laut; nach; im Hinblick auf; bezüglich: ～我所知 soviel ich weiß ⑦ gleich; bald; sofort: 我这～来。 Ich komme sofort (*od* gleich). 晚饭一会～得。 Das Abendessen (*od* Abendbrot) ist in einem Augenblick soweit. ⑧ schon; bereits: 他在1936年～成了电影明星了。 Er ist schon 1936 ein (*od* zu einem) Filmstar geworden. ⑨ so bald als; gleich danach; darauf; hierauf; sodann: 他卸下行李～上床睡了。 Sobald er sein Gepäck abgelegt hatten, ging er gleich danach ins Bett. ⑩ [表示在某种条件或情况下自然会怎样]: 只要努力，～能掌握外语。 Nur wenn man sein Bestes tut, wird man die Fremdsprache beherrschen. ⑪ [放在两个相同的成分之间，表示容忍]: 丢了～丢了吧，以后小心点。 Was verloren ist, ist eben verloren. Aber sei künftig vorsichtiger! ⑫ [表示原来或早已是这样]: 我本来～不懂法语。 Ich habe doch nie behauptet, Französisch zu können. ⑬ nur; bloß; allein: ～他一人知道

事情的真相。Allein er weiß den wahren Sachverhalt. 我～要几张纸。Ich will bloß ein paar Bogen Papier haben. ⑭［表示事实正是如此］genau; gerade; eben; ganz recht: 我～住在这儿。Genau hier wohne ich. ⑮ <连> selbst wenn; wenn auch: 你～不说，我也会知道。Ich weiß es sowieso, auch wenn du es mir nicht erzählst.

就便 jiùbiàn bei Gelegenheit; gelegentlich; wenn es gerade paßt: ～也替我在旅馆定个房间。Bei Gelegenheit bestellen Sie für mich auch ein Zimmer im Hotel.

就此 jiùcǐ so; damit; von hier an: 会议～结束。Nun machen wir Schluß mit der Sitzung. 或 Damit hat die Sitzung ein Ende.

就地 jiùdì auf der Stelle; an Ort und Stelle: ～解决问题 ein Problem an Ort und Stelle lösen ～取材 sich an Ort und Stelle mit Material versorgen; örtliche Hilfsmittel in Anspruch nehmen

就近 jiùjìn in der Nähe; in der Nachbarschaft

就寝 jiùqǐn <书> sich zur Ruhe begeben; schlafen gehen; zu Bett gehen; sich schlafen legen

就任 jiùrèn ein Amt antreten; Amtsantritt *m*

就事论事 jiù shì lùn shì sich auf die Sache selbst beschränken; eine Sache an und für sich betrachten (*od* beurteilen)

就是 jiùshì ①［用在句末表示肯定，多加"了"］：放心吧，我照办～了。Keine Sorge! Ich werde es wie ausgemacht machen und damit gut. ② ja; jawohl; genau; eben: ～嘛，天气预报～这么说的。Genau, eben hat der Wetteransager so gesagt. ③ <连>［略似"即使"，下半句常用"也"呼应］wenn auch; sogar: ～他请我，我也不去。Ich will nicht gehen, auch wenn er mich einlädet.

就手 jiùshǒu 见"就便"

就算 jiùsuàn <口> wenn auch; selbst wenn: ～你考试考得不错，也不应该骄傲吧。Es mag ja sein, daß du gute Resultat beim Examen erzielt hast; aber das ist kein Grund, den Kopf so hoch zu tragen.

就绪 jiùxù in Ordnung sein; fertig sein: 一切都已～。Alles ist in Ordnung.

就要 jiùyào bald; gleich; im Begriff sein, etw. zu tun: 火车～开了。Der Zug fährt gleich ab. 飞机过两分钟～起飞了。Das Flugzeug wird gleich in zwei Minuten abfliegen.

就业 jiùyè eine Beschäftigung (*od* einen Job, einen Arbeitsplatz) bekommen: 充分～ Vollbeschäftigung *f*

就医 jiùyī zum Arzt gehen; einen Arzt aufsuchen; sich ärztlichen Rat holen; sich in ärztliche Behandlung begeben

就义 jiùyì für eine gerechte Sache hingerichtet werden; den Märtyrertod sterben: 英勇～ furchtlos als Märtyrer sterben

就职 jiùzhí ein Amt antreten; Amtsantritt *m*: 宣誓～ den Amtseid ablegen ～演说 Antrittsrede *f*

鹫 jiù Geier *m*

厩 jiù Pferdestall *m*; Stall *m*

厩肥 jiùféi Stall-, Pferchdünger *m*

救 jiù ① retten *vt*; erretten *vt*; befreien *vt*; bergen *vt*; erlösen *vt*: 营～ retten *vt*; bergen *vt* 溺水的孩子被～了。Das Kind wird vor dem Tod des Ertrinkens gerettet. ② helfen *vi*; j-m Beistand leisten; j-m Unterstützung gewähren: 生产自～ (in Katastrophenfällen) Selbsthilfe durch Eigenproduktion dringend benötigter Güter

救国 jiùguó das Vaterland retten

救护 jiùhù Nothilfe (*od* Erste Hilfe) geben; Fürsorge zur Rettung eines Kranken: ～车 Ambulanz-, Kranken-, Sanitäts-, Lazarettwagen *m* ～站 Erste-Hilfe-Station *f*; Rettungsstelle *f*

救火 jiùhuǒ Feuer (*od* einen Brand) löschen: ～车 Feuerwehrfahrzeug *n*; Feuerwehrwagen *m*; Löschfahrzeug *n* ～队 Feuerwehr *f*; Löschtrupp *m* ～队员 Feuerwehrmann *m*

救急 jiùjí Soforthilfe (*od* die Erste Hilfe) leisten; einem dringenden Mangel abhelfen

救济 jiùjì (Bedürftigen) helfen *vi*; (Bedürftige) unterstützen *vt*; (j-m in der Not) Beistand leisten: ～灾区人民 der Bevölkerung eines von Naturkatastrophen heimgesuchten Gebietes Nothilfe leisten

救命 jiùmìng j-s Leben retten:

～！Hilfe！～恩人 Erretter *m*; Retter *m*; Erlöser *m*

救生 jiùshēng Lebensrettung *f*; lebensrettend: ～带 Rettungsgürtel *m* ～圈 Rettungsring *m*; Rettungsboje *f* ～设备 Rettungsgerät *n*

救死扶伤 jiù sǐ fú shāng Menschen vor dem Tod retten und Verwundete heilen

救星 jiùxīng Retter *m*; Befreier *m*; Erlöser *m*

救治 jiùzhì einen Patienten retten; behandeln und heilen

旧(舊) jiù ① alt; veraltet; überholt; vergangen; altmodisch: ～传统 eine alte Tradition ～事重提 etwas Vergangenes wieder zur Sprache bringen; alten Geschichten wieder aufwärmen ② abgenutzt; abgetragen; verbraucht: ～货 Gebraucht-, Altwaren *pl* ～书 antiquarisches Buch; altes Buch ③ früher; ehemalig: ～居 ehemaliger Wohnsitz; Geburtshaus *n* ～地重游 einen früheren Aufenthaltsort wieder besuchen; einen schon bekannten Ort wieder aufsuchen ④ alter Freund; alte Freundschaft: 故～ alte Freunde

旧交 jiùjiāo alter Freund; alte Freundschaft

旧历 jiùlì chinesischer Mondkalender

旧址 jiùzhǐ ehemaliger Sitz (einer Institution): 这是我们学校的～。Das ist der ehemalige Sitz unserer Schule.

臼 jiù ① Mörser *m*: 石～ Steinmörser *m* ② Gegenstände in Form eines Mörsers ③ Gelenk *n*: 脱～ Aus-, Verrenkung *f*

臼齿 jiùchǐ Mahl:-, Backenzahn *m*

舅 jiù ① der Bruder der Mutter; Onkel *m* (mütterlicherseits) ② der Bruder der Frau; Schwager *m* ③ 〈书〉 der Vater des Ehemannes; Schwiegervater *m*

舅父 jiùfù der Bruder der Mutter; Onkel *m* (mütterlicherseits)

舅母 jiùmǔ die Frau des Bruders der Mutter; Tante *f*

疚 jiù Gewissensbisse *pl*; Gewissensqual *f*; Reue *f*; Zerknirschung *f*: 感到内～ Gewissensbisse fühlen (*od* haben)

柩 jiù Sarg mit Leiche

柩车 jiùchē Leichenwagen *m*

咎 jiù ① Fehler *m*; Schuld *f*: 归～于人 die Schuld auf einen anderen abwälzen ② tadeln *vt*; bestrafen *vt*; vorwerfen *vt*; beschuldigen *vt*: 既往不～ j-m seine alten Fehler verzeihen; das Vergangene ruhen lassen ～由自取 sich selbst die Schuld geben müssen; die Suppe auslöffeln, die man sich eingebrockt hat

jū

车(車) jū Streitwagen *m* (Figur im chinesischen Schach) *另见 chē

疽 jū subkutanes Geschwür; tiefes Geschwür; Karbunkel *m*

狙 jū

狙击 jūjī aus dem Hinterhalt schießen: ～手 Scharf-, Heckenschütze *m*

鞠 jū

鞠躬 jūgōng sich verbeugen; sich verneigen; eine Verbeugung (*od* einen Diener) machen: ～致谢 sich dankbar verbeugen ～尽瘁 hingebungsvoll (*od* mit ganzer Kraft) seine Pflicht tun

掬 jū etw. mit beiden Händen halten: 笑容可～ mit einem strahlenden Lächeln

拘 jū ① verhaften *vt*; festnehmen *vt*; inhaftieren *vt* ② befangen; gehemmt; begrenzen *vt*; einschränken *vt*: 无～无束 ganz frei und ungezwungen; ganz unbefangen ③ unbeweglich; inflexibel: ～泥 pedantisch sein; in etw. befangen sein; starr an etw. festhalten

拘捕 jūbǔ verhaften *vt*; festnehmen *vt*; arrestieren *vt*; einsperren *vt*

拘谨 jūjǐn übervorsichtig; zurückhaltend: 跟陌生人在一起时，他显得～。Er macht in der Gegenwart von Fremden einen befangenen Eindruck.

拘留 jūliú j-n in Gewahrsam nehmen; inhaftieren *vt*; j-n in Haft halten: ～所 Polizeigefängnis *n*; Arrestlokal *n*; Haftzelle *f*

拘票 jūpiào Haftbefehl *m*

拘束 jūshù ① einschränken *vt*; begrenzen *vt*; einengen *vt* ② befangen; unnatürlich; unbehaglich: 不要～。Mach es dir bequem!

驹 jū Fohlen *n*; Füllen *n*: 怀～ trächtig sein

居 jū ① wohnen *vi*; leben *vi*: 侨～国外 im Ausland leben 分～两地 getrennt an zwei Orten leben ② (an einer bestimmten Stelle) stehen *vi*; (einen bestimmten Platz) einnehmen *vt*: ～首位 an erster Stelle stehen; an der Spitze stehen ③ bekleiden *vt*; innehaben *vt*: 身～要职 einen wichtigen Posten bekleiden (*od* innehaben) 以学者自～ sich für einen Gelehrten halten; sich als Wissenschaftler dünken ④ horten *vt*; anhäufen *vt*; akkumulieren *vt*; speichern *vt*: 囤积～奇 (um Profit zu machen) etw. horten; etw. zu Spekulationszwecken aufkaufen und horten

居安思危 jū ān sī wēi in Sicherheit bedenke die Gefahr; auch in Friedenszeiten an mögliche Gefahren denken

居多 jūduō in der Mehrheit sein; die Mehrheit bilden: 他所写的文章,关于文艺理论方面的～。In seinen Artikeln (*od* Aufsätzen) ist die Literatur-und Kunsttheorie in der Mehrheit.

居高临下 jū gāo lín xià von einem hochgelegenen strategischen Punkt aus; von der Kommandohöhe aus; von der Anhöhe aus

居功 jūgōng auf seine Verdienste pochen: ～自傲 wegen früherer Verdienste eingebildet (*od* dünkelhaft, arrogant) sein

居间 jūjiān zwischen den beiden Seiten (vermitteln): ～调停 zwischen zwei Parteien vermitteln; die Rolle des Vermittlers übernehmen

居留 jūliú sich aufhalten; Aufenthalt *m*: 长期～ ständiger Aufenthalt ～权 Aufenthaltsrecht ～证 Aufenthaltserlaubnis *f*; Aufenthaltsgenehmigung *f*

居民 jūmín Einwohner *m*; Bewohner *m*: ～点 Ansiedlung *f*; Siedlungsgebiet *n*; Wohnsiedlung *f*

居然 jūrán ① unerwartet; gegen jede Erwartung; überraschenderweise: 他～做出这种事来。Wider alles Erwarten hat er so etwas getan. 或 Wie kann er ausgerechnet solchen Sachen machen? ② ausgerechnet; so weit gehen ...: ～当面撒谎 so weit gehen, einem glatt (*od* frech) ins Gesicht zu lügen

居心 jūxīn sich mit (bösen) Gedanken oder Absichten tragen: ～不良 böse Gedanken hegen; Böses im Sinn haben; j-m übelwollen 他们～何在? Was führen sie im Schilde?

居中 jūzhōng ① 见"居间" ② in der Mitte; sich in der Mitte befinden: ～是一幅山水画。In der Mitte ist eine Landschaftsmalerei.

居住 jūzhù wohnen *vi*; bewohnen *vt*; leben *vi*; residieren *vi*: ～条件 Wohnverhältnisse *pl*; Wohnbedingungen *pl* ～面积 Wohnfläche *f*

jú

菊 jú Chrysantheme *f*: ～花 Chrysantheme *f*

桔 jú 见"橘" jú

橘 jú Mandarine *f*

橘汁 júzhī Mandarinensaft *m*

橘子 júzi Mandarine *f*

局 jú ① Schachbrett *n* ② Partie *f*; Satz *m*: 第一～(乒乓球等) der erste Satz; die erste Partie ③ Lage *f*; Situation *f*; Zustand *m*; Umstände *pl*: 时～ aktuelle politische Situation; gegenwärtige politische Lage 全～ Gesamtlage *f* ④ Intrige *f*; Falle *f*; Schlinge *f*: 骗～ Betrug *m*; Schwindel *m*; Gaunerei *f* ⑤ Grenze *f*; Schranke *f* ⑥ Amt *n*; Büro *n*; Behörde *f*: 邮～ Postamt *n* 电话～ Fernsprechamt *n* ⑦ Geschäftshaus *n*; Laden *m*: 书～ Buchhandlung *f*

局部 júbù Teil *m/n*; das Einzelne; zum Teil; partiell: ～地区 Teilgebiete *pl* ～麻醉 örtliche Betäubung; Lokalanästhesie *f* ～战争 lokal begrenzter Krieg

局促 júcù ① (für Raum) eng; klein; beengt ② (für zeit) knapp; kurz ③befangen; verlegen: ～不安 voll Befangenheit; sehr befangen

局面 júmiàn Lage *f*; Situation *f*; Zustand *m*: 出现了崭新的～。Die Dinge haben eine neue Wendung erfahren. 打开～ eine neue Situation schaffen; eine neue Perspektive eröffnen

局势 júshì Lage *f*; Situation *f*: 国际～ internationale Lage; Weltlage *f*

局外人 júwàirén Außenseiter *m*; Außenstehende(r)

局限 júxiàn begrenzen *vt*; beschränken *vt*; einschränken *vt*: 我希望演讲者不要～于一个主题。Ich hoffe, daß der Redner sich nicht einzig und allein auf ein Thema beschränkt.

jǔ

举(舉) jǔ ① heben *vt*; erheben *vt*; hochhalten *vt*: ～杯 das Glas erheben ② sich erheben: ～义 sich zu einem Aufstand erheben ③ j-n zu etw. wählen: 公～他当代表 ihn zum Vertreter wählen ④ angeben *vt*; anführen *vt*: ～例 ein Beispiel anführen ～不胜～ zu viel, um es aufzuzählen; unzählig; nicht vollständig anführen können ⑤ all; ganz; vollzählig; gesamt: ～国欢腾。Das ganze Land frohlockt. 或 Das ganze Land herrscht große Freude und Begeisterung. ～世闻名 weltberühmt; weltbekannt ⑥ Akt *m*; Aktion *f*; Tat *f*; Handeln *n*; Vorgehen *n*: ～动 Bewegung *f*; Benehmen *n*; Verhalten *n*; Handlung *f* 轻率的～动 leichtsinnige Handlung

举办 jǔbàn organisieren *vt*; geben *vt*; veranstalten *vt*; durchführen *vt*; abhalten *vt*: ～训练班 einen Lehrgang veranstalten ～展览会 eine Ausstellung organisieren

举例 jǔlì ein Beispiel geben (*od* anführen, nennen): ～说明 etw. an Hand eines Beispiels erklären; etw. durch Beispiele illustrieren

举目 jǔmù die Augen erheben; blicken *vi*: ～远眺 in die Ferne blicken ～无亲 wo man hinblickt, weder Verwandte noch Bekannte; Fremder in einem fremden Land sein

举棋不定 jǔ qí bù dìng zögern, welchen Zug man tun soll; sich nicht entscheiden können; unschlüssig; unentschlossen; schwankend

举世 jǔshì in der ganzen Welt; in aller Welt; universell: ～皆知 in der ganzen Welt (*od* weltweit) bekannt ～公认 weltweit anerkannt ～无双 unvergleichlich auf der Welt; auf der Erde nichts Vergleichbares finden (*od* kennen); einmalig; ohnegleichen

举手 jǔshǒu die Hand heben: ～表决 durch Handzeichen abstimmen

举行 jǔxíng veranstalten *vt*; abhalten *vt*; geben *vt*; durchführen *vt*; stattfinden (lassen) *vi*: ～会谈 eine Besprechung (*od* ein Gespräch) führen ～罢工 in den Streik treten; streiken *vi*

举一反三 jǔ yī fǎn sān vom Einzelnen aufs Allgemeine schließen

举止 jǔzhǐ sich benehmen; sich verhalten; sich betragen: ～庄重 sich würdevoll benehmen; würdige Aufführung

举足轻重 jǔ zú qīng zhòng von großer Wichtigkeit sein; den Ausschlag geben; der entscheidende Faktor sein; das Zünglein an der Waage sein: 处于～的地位 sich in einer entscheidenden (*od* ausschlaggebenden) Stellung befinden

矩 jǔ ① Tischler-, Anschlagwinkel *m* ② Regel *f*; Norm *f*: 循规蹈～ den üblichen Verhaltensmaßregeln folgen; konventionell; wie es der Anstand erfordert; sich allzusehr an Konventionen Klammern

矩形 jǔxíng Rechteck *n*

沮 jǔ ① <书> j-n an etw. hindern; verhindern *vt*; j-n von etw. abhalten: ～其成行 j-n an der Abreise hindern ② niedergeschlagen; betrübt; mutlos

沮丧 jǔsàng entmutigt; deprimiert; depressiv; mutlos; niedergeschlagen; verzagt; bedrückt: 敌人士气～。Die Feinde sind entmutigt (*od* demoralisiert).

龃 jǔ

龃龉 jǔyǔ <书> die oberen Zähne passen nicht zu den unteren — Nichtübereinstimmung *f*; Uneinigkeit *f*; Mißhelligkeit *f*; Meinungsverschiedenheit *f*

咀 jǔ kauen *vt*/*vi*

咀嚼 jǔjué ① kauen *vt* ② nachgrübeln *vi*; immer wieder nachdenken; etw. sich durch den Kopf gehen lassen

jù

聚 jù sich versammeln; zusammenkommen *vi*; zusammentreffen *vi*: 大家～在一起庆祝一下。Man soll sich zusammensetzen und einmal eine Fest begehen.

聚宝盆 jùbǎopén ein Füllhorn an Schätzen — mit reichen Naturvorkommen gesegnetes Gebiet

聚变 jùbiàn Verschmelzung *f*; Fusion *f*: 核～ Kernverschmelzung *f* 受控～ kontrollierte Verschmelzung

聚餐 jùcān zu einem Festessen zusammentreffen; sich zum gemeinsamen Mahle versammeln

聚合 jùhé ① zusammenkommen *vi*; sich sammeln ② polymerisieren *vt*; Polymerisation *f*: 定向～ stereoreguläre Polymerisation

聚会 jùhuì Zusammenkunft *f*; Treffen *n*; geselliges Zusammensein: 老朋友～在一起总令人追忆往事。Das Zusammtreffen der alten Freunden rufte immer die vergangenen Ereignisse in unserer Erinnerung zurück.

聚集 jùjí zusammenziehen *vt*; zusammenfassen *vt*; massieren *vt*; versammeln *vt*: ～力量 die kräfte sammeln

聚精会神 jù jīng huì shén seine Gedanken beisammen haben (*od* auf etw. konzentrieren); sich geistig sammeln; sich konzentrieren; mit großer Konzentration; mit angespannter (*od* konzentrierter) Aufmerksamkeit: ～地听 aufmerksam zuhören

聚居 jùjū sich in einem Gebiet konzentrieren; eine Region bevölkern

聚敛 jùliǎn durch die Erhebung drückender Steuern und Abgaben Reichtümer anhäufen

聚首 jùshǒu 〈书〉 sich zusammenfinden; sich versammeln; sich treffen

巨 jù groß; riesig; enorm; gigantisch: ～款 eine riesige (gigantische) Summe Geld; eine Riesensumme ～变 große (*od* gewaltige) Veränderungen

巨擘 jùbò ① Daumen *m* ② Meister (*od* Autorität) auf einem Spezialgebiet

巨大 jùdà groß; riesig; enorm; kolossal; ungeheuer; gewaltig: ～的胜利 großer Sieg ～的力量 gewaltige Kraft ～的工程 gigantisches Projekt; Großprojekt *n*

巨额 jù'é Riesensumme *f*; gigantische (*od* kolossale, ungeheure) Summe: ～利润 riesige Profite ～赤字 ungeheures Defizit

巨人 jùrén Riese *m*; Gigant *m*; Titan *m*: ～症 Riesenwuchs *m*; Gigantismus *m*; Makrosomie *f*

巨头 jùtóu Boß *m*; Magnat *m*: 金融～ Finanzmagnat *m*

巨细 jùxì groß und klein: 事无～ alle Angelegenheiten, ob groß oder klein

巨著 jùzhù großes (*od* gigantisches) Werk; Monumentalwerk *n*

炬 jù ① Fackel *f* ② Flamme *f*: 付之一～ etw. den Flammen übergeben; etw. in Brand stecken

拒 jù ① sich widersetzen; abwehren *vt*; widerstehen *vi*: ～敌 dem Feind Widerstand leisten ② ablehnen *vt*; weigern *vt*; verweigern *vt*; zurückweisen *vt*; abschlagen *vt*: ～不投降 sich we gern, die waffen zu strecken

拒捕 jùbǔ sich einer Verhaftung (*od* Festnahme) widersetzen

拒付 jùfù eine Zahlung verweigern; (einen Scheck) nicht einlösen

拒绝 jùjué ablehnen *vt*; zurückweisen *vt*; sich weigern; verweigern *vt*; absagen *vt*; abweisen *vt*; abschlagen *vt*: ～参加 die Teilnahme an etw. verweigern; seine Teilnahme absagen ～无理要求 unberechtigte Forderungen zurückweisen ～诱惑 einer Versuchung (*od* Verlockung) widerstehen

距 jù Entfernung *f*; Distanz *f*; Abstand *m*: 行～ Abstand zwischen zwei Baum- bzw. Pflanzenreihen 两地相～十里。Die Entfernung zwischen beiden Ortschaften beträgt zehn *Li*. ～今已有十年。Es sind schon zehn Jahre her. 或 Das war vor zehn Jahren.

距离 jùlí ① Distanz *f*; Abstand *m*; Entfernung *f*: 飞行的～有200公里。Die Flugstrecke beträgt 200 Kilometer. ② von etw. entfernt sein: ～车站十五里 vom Bahnhof 15 *Li* entfernt liegen 双方的观点有很大的～。Die Standpunkte von beiden Seiten gehen stark (*od* weit) auseinander.

遽 jù ① voreilig; hastig; überstürzt: ～下结论 einen Schluß voreilig ziehen

遽然 jùrán 〈书〉 plötzlich; jäh: ～变色 unwillkürlich erbleichen (*od* blaß werden); plötzlich die Fassung verlieren

具 jù ① Gebrauchsgegenstand *m*; Gerät *n*; Zeug *n*: 农～ Ackergerät *n*; landwirtschaftliches Gerät ② 〈量〉〈书〉: 一～座钟 eine Tischuhr ③ haben *vt*; besitzen *vt*: 初～规模 im Begriff, Gestalt anzunehmen; in Umrissen Gestalt annehmen; die spätere Form in Ansätzen zeigen

具备 jùbèi haben *vt*; besitzen *vt*; vorhanden sein: ～入学条件 für den Eintritt in die Schule qualifiziert sein (*od* in Frage kommen)

具名 jùmíng seine Unterschrift unter etw. setzen; seine Unterschrift geben

具体 jùtǐ konkret; einzeln; genau; greifbar; detailliert; speziell: 对于～情况作～的分析 die konkreten Verhältnisse konkret analysieren 会谈未取得～成果。Die Verhandlungen haben keine sachliche Resultate gezeitigt. ～日期未定。Der genaue Termin ist noch nicht festgelegt. 方案尚待～化。Das Konzept muß noch detailliert werden.

具体而微 jù tǐ ér wēi ähnlich in der Gestalt aber kleiner in den Proportionen; klein aber komplett

具文 jùwén bloße (*od* reine) Formsache: 一纸～ nur ein Fetzen Papier

具有 jùyǒu haben *vt*; besitzen *vt*; aufweisen *vt*: ～伟大的历史意义 von großer historischer Bedeutung sein

惧(懼) jù Angst *f*; Furcht *f*; Schrecken *m*; sich fürchten: ～内 〈书〉 unter dem Pantoffel stehen; ein Pantoffelheld sein ～怕 fürchten *vt*; scheuen *vt* 毫无所～ furchtlos; unerschrocken

俱 jù all; ganz; sämtlich; komplett; vollständig: 一应～全。Alles Nötige ist vorhanden. 面面～到 alles berücksichtigen; keinen Aspekt außer acht lassen

俱乐部 jùlèbù Klub *m*

飓(颶) jù

飓风 jùfēng Hurrikan *m*; Orkan *m*

句 jù ① Satz *m* ② (Zähleinheitswort): 两～诗 zwei Verszeilen; ein Verspaar 在这个问题上,我说不了几～。Ich kann nur ein paar Worte über diese Frage sprechen.

句号 jùhào Satzzeichen *n*; Punkt *m* (。) (.)

句子 jùzi Satz *m*: ～成份 Satzglied *n*; Satzteil *m*

据(據) jù ① besetzen *vt*; etw. in Besitz nehmen: ～为己有 etw. gewaltsam in Besitz nehmen; sich an fremdem Eigentum vergreifen; sich fremdes Eigentum aneignen ② gestützt auf etw.; mit Hilfe von etw.; im Vertrauen auf etw.: ～险固守 gestützt auf natürliche Barrieren eine starke Verteidigung aufbauen ③ nach; gemäß; laut; zufolge: ～我所知 soviel ich weiß ～条例 nach den Regeln (*od* Vorschriften) ～理力争 mit überzeugenden Argumenten für etw. streiten (*od* eintreten) ④ Beweis *m*; Nachweis *m*: 查无实～。Nachforschungen ergeben keinen schlüssigen Beweis. 或 Die Untersuchung hat (den Verdacht) nicht bestätigt.

据点 jùdiǎn Stützpunkt *m*; befestigter Punkt; Festung *f*

据守 jùshǒu behaupten *vt*; verteidigen *vt*; schützen *vt*: 掘壕～ sich verschanzen; sich durch befestigte Gräben schützen

据说 jùshuō vom Hörensagen; man sagt, daß...; man erzählt, daß...: ～他不久要出国了。Man sagt, daß er bald ins Ausland fahren wird. 或 Er soll kurz darauf ins Ausland gehen, wie man sagt.

据悉 jùxī es wird berichtet; Informationen zufolge; dem Vernehmen nach; meines (*od* unseres) Wissens

剧(劇) jù ① Schauspiel *n*; Theater *n*: 独幕～ Einakter *m* 电视～ Fernsehfilm *m*; Fernsehspiel *n* ② heftig; stark; drastisch; akut; stürmisch: ～痛 heftige Schmerzen ～变 drastische Umwälzung (*od* Veränderung) 人口～增 sehr schneller Zuwachs der Bevölkerung

剧本 jùběn Bühnen-, Theaterstück *n*; Schauspiel *n*; Drama *n*; (Film) Szenarium *n*; Drehbuch *n*; (Oper) Libretto *n*

剧场 jùchǎng Theater *n*; Opernhaus *n*; Schauspielhaus *n*

剧烈 jùliè heftig; drastisch; stürmisch; akut; scharf; intensiv: ～运动 anstrengende körperliche Betätigungen ～的社会变动 radikale soziale Umwälzung; drastische soziale Veränderung ～的战斗 stürmischer Kampf

剧目 jùmù Repertoire *n*: 保留～ Bühnenstück, das zum eisernen Bestand des Theaters gehört; Repertoirestück *n*

剧情 jùqíng Handlung *f*; Verlauf eines Schauspiels: ～简介 Inhaltsangabe zu einem Theaterstück

剧团 jùtuán Ensemble *n*; Schauspieltrupp *m*

剧作家 jùzuòjiā Dramatiker *m*; dramatischer Dichter; Schauspieldichter *m*; Stückeschreiber *m*

锯 jù ① Säge *f*: 手～ Handsäge *f* 圆～ Kreissäge *f* ② sägen *vt*: ～木头 Holz sägen

juān

圈 juān ① eingattern *vt*; einzäunen *vt*; einpferchen *vt*: 把羊群～起来 die Schafherde eingattern ② 〈口〉 j-n ins Gefängnis werfen; einlochen *vt* *另见 juàn; quān

涓 juān 〈书〉 winziger Wasserlauf; Rinnsal *n*

捐 juān ① verzichten *vi*; aufgeben *vt*; hingeben *vt*; opfern *vt* ② spenden *vt*; stiften *vt*; beisteuern *vt*: ～钱 Geld spenden 募～ j-n um Spenden bitten; Spendenaufruf *m* ③ Steuer *f*: 上～ Steuern zahlen

捐弃 juānqì 〈书〉 wegwerfen *vt*; aufgeben *vt*; verzichten *vi*; etw. über Bord werfen: ～前嫌 den alten Groll aufgeben; die frühere Feindschaft über Bord werfen

捐躯 juānqū sein Leben hingeben (*od* opfern)

捐税 juānshuì Steuern und Abgaben

捐献 juānxiàn Spenden geben; spenden *vt*; eine Schenkung machen: 他把全部藏书～给图书馆。Er hat seine ganze Büchersammlung der Bibliothek gespendet.

捐赠 juānzèng spenden *vt*; Spenden geben; schenken *vt*

捐助 juānzhù j-n mit Sach- oder Geldspenden unterstützen; mit etw. zur Unterstützung beitragen

娟 juān 〈书〉 schön; hübsch; anmutig

娟秀 juānxiù 〈书〉 schön; wie gemalt: 字迹～ eine schöne Handschrift

镌(鎸) juān gravieren *vt*; einmeißeln *vt*; stechen *vt*; schnitzen *vt*

镌刻 juānkè 〈书〉 gravieren *vt*; eingravieren *vt*

juǎn

卷(捲) juǎn ① einrollen *vt*; aufkrempeln *vt*: ～起袖子 (sich) die Ärmel hochkrempeln ② aufwirbeln *vt*; hinwegfegen *vt*; fortreißen *vt*: 一个大浪把那个游泳的人～走了。Eine gewaltige Welle hat den Schwimmer hinweggerissen. ③ etwas Gewickeltes oder Zusammengerolltes: 铺盖～ zusammengerolltes Bettzeug; Bettrolle *f* ④ Rolle *f*; Spule *f*: 一～软片 eine Rolle Film 一～手纸 eine Rolle Toilettenpapier *另见 juàn

卷入 juǎnrù in etw. hineingezogen (*od* verwickelt) werden: ～一场冲突 in einen Konflikt verwikkelt werden

卷逃 juǎntáo sich mit Wertsachen heimlich davonmachen; unter Mitnahme von Wertsachen fliehen

卷土重来 juǎn tǔ chóng lái nach einer Niederlage wieder auf die Beine kommen; ein Comeback inszenieren

卷烟 juǎnyān ① Zigarette *f* ② Zigarre *f*

juàn

眷 juàn

眷恋 juànliàn sich von j-m/etw. angezogen fühlen; j-m/etw. zugetan sein

眷念 juànniàn sehnsüchtige Erinnerung; Sehnsucht *f*

眷属 juànshǔ Familienangehörige *pl*; Familie *f*

卷 juàn ① Buch *n* ② Band *m*: 该书共分上、下两～。Dieses Buch besteht aus zwei Bänden. 该图书馆藏书十万～。Der Bücherbestand dieser Bibliothek beträgt 100 000 Bände. ③ Prüfungsbogen *m*; Prüfungsaufgabe *f*; Prüfungsarbeit *f*: 交～ eine Prüfungsarbeit abgeben ④ Unterlagen *pl*; Akte *f*: 查～ in den Akten nachschlagen *另见 juǎn

卷子 juànzi Prüfungsbogen *m*; Prüfungsaufgabe *f*; Prüfungsarbeit *f*: 看～ Prüfungsaufgaben durchsehen

卷宗 juànzōng ① Schutzhülle für Akten; Ablagemappe für Akten ② Akte *f*

圈 juàn Stall *m*: 羊～ Schafstall *m* 猪～ Schweinestall *m* ～肥 Stall-, Pferchdünger *m* *另见 juān; quān

倦 juàn müde; ermüdet; angegriffen; matt: 面有～容 müde (*od* angegriffen) aussehen 孜孜不～emsig; unermüdlich; mit unablässigem Eifer; mit unermüdlichem Fleiß

绢 juàn dünne Seide; leichter Seidenstoff

隽 juàn

隽永 juànyǒng <书> bedeutungsvoll; tiefsinnig; gedankentief

juē

撅 juē ① aufheben *vt*; erheben *vt*: ～嘴 den Mund (ärgerlich *od* schmollend) spitzen; einen Schmollmund machen ② <口> brechen *vt*; abbrechen *vt*: 把拐杖～成两段 den Krückstock entzweibrechen

jué

觉(覺) jué ① empfinden *vt*; fühlen *vt*; spüren *vt*: 身上～着冷 sich kalt fühlen ② erwachen *vi*; aufwachen *vi*: 如梦初～ wie aus einem Traum erwacht ③ sich bewußt werden; zur Einsicht kommen ④ Sinn *m*; Empfindung *f*: 触～ Tastsinn *m*; Tastempfindung *f*; sensorische Wahrnehmung *另见 jiào

觉察 juéchá wahrnehmen *vt*; spüren *vt*; merken *vt*; bemerken *vt*: 他～到机器出了毛病。 Er merkt, daß die Maschine nicht in Ordnung ist.

觉得 juéde ① fühlen *vt*; empfinden *vt*; spüren *vt*: 一点儿也不～苦恼 sich überhaupt nicht schwer (an etw.) fühlen ② meinen *vt*; finden *vt*; halten *vt*: 我～不必事事都告诉他。Ich meine, wir brauchen ihm nicht alles zu sagen. 你～这部电影怎么样? Was halten Sie von diesem Film?

觉悟 juéwù ① Bewußtsein *n*: 政治～ politisches Bewußtsein 阶级～ Klassenbewußtsein *n* ② sich bewußt werden; erwachen *vi*; zur Einsicht kommen: ～了的人民 ein Volk, das erwacht ist

觉醒 juéxǐng erwachen *vi*; sich bewußt werden

厥 jué bewußtlos; ohnmächtig: 昏～ in Ohnmacht fallen

蹶 jué hinfallen *vi*; stürzen *vi*; stolpern *vi* ② mißlingen *vi*; scheitern *vi*; fehlschlagen *vi*; einen Rückschlag erleiden: 一～不振 sich von einer Niederlage nicht mehr erholen können; nach einem Rückschlag nicht mehr weiter können

攫 jué ergreifen *vt*; etw. an sich reißen: ～为己有 sich etw. widerrechtlich aneignen; rechtswidrig von etw. Besitz ergreifen; etw. an sich reißen; sich an fremdem Eigentum vergreifen

攫取 juéqǔ sich bemächtigen; etw. an sich reißen: ～暴利 ungeheuer hohe Profite machen

爵 jué ① Adelswürde *f*; Adelstitel *m*; Adelsrang *m*: 封～ j-n adeln; j-m einen Adelstitel verleihen ② antikes dreifüßiges Trinkgefäß mit Henkel

爵位 juéwèi Adelsrang *m*; Adelstitel *m*

嚼 jué kauen *vt/vi* *另见 jiáo

角 jué ① Rolle *f*: 主～ Hauptrolle *f* ② Rollenfach *n*: 旦～ Frauenrolle *f* (in chinesischen traditionellen Opern) 丑～ Clownrolle *f* ③ Darsteller *m*; Schauspieler *m*: 名～ berühmter Schauspieler ④ Wettspiel *n*; Wettkampf *m*; Ringen *n*: ～斗 Ringkampf *m*; Ringen *n* 口～ Zank *m*; Zankerei *f*; Wortgefecht *n* *另见 jiǎo

角力 juélì Kraftprobe *f*; Ringen *n*

角色 juésè ① Rolle *f*; Part *m*; Figur *f*: 扮演了不光彩的～ eine berüchtigte (*od* unrühmliche) Rolle spielen ② Rollenfach *n* (in traditionellen chinesischen Opern)

角逐 juézhú ringen *vi*; rivalisieren *vi*

决 jué ① entscheiden *vt*; beschließen *vt*; bestimmen *vt*: 犹豫不～ zögern *vi*; zaudern *vi*; unschlüssig sein ～一雌雄 den Entscheidungskampf austragen; um die Entscheidung kämpfen; auskämpfen *vt* ② an j-m die Todesstrafe vollstrecken; an j-m das Todesurteil vollziehen; j-n exekutieren: 枪～ j-n durch

Erschießen hinrichten (*od* exekutieren); erschießen *vt*; füsilieren *vt* ③ (von einem Deich u.ä.) brechen *vi* ④ [用在否定词前面] bestimmt; durchaus; gar; unter allen Umständen; auf alle Fälle: ～不妥协 auf keinen Kompromiß eingehen; zu keinem Kompromiß bereit sein ～不退缩 unter gar keinen Umständen nachgeben; nie zurückschrecken (*od* zurückweichen)

决策 juécè ① eine Taktik ausarbeiten (*od* bestimmen); eine strategische Entscheidung treffen ② Taktik *f*; Operationsplan *m*; Entscheidung *f*: ～者 Politiker mit Entscheidungsbefugnis; (politisch) ausschlaggebende Person

决定 juédìng ① bestimmen *vt*; beschließen *vt*; entscheiden *vt* ② Beschluß *m*; Entscheidung *f*; Resolution *f*: 通过一项～ eine Resolution annehmen (*od* billigen) ～性的时刻 entscheidender Augenblick (*od* Moment)

决断 juéduàn ① einen Entschluß fassen; eine Entscheidung treffen; sich entschließen ② Entschlußkraft *f*

决计 juéjì ① sich entschlossen haben; fest entschlossen sein: 我～明天就走。Ich habe den festen Entschluß gefaßt, gleich morgen abzureisen. ② bestimmt; auf jeden Fall; absolut: 那样办～没错儿。Es so zu machen, ist absolut richtig.

决裂 juéliè mit etw./j-m brechen; Bruch *m*: 谈判～ die Verhandlung abbrechen

决然 juérán 〈书〉 ① entschlossen; kurzerhand; kurz entschlossen ② ganz bestimmt; unvermeidlich; fraglos; zweifellos: 道听途说～不能帮你得到准确的消息。Das Hörensagen (*od* Gerücht) hilft dir bestimmt nicht zur irgendwelchen richtigen Infomation. 或 Zu Hilfe des Hörensagens kannst du bestimmt nicht irgendeine richtige Information bekommen.

决赛 juésài Finale *n*; Entscheidungskampf *m*; Entscheidungsspiel *n*: 半～ Halbfinale *n*

决胜 juéshèng um den Sieg kämpfen; einen Entscheidungskampf austragen

决死 juésǐ auf Leben und Tod: ～的斗争 ein Kampf auf Leben und Tod

决算 juésuàn Bilanz *f*; Schlußabrechnung *f*: 国家～ Staatsbilanz *f*

决心 juéxīn Entschluß *m*; Entschlossenheit *f*: 新年的～ der Entschluß des Neujahrs (*od* neuen Jahrs) 下定～ einen festen Entschluß fassen; fest entschlossen sein ～书 schriftliche Verpflichtung

决议 juéyì Beschluß *m*; Resolution *f*: ～草案 Entschließungs-, Resolutionsentwurf *m*

决战 juézhàn Entscheidungskampf *m*; Entscheidungsschlacht *f*

诀

jué ① Reimspruch *m* ② Kniff *m*; Trick *m*; Kunstgriff *m*; Schlüssel *m*: 秘～ Schlüssel zum Erfolg; Erfolgsgeheimnis *n* ③ sich verabschieden; sich trennen; Abschied nehmen: 永～ für immer (*od* auf ewig) Abschied nehmen ～别 j-m Lebewohl sagen; Abschied nehmen (meistens für lange Zeit oder ohne Aussicht auf ein Wiedersehen); sich für immer trennen; auseinandergehen *vi*

诀窍 juéqiào Kunstgriff *m*; Kniff *m*; Schlüssel *m*; beste Methode; Dreh *m*

抉

jué 〈书〉 aussondern *vt*; herausstochern *vt*

抉择 juézé 〈书〉 Wahl *f*; Auswahl *f*; Alternative *f*: 作出～ seine Wahl (*od* die Auswahl) treffen; eine Entscheidung (zwischen zwei oder mehreren Möglichkeiten) treffen

崛

jué 〈书〉 aufragen *vi*; emporragen *vi*; steil ansteigen

崛起 juéqǐ ① steil ansteigen; emporragen *vi*; hervorstehen ② (als politische Kraft) sich erheben

掘

jué graben *vt*: ～井 einen Brunnen graben 发～ ausgraben *vt*; ausheben *vt*; erschließen *vt*

倔

jué: ～强 unbeugsam; unnachgiebig; hartnäckig *另见 juè

绝

jué ① abbrechen *vt*; abschneiden *vt*; unterbrechen *vt*: 拒～ ablehnen *vt*; zurückweisen *vt*; sich weigern; verweigern *vt*; abweisen *vt*; absagen *vi*; abschlagen *vt* ～交 die freundschaftlichen, Beziehungen zu j-m abbrechen ② aufgebraucht; verbraucht; alle sein; mit etw. zu Ende sein: 弹尽粮～。

Der Vorrat an Munition und Lebensmitteln ist aufgebraucht. 或 Munition und Getreide sind ausgegangen. ③ ausweglos; hoffnungslos: ～境 ausweglose Lage; hoffnungslose Situation; Sackgasse *f* ～症 unheilbare (*od* tödliche) Krankheit ④ einzigartig; einzig dastehend; einmalig; ohnegleichen; unvergleichlich: ～技 nicht zu überbietende Meisterschaft; außergewöhnliche Kunstfertigkeit ⑤ äußerst; extrem; bis zur äußersten Grenze: ～好的机会 eine äußerst günstige Gelegenheit ⑥ [用在否定词之前] absolut; unbedingt; bestimmt: ～无此意 etw. ganz bestimmt nicht beabsichtigen ～非偶然 überhaupt kein Zufall; gar nicht zufällig ⑦ keinen Spielraum lassen; kompromißlos: 不要把话说～。Das darfst du nicht zu sehr sagen. 或 Man soll sich dazu nicht ohne Spielraum äußern.

绝笔 juébǐ letztes Werk (eines Autors oder Malers)

绝壁 juébì steile Felsenwand

绝代 júedài 〈书〉 einmalig; einzig; einzigartig: 才华～ ein einzigartiges Talent besitzen

绝倒 juédǎo 〈书〉 schallendes Gelächter; sich vor Lachen schütteln: 令人～ zwerchfellerschütternd

绝顶 juédǐng ① äußerst; extrem; ultra; absolut: ～聪明 äußerst klug ② Gipfel *m*

绝对 juéduì ① absolut; unbedingt: ～多数 absolute Majorität (*od* Mehrheit) ～服从 unbedingter Gehorsam ～化 verabsolutieren *vt*; Verabsolutierung *f* ② absolut; völlig; durchaus; vollkommen: ～可靠 absolut zuverlässig

绝后 juéhòu ① ohne Nachkommenschaft ② nie wiederkehrend: 空前～ nie dagewesen; einzigartig; einmalig

绝迹 juéjī aussterben *vi*; von der Erde verschwinden: 天花病在很多国家都已～。Die Pocken sind in vielen Länder völlig ausgerottet.

绝句 juéjù *Jueju*, Gedichte aus vier Zeilen zu je fünf oder sieben Schriftzeichen (eine klassische chinesische Gedichtform)

绝口 juékǒu [只用在"不"字后面] zu sprechen aufhören: 赞不～ sich in anerkennenden Worten nicht genug tun 骂不～ j-n mit Schimpfworten überhäufen; auf j-n immerfort schimpfen ～不提 etw. gänzlich verschweigen; überhaupt nichts davon erwähnen

绝路 juélù ruinöser Weg; Sackgasse *f*: 自寻～ sich zugrunde richten; sich den Tod holen

绝伦 juélún einzigartig; unvergleichlich; unübertrefflich: 精美～ äußerst fein; von unvergleichlicher Feinheit 荒谬～ höchst absurd

绝密 juémì streng vertraulich; streng geheim

绝妙 juémiào erstaunlich gut; äußerst geschickt; exzellent; sehr fein; ausgezeichnet: ～的一招 ein meisterhafter Schachzug; ein Meisterzug; ein großartiger Trick ～的讽刺 vollkommene Ironie

绝食 juéshí Hungerstreik *m*

绝望 juéwàng alle Hoffnungen aufgeben; verzweifelt; verzweiflungsvoll: ～的挣扎 verzweifelter Kampf

绝无仅有 juéwú-jǐnyǒu keine Parallele finden; ohnegleichen sein

绝招 juézhāo ① Virtuosität *f*; ungewöhnliches Können; unübertreffliche Geschicklichkeit ② besonderer Kniff; ausgefallener Trick

绝种 juézhǒng aussterben *vi*; erlöschen *vi*; sich nicht mehr fortpflanzen (*od* vermehren)

juè

倔 juè widerspenstig; eigensinnig; starrköpfig; verdrießlich; unwirsch: 这老头儿脾气～。Der Alte ist recht widerspenstig. *另见 jué

jūn

军 jūn ① Armee *f*; Heer *n*; Truppen *pl*; Streitkräfte *pl*: 参～ in die Armee eintreten; Soldat werden ② Korps *n* (als militärische Einheit): 全歼敌人一个～ ein feindliches Korps restlos vernichten (*od* völlig aufreiben)

军备 jūnbèi Rüstung *f*: 扩充～ Aufrüstung *f* ～竞赛 Wettrüsten

n; Rüstungswettlauf *m*
军队 jūnduì Armee *f*; Streitkräfte *pl*; Truppen *pl*
军阀 jūnfá Militärmachthaber *m*; Kriegsherr *m*; Warlord *m*
军法 jūnfǎ Militärgesetz *n*; Militärrecht *n*: ～从事 j-n nach dem Militärstrafgesetzbuch bestrafen ～审判 j-n vor das Militärgericht (*od* Kriegsgericht) stellen
军费 jūnfèi Militärausgaben *pl*; Rüstungskosten *pl*
军服 jūnfú Militäruniform *f*; Uniform *f*: ～呢 Uniformstoff *m*
军工 jūngōng ① Kriegs-, Rüstungsindustrie *f* ② Rüstungsprojekt *n*; militärisches Projekt
军官 jūnguān Offizier *m*
军火 jūnhuǒ Munition *f*; Waffen und Munition: ～工业 Munitions-, Rüstungs-, Kriegsindustrie *f* ～库 Waffen- und Munitionslager *n*; Munitionsstapelplatz *m*; Munitionsdepot *n* ～商 Waffenhändler *m*
军机 jūnjī ① militärische Belange; militärische Angelegenheiten; militärische Planung: 贻误～ militärische Planungsaufgaben hinauszögern (*od* verhindern) ② militärisches Geheimnis: 泄露～ militärische Geheimnisse verraten
军纪 jūnjì Militärdisziplin *f*; soldatische Disziplin
军舰 jūnjiàn Kriegsschiff *n*
军旗 jūnqí Armeefahne *f*; Kriegsflagge *f*; Feldbanner *n*: ～礼 Flaggensalut *m*
军情 jūnqíng militärische Situation: 刺探～ militärische Informationen einholen; die militärische Lage auskundschaften
军区 jūnqū Militärbezirk *m*; Militärgebiet *n*; Wehrbereich *m*
军人 jūnrén Armeeangehörige(r); Soldat *m*
军师 jūnshī Militärberater *m* (in alter Zeit)
军事 jūnshì Armee-, Militärangelegenheiten *pl*; Militärwesen *n*; Militär *n*: ～基地 Militärbasis *f* ～科学 Militärwissenschaft *f* ～素质 militärische Qualitäten (*od* Fähigkeiten) ～演习 Militärmanöver *n* ～学院 Militärakademie *f*
军属 jūnshǔ Familie eines Armeeangehörigen; Angehörige eines Soldaten bzw. Offiziers
军械 jūnxiè Kriegsgerät *n*; Kriegsausrüstung *f*: ～处 Waffen-, Zeugamt *n* ～库 Zeughaus *n*; Waffenkammer *f*; Waffendepot *n*
军心 jūnxīn Kampfgeist der Armee; Kampfmoral der Truppen
军需 jūnxū ① militärischer Bedarf; Armeebedarf *m*: ～品 militärische Versorgungsgüter; Waren des militärischen Bedarfs ～库 Lager für militärische Versorgungsgüter ② Quartiermeister *m*
军医 jūnyī Militärarzt *m*
军营 jūnyíng Kaserne *f*
军种 jūnzhǒng Teilstreitkräfte *pl*
军装 jūnzhuāng Armeeuniform *f*; Uniform *f*

均 jūn ① gleich; gleichmäßig; ausgewogen: 财富分配不～ das Reichtum ungleichmäßig verteilen ② all; ganz; ohne Ausnahme: 所有国家～派代表出席了会议。Alle Länder haben den Delegierten zu der Konferenz geschickt (*od* entsandt).
均等 jūnděng Gleichheit *f*; Gleichwertigkeit *f*
均分 jūnfēn etw. gleichmäßig verteilen
均衡 jūnhéng Ausgewogenheit *f*; Gleichgewicht *n*; Balance *f*; ausgewogen; ausgeglichen: 国民经济～地发展。Die Volkswirtschaft hat gleichmäßig entwickelt.
均势 jūnshì Gleichgewicht (*od* Ausgewogenheit) der Kräfte; Ausgeglichenheit der Kräfteverhältnisse: 核～ Nukleargleichgewicht *f*
均匀 jūnyún gleichmäßig; regelmäßig: 今年的雨水很～。Regen fiel in diesem Jahr sehr gleichmäßig.

钧 jūn ① *Jun* *n* (gleich 30 *Jin*) ② 〈敬〉 Sie; Ihr: ～座 Eure Exzellenz

菌 jūn ① Pilze *pl* ② Bakterie *f*; Bakterium *n*; Spaltpilz *m*
·*另见 jùn

龟(龜) jūn *另见 guī
龟裂 jūnliè ① (Boden) trocken und rissig werden; viele Risse bekommen ② (Haut) Risse bekommen; rissig werden

君 jūn ① Monarch *m*; Herrscher *m*; Gebieter *m* ② Herr: 诸～ Meine Herrschaften 张～ Herr Zhang
君权 jūnquán monarchische Gewalt; königliche Hoheitsrechte
君主 jūnzhǔ Herr und Gebieter; Monarch *m*; Fürst *m*; Herrscher

m: ～国 Monarchie *f*; monarchistisch regierter Staat ～立宪 konstitutionelle Monarchie ～制 Monarchie *f*; monarchistisches System ～专制 absolute Monarchie

君子 jūnzǐ Gentleman *m*; Mann von edlem Charakter: 伪～ Scheinheilige(r); Heuchler *m* 正人～ Ehrenmann *m*; aufrichtiger Mensch ～协定 Gentleman's Agreement; Übereinkunft auf Treu und Glauben

jùn

菌 jùn Pilz *m* *另见 jūn

浚(濬) jùn ausbaggern *vt*; ausgraben *vt*: ～渠 einen Kanal ausbaggern

竣 jùn vollenden *vt*; beenden *vt*; fertigstellen *vt*: 告～ etw. beendet haben ～工 (ein Projekt) fertigstellen *vt*

峻 jùn ① (Berg) hoch; steil aufragend: 高山～岭 hohe Gebirge ② streng; hart: 严刑～法 strenge Gesetze und harte Strafen

峻峭 jùnqiào hoch und steil; steil aufragend

俊 jùn ① schön; hübsch: 这孩子长得挺～的。Das Kind sieht sehr hübsch aus. ② sehr tüchtiger und begabter Mensch; talentierte Person

俊杰 jùnjié ein großer Mann; ein großes Talent; ein äußerst fähiger und begabter Mensch; hervorragende Persönlichkeit

俊美 jùnměi gut aussehend; schön; bildschön; hübsch

俊俏 jùnqiào schön (*od* hübsch) und charmant; anmutig

俊秀 jùnxiù hübsch; schön; von erlesener Schönheit; liebreizend

骏 jùn: ～马 edles Roß; Renner *m*

Kk

kā

喀 kā 〈象〉 Hustengeräusch *n*; Röcheln *n* (beim Erbrechen)

喀嚓 kāchā Krach *m*; Krachen *n*; Knacks *m*: ～一声，树枝断了。Ein Krach, und der Ast war abgebrochen.

咖 kā * 另见 gā

咖啡 kāfēi Kaffee *m*: ～馆 Café *n*; Kaffeehaus *n*;Kaffeestube *f* ～因 Koffein *n*; Kaffein *n* 速溶～ löslicher Kaffee; Schnellkaffee *m*

kǎ

卡 kǎ ① zurückhalten *vt*; aufhalten *vt*; blockieren *vt*: 他及时～住了这笔钱。Er beanstandete rechtzeitig diese Ausgaben. ～住敌人的退路 den feindlichen Rückweg blockieren ② 〈简〉(卡路里) Kalorie *f* * 另见 qiǎ

卡车 kǎchē Lastkraftwagen *m*; Lastauto *n*

卡片 kǎpiàn Karte *f*: ～目录 Karteikatalog *m* ～索引 Karteiindex *m*

咯 kǎ aushusten *vt*; auswerfen *vt*: ～痰 Schleim aushusten ～血 Bluthusten *n*; Blutspucken *n*; Blutsturz *m*

kāi

开(開) kāi ① öffnen *vt*; aufmachen *vt*; aufschließen *vt*; aufsperren *vt*: ～门 die Tür öffnen (*od* aufmachen) ② eine Öffnung machen; eröffnen *vt*; erschließen *vt*; urbar machen: ～运河 einen Kanal ausheben; kanalisieren *vt* ～荒 Brachland erschließen (*od* urbar machen, kultivieren) ③ sich entfalten;

sich öffnen: 花都～了。Die Blumen haben alle geblüht. ④ aufheben *vt*; abschaffen *vt*; beseitigen *vt*: ～禁 ein Verbot aufheben ⑤ in Bewegung (*od* Gang) setzen: ～拖拉机 einen Traktor fahren ～飞机 ein Flugzeug steuern ～电视机 das Fernsehen einschalten (*od* anschalten) ⑥ abmarschieren *vi*; den Abmarsch antreten: 军队正～往前线。Die Truppen marschieren an die Front. ⑦ gründen *vt*; errichten *vt*; einrichten *vt*: ～工厂 eine Fabrik eröffnen (*od* betreiben) ⑧ beginnen *vt/vi*; anfangen *vt*; losgehen *vi*: ～学 mit dem Unterricht (*od* den Vorlesungen) beginnen; Schulanfang *m* ～演 Vorstellungsbeginn *m*; die Vorstellung beginnt. ⑨ halten *vt*; abhalten *vt*; veranstalten *vt*: ～运动会 ein Sportfest veranstalten ⑩ schreiben *vt*; ausfertigen *vt*: ～方子 ein Rezept ausschreiben; eine Arznei verschreiben (*od* verordnen) ～一个户头 ein Konto eröffnen ⑪ auszahlen (Lohn, Fahrgeld usw.): ～销 Ausgaben *pl*; Auslagen *pl*; Kosten *pl* ⑫ sieden *vi*; kochen *vi*; brodeln *vi*: 水～了。Das Wasser siedet. ⑬ [用在动词后，表示扩大或扩展]: 消息传～了。Die Nachricht breitete sich aus.

开(開) kāi ① [用在动词后，表示分开或离开]: 躲～ ausweichen *vi*; j-m/etw. aus dem Weg gehen 把门推～ die Tür aufstoßen ② [用在动词后，表示容下]: 这屋子小，人多了坐不～。Das Zimmer ist klein, es kann nicht viele Leute fassen.

开拔 kāibá abmarschieren *vi*; sich in Bewegung setzen

开办 kāibàn gründen *vt*; errichten *vt*; eröffnen *vt*; beginnen *vt*: ～训练班 einen Lehrgang (*od* Schulungskurs) veranstalten

开本 kāiběn Buchformat *n*: 十六～ Sedezformat *n* 三十二～ Zweiunddreißigstelformat *n*

开采 kāicǎi abbauen *vt*; fördern *vt*; erschließen *vt*; ausbeuten *vt*: ～煤炭 Kohle fördern (*od* abbauen) ～石油 Erdöl gewinnen (*od* erschließen)

开场 kāichǎng beginnen *vi*; Anfang *m*: 戏已经～了。Die Vorstellung hatte schon begonnen.

开车 kāichē ① ein Fahrzeug (Auto, Zug) lenken; fahren *vt*; führen *vt* ② eine Maschine laufen lassen

开诚布公 kāi chéng bù gōng etw. frank und frei (*od* ganz offen) aussprechen; frei (*od* frisch) von der Leber weg sprechen; offen und ehrlich

开除 kāichú ausschließen *vt*; ausstoßen *vt*: ～学籍 j-n von der Schule verweisen

开创 kāichuàng beginnen *vt*; gründen *vt*; ins Leben rufen; schaffen *vt*: ～新时代 eine neue Ära (*od* Epoche) einleiten (*od* eröffnen) ～局面 eine neue Situation schaffen; eine neue Perspektive eröffnen

开刀 kāidāo ① eine Operation durchführen; operieren *vt*: 给病人～ eine Operation an einem Kranken vornehmen ② j-n/etw. zum ersten Ziel eines Angriffs machen

开导 kāidǎo j-n zur Einsicht (*od* zur Vernunft) bringen; ermahnen *vt*; aufklären *vt*

开动 kāidòng etw. in Bewegung setzen; etw. in Gang setzen: ～机器 eine Maschine anwerfen ～脑筋 seinen Geist anstrengen; über etw. nachdenken

开端 kāiduān Beginn *m*; Anfang *m*; Start *m*: 良好的～ ein guter Anfang

开发 kāifā nutzbar machen; erschließen *vt*; ausbeuten *vt*: ～海底石油 das Ölfeld auf dem Meeresboden erschließen ～荒地 Brachland erschließen (*od* urbar machen) ～自然资源 Bodenschätze ausbeuten

开放 kāifàng ① blühen *vi*; sich öffnen; (Knospe) aufgehen *vi*: 百花～。Hundert Blumen stehen in der Blüte. ② ein Verbot (bzw. eine Einschränkung) aufheben ③ für den Verkehr (bzw. den öffentlichen Gebrauch) freigeben (*od* öffnen) ④ eröffnen *vt*; offenstehen *vi*: ～政策 Öffnungspolitik nach außen 沿海～城市 die dem Außenhandel offenstehenden Städte in den Küstengebieten

开工 kāigōng ① in Betrieb nehmen (*od* setzen); Inbetriebnahme *f*: ～不足 nicht mit voller Kapazität arbeiten ② mit dem Bau beginnen

开关 kāiguān Schalter *m*

开国 kāiguó einen Staat gründen: ～大典 Gründungszeremoniell *n*

(eines Staates) ～元勋 verdienstvoller Mitbegründer eines Staats
开航 kāiháng ① eine Fluglinie bzw. Schiffahrtslinie eröffnen ② abfahren *vi*; ablegen *vi*
开花 kāihuā blühen *vi*; Blüte treiben: ～结果 Blüten treiben und Früchte tragen; von Erfolg gekrönt sein
开化 kāihuà zivilisiert werden
开会 kāihuì an einer Versammlung (*od* Sitzung) teilnehmen; eine Versammlung (*od* Sitzung) abhalten
开火 kāihuǒ das Feuer eröffnen ～!（口令）Feuer! 或 Schuß!
开戒 kāijiè seine Enthaltsamkeit beendigen; seine Abstinenz aufgeben
开卷 kāijuàn ein Buch öffnen (*od* aufschlagen); Lesen *n*: ～考试 Prüfung mit offenen Büchern
开垦 kāikěn urbar machen *vt*; kultivieren *vt*
开口 kāikǒu ① den Mund öffnen (*od* auftun); anfangen zu sprechen: 难以～ Schwierigkeiten haben, etw. zur Sprache zu bringen; etw. nicht über die Lippen bringen können; herumdrucksen *vi* ② eine Messerklinge usw. zum ersten Mal schleifen
开阔 kāikuò ① weit; ausgedehnt: ～的广场 ausgedehnter (*od* weiter) Platz ② offenherzig; tolerant: 心胸～ weitherzig; großzügig; unbefangen ③ erweitern *vt*; ausdehnen *vt*: ～眼界 den Gesichtskreis (*od* Horizont) erweitern
开朗 kāilǎng klar und offen: 豁然～ j-m geht plötzlich ein Licht auf; plötzlich zur Einsicht kommen
开列 kāiliè aufzählen *vt*; aufführen *vt*; aufstellen *vt*: ～清单 eine Liste führen; auflisten *vt*; Inventur machen
开明 kāimíng aufgeklärt; zivilisiert; fortschrittlich: ～人士 aufgeklärte Persönlichkeit
开幕 kāimù ① der Vorhang geht auf (*od* öffnet sich, teilt sich) ② eröffnen *vt*: 展览会明天～。Die Ausstellung wird morgen eröffnet. ～词 Eröffnungsansprache *f* ～式 Eröffnungsfeier *f*
开辟 kāipì erschließen *vt*; bahnen *vt*; Bahn brechen: ～财源 neue finanzielle Quellen (*od* Einkommensquellen) erschließen ～航线 eine Flug- bzw. Schiffahrtslinie eröffnen ～新的途径 einen neuen Weg bahnen
开腔 kāiqiāng zu sprechen beginnen; den Mund öffnen (*od* auftun): 他半天不～。Eine lange Weile brachte er kein Wort über die Lippen. 或 Lange Zeit gab er keinen Laut von sich.
开设 kāishè ① gründen *vt*; errichten *vt*; eröffnen *vt* ② (einen neuen Kurs *od* Lehrgang) abhalten
开始 kāishǐ ① beginnen *vt*/*vi*; anfangen *vi*/*vt*: ～生效 in Kraft treten ② Anfangsstufe *f*; Anfang *m*; Beginn *m*
开释 kāishì (einen Gefangenen) freilassen; j-n aus der Haft entlassen
开水 kāishuǐ abgekochtes Wasser
开庭 kāitíng eine Gerichtsverhandlung eröffnen
开通 kāitong aufgeschlossen; aufgeklärt; vernünftig; liberal
开头 kāitóu beginnen *vi*; anfangen *vi*: 您从一～就错了。Sie hatten schon von Anfang an unrecht.
开脱 kāituō rechtfertigen *vt*; frei-, lossprechen *vt*: ～罪责 j-n von einem Schuldvorwurf entlasten; j-n von einer Schuld befreien 替某人～ für j-n plädieren
开拓 kāituò urbar machen; erschließen *vt*: ～精神 Unternehmungsgeist *m*
开外 kāiwài mehr als; über: 他看起来有四十～。Er sieht wie über 40 (Jahre alt) aus.
开玩笑 kāi wánxiào Spaß machen; scherzen *vi*; sich über j-n lustig machen: 我是跟你～的。Ich treibe nur einen Spaß mit dir. 这可不是～的事。Damit ist nicht zu spaßen. 或 Das ist kein Scherz.
开往 kāiwǎng nach ... fahren: ～广州的特快列车 der Expreßzug nach Guangzhou
开胃 kāiwèi den Appetit anregen
开小差 kāi xiǎochāi ① desertieren *vi* ② zerstreut sein; geistesabwesend sein; sich nicht konzentrieren: 用心听讲，思想就不会～。Wenn man aufmerksam zuhört, so wird man (beim Unterricht) nicht zerstreut sein.
开销 kāixiāo Kosten *pl*; Ausgaben *pl*; Auslagen *pl*: 日常的～ laufende Ausgaben
开心 kāixīn ① sich freuen; sich j-s erfreuen; erfreut sein ② sich auf j-s Kosten lustig machen;

sich über j-n lustig machen; j-n zum besten haben (*od* halten): 别拿他～! Halt ihn nicht zum besten! 或 Nimm ihn nicht auf den Arm!

开业 kāiyè ① die Geschäftstätigkeit beginnen ② eine Praxis eröffnen (von einem Arzt, Rechtsanwalt usw.)

开源节流 kāi yuán jié liú neue Quellen erschließen und Flüsse eindämmen — neue Einnahmequellen erschließen und Ausgaben verringern (*od* einschränken)

开展 kāizhǎn ① entfalten *vt*; entwickeln *vt*; etw. zur Entfaltung bringen: ～批评和自我批评 Kritik und Selbstkritik üben ② aufgeschlossen; vorurteilslos; politisch fortschrittlich

开张 kāizhāng ① ein Geschäft eröffnen; ein Unternehmen gründen ② erster Geschäftsabschluß eines Tages

开支 kāizhī ① ausgeben *vt*; bezahlen *vt* ② Ausgaben *pl*; Kosten *pl*: 节省～ Ausgaben ersparen 军费～ Militärausgaben *pl*

开宗明义 kāi zōng míng yì gleich zu Beginn den Hauptgedanken erklären; zum Wesen der Sache kommen

揩 kāi wischen *vt*: ～泪 j-m die Tränen abwischen 把桌子～干净 den Tisch sauber wischen ～油 j-m etw. abschnorren; abstauben *vt*; nassauern *vi*

kǎi

慨 kǎi ① entrüstet; empört; aufgebracht ② tief gerührt; voll innerer Bewegung: 感～ aus tiefster Seele (*od* tief ergriffen) seufzen

慨然 kǎirán ① tief gerührt; schmerzlich berührt: ～长叹 mit tiefer Empfindung seufzen ② großzügig; großmütig; generös: ～相赠 j-m etw. großzügig schenken

楷 kǎi ① Muster *n*; Vorlage *f*; Vorbild *n* ② (in der chinesischen Kalligraphie) Muster-, Normalschrift *f*: 大(小)～ große (kleine) chinesische Pinselschrift

楷模 kǎimó Muster *n*; Vorbild *n*; Beispiel *n*

楷书 kǎishū (in der chinesischen Kalligraphie) Normalschrift *f*

铠(鎧) kǎi: ～甲 Harnisch *m*; Panzerrüstung *f*; Panzerung *f*; Panzer *m*; metallener Körperschutz

凯(凱) kǎi ① siegreich; triumphierend ② Siegesweisen *pl*; Siegesmelodien *pl*

凯歌 kǎigē Sieges-, Trinmphlied *n*; Sieges-, Triumphgesang *m*; Preislied *n*

凯旋 kǎixuán siegreiche Heimkehr; im Triumph einziehen: ～而归 im Triumph zurückkehren

kān

刊 kān ① drucken *vt*; herausgeben *vt*; veröffentlichen *vt*: 创～ (eine Zeitung oder Zeitschrift) erstmals herausgeben; gründen *vt* ② Zeitschrift *f*; Magazin *n*: 报～ Zeitungen und Zeitschriften 半月～ Halbmonatsschrift *f* ③ berichtigen *vt*; korrigieren *vt*: ～误 Druckfehler berichtigen

刊登 kāndēng (in einer Zeitung bzw. Zeitschrift) veröffentlichen *vt*; abdrucken *vt*

刊物 kānwù Zeitschrift *f*; Magazin *n*: 定期～ (periodisch erscheinende) Zeitschrift *f*; Periodika *pl*

刊载 kānzǎi (in einer Zeitung bzw. Zeitschrift) veröffentlichen *vt*; bringen *vt*

堪 kān ① können; dürfen; vermögen; fähig (sein); würdig (sein): ～当重任 einer wichtigen Aufgabe gewachsen sein ① ertragen *vt*; aushalten *vt*: 不～ unvorstellbar; nicht auszudenken; äußerst; völlig

戡 kān niederwerfen *vt*; unterdrücken *vt*; niederschlagen *vt*: ～乱 eine Rebellion niederwerfen; einen Aufruhr unterdrücken

勘 kān ① einen Text mit dem Original vergleichen; kollationieren *vt*; korrigieren *vt* ② untersuchen *vt*; nachforschen *vi*

勘测 kāncè untersuchen und vermessen

勘察 kānchá ① (von einem Gelände) Erforschung *f*; Erkundung *f*; Rekognoszierung *f* ② (nach Bodenschätzen) schürfen *vi*

勘探 kāntàn Schürfen *n*; Erforschung *f*; Exploration *f*

勘误 kānwù Druckfehler berichtigen: ～表 Druckfehlerverzeichnis *n*; Errata *pl*

龛(龕) kān Gebetsnische *f*: 佛～ Nische mit Buddhastatue

看 kān ① hüten *vt*; behüten *vt*; bewachen *vt*: ～门 den Eingang bewachen; Pförtner sein ～孩子 auf die Kinder aufpassen ② überwachen *vt*; beaufsichtigen *vt*: ～住那坏蛋，别让他跑了！ Paßt auf den Kerl gut auf, laßt ihn nicht weglaufen. 或 Laßt den Schuft nicht aus den Augen! * 另见 kàn

看管 kānguǎn ① für etw. sorgen; auf etw. aufpassen: ～行李 auf das Gepäck achten ② überwachen *vt*; die Aufsicht über j-n/etw. führen: ～俘虏 die Kriegsgefangenen bewachen

看护 kānhù ① pflegen *vt*: ～病人 einen Kranken pflegen (*od* warten) ② Krankenpflegerin *f*; Krankenschwester *f*; Krankenpfleger *m*

看家 kānjiā ① ein Haus bewachen; sich um das Haus kümmern ② (auf einem Spezialgebiet) befähigt; bewandert: ～本领 j-s besondere Fertigkeit (*od* Geschicklichkeit)

看守 kānshǒu ① überwachen *vt*; beaufsichtigen *vt*; bewachen *vt*: ～犯人 Gefangene unter Aufsicht halten ② Gefängnis wärter *m*: ～内阁 geschäftsführende Regierung; Interims-, Übergangskabinett *n* ～所 Untersuchungsgefängnis *n*

看押 kānyā j-n in Gewahrsam (*od* Untersuchungshaft) nehmen

kǎn

槛(檻) kǎn Tor-, Türschwelle *f*

侃 kǎn: ～～而谈 selbstbewußt und gelassen reden

坎 kǎn Bodenerhöhung *f*: 田～儿 Feldrain *m*

坎肩儿 kǎnjiānr (meistens gefütterte) ärmellose Jacke

坎坷 kǎnkě ① holp(e)rig; uneben: ～不平的道路 holpriger Weg ② 〈书〉 voller Enttäuschung: ～一生 ein Leben voller Enttäuschung

砍 kǎn fällen *vt*; hacken *vt*; hauen *vt*; abschlagen *vt*: 把树枝～下来 die Äste abhauen (*od* abhacken) ～柴 Holz hacken 把树～倒 einen Baum fällen

砍伐 kǎnfá (Bäume) fällen *vt*

kàn

瞰 kàn überblicken *vt*; übersehen *vt*: 鸟～ Blick aus der Vogelperspektive (*od* Vogelschau); allgemeiner Überblick

看 kàn ① sehen *vt*; schauen *vi*; sich etw. ansehen; blikken *vi*: ～电影 sich einen Film ansehen; in einen Film (*od* ins Kino) gehen ～电视 fernsehen *vi*; sich eine Fernsehsendung anschauen ～球赛 bei einem Ballspiel zuschauen ② lesen *vt*: ～报 eine Zeitung lesen ～书 (ein Buch) lesen ③ denken *vi*; j-n/etw. als j-n/etw. ansehen; j-n/etw. für j-n/etw. halten; beurteilen *vt*: 你对他怎么～？ Was halten Sie von ihm? ④ betrachten *vt*: 把人民的利益～得高于一切 die Interessen des Volkes über alles setzen ⑤ untersuchen *vt*; behandeln *vt*: 大夫把他的肺炎～好了。Der Arzt hat seine Lungenentzündung kuriert. ⑥ aufpassen *vi*; auf j-n/etw. achten ⑦ besuchen *vt*; bei j-m vorbeisehen: ～朋友 einen Freund besuchen ～医生 sich in ärztliche Behandlung begeben; zum Arzt gehen; einen Arzt aufsuchen ⑧ von ... abhängen *vi*; auf ... ankommen: 明天是否去长城，完全得～天气。Ob wir morgen eine Reise nach der Großen Mauer machen, hängt durchaus vom Wetter ab. ⑨ [用在动词或动词结构后面，表示试一试]: 尝尝～。Probieren Sie mal! 或 Kosten Sie mal! 让我想想～。Lassen Sie mich nachdenken (*od* überlegen)! * 另见 kān

看病 kànbìng ① Kranke behandeln; j-n ärztlich betreuen ② zum Arzt gehen; einen Arzt aufsuchen

看不惯 kànbuguàn etw. nicht mit ansehen können; auf j-n/etw. mit Mißfallen blicken; j-n/etw. mißbilligend anblicken (*od* anschauen): 这种浪费现象我们～。Wir blicken mit Mißfallen auf diese Zeichen von Verschwendung.

看不起 kànbuqǐ verachten *vt*;

geringschätzen *vt*

看成 kànchéng j-n/etw. als j-n/etw. betrachten; j-n/etw. für j-n/etw. halten; j-n/etw. als (*od* für) j-n/etw. ansehen; etw. in j-m sehen: 你把我～什么人了? Wofür halten Sie mich?

看出 kànchū einsehen *vt*; erkennen *vt*: ～问题所在 herausfinden, wo das Problem liegt

看穿 kànchuān durchschauen *vt*: 我们立即～了他的诡计。Wir haben sofort seine Intrige durchschaut.

看待 kàndài behandeln *vt*; betrachten *vt*

看得起 kàndeqǐ hochschätzen *vt*; hochachten *vt*; j-m hohe Achtung erweisen

看法 kànfǎ Ansicht *f*; Betrachtungsweise *f*

看见 kànjiàn sehen *vt/vi*; erblikken *vt*; schauen *vi/vt*

看来 kànlái es scheint; anscheinend; dem Anschein nach: ～好象要下雨。Es sieht nach Regen aus. ～他并不喜欢这样的电影。Es scheint, daß er kein Interesse für solchen Film hat.

看破 kànpò durchschauen *vt*: ～红尘 das Getriebe der Welt durchschauen; vom Leben enttäuscht

看齐 kànqí ① sich (in einer Reihe) ausrichten: 向右(左)～! Augen rechts (links)! 或 Nach rechts (links)! ② mit j-m Schritt halten; j-n zum Vorbild nehmen; einem Vorbild nacheifern: 向先进工作者～ die Modellarbeiter zum Vorbild nehmen und ihnen nacheifern

看轻 kànqīng unterschätzen *vt*; zu gering schätzen: 我们不应～自己的力量。Wir sollten unsere eigene Kraft nicht unterschätzen.

看透 kàntòu ① gründlich verstehen; völlig begreifen ② durchschauen *vt*

看中 kànzhòng ein Auge auf j-n/etw. geworfen haben; an etw./j-m Gefallen finden; sich j-m/etw. zuwenden; sich für etw. entschließen: 这些布你～了哪块? Welcher von diesen Stoffen gefällt Ihnen?

看重 kànzhòng Gewicht (*od* großen Wert) auf etw. legen; wertschätzen *vt*; hochschätzen *vt*: ～友谊 Freundschaft hochschätzen

kāng

康 kāng Gesundheit *f*; Wohlbefinden *n*

康复 kāngfù wiederhergestellt; wieder völlig gesund: 祝您早日～。Ich wünsche Ihnen baldige Genesung.

康乐 kānglè Gesundheit und Glück

康庄大道 kāngzhuāng dàdào eine breite und ebene Straße

慷 kāng

慷慨 kāngkǎi ① leidenschaftlich; inbrünstig: ～激昂 von gerechter Empörung gepackt; feurig; temperamentvoll; leidenschaftlich; eifrig und hingebend ～陈词 temperamentvoll (*od* mit Inbrunst) sprechen ② großzügig; freigebig; eine offene Hand haben: ～解囊 j-m freigebig mit Geld unter die Arme greifen ～援助 j-m großzügig Beistand (*od* Hilfe) leisten

慷慨就义 kāngkǎi jiùyì (bei seiner Hinrichtung) wie ein Held sterben

糠 kāng Spreu *f*; Kleie *f*

káng

扛 káng schultern *vt*; auf der Schulter tragen: ～枪 ein Gewehr schultern ～着麻袋 einen Hanfsack auf der Schulter tragen ～长活 sich (jeweils) für ein Jahr oder länger als Landarbeiter verdingen

kàng

亢 kàng hoch; hochmütig; stolz: 不～不卑 weder hochmütig noch demütig

炕 kàng ① *Kang m* (aus Ziegeln gemauerte heizbare Schlafbank) ② am Feuer erhitzen oder trocknen: 把湿衣服摊在炕上～干 die feuchte Kleidung auf dem *Kang* zum Trocknen ausbreiten

抗 kàng ① Widerstand leisten; gegen ... kämpfen; bekämpfen *vt*: ～灾 Naturkatastrophen bekämpfen ～敌 dem Feind

Widerstand leisten; dem Gegner widerstehen ～热 der Hitze widerstehen; hitzfest; hitzebeständig ② verweigern *vt*; trotzen *vi*: ～捐～税 Steuer- und Abgabenverweigerung *f*; Steuerboykott *m*; Steuerzahlungen verweigern ③ sich mit j-m vergleichen (*od* messen): 分庭～礼 j-m als Kontrahent begegnen; j-m als Ebenbürtiger entgegentreten

抗辩 kàngbiàn ① widersprechen *vi*; widerstreiten *vi*; bestreiten *vt* ②Rechtseinwand *m*;rechtliche Einwendungen; Gegeneinwand *m*; Gegenrede *f*; Replik *f*

抗旱 kànghàn Dürre (*od* Trockenheit) bekämpfen; dürreresistent, -beständig

抗衡 kànghéng es mit j-m aufnehmen; sich mit j-m messen

抗洪 kànghóng eine Überschwemmung bekämpfen

抗击 kàngjī Widerstand leisten; zurückschlagen *vi*; abwehren *vt*: ～侵略者 Widerstand gegen die Aggressoren leisten; sich gegen die Aggressoren zur Wehr setzen

抗拒 kàngjù Widerstand entgegensetzen; trotzen *vi*; Trotz bieten; sich widersetzen

抗菌素 kàngjūnsù Antibiotikum *n*

抗生素 kàngshēngsù Antibiotikum *n*

抗议 kàngyì protestieren *vi*: 提出～ Protest erheben ～集会 Protestkundgebung *f* ～照会 Protestnote *f*

伉 kàng

伉俪 kànglì ‹书› Ehegatten *pl*; Mann und Frau; Ehepaar *n*

kǎo

考

kǎo ① eine Prüfung abhalten (*od* ablegen); prüfen *vt*; examinieren *vt*: 我～～你。Ich werde dich einmal testen. ～上大学 die Aufnahmeprüfung für die Hochschule bestehen ② untersuchen *vt*; überprüfen *vt*; nachprüfen *vt* ③ verifizieren *vt*; erforschen *vt*: 待～ die Richtigkeit oder Echtheit (einer Angabe usw.) noch bestätigen müssen

考查 kǎochá kontrollieren *vt*; überprüfen *vt*; examinieren *vt*; untersuchen *vt*: ～学生的成绩 die Leistungen der Studenten oder Schüler kontrollieren

考察 kǎochá ① untersuchen *vt*; an Ort und Stelle eine Überprüfung vornehmen: 出国～ eine Studienreise ins Ausland machen ② beobachten und studieren

考订 kǎodìng nachsehen und verbessern; genaues Textstudium

考古 kǎogǔ ① archäologisches Studium ② Archäologie *f*: ～学 Archäologie *f* ～学家 Archäologe *m*

考核 kǎohé überprüfen *vt*; untersuchen *vt*; (j-s Leistungsfähigkeit) abschätzen: ～制度 Überprüfungssystem *n*

考究 kǎojiu ① erforschen *vt*; studieren *vt* ② sehr anspruchsvoll; wählerisch: 穿衣服不必过于～。Es ist nicht nötig, sich zu anspruchsvoll zu kleiden. 或 Man braucht sich nicht herauszustaffieren. ③ verfeinert; äußerst fein: 装璜～ geschmackvolle Verpackung

考据 kǎojù Textkritik *f*

考虑 kǎolǜ überlegen *vt*/*vi*; erwägen *vt*; über etw. nachdenken; in Erwägung (*od* Betracht)ziehen; berücksichtigen *vt*: 让我～一下。Laß mich einmal überlegen!

考勤 kǎoqín die Anwesenheit überprüfen: ～簿 Präsenzliste *f*

考生 kǎoshēng Prüfling *m*; Prüfungskandidat *m*; Kandidat einer Zulassungsprüfung

考试 kǎoshì Prüfung *f*; Examen *n*

考验 kǎoyàn prüfen *vt*; erproben *vt*: 经受严峻的～ durch eine schwere Prüfung gehen

考证 kǎozhèng Textkritik *f*; Textuntersuchung *f*

烤

kǎo ① backen *vt*; rösten *vt*; grillen *vt*: ～鸭 Bratente *f* ～馒头 Dampfbrötchen backen 把湿衣服～干 nasse Kleidung am Feuer trocknen ② brennend; sengend; sehr heiß: 这炉子太～人。Der Ofen ist unerträglich heiß.

烤火 kǎohuǒ sich am Feuer wärmen

烤炉 kǎolú Backofen *m*

拷

kǎo foltern *vt*; peinlich befragen; schlagen *vt*

拷贝 kǎobèi Kopie *f*

拷打 kǎodǎ foltern *vt*; peinlich befragen; schlagen *vt*: 严刑～ j-n einer harten Folter unterwerfen

拷问 kǎowèn j-n hochnotpeinlich befragen; j-n unter der Folter verhören

kào

铐 kào ① Handschellen *pl* ② j-m Handschellen anlegen: 把犯人～起来 einem Verbrecher Handschellen anlegen

靠 kào ① an ... lehnen; sich anlehnen; sich auf...stützen: 她把头～在他的肩上。Sie lehnt ihren Kopf an seine Schulter. ② sich nähern; näherkommen *vi*; zusteuern *vt*: 我们的车～近机场了。Unser Wagen ist schon an den Flughafen nähergekommen. ③ in der Nähe von; nahe an (*od* bei) ... liegen: 他～窗坐着。Er sitzt am Fenster. ④ auf etw. angewiesen sein; von ... leben: 他家里全～他维持生活。Seine Familie ist ganz auf seine Unterstützung angewiesen. ⑤ vertrauen *vi*; Vertrauen *n*: 可～ zuverlässig; verläßlich

靠岸 kào'àn anlegen *vt*; längsseits ziehen

靠边 kàobiān am Rande; an der Seite: ～! ～! Mach Platz, bitte! ～儿站 sich auf die Seite stellen; zur Seite gehen

靠不住 kàobuzhù unzuverlässig; nicht vertrauenswürdig: 这人～。Dieser Kerl ist unzuverlässig. 这消息～。Diese Nachrich ist unglaubwürdig.

靠得住 kàodezhù zuverlässig; vertrauenswürdig

靠拢 kàolǒng aufrücken *vi*; aufschließen *vi*; enger zusammenrükken: 向前～! Nach vorn zusammenrücken (*od* aufschließen)!

靠山 kàoshan Schutznerr *m*; Patron *m*; Schützer *m*; Beschirmer *m*

犒 kào belohnen *vt*; j-n mit Speisen und Getränken bewirten: ～劳 belohnen *vt*; j-n mit Speisen und Getränken bewirten ～赏 j-n für geleistete Dienste belohnen; eine siegreiche Armee bewirten und beschenken

kē

磕 kē ① hart stoßen: 他摔了一跤，脸上～破了皮。Er fiel zu Boden und schrammte sich das Gesicht. ② ausklopfen *vt*; abklopfen *vt*

磕碰 kēpèng aufeinander stoßen; zusammenstoßen *vi*; kollidieren *vi*

磕头 kētóu Kotau *m*; einen Kotau machen

瞌 kē

瞌睡 kēshuì schläfrig; vor Müdigkeit einnicken: 打～ schlummern *vi*; eindösen *vi*; einnicken *vi*

苛 kē zu streng; zu genau; zu hart; rücksichtslos: ～待 zu streng mit den anderen verfahren; j-n rücksichtslos (*od* ohne Nachsicht, unbarmherzig, erbarmungslos) behandeln ～政 grausame Herrschaft; strenges Regiment; Tyrannei *f*

苛捐杂税 kējuān záshuì drückende Steuern und Abgaben zuhauf

苛刻 kēkè streng; rücksichtslos; hart; barsch: ～的条件 harte Bedingungen

苛求 kēqiú allzu hohe Anforderungen stellen; Unmögliches (*od* zu viel) verlangen; j-m zu viel zumuten

窠 kē Nest *n*; Höhle *f*

窠臼 kējiù bestehende (*od* feste, konventionelle) Form: 不落～ sich nicht den alten Normen beugen; sich nicht in (billigen) Klischees ergehen; die ausgetretenen Pfade verlassen; originell; unkonventionell

棵 kē 〈量〉 一～树 ein Baum 一～大白菜 ein (Kopf) China-Kohl

颗 kē 〈量〉 一～珠子 eine Perle 一～黄豆 eine Sojabohne

颗粒 kēlì ① kleiner und runder Gegenstand (Bohnen, Perlen usw.); Kügelchen *n* ② Korn *n*; Körnchen *n*: ～归仓 das Getreide bis auf das letzte Körnchen in die Scheune einbringen

科 kē ① Wissensgebiet *n*; (wissenschaftliche) Disziplin; Lehrfach *n*; Fach *n*: 文～ Geisteswissenschaften *pl* 理～ Naturwissenschaften *pl* 产～ Abteilung für Geburtshilfe ② Unterabteilung einer Verwaltungseinheit: 财务～ Finanzabteilung *f* 总务～ Abteilung für allgemeine Angelegenheiten ③ Familie *f*: 猫～动物 Tiere der Familie der Katzen ④ j-n (zu einer Strafe) verurteilen: ～以罚金 j-n mit einer Geldstrafe belegen

科班 kēbān reguläre Berufsausbildung: ～出身 beruflich ausgebildet; fachlich geschult

科技 kējì Naturwissenschaft und Technik: ～大学 Universität für Naturwissenschaft und Technik ～界 naturwissenschaftliche und technische Fachkreise ～术语 naturwissenschaftliche und technische Terminologie

科教片 kējiàopiàn populärwissenschaftlicher Film

科目 kēmù Lehrfach *n*; Lehrgang *m*

科室 kēshì technische bzw. administrative Büros: ～人员 Büroangestellte(r); Büropersonal *n*

科学 kēxué Wissenschaft *f*: ～工作者 wissenschaftlicher Mitarbeiter; Wissenschaftler *m* ～普及读物 populärwissenschaftliches Lesematerial ～实验 wissenschaftliches Experiment

科学院 kēxuéyuàn Akademie der Wissenschaften: 中国～ Chinesische Akademie der Wissenschaften

科研 kēyán wissenschaftliche Forschung: ～机构 Forschungsinstitute *pl* ～人员 wissenschaftliches Forschungspersonal ～攻关 eine wissenschaftliche Schlüsselaufgabe lösen

ké

咳 ké husten *vi*: ～嗽糖浆 Hustensaft *m* * 另见 hāi

壳(殼) ké Schale *f*; Hülse *f*; Hülle *f*; Decke *f*: 鸡蛋～ Eierschale *f* 核桃～ Nußschale *f* * 另见 qiào

kě

渴 kě ① durstig; Durst *m*; dürsten *vi*: 解～ den Durst stillen(*od* löschen) 我都快～死了。Ich bin vor Durst verschmachtet (*od* umgekommen.) ② sehnend; sehnsüchtig: ～念 sich nach j-m/etw. sehnen; nach etw. dürsten

渴望 kěwàng sich nach etw./j-m sehnen; sehnlich nach etw./j-m verlangen

可 kě ① gutheißen *vt*; anerkennen *vt*; billigen *vt*: 不置～否 ohne jede Stellungnahme (*od* Kommentar) ② können; erlaubt sein: 阅览室的书籍不～携出室外。Die Bücher vom Lesesaal dürfen nicht hinausgenommen werden. ③ würdig; wert: 城里没有多少地方～看的。Es gibt nicht vieles sehenswert in der Stadt. ④ 〈副〉 [用于加强语气]: ～别忘了。Vergiß nicht! 你～来了! Endlich bist du da! ⑤ [表示疑问]: 你～曾跟他谈过这个问题? Hast du denn schon einmal mit ihm über diese Frage gesprochen? * 另见 kè

可爱 kě'ài liebenswürdig; liebenswert; lieblich; hübsch: ～的祖国 geliebtes Vaterland 多么～的孩子! Was für niedliche Kinder!

可悲 kěbēi beklagenswert; jämmerlich; kläglich; traurig

可鄙 kěbǐ verächtlich; elend; niederträchtig: 行为～ verächtlich handeln

可耻 kěchǐ schändlich; schmählich; schmachvoll; beschämend

可歌可泣 kě gē kě qì zum Singen verleiten und zu Tränen rühren; mitreißend: ～的英雄事迹 aufrüttelnde Heldentaten

可耕地 kěgēngdì pflügbares Land; kultivierbares Land; anbaufähige Felder

可观 kěguān erheblich; beträchtlich; beachtlich; beeindruckend; ansehnlich: 数目～ eine beträchtliche (*od* stattliche) Summe

可贵 kěguì wertvoll; lobenswert: ～的品质 wertvoller Charakter ～的支持 eine schätzenswerte Unterstützung

可恨 kěhèn verhaßt; hassenswert; abscheulich

可见 kějiàn hieraus kann man ersehen, daß ...; es ist ersichtlich, daß ...: 只有几个学生通过了考试,～考题是很难的。Nur ein paar Studenten haben die Prüfung bestanden, so kannst du hieraus ersehen, daß die Prüfungsaufgaben sehr schwer sind.

可敬 kějìng respektabel; ehrwürdig; achtbar

可靠 kěkào verläßlich; zuverlässig; glaubwürdig: ～消息 zuverlässige Information ～的后方 ein sicheres Hinterland

可可 kěkě Kakao *m*

可口 kěkǒu schmackhaft; wohlschmeckend: 这汤很～。Diese Suppe schmeckt sehr gut.

可怜 kělián ① mitleiderregend; erbarmungswürdig: ～虫 erbärmliche Kreatur; armseliges Geschöpf; armer Schlucker 一付～相 ein mitleiderregendes Aussehen

② erbärmlich; kläglich; arm: 他的德语知识贫乏得～。Seine Kenntnisse von deutscher Sprache sind kläglich. ③ bemitleiden *vt*; Mitleid empfinden (*od* haben): 没人～他。Niemand hat Mitleid mit ihm.

可能 kěnéng ① können *vt*; möglich sein; in der Lage sein 这是完全～的。Es ist absolut möglich. ② wahrscheinlich; vielleicht; möglicherweise: 他～会改变主意。Vielleicht wird er seine Absicht ändern. ③ Möglichkeit *f*: 他不～当选为总统。Er wird unmöglich zum Präsidenten gewählt.

可怕 kěpà furchtbar; schrecklich; entsetzlich: 真～！Wie schrecklich! 干吧！没什么～的。Los! Angst braucht man davor nicht zu haben.

可巧 kěqiǎo zur rechten Zeit; gerade recht; zufällig(erweise)

可取 kěqǔ wünschenswert; erwünscht: 你亲自去拜访他一下是十分～的。Es ist sehr erwünscht, daß du selbst ihm einen Besuch abstattest.

可是 kěshì 〈连〉 aber; doch; gleichwohl: 这房间虽小，～很安静。Dieses Zimmer ist klein, aber sehr still.

可谓 kěwèi man kann sagen: 这机会～是千载难逢。Man kann sagen, daß diese Gelegenheit nie wiederkehrend ist.

可恶 kěwù abscheulich; häßlich; niederträchtig

可惜 kěxī schade; leider; bedauernswert; bedauerlicherweise:～我不在场。Leider war ich nicht dabei.

可喜 kěxǐ erfreulich; Freude bereitend; ermutigend: ～的成就 erfreuliche Erfolge

可笑 kěxiào lächerlich; zum Lachen: 简直～！Das ist einfach lächerlich!

可行 kěxíng durchführbar; ausführbar; praktikabel: 是否～，请斟酌。Bitte überlegen Sie, ob es sich machen (*od* ausführen) läßt.

可疑 kěyí verdächtig; fragwürdig; zweifelhaft; dubios: 形迹～ sich verdächtig benehmen; verdächtig aussehen

可以 kěyǐ ① können *vt*/*vi*; dürfen *vi*/*vt*; es ist erlaubt: 你～走了。Du darfst schon gehen. ② es geht; gut; nicht schlecht: 他的德语还～。Sein Deutsch ist in Ordnung. ③ 〈口〉 furchtbar; schrecklich; entsetzlich: 他今天忙得真～。Er ist heute stark beschäftigt.

kè

刻 kè ① schnitzen *vt*; (ein)gravieren *vt*; stechen *vt* ～字 Schriftzeichen (ein)schnitzen 木～ Holzschnitt *m* ② Viertelstunde *f*: 五点一～ Vietel nach fünf ③ Moment *m*: 此～ in diesem Moment (*od* Augenblick); jetzt ④ schneidend; scharf: 尖～ bissig; beißend; sarkastisch ⑤ im höchsten Grad: 深～ tiefgehend; tiefschürfend

刻板 kèbǎn ① steif; unbeweglich; mechanisch ～地照抄 mechanisch kopieren (*od* nachahmen)

刻本 kèběn Holzplattendruck *m*: 宋～ Holzplattendruck(ausgabe) aus der Song-Dynastie

刻薄 kèbó sarkastisch; beißend; rücksichtslos; unbarmherzig: 待人～ j-n gemein (*od* unbarmherzig) behandeln 说～话 unfreundlich sprechen; eine beißende Bemerkung machen

刻不容缓 kè bù róng huǎn selbst den geringsten Aufschub nicht dulden; sehr dringend; unverzüglich

刻毒 kèdú giftig; boshaft; gehässig; sarkastisch: ～的语言 gehässige Bemerkungen

刻骨 kègǔ tief eingewurzelt (*od* verwurzelt); unauslöschlich; unvergeßlich: ～仇恨 unversöhnlicher (*od* unauslöschlicher, tiefster) Haß ～铭心 etw. bleibt j-m in Gedächtnis eingegraben; einer Sache stets eingedenk bleiben; etw. tief (*od* unauslöschlich) im Gedächtnis behalten; etw. nie vergessen

刻画 kèhuà schildern *vt*; bildhaft wiedergeben; anschaulich darstellen; charakterisieren *vt*; porträtieren *vt*

刻苦 kèkǔ ① mit ausdauerndem Fleiß; hart und beharrlich: ～耐劳 zäh und arbeitsam ② schlicht und anspruchlos: 生活～ ein schlichtes Leben führen; schlicht und anspruchlos leben

嗑 kè etw. zwischen den Zähnen (zer)knacken: ～瓜子儿 Melonenkerne (auf)knacken

克 kè ① sich überwinden; bezwingen *vt*: ～己 sich selbst

beherrschen; Selbstbeherrschung üben ② überwältigen *vt*; erobern *vt*: ～敌制胜 den Feind besiegen (*od* bezwingen) ③ einen Termin festsetzen: ～期完工 einen Termin zur Beendigung der Arbeit (*od* des Projekts) festsetzen ④ Gramm *n*

克服 kèfú ① überwinden *vt*; bezwingen *vt*; besiegen *vt*: ～困难 Schwierigkeiten überwinden ～官僚主义 den Bürokratismus besiegen ② sich mit etw. abfinden

克己奉公 kèjǐ fènggōng dem öffentlichen Interesse uneigennützig dienen; hingebungsvoll seine Pflicht tun

克制 kèzhì sich zurückhalten; sich beherrschen; sich mäßigen; Zurückhaltung üben: ～感情 seine Gefühle (*od* Leidenschaften) beherrschen

可 kè * 另见 kě

可汗 kèhán Khan *m*

课 kè ① Fach *n*; Kursus *m*: 主～ Hauptfach *n* 必(选)修～ obligatorisches (fakultatives) Fach ② Unterricht *m*; Vorlesung *f* (in der Universität) 上～ zum Unterricht gehen; eine Vorlesung besuchen; Unterricht erteilen; eine Vorlesung halten 上午有四节～。Vormittag haben wir vier Stunden Unterricht. 讲～ Unterricht geben; unterrichten *vt*; eine Vorlesung halten 听～ eine Vorlesung besuchen; bei j-m hören ③ Lektion *f*: 第一～ die erste Lektion ④ besteuern *vt*; (Steuern) erheben: ～以重税 hohe Steuern erheben

课本 kèběn Lehr-, Schulbuch *n*

课程 kèchéng Lehrgang *m*; Kursus *m*: ～表 Stundenplan *m*

课堂 kètáng Klassenzimmer *n*; Hörsaal *m*: ～教学 Unterricht im Klassenzimmer ～讨论 Seminar *n*

课题 kètí ① Thema eines Fachgesprächs oder einer Studie ② Problem *n*; Aufgabe *f*: 提出新的～ eine neue Frage aufwerfen; eine neue Aufgabe stellen

课外 kèwài außerschulisch; Freizeit *f*: ～作业 Haus-, Schularbeit *f*; Haus-, Schulaufgabe *f* ～阅读 Hauslektüre *f*

课文 kèwén Text *m*

客 kè ① Gast *m*; Besucher *m* ② Reisende(r); Passagier *m*: ～机 Passagierflugzeug *n* ③ Kunde *m*: 房～ Mieter *m* ④ fremd (*od* in der Fremde) sein; in einem fremden Land leben: 作～他乡 sich in der Fremde aufhalten ⑤ j-d, der einer besonderen Tätigkeit (*od* Aufgabe) nachgeht: 政～ intriganter Politiker 刺～ Attentäter *m* ⑥ objektiv: ～观 Objektivität *f*; objektiv

客车 kèchē ① Personenzug *m*; Personenwagen *m* ② Omnibus *m*; Bus *m*

客店 kèdiàn Gasthaus *n*; Herberge *f*

客队 kèduì Gastmannschaft *f*; Gästeteam *n*

客房 kèfáng Gäste-, Fremdenzimmer *n*

客观 kèguān objektiv: ～规律 objektive Gesetzmäßigkeit ～世界 objetktive Welt

客满 kèmǎn (Theater, Oper usw.) ausverkauft; voll besetzt; voll belegt; volles Haus

客气 kèqi ① höflich; freundlich: 他对人很～。Er ist sehr höflich gegenüber (*od* zu) den anderen. 别～(对来客) Fühlen Sie sich wie zu Hause. (对主人) Machen Sie keine Umstände! ② bescheiden: 您太～了。Sie sind zu bescheiden.

客人 kèrén ① Gast *m*; Besucher *m* ② Reisende(r); Passagier *m*

客套 kètào Höflichkeitsfloskel *f*; höfliche Redensarten; Förmlichkeit *f*

客厅 kètīng Empfangs-, Besuchszimmer *n*; Wohnzimmer *n*

客运 kèyùn Personenbeförderung *f*; Personenverkehr *m*

客栈 kèzhàn Gasthaus *n*; Herberge *f*

恪 kè gewissenhaft und ehrerbietig

恪守 kèshǒu gewissenhaft einhalten; sich streng an etw. halten; streng an etw. festhalten; einen Vertrag (*od* ein Versprechen) treu erfüllen

kěn

肯 kěn ① in etw. einwilligen; zustimmen *vi*; sich einverstanden erklären; beipflichten *vi*: 我劝说了半天，他才～了。Ich mußte lange auf ihn einreden, bis er sich einverstanden erklärte. ②

bereit sein; willig sein: ～干 Arbeitseifer zeigen; bereit sein zu tun ～帮人忙 j-m bereitwillig helfen; j-m bereitwillig Hilfe leisten

肯定 kěndìng ① bejahen *vt*; bestätigen *vt*; gutheißen *vt*; anerkennen *vt*: ～成绩 Leistungen bestätigen ～事实 die Fakten bestätigen ② positiv; bejahend; zustimmend: ～的判断 positive Beurteilung ～的答复 definitive Antwort ③ bestimmt; eindeutig; definitiv: 去不去，我们还不能～。Ob wir gehen, können wir nicht mit Bestimmtheit sagen.

啃 kěn ① nagen *vi*; benagen *vt*; anknabbern *vt*: ～骨头 an einem Knochen nagen ～老玉米 an einem Maiskolben knabbern ② büffeln *vi*; sich in etw. verbeißen: ～书本 sich in Büchern vergraben

恳(懇) kěn ① aufrichtig; ehrlich; offen; ernstlich: ～谈 offene Aussprache; ein aufrichtiges Gespräch führen; ernstlich reden ② um etw. bitten; um etw. ersuchen; anflehen *vt*: 敬～ respektvoll bitten

恳切 kěnqiè aufrichtig; mit großem Ernst; ehrlich; inständig: 言词～ in ernsthaftem Ton sprechen; eindringliche Worte ～希望 inständig hoffen

恳求 kěnqiú inständig bitten; etw. flehentlich erbitten; anflehen *vt*; dringend ersuchen: ～帮助 j-n um Hilfe bitten

垦(墾) kěn kultivieren *vt*; urbar machen *vt*; bebauen *vt*: ～荒 Ödland urbar machen (*od* erschließen); unfruchtbares Land nutzbar machen

kēng

坑 kēng ① Loch *n*; Grube *f*; Vertiefung *f*; Einsenkung *f*; Höhle *f*: 泥～ Schlammpfütze *f* 水～ Pfütze *f*; Lache *f* 粪～ Jauchegrube *f* 一个萝卜一个～。Ein Rettich, ein Loch. 或 Ein Arbeitsplatz, ein Mann. 或 Auf niemanden kann verzichtet werden. ② Tunnel *m/n*; Stollen *m*: 矿～ Erzgrube *f*; Stollen *m* ③ j-n lebendig begraben ④ j-m eine Grube graben; j-m eine Falle stellen; betrügen *vt*: ～人 j-n hinters Licht führen; j-m eine Grube graben; j-n hereinlegen

坑道 kēngdào ① Stollen *m*; Strecke *f* ② Tunnel *m/n*; unterirdischer Gang

坑害 kēnghài j-m eine Falle stellen; j-n ins Unglück stürzen; j-n auf übelste Weise hereinlegen

吭 kēng einen Laut oder ein Wort ausstoßen (*od* von sich geben): 一声不～ kein Wort sagen; keinen Laut von sich geben * 另见 háng

吭声 kēngshēng einen Laut oder ein Wort ausstoßen (*od* von sich geben): 你为什么不～？ Warum sagst du keinen Ton? 或 Warum sagst du kein Sterbenswörtchen?

铿(鏗) kēng klingen *vi*; klappern *vi*; klirren *vi*: 拖拉机走在路上～～地响。Traktoren knatterten den Weg entlang.

铿锵 kēngqiāng klingen *vi*; ertönen *vi*: 这首诗读起来音调～。Der Vers ist klangvoll und voller Emphase.

kōng

空 kōng ① leer; hohl; nichtig; inhaltslos; nichtssagend: ～屋子 eine leere Wohnung 把抽屉腾～ ein Schubfach entleeren 街道上～无一人。Es ist keine einzige Menschenseele auf der Straße. ② Himmel *m*: 晴～ klarer Himmel ③ vergebens; vergeblich; erfolglos; umsonst; für nichts und wieder nichts: ～忙 vergebliche Anstrengungen machen * 另见 kòng

空洞 kōngdòng ① Hohlraum *m*; Loch *n*: 牙蛀～了 ein angefaultes Loch im Zahn ② leer; hohl; inhaltslos: ～无物 völlig inhaltslos; substanzlos; nichtssagend; gegenstandslos ～的许诺 ein leeres Versprechen

空泛 kōngfàn vage und allgemein; unbestimmt und inhaltslos; leer und abgegriffen: ～的议论 gegenstandsloses Gespräch; Allgemeinplätze *pl*; allgemeine Redensarten

空话 kōnghuà hohle Phrase; leeres Gerede; Geschwätz *n*

空间 kōngjiān Raum *m*: 外层～ Weltraum *m*; Kosmos *m* ～技术 Weltraumtechnologie *f* ～科学 Weltraumwissenschaft *f*

空降 kōngjiàng Luftlande...: ～兵 Luftlandekräfte *pl*; Luftlandetruppe *f*
空军 kōngjūn Luftwaffe *f*; Luftstreitkräfte *pl*: ～基地 Luftstützpunkt *m*
空口无凭 kōng kǒu wú píng eine bloße mündliche Erklärung ist noch keine Garantie; auf Worte allein kann man sich nicht berufen; bloße Behauptung ohne jeden Beweis
空旷 kōngkuàng offen und geräumig; ausgedehnt: ～的原野 eine freie, weite Ebene
空气 kōngqì ① Luft *f*: 新鲜～ frische Luft ～冷却 Luftkühlung *f* ～调节器 Klimaanlage *f*; Airconditioner *m* ～污染 Luftverschmutzung *f* ② Atmosphäre *f*: ～紧张 eine gespannte Atmosphäre; Es herrscht dicke Luft.
空前 kōngqián in der Vergangenheit keine Parallele haben; beispiellos; noch nie dagewesen: 盛况～ einmalige Festlichkeit; eine imposante Veranstaltung; die ihresgleichen sucht
空前绝后 kōng qián jué hòu weder in der Vergangenheit seinesgleichen haben, noch in der Zukunft seinesgleichen finden; einzigartig; sondergleichen; nie dagewesen; wie nie zuvor
空头 kōngtóu ① Baissier *m*; Baissespekulant *m*; Leerverkäufer *m*; Fixer *m*: ～支票 ungedeckter (*od* geplatzter) Scheck; leere Versprechung; Lippenbekenntnis *n* ② nominell; Schein-: ～政治家 Stammtischstratege *m*; Bierbankpolitiker *m*; geschwätziger Politiker
空投 kōngtóu etw. vom Flugzeug (mit einem Fallschirm) abwerfen; Fallschirmabwurf *m*
空文 kōngwén wirkungslose Gesetze, Regelungen usw.; tote Buchstaben: 一纸～ ein Fetzen Papier; ein bloßes Stück Papier
空袭 kōngxí Luftangriff *m*
空想 kōngxiǎng leere Träumerei; illusionäres Denken; Utopie *f*; Einbildung *f*
空虚 kōngxū leer; inhaltslos: 生活～ ein sinnloses Leben führen
空运 kōngyùn Lufttransport *m*; Airlift *m*; etw. auf dem Luftweg transportieren: ～救灾物资 auf dem Luftweg Versorgungsgüter (in Katastrophengebiete) transportieren
空战 kōngzhàn Luftkrieg *m*; Luftkampf *m*; Luftgefecht *n*
空中 kōngzhōng in der Luft; am Himmel; über der Erde; Luft...: ～小姐 Luftstewardeß *f* ～加油 Auftanken in der Luft ～侦察 Luftaufklärung *f*; Lufterkündung *f* ～走廊 Luftkorridor *m*
空中楼阁 kōngzhōng lóugé Luftschlösser *pl*

kǒng

恐 kǒng ① fürchten *vt*; Angst vor etw./jm haben; Schrekken empfinden; sich ängstigen: 惊～ sich fürchten; sich ängstigen ② erschrecken *vt*; einschüchtern *vt*; bange machen; j-m einen Schreck einjagen
恐怖 kǒngbù Terror *m*; Schrekken *m*: 白色～ weißer Terror ～分子 Terrorist *m*
恐吓 kǒnghè drohen *vi*; androhen *vt*; bedrohen *vt*: ～信 Drohbrief *m*
恐慌 kǒnghuāng Panik *f*; Bestürzung *f*: ～万状 von panischem Schrecken ergriffen
恐惧 kǒngjù Furcht *f*; Grauen *n*; Angst *f*: ～不安 erschreckt und voller Unrast sein; voller Angst und Unruhe
恐怕 kǒngpà ① ich fürchte, daß...: 今晚～他不会来了。Ich fürchte, daß er heute abend nicht kommen wird. ② ich denke, daß...; wahrscheinlich; vielleicht; etwa: 他走了～有十天了。Er wird wohl schon vor etwa zehn Tagen gegangen sein. ～你是对的。Vielleicht hast du recht.
孔 kǒng ① Loch *n*; Öffnung *f*; Höhlung *f*; Höhle *f*: 钥匙～ Schlüsselloch *n* 通气～ Luft-, Ventilationsloch *n* ② <量>: 一～土窑 eine Lößhöhle
孔道 kǒngdào einziger Durchgangsweg zu einem bestimmten Ort; wichtige Verbindungsstraße; Paß-, Schlüsselstraße *f*
孔雀 kǒngquè Pfau *m*
孔隙 kǒngxì kleine Öffnung; Loch *n*; Hohlraum *m*
孔穴 kǒngxué Loch *n*; Öffnung *f*

kòng

空 kòng ① etw. leerstehen lassen; etw. unausgefüllt lassen;

leeren *vt*; etw. frei machen; einen freien Raum lassen: 每段开头要～两格。Laß zwei Stellen zu Beginn jedes Absatzes frei! ② leerstehend; unbesetzt; unbewohnt; unbelegt; leer; frei: ～座 ein unbesetzter Platz ③ Zwischenraum *m*; leere Stelle: 屋里一点～都没有了。Es gibt keinen Zwischenraum mehr im Zimmer. ④ freie Zeit; Muße *f*: 有～到我这儿来。Wenn du Zeit hast, komm doch mal zu mir herüber. * 另见 kōng

空白 kòngbái leere Stelle; leerer Raum: 填补核科学上的～ Lücken in nuklearer Wissenschaft schließen ～表格 Blankoformular *n*

空缺 kòngquē freie Arbeitsstelle; unbesetzter Platz; Vakanz *f*

空隙 kòngxì Zwischenraum *m*; Zwischenzeit *f*; Abstand *m*

空暇 kòngxiá freie Zeit; Freizeit *f*; Muße *f*

空闲 kòngxián ① untätig; unbeschäftigt; müßig: 等你～的时候，咱俩去看场电影。Wenn du einmal nichts zu tun hast, können wir ins Kino (*od* in einen Film) gehen ② Freizeit *f*; Muße *f*; frei verfügbare Zeit: 他一有～就弹钢琴。Immer wenn er freie Zeit hat, spielt er Klavier.

空子 kòngzi ① Öffnung *f*; Lükke *f*; Spalt *m*; Riß *m* ② Lücke *f*; Gelegenheit *f*; Chance *f*: 严防坏人钻～。Man soll strikte Vorsichtsmaßnahmen treffen, damit schlechte Menschen diese Lücke nicht ausnutzen.

控 kòng ① anklagen *vt*; beschuldigen *vt*; eine Klage vorbringen: 指～ beschuldigen *vt*; belasten *vt* ② beherrschen *vt*; dominieren *vi*; herrschen *vi*: 遥～ Fernsteuerung *f*; Fernlenkung *f*; Fernbedienung *f*

控告 kònggào anklagen *vt*; beschuldigen *vt*; Klage einreichen; Beschwerde führen: ～某人犯罪 j-n eines Verbrechens anklagen (*od* beschuldigen)

控诉 kòngsù klagen *vt*; verurteilen *vt*; brandmarken *vt*; Anklage erheben: ～殖民主义的罪恶 die Verbrechen des Kolonialismus brandmarken

控制 kòngzhì kontrollieren *vt*; beherrschen *vt*; etw. in der Gewalt haben: ～局面 eine Situation unter Kontrolle haben; einer Lage Herr werden

kōu

抠(摳) kōu ① mit einem Finger oder einem spitzen Gegenstand (aus)graben; (aus)kratzen *vt*: ～洞 ein Loch scharren ② (ein)schnitzen *vt*; (ein)meißeln *vt*: 在镜框边上～点花儿 Bilderrahmen mit einer Zierschnitzerei versehen ③ übergenau nach etw. forschen; peinlich genau etw. ergründen; sich in etw. vertiefen: 死～字眼儿 sich in Wortklauberei ergehen ④ filzig: ～门儿 knickerig; filzig; popelig; geizig; knauserig

kǒu

口 kǒu ① Mund *m*; Maul *n* ② Öffnung *f*; Eingang *m*; Mündung *f*: 河～ Flußmündung *f* 入(出)～ Eingang (Ausgang) *m* 瓶～ Flaschenöffnung *f*; Flaschenmund *m* ③ Kerbe *f*; Ritz *m*; Schramme *f*; Loch *n*; Einschnitt *m*: 伤～ Wunde *f*; Verletzung *f* 衣服撕破了个～ sich ein Loch in die Kleidung gerissen haben ④ Schneide *f*; Schärfe *f*; Klinge *f*: 刀卷～了。Die Schneide des Messers ist gekrümmt. ⑤<量>: 一～井 ein Brunnen

口岸 kǒu'àn Hafen *m*: 通商～ Handelshafen *m*

口才 kǒucái Beredsamkeit *f*; Redegabe *f*; Redekunst *f*; Eloquenz *f*: 他很有～。Er ist sehr redegewandt. 或 Er besitzt eine große Rednergabe.

口吃 kǒuchī stottern *vi*; stammeln *vi*: 他一激动就～。Er stottert gleich vor seiner Aufregung.

口齿 kǒuchǐ ① Aussprache *f*: ～清楚 eine deutliche Aussprache haben ② Redekunst *f*; Redegabe *f*: ～伶俐 zungenfertig und gewandt sein

口袋 kǒudai Tasche *f*; Beutel *m*; Sack *m*; Tüte *f*: 面～ Mehlsack *m* 塑料～ Plastikbeutel *m*

口服 kǒufú ① seine Einsicht (*od* sein Überzeugtsein) bekunden: 心服～ ehrlich überzeugt sein ② etw. durch den Mund (*od* oral) einnehmen: 不得～ nicht oral einzunehmen

口福 kǒufú Feinschmeckerglück *n*;

das Glück, auf besonders leckere Bissen zu stoßen

口供 kǒugòng Geständnis *n*; Aussage *f* (eines Angeklagten)

口号 kǒuhào Losung *f*; Slogan *m*; Motto *n*; Parole *f*

口径 kǒujìng ① Öffnungsweite *f*; innerer Zylinderdurchmesser; innerer Rohrdurchmesser; Kaliber *n*; Bohrung *f*: 小～步枪 kleinkalibriges Gewehr ② Forderung *f*; Bedingung *f*; Qualifikation *f*: ～不合 der Bedingung nicht entsprechen 统一～ sich absprechen, die gleichen Angaben (*od* Aussagen) zu machen

口诀 kǒujué Merkvers *m*; Merkreim *m*

口角 kǒujué zanken *vi*; hadern *vi*; keifen *vi*; Wortwechsel *m*; Streit *m*

口渴 kǒukě durstig; Durst haben

口令 kǒulìng ① Kommando *n* ② Parole *f*; Losung *f*; Kenn-, Losungswort *n*

口蜜腹剑 kǒu mì fù jiàn honigsüße Worte machen, aber im Herzen einen Dolch tragen; Honig im Mund, aber einen Degen in der Hand; Honig im Mund und Galle im Herzen

口气 kǒuqì ① Ton *m*; Tonart *f*; Klang *m*: 严肃的～ ernster Ton ～强硬的声明 eine in scharfen Worten abgefaßte Erklärung ② Art und Weise des Sprechens: 他的～真不小。Er redet (*od* spuckt) große Töne. 或 Er nimmt den Mund zu voll. ③ Beiklang *m*; eigentliche (versteckte) Bedeutung: 听他的～，他并不反对我们的建议。Sein Ton läßt vermuten, daß er nicht gegen unseren Vorschlag ist.

口琴 kǒuqín Mundharmonika *f*

口若悬河 kǒu ruò xuán hé wie ein Wasserfall (*od* Bach) reden; redegewandt (*od* beredt) sein

口舌 kǒushé ① Zank *m*; Wortwechsel *m*; Kontroverse *f* ② Überredung *f*: 不必费～了。Du kannst dir ruhig deine Worte sparen. 或 Jedes weitere Wort erübrigt sich.

口实 kǒushí etwas, was zur Nachrede Veranlassung gibt; Angriffspunkt *m*; Angriffsfläche *f*

口是心非 kǒu shì xīn fēi Ja sagen und Nein meinen; Reden und Denken widersprechen sich; mit den Lippen bejahen, im Herzen verneinen; falsch

口授 kǒushòu ① mündliche Unterweisung (*od* Belehrung) ② diktieren *vt*

口述 kǒushù etw. mündlich erzählen

口头 kǒutóu mündlich; verbal; in Worten: ～通知 mündliche Mitteilung ～汇报 mündliche Berichterstattung ～上赞成，实际上反对 in seinen Worten dafür, in seinen Taten dagegen ～表决 Abstimmung durch Ja oder Nein ～声明 mündliche Erklärung

口头禅 kǒutóuchán Lieblingsphrase *f*; ständig im Mund geführte Redensart

口味 kǒuwèi ① Geschmackssinn *m*; Fähigkeit zu schmecken; Geschmack *m*: 合～ j-m munden; j-s Geschmack zusagen 各人～不同。Die Geschmäcker sind verschieden. 或 Über den Geschmack läßt sich (nicht) streiten. ② Geschmacksrichtung *f*; Geschmack *m*

口信 kǒuxìn mündliche Mitteilung

口译 kǒuyì dolmetschen *vt/vi*; mündlich übersetzen

口音 kǒuyin ① Stimme *f* ② Akzent *m*; Dialekt *m* Tonfall *m*: 说话带～ mit einem Akzent sprechen

口语 kǒuyǔ gesprochene Sprache; Umgangssprache *f*

口罩 kǒuzhào Mundschutz *m*; Atemmaske aus Gaze

kòu

寇 kòu ① Bandit *m*; Eindringling *m*; Feind *m*: 敌～ Eindringling *m*; Feind *m*; Aggressor *m* ② einfallen *vi*; eindringen *vi*; überfallen *vt*: 入～ (ein Land) überfallen *vt*

叩 kòu ① klopfen *vi*: ～门 an die Tür klopfen ② ～头 Kotau *m*; einen Kotau machen

扣 kòu ① zuknöpfen *vt*; zuschnallen *vt*: 把衣服～上 das Kleid zuknöpfen ～扣子 Knöpfe zuknöpfen ② j-n/etw. in Gewahrsam halten; j-n in Haft nehmen; verhaften *vt*; beschlagnahmen *vt*: 把罪犯～起来 den Verbrecher festnehmen ③ abziehen *vt*: ～工资 einen Teil vom Lohn abziehen (*od* einbehalten) ④ Rabatt *m*; Preisnachlaß *m*; Dis-

kont *m*: 打九～10% Rabatt geben ⑤ (Ball) schmettern *vt*: ～球 den Ball schmettern
扣除 kòuchú abziehen *vt*; Abzug *m*
扣留 kòuliú j-n/etw. in Gewahrsam nehmen; festnehmen *vt*; in Haft halten; zurückhalten *vt*: ～驾驶执照 den Führerschein vorübergehend beschlagnahmen (*od* einbehalten)
扣人心弦 kòu rén xīnxián spannend; packend; fesselnd: 一场～的比赛 ein spannender Wettkampf
扣押 kòuyā ① j-n in Haft nehmen; j-n/etw. in Gewahrsam nehmen ② pfänden *vt*; beschlagnahmen *vt*
扣压 kòuyā zurück(be)halten *vt*; etw. beiseite legen; etw. zu den Akten legen
扣子 kòuzi ① Knoten *m* ② Knopf *m*

kū

窟 kū ① Höhle *f*; Grotte *f*: 石～ Grotte *f* ② Versteck *n*; Höhle *f*: 匪～ Räuberhöhle *f*; Schlupfwinkel von Banditen 赌～ Spielhölle *f* Spielclub *m*
窟窿 kūlong ① Loch *n*; Höhle *f*; Hohlraum *m*: 耗子～ Rattenloch *n* ② Loch im Beutel (*od* in der Kasse); Defizit *n*; Fehlbetrag *m*; Schuld *f*: 补～ Schulden (*od* Verluste) ausgleichen
枯 kū ① welk; verwelkt; ausgetrocknet: ～草 welkes (*od* verdorrtes) Gras ～叶 verwelktes Blatt; dürres Laub ② ausgetrocknet; versiegt; vertrocknet: ～井 versiegter Brunnen
枯肠 kūcháng Geistesarmut *f*; geistig ausgetrocknet; ausgebrannt: 搜索～ sich den Kopf (nach einer Idee, passenden Formulierung usw.) zerbrechen
枯槁 kūgǎo ① welk; verwelkt; ausgetrocknet ③ abgezehrt; dürr; hager: 形容～ ausgemergelt und abgezehrt aussehen
枯黄 kūhuáng welk und gelb: 树叶逐渐～了。Die Blätter werden allmählich dürr und gelb.
枯竭 kūjié verbraucht; versiegt; erschöpft: 水源～。Die Quelle ist versiegt. 资金～。Das Kapital ist erschöpft.
枯木逢春 kūmù féng chūn ein verdorrter Baum erlebt einen neuen Frühling; neue Lebenskraft bekommen; einen neuen Frühling erleben; zu neuem Leben erwachen
枯萎 kūwěi welk; verwelkt; dürr
枯燥 kūzào eintönig; uninteressant: ～无味 fad; abgeschmackt
骷 kū
骷髅 kūlóu ① menschliches Skelett ② Totenkopf *m*; Totenschädel *m*
哭 kū weinen *vi*; heulen *vi*; Tränen vergießen; beweinen *vt*: 放声大～ in lautes Weinen ausbrechen 痛～ bitterlich weinen; sich ausweinen ～笑不得 nicht wissen, ob man lachen oder weinen soll; etwas gleichzeitig zum Lachen und zum Weinen finden
哭泣 kūqì schluchzen *vi*; wimmern *vi*
哭穷 kūqióng über seine Armut klagen; sein Schicksal als armer Schlucker laut bejammern
哭诉 kūsù sich weinend beschweren; jammernd Klage führen

kǔ

苦 kǔ ① bitter: ～药 bittere Arznei ② Bitternis *f*; Härte *f*; Leiden *n*; Schmerz *m*: ～中作乐 trotz aller Mühen auch Freuden kennen ③ j-m Schmerz zufügen; j-m eine schmerzliche Erfahrung bereiten: 这事可～了他了。Diese Angelegenheit war hart für ihn. ④ unter etw. leiden; von etw. getroffen sein; von etw. geplagt sein: ～旱 unter der Dürre leiden ⑤ sein möglichstes tun; mühsam; fleißig: 勤学～练 fleißig lernen und bis zur Erschöpfung üben ～干 hart arbeiten
苦差 kǔchāi eine harte und nicht sehr einträgliche Arbeit
苦楚 kǔchǔ Leiden *n*; Kummer *m*; Qual *f*; seelischer Schmerz
苦处 kǔchu Leiden *n*; Härte *f*; Schwierigkeit *f*
苦工 kǔgōng harte (körperliche) Arbeit
苦功 kǔgōng große Anstrengung; emsiges Bemühen
苦海 kǔhǎi Meer von Bitternis; Abgrund an Leiden; das irdische Jammertal: 脱离～ aus tiefstem

Leid herausfinden
苦口 kǔkǒu ① inständig; eindringlich: ～相劝 etw. eindringlich raten; j-n ernstlich ermahnen ～婆心 ernste, sehr zu beherzigende Worte sprechen; j-m ins Gewissen reden ② bitter schmeckend: 这些话都是～良药。Diese Worte schmecken wie bittere Arznei, aber sie sind heilsam.
苦闷 kǔmèn deprimiert; niedergeschlagen; bedrückt; betrübt; Depression *f*; Niedergeschlagenheit *f*
苦难 kǔnàn Leiden *n*; Elend *n*; Not *f*: ～岁月 harte Jahre
苦恼 kǔnǎo gequält; geplagt; bekümmert; kummervoll
苦涩 kǔsè ① bitter und herb ② schmerzlich; gequält; bekümmert
苦思 kǔsī angestrengt nachdenken; sich den Kopf (*od* das Hirn) zermartern: ～冥想 sich den Kopf (*od* das Hirn) nach einer Idee zermartern
苦痛 kǔtòng Schmerz *m*; Kummer *m*; Leiden *n*
苦头 kǔtou Leiden *n*; Qual *f*: 他吃尽了～。Er hatte unsägliche Qualen erduldet.
苦笑 kǔxiào ein bitteres Lächeln aufsetzen
苦心 kǔxīn aufgewendete Mühe: 煞费～ sich den Kopf zerbrechen; sich große Mühe geben; sich abmühen ～孤诣 allergrößte Mühen auf sich nehmen; hingebungsvolle Anstrengungen machen
苦衷 kǔzhōng Schwierigkeiten, von denen man ungern spricht; Verlegenheit *f*: 难言的～ unsagbar heikle Lage; unsägliche Qual

kù

库 kù Lagerhaus *n*; Speicher *m*; Magazin *n*: ～房 Lagerraum *m*; Depot *n* 军火～ Arsenal *n*; Zeughaus *n* 汽车～ Garage *f*
库藏 kùcáng etw. auf Lager haben; lagern *vt*: ～图书三十万册。Die Bibliothek hat einen Bestand von 300 000 Bänden
库存 kùcún Lagerbestand *m*; Reserve *f*; Vorrat *m*: 有大量～ einen großen Vorrat haben 商品～ Warenlager *n*; Warenvorrat *m* 现金～ Barbestand *m*
裤 kù Hose *f*: 短～ kurze Hose; kurze Unterhose; Shorts *pl* 牛仔～ Drillichhose *f*; Jeans *pl*
裤衩 kùchǎ Unterhose *f*; Schlüpfer *m*
酷 kù ① grausam; tyrannisch; unmenschlich: ～吏 tyrannischer Beamter ② sehr; äußerst; höchst: ～寒 eiskalt; eisig ～似 zum Verwechseln ähnlich sein; j-m wie aus dem Gesicht geschnitten sein; j-s Ebenbild sein ～爱 leidenschaftlich lieben
酷刑 kùxíng grausame Folter (*od* Marter)

kuā

夸(誇) kuā ① übertreiben *vt*; sich übertrieben ausdrücken; aufbauschen *vt*: ～口 prahlen *vi*; Prahlerei *f* ② preisen *vt*; loben *vt*: 老师～她字写得漂亮。Der Lehrer lobt sie über ihre schöne Handschrift.
夸大 kuādà übertreiben *vt*; aufbauschen *vt*; hochspielen *vt*; hochstilisieren *vt*: ～困难 Schwierigkeiten aufbauschen (*od* übertrieben darstellen) ～其词 aufbauschen *vt*; übertreiben *vt*; dramatisieren *vt*
夸奖 kuājiǎng preisen *vt*; loben *vt*; rühmen *vt*: 这部新电影受到大家的～。Dieser neue Film empfing das Lob von allen.
夸夸其谈 kuākuā qí tán prahlen *vi*; aufschneiden *vi*; große Worte im Munde führen; schwülstig (*od* hochtrabend) reden
夸耀 kuāyào mit etw. prunken; sich mit etw. brüsten; mit etw. prahlen; sich mit etw. aufplustern: 他喜欢～自己的学识。Er trägt gern sein Wissen stolz zur Schau. 或 Er plustert sich gern mit seinem Wissen auf.
夸张 kuāzhāng ① übertreiben *vt*; etw. übertrieben darstellen; aufschneiden *vt*: 艺术～ künstlerische Übertreibung ② Hyperbel *f*; Übertreibung *f*

kuǎ

垮 kuǎ zusammenbrechen *vi*; einstürzen *vi*; zu Fall kommen: 这座老房子快～了。Dieses alte Gebäude droht einzustürzen. 他的身体累～了。Er ist wegen Überarbeitung zusammengebro-

chen.
垮台 kuǎtái zusammenbrechen *vi*; zu Fall kommen; scheitern *vi*

kuà

挎 kuà ① etw. tragen: ～着个篮子 mit einem Korb am Arm ～着胳膊走 Arm in Arm gehen ② etw. auf der Schulter oder an der Seite tragen: ～着照相机 einen Fotoapparat über die Schulter hängen haben
挎包 kuàbāo Schulter-, Umhängetasche *f*; Schulterbeutel *m*
跨 kuà ① schreiten *vi*; ausschreiten *vi*: ～进屋子 in einen Raum treten ② mit gespreizten Beinen dastehen; rittlings sitzen: ～上战马 sich auf ein Streitroß schwingen ③ über etw. hinaus gehen: ～年度 über ein Jahr hinausgehen; sich bis in das nächste Jahr hinziehen ～学科 Multidisziplin *f* ～国公司 multinationaler Konzern
跨度 kuàdù Spanne *f*; Spannweite *f*
跨越 kuàyuè überschreiten *vt*: ～障碍 ein Hindernis übersteigen
胯 kuà Hüfte *f*: ～骨 Hüftbein *n*; Hüft-, Beckenknochen *m*

kuài

会(會) kuài * 另见 huì
会计 kuàijì ① Buchhaltung *f*; Buch-, Rechnungsführung *f*: ～年度 Rechnungs-, Geschäfts-, Fiskaljahr *n* ② Buchhalter *m*; Buchführer *m*
侩(儈) kuài Makler *m*; Mittelsmann *m*; Zwischenhändler *m*: 市～ Spießer *m*; Krämerseele *f*
脍(膾) kuài 〈书〉 in kleine Stücke geschnittenes Fleisch; Hackfleisch *n*
脍炙人口 kuài zhì rén kǒu allgemeine Anerkennung finden; sich großer Beliebtheit erfreuen
块(塊) kuài ① Klotz *m*; Klumpen *m*; Stück *n*: 石～ Stein *m* 冰～ Eisblock *m* ② 〈量〉 [用于块状或某些片状的东西]: 三～巧克力 drei Schokoladentafeln; drei Tafel Schokoladen 一～面包 ein Stück Brot 两～肥皂 zwei Stück Seife ② Yuan *m*: 三～钱 drei Yuan
快 kuài ① schnell; rasch: ～速阅读 schnell lesen 他进步很～。Er hat rapide Fortschritte gemacht. ② Geschwindigkeit *f* ③ scharf: ～刀 scharfes Messer ④ freimütig; geradeheraus; aufrichtig: 心直口～ freimütig und offenherzig; sein Herz auf der Zunge tragen ⑤ erfreut; erfreulich; angenehm; befriedigend: 心中不～ sich unbehaglich fühlen ⑥ eilen *vi*; hasten *vi*; sich beeilen: ～上车吧! Schnell einsteigen! 或 Beeilt euch mit dem Einsteigen! ～，我们已经迟到了。Beeile dich, wir sind schon spät! ⑦ bald; gleich: 他～回来了。Er wird bald zurückkommen. 电影～开演了。Der Film beginnt gleich.
快餐 kuàicān Schnellimbiß *m*; Snack *m*: ～部 Schnellimbißstube *f*; Schnellrestaurant *n*; Snackbar *f*
快车 kuàichē Schnellzug *m*; Eilzug *m*: 特别～ Expreß *m*; D-Zug *m*
快活 kuàihuo froh; fröhlich; freudig; heiter
快乐 kuàilè glücklich; vergnügt; freudigen Sinnes; fröhlich
快速 kuàisù schnell; rasch; von großer Geschwindigkeit: ～部队 schnelle (*od* motorisierte) Truppen; mobile Einsatzkommandos
快慰 kuàiwèi sich über etw. freuen und daraus Trost schöpfen
快意 kuàiyì gemütlich; behaglich; zufriedengestellt; zufriedenstellend; erfreulich
筷 kuài (～子) Eßstäbchen *pl*: 碗～ Schalen und Eßstäbchen 一双～子 ein Paar Eßstäbchen

kuān

宽 kuān ① breit; weit; geräumig: ～银幕 Breitwand *f* ～肩膀 breitschulterig ② Breite *f*; Weite *f*: 这张桌子两米～，三米长。Der Tisch ist zwei Meter breit und drei Meter lang. ③ nachsichtig; schonend; milde: 从～处理 j-m eine mildere Strafe zuerkennen; j-n schonend behandeln ④ sich beruhigen; sich trösten; j-m wird es leichter (ums Herz): 把心放～一点。Mach dir keine Sorgen! 或 Nimm es nicht so tragisch! ⑤ verlängern *vt*; ausdehnen *vt*; prolongieren *vt*; eine Frist gewähren: 限期能再～几天吗? Kann die Frist um ein paar Tage verlängert werden?

宽畅 kuānchàng frei von Sorgen; glücklich

宽敞 kuānchang geräumig: ～的房子 ein großes (*od* geräumiges) Haus

宽大 kuāndà ① geräumig; weit: ～的客厅 ein geräumiges Empfangszimmer ② nachsichtig; mild; schonend: ～处理 mit Milde behandeln ～为怀 Nachsicht üben; großmütig sein; Milde (gegen j-n) walten lassen; große Langmut zeigen

宽待 kuāndài j-n nachsichtig (*od* großherzig) behandeln

宽度 kuāndù Breite *f*; Weite *f*: 领海～ die Ausdehnung der Hoheitsgewässer

宽广 kuānguǎng breit; ausgedehnt; weit: ～的广场 ein weiter Platz 心胸～ weitherzig

宽宏大量 kuānhóng dàliàng großzügig; großherzig; großmütig; ein weites Herz haben

宽厚 kuānhòu großzügig; edelmütig: 待人～ anderen gegenüber edelmütig (*od* von großer Nachsicht) sein

宽旷 kuānkuàng ausgedehnt; sich weit erstreckend: ～的草原 sich endlos hinstreckende Steppe

宽阔 kuānkuò breit; weit: ～的林荫道 breite Allee

宽容 kuānróng tolerant; nachsichtig; milde; schonend

宽恕 kuānshù verzeihen *vt*; vergeben *vt*: 请求～ um Verzeihung bitten

宽慰 kuānwèi trösten *vt*; beschwichtigen *vt*; j-m Trost zusprechen: ～她几句。Sag ihr ein paar tröstende (*od* tröstliche) Worte.

宽心 kuānxīn sich beruhigt fühlen: 说几句～话 ein paar ermutigende Worte sagen

宽裕 kuānyù reichlich; im Überfluß; wohlhabend: 生活～ in guten Verhältnissen lebend; gut situiert 时间很～。Es ist genügend Zeit vorhanden.

kuǎn

款 kuǎn ① Absatz *m* (eines Vertrags) ② Geldsumme *f*; Geldmittel *pl*: 拨～ eine Geldsumme zuweisen 汇～ Geld überweisen ③ Name des Schenkers, oft auch des Beschenkten (auf einem Gemälde oder einer Kalligraphie): 上～ Name des Empfängers 下～ Widmung (*od* Zueignung) des Autors auf einem Gemälde oder einer Kalligraphie; Name des Malers oder Kalligraphen

款待 kuǎndài j-n gastfreundlich aufnehmen; j-n gastlich bewirten; j-n gut behandeln: ～客人 Gästen eine freundliche Aufnahme bereiten 盛情～ liebenswürdige Gastfreundschaft

款式 kuǎnshì Muster *n*; Dessin *n*; Ausführung *f*; Stil *m*

款项 kuǎnxiàng Geldsumme *f*; Geldbetrag *m*

款子 kuǎnzi Geldsumme *f*

kuāng

诓 kuāng betrügen *vt*; j-n hinters Licht führen; beschwindeln *vt*: ～骗 betrügen *vt*; j-m hinters Licht führen; j-n zum Narren halten; j-n zum besten haben 我哪能～你? Wie sollte ich dich denn hintergehen können?

框 kuāng ① Rahmen *m*; Einfassung *f*; Umrandung *f* ② mit einem Rahmen versehen; umrahmen *vt*; einfassen *vt*: 用红线把标题～起来 die Schlagzeile durch einen roten Kasten hervorheben * 另见 kuàng

框框 kuāngkuang ① Rahmen *m*; Einfassung *f*; Umrandung *f* ② Konvention *f*; herkömmliche Gewohnheiten: 打破旧～ die Konventionen durchbrechen

哐 kuāng ‹象› bum!; bums!; Bums *m*; Knall *m*; schallender Schlag: ～的一声,脸盆掉在地上了。Bums, die Waschschüssel fiel auf den Boden.

哐啷 kuānglāng ‹象› Knall *m*; schallender Schlag: ～一声把门关上 die Tür mit einem Knall schließen; die Tür zuknallen

筐 kuāng (～子) Korb *m*: 一～苹果 ein Korb Äpfel

kuáng

狂 kuáng ① wahnsinnig; verrückt; toll: 发～ irrsinnig

(*od* wahnsinnig) werden ～人 Irre(r); Wahnsinnige(r); Verrückte(r) ② heftig; gewalttätig; ungestüm: ～风 Sturmwind *m* ③ hemmungslos; zügellos: 欣喜若～ vor Freude außer sich sein; Verzückung geraten; hocherfreut sein ④ arrogant; anmaßend; hochmütig

狂飙 kuángbiāo Sturm *m*; Orkan *m*: ～突进运动 Sturm und Drang

狂欢 kuánghuān sich köstlich amüsieren; lärmende Festlichkeiten veranstalten: ～节 Karneval *m*; Fasching *m*

狂热 kuángrè fanatisch; fieberhaft; Fanatismus *m*; blinder Eifer: ～的信徒 Fanatiker *m*; Glaubenseiferer *m*; Zelot *m* ～的民族沙文主义 fanatischer nationaler Chauvinismus

狂妄 kuángwàng überheblich; arrogant; hochmütig: ～自大 arrogant und eingebildet ～的野心 wilde Ambition

诳 kuáng: ～语 Lüge *f*; Unwahrheit *f*

kuàng

矿(礦) kuàng ① Erzlager *n*; Lagerstätte *f*: 报～ ein Erzvorkommen melden ② Erz *n*: 铁～ Eisenerz *n* ③ Zeche *f*; Bergwerk *n*; Grube *f*: 煤～ Kohlengrube *f*; Kohlenbergwerk *n*

矿藏 kuàngcáng Bodenschätze *pl*: ～丰富 reich an Bodenschätzen ～量 (Bodenschätze) Reserven *pl*; Vorräte *pl*

矿产 kuàngchǎn Bodenvorkommen *pl*; Erze *pl*; Mineralien *pl*

矿床 kuàngchuáng Erzlager *n*; Lagerstätte *f*

矿工 kuànggōng Bergmann *m*; Grubenarbeiter *m*; Kumpel *m*

矿井 kuàngjǐng Mine *f*; Zeche *f*; Grube *f*; Schacht *m*

矿泉 kuàngquán Mineral-, Heilquelle *f*: ～水 Mineralwasser *n*

矿山 kuàngshān Bergwerk *n*; Mine *f*; Zeche *f*

矿石 kuàngshí Erz *n*

矿物 kuàngwù Erz *n*; Mineral *n*: ～界 Mineralreich *n* ～学 Mineralogie *f*

旷(曠) kuàng ① weit; ausgedehnt; geräumig: 地～人稀 ein weites und dünnbesiedeltes Land ② frei von Sorgen und Ängsten: 心～神怡 sich erfrischt und entspannt fühlen

旷达 kuàngdá weitherzig; großherzig; edelmütig

旷工 kuànggōng unentschuldigt und ohne Grund der Arbeit fernbleiben; blaumachen *vi*

旷古 kuànggǔ seit unvordenklichen Zeiten

旷课 kuàngkè unentschuldigt dem Unterricht fernbleiben; den Unterricht versäumen; die Schule schwänzen

旷日持久 kuàng rì chí jiǔ lange dauern; sich lange hinziehen; sich in die Länge ziehen: ～的战争 lang dauernder Krieg

旷野 kuàngyě weit ausgedehntes Land

框 kuàng Rahmen *m*; Einfassung *f*; Zarge *f*; einfassende Leiste: 镜～ Bilderrahmen *m*; Bilderleiste *f* 窗～ Fensterrahmen *m* 眼镜～ Brillengestell *n*; Brillenfassung *f* * 另见 kuāng

框架 kuàngjià Rahmen *m*; Zarge *f*; Einfassung *f*; Gatter *n*

眶 kuàng Augenhöhle *f*: 热泪盈～ die Augen voller heißer Tränen haben; heiße Tränen stehen j-m in den Augen

况 kuàng ① Situation *f*; Zustand *m*; Lage *f*: 近～如何? Wie ist es dir in der letzten Zeit ergangen? ② vergleichen *vt*: 以古～今 die Gegenwart mit der Vergangenheit vergleichen; eine historische Parallele ziehen ③ <书> überdies; außerdem; noch dazu

况且 kuàngqiě <连> außerdem; überdies; noch dazu

kuī

窥 kuī lugen *vi*; heimlich (*od* verstohlen) blicken

窥测 kuīcè etw. ausfindig machen; erspähen *vt*; ausspionieren *vt*: ～时机 den rechten Augenblick abwarten

窥见 kuījiàn herausfinden *vt*; ersehen *vt*

窥视 kuīshì lugen *vi*; spähen *vi*; verstohlen blicken

窥伺 kuīsì auflauern *vi*; auf j-n/etw. lauern

窥探 kuītàn nachspionieren *vi*; etw. zu erforschen suchen; erspähen *vt*: ～军事秘密 militärische Geheimnisse ausspionieren

亏(虧) kuī ① (Geld) verlieren; Verluste haben (*od* erleiden): 盈～ Gewinn und Verlust ② mangeln *vi*; unzureichend; unzulänglich: 理～ unrecht haben ③ j-n ungerecht behandeln: 你放心吧，～不了你。Mach dir keine Sorge, du wirst schon nicht zu kurz kommen. ④ zum Glück; glücklicherweise; dank: ～他及时叫醒了我。Zum Glück hat er mich rechtzeitig geweckt. ⑤ [反说，表示讥讽]: ～他说得出口！Und er untersteht sich doch tatsächlich, so etwas zu sagen! ⑥ Abnehmen *n* (Mond)

亏待 kuīdài j-n ungerecht behandeln; mit j-m verächtlich umgehen

亏空 kuīkong ① Schulden haben; verschuldet sein ② Defizit *n*; Schuld *f*; Manko *n*: 弥补～ Schulden (*od* Verluste) ausgleichen

亏蚀 kuīshí ① Sonnen- oder Mondfinsternis *f*; Eklipse *f* ② geschäftliche Verluste erleiden

亏损 kuīsǔn ① Verlust *m*; Defizit *n*: 企业～ Verluste eines Unternehmens ② eine allgemeine Auszehrung des Körpers

亏心 kuīxīn ein schlechtes Gewissen haben: ～事 eine Handlung, die j-s Gewissen belastet

盔 kuī Helm *m*

盔甲 kuījiǎ Panzer (*od* Harnisch, Rüstung) und Helm

岿(巋) kuī

岿然 kuīrán aufragend; hochragend; erhaben: ～不动 felsenfest (*od* unerschütterlich) bleiben; feststehen und standhalten

kuí

魁 kuí ① Chef *m*; Haupt *n*; Anführer *m*: 罪～ Erzverbrecher *m*; Rädelsführer *m* ② von großer und stattlicher Statur

魁首 kuíshǒu eine Person, die anderen überlegen ist; der Erste; der Beste: 文章～ ein großer Mann der Feder

魁伟 kuíwěi von hohem und kräftigem Wuchs

魁梧 kuíwú von großer und mächtiger Gestalt (*od* Statur)

葵 kuí bestimmte krautige Pflanzen mit großen Blüten: 向日～ Sonnenblume *f* 锦～ wilde Malve

葵花 kuíhuā Sonnenblume *f*: ～子 Sonnenblumenkern *m*

葵扇 kuíshàn Palmblattfächer *m*

揆 kuí ① 〈书〉 vermuten *vt*; mutmaßen *vt*; beurteilen *vt*: ～度 abschätzen *vt*; beurteilen *vt*; vermuten *vt* ～情度理 die Umstände in Betracht ziehen und mit gesundem Menschenverstand urteilen ② Prinzip *n*; Richtschnur *f*

睽 kuí

睽睽 kuíkuí anstarren *vt*; starren *vi*; glotzen *vi*: 众目～之下 vor den Augen der Öffentlichkeit; vor aller Augen

kuǐ

傀 kuǐ

傀儡 kuǐlěi Marionette *f*; Drahtpuppe *f*: ～戏 Puppenspiel *n* ～政府 Marionettenregierung *f*

kuì

愧 kuì beschämt; reuevoll; von Gewissensbissen gepeinigt werden: 问心无～ ein reines (*od* ruhiges) Gewissen haben; keine Skrupel haben 于心有～ ein schlechtes Gewissen haben; Gewissensbisse spüren

愧恨 kuìhèn sich schämen und zerknirscht sein; beschämt und reuevoll; reumütig: ～交集 von Scham und Gewissensqual übermannt

愧色 kuìsè beschämtes Aussehen: 面有～ beschämt aussehen 毫无～ ohne sich auch nur die geringste Blöße zu geben; sich nicht zu schämen brauchen

溃 kuì ① (Damm, Deich) brechen *vt*; einreißen *vt*: ～堤 einen Deich brechen ② (eine Einkreisung) durchbrechen *vt*: ～围南奔 die Umzingelung durchbrechen und nach Süden eilen ③ in die Flucht geschlagen werden: 一触即～ schon beim ersten Schlag zusammenbrechen ④ schwären *vi*; eitern *vi*; geschwürig werden

溃败 kuìbài (in die Flucht) geschlagen werden
溃决 kuìjué (Damm, Deich) brechen *vi*
溃烂 kuìlàn schwären *vi*; eitern *vi*
溃疡 kuìyáng Geschwür *n*; Ulkus *n*: 胃～ Magengeschwür *n*
愦 kuì wirrköpfig; konfus: 昏～ wirrköpfig
聩 kuì 〈书〉 taub; schwerhörig
匮 kuì 〈书〉 Mangel leidend; unzureichend; mangelhaft: ～乏 knapp; unzulänglich; mangelhaft
篑 kuì 〈书〉 Korb zum Abtransport ausgehobener Erde: 功亏一～ eine Arbeit kurz vor ihrer Vollendung aufgeben; kurz vor dem Ziel scheitern
馈 kuì j-n beschenken; ein Geschenk machen: ～赠 j-m etw. schenken; j-m etw. verehren

kūn

坤 kūn weiblich; feminin: ～表 Damenuhr *f*
昆 kūn ① älterer Bruder ② 〈书〉 Nachkommenschaft *f*; Nachkömmling *m*: 后～ Nachkommen *pl*; Abkömmlinge *pl*; Deszendenten *pl*
昆虫 kūnchóng Insekt *n*: ～学 Insektenkunde *f*; Entomologie *f* ～学家 Entomologe *m*; Insektenforscher *m*
昆仲 kūnzhòng ältere und jüngere Brüder; Brüder *pl*

kǔn

捆 kǔn ① festbinden *vt*; zusammenbinden *vt*; bündeln *vt*; ein Bündel schnüren: ～行李 Reisegepäck verschnüren ～谷草 Hirsehalme zu Garben binden 把他～起来 ihn festbinden ② Bündel *n*: 一～柴禾 ein Reisigbündel
捆绑 kǔnbǎng festbinden *vt*; festschnüren *vt*
捆扎 kǔnzā etw. fest schnüren; zusammenbinden *vt*

kùn

困 kùn ① j-n in eine Notlage (*od* in große Bedrängnis) bringen: 为病所～ von einer Krankheit geplagt werden; lange an einer Krankheit leiden ② einkreisen *vt*; umzingeln *vt*; fesseln *vt*: 把敌人～在山谷里 die Feinde in dem Tal eingeschlossen haben ③ erschöpft; strapaziert; ermüdet: ～乏 ermüdet; müde; erschöpft; matt ④ schläfrig: 你～了就睡吧。Geh ins Bett, wenn du dich müde fühlst.
困惫 kùnbei sehr müde
困顿 kùndùn ① übermüdet; abgearbeitet; erschöpft ② sich in einer wirtschaftlichen Notlage befinden; in Not leben
困惑 kùnhuò verwirrt; nicht wissen, was man tun soll: ～不解 sich verwirrt fühlen; sich keinen Rat wissen; weder aus noch ein wissen
困境 kùnjìng schwierige Lage; peinliche Lage; Bedrängnis *f*; Klemme *f*: 陷于～ in eine schwierige Lage geraten; in der Klemme sitzen 摆脱～ sich aus einer unangenehmen Lage herauswinden
困窘 kùnjiǒng in finanziellen Schwierigkeiten; in Verlegenheit
困倦 kùnjuàn schläfrig
困苦 kùnkǔ in Not (leben); in bitterer Armut: 艰难～ Härten und Entbehrungen
困难 kùnnan ① schwierig; Schwierigkeit *f*: 克服～ Schwierigkeiten überwinden ～重重 mit Schwierigkeiten überhäuft sein ② finanzielle Schwierigkeiten: 生活～ in Elend leben; Entbehrungen leiden
困兽犹斗 kùn shòu yóu dòu ein umstelltes Wild wehrt sich verzweifelt; in einer hoffnungslosen Lage verzweifelte Anstrengungen machen

kuò

廓 kuò ① weit; geräumig; ausgedehnt ② Außenlinie *f*: 轮～ Umriß *m*; Kontur *f*
廓清 kuòqīng Klarheit in etw. bringen; klären *vt*
扩(擴) kuò ausdehnen *vt*; erweitern *vt*; verbreitern *vt*; vergrößern *vt*
扩充 kuòchōng erweitern *vt*; vergrößern *vt*; vermehren *vt*; stark machen: ～军备 Aufrüstung *f*; Rüstungsaufbau *m* ～设备 die

Ausrüstung vergrößern

扩大 kuòdà vergrößern *vt*; erweitern *vt*; ausbreiten *vt*; ausdehnen *vt*; vermehren *vt*; expandieren *vt*: ～范围 einen Bereich ausweiten ～眼界 sein Blickfeld (*od* seinen Gesichtskreis, seinen Horizont) erweitern ～耕地面积 die Anbaufläche erweitern (*od* vergrößern) ～会议 erweiterte Konferenz (*od* Sitzung, Tagung)

扩散 kuòsàn sich ausbreiten; sich verbreiten; Ausbreitung *f*; Verbreitung *f*: 核～ die Weitergabe (*od* Verbreitung) von Kernwaffen

扩音器 kuòyīnqì ① Megaphon *n* ② Tonverstärker *m*

扩展 kuòzhǎn ausdehnen *vt*; erweitern *vt*; entwickeln *vt*; sich erstrecken

扩张 kuòzhāng ausdehnen *vt*; expandieren *vt*; Expansion *f*; Ausweitung *f*: 对外～ Expansion *f*; Erweiterung des staatlichen Macht- oder Einflußbereichs 领土～ territoriale Expansion

阔 kuò ① breit; weit; geräumig ② reich; wohlhabend; begütert: 摆～ den reichen Mann spielen; sich als reich aufspielen

阔别 kuòbié lange voneinander getrennt: ～多年的朋友 lange voneinander getrennter Freund

阔步 kuòbù mit Riesenschritten; mit großen Schritten; ausschreiten *vi*: ～前进 mit großen Schritten vorwärtsmarschieren

阔绰 kuòchuò reich; wohlhabend; großzügig mit Geld: ～的生活 ein Leben in Überfluß führen

括 kuò ① zusammenziehen *vt*; binden *vt* ② einschließen *vt*; umfassen *vt*; einklammern *vt*

括号 kuòhào Klammer *f* (〔〕, ( ), < >)

L 1

lā

垃 lā

垃圾 lājī Müll *m*; Kehricht *m*; Abfall *m*: ～箱 Müllkasten *m*; Mülleimer *m* ～堆 Müll-, Kehrichthaufen *m*

拉 lā ① schleppen *vt*; ziehen *vt*; zerren *vt*; reißen *vt*: 使劲～，我来推。Ziehe es mit aller Kraft, dabei schiebe ich es vor. ～上窗帘 die Vorhänge zuziehen; die Gardinen zumachen ② befördern *vt*; etw. mit einem Fahrzeug transportieren: ～货 Güter (*od* Waren) transportieren ③ (Truppen an einen bestimmten Ort) bringen *vt*; führen *vt*: 把二连～到河那边 die zweite Kompanie zur anderen Seite des Flußes führen ④ (bestimmte Musikinstrumente) spielen *vt*: ～小提琴 Geige (*od* Violine) spielen; geigen *vi* ⑤ hinziehen *vt*; verlängern *vt*; ausdehnen *vt*: ～长声音说话 langsam (*od* gedehnt) sprechen ～开距离 auf Abstand gehen; den Abstand vergrößern ⑥ j-m unter die Arme greifen; helfen *vi*: 应该～他一把。Man muß ihm unter die Arme greifen. ⑦ j-n in etw. verwickeln; j-n in etw. hineinziehen: 这是你自己做的事，为什么要～上别人？ Das alles ist dein Werk. Warum willst du andere hineinziehen? ⑧ j-n für sich gewinnen; j-n zu etw. verleiten; um etw. werben: ～关系 eine Beziehung zu einer einflußreichen Person anzuknüpfen versuchen; einflußreiche Verbindungen suchen ⑨ <口> Stuhlgang haben; scheißen *vi*: ～肚子 Durchfall (haben) * 另见 lá

拉扯 lāchě <口> ① zerren *vt*; ziehen *vt* ② j-n unter großen Mühen aufziehen (*od* großziehen) ③ j-n in etw. hineinziehen; verwickeln *vt* ④ plaudern *vi*; schwatzen *vi*/*vt*

拉后腿 lā hòutuǐ j-m ein Klotz am Bein sein; für j-n ein Hemmnis sein

拉锯 lājù (von zwei Personen) mit einer doppelgriffigen Säge arbeiten: ～战 der Kampf mit wechselndem Schlachtenglück; die Schlacht mit ständig wechselnden Fronten

拉拉队 lālāduì Claque *f*; Claqueure *pl*; Anfeuerer; Beifallrufer *pl*; Schlachtenbummler *pl*

拉拢 lālong j-n auf seine Seite ziehen; j-n für seine Absichten (*od* Pläne) gewinnen

拉屎 lāshǐ <口> auf den Topf

gehen; auf dem Klo sitzen; sich ausleeren; groß machen

拉锁儿 lāsuǒr Reißverschluß *m*

拉杂 lāzá ohne Zusammenhang; unsystematisch; ohne ein bestimmtes Thema; abschweifend; weitschweifig: 这篇文章写得太～。Dieser Artikel ist zu konfus geschrieben.

邋 lā: ～遢 schlampig; schmutzig; unordentlich; liederlich

lá

拉 lá ① schneiden *vt*; ritzen *vt*; schlitzen *vt*; zerteilen *vt*: ～玻璃 das Glas schneiden 手上～了个口子 sich in die Hand schneiden; sich an der Hand ritzen ② plaudern *vi*; sich unterhalten: ～家常 (über Familienangelegenheiten) plaudern *vi* * 另见 lā

lǎ

喇 lǎ

喇叭 lǎba ① Trompete *f* ② Lautsprecher *m*: ～筒 Sprachrohr *n*; Megaphon *n* ③ trichterförmig: ～裤 ausgestellte Hose; Slop-Hose *f*; Trompetenhose *f*

喇嘛 lǎma Lama *m*: ～教 Lamaismus *m* ～庙 Lama-Tempel *m*

là

落 là ① auslassen *vt*; übersehen *vt*; überschlagen *vt*: 这里～了两个字。Hier sind zwei Wörter ausgelassen. ② vergessen *vt*; liegenlassen *vt*: 对不起,我把信用卡～在家里了。Es tut mir leid, daß ich die Kreditkarte zu Hause liegengelassen habe. ② zurückbleiben *vi*; aus der Reihe fallen: ～下很远 weit zurückbleiben * 另见 luò

蜡(蠟) là ① Wachs *n* ② Kerze *f*: 点上一支～ eine Kerze anzünden ③ Glanzmittel *n*; Politur *f*: 地板～ Bohnerwachs *n*

蜡版 làbǎn (schon beschriftete) mimeographische Matrize

蜡笔 làbǐ Wachs(mal)stift *m*

蜡纸 làzhǐ ① Wachspapier *n* ② Matrize *f*: 刻～ auf Matrize schreiben

蜡烛 làzhú Kerze *f*; Wachskerze *f*

腊(臘) là

腊肠 làcháng Wurst *f* (aus magerem Fleisch und fetten Fleischwürfeln)

腊月 làyuè zwölfter Monat des Mondkalenders

辣 là ① (Geruch und Geschmack) brennen *vi*; beißen *vi* ② beißend; scharf: ～得舌头发麻 so scharf, daß die Zunge taub wird ③ bitter; schonungslos; grausam; unbarmherzig; hart: 心狠手～ hartherzig und rücksichtslos; grausam; brutal

辣椒 làjiāo Paprika *m*: ～粉 Paprikapulver *n* ～油 Paprikaöl *n*

辣手 làshǒu ① grausames Mittel; harte Maßregel; schonungslose Methode ② grausam; tückisch; giftig ③ vertrackt; heikel: 这事真～。Die Sache ist wirklich heikel.

la

啦 la 〈助〉[“了” (le) 和 “啊” (a) 的合音,表示疑问、感叹等语气]: 他真来～? Ist er wirklich gekommen? 这回我可亲眼看见～。Diesmal habe ich es doch wirklich mit eigenen Augen gesehen.

lái

来(來) lái ① kommen *vi*; ankommen *vi*; eintreffen *vi*; sich herbegeben: 跟我～! Folge mir! 或 Komm mit mir! 他们还没有～。Sie sind noch nicht da (*od* gekommen). ～函 eingegangener (*od* Ihr) Brief ② eintreten *vi*; auftauchen *vi*; sich ereignen; sich ergeben: 问题～了。Die Probleme sind aufgetaucht. ③ [做某个动作,代替意义更具体的动词]: 你歇歇,让我～吧。Mach eine Pause! Laß mich (es) machen. ～一盘棋。Laß uns eine Partie Schach spielen. 再～一个! Zugabe! 或 Noch einmal! 或 Da capo! ④ [跟“得”或“不”连用,表示可能或不可能]: 他们俩很合得～。Die Beiden kommen sehr gut miteinander aus. ⑤ [用在动词前面,表示要做某件事]: 大家～想办法。Wir wollen jetzt alle nach einer Lösung suchen. 或 Laßt uns unsere Ideen zusammentragen und sehen, was sich tun läßt. ⑥ [用在动词或动词结构后面，表示去做某件事]：我们贺喜～了。Wir bringen euch unsere Glückwünsche. ⑦ [用在动词前面，表示后面部分是目的]：我们将开个会～交流经验。Wir werden eine Sitzung abhalten, um Erfahrungen auszutauschen. ⑧ kommend; nächst; zukünftig：～年 kommendes Jahr; das nächste Jahr ⑨ seit; von ... her：十多天～ seit mehr als zehn Tagen (*od* zehn Tagen und mehr) 两千年～ seit zwei tausend Jahren ⑩ [用在"十"、"百"、"千"等数词或数量词后面，表示概数] ungefähr; etwa; rund; ca.：二十～个 ca. zwanzig 五十～岁 etwa 50 Jahre alt ⑪ [用在"一""二""三"等数词后，列举理由] 一～…，二～… zum einen ..., zum anderen ...

来(來) lái ① [用在动词后面，表示动作朝着说话人所在的地方]：过～！ Komm mal rüber! 把帐单拿～。Bring mir die Rechnung! ② [用在动词后面，表示动作的结果]：一觉醒～ nach einem festen Schlaf aufwachen 各个方面都传～了振奋人心的消息。Von allen Seiten her verbreiten sich die ermutigenden Nachrichten. 说～话长。Das ist eine lange Geschichte.

来宾 láibīn Besucher *m*; Gast *m*

来不及 láibují es ist zu spät, um etw. zu tun; die Zeit reicht nicht, etw. zu tun：～同你细谈了。Für eine eingehende Besprechung mit dir reicht die Zeit nicht mehr.

来到 láidào kommen *vi*; eintreffen *vi*; ankommen *vi*：雨季～了。Die Regensaison hat begonnen 春天终于～了。Der Frühling ist endlich da.

来回 láihuí ①Hin- und Rückweg *m*; Hin- und Herweg *m*; Hin- und Rückfahrt *f*; hin und zurück：～有多远？Wie weit ist es hin und zurück? ② kommen und gehen; hin und zurück (*od* her)：～穿梭 hin und her pendeln; hin und her eilen 在走廊里～走动 im Korridor (*od* Durchgang) hin und her (*od* auf und ab) schreiten ～票 (Hin- und) Rückfahrkarte *f*

来历 láilì Vorgeschichte *f*; Herkunft *f*; Ursprung *m*; Quelle *f*; Hintergrund *m*：查明～ die Herkunft feststellen; j-s Vorgeschichte ermitteln 不明～的人 ein Mensch von zweifelhafter (*od* fragwürdiger) Vergangenheit (*od* Herkunft) 这幅油画可有一段不平凡的～。Dieses Ölgemälde hat eine ungewöhnliche Geschichte. ～不明的飞机 ein nicht identifiziertes Flugzeug

来临 láilín ankommen *vi*; den Einzug halten

来龙去脉 lái lóng qù mài Ursachen und Auswirkungen (eines Geschehens); Hergang *m* (einer Sache); innere Zusammenhänge：事情的～ der ganze Hergang der Sache

来日方长 láirì fāng cháng das hat (noch) Zeit; damit hat es (noch) Zeit; das ganze Leben noch vor sich haben

来势 láishì losbrechende (*od* herannahende) Gewalt

来头 láitou ① Rückhalt *m*; (eine Person von) Gewicht：～不小 eine Person von Gewicht sein ② Beweggrund *m* (von j-s Worten); Veranlassung *f*

来往 láiwǎng kommen und gehen; Verkehr *m*：～信件 Briefwechsel *m*; Korrespondenz *f*

来往 láiwang Verkehr *m*; Umgang *m*; Verbindung *f*; Beziehung *f*; Kontakt *m*：我跟他从来没～。Ich hatte nie Kontakt zu ihm. 我们俩不大～。Wir beide stehen miteinander nicht häufig in Verbindung.

来由 láiyóu Ursache *f*; Grund *m*

来源 láiyuán ① Quelle *f*：经济～ Einkommens-, Einnahmequelle *f* ② entspringen *vi*; entstammen *vi*; von etwas herrühren：知识～于实践。Wissen entspringt der Praxis.

来之不易 lá zhī bù yì etw. hat viel Mühe gekostet; teuer erkauft sein

lài

赖 lài ① sich auf etw./j-n; stützen; sich auf j-n/etw. verlassen; auf j-n/etw. angewiesen sein; von j-m/etw. abhängen：完成任务还有～于大家的努力。Die Erfüllung der Aufgabe hängt von den Anstrengungen aller ab ② hartnäckig stehenbleiben; sich nicht vom Fleck rühren; sich einnisten：～着不走 unbeirrt dableiben; sich weigern, fortzugehen ③ abstreiten *vt*; leugnen *vt*; ableugnen *vt*; sein Wort (*od* Versprechen) widerrufen：～是～不掉

的。Es ist nicht abzuleugnen. ④ j-n falsch beschuldigen; j-m die Schuld geben (*od* zuschieben); anschuldigen *vt*: 自己做错了，不能～别人。Du sollst nicht den anderen deine eigene Schuld zuschieben. ⑤ 〈口〉 (Schuld, Verantwortung usw.) j-m zuzuschreiben sein: 这事全～我。Das geht nur auf mein Konto.

赖皮 làipí 〈口〉 gemein; schuftig; schurkisch: 耍～ sich lumpig verhalten; pampig werden

赖帐 làizhàng ① Schulden abstreiten ② ein Versprechen (*od* Wort) nicht halten; eine Vereinbarung brechen

癞 lài ① Aussatz *m*; Lepra *f* ② Kopfgrind *m*

癞皮狗 làipígǒu ① räudiger Hund ② Hundsfott *m*; niederträchtige Kreatur

籁 lài ① antike Bambusflöte ② Ton *m*; Laut *m*; Geräusch *n*: 万～俱寂 vollkommen geräuschlos; tiefste Stille

lán

阑 lán ① zu Ende gehen; sich dem Ende zuneigen: 夜～人静 tiefe und stille Nacht; tiefe nächtliche Stille; Die Nacht ist tief und alles schweigt. ② Balustrade *f*; Geländer *n*

阑尾 lánwěi Wurmfortsatz *m*: ～炎 Blinddarmentzündung *f*; Appendizitis *f*

澜 lán Wogen *pl*; hohe Wellen: 波～ hohe Wogen 推波助～ eine stürmische See aufrühren — ein Übel noch ärger machen; eine schlechte Lage verschlimmern

谰 lán anschwärzen *vt*; verleumden *vt*

谰言 lányán Verleumdung *f*; üble Nachrede; Ehrabschneiderei *f*: 无耻～ schamlose Verleumdungen

兰(蘭) lán Orchidee *f*

兰花 lánhuā Orchidee *f*

栏(欄) lán ① Geländer *n*; Brüstung *f*; Balustrade *f*; Hürde *f*: 跨～赛跑 Hürdenlauf *m*; Hürden-, Hindernisrennen *n* ② Koppel *f*; Pferch *m*; Stall *m*: 牛～ Rinderkoppel *f*; Kuhstall *m* 羊～ Schafstall *m*; Schafhürde *f* ③ Spalte *f*; Kolumne *f*: 布告～ schwarzes Brett 广告～ Spalte für Anzeigen

栏杆 lángān Geländer *n*; Balustrade *f*

拦(攔) lán versperren *vt*; aufhalten *vt*; zurückhalten *vt*; Einhalt gebieten: ～住某人去路 j-m den Weg versperren (*od* blockieren); sich j-m in den Weg stellen 他刚要提问，就被老师～住了。Er war gerade dabei, die Frage zu stellen, wurde aber von dem Lehrer daran gehindert.

拦河坝 lánhébà Staudamm *m*; Talsperre *f*

拦截 lánjié abfangen *vt*; den Weg abschneiden: ～增援的敌人 feindliche Verstärkung(struppen) abfangen

拦路 lánlù sich j-m in den Weg stellen; j-m in den Weg treten; j-m den Weg abschneiden; j-s Weg blockieren: ～抢劫 Straßenraub *m*; Straßenüberfall *m*

拦路虎 lánlùhǔ Hindernis *n*; Barriere *f*; Schwierigkeit *f*

拦腰 lányāo rund um die Mitte; in der Mitte; um die Taille: 大坝把河水～截断。Im Mittellauf des Flusses durchtrennt ein riesiger Staudamm den Strom.

拦阻 lánzǔ hindern *vt*; behindern *vt*; aufhalten *vt*; j-m in die Arme fallen

褴(襤) lán

褴褛 lánlǚ schäbig; lumpig; zerlumpt; zerfetzt; zerrissen: 衣衫～ in abgetragener Kleidung; in abgerissenen Klamotten; in Lumpen; in Fetzen

蓝(藍) lán ① blau: ～皮书 Blaubuch *n* ② Färberknöterich *m*; Indigopflanze *f*

蓝本 lánběn ① Prototyp *m*; Muster *m*; Urbild *n* ② Originalfassung *f* (eines literarischen Textes)

蓝图 lántú Licht-, Blaupause *f*; Blaudruck *m*

篮(籃) lán (～子) Korb *m*

篮球 lánqiú Basket-, Korbball *m*: ～场 Basketballspielfeld *n* ～队 Basketballteam *n*

岚(嵐) lán Dunst im Gebirge; feiner Nebel; Höhenrauch *m*

lǎn

懒 lǎn ① faul; träge; arbeitsunlustig ② erschöpft; kraftlos; schlaff; matt: 身上发～ sich matt und abgespannt (*od* schlapp) fühlen

懒得 lǎnde keine Lust haben, etw. zu tun; zu etw. nicht aufgelegt sein; j-m ist nach etw. nicht zumute: 我～出去。Ich habe keine Lust, auszugehen.

懒惰 lǎnduò faul; träge

懒汉 lǎnhàn Faulpelz *m*; Faulenzer *m*; Müßiggänger *m*

懒散 lǎnsǎn träge: nachlässig: 学习～ nachlässig lernen

懒洋洋 lǎnyāngyāng schlaff; matt; schlapp; lustlos; träge

览(覽) lǎn ① anschauen *vt*; ansehen *vt*; besichtigen *vt*; überblicken *vt*: 游～ (touristisch) besichtigen *vt*; eine Reisetour machen ② lesen *vt*; etw. oberflächlich durchlesen: 博～ viel lesen; belesen sein 浏～ etw. diagonal lesen; überfliegen *vt*

揽(攬) lǎn ① j-n in die Arme nehmen (*od* schließen): 母亲把孩子～在怀里。Die Mutter nimmt das Kind auf ihren Schoß. ② befestigen *vt*: 用绳子～上 etw. mit einem Seil (*od* Strick) befestigen; etw. mit Seilen (*od* Stricken) verschnüren ③ etw. an sich ziehen; übernehmen *vt*; heranziehen *vt*: 他把责任都～到自己身上。Er nimmt die Verantwortung alle auf sich. ④ alles an sich reißen; etw. allein beherrschen; monopolisieren *vt*: 包～大权 alle Macht an sich reißen

缆(纜) lǎn ① Tau *n*; Seil *n*: 解～ die Taue losmachen; die Anker lichten; (vom Land) abstoßen *vi* ② Trosse *f*; Kabel *n*: 电～ Stromkabel *n*

缆车 lǎnchē Seil-, Kabelbahn *f*: ～道 Standsseilbahn *f*; Seilförderanlage *f*; Drahtseilbahn *f*

làn

滥(濫) làn ① überfluten *vi*; überschwemmen *vt*; überfließen *vi*; überlaufen *vi* ② übermäßig; ausschweifend: ～施轰炸 (eine Stadt) wild und ziellos bombardieren

滥调 làndiào alte Plattheiten; abgedroschene Phrase: 陈词～ abgedroschene (*od* stereotype) Redewendung; Klischee *n*

滥用 lànyòng mißbrauchen *vt*; etw. falsch verwenden; Mißbrauch *m*: ～职权 seine Stellung und Macht mißbrauchen

滥竽充数 làn yú chōng shù ein stummer Bläser im Bambusorgelchor; einen Platz einnehmen, ohne entsprechende Qualifikationen zu besitzen; untauglich; ein Kuckuck unter Nachtigallen

烂(爛) làn ① gekocht; gesotten; mürbe; weich; breiig: 牛肉烧得很～。Das Rindflesich ist sehr weich gekocht. ② verderben *vi*; faulen *vi*; verwesen *vi*; verfault: 伤口～了。Die Wunde eitert. ③ zerfetzt; zerrissen; abgetragen: 衣服穿～了。Die Kleider sind abgetragen (*od* verschlissen). ④ unordentlich; verwirrt: 一本～帐 eine chaotische Rechnungslage ～摊子 eine chaotische Unordnung; ein wildes Durcheinander; Saftladen *m*

烂漫 lànmàn ① in voller Blüte; farbig und schön; farbenprächtig: 山花～ Bergblumen in voller Blüte ② ungekünstelt; offenherzig; unbefangen: 天真～ naiv und lieblich; unschuldig

烂泥 lànní Schlamm *m*; Matsch *m*; Schlick *m*: ～塘 Schlammtümpel *m*

烂熟 lànshú ① durchgekocht; weichgekocht ② etw. auswendig können: 台词背得～ seinen Rollentext in- und auswendig können

烂醉 lànzuì total (*od* völlig) betrunken: ～如泥 sternhagelvoll; blau wie ein Veilchen; stockbesoffen

láng

郎 láng ① Beamtentitel in alten Zeiten ② (Anrede für Männer) Herr *m*: 令～ Ihr (Herr) Sohn 新～ Bräutigam *m* ③ [女子称丈夫或情人] Liebster; Geliebter

郎舅 lángjiù ein Mann und der Bruder seiner Frau; Schwäger *pl*: 他俩是～。Sie beide sind verschwägert.

郎中 lángzhōng Arzt der traditionellen chinesischen Medizin

廊 láng Korridor *m*; Wandel-, Säulengang *m*: 回～ Wandelgang *m* 长～ langer Korridor 画～ Bilder-, Gemäldegalerie *f*

廊檐 lángyán Dachvorsprung *m*; Schutzdach eines freistehenden Korridors

鄉 láng: ～头 Hammer *m*

锒 láng

锒铛 lángdāng ① eiserne Ketten; Eisenkette *f*: ～入狱 in Ketten ins Gefängnis geworfen werden ② klirren *vi*; rasseln *vi*

狼 láng Wolf *m*

狼狈 lángbèi in der Klemme sitzen; in Verlegenheit geraten; verlegen sein: ～不堪 in großer Verlegenheit sein; sich einem großen Dilemma gegenübersehen; sich in einer bedrängten Lage befinden ～逃窜 Hals über Kopf fliehen; in panischer Flucht

狼狈为奸 lángbèi wéi jiān einander in die Hände spielen; unter einer Decke stecken; gemeinsame Sache mit j-m machen

狼藉 lángjí in Unordnung; (wild) durcheinander: 声名～ in Mißkredit geraten; in schlechtem Ruf stehen; verrufen; berüchtigt

狼吞虎咽 láng tūn hǔ yàn wie ein Wolf verschlingen; hastig (*od* gierig) essen

狼心狗肺 láng xīn gǒu fèi ① verkommen; schlecht bis ins Mark; gewissenlos; brutal ② undankbar

狼烟四起 lángyān sì qǐ Überall steigen Rauchzeichen auf. 或 Alle Grenzposten melden Alarm.

狼子野心 lángzǐ yěxīn wölfischer Ehrgeiz; wilde Ambitionen

lǎng

朗 lǎng ① hell; klar: 天～气清。Das Wetter ist klar und sonnig. ② laut und klar

朗读 lǎngdú vorlesen *vt*; laut (und deutlich) lesen

朗朗 lǎnglǎng ① 〈象〉 deutlich vernehmbare Lesestimme ② hell; klar

朗诵 lǎngsòng vortragen *vt*; rezitieren *vt*

làng

浪 làng ① Welle *f*; Woge *f*; Brecher *m*: 海～ Meereswoge *f* 声～ Stimmengewirr *n*; Lärm *m* ② zügellos; ausschweifend; ungezügelt: 放～ ausschweifend (leben)

浪潮 làngcháo Flut *f*; Woge *f*; Strömung *f*: 罢工～ Streikwelle *f*

浪荡 làngdàng ① sich herumtreiben; herumlungern *vi*; herumschlendern *vi* ② ausschweifend; liederlich; zügellos leben

浪费 làngfèi verschwenden *vt*; vergeuden *vt*; etw. unnötig verbrauchen: ～资源 Naturschätze verschwenden

浪花 lànghuā Gischt *f*

浪漫 làngmàn ① wüst; liederlich; ausschweifend; schlampig ② romantisch

浪头 làngtou ① Welle *f*; Woge *f* ② Mode *f*; Neigung *f*; Tendenz *f*; Trend *m*: 赶～ einem Trend folgen; eine Mode mitmachen

浪子 làngzǐ Tunichtgut *m*; Müßiggänger *m*; Faulenzer *m*; Playboy *m*: ～回头 die Heimkehr des verlorenen Sohnes; sich vom Bösen abwenden und auf den rechten Weg zurückfinden

lāo

捞(撈) lāo ① etw. aus dem Wasser holen; herausfischen *vt*; auffischen *vt*: ～水草 Wasserpflanzen holen ～鱼 Fische (mit einem Fangnetz aus dem Wasser) herausholen ② profitieren *vi*; ergattern *vt*; Profit aus etw. ziehen; herausschlagen *vt*: 趁机～一把 eine Gelegenheit beim Schopfe packen und seinen Nutzen daraus ziehen

捞取 lāoqǔ etw. für sich gewinnen: ～政治资本 aus j-m/etw. politisches Kapital schlagen; aus etw. / j-m einen politischen Vorteil ziehen

láo

牢 láo ① 〈书〉 Gehege *n*; Pferch *m*; Viehhürde *f*: 豕～ Schweinestall *m* ② Opfertier *n*:

太～ Opferrind *n* ③ Gefängnis *n*; Kerker *m*: 坐～ im Gefängnis sitzen (*od* einsitzen) ④ dauerhaft; fest; haltbar; solid: ～不可破 unverbrüchlich; unzerstörbar; unerschütterlich

牢固 láogù fest; solide; haltbar; sicher: ～的根基 ein solides Fundament; eine feste Grundlage (*od* Basis)

牢记 láojì etw. (fest) beherzigen; etw. im Gedächtnis behalten: 我将永远～你的教诲。Ich werde Ihre Belehrung für immer im Gedächtnis behalten.

牢靠 láokào ① fest; solide; haltbar: 这堵墙不太～。Diese Wand ist nicht sehr fest. ② sicher; zuverlässig: 办事～ zuverlässig sein; Dinge pflichtbewußt erledigen

牢笼 láolóng ① Käfig *m*; Fesseln *pl*; Joch *n*; Kerker *m* ② Falle *f*; Schlinge *f*; Fallstrick *m*: 陷入～ in die Falle geraten (*od* gehen)

牢骚 láosāo Beschwerde *f*; Unzufriedenheit *f*; Unmut *m*: 发～ sich beschweren; sich beklagen; seinem Unmut Luft machen

劳(勞) láo ① Arbeit *f*; arbeiten *vi*: ～动节 Internationaler Tag der Arbeit (1. Mai) ～绩 Verdienste und Leistungen 多～多得 mehr Belohnung für mehr Arbeit ② sich abmühen; sich plagen; Müdigkeit *f*; Mühe *f*; Ermüdung *f*: 积～成疾 wegen Überarbeitung erkranken; unter der Last der Arbeit zusammenbrechen ③ Verdienst *n*; Leistung *f*; Dienst *m*: 汗马之～ auf dem Rücken eines Kriegsrosses erworbene Verdienste — Kriegsverdienste *pl*; bedeutende Beiträge ④ j-n bemühen; j-n belästigen; j-n in Anspruch nehmen: ～你帮个忙。Können Sie mir Ihre Hilfe anbieten? ⑤ j-m seine Anerkennung (für die Ausführung eines Auftrags) aussprechen und ihn belohnen; sich für eine Verrichtung erkenntlich zeigen: ～军 den Soldaten Grüße und Geschenke übermitteln (im Rahmen der Truppenbetreuung)

劳保 láobǎo 〈简〉(劳动保险) Arbeiter- und Angestelltenversicherung *f*

劳动 láodòng ① Arbeit *f*; berufliche Tätigkeit: 不～者不得食。Wer nicht arbeitet, soll auch nicht essen. ② (körperlich) arbeiten *vi*; körperliche Arbeit: ～保护 Arbeitsschutz *m* ～模范 Modellarbeiter *m*; Bestarbeiter *m* ～强度 Arbeitsintensität *f* ～生产率 Arbeitsproduktivität *f*

劳动力 láodònglì ① Arbeitskraft *f*: ～不足 Mangel an Arbeitskräften ② Arbeitsfähigkeit *f*; Arbeitsvermögen *n*; physische Arbeitsbelastbarkeit: 丧失～ arbeitsuntauglich werden; dienst-, arbeitsunfähig ③ Arbeitsfähige(r); Arbeitskraft *f*

劳顿 láodùn erschöpft; ermüdet; müde; strapaziert: 旅途～ müde von der Reise; Reisestrapazen *pl*

劳驾 láo jià 〈套〉［用于请别人做事或让路］(要求别人做事) tun Sie mir einen Gefallen; seien Sie (doch) so gut (und ...); (要求让路等) entschuldigen Sie bitte: ～替我给他捎封信。Darf ich Sie bitten, ihm einen Brief zu geben.

劳苦 láokǔ Strapaze *f*; Mühe *f*: 不辞～ keine Mühe scheuen ～大众 ins Joch der Arbeit eingespannte Werktätige

劳累 láolèi ermattet; erschöpft; erschlafft; ermüdet; überarbeitet; Müdigkeit *f*

劳力 láolì Arbeitskraft *f*

劳民伤财 láo mín shāng cái Arbeitskräfte und Geldmittel (*od* Menschen- und Materialreserven) vergeuden

劳逸结合 láoyì jiéhé Arbeit und Freizeit aufeinander abstimmen; Arbeit und Erholung aufeinander folgen lassen

痨(癆) láo Tuberkulose *f*; Schwindsucht *f*: 肺～ Lungentuberkulose *f*; Lungenschwindsucht *f* ～病 Schwindsucht *f*; Tuberkulose *f*

lǎo

老 lǎo ① alt; betagt: ～农 alter, erfahrener Bauer 活到～,学到～。Solange man lebt, lernt man. 或 Man lernt nie aus. ② Alte(r): ～幼咸宜 schicklich (*od* gut) für jung und alt 敬～ die Alten respektieren ③ seit langem bestehend; alt: ～朋友 alter Freund ～战士 ein ehemaliger Kämpfer ～习惯 alte Gewohnheit ④ veraltet; alt; überholt: ～式 altmodisch; unmodern ⑤ hart; zäh; nicht zart: 肉太～。Das

Fleisch ist zu zäh. 菠菜～了。Die Spinate sind nicht mehr zart. ⑥ lange; für eine lange Zeit: ～没见你啊。Ich habe Sie seit langem nicht gesehen. ⑦ stets; immer: ～惦记着这件事。Diese Sache liegt ihm immer am Herzen. ⑧ sehr: ～早 sehr früh ～远 sehr weit; weit entfernt; von weitem ⑨ [前缀,用于称人、排行次序、某些动、植物名]: ～王 Lao Wang; alter Wang ～二 zweiter Sohn (bzw. Bruder); zweite Tochter (bzw. Schwester) ～玉米 Mais *m* ～虎 Tiger *m*

老百姓 lǎobǎixìng 〈口〉 einfache Bürger; gewöhnliche Leute; (gemeines) Volk *n*; Zivilbevölkerung *f*

老伴儿 lǎobànr 〈口〉 (Bezeichnung für einen Ehepartner) Lebensgefährte *m*; Lebensgefährtin *f*; Alte(r): 我的～ meine Alte (bzw. mein Alter)

老本 lǎoběn Kapital *n*; Kapitaleinlage *f*; Hauptsumme *f*: 把～输光 all seine Spieleinsätze verlieren

老成 lǎochéng erfahren und umsichtig: 少年～ jung, aber welterfahren; über sein Alter hinaus gereift ～持重 erfahren und vorsichtig sein

老大 lǎodà ① 〈书〉 alt; in (hohem) Alter; betagt: 少壮不努力,～徒伤悲。Wer in der Jugend nicht fleißig ist, wird er im Alter bitter bereuen. 或 Was Hänschen nicht lernt, lernt Hans nimmermehr. ② das älteste (*od* erste) Kind ③ Schiffs-, Kahnführer *m* ④ sehr: ～不高兴 sehr mißmutig; sehr ärgerlich; sehr verdrießlich

老大娘 lǎodàniáng [多用于不相识的妇女] Großmutter *f*; Tante *f*

老大爷 lǎodàye [多用于不相识的男子] Großvater *m*; alter Onkel

老弟 lǎodì (vertrauliche Anrede für einen jüngeren Mann) junger Mann; junger Herr; (mein) junger Freund

老调 lǎodiào alte Melodie; abgedroschenes Thema; die alte Litanei; Platitüde *f*: ～重弹 immer wieder die alte Leier anstimmen; den alten Kohl wieder aufwärmen; die alte Platte laufen lassen

老汉 lǎohàn alter Mann; Greis *m*

老好人 lǎohǎorén gutmütiger, aber prinzipienloser Mensch; jemand, der sich mit niemandem anlegen möchte; nachgiebiger Charakter; weiches Gemüt

老狐狸 lǎohúli ① alter (*od* schlauer) Fuchs ② aalglatte Person; elender Schurke

老虎 lǎohǔ Tiger *m*

老话 lǎohuà ① altes Sprichwort ② Gespräche über alte Zeiten

老化 lǎohuà altern *vi*; Alterung *f*

老奸巨猾 lǎo jiān jù huá viele Erfahrungen im Schwindeln und Betrügen haben; ein ausgekochter Betrüger sein; durchtrieben; mit allen Wassern gewachsen sein

老练 lǎoliàn beschlagen; weltklug; erfahren und sicher: 她办事很～。In ihrer Arbeit ist sie sehr erfahren und versiert.

老路 lǎolù alter Weg; ausgetretener Pfad

老马识途 lǎo mǎ shí tú ein altes Pferd kennt seinen Weg; ein erfahrener Mann ist ein guter Führer

老迈 lǎomài altersschwach; in hohem Alter; betagt; senil; greisenhaft

老年 lǎonián hohes Alter: ～人 ein Mensch in hohem Alter; alte Leute; die Alten ～医学 Geriatrie *f*; Altersheilkunde *f*

老婆 lǎopo 〈口〉 Frau *f*; Ehegespons *n*; Angetraute *f*

老气横秋 lǎo qì héng qiū ① überheblich auf sein Alter pochen ② energielos; Mangel an Jugendfrische (*od* Elan)

老前辈 lǎoqiánbèi Senior *m*; Nestor *m*; Altgediente(r); Veteran *m*

老人家 lǎorenjia ① sehr höfliche Anrede für eine ältere Respektsperson: 你～今年多大年纪了? In welchem Alter stehen Sie jetzt? ② Eltern *pl*: 你们～快七十岁了吧? Ihre Eltern gehen ins siebzigste Jahr, nicht wahr?

老生常谈 lǎo shēng cháng tán Altbekanntes wiederholen; immer die alte Leier; immer dasselbe Lied; aufgewärmter Kohl; Gemeinplatz *m*

老师 lǎoshī Lehrer *m*

老师傅 lǎoshīfu (Anrede) (alter) Meister *m*

老实 lǎoshi ① ehrlich; redlich; aufrichtig: 忠诚～ treu und ehrlich ～说,我很不赞成这个意见。Offen gestanden, ich mißbillige auf das Schärfste diese Meinung. ② artig; anständig; gehorsam;

fügsam: 这孩子可～了。Es ist wirklich ein artiges Kind. ③ naiv; einfältig; simpel

老手 lǎoshǒu Veteran m; Kanone f; alter Routinier; alter Hase; Fachmann m; Meister m: 开车的～ ein erfahrener (od geübter) Fahrer

老态龙钟 lǎo tài lóng zhōng alt und hinfällig; senil; altersschwach

老顽固 lǎowángù Starrkopf m; Dickschädel m; starrsinniger Mensch

老乡 lǎoxiāng Landsmann m; Landsleute pl

老小 lǎoxiǎo alt und jung; groß und klein; j-s Familie: 一家～ die ganze Familie; mit Kind und Kegel

老羞成怒 lǎo xiū chéng nù aus Scham in Wut geraten; durch eine Blamage in Rage versetzt werden

老朽 lǎoxiǔ senil und verkalkt; alt und unfähig (od zu nichts nützen)

老爷 lǎoye ① hoher Beamter; Mandarin m: 做官当～ sich wie ein Mandarin benehmen; sich als Herr aufspielen ～作风 ein bürokratischer Stil ② Großvater m (mütterlicherseits)

老于世故 lǎo yú shì gù mit allen Wassern gewaschen; in allen Dingen beschlagen; welterfahren

老帐 lǎozhàng alte Schulden; alte Rechnungen: 翻～ alte Geschichten wieder aufwärmen; alte Rechnungen wieder auftischen

佬 lǎo Kerl m: 阔～ ein reicher Kerl; Geldsack m

姥 lǎo: 姥～ Großmutter f (mütterlicherseits)

lào

涝(澇) lào Überschwemmung f; Überflutung f: 防～ Überschwemmungen verhüten 排～ überschwemmte Gebiete trockenlegen

烙 lào ① bügeln vt; plätten vt; einbrennen vt: ～衣服 Kleidungsstücke bügeln ② (in eine Pfanne) backen vt; rösten vt: ～两张饼 zwei (Mehl-)Fladen rösten

烙饼 làobǐng Mehlfladen m

烙印 làoyìn Brandmal n; Brandmarke f: 带有封建思想的～ den Stempel der feudalen Ideologie tragen

酪 lào ① Quark m ② Gelee n: 红果～ Rotdorn-Gelee n 核桃～ Walnußcreme f

lè

乐(樂) lè ① fröhlich; froh; glücklich; sich freuen: ～不可支 vor Freude außer sich sein; aufs höchste erfreut; unbändige Freude empfinden 助人为～ anderen helfen und sich daran freuen ② gern; Vergnügen an etw. finden; sich an etw. (er)freuen: ～此不疲 etw. gern tun und dabei nie müde werden; mit Lust und Liebe bei der Sache sein ③ lachen vi: 你～什么呀? Weshalb lachst du? ④ Freude f; Fröhlichkeit f *另见 yuè

乐得 lèdé j-m paßt es in den Kram; j-m kommt es gerade gelegen: 既然如此,我们～先听听别人的意见。Wenn dem so ist, auch recht; dann können wir erst die Meinungen von anderen hören.

乐观 lèguān optimistisch; hoffnungsvoll: ～看法 eine optimistische Ansicht 对前途很～ der Zukunft optimistisch entgegensehen ～主义 Optimismus m ～主义者 Optimist m

乐趣 lèqù Vergnügen n; Lust f; Freude f

乐天 lètiān optimistisch; lebensbejahend

乐意 lèyì ① willig sein; bereit sein; sich bereit finden: ～帮忙 gern helfen; gern bereit sein zu helfen ② zufrieden; erfreut: 他看来有点不～。Anscheinend war er etwas verstimmt.

乐园 lèyuán Paradies n: 人间～ Paradies auf Erden 儿童～ Kinderparadies n

乐滋滋 lèzīzī 〈口〉 beglückt; erfreut; froh und zufrieden

勒 lè ① zügeln vt; die Zügel anziehen: ～马 ein Pferd zügeln ② zwingen vt; erpressen vt: ～交 j-n zwingen, etw. auszuhändigen (od herzugeben) ③ 〈书〉 meißeln vt: ～碑 eine Inschrift in einen Gedenkstein meißeln; eine Inschrift auf einem Denkmal einmeißeln *另见 lēi

勒逼 lèbī erzwingen vt; erpressen vt

勒令 lèlìng nötigen vt; j-n streng befehlen

勒索 lèsuǒ erpressen *vt*: abzwingen *vt*; abnötigen *vt*: ～钱财 von j-m Geld erpressen

le

了 le ①[用在动词或形容词后，表示动作或变化已完成]：我们提前完成～任务。Wir haben den Auftrag vorzeitig erfüllt. 水位已降低～两米。Der Wasserspiegel ist um 2 Meter gesunken. ②[用在句子的末尾，表示出现新情况]：他们现在是外交部的干部～。Jetzt sind sie die Beamten im Außenministerium. ③[用在句子末尾，表示事情已经过去]：上星期天，他带孩子上动物园～。Am letzten Sonntag hat er seine Kinder zum Tiergarten mitgenommen ④[用于命令句的末尾，表示催促或劝止]：别说话～！Ruhe, bitte! 或 Hör auf zu sprechen! 走～，走～！Mach schnell, wir müssen gehen! * 另见 liǎo; liào

lēi

勒 lēi straffziehen *vt*; zuschnüren *vt*; festbinden *vt*; zubinden *vt*; schnallen *vt* * 另见 lè

擂 lēi schlagen *vt*: ～了一拳 j-m einen Faustschlag versetzen * 另见 lèi

léi

羸 léi 〈书〉 abgemagert; mager; dünn

羸弱 léiruò 〈书〉 abgezehrt und schwach; abgemagert; gebrechlich

雷 léi ① Donner *m* ② Mine *f*: 布～ Minen legen 扫～ Minen räumen

雷达 léidá Radar *m/n*

雷电 léidiàn Blitz und Donner

雷动 léidòng donnernd: 掌声～ donnernder (*od* tosender) Beifall

雷管 léiguǎn Sprengkapsel *f*; Zündhütchen *n*

雷厉风行 léi lì fēng xíng etw. entschlossen und rasch ausführen; mit drakonischer Strenge vorgehen

雷声 léishēng Donnerknall *m*; Donnergetöse *n*; Donnergrollen *n*: ～隆隆。Der Donner rollt. ～大，雨点小 heftiger Donner, aber wenig Regen; viele Reden, aber wenig Taten; viele Versprechungen machen, aber kaum welche halten

雷霆 léitíng ① heftiger Donnerschlag ② wütender Zorn; Wut *f*: 大发～ in flammenden Zorn geraten; zornig hochfahren; ein Donnerwetter loslassen ～万钧 so gewaltig wie ein Donnerschlag

雷同 léitóng ① j-m blind zustimmen; j-s Meinung unüberlegt teilen ② gleich; ähnlich

累(纍) léi * 另见 lěi; lèi

累累 léiléi Traube von etw.; Haufen *m*: 果实～ Haufen von Früchten (tragen); schwer herunterhängende Frucht

累赘 léizhui ① hinderlich; lästig; beschwerlich ② langatmig; weitschweifig; überflüssig ③ Last *f*; Bürde *f*; Beschwerlichkeit *f*; Beschwernis *f*

lěi

蕾 lěi Knospe *f*

磊 lěi

磊落 lěiluò offenherzig; offen und aufrichtig; ehrlich: 光明～ offen und unverhohlen; redlich und offenherzig

累(纍①③) lěi ① sich vermehren; abhäufen *vt*; auftürmen *vt*; akkumulieren *vt*: 日积月～ mit der Zeit; nach längerer Zeit ② hineinziehen *vt*; verwickeln *vt*: 连～ j-n in etw. hineinziehen; j-n in Mitleidenschaft ziehen ③ ununterbrochen, fortlaufend: ～戒不改 sich trotz wiederholter mahnender Hinweise weigern, seine Fehler abzulegen 长篇～牍 voluminös; bändereich * 另见 léi; lèi

累积 lěijī (sich) anhäufen; akkumulieren *vt*; Anhäufung *f*; Akkumulation *f*

累及 lěijí hineinziehen *vt*; verwickeln *vt*: ～无辜 einen Unschuldigen in etw. hineinziehen

累计 lěijì ① addieren *vt*; zusammenzählen *vt* ② Gesamt-, Endsumme *f*

累进 lěijìn progressiv zunehmen; Progression *f*: ～税 progressive (*od* gestaffelte) Steuer; progressive Besteuerung

累累 lěilěi ① wieder und wieder;

wiederholt; oftmals ② unzählig; in großen Mengen: 罪行～ zahlreiche Verbrechen begehen

累卵 lěiluǎn Eier übereinanderschichten — jederzeit zusammenbrechen können: 危如～ wacklig wie ein Stoß Eier; prekär; sehr kritisch; etw. läuft Gefahr, in sich zusammenzubrechen

垒(壘) lěi ① mauern *vt*; aufschichten *vt*; aufhäufen *vt*: ～一道墙 eine Mauer errichten ② Wallanlage *f*; Schutz-, Festungswall *m*

lèi

泪(淚) lèi Träne *f*

泪痕 lèihén Tränenspuren *pl*

泪水 lèishuǐ Tränen *pl*

泪珠 lèizhū Träne *f*

类(類) lèi ① Art *f*; Sorte *f*; Typ *m*; Kategorie *f*: 同～ gleichartig; von gleicher Art 物以～聚 Dinge gleicher Art und Menschen gleichen Schlags sind oft beisammen; gleiche Brüder, gleiche Kappen; gleich und gleich gesellt sich gern ② gleichen *vi*; ähneln *vi*: 画虎不成反～犬 versuchen, einen Tiger zu malen, aber nur einen Hund zustande bringen; sich anmaßen, etw. zu tun, was über die eigenen Kräfte übersteigt; erst hoch hinauswollen, und dann scheitern

类比 lèibǐ Analogie *f*: 对两件事进行～ eine Analogie zwischen beiden Dingen ziehen

类别 lèibié Klassifikation *f*; Kategorie *f*

类人猿 lèirényuán Anthropoid *m*; Anthropus *m*; Menschenaffe *m*

类似 lèisì ähneln *vi*; ähnlich; gleich: 经历相～ im gleichen Erlebnis

类推 lèituī einen Analogieschluß ziehen; analog schließen: 其余～。Im übrigen kann man daraus ähnliche Folgerungen ziehen.

类型 lèixíng Typ *m*; Typus *m*

擂 lèi trommeln *vi*; die Trommel rühren * 另见 léi

擂台 lèitái Kampfpodest *n*: 摆～ die anderen öffentlich zum Kampf herausfordern 打～ eine Herausforderung annehmen

累 lèi ① müde; erschöpft; ermattet: ～极了 völlig erschöpft sein; todmüde sein; ganz ermattet sein; k.o. sein ② ermüden *vt*; ermatten *vt*; anstrengen *vt*; übermüden *vt* ③ hart arbeiten; schuften *vi*; sich abrackern: 你～了一天，该休息了。Du hast dich den ganzen Tag über abgerackert. Mach doch Feierabend. * 另见 léi; lěi

肋 lèi Rippen *pl*; Rippengegend *f*: ～骨 Rippe *f* 两～ die beiden Rippengegenden

léng

棱 léng ① Kante *f*: 桌子～儿 Tischkante *f* ② Riffel *f*: 瓦～ Dachziegelreihen *pl*

棱角 léngjiǎo ① Ecken und Kanten ② scharfe Kante; Schärfe *f*

lěng

冷 lěng ① kalt: ～天 kalter Tag; kalte Jahreszeit; Winter *m* 你～不～? Ist dir kalt? ② kühl; gleichgültig; teilnahmslos ③ verlassen; still; zurückgezogen; einsam; menschenleer: 门庭～落。Tor und Hof liegen still und verlassen da. 或 Das Haus wird sehr selten besucht. ④ rar; selten; selten gebraucht; ungeläufig

冷冰冰 lěngbīngbīng eisig; eiskalt; kühl; kalt: ～的态度 kühle Manier

冷不防 lěngbùfáng unerwartet; plötzlich; überraschend; unvorbereitet

冷藏 lěngcáng Kaltlagerung *f*; Einfrierung *f*: ～库 Kühl-, Kaltlagerhaus *n* ～箱 Gefrierschrank *m*

冷场 lěngchǎng ① peinliches Schweigen beim Rollenversagen eines Schauspielers ② verlegenes (*od* betretenes) Schweigen während einer Sitzung, Diskussion usw.

冷嘲热讽 lěng cháo rè fěng Sarkasmus und Hohn; bittere Ironie und ätzender Spott

冷淡 lěngdàn ① freudlos; einsam; verlassen ② kühl; kalt; gleichgültig; teilnahmslos: 反映～ kühle Reaktion; frostige Erwiderung ③ j-m die kalte Schulter zeigen; j-n links liegen lassen

冷冻 lěngdòng gefrieren *vi*; Gefrieren *n*; Einfrieren *n*: ～机 Gefrieranlage *f*; Kühler *m*

冷汗 lěnghàn kalter Schweiß: 出～

in kalten Schweiß ausbrechen; in kaltem Schweiß gebadet sein
冷荤 lěnghūn kalte Fleischplatte; kaltes Büfett
冷箭 lěngjiàn Pfeilschuß aus einem Hinterhalt; unerwarteter Angriff; hinterhältiger Anschlag
冷静 lěngjìng nüchtern; gelassen; gefaßt; ruhig; kühl: 头脑～ nüchtern; mit kühlem Kopf; beherrscht 保持～ seinen kühlen Kopf behalten; Besonnenheit wahren
冷酷 lěngkù hartherzig; kalt; unbarmherzig; herzlos: ～无情 unbarmherzig; gefühllos; erbarmungslos; grausam
冷落 lěngluò ① verlassen; vereinsamt; menschenleer; desolat ② j-m die kalte Schulter zeigen; j-n links liegenlassen; j-n vernachlässigen
冷门 lěngmén ① Beruf, Beschäftigung oder Studienfach, das nicht sehr gefragt ist; unattraktives Tätigkeitsfeld: 过去这门学科是个～。Früher war diese Disziplin kaum beachtet. ② ein unerwarteter Sieger
冷漠 lěngmò apathisch; gleichgültig; indifferent; abweisend
冷暖 lěngnuǎn Temperaturschwankung *f*: 注意～ auf Temperaturschwankungen achten; auf sich achtgeben 关心群众的～ sich um das Wohlergehen der Massen kümmern
冷盘 lěngpán kalte Vorspeise; kalte Platte
冷僻 lěngpì ① verlassen; entlegen; abgelegen ② ungebräuchlich; rar: ～的字眼 ungebräuchliches (*od* rares) Wort
冷清 lěngqīng still und einsam; verlassen
冷却 lěngquè kühlen *vt*; Kühlung *f*: ～系统 Kühlsystem *n*
冷水 lěngshuǐ ① kaltes Wasser; Kaltwasser *n*: 泼～ j-m eine kalte Dusche verabreichen (*od* verpassen ～浴 Kaltwasserbad *n* ② ungekochtes Wasser
冷笑 lěngxiào kalt (*od* höhnisch) *lächeln; hämisch lachen; tückisch* grinsen
冷言冷语 lěng yán lěng yǔ sarkastische Bemerkungen; höhnische Kommentare; ironische Worte; versteckter Spott und Hohn
冷眼 lěngyǎn ① gleichgültig; mit kalten Augen: ～旁观 gleichgültig von der Seite aus betrachten; abseits bleiben und ruhig zusehen; mit kritischen Blicken (*od* Augen) ansehen ② kühle Behandlung: ～相待 j-n kühl behandeln; j-n unfreundlich behandeln
冷饮 lěngyǐn kalte Getränke; Erfrischung *f*
冷遇 lěngyù kühle Behandlung: 遭到～ kühl behandelt werden; eine kühle Behandlung erfahren
冷战 lěngzhàn kalter Krieg
冷战 lěngzhan 〈口〉 Zittern *n*: 打～ vor Kälte oder Angst zittern

lèng

愣 lèng leer (*od* dumpf) vor sich hin starren: 发～ erstarren *vi*; wie betäubt aussehen; benommen sein 听到这个消息他～住了。Die Nahricht versetzte ihn in einen Zustand der Bestürzung (*od* machte ihn sprachlos).

lí

离(離) lí ① verlassen *vt*; trennen *vt*; sich entfernen: 她～家已经多年了。Sie ist schon mehrere Jahre von zu Hause weg. ② entfernt; weit von; fern von; bis zu: 学校～车站不远。Die Schule ist nicht weit vom Bahnhof entfernt. ③ ohne: 人～了空气就无法生存。Ohne Luft kann man nicht leben. 发展工业～不了资金。Ohne Investitionskapital gibt es keine Industrieentwicklung.
离别 líbié sich trennen; voneinander scheiden; sich verabschieden; verlassen *vt*: 我～故乡已经二年了。Zwei Jahre sind schon vergangen, seitdem ich meine Heimatstadt verlassen habe.
离婚 líhūn Ehescheidung *f*; sich scheiden lassen
离间 líjiàn Zwietracht säen; einen Keil zwischen zwei Personen treiben
离境 líjìng das Land verlassen; ausreisen *vi*: ～签证 Ausreisevisum *n* ～许可证 Ausreisegenehmigung *f*
离奇 líqí außergewöhnlich; seltsam; bizarr; phantastisch; überspannt; exzentrisch: ～的故事 eine phantastische Erzählung; ～的地方 ein bizarrer Ort
离任 lírèn seinen Posten verlassen; sein Amt niederlegen: ～回

国 sein Amt quittieren und nach Hause zurückkehren; nach Hause abberufen werden
离散 lísàn voneinander getrennt; in alle Winde zerstreut; auseinandergerissen
离题 lítí vom Thema abkommen (*od* abweichen, abschweifen): 发言不要～! Bitte beim Thema bleiben!
离休 líxiū (mit vollen Dienstbezügen) in den Ruhestand treten
离职 lízhí ① vorübergehend seinen Posten verlassen ② seinen Posten quittieren; von seinem Amt zurücktreten: ～金 Abfindung(ssumme) *f*
篱(籬) lí Zaun *m*; Hecke *f*: 竹～茅舍 eine von einem Bambuszaun umgebene strohbedeckte Hütte
篱笆 líba Zaun *m*: ～墙 Zaunwand *f*
厘 lí ① *Li n* (Längenmaß = 1/3 mm) ② *Li n* (Gewichtsmaß = 0,05 g) ③ *Li n* (= 6,666 qm); ein Hundertstel eines *Mu* (亩) ④ *Li n* (ein Tausendstel eines *Yuan* 元) ⑤ *Li n* (monatliche Zinssatzeinheit = 0,1%): 月利率二～七 zu einem monatlichen Zins von 0,27% ⑥ *Li n* (jährliche Zinssatzeinheit = 1% p.a.): 年利率三～ zu einem jährlichen Zins von 3% ⑦ Bruchteil *m*; Geringste *n*: 分～不差 ohne den geringsten Fehler; völlig richtig
厘米 límǐ Zentimeter *n/m*
罹 lí verunglücken *vi*; leiden *vi*; heimgesucht werden; ein Unglück widerfährt j-m: ～病 an einer Krankheit leiden; von einer Krankheit befallen werden
罹难 línàn 〈书〉 ① bei einem Unfall ums Leben kommen; einer Katastrophe zum Opfer fallen ② ermordet werden
梨 lí Birne *f*
犁 lí ① Pflug *m* ② pflügen *vt*; umpflügen *vt*: 地已～了两遍。Der Boden ist schon zweimal gepflügt worden.
黎 lí 〈书〉 massenhaft: ～庶 Masse *f*; Volksmassen *pl*
黎民 límín 〈书〉 Volksmassen *pl*
黎明 límíng Tagesanbruch *m*; Morgengrauen *n*; Morgendämmerung *f*
蠡 lí 〈书〉 ① Kalebasse aus einer getrockneten Kürbisschale ② Muschelschale *f*
蠡测 lícè 〈书〉 mit einer Muschelschale den Ozean messen wollen — ein oberflächliches Urteil über j-n/etw. abgeben

lǐ

礼(禮) lǐ ① Ritual *n*; Zeremonie *f*; Zeremoniell *n*; Feier *f*: 婚～ Hochzeitsfeier *f* 丧～ Trauer-, Bestattungsfeier *f* ② Gesamtheit gesellschaftlicher Umgangsformen; Förmlichkeit *f*; Höflichkeit *f*; Etikette *f*; Anstand *m*: 行～ sich ehrerbietig verneigen; salutieren *vi* 彬彬有～ vornehm und liebenswürdig; kultiviert und höflich; urban ③ Geschenk *n*; Gabe *f*; Präsent *n*: 送～ (j-m) ein Geschenk machen
礼拜 lǐbài ① Gottesdienst *m*; Anbetung *f*: 做～ am Gottesdienst teilnehmen; zur Messe gehen ～堂 Kirche *f* ② 〈口〉 Woche *f*: 下～ nächste Woche ③ 〈口〉 Wochentag *m*: 今天～几? Welcher Tag ist heute? 或 Welchen Tag haben wir heute? ④ 〈口〉 Sonntag *m*: 今儿个～。Heute ist Sonntag. ～天 Sonntag *m*
礼宾司 Lǐbīnsī Protokollabteilung *f*
礼服 lǐfú Festkleidung *f*; Frack *m*; Gesellschaftsanzug *m*
礼花 lǐhuā festliches Feuerwerk
礼教 lǐjiào konfuzianische Sittenlehre; feudale Ethik; Höflichkeit und Bildung
礼节 lǐjié Höflichkeit *f*; Zeremoniell *n*; Protokoll *n*; Etikette *f*; Dekorum *n*: ～性拜访 Anstands-, Höflichkeitsbesuch *m*
礼貌 lǐmào Höflichkeit *f*; Schicklichkeit *f*; Anstand *m*: 有～ höflich; zuvorkommend 没～ unhöflich; ungehobelt; keine Manieren haben
礼炮 lǐpào Ehrensalve *f*; Salut *m*
礼品 lǐpǐn Geschenk *n*; Gabe *f*; Präsent *n*: (商店)～部 Stand für Souvenirs und Mitbringsel
礼让 lǐràng aus Höflichkeit nachgeben; j-m den Vortritt lassen (*od* einräumen, zugestehen); eine Gefälligkei erweisen
礼尚往来 lǐ shàng wǎng lái ① Höflichkeit (*od* Entgegenkommen) beruht auf Gegenseitigkeit ② j-m etwas mit gleicher Münze heimzahlen; Gleiches mit Gleichem vergelten; wie du mir, so ich

dir
礼堂 lǐtáng Aula *f*; Festhalle *f*; Halle *f*; Saal *m*; Auditorium *n*
礼物 lǐwù Geschenk *n*; Präsent *n*; Aufmerksamkeit *f*
礼仪 lǐyí Protokoll *n*; Etikette *f*; Ritual *n*
礼遇 lǐyù ehrenvolle Aufnahme; zuvorkommnde Behandlung; höflicher Empfang: 受到隆重的～ eine pompöse zuvorkommende Behandlung erfahren
里(裏) lǐ Futter *n*; Innenseite *f*: 衣服～儿 Kleiderfutter *n* ～间 inneres Zimmer
里 lǐ ① Nachbarschaft *f*; nähere Umgebung: 邻～ Nachbarn *pl*; Nachbarschaft *f* ② <书> Heimat *f*; Heimatdorf *n*; Dorf *n*: 返～ in die Heimat zurückkehren ③ *Li n* (chinesisches Längenmaß = 1/2 km)
里(裏) lǐ ① in; innerhalb; innerlich: 屋～ im Zimmer ② [附在"这""那""哪"等字后边表示地点]: 这～ hier 那～ dort
里边 lǐbiān innen; in; drinnen; innerhalb: 这件事～有问题。 Das stimmt etwas nicht 或 Hier ist der Wurm drin.
里程 lǐchéng ① zurückgelegter Weg; zurückgelegte Entfernung ② Entwicklungsprozeß *m*; Ablauf *m*
里程碑 lǐchéngbēi Meilenstein *m*; Markstein *m*: 历史的～ ein Meilenstein in der Geschichte
里脊 lǐji Filet *n*; Lendenstück *n*
里弄 lǐlòng Gassen *pl*
里应外合 lǐ yìng wài hé von außen angreifen, von innen eine Bresche schlagen; Kräfte von außen und innen zusammenwirken lassen; die einen operieren von außen, die anderen von innen, und [sie spielen einander in die Hände; von innen und außen gleichzeitig angreifen
里子 lǐzi Futter *n*
理 lǐ ① Faserung *f*; Maserung *f*: 纹～ Faserung *f*; Textur *f* ② Recht *n*; Vernunft *f*; Wahrheit *f*; Ratio *n*: 合～ rationell; vernünftig ③ Naturwissenschaft, insbesondere Physik: ～工科 Naturwissenschaft und Ingenieurwesen ④ verwalten *vt*; leiten *vt*; regeln *vt*: 当家～事 den Haushalt führen ⑤ ordnen *vt*; zurechtmachen *vt*: ～发 frisieren *vt*; sich die Haare schneiden lassen ～～书籍 Bücher in Ordnung bringen ⑥ [多用于否定句] an etw. Interesse zeigen; sich um etw. kümmern; beachten *vt*; etw./j-m Aufmerksamkeit schenken: 置之不～ keinen Gedanken auf etw. verschwenden; beiseiteschieben *vt*
理睬 lǐcǎi [多用于否定句] berücksichtigen *vt*; beachten *vt*; auf etw. hören; an etw. Interesse zeigen: 不予～ ignorieren *vt*; j-n/etw. nicht beachten
理会 lǐhuì ① verstehen *vt*; begreifen *vt*; erfassen *vt* ② [多用于否定句] beachten *vt*; auf etw. achten: 大家说了半天，他也没有～。Wir haben auf eine lange Zeit mit ihm gesprochen, aber er schenkte uns keine Aufmerksamkeit
理解 lǐjiě ① verstehen *vt*; begreifen *vt*; erfassen *vt*: 我们能～你们的困难。Wir verstehen eure Schwierigkeit. ② Verständnis *n*; Auffassung *f*: ～力 Denkvermögen *n*; Auffassungsgabe *f*
理科 lǐkē Naturwissenschaften *pl* (als Schulfach)
理疗 lǐliáo Physiotherapie *f*
理论 lǐlùn Theorie *f*; theoretisch: ～与实践 Tehorie und Praxis 在～上 in (der) Theorie; theoretisch
理屈词穷 lǐ qū cí qióng im Unrecht sein und nichts zu seiner Verteidigung vorbringen können; keine Gegenargumente vorbringen können, um sich zu rechtfertigen; alle seine Pfeile (*od* sein Pulver) verschossen haben; mit seinen Argumenten auf schwachen Füßen stehen
理事 lǐshì Vorstandsmitglied *n*: 常任～国 ständiger Mitgliedsstaat (z. B. im Sicherheitsrat) ～会 Vorstand *m*
理顺 lǐshùn in Ordnung bringen: ～各方面的关系 die Beziehungen zwischen verschiedenen Sektoren in Ordnung bringen
理所当然 lǐ suǒ dāng rán natürlich; selbstverständlich; selbstredend; es versteht sich von selbst
理想 lǐxiǎng Ideal *n*: 她实现了当演员的～。Ihr Traum, Schauspielerin zu werden, ist zur Wirklichkeit geworden.
理性 lǐxìng Vernunft *f*; Verstand *m*; Rationalität *f*; rational; vernünftig: 失去～ den Verstand verlieren

理由 lǐyóu Grund *m*; Ursache *f*; Erklärung *f*: ～充足 genügend Gründe haben; wohlbegründet sein; zureichend begründet 他的抱怨完全没有～。Seine Klage ist ohne den geringsten Grund (*od* völlig grundlos).

理直气壮 lǐ zhí qì zhuàng mit vollem Recht; mit Fug und Recht; mit voller Berechtigung; mit gutem Gewissen; im Brustton der Überzeugung: ～地谈话 mit vollem Recht offen sprechen

理智 lǐzhì Vernunft *f*; Verstand *m*; Intellekt *m*: 丧失～ den Verstand verlieren; um den Verstand gebracht werden; verrückt werden

俚 lǐ vulgär; gemein; grob; unkultiviert

俚俗 lǐsú vulgär; grob

俚语 lǐyǔ vulgärer Jargon; Slang *m*

鲤 lǐ Flußkarpfen *m*

lì

立 lì ① stehen *vi*: 起～ aufstehen *vi* ～正 stillstehen *vi* ② aufrichten *vt*; aufstellen *vt*: ～碑 einen Gedenkstein errichten ③ gründen *vt*; errichten *vt*; etablieren *vt*: ～国 einen Staat gründen ～合同 einen Kontrakt schließen; einen Vertrag eingehen ～业 ein Geschäft etablieren ④ bestehen *vi*; existieren *vi*: 自～ sich selbständig machen ⑤ aufrecht; senkrecht; gerade ⑥ sogleich; sofort; sobald: ～见功效 auf der Stelle Wirkung zeigen; sofort Ergebnisse zeitigen; unmittelbar die Wirkung verspüren

立案 lì'àn ① behördlich registrieren lassen; eintragen lassen ② ② zum Zwecke der Untersuchung und Verfolgung eines Delikts eine Akte anlegen

立场 lìchǎng Position *f*; Standpunkt *m*; Einstellung *f*; Haltung *f*

立法 lìfǎ Gesetzgebung *f*; Legislative *f*; Gesetze aufstellen: ～机关 gesetzgebendes Organ ～权 gesetzgebende Gewalt

立方 lìfāng ① Kubikzahl *f*; dritte Potenz *f*: 三的～ die dritte Potenz von 3; 3 hoch 3 ② Würfel *m* ③ Kubik-, Raummeter *m*: 一～土 ein Kubikmeter Erde

立竿见影 lì gān jiàn yǐng den Stab aufstellen und schon seinen Schatten sehen — auf der Stelle Resultate erzielen; rasch wirken

立功 lìgōng sich Verdienste erwerben; sich um etw. verdient machen; viel für etw. leisten: ～奖状 Verdiensturkunde *f*

立即 lìjí sofort; gleich; auf der Stelle; unverzüglich: ～行动 unverzüglich in die Tat umsetzen; gleich in Aktion treten ～答复 eine sofortige Antwort geben

立刻 lìkè 〈副〉 sogleich; sofort; unverzüglich: ～出发 sofort aufbrechen; gleich abfahren

立论 lìlùn ① seiner Ansicht Ausdruck geben (*od* verleihen); ein Argument vorbringen; eine Meinung vertreten ② These *f*; Argumentation *f*; Standpunkt *m*

立体 lìtǐ ① dreidimensional; kubisch; Stereo-; Raum-: ～感 Plastizität *f* ～战争 dreidimensionaler Krieg ② stereometrischer Körper: ～几何学 Stereometrie *f* ～交叉桥 niveauverschiedene Kreuzung; Kreuzung mit Unter- und Überführungen ～声 Stereoton *m*

立宪 lìxiàn eine Verfassung geben; konstitutionell: 君主～ konstitutionelle Monarchie ～政体 Konstitutionalismus *m*; verfassungsmäßige Regierungsform

立意 lìyì ① sich fest entschließen; einen festen Entschluß fassen ② Konzeption *f*; künstlerischer Einfall: 这部电影～新颖。Dieser Film zeigt einen interessanten neuen Ansatz.

立志 lìzhì einen festen Entschluß fassen; sich ein Ziel setzen: ～改革 fest entschlossen sein, Reformen durchzuführen

立足 lìzú ① Fuß fassen: 获得～之地 festen Boden unter die Füße bekommen ② basieren *vi*; sich auf etw. stützen; von etw. ausgehen: ～于自力更生 sich auf die eigenen Kräfte verlassen (*od* stützen)

立足点 lìzúdiǎn ① Ort, an dem man Fuß fassen kann; ein Platz an der Sonne; fester Boden unter den Füßen ② Standpunkt *m*; (geistiger) Standort *m*; Stellung *f*

粒 lì ① Korn *n*; Körnchen *n*: 砂～ Sandkorn *n* ② 〈量〉[用于粒状物]: 一～米 ein Reiskorn 三～子弹 drei Patronen; drei Kugeln

粒子 lìzǐ Teilchen *n*; Partikel *f*;

Korpuskel *n*: 带电～ elektrisch geladenes Teilchen 高能～ energiereiches Teilchen; Teilchen hoher Energie

莅(蒞) lì 〈书〉 eintreffen *vi*; ankommen *vi*; zugegen sein: ～场 anwesend sein; erscheinen *vi*

莅临 lìlín erscheinen *vi*; anwesend sein: 敬请～。Ihre Anwesenheit würde sehr begrüßt wrden.

笠 lì breiter Regenhut aus Bambus oder Schilfgras

戾 lì ① Verbrechen *n*; Sünde *f*: 罪～ Verbrechen *n*; Sünde *f* ② pervers; launisch; widerwärtig

唳 lì schreien *vi* (Kranich)

丽(麗) lì schön; hübsch: 风和日～ milder Wind und heller Sonnenschein; herrliches Wetter

俪(儷) lì ① Paar *n* ② Mann und Frau; Ehepaar *n*

栗 lì (～子) Weichkastaine *f*

栗(慄) lì zittern *vi*; schaudern *vi*: 不寒而～ vor Furcht zittern; ein Schauder läuft j-m über den Rücken; es überläuft j-m eiskalt

吏 lì Beamte(r); Mandarin *m*: 贪官污～ korrupte Beamte

厉(厲) lì ① streng; strikt; rigoros: ～禁 streng verboten ② scharf; hart; unnachsichtig; schonungslos: ～声 mit strenger (*od* heftiger) Stimme

厉兵秣马 lì bīng mò mǎ die Waffen schärfen und die Pferde füttern — Kriegsvorbereitungen treffen; für einen Krieg rüsten; sich kampfbereit machen; zum Kampf rüsten

厉行 lìxíng etw. mit Nachdruck durchsetzen; erzwingen *vt*; rigoros in die Tat umsetzen: ～节约 rigorose Sparsamkeit üben

砺(礪) lì ① Schleif-, Wetzstein *m* ② schleifen *vt*; wetzen *vt*

励(勵) lì ermuntern *vt*; aneifern *vt*; anspornen *vt*: 奖～ belohnen *vt*; auszeichnen *vt*; preisen *vt* 勉～ anspornen *vt*; ermutigen *vt*; ermuntern *vt*

励精图治 lì jīng tú zhì alle Kraft zusammennehmen, um das Land zur Blüte zu bringen; sein gesamtes Streben in den Dienst des Staates stellen

励志 lìzhì einem Ziel mit Entschiedenheit zustreben

利 lì ① scharf; spitz: ～刃 scharfes Messer ② günstig, vorteilhaft: 有～的形势 eine günstige Lage ③ Vorteil *m*; Nutzen *m*: 有～有弊 sowohl Vor- als auch Nachteile haben; sowohl schädlich als auch nützlich sein; Es gibt Vor- und Nachteile. ④ Profit *m*; Gewinn *m*: 连本带～ Kapital wie auch Zinsen; Kapital und Profit ～改税 die Ablieferung des Profits durch die Zahlung der Steuer ersetzen ⑤ Nutzen bringen; nützen *vi*: ～己～人 den anderen auch wie der eigenen Person Nutzen bringen

利弊 lìbì Vor- und Nachteile; Nutzen und Schaden: 权衡～ Vor- und Nachteile gegeneinander abwägen; Vor- und Nachteile miteinander vergleichen

利害 lìhài Vor - und Nachteile; Gewinn und Verlust: 不计～ ohne Rücksicht auf Gewinn oder Verlust 晓以～ j-n vor den Folgen warnen; sich mit j-m über die Vor- und Nachteile einer Angelegenheit auseinandersetzen

利害 lìhai heftig; unerträglich; es in sich haben: 今年冬天冷得～。Es ist unerträglich kalt im Winter dieses Jahres. 这着棋十分～。Dieser Zug (im Schachspiel) ist wirklich tödlich.

利令智昏 lì lìng zhì hūn vor Gier mit Blindheit geschlagen sein; aus Habgier den Verstand verlieren; von Habsucht besessen sein; Habsucht steigt j-m zum Kopf

利率 lìlǜ Zinssatz *m*; Zinsfuß *m*

利落 lìluo ① gewandt; flink: 动作～ flinke Bewegungen; behende ②ordentlich; sauber; akkurat ③ fertig sein; erledigt sein: 事情已经办～了。Die Sache ist schon erledigt.

利润 lìrùn Profit *m*; Gewinn *m*: ～留成 Zurückbehaltener Teil vom Profit

利息 lìxī Zins *m*

利益 lìyì Interesse *n*; Vorteil *m*; Nutzen *m*

利用 lìyòng ① benutzen *vt*; von etw. Gebrauch machen; verwerten *vt*: ～工业废料 Industrieabfallmaterial nutzbringend verwenden ～率 Verwertungsrate *f* ～系数 Gebrauchskoeffizient *m*;

Gebrauchsfaktor *m* ② ausnutzen *vt*; einen Vorteil aus etw. ziehen: ～职权 von seinen Machtbefugnissen Gebrauch machen; seine Stellung und Autorität benutzen

利诱 lìyòu j-n durch Versprechungen gewinnen; j-n durch Inaussichtstellen eines Vorteils zu etw. verleiten

利欲熏心 lìyù xūn xīn vor Gier mit Blindheit geschlagen sein; von Gewinnsucht besessen sein; von Habsucht durchdrungen (*od* verblendet) sein

痢 lì Ruhr *f*; Dysenterie *f*

痢疾 lìji Dysenterie *f*; Ruhr *f*: 细菌性～ Bazillenruhr *f*

例 lì ① Beispiel *n*; Exempel *n*; Muster *n*: 举～ ein Beispiel nennen (*od* anführen) 举～说明 etw. an Hand eines Beispiels erklären; etw. durch Beispiele illustrieren ② Präzedenzfall *m*; Parallele *f*: 援～ sich auf einen Präzedenzfall berufen 破～ eine Ausnahme machen ③ Fall *m* ④ Gesetz *n*; Regel *f*; Vorschrift *f*: 旧～ alte Regelung 不在此～。Das ist eine Ausnahme. ⑤ regulär; Routine *f*

例会 lìhuì ordentliche (*od* reguläre) Sitzung

例假 lìjià ① gesetzlicher Feiertag ② (Menstruations-)Periode *f*; Regel *f*

例句 lìjù Beispiel-, Mustersatz *m*

例如 lìrú zum Beispiel (z. B.); beispielsweise

例外 lìwài Ausnahme *f*: 毫无～ ausnahmslos; ohne jede Ausnahme

例行公事 lìxíng gōngshì ① Routine *f*; Routinegeschäft *n*; Routineangelegenheit *f* ② bloße Formsache; reine Formalität

例证 lìzhèng Beleg *m*; Nachweis *m*; Beispiel *n*

例子 lìzi Beispiel *n*; Exempel *n*

枥(櫟) lì Spitzeiche *f*

砾(礫) lì Kies(stein) *m*: ～石 Kies(stein) *m*

隶(隸) lì ① untergeordnet sein; angehören *vi*; unterstehen *vi* ② in j-s Herrschaftsgewalt stehende Personen: 奴～ Sklave *m*

隶属 lìshǔ sich unterordnen; unterstellt sein; unterstehen *vi*

力 lì ① Kraft *f*; Stärke *f*; Fähigkeit *f*: 人～ Menschenkraft *f*; menschliche Arbeitskraft oder-leistung 物～ Materialien *pl* 兵～ militärische Stärke; Kriegsstärke 能～ Fähigkeit *f*; Vermögen *n* ～所能及 in j-s Macht; in j-s Reichweite ② Kraft *f*: 磁～ Magnetkraft *f* 离心～ Flieh-, Zentrifugalkraft *f* ③ Körperkraft *f*; physische Kraft: ～不能支 j-s Kräfte reichen nicht mehr aus (etw. zu tun) ④ sich anstrengen; sich Mühe geben; nach etw. streben: ～戒 etw. peinlich vermeiden; nach Kräften vor etw. auf der Hut sein ～求 für etw. alle Kräfte einsetzen; sein Bestes tun; sich nach Kräften abmühen ～图 mit allen Kräften nach etw. streben; mit allen Mitteln um etw. kämpfen; sich mit aller Gewalt abmühen

力不从心 lì bù cóng xīn die Kräfte reichen nicht aus, um alles das zu verwirklichen, was man erstrebt; geringes Talent und großer Ehrgeiz; der Wille ist da, nur reichen die Kräfte nicht aus; etw. beim besten Willen nicht tun können

力量 lìliang ① körperliche Kraft ② Gewalt *f*; Stärke *f*; Kraft *f*: 国防～ Wehrkraft *f*; nationales Verteidigungspotential 知识就是～ Wissen ist Macht.

力气 lìqi physische (*od* körperliche) Kraft; Mühe *f*: 他很有～。Er ist sehr kräftig.

力学 lìxué Mechanik *f*: 航空～ Aeromechanik *f* | 波动～ Wellenmechanik *f*

历(歷) lì ① durchlaufen *vt*; erleben *vt*; durchmachen *vt*: ～尽艰辛 viel Unbill und Not durchlitten haben; einen Leidensweg hinter sich haben ② alle voraufgegangenen (Ereignisse, Zeiten usw.) ③ einer nach dem anderen; all; sämtlich: ～试诸方，均无成效。Man hat alle Rezepte ausprobiert, aber die nutzen gar nichts. ④ Kalender *m*: 阳～ Sonnenkalender *m* 阴～ (chinesischer) Mondkalender *m*

历程 lìchéng Verlauf *m*; Prozeß *m*; Vorgang *m*: 回忆走过的～ an den vergangenen Verlauf erinnern

历次 lìcì alle (aufeinanderfolgenden); jede (der Reihe nach); all die

历代 lìdài aufeinanderfolgende

Dynastien

历法 lìfǎ Zeitrechungsmethode *f*; Kalender *m*

历届 lìjiè alle voraufgegangenen (Sitzungen, Regierungen, Veranstaltungen usw.): ～大会 alle früheren Kongresse

历来 lìlái von alters her; von (*od* seit) jeher; seither; schon immer: ～的主张 eine ständige Position ～如此。Das ist immer so gewesen.

历历在目 lìlì zài mù j-m noch klar und deutlich vor Augen stehen; j-m immer noch deutlich in Erinnerung sein

历年 lìnián vergangen Jahre; verflossene Jahre: ～的积蓄 in den vergangenen Jahren gespartes Geld

历时 lìshí dauern *vi*; währen *vi*: ～两个月的调查eine Untersuchung für die Dauer von zwei Monaten

历史 lìshǐ ① Geschichte *f*; Historie *f*: ～清白 klare und einwandfreie Vergangenheit ～文物 historische Kulturgegenstände

历书 lìshū Kalender *m*; Almanach *m*

沥(瀝) lì

沥青 lìqīng Pech *n*; Asphalt *m*; Bitumen *n*

荔 lì

荔枝 lìzhī Litchipflaume *f*

liǎ

俩(倆) liǎ

〈口〉 ① beide; zwei: 咱～ wir beide ② einige; ein paar: 就这么～人? Nur so wenige Leute?

lián

帘(簾) lián

① Vorhang *m*: 窗～子 Fenstervorhang *m*; Gardine *f* ② 〈旧〉 Aushängefahne vor Geschäften: 酒～ Aushängefahne einer Schenke

廉 lián

① ehrlich; redlich; unbestechlich ② wohlfeil; billig; preiswert: 价～物美 preiswert und gut; gute Waren zu mäßigen Preisen; preiswert und von guter Qualität

廉耻 liánchǐ Scham-, Ehrgefühl *n*; Anstand *m*

廉价 liánjià billig; preiswert: ～出售 etw. zu ermäßigtem Preis verkaufen

廉洁 liánjié redlich; rechtschaffen: ～奉公 redlich und rechtschaffen seine öffentlichen Pflichten erfüllen

镰 lián

Sichel *f*: ～刀 Sichel *f*

怜(憐) lián

Mitleid haben; bemitleiden *vt*; sich erbarmen: 同病相～。Leidensgenossen haben Mitleid miteinander.

怜悯 liánmǐn sich erbarmen; bemitleiden *vt*

怜惜 liánxī Mitleid haben; sich erbarmen

联(聯) lián

① vereinigen *vt*; verbinden *vt*; gemeinschaftlich; verbunden: ～产责任制 Verantwortungssystem für gemeinsame Produktion ② paarweise an beiden Seiten eines Eingangs angebrachte Verse oder Wandsprüche: 春～ Spruchrollen zum Frühlingsfest

联邦 liánbāng Union *f*; Föderation *f*; Staatenbund *m*: ～共和国 Bundesrepublik *f*; föderative Republik ～调查局 Federal Bureau of Investigation; FBI *n/m* (USA) 英～ Commonwealth *n*

联播 liánbō Gemeinschaftssendung *f* (mehrerer Rundfunkanstalten); Gemeinschaftsschaltung *f*; über ein Rundfunknetz ausstrahlen; gemeinsame Rundfunkübertragung: 新闻～ gemeinsame Rundfunkaustrahlung für Nachrichtensendungen

联大 Liándà 〈简〉(联合国大会) UN-Vollversammlung *f*

联防 liánfáng gemeinsame Verteidigung

联合 liánhé ① sich verbünden; sich vereinigen; sich verbinden ② Koalition *f*; Bündnis *n*; Zusammenschluß *m*: ～政府 Koalitionsregierung *f* ③ gemeinsam; vereinigt; einheitlich: ～声明 gemeinsame Erklärung ～收割机 Mähdrescher *m*; Kombine *f* ～举办 etw. gemeinsam veranstalten (*od* abhalten, austragen) ～承包工程 ein gemeinsames, vertraglich verpflichtetes Projekt

联合国 Liánhéguó Vereinte Nationen; UN *f*; UNO *f*: ～安全理事会 Sicherheitsrat der Vereinten Nationen; Weltsicherheitsrat *m* ～大会 UNO-Vollversammlung *f* ～秘书处 UNO-Generalsekretariat *n*

联合会 liánhéhuì Föderation *f*; Union *f*; Bund *m*: 妇女～ Frauenbund *m* 学生～ Studentenbund *m*; Studentenunion *f*; Studenten-, Schülervereinigung *f*

联欢 liánhuān zu einem Unterhaltungsabend zusammenkommen; gemeinsam an einer Feier teilnehmen; bunter Abend

联结 liánjié verbinden *vt*; verknüpfen *vt*; verkoppeln *vt*; zusammenbinden *v*

联络 liánluò ① in Verbindung treten; Kontakt herstellen; Kontakt haben ② Kontakt *m*; Verbindung *f*: ～处 Verbindungsbüro *n*

联盟 liánméng Bündnis *n*; Allianz *f*; Union *f*; Liga *f*: 工农～ Bündnis zwischen Arbeitern und Bauern

联名 liánmíng gemeinsame Unterschrift; gemeinsam unterzeichnet; im gemeinsamen Namen: ～上书 ein Gemeinschaftschreiben vorlegen

联赛 liánsài Ligawettkämpfe *pl*: 足球～ Wettkämpfe der Fußballliga; Liga-Fußballspiele *pl*; Liga-Wettkämpfe im Fußball

联系 liánxì ① verbinden *vt*; verknüpfen *vt*; etw. in Beziehung setzen; sich in Verbindung setzen: 请你去跟他～。Bitte, setzen Sie sich in Verbindung mit ihm! 理论～实际 die Theorie mit der Praxis verbinden (*od* verknüpfen) ② Kontakt *m*; Verbindung *f*; Beziehungen *pl*: 保持～ Verbindung halten

联想 liánxiǎng Gedankenverbindung *f*; Assoziation *f*; assoziieren *vt*; (gedanklich) verbinden *vt*

联运 liányùn Durchfuhr *f*; durchgehende (*od* direkte) Beförderung; Durchgangs-, Transitverkehr *m*: ～票 kombinierte Fahrkarte; für verschiedene Strecken bzw. Verkehrsmittel einmal gültige Fahrkarte

连 lián ① verbinden *vt*; verknüpfen *vt*; vereinigen *vt*; zusammenhängen *vi*; zusammenfügen *vt*; koppeln *vt*: 血肉相～ verbunden wie Blut und Fleisch; aufs engste miteinander verbunden sein 这几句话～不起来。Diese Sätze stehen in keinem Zusammenhang miteinander. ② Kompanie *f* ③ aufeinanderfolgend; eins nach dem anderen; wiederholt; fortwährend: ～年丰收 jahrelang reiche Ernten einbringen ～唱了十支歌 hintereinander zehn Lieder singen ④ sogar: 这事～我妈都不知道，别说我了! Selbst meine Mutter wußte es nicht, geschweige denn für mich! 我～想都没有想过。Ich habe nicht einmal daran gedacht. ⑤ einschließlich; samt; inbegriffen; mit: 这个办公室～我共有十人。Es sind insgesamt zehn Personen mit mir in diesem Büro. 这本字典～邮费共十元。Dieses Wörterbuch ist 10 *Yuan* insgesamt mit der Postgebühr.

连词 liáncí Konjunktion *f*

连…带… lián … dài … ①［表示两种动作差不多同时发生］und; während: ～蹦～跳 hüpfend und springend ②［表示前后两项包括在一起］zusammen mit; samt; und: 我们村～老～小共100人左右。Es sind insgesamt etwa 100 Einwohner mit den Alten und Jungen in unserem Dorf.

连贯 liánguàn ① verbinden *vt*; zusammenhängen *vi*; aneinanderreihen *vi* ② zusammenhängend; aneinandergereiht: 文章写得不～。Der Artikel ist ohne Konzept und Plan geschrieben ～性 Zusammenhang *m*; Kohärenz *f*; Kontinuität *f*

连环 liánhuán zusammenhängend (wie die Glieder einer Kette): ～画 Bildergeschichte *f*; Comic strips *pl*

连接 liánjiē zusammenhängen *vi*; verknüpfen *vt*; verbinden *vt*; verkuppeln *vt*; anschließen *vt*; verkoppeln *vt*; verbunden; zusammenhängend

连襟 liánjīn verwandtschaftliche Beziehung zwischen den Ehemännern zweier oder mehrerer Schwestern

连累 liánlěi j-n in etw. hineinziehen (*od* verwickeln); j-n in Schwierigkeiten bringen; j-n in Mitleidenschaft ziehen

连忙 liánmáng eilends; sogleich; sofort; unverzüglich; prompt: ～道歉 sofort um Entschuldigung bitten

连绵 liánmián aufeinanderfolgend; ununterbrochen; andauernd: 雨雪～。Der Regen und der Schnee dauern an. 或 Es will und will regnen und schneien.

连年 liánnián jahrelang; Jahr für Jahr; mehrere Jahre hindurch

连篇 liánpiān sich durch den ganzen Artikel ziehend; Seite für Seite, Satz für Satz: 白字～ voll verwechselter Schriftzeichen sein 空话～ endlose Phrasendrescherei; voller leerer Phrasen

连任 liánrèn erneut in ein Amt gewählt oder eingesetzt werden; j-s Amtsperiode verlängern: ～两届总统 als Präsident in zwei fortlaufenden Amtszeiten gewählt werden

连日 liánrì mehrere Tage lang; tagelang

连锁反应 liánsuǒ fǎnyìng Kettenreaktion *f*

连天 liántiān ① bis zum Himmel; zum Himmel ragen: 水～。 Das Wasser und der Himmel scheinen sich (in der Ferne) zu treffen ② unaufhörlich; unablässig; fortdauernd: 叫苦～ unaufhörlich laut klagen

连同 liántóng zusammen mit; und; insgesamt

连续 liánxù ununterbrochen; fortlaufend; aufeinanderfolgend; kontinuierlich: ～下了五天雨。Es regnet auf die Dauer von fünf Tagen. 事故～发生。 Die Unfälle geschehen einer nach dem anderen. 电视～剧 Fernsehserie *f*

连夜 liányè noch in derselben Nacht; in der Nacht desselben Tages: 他～赶回了家。Er ist noch in derselben Nacht nach Hause zurückgekehrt.

连衣裙 liányīqún Damenkleid *n*

连载 liánzǎi etw. in einer Fortsetzungsserie veröffentlichen; etw. in Fortsetzungen veröffentlichen: 广播～ Radioserie *f*

连长 liánzhǎng Kompanieführer *m*

涟 lián kleine, sich kräuselnde Wellen; Kräuselung *f*

涟漪 liányī sich kräuselnde Wellen

莲 lián Lotos *m*; Heiliger Lotus

莲花 liánhuā Lotosblume *f*

莲子 liánzǐ Lotossamen *m*; Lotoskern *m*

鲢 lián Silberkarpfen *m*

liǎn

敛(斂) liǎn ① zurückhalten *vt*; Einhalt gebieten; zurückziehen *vt*: ～容 eine ernste Miene machen (*od* aufsetzen) ② sammeln *vt*; holen *vt*; anhäufen *vt*: 横征暴～ drückende Steuern und Abgaben erheben; maßlose Steuern und Abgaben erpressen

脸(臉) liǎn Gesicht *n*: 笑～ lächelndes Gesicht; freundliche (*od* heitere) Miene 丢～ das Gesicht verlieren 不要～ schamlos; unverschämt 没～见人 aus Scham andere nicht sehen wollen 居然有～说这种话 so weit gehen, j-m so etwas frech ins Gesicht zu sagen; die Frechheit haben, so etwas über seine Lippen zu bringen

脸红 liǎnhóng (vor Scham, Wut, Ärger usw.) rot werden; erröten *vi*

脸盘儿 liǎnpánr Gesichtsform *f*; Gesicht *n*

脸皮 liǎnpí Gesichtshaut *f*; Gesicht *n*: 厚～ frech; unverschämt 薄～ weichlich; empfindlich; schüchtern

脸谱 liǎnpǔ Gesichtsmaskentyp der chinesischen Oper

脸色 liǎnsè ① Gesichtsfarbe *f*; Aussehen *n*: ～苍白 blaß aussehen; blaßes Gesicht ② Gesichtsausdruck *m*; Miene *f*: ～严厉 streng aussehen 看他的～我就知道他很高兴。Sein Gesichtsausdruck verriet mich, daß er sehr froh ist.

liàn

恋(戀) liàn lieben *vt*; sich verlieben; an etw. hängen; sich nach etw. sehnen: 初～ sich zum ersten Mal verlieben; Jugendliebe *f*; erste Liebe ～家 sich nach seiner Familie sehnen; an seiner Familie hängen; sich nicht von seiner Familie trennen wollen

恋爱 liàn'ài sich verlieben; lieben *vt*; Liebe *f*

恋恋不舍 liànliàn bù shě nur widerstrebend auseinandergehen; ungern voneinander Abschied nehmen; (aus tiefer Zuneigung) sich nicht von j-m trennen können; unzertrennlich sein

炼(煉) liàn schmelzen *vt*; raffinieren *vt*; läutern *vt*; kondensieren *vt*; härten *vt*; stählen *vt*

炼钢 liàngāng Stahlschmelzen *n*

炼乳 liànrǔ Kondensmilch *f*;

kondensierte Milch
炼铁 liàntiě Eisenschmelze *f*
炼油 liànyóu Öl raffinieren; Ölraffinerie *f*
练(練) liàn üben *vt*; trainieren *vt*: ～嗓子 Gesang üben 老～ erfahren und sicher; bewandert
练兵 liànbīng Soldaten drillen; Truppen ausbilden; trainieren *vt*; Training *n*: ～场 Übungs-, Exerzier-, Paradeplatz *m*
练达 liàndá welterfahren; weltgewandt; weltmännisch
练功 liàngōng Bewegungsübungen machen; gymnastische, akrobatische oder *Wushu*-Übungen machen
练习 liànxí ① üben *vt*; einüben *vt* ② Übung *f*: 做～ Übungen machen ～簿 Übungsheft *n*; Aufgabenheft *n*
殓(殮) liàn einsargen *vt*; aufbahren *vt*
链 liàn Kette *f*: 表～ Uhrkette *f*
链条 liàntiáo Kette *f*
链子 liànzi Kette *f*

liáng

粱 liáng edle Hirsesorte; hochwertiges Getreide
梁 liáng Balken *m*: 横～ Querbalken *m* 桥～ Brücke 山～ Bergkamm *m*; Bergrücken *m*
梁上君子 liáng shàng jūnzǐ der ehrenwerte Herr auf dem Dachbalken — Dieb *m*; Einbrecher *m*
凉 liáng ① kühl; kalt: ～风 kühler Wind 着～ sich erkälten ～菜 kalte Speisen ② enttäuscht; entmutigt: 他一听这消息心就～了。Als er diese Nachricht hörte, fühlte er sich gehörig enttäuscht. *另见 liàng
凉快 liángkuai angenehm kühl; erfrischend
凉台 liángtái Balkon *m*; kleine Dachterrasse
凉亭 liángtíng Laube *f*; Pavillon *m*
凉席 liángxí sommerliche Schlafmatte (aus Stroh oder Bambus)
凉鞋 liángxié Sandale *f*
良 liáng gut; fein
良辰美景 liángchén měijǐng eine bezaubernde Landschaft an einem herrlichen Tag; schönes Wetter und herrliche Umgebung
良好 liánghǎo gut; vorzüglich; vortrefflich: 动机～ gute Intentionen
良机 liángjī gute Chance; günstige Gelegenheit: 坐失～ eine gute Gelegenheit verpassen; den richtigen Zeitpunkt versäumen
良师益友 liáng shī yì yǒu ein guter Lehrer und hilfsbereiter Freund
良心 liángxīn Gewissen *n*: 说句～话 ehrlich gesagt; mit gutem Gewissen sagen; auf Ehre und Gewissen; Hand aufs Herz 没～ gewissenlos; herzlos; undankbar
良药苦口 liángyào kǔ kǒu eine heilsame Arznei schmeckt bitter
良种 liángzhǒng ① veredeltes Saatgut; hochwertige Saatsorten ② edle Rasse; edelrassig
粮(糧) liáng Körner *pl*; Getreide *n*; Verpflegung *f*
粮仓 liángcāng Getreidespeicher *m*; Kornkammer *f*
粮草 liángcǎo Armeeproviant *m*; Lebensmittel und Futter
粮库 liángkù Getreidedepot *n*
粮票 liángpiào Lebensmittelbezugsschein *m*; Lebensmittelmarke *f*
粮食 liángshi Getreide *n*
量 liáng messen *vt*; ausmessen *vt*; wiegen *vt*; Maß nehmen: ～身材 die Körpergröße messen *另见 liàng
量具 liángjù Meßwerkzeug *n*; Meßapparat *m*; Meßgerät *n*: ～刃具厂 Fabrik für Meß- und Schneidegeräte

liǎng

两(兩) liǎng ① zwei: ～间房子 zwei Zimmer ～党制 Zweiparteiensystem *n* ② beide Seiten; zwei Teile: ～相情愿 beide Seiten sind willens ③ ein paar; einige; etwas: 我过～天再来。Ein paar Tage später komme ich wieder. 让我讲～句。Laß mich ein paar Worte (dazu) sagen! ④ <量> *Liang n* (= 1/10 *Jin*, 50g): 二～茶叶 zwei *Liang* Tee
两败俱伤 liǎng bài jù shāng beide Seiten haben das Nachsehen; keiner von beiden hat einen Vorteil; beide Seiten erleiden Verluste und Nachteile
两边 liǎngbiān beide Seiten; beide Parteien: ～讨好 beiden Parteien schmeicheln; beiden

Seiten nach dem Mund reden
两便 liǎngbiàn für beide Seiten von Nutzen sein; beiden Seiten zupaß kommen
两回事 liǎng huí shì zweierlei; zwei völlig verschiedene Dinge 又作"两码事"
两极 liǎngjí Nord- und Südpol; beide Pole: ～分化 polarisieren *vt*; Polarisierung *f*
两口子 liǎngkǒuzi 〈口〉 Ehepaar *n*; Mann und Frau
两面 liǎngmiàn beide Seiten; zweiseitig; doppelzüngig; zwiespältig: ～派 Doppelzüngler *m* ～三刀 doppelzüngig; mit gespaltener Zunge reden; ein Doppelspiel treiben
两难 liǎngnán sich in einem Dilemma befinden; in einer Zwangslage stecken: 进退～ weder vorwärts noch rückwärts können; sich in einem Dilemma befinden; Vormarsch und Rückzug sind gleich schwierig.
两栖 liǎngqī amphibisch: ～登陆 amphibische Landung
两全其美 liǎng quán qí měi (bei der Regelung einer Sache) beide Seiten zufriedenstellen
两性 liǎngxìng beide Geschlechter; männlich und weiblich: ～关系 geschlechtliche Beziehung; Geschlechtsverkehr *m*
两袖清风 liǎng xiù qīng fēng (von einem Beamten) während der Amtszeit unbestechlich sein; eine reine Weste haben; integer sein; frei von Korruption
两翼 liǎngyì beide Flügel; beide Flanken
两用 liǎngyòng einem doppelten Zweck dienend

liàng

凉 liàng kühlen *vt*; etw. abkühlen lassen: 让茶泡一会,～一下再喝。Laß den Tee einbißchen brauen und abkühlen, bevor du es trinkst! *另见 liáng
谅 liàng ① *verzeihen vt; entschuldigen vt*: 互～互让 gegenseitiges Verständnis und Entgegenkommen zeigen ② ich nehme an; ich glaube; ich erwarte; ich gehe davon aus; vermutlich: ～他也不敢。Ich glaube nicht, daß er so etwas wagt.
谅解 liàngjiě Verständnis für etw. zeigen; Verständnis *n*; Verständigung *f*: 互相～ gegenseitiges Verständnis 达成～ Verständigung erzielen; ein Einverständnis herbeiführen
晾 liàng ① etw. in der Luft trocknen; lüften *vt*; etw. an der Sonne trocknen; etw. der Sonne aussetzen: 她把衣服～在绳子上。Sie hängt die Wäschen auf die Leine zum Trokken auf. ～干 etw. in der Luft trocknen (*od* dörren) lassen
亮 liàng ① hell; leuchtend; glänzend: 天～了。Es ist hell geworden. 把皮鞋擦～ die Schuhe putzen 这里真～。Hier ist es wirklich hell. ② helltönend; laut und klar: 她的嗓子真～。Sie hat eine laute und klare Stimme. ③ einleuchtend; einleuchten *vi*: 你这一说,我心里头～了。Was du gesagt hast, leuchtet mir ein. ④ leuchten *vi*; scheinen *vi*: 灯～了。Das Licht ist eingeschaltet (*od* angemacht). ⑤ zeigen *vt*; offenlegen *vt*; vorzeigen *vt*: ～底 seine Karten aufdecken ～思想 seine innersten Gedanken offenlegen
亮光 liàngguāng Licht *n*; Lichtstrahl *m*; Glanz *m*: 一道～ ein Lichtstrahl
亮晶晶 liàngjīngjīng leuchtend; glänzend; glitzernd; funkelnd: 草上～的露珠 das Gras mit glänzenden Tautropfen
亮堂堂 liàngtāngtāng sehr hell; hell erleuchtet
亮堂 liàngtang ① hell; licht ② klar; einleuchtend; erleuchtet werden: 我心里～多了。Mir ist es viel klarer.
亮相 liàngxiàng ① (Beijing-Oper, Ballett, Tanz usw.) sich in Positur setzen; sich in Positur werfen ② seine Einstellung verkünden; seine Pläne, Gedanken usw. offen darlegen
踉 liàng
踉跄 liàngqiàng taumeln *vi*; wanken *vi*: ～而行 stolpernd gehen; taumeln *vi*
辆(輛) liàng 〈量〉 [用于车]: 一～卡车 ein Lastkraftwagen 两～轿车 zwei Personenwagen
量 liàng ① messen *vt*; schätzen *vt*; taxieren *vt*: ～才录用 j-n nach seinem Können mit einer Aufgabe betrauen; Leute entsprechend ihren Fähigkeiten

einstellen (*od* beschäftigen) ② Quantität *f*; Menge *f* ③ Fassungskraft *f*; Fassungsvermögen *n*; Kapazität *f*: 酒～ Fassungsvermögen für alkoholische Getränke 他饭～大。Er ist ein großer Esser. *另见 liáng

量变 liàngbiàn quantitative Veränderung

量词 liàngcí Maßbezeichnung *f*; Zähleinheitswort *n*

量力 liànglì seine Stärke oder Fähigkeiten richtig einschätzen (und entsprechend handeln): 自不～ etw. tun wollen, was j-s Kräfte übersteigt; sich (*od* die eigenen Kräfte, Fähigkeiten) überschätzen; sich zuviel zutrauen; sich übernehmen ～而行 nur das tun, wozu man in der Lage ist; entsprechend seinen Fähigkeiten vorgehen; nach Maßgabe seiner Kräfte handeln

量体裁衣 liàng tǐ cái yī Kleidungsstoff nach der Figur zuschneiden — entsprechend den tatsächlichen Gegebenheiten vorgehen

量子 liàngzǐ Quantum *n*

liāo

撩 liāo ① etw. nach oben streifen; aufkrempeln *vt*; hochkrempeln *vt*; hochziehen *vt*; hochhalten *vt* ② Wasser (mit der Hand) sprenkeln; etw. mit Wasser besprengen *另见 liáo

liáo

聊 liáo ① plaudern *vi*; sich unterhalten: 闲～plaudern *vi*; sich mit j-m zwanglos unterhalten 我想找你～～。Ich möchte mich mit dir unterhalten. ② eben nur; bloß: ～表谢意 bloß als Ausdruck meiner Dankbarkeit; um meine Anerkennung zum Ausdruck zu bringen

聊天儿 liáotiānr 〈口〉 plaudern *vi*; sich unterhalten

燎 liáo (von einem Bodenfeuer) im Gras um sich greifen; sich ausbreiten

燎泡 liáopào Brand-, Hautblase *f*

燎原 liáoyuán Flächenbrand *m*; Steppenbrand *m*; die Steppe in Brand setzen

撩 liáo ① reizen *vt*; j-n in eine bestimmte Gemütsstimmung versetzen ② aufreizen *vt*; schüren *vt* *另见 liāo

撩拨 liáobō ① reizen *vt*; necken *vt*; herausfordern *vt* ② aufreizen *vt*; schüren *vt*

嘹 liáo

嘹亮 liáoliàng hellklingend; laut und hell; schallend; klangvoll

僚 liáo Beamte(r): 官～ Beamte(r); Bürokrat *m* 同～ Amtskollege *m*

缭 liáo

缭乱 liáoluàn verwirrt; durcheinander: 心绪～ eine innere Unruhe erspüren 眼花～ von etw. geblendet sein

缭绕 liáorǎo in Spiralen aufsteigen: 炊烟～ aus dem Kamin emporsteigende Rauchspirale; Rauch stieg sich kräuselnd von Küchenschornsteinen nach oben.

寥 liáo ① wenig; spärlich: ～～可数 an den Fingern einer Hand abzuzählen sein ② still; leer; verlassen: 寂～ einsam; verlassen

寥廓 liáokuò endlos weit; grenzenlos: ～的天空 endlose Weite des Himmels

疗(療) liáo j-n ärztlich behandeln (*od* versorgen); heilen *vt*: 治～ Heilbehandlung *f*; Therapie *f*

疗程 liáochéng Phase einer Heilkur

疗法 liáofǎ Heilmethode *f*; Behandlungsweise *f* (einer Krankheit); Therapie *f*: 针灸～ Akupunktur und Moxenbehandlung

疗效 liáoxiào Heilwirkung *f*; therapeutische Wirkung

疗养 liáoyǎng sich erholen; eine Kur machen; sich einer Kur unterziehen: ～院 Sanatorium *n*; Erholungsheim *n*

辽(遼) liáo fern; weit: ～阔 weit und breit; weit ausgedehnt; sich weithin erstreckend

liǎo

潦 liǎo

潦草 liǎocǎo ① nachlässig geschrieben; unleserlich gekritzelt: 字迹～ kritzelige Schrift; Gekritzel *n* ② nachlässig; achtlos und schlecht: 工作～ nachlässig arbeiten; pfuschen *vi*

潦倒 liǎodǎo entmutigt; niedergeschlagen; deprimiert

了(瞭①) liǎo ① verstehen *vt*; erkennen *vt*: 明～ etw. klar wissen ② beenden *vt*; vollenden *vt*; beendigen *vt*; etw. zu Ende bringen: 没完没～ ohne Ende; endlos 未～之事 unerledigte Sache; unbewältigte Aufgabe ③[放在动词之后，与"得"、"不"连用，表示可能]: 办得～ etw. schaffen können 受不～ etw. nicht aushalten (*od* ertragen, vertragen) können; unerträglich *另见 le; liào

了不得 liǎobude ① außergewöhnlich; außerordentlich; äußerst: 气得～ vor Wut kochen; vor Ärger platzen 高兴得～ sich außerordentlich freuen; hocherfreut 这有什么～? Was ist denn eigentlich so erstaunlich daran? ② schrecklich; schlimm: 可～啦，小孩到处找不到。Lieber Gott! Das Kind war nirgends zu finden.

了不起 liǎobuqǐ ungewöhnlich; außergewöhnlich; hervorragend: 一个～的人 ein hervorragende Persönlichkeit ～的成就 großartiger Erfolg 自以为～ sich für etwas Besonderes halten

了得 liǎode [用在句尾，常在"还"字后面，表示情况严重]: 哎呀！这还～！ Oh! Das ist allerhand! 或 Oh! Das ist ja die Höhe!

了结 liǎojié mit etw. Schluß machen; erledigen *vt*; abschließen *vt*; beendigen *vt*

了解 liǎojiě ① etw. genau wissen; verstehen *vt*; begreifen *vt*; Verständnis *n*: 我很～他。Ich kenne ihn genau (*od* in- und auswendig). 他不～情况。Er weiß nicht von den Situationen. 或 Er hat keine klare Vorstellung von der wirklichen Lage. ～当前世界形势 die aktuelle Weltlage begreifen; die gegenwärtige internationale Lage erfassen ② sich erkundigen; nach etw. fragen; ermitteln *vt*; untersuchen *vt*: 你能去～一下这个问题吗? Können Sie dort gehen und sich aus dieser Angelegenheit herausfinden? ③ Verständnis *n*: 促进双方之间的～ das Verständnis zwischen den beiden Seiten fördern

了然 liǎorán klar; deutlich; eine klare Vorstellung von etw. haben: 一目～ auf den ersten Blick klar sein; einleuchtend; übersichtlich

了如指掌 liǎo rú zhǐ zhǎng etw. so gut kennen wie seine eigene Hand; etw. genau (*od* in- und auswendig) kennen; sich genau in etw. auskennen; genau Bescheid wissen; etw. wie seine Westentasche kennen

了事 liǎoshì erledigen *vt*; abtun *vt*; mit etw. Schluß machen: 草草～ etw. oberflächich erledigen 敷衍～ etw. flüchtig (*od* recht und schlecht) erledigen; etw./j-n nachlässig behandeln; j-n kurz abfertigen

liào

料 liào ① vermuten *vt*; glauben *vt*; erwarten *vt*; mit etw. rechnen: ～事如神 etw. wie ein Prophet voraussehen können; etw. mit großer Genauigkeit vorhersagen ② Material *n*; Stoff *m*: 原～ Rohstoff *m*; Rohmaterial *n* 燃～ Brennstoff *m*; Brennmaterial *n* 他不是当医生的～。Einer wie er ist unfähig, als Arzt tätig zu sein. ③ Futter *n* (Gras, Heu, Getreide u. ä.): 多给牲口加点～。Gebt dem Vieh mehr Futter.

料到 liàodào ahnen *vt*; erwarten *vt*; mit j-m/etw. rechnen: 没～他会来。Wir haben mit seinem Kommen nicht gerechnet.

料酒 liàojiǔ Reiswein für die Zubereitung von Speisen; Koch(reis) wein *m*

料理 liàolǐ für etw. sorgen; arrangieren *vt*; besorgen *vt*; sich um etw. kümmern: ～家务 den Haushalt führen

料想 liàoxiǎng erwarten *vt*; ahnen *vt*; vermuten *vt*

料子 liàozi Kleiderstoff *m*; Wollstoff *m*

撂 liào niederlegen *vt*; zurücklassen *vt*: ～挑子 seine Arbeit hinwerfen (*od* aufgeben)

镣 liào Fußfessel *f*

镣铐 liàokào Fußfessel und Handschellen

了(瞭) liào von einer Höhe aus in die

Ferne sehen; überschauen *vt* *另见 le; liǎo

了望 liàowàng überblicken *vt*; von oben Ausschau halten; aus der Vogelperspektive schauen; in die Ferne sehen: ～台 Aussichtsturm *m*; Wachtturm *m*

liě

咧 liě

咧嘴 liězuǐ den Mund verzerren: 他咧着嘴笑。Er grinst mit offenstehendem Mund (*od* breit) 疼得直～ vor Schmerz den Mund verzerren

liè

列 liè ① aufreihen *vt*; aufstellen *vt*: ～队欢迎 ein Begrüßungsspalier bilden ② einordnen *vt*; einstufen *vt*: ～清单 eine Liste führen; auflisten *vt*; Inventur machen ～入议程 etw. auf die Tagesordnung setzen ～表 eine Tabelle aufstellen; tabellarisieren *vt*; etw. tabellarisch anordnen ③ Reihe *f*: 站在斗争的最前～ an vorderster Front stehen ④ 〈量〉[用于成行列的事物]: 一～火车 ein Eisenbahnzug

列车 lièchē Zug *m*: 特快～ Expreßzug *m*; FD-Zug *m* 直达～ D-Zug *m* ～时刻表 Fahrplan *m*

列举 lièjǔ anführen *vt*; aufzählen *vt*: ～大量事实 eine Fülle von Tatsachen anführen

列强 lièqiáng Großmächte *pl*

列席 lièxí als nicht stimmberechtigter Delegierter an einer Konferenz teilnehmen

烈 liè ① stark; heftig; scharf; brennend: ～酒 hochprozentiges Getränk; starker Schnaps; feuriger Wein ～火 loderndes Feuer; starke Flamme; Feuersbrunst *f* ② standhaft und ehrlich; unbeugsam; rechtschaffen: 刚～ unbeugsam und rechtschaffen; von geradem und starkem Charakter 先～ Märtyrer *m* 壮～牺牲 heldenhaft fallen; den Heldentod sterben

烈日 lièrì brennende (*od* glühende) Sonne

烈士 lièshì Märtyrer *m*

烈属 lièshǔ Angehörige der Familie eines revolutionären Märtyrers

烈性 lièxìng ① charakterfest und unbeugsam ② stark; heftig; hitzig

冽 liè kalt: 凛～ durchdringend (*od* schneidend) kalt

裂 liè spalten *vi*; platzen *vi*; zerfallen *vi*: 木板～(开)了。Das Brett hat sich gespalten. 分～ spalten *vt*; zerspalten *vt*; zersplittern *vt*; zerfallen *vi*; Zwiespalt *m*

裂变 lièbiàn Spaltung *f*: 核～ Kernspaltung *f*

裂缝 lièfèng Riß *m*; Spalte *f*; Spalt *m*; Sprung *m*

裂痕 lièhén Riß *m*; Sprung *m*

裂开 lièkāi aufplatzen *vi*; aufspringen *vi*; rissig werden; Risse bekommen

裂纹 lièwén Craquelé *n*; Krakelee *n* (in der Glasur von Keramiken)

劣 liè schlecht; minderwertig; von geringer Qualität

劣等 lièděng minderwertig; von geringer Qualität

劣势 lièshì Unterlegenheit *f*; unterlegen: 处于～ unterlegen sein

猎(獵) liè jagen *vt/vi*; Jagd *f*: ～狗 Jagdhund *m* ～户(或～人) Jäger *m*

猎奇 lièqí nach Neuigkeiten jagen; auf Sensationen versessen sein; dem Exotischen nachjagen

猎枪 lièqiāng Jagdgewehr *n*; Jagdflinte *f*

猎取 lièqǔ ① erjagen *vt*; erbeuten *vt*: ～野兽 wilde Tiere jagen ② nach etw. jagen; nachjagen *vi*: ～个人名利 nach persönlichem Ruhm und Profit jagen

līn

拎 līn etw. mit der Hand tragen: ～着桶 einen Eimer nehmen (*od* tragen)

lín

遴 lín: ～选〈书〉 auserwählen *vt*; auslesen *vt*

磷 lín Phosphor *m* (P)

磷肥 línféi Phosphatdünger *m*; Phosphatdüngemittel *pl*

磷火 línhuǒ phosphoreszierendes Licht; Irrlicht *n*

嶙 lín

嶙峋 línxún ① gezackt; zerklüftet; voller Klippen: 怪石～ zerklüftete Felsen von bizarren Formen ② knochig; spindeldürr: 瘦骨～ nur noch Haut und Knochen

鳞 lín Schuppe *f*: 遍体～伤 am ganzen Körper mit Wunden bedeckt sein; grün und blau geschlagen

鳞甲 línjiǎ Schuppen und Panzer (von Reptilien o.ä.)

粼 lín

粼粼 línlín (von Wasser, Steinen usw.) klar; kristallklar; hell: 碧波～ kristallene blaue Wellen

林 lín ① Wald *m*; Forst *m*; Gehölz *n*; Holz *n*: 竹～ Bambushain *m*; Bambuswäldchen *n* ～场 Forstfarm *f* ② Zirkel *m*; Kreis *m*: 艺～ Künstlerkreis *m* ③ Forstwirtschaft *f*

林带 líndài Waldgürtel *m*; Waldstreifen *m*

林立 línlì dicht nebeneineander stehen

林业 línyè Forstwirtschaft *f*

林荫道 línyīndào Allee *f*; Boulevard *m*; Avenue *f*

淋 lín etw. mit Wasser begießen; durchnässen *vt*: 日晒雨～ den Elementen (*od* Sonne und Regen, Wind und Wetter) ausgesetzt ～湿了 durchnäßt sein

淋巴 línbā Lymphe *f*

淋漓 línlí ① triefend naß; völlig durchnäßt; tropfnaß: 大汗～ vom Schweiß gebadet; schweißtriefend ② ohne Zurückhaltung; ohne Hemmung: 痛快～ von hemmungsloser Leidenschaft ～尽致 bis in die letzten Feinheiten vordringen

淋浴 línyù duschen *vi*; Dusche *f*; Brause-, Duschbad *n*

霖 lín heftiger Dauerregen: 甘～ lange herbeigesehnter Regen

琳 lín schöner Jade

琳琅满目 línláng mǎn mù eine Schau prächtiger Gegenstände; voll von glänzenden Gegenständen; eine Sammlung von wunderschönen Dingen

临(臨) lín ① nahe; gegenüber: 居高～下 von einem hochgelegenen strategischen Punkt aus; von der Kommandohöhe aus ～街的窗户 ein auf der Straßenseite liegendes Fenster 如～大敌 als ob ein starker Feind nahen würde ② kommen *vi*; eintreffen *vi*: 希亲～指导。Wir hoffen, daß Sie selbst kommen, um Anweisungen zu erteilen ③ kurz vor; gerade bei: ～睡 vor dem Schlafengehen; zur Schlafenszeit ～行 kurz vor Abreise; beim Abschied

临别 línbié kurz vor der Trennung; beim Abschied

临床 línchuáng klinisch: ～经验 klinische Erfahrungen

临近 línjìn kurz vor; in der Nähe von: ～黎明 kurz vor Tagesanbruch 考试～了。Die Prüfungen nähern sich.

临摹 línmó (eine Kalligraphie- oder Bildvorlage) kopieren *vt*; originalgetreue Nachbildung; nachmalen *vt*

临时 línshí ① in letzter Minute; im letzten Augenblick: ～通知 eine einstweilige Mitteilung ～改动 die Änderungen im letzten Augenblick ② vorläufig; provisorisch; vorübergehend; für kurze Zeit: ～政府 provisorische Regierung; Interimsregierung *f*; Zwischenregierung *f* ～措施 provisorische Maßnahmen ～代办 Geschäftsträger ad interim ～工 Zeitarbeiter *m*

临危 línwēi ① (wegen einer Krankheit) im Sterben liegen ② mit dem Tod vor Augen; im Angesicht des Todes: ～不惧 keine Furcht bei Gefahr zeigen; furchtlos einer Gefahr begegnen; der Gefahr ins Auge sehen (*od* blicken)

临阵磨枪 lín zhèn mó qiāng kurz vor Schlachtbeginn seine Lanze schleifen — etw. erst im letzten Augenblick mit großer Hast in Angriff nehmen

临阵脱逃 lín zhèn tuō táo auf dem Schlachtfeld desertieren; sich vor etw. drücken

临终 línzhōng kurz vor dem Tod; im Sterben (*od* auf dem Totenbett) liegen: ～遗言 Testament *n*; letzter Wille

邻(鄰) lín ① Nachbar *m*: 近～ nächster (*od* enger) Nachbar ② benachbart; angrenzend; in der Nähe: ～国 Nachbarland *n*; Nachbarstaat *m* ～座 der Sitz daneben

邻邦 línbāng Nachbarland *n*

邻接 línjiē angrenzen *vi*; anliegen *vi*; unmittelbar neben; nächst
邻近 línjìn ① in der Nähe; nahe; neben ② Nähe *f*; Nachbarschaft *f*
邻居 línjū Nachbar *m*: 隔壁～ der Nachbar nebenan

lǐn

凛 lǐn ① streng; ernst ②fürchten *vt*; Angst haben
凛冽 lǐnliè eiskalt; durchdringend kalt
凛凛 lǐnlǐn ① sehr kalt; eiskalt: 寒风～。Es weht ein beißender Wind. ② ernst; Ehrfurcht einflößend: 威风～ majestätisch und Respekt gebietend
凛然 lǐnrán Ehrfurcht einflößend; ernst: 正气～ unerschütterlich und in festem Glauben an die Gerechtigkeit

lìn

吝 lìn geizig; knauserig; knikkerig
吝啬 lìnsè geizig; knauserig: ～鬼 Geizhals *m*; Geizkragen *m*; Knicker *m*; Knauser *m*; Pfennigfuchser *m*
吝惜 lìnxī schonen *vt*; mit etw. geizen: 不～自己的力量 keine Anstrengung (*od* Mühe) scheuen
赁 lìn leihen *vt*; mieten *vt*: 房屋出～ Wohnung zu vermieten 租～公司 die Vermietungsgesellschaft

líng

凌 líng ① beleidigen *vt*; schikanieren *vt*: 欺～ j-n schikanieren und erniedrigen; fertigmachen *vt* 盛气～人 arrogant und aggressiv ② sich nähern; nahen *vi*: ～晨 frühmorgens; am frühen Morgen ③ in die Höhe steigen; emporsteigen *vt*
凌驾 língjià sich über etw./j-n stellen; übertreffen *vt*: ～一切 hoch über allen stehen; sich über alle erheben
凌空 língkōng in der Luft; hoch oben; in die Höhe steigen; bis in den Himmel emporragen
凌厉 línglì schnell und heftig; stürmisch: 攻势～ stürmischer Angriff
凌乱 língluàn durcheinander: ～不堪 in schrecklicher Unordnung; wie Kraut und Rüben durcheinander
凌辱 língrǔ beleidigen *vt*; schänden *vt*
凌云壮志 língyún zhuàngzhì hochfliegende Pläne; ein hohes Ziel vor Augen haben
菱 líng Wassernuß *f* 又作"菱角"
陵 líng ① Hügel *m*; hügelige Landschaft ② große Grabanlage; Mausoleum *n*: (明)十三～ die Ming-Gräber
陵墓 língmù große Grabanlage; Mausoleum *n*
陵园 língyuán Friedhof *m*
羚 líng (～羊) Antilope *f*; Gazelle *f*
零 líng ① Null *f*; null (O): 五～六号 Nr.506(Nummer fünf null sechs) 三块～五分 drei *Yuan* und fünf *Fen* ② etwas mehr als: 年纪六十有～ etwas über 60 Jahre alt; ein wenig älter als 60 Jahre ③ null; nichts: 一减一等于～。Eins minus eins ist null. ④ Nullgrad *m*; Null *f*: 摄氏～下十度 10 Grad unter Null Celsius; minus 10 Grad (C) ⑤ in kleinen Teilen; stückweise ⑥ verwelken und abfallen: 凋～ verwelken *vi*; sich entblättern
零件 língjiàn Einzel-, Ersatz-, Bauteil *m*; Zubehör *n*
零落 língluò ① verwelken und sich entblättern: 草木～。Die Blätter fallen von den Bäumen und die Gräser sind welk. ② verfallen *vi*: 凄凉～的景象 verkommene Szene ③ vereinzelt; einzeln: ～的枪声 vereinzelte Schüsse
零钱 língqián ① Kleingeld *n* ② Taschengeld *n*
零敲碎打 líng qiāo suì dǎ etw. erledigen, wenn gerade Zeit dazu ist; mit etw. Stück für Stück vorankommen (*od* fertigwerden); ab und zu; sporadisch
零散 língsǎn verstreut; vereinzelt: 桌子上～地放着几本书。Ein paar Bücher liegen verstreut auf dem Tisch herum.
零售 língshòu Einzel-, Kleinhandel *m*: ～店 Kleinverkaufsstelle *f*; Einzelhandelsgeschäft *n* ～价格 Einzelhandels-, Einzelverkaufspreis *m*
零碎 língsuì ① in Bruchstücken;

nebensächlich; vereinzelt und zusammenhanglos; fragmentarisch: ～活儿 nebensächliche Arbeit; kleinere Arbeiten ② allerlei Kleinigkeiten; Krimskrams *m*

零头 língtóu ① Rest *m*; Restbetrag *m*; kleinere Beträge ② Stoffrest *m*: 一块～布 ein Stück Stoffrest

零星 língxīng ① fragmentarisch; bruchstückhaft; verstreut: ～材料 bruchstückhafte Materialien ② sporadisch; vereinzelt: ～小雨 vereinzelte Nieselregen

零用 língyòng ① Nebenausgaben tätigen ② Taschengeld *n*

玲 líng

玲珑 línglóng ① fein; kunstvoll; exquisit: 小巧～ klein und fein geformt; klein, aber fein ② flink; geschickt; behend(e)

玲珑剔透 línglóng tītòu kunstvoll gestaltet und fein durchbrochen

聆 líng 〈书〉 hören *vt*; lauschen *vi*: ～教 Ihren weisen Worten lauschen

聆听 língtīng aufmerksam (*od* ehrfürchtig) zuhören

龄(齡) líng ① Alter *n*; Lebensjahr *n*: 年～ Alter *n*. 学～儿童 Kinder im schulpflichtigen Alter ② Dauer *f*; Alter *n*: 工～ Dienstjahr *n* 党～Dauer der Parteizugehörigkeit

囹 líng

囹圄 língyǔ 〈书〉 Gefängnis *n*; Kerker *m*: 身陷～ ins Gefängnis kommen; hinter Gittern sitzen

铃 líng ① Klingel *f*; Glocke *f*; Schelle *f*: 门～ Türklingel *f* ② glockenförmiger Gegenstand: 哑～ Hantel *f*

伶 líng Mime *m*; Komödiant *m*; Opernsänger (der traditionellen chinesischen Oper)

伶仃 língdīng allein; verlassen; einsam: 孤苦～ ganz verlassen; völlig vereinsamt; allein und hilflos; alleinstehend; verwaist

伶俐 línglì flink; gescheit; geschickt; gewandt; rege; findig

翎 líng Schwung- bzw. Schwanzfeder *f*: 孔雀～ Pfauenfeder *f*

灵(靈) líng ① gewandt; geschickt; flink; geistreich; geschmeidig: 耳朵很～ scharfe Ohren haben; ein gutes Gehör besitzen ② wirkungsvoll; wundertätig; effektiv: ～药 wirksames Heilmittel ③ Geist *m*; Seele *f*; Intelligenz *f*: 心～ Seele *f*; Gemütskräfte *pl*; Innenwelt *f* ④ Geist *m*: ～怪 Geister *pl* ⑤ Sarg *m*; Bahre *f*: 守～ an der Bahre Ehrenwache halten

灵便 língbiàn ① flink; geschickt; beweglich: 手脚还～。 Er ist noch recht flink. ② handlich; leicht zu handhaben

灵丹妙药 líng dān miào yào Lebenselixier *n*; Wunderarznei *f*; Allheil-, Universalmittel *n*

灵感 línggǎn Inspiration *f*; Eingebung *f*

灵魂 línghún Seele *f*: ～深处 im Grunde (*od* in der Tiefe) der Seele; in j-s Innerstem

灵活 línghuó ① flink; behend; geschickt; geschmeidig; gewandt: 脑筋～ gewitzt; von rascher Auffassungsgabe ② elastisch; flexibel; anpassungsfähig; beweglich

灵机 língjī plötzliche Inspiration; guter Einfall; Geistesblitz *m*: ～一动 plötzlich auf einen Gedanken kommen; einen plötzlichen Einfall bekommen; auf eine Idee verfallen

灵柩 língjiù Sarg *m* (mit einer Leiche)

灵敏 língmǐn empfindlich; sensibel; scharf; fein: 这架仪器～度很高。 Dieses Gerät ist sehr empfindlich.

灵巧 língqiǎo geschickt; gewandt; kunstfertig: 心思～ gescheit und findig

灵通 língtōng gut informiert; auf dem laufenden sein: 消息～人士 gut informierte Person

灵验 língyàn ① wirksam; wirkungsvoll; effektiv ② sich als richtig erweisen; eintreffen *vi*: 他的预言果然～了。 Seine Prophezeiung ist wirklich eingetroffen.

lǐng

令 lǐng 〈量〉 Ries *n* (in China 500 ungefaltete Bogen Papier) *另见 lìng

领 lǐng ① Hals *m*: 引～而望 den Hals recken, um etw. zu sehen ② Kragen *m* ③ Hauptpunkt *m*; Umriß *m*: 要～ Hauptpunkte *pl*; das Wesentliche ④ 〈量〉: 一～席 eine Matte ⑤ führen *vt*; leiten *vt*: ～兵打仗 an der Spitze seiner Truppen kämpfen ⑥ empfangen *vt*; entgegennehmen *vt*; beziehen *vt*: ～奖 eine Auszeichnung (*od* einen Preis) entgegennehmen ～养老金 eine Rente beziehen ⑦ verstehen *vt*; begreifen *vt*; erfassen *vt*

领带 lǐngdài Krawatte *f*; Schlips *m*

领导 lǐngdǎo ① leiten *vt*; führen *vt*; Führung *f* ② Leiter *m*; Leitung *f*; Führerschaft *f*

领地 lǐngdì ① Lehen *n*; Lehnsgut *n*; Herrschaft *f*; Domäne *f* ② Territorium *n*; Hoheitsgebiet *n*

领港 lǐnggǎng ① lotsen *vt* ② Lotse *m*

领海 lǐnghǎi Hoheits-, Territorialgewässer *pl*: ～范围 Ausdehnung der Hoheitsgewässer ～宽度 Breite der Hoheitsgewässer

领航 lǐngháng ① navigieren *vt*; Navigation *f* ② Navigator *m*

领会 lǐnghuì verstehen *vt*; begreifen *vt*; erfassen *vt*: 我还没有～您的意思。Ich habe noch nicht verstanden, was Sie damit meinen.

领教 lǐngjiào ① 〈套〉[用于接受人的教益或欣赏人的表演时] Dank für einen Hinweis (*od* Ratschlag, Belehrung): 你说得很对,～! Sie haben ganz recht! Herzlichen Dank für Ihren Hinweis! ② um Rat fragen; um Belehrung (*od* Auskunft) bitten; einen Hinweis erbitten: 有点儿小事向您～。 Darüber möchte ich gern Ihre Meinung hören. 或 Ich möchte mich mit Ihnen über einiges beraten.

领空 lǐngkōng territorialer Luftraum; Lufthoheitsgebiet *n*

领口 lǐngkǒu ① Kragen *m*; Kragenweite *f* ② Kragenabschluß *m*

领略 lǐnglüè verstehen *vt*; für etw. empfänglich sein; an etw. Gefallen finden; eine Vorstellung von etw. bekommen; kennenlernen *vt*

领情 lǐngqíng etw. mit Dank annehmen; j-m für etw. dankbar sein: 你们的好意,我十分～。Für Ihr freundliches Entgegenkommen bin ich Ihnen sehr dankbar.

领事 lǐngshì Konsul *m*: 总～ Generalkonsul *m* 副～ Vizekonsul *m* ～馆 Konsulat *n*; konsularische Vertretung

领水 lǐngshuǐ ① Binnengewässer *pl* ② Hoheitsgewässer *pl*

领土 lǐngtǔ Territorium *n*; Hoheitsgebiet *n*: 保卫国家的～完整 die territoriale Integrität des Landes verteidigen ～扩张 territoriale Expansion ～要求 territorialer Anspruch

领悟 lǐngwù verstehen *vt*; begreifen *vt*; erfassen *vt*; erkennen *vt*: ～能力 Auffassungsgabe *f*; Denkfähigkeit *f*; Begriffs-, Denkvermögen *n*

领先 lǐngxiān vorangehen *vi*; in Führung liegen; einen Vorsprung haben: 客队～五分。Die Gastmannschaft hat einen 5-Punkte-Vorsprung. 他们首批～登上了山顶。Sie haben als die erste Gruppe den Gipfel erklettert.

领袖 lǐngxiù Führer *m*

领域 lǐngyù ① Territorium *n*; Hoheitsgebiet *n* ② Gebiet *n*; Bereich *m*; Sphäre *f*; Sektor *m*: 上层建筑～ das Gebiet des Überbaus

领章 lǐngzhāng Kragenspiegel *m*; Kragenabzeichen *n*

岭(嶺) lǐng ① Bergkette *f*; Gebirge *n* ② Berg *m*: 翻山越～ Berge bezwingen; über Berg und Tal wandern 崇山峻～ hohe Gebirge

lìng

另 lìng anders; anderenfalls; sonst; separat; gesondert; außerdem: ～有任命 andere Ernennung haben ～一回事 eine andere Sache; eine andere Frage ～议 besonders vereinbaren; gesondert besprechen ～寄 etw. (mit der Post) separat versenden; eine Postsache gesondert verschicken

另起炉灶 lìng qǐ lúzào mit etw. nochmals von vorne anfangen; etw. von Grund auf neu beginnen

另眼相看 lìng yǎn xiāng kàn j-n mit anderen Augen sehen; j-n besonders schätzen

令 lìng ① Befehl *m*; Erlaß *m*; Anordnung *f*; Order *f*: 下～ einen Befehl erteilen; eine Order geben 法～ Verordnung *f*; Dekret *n* ② Saison *f*; Jahreszeit *f*: 当～ saisonbedingt 夏～时间 Sommerzeit *f* ③ (Amtstitel in alter Zeit): 县～ Kreisvorsteher *m* ④ 〈书〉 gut: ～名 guter Ruf;

ausgezeichnete Reputation ⑤ <敬> Ihr: ～尊 Ihr Vater ～堂 Ihre Mutter ～爱 Ihre Tochter ～郎 Ihr Sohn ⑥ Trinkspiel *n* ⑦ lassen *vt*; veranlassen *vt*: ～人鼓舞 begeisternd; ermutigend ～人深思 die Leute zum Nachdenken veranlassen *另见 lǐng

令箭 lìngjiàn der Befehlsstab eines Militärbevollmächtigten (in alter Zeit)

令行禁止 lìng xíng jìn zhǐ auf Befehl vorwärts, bei Verbot halt — straffe Disziplin; streng diszipliniert sein

liū

溜 liū ① gleiten *vi*; rutschen *vi*: 从山坡上～下来 den Abhang herunterrutschen ② fortschleichen *vi*; entschlüpfen *vi*; sich drücken: ～掉 entschlüpfen *vi* ③ glatt: 滑～ glatt; schlüpfrig; glitschig *另见 liù

溜冰 liūbīng eislaufen *vi*; Eislauf *m*; Schlittschuhlaufen *n*: ～场 Eis-, Schlittschuhbahn *f*

溜达 liūda <口> spazierengehen *vi*; bummeln *vi*; einen Bummel machen; herumstrolchen *vi*; schlendern *vi*; umherstreifen *vi*

溜须拍马 liū xū pāi mǎ <口> sich bei j-m einschmeicheln; j-m um den Bart gehen

溜之大吉 liū zhī dàjí sich aus dem Staub machen; über alle Berge sein; sich auf und davon machen

熘 liū mit Stärkemehl in Fett oder Öl schwenken; sautieren *vt*: ～鱼片 sautiertes Fischfilet

liú

浏(瀏) liú <书> ① klar (von Wasser) ② schnell (von Wind)

浏览 liúlǎn (ein Buch) flüchtig lesen; *überfliegen vt*: ～各种报刊 die verschiedensten Zeitungen und Zeitschriften durchblättern

流 liú ① fließen *vi*; rinnen *vi*; laufen *vi*: 江水东～。Der Fluß strömt nach Osten. ～汗 schwitzen *vi* ～泪 Tränen vergießen ② von Ort zu Ort ziehen; herumwandern *vi* ③ sich ausbreiten; überliefern *vt*: ～传甚广 weit verbreitet sein; weit und breit bekannt werden ④ sich zum Schlechten wenden; degenerieren *vi*: ～于形式 zu einer reinen Formalität werden ⑤ verbannen *vt*; j-n in die Verbannung schicken ⑥ Wasserlauf *m*; Strom *m*: 河～ Fluß *m* 逆～而上 gegen den Strom rudern (*od* fahren) ⑦ Strom *m*; Strömung *f*: 气～ Luftzug *m*; Luftstrom *m* 电～ elektrischer Strom ⑧ Klasse *f*; Grad *m*; Sorte *f*: 三教九～ Leute aller Richtung; es ist Krethi und Plethi (*od* Hinz und Kunz) beisammen

流弊 liúbì überkommene Mißstände; korrupte Praktiken

流产 liúchǎn ① Fehlgeburt *f*; Abort(us) *m*: 人工～ künstliche Schwangerschaftsunterbrechung; Abtreibung *f* ② durchfallen *vi*; mißglücken *vi*; ins Wasser fallen: 他的计划～了。Sein Plan ist ins Wasser gefallen.

流畅 liúchàng flüssig; fließend: 文笔～ flüssiger Stil

流传 liúchuán überliefern *vt*; sich verbreiten; umlaufen *vi*: 古代～下来的寓言 von alters her überlieferte Fabeln

流窜 liúcuàn flüchten *vi*; in die Flucht geschlagen; Hals über Kopf fliehen

流动 liúdòng ① fließen *vi*; strömen *vi*: 溪水缓缓地～。Der Bach fließt ruhig dahin. ② wandern *vi*; mobil: ～货车 mobile Verkaufsstelle; Verkaufswagen *m* ～电影放映队 Wanderkinogruppe *f*; mobiles Film(vorführungs)-team

流毒 liúdú ① einen vergiftenden Einfluß haben; sich wie eine Seuche ausbreiten: ～甚广 um sich greifende giftige Wirkung haben ② verderbliche Wirkung; übler (*od* giftiger) Einfluß

流放 liúfàng ① verbannen *vt*; deportieren *vt* ② Holzstämme als Flöße transportieren; Flößerei *f*

流寇 liúkòu umherschweifende Banditen (*od* Rebellen)

流浪 liúlàng umherstreichen *vi*; umherwandern *vi*; strolchen *vi*; ein Vagabundenleben führen: ～街头 in den Städten umherstreifen; sich in den Straßen herumtreiben ～汉 Vagabund *m*; Landstreicher *m*; Tramp *m*

流离失所 liúlí shī suǒ obdachlos

umherirren; gezwungen sein, Heim und Hof zu verlassen

流利 liúlì fließend; flott; geläufig: 她说一口～的德语。Sie spricht fließend Deutsch.

流连忘返 liúlián wàng fǎn sich nur noch vergnügen und nicht mehr an Rückkehr denken

流量 liúliàng Ausfluß-, Durchflußmenge *f*; Durchfluß *m*; Ausfluß *m*: 河道～ Durchflußmenge eines Flusses

流露 liúlù offenbaren *vt*; zeigen *vt*; verraten *vt*: ～真情 seine wahren Gefühle offenbaren (*od* verraten)

流落 liúluò verarmt (*od* von der Not getrieben) in die Fremde ziehen: ～他乡 Heim und Hof verlassen und in der Fremde leben müssen; seine kümmerliche Existenz in der Fremde fristen

流氓 liúmáng ① Rowdy *m*; Gauner *m*; Lump *m*; Schurke *m*; Gangster *m* ②unsittliche (*od* unzüchtige) Handlung: 耍～ unzüchtige Handlungen begehen; Frauen belästigen

流派 liúpài künstlerische oder wissenschaftliche Richtung; Schule *f*; Stilart *f*: 学术～ akademische Stilarten (*od* Schulen)

流失 liúshī Auslauf *m*; Aus-, Abfluß *m*: 水土～ Bodenerosion *f*

流逝 liúshì vergehen *vi*; verfließen *vi*; dahingehen *vi*: 时光～ das Verfließen der Zeit

流水 liúshuǐ fließendes Wasser; laufend; fließend: ～线 Fließstraße *f* ～作业 Fließarbeit *f*; Fließfertigung *f*

流速 liúsù ① Fließgeschwindigkeit *f* ② Stromgeschwindigkeit *f*

流体 liútǐ Flüssigkeit *f*: ～力学 Hydromechanik *f*

流通 liútōng zirkulieren *vi*; Zirkulation *f*: 空气～ Luftzirkulation *f*

流亡 liúwáng emigrieren *vi*; Emigration *f*; ins Exil gehen: ～政府 Exilregierung *f*

流线型 liúxiànxíng Stromlinienform *f*: ～汽车 stromlinienförmiges Auto

流行 liúxíng weit verbreitet; populär; üblich; in Mode sein: ～歌曲 Schlager *m*; Hit *m*

流行病 liúxíngbìng Epidemie *f*; Seuche *f*

流血 liúxuè Blut vergießen; bluten *vi*

流言 liúyán Gerede *n*; Nachrede *f*; Verleumdung *f*: ～蜚语 Gerücht und Verleumdung; üble Nachrede; Klatsch und Tratsch

流域 liúyù Einzugsgebiet eines Flusses; Fluß-, Stromgebiet *n*: 黄河～ Einzugsgebiet des Huanghe-Flusses

琉 liú

琉璃 liúli Farbglasur *f*: ～塔 Pagode aus glasierten Ziegeln; Majolika-Pagode *f* ～瓦 glasierter Dachziegel

硫 liú Schwefel *m* (S)

硫化 liúhuà Vulkanisation *f*; Vulkanisierung *f*: ～物 Sulfid *n*

硫磺 liúhuáng Schwefel *m*

硫酸 liúsuān Schwefelsäure *f*

留 liú ① bleiben *vi*; verweilen *vi*; sich aufhalten: 你可以继续～任。Sie können noch im Amt bleiben. ② aufhalten *vt*; zurückhalten *vt* ③ behalten *vt*; aufbewahren *vt*: ～座位 einen Platz für j-n reservieren ④ etw. stehen oder wachsen lassen: ～胡子 sich einen Bart wachsen lassen ⑤ annehmen *vt*; akzeptieren *vt*: 把礼物～下 das Geschenk annehmen ⑥ hinterlassen *vt*: 他把书都～在我这里了。Er hat alle Bücher bei mir hinterlassen. ～言簿 Gästebuch *n*

留步 liúbù 〈套〉 sparen Sie sich bitte den Weg; machen Sie sich bitte nicht die Mühe, mich weiter zu begleiten

留存 liúcún ① aufbewahren *vt*; behalten *vt*: 此稿～ das Manuskript in die Ablage tun ② übrigbleiben *vi*;etw. vorrätig haben

留话 liúhuà eine Nachricht hinterlassen

留级 liújí nicht in die nächste Klasse versetzt werden; sitzenbleiben *vi*

留恋 liúliàn ① sich von j-m/etw. nicht trennen wollen; nur widerstrebend (einen Ort) verlassen; an etw. hängen ② sich nach etw. (Vergangenem) sehnen; sich etw. mit Wehmut ins Gedächtnis zurückrufen

留难 liúnàn j-m Schwierigkeiten bereiten; j-m Hindernisse in den Weg legen

留念 liúniàn etw. zum Andenken (*od* zur Erinnerung) schenken

留情 liúqíng j-m vergeben; j-n mit Nachsicht behandeln: 手下

～ Nachsicht üben; Erbarmen mit j-m haben

留神 liúshén vorsichtig sein; sich hüten; sich in acht nehmen; aufpassen *vi*; achtgeben *vi*: 过马路要～。Beim Überqueren der Straße muß man vorsichtig sein.

留声机 liúshēngjī Grammophon *n*; Plattenspieler *m*

留守 liúshǒu zur Verbindungsarbeit in rückwärtiger Stellung verbleiben; Etappendienst versehen

留宿 liúsù ① j-m Unterkunft anbieten; j-n die Nacht über bei sich aufnehmen ② übernachten *vi*

留心 liúxīn beachten *vt*; auf etw. achten; aufpassen *vi*; aufmerksam sein; auf der Hut sein: ～听讲 dem Unterricht aufmerksam folgen

留学 liúxué im Ausland studieren: ～生 im Ausland Studierende

留言 liúyán eine Mitteilung zurücklassen

留意 liúyì vorsichtig sein; beachten *vt*; sich in acht nehmen; aufpassen *vi*: 这两个字有细微差别,必须～。Die beiden Wörter unterschieden sich um eine Nuance. Man muß aufpassen.

留影 liúyǐng ein Foto zum Andenken machen

瘤 liú (～子) Geschwulst *f*; Tumor *m*: 毒～ bösartige Geschwulst 良性～ gutartige Geschwulst

榴 liú Granatapfel *m*

榴弹 liúdàn hochexplosives Geschoß: ～炮 Haubitze *f*

liǔ

柳 liǔ Weide *f*

柳条 liǔtiáo Weidengerte *f*; Weidenrute *f*: ～筐 Weidenkorb *m*

柳絮 liǔxù Weidenkätzchen *n*

liù

六 liù 〈数〉 sechs

六亲 liùqīn die sechs Verwandtschaftsbeziehungen (Vater, Mutter, ältere Geschwister, jüngere Geschwister, Frau, Kinder); nächste Verwandte; Verwandtschaft *f*: ～不认 seine nächsten Verwandten wie Fremde behandeln; die Verwandtschaft zu j-m abstreiten

六神无主 liù shén wú zhǔ aus der Fassung geraten; die Nerven (*od* den Verstand) verlieren; völlig verwirrt

六月 liùyuè ① Juni *m* ② der sechste Monat des chinesischen Mondkalenders

溜 liù ① reißender Strom; schnelle Strömung ② Traufe *f* ③ Dachrinne *f* ④ Reihe *f*: —～平房 eine Reihe ebenerdiger Häuser ⑤ Umgebung *f*; Nähe *f*: 这～儿果木树很多。Es gibt sehr viele Obstbäume in der Nähe. *另见 liū

遛 liù ① spazierengehen *vi*; einen Bummel machen: ～大街 eine Schaufensterbummel machen ～马 ein Pferd am Zügel führen ～弯儿 einen Bummel machen; spazierengehen *vi*

陆(陸) liù sechs (Schreibweise der Zahl "六" auf Schecks, Banknoten, Quittungen usw. zur Vermeidung von Fehlern oder Fälschungen) *另见 lù

lóng

龙(龍) lóng ① Drache *m* ② Symbol des Kaisers; kaiserlich: ～袍 Drachengewand *n*; kaiserliches Gewand ③ 恐～ Dinosaurier *m*

龙飞凤舞 lóng fēi fèng wǔ wie Drachenflug und Phönixtanz — schwung- und kunstvoll (kalligraphieren)

龙卷风 lóngjuǎnfēng Tornado *m*; Windhose *f*; Trombe *f*

龙套 lóngtào Statist in klassischen chinesischen Opern: 跑～ als Statist auf der Bühne erscheinen; eine Aufgabe von geringer Bedeutung erfüllen

龙王 lóngwáng Drachenkönig *m* (Regengott der chinesischen Mythologie)

龙虾 lóngxiā Languste *f*

龙争虎斗 lóng zhēng hǔ dòu Kampf zwischen Drache und Tiger — heftiger Kampf zwischen zwei gleich starken Gegnern

龙钟 lóngzhōng 〈书〉 schwerfällig; altersschwach; gebrechlich:

老态～ alt und hinfällig; altersschwach

龙舟 lóngzhōu Drachenboot *n*: ～竞渡 Drachenbootsrennen *n*; Drachenbootsregatta *f*

聋(聾) lóng taub

聋哑 lóngyǎ taubstumm: ～人 Taubstumme(r)

聋子 lóngzi Taube(r)

砻(礱) lóng ① Reisschäler *m* ② (Reis) schälen *vt*

笼(籠) lóng ① Käfig *m*: 鸟～ Vogelbauer *m/n* 鸡～ Hühnerkäfig *m* ② Behälter aus Bambus; Korb *m* ③ Dämpfgerät *n*; Topfaufsatz zum Dämpfen: 蒸～ Korb aus Bambusgeflecht zum Dämpfen von Speisen; Dämpfaufsatz *m* *另见 lǒng

笼屉 lóngtì Dämpfgerät *n* (aus Bambus oder Holz); Dämpfer *m*

隆 lóng ① groß; erhaben; feierlich ② üppig; reichlich; blühend ③ tief: ～冬 tiefer Winter; Mitte des Winters ～情厚谊 tiefe freundschaftliche Gefühle ④ sich wölben; sich erheben

隆隆 lónglóng polternd; dröhnend; grollend; donnernd: 雷声～。Der Donner grollt (*od* kracht, rollt).

隆重 lóngzhòng großartig; feierlich: ～的典礼 feierliche Zeremonie

lǒng

垄(壟) lǒng ① Erddamm auf dem Feld; erhöhter Ackerstreifen ② Feldrain *m*

垄断 lǒngduàn monopolisieren *vt*; Monopol *n*: ～集团 Monopolgruppe *f* ～价格 Monopolpreis *m* ～资本 Monopolkapital *n* ～市场 den Markt monopolisieren

拢(攏) lǒng ① sich nähern; eintreffen *vi*: ～岸 das Ufer erreichen; sich dem Ufer nähern; anlegen *vi* ② zusammenrechnen *vt* ③ etw. sammeln und bündeln (*od* aufschichten) ④ kämmen *vt*

拢子 lǒngzi feingezahnter Kamm

笼(籠) lǒng ① verhüllen *vt*; bedecken *vt*; überziehen *vt*: 烟～雾罩 in Dunst gehüllt sein ② Koffer *m*; Kiste *f* *另见 lóng

笼络 lǒngluò j-n durch eine Gunst gefügig machen; j-n um den Finger wickeln; j-m um den Bart gehen: ～人心 durch Tricks die Leute auf seine Seite bringen

笼统 lǒngtǒng allgemein; vage; ungenau: 他的话说得很～。Darüber sprach er nur sehr allgemein.

笼罩 lǒngzhào verhüllen *vt*; bedecken *vt*: 晨雾～在湖面上。Der See ist vom Morgennebel verhüllt.

lòng

弄 lòng Gasse *f* *另见 nòng

弄堂 lòngtáng Gasse *f*

lōu

搂(摟) lōu ① sammeln *vt*; ansammeln *vt*; anhäufen *vt*: ～柴火 Reisig, Laub u.ä. als Brennmaterial sammeln ② aufkrempeln *vt*; aufheben *vt*; hochstreifen *vt*: ～起袖子 die Ärmel aufkrempeln ③ (Geld) zusammenraffen *vt*; etw. an sich reißen: ～钱 mit allen Mitteln Geld abpressen *另见 lǒu

lóu

娄(婁) lóu

娄子 lóuzi Unglück *n*; Unheil *n*; Unannehmlichkeit *f*: 捅～ einen groben Schnitzer machen; sich Unannehmlichkeiten zuziehen

楼(樓) lóu ① Gebäude *n*: 办公～ Verwaltungsgebäude *n* ② Stockwerk *n*; Etage *f*: 一～ Parterre *n*; Erdgeschoß *n* 二～ erstes Stockwerk; erster Stock; erste Etage ③ Turm *m*: 城～ Stadtmauerturm *m*

楼上 lóushàng in einem oberen Stockwerk; obere Etagen; eine Treppe höher

楼梯 lóutī Treppe *f*

楼下 lóuxià unten (im Haus); ein Stockwerk oder einige Stockwerke tiefer; in einem tieferen Stockwerk; die Treppe hinunter

lǒu

搂(摟) lǒu umfassen *vt*; umarmen *vt*; j-n auf den Schoß nehmen *另见 lōu

搂抱 lǒubào umarmen *vt*; umfassen *vt*

篓(簍) lǒu (～子) Korb *m*: 字纸～ Papierkorb *m*

lòu

漏 lòu ① lecken *vi*; leck sein; undicht sein; sickern *vi*: 水壶～了。Der Wasserkessel leckt. ② verraten *vt*; durchsickern *vi*; allmählich bekannt werden: 走～消息 eine Nachricht verraten (*od* durchsickern lassen) ③ übersehen *vt*; auslassen *vt*; vergessen *vt*: 这一行～了两个字。Man hat zwei Wörter von dieser Zeile übersehen. ④ Wasseruhr *f*: ～尽更残。Die Nacht geht zur Neige.

漏洞 lòudòng ① Leck *n*; Loch *n* ② Lücke *f*: 他的话里有许多～。Seine Argumentation hat viele Lücke.

漏斗 lòudǒu Trichter *m*

漏税 lòushuì Steuern hinterziehen; Steuerhinterziehung *f*

漏网 lòuwǎng durch ein Netz schlüpfen; entschlüpfen *vi*; durch die Maschen des Gesetzes schlüpfen

镂(鏤) lòu schnitzen *vt*; gravieren *vt*

镂空 lòukōng aushöhlen *vt*: ～的象牙球 ausgehöhlte Elfenbeinkugel

露 lòu 〈口〉 zeigen *vt*; erscheinen *vi*; etw. sichtbar werden lassen: ～一手 seine Fähigkeit (*od* Geschicklichkeit) zur Schau stellen; sich von seiner besten Seite zeigen *另见 lù

露马脚 lòu mǎjiǎo der Pferdefuß kommt zum Vorschein; (bei einem Zaubertrick) einen Patzer machen; sich bloßstellen

露面 lòumiàn sich sehen lassen; öffentlich in Erscheinung treten; zum Vorschein kommen

露头 lòutóu erscheinen *vi*; auftauchen *vi*: 太阳还没有～，我们就起来了。Wir standen vor dem Sonnenaufgang auf.

陋 lòu ① häßlich; garstig; abstoßend: 丑～ abstoßend; häßlich ② eng; dürftig; anspruchslos: ～室 kleines, einfaches Zimmer ～巷 enge Gasse ③ vulgär; unkultiviert; unerwünscht: ～习 schlechte Gewohnheit ～规 schlechte Gepflogenheiten ④ oberflächlich; ungebildet; beschränkt: 浅～ oberflächlich

lú

庐(廬) lú Hütte *f*; Kate *f*

庐山真面目 Lúshān zhēnmiànmù das wirkliche Aussehen des immer von Wolken verhüllten Lushan-Berges — das wahre Gesicht

庐舍 lúshè 〈书〉 Haus *n*; Bauernkate *f*; Hütte *f*

炉(爐) lú ① Ofen *m*; Herd *m*: 围～烤火 sich am Ofen wärmen; um den Ofen herumsitzen 煤气～ Gasofen *m* ② 〈量〉 Beschickung *f*; Füllgut eines Schmelzofens: 一～钢 eine Beschickung Stahl

炉灶 lúzào Küchenherd *m*: 另起～ etw. nochmals von vorn anfangen; einen zweiten Versuch starten

芦(蘆) lú: ～苇 Schilf *n*; Schilfrohr *n*

颅(顱) lú Schädel *m*

颅骨 lúgǔ Schädel *m*

胪(臚) lú 〈书〉 aufstellen *vt*; etw. zur Schau stellen: ～列 aufzählen *vt*; anführen *vt*; auflisten *vt*

lǔ

卤(鹵) lǔ ① Mutterlauge *f* ② in Würzbrühe gekocht: ～鸡 in Würzbrühe gekochtes Huhn ③ dicke Soße; Tunke *f*: 打～面 Nudeln mit Fleisch- oder Eiersoße

虏(虜) lǔ ① Kriegsgefangene(r) ② gefangennehmen *vt*

虏获 lǔhuò ① Gefangennahme *f*; Beute *f* ② gefangennehmen und erbeuten

掳(擄) lǔ rauben *vt*; verschleppen *vt*: ～掠 Menschen verschleppen und Eigentum rauben; ausplündern *vt*

鲁 lǔ ① dumm; stumpfsinnig: ～钝 schwerfällig; dumpf; stumpfsinnig; beschränkt ② grob; roh: ～莽 roh; ungehobelt; leichtsinnig; leichtfertig; unbesonnen

橹 lǔ Ruder *n*

lù

鹿 lù Hirsch *m*; Reh *n*; Rotwild *n*: 公～ Hirsch *m*; Rehbock *m* 母～ Hirschkuh *f*; Ricke *f* 小～ Hirschkalb *n*; Rehkitz *n*

鹿角 lùjiǎo ① Hirschhorn *n*; Geweih *n* ② Verhau *m*; Absperrung *f* (aus Baumstämmen, Ästen u.ä.)

鹿茸 lùróng Hirschgeweihsprosse *f*

鹿死谁手 lù sǐ shuí shǒu wessen Hand erlegt den Hirsch — wer wird den Machtkampf (*od* die Oberhand) gewinnen? ～,尚难逆料。Es ist noch ungewiß, wer die Oberhand gewinnen wird.

麓 lù 〈书〉 Fuß eines Berges

辘 lù

辘辘 lùlù 〈象〉 rattern *vi*; knarren *vi*; knurren *vi*: 车轮的～声 Geratter der Wagenräder; Rattern des Wagens 饥肠～ der Magen knurrt

路 lù ① Weg *m*; Straße *f*; Pfad *m*: 大～ breiter Weg; Hauptstraße *f* 小～ schmaler Weg; Pfad *m* ～灯 Straßenlaterne *f* ② Entfernung *f*; Reise *f*: 走很远的～ einen weiten Weg haben; eine große Entfernung zurücklegen ③ Mittel *n*; Weise *f*; Weg *m*: 生～ Ausweg *m*; Existenzmöglichkeit *f* ④ Logik *f*; Folge *f*; Folgerichtigkeit *f*: 思～ Gedankenfolge *f*; Gedankengang *m* ⑤ Linie *f*; Route *f*: 七～公共汽车 Buslinie 7; Linienbus Nr. 7 ⑥ Sorte *f*; Art *f*; Klasse *f*: 头～货 erstklassige Waren 一～货 gleichartige Person

路标 lùbiāo Straßenschild *n*; Wegweiser *m*

路不拾遗 lù bù shí yí niemand nimmt etwas an sich, was auf der Straße liegengelassen wurde — die Menschen besitzen ein hohes soziales Bewußtsein

路程 lùchéng Reise *f*; Fahrt *f*; Wegstrecke *f*: 三天～ drei Tagesreisen

路费 lùfèi Reisekosten *pl*; Reisegeld *n*

路径 lùjìng ① Weg *m*: ～不熟 den Weg nicht kennen ② Mittel und Wege; Methode *f*

路途 lùtú ① Weg *m* ② Wegstrecke *f*: ～遥远 sehr weite Entfernung; sehr weit

路线 lùxiàn ① Route *f*; Marschstrecke *f*: 旅行的～ Reiseroute *f* 参观～图 Besichtigungsplan *m* ② Linie *f*: 政治～ politische Linie

路子 lùzi Weg *m*; Mittel und Wege: ～不对等于白费劲儿。Eine falsche Herangehensweise kostet unnötige Mühen.

露 lù ① Tau *m* ② Saft *m*; Sirup *m*: 果子～ Obstsirup *m* ③ entblößen *vt*; enthüllen *vt*; entlarven *vt*: 不～声色 sich nichts anmerken lassen; seine Gefühle nicht zeigen ～出原形 das wahre Gesicht zeigen *另见 lòu

露骨 lùgǔ unverhüllt; nackt; unverblümt; offen; ohne Umschweife: 你说得这样～,他不会不懂。Du hast das so unverhohlen gesagt, daß er es nicht mißverstehen kann.

露酒 lùjiǔ Mixgetränke aus Fruchtsaft mit Alkohol

露水 lùshui Tau *m*

露天 lùtiān im Freien: ～剧场 Freilichttheater *n* ～煤矿 Kohlentagebau *m*

露头角 lù tóujiǎo Talent zeigen; sich auszeichnen; sich hervortun

露营 lùyíng lagern *vi*; im Freien lagern; biwakieren *vi*

戮 lù ① töten *vt*; erschlagen *vt*: 杀～ niedermetzeln *vt*; massakrieren *vt* ② 〈书〉 zusammen; vereinigt: ～力 sich vereinigen; zusammengehen *vi* ～力同心 vereinte Anstrengungen machen

录(録) lù ① abschreiben *vt*; Protokoll führen; registrieren *vt*; einschreiben *vt*; eintragen *vt*: 抄～ abschreiben *vt*; kopieren *vt* 记～在案 zu den Akten legen; in die Akten eintragen ② beschäftigen *vt*; einstellen *vt*: ～用 j-n anstellen; j-n beschäftigen ③ eine Tonbandaufnahme machen; etw. auf Tonband aufnehmen: 报告已～下来了。Der Vortrag ist schon auf Tonband aufgenommen. ④ Register *n*; Verzeichnis *n*: 回忆～ Memoiren *pl*; Erinnerungen *pl*

录供 lùgòng eine Aussage zu Protokoll nehmen

录取 lùqǔ aufnehmen *vt*; zulassen *vt*: 他已被～。Er wurde in die Schule (*od* Fabrik usw.) aufgenommen.

录音 lùyīn eine Tonaufnahme machen; Tonaufzeichnung *f*: 磁带～ Tonbandaufnahme *f* 放～ Wiedergabe einer Tonbandaufnahme; Tonwiedergabe *f* ～带 Tonband *n* ～机 Tonbandgerät *n*

禄 lù Beamtengehalt im feudalen China: 高官厚～ hohe Stellung und gutes Einkommen

碌 lù ① gewöhnlich; mittelmäßig ② beschäftigt

碌碌 lùlù ① mittelmäßig: ～无能 mittelmäßig und unbegabt; ohne besondere Fähigkeiten ② sehr beschäftigt sein; unter Streß stehen: 忙忙～ sehr beschäftigt sein; alle Hände voll zu tun haben

陆(陸) lù Festland *n*: 水～交通 Verkehr zu Lande und zu Wasser; Land- und Seeverbindungen *pl* *另见 liù

陆地 lùdì Festland *n*

陆军 lùjūn Armee *f*; Heer *n*; Landstreitkräfte *pl*

陆路 lùlù Landweg *m*: 走～ den Landweg nehmen ～交通 Verkehr zu Land; Landverkehr *m*

陆续 lùxù hintereinander; einer nach dem anderen; aufeinanderfolgend: 来宾～地到了。Die Besucher sind nacheinander eingetroffen.

lǘ

闾 lǘ Gassentor *n*: 倚～而望 ans Gassentor gelehnt hinaussehen; *f*am Eingang einer Gasse Ausschau halten

驴(驢) lǘ Esel *m*

lǚ

旅 lǚ ① reisen *vi* ② Brigade *f* ③ Streitkräfte *pl*: 劲～ starke Truppe; Elitemannschaft *f*; Elitetruppe *f*

旅伴 lǚbàn Reisegefährte *m*; Reisebegleiter *m*

旅程 lǚchéng Reiseroute *f*; Reiseweg *m*

旅费 lǚfèi Reisegeld *n*; Reisekosten *pl*

旅馆 lǚguǎn Hotel *n*; Gasthof *m*: 汽车～ Motel *n*

旅客 lǚkè Reisende(r); Passagier *m*; Gast *m*

旅途 lǚtú auf der Reise; auf Reisen: ～见闻 Reiseerlebnisse *pl*

旅行 lǚxíng reisen *vi*; Reise *f*; Fremdenverkehr *m*; Tourismus *m*: ～社 Reisebüro *n* ～团 Reise-, Touristengruppe *f* ～指南 Reiseführer *m* ～支票 Reisescheck *m*

旅游 lǚyóu Tourismus *m*; Fremdenverkehr *m*: ～业 Touristik *f*

旅长 lǚzhǎng Brigadekommandeur *m*

膂 lǚ <书> Rückgrat *n*

膂力 lǚlì Muskel-, Körperkraft *f*

屡(屢) lǚ oft; häufig; wiederholt: ～战～胜 so viele Schlachten, so viele Siege; unbesiegbar sein; unbesiegt bleiben; immer wieder siegreich sein ～见不鲜 keine Seltenheit sein; nichts Neues sein; gang und gäbe sein

屡次 lǚcì oftmals; wiederholt: ～打破全国纪录 mehrfach den Landesrekord brechen

缕(縷) lǚ ① Faden *m* ② <量> Streifen *m*; Fetzen *m*; Bündel *n*; Strähne *f*: 千丝万～的联系 eng geknüpfte Bande; unlöslich miteinander verbunden sein ③ eingehend; ausführlich: ～陈 einen genauen Bericht geben; ausführlich berichten

捋 lǚ mit der Hand streichen; streicheln *vt*: ～胡子 (sich) den Bart streichen

铝 lǚ Aluminium *n* (Al)

侣 lǚ Kamerad *m*; Gefährte *m*; Partner *m*: 伴～ Gefährte *m*; Kamerad *m*

履 lǚ ① Schuh *m*: 革～ Lederschuh *m* ② Schritt *m* ③ ausführen *vt*; durchführen *vt*: ～约 ein Versprechen halten; eine Verabredung einhalten ④ gehen *vi*: ～险如夷 auch in großer Gefahr Ruhe bewahren

履带 lǚdài Raupenkette *f*; Raupenband *n*: ～式拖拉机 Raupen-, Kettenschlepper *m*

履历 lǚlì Lebenslauf *m*

履行 lǚxíng ausführen *vt*; erfüllen *vt*; durchführen *vt*: ～诺言 ein Versprechen halten ～职责 seine Pflicht tun

lǜ

率 lǜ Proportion *f*; Rate *f*; Quote *f*: 废品～ Ausschußquote *f* 人口增长～Bevölkerungswachstumsrate *f* *另见 shuài

虑(慮) lǜ ① denken *vi*; nachdenken *vi*; überlegen *vt*: 深谋远～ umsichtig und weitblickend ② sorgen *vi*; sich Sorgen machen: 疑～ Bedenken *n*; Argwohn *m*; Besorgnis *f*; Zweifel *m*

滤(濾) lǜ filtern *vt*; seihen *vt*: 过～ filtern *vt* ～纸 Filter-, Filtrierpapier *n*

律 lǜ ① Gesetz *n*; Regel *f*; Statut *n* ② j-n/etw. unter Kontrolle halten; einschränken *vt*; j-m Beschränkungen auferlegen: 严以～己 streng (*od* hart) gegen sich selbst sein; eiserne Selbstdisziplin haben

律师 lǜshī Rechtsanwalt *m*

律诗 lǜshī *Lüshi*, Gedichte mit acht gereimten Zeilen zu je fünf oder sieben Schriftzeichen (eine klassische chinesische Gedichtform)

绿 lǜ grün: ～叶 grüne Blätter

绿茶 lǜchá grüner Tee

绿灯 lǜdēng grünes Licht: 开～ j-m/etw. grünes Licht geben

绿肥 lǜféi Gründünger *m*

绿化 lǜhuà aufforsten *vt*; Grünanlagen pflanzen; Aufforstung *f*

绿洲 lǜzhōu Oase *f*

luán

峦(巒) luán <书> ① Hügel-, Bergkette *f* ② niedriger, aber steiler und spitzer Berg; Bergkegel *m*

挛(攣) luán Krampf *m*: 痉～ Krampf *m*; Spasmus *m* 拘～ Kontraktur *f*

鸾(鸞) luán dem Phönix ähnlicher Fabelvogel

鸾凤 luánfèng Ehepaar *n*; Ehemann und Ehefrau: ～和鸣 glückliches Ehepaar

孪(孿) luán Zwilling *m*

孪生 luánshēng Zwilling *m*: ～姐妹 Zwillingsschwester *f*

luǎn

卵 luǎn Ei *n*; Laich *m*; Ovum *n*

卵巢 luǎncháo Eierstock *m*; Ovarium *n*

卵翼 luǎnyì jn/etw. unter seine Fittiche nehmen: ～之下 unter den Fittichen

luàn

乱(亂) luàn ① Unordnung *f*; Verwirrung *f*; durcheinander; unordentlich; wirr: 屋子里很～ Das Zimmer ist sehr unordentlich. ② Unruhe *f*; Rebellion *f*: 十年内～ innere Unruhe in zehn Jahren 叛～ Rebellion *f* ③ etw. in Unordnung bringen: 扰～ stören *vt* ④ konfus; verworren; beunruhigt: 我心里很～。 Ich bin beunruhigt.

乱哄哄 luànhōnghōng großes Durcheinander; Tumult *m*; Wirrwarr *m*; turbulent

乱离 luànlí infolge eines Kriegs obdachlos (*od* heimatlos) sein; durch einen Krieg getrennt werden

乱蓬蓬 luànpēngpēng verwirrt; wirr; üppig: ～的头发 wirres (*od* zerzaustes) Haar

乱七八糟 luànqībāzāo in großer Unordnung; wildes (*od* kunterbuntes) Durcheinander; wie Kraut und Rüben durcheinander

乱弹琴 luàntánqín <口> Unsinn treiben (*od* reden); dumme Streiche machen

乱套 luàntào in Unordnung geraten; außer Kontrolle sein

乱糟糟 luànzāozāo ① Wirrwarr *m*; Chaos *n*; Durcheinander *n*; Unordnung *f* ② unordentlich; durcheinander; wirr; verwirrt

乱真 luànzhēn sich vom Original nicht unterscheiden: 以假～ mit Unwahrheit die Wahrheit verschleiern

lüè

掠 lüè ① plündern *vt*; berauben *vt*; rauben *vt* ② gleiten *vi*; streichen *vi*: 海鸥~过浪面。Die Möwen gleiten (*od* streichen) über die Wellen.

掠夺 lüèduó plündern *vt*; ausrauben *vt*; ausplündern *vt*; sich bemächtigen: ~成性 von Natur aus räuberisch sein

掠美 lüèměi sich mit fremden Federn schmücken; die Verdienste anderer als eigene ausgeben

略 lüè ① knapp; kurz und bündig: 简~ kurz und einfach; nicht ausführlich ~述大意 eine kurze Inhaltsangabe; die Kernpunkte kurz und bündig wiedergeben ② ein bißchen; ein wenig; etwas: ~有所闻 etwas andeutungsweise gehört haben; Wind von etwas bekommen haben ~胜一筹 um ein Grad besser (*od* stärker); um eine Nasenlänge voraus sein ③ kurze Darstellung; Abriß *m*; Umriß *m*: 史~ Abriß der Geschichte; kurzer historischer Überblick 事~ Lebensabriß *m*; Kurzbiographie *f* ④ Strategie *f*; Plan *m*: 策~ Taktik *f* 雄才大~ große Fähigkeiten und strategischen Weitblick besitzen ⑤ auslassen *vt*; weglassen *vt*: 从~ auslassen *vt*; weglassen *vt*

略略 lüèlüè etwas; ein wenig; ein bißchen: 关于那个问题,他只~说了几句。Er hat diese Frage nur kurz angeschnitten.

略图 lüètú Skizze *f*; Abriß *m*

略微 lüèwēi etwas; ein wenig: ~有点感冒 sich ein wenig erkältet haben

略语 lüèyǔ Abkürzung *f*

lún

沦(淪) lún ① versinken *vi*: 沉~ versinken *vi*; untergehen *vi* ② degenerieren *vi*; untergehen *vi*

沦落 lúnluò herunterkommen *vi*; verkommen *vi*: ~街头 sich auf den Straßen herumtreiben; herumlungern *vi*

沦亡 lúnwáng untergehen *vi*; zugrunde gehen *vi*

沦陷 lúnxiàn vom Feind besetzt werden; verlorengehen *vi*: ~区 vom Feind besetzte Gebiete

轮(輪) lún ① Rad *n*: 齿~ Zahnrad *n* ② kreisförmiges Gebilde; Ring *m*: 光~ Heiligenschein *m*; Nimbus *m* 年~ Jahresring *m* ③ Dampfer *m*; Dampfschiff *n*: 江~ Flußdampfer *m* ④ abwechselnd; der Reihe nach; turnusmäßig: 下一个就~到你了。Der nächste bist du an der Reihe. ⑤ 一~明月 ein heller Mond ⑥ Runde *f*: 新的一~会谈 eine neue Gesprächsrunde

轮班 lúnbān der Reihe nach; abwechselnd; turnusmäßig

轮船 lúnchuán Dampfer *m*

轮番 lúnfān abwechselnd; wechselweise: ~去做 abwechselnd bei der Arbeit

轮换 lúnhuàn abwechseln *vt*; turnusmäßig ablösen; wechseln *vt*

轮廓 lúnkuò Kontur *f*; Umriß *m*; Silhouette *f*

轮流 lúnliú abwechselnd; der Reihe nach: 他俩~值夜班。Die beiden wechseln sich im Nachtdienst ab.

轮胎 lúntāi Reifen *m*

轮子 lúnzi Rad *n*

轮作 lúnzuò Fruchtwechsel *m*; Fruchtwechselwirtschaft *f*

伦(倫) lún ① menschliche Beziehungen; zwischenmenschliche Verpflichtungen (insbesondere im Sinne der feudalen Ethik) ② Logik *f*; Ordnung *f* ③ gleiche Art; ebenbürtig: 英勇绝~ eine Heldenmütigkeit ohnegleichen

伦比 lúnbǐ gleich; gleiche Art; ebenbürtig: 无与~ nicht seinesgleichen haben; keine Parallele haben; unvergleichlich

伦次 lúncì Reihenfolge *f*; Ordnung *f*; Zusammenhang *m*: 语无~ durcheinanderreden *vi*; wirres Zeug schwatzen; völlig zusammenhanglos sprechen

伦理 lúnlǐ Ethik *f*; moralische Prinzipien

lùn

论(論) lùn ① Meinung *f*; Auffassung *f*: 高~ Ihre geschätzte Meinung 舆~ öffentliche Meinung; Öffentlichkeit *f* 社~ Leitartikel *m* ② Abhandlung *f*; wissenschaftliche

Arbeit; Beitrag *m* ③ Theorie *f*: 进化～ Evolutionstheorie *f* 唯物～ Materialismus *m* ④ analysieren *vt*; besprechen *vt*: 讨～ diskutieren *vt/vi*; Diskussion *f* ⑤ erwähnen *vt*; behandeln *vt*: 相提并～ j-n mit j-m auf die gleiche Stufe stellen; etw./j-n mit etw./j-m in einem Atemzug nennen; etw. mit etw. gleichsetzen ⑥ bewerten *vt*; urteilen *vt*; beurteilen *vt*: ～罪 eines Delikts für schuldig befunden werden; einer Schuld überführt sein; die Art eines Vergehens bestimmen

论处 lùnchǔ bestrafen *vt*; verurteilen *vt*; aburteilen *vt*; ahnden *vt*

论点 lùndiǎn These *f*; Argument *n*: 这篇文章～突出,条理分明。Die in diesem Artikel aufgestellte These ist klar und übersichtlich.

论调 lùndiào [常含贬义] Auffassung *f*; Behauptung *f*: 这种～很容易迷惑人。Eine solche Behauptung ist möglicherweise die Menschen irrezuführen.

论断 lùnduàn Feststellung *f*; Urteil *n*; Behauptung *f*; These *f*: 作出～ sich ein Urteil bilden

论据 lùnjù Argument *n*; Beweisgrund *m*; Grundlage einer Beweisführung

论理 lùnlǐ ① eigentlich; im Grunde genommen; wenn man es recht bedenkt: ～她早该回家了。Eigentlich wäre sie nach Hause kommen sollen. ② Logik *f*; folgerichtig: 合乎～ logisch sein

论述 lùnshù darlegen *vt*; begründen *vt*; erläutern *vt*

论坛 lùntán Forum *n*; Tribüne *f*

论题 lùntí Proposition *f*; Lehrsatz *m*

论文 lùnwén Abhandlung *f*; Aufsatz *m*: 学术～ akademischer Aufsatz; wissenschaftliche Arbeit 科学～ wissenschaftliche Abhandlung

论战 lùnzhàn Debatte *f*; Polemik *f*

论证 lùnzhèng ① beweisen *vt*; begründen *vt*; argumentieren *vt* ② Beweisführung *f*; Argument *n*; Argumentation *f*

论著 lùnzhù Abhandlung *f*; Werk *n*; Schrift *f*

luō

罗(囉) luō *另见 luó

罗嗦 luōsuo ① weitschweifig reden; geschwätzig sein; um den heißen Brei herumreden; palavern *vi* ② lästig; beschwerlich: 这些手续真～。Diese Formalitäten sind lästig.

luó

螺 luó ① Schnecke *f*: 田～ Flußschnecke *f* ② Hautrelief der Fingerkuppen; Fingerabdruck *m*

螺钿 luódiàn mit Perlmutt (*od* Perlmutter) eingelegt: ～漆盘 mit Perlmutt eingelegte Lackschale

螺钉 luódīng Schraube *f*: 木～ Holzschraube *f*

螺母 luómǔ Schraubenmutter *f*

螺丝 luósī 〈口〉 Schraube *f*: ～刀 Schraubenzieher *m*

螺纹 luówén ① Hautrelief der Fingerkuppen; Fingerabdruck *m* ② Schraubengewinde *n*

螺旋 luóxuán ① Spirale *f*; Schraubenlinie *f*: ～式发展 spiralförmige Entwicklung ② Schraube *f*; Schnecke *f*: ～桨 Propeller *m*; Luftschraube *f*; Schiffsschraube *f*; Flugzeugpropeller *m*

骡 luó (～子) Maultier *n*; Maulesel *m*

罗(羅) luó ① mit einem Netz Vögel fangen: 门可～雀 man kann auf der Schwelle Spatzen fangen — das Haus wird sehr selten besucht; kaum Besuch haben ② sammeln *vt*; anwerben *vt* ③ ausstellen *vt*; ausbreiten *vt*: ～列 aufzählen *vt*; der Reihe nach anführen ④ feines Sieb ⑤ dünner gazeartiger Seidenstoff ⑥ Vogel-, Fangnetz *n*: ～网 Netz *n*; Falle *f* *另见 luō

罗汉 luóhàn Arhat *m*; Lohan *m*

罗盘 luópán Kompaß *m*

罗网 luówǎng Fangnetz *n*; Schlinge *f*: 自投～ sich selbst ins ausgespannte Netz werfen; in eine Falle gehen; sich in einer Schlinge fangen; j-m ins offene Messer laufen

罗织 luózhī Anschuldigungen erfinden; gegen j-n intrigieren: ～罪名 falsche Anschuldigungen gegen j-n erfinden

罗致 luózhì engagieren *vt*; anstellen *vt*; sammeln *vt*: ～人材

befähigte Leute um sich scharen; begabte Leute engagieren

逻(邏) luó patrouillieren *vi*; auf Streife gehen: 巡～ patrouillieren *vi*

逻辑 luójì Logik *f*: 合乎～ der Logik entsprechen; logisch 这是什么～? Was für eine Art von Logik ist das?

萝(蘿) luó Rankengewächs *n*; Kletterpflanze *f*: 藤～ Chinesische Glyzine

萝卜 luóbo Rüben *pl*

箩(籮) luó feinmaschiger Bambuskorb

箩筐 luókuāng großer Bambus- oder Weidenkorb

锣(鑼) luó Gong *m/n*; Tamtam *n*: ～鼓喧天。Trommeln und Gongs machen einen ohrenbetäubenden Lärm.

luǒ

瘰 luǒ

瘰疬 luǒlì Skorfulose *f*

裸 luǒ nackt; unbekleidet; unverhüllt: 赤～～ splitternackt; unverhüllt

裸露 luǒlù entblößen *vt*; bloßstellen *vt*; freilegen *vt*

裸体 luǒtǐ nackt; unbekleidet

luò

荦(犖) luò klar; offensichtlich; herausragend: 卓～ sonnenklar; offenkundig; auffallend

荦荦 luòluò sichtbar; offensichtlich; offenbar; ～大端 ins Auge springende Punkte; das A und O; Kardinalpunkte *pl*

落 luò ① (herab) fallen *vi*: 花～。Die Blumen fallen ab. ② sinken *vi*: 太阳～山了。Die Sonne ist untergegangen. ③ herunterlassen *vt*: 把帘子～下来 einen Vorhang herunterlassen ④ verfallen *vi*; untergehen *vi*: 衰～ verfallen *vi*; herunterkommen *vi* ⑤ zurückbleiben: 名～孙山 im Examen bzw. bei einer Wahl durchfallen ⑥ zurücklassen *vt*; hinterlassen *vt*: 不～痕迹 keine Spur hinterlassen ⑦ erhalten *vt*; bekommen *vt*: ～空 fehlschlagen *vi*; das Ziel verfehlen (*od* nicht erreichen) ⑧ Niederlassung *f*; Unterkunft *f*: 下～ Aufenthaltsort *m*; Verbleib *m* ⑨ Ansiedlung *f*: 村～ Dorf *n* *另见 là

落泊(魄) luòbó in Bedrängnis; verarmen *vi*; auf den Hund kommen

落成 luòchéng fertigstellen *vt*; vollenden *vt*: ～典礼 (bei einem Bauwerk) Einweihungszeremonie *f*

落得 luòde etw. zur Folge haben; mit etw. enden: ～关进监狱 ein Ende finden, ins Gefängnis zu kommen

落地 luòdì ① zur Welt kommen; neugeboren sein: 呱呱～ mit einem Schrei zur Welt kommen ② auf dem Boden stehend; bis zum Boden reichend: ～灯 Stehlampe *f*

落后 luòhòu ① zurückbleiben *vi*; nachhinken *vi*: 不甘～ nicht hinter den anderen zurückbleiben wollen ② rückständig: ～地区 rückständiges Gebiet

落户 luòhù sich niederlassen; sich ansiedeln; seßhaft werden: 在边远地区～ in einem abgelegenen Gebiet ansässig werden

落脚 luòjiǎo sich aufhalten; absteigen *vi*; sich einquartieren: 找个地方～ eine Unterkunft suchen 在客店～ sich in einem Gasthaus einquartieren

落井下石 luò jǐng xià shí dem in den Brunnen Gefallenen Steine nachwerfen; j-m in der Not noch Schaden zufügen

落空 luòkōng fehlschlagen *vi*; das Ziel nicht erreichen: 两头～ weder das eine noch das andere erreichen 希望～ die Hoffnung erfüllte sich nicht; vergebliche Hoffnungen

落落大方 luòluò dàfāng natürlich im Benehmen; unbefangen; ungeniert

落落寡合 luòluò guǎ hé zu anderen Leuten keinen Kontakt aufnehmen; ungesellig; verschlossen

落实 luòshí ① praktisch; praktikabel; in der Praxis durchführbar: 生产计划要订得～。Der Produktionsplan muß in der Praxis durchführbar sein. ② etw. im voraus festsetzen; etw. vorher kontrollieren: 交货时间还没有最后～。Die Lieferfrist ist noch nicht festgesetzt. ③ verwirklichen *vt*; in die Tat umsetzen; durchführen *vt*: ～措施 die Maßnahmen in die Tat umsetzen

落水狗 luòshuǐgǒu ins Wasser gefallener Hund; in Bedrängnis geratene üble Elemente: 痛打～ den ins Wasser gefallenen Hund tüchtig schlagen — einen in die Enge getriebenen Feind vollkommen überwältigen

落汤鸡 luòtāngjī wie ein ins Wasser gefallenes Huhn; wie eine gebadete Maus (*od* Katze); durchnäßt sein; pudelnaß

落拓 luòtuò ① <书> heruntergekommen; elend; verarmt ② unkonventionell; liederlich; unordentlich: ～不羁 nachlässig; leichtfertig

落网 luòwǎng ins Netz gehen; sich in einem Netz fangen

落伍 luòwǔ hinterhertrotten *vi*; zurückbleiben *vi*; rückständig

落选 luòxuǎn eine Wahlniederlage erleiden; bei einer Wahl durchfallen

骆 luò Schimmel mit schwarzer Mähne (Motiv aus der alten chinesischen Literatur)

骆驼 luò tuo Kamel *n*

络 luò ① netzförmiges Gebilde: 橘～ weiße Innenschicht der Apfelsinenschale 丝瓜～ Luffaschwamm *m* ② mit einem Netz umwickeln (*od* festhalten): 头上～着一个发网 ein Haarnetz tragen; das Haar mit einem Netz festhalten ③ umwicklen *vt*; aufspulen *vt*: ～纱 Baumwollgarn aufspulen (*od* aufwickeln)

络腮胡子 luòsāihúzi Backen-, Vollbart *m*

络绎不绝 luòyì bù jué dicht aufeinanderfolgend; in einem nicht enden wollenden Strom; am laufenden Band; in ununterbrochener Folge

M m

mā

抹 mā putzen *vt*; wischen *vt*: ～桌子 Tische putzen * 另见 mǒ; mò

抹布 mābù Putzlappen *m*

妈 mā ① Mama *f*; Mutti *f*; Mami *f* ② mit anderen Wörtern zusammengesetzt als Anrede für eine Frau älterer Generation: 姑～ Tante *f* (väterlicher Linie) 姨～ Tante *f* (mütterlicher Linie)

妈妈 māma Mutter *f*; Mama *f*; Mutti *f*

má

麻 má ① allgemeine Bezeichnung für Hanf, Flachs, Jute, Sisal usw. ② pockennarbig; blatternarbig: ～子(脸) pockennarbiges Gesicht 镜子上怎么有这么多～点儿? Warum hat der Spiegel so viele Flecke? ③ prickeln *vi*; taub werden: 腿发～。Meine Beine sind eingeschlafen. 舌头发～ etw. (j-n/j-m) auf der Zunge brennen ～药 Betäubungsmittel *n*; Narkotikum *n*

麻痹 mábì ① Lähmung *f*; Paralyse *f*: 小儿～ Kinderlähmung *f*; Poliomyelitis *f* ② betäuben *vt*; lähmen *vt*: ～人们的斗志 den Kampfwillen der Leute lähmen ③ in der Wachsamkeit nachlassen: ～大意 in seiner Wachsamkeit nachlassen; leichtfertig und unachtsam sein; nicht auf der Hut sein

麻袋 mádài Hanf-, Jutesack *m*

麻烦 máfan ① lästig; umständlich; unbequem: 这件事恐怕太～了。Es macht Ihnen vielleicht zu viel Umstände. 自找～ sich selbst Schwierigkeiten bereiten; sich selbst in eine mißliche Situation bringen ② belästigen *vt*; stören *vt*: 我懒得～。Ich mag ihn nicht belästigen. ～你了。Besten Dank für Ihre Hilfe!

麻利 máli flink; gewandt; geschickt; agil: 手脚～flinke Hände haben; flink arbeiten

麻木 mámù ① gefühllos; empfindungslos; stumpf: ～不仁 apathisch; gefühllos; hartherzig; abgestumpft; empfindungslos

麻雀 máquè Sperling *m*; Spatz *m*

麻绳 máshéng Seil aus Hanf, Flachs, Jute usw.

麻疹 mázhěn Masern *pl*

麻醉 mázuì betäuben *vt*; anästhesieren *vt*; narkotisieren *vt*; Anästhesie *f*; Narkose *f*: 针刺～ Akupunktur-, Nadelanästhesie *f* ～剂 Betäubungsmittel *n*; Anästhesikum *n*; Narkotikum *n* ～品 Rauschgift *n* ～师 Anästhesist *m*; Narkosefacharzt *m*

吗 má was: 你在这儿干～? Was machst du hier? * 另见 mǎ; ma

mǎ

马(馬) mǎ Pferd *n*: 母～ Stute *f* 公～ Hengst *m* 种～ Zuchthengst *m* 小～ Pony *n*; Pferdchen *n* 中途换～ Pferde unterwegs wechseln

马鞍 mǎ'ān Sattel *m*

马鞭 mǎbiān Reitpeitsche *f*; Reitgerte *f*

马不停蹄 mǎ bù tíng tí das Pferd läßt die Hufe nicht ruhen; ohne Aufenthalt vorwärtsmarschieren; immer auf Trab sein

马车 mǎchē Pferdekutsche *f*; Equipage *f*; Pferdewagen *m*; Pferde-, Lastkarren *m*

马达 mǎdá Motor *m*

马大哈 mǎdàhā gedankenlose Person; zerstreuter Professor

马灯 mǎdēng Sturm-, Stallaterne *f*

马夫 mǎfū Stallbursche *m*; Pferdeknecht *m*; Kutscher *m*

马后炮 mǎhòupào zu spät kommende Tat; verspäteter Rat; verspätet: 他这个人一贯爱放～。Sein Vorschlag kommt immer etwas spät.

马虎 mǎhu nachlässig; unachtsam; fahrlässig; leichtfertig, oberflächlich: ～了事 eine Angelegenheit fahrlässig behandeln; etw. mit der linken Hand abwickeln; pfuschen *vi* 这孩子倒聪明，就是太～。Dieses Kind ist sicherlich klug, aber zu nachlässig.

马脚 mǎjiǎo Pferdefuß *m*: 露出～ seinen Pferdefuß zeigen; (bei einem Zaubertrick) einen Patzer machen; sich bloßstellen

马厩 mǎjiù Pferdestall *m*

马裤 mǎkù Reit-, Breecheshose *f*; Breeches *pl*

马力 mǎlì Pferdestärke *f* (PS): 开足～ in voller Geschwindigkeit

马铃薯 mǎlíngshǔ Kartoffel *f*

马路 mǎlù Straße *f*

马马虎虎 mǎmǎhūhū ① flüchtig; oberflächlich; nachlässig: (wie 马虎) ② soso lala; es geht; einigermaßen: 他的德语怎么样? —— ～，不至于迷路。Spricht er gut Deutsch? — Soso lala. Er wird nur nicht den Weg verfehlen. 这本书有意思吗? —— ～，反正不值得买。Wie steht es mit diesem Buch? — Es geht, aber das ist nicht wert, gekauft zu werden.

马前卒 mǎqiánzú Handlanger *m*; Werkzeug *n*

马上 mǎshàng sofort; gleich; unverzüglich; ohne Aufschub; auf der Stelle: 告诉他等一等，我～就回来。Sagen Sie ihm Bescheid, daß er auf mich einen Augenblick wartet. Ich werde gleich zurückkommen. 我们必须～出发。Wir müssen sofort abfahren. 演出～就要开始了。Die Aufführung wird gleich anfangen.

马戏 mǎxì Zirkus *m*: ～团 Zirkusgruppe *f*

马掌 mǎzhǎng Hufeisen *n*

玛 mǎ

玛瑙 mǎnǎo Achat *m*

码 mǎ ① Yard *n* (yd.) ② [指一件事或一类的事]: 两～事 zwei verschiedene Sachen bzw. Dinge; zweierlei ③ Nummern-, Ziffern- oder Gewichtsbezeichnung *f*: 页～ Seiten-, Blattnummer *f* 价～ Preis einer Ware 筹～ Spielmarke *f*; Jeton *m*; Chip *m*

码头 mǎtou ① Kai *m*; Pier *m*; Lade-, Lande-, Anlegeplatz *m*

吗 mǎ * 另见 má; ma

吗啡 mǎfēi Morphium *n*; Morphin *n*

蚂 mǎ

蚂蟥 mǎhuáng Blutegel *m*

蚂蚁 mǎyǐ Ameise *f*

mà

骂 mà schimpfen *vi*; beschimpfen *vt*; fluchen *vi*: ～人 j-n beschimpfen; über j-n schimpfen ～人话 Schimpf-, Scheltworte *pl*

骂街 màjiē auf der Straße zetern; Gift und Galle speien

ma

嘛 ma <助>① [用在句末，表示道理显而易见]: 这样做就是不对～! So etwas zu machen, ist selbstverständlich falsch! 孩子总是孩子～! Kinder sind Kinder! ② [用在句中停顿处]: 你～，就不用亲自去了。Was dich (an) betrifft, ich meine nicht, daß du selbst zu gehen brauchst.

吗 ma 〈助〉[用在句末，表示疑问]: 你找我～? Haben Sie mich (*od* nach mir) gesucht? 他们那儿有野生动物～? Gibt es wilde Tiere bei ihnen? 吃完饭散散步好～? Würden wir einen Spaziergang nach dem Essen machen? * 另见 má; mǎ

mái

埋 mái begraben *vt*; vergraben *vt*; zudecken *vt*; bedecken *vt* * 另见 mán

埋藏 máicáng verbergen *vt*; vergraben *vt*; verstecken *vt*; verborgen in der Erde liegen

埋伏 máifu in einem Versteck (*od* Hinterhalt) liegen; auf der Lauer liegen; j-n aus einem Hinterhalt angreifen; j-n von hinten überfallen: 设下～ einen Hinterhalt legen 中～ in einen Hinterhalt fallen

埋没 máimò ① nicht zur Geltung kommen lassen: ～人材 Talente nicht hochkommen lassen ② vergraben *vt*; begraben *vt*; zudecken *vt*

埋头 máitóu seinen Kopf tief in etw. stecken; sich in etw. versenken: ～苦干 sich ganz in harte Arbeit vergraben; mit zähem Fleiß hart arbeiten; sich tüchtig ins Zeug legen ～读书 sich in seinen Büchern vergraben

埋葬 máizàng begraben *vt*; beisetzen *vt*

mǎi

买(買) mǎi kaufen *vt*; einkaufen *vt*; erstehen *vt*: ～东西 sich etw. kaufen; einkaufen gehen ～得起 sich etw. leisten können ～不起 sich etw. nicht leisten können

买办 mǎibàn Komprador *m*

买卖 mǎimai Kauf und Verkauf; Geschäfte *pl*; Handel *m*; geschäftliche Transaktion: 做成一笔～ ein Geschäft abschließen ～兴隆。Das Geschäft blüht (*od* floriert). ～人 Geschäfts-, Kaufmann *m*; Händler *m* 买空卖空 spekulieren *vi* (in Aktien usw.); auf Hausse und Baisse spekulieren; Börsenspekulation treiben

买通 mǎitōng kaufen *vt*; bestechen *vt*; korrumpieren *vt*

买帐 mǎizhàng j-n für voll nehmen; j-n ernst nehmen: 谁也不买他的帐。Keiner nahm ihn für voll.

买主 mǎizhǔ Kunde *m*; Käufer *m*

mài

麦(麥) mài Sammelname für Weizen, Gerste, Hafer usw: ～苗 Schößling *m* (von Weizen, Hafer, Roggen, Gerste usw.) ～茬 Weizenstoppel *f* ～秸 Weizenhalme *pl*; Weizenstroh *n*

麦片 màipiàn Haferflocken *pl*: ～粥 Haferflocken-, Haferbrei *m*

麦收 màishōu Weizenernte *f*

麦穗 màisuì Weizenähre *f*

卖(賣) mài ① verkaufen *vt*; veräußern *vt*: ～不出去 schlechten Absatz finden; schwer an den Mann zu bringen sein ② verraten *vt*: ～友求荣 um der Karriere willen den Freund verraten ③ mit etw. nicht geizen; etw. nicht schonen: ～劲儿 seine Kräfte nicht schonen; seine ganze Kraft einsetzen; mit seinen Kräften nicht geizen

卖唱 màichàng als Straßensänger seinen Lebensunterhalt verdienen; öffentlich für Geld singen

卖乖 màiguāi seine Klugheit zur Schau stellen; mit seiner Klugheit prahlen (*od* protzen)

卖国 màiguó Landesverrat *m*; das Vaterland verraten: ～条约 landesverräterischer Vertrag ～行为 landesverräterische Tat ～贼 Landesverräter *m*

卖力 màilì seine ganze Kraft einsetzen; sein Äußerstes tun; keine Anstrengung scheuen

卖命 màimìng sich für j-n zu Tode schuften; für j-n Knochenarbeit leisten; sich für j-n abrackern

卖弄 màinong sich aufspielen; protzen *vi*; sich rühmen: ～学问 sich mit seinem Wissen großtun

卖俏 màiqiào ihre Reize spielen lassen; ihren Charme zeigen; kokettieren *vi*; flirten *vi*

卖身 màishēn sich selbst oder Angehörige verkaufen: ～契 Verkaufsvertrag über sich selbst oder einen Familienangehörigen ～投靠 sich j-m als Lakai anbieten; sich als Handlanger an j-n verkaufen; sich j-m gewissenlos verschreiben

卖艺 màiyì gewerbsmäßig Kunststücke vorführen

卖淫 màiyín sich prostituieren; sich für Geld hingeben; auf den Strich gehen

迈(邁) mài ① treten *vi*; schreiten *vi*; Schritte nach vorn machen: ～过门槛 über die Türschwelle schreiten (*od* treten) ② betagt: 年～ im hohen Alter; hoch an Jahren

迈步 màibù Schritte machen; vorwärtsschreiten *vi*; ausschreiten *vi*: 迈出第一步 den ersten Schritt tun

迈进 màijìn große Schritte nach vorwärts machen; in großen Schritten vorwärtsgehen; ausschreiten *vi*

脉(脈) mài ① Arterien und Venen; Schlag- und Blutadern; Ader *f*: 血～ Blutkreislauf *m*; Blutader *f* 叶～Blattnerv *m*; Blattrippe *f* ② Puls *m*: 号～ den Puls fühlen * 另见 mò

脉搏 màibó Puls *m*; Pulsschlag *m*

脉冲 màichōng Puls *m*; Impuls *m*

脉络 màiluò ① Gedankengang *m*; Gedankenfolge *f*; Gedankenverknüpfung *f*; Ideenkette *f*: ～分明 eine klare, logische Gedankenführung

mán

蛮(蠻) mán ①(粗野) grob; wild; roh; gewalttätig: 野～ wild; barbarisch ～不讲理 Vernunftgründen gegenüber unzugänglich sein; sich vernünftiger Einsicht verschließen ② sehr; recht: 他俩的关系～不错。Sie beide haben zueinander sehr gute Beziehungen.

蛮干 mángàn unbesonnen und unüberlegt handeln; rücksichtslos agieren; tollkühn vorgehen: 那纯粹是～。Das ist reine Tollkühnheit.

蛮横 mánhèng tyrannisch; gebieterisch; roh und grob; *barbarisch und unzivilisiert*; plump und ungeschliffen; ungehobelt: 要求～无理。Die Forderungen sind rüde und unsinnig.

埋 mán * 另见 mái

埋怨 mányuàn Mißfallen äußern; sich beschweren; murren *vi*: 她这个人老爱～。Sie nörgelt immer herum. 别互相～了! Mach sich nicht gegenseitig Vorwürfe!

瞒(瞞) mán verheimlichen *vt*; verschweigen *vt*; etw. für sich behalten: 不～你说 offen gesagt 他～着我做出了决定。Er hat einen Beschluß hinter meinem Rücken gefaßt.

瞒哄 mánhǒng belügen *vt*; betrügen *vt*; beschwindeln *vt*; täuschen *vt*

瞒天过海 mán tiān guò hǎi die Menschen täuschen; durch Täuschung zu entschlüpfen versuchen

馒 mán

馒头 mántou Dampfbrötchen *n*

mǎn

满(滿) mǎn ① voll; erfüllt: 瓶子～了。Die Flasche ist voll. 大厅里坐～了人。Die Halle war voll von Leuten. ～山松树。Der Hügel war voll von Kiefern. 他～身大汗。Er war in Schweiß gebadet. 或 Der Schweiß bricht ihm aus allen Poren. ② hochmütig; überheblich; eingebildet: 自～ selbstgerecht; selbstgefällig; Selbstzufriedenheit *f* ③ ganz; ganz und gar; völlig; vollkommen; voll und ganz: ～不在乎 auf etw. nicht achtgeben; sich aus etw. nichts machen; keinen Deut für etw. geben; gleichgültig 这屋子已经～舒服的了。Dieses Zimmer ist schon ganz gemütlich. ④ enden *vi*; zu Ende gehen; ablaufen *vi*; verstreichen *vi*: 假期～了。Die Ferien sind zu Ende. 她明天就～三岁了。Morgen wird sie drei Jahre alt sein.

满城风雨 mǎn chéng fēng yǔ zum Stadtgespräch (*od* Stadtklatsch) werden; viel Staub aufwirbeln; viel Aufsehen erregen; etwas (Schlechtes) spricht sich herum: 闹得～ für einen Skandal sorgen; große Aufregung in der Öffentlichkeit verursachen

满额 mǎn'é die festgesetzte Zahl erreichen; die Quote erfüllen

满腹 mǎnfù den Bauch von etw. vollhaben; voll von etw. sein; von (*od* mit) etw. erfüllt sein: ～狐疑 von Zweifel erfüllt; voller Argwohn ～牢骚 voller Unzufriedenheit; mit einer Fülle von Klagen

满怀 mǎnhuái ① voll von etw. sein; von (*od* mit) etw. erfüllt sein; innerlich ganz von etw. in Anspruch genommen sein; hegen *vt*: ～信心 voller Zuversicht ② [多用于]: 撞了个～ auf j-n prallen; mit j-m zusammenprallen

满口 mǎnkǒu (Rede) rückhaltlos; ohne Einschränkung; überschwenglich: ～答应 bereitwillig und ohne zu zögern zustimmen

满面 mǎnmiàn das ganze Gesicht: ～笑容 mit einem breiten Lachen im Gesicht ～红光 von frischer und gesunder Gesichtsfarbe ～春风 vor Freude strahlen; übers ganze Gesicht strahlen

满目 mǎnmù überall vor Augen; soweit das Auge reicht: ～荒凉 ein trostloses Bild, soweit das Auge reicht

满腔 mǎnqiāng (als Mensch) von etw. erfüllt sein; voll von etw.: ～热情 voller Begeisterung (*od* Enthusiasmus) ～悲愤 von Schmerz und Entrüstung ergriffen werden; voller Ingrimm sein

满意 mǎnyì zufrieden sein; voll befriedigt sein: 他对他新的工作很～。Er ist sehr zufrieden mit seiner neuen Arbeit.

满月 mǎnyuè ① Vollmond *m* ② die Vollendung des ersten Lebensmonats eines Säuglings: 孩子明天就～了。Das Baby wird morgen einen Monat alt.

满载 mǎnzài voll beladen; vollgepackt; mit voller Ladung: ～而归 voll beladen zurückkommen; mit großen Erfolgen heimkehren; von einer lohnenden und einträglichen Reise zurückkehren

满足 mǎnzú ① zufrieden sein; befriedigt sein; Zufriedenheit *f*; Befriedigung *f*: ～现状 sich mit den gegenwärtigen Zuständen abfinden; mit dem Status quo zufrieden sein ② zufriedenstellen *vt*; befriedigen *vt*: ～要求 seine Forderung erfüllen ～需要 die Bedürfnisse befriedigen ～愿望 seinen Wunsch erfüllen ～已有成绩 (sich) auf seinen Lorbeeren ausruhen

满座 mǎnzuò voll besetzt; ausverkauftes Haus; volles Haus

màn

漫 màn ① überfließen *vi*; überlaufen *vi*; überschwappen *vi*; überfluten *vt*: 池塘的水～出来了。Das Wasser im Teich ist über seine Ufer getreten. ② frei; ungezügelt; zügellos; zwanglos: ～步 ziellos umherstreifen; bummeln *vi*; schlendern *vi* ～不经心 nachlässig; unaufmerksam; unbeteiligt; gleichgültig ～无目标 ziellos; zwecklos; aufs Geratewohl; planlos ③ überall; allerorten; allerwärts: ～无边际 grenzenlos; unbegrenzt; weitschweifig ～山遍野 über Berg und Tal (verbreitet); überall zu finden sein ～天大雪。Vom weiten Himmel wirbeln große Schneeflocken

漫笔 mànbǐ mit leichter Hand hingeschriebener Artikel; Skizze *f*; literarische Plauderei

漫长 màncháng sehr lang; endlos: ～的岁月 endlos viele Jahre; die langen Jahre

漫画 mànhuà Karikatur *f*; Spottbild *n*

漫谈 màntán informelle Diskussion; freimütige Aussprache; sich zwanglos unterhalten

漫天 màntiān ① den ganzen Himmel bedeckend; über den ganzen Himmel: ～大雾。Dichter Nebel verhüllte den Himmel. ② grenzenlos; unbegrenzt: ～大谎 himmelschreiende Lüge

漫溢 mànyì überfließen *vi*; überlaufen *vi*

漫游 mànyóu umherwandern *vi*; umherreisen *vi*; eine Vergnügungsreise machen; Wanderung *f*

慢 màn ① langsam: ～车 Personen-, Bummelzug *m* 反应～ langsam reagieren; eine lange Leitung haben 我的表～了。Meine Uhr geht nach. 钟～了十分钟。Die Uhr geht zehn Minnten nach. ② langsam; gemächlich: ～～说 langsam sprechen ③ verlangsamen *vt*: ～点儿！ langsam! Nur nicht so eilig! ④ aufschieben *vt*; hinausschieben *vt*; verschieben *vt*: 这事先～点告诉她。Sagen wir ihr es etwas später!

慢慢 mànmàn langsam; gemächlich; nach und nach; allmählich: ～来！ Lassen Sie sich Zeit! 他～就会懂得的。Allmählich wird er dafür Verständnis haben.

慢腾腾 màntēngtēng langsam; gemächlich; saumselig: 这样～地走，什么时候才能走到呢？ Bis wann können wir denn dort ankommen, wenn wir im solchen Schneckentempo gehen?

慢条斯理 màntiáo sīlǐ gemächlich; mit Muße; ohne Hast

慢性 mànxìng ① chronisch: ～病 chronische Krankheit ② langsam wirkend: ～毒药 langsam wirkendes Gift

谩 màn respektlos; unhöflich; verachten *vt*; geringschätzen *vt*

谩骂 mànmà schimpfen *vi*; schmähen *vt*; Beschimpfungen ausstoßen

蔓 màn

蔓生植物 mànshēng zhíwù Kletterpflanze *f*

蔓延 mànyán sich ausdehnen; sich ausbreiten: 疾病～得很快。Die Krankheit griff rasch um sich.

幔 màn Vorhang *m*; Gardine *f*: ～帐 Vorhang *m*; Gardine *f*

máng

忙 máng ① sehr beschäftigt sein; viel zu tun haben: 大～人 eine beschäftigte Person; vielbeschäftigter Mensch ～死了 alle Hände voll zu tun haben; furchtbar beschäftigt sein 他一个人～不过来。Allein kann er das nicht schaffen. 他正～着写文章。Er begibt sich eilends an einen Artikel zu schreiben. ② eilig; dringend; hastig; hurtig: ～什么,再坐会儿吧! Warum so hastig? Bleibe doch noch etwas!

忙碌 mánglù viel zu tun haben; stark beschäftigt sein; stark in Anspruch genommen sein

忙乱 mángluàn hektischer Trubel; hin und her hasten; durcheinanderhasten *vi*

芒 máng Granne *f*

茫 máng

茫茫 mángmáng unendlich weit; unermeßlich weit; endlos: ～大海 unendlich weites Meer ～草原 unendliche Steppe

茫然 mángrán vage; ungewiß; unsicher; ahnungslos: 感到～ sich völlig im ungewissen fühlen; völlig ahnungslos sein ～不知所措 sich keinen Rat wissen; weder aus noch ein wissen 显出～的神情 ahnungslos aussehen

盲 máng blind

盲肠 mángcháng Blinddarm *m*; Zäkum *n*

盲从 mángcóng j-m blind gehorchen (*od* folgen); mit j-m blindlings mitlaufen

盲动 mángdòng blindlings handeln; unbesonnen vorgehen

盲目 mángmù blindlings: ～崇拜 j-n abgöttisch verehren ～乐观 in blindem Optimismus befangen sein ～性 Blindheit *f*

盲人 mángrén Blinde(r): ～摸象 Blinde tasten einen Elefanten ab — auf Grund ungenügender Kenntnisse einen falschen Schluß ziehen; einen Teil für das Ganze nehmen; etw. nur einseitig beurteilen ～瞎马 ein blinder Mann auf einem blinden Pferd — Hals über Kopf ins Verderben rennen; blind in eine Gefahr hineinrennen; blindlings handeln

盲文 mángwén Blinden-, Brailleschrift *f*

mǎng

莽 mǎng

莽苍 mǎngcāng neblig; dunstig; unklar: 烟雨～Nebel und Regendunst; eine Dunstwand aus Regen und Nebel

莽莽 mǎngmǎng ① voller Unkraut; wuchernd (Pflanzen); üppig (Vegetation) ② (Land) endlos; grenzenlos

莽原 mǎngyuán wild überwucherte Felder

莽撞 mǎngzhuàng draufgängerisch: ～的小伙子 draufgängerischer Bursche

蟒 mǎng Pythonschlange *f*

蟒蛇 mǎngshé Tigerpython *m*

māo

猫 māo Katze *f*: 小～ Kätzchen *n* ～叫 miauen *vi*

猫头鹰 māotóuyīng Eule *f*

máo

毛 máo ① Haar *n*; Federn *pl*; Daune *f*; Flaum *m*: 羽～ Feder *f* ② Wolle *f*: ～毯 Wolldecke *f* 纯(全)～ reine (*od* unvermischte) Wolle ③ Schimmel *m*: 长

～ schimmeln *vi*; von (*od* mit) Schimmel bedeckt sein ④ roh; rauh; halbfertig: ～坯 halb fertiges Produkt; Halbfertig-, Halbfabrikat *n* ⑤ klein: ～孩子 kleines Kind ⑥ sorglos; unvorsichtig; nachlässig: ～头～脑 übereilt; unbesonnen ⑦ überängstlich; erschrocken: 这下可把他吓～了。Er ist in große Angst geraten. 或 Er hat vor Schreck eine Gänsehaut bekommen. ⑧ <量> *Mao m* (= 1/10 *Yuan* oder 10 *Fen*)

毛笔 máobǐ Pinsel *m*

毛病 máobìng ①Störung *f*; Panne *f*; Schaden *m*; Defekt *m*: 汽车出了～。Das Auto hatte eine Panne. ② Krankheit *f*: 他胃有～。Er hat Magenbeschwerden. ③ Fehler *m*; Defekt *m*; Mangel *m*; Unzulänglichkeit *f*

毛糙 máocao grob; nachlässig; leichtfertig: 做工～。Die Arbeit ist unsorgfältig. 你做事为什么这样～? Wie konntest du nur so flüchtig arbeiten?

毛发 máofà Haare *pl*; Körperbehaarung *f*

毛骨悚然 máo gǔ sǒngrán vor Angst eine Gänsehaut bekommen; j-m stehen die Haare zu Berge; j-m sträuben sich die Haare; j-m lief ein Schauder über den Rükken; von Grauen gepackt sein: 令人～ j-m Grauen einflößen; grauenhaft sein; haarsträubend sein

毛巾 máojīn Hand-, Frottiertuch *n*

毛孔 máokǒng Pore *f*

毛料 máoliào Wollstoff *m*

毛驴 máolǘ Esel *m*

毛毛雨 máomaoyǔ Nieselregen *m*; feiner Sprühregen

毛皮 máopí Fell *n*; Pelz *m*

毛茸茸 máorōngrōng dicht behaart; mit dichtem Flaum bedeckt

毛遂自荐 Máo Suì zì jiàn sich zu einem Unternehmen freiwillig melden; sich selbst vorschlagen; j-m seine Dienste anbieten

毛毯 máotǎn Wolldecke *f*

毛细血管 máoxì xuèguǎn Blutkapillaren *pl*

毛线 máoxiàn Strickwolle *f*

毛衣 máoyī Woll-, Strickpullover *m*; Strickjacke *f*

毛躁 máozao ① überstürzt; ungeduldig; unruhig; ungestüm ② sorglos; oberflächlich; unvorsichtig

毛重 máozhòng Gesamt-, Bruttogewicht *n*

锚 máo Anker *m*: 抛～ Anker werfen 起～ Anker lichten

矛 máo Speer *m*; Lanze *f*

矛盾 máodùn ① Widerspruch *m*; Gegensatz *m*; Kontradiktion *f*: ～百出 widerspruchsvoll ② direkt entgegengesetzt; unvereinbar; (sich) widersprechend; kontradiktorisch: 自相～ sich selbst widersprechen 互相～ sich einander widersprechen

矛头 máotóu Speerspitze *f*: ～指向坏人坏事。Die Stoßrichtung des Angriffs richtet sich gegen die schlechten Menschen und die Mißstände.

茅 máo

茅草 máocǎo Alang-Alang-Gras *n*: ～棚 Strohdachhütte *f*

茅房 máofáng <口> Abtritt *m*; Abort *m*; Latrine *f*

茅坑 máokēng <口> Abort *m*; Latrine *f*

茅塞顿开 máo sè dùn kāi j-m geht plötzlich ein Licht auf; j-m gehen plötzlich die Augen auf; plötzlich zur Erkenntnis kommen

茅舍 máoshè <书> Strohhütte *f*

茅屋 máowū Strohhütte *f*

mǎo

铆 mǎo nieten *vt*; zusammennieten *vt*

铆钉 mǎodīng Niet *m*; Nietnagel *m*; Nietstift *m*

mào

茂 mào ①üppig; dicht bewachsen; geil; wuchernd; gedeihend: 根深叶～ tiefe Wurzeln und üppiger Blattwuchs ② reich und prachtvoll

茂密 màomì üppig; dicht bewachsen; dicht: ～的森林 dichter Wald

茂盛 màoshèng blühend; gedeihend; üppig; wuchernd; geil

冒 mào ① quellen *vi*; emporsteigen *vi*; hochsteigen *vi*; in die Höhe schießen: 浑身～汗 am ganzen Körper schwitzen ～气 dampfen *vi* 烟囱正在～烟。Aus dem Schornstein steigt der Qualm. ② trotz; ungeachtet (einer Gefahr u.ä.): ～风险 ein Risiko eingehen; riskieren *vt* ～着生命危险

sein Leben aufs Spiel setzen ～雪 trotz schnee(s) ③ kühn; keck; vorschnell: ～猜一下 eine Vermutung wagen ④ fälschlich; betrügerisch; sich verstellen; vorgeben *vt*: ～称 vorgeben *vt* ～领养老金 unter falschem Namen die Pension beziehen

冒充 màochōng so tun, als ob; j-m/etw. einen falschen Anstrich geben; sich als j-d/etw. (*od* j-n/etw.) maskieren; vorgeben *vt*; sich (fälschlich) für j-n/etw. ausgeben: ～内行 sich als Sachverständigen ausgeben(*od* hinstellen)

冒犯 màofàn j-n vor den Kopf stoßen; beleidigen *vt*; kränken *vt*; verletzen *vt*: 他的话～了她。Seine Bemerkung hat Sie gekränkt (*od* verletzt).

冒号 màohào Doppelpunkt *m* (:)

冒火 màohuǒ ärgerlich werden; in Harnisch geraten; in Wut geraten; ergrimmen *vi*

冒尖儿 màojiānr sich von anderen abheben; von anderen abstechen; nach außen hin in Erscheinung treten; auffallen *vi*: 他在班里算～。Er ist der ausgezeichnete in seiner Klasse.

冒进 màojìn voreilig nach vorn gehen; voreiliger Vorstoß; Voreiligkeit *f*

冒昧 màomèi dreist; sich etw. herausnehmen; sich erfrechen; sich erkühnen: 恕我～提出一个问题。Darf ich eine indiskrete (*od* taktlose) Frage stellen? ～陈辞 sich erlauben, seiner Meinung Ausdruck zu geben

冒名 màomíng unter fremdem Namen; sich den Namen eines anderen zulegen; j-s Namen mißbrauchen: ～顶替 unter dem Namen eines anderen dessen Platz einnehmen; unter fremdem Namen auftreten

冒牌 màopái (Ware) mit einem gefälschten Warenzeichen versehen; Etikettenschwindel betreiben: ～货 Ware mit gefälschter Marke; Falsifikat *n*; Imitation *f*

冒失 màoshi verwegen; unüberlegt; forsch; leichthin: 说话～ unüberlegt sprechen

冒头 màotóu auftauchen *vi*; sich zeigen

冒险 màoxiǎn riskieren *vt*; ein Risiko eingehen; etw. aufs Spiel setzen: ～家 Abenteurer *m* ～政策 abenteuerliche Politik; Risikopolitik *f*

帽 mào Kopfbedeckung *f*; Hut *m*; Mütze *f*: 草～ Strohhut *m* 军～ Militär-, Dienstmütze *f* 安全～ Sicherheitshelm *m* 笔～儿 Verschlußkappe eines Schreibstiftes 螺丝～ Schraubenmutter *f*

帽子 màozi ① Kopfbedeckung *f*; Hut *m*; Mütze *f* ② Etikett *n*; Aufkleber *m*; Anschuldigung *f*; Beschuldigung *f*

貌 mào Aussehen *n*; Erscheinung *f*: 美～ schönes Aussehen; Schönheit *f* 新～ ein neues Gesicht 人不可～相。Man darf Menschen nie nach ihrem Äußeren beurteilen.

貌合神离 mào hé shén lí äußerlich ein Herz und eine Seele, in Wirklichkeit schon geschiedene Leute; äußerlich verbunden, innerlich getrennt; mit j-m nur scheinbar befreundet sein

貌似 màosì (von Personen) dem Anschein nach; anscheinend; scheinen *vi*: ～公正 dem Anschein nach unparteiisch

贸 mào Handel *m*: 外～ Außenhandel *m*

贸然 màorán leichthin; unüberlegt: ～下结论 unüberlegt eine Schlußfolgerung ziehen

贸易 màoyì Handel *m*: 对外～ Außenhandel *m* 国内～ Binnenhandel *m* ～差额 Handelsbilanz *f* ～额 Handelsvolumen *n* ～顺(逆)差 aktive (passive) Handelsbilanz 洽谈～ über Handelsgeschäfte sprechen

me

么(麽) me [后缀]: 什～ was 多～ wie 怎～ wie; warum 这～ so; solch

méi

没 méi 见"没有" * 另见 mò

没关系 méi guānxi das macht nichts; es hat nichts zu sagen; nicht der Rede wert; schon gut; nicht so schlimm; nichts von Bedeutung

没精打采 méi jīng dǎ cǎi schlaff; energielos; niedergeschlagen und mutlos; schlapp und träge

没…没… méi... méi... ① [用在两个同义词或表示同类事物的词前面,强调没有]: ～完～了 endlos;

kein Ende nehmen (*od* finden) ～羞～臊 unverschämt; schamlos ②［用在两个反义词前面，表示应区别而未区别］：～轻～重 taktlos ～大～小 (Älteren gegenüber) ungehobelt; unhöflich; flegelhaft

没趣 méiqù sich blamiert vorkommen; verlegen; peinlich berührt: 没有人理他，他觉得～，只好走了。Man zeigte ihm die kalte Schulter. Er fühlte sich peinlich berührt und schlich weg. 自讨～ sich blamieren; sich eine Abfuhr holen

没什么 méi shénme ① wie "没关系" ② keine Ursache; bitte sehr; nichts zu danken; gern geschehen

没事找事 méishì zhǎoshì ① etw. herausfordern oder heraufbeschwören; für zusätzlichen Ärger sorgen ② an etw. herumnörgeln; kritteln *vi*

没有 méiyǒu ①［表示"有"的否定］etw. nicht haben; nicht sein (*od* existieren); ohne: ～钱 kein Geld haben ～人在家。Es ist niemand zu Hause. 鱼～水就活不了。Ohne Wasser kann der Fisch nicht weiter leben. ②［表示"曾经"和"已然"的否定］：我昨天～去。Gestern bin ich nicht gegangen. 商店还～关门。Das Geschäft schließt noch nicht. 事情～你说的那么容易。Die Dinge sind nicht so leicht, wie du gesagt hast. ③［表示过去经历的否定］：他～去过巴黎。Er war nie in Paris gewesen. ④ weniger als: ～两个星期他就走了。Er blieb noch nicht einmal zwei Wochen. 后来～几天她就死了。Sie starb nach nur einigen Tagen.

煤 méi Kohle *f*: 原～ Rohkohle *f*

煤层 méicéng Kohlenflöz *n*; Kohlenlager *n*; Kohlenschicht *f*

煤矿 méikuàng Kohlenbergwerk *n*: ～工人 Kumpel *m*; Bergmann *m*; Grubenarbeiter *m*

煤气 méiqì Gas *n*: ～灯 Gaslampe *f* ～炉 Gasofen *m*

煤球 méiqiú Eierbrikett *n*

煤炭 méitàn Kohle *f*: ～工业 Kohlenindustrie *f*

煤田 méitián Kohlenrevier *n*; Kohlengebiet *n*

煤油 méiyóu Petroleum *n*; Kerosin *n*: ～灯 Petroleumlampe *f* ～炉 Petroleumofen *m*

媒 méi ① Ehestifter *m*; Ehevermittler *m*: 做～ Ehe stiften (*od* vermitteln) ② Vermittler *m*; Medium *n*

媒介 méijiè Vermittler *m*; Medium *n*; Vehikel *n*: 传染疾病的～ das Vehikel der Krankheit

媒婆 méipó Kupplerin *f*; Ehevermittlerin *f*

媒人 méirén Ehestifter *m*; Ehevermittler *m*

玫 méi

玫瑰 méigui Rose *f*

枚 méi〈量〉［多用于形体小的东西］：一～纪念章 ein Abzeichen 两～古币 zwei Münzen aus alter Zeit

霉 méi Schimmel(pilz) *m*: 发～ schimmeln *vi*; schimmelig werden

霉菌 méijūn Schimmelpilz *m*

霉烂 méilàn verschimmeln *vi*; modern *vi*; verfaulen *vi*

莓 méi eßbare Beeren (Brombeeren, Himbeeren usw.): 草～ Erdbeere *f*

梅 méi Chinesische Essigpflaume; Japanische Aprikose

梅花 méihuā Blüte der Chinesischen Essigpflaume

眉 méi Braue *f*

眉飞色舞 méi fēi sè wǔ frohlockend und triumphierend; auf j-s Gesicht zeigt sich Freude

眉开眼笑 méi kāi yǎn xiào vor Freude strahlen; über das ganze Gesicht lachen; mit lachenden Augen; frohlocken *vi*

眉来眼去 méi lái yǎn qù einander schöne Augen machen; miteinander flirten (*od* liebäugeln); einander zärtliche Blicke zuwerfen

眉毛 méimao Braue *f*

眉目 méimù ① Brauen und Augen; Gesicht *n*; Aussehen *n*; Gesichtszüge *pl*: ～清秀 zarte und hübsche Gesichtszüge haben ② logische Gedankenfolge; Gedankenkette *f*; Aufbau *m*: 这篇文章～清楚。Der Gedankengang des Artikels ist klar und folgerichtig.

眉目 méimu feste Konturen; greifbare Gestalt: 我们的计划已经有点～了。Unser Plan hat greifbare Formen angenommen.

眉批 méipī Kommentierungen auf dem oberen Rand einer Seite; Randglossen *pl*

眉头 méitóu Stirn *f*: 皱～ die Augenbrauen zusammenziehen; die Stirn runzeln

眉宇 méiyǔ〈书〉Stirn *f*

měi

美 měi ① schön; hübsch ② gut; zufriedenstellend: ～酒 guter Wein 日子过得挺～ sehr glücklich leben

美不胜收 měi bù shèng shōu zu schön und prächtig, um es noch gebührend würdigen zu können; es gibt zu viele schöne Sachen, als daß man sie alle bewundern könnte

美差 měichāi leichte und angenehme Aufgabe; bequeme Tätigkeit; Traumjob *m*

美称 měichēng Ruhmestitel *m*; (guter) Ruf *m*

美德 měidé hohe Tugend; hohe Moral; Sittlichkeit *f*

美感 měigǎn ästhetisches Empfinden; Schönheitssinn *m*; Stilgefühl *n*

美工 měigōng ① Dekoration *f* ② Dekorateur *m*

美观 měiguān schön; formvollendet; künstlerisch: ～大方 geschmackvoll und natürlich

美好 měihǎo wunderschön; vorzüglich; glücklich: ～的将来 strahlende Zukunft ～的日子 wunderbare Tage

美化 měihuà verschönen *vt*; verschönern *vt*; herausputzen *vt*; verherrlichen *vt*: ～环境 die Umgebung verschönern

美景 měijǐng schöne Landschaft (*od* Szenerie)

美丽 měilì schön; hübsch

美满 měimǎn wunschlos glücklich: ～的婚姻 glückliche Ehe

美梦 měimèng schöner Traum; Wunschtraum *m*

美妙 měimiào wunderschön; wunderbar; herrlich: ～的诗句 wunderbare Verszeile ～的音乐 herrliche Musik

美名 měimíng guter Ruf; guter Name; gute Reputation: ～天下扬。Sein guter Ruf ist in aller Munde. 或 Sein guter Name ist weltweit bekannt.

美容 měiróng Schönheitspflege *f*; Kosmetik *f*: ～院 Kosmetiksalon *m*; Schönheitsklinik *f* ～手术 plastische Operation

美术 měishù bildende Kunst: 工艺～ Kunsthandwerk *n* ～馆 Bildergalerie *f* ～家 Künstler *m*; Maler *m* ～片 Zeichentrickfilm *m* ～字 dekorative Kalligraphie; Titel- und Zierschrift *f*

美味 měiwèi Delikatesse *f*; Leckerbissen *m*

美学 měixué Ästhetik *f*

美言 měiyán ein gutes Wort für j-n einlegen; für j-n sprechen

美中不足 měi zhōng bù zú Makel an etwas sonst Vollkommenem; obgleich sehr gut, fehlt doch noch etwas; bloß ein kleiner Schönheitsfehler

镁 měi Magnesium *n* (Mg)

镁光 měiguāng Magnesiumlicht *n*

每 měi ① jeder; je; pro: ～天 jeder Tag; täglich ～周一次 jede Woche einmal; einmal in der Woche ～小时六十公里 60 Stundenkilometer ② oft; wiederholt: 他～次进那个书店都要买一本书。Jedesmal, wenn er jene Buchhandlung besuchte, kaufte er ein Buch.

每当 měidāng jedesmal, wenn: ～下雨，他都要背痛。Wenn es regnet, schmerzt ihm(*od* ihn) immer der Rücken.

每况愈下 měi kuàng yù xià die Lage wird immer schlimmer; es geht bergab; auf dem absteigenden Ast sein

mèi

寐 mèi <书> schlafen *vi*: 假～ schlummern *vi* 梦～以求 sich selbst im Traum nach etw. sehnen; (sich etw.) erträumen *vt*; etw. heiß ersehnen; etw. dringend herbeiwünschen

昧 mèi ① verstecken *vt*; verbergen *vt*; unterschlagen *vt*: 拾金不～ das Geld, das man gefunden hat, nicht in die eigene Tasche stecken; sich eine Fundsache nicht aneignen ② blind; unklar; finster; dunkel; von etw. nur eine verschwommene Vorstellung haben; etw. nicht wissen: 愚～无知 dumm und unwissend; unaufgeklärt

昧心 mèixīn gegen sein Gewissen handeln

魅 mèi Teufel *m*; Dämon *m*

魅力 mèilì Zauber *m*; Charme *m*; Liebreiz *m*; Anziehungskraft *f*; Attraktion *f*: 艺术～ künstlerische Anziehungskraft

妹 mèi jüngere Schwester; Schwester *f* (另作“妹妹”)

媚 mèi ① j-m schmeicheln; sich bei j-m einschmeicheln; vor j-m katzbuckeln ② bezaubernd; entzückend; reizend; hinreißend: 春光明～ bezaubernde Frühlingslandschaft

媚骨 mèigǔ Unterwürfigkeit *f*; Willfährigkeit *f*; kriecherisches Wesen; Kriecherei *f*; Liebedienerei *f*

媚外 mèiwài vor ausländischen Mächten katzbuckeln; vor dem Ausland liebedienern

mēn

闷 mēn ① schwül; drückend; stickig: 屋里人太多，空气太～。Wegen zu vieler Leute herrscht eine stickige Atmosphäre im Zimmer. ② [声音不响亮] dumpf: 说话～声～气的 mit dumpfer Stimme sprechen ③ etw. fest zudecken; bedecken *vt*; keine Luft durchlassen: ～一会儿，茶味就出来了。Lassen wir den Tee kurz ziehen, das Aroma wird sich dann gleich entfalten. 把事儿～在心里 die Dinge in sich hineinfressen
* 另见 mèn

闷气 mēnqì drückend; bedrückt; beklemmend; beklommen

闷热 mēnrè drückend heiß; schwül

闷头儿 mēntóur fleißig, aber ruhig und still (eine Angelegenheit erledigen): ～干 still und fleißig arbeiten

mén

门(門) mén ① Tor *n*; Tür *f*; Eingang *m*: 前(后)～ Vordertür (Hintertür) *f* 登～拜访 j-m einen Besuch abstatten ② Klappe *f*; Ventil *n*; Schalter *m*: 电～ Schalter *m* 气～ Sicherheitsluftventil *n* ③ Art und Weise, etwas zu tun; Kniff *m*: 我新到，对这儿的事还不摸～。Ich bin neu hier. Ich habe noch keine klare Vorstellung davon. 这件事有～了。Die Sache sieht hoffnungsvoll aus. ④ Familie *f*: 豪～ begüterte und einflußreiche Familie ⑤ Sekte *f*; Glaubensrichtung *f*; Schule *f*: 佛～ Buddhismus *m* ⑥ ‹量›: 一～大炮 eine Kanone 两～功课 zwei Fächer; zwei Kurse

门当户对 mén dāng hù duì (bei der Eheschließung) von gleichem sozialem und wirtschaftlichem Status sein; Familien gleicher sozialer Stellung; ebenbürtig sein

门道 méndao ① Weg *m*; Vorgehen *n*; Möglichkeit *f* ② soziale Beziehungen; Kontakte *pl*

门第 méndì Familienstand *m*; Familienstatus *m*

门房 ménfáng ① Portier-, Pförtnerloge *f*; Pförtnerhaus *n* ② Portier *m*; Pförtner *m*

门户 ménhù ① Tor *n*; Tür *f* ② wichtiger Zugang; Tor *n* ③ Sekte *f*; Schule *f*; Fraktion *f*: ～之见 sektiererische Ansichten; auf Fraktionsdenken beruhendes Vorurteil

门禁 ménjìn Torbewachung *f*: ～森严。Der Eingang ist streng bewacht.

门警 ménjǐng Polizeiposten vor einem Tor

门槛 ménkǎn Schwelle *f*; Türschwelle *f*

门客 ménkè Gesellschafter (*od* Beraterstab) eines Aristokraten; Hofschranzen *pl*

门口 ménkǒu am Eingang; am Tor; an der Tür

门框 ménkuàng Türrahmen *m*

门帘 ménlián Türvorhang *m*; Portiere *f*

门联 ménlián einen Spruch bildendes Schriftzeichenpaar zu beiden Seiten eines Eingangs; Torspruch *m*

门路 ménlu ① (gesellschaftliche) Beziehungen *pl*; Protektion *f*: 找～ sich um Protektion bemühen; Beziehungen (*od* Verbindungen) anknüpfen ② Schlüssel *m*; Mittel *n*; Methode *f*; Weg *m*; Ausweg *m*: 摸到一点～ in etw. eingeführt sein; mit etw. vertraut sein; Zugang zu etw. gefunden haben

门面 ménmian ① Vorderfront *f*; Fassade *f*; Straßenfront eines Geschäftshauses ② Äußere *n*; Oberfläche *f*; äußere Erscheinung; Anschein *m*: 装点～ eine Fassade verschönern; sich den Anschein geben ～话 schöne, aber unverbindliche Worte; leeres Gerede; Lippendienst *m*

门牌 ménpái Hausnummer *f*; Hausnummernschild *n*

门票 ménpiào Eintrittskarte *f*: 不收～ freier Eintritt

门市 ménshì Ladenverkauf *m*: ～部 Verkaufsabteilung *f*; Laden-

raum *m*
门厅 méntīng Eingangs-, Vorhalle *f*
门庭若市 mén tíng ruò shì vor dem Tor und im Hof sieht es wie auf einem Markt aus; es wimmelt von Besuchern
门徒 méntú Schüler *m*; Anhänger *m*; Jünger *m*
门外汉 ménwàihàn Laie *m*; Nichtfachmann *m*
门牙 ményá Schneide-, Vorderzahn *m*
门诊 ménzhěn ambulante Behandlung: ～病人 ambulant behandelter Kranker ～部 Ambulatorium *n*; Ambulanz *f*; Poliklinik *f*
扪 mén die Hand auf etw. legen; betasten *vt*; berühren *vt*
扪心自问 ménxīn zì wèn sein Herz befragen; sein Gewissen erforschen

mèn

闷 mèn ① gelangweilt; betrübt; bedrückt; niedergeschlagen: 心里～得慌 sich sehr langweilen ② luftdicht * 另见 mēn
闷棍 mèngùn betäubender (*od* niederschmetternder) Schlag; die Besinnung raubender Stock- oder Knüppelhieb
闷葫芦 mènhúlu verschlossener Flaschenkürbis — Dinge oder Worte, deren Bedeutung man weder erkennen noch erraten kann; unlösbares Rätsel: 别人都知道了，只有他还装在～里。Alle andern wissen es schon, aber er kann sich noch keinen Vers darauf machen (*od* aber nur er bleibt darüber im unklaren).
闷雷 mènléi dumpfer Donner
闷闷不乐 mènmèn bù lè melancholisch; trübsinnig; deprimiert
闷气 mènqì innerer Ärger; Verbitterung *f*: 生～ griesgrämig sein; mürrisch sein
焖 mèn etw. in zugedecktem Topf auf schwachem Feuer kochen; schmoren *vt*: ～牛肉 Rindfleisch schmoren

men

们 men ① [用在代词或指人的名词后面，表示复数]: 我～ wir 你～ ihr; Sie 孩子～ Kinder *pl* 人～ Leute *pl*; man ② [名词前有数量词时，后面不加"们"，如三个教师 drei Lehrer, 很多姑娘 viele Mädchen]

mēng

蒙 mēng ① täuschen *vt*; betrügen *vt*; schwindeln *vi*: 你在～我吧！ Du willst mir bloß was vormachen! ② auf gut Glück vermuten; blindlings raten; herumrätseln *vi*: 你～对了。Du hast es zufällig (*od* glücklich) erraten. ③ betäubt; benommen; bewußtlos; besinnungslos: 给打～了 von einem Schlag benommen * 另见 méng; měng
蒙蒙亮 mēngmēngliàng Morgengrauen *n*; Morgendämmerung *f*: 天刚～ im Morgengrauen
蒙骗 mēngpiàn betrügen *vt*; hintergehen *vt*; täuschen *vt*
蒙头转向 mēng tóu zhuàn xiàng schwindelig werden und die Orientierung verlieren; im Drunter und Drüber den Kopf verlieren

méng

蒙 méng ① bedecken *vt*; zudecken *vt*; verhüllen *vt*: ～住眼睛 j-m die Augen verbinden (*od* zuhalten) ～头睡大觉 sich die Steppdecke über den Kopf ziehen und wie ein Klotz schlafen ② empfangen *vt*; entgegennehmen *vt*; erledigen *vt*: 承～指教，太感谢了。Vielen Dank für Ihre Ratschläge. ～你夸奖 (Ihnen) für Ihren Lob danken ③ ungebildet; unkultiviert; unaufgeklärt: 启～ Aufklärung *f* * 另见 mēng; měng
蒙蔽 méngbì täuschen *vt*; verblenden *vt*; j-m Sand in die Augen streuen; j-n hinters Licht führen: 不要被花言巧语所～。Laß dich nicht durch schöne Worte blenden!
蒙混 ménghùn durch Schwindelei bewußt in die Irre führen; vortäuschen *vt*: ～过关 sich durchmogeln; durch Vertuschung seiner Fehler davonkommen; durch falsche Angaben oder eine geheuchelte Selbstkritik seine Schuld verschleiern
蒙昧 méngmèi ① unzivilisiert;

kulturlos; barbarisch: ～时代 graue Vorzeit; Wildheit *f* ② unwissend; unaufgeklärt; ignorant

蒙蒙 méngméng nebelig; dunstig; nieselnd: 细雨～。Es nieselt. 烟雾～ nebelig; eingenebelt

蒙受 méngshòu erleiden *vt*; etw. auf sich nehmen müssen; annehmen *vt*: ～损失 einen Verlust erleiden ～耻辱 eine Schande hinnehmen müssen; gedemütigt werden

曚 méng trübes Tageslicht; Dämmerlicht *n*

朦 méng

曚昽 ménglóng schläfrig; noch halb im Schlaf; schlaftrunken: 睡眼～ mit schläfrigen Augen

朦 méng

朦胧 ménglóng unklar; verschwommen; nebelig; dunstig: ～的景色 ein verschwommene Szenerie; in diffuses Licht getauchte Landschaft

萌 méng keimen *vi*; sprießen *vi*; knospen *vi*

萌发 méngfā keimen *vi*; sprießen *vi*; sprossen *vi*; ausschlagen *vi*: 树木～了新叶。Die Bäume treiben neue Blätter.

萌芽 méngyá keimen *vi*; sprießen *vi*; sprossen *vi*; noch im Wachstum begriffen sein; Keim *m*; Sproß *m*; junger Trieb: 扼杀于～状态 etw. im Keim ersticken

盟 méng ① sich verbünden; sich alliieren; Bündnis *n*: 结～ ein Bündnis schließen ～兄 älterer Schwurbruder ② Bund *m*

盟国 méngguó alliierter Staat; verbündetes Land

盟军 méngjūn alliierte Streitkräfte

盟友 méngyǒu Bundesgenosse *m*; Verbündete(r); Alliierte(r); Bündnispartner *m*

盟约 méngyuē Bündnisvertrag *m*; Pakt *m*

měng

懵 měng wirrköpfig; einfältig; blöde

懵懂 měngdǒng einfältig; wirrköpfig; ein Wirrkopf sein

蒙 měng Monggol-Nationalität *f* * 另见 mēng; méng

蒙古包 měnggǔbāo Jurte *f*

蒙古族 Měnggǔzú Monggol-Nationalität *f*; Mongolen *pl*

锰 měng Mangan *n* (Mn): ～结核 Manganknolle *f* ～钢 Manganstahl *m*

猛 měng ① wild; heftig; ungestüm; kräftig: ～虎 ein wilder Tiger ～干 energisch arbeiten 产量～增 eine sprunghafte Produktionssteigerung 用力过～ unangemessen viel Kraft aufwenden; unter Einsatz roher Kräfte; zu ungestüm ② plötzlich; unerwartet; jäh; abrupt: ～一转身 sich plötzlich umdrehen

猛进 měngjìn sehr schnell vorankommen; gewaltige Fortschritte machen: 突飞～ sich sprunghaft entwickeln; große Fortschritte machen; wie im Fluge vorwärtsschreiten

猛劲儿 měngjìnr große Kraft; Kraftanstrengung *f*; Arbeitselan *m*; Arbeitseifer *m*: 工作有股子～ mit großer Einsatzbereitschaft arbeiten

猛烈 měngliè heftig; gewaltig; stürmisch; wild: 发动～的进攻 einen stürmischen Angriff starten; eine gewaltige Offensive beginnen ～的炮火 schweres Geschützfeuer

猛禽 měngqín Raubvogel *m*

猛然 měngrán plötzlich; jäh: ～想起一件事 sich plötzlich an etw. erinnern ～一拉 auf einen (*od* mit einem) Ruck ziehen

猛兽 měngshòu Raubtier *n*

猛醒 měngxǐng schnell wach werden; sich sehr schnell Klarheit verschaffen; aus dem Schlaf schrecken (另作"猛省")

mèng

梦(夢) mèng Traum *m*: 做～ träumen *vt/vi* 白日～ Tagtraum *m*

梦话 mènghuà ① im Traum gesprochene Worte: 说～ im Schlafe reden ② Wach-, Tagtraum *m*; Träumerei *f*; Illusion *f*

梦幻 mènghuàn Traumbild *n*; Traum *m*; Wunschtraum *m*

梦见 mèngjian j-n/etw. im Traum sehen; träumen *vi/vt*: 昨晚她～自己上大学了。Es träumte ihr (*od* Ihr träumte) gestern abend, daß sie die Universität besucht hätte.

梦境 mèngjìng Traum *m*; Traumszene *f*: 如入～ als käme man in ein Traumland; wie in einem Traum

梦寐 mèngmèi Traum *m*; Schlaf

m: ～难忘 etw. sogar im Traum nicht vergessen können; von etw. in seinen Träumen verfolgt werden ～以求 sich selbst im Traum nach etw. sehnen; etw. heiß ersehnen; etw. dringend herbeiwünschen

梦乡 mèngxiāng Traum *m*; Traumwelt *f*: 进入～ zu träumen beginnen; eingeschlafen sein

梦想 mèngxiǎng ① etw. vergeblich versuchen (*od* hoffen); von etw. träumen: 他从未～过会搞得这么好。Er hat nie davon geträumt, daß er so gut handeln konnte. ② inniger (*od* sehnlicher) Wunsch; glühende Sehnsucht; Wunschtraum *m*

梦呓 mèngyì (wie 梦话) im Traum gesprochene Worte; im Schlaf reden

梦游 mèngyóu Somnambulismus *m*; Schlaf-, Nachtwandeln *n*; Mondsüchtigkeit *f*

孟 mèng

孟浪 mènglàng unüberlegt; hastig; überstürzt: 不可～行事。Man darf nichts überstürzen.

mī

咪 mī

咪咪 mīmī 〈象〉 miau: 小猫～叫。Das Kätzchen miaut.

眯 mī ① die Augen halb schließen; blinzeln *vi*; (Augen) zusammenkneifen *vt*: ～着眼瞧 blinzelnd anschauen ② schlummern *vi*: ～一会儿 ein Schläfchen machen; ein bißchen dösen * 另见 mǐ

眯缝 mīfeng die Augen nur einen Spaltbreit öffnen; die Augen zusammenkneifen

mí

靡 mí verschwenden *vt*; vergeuden *vt*: 奢～ luxuriös und verschwenderisch ～费 verschwenden *vt*; vergeuden *vt* * 另见 mǐ

糜 mí ① Brei *m* ② verschwenderisch ③ faul; verfault; verdorben

糜烂 mílàn ① durch und durch verdorben; verfault; verkommen; unmoralisch; unsittlich: 生活～ lasterhaft leben; ein Lotterleben führen ② Erosion *f*

迷 mí ① irregehen *vi*; herumirren *vi*; sich nicht orientieren können: ～路 irregehen *vi*; vom Weg abkommen; sich verirren; sich verlaufen ～失方向 die Richtung verlieren ② für etw. schwärmen; auf etw. versessen sein; auf etw./j-n verrückt sein; bezaubern *vt*; entzücken *vt*; fesseln *vt*: 她被他～住了。Sie ist auf ihm ganz verrückt. 看书入～了 sich in ein Buch vertiefen 景色～人 eine bezaubernde Landschaft 财～心窍 von Geldgier besessen sein; von Habsucht getrieben; nur auf Geld aus ③ Fan *m*; Enthusiast *m*: 足球～ Fußballfan *m* 官～ Postenjäger *m*

迷糊 míhu ① den Blick trüben; vor den Augen verschwimmen: 看～了。Es flimmert mir vor den Augen. ② konfus; benommen; nicht bei klarem Verstand sein: 睡～了 Vom Schlaf benommen sein 他这个人有点～。Er scheint nicht ganz klar (od richtig) im Kopf.

迷魂汤 míhúntāng Zaubertrank *m*; schön klingende Worte; Schmeichelei *f*: 灌～ j-m einen Zaubertrank zu trinken geben — j-n mit schönen Worten umschmeicheln; j-m Honig um den Bart schmieren

迷惑 míhuo ① irr werden; verwirrt sein; im unklaren sein: 感到～不解 etw. völlig unverständlich finden; verblüfft sein ② irreführen *vt*; verwirren *vt*: ～敌人 den Feind in Verwirrung bringen; den Feind täuschen

迷恋 míliàn etw. leidenschaftlich lieben; auf etw. versessen sein; mit allen Fasern seines Herzens an j-m/etw. hängen

迷茫 mímáng ① in der Ferne verschwimmend; in Dunst gehüllte Weite: 大雪纷飞，原野一片～。Dicke Schneeflocken wirbelten durch die Luft und verhüllten wie ein Schleier die weite Landschaft. ② verwirrt (*od* verstört) aussehen: 神情～ verwirrt aussehen; ein verstörter Ausdruck

迷失 míshī sich verirren: ～方向 die (richtige) Orientierung verlieren; auf die falsche Bahn geraten

迷途 mítú Irrweg *m*; Abwege *pl*: 误入～ auf Abwege geraten

迷惘 míwǎng verwirrt; bestürzt; wie vor den Kopf gestoßen sein
迷信 míxìn ① Aberglaube *m*; abergläubisch sein: ～思想 abergläubische Idee ② etw. bedenkenlos glauben; blindes Vertrauen in etw. haben (*od* auf etw. setzen): 破除～ mit dem Aberglauben brechen; sich von abergläubischen Vorstellungen lösen
谜 mí ① Rätsel *n*: 猜～ ein Rätsel raten; rätseln *vi* ② Rätsel *n*; Geheimnis *n*
谜底 mídǐ Lösung eines Rätsels
谜语 míyǔ Rätsel *n*; Scherzfrage *f*
弥(彌) mí ① übervoll sein; überfüllen *vt*: ～漫 voll von (Rauch, Gerüchen usw.); die Luft erfüllen ② bedecken *vt*; zudecken *vt*; verstopfen *vt*; dichten *vt*; abdichten *vt*: ～缝 eine Ritze dichten ③ um so mehr; je (mehr)..., desto: 欲盖～彰。Je mehr man etwas zu vertuschen sucht, desto mehr verrät man sich.
弥补 míbǔ decken *vt*; ersetzen *vt*; wiedergutmachen *vt*: ～损失 Verluste wettmachen ～缺陷 etwas Schadhaftes ausbessern
弥合 míhé schließen *vt*; verschließen *vt*; ausfüllen *vt*: ～裂痕 eine Kluft überbrücken
弥漫 mímàn voll von (Rauch, Gerüchen usw.); die Luft erfüllen: 硝烟～ in Pulverrauch gehüllt sein
弥天大谎 mí tiān dà huǎng himmelschreiende Lüge

mǐ

靡 mǐ *另见 mí
靡靡之音 mǐmǐ zhī yīn kitschiger Schlager; Schnulze *f*; Schmachtfetzen *m*
米 mǐ ① Reis *m* ② enthülste Samen: 花生～ Erdnußkern *m* ③ 〈量〉 Meter *m/n*
米饭 mǐfàn (gekochter oder gedämpfter) Reis *m*
米粉 mǐfěn ① Reismehl *n* ② Reismehlnudel *f*
米黄 mǐhuáng mattgelb; cremefarben; hirsegelb
眯 mǐ ins Auge kommen (Fremdkörper): 我～了眼了。Mir ist etwas ins Auge gekommen *另见 mī
弭 mǐ unterdrücken *vt*; beseitigen *vt*; vertilgen *vt*; ausrotten *vt*: 消～ mit etw. ein Ende machen; verhüten *vt* ～患 einen Mißstand radikal beseitigen

mì

泌 mì absondern *vt*; ausscheiden *vt*
泌尿科 mìniàokē urologische Abteilung; Abteilung für Urologie
秘 mì geheim; Geheimnis *n*: ～史 geheime Geschichte *另见 bì
秘方 mìfāng Geheimrezept *n*: 祖传～ von Generation zu Generation überliefertes geheimes Familienrezept
秘诀 mìjué erfolgversprechendes Geheimmittel; Kniff *m*; Kunstgriff *m*; Trick *m*
秘密 mìmì nichtöffentlich; geheim; heimlich; verborgen; vertraulich: ～活动 konspiratives Tun; illegale Aktivitäten ～文件 Geheimdokumente *pl*; vertrauliche Akten 保守～ geheimhalten *vt*; Geheimhaltung *f* 泄露～ ein Geheimnis verraten
秘书 mìshū Sekretär *m*: 私人～ Privatsekretär *m* 机要～ Geheimsekretär *m* ～处 Sekretariat *n* ～长 Generalsekretär *m*
蜜 mì Honig *m*
蜜蜂 mìfēng Biene *f*
蜜饯 mìjiàn kandierte (*od* eingemachte) Früchte
蜜月 mìyuè Flitterwochen *pl*; Honigmond *m*
密 mì ① dicht; eng; massiv; kompakt; fest: ～林 dichter Wald ～不透风 luftdicht ② eng; intim; innig; vertraut: ～友 enger Freund; Busenfreund *m* ③ fein; genau; sorgfältig; präzis(e): 周～ sorgfältig durchdacht; genau überlegt ④ geheim; diskret; vertraulich: 绝～ streng geheim; streng vertraulich ～电 Geheimtelegramm *n*
密布 mìbù mit (*od* von) etw. bedeckt sein: 阴云～。Der Himmel ist voller schwarzer Wolken.
密度 mìdù Dichte *f*; Dichtheit *f*: 人口～ Bevölkerungsdichte *f*
密封 mìfēng ① verschließen *vt*; versiegeln *vt*: ～的文件 versiegelte Dokumente ② verschließen *vt*; luftdicht; hermetisch ver-

schlossen: ～的容器 hermetisch verschlossener Behälter
密集 mìjí dicht; hochkonzentriert; massiv: 人口～ dicht bevölkert 枪声～ konzentriertes Gewehrfeuer
密件 mìjiàn geheime Schriftstücke; vertrauliche Briefe; Geheimakten *pl*; Geheimdokument *n*
密码 mìmǎ Geheimschrift *f*; Kode *m*; Chiffre *f*; Telegrammschlüssel *m*
密密麻麻 mìmìmámá äußerst dicht; übersät: 天上的星星～。Der Himmel ist mit Sternen übersät.
密谋 mìmóu etw. im geheimen planen; einen Plan aushecken; Ränke schmieden
密切 mìqiè ①eng; nahe; vertraulich; intim: ～配合 gut kooperieren ～相关 mit etw. in engem Zusammenhang stehen ② aufmerksam; konzentriert: ～注视 etw. mit großer Aufmerksamkeit verfolgen
密谈 mìtán unter vier Augen sprechen; Geheimbesprechung *f*
密探 mìtàn Geheimagent *m*; Spion *m*; Spitzel *m*
密植 mìzhí Dichtpflanzen *n*; Dichtsäen *n*; Engpflanzung *f*
觅 mì suchen *vt*: ～食 Futter (*od* Nahrung) suchen

mián

眠 mián ① schlafen *vi*; Schlaf *m*: 不～之夜 eine schlaflose Nacht ② Schlafzustand bestimmter Tiere: 冬～ Winterschlaf *m*
棉 mián Gesamtbezeichnung für Baumwolle und Kabok; Baumwolle *f*: ～纺织品 Baumwollwaren *pl* Baumwolltextilien *pl* ～衣(裤) wattierte Kleidung (Hose)
棉袄 mián'ǎo wattierte Jacke
棉被 miánbèi Baumwollsteppdecke *f*
棉布 miánbù Baumwollstoff *m*
棉纺 miánfǎng Baumwollspinnen *n*: ～厂 Baumwollspinnerei *f*
棉花 miánhuā Baumwolle *f*: ～签 Wattestäbchen
棉毛衫 miánmáoshān Baumwolljersey *m* (Interlockware)
棉纱 miánshā Baumwollgarn *n*
棉田 miántián Baumwollfeld *n*
棉线 miánxiàn Baumwoll(näh)garn *n*; Baumwollzwirn *m*
棉絮 miánxù Wattefutter für Steppdecken oder Schlafunterlagen
棉籽 miánzǐ Baumwollsamen *m*
绵 mián ① weich; geschmeidig; sanft ② sich erstrecken; sich hinziehen
绵亘 miángèn sich weit erstrekken; sich lang hinziehen
绵绵 miánmián unaufhörlich; ununterbrochen; fortdauernd; anhaltend: 春雨～。Der Frühlingsregen läßt nicht nach.
绵延 miányán sich erstrecken; sich ausdehnen; sich hinziehen
绵羊 miányáng Schaf *n*

miǎn

腼 miǎn
腼腆 miǎntian schüchtern; scheu: 这个人有些～。Er ist etwas schüchtern.
缅 miǎn fern; weit; entfernt
缅怀 miǎnhuái sich zurückerinnern; zurückdenken *vi*; gedenken *vi*: ～往事 an die Vergangenheit zurückdenken ～战争中牺牲的战士们。Wir gedenken der im Krieg gefallenen Soldaten.
免 miǎn ① j-n von etw. befreien; j-m etw. erlassen; dispensieren *vt*; j-n von etw. entbinden: ～税 steuer-, zoll-, abgabenfrei ～试 von einer Prüfung dispensiert werden ～去手续 auf Formalitäten verzichten ～学费 Schulgeldfreiheit *f* ② Amtsenthebung *f*: 任～事项 Ernennung und Abberufung ③ vermeiden *vt*; verhüten *vt*: 再检查一遍以～出错。Prüfen Sie es noch einmal, um Fehler zu vermeiden! ④ verbieten *vt*; etw. nicht gestatten; etw. nicht erlauben: 闲人～进。Unbefugten ist der Zutritt untersagt.
免不了 miǎnbuliǎo unausbleiblich; unvermeidlich; unweigerlich: 管这么大的工厂，困难是～的。Eine so große Fabrik in Verwaltung zu nehmen, sind Schwierigkeiten unausbleiblich.
免除 miǎnchú ① verhüten *vt*; verhindern *vt*; vermeiden *vt* ② j-n von etw. befreien; j-n von etw. freistellen; erlassen *vt*: ～债务 j-m die Schulden erlassen
免得 miǎnde damit nicht; um etw. zu vermeiden: 穿上大衣，～感冒。Ziehe den Mantel an, um

Erkältung zu vermeiden! 我再说明一下自己的观点，～引起误会。Ich erläutere meine Auffassungen noch einmal, um Mißverständnis zu vermeiden. 你回来时给我买几张邮票，～我自己又跑一趟。Kaufe mir einigen Briefmarken auf deinem Rückweg bitte, damit ich mir eine Hin- und Rückfahrt erspare!

免费 miǎnfèi umsonst; unentgeltlich; kostenlos; gebührenfrei; gratis: ～医疗 kostenlose medizinische Versorgung ～入场 Eintritt frei; freier Eintritt

免冠 miǎnguān ohne Kopfbedekkung; barhäuptig: 半身～正面相片 Brustbild en face ohne Kopfbedeckung

免票 miǎnpiào ① Freikarte *f*; Freifahrschein *m*; Freibillet *n* ② freier Eintritt; freie Fahrt u.ä.

免疫 miǎnyì Immunität *f*

免职 miǎnzhí Amtsenthebung *f*; j-n seines Amtes entheben

免罪 miǎnzuì j-m Straffreiheit gewähren

冕 miǎn Krone *f*: 加～ dem König die Krone aufsetzen; krönen *vt* 加～礼 Krönungsfeier *f*; Krönungszeremonie *f*

勉 miǎn ① anspornen *vt*; ermutigen *vt*: 互～ sich gegenseitig ermutigen 自～ sich Mut machen; sich ein Herz fassen ② sich überfordern

勉励 miǎnlì anspornen *vt*; ermutigen *vt*; ermuntern *vt*

勉强 miǎnqiǎng ① mit letzter Kraft; mit Mühe und Not; mit Ach und Krach: 弄不了就别～弄了。Laß das, wenn du es nicht erledigen kannst. ② nicht freiwillig; widerwillig; unwillig; gezwungenermaßen: ～同意 widerstrebend ja sagen; sich mit etw. gezwungenermaßen einverstanden erklären ～地笑了笑 sich zu einem Lächeln zwingen ③ ungenügend; nicht ausreichend: 这个理由很～。Diese Begründung ist höchst unzureichend. ④ knapp; gerade noch ausreichend: ～的多数 knappe Mehrheit ～维持生活 sich seinen Lebensunterhalt knapp verdienen ～够用 für etwas eben noch zureichen ⑤ zwingen *vt*; nötigen *vt*: 要是他不愿意去，就不要～他了。Will er nicht mitgehen, soll man ihn nicht dazu nötigen.

娩 miǎn gebären *vt*; Entbindung *f*; Geburt *f*: 分～ Gebären *n*; Niederkunft *f*

miàn

面(麵⑥⑦) miàn ① Gesicht *n*: ～对～ gegenüber; von Angesicht zu Angesicht ～带笑容 mit einem Lächeln im Gesicht ② Oberfläche *f*: 水～ Wasseroberfläche *f*; Wasserspiegel *m* ③ Seite *f*; Aspekt *m*: 四～进攻 Angriff von allen Seiten ④ [方位词后缀]: 上～ oben 下～ unten 里～ innen; drinnen; 外～ außen; draußen 前～ Vorderseite *f*; vorn 后～ Hinterseite *f*; hinten 左～ linke Seite; links 北～ Norden *m*; nördlich ⑤ Ausmaß *n*; Umfang *m*: 知识～ der Bereich der Kenntnisse; Wissensgebiet *n* 受灾～ von einer Naturkatastrophe heimgesuchter Umfang ⑥ Mehl *n*: 白～ Weizenmehl *n* 玉米～ Maismehl *n* ⑦ Pulver *n*; Staub *m*; Puder *m*: 胡椒～ (gemahlener) Pfeffer *m* 辣椒～ Paprikapulver *n* ⑧ persönlich; von Angesicht zu Angesicht: ～告 j-m etw. persönlich sagen ⑨ 〈量〉: [多用于扁平的物件]: 一～镜子 ein Spiegel 三～旗帜 drei Fahnen

面包 miànbāo Brot *n*: ～房 Bäkkerei *f*

面额 miàn'é Nennwert *m*: 各种～的纸币 Banknoten mit verschiedenem Nennwert

面粉 miànfěn Weizenmehl *n*

面红耳赤 miàn hóng ěr chì rot (bis über beide Ohren) werden; rot anlaufen; einen roten Kopf bekommen: 他们争得～。Sie haben vor dem Streit einen roten Kopf bekommen.

面糊 miànhù Mehlkleister *m*

面黄肌瘦 miàn huáng jī shòu blaß und mager; bleich und ausgemergelt

面积 miànji Fläche *f*: 总～ Gesamtfläche *f* 棉花种植～ Anbaufläche von Baumwolle 展览会～为三千平方米。Die Ausstellungsfläche beträgt 3 000 Quadratmeter.

面颊 miànjiá Wange *f*; Backe *f*

面具 miànjù Maske *f*: 防毒～ Gasmaske *f*

面孔 miànkǒng Gesicht *n*: 板起～ eine ernste Miene machen (*od*

aufsetzen)

面临 miànlín angesichts; gegenüber; vor: ～一场严重的危机 angesichts einer ernsthaften Krise

面貌 miànmào ① Gesicht *n*; Aussehen *n* ② Aussehen *n*; Zustand *m*; Gesicht *n*; Antlitz *n*: 精神～ moralische (*od* geistige) Verfassung ～一新 ein neues Gesicht bekommen

面面相觑 miànmiàn xiāng qù einander ratlos ansehen; sich bestürzt anblicken

面目 miànmù ① Gesicht *n*; Aussehen *n*; Visage *f*: ～清秀 ein feines Gesicht ～可憎 häßliches (*od* abstoßendes) Gesicht ② Aussehen *n*; Gesicht *n*; Wesen *n*: ～全非 ein ganz anderes Gesicht bekommen; nicht wiederzuerkennen sein

面庞 miànpáng Gesicht *n*; Gesichtszüge *pl*: 圆圆的～ ein rundes Gesicht

面洽 miànqià j-n unter vier Augen sprechen; etw. mit j-m persönlich aushandeln: 详情请与来人～。In den Einzelheiten wenden Sie sich bitte an den Boten persönlich.

面前 miànqián vor; angesichts; gegenüber

面容 miànróng Gesicht *n*; Aussehen *n*; Antlitz *n*: ～消瘦 abgemagert aussehen; einen abgezehrten Eindruck machen

面色 miànsè Gesichtsfarbe *f*; Teint *m*: ～红润 blühend aussehen; rote Backen haben; rotwangig ～苍白 blaß aussehen; ein bleiches Gesicht haben

面纱 miànshā Schleier *m*

面生 miànshēng j-m fremd sein; j-m fremd vorkommen

面熟 miànshú j-m bekannt vorkommen (*od* scheinen): 他看着～，就是想不起来是谁。Er kam uns bekannt vor, aber uns fiel nicht ein, wer er ist.

面条 miàntiáo Nudel *f*; Spaghetti *m*

面团 miàntuán Teig *m*

面向 miànxiàng sich auf j-n/etw. hin orientieren; sich j-m/etw. zuwenden: 科技～经济建设。Die Wissenschaft und die Technik müssen sich auf den wirtschaftlichen Aufbau einstellen.

面谢 miànxiè j-m persönlich danken

面罩 miànzhào Schutzmaske *f*

面子 miànzi ① Außenseite *f*: 大衣的～ Außenseite eines Mantels ② Gesicht *n*; Prestige *n*; Ruf *m*: 爱～ sehr um sein Prestige besorgt sein; das Gesicht (*od* den Schein) wahren wollen 丢～ sich blamieren; das Gesicht verlieren 给～ j-m zu Prestige verhelfen; j-n sein Gesicht wahren lassen; j-s Gefühle achten

miáo

苗 miáo ① junger Trieb; Sproß *m*; Sämling *m*: 麦～儿 Weizenkeimling *m* ② Dinge von der Form junger Pflanzenblätter: 鱼～ Fischbrut *f*; Setzling *m* 火～儿 Flamme *f*; züngelnde Lohe

苗圃 miáopǔ Pflanz-, Baumschule *f*; Schonung *f*; Pflanzgarten *m*

苗条 miáotiao (Frauengestalt) schlank; grazil; zierlich

苗头 miáotou Zeichen *n*; An-, Vorzeichen *n*; Symptom *n*: 不良倾向的～ Symptom für ungesunde Tendenzen ～不对。Hier stimmt etwas nicht.

描 miáo ① etw. nach einer Vorlage zeichnen; abpausen *vt*: ～图样 eine Zeichnung abpausen ① übermalen *vt*; retuschieren *vt*: ～眉 sich die Augenbrauen malen

描画 miáohuà malen *vt*; darstellen *vt*; beschreiben *vt*: 风景之美难以用语言来～。Die wunderschöne Landschaft läßt sich schwer mit Worten beschreiben.

描绘 miáohuì schildern *vt*; beschreiben *vt*; malen *vt*; darstellen *vt*: 这部小说生动地～了农村发生的巨大变化。Dieser Roman schildert anschaulich die ungeheure Veränderungen, die in den Dörfern geschehen sind.

描述 miáoshù schildern *vt*; darstellen *vt*; etw. lebendig erzählen

描写 miáoxiě beschreiben *vt*; schildern *vt*; darstellen *vt*

瞄 miáo zielen *vi*; anvisieren *vt*; auf ein Ziel richten

瞄准 miáozhǔn genau zielen; anvisieren *vt*: ～靶心 auf den Mittelpunkt der Zielscheibe (*od* ins Schwarze) zielen

miǎo

杪 miǎo ① Wipfel *m*: 树～ Wipfel *m*; Baumkrone *f* ②

Ende *n* (eines Jahres, eines Monats oder einer Jahreszeit): 岁～ das Ende des Jahres; Jahresende *n*

秒 miǎo Sekunde *f*

秒表 miǎobiǎo Stoppuhr *f*

渺 miǎo ① fern und undeutlich; in der Ferne verschwimmend: 烟波浩～ weit und dunstverhangen ～无人迹 weit und breit keine Spur von einem Menschen; menschenleer; unbevölkert ② sehr klein; unbedeutend; winzig; gering ～不足道 unbedeutend; belanglos; nicht nennenswert

渺茫 miǎománg weit und undeutlich; verschwommen; ungewiß; unsicher; unbestimmt; vage: 音信～ nichts von sich hören lassen 前途～ eine ungewisse Zukunft vor sich haben

邈 miǎo fern; weit entfernt

藐 miǎo

藐视 miǎoshì verachten *vt*; mißachten *vt*; geringschätzen *vt*

藐小 miǎoxiǎo winzig; gering; unbedeutend; nichtswürdig

miào

庙(廟) miào Tempel *m*: ～会 Tempel-, Jahrmarkt *m*

庙宇 miàoyǔ Tempel *m*

妙 miào ① wunderbar; ausgezeichnet: 这主意真～。Diese Idee ist wirklich klasse! 绝～的讽刺 treffende Ironie; beißender Spott ② geschickt; gewandt; fein: 莫名其～ nicht begreifen, wo die eigentliche Pointe liegt; rätselhaft ～计 wunderbare Idee; ausgezeichneter Trick; schlauer Plan

妙趣横生 miào qù héng shēng voller Witz und Humor; humorvoll

妙手回春 miào shǒu huí chūn eine geschickte Hand holt den Frühling zurück; eine wunderbare Heilung vollbringen

miè

灭(滅) miè ① erlöschen *vi*: 灯～了 das Licht ging aus ② auslöschen *vt*; löschen *vt*; ausmachen *vt*: ～火 ein Feuer löschen ③ vernichten *vt*; beseitigen *vt*; ausrotten *vt*: ～鼠 Mäuse ausrotten

灭顶 mièdǐng ertrinken *vi*; ertränkt werden

灭迹 mièjì Spuren (einer schlechten Tat) verwischen

灭绝 mièjué aussterben *vi*: 一些珍奇动物现已面临～的危险。Einige seltene Tiere sind in Gefahr vom Aussterben geraten.

灭绝人性 mièjué rénxìng unmenschlich; inhuman; bestialisch; brutal

灭口 mièkǒu einen Zeugen oder Mittäter ermorden; einen Mitwisser beseitigen

灭亡 mièwáng untergehen *vi*; zugrunde gehen *vi*; zugrunde richten *vt*; Untergang *m*: 自取～ seinen eigenen Untergang heraufbeschwören; sich selbst zugrunde richten

蔑 miè ① geringschätzen *vt*; verachten *vt*: 轻～ mißachten *vt*; herabwürdigen *vt*; verächtlich ② verleumden *vt*; verunglimpfen *vt*: 诬～ diffamieren *vt*; schmähen *vt*

蔑视 mièshì verachten *vt*; geringschätzen *vt*

篾 miè ① dünne Bambuslatte; langer Bambusspan ② Bast von Schilf und Sorghum

mín

民 mín ① Volk *n*; Bevölkerung *f*: ～众 Volksmassen *pl* ～歌 Volkslied *n*; Volksgesang *m* 军～ Armee und Volk; Militär und Zivil ～以食为天 Nahrung ist ein Grundbedürfnis des Menschen ② Angehörige(r) einer Nationalität: 藏～ Tibeter *m*; Tibetaner *m* ③ Vertreter einer bestimmten Berufsgruppe: 农～ Bauer *m*; Landleute *pl* 渔～ Fischer *m* 牧～ Hirt *m*

民办 mínbàn von Einwohnern betrieben: ～小学 von den Einwohnern betriebene Grundschule

民兵 mínbīng Milizionär *m*; Milizsoldat *m*

民不聊生 mín bù liáo shēng das Volk lebt in bitterer Not; die Lebensbedingungen des Volkes sind unerträglich

民法 mínfǎ Zivilrecht *n*; Zivilgesetz *n*

民愤 mínfèn Volkszorn *m*; der Haß des Volkes
民工 míngōng bei staatlichen Bauprojekten vorübergehend beschäftigte Arbeiter (aus der Landbevölkerung)
民航 mínháng Zivilluftfahrt *f*: 中国～总局 die chinesische Hauptverwaltung für Luftfahrt (CAAC)
民间 mínjiān ① volkstümlich; im Volk; aus dem Volk: ～传说 Volkssage *f* ～故事 im Volk überlieferte Geschichte; alte Volkserzählung ② nichtstaatlich; unterhalb der offiziellen (zwischenstaatlichen) Ebene: ～团体 nichtstaatliche Organisationen
民警 mínjǐng Volkspolizei *f*; Volkspolizist *m*
民情 mínqíng ① Lebensverhältnisse des Volkes; Lebensweise, Sitten und Gebräuche der Bevölkerung ② Wünsche des Volkes; Anliegen der Bevölkerung
民权 mínquán demokratische Rechte des Volkes; Volksrechte
民生 mínshēng Lebenshaltung des Volkes; Volkswohl *n*: 国计～ Volkswirtschaft und Lebenshaltung der Nation
民事 mínshì Zivilsache *f*; zivil: ～案件 Zivilrechtsfall *m* ～纠纷 ziviler Disput
民俗 mínsú Sitten und Gebräuche eines Volkes; Landessitte *f*: ～学 Volkskunde *f*
民心 mínxīn Wünsche und Gefühle des Volkes; Volkswillen *m*; die Stimmung im Volk: 深得～ hohe Anerkennung beim Volk finden; das volle Vertrauen des Volkes genießen
民谣 mínyáo Volksreime *pl* (meist mit lokalen oder politischen Bezügen)
民意 mínyì Volksmeinung *f*; Volkswillen *m*: ～测验 Meinungsumfrage *f*
民用 mínyòng zivil; für Zivilbedarf: ～航空 Zivilluftfahrt *f*
民乐 mínyuè auf volkstümlichen Instrumenten gespielte Musik; Volksmusik *f*
民政 mínzhèng Zivilverwaltung *f*
民脂民膏 mín zhī mín gāo Fett und Mark des Volkes — mit Schweiß und Blut erarbeiteter Reichtum des Volkes
民众 mínzhòng Volk *n*; Volksmassen *pl*: ～团体 Massenorganisation *f*
民主 mínzhǔ ① Demokratie *f*; demokratische Rechte ② demokratisch: 作风～ ein demokratischer Arbeitsstil ～人士 demokratische Persönlichkeiten ～协商 demokratische Beratung (*od* Konsultation) ～党派 demokratische Parteien ～集中制 demokratischer Zentralismus
民族 mínzú Volk *n*; Nation *f*; Nationalität *f*: 中华～ die chinesische Nation 少数～ nationale Minderheit (*od* Minorität) ～败类 Abschaum der Nation; Volksschädling *m* ～利己主义 nationaler Egoismus ～自决 nationale Selbstbestimmung

mǐn

悯 mǐn mit jm Erbarmen haben; Mitleid fühlen: 怜～ sich erbarmen; bemitleiden *vt*
敏 mǐn flink; behende; gewandt
敏感 mǐngǎn empfindlich; feinfühlig; sensibel; sensitiv: 对天气变化很～ ein feines Gefühl für den Wetterwechsel haben 对尘埃很～ allergisch gegen Staub
敏捷 mǐnjié flink; behend(e); hurtig; agil: 动作～ flink und gewandt; schnell in seinen Bewegungen sein
敏锐 mǐnruì scharf: 目光～ scharfsichtig; scharfe Augen haben; scharfblickend 嗅觉～ eine gute Nase haben; einen feinen Geruchssinn haben
泯 mǐn verschwinden *vi*; aussterben *vi*; verschollen: ～灭 verschwinden *vi*; in Vergessenheit geraten
抿 mǐn ① (das Haar u.ä.) mit einer feuchten Bürste glätten ② etw. sanft schließen (*od* zumachen); zusammenziehen *vi*; etw. leicht zusammenschlagen: ～着嘴笑 mit geschlossenen Lippen lächeln; den Mund zu einem Lächeln verziehen ③ (an einem Glas) nippen *vi*: ～一口酒 am (*od* vom) Wein nippen

míng

冥 míng ① düster; finster: 幽～ düstere Hölle; finstere Unterwelt ② tief; profund: ～思 (tief) in Gedanken versunken; angestrengt über etw. nachdenken;

sich den Kopf zerbrechen ③ dumm; stumpfsinnig; stupid: ～顽 begriffsstutzig ④ Unterwelt *f*; Jenseits *n*

冥思苦想 míng sī kǔ xiǎng sich den Kopf zerbrechen; sich das Hirn zermartern

冥顽 míngwán 〈书〉 begriffsstutzig; stupid: ～不灵 dickköpfig bis zum Starrsinn; halsstarrig

瞑 míng

瞑目 míngmù die Augen für immer schließen; zufrieden sterben: 死不～ selbst beim Sterben die Augen nicht schließen wollen; sich bis zu seinem Tod mit etw. nicht abfinden können

明 míng

① hell: ～月 heller Mond 灯火通～ hellerleuchtet; illuminiert ② klar; deutlich: 方向不～。Die Orientierung ist nicht klar. 指～出路 j-m einen Ausweg weisen ③ offen; unverhüllt; unverhohlen: ～枪暗箭 offener Lanzenstoß und heimlicher Pfeilschuß —offene und versteckte Attacken (*od* Angriffe) ～说了吧 ganz unverhohlen sagen ④ scharfsichtig; scharfblickend; mit klarem Blick für etw.: 眼～手快 scharfsichtig und behende; mit Scharfblick und Handfertigkeit ⑤ nächst: das nächste Jahr: ～年 kommendes Jahr ～天 morgen ⑥ Sehkraft *f*; Sehvermögen *n*: 双目失～ blind auf beiden Augen; das Augenlicht verlieren ⑦ sich über etw. klar sein; einsehen *vt*: 不～真相 den wahren Sachverhalt nicht kennen; sich über den wahren Sachverhalt nicht im klaren sein

明暗 míng'àn hell und dunkel; Licht und Schatten

明摆着 míngbǎizhe klar auf der Hand liegen: 一个～的问题 ein offenbares Problem; eine eindeutige Frage

明白 míngbai ① klar; deutlich: 问题讲得很～。Die Frage ist ganz deutlich erklärt. ② offen; unverhüllt: 不明不白的关系 eine fragwürdige Beziehung 你还是跟他讲～了好。Du solltest dich besser offen mit ihm aussprechen. ③ einsichtig; vernünftig: ～人 vernünftige Person ④ verstehen *vt*; begreifen *vt*: 你～我的意思吗? Verstehst du, was ich damit meine? ～事理 Einsicht haben 我～了。Mir ging ein Licht auf. 或 Es fällt mir wie Schuppen von den Augen.

明辨是非 míng biàn shì fēi Recht von Unrecht unterscheiden; Recht und Unrecht klar auseinanderhalten; eine klare Grenze zwischen Recht und Unrecht ziehen

明察秋毫 míng chá qiū háo imstande sein, das im Herbst neu gewachsene Flaumhaar zu sehen — tief in die Dinge eindringen können; scharfsichtig

明畅 míngchàng klar und in einem flüssigen Stil

明澈 míngchè hell und rein; durchsichtig: ～的眼睛 glänzende, klare Augen 湖水～如镜。Der See ist glatt und glänzend wie ein Spiegel.

明晃晃 mínghuǎnghuǎng glänzend; blendend; blinkend: ～的刺刀 funkelnde Bajonette

明火执仗 míng huǒ zhí zhàng mit Fackeln und Waffen; unverhüllt; offenkundig (Untaten verüben)

明净 míngjìng hell und sauber; leuchtend und rein: ～的橱窗 helles und sauberes Schaufenster

明快 míngkuài ① heiter (*od* lebhaft) und klar; munter: ～的笔调 klarer und lebendiger Stil ～的节奏 beschwingter Rhythmus ② offenherzig; direkt; gerade: ～的性格 gerader Charakter

明朗 mínglǎng ① hell und klar: ～的天空 klarer Himmel ② eindeutig; deutlich; erkennbar: 事情的性质逐渐～了。Das Wesen der Sache klärt sich allmählich auf. 态度～ einen eindeutigen Standpunkt einnehmen; klar Stellung beziehen ③ offenherzig; aufgeschlossen; heiter: ～的性格 ein offenherziger (*od* aufrichtiger) Charakter 这些作品都具有～的风格。Alle diese Werke haben einen frischen und heiteren Stil.

明亮 míngliàng ① hell: 灯光～ hell erleuchtet sein ② leuchtend; glänzend: ～的眼睛 glänzende Augen 星光～。Die Sterne sind leuchtend. ③ sich über etw. im klaren sein: 我心里～多了。Ich habe mehr Bescheid gewußt.

明了 míngliǎo ① sich über etw. im klaren sein; verstehen *vt*: ～实际情况 sich über die wahre Sachlage im klaren sein ② klar; deutlich: 简单～ kruz und deutlich; einfach und klar

明媚 míngmèi hell und schön;

strahlend und bezaubernd: 春光～ leuchtend schöne Frühlingslandschaft; herrliche Landschaft im Frühjahr

明明 míngmíng klar und deutlich; offensichtlich; wie allen bekannt; wie alle wissen: 他～知道，只是不肯说。Zweifellos weiß er Bescheid, bloß will er es nicht verraten.

明目张胆 míng mù zhāng dǎn offen und ohne Skrupel; unverhüllt und unverfroren

明确 míngquè ① deutlich; unmißverständlich: ～的立场 eindeutiger Standpunkt ～的答复 deutliche Antwort 分工～ die Arbeitsteilung klar festgelegt haben ② etw. klar machen; festlegen *vt*; bestimmen *vt*: ～当前的任务 die gegenwärtigen Aufgaben deutlich machen

明日 míngrì ① morgen ② in naher (*od* nicht ferner) Zukunft; später einmal

明文 míngwén geschrieben (Recht, Gesetz usw.); schriftlich niedergelegt: ～规定 etw. schriftlich festlegen (*od* vereinbaren); etw. ausdrücklich vorsehen

明晰 míngxī klar; gut erkennbar; deutlich sichtbar; scharf: 雾散了，远处的村庄越来越～了。Als der Nebel sich aufgelöst hat, taucht das Dorf in der Ferne immer deutlicher auf.

明显 míngxiǎn offenkundig; offensichtlich; erkennbar; augenfällig; unverkennbar: ～的进步 ein sichtbarer Fortschritt 很～ ganz eindeutig

明信片 míngxìnpiàn Postkarte *f*

明星 míngxīng Star *m*: 电影～ Filmstar *m*

明眼人 míngyǎnrén klarblickende Person; gescheiter Kopf

明哲保身 míng zhé bǎo shēn nur um die eigene Haut besorgt sein

明争暗斗 míng zhēng àn dòu sich offen und geheim bekämpfen; offen und versteckt miteinander rivalisieren

明证 míngzhèng schlagender Beweis

明知故犯 míngzhī gù fàn vorsätzlicher Verstoß gegen Gesetz oder Disziplin; sich wissentlich (*od* absichtlich) gegen etw. vergehen

明知故问 míngzhī gù wèn Bescheid wissen, aber dennoch fragen

明智 míngzhì weitsichtig; klug und umsichtig; vernünftig: 他这样决定是～的。Diese seine Entscheidung ist sinnvoll.

鸣 míng ① Laute von manchen Tieren: 鸟～ zwitschern *vi*; Die Vögel singen 鸡～ krähen *vi*; Hahnenschrei *m* ② einen Ton von sich geben; etw. zum Tönen bringen: 耳～ Ohrensausen *n*; in den Ohren klingen ～笛 pfeifen *vi*; eine Sirene ertönen lassen ～礼炮二十一响 21 Salutschüsse abgeben; 21 Salven feuern ③ aussprechen *vt*; äußern *vt*; etw. zum Ausdruck bringen: 自～得意 mit großer Selbstgefälligkeit; selbstzufrieden und eingebildet sein

鸣禽 míngqín Singvögel *pl*

鸣冤叫屈 míng yuān jiào qū seine Stimme gegen erlittenes Unrecht erheben; sich in Klagen über erlittenes Unrecht ergehen

名 míng ① Name *m*; Benennung *f*: 你叫什么～字？Wie heißt du? 给孩子起个～儿 dem Kind einen Namen geben 以…为～ im Namen; unter dem Vorwand ② Ruf *m*; Ruhm *m*: 不为～，不为利 weder auf Ruhm noch auf persönlichen Vorteil bedacht sein ③ berühmt; bekannt; angesehen; gefeiert: ～电影演员 Filmstar *m* ～画 ein berühmtes Gemälde ④ 〈量〉[用于人]: 两百～代表 zwei hundert Delegierte 第一～ der Erste; den ersten Platz belegen

名不副实 míng bù fù shí seinem Ruf in Wahrheit nicht gerecht werden; sich eines Namens nicht würdig erweisen; mehr Schein als Sein

名不虚传 míng bù xū chuán einen Namen zu Recht tragen; zu Recht in gutem Ruf stehen

名册 míngcè Namensregister *n*; Namensliste *f*

名产 míngchǎn berühmtes Produkt; Spezialität *f*

名称 míngchēng Name *m*; Bezeichnung *f*; Benennung *f* (einer Sache oder einer Organisation)

名词 míngcí ① Substantiv *n*; Haupt-, Dingwort *n* ② Ausdruck *m*: 技术～ Fachausdruck *m*

名次 míngcì (durch einen Wettbewerb ermittelte) Rangfolge *f*; bei (*od* in) einem Wettkampf errungener Platz: 按比赛成绩排列～ nach den Leistungen in einem Wettbewerb die Rangfolge feststellen

名存实亡 míng cún shí wáng nur

dem Namen nach existieren
名单 míngdān Namensliste *f*
名额 míng'é Höchstzahl *f*; maximale Platzzahl: 招生～ Studienplatzlimit *n* ～有限。Die Teilnehmerzahl ist beschänkt.
名贵 míngguì kostbar; wertvoll; edel: ～的药材 seltene (*od* kostbare) Heilkräuter 这只花瓶十分～。Diese Vase ist unschätzbar.
名利 mínglì Ruhm und Reichtum; Berühmtheit und Vorteil
名列前茅 míng liè qiánmáo ganz oben auf der Namensliste stehen; zu den Besten (*od* Ersten) gehören; durch Leistungen hervorstechen
名流 míngliú namhafte Leute; prominente Persönlichkeiten; große Namen (in Politik und Kultur): 社会～ berühmte Persönlichkeiten des öffentlichen Leben
名目 míngmù Bezeichnungen von Dingen: ～繁多 eine Vielzahl von Bezeichnungen
名牌 míngpái ① berühmte Marke: ～香烟 eine berühmte Zigarettenmarke ② Namensschildchen *n*
名片 míngpiàn Visitenkarte *f*
名气 míngqi 〈口〉 Ruf *m*; Ansehen *n*; (guter) Name *m*: 有点～ einen ziemlich guten Ruf haben; sich einen guten Namen gemacht haben; recht bekannt (*od* angesehen) sein
名人 míngrén berühmte Person; Persönlichkeit *f*
名声 míngshēng Ruf *m*; Name *m*; Leumund *m*; Reputation *f*: ～很坏 einen üblen Leumund haben; in schlechtem Ruf stehen; berüchtigt sein 享有好～ einen guten Ruf genießen; einen guten Leumund haben ～在外 sehr bekannt sein
名胜 míngshèng Sehenswürdigkeit *f*; sehenswerter Ort: ～古迹 Sehenswürdigkeiten und historische Stätten.
名堂 míngtang ① Vielerlei *n*; Finessen *pl*: 这个剧团虽小，～可真不少。Zwar ist diese Truppe klein, aber sie hat erstaunlich nennenswerte Repertoire. 鬼～ durchtriebene Idee; schlaue Einfälle 你在搞什么～? Was für Streiche führst du im Schild? ② Resultat *n*; Erfolg *m*: 他决心要搞出点～来。Er hat sich entschlossen, etwas zu vollbringen. 这样谈下去，恐怕谈不出什么～。Wenn wir so weiter sprechen, fürchte ich, daß wir daraus nichts herausbekommen können. ③ der eigentliche Grund; Veranlassung *f*; Warum *n*: 他突然离开北京，这里面一定有～。Er hat plötzlich Beijing verlassen. Dahinter steckt bestimmt etwas.
名望 míngwàng hohes Ansehen; guter Ruf: 有～的大夫 ein Arzt von gutem Ruf; angesehener Arzt
名下 míngxià auf j-s Namen; auf j-s Rechnung; auf j-s Konto: 这笔帐记在我的～吧! Diese Ausgaben gehen auf meine Rechnung! 或 Für die Unkosten komme ich auf!
名义 míngyì ① Name *m*: 我以总统的～ in meiner Eigenschaft als Präsident 代表学院并以个人的～ als Vertreter der Hochschule und in meinem eigenen Namen ② [后面多带"上"字] nominell; dem Namen (*od* Schein) nach; scheinbar: 他只不过～上是我们的经理。Er ist nichts als unser nomineller Manager.
名誉 míngyù ① Ruhm *m*; Ehre *f*; Reputation *f* ② Ehren-: ～主席 Ehrenvorsitzende(r)
名正言顺 míng zhèng yán shùn wer den Titel hat, hat das Sagen; in j-s Zuständigkeit fallen; vollkommen im Recht sein
名著 míngzhù berühmtes Werk: 文学～ berühmtes Werk der Literatur; literarisches Meisterwerk
名字 míngzi Name *m*

铭 míng ① Inschrift *f*; Aufschrift *f*: 座右～ Motto *n*; Sinnspruch *m* ② eingraben *vt*; einmeißeln *vt*; einritzen *vt*: ～诸肺腑 sich etw. unauslöschlich ins Gedächtnis einprägen
铭记 míngjì etw. nie vergessen; sich etw. ins Gedächtnis einprägen
铭刻 míngkè sich etw. tief einprägen; etw. nie vergessen; einen bleibenden Eindruck von etw. haben

酩 míng
酩酊大醉 míngdǐng dàzuì völlig (be)trunken; ganz berauscht; beflügelten Geistes

mìng

命 mìng ① Leben *n*: 救～! Hilfe! 逃～ um sein Leben

rennen ～在旦夕 am Rande des Grabes stehen; im Sterben liegen ② Schicksal *n*; Los *n*; Geschick *n*: 苦～ hartes Los ③ Befehl *m*; Kommando *n*: 待～ auf einen Befehl warten ④ (einen Titel, Namen usw.) zuweisen *vt*: ～题 j-m ein Thema geben

命定 mìngdìng vom Schicksal bestimmt; nach höherer Fügung

命根子 mìnggēnzi j-s ganzes Leben; j-s ein und alles

命令 mìnglìng befehlen *vt*; kommandieren *vt*; Befehl *m*; Kommando *n*: 下～ einen Befehl erteilen; ein Kommando geben 服从～ einem Befehl gehorchen ～句 Imperativ-, Befehlssatz *m*

命脉 mìngmài Lebensader *f*; Lebenslinie *f*; Lebensnerv *m*; Lebenselement *n*: 水利是农业的～。Der Wasserbau ist der Lebensnerv der Landwirtschaft.

命名 mìngmíng j-m/etw. einen Namen geben; benennen *vt*; taufen *vt*: 这家医院是以白求恩大夫～的。Dieses Krankenhaus ist nach dem Arzt Dr. Bethune benannt.

命运 mìngyùn Schicksal *n*; Geschick *n*; Los *n*:掌握自己的～ das Geschick in die eigenen Hände nehmen

命中 mìngzhòng das Ziel treffen: 她第一枪就～靶心。Ihr erster Schuß hat schon ins Schwarze getroffen.

miù

谬 miù absurd; widersinnig; falsch; unsinnig: ～见 meine vielleicht irrtümliche Meinung 大～不然 absolut verkehrt; völlig falsch

谬论 miùlùn Unsinn *m*; Absurdität *f*; absurde Behauptung

谬误 miùwù Irrtum *m*; Fehler *m*: ～百出 voll von Fehlern

mō

摸 mō ① betasten *vt*; berühren *vt*; befühlen *vt*; streicheln *vt*; tätscheln *vt*: 这衣料～着很软。Der Stoff fühlt sich sehr weich an. 不要～那个按钮。Berühre den Druckknopf nicht! ② im Dunkeln (*od* im Finstern) tappen: ～着上楼 sich nach oben tasten 从手提包里～出一支笔 eine Füllfeder aus der Handtasche hervorfischen ③ etw. herauszubekommen suchen; aufspüren *vt*; aushorchen *vt*: ～清情况 die Lage auskundschaften ～不着头脑 aus etwas nicht klug werden ～透了他的脾气 sich mit seinem Temperament vertraut gemacht haben

摸底 mōdǐ mit einem Sachverhalt vertraut sein; die Lage kennen; einer Sache auf den Grund gehen; den wahren Sachverhalt herausfinden; aushorchen *vt*: 下基层去～ an die Basis gehen, um den wahren Sachverhalt herauszufinden 我想摸他的底。Ich will ihm bloß auf den Zahn fühlen.

摸索 mōsuo ① tappen *vi*; tasten *vi*: 他们～走下黑暗的甬道。Sie tasten sich nach unten durch die dunkle Passage. ② nach etw. suchen; versuchen, etw. ausfindig zu machen

mó

磨 mó ① reiben *vt*; zerreiben *vt*: ～墨 eine Tuschestange am Tuschstein reiben; Tusche reiben 这只鞋～脚。Dieser Schuh reibt. 你大衣的胳膊肘上～了一个洞。Du hast dich ein Loch im Ellbogen deines Mantels durchgescheuert. 手上～了一个泡。Er hat sich an der Hand eine Blase gerieben. 轮胎～平了。Der Reifen ist abgefahren. ② schleifen *vt*; polieren *vt*; wetzen *vt*: ～刀 ein Messer schleifen ～成粉末 etw. zum Pulver zerreiben ～大理石 Marmor polieren ③ trödeln *vi*; vertrödeln *vt*: ～时间 die Zeit totschlagen (*od* vertreiben) 快走吧，别再～时间了。Schnell los, trödel nicht noch lange herum! ④ j-m lästig fallen; j-m auf die Nerven gehen: 多跟她～一～她就会答应的。Wenn du ihr keine Ruhe (*od* sie nicht in Ruhe) läßt, wird sie zustimmen. 这病真～人！Was für eine Qual ist diese Krankheit * 另见 mò

磨蹭 móceng trödeln *vi*; vertrödeln *vt*: 别～了！Trödel nicht weiter herum!

磨床 móchuáng Schleifmaschine *f*

磨练 móliàn sich stählen; sich abhärten

磨灭 mómiè auslöschen *vt*; austilgen *vt*: 不可～的功勋 unvergängliche Ruhmestaten 不可～的印象 unauslöschliche Eindrücke

磨损 mósǔn verschleißen *vi*; Verschleiß *m*; Abnutzung *f*

磨洋工 mó yánggōng Schlendrian *m*; bei der Arbeit trödeln (*od* bummeln)

蘑

mó Pilz *m*

蘑菇 mógu ① Pilz *m* ② j-m lästig fallen; j-n belästigen; j-m etw. abnötigen: 你别跟她～了。Belästige sie bitte nicht! ③ herumtrödeln *vi*; zögern, *vi*; zaudern *vi*: 已经晚了，你还在这～！Es ist schon spät. Warum trödelst du noch hier herum?

摩

mó ① reiben *vt/vi*; schaben *vt*: ～天大楼 Wolkenkratzer *m* ② studieren *vt*; nach etw. forschen; über etw. nachgrübeln: 揣～ etw. ergründen wollen; etw. von Grund auf zu erforschen versuchen

摩擦 mócā ① reiben *vt/vi* ② Reibung *f*; Friktion *f*: ～生电。Reibung erzeugt Elektrizität.

摩登 módēng modern; zeitgemäß; modisch; mit der Mode gehen

摩拳擦掌 mó quán cā zhǎng die Fäuste reiben und die Handflächen abwischen; auf einen bevorstehenden Kampf brennen

摩托 mótuō Motor *m*: ～车 Motorrad *n*; Moped *n*

魔

mó ① Teufel *m*; Dämon *m*; Monster *n*; böser Geist: 着了～似的 wie besessen ② magisch; mystisch: ～力 magische Kraft; Zauberkraft *f*

魔怪 móguài Teufel und Dämonen; finstere Kräfte

魔鬼 móguǐ Teufel *m*; Dämon *m*; Satan *m*

魔力 mólì magische Kraft; geheime Macht; Zauberkraft *f*

魔术 móshù Zauberkunst *f*; Zauberei *f*; Magie *f*: ～演员 Zauberer *m*; Zauberkünstler *m*; Taschenspieler *m*

魔王 mówáng ① *Marapapiyas m*; (buddhistischer) Teufelskönig *m* ② Tyrann *m*; Despot *m*

魔掌 mózhǎng Teufelsklaue *f*; Gewalt des Bösen

魔爪 mózhǎo die Klaue des Teufels; Kralle *f*; Fangarm *m*

谟

mó Plan *m*: 宏～ großangelegtes Projekt; weitgefaßter Plan

模

mó ① Norm *f*; Standard *m*: 楷～ Muster *n*; Vorbild *n* ② nachahmen *vt*; imitieren *vt* ③ 〈简〉 Vorbild *n*; Muster *n*: 劳～ vorbildlicher Arbeiter; Held der Arbeit * 另见 mú

模范 mófàn Vorbild *n*; Muster *n*; Beispiel *n*: 劳动～ Bestarbeiter *m*; vorbildlicher Arbeiter ～事迹 vorbildliche Taten

模仿 mófǎng imitieren *vt*; nachahmen *vt*; nachmachen *vt*; nachäffen *vt*; kopieren *vt*

模糊 móhu ① unklar; undeutlich; verschwommen: 字迹～了。Die Handschrift ist verwischt. ～的印象 ein blasser Eindruck ② verwechseln *vt*; verwischen *vt*: ～两者的界限 die Trennungslinie zwischen den beiden verwischen

模棱两可 móléng liǎng kě keine klare Stellungnahme zu einer Sache abgeben; keinen klaren Standpunkt beziehen; doppelsinnig; zweideutig: ～的态度 eine ambivalente Haltung

模拟 mónǐ nachahmen *vt*; imitieren *vt*: ～测验 Simulationstest *m* ～飞行 simulierter Flug; Simulationsflug *m*

模特儿 mótèr Modell *n*

模型 móxíng ① Modell *n*: 船的～ Modell eines Schiffes ② Form *f*; Gußform *f*

摹

mó nach einer Vorlage malen (*od* zeichnen); nachmalen *vt*: 临～ eine Kalligraphie oder ein Bild nachzeichnen oder nachmalen

摹本 móběn Kopie *f*; Faksimile *n*

摹拟 mónǐ nachahmen *vt*; imitieren *vt*

膜

mó ① Membran *f*: 细胞～ Zellmembran *f*; Zellhaut *f* ② Folie *f*; Film *m*; dünner Überzug: 塑料薄～ Plastikfolie *f*

膜拜 móbài (eine Gottheit, ein Idol u.ä.) kniend anbeten; sich vor j-m auf die Knie werfen; vergöttern *vt*: 顶礼～ kniend vor dem Altar eine Gottheit anbeten; sich anbetend zu Boden werfen; j-n abgöttisch verehren; j-m zu Füßen liegen

馍

mó gedämpftes Brot; Dampfbrot *n*

mǒ

抹

mǒ ① streichen *vt*; aufstreichen *vt*; bestreichen *vt*; schmieren *vt*: ～点雪花膏 etwas Creme auftragen 面包上～点果酱

ein Brot mit Marmelade bestreichen ～药膏 mit Salbe einreiben; Salbe auftragen ② wischen *vt*; abwischen *vt*: ～眼泪 sich die Tränen abwischen; weinen *vi* ～掉这几个字 diese Wörter wegstreichen

抹黑 mǒhēi j-s Ehre besudeln; j-s Namen beschmutzen; j-n anschwärzen; j-n diskreditieren

抹杀 mǒshā ausstreichen *vt*; wegwischen *vt*; verneinen *vt*; negieren *vt*: ～事实 die Tatsachen leugnen (*od* abstreiten) ～成绩 Erfolge negieren 一笔～ etw. mit einem Federstrich zunichte machen (*od* aus der Welt schaffen)

mò

磨 mò ① Mühle *f*; Mühl-, Mahlstein *m*: 推～ einen Mühlstein treiben 电～elektrische Mühle; Elektromühle *f* ② mahlen *vt*; zermahlen *vt*; zerreiben *vt*: ～豆腐 Sojabohnen zermahlen; um Bohnenkäse herzustellen * 另见 mó

磨坊 mòfáng Mühle *f* (又作“磨房”)

磨盘 mòpán Mühlstein *m*

末 mò ① Spitze *f*; Ende *n* ② Ende *n*; letztes Stadium: ～班车 letzter Bus 周～ Wochenende *n* 明～ die letzten Jahre der Ming-Dynastie ③ Unwesentliche *n*; Belanglosigkeit *f*: 本～倒置 Unwesentliches für Wesentliches halten; das Pferd hinter den Wagen spannen ④ Pulver *n*; Staub *m*: 茶叶～ Teekrümchen *n*; Teestaub *m* 锯～ Sägemehl *n* 肉～ Hackfleisch *n*; Gehackte *n*; Mett *n*

末了 mòliǎo letzt; zuletzt; letzten Endes; zum Schluß: 但～他还是去。Schließlich ging er doch weg.

末路 mòlù Sackgasse *f*; Ausweglosigkeit *f*: 穷途～ in eine ausweglose Situation geraten; in einer Sackgasse sein

末年 mònián letzte Jahre einer Dynastie bzw. Regierung

末期 mòqī letzte Phase; letztes Stadium; letzter Zeitabschnitt; letzte Entwicklungsstufe: 七十年代～ gegen Ende der siebziger Jahre 第二次世界大战～die letzte Phase des Zweiten Weltkrieges

末梢 mòshāo Spitze *f*; Ende *n*: ～神经 Nervenende *n*

末尾 mòwěi Ende *n*; Schluß *m*: 书～ am Schluß des Buches

末叶 mòyè 见“末年”

沫 mò Schaum *m*: 啤酒～ Bierschaum *m*; Blume *f* 肥皂～ Seifenschaum *m*

茉 mò

茉莉 mòlì Jasmin *m*: ～花茶 Jasmintee *m*

抹 mò beschmieren *vt*; bestreichen *vt*; verputzen *vt*: ～墙 eine Mauer vermörteln; eine Wand verputzen ～灰 Stuckarbeit *f*; Verputz *m* * 另见 mā; mǒ

抹不开 mòbukāi sich auf den Schlips (*od* auf die Hühneraugen) getreten fühlen: 怕他脸上～。Ich fürchtete,er könnte die beleidigte Leberwurst spielen.

秣 mò ① Viehfutter *n* ② Vieh füttern

秣马厉兵 mò mǎ lì bīng die Waffen schärfen und die Pferde füttern; für einen (*od* zum) Krieg rüsten

莫 mò nicht: 非公～入 Unbefugten ist der Zutritt untersagt. 请～见怪! Nehmen Sie es mir nicht übel!

莫不 mòbù keiner, der nicht...; jeder; alle (*od* alles) ohne Ausnahme: ～为之感动 kein einziger, der nicht davon tief berührt gewesen wäre

莫测高深 mò cè gāoshēn unergründlich; undurchschaubar; unerforschlich

莫大 mòdà größt; äußerst; gewaltig; ungeheuer: ～的幸福 höchstes Glück 感到～的光荣 etw. als die größte Ehre betrachten; sich ungeheuer geehrt fühlen ～的侮辱 schwerste Beleidigung

莫非 mòfēi kann es sein, daß...; ist es möglich, daß...: 这人～就是我当年的同学? Ist es möglich, daß dieser Mann mein alter Schulkamerad ist?

莫名其妙 mò míng qí miào nicht begreifen, wo die eigentliche Pointe liegt; rätselhaft; unerklärlich; unbegreiflich: 你这些话真叫我～。Es geht mir wirklich nicht in den Kopf, daß du solche Bemerkungen gemacht hast. 她～地哭了起来。Ganz unerklärlicherweise brach sie in Tränen aus. (又作“莫明其妙”)

莫逆 mònì eng befreundet; ganz

vertraut; intim: ～之交 Busenfreund *m*; Herzensbruder *m*

莫须有 mòxūyǒu unberechtigt; erdichtet; fabriziert; grundlos: ～的罪名 erfundene Beschuldigung; falsche Bezichtigung

漠 mò ① Wüste *f*: 沙～ Wüste *f* ② gleichgültig; teilnahmslos; indifferent: 冷～ kühl (*od* kalt) und unbeteiligt

漠不关心 mò bù guānxīn gleichgültig; kühl und teilnahmslos; sich gar nicht um j-n/etw. kümmern

漠漠 mòmò ① neb(e)lig; dunstig; diesig; undurchdringlich ② ungeheuer weit und verlassen; endlose Weite: ～荒原 eine weite und stille Wildnis

漠然 mòrán gleichgültig; teilnahmslos; apathisch; indifferent: ～置之 etw./j-m gegenüber gleichgültig sein

漠视 mòshì über etw. hinwegsehen; ignorieren *vt*; etw. außer acht lassen; etw./j-m keine Beachtung schenken; etw. nicht beachten: 不能～群众的意见。 Man darf die Meinungen der Volksmassen nicht übergehen.

寞 mò einsam; verlassen: 寂～ einsam

陌 mò Rain *m*; Feldrain *m*; Feldweg *m*

陌路 mòlù 〈书〉 ein Fremder (auf der Straße): 视同～ j-n wie einen Fremdling behandeln

陌生 mòshēng fremd; unbekannt: ～人 Fremde(r)

蓦 mò plötzlich; überraschend; unerwartet: ～地 plötzlich; überraschend; unerwartet; aus heiterem Himmel ～然 plötzlich; jäh

墨 mò ① chinesische Tusche; (schwarzer) Tuschstab *m*: 研～ einen Tuschestab auf einem Tuschstein anreiben 油～ Druckerschwärze *f*; Druck(er)farbe ② (pech)schwarz; stockdunkel: ～绿 schwarz-, dunkel-, tiefgrün — 个～黑的夜晚 eine stockfinstere Nacht

墨迹 mòjī Tintenklecks *m*; Tintenspur *f*: ～未干 die Tinte war noch nicht trocken (als...) ② Originalhandschrift *f*; Originalzeichnung *f*; Originalgemälde *n*: 这是鲁迅的～。 Das ist eine Handschrift von Lu Xun.

墨镜 mòjìng Sonnenbrille *f*

墨守成规 mò shǒu chéngguī starr an überlieferten Formen und Bräuchen festhalten; sich am Überlieferten festklammern; am Hergebrachten hängen

墨水 mòshuǐ ① Tinte *f* ② Wissen *n*; Bildung *f*; Kenntnisse *pl*: 他肚子里还有点～。 Er hat eine ganze Menge auf dem Kasten.

墨汁 mòzhī (flüssige) Schwarztusche *f*

默 mò ① (still)schweigend; stumm; sprachlos: ～不作声 still bleiben; sich über etw. ausschweigen ② etw. aus dem Gedächtnis niederschreiben: ～生字 neugelernte Wörter auswendig niederschreiben; ein Vokabeldiktat schreiben

默哀 mò'āi in schweigender Trauer stehen: ～三分钟 drei Minuten in schweigender Ehrerbietung verweilen

默默 mòmò schweigend; still; stumm: ～无言 stillschweigend; still, ohne ein Wort zu sagen ～无闻 (der Öffentlichkeit) unbekannt; keinen bedeutenden Ruf besitzen

默契 mòqì stilles (*od* stillschweigendes) Einverständnis; geheimes Übereinkommen: 达成～eine stillschweigende Übereinkunft erzielen (*od* treffen)

默然 mòrán schweigend; sprachlos: ～无语 stillschweigend; in völligem Schweigen

默认 mòrèn stillschweigend einwilligen (*od* zustimmen, anerkennen)

默写 mòxiě etw. aus dem Gedächtnis (*od* auswendig) niederschreiben; ein Diktat schreiben

默许 mòxǔ etw. stillschweigend genehmigen (*od* gutheißen); in etw. stillschweigend einwilligen

脉(脈) mò zärtlich; liebevoll: 温情～～ voller Zärtlichkeit; ganz liebevoll; erfüllt von zärtlicher Zuneigung

* 另见 mài

没 mò ① ins Wasser sinken; tauchen *vi*: 轮船沉～了。 Der Dampfer ist untergegangen 潜艇～入水中。 Das U-Boot tauchte. ② überschwemmen *vt*; überfluten *vt*: 雪深～膝。 Der Schnee ist knietief. ③ verschwinden *vi*; sich verlieren; untertauchen *vi*: 出～ bald auftauchen (*od* kommen), bald verschwinden (*od* gehen)

* 另见 méi

没落 mòluò untergehen *vi*; Un-

tergang *m*; Verfall *m*: ～贵族 ein untergegangener Aristokrat
没收 mòshōu beschlagnahmen *vt*; konfiszieren *vt*

mōu

哞 mōu 〈象〉[形容牛叫的声音]: muh; muhen *vi*

móu

谋 móu ① Einfall *m*; Plan *m*; Strategem *n*; Vorhaben *n* List *f*: 预～ vorherbedenken *vt*; vorausplanen *vt* 足智多～ weise und gewiegt; große Erfahrung und weitsichtige Pläne haben ② beraten *vt*; besprechen *vt*: 不～而合 ohne vorherige Besprechung derselben Meinung sein; zufällig einer Meinung sein ③ nach etw. streben; nach etw. suchen; sich um etw. bemühen: ～求和平 sich um den Frieden bemühen 不～私利 nicht nach persönlichem Gewinn streben; uneigennützig
谋害 móuhài einen Mord planen (*od* vorbereiten); einen Mordanschlag aushecken
谋划 móuhuà planen *vt*; beraten *vt*; beratschlagen *vi*; eine Lösung zu finden versuchen
谋求 móuqiú nach etw. trachten; sich um etw. bemühen; erstreben *vt*: ～两国关系正常化 die Normalisierung der Beziehungen zwischen beiden Ländern anstreben ～解决办法 sich um eine Lösungsmethode bemühen; einen Ausweg zu finden versuchen
谋取 móuqǔ nach etw. streben; erwerben *vt*; etw. zu erlangen (*od* erreichen) suchen
谋杀 móushā morden *vi*; ermorden *vt*; Mord *m*
谋生 móushēng sich seinen Lebensunterhalt verdienen: ～的手段 Erwerbsmittel *n*; Erwerbsquelle *f*
谋士 móushì Ratgeber *m*; Berater *m*; Beistand *m*
牟 móu nach etw. trachten (*od* streben, jagen): ～取 nach etw. trachten; nachjagen *vi* ～利 nach Profit streben; Gewinn nachjagen
眸 móu Pupille *f*; Auge *n*: 明～皓齿 mit glänzenden Augen und weißen Zähnen — sehr hübsch (von Mädchen und jungen Frauen)
眸子 móuzi Pupille *f*; Auge *n*

mǒu

某 mǒu gewiß; bestimmt: ～人 eine gewisse Person ～日 an einem bestimmten Tag 在～种程度上 in gewissem Grade; einigermaßen 在～种意义上 gewissermaßen; in gewissem Sinn; sozusagen
某某 mǒumǒu soundso; sowieso: ～大夫 Dr. Soundso; Dr. X ～学校 eine bestimmte (*od* gewisse) Schule

mú

模 mú Form *f*; Matrix *f*; Muster *n* * 另见 mó
模具 mújù Gießform *f*; Matrize *f*
模样 múyàng ① Aussehen *n*; Erscheinung *f*: 她是什么～? Wie sieht sie aus? 这孩子的～象他妈妈。Dieses Kind sieht wie seine Mutter aus. ② [只用于时间、年岁] ungefähr; etwa: 那男的四十来岁～。Der Mann war um die 40 Jahre alt.
模子 múzi Form *f*; Matrize *f*: 一个～里铸出来的 aus derselben Form gegossen sein; sich wie ein Ei dem anderen gleichen

mǔ

亩(畝) mǔ *Mu n* (Flächeneinheit = 1/15 Hektar): ～产量 Pro-*Mu*-Ertrag *m*
牡 mǔ männlich (von Tieren): ～牛 Bulle *m*; Stier *m*
牡丹 mǔdān Strauch-Päonie *f*; Päonie *f*
牡蛎 mǔlì Auster *f*
母 mǔ ① Mutter *f* ② Anrede für ältere Frauen: 祖～ Großmutter *f* 伯～ Tante *f* (Frau des älteren Bruders des Vaters) ③ weiblich: ～鸡 Henne *f* ～狗 Hündin *f* ～牛 Kuh *f* ～马 Stute *f*
母爱 mǔ'ài Mutterliebe *f*; mütterliche Liebe
母亲 mǔqin Mutter *f*
母系 mǔxì ① matriarchalisch; mutterrechtlich ② mütterliche Seite; mütterlicherseits: ～亲属

Verwandte mütterlicherseits
母校 mǔxiào j-s alte Schule oder Universität; Alma mater *f* (Bezeichnung für die eigene Universität)
母性 mǔxìng mütterlicher Instinkt; Mutterinstinkt *m*

拇 mǔ
拇指 mǔzhǐ ① Daumen *m* ② große Zehe

mù

墓 mù Grab *n*; Grabstätte *f*; Mausoleum *n*
墓碑 mùbēi Grabstein *m*
墓地 mùdì Grabstätte *f*; Friedhof *m*
墓志 mùzhì Grabinschrift *f* (mit dem Lebensweg des Verstorbenen); Epitaph *n*
暮 mù ① Abend *m*; Abenddämmerung *f*; bei Sonnenuntergang ② am Ende; gegen Ende hin; spät: ～春 später Frühling; im späten Frühjahr
暮霭 mù'ǎi Abenddunst *m*; Abendnebel *m*
暮年 mùnián Lebensabend *m*; im hohen Alter
暮气 mùqì Trägheit *f*; Stumpfheit *f*; Unempfindlichkeit *f*: ～沉沉 ohne Vitalität (*od* Lebenskraft); lethargisch; apathisch
暮色 mùsè Abenddämmerung *f*; abendliches Zwielicht: ～苍茫 fortschreitende Dämmerung; dunkler werdende Schatten in der Dämmerung
幕 mù ① Vorhang *m*: ～启。Der Vorhang öffnet sich (*od* geht auf). ～落。Der Vorhang schließt sich (*od* fällt). 夜～ der Schleier der Nacht ② Akt *m*: 第一～ Erster Akt
幕布 mùbù Bühnen-, Theatervorhang *m*
幕后 mùhòu hinter den Kulissen; im Verborgenen: ～策划 etw. hinter den Kulissen anzetteln; Aktivitäten im Verborgenen entfalten ～操纵 hinter dem Vorhang die Drähte ziehen; hinter den Kulissen manövrieren
幕间休息 mùjiān xiūxi Pause *f* (zwischen den Akten); Zwischenpause *f*
幕僚 mùliáo ① Beraterstab eines hohen militärischen Beamten (in alter Zeit Chinas) ② Hilfspersonal in einer Behörde; Amtsgefolge *n*
募 mù sammeln *vt*; anwerben *vt*: ～款 Geld sammeln (*od* aufbringen) ～兵 Soldaten anwerben; Soldaten rekrutieren
募集 mùjí sammeln *vt*; aufbringen *vt*: ～资金 Kapital aufbringen
募捐 mùjuān Spenden sammeln; um Spenden bitten; um Beiträge nachkommen
慕 mù sich sehnen; nach etw. verlangen; für etw. Neigung haben: 爱～ j-n bewundern und gern haben; verehren *vt* 仰～ zu j-m mit Bewunderung aufschauen ～名而来 wegen der Bewunderung für eine berühmte Persönlichkeit kommen
木 mù ① Baum *m*: 草～ Gräser und Sträucher (*od* Bäume) 伐～ Bäume fällen 见～不见林 den Wald vor lauter Bäumen nicht sehen ② Holz *n*; Nutzholz *n*: 桃花心～ Mahagoni *n* ③ hölzern; aus Holz gemacht: ～箱 Holzkiste *f* 棺～ Sarg *m* ④ empfindungslos; erstarrt; taub; hölzern: 两脚都冻～了。Beide Füsse sind starr (*od* taub) vor Kälte ～头～脑 schwachköpfig; töricht; holzköpfig
木板 mùbǎn Brett *n*; Holzplatte *f*; Planke *f*: ～床 Holzpritsche *f*
木材 mùcái Holz *n*; Nutz-, Bauholz *n*: ～厂 Holzverarbeitungsbetrieb *m*; Sägewerk *n*
木柴 mùchái Brennholz *n*
木耳 mù'ěr Judasohr *n*
木筏 mùfá Holzfloß *n*
木工 mùgōng ① Tischlerhandwerk *n*; Zimmermannsarbeit *f* ② Tischler *m*; Zimmermann *m*. Schreiner *m*
木匠 mùjiang Zimmermann *m*; Tischler *m*
木刻 mùkè Holzschnitt *m*; Holzstich *m*
木料 mùliào Holz *n*; Nutz-, Bauholz *n*
木马 mùmǎ ① Pferd *n* ② Schaukelpferd *n*
木乃伊 mùnǎiyī Mumie *f*
木偶 mù'ǒu Holzfigur *f*; Puppe *f*; Marionette *f*: ～剧 Puppentheater *n*; Puppenspiel *n*
木排 mùpái Floß *n*
木片 mùpiàn Holzbrettchen *n*; Holzstückchen *n*
木器 mùqì Holzmöbel *pl*; Holzwaren *pl*; Holzutensilien *pl*

木然 mùrán verblüfft; (wie) betäubt; benommen
木炭 mùtàn Holzkohle *f*: ～画 Kohlezeichnung *f*
木头 mùtou Holz *n*; Holzklotz *m*; Holzblock *m*
木星 mùxīng Jupiter *m*
木已成舟 mù yǐ chéng zhōu der Baum ist schon zum Boot geworden — es ist nichts mehr zu ändern; vor vollendeten Tatsachen stehen; geschehene Dinge lassen sich nicht mehr ungeschehen machen

沐 mù sich das Haar waschen
沐猴而冠 mùhóu ér guàn wie ein Affe mit Hut — unbedeutende Person in imponierender Kleidung; ekelhafte Wichtigtuerei
沐浴 mùyù sich baden; ein Bad nehmen

目 mù ① Auge *n*: 双～失明 auf beiden Augen blind sein 历历在～ j-m klar vor Augen stehen; etw. noch deutlich vor Augen haben ② (einzelner) Punkt *m*; (einzelner) Gegenstand *m*: 细～ bestimmte Einzelheiten; Details *pl* 书～ Bücherkatalog *m*
目标 mùbiāo ① Ziel *n*; Objekt *n*: 命中～ das Ziel erreichen; ins Schwarze treffen 攻击～ Angriffsziel *n* ② Zweck *m*; Ziel *n*: 他不能把～定得那么高。Er kann sich sein Ziel nicht so hoch setzen.
目不识丁 mù bù shí dīng nicht das einfachste Schriftzeichen kennen; völliger Analphabet sein
目不暇接 mù bù xiá jiē mit Blikken nicht zu erfassen; eine Unmenge von schönen Dingen ist zur Schau gestellt (又作"目不暇给")
目不转睛 mù bù zhuǎn jīng etw./j-n starr ansehen; unverwandt anblicken
目次 mùcì Verzeichnis *n*; Inhalt *m*
目瞪口呆 mù dèng kǒu dāi vor Schreck oder Angst sprachlos sein; wie vom Blitz getroffen dastehen; ganz verblüfft
目的 mùdì Ziel *n*; Zielsetzung *f*; Zweck *m*; Endzweck *m*: 最终～ höchstes Ziel 达到～的手段 ein Mittel zum Zweck 不可告人的～ verborgene Absicht; unlautere Ziele ～地 Ziel *n*; Reiseziel *n*; Bestimmungsort *m*
目睹 mùdǔ mit eigenen Augen sehen; sich mit eigenen Augen überzeugen
目光 mùguāng Sicht *f*: ～短浅 einen engen Horizont haben; nicht über seine Nase hinaussehen können; kurzsichtig sein ～远大 weitblickend; vorausschauend; einen weiten Horizont haben
目击 mùjī mit eigenen Augen sehen: ～者 Augenzeuge *m*
目空一切 mù kōng yīqiè auf alles herabschauen; sehr überheblich; die Nase hochtragen
目录 mùlù Verzeichnis *n*; Index *m*; Katalog *m*; Liste *f*; Register *n*: 图书～ Bibliothekskatalog *m* 展品～ der Katalog der Exponate; Liste der Ausstellungsstücke
目前 mùqián gegenwärtig; jetzig; augenblicklich; zur Zeit: ～形势 die gegenwärtige Situation 到～为止 bis jetzt; bis heute; so weit
目送 mùsòng j-m mit den Augen folgen; j-m nachsehen
目无法纪 mù wú fǎjì Gesetz und Disziplin außer acht lassen; das Gesetz ignorieren
目眩 mùxuàn geblendet; betäubt; von greller Beleuchtung schwindlig werden
目中无人 mù zhōng wú rén die Leute wie Luft behandeln; niemanden gelten lassen; hochnäsig; überheblich

睦 mù mit j-m gut befreundet; einträchtig; harmonisch
睦邻 mùlín freundliche Nachbarschaft; gutnachbarschaftlich: ～政策 Politik der guten Nachbarschaft; Politik der gutnachbarlichen Beziehungen

牧 mù Vieh hüten (*od* weiden): ～羊 Schafe hüten
牧草 mùcǎo Weidegras *n*; Grasfutter *n*
牧场 mùchǎng Weide *f*; Weideland *n*; Weideplatz *m*
牧歌 mùgē Schäfer-, Hirtenlied *n*; Schäfergedicht *n*
牧民 mùmín Hirt(e) *m*; Viehzüchter *m*
牧区 mùqū Weidegebiet *n*
牧师 mùshi Pastor *m*
牧童 mùtóng Hirtenknabe *m*; Hirtenjunge *m*; Hütebub *m*
牧业 mùyè Viehzucht *f*; Viehwirtschaft *f*; Viehhaltung *f*

穆 mù ehrfürchtig; feierlich ehrerbietig: 肃～ ehrfürchtige Stille
穆斯林 mùsīlín Mohammedaner *m*; Moslem *m*

N n

ná

拿 ná ① nehmen *vt*; fassen *vt*; ergreifen *vt*; halten *vt*: 她手里～着一把伞。Sie hält einen Schirm in der Hand. ～去 wegnehmen *vt* ～来 etw. an sich nehmen; herholen *vt* ② festhalten *vt*; überwältigen *vt*; überwinden *vt*; bezwingen *vt*: ～下敌人的碉堡 einen feindlichen Bunker nehmen ③ beherrschen *vt*; fähig zu etw. sein; in etw. bewandert sein: ～不准 sich einer Sache nicht sicher sein ④ absichtlich Schwierigkeiten bereiten: ～某人一把 j-m absichtlich Schwierigkeiten in den Weg legen 他想～我一手。Er möchte mir Schwierigkeiten bereiten. 或 Er will mich in Schwierigkeiten bringen. ⑤ mit: ～热水洗 sich warm waschen; (etw.) mit warmem Wasser waschen ～事实证明 etw. durch Tatsachen beweisen ⑥ [引进所处置的对象]: 我简直～这孩子没办法。Ich weiß einfach nichts mit diesem Kind anzufangen. 他们总是～他开玩笑。Sie nehmen ihn immer auf den Arm. 或 Sie machen sich immer über ihn lustig. 她～我当孩子看。Sie betrachtet mich als ein Kind.

拿架子 ná jiàzi sich groß aufspielen; sich aufs hohe Roß setzen

拿手 náshǒu bewandert; erfahren; in etw. zu Hause sein: 炸虾是我的～菜。Gebratene Garnelen ist meine Spezialität. ～好戏 das, was man besonders gut beherrscht; Domäne *f*; Spezialität *f*

拿主意 ná zhǔyi einen Entschluß fassen; sich entschließen; eine Entscheidung treffen: 你自己～吧。Es ist deine eigene Entscheidung. 我的主意拿定了。Mein Entschluß steht fest. 拿不定主意 unschlüssig (*od* unentschlossen, zögernd) sein

nǎ

哪 nǎ ① welche(-r, -s): 你想借～本书? Welches Buch willst du dir borgen? 他是～国人? Aus welchem Land kommt er? 你最喜欢～种颜色? Welche Farbe ist deine bevorzugte? 你～天有时间? Wann bist du frei? ② irgendein; irgendwelche(-r,-s): 你借～本书都可以。Du kannst dir irgendein Buch borgen, wie du willst. 这两种颜色我～种都不喜欢。Ich liebe weder diese noch jene Farben. ～天都行。Es paßt mir jeden Tag. ③ [表示反问]: ～有你这样对待老人的? Wie kannst du den Alten so behandeln (*od* mit dem Alten so umgehen)? 没有他的帮助你～能有今天? Ohne seine Hilfe, wie könnst du heute gut situiert sein? * 另见 na; něi

哪个 nǎge ① welche(-r, -s): ～公司? Welche Gesellschaft? 你要～? Was möchten Sie? ② wer: ～? wer ist er?

哪里 nǎlǐ ① wo: 你在～住? Wo wohnst du? 在～工作都一样。Das ist mir egal, wo ich arbeite. ～有压迫，～就有反抗。Wo es Unterdrückung gibt, gibt es auch Widerstand. ② [用于反问，表示否定]: 我～知道他已经走了? Wie hätte ich wissen können, daß er schon weggegangen ist? 他～会说中文，不过认识几个字罢了。Er kann tatsächlich kein Chinesisch sprechen. Er versteht nur ein paar Charaktere. 你对我们帮助很大。——～，～。Du hast uns sehr geholfen. — Nicht der Rede wert! (*od* Ach woher denn!)

哪怕 nǎpà selbst; wenn auch: ～下再大的雨我也得去。Wenn es auch in Strömen regnet, muß ich gehen.

哪儿 nǎr 同"哪里"

哪些 nǎxiē welche: ～是你的? Welche davon gehören dir? ～人去参加晚会了? Welche Leute nehmen an der Abendveranstaltung teil? 你买了～东西? Was hast du gekauft?

哪样 nǎyàng welche Sorte; welche(-r, -s) (又作"哪种"): 你要～颜色的? Welche Farbe wünschen Sie? 你说的是～餐巾? Was für eine Serviette meinen Sie damit?

nà

捺 nà ① unterdrücken *vt*; etw. unter Kontrolle halten: ～着性子 sich gedulden; seine Ungeduld zügeln ② nach rechtsunten verlaufender Strich (in chinesischen Schriftzeichen)

呐 nà

呐喊 nàhǎn laut rufen; schreien *vi*; Hurra-, Beifallsruf *m*

钠 nà Natrium *n* (Na)

纳 nà ① aufnehmen *vt*; annehmen *vt*; akzeptieren *vt*: 采～ annehmen *vt*; sich etw. zueigen machen ② abliefern *vt*; zahlen *vt*: 交～公粮 Getreideabgaben abliefern ③ etw. mit engen Stichen annähen: ～鞋底 Stoffsohlen mit engen Stichen fest annähen

纳贿 nàhuì ① sich bestechen lassen; Bestechungsgelder annehmen; passive Bestechung ② bestechen *vt*; Bestechungsgelder anbieten; aktive Bestechung

纳闷儿 nàmènr sich wundern: 她为什么不接受这项任务，真叫人～。Es ist wirklich unbegreiflich, warum nimmt sie diese Aufgabe nicht über.

纳入 nàrù bringen *vt*; aufnehmen *vt*; einfügen *vt*; einbeziehen *vt*: ～正轨 etw. ins richtige Gleis bringen; etw. in die richtige Bahn lenken ～国家计划 etw. in den Staatsplan aufnehmen

那 nà ① das; jene(-r, -s): ～是谁? Wer ist das? ～是可以理解的。Das ist verständlich. ② dann; in diesem Fall: ～你自己呢? Wie steht es dann mit dir selbst? ～我就一个人去了。Also, in diesem Fall gehe ich allein.

那个 nàge ① das; jene(-r, -s): ～问题 jenes Problem ② 〈口〉[用在动词、形容词之前，表示夸张]: 看他～得意劲儿。Schau, wie selbstzufrieden und vergnügt er aussieht! ③ 〈口〉 [代替不便直说的话，含有婉转或诙谐的意味]: 你刚才跟他讲话的样子也太～了。Also, mit deiner Sprechweise zu ihm eben, das war so eine Sache!

那里 nàli dort; da: ～气候怎么样? Wie ist das Klima dort?

那么 nàme ① so; derartig: 他不该～说。Er hätte das nicht so sagen sollen. ～做会伤她的感情的。Es wird ihre Gefühle verletzen, wenn du die Angelegenheit so erledigst. 我哥哥没有～高。Mein (älterer) Bruder ist nicht so groß. ② [放在数量词前，表示估计] ungefähr; etwa: 再有～二三十分钟就够了。Dazu noch etwa 20 bis 30 Minuten würden es tun. ③ also; nun; folglich; dann: 既然电影不好看，～我们回家吧。Da dieser Film nicht gut ist, laß uns nun nach Hause gehen!

那儿 nàr 〈口〉 ① 见"那里" ② [用在"打"、"从"、"由"后面] jene Zeit: 打～起，她就用心念书了。Von da an lernte sie fleißig.

那时 nàshí damals; zu jener Zeit

那些 nàxiē jene

那样 nàyàng so; auf solche Weise: 他不像你～仔细。Er ist nicht so sorgfältig wie du. 没你说的～好。Es ist nicht so gut, wie du gesagt hast. ～做不行。das, was du gemacht hast, ist ungeeignet. 瞧你把她急成～。Schau, wie du ihr so große Sorgen machst (*od* bereitest).

na

哪 na [用在韵尾是 -n 的字后面，相当于"啊" a]: 加油干～! Gib (mehr) Gas! 或 Los, vorwärts!

nǎi

乃 nǎi ① sein: 失败～成功之母。Der Fehlschlag ist die Mutter des Erfolgs. ② so; darum: 因山势高峻，～在山腰休息片时。Da der Berg steil und hoch war, ruhten wir uns auf halber Höhe für eine Weile aus.

乃至 nǎizhì ja sogar; und sogar: 他的学术成就引起了全中国～全世界人民的敬佩。Seine wissenschaftliche Errungenschaft hat dem Volk von ganzen China, ja sogar von der ganzen Welt, Bewunderung eingeflößt.

奶 nǎi ① Brüste *pl* ② Milch *f* ③ stillen *vt*: ～孩子 ein Kind stillen

奶粉 nǎifěn Milchpulver *n*; Trokkenmilch *f*

奶酪 nǎilào Käse *m*
奶妈 nǎimā Säugamme *f*
奶奶 nǎinai Großmutter *f* (väterlicherseits); Oma *f*
奶牛 nǎiniú Milchkuh *f*
奶油 nǎiyóu Sahne *f*; Rahm *m*

nài

奈 nài

奈何 nàihé ① wie; was nun: 无可～ ratlos; hilflos; resigniert ② j-m etw. tun; gegen j-n etw. unternehmen: 他就是不答应，你又奈他何！Wenn er es auf keinen Fall zuläßt, was können Sie ihm antun?

耐 nài etw. ertragen können; etw. aushalten können: ～穿 strapazierfähig; dauerhaft 吃苦～劳 Entbehrungen ertragen und Strapazen durchstehen können 这些是～涝作物。Diese sind feuchtigkeitsbeständige Feldfrucht.

耐烦 nàifán geduldig; duldsam: 不～ ungeduldig; Ungeduld *f*
耐寒 nàihán kälte-, frostbeständig; winterhart
耐火 nàihuǒ hitzefest; feuerbeständig
耐久 nàijiǔ haltbar; dauerhaft; strapazierfähig
耐力 nàilì Belastbarkeit *f*; Ausdauer *f*; Widerstandsfähigkeit *f*; Zähigkeit *f*
耐磨 nàimó verschleißfest
耐人寻味 nài rén xúnwèi zum Nachdenken anregen; nachdenklich stimmen
耐心 nàixīn Geduld *f*; geduldig: ～说服 beharrliche Überzeugung
耐性 nàixìng Geduld *f*; Duldsamkeit *f*; Beharrlichkeit *f*
耐用 nàiyòng strapazierfähig; haltbar; dauerhaft: ～品 langlebige Konsumgüter; haltbare Gebrauchsgüter

nán

南 nán Süden *m*; südlich: 华北～部 das südliche Gebiet in Nordchina ～屋 Südenzimmer *n*; nach Norden gerichtetes Zimmer

南半球 nánbànqiú südliche Halbkugel (*od* Hemisphäre)
南北 nánběi ① Norden und Süden: ～对话 ein Dialog zwischen Norden und Süden ② von Süden nach Norden: 大江～ südlich und nördlich vom Changjiang-Fluß
南方 nánfāng Süden *m*; südlich: ～话 südliche Dialekte ～人 Südchinese *m* (von südlich des Changjiang-Flusses); Südländer *m*
南国 nánguó südliche Landesteile; Süden *m*: ～风光 südliche Landschaft
南极 nánjí Südpol *m*; antarktischer Pol
南腔北调 nán qiāng běi diào mit einem Mischakzent sprechen; Dialektmischmasch *m*
南亚 Nán Yà Südasien: ～次大陆 südasiatischer Subkontinent
南辕北辙 nán yuán běi zhé nach Süden fahren wollen, während der Wagen nach Norden gerichtet ist — sich widersprechen; seine Pläne oder Absichten durch sein Tun ins Gegenteil verkehren

喃 nán

喃喃 nánnán mummeln *vi*; murmeln *vi*: ～自语 vor sich hin brummeln

男 nán ① männlich; Mann *m*: ～主人公 Roman-, Dramenheld *m*; männliche Hauptfigur ～演员 Schauspieler *m* ～学生 Student *m*; Schüler *m*

男盗女娼 nán dào nǚ chāng sich wie Banditen und Huren aufführen; durch und durch schurkisch und verdorben
男低音 nándīyīn Baß *m*
男儿 nán,ér Mann *m*; Junge *m*: 好～ ein ganzer Mann
男方 nánfāng auf (*od* von) Seiten des Bräutigams oder Ehemannes
男高音 nángāoyīn Tenor *m*
男孩 nánhái Knabe *m*; Junge *m*; Bub *m*
男朋友 nánpéngyou Freund *m*
男人 nánrén Mann *m*; Ehemann *m*; Gatte *m*
男声 nánshēng Männerstimme *f*: ～合唱 Männerchor *m*
男性 nánxìng männliches Geschlecht
男子 nánzǐ Mann *m*; männlich: ～单打 Herreneinzel *n* ～双打 Herrendoppel *n* ～团体赛 Mannschaftsmeisterschaft der Herren
男子汉 nánzǐhàn ein echter Mann; ein ganzer Kerl: 不象个～ nicht wie ein Mann ausse-

hen; sich unmännlich benehmen; nicht Manns genug

难(難) nán ① schwer; kaum möglich: ～写 schwer zu schreiben ～说 schwer zu sagen ～忘 unvergeßlich ② schlecht; unerfreulich: ～吃 schlecht (*od* unangenehm) schmekken ～听 beleidigend für die Ohren; störend klingen ～看 unschön; häßlich ③ Schwierigkeiten bereiten; erschweren *vt*: 这回可把我～住了。Diesmal hat es mich in Bedrängnis gebracht. * 另见 nàn

难保 nánbǎo etw. nicht garantieren (*od* versichern) können; etw. nicht mit Sicherheit behaupten können: 今天～不下雨。Es gibt keine Garantie dafür, daß es heute nicht regnen wird.

难产 nánchǎn schwere Geburt; Dystokie *f*

难处 nánchǔ schwierig im Umgang sein; unzugänglich: 他一点儿也不～。Es ist gar nicht schwer, mit ihm auszukommen.

难处 nánchu Schwierigkeit *f*; Schlamassel *m/n*: 他有他的～。Er hat seine Probleme.

难道 nándào <副> [用以加强反问语气] ist es denn wirklich möglich, daß ...; meinen Sie wirklich, daß...: ～太阳会从西边出来吗? Könnte die Sonne vom Westen aufsteigen? ～他没告诉你? Hat er dir dies nicht mitgeteilt?

难得 nándé nicht leicht zu bekommen; selten; rar: 机会～ eine seltene Gelegenheit 这样的大雨是很～遇到的。Solcher starke Regen ist kaum vorgekommen.

难怪 nánguài ① kein Wunder; nicht verwunderlich: 外面下雪了,～这么冷。Es schneit. Kein Wunder, daß es so kalt ist. ② verzeihlich; entschuldbar: 他刚来,搞错了也～。Man muß ihm nachsehen, wenn er etwas falsch macht; er ist eben erst gekommen.

难关 nánguān Schwierigkeit *f*; Krise *f*: 渡过～ eine Krise überstehen (*od.* durchstehen) 攻克技术～ technische Schwierigkeiten überwinden

难过 nánguò ① in Not leben; eine schwierige Zeit durchmachen: 日子～ in Not leben; ein hartes Leben führen; es nicht leicht haben ② sich nicht wohl fühlen; unpäßlich; verstimmt: 今天肚子有些～。Heute habe ich eine Magenverstimmung. ③ traurig sein; erschüttert sein: 母亲的去世使他心里非常～。Der Tod seiner Mutter hat ihn tief getroffen.

难解难分 nán jiě nán fēn ① unentwirrbar; eng verschlungen ② miteinander eng verbunden; unzertrennlich

难堪 nánkān ① schwer erträglich; unausstehlich ② verlegen; betreten: 使某人～ j-n in Verlegenheit bringen (*od* setzen) 处于～的境地 sich in einer peinlichen und unangenehmen Lage befinden

难看 nánkàn ① häßlich ② schlecht aussehen: 你的脸色这么～, 不是病了吧? Du siehst so schlecht aus. Bist du krank? 他吃了一惊,脸色变得很～。Sein Gesicht verzerrte sich vor Erschrockenheit. ③ dem Ansehen schaden; beschämend; jämmerlich: 通不过考试就太～了。Es wäre zu blamabel, wenn du im Examen durchgefallen bist.

难免 nánmiǎn schwer vermeidlich; kaum zu umgehen.

难能可贵 nán néng kě guì als seltene Leistung zu loben sein; anerkennenswert

难色 nánsè Reserviertheit an den Tag legen; widerwillig wirken

难舍难分 nán shě nán fēn sich beim Abschied nicht trennen können; ein schwerer Abschied

难受 nánshòu ① sich unwohl (*od* schlecht) fühlen: 毛衣太小,穿着～。Der Pullover ist zu knapp und ich fühle mich (sehr) unangenehm. ② traurig; schwermütig: 他心里很～。Er war sehr niedergeschlagen.

难说 nánshuō schwer zu sagen

难题 nántí schwieriges Problem; kniffliges Thema; schwer zu beantwortende Frage

难听 nántīng ① unangenehmklingen ② anstößig; ekelhaft; grob: 你怎么老是骂人, 多～! Das ist wirklich keine Art von dir, so oft zu schimfpfen! ③ skandalös; anstößig: 这事情说出去多～。Wenn man das hinausposaunt, wird es einen Skandal geben.

难为情 nánwéiqíng sich schämen; sich genieren; beschämt; verlegen; peinlich; scheu: 当着这么多人唱歌，真有点～。 Das macht mich wirklich verlegen, vor so vielen Leute zu singen.

难以 nányǐ nur mit Mühe; schwer: ～想象 kaum vorstellbar ～置信 schwer (*od* kaum) zu glauben; unglaublich ～形容 schwer zu beschreiben; unbeschreiblich ～捉摸 schwer zu erraten; schwer faßbar

nàn

难(難) nàn ① Unglück *n*; Katastrophe *f*: 逃～ vor einer Katastrophe fliehen; als Flüchtling Heim und Herd verlassen ② tadeln *vt*; j-m etw. vorwerfen: 非～ tadeln *vt*; j-m Vorwürfe machen *另见 nán

难民 nànmín Flüchtling *m*: ～营 Flüchtlingslager *n*; Flüchtlingscamp *n*

难兄难弟 nànxiōng nàndì j-d, der mit einem anderen das gleiche schwere Schicksal teilt; Leidensgenossen *pl*

难友 nànyǒu Leidensgenosse *m*; Mitgefangene(r); Zellengenosse *m*

náng

囊 náng Tasche *f*; Beutel *m*; Kapsel *f*: 胶～ Gelatinekapsel *f* 胆～ Gallenblase *f*

囊空如洗 náng kōng rú xǐ keinen Groschen in der Tasche haben; ohne Mittel dastehen; bettelarm sein; abgebrannt sein

囊括 nángkuò einschließen *vt*; umfassen *vt*

囊肿 nángzhǒng Zyste *f*; Zystom *n*

náo

挠(撓) náo ① sich kratzen: ～痒痒 sich an einer juckenden Körperstelle kratzen ② hindern *vt*; verhindern *vt*: 阻～ verhindern *vt*; Obstruktion betreiben ③ weichen *vi*; nachgeben *vi*: 不屈不～ unbeugsam; unnachgiebig; unerschütterlich

挠头 náotóu Schwierigkeiten machen; Kopfzerbrechen bereiten: ～的事 ein schwieriger Fall; eine harte Nuß

nǎo

恼(惱) nǎo sich ärgern; ärgerlich (*od* böse) werden; verärgert sein: 把某人惹～了 j-n ärgern 烦～ Kummer *m*; Sorge *f*; bekümmert; bedrückt; verdrießlich

恼恨 nǎohèn übelnehmen *vt*; verübeln *vt*; hassen *vt*; sich über j-n ärgern

恼火 nǎohuǒ sich ärgern; ärgerlich sein

恼怒 nǎonù sich ärgern; entrüstet sein; aufgebracht sein

恼羞成怒 nǎo xiū chéng nù aus Scham in Wut geraten; durch eine Blamage in Zorn gebracht werden

脑(腦) nǎo Gehirn *n*; Hirn *n*

脑袋 nǎodai Kopf *m*

脑海 nǎohǎi Gehirn *n*; Erinnerung *f*: 深深地印入～ sich j-m tief ins Gedächtnis einprägen

脑筋 nǎojīn ① Hirn *n*; Kopf *n*; *m*; Grips *m*; Gedächtnis *n*: 动～ seinen Kopf anstrengen ② Gedanke *m*; Ideologie *f*

脑力劳动 nǎolì láodòng Kopfarbeit *f*; geistige Arbeit

脑满肠肥 nǎo mǎn cháng féi dickbäuchig; dickwanstig; von großem Leibesumfang

脑汁 nǎozhī Grips *m*; Grütze *f*: 绞尽～ sich den Kopf zerbrechen; sich das Hirn zermartern

脑子 nǎozi ① Gehirn *n*; Hirn *n* ② Denkvermögen *n*; Gedächtnis *n*: 没～ einfältig; vergeßlich

nào

闹(鬧) nào ① lärmend; laut; geräuschvoll; voller Unruhe: 这儿太～，咱们到别处去吧！ Hier ist es zu laut. Laß uns anderswohin gehen! ② lärmen *vi*; Krach schlagen; Radau machen: 叫孩子们别～。 Sagen Sie den Kindern, sie sollen nicht so herumlärmen. 大～一场 das Unterste zuoberst kehren; einen großen Krach machen ③ (Ärger, Wut, Unwillen u.ä.) auslassen *vt*; aufbrausen *vi*: ～脾气 seinem Zorn freien Lauf lassen; sich von seiner schlechten

Laune treiben lassen ～矛盾 sich streiten; in Streit geraten; sich mit j-m überwerfen ④ an etw. leiden: ～水灾 vom Hochwasser (*od* von der Überschwemmung) befallen sein ～肚子 an Durchfall leiden ⑤ machen *vt*; schaffen *vt*: ～罢工 in den Streik treten 把问题～清楚 sich Klarheit über eine Frage verschaffen 原来是～了一个误会。Es hat sich als ein Mißverständnis herausgestellt.

闹别扭 nàobièniu mit j-m hadern und ihm Schwierigkeiten in den Weg legen; in Widerstreit mit j-m stehen; mit j-m auf Kriegsfuß stehen

闹翻 nàofān mit j-m brechen; sich entzweien

闹哄哄 nàohōnghōng geräuschvoll; lärmend

闹剧 nàojù Farce *f*; Posse *f*

闹情绪 nào qíngxù seiner Unzufriedenheit und schlechten Laune freien Lauf lassen; mißgelaunt sein; schlecht aufgelegt sein

闹市 nàoshì lebhaftes Straßenviertel; Geschäftsviertel *n*

闹事 nàoshì Unruhe stiften; ein Durcheinander heraufbeschwören

闹笑话 nào xiàohuà sich lächerlich machen; einen dummen Fehler begehen; einen Bock schießen

闹意见 nào yìjiàn wegen unterschiedlicher Meinungen miteinander in Streit geraten

闹着玩儿 nàozhe wánr spaßen *vi*; Spaß treiben; j-n auf den Arm nehmen: 你别当真，我是跟你～的。Nimm es nicht ernst! Ich treibe Spaß mit dir.

闹钟 nàozhōng Weckuhr *f*; Wekker *m*

ne

呢 ne ①［用在疑问句的末尾］: 怎么办～? Wie soll es weitergehen? 她什么时候来～? Wann wird sie kommen? 我喜欢他，你～? Er gefiel mir. Wie meinst du? 我的大衣～? Wo ist mein Mantel? ②［用在陈述句末尾，表示确认事实］: 还远着～! Es ist noch sehr weit entfernt! 写一本好书得用好几年的时间～! Es braucht mehrere Jahre, ein gutes Buch zu schreiben! 我才不去～! Ich will doch nicht gehen! 昨晚来了十个人～! Gestern abend sind zehn Leute hierhergekommen. 经理正在开会～。Der Manager hat gerade eine Sitzung. ③［用在句中表示停顿］: 她妈妈～，已经回到乡下去了。Was ihre Mutter anbetrifft, sie ist schon auf dem Lande (*od* in den Heimatort) zurückgekehrt.

něi

哪 něi welche(-r, -s); was für ein *另见 nǎ; na

馁 něi den Mut verlieren; entmutigt; mutlos: 气～ den Kopf hängen lassen; entmutigt; verzagt; kleinmütig; mutlos

nèi

内 nèi in; innen; innerhalb: 三天～ in drei Tagen 国～形势 inländische Situation

内部 nèibù innerhalb; intern; inner: 国家～事务 die inneren Angelegenheiten eines Staates ～刊物 nicht für die breite Öffentlichkeit bestimmte Publikationen; interne Zeitschrift

内地 nèidì Landesinnere *n*; Binnenland *n*; Hinterland *n*: ～城市 binnenländische Stadt

内分泌 nèifēnmì innere Absonderung; innere Sekretion; Inkretion *f*

内服 nèifú (Arznei) zum Einnehmen; innerlich anzuwenden

内阁 nèigé Kabinett *n*: 影子～ Schattenkabinett *n* ～大臣 Kabinettsminister *m*

内涵 nèihán Intension *f*; Begriffsinhalt *m*; Sinn oder Inhalt einer Aussage

内行 nèiháng Kenner *m*; Fachmann *m*; Experte *m*: 她在针灸方面很～。Sie ist eine Spezialistin für Akupunktur- und Moxenbehandlung. 充～ sich als Kenner ausgeben

内河 nèihé Binnenfluß *m*

内讧 nèihòng gruppeninterner Konflikt; innere Zerwürfnisse und Machtkämpfe

内奸 nèijiān heimlich für eine fremde Macht arbeitender Angehöriger des eigenen Volkes; heimlicher Kollaborateur; Verräter in den eigenen Reihen

内疚 nèijiù Schuldgefühl *n*;

schlechtes Gewissen; Gewissensbisse *pl*: 感到～ sich schuldig fühlen; Gewissensbisse haben

内科 nèikē innere Medizin: ～医生 Internist *m*; Facharzt für innere Krankheiten

内陆 nèilù Binnen-, Inland *n*; landumschlossen: ～国 Binnenstaat *m*

内乱 nèiluàn innere Unruhen

内勤 nèiqín ① Innen-, Stabs-, Bürodienst *m* ② Büropersonal *n*

内情 nèiqíng Hintergründe *pl*; Hintergrundinformation *f*

内燃机 nèiránjī Verbrennungsmotor *m*

内容 nèiróng Inhalt *m*; Gehalt *m*: ～提要 Synopsis *f*; Inhaltsangabe *f*; Resümee *n* ～丰富 viel Substanz haben

内务 nèiwù innere (*od* interne) Angelegenheit

内线 nèixiàn ① Geheimagent *m*; Spion *m* ② internes Telephonsystem

内详 nèixiáng Name und Adresse des Absenders innenliegend

内销 nèixiāo Inlandverkauf *m*; für den inländischen Markt bestimmt

内心 nèixīn auf dem (*od* im) Herzen; im Inneren: 发自～深处 aus tiefstem Herzen

内衣 nèiyī Unterwäsche *f*

内因 nèiyīn innere Ursache

内忧外患 nèi yōu wài huàn Unruhen im Inland und Übergriffe von außen her

内在 nèizài immanent; innerlich; inner; innewohnend: ～规律 inneres Gesetz ～因素 immanente Faktoren

内脏 nèizàng innere Organe; Eingeweide *pl*

内战 nèizhàn Bürgerkrieg *m*

内政 nèizhèng Innenpolitik *f*; innerstaatliche Angelegenheiten: 互不干涉～ gegenseitige Nichteinmischung in die inneren Angelegenheiten; sich gegenseitig nicht in die inneren Angelegenheiten einmischen

nèn

嫩 nèn ① zart; weich: ～芽 zarter Sproß 小孩子皮肤很～。Kinder haben eine zarte Haut. 炒鸡丁很～。Die gebratenen Hühnerfleischwürfel sind sehr weich. ② hell; zart: ～绿 hellgrün; zartes Grün ③ unerfahren; jung; grün

néng

能 néng ① können: 你明天～去吗？Kannst du morgen gehen? 你一个人～干得了吗？Kannst du dich allein an die Arbeit machen? 他不～不那样做。Er kann nicht umhin, so etwas zu machen. ② Fähigkeit *f*; Können *n*: 一专多～ auf einem Gebiet Fachmann und in vielen anderen bewandert sein ③ Energie *f*: 原子～ Atomenergie *f* 太阳～ Sonnen-, Solarenergie *f*

能干 nénggàn tüchtig; fähig

能够 nénggòu können; imstande sein

能力 nénglì Fähigkeit *f*; Vermögen *n*; Können *n*: ～强 große Fähigkeiten besitzen

能量 néngliàng Energie *f*

能耐 néngnai 〈口〉 Fähigkeit *f*; Können *n*

能…能… néng...néng... sowohl... als auch ... können: 能上能下 sowohl in hoher als auch in niedriger Stellung seinen Dienst versehen können 能文能武 sowohl mit der Waffe als auch mit der Feder umzugehen wissen

能手 néngshǒu großer Könner; Meister *m*

能说会道 néng shuō huì dào eine gewandte Zunge haben; ein flinkes Mundwerk besitzen

能源 néngyuán Energiequelle *f*: ～危机 Energiekrise *f* ～节约 Erhaltung der Energie

ńg

嗯 ńg 或 ń [表示疑问]: ～，你说什么？Wie bitte, was hast du gesagt?

ňg

嗯 ňg 或 ň [表示出乎意外或不以为然]: ～，怎么不见了？Na, ist es schon weg? ～！你怎么还没有去？Was? Du bist noch nicht hingegangen?

ǹg

嗯 ǹg 或 ň [表示答应]: 他～了一声，就走了。 Er machte nur „Hm" und ging weg.

ní

霓 ní sekundärer Regenbogen
霓虹灯 níhóngdēng Neonlampe *f*; Neonlicht *n*

尼 ní buddhistische Nonne
尼姑 nígū buddhistische Nonne
尼龙 nílóng Nylon *n*

泥 ní ① Schlamm *m* ② schlammartige oder breiige Masse; dicker Brei: 枣～ Dattelmus *n* 土豆～ Kartoffelpüree *n*; Kartoffelbrei *m* * 另见 nì
泥巴 níbā Sehlamm *m*
泥坑 níkēng Schlammgrube *f*; Morast *m*; Sumpf *m*
泥泞 nínìng schlammig; matschig: ～的道路 schlammiger Weg
泥菩萨 nípúsà tönerne Bodhisattwastatue: ～过河，自身难保 wie ein tönerner Buddha beim Durchwaten eines Flusses— sich nicht zu helfen wissen (geschweige denn anderen)
泥沙 níshā Treibsand *m*
泥石流 níshíliú Schutt-, Schlammstrom *m*
泥水匠 níshuǐjiàng Maurer *m* (又作"泥瓦匠")
泥塘 nítáng verschlammter Teich; Schlammtümpel *m*
泥土 nítǔ ① Erde *f* ② Lehm *m*; Tonerde *f*

呢 ní Wollstoff *m*; Wollgewebe *n* * 另见 ne
呢喃 nínán Schwalbengezwitscher *n*
呢绒 níróng Wollstoffe *pl*; Wollgewebe *pl*
呢子 nízi schwerer Wollstoff (für Uniformen oder Mäntel)

nǐ

拟(擬) nǐ ① entwerfen *vt*; ausarbeiten *vt*; konzipieren *vt*: ～稿 einen Entwurf machen ～一个方案 einen Plan entwerfen; ein Konzept machen ② planen *vt*; beabsichtigen *vt*: ～于下月去德国 für den nächsten Monat eine Reise nach Deutschland planen
拟订 nǐdìng entwerfen *vt*; ausarbeiten *vt*; erstellen *vt*: ～具体办法 konkrete Maßnahmen ausarbeiten (又作"拟定")
拟人 nǐrén Personifikation *f*
拟议 nǐyì vorsorgliche Empfehlung; Vorschlag *m*

你 nǐ ① du; Sie: ～喜欢吗？ Gefällt Ihnen es? Gefällt dir es? ～父母 deine Eltern; Ihre Eltern ② ihr; Sie: ～方 Ihre Seite; eure Seite; ihr ～校 Ihre Schule; eure Schule ③ man; einer; eine: 他的才学叫～不得不佩服。Man kann nicht umhin, seine Gelehrsamkeit zu bewundern.
你好 nǐhǎo guten Tag; hallo; wie geht's?
你们 nǐmen ihr; Sie
你死我活 nǐ sǐ wǒ huó auf Leben und Tod: ～的斗争 Kampf auf Leben und Tod

nì

溺 nì ① ertrinken *vi*; ertränken *vt*: ～死 ertrinken *vi* ② sich etw. blind ergeben; übermäßig: ～爱 (ein Kind) verwöhnen *vt*; (ein Kind) abgöttisch lieben

逆 nì gegen; wider; entgegen; zuwider; entgegengesetzt: ～时代潮流而动 sich gegen den Zug der Zeit stemmen; dem Zeitgeist trotzen ～风 Gegenwind *m*
逆差 nìchā passive Handelsbilanz; Passivsaldo im Außenhandel: 贸易～ passive Handelsbilanz
逆耳 nì'ěr dem Ohr weh tun; unangenehm im Ohr klingen: 忠言～。Guter Rat klingt oft unangenehm.
逆风 nìfēng ① gegen den Wind: ～航行 gegen den Wind segeln ② Gegenwind *m*
逆境 nìjìng mißliche Lage; widrige Umstände; Mißgeschick *n*
逆来顺受 nì lái shùn shòu sich ins Unvermeidliche schicken; Widrigkeiten fügsam hinnehmen; gute Miene zum bösen Spiel machen; in den sauren Apfel beißen
逆流 nìliú Gegenströmung *f*
逆水 nìshuǐ gegen den Strom: ～行舟 ein Schiff gegen den Strom

fahren
逆行 nìxíng in entgegengesetzter Richtung gehen
逆转 nìzhuǎn sich verschlechtern; sich zum Schlechten wenden
匿 nì verbergen *vt*; verstecken *vt*; geheimhalten *vt*; inkognito: 隐~ sich verstecken
匿迹 nìjì spurlos verschwinden; inkognito leben; sich verbergen: 销声~ sang- und klanglos verschwinden; sich weder sehen noch von sich hören lassen
匿名 nìmíng anonym; inkognito: ~信 anonymer Brief
腻 nì ① fett; fettig; ölig: 这烤鸭太油~。Diese Bratente ist zu fett für mich. 汤有点儿~。Die Suppe ist etwas fettig. ② einer Sache überdrüssig (*od* müde) sein; etw. satt haben (*od* sein): ~得慌 einer Sache sehr überdrüssig sein ③ peinlich genau; minuziös: 细~ minuziös; sehr genau; bis ins einzelne; fein
腻烦 nìfan ① einer Sache überdrüssig (*od* müde) sein; etw. satt haben (*od* sein) ② hassen *vt*; Ekel empfinden; verabscheuen *vt*: 我真~他。Ich verabscheue ihn wirklich. 或 Ich habe vor ihm tatsächlich (einen) Ekel.
泥 nì etw. mit Kitt zusammenfügen; verkitten *vt*; etw. mit Mörtel verputzen; mörteln *vt* * 另见 ní
昵 nì liebevoll; intim; innig: 亲~ sehr intim; vertraut

niān

拈 niān etw. mit den Fingern nehmen; etw. zwischen den Fingern halten: 信手~来 etw. aus dem Ärmel schütteln ~轻怕重 Leichtes suchen, vor Schwerem zurückschrecken

nián

黏 nián klebrig; leimig: ~米 klebriger Reis
黏合 niánhé binden *vt*; ankleben *vt*; zusammenkleben *vt*: ~剂 Klebstoff *m*; Bindesubstanz *f*
黏结 niánjié zusammenhängen *vi*; kohärieren *vi*: ~力 Kohäsions-, Bindekraft *f* ~性 Kohäsion *f*
黏性 niánxìng Klebrigkeit *f*; Viskosität *f*
黏液 niányè Schleim *m*; Mucus *m*
年 nián ① Jahr *n*: 去~ letztes (*od* vergangenes) Jahr 明~ nächstes (*od* kommendes) Jahr ~复一~ Jahr für Jahr 近~来 in den letzten Jahren; in jüngster Zeit ② jährlich; jedes Jahr: ~计划 Jahresplan *m* ~产量 Jahresproduktion *f*; Jahresertrag *m* ③ Lebensalter *n*: ~过半百 über fünfzig (Jahre alt) sein ~事已高 ein ehrwürdiges Alter erreichen; im hohen Alter stehen 童~ Kindheit *f*; Kinderzeit *f*; Kinderjahre *pl* ④ Neujahr *n*: 拜~ ein glückliches neues Jahr wünschen; Neujahrswünsche übermitteln
年表 niánbiǎo chronologische Tabelle
年成 niáncheng Jahresernte *f*: 好~ gute Ernte; fettes Jahr ~不好 Mißernte *f*; mageres Jahr
年代 niándài ① Zeit *f*; Jahre *pl*; Zeitalter *n*; Zeitabschnitt *m*: 战争~ Kriegsjahre *pl* ② eine Dekade eines Jahrhunderts: 九十~ die neunziger Jahre
年度 niándù Jahr *n*: 财政~ Haushalts-, Finanzjahr *n* ~预算 Jahreshaushalt *m*; Jahresbudget *n*
年富力强 nián fù lì qiáng jung und kräftig; in der Blüte der Jahre (*od*. des Lebens) stehen
年糕 niángāo Neujahrskuchen *m* (aus klebrigem Reismehl)
年关 niánguān Jahresende *n* (früher Zeit zur Begleichung von Rechnungen und Schulden)
年号 niánhào Bezeichnung für die Regierungszeit eines chinesischen Kaisers
年华 niánhuá Zeit *f*; Jahre *pl*: 虚度~ seine Jahre vergeuden
年画 niánhuà Neujahrs- oder Frühlingsfestbild *n*
年货 niánhuò Konsumartikel für das Frühlingsfest: 办~ Einkäufe zum Frühlingsfest machen
年级 niánjí Jahrgang *m*; Schuljahr *n*; Klassenstufe *f*: 小学六~ die sechste Klasse der Grundschule 大学三~学生 Student des dritten Studienjahrs
年纪 niánjì Alter *n*: 你父亲多大~了? Wie alt ist dein Vater? 上了~ bejahrt; betagt ~轻 jung
年鉴 niánjiàn Jahrbuch *n*; Almanach *m*
年景 niánjǐng Ernte *f*; Jahr *n*
年历 niánlì Jahreskalender *m* (auf einem Blatt)

年龄 niánlíng Lebensalter *n;* Alter *n*: 退休～ Renten-, Pensionsalter *n*
年轮 niánlún Jahresring *m*
年迈 niánmài alt; bejahrt: ～力衰 alt und gebrechlich; senil; altersschwach
年轻 niánqīng jung; jugendlich: ～人 Jugendliche(r); Jugend *f* ～力壮 jung und kräftig ～一代 junge Generation; Jugend *f*
年岁 niánsuì Lebensalter *n*
年头 niántóu ① Jahr *n*: 他去世已经三个～了。Seit seinem Sterben sind schon drei Jahre vergangen. ② Jahre *pl*; lange Zeit: 这顶帽子可有～了。 Dieser Hut hat schon lange gehalten. ③ Zeit *f*; Zeitalter *n*: 那～ in jener Zeit ④ Ernte *f*: 今年～真好。 Dieses Jahr ist die Ernte wirklich gut.
年限 niánxiàn Zeitabschnitt von mehreren Jahren: 学习～ Studienjahre *pl*; Studienzeit *f* 工具使用～ Verwendbarkeitsdauer eines Werkzeugs
年月 niányue Tage *pl*; Jahre und Monate

niǎn

捻 niǎn ① etw. zwischen den Fingern drehen; zwirbeln *vt*; zwirnen *vt*: ～线 einen Faden zwirbeln ② gedrehter oder gezwirnter Gegenstand: 纸～儿 Fidibus *m*
捻子 niǎnzi ① Docht *m* ② Zündschnur *f*
撵 niǎn vertreiben *vt*; verjagen *vt*; fortjagen *vt*: 把人～出去 j-n hinaustreiben
碾 niǎn zermalmen *vt*; zermahlen *vt*: ～碎 etw. zu Pulver zerreiben
碾子 niǎnzi Rolle *f*; Walze *f*: 石～ Steinwalze *f*

niàn

念(唸②③) niàn ① an j-n/etw. denken; gedenken *vt*; vermissen *vt*: 想～ an j-n/etw. denken; sich nach j-m/etw. sehnen; vermissen *vt* 十分挂～ j-n sehr vermissen ② lernen *vt*; eine Schule besuchen: ～书 lesen *vt*; studieren *vt*; lernen *vt* 他～中学了。Jetzt besucht er die Mittelschule ～历史 Geschichte studieren ③ vorlesen *vt*: ～信 einen Brief vorlesen ④ Gedanke *m*: 私心杂～ egoistische Gedanken und selbstsüchtige Erwägungen
念叨 niàndao ständig von j-m/etw. im Rückblick oder voller Erwartung reden; j-m viele Gespräche widmen: 你在～什么？ Was murmelst du vor dich hin?
念念不忘 niànniàn bù wàng ständig an etw. denken; etw. immer im Gedächtnis behalten
念头 niàntou Idee *f*; Gedanke *m*; Einfall *m*

niáng

娘 niáng ① Mutter *f*: 爹～ Vater und Mutter; Eltern *pl* ② Frau *f*; Tante *f* (Anrede für eine ältere verheiratete Frau): 老大～ Großmutter *f*; Oma *f* (Bezeichnung für eine ältere Frau) ③ junge Frau: 新～ Braut *f*
娘家 niángjia Elternhaus einer verheirateten Frau
娘娘 niángniang ① Kaiserin oder erste kaiserliche Konkubine: 正宫～ Kaiserin *f* ② Göttin *f*: ～庙 einer Göttin geweihter Tempel

niàng

酿(釀) niàng (Most) gären lassen; (Bier) brauen *vt*; (Schnaps) brennen *vt*: ～酒 alkoholische Getränke herstellen ～啤酒 Bier brauen ～酒业 Wein-, Brau- und Spirituosenindustrie *f*
酿成 niàngchéng zu etw. führen; sich allmählich herausbilden; langsam entstehen
酿造 niàngzào etw. gären lassen; (Bier) brauen *vt*

niǎo

袅 niǎo schlank und zierlich: ～娜 schlank und zierlich
袅袅 niǎoniǎo ① sich aufwärts winden; in Wirbeln aufsteigen: 炊烟～。Der Rauch des Herdfeuers steigt in engen Spiralen in die Höhe. ② im Wind hin und her schwingen: 垂杨～。Die

Zweige der Trauerweide wiegen sich im Winde. ③ nachklingen *vi*: 余音～。Die Musik schien noch lange Zeit in der Luft nachzuklingen. 或 Der Nachklang hielt noch lange an.

鸟(鳥) niǎo Vogel *m*

鸟瞰 niǎokàn übersehen *vt*; überblicken *vt*; etw. aus der Vogelschau sehen: ～全城 die Stadt aus der Vogelperspektive betrachten

niào

尿 niào ① Harn *m*; Urin *m* ② urinieren *vi*; Wasser lassen

尿布 niàobù Windel *f*

niē

捏(揑) niē ① etw. zwischen den Fingern halten; etw. mit den Fingern nehmen; herausfingern *vt*: ～住这支笔。Halte diese Feder zwischen den Fingern! ② etw. zwischen den Fingern rollen, kneten und formen: ～泥人儿 Lehmfiguren formen ～饺子 *Jiaozi* (Teigtäschchen) formen

捏合 niēhé verkuppeln *vt*; in eine Ehe zwingen

捏一把汗 niē yī bǎ hàn (aus Sorge um andere) feuchte Hände bekommen; um j-n/etw. bange sein; ängstlich um etw./j-n besorgt sein

捏造 niēzào erdichten *vt*; erfinden *vt*; aushecken *vt*: ～事实 Fakten fingieren

niè

蹑(躡) niè

蹑手蹑脚 niè shǒu niè jiǎo auf den Zehen schleichen; auf leisen Sohlen gehen

孽 niè Sünde *f*; Böse *n*: 作～ sündigen *vi* 妖～ Gespenst *n*; Ungeheuer *n*; Monster *n*

镍 niè Nickel *n* (Ni)

nín

您 nín <敬> Sie (bei der Anrede)

níng

宁(寧) níng Frieden *m*; Ruhe *f*; friedlich; ruhig * 另见 nìng

宁静 níngjìng ruhig und still; friedlich: ～的夜晚 ein stiller Abend 心里不～ sich unberuhigt fühlen

柠(檸) níng

柠檬 níngméng Zitrone *f*; Limone *f*

拧(擰) níng ① wringen *vt*; auswringen *vt*; drehen *vt*; auswinden *vt*: 把毛巾～干 das Frotteetuch auswringen ② kneifen *vt*; zwicken *vt*: ～了他一把 ihn kneifen * 另见 nǐng

狞(獰) níng scheußlich; häßlich; böse

狞笑 níngxiào widerwärtiges Grinsen

凝 níng ① gerinnen *vi*; gefrieren *vi*; erstarren *vi*; fest werden ② mit konzentrierter Aufmerksamkeit: ～思 in Gedanken versunken; konzentriert nachdenken ～视 anstarren *vt*; (mit Blicken) fixieren *vt*

凝固 nínggù erstarren *vi*; Erstarrung *f*: ～点 Erstarrungspunkt *m*

凝结 níngjié gerinnen *vi*; erstarren *vi*; fest werden; kondensieren *vi*/*vt*: 池面上～了一层冰。Auf dem Teich hat sich eine Eisschicht gebildet.

凝聚 níngjù kondensieren *vi*/*vt*: 这部名著～着他毕生的心血。In diesem berühmten Werk hat die große Mühe auf seiner Lebenszeit konkrete Gestalt angenommen.

凝神 níngshén sich ganz auf etw. konzentrieren; mit großer Aufmerksamkeit; mit voller Konzentration: ～思索 etw. konzentriert durchdenken

凝滞 níngzhì stocken *vi*; stagnieren *vi*: ～的目光 ein stierer Blick

nǐng

拧(擰) nǐng ① drehen *vt*; schrauben *vt*: ～开瓶盖 einen Flaschenverschluß abdrehen ～紧螺丝 eine Schraube festdrehen ② falsch; verkehrt: 你把意思搞～了。Deine Interpretation hat den Sinn verkehrt. ③ entgegengesetzt; uneinig: 两个人越说越～。Je mehr die beiden redeten, desto mehr gingen ihre Meinungen auseinander. *另见 níng

nìng

宁(寧) nìng etw. lieber wollen; lieber ... als...; besser ... als ...; eher ... als ... * 另见 níng

宁可 nìngkě lieber ... als ...; es wäre besser, wenn...: 我～自己干。Ich mag es lieber selbst tun. ～站着死,绝不跪着生 lieber stehend sterben, als mit gebeugtem Knie leben

宁肯 nìngkěn lieber als...; besser als...

宁缺毋滥 nìng quē wú làn lieber nichts als etwas Minderwertiges; lieber niemanden als einen Taugenichts wollen

宁死不屈 nìng sǐ bù qū lieber sterben als sich beugen; lieber tot als Sklave; den Tod der Unterwerfung vorziehen

宁愿 nìngyuàn 见"宁可"

niū

妞 niū ‹口› kleines Mädchen

niú

牛 niú Rind *n*: 母～ Kuh *f* 公～ Stier 小～ Kalb *n*

牛痘 niúdòu Pockenschutzserum *n*: 种～ eine Pockenschutzimpfung vornehmen

牛犊 niúdú Kalb *n*

牛角尖 niújiǎojiān Spitze eines Horns — nebensächliches oder unlösbares Problem: 钻～ unnötige Mühe für ein belangloses oder ein unlösbares Problem aufwenden; Haarspalterei *f*

牛劲 niújìn ① große Kraft; große Anstrengung ② Eigensinn *m*; Sturheit *f*; Zähigkeit *f*

牛马 niúmǎ Rinder und Pferde — Arbeits-, Zug-, Lasttiere *pl*

牛毛 niúmáo Ochsenhaar *n*: 多如～ zahlreich wie die Haare eines Ochsen; unzählig

牛奶 niúnǎi Kuhmilch *f*; Milch *f*

牛排 niúpái Beefsteak *n*

牛棚 niúpéng Kuhstall *m*

牛皮 niúpí ① Rindsleder *n* ② [多用于]: 吹～ prahlen *vi*; Prahlerei *f*

牛皮纸 niúpízhǐ braunes Packpapier

牛脾气 niúpíqi eigensinnig; halsstarrig; dickköpfig; widerspenstig

牛肉 niúròu Rindfleisch *n*

牛头不对马嘴 niútóu bù duì mǎzuǐ in keinem Zusammenhang stehen; ohne jeglichen Zusammenhang; unvereinbar

niǔ

忸 niǔ

忸怩 niǔní verschämt; schüchtern; scheu: ～作态 sich geziert benehmen; affektiert sein

扭 niǔ ① sich wenden; sich drehen: 她～过身去哭了起来。Sie wendet sich und weint. 他～过头来瞪着她。Er drehte den Kopf und warf einen Blick auf sie. 把收音机～大声点儿! Drehe das Radio ein bißchen läuter an! ② drehen *vt*: 把铁丝～断 einen Eisendraht abdrehen ③ verdrehen *vt*; verrenken *vt*: ～了腰 sich das Kreuz verrenken ④ festnehmen *vt*; fest zupacken: 两人～在一起。Die beiden Leute packten sich gegenseitig. ⑤ mit wiegendem Schritt gehen; tänzelnd gehen: 她走路一～一～的。Sie wiegt sich beim Gehen in den Hüften.

扭打 niǔdǎ ringen *vi*; raufen *vi*; handgemein werden

扭捏 niǔnie schüchtern; verschämt

扭伤 niǔshāng verrenken *vt*; verstauchen *vt*; Verrenkung *f*: 脚～了 sich das Fußgelenk verstauchen

扭转 niǔzhuǎn ① sich umdrehen; sich wenden: ～身子 sich umdrehen ② ins Gegenteil verkehren; einen Kurs korrigieren: ～局势

eine Entwicklungstendenz umkehren; die Lage grundlegend verändern

钮 niǔ Knopf *m*: 按～ Druckknopf *m* 电～ Druckknopf *m*; Drucktaste *f* ～扣 Knopf *m*

纽 niǔ ① Knopf *m* ② Band *n*; Verbindungsstück *n*

纽带 niǔdài Band *n*; Verbindungsstück *n*: 友谊的～ die Bande der Freundschaft; freundschaftliche Bande

niù

拗 niù eigensinnig; hartnäckig: 一个脾气很～的老头 ein recht hartnäckiger Alte * 另见 ào

拗不过 niùbuguò nicht zu überreden; hartnäckig; j-n von seiner Meinung nicht abbringen können

nóng

农(農) nóng ① Landwirtschaft *f*; Ackerbau *m*: 务～ Ackerbau treiben ～产品 Agrarprodukte *pl*; landwirtschaftliche Erzeugnisse ② Bauer *m*; Landwirt *m*: 棉～ Baumwollpflanzer *m*

农场 nóngchǎng Gut *n*; Farm *f*: 国营～ Staatsgut *n*; Staatsfarm *f*

农村 nóngcūn Land *n*; Dorf *n*; ländliche Gegend: ～集市 Dorfmarkt *m*

农夫 nóngfū Landmann *m*; Bauer *m*

农户 nónghù Bauernfamilie *f*; Bauernhof *m*; bäuerlicher Haushalt

农会 nónghuì Bauernverein *m*; Bauernvereinigung *f*

农活 nónghuó Feld-; Landarbeit *f*

农具 nóngjù Ackergerät *n*; landwirtschaftliches Gerät

农历 nónglì traditioneller chinesischer Kalender; Mondkalender *m*

农忙 nóngmáng Zeit größten Arbeitsanfalls auf den Feldern; Hauptsaison in der Feldarbeit

农民 nóngmín Bauer *m*; Landleute *pl*

农奴 nóngnú Leibeigene(r): ～主 Leibeigenenhalter *m*

农时 nóngshí Arbeitssaison auf dem Land; Zeit der Feldarbeit: 不违～ zur rechten Zeit die Feldarbeit machen

农田 nóngtián Ackerland *n*; Anbaufläche *f*; Feld *n*: ～基本建设 Investbau in der Landwirtschaft; landwirtschaftlicher Grundaufbau ～水利 Landbewässerung *f*; Bewässerungsanlagen für Ackerland

农闲 nóngxián Zeit geringen Arbeitsanfalls auf den Feldern; Mußezeit in der Landwirtschaft

农药 nóngyào landwirtschaftliches Schädlingsbekämpfungsmittel; Pestizid *n*

农业 nóngyè Landwirtschaft *f*; Ackerbau *m*; Agrikultur *f*: ～人口 Landbevölkerung *f*

农艺师 nóngyìshī Agronom *m*

农作物 nóngzuòwù landwirtschaftliche Kulturpflanzen

浓(濃) nóng ① dicht; dick stark; dickflüssig; konzentriert: ～茶 starker Tee ～烟 dicker Rauch; Qualm *m* ～眉 buschige Augenbrauen ② groß; intensiv: 兴趣很～ stark interessiert sein; großes Interesse haben

浓度 nóngdù Konzentration *f*

浓厚 nónghòu ① dicht; dick ② stark; hervortretend

浓密 nóngmì dicht: ～的枝叶 dichtes Laubwerk

浓缩 nóngsuō konzentrieren *vt*; anreichern *vt*: ～牛奶 kondensierte Milch ～铀 angereichertes Uran

浓郁 nóngyù stark; stark duftend: 玫瑰花发出～的香味。Die Rose strömt einen starken Duft aus.

脓(膿) nóng Eiter *m*

脓包 nóngbāo ① Pustel *f*; Eiterbläschen *n* ② Taugenichts *m*; Nichtsnutz *m*

脓疮 nóngchuāng eiternde Wunde

脓肿 nóngzhǒng Eitergeschwür *f*; Abszeß *m*

nòng

弄 nòng ① machen *vt*; tun *vt*; bereiten *vt*: 你在这儿～什么? Was machst du hier? 你把我～糊涂了。Du hast mich mehr verwirrt. 这么大的工厂，你～得了吗? Kannst du so eine große Fabrik verwalten? 把问题～清楚 eine Frage klären ② spielen *vi*: 小孩爱～沙土。Die Kinder spielen gern mit Sand. 别老～那把伞了! Spiele nicht mit dem Schirm herum! ③ herbeischaffen *vt*;

besorgen *vt*; herholen *vt*: 去～点吃的来。Holen Sie etwas Essen.
弄巧成拙 nòng qiǎo chéng zhuō klug sein wollen, sich aber als Narr erweisen; Opfer der eigenen Klugheit werden; sich selbst überlisten
弄清 nòngqīng klarstellen *vt*; klären *vt*; sich über etw. Klarheit verschaffen; sich über etw. klar werden: ～问题所在 klären, wo der Haken steckt ～事实 einen Sachverhalt klären; die Fakten klarstellen ～是非 Recht und Unrecht unterscheiden
弄权 nòngquán Macht für persönliche Zwecke mißbrauchen
弄虚作假 nòng xū zuò jiǎ j-n mit Tricks hintergehen; falsche Vorspiegelungen machen; einen Täuschungsversuch unternehmen
弄糟 nòngzāo verderben *vt*; Verwirrung stiften; durcheinanderbringen *vt*

nú

奴 nú Sklave *m*; Knecht *m*
奴才 núcai Sklave *m*; Lakai *m*: ～相 Sklavenmentalität *f*; sklavische Unterwürfigkeit; Servilität *f*
奴化 núhuà versklaven *vt*: ～政策 Politik der Versklavung (*od* Knechtung)
奴隶 núlì Sklave *m*: ～主 Sklavenhalter *m*
奴仆 núpú Diener *m*; Lakai *m*; Knecht *m*
奴性 núxìng Servilität *f*; Unterwürfigkeit *f*; Kriecherei *f*
奴颜婢膝 nú yán bì xī unterwürfig; servil; kriecherisch; Speichelleckerei und Kriechertum
奴役 núyì versklaven *vt*; unterjochen *vt*; knechten *vt*

nǔ

弩 nǔ Armbrust *f*
努 nǔ
努力 nǔlì sich anstrengen; sich bemühen; streben *vi*; sein Bestes tun: ～工作 hart arbeiten 尽最大～ sein Bestes tun; mit vollem Einsatz
努嘴 nǔzuǐ die Lippen aufwerfen; den Mund spitzen

nù

怒 nù Zorn *m*; Wut *f*: 发～ sich erzürnen; zornig werden; wütend sein ～不可遏 vor Empörung außer sich sein; vor Wut platzen
怒冲冲 nùchōngchōng wutentbrannt; zornglühend
怒发冲冠 nù fà chōng guān sich vor Zorn die Haare raufen; vor Wut kochen
怒号 nùháo heulen *vi*; toben *vi*: 狂风～。Der Sturmwind heult
怒吼 nùhǒu brüllen *vi*; tosen *vi*; heulen *vi*
怒火 nùhuǒ Flammen des Zorns: 满腔～ wutentbrannt; von glühendem Zorn erfüllt
怒气 nùqì Zorn *m*; Wut *f*: ～冲天 rasend vor Wut; vor Wut schäumen (*od* kochen)
怒涛 nùtāo tobende Wellen; tosende Brandung

nǚ

女 nǚ ① Frau *f*; weiblich: ～工 Arbeiterin *f* ～职员 Angestellte *f* ～售货员 Verkäuferin *f* ～演员 Schauspielerin *f* ～英雄 Heldin *f* ～流 das schwache Geschlecht; Weiber *pl* ② Tochter *f*: 子～ Söhne und Töchter
女儿 nǚ'ér Tochter *f*
女服务员 nǚfúwùyuán weibliches Bedienungspersonal; Stewardeß *f*; Kellnerin *f*; Serviererin *f*; Hotelbedienstete *f*
女高音 nǚgāoyīn Sopran *m*
女孩 nǚhái Mädchen *n*
女皇 nǚhuáng Kaiserin *f*
女郎 nǚláng junge Frau; Mädchen *n*
女朋友 nǚpéngyou Freundin *f*
女人 nǚrén Frau *f*; Weib *n*
女色 nǚsè weibliche Reize: 好～ Frauen verfallen sein; Weiberheld sein; Schürzenjäger sein
女生 nǚshēng Schülerin *f*; Studentin *f*
女士 nǚshì [多用于外交场合] Frau *f*; Dame *f*; Fräulein *n*: ～们,先生们 meine Damen und Herren
女王 nǚwáng Königin *f*
女性 nǚxìng weibliches Geschlecht; weiblich

女婿 nǚxu Schwiegersohn *m*
女主人 nǚzhǔrén Gastgeberin *f*
女子 nǚzǐ Frau *f*; Mädchen *n*: ～单(双)打 Dameneinzel(doppel) *n* ～团体赛 Mannschaftsmeisterschaften der Frauen

nuǎn

暖 nuǎn ① warm: 风和日～ warmer Sonnenschein und eine leichte Brise; warmes, freundliches Wetter ② wärmen *vt*: ～一～手 sich die Hände wärmen
暖房 nuǎnfáng Gewächs-, Treibhaus *n*
暖壶 nuǎnhú Thermosflasche *f*
暖和 nuǎnhuo ① warm; mild ② wärmen *vt*; sich wärmen
暖流 nuǎnliú warme Strömung
暖瓶 nuǎnpíng (又作"暖壶")
暖气 nuǎnqì Zentralheizung *f*: ～管 Heizungsrohr *n*

nüè

疟(瘧) nüè Malaria *f*; Wechsel-, Sumpffieber *n*
疟疾 nüèji Malaria *f*; Wechsel-, Sumpffieber *n*
虐 nüè grausam; tyrannisch; unmenschlich
虐待 nüèdài j-n grausam (*od* brutal) behandeln; mißhandeln *vt*; tyrannisieren *vt*
虐杀 nüèshā j-n durch Mißhandlung töten; j-n zu Tode quälen
虐政 nüèzhèng Tyrannei *f*; Gewaltherrschaft *f*

nuó

挪 nuó verrücken *vt*; verlegen *vt*; rücken *vt*; verschieben *vt*
挪动 nuódòng verrücken *vt*; fortrücken *vt*; rücken *vt*
挪用 nuóyòng ① (Geld) für einen anderen Zweck verwenden; (Geld) abzweigen *vt* ② (öffentliche Gelder) für eigene Zwecke verwenden; Geld veruntreuen: ～公款 öffentliche Gelder veruntreuen

nuò

懦 nuò feige; furchtsam; schwach
懦夫 nuòfū Feigling *m*; Memme *f*
懦弱 nuòruò feige; kleinmütig
糯 nuò
糯米 nuòmǐ (polierter) klebriger Reis
诺 nuò ① Versprechen *n*; Zusage *f*: 许～ ein Versprechen geben ② ja; gewiß: 唯唯～～的人 ein Jasager
诺言 nuòyán Versprechen *n*: 履行～ sein Versprechen erfüllen (*od* einlösen); sein Wort halten

O o

ō

喔 ō 〈叹〉 [表示了解]: ～，原来是你！ Ach so! Du bist es!
喔唷 ōyō 〈叹〉 [表示惊讶、痛苦]: ～，这么大的苹果！ Oh, so ein großer Apfel! ～，好烫！ Aua! Es ist furchtbar heiß!

ó

哦 ó 〈叹〉 [表示将信将疑]: ～！会有这样的事？ Ach, wie konnte so etwas bloß passieren! 或 Ja, ist das die Möglichkeit? *另见 ò

ò

哦 ò 〈叹〉 [表示领会、醒悟]: ～，我懂了。 Oh! Ich verstehe. ～，我想起来了。 Ach! Da fällt es mir ein. * 另见 ó

ōu

讴(謳) ōu

讴歌 ōugē ① besingen *vt*; lobpreisen *vt* ② Volkslied *n*; volkstümliche Ballade

鸥(鷗) ōu Möwe *f*: 海～ Seemöwe *f*

欧(歐) ōu Abkürzung für Europa

欧洲 ōuzhōu Europa

殴(毆) ōu schlagen *vt*; prügeln *vt*: 斗～ sich schlagen; sich prügeln

殴打 ōudǎ schlagen *vt*; prügeln *vt*; Schlägerei *f*; Balgerei *f*; Rauferei *f*: 互相～ sich gegenseitig schlagen; miteinander raufen

ǒu

藕 ǒu Lotoswurzel *f*

藕断丝连 ǒu duàn sī lián Zuneigung überdauert den Abbruch einer Beziehung; kein endgültiger Bruch

藕粉 ǒufěn Stärkemehl aus Lotoswurzeln

偶 ǒu ① Figur *f*; Bildnis *n*: 木～ Menschenfigur aus Holz; Marionette *f*; Gliederpuppe *f* ② in Paaren; durch eine gerade Zahl bezeichnet ③ Ehepartner *m*: 配～ Ehepartner *m* ④ zufällig; unerwartet; gelegentlich: ～遇 j-n zufällig treffen

偶尔 ǒu'ěr ab und zu; gelegentlich; manchmal: ～为之 etw. gelegentlich machen; etw. ab und zu mal tun

偶合 ǒuhé zufällig gleicher Meinung sein; ausnahmsweise konform gehen; unerwartete Übereinstimmung: 他们在这一点上观点一致完全是一种～。Es ist ein reiner Zufall, daß sich ihre Positionen in diesem Punkt decken.

偶然 ǒurán zufällig; unerwartet: ～现象 zufälliges Phänomen; Zufall *m* 她～听到了这个消息。Sie hat diese Nachricht zufällig gehört.

偶数 ǒushù gerade Zahl

偶像 ǒuxiàng Götze *m*; Fetisch *m*; Idol *n*: ～崇拜 Götzenanbetung *f*; Götzendienst *m*; Abgötterei *f*; Idololatrie *f*

呕(嘔) ǒu sich erbrechen; sich übergeben; Erbrechen *n*; Vomitus *m*: 发～ unwohl sein 令人作～ Ekel erregen; ekelerregend

呕吐 ǒutù sich erbrechen; sich übergeben

呕心沥血 ǒu xīn lì xuè sich das Hirn zermartern; sich völlig verausgaben

òu

沤(漚) òu etw. so lange einweichen, bis es faulig wird

沤肥 òuféi Kompost bereiten

怄(慪) òu ① sich nachhaltig ärgern; verärgert; voller Groll ② verärgern *vt*

怄气 òuqì sich ärgern; mißmutig; verdrossen: 怄了一肚子气 sich nachhaltig ärgern; voller Ärger (*od* Groll) sein

P p

pā

啪 pā <象> knall; klapp

啪嚓 pāchā <象> [形容东西落地或撞击或碰碎等声音] plumps; knall

啪嗒 pādā [形容东西落地或撞击的声音] klapp; tipp, tapp

趴 pā ① auf dem Bauch liegen; sich auf den Bauch legen ② sich nach vorn lehnen; sich über etw. beugen: 他～在桌子上画图。Über den Tisch gebeugt, fertigte er eine Zeichnung an.

pá

扒 pá ① zusammenrechen *vt*; zusammenharken *vt* ② auf kleiner Flamme weich kochen; schmoren *vt*: ～羊肉 geschmortes Lammfleisch * 另见 bā

扒手 páshǒu Taschendieb *m*

耙 pá ① Rechen *m*; Harke *f*: 木～ Holzharke *f* ② rechen *vt*; harken *vt*: ～地 den Acker mit einer Harke glätten; den Boden eben harken

爬 pá ① kriechen *vi* ② hin-aufklettern *vt*; emporklimmen *vi*: ～山 einen Berg besteigen (*od* erklettern, erklimmen)

爬虫 páchóng Reptil *n*; Kriechtier *n*

爬行 páxíng kriechen *vi*: ～动物 Kriechtier *n*; Reptil *n*

pà

怕 pà ① fürchten *vt*; Angst haben ② befürchten *vt*; die Befürchtung haben; vermutlich; vielleicht: 他走了～有十天了。Er wird wohl schon vor etwa 10 Tagen gegangen sein. 他～是病了。Vielleicht ist er krank.

怕事 pàshì vor Unannehmlichkeiten Angst haben (*od* zurückscheuen)

怕死 pàsǐ den Tod fürchten; feige: ～鬼 Feigling *m*; Angsthase *f*

怕羞 pàxiū schüchtern; scheu; sich schämen

帕 pà Taschentuch *n*

pāi

拍 pāi ① klatschen *vi*; klopfen *vt*; leicht schlagen: ～球 einen Ball aufspringen lassen ～巴掌 in die Hände klatschen ～掉身上的土 den Staub von sich abklopfen ～～他的肩膀 ihm auf die Schulter klopfen ② etw. mit einer Kamera aufnehmen: ～照 eine Aufnahme machen; photographieren *vt* ～电影 einen Film drehen ③ (ein Telegramm) senden *vt*: ～电报 ein Telegramm schicken; telegraphieren *vi* ④ sich bei j-m einschmeicheln; j-m um den Bart gehen: 吹牛～马 prahlen und schmeicheln ⑤ Schläger *m*: 乒乓球～ Tischtennisschläger *m* 网球～ Tennisschläger *m* ⑥ Taktschlag *m*: 一小节三～ drei Schläge zu einem Takt

拍板 pāibǎn ① (bei einer Auktion) den Zuschlag erteilen: ～成交 etw. unter den Hammer bringen; einen Kuhhandel abschließen ② entscheiden *vt*; das letzte Wort haben: 这事得由经理亲自～。Diese Sache muß vom Manager persönlich entschieden werden.

拍马屁 pāimǎpì j-m schmeicheln; j-n umschmeicheln; j-m um den Bart gehen; j-m Honig um den Mund (*od* um den Bart) schmieren

拍卖 pāimài Auktion *f*; Versteigerung *f*; etw. versteigern (lassen)

拍摄 pāishè etw. mit einer Kamera aufnehmen; filmen *vt*

拍手 pāishǒu Beifall klatschen; in die Hände klatschen; applaudieren *vi*: ～叫好 applaudieren und in Bravorufe ausbrechen ～称快 voller Genugtuung in die Hände klatschen

拍照 pāizhào photographieren *vt*/*vi*; eine Aufnahme machen

pái

排 pái ① reihen *vt*; ordnen *vt*: ～座位 Sitze in Reihen stellen ② entfernen *vt*; ableiten *vt*; etw. abfließen lassen: ～废水 Abwasser ableiten ③ proben *vt*: ～戏 ein Theaterstück proben ④ Reihe *f*: 前(后)～ vordere (hintere) Rhein ⑤ Zug *m* ⑥ Floß *n*: 木～ Holzfloß *n* ⑦ 〈量〉 Reihe *f*: 两～树 zwei Reihen von Bäumen

排版 páibǎn Setzen *n*; Schriftsetzen *n*

排比 páibǐ Parallelismus *m*

排场 páichang Gepränge *n*; prachtvoller Aufwand; Protzerei und Verschwendung

排斥 páichì verdrängen *vt*; abstoßen *vt*; verstoßen *vt*; ausschließen *vt*: ～异己 fremde Elemente ausschalten; Außenseiter verdrängen

排除 páichú entfernen *vt*; fortschaffen *vt*; ausscheiden *vt*; loswerden *vt*; sich j-s/etw. entledigen: ～障碍 ein Hindernis wegräumen (*od* beseitigen) ～故障 eine Betriebsstörung beseitigen; eine Panne beheben ～一种可能性 eine Möglichkeit ausschließen

排队 páiduì anstehen *vi*; sich anstellen; Schlange stehen: ～买车票 nach Fahrkarten anstehen ～上车 in Reih und Glied in den Bus einsteigen

排骨 páigǔ Rippenstück *n*

排灌 páiguàn be- und entwässern *vt*

排行 páiháng altersmäßige Reihenfolge unter Geschwistern: 他～第三。Er ist das drittälteste Kind in der Familie.

排挤 páijǐ j-n verdrängen; j-n beiseite schieben; j-n ausschließen: 互相～ einander verdrängen

排解 páijiě beilegen *vt*; schlichten *vt*: ～纠纷 einen Streit schlichten; eine Zwietracht beilegen; zwischen zwei streitenden Seiten vermitteln

排涝 páilaò überflutete Äcker dränieren; überschüssiges Wasser von Feldern ableiten

排练 páiliàn einstudieren *vt*; einüben *vt*; proben *vt*: ～节目 ein Kulturprogramm einüben (*od* einstudieren)

排列 páiliè etw. in eine Reihenfolge bringen; etw. in Reihen ordnen; ordnen *vt*; aufreihen *vt*: 按字母顺序～ etw. in alphabetischer Reihenfolge anordnen (*od* aufführen)

排球 páiqiú Volleyball *m*

排山倒海 pái shān dǎo hǎi Berge umstürzend und Meere umstülpend; allmächtige Naturgewalt

排泄 páixiè ableiten *vt*; etw. abfließen lassen; Ausscheidung *f*

排演 páiyǎn proben *vt*

徘 pái

徘徊 páihuái ① auf und ab gehen; hin und her gehen ② zaudern *vi*; wanken *vi*

牌 pái

① Schild *n*; Platte *f*; Tafel *f*: 门～ Schild für die Hausnummer; Hausnummer *f* 车～ Nummernschild (eines Wagens) *n* 招～ Ladenschild *n* ② Marke *f*; Warenzeichen *n*: 名～货 Markenware *f* ③ Spielkarten, Domminosteine usw.: 扑克～ ein Spiel Karten 桥～ Bridge *n*

牌坊 páifāng Ehren-, Gedenkbogen *m*

牌价 páijià ① Listenpreis *m*; Preis laut Katalog ② Tageskurs *m*

牌照 páizhào Fahrzeugkennzeichen *n*; Nummernschild *n*

牌子 páizi ① Marke *f*; Platte *f*; Schild *n* ② Marke *f*; Warenzeichen *n*: 老～ alteingeführte (*od* renommierte) Marke

pǎi

迫 pǎi

* 另见pò

迫击炮 pǎijīpào Granatwerfer *m*

pài

派 pài

① schicken *vt*; einsetzen *vt*; ernennen *vt*: ～代表团出席大会 eine Delegation zu einer Konferenz schicken (*od* entsenden) ～军队 Truppen entsenden (*od* schicken) ～你一个工作 dir eine Arbeit zuteilen ② Gruppe *f*; Fraktion *f*; Schule *f*: 学～ künstlerische oder wissenschaftliche Richtung; Schule *f* 党～ politische Parteien und Gruppen 反对～ oppositionelle Gruppe; Opposition *f* 右～ Rechte *f* ③ Verhalten *n*; Erscheinung *f*; Stil *m*; Art und Weise: 气～ eine stattliche (*od* imposante) Erscheinung ④ [用于派别]: 两～意见 zwei verschiedene Meinungen ⑤ [用于景色、气象、声音、语言等，前面用"一"字]: 形势一～大好。Die Situation ist ausgezeichnet. 一～欣欣向荣的景象 ein blühendes Bild 一～胡言！Lauter Unsinn!

派别 pàibié Gruppe *f*; Fraktion *f*; Schule *f*: ～斗争 Fraktions-, Flügelkämpfe *pl*

派出所 pàichūsuǒ Polizeirevier *n*; Polizeiwache *f*

派遣 pàiqiǎn entsenden *vt*; schikken *vt*: ～代表团 eine Delegation schicken ～特使 einen Sonderbotschafter entsenden

派生 pàishēng ableiten *vt*; herleiten *vt*

派头 pàitóu Erscheinung *f*; Auftreten *n*; Gehabe *n*; Allüren *pl*: 他～真不小！Was der für eine Schau abzieht!

派系 pàixì Fraktion *f* (innerhalb einer politischen Partei u. ä.)

pān

攀 pān

① klettern *vi*; klimmen *vi*: 高不可～ unerreichbarhoch; unzugänglich hoch; himmelhoch ② weitreichende Beziehungen anstreben; einflußreiche Verbindungen suchen

攀登 pāndēng emporklettern *vi*; erklettern *vt*; erklimmen *vt*; besteigen *vt*: ～科学技术新高峰 neue Gipfel in Wissenschaft und Technik erklimmen

攀亲 pānqīn behaupten, mit j-m

verwandt zu sein
攀谈 pāntán mit j-m eine Unterhaltung anknüpfen; mit j-m plaudern; mit j-m ins Gespräch kommen
攀折 pānzhé pflücken *vt*: 请勿～花木! Bitte keine Blumen pflükken!

pán

蹒 pán
蹒跚 pánshān taumeln *vi*; stolpernd gehen; humpeln *vi*; hinken *vi*
盘(盤) pán ① Teller *m*; Tablett *n*; Platte *f*: 银～ Silberplatte *f* 茶～ Teetablett *n* 磨～ Mühlstein *m* 棋～ Schachbrett *n* ② um etw. kreisen; schrauben *vt*; sich winden: ～山小道 gewundener Bergpfad ③ einer Sache auf den Grund gehen; ausfragen *vt*; nachforschen *vi*: ～根究底 einer Sache auf den Grund gehen; etw. bis ins Letzte auskundschaften ④ überprüfen *vt*: ～点 inventarisieren *vt*; das Inventar aufnehmen ⑤ 〈量〉[用于盘绕、扁平之物]: 两～磁带 zwei Rollen Magnetonband 三～菜 drei Teller Essen; drei Gerichte 一～棋 eine Partie Schach
盘剥 pánbō ausbeuten *vt*; Wucher treiben
盘查 pánchá j-n ausfragen und überprüfen
盘缠 pánchan Reisegeld *n*; Reiseauslagen *pl*; Reisespesen *pl*
盘根错节 pán gēn cuò jié wirre Wurzeln und verästelte Zweige; verwickelt; kompliziert
盘踞 pánjù widerrechtlich oder gewaltsam okkupieren (*od* besetzen); sich verschanzen; sich verschanzt halten: ～在山里的土匪 die Banditen, die sich auf dem Berg verschanzten
盘算 pánsuan sich etw. überlegen und planen; etw. berechnen und planen
盘腿 pántuǐ ein Bein über das andere legen; die Beine übereinanderschlagen
盘问 pánwèn ausfragen *vt*; vernehmen *vt*; verhören *vt*
盘旋 pánxuán um etw. kreisen; sich schrauben: 顺着山路～而上 sich die Bergstraße hinaufschlängeln 飞机在上空～。Das Flugzeug zog am Himmel seine Kreise.
盘子 pánzi Teller *m*; Tablett *n*; Platte *f*
磐 pán
磐石 pánshí Fels *m*; Felsen *m*; große Gesteinsmasse: 坚如～ felsenfest

pàn

判 pàn ① entscheiden *vt*; beurteilen *vt*: ～卷子 Prüfungsarbeiten korrigieren und bewerten ～案 einen Fall entscheiden ② verurteilen *vt*; ein Urteil fällen: ～了死刑 j-n zum Tode verurteilen
判别 pànbié differenzieren *vt*; unterscheiden *vt*: ～真假 Echtes und Unechtes unterscheiden; wahr und falsch auseinanderhalten
判处 pànchǔ j-n (zu einer Strafe) verurteilen; eine Strafe über j-n verhängen: ～三年徒刑 j-n zu drei Jahren Gefängnis verurteilen
判定 pàndìng entscheiden *vt*; beurteilen *vt*; ein Urteil fällen
判断 pànduàn ① urteilen *vi*; beurteilen *vt*: ～是非 Recht und Unrecht klarstellen ② Urteil *n*
判决 pànjué verurteilen *vt*; gerichtliches Urteil: ～有罪 j-n schuldig sprechen ～无罪 j-n freisprechen
判明 pànmíng unterscheiden *vt*; sich etw. klarmachen: ～真相 sich einen Sachverhalt klarmachen
判罪 pànzuì j-n eines Verbrechens überführen; j-n für schuldig erklären
畔 pàn an der Seite; dicht an ...: 河～ am Flußufer
叛 pàn verraten *vt*; rebellieren *vi*; meutern *vi*: ～国 das Vaterland verraten; Landesverrat begehen
叛变 pànbiàn verraten *vt*; Verrat begehen: ～投敌 Verrat begehen und zum Feind überlaufen
叛乱 pànluàn einen bewaffneten Aufstand inszenieren; rebellieren *vi*; meutern *vi*; Rebellion *f*
叛逆 pànnì ① Rebellion *f*; rebellieren *vi* ② Rebell *m*: 封建礼教的～ radikaler Kämpfer gegen althergebrachte feudale Anschauungen und Bräuche
叛徒 pàntú Verräter *m*; Treubrü-

chige(r); Renegat *m*

盼 pàn ① sich nach etw. sehnen; nach etw. verlangen; hoffen *vi*: ～自由 sich nach der Freiheit sehnen ～你早日返回 nach deinem baldigen Rückkehr verlangen ② blicken *vi*; schauen *vi*

盼头 pàntou Zukunftsmöglichkeit *f*; gute (*od* erfreuliche) Aussicht; Chancen *pl*: 这事有～了。Die Aussichten sind nicht schlecht in dieser Sache.

盼望 pànwàng etw. sehnsüchtig erwarten; sich nach etw. sehnen; herbeiwünschen *vt*; hoffen *vi*

pāng

滂 pāng

滂沱 hāngtuó herabströmend: 大雨～。Es regnet in Strömen. 或 Der Regen fiel in Sturzbächen vom Himmel.

páng

旁 páng ① an der Seite; dicht an: 路～ an der Straße; Straßenrand *m* ② andere(-r, -s); weitere(-r, -s): ～人 die anderen; andere Leute ③ auf der linken bzw. rechten Seite eines chinesischen Zeichens geschriebener Radikal

旁边 pángbiān an der Seite; an; neben: 坐在桌子～ am Tisch sitzen

旁观 pángguān zuschauen *vi*; abseits stehen und zusehen: 袖手～ mit verschränkten Armen zuschauen; tatenlos zusehen ～者清，当局者迷。Die Schachspieler geraten oft in Verwirrung, während die Zuschauer den besten Überblick haben. 或 Ein Außenstehender hat mehr Scharfsinn als die Beteiligten.

旁敲侧击 páng qiāo cè jī versteckte Anspielungen machen; etw. durch die Blume sagen

旁若无人 páng ruò wú rén als ob sonst niemand anwesend wäre; eingebildet; anmaßend

旁听 pángtīng hospitieren *vi*; als Gast hören (Unterricht, Sitzung usw.): ～席 Platz für Hospitanten; Gästesitz *m*; Zuhörerbank *f*

旁证 pángzhèng Indizienbeweis *m*

磅 páng * 另见 bàng

磅礴 pángbó mächtig; imposant; majestätisch

螃 páng

螃蟹 pángxiè Krabbe *f*

膀 páng * 另见 bǎng

膀胱 pángguāng Harnblase *f*

彷 páng

彷徨 pánghuáng unschlüssig hin und her gehen; hin und her schwanken; zögern *vi*; zaudern *vi*

庞(龐) páng

庞大 pángdà gewaltig; ungeheuer; kolossal; sehr viel: 开支～ enorme Ausgaben

庞然大物 pángrán dà wù Ungeheuer *n*; Monstrum *n*; Koloß *m*; Gigant *m*; Riese *m*

庞杂 pángzá in großer Anzahl und ohne jede Ordnung: 机构～ ein unbeschreibliches Kunterbunt administrativer Organisationen

pàng

胖 pàng dick; beleibt; korpulent; füllig; dickleibig: ～子 Dicke(r); eine dicke Person 长～了 zugenommen haben; dick geworden sein

pāo

抛 pāo ① werfen *vt*; schleudern *vt*: ～球 einen Ball in die Höhe werfen ～出一个虚假声明 eine windige Erklärung auftischen ② j-n hinter sich lassen; j-n beiseite lassen: 被～在后面 von j-m hinter sich gelassen werden

抛光 pāoguāng polieren *vt*; Polieren *n*

抛锚 pāomáo ① ankern *vi*; Anker werfen; vor Anker gehen ② eine Panne haben: 汽车中途～了。Das Auto hatte unterwegs eine Panne.

抛弃 pāoqì wegwerfen *vt*; etw./j-n im Stich lassen: ～朋友 seine Freunde ihrem Schicksal überlassen ～偏见 die Vorurteile über Bord werfen

抛售 pāoshòu etw. zu Schleuderpreisen auf den Markt werfen; verschleudern *vt*; etw. billig absetzen; abstoßen *vt*; verramschen *vt*

抛头露面 pāo tóu lù miàn (von Frauen in der alten Gesellschaft) sich in der Öffentlichkeit zeigen

抛砖引玉 pāo zhuān yǐn yù einen Backstein hinwerfen, um einen Edelstein anzuziehen — mit ein paar hingeworfenen Bemerkungen eine fruchtbare Diskussion anregen

páo

炮 páo durch Rösten von Heilkräutern (traditionelle chinesische) Medizin herstellen *另见 pào

炮制 páozhì ① traditionelle chinesische Arzneimittelherstellung durch Abkochen, Rösten, Aussieden usw. von Heilkräutern ② ausbrüten *vt*; aushecken *vt*; schmieden *vt*

袍 páo langes Oberkleid; Robe *f*: 皮～子 eine Robe mit Pelzfutter

咆 páo

咆哮 páoxiāo brüllen *vi*; heulen *vi*: ～如雷 vor Wut brüllen und schreien; ein Donnerwetter vom Stapel lassen

刨 páo ① graben *vt*; ausheben *vt*: ～坑儿 eine Grube ausheben ～地 Boden umgraben ～土豆 Kartoffeln ausmachen (*od* ausgraben) ② nicht gerechnet; abgezogen; ausgenommen; minus: ～去今天，只剩五天了。Mit Ausnahme von heute bleiben noch 5 Tage übrig.

刨根儿 páogēnr einer Sache auf den Grund gehen; bohrende Fragen stellen; ausfragen *vt*

pǎo

跑 pǎo ① laufen *vi*: ～得快 schnell laufen 长～ Langstrecken-, Dauerlauf *m* ～百米 den 100-Meter-Lauf machen; 100-Meter laufen ② entfliehen *vi*; entkommen *vi*: 他～了。Er ist entflohen. 车带～气了。Aus dem Reifen entweicht Luft. ③ gehen *vi*; fahren *vi*: ～了二十里路 zwanzig *Li* zurückgelegt haben ④ herumlaufen, um etw. zu beschaffen: ～材料 sich um Materialien bemühen; Material aufzutreiben versuchen ～买卖 Handel treibend herumreisen 我～了几个图书馆才借到这本书。Erst nachdem ich in einer ganzen Reihe von Bibliotheken herumgefragt hatte, bekam ich dieses Buch. ⑤ weg; fort: 吓～ j-n abschrecken 给刮～了 geweht werden

跑步 pǎobù laufen *vi*; im Laufschritt marschieren

跑道 pǎodào Bahn *f*; Piste *f*

跑腿儿 pǎotuǐr Laufbursche sein; Botengänge tun

pào

泡 pào ① Blase *f*: 肥皂～ Seifenblase *f* 冒～儿 Blasen werfen ② blasenförmiger Gegenstand: 手上起了～ Blasen an den Händen bekommen 电灯～ Glühbirne *f* ③ etw. in Flüssigkeit legen; einweichen *vt*: 把毛衣放在肥皂水里～一下 den Wollpullover im Seifenwasser einweichen

泡菜 pàocài sauer eingelegtes Gemüse; Pickles *pl*

泡茶 pàochá Tee aufgießen (*od* aufbrühen)

泡蘑菇 pào mógu ① eine Arbeit im Schlendrian verrichten; bummeln *vi*; trödeln *vi* ② j-m durch ständiges Bitten zusetzen; j-m dauernd in den Ohren liegen

泡沫 pàomò Schaum *m*

泡影 pàoyǐng leere Hoffnung: 化为～ zunichte werden; wie Seifenblasen zerplatzen; in Rauch aufgehen

疱 pào Blase *f*; Pustel *f*

炮 pào ① Kanone *f*; Geschütz *n* ② Feuerwerk *n*; Knallfrosch *m* * 另见 páo

炮兵 pàobīng Artillerie *f*; Artillerist *m*

炮弹 pàodàn Artilleriegeschoß *n*

炮灰 pàohuī Kanonenfutter *n*

炮火 pàohuǒ Artilleriefeuer *n*

炮击 pàojī etw. mit Artilleriefeuer belegen; unter Artilleriefeuer nehmen

炮舰 pàojiàn Kanonenboot *n*: ～政策 Kanonenbootpolitik *f*

炮筒 pàotǒng Geschützrohr *n*; Geschützlauf *m*

pēi

呸 pēi 〈叹〉 bah; pah; pfui: ～！胡说八道！Pah! Lauter Unsinn!

胚 pēi Embryo *m*; Keimling *m*

胚胎 pēitāi Embryo *m*

péi

培 péi ① um etw. Erde anhäufen: ～土 (um etw.) Erde häufeln ② heranbilden *vt*; ausbilden *vt*: ～训人员 Personal heranbilden

培养 péiyǎng heranbilden *vt*; ausbilden *vt*; erziehen *vt*: ～技术人员 Techniker heranbilden ～好习惯 gute Gewohnheiten fördern

培育 péiyù züchten *vt*; kultivieren *vt*; heranziehen *vt*; Anzucht *f*: ～小麦新品种 neue Weizen-Saatgutarten heranzüchten

培植 péizhí heranziehen *vt*; aufziehen *vt*; heranzüchten *vt*; kultivieren *vt*; ausbauen *vt*

赔 péi ① j-n entschädigen; für etw. Ersatz leisten; Schadenersatz zahlen; j-m einen Schaden ersetzen: 餐具是我打碎的，由我来～。Ich habe die Geschirre zerbrochen und werde daher für den Schaden aufkommen. ② Kapital einbüßen: ～钱 (bei einem Geschäft) Verluste machen; Geld zusetzen

赔本 péiběn bei einem Geschäft Kapital einbüßen; unter den Selbstkosten bleiben

赔不是 péi bùshi j-n um Verzeihung (*od* Nachsicht) bitten; sich bei j-m entschuldigen

赔偿 péicháng j-n entschädigen; für etw. Ersatz leisten; Schadenersatz zahlen: ～损失 j-n für einen Verlust entschädigen 照价～ Schadenersatz entsprechend den entstandenen Kosten leisten

赔款 péikuǎn Entschädigung *f*; Reparation *f*

赔礼 péilǐ j-n um Verzeihung bitten; sich entschuldigen

赔笑 péixiào j-n unterwürfig oder reumütig anlächeln

赔罪 péizuì sich bei j-m entschuldigen

陪 péi begleiten *vt*; j-m Gesellschaft leisten; betreuen *vt*: ～客人到飞机场 die Gäste nach dem Flughafen begleiten ～病人 einen Patienten betreuen

陪伴 péibàn begleiten *vt*; j-m Gesellschaft leisten

陪衬 péichèn ① als Hintergrund dienen, um etwas anderes um so eindrucksvoller hervortreten zu lassen; im Kontrast ② Hintergrund *m*; Folie *f*

陪嫁 péijià Mitgift *f*; Aussteuer *f*; Brautausstattung *f*; Heiratsgut *n*

陪审 péishěn als Schöffe (*od* Laienrichter) zu Gericht sitzen; als Geschworener über die Schuld des Angeklagten entscheiden: ～员 Schöffe *m*; Geschworene(r); Beisitzer *m*

陪同 péitóng begleiten *vt*: ～前往参观 j-n bei einer Besichtigung begleiten

pèi

沛 pèi reichlich: 精力充～ voller Energie; energisch; voller Lebenskraft sein

配 pèi ① eine Ehe schließen: ～偶 Ehepartner *m* 原～ Frau der ersten Ehe 婚～ eine Ehe eingehen ② paaren *vt*: ～马 Pferde paaren ③ zusammenmischen *vt*; zusammenstellen *vt*: ～颜色 Farben mischen ～药 eine Arznei bereiten; ein Rezept anfertigen ④ zueinander passen; miteinander harmonieren: 颜色不～。Die Farben passen nicht zueinander. ⑤ es verdienen; sich würdig erweisen; für etw. qualifiziert sein: 他不～当代表 Er ist es nicht wert, Vertreter zu sein. ⑥ etw. planmäßig verteilen (*od* zuteilen)

配备 pèibèi ① j-m etw. zuteilen; ausstatten *vt*; versehen *vt*: 给他～必要的参考书 ihn mit notwendigen Nachschlagebüchern ausstatten. 这些舰艇～有大口径炮。Disee Kriegsschiffe sind mit großkalibrigen Geschützen ausgerüstet. ② aufsellen *vt*; einsetzen *vt*: ～兵力 Truppen gliedern und aufstellen ③ Ausrüstung *f*; Ausstattung *f*: 现代化的～ moderne Ausstattung

配方 pèifāng ① Anleitung zur Herstellung chemischer oder metallurgischer Produkte ② ein Rezept anfertigen; Arznei bereiten

配合 pèihé kooperieren *vi*; zusammenwirken *vi*: 我们必须在工作中密切～。Wir müssen in unserer Arbeit gut koo perieren. ～行动 eine konzertierte Aktion durchführen; koordiniert vorgehen

配给 pèijǐ rationieren *vt*; etw. in Rationen zuteilen

配件 pèijiàn Einzelteil *n/m*; Einzelelement *n*; Zubehör *n*

配角 pèijué Nebenrolle *f*; Randfigur *f*; unbedeutende Rolle

配套 pèitào zu einem kompletten Ganzen zusammenfügen; komplettieren *vt*: 成龙～ einen Komplex von Anlagen bilden; etw zu einem einheitlichen System ausbauen ～器材 Zusatzgeräte und -materialien; Zubehör *n*

配音 pèiyīn (einen Film) synchronisieren *vt*

配乐 pèizuè mit Musik unterlegen

配制 pèizhì nach einem Rezept zusammenstellen; anfertigen *vt*: ～药剂 eine Arznei zubereiten

配种 pèizhǒng (natürlich oder künstlich) befruchten *vt*; züchten *vt*; Züchtung *f*; Besamung *f*

佩 pèi ① etw. am Gürtel tragen: ～刀 mit einem Schwert gegürtet sein ② bewundern *vt*; verehren *vt*

佩带 pèidài (am Körper oder an einem Kleidungsstück) tragen *vt*: ～徽章 ein Abzeichen tragen

佩服 pèifu bewundern *vt*; hochachten *vt*: 我～他这个人的机智勇敢。Ich bewundere ihn wegen seiner Geistesgegenwart und Tapferkeit.

pēn

喷 pēn ① sprühen *vi/vt*; speien *vi/vt*; spritzen *vi/vt*; sprengen *vt*: 石油从井口～出。Das Erdöl sprudelte (*od* schoß) aus dem Bohrloch. ② besprengen *vt*; besprühen *vt*: ～漆 Lack aufspritzen ～水车 Spreng-, Spritzwagen *m* ～雾器 Zerstäuber *m*; Spray *m/n* * 另见 pèn

喷薄 pēnbó emporsprudelnd; erstrahlend: 一轮红日～欲出。Die Sonne geht strahlend am Horizont auf.

喷壶 pēnhú Gießkanne *f*

喷气 pēnqì Luft ausstoßen; Düsen-: ～飞机 Düsenflugzeug *n*; Jet *m* ～客机 Düsenpassagierflugzeug *n*

喷泉 pēnquán Springquell *m*; Springbrunnen *m*; Fontäne *f*

喷洒 pēnsǎ spritzen *vt*; bespritzen *vt*; sprengen *vt*; besprengen *vt*

喷射 pēnshè strahlen *vi*; sprühen *vt*

喷嚏 pēntì Nieser *m*: 打～ niesen *iv*

pén

盆 pén Becken *n*; Wanne *f*; Topf *m*: 脸～ Waschbecken *n*; Waschschüssel *f* 澡～ Badewanne *f* 花～ Blumentopf *m*

盆地 péndì Becken *n*

盆景 pénjǐng Zwergbäume in einer Miniaturlandschaft; Ziertopflandschaft *f*; Bonsai *n*

pèn

喷 pèn * 另见 pēn

喷香 pènxiāng duftend; wohlriechend

pēng

烹 pēng kochen *vt*

烹饪 pēngrèn Essen zubereiten; kochen *vt*: ～法 Kochkunst *f*; Gastronomie *f*

烹调 pēngtiáo kochen *vt*; Speisen zubereiten

怦 pēng 〈象〉他的心～～地跳。Sein Herz pochte heftig.

砰 pēng 〈象〉[形容撞击或重物落地的声音] peng; plumps: ～的一声,门关上了。Die Tür fiel mit einem lauten Knall zu.

抨 pēng

抨击 pēngjī attackieren *vt*; verurteilen *vt*; anprangern *vt*; j-n/etw. scharf kritisieren

澎 pēng verspritzen *vt*; herumspritzen *vi/vt*

澎湃 pēngpài brausen und spritzen; tosen *vi*; toben *vi*: 波涛～。Die Wogen schlugen gischtend hoch. 热情～的诗篇 ein überschwengliches Gedicht

péng

膨 péng

膨胀 péngzhàng sich ausdehnen; sich ausbreiten; expandieren *vt*: 金属受了热就会～。Metall dehnt sich aus, wenn man es erhitzt. 通货～ Inflation *f*

蓬 péng ① zerzaust; locker; lockig: ～着头 mit lockerem Haar; mit zerzaustem Haar ② 〈量〉 [用于枝叶茂盛的花草等] ein Büschel: 一～竹子 ein Bambusbusch

蓬勃 péngbó blühend und gedeihend; üppig; schwungvoll; stürmisch: ～发展的经济形势die stürmisch fortschreitende wirtschaftliche Situation

蓬松 péngsōng struppig; wirr; zerzaust: ～的头发 wirres Haar

蓬头垢面 péng tóu gòu miàn mit zerzaustem Haar und schmutzigem Gesicht; ungekämmt und ungewaschen

篷 péng Plane *f* (für ein Auto, Boot usw.)

朋 péng Freund *m*: 高～满座 viel hohen Besuch haben; viele hochgestellte Gäste haben

朋党 péngdǎng Clique *f*; Klüngel *m*; Sippschaft *f*

朋友 péngyou Freund *m*: 男～ Freund *m* 女～ Freundin *f*

棚 péng Schutzdach *n*: 凉～ Sonnendach *n* 牲口～ Viehstall *m* 车～ Fahrradschuppen *m*

鹏 péng Ro(c)k *m*; Roch *m*; Ruck *m*

鹏程万里 péng chéng wàn lǐ wie der Vogel Rock, der zehntausend Meilen weit fliegt — eine glänzende Karriere vor sich haben

pěng

捧 pěng ① etw. mit beiden Händen tragen: ～着盘子 mit beiden Händen eine Platte tragen ② lobpreisen *vt*; umschmeicheln *vt*; lobhudeln *vi/vt*: ～场 lobpreisen *vt*; lobhudeln *vi/vt* 为某人吹～ j-n in den Himmel heben; j-n übermäßig rühmen

捧腹大笑 pěngfù dà xiào sich vor Lachen den Bauch halten; in schallendes Gelächter ausbrechen

pèng

碰 pèng ① berühren *vt*; stoßen *vt*: 千万别～那只花瓶！ Berühre um Himmels willen nicht jene Vase! 猫把奶瓶～翻了。Die Katze hat die Milchflasche umgestoßen. ② treffen *vt*; begegnen *vi*; auf etw./j-n stoßen: 在街上～到一个熟人 einem Bekannten auf der Straße begegnen ～到困难 auf Schwierigkeiten stoßen ③ etw. auf gut Glück versuchen: ～～运气 sein Glück versuchen; etw. auf gut Glück tun

碰杯 pèngbēi miteinander anstoßen; die Gläser klingen lassen

碰壁 pèngbì auf ein Hindernis stoßen; gegen eine Wand rennen; in eine Sackgasse geraten

碰钉子 pèng dīngzi abgewiesen werden; einen Korb bekommen

碰见 pèngjiàn treffen *vt*; begegnen *vi*

碰巧 pèngqiǎo aus Zufall; glücklicherweise: 我～也在那儿。Ich war zufällig auch da.

碰头 pèngtóu sich treffen; mit j-m zusammenkommen; die Köpfe zusammenstecken

pī

坯 pī Formling *m*; rohes Produkt; rohe Form

批 pī ① eine Notiz oder eine Anweisung auf einen Bericht schreiben: ～文件 einen Aktenvermerk anbringen ② kritisieren *vt*; verurteilen *vt*: 挨～ kritisiert werden; Kritik ausgesetzt sein ③ 〈量〉 Menge *f*; Gruppe *f*: 新到的一～货物 eine neue Lieferung Waren 分两～走 nach zwei Gruppen gestaffelt gehen

批驳 pībó ein Gesuch (schriftlich) ablehnen; widerlegen *vt*; zurückweisen *vt*

批发 pīfā ① etw. en gros verkaufen; Engrosverkauf *m*; Großhandel *m* ② (als zuständige Behörde) genehmigen und einem Adressatenkreis zukommen lassen

批改 pīgǎi korrigieren *vt*; verbessern *vt*: ～作业 Hausaufgaben korrigieren

批判 pīpàn kritisieren *vt*; verurteilen *vt*

批评 pīpíng kritisieren *vt*; Kritik *f*: 受到严厉的～ scharfe Kritik bekommen (*od* erhalten)

批示 pīshì (auf einem vorgelegten Bericht, Plan usw.) einen Aktenvermerk anbringen; Aktenvermerk *m*; Aktennotiz *f*

批语 pīyǔ kritischer Vermerk (auf

einem Schriftstück)
批阅 pīyuè (ein Aktenstück) studieren und schriftlich kommentieren; etw. durchlesen und korrigieren
批注 pīzhù kommentieren *vt*; Bemerkungen machen
批准 pīzhǔn genehmigen *vt*; bewilligen *vt*; billigen *vt*; ratifizieren *vt*: ～条约 einen Vertrag ratifizieren (*od* sanktionieren) ～某人的请求 j-s Gesuch stattgeben

披 pī umhängen *vt*; überwerfen *vt*: ～着斗篷 sich einen Umhang umhängen
披风 pīfēng Umhang *m*; Überwurf *m*
披肩 pījiān Umhang *m*; Cape *n*
披荆斩棘 pī jīng zhǎn jí sich durch Disteln und Dornensträucher seinen Weg bahnen — unter Überwindung großer Schwierigkeiten ein Ziel erreichen; sich durchschlagen
披露 pīlù ① veröffentlichen *vt*; bekanntgeben *vt* ② offenbaren *vt*
披星戴月 pī xīng dài yuè von Sternen umgeben und den Mond über sich — in aller Frühe zur Arbeit gehen und erst spät am Abend zurückkommen; vom frühen Morgen bis zum späten Abend unterwegs sein

霹 pī
霹雳 pīlì Donner *m*; Donnerschlag *m*: 晴天～ ein Blitz aus heiterem Himmel

劈 pī ① spalten *vt*; hauen *vt*; hacken *vt*: ～木柴 Brennholz hacken (*od* zerkleinern) ② direkt gegen (das Gesicht, den Kopf u.a.): ～头 direkt von vorn
* 另见 pǐ
劈头 pītóu ① gerade auf den Kopf; direkt ins Gesicht: ～一拳 j-m einen Faustschlag auf den Kopf versetzen ② gleich zu Beginn; auf der Stelle: 他进来～第一句就问: "试验成功了吗?" Er war kaum durch die Tür, als er auch schon frage: „Hatte das Experiment Erfolg?"

pí

琵 pí
琵琶 pípa *Pipa f* (chinesische Laute mit vier Saiten)

毗 pí an etw. grenzen: ～连 an etw. grenzen (*od* stoßen)

啤 pí
啤酒 píjiǔ Bier *n*

脾 pí Milz *f*
脾气 píqi ① charakterliche Eigenarten im Verhalten; Temperament *n*: ～很好 gutmütig sein ② Jähzorn als Charaktereigenschaft: 发～ in Wut geraten; einen Wutanfall bekommen

皮 pí ① Haut *f*; Schale *f*; Kruste *f*: 香蕉～ Bananenschale *f* 树～ Baumrinde *f* 土豆～ Kartoffelschale *f* ② Leder *n*; Pelz *m*: ～靴 Lederstiefel *pl* ～大衣 Pelzmantel *m* ③ Hülle *f*; Schutzumschlag *m*: 书～儿 Schutzumschlag *m* (eines Buchs) ④ dünnes, flaches Blatt; Oberfläche *f*: 塑料～的 plastiküberzogen ⑤ledern und zäh werden: 花生～了。Die Erdnüsse sind nicht mehr knusprig. ⑥ unartig; ungezogen: 这孩子真～。Was für ein unartiges Kind! ⑦ (gegen Tadel, Strafe u.ä.) abgestumpft sein: 他老挨批评,都～了。Weil er schon so oft kritisiert worden ist, macht es ihm gar nichts mehr aus. ⑧ Gummi *m*/*n*: ～筋儿 Gummiband *n*
皮包 píbāo lederne Handtasche; Ledermappe *f*; Aktentasche *f*
皮包骨 pí bāo gǔ nur noch Haut und Knochen sein; bis zum Skelett abgemagert sein: 瘦得～ nur noch Haut und Knochen sein
皮尺 píchǐ Bandmaß *n*; Maßband *n*
皮带 pídài Ledergürtel *m*
皮肤 pífū Haut *f*
皮革 pígé Leder *n*
皮货 píhuò Rauchwaren *pl*; Pelze *pl*; Pelzwerk *n*
皮毛 pímáo ① Pelz *m* ② oberflächliche Kenntnis; Halbwissen *n*: 略知～ von etw. nur oberflächliche Kenntnisse besitzen; nur oberflächlich Bescheid wissen
皮棉 pímián entkernte Baumwolle
皮球 píqiú Gummiball *m*; Ball *m*
皮实 píshi robust; widerstandsfähig; zäh
皮箱 píxiāng Lederkoffer *m*
皮鞋 píxié Lederschuh *m*: ～油 Schuhcreme *f*

疲 pí müde; erschöpft; ermattet: 精～力尽 völlig erschöpft (*od* erledigt) sein; am Ende seiner

Kräfte sein; wie gerädert sein
疲惫 píbèi ermattet; erschöpft; übermüdet
疲乏 pífá müde; ermattet
疲倦 píjuàn müde
疲劳 píláo müde; abgearbeitet; überarbeitet
疲塌 píta träge; fahrlässig; nachlässig: 工作～ bei der Arbeit nachlässig sein
疲于奔命 pí yú bēn mìng immer auf den Beinen und dadurch völlig erschöpft sein; mit allzuviel Arbeit eingedeckt sein; überfordert sein

pǐ

痞 pǐ Raufbold *m*; Rohling *m*; Schurke *m*: 地～ Ortsrüpel *m*
匹 pǐ ① ebenbürtig sein; sich mit j-m messen können ② <量> [用于马、骡等]: 三～马 drei Pferde ③ [用于整卷的绸或布] Ballen *m*: 一～布 ein Ballen Tuch
匹敌 pǐdí gleich stark (*od* mächtig) sein; ebenbürtig sein: 无与～ keine Parallele haben; unvergleichlich; ohnegleichen
匹夫 pǐfū einzelner Mann; einfacher Bürger: 国家兴亡，～有责。Jedermann ist für das Schicksal seines Landes verantwortlich.
匹配 pǐpèi heiraten *vt*; verheiraten *vt*
癖 pǐ Sucht *f*; Hang *m*; Ergebenheit *f*; Schwäche *f*: 嗜酒成～ sich dem Trunk ergeben
癖好 pǐhào Steckenpferd *n*; Hobby *n*: 我对书法有特别～。Ich habe ein spezielles Hobby für Kalligraphie.
劈 pǐ ① trennen *vt*; zerteilen *vt*; spalten *vt*: 把毛线～成三股 eine Strickwolle in drei Stränge aufdröseln ② abreißen *vt*; losreißen *vt*; abbrechen *vt*: ～白菜帮子 die Außenblätter eines Chinakohls abpflücken ③ seine Finger oder Beine dadurch verletzen, daß man sie zu weit spreizt * 另见 pī
劈柴 pǐchai gehacktes Brennholz

pì

屁 pì Furz *m*: 放～ furzen *vi*; einen Wind fahren lassen
屁股 pìgu ① Hintern *m*; Gesäß *n*; Steiß *m*; Arsch *m*: 拍拍～就走了 einfach mir nichts, dir nichts seiner Wege gehen ③ Stummel *m*; Kippe *f*: 香烟～ Zigarettenkippe *f*
媲 pì
媲美 pìměi sich mit j-m/etw. (an/in einer Sache) messen können; j-m/etw. in einer bestimmten Hinsicht gleichkommen
辟 pì ① erschließen *vt*; öffnen *vt* ② widerlegen *vt*: ～谣 Gerüchte widerlegen ③ eingehend; durchdringend; tiefschürfend; gründlich: 精～ durchdacht; profund; ins Schwarze getroffen
譬 pì Beispiel *n*; Vergleich *m*
譬如 pìrú zum Beispiel; beispielsweise
僻 pì ① entlegen; abgelegen: ～巷 abgelegene Gasse ～静之处 eine entlegene und einsame Stelle ② überspannt; exzentrisch: 怪～ abnorm; pervers

piān

篇 piān ① Aufsatz *m*; Schrift *f*: ～章段落 Kapitel und Abschnitt eines Aufsatzes ② ein beschriebenes oder bedrucktes Papier; Blatt *n* (mit Text): 歌～儿 Liederblatt *n* ③ <量> [用于纸张、书页、文章等]: 三～纸 drei Bogen Papier 一～文章 ein Artikel
篇幅 piānfu ① Länge *f* (eines Artikels) ② Umfang *m* (eines Buchs, einer Zeitung oder Zeitschrift): 由于～有限 wegen des beschränkten Umfangs; aus Raumgründen 报纸用大量～报道了这一事件。Die Presse widmete diesem Ereignis eine umfangreiche Berichterstattung.
篇章 piānzhāng Kapitel *n*; Abschnitt *m*; Aufsatz *m*: ～结构 Aufbau (*od* Struktur) eines Artikels 历史的新～ ein neues Kapitel in die Geschichte
偏 piān ① sich nach einer Seite neigen; geneigt; schräg: 南～西 Süd zu West 太阳～西了。Die Sonne neigt sich gegen Westen. 这个指标～低。Diese Planziffern sind etwas zu niedrig. ② absichtlich: 他为什么～要那样做？Warum muß er es gerade auf jene Weise tun? 不让她去，她～要去。Sie wollte unbe-

dingt dorthin gehen, obwohl man ihr davon abriet.

偏爱 piān'ài eine besondere Vorliebe für etw./j-n haben; bevorzugen *vt*; begünstigen *vt*

偏差 piānchā Abweichung *f*; Fehler *m*

偏方 piānfāng volkstümliches Rezept; Hausmittel *n*

偏废 piānfèi nur eine Sache berücksichtigen und eine andere vernachlässigen; nur eine Seite beachten und die andere übersehen: 二者不可～。Weder das eine noch das andere darf vernachlässigt werden.

偏激 piānjī äußerst; extrem; radikal: 意见～ eine radikale Meinung vertreten; extreme Ansichten haben

偏见 piānjiàn Vorurteil *n*; Voreingenommenheit *f*

偏离 piānlí abweichen *vi*: ～正宗 von der orthodoxen Schule abweichen

偏旁 piānpáng Komponenten der chinesischen Schriftzeichen

偏僻 piānpì abgelegen; entlegen: ～的山村 abgelegenes Bergdorf

偏偏 piānpiān ① absichtlich: 她～不承认。Sie wollte einfarch nicht anerkennen. ② [表示事实跟所希望或期待的恰恰相反]: 事情的发展～同他的愿望相反。Die Dinge entwickeln sich ausgerechnet im Gegensatz zu seinen Wünschen. ③ [表示范围,跟"单单"略同]: 干吗～选他? Warum wählen Sie ausgerechnet ihn?

偏巧 piānqiǎo gerade; zufällig; ausgerechnet

偏袒 piāntǎn für j-n voreingenommen sein; für j-n Partei nehmen (*od* ergreifen): 她总是～自己的孩子。Sie hat immer für ihr eigenes Kind Partei genommen.

偏向 piānxiàng ① Abweichung *f*; falsche Tendenz ② parteiisch (*od* eingenommen) für j-n sein

偏心 piānxīn Vorliebe *f*; Voreingenommenheit *f*; Bevorzugung *f*: 他对谁都不～。Er ist für niemand voreingenommen. 或 Er ist absolut frei von Voreingenommenheit.

偏远 piānyuǎn entfernt und abgelegen: ～地区 abgeschiedene, ferne Gegend

偏重 piānzhòng viel Gewicht (auf eine Seite) legen

翩 piān

翩翩 piānpiān ① behend und anmutig: ～起舞 anmutig tanzen ② elegant; vornehm: ～少年 ein eleganter junger Herr

片 piān * 另见 piàn

片子 piānzi ① Film *m*; Filmrolle *f* ② Schallplatte *f*

pián

便 pián * 另见 biàn

便宜 piányī ① billig: ～货 billige Waren ② kleiner Vorteil; winziger Gewinn: 贪小～ gierig auf kleine Vorteile

piàn

片 piàn ① Scheibe *f*; Platte *f*; kleines flaches Stück: 皂～ Seifenflocke *f* 雪～ Schneeflocke *f* 肉～ Fleischscheiben *pl* 眼镜～ Brillenglas *n* ② unvollständig; fragmentarisch; bruchstückhaft; teilweise: ～言 ein paar Worte ③ [用于成片的东西]: 一～面包 eine Scheibe Brot; eine Brotscheibe 两～药 zwei Tabletten ④ [用于地面和水面等]: 一～汪洋 weites, grenzenloses] Meer ⑤ [用于景色、气象、声音、心意等]: 一～欢腾。Überall herrscht helle Freude. 一～漆黑 stockdunkel; pechschwarz; völlig im dunkeln 一～繁荣景象 ein blühendes Bild * 另见 piān

片段 piànduàn Bruchstück *n*; Fragment *n*; Episode *f*; Teil *m*: 文章的～ Abschnitte eines Artikels 生活的～ eine Episode im Leben

片剂 piànjì Tablette *f*

片刻 piànkè Augenblick *m*; Moment *m*; eine sehr kurze Zeit

片面 piànmiàn ① einseitig: ～之词 nur von einer Seite erstatteter (*od* gegebener) Bericht ② von einer einzigen Seite ausgehend; nur unter einem Aspekt: ～观点 einseitiger Standpunkt (*od* Gesichtspunkt) ～地看问题 Probleme nur aus einem Blickwinkel betrachten

片纸只字 piàn zhǐ zhī zì Textfragment *n*; ein paar Zeilen

骗 piàn ① j-n betrügen; j-n prellen; j-n begaunern; j-n beschwindeln: ～人 j-n betrügen; j-n hinters Licht führen; j-m

Sand in die Augen streuen 受～ betrogen werden; übervorteilt werden 你～我。Du hast mich hinters Licht geführt. ② erschwindeln *vt*; j-n um etw. betrügen; etw. durch Betrug erreichen

骗局 piànjú Betrug *m*; Schwindel *m*: 政治～ politischer Betrug

骗取 piànqǔ auf betrügerische Weise etw. gewinnen; etw. erschwindeln: ～信任 sich in j-s Vertrauen einschleichen ～钱财 j-n um Geld und Gut betrügen

骗术 piànshù Täuschung *f*; Überlistung *f*; Trick *m*

骗子 piànzi Betrüger *m*; Schwindler *m*; Gauner *m*; Hochstapler *m*

piāo

漂 piāo (im Wasser) treiben *vi*; dahintreiben; von der Strömung getragen werden: 天上～着云彩。Wolken schweben am Himmel. 小船顺流～去。Das Boot treibt stromabwärts. ～洋过海 über das Meer fahren; den Ozean befahren * 另见 piǎo; piào

漂泊 piāobó umherziehen *vi*; sich herumtreiben; von Ort zu Ort ziehen; vagabundieren *vi*; ein unstetes Leben führen: ～异乡 sich ziellos in der Fremde herumtreiben

漂浮 piāofú ① auf dem Wasser treiben (*od* schwimmen) ② leichtfertig; oberflächlich

漂流 piāoliú ① mit dem Strom schwimmen; sich vom Wasser treiben lassen; Wind und Wellen preisgegeben sein ② 见"漂泊"

剽 piāo ① rauben *vt*; plündern *vt* ② flink und geschickt; behend

剽悍 piāohàn geschickt und tollkühn

剽窃 piāoqiè ein Plagiat begehen; sich eines Plagiats schuldig machen

飘(飃) piāo hin und her wehen; (in der Luft) flattern *vi*: 红旗～～。Rote Fahnen flattern im Wind. 外面～着雪花。Draußen rieseln die Schneeflocken.

飘带 piāodài Band *n*; Streifen *m* (an Flaggen, Mützen oder Kleidung)

飘荡 piāodàng flattern *vi*; schweben *vi*; in der Luft treiben

飘零 piāolíng ① verwelken und abfallen ② wie von Wind verweht, ein unstetes Leben führen; dem Schicksal in der Fremde hilflos preisgegeben

飘飘然 piāopiāorán in einen Freudentaumel geraten; äußerst selbstzufrieden; sich wie im siebten Himmel fühlen

飘扬 piāoyáng wehen *vi*; flattern *vi*: 红旗迎风～。Die rote Fahne flattert im Wind.

飘摇 piāoyáo sich vom Wind treiben lassen: 风雨～ von Sturm und Regen gepeitscht; auf wackligen Füßen stehen; einzustürzen drohen; unstabil; unhaltbar

缥 piāo

缥缈 piāomiǎo neblig; verschwommen: 虚无～ irreal; imaginär; fiktiv

piáo

瓢 piáo Schöpflöffel aus einer Kürbisschale oder Holz

瓢泼大雨 piáo pō dà yǔ Platzregen *m*; Regenguß *m*

嫖 piáo ein Bordell (*od* Freudenhaus) besuchen; zu Prostituierten gehen

piǎo

漂 piǎo ① bleichen *vt* ② durchspülen *vt* * 另见 piāo; piào

漂白 piǎobái bleichen *vt*; entfärben *vt*

瞟 piǎo auf etw. / j-n schielen; etw. flüchtig (*od* von der Seite) ansehen: ～了他一眼 auf ihn schielen

piào

票 piào ① Karte *f*; Zettel *m*: 公共汽车～ Bus(fahr)karte *f* 门～ Eintrittskarte *f* ② Wahlzettel *m*; Wahlstimme *f*: 投～ Stimmzettel (*od* Wahlkarte) abgeben; wählen *vt* ③ Banknote *f*; Papiergeld *n*: 零～儿 Kleingeld *n*

票额 piào'é Nennwert *m* (von Schecks, Banknoten usw.)

票房 piàofáng Kartenverkaufsstelle *f*; Kartenausgabe *f*; Theater-

kasse *f*
票价 piàojià Kartenpreis *m*; Fahrgeld *n*; Eintrittsgeld *n*
票据 piàojù Wechsel *m*; Tratte *f*; Wertpapier *n*
漂 piào * 另见 piāo; piǎo
漂亮 piàoliang ① schön; hübsch; gut aussehend: ～的小伙子 ein gut aussehender junger Mann ～的小姑娘 ein niedliches kleines Mädchen ～的花园 ein schöner Garten 打扮得漂漂亮亮的 sich elegant kleiden ② ausgezeichnet; glänzend; perfekt; prächtig: 说一口～的汉语 perfekt chinesisch sprechen 射门射得真～! Ein wunderbarer Schuß! ～话 schöne Worte; wohlklingende Worte

piē

撇 piē ① etw./j-n beiseite legen (*od* lassen); etw./j-n über Bord werfen; vernachlässigen *vt*: ～开 etw. beiseite legen (*od* lassen) ～弃 wegwerfen *vt*; fortwerfen *vt*; im Stich lassen ② abschöpfen *vt*: ～油 Fett abschöpfen ～沫儿 Schaum abschöpfen * 另见 piě
瞥 piē einen flüchtigen Blick auf j-n/etw. werfen; j-m einen Blick zuwerfen: 妻子～了他一眼。Seine Frau warf ihm einen Blick zu. 一～ ein Blick auf etw.

piě

撇 piě ① werfen *vt* ② von rechts oben schräg nach links unten verlaufender Strich (in chinesischen Schriftzeichen) ③ [用于象撇儿的东西]: 两～浓眉 zwei buschige Augenbrauen * 另见 piē
撇嘴 piězuǐ den Mund verziehen

pīn

拼 pīn ① zusammenstückeln *vt*; zusammensetzen *vt*: ～积木 Bauklötzchen spielen 把两块布～在一起 zwei Stück Tuche zusammenstückeln ② aufs Ganze gehen; sich rückhaltlos einsetzen: ～到底 bis zum bitteren Ende kämpfen 我跟你～了。Ich kämpfe mit dir auf Leben und Tod.
拼凑 pīncòu zusammenbringen *vt*; zusammenzimmern *vt*; zusammenstoppeln *vt*; zusammentrommeln *vt*
拼命 pīnmìng ① ohne Rücksicht auf sein Leben; den Tod verachten; auf Leben und Tod kämpfen ② alle möglichen Anstrengungen machen; mit allen Kräften; aufs äußerste: ～奔跑 unter Aufbietung aller seiner Kräfte laufen
拼盘 pīnpán kalte Platte; gemischte kalte Vorspeisen
拼死 pīnsǐ ohne Rücksicht auf sein Leben; trotz Lebensgefahr; sein Leben aufs Spiel setzend
拼写 pīnxiě buchstabieren *vt*; transkribieren *vt*
拼音 pīnyīn ① Laute zu Silben verbinden ② buchstabieren *vt*; in Lautschrift schreiben (*od* transkribieren); Lautschrift *f*: ～文字 Laut-, Buchstabenschrift *f* ～字母 Buchstabe *m*; phonetisches Alphabet
姘 pīn mit j-m ein intimes Verhältnis haben: ～头 Geliebte(r); Verhältnis *n*

pín

频 pín ① häufig; wiederholt; immer wieder: ～～点头 wiederholt (mit dem Kopf) nikken ② Frequenz *f*
频道 píndào Frequenzkanal *m*; Kanal *m*
频繁 pínfán ständig; oft; wiederholt; häufig: 来往～ ständige Kontakte mit j-m haben; in lebhaftem Verkehr stehen
频率 pínlǜ Frequenz *f*: ～范围 Frequenzbereich *m*
频频 pínpín immer wieder; wiederholt: ～招手 j-m immer wieder mit der Hand winken
贫 pín ① arm; unbemittelt: 一～如洗 bettelarm; aller Mittel entblößt; arm wie eine Kirchenmaus sein ～油国 erdölarmes Land ② schwatzhaft; geschwätzig: 她的嘴真～。Sie ist wirklich geschwätzig.
贫乏 pínfá mangeln *vi*; fehlen *vi*; Mangel *m*; arm: 语言～ sinnentleerte, eintönige Sprache 知识～ nur unzulängliche Kenntnisse haben
贫寒 pínhán armselig; dürftig: 家境～ in ärmlichen (*od* dürfti-

gen) Verhältnissen leben

贫瘠 pínjí unfruchtbar; dürr; mager: ～的土壤 unfruchtbarer Boden

贫苦 pínkǔ armselig; jämmerlich; elend

贫困 pínkùn elend; armselig; kümmerlich; in Not: 生活～ in ärmlichen verhältnissen leben

贫民 pínmín arme Leute; Arme(r): 城市～ arme Stadtbevölkerung; Stadtarme *pl* ～窟 Slum *m*

贫穷 pínqióng arm; bedürftig

贫血 pínxuè Blutarmut *f*; Anämie *f*

pǐn

品 pǐn ① Gegenstand *m*; Sache *f*; Produkt *n*; Ware *f*: 工业～ Industrieerzeugnis *n* ② Rang *m*; Klasse *f*; Grad *m*: 上～ erstklassig ③ Eigenschaft *f*; Charakter *m*; Qualität *f*: 人～ Charakter *m*; Eigenschaften eines Menschen ～学兼优 sowohl in der charakterlichen Haltung (*od* im Betragen) als auch in den Studienleistungen sehr gut ④ schmecken *vt*; abschmecken *vt*; probieren *vt*; kosten *vt*: ～茶 Tee kosten; vom Tee nippen ～味儿 etw. auf der Zunge zergehen lassen

品尝 pǐncháng abschmecken *vt*; probieren *vt*; kosten *vt*

品德 pǐndé Moral *f*; Tugend *f*

品格 pǐngé j-s Charakter und Moral

品貌 pǐnmào Aussehen *n*; Erscheinung *f*; das Äußere (eines Menschen)

品名 pǐnmíng Bezeichnung eines Artikels, Produkts usw.; Warenname *m*

品评 pǐnpíng beurteilen *vt*; bewerten *vt*

品头论足 pǐn tóu lùn zú etw. abfällig beurteilen; etw. von oben herab kritisieren; an etw. herumkritteln

品行 pǐnxíng Benehmen *n*; Betragen *n*: ～端正 sich anständig benehmen

品性 pǐnxìng moralische Bildung; sittliche Grundhaltung

品质 pǐnzhì ① Wesen *n*; Eigenschaft *f*: 道德～ moralische Anlagen ② Qualität von Waren, Erzeugnissen u. ä.: ～优良 von bester Qualität

品种 pǐnzhǒng ① Rasse *f*; Art *f*: 小麦的优良～ die vorzügliche Sorte des Weizens ② Sortiment *n*; Sorte *f*: 货物～齐全 eine reiche Warenauswahl 花色～ die Vielfalt an Farben und Mustern

pìn

聘 pìn ① j-n anstellen; j-n bitten, einen Posten zu übernehmen: ～专家 ein Experte anstellen ② verloben: ～礼 Verlobungsgeschenk *n*

聘请 pìnqǐng j-m eine Aufgabe antragen; j-n anstellen

聘书 pìnshū Berufungs-, Ernennungsurkunde *f*

pīng

乒 pīng ① 〈象〉 ～的一声枪响 Knall eines Schusses ② Tischtennis *n*; Ping-pong *n*: ～坛 Kreise der Tischtennisspieler; Welt des Tischtennis

乒乓 pīngpāng ① klappern *vi*; rattern *vi* ② Tischtennis *n*; Pingpong *n*

píng

瓶 píng Flasche *f*; Vase *f*: 牛奶～ Milchflasche *f* 热水～ Thermosflasche *f* 花～ Blumenvase *f*

屏 píng Wandschirm *m*; Paravent *m/n*; spanische Wand

屏风 píngfēng Wandschirm *m*; Paravent *m/n*; spanische Wand

屏幕 píngmù Schirm *m*: 电视～ Fernseh-, Bildschirm *m*

屏障 píngzhàng Schutz-, Scheidewand *f*: 天然～ ein natürlicher Schutzwall

平 píng ① eben; platt; flach: ～川 Ebene *f*; Flachland *n* 路面不～。Die Straße ist uneben. ～躺 sich ausstrecken 把折皱烫～ die Falten glätten (*od* ausbügeln) ② auf gleiche Höhe mit etw. bringen; nivellieren *vt*; unentschieden: ～世界纪录 einen Weltrekord einstellen (*od* erreichen) 双方打成十五～。Die Mannschaften trennten sich unentschieden 15 zu 15. 这场足球赛最后踢～了。Das Fußballspiel endete unentschieden. ③ gleichmäßig; gerecht;

ehrlich: ～分 etw. gleichmäßig verteilen 持～之论 gerechte Beurteilung; unparteiische Ansichten (*od* Argumente) ④ ruhig; still: 海上风～浪静。Die See ist spiegelglatt. 心～气和 ruhig und gelassen; in aller Ruhe; harmonisch und sachlich ⑤ allgemein; mittelmäßig; gewöhnlich: ～日 an gewöhnlichen Tagen; gewöhnlich 学习成绩～～。Die Studienleistungen sind mittelmäßig. ⑥ ebnen *vt*: 把地～一～ den Boden ebnen ⑦ besänftigen *vt*; beschwichtigen *vt*: ～民愤 die allgemeine Empörung beschwichtigen 气～了。Der Ärger wurde besänftigt. ⑧ unterdrücken *vt*; niederschlagen *vt*: ～叛 eine Rebellion unterdrücken; einen Putsch niederwerfen

平安 píng'ān friedlich; sicher und störungsfrei; reibungslos: ～到达 heil und gesund erreichen; gut (*od* glücklich) angekommen ～无事。Alles ist in Ordnung. 或 Es ist nichts passiert. 一路～! Glückliche Reise!

平白 píngbái unbegründet; grundlos

平辈 píngbèi (Familienverband) der gleichen Generation angehören

平常 píngcháng ① üblich; gang und gäbe: 不～ ungewöhnlich ② im allgemeinen; gewöhnlich: 他～不怎么说话。Im allgemeinen spricht er nicht viel. ～我坐地铁上班。Ich gehe zur Arbeit gewöhnlich mit U-Bahn. 这种蝴蝶～看不到。Solcher Schmetterling ist im allgemeinen sehr selten gesehen.

平淡 píngdàn eintönig; farblos; nicht besonders; ganz allgemein: ～无味 eintönig; geschmacklos; fade

平等 píngděng Gleichberechtigung *f*; Gleichheit *f*: ～待遇 gleiche Behandlung 男女～ Gleichberechtigung der beiden Geschlechter ～互利 Gleichberechtigung und gegenseitiger Nutzen

平定 píngdìng ① sich beruhigen: 局势逐渐～下来。Die Situation hat sich allmählich beruhigt. ② niederschlagen *vt*; unterdrücken *vt*; niederwerfen *vt*: ～叛乱 einen Putsch (*od* einen Aufruhr) niederschlagen

平凡 píngfán gewöhnlich; gemein; allgemein; einfach: 过着～的生活 ein einfaches Leben führen

平反 píngfǎn j-n rehabilitieren; ein Unrecht wiedergutmachen

平方 píngfāng Quadrat *n*; die zweite Potenz; hoch zwei: ～米 Quadratmeter *m* (m^2)

平房 píngfáng ebenerdiges Haus

平分 píngfēn etw. gleichmäßig verteilen; etw. in gleiche Teile teilen (*od* zerlegen); halbieren *vt*: ～秋色 (Gewinn, Ruhm, Macht u. ä.) in gleiche Hälften teilen; etw. gleichmäßig (zwischen zwei Parteien) aufteilen; etw. halbieren

平和 pínghé mild; gemäßigt; sanft; ruhig: 性情～ ein friedliches (*od* sanftes) Temperament besitzen; friedfertig sein

平衡 pínghéng nivellieren *vt*; balancieren *vt*; ausgleichen *vt*; Gleichgewicht *n*; Blance *f*: 收支～ Ausgleich von Einnahmen und Ausgaben 失去～ das Gleichgewicht verlieren ～木 Schwebebalken *m*

平缓 pínghuǎn mild; sanft: ～的语调 milder Ton; sanfte Stimme 地势～。Das Gelände fällt kaum merklich ab.

平静 píngjìng ruhig; sich beruhigen: ～的海面 stille See ～的山村 ein friedliches Bergdorf 他很激动,心情久久不能～。Er war sehr aufgeregt und konnte lange keine Ruhe finden.

平局 píngjú unentschieden; remis; Remis *n*; unentschiedenes Spiel: 比赛最后打成～。Das Spiel endet unentschieden.

平均 píngjūn Durchschnitt *m*; im Durchschnitt; durchschnittlich: ～收入 durchschnittliches Einkommen ～每年增长百分之五 eine jährliche Steigerung von durchschnittlich 5 Prozent verzeichnen ～主义 Gleichmacherei *f*; Lehre von der Gleichheit aller ～寿命 durchschnittliche Lebensdauer

平列 píngliè etw. nebeneinander (*od* auf eine Stufe) stellen; gleichsetzen *vt*

平面 píngmiàn Ebene *f*; Fläche *f*

平民 píngmín Zivilbevölkerung *f*; einfaches Volk

平平 píngpíng mittelmäßig; gewöhnlich

平铺直叙 píng pū zhí xù etw. blaß (*od* farblos) schildern; etw. ohne Leben darstellen

平生 píngshēng das ganze Leben; ein Leben lang: ～的愿望 Lebenswunsch *m*

平时 píngshí ① alltäglich; gewöhnlich; sonst ② in Friedenszeiten

平坦 píngtǎn eben; flach: 生活的道路并不～。Den Weg des Lebens darf man sich keinesfalls eben vorstellen.

平稳 píngwěn glatt; ruhig und sicher; stabil: 汽车开得很～。Das Auto fährt sehr ruhig. 物价～。Die Preise sind stabil.

平息 píngxī ① sich legen; sich beruhigen; ruhig werden: 一场风波～了。Die Unruhe ist abgeklungen. ② niederschlagen *vt*; niederhalten *vt*; unterdrücken *vt*

平信 píngxìn einfacher (*od* gewöhnlicher) Brief

平行 píngxíng ① von gleichem Rang; auf gleicher Ebene; parallel: ～组织 Organisationen der gleichen Ebene (*od* auf gleicher Stufe) ② gleichzeitig: ～作业 gleichzeitig laufende Arbeiten ③ parallel: ～线 Parallele *f*

平易近人 píngyì jìn rén zugänglich; entgegenkommend

平庸 píngyōng mittelmäßig; durchschnittlich; weder gut noch schlecht: 才能～ nur beschränkte Fähigkeiten besitzen

平原 píngyuán Ebene *f*; Flachland *n*

平整 píngzhěng ① planieren *vt*; ebnen *vt*; einebnen *vt*; nivellieren *vt* ② eben; glatt; ordentlich

平装 píngzhuāng Papp(ein)band *m*; Paperback *n/m*; kartoniert; broschiert: ～本 Buch mit Pappeinband; broschiertes Buch; Paperbackausgabe *f*

评 píng ① kommentieren *vt*; kritisieren *vt*; Kommentar *m*: 短～ Kurzkommentar *m* 书～ Buchbesprechung *f* ～分 benoten *vt*; eine Note geben; zensieren *vt* ② beurteilen *vt*; abschätzen *vt*

评比 píngbǐ abschätzen und vergleichen; in Relation zu etwas anderem bewerten

评定 píngdìng auswerten *vt*; abschätzen *vt*; bestimmen *vt*

评功 pínggōng j-s Verdienste oder Leistungen abschätzen; j-n nach seinen Verdiensten einstufen

评价 píngjià beurteilen *vt*; bewerten *vt*; einschätzen *vt*: ～历史人物 historische Persönlichkeiten beurteilen 高度～ hochschätzen *vt*

评理 pínglǐ zwischen Recht und Unrecht unterscheiden; sein Urteil abgeben

评论 pínglùn ① kommentieren *vt*; kritisieren *vt*: ～家 Rezensent *m*; Kritiker *m* ～员 Kommentator *m* ② Kommentar *m*

评判 píngpàn beurteilen *vt*; ein Urteil über etw. fällen

评选 píngxuǎn in öffentlicher Diskussion auswählen

评议 píngyì durch öffentliche Diskussion bestimmen (*od* entscheiden)

评语 píngyǔ Beurteilung *f*; Bewertung *f*

评注 píngzhù Fußnoten und Kommentare

坪 píng ebene Fläche: 草～ Rasenplatz *m*; Wiese *f* 停车～ Parkplatz *m*

苹(蘋) píng

苹果 píngguǒ Apfel *m*

萍 píng kleine Wasserlinse

萍水相逢 píng shuǐ xiāng féng zufällige Begegnung; Zufallsbekanntschaft *f*; sich zufällig kennenlernen

凭(憑) píng ① nach; gemäß; entsprechend; aufgrund: ～良心办事 dem Gewissen gemäß handeln ～票入场。Zutritt nur mit Eintrittskarten. 您不能～他的说话算数。Sie können ihn nicht beim Wort nehmen. ② sich anlehnen: ～栏远眺 an einem Geländer gelehnt in die Ferne schauen ③ Beweis *m*: 真～实据 unwiderlegbarer Beweis 口说无～。Mündliche Abmachung gilt nicht als Beweis. ④ ganz gleich; wie, wer oder was auch immer; wie dem auch sei: ～你跑多快,我也赶得上。Ich werde dich schon einholen, wie schnell du auch laufen magst.

凭借 píngjiè sich auf etw./j-n stützen; sich auf etw./j-n verlassen; mittels: 人类的思维是～语言来进行的。Die menschlichen Gedanken finden in der Sprache ihren Ausdruck.

凭据 píngjù Beweis *m*; Beweisstück *n*; Zeugnis *n*; Beleg *m*; Unterlage *f*

凭空 píngkōng grundlos; unbegründet; aus der Luft gegriffen; ohne (jeden) Grund: ～捏造 pure Erfindung

凭证 píngzhèng Zeugnis *n*; Bescheinigung *f*; Beleg *m*; Beweisstück *n*

pō

泊 pō See **ra**

坡 pō Abhang *m*; Hang *m*; Böschung *f*: 山～ Berghang *m* 陡～ steiler Abhang 平～ sanfter Hang

坡度 pōdù Gradient *m*; Neigung *f*: 六十度～ eine Steigung von 60 Grad

颇 pō recht; ziemlich; beträchtlich: 影响～大 einen beträchtlichen Einfluß ausüben 他说的～有道理。Was er gesagt hat, ist ziemlich stichhaltig (*od* macht Sinn).

泼(潑) pō ① besprengen *vt*; ausschütten *vt*: 往地上～点水。Bespritze bißchen Wasser auf den Boden! ② giftig; boshaft; unvernünftig und zänkisch: 撒～ j-m eine Szene machen; sich hysterisch benehmen und nicht mit sich reden lassen

泼妇 pōfù Hausdrache *m*; Xanthippe *f*; Megäre *f*; zanksüchtiges Weib

泼辣 pōlà ① wild; unbändig; ungebärdig; zänkisch ② scharf; beißend; kräftig: 文章写得很～。Dieser Artikel ist sehr bissig geschrieben. ③ kühn und entschlossen: 大胆～ kühn und entschlossen

泼冷水 pōlěngshuǐ j-n mit kaltem Wasser übergießen; j-m eine kalte Dusche verabreichen; j-m Wasser in den Wein gießen; j-s Begeisterung dämpfen

pó

婆 pó ① alte Frau ② Schwiegermutter *f*: ～家 Familie des Ehemanns

婆婆 pópo ① Schwiegermutter *f* ② Großmutter *f*; Oma *f*

婆婆妈妈 pópomāmā ① schwatzhaft und umständlich ② sentimental; rührselig; gefühlsduselig

婆娑 pósuō flotte, anmutige Tanzdrehungen: 杨柳～。Die Weiden wiegen sich im leichten Wind.

pò

破 pò ① kaputt; zerrissen; beschädigt; gebrochen; abgenutzt; abgetragen: 杯子～了。Das Glas ist kaputt. ～衣服 abgetragene Kleidung ～房子 verfallenes Haus ② scheußlich; miserabel; lausig: ～嗓子 eine schlechte Stimme 一支～笔 eine miserable Feder ③ spalten *vt*; entzweibrechen *vt*: ～成两半 etw. in zwei Teile spalten ～浪前进 (mit einem Schiff, Boot usw.) die Wellen brechen; die See pflügen ④ zerschlagen *vt*: ～除旧俗 mit alten Sitten brechen ～记录 einen Rekord brechen ⑤ (einen Feind) besiegen *vt*; (eine Stadt, Stellung u. ä.) erstürmen *vt*: 大～敌军 den feindlichen Truppen einen vernichtenden Schlag versetzen ⑥ enthüllen *vt*; entlarven *vt*: 看～ durchschauen *vt* ～案 einen Kriminalfall lösen; ein Verbrechen aufdecken

破败 pòbài verfallen *vi*; baufällig; ruiniert

破产 pòchǎn ① Bankrott machen; ruiniert sein; bankrottieren *vi* ② scheitern *vi*; ein Fiasko erleiden; zunichte werden

破费 pòfèi sich in Unkosten stürzen; große Ausgaben machen (*od* haben): 你又何必这么～呢？Sie hätten nicht so viel Geld ausgeben sollen.

破釜沉舟 pò fǔ chén zhōu die Kochkessel zerschlagen und die Boote versenken — entschlossen sein, etw. bis zum Ende zu tun; seine Schiffe hinter sich verbrennen; den Rubikon überschreiten

破格 pògé eine Regel brechen (*od* verletzen); eine Ausnahme machen: ～提升 j-n außer der Reihe befördern ～接待 j-m über das Protokoll hinausgehende Ehrungen zuteil werden lassen

破坏 pòhuài zerstören *vt*; unterminieren *vt*; untergraben *vt*; beschädigen *vt*; sabotieren *vt*: ～分子 Saboteur *m* ～力 Destruktivkraft *f*; zerstörende Gewalt; Vernichtungsgewalt *f* ～性 zerstörende Wirkung; destruktive Eigenschaft (*od* Neigung)

破获 pòhuò ein Verbrechen aufdecken und den Täter dingfest machen: ～一个间谍组织 eine

Spionageorganisation sprengen
破镜重圆 pò jìng chóng yuán ein zerbrochener Spiegel ist wieder gekittet — getrennte Eheleute finden wieder zueinander; entzweite Eheleute versöhnen sich wieder
破口大骂 pò kǒu dà mà j-n übel beschimpfen; j-n mit Schimpfworten überhäufen; eine Schimpfkanonade loslassen
破烂 pòlàn ① zerlumpt; zerfetzt; abgenutzt; schäbig ② Kram *m*; Trödel *m*: 捡～ Abfall nach Brauchbarem durchsuchen
破例 pòlì eine Regel brechen (*od* verletzten); eine Ausnahme machen
破裂 pòliè platzen *vi*; brechen *vi*; bersten *vi*: 谈判～了。Die Verhandlungen sind gescheitert (*od* geplatzt).
破落 pòluò herunterkommen *vi*; verarmen *vi*; verfallen *vi*: ～贵族家庭 eine ruinierte Adelfamilie
破灭 pòmiè zunichte gemacht werden; zerschmettert werden vereitelt werden
破碎 pòsuì zerbrochen; zerfetzt
破天荒 pòtiānhuāng nie dagewesen; zum ersten Mal
破晓 pòxiǎo dämmern *vi*; Morgendämmerung *f*; Tagesanbruch *m*
破绽 pòzhàn Fehler *m*; Widerspruch *m*; Lücke *f*: ～百出 voller Ungereimtheiten sein
破折号 pòzhéhào Gedankenstrich *m* (—)

迫 pò ① zwingen *vt*; erzwingen *vt*; aufzwingen *vt*: 被～离开家乡 gezwungen sein, die Heimat zu verlassen 为饥寒所～ durch Kälte und Hunger (zu einer Verzweiflungstat) getrieben werden ② sich nähern; näherkommen *vi*: ～近 nahekommen *vi* ③ dringend: 从容不～ in aller Ruhe und ohne Hast; ruhig und gelassen; seelenruhig * 另见 pǎi
迫不得已 pò bù dé yǐ gezwungen sein, etw. zu tun; sich gezwungen (*od* genötigt, veranlaßt) sehen, so zu handeln; nicht umhin können; keine Alternative haben
迫不及待 pò bù jí dài äußerst eilig; in höchster Eile; voller Ungeduld; voreilig; vorschnell
迫害 pòhài verfolgen *vt*: 政治～ politische Verfolgung; politische Repressalien
迫近 pòjìn sich nähern; näherkommen *vi*; herannahen *vi*
迫切 pòqiè dringend; dringlich; eilig: ～的需要 dringendes Bedürfnis ～的心情 dringlicher (*od* heißer) Wunsch
迫使 pòshǐ zwingen *vt*; nötigen *vt*; aufzwingen *vt*
迫在眉睫 pò zài méi jié äußerst dringend; bedrohlich nahe; unter den Nägeln brennen

魄 pò ① Seele *f*: 魂飞～散 vor Furcht außer sich sein; vor Schreck wie von Sinnen sein; zu Tode erschrocken sein ② Energie *f*; Geist *m*: 气～ Kühnheit und Entschlossenheit
魄力 pòlì Kühnheit *f*; Verwegenheit und Entschlußkraft; tüchtig und wagemutig: 工作有～ bei der Arbeit kühn und entschlossen sein

pōu

剖 pōu ① aufschneiden *vt*: ～腹 den Bauch aufschneiden ② analysieren *vt*; untersuchen *vt*: ～明事理 nach dem Warum und Weshalb forschen; Grund und Zweck untersuchen
剖白 pōubái sich rechtfertigen; sich verteidigen: ～心迹 sein Herz offenlegen; sich offen aussprechen
剖面 pōumiàn Schnitt *m*; Profil *n*: 横～ Querschnitt *m* 纵～ Längsschnitt *m*
剖析 pōuxī analysieren *vt*; zergliedern *vt*: ～问题的实质 das Wesen eines Problems analysieren

pū

扑(撲) pū ① sich auf etw./j-n stürzen (*od* werfen): 狼向小羊～去。Der Wolf stürzt sich auf ein Lamm. 一心～在工作上 sich mit ganzem Herzen für seine Arbeit einsetzen ② entgegenschlagen *vi*: 香气～鼻。Der Duft schlug einem entgegen ③ schwingen *vt*; (Flügel) schlagen *vt*: 鸟儿～打着翅膀。Die Vögel schlagen mit ihren Flügeln. ④ sich beugen
扑哧 pūchī kichern *vi*; zischen *vi*
扑粉 pūfěn Gesichtspuder *m*
扑克 pūkè ① Spielkarten *pl*: 打～ Karten spielen ② Poker *n*
扑空 pūkōng j-n nicht zu Hause antreffen; j-n nicht (wie erwartet)

vorfinden: 昨天我去找他，扑了个空。Gestern ging ich zu ihm, aber er war nicht zu Hause.
扑面 pūmiàn j-m ins Gesicht blasen: 春风～。Der Frühlingswind weht einem ins Gesicht.
扑灭 pūmiè auslöschen *vt*; erstikken *vt*: ～火灾 einen Brand löschen (*od* ersticken)
扑腾 pūtēng 〈象〉 plumps
扑腾 pūteng klopfen *vi*; pochen *vi*; zappeln *vi*; zucken *vi*: 他心里直～。Sein Herz klopft heftig.
扑通 pūtōng plumps; plumpsen *vi*: ～一声，掉进水里 ins Wasser plumpsen; mit einem Plumps ins Wasser fallen
仆 pū hinstürzen *vi*; hinfallen *vi*: 前～后继 immer neue Kämpfer (treten) an die Stelle der gefallenen * 另见 pú
铺 pū ① ausbreiten *vt*; auflegen *vt*; entfalten *vt*: ～桌布 ein Tischtuch auflegen ② legen *vt*; belegen *vt*; pflastern *vt*: ～铁轨 Eisenbahnschienen legen ～平道路 einen Weg ebnen * 另见 pù
铺盖 pūgai Bettzeug *n*: ～卷儿 Bettzeugbündel *n*
铺设 pūshè legen *vt*; anlegen *vt*: ～输油管 Pipeline verlegen
铺天盖地 pū tiān gài dì so zahlreich, als wären Himmel und Erde damit bedeckt — zahllos; unzählig; allgegenwärtig
铺张 pūzhāng extravagant; großen (übermäßigen) Aufwand treiben: ～浪费 übermäßigen Aufwand und Verschwendung treiben

pú

菩 pú
菩萨 púsà ① Bodhisattwa *m* ② Buddha *m*; Buddhafigur *f*: ～心肠 barmherzig und mitleidvoll
匍 pú
匍匐 púfú kriechen *vi*; auf allen vieren kriechen: ～前进 vorwärtskriechen *vi*
葡 pú
葡萄 pútao Weinbeere *f*; Weintraube *f*
仆(僕) pú Diener *m*; Dienstpersonal *n* * 另见 pū
仆从 púcóng Lakai *m*; Vasall *m*; Gefolgsmann *m*
仆人 púrén Diener *m*; Hausbursche *m*; Bediente(r)

pǔ

普 pǔ allgemein; universal: ～天之下 in aller Welt; überall in der Welt
普遍 pǔbiàn allgemein; weitverbreitet; üblich: ～现象 allgemeines Phänomen ～规律 allgemeingültige Gesetzmäßigkeiten (*od* Regeln)
普及 pǔjí popularisieren *vt*; verbreiten *vt*; verallgemeinern *vt*
普通 pǔtōng gewöhnlich; allgemein; einfach: ～一兵 gemeiner Soldat ～话 (chinesische) Hochsprache *f*; Hochchinesisch *n*
普选 pǔxuǎn allgemeine Wahl
谱 pǔ ① Register *n*; Tabelle *f*: 家～ Familienstammbaum *m* 食～ Kochrezepte *pl*; Kochbuch *n* ② Leitfaden *m*; Handbuch *n*: 棋～ Handbuch für das Schachspiel ③ Noten zu einem Musikstück: 乐～ Musiknoten *pl* ④ eine klare Vorstellung haben; von etw. überzeugt sein: 心中没有个～ keine klare Vorstellung von etw. haben; für etw. noch kein Konzept haben ⑤ in Noten setzen; vertonen *vt*: ～曲 komponieren *vt*
谱写 pǔxiě komponieren *vt*
朴(樸) pǔ einfach; schlicht
朴实 pǔshí ① schlicht; einfach: ～无华 schlicht und schmucklos ② aufrichtig; ehrlich; nicht oberflächlich
朴素 pǔsù schlicht; bescheiden; einfach: 衣着～ sich schlicht kleiden 生活～ bescheiden leben
圃 pǔ Garten *m*: 苗～ Pflanzgarten *m*; Pflanzschule *f*

pù

铺(舖) pù ① Laden *m*; Geschäft *n* ② Bettschragen *m* * 另见 pū
铺位 pùwèi Lagerstatt *f*; Schlafplatz *m*; Bett *n* (im Hotel, Schlafwagen, Schiff)
瀑 pù Wasserfall *m*
瀑布 pùbù Wasserfall *m*; Katarakt *m*

曝 pù sonnen *vt*; an der Sonne trocknen

曝光 pùguāng belichten *vt*; Belichtung *f*

曝露 pùlù sich in der frischen Luft bewegen

Q q

qī

期 qī ① Periode *f*; Zeitraum *m*; Phase *f*: 假～ Ferien *pl* 学～ Semester *n* 革命初～ in den ersten Tagen der Revolution ② Frist *f*: 到～ fällig werden 限～ eine Frist bestimmen; bis zur festgesetzten Frist ③ [用于分期的事物]: 第一～工程 die erste Phase des Projekts 上学～ während der Schulzeit 最近一～《明镜》周刊 die letzte Nummer (*od* jüngste Ausgabe) vom »Spiegel« ④ erwarten *vt*; hoffen *vt/vi*: 不～而遇 j-m zufällig begegnen; j-n unerwartet treffen

期待 qīdài erwarten *vt*; hoffen *vi*: ～着胜利的时刻 auf den Siegestag warten

期货 qīhuò Terminwaren *pl*; Termingüter *pl*

期间 qījiān Zeit *f*; Periode *f*; Lauf *m*: 春节～ während des Frühlingsfests

期票 qīpiào Zeit-, Datowechsel *m*

期刊 qīkān Zeitschrift *f*

期望 qīwàng hoffen *vt/vi*; erwarten *vt*; Erwartung *f*; Hoffnung *f*: 不辜负祖国的～ die Erwartungen des Vaterlandes nicht enttäuschen

欺 qī ① betrügen *vt*; täuschen *vt*; j-n hinters Licht führen: ～人之谈 falsche (*od* lügenhafte) Worte; Betrug *m*; Lüge *f* ② schikanieren *vt*; tyrannisieren *vt*; bedrängen *vt*: ～人太甚 j-n allzusehr schikanieren; j-n bedrängen und bedrücken

欺负 qīfu schikanieren *vt*; tyrannisieren *vt*

欺凌 qīlíng j-n schikanieren und erniedrigen; fertigmachen *vt*

欺骗 qīpiàn betrügen *vt*; beschwindeln *vt*; hintergehen *vt*; irreführen *vt*; j-n hinters Licht führen; täuschen *vt*

欺软怕硬 qī ruǎn pà yìng die Schwachen tyrannisieren und die Starken fürchten; nach oben buckeln, nach unten treten

欺侮 qīrǔ tyrannisieren *vt*; schikanieren *vt*

欺压 qīyā j-n schikanieren und unterdrücken; j-n unverschämt (*od* rücksichtslos) behandeln

欺诈 qīzhà beschwindeln *vt*; betrügen *vt*; j-n übers Ohr hauen

栖(棲) qī ① (auf einem Baum) nisten *vi* ② sich aufhalten; verweilen *vi*

栖身 qīshēn notgedrungen verweilen; sich aufhalten müssen

栖息 qīxī (Vögel) sich aufhalten; sich niedersetzen

漆 qī ① Lack *m*; Lack-, Anstrichfarbe *f*: ～器 Lackware *f*; Lackarbeit *f*; Lackartikel *m* ② lackieren *vt*; mit Lack (*od* Firnis) überziehen

漆黑 qīhēi pechschwarz; stockdunkel: ～一团 pechschwarz; stockdunkel; völlig im dunkeln (*od* unklaren, ungewissen) sein

戚 qī ① Verwandte(r): 亲朋～友 Verwandten und Freunde ② Trauer *f*; Sorge *f*; Leid *n*: 休～相关 mit j-m schicksalhaft verbunden sein; mit j-m Freud und Leid teilen

七 qī sieben

七…八… qī … bā … [嵌用动词或名词,表示多而杂乱]: 七零八落 zerstreut (*od* verstreut) liegend; aus den Fugen geraten; in Unordnung sein 七拼八凑 aus allen möglichen Teilen zusammengeflickt; zusammenzimmern *vt* 七上八下 voller Unruhe sein; sehr beunruhigt 七嘴八舌 viele reden zur gleichen Zeit; Gewirr von Meinungsäußerungen; lebhaft durcheinanderreden

七绝 qījué Gedicht aus vier gereimten Zeilen mit je sieben Charakteren

七律 qīlǜ gereimtes Gedicht aus acht Zeilen mit je sieben Charakteren

七月 qīyuè Juli *m*

柒 qī sieben (Schreibweise der Zahl „七" auf Schecks, Banknoten, Quittungen usw., um Fehler oder Fälschungen zu vermeiden)

沏 qī aufgießen *vt*; brühen *vt*: ～茶 Tee aufbrühen (*od* aufgießen)

妻 qī Ehefrau *f*

妻离子散 qī lí zǐ sàn Trennung und Zerstreuen von Familienmitgliedern; die Familie wurde auseinandergerissen

凄 qī ① kalt; frostig; kühl ② traurig; elend: ～楚 unglücklich; jämmerlich; erbärmlich ③ einsam; verlassen: ～清 einsam und traurig

凄惨 qīcǎn kläglich; traurig; tragisch; elend

凄厉 qīlì schmerzerfüllt und schrill; verzweifelt: ～的叫声 gellender Schrei; verzweifelte Rufe

凄凉 qīliáng einsam; desolat; verlassen; öde

凄切 qīqiè jämmerlich; kummervoll

蹊 qī

蹊跷 qīqiāo merkwürdig; rätselhaft; zweifelhaft

qí

齐(齊) qí ① ordentlich; gleichmäßig; in Reih und Glied: 整～ ordentlich 草剪得很～。Das Gras ist gleichmäßig zurechtgestutzt. 高矮不～ unterschiedlich groß; nicht von gleicher Größe sein ② gemeinsam; gleichzeitig: 大家～动手。Alle legen sich tüchtig ins Zeug. ～声欢呼 in einstimmigen Jubel ausbrechen ③ vollzählig; ausnahmslos; alle: 客人们都来～了。Alle Gäste sind da. 一切准备～了。Alles ist vorbereitet. ④ auf einer Ebene mit etw. stehen; gleich hoch sein: 水～腰深。Das Wasser ist hüfttief. ⑤ gleich; in gleicher Weise; gleichermaßen: 人心～ in völliger Eintracht handeln

齐备 qíbèi alles bereit; komplett vorhanden sein: 万事～。Alles ist bereit (*od* vorbereitet).

齐全 qíquán komplett; vollständig: 货物～ genug Auswahl vorhanden sein

齐心 qíxīn ein Herz und eine Seele; mit vereinten Kräften; einmütig: ～协力 einträchtig zusammenarbeiten; sich mit vereinten Kräften einsetzen; an einem Strang ziehen

脐(臍) qí Nabel *m*; Umbilicus *m*: ～带 Nabelschnur *f*; Nabelstrang *m*

鳍 qí Flosse *f*

其 qí ① er; sie; es: 听～自然 einer Sache freien Lauf lassen; die Segel dem Wind überlassen 促～早日实现 dessen baldige Verwirklichung fördern ② sein; ihr: 各行～是 jeder tut, was ihm paßt; jeder geht seine eigenen Wege ③ dies; solches; jenes: 确有～事。Das ist eine Tatsache. 或 Es ist wirklich geschehen. 正当～时 gerade zu jener Zeit 如闻～声 als ob man seine Stimme hörte

其次 qícì als nächstes; anschließend; folgend; dann: 内容是主要的，～才是形式。Erst kommt der Inhalt, dann die Form.

其实 qíshí <副> tatsächlich; in der Tat; in Wirklichkeit

其他 qítā andere(-r, -s): 还有～事吗？Sonst noch etwas? ～的不必说了。Weiteres brauche ich nicht zu sagen.

其余 qíyú alles andere; das übrige: ～的人跟我来。Die anderen kommen mit mir. ～的都是女孩。Alle übrige sind Mädchen.

其中 qízhōng darunter; darin: 这所学校有800名学生，～30%是外国人。In dieser Schule gibt es 800 Studenten, und davon 30% Ausländer. 有十个人获奖，她是～之一。Zehn Leute gewannen Preise und sie ist eine von denen.

旗 qí Fahne *f*; Flagge *f*; Banner *n*: 国～ Staatsflagge *f*

旗杆 qígān Fahnenstange *f*; Flaggenstock *m*

旗号 qíhào ［多用于贬义］ Fahne *f*; Banner *n*

旗舰 qíjiàn Flaggschiff *n*

旗开得胜 qí kāi dé shèng den Sieg erringen, sobald das Banner entfaltet ist — gleich am Anfang Erfolg haben; zu schnellen Erfolgen kommen

旗手 qíshǒu Bannerträger *m*

旗语 qíyǔ Flaggensignal *n*; Flaggenalphabet *n*; Semaphor *n*/*m*

旗帜 qízhì ① Fahne *f*; Banner *n* ② Standpunkt *m*; Position *f*: ～鲜明 eindeutig Stellung beziehen; einen klaren Standpunkt einnehmen

棋 qí Schach *n*; Brettspiel *n*: 下一盘～ eine Partie Schach spielen 象～ chinesisches Schach ～盘 Schachbrett *n* ～子 Schachfigur *f*; Spielstein *m*

棋逢对手 qí féng duìshǒu ein Schachspieler findet einen ebenbürtigen Gegner — ebenbürtige Rivalen finden sich; einander gewachsen sein

歧 qí ① sich gabeln; sich verästeln; sich in Zweige spalten ② verschieden; abweichend; different: ～义 unterschiedliche (*od* voneinander abweichende) Bedeutungen; Mehrdeutigkeit *f*; verschiedene Interpretationsmöglichkeiten

歧视 qíshì diskriminieren *vt*: 种族～ Rassendiskriminierung *f*

歧途 qítú Ab-, Irrweg *m*: 被引入～ auf die schiefe Bahn gebracht werden; irregeführt werden

奇 qí ① außergewöhnlich; seltsam; sonderbar; merkwürdig: ～耻大辱 unerträgliche Schande; Schmach und Schande; ungeheure Demütigung ② wunderlich; überraschend; unvermutet: ～袭 Überraschungsangriff *m*; Überfall *m* ③ erstaunen *vt*; verwundern *vt*: 令人惊～ j-n in Erstaunen setzen * 另见 jī

奇兵 qíbīng eine plötzlich auftauchende Truppe (bei einem Überraschungsangriff)

奇怪 qíguài seltsam; merkwürdig; ungewöhnlich; erstaunlich; unbegreiflich: 真～，他今天不来。Es ist merkwürdig, daß er heute absent ist.

奇观 qíguān wundervoller (*od* wunderbarer, erstaunlicher) Anblick; Wunder *n*

奇迹 qíjī Wunder *n*; außergewöhnliches Ereignis: 创造～ ein Wunder schaffen (*od* wirken) 历史～ ein historisches Wunder

奇景 qíjǐng wunderbares Bild; seltsame Szenerie

奇妙 qímiào wunderbar; faszinierend

奇谈 qítán seltsame Geschichte; absurdes Geschwätz

奇特 qítè eigenartig; seltsam; außergewöhnlich; originell

奇闻 qíwén seltsame Geschichte; merkwürdige Begebenheit

奇形怪状 qí xíng guài zhuàng von seltsamer Gestalt und ungewöhnlicher Form; von sonderbarer Gestalt; grotesk geformt

奇异 qíyì ① seltsam: exzentrisch; wunderlich; bizarr ② erstaunt: 他们全都用～的眼光看着我。Sie sahen mich alle staunend an.

奇遇 qíyù ① überraschende Begegnung; plötzliches Wiedersehen ② außergewöhnliches Erlebnis; Abenteuer *n*

奇装异服 qí zhuāng yì fú sonderbare Kleider; groteske Kostümierung

崎 qí

崎岖 qíqū uneben; holprig: ～不平 uneben und holprig

骑 qí reiten *vi*; radfahren *vi*: ～马 auf einem Pferd reiten ～车 mit dem Fahrrad

骑兵 qíbīng Reiterei *f*; Kavallerie *f*; Kavallerist *m*; Kavalleriesoldat *m*

骑虎难下 qí hǔ nán xià es ist schwer, vom Tiger abzusitzen — etw. weder abbrechen noch zu Ende führen können; nicht mehr zurückkönnen

骑墙 qíqiáng es mit beiden Parteien halten: ～观望 eine abwartende Haltung einnehmen

畦 qí rechteckiges Stück Ackerland; Beet *n*: 菜～ Gemüsebeet *n*

祈 qí beten *vi*

祈祷 qídǎo beten *vi*; Gebete verrichten (*od* sprechen)

祈求 qíqiú bitten *vi*; anflehen *vt*

qǐ

启(啟) qǐ ① aufklären *vt*; belehren *vt*: ～蒙 aufklären *vt*; Aufklärung *f* ② starten *vi*; anfangen *vt* ③ öffnen *vt*; aufmachen *vt*: 幕～。Der Vorhang geht auf.

启程 qǐchéng aufbrechen *vi*; abreisen *vi*; eine Reise antreten

启齿 qǐchǐ den Mund aufmachen (um eine Bitte oder einen Wunsch zu äußern): 难以～ etw. schwer über die Lippen bringen

启动 qǐdòng (Maschinen usw.) in Gang setzen; etw. anlaufen lassen; anschalten *vt*

启发 qǐfā j-m die Augen öffnen; inspirieren *vt*; erwecken *vt*; anregen *vt*; aufklären *vt*: 他的经验对我们很有～。Seine Erfahrung gab uns viele Anregungen. ～式 Methode des Anleitens zum induktiven Lernen (bzw. zum selbständigen Denken)

启示 qǐshì Aufklärung *f*; Inspiration *f*; Offenbarung *f*; Aufschluß *m*

启事 qǐshì Mitteilung *f*; Bekanntmachung *f*; Ankündigung *f*; Anzeige *f*

企 qǐ

企求 qǐqiú begehren *vt*; ersehnen *vt*; auf etw. aus sein: 不～个人名利 nicht nach persönlichen Vorteilen jagen (*od* trachten)

企图 qǐtú [多含贬意] versuchen *vt*; die Absicht haben

企业 qǐyè Betrieb *m*; Unternehmen *n*: ～家 Unternehmer *m*

乞 qǐ betteln *vi*

乞丐 qǐgài Bettler *m*

乞怜 qǐlián j-n um Erbarmen anflehen

乞求 qǐqiú um etw. bitten; um etw. flehen: ～宽恕 um Gnade (*od* Nachsicht) bitten

起 qǐ ① aufstehen *vi*; sich aufrichten: 早晨六点～床 um sechs aufstehen 早睡早～ früh zu Bett gehen und früh aufstehen ② sich entwickeln; entstehen *vi*: ～风了。Ein Wind ist aufgekommen. ～疑心 mißtrauisch werden ～义 Aufstand *m* ③ wachsen *vi*; sich bilden: 手上～了泡。Auf der Hand bildet sich eine Wasserblase. 脸上～皱纹。Sein Gesicht faltet sich. ④ anfangen *vi*; beginnen *vi*: 从那时～ seit jener Zeit 从明天～ von morgen an; ab morgen ⑤ entfernen *vt*; herausziehen *vt*: ～钉子 einen Nagel herausziehen ～瓶塞 eine Flasche entkorken ⑥ entwerfen *vt*; abfassen *vt*: ～草文件 ein Dokument entwerfen ～草稿子 einen Entwurf ausarbeiten ⑦ bauen *vt*; errichten *vt*; aufstellen *vt*: 白手～家 mit leeren Händen (*od* beim Nullpunkt) anfangen ⑧ Fall *m*: 两～刑事案件 zwei Kriminalfälle ⑨ Gruppe *f*; Schub *m*: 已经有三～人参观过这里了。Drei Gruppen von Besuchern waren schon hier.

起 qǐ ① [用在动词后，表示动作的趋向]: 提～箱子匆匆往外走 einen Koffer in der Hand tragen und hastig weggehen 拿～武器 zur Waffe (*od* zu den Waffen) greifen 引～注意 Aufmerksamkeit auf sich lenken ② [用在动词后，常跟"不""得"连用，表示力量够得上或够不上]: 买得～ sich etw. leisten können 我买不～。Ich kann es mir nicht leisten. 经得～时间的考验 der Prüfung durch die Zeit standhalten können; sich über lange Zeit bewähren

起笔 qǐbǐ erster Strich eines chinesischen Schriftzeichens

起草 qǐcǎo verfassen *vt*; abfassen *vt*; entwerfen *vt*; konzipieren *vt*

起程 qǐchéng aufbrechen *vi*; sich auf den Weg machen; abreisen *vi*: 日内～ in Kürze eine Reise antreten

起初 qǐchū anfangs; am Anfang; zu Beginn

起床 qǐchuáng aufstehen *vi*; sich im Bett aufrichten

起点 qǐdiǎn Ausgangspunkt *m*

起飞 qǐfēi (Flugzeug) starten *vi*; abfliegen *vi* **Start** *m*; ～台 Startrampe *f*

起伏 qǐfú auf und nieder; sich wellenförmig bewegen

起哄 qǐhòng ① in einer Gruppe Unfug treiben; Radau machen; randalieren *vi* ② sich (in einer größeren Gruppe) über j-n lustig machen; j-n verspotten und auslachen

起劲 qǐjìn mit großer Begeisterung; mit großem Elan: 干得很～ mit sehr viel Schwung arbeiten

起居 qǐjū Alltagsleben *n*; alltägliches Leben: ～室 Wohnraum *m*; Wohnzimmer *n*

起来 qǐlái aufstehen *vi*; sich aufrichten; sich erheben: 他～得太晚。Er steht zu spät auf. 您～，让老太太坐下。Bitte, stehen Sie auf und bieten der alte Dame ihren Sitz an. 群众～了。Die Massen haben sich erhoben.

起来 qǐlái [用在动词后作为补语] ① [表示向上]: 把旗举～ die Fahne aufheben ② [表示动作或情况开始并且继续]: 天气冷～了。Es ist kälter geworden. 哭～了 zu weinen beginnen ③ [表示动作完成或达到目的]: 哦，我想～了！Ach! Da fällt es mir ein. 或 Oh, ich hab's! 包～ etw. einwickeln ④ [表示印象或看法]: 听～满有道理。Die Worte klingen wohlbegründet. 看～还可以。Es sieht nicht schlecht aus. 这支笔写～很滑溜。Diese Füllfeder schreibt sehr glatt.

起码 qǐmǎ mindestens; minimal; wenigstens: ～的要求 minimale Forderungen; Mindestforderung

f ～的知识 Elementarkenntnis *f*
起锚 qǐmáo die Anker lichten
起色 qǐsè eine Wendung zum Besseren; Verbesserung *f*: 他工作很有～。Seine Arbeit macht gute Fortschritte. 他的病有了～。Es ist mit seiner Krankheit viel besser geworden.
起身 qǐshēn ① (aus dem Bett) aufstehen *vi* ② eine Reise antreten; abreisen *vi*
起誓 qǐshì einen Eid ablegen; schwören *vi/vt*
起诉 qǐsù anklagen *vt*; Anklage erheben: ～人 Ankläger *m*
起头 qǐtóu ① Anfang *m*; Beginn *m*: 这事从一～就错了。Es war von Anfang an ein Irrtum unterlaufen. ② anfangen *vt*; den Anfang machen: 谁～? Wer fängt an? 或 Wer macht den Anfang? ③ anfangs; zuerst: ～我并不知道。Zu Beginn weiß ich es nicht.
起先 qǐxiān anfangs; zuerst; zu Beginn; am Anfang
起义 qǐyì Aufstand *m*
起因 qǐyīn Grund *m*; Anlaß *m*; Ursache *f*: 调查事故的～ Unfallursachen ermitteln
起用 qǐyòng ① (einen zurückgetretenen oder amtsenthobenen Beamten) wieder einsetzen ② j-n in ein Amt einsetzen
起源 qǐyuán ① Quelle *f*; Ursprung *m*: 生命的～ Ursprung des Lebens ② entspringen *vi*; entstammen *vi*: 一切知识～于劳动。Alles Wissen hat seinen Ursprung in der körperlichen Arbeit.
起运 qǐyùn mit der Beförderung beginnen; etw. auf den Transport schicken; abtransportieren *vt*; Transportbeginn *m*
起重机 qǐzhòngjī Kran *m*; Hebezeug *n*

岂(豈) qǐ [如同"难道"，表示反问]: ～非白日做梦? Ist das nicht nur ein Tagtraum? 我～敢越俎代庖? Wie könnte ich es wagen, Ihnen ins Handwerk zu pfuschen?
岂敢 qǐgǎn Sie übertreiben; zuviel der Ehre
岂有此理 qǐ yǒu cǐ lǐ wo gibt es so etwas; unerhört; da hört (sich) doch alles auf: 真是～! Das ist doch die Höhe!

qì

泣 qì weinen *vi*; schluchzen *vi*: ～不成声 weinen, bis die Stimme in Tränen erstickt; mit tränenerstickter Stimme; ersticktes Schluchzen

弃(棄) qì wegwerfen *vt*; preisgeben *vt*; fallenlassen *vt*; aufgeben *vt*: ～之可惜 etw. ungern wegwerfen; sich nur schwer von etw. trennen können
弃权 qìquán ① sich der Stimme enthalten ② auf ein weiteres Spiel verzichten; von seinem Spielrecht zurücktreten
弃置 qìzhì etw. im Stich lassen; etw. beiseite legen: ～不用 etw. als unbrauchbar weglegen

契 qì Kontrakt *m*; Vertrag *m*: 地～ Grundbrief *m* 默～ stillschweigendes Einverständnis
契合 qìhé entsprechen *vi*; übereinstimmen *vi*
契约 qìyuē Kontrakt *m*; Vertrag *m*: 签订～ einen Vertrag (ab)-schließen

砌 qì ① mauern *vi*: ～墙 eine Mauer errichten (*od* bauen) ② Treppe *f*: 雕栏玉～ aus Marmor gemeißelte Balustraden und Treppen

器 qì ① Gebrauchsgerät *n*; Ware *f*; Artikel *m*; Utensilien *pl*: 漆～ Lackware *f* 瓷～ Porzellan *n* 玉～ Jadestück *n* 乐～ Musikinstrument *n* ② Organ *n*: 生殖～ Geschlechts-, Fortpflanzungsorgane *pl*; Genitalien *pl*
器材 qìcái Geräte *pl*; Materialien *pl*: 照相～ Photoausrüstung *f*
器官 qìguān Organ *n*; Apparat *m*: 发音～ Sprech-, Artikulationsorgane *pl* 消化～ Verdauungsorgane *pl* 呼吸～ Atmungsorgane *pl*
器件 qìjiàn Maschinen-, Ersatzteile *pl*: 电子～ Elektronikbauteile *pl*
器具 qìjù Geräte *pl*; Gegenstände *pl*; Utensilien *pl*: 日用～ Gebrauchsgegerstände des täglichen Bedarfs; Haushaltsartikel *pl*; Haushaltsgeräte *pl*
器皿 qìmǐn in einem Haushalt gebrauchte Gefäße und Behälter; Geschirr *n*
器械 qìxiè Geräte *pl*; Apparate *pl*; Instrumente *pl*: 医疗～ medizinische Instrumente 体育～ Sportgeräte *pl* 光学～ optische

Instrumente

器乐 qìyuè Instrumentalmusik *f*: ～曲 Instrumentalkomposition *f*

器重 qìzhòng [用于上级对下级,长辈对晚辈] eine hohe Meinung von j-m haben; große Stücke auf j-n halten

气(氣) qì ① Luft *f*: 大～层 Luftschicht *f*; atmosphärische Schicht; Atmosphäre *f* 空～ Luft *f* 打开窗子透一透～ das Fenster aufmachen, um zu lüften ② Gas *n*: 煤～ Kohlengas *n* 毒～ Giftgas *n* ③ Atem *m*: 喘粗～ keuchen *vi* 上～不接下～ außer Atem sein ④ Geruch *m*: 香～ Duft *m*; Aroma *n* Wohlgeruch *m* 臭～ übler Geruch; Gestank *m* 散发臭～ stinken *vi* ⑤ Manier *f*; Gebaren *n*: 官～ bürokratisches Benehmen; bürokratischer Dünkel ⑥ Moral *f*; Geist *m*: 朝～勃勃 voller Lebenskraft sein; Vitalität ausstrahlen 泄～ in seinen Anstrengungen nachlassen; entmutigt sein; deprimiert sein 士～ Kampfmoral *f*; Kampfgeist *m* ⑦ ärgern *vt*; erzürnen *vt*; j-n in Rage bringen: 故意～他一下 ihn bewußt ärgern; ihn mutwillig reizen ～得直哆嗦 vor Zorn beben ⑧ tyrannisieren *vt*; unterdrücken *vt*: 受～ Demütigungen erleiden (*od* einstecken)

气冲冲 qìchōngchōng wütend; empört; zornig

气垫 qìdiàn Luftkissen *n*: ～船 Hovercraft *n*; Luftkissenfahrzeug *n*

气度 qìdù von Toleranz und Edelsinn geprägtes Verhalten; Hochherzigkeit *f*; Edelmut *m*

气短 qìduǎn ① nach Luft schnappen; kurz und schnell atmen; kaum zu Atem kommen ② entmutigt; niedergeschlagen

气氛 qìfēn Atmosphäre *f*: 亲切友好的～ herzliche und freundschaftliche Atmosphäre

气愤 qìfèn empört sein; entrüstet sein

气概 qìgài geistige Haltung: 英雄～ Gesinnung eines Helden; heldenhaftes Verhalten; Heroismus *m*

气功 qìgōng *Qigong n*; vitalitätsfördernde Atemübungen

气管 qìguǎn Luftröhre *f*; Trachea *f*: ～炎 Luftröhrenentzündung *f*; Tracheitis *f*

气候 qìhòu Klima *n*: 海洋性～ Meeresklima *n* 政治～ politisches Klima

气急败坏 qìjí bàihuài außer Atem sein; verlegen und ärgerlich; gereizt und aufgebracht

气节 qìjié moralische Standhaftigkeit; moralische Integrität *f*: 民族～ patriotische Charakterfestigkeit

气力 qìlì Kraft *f*; Anstrengung *f*; Energie *f*: 使出全身～ seine ganze Kraft einsetzen

气量 qìliàng Toleranz *f*; Großmut *m*; Edelsinn *m*: ～大 weitherzig ～小 engstirnig; kleinlich; engherzig

气流 qìliú ① Luftzug *m*; Luftstrom *m*; Luftströmung *f* ② Atem *m*

气馁 qìněi den Kopf hängen lassen; entmutigt; verzagt; kleinmütig; mutlos

气派 qìpài Manier *f*; Stil *m*: 学者～ Manier eines Wissenschaftlers

气泡 qìpào Luftblase *f*

气魄 qìpò Mut *m*; Kühnheit *f*

气球 qìqiú Luftballon *m*

气色 qìsè Gesichtsfarbe *f*; Aussehen *n*: ～很好 eine gesunde Gesichtsfarbe haben

气势 qìshì Stattlichkeit *f*; Wucht *f*; Schwung *m*: ～磅礴 majestätisch; imponierend; grandios ～汹汹 äußerst wild und aufbrausend; hochfahrend und aggressiv

气体 qìtǐ Gas *n*

气味 qìwèi ① Geruch *m*: ～难闻。Es riecht unangenehm. ② Beigeschmack *m*; Beiklang *m*: ～相投 gleiche Ansichten und gleiche Interessen haben; geistesverwandt sein

气温 qìwēn Lufttemperatur *f*

气息 qìxī ① Atem *m*; Hauch *m*: ～奄奄 in den letzten Zügen liegen; es geht mit j-m zu Ende ② Geruch *m*; Hauch *m*: 春花的～ der Duft von Frühlingsblumen

气象 qìxiàng ① meteorologische Phänomene: ～预报 Wettervorhersage *f*; Wetterbericht *m* ② Wetterkunde *f*; Meteorologie *f*

气压 qìyā atmosphärischer Druck; Luftdruck *m*

气焰 qìyàn aufbrausendes Wesen; anmaßendes Benehmen; Arroganz *f*: ～万丈 äußerst anmaßend auftreten; einen provozierenden Hochmut an den Tag legen

气质 qìzhì ① Temperament *n*; Geistesanlage *f*; (charakterliche) Veranlagung *f* ② Eigenschaft *f*;

Mentalität *f*

讫 qì beendet; erledigt: 收～ Betrag erhalten

迄 qì bis: ～今 bis heute; bis jetzt; bisher

汽 qì Wasserdampf *m*

汽车 qìchē Auto *n*; Kraftfahrzeug *n* (Kfz); Wagen *m*

汽船 qìchuán Dampfer *m*; Dampfschiff *n*

汽笛 qìdí Sirene *f*; Dampfpfeife *f*: 鸣～ eine Sirene ertönen lassen

汽水 qìshuǐ Brause *f*; Brauselimonade *f*

汽艇 qìtǐng Motorboot *n*

汽油 qìyóu Benzin *n*; Kraftstoff *m*

qiā

掐 qiā ① kneifen *vt*; zwicken *vt*; abpflücken *vt*; abbrechen *vt*: ～花 Blumen abpflücken ② mit beiden Händen fest drücken (*od* zusammenpressen): ～死 erwürgen *vt*; erdrosseln *vt*

掐断 qiāduàn abschneiden *vt*; abbrechen *vt*; absperren *vt*: ～水源 die Wasserversorgung unterbrechen

qiǎ

卡 qiǎ ① eingezwängt werden; steckenbleiben *vi*: 鱼刺～在他的嗓子里。Ihm ist eine Gräte im Hals steckengeblieben. ② Klemme *f*; Klammer *f*: 发～ Haarklemme *f* ③ Kontrollstelle *f*: 关～ Kontrollstelle *f* * 另见 kǎ

qià

洽 qià ① einträchtig; harmonisch; einig; im Einvernehmen: 融～ einträchtig; in gutem Einvernehmen sein ② besprechen *vt*; verhandeln *vt*; unterhandeln *vi*: ～商 verhandeln *vt/vi*; auf dem Verhandlungsweg klären

恰 qià ① passend; treffend; recht; geeignet ② gerade; genau; das rechte Maß halten; eben

恰当 qiàdàng passend; treffend; geeignet; richtig: 用词～。Die Worte sind treffend gewählt. 或 Das ist richtig formuliert. 这个问题处理得不～ Dieses Problem ist nicht richtig behandelt.

恰好 qiàhǎo gerade; genau; wie es der Zufall will: 当时我～在场。Damals war ich gerade dabei.

恰恰 qiàqià gerade; genau; ausgerechnet: ～相反 genau das Gegenteil ～十二点钟 Punkt zwölf Uhr.

恰巧 qiàqiǎo gerade; ausgerechnet; wie es der Zufall will: 这～是我想说的话。Das ist gerade das, was ich sagen wollte.

恰如其分 qià rú qí fèn ganz so, wie es sich geziemt; passend; entsprechend; zutreffend: ～的结论 eine zutreffende Schlußfolgerung

qiān

谦 qiān bescheiden: ～和 bescheiden und freundlich

谦恭 qiāngōng bescheiden und liebenswürdig (*od* zuvorkommend)

谦让 qiānràng etw. aus Bescheidenheit nicht annehmen; j-m bescheiden den Vortritt lassen: 不要～了。Lehnen Sie nicht aus Bescheidenheit ab!

谦虚 qiānxū bescheiden: 他是非常～的人。Er ist ein sehr bescheidener Mensch.

谦逊 qiānxùn bescheiden und höflich

牵(牽) qiān führen *vt*; ziehen *vt*: 手～手 Hand in Hand

牵肠挂肚 qiān cháng guà dù um etw. sehr besorgt sein; sich stets um etw. Sorgen machen; über etw. sehr bekümmert sein

牵扯 qiānchě hineinziehen *vt*; verwickeln *vt*: 这件事～到他。Er ist in diese Sache verwickelt.

牵动 qiāndòng beeinflussen *vt*; auf etw. einwirken: ～全局 die Gesamtlage beeinflussen

牵挂 qiānguà sich Gedanken über etw./j-n machen; sich um j-n/etw. sorgen: 没有～ frei von Sorgen 不要～家里。Mach dir keine Sorgen um die Familie!

牵累 qiānlěn ① binden *vt*; fesseln *vt*: 受家务～ im Joch häuslicher Pflichten eingespannt sein ② j-n in Mitleidenschaft ziehen: 你犯错误不要～别人。Verwickele die anderen nicht in deinen Irrtum.

牵连 qiānlián hineinziehen *vt*;

verwickeln *vt*; in Verbindung stehen: ～他人 die anderen (Leute) in einen Fall verstricken
牵强 qiānqiǎng an den Haaren herbeigezogen (sein); weit hergeholt; gesucht: ～附会 an den Haaren herbeigezogen sein
牵涉 qiānshè betreffen *vt*; mit etw. zu tun haben; angehen *vt*; sich auf j-n/etw. beziehen: 他的发言～到很多人。Seine Rede geht viele Leute an. 或 Seine Rede bezog sich auf viele Leute.
牵线 qiānxiàn ① Drähte ziehen ② hinter den Kulissen manipulieren; Drahtzieher sein ③ Zwischenträger sein; den Vermittler spielen; vermitteln *vt*
牵引 qiānyǐn ziehen *vt*; schleppen *vt*: ～力 Zugkraft *f*
牵制 qiānzhì binden *vt*; fesseln *vt*; festhalten *vt*: ～行动 Operation zur Bindung des Feindes

签(籤) qiān ① unterschreiben *vt*; unterzeichnen *vt*: 请～字。Unterschreiben Sie bitte! ② Aufschrift *f*; Etikett *n*; Aufklebezettel *m*: 标～ Etikett *n*; Aufschrift *f* 书～ Lesezeichen *n* ③ Los *n*: 抽～ Lose ziehen ④ spitzes Stäbchen *n*: 牙～ Zahnstocher *m*
签到 qiāndào sich in eine Anwesenheitsliste eintragen (*od* einschreiben): ～处 Meldestelle *f*
签订 qiāndìng (einen Vertrag, ein Abkommen u.ä.) schließen *vt*; abschließen *vt*: ～条约 einen Vertrag schließen ～合同 einen Kontrakt unterzeichnen
签发 qiānfā etw. unterzeichnen und ausgeben; ausstellen *vt*
签名 qiānmíng seinen Namen unter etw. setzen; unterschreiben *vt*; unterzeichnen *vt*; ein Autogramm geben: 作者亲笔～的书 ein Buch mit Autogramm (*od* eigenhändiger Unterschrift) des Autors
签署 qiānshǔ unterzeichnen *vt*; unterschreiben *vt*: ～协定 ein Abkommen unterzeichnen ～意见 (auf einem Dokument) Notizen anbringen und sie mit seiner Unterschrift versehen
签证 qiānzhèng Visum *n*; Sichtvermerk *m* 出入境～ Ein- und Ausreisevisum *n* 过境～ Transitvisum *n*
签字 qiānzì unterzeichnen *vt*; unterschreiben *vt*: ～国 Signatarstaat *m*

铅 qiān Blei *n* (Pb)
铅笔 qiānbǐ Bleistift *m*
铅球 qiānqiú Kugel *f*: 推～ Kugelstoßen *n*
铅字 qiānzì Letter *f*; Drucktype *f*

千 qiān ① Tausend *n*; tausend: 两～ zwei Tausende 成～上万 tausend und aber tausend ～百万 Millionen ② sehr viel; unzählig; zahllos: ～方百计 mit allen Mitteln; kein Mittel (*od* nichts) unversucht lassen; sein Möglichstes (*od* Äußerstes) tun; auf jede nur erdenkliche Art und Weise
千变万化 qiān biàn wàn huà rasch wechseln; sich schnell wandeln; wechselvoll; sehr veränderlich
千差万别 qiān chā wàn bié ganz verschieden; keines wie das andere; voneinander völlig abweichen; sehr unterschiedlich
千锤百炼 qiān chuí bǎi liàn ① hundertfach geschmolzen, tausendfach geschmiedet; in zahllosen Kämpfen gestählt sein: 在长期斗争中～ sich in den lang andauernden Kämpfen hundertfach bewährt haben ② (ein Schriftstück) mehrmals verbessern und vervollkommnen; an einem Werk feilen
千古 qiāngǔ jahrtausendelang; ewig; für alle Zeiten: 成为～罪人 auf ewig geächtet und verdammt sein ～遗恨 ewige Reue
千金 qiānjīn ① sehr viel Geld: ～难买 nicht mit Gold aufzuwiegen sein; sehr kostbar 一掷～ tausend Goldstücke auf einmal wegwerfen; Geld in großer Menge verschwenden; Geld zum Fenster hinauswerfen ② Tochter *f*
千钧一发 qiān jūn yī fà an einem Faden hängen; im kritischen Augenblick (*od* Moment)
千军万马 qiān jūn wàn mǎ ein großes Heer von Reitern und Fußsoldaten; ein gewaltiges Heer
千篇一律 qiān piān yīlǜ überall dasselbe Schema anwenden; immer dasselbe Muster nachahmen; immer das Gleiche; schablonenhaft
千秋 qiānqiū ① tausend Jahre; eine sehr lange Zeit: ～万代 für alle Zeiten; Generation für Generation; bis in alle Ewigkeit ② Geburtstag *m*
千丝万缕 qiān sī wàn lǚ durch tausend Fäden verbunden; unlösbar:

～的联系 eng geknüpfte Bande; unlöslich miteinander verbunden sein

千瓦 qiānwǎ Kilowatt *n*

千万 qiānwàn ① zehn Millionen; Millionen und aber Millionen ② auf jeden Fall; unter allen Umständen; unbedingt: ～要小心啊! Seien Sie unter allen Umständen vorsichtig! 这件事～不可掉以轻心。Das darf man auf keinen Fall auf die leichte Schulter nehmen.

千辛万苦 qiān xīn wàn kǔ viel Mühsal und unzählige Strapazen; unbeschreibliche Härten und Schwierigkeiten: 历尽～ tausend Mühen und Nöte überwinden

千言万语 qiān yán wàn yǔ in tausend Worten; mit vielen Worten: ～无法表达我对家乡的深情。Meine Liebe zur Heimat läßt sich auch mit tausenden Worten nicht beschreiben.

千载一时 qiān zǎi yī shí einmalige Gelegenheit; äußerst selten: ～的机会 nie wiederkehrende Gelegenheit; einmalige Chance

迁(遷) qiān ① umziehen *vi*; seinen Wohnsitz wechseln (*od* verlegen): ～往他处 anderswohin ziehen ② sich wandeln; sich verändern: 时过境～。Die Situation hat sich im Laufe der Zeit verändert.

迁就 qiānjiù nachgeben *vi*; sich anpassen; entgegenkommen *vi*: 坚持原则,不能～。Man muß auf Prinzipien beharren und darf sich ihnen nicht ergeben.

迁居 qiānjū den Wohnsitz verlegen; umsiedeln *vi*; übersiedeln *vi*; umziehen *vi*

迁移 qiānyí den Wohnsitz verlegen; umsiedeln *vi*; umziehen *vi*; übersiedeln *vi*

仟 qiān tausend (Schreibweise von 千 auf Schecks, Quittungen usw. zur Vermeidung von Fehlern oder Fälschungen)

阡 qiān in nord-südlicher Richtung verlaufender, als Fußweg dienender Rain

阡陌 qiānmò (als Fußweg dienende) Raine *pl*

qián

潜(濳) qián verstecken *vt*; verbergen *vt*

潜藏 qiáncáng verstecken *vt*; verbergen *vt*; sich versteckt (*od* verborgen) halten

潜伏 qiánfú sich verstecken; sich versteckt halten; versteckt; verborgen; latent: ～的敌人 untergetauchter Feind ～的疾病 latente Krankheit ～期 Inkubationszeit *f*

潜力 qiánlì Potential *n*; potentielle Energie (*od* Kräfte): 有很大的～ ein großes Potential besitzen 挖掘～ Potential ausschöpfen

潜入 qiánrù ① eintauchen *vi*; untertauchen *vi* ② heimlich eindringen; sich einschleichen; sich hineinstehlen

潜水 qiánshuǐ untertauchen *vi*: ～员 Taucher *m*; Froschmann *m* ～艇 Unterseeboot *n*; U-Boot *n*

潜逃 qiántáo sich heimlich davonmachen; sich drücken; durchbrennen *vi*: 携公款～ mit öffentlichen Geldern verschwinden

潜行 qiánxíng ① sich unter Wasser bewegen ② sich heimlich bewegen; schleichen *vi*

潜移默化 qián yí mò huà auf j-n/etw. subtil einwirken; unauffällig Einfluß ausüben

潜在 qiánzài latent; potentiell: ～的力量 latente Kraft; potentielle Energie ～危险 potentielle Gefahr

前 qián ① vorn; frontal; vor: ～厅 Vorraum *m*; Vorhalle *f*; Vestibül *n* 门～ vor der Tür ② vorwärtsgehen *vi*; voranschreiten *vi*; voran; vorwärts: 勇往直～ mutig voranschreiten 向～看 nach vorn schauen ③ vorher; zuvor; vor: 三天～ vor drei Tagen 午饭～ vor dem Mittagessen ～一阶段 in den letzten Wochen; in der letzten Zeit 战～ vor dem Krieg ④ ehemalig: ～总统 Expräsident *m* ⑤ erste(r, s): ～三名 die ersten drei Plätze ～几行 die ersten paar Reihen

前辈 qiánbèi Vorfahr *m*; ältere Generation

前车之鉴 qián chē zhī jiàn ein umgekippter Wagen mahnt zur Vorsicht; anderer Fehler sind gute Lehrer

前程 qiánchéng Zukunft *f*; Zukunftserwartung *f*: ～远大 eine vielversprechende (*od* große) Zukunft haben; brilliante Aussichten haben ～黯淡 eine düstere Zukunft haben

前额 qián'é Stirn *f*

前方 qiánfāng Front *f*; vorderste

Linie; Kampflinie *f*
前锋 qiánfēng ① Avantgarde *f*; Vorhut *f* ② Stürmer *m*
前赴后继 qián fù hò jì in Wellen angreifen; Welle auf Welle vorwärtsstürmen
前功尽弃 qiáng ōng jìn qì alle bisherigen Anstrengungen sind vergebens; alles bisher Erreichte ist verloren; alles ist umsonst gewesen
前后 qiánhòu ① vor und hinter; vorn und hinten: 房子～都有树。Vor und hinter dem Haus sind Bäume. ② von Anfang bis Ende; insgesamt: 这项工程～用了十个月。Dieses Projekt hat insgesamt zehn Monate in Anspruch genommen. 她～去过那儿三次。Sie ist insgesamt dreimal dort gewesen. ③ etwa; ungefähr; herum; gegen: 国庆节～ um die Zeit des Nationalfeiertags.
前进 qiánjìn vorangehen *vi*; voranschreiten *vi*; vorwärtsmarschieren *vi*
前景 qiánjǐng Aussicht *f*; Perspektive *f*: 美好的～ gute Aussichten; schöne Perspektive 开辟广阔的～ vielfältige Perspektiven eröffnen
前例 qiánlì vorangegangenes Beispiel; Präzedenzfall *m*: 史无～ ohne Beispiel in der Geschichte; noch nie dagewesen
前列 qiánliè erste (*od* vorderste) Reihe: 站在斗争的～ in vorderster Front des Kampfes stehen
前面 qiánmiàn ① vor; vorn: ～是一片树林。Da vorne ist ein Wald. ② vorherig; vorhergehend; oben: ～提到的问题 die oben erwähnten (*od* genannten) Probleme ～那一页 die vorherige Seite
前年 qiánnián vorletztes Jahr
前仆后继 qián pū hòu jì immer neue Kämpfer treten an die Stelle der Gefallenen; mit großem Opfersinn einen Kampf weiterführen
前驱 qiánqū Vorläufer *m*; Pionier *m*; Bahnbrecher *m*; Vorkämpfer *m*
前人 qiánrén Vorfahr *m*; Vorgänger *m*
前任 qiánrèn Vorgänger *m*: ～书记 ehemaliger Sekretär ～总统 Expräsident *m*
前哨 qiánshào Vorposten *m*
前身 qiánshēn Vorgänger *m*; Vorläufer *m*: 这所大学的～是一个研究中心。Diese Universität ist aus einem Forschungszentrum.
前台 qiántái ① Hauptbühne *f*; Proszenium *n* ② Bühne *f*; Szene *f*; vor den Kulissen
前提 qiánsí Prämisse *f*; Voraussetzung *f*; Vorbedingung *f*
前天 qiántiān vorgestern
前夕 qiánxī Vorabend *m*: 圣诞节～ der Heilige Abend; Weihnacht *f* 胜利的～ am Vorabend des Sieges
前线 qiánxiàn Frontlinie *f*; Front *f*
前言 qiányán Vorwort *n*; Einleitung *f*; Vorbemerkung *f*; Vorrede *f*; Prolog *m*
前沿 qiányán vorderer Rand einer Verteidigungsstellung; vorderste (*od* erste) Linie
前夜 qiányè Vorabend *m*
前因后果 qián yīn hòu guǒ Ursache und Wirkung; ganzer Prozeß: 他知道这件事的～。Er weiß diese Angelegenheit von Anfang bis Ende.
前兆 qiánzhào Vorzeichen *n*; Omen *n*: 地震的～ Vorzeichen eines Erdbebens
前者 qiánzhě jene(r,s); erstere(r,s)
前缀 qiánzhuì Präfix *n*; Vorsilbe *f*
前奏 qiánzòu Auftakt *m*; Vorspiel *n*

乾 qián

乾坤 qiánkūn Himmel und Erde; Universum *n*; Weltall *n*: 扭转～ eine Lage von Grund auf verändern

掮 qián etw. auf den Schultern tragen

掮客 qiánkè Makler *m*: 政治～ politischer Makler

虔 qián fromm

虔诚 qiánchéng fromm: ～的佛教徒 ein frommer Buddhist

黔 qián

黔驴技穷 Qián lǘ jì qióng der Esel von Guizhou ist mit seinem Können am Ende — j-s Fähigkeiten erweisen sich als unzureichend; mit seinem Latein (*od* seiner Weisheit) am Ende sein

钱(錢) qián ① Geld *n*: 挣～ Geld verdienen ～包 Geldtasche *f*; Geldbeutel *m*; Brieftasche *f* 这个多少～? Was kostet das? ② *Qian*, eine Gewichtseinheit (= fünf Gramm)

钱币 qiánbì Geldstück *n*
钱财 qiáncái Geld *n*; Geldmittel *pl*

钳 qián ① Zange *f*: 老虎～ Beißzange *f* 火～ Kohlenzange *f* ② klemmen *vt*; festklemmen *vt*; einklemmen *vt*

钳工 qiángōng Schlosser *m*

钳制 qiánzhì fesseln *vt*; binden *vt*; ablenken *vt*

qiǎn

浅(淺) qiǎn ① seicht; flach: ～海 Epikontinentalmeer *n* ～滩 Sandbank *f*; Untiefe *f* ② einfach; leicht: 这些读物很～。Diese Lesestoffe sind sehr leicht. ③ oberflächlich: 对问题的认识～ mit einem Problem nur oberflächlich vertraut sein 交情很～ mit j-m nur flüchtig bekannt sein ④ hell; matt; fahl (Farben): ～蓝 hellblau; Hellblau *n* ～黄 hellgelb; mattes Gelb

浅薄 qiǎnbó oberflächlich; seicht

浅见 qiǎnjiàn oberflächliche Auffassung; beschränkte Einsicht: 依我～ meiner bescheidenen Meinung nach

浅陋 qiǎnlòu (Kenntnisse, Einsicht usw.) dürftig; kärglich; gering; wenig

浅显 qiǎnxiǎn leichtverständlich; einfach: ～的道理 reine (*od* nackte, ungeschminkte) Wahrheit

浅易 qiǎnyì leicht und einfach; simpel: ～读物 leichter Lesestoff

遣 qiǎn ① senden *vt*; schicken *vt*: 派～ entsenden *vt* 调兵～将 Truppen zusammenziehen; Einheiten verlegen; Truppen in Marsch setzen ② vertreiben *vt*; verjagen *vt*: ～闷 Langweile vertreiben

遣返 qiǎnfǎn repatriieren *vt*; j-n in die Heimat entlassen; zurückschicken *vt*: ～战俘 Kriegsgefangene repatriieren

遣散 qiǎnsàn (Truppen) entlassen *vt*; demobilisieren *vt*; verabschieden *vt*; (Organisationen) auflösen und (deren Mitarbeiter) entlassen

遣送 qiǎnsòng j-n zwangsweise verschicken: ～出境 j-n über die Grenze abschieben; j-n des Landes verweisen

谴 qiǎn

谴责 qiǎnzé verurteilen *vt*; anprangern *vt*; brandmarken *vt*

qiàn

歉 qiàn ① Gefühl des Bedauerns: 道～ Abbitte tun; um Entschuldigung bitten ② Mißernte *f*

歉收 qiànshōu Mißernte *f*; magere Ernte

歉意 qiànyì Gefühl des Bedauerns: 表示～ sich entschuldigen; Abbitte tun

堑 qiàn Graben *m*; Kluft *f*: 天～ natürlich entstandener Graben; natürlicher Einschnitt ～壕 Schützengraben *m*

欠 qiàn ① schulden *vt*; verschuldet sein; schuldig sein: ～债 Schulden haben ② nicht genug; mangelnd: ～妥 fehl am Platz; unangebracht; unangemessen; unpassend; nicht treffend 身体～佳 sich nicht wohl fühlen; unpäßlich sein ③ sich ein wenig erheben: 他～身去摸床边的灯开关。Er erhob sich ein wenig, um den Schalter an dem Bett zu betasten. ④ gähnen *vi*: 呵～ Gähnen *n*

欠缺 qiànquē ① nicht genug; ungenügend; unzulänglich: 我们的经验还很～。Es mangelt uns noch an Erfahrungen. ② Mangel *m*; Lücke *f*; Unzulänglichkeit *f*; Defekt *m*

嵌 qiàn einlegen *vt*; intarsieren *vt*: 镶～螺钿的漆器 mit Perlmutter eingelegte Lackware

qiāng

锵(鏘) qiāng lauter, klirrender oder metallischer Ton; kling; dong

枪(槍) qiāng Gewehr *n*; Büchse *f*; Feuerwaffe *f*: 手～ Pistole *f* 机～ Maschinengewehr *n*

枪毙 qiāngbì j-n durch Erschießen exekutieren (*od* hinrichten); erschießen *vt*

枪弹 qiāngdàn Gewehrkugel *f*; Gewehrgeschoß *n*; Patrone *f*

枪法 qiāngfǎ Schießkunst *f*; Treffsicherheit im Schießen

枪杆子 qiānggǎnzi Gewehr *n*; Gewehrlauf *m*; Waffe *f*

枪决 qiāngjué 见“枪毙”

枪林弹雨 qiāng lín dàn yǔ Kugelregen *m*; starkes Gewehr- und

Geschützfeuer
枪杀 qiāngshā totschießen *vt*; erschießen *vt*; niederschießen *vt*
枪声 qiāngshēng Knall eines Schusses; Schuß *m*
枪手 qiāngshǒu Schütze *m*
枪膛 qiāngtáng Ladekammer *f*
呛(嗆) qiāng sich verschlukken * 另见 qiàng
腔 qiāng ① Hohlraum *m* (in einem menschlichen oder tierischen Körper); Höhle *f*: 口～ Mundhöhle *f* 满～热血 voller patriotischen Enthusiasmus ② Melodie *f*; Ton *m*: 高～ Melodie in einer hohen Tonlage ③ Akzent *m*: 南～北调 ein gemischter Akzent 学生～ gewählte Sprechweise von Schülern und Studenten ④ Sprechen *n*: 答～ antworten *vi*
腔调 qiāngdiào ① Melodie *f*: 他俩唱的是一个～。 Sie beiden blasen ins gleiche Horn. ② Stimme *f*; Akzent *m*: 她谈话带北方～。Sie spricht mit nördlichem Akzent.

qiáng

墙(牆) qiáng Wand *f*; Mauer *f*: ～报 Wandzeitung *f* ～壁 Wand *f* ～角 Mauer-, Wandecke *f*; Wandwinkel *m*
蔷(薔) qiáng
蔷薇 qiángwēi Rose *f*
强 qiáng ① stark; kräftig; mächtig: 富～ reich und stark 工作能力～ tüchtig 风力不～。Der Wind ist nicht stark. ② besser: 我们的生活条件一年比一年～。Unsere Lebensbedingungen verbessern sich von Jahr zu Jahr. ③ etwas mehr: 三分之一～ etwas mehr als ein Drittel *另见 jiàng; qiǎng
强暴 qiángbào ① gewaltsam; brutal ② Gewaltmensch *m*: 不畏～ der brutalen Gewalt trotzen; sich von gewalttätigen Gegnern nicht einschüchtern lassen
强大 qiángdà stark; mächtig; gewaltig
强盗 qiángdào Räuber *m*
强调 qiángdiào betonen *vt*; hervorheben *vt*; unterstreichen *vt*
强度 qiángdù Intensität *f*; Stärke *f*: 劳动～ Arbeitsintensität *f* 钢的～ Härte des Stahls
强国 qiángguó Macht *f*; starker (*od* mächtiger) Staat
强奸 qiángjiān vergewaltigen *vt*; notzüchtigen *vt*; Notzucht *f*; Vergewaltigung *f*: ～民意 den Willen des Volkes vergewaltigen; dem Volk seinen Willen aufzwingen
强劲 qiángjìng stark; kräftig: ～的海风 starke Seebrise *f*
强烈 qiángliè stark; heftig; scharf: ～的愿望 heißer Wunsch
强权 qiángquán Macht *f*; Gewalt *f*: ～政治 Machtpolitik *f*
强盛 qiángshèng mächtig und blühend
强硬 qiángyìng scharf; hart; kompromißlos; entschieden; fest: ～路线 harte Linie ～的谈判者 ein starker Unterhändler ～派 Anhänger eines harten Kurses
强制 qiángzhì zwingen *vt*: ～劳动 Zwangsarbeit *f*
强壮 qiángzhuàng stark; kräftig; robust

qiǎng

抢(搶) qiǎng ① entreißen *vt*; wegreißen *vt*; wegnehmen *vt*: 他把我的信～了过去。Er hat mir den Brief aus der Hand gerissen. ② rauben *vt*; plündern *vt* ③ wetteifern *vi*: ～球 um den Ball kämpfen ④ etw. eilig erledigen: ～时间 jede Sekunde ausnutzen; keinen Augenblick verlieren
抢夺 qiǎngduó entreißen *vt*; etw. mit Gewalt wegnehmen; mit j-m um etw. kämpfen
抢购 qiǎnggòu ① sich um eine Ware reißen; hamstern *vt* ② Käuferansturm *m*; Panikkäufe *pl*
抢劫 qiǎngjié rauben *vt*; plündern *vt*
抢救 qiǎngjiù retten *vt*; bergen *vt*: ～稀有动物 seltene Tiere bergen ～病人 einem Kranken (*od* Verletzten) das Leben retten
抢收 qiǎngshōu die Ernte schnell einbringen
抢险 qiǎngxiǎn eine drohende Gefahr (Dammbruch, Erdrutsch u.ä.) unverzüglich abwenden; Katastrophenschutz *m*
强 qiǎng sich abmühen; sich anstrengen: ～作笑脸 sich ein Lächeln abnötigen * 另见 jiàng; qiáng
强词夺理 qiǎng cí duó lǐ Zuflucht

zur Sophisterei nehmen; spitzfindige Argumente vorbringen

强加于人 qiǎng jiā yū rén sich j-m aufdrängen

强迫 qiǎngpò zwingen *vt*; nötigen *vt*

强求 qiǎngqiú etw. hartnäckig verlangen; etw. beharrlich fordern: 各地情况不一样，不能～一律。Da die Verhältnisse von Gebiet zu Gebiet verschieden sind, darf man nicht mit Gewalt ein einheitliches Vorgehen herbeiführen.

襁 qiǎng

襁褓 qiǎngbǎo Windel *f*: 在～中 in den Windeln liegen

qiàng

呛(嗆) qiàng (Atmungsorgane) reizen *vt*: 什么味道这么～鼻子? Welcher Geruch steigt mir so beißend in die Nase? 烟把我～着了。Der Rauch erstickte mich beinahe. 够～ allzu viel; unerträglich; schrecklich * 另见 qiāng

跄(蹌) qiàng

跄踉 qiàngliàng stolpern *vi*; straucheln *vi*; taumeln *vi*; schwanken *vi*

qiāo

敲 qiāo schlagen *vt*; klopfen *vt/vi*: ～锣打鼓 Gongs und Trommeln schlagen ～警钟 die Alarmglocke läuten; Alarm schlagen; j-n vor etw. warnen

敲打 qiāoda schlagen *vt*

敲诈 qiāozhà erpressen *vt*; j-m durch Drohungen oder mit Gewalt zu etw. zwingen: ～钱财 von j-m Geld erpressen

敲竹杠 qiāo zhúgàng rupfen *vt*; ausnehmen *vt*; neppen *vt*; prellen *vt*; schröpfen *vt*; übervorteilen *vt*

悄 qiāo

悄悄 qiāoqiāo leise; heimlich; geräuschlos; unauffällig; unbemerkt: 他～地走了。Er entfernt sich heimlich.

橇 qiāo Schlitten *m*

跷(蹺) qiāo (ein Bein) anheben *vt*; (einen Finger) heben *vt*: ～着腿坐着 mit übereinander geschlagenen Beinen sitzen ② Stelze *f*

锹 qiāo Spaten *m*; Schaufel *f*

qiáo

翘(翹) qiáo ① (den Kopf) heben *vt*: ～首 den Kopf heben ② krumm werden; sich biegen; sich krümmen * 另见 qiào

乔(喬) qiáo

乔木 qiáomù Baum *m*

乔迁 qiáoqiān eine bessere Wohnung beziehen oder in eine höhere Stellung aufrücken

乔装打扮 qiáozhuāng dǎbàn sich verkleiden; sich verstellen

侨(僑) qiáo im Ausland leben: 华～ Auslandschinese *m* 外～ ausländischer Staatsbürger; nicht naturalisierter Bewohner eines Landes

侨胞 qiáobāo im Ausland lebende Landsleute

侨汇 qiáohuì Geldüberweisung von im Ausland lebenden Landsleuten

侨居 qiáojū im Ausland leben: ～国 Land des ständigen Wohnsitzes; Aufenthaltsland *n*

侨眷 qiáojuàn Verwandte von im Ausland lebenden Staatsbürgern

侨民 qiáomín im Ausland lebender Staatsbürger

侨务 qiáowù im Ausland lebende Staatsbürger betreffende Angelegenheiten

桥(橋) qiáo Brücke *f*

桥墩 qiáodūn Brückenpfeiler *m*

桥梁 qiáoliáng Brücke *f*

桥牌 qiáopái Bridge *n*: 打～ Bridge spielen

桥头 qiáotóu beide Enden einer Brücke

憔 qiáo

憔悴 qiáocuì schwach und matt; bleich

樵 qiáo Brenn-, Reisigholz *n*; Reisig *n*: ～夫 Reisigsammler *m*; Holzfäller *m*

瞧 qiáo sehen *vt/vi*; schauen *vi*: 等着～吧。Warte nur ab, wir werden ja sehen.

瞧不起 qiáobuqǐ verachten *vt*; geringschätzen *vt*; nicht viel von

j-m/etw. halten
瞧得起 qiáodeqǐ 〈口〉 große Stücke auf j-n/etw. halten; viel für j-n/etw. übrig haben

qiǎo

巧 qiǎo ① geschickt; gewandt: ～匠 geübter Handwerker; Meister seines Fachs ② unecht; heuchlerisch; trügerisch: 花言～语 schön klingende (*od* honigsüße) Worte im Mund führen; j-m Honig um den Mund schmieren ③ zufällig; gerade; ausgerechnet: 真～! Recht zufällig! 真不～! 他今天又不在家。Leider ist er heute wieder nicht zu Hause.
巧夺天工 qiǎo duó tiān gōng das Kunstwerk übertrifft die Natur an Meisterschaft
巧立名目 qiǎo lì míngmù unter allen erdenklichen Namen; unter den gerissensten Vorwänden
巧妙 qiǎomiào geschickt; gewandt

qiào

窍(竅) qiào Schlüssel zu etw.: 诀～ Schlüssel zum Erfolg; Erfolgsrezept *n*
窍门 qiàomén Schlüssel zum Erfolg; Erfolgsrezept *n*: 找～ den Schlüssel zum Erfolg suchen
壳(殼) qiào Schale *f*; Hülse *f*; harte Außenschicht: 贝～ Muschelschale *f* * 另见 ké
撬 qiào (mit einem Hebel usw.) hochwuchten *vt*; hochheben *vt*; hochstemmen *vt*; aufbrechen *vt*: 把箱子～开 eine Kiste (*od* einen Koffer) aufbrechen
翘(翹) qiào sich an einem Ende in die Höhe heben; sich nach oben biegen (*od* krümmen) * 另见 qiáo
翘尾巴 qiào wěiba den Schwanz hochtragen — sehr stolz (*od* dünkelhaft, überheblich) sein
鞘 qiào Scheide *f* * 另见 shāo
峭 qiào hoch und steil: 陡～ steil; jäh abfallend bzw. ansteigend; abschüssig
峭壁 qiàobì steile (*od* jäh abfallende) Felswand
俏 qiào schön; hübsch; schick: 打扮得真～ schick gekleidet sein
俏丽 qiàolì schön; hübsch
俏皮 qiàopi witzig; fröhlich und geistreich
俏皮话 qiàopihuà ① witzige Rede; scherzhafte Worte; spaßhafte Bemerkung ② sarkastisches Wortspiel

qiē

切 qiē schneiden *vt*; zerschneiden *vt*: ～菜 Gemüse schneiden * 另见 qiè
切除 qiēchú Herausschneiden *n* (von Gewebe); operative Entfernung (einer Geschwulst); Exzision *f*; Resektion *f*
切磋 qiēcuō Ansichten austauschen und davon profitieren; fruchtbarer Meinungsaustausch; gemeinsame Beratung
切断 qiēduàn abschneiden *vt*; auseinanderschneiden: ～电源 den Strom ausschalten ～交通 den Verkehr abschneiden
切片 qiēpiàn Gewebeprobe *f*: ～检查 Gewebeproben für histologische oder biochemische Untersuchungen entnehmen
切削 qiēxiāo Schneiden *n*; Spanabheben *n*: 金属～ spanabhebende (*od* spangebende) Metallbearbeitung

qié

茄 qié Aubergine *f*; Eierfrucht *f* * 另见 jiā

qiě

且 qiě ① für einen Moment: 您～等一下。Warten Sie einen Moment! ② ganz abgesehen von; geschweige denn: 他连糊口的钱都没有，～不说盖新房了。Er hat nicht einmal Geld zum Leben, geschweige (denn) für ein neues Haus. ③ für eine lange Zeit: 这菜～煮呢。Diese Speise wird noch lange gekocht werden. ④ (sowohl...) als auch ...: 既高～大 sowohl hoch als auch groß (*od* geräumig, ausladend)
且慢 qiěmàn einen Moment war-

ten: ～,我还有个问题要问你。Einen Moment bitte, ich werde noch eine Frage an dich richten (*od* stellen).

qiè

妾 qiè Nebenfrau *f*; Konkubine *f*

锲 qiè schnitzen *vt*; meißeln *vt*

锲而不舍 qiè ér bù shě beharrlich; hartnäckig; ausdauernd

挈 qiè ① mitnehmen *vt*: ～眷 seine Familie mitnehmen ② aufheben *vt*; hochheben *vt*: 提纲～领 ein Netz bei der Hauptleine und eine Jacke beim Kragen packen — sich auf das Wesentliche konzentrieren; etw. in kurzen (*od* knappen) Zügen darstellen; in prägnanter Formulierung

怯 qiè schüchtern; zaghaft; furchtsam; nervös; feig(e)

怯场 qièchǎng Lampenfieber haben

怯懦 qiènuò ängstlich und übervorsichtig; feige

怯弱 qièruò schüchtern; zaghaft; charakterschwach

惬(愜) qiè befriedigt sein; wunschlos glücklich sein

惬意 qièyì wunschlos glücklich sein; hochbeglückt sein; im siebten Himmel sein

切 qiè ① entsprechen *vi*; etw. nahekommen: 他说话不～实际。Was er sagt, ist unpraktisch (*od* entspricht den Tatsachen nicht). ② dringend; dringlich; eilig: 回国心～ Heimweh nach seinem Vaterland haben; es eilig haben, in sein Vaterland zurückzukehren ③ unter allen Umständen; auf alle Fälle: ～不可麻痹大意。Man darf keinesfalls in seiner Wachsamkeit nachlassen. * 另见 qiē

切齿 qièchǐ mit den Zähnen knirschen: ～痛恨 haßerfüllt mit den Zähnen knirschen

切合 qièhé sehr gut passen; entsprechen *vi*: ～实际 den Tatsachen entsprechen

切身 qièshēn ① von unmittelbarem Interesse für einen selbst; lebenswichtig; vital: ～利益 vitales Interesse; Lebensinteresse *n* ② persönlich; am eigenen Leib: ～体会 persönliche Einsicht (*od* Erkenntnisse)

切实 qièshí ① praktisch; realistisch; durchführbar; gangbar: ～有效的办法 praktische und wirksame Maßnahmen ～可行的计划 realisierbarer (*od* durchführbarer) Plan ② gewissenhaft; ernstlich: ～改正错误 ernsthaft seine Fehler korrigieren

切题 qiètí zum Thema gehörig; zur Sache; bei der Sache bleiben

窃(竊) qiè ① stehlen *vt*: 盗～ stehlen *vt*; Diebereien begehen ② verstohlen; heimlich: ～笑 verstohlen lachen; sich ins Fäustchen lachen ～听 abhorchen *vt*; abhören *vt*

窃取 qièqǔ etw. widerrechtlich in Besitz nehmen; stehlen *vt*: ～要职 eine hohe Position usurpieren; einen wichtigen Posten widerrechtlich innehaben

窃贼 qièzéi Dieb *m*; Einbrecher *m*

qīn

亲(親) qīn ① Blutsverwandte(r): 母～ Mutter *f* 双～ Eltern *pl* ～姐妹 leibliche Schwestern 近～ Blutsverwandte(r); nahe(r) Verwandte(r) ② innig; vertraut; intim: ～热 innig; freundlich ③ Ehe *f*; Heirat *f*: 定～ sich verloben ④ küssen *vt* * 另见 qìng

亲爱 qīn'ài lieb; geliebt

亲笔 qīnbǐ ① mit eigener Hand geschrieben ② j-s eigene Handschrift

亲近 qīnjìn eng verbunden; vertraut; sich mit j-m befreunden: 他们俩很～。Die beiden stehen auf vertrautem Fuß miteinander. 他对人冷嘲热讽，谁都不愿～他。Er ist sarkastisch (und höhnisch); jeder möchte nicht mit ihm auf du und du stehen.

亲眷 qīnjuàn Verwandte(r)

亲口 qīnkǒu mit eigenen Worten; persönlich (sagen): 这是他～告诉我的。Das hat er mir selbst gesagt. 或 Das habe ich aus seinem eigenen Mund gehört.

亲密 qīnmì vertraut; vertraulich; intim; innig; nächst: ～无间 mit j-m auf vertrautem Fuße stehen

亲昵 qīnnì sehr intim; sehr vertraut; liebevoll: ～的称呼 sehr vertraute Anrede

亲戚 qīnqī Verwandte(r)

亲切 qīnqiè vertraut; intim; warm; warmherzig; gütig: 他的话我们感到很～。 Seine Worte sind uns zu Herzen gegangen.
亲热 qīnrè warmherzig; intim; innig; liebevoll
亲人 qīnrén Blutsverwandte(r); Familienangehörige(r)
亲善 qīnshàn Freundschaft *f* (zwischen Staaten)
亲身 qīnshēn persönlich; selbst; am eigenen Leib; aus eigener Erfahrung: ～经历 persönliches Erlebnis
亲生 qīnshēng eigen; leiblich (Kinder, Eltern): ～子女 leibliche (*od* eigene) Kinder
亲事 qīnshì Ehe *f*; Heirat *f*
亲手 qīnshǒu mit eigenen Händen; eigenhändig; persönlich; selbst
亲属 qīnshǔ Verwandte(r); Familienangehörige(r)
亲王 qīnwáng Prinz *m*
亲信 qīnxìn Gefolgs-, Vertrauensmann *m*
亲眼 qīnyǎn mit eigenen Augen: 这是我～看见的。Ich habe es mit eigenen Augen gesehen·
亲友 qīnyǒu Verwandte und Bekannte
亲自 qīnzì persönlich; selber; selbst: ～动手 die Arbeit persönlich in die Hand nehmen; die Arbeit selbst tun ～拜访 persönlich einen Besuch abstatten ～过问 sich persönlich um etw. kümmern

钦 qīn
钦差大臣 qīnchāi dàchēn kaiserlicher Bevollmächtigter; vom Kaiser geschickter Kommissar (*od* Beauftragter)
钦佩 qīnpèi bewundern *vt*; ehren *vt*; hochachten *vt*: 表示～ seiner Bewunderung Ausdruck geben

侵 qīn einfallen *vi*; eindringen *vi*; eingreifen *vi*; herfallen *vi*
侵犯 qīnfàn übertreten *vt*; verletzen *vt*; überfallen *vt*: ～一国主权 die Souveränität eines Landes verletzen ～人权 die Menschenrechte verletzen
侵略 qīnlüè in ein Land einfallen; Angriff auf ein fremdes Staatsgebiet; Aggression *f*: ～者 Aggressor *m*; Angreifer *m* ～战争 Aggressionskrieg *m*
侵扰 qīnrǎo Überfälle verüben und Störaktionen durchführen: ～边境 in Grenzgebiete einfallen und Störaktionen durchführen
侵入 qīnrù eindringen *vi*; einfallen *vi*: ～领海 in Hoheitsgewässer eindringen
侵蚀 qīnshí zerfressen *vt*; zersetzen *vt*; erodieren *vt*; Erosion *f*; Zersetzung *f*: 风雨的～ Wind-, und Regenerosion *f*; Verwitterung *f*
侵吞 qīntūn ① annektieren *vt*; einverleiben *vt*: ～别国领土 das Territorium eines anderen Landes annektieren ② unterschlagen *vt*; veruntreuen *vt*: ～公款 öffentliche Gelder unterschlagen
侵袭 qīnxí überfallen *vt*; einfallen *vi*: 台风～沿海地区。Ein Taifun suchte die Küstengebiete heim.
侵占 qīnzhàn etw. widerrechtlich in Besitz nehmen; sich etw. unrechtmäßig aneignen; eindringen und besetzen

qín

勤 qín ① fleißig; arbeitsam; emsig; unermüdlich: ～学苦练 fleißig lernen und tüchtig üben ② oft; öfters; häufig: 他来得最～。Er kommt sehr häufig. ③ Dienst *m*: 值～ im Dienst sein; Dienst haben 考～ Anwesenheitskontrolle *f*
勤奋 qínfèn Fleiß *m*; fleißig; emsig
勤俭 qínjiǎn arbeitsam und sparsam; fleißig und genügsam
勤恳 qínkěn fleißig und gründlich; eifrig und gewissenhaft: ～工作 emsig (*od* unermüdlich) und gewissenhaft arbeiten
勤快 qínkuài fleißig; arbeitsam
勤劳 qínláo fleißig; arbeitsam; emsig
勤勉 qínmiǎn fleißig; eifrig
勤务 qínwù Dienst *m*: ～兵 Offiziersbursche *m*
勤杂工 qínzágōng nützlicher Helfer; Hilfskraft für praktische Arbeiten; Faktotum *n*

芹 qín
芹菜 qíncài Sellerie *m*/*f*

禽 qín Vögel *pl*: 家～ Hausgeflügel *n*
禽兽 qínshòu Raubvögel und wilde Tiere; Bestie *f*: 衣冠～ ein Teufel in Menschengestalt

擒 qín festnehmen *vt*; gefangennehmen *vt*; einfangen *vt*

噙 qín etw. im Mund oder in den Augen haben: ～着眼泪

mit Tränen in den Augen

琴 qín ① allgemeine Bezeichnung für manche Streich-, Zupfinstrumente: 胡～ *Hugin f* (chinesische Geige) 竖～ Harfe *f* 小提～ Geige *f* ② Klavier *n*; Piano *n*

琴键 qínjiàn Taste *f* (eines Musikinstruments)

琴弦 qínxián Saite *f* (eines Musikinstruments)

qǐn

寝(寝) qǐn schlafen *vi*: 废～忘食 (über einer Tätigkeit) Essen und Schlafen vergessen 就～ schlafen gehen; zu Bett gehen ～食 schlafen und essen

寝室 qǐnshì Schlafzimmer *n*; Schlafraum *m*

qìn

沁 qìn sickern *vi*; aussickern *vi*; hindurchdringen *vi*: 他额上～出了汗珠。Der Schweiß perlte ihm von der Stirn.

qīng

青 qīng ① blau; grün: ～天 blauer Himmel ② schwarz: ～布 schwarzer Stoff ③ jung (Personen): ～工 junger Arbeiter

青菜 qīngcài ① grünes Gemüse

青出于蓝 qīng chū yú lán das Blau stammt von der Indigopflanze (,ist aber noch blauer als diese); der Schüler übertrifft seinen Lehrer

青春 qīngchūn Jugend *f*; Jugendfrische *f*; Jugendjahre *pl*: 充满～活力 voller Jugendfrische sein

青翠 qīngcuì hell-, frisch-, jadegrün

青光眼 qīngguāngyǎn grüner Star; Glaukom *n*

青黄不接 qīng huáng bù jiē die Vorräte sind verzehrt, die Felder noch grün; Versorgungsengpaß zwischen zwei Ernten; vorübergehender Mangel an etw.

青睐 qīnglài Geneigtheit *f*; Wohlwollen *n* (gegenüber j-m, der von dem Betreffenden abhängig oder ihm untergeordnet ist); Gunst *f*: 受到某人的～ in j-s Gunst stehen

青年 qīngnián Jugend *f*; Jugendliche(r)

青少年 qīngshàonián Kinder und Jugendliche: ～犯罪 das Delikt (*od* die Kriminaltät) von Jugendlichen

青天 qīngtiān blauer (*od* klarer) Himmel: ～霹雳 ein Blitz aus heiterem Himmel

青铜 qīngtóng Bronze *f*

青蛙 qīngwā Frosch *m*

青云直上 qīngyún zhí shàng eine glänzende Beamtenkarriere machen; sich schnell emporarbeiten; kometenhafter Aufstieg

清 qīng klar; sauber; durchsichtig; rein: 溪水～澈。Das Wasser des Bachs ist kristallklar. ② klar; geklärt: 说不～ schwer zu erklären 数不～ unzählig ③ still; ruhig: ～静 still; geräuschlos 享～福 ein ruhiges und glückliches Leben führen ④ (Rechnung, Schulden) bereinigen *vt*; begleichen *vt*: ～帐 die Rechnung begleichen

清白 qīngbái rein; unschuldig; makellos; ehrbar: 历史～ eine makellose Vergangenheit haben

清查 qīngchá prüfen *vt*; überprüfen *vt*; kontrollieren *vt*

清偿 qīngcháng (Schulden) tilgen *vt*; restlos zurückzahlen: ～债务 alle Schulden zurückzahlen

清晨 qīngchén am frühen Morgen; früh morgens; Tagesanbruch *m*

清除 qīngchú beseitigen *vt*; wegschaffen *vt*; ausmerzen *vt*; ausrotten *vt*: ～垃圾 Müll beseitigen ～官僚主义的恶习 die üble Gewohnheit vom Bürokratismus ausräumen

清楚 qīngchu ① deutlich; klar: 他说话不～。Er hat sich nicht klar ausgedrückt. ② verstehen *vt*; im klaren sein: 我对此不太～。 Ich bin darüber nicht im Bild.

清脆 qīngcuì klar und wohlklingend; hell klingend

清单 qīngdān detaillierte Liste; Inventar *n*

清淡 qīngdàn ① schwach; leicht; nicht fett: ～的食物 leichte Nahrung ③ flau: 生意～。Die Geschäfte gehen flau.

清点 qīngdiǎn sortieren und zählen; überprüfen *vt*; Bestand aufnehmen; Inventur machen: ～货物 Wareninventur machen

清风 qīngfēng kühler, frischer Wind

清高 qīnggāo über politischen und materiellen Dingen stehen
清官 qīngguān gerechter und unbestechlicher Beamter
清规戒律 qīngguī jièlǜ Gebote und Verbote; Einschränkungen und Verbote
清洁 qīngjié sauber; rein: 整齐～ sauber und ordentlich
清净 qīngjìng ungestört; friedlich und ruhig; friedlich und still: 图～ nach Ruhe Ausschau halten
清静 qīngjìng ruhig; still: ～的地方 ein ruhiger Platz (*od* Ort)
清理 qīnglǐ etw. in Ordnung bringen; überprüfen *vt*: ～帐目 Rechnungen abgleichen; Konten ausgleichen ～文件 Dokumente aussortieren
清凉 qīngliáng kühl und frisch; kühl und erfrischend: ～饮料 Erfrischungsgetränk *n*
清明 qīngmíng ① das Fest „Helles Licht" (einer der 24 Jahreseinteilungstage des chinesischen Mondkalenders, nämlich Totenfest am 4. oder 5. April) ② klar und hell: 月色～ klarer und heller Mondschein
清贫 qīngpín arm, aber ehrsam
清爽 qīngshuǎng ① frisch und kühl: 雨后空气特别～。Nach dem Regen ist die Luft besonders kühl und erfrischend. ② erleichtert: 心里～了。Mir ist leichter ums Herz.
清算 qīngsuàn ① begleichen *vt*; abrechnen *vt*; verrechnen *vt* ② abrechnen *vt*; zur Rechenschaft ziehen
清晰 qīngxī klar; deutlich: 她发音～。Ihre Aussprache ist klar und deutlich.
清洗 qīngxǐ ① reinigen *vt*; rein waschen; spülen *vt* ② säubern *vt*; entfernen *v*.
清闲 qīngxián Muße *f*; müßig: 享～ ein müßiges Leben führen
清香 qīngxiāng delikater und lieblicher Duft; erfrischender Wohlgeruch
清醒 qīngxǐng ① nüchtern; klar im Kopf: 保持～的头脑 einen klaren Kopf haben; kühlen Kopf bewahren ② wieder zu(m) Bewußtsein kommen; das Bewußtsein wiedererlangen: 病人已经～过来。Der Patient hat das Bewußtsein wiedererlangt.
清秀 qīngxiù zierlich und hübsch: 面貌～ feingeschnittene Gesichtszüge haben
清一色 qīngyīsè einfarbig; einförmig; homogen; eintönig
清真 qīngzhēn mohammedanisch; islamisch: ～寺 Moschee *f*

蜻 qīng

蜻蜓 qīngtíng Libelle *f*; Wasserjungfer *f*
蜻蜓点水 qīngtíng diǎn shuǐ wie die Libelle über das Wasser streicht; etw. nur oberflächlich behandeln

倾 qīng

① sich neigen; geneigt sein; Neigung *f*; Tendenz *f*: 左～ linksgerichtet ② umkippen und entleeren; ausschütten *vt*: ～囊相助 seinen Geldbeutel leer machen, um j-m zu helfen ③ einstürzen *vi*; zusammenfallen *vi*
倾巢出动 qīngcháo chūdòng sämtliche noch verfügbaren Kräfte einsetzen
倾倒 qīngdǎo ① umkippen *vi*; umfallen *vi* ② überschwenglich verehren; anbeten *vt*; über alle Maßen bewundern
倾倒 qīngdào ausschütten *vt*; ausgießen *vt*; etw. durch Umkippen leeren: ～垃圾 Müll abladen
倾覆 qīngfù umstürzen *vt*
倾家荡产 qīng jiā dàng chǎn Haus und Hof (*od* das gesamte Vermögen) verlieren; um Hab und Gut gebracht werden; wirtschaftlich ruiniert sein
倾慕 qīngmù j-m zugeneigt sein; Zuneigung *f*
倾盆大雨 qīngpén dà yǔ es gießt wie aus Kannen; in Strömen regnen
倾诉 qīngsù ausschütten *vt*
倾听 qīngtīng aufmerksam zuhören; j-m sein Ohr leihen: ～群众的意见 aufmerksam auf die Meinungen der Massen hören
倾向 qīngxiàng ① Tendenz *f*; Trend *m*; Abweichung *f*; Neigung *f* ② geneigt sein; vorziehen *vt*: 我～于同意他的意见。Ich ziehe vor, mit ihm einer Meinung zu sein.
倾销 qīngxiāo etw. zu Schleuderpreisen verkaufen; Dumping betreiben; verramschen *vt*; verschleudern *vt*; Dumping *n*
倾泻 qīngxiè herunterströmen *vi*; herabstürzen *vi*
倾心 qīngxīn bewundern *vt*; sich in j-n verlieben: 一见～ sich auf den ersten Blick in j-n verlieben

倾注 qīngzhù einsetzen *vt*; sich/etw. auf etw. konzentrieren: 把全部心血～到工作中去 seine ganze Energie auf seine Arbeit konzentrieren

轻(輕) qīng ① leicht: 象羽毛一样～ so leicht wie eine Feder ② wenig; leicht: 年纪很～ sehr jung sein 伤势不～ nicht leicht verwundet sein ③ nicht wichtig; leicht; unbedeutend: ～罚 leichte Strafe 工作很～。Es ist eine leichte Arbeit. ④ leicht; sachte; sanft: ～声点! Sei leise! ⑤ geringachten *vt*; verachten *vt*: 文人相～。Gelehrte Leute achten sich gegenseitig gering. 重男～女 die Herausstellung des Mannes und die Geringschätzung der Frau

轻便 qīngbiàn leicht; bequem; handlich

轻而易举 qīng ér yì jǔ mit spielerischer Leichtigkeit; etw. mühelos zustande bringen; etw. aus dem Handgelenk schütteln (*od* machen)

轻浮 qīngfú leichtfertig; leichtsinnig; frivol; oberflächlich: 举止～ sich leichtsinnig verhalten; sich locker benehmen

轻工业 qīnggōngyè Leichtindustrie *f*

轻举妄动 qīng jǔ wàng dòng unüberlegt (*od* unbesonnen) handeln; leichtsinnig (*od* blindlings) vorgehen

轻快 qīngkuài ① leicht; behende; leise und rasch; schwebend: 迈着～的步伐 mit leichten und flotten Schritten ② freudig; froh: ～的曲调 freudige Töne; leichte Melodie

轻描淡写 qīng miáo dàn xiě eine Sache nur flüchtig streifen; etw. oberflächlich erwähnen; abschwächend; abmildernd

轻蔑 qīngmiè voller Geringschätzung; verächtlich; verachtungsvoll

轻飘飘 qīngpiāopiāo leicht; schwebend: 他大病初愈，现在脚底下还～的。Er ist erst gerade von einer schweren Krankheit genesen und noch etwas schwach auf den Beinen.

轻巧 qīngqiǎo ① leicht und handlich: 你说得倒～。Du hast leicht reden ② geschickt; gewandt: 动作～ sich geschmeidig bewegen

轻生 qīngshēng sein Leben geringschätzen — Selbstmord

轻视 qīngshì geringschätzen *vt*; mißachten *vt*; verachten *vt*; unterschätzen *vt*; etw. keine Bedeutung schenken (*od* beimessen); auf etw. herabschauen

轻手轻脚 qīng shǒu qīng jiǎo sachte und vorsichtig; auf leisen Sohlen; auf den Zehen gehen: 护士出来进去都～的，怕惊醒病人。Die Krankenschwestern kamen und gingen auf Zehenspitzen, um die Kranken nicht aufzuwecken.

轻率 qīngshuài leichtfertig; leichtsinnig; unbesonnen; unbedachtsam: ～的态度 unbesonnene Haltung ～从事 leichtfertig handeln

轻松 qīngsōng leicht; entspannt; gelöst: ～愉快 erleichtert und glücklich

轻佻 qīngtiāo leichtsinnig; flatterhaft; liederlich

轻微 qīngwēi leicht; gering; geringfügig: ～的损失 geringe Verluste

轻信 qīngxìn leichtgläubig (*od* vertrauensselig) sein; leicht Glauben schenken

轻型 qīngxíng leicht; leichten Typs: ～载重汽车 leichter LKW

轻易 qīngyì ① leicht; mühelos; mit Leichtigkeit: 成功不是～能取得的。Der Erfolg ist uns nicht in den Schoß gefallen. ② leichthin; leichtfertig; unbesonnen: 他从不～发表意见。Er äußert seine Ansichten nie unbedacht.

轻音乐 qīngyīnyuè leichte Musik; Unterhaltungsmusik *f*

轻盈 qīngyíng geschmeidig; graziös; leicht und schnell

轻重 qīngzhòng ①Gewicht *n*: ～不一。Das Gewicht ist nicht gleich. ② Grad der Wichtigkeit; relative Wichtigkeit: 无足～ kein Gewicht (*od* keine Bedeutung) haben; unbedeutend; unwichtig; belanglos ③ Takt *m*; Maß *n*: 此人说话不知～。Der Kerl kennt beim Reden weder Maß noch Ziel.

轻装 qīngzhuāng mit leichtem Gepäck; leicht ausgerüstet: ～就道 ohne viel Gepäck reisen

氢(氫) qīng Wasserstoff *m*; Hydrogenium *n* (H): ～弹 Wasserstoffbombe *f*; H-Bombe *f*

qíng

情 qíng ① Gefühl *n*; Sentiment *n*; Gemütsbewegung *f*; Gefühlsregung *f*: 爱～ Liebe *f*; Zuneigung *f* 热～ Begeisterung *f* ② Gefälligkeit *f*; Gunst *f*; Güte *f*: 求～ um Nachsicht bitten ③ Zustand *m*; Situation *f*; Lage *f*: 病～ Krankheitszustand *m*

情报 qíngbào Information *f*; Nachricht *f*: 刺探～ Geheimnisse ausspionieren ～机关 Nachrichten-, Geheimdienst *m*

情不自禁 qíng bù zì jīn sich nicht beherrschen können; nicht mehr an sich halten können; unwillkürlich; wie von selbst

情操 qíngcāo Wertgefühl *n*

情敌 qíngdí Nebenbuhler *m*

情调 qíngdiào emotionale Stimmung; Sentimentalität *f*

情分 qíngfen gegenseitige Zuneigung

情感 qínggǎn Gefühl *n*; Gemütsbewegung *f*; Gemütsregung *f*

情歌 qínggē Liebeslied *n*

情节 qíngjié ① Handlung *f*; Fabel *f*; Plot *m*: 故事～曲折。Die Geschichte hat (*od* besitzt) eine verwickelte Handlung. ② Sachlage (*od* Sachverhalt) eines Vergehens oder Verbrechens: ～严重的案子 ein ernsthafter Fall

情景 qíngjǐng Anblick *m*; Szene *f*; Umstände *pl*: 感人的～ rührender Anblick

情况 qíngkuàng Umstände *pl*; Lage *f*; Verhältnisse *pl*; Sachlage *f*: 生产～ Produktionssituation *f* 在这种～下 unter diesen Umständen; angesichts dieser Situation 那得看～而定。Das hängt von den Umständen ab.

情理 qínglǐ (gesunde) Vernunft *f*; Verstand *m*; normale menschliche Gefühle: 不近～ normalen menschlichen Gefühlen zuwiderlaufend 合乎～ vernünftig

情侣 qínglǚ Liebespaar *n*; Liebende *pl*

情面 qíngmiàn Rücksicht auf die Gefühle (*od* das Gesicht) eines Freundes: 留～ Rücksicht auf j-n nehmen; Nachsicht walten lassen

情趣 qíngqù ① Veranlagung und Vorlieben; Charakter und Neigungen: 他们二人～相投。Ihrem Temperament und Geschmack nach sind die beiden sehr verwandt. ② Interessen *n*; vornehmer Geschmack; Reiz *m*: 这幅画很有～。Diese Malerei ist sehr interessant und reizvoll.

情人 qíngrén Geliebte(r)

情书 qíngshū Liebesbrief *m*

情投意合 qíng tóu yì hé ineinander verliebt sein; innige Zuneigung füreinander empfinden

情形 qíngxing 见"情况"

情绪 qíngxù ① geistig-seelische Verfassung; Gefühlslage *f*; Gemütsstimmung *f*; Stimmung *f*; Laune *f*: ～很低 schlechter Laune sein ② Verdrießlichkeit *f*; Mißmut *m*; Niedergeschlagenheit *f*: 闹～ schlechte Laune an den Tag legen; mißgestimmt sein

情义 qíngyì tiefe Verbundenheit zwischen Familienangehörigen, Freunden oder Kameraden

情谊 qíngyì freundschaftliche Gefühle; Freundschaft *f*

情意 qíngyì Liebe *f*; freundschaftliche Gefühle

情有可原 qíng yǒu kě yuán es läßt sich verzeihen; verzeihlich; entschuldbar

情愿 qíngyuàn ① gewillt sein, etw. zu tun; bereitwillig; gern: 两相～ auf Grund gegenseitiger Zustimmung; Beide Seiten stimmen in ihrem Willen überein. ② lieber... als...: 她～死也不向敌人屈服。Sie würde sich lieber den Tod holen, als sich dem Feind zu ergeben.

晴 qíng klar; heiter: 天转～了。Der Himmel hat sich aufgeklärt.

晴空 qíngkōng heiterer (*od* wolkenloser) Himmel: ～万里 unendlicher wolkenloser Himmel

晴朗 qínglǎng klar; heiter (Wetter)

晴天 qíngtiān heiterer (*od* sonniger) Tag

擎 qíng erheben *vt*; hochhalten *vt*; hochstemmen *vt*

qǐng

请 qǐng ① bitten *vt*; ersuchen *vt*: ～人帮忙 j-n um Hilfe bitten (*od* ersuchen) ～医生 einen Arzt holen; nach einem Arzt schicken ② bitte: ～坐 Nehmen Sie Platz, bitte!

请安 qǐng'ān j-n ehrerbietig grüßen; respektvoll nach j-s Befinden fragen

请便 qǐngbiàn mach es, wie du willst; ganz nach Ihrem Belieben: 你要是想现在去，那就～吧。 Wenn du gleich jetzt hingehen willst, dann bitte schön.

请假 qǐngjià sich beurlauben lassen; sich entschuldigen lassen: 请三天假 um drei Tage Urlaub bitten; sich drei Tage frei nehmen 她请病假回家了。Sie hat sich krank gemeldet und ist nach Hause gegangen.

请柬 qǐngjiǎn Einladung(skarte) *f*

请教 qǐngjiào um Rat fragen; zu Rate ziehen; konsultieren *vt*: 这件事你得去～专家。Du mußt dich bei einem Experten Rat über diese Sache holen. 虚心向别人～ bescheiden von den anderen Leuten lernen

请客 qǐngkè j-n einladen; etw. spendieren; j-m (*od* für j-n) etw. ausgeben

请求 qǐngqiú bitten *vt*; ersuchen *vt*: ～宽恕 um Milde (*od* Nachsicht) bitten

请示 qǐngshì um Anweisungen ersuchen (*od* bitten): 向上级～ an übergeordneter Stelle um Instruktionen nachsuchen

请帖 qǐngtiě Einladung(skarte) *f*: 发～ eine Einladung schicken

请问 qǐngwèn gestatten Sie eine Frage: ～现在几点钟了? Könnten Sie mir sagen, wie Spät es ist?

请勿 qǐngwù bitte nicht: ～吸烟。Bitte nicht rauchen! ～践踏草地。Bitte, den Rasen nicht betreten! 或 Rasen betreten vorboten!

请愿 qǐngyuàn eine Bittschrift (*od* ein Gesuch) einreichen; petitionieren *vi*

请罪 qǐngzuì seine Schuld eingestehen und um Bestrafung bitten; um Verzeihung bitten

顷 qǐng ① *Qing n* (=6,6667 Hektar): 碧波万～ die unendliche Weite des Meeres bzw. Sees ② Augenblick *m*; Moment *m*; Weilchen *n*: 少～ eine kurze Weile später; kurz darauf ～刻 in einem Augenblick; kurz danach

qìng

亲(親) qìng * 另见 qīn

亲家 qìngjia angeheiratete Verwandtschaft

庆(慶) qìng feiern *vt*; gratulieren *vi*: ～丰收 eine reiche Ernte feiern 国～ Nationalfeiertag *m*

庆典 qìngdiǎn Feier *f*; Feierlichkeit *f*; festliche Veranstaltung: 盛大～ große Festveranstaltung

庆贺 qìnghè beglückwünschen *vt*; gratulieren *vi*; feiern *vt*

庆幸 qìngxìng von Glück sagen können; geglückt: 值得～的事 ein Clücksfall

庆祝 qìngzhù feiern *vt*; etw. feierlich begehen: ～胜利 den Triumph feierlich begehen

qióng

穹 qióng ① Gewölbe *n*; Wölbung *f* ② Firmament *n*; Himmelsgewölbe *n*: 苍～ Himmel *m*

穷(窮) qióng ① arm; armselig; dürftig ② extrem; äußerst: ～奢极侈 sich jeden erdenklichen Luxus gönnen; von Luxus umgeben sein; ein ausschweifendes Leben führen; verschwenderisch und liederlich leben 山～水尽 die Berge sind zu Ende und die Wasser hören auf — sich in einer ausweglosen Lage befinden; mit seinem Latein am Ende sein ③ durch und durch; gründlich: ～忙 sehr beschäftigt sein; in großer Eile sein ④ Ende *n*; Grenze *f*: 无～无尽 unendlich; unerschöpflich

穷极无聊 qióngjí wúliáo äußerst langweilig; tödliche Langeweile; vor Langeweile (fast) sterben

穷尽 qióngjìn Ende *n*; Grenze *f*: 人类的知识是没有～的。Das Wissen der Menschheit ist unerschöpflich.

穷苦 qióngkǔ arm; armselig; verarmt; ärmlich

穷困 qióngkùn arm; mittellos; notleidend

穷酸 qióngsuān (als Gebildeter) ärmlich und schulmeisterlich

穷乡僻壤 qióng xiāng pì rǎng eine arme und entlegene Gegend; die entlegensten Winkel

穷凶极恶 qióng xiōng jí è brutal; rücksichtslos; schonungslos

琼(瓊) qióng <书> feiner Jade

ergeben); den Tod der Unterwerfung vorziehen; unbeugsam 不～不挠 unbeugsam; unnachgiebig; unerschütterlich ③ im Unrecht sein; unrecht haben: 理～词穷 im Unrecht sein und nichts zu seiner Verteidigung vorbringen können ④ falsche Beschuldigung; erlittenes Unrecht: 受～ Unrecht erleiden

屈才 qūcái eine seinem Talent unangemessene (*od* seine Fähigkeiten unterfordernde) Arbeit verrichten; keinen Spielraum zur Entfaltung haben

屈从 qūcóng sich unterwerfen; sich wider Willen fügen

屈打成招 qū dǎ chéng zhāo unter Folter ein falsches Geständnis ablegen

屈服 qūfú sich unterwerfen; sich beugen: ～于社会的压力 gesellschaftlichem Druck nachgeben

屈辱 qūrǔ Erniedrigung *f*; Demütigung *f*

屈指可数 qūzhǐ kě shǔ etw. an den Fingern abzählen können; in kleiner Zahl vorhanden; wenig

qú

渠 qú Kanal *m*; Graben *m*: 灌溉～ Bewässerungskanal

渠道 qúdào ① Kanal *m* ② Medium *n*; Weg *m*: 通过外交～ auf diplomatischem Weg

qǔ

取 qǔ ① holen *vt*; abholen *vt*; herbeischaffen *vt*: ～款 Geld abheben ② sich etw. zuziehen; bekommen *vt*: 自～灭亡 sich selbst zugrunde richten ③ nehmen *vt*; wählen *vt*: 录～ aufnehmen *vt*; zulassen *vt*

取材 qǔcái als Quelle benutzen; Materialien beziehen: 就地～ vor Ort vorgefundene Materialien benutzen; lokale Quellen in Anspruch nehmen

取长补短 qǔ cháng bǔ duǎn anderer Leute Vorzüge übernehmen, um die eigenen Mängel auszugleichen

取代 qǔdài ersetzen *vt*; an die Stelle von etw./j-m treten: 足球教练用另一位球员～受伤的球员。Der Fußballtrainer ersetzt den verletzten Spieler durch einen anderen.

取道 qǔdào (auf dem Weg) über; via

取得 qǔdé erringen *vt*; erzielen *vt*; erwerben *vt*: ～进步 Fortschritte machen ～成功 | einen Erfolg erzielen ～同意 die Zustimmung erreichen ～一致 Übereinstimmung erzielen

取缔 qǔdì verbieten *vt*; ein Verbot gegen etw. erlassen; aufheben *vt*

取经 qǔjīng ① auf eine Pilgerreise gehen, um buddhistische Schriften zu holen ② aus Erfahrungen anderer lernen

取决 qǔjué von etw. abhängen; auf etw. ankommen: 你能否通过考试将～于你个人的努力。Ob du eine Prüfung bestehen kannst, hängt es von deinen eigenen Anstrengungen ab.

取乐 qǔlè an etw. Spaß haben; sich amüsieren: 饮酒～ am Trinken sein Vergnügen finden; sich beim Trinken vergnügen

取巧 qǔqiǎo auf bequemem Weg etw. zu erreichen suchen: 投机～ mit unerlaubten Kniffen seinen eigenen Vorteil suchen; opportunistisch auf persönliche Vorteile spekulieren

取舍 qǔshě akzeptieren oder ablehnen; seine Wahl treffen: 你必须亲自作出～。Du mußt deine Auswahl selbst treffen.

取消 qǔxiāo abschaffen *vt*; widerrufen *vt*; aufheben *vt*; tilgen *vt*; etw. für ungültig erklären; etw. rückgängig machen; annullieren *vt*: ～一次会议 eine Sitzung ausfallen lassen

取笑 qǔxiào verspotten *vt*; ins Lächerliche ziehen; j-n zum besten haben (*od* halten); sich über j-n lustig machen; necken *vt*; foppen *vt*

娶 qǔ eine Frau heiraten; j-n zur Frau nehmen: ～亲 (als Mann) heiraten *vi*; sich verheiraten

曲 qǔ ① Musik *f* (zu einem Lied): 作～ komponieren *vt*; Musik schreiben ② Lied *n*; Melodie *f*; Weise *f*: 高歌一～ aus vollem Hals ein Lied singen
*另见 qū

曲调 qǔdiào Melodie *f*

曲艺 qǔyì *Quyi f* (volkstümliche Gesangs- und Vortragskunstform, einschließlich Balladensingen, Geschichtenerzählen, komische Dialoge, Reimerzählungen zu Bambusklapperbegleitung usw.)

qù

趣 qù Interesse *n*; Vergnügen *n*: 有～ interessant; amüsant

趣味 qùwèi Interesse *n*; Geschmack *m*; Vorliebe *f*: ～无穷 äußerst interessant; faszinierend; höchst geschmackvoll 迎合低级～ sich dem vulgären Geschmack anpassen

去 qù ① gehen *vi*; fortgehen *vi*; sich begeben: ～乡下 aufs Land gehen 他下周去科隆。Er will in nächster Woche nach Köln fahren. 我没有～过他家。Ich bin niemals bei ihm zu Hause. ～电话 j-n anrufen ② abschaffen *vt*; beseitigen *vt*: ～皮 enthüllen *vt*; ausschälen *vt* ～鳞 Schuppen vom Fisch abschaben ～掉精神负担 sich von einer geistigen Bürde befreien ③ vom vergangenen Jahr; letztjährig: ～年 letztes (*od* vergangenes) Jahr ～冬 letzter Winter ④ [用在动词后表示动作离开说话人所在地]: 进～ hineingehen *vi* ⑤ [用在另一动词前表示要作某事]: 我～考虑考虑。Laß mich mal überlegen. 你不妨～试一试。Du kannst es doch mal versuchen. 我们自己～想办法。Wir werden schon selbst eine Lösung finden. ⑥ [用在动宾结构后表示去做某事]: 他买东西～了。Er ist einkaufen gegangen. ⑦ [用在动词结构(或介词结构)与动词(或动词结构)之间，表示后者是前者的目的]: 用冷静头脑～分析问题 das Problem mit kühlem Kopf analysieren

去处 qùchù ① Aufenthaltsort *m* ② Platz *m*; Stelle *f*; Ort *m*: 一个幽静的～ ein stiller und abgeschiedener Ort

去世 qùshì (als Erwachsener) sterben *vi*; verscheiden *vi*; ableben *vi*

去向 qùxiàng eingeschlagene Richtung: 不知～ nirgends zu finden sein; unauffindbar

觑 qù sehen *vt*; starren *vi*: 面面相～ einander ratlos ansehen; sich (*od* einander) verblüfft anblicken

quān

圈 quān ① Kreis *m*; Ring *m*: 飞机在空中转了两～。Das Flugzeug kreist zweimal in der Luft. ② einkreisen *vt*; umschließen *vt*: 用篱笆把菜园～起来 einen Gemüsegarten einzäunen ③ etw. mit einem Kreis versehen: ～阅文件 zur Bestätigung der Kenntnisnahme seinen Namen auf einem Dokument mit einem Kreis markieren 把那个错字～了。Streich das falsch geschriebene Wort (durch)! *另见 juān; juàn

圈套 quāntào Falle *f*; Schlinge *f*: 落入～ in die Falle gehen

圈子 quānzi Zirkel *m*; Ring *m*; Kreis *m*: 站成一个～ in einem Kreis stehen 说话不要绕～。Reden Sie nicht um die Sache herum (*od* um den Brei herum)! 搞小～子 Grüppchen bilden

quán

拳 quán ① Faust *f* ② Boxen *n*; Faustkampf *m*: 打～ (klassischen chinesischen) Faustkampf üben

拳打脚踢 quán dǎ jiǎo tī mit Fuß und Faust schlagen; verprügeln *vt*; eine Tracht Prügel geben

拳击 quánjī Boxen *n*; Faustkampf *m*: ～台 Boxring *m*

鬈 quán kraus; gelockt: ～发 gekräuseltes Haar; Lockenhaar *n*

鬈曲 quánqū gekräuselt

蜷 quán (Körper, Gliedmassen) krümmen *vt*

蜷伏 quánfú gekrümmt liegen

蜷曲 quánqū sich zusammenrollen; sich winden; sich krümmen

颧 quán Joch-, Wangenbein *n*; Backenknochen *m*

颧骨 quángǔ Jochbein *n*; Backenknochen *m*

权(權) quán ① Recht *n*; Berechtigung *f*: 公民～ Bürgerrechte *pl*; Staatsbürgerschaft *f* 选举～和被选举～ aktives und passives Wahlrecht; Recht zu wählen und gewählt zu werden 没有发言～ (in einer Angelegenheit) kein Rederecht besitzen ② Macht *f*; Befugnis *f*: 立法～ gesetzgebende Gewalt 当

～ an der Macht sein 越～ seine Kompetenzen überschreiten 受～ zu etw. ermächtigt (*od* befugt, autorisiert) sein ③ günstige Position: 主动～ Initiative *f* 霸～ Hegemonie *f* ④ wiegen *vt*: ～其轻重 eine Sache gegen eine andere sorgsam abwägen; sich eine Sache genau überlegen

权柄 quánbǐng Macht *f*

权贵 quánguì Potentaten *pl*; „hohes Tier"

权衡 quánhéng wiegen *vt*; abwägen *vt*; erwägen: ～利弊 Vor- und Nachteile abwägen

权力 quánlì Macht *f*; Befugnis *f*: 国家～机关 Organ der Staatsmacht; Staatsorgen *n* 行使～ seine Befugnisse ausüben ～下放 Machtbefugnisse an untergeordnete Stellen delegieren

权利 quánlì Recht *n*: 受教育的～ Recht auf Bildung 政治～ politische Rechte

权且 quánqiě als Notbehelf; vorläufig; einstweilig: ～如此办理。Das können wir vorläufig so machen.

权势 quánshì Macht und Einfluß

权术 quánshù politischer Trick; Kunstgriff in der Politik: 玩弄～ im Verborgenen sein politisches Spiel treiben; auf der politischen Bühne intrigieren

权威 quánwēi Autorität *f*; Ansehen *n*: 学术～ akademische Autorität

权限 quánxiàn Machtbereich *m*; Zuständigkeit *f*

权宜 quányí behelfsmäßig: ～之计 Notbehelf *m*; Notlösung *f*

权益 quányì Rechte und Interessen: 民族经济～ die Rechte und Interessen der nationalen Wirtschaft

全 quán ① ganz; gesamt: ～世界 die ganze Welt ～国 das ganze Land ～称 vollständige Bezeichnung 昨日～天 der ganze gestrige Tag ② komplett; vollständig; voll: 货物很～ eine reiche Warenauswahl haben ～套书 ein kompletter Satz von Büchern 设备齐～ eine komplette Ausrüstung haben ③ etw. als Ganzes unversehrt erhalten; vervollständigen *vt*: 两～其美 (bei der Regelung einer Sache) beide Seiten zufriedenstellen ④ völlig; gänzlich: 东西准备～了吗？Ist es alles bereit? ～错了 völlig falsch sein 衣服～湿了 ganz durchnäßt sein; bis auf die Haut naß sein

全部 quánbù Ganze *n*; sämtlich; total; alle; vollständig; komplett: 事情的～真相 der sämtliche wahre Sachverhalt ～开支 Gesamtausgaben *pl*

全才 quáncái vielseitig begabte (*od* gebildete) Person; Polyhistor *m*

全会 quánhuì Plenartagung *f*; Plenum *n*; Vollversammlung *f*

全集 quánjí Gesamtausgabe *f*; gesammelte Werke

全局 quánjú Gesamtsituation *f*; Gesamtlage *f*

全力 quánlì mit aller Kraft; mit aller Energie: ～以赴 alle Kräfte einsetzen; keine Mühe scheuen; sein Letztes hergeben

全貌 quánmào Gesamtbild *n*

全面 quánmiàn allseitig; umfassend; total; vollständig: ～崩溃 totaler Zusammenbruch ～性 Totalität *f* 照顾～ das Ganze im Auge behalten

全民 quánmín das ganze Volk: ～所有制 Volkseigentum *n*; volkseigen

全能 quánnéng alles können; Allroundman sein; vielseitig: ～冠军 Mehrkampfmeister *m*

全年 quánnián das ganze Jahr: ～收入 Jahreseinnahmen *pl*

全盘 quánpán total; restlos; in Bausch und Bogen: ～考虑 alle Aspekte in Erwägung ziehen

全球 quánqiú ganze Welt; global: ～战略 Globalstrategie *f*

全权 quánquán Vollmacht *f*; umfassende Befugnisse: 特命～大使 außerordentlicher und bevollmächtigter Botschafter ～代表 Bevollmächtigte(r)

全神贯注 quán shén guàn zhù die ganze Aufmerksamkeit auf etw. konzentrieren; angespannt; aufmerksam: ～地听着 sehr konzentriert zuhören; ganz Ohr sein

全盛 quánshèng in voller Blüte: ～时代 Glanz-, Blütezeit *f*

全速 quánsù volle Geschwindigkeit: ～前进 so schnell wie möglich vorwärtsgehen

全体 quántǐ alle; ganz: ～起立默哀。Alle erheben sich schweigend zum Gedenken. ～工作人员 Mitarbeiterstab *m*

全心全意 quán xīn quán yì mit Leib und Seele; von ganzem Herzen: ～为人民服务 mit Leib und Seele dem Volk dienen

痊 quán
痊愈 quányù von einer Krankheit völlig genesen
诠 quán
诠释 quánshì interpretieren *vt*; Interpretation *f*
泉 quán Quelle *f*: 温～ heiße Quelle 喷～ Springbrunnen *m*; Springquelle *f*
泉水 quánshuǐ Quellwasser *n*
泉源 quányuán ① Wasserquelle *f* ② Quelle *f*; Born *m*; Ursprung *m*: 力量的～ Kraftquelle *f*

quǎn

犬 quǎn Hund *m*: 猎～ Jagdhund *m* 警～ Spür-, Polizeihund *m*
犬牙交错 quǎnyá jiāocuò miteinander verzahnt

quàn

券 quàn Karte *f*; Schein *m*; Ticket *n*: 入场～ Eintrittskarte *f* 国库～ Schatzanweisung *f*
劝(勸) quàn raten *vt*; zureden *vi*; überreden *vt*: ～他戒烟 ihm vom Rauchen abraten ～他休息 ihn zum Ausruhen bewegen
劝导 quàndǎo überreden *vt*; beraten *vt*; bewegen *vt*; belehren *vt*
劝告 quàngào überreden *vt*; einreden *vt*; zureden *vi*; ermahnen *vt*
劝解 quànjiě ① j-n über etw. hinwegtrösten; beschwichtigen *vt* ② einen Streit (Zank u.ä.) schlichten
劝说 quànshuō zureden *vi*; überreden *vt*
劝阻 quànzǔ abraten *vi*; j-n vor etw. warnen; j-n von seinem Vorsatz abbringen

quē

缺 quē ① mangeln *vi*; fehlen *vi*; an etw. gebrechen: ～人 an Arbeitskräften mangeln; Personalmangel *m* 这本书～两页。In dem Buch fehlen zwei Seiten. 这里新鲜水果很～。Frisches Obst ist hier sehr selten. ～乏信心 an Zuversicht fehlen
缺德 quēdé verrucht; sündhaft; schurkisch; gemein: 做～事 unmoralisch (*od* schlecht) handeln 他这样做可真～。Es ist wirklich niederträchtig, daß er so etwas tut.
缺点 quēdiǎn Fehler *m*; Mangel *m*; Schwäche *f*; Schattenseite *f*
缺乏 quēfá mangeln *vi*; fehlen *vi*; entbehren *vt*: ～经验 unerfahren ～自知之明 an Selbsterkenntnis mangeln
缺勤 quēqín der Arbeit fernbleiben
缺少 quēshǎo fehlen *vi*; mangeln *vi*: ～雨水 regenarm
缺席 quēxí abwesend sein: ～审判 Versäumnisverfahren *n*; Verfahren in Abwesenheit des Angeklagten
缺陷 quēxiàn Defekt *m*; Fehler *m*; Makel *m*; Mangel *m*

què

阙 què ① Wachtturm *m* (an beiden Seiten eines Palasttors) ② Kaiserpalast *m*
却 què ① aber; jedoch; dennoch: 他很同情她，一时～什么也说不出来。Er bringt ihr große Sympathie entgegen, kann aber kein Wort herausbringen. ② sich zurückziehen; rückwärts gehen: 退～ sich zurückziehen; Rückzug ③ zurückweisen *vt*; ablehnen *vt*; ausschlagen *vt*: 推～ zurückweisen *vt*; nicht annehmen wollen ④ [用在某些动词后，表示动作的完成]: 冷～ abkühlen *vt*; Abkühlung *f* 了～一个心愿 einen lange gehegten Wunsch erfüllen
却步 quèbù sich zurückziehen; zurückweichen *vi*: 不要因为困难而～。Man soll sich nicht vor Schwierigkeiten feige zurückziehen (*od* zurückscheuen, -weichen).
鹊 què Elster *f*
雀 què ① Spatz *m*
雀斑 quèbān Sommersprosse *f*
雀跃 quèyuè vor Freude herumhüpfen; Freudensprünge machen
确(確) què ① wirklich; tatsächlich: 正～ richtig; genau; korrekt; fehlerfrei ② fest: ～立 errichten *vt*; etablieren *vt*; aufrichten *vt*
确保 quèbǎo garantieren *vt*; sichern *vt*
确定 quèdìng bestimmen *vt*; festlegen *vt*

确切 quèqiè treffend; exakt; genau: 用词～ die Wörter exakt verwenden
确认 quèrèn bekräftigen *vt*; bestätigen *vt*
确实 quèshí ① tatsächlich; wirklich: ～性 Zuverlässigkeit *f* ② gewiß; sicher
确信 quèxìn fest überzeugt sein
确诊 quèzhěn eine genaue Diagnose stellen; diagnostizieren *vt*
确凿 quèzuò sicher; wahr; felsenfest; unbestreitbar: ～的证据 unwiderlegliches (*od* triftiges, stichhaltiges) Beweismaterial ～的事实 unbestreitbare Tatsache

qún

群(羣) qún ① Menge *f*; Gruppe *f*: 人～ Menschenmenge *f* 羊～ Schafherde *f* ② 〈量〉 Herde *f*; Gruppe *f*; Schar *f*: 一～人 eine Menschengruppe 一～牛 eine Rinderherde 一～蜜蜂 ein Bienenschwarm
群策群力 qún cè qún lì mit vereinter Kraft und Weisheit; mit vereinten Kräften
群岛 qúndǎo Inselgruppe *f*; Archipel *m*
群氓 qúnméng Pöbel *m*
群魔乱舞 qún mó luàn wǔ eine Horde Teufel tanzt wie toll herum; Bösewichte aller Art (*od* üble Elemente) treten auf den Plan; allerlei Gesindel treibt sein Unwesen
群情 qúnqíng die Stimmung unter den Massen: ～鼎沸。Es herrscht ein Höllenlärm (*od* ein lärmendes Gebrodel).
群众 qúnzhòng Volksmasse *f*: ～路线 Massenlinie *f* ～运动 Massenbewegung *f*
裙 qún Frauenrock *m*: 围～ Schürze *f*
裙带 qúndài über die weiblichen Verwandten hergestellte Beziehungen; Vetternwirtschaft *f*; Nepotismus *m*: 通过～关系 mit Hilfe (*od* durch Förderung) seiner weiblichen Verwandtschaft
裙子 qúnzi Frauenrock *m*

R r

rán

然 rán ① richtig; korrekt: 不以为～ mißbilligend; etw. für falsch halten; etw. nicht gelten lassen ② so; wie das da: 不～ nicht so; nein 当～ natürlich; freilich; selbstverständlich ③ aber; doch; jedoch: 此事虽小，～亦不可忽视。Obwohl es eine belanglose Sache ist, darf man dennoch nicht darüber hinweggehen. ④ [副词或形容词后缀]: 忽～ plötzlich; unvermittelt 显～ offenbar; offensichtlich 欣～ mit Freude; erfreut
然而 rán'ér aber; doch; dennoch
然后 ránhòu dann; danach; nachher
燃 rán brennen *vt/vi*; anbrennen *vt*; anzünden *vt*: ～灯 Licht anzünden (*od* machen) ～香 räuchern *vi*; Räucherstäbchen anzünden
燃料 ránliào Brenn-, Treib-, Kraftstoff *m*; Brennmaterial *n*
燃眉之急 rán méi zhī jí wie Feuer, das die Augenbrauen versengt — äußerst dringend; etw. brennt j-m auf (*od* unter) den Nägeln
燃烧 ránshāo ① brennen *vi*; auflodern *vi* ② Verbrennung *f*; Entflammung *f*; Inflammation *f*: ～弹 Brandbombe *f*

rǎn

染 rǎn ① färben *vt*: 把头发～黑 sich das Haar schwarz färben ② sich anstecken; an etw. erkranken: ～上了肺病 an Lungenkrankheit (*od* Tuberkulose) erkrankt sein ③ verunreinigt (*od* beschmutzt) werden: 污～ Verschmutzung *f*; Verunreinigung *f* 一尘不～ blitzsauber; unbefleckt; sich durch nichts Schlechtes beeinflussen lassen

染料 rǎnliào Farbstoff *m*: 活性～ Reaktivfarbstoff *m*

染指 rǎnzhǐ sich widerrechtlich aneignen; unehrlichen Nutzen ziehen

冉 rǎn langsam; gemächlich

冉冉 rǎnrǎn langsam; allmählich

rāng

嚷 rāng laut rufen; schreien *vi*

嚷嚷 rāngrang ① einen Heidenlärm machen; ein großes Gegröle anstimmen ② etw. öffentlich verbreiten; etw. unter die Leute bringen

ráng

瓤 ráng Fruchtfleisch *n*; weicher (*od* fleischiger) Teil: 西瓜～ Fruchtfleisch der Wassermelone

rǎng

壤 rǎng ① Erdreich *n*; Boden *m*: 沃～ fruchtbarer Boden ② Erde *f*: 天～之别 ganz verschieden; verschieden wie Tag und Nacht ③ Gebiet *n*: 穷乡僻～ eine abgeschiedene und entlegene Gegend; die entlegensten Winkel

ràng

让(讓) ràng ① nachgeben *vi*; aufgeben *vt*; j-m einen Vorteil überlassen; j-m den Vortritt lassen: 请～一～! Bitte, zurücktreten! 或 Lassen Sie mich bitte vorbei! 他比你小，要～着他点儿。Er ist jünger als du, darum sollst du ihm ein wenig nachgeben. ② j-m etw. überlassen; j-m etw. abtreten: *如果你急需，我可以把我的新车～给你。* Wenn du es dringend brauchst, kann ich meinen neuen Wagen dir (zum Einkaufspreis) überlassen. ③ bitten *vt*; anbieten *vt*: ～座 j-m den eigenen Platz anbieten; j-m Platz machen 把大家～进屋里 alle in den Innenraum bitten ④ lassen *vt*; zulassen *vt*; erlauben *vt*: ～我想一想。Laß mich einmal darüber nachdenken! 妈妈不～他去。Die Mutter erlaubt nicht, daß er hinausgeht. 对不起，～你久等了! Verzeihung! Ich habe Sie lange warten lassen. ⑤ [在被动式里引进主动者]: 行李～雨淋湿了。Das Gepäck ist naß vom Regen.

让步 ràngbù nachgeben *vi*; zurückweichen *vi*; Konzessionen (*od* Zugeständnisse) machen: 准备作出某些必要的～ bereit sein, einige notwendige Konzessionen zu machen

让路 rànglù etw./j-m den Weg freigeben; etw./j-m den Vortritt lassen; etw. den Vorrang einräumen

让位 ràngwèi ① j-m den Thron überlassen; auf den Thron verzichten.; dem Thron entsagen; abdanken *vi* ② j-m den eigenen Platz anbieten; j-m Platz machen

ráo

饶(饒) ráo ① begnadigen *vt*; j-m etw. nachsehen; j-m etw. verzeihen: 求～ j-n flehentlich um Nachsicht (*od* Schonung) bitten; j-n um Gnade anflehen 这回可不能轻～了你。Diesmal können wir dich bestimmt nicht mehr ungeschoren davonkommen lassen. 或 Diesmal kannst du aber was erleben! ② reich; viel; voll: ～有风趣 witzig und humorvoll; reich an Witz und Humor

饶命 ráomìng j-n aus Gnade am Leben lassen

饶舌 ráoshé geschwätzig; schwatzhaft

饶恕 ráoshù begnadigen *vt*; j-m etw. nachsehen; verzeihen *vt*; vergeben *vt*; tolerieren *vt*

rǎo

扰(擾) rǎo stören *vt*; belästigen *vt*

扰乱 rǎoluàn stören *vt*; Unruhe stiften: ～治安 die öffentliche Ordnung stören

rào

绕(繞) rào ① wickeln *vt*; aufrollen *vt*; spulen *vt*; winden *vt*: ～线圈 Garn zu einer Spule wickeln ② sich im Kreis um etw. bewegen (*od* drehen); um etw. kreisen; umkreisen *vt*: 老鹰在空中～着圈儿飞。Der Adler kreist in der Luft. ③ einen Umweg machen; umgehen *vt*: ～过暗礁 verborgene Klippen umschiffen

绕道 ràodào einen Umweg machen; umgehen *vt*

绕圈子 rào quānzi sich im Kreis bewegen; kreisen *vi*; Kreise ziehen

绕弯子 rào wānzi Umschweife machen; etw. nicht geradeheraus sagen

绕嘴 ràozuǐ sich nicht leicht aussprechen lassen; schwer aussprechbar: ～字 Zungenbrecher *m*

rě

惹 rě ① zu Schwierigkeiten führen; Schwierigkeiten heraufbeschwören: ～麻烦 Peinlichkeiten hervorrufen; Unannehmlichkeiten bereiten ～是非 einen Streit vom Zaun brechen; Streit entfachen; für Unfrieden sorgen ② reizen *vt*; necken *vt*; foppen *vt*: 我～不起他。Ich kann es mir nicht leisten, ihn vor dem Kopf zu stoßen. 他可不是好～的。Er läßt nicht mit sich spaßen. ③ hervorrufen *vt*; veranlassen *vt*; verursachen *vt*; herbeiführen *vt*: ～人注意 die Aufmerksamkeit der anderen auf sich lenken; sich auffallend verhalten ～人讨厌 j－m lästig fallen

惹祸 rěhuò Unheil anrichten; Unannehmlichkeiten heraufbeschwören

惹事 rěshì Unheil anrichten; Ärger machen; für Ärger sorgen

惹是生非 rě shì shēng fēi Zank und Streit stiften; für Unfrieden sorgen

rè

热(熱) rè ① heiß; warm: 屋里太～。Es ist zu heiß im Raum. ② leidenschaftlich; brennend; mit Wärme: ～爱 leidenschaftlich (*od* heiß) lieben; eine heiße Liebe für j-n hegen ～情 warm; herzlich ③ Wärme *f*: 摩擦生～。Reibung erzeugt Wärme. ④ Fieber *n*; erhöhte Temperatur: 发～ Fieber haben ⑤ allgemeine Schwärmerei; Begeisterung *f*: 淘金～ Goldrausch *m* 排球～ Begeisterung für Volleyball|中国～ China-Manie *f* ⑥ aufwärmen *vt*: 把菜～一下 die Speise aufwärmen

热忱 rèchén Eifer *m*; Enthusiasmus *m*; Leidenschaft *f*: 满腔～ voller Eifer und Hingabe

热诚 rèchéng herzlich; aufrichtig: ～的爱戴 herzliche Verehrung und Liebe

热带 rèdài Tropen *pl*; tropische Zone: ～病学 tropische Medizin ～植物 tropische Pflanze

热核 rèhé thermonuklear: ～反应 thermonukleare Reaktion

热乎 rèhu hübsch warm; warm

热火朝天 rè huǒ cháo tiān es herrscht eine begeisterte Atmosphäre: 生产～。Die Produktion ist in vollem Gange.

热浪 rèlàng Hitzewelle *f*

热恋 rèliàn mit Haut und Haar in j-n verliebt; Hals über Kopf verliebt; in j-n vernarrt

热量 rèliàng Wärmemenge *f*

热烈 rèliè voller Begeisterung; enthusiastisch; herzlich: ～欢迎 j-n herzlich willkommen heißen

热门 rèmén sehr begehrt; sehr gefragt; populär: ～货 sehr gefragte (*od* leicht absetzbare) Waren; Verkaufsschlager *m*

热闹 rènao ① betriebsam; lebhaft; rege und voller Lärm: 交易会很～。Die Messe war sehr lebhaft. 或 Auf der Messe herrscht ein reges Leben (*od* geschäftiges Treiben). ② aufregende Szene: 看～ sich den Spaß ansehen; ein Geschehen (*od* Schauspiel) verfolgen ③ aufmuntern *vt*; aufheitern *vt*: ～一番 eine sehr angeregte Zeit verbringen

热气 rèqì Dampf *m*; heiße Luft: ～腾腾 schwungvoll; mit stürmischem Elan

热切 rèqiè heiß; dringend; eifrig: ～的愿望 heißer Wunsch

热情 rèqíng ① Leidenschaft *f*; Enthusiasmus *m*: 对工作充满～ von großem Enthusiasmus für seine Arbeit erfüllt sein ② warm; herzlich; leidenschaftlich: ～支持 begeistert unterstützen

热水袋 rèshuǐdài Wärmflasche *f*

热心 rèxīn warmherzig; hilfsbereit; leidenschaftlich; aktiv

热血 rèxuè heißblütig — leidenschaftliche Hingabe (für eine gerechte Sache): 他～沸腾。Sein Blut wallte heiß in ihm auf. 或 Gerechter Zorn packte ihn.

热中 rèzhōng ① sehnlich nach etw. verlangen: ～升官发财 nach Beförderung und Reichtümer jagen ② auf etw. versessen sein; sich leidenschaftlich mit etw. beschäftigen

rén

人 rén ① Mensch *m*; Person *f*: 男～ Mann *m* 女～ Frau *f* 大～ Erwachsene(r) 中国～ Chinese *m* ～对自然界的认识 die Kenntnisse der Menschheit über die (Mutter-)Natur 受害～ geschädigte Partei; benachteiligte Seite ② Tätige(r): 军～ Soldat *m* 工～ Arbeiter *m* 客～ Gast *m* 主～ Gastgeber *m* 领导～ Leiter *m*; Leitung *f*; Führerschaft *f* 监护～ Vormund *m* ③ andere(r); die Leute: 助～为乐 Dem anderen zu helfen ist eine Freude. ④ Persönlichkeit *f*; Charakter *m*; Ruf *m*: 为～老实 ehrlich (*od* redlich) gesinnt sein ⑤ jeder; alle: ～所共知 jedermann bekannt

人才 réncái ① talentierte (*od* fähige) Person; Talent *n*; qualifiziertes Personal: ～出众 eine Person von außergewöhnlichen Fähigkeiten ～外流 Abfluß von qualifiziertem Personal ② stattliche Erscheinung; eindrucksvoller Habitus

人称 rénchēng Person *f*: 第一～ erste Person ～代词 Personalpronomen *n*; persönliches Fürwort

人道 réndào Humanität *f*; human: 不～ inhuman; unmenschlich ～主义 humanitäre Einstellung; Humanismus *m*

人丁 réndīng Bevölkerung *f*; Einwohnerzahl *f*; Zahl der Familienangehörigen; Familiengröße *f*

人定胜天 rén dìng shèng tiān der Mensch kann die Natur besiegen; der Mensch wird über die Natur triumphieren; der Mensch ist stärker als die Natur

人浮于事 rén fú yú shì mehr Personal als notwendig beschäftigen; mit Personal überbesetzt sein

人格 réngé ① Persönlichkeit *f*; Charakter *m*; moralische Eigenschaften: ～高尚 einen edlen Charakter haben; ein Mensch von edlem Charakter; integer ② Menschenwürde *f*

人工 réngōng ① künstlich; von Menschen gemacht: ～呼吸 künstliche Beatmung ～流产 Abtreibung *f*; künstlicher Abort ② Handarbeit *f*; Arbeit von Hand ③ Arbeitskraft *f*; **Arbeitstag** *m*: 修这座水库需要多少～？Wie viele Arbeitstage braucht man zum Bau dieses Stausees?

人和 rénhé Unterstützung des Volkes; Zusammenhalt und Zusammenspiel innerhalb der eigenen Reihen

人寰 rénhuán 〈书〉 irdische Welt; Welt *f*

人迹 rénjì menschliche Spuren; Zeugen menschlichen Wirkens

人家 rénjiā ① Haushalt *m*: 三户～ drei Haushalte ② Familie *f*: 勤俭～ eine fleißige und sparsame Familie

人家 rénjia ① [用作本人以外的其他人] die anderen: ～能做到的，我们也能做到。Was die anderen können, können wir auch. ～都这么说。Alle haben dasselbe gesagt. ② [用作指某个人或某些人] bestimmte Person; bestimmte Leute: 快把行李给～送去。Bring ihm (ihr, ihnen) sofort das Gepäck! ③ [用作说话者本人] ich: ～等你半天了。Ich habe lange auf dich gewartet.

人口 rénkǒu ① Bevölkerung *f*: ～普查 Zensus *m*; Volkszählung *f* ～爆炸 Bevölkerungsexplosion *f* ② die Zahl der Familienangehörigen: 他们家～不多。Seine Familie hat wenige Angehörige.

人类 rénlèi Menschheit *f*; Menschengeschlecht *n*: ～征服自然的斗争 der Kampf der Menschheit zur Bewältigung der Natur

人力 rénlì Arbeitskraft *f*: ～资源 Arbeitskraftreserven *pl*; menschliche Ressourcen

人马 rénmǎ ① Truppen *pl* ② Einheiten *pl*

人们 rénmen man; Leute *pl*: 我告诉～一个好消息。Ich teile euch allen eine gute Nachricht mit.

人民 rénmín Volk *n*; Bevölkerung

f: ～币 *Renminbi* (**Währungseinheit** der Volksrepublik China)

人命 rénmìng Menschenleben *n*: ～关天。Es geht um Menschenleben.

人品 rénpǐn Charakter *m*; Charaktereigenschaft *f*; Wesenszug *m*; moralische Qualität: ～很好 einen sehr guten Charakter haben; ein Mensch von Charakter

人情 rénqíng ① menschliches Empfinden; menschliche Gefühle: 不近～ für Menschenverstand unfaßbar; entgegen üblichen menschlichen Gefühlen; nicht verständnisvoll ② Güte *f*; Gefallen *m*: 做个～ j-m einen großen Gefallen tun ③ Beziehungen *pl*: ～世故 Weltgewandtheit *f*; Gewandtheit im Umgang mit anderen ～之常 das Natürlichste (*od* Normalste) von der Welt; natürlich und normal (im Verhältnis der Menschen zueinander); ganz normale menschliche Gefühle

人权 rénquán Menschenrechte *pl*

人群 rénqún Menge *f*; eine Masse Menschen

人人 rénrén jeder(mann); alle

人山人海 rén shān rén hǎi Menschenmeer *n*; eine unübersehbare Menschenmenge; schwarz von Menschen sein

人身 rénshēn der Körper eines Menschen; Leib *m*; Person *f*: ～攻击 Angriff auf die Person

人参 rénshēn Ginseng *m*

人生 rénshēng Menschenleben *n*: ～观 Lebensanschauung *f* ～哲学 Lebensphilosophie *f*

人士 rénshì Persönlichkeit *f*; Kreise *pl*: 消息灵通～ gut informierte Leute (*od* Kreise) 知名～ berühmte Persönlichkeiten; Prominenz *f*

人世 rénshì irdische Welt; 'diese Welt: ～沧桑 rapide Umwandlungen in der Welt

人事 rénshì ① Vorkommnisse (*od* Geschehnisse) des Lebens ② Personalangelegenheiten *pl*: ～部门 Personalabteilung *f* ～调动 Überstellung von Personal; Revirement *n* ③ Wahrnehmung der Außenwelt; Wahrnehmungsvermögen *n*; Bewußtsein *n*: 不省～ das Bewußtsein verloren haben; ohnmächtig sein; bewußtlos ④ Welterfahrung *f*: 不懂～ keine Welterfahrung besitzen ⑤ Menschenmögliche *n*: 尽～ alles tun, was in j-s Kräften steht; sein Bestes tun

人手 rénshǒu Arbeitskräfte *pl*; Hände *pl*

人为 rénwéi künstlich; von Menschen(hand) gemacht: ～的障碍 von Menschenhand geschaffenes (*od* künstliches) Hindernis 事在～。Erfolg hängt nur von menschlichen Bemühungen ab.

人物 rénwù ① Persönlichkeit *f*: 历史～ Gestalt der Geschichte; historische Persönlichkeit 大～ einflußreiche Persönlichkeit; großes Tier 小～ kleiner Mann; ein Niemand ② Gestalt *f* (in Literatur und Kunst); Figur *f*; Rolle *f*; Charakter *m*: 典型～ typische Charaktere ～塑造 charakterisieren *vt*

人心 rénxīn Gefühle (*od* Wünsche) der Massen: 得～ bei den Menschen auf Zuneigung (bzw. Zustimmung) stoßen; die Herzen der Menschen gewinnen 振奋～ große Begeisterung hervorrufend; bei den Massen große Begeisterung erregen 大快～ allgemeine Zufriedenheit 'auslösen; zur völligen Zufriedenheit der breiten Volksmassen

人行道 rénxíngdào Bürger-, Gehsteig *m*; Trottoir *n*

人行横道 rén xíng héng dào Fußgängerüberweg *m*; Fußgängerübergang *m*; Zebrastreifen *m*

人性 rénxìng menschliche Natur; Humanität *f*; Menschlichkeit *f*

人选 rénxuǎn Auswahl von Personen (für eine bestimmte Funktion); ausgewählte Person

人烟 rényān Anzeichen einer menschlichen Besiedlung: ～稀少 wenig bevölkert; dünnbesiedelt ～稠密 dichtbevölkert; stark bevölkert; dichtbesiedelt

人影 rényǐng ① Schatten *m* (eines Menschen) ② Menschengestalt *f*: 一个～消失在黑暗中。Eine Gestalt verschwand im Dunkeln. 马路上见不到一个～。Auf der Straße zeigt sich keine einzige Menschenseele.

人员 rényuán Personal *n*; Belegschaft *f*: 技术～ technisches Personal 政府机关～ Mitarbeiter in Behörden; Verwaltungspersonal *n*

人缘 rényuán Verhältnis zu den anderen; Popularität *f*; Beliebtheit *f*: ～好 mit allen auf gutem Fuße stehen; allgemein be-

liebt
人造 rénzào künstlich: ～纤维 Chemiefaser *f* ～革 Kunstleder *n*; Lederimitation *f* ～橡胶 Kunstkautschuk *m* ～黄油 Margarine *f* ～卫星 künstlicher Satellit
人证 rénzhèng Zeuge *m*
人质 rénzhì Geisel *m*
人种 rénzhǒng ethnische Gruppe; Menschenrasse *f*: ～学 Ethnologie *f*
仁 rén ① Wohlwollen *n*; Herzensgüte *f*; Gutherzigkeit *f*; Humanität *f*: ～至义尽 äußerste Großmut üben; sein Menschenmöglichstes tun ② Kern *m*: 核桃～ Walnußkern *m*
仁爱 rén'ài gütige Liebe; Herzensgüte *f*; Wohlwollen *n*; Humanität *f*
仁慈 réncí gütig; wohlwollend; voller Erbarmen
仁义道德 rényì dàodé Humanität, Gerechtigkeit und Tugend
仁者见仁，智者见智 rén zhě jiàn rén, zhì zhě jiàn zhì verschiedene Leute, verschiedene Meinungen; darüber sind sich die Gelehrten noch nicht einig

rěn

荏 rěn
荏苒 rěnrǎn (Zeit) unmerklich vergehen; allmählich verfließen
忍 rěn ① dulden *vt*; ertragen *vt*; aushalten *vt*: 我不～看这种景象。Ich kann diesen Anblick nicht ertragen. ～着眼泪 Tränen zurückhalten ② etw. übers Herz bringen; gefühllos genug sein, um ...: 残～ grausam; erbarmungslos
忍不住 rěnbuzhù unfähig, etw. zu ertragen (*od* auszuhalten); etw. nicht zurückhalten können: ～笑了起来 das Lachen nicht verbeißen können
忍耐 rěnnài dulden *vt*; ertragen *vt*; aushalten *vt*; sich gedulden; Geduld üben; sich zurückhalten
忍气吞声 *rěn qì tūn shēng* seine Unzufriedenheit, seinen Ärger, Zorn oder eine Demütigung hinunterschlucken; séinen Groll unterdrücken
忍让 rěnràng Geduld üben; nachsichtig und versöhnlich
忍辱负重 rěn rǔ fù zhòng zu Kreuze kriechen, um einen wichtigen Auftrag zu erfüllen; um einer wichtigen Aufgabe willen Demütigungen über sich ergehen lassen
忍受 rěnshòu aushalten *vt*; ertragen *vt*; still leiden: ～艰难困苦 Mühsal und Entbehrung erdulden 这种行为简直使人无法～。Solches Benehmen kann man überhaupt nicht ertragen.
忍痛 rěntòng mit Widerstreben; widerstrebend; widerwillig
忍无可忍 rěn wú kě rěn nicht mehr ertragen können; am Ende seiner Geduld sein; j-m reißt der Geduldsfaden
忍心 rěnxīn etw. übers Herz bringen: 她不～拒绝孩子们的要求。Sie kann es nicht übers Herz bringen, die Bitten der Kinder abzuweisen

rèn

认（認）rèn ① erkennen *vt*; identifizieren *vt*: 你变多了，我都～不出你了！Du hast dich sehr viel verändert, so daß ich dich nicht mehr identifizieren kann. 他的字真难～。Seine Handschrift ist kaum zu entziffern. ② anerkennen *vt*; eingestehen *vt*; einräumen *vt*: ～输 sich besiegt geben; seine Niederlage eingestehen; aufgeben *vi* 否～ leugnen *vt*; verleugnen *vt*; abstreiten *vt*
认错 rèncuò seine Fehler bekennen (*od* zugeben, eingestehen); ein Bekenntnis ablegen
认得 rènde kennen *vt*; erkennen *vt*: 这个人你～吗？Kennst du diesen Mann? 我已经认不得他了。Ich kann ihn nicht mehr wiedererkennen.
认定 rèndìng von etw. überzeugt; fest glauben; unbeirrt auf etw. bestehen
认可 rènkě billigen *vt*; genehmigen *vt*: 点头～ zustimmend nikken
认领 rènlǐng (eine Fundsache) für sich reklamieren und abholen
认清 rènqīng etw. klar erkennen; sich über etw. im klaren sein; von etw. einen klaren Begriff haben: ～当前形势 die gegenwärtige Situation klar erkennen
认生 rènshēng gegenüber fremden Leuten scheu sein; fremdeln *vi*
认识 rènshi ① kennen *vt*; ken-

nenlernen *vt*; verstehen *vt*; zum Verständnis (*od* zur Einsicht) kommem; sich über etw. klarwerden: 我听说过他,但我不～他。Ihn weiß ich nur vom Hörensagen, aber ich kenne ihn nicht. ② erkennen *vt*; zur Erkenntnis kommen: ～自己的错误 die eigenen Fehler einsehen ③ Erkenntnis *f*: 感性(理性)～ sinnliche (rationale) Erkenntnis ～水平 Erkenntnisniveau *n*

认为 rènwéi meinen *vt*; der Meinung sein; die Ansicht vertreten: 我们～有必要把这件事跟你们说清楚。Wir halten es für nötig, euch hiese Sache zu erklären.

认帐 rènzhàng seine Schuld anerkennen (*od.* nicht leugnen); etw. zugeben; etw. eingestehen

认真 rènzhēn ① gewissenhaft; ernsthaft; fleißig und sorgfältig: 工作～ sorgfältig arbeiten ② etw. ernst nehmen; sich etw. zu Herzen nehmen: 不要把这件事看得太～了。Nimm diese Sache nicht zu ernst.

认罪 rènzuì ein Verbrechen eingestehen (*od* gestehen); sich schuldig bekennen

任 rèn ① ernennen *vt*; einsetzen *vt*; j-n mit einem Amt betrauen: 新～厂长 neu eingesetzter Fabrikdirektor ② eine Funktion innehaben (*od* ausüben): ～教 als Lehrer tätig sein ③ anheimstellen *vt*; etw. freien Lauf lassen: j-m/etw. die Zügel schießen lassen: 有很多优质衣料～你挑选。Es gibt viele erstklassige Stofffe. Du darfst nach Belieben eine Auswahl davon treffen. ④ Amt *n*; Position *f*: 上～ ein Amt antreten 离～ von einem Amt zurücktreten ～内 während j-s Amtszeit 前～ vorgänger ⑤ [用在担任官职的次数]: 他当过两～大使。Er war zweimal Botschafter.

任何 rènhé jeder; irgendein; irgendwelch: 不抱～希望 keine Hoffnungen hegen 没有～理由拒绝这个建议。Wir haben keinen einzigen Grund, diesen Vorschlag zurückzuweisen.

任劳任怨 rèn láo rèn yuàn keine Mühe scheuen und sich ungerechte Vorwürfe nicht zu Herzen nehmen; weder Mühe noch Ärger scheuen

任免 rènmiǎn einstellen und entlassen; ernennen und abberufen: ～事项 Ernennungen und Abberufungen; Einstellungen und Entlassungen

任命 rènmìng ernennen *vt*: ～他为大学校长 ihn zum Rektor einer Universität ernennen

任凭 rènpíng ① j-n nach seinem Gutdünken handeln lassen; j-m freie Hand lassen: 去留～你自己决定。Ob du fortgehst oder bleibst, ist deine eigene Sache. ② ganz gleich wann (wie, wer, was, wo usw.): ～任务多么艰巨,我们还得按时完成。Wie schwierig die Aufgabe auch sein mag, wir müssen sie doch rechtzeitig erfüllen.

任期 rènqī Amtsdauer *f*; Amtszeit *f*: 每届总统～四年。Die Legislaturperiode des Präsidenten beträgt jeweils vier Jahre.

任务 rènwu Aufgabe *f*; Auftrag *m*

任性 rènxìng eigensinnig; eigenwillig; seiner Laune freien Lauf lassen

任意 rènyì beliebig; nach Belieben; willkürlich; nach Lust und Laune: ～行动 unbeschränkte Tat ～挑选 je nach Geschmack (*od* Lust und Laune) auswählen

任职 rènzhí eine Funktion innehaben; ein Amt bekleiden: 在政府部门～ in einer Regierungsstelle tätig sein

任重道远 rèn zhòng dào yuǎn die Last ist schwer, und der Weg ist weit; große Verantwortung für eine lange Zeit tragen

妊(姙) rèn (Frau) schwanger; (Tier) trächtig

妊娠 rènshēn (Frau) Schwangerschaft *f*; Gravidität *f*; (Tier) Trächtigkeit *f*

刃 rèn ① Schneide *f*; Klinge *f*; Schärfe *f*: 刀～ Messerschneide *f* 卷～ Scharten bekommen ② Messer *n*; Schwert *n*; Säbel *m*: 利～ scharfes Schwert 白～战 Bajonettfechten *n*; Bajonettkampf *m*

刃具 rènjù Drehstahl *m*; Schneidewerkzeug *n*

韧(韌) rèn zäh; widerstandsfähig; ausdauernd

韧带 rèndài Ligamentum *n*

韧性 rènxìng Zähigkeit *f*; Festigkeit *f*

rēng

扔 rēng ① werfen *vt*; schleudern *vt*: ～手榴弹 eine Handgranate werfen ② wegwerfen *vt*; etw. über Bord werfen: 把它～了吧! Wirf es weg! 他早把这事～在脑后了。Er hat diese Sache schon lange aus seinem Gedächtnis verbannt.

réng

仍 réng (immer) noch; weiterhin: 他的病势～不见好。Er ist noch nicht genesen (*od* wiederhergestellt). ～须努力 weiterhin Anstrengungen machen müssen

仍旧 réngjiù ① beim alten bleiben; wie immer; wie sonst ② immer noch; weiterhin: 他的精力～不减当年。Er ist immer noch so energisch wie damals. 他～是老样子。Er ist nach wie vor derselbe. 或 Er ist der alte geblieben.

仍然 réngrán noch wie immer; immer noch; weiterhin

rì

日 rì ① Sonne *f*: ～出 Sonnenaufgang *m* ～落 Sonnenuntergang *m* ② Tag *m*; tagsüber: ～～夜夜 Tage und Nächte ③ Tag *m*: 多～不见。Wir haben uns schon mehrere Tage nicht gesehen. 我们改～再谈。Wir wollen darüber an einem anderen Tag sprechen. ④ Tag für Tag; mit jedem Tag; täglich: ～趋强壮 immer stärker (*od* kräftiger) werden 产量～增。Die Produktion steigt Tag für Tag.

日报 rìbào Tag(e)blatt *n*; Tageszeitung *f*: «人民日报» *Renmin Ribao* (Volkszeitung)

日常 rìcháng alltäglich; täglich; *tagtäglich*: ～工作 Alltagsbeschäftigung *f*; Routinearbeit *f* ～生活 Alltagsleben *n*; alltägliches Leben

日场 rìchǎng Tagesvorführung *f*; Tagesaufführung *f*; Tagesvorstellung *f*

日程 rìchéng Programm *n*; Tagesplan *m*; Tagesordnung *f*: 访问～ Besichtigungs-, Besuchsprogramm *n* 工作～ Arbeitsprogramm *n*; Tätigkeitsplan *m* 会议～ Tagesordnung *f*

日光 rìguāng Sonnenlicht *n*; Sonnenstrahl *m*: ～浴 Sonnenbad *n*

日光灯 rìguāngdēng Neonlampe *f*; Leuchtstofflampe *f*; Neonröhre *f*

日记 rìjì Tagebuch *n*: 记～ ein Tagebuch führen; etw. ins Tagebuch eintragen

日历 rìlì Kalender *m*

日暮途穷 rì mù tú qióng der Tag geht zur Neige und der Weg zu Ende — sich dem Ende seiner Tage nähern; seinem Untergang entgegengehen; dem Untergang geweiht sein; sich in einer ausweglosen Lage befinden

日期 rìqī Termin *m*; Zeitpunkt *m*; Datum *n*: 起程的～ der Termin der Abreise 发信的～是六月二日。Der Brief trägt das Datum vom 2. Juni.

日新月异 rì xīn yuè yì sich von Tag zu Tag ändern; täglich neue Veränderungen erfahren

日用 rìyòng täglicher Gebrauch: ～必需品 notwendige Artikel für den täglichen Gebrauch ～品 Gebrauchsartikel *m*; Massenbedarfsgüter *pl*; Artikel des täglichen Lebens

日照 rìzhào Sonnenscheindauer *f*

日子 rìzi ① Tag *m*; Termin *m*: 定～ einen Termin festsetzen ② Zeit *f*; Tage *pl*: 他离家有些～了。Er ist schon seit einiger Zeit von Hause weg. 这些～她有些不舒服。Seit einiger Zeit fühlt sie sich nicht ganz wohl. ③ Leben *n*; Lebensunterhalt *m*: 勤俭过～ fleißig und sparsam leben 最近我的～不好过。Mir geht es in letzter Zeit immer schlechter.

róng

容 róng ① enthalten *vt*; fassen *vt*; einen Rauminhalt von ... haben: 我窘迫得有点无地自～。Ich hätte vor Verlegenheit im Erdboden versinken mögen. ② tolerieren *vt*: 宽～ tolerant; großzügig; nachsichtig 不能～人 gegen andere intolerant sein ③ gestatten *vt*; zulassen *vt*: 不～怀疑 keinen Zweifel zulassen 此事不～迟延。Die Sache duldet keinen Aufschub. ④ Gesichtsaus-

druck *m*; Miene *f*: 笑～ lächelndes Gesicht; heitere Miene
容光焕发 róngguāng huànfā frisch und gesund aussehen; von frischem und gesundem Aussehen
容积 róngjī Volumen *n*; Rauminhalt *m*
容量 róngliàng Kapazität *f*; Fassungsvermögen *n*; Aufnahmefähigkeit *f*
容貌 róngmào Antlitz *n*; Aussehen *n*
容纳 róngnà enthalten *vt*; fassen *vt*; aufnehmen *vt*: 这个球场可以～十万人。Das Stadion bietet Platz für 100 000 Zuschauer.
容器 róngqì Gefäß *n*; Behälter *m*
容情 róngqíng [多用于否定式] Nachsicht üben (*od* zeigen)
容忍 róngrěn dulden *vt*; erdulden *vt*; tolerieren *vt*
容身 róngshēn ein notdürftiges Obdach haben; eine Notunterkunft (*od* einen Zufluchtsort) haben: 无～之地 in der Gesellschaft keinen Platz für sich finden
容许 róngxǔ billigen *vt*; erlauben *vt*; zulassen *vt*: 情况不～我们再等待了。Unter solchen Umständen können wir es uns nicht erlauben, noch länger zu warten.
容易 róngyì ① leicht; nicht schwierig; mühelos: 这台机床～操作。Diese Maschinenbank läßt sich leicht bedienen. ② leicht; zu etw. neigend: 这些问题～回答。Diese Fragen sind leicht zu beantworten.

溶 róng sich auflösen; in Lösung gehen: ～液 Lösung *f*
溶化 rónghuà sich auflösen
溶剂 róngjì Lösungsmittel *n*; Löser *m*; Solvens *n*
溶解 róngjiě sich auflösen: ～度 Löslichkeit *f*

熔 róng schmelzen *vt/vi*; verschmelzen *vi*; zusammenschmelzen *vi*
熔点 róngdiǎn Schmelzpunkt *m*
熔化 rónghuà schmelzen *vi*
熔岩 róngyán Lava *f*

戎 róng <书> Militärwesen *n*; Armee *f*: ～马生涯 Soldaten-, Militärleben *n*

绒 róng ① Flaum *m*; Flaumhaar *n*: 鸭～ Entenflaumfeder *f*; Eiderdaune *f* 羽～衣 Daunenanorak *m* ② Gewebe mit haariger, wolliger Oberschicht; Florgewebe *n*; weicher, gerauhter Stoff: 天鹅～ Samt *m* 灯芯～ Kord *m* 法兰～ Flanell *m*
绒毛 róngmáo Flaum *m*; Flaumhaar *n*; Daune *f*
绒线 róngxiàn ① ungezwirnte Seidenfäden; Florettgarn *n* (für Stickereien) ② Wollgarn *n*; Strickwolle *f*: ～衫 Pullover *m*; wollener Sweater; Strickjacke *f*
绒衣 róngyī Sportjacke oder Pullover aus einseitig gerauhtem Tuch

荣(榮) róng ① Ruhm *m*; Glorie *f*; Ehre *f*: ～获第一名 den ersten Platz belegen ② gedeihen *vi*; florieren *vi*: 欣欣向～ blühend; florierend
荣华 rónghuá Ruhm und Glanz
荣辱 róngrǔ Ehre oder Unehre
荣幸 róngxìng beehrt werden: 感到～ Es ist mir eine Ehre...
荣耀 róngyào Ruhm *m*; Ehre *f*
荣誉 róngyù Ehre *f*; Ruhm *m*; guter Ruf: 为祖国赢得～ dem Vaterland Ehre machen 爱护公司的～ den guten Ruf der Firma hochhalten

茸 róng ① (für Gras, Haar u. ä.) flaumig; zart und saftig; fein und weich ② Hirschgeweihsprossen *pl*; junges Bastgeweih

融 róng ① auftauen *vi*; schmelzen *vi* ② sich vermischen; in einander aufgehen; eine harmonische Verbindung eingehen: 水乳交～ sich wie Wasser und Milch vermischen; mit j-m (*od* miteinander) in einer äußerst harmonischen Beziehung stehen
融合 rónghé sich vermischen; ineinander verschmelzen; legiert werden: 铜与锡的～ Kupfer-Zinn-Verschmelzung *f*
融化 rónghuà tauen *vi*; schmelzen *vi*: 冰雪开始～。Der Schnee und das Eis beginnen zu tauen.
融会贯通 róng huì guàn tōng den inneren Zusammenhalt eines Wissensgebiets entdecken und zur Erkenntnis gelangen; ein Gebiet von Grund auf verstehen
融解 róngjiě schmelzen *vi*; tauen *vi*
融洽 róngqià harmonisch; einträchtig: 关系～ das Verhältnis harmonisch sein

rǒng

冗 rǒng überflüssig; überschüssig; überzählig: ～词赘句

überflüssige Wörter
冗长 rǒngcháng weitschweifig; langatmig: ～的讲演 weitschweifige Rede
冗杂 rǒngzá ① (von einem Text, Artikel u. ä.) langatmig und wirr ② (von Beschäftigungen) verwirrend; durcheinander

róu

柔 róu ① weich; biegsam; geschmeidig: ～嫩 zart ② mild; sanft; lind: 温～ sanft; sanftmütig; zärtlich ～中有刚。In Sanftmut liegt Stärke.
柔和 róuhé sanft; mild; lind: ～的光线 mildes (*od* sgedämpftes) Licht 颜色～ gedämpfte Farben ～的声音 eine sanfte (*od* weiche) Stimme
柔软 róuruǎn weich; geschmeidig: ～的动作 geschmeidige Bewegungen
柔弱 róuruò schwächlich; zart und schwach: 身体～ körperlich schwach sein; schwächlich; gebrechlich
揉 róu reiben *vt*; kneten *vt*: 别～眼睛。Reibe nicht dein Auge. ～面 den Teig kneten
揉搓 róucuō reiben *vt*; kneten *vt*
蹂 róu
蹂躏 róulìn auf etw. herumtrampeln; etw. mit Füßen treten; verwüsten *vt*; verheeren *vt*: ～人权 die Menschenrechte mit Füßen treten

ròu

肉 ròu ① Fleisch *n*: 瘦～ mageres Fleisch 猪～ Schweinefleisch *n* 牛～ Rindfleisch *n* 羊～ Hammelfleisch *n* ② Fruchtfleisch *n*: 果～ Fruchtfleisch *n*
肉搏 ròubó Handgemenge *n*; Nahkampf *m*: ～战 ein Kampf Mann gegen Mann; Bajonettgefecht *n*
肉麻 ròumá abscheulich; widerwärtig; widerlich
肉末 ròumò Hack(fleisch) *n*; Gehackte (s) *n*; Mett *n*
肉松 ròusōng Dörrfleischfasern *pl*
肉体 ròutǐ menschlicher Körper
肉眼 ròuyǎn bloßes Auge: ～看不到 mit bloßem Auge nicht sehen können
肉欲 ròuyù fleischliche (*od* sinnliche) Begierden; sexuelles Begehren (*od* Verlangen)

rú

蠕 rú sich winden; sich schlängeln; sich hin- und herbewegen; sich schlangenartig fortbewegen
蠕动 rúdòng sich winden; sich schlängeln; sich wurmartig bewegen; sich windend fortbewegen
儒 rú ① Konfuzianische Schule ② Gelehrte(r)
儒家 rújiā Konfuzianische Schule; Konfuzianer *m*; Konfuzianismus *m*
如 rú ① wie; gleich wie: 了～指掌 etw. so gut kennen wie seine eigene Hand ② [用于否定] gleichkommen *vi*; sich mit j-m/etw. messen können: 我不～他。Ich kann mich mit ihm nicht messen. ③ nach; gemäß; zufolge: ～数到齐 vollzählig anwesend ④ wenn; falls: ～你及时来到,还可能遇见他。Wenn du rechtzeitig gekommen wärst, hättest du ihn noch getroffen.
如常 rúcháng wie üblich; wie sonst; wie immer; wie gewöhnlich: 一切～。Alles verläuft wie immer.
如出一辙 rú chū yī zhé völlig gleich; wie aus einer Form gegossen
如此 rúcǐ so; solch; auf diese Weise: ～勇敢 so tapfer 事已～,后悔也是枉然。Es ist schon passiert. Die Reue kommt zu spät.
如法炮制 rú fǎ páozhì nach demselben Rezept vorgehen; schematisch (*od* nach einer Schablone) arbeiten
如故 rúgù ① wie früher; wie sonst; beim alten bleiben: 依然～ genauso wie früher; es bleibt beim alten ② wie alte Freunde: 一见～ sich bei der ersten Begegnung schon wie alte Bekannte fühlen; sich schnell mit j-m befreunden
如果 rúguǒ wenn; falls; im Falle; für den Fall: 你～要来,请事前告诉我。Wenn du kommst, sag mir vorher Bescheid. ～没有他的指引,我们就迷路了。Ohne seine Wegbeschreibung hätten wir uns verirrt.

如何 rúhé wie; auf welche Weise; was: 你觉得这本小说～？ Was hältst du von diesem Roman? 或 Wie findest du den Roman? 他不知～是好。Er weiß weder ein noch aus.

如虎添翼 rú hǔ tiān yì wie wenn ein Tiger Flügel bekäme — j-m zusätzliche Macht verleihen; j-n mit noch viel größerer Gewalt ausstatten

如火如荼 rú huǒ rú tú wie lodernde Flammen immer weiter um sich greifen; stürmisch; ungestüm; schwungvoll: 争取民族独立的斗争～。Der Kampf für die nationale Unabhängigkeit greift wie loderndes Feuer um sich.

如饥似渴 rú jī sì kě wie ein Durstiger nach Wasser lechzen; voll heftigen Verlangens; begierig

如胶似漆 rú jiāo sì qī unzertrennlich wie Leim und Lack; auf sehr vertrautem Fuß miteinander stehen; wie Kletten zusammenhalten

如今 rújīn heute; jetzt; gegenwärtig; heutzutage; in der heutigen Zeit: ～的青年和我们年轻时可不一样了。Heutzutage sind die Jugendlichen ganz anders als zu unserer Zeit.

如期 rúqī termingemäß; termingerecht; zur festgelegten Zeit; dem vereinbarten Termin entsprechend; wie vereinbart; wie vorgesehen: ～完成 termingemäß erfüllt werden

如实 rúshí wahrheitsgetreu; den Tatsachen entsprechend: ～反映情况 eine Sachlage wahrheitsgetreu wiedergeben; eine Situation genau beschreiben

如释重负 rú shì zhòng fù erleichtert, als ob man eine schwere Last abgelegt hätte; erleichtert aufatmen

如数家珍 rú shǔ jiā zhēn als ob man seinen Hausschatz aufzählte; mit einem Gesprächsgegenstand sehr vertraut sein

如数 rúshù der erforderlichen Anzahl entsprechend; genaue Anzahl: ～偿还 etw. bis auf den letzten Pfennig zurückzahlen; vollständig tilgen

如同 rútóng wie; gleich wie: 灯火通明，～白昼 hell erleuchtet gleichwie am Tage sein

如下 rúxià wie folgendes; folgend: 全文～。Es hat folgenden Wortlaut.

如意 rúyì dem Wunsch entsprechen; wunschgemäß; wie gewünscht: 称心～ zufriedengestellt werden; völlig befriedigt sein; j-s Herzenswunsch ist erfüllt; völlig zufriedenstellend; wunschgemäß ～算盘 Wunschdenken *n*

如鱼得水 rú yú dé shuǐ wie ein Fisch, der aus dem Trockenen wieder ins Wasser kommt; sich voller Wohlbehagen in einer angenehmen Umgebung zurechtfinden

如愿 rúyuàn den Erwartungen entsprechen; nach Wunsch; wunschgemäß

如坐针毡 rú zuò zhēn zhān wie auf einem Nagelteppich sitzen; wie auf Nadeln (*od* glühenden Kohlen) sitzen

rǔ

汝 rǔ du; Sie

辱 rǔ ① Schmach *f*; Schande *f*: 羞～ Scham *f*; Beleidigung *f* ② schänden *vt*; schmähen *vt*; über j-n Schmach (*od* Schande) bringen

辱骂 rǔmà beschimpfen *vt*; mit böser Zunge auf j-n schimpfen; Beschimpfungen ausstoßen

辱没 rǔmò j-m Unehre machen; j-m Schande bereiten; sich j-s nicht würdig erweisen

乳 rǔ ① Brust *f* ② Milch *f*: 炼～ Kondensmilch *f* ③ neugeboren; saugend: ～牛 Milchkuh *f*

乳房 rǔfáng ① Brust *f*; Mamma *f* ② Euter *n*

乳名 rǔmíng Kinderkosename *m*

乳母 rǔmǔ Amme *f*

乳头 rǔtóu Brustwarze *f*; Zitze *f*

乳臭未干 rǔxiù wèi gān noch das Gelbe am Schnabel haben; noch nicht trocken hinter den Ohren sein; noch die Eierschalen hinter den Ohren haben; jung und unerfahren

乳汁 rǔzhī Milch *f*

rù

褥 rù Bettunterlage *f*

褥单 rùdān Bettlaken *n*

褥子 rùzi Bettunterlage *f*

入 rù ① in etw. hineingehen bzw. hereinkommen: ～境 in ein Land einreisen; Einreise *f* ～场券 Eintrittskarte *f* 列～议程 etw. auf die Tagesordnung setzen ② Mitglied (einer Organisation) werden; beitreten *vi*; eintreten *vi*: ～党 der Partei beitreten ③ Einkommen *n*; Einnahme *f*; Einkünfte *pl*: ～不敷出。Die Einkommen können die Ausgaben nicht decken. 或 Die Ausgaben übersteigen die Einnahmen.

入超 rùchāo Importüberschuß *m*; negative Außenhandelsbilanz

入耳 rù'ěr j-s Ohr schmeicheln; angenehm klingen; sich gut anhören: 不堪～ nicht anzuhören; für j-s Ohr beleidigend

入股 rùgǔ Aktien kaufen; sich an einer Aktiengesellschaft beteiligen; Aktionär werden

入伙 rùhuǒ sich einer Bande (*od* Clique) anschließen; sich als Partner beigesellen

入境 rùjìng in ein Land einreisen: ～签证 Einreisevisum *n*

入口 rùkǒu ① in den Mund nehmen ② Eingang *m*; Einfahrt 剧院～处 Eingang des Theaters

入殓 rùliàn eine Leiche in einen Sarg legen; einsargen *vt*

入门 rùmén über die Schwelle treten; [die Anfangsgründe (*od* das Abc) erlernen

入迷 rùmí von etw. fasziniert (*od* entzückt); wie gebannt

入侵 rùqīn eindringen *vi*; einfallen *vi*; Invasion *f*; feindlicher Einfall

入神 rùshén ① von etw. hingerissen; in etw. vertieft: 她听音乐简直听～了。Sie ist von der Musik einfach hingerissen. ② großartig; phantastisch; herrlich: 这幅画画得真是～。Das ist ein wirklich vollendetes Gemälde.

入手 rùshǒu mit etw. anfangen (*od* beginnen); von etw. ausgehen: 不知从何～ nicht wissen, was man damit anfangen soll

入睡 rùshuì einschlafen *vi*; in Schlaf fallen

入伍 rùwǔ zum Wehrdienst eingezogen werden; in die Armee eintreten; einrücken *vi*

入席 rùxí seinen Platz (am Tisch) einnehmen; sich (an der Tafel) niederlassen

入学 rùxué ① eingeschult werden: ～年龄 Einschulungsalter *n*; schulpflichtiges Alter ② mit dem Schulbesuch beginnen; in die Schule kommen: ～考试 Aufnahme-, Zulassungsprüfung *f*

入狱 rùyù ins Gegängnis kommen (*od* gebracht werden); eingesperrt werden

ruǎn

软 ruǎn ① weich; geschmeidig; nachgebend: 绸子手感很～。Die Seide hat einen weichen Griff. ② mild; sanft: 你对他～了些。Du verhältst dich ihm gegenüber (*od* zu ihm) ein bißchen zu weich ③ schwach; kraftlos: 两腿发～ schwach auf den Beinen ④ leicht beeinflußbar; schwankend: 心～ weichherzig 手～ j-m mit Mitleid und Sanftmut begegnen; weichherzig

软膏 ruǎngāo Salbe *f*; Unguentum *n*

软骨头 ruǎngǔtou ein Mensch ohne Rückgrat; Feigling *m*

软化 ruǎnhuà besänftigen *vt*; beschwichtigen *vt*

软和 ruǎnhuo weich: ～的垫子 weiche Matratze; weiches Polster

软件 ruǎnjiàn Software *f*

软禁 ruǎnjìn Hausarrest *m*; j-n unter Hausarrest stellen

软绵绵 ruǎnmiánmián ① schwächlich; schnulzig; rührselig; weichlich: 这支歌～的。Dieses Lied klingt verweichlicht. ② schwach; kraftlos: 她病好了，但身体仍然～的。Sie ist zwar wieder gesund, fühlt sich aber noch immer schwach.

软木 ruǎnmù Kork *m*: ～塞 Korken *m*

软弱 ruǎnruò schwach; kraftlos: ～无能 willensschwach und unfähig ～可欺 weichlich und leicht zu schikanieren sein

软席 ruǎnxí weicher Sitz; weiche Sitzklasse; Polstersitzklasse

软硬兼施 ruǎn yìng jiān shī eine bald weiche, bald herte Taktik anwenden; j-n mit Zuckerbrot und Peitsche behandeln; je nach Notwendigkeit mit Milde und Strenge handeln

ruǐ

蕊 ruǐ Staubgefäß *n*; Stempel *m*: 雄～ Staubgefäß *n*;

Staubblatt *n*; Stamen *n* 雌～ Stempel *m*; Pistill *n*; Griffel *m*

ruì

瑞 ruì Gutes verheißend; glückbringend; glücklich; glückhaft; Glück *n*

瑞雪 ruìxuě rechtzeitiger (*od* glückverheißender) Schnee

锐 ruì ① scharf; spitz; schneidend: 尖～ scharf; zugespitzt; spitz ② Kampfgeist *m*; Vitalität *f*: 养精蓄～ die Kräfte schonen und Energie sparen; sich ausruhen, um neue Kräfte zu sammeln

锐不可当 ruì bùkě dāng unaufhaltsam; unwiderstehlich

锐角 ruìjiǎo spitzer Winkel

锐利 ruìlì scharf; spitz: ～的匕首 scharfer Dolch 目光～ scharfblickend; scharfsichtig; scharfe Augen haben ～的笔锋 eine scharfe (*od* schneidende) Feder (führen)

锐敏 ruìmǐn feinfühlig; empfindlich; scharfsinnig; scharf: ～的嗅觉 scharfer Geruchssinn

锐气 ruìqì Schwung *m*; Vitalität *f*; Energie *f*; Stoßkraft *f*: 挫敌～ der Kampfmoral des Feindes einen schweren Schlag versetzen

rùn

闰 rùn

闰年 rùnnián Schaltjahr *n*

闰月 rùnyuè Schaltmonat *m*

润 rùn ① glatt; glänzend; geschmeidig; feucht: 湿～ feucht 嗓音圆～ eine süße und liebliche Stimme ② befeuchten *vt*; schmieren *vt*; etw. gleitfähig machen ③ (Geschriebenes) verbessern *vt*; verschönern *vt* ④ Profit *m*; Gewinn *m*: 利～ Profit *m*

润滑 rùnhuá schmieren *vt*: ～油 Schmieröl *n*

润色 rùnsè (Geschriebenes) verbessern *vt*; zurechtfeilen *vt*; redigieren *vt*

ruò

若 ruò ① wie; als ob ...: ～有所思 als dächte er an etwas; gedankenverloren; in Gedanken vertieft ～隐～现 bald sichtbar, bald unsichtbar; undeutlich erscheinen; vor j-s Augen verschwimmen ② wenn; falls: 你～能来，我将会高兴。 Es würde (*od* sollte) mich freuen, wenn du kämst.

若非 ruòfēi wenn nicht; falls nicht; ohne daß: ～亲身经历，岂知其中甘苦。Ohne es eselbst erlebt zu haben, kann man sich keinen Begriff von den Schwierigkeiten machen.

若干 ruògān einige; etliche; manche: ～年 einige Jahre ～次 mehrmals; ein paarmal

若是 ruòshì wenn; falls

若无其事 ruò wú qí shì so tun, als sei gar nichts passiert; kaltes (*od* ruhig) Blut bewahren

弱 ruò ① schwach: 年老体～ alt und schwach 由～变强 erst schwach sein und dann stark werden; sich von der Schwäche zur Stärke entwickeln ② j-m in etw. nachstehen; geringer; minderwertiger: 她的能力不比别人～。Sie steht den anderen in ihren Fähigkeiten nicht nach. ③ etwas (*od* ein bißchen) weniger als: 五分之一～ etwas weniger als ein Fünftel

弱不禁风 ruò bù jīn fēng zu schwach, um einem Windstoß standzuhalten; von zarter Gesundheit; sehr schwächlich; zerbrechlich

弱点 ruòdiǎn Schwäche *f*; schwache Seite; schwacher Punkt; Achillesferse *f*

弱肉强食 ruò ròu qiáng shí der Starke verschlingt den Schwachen; der Schwächere fällt dem Stärkeren zum Opfer; das Gesetz des Dschungels

弱小 ruòxiǎo schwach und klein: ～民族 kleine und schwache Nationen

S s

sā

撒 sā ① loslassen *vt*; auslassen *vt*; auswerfen *vt*: ～网 ein Fangnetz auswerfen 把手～开 die Hände loslassen ② etw. freien Lauf lassen; sich gehen lassen: ～泼 sinnlos herumbrüllen und heulen; sich hysterisch und wild gebärden; sich hysterisch benehmen; j-m eine Szene machen ～赖 sich unverschämt (*od* dreist) benehmen; sich frech aufführen *另见 sǎ

撒谎 sāhuǎng lügen *vi*; flunkern *vi*; schwindeln *vi*

撒娇 sājiāo sich wie ein verwöhntes Kind aufführen; quengeln *vi*; (von einer Frau) die Kokette spielen

撒尿 sāniào pissen *vi*; pinkeln *vi*

撒气 sāqì ① ein Leck (*od* eine undichte Stelle) haben; eine Reifenpanne (*od* einen Platten) haben: 汽车的后带～了。Der hintere Reifen des Autos ist platt. ② seiner Wut Luft machen; seinen Ärger an j-n auslassen

撒手 sāshǒu seine Hände loslassen: ～不管 von etw. die Hände lassen; mit etw. nichts mehr zu tun haben wollen

撒腿 sātuǐ loslaufen *vi*; losrennen *vi*: ～就跑 sofort loslaufen; gleich davoneilen

撒野 sāyě sich wie wild und provozierend aufführen; sich ungebärdig benehmen; ein großes Theater machen

sǎ

洒(灑) sǎ spritzen *vt*; bespritzen *vt*; sprengen *vt*; besprengen *vt*; verspritzen *vt*; verschütten *vt*: ～泪 Tränen vergießen ～除草剂 Unkrautbekämpfungsmittel (*od* Herbizid) versprühen 别把牛奶～了。Verschütte die Milch nicht!

洒脱 sǎtuō frei und ungezwungen

撒 sǎ ① streuen *vt*; ausstreuen *vt*; spritzen *vt*: ～化肥 Kunstdünger ausbreiten (*od* streuen) ～种子 den Samen säen ② verstreuen *vt*; zerstreuen *vt*; verschütten *vt* *另见 sā

撒播 sǎbō Breitsäen *n*: ～机 Samenstreumaschine *f*

sà

飒(颯) sà

飒飒 sàsà säuseln *vi*; rauschen *vi*: 秋风～。Der Herbstwind rauscht in den Bäumen.

sāi

塞 sāi ① hineinstecken *vt*; hineinpressen *vt*; hineinzwängen *vt*: 箱子不太满，还可以再～几本书。Der Koffer ist nicht ganz voll. Man kann noch einige Bücher hineinzwängen. ② verstopfen *vt*; zustopfen *vt*: 水管～住了。Die Wasserleitung ist verstopft. ③ Verschluß *m*; Stöpsel *m*: 瓶～ Stöpsel *m* *另见 sài

塞子 sāizi Verschluß *m*; Stöpsel *m*; Korken *m*; Pfropfen *m*

腮(顋) sāi Backe *f*; Wange *f*

腮帮子 sāibāngzi Backe *f*; Wange *f*

sài

塞 sài strategisch wichtige Punkte an einer Grenze *另见 sāi

塞外 Sàiwài Gebiete nördlich der Großen Mauer

赛 sài ① Wettspiel *n*; Wettkampf *m*: 足球～ Fußballspiel *n*; Fußballmatch *n* 田径～ Leichtathletik-Wettkampf *m* ② übertreffen *vt*; besser als

赛车 sàichē Auto-, Motorrad-, Radrennen *n*; Wettfahrt *f* ② Rennwagen *m*; Rennmotorrad *n*; Rennrad *n*

赛过 sàiguò übertreffen *vt*; besser als: 此处风光～江南。Die Landschaft hier übertrifft die südlich des Changjiang-Fulsses an Schönheit.

赛马 sàimǎ Pferderennen *n*; Derby *n*

赛跑 sàipǎo wettlaufen *vi*; um die Wette laufen; Wettlauf *m*: 长距离～ Langstreckenlauf *m* — 百米～ 100m-Lauf *m* 越野～ Geländelauf *m*; Cross-Country *n*

sān

三 sān ① drei: ～方面会谈 Dreiergespräch *n*; Dreierbesprechung *f* ② immer wieder; wiederholt; mehrmals: ～番五次 immer wieder; wiederholt

三部曲 sānbùqǔ Trilogie *f*

三岔路口 sān chà lùkǒu Stelle, an der sich drei Straßen gabeln; Gabelung dreier Wege

三长两短 sāncháng liǎng duǎn unerwartetes Unglück; plötzlicher Todesfall

三级跳远 sānjí tiàoyuǎn Dreisprung *m*

三角 sānjiǎo ① Dreieck *n* ② Trigonometrie *f*

三脚架 sānjiǎojià Dreifuß *m*; Stativ *n*

三教九流 sān jiào jiǔ liú verschiedene Religionssekten und Denkrichtungen ② Leute aller Richtungen; es ist Krethi und Plethi (*od* Hinz und Kunz) beisammen

三军 sānjūn ① Armee *f* ② die drei Teilstreitkräfte (Land-, See- und Luftstreitkräfte)

三令五申 sān lìng wǔ shēn wiederholte Ermahnungen und Anweisungen

三六九等 sān liù jiǔ děng verschiedene Rangstufen und Klassen

三轮车 sānlúnchē Dreirad *n*

三三两两 sānsānliǎngliǎng zu zweit oder zu dritt; in kleinen Gruppen

三思而行 sān sī ér xíng lieber dreimal nachdenken, bevor man handelt; erst besinn's, dann beginn's; erst wägen, dann wagen

…三…四 … sān … sì 颠三倒四 verwirrt; verworren; durcheinander; konfus; drunter und drüber 丢三落四 sehr vergeßlich (*od* zerstreut) sein; ein zerstreuter Professor sein

三心二意 sān xīn èr yì ① unschlüssig; unentschlossen; schwankend; zögernd: 别～了。Sei nicht unentschlossen! ② mit halbem Herzen

三言两语 sān yán liǎng yǔ ein paar Worte; in wenigen Worten: 这事不是～能说清楚的。Das läßt sich nicht in wenigen Worten erklären.

三月 sānyuè ① März *m* ② der dritte Monat des chinesischen Mondkalenders

叁 sān drei (Schreibweise der Zahl "三" auf Schecks, Banknoten, Quittungen usw., um Fehler oder Fälschungen zu vermeiden)

sǎn

散 sǎn ① sich lösen; sich lockern; auseinandergehen *vi*; lose: 背包～了。Die eingerollte Decke hat sich gelockert. 木箱在运输途中～了。Die Holzkiste fällt auf dem (*od* beim) Transport auseinander. ② verstreut; auseinander: 我们住得很～。Wir wohnen sehr verstreut. *另见 sàn

散兵 sǎnbīng Plänkler *m*; Einzelschütze *m*: ～壕 Schützengraben *m* ～坑 Erd-, Deckungs-, Schützenloch *n* ～线 Schützenlinie *f* ～游勇 versprengte und umherziehende Söldner; Versprengte und Nachzügler

散光 sǎnguāng Astigmatismus *m*; Stabsichtigkeit *f*: ～眼镜 astigmatische Brille

散记 sǎnjì literarische Skizzen (*od* Streiflichter)

散漫 sǎnmàn ① undiszipliniert; nachlässig ② unorganisiert; vereinzelt; verstreut

散文 sǎnwén Prosa *f*

伞(傘) sǎn ① Schirm *m* ② schirmförmiger Gegenstand: 降落～ Fallschirm *m* 核保护～ nuklearer Schutzschirm

伞兵 sǎnbīng Fallschirmjäger *m*: ～部队 Fallschirmtruppe *f*; Fallschirmverband *m*

sàn

散 sàn ① sich trennen; sich auflösen; auseinandergehen *vi*: 会议还没有～。Die Sitzung ist noch nicht zu Ende. ② verbreiten *vt*; ausstreuen *vt*; verteilen *vt*: ～传单 Flugblätter verteilen ③ vertreiben *vt*; zerstreuen *vt*; herauslassen *vt*: 请打开门窗～～烟。Öffnen Sie bitte Tür und Fenster, damit der Rauch abzieht. *另见 sǎn

散布 sànbù ausstreuen *vt*; verbreiten *vt*; etw. in Umlauf setzen: ～流言蜚语 Gerüchte und Verleumdungen ausstreuen 在一望无际的原野上～着奇花异草。Exotische Blumen sind verstreut auf der sich grenzenlos weit erstreckenden Ebene.

散步 sànbù spazierengehen *vi*; einen Spaziergang machen

散场 sànchǎng (nach einer Theater-, Filmvorstellung usw.) sich zerstreuen; den Saal räumen: 电影～了。Nach der Filmvorstellung zerstreuen sich die Zuschauer.

散发 sànfā ①etw. von sich geben (*od.* verbreiten); ausströmen *vt*: 花儿～着清香。Die Blumen strömen Duft aus. ② verteilen *vt*; verbreiten *vt*: ～小册子 Broschüren verteilen 作为正式文件～ als amtliches Dokument in Umlauf bringen

散会 sànhuì (Sitzung usw.) schließen *vt*: 宣布～ die Versammlung für beendet erklären

散伙 sànhuǒ (von einer Gruppe, Gemeinschaft usw.) sich auflösen; auseinandergehen *vi*

散开 sànkāi sich zerstreuen; auseinandergehen *vi*: 看热闹的人群～了。Die schaulustige Menschenmenge löste sich auf.

散失 sànshī ① verlieren *vt*; verlorengehen *vi*; abhanden kommen: ～的杂志已经找到。 Die verschwundenen Zeitschriften sind schon wieder gefunden (*od* aufgetaucht). ② schwinden *vi*; verdunsten *vi*; verdampfen *vi*

sāng

丧(喪) sāng Trauer *f* *另见 sàng

丧礼 sānglǐ Trauerfeier *f*; Trauerzeremonie *f*

丧事 sāngshì Regelungen eines Todesfalls; Trauerangelegenheiten *pl*

丧钟 sāngzhōng Toten-, Trauer-, Sterbeglocke *f*: 敲响殖民主义的～ die Totenglocke des Kolonialismus läuten

桑 sāng Maulbeerbaum *m*

桑蚕 sāngcán Seidenraupe *f*; Maulbeerspinner *m*: ～丝 Maulbeerseide *f*

桑梓 sāngzǐ <书> Heimat *f*

sǎng

嗓 sǎng ① Kehle *f*; Hals *m* ② Stimme *f*

嗓门儿 sǎngménr Stimme *f*: 提高～ die Stimme erheben /

嗓音 sǎngyīn Stimme *f*: 他～洪亮。Er hat eine volltönende (*od* klangvolle) Stimme.

嗓子 sǎngzi ① Kehle *f*; Hals *m*: ～疼 Halsschmerzen haben ② Stimme *f*: 他的～哑了。Er hat seine Stimme verloren.

sàng

丧(喪) sàng verlieren *vt* *另见 sāng

丧胆 sàngdǎn von Schrecken gepackt; tödlich erschrocken; schreckerfüllt

丧魂落魄 sàng hún luò pò den Kopf (*od* seine Geistesgegenwart) verlieren

丧家之犬 sàng jiā zhī quǎn ein herrenloser (*od* streunender) Hund: 惶惶如～ so furchtsam wie ein streunender Hund

丧命 sàngmìng ums Leben kommen; umkommen *vi*

丧气 sàngqì entmutigt sein; den Mut verlieren: ～话 entmutigende (*od* demoralisierende) Worte

丧失 sàngshī verlieren *vt*; einbüßen *vt*: ～信心 keine Zuversicht mehr haben ～时机 eine Gelegenheit (*od* eine Chance) versäumen 不能～警惕 in seiner Wachsamkeit nicht nachlassen dürfen

丧心病狂 sàng xīn bìng kuáng tollwütig; wahnsinnig; rasend; skrupellos

sāo

臊 sāo Gestank nach Urin; übler Geruch *另见 sào

搔 sāo kratzen *vt*/*vi*

搔首 sāoshǒu sich am Kopf kratzen

骚 sāo Aufruhr *m*; Unruhe *f*: ～乱 Unruhe *f*; Aufruhr *m*; Tumult *m* ～扰 stören *vt*; belästigen *vt*

骚动 sāodòng ① Unruhe *f*; Aufruhr *m*; Tumult *m* ② in lärmendes Durcheinander geraten;

zu Tumulten kommen

缫 sāo (Seidenfäden von einem Kokon) abhaspeln *vt*

缫丝 sāosī Kokon-, Seidenhaspel *f*: ～厂 Seidenhaspelei *f*

sǎo

扫(掃) sǎo ① kehren *vt*; fegen *vt*: ～雪 Schnee wegfegen ～清障碍 Hindernisse aus dem Wege räumen ② seinen Blick über etw. schweifen lassen; einen Blick auf etw. werfen: 他向会场～了一眼。Er ließ seinen Blick über den versammlungsraum schweifen. *另见 sào

扫除 sǎochú ① reinigen *vt*; säubern *vt*; etw. sauber machen: 大～ Großreinemachen *n* ② beseitigen *vt*; räumen *vt*; entfernen *vt*: ～文盲 das Analphabetentum beseitigen

扫荡 sǎodàng Säuberungsoperation *f*; Ausrottungsfeldzug *m*

扫地 sǎodì ① den Boden kehren ② (Ruf, Ansehen u.ä.) völlig verlieren (*od* einbüßen): 名誉～ ganz verrufen sein

扫雷 sǎoléi Minen räumen; Minenräumung *f*

扫描 sǎomiáo Abtastung *f*: ～器 Abtaster *m*; Abtastgerät *n*

扫墓 sǎomù am Grabe eines Toten gedenken

扫射 sǎoshè etw. mit Gewehrfeuer bestreichen; mit Salven belegen

扫尾 sǎowěi abschließende Arbeiten erledigen; letzte Hand an etw. legen; Schlußarbeiten durchführen

扫兴 sǎoxìng aller Lust und Freude beraubt; verstimmt; deprimiert: 真叫人～! Was für eine Enttäuschung! 或 Wie enttäuschend!

嫂 sǎo Frau des älteren Bruders; Schwägerin *f*

sào

臊 sào Scham *f*; sich schämen: ～得脸通红 vor Scham erröten *另见 sāo

扫(掃) sào *另见 sǎo

扫帚 sàozhou Besen *m*

sè

涩(澀) sè ① von unangenehmem und betäubendem Geschmack: 这柿子～吗? Zieht sich bei diesen Kakipflaumen der Mund zusamen? ② nicht glatt; hemmend ③ unverständlich; unklar; abstrus

啬(嗇) sè geizig; filzig; knickerig

色 sè ① Farbe *f*: 红～ rot 原～ Grund-, Primärfarbe *f* ② Gesichtsausdruck *m*; Miene *f*: 喜形于～ strahlendes Glück leuchtet aus seinem Gesicht; sich unsagbar freuen ③ Art *f*; Sorte *f*: 各～人等 alle möglichen Leute; allerlei Leute ④ das schöne Äußere einer Frau *另见 shǎi

色彩 sècǎi Farbe *f*; Färbung *f*; Tönung *f*; Schattierung *f*: 地方～ Lokalkolorit *m* 文学～ literarische Note

色调 sèdiào Farbton *m*; Nuance *f*

色厉内荏 sè lì nèi rěn dem Anschein nach stark, aber in Wirklichkeit schwach; grimmig von Angesicht, aber im Herzen kleinmütig; nach außen hin gewalttätig und böse, im Innern ängstlich und schwach

色盲 sèmáng Farbenblindheit *f*; Achromatopsie *f*

色情 sèqíng pornographisch; erotisch; sexuell: ～文学 Pornographie *f*; erotische Literatur

sēn

森 sēn ① eine Fülle von Bäumen ② finster; düster: 阴～ düster; dunkel und schauerlich

森林 sēnlín Wald *m*; Forst *m*: ～火灾 Waldbrand *m* 原始～ Urwald *m*

森严 sēnyán streng; strikt; scharf: 门禁～ streng bewachter Eingang

sēng

僧 sēng (buddhistischer) Mönch *m*

僧侣 sēnglǚ Mönche und Priester; Geistlichkeit *f*

shā

沙 shā ① Sand *m* ② feinkörnige Substanz; sandig; gekörnt; körnig; pulverisiert: 豆～ feinkörniges Bohnenmus als Füllung ③ heiser; rauh

沙场 shāchǎng Schlachtfeld *n*; Kriegsschauplatz *m*

沙发 shāfā Sofa *n*; Sessel *m*

沙锅 shāguō Tonkochtopf *m*; Tonkasserolle *f*

沙里淘金 shā lǐ táo jīn Gold aus dem Flußsand waschen; große Mühe, kleines Ergebnis (*od* geringe Wirkung)

沙砾 shālì Grieß *m*; Grit *m*

沙漠 shāmò Wüste *f*

沙滩 shātān Sandbank *f*; Sandstrand *m*

沙文主义 shāwén zhǔyì Chauvinismus *m*

沙哑 shāyǎ rauh; heiser

沙眼 shāyǎn Trachom *n*

沙子 shāzi ① Sand *m*; Grieß *m* ② feinkörnige Substanz; Sandkörnchen *n*: 铁～ Schrot-, Eisenkugel *f*

鲨 shā Hai(fisch) *m*

鲨鱼 shāyú Hai(fisch) *m*

砂 shā Sand *m*; Kies *m*

砂布 shābù Schmirgelleinen *n*; Schmirgelleinwand *f*; Schleiftuch *n*

砂糖 shātáng Kristall-, Hagelzukker *m*

砂土 shātǔ Sandboden *m*; Sand *m*

砂纸 shāzhǐ Sand-, Schleifpapier *n*

纱 shā ①Garn *n*: 棉～ Baumwollgarn *n* ～厂 Garnweberei *f* ② Gaze *f*: 铁～ Drahtgaze *f*

纱布 shābù Gaze *f*; Mull *m*

纱橱 shāchú mit einem Fliegengitter versehener Küchenschrank

纱窗 shāchuāng Gaze-, Fliegenfenster *n*; Fliegengitter *n*

纱锭 shādìng Spindel *f*

纱巾 shājīn Kopf- oder Halstuch aus Gaze

杀(殺) shā ① töten *vt*: ～人放火 morden und brandschatzen; sengen und brennen ② kämpfen *vi*; fechten *vi*: ～出重围 sich aus einer vielfachen Einkreisung freikämpfen; nach hartem Kampf eine starke Umzingelung durchbrechen ③ schwächen *vt*; dämpfen *vt*; beseitigen *vt*: 风势稍～。Der Wind ließ nach. ④ verhindern *vt*; zurückhalten *vt*: ～住不正之风 die ungesunden Tendenzen (*od* schädlichen Praktiken) beseitigen ⑤ äußerst; besonders; extra; im höchsten Grad: 闷～人 zu Tode gelangweilt

杀风景 shā fēngjǐng j-m die Freude versalzen; j-m die Lust verderben

杀害 shāhài töten *vt*; ermorden *vt*

杀鸡取卵 shā jī qǔ luǎn die Henne schlachten, um an die Eier zu kommen; die Gans, die die goldenen Eier legt, töten; um eines Augenblickserfolges willen langfristige Interessen vernachlässigen

杀菌 shājūn Krankheitserreger vernichten; desinfizieren *vt*: ～剂 Bakterizid *n*; Desinfektionsmittel *n*

杀戮 shālù massakrieren *vt*; niedermetzeln *vt*

杀人 shārén töten *vt*; morden *vi*: ～犯 Totschläger *m*; Mörder *m* ～越货 (von Räubern u.ä.) morden und rauben ～不见血 einen unblutigen Mord begehen; Menschen auf heimtückische Weise zugrunde richten; Mord ohne Blutvergießen

杀伤 shāshāng töten und verletzen

杀身成仁 shā shēn chéng rén sich für eine gerechte Sache opfern; für eine gerechte Sache den Heldentod sterben

杀头 shātóu enthaupten *vt*; köpfen *vt*; den Kopf abschlagen

杀一儆百 shā yī jǐng bǎi einen hinrichten, um Hunderte abzuschrecken

刹 shā bremsen *vt*; stoppen *vt*; Einhalt gebieten; abbremsen *vt*: 把车～住 ein Auto abbremsen *另见 chà

刹车 shāchē ① einen Wagen bremsen (und zum Stillstand bringen) ② Bremse *f*

煞 shā ① stoppen *vt*; anhalten *vt/vi*; mit etw. Schluß machen ② etw. enger schmallen; etw. fest anziehen; straffen *vt*: ～一～腰带 den Gürtel enger schnallen *另见 shà

煞车 shāchē 见"刹车" shāchē

煞尾 shāwěi ① letzte Hand an etw. legen; abschließen *vt*; Schluß machen ② Schlußszene *f*;

Ende *n*: 这出戏的～很带劲。Das Theaterstück hat einen wunderbaren Schluß.

shǎ

傻(儍) shǎ ① dumm; wirrköpfig; doof; töricht: 你真～,连他的这点意思都听不出来。Du bist doch wirklich dumm, verstehst überhaupt nichts von dem, was er gemeint hat. 装～ sich dumm stellen 你别～乎乎的,事情没有那么简单。Sei nicht naiv! Die Sache ist nicht so einfach. ② stur; starrsinnig; schwerfällig: 别一个劲儿～干。Arbeite nicht so stur!

傻瓜 shǎguā Dummkopf *m*; Tor *m*; Tölpel *m*

傻呵呵 shǎhēhē naiv; einfältig; töricht: 别看他～的,在学校的成绩总是名列前茅。Er mag noch so einfältig aussehen, aber er gehört immer zu den Besten in der Schule.

傻劲儿 shǎjìnr ① einfältig; naiv ② Verbissenheit *f*; Hartnäckigkeit *f*; blinder Arbeitseifer

傻笑 shǎxiào dumm lachen

傻眼 shǎyǎn mit den Ohren schlackern; Mund und Nase aufsperren; j-m bleibt die Luft weg

傻子 shǎzi Dummkopf *m*; Tor *m*; Narr *m*

shà

霎 shà Augenblick *m*; Moment *m*; sehr kurze Zeit: ～时间 im Augenblick; im Nu; im Handumdrehen

厦 shà großes Gebäude; Hochhaus *n*: 高楼大～ Hochhäuser *pl*

啥 shà was: 有～说～ sagen, was einem gerade einfällt; sich beim Reden keinen Zwang anlegen 这没～了不起。Es ist nicht so bedeutend. 或 Es spielt keine Rolle.

煞 shà ① böser Geist; Dämon *m* ② sehr; äußerst *另见 shā

煞费苦心 shà fèi kǔxīn sich den Kopf zerbrechen; sich alle erdenkliche Mühe geben: ～地寻找借口 sich den Kopf zerbrechen, um einen Vorwand zu finden

煞有介事 shà yǒu jiè shì sich einen ernsthaften Anstrich geben; so tun, als ob es einem sehr ernst mit etw. wäre; etw. sehr wichtig nehmen; wichtigtuerisch

shāi

筛(篩) shāi ① Sieb *n*; Siebvorrichtung *f* ② sieben *vt*; durchsieben *vt*

筛分 shāifēn Siebung *f*; Sieben *n*: ～机 Siebmaschine *f*

shǎi

色 shǎi Farbe *f*: 这块布掉～吗? Wird dieser Stoff ausbleichen? *另见 sè

色子 shǎizi Würfel *m*: 掷～ den (*od* die) Würfel werfen; würfeln *vi*

shài

晒(曬) shài ① von der Sonne bescheinen lassen; besonnen *vt* ② in der Sonne trocknen (lassen); sonnen *vt*: ～粮食 Getreide von der Sonne trocknen lassen ～被子 eine Steppdecke in der Sonne lüften 他的脸都～黑了。Sein Gesicht ist von der Sonne gebräunt.

晒台 shàitái Trockenfläche auf dem Dach eines Hauses

晒图 shàitú Blaupause *f*; Blaudruck *m*

shān

潸 shān in Tränen; tränenvoll: ～然泪下 Tränen laufen (j-m) über die Wangen

扇(搧) shān ① fächeln *vt*; anfachen *vt*: ～扇子 einen Fächer hin und her bewegen; sich Luft zufächeln ② anstiften *vt*; schüren *vt*; aufwiegeln *vt*: ～起暴乱 einen Aufruhr (*od* eine Revolte) anstiften *另见 shàn

扇动 shāndòng ① fächeln *vt*: ～翅膀 mit den Flügeln schlagen ② aufwiegeln *vt*; aufhetzen *vt*; anstiften *vt*: ～派性 den Faktionismus aufhetzen

扇风点火 shān fēng diǎn huǒ die Flammen schüren; das Volk in Rage bringen; Unruhe anzetteln

煽 shān anstiften *vt*; aufwiegeln *vt*; aufhetzen *vt*

山 shān ① Berg *m*; Gebirge *n* ② bergähnliche Gebilde: 冰～ Eisberg *m*

山崩 shānbēng Bergsturz *m*; Bergrutsch *m*

山川 shānchuān Gebirge und Flüsse; Landschaft *f*

山村 shāncūn Gebirgs-, Bergdorf *n*

山地 shāndì Bergland *n*; Gebirgsgegend *f*

山顶 shāndǐng Bergspitze *f*; Gipfel *m*; Bergkuppe *f*

山峰 shānfēng Berggipfel *m*

山冈 shāngāng kleiner Berg; Hügel *m*

山歌 shāngē (auf den Feldern während der Arbeit oder nach Feierabend gesungenes) Volkslied *n*; Volksweise *f*

山沟 shāngōu Tal *n*; Schlucht *f*; Senke *f*

山谷 shāngǔ Tal *n*

山洪 shānhóng Gebirgshochwasser *n*; reißende Gebirgsströme

山货 shānhuò ① Gebirgsprodukte *pl* ② Gebrauchsgegenstände des täglichen Bedarfs (aus Holz, Bambus, Ton u.ä.)

山涧 shānjiàn Gebirgsbach *m*

山林 shānlín Gebirgswald *m*

山岭 shānlǐng Gebirgskette *f*

山麓 shānlù Bergfuß *m*

山峦 shānluán Gebirgskette *f*; Gebirge *n*

山脉 shānmài Gebirge *n*; Gebirgskette *f*; Gebirgszug *m*

山盟海誓 shān méng hǎi shì j-m bei den Bergen und Meeren ewige Treue schwören; Schwüre so hoch wie Berge und Gelübde so tief wie das Meer ablegen; einander ewige Liebe (*od* Treue) geloben

山坡 shānpō Berghang *m*

山穷水尽 shān qióng shuǐ jìn die Berge sind zu Ende und die Wasser hören auf — sich in einer ausweglosen Lage befinden; mit seinem Latein am Ende sein

山水 shānshuǐ ① Gebirge und Seen (Flüsse usw.); Landschaft mit Bergen und Flüssen: 桂林～甲天下。Die Landschaft von Guilin ist die schönste unter dem Himmel (*od* in ganz China). ② traditionelle chinesische Landschaftsmalerei

山头 shāntóu ① Bergspitze *f* ② Burgrittertum *n*; Faktion *f*; Clique *f*: 拉～ Burgrittertum betreiben; eine Faktion bilden

山羊 shānyáng Ziege *f*; Bock *m*

山腰 shānyāo halbe Höhe eines Berges

山岳 shānyuè große Berge; hohes Gebirge

山寨 shānzhài Bergfestung; befestigtes Bergdorf

山珍海味 shān zhēn hǎi wèi Köstlichkeiten aus den Bergen, Delikatessen aus dem Meer; alle möglichen Köstlichkeiten; erlesene Delikatessen

舢 shān

舢板 shānbǎn Sampan *m*

衫 shān ungefüttertes Gewand; Hemd *n*;: 衬～ Hemd *n* 汗～ Unterhemd *n*

杉 shān Spießtanne *f*

珊 shān

珊瑚 shānhú Korallen *pl*: ～岛 Koralleninsel *f*

删 shān streichen *vt*; weglassen *vt*: 这一段可以～去。Dieser Abschnitt kann gestrichen werden. ～掉不必要的细节 überflüssige Details weglassen

删除 shānchú wegstreichen *vt*; auslassen *vt*

删繁就简 shān fán jiù jiǎn vereinfachen und Überflüssiges streichen

删改 shāngǎi streichen und verbessern; korrigieren und überarbeiten: 稿子几经～才定下来。Erst nach wiederholter Korrektur und Überarbeitung wurde das Manuskript fertiggestellt.

删节 shānjié kürzen *vt*: 略加～ leicht gekürzt ～本 gekürzte Fassung ～号 Auslassungszeichen *n* (...)

姗 shān

姗姗来迟 shāshān lái chí sich verspäten; zu spät kommen

shǎn

闪 shǎn ① schnell ausweichen; geschwind aus dem Weg gehen: ～到一边 seitlich ausweichen ② verrenken *vt*; verdrehen *vt*: ～了腰 sich die Hüfte verrenkt haben ③ Blitz *m*: ～电 Blitz *m*; es blitzt ④ aufblitzen *vi*; aufleuchten *vi*; kurz aufschei-

ten Sitten verderben; gegen die Moral verstoßen
伤感 shānggǎn traurig, betrübt; wehmütig
伤害 shānghài schaden *vi*; schädigen *vt*; beschädigen *vt*; verletzen *vt*: 抽烟会～身体。Rauchen kann der Gesundheit schaden. ～自尊心 die Selbstachtung beeinträchtigen; j-s Stolz verletzen
伤寒 shānghán Typhus *m*
伤口 shāngkǒu Wunde *f*
伤脑筋 shāng nǎojīn j-m das Hirn zermartern; Kopfzerbrechen *n*
伤神 shāngshén j-s Nerven überfordern; nervtötend sein
伤势 shāngshì der Zustand einer Verletzung oder Wunde: ～很重 sehr schwer verwundet sein
伤亡 shāngwáng Verwundete und Gefallene; Verluste *pl*; Opfer *pl*
伤心 shāngxīn traurig (sein); schmerzlich berührt (sein); voller Herzweh (*od* Kummer): 别为这事～。Sei deswegen nicht traurig!

shǎng

赏 shǎng ① belobigen *vt*; auszeichnen *vt*; prämieren *vt*; belohnen *vt*: 有～有罚 je nachdem belohnen oder bestrafen ② bewundern *vt*; genießen *vt*; sich erfreuen: ～月 sich an dem Vollmond (besonders in der Nacht des Mondfestes) erfreuen ～花 die Blumen genießen
赏赐 shǎngcì etw. huldvoll schenken (*od* verschenken)
赏光 shǎngguāng [用于请对方接受邀请]: 务请～。Es wäre für uns eine große Ehre, wenn Sie unserer Einladung Folge leisten. 或 Geben Sie uns bitte die Ehre Ihres Erscheinens!
赏鉴 shǎngjiàn (ein Kunstwerk) wert erachten; eines Blickes würdigen
赏金 shǎngjīn Belohnung in Geld; Geldprämie *f*
赏识 shǎngshí hochschätzen *vt*; j-n/etw. hoch einschätzen; anerkennen *vt*: 主编很～他这篇文章。Der Chefredakteur hat eine hohe Meinung von seinem Artikel.
赏玩 shǎngwán die Schönheit einer Sache bewundern; sich an etw. erfreuen: ～大自然 sich an der Natur erfreuen (*od* ergötzen)
赏心悦目 shǎng xīn yuè mù das Herz ergötzen und die Augen erfreuen; die Landschaft genießen und sich daran ergötzen

晌 shǎng ein Tagesabschnitt: 前半～儿 Vormittag *m* 晚半～儿 Spätnachmittag *m*
晌午 shǎngwu Mittag *m*: ～饭 Mittagessen *n*

shàng

尚 shàng ① noch: 为时～早。Es ist noch zu früh. 或 Die Zeit ist noch nicht reif. 问题～未解决。Das Problem ist noch nicht gelöst. ② beachten *vt*; schätzen *vt*: 崇～ hochachten *vt*; befürworten *vt*; für etw. eintreten
尚且 shàngqiě [提出程度更甚的事例作为衬托，下文常用"何况"等呼应，表示进一层的意思] noch; selbst; sogar: 大人～举不起来，何况小孩子。Nicht einmal Erwachsene können es hochheben, geschweige denn Kinder.

上 shàng ① oben; ober: ～层阶级 obere Klasse 往～看 nach oben sehen; in die Höhe blicken ② höher; höherstehend: ～等 erste Klasse ～级机关 übergeordnetes Organ ③ erst; vorhergehend: ～册 erster Band ④ seine Majestät: ～谕 kaiserliches Edikt ⑤ von unten nach oben; aufwärts; hinauf: ～公共汽车 in den Bus einsteigen ～飞机(船) an Bord gehen ～楼 die Treppe hinaufgehen; Treppen steigen ⑥ gehen *vi*; fahren *vi*: 你～哪儿去？Wo gehst du hin? ～街 auf die Straße gehen; einkaufen gehen 我～图书馆去。Ich gehe zur Bibliothek. ⑦ überreichen *vt*; einsenden *vt* ⑧ vorwärts; nach vorn gehen ⑨ ins Spiel kommen: 换人：三号下，四号～。Auswechseln: Spieler Nr. 3 aus dem Spiel, Spieler Nr. 4 ins Spiel. ⑩ an Menge größer machen; vermehren *vt* ⑪ anziehen *vt*; verschrauben *vt*: ～螺丝 eine Schraube anziehen ⑫ überziehen *vt*; auftragen *vt*; schmieren *vt*: 给门～漆 eine Tür lakkieren ⑬ veröffentlicht (*od* gebracht) werden: 他的先进事迹～了报。Seine vorbildliche Taten wurden in der Zeitung veröffentlicht. ⑭ aufziehen *vt*: 表该～了。Die Uhr soll aufgezogen werden.

⑮ zu einer festgesetzten Zeit mit etw. (Arbeit, Studium usw.) beschäftigt sein: ～课 zum Unterricht gehen ⑯ erreichen: ～百人 (es waren) an die hundert Personen ⑰[用在动词后，表示由低处向高处]: 登～山顶 auf den Gipfel des Bergs klettern ⑱ [用在动词后，表示达到目的]: 穿～外衣 die Jacke anziehen 考～大学 die Hochschulaufnahmeprüfung bestanden haben ⑲ [用在动词后，表示开始并继续]: 她爱～了教师的工作。Sie hat ihre Liebe zur Lehrerin entdeckt. ⑳ [用在名词后，表示位置、范围或方面]: 会～ in der Sitzung 事实～ tatsächlich; in Wirklichkeit; eigentlich *另见 shang

上 shang [用在名词后，表示在物体的表面]: 墙～ an der Wand 脸～ im Gesicht *另见 shàng

上班 shàngbān zur Arbeit gehen: 我们每天早上八点钟～。Wir fangen jeden Morgen um acht Uhr mit der Arbeit an.

上报 shàngbào ① in der Zeitung stehen ② einer höheren Instanz etw. vorlegen

上辈 shàngbèi ① Vorfahren *pl* ② ältere Generation in einer Familie

上膘 shàngbiāo (Tiere) Fett ansetzen; fett werden

上宾 shàngbīn hoher Gast; Ehrengast *m*

上策 shàngcè die beste Taktik; der klügste Plan; das beste Mittel; ein guter Weg

上层 shàngcéng Oberschicht *f*; obere Schicht: ～领导 höhere Führerschaft

上层建筑 shàngcéng jiànzhù Überbau *m*

上场 shàngchǎng ① auf die Bühne treten; auftreten *vi* ② aufs Spielfeld kommen

上床 shàngchuáng ins Bett gehen

上当 shàngdàng auf den Leim gehen; in eine Falle geraten; auf j-n hereinfallen; hereingelegt werden

上等 shàngděng beste Qualität; erste Klasse: ～货 Qualitätsware *f*

上帝 shàngdì Gott *m*

上颚 shàng'è Oberkiefer *m*

上访 shàngfǎng an eine höhere Instanz appellieren

上风 shàngfēng Oberhand *f*; Überlegenheit *f*; Oberwasser *n*: 占～ die Oberhand gewinnen

上告 shànggào bei einer höheren Instanz Klage gegen j-n (*od* über etw.) erheben

上工 shànggōng zur Arbeit gehen

上钩 shànggōu in den Köder beißen; anbeißen *vi*

上好 shànghǎo beste (Qualität); erstklassig

上级 shàngjí höhere Instanz; übergeordnetes Organ: ～领导 leitendes Organ auf höherer Ebene

上将 shàngjiàng General *m*; (Marine) Admiral *m*

上缴 shàngjiǎo etw. pflichtgemäß an eine höhere Behörde abgeben; etw. an eine höhere Instanz abliefern

上进 shàngjìn vorwärtsgehen *vi*; vorwärtsstreben *vi*; Fortschritte machen: 力求～ danach streben, Fortschritte zu machen ～心 Strebsamkeit *f*

上课 shàngkè ① zum Unterricht gehen; Unterricht haben ② Unterricht geben; unterrichten *vt*

上口 shàngkǒu ① geläufig (*od* fließend) lesen können ② sich leicht und glatt vorlesen lassen

上来 shànglái ① nach oben gehen; hochkommen *vi*: 他还没有～。Er ist noch nicht hochgekommen. ②[用在动词后，表示由低处到高处或由远处到近处来]: 把箱子搬到楼～吧。Trag den Koffer in den oberen Stock! ③ [用在动词后，表示成功]: 这个问题你答得～吗? Kannst du diese Frage richtig beantworten?

上流 shàngliú ① Oberlauf *m* ② Oberschicht *f*; führende Kreise: ～社会 vornehme Gesellschaft

上路 shànglù sich auf den Weg machen; aufbrechen *vi*

上马 shàngmǎ etw. in Angriff nehmen: 这项工程很快就要～。Das Projekt wird bald in Angriff genommen.

上门 shàngmén zu j-m in die Wohnung kommen; j-n zu Hause besuchen: 他好久没～了。Er war lange nicht mehr bei mir.

上面 shàngmian ① oben; oberhalb; über: 小河～跨着一座桥。über den kleinen Fluß spannt sich eine Brücke. ② oben erwähnt (*od* genannt); vorausgehend; obig: ～所举的例子 obiges Beispiel ③ die da oben: ～有命令。Es gibt Anweisungen von oben. ④ hinsichtlich; bezüglich;

auf dem Gebiet: 他在文学～下了很多功夫。Er hat sich auf dem Gebiet der Literatur große Mühe gegeben.

上年纪 shàng niánji alt werden; in die Jahre kommen

上品 shàngpǐn erstklassige Waren; von höchster Qualität; erstklassig; hochwertig

上去 shàngqù ① hinaufsteigen *vi*: 登着梯子～ eine Leiter hinaufklettern ② [用在动词后，表示由低到高，或由近及远，或由主体向对象]: 走～ hinaufgehen 把国民经济搞～ die Volkswirtschaft weiterentwickeln (*od* auf ein höheres Niveau heben) 为了完成任务，他把所有的力量都使～了。Er hat alle Kräfte angespannt, um seine Aufgabe zu erfüllen.

上任 shàngrèn ein Amt antreten; in den Dienst treten

上色 shàngshǎi färben *vt*; Farbe auftragen; kolorieren *vt*; tönen *vt*

上上 shàngshàng ① Beste *n*; best: ～策 der beste Plan; die klügste Taktik ② vorletzt: ～星期 vorletzte Woche

上身 shàngshēn ① Oberkörper *m* ② am Oberkörper getragene Oberbekleidung; Hemd *n*; Bluse *f*; Jacke *f*: 他～穿一件绸衬衫。Er trägt ein Hemd aus Seide.

上升 shàngshēng steigen *vi*; ansteigen *vi*; aufsteigen *vi*: 气温～。Die Temperatur steigt. 生产持续～。Die Produktion wächst ununterbrochen.

上市 shàngshì auf den Markt kommen: 西红柿大量～。Eine große Menge Tomaten kommt auf den Markt.

上手 shàngshǒu ① Sitz auf der linken Seite; Ehrenplatz *m* ② Anfang *m*; Beginn *m*: 今天的活一～就很顺利。Die heutige Arbeit ging von Anfang an glatt vonstatten.

上书 shàngshū ein Schriftstück an eine bedeutende Persönlichkeit oder eine höhere Instanz richten; eine Bitt- oder Denkschrift einreichen; eine Eingabe machen

上述 shàngshù oben erwähnt (*od* genannt)

上税 shàngshuì Steuern zahlen

上司 shàngsi Vorgesetzte(r); Chef *m*: 顶头～ unmittelbarer Vorgesetzter

上诉 shàngsù Berufung einlegen; sich an die nächsthöhere Gerichtsinstanz wenden: 提出～ Berufung einlegen

上算 shàngsuàn lohnend; rentabel; sich bezahlt machen

上岁数 shàng suìshu schon viele Jahre auf dem Rücken (*od* Bukkel) haben

上台 shàngtái ① auf die Bühne treten; die Bühne betreten; auftreten *vi* ② ans Ruder kommen; an die Macht kommen; Amtsantritt *m*; Machtübernahme *f*

上天 shàngtiān ① Himmel *m*; Gott *m* ② zum Himmel steigen; hoch in den Himmel fliegen: 我们又有一颗卫星～了。Wieder ist ein Satellit von uns in den Weltraum gebracht worden.

上文 shàngwén obenstehender Text; vorangegangener Abschnitt: 见～ siehe oben (s.o.)

上午 shàngwǔ Vormittag *m*; vormittags

上下 shàngxià ① hoch und niedrig; alt und jung ② von oben bis unten; von Kopf bis Fuß: ～打量 j-n von Kopf bis Fuß mustern ③ auf und ab gehen; aufwärts und abwärts gehen: 山上修了公路，汽车～很方便。Seit dem Bau der Bergstraße können die Autos sehr leicht bergauf und bergab fahren. ④ relative Überlegenheit oder Unterlegenheit: 不相～ auf gleicher Stufe stehen; von gleicher Güte ⑤ ungefähr; rund: 四十岁～ etwa 40 Jahre alt

上下文 shàngxiàwén Zusammenhang *m*; Kontext *m*

上弦 shàngxián ① zunehmender Mond; erstes Mondviertel ② eine Uhr aufziehen

上限 shàngxiàn obere Grenze

上相 shàngxiàng fotogen; photogen; bildwirksam

上行 shàngxíng ① auf dem Weg in die Hauptstadt: ～列车 in die Hauptstadt fahrender Zug ② den Fluß aufwärts; stromaufwärts: ～船 flußaufwärts fahrendes Schiff

上行下效 shàng xíng xià xiào was die Vorgesetzten tun, machen die Untergebenen nach; wie der Herr, so's Gescherr

上学 shàngxué zur Schule gehen

上旬 shàngxún die ersten zehn Tage eines Monats; die erste Dekade eines Monats

上演 shàngyǎn vorführen *vt*; aufführen *vt*; darbieten *vt*: 电影院

今晚～什么片子？Was wird heute abend im Kino gegeben (*od* gespielt)?

上衣 shàngyī Oberbekleidung *f*; Jacke *f*

上瘾 shàngyǐng süchtig werden; sich an etw. gewöhnen: 这种饮料喝多了会～。Dieses alkoholfreie Getränk kann zur Gewöhnung führen.

上映 shàngyìng (Film) vorführen *vt*; spielen *vt*: 今晚有部新片～。Heute abend wird ein neuer Film vorgeführt

上游 shàngyóu ① Oberlauf *m* (eines Flusses) ② fortgeschrittene Position: 力争～ vorwärtsstreben *vi*

上涨 shàngzhǎng höher werden; steigen *vi*; hochsteigen *vi*: 物价飞速～。Die Preise schnellten in die Höhe.

上肢 shàngzhī obere Gliedmaßen; Arme *pl*

shāo

烧(燒) shāo ① brennen *vi*; verbrennen *vt*; zünden *vt*; Feuer legen: ～毁 niederbrennen *vt*; durch Feuer vernichten; bis auf die Grundmauern abbrennen ② kochen *vt*; brennen *vt*: ～菜 Speise kochen; Gericht bereiten ～砖 Ziegel brennen ③ schmoren *vt*: ～茄子 geschmorte Auberginen 红～肉 (in Sojasoße) geschmortes Schweinefleisch ④ braten *vt*: ～鸡 Brathuhn *n* ⑤ fiebern *vi*; Fieber haben: 她发高～。Sie hat heftiges Fieber. ⑥ Fieber *n*: 她～退了。Ihr Fieber fällt.

烧饼 shāobing Sesambrötchen *n*

烧火 shāohuǒ Feuer (*od* den Ofen) anzünden; anheizen *vt/vi*

烧酒 shāojiǔ Schnaps *m*; Branntwein *m*

烧伤 shāoshāng Brandwunde *f*; Verbrennung *f*: 三度～ Verbrennung dritten Grades

烧香 shāoxiāng (als Ritual) Weihrauchstäbchen verbrennen

烧灼 shāozhuó versengen *vi*; verbrennen *vt*

鞘 shāo Peitschenschnur *f* *另见 qiào

梢 shāo Spitze *f*; dünnes Ende (eines Zweiges u.ä.): 树～ Baumspitze *f*; Baumwipfel *m*

捎 shāo mitbringen *vt*; j-m etw. bringen: ～个口信给他。Bring ihm eine mündliche Mitteilung!

稍 shāo einwenig; ein bißchen; etwas: ～加修改 ein bißchen umändern; kleine Verbesserungen vornehmen 请～等一会儿。Bitte, warten Sie einen Augenblick. ～纵即逝 schnell vorbeigehen

稍稍 shāoshāo ein wenig; ein bißchen; etwas: ～休息一下。Laß uns eine Atempause machen!

稍微 shāowēi ein wenig; ein bißchen; etwas: 今天～有点冷。Es ist heute etwas kalt.

sháo

勺(杓) sháo Löffel *m*; Kelle *f*: 长柄～ Kelle *f*

勺子 sháozi Löffel *m*; Schöpfkelle *f*

shǎo

少 shǎo ① wenig; gering; spärlich; in kleiner Zahl: 只有～数人一起去。Es sind nur wenige mitgegangen. 他近来很～喝酒。In der letzten Zeit trinkt er kaum. 上海很～下雪。Es schneit selten in Shanghai. ② fehlen *vi*; mangeln *vi*: 我们还～几块钱。Uns fehlen noch ein paar *Yuan*. ③ verlorengegangen sein; abhanden kommen: 这里肯定～了一个字。Hier ist bestimmt ein Wort ausgelassen. ④ ein Moment; eine kurze Weile: ～废话！Rede keinen Unsinn! *另见 shào

少不得 shǎobude unentbehrlich sein; nicht umhin können; nicht anders können, als...: 学科学，参考书是～的。Für ein wissenschaftliches Studium sind Nachschlagewerke unentbehrlich.

少不了 shǎobuliǎo ① unausweichlich sein; sich nicht vermeiden lassen: 在前进的道路上～有困难。Auf dem Weg nach vorn sind Schwierigkeiten unausbleiblich. ② eine ganze Menge; viel; nicht wenig: 困难看来～。Vermutlich werden viele Schwierigkeiten auftauchen.

少见多怪 shǎo jiàn duō guài aus Unwissenheit oder Unerfahren-

heit über etw. staunen; sich verblüffen lassen
少量 shǎoliàng eine kleine Menge; wenig
少数 shǎoshù eine geringe Anzahl; wenig; Minderheit *f*: ～服从多数。 Die Minderheit muß sich der Mehrheit fügen.
少数民族 shǎoshù mínzú nationale Minderheit
少许 shǎoxǔ ein wenig; ein bißchen

shào

哨 shào ① Wache *f*; Wach(t)posten *m*: 岗～ Wach(t)posten *m* 观察～ Beobachtungsposten *m* 放～ Wache stehen; Posten stehen; Posten (*od* Wachen) aufstellen ② Pfeife *f*: 吹～ auf einer Pfeife blasen
哨兵 shàobīng Wächter *m*; Wach(t)mann *m*
哨所 shàosuǒ Wach(t)station *f*; Wächterhaus *n*
哨子 shàozi Pfeife *f*

少 shào ① jung: 男女老～ alt und jung, Mann und Frau ② Sohn aus reicher Familie; junger Herr: 阔～ verkommenes Herrensöhnchen *另见 shǎo
少妇 shàofù junge (verheiratete) Frau
少年 shàonián ① frühe Jugend (von zehn bis sechzehn Jahre alt) ② Jugend im schulpflichtigen Alter; Jugendliche(r): ～犯罪 Kriminalität unter Heranwachsenden
少年老成 shàonián lǎochén ① frühreif; alter Kopf auf jungen Schultern ② junger Mensch ohne Energie
少女 shàonǚ junges Fräulein; junge, unverheiratete Frau
少爷 shàoye junger Herr
少壮 shàozhuàng jung und kräftig

shē

奢 shē ① luxuriös; verschwenderisch: 穷～极欲 sich jeden erdenklichen Luxus gönnen; von Luxus umgeben sein; ein ausschweifendes Leben führen; aufwendig und verschwenderisch leben ② überschwenglich; übertrieben; extravagant: ～望 übertriebene (*od* überzogene) Hoffnungen
奢侈 shēchǐ luxuriös; verschwenderisch: 生活～ im Luxus leben ～品 Luxusgüter *pl*; Luxusartikel *m*
奢华 shēhuá luxuriös; prunkhaft; verschwenderisch; prunkvoll; extravagant: 陈设～ mit großem Luxus eingerichtet; prunkvoll ausgestattet

赊 shē etw. auf Kredit kaufen oder verkaufen
赊购 shēgòu etw. auf Kredit kaufen
赊欠 shēqiàn etw. auf Kredit kaufen oder verkaufen; etw. anschreiben lassen

shé

折 shé ① brechen *vi*: 桌子腿～了。Das Tischbein ist gebrochen. ② Geld verlieren (bei Geschäften); Verlust *m* *另见 zhē; zhé
折本 shéběn geschäftlicher Verlust; Geld einbüßen

蛇 shé Schlange *f*
蛇蝎 shéxiē bösartige Menschen

舌 shé ① Zunge *f* ② zungenförmiger Gegenstand; zungenförmig: 火～ Flamme *f* 鞋～ Schuhlasche *f*
舌敝唇焦 shé bì chún jiāo etw. mit tausend Zungen predigen; sich den Mund wund reden
舌尖 shéjiān Zungenspitze *f*
舌头 shétou Zunge *f*
舌战 shézhàn Wortstreit *m*; scharfer Wortwechsel: 一场～ ein heftiges Wortgefecht

shě

舍(捨) shě ① aufgeben *vt*; auf etw. verzichten: ～本逐末 sein Augenmerk nur auf Unwesentliches richten; sich durch Nebensächlichkeiten den Blick für das Wesentliche trüben lassen ② Almosen geben; opfern *vt* *另见 shè
舍得 shěde bereit sein, etw. zu tun; etw. gerne geben: ～花力气 gern viel Mühe für etw. opfern
舍己为人 shě jǐ wèi rén sich für die anderen aufopfern; sich selbstlos für die anderen einsetzen; aufopferungsvoll
舍近求远 shě jìn qiú yuǎn Nahelie-

gendes aufgeben und Fernliegendes suchen; den Spatz in der Hand gegen die Taube auf dem Dach eintauschen; bei der Quelle stehen und vom Fluß reden

舍命 shěmìng sein Leben riskieren; unter Einsatz des Lebens

舍弃 shěqì j-n im Stich lassen; aufgeben *vt*; verlassen *vt*

舍身 shěshēn sein Leben opfern: ～救人 sein Leben hingeben, um andere zu retten

舍死忘生 shě sǐ wàng shēng etw. unter Lebensgefahr tun; Leib und Leben für etw. einsetzen; unter (*od* trotz) Lebensgefahr

shè

涉 shè ① waten *vi*; durchwaten *vt*; ein Gewässer überqueren; übersetzen *vi*: 远～重洋 den weiten Ozean überqueren; übers Meer fahren ② erleben *vt*; durchmachen *vt*: ～世不深 wenig Lebenserfahrung besitzen ③ betreffen *vt*; mit etw. im Zusammenhang stehen

涉及 shèjí betreffen *vt*; zu etw. eine Beziehung haben; sich auf ... beziehen; in Bezug auf: 这事～重大原则问题。Diese Sache bezieht sich auf wichtige prinzipielle Fragen.

涉猎 shèliè etw. oberflächlich lesen; überfliegen *vt*: 有的书只要稍加～即可。Bei manchen Büchern genügt ein oberflächliches Durchlesen.

涉嫌 shèxián in Verdacht stehen (*od* geraten)

社 shè Gesellschaft *f*:; Vereinigung *f*; Verein *m*: 通讯～ Nachrichten-, Presseagentur *f* 合作～ Genossenschaft *f* 诗～ eine Dichtergesellschaft 出版～ Verlag *m*

社会 shèhuì Gesellschaft *f*: 人类～ menschliche Gesellschaft ～制度 Gesellschaftsordnung *f*; Gesellschaftssystem *n*

社会学 shèhuìxué Soziologie *f*: ～家 Soziologe *m*

社会主义 shèhuì zhǔyì Sozialismus *m*

社稷 shèjì Gott des Ackers und Gott der Feldfrüchte — Staat *m*; Land *n*

社交 shèjiāo soziale Interaktionen (*od* Kontakte); gesellschaftlicher Verkehr

社论 shèlùn Leitartikel *m*

设 shè ① einrichten *vt*; errichten *vt*; gründen *vt*; aufstellen *vt*: ～宴 ein Bankett geben ② ausarbeiten *vt*: ～计 Ränke schmieden; intrigieren *vi* ③ wenn; falls: ～有困难，当助一臂之力。Falls Sie Schwierigkeiten haben, können Sie auf meine Hilfe rechnen.

设备 shèbèi Anlage *f*; Einrichtung *f*; Ausstattung *f*: 旅馆～齐全。Das Hotel ist komfortabel ausgestattet.

设法 shèfǎ Mittel ersinnen; versuchen *vt*; nach Möglichkeiten suchen: 我们正在～筹集资金。Wir versuchen gerade Fonds zu beschaffen (*od* errichten.)

设防 shèfáng Verteidigungsmaßnahmen treffen; Streitkräfte stationieren: 不～的城市 unbefestigte Stadt

设计 shèjì planen *vt*; projektieren *vt*; konstruieren *vt*; entwerfen *vt*; Projekt *n*; Plan *m*; Entwurf *m*: 毕业～ Abschlußprojekt *n* (von Absolventen einer technischen Hochschule) ～一种新机器 eine neue Maschine konstruieren

设立 shèlì errichten *vt*; einrichten *vt*; gründen *vt*: ～新的机构 eine neue Organisation gründen

设身处地 shè shēn chù dì sich in j-s Lage versetzen; an j-s Stelle

设施 shèshī Anlage *f*; Einrichtung *f*: 军事～ militärische Anlagen (*od* Einrichtungen) 医疗～ medizinische Einrichtungen

设想 shèxiǎng ① sich etw. vorstellen; annehmen *vt*; sich etw. vergegenwärtigen; sich ein Bild von etw. machen: 不堪～ unvorstellbar:; nicht auszudenken ② berücksichtigen *vt*; Rücksicht auf etw. nehmen: 我们应该处处为国家～。Wir müssen immer Rücksicht auf den Staat nehmen.

设置 shèzhì ① einrichten *vt*; aufstellen *vt*: ～专门机构 eine spezielle Organisation aufbauen ② ausstatten *vt*: 会场里～了扩音机。Der Konferenzsaal ist mit den Lautsprechern versehen.

赦 shè begnadigen *vt*; eine Strafe vermindern oder erlassen: 大～ Amnestie *f* 特～ Sonderamnestie *f*

赦免 shèmiǎn j-n begnadigen; eine Strafe vermindern oder erlassen

摄(攝) shè ① aufnehmen *vt*; absorbieren *vt*; assimilieren *vt* ② photographieren *vt*; knipsen *vt*

摄取 shèqǔ ① aufnehmen *vt*; einziehen *vt* ② knipsen *vt*; photographieren *vt*

摄影 shèyǐng ① eine Aufnahme (*od* Photographie) machen; ein Bild knipsen: ～记者 Bildberichterstatter *m*; Photoreporter *m* ② filmen *vt*; einen Film drehen

摄影机 shèyǐngjī Kamera *f*; Filmkamera *f*

摄政 shèzhèng die Regentschaft antreten (*od* übernehmen innehaben): ～王 Prinzregent *m*

摄制 shèzhì (einen Film) produzieren *vt*; drehen *vt*

慑(懾) shè Furcht einflößen; Schrecken einjagen; erschrecken *vt*

慑服 shèfú ① sich aus Furcht fügen; eingeschüchtert nachgeben ② j-n durch Gewaltandrohung gefügig machen; sich j-n durch Einschüchterung unterwerfen

舍 shè Haus *n*; Hütte *f*: 牛～ Kuhstall *m* 校～ Schulhaus *n*
*另见 shě

舍亲 shèqīn 〈谦〉 mein Verwandter

射 shè ① schießen *vt*; feuern *vt*: ～箭 Pfeile abschießen ～进一球 einen Ball ins Tor geschoßen haben; ein Tor geschoßen haben ② spritzen *vt*/*vi*: 喷～ spritzen *vi* 注～ eine Spritze (*od* Injektion) geben ③ strahlen *vi*; ausstrahlen *vt*: 反～ reflektieren *vt*; zurückstrahlen *vt* 光芒四～ blendende Strahlen aussenden ④ auf j-n/etw. anspielen; andeuten *vt*: 影～ auf j-n /etw. anspielen

射程 shèchéng Reich-, Schußweite *f*; Schußbereich *m*: 有效～ wirksame Schußweite

射击 shèjī ① schießen *vt*/*vi*; Feuer geben ② Schießsport *m*

射箭 shèjiàn ① einen Pfeil abschießen ② Bogenschießen *n*: ～手 Bogenschütze *m*

射门 shèmén aufs Tor schießen; Torschuß *m*

射手 shèshǒu Schütze *m*

射线 shèxiàn Strahl *m*

麝 shè ① Moschustier *n* ② Moschus *m*

麝香 shèxiāng Moschus *m*

shēn

深 shēn ① tief: 一口～井 ein tiefer Brunnen 池～两米。Der Teich ist zwei Meter tief. 雪～过膝 knietiefer Schnee ② schwer; schwierig; tief: 这本书给孩子看太～了。Dieses Buch ist zu schwierig für Kinder. ③ tiefschürfend; eingehend: 问题想得～ über ein Problem gründlich nachdenken 我并没有同他～谈这个问题。Die Frage habe ich nicht mit ihm eingehend erörtert. 影响很～ einen tiefen Einfluß ausüben ④ eng; intim; tief: 交情～ in einem engen Verhältnis stehen ⑤ tief; dunkel: ～蓝 tiefblau ～红 tiefrot; dunkelrot 颜色太～。Die Farbe ist zu dunkel. ⑥ spät: ～秋 Spätherbst *m* 夜～了。Es ist tiefe Nacht. ⑦ sehr; tief: ～知 sehr gut wissen ～感不安 tiefe Unruhe fühlen ～信 fest überzeugt sein ～受感动 tief gerührt

深奥 shēn'ào schwer zu verstehen; dunkel

深沉 shēnchén ① dunkel; tief: 暮色～ in dunkler Abenddämmerung ② tief (Tonhöhe); dumpf: ～的音调 die tiefen Töne ③ seine Gedanken und Gefühle nicht äußern; seine Gefühle verbergen: 这人很～ Dieser Mensch ist sehr verschlossen.

深仇大恨 shēn chóu dà hèn bitterer und tiefer Haß; unversöhnlicher (*od* tödlicher) Haß

深处 shēnchù Tiefe *f*; Verborgenheit *f*: 在密林～ in der Tiefe des Waldes; mitten im Wald 在内心～ tief im Herzen

深度 shēndù ① Tiefe *f*: 测量河水的～ die Tiefe eines Flusses messen ② Tiefe *f*; Gedankentiefe *f*; Erkenntnis *f*: 他的文章缺乏～。Sein Artikel läßt Tiefe vermissen.

深厚 shēnhòu ① tief; tief verwurzelt: ～的友谊 eine tiefe Freundschaft ② fest; fundiert: ～的基础 feste Grundlage

深呼吸 shēnhuxī tief atmen; tiefes Atemholen; Luft schöpfen

深化 shēnhuà sich in die Tiefe entwickeln: 矛盾的～ Verschärfung des Widerspruchs

深究 shēnjiū etw. gründlich untersuchen; etw. auf den Grund

gehen; sich intensiv mit etw. befassen
深居简出 shēn jū jiǎn chū zurückgezogen leben; seinen Fuß kaum über die Schwelle des Hauses setzen
深刻 shēnkè tief; eindrucksvoll; gründlich: ～的印象 ein tiefer Eindruck
深谋远虑 shēn móu yuǎn lǜ umsichtig und weitblickend
深浅 shēnqiǎn ① Tiefe *f*: 河的～ die Tiefe eines Flusses ② Maß *n*; angemessene Grenze: 说话没～ in seinen Worten maßlos sein
深切 shēnqiè ① herzlich; tief: ～的同情 tiefe Sympathie ② gründlich und genau: ～地了解 sich über etw. gründlich informieren
深情 shēnqíng tiefes Gefühl; tiefe Liebe: ～厚谊 tiefe Freundschaftsgefühle
深入 shēnrù ① tief eindringen; tief in etw. gehen: ～人心 den Menschen tief ins Herz eindringen; tief in den Herzen (*od* im Bewußtsein) der Massen verankert sein ② eingehend; genau; gründlich: 做～细致的思想工作 gründliche und genaue ideologische Arbeit leisten
深入浅出 shēn rù qiǎn chū tiefgründige Fragen gemeinverständlich erklären; mit einfachen Worten einen tiefen Sinn ausdrücken
深山 shēnshān tief in den Bergen; entlegene Gebirgsgegend
深深 shēnshēn tief; fest; eindringlich
深水 shēnshuǐ tiefes Wasser: ～港 Tiefwasserhafen *m*
深思 shēnsī tief nachdenken; reiflich überlegen: 好学～ freißig studieren und tief nachdenken
深思熟虑 shēnsī shúlǜ über etw. gründlich nachdenken; sich etw. reiflich überlegen
深邃 shēnsuì ① tief: ～的山谷 tiefes Gebirgstal; Gebirgskessel *m* ② tief; tiefschürfend; tiefgründig und schwerverständlich: 哲理～ tiefgründige philosophische Theorie
深恶痛绝 shēn wù tòng jué etw. unsäglich hassen; etw. tief verabscheuen
深夜 shēnyè tiefe Nacht; tief (*od* mitten) in der Nacht
深渊 shēnyuān Abgrund *m*: 苦难的～ ein Abgrund von Elend
深远 shēnyuǎn tiefgreifend und dauernd; weitreichend
深造 shēnzào sich weiter ausbilden; Fort-, Weiterbildung *f*: 送到国外～ j-n zum Weiterstudium ins Ausland schicken
深重 shēnzhòng äußerst ernst: 危机～ äußerst ernste Krise 罪孽～ ungeheuerliches Verbrechen

申

shēn erzählen *vt*; erklären *vt*; aussprechen *vt*: 三令五～ wiederholte Ermahnungen und Anweisungen 重～一贯政策 unsere konsequente Politik wiederholen (*od* erneuern)
申报 shēnbào einer höheren Instanz (*od* vorgesetzten Behörde) etwas schriftlich melden
申辩 shēnbiàn sich verteidigen; sich rechtfertigen: 被告有权～。Der Angeklagte hat das Recht, sich zu verteidigen.
申斥 shēnchì vorwerfen *vt*; tadeln *vt*; zurechtweisen *vt*
申明 shēnmíng erklären *vt*; bekanntgeben *vt*: ～自己的立场 seinen Standpunkt klarmachen (*od* darlegen)
申请 shēnqǐng einen Antrag stellen; beantragen *vt*: ～入(出)境签证 ein Einreisevisum (Ausreisevisum) beantragen ～书 (schriftlicher) Antrag *m*; Bewerbungsschreiben *n*
申述 shēnshù etw. ausführlich erklären: ～理由 Gründe detailliert erläutern ～观点 den Gesichtspunkt erklären
申诉 shēnsù gegen einen Verwaltungsakt Widerspruch einlegen: 向上级提出～ bei einer höheren Instanz Widerspruch einlegen
申讨 shēntǎo etw. öffentlich anprangern
申冤 shēnyuān ① ein Unrecht wiedergutmachen ② gegen erlittenes Unrecht Klage erheben (*od* führen)

呻

shēn
呻吟 shēnyín stöhnen *vi*; ächzen *vi*; seufzen *vi*; Seufzer *m*

伸

shēn strecken *vt*; dehnen *vt*: ～出手来 seine Hand ausstrecken ～大拇指 (lobend) mit dem Daumen nach oben zeigen 不要把头～出窗外。Strecke den Kopf nicht zum Fenster hinaus.
伸懒腰 shēn lǎnyāo sich recken; sich rekeln
伸手 shēnshǒu ① die Hand ausstrecken: 他～去拿字典。Er streckte die Hand nach dem Wörterbuch aus. ② um Hilfe bitten:

虽然困难，他们从不向国家～要援助。Obwohl von der Schwierigkeit betroffen, suchten sie nie um staatliche Hilfe nach

伸缩 shēnsuō ① sich ausdehnen und wieder zusammenziehen; etw. verlängern und wieder verkürzen: 这架相机的镜头可以前后～。Das Objektiv dieses Fotoapparats läßt sich vor- und zurückschieben. ② elastisch; dehnbar; verstellbar: 这些规定～性很大。Diese Vorschriften sind sehr dehnbar. 没有～余地。Es gibt keinen Spielraum.

伸腿 shēntuǐ ① die Beine ausstrecken ① (um seines eigenen Vorteils willen) eingreifen *vi*; seine Hände im Spiel haben ③ sterben *vi*; verrecken *vi*; ins Gras beißen (müssen)

伸展 shēnzhǎn sich ausdehnen; sich erstrecken: ～一下四肢 alle viere von sich strecken

伸张 shēnzhāng für etw. eintreten; fördern *vt*: ～正气 für gesunde Tendenzen eintreten

身 shēn ① Körper *m*; Rumpf *m*: ～高 Körpergröße *f* 上～ Oberkörper *m* ～强力壮 kerngesund und kräftig ② Leben *n*: 以～殉职 in treuer Pflichterfüllung sterben ③ selbst; persönlich: ～临其境 zur Stelle sein; persönlich am Schauplatz des Geschehens sein 以～作则 mit gutem Beispiel vorangehen ④ Hauptbestandteil *m*; Rumpf *m*; Stamm *m*: 车～ Karosserie *f*; Wagenaufbau *m* 机～ Flugzeugrumpf *m* 船～ Schiffskasko *m*; Schiffsrumpf *m* ⑤ ［用于衣服］eine Kleidungsgarnitur: 一～新衣服 eine neue Garderobe

身败名裂 shēn bài míng liè Ruf und Stellung verlieren; in Verruf kommen (*od* geraten); ein schmähliches Ende nehmen

身边 shēnbiān ① bei sich; bei j-m; an j-s Seite: 他～有两名助手。Er hat zwei Assistenten an seiner Seite. ② bei sich: ～没带钱 kein Geld bei sich haben 她～总是带着一本词典。Sie hat immer ein Wörterbuch bei sich.

身材 shēncái Wuchs *m*; Statur *f*; Gestalt *f*; Körpergröße *f*

身长 shēncháng ① Körpergröße *f* ② Länge eines Kleidungsstücks (Schulter bis Saum)

身段 shēnduàn ① Figur *f* (einer Frau) ② Pose *f* (eines Tänzers)

身分 shēnfen ① Status *m*; Stellung *f*; Identität *f*: 不合～ unvereinbar mit seiner Stellung 暴露～ seine Identität verraten 以官方（个人）～发言 in offizieller Eigenschaft (als Privatmann) verlautbaren ② Würde *f*: 有失～ unter aller Würde sein

身价 shēnjià ① gesellschaftlicher Status; Ansehen *n*: 他～提高了。Er ist sozial aufgetragen ② Preis eines Leibeigenen, einer Prostituierten u.ä.

身教 shēnjiào durch das eigene Beispiel andere Leute erziehen; mit gutem Beispiel vorangehen

身躯 shēnqū Körper *m*; Wuchs *m*; Statur *f*

身上 shēnshang ① am Körper: 我～不舒服。Ich fühle mich nicht wohl ② bei sich (haben): ～没有带笔 nichts zu schreiben bei sich haben

身世 shēnshì Lebensschicksal *n*; Geschick *n*

身手 shēnshǒu Können *n*; Fähigkeit *f*: 大显～ sein Können in vollem Maß zeigen; seine Fähigkeiten zu voller Geltung bringen; sein Licht leuchten lassen

身体 shēntǐ ① Körper *m*; Leib *m* ② Gesundheit *f*: 注意～ auf seine Gesundheit achten

身体力行 shēn tǐ lì xíng etw. (was man selbst befürwortet) mit aller Kraft in die Tat umsetzen; seinen Worten Taten folgen lassen

身心 shēnxīn Körper und Seele; Leib und Seele: ～健康 körperlich und seelisch gesund

身子 shēnzi Körper *m*: 光着～ nackt ～不大舒服 sich nicht wohl fühlen

参(參) shēn Ginseng *m* *另见 cān; cēn

shén

神 shén ① Gott *m*; Gottheit *f* ② Geist *m*; Seele *f*; Energie *f*: 凝～ mit gespannter Aufmerksamkeit; sich auf etw. konzentrieren ③ Ausdruck *m*; Miene *f*; Aussehen *n*: 脸～ Gesichtsausdruck *m* ④ übernatürlich; magisch: ～效 wunderbarer Effekt; Wunderwirkung *f*

神采 shéncǎi Ausdruck *m*; Aussehen *n*: ～奕奕 frisch und gesund

神出鬼没 shén chū guǐ mò wie ein

Spuk kommen und gehen; unbemerkt (*od* überraschend) auftauchen und wieder verschwinden

神乎其神 shén hū qí shén höchst mysteriös; es klingt äußerst unwahrscheinlich; es grenzt ans Unglaubliche

神话 shénhuà Legende *f*; Mythos *m*

神魂 shénhún Geist *m*; Seele *f*; Sinn *m*: ～不定 geistig verstört

神机妙算 shén jī miào suàn wunderbare Voraussicht; Weitblick *m*; genialer Plan

神经 shénjīng Nerv *m*: ～紧张 nervös; aufgeregt; gespannt ～官能症 Neurose *f* ～衰弱 Nervenschwäche *f*; Neurasthenie *f* ～系统 Nervensystem *n*

神经病 shénjīngbìng ① Nervenkrankheit *f*; Nervenleiden *n*; Neuropathie *f* ② Verrücktheit *f*; geisteskrank; verrückt; irr

神经过敏 shénjīng guòmǐn ① nervös; leicht reizbar ② überempfindlich; hypersensibel

神灵 shénlíng Götter *pl*; Gottheiten *pl*; überirdische Wesen

神秘 shénmì mysteriös; mystisch; geheimnisvoll

神明 shénmíng Götter *pl*; Gottheiten *pl*: 奉若～ mit etw./j-m einen Kult treiben; vergöttern *vt*

神奇 shénqí wunderbar; wunderwirkend; phantastisch: ～的效果 verblüffender Effekt; Wunderwirkung *f*

神气 shénqì ① Gesichtsausdruck *m*; Aussehen *n*; Miene *f*: 得意的～ selbstzufriedenes Aussehen 他说话的～特别认真。Er spricht mit einer sehr ernsten Miene. ② lebhaft; voller Leben; frisch und munter: 他看起来很～。Er sieht sehr frisch und munter aus. ③ überheblich; aufgeblasen; arrogant: 没有什么可～的。Es gibt keinen Grund blasiert zu sein.

神情 shénqíng Gesichtsausdruck *m*; Miene *f*: 露出愉快的～ glücklich aussehen; ein fröhliches Gesicht machen

神色 shénsè Miene *f*; Gesichtsausdruck *m*: ～自若 ruhig und gefaßt sein; ruhig Blut bewahren

神圣 shénshèng heilig; hehr: ～职责 heilige Pflicht ～不可侵犯 heilig und unantastbar; sakrosankt

神似 shénsì geistesverwandt; lebenswahr

神速 shénsù blitzschnell; ungemein schnell: 收效～ ungemein schnell Resultate erzielen 兵贵～。Im Krieg ist Schnelligkeit entscheidend.

神态 shéntài Ausdruck *m*; Miene *f*; Gestik *f*; Manieren *pl*

神通 shéntōng großes Können; Genialität *f*; magische Fähigkeit: ～广大 allmächtig; alles können; nie um ein Mittel verlegen sein

神童 shéntóng Wunderkind *n*

神往 shénwǎng sich nach j-m oder etw. sehnen: 令人～ in j-m starke Sehnsucht erwecken; sehr attraktiv sein

神仙 shénxian übernatürliches (*od* unsterbliches) Wesen; Unsterbliche(r)

神像 shénxiàng Götzenbild *n*; Götzenfigur *f*

神学 shénxué Theologie *f*

神志 shénzhì Bewußtsein *n*; Sinn *m*; Verstand *m*: ～清醒 bei klarem (*od* vollem) Bewußtsein sein; mit wachem Verstand ～昏迷 das Bewußtsein verlieren; ohnmächtig werden

什 shén *另见 shí

什么 shénme ① [单用，问事物]: 你说～? Was hast du gesagt? ② [虚指，表示不肯定的事物]: 我饿了，想吃点儿～。Ich bin hungrig und möchte was essen. 我们好象～地方见过。Es scheint, als hätten wir irgendwo getroffen. ③ [用在"也"或"都"前面，表示所说的范围之内没有例外]: 他～也不怕。Er fürchtet sich vor nichts. ④ [两个"什么"前后照应，表示由前者决定后者]: 有～就说～。Sage alles, was du auf dem Herzen hast. 你喜欢～，就拿～。Du kannst alles nehmen, was du gern bekommst. ⑤ [用在名词前面，问人或事物]: 他是～人? Wer ist das? 或 Was ist das für einer? ⑥ [表示责难]: 你笑～? Was lachst du? 急～，时间还早呐! Es hat keine Eile (*od* Nur keine Eile), es ist noch früh genug. ⑦ [用在几个并列成分前面，表示列举不尽]: ～乒乓球啊，羽毛球啊，篮球啊，排球啊，他都会。Er kann alles spielen; Tischtennis, Badminton, Basketball, Volleyball.

什么的 shénmede und so weiter; und dergleichen: 他就喜欢看小说～。Er liest gern Romane und dergleichen.

shěn

审(審) shěn ① ausführlich; eingehend: ～视 genau betrachten ② prüfen *vt*; untersuchen *vt*: ～稿 ein Manuskript prüfen (*od* durchsehen) ③ ausfragen *vt*; verhören *vt*: ～案 einen Fall verhandeln 公～ j-n öffentlich verhören

审查 shěnchá prüfen *vt*; untersuchen *vt*: ～计划 einen Plan überprüfen ～属实。Die Untersuchung hat es bestätigt.

审订 shěndìng etw. prüfen und verbessern; überarbeiten *vt*: ～教材 Lehrmaterial durchsehen und korrigieren

审定 shěndìng etw. überprüfen und bestätigen: 计划已由委员会～。Der Plan wurde von dem Komitee geprüft und gebilligt.

审核 shěnhé etw. überprüfen und bestätigen: ～预算 ein Budget überprüfen und billigen ～经费 Ausgaben kontrollieren

审计 shěnjì eine Rechnungsprüfung vornehmen: ～员 Rechnungs-, Kassen-, Buchprüfer *m*; Revisor *m*

审理 shěnlǐ etw. gerichtlich prüfen; über einen Fall verhandeln: ～案件 über einen Fall gerichtlich verhandeln

审美 shěnměi einen Sinn für Ästhetik besitzen; Schönheitssinn *m*; Geschmack *m*: ～能力 ästhetisches Urteilsvermögen; künstlerischer Geschmack

审判 shěnpàn einen Rechtsfall verhandeln und gerichtlich entscheiden

审批 shěnpī etw. prüfen und genehmigen: 报请上级～ bei einer höheren Instanz um Genehmigung nachsuchen

审慎 shěnshèn vorsichtig; umsichtig: 处理这个问题必须～。Dieses Problem muß mit Umsicht behandelt werden.

审时度势 shěn shí duó shì den geeigneten Zeitpunkt feststellen und die Umstände richtig einschätzen

审问 shěnwèn verhören *vt*; ausfragen *vt*

审讯 shěnxùn vernehmen *vt*; verhören *vt*

审议 shěnyì etw. überprüfen und diskutieren: 这个计划正在～中。Dieses Projekt ist in der Diskussion.

婶(嬸) shěn ① Ehefrau eines jüngeren Bruders des Vaters; Tante *f* ② Anrede für eine Frau im Alter der eigenen Mutter; Tante *f*; Frau *f*

婶母 shěnmǔ Frau eines jüngeren Bruders des Vaters; Tante *f*

shèn

慎 shèn vorsichtig; achtsam: 谨小～微 außerordentliche (*od* übermäßige) Vorsicht bei Kleinigkeiten; von kleinmütigen Bedenken erfüllt; ängstlich und übervorsichtig

慎重 shènzhòng achtsam; vorsichtig; sorgfältig: ～处理 umsichtig handeln; mit Fingerspitzengefühl vorgehen ～考虑 Umsicht beweisen; etw. in reifliche Erwägung ziehen

甚 shèn ① sehr; äußerst: ～佳 sehr gut; vorzüglich; ausgezeichnet ～念 mit dem Gedanken oft bei j-m sein; j-n sehr vermissen ② mehr als: 局势恶化，日～一日。Die Situation verschlimmert sich von Tag zu Tag.

甚嚣尘上 shèn xiāo chén shàng wildes Geschrei machen; viel Lärm machen; großes Aufsehen erregen; viel Staub aufwirbeln

甚至 shènzhì sogar; mehr noch; schlimmer noch: 我敬重他，～崇拜他。Ich schätze ihn, verehre ihn sogar. 他～连最简单的东西都不知道 Selbst das Einfachste wußte er nicht.

肾(腎) shèn Niere *f*

肾脏 shènzàng Niere *f*

渗(滲) shèn durchsickern *vi*; infiltrieren *vt*; eindringen *vi*: 水都～到房子里了。Das Wasser ist ins Zimmer durchgesickert.

渗漏 shènlòu lecken *vi*; versickern *vi*; durchsickern *vi*

渗入 shènrù ① durchdringen *vi*; eindringen *vi*: ～地下 im Boden versickern ② eindringen *vi*; infiltrieren *vt*; beeinflussen *vt*

渗透 shèntòu ① durchdringen *vt*; einsickern *vi*; versickern *vi* ② infiltrieren *vt*; Infiltration *f*

shēng

声(聲) shēng ① Stimme *f*; Laut *m*; Geräusch *n*: 雨～ das Geprassel des Regens 小～说话 leise sprechen; mit gedämpfter Stimme reden ② Ton *m*: 四～ die vier Töne (im Chinesischen) ③ Reputation *f*; Ansehen *n*: ～誉 Reputation *f*; Ruf *m* ④ ein Geräusch machen: 不～不响 kein Geräusch machen; still; keinen Laut von sich geben ⑤ [表示声音发出的次数]: 我喊了他两～。 Ich habe ihn zweimal gerufen.

声辩 shēngbiàn Gründe anführen; argumentieren *vi*; sich rechtfertigen

声波 shēngbō Schallwelle *f*; akustische Welle

声称 shēngchēng behaupten *vt*; angeben *vt*: ～已打破僵局。Man erklärte, die Pattsituation (*od* den toten Punkt) überwunden zu haben.

声带 shēngdài ① Stimmbänder *pl* ② Tonspur *f*; Tonstreifen *m*

声调 shēngdiào ① Stimme *f*; Ton *m*: ～低沉 mit tiefer, dunkler Stimme ② Wortton *m* (einer chinesischen Silbe) 参见"四声" sìshēng

声东击西 shēng dōng jī xī im Osten Scheinmanöver veranstalten, in Westen angreifen; Finten im Osten, Angriff im Westen

声名 shēngmíng Ruf *m*; Ansehen *n*; Reputation *f*; Ruhm *m*: ～狼藉 in Mißkredit geraten; in schlechtem Ruf stehen; verrufen; berüchtigt

声明 shēngmíng ① erklären *vt*; ankündigen *vt*; bekanntmachen *vt*: 庄严～ feierlich proklamiern ② Erklärung *f*; Deklaration *f*: 发表～ eine Erklärung abgeben

声色 shēngsè Stimme und Gesichtsausdruck: 不动～ durch nichts aus der Fassung zu bringen sein; sich nichts anmerken lassen; ohne mit der Wimper zu zucken ～俱厉 mit ernsten Worten und strenger Miene

声势 shēngshì Schwung *m*; Wucht *f*; Ausmaß *n*; Umfang *m*: 虚张～ mit Lärm Macht (*od* Stärke) vortäuschen

声嘶力竭 shēng sī lì jié sich heiser schreien; lauthals (*od* aus vollem Hals, aus voller Lunge, aus voller Kehle) schreien; sich die Lunge aus dem Leib (*od* dem Halse) schreien

声速 shēngsù Schallgeschwindigkeit *f*

声讨 shēngtǎo etw./j-n öffentlich verurteilen

声望 shēngwàng Ansehen *n*; Prestige *n*: 享有很高的～ hohes Ansehen genießen

声威 shēngwēi Ruhm und Ansehen: ～大震 großen Ruhm und hohes Prestige gewinnen; j-s Ruhm verbreitet sich mit Windeseile

声息 shēngxī ① [多用于否定] Laut *m*; Geräusch *n*: 没有一点～。Kein Laut ist zu hören. 或 Es ist totenstill. ② Information *f*; Nachricht *f*: 互通～ Informationen austauschen; miteinander in Verbindung bleiben

声学 shēngxué Akustik *f*; Schallehre *f*: 建筑～ Bauakustik *f*

声音 shēngyīn Schall *m*; Stimme *f*; Ton *m*

声誉 shēngyù Ruf *m*; Reputation *f*; Ruhm *m*

声援 shēngyuán eine Solidaritätserklärung abgeben; unterstützen *vt*

声乐 shēngyuè Vokalmusik *f*

声张 shēngzhāng ausposaunen *vt*; etw. publik machen: 不要～! Nicht an die große Glocke hängen!

生 shēng ① gebären *vt*: ～孩子 ein Kind gebären (*od* zur Welt bringen) ② wachsen *vi*: ～芽 sprießen *vi*; Sprossen treiben ③ bekommen *vt*; sich etw. zuziehen; verursachen *vt*: ～病 erkranken *vi*; krank werden ④ (Feuer) anzünden *vt* ⑤ lebend(ig): ～物 Lebewesen *n*; Kreatur *f* ⑥ unreif; grün: 这些西瓜还是～的。Die Wassermelonen sind noch nicht reif. ⑦ roh; ungekocht: ～肉 rohes Fleisch 西红柿可以～吃。Tomaten können roh gegessen werden. ⑧ roh; noch nicht verarbeitet: ～铁 Roheisen *n* ～皮 rohes (*od* ungegerbtes) Leder ⑨ fremd; unbekannt; unerfahren: ～词 neue Vokabeln ⑩ schablonenhaft; mechanisch: ～拉硬凑 willkürlich in Beziehung setzen; Zusammenhänge an den Haaren herbeiziehen ⑪ [用在少数表示感情、感觉的词的前面] sehr: ～疼 sehr schmerzhaft (*od* schmerzlich) ⑫ Leben *n*; Existenz *f*: 一～ das ganze Leben; ein Leben lang 舍～取义 sein Leben für eine gerechte Sache einsetzen; sich für eine gerechte Sache aufopfern ⑬ Lebensunterhalt *m*: 谋～ seinen Lebensunterhalt verdlienen ⑭ Schüler *m*; Student *m*: 师～关系 das Lehrer-Schüler-Verhälnis

生搬硬套 shēng bān yìng tào etw. schematisch übernehmen; mechanisch an etw. herangehen; j-n/etw. kopieren

生产 shēngchǎn ① herstellen *vt*; produzieren *vt*; erzeugen *vt*: ～石油 Erdöl produzieren ② ein Kind gebären: 她快～了。Sie wird bald ein Kind bekommen. ③ Produktion *f*; Herstellung *f*; Fabrikation *f*: 发展 ～ die Produktion entwickeln ～成本 Produktionskosten *pl* ～定额 Produktionssoll *n* ～方式 Produktionsweise *f* ～关系 Produktionsverhältnisse *pl* ～力 Produktivkraft *f* ～率 Produktivität *f* ～资料 Produktionsmittel *n*

生辰 shēngchén Geburtstag *m*

生存 shēngcún existieren *vi*; leben *vi*; bestehen *vi*; Existenz *f*; Dasein *n*: ～竞争 Existenzkampf *m*; Kampf ums Dasein

生动 shēngdòng lebendig; eindrucksvoll: ～的描写 bildhafte Beschreibung ～的语言 eine lebendige (*od* anschauliche, kraftvolle) Sprache

生动活泼 shēngdòng huópō voller Leben und Vitalität

生活 shēnghuó ① Leben *n*: 日常～ Alltagsleben *n*; alltägliches Leben; Alltag *m* ② Lebensumstände *pl*; Leben *n*; Existenz *f*: ～困难 vom Existenzminimum leben; bedürftig sein ③ leben *vi*: 我们～得很幸福。Wir leben ein glückliches Leben. ～必需品 Güter des täglichen Bedarfs; Subsistenzmittel *pl* ～方式 Lebensweise *f* ～费用 Lebenshaltungskosten *pl* ～水平 Lebensstandard *m* ～条件 Lebensbedingungen *pl*

生冷 shēnglěng rohe und kalte Speisen

生离死别 shēng lí sǐ bié Trennung auf ewig; endgültiger Abschied

生理 shēnglǐ Physiologie *f*: ～学 Physiologie *f*

生力军 shēnglìjūn frische Truppen ; frische (*od* neue) Kräfte

生龙活虎 shēng lóng huó hǔ ungestüm wie ein Drache, wild wie ein Tiger; voller Lebenskraft; überschäumend vor Energie; frisch und munter

生路 shēnglù Existenzgrundlage *f*; Lebensunterhalt *m*; Ausweg *m*

生命 shēngmìng Leben *n*: 月球上没有～。Auf dem Mond gibt es kein Leben.

生命力 shēngmìnglì Lebenskraft *f*; Vitalität *f*

生怕 shēngpà fürchten *vt*; aus Furcht große Bedenken haben: 她轻轻地走进卧室，～惊醒了孩子。Aus Angst, die Kinder zu wekken, tritt sie ganz leise ins Schlafzimmer ein.

生僻 shēngpì fremd; selten gebraucht: ～的字眼 wenig gebrauchte Wörter

生平 shēngpíng das ganze Leben

生气 shēngqì ① zornig werden; böse sein; sich über etw. ärgern ② Lebenskraft *f*; Vitalität *f*: ～勃勃的人 ein dynamischer Mensch

生前 shēngqián zu Lebzeiten; vor dem Tod: ～愿望 nicht verwirklichter Wunsch (eines Verstorbenen)

生擒 shēngqín gefangennehmen *vt*; festnehmen *vt*

生人 shēngrén Fremde(r); Unbekannte(r)

生日 shēngsi Geburtstag *m*

生色 shēngsè etw. mehr Farbe (*od* Bedeutung) geben: 老师们的演出，为晚会～不少。Die Aufführung der Lehrer hat dem Kulturabend noch mehr Farbe gegeben.

生事 shēngshì Streit verursachen; Unannehmlichkeiten bereiten: 造谣～ Gerüchte in die Welt setzen und Unruhe stiften

生手 shēngshǒu Neuling *m*; Anfänger *m*; Unerfahrene(r)

生疏 shēngshū ① fremd: 人地～ fremd und ortsunkundig; mit den Leuten und der Umgebung nicht vertraut sein ② aus der Übung; eingerostet; ungelenk; verlernt: 他的德文有点 ～ 了。Sein Deutsch ist ein wenig eingerostet. 或 Er hat sein Deutsch verlernt. ③ nicht mehr so eng; sich j-m entfremden; sich gelockert haben: 我们的关系～了。Unsere Beziehungen haben sich gelockert. 或 Wir haben uns entfremdet.

生死 shēngsǐ Leben und Tod: ～与共 im Leben wie im Tode zusammenstehen; Freude und Leid miteinander teilen ～存亡的斗争 Kampf auf Leben und Tod ～攸关 lebenswichtig; Es geht um Leben und Tod.

生态 shēngtài physiologische Eigenschaften und Lebensweise der Lebewesen; ökologisch: ～平衡 ökologisches Gleichgewicht

生吞活剥 shēng tūn huó bō etw. mit Haut und Haaren verschlingen; etw. unkritisch nachahmen (*od* übernehmen); etw. lernen, ohne es zu verdauen

生物 shēngwù Lebewesen *n*; Kreatur *f*; Organismus *m*: ～化学 Biochemie *f* ～武器 biologische Waffen ～学 Biologie *f*

生息 shēngxī leben *vi*; wachsen *vi*: 休养～ sich (von Kriegen, Katastrophen u.ä.) erholen und wieder aufblühen

生效 shēngxiào in Kraft treten: 本条约自签订之日起～。Der Vertrag tritt am Tag seiner Unterzeichnung in Kraft.

生性 shēngxìng angeborene Eigenschaft; Naturell *n*

生锈 shēngxiù Rost ansetzen; verrosten *vi*

生涯 shēngyá Berufstätigkeit *f*; Laufbahn *f*: 学者～ die akademische Laufbahn

生意 shēngyi Geschäft *n*; Handel *m*: 做～ Handel treiben; Geschäfte machen

生硬 shēngyìng ① grob; roh: 态度～ sich ungehobelt benehmen ② unüblich; ungeschickt; unangemessen: 这几个字用得很～。Diese Wörter sind nicht entsprechend ihrem Sinn gebraucht.

生育 shēngyù gebären *vt*: ～子女 Kinder gebären 计划～ Familienplanung *f*

生长 shēngzhǎng ① wachsen *vi*: 小麦～良好。Der Weizen wächst (*od* steht) gut. ② aufwachsen *vi*; heranwachsen *vi*

生殖 shēngzhí Fortpflanzung *f*; Reproduktion *f*: ～器 Fortpflanzungsorgan *n*; Genitalien *pl*

生字 shēngzì neues (*od* fremdes) Wort; neue Vokabel: ～表 Tabelle fremder Wörter; Vokabelliste *f*; Vokabular *n*

甥 shēng Neffe *m*; Sohn der Schwester

甥女 shēngnǚ Nichte *f*; Tochter der Schwester

牲 shēng ① Haustier *n* ② Tieropfer *n*

牲畜 shēngchù Haustier *n*

牲口 shēngkou Last-, Zugtier *n*; Vieh *n*

升 shēng ① steigen *vi*; sich aufwärts bewegen; hochziehen *vt*: 上～ steigen *vi*; ansteigen *vi*; aufsteigen *vi* ② befördern *vt* 被提～到领导岗位 in eine leitende Stellung befördert werden ③ Liter *n/m*: 一～啤酒 ein Liter (*od* Maß) Bier ④ *Sheng n* (ein Maßgefäß für Getreide)

升格 shēnggé eine (diplomatische Vertretung) im Rang heben: 将外交关系～为大使级 die diplomatischen Beziehungen auf Botschaftsebene heben

升官 shēngguān Beförderung erlangen; es zu Würden bringen

升华 shēnghuá ① sublimieren *vt*; Sublimation *f* ② auf eine höhere Ebene heben; verfeinern *vt*; verdichten *vt*

升级 shēngjí ① im Rang befördert werden; aufrücken *vi* ② eskalieren *vt*: 战争～ Eskalation eines Krieges

升降机 shēngjiàngjī Aufzug *m* Lift *m*; Fahrstuhl *m*

升学 shēngxué in eine höhere Schule versetzt werden; eine höhere Schule besuchen

升值 shēngzhí aufwerten *vt*; Aufwertung *f*: 美元～ US-Dollar-Aufwertung *f*

shéng

绳(繩) shéng ① Seil *n*; Strick *m*; Tau *n*; Schnur *f*: 麻～ Hanfseil *n* 钢丝～ Draht-, Stahlseil *n* ～梯 Strickleiter *f* ② j-n in etw. beschränken; j-n mit etw. bestrafen: ～以纪律 j-n mit Disziplinarmaßnahmen maßregeln ～之以法 j-n nach dem Gesetz bestrafen

shěng

省 shěng ① sparsam sein; sparen *vt/vi*: ～钱 Geld sparen (*od* zurücklegen); sparsam sein ～时间 Zeit sparen ～吃俭用 sehr sparsam leben; sich einschränken; genügsam sein ② auslassen *vt*; ersparen *vt*: 这两个字不能～。Diese beiden Wörter darf man nicht weglassen. ③ Provinz *f*: ～会 Provinzhauptstadt *f* * 另见 xǐng

省得 shěngde um j-m/sich etw. zu ersparen; zur Vermeidung von etw.: 你就住在这儿吧,～天天来回跑。Wohne doch hier, damit du dir das tägliche Pendeln ersparst (*od* sparst).

省略 shěnglüè auslassen *vt*; unterlassen *vt*; ersparen *vt*: ～句 Auslassungssatz *m*; Ellipse *f*

省事 shěngshì sich Mühe ersparen: etw. vereinfachen; Erleichterung schaffen: 在食堂吃饭～。Es ist bequemer, in der Kantine zu essen.

省心 shěngxīn Sorge ersparen; sich keine Sorge machen; einer Sorge ledig sein

shèng

盛 shèng ① in voller Blüte stehen; gedeihen *vi*: 全～时期 Glanz-, Blütezeit *f*; Höhe-, Gipfelpunkt *m* ② energisch; kraftvoll: 火势很～。Die Flammen lodern hoch empor. ③ großartig; eindrucksvoll; feierlich: ～举 ein großartiges, festliches Ereignis ④ tief; innig: ～意 große Herzlichkeit; Innigkeit *f* ⑤ populär; üblich; weitverbreitet: ～传 allgemein verbreitet sein; in aller Munde sein ⑥ sehr; tief: ～赞 j-m uneingeschränktes Lob zollen; j-n mit überschwenglichen Worten rühmen*另见 chéng

盛产 shèngchǎn im Überfluß (*od* reichlich) vorhanden sein: ～石油 Überfluß an Erdöl haben

盛典 shèngdiǎn großartiges Zeremoniell

盛会 shènghuì feierliche Zusammenkunft; bedeutendes Treffen

盛况 shèngkuàng großartiges Ereignis; eindrucksvolle (*od* aufsehenerregende) Szene: ～空前 beispiellos (*od* außergewöhnlich) feierliche Szene

盛名 shèngmíng großer Ruf; große Reputation: ～之下，其实难副。Es ist schwer, einem großen Namen gerecht zu werden.

盛气凌人 shèng qì líng rén schroff und arrogant; anmaßend; herrisch; überheblich

盛情 shèngqíng groß Freundlichkeit; überschwengliche Gastfreundlichkeit: 受到～款待 aufs wärmste (*od* herzlichste) aufgenommen werden; einen sehr herzlichen Empfang bereitet bekommen

盛衰 shèngshuāi Gedeih und Verderb; Auf und Ab; Aufstieg und Niedergang

盛夏 shèngxià Hochsommer *m*

盛行 shèngxíng populär; (in) Mode sein; weit verbreitet sein: ～一时 eine Zeitlang Mode sein

盛意 shèngyì große Liebenswürdigkeit; herzliche Freundlichkeit: ～难却 Ich kann Ihre freundliche Einladung schlecht abschlagen.

盛誉 shèngyù guter (*od* großer) Ruf

盛赞 shèngzàn rühmen *vt*; preisen *vt*; große Lobesworte für j-n finden

盛装 shèngzhuāng Festkleidung *f*; Gala *f*; Galaanzug *m*; Festtagsschmuck *m*

剩 shèng übrigbleiben *vi*; als Rest zurückbleiben: ～货 nicht verkaufte Ware; Restposten *m* ～菜～饭 Speiserest *m*

剩下 shèngxia übriggeblieben sein: ～多少钱? Wieviel Geld ist übriggeblieben? 别人都走了,就～我一个。Die anderen sind schon alle weggegangen. Nur ich allein bin noch da.

剩余 shèngyú Rest *m*; Überschuß *m*: ～价值 Mehrwert *m*

胜(勝) shèng ① Sieg *m*; die Oberhand gewinnen: 取～ einen Sieg erringen (*od* davontragen) ② besiegen *vt*: 战～自然 der Natur Herr werden ③ übertreffen *vt*; besser als: 事实～于雄辩。Tatsachen sprechen lauter als Argumente. 或 Tatsachen sind überzeugender als noch so wohlklingende Worte. ④ prächtig; herrlich; wundervoll: 引人入～ interessant und anregend sein; fesselnd; spannend; anziehend; faszinierend ⑤ zu etw. fähig (*od* imstande) sein; etw. gewachsen sein: 力不能～ j-s Kraft (*od* Fähigkeiten) übersteigend

胜败 shèngbài Sieg oder Niederlage; Erfolg oder Scheitern: ～乃兵家常事。Sieg und Niederlage sind für einen Feldherrn etwas Alltägliches.

胜地 shèngdì eine landschaftliche Schönheit; landschaftlich schön gelegene Gegend: 避暑～ Sommerurlaubsort *m*; Sommerfrische *f*

胜负 shèngfù Erfolg oder Mißerfolg; Sieg oder Niederlage: 战争的～ Ausgang des Krieges

胜迹 shèngjì für ihre landschaftliche Schönheit berühmte historische Stätte

胜利 shènglì ① siegen *vi*; Sieg *m*: 取得～ den Sieg erringen (*od* davontragen) 从～走向～ von Sieg zu Sieg schreiten ～果实 Früchte des Sieges ② siegreich; erfolgreich: ～完成任务 eine Aufgabe erfolgreich erfüllen ～者 Sieger *m*

胜券 shèngquàn Siegeszuversicht *f*; Siegesgewißheit *f*; festes Vertrauen auf (*od* in) den Sieg: 稳操～ siegessicher sein

胜任 shèngrèn einer Sache (Aufgabe, Pflicht u.ä.) gerecht werden; etw. gewachsen sein: ～愉快 zu etw. befähigt (*od* qualifiziert) sein; einer Sache völlig gewachsen sein

胜似 shèngsì mehr (*od* besser) sein als; überlegen sein; übertreffen *vt*

胜仗 shèngzhàng siegreiche Schlacht; Sieg *m*: 打～ eine siegreiche Schlacht schlagen; den Sieg davontragen

圣(聖) shèng ① Weise(r); Heilige(r) ② Kaiser *m*: ～上 Seine (Eure, Ihre) Majestät

圣诞 shèngdàn Tag der Geburt Christi; Christi Geburt: ～老人 Weihnachtsmann *m* ～节 Weihnachtstag *m*; Weihnachtsfest *n*; Weihnachten *n* ～节前夜 Heiliger Abend; Weihnacht *f*

圣地 shèngdì ① heiliges Land; heilige Stätte ② Ort von großer historischer Bedeutung; Heiligtum *n*

圣洁 shèngjié heilig und rein

圣经 shèngjīng Bibel *f*; Heilige Schrift

圣人 shèngrén Weise(r); Heilige(r)

圣贤 shèngxián heilige und tugendhafte Menschen

圣旨 shèngzhǐ kaiserliches Edikt; Erlaß des Kaisers

shī

湿(濕) shī naß; feucht: 他被雨淋～了。Er ist vom Regen durchnäßt.

湿度 shīdù Feuchtigkeit *f*

湿淋淋 shīlínlín triefend; (völlig) durchnäßt: 身上浇得～的 bis auf die Haut durchnäßt

湿漉漉 shīlùlù naß; feucht

湿气 shīqì Feuchtigkeit *f*

湿润 shīrùn feucht; naß: ～的土壤 nasser Boden

湿透 shītòu durchnäßt; ganz naß: 汗水～了他的衣服。Seine Kleidung ist durchgeschwitzt (*od* von Schweiß durchnäßt).

湿疹 shīzhěn Ekzem *n*

诗 shī Lyrik *f*; Gedicht *n*; Poesie *f*; Vers *m*

诗歌 shīgē Gedichte und Lieder; Lyrik *f*; Poesie *f*

诗话 shīhuà Sammlung von Gedichtrezensionen; Kommentare zu klassischen Gedichten und Dichtern

诗篇 shīpiān ① Gedicht *n*; Dichtung *f* ② erhebendes (*od* begeisterndes) dichterisches Werk

诗人 shīrén Dichter *m*; Lyriker *m*; Poet *m*

诗兴 shīxìng poetische Inspiration; Drang zum lyrischen Ausdruck

诗意 shīyì poetisch; dichterisch; poesievoll

诗韵 shīyùn ① Reim *m* (in Gedichten) ② Reimlexikon *n*; Reimwörterbuch *n*

师(師) shī ① Lehrer *m*; Meister *m*: 能者为～。Man soll den Tüchtigen zum Meister machen. ② Vorbild *n*; Beispiel *n*: 前事不忘，后事之～。aus der Vergangenheit Lehren für die Zukunft ziehen; Die Erfahrungen von gestern sind die Lehrer von morgen. ③ in einem bestimmten Beruf ausgebildete Person; Fachkraft *f*: 工程～ Ingenieur *m* 建筑～ Architekt *m* 技～ Techniker *m* ④ zum Lehrer oder Meister gehörend: ～母 Ehefrau des Lehrers oder Meisters ⑤ Division *f*: 装甲～ Panzerdivision *f* ⑥ Truppe *f*; Armee *f*: 正义之～ für eine gerechte Sache kämpfende Armee

师出无名 shī chū wú míng ohne

Grund Truppen entsenden; ungerechtfertigter Feldzug; unbegründete Handlungsweise

师范 shīfàn Ausbildung von Lehrern; pädagogisch: ～学院 pädagogische Hochschule (*od* Akademie)

师父 shīfu ①见"师傅" ② höfliche Anredeform für buddhistische und taoistische Mönche und Nonnen

师傅 shīfu Meister *m*

师长 shīzhǎng ① Lehrer *m* ② Divisionskommandeur *m*

师资 shīzī Lehrkörper *m*; Lehrkräfte *pl*: 培训～ Lehrkräfte ausbilden

狮(獅) shī Löwe *m*

狮子 shīzi Löwe *m*

嘘 shī 〈叹〉 ～，别作声! Pst! Sei still! * 另见 xū

失 shī ① verlieren *vt*; abhanden kommen; verlorengehen *vi*: 遗～ verlieren *vt* 坐～良机 eine gute Gelegenheit verpassen (*od* fahren lassen); eine gute Chance ungenützt lassen ② (eine Gelegenheit usw.) verpassen *vt*; versäumen *vt*: ～手 (einen Gegenstand) aus der Hand gleiten lassen; etw. fallen lassen ～足 einen Fehltritt begehen 万无一～ es kann nichts schiefgehen; ganz sicher sein; todsicher ③ vom normalen Zustand abweichen: ～色 blaß werden ④ (ein Versprechen, eine Zusage usw.) brechen *vt*; (sein Versprechen, Wort usw.) nicht halten: ～信 sein Versprechen nicht halten ⑤ verloren; verirrt: 迷～方向 die Orientierung (*od* Richtung) verlieren ⑥ mißlingen *vi*; ein Ziel nicht erreichen; in seinen Hoffnungen betrogen werden: 大～所望 sehr enttäuscht ⑦ Fehler *m*; Miß-, Fehlgriff *m*; Mißgeschick *n*: ～之于烦琐。Die Mängel liegen in der Umständlichkeit bei Detailfragen.

失败 shībài ① eine Niederlage erleiden; besiegt sein; (Krieg, Wettspiel) verlieren *vt*: 他注定要～。Er ist zum Scheitern verurteilt ② sein Ziel nicht erreichen; scheitern *vi*; Mißerfolg *m*: ～是成功之母。Fehlschläge (*od* Niederlagen) sind die Mutter des Erfolgs.

失策 shīcè ① taktisch unklug; nicht ratsam ② taktischer Fehler

失常 shīcháng unnormal; abnorm; anormal: 举止～ sich seltsam benehmen; Verhaltensstörung *f* 他今天有点～。Heute ist er außer Fassung geraten.

失宠 shīchǒng in Ungnade fallen; j-s Gunst verlieren

失传 shīchuán in Vergessenheit geraten; verlorengegangen sein; abhanden gekommen sein: 一种～的艺术 in Vergessenheit geratene Kunst

失措 shīcuò fassungslos (*od* bestürzt) sein; den Kopf (*od* Verstand) verlieren: 仓惶～in Panik geraten; aus Angst den Verstand verlieren

失当 shīdàng ungeeignet; unpassend; unangebracht; fehl am Platz sein

失地 shīdì verlorenes Gebiet (*od* Territorium): 收复～ verlorenes Land zurückgewinnen (*od* wiedererobern)

失掉 shīdiào ① verlieren *vt*: ～信心 seine Zuversicht verlieren ～联系 den Kontakt (*od* die Verbindung) zu j-m/etw. verlieren ② verfehlen *vt*; versäumen *vt*; verpassen *vt*: ～机会 eine Chance verpassen

失魂落魄 shī hún luò pò geistig abwesend sein; nicht bei sich sein; den Kopf verlieren: 吓得～ von panischem Schrecken ergriffen sein; in panischer Angst

失火 shīhuǒ in Brand geraten; ein Brand bricht aus

失控 shīkòng außer Kontrolle geraten; unkontrolliert

失口 shīkǒu sich versprechen; ein unbedachtes Wort entschlüpfen lassen

失礼 shīlǐ gegen die guten Sitten verstoßen; den Anstand verletzen; Unhöflichkeit *f*

失利 shīlì eine Niederlage (*od* Verluste) erleiden

失恋 shīliàn unter einer unglücklichen Liebe leiden; Liebeskummer haben

失灵 shīlíng (von einer Maschine, einem Instrument usw.) nicht mehr (*od* nicht richtig) funktionieren; nicht in Ordnung sein; versagen *vi*: 机器～了。Diese Maschine ist kaputt.

失眠 shīmián Schlaflosigkeit *f*; schlaflos; an Schlaflosigkeit leiden

失明 shīmíng erblinden *vi*; das Augenlicht verlieren; Erblindung *f*

失陪 shīpéi entschuldigen Sie, leider muß ich jetzt gehen; leider kann ich Ihnen nicht mehr Gesellschaft leisten

失窃 shīqiè etw. ist gestohlen worden; Opfer eines Diebstahls werden; beraubt werden

失去 shīqù verlieren *vt*; einbüßen *vt*; nicht mehr haben: ～知觉 das Bewußtsein verlieren ～时效 nicht mehr wirksam sein; seine Effizienz einbüßen

失散 shīsàn sich voneinander trennen und die Verbindung verlieren; auseinandergehen *vi*: 他找到了～多年的姐姐。Er hat seine ältere Schwester, von der er seit mehreren Jahren nichts gehört hat, wieder gefunden.

失色 shīsè bleich (*od* blaß) werden; außer Fassung geraten (*od* sein): 大惊～ vor Schreck erblassen

失声 shīshēng ① unabsichtlich einen Laut ausstoßen ② kein Wort herausbringen können

失实 shīshí den Tatsachen widersprechen; keine reale Basis haben: 传闻～。Das Gerücht ist unbegründet.

失势 shīshì Macht und Einfluß verlieren; in Ungnade fallen

失事 shīshì verunglücken *vi*; einen Unfall erleiden; Unglück *n*

失守 shīshǒu Fall *m*; Einnahme einer Stadt, eines Gebiets usw. durch den Feind: 城市～ Fall einer Stadt

失算 shīsuàn sich verrechnen; sich verkalkulieren; sich verzählen

失调 shītiáo ① Unausgeglichenheit *f*; Unausgewogenheit *f*; Mißverhältnis *n*: 供求～ Mißverhältnis zwischen Angebot und Nachfrage ② sich nicht richtig (von einer Krankheit u.ä.) erholt haben: 产后～ nach der Geburt sorglos mit sich umgehen und deshalb krank werden

失望 shīwàng ① die Hoffnung verlieren (*od* aufgeben) ② enttäuscht

失误 shīwù Fehler *m*; Patzer *m*: 接球～ Verfehlen eines Balls 发球～ Aufschlagfehler *m*

失陷 shīxiàn erobert werden; besetzt werden; in die Hände der Feinde fallen

失笑 shīxiào das Lachen nicht unterdrücken können; unwillkürlich lachen; lachen müssen

失信 shīxìn sein Wort (*od* Versprechen) brechen

失修 shīxiū (Gebäude) baufällig; erneuerungsbedürftig; in Verfall geraten

失言 shīyán eine unpassende Bemerkung machen: 酒后～ unter Alkoholeinfluß etwas Unpassendes sagen

失业 shīyè Erwerbs-, Arbeitslosigkeit *f*; arbeitslos sein

失约 shīyuē eine Verabredung nicht einhalten

失真 shīzhēn ① in Ton, Gestalt u.ä. nicht originalgetreu sein ② Verzerrung *f*: 频率～ Frequenzverzerrung *f*

失职 shīzhí Pflichtversäumnis *n*

失重 shīzhòng Schwerelosigkeit *f*

失踪 shīzōng vermißt sein; verschollen sein

失足 shīzú ① ausgleiten *vi*; stolpern *vi*: ～落水 ausrutschen und ins Wasser fallen ② einen Fehltritt begehen: 一～成千古恨。Ein einziger Fehltritt kann lebenslanges Leid bringen.

施 shī ① ausführen *vt*; durchführen *vt*: 无计可～ ratlos; weder aus noch ein wissen; nicht mehr weiter wissen, mit seiner Weisheit am Ende sein ② j-m etw zufügen (*od* antun): ～恩 eine Gunst gewähren; eine Gnade erweisen 己所不欲，勿～于人。Was du nicht willst, daß man dir tu', das füg auch keinem andern zu! ③ etw. geltend machen: ～压力 Druck ausüben ④ auflegen *vt*; verwenden *vt*: ～肥 Dünger streuen: düngen *vt*

施放 shīfàng herauslassen *vt*; ausstoßen *vt*; entweichen lassen: ～催泪弹 eine Tränengasgranate abschießen

施工 shīgōng einen Bau ausführen: 正在～ im Bau sein

施加 shījiā ausüben *vt*; etw. geltend machen: ～压力 Druck ausüben ～影响 Einfluß geltend machen

施舍 shīshě Almosen geben; etw. für wohltätige Zwecke spenden

施行 shīxíng ① in Kraft treten; gültig sein: ～责任制 das Verantwortungssystem durchführen ② vollziehen *vt*; aus-, durchführen *vt*: ～手术 eine Operation vornehmen; operieren *vt*

施展 shīzhǎn entfalten *vt*; zeigen *vt*; voll entwickeln; einer Sache freien Lauf lassen: ～本领 seine

Fähigkeiten zu voller Geltung bringen

施政 shīzhèng eine Politik betreiben; regieren *vi*: ～纲领 Regierungsprogramm *n*

施主 shīzhǔ ① Almosengeber *m*; Wohltäter *m* ② Donator *m*; Donor *m*

尸(屍) shī Leiche *f*; Leichnam *m*; sterbliche Überreste: 政治僵～ ein politischer Leichnam

尸骨 shīgǔ Skelett *n*

尸体 shītǐ Leiche *f*; Leichnam *m*: ～解剖 Leichenöffnung *f*; Autopsie *f*

虱(蝨) shī Laus *f*

虱子 shīzi Laus *f*

shí

实(實) shí ① massiv; fest; solide: ～心车胎 Vollgummireifen *m* ② rechtschaffen; ehrlich; aufrichtig: 真心～意 mit aller Aufrichtigkeit; von ganzem Herzen ③ Realität *f*; Tatsache *f*: 名不副～ einen Namen zu Unrecht tragen; Der Name entspricht nicht der Wirklichkeit. ④ Frucht *f*; Samen *m*: 开花结～ Blüten treiben und Früchte tragen

实地 shídì an Ort und Stelle: ～考察 Untersuchung an Ort und Stelle

实惠 shíhuì ① praktischer Vorteil; tatsächlicher Nutzen ② vorteilhaft; praktisch; nützlich

实际 shíjì ① Praxis *f*; Realität *f*: 客观～ objektive Realität ～上 in Wirklichkeit; tatsächlich ② realistisch; praktisch: ～经验 praktische Erfahrungen ③ konkret; real: ～情况 die wirkliche Situation ～行动 konkrete Aktion; Tat *f* ～收入 Realeinkommen *n*; effektives Einkommen

实践 shíjiàn ① Praxis *f*: ～出真知。Das wirkliche Wissen entspringt der Praxis. ② etw. in die Praxis umsetzen; ausführen *vt*; durchführen *vt*: ～诺言 Wort halten; sein Versprechen einlösen

实力 shílì Stärke *f*; reale Stärke: ～地位 Position der Stärke 军事～ militärische Stärke

实情 shíqíng wahrer Sachverhalt; Wahrheit *f*; wirkliche Situation

实事求是 shí shì qiú shì die Wahrheit in den Tatsachen suchen; wirklichkeitsgetreu; sich auf den Boden der Tatsachen stellen; die Dinge so sehen, wie sie sind

实体 shítǐ ① Substanz *f* ② Rechtsgebilde *n*

实物 shíwù ① materieller Gegenstand; reale Dinge ② Naturalien *pl*: ～交易 Naturalientausch *m*

实习 shíxí ein Praktikum machen: 去工厂～ ein Praktikum in der Fabrik machen ～生 Praktikant *m*

实现 shíxiàn verwirklichen *vt*; realisieren *vt*; in Erfüllung gehen: ～改革 eine Reform in die Tat umsetzen 他的夙愿～了。Sein lange gehegter Wunsch ist in Erfüllung gegangen.

实效 shíxiào reale Wirkung; tatsächliches Ergebnis

实行 shíxíng ausführen *vt*; durchführen *vt*; praktizieren *vt*: ～计划生育 die Familienplanung durchführen ～一项政策 eine Politik treiben

实验 shíyàn Experiment *n*; Versuch *m*: 做～ ein Experiment durchführen; einen Versuch machen ～动物 Versuchstier *n* ～室 Labor *n*; Laboratorium *n* ～小学 Versuchsgrundschule *f*

实业 shíyè Industrie und Handel: ～家 Industrielle(r); Unternehmer *m*

实用 shíyòng praktisch anwendbar; brauchbar; verwendbar; zweckmäßig: ～主义 Pragmatismus *m*

实在 shízài ① wahr; echt; ehrlich: ～的本事 wahres Können ② wirklich; tatsächlich: 我～不知道。Ich weiß es wirklich nicht.

实质 shízhì Wesen *n*; Kern *m*: 这两种看法～上是一样的。Diese zwei Ansichten sind im wesentlichen identisch. 问题的～ Kern (*od* wesentlicher Punkt) eines Problems

识(識) shí ① kennen *vt*: 一字不～ kein Schriftzeichen kennen; ein völliger Analphabet sein ② Kenntnis *f*; Wissen *n*: 常～ allgemeine Kenntnisse; Elementarkenntnisse *pl*

识别 shíbié unterscheiden *vt*; erkennen *vt*: ～真假朋友 die wahre Freunde von den falschen (Freunden) unterscheiden

识大体 shídàtǐ allgemeine Grundprinzipien kennen; die Interessen der Gesamtheit achten
识货 shíhuò ein Kennerauge für etw. haben; Warenkenntnis haben; gute von schlechten Waren unterscheiden können
识破 shípò durchschauen *vt*: ～诡计 eine List (*od* Intrige) durchschauen
识相 shíxiàng sich der Situation oder der Laune der anderen entsprechend zu verhalten wissen; taktvoll sein
识字 shízì Lesen und schreiben lernen: ～班 lese- und Schreibkurs *m*

十 shí ① zehn: ～倍 zehnfach ② oberst; höchst
十恶不赦 shí è bù shè ungeheuerliche Verbrechen begangen haben und keine Gnade verdienen
十二月 shí'èryuè ① Dezember *m* ② zwölfter Monat des chinesischen Mondkalenders
十分 shífēn sehr; völlig; ganz: 天气～热。Es ist sehr heiß.
十进制 shíjìnzhì Dezimalsystem *n*
十拿九稳 shí ná jiǔ wěn mit an Sicherheit grenzender Wahrscheinlichkeit; so gut wie sicher
十全十美 shí quán shí měi zur höchsten Vollkommenheit gelangen; perfekt in jeder Hinsicht; nichts zu wünschen übrig lassen; vollkommen
十一月 shíyīyuè ① November *m* ② der elfte Monat des chinesischen Mondkalenders
十月 shíyuè ① Oktober *m* ② der zehnte Monat des chinesischen Mondkalenders
十之八九 shí zhī bā jiǔ in acht oder neun von zehn Fällen; höchst wahrscheinlich
十字架 shízìjià Kreuz *n*
十字街头 shízì jiētóu Straßenkreuzung *f*; Straßenecke an einer Kreuzung
十字路口 shízì lùkǒu Kreuzung *f*; Scheideweg *m*
十足 shízú rein; ganz; hundertprozentig; vollständig; ausgesprochen: 干劲～ energiegeladen ～的书呆子 ein echter Fachidiot (*od* Bücherwurm)

什 shí verschiedenartig; mannigfaltig; vielseitig * 另见 shén
什锦 shíjǐn gemischt; verschiedenartig: ～饼干 Keksmischung *f* ～奶糖 gemischte Sahnebonbons
什物 shíwù Gegenstände des täglichen Bedarfs; Kram *m*; Zeug *n*

石 shí ① Stein *m*; Felsen *m* ② Steingravur *f*; Steinschnitzerei *f*: 金～ Gravur auf alten Bronzen oder Steinplatten * 另见 dàn
石板 shíbǎn Steinplatte *f*
石沉大海 shí chén dà hǎi wie ein ins Meer gefallener Stein; spurlos verschwinden; ohne Resonanz bleiben; im Sande verlaufen
石膏 shígāo Gips *m*: ～像 Gipsfigur *f*; Gipsstatue *f*
石灰 shíhuī Kalk *m*: ～石 Kalkstein *m*
石匠 shíjiàng Steinmetz *m*
石窟 shíkū Felsenhöhle *f*; Grotte *f*
石蜡 shílà Paraffinwachs *n*: ～油 Paraffinöl *n*
石棉 shímián Asbest *m*: ～瓦 Asbestzement-Dachplatte *f*
石器 shíqì Steingeräte *pl*: ～时代 Steinzeit *f*
石英 shíyīng Quarz *m*: ～钟 Quarzuhr *f*
石油 shíyóu Erdöl *n*: ～产品 Erdölprodukte *pl* ～化学 Petrochemie *f* ～勘探 Erdölexploration *f*; Ölsuche *f*
石子 shízǐ Kiesel *m*; Kieselstein *m*: ～路 Kiesweg *m*

拾 shí ① auflesen *vt*; finden *vt*; (vom Boden) aufheben *vt*: ～柴 Brennholz sammeln ～麦穗 Weizenähren lesen ② zehn (Schreibweise der Zahl 十 auf Banknoten, Schecks u.ä. zur Vermeidung von Fehlern oder Fälschungen)
拾掇 shíduo ① etw in Ordnung bringen; aufräumen *vt*: 把房间～一下 das Zimmer in Ordnung bringen ② reparieren *vt*: 这电视机有点毛病，你帮我～一下好吗？An diesem Fernsehapparat (*od* TV-Gerät) stimmt etwas nicht. Können Sie mir helfen, sie wieder in Ordnung zu bringen?
拾零 shílíng Vermischte(s) I *n*; Neuigkeiten in Kürze
拾取 shíqǔ auflesen *vt*; sammeln *vt*
拾人牙慧 shí rén yá huì gedankenlos nachsprechen (*od* wiederholen), was ein anderer schon gesagt hat; j-m etw. nachplappern
拾遗 shíyí Fundsachen unterschlagen; sich verlorene oder

vergessene Gegenstände aneignen: 路不～。Niemand nimmt, was auf der Straße liegengelassen wurde.

时(時) shí ① Zeiten *pl*; Zeitraum *m*; Zeitalter *n*: 古～ alte Zeit(en) ② festgesetzter Zeitpunkt: 准～上班 rechtzeitig (*od* pünktlich) mit der Arbeit beginnen ③ Stunde *f*; Uhrzeit *f*: 报～ die Zeit ansagen; Zeitzeichen geben 上午八～(um) acht Uhr vormittags ④ Jahreszeit *f*; Saison *f*: 四～ die vier Jahreszeiten ～菜 Delikatessen (*od* Spezialitäten) der Saison ⑤ Gelegenheit *f*; Chance *f*: 失～ sich eine Chance entgehen lassen; eine Gelegenheit verpassen 待～而动 den rechten Augenblick abwarten ⑥ Tempus *n*; Zeitform *f*: 过去～ Imperfekt *n*; Präteritum *n* ⑦ von Zeit zu Zeit; dann und wann: ～有出现 oft vorkommen ⑧ bald ... bald ...; manchmal ... manchmal ...: ～断～续 ab und an; ab und zu; mit Unterbrechungen ～起～伏 bald auf, bald ab

时差 shíchā ① Zeitdifferenz *f*; Zeitverschiebung *f* ② Zeitgleichung *f*

时常 shícháng oft; häufig

时代 shídài ① Zeit *f*; Zeitalter *n*; Epoche *f*: 开创一个新～ eine neue Epoche einleiten ～精神 der Geist der Zeit ② Zeitraum in j-s Leben: 青年～ Jugend(zeit) *f*

时而 shí'ér ① von Zeit zu Zeit; manchmal ② mal ... mal ...; bald ... bald ...: ～晴天，～下雨。Bald ist es heiter, bald regnet es.

时光 shíguāng ① Zeit *f*: ～不早了。Es ist schon spät. ② Zeitraum *m*; Zeiten *pl*

时候 shíhou ① Zeit *f*: 你来这儿有多少～了？Wie lange bist du hier gewesen? ② Zeit *f*; Zeitpunkt *m*; Moment *m*: 现在是什么～了？Wie spät ist es jetzt? ～到了，该走了。Es ist Zeit zu gehen.

时机 shíjī gute Gelegenheit; günstiger Moment: ～一到 wenn (*od* sobald) sich eine Gelegenheit ergibt; in einem günstigen Moment ～不成熟。Die Zeit ist noch nicht reif. 或 Die Bedingungen sind noch nicht gegeben.

时间 shíjiān ① [客观存在的概念] Zeit *f*: ～与空间 Zeit und Raum ② [有起讫的一段时间] Zeit: 办公～ Dienststunden *pl*; Bürozeit *f* ③ [时间中的某一点] Zeit *f*: 北京～十九点整 Punkt 19 Uhr Beijinger Zeit ～表 Zeittabelle *f*; Zeitplan *m*

时节 shíjié ① Saison: *f*: 春耕～ Zeit für die Frühjahrsbestellung ② Zeit *f*: 那～他才十岁。Damals war er erst zehn Jahre alt

时局 shíjú aktuelle politische Situation; gegenwärtige politische Lage

时刻 shíkè ① Zeit *f*; Moment *m*: 关键的～ kritischer Augenblick ② zu jeder Zeit; ständig; immer: ～准备保卫祖国 jederzeit bereit sein, das Vaterland zu verteidigen

时刻表 shíkèbiǎo Fahrplan *m*: 火车～ Eisenbahnfahrplan *m*

时髦 shímáo Mode *f*; modisch; (in) Mode sein; elegant

时期 shíqī Periode *f*; Zeitabschnitt *m*: 殖民统治～ Periode (*od* Phase) der Kolonialherrschaft

时时 shíshí zu jeder Zeit; ständig; immer

时势 shíshì aktuelle (*od* gegenwärtige) Lage; die jeweilige Situation; die (zeitlichen) Umstände

时事 shíshì aktuelle politische Ereignisse; Zeitgeschehen *n*

时速 shísù Stundengeschwindigkeit *f*; Geschwindigkeit pro Stunde

时态 shítài Zeitform *f*; Tempus *n*

时鲜 shíxiān (Gemüse, Obst usw.) (ernte)frisch; saisonal: ～水果 frisches Obst

时新 shíxīn modisch; elegant: ～的式样 modischer Stil

时兴 shíxīng populär; in Mode sein

时宜 shíyí Erfordernisse der Zeit; Gebot der Stunde: 不合～ unzeitgemäß; unmodern; nicht mit der Zeit gehen

时运 shíyùn Glück *n*; Glücksfall *m*: ～不济 Pech (*od* Unglück) haben; eine Pechsträhne haben

时钟 shízhōng Uhr *f*

时装 shízhuāng modische Kleidung; neueste Mode: ～表演 Modenschau *m* ～模特儿 Modell *n*

食 shí ① essen *vt*: 不劳动者不得～。Wer nicht arbeitet, soll auch nicht essen. ② Mahlzeit *f*; Essen *n*: 废寝忘～ über einer Angelegenheit Essen und Schlafen vergessen; so konzentriert arbeiten, daß man überhaupt nicht mehr ans Essen und Schlafen denkt ③ Eßbare *n*; Genießbare *n*; Nahrungsmittel *pl*: 主～ Hauptnahrung *f* ④ Futter *n*: 猪～ Schweinefutter *n* ⑤ Finsternis *f*: 日～ Sonnenfinsternis *f* 月～ Mondfinsternis *f* ⑥ eßbar; genießbar: ～油 Speiseöl *n*

食道 shídào Speiseröhre *f*; Ösophagus *m*

食粮 shíliáng Nahrungsmittel *pl*; Getreide *n*

食品 shípǐn Nahrungs-, Lebensmittel *pl*; Eßwaren *pl*: 罐头～ Konservenkost *f* ～厂 Eßwarenfabrik *f* (Bäckerei, Konditorei, Fabrik für tischfertige Konserven u.ä.) ～工业 Nahrungsmittelindustrie *f* ～加工 Lebensmittelverabreitung *f*

食谱 shípǔ Kochbuch *n*; Kochrezept *n*

食宿 shísù Unterkunft und Verpflegung; Kost und Logis

食堂 shítáng Speisehalle *f*; Speisesaal *m*; Mensa *f*; Kantine *f*

食物 shíwù Nahrung *f*; Eßwaren *pl*; Speise *f*

食言 shíyán das Wort brechen; wortbrüchig

食盐 shíyán Salz *n*; Tafel-, Tischsalz *n*

食用 shíyòng genießbar; eßbar: ～植物油 pflanzliches Speiseöl

食欲 shíyù Appetit *m*; Eßlust *f*: ～不振 keinen Appetit haben 促进～ den Appetit anregen

食指 shízhǐ Zeigefinger *m*

蚀 shí ① verlieren *vt*; Verluste erleiden: 亏～ geschäftlicher Verlust ② beschädigen *vt*; anfressen *vt*; zerfressen *vt*: 风雨侵～ von Regen und Wind beschädigt; durch Wind und Regen verwittert ③ Finsternis *f*: 日～ Sonnenfinsternis *f*

蚀本 shíběn Kapitalverluste erleiden: ～生意 Verlustgeschäft *n*; unvorteilhaftes Unternehmen

shǐ

史 shǐ Geschichte *f*: 现代～ Zeitgeschichte *f* 编年～ Annalen *pl* 国际关系～ Geschichte der internationalen Beziehungen

史册 shǐcè Annalen *pl*; Geschichte *f*: 载入～ in die Geschichte eingehen

史料 shǐliào historische Materialien; geschichtliche Daten und Fakten

史前 shǐqián prähistorisch; vorgeschichtlich: ～时代 vorgeschichtliche Zeit ～学 <考古> Prähistorie *f*; Ur-, Vorgeschichte *f*

史诗 shǐshī Epos *n*

史实 shǐshí geschichtliche Fakten

史书 shǐshū Geschichtswerk *n*; geschichtliche Niederschriften

史无前例 shǐ wú qián lì in der Geschichte nicht seinesgleichen haben; keine Parallele finden; nie dagewesen; beispiellos

史学 shǐxué Geschichtswissenschaft *f*

使 shǐ ① schicken *vt*; senden *vt*; j-n etw. tun lassen: ～人去收集经济信息 j-m den Aufrtag geben, wirtschaftliche Information zusammenzutragen ② anwenden *vt*; verwenden *vt*; gebrauchen *vt*; einsetzen *vt*: ～化肥 Kunstdünger einsetzen ③ lassen *vt*; bewirken *vt*: ～国家遭到巨大损失 dem Staat größte Verluste zufügen 鸡毛蒜皮的事都会～他生气。Ihn ärgert die Fliege an der Wand. ④ Gesandte(r); Beauftragte(r): 特～ Sonderbotschafter *m*; Sonderbeauftragte(r) 出～国外 als Sonderbotschafter ins Ausland reisen 大～ Botschafter *m* ⑤ wenn; falls; angenommen: 纵～ auch wenn; wenngleich; selbst wenn

使不得 shǐbude ① unbrauchbar; untauglich: 这支笔～了。Dieser Füllfederhalter ist nicht mehr zu gebrauchen. ② unzulässig; nicht erlaubt; es geht nicht

使出 shǐchū einsetzen *vt*; gebrauchen *vt*; anwenden *vt*: ～浑身解数 sein ganzes Können aufbieten ～最后一点力气 seine letzten Kraftreserven mobilisieren

使得 shǐde ① verwendbar; brauchbar ② ausführbar; durchführbar; möglich ③ lassen *vt*; bewirken *vt*

使馆 shǐguǎn Botschaft *f*

使唤 shǐhuan j-n etw. tun heißen; herumkommandieren *vt*: 爱～人 andere gern herumkommandieren; herrisch sein

使节 shǐjié Gesandte(r); diplomatischer Vertreter

使劲 shǐjìn seine Kräfte anspannen; seine (ganze) Kraft einsetzen; sich anstrengen: 再使把劲 noch einmal alle seine Kräfte zusammennehmen

使命 shǐmìng Mission *f*: 历史～ die historische Mission

使用 shǐyòng anwenden *vt*; gebrauchen *vt*; benutzen *vt*: 合理～资金 Investitionsmittel rationell nutzen

使者 shǐzhě Gesandte(r); Bote *m*; Botschafter *m*

驶 shǐ ① fahren *vi*: 驾～ lenken *vt*; fahren *vt*; steuern *vt* 行～ fahren *vi* ② schnell fahren; rasen *vi*: 疾～而过 mit hohem Tempo vorbeifahren

屎 shǐ ① Mist *m*; Kot *m*: 鸡～ Hühnermist *m* 牛～ Rinderkot *m*; Kuhfladen *m* 拉～ den Darm entleeren; scheißen *vi* ② Absonderung *f*; Sekret *n*: 耳～ Ohrenschmalz *n*

矢 shǐ ① Pfeil *m*: 飞～ fliegender Pfeil ② schwören *vt*; geloben *vt*: ～志不移 unbeirrbare Entschlossenheit geloben

矢口否认 shǐkǒu fǒurèn etw. unter Eid abstreiten; etw. rundweg ableugnen (*od* verneinen)

始 shǐ ① Beginn *m*; Anfang *m*: 自～至终 von Anfang bis Ende ② erst dann; erst wenn: 坚持学习，～能不断进步。Nur durch beharrliches Lernen sind stetige Fortschritte zu erreichen. ③ beginnen *vt/vi*; anfangen *vt/vi*: 自今日～ von heute an; ab heute

始末 shǐmò von Anfang bis Ende; von A bis Z; die ganze Geschichte: 事情的～ die ganze Angelegenheit

始终 shǐzhōng von Anfang bis Ende; während der ganzen Zeit; von A bis Z: 会谈～在友好的气氛中进行。Das Gespräch verlief von Anfang bis Ende in freundschaftlicher Atmosphäre.

始终不渝 shǐzhōng bù yú konsequent; beständig; beharrlich; unabänderlich: 我们～地坚持和平共处五项原则。Wir halten die Fünf Prinzipien der friedlichen Koexistenz fest.

shì

室 shì Raum *m*; Zimmer *n*: 休息～ Erfrischungsraum *m*; Vorhalle *f*; Foyer *n* 会客～ Empfangszimmer *n* 办公～ Büro

室内 shìnèi in einer Halle; in einem Raum: ～运动 Hallensport *m* ～游泳池 Hallenbad *n* ～装饰 Innendekoration *f*

室外 shìwài draußen; im Freien: ～活动 Aktivitäten im Freien:

市 shì ① Markt *m*: 菜～ Gemüsemarkt *m* 上～ auf den Markt gebracht werden; zum Verkauf angeboten sein ② Stadt *f*: 参观～容 eine Stadtrundfahrt (*od* einen Stadtbummel) machen ③ Beiwort chinesischer Maßeinheiten: ～尺 *Chi n* (ein Längenmaß = 1/3 Meter)

市场 shìchǎng Markt *m*; Marktplatz *m*; Basar *m*: 国内外～ Binnen- und Weltmarkt ～繁荣。Der Markt ist lebhaft (*od* blüht). 这种论点在学术界里没有什么～。Diese These findet im akademischen Kreis kaum Echo.

市集 shìjí ① Markt *m* ② Marktflecken *m*

市价 shìjià Marktpreis *m*

市井 shìjǐng <书> Marktplatz *m*: ～小人 Spießbürger *m*

市侩 shìkuài kleinlicher Kaufmann; Spießer *m*; Krämerseele *f*: ～习气 Philistertum *n*; Spießbürgertum *n*

市民 shìmín Stadtbewohner *m*; Städter *m*; Bürger *m*

市亩 shìmǔ *Mu n* (Flächenmaß = 0,0667 Hektar)

市区 shìqū Stadtviertel *n*; Stadtteil *m*; Stadtbezirk *m*

市容 shìróng Aussehen einer Stadt; Stadtbild *n*: 保持～整洁 die Stadt sauber und ordentlich halten

市长 shìzhǎng Bürgermeister *m*

市镇 shìzhèn Marktflecken *m*

柿 shì Persimone *f*; Kakipflaume *f*; Kakifeige *f*

柿饼 shìbǐng getrocknete Kakipflaume

柿子 shìzi Persimone *f*; Kakipflaume *f*

式 shì ① Typ *m*; Stil *m*; Art *f*: 新～ neuer Stil; neue Mode 旧～ alter Typ ② Form *f*; Muster *n*: 程～ bestimmte, festgelegte Form ③ Zeremonie *f*: 开幕～ Eröffnungszeremoniell *n* ④ Formel *f*: 方程～ Gleichung *f* ⑤ Modus *m*; Aussageweise *f*: 叙述～ Indikativ *m*

式样 shìyàng Stil *m*; Typ *m*; Muster *n*; Modell *n*: 各种～的服

装 Kleidungsstücke unterschiedlichster Machart 不同~的房屋 Häuser unterschiedlichen Baustils
式子 shìzi ① Haltung *f* ② Formel *f*
试 shì ① probieren *vt*; testen *vt*: ~一~ einen Versuch machen; enmal versuchen ~产 versuchsweise produzieren; Versuchsproduktion *f* ~穿 (Kleidung, Schuhe usw.) anprobieren *vt* ② Prüfung *f*; Examen *n*
试表 shìbiǎo j-s Temperatur messen; Fieber messen
试点 shìdiǎn ① an Einzelpunkten Untersuchungen anstellen; Experimente machen; Tests veranstalten ② Einrichtung (Betrieb, Institution u.ä.), in der Experimente durchgeführt werden; Versuchsplatz *m*
试管 shìguǎn Reagenz-, Probierglas *n*: ~婴儿 Retortenbaby *n*
试金石 shìjīnshí Prüfstein *m*
试卷 shìjuàn Prüfungsblatt *n*; Prüfungspapier *n*; Prüfungsbogen *m*
试探 shìtàn bei j-m vorfühlen; j-s Meinung zu erkunden suchen; sondieren *vt*: ~一下他对这个问题的看法 vorsichtig seine Meinung zu diesem Problem erkunden
试题 shìtí Prüfungsthema *n*; Prüfungsfrage *f*; Prüfungsaufgabe *f*: 数学~很不容易。 Die Prüfungsaufgaben der Mathematik sind sehr schwer.
试图 shìtú versuchen *vt*; beabsichtigen *vt*; vorhaben *vt*
试想 [shìxiǎng [用于委婉的质问] nachdenken *vi*; sich überlegen: ~你这样干下去会有好结果吗? Denk doch mal darüber nach, wohin es führen wird, wenn du so weitermachst.
试行 shìxíng etw. probeweise durchführen: ~制造 probeweise produzieren
试验 shìyàn Versuch *m*; Experiment *n*; Probe *f*; Test *m*: ~新机器 neue Maschinen erproben
试用 shìyòng etw. probeweise gebrauchen; etw. versuchsweise anwenden; j-n auf Probe einstellen: ~人员 Angestellte(r) auf Probe
试纸 shìzhǐ [Reagenzpapier *n*
试制 shìzhì etw. probeweise herstellen; etw. versuchsweise erzeugen
拭 shì wischen *vt*; abwischen *vt*
拭目以待 shì mù yǐ dài die Augen offenhalten und abwarten; eine Entwicklung aufmerksam verfolgen
示 shì zeigen *vt*; etw. zur Schau tragen: 出~证件 den Ausweis vorzeigen 暗~ andeuten *vt*; auf etw. anspielen 请~ um Anweisung bitten
示范 shìfàn ein Beispiel geben; demonstrieren *vt*; veranschaulichen *vt*: 起~作用 eine vorbildliche Rolle spielen
示例 shìlì ein typisches Beispiel geben
示弱 shìruò bei j-m den Eindruck von Schwäche erwecken; sich schwach zeigen: 不甘~ sich nicht schwächer als andere zeigen wollen; nicht hinter anderen zurückstehen wollen; nicht bereit sein; klein beizugeben; sich von j-m kein Armutszeugnis ausstellen lassen wollen
示威 shìwēi ① demonstrieren *vi*; eine Demonstration veranstalten: ~游行 Demonstration *f* ② seine Kraft zeigen
示意 shìyì andeuten *vt*; j-n durch einen Wink zu etw. auffordern; j-m ein Zeichen geben: 以目~ mit einem Augenzwinkern etw. zu verstehen geben
示意图 shìyìtú Kartenskizze *f*; Kroki *n*
视 shì ① sehen *vt*: 注~ starren *vi*; anstarren *vt* ② j-n etw. als ... ansehen; j-n/etw. für ... halten: 一~同仁 j-n ganz gleich (*od* gleichberechtigt) behandeln; ohne Diskriminierung; ohne Ansehen der Person ~同儿戏 etw. als Kinderspiel betrachten; leichtfertig mit etw. umgehen ③ inspizieren *vt*: 巡~ eine Inspektionsreise machen
视察 shìchá eine Inspektion durchführen; inspizieren *vt*: ~边防部队 die Grenzschutztruppen inspizieren
视觉 shìjué Gesichtssinn *m*; Sehvermögen *n*
视力 shìlì Sehkraft *f*; Sehvermögen *n*; Sehschärfe *f*: ~测验 Sehschärfeprüfung *f*; Sehtest *m* ~好(差) gute (schechte) Sehschärfe
视死如归 shì sǐ rú guī dem Tod ruhig entgegensehen; dem Tod gefaßt ins Auge sehen
视听 shìtīng sehen und hören: 混淆~ die öffentliche Meinung

irreführen; eine richtige Beurteilung der Dinge unmöglich machen ～中心 audiovisuelles Zentrum

视野 shìyě Gesichts-, Blickfeld *n*

士 shì ① Gelehrte(r); Gelehrtenschicht *f* ② Unteroffiziersränge *pl* ③ Fachkräfte auf bestimmten Gebieten: 护～ Krankenschwester *f* ④ Bezeichnung für geachtete Personen: 烈～ Märtyrer *m*; gefallener Held 勇～ tapferer Kämpter

士兵 shìbīng einfacher (*od* gemeiner) Soldat

士大夫 shìdàfū Gelehrte und Beamte im feudalen China; Beamtenschaft *f*

士气 shìqì Kampfmoral *f*; Kampfgeist *m*: 鼓舞～ den Kampfgeist entfachen

士绅 shìshēn gebildete und besitzende Stände; Gentry *f*

士卒 shìzú Soldaten *pl*: 身先～ an der Spitze seiner Soldaten kämpfen

仕 shì Beamter werden; ein Amt bekleiden (*od* innehaben)

仕女 shìnǚ ① Frauenbildnisse der traditionellen chinesischen Malerei ② junge Frau in würdiger Stellung (in dem kaiserlichen Palast)

仕途 shìtú <书> Beamtenlaufbahn *f*

恃 shì sich auf j-n/etw. stützen; sich auf j-n/etw. verlassen: 有～无恐 im Bewußtsein seiner Stärke oder eines starken Rückhalts vor nichts zurückschrecken ～强凌弱 auf seine Macht gestützt Schwächere tyrannisieren

恃才傲物 shì cái ào wù wegen seines Talents auf die anderen herabschauen; sich elitär geben; sich auf sein Wissen viel einbilden

侍 shì j-m aufwarten; j-n bedienen

侍从 shìcóng Gefolge *n*; Bediente(r)

侍奉 shìfèng für j-n sorgen; j-m zur Verfügung stehen; j-m aufwarten

侍候 shìhòu j-m aufwarten; j-n bedienen; j-n betreuen

侍女 shìnǚ Dienstmädchen *n*; Magd *f*

侍卫 shìwèi Leibgardist *m*; Leibwächter *m*

侍者 shìzhě Diener *m*; Bediensteter *m*

世 shì ① Lebenszeit *f*; Leben *n*: 今生今～ dieses Leben; gegenwärtige irdische Existenz; lebenslang ② Generation *f*: ～交 traditionelle Freundschaft; eine sich über Generationen erstreckende Freundschaft ③ Ära *f*; Zeit *f*: 当今之～ gegenwärtig; heutzutage; in der Gegenwart ④ Welt *f*: 举～闻名 weltberühmt; weltweit bekannt sein ⑤ Epoche *f*

世仇 shìchóu ① Generationen andauernde Familienfehde ② unversöhnlicher Feind (aufgrund einer Familienfeindschaft)

世传 shìchuán von einer Generation auf die andere vererben (*od* weitergeben, überliefern)

世代 shìdài Generation für Generation; von Generation zu Generation; generationenlang: ～相传 von einer Generation auf die nächste übergehen

世故 shìgù Lebens-, Welterfahrung *f*; Lebensklugheit *f*: 老于～ schlau und durchtrieben sein; mit allen Wassern gewaschen

世故 shìgu durchtrieben; (aal)glatt

世纪 shìjì Jahrhundert *n*: ～末 Jahrhundertwende *f*

世家 shìjiā hohe Beamten- oder Adelsfamilie; bedeutende Familie

世交 shìjiāo sich über zwei oder mehr Generationen erstreckende Freundschaft

世界 shìjiè Welt *f*: ～博览会 internationale Messe; Weltausstellung *f* ～语 Esperanto *n* ～主义 Kosmopolitismus *m*

世面 shìmiàn verschiedene Aspekte des Lebens; Gesellschaft *f*; Welt *f*: 见过～ vieles erlebt haben; die Welt gesehen haben; welterfahren

世人 shìrén einfache Leute; breite Massen; alle Welt

世事 shìshì Ereignisse (*od* Angelegenheiten) des menschlichen Lebens

世俗 shìsú ① allgemeine Sitten und Gebräuche; Konventionen *pl*: ～之见 konventionelle Ansichten ② weltlich; diesseitig; irdisch

世态 shìtài Lauf der Welt: ～炎凉 Gefühlskälte und Berechnung in den menschlichen Beziehungen

世外桃源 shì wài táoyuán das außerhalb der Welt liegende Pfirsichblütenland; ein fiktiver Ort, fern den Unruhen der Welt; Paradies *n*; Utopia *n*; Wunsch-, Traumland *n*

世袭 shìxí erblich; geerbt; vererbt: ～制度 Erbsystem *n*

世系 shìxì Stammbaum *m*; Ahnentafel *f*

事 shì ① Sache *f*; Angelegenheit *f*: 国家大～ Staatsangelegenheit *f* ② Unfall *m*; Fall *m*: 出～ einen Unfall haben (*od* erleiden) 惹～ Umstände (*od* Unannehmlichkeiten) bereiten; etw. anstellen ③ Beruf *m*; Job *m*; Tätigkeit *f*: 找～ einen Job (*od* eine Stelle) suchen ④Verantwortung *f*; Verwicklung *f*: 没有你的～了。Es hat nichts mit dir zu tun. ⑤ mit etw. beschäftigt sein; an etw. arbeiten: 无所～～ müßiggehen *vi*; müßig sein; faulenzen *vi*

事半功倍 shì bàn gōng bèi mit halbem Aufwand doppelten Erfolg erzielen; wenig Mühe, viel Erfolg

事变 shìbiàn ① Zwischenfall *m* ② dringender Fall; wichtiges Ereignis: 准备应付可能的突然～ sich auf alle Eventualitäten einstellen

事端 shìduān Unruhe *f*; Aufruhr *m*; Vorfall *m*: 挑起～ einen Vorfall (*od* eine Störung) provozieren 制造～ einen Aufruhr inszenieren

事故 shìgù Unglücksfall *m*; Unfall *m*: 防止发生～ Unfälle verhüten (*od* vermeiden)

事过境迁 shì guò jìn qiān die Sache ist vorbei, die Lage hat sich geändert

事后 shìhòu nachher; nachträglich: ～诸葛亮 im nachhinein weise sein; nachträglich den Klugen spielen; nach der Tat weiß man guten Rat

事迹 shìjī Groß-, Heldentat *f*: 模范～ vorbildliche Taten

事假 shìjià Urlaub zur Erledigung privater Angelegenheiten

事件 shìjiàn Fall *m*; Ereignis *n*

事理 shìlǐ Verstand *m*; Vernunft *f*; Einsicht *f*: 明白～ vernünftig; einsichtig

事例 shìlì Beispiel *n*: 典型～ treffendes Beispiel; typischer Fall

事前 shìqián vorher; zuvor; im voraus

事情 shìqing Sache *f*; Angelegenheit *f*; Ding *n*: 急待解决的～ dringend zu erledigende Angelegenheit ～的真相 wahrer Sachverhalt ～也真巧 wie es der Zufall will (*od* fügte)

事实 shìshí Tatsache *f*: ～胜于雄辩。Tatsachen sind beredter (*od* überzeugender) als Worte. ～如此 Es ist so, wie die Dinge liegen. ～上 in der Tat; in Wirklichkeit; faktisch

事态 shìtài Situation *f*; Lage der Dinge: ～严重。Die Situation ist kritisch.

事务 shìwù ① Routinearbeit *f*: ～繁忙 sehr beschäftigt sein; alle Hände voll zu tun haben ～工作 Routinearbeit *f*; alltägliche Routine ② allgemeine Angelegenheiten: ～员 Büroangestellte(r) ～主义者 Schreiberseele *f*; Umstandskommissar *m*

事物 shìwù Ding *n*; Sache *f*: 宇宙间的每一～ jedes Ding im Universum

事先 shìxiān vorher; zuvor; im voraus: ～通知他们。Sie sollen im voraus in Kenntnis gesetzt werden. ～知道 vorher Bescheid wissen ～酝酿 vorherige Beratung; vorheriger Meinungsaustausch

事项 shìxiàng Punkt *m*; Gegenstand *m*: 注意～ zu beachtende Punkte (*od* Bestimmungen) 议程～ die Punkte auf der Tagesordnung

事业 shìyè ① Werk *n*; Sache *f*; Unternehmen *n*: 伟大而光荣的～ eine große und ruhmreiche Sache 文化教育～ Kultur- und Bildungswesen ② öffentliche Anstalten (*od* Einrichtungen): 公用～ öffentliche Dienstleistungen

事宜 shìyí in Sachen

事与愿违 shì yǔ yuàn wéi die Dinge laufen nicht wunschgemäß; es tritt genau die gegenteilige Wirkung ein

事在人为 shì zài rén wéi Erfolg hängt nur von menschlichen Bemühungen ab

誓 shì ① schwören *vt*; geloben *vt*: ～师 Truppen vereidigen ② Eid *m*; Schwur *m*; Gelöbnis *n*: 宣～ einen Eid ablegen (*od* leisten); schwören *vt*; geloben *vt*

誓不罢休 shì bù bà xiū etw. auf keinen Fall aufgeben; auf keinen

Fall aufhören; auf etw. unter keinen Umständen verzichten: 不达目的～。Wir werden auf keinen Fall aufgeben, bevor wir das Ziel erreicht haben.

誓词 shìcí Eid *m*; Eides-, Schwurformel *f*

誓死 shìsǐ unter Einsatz des eigenen Lebens; mit seinem Leben: ～保卫祖国 entschlossen sein, das Vaterland mit seinem Leben zu verteidigen

誓言 shìyán Eid *m*; Gelübde *n*; Schwur *m*: 履行～ ein Gelübde erfüllen; einen Schwur halten; seinen Eidespflichten nachkommen

逝 shì ① vergehen *vi*; verstreichen *vi*; verfließen *vi*: 时光易～。Die Zeit vergeht sehr schnell. ② sterben *vi*; ableben *vi*; hinscheiden *vi*: 病～ an einer Krankheit sterben

逝世 shìshì hinscheiden *vi*; ableben *vi*; versterben *vi*

势(勢) shì ① Macht *f*; Einfluß *m*; Stärke *f*: 权～ Macht und Einfluß (einer Person) ② Wucht *f*; Trend *m*; Tendenz *f*: 来～甚猛 mit enormer Wucht herankommen ③ natürliche Lage: 地～ topographische Lage; Terrain *n*; Gelände *n* ④ Situation *f*; Lage der Dinge; Umstände *pl*: ～所必然 unvermeidlich; selbstverständlich ⑤ Geste *f*: 打手～ mit den Händen gestikulieren

势必 shìbì sicher; gewiß; bestimmt: 这商行～要破产。Diese Handelsfirma wird sicher bankrottieren.

势均力敌 shì jūn lì dí gleich stark sein; Gleichgewicht der Kräfte; ausgeglichenes Kräfteverhältnis

势力 shìli Stärke *f*; Macht *f*; Einfluß *m*: ～范围 Machtbereich *m*; Einflußsphäre *f*

势利 shìli eingebildet und kriecherisch; snobistisch und devot

势利眼 shìliyǎn ① kriecherisch und eingebildet; devot und snobistisch; arrogante und gleichzeitig kriecherische Haltung ② kriecherischer Snob

势如破竹 shì rú pò zhú glatt vonstatten gehen wie das Bambusspalten; unaufhaltsam und erfolgreich voranschreiten; mit unwiderstehlicher Wucht

势头 shìtóu Stärke *f*; Schwung *m*; Wucht *f*: 风的～越来越大。Der Wind wird immer heftiger.

是 shì ① richtig; recht; wahr: 自以为～ sich für unfehlbar halten; von sich selbst eingenommen sein; eingebildet sein ② ja; jawohl: ～,我知道。Ja, das weiß ich. ③ [表示两种事物同一,或后者说明前者]: 我～一个学生。Ich bin ein Student. ④ [与"的"字相应,有分类的作用]: 他～很努力的。Er arbeitet sehr fleißig. ⑤ [表示存在]: 前边不远～一家旅馆。Nicht weit von vorn befindet sich ein Hotel. 满身～汗 am ganzen Körper schweißgebadet sein ⑥ [表示承认所说的,再转入正意]: 这东西旧～旧,可还能用。Ja, es ist zwar schon alt, aber immer noch brauchbar. ⑦ [表示适合]: 这场雨下的～时候。Der Regen kommt zur rechten Zeit. ⑧ [表示"凡是"、"任何"]: ～集体的事大家都要关心。Alle müssen sich um die Angelegenheiten des Kollektivs kümmern. ～重活，他都抢着干。Wenn es sich um schwere Arbeit handelt, ist er immer der erste, der sich meldet. ⑨ [重读，表示坚决肯定]: 他～不知道。Er weiß es wirklich nicht. ⑩ [用于问句]: 你～坐火车，还～坐汽车？Fahren Sie mit dem Zug oder Auto? ⑪ [用在句首，加重语气]: ～谁告诉你的？Wer hat dir das gesagt?

是非 shìfēi ① recht oder unrecht; richtig und falsch: 明辨～ sich Klarheit über Recht und Unrecht verschaffen; zwischen Richtigem und Falschem unterscheiden ② Streit *m*; Zwietracht *f*: 搬弄～ Zwietracht säen; Streit schüren; einen Keil zwischen zwei Personen treiben; Klatsch verbreiten

是非曲直 shìfēi qū zhí Recht und Unrecht

是否 shìfǒu ob ...; ob ... oder nicht: 他～能当选，还不一定。Es ist noch nicht sicher, ob er gewählt werden kann.

嗜 shì Sucht *f*; Vorliebe *f*: ～酒 sich dem Trunk ergeben; trunksüchtig sein

嗜好 shìhào ① Hobby *n*; Steckenpferd *n*; Neigung *f* ② Sucht *f*; Abhängigkeit *f*

释(釋) shì ① erklären *vt*; erläutern *vt*; interpreteren *vt*: ～义 den Sinn (eines Wortes usw.) erklären ② beseitigen *vt*; beheben *vt*; etw. verschwinden lassen: ～疑 Zweifel aus der Welt räumen (*od* beseitigen); Skepsis beseitigen ③ loslassen *vt*; sich von etw. befreien: 如～重负 erleichtert, als ob man eine schwere Last abgelegt hätte; erleichtert aufatmen ④ entlassen *vt*; freilassen *vt*

释放 shìfàng freilassen *vt*; entlassen *vt*; befreien *vt*: ～俘虏 Gefangene freilassen

释迦牟尼 Shìjiāmóuní Schakjamuni *m* (anderer Name für Gautama Buddha)

适(適) shì ① geeignet sein; passen *vi*: ～于儿童 für Kinder geeignet ② angemessen; entsprechend; richtig; gerade: ～量 richtige Menge ～得其反 es kommt genau das Gegenteil heraus; genzu das Gegenteil bewirken ～逢其会 etw. geschieht gerade zur rechten Zeit; genau zum rechten Augenblick ③ angenehm; wohl; behaglich: 舒～ komfortabel ④ gehen *vi*; folgen *vi*: 无所～从 nicht wissen, wem man zusimmen (*od* folgen) soll; nicht wissen, wie man vorgehen soll

适当 shìdàng angemessen; passend; geeignet; gelegen: ～的人选 die passenden Leute ～调整 etw. zweckmäßig neu regeln ～时机 passende Gelegenheit

适度 shìdù angemessen; mäßig: 饮酒～ mäßig trinken

适合 shìhé geeignet sein; entsprechen *vi*; passen *vi*: ～国情 den inländischen Verhältnissen entsprechen ～他的口味 seinem Geschmack entsprechen; nach seinem Geschmack sein; seinen Geschmack treffen

适可而止 shì kě ér zhǐ aufhören, bevor man zu weit gegangen ist; wissen, wann man aufzuhören hat; das rechte Maß halten; den Bogen nicht überspannen

适龄 shìlíng das passende (*od* richtige) Alter: (入学) ～儿童 schulpflichtige Kinder; Kinder im schulpflichtigen Alter

适时 shìshí zur rechten Zeit; rechtzeitig; zum passenden Zeitpunkt

适宜 shìyí geeignet; angebracht; passen *vi*; sich geziehmen: 他～做技术工作。Technische Arbeiten liegen ihm. 这种做法对你不～。Ein solches Vorgehen ziemt sich nicht für dich.

适意 shìyì angenehm; behaglich; bequem

适应 shìyìng entsprechen *vi*; sich anpassen; sich umstellen: ～新的环境 sich nach den neuen Verhältnissen richten; sich seiner neuen Umwelt anpassen ～时代的需要 mit der Zeit Schritt halten 一切工作都应～经济改革的需要。Alle Arbeit muß den Erfordernissen der wirtschaftlichen Reform entsprechen.

适用 shìyòng praktisch; brauchbar; zweckmäßig; gültig; für etw. gelten: 这个理论～于所有学科。Diese Theorie gilt für alle Disziplin.

适中 shìzhōng ① mäßig; gemäßigt; angemessen: 雨量～ mäßige Niederschläge ② günstig gelegen

似 shì * 另见 sì

似的 shìde [用在名词、代词或动词后面，表示跟某种事物或情况相似]: 象雪～那么白 weiß wie Schnee; schneeweiß 他仿佛睡着了～。Er scheint eingeschlafen zu sein. 这孩子乐得什么～。Das Kind ist außer sich vor Freude.

氏 shì des Namens; von der Familie: 张～兄弟 die Brüder Zhang

氏族 shìzú Clan *m*; Sippe *f*: ～制度 Clan-, Sippensystem *n*

饰 shì ① Schmuck *m*; Ornament *n*; Zierat *m*: 服～ Kleidung und Putz 窗～ Fensterdekorationen *pl* ② schmücken *vt*; ausschmücken *vt*; zieren *vt*; verzieren *vt*: 把文章修～一下 den Artikel verbessern und glätten (*od* polieren) 文过～非 die eigenen Fehler beschönigen ③ eine Rolle spielen

饰物 shìwù ① Schmuck *m*; Schmucksachen *pl*; Geschmeide *n* ② Ornament *n*; Verzierung *f*; Zierde *f*; Zierat *m*

shōu

收 shōu ① entgegennehmen *vt*; aufnehmen *vt*; annehmen *vt*; empfangen *vt*: ～到一份电报 ein Telegramm empfangen 请～下作为纪念。Nehmen Sie es bitte als Erinnerung entgegen. ② hereinbringen *vt*; zurückholen *vt*: ～拾 aufräumen *vt* ～集

sammeln *vt* ③ einkassieren *vt*; einziehen *vt*: ～税 Steuern einziehen ④ Ernte *f*; ernten *vt*: ～庄稼 die Ernte einbringen ⑤ beenden *vt*; mit etw. Schluß machen: 时间不早了，今天就～了吧！Es ist spät, machen wir Schluß für heute! ⑥ zurückhalten *vt*; kontrollieren *vt* ⑦ Einkommen *n*; eingezogenes Geld: 税～ Steuereinnahmen *pl*

收兵 shōubīng Truppen zurückziehen; den Kampf aufgeben

收藏 shōucáng etw. sammeln und aufbewahren; aufspeichern *vt*: ～古画 alte Gemälde sammeln ～粮食 Korn speichern

收场 shōuchǎng ① ein Ende finden; enden *vi*; aufhören *vi*: 草草～ etw. flüchtig zu Ende führen ② Ende *n*; Ausgang *m*; Schluß *m*: 圆满的～ ein gutes Ende; Happy-End *n*; glücklicher Ausgang

收成 shōucheng Ernte *f*: ～很好 eine gute Ernte; Rekordernte *f*

收到 shōudào erhalten *vt*; bekommen *vt*; etw. in Empfang nehmen: ～良好的效果 positive Ergebnisse (*od* gute Resultate) erzielen

收发 shōufā ① (Post und Dokumente) in Empfang nehmen und ausgeben ② in der Postverteilungsstelle einer Behörde u.ä. beschäftigtes Personal; Postverteiler *m*: ～室 Annahme- und Ausgabestelle *f*; Postverteilungsstelle *f*; Pförtnerloge *f*

收费 shōufèi Geld kassieren; Gebühren erheben

收复 shōufù wiedergewinnen *vt*; zurückgewinnen *vt*; wiedererobern *vt*; zurückerobern *vt*: ～失地 verlorenes Territorium zurückgewinnen

收割 shōugē mähen *vt*; ernten *vt*: ～小麦 Weizen mähen

收工 shōugōng (von einer Arbeit im Freien) Feierabend machen; die Arbeit einstellen

收购 shōugòu ankaufen *vt*; aufkaufen *vt*: ～农副产品 landwirtschaftliche Produkte und landwirtschaftliche Nebenprodukte ankaufen

收回 shōuhuí ① zurücknehmen *vt*; zurückbekommen *vt*; zurückerhalten *vt*: ～主权 die Souveränität wiedergewinnen ～贷款 eine Darlehenssumme zurückerstattet bekommen ② zurücknehmen *vt*; etw. rückgängig machen; widerrufen *vt*: ～建议 einen Vorschlag zurücknehmen ～成命 einen Befehl widerrufen; einen Beschluß zurücknehmen

收获 shōuhuò ① ernten *vt*; Ernte einbringen: ② Frucht *f*; Ergebnis *n*; Resultat *n*; Erfolg *m*: 学习～ Studienerfolge *pl* 一次很有～的访问 ein erfolgreicher Besuch

收集 shōují sammeln *vt*; ansammeln *vt*; zusammentragen *vt*: ～信息 Informationen sammeln

收缴 shōujiǎo übernehmen *vt*; erbeuten *vt*: ～敌人的武器 Waffen des Feindes erbeuten

收据 shōujù Quittung *f*

收敛 shōuliǎn ① vergehen *vi*; verschwinden *vi*: 她的笑容突然～了。Das Lächeln verschwand plötzlich aus ihrem Gesicht. ② sich zurückhalten; sich zügeln; sich im Zaume halten

收录 shōulù ① einschließen *vt*; aufnehmen *vt*: 这篇文章已～在他的选集里。Dieser Artikel ist in seine ausgewählten Werke aufgenommen worden. ② Empfang und Aufnahme: ～机 Empfang- und Aufnahmegerät *n*

收罗 shōuluó sammeln *vt*; heranziehen *vt*; j-n zur Mitarbeit gewinnen: ～技术人才 qualifiziertes technisches Personal anwerben ～资料 Daten sammeln

收买 shōumǎi ① einkaufen *vt*; ankaufen *vt*; aufkaufen *vt*: ～废品 Altmaterien aufkaufen ② erkaufen *vt*; bestechen *vt*: ～人心 sich die Unterstützung der Öffentlichkeit erkaufen

收盘 shōupán Schlußnotierung *f* (an der Börse): ～汇率 Wechselkurs bei Börsenschluß ～价格 Schlußkurs *m*

收讫 shōuqì ① bezahlt; Zahlung erhalten ② Waren vollständig (*od* komplett) erhalten haben

收容 shōuróng j-n vorübergehend aufnehmen; j-n auffangen: ～伤员 Verwundete aufnehmen ～难民 Flüchtlinge auffangen

收入 shōurù ① Einkommen *n*; Einnahmen *pl*; Einkünfte *pl*; Ertrag *m*: 财政 ～ Staatseinnahmen *pl*; Staatseinkünfte *pl* ～和支出 Einnahmen und Ausgaben ② aufnehmen *vt*: 修订版词典～许多成语。Viele neue Redewendungen wurden in die verbesserte Auflage des Wörterbuchs aufgenommen.

收拾 shōushi ① etw. in Ordnung bringen; ordnen *vt*; aufräumen *vt*: ～工具 die Werkzeuge aufräumen ～床铺 Betten machen ～残局 eine verfahrene Lage wieder einrenken; den Karren aus dem Dreck ziehen ② packen *vt*; zusammenpacken *vt*: ～行李 Koffer packen; Gepäck zusammenpacken ③ reparieren *vt*; ausbessern *vt*; renovieren *vt*: ～屋顶 ein Hausdach ausbessern

收缩 shōusuō ① schrumpfen *vi*; sich zusammenziehen: 这种布下水后要～。Dieser Stoff geht beim Waschen ein. ② seine Kräfte konzentrieren; seine Kräfte zurückziehen; sich zurückziehen

收条 shōutiáo Quittung *f*; Empfangsbestätigung *f*

收听 shōutīng etw. im Radio hören; empfangen *vt*: ～新闻广播 Nachrichtensendungen hören

收尾 shōuwěi ① beenden *vt*; abschließen *vt*; etw. zu Ende führen ② Ende *n*; Abschlußarbeiten *pl*; letzter Teil einer Arbeit

收效 shōuxiào Erfolge zeitigen; Resultate erzielen; Ergebnis *n*; Resultat *n*; effektive Nutzung

收养 shōuyǎng adoptieren *vt*; j-n (an Kindesstatt) annehmen; j-n in Pflege nehmen: ～孤儿 Waisenkinder an Kindesstatt annehmen

收益 shōuyì Verdienst *m*; Gewinn *m*; Ertrag *m*; Einnahmen *pl*: 纯～ reiner Ertrag

收音机 shōuyīnjī Rundfunkempfänger *m*; Radio *n*: 便携式～ Kofferradio *n* 落地式～ Musiktruhe *f*

收支 shōuzhī Einnahmen und Ausgaben; Bilanz *f*: ～平衡。Einnahmen und Ausgaben sind ausgeglichen. ～逆差 Zahlungsbilanzdefizit *n*; Passivsaldo der Handelsbilanz

shǒu

守 shǒu ① verteidigen *vt*; schützen *vt*; behaupten *vt*: 把～ bewachen *vt*; hüten *vt* ～住阵地 die Stellung behaupten ② Wache halten; wachen *vi*; aufpassen *vi* ③ halten *vt/vi*; einhalten *vt*; festhalten *vi*: ～纪律 Disziplin halten ～信用 sein Wort halten

守备 shǒubèi Garnisonsdienst versehen; in Garnison liegen

守财奴 shǒucáinú Geizhals *m*; Knicker *m*

守法 shǒufǎ Gesetze befolgen (*od* einhalten)

守寡 shǒuguǎ Witwe bleiben; nach dem Tod des Mannes nicht wieder heiraten

守候 shǒuhòu ① warten *vi*; erwarten *vt* ② wachen *vi*

守旧 shǒujiù am alten hängen; alles beim alten lassen wollen; konservativ sein

守口如瓶 shǒu kǒu rú píng den Mund wie eine Flasche verschlossen halten — über etw. strengstes Stillschweigen bewahren; verschwiegen wie ein Grab sein

守灵 shǒulíng neben j-s Sarg wachen; Ehrenwache am Sarg halten

守势 shǒushì Defensive *f*: 采取～ in die Defensive gehen

守卫 shǒuwèi verteidigen *vt*; schützen *vt*; bewachen *vt*

守夜 shǒuyè Nachtwache halten

守则 shǒuzé Ordnung *f*; Regel *f*; Vorschrift *f*: 工作～ Dienstordnung *f*; Dienstvorschriften *pl*

守株待兔 shǒu zhū dài tù darauf warten, daß weitere Hasen gegen den Baum rennen und sich das Genick brechen — närrisch auf eine einmalige, nie wiederkehrende Chance warten

首 shǒu ① Haupt *n*; Kopf *m*: 昂～ den Kopf hoch halten ② Oberhaupt *n*; Häuptling *m*; Anführer *m*: 祸～ Rädelsführer *m*; Urheber eines Übels; Hauptschuldige(r) ③[用于诗歌]: 一～歌 ein Lied ④ der (die, das) erste: ～批 die erste Gruppe; der erste Schub

首倡 shǒuchàng die Initiative ergreifen

首创 shǒuchuàng etw. einleiten; als erster etw. tun; die Initiative ergreifen: ～精神 Pioniergeist *m*; Initiative *f*

首次 shǒucì der (die, das) erste; zum erstenmal

首当其冲 shǒu dāng qí chōng vor allen anderen einer Gefahr (*od* einem Angriff einem Druck) ausgesetzt sein; die Hauptwucht (eines Angriffs) tragen; als erster von einem Unheil betroffen sein

首都 shǒudū Hauptstadt *f*; Metropole *f*
首恶 shǒu'è Anführer der Verbrecher; Rädelsführer *m*; Hauptverbrecher *m*
首领 shǒulǐng Häuptling *m*; Führer *m*; Anführer *m*
首脑 shǒunǎo Oberhaupt *n*; Chef *m*: 政府～ Regierungschef *m* 国家～ Staatsoberhaupt *n* ～会议 Gipfelkonferenz *f*
首屈一指 shǒu qū yī zhǐ der Allerbeste; den ersten Platz einnehmen
首饰 shǒushi Schmuck *m*; Schmucksachen *pl*
首途 shǒutú eine Reise antreten; sich auf den Weg machen; aufbrechen *vi*
首尾 shǒuwěi ① Kopf und Schwanz; Anfang und Ende ② von Anfang bis (zu) Ende; von jeher: 这次旅行，～经过一个月。Die Reise dauerte insgesamt einen Monat.
首席 shǒuxí ① Ehrenplatz *m*: 坐～ den Ehrenplatz einnehmen ② Chef *m*: ～代表 Chefdelegierte(r)
首先 shǒuxiān ① der (die, das) erste: ～发言 als erster das Wort ergreifen ② zuerst; vor allem; zunächst; in erster Linie: ～，请允许我代表全厂职工向您表示由衷欢迎。Erlauben Sie mir zuerst, Sie im Namen der Belegschaft des gesamten Betriebs herzlich willkommen zu heißen.
首相 shǒuxiàng Kanzler *m*; Premier *m*; Premierminister *m*; Ministerpräsident *m*
首要 shǒuyào erstrangig; hauptsächlich: ～任务 Hauptaufgabe *f* ～问题 eine Frage, die erstrangige Bedeutung hat

手 shǒu ① Hand *f*: ～背 Handrücken *m* ～提包 Handtasche *f* ～织的毛衣 von Hand gestrickter Pullover ② Personen mit speziellen Fertigkeiten oder Funktionen: 拖拉机～ Traktorist *m* 多面～ vielseitig befähigte Person; Allroundman *m* 能～ ein tüchtiger Mensch ③ etw. in der Hand haben: 人～一册。Jeder hat ein Exemplar. ④ [用于技能、本领]: 他有一～好手艺。Er ist ein meisterhafter Handwerker.
手臂 shǒubei Arm *m*
手笔 shǒubǐ Handschrift *f*; das mit eigener Hand Geschriebene oder Gemalte
手边 shǒubiān in der (*od* zur) Hand; bei sich
手表 shǒubiǎo Armbanduhr *f*
手不释卷 shǒu bù shì juàn immer ein Buch in der Hand haben; von Büchern nicht lassen können; immer über den Büchern sitzen
手册 shǒucè Handbuch *n*; Leitfaden *m*: 教师～ Lehrerheft *n*
手抄本 shǒuchāoběn handgeschriebene Kopie
手电筒 shǒudiàntǒng Taschenlampe *f*
手段 shǒuduàn ① Mittel *n*; Methode *f*; Weg *m*: 达到目的的一种～ ein Mittel zum Zweck 高压～ Gewaltmaßnahme *f* 支付～ Zahlungsmittel *pl* 不择～ kein Mittel unversucht lassen; mit allen Mitteln ② Trick *m*; Kniff *m*: 耍～ Tricks (*od* List) anwenden; sich Tricks bedienen; mit Kniffen arbeiten
手法 shǒufǎ ① Kunstfertigkeit *f*; Technik *f*: 夸张～ Übertreibung *f*; Hyperbel *f* 艺术表现～ künstlerische Ausdrucksmittel ② Trick *m*; Manöver *n*: 卑劣的～ niederträchtiger Trick
手风琴 shǒufēngqín Ziehharmonika *f*; Akkordeon *n*
手稿 shǒugǎo eigenhändig geschriebenes Manuskript
手工 shǒugōng ① Handarbeit *f*: 做～ Handarbeiten verrichten ② manuell arbeiten; etw. mit der Hand machen: ～操作 manuelle Handhabung
手工业 shǒugōngyè Handwerk *n*
手工艺 shǒugōngyì Kunsthandwerk *n*; Kunstgewerbe *n*: ～工人 Kunsthandwerker *m* ～品 kunsthandwerkliches Produkt; kunstgewerblicher Gegenstand; Kunsterzeugnis *n*
手迹 shǒujì j-s eigenhändige Handschrift oder Malerei
手脚 shǒujiǎo ① Bewegung von Händen oder Füßen: ～利落 flinke Hände haben ② hinterhältige Methode; Trick *m*: 从中弄～ seine Hand im Spiel haben
手巾 shǒujin Handtuch *n*
手绢 shǒujuàn Taschentuch *n*
手铐 shǒukào Handschellen *pl*: 戴上～ j-m Handschellen anlegen
手榴弹 shǒuliúdàn Handgranate *f*
手忙脚乱 shǒu máng jiǎo luàn Hals über Kopf; in wilder Hast; völlig konfus; holterdiepolter

手枪 shǒuqiāng Pistole *f*
手巧 shǒuqiǎo fingerfertig; geschickt
手球 shǒuqiú Handball *m*
手软 shǒuruǎn schwanken, wo Entschlossenheit am Platz wäre; weichherzig; Mitleid und Sanftmut
手势 shǒushì Gebärde *f*; Geste *f*: 打～ gestikulieren *vi*; Gesten machen
手术 shǒushù Operation *f*; Eingriff *m*: 动～ eine Operation (*od* einen Eingriff) vornehmen; sich einer Operation unterziehen 大夫给病人做胃部～。Der Arzt operiert einen Kranken am Magen. ～室 Operationssaal *m* ～台 Operationstisch *m*
手松 shǒusōng spendabel; freigebig; großzügig
手套 shǒutào Handschuh *m*: 无指～ Fausthandschuh *m*; Fäustling *m*
手提 shǒutí etw. mit der Hand tragen: ～打字机 Koffer-, Reiseschreibmaschine *f* ～箱 Handkoffer *m*
手头 shǒutóu ① griffbereit; bei sich; in Händen: ～工作很多 alle Hände voll zu tun haben ② persönliche finanzielle Lage: ～紧 wenig Geld haben; knapp bei Kasse sein ～宽裕 über ausreichende Geldmittel verfügen; sich in einer guten finanziellen Lage befinden
手腕 shǒuwàn Taktik *f*; Manöver *n*; Trick *m*; Kniff *m*: 外交～ Diplomatie *f*; diplomatisches Manöver
手舞足蹈 shǒu wǔ zú dǎo Freudentänze aufführen; vor Freude außer sich sein
手下 shǒuxià ① unter j-s Führung (*od* Leitung): 在他～工作 unter seiner Leitung arbeiten ② etw. zur Hand haben: 东西不在～。Ich habe es nicht zur Hand.
手下留情 shǒuxià liú qíng mit j-m Nachsicht üben; j-n schonend behandeln
手续 shǒuxù Formalität *f*; Verfahren *n*: 办～ Formalitäten erledigen
手艺 shǒuyì ① Kunst-, Handfertigkeit *f* ② Handwerk *n*
手掌 shǒuzhǎng Handfläche *f*; Handteller *m*
手杖 shǒuzhàng Stock *m*
手纸 shǒuzhǐ Toilettenpapier *n*
手指 shǒuzhǐ Finger *m*
手镯 shǒuzhuó Armband *n*; Armspange *f*
手足 shǒuzú Brüder *pl*: ～之情 Bruderliebe *f*
手足无措 shǒu zú wú cuò weder aus noch einwissen; sich nicht mehr zu helfen wissen; fassungslos

shòu

瘦 shòu ① dünn; mager; abgezehrt; abgemagert ② arm an Fett; mager; ～肉 mageres Fleisch ③ eng: klein: 这件上衣腰身～了点。Das Jackett ist in der Taille ein bißchen eng.
瘦弱 shòuruò mager und schwach; abgezehrt und ausgemergelt
瘦小 shòuxiǎo mager und klein
瘦削 shòuxuē abgemagert; abgezehrt
瘦子 shòuzi magere Person
兽(獸) shòu ① Tier *n*; Bestie *f*: 野～wildes Tier ② bestialisch; tierisch; barbarisch: 人面～心 das Gesicht eines Menschen, aber das Herz einer Bestie haben
兽类 shòulèi Tiere *pl*
兽行 shòuxíng ① Brutalität *f*; Bestialität *f* ② bestialisches Verhalten
兽性 shòuxìng teuflische Wesensart; Bestialität *f*; Brutalität *f*
兽医 shòuyī Tierarzt *m*; Veteriär *m*
兽欲 shòuyù tierische Begierde
寿(壽) shòu ① langes Leben ② Alter *n*; Leben *n*: 长～ langes Leben ③ Geburtstag *m*: 祝～ j-m zum Geburtstag gratulieren ④ zu Lebzeiten für die eigene Bestattung vorbereitete Gegenstände: ～木 Sarg *m*
寿辰 shòuchén Geburtstag *m* (einer älteren Person)
寿礼 shòulǐ Geburtstagsgeschenk *n* (für eine ältere Person)
寿命 shòumìng Lebensdauer *f*; Lebenserwartung *f*: 平均～ durchschnittliche Lebenserwartung 机器～ Lebensdauer einer Maschine
寿终正寝 shòu zhōng zhèng qǐn eines natürlichen Todes sterben; im hohen Alter sterben; sich dem Tod (*od* Untergang) weihen; sein Ende finden

受 shòu ① erhalten *vt*; bekommen *vt*; annehmen *vt*; entgegennehmen *vt*: ～教育 eine Ausbildung erhalten ～礼 ein Geschenk entgegennehmen ② erleiden *vt*; ausgesetzt sein; sich unterziehen: ～委屈 gekränkt sein ～损失 Verluste erleiden ～监督 sich einer Kontrolle unterziehen; unter Bewachung stehen ③ ertragen *vt*; dulden *vt*; aushalten *vt*: ～不了 etw. nicht aushalten können

受潮 shòucháo feucht werden

受宠若惊 shòu chǒng ruò jīng sich durch j-s übermäßige Gunstbezeigung geschmeichelt fühlen; durch j-s unerwartete Gunst überwältigt sein

受挫 shòucuò einen Fehlschlag erleiden; Schiffbruch erleiden; einen Mißerfolg hinnehmen müssen

受罚 shòufá bestraft werden

受害 shòuhài leiden *vi*; Schaden erleiden

受贿 shòuhuì sich bestechen lassen; eine Bestechung annehmen

受奖 shòujiǎng ausgezeichnet (*od* belohnt) werden

受惊 shòujīng scheu werden; scheuen *vi*; erschrocken sein

受精 shòujīng befruchtet werden: 体内(外)～ innere (äußere) Befruchtung

受窘 shòujiǒng verlegen werden; in Verlegenheit geraten

受苦 shòukǔ leiden *vt*; Leiden ertragen; in Bedrängnis sein; in Not leben: ～受难 in Not und Elend leben

受累 shòulěi in etw. verwickelt sein; in Mitleidenschaft gezogen werden

受累 shòulèi Unannehmlichkeiten auf sich nehmen; sich große Mühe machen: 他为了我们大家，可没少～。Für uns alle hat er viel Mühe auf sich genommen.

受理 shòulǐ eine Klage für zulässig erklären

受难 shòunàn leiden *vi*; Leiden ertragen: 战争～者 Kriegsopfer *n*

受骗 shòupiàn betrogen werden; hinters Licht geführt werden

受气 shòuqì Demütigungen erleiden (*od* einstecken)

受权 shòuquán (zu etw.) ermächtigt werden; in j-s Auftrag

受伤 shòushāng verletzt werden; verwundet werden

受审 shòushěn verhört werden; vor Gericht stehen

受托 shòutuō beauftragt sein; im Auftrag von j-m

受益 shòuyì Vorteil haben; Nutzen (*od* Gewinn) ziehen; profitieren *vi*

受用 shòuyòng von Nutzen sein; nützen *vi*; nützlich sein; profitieren *vi*: ～不尽 von großem Nutzen sein; für das ganze Leben von Nutzen sein

受援 shòuyuán Hilfe empfangen: ～国 Empfängerland *n*

受灾 shòuzāi von einer Naturkatastrophe heimgesucht werden; von Unbilden betroffen sein: ～地区 von einer Naturkatastrophe heimgesuchtes Gebiet

受罪 shòuzuì leiden *vi*; Qualen ertragen (*od* erleiden); sich quälen

授 shòu ① überreichen *vt*; verleihen *vt*; geben *vt*: ～权 j-n bevollmächtigen; j-m Vollmacht erteilen; ermächtigen *vt* ② lehren *vt*; unterrichten *vt*; vermitteln *vt*; j-m etw. beibringen: 函～ Fernunterricht *m*

授奖 shòujiǎng j-m einen Preis verleihen

授精 shòujīng Besamung *f*: 人工～ künstliche Besamung

授命 shòumìng einen Befehl erlassen; eine Anordnung geben: ～组阁 j-m den Auftrag zur Kabinettsbildung geben

授受 shòushòu geben und nehmen; gewähren und empfangen: 私相～ heimliches Geben und Nehmen; j-m (*od* einander) etw. in die Hand drücken

授勋 shòuxūn einen Orden verleihen; j-n mit einem Orden dekorieren

授意 shòuyì j-m einen versteckten Hinweis geben; j-m einen Wink geben

授予 shòuyǔ verleihen *vt*

售 shòu ① verkaufen *vt*; absetzen *vt*: 出～ etw. zum Verkauf anbieten ～货 Waren verkaufen ② (von einer Hinterlist, einem versteckten Plan usw.) Gebrauch machen; (eine List) in die Tat umsetzen; sich (Kniffe oder Schliche) bedienen: 以～其奸 Tricks anwenden, um seine hinterlistigen Pläne zu verwirklichen

售货员 shòuhuòyuán Verkäufer *m*: 女～ Verkäuferin *f*

售价 shòujià Verkaufspreis *m*

售票处 shòupiàochù (für Bahnhof usw.) Fahrkartenschalterhalle *f*; (für Theater usw.) Kasse *f*
售票员 shòupiàoyuán (für Bus usw.) Schaffner *m*; (für Theater, Bahnhof usw.) Kartenverkäufer *m*
狩 shòu 〈书〉 Jagd *f* (besonders im Winter)
狩猎 shòuliè Jagd *f*

shū

梳 shū ① Kamm *m*: 木～ Holzkamm *m* ② kämmen *vt*
梳洗 shūxǐ sich waschen und kämmen
梳妆 shūzhuāng sich ankleiden und frisieren; Toilette *f*: ～打扮 Toilette machen; sich zurechtmachen
梳子 shūzi Kamm *m*
疏 shū ① licht; weit auseinander stehend; spärlich: ～林 lichter Wald ～星 (ein paar) verstreute Sterne ② einander nicht nahestehend; entfernt; distanziert ③ fremd; unvertraut: 人地生～ fremd und ortsunkundig sein; mit Land und Leuten nicht vertraut ④ arm; leer; knapp; beschränkt: 志大才～ großer Ehrgeiz, kleines Talent ⑤ (einen Fluß usw.) ausbaggern ⑥ vernachlässigen *vt*; versäumen *vt*: ～于防范 in den Verteidigungsanstrengungen nachlassen; Vorsichtsmaßregeln versäumen ⑦ verstreuen *vt*; verteilen *vt*: ～散 evakuieren *vt*
疏导 shūdǎo ausbaggern *vt*
疏忽 shūhu Nachlässigkeit *f*; Unachtsamkeit *f*; Versehen *n*
疏浚 shūjùn ausbaggern *vt*: ～水道 einen Wasserlauf ausbaggern
疏漏 shūlòu Versehen *n*; Versäumnis *n*; Flüchtigkeitsfehler *m*
疏落 shūluò verstreut; spärlich; licht: ～的村庄 verstreut liegende Dörfer
疏散 shūsàn ① verstreut ② evakuieren *vt*; aussiedeln *vt*; räumen *vt*: ～人口 die Bevölkerung evakuieren
疏失 shūshī Versehen *n*; Flüchtigkeitsfehler *m*
疏通 shūtōng ① ausbaggern *vt* ② eine Verständigung zwischen zwei Parteien herbeiführen; einen Streit zwischen zwei Parteien schlichten
疏远 shūyuǎn sich entfremden; sich voneinander distanzieren; sich voneinander abwenden
蔬 shū Gemüse *n*: 布衣～食 schlichte Kleidung und einfache Kost; ein einfaches Leben führen
蔬菜 shūcài Gemüse *n*
枢(樞) shū Zentrum *n*; Zentrale *f*; Knotenpunkt *m*: 神经中～ Nervenzentrum *n*
枢密院 shūmìyuàn Geheimer Rat
枢纽 shūniǔ Knotenpunkt *m*; Schlüssel *m*: 交通～ Verkehrsknotenpunkt *m*
叔 shū ① jüngerer Bruder des Vaters; Onkel *m* ② Onkel *m* ③ jüngerer Bruder des Ehemannes; Schwager *m*
叔伯 shūbai Verwandtschaft zwischen Cousins und Cousinen bzw. Großcousins und Großcousinen
叔父 shūfù jüngerer Bruder des Vaters; Onkel *m*
叔叔 shūshu ① jüngerer Bruder des Vaters; Onkel *m* ② Onkel *m*
输 shū ① transportieren *vt*; befördern *vt*: ～电 Strom leiten ② verlieren *vt*; eine Niederlage erleiden: ～了一局 einen Satz verlieren
输出 shūchū ① ausführen *vt*; exportieren *vt*; Export *m* ② Output *m*; Ausgangsleistung *f*
输入 shūrù ① einführen *vt*; importieren *vt*; Import *m* ② Input *m*; Eingangsleistung *f*
输送 shūsòng fördern *vt*; befördern *vt*; transportieren *vt*; zuführen *vt*: ～货物 Güter transportieren ～机 Fördermaschine *f*
输血 shūxuè Blutübertragung *f*; Bluttransfusion *f*: ～者 Blutspender *m*
输氧 shūyǎng j-m Sauerstoff zuführen; j-n mit Sauerstoff beatmen
输液 shūyè Infusion *f*
输油管 shūyóuguǎn Pipeline *f*; Ölfernleitung *f*
殊 shū ① verschieden; unterschiedlich: 悬～ sehr große Differenz; sehr unterschiedlich ② besonders; außerordentlich; speziell; ungewöhnlich: 待以～礼 j-m einen außerordentlichen Empfang bereiten ③ sehr; äußerst: ～难相信 unglaublich; kaum zu glauben
殊死 shūsǐ mit dem Mut der Verzweiflung; auf Leben und

Tod: ～的搏斗 ein Kampf auf Leben und Tod
殊途同归 shū tú tóng guī verschiedene Wege führen zum gleichen Ziel; auf verschiedenen Wegen zum gleichen Ergebnis kommen; viele Wege führen nach Rom

抒 shū äußern *vt*; etw. zum Ausdruck bringen; aussprechen *vt*: 各～己见。Jeder äußert seine Meinung (*od* seine Ansichten)
抒发 shūfā ausdrücken *vt*; etw. zum Ausdruck bringen; etw. Ausdruck geben
抒情 shūqíng seinen Gefühlen Ausdruck geben: ～诗 Lyrik *f*

舒 shū ① strecken *vt*; entspannen *vt*; entfalten *vt*; ausbreiten *vt* ② langsam; gemächlich
舒畅 shūchàng behaglich; sorglos; froh: 心情～ sich wohl fühlen; glücklich (*od* sorglos) sein
舒服 shūfu ① bequem; angenehm ② sich wohl fühlen: 她今天不大～。Heute fühlt sie sich nicht ganz wohl.
舒适 shūshì komfortabel; behaglich; bequem: ～的生活 ein behagliches Leben 房间不大，但很～。Der Raum ist nicht groß, aber sehr gemütlich.
舒坦 shūtan bequem; behaglich
舒展 shūzhǎn ① sich entfalten; sich glätten ② strecken *vt*; ausdehnen *vt*; entspannen *vt*: ～一下筋骨 die Muskeln entspannen

书(書) shū ① schreiben *vt* ② Buch *n* ③ Brief *m*; Schreiben *n*: 家～ ein Brief von der bzw. an die Familie ③ Urkunde *f*; Dokument *n*: 证～ Zertifikat *n* 国～ Beglaubigungsschreiben *n*
书包 shūbāo Schulmappe *f*; Schultasche *f*; Schulranzen *m*
书报 shūbào Bücher und Zeitungen
书本 shūběn Buch *n*: ～知识 Buchwissen *n*; Buchgelehrsamkeit *f*
书橱 shūchú Bücherschrank *m*
书呆子 shūdāizi Fachidiot *m*; Stubengelehrte(r); Bücherwurm *m*
书店 shūdiàn Buchhandlung *f*; Buchladen *m*
书法 shūfǎ Kalligraphie *f*
书房 shūfáng Studierzimmer *n*; Studierstube *f*
书画 shūhuà Kalligraphie und Malerei
书籍 shūjí Bücher *pl*; Literatur *f*
书记 shūji ① Sekretär *m*: 总～ Generalsekretär *m* ② Schreiber *m*: ～处 Sekretariat *n*
书架 shūjià Bücherregal *n*; Büchergestell *n*
书刊 shūkān Bücher und Zeitschriften
书面 shūmiàn schriftlich; in gesahriebener Form; geschrieben: ～通知 schriftliche Mitteliung ～答复 eine schriftliche Antwort (geben); schriftlich antworten ～声明 schriftliche Erklärung ～语 geschriebene Sprache; Schriftsprache *f*
书名 shūmíng Buchtitel *m*
书目 shūmù Buchkatalog *m*; Bücherverzeichnis *n*; Bibliographie *f*: 参考～ Verzeichnis der Nachschlagewerke
书皮 shūpí Buchumschlag *m*
书评 shūpíng Buchbesprechung *f*; Rezension *f*; Buchkritik *f*
书生 shūshēng Buchgelehrte(r); Intellektuelle(r)
书生气 shūshēngqì Stubengelehrsamkeit *f*
书写 shūxiě schreiben *vt*: ～标语 Losungen schreiben ～纸 Schreibpapier *n*
书信 shūxìn Brief *m*; Schreiben *n*: ～往来 Briefverkehr, -wechsel *m*
书桌 shūzhuō Schreibtisch *m*

shú

孰 shú ① wer; welche(r,s): 人非圣贤，～能无过？Ein Mensch ist kein Heiliger, wie könnte er ohne Fehler sein? ② was: 是可忍，～不可忍？ Wenn man das duldet, gibt es dann etwas, was man nicht hinnimmt?

熟 shú ① reif: 时机尚未成～。Die Zeit ist noch nicht reif. ② gar; zubereitet; gekocht ③ behandelt; bearbeitet: ～皮子 lohgares Leder ④ bekannt; vertraut: 这口音听起来很～。Die Stimme kommt mir bekannt vor. 他们俩很～。Sie sind sehr vertraut. ⑤ geübt; erfahren; geschickt: ～手 Erfahrene(r); Fachmann *m*; Geübte(r) ⑥ tief; fest: ～睡 fest schlafen
熟谙 shú'ān sich gut auskennen; vertraut sein
熟菜 shúcài fertig zubereitete Gerichte; Fertiggericht *n*

熟客 shúkè Stammgast *m*; regelmäßiger Besucher
熟练 shúliàn geübt; erfahren; gewandt; bewandert: ～工人 gelernter Arbeiter
熟路 shúlù gewohnter Weg: 他对这儿熟门～的。Er weiß hier überall Bescheid. 或 Er ist hier mit der Umgebung sehr vertraut.
熟能生巧 shú néng shēng qiǎo große Fertigkeit kommt aus gründlicher Vertrautheit; Übung macht den Meister
熟人 shúrén Bekannte(r); Freund *m*
熟视无睹 shú shì wú dǔ an etw. vorbeisehen; etw. oft sehen, aber sich keine Gedanken darüber machen; über etw. hinwegsehen; etw. gegenüber gleichgültig sein
熟识 shúshi j-n gut kennen; sich auskennen; mit j-m/etw. vertraut sein
熟悉 shúxī etw. gut kennen; mit etw. sehr vertraut sein; in etw. zu Hause sein; in etw. gut Bescheid wissen
熟习 shúxí in etw. zu Hause sein; sachverständig (*od* sachkundig) sein; versiert; spezialisiert: ～业务 in seinem Fach versiert sein
熟语 shúyǔ Idiom *n*; idiomatische Redewendung
熟知 shúzhī j-n/etw. gut kennen; etw. in- und auswendig kennen; über etw. gut informiert sein

赎(贖) shú ① (Pfand) einlösen *vt* ② (Untat, Verbrechen) sühnen *vt*; Sühne leisten; wiedergutmachen *vt*; für etw. bezahlen
赎金 shújīn Lösegeld *n*
赎罪 shúzuì eine Untat oder ein Verbrechen sühnen; Sühne leisten; eine Schuld abbüßen

shǔ

数(數) shǔ ① zählen *vt*; abzählen *vt*: 从一～到十 von eins bis zehn zählen ② im Verhältnis zu ... als außergewöhnlich gelten: 全班～他最优秀。Er ist der vorzüglichste in der Klasse. ③ aufzählen *vt*: 历～其罪 j-s Verbrechen aufzählen *另见 shù; shuò
数得着 shǔdezháo zu den besten, herausragenden usw. zählen; als besonders gut, herausragend usw. gelten: 他是新中国～的科学家。Er zählt zu den tüchtigsten Wissenschaftlern im neuen China.
数典忘祖 shǔ diǎn wàng zǔ seine Vorfahren vergessen; seine Herkunft (*od* seinen Ursprung) vergessen; keine Ahnung von der Geschichte seines Vaterlandes haben
数一数二 shǔ yī shǔ èr zu den Besten zählen; einer der Vortrefflichsten: 这所大学是全国～的高等学府。Diese Universität zählt zu den allerbesten Hochschulen im ganzen Land.

暑 shǔ Hitze *f*; sehr heißes Wetter: 盛～ größte Hitze 中～ einen Sonnenstich (*od* Hitzschlag) bekommen
暑假 shǔjià Sommerferien *pl*

署 shǔ ① Amt *n*; Büro *n*: 专员公～ Verwaltungsbüro eines Bezirkskommissariats ② Anordnungen (*od* Arrangements) treffen; planen *vt*: 部～ planen *vt*; anordnen *vt* ③ in j-s Vertretung handeln ④ unterzeichnen *vt*
署名 shǔmíng unterschreiben *vt*; seine Unterschrift unter ein Schriftstück setzen: 全校师生都在信上～了名。Der Brief ist von allen Professoren und Studenten der Universität unterschrieben worden.

薯 shǔ Kartoffel *f*; Yamswurzel *f*: 白～ Süßkartoffel *f*; Batate *f*

曙 shǔ Tagesanbruch *m*; Morgendämmerung *f*
曙光 shǔguāng Morgenröte *f*; Morgenrot *n*; Aurora *f*

黍 shǔ Echte Hirse

鼠 shǔ Maus *f*; Ratte *f*
鼠辈 shǔbèi gemeine Kreaturen; Schurken *pl*
鼠窜 shǔcuàn wie die Ratten das Weite suchen
鼠目寸光 shǔ mù cùn guāng nicht über die eigene Nasenspitze hinaussehen; sehr kurzsichtig; engstirnig
鼠疫 shǔyì Pest *f*

属(屬) shǔ ① Kategorie *f*: 金～ Metalle *pl* ② Genus *n*: 亚～ Untergattung *f*; Subgenus *n* ③ Familienangehörige(r): 直系亲～ Verwandte 1. Grades in auf- und absteigender Linie (Eltern, Ehepartern und Kinder) ④ einer Institution usw. unterstellt sein, unterstehen *vi*: 附～ untergeordnet; einer Institution angeschlossen ⑤ gehören *vi*: 我们～于另外一个部门。Wir gehören zu einer anderen Abteilung. ⑥ sein *vi*: 查明～实 sich nach einer Untersuchung bestätigen * 另见 zhǔ

属地 shǔdì abhängiges Gebiet; Besitzung *f*

属性 shǔxìng Attribut *n*; Eigenschaft *f*

属于 shǔyú gehören *vi*; zugehörig sein; zu ... zählen: 他～班上最好的学生。Er zählt zu den besten Schülern der Klasse. 西沙群岛是～中国的。Xisha-Inselgruppe ist ein Teil vom chinesischen Territorium.

shù

树(樹) shù ① Baum *m*: 苹果～ Apfelbaum *m* ～倒猢狲散 sobald der Baum fällt, laufen die Affen auseinander — nach dem Sturz des Anführers rennen die Anhänger auseinander ② pflanzen *vt*; anbauen *vt*: 十年～木，百年～人。Einen Baum kann man in zehn Jahren aufziehen, einen Menschen heranzubilden kostet hundert Jahre. ③ etablieren *vt*; hervorbringen *vt*: ～典型 typische Beispiele hinstellen.

树敌 shùdí sich j-n zum Feind machen

树立 shùlì j-m/etw. Geltung verschaffen; setzen *vt*: ～榜样 j-n als Beispiel (*od* Vorbild) hinstellen

树林 shùlín Wäldchen *n*; Hain *m*

树木 shùmù Bäume *pl*

树梢 shùshāo Wipfel *m*

树荫 shùyīn Schatten eines Baums

竖(豎) shù ① vertikal; senkrecht: ～线 eine vertikale Linie ② aufrichten *vt*; errichten *vt*; aufstellen *vt*: ～根柱子 einen Pfahl aufstellen

竖立 shùlì aufrichten *vt*; errichten *vt*; stehen *vi*: 宝塔～在山上。Die Pagode steht auf dem Berg.

漱 shù ausspülen *vt*; gurgeln *vi*: ～口 den Mund ausspülen; gurgeln *vi*

庶 shù zahlreich; reich: 富～ reich und volkreich

庶民 shùmín 〈书〉 gemeines (*od* einfaches, gewöhnliches) Volk

数(數) shù ① Zahl *f*; Anzahl *f*: 代表人～ Zahl der Delegierten 两位～ zweistellige Zahl 心中有～ über etw. gut Bescheid wissen; über etw. im Bilde ② Zahl *f*; Numerus *m*: 单～ Einzahl *f*; Singular *m* 复～ Mehrzahl *f*; Plural *m* ③ mehrere; etliche; einige: ～小时 einige (*od* ein paar) Stunden ～十种 (ein paar) Dutzende * 另见 shǔ; shuò

数词 shùcí Zahlwort *n*; Numerale *n*

数额 shù'é Summe *f*; Betrag *m*

数据 shùjù Daten *pl*

数量 shùliàng Zahl *f*; Menge *f*; Quantität *f*

数目 shùmù Zahl *f*; Anzahl *f*; Summe *f*

数学 shùxué Mathematik *f*

数字 shùzì Ziffer *f*; Zahl *f*: 天文～ astronomische Zahlen

墅 shù Villa *f*; Landhaus *n*

恕 shù ① vergeben *vt*; verzeihen *vt*: 宽～ vergeben *vt* ② entschuldigen *vt*; verzeihen *vt*: ～难从命。Leider können wir Ihren Wünschen nicht entsprechen.

术(術) shù ① Können *n*; Kunst *f*; Technik *f*: 医～ ärztliche Kunst; medizinisches Können 美～ bildende Kunst 不学无～ unwissend und untüchtig; ohne jegliche Sachkenntnisse; ganz ungebildet ② Methode *f*; Taktik *f*: 战～ Taktik *f* 权～ politische Tricks (*od* Manöver)

术语 shùyǔ Fachausdruck *m*; Terminologie *f*: 医学～ medizinische Terminologie

述 shù schildern *vt*; erzählen *vt*; darlegen *vt*; berichten *vt/vi*

述评 shùpíng Kommentar *m*; Presseschau *f*: 时事～ Presseschau

述说 shùshuō erzählen *vt*; darlegen *vt*; erklären *vt*

述职 shùzhí über seine Amtstätigkeit berichten: 大使已回国～。Der Botschafter ist zur Berichterstattung heimgekehrt.

束 shù ① binden *vt*; schnüren *vt*: ～装就道 das Gepäck richten und eine Reise antreten ② 〈量〉 Bündel *n*: 一～鲜花 ein Blumenstrauß ③ binden *vt*; beherrschen *vt*; zügeln *vt*; einschränken *vt*: 无拘无～ ungezwungen; frei

束缚 shùfù binden *vt*; fesseln *vt*; hemmen *vt*; j-n/etw. in Schranken halten: ～手脚 j-m Hände und Füße binden

束手 shùshǒu mit gebundenen Händen; hilflos (*od* ratlos) sein: ～待毙 mit gefaltenen Händen den Tod erwarten; tatenlos eine Niederlage auf sich zukommen lassen; sich in den Untergang fügen ～无策 weder aus noch ein wissen; nicht mehr weiter wissen; mit seiner Kunst am Ende sein; mit seinem Latein am Ende sein

束之高阁 shù zhī gāo gě etw. ad acta legen; etw. beiseite legen; etw. auf die lange Bank schieben

戍 shù verteidigen *vt*; schützen *vt*; garnisonieren *vi*: ～边 die Grenze schützen; die Grenze mit einer Garnison versehen

shuā

刷 shuā ① bürsten *vt*; putzen *vt*: ～牙 die Zähne putzen ～洗地板 den Fußboden scheuern ② malen *vt*; streichen *vt*; anstreichen *vt*; tünchen *vt*: (用石灰浆)～墙 eine Wand tünchen (*od* weißen) ～标语 Losungen (an eine Wand usw.) malen ③ ausscheiden *vi*; eliminieren *vt*: 那个队直到半决赛才给～下来。Die Mannschaft ist erst im Halbfinale ausgeschieden. ④ 〈象〉 rascheln *vi*; rauschen *vi*: 风吹得树叶～～地响。Die Baumblätter rascheln im Winde. * 另见 shuà

刷新 shuāxīn ① auffrischen *vt*; etw. frisch verputzen; aufpolieren *vt*: ～门面 die Front (eines Hauses) frisch verputzen ② brechen *vt*; überbieten *vt*: ～纪录 einen Rekord brechen

刷子 shuāzi Bürste *f*; Haarbürste *f*

shuǎ

耍 shuǎ ① spielen *vt/vi*: 叫孩子们到院子里～去。Laß die Kinder auf dem Hof spielen! ② vorführen *vt*; manövrieren *vt*: ～花招 Tricks (*od* List) anwenden; mit Kniffen arbeiten

耍赖 shuǎlài sich schamlos aufführen; ein schamloses Spiel treiben

耍流氓 shuǎ liúmáng schurkisch handeln; sich gemein (*od* niederträchtig) benehmen; sich Frauen gegenüber Freiheiten herausnehmen

耍脾气 shuǎ píqi seinem Ärger (*od* seiner Mißstimmung) freien Lauf lassen

耍威风 shuǎ wēifēng seine mächtige Stellung herauskehren; sein Gewicht und seine Autorität ins Spiel bringen

耍无赖 shuǎ wúlài sich schamlos verhalten; sich unvernünftig benehmen

耍心眼儿 shuǎ xīnyǎnr (zur Erreichung eigennütziger Zwecke) einen schlauen Trick anwenden; ein gerissenes Spiel treiben

shuà

刷 shuà * 另见 shuā

刷白 shuàbái blaß; bleich; fahl: 听到这个不幸的消息，他的脸立刻变得～。Als er diese schlimme Nachricht hörte, wurde er sofort bleich.

shuāi

衰 shuāi verfallen *vi*; schwach werden: 兴～ gedeihen und verfallen; Aufstieg und Fall 年老体～ alt und schwach (*od* gebrechlich)

衰败 shuāibài verfallen *vi*; herunterkommen *vi*

衰竭 shuāijié Ermattung *f*; Entkräftung *f*: 心力～ Herzschlag *m*; Herzlähmung *f*

衰老 shuāilǎo altersschwach sein; alt und hinfällig werden; senil

衰落 shuāiluò verfallen *vi*; herunterkommen *vi*: 罗马帝国的～ der Verfall des Römischen Reiches

衰弱 shuāiruò schwach; geschwächt; entkräftet: 神经～ Neurasthenie *f*

衰退 shuāituì schwinden *vi*; schwächer werden; Rückgang *m*; Schwund *m*: 视力～ schwindendes Sehvermögen 经济～ wirtschaftliche Rezession

衰亡 shuāiwáng absterben *vi*;

eingehen *vi*; verfallen *vi*

摔 shuāi ① auf den Boden fallen; stürzen *vi*: 他～了一跤。Er ist zu Boden gefallen. ② brechen *vt*; zerbrechen *vt*; kaputt machen (*od* schlagen): 他把腿～断了。Er ist gestürzt und hat sich ein Bein gebrochen. ③ werfen *vt*; hinwerfen *vt*

摔打 shuāida ① schütteln *vt*; abklopfen *vt*: 把扫帚上的泥～～ den Dreck vom Besen abklopfen ② sich abhärten; sich stählen: 在困难环境中～出来 sich in den schwierigen Verhältnissen stählen

摔交 shuāijiāo ① auf den Boden fallen; hinstürzen *vi* ② Ringen *n*; Ringkampf *m*

shuǎi

甩 shuǎi ① etw. hin und her schwingen; schwenken *vt*: ～胳膊 die Arme schwenken ② werfen *vt*; schleudern *vt*: ～手榴弹 eine Handgranate werfen ③ abwerfen *vt*; wegwerfen *vt*; j-n/etw. hinter sich lassen: 公园里不得乱～废纸杂物。Im Park darf man keine Papierabfälle auf den Boden werfen. 这座城市的生产比去年增加了一倍，把其他城市～到了后头。Die Produktion dieser Stadt hat sich im Vergleich zum Vorjahr verdoppelt und die hat die anderen Städte hinter sich gelassen.

甩手 shuǎishǒu ① seine Arme schwenken ② eine Sache (*od* Arbeit) hinwerfen und sich nicht mehr darum kümmern: 这事该你负责，你可不能～不管。Für diese Sache trägst du die Verantwortung, du kannst sie nicht einfach so hinschmeißen.

shuài

率 shuài ① führen *vt*; leiten *vt*: ～队入场 die Mannschaft in die Arena anführen ② nicht umsichtig; unbedacht; leichtfertig; leichtsinnig: 草～ unsorgfältig; leichtfertig 轻～ leichtsinnig ③ offenherzig; offen; aufrichtig: 坦～ offenherzig; aufrichtig ④ im großen und ganzen; ungefähr; wohl: 大～如此。Im großen und ganzen stimmt es. *另见 lǜ

率领 shuàilǐng führen *vt*; leiten *vt*; kommandieren *vt*: ～代表团 eine Delegation leiten

率直 shuàizhí offen; offenherzig; geradeheraus

帅(帥) shuài ① Oberbefehlshaber *m*: 元～ Marschall *m* 挂～ das Kommando übernehmen ② sehr gut (*od* schön); herrlich; ausgezeichnet; bravo; prima: 他字写得真～。seine Handschrift ist wunderschön.

shuān

闩 shuān ① Riegel *m*: 门～ Türriegel *m* ② verriegeln *vt*; einen Riegel vorschieben: 把门～好 die Tür verriegeln

栓 shuān ① Riegel *m*; Hahn *n*: 枪～ Gewehrschloß *m* ② Pfropfen *m*; Stöpsel *m*

拴 shuān binden *vt*; anbinden *vt*: 把马～在树上 das Pferd am Baum anbinden

shuàn

涮 shuàn ① spülen *vt*; ausspülen *vt*: 把衣服～～～。Spül die Wäsche! 把这瓶子～一下。Spüle diese Flasche aus! ② dünn geschnittene Fleischstreifen durch Eintauchen und Hin- und Herschwenken in siedend heißem Wasser garen: ～羊肉 Hammelfleischfondue *n*

shuāng

霜 shuāng ① Reif *m* ② reifähnlicher Puder: 糖～ Zukkerguß *m* ② weiß; grau: ～鬓 graue Schläfen

霜冻 shuāngdòng Frost *m*

孀 shuāng Witwe *f*

孀居 shuāngjū als Witwe leben

双(雙) shuāng ① zwei; beide; Doppel *n*: ～手 beide Hände 成～成对 paarweise ② gerade: ～数 gerade Zahl ③ zweifach; doppelt: ～人床 Doppelbett *n* ～人房间 Doppelzimmer *n* ④ 〈量〉 Paar *n*: 一～筷子(鞋等) ein Paar Eßstäbchen (Schuhe usw.)

双胞胎 shuāngbāotāi Zwillinge *pl*

双边 shuāngbiān zweiseitig; beiderseitig; bilateral: ～会谈 bilaterale Besprechung ～贸易 bilateraler Handel

双重 shuāngchóng doppelt; zweifach: ～标准 doppelter Standard ～领导 doppelte Leitung ～国籍 doppelte Staatsangehörigkeit

双打 shuāngdǎ Doppel *n*

双方 shuāngfāng beide Seiten; beide Parteien: 缔约～ beide Vertragsparteien 劳资～ die beide Seiten von Arbeit und Kapital

双杠 shuānggàng Barren *m*

双关 shuāngguān doppeldeutig; zweideutig: 一语～ doppeldeutige Worte ～语 Wortspiel *n*

双管齐下 shuāng guǎn qí xià gleichzeitig in zwei Richtungen (*od* über zwei Kanäle) wirken; zwei Sachen zur gleichen Zeit verrichten; zwei Eisen im Feuer haben

双轨 shuāngguǐ Doppelgleis *n*; zwei-, doppelgleisig

双面 shuāngmiàn mit zwei Seiten; zweiseitig; Doppelseite *f*: ～刀片 zweischneidige Rasierklinge

双亲 shuāngqīn Eltern *pl*; Vater und Mutter

双全 shuāngquán in zweifacher Hinsicht vollkommen; doppelte Vollkommenheit; zweifach gut: 智勇～ Weisheit und Tapferkeit in sich vereinen

双职工 shuāngzhígōng berufstätiges Ehepaar

shuǎng

爽 shuǎng ① klar; heiter; frisch: 秋高气～。Der Herbsthimmel ist klar und die Luft frisch. ② offenherzig; gerade: 豪～ offen; gerader Charakter ③ sich wohl fühlen: 身体不～ sich nicht wohl fühlen

爽快 shuǎngkuai ① behaglich; angenehm; frisch ② offenherzig; aufrichtig; offen: 为人～ offenherzig sein

爽朗 shuǎnglǎng ① klar; heiter: 深秋的天空异常～。 Der Spätherbsthimmel ist kristallklar. ② heiter; offen; offenherzig; gerade: ～的笑声 heiteres Lachen

爽直 shuǎngzhí offen; offenherzig; gerade; aufrichtig

shuí

谁 shuí ① wer: 你找～? Wen suchst du? ② niemand: ～都不知道他。Niemand weiß etwas von ihm. ③ irgendwer; irgendeiner; jemand: 有～在他身边? Ist jemand bei ihm?

shuǐ

水 shuǐ ① Wasser *n*: 淡～ Süßwasser *n* 自来～ Leitungswasser *n* ～上公园 aquatischer Park ② Gewässer *n* (Fluß *m*, See *m*, Meer *n* usw.): 汉～ Hanshui-Fluß *m* ③ Flüssigkeit *f*: 墨～ Tinte *f* 桔子～ Orangeade *f*; Orangensaft *m*

水坝 shuǐbà Staudamm *m*; Talsperre *f*

水彩 shuǐcǎi Wasserfarbe *f*: ～画 Aquarell *n*; Aquarellmalerei *f*

水草 shuǐcǎo ① Wasser und Gras; Wasserquellen nnd Grasboden (*od* Weideland) ② Wasserpflanze *f*

水产 shuǐchǎn Wasserprodukte *pl*

水车 shuǐchē ① Wasserrad *n* ② Wasserwagen *m*

水池 shuǐchí Teich *m*; Bassin *n*; Wasserbecken *n*

水到渠成 shuǐ dào qú chéng strömendes Wasser gräbt sich mit der Zeit ein Bett; sind die Bedingungen vorhanden, stellt sich auch der Erfolg bald ein

水滴石穿 shuǐ dī shí chuān steter Tropfen höhlt den Stein

水电 shuǐdiàn Wasser und Elektrizität (*od* Strom): ～供应 Wasser- und Stromversorgung *f*

水电站 shuǐdiànzhàn Wasserkraftwerk *n*; Hydroelektrostation *f*

水沟 shuǐgōu Wasser-, Abzugsgraben *m*; Graben *m*; Drän *m*; Gosse *f*

水果 shuǐguǒ Obst *n*; Frucht *f*

水火 shuǐhuǒ ① Feuer und Wasser — zwei völlig entgegengesetzte Dinge: ～不相容 unverträglich wie Feuer und Wasser ② in Not und Elend: 拯救人民于～之中 das Volk aus Not und Elend retten

水晶 shuǐjīng Kristall *m*

水井 shuǐjǐng Brunnen *m*

水坑 shuǐkēng Grube *f*; Pfütze *f*; Lache *f*

水库 shuǐkù Stausee *m*; Staubekken *n*; Reservoir *n*
水涝 shuǐlào Staunässe *f*: ～地 voll Wasser gesogene Felder; überschwemmtes Land
水力 shuǐlì Wasserkraft *f*; hydraulische Kraft: ～资源 Wasserkraftressourcen *pl*
水利 shuǐlì ① Wasserwirtschaft *f*; Wasserwirtschaftswesen *n*: ～设施 Anlagen der Wasserwirtschaft ～资源 Wasserreichtum *m*; Wasserressourcen *pl* ② Bewässerungsanlagen *pl*; Wasserbauprojekt *n*
水龙头 shuǐlóngtóu Wasserhahn *m*: 开(关)～ den Wasserhahn aufdrehen (zudrehen)
水陆 shuǐlù Land und Wasser: ～两用 amphibisch ～坦克 Amphibien-, Schwimmtank *m*
水落石出 shuǐ luò shí chū das Wasser fällt, die Steine kommen zum Vorschein — eine Sache, die lange im Dunkel lag, klärt sich; alles kommt an den Tag, was unter dem Schnee verborgen lag
水墨画 shuǐmòhuà Tuschmalerei *f*; Tuschzeichnung *f*
水泥 shuǐní Zement *m*
水牛 shuǐniú Wasserbüffel *m*
水泡 shuǐpào ① Blase *f* ② Wundblase *f*: 脚上打了～ sich Blasen an den Füßen laufen; Blasen an den Füßen bekommen
水平 shuǐpíng ① horizontal; waagerecht ② Niveau *n*; Standard *m*: 生活～ Lebensniveau *n*; Lebensstandard *m*
水手 shuǐshǒu Seemann *m*; Matrose *m*
水塔 shuǐtǎ Wasserturm *m*
水土 shuǐtǔ ① Wasser und Boden: ～流失 Bodenerosion *f* ② natürliche Umwelt und Klima: ～不服 sich einem örtlichen Klima nicht anpassen können; sich an einem Ort nicht einleben können; sich nicht akklimatisieren können
水位 shuǐwèi Wasserstand *m*
水系 shuǐxì Flußnetz *n*
水泄不通 shuǐ xiè bù tōng so dicht gedrängt, daß kein Wasser durchfließen kann
水源 shuǐyuán ① Flußquelle *f*; Quellgebiet *n* ② Wasserquelle *f*; Wasserressourcen *pl*
水运 shuǐyùn Wassertransport *m*
水灾 shuǐzāi Überschwemmung *f*; Hochwasser *n*; Wasserschaden *m*
水闸 shuǐzhá Schleuse *f*
水涨船高 shuǐ zhǎng chuán gāo steigende Flut hebt das Schiff; verbessern sich die Grundlagen, steigt das Niveau
水准 shuǐzhǔn Standard *m*; Niveau *n*

shuì

说 shuì bewegen *vt*; überreden *vt*; j-m etw. einreden: 游～ herumziehen und für j-n / etw. die Trommel rühren; mit politischen Ansichten hausieren gehen * 另见 shuō
税 shuì Steuer *f*; Steuerabgabe *f*: 营业～ Gewerbesteuer *f* 进口～ Importsteuer *f*
税额 shuì'é Steuerquote *f*; Steuerbetrag *m*
税款 shuìkuǎn Steuerzahlung *f*; Besteuerung *f*; Steuerveranlagung *f*
税率 shuìlǜ Steuer-, Veranlagungssatz *m*
税收 shuìshōu Steuereinnahmen *pl*; Steueraufkommen *n*; Steuerertrag *m*
睡 shuì schlafen *vi*: 他～着了。Er ist eingeschlafen.
睡觉 shuìjiào schlafen *vi*: 该～了。Es ist Zeit zum Schlafen.
睡梦 shuìmèng Schlaf *m*: 从～中惊醒 j-n aus dem Schlaf reißen
睡眠 shuìmián schlafen *vi*; Schlaf *m*: ～不足 nicht genug Schlaf bekommen
睡衣 shuìyī Schlafanzug *m*; Pyjama *m*

shǔn

吮 shǔn saugen *vt*
吮吸 shǔnxī saugen *vt*; lutschen *vi*

shùn

瞬 shùn Augenblick *m*: 转～之间 im Nu; in einem kurzen Augenblick
瞬时 shùnshí Augenblick *m*; Moment *m*
瞬息 shùnxī Augenblick *m*: ～万变 zehntausend Veränderungen in einem Augenblick; (schnell)-wechselhaft

顺 shùn ① in derselben Richtung; mit: ～流而下 stromabwärts fahren ～时针方向 in Uhrzeigerrichtung; im Uhrzeigersinn ② entlang; längs: ～河边走 den Fluß entlang gehen ③ anordnen *vt*; etw. in Ordnung bringen: 这篇文章还得～一～。Der Artikel muß noch einmal überarbeitet werden. ④ gehorsam; gefügig: 百依百～ in allem willfährig sein ⑤ beiläufig; nebenbei: ～手关门 die Tür hinter sich zumachen ⑥ passen *vi*: 不～他的意 ihm nicht gefallen; ihm nicht in den Kram passen

顺便 shùnbiàn bei (passender) Gelegenheit; gelegentlich; nebenbei; beiläufig: 您把这些工具～带到车间去吧。Bitte, bringen Sie diese Werkzeuge gelegentlich einmal in die Werkhalle! ～说一句 beiläufig bemerkt; nebenbei gesagt ～提到 etw. ganz kurz erwähnen

顺差 shùnchā aktive Bilanz: 国际收支～ aktive internnationale Zahlungsbilanz

顺次 shùncì in festgelegter Aufeinanderfolge; der Reihe nach

顺从 shùncóng sich fügen; gehorchen *vi*

顺当 shùndang reibungslos; glatt; ohne Schwierigkeiten

顺耳 shùn'ěr wohlklingend; angenehm in den Ohren klingen

顺风 shùnfēng mit dem Wind; einen günstigen Wind haben; Rückenwind haben: 一路～ gute Reise

顺理成章 shùn lǐ chéng zhāng sich von selbst verstehen; selbstverständlich; folgerichtig: 这显然是～的。Das ist die völlig logische Folge.

顺利 shùnlì reibungslos; zügig; glatt: 工作正在～进行。Die Arbeit geht zügig voran. 会议进行得很～。Die Sitzung verlief reibungslos.

顺路 shùnlù ① auf dem Weg; unterwegs: 我昨天回家时～看望了他。Ich ging gestern auf meinem Heimweg bei ihm auf einen Sprung vorbei. ② direkter (*od* schnellster) Weg: 不～ nicht der direkte Weg sein

顺势 shùnshì eine Gelegenheit geistesgegenwärtig ausnutzen; eine Situation nützen

顺手 shùnshǒu ④ reibungslos; ohne Schwierigkeiten: 事情办得相当～。Die Sache ist reibungslos abgewickelt worden. ② handlich; leicht zu handhaben ③ bei Gelegenheit; nebenbei: 我们扫完走廊,～把教室也打扫一下。Nachdem wir schon den Durchgang sauber gemacht haben, können wir auch gleich die Klassenzimmer saubermachen.

顺水推舟 shùn shuǐ tuī zhōu das Boot stromabwärts schieben — eine Situation schnell erkennen und ausnutzen

顺心 shùnxīn befriedigend; zufriedenstellend; wunschgemäß

顺序 shùnxù ① Reihenfolge *f*: 按年代～ in chronologischer Reihenfolge ② der Reihe nach

顺延 shùnyán etw. um eine bestimmte Frist verschieben; etw. auf den jeweils nächstmöglichen Termin verlegen

顺眼 shùnyǎn einen erfreulichen Anblick bietend: 看着不～ einen das Auge beleidigenden Anblick bietend; j-m ein Dorn im Auge sein

顺应 shùnyìng mit; entsprechend; sich anpassen: ～历史潮流 sich der historischen Strömung anpassen; mit der Zeit gehen

shuō

说 shuō ① sprechen *vt*/*vi*; sagen *vi*/*vt*: ～好几国语言 mehrer Sprachen sprechen ② erklären *vt*; erläutern *vt*: 他～了又～,我还是不懂。Er hat es zwar wiederholt erläutert, aber ich verstehe es immer noch nicht. ③ tadeln *vt*; kritisieren *vt*; rügen *vt*: 他父亲～了他一顿。Sein Vater hielt ihm eine Standpauke. ④ Lehre *f*; Theorie *f*: 著书立～ ein Buch schreiben und eine Theorie aufstellen * 另见 shuì

说定 shuōdìng vereinbaren *vt*; abmachen *vt*; (gemeinsam) festsetzen *vt*; ausmachen *vt*; festmachen *vt*: 这件事基本上～了。Wegen dieser Sache ist es im großen und ganzen schon zu einer Abmachung gekommen.

说法 shuōfa ① Ausdrucksweise *f*; Formulierung *f*: 换一个～ eine andere Ausdrucksweise benutzen; anders formulieren 委婉的～ gelinde gesagt ② Meinung *f*; Behauptung *f*; Auslegung *f*; Argumentation *f*

说服 shuōfú überzeugen *vt*; überreden *vt*: 他的话很有～力。Seine Worte stecken voller Überzeugungskraft. 需要做些～工作 einiger Überzeugungsarbeiten bedürfen

说好 shuōhǎo abmachen *vt*; vereinbaren *vt*

说话 shuōhuà ① sagen *vt/vi*; sprechen *vt/vi*: 他感动得说不出话来。Er kann vor Rührung kein Wort herausbringen. 我们～是算数的。Was wir sagen, gilt. ② plaudern *vi*; sich unterhalten ③ etw. auszusetzen haben; Einspruch erheben; beanstanden *vt*: 你这样干,别人当然要～。Wenn du es so machst, werden die anderen natürlich Einwände erheben. ④ ein Moment: 我～就来。Ich komme gleich.

说谎 shuōhuǎng lügen *vi*

说教 shuōjiào belehren *vt*; predigen *vi/vt*

说理 shuōlǐ argumentieren *vi*; j-n durch Argumente überzeugen: 咱们找他～去。Machen wir uns daran, die Dinge mit ihm gründlich durchzusprechen.

说明 shuōmíng ① erklären *vt*; erläutern *vt* ～理由 begründen *vt*; Gründe deutlich machen ② nachweisen *vt*; aufzeigen *vt*; sich erweisen: 事实充分～这种做法是对的。Die realen Ergebnisse lassen überhaupt keinen Zweifel an der Richtigkeit dieses Verfahrens. ③ erläuternder Text; Erklärung *f*: ～书 Gebrauchsanweisung *f* Bedienungsanleitung *f*; Programmheft *n*; Film- oder Theaterprogramm *n*

说情 shuōqíng für j-n ein gutes Wort einlegen; für j-n sprechen; für j-n um Nachsicht bitten

说妥 shuōtuǒ eine Vereinbarung erzielen; eine Abmachung treffen

说闲话 shuō xiánhuà hinter j-s Rücken herumnörgeln; an j-m etw. auszusetzen haben

说项 shuōxiàng für j-n ein gutes Wort einlegen

说笑 shuōxiào sich fröhlich unterhalten

shuò

数(數) shuò mehrmals; immer wieder; wiederholt * 另见 shǔ; shù

数见不鲜 shuò jiàn bù xiān keine Seltenheit sein; nichts Neues sein; sich häufig finden

朔 shuò ① erster Tag des Mondmonats ② Norden *m*: ～风 Nordwind *m*

硕 shuò groß

硕果 shuòguǒ reiche Früchte; große Erfolge

硕果仅存 shuò guǒ jǐn cún die wenigen übriggebliebenen Dinge; die wenigen Überlebenden; der kleine Rest

硕士 shuòshì Magister *m*: ～学位 akademischer Magister-Grad

烁(爍) shuò funkeln *vi*; leuchten *vi*: 闪～ funkeln *vi*; schimmern *vi*; glimmen *vi*; glitzern *vi*

sī

斯 sī: ～文 vornehm; gebildet; kultiviert

厮 sī [多见于早期白话] miteinander: ～打 aufeinander einschlagen; raufen *vi*; sich balgen

撕 sī aufreißen *vt*; zerreißen *vt*; abreißen *vt*: 从日历上～下一页 ein Blatt vom Kalender abreißen 上衣～了。Die Jacke ist zerrissen.

撕毁 sīhuǐ zerreißen *vt*; etw. in Fetzen reißen: ～协定 ein Abkommen zerreißen (*od* mutwillig brechen)

嘶 sī heiser

嘶哑 sīyǎ heiser

思 sī ① denken *vt/vi*; nachdenken *vi*; bedenken *vt*; überlegen *vt*: 前～后想 gründlich und immer wieder nachdenken ② an etw. denken; ersehnen *vt*: ～家 Heimweh haben; Sehnsucht nach seiner Familie haben ～乡 sich nach der Heimat sehnen; Heimweh haben ③ Idee *f*; Gedanke *m*

思潮 sīcháo ① Gedankenströmung *f*; ideologischer Trend: 文艺～ literarisch-künstlerische Tendenz (*od* Strömung) ② Gedanke *m*; innere Bewegung: ～起伏 allerlei Überlegungen steigen in j-m hoch; die Gedanken wogen hin und her

思考 sīkǎo denken *vt/vi*; nachdenken *vi*; durchdenken *vt*: ～问题 über ein Problem nachdenken; eine Frage durchdenken

思量 sīliɑng nachdenken *vi*; sich etw. überlegen
思路 sīlù Gedankengang *m*; auf ein Ziel gerichtete Gedankenfolge: 打断～ eine Gedankenkette unterbrechen
思虑 sīlǜ sich überlegen; bedenken *vt*; nachsinnen *vi*
思慕 sīmù j-n bewundern und sich nach ihm sehnen; sich zu j-m voller Hochschätzung hingezogen fühlen
思念 sīniàn sich sehnen; Sehnsucht nach j-m haben
思索 sīsuǒ durchdenken *vt*; nachsinnen *vi*; nachdenken *vi*: 反复～一个问题 ein Problem hin und her wälzen
思维 sīwéi Denken *n*: ～方式 Denkweise *f*; Denkart *f*
思想 sīxiǎng Gedanke *m*; Idee *f*; Ideologie *f*: 政治～ politische Ideologie 有～准备 in Gedanken auf etw. gefaßt (*od* vorbereitet) sein ～觉悟 das (politische) ideologische Bewußtsein
思绪 sīxù ① Gedankengang *m*: ～纷乱 ein verwirrter Geisteszustand; ein verworrener Gedankengang ② Stimmung *f*; Laune *f*: ～不宁 von innerer Unruhe erfaßt werden

私 sī ① privat; persönlich: ～事 persönliche Sache; Privatangelegenheit *f* ② eigennützig; selbstsüchtig: 无～ selbstlos; uneigennützig ③ separat; insgeheim; im geheimen: 窃窃～语 miteinander wispern (*od* tuscheln) ④ illegal; gesetzwidrig; unzulässig: ～货 Schmuggelware *f*; Konterbande *f*
私奔 sībēn mit einem Liebhaber heimlich fliehen
私产 sīchǎn Privateigentum *n*
私仇 sīchóu persönliche Feindschaft; persönlicher Haß
私愤 sīfèn persönlicher Groll: 泄～ seinen persönlichen Groll an j-m auslassen; persönlichen Aversionen freien Lauf lassen
私见 sījiàn ① persönliches Vorurteil ② private Meinung; persönliche Ansicht
私立 sīlì privat (Schule, Hospital u.ä.): ～学校 Privatschule *f*
私利 sīlì privates Interesse; persönlicher Vorteil
私囊 sīnáng eigene Brieftasche; eigenes Portemonnaie: 饱～ sich die eigenen Taschen füllen; in die Privatschatulle wirtschaften
私情 sīqíng persönliche Beziehung; persönliche Freundschaft: 不徇～ sich nicht von persönlichen Gefühlen und Rücksichten leiten lassen
私人 sīrén privat; persönlich: ～秘书 Privatsekretär *m*
私生活 sīshēnghuó Privatleben *n*
私生子 sīshēngzǐ uneheliches Kind; Bastard *m*; Bankert *m*
私通 sītōng ① unauffällige Beziehungen zu j-m unterhalten: ～敌人 heimlich mit dem Feind kollaborieren ② heimlich mit j-m ein Liebesverhältnis haben; Liaison *f*
私下 sīxià im geheimen; heimlich
私心 sīxīn egoistische Motive: ～杂念 egoistische Gedanken und selbstsüchtige Erwägungen
私营 sīyíng privat bewirtschaftet; privat betrieben: ～企业 Privatunternehmen *n*
私有 sīyǒu privater Besitz; privat: ～财产 Privatvermögen *n*; Privateigentum *n* ～制 Privateigentum *n* (an Produktionsmitteln)
私自 sīzì heimlich; unerlaubt; hinter dem Rücken anderer; eigenmächtig: 本阅览室的书不得～携出。Die Bücher dürfen ohne Erlaubnis nicht aus dem Lesesaal genommen werden.

司 sī ① führen *vt*; verwlten *vt*; bewirtschaften *vt*: ～机 Fahrer *m*; Chauffeur *m* 各～其事。Jeder tut seine Arbeit. ② Abteilung *f*
司法 sīfǎ Justiz *f*; Rechtswesen *n*: ～部门 Justizbehörden *pl* ～权 Justizhoheit *f*
司空见惯 sīkōng jiàn guàn nichts Außergewöhnliches sein; keine Seltenheit; gang und gäbe sein
司令 sīlìng Kommandeur *m*; Befehlshaber *m*: ～部 Hauptquartier *n*; Führungsstab *m*
司炉 sīlú Heizer *m*
司务长 sīwùzhǎng ① Küchen-, Verpflegungsoffizier *m* ② Quartiermeister einer Kompanie
司药 sīyào Apotheker *m*; Pharmazeut *m*
司仪 sīyí Zeremonienmeister *m*

丝(絲) sī ① Seide *f* ② drahtartiges Ding; fadenförmiger Gegenstand: 铜～ Kupferdraht *m* 肉～ in dünne Streifen geschnittenes Fleisch ③ ein bißchen: 一～不差 aufs Haar genau —～不挂 splitternackt; in Adamskostüm

丝绸 sīchóu Seide *f*; Seidenstoff *m*: ～之路 Seidenstraße *f*

丝毫 sīháo im geringsten: ～不差 aufs Haar genau; auf den Buchstaben genau; nicht im geringsten von etw. abweichen

丝绵 sīmián Flockseide *f*; Seidenwatte *f*

丝绒 sīróng Samt *m*; Velours *m*

丝线 sīxiàn Seidengarn *n*; Seidenfaden *m*

丝织品 sīzhīpǐn ① Seidenstoff *m*; Seidengewebe *n* ② Strickwaren aus Seide; Seidenwirkwaren *pl*

sǐ

死 sǐ ① sterben *vi*: 战～ fallen *vi* ② tot: ～人 Tote(r) ③ bis zum Tod: ～战 einen Kampf auf Leben und Tod führen ④ äußerst: 急～了 vor Ungeduld sterben 渴～了 vor Durst verschmachten (*od* umkommen); am Verdursten sein ⑤ unversöhnlich: ～敌 unversöhnlicher Gegner; Todfeind *m* ⑥ starr; steif; fest: ～规矩 festgelegte Regeln; starre Vorschriften ⑦ undurchlässig; abgesperrt: ～胡同 Sackgasse *f*

死板 sǐbǎn starr; steif; borniert: 他～极了。Er ist stur wie ein Panzer.

死党 sǐdǎng bis in den Tod treu ergebene Anhänger; unverbesserliche und halsstarrige Gefolgsleute

死得其所 sǐ dé qí suǒ einen würdigen Tod sterben

死灰复燃 sǐhuī fù rán aus der Asche lodert es wieder auf; wieder aufleben; sich wieder regen

死路 sǐlù Weg zum Untergang; Sackgasse *f*

死伤 sǐshāng Tote und Verwundete; Verluste (an Toten und Verwundeten) haben

死尸 sǐshī Leiche *f*; Leichnam *m*

死守 sǐshǒu ① etw. hartnäckig verteidigen ② stur auf etw. beharren; an etw. hartnäckig festhalten; sich starrsinnig an etw. klammern

死亡 sǐwáng Tod *m*; sterben *vi*: ～率 Sterblichkeitsziffer *f*; Mortalität *f*

死心 sǐxīn die Hoffnung aufgeben; seine Hoffnung fahrenlassen; resignieren *vi*

死心塌地 sǐ xīn tā dì sich mit Haut und Haaren (*od* mit Leib und Seele) j-m / etw. verschreiben; starrsinnig: 他～要破坏这个计划。Er ist fest beabsichtigt, diesen Plan zu durchkreuzen.

死心眼儿 sǐxīnyǎnr starr-, eigensinnig

死刑 sǐxíng Todesurteil *n*; Todesstrafe *f*

死有余辜 sǐ yǒu yú gū selbst mit der Todesstrafe seine Schuld nicht sühnen können

死于非命 sǐ yú fēi mìng ums Leben kommen; eines gewaltsamen Todes sterben

sì

肆 sì ① willkürlich; rücksichtslos; skrupellos: 大～攻击 j-n / etw. skrupellos attackieren ② vier (Schreibweise der Zahl "四" auf Schecks, Banknoten, Quittungen usw. zur Vermeidung von Fehlern oder Fälschungen)

肆无忌惮 sì wú jì dàn ohne jede Scham und Scheu; skrupellos; unverfroren; rücksichtslos: ～地攻击 j-n skrupellos attackieren

肆意 sìyì willkürlich; rücksichtslos: ～歪曲事实 Tatsachen willkürlich entstellen

寺 sì Tempel *m*: 清真～ Moschee *f*

寺院 sìyuàn Tempel *m*; Kloster

四 sì vier

四…八… sì ... bā [用于两个意义相近的词前面，表示各方面]: 四面八方 alle Himmelsrichtungen; alle Ecken und Enden; alle Seiten; überall; nah und fern 四通八达 von allen Seiten zugänglich; verkehrsgünstig; sich überallhin erstrecken

四边 sìbiān vier Seiten; ringsum; ringsherum

四处 sìchù überall; ringsherum: ～打听 überall nach j-m / etw. fragen

四方 sìfāng ① die vier Himmelsrichtungen: ～响应 überall ein lebhaftes Echo finden ② Viereck *n*; Quadrat *n*: quadratisch; kubisch: 一块～的手帕。ein quadratisches Taschentuch

四分五裂 sì fēn wǔ liè aus den Fugen gehen (*od* geraten); in Auflösung geraten; zerfallen *vi*

四海 sìhǎi die vier Weltmeere; das ganze Land; die ganze Welt: ～为家 sich überall häuslich niederlassen können; überall zu Hause sein
四季 sìjì vier Jahreszeiten: 一年有～。Es gibt vier Saisons in einem Jahr.
四郊 sìjiāo Umgebung einer Stadt; Vorstadt *f*
四邻 sìlín Nachbarn *pl*
四面楚歌 sìmiàn Chǔ gē ringsum Feinde haben; sich in die Enge getrieben sehen; von allen Seiten bedrängt werden
四平八稳 sì píng bā wěn allzu umsichtig; übervorsichtig; zu wohlbedacht: 办事～ mit kleinlicher Bedachtsamkeit seine Arbeit versehen; überpenibel zu Werke gehen
四散 sìsàn sich nach allen Seiten zerstreuen
四声 sìshēng die vier Töne in der chinesischen Aussprache
四野 sìyě sich weithin erstreckendes Umland
四月 sìyuè ① April *m* ② der vierte Monat des chinesischen Mondkalenders
四肢 sìzhī die vier Gliedmaßen
四周 sìzhōu im Umkreis; in der Umgebung; ringsum

驷 sì

驷马 sìmǎ Viergespann *n*; Vierspänner *m*; Quadriga *f*: 一言既出，～难追。Ein gegebenes Wort kann man auch mit einem Vierspänner nicht mehr einhlolen. 或 Ein Mann, ein Wort.

似 sì ① ähnlich sein; ähneln *vi*: 这两本书内容相～。Der Inhalt der beiden Bücher ist ähnlich. ② es scheint: 他给人印象，～另有所指。Er erweckte den Anschein, als wollte er auf etw. anspielen. ③ übertreffen *vt*; überragen *vt*: 生活一年胜～一年。Das Leben wird mit jedem Jahr besser. * 另见 shì
似…非… sì …fēi … [嵌用同一个单音词，表示又象又不象]: 似懂非懂 nur scheinbar, aber nicht wirklich verstehen 似笑非笑 den Mund zu einem halben Lächeln verziehen
似乎 sìhu anscheinend; dem Anschein nach: 明天～要起风。Allem Anschein nach wird morgen Wind aufkommen.
似是而非 sì shì ér fēi es scheint so, ist aber nicht so; nur scheinbar richtig

俟 sì warten *vi*: ～机进攻 einen günstigen Moment zum Angriff abwarten

嗣 sì ① erben *vt*; fortsetzen *vt*: ～位 den Thron erben ② Nachwuchs *m*; Nachkomme *m*; Erbe *m*

伺 sì abwarten *vt*; lauern *vi*: ～机 auf eine Gelegenheit warten * 另见 cì

饲 sì füttern *vt*; (Tieren) Futter geben
饲料 sìliào Futter *n*: 猪～ Schweinefutter *n*
饲养 sìyǎng züchten *vt*: ～家禽 Geflügel züchten

sōng

松 sōng Kiefer *f*: ～树 Kiefer *f*

松(鬆) sōng ① locker; lose; wackelig: 绑得太～ zu schlaff gebunden sein 螺丝～了。Die Schraube hat sich gelockert. ② finanziell sein Auskommen haben; ganz gut bei Kasse sein ③ weich; leicht und locker ④ zu feinen Fasern oder Pulver zerstoßenes Trockenfleisch ⑤ lockern *vt*; etw. locker machen: ～腰带 den Gürtel lockern ～一口气 ein bißchen aufatmen
松绑 sōngbǎng j-n losbinden
松弛 sōngchí ① schlaff; entspannt: 肌肉～ erschlaffte Muskeln ② lax; schlaff: 纪律～ laxe Disziplin
松动 sōngdong ① nicht sehr gedrängt ② nachgiebig; flexibel
松劲 sōgjìn in seiner Anstrengung nachlassen
松口 sōngkǒu nachgeben *vi*; nicht mehr auf etw. bestehen
松快 sōngkuai ausspannen *vi*; sich entspannen
松散 sōngsǎn ① locker; lose ② unkonzentriert; zerstreut; unachtsam
松懈 sōngxiè ① sich lockern; nachlassen *vi* ② seine Arbeit schlampig verrichten

sǒng

悚 sǒng
悚然 sǒngrán erschrocken; ent-

setzt; bestürzt: 毛骨～ markerschütternd; haarsträubend; j-m stehen die Haare zu Berge

怂(慫) sǒng

怂恿 sǒngyǒng anstacheln *vt*; antreiben *vt*; aufreizen *vt*; aufhetzen *vt*

耸(聳) sǒng ① emporragen *vi*: 高～入云 hoch in die Wolken emporragend ② Bestürzung hervorrufen; Furcht einflößen: 危言～听 eine Schreckenskunde verbreiten, um den Leuten Angst einzujagen; Panikmache betreiben

耸动 sǒngdòng ① zucken *vt*: ～肩膀 mit den Achseln zucken ② Aufsehen erregen

耸立 sǒnglì emporragen *vi*; hoch aufragen

耸人听闻 sǒng rén tīngwén ein Ereignis als Sensation aufbauschen

sòng

送 sòng ① senden *vt*; schicken *vt*; bringen *vt*: ～货上门 an der Haustür Waren verkaufen; Waren ins Haus liefern ② geben *vt*; schenken *vt* ③ begleiten *vt*: ～人上机场 j-n zum Flughafen bringen 把客人～到门口 Gäste bis zum Tor begleiten

送别 sòngbié verabschieden *vt*

送命 sòngmìng den Tod suchen; sein Leben wegwerfen; sich ins Verderben stürzen

送人情 sòng rénqíng j-n durch Begünstigung geneigt machen; j-m eine wohlfeile Gunst erweisen

送行 sòngxíng ① j-n zum Abschied ein Stück begleiten ② j-n mit einer kleinen Feier verabschieden

送终 sòngzhōng am Sterbebett seines Vaters, seiner Mutter oder eines älteren Verwandten zugegen sein; einem älteren nahestehenden Menschen in seiner letzten Stunde beistehen

诵 sòng ① vortragen *vt*; vorlesen *vt* ② etw. auswendig lernen; etw. auswendig vortragen

诵读 sòngdú laut lesen

讼 sòng ① einen Rechtsstreit bei Gericht anhängig machen; prozessieren *vi*: 诉～ Prozeß *m*; Gerichtsverfahren *n* ② streiten *vi*; disputieren *vi*; debattieren *vi*: 聚～纷纭 die Meinungen gehen auseinander; sich unaufhörlich streiten

颂 sòng ① rühmen *vt*; preisen *vt*: 歌～ besingen *vt*; ein Lied auf j-n/etw. singen ② Loblied *n*; Ode *f*; Hymne *f*: «西风～» »Ode auf den Westwind«

颂词 sòngcí Lobrede *f*; Lobpreisung *f*; Laudatio *f*

颂歌 sònggē Loblied *n*; Lobgesang *m*; Ode *f*

颂扬 sòngyáng lobpreisen *vt*; loben *vt*; rühmen *vt*

sōu

搜 sōu durchsuchen *vt*

搜查 sōuchá durchsuchen *vt*: ～证 Haussuchungsbefehl *m*

搜刮 sōuguā ausbeuten *vt*; j-n (bis aufs Blut) aussaugen; ausplündern *vt*: ～钱财 das Geld (von j-m) plündern

搜集 sōují sammeln *vt*; einsammeln *vt*; zusammentragen *vt*: ～情报 Informationen sammeln ～意见 j-s Meinungen einholen ～资料 Daten ansammeln

搜罗 sōuluó zusammenbringen *vt*; zusammentragen *vt*; einsammeln *vt*: ～人才 fähige Leute anwerben

搜索 sōusuǒ durchsuchen *vt*; sondieren *vt*: ～逃犯 nach einem Ausbrecher suchen

搜索枯肠 sōusuǒ kū cháng sich sein Hirn (nach neuen Gedanken oder treffenden Ausdrücken) zermartern

搜寻 sōuxún nach etw. suchen; durchsuchen *vt*; absuchen *vt*

艘 sōu 〈量〉［用于船只］: 两～油船 zwei Tanker

馊 sōu verdorben; schlecht; sauer werden: 饭菜～了。Die Speisen sind verdorben. ～主意 ein schlechter Rat; eine ungute Idee

sǒu

薮(藪) sǒu ① von Wasserpflanzen überwucherter See ② Lager *n*; Versteck *n*

嗾 sǒu

嗾使 sǒushǐ aufhetzen *vt*; anstiften *vt*; aufwiegeln *vt*; anstacheln *vt*

叟 sǒu alter Mann; Greis *m*

sū

苏(蘇) sū das Bewußtsein wieder erlangen; wieder zu sich kommen: 死而复～aus einer Ohnmacht erwachen

苏维埃 sūwéi'āi Sowjet *m*: 最高～Oberster Sowjet

苏醒 sūxǐng wieder zur Besinnung kommen; wieder zu sich kommen: 当他～过来时，城市已恢复了安定和秩序。Als er wieder zu sich kam, war die Stadt schon Ruhe und Ordnung wiederhergestellt.

酥 sū ① knusprig; rösch; mürbe ② mürbes Gebäck ③ schlapp; weich; schwach; kraftlos

酥脆 sūcuì knusprig; mürbe; bröcklig: ～饼干 knusprige Kekse (*od* Plätzchen)

酥软 sūruǎn schwach; kraftlos; schlaff

酥油 sūyóu Rahm *m*; Sahne *f*; Butter *f*: ～茶 mit Butter versetzter Tee

sú

俗 sú ① Sitte *f*; Bräuche *pl*: 陈规旧～veraltete Gebräuche und Sitten 入乡随～。Man muß sich in einem Land nach den dortigen Sitten richten. 或 Man muß sich den örtlichen Gepflogenheiten anpassen. ② volkstümlich; populär: ～话 volkstümliche Redensart; Volksmund *m* ③ spießbürgerlich; vulgär: ～不可耐 unerträglich kitschig ④ Laie *m*; Nichtgeistliche(r): 僧～ Priester und Laien

俗话 súhuà volkstümliche Redensart; Volksmund *m*: ～说 wie der Volksmund sagt

俗气 súqì kitschig; geschmacklos; gewöhnlich: 这间房子布置得太～。Dieses Zimmer ist allzu geschmacklos eingerichtet.

俗套 sútào gesellschaftliche Konvention: 不落～ gesellschaftlichen Konventionen nicht entsprechen; unkonventionell

sù

宿 sù ① übernachten *vi*: ～舍 Wohnheim *n*; Wohnräume *pl* ② seit langer Zeit bestehend; alt: ～愿 lange gehegter Wunsch * 另见 xiǔ

宿命论 sùmìnglùn Fatalismus *m*

宿营 sùyíng (von Truppen) Quartier nehmen; sich einquartieren

宿怨 sùyuàn alter Haß; lang gehegter Groll

溯 sù ① gegen den Strom; fluß-, stromaufwärts: ～流而上 flußaufwärts fahren oder schwimmen ② sich etw. ins Gedächtnis zurückrufen; zurückdenken *vi*: 回～ zurückschauen *vi*; im Rückblick auf etw.; rückblickend

溯源 sùyuán nach dem Grund suchen; nach der Quelle forschen: 追本～ den Dingen auf den Grund gehen; etw. bis zu seiner Quelle verfolgen

塑 sù formen *vt*; modellieren *vt*: ～像 eine Statue modellieren

塑料 sùliào Plastik *n*; Kunststoff *m*: 泡沫～ Schaumstoff *m*

塑像 sùxiàng Statue *f*; Standbild *n*

塑造 sùzào ① formen *vt*; bildhauern *vi*; skulptieren *vt*; modellieren *vt* ② gestalten *vt*: 这篇小说～了一个典型的农村妇女的形象。Diese Novelle hat eine typische Bauersfrau geschrieben (*od* geschildert).

诉 sù ① mitteilen *vt*; informieren *vt*: 告～ mitteilen *vt*; sagen *vt* ～说 erzählen *vt*; sagen *vt*; berichten *vt* ② beschuldigen *vt*; anklagen *vt*: 控～ Klage führen 倾～ ausschütten *vt* ～苦 sein Leid klagen; sich beklagen ③ anrufen *vt*; appellieren *vi*: 上～ eine höhere Instanz anrufen; Berufung einlegen ～诸武力 Gewalt anwenden; die Waffen sprechen lassen

素 sù ① weiß: ～服 weiße Kleidung ② schlicht; einfach ③ pflanzliche Nahrungsmittel: 吃～ vegetarisch essen ④ ursprünglich; angeboren; natürlich: ～性 j-s Veranlagung und Temperament; j-s Natur ⑤ Element *n*: 毒～ Gift *n* 维生～ Vitamin *n* ⑥ immer; von jeher: 我与他

～不相识。Ich kenne ihn überhaupt nicht.

素材 sùcái Quellenmaterial *n* (für literarische oder künstlerische Arbeiten); Stoff *m*

素菜 sùcài vegetarisches Gericht

素餐 sùcān vegetarisches Essen: ～馆 vegetarisches Restaurant

素来 sùlái seit eh und je; von jeher; immer: 他～生活简朴。Er führt immer ein bescheidenes Leben.

素昧平生 sù mèi píngshēng sich noch nie getroffen haben; sich überhaupt nicht kennen

素描 sùmiáo Skizze *f*; Studie *f*

素雅 sùyǎ von schlichter Eleganz

素养 sùyǎng (geistige, musische) Fähigkeiten *pl*; Blildung *f*; geschult

素油 sùyóu Pflanzenöl *n*

素质 sùzhì Qualität *f*; Veranlagung *f*: 提高部队的军事～ die militärische Leistungsfähigkeit der Truppe erhöhen

速 sù ① schnell; geschwind; rasch: ～读 schnell lesen ～效 schnelle Wirkung ～溶咖啡 löslicher Kaffee; Schnellkaffee *m* ② Tempo *n*; Geschwindigkeit *f* ③ einladen *vt*: 不～之客 ein ungebetener Gast; ein überraschender Besuch ④ beschleunigen *vt*: 加～生产 die Produktion beschleunigen

速成 sùchéng Schnellverfahren zur Aneignung eines bestimmten Wissensstoffes: ～班 Schnellkurs *m*

速记 sùjì Stenographie *f*: ～员 Stenograph *m*

速决 sùjué schnelle Entscheidung: 速战～ schneller Kampf und schnelle Entscheidung; einen Kampf rasch für sich entscheiden

速率 sùlǜ Geschwindigkeit *f*

速写 sùxiě ① Skizze *f*; Studie *f* ② literarische Skizze

粟 sù Kolbenhirse *f*

夙 sù seit langer Zeit bestehend; althergebracht: ～愿 langgehegter Wunsch

夙兴夜寐 sù xīng yè mèi frühmorgens aufstehen und sich spätabends schlafen legen; den ganzen Tag durcharbeiten; von früh an auf den Beinen sein

肃(肅) sù ① ehrerbietig; respektvoll ② ernsthaft; ernst: 严～ ernst; streng; feierlich

肃静 sùjìng feierliche Stille

肃立 sùlì ehrerbietig dastehen; aufstehen und Haltung annehmen; strammstehen *vi*: ～默哀 in schweigender Achtung stehen

肃清 sùqīng liquidieren *vt*; ausrotten *vt*; austilgen *vt*; beseitigen *vt*: ～流毒 verderbliche Einflüsse völlig aus dem Weg räumen

肃然起敬 sùrán qǐ jìng Ehrfurcht empfinden; voller Ehrerbietung sein

suān

酸 suān ① Säure *f* ② sauer: ～葡萄 saure Trauben ～牛奶 Joghurt *n/m*; Sauermilch *f* ③ traurig; schmerzerfüllt; betrübt: 心～ im Herzen Bitterkeit fühlen; unglücklich sein; j-m Herzeleid bereiten ④ ziehende Muskelschmerzen: 腰～背痛 Muskelkater im Rücken haben

酸菜 suāncài chinesischer Sauerkohl; gesäuerter Kohl

酸溜溜 suānliūliū ① säuerlich; sauer ② Muskelschmerzen *pl* (nach einer Anstrengung); Muskelkater *m* ③ traurig

酸甜苦辣 suān tián kǔ là Freuden und Leiden; gute und schlechte Zeiten im Leben

酸痛 suāntòng ziehende Muskelschmerzen; Muskelkater *m*: 浑身～ jeden Knochen im Leib spüren

酸味 suānwèi saurer Geschmack; säuerlicher Geruch

suàn

蒜 suàn Knoblauch *m*: 一辫～ ein Knoblauchzopf

算 suàn ① rechnen *vt / vi*: 心～ im Kopf rechnen ② einbeziehen *vt*; einrechnen *vt*; einkalkulieren *vt*: 把我也～上。Zählen Sie mich auch dazu! ～上伤病号，敌军只有百把人。Mit den Verwundeten und Kranken sind die feindlichen Truppen nur etwa 100 Männer. ③ planen *vt*: 失～ Fehlrechnung *f*; etw. falsch berechnen; sich verrechnen ④ zählen *vt*; gelten *vi*: 他～是我们这儿最好的厨师了。Er gilt als der beste Koch hier bei uns. 他说的不～。Das zählt nicht, was er sagt. ⑤ etw. als gültig betrachten: 这样重要的事不能一人说了～。Das Ding, das so wichtig ist, sollte nicht von irgendeinem allein geregelt werden. 谁说了～? Wer hat das letzte Wort? ⑥ am Ende; schließlich; endlich: 问题～解决了。Das Problem wurde schließlich gelöst. ⑦ [后面跟"了"] laß das; schon gut; basta: ～了，别说了。Laß gut sein, kein Wort mehr darüber.

算计 suànji ① rechnen *vt/vi*; zählen *vt*; kalkulieren *vt*: ～一下，我该付多少钱? Bitte rechnen Sie einmal aus, wieviel ich zu bezahlen habe. ② denken *vt/vi*; sich überlegen ③ vermuten *vt*; annehmen *vt*: 我～他明天到北京。Ich nehme an, daß er morgen in Beijing ankommt. ④ gegen j-n Ränke schmieden; hintergehen *vt*

算命 suànmìng wahrsagen *vt*: ～先生 Wahrsager *m*

算盘 suànpan Abakus *m*; Rechenbrett *n*

算术 suànshù Rechnen *n*; Arithmetik *f*

算数 suànshù gelten *vi*; etw. als gültig betrachten: 我们说话是～的。Was wir sagen, gilt.

suī

虽(雖) suī obwohl; obschon; zwar

虽然 suīrán zwar; obwohl; obgleich

说 suīshuō ob wohl; obgleich

suí

随(隨) suí ① folgen *vi*: ～我去慕尼黑。Fahre zusammen mit mir nach München! ② sich fügen: ～顺 fügsam ③ nach Belieben: ～你的便。Wie Sie wollen!

随笔 suíbǐ (literarische) Skizze *f*; Feuilleton *n*; Miszellen *pl*

随便 suíbiàn ① nach Beliben; ungezwungen; frei: ～谈 zwanglos plaudern ② sich keinen Zwang antun; zwanglos; unbefangen: 请～(吃)! Fühlen Sie sich bitte wie zu Hause! ③ unüberlegt; unbesonnen: 说话～ unbedacht daherreden ④ irgend; auf irgendeine Art und Weise: ～发生什么情况，我们都要保持冷静。Wir müssen stets einen kühlen Kopf bewahren, ganz gleich was auch geschieht.

随波逐流 suí bō zhú liú sich von der Strömung treiben lassen; mit dem Strom schwimmen; mit der Herde laufen

随从 suícóng ① folgen *vi*; begleiten *vt* ② Begleitung *f*; Gefolge *n*

随大溜 suídàliù mit dem Strom schwimmen; sich der Mehrheit anschließen

随地 suídì überall; irgendwo: 随时～ zu jeder Zeit und an jedem Ort; immer und überall 不要～扔东西。Man darf keine Abfälle herumliegen lassen. 或 Nicht mit Abfällen verunreinigen!

随风倒 suífēngdǎo den Mantel nach dem Wind hängen; mit dem Wind segeln

随和 suíhe gutmütig; nachgiebig; zuvorkommend

随后 suíhòu nachher; dann; später; gleich; darauf: 你先走，我～就去。Gehen Sie schon vor. Ich komme gleich nach.

随机应变 suí jī yìng biàn geistesgegenwärtig handeln; den wechselnden Umständen Rechnung tragen; sich nach den veränderten Umständen richten

随即 suíjí anschließend; sofort; gleich danach

随口 suíkǒu unüberlegt oder gedankenlos daherreden; mit etw. unbesonnen herausplatzen: ～答应 vorschnell zustimmen

随身 suíshēn etw. mit (*od* bei) sich haben

随声附和 suí shēng fùhè der Meinung eines anderen ohne Überlegung beistimmen; j-s Meinung nachbeten (*od* nachplappern)

随时 suíshí ① zu jeder Zeit: 有问题可～来找我。Wenn Sie irgendeine Frage haben, können Sie mich zu jeder Zeit besuchen.

随…随… suí ... suí ... [分别用在两个动词或动词性词组前面，表示后一动作紧接前一动作]: 随叫随到 jederzeit zur Verfügung stehen

随同 suítóng zusammen mit

随心所欲 suí xīn suǒ yù nach Lust und Laune handeln; etw. willkürlich tun; sich nur von seinen Launen leiten lassen

随意 suíyì willkürlich; zwanglos;

beliebig; nach Belieben
随员 suíyuán ① Gefolge *n*; Begleitung *f* ② Attaché *m*
随着 suízhe ① mit; in Übereinstimmung mit: ～时间的推移 mit fortschreitender Zeit ② danach: ～经济发展人们的生活也改善了。Parallel zur Entwicklung der Wirtschaft hat man die Lebensbedingungen auch verbessert.
绥 suí ① friedlich; ruhig ② beschwichtigen *vt*; befrieden *vt*
绥靖 suíjìng Beschwichtigung *f*: ～政策 Beschwichtigungs-, Appeasementpolitik *f*

suǐ

髓 suǐ Knochenmark *n*: 脊～ Rückenmark *n*

suì

碎 suì ① zerbrechen *vi* / *vt*; zersplittern *vt*: 瓶～了。Die Flasche ist zerbrochen. ② zerbröckelt; zerstückelt: ～玻璃 zerbrochenes Glas; Glassplitter *m* ～石 zerkleinerte Steine; Schotter *m* ③ redselig; schwatzhaft: 嘴太～ allzu schwatzhaft
遂 suí ① zufriedenstellen *vt*; befriedigen *vt*: ～愿 j-s Wunsch erfüllen ② gelingen *vi*; glücken *vi*: 所谋不～。Seine Bemühungen scheiterten.
遂心 suìxīn j-s Wunsch befriedigen; nach Wunsch gehen: ～如意 voll und ganz befriedigt sein; wunschlos glücklich sein
遂意 suìyì j-s Wunsch erfüllen; nach j-s Geschmack (sein)
燧 suì ① Feuerstein *m*; Flint(stein) *m* ② Signalfeuer *n* (in alten Zeiten)
燧石 suìshí Flint(stein) *m*; Feuerstein *m*
隧 suì
隧道 suìdào Tunnel *m*
岁(歲) suì ① Jahr *n*: ～末 Jahresende *n* ～入 Jahreseinnahme *f* ② Alter *n*; Lebensjahr *n*: 三～小孩 dreijähriges Kind
岁暮 suìmù die letzten Tage eines Jahres
岁数 suìshu Alter *n*; Lebensjahr *n*: 您多大～了? Wie alt sind Sie? 上～ sehr betagt sein
岁月 suìyuè Jahre *pl*; Zeit *f*: 艰苦的～ harte Jahre ～不居。Die Zeit wartet nicht.
穗 suì ① Ähre *f* ② Quaste *f*; Troddel *f*
穗子 suìzi Troddel *f*; Quaste *f*; Franse *f*
祟 suì Gespenst *n*; böse Geister: 作～ spuken *vi*; als Geist sein Unwesen treiben; Böses im Schilde führen

sūn

孙(孫) sūn Enkel *m*
孙女 sūnnǚ Enkelin *f*
孙子 sūnzi Enkel *m*

sǔn

损 sǔn ① vermindern *vt*; abnehmen *vi* ② schaden *vi*; beeinträchtigen *vt*: 有益无～ nur Vorteil aber keinen Nachteil bringen können; j-m nur guttun, aber nicht schaden können ～公肥私 der Gemeinschaft schaden, um sich zu bereichern; auf Kosten der Gemeinschaft Profit machen
损害 sǔnhài schaden *vi*; j-m/etw. Schaden zufügen; benachteiligen *vt*: ～声誉 seinem Ansehen (*od* Ruf) schaden ～健康 der Gesundheit abträglich sein
损耗 sǔnhào ① Verlust *m*; Abnutzung *f*; Verschleiß *m* ② Schaden *m*; Verlust *m*; Abfall *m* (durch beschädigte oder verdorbene Waren)
损坏 sǔnhuài beschädigen *vt*
损人利己 sǔn rén lì jǐ sich auf Kosten anderer Vorteile verschaffen; Profite auf Kosten anderer machen; aus fremdem Schaden Kapital schlagen
损伤 sǔnshāng ① beschädigen *vt*; verletzen *vt*: 不要～群众的积极性。Man darf den Enthusiasmus der Massen nicht dämpfen. ② Verlust *m*: 敌军兵力～很大。Die feindlichen Truppen haben große Verluste erlitten.
损失 sǔnshī ① verlieren *vt*; einbüßen *vt*: ～飞机五架 fünf Flugzeuge verlieren ② Verlust *m*: 此事对我们公司是很大的～。Es ist ein schwerer Verlust für unsere

Firma.

损益 sǔnyì Gewinn und Verlust; Profit und Einbuße

笋(筍) sǔn Bambusproß *m*; Bambustrieb *m*: ～干 getrocknete Bambussprossen

suō

蓑 suō

蓑衣 suōyī Regenumhang aus Palmbast oder Stroh

梭 suō Weberschiffchen *n*: 穿～外交 Pendel-Diplomatie *f*

梭镖 suōbiāo Speer *m*

唆 suō aufwiegeln *vt*; anstacheln *vt*; aufhetzen *vt*: 教～j-n zu einer bösen Tat aufhetzen

唆使 suōshǐ anstacheln *vt*; aufwiegeln *vt*: ～者 Aufhetzer *m*; Anstifter *m*

缩 suō ① schrumpfen *vi*; eingehen *vi*; sich zusammenziehen: 热胀冷～ sich bei Hitze ausdehnen, bei Kälte zusammenziehen ② zurückziehen *vt*: 退～ zurückweichen *vi*; zurückschrecken *vi* 他赶快把身子一～。Er duckte sich rasch.

缩短 suōduǎn verkürzen *vt*; verkleinern *vt*: ～距离 den Abstand verringern ～期限 eine Frist verkürzen

缩减 suōjiǎn reduzieren *vt*; verringern *vt*; abbauen *vt*: ～军费 Militärausgaben kürzen

缩手 suōshǒu ① die Hand zurückziehen ② zurückschrecken *vi*: ～缩脚 zu vorsichtig sein, um sich an etw. heranzuwagen; überängstlich

缩水 suōshuǐ (beim Waschen) einlaufen *vi*; eingehen *vi*; krumpfen *vi*; schrumpfen *vi*

缩小 suōxiǎo verkleinern *vt*; verringern *vt*; reduzieren *vt*: ～范围 den Umfang verkleinern; den Bereich einengen

缩写 suōxiě ① Abkürzung *f* ② (ein literarisches Werk) kürzen *vt*: ～本 gekürzte Ausgabe

缩影 suōyǐng Miniatur *f*

suǒ

索 suǒ ① Tau *n*; Strick *m*: 绳～ Seil *n*; Strick *m* 绞～ Strick *m* (des Henkers); Galgenstrick *m* ② suchen *vt*; auf die Suche gehen: 遍～不得 überall vergeblich nach etw. suchen ③ verlangen *vt*; fordern *vt*: ～价 einen Preis verlangen ④ allein; zurückgezogen: 离群～居 ein abgeschlossenes Leben führen

索取 suǒqǔ verlangen *vt*; abverlangen *vt*; fordern *vt*; etw. für sich reklamieren: 向大自然～财富 den Reichtum von der Natur verlangen

索然 suǒrán fade; langweilig; gelangweilt; lustlos: 兴致～ interesselos; desinteressiert; sich sehr langweilen

索性 suǒxìng einfach; geradezu: 既然已经做了,～就把它做完。Da Sie die Arbeit schon einmal angefangen haben, führen Sie sie am besten zu Ende.

索引 suǒyǐn Index *m*; Register *n*: 卡片～ Kartei *f*; Kartenarchiv *n* 书名～ Titelindex *m*; Titelregister *n*

琐 suǒ trivial; klein; unwichtig

琐事 suǒshì Kleinigkeit *f*; Bagatelle *f*; belanglose Sache: 家庭～ unwichtige Verrichtungen im Haushalt; Familien-, Haushaltskram *m*

琐碎 suǒsuì trivial; geringfügig; belanglos

琐细 suǒxì trivial; geringfügig; belanglos

锁 suǒ ① Schloß *n*: 弹簧～ Fall-, Schnappschloß *m* 枷～ Joch *n*; Fessel *f* ② verschließen *vt*; zuschließen *vt*: ～门 eine Tür zuschließen ③ Saumnaht *f*: ～边 mit einer Saumnaht versehen

锁匠 suǒjiang Schlosser *m*; Schloßmacher *m*

锁链 suǒliàn ①Kette *f* ②Fessel *f*

锁钥 suǒyuè Schlüssel *m*

所 suǒ ① Sitz *m*; Platz *m*; Stelle *f*: 住～ Wohnsitz *m* ②［用作机关或其它办事地方的名称］: 研究～ Forschungsinstitut *n* 诊疗～ Klinik *f* ③ 〈量〉［用于房屋等］: 一～房子 ein Haus 两～学校 zwei Schulen ④［跟"为"或"被"合用，表示被动］: 为人～笑 von anderen ausgelacht werden; sich zum Gespött der Leute machen ⑤［跟动词连用，代表接受动作的事物］: 各尽～能 jeder nach seinen Fähigkeiten 闻～未闻 unerhört ⑥［跟动词连用，动词后再用接受动作的事物的词］: 我～认识的人 die Leute, die ich kenne

所长 suǒcháng Stärke *f*; starke Seite; besondere Fähigkeit

所得 suǒdé Einkommen *n*; Lohn *m*; Gewinn *m*: ～税 Einkommensteuer *f*

所属 suǒshǔ ① unter j-s Kommando stehend; untergeordnet; unterstellt ② für j-n zuständige Stelle

所谓 suǒwèi ① was etw. betrifft; betreffs: ～民主，只是一种手段，不是目的。Was die Demokratie anbelangt, so ist sie nur Mittel, kein Zweck. ② sogenannt; angeblich: ～"无核区" sogenannte „kernwaffenfreie Zone"

所向披靡 suǒ xiàng pī mí wie immer man angreift, stets zerstreut sich der Feind wie Spreu im Wind; wohin auch die Truppen ziehen, der Feind flüchtet in Panik

所以 suǒyǐ ①〔表示因果关系〕so; deshalb; deswegen; darum: 他病了，～没来。Er ist krank, deswegen kommt er nicht. ②〔单独成句，表示"原因就在这里"〕: ～呀，要不然我怎么这么说呢？Eben deswegen! Sonst hätte ich nicht so etwas sagen können. ③〔用于固定词组中作宾语〕: 忘其～ vor Hochmut alles um sich herum vergessen; aus Arroganz (*od* Überheblichkeit) keinen klaren Kopf bewahren

所以然 suǒyǐrán Grund *m*; das Warum und Weshalb; Begründung *f*: 知其然而不知其～ wissen, daß es so ist, aber nicht, warum es so ist

所有 suǒyǒu ① besitzen *vt*; etw. in Besitz haben ② Besitz *m*: 尽其～ seinen ganzen Besitz hergeben ③ all: 把～的劲儿都使出来 alle seine Kräfte einsetzen

所有制 suǒyǒuzhì Eigentumssystem *n*

所在 suǒzài ① Platz *m*; Ort *m*: 风景优美的～ ein landschaftlich reizvoll gelegener Ort ② darin bestehen: 这是问题～。Das ist der Kern des Problems. 或 Da liegt der Hund begraben. ～多有 sich fast überall finden

T t

tā

他 tā ① er ②〔泛指，不分男性和女性〕jemand: 从远处看不出～是男的还是女的。Aus der Enfernung kann man nicht erkennen, ob es ein Mann oder eine Frau ist. ③〔虚指，用在动词和数量词之间〕: 再试～一次 noch einmal versuchen ④ andere; anders: 早已～去 schon seit langem nicht da sein

他们 tāmen sie (Plural): ～俩 (sie) beide ～学校离火车站不远。Ihre Schule liegt nicht weit entfernt von dem Bahnhof.

他人 tārén ein anderer; andere (Leute)

他乡 tāxiāng fremdes Land; ein Ort weit von zu Hause; in der Fremde

她 tā sie (Singular)

她们 tāmen sie (Plural)

它 tā〔称人以外的事物〕es: 这杯牛奶你喝了～。Trink das Glas Milch!

它们 tāmen〔称一个以上的事物〕sie (Plural)

塌 tā ① einstürzen *vi*; zusammenbrechen *vi*; zusammenfallen *vi*: 墙～了。Die Mauer ist eingestürzt. ② einsinken *vi*; einfallen *vi*: ～鼻梁 flache (*od* platte) Nase ③ sich beruhigen; ruhig werden: ～下心来 sich sammeln; sich fassen; seine Fassung wiedergewinnen

塌方 tāfāng ① einstürzen *vi*; einfallen *vi* ② Erdrutsch *m*

塌实 tāshi ① solide; gewissenhaft; gründlich ② ruhig; beruhigt; unbesorgt: 睡得很～ tief und ruhig schlafen 孩子病一好，妈妈心里就～了。Die Genesung ihres Kindes hat die Mutter sehr erleichtert.

塌陷 tāxiàn einsinken *vi*; einfallen *vi*

tǎ

塔 tǎ ① (buddhistische) Pagode *f* ② turmförmiger Bau; Turm *m*: 水～ Wasserturm *m* 灯～ Leuchtturm *m* 蒸馏～ Destillationskolonne *f*; Destilliersäule *f*

tà

挞(撻) tà 〈书〉 peitschen *vt*; prügeln *vt*; hauen *vt*: 鞭～ peitschen *vt*; auspeitschen *vt*

拓 tà eine Inschrift oder ein Bild von Stein bzw. Bronze abziehen; Stein- bzw. Bronzeabreibungen herstellen * 另见 tuò

拓本 tàběn zu einem Buch gebundene Abreibungen oder Abdrücke

榻 tà langes, schmales, niedriges Bett; Pritsche *f*

沓 tà 〈书〉 sehr viel; kunterbunt; wiederholt: 纷至～来 herbeigeströmt kommen; in ununterbrochener Folge kommen *另见 dá

踏 tà ① treten *vt/vi*; betreten *vt*; gehen *vi*: 践～ trampeln *vi*; mit Füßen treten ～步 auf der Stelle treten ② sich an Ort und Stelle begeben (zur Prüfung oder Untersuchung)

踏勘 tàkān (für ein Großprojekt) an Ort und Stelle topographische Untersuchungen durchführen

tāi

胎 tāi ① Leibesfrucht *f*; Fötus *m*; Fetus *m*; Embryo *m/n*: 怀～ schwanger sein oder werden ② Niederkunft *f*; Geburt *f*: 头～ erste Geburt; erstes Baby ③ Polster *n*; Füllung *f*; Futter *n* ④ Radreifen *m*; Autoreifen *m*: 内～ Schlauch *m* 外～ Reifen *m*; Manter *m*; Radmanter *m*

胎生 tāishēng Viviparie *f*; Lebendgebären *n*: ～动物 lebendgebärende (*od* vivipare) Tiere; Lebendgebärende *pl*

tái

台(臺) tái ① erhöhter Platz; Plattform *f*; Terrasse *f*; Podest *n*: 讲～ Podium *n*; Rednerbühne *f*; Tribüne *f* 检阅～ Paradetribüne *f* 月～票 Bahnsteigkarte *f* ② Ständer *m*; Untersatz *m*: 导弹发射～ Raketenabschußstartrampe *f* ③ terrassen- oder sockelförmige Gegenstände: 窗～ Fensterbank *f*; Fensterbrett *n* ④ Tisch *m*; Tafel *f*: 写字～ Schreibtisch *m* 梳妆～ Toilette *f*; Toilettentisch *m* ⑤ Sender *m*; Sendestation *f*: 电视～ Fernsehstation *f*; Fernsehsender *m* ⑥ Fernsprechdienst *m*; telefonischer Ansagedienst: 长途～ Telefonvermittlung für Ferngespräche ⑦ 〈量〉: 一～戏 eine Theateraufführung 两～计算机 zwei Computer

台词 táicí Bühnentext eines Schauspielers; Rollentext *m*

台灯 táidēng Tischlampe *f*

台风 táifēng Taifun *m*

台阶 táijiē Treppe *f*; Stufe *f*

台历 táilì Tischkalender *m*

台球 táiqiú ① Billard *n*; Billardspiel *n* ② Billardkugel *f*; Billardball *m*

台柱子 táizhùzi Hauptdarsteller *m*; Hauptrolle *f*; Hauptperson *f*

苔 tái Lebermoose *pl*

抬(擡) tái ① heben *vt*; aufheben *vt*; hochheben *vt*: ～高物价 den Warenpreis hochtreiben ② (zu zweit oder mehreren) tragen *vt*: ～担架 eine Bahre tragen

抬杠 táigàng 〈口〉 Wortgefechte austragen; streiten *vi*

抬举 táiju j-n über Gebühr loben; begünstigen *vt*; favorisieren *vt*: 不识～ j-s Wohlwollen nicht gewahr werden; eine Gunst (*od* Anerkennung) nicht zu schätzen wissen

抬头 táitóu ① den Kopf heben ② aufleben *vi*; neuen Schwung bekommen

tài

泰 tài ① heil; friedlich: ～然自若 sich nicht aus der Ruhe bringen lassen; die Haltung bewahren; seelenruhig ② äußerst; sehr: ～西 Westen *m*; westliche Länder; Abendland *n*; Okzident *m*

泰然 tàirán ruhig und gelassen; gefaßt: ～处之 etw. mit Gleichmut über sich ergehen lassen; etw. mit Fassung tragen

泰山 Tàishān ① Taishan-Berg *m* (Symbol für großes Gewicht bzw. große Wichtigkeit) ② Schwiegervater *m* (Vater der Frau)

太 tài ① höchst; allergrößt; in weiter Ferne: ～空 Firmament *n*; Weltraum *m* ～古 Urzeit *f*; graue Vorzeit ② ältest; ranghöher: ～老师 Vater des Lehrers oder Lehrer des Vaters ③ 〈副〉 allzu; äußerst; übermäßig: ～晚 zu spät 人～多了,会客室里坐不开。 Es sind zu viele für das Empfangszimmer. ④ 〈副〉 [用于赞叹] sehr; außerordentlich: 又见到您,～高兴了。 Es freut mich sehr, Sie wiederzusehen. ⑤ 〈副〉 [用于否定] sehr: 不～好 nicht sehr gut; ziemlich schlecht

太后 tàihòu Mutter des Kaisers; Kaiserinmutter *f*

太平 tàipíng (in) Ruhe und Frieden: ～门 Notausgang *m* ～梯 Nottreppe *f* ～间 Leichenhaus *n*

太上皇 tàishànghuáng ① Titel für den zugunsten seines Sohnes abgedankten Kaiser ② oberster Gebieter

太太 tàitai ① Frau *f*; Madame *f*: 王～ Frau Wang ② Frau *f*; Gattin *f*; Gemahlin *f*

太阳 tàiyáng ① Sonne *f* ② Sonnenschein *m*; Sonnenlicht *n*: ～能 Sonnen-, Solarenergie *f* ～系 Sonnen-, Solarsystem *n*

太阳镜 tàiyángjìng Sonnenbrille *f*

太阳穴 tàiyángxué Schläfe *f*

太子 tàizǐ Kronprinz *m*

汰 tài ausscheiden *vt*; eliminieren *vt*; absondern *vt*: 淘～ ausscheiden *vt*

态(態) tài ① Form *f*; Erscheinug *f*; Zustand *m*: 形～ Form *f*; Gestalt *f* 姿～ Pose *f*; Haltung *f* 事～的发展 Entwicklung einer Situation; Lauf der Dinge ② Genus *n*: 主动～ Aktiv(um) *n*

态度 tàidu ① Benehmen *n*; Auftreten *n*; Gebaren *n*: ～和蔼 zu j-m freundlich sein ② Position *f*; Haltung *f*; Einstellung *f*: 工作～ Einstellung zur Arbeit 服务～ Verhalten im Dienst 表明～ den Standpunkt klarmachen

tān

坍 tān einstürzen *vi*; zusammenbrechen *vi*: 土墙～了。 Die Lehmmauer ist eingestürzt.

坍方 tānfāng ① einstürzen *vi*; einfallen *vi* ② Erdrutsch *m*

坍塌 tāntā einstürzen *vi*; einfallen *vi*; zusammenbrechen *vi*

贪 tān ① korrupt; bestechlich: ～官污吏 korrupte ② unersättlich; gierig: ～得无厌 unersättlich; nimmersatt nach etw. trachten; ersehnen *vt*: ～小失大 Kleines haben wollen und Großes verlieren; wegen belangloser Vorteile große Verluste hinnehmen müssen

贪婪 tānlán raffgierig; habgierig; unersättlich

贪恋 tānliàn sehr an etw. hängen; etw. nicht missen wollen; sich nicht losreißen können

贪图 tāntú begehren *vt*; ersehnen *vt*; nach etw. streben: ～便宜 immer auf kleine Vorteile erpicht sein; billig zu etw. kommen wollen

贪污 tānwū Korruption *f*; Unterschlagung *f*; Schiebung *f*; Veruntreuung *f*: ～腐化 Korruption und moralischer Verfall; bestechlich und entartet ～分子 Veruntreuer *m*

贪心 tānxīn ① Habgier *f*; Habsucht *f* ② habgierig; habsüchtig; raffgierig: ～不足 unersättlich; von Gier zerfressen

贪赃 tānzāng sich bestechen lassen; Schmiergelder annehmen

滩(灘) tān ① Strand *m*: 海～ Meeresstrand *m*; Küste *f* ② Untiefe *f*; Sandbank *f*: 险～ gefährliche Untiefe

瘫(癱) tān Lähmung *f*; Paralyse *f*: 吓～了 vor Schreck (*od* Angst) gelähmt 偏～ halbseitige Lähmung; Hemiplegie *f*

瘫痪 tānhuàn ① Lähmung *f*; Paralyse *f* ② gelähmt; zusammengebrochen; zum Stillstand gekommen; ins Stocken geraten: 交通运输陷于～。 Verkehr und Transport sind ins Stocken geraten.

摊(攤) tān ① ausbreiten *vt*; auslegen *vt*: ～

开地图 die Landkarte ausbreiten ② Teigbrei oder geschlagene Eier in der Pfanne zu dünnen Fladen backen: ～鸡蛋 ein Eieromelett backen ③ einen Anteil tragen: 每人～五毛钱。Auf jeden entfällt ein Anteil von fünf *Mao*. ④ offener Verkaufsstand; Stand *m*: 水果～儿 Obststand *m* 报～儿 Zeitungsstand *m* ⑤ 〈量〉: 一～稀泥 eine Schlammpfütze

摊贩 tānfàn Straßenhändler *m*; Fierant *m*; Höker *m*

摊牌 tānpái seine Karten aufdekken (*od* auf den Tisch legen); sich mit j-m in einer entscheidenden Kraftprobe messen

摊派 tānpài (Arbeiten, Aufgaben, Beiträge, Steuern u. ä.) zuteilen *vt*

tán

痰 tán Sputum *n*; Auswurf *m*: ～盂 Spucknapf *m*

谈 tán ① sprechen *vi*; besprechen *vt*; diskutieren *vt*: 我们～得来。Wir haben eine gemeinsame Sprache. ② Gesprächsthema *n*: 奇～ merkwürdiges Gerede; absurdes Geschwätz 无稽之～ Unsinn *m*; dummes Zeug; albernes Gewäsch

谈何容易 tán hé róngyì leichter gesagt als getan; keineswegs einfach

谈虎色变 tán hǔ sè biàn schon beim Wort „Tiger" erblassen — es schon mit der Angst zu tun bekommen, wenn etwas Schreckliches nur erwähnt wird

谈话 tánhuà ① Gespräch *n*; Unterhaltung *f* ② Rede *f*; Erklärung *f*: 发表书面～ eine schriftliche Erklärung abgeben

谈论 tánlùn (mündlich) über etw. seine Meinung äußern; auf etw. eingehen; über etw. sprechen; diskutieren *vi/vt*

谈判 tánpàn verhandeln *vi/vt*; Verhandlung *f*: 举行～ in Verhandlungen treten; verhandeln *vi* ～桌 Verhandlungstisch *m*

谈天 tántiān plaudern *vi*; sich zwanglos unterhalten

谈笑风生 tán xiào fēng shēng sich heiter und humorvoll unterhalten; von fröhlichen Reden begleitet

谈笑自若 tán xiào zìruò sprechen und lachen, als sei nichts geschehen

坛 tán I (壇) ① Altar *m*: 天～ Himmelstempel *m* (in Beijing) ② erhöhtes Beet: 花～ erhöhtes Blumenbeet ③ Plattform *f*; Tribüne *f*; Podest *n*: 讲～ Rednerbühne *f*; Podium *n*; Rednertribüne *f* ④ Fachgebiet *n*; Kreis *m* (von Leuten mit gleichem Interesse): 文～ Welt der Literatur; literarische Zirkel II (罈) dickbauchiges Tongefäß; Kruke *f*: 酒～ Weinkrug *m*

昙(曇) tán

昙花一现 tánhuā yī xiàn so kurz blühen wie die „Königin der Nacht" — kurze Pracht; Eintagsfliege *f*; schnell vergänglich

檀 tán

檀香 tánxiāng Sandelholzbaum *m*: ～木 (weißes) Sandelholz *n*

潭 tán tiefer Teich

弹(彈) tán ① mit einer Schleuder schießen ② schnellen *vi*; springen *vi* ③ etw. mit dem Finger abklopfen; wegschnippen *vt*: ～烟灰 Zigarettenasche abklopfen ④ etw. mit der Maschine auflockern: ～棉花 Baumwolle (durch Schleudern oder Zupfen) locker und flauschig machen ⑤ (Tasten- oder Zupfinstrumente) spielen *vt*; zupfen *vt*; in die Tasten greifen: ～钢琴 Klavier spielen 老调重～ eine alte Leier wieder anstimmen ⑥ beschuldigen *vt*; anklagen *vt*: ～劾 öffentliche Anklage gegen hohe Staatsbeamten; Impeachment *n* * 另见 dàn

弹簧 tánhuáng Feder *f*: ～床 Bett mit Sprungfedermatratze ～锁 Schnappschloß *n*

弹射 tánshè kataputieren *vt*; schleudern *vt*

弹性 tánxìng Elastizität *f*; Feder-, Sprungkraft *f*: 有～ elastisch; federnd

弹奏 tánzòu (Tasten-, Zupfinstrumente) spielen *vt*

tǎn

毯 tǎn Bettdecke *f*: 毛～ Wolldecke *f* 地～ Teppich *m* 挂～ gewirkte Tapete; Wandteppich *m*

毯子 tǎnzi Bettdecke *f*

忐 tǎn
忐忑 tǎntè beunruhigt; verstört: ～不安 nervös; unruhig; bange
袒 tǎn ① den Oberkörper (ganz oder teilweise) entblößen: ～胸露臂 (meist bei Frauen) Busen und Schultern unbedeckt lassen ② j-n in Obhut nehmen: ～护 j-n unter seine Fittiche nehmen; für j-n eintreten
坦 tǎn ① eben; flach: 平～ eben; flach ② seelenruhig; gelassen: ～然无惧 ruhig und furchtlos
坦白 tǎnbái ① ehrlich; offen (herzig); aufrichtig ② (Schuld, Fehler, Verbrechen u.ä.) offen gestehen; eingestehen *vt*; zugeben *vt*; bekennen *vt*
坦荡 tǎndàng ① breit und eben ② großmütig; großzügig
坦克 tǎnkè Panzer *m*; Tank *m*
坦率 tǎnshuài offenherzig; gerade; aufrichtig

tàn

探 tàn ① auskundschaften *vt*; sondieren *vt*; etw. vorsichtig erkunden: 试～ sondieren *vt*; seine Fühler ausstrecken 钻～ Bohren *n* ② besuchen *vt*; sich nach j-s Befinden erkundigen ③ ausstrecken *vt*; etw. nach vorn strecken: ～头～脑 verstohlen den Kopf herausstrecken und Ausschau halten ④ Kundschafter *m*; Späher *m*; Detektiv *m*: 敌～ feindlicher Spion (*od* Spitzel) 侦～ Detektiv *m*
探测 tàncè sondieren *vt*; vermessen *vt*: ～水深 die Wassertiefe loten
探访 tànfǎng ① nach etw. suchen; auf die Suche gehen; sich nach etw. erkundigen: ～民间秘方 im Volk nach Geheimrezepten forschen ② besuchen *vt*; j-m einen Besuch abstatten
探究 tànjiū etw. gründlich erforschen (*od* untersuchen); etw. zu ermitteln suchen: ～原因 Ursachen nachgehen; einer Sache auf den Grund gehen
探亲 tànqīn entfernt lebende Eltern oder Ehepartner besuchen
探视 tànshì besuchen *vt*: ～病人 einen Kranken besuchen
探索 tànsuǒ erforschen *vt*; nach etw. forschen: ～宇宙的秘密 die Geheimnisse des Kosmos zu ergründen suchen
探讨 tàntǎo etw. untersuchen und diskutieren; etw. in eingehenden Diskussionen zu klären versuchen: 从不同角度对问题进行～ die Probleme unter verschiedenen Aspekten studieren und diskutieren
探听 tàntīng sich nach etw. erkundigen; auskundschaften *vt*; recherchieren *vt*
探望 tànwàng ① ausspähen *vt*; nach etw. Ausschau halten: 她不时向窗外～。 Sie hielt immer wieder am Fenster Ausschau. ② j-m einen Besuch abstatten
探问 tànwèn ① vorsichtig nach etw. fragen; ausloten *vt* ② sich nach j-s Befinden erkundigen
探险 tànxiǎn eide (abenteuerliche) Expedition unternehmen; eine (gefährliche) Forschungsreise machen: ～队 Expeditionskorps *n* ～家 Forschungsreisende(r)
探照灯 tànzhàodēng Scheinwerfer *m*
叹(嘆) tàn ① seufzen *vi*: ～一口气 einen Seufzer ausstoßen ② seine Bewunderung ausdrücken; j-n/etw. von ganzem Herzen anerkennen: 赞～ preisen *vt*; j-n / etw. bewundern und loben
叹词 tàncí Interjektion *f*; Ausrufewort *n*
叹服 tànfú j-m seine Bewunderung aussprechen: 令人～ Bewunderung einflößen
叹赏 tànshǎng bewundern *vt*; voller Bewunderung sein; seine Bewunderung ausdrücken
叹息 tànxī 〈书〉 seufzen *vi*; aufstöhnen *vi*
炭 tàn ① Holzkohle *f*: 木～ Holzkohle *f* 烧～ (durch Verkohlung) Holzkohle gewinnen ～火 Holzkohlenfeuer *n*
碳 tàn Kohlenstoff *m* (C): ～化 Verkohlung *f*; Karbonisation *f* ～酸 Kohlensäure *f*

tāng

汤(湯) tāng ① warmes (bzw. heißes, kochendes) Wasser: 赴～蹈火 durchs Feuer gehen ② Suppe *f*; Brühe *f*: 鸡～ Hühnersuppe *f*; Hühnerbrühe *f* ③ Heilkräutertee *m*; Absud *m*

蹚 tāng waten *vi*; durch seichtes Wasser gehen: ～水过河 einen Fluß durchwaten

táng

唐 táng

唐突 tángtū anstößig; taktlos; indiskret: 出言～ eine unpassende Bemerkung machen

糖 táng ① Zucker *m*: 白～ raffinierter Zucker; Zuckerraffinade *f* 砂～ körniger Zucker 红～ Rohzucker *m*; brauner Zukker ～厂 Zuckerraffinerie *f* ② eingezuckert; mit Zucker eingemacht; kandiert: ～姜 kandierter Ingwer ～蒜 in Zuckerwasser eingelegter Knoblauch ③ Bonbon *n/m*

糖果 tángguǒ Bonbons *pl*; Süßigkeiten *pl*; Zuckerwerk *n*; Konfekt *n*

糖精 tángjīng Saccharin *n*

糖尿病 tángniàobìng Zuckerkrankheit *f*; Diabetes *m*; Zuckerharnruhr *f*

塘 táng ① Damm *m*; Deich *m*: 河～ Flußdamm *m* ② Teich *m*: 鱼～ Fischteich *m* ③ Badebecken *n*: 澡～ Badehaus *n*; öffentliches Bad

搪 táng ① gegen (*od* vor) etw. schützen; fernhalten *vt*: ～风 gegen den Wind schützen ② etw. oberflächlich (*od* schlampig) erledigen; sudeln *vi*; pfuschen *vi*: ～塞 sich einer Aufgabe oberflächlich entledigen; etw. schlampig erledigen ③ (Lehm, Farbe u.ä.) auftragen *vt*; anstreichen *vt*: ～炉子 einen Ofen auf der Innenseite mit Lehm ausstreichen

搪瓷 tángcí Emaille *f*; Email *n*: ～茶缸 Emailbecher *m* ～钢板 emailliertes Stahlblech ～器皿 Emailgeschirr *n*; Emailwaren *pl*

堂 táng ① Hauptraum eines einstöckigen Wohnhauses ② Halle oder Gebäude für einen bestimmten Zweck: 食～ Speisehalle *f*; Kantine *f*; Mensa *f* 纪念～ Gedenkhalle *f* ③ Vetter oder Kusinen väterlicherseits: ～兄 älterer Vetter (aus der Familie des Vaters) ④ 〈量〉: 一～家具 eine Möbelgarnitur; eine Zimmereinrichtung

堂皇 tánghuáng stattlich; herrlich; prächtig: 富丽～ mit großem Prunk ausgestattet sein; prachtvoll

堂堂 tángtáng ① stattlich aussehen; von imposantem Äußeren: 仪表～ eine stattliche Erscheinung sein ② sich als Mann zeigen ③ imposant; imponierend; ehrfurchtgebietend: ～正正 eine stattliche Erscheinung; offen und ehrlich

螳 táng Gottesanbeterin *f*

螳臂当车 táng bì dāng chē eine Gottesanbeterin will einen Karren aufhalten — sich übernehmen; die eigenen Kräfte überschätzen; mit dem Kopf durch die Wand wollen

螳螂 tángláng Gottesanbeterin *f*

镗 táng Bohren *n*: ～床 Bohrer *m*; Bohrmaschine *f*; Bohrbank *f*

膛 táng Brustkorb *m*; Brusthöhle *f*; Brust *f*: 胸～ Brust *f*

tǎng

淌 tǎng fließen *vi*; rinnen *vi*; triefen *vi*: ～眼泪 Tränen vergießen; Tränen rinnen herunter ～口水 j-m fließt Speichel aus dem Mund; sabbern *vi*; speicheln *vi*

倘 tǎng 〈连〉 wenn; falls; im Fall: ～有不测 im Fall eines Unglücks; sollte etwas Unvorhergesehenes geschehen

倘若 tǎngruò 〈连〉 wenn; falls; angenommen

躺 tǎng liegen *vi*; sich hinlegen: ～下歇歇 sich hinlegen und ein wenig ausruhen

躺椅 tǎngyǐ Liegestuhl *m*; Liege *f*

tàng

烫(燙) tàng ① sich verbrennen; sich verbrühen: 小心～着! Vorsicht, sich verbrühen! ② etw. im Wasserbad erwärmen: ～酒 ein alkoholisches Getränk im Wasserbad erwärmen ③ sehr heiß; brühheiß: 这汤真～! Die Suppe ist noch kochend heiß! ④ bügeln *vt*; glätten *vt*; plätten *vt*: ～衣服

Kleidung bügeln
烫发 tàngfà sich die Haare wellen lassen; sich Dauerwellen machen lassen
烫伤 tàngshāng Brandwunde *f*
趟 tàng 〈量〉［表示走动的次数］: 到昆明去了一～ einmal in Kunming gewesen sein; eine Reise nach Kunming gemacht haben

tāo

涛(濤) tāo große Welle; Woge *f*; Brandung *f*: 惊～骇浪 hohe Welle; stürmische Wogen; tosende Flut
掏 tāo ① herausnehmen *vt*; herausholen *vt*: 从口袋里～出笔记本 ein Notizbuch aus der Tasche holen ② graben *vt*; aushöhlen *vt*: 在墙上～一个洞 ein Loch in die Wand hacken ③ Taschendiebstahl begehen: 他的皮夹子被～了。 Sein Portemonnaie ist von einem Taschendieb gestohlen worden.
滔 tāo überfließen *vi*; fluten *vi*
滔滔 tāotāo ① Wellen schlagend; brandend; reißend: 白浪～。Die schaumgekrönten Wellen brechen sich in der Brandung. ② ununterbrochen sprechen: 口若悬河,～不绝 wie ein Wasserfall (*od* ein Buch) reden; in einem fort sprechen
滔天 tāotiān ① turmhohe Wellen schlagen: 波浪～。Die Gischt der aufgewühlten Wellen spritzt gen Himmel. ② himmelschreiend: ～罪行 himmelschreiendes Verbrechen
韬(韜) tāo ① Bogentasche *f*; Schwerttasche *f*; Scheide *f* ② verbergen *vt*; verheimlichen *vt* ③ Kriegskungs *f*
韬略 tāolüè militärische Strategie

táo

逃 táo ① fliehen *vi*; flüchten *vi*; die Flucht ergreifen; ausreißen *vi* ② entgehen *vi*; entkommen *vi*; entfliehen *vi*; entschlüpfen *vi*
逃避 táobì ausweichen *vi*; j-m/etw. aus dem Weg gehen: ～现实 den Realitäten ausweichen; vor der Realität die Augen verschließen
逃遁 táodùn fliehen *vi*; entfliehen *vi*; davonlaufen *vi*: 仓皇～ in Panik davonlaufen
逃命 táomìng sein Heil in der Flucht suchen; sich durch Flucht retten
逃难 táonàn wegen eines Krieges (oder anderer Katastrophen) Haus und Hof verlassen und sein Heil in der Flucht suchen; aus einem Kriegs- oder Katastrophengebiet flüchten
逃匿 táonì entfliehen und untertauchen; in einen Schlupfwinkel flüchten
逃生 táoshēng aus Todesgefahr fliehen; sich durch Flucht retten
逃亡 táowáng flüchten *vi*; entfliehen *vi*; die Flucht ergreifen
逃之夭夭 táo zhī yāoyāo entfliehen *vi*; sich aus dem Staub machen; über alle Berge sein
逃走 táozǒu davonlaufen *vi*; entfliehen *vi*
桃 táo ① Pfirsich *m* ② pfirsichähnlicher Gegenstand: 棉～ Baumwollkapsel *f*; Fruchtkapsel der Baumwolle
桃花 táohuā Pfirsichblüte *f*
桃李 táolǐ Pfirsiche und Pflaumen — Metapher für j-s Schüler: ～满天下 überall unter dem Himmel seine Schüler haben; eine weit verstreute Schar von Anhängern haben
淘 táo ① etw. in einem Korb oder in einer Pfanne waschen: ～米 Reis waschen ② ausschöpfen *vt*; ausbaggern *vt*
淘气 táoqì unartig; frech; lausbübisch: ～鬼 j-d, der stets zu Lausbübereien aufgelegt ist; Lausebengel *m*; Tunichtgut *m*
淘汰 táotài ausscheiden *vt*; aussondern *vt*; aussortieren *vt*: 旧产品型号已经被～了。Die alten Typen der Produkte sind schon ausgemustert worden.
陶 táo ① Keramik *f*; Tonwaren *pl*: 彩～ bunt bemalte Keramik ② Tonwaren herstellen; töpfern *vi*; Töpferei *f* ③ kultivieren *vt*; erziehen *vt*; ausbilden *vt*: 熏～ auf j-n latenten Einfluß ausüben; allmählich und unmerkbar auf j-n einwirken
陶瓷 táocí Keramiken *pl*; Ton- und Porzellanwaren
陶器 táoqì Keramikgegenstände *pl*; Tonwaren *pl*; Töpfereierzeug-

nisse *pl*

陶然 táorán sorglos und froh; voller Freude und Zufriedenheit

陶冶 táoyě ① Ton brennen und Metall schmelzen ② über lange Zeit auf j-n einen guten Einfluß ausüben

陶醉 táozuì in einen Freudentaumel geraten; in Hochstimmung sein; freudetrunken sein

tǎo

讨 tǎo ① eine Strafexpedition unternehmen; einen Feldzug machen (zur Niederwerfung einer Rebellion) ② verurteilen *vt*; tadeln *vt*; anprangern *vt*: 声～ verurteilen *vt* ③ verlangen *vt* fordern *vt*: ～饶 j-n flehentlich um Nachsicht und Erbarmen bitten ～教 j-n um eine Anweisung bitten; j-n zu Rate ziehen ④ sich etw. zuziehen (*od* einhandeln): ～了个没趣儿 eine Abfuhr erleiden; einen Korb bekommen; zurückgewiesen werden 自～苦吃 sich Unannehmlichkeiten bereiten; sich in die Nesseln setzen; sich ins eigene Fleisch schneiden ⑤ diskutieren *vi/vt*: 商～ beraten *vi/vt*

讨伐 tǎofá einen Feldzug unternehmen (gegen Feinde oder Rebellen); eine Strafexpedition starten

讨好 tǎohǎo ① sich bei j-m beliebt machen; sich bei j-m einschmeicheln; um j-s Gunst buhlen ② [多用于否定] mit einem guten Ergebnis belohnt werden: 费力不～ für große Mühe keine Anerkennung finden; für seine Bemühungen Undank ernten; eine mühsame, aber undankbare Arbeit leisten

讨价还价 tǎo jià huán jià feilschen *vi*; handeln *vi*

讨嫌 tǎoxián widerlich; unangenehm; j-m lästig fallen; Abneigung einflößen

讨厌 tǎoyàn ① scheußlich; widerlich; unangenehm: 这个人真～! Diese Person ist mir zuwider! ② schwer zu lösen sein; schwierig ③ verabscheuen *vt*; gegen etw./j-n Abneigung empfinden

tào

套 tào ① Hülle *f*; Umhüllung *f*; Gehäuse *n*; Futteral *n*: 枕～ Kissenbezug *m* 书～ Schuber *m* 手～ Handschuh *m* ② überziehen *vt*; mit einem Überzug versehen: ～上一件毛衣 einen Pullover überziehen ③ als Überzug dienend: ～鞋 Überschuh *m* ④ ineinandergreifen *vi*; übereinanderliegen *vi*: ～种 Zwischenfruchtbau *m* ⑤ Flußschleife *f*; Flußknie *n*; Biegung einer Hügelkette: 河～ die Große Huanghe-Schleife ⑥ <方> Wattefutter einer Steppdecke oder eines Kleidungsstücks ⑦ Geschirr *n*; Riemenwerk zum Anspannen von Zugtieren: 牲口～ Geschirr für Zugtiere ⑧ einen Ring oder eine Schlinge umlegen: ～马 ein Pferd mit einem Lasso fangen ⑨ etw. mechanisch nachahmen; nachmachen *vt*: 这是从现成文章上～下来的。Das ist einem anderen Artikel nachempfunden. ⑩ Konvention *f*; Floskel *f*: ～语 Höflichkeitsfloskel *f* 客～ Höflichkeitsformel *f*; höfliche Redensarten ⑪ im Gespräch hinter j-s echte Gedanken oder wahre Absicht kommen wollen; j-n aushorchen: 拿话～他 im Gespräch j-m seine wahren Gedanken entlocken ⑫ <量> Satz *m*; Reihe *f*: 一～茶具 ein Satz Teeservice

套购 tàogòu (unter staatlicher Kontrolle stehende Waren) auf betrügerische Weise einkaufen; etw. illegal (*od* schwarz) einkaufen

套间 tàojiān Nebenzimmer *n*; Innenraum *m*

套用 tàoyòng (Formeln, Erfahrungen, Verfahren u.ä.) mechanisch anwenden

tè

特 tè ① ungewöhnlich; eigenartig; speziell; sonderbar: ～权 Sonderrecht *n*; Privileg *n* 奇～ merkwürdig; seltsam; absonderlich 奇～的人 ein ungewöhnlicher Mensch ② extra; eigens; ausschließlich: 我～为此事而来。Ich bin extra wegen dieser Angelegenheit gekommen. ③

Agent *m*; Spion *m*; Spitzel *m*: 敌～ feindlicher Agent

特别 tèbié ① ungewöhnlich; eigenartig; sonderlich: ～风味 ein ungewöhnlicher Geschmack 他的口音很～。Er hat einen eigenartigen Akzent ② besonders; außerordentlich; ungemein: 时间过得～快。Die Zeit verging im Fluge. ③ extra; eigens; speziell

特产 tèchǎn spezielles einheimisches Erzeugnis; Spezialität *f*

特长 tècháng besonderes Können; Spezialgebiet *n*; Stärke *f*

特地 tèdì 〈副〉 extra; eigens; speziell: 我们是～来看您的。Wir kommen extra Sie besuchen.

特点 tèdiǎn Merkmal *n*; Besonderheit *f*; Charakteristikum *n*; Kennzeichen *n*

特级 tèjí Sonderklasse *f*; hervorragend: ～茉莉花茶 Jasmintee der Spitzenklasse

特快 tèkuài Expreß *m*; Expreßzug *m*; FD-Zug *m*

特派 tèpài j-n speziell berufen (*od* beauftragen); mit Sonderauftrag: ～员 Sonderbeauftragte(r)

特赦 tèshè Begnadigung *f* (in einem Einzelfall); Sonderamnestie *f*

特使 tèshǐ Sonderbotschafter *m*; Sonderbeauftragte(r)

特殊 tèshū speziell; eigentümlich; absonderlich; besonders: ～化 Privilegiertheit *f* ～性 Besonderheit *f*; besonderes Charakteristikum

特务 tèwu Geheimagent *m*; Spion *m*; Spitzel *m*

特写 tèxiě ① Skizze *f*; Feature *n* ② Groß-, Nahaufnahme *f*: ～镜头 Groß-, Nahaufnahme *f* (Filmbild)

特性 tèxìng spezifische Eigenschaft; charakteristisches Merkmal; Besonderheit *f*; Charakteristikum *n*

特许 tèxǔ Sondergenehmigung *f*; spezielle Erlaubnis: ～证 Bescheinigung über eine Sonderlizenz; Patentbrief *m*; Patent *n*

特异 tèyì ① besonders gut; hervorragend; vortrefflich; ausgezeichnet ② eigenartig; besonders; eigentümlich; spezifisch: ～的风格 ein origineller (*od* persönlicher) Stil

特征 tèzhēng Merkmal *n*; Kennzeichen *n*; Charakterzug *m*; Besonderheit *f*

téng

疼 téng ① schmerzen *vi/vt*; weh tun: 头～ Kopfschmerzen haben; Der Kopf schmerzt. ② vernarrt sein; j-n innig lieben; gern haben: 这孩子怪招人～的。Wie reizend ist das Kind!

疼爱 téng'ài an j-m hängen; j-n lieben und verwöhnen; j-n abgöttisch lieben

誊(謄) téng abschreiben *vt*; etw. ins reine schreiben: 照底稿～一份 eine Abschrift von einer Vorlage (*od* einem Entwurf) anfertigen

誊录 ténglù abschreiben *vt*; kopieren *vt*: ～文稿 von einem Manuskript eine Kopie anfertigen

藤(籐) téng ① Rotang *m*; Peddigrohr *n*; spanisches Rohr: ～椅 Korbstuhl *m* ② Ranke *f*; Rebe *f*: 葡萄～ Weinrebe *f*

腾 téng ① galoppieren *vi*; springen *vi*; emporschnellen *vi*: 欢～ vor Freude jubeln und tanzen ② in die Höhe steigen; emporsteigen *vi*: 升～ hochsteigen *vi*; emporschweben *vi* ③ etw. frei machen; freihalten *vt*: ～位子 j-m einen Platz frei machen 我～出两天的时间来办这件事。Ich mache mich für zwei Tage frei, um diese Sache zu erledigen.

腾腾 téngténg wallend und dampfend; brodelnd und schäumend; lodernd und qualmend: 烟雾～ qualmig; dunstig; voller Rauch

tī

梯 tī ① Leiter *f*; Treppe *f*; Stiege *f*: 电～ Fahrstuhl *m*; elektrischer Aufzug; Lift *m*; Rolltreppe *f* ② treppenförmig; abgestuft; terrassiert: ～田 Terrassenfeld *n*

梯队 tīduì Staffel(formation) *f*

剔 tī ① stochern *vi*; etw. mit einem spitzen Gegenstand herauskratzen; herauspuhlen *vt*: ～牙 in den Zähnen herumstochern ② verwerfen *vt*; ausscheiden *vt*; aussondern *vt*: 挑～ kritteln *vi*; etw. kleinlich tadeln

剔除 tīchú (Schlechtes, Unnützes) ausscheiden *vt*; absondern *vt*;

verwerfen *vt*

踢 tī ① j-n/etw. mit dem Fuß stoßen; j-m/etw. einen Fußtritt versetzen; nach j-m/etw. treten: ～开 wegtreten *vt* ② (Fußball) spielen *vt/vi*; kicken *vt*: ～足球 Fußball spielen ～进一个球 ein Tor schießen

tí

啼 tí ① weinen *vi*; heulen *vi*: ～笑皆非 nicht wissen, ob man lachen oder weinen soll ② krähen *vi*; schreien *vi*: 鸡～。Der Hahn kräht.

蹄 tí Huf *m*: 马～ Pferdehuf *m*

题 tí ① Thema *n*; Titel *m*: 讨论～ Diskussionsthema *n*; Diskussionsgegenstand *m* 考～ Prüfungsaufgabe *f* 文不对～ nicht zur Sache gehörig; Das Thema ist verfehlt. ② aufschreiben *vt*; eintragen *vt*: ～诗 (ein Bild, eine Wand, einen Fächer usw.) mit einem Gedicht beschriften

题跋 tíbá ① Vor- und Nachwort ② Bildaufschrift *f* (Widmung, Erläuterung oder Gedicht am Rand eines Gemäldes, einer Kalligraphie usw.)

题材 tícái behandelter Gegenstand; Thema *n*; Sujet *n*: 这是写电影的好～。Das ist ein gutes Thema für einen Film.

题词 tící ① Worte der Ermutigung, des Lobs usw. schreiben ② Widmung *f*; Zueignung *f*; Inschrift *f* ③ Vorwort *n*; Einleitung *f*

题名 tímíng seinen Namen eintragen (*od* einschreiben); etw. mit seiner Unterschrift (*od* seinem Autogramm) versehen: ～留念 seinen Namen zum Andenken (*od* zur Erinnerung) eintragen

题目 tímù Überschrift *f*; Thema *n*; Titel *m*: 辩论的～ Thema der Debatte

题字 tízì ① eine Widmung in ein Buch schreiben ② Aufschrift *f*; Zueignung *f*; Widmung *f*: 作者亲笔～ die eigenhändige Widmung des Autors

提 tí ① etw. mit einer Hand tragen: 手里～着篮子 einen Korb in der Hand tragen ② hochheben *vt*; aufheben *vt*: ～开 j-s Rang erhöhen; befördern *vt* ～高生活水平 den Lebensstandard steigern ③ einen Termin vorverlegen: 会议日期～前了。Der Sitzungstermin wurde vorverlegt. ④ vorlegen *vt*; äußern *vt*; etw. aufs Tapet bringen: ～醒 j-n an etw. erinnern; mahnen *vt* ～意见 Kritik üben; kritische Meinungen äußern ～抗议 Protest erheben; protestieren *vi* ⑤ herausziehen *vt*; extrahieren *vt*: ～炼 ausziehen *vt*; extrahieren *vt*; raffinieren *vt* ⑥ erwähnen *vt*; etw. ins Gespräch bringen: 别再～那件事了! Sprich bloß nicht mehr davon! * 另见 dī

提案 tí'àn Antrag *m*; Vorschlag *m*

提拔 tíba befördern *vt*; j-n im Rang erhöhen: ～某人担任领导工作 j-n in eine führende Position befördern

提包 tíbāo Hand-, Reisetasche *f*

提倡 tíchàng für etw. eintreten; befürworten *vt*; fördern *vt*: ～晚婚和计划生育 späte Heirat und Familienplanung fördern ～勤俭节约 für Fleiß und Sparsamkeit eintreten

提成 tíchéng einen bestimmten Prozentsatz (von einer Geldsumme u.ä.) abziehen

提出 tíchū vorbringen *vt*; vorlegen *vt*; stellen *vt*: ～建议 einen Vorschlag machen

提纲 tígāng Thesen *pl*; Grundriß *m*

提纲挈领 tí gāng qiè lǐng etw. in kurzen Zügen (*od* kurz und knapp) darstellen; prägnant formuliert

提高 tígāo heben *vt*; erhöhen *vt*; steigern *vt*: ～水位 den Wasserstand erhöhen ～警惕 die Wachsamkeit verstärken ～工作效率 die Arbeitsleistung erhöhen

提供 tígōng liefern *vt*; j-n mit etw. versorgen; anbieten *vt*: ～经济援助 Wirtschaftshilfe gewähren ～方便 j-m Erleichterung schaffen; zu j-s Bequemlichkeit dienen ～有关资料 einschlägiges Material liefern

提货 tíhuò Waren abholen

提交 tíjiāo vorlegen *vt*; unterbreiten *vt*; einreichen *vt*: 将决议案～大会讨论 der Vollversammlung einen Resolutionsentwurf zur Diskussion vorlegen (*od* unterbreiten)

提名 tímíng zur Wahl vorschlagen

提琴 tíqín Geigen-, Streichinstrumente *pl*: 小～ Geige *f*; Violine 中～ Viola *f*; Bratsche *f* 大～ Violoncello *n*; Cello *n* 低音～ Baßgeige *f*; Kontrabaß *m*

提示 tíshì j-n auf etw. hinweisen; j-n an etw. erinnern

提问 tíwèn fragen *vt*; Fragen stellen

提携 tíxié (einem Nachfolger) Unterstützung und Hilfe gewähren; (Nachwuchs) fördern *vt*

提心吊胆 tí xīn diào dǎn in großer Furcht vor (*od* um) etw. sein; sehr beunruhigt sein; unruhig und ängstlich sein

提醒 tíxǐng j-n an etw. erinnern; j-n mahnen: 如果我忘了，请你～我一下。Wenn ich vergesse, ermahne mich mal!

提要 tíyào Inhaltsangabe *f*; Zusammenfassung *f*; Übersicht *f*; Hauptinhalt *m*: 本书内容～ Hauptinhalt des Buches

提议 tíyì ① vorschlagen *vt*; einen Vorschlag machen ② Vorschlag *m*; Antrag *m*

提早 tízǎo früher als vorhergesehen (*od* geplant): ～通知一声 im voraus (*od* frühzeitig) ankündigen

tǐ

体(體) tǐ ① Körper *m*; Körperteil *m*: ～重 Körpergewicht *n* 肢～ Gliedmaßen *pl*; Glieder *pl* ② Stoff *m*; Substanz *f*: 固～ fester Körper 液～ Flüssigkeit *f* ③ Stil *m*; Typ *m*: 文～ literarischer Stil 文～学 Stilistik *f* ④ etw. persönlich tun oder erfahren; sich in die Lage eines anderen versetzen: ～谅 mit j-m Nachsicht haben; Verständnis und Sympathie für j-n zeigen

体裁 tǐcái literarische Gattung; literarische Form

体操 tǐcāo Turnen *n*; Leibesübungen *pl*; Gymnastik *f*

体察 tǐchá mit großem persönlichem Einsatz einer Sache auf den Grund gehen

体格 tǐgé Körperbau *m*; Konstitution *f*: ～检查 körperliche (*od* ärztliche) Untersuchung

体会 tǐhuì etw. am eigenen Leib zu spüren bekommen; durch die Praxis lernen; aus Erfahrung lernen

体力 tǐlì Körperkraft *f*: 增强～ sich stärken; sich körperlich ertüchtigen ～劳动 körperliche Arbeit

体面 tǐmian ① Würde *f*; Ansehen *n*; Anstand *m*: 有失～ j-s Ansehen schaden ② ehrenhaft; ehrenvoll; löblich

体魄 tǐpò körperliche Konstitution; Körperbeschaffenheit *f*: 强壮的～ kräftige Konstitution

体态 tǐtài Körperhaltung *f*: ～轻盈 grazile und anmutige Haltung

体贴 tǐtiē mit j-m mitfühlen und ihn umsorgen; auf j-n Rücksicht nehmen und liebevoll für ihn sorgen: ～入微 sich um j-n bis ins kleinste künmmern; j-m liebevolle Fürsorge zuteil werden lassen

体统 tǐtǒng Dekorum *n*; Anstand *m*; Schicklichkeit *f*: 不成～ gegen die guten Sitten verstoßend; mit den Anstandsnormen unvereinbar

体温 tǐwēn Körpertemperatur *f*; Temperatur *f*: 量～ Temperatur (*od* Fieber) messen

体无完肤 tǐ wú wán fū ① kein heiles Glied mehr haben ② keinen guten Faden an j-m/etw. lassen; vernichtend

体系 tǐxì System *n*

体现 tǐxiàn verkörpern *vt*; repräsentieren *vt*: 这个提案～了发展中国家的利益和要求。Dieser Antrag beinhaltet die Interessen und Ansprüche der Entwicklungsländer.

体恤 tǐxù mit j-m Mitgefühl haben und sich ihm gegenüber rücksichtsvoll zeigen

体育 tǐyù Körperkultur *f*; Leibeserziehung *f*; Körperertüchtigung *f*: ～场 Stadion *n*; Sportplatz *m* ～馆 Sporthalle *f*

体制 tǐzhì Organisationssystem *n*; System *n*

体质 tǐzhì Körperkonstitution *f*; Körperbau *m*

体重 tǐzhòng Körpergewicht *n*: ～增加 an Körpergewicht zunehmen; Gewicht zunehmen ～减轻 Gewicht verlieren; abnehmen *vi*

tì

涕 tì ① Träne *f*: 痛哭流～ bitterlich weinen; bittere Tränen vergießen; in Tränen zerfließen 感激～零 aus Dankbarkeit zu Tränen gerührt sein;

Tränen der Dankbarkeit vergießen ② Nasenschleim *m*; Rotz *m*

涕泣 tìqì 〈书〉 weinen *vi*; schluchzen *vi*

剃 tì rasieren *vt*: ～胡子 sich rasieren

剃刀 tìdāo Rasiermesser *n*; Rasierapparat *m*

替 tì ① ersetzen *vt*; an j-s Stelle treten: 我～你洗衣服。Ich wolle für dich Kleidung waschen. ② für; in j-s Namen; um j-s willen: 大家～她高兴。Alle fühlen sich hocherfreut ihretwegen.

替代 tìdài an die Stelle setzen; ersetzen *vt*

替身 tìshēn ① Ersatzmann *m*; Stellvertreter *m*; Double *n* ② Sündenbock *m*

替罪羊 tìzuìyáng Sündenbock *m*

惕 tì vorsichtig; wachsam: 警～ wachsam sein; Wachsamkeit an den Tag legen; auf der Hut sein

嚏 tì 〈书〉 niesen *vi*: ～喷 niesen *vi*

tiān

天 tiān ① Himmel *m*; Firmament *n* ② oben befindlich: ～窗 Oberlicht *n* ③ Tag *m*: 每～ jeden Tag 前～ vorgestern ④ Zeitabschnitte im Laufe eines Tages: ～不早啦。Es ist schon recht spät. ⑤ Jahreszeit *f*: 春～ Frühling *m* ⑥ Wetter *n*: ～越来越冷了。Es wurde immer kälter. ⑦ Natur *f*: 人定胜～。Der Mensch ist stärker als die Natur. ～灾 Naturkatastrophe *f* ⑧ Gott *m*; Himmel *m*: 谢～谢地! Gott sei Dank!

天才 tiāncái Genie *n*; Genialität *f*; angeborenes Talent; Begabung *f*: 这孩子有音乐～。Das Kind ist musikbegabt.

天长地久 tiān cháng dì jiǔ so lange wie Himmel und Erde währen; bis in alle Ewigkeit unverändert bleiben; ewig

天长日久 tiān cháng rì jiǔ auf Jahre hinaus; für lange Zeit

天地 tiāndì ① Himmel und Erde; Welt *f* ② Arbeitsfeld *n*; Aufgabenbereich *m*; Welt *f*: 开辟科学研究的新～ für die wissenschaftliche Forschung ein neues Feld eröffnen

天鹅 tiān'é Schwan *m*: ～绒 Samt *m*

天翻地复 tiān fān dì fù Himmel und Erde umstürzen; welterschütternd; das Unterste zuoberst kehren

天分 tiānfèn natürliche Veranlagung; Begabung *f*; Talent *n*: ～高 begabt; talentiert

天赋 tiānfù ① angeboren; von Geburt aus ② natürliche Veranlagung; Begabung *f*; angeborenes Talent

天高地厚 tiān gāo dì hòu ① äußerst tief; höchst (Güte) ② [多用做'不知'的宾语] Kompliziertheit der Dinge; Komplexität *f*: 不知～ sich zu viel auf seine Fähigkeiten einbilden

天花板 tiānhuābǎn Zimmerdecke *f*; Decke *f*

天花乱坠 tiān huā luàn zhuì Himmelsblumen wirbeln herunter — das Blaue vom Himmel herunter reden

天机 tiānjī ① Naturgeheimnis *n*; etwas Unerklärliches ② (unerforschliche) göttliche Absicht; Geheimnis *n*: ～不可泄漏。Das Geheimnis darf nicht enthüllt werden.

天经地义 tiān jīng dì yì des Himmels Regel, der Erde Gesetz; unerschütterliches Gesetz; unabänderliche Wahrheit; völlig natürlich; absolut richtig

天空 tiānkōng Himmel *m*

天蓝 tiānlán himmel-, azurblau

天良 tiānliáng Gewissen *n*: 丧尽～ das Gewissen völlig verloren haben; durch und durch gewissenlos

天亮 tiānliàng Morgengrauen *n*; Morgendämmerung *f*

天伦 tiānlún 〈书〉 natürliche Bindungen und ethische Beziehungen zwischen Familienmitgliedern; Familienbande *pl*: ～之乐 häusliches Glück

天罗地网 tiān luó dì wǎng Netze am Himmel, Fallstricke auf Erden — überall sind Netze ausgelegt, aus denen es kein Entwischen gibt

天南地北 tiān nán dì běi ① voneinander weit entfernt ② verschiedene Orte des Landes

天平 tiānpíng Waage *f*: 分析～ Analysen-, Präzisionswaage *f*

天气 tiānqì Wetter *n*; Witterung *f*: ～多变。Das Wetter bleibt veränderlich. ～转晴。Das Wetter klärt auf. ～预报 Wettervoraussage *f*; Wetterbericht *m*

天堑 tiānqiàn riesiger Graben; tiefe Kluft: 长江～ der Landeinschnitt des Changjiang-Flusses

天然 tiānrán natürlich; von Natur: ～财富 natürliche Reichtümer ～气 Erdgas *n*

天壤 tiānrǎng 〈书〉 Himmel und Erde: ～之别 ein himmelweiter Unterschied; ein Unterschied wie Tag und Nacht

天日 tiānrì Himmel und Sonne; Licht *n*: 重见～ das Licht der Sonne wieder erblicken — befreit werden

天色 tiānsè Färbung und Helligkeit des Himmels (Indizien für Wetter und Tageszeit): ～已晚。Es ist schon dunkel.

天使 tiānshǐ Engel *m*

天堂 tiāntáng Paradies *n*; Himmelreich *n*: 人间～ ein Paradies auf Erden

天体 tiāntǐ Himmelskörper *m*

天文馆 tiānwénguǎn Planetarium *n*

天下 tiānxià ① unter dem Himmel — die Welt oder China ② Herrschaft *f*: 打～ um die Macht ringen

天仙 tiānxiān ① Fee *f* ② Schönheit *f*

天险 tiānxiǎn natürliches Hindernis; natürliche Barriere

天线 tiānxiàn Antenne *f*

天性 tiānxìng Natur *f*; natürliche Veranlagung; natürlicher Instinkt; Anlage *f*

天涯 tiānyá das Ende der Welt; weite Ferne; entlegenste Winkel der Erde: ～海角 die entferntesten Winkel der Erde; am Ende der Welt

天衣无缝 tiān yī wú fèng nahtlose himmliche Robe — lückenlos; vollkommen; ohne jeden Fehler

天灾 tiānzāi Naturkatastrophe *f*

天真 tiānzhēn unschuldig; ungekünstelt; unbefangen; naiv: ～的幻想 naiver Wunschtraum ～烂漫的儿童 naive und arglose Kinder

天职 tiānzhí Pflicht und Schuldigkeit; Verpflichtung *f*; heilige Pflicht

天诛地灭 tiān zhū dì miè ［咒骂或发誓用语］ von Himmel und Erde verdammt werden; möge Gottes Zorn mich treffen (wenn...)

天主教 tiānzhǔjiào Katholizismus *m*: ～徒 Katholik *m*

天资 tiānzī natürliche Anlage; Begabung *f*; Talent *n*; Gabe *f*

添 tiān hinzufügen *vt*; ergänzen *vt*: 增～光彩 j-m/etw. mehr Glanz verleihen ～衣服 mehr Kleider anziehen; sich wärmer anziehen

添枝加叶 tiān zhī jiā yè etw. hinzudichten; Tatsachen übertrieben schildern

tián

甜 tián ① süß; honigsüß ② fest; süß: 睡得真～ fest (süß) schlafen

甜美 tiánměi ① süß: 味道～ süß schmecken ② angenehm; behaglich; bequem: 享受～的生活 behagliches Leben genießen

甜蜜 tiánmì süß; honigsüß; glücklich; entzückend: ～的笑容 süßes Lächeln

甜食 tiánshí Konfekt *n*; Zuckerwerk *n*; Süßigkeiten *pl*

甜丝丝 tiánsīsī ① angenehm süß; süßlich: 这种菜～儿的。Diese Gemüsesorte hat einen leicht süßen Geschmack. ② glücklich; erfreut; sehr zufrieden: 心里感到～的 sehr erfreut sein; sich von Herzen glücklich fühlen

甜头 tiántou ① süßer (*od* angenehmer) Geschmack ② Vorteil *m*; Nutzen *m*: 给点～尝尝 j-m einen Köder vorwerfen; j-n mit vielversprechenden Angeboten locken

甜言蜜语 tián yán mì yǔ honigsüße Reden; wohlklingende Worte

恬 tián 〈书〉 ① ruhig; still: ～适 ruhig und behaglich ② nicht beunruhigt; gleichmütig; gelassen: ～不知耻 schamlos; unverschämt

恬静 tiánjìng ruhig; still; geräuschlos

填 tián ① füllen *vt*; auffüllen *vt*; anfüllen *vt*: 义愤～膺 vor gerechtem Zorn kochen; von gerechter Empörung gepackt ② (ein Formular) ausfüllen *vt*: ～表 ein Formular ausfüllen

填补 tiánbǔ füllen *vt*; ausfüllen *vt*: ～缺额 eine freie Stelle ausfüllen

填空 tiánkòng eine freie Stelle ausfüllen

填写 tiánxiě (ein Formular) ausfüllen *vt*; hineinschreiben *vt*: ～表格 ein Formular ausfüllen 请在这里～你的姓名和职业。 Bitte schreiben Sie hier Ihren Namen und Beruf hinein!

田 tián Fled *n*; Ackerland *n*; Ackerboden *m*: 稻～ Reisfeld *n* 油～ Ölfeld *n*

田地 tiándì ① Feld *n*; Ackerland *n*; Boden *m* ② elende Situation; erbärmlicher Zustand

田间 tiánjiān auf dem Feld: ～管理 Feldbewirtschaftung *f*; Feldpflege *f*

田径 tiánjìng Leichtathletik *f*: ～运动 Leichtathletik *f* ～运动员 Leichtathlet *m*

田园 tiányuán Feld und Garten; ländliche Gegend: ～生活 idyllisches Leben ～诗 Idylle *f*

tiǎn

舔 tiǎn lecken *vt*

tiāo

挑 tiāo ① auswählen *vt*; aussuchen *vt*: ～出最好的das Beste (*od* die Besten) auswählen ～毛病 Schwachpunkte herauspicken; an allem etw. auszusetzen haben ② (mit einer Tragestange) tragen *vt*: ～着一担菜 mit einer Tragstange zwei Körbe Gemüse tragen ～重担 schwere Last nehmen ③ 〈量〉[用于成挑儿的东西]: 一～水 zwei Eimer Wasser auf einer Tragestange * 另见 tiǎo

挑刺儿 tiāocìr an allem etw. auszusetzen haben; überall ein Haar in der Suppe finden; herumkritteln *vi*: 他就爱～。 Er mäkelt gern überall herum.

挑肥拣瘦 tiāo féi jiǎn shòu allzu wählerisch sein; aus Eigennutz das Beste für sich auswählen; sich die Rosinen aus dem Kuchen picken

挑剔 tiāoti kritteln *vi*; etw. kleinlich tadeln; überall ein Haar in der Suppe finden

挑选 tiāoxuǎn wählen *vt*; auswählen *vt*; auslesen *vt*; aussuchen *vt*

挑字眼儿 tiāo zìyǎnr Wortklämerei *f*; kleinlich an Worten herumnörgeln

tiáo

条(條) tiáo ① dünner Zweig; Ästchen *n*; Rute *f*: 柳～椅子 Weidenstuhl *m* ② Streifen *m*; schmaler und langer Gegenstand: 布～ Stoffstreifen *m* 便～ kurze Notiz 金～ Goldstange *f* ③ Artikel *m*; Klausel *f*; Posten *m*; Punkt *m*: 逐～ Punkt für Punkt ④ Ordnung *f*; Reihenfolge *f*: 有～不紊 in bester Ordnung sein; planmäßig durchgeführt; systematisch ⑤ 〈量〉: 两～鱼 zwei Fische 三～船 drei Schiffe 一～香烟 eine Stange Zigaretten 四～建议 vier Vorschläge

条件 tiáojiàn ① Bedingung *f*; Voraussetzung *f*; Faktor *m*: 自然～ natürliche Bedingung 在目前～下 unter den augenblicklichen Gegebenheiten; angesichts der gegenwärtigen Lage ② Aufforderung *f*; Forderung *f*; Anspruch *m*: 提出～ Forderungen stellen ③ Zustand *m*; Verhältnisse *pl*; Gegebenheiten *pl*; Möglichkeiten *pl*: 他身体～很好。Er ist in guter körperlicher Verfassung.

条款 tiáokuǎn Klausel *f*; Paragraph *m*: 最惠国～ Meistbegünstigungsklausel *f* 法律～ Gesetzesvorschriften *pl*

条理 tiáolǐ klare Struktur; ordentlicher Zustand; systematisches Vorgehen: ～分明 klar gegliedert sein

条例 tiáolì Regeln *pl*; Vorschriften *pl*; Bestimmungen *pl*; Statut *n*

条约 tiáoyuē Vertrag *m*; Pakt *m*

条子 tiáozi ① Streifen *m*: 纸～ Papierstreifen *m* ② Zettel mit einer kurzen Mitteilung; kurze Mitteilung (*od* Notiz)

调 tiáo ① mischen *vt*; etw. aufeinander abstimmen: ～匀 etw. gut mischen ② gut passen; in Einklang stehen: 风～雨顺 Wind und Regen zur rechten Zeit; günstiges Wetter für den Ackerbau 饮食失～ durch unregelmäßige und wenig abwechselungsreiche Kost hervorgerufener krankhafter Zustand; ernährungsbedingte Verdauungsstörung ③ vermitteln *vt*; schlichten *vt*: ～人 Vermittler *m*; Friedensstifter *m* ④ hänseln *vt*; herausfordern *vt*; aufreizen *vt*; provozieren *vt* * 另见 diào

调处 tiáochǔ vermitteln *vt*; schlichten *vt*

调和 tiáohe ① in einem harmonischen Verhältnis stehen; ausgewogen sein: 雨水～。Der Regen fiel wohldosiert. ② vermitteln *vt*; schlichten *vt*: 从中～ zwischen streitenden Parteien vermitteln ③ Kompromiß *m/n*; Zugeständnisse machen

调剂 tiáojì ① Arznei nach einem Rezept zusammenstellen ② für einen Ausgleich sorgen; Ausgleich schaffen: ～劳动力 Arbeitskräfte neu verteilen

调节 tiáojié einstellen *vt*; regulieren *vt*: ～室温 die Raumtemperatur regulieren 空气～ Klimaregelung *f*; Klimatisierung *f*

调解 tiáojiě vermitteln *vt*; einen Streit schlichten; einen Zwist beilegen; Vermittlung *f*: ～纠纷 Streit schlichten

调理 tiáoli ① sich erholen; sich pflegen, um wieder zu Kräften zu kommen; j-n gesund pflegen ② für etw. sorgen; sich um etw. kümmern: ～牲口 Tiere pflegen

调弄 tiáonòng ① j-n zum besten haben (*od* halten); sich über j-n lustig machen; necken *vt* ② einstellen *vt*; regulieren *vt*; anordnen *vt* ③ anstiften *vt*; antreiben *vt*; aufhetzen *vt*

调配 tiáopèi mischen *vt*: ～颜色 Farben mischen * 另见 diàopèi

调皮 tiáopí ① unartig; ungezogen; frech ② unbändig; unfolgsam; widerspenstig

调情 tiáoqíng flirten *vi*; tändeln *vi*; liebeln *vi*

调唆 tiáosuo aufhetzen *vt*; aufstacheln *vt*; antreiben *vt*

调停 tiáoting vermitteln *vi*; schlichten *vt*; Frieden stiften: 居间～Streit zwischen zwei Parteien schlichten; vermittelnd eingreifen

调味 tiáowèi würzen *vt*; etw. schmackhaft machen: 加点生姜～ mit etwas Ingwer würzen

调笑 tiáoxiào sich über j-n lustig machen; j-n zum besten haben (*od* halten); necken *vt*

调养 tiáoyǎng sich erholen; sich pflegen und ausruhen, um wieder zu Kräften zu kommen; gesund gepflegt werden

调整 tiáozhěng ausrichten *vt*; regulieren *vt*; regeln *vt*; etw. wieder in Ordnung bringen; wiederanpassen *vt*: ～价格 Preise wieder in Ordnung bringen

迢 tiáo weit entfernt

迢迢 tiáotiáo weit entfernt; weit entlegen: 千里～ in einer Entfernung von tausend *Li*; von weit her; aus weiter Ferne

笤 tiáo

笤帚 tiáozhou Staubbesen *m*; Staubwedel *m*

tiǎo

挑 tiǎo ① etw. mit einem Stock oder einer Stange hochheben: 把帘子～起来 den Vorhang (mit einem Stock) hochheben ② aufstechen *vt*; stochern *vi*: ～火 das Feuer schüren; im Feuer stochern ③ schüren *vt*; anstiften *vt*: ～事 einen Streit anstiften; Zwietracht säen * 另见 tiāo

挑拨 tiǎobō aufhetzen *vt*; Zwietracht säen; Zwistigkeiten heraufbeschwören: ～是非 Zwistigkeiten hervorrufen; Zwietracht säen ～离间 j-n gegen j-n aufhetzen; einen Keil zwischen zwei Menschen treiben

挑动 tiǎodòng provozieren *vt*; schüren *vt*; aufwiegeln *vt*; aufstacheln *vt*: ～好奇心 Neugierde erregen

挑逗 tiǎodòu necken *vt*; hänseln *vt*

挑唆 tiǎosuo aufhetzen *vt*; aufwiegeln *vt*; aufreizen *vt*

挑衅 tiǎoxìn provozieren *vt*; herausfordern *vt*; provokatorische Aktionen durchführen

挑战 tiǎozhàn j-n zum Kampf herausfordern; j-m den Fehdehandschuh vor die Füße werfen: 接受～ eine Herausforderung annehmen

tiào

眺 tiào überblicken *vt*; überschauen *vt*: 远～ in die Ferne blicken

眺望 tiàowàng von einer höher gelegenen Stelle nach unten schauen

跳 tiào ① springen *vi*; hüpfen *vi*: ～过一条沟 über einen Graben springen 高兴得直～ vor Freude an die Decke springen ② ständig klopfen und schlagen; sich auf und ab bewegen: 他心～不规律。Sein Herzschlag ist unregelmäßig. ③ überspringen

vt; auslassen *vt*: ～过了三页 drei Seiten übersprungen haben
跳板 tiàobǎn ① Laufplanke *f*; Lauf-, Landsteg *m* ② Sprungbrett *n*
跳高 tiàogāo Hochsprung *m*: 撑竿～ Stabhochsprung *m*
跳水 tiàoshuǐ Wasserspringen *n*; Kunst- und Turmspringen *n*: ～表演 Wassersprung-Vorführung *f*
跳台 tiàotái Sprungturm *m*; Plattform *f*
跳舞 tiàowǔ tanzen *vt*; Tanz *m*
跳远 tiàoyuǎn Weitsprung *m*: 三级～ Dreisprung *m*
跳跃 tiàoyuè springen *vi*; hüpfen *vi*
跳蚤 tiàozǎo Floh *m*

tiē

帖 tiē gehorsam; fügsam: 服～ fügsam und gehorsam sein *另见 tiě; tiè

贴 tiē ① kleben *vt*; ankleben *vt*; aufkleben *vt*: ～邮票 eine Briefmarke aufkleben ② sich an etw. anschmiegen; sich dicht an etw. anlehnen: 他～着墙走。Er lehnt sich an die Wand an und geht vorwärts. ③ j-n mit Geld unterstützen; finanzieller Zuschuß: 房～ Mietzuschuß *m* 地区津～ regionaler Zuschuß
贴补 tiēbǔ j-n mit Geld unterstützen: ～家用 eine Summe zu den Haushaltskosten beisteuern
贴金 tiējīn ① etw. mit Goldfolie überziehen ② aufputzen *vt*; sich überreich schmücken
贴切 tiēqiè (in der Wortwahl) treffend; geeignet; passend: 这个比喻很～。Dieser Vergleich ist sehr treffend.
贴题 tiētí zur Sache (*od* zum Thema) gehörig; relevant: 着墨不多，但是十分～ kurz aber in jeder Beziehung zur Sache gehörend
贴现 tiēxiàn diskontieren *vt*; Diskonto *m*: ～率 Diskontorate *f*; Diskontsatz *m*
贴心 tiēxīn innigst; aufs engste verbunden: ～朋友 intimer Freund; Busenfreund *m*

tiě

帖 tiě ① (schriftliche) Einladung *f*: 请～ Einladungskarte *f* ② Notiz *f*; Karte *f*: 字～儿 Kurznotiz *f* ③ 〈量〉一～药 eine Dosis Kräutermedizin * 另见 tiē; tiè

铁(鐵) tiě ① Eisen *n* (Fe): 生～ Roheisen *n* 废～ Schrott-, Alteisen 趁热打～ das Eisen schmieden, solange es heiß ist ② Waffen *pl*: 手无寸～ wehrlos; mit bloßen Händen ③ eisern; eisenhart: ～拳 eiserne Faust ④ unwiderlegbar; unwiderruflich; unumstößlich: ～的事实 unumstößliche Tatsache
铁板 tiěbǎn Eisenplatte *f*; Eisenblech *n*
铁饼 tiěbǐng Diskus *m*: 掷～ Diskuswerfen *n*; Diskuswurf *m*
铁窗 tiěchuāng ① Fenster mit Eisengitter ② Gefängnis *n*: ～风味 hinter Gittern sitzen
铁道 tiědào Eisenbahn *f*: 地下～ Untergrundbahn *f*
铁匠 tiějiang Grobschmied *m*; Schmied *m*
铁矿 tiěkuàng ① Eisenerz *n* ② Eisenbergwerk *n*
铁链 tiěliàn Eisenkette *f*
铁路 tiělù Eisenbahn *f*: ～运输 Eisenbahntransport *m*
铁面无私 tiě miàn wú sī eisern sein; unparteiisch und unbestechlich; unerbittlich und streng; pflichtgetreu und selbstlos; rechtschaffen und unerschütterlich
铁器 tiěqì Eisenwaren *pl*; Eisengeräte *pl*: ～时代 Eisenzeit *f*
铁锹 tiěqiāo Spaten *m*
铁青 tiěqīng fahl; aschgrau; bleifarbig; bläulich: 他气得脸色～。Vor Wut läuft er bläulich an.
铁石心肠 tiě shí xīncháng ein kaltes, hartes Herz haben; ein Herz aus Stein haben; hartherzig; unbarmherzig
铁丝网 tiěsīwǎng ① Eisendrahtnetz *n*; Maschendraht *m* ② Drahtverhau *m*: 有刺～ Stacheldraht *m*
铁索 tiěsuǒ Drahtseil *n*; Eisenkette *f*; Eisenkabel *n*: ～吊车 Drahtseilbahn *f* ～桥 Eisenkettenbrücke *f*
铁蹄 tiětí eiserner Huf — grausame Unterdrückung des Volks durch Eindringlinge
铁腕 tiěwàn eiserne Faust: ～人物 Mann mit einer eisernen Faust; eisenharte Persönlichkeit
铁证 tiězhèng unwiderlegbarer (*od* unumstößlicher) Beweis: ～如山。Stichhaltiges Beweismate-

rial wiegt schwer wie ein Berg.

tiè

帖 tiè Handschrift-, Gemälde- oder Skizzensammlung als Kopiervorlage: 碑～ gebundenes Heft mit Steintafelabreibungen * 另见 tiē; tiě

tīng

厅(廳) tīng ① Halle *f*; großer Raum: 餐～ Speisesaal *m*; Restaurant *n* 休息～ Erfrischungs-, Ruheraum *m*; Foyer *n*; Vorhalle *f* 会议～ Sitzungssaal *m*; Konferenzraum *m*; Konferenzhalle *f* 音乐～ Konzertsaal *m* ② Büro *n*; Dienststelle *f*: 办公～ Verwaltungsbüro *n*; Sekretariat *n* (einer Institution)

听(聽) tīng ① hören *vt*; anhören *vt*; zuhören *vi*: ～音乐 Musik hören 我们必须～～他的意见。 Wir müssen (uns) seine Meinungen anhören. ② auf einen Rat hören; (Hinweise, Vorschläge, Empfehlungen u.ä.) annehmen *vt*: 我劝他,他不～。Ich habe ihm Ratschläge gegeben, aber er hört nicht auf mich. ③ lassen *vt*; gewähren *vt*

听便 tīngbiàn j-n tun lassen, was er will; j-m etw. freistellen; wie es j-m beliebt (*od* gefällt): 去留～。Es steht Ihnen frei, zu gehen oder zu bleiben.

听从 tīngcóng gehorchen *vi*; folgen *vi*; auf j-s Rat hören; sich fügen: ～劝告 einem Rat folgen; einen Rat befolgen ～指挥 einem Befehl Folge leisten

听候 tīnghòu (auf eine Entscheidung, Regelung usw.) warten *vi*

听话 tīnghuà gehorsam

听觉 tīngjué Gehörsinn *m*

听课 tīngkè ① hospitieren *vi*; dem Unterricht beiwohnen ② eine Vorlesung hören; am Unterricht teilnehmen

听命 tīngmìng j-m zu Diensten stehen; j-s Befehl gehorchen: 俯首～ mit gesenktem Kopf Befehl anhören; unterwürfig gehorchen; sich gesenkten Hauptes fügen

听凭 tīngpíng gestatten *vt*; j-m freie Hand lassen; j-m freistellen, etw. zu tun: ～别人的摆布 in der Gewalt anderer sein; anderen völlig ausgeliefert sein

听其自然 tīng qí zìrán einer Sache freien Lauf lassen; die Segel dem Wind überlassen

听取 tīngqǔ anhören *vt*; sich etw. anhören: ～汇报 Berichte (unterer Instanzen) anhören

听任 tīngrèn j-m freie Hand lassen; j-m freistellen, etw. zu tun; einer Sache freien Lauf lassen: 不能～错误思想泛滥 die ungehinderte Verbreitung falscher Ansichten nicht zulassen

听说 tīngshuō etw. sagen hören; etw. vom Hörensagen wissen: ～他要辞职了。Er soll von seinem Amt zurücktreten werden.

听天由命 tīng tiān yóu mìng sich dem Himmel und seinem Schicksal überlassen; sich in sein Schicksal fügen; sich in sein Los ergeben (*od* schicken)

听闻 tīngwén 〈书〉 hören *vt*; 骇人～ haarsträubend; grauenhaft; entsetzlich

听信 tīngxìn j-m/etw. leichtfertig Glauben schenken: 不～谣言 nicht auf ein Gerücht hereinfallen

听信儿 tīngxìnr auf eine Nachricht (eine Entscheidung, den Ausgang von etw. usw.) warten

听众 tīngzhòng Zuhörerschaft *f*; Auditorium *n*

tíng

亭 tíng (～子) Pavillon *m*; Laube *f*; Kiosk *m*: 书～ Bücherkiosk *m* 报～ Zeitungsstand *m* 凉～ Pavillon am Wegrand

亭亭 tíngtíng 〈书〉 aufrecht; hoch aufgerichtet: ～玉立 (von einer Frau) rank und schlank; (von einem Baum u.ä.) hoch und gerade

停 tíng ① stehenbleiben *vi*; stillstehen *vi*; aufhören *vi*; halten *vi*; innehalten *vi*; anhalten *vi*; stoppen *vt*/*vi*: 雨～了。Der Regen hat aufgehört. 她～了一会儿,又接着讲下去。Sie hielt einen Augenblick inne und erzählte dann weiter. ② sich aufhalten: 我在去上海的途中在南京～了两天。Auf dem Weg nach Shanghai blieb ich zwei Tage in Nanjing. ③ halten *vi*; Anker werfen; parken *vi*: 车～在哪儿? Wo ist der Wagen geparkt?

停办 tíngbàn schließen *vt*; einstellen *vt*; stillegen *vt*
停泊 tíngbó ankern *vi*; vor Anker gehen; vor Anker liegen; Anker werfen: 这个海港可以～一百多艘轮船。Über hundert Schiffe können in diesem Hafen vor Anker gehen.
停车 tíngchē ① stoppen *vt*; halten *vi*; einen Wagen anhalten: 下一站～十分钟。Bei der nächsten Station hält der Zug zehn Minuten. ② parken *vt/vi*: 此处不准～! Parken verboten! ～场 Parkplatz *m*
停当 tíngdang fertig; bereit; in Ordnung: 一切准备～。Alles ist gut vorbereitet. 或 Alle Vorbereitungen sind getroffen.
停顿 tíngdùn ① stillstehen *vi*; halten *vi*; aufhören *vi*; stehenbleiben *vi*: 陷于～状态 ins Stokken geraten; stagnieren *vi* ② (beim Sprechen) Pause *f*; Unterbrechung *f*
停放 tíngfàng etw. stehen lassen; abstellen *vt*; parken *vt*: 此处不准～自行车。Hier dürfen keine Fahrräder abgestellt werden.
停火 tínghuǒ das Feuer einstellen; Feuereinstellung *f*; Waffenruhe *f*: 达成～协议 eine Waffenruhe vereinbaren
停靠 tíngkào (von einem Zug) halten *vi*; (von einem Schiff) anlegen *vi*
停留 tíngliú stehenbleiben *vi*; sich aufhalten; weilen *vi*; verweilen *vi*: 代表团在北京作短暂～。Die Delegation hielt sich in Beijing für eine kurze Weile auf.
停妥 tíngtuǒ in Ordnung sein; zweckmäßig arrangiert sein: 事情已商议～。Die Sache ist besprochen und geregelt.
停息 tíngxī aufhören *vi*; sich legen: 暴风雨～了。Der Sturm hat sich gelegt.
停歇 tíngxiē ① (Betrieb, Geschäft) stillegen *vt*; schließen *vt* ② aufhören *vi*; stoppen *vt* ③ Rast machen; rasten *vi*
停业 tíngyè ein Geschäft schließen; einen Betrieb stillegen: 清理存货，暂时～。Wegen Bestandsaufnahme vorübergehend geschlossen!
停战 tíngzhàn Waffenstillstand *m*: ～协定 Waffenstillstandsabkommen *n*
停职 tíngzhí j-n vom Dienst suspendieren; j-n vorläufig seines Amtes entheben
停止 tíngzhǐ aufhören *vi*; einstellen *vt*; etw. ruhenlassen; stoppen *vt*: ～敌对行动 die Feindseligkeiten einstellen ～营业 einen Laden (*od* ein Geschäft) schließen
停滞 tíngzhì stillstehen *vi*; stagnieren *vi*; stocken *vi*: 经济～。Die Wirtschaft bleibt stillstehend.

廷 tíng Hof eines feudalen Herrschers; Regierungssitz eines Monarchen

庭 tíng ① Hof *m* ② Gerichtshof *m*: 民～ Zivilgericht *n* 刑～ Strafgericht *n* 开～ Gericht halten
庭园 tíngyuán Hof mit Garten; Hausgarten *m*
庭院 tíngyuàn Hof *m*

tǐng

挺 tǐng ① aufrecht; gerade; steif; straff: ～立 aufrecht stehen 直～～地躺着 steif liegen 笔～的衣服 glatt gebügelte Kleidungsstücke ② sich aufrichten; herausstrecken *vt*: ～胸 sich in die Brust werfen; die Schulter zurücknehmen ～起腰杆 sich aufrichten ③ standhalten *vi*; durchhalten *vi*; aushalten *vt*: 你～得住吗? Kannst du standhalten? ④ sehr; recht; äußerst: ～好 sehr gut; ausgezeichnet 今天～冷。Es ist heute sehr kalt. ⑤ 〈量〉[用于机关枪]: 机枪十～ zehn Maschinengewehre
挺拔 tǐngbá ① hoch und gerade; hochragend: ～的苍松 hochragende dunkle Kiefer ② kräftig; energisch: 笔力～ (Handschrift, Malerei) kraftvolle Pinselführung
挺进 tǐngjìn vorwärtsstoßen *vi*; vorstoßen *vi*; vorwärtsschreiten *vi*
挺立 tǐnglì aufrecht (*od* stramm) stehen: 几棵青松～在山坡上。Einige Kiefern halten sich aufrechtstehend am Berghang.
挺身 tǐngshēn sich aufrichten: ～而出 tapfer herrortreten

铤 tǐng (laufen) schnell; rasch
铤而走险 tǐng ér zǒu xiǎn in Bedrängnis ein großes Risiko eingehen; aus Verzweiflung eine große Gefahr auf sich nehmen

艇 tǐng leichtes Boot: 汽～ Motorboot *n* 炮～ Kanonenboot *n* 登陆～ Landungsboot *n*

tōng

通 tōng ① frei; offen; durchgehend; nicht verstopft: 电话打～了。Die Verbindung ist zustande gekommen. 这个主意行得～。Diese Idee läßt sich verwirklichen ② etw. durch Stochern durchlässig machen: 把下水道～～下 den Kanal reinigen ③ nach... führen: 四～八达 durch Eisenbahnen und Straßen mit allen Ecken und Enden des Landes verbunden sein; nach allen Richtungen führend ④ verbinden *vt*; mit j-m/etw. verkehren; in Verbindung stehen: 互～有无 sich gegenseitig mit notwendigen Gütern versorgen; Jeder liefert, was der andere braucht. ⑤ benachrichtigen *vt*; informieren *vt*; bekanntgeben *vt*; j-n von etw. in Kenntnis setzen: ～个电话 j-n anrufen ⑥ beherrschen *vt*; Bescheid wissen: 他～三种语言。Er beherrscht drei Sprachen. ⑦ Experte *m*; Kenner *m*: 中国～ China-Kenner *m* 万事～ Alleswisser *m* ⑧ logisch; verständlich; fließend; flüssig: 文章写的不～。Der Artikel ist umständlich und verworren formuliert. ⑨ allgemein; gewöhnlich; üblich: ～称 Allgemeinbegriff *m*; allgemeine Benennung (*od* Bezeichnung) ⑩ das ganze; gesamt: ～观全局 sich einen Gesamtüberblick über eine Situation verschaffen; Einblick in die Gesamtlage gewinnen *另见 tòng

通报 tōngbào ① ein Rundschreiben verschicken: ～表扬 ein Lobschreiben in Umlauf geben; Rundschreiben mit einer öffentlichen Belobigung ② Rundschreiben *n* ③ Journal *n*; Fachzeitschrift *f*; Fachbulletin *n*: 科学～ Wissenschaftsbulletin *n*

通病 tōngbìng allgemeiner Fehler; allgemeines Übel

通才 tōngcái allseitig gebildete Person; Universalgenie *n*

通常 tōngcháng im allgemeinen; gewöhnlich; normalerweise: ～情况下 unter normalen Umständen; normalerweise ～早起床 gewöhnlich früh aufstehen

通畅 tōngchàng ① unbehindert; fließend; störungsfrei; offen: 血液循环～ störungsfreier Blutkreislauf ② leicht und fließend: 文字～ leichter und flüssiger Stil

通车 tōngchē ① (eine Eisenbahn oder eine Landstraße) dem Verkehr übergeben; etw. für den Verkehr freigeben ② eine Verkehrsverbindung haben; Transportmöglichkeiten besitzen

通称 tōngchēng ① im allgemeinen genannt; allgemein bekannt als ② allgemeine Benennung (*od* Bezeichnung); Allgemeinbegriff *m*

通达 tōngdá Verständnis haben: ～人情 umsichtig und verständnisvoll sein

通电 tōngdiàn ① einen elektrischen Stromkreis schließen; etw. elektrisch laden; elektrisieren *vt* ② offenes Telegramm

通牒 tōngdié diplomatische Note: 最后～ Ultimatum *n*

通风 tōngfēng ① lüften *vt*; durchlüften *vt*; Durchlüftung *f*: 把窗打开～。Mach das Fenster auf und laß etwas frische Luft herein. ② gut gelüftet: 这屋里不～。Dieses Zimmer ist schlecht durchlüftet. ③ ein Geheimnis lüften; Nachrichten durchsickern lassen; j-m rechtzeitig einen Wink geben: ～报信 j-m einen Wink (*od* heimlichen Hinweis) geben; (einen Gegner, Außenstehenden usw.) in ein Geheimnis einweihen

通告 tōnggào ① etw. allgemein bekanntmachen; eine Mitteilung machen ② allgemeine Bekanntmachung

通共 tōnggòng im ganzen; alles in allem; sämtlich; insgesamt

通过 tōngguò ① durchgehen *vi*; durchfahren *vi*; durchfließen *vi*: 路太窄，汽车不能～。Der Weg ist zu schmal, Kraftfahrzeuge können nicht durchfahren. ② annehmen *vt*; durchgehen *vi*; akzeptieren *vt*: 提案已一致～。Der Antrag ging einstimmig durch. 以压倒多数～ mit einer überwältigenden Mehrheit angenommen werden ③ mittels; durch: ～协商取得一致 durch Konsultationen Einstimmigkeit erzielen ④ Zustimmung einholen; um Einwilligung bitten: 这个问题要～校方才能做出决定。Man muß erst die Zustimmung des Schulvorstands einholen, ehe man diese Angelegenheit entscheidet.

通航 tōngháng in Schiffs-, oder Luftverkehrsverbindung stehen

通红 tōnghóng ganz rot; durch und durch rot: 她羞得满脸～。Vor Scham wurde sie ganz rot im Gesicht.

通货 tōnghuò Währung *f*; Geld *n*: ～膨胀 Inflation *f* ～收缩 Deflation *f*

通缉 tōngjī nach j-m fahnden lassen; j-n steckbrieflich suchen (*od* verfolgen)

通奸 tōngjiān Ehebruch begehen

通力 tōnglì konzentrierte Bemühungen; vereinte Kräfte: ～合作 mit vereinten Kräften arbeiten; am gleichen Strang ziehen

通例 tōnglì allgemeine Regel; Gepflogenheit *f*; Usus *m*

通令 tōnglìng Runderlaß *m*; allgemeiner Befehl: ～嘉奖 Order für eine Ehrung geben

通论 tōnglùn ① vernünftiges Argument ② allgemeiner Überblick; Abriß *m*

通盘 tōngpán alle Seiten berücksichtigend; universal; allseitig; alles umfassend: ～计划 Gesamtplanung *f*

通气 tōngqì ① lüften *vt*; ventilieren *vt* ② sich gegenseitig von etw. in Kenntnis setzen; miteinander in Verbindung bleiben; miteinander Fühlung behalten: 这件事你得跟他通个气。Du solltest dich mit ihm in dieser Angelegenheit ins Benehmen setzen.

通情达理 tōng qíng dá lǐ dem gesunden Menschenverstand entsprechend; verständnisvoll; einsichtig; vernünftig; verständig

通融 tōngrong etw. nicht allzu genau nehmen; Vorschriften flexibel handhaben: 我想这事不好～。Ich meine nicht, daß wir eine Ausnahme in diesem Fall machen können.

通商 tōngshāng (von Staaten) Handelsbeziehungen aufnehmen oder unterhalten

通顺 tōngshùn klar und verständlich; flüssig: 文理～ verständliche Schreibweise

通俗 tōngsú allgemein bekannt; populär; volkstümlich: ～易懂 leicht veständlich

通通 tōngtōng alles; ganz; ohne Ausnahme: ～拿去吧。Nimm alles weg.

通宵 tōngxiāo die ganze Nacht: ～达旦 die ganze Nacht hindurch; die ganze Nacht über

通晓 tōngxiǎo mit etw. vertraut sein; etw. gänzlich verstehen; in einem Fachgebiet bewandert sein; meistern *vt*: ～几种文字 verschiedene Sprachen beherrschen

通信 tōngxìn brieflich verkehren; mit j-m in Briefwechsel stehen: ～处 Postanschrift *f*; Adresse *f*

通行 tōngxíng ① hindurchgehen *vi*; passieren *vi*; durchqueren *vt*: 自由～ frei passieren; freien Durchgang haben 停止～。Durchfahr gesperrt! ～证 Durchgangsausweis *m*; Paß *m* ② durchgängig; allgemein geltend: 这是全国～的办法。Das ist die im ganzen Lande vorherrschende Praxis.

通讯 tōngxùn ① Verbindung *f*: 无线电～ drahtlose Verbindung; Funk-, Radioverbindung 微波～ Mikrowellenverbindung *f* ② Zeitungs-, Pressebericht *m*; Informationsblatt *n*; Korrespondenz *f*

通用 tōngyòng ① im allgemeinen Gebrauch; üblich; allgemein geltend: 国际会议～的语言 auf internationalen Konferenzen gebräuchliche Sprache ② austauschbar: ～货币 Ländeswährung *f*

通则 tōngzé allgemeine Regel

通知 tōngzhī ① mitteilen *vt*; j-n von etw. in Kenntnis setzen; informieren *vt*; benachrichtigen *vt*: 你走以前～我一声。Laß mich wissen, bevor du gehst! ② Bekanntmachung *f*; Mitteilung *f*; Zirkular *n*: 发出～ ein Rundschreiben senden; j-m eine Bekanntmachung (*od* Mitteilung) zukommen lassen

tóng

童 tóng ① Kind *n*: 牧～ Hirtenknabe *m*; Hütejunge *m* ～工 Kinderarbeit *f* ～话 Märchen *n* ～年 Kindheit *f* ② unverheiratet: ～女 Jungfrau *f*

童声 tóngshēng Kinderstimme *f*: ～合唱 Knaben-, Kinderchor *m*

瞳 tóng Pupille *f*

瞳孔 tóngkǒng Pupille *f*: 放大～ Pupille erweitern

同 tóng ① gleich; dasselbe; identisch: ～工～酬 gleicher Lohn für gleiche Arbeit ② wie; gleich wie; gleichen *vi*: ～上 wie oben ③ zusammen; gemeinsam: ～甘苦,共患难 auf Gedeih und Verderb verbunden; miteinander durch dick und dünn gehen; Freud und Leid teilen; schicksalsverbunden ④ 〈介〉[引进动作的对象或比较的事物, 跟"跟"相同]: 有事～群众商量。Aufkommende Probleme muß man mit den Massen besprechen. ⑤ 〈连〉[表示联合关系, 跟"和"相同]: 我～你一起去。Ich werde mit dir gehen.

同伴 tóngbàn Gefährte *m*; Kamerad *m*; Begleiter *m*

同胞 tóngbāo ① von denselben Eltern geboren: ～兄弟 leibliche Brüder ② Landsmann *m*

同病相怜 tóng bìng xiāng lián Leidensgenossen sympathisieren miteinander; Leidensgefährten fühlen miteinander

同仇敌忾 tóng chóu díkài im Haß gegen den Feind vereint sein; gemeinsamen Haß gegen den Feind hegen; wie ein Mann gegen den verhaßten Feind aufstehen

同窗 tóngchuāng ① dieselbe Schule besuchen ② Schul-, Klassenkamerad *m* Schulfreund *m*

同等 tóngděng ebenbürtig; gleichwertig; gleichrangig; von derselben Klasse: ～重要 von gleicher Bedeutung

同归于尽 tóng guī yú jìn gemeinsam zugrundegehen; zusammen untergehen; gleichzeitig zunichte werden

同行 tóngháng ① vom gleichen Fach oder Beruf ② Berufsgenosse *m*; Fachkollege *m* * 另见 tóngxíng

同化 tónghuà ① (Volksgruppe) assimilieren *vt* ② Assimilation *f*

同伙 tónghuǒ ① in heimlichem Einverständnis stehen; sich zu einem Komplott zusammenschließen ② Partner *m*; Komplize *m*; Konsorte *m*

同居 tóngjū ① zusammenwohnen *vi* ② (verheiratet oder unverheiratet) zusammenleben *vi*

同流合污 tóng liú hé wū sich mit j-m im Schlamm suhlen; mit j-m gemeinsame Sache machen

同盟 tóngméng Bündnis *n*; Allianz *f*: 结成～ ein Bündnis schließen; sich verbünden

同谋 tóngmóu ① sich (mit j-m) verschwören ② Mitschuldiger *m*; Komplize *m*: ～者 Komplize *m*

同年 tóngnián ① gleiches Jahr ② gleichaltrig

同情 tóngqíng sympathisieren *vi*; für j-n Teilnahme empfinden: 相互～和支持 miteinander sympathisieren und sich unterstützen 我很～你。Ich bringe dir große Sympathie entgegen

同上 tóngshàng wie oben

同声传译 tóng shēng chuán yì Simultandolmetschen *n*

同时 tóngshí ① zu gleicher Zeit; gleichzeitig; simultan: ～存在 nebeneinander bestehen; koexistieren *vi* ② überdies; außerdem: 这是非常重要的任务, ～也是十分艰巨的任务。Dies ist eine sehr wichtige Aufgabe, überdies ist auch eine sehr schwierige Aufgabe.

同事 tóngshì ① in derselben Dienststelle arbeiten; zusammenarbeiten *vi*: 我们～已经多年了。Wir arbeiten schon jahrelang in derselben Dienststelle. ② Kollege *m*; Mitarbeiter *m*: 老～ alter Kollege

同室操戈 tóng shì cāo gē Brüder kreuzen die Schwerter; Bruderzwist *m*; Bruderkrieg *m*

同乡 tóngxiāng vom selben Dorf, Kreis oder aus derselben Provinz stammende Person; Landsmann *m*

同心 tóngxīn ① konzentrisch ② eines Sinnes (sein): ～协力 eines Sinnes sein und vereinte Anstrengungen machen; am selben (*od* gleichen) Strang ziehen ～同德 ein Herz und eine Seele; einmütig

同行 tóngxíng mitgehen *vi*; mitreisen *vi* * 另见 tóngháng

同学 tóngxué ① auf dieselbe Schule gehen ② Schulkamerad *m*; Mitschüler *m*; Mitstudent *m*; Kommilitone *m*

同样 tóngyàng gleich; dasselbe; genau so: 用～的方法 dieselbe Methode anwenden 我们持～的观点。Wir haben die gleiche Ansicht.

同业 tóngyè ① gleicher Beruf ② Berufsgenosse *m*; Fachkollege *m*

同一 tóngyī gleich; identisch: 向～目标前进 auf das gleiche Ziel zusteuern

同义词 tóngyìcí Synonym *n*;

sinngleiches oder sinnverwandtes Wort

同意 tóngyì einverstanden sein; billigen *vt*; bewilligen *vt*; zustimmen *vi*

同志 tóngzhì Genosse *m*

同舟共济 tóng zhōu gòng jì im selben Boot den Fluß überqueren — gemeinsam eine schwierige Situation bewältigen

同宗 tóngzōng stammverwandt; sich von denselben Vorfahren herleitend

桐 tóng allgemeine Bezeichnung für Paulownien und Tungölbäume

桐油 tóngyóu Tungöl *n*; China-Holzöl *n*

铜 tóng Kupfer *n* (Cu): ～丝 Kupferdraht *m* ～像 Bronzestatue *f*

铜版 tóngbǎn Kupferplatte *f*: ～画 Kupferstich *m*; Kupferschnitt *m*

铜管乐器 tóngguǎn yuèqì Blechblasinstrument *n*

铜器 tóngqì Bronze-, Messing-, Kupferwaren *pl*; Bronze *f*; Bronzegefäß *n*: ～时代 Bronzezeit *f*

铜墙铁壁 tóng qiáng tiě bì eine bronzene Mauer und eiserne Wände; eine uneinnehmbare Festung

tǒng

筒 tǒng ① dickes Bambusrohr ② dicker röhrenförmiger Gegenstand; Zylinder *m*; Röhre *f*: 笔～ Pinseltopf *m* 邮～ (säulenförmiger) Briefkasten *m* ③ röhrenförmige Teile eines Kleidungsstücks: 袖～儿 Ärmel *m* 袜～儿 Strumpfwade *f*

桶 tǒng ① Kübel *m*; Eimer *m*; Faß *n*; Tonne *f*: 水～ Wassereimer *m* 一～牛奶 eine Kanne Milch ② <石油> Barrel *n*

捅 tǒng ① stoßen *vt*; knuffen *vt*; puffen *vt*: ～了一刀 mit einem Dolch stechen ～马蜂窝 in ein Wespennest stechen ② etw. ans Licht bringen; verraten *vt*; ausplaudern *vt*: 谁把它给～出去了? Wer hat das ausgeplaudert?

捅娄子 tǒng lóuzi einen Fehler machen; Unheil anrichten; Unannehmlichkeiten heraufbeschwören

统 tǒng ① komplexes System; Zusammenhang *m*: 传～ Tradition *f* 系～ System *n* ② zusammenfassen *vt*; ganz; all: ～购～销 staatlicher Einheitsankauf und -verkauf 这些东西～归你用。All diese Dinge stehen Ihnen zur Verfügung. ③[同'筒'③]: 长～皮靴 Lederstiefel *m* 皮～子 Pelzfutter für einen Mantel oder eine Jacke

统称 tǒngchēng ① mit einem gemeinsamen Namen bezeichnet ② Oberbegriff *m*

统筹 tǒngchóu einheitlich und umfassend planen: ～兼顾 einheitliche Planung unter Berücksichtigung der jeweiligen speziellen Verhältnisse

统共 tǒnggòng insgesamt; im ganzen; alle(s) zusammen

统计 tǒngjì ① Statistik *f*: 人口～ Volkszählung *f*; Zensus *m* ② addieren *vt*; zusammenrechnen *vt*: ～出席人数 die Zahl der Anwesenden zusammenzählen

统帅 tǒngshuài ① Oberbefehlshaber *m*; Kommandeur *m* ② befehligen *vt*; kommandieren *vt*

统率 tǒngshuài befehligen *vt*; kommandieren *vt*

统统 tǒngtǒng all; ganz; sämtlich: ～讲出来 alles frank und frei heraussagen; sich aussprechen

统辖 tǒngxiá regieren *vt*; den Oberbefehl über etw. haben

统一 tǒngyī ① vereinheitlichen *vt*; einigen *vt*: ～行动 Aktivitäten vereinheitlichen; eine Aktionseinheit schaffen ② einheitlich: ～领导 einheitliche Führung ～的意见 übereinstimmende Meinung

统治 tǒngzhì regieren *vi*/*vt*; herrschen *vi*; beherrschen *vt*; Herrschaft *f*: ～阶级 herrschende Klasse ～者 Herrscher *m*

tòng

恸(慟) tòng <书> tieftraurig

痛 tòng ① Schmerz *m*; Weh *n*; Leiden *n*: 头～ Kopfschmerzen haben 肚子～ Bauchschmerzen haben 嗓子～ Halsschmerzen haben ② Trauer *f*; Kummer *m*: 哀～ Traurigkeit *f* ③ äußerst; höchst; sehr: ～哭 fassungslos weinen ～骂 j-n tüch-

tig ausschimpfen ～斥 streng tadeln
痛楚 tòngchǔ Pein *f*; Qual *f*; Leid *n*; quälender Schmerz
痛处 tòngchù wunde (*od* empfindliche) Stelle; wunder Punkt: 触及～ eine empfindliche Stelle berühren
痛定思痛 tòng dìng sī tòng sich einen erlittenen Schmerz in Erinnerung rufen; aus einem Unglück bittere Lehren ziehen
痛苦 tòngkǔ Pein *f*; Qual *f*; Leid *n*
痛快 tòngkuai ①fröhlich; heiter; große Freude; sehr vergnügt: 感到从来没有过的～ eine noch nie dagewesene Freude fühlen ② nach Herzenslust; nach Belieben: 喝个～ sich satt trinken 玩个～ sich prächtig (*od* nach Herzenslust) amüsieren ③ frank und frei; offen; gerade: 说话很～ kein Blatt vor den Mund nehmen; geradeheraus sprechen 他～地答应了。Er sagte ohne weiteres zu.
痛切 tòngqiè kummervoll; sorgenvoll: ～反省 sich im Gefühl tiefer Gewissensbisse prüfen
痛惜 tòngxī etw sehr (*od* tief, schmerzlich) bedauern
痛心 tòngxīn schmerzerfüllt; schmerzvoll; etw. schmerzlich empfinden: 他对自己的错误感到～。Sein Fehler tut ihm sehr leid.
痛心疾首 tòng xīn jí shǒu von Reue gequält; bittere Reue über etw. empfinden
痛痒 tòngyǎng ① Leiden *n*; Schwierigkeit *f*: ～相关 durch gemeinsames Schicksal verbunden ② Wichtigkeit *f*; Bedeutung *f*: 无关～ unwichtig; belanglos

通 tòng 〈量〉［用于动作］: 说了他一～ ihm ins Gewissen reden * 另见 tōng

tōu

偷 tōu ① stehlen *vt*; stibitzen *vt*; klauen *vi*: ～窃 stehlen *vt*; Diebstahl begehen ② heimlich; verborgen; insgeheim; verstohlen: ～看 einen verstohlenen Blick werfen; heimlich gucken ～听 lauschen *vi* abhorchen *vt* ③ Zeit finden; sich Zeit nehmen: ～空 sich (von Arbeit) frei machen; Zeit für etw. finden ④ nur den Augenblick berücksichtigen: ～安 nur um gegenwärtiger Bequemlichkeit willen; nach kurzlebigen Freuden trachten
偷懒 tōulǎn faulenzen *vi*; müßiggehen *vi*; sich vor (der) Arbeit drücken
偷生 tōushēng in den Tag hineinleben; ein unwürdiges Dasein fristen
偷税 tōushuì Steuern hinterziehen
偷天换日 tōu tiān huàn rì den Himmel stehlen und die Sonne austauschen — einen Riesenschwindel begehen
偷偷 tōutōu insgeheim; heimlich; verstohlen: ～地溜走 heimlich wegschleichen; sich still und heimlich aus dem Staub machen ～摸摸 heimlich; unbemerkt; verborgen
偷袭 tōuxí überfallartiger Angriff; Überraschungsangriff *m*; j-n überrumpeln; j-n hinterrücks überfallen
偷闲 tōuxián sich für einen Moment frei machen: 忙里～ trotz vieler Arbeit etwas freie Zeit finden; sich an einem arbeitsreichen Tag ein wenig Muße gönnen

tóu

头(頭) tóu ① Kopf *m* ② Haar *n*; Frisur *f*: 梳～ das Haar kämmen ③ Ende *n*; Spitze *f*: 桥～ Brückenkopf *m* ④ Anfang oder Ende: 从～到尾 von Anfang bis Ende ⑤ Überbleibsel *n*; Rest *m*: 铅笔～ Bleistiftstummel *m* 烟～ Zigarettenstummel *m* ⑥ Chef *m*; Boß *m*: 你的～是谁? Wer ist der Chef deiner Abteilung? ⑦ Seite *f*; Aspekt *m*: 两～落空 sich zwischen zwei Stühle setzen ⑧ der (die, das) erste (in der Reihenfolge): ～等 erste Klasse ⑨ leitend; vorangehend: ～羊 Leithammel *m* ⑩ ［用在数量词前面］ der (die, das) erste: ～一遍 das erste Mal ～三天 die ersten drei Tage ⑪ 〈量〉 (a) ［用于牛、驴、骡、羊等家畜］: 三～牛 drei Rinder 两～骡子 zwei Maulesel (b) ［用于蒜］: 一～蒜 eine Knoblauchknolle

头(頭) ·tou ① ［名词后缀，接于名词、动词或形容词词根〕: 木～ Holz *n* 看～ sehenswert 甜～儿 süßer Vorgeschmack;gute Aussichten; Vorteil *m*; Nutzen *m* ② 〔方位词后缀〕: 上～ oben 下～ unten

头等 tóuděng erstklassig; ersten Ranges: ～大事 eine Angelegenheit von außerordentlicher Bedeutung ～舱 Erste-Klasse-Kabine *f*

头顶 tóudǐng Scheitel *m*

头发 tóufa Kopfhaar *n*; Haar *n*

头角 tóujiǎo Genialität *f* (eines Jugendlichen); Talent *n*: 初露～ seine Begabung erstmals zeigen; sein Licht zum ersten Mal leuchten lassen; sein Talent zum ersten Mal zur Geltung bringen

头里 tóuli ① vorn; voraus; voran: 请～走，我马上就来。 Gehen Sie bitte voraus. Ich komme gleich. ② im voraus; vorher; von vornherein: 咱们把话说在～。Das wollen wir von Anfang an klarstellen. 或 Lassen Sie sich das gesagt sein!

头颅 tóulú Schädel *m*; Kopf *m*: 抛～，洒热血 sein Leben (für eine gerechte Sache) hingeben

头面人物 tóumiàn rénwù großes (*od* hohes) Tier; Großkopfeter *m*

头脑 tóunǎo ① Gehirn *n*; Verstand *m*; Intelligenz *f*; Kopf *m*: 她很有～。Sie ist ein Mensch mit klarem Verstand. ～简单 einfältig; naiv ～清醒 nüchtern bleiben; bei klarem Verstand sein; einen kühlen Kopf behalten ② Anhaltspunkt *m*; (roter) Faden *m*: 摸不着～ sich über etw. nicht im klaren sein; keine klare Vorstellung von etw. haben

头痛 tóutòng Kopfschmerzen *pl*: ～得厉害 starkes Kopfweh haben 这件事真叫我～。Das bereitet mir Kopfschmerzen (*od* Kopfzerbrechen).

头头是道 tóutóu shì dào logisch und überzeugend (darstellen, analysieren, argumentieren)

头衔 tóuxián Titel *m*; Rang *m*; Dienst-, Ehrenbezeichnung *f*

头绪 tóuxù Schlüssel *m* (zu einer verwickelten Angelegenheit); Leitlinie *f*; der entscheidende Zug; der springende Punkt; Nervus rerum *m*: 茫无～ sich in einer Angelegenheit nicht zurechtfinden

头子 tóuzi Häuptling *m*; Anführer *m*; Boß *m*: 土匪～ Bandenführer *m*; Gangsterboß *m*

投 tóu ① werfen *vt*; schleudern *vt*: ～篮 Korbwurf *m* ～手榴弹 eine Handgranate werfen ② einwerfen *vt*: ～票 abstimmen *vi*; sein Stimme abgeben ～资 Kapital anlegen (*od* investieren) ③ hineinspringen *vi* (in einen Fluß, Brunnen usw., um Selbstmord zu begehen); ins Wasser gehen: ～河 sich in Fluß stürzen ④ werfen *vt*; richten *vt*: 树影～在窗户上。 Der Baum wirft seinen Schatten auf das Fenster. ⑤ zustellen *vt*; austragen *vt*: ～书 einen Brief zustellen ⑥ eintreten *vi*; beitreten *vi*; aufsuchen *vt*: ～军 in die Armee einteten ⑦ sich anpassen; schmeicheln *vi*; zuvorkommend: ～其所好 sich j-s Geschmack (*od* Neigungen) anpassen; j-m etw. zu Gefallen tun

投案 tóu'àn sich (der Polizei) stellen

投奔 tóubèn bei j-m Schutz (*od* Zuflucht) suchen; sich in j-s Obhut begeben

投标 tóubiāo sich an einer Ausschreibung beteiligen; bei einer Ausschreibung ein Lieferangebot machen: ～者 Bieter *m*

投产 tóuchǎn in Betrieb genommen werden; die Produktion aufnehmen

投诚 tóuchéng (von feindlichen Truppen, Rebellen, Banditen usw.) aufgeben *vi*; sich ergeben; überlaufen *vi*

投敌 tóudí zum Feind überlaufen

投递 tóudì zustellen *vt*; austragen *vt*: ～信件 Briefe zustellen

投放 tóufàng (Waren) auf den Markt werfen (*od* bringen)

投稿 tóugǎo einer Zeitung oder Zeitschrift Beiträge einschicken; ein Manuskript zur Veröffentlichung anbieten

投合 tóuhé ① sich gut vertragen; gut zueinander passen: 他们俩很～。Die beiden kommen gut miteinander aus. ② j-m schmeicheln; j-s Wünschen entsprechen: ～顾客的口味 sich bemühen, dem Geschmack der Kunden zu entsprechen

投机 tóujī ① übereinstimmend; zueinander passend: 谈得很～ sich prächtig unterhalten; mit j-m ein angenehmes und herzliches Gespräch führen ② spekulieren *vi*; Waren verschieben: ～倒把 Spekulations- und Schiebergeschäfte betreiben; fragwürdige Geschäfte machen; spekulieren *vi*; Waren verschieben ～分子 Opportunist *m*

投井下石 tóu jǐng xià shí dem in den Brunnen Gefallenen Steine nachwerfen; j-m den letzten Rest geben

投考 tóukǎo sich zum Examen melden

投靠 tóukào bei j-m Unterschlupf suchen

投票 tóupiào abstimmen *vi*; seine Stimme abgeben: ～表决 durch Abstimmung entscheiden ～箱 Wahlurne *f* 无记名～ geheime Abstimmung

投入 tóurù einsetzen *vt*; hineinwerfen *vt*; sich in etw. stürzen: ～生产 die Produktion aufnehmen; in Betrieb genommen werden

投射 tóushè ① etw. nach einem Ziel werfen; etw. auf ein Ziel schleudern ② (Schatte, Licht u.ä.) werfen *vt*

投身 tóushēn sich einer Sache widmen (*od* hingeben); sich in (*od* auf) etw. werfen: ～到工作中去 sich seiner Arbeit hingeben

投鼠忌器 tóu shǔ jì qì mit etw. nach einer Ratte werfen wollen, aber fürchten, daß das Geschirr daneben zerschlagen wird — das Schlechte bekämpfen, aber fürchten, daß dabei das Gute in Mitleidenschaft gezogen werden könnte

投宿 tóusù Unterkunft (*od* Nachtqartier, eine Übernachtungsmöglichkeit) suchen: ～客栈 in einem Gasthaus die Nacht verbringen

投胎 tóutāi Reinkarnation *f*; Wiedergeburt *f*; Wiederverleiblichung *f*

投降 tóuxiáng sich ergeben; kapitulieren *vi*; die Waffen strecken

投掷 tóuzhì werfen *vt*; schleudern *vt*: ～ 标枪（铁饼、手榴弹）einen Speer (einen Diskus, eine Handgranate) werfen

投资 tóuzī ① Kapital anlegen (*od* investieren) ② Kapitalanlage *f*; Investition *f*: 国家～ staatliche Investition

tòu

透 tòu ① durchdringen *vt*; durch etw. dringen; durchsickern *vi* ② etw. durchsickern lassen; etw. heimlich ausplaudern: ～个信儿 j-m rechtzeitig einen Wink geben ③ durchdringend; erschöpfend; durch und durch: 桃熟～了。Der Pfirsich ist vollreif. 把道理说～了 seine Argumente erschöpfend (*od* gründlich) erläutern 没意思～了 stinklangweilig; äußerst langweilig

透彻 tòuchè tiefschürfend; gründlich; bis auf den Grund; eingehend: ～的分析 eine gründliche Analyse

透顶 tòudǐng <多含贬义> im höchsten Grad; äußerst; durch und durch: 腐败～ bis ins Innerste faul; bis ins Mark verdorben

透风 tòufēng ① luftdurchlässig; Luft einlassen ② ein Geheimnis ausplaudern; etw. durchsickern lassen: 这个人嘴很紧，一点风也不透。Der Mann ist verschwiegen und wird kein Sterbenswörtchen verraten.

透漏 tòulòu durchsickern *vi*; allmählich bekannt werden: 消息～出来了。Die Nachricht ist schon durchgesickert. 或 Die Nachricht ist schon an die Öffentlichkeit gedrungen.

透露 tòulù etw. durchsickern lassen; etw. an die Öffentlichkeit bringen: ～风声 Informationen an die Öffentlichkeit dringen lassen 真相～出来了。Die Wahrheit ist ans Licht gebracht worden.

透明 tòumíng durchsichtig; transparent; lichtdurchlässig: 不～ undurchsichtig; opak; milchig 半～ nicht ganz durchsichtig; halb durchsichtig

透辟 tòupì prägnant; treffend; schlagend

透视 tòushì ① Perspektive *f* ② Röntgendurchleuchtung *f*; Durchleuchtung *f*

tū

突 tū ① stürmen *vi*; vorstürmen *vi*: 狼奔豕～ wie wilde Tiere umherjagen; in panischer Flucht davonstürzen ② plötzlich: 气温～降。Die Temperatur fiel plötzlich. ③ herausragend; vorspringend

突变 tūbiàn ① plötzliche Veränderung ② Mutation *f*

突出 tūchū ① hervorragen *vi*;

herausragen *vi*; vorspringen *vi*: ～的前额 gewölbte Stirn ② markant; auffallend: ～的成就 hervorragende Erfolge ③ hervorheben *vt*; betonen *vt*; etw. in den Vordergrund stellen: 他的文章没有～重点。Sein Aufsatz ließ hervorgehobene Schwerpunkte vermissen.

突击 tūjī ① einen plötzlichen und heftigen Angriff vortragen; bestürmen *vt*: ～部队 Stoßtrupp *m* ② sich mit konzentrierter Kraft an etw. machen: ～某种工作 alle Kräfte auf eine gewisse Arbeit konzentrieren

突破 tūpò ① einen Durchbruch erzielen; durchbrechen *vt*: ～防线 Verteidigungslinien durchbrechen 医学上的～ Durchbruch auf medizinischem Gebiet ② brechen *vt*; überschreiten *vt*: ～各种技术难关 jede technische Schwierigkeit überwinden ～定额 eine Quote überschreiten

突起 tūqǐ ① plötzlich geschehen: 战事～。Es brachen Feindseligkeiten aus. 异军～ eine neue Armee tritt plötzlich auf den Plan ② herausragen *vi*; hervortreten *vi* sich hoch erheben: 峰峦～。Die Gebirgskette ragt in die Lüfte.

突然 tūrán schlagartig; plötzlich; unerwartet: ～停止 schlagartig aufhören ～哭起来 in Tränen ausbrechen ～袭击 Überraschungsangriff *m*

突如其来 tū rú qí lái ganz plötzlich kommen; ganz überraschend; völlig unerwartet

突围 tūwéi eine Einkreisung durchbrechen

凸 tū nach außen gewölbt; konvex: ～花银瓶 silberne Vase mit Blumenreliefs ～面 konvexe Seite

秃 tū ① ohne Haare; kahl: 他的头开始～了。Er wird allmählich kahl. ② kahl; nackt: 山是～的。Der Berg ist kahl. ③ stumpf: 铅笔～了。Der Bleistift ist stumpf geworden. ④ unvollständig; unzulänglich: 这篇文章的结尾显得有点～。Der Schluß des Artikels wirkt etwas abrupt.

tú

屠 tú ① schlachten *vt* ② massakrieren *vt*; niedermetzeln *vt*: 大～杀 Gemetzel *n*; Blutbad *n*; niedermetzeln *vt*

屠杀 túshā massakrieren *vt*; abschlachten *vt*; in Massen töten

屠宰 túzǎi schlachten *vt*: ～场 Schlachthof *m*

图(圖) tú ① Bild *n*; Zeichnung *f*; Karte *f*: 地～ Landkarte *f* ② planen *vt*; entwerfen *vt*: 宏～ hochgesteckter Plan ～谋 Anschläge machen ③ auf etw. bedacht sein; nach etw. jagen; nach etw. streben: ～私利 nach persönlichen Vorteilen streben ～省事 auf Mühelosigkeit ausgehen

图案 tú'àn Design *n*; Muster *n*

图表 túbiǎo Kurvenbild *n*; graphische Darstellung; Diagramm *n*: 统计～ statistische Tabelle

图钉 túdīng Reißnagel *m*; Heftzwecke *f*

图画 túhuà Bild *n*; Zeichnung *f*

图鉴 tújiàn illustriertes Handbuch

图解 tújiě Diagramm *n*; graphische Darstellung: 用～说明 etw. graphisch darstellen

图景 tújǐng Szenerie *f*; Szene *f*; Bild *n*: 壮丽的～ herrliche Szene

图谋 túmóu Komplott *n*; Anschlag *m*; geheimer Plan: ～不轨 ein Komplott schmieden

图片 túpiàn Bild *n*; Foto *n*: ～展览 Foto-, Bilderausstellung *f*

图谱 túpǔ Sammlung von Bildtafeln: 历史～ Geschichtsatlas *m*

图书 túshū Bücher *pl*: ～资料 Druckerzeugnisse *pl*; Bibliothek *f*; Literatur *f* ～馆 Bibliothek *f* ～目录 Bücherkatalog *m*

图像 túxiàng Bild *n*; Abbild *n*

图章 túzhāng Siegel *n*; Stempel *m*

涂(塗) tú ① beschmieren *vt*; bestreichen *vt*: ～漆 lackieren *vt*; anstreichen *vt* ② etw. flüchtig (*od* nachlässig) hinschreiben; hinschmieren *vt*: 别在墙上乱～。Nicht die Wände bekritzeln! ③ abwischen *vt*; entfernen *vt*; streichen *vt*: ～掉几个字 einige Wörter ausstreichen

涂改 túgǎi ändern *vt*: ～无效。Bei Änderungen Verlust der Gültigkeit.

涂抹 túmǒ ① bestreichen *vt*; beschmieren *vt*; überstreichen *vt* ② sinnlos kritzeln; krakeln *vi*

涂饰 túshì ① etw. mit Tünche beschmieren; etw. mit Farbe überstreichen ② verputzen *vt*;

etw. weiß tünchen; kalken *vt*

途 tú Weg *m*; Strecke *f*: 沿～ den Weg entlang 半～而废 etw. auf halbem Weg aufgeben; auf halbem Weg stehenbleiben; etw. unvollendet lassen

途径 tújìng Weg *m*: Weise *f*: 通过外交～ auf diplomatischem Weg

徒 tú ① zu Fuß (gehen) ② bloß; unbewaffnet: ～手 mit bloßen Händen; ohne Waffe ③ nur; einzig und allein: ～有虚名 unverdient einen Namen haben ④ vergebens; vergeblich: ～费唇舌 vergeblich reden; in den Wind reden ⑤ Schüler *m*; Lehrling *m*: 门～ Schüler *m*; Jünger *m* 学～ Lehrling *m* ⑥ Anhänger einer Glaubenslehre: 佛教～ Buddhist *m* ⑦ Person *f*; Kerl *m*: 无耻之～ schamloser Mensch 赌～ Spieler *m* 歹～ Gangster *m*; Übeltäter *m* 暴～ Gewalttäter *m*

徒步 túbù zu Fuß (gehen): ～旅行 zu Fuß reisen; Wanderung *f*

徒弟 túdi Lehrling *m*; Schüler *m*; Jünger *m*

徒劳 túláo sich vergebens bemühen; nutzlose Bemühung; vergebliche Anstrengung: ～无功 sich vergeblich bemühen

徒然 túrán vergebens; vergeblich; erfolglos: ～耗费精力 seine Energie verschwenden

徒手 túshǒu mit bloßen Händen; unbewaffnet: ～操 Freiübungen *pl*

徒刑 túxíng Freiheitsstrafe *f*: 有期～ befristete Freiheitsstrafe 无期 ～ lebenslängliche Freiheitsstrafe

tǔ

土 tǔ ① Erde *f*; Boden *m*: 肥～ fruchtbarer (*od* fetter) Boden ～路 erdiger Weg ② Boden *m*; Land *n*: 国～ Staatsterritorium *n* 领～ Hoheitsgebiet *n* ③ lokal; regional: ～产 lokales Produkt ④ einheimisch: ～布 handgewebter Baumwollstoff ⑤ unzivilisiert; roh: ～里～气 bäuerisch; hinterwäldlerisch; ungeschliffen

土崩瓦解 tǔ bēng wǎ jiě sich in Auflösung befinden; aus den Fugen gehen; wie ein Kartenhaus zusammenstürzen

土地 tǔdì Land *n*; Boden *m*; Feld *n*; Territorium *n*

土豆 tǔdòu 〈口〉 Kartoffel *f*

土匪 tǔfěi Bandit *m*; Räuber *m*

土豪 tǔháo örtlicher Despot: ～劣绅 örtliche Despoten und üble Vornehme

土话 tǔhuà Mundart *f*; Dialekt *m*

土木 tǔmù Bauwerk *n*; Bautätigkeit *f*: 大兴～ eine riesige Bautätigkeit entfalten; in großangelegtem Ausmaß Bauten errichten

土壤 tǔrǎng Boden *m*: ～改良 Bodenmelioration *f*

土著 tǔzhù Eingeborene(r); Ureinwohner *m*; Urbevölkerung *f*

吐 tǔ ① spucken *vt*; ausspeien *vt*: ～痰 speien *vi* ② aussprechen *vt*; offenbaren *vt*: ～实 mit der Wahrheit herausrücken ～怨气 sich beklagen; seinem Unmut Luft machen * 另见 tù

吐露 tǔlù sein Herz ausschütten; sich aussprechen; enthüllen *vt*: ～真情 mit der Wahrheit herausrücken; die Wahrheit offenbaren

吐气 tǔqì zurückgehaltenen Gefühlen freien Lauf lassen; seine Wut, seinen Ärger usw. abreagieren: 扬眉～ erleichtert aufatmen und von Stolz und Begeisterung ergriffen werden; aufleben *vi*

tù

吐 tù ① sich erbrechen; sich übergeben: 恶心要～ das Gefühl haben, sich übergeben zu müssen; Brechreiz verspüren ② sich gezwungen sehen, etw. zurückzugeben; etw. widerwillig wieder herausgeben: ～赃 mit einer Beute widerwillig herausrücken * 另见 tǔ

吐沫 tùmo Speichel *m*; Saliva *f*

吐血 tùxiě Blutbrechen *n*; Hämatemesis *f*

吐泻 tùxiè Brechdurchfall *m*

兔 tù (～子) Hase *m*; Kaninchen *n*: 家～ Kaninchen *n* 野～ Hase *m*

兔死狐悲 tù sǐ hú bēi der Fuchs trauert um den Tod des Hasen — Mitleid mit seinesgleichen haben; um Leute gleichen Schlages trauern

tuān

湍 tuān <书> ① rasch fließend; stützend ② starke Strömung: 急～ reißende Strömung

湍急 tuānjí heftig strömend; reißend; wild: 水流～。Die Strömung ist reißend.

湍流 tuānliú ① reißende Strömung ② Wirbelströmung *f*; Turbulenz *f*

tuán

团(團) tuán ① rund; kreisförmig: ～扇 runder Fächer ② Knödel *m*; Kloß *m*; Klößchen *n*: 缩成一～ sich zusammenkauern 汤～ gefülltes Klößchen ③ sich vereinigen; sich zusammenschließen ④ Gruppe *f*; Einheit *f*: 剧～ Theatergruppe *f* 旅行～ Touristengruppe *f* 文工～ Kulturensemble *n* 代表～ Delegation *f* ⑤ Regiment *n* ⑥ <量>: 一～毛线 ein Wollknäuel 一～面 ein Klumpen Teig

团结 tuánjié sich vereinigen; sich zusammenschließen; sich scharen: ～一致 eins werden ～就是力量。Einigkeit macht stark.

团聚 tuánjù zusammenkommen *vi*; sich wieder vereinigen: 全家～ Familientreffen *n*

团体 tuántǐ Gemeinschaft *f*; Organisation *f*; Vereinigung *f*; Gruppe *f*; Mannschaft *f*: 群众～ Massenorganisation *f*

团员 tuányuán ① Delegationsmitglied *n*; Mitglied *n*; Glied *n*: 代表团～ ein Mitglied einer Delegation ② Mitglied des Kommunistischen Jugendverbandes Chinas

tuī

推 tuī ① schieben *vt*; stoßen *vt*: 把门～开 die Tür aufstoßen ② schneiden *vt*; scheren *vt*: 用刨子把桌子～光 einen Tisch mit einem Hobel glatt schleifen ③ vorwärtstreiben *vt*; fördern *vt*; Aufschwung geben: ～广 verbreiten *vt*; popularisieren *vt* ④ auf etw. schließen; folgern *vt*: 类～ Analogieschlüsse ziehen; mit etw. analog verfahren ⑤ überlassen *vt*: 不要把责任～给人家。Man darf die Verantwortung nicht auf andere abwälzen. ⑥ verschieben *vt*; aufschieben *vt*: 动身日期要往后～。Der Termin der Abreise soll verschoben werden. ⑦ wählen *vt*: ～他担任小组长 ihn zum Gruppenleiter wählen ⑧ hochschätzen *vt*

推波助澜 tuī bō zhù lán eine stürmische See aufrühren — ein Übel noch ärger machen; eine schlechte Lage verschlimmern

推测 tuīcè annehmen *vt*; vermuten *vt*

推陈出新 tuī chén chū xīn das Neue durch kritische Aufnahme aus dem Alten hervorgehen lassen; Neues aus Altem entstehen lassen

推迟 tuīchí hinausschieben *vt*; aufschieben *vt*: ～两周付款。Die Bezahlung ist um zwei Wochen verschoben.

推崇 tuīchóng etw. sehr hoch einschätzen; hochschätzen *vt*: ～备至 j-m/etw. große Wertschätzung entgegenbringen; zu j-m achtungsvoll aufschauen; j-n/etw. bewundern

推辞 tuīcí (Ernennung, Einladung usw.) ablehnen *vt*

推动 tuīdòng vorantreiben *vt*; ankurbeln *vt*; etw. in Schwung bringen; fördern *vt*: ～工作 die Arbeit voranbringen; der Arbeit Impulse geben

推断 tuīduàn folgern *vt*; schlußfolgern *vt*; eine Folgerung ziehen

推度 tuīduó vermuten *vt*; mutmaßen *vt*; annehmen *vt*

推翻 tuīfān ① etw. mit Gewalt umstürzen; stürzen *vt*; umkippen *vt* ② umstoßen *vt*: ～协议 ein Abkommen für ungültig erklären

推荐 tuījiàn empfehlen *vt*: 向青年～优秀的文学作品 den Jugendlichen Meisterwerke der Literatur empfehlen

推举 tuījǔ empfehlen *vt*; vorschlagen *vt*; wählen *vt*

推理 tuīlǐ vernünftiges Erwägen; Schlußfolgern *n*: 用～的方法 mit Hilfe folgerichtigen Denkens; durch Schlußfolgerung

推论 tuīlùn Schlußfolgerung *f*; Schluß *m*

推敲 tuīqiāo abwägen *vt*; etw. hin und her überlegen; immer wieder bessern und glätten: ～

词句 an Sätzen herumfeilen; seine Worte wägen

推却 tuīquè ablehnen *vt*; zurückweisen *vt*

推让 tuīràng (aus Höflihkeit oder Bescheidenheit) etw. nicht annehmen wollen; etw. dankend ablehnen

推算 tuīsuàn kalkulieren *vt*; berechnen *vt*

推土机 tuītǔjī Bulldozer *m*; Planierraupe *f*

推托 tuītuō etw. unter einem Vorwand absagen; sich unter einem Vorwand entschuldigen: 她～嗓子疼，不肯唱。Sie schützte Halsschmerzen vor und lehnte es ab zu singen.

推脱 tuītuō sich einer Sache entziehen; ausweichen *vi*; entwischen *vi*: ～责任 sich einer Verantwortung entziehen

推委 tuīwěi Verantwortung (*od* Schuld) auf andere abwälzen; anderen Verantwortung (*od* Schuld) zuschieben

推想 tuīxiǎng vermuten *vt*; annehmen *vt*

推销 tuīxiāo den Absatz steigern; etw. auf den Markt werfen: ～员 Verkaufsförderer *m*; Sales-promoter *m*

推卸 tuīxiè sich entziehen; ausweichen *vi*

推心置腹 tuī xīn zhì fù sein ganzes Vertrauen auf j-n setzen; offenherzig; ganz vertraulich: ～地交换意见 offen und ehrlich Meinungen austauschen

推行 tuīxíng betreiben *vt*; ausführen *vt*; verfolgen *vt*: ～新政策 auf einen neuen Kurs umschwenken; eine neue Politik verfolgen

推选 tuīxuǎn wählen *vt*

推延 tuīyán verschieben *vt*; aufschieben *vt*: 把会议～到明天 die Sitzung auf morgen verschieben

推移 tuīyí ① (Zeit) vergehen *vi*; verstreichen *vi*: 随着时间的～ im Laufe der Zeit; mit der Zeit ② (Situation, Lage) sich entwikkeln; sich entfalten

tuí

颓 tuí ① ruiniert; zerfallen; verfallen; baufällig: ～垣断壁 baufällige Häuser und verfallenes Mauerwerk; Trümmerhaufen *m* ② dekadent; verdorben; verkommen: 衰～ degeneriert und dem Untergang geweiht ③ niedergeschlagen; niedergedrückt

颓败 tuíbài <书> dekadent; verfallen

颓废 tuífèi dekadent; verdorben; desolat: ～派 dekadente Richtung (*od* Schule)

颓势 tuíshì Auflösungs-, Verfallstendenzen *pl*

颓唐 tuítáng entmutigt; kraftlos; niedergeschlagen

tuǐ

腿 tuǐ ① Bein *n*: 大～ Oberschenkel *m* 前～ Vorderbein *n* 后～ Hinterbein *n* ～肚子 Wade *f* ～勤 unermüdlich herumlaufen; Hansdampf in allen Gassen sein ② beinförmige Stütze: 桌子 (椅子) ～ Tischbein (Stuhlbein) *n* ③ Schinken *m*: 火～ Schinken *m*

腿脚 tuǐjiǎo Beine und Füße — Gehfähigkeit *f*: ～不灵便 Schwierigkeiten beim Gehen haben

tuì

蜕 tuì ① die Haut abwerfen (*od* abstreifen); sich häuten ② abgeworfene Haut: 蛇～ abgeworfene Schlangenhaut

蜕变 tuìbiàn ① eine Umwandlung erfahren; sich verwandeln; sich umbilden ② Abklingen *n*; Umwandlung *f*; Zerfall *m*: 自发～ spontane Umwandlung; spontaner Zerfall

蜕化 tuìhuà ① die Haut abstreifen; sich häuten ② degenerieren *vi*; verkommen *vi*: ～变质分子 verdorbenes Element

退 tuì ① sich nach rückwärts bewegen, sich zurückziehen: 敌人已经～了。Der Feind hat sich schon zurückgezogen. ② zurückbewegen *vt*; zurückziehen *vt*; wegziehen *vt*: ～兵 Truppen abziehen; gegnerische Truppen zum Rückzug zwingen; zurückschlagen *vt* ③ zurücktreten *vi*; abtreten *vi*; (Dienst usw.) quittieren *vt*: ～党 aus einer Partei austreten ④ abnehmen *vi*; zurückgehen *vi*; verebben *vi*: ～烧了。Das Fiebel fällt. 水～了。Die Flut ist zurückgegangen. ⑤

zurückgeben *vt*; aurückbringen *vt*: ～票 eine Karte gegen Kostenerstattung zurückgeben ⑥ aufheben *vt*; etw. rückgängig machen: ～婚 eine Verlobung auflösen ～掉订货 einen Auftrag rückgängig machen (*od* stornieren)

退步 tuìbù ① Rückschritt *m* ② Spielraum *m*; Bewegungsmöglichkeit *f*: 留个～ Spielraum lassen

退潮 tuìcháo Ebbe *f*

退出 tuìchū sich zurückziehen; zurücktreten *vi*; sich von etw. lossagen: ～会场 den Konferenzsaal verlassen ～组织 aus einer Organisation austreten ～政治舞台 von der politischen Bühne abtreten

退化 tuìhuà ① Degeneration *f*; Entartung *f* ② entarten *vi*; degenerieren *vi*

退换 tuìhuàn (Waren) umtauschen *vt*

退回 tuìhuí ① zurückgeben *vt*; zurückschicken *vt*: 原稿已～。Das Manuskript wurde schon zurückgeschickt. ② zurückgehen *vi*

退路 tuìlù ① Rückweg *m*: 切断敌军～ dem Feind den Rückweg abschneiden ② Spielraum *m*; Bewegungsfreiheit *f*: 留个～ Spielraum lassen

退却 tuìquè ① sich zurückziehen: 战略～ strategischer Rückzug ② zurückschrecken *vi*; zurückscheuen *vi*

退让 tuìràng Zugeständnisse machen; nachgeben *vi*; zurückweichen *vi*: 在原则问题上从不～ in prinzipiellen Fragen keine Konzessionen machen

退色 tuìshǎi verblassen *vi*; die Farbe verlieren: 这种布～吗? Ist dieser Stoff farbecht?

退缩 tuìsuō zurückweichen *vi*; zurückschrecken *vi*: 在困难面前从不～ vor Schwierigkeiten nie zurückschrecken

退位 tuìwèi auf den Thron verzichten; seine Krone niederlegen; abdanken *vi*

退席 tuìxí ein Bankett oder eine Konferenz verlassen

退休 tuìxiū in den Ruhestand treten; (Arbeiter) in (*od* auf) Rente gehen; (Beamte) in Pension gehen; sich pensionieren lassen: ～年龄 Pensionsalter *n* ～工人 in Rente gegangener Arbeiter; Rentner *m*

退赃 tuìzāng unrechtmäßig erworbenes Gut (*od* Beute, Diebesgut usw.) herausgeben

退职 tuìzhí von einem Amt zurücktreten; einen Posten aufgeben

tūn

吞 tūn ① schlucken *vt*; verschlucken *vt*; verschlingen *vt*: 把药丸～下去 Pillen schlucken ② etw. in Besitz nehmen: 白～ einverleiben *vt*

吞并 tūnbìng annektieren *vt*; (sich) etw. einverleiben

吞没 tūnmò ① veruntreuen *vt*; sich etw. unrechtmäßig aneignen; unterschlagen *vt*: ～公款 öffentliche Gelder unterschlagen ② verschlingen *vt*: 小船被波涛～了。Das kleine Boot wurde von den Wellen verschlungen.

吞声 tūnshēng <书> sein Schluchzen unterdrücken; keinen Laut von sich zu geben wagen: 忍气～ seinen Groll unterdrücken

吞噬 tūnshì verschlingen *vt*; hinunterschlucken *vt*

吞吐 tūntǔ in großem Umfang umladen (*od* aus- und einladen, umschlagen): ～量 Umschlagkapazität *f*

吞吞吐吐 tūntūntǔtǔ zögernd und stotternd sprechen; nicht recht mit der Sprache herauswollen

tún

屯 tún ① einlagern *vt*; speichern *vt*: ～粮 Getreide einlagern ～聚 anhäufen *vt*; ansammeln *vt* ② stationieren *vt*; einquartieren *vt*: ～兵 Truppen stationieren ③ [多用于村庄名] Dorf *n*: 皇姑～ Huanggu-Dorf *n*

屯田 túntián Truppen oder Bauern zur Bodenerschließung und -bestellung heranziehen

囤 tún lagern *vt*; etw. auf Lager nehmen: speichern *vt*; horten *vt*: ～货 Waren einlagern (*od* aufspeichern) * 另见 dùn

囤积 túnjī etw. zu Spekulationszwecken horten: ～居奇 etw. zu Spekulationszwecken aufkaufen und horten

臀 tún Hintern *m*; Gesäß *n*: ～部 Hintern *m*; Gesäß *n*

tuō

脱 tuō ① abwerfen *vt*; abstreifen *vt*; abfallen *vi*; ausfallen *vi*: 头发~光了。Alle Haare sind ausgefallen. ② abnehmen *vt*; ausziehen *vt*: ~鞋 (衣服) Schuhe (Kleider) ausziehen ③ entfliehen *vi*; entgehen *vi*: ~险 einer Gefahr entrinnen ④ fehlen *vi* ⑤ vernachlässigen *vt*

脱产 tuōchǎn von seiner eigentlichen Arbeit freigestellt werden, um vorübergehend einer anderen Tätigkeit nachzugehen: ~学习 zu Studienzwecken vom Dienst befreit (*od* beurlaubt) werden

脱党 tuōdǎng die Partei verlassen; die Verbindung zur Partei abbrechen

脱稿 tuōgǎo (im Manuskript) fertiggestellt sein

脱节 tuōjié auseinanderfallen *vi*; in Stücke zerfallen; aus den Fugen gehen (*od* geraten): 理论与实践不能~。Die Theorie darf sich nicht von der Praxis lösen.

脱口而出 tuō kǒu ér chū ohne nachzudenken, etw. aussprechen; mit etw. herausplatzen

脱离 tuōlí sich lösen; sich loslösen; sich trennen; sich losreißen: ~实际 sich von der Praxis (*od* Realität) lösen 病人~危险了。Der Patient befindet sich außer Gefahr.

脱落 tuōluò fallen *vi*; abfallen *vi*: 门的把手~了。Die Klinke (*od* Der Türgriff) ist abgegangen. 油漆~了。Die Farbe blättert ab.

脱身 tuōshēn sich einer Sache entziehen; sich von etw. losmachen: 我事情太多, 不能~。Ich habe zu viel zu tun und kann mich einfach nicht frei machen.

脱手 tuōshǒu ① der Hand entgleitend; aus der Hand (fallend) ② (Waren) verramschen *vt*; verkaufen *vt*; abstoßen *vt*

脱胎 tuōtāi ① <工艺美术> Verfahren zur Herstellung von Lackwaren ohne Futter: ~漆器 Lackwaren ohne Futter (*od* Holz-, Tonkern) ② (einemSchoß) entstammen *vi*; abstammen *vi*

脱胎换骨 tuō tāi huàn gǔ sich von Grund auf ändern; das alte Ich ablegen; ein neuer Mensch werden

脱逃 tuōtáo entrinnen *vi*; entlaufen *vi*; entwischen *vi*: 临阵~ auf dem Schlachtfeld desertieren; sich vor einer Verpflichtung drücken

脱销 tuōxiāo vergriffen; ausverkauft

拖 tuō ① schleppen *vt*; ziehen *vt* ② hinauszögern *vt*; verzögern *vt*: 再~就太晚了。Wenn man es weiter hinauszögert (*od* verschleppt), wird es zu spät sein.

拖把 tuōbǎ Mop *m*

拖车 tuōchē Anhänger *m*; angehängtes Fahrzeug

拖船 tuōchuán Schlepp-, Bugsierdampfer *m*; Schlepper *m*

拖后腿 tuō hòutuǐ zurückhalten *vt*; abhalten *vt*; hindern *vt*

拖拉 tuōlā säumig; saumselig; langsam; träge: ~作风 schwerfälliger Arbeitsstil; Bummelei *f*

拖拉机 tuōlājī Traktor *m*; Schlepper *m*: 手扶~ Handtraktor *m*; Einachsschlepper *m*

拖累 tuōlěi ① belasten *vt*; beschweren *vt*: 受家务~ von häuslichen Arbeiten erdrückt werden ② verwickeln *vt*; hineinziehen *vt*

拖泥带水 tuō ní dài shuǐ nicht klipp und klar; schleppend; umständlich; lasch und locker

拖欠 tuōqiàn mit der Bezahlung einer Schuld im Rückstand sein; sich im Zahlungsverzug befinden: ~债务 mit der Bezahlung einer Schuld in Verzug sein

拖鞋 tuōxié Pantoffel *m*

拖延 tuōyán verzögern *vt*; aufschieben *vt*; hinausschieben *vt*: ~时间 Zeit gewinnen wollen; auf Zeit spielen

托 tuō ① etw. auf der flachen Hand tragen: 她两手~着下巴。Sie stützt das Kinn auf beide Hände ② Stütze *f*; Ständer *m*: 枪~ Kolben *m* ③ als Hintergrund (*od* Folie) dienen: 衬~ etw. durch Gegenüberstellung hervorheben ④ beauftragen *vt*; j-n mit etw. betrauen: 把这项任务~付给他 ihm diese Aufgabe überlassen ⑤ vorschützen *vt*; vorgeben *vt*: ~病 Krankheit vorschützen ⑥ sich auf etw. stützen; sich an etw. anlehnen: ~庇 gestützt auf j-s Protektion; unter j-s Fittichen

托词 tuōcí ① nach einer Ausrede suchen; einen Vorwand finden: ~谢绝 etw. unter einem

Vorwand dankend ablehnen ② Ausrede *f*; Vorwand *m*: 那不过是～。Das ist bloß eine Ausrede.

托儿所 tuō'érsuǒ Kindertagesstätte *f*; Kinderkrippe *f*; Kinderheim *n*

托福 tuōfú <套> [多用于回答别人的问候] Dank für Ihre Nachfrage: 托您的福，我身体好多了。Danke schön, es geht mir viel besser.

托故 tuōgù eine Ausrede gebrauchen (*od* finden); einen Grund vorgeben; vorschützen *vt*: ～早退 sich unter einem Vorwand frühzeitig zurückziehen

托管 tuōguǎn Treuhänderschaft *f*; Treuhandschaft *f*: ～国 Treuhänderstaat *m* ～领土 Treuhandgebiet *n*

托盘 tuōpán Servierbrett *n*; Tablett *n*

托人情 tuō rénqíng j-n um Unterstützung (*od* Protektion) bitten; Beziehungen spielen lassen

托运 tuōyùn etw. abtransportieren lassen; etw. zur Beförderung aufgeben

tuó

鸵 tuó Strauß *m*

鸵鸟 tuóniǎo Strauß *m*: ～政策 Vogel-Strauß-Politik *f*

驼 tuó ① Kamel *n* ② bucklig höckerig

驼背 tuóbèi ① Bucklige(r) ② bucklig

驼峰 tuófēng ① Kamelhöcker *m* ② Ablaufberg *m*: ～调车场 Rangierbahnhof mit Ablaufberg

驼绒 tuóróng ① Kamelflaum *m* ② Kamelhaargewebe *n*

驮 tuó (auf dem Rücken) tragen *vt* * 另见 duò

tuǒ

椭(橢) tuǒ

椭圆 tuǒyuán Ellipse *f*: oval

妥 tuǒ ① geeignet; angemessen; zweckmäßig: 欠～ ungeeignet; unpassend ② [多用于动词后] bereits fertig; schon beendet: 事已办～。Die Sache ist bereits erledigt.

妥当 tuǒdàng angebracht; trefflich; angemessen; passend: 办得很～ bestens erledigt; vortrefflich ausgeführt

妥善 tuǒshàn geeignet; zweckmäßig; passend: ～安排 geeignete Vorkehrungen treffen; zweckdienlich arrangieren 问题比较复杂，需要～处理。Das Problem ist ziemlich kompliziert, es muß angemessen und sorgsam behandelt werden.

妥帖 tuǒtiē passend; geeignet; zufriedenstellend

妥协 tuǒxié Kompormiß *m*: 达成～ einen Kompromiß schließen; zu einem Kompromiß kommen

tuò

拓 tuò etw. urbar machen; roden *vt*; erschließen *vt* *另见 tà

拓荒 tuòhuāng Ödland urbar machen; Neuland erschließen

唾 tuò ① Speichel *m*; Spucke *f*: ～沫 Speichel *m*; Spucke *f* ② spucken *vi/vt*; ausspucken *vi/vt*

唾骂 tuòmà vor j-m ausspucken und ihn schmähen; beschimpfen *vt*; verabscheuen *vt*

唾弃 tuòqì abweisen *vt*; j-n im Stich lassen; ächten *vt*

唾手可得 tuò shǒu kě dé kinderleicht (*od* sehr leicht) zu bekommen sein

W w

wā

挖 wā graben *vt*; ausbaggern *vt*; ausschachten *vt*: ～井 einen Brunnen graben ～洞 ein Loch graben ～土 Erde ausschachten ～出 ausgraben *vt*

挖掘 wājué ausgraben *vt*; ausschachten *vt*: ～古物 antike Gegenstände ausgraben ～潜力 Potential ausschöpfen; potentielle Kräfte freilegen

挖空心思 wā kōng xīnsī sich den

Kopf zerbrechen; sich den Kopf (das Hirn) zermartern

挖苦 wāku sarkastische oder ironische Bemerkungen gegen j-n machen; mit einem Seitenhieb auf j-n sagen

挖墙脚 wā qiángjiǎo die Fundamente untergraben; j-m das Wasser abgraben; j-m den Boden unter den Füßen wegziehen

洼(窪) wā ① tiefliegend: ～地 Senke *f*; Tiefland *n*; Depression *f* ② Aushöhlung *f*; Vertiefung *f*; Depression *f*: 水～儿 sumpfiges Tiefland

哇 wā [形容呕吐声、哭声等]: ～的一声哭了起来 in lautes Weinen ausbrechen; mit lautem Wehgeschrei zu weinen beginnen *另见 wa

蛙 wā Frosch *m*: ～泳 Brustschwimmen *n*

wá

娃 wá ① Baby *n*; Säugling *m*; kleines Kind ② 〈方〉 Junge *n*: 鸡～ Küken *n*; Hühnchen *n*

娃娃 wáwa Baby *n*; Säugling *m*; kleines Kind

wǎ

瓦 wǎ ① Dachziegel *m* ② tönern: ～器 Tongeschirr *n* ③ Watt *n* *另见 wà

瓦匠 wǎjiang Maurer *m*

瓦解 wǎjiě zerfallen *vi*; sich auflösen; zersetzen *vt*: ～敌军 feindliche Truppen zersetzen 土崩～ völlig zusammenbrechen

瓦砾 wǎlì Schutt *m*; Trümmer *pl*: 一片～ in Trümmer gesunken sein; in Trümmern liegen; in Schutt und Asche versunken sein

瓦斯 wǎsī Gas *n*

瓦特 wǎtè Watt *n*: ～计 Wattmeter *n*

wà

袜(襪) wà Socke *f*; Strumpf *m*; Kniestrumpf *m*

袜套 wàtào Knöchelsöckchen *pl*; Socke *f*

瓦 wà (ein Dach) mit Ziegeln decken *另见 wǎ

wa

哇 wa [助词，"啊"受到前一个字收音 u 或 ao 的影响而发生的变音]: 你好～? Na, wie geht's? *另见 wā

wāi

歪 wāi ① schief; schräg: ～戴帽子 den Hut schief tragen ② unanständig; unsittlich; übel; hinterhältig: ～风邪气 widrige Strömungen und schädliche Einflüsse; ungesunde Tendenzen und üble Bestrebungen

歪曲 wāiqū verdrehen *vt*; entstellen *vt*; etw. in ein falsches Licht rücken; verzerren *vt*: ～事实 Tatsachen verdrehen (entstellen)

歪歪扭扭 wāiwāiniǔniǔ krumm und schief; holperig; formlos: 字写得～ eine krakelige Handschrift haben (*od* schreiben); krakeln *vi*

歪斜 wāixié krumm; schief; schräg

wài

外 wài ① außen; äußerlich; außerhalb; Außen-: 门从～面开 die Tür von außen öffnen 室～天线 Außenantenne ～表 Äußere(s); Außenseite; Oberfläche; Aussehen ② ander: ～省 andere Provinzen ③ ausländisch; fremd; Ausland *n*: ～商 ausländischer Kaufmann (Geschäftsmann) ～来语 Fremdwort ④ Familienangehörige der weiblichen Linie (über Mutter, Schwestern oder Töchter mit j-m verwandt): ～祖父 Großvater *m* (mütterlicherseits) ～孙 Enkel *m* (Sohn der Tochter) ～甥女 Nichte *f* (Tochter der Schwester) ⑤ nicht in enger Beziehung zu einem stehend; sich (voneinander) entfernen: ～人 Fremde(r); Außenstehende(r) ⑥ außer; außerdem; abgesehen von; darüber hinaus: 此～ außerdem; überdies; ferner ⑦ inoffiziell; nicht amtlich; außerdienstlich: ～传 inoffizielle Biographie

外币 wàibì ausländische Währung; Devisen *pl*
外宾 wàibīn ausländischer Besucher (Gast)
外部 wàibù außen (befindlich); äußerlich; extern: ～世界 Außenwelt *f*
外层空间 wàicéng kōngjiān Weltraum *m*; Weltall *n*; kosmischer Raum
外调 wàidiào ① j-n anderswohin versetzen; etw. anderswohin schaffen ② eine Dienstreise machen, um bei anderen Institutionen Auskünfte in personellen Fragen einzuholen
外观 wàiguān Äußere *n*; äußere Ansicht; äußere Erscheinung; Aussehen *n*
外国 wàiguó Ausland *n*: ～朋友 ausländische Freunde ～人 Ausländer *m* ～语 Fremdsprache *f*
外行 wàiháng ① nicht fachmännisch; laienhaft; dilettantisch; von einem bestimmten Fach nichts verstehen: ～话 laienhafte Äußerung; dilettantische Bemerkung ② Laie *m*; Nichtfachmann *m*
外号 wàihào Spitzname *m*
外患 wàihuàn ausländische Aggression; Angriffe von außen: 内忧～ Unruhe im Inneren und Angriffe von außen
外汇 wàihuì Devisen *pl*; Valuta *f*: ～储备 Devisenreserven *pl* ～兑换率 Devisen-, Umrechnungskurs *m* ～行情 Devisennotierung *f*
外籍 wàijí ausländische Staatsangehörigkeit: ～华人 Chinese mit ausländischer Staatsangehörigkeit
外交 wàijiāo Diplomatie *f*; auswärtige Beziehungen: ～关系 diplomatische Beziehungen ～部 Ministerium für Auswärtige Angelegenheiten; Außenministerium *n*; Auswärtiges Amt ～部长 Außenminister *m* ～辞令 diplomatische Ausdrucksweise; diplomatische Floskeln ～官 Diplomat *m* ～护照 Diplomatenpaß *m* ～豁免权 diplomatische Immunität ～使节 diplomatischer Vertreter; Angehörige (r) des diplomatischen Korps ～使团 diplomatisches Korps ～特权 diplomatische Vorrechte (Privilegien) ～信袋 diplomatisches Kuriergepäck ～信使 diplomatischer Kurier ～政策 Außenpolitik *f*
外界 wàijiè ① Außenwelt *f* ② äußer; von außen: 顶住～的种种压力 jeglichem Druck von außen standhalten
外科 wàikē chirurgische Abteilung; Abteilung für Chirurgie; Chirurgie *f*: ～手术 Operation *f*; chirurgischer Eingriff ～医生 Chirurg *m*
外快 wàikuài Nebeneinkünfte *pl*; Nebenverdienst *m*
外流 wàiliú nach außen fließen; Abfluß *m*: 黄金～ Goldabfluß *m*
外貌 wàimào Aussehen *n*; Äußere *n*; äußere Erscheinung; äußerer Anblick
外强中干 wài qiáng zhōng gān äußerlich stark, aber innerlich schwach; dem Schein nach stark, in Wirklichkeit aber schwach
外侨 wàiqiáo Ausländer(in *f*) *m*; Bürger mit ausländischer Staatsangehörigkeit
外勤 wàiqín ① Außendienst *m*; Arbeit im Freien (z. B. Vermessungsarbeit, Schürfarbeit, Nachrichtenbeschaffung usw.) ② Personal für den Außendienst; Mitarbeiter im Außendienst
外甥 wàisheng Neffe *m* (Sohn der Schwester)
外甥女 wàishengnǚ Nichte *f* (Tochter der Schwester)
外事 wàishì auswärtige Angelegenheiten
外孙 wàisūn Enkel *m* (Sohn der Tochter)
外孙女 wàisūnnǚ Enkelin *f* (Tochter der Tochter)
外套 wàitào ① Mantel *m* ② lange Jacke; kurzer Übergangsmantel
外务 wàiwù ① Angelegenheiten außerhalb von j-s Arbeitsbereich ② auswärtige Angelegenheiten
外乡 wàixiāng anderer Ort: ～人 Ortsfremde (r) ～口音 fremder (nicht hiesiger) Akzent
外销 wàixiāo für den Absatz im Ausland bzw. an anderen Orten bestimmt
外因 wàiyīn äußere Ursache
外用 wàiyòng (Arznei) zur äußerlichen Anwendung; äußerlich anwenden
外语 wàiyǔ Fremdsprache *f*
外援 wàiyuán Hilfe von außen
外在 wàizài äußere(r,s); äußerlich: ～因素 äußere Faktoren
外债 wàizhài Auslandsschulden *pl*; fremde Anleihe
外资 wàizī ausländisches Kapital

wān

豌 wān

豌豆 wāndòu Erbse *f*

剜 wān ausschneiden *vt*; aushöhlen *vt*

剜肉补疮 wān ròu bǔ chuāng sich ein Stück Fleisch herausschneiden, um es auf eine Wunde zu legen; ein Loch aufmachen, um ein anderes zuzustopfen

蜿 wān

蜿蜒 wānyán sich winden; sich schlängeln: 小溪～ Das Bächlein windet sich.

弯(彎) wān ① krumm; gekrümmt; gebogen gewunden: 树枝被雪压～了。Die Zweige haben sich unter der Last des Schnees gebogen. ② biegen *vt*; krümmen *vt*; beugen *vt*: ～弓 den Bogen spannen ③ Kurve *f*; Wendung *f*; Biegung *f*: 拐～儿 um die Ecke biegen

弯路 wānlù krummer Weg; gewundener Pfad; Umweg *m*

弯曲 wānqū krumm; gewunden; gebogen: 一条～的山间小道 ein gewundener Bergpfad

湾(灣) wān ① Flußbiegung *f*; Flußkrümmung *f*: 河～ Flußbiegung *f* ② Meeresbucht *f*; Meerbusen *m*; Bai *f* ③ (Schiff) festmachen *vt*; vertäuen *vt*; verankern *vt*

wán

完 wán ① ganz; vollständig: ～好 in gutem Zustand; unversehrt ② aus; zu Ende; aufgebraucht: 我们的煤快烧～了。Unser Kohlenvorrat geht bald zu Ende. ③ vollenden *vt*; beendigen *vt*; fertig; zu Ende: ～工 eine Arbeit vollenden ④ (Steuern) (be)zahlen *vt*; entrichten *vt*: ～税 Steuern bezahlen

完备 wánbèi vollständig; komplett; vollkommen: 一套～的工具 ein vollständiger Satz von Werkzeugen; ein kompletter Werkzeugsatz

完毕 wánbì fertig; abgeschlossen; zu Ende sein: 饭已准备～。Das Essen ist fertig.

完成 wánchéng vollenden *vt*; ausführen *vt*; erfüllen *vt*; fertigstellen: ～任务 eine Aufgabe erfüllen; einen Auftrag ausführen

完蛋 wándàn 〈口〉 alles ist aus; aus und vorbei sein; am Ende sein

完好 wánhǎo in gutem Zustand; unversehrt: ～无损 in gutem Zustand; unbeschädigt

完婚 wánhūn 〈书〉 (mit einer Frau) die Ehe eingehen; (als Familienoberhaupt) j-n verheiraten

完结 wánjié aus sein; zu Ende sein; mit etw. ist Schluß; beendet sein: 事情并没有～。Das ist bestimmt noch nicht das Ende der Angelegenheit.

完了 wánliǎo zu Ende kommen; fertig sein

完满 wánmǎn befriedigend; zufriedenstellend; erfolgreich: 找个～的解决办法 eine befriedigende Lösung suchen

完美 wánměi makellos; vollkommen; vollendet; ideal

完全 wánquán ① voll; vollständig; ganz und gar; vollkommen: 他话没说～。Er hat nicht alles gesagt. ② ganz; völlig; absolut; durch und durch; von A bis Z: ～正确 absolut richtig ～不同 völlig anders

完善 wánshàn vollkommen; vollständig; vollendet; perfekt: 设备～ gut ausgerüstet

完整 wánzhěng Vollständigkeit *f*; vollkommen; unbeschädigt; komplett; in sich geschlossen; integriert: 维护领土～ die territoriale Integrität verteidigen

玩 wán ① spielen *vt/vi*; sich amüsieren; sich vergnügen: ～火 mit dem Feuer spielen 孩子们在公园里～。Die Kinder spielen im Park. ② (unlautere Mittel) anwenden *vt*; verwenden *vt*; (auf unehrliche Weise) gebrauchen *vt*: ～手段 gerissene Manöver anwenden; mit raffinierten Tricks operieren ③ etw. leicht nehmen; geringschätzen: ～世不恭 verächtlich die Welt verspotten; zynisch ④ genießen *vt*; bewundern *vt*; sich an etw. erfreuen: ～月 den nächtlichen Mondschein bewundern ⑤ Gegenstand der Wertschätzung: 古～ Rarität *f*; Antiquität *f*

玩忽 wánhū vernachlässigen *vt*; versäumen *vt*; etw. geringschätzig behandeln: ～职守 seine Verpflichtungen auf die leichte Schulter nehmen

玩具 wánjù Spielzeug *n*

玩弄 wánnòng ① tändeln *vi*; liebeln *vi*; mit j-m/etw. sein Spiel treiben: ～女性 mit der Liebe (der Frauen) sein Spiel treiben ② mit etw. spielen; mit etw. jonglieren: ～两面派手法 doppelzüngig taktieren; ein Doppelspiel treiben

玩赏 wánshǎng genießen *vt*; sich an etw. erfreuen; an etw. Vergnügen finden: ～风景 sich an einer schönen Landschaft erfreuen; eine Landschaft bewundern

玩味 wánwèi nachdenken *vi*; nachsinnen *vi*: 他的话很值得～。Es lohnt sich, über seine Worte nachzudenken.

玩笑 wánxiào Scherz *m*; Spaß *m*: 开～ scherzen *vi*; Spaß (Späße) machen

顽 wán ① dumm; unwissend ② hartnäckig; stur; eigensinnig ③ ungezogen; unartig; frech

顽固 wángù ① starrsinnig; hartnäckig; dickköpfig: ～不化 sich verstockt und unverbesserlich zeigen; verbohrt; sich starrköpfig an etw. klammern ② ultrakonservativ: ～分子 Ultrakonservative(r); Starrkopf *m*

顽抗 wánkàng hartnäckig (stur) Widerstand leisten

顽皮 wánpí frech; unartig; schelmisch

顽症 wánzhèng hartnäckige chronische Krankheit

丸 wán ① Klößchen *n*; Kügelchen *n* ② Pille *f*

纨 wán 〈书〉 feines Seidengewebe

纨袴子弟 wánkù zǐ dì lasterhafter Sohn aus einem reichen Haus; Playboy *m*; Dandy *m*

wǎn

宛 wǎn 〈书〉 als ob: 音容～在 als ob er (sie, es) noch am Leben wäre ～如 ganz gleich wie; als ob ～如昨日 als ob es Gestern wäre

惋 wǎn bedauern *vt*

惋惜 wǎnxī bedauern *vt*; Mitgefühl mit j-m haben

碗 wǎn Schüssel *f*; Schale *f*

婉 wǎn ① höflich; zuvorkommend; taktvoll: ～商 sich mit j-m freundschaftlich beraten ② anmutig; elegant; schön

婉言 wǎnyán taktvolle Worte; verhüllender Ausdruck: ～谢绝 etw. höflich ablehnen

婉转 wǎnzhuǎn ① vorsichtig und indirekt; taktvoll; mit höflicher Zurückhaltung: 措词～ etw. taktvoll formulieren; etw. beschönigend ausdrücken ② wohlklingend; melodisch; lieblich: 歌喉～ wohlklingende Stimme; lieblicher Gesang

挽(輓③) wǎn ① ziehen *vt*; spannen *vt*: ～弓 einen Bogen spannen ～留 j-n zurückhalten; j-n zum Bleiben auffordern ② aufrollen *vt*; hochkrempeln *vt*: ～起袖子 die Ärmel hochkrempeln ③ um j-n trauern: ～歌 Trauerlied *n* ～联 elegisches Verspaar (Reimpaar); Spruchrollen für Trauerfeierlichkeiten

挽回 wǎnhuí zurückgewinnen *vt*; wiedererlangen *vt*; rückgängigmachen: ～败局 eine Niederlage wettmachen 无可～ unwiederbringlich; nicht wiedergutzumachen

挽救 wǎnjiù retten *vt*: ～病人的生命 einem Patienten das Leben retten

晚 wǎn ① Abend *m*; abends: 昨～ gestern abend ② spät: 睡得～ spät zu Bett gehen 现在去还不～。Es ist noch nicht zu spät hinzugehen. ③ der später Geborene; Ihr sehr ergebener…; ergebenst

晚安 wǎn'ān 〈套〉 gute Nacht

晚报 wǎnbào Abendblatt *n*; Abendzeitung *f*

晚辈 wǎnbèi Angehöriger einer nachfolgenden Generation

晚餐 wǎncān Abendessen *n*

晚点 wǎndiǎn sich verspäten; Verspätung haben (Zug, Schiff u.ä.)

晚饭 wǎnfàn Abendessen *n*; Abendbrot *n*

晚会 wǎnhuì Abendveranstaltung *f*; Abendunterhaltung *f*; Kulturabend *m*; Soiree *f*; bunter Abend

晚节 wǎnjié Lauterkeit im vorgeschrittenen Alter: 保持～ Integrität bis ans Lebensende bewahren

晚年 wǎnnián Alter *n*; Lebensabend *m*; letzte Jahre: 过着幸福的～ einen glücklichen Lebensabend verbringen

晚霞 wǎnxiá Abendrot *n*; Abendröte *f*

wàn

万(萬) wàn ① zehntausend ② sehr viel; zahllos; unzählig; alle: ～物 alle Dinge in der Welt ③ durchaus; absolut; unter allen Umständen: ～不得已 im äußersten Fall; notfalls; als letztes Mittel

万般 wànbān ① alle möglichen Arten ② sehr; äußerst; ganz und gar: ～无奈 keine andere Möglichkeit haben; ohne Alternative

万端 wànduān mannigfaltig; allerlei: 感慨～ in j-m steigen alle möglichen Gefühle auf

万分 wànfēn sehr; äußerst; in höchstem Grad: ～抱歉。Es tut mir herzlich leid.

万古 wàngǔ für alle Zeiten; ewig: ～长存 ewig bleiben; unvergänglich ～流芳 ewigen Ruhm genießen; sich einen bleibenden guten Ruf erworben haben

万花筒 wànhuātǒng Kaleidoskop *n*

万金油 wànjīnyóu ① 〈药〉 Tigerbalsam *m* (Salbe aus Menthol, Pfefferminze usw.); Allheilmittel *n*; Mentholsalbe *f* ② Meister in jedem (und daher in keinem) Fach; Herr Überall

万籁俱寂 wànlài jù jì vollkommen geräuschlos; es herrscht tiefste Stille

万里长城 Wànlǐ Chángchéng die Große Mauer

万难 wànnán äußerst schwierig; auch beim besten Willen nicht möglich; völlig ausgeschlossen: ～照办 unmöglich, Ihrer Bitte nachzukommen

万能 wànnéng ① allmächtig; allgewaltig; omnipotent ② universal; Allzweck-: ～拖拉机 Allzwecktraktor *m*

万千 wànqiān in unübersehbarer Vielfalt; mannigfaltig; unzählig: 变化～ vielfältigem Wandel unterworfen; sich immer ändernd; ständig wechselnd 思绪～ unzählige Gedanken gehen j-m durch den Kopf

万全 wànquán völlig einwandfrei; absolut lückenlos; todsicher: ～之计 ein unfehlbarer Plan

万世 wànshì viele Generationen; alle Zeiten

万岁 wànsuì ① es lebe...: 全世界人民大团结～！ Es lebe die große Einheit der Völker der ganzen Welt! ② Kaiser *m*; (直接称呼) Eure Majestät; (间接称呼) Seine Majestät; Seine kaiserliche Hoheit

万万 wànwàn ① unter allen Umständen; auf jeden Fall; durchaus; absolut: 那是～不行的。Das geht auf gar keinen Fall. 或 Das kommt überhaupt nicht in Frage. ② hundert Millionen

万无一失 wàn wú yī shī es kann nichts passieren; ganz sicher sein

万象 wànxiàng alle Naturerscheinungen; jede Manifestation des Lebens: ～更新。 Die Natur erwacht zu neuem Leben. 或 Alles hat ein völlig neues Gesicht bekommen.

万幸 wànxìng zum Glück; glücklicherweise

万一 wànyī ① 〈连〉 falls; wenn: ～下雨也不要紧，我带着雨伞呢！ Es macht nichts, wenn es regnet; ich habe einen Regenschirm bei mir. ② Zufall *m*; zufälliges Ereignis; Eventualität *f*: 以防～ auf alle Eventualitäten vorbereitet sein; auf das Schlimmste gefaßt sein ⑤ ein Zehntausendstel; ein sehr kleiner Anteil: 笔墨不能形容其～。Das ist unmöglich zu beschreiben.

万丈 wànzhàng abgrundtief; bodenlos: ～深渊 bodenloser Abgrund 怒火～ gewaltiger Zorn; wilde Wut

万众 wànzhòng Millionen von Menschen; eine große Menschenmenge: 喜讯传来，～欢腾。Die gute Nachricht löste bei Millionen von Menschen große Freude aus.

万状 wànzhuàng äußerst; übermäßig: 惊恐～ vor Angst außer sich sein; in große Panik geraten

万紫千红 wàn zǐ qiān hóng in bunten Farben; farbenprächtig; farbenfreudig: 百花盛开，～。Alle möglichen Blumen blühen in einer wilden Farbenpracht.

腕 wàn Handgelenk *n*

wāng

汪 wāng

汪汪 wāngwāng ① tränenvoll; in Tränen: 泪～的 mit tränenfeuchten Augen; mit Tränen in den Augen ② 〈象〉 wau wau!: 狗～地叫。Ein Hund bellt.

汪洋 wāngyáng endlose Wasserfläche; grenzenlos: ～大海 das grenzenlose Meer

wáng

亡 wáng ①fliehen *vi*; flüchten *vi*: 出～ die Flucht ergreifen; ins Exil gehen ② abhanden kommen; verlorengehen *vi* ③ sterben *vi*: 阵～ im Kampf sterben; fallen *vi*

亡故 wánggù sterben *vi*; versterben *vi*; ableben *vi*; hinscheiden *vi*

亡国 wángguó ① eine Nation unterjochen; das Reich zugrunde richten ② unterjochte Nation: ～之民 Volk eines unterjochten Landes

亡命 wángmìng ① fliehen *vi*; flüchten *vi*; ins Exil gehen ② tollkühn; halsbrecherisch: ～之徒 Desperado *m*; tollkühner Draufgänger

王 wáng ① Herrscher *m*; König *m*: 国～ König *m* ② Groß-: ～父 Großvater *m*

王八 wángba ① Weichschildkröte *f* ② [骂人的话] betrogener Ehemann; Hahnrei *m*: ～蛋 Hurensohn *m*; Schweinehund *m*

王朝 wángcháo ① Kaiser-, Königshof *m*; kaiserliches Haus ② Dynastie *f*

王储 wángchǔ Kronprinz *m*

王府 wángfǔ Fürstenhof *m*

王公 wánggōng Könige und Herzöge; Adel *m*

王宫 wánggōng Königsschloß *n*; Palast *m*

王国 wángguó Königreich *n*; Reich *n*

王后 wánghòu Königin *f*

王牌 wángpái Trumpf *m*; Trumpfkarte *f*

王室 wángshì ① königliche Familie; königliches Haus ② Kaiser- oder Königshof *m*

王位 wángwèi Thron *m*

王子 wángzǐ Königssohn *m*; Prinz *m*

wǎng

枉 wǎng ① krumm; schräg: 矫～过正 beim Korrigieren eines Fehlers das Maß überschreiten ② biegen *vt*; verdrehen *vt*; entstellen *vt*: ～法das Gesetz mißbrauchen ③ unrecht tun;(j-m) Unrecht (an)tun; (j-n) falsch beschuldigen: 冤～ (gegen j-n) eine falsche Beschuldigung erheben ④ vergebens; umsonst; nutzlos; erfolglos

枉费 wǎngfèi umsonst; vergebens; erfolglos: ～心机 sich umsonst den Kopf zerbrechen; sich vergebliche Mühe machen ～唇舌 sich umsonst den Mund fusselig reden

枉然 wǎngrán **vergebens**; vergeblich; **umsonst**

罔 wǎng 〈书〉 ① täuschen *vt*: 欺～ j-n hinters Licht führen ② kein; ohne; nicht: 置若～闻 etw. mit Schweigen übergehen; für etw. taub sein

惘 wǎng sich enttäuscht fühlen; frustriert sein

惘然 wǎngrán enttäuscht: ～若失 sich ganz verloren fühlen; in Trübsinn versunken sein

网(網) wǎng ① Netz *n*: 鱼～ Fischnetz *n* 蜘蛛～ Spinngewebe *n* ② Netzwerk *n*; Netz *n*: 铁路～ Eisenbahnnetz *n* ③ mit einem Netz fangen: ～着了一条鱼 einen Fisch im Netz gefangen haben

网兜 wǎngdōu Einkaufsnetz *n*; Netz *n*

网罗 wǎngluó ① Netz *n*; Falle *f* ② anwerben *vt*: ～ 人材 talentierte Kräfte anwerben

网球 wǎngqiú ①Tennis *n* ② Tennisball *m*

往 wǎng ① gehen *vi*: 来～ kommen und gehen ② nach; auf... zu: 这车开～上海。Der Zug fährt nach Shanghai. ③ vergangen; verronnen: ～事 Vergangene *n*; Vergangenheit *f* *另见 wàng

往常 wǎngcháng sonst; gewöhnlich; bisher: 他～不这样。Er ist sonst nicht so.

往返 wǎngfǎn hin und zurück;

hin und her: ～于北京、天津之间 zwischen Beijing und Tianjin hin und her fahren

往还 wǎnghuán Kontakt *m*; Verkehr *m*; Umgang *m*: 经常有书信～ in regem Briefwechsel mit j-m stehen

往来 wǎnglái ① kommen und gehen; hin und zurück; hin und her ② Kontakt *m*; Verkehr *m*; Austausch *m*: 贸易～ Handelsverkehr *m* 友好～ Austausch von Freundschaftsbesuchen; freundschaftlicher Verkehr

往事 wǎngshì Vergangenheit *f*; vergangene Ereignisse: ～历历在心头 vergangene Ereignisse plastisch vor Augen haben

往往 wǎngwǎng <副> oft; häufig; beständig; gewöhnlich

往昔 wǎngxī früher; in früheren Zeiten; in der Vergangenheit

wàng

忘 wàng vergessen *vt*: 他把这事全～了。Er hat das schon völlig vergessen. 饮水不～掘井人。Wenn du Wasser trinkst, vergiß die nicht, die den Brunnen gegraben haben.

忘恩负义 wàng ēn fù yì undankbar; Wohltaten mit Undank lohnen

忘怀 wànghuái vergessen *vt*; etw./j-n aus dem Gedächtnis verlieren

忘记 wàngjì ① vergessen *vt* ② übersehen *vt*; vernachlässigen *vt*

忘却 wàngquè vergessen *vt*; sich einer Angelegenheit nicht mehr entsinnen

忘形 wàngxíng außer sich sein; die Beherrschung verlieren: 得意～ vor Freude außer Rand und Band sein; im Überschwang der Freude

妄 wàng ① unsinnig; unvernünftig; absurd: 狂～ anmaßend; überheblich; arrogant ② unbesonnen; sich zu etw. versteigen; sich etw. anmaßen: ～加评论 ungeeignete (*od* unpassende) Kommentare machen

妄动 wàngdòng unbesonnen vorgehen; unüberlegt handeln: 轻举～ kopflos handeln; leichtsinnig vorgehen

妄念 wàngniàn unsaubere Gedanken; ungezügelte Begierde

妄求 wàngqiú maßlose Forderung; ungehöriges Verlangen; anmaßendes Begehren; Ansinnen *n*

妄图 wàngtú vergeblich versuchen; die vermessene Absicht hegen

妄想 wàngxiǎng Wunschdenken *n*; ein frommer Wunsch

妄自菲薄 wàng zì fěibó sich unterschätzen; sich zu wenig zutrauen; kein Selbstvertrauen haben

妄自尊大 wàng zì zūn dà sich in die Brust werfen; sehr eingebildet sein; überheblich; arrogant

望 wàng ① blicken *vi*; in die Weite blicken: 登山远～ einen Berg besteigen und weit in die Ferne blicken ② besuchen *vt*; aufsuchen *vt*: 看～ j-n besuchen ③ hoffen *vt*; erwarten *vt*: ～速归。Hoffentlich bist du bald zurück. ～回信 in Erwartung Ihrer Antwort ④ Ruf *m*; Ansehen *n*: 德高～重 eine gefestigte Moral haben und in hohem Ansehen stehen; von großer Integrität und allgemein respektiert ⑤ in Richtung; zu; nach: ～我点点头 mir zunicken

望尘莫及 wàng chén mò jí bei weitem nicht erreichen; weit zurückfallen

望眼欲穿 wàng yǎn yù chuān sehnsüchtig erwarten; voller Sehnsucht

望洋兴叹 wàng yáng xīng tàn vor dem großen Ozean einen Seufzer der Verzweiflung ausstoßen — vor unüberwindlichen Schwierigkeiten hilflos dastehen; angesichts großer Schwierigkeiten den Kopf hängen lassen

望远镜 wàngyuǎnjìng Fernrohr *n*; Teleskop *n*

望族 wàngzú <书> vornehme (*od* angesehene) Familie

旺 wàng blühend; gedeihen; üppig; lichterloh

旺季 wàngjì Hauptsaison *f*; Hochsaison *f*

旺盛 wàngshèng blühend; üppig; überschwenglich: 士气～ eine hohe Kampfmoral haben

往 wàng <介> nach: ～左拐 nach links abbiegen 水～低处流。Das Wasser fließt nach unten. *另见 wǎng

往后 wànghòu von nun an; ab heute; später; künftig

wēi

威 wēi ① Macht *f*; Stärke *f*; Würde *f*; Ansehen *n*; ehrfurchtgebietend: 军～ die Stärke einer Armee; militärische Stärke 示～ seine Macht zeigen; Demonstration *f* ② Druck ausüben

威逼 wēibī drohen *vi*; Drohung *f*; zwingen *vt*: ～利诱 drohen und locken; mit Zuckerbrot und Peitsche

威风 wēifēng ① Macht und Ansehen; ehrfurchtgebietend: ～扫地 j-s Ansehen ist völlig zugrundegerichtet worden ②mächtig und Respekt einflößend; imponierend; imposant: ～凛凛 achtungsgebietend; furchteinflößend; von würdevoller Strenge

威吓 wēihè abschrecken *vt*; einschüchtern *vt*; drohen *vi*

威力 wēilì Macht *f*; Gewalt *f*

威名 wēimíng hohes Ansehen; Prestige *n*; militärischer Ruhm

威慑 wēishè (durch Gewaltandrohung) abschrecken *vt*; einschüchtern *vt*: ～力量 Abschreckungskräfte *pl*; Abschreckungspotential *n*

威望 wēiwàng Ansehen *n*; Prestige *n*

威武 wēiwǔ ① Macht *f*; Gewalt *f*: ～不能屈 sich vor keiner Gewalt beugen ② machtvoll; kraftvoll

威胁 wēixié bedrohen *vt*; drohen *vi*; gefährden *vt*

威信 wēixìn Autorität *f*; Ansehen *n*; Prestige *n*

威严 wēiyán ① macht- und würdevoll; majestätisch; ehrfurchtgebietend ②Würde *f*

煨 wēi ① bei schwachem Feuer langsam kochen; schmoren *vt* ② (Süßkartoffeln u.ä.) in heißer Asche garen

偎 wēi sich anschmiegen; sich eng anlehnen

偎依 wēiyī sich anschmiegen; sich an j-n (in etw.) kuscheln: 孩子～在母亲的怀里。Das Kind kuschelt sich in den Arm der Mutter.

微 wēi ① winzig; gering; klein: 细～ winzig; klein ～风 leichter Wind; Brise *f* ～笑 lächeln *vi*; Lächeln *n* 谨小慎～ übervorsichtig; außerordentliche Vorsicht bei Kleinigkeiten ② verfallen *vi*; verkommen *vi*: 衰～ in Verfall geraten; vergehen *vi* ③ tiefgründig; inhaltsschwer: 精～ tiefgründig; gedankenschwer

微波 wēibō Mikrowellen *pl*

微薄 wēibó dürftig; kärglich: 收入～ nur geringe Einkünfte haben

微不足道 wēi bù zú dào nicht nennenswert; ganz unbedeutend; völlig belanglos

微分 wēifēng Differential *n*: ～学 Differentialrechnung *f*

微观 wēiguān mikrokosmisch: ～世界 Mikrokosmos *m*

微乎其微 wēi hū qí wēi ganz winzig; geringfügig

微妙 wēimiào delikat; schwer zu beschreiben; fein; subtil: ～的关系 subtile Beziehungen 这个事情很～。Die Angelegenheit ist sehr delikat.

微弱 wēiruò schwach; matt; kraftlos: 光线～ matt erleuchtet sein

微生物 wēishēngwù Mikroorganismus *m*; Kleinlebewesen *n*; Mikrobe *f*

微微 wēiwēi leicht; schwach; etwas; ein wenig: ～一笑 ein wenig lächeln

微细 wēixì sehr klein; dünn; winzig

微小 wēixiǎo winzig; klein: 极其～ unendlich klein; infinitesimal ～的希望 schwache Hoffnung; Hoffnungsfunke *m*

微型 wéixíng Kleinst-; Miniatur-; Mini-: ～汽车 Kleinstwagen *m*; Minicar *m* ～照相机 Kleinstbildkamera *f*

逶 wēi

逶迤 wēiyí windungsreich; sich schlängeln; in Windungen verlaufen: ～的山路 ein gewundener Bergpfad

巍 wēi erhaben; steil emporsteigend

巍峨 wēi'é steil emporragend; hoch und steil: ～的群山 sich himmelhoch türmende Berge

巍然 wēirán erhaben; majestätisch; turmhoch; hoch emporragend: ～屹立 erhaben dastehen; felsenfest bleiben

巍巍 wēiwēi turmhoch; erhaben

危 wēi ① Gefahr *f*: 居安思～ in Sicherheit an mögliche Gefahr denken; auch in friedlichen Zeiten wachsam bleiben ② gefährden *vt*; bedrohen *vt*; j-n in Gefahr bringen: ～及生命 j-s Leben gefährden ③ im Sterben liegen; sterbend: 病～ gefährlich erkrankt sein; sterbenskrank sein ④ 〈书〉 gerade: 正襟～坐 voller Respekt gerade dasitzen

危殆 wēidài 〈书〉 in großer Gefahr; in einem kritischen Zustand

危害 wēihài schaden *vi*; schädigen *vt*; gefährden *vt*; Unheil anrichten; j-m/etw. Schaden zufügen: ～健康 j-s Gesundheit schädigen

危机 wēijī Krise *f*: 经济～ Wirtschaftskrise *f* ～四伏 von Krisen bedrängt werden

危急 wēijí kritisch; in ernster Gefahr: ～关头 kritischer Augenblick

危难 wēinàn Gefahr und Unheil: 处于～之中 in äußerster Gefahr

危亡 wēiwáng vom Untergang bedroht sein; tödliche Gefahr

危险 wēixiǎn Gefahr *f*; gefährlich: 脱离～ außer Gefahr ～品 gefährliche Artikel

危言耸听 wēi yán sǒngtīng mit furchteinflößenden Reden einschüchtern wollen; haarsträubende Geschichten erzählen, um die Leute in Schrecken zu versetzen; Schwarzmalerei betreiben

wéi

为(爲) wéi ① tun *vt*; handeln *vi*; machen *vt*: 敢作敢～ entschlossen und kühn handeln 青年有～ ein vielversprechender junger Mann 事在人～。 Menschliches Bemühen gibt den Ausschlag. ② dienen als; gelten als: 以此～凭。 Das soll als Beweis dienen. ③ werden (zu): 这孩子成～他的负担。Das Kind wird ihm zur Last. ④ sein *vi*; bedeuten *vt*: 失败～成功之母。Die Niederlage ist die Mutter des Erfolgs. ⑤ 〈介〉 [跟"所"字合用,表示被动]: ～人民所爱戴 vom Volk geliebt und verehrt werden *另见 wèi

为非作歹 wéi fēi zuò dǎi mutwillig Böses tun; sein Unwesen treiben

为难 wéinán ① sich peinlich berührt fühlen; sich verlegen fühlen: 令人～ j-n in Verlegenheit bringen ② Schwierigkeiten bereiten (*od* machen): 故意～ j-m vorsätzlich Schwierigkeiten in den Weg legen

为期 wéiqī befristet auf (einen bestimmten Zeitraum); für die Dauer; festgelegter Termin: ～不远。Die Zeit ist nicht mehr fern. 以两周～ nicht über zwei Wochen hinausgehen dürfen

为人 wéirén Haltung *f*; sich benehmen; sich verhalten: ～正直 aufrichtig sein

为生 wéishēng sich seinen Lebensunterhalt verdienen

为数 wéishù sich auf eine bestimmte Anzahl belaufen; betragen *vt*; eine bestimmte vorhandene oder erreichte Menge: ～不少 von nicht geringer Anzahl; eine ganze Menge sein

为所欲为 wéi suǒ yù wéi tun und lassen, was einem beliebt; nach eigenem Gutdünken schalten und walten

为伍 wéiwǔ sich zu j-m gesellen; sich j-m anschließen: 羞与～ es für unter seiner Würde halten, sich mit j-m abzugeben

为止 wéizhǐ bis zu; als letzter Zeitpunkt; einschließlich: 迄今～ bisher; bislang; bis jetzt

违(違) wéi ① zuwiderhandeln *vi*; sich widersetzen; gegen etw. verstoßen: ～令 sich einem Befehl widersetzen ～约 einen Vertrag brechen ② voneinander getrennt sein: 久～了。 Ich habe Sie lange nicht gesehen.

违背 wéibèi zuwiderhandeln *vi*; verletzen *vt*; übertreten *vt*; zuwiderlaufen *vi*; entgegen; wider: ～规章制度 Regeln und Vorschriften übertreten

违法 wéifǎ ein Gesetz übertreten (*od* verletzen); gesetzwidrig: ～乱纪 gegen Gesetz und Disziplin verstoßen

违反 wéifǎn zuwiderhandeln *vi*; verletzen *vt*; gegen etw. verstoßen: ～历史潮流 sich gegen die geschichtliche Strömung stemmen

违犯 wéifàn verletzen *vt*; gegen etw. verstoßen; zuwiderhandeln *vi*; übertreten *vt*: ～宪法 gegen die Verfassung verstoßen

违禁 wéijìn gegen ein Verbot handeln: ～品 Schmuggelware *f*; Konterbande *f*

违抗 wéikàng widerstehen *vi*; sich

widersetzen: ～命令 sich einem Befehl widersetzen
违心 wéixīn gegen seine Überzeugung (*od* sein Gewissen)

围(圍) wéi ① umgeben *vt*; einschließen *vt*; umkreisen *vt*; umzäunen *vt*: 包～ umstellen *vt*; umzingeln *vt*; einkreisen *vt*; belagern *vt* 突～ eine Einkreisung durchbrechen; ausbrechen *vi* ② rings; ringsherum; ringsumher; rundum: 四～都是山。Der Ort ist ringsherum von Bergen umgeben.
围攻 wéigōng ① belagern und bestürmen ② vereint gegen j-n vorgehen; j-n gemeinsam angreifen: 遭到～ sich einem Angriff von allen Seiten aussetzen; ins Kreuzfeuer der Kritik geraten
围歼 wéijiān einkreisen und vernichten
围巾 wéijīn Schal *m*; Halstuch *n*
围困 wéikùn belagern *vt*; einschließen *vt*; umzingeln *vt*: 把敌人～起来 den Feind einschließen
围拢 wéilǒng sich zusammendrängen; sich um j-n/etw. drängen (*od* scharen)
围棋 wéiqí *Weiqi n*; Go *n*
围墙 wéiqiáng Umfassungsmauer *f*; Ummauerung *f*
围裙 wéiqún Schürze *f*
围绕 wéirào ① um; um etw. herum; rund um: 地球～着太阳旋转。Die Erde kreist um die Sonne. ② sich um etw. drehen; sich konzentrieren: 他以为，大家只～着他转。Er glaubt, alles drehe sich nur um ihn.

惟 wéi ① allein; einzig; nur: ～你是问。Nur du allein wirst dich dafür verantworten müssen. ② <书> aber: 雨虽止，～路途仍泥泞。Der Regen hat zwar aufgehört, der Weg ist aber immer noch sehr schlammig. ③ Denken *n*: 思～ Denken *n*
惟独 wéidú nur; allein: 他心里总是装着别人，～没有他自己。Er denkt immer an die andern, nur an sich selbst nicht.
惟恐 wéikǒng aus Furcht vor etw.; etw. unbedingt vermeiden wollen: ～落后 aus Furcht davor, zurückzubleiben; auf keinen Fall ins Hintertreffen geraten wollen
惟利是图 wéi lì shì tú lediglich auf Gewinn aus sein; nur auf Profit ausgehen; profitsüchtig
惟妙惟肖 wéi miào wéi xiào ganz naturgetreu; verblüffend ähnlich
惟命是听 wéi mìng shì tīng sich bedingungslos j-s Willen fügen; sich von j-s Befehlen leiten lassen; sich willig unterwerfen
惟我独尊 wéi wǒ dú zūn anmaßend; dünkelhaft; herrisch; von sich selbst eingenommen
惟一 wéiyī einzig; allein: ～可行的办法 der einzig gangbar Weg

唯 wéi nur; allein *另见 wěi
唯物辩证法 wéiwù biànzhèngfǎ materialistische Dialektik
唯物史观 wéiwù shǐguān materialistische Geschichtsauffassung; historischer Materialismus
唯物主义 wéiwù zhǔyì Materialismus *m*
唯心史观 wéixīn shǐguān idealistische Geschichtsauffassung
唯心主义 wéixīn zhǔyì Idealismus *m*

帷 wéi Vorhang *m*; Behang *m*
帷幕 wéimù Vorhang *m*
帷幄 wéiwò <书> Armeezelt *n*: 运筹～ im Zelt des Heerführers strategische Pläne entwerfen; im Feldlager Strategien ausarbeiten

维 wéi ① verbinden *vt*; zusammenfügen *vt*: ～系 zusammenhalten *vt*; aufrechterhalten *vt* ② wahren *vt*; bewahren *vt*; aufrechterhalten *vt*
维持 wéichí wahren *vt*; aufrechterhalten *vt*: ～秩序 die Ordnung aufrechterhalten ～现状 den Status quo aufrechterhalten ～生活 sich seinen Lebensunterhalt verdienen
维护 wéihù erhalten *vt*; wahren *vt*; schützen *vt*; verteidigen *vt*: ～团结 die Einheit erhalten ～国家主权 die Souveränität des Staates verteidigen
维生素 wéishēngsù Vitamin *n*: 丁种～ Vitamin D
维新 wéixīn Reform *f*; Modernismus *m*: 日本明治～ Meiji-Reformen in Japan (1868)
维修 wéixiū Wartung *f*; Überholung *f*; Reparatur *f*: 设备～ die Wartung der Ausrüstungen

桅 wéi Mast *m*: ～杆 Mast *m* ～顶 Mastkorb *m*; Topp *m*
桅灯 wéidēng ① Topplaterne *f* ② Sturmlaterne *f*

wěi

伪(僞) wěi ① falsch; unecht; gefälscht; vorgetäuscht: 真～ wahr und falsch ～钞 gefälschte Banknote ② illegal; Marionette *f*: ～政权 Marionettenregime *n*

伪君子 wěijūnzǐ Heuchler *m*; Scheinheilige(r)

伪善 wěishàn Heuchelei *f*: ～的言词 heuchlerische Worte

伪造 wěizào fälschen *vt*; verfälschen *vt*; nachmachen *vt*: ～帐目 eine Rechnung fälschen ～证件 eine Beweisurkunde nachmachen

伪装 wěizhuāng ① vorgeben *vt*; vortäuschen *vt*; so tun als ob: ～中立 Neutralität vortäuschen ② Maske *f*; Verkleidung *f* ③ tarnen *vt*; Tarnung *f*

苇(葦) wěi Schilf *n*; Ried *n*

苇箔 wěibó Schilfmatte *f*

苇席 wěixí Schilfmatte *f*

伟(偉) wěi groß; bedeutend: 身体魁～ hochgewachsen und breitschulterig; stark (*od* kräftig) gebaut sein; von kräftigem Wuchs sein

伟大 wěidà groß; großartig: ～的政治家 ein großer Politiker 我们～的祖国 unser großes Vaterland ～的胜利 grandioser Sieg

伟人 wěirén großer Mann; große Persönlichkeit

纬(緯) wěi ① Einschlagfaden *m*; Schußfaden *m* ② (geographische) Breite *f*

纬度 wěidù Breitengrad *m*; (geographische) Breite *f*: 高(低)～ hohe (tiefe) Breite

纬线 wěixiàn ① Breitengrad *m*; Breitenkreis *m*; Parallelkreis *m* ② Einschlagfaden *m*; Schußfaden *m*

唯 wěi 〈书〉 Ja *n* *另见 wéi

唯唯诺诺 wěiwěinuònuò ein Jasager sein; zu allem ja und Amen sagen; keine eigene Meinung haben

委 wěi ① j-m etw. auftragen; j-n mit etw. beauftragen (*od* betrauen): ～以重任 j-n mit einer wichtigen Mission betrauen ② wegwerfen *vt*; beiseiteschieben *vt*: ～弃 aufgeben *vt*; abwerfen *vt* ③ schieben *vt*; abwälzen *vt*: ～过于人 die Schuld auf einen anderen abwälzen ④ indirekt; gewunden: ～婉 etw. schonend und umständlich sagen; taktvoll ⑤ Ende *n*: 原～ Anfang und Ende; das A und O ⑥ niedergeschlagen; lustlos; deprimiert: ～靡 niedergeschlagen; mutlos; deprimiert

委靡 wěimǐ lustlos; niedergeschlagen; deprimiert: 精神～ energielos; matt und schlapp ～不振 in gedrückter Stimmung; niedergeschlagen und apathisch; entmutigt

委派 wěipài j-n in ein Amt einsetzen; j-n mit einem Amt betrauen; j-n zu etw. ernennen

委曲求全 wěi qū qiú quán mit Rücksicht auf ein übergeordnetes Interesse widerstrebend nachgeben; sich der Notwendigkeit eines Kompromisses beugen

委屈 wěiqu ① Unrecht *n*; Ungerechtigkeit *f*: 诉说～ sich über eine ungerechte Behandlung beschweren ② j-n kränken; j-m ein Unrecht antun (*od* zufügen): 您只好～一点了。 Sie müssen sich wohl damit abfinden.

委任 wěirèn ernennen *vt*; berufen *vt*; bestellen *vt*: ～状 Ernennungsurkunde *f*

委实 wěishí wirklich und wahrhaftig; tatsächlich; in der Tat: 我～不知道。Ich weiß wahrhaftig nichts davon.

委托 wěituō j-n mit etw. betrauen; j-n beauftragen; j-m etw. anvertrauen: ～他负责这项工作 ihm die Verantwortung für diese Arbeit auferlegen (*od* übertragen) ～商店 Kommissionsgeschäft *n*

委婉 wěiwǎn (sich) vorsichtig und gewunden (ausdrücken); taktvoll: ～的语气 in höflichem Ton ～语 beschönigender oder mildernder Ausdruck; Euphemismus *m*

委员 wěiyuán Mitglied eines Komitees: ～会 Komitee *n*; Kommission *f*; Ausschuß *m*

萎 wěi verwelken *vi*; verdorren *vi*; austrocken *vi*; welk (*od* schlaff) werden

萎缩 wěisuō ① verwelken *vi*; verdorren *vi*; austrocknen *vi* ② (Markt oder Wirtschaft) schrumpfen *vi*; zurückgehen *vi*

萎谢 wěixiè verwelken *vi*; verblühen *vi*

猥 wěi ① kunterbunt; mannigfaltig: ～杂 vermischt; kunterbunt ② gemein; niedrig; ordinär; unflätig; zotig

猥亵 wěixiè ① unzüchtig; unanständig; zotig; obszön ② (einer Frau gegenüber) sich unanständig aufführen; sittenloses Verhalten

尾 wěi ① Schwanz *m*: 牛～ Ochsenschwanz *m* ② Ende *n*: 排～ Letzter in einer Schlange (*od* Reihe) ③ Rest *m*; Schlußteil *m*; Ende *n*: 扫～工程 Endphase eines Bauprojektes ④ 〈量〉 [用于鱼]: 两～鱼 zwei Fische

尾巴 wěiba ① Schwanz *m* ② Schwanz *m*; Schlußteil *n*; Endglied *n*: 飞机～ Schwanzteil eines Flugzeuges ③ Nachbeter *m*

尾大不掉 wěi dà bù diào der Schwanz ist zu groß zum Wedeln — wenn die Offiziere zu mächtig werden, gehorchen sie den Generälen nicht mehr; ein aufgeblähter Verwaltungsapparat arbeitet schwerfällig

尾声 wěishēng ① Koda *f* ② Epilog *m*: 序幕和～ Prolog und Epilog ③ Ende *n*: 会谈已接近～。Die Verhandlungen neigen sich dem Ende zu.

尾数 wěishù ① Mantisse *f* ② (abzurundende) Restziffer einer mehrstelligen Zahl; letztstellige Ziffern einer Zahl

尾随 wěisuí j-m auf den Fersen folgen; j-m wie ein Schatten folgen

娓 wěi

娓娓 wěiwěi lieblich in den Ohren klingend; betörend (Rede); beredsam: ～动听 die Worte klingen j-m lieblich in den Ohren; mit schönen Worten die Zuhörer fesseln

wèi

为(爲) wèi ① [表示行为的对象]: ～人民服务 dem Volk dienen ② [表示目的]: ～方便起见 der Einfachheit halber; aus Bequemlichkeit *另见 wéi

为此 wèicǐ dafür; deshalb; aus diesem Grunde; in diesem Zusammenhang

为何 wèihé warum; weshalb; weswegen; aus welchem Grund

为虎作伥 wèi hǔ zuò chāng einem Übeltäter Häscherdienste leisten; zum Helfershelfer des Feindes werden; bei verbrecherischem Tun Handlangerdienste leisten

为人作嫁 wèi rén zuò jià für andere das Brautkleid nähen — für andere arbeiten, ohne etw. dafür zu bekommen; sich kostenlos für andere abmühen

为什么 wèishénmo warum; wie kommt es; woran liegt es

未 wèi ① nicht (getan haben): 尚～恢复健康 noch nicht gesund sein ② nicht: ～知可否 nicht wissen, ob etwas getan werden kann oder nicht

未必 wèibì wahrscheinlich nicht; wohl nicht; kaum; schwerlich: 他～知道。Er wird das wohl kaum wissen.

未便 wèibiàn unpassend; nicht können; es fällt einem schwer; nicht in der Position sein (etw. zu tun): ～擅自处理 etw. ohne Ermächtigung nicht tun können

未卜先知 wèi bǔ xiān zhī die Zukunft voraussagen können; etw. voraussehen (*od* prophezeien) können; prophetisch

未曾 wèicéng nicht (getan haben); noch nie: ～听说过 noch nicht davon gehört haben

未尝 wèicháng ① nicht (getan haben): 她一夜～合眼。 Sie hat die ganze Nacht kein Auge zugetan. ② [用在否定词前面，表示委婉的肯定]: 那样也～不可。So müßte es auch gehen.

未定 wèidìng unsicher; unbestimmt; unentschieden; nicht festgelegt: 会议地点～。Der Sitzungssaal steht noch nicht fest. ～稿 noch nicht bestätigtes Manuskript; Entwurf *m*

未婚 wèihūn unverheiratet: ～夫 Verlobter *m* ～妻 Verlobte *f*

未可 wèikě nicht können: ～乐观 keinen Grund zum Optimismus haben 前途～限量 eine glänzende Zukunft vor sich haben

未可厚非 wèi kě hòu fēi an j-m/etw. ist nicht viel auszusetzen; keinen Anlaß zur Kritik geben

未来 wèilái ① kommend; künftig; nächst; bevorstehend: ～的一个世纪 kommendes Jahrhundert ② Zukunft *f*; Morgen *m*: 美好的～ herrliche Zukunft

未老先衰 wèi lǎo xiān shuāi schon in frühem Alter hinfällig sein;

noch jung an Jahren, aber innerlich schon ein Greis

未免 wèimiǎn eher; vielmehr; ziemlich; wirklich: 这～太过份了。Das geht etwas zu weit. 他的话～太多。Er schwatzt ziemlich viel daher.

未遂 wèisuì ein Ziel nicht erreichen; scheitern *vi*; sich nicht erfüllt haben: 政变～。Der Staatsstreich scheiterte. 心愿～。Mein Herzenswunsch hat sich nicht erfüllt.

未详 wèixiáng unbekannt: 本书作者～。Der Verfasser dieses Buchs ist unbekannt.

未雨绸缪 wèi yǔ chóumóu das Haus vor der Regenzeit ausbessern; rechtzeitig Vorkehrungen treffen; im voraus Schutzmaßnahmen treffen

未知数 wèizhīshù ① unbekannte Zahl ② Ungewißheit *f*: 他能否成功还是个～。Es ist immer noch ungewiß, ob ihm das gelingt oder nicht.

味 wèi ① Geschmack *m*; Aroma *n*: 滋～ Geschmack *m* 津津有～地读一本书 ein Buch mit Genuß lesen ② Geruch *m*: 香～ Duft *m*; Wohlgeruch *m* ③ Geschmack *m*; interessant; geschmackvoll: 文笔艰涩无～。Der Stil ist umständlich und langweilig.

味道 wèidao Geschmack *m*: 这个菜～很好。Dieses Gericht schmeckt sehr gut. 他话里有点讽刺的～。In seinen Worten verbirgt sich eine Spur von Ironie.

味同嚼蜡 wèi tóng jiáo là es schmeckt, als ob man Wachs kauen würde — (Reden, Artikel u.ä.) fade; langweilig; abgeschmackt

畏 wèi ① fürchten *vt*; scheuen *vt*: 不～艰险 weder Schwierigkeiten noch Gefahren fürchten 望而生～ schon vom Hinsehen Angst bekommen ② Ehrfurcht *f*; bewundern *vt*; achten *vt*; respektieren *vt*: 后生可～。Die junge Generation ist zu respektieren.

畏惧 wèijù fürchten *vt*; Angst haben: 无所～ furchtlos; unerschrocken; mutig

畏难 wèinán Schwierigkeiten scheuen; vor Schwierigkeiten zurückschrecken

畏怯 wèiqiè ängstlich; furchtsam; zaghaft

畏首畏尾 wèi shǒu wèi wěi übervorsichtig; voll kleinlicher Bedenken; zu ängstlich

畏缩 wèisuō zurückschrecken *vi*; zurückweichen *vi*: ～不前 sich keinen Schritt vorwärts wagen; sich nicht entschließen können, vorwärtszugehen; unentschlossen stehenbleiben

畏途 wèitú ein gefahrvoller Weg; ein gefährliches Unternehmen; Risiko *n*: 视为～ etw. als sehr gefährlich einschätzen; vor etw. zurückscheuen

畏罪 wèizuì Angst vor Strafe: ～潜逃 aus Angst vor Bestrafung flüchten

喂 wèi ① hallo!; he!; heda!: ～，有人吗？ Hallo, ist da jemand? ② füttern *vt*: 给病人～饭 einen Kranken füttern ～猪 Schweine füttern

喂奶 wèinǎi stillen *vt*; (einem Kind) die Brust geben

喂养 wèiyǎng füttern *vt*; mästen *vt*; nähren *vt*; ernähren *vt*: ～家禽 Haustiere halten

胃 wèi Magen *m*: ～病 Magenkrankheit *f*; Magenleiden *n*

胃口 wèikǒu ① Appetit *m*: ～好 einen guten Appetit haben 没有～ keinen Appetit haben ② Geschmack *m*; Interesse *n*: 对～ seinem Geschmack entsprechen; ganz nach j-s Geschmack sein

谓 wèi ① sagen *vt*: 可～神速 ein sozusagen blitz artiges Tempo; Man kann wirklich von einer rasanten Geschwindigkeit sprechen. ② nennen *vt*; heißen *vt*: 所～ sogenannt 何～平衡？ Was versteht man unter Gleichgewicht? ③ Sinn *m*; Bedeutung *f*: 无～的话 sinnloses Gerede; Unsinn *m*

谓语 wèiyǔ Prädikat *n*

位 wèi ① Platz *m*; Ort *m*; Stelle *f*: 座～ Sitz *m* ② Stand *m*; Stellung *f*; Rang *m*: 名～ Rang und Name; Ruf und Rang ③ Thron *m*: 即～ den Thron besteigen 篡～ den Thron usurpieren ④ Stelle *f*: 个～ einstellige Zahl 十～ Zehnerstelle *f* 四～数 vierstellige Zahl ⑤ <量> [用于人，含敬意]: 各～代表！ Verehrte Delegierte! 四～客人 vier Gäste

位于 wèiyú <书> sich befinden; liegen *vi*; befindlich; gelegen sein: ～亚洲东部 im Osten Asiens liegen

位置 wèizhi ① Sitz *m*; Platz *m*; Stellung *f* ② Position *f*; Platz *m*

位子 wèizi Sitz *m*; Platz *m*

慰 wèi ① beruhigen *vt*; j-m gut zureden; trösten *vt*: ～勉 trösten und Mut zusprechen ② beruhigt; beglückt: 知你平安到达，甚～。Ich habe mit Freude vernommen, daß du gut angekommen bist.

慰劳 wèiláo j-m Geschenke überreichen oder Grüße übermitteln, um ihm für geleistete Dienste zu danken

慰问 wèiwèn j-m seine Anteilnahme (durch einen Besuch, Geschenke usw.) zum Ausdruck bringen; j-m seine besten Wünsche übermitteln; sich nach j-s Befinden erkundigen; j-n grüßen (lassen): ～信 ein mitfühlender Brief; Grußschreiben *n*

蔚 wèi

蔚蓝 wèilán himmelblau; azurblau: ～的天空 azurblauer Himmel

蔚然成风 wèirán chéng fēng etw. ist schon zur festen Gewohnheit geworden; überall üblich

蔚为大观 wèi wéi dà guān einen prächtigen Anblick bieten

卫(衛) wèi verteidigen *vt*; beschützen *vt*; sichern *vt*; bewahren *vt*: 自～还击 Gegenangriff zur Selbstverteidigung

卫兵 wèibīng Wächter *m*; Gardist *m*; Wache *f*

卫道 wèidào die traditionellen moralischen Grundsätze verteidigen

卫队 wèiduì Wache *f*; Leibgarde *f*; Wachmannschaft *f*

卫生 wèishēng Hygiene *f*; Gesundheitspflege *f*: 讲～ auf Hygiene achten 公共～ öffentliche Sauberkeit; Sozialhygiene *f* ～间 Toilette *f* ～球 Mottenkugel *f* ～纸 Toilettenpapier *n*

卫戍 wèishù Garnison *f*

卫星 wèixīng ① Satellit *m*; Trabant *m* ② künstlicher Satellit (*od* Trabant): 气象～ Wettersatellit *m*; meteorologischer Satellit 通讯～ Nachrichten-, Fernmeldesatellit *m* ～城 Trabantenstadt *f*

wēn

温 wēn ① lauwarm; warm: ～水 lauwarmes Wasser ② Temperatur *f*: 体～ Körpertemperatur *f* ③ erwärmen *vt*; aufwärmen *vt*: 把酒～一下 Schnaps anwärmen ④ auffrischen *vt*; wiederholen *vt*: ～课 Gelerntes auffrischen; eine Lektion (*od* den Unterrichtsstoff) wiederholen

温饱 wēnbǎo mit Kleidung und Nahrung ausreichend versorgt sein; sich warm anziehen und satt essen

温床 wēnchuáng ① Mistbeet *n*; Frühbeet *n* ② Brutstätte *f*; Herd *m*

温存 wēncún ① liebevoll; aufmerksam; fürsorglich (gegenüber einer Person anderen Geschlechts) ② zart; zärtlich; mild; sanft

温带 wēndài gemäßigte Zone

温度 wēndù Temperatur *f*: 室内～ Zimmertemperatur *f*; Raumtemperatur *f* 室外～ Außentemperatur *f* ～计 Thermometer *n*

温度表 wēndùbiǎo Thermometer *n*: 摄氏～ Celsius-Thermometer *n* 华氏～ Fahrenheit-Thermometer *n*

温故知新 wēn gù zhī xīn ① durch Studium des Alten neue Einsichten gewinnen ② über das Vergangene nachzudenken hilft, die Gegenwart zu verstehen

温和 wēnhé ① mild; warm; gemäßigt: 气候～ mildes Klima ② gütig; freundlich; zart; liebenswürdig: 性情～ Sanftmut *f*; ein freundliches Wesen haben; zartfühlend sein 语气～ in sanften Tonfall

温暖 wēnnuǎn Wärme *f*; warm; 天气～ warmes Wetter

温情 wēnqíng liebevolle Gefühle; Zärtlichkeit *f*

温泉 wēnquán heiße Quelle

温柔 wēnróu sanft; voller Zärtlichkeit

温室 wēnshì Gewächshaus *n*; Treibhaus *n*

温顺 wēnshùn gefügig; nachgiebig und folgsam

温文尔雅 wēn wén ěr yǎ sanft und wohlerzogen; kultiviert; urban

温习 wēnxí auffrischen *vt*; wiederholen *vt*: ～功课 gelernte

Lektionen (*od* Unterrichtsstoff) wiederholen
温驯 wēnxùn (Tiere) zahm
瘟 wēn akute Infektionskrankheit
瘟疫 wēnyì Seuche *f*; Epidemie *f*

wén

文 wén ① Schrift *f*; Schrftzeichen *n*: 甲骨～ Orakelknocheninschrift *f* ② Sprache *f*: 德～ deutsche Sprache; Deutsch *n* ③ literarisches Schaffen; Aufsatz *m*; Artikel *m*; Text *m*: 散～ Prosa *f* 韵～ Poesie *f* ～如其人 an j-s Stil seinen Charakter erkennen; Im Stil offenbart sich der Charakter. ④ klassische Literatursprache ⑤ Kultur *f*: ～物 Kulturgegenstand *m*; Kulturdenkmal *n*; Kulturschätze *pl* ⑥ zivil: ～职 Zivilposten *m* ⑦ sanft; mäßig; schwächlich: 举止～雅 sich gebildet zeigen; sich kultiviert benehmen ～弱 verzärtelt ; sanft und schwächlich ～火 mäßiges Feuer; schwaches Feuer ⑧ bemänteln *vt*; vertuschen *vt*: ～过饰非 Fehler vertuschen ⑨ 〈量〉[用于旧时的铜钱]: 一～钱 ein Käsch 一～不值 keinen Heller wert sein
文本 wénběn Text *m*; Version *f* (eines Schriftstücks): 本合同两种～同等有效。Beide Ausfertigungen dieses Vertrags sind gleichermaßen verbindlich.
文笔 wénbǐ Stil *m*: ～流畅 einen flüssigen Stil schreiben
文不对题 wén bù duì tí der Inhalt entspricht nicht dem Titel; nicht zum Thema passen; nicht zur Sache gehören; vom Thema abschweifen
文采 wéncǎi ① prächtige Farben ② literarisches Talent
文辞 wéncí Sprache *f*; Ausdrucksweise *f*: ～优美 schöne, elegante Sprache
文牍 wéndú amtliche Briefe und Dokumente: ～主义 bürokratische Pedanterie; Paragraphenreiterei *f*; Amtsschimmel *m*
文法 wénfǎ Grammatik *f*
文风 wénfēng Arbeitsstil in der Literatur; der Stil der Literatur
文告 wéngào Proklamation *f*; veröffentlichtes Dokument; amtliche Bekanntmachung
文工团 wéngōngtuán Kulturensemble *n*; Gesangs- und Tanzensemble *n*
文官 wénguān Zivilbeamte(r): ～政府 Zivilregierung *f*
文豪 wénháo literarische Größe; bedeutender (*od* großer) Schriftsteller; Dichterfürst *m*
文化 wénhuà ① Kultur *f*: ～参赞 für Kulturbelange zuständiger Botschaftsrat; Kulturrat *m* ～馆 Kulturhaus *n* ② Erziehung *f*; Bildung *f*: 学～ lesen und schreiben lernen ～水平 Bildungsniveau *n*
文集 wénjí Gesamtwerk *n*; gesammelte Werke
文件 wénjiàn Dokument *n*; Akte *f*
文教 wénjiào Kultur und Erziehung: ～事业 Kultur und Erziehungswesen
文静 wénjìng sanft und still
文具 wénjù Schreibwaren *pl*; Schreibutensilien *pl*: ～店 Schreibwarengeschäft *n*; Laden für Bürobedarf
文科 wénkē Geisteswissenschaften *pl*: ～院校 Hochschule für Geisteswissenschaften
文理 wénlǐ zusammenhängende Gedankenführung und logischer Aufbau eines Artikels: ～通顺 gut gegliedert und aus einem Guß
文盲 wénmáng Analphabet *m*; Analphabetentum *n*
文明 wénmíng ① Zivilisation *f*; Kultur *f*: 物质～和精神～ materielle und geistige Zivilisation ② höflich; kultiviert
文凭 wénpíng Zeugnis *n*
文人 wénrén Gelehrte(r); Literat *m*
文书 wénshū ① Dokumente *pl*; Urkunden *pl*; amtliches Schreiben ② Sekretär *m*
文思 wénsī Gedankengang (*od* Einfälle) beim Schreiben: ～敏捷 von großer Schreibfertigkeit sein; eine gewandte (*od* flinke) Feder führen ～枯竭 ohne Inspiration sein
文坛 wéntán literarische Kreise; literarische Welt
文体 wéntǐ literarische Form; Stil *m*: ～学 Stilistik *f*
文物 wénwù Kulturgegenstand *m*; Kulturdenkmal *n*; Kulturschätze *pl*
文献 wénxiàn Dokument *n*; Unterlagen von historischem Wert: 历史～ geschichtliche Dokumen-

te

文选 wénxuǎn ausgewählte Werke

文学 wénxué Literatur *f*: ～家 Literat *m*; Schriftsteller *m*; Dichter *m* ～批评 Literaturkritik *f* ～作品 literarische Werke

文艺 wényì Literatur und Kunst: ～复兴 Renaissance *f*

文娱 wényú kulturelle Aktivität; Unterhaltung *f*: ～活动 kulturelle Aktivität; Kulturveranstaltung *f*

文摘 wénzhāi Auszüge *pl*; Auswahl *f* (aus Büchern, Artikeln u.ä.)

文章 wénzhāng ① Artikel *m*; Aufsatz *m*; Beitrag *m* ② (literarische, wissenschaftliche usw.) Werke *pl* ③ Hintersinn *m*; Beiklang *m*: 他话里有～。In seinen Worten verbergen sich bestimmte Hintergedanken.

文质彬彬 wén zhì bīnbīn (Aussehen und Benehmen) sanft und zartfühlend; zart und empfindsam; zurückhaltend und höflich

文字 wénzì ① Schrift *f*; Schriftzeichen *n*: 拼音～ alphabetische Schrift ② geschriebene Sprache ③ Artikel *m* (unter formalem oder stilistischem Aspekt betrachtet); Aufsatzstil *m*: ～清通 klar und verständlich schreiben

蚊 wén (～子) Mücke *f*; Stechmücke *f*; Moskito *m*

蚊香 wénxiāng Räucherspirale zur Vertreibung von Mücken

蚊帐 wénzhàng Moskitonetz *n*

纹 wén Falte *f*; Linie *f*; Strich *m*: 脸上的皱～ Runzeln (*od* Falten, Furchen) im Gesicht ～理 Strich *m*; Ader *f*; Maserung *f*

闻 wén ① hören *vt/vi*: ～讯 von etw. hören; über etw. informiert sein 耳～不如目见。Sehen ist besser als Hören. ② riechen *vt*: 你～～这是什么味儿? Riechst du mal, was ist das für ein Geruch? ③ Neuigkeit *f*; Nachricht *f*: 要～ wichtige Nachricht (*od* Information) ④ bekannt; berühmt: ～人 bekannte Person; berühmte Persönlichkeit

闻名 wénmíng bekannt; prominent; berühmt: ～全世界 weltbekannt; weltberühmt

wěn

紊 wěn wirr; durcheinander; ungeordnet; kunterbunt

紊乱 wěnluàn durcheinander; Verwirrung *f*; Unordnung *f*: 秩序～ Chaos *n*; große Disziplinlosigkeit

稳(穩) wěn ① fest; sicher; stabil: 站～ fest stehen ～步前进 mit festen Schritten vorwärtsschreiten ② sicher; bestimmt; zweifelsohne: 这事你拿得～吗? Bist du dir dabei sicher? ～操胜券 sich seines Sieges (*od* Erfolgs) sicher sein; siegessicher

稳当 wěndang sicher; verläßlich: 办事～ umsichtig handeln

稳定 wěndìng ① stabil; standfest: 物价～。Die Preise sind stabil. ～的多数 stabile Mehrheit ② stabilisieren *vt*; fixieren *vt*; festigen *vt*: ～物价 Preise stabilisieren

稳固 wěngù stabil; fest; solid: ～的基础 solide Basis

稳健 wěnjiàn fest gediegen; zuverlässig; besonnen; bedächtig: 迈着～的步子 mit festen Schritten gehen

稳妥 wěntuǒ zuverlässig; sicher; verläßlich

稳重 wěnzhòng ruhig; gesetzt; gemessen; solide

刎 wěn sich die Kehle durchschneiden: 自～ Selbstmord durch Durchschneiden der Kehle

吻 wěn ① Lippe *f* ② Schnauze *f*; Maul *n* ③ küssen *vt*; Kuß *m*

吻合 wěnhé sich mit etw. decken; mit etw. im Einklang stehen; übereinstimmen *vi*: 意见～ einer Meinung sein

wèn

问 wèn ① fragen *vt*; befragen *vt*; sich nach etw. erkundigen: ～事处 Auskunftsbüro *n*; Auskunftsstelle *f* 不懂就～。Frage, wenn du etwas nicht verstehst! ② nach j-m fragen; sich nach j-s Befinden erkundigen: 他信里～起你。In seinem Brief hat er sich nach dir erkundigt. 请替我～她好! Grüßen Sie ihr von mir! ③ j-n verhören; j-n vernehmen: 审～ j-n verhören; j-n ins Verhör nehmen ④ j-n zur Rechenschaft ziehen: 出了事唯你是～。Sollte etwas passieren (*od* schiefgehen), wirst allein du verantwortlich gemacht. ⑤ sich um etw. kümmern: 不闻不～ sich um etw. nicht kümmern; sich gleichgültig verhalten

问安 wèn'ān (einem älteren Menschen) Grüße entbieten; sich nach j-s Befinden erkundigen

问道于盲 wèn dào yǔ máng einen Blinden nach dem Weg fragen; einen Unwissenden um Rat bitten

问寒问暖 wèn hán wèn nuǎn sich sehr besorgt nach j-s Befinden erkundigen; j-n mit echter Anteilnahme nach seinem Befinden fragen; um j-s Wohlergehen sehr besorgt sein

问好 wènhǎo grüßen *vt*; Grüße übermitteln: 他向您～。Er läßt Sie grüßen.

问号 wènhào ① Fragezeichen *n* ② offene Frage; (ungelöstes) Problem *n*

问候 wènhòu grüßen *vt*; Grüße entbieten: 致以亲切的～ herzliche Grüße senden; mit herzlichen Grüßen

问津 wènjīn 〈书〉［多用于否定句］(nach Situation, Warenpreis u.ä.) fragen *vt*; Interesse an etw. bekunden: 这种货物无人～。Dieser Artikel ist kaum gefragt.

问世 wènshì erscheinen *vi*; herausgegeben werden

问题 wèntí ① Frage *f*; Problem *n*: 关键～Kernfrage *f*; Schlüsselproblem *n* 原则～ prinzipielle Frage 悬而未决的～ ein ungelöstes Problem 有个～我要责问他。Ich habe mit ihm ein Hühnchen zu rupfen. ② Schwierigkeiten *pl*; Panne *f*: 他又出～了。Er ist wieder in Schwierigkeiten geraten.

问讯 wènxùn fragen *vt*; sich erkundigen; um eine Auskunft bitten: ～处 Auskunftsstelle *f*; Informationsbüro *n*

问罪 wènzuì verurteilen *vt*; brandmarken *vt*; j-n öffentlich rügen: 兴师～ eine Strafexpedition gegen j-n unternehmen; j-n aufsuchen und ihn öffentlich einer Missetat beschuldigen

wēng

翁 wēng ① alter Mann; Greis *m*: 渔～ alter Fischer ② Vater *m* ③ Schwiegervater *m*

嗡 wēng 〈象〉summen *vi*: 蜜蜂～～地飞。Die Bienen fliegen summend herum.

wèng

瓮(甕) wèng Steingutkübel *m*; irdenes Gefäß: 菜～ irdenes Gefäß für eingelegtes Gemüse

瓮中之鳖 wèng zhōng zhī biē eine Schildkröte im Tonkrug; in die Enge getrieben sein; nicht entkommen können: 已成～ in die Falle gegangen sein

wō

涡(渦) wō Wirbel *m*; Strudel *m*; Vertiefung *f*: 水～ Wasserwirbel *m*; Strudel *m*

涡流 wōliú Wirbelbildung in einer Flüssigkeit; Strudel *m*; Wirbel *m*

窝(窩) wō ① Nest *n*: 鸟～ Vogelnest *n* 鸡～ Hühnerstall *m* ② Schlupfwinkel *m*; Höhle *f*; Nest *n*; Unterschlupf *m*: 贼～ Diebesnest *n*; Räuberhöhle *f* 土匪～ Banditennest *n*; Unterschlupf von Banditen ③ nach innen gewölbte Stelle am menschlichen Körper; Grube *f*: 夹肢～ Achselhöhle *f* 酒～ Grübchen *n* ④ verbergen *vt*; hehlen *vt*: ～赃 Diebesbeute bei sich unterbringen; Diebesgut hehlen ⑤ zurückhalten *vt*; etw. bei sich behalten: ～火 vor Wut kochen; seinen Zorn mühsam unterdrücken müssen ⑥ 〈量〉［用于动物］Wurf *m*; Brut *f*: 一～十只小猪 ein Wurf von zehn Ferkeln

窝藏 wōcáng hehlen *vt*; verstekken *vt*; verbergen *vt*; Unterschlupf gewähren: ～罪犯 einen Verbrecher verstecken

窝工 wōgōng (infolge schlechter Organisation) mangelnde Auslastung von Arbeitskräften

窝囊 wōnang ① sich über ungerechte Behandlung ärgern; sich beleidigt fühlen; kränken: 受～气 eine Ungerechtigkeit einstekken müssen; eine bittere Pille schlucken müssen ② unfähig und feige

窝棚 wōpeng Schuppen *m*; Hütte

f

蜗(蝸) wō Schnecke f: ～牛 Schnecke f

喔 wō 〈象〉 zur Wiedergabe des Hahnenschreies: ～～～! Kikeriki! *另见 ō

wǒ

我 wǒ ① ich ② wir: ～方 unsere Seite; wir ～军 unsere Armee ③ [“你”“我”对举,表示泛指]: 你帮～,～帮你,很快就把活干完了。Ich helfe dir und du hilfst mir, und die Arbeit ist gleich getan. ④ sich (selbst): 忘～精神 Selbstlosigkeit f

我们 wǒmen wir

我行我素 wǒ xíng wǒ sù ich tue das, was ich immer getan habe; seinen eigenen Weg gehen

wò

沃 wò ① fruchtbar; ertragreich: ～土 fruchtbarer Boden ② bewässern vt; begießen vt: ～田 die Felder bewässern

斡 wò

斡旋 wòxuán vermitteln vt; Vermittlung f

卧 wò ① sich hinlegen; liegen vi: 仰～ auf dem Rükken liegen ～床不起 das Bett hüten müssen; ans Bett gefesselt sein ② (Tiere oder Vögel) kauern vi; sitzen ③ Schlaf-: ～室 Schlafzimmer n ～铺 Schlafplatz m

卧车 wòchē ① Schlafwagen m ② Personenwagen m

握 wò fassen vt; ergreifen vt; halten vt: ～紧拳头 die Faust ballen

握别 wòbié sich durch (mit, per) Handschlag verabschieden; sich trennen

龌 wò

龌龊 wòchò schmutzig; unsauber; gemein; dreckig: 卑鄙～ gemein; niederträchtig

wū

污 wū ① Schmutz m; Dreck m: 去～剂 Reinigungsmittel n ② schmutzig; dreckig: ～泥 Schlamm m ③ bestechlich; korrupt: ～吏 bestechlicher (korrupter) Beamte ④ verunreinigen vt; beschmutzen vt: 玷～ besudeln vt; beflecken vt

污点 wūdiǎn ① Fleck m; Klecks m ② Makel m; Schandfleck m

污垢 wūgòu Schmutz m; Dreck m

污泥 wūní Schlamm m; Schmutz m; Dreck m

污染 wūrǎn verschmutzen vt; verunreinigen vt; Verschmutzung f; Verunreinigung f: 空气～ Luftverschmutzung f 环境～Umweltverschmutzung f

污辱 wūrǔ ① beleidigen vt; demütigen vt ② besudeln vt; beflecken vt

污水 wūshuǐ Schmutzwasser n; Abwasser n: 生活 ～ Haushaltsabwasser n ～处理 Abwasserreinigung f; Abwasserbeseitigung f

污浊 wūzhuó (Wasser, Luft usw.) schmutzig; dreckig; unrein; trübe

巫 wū Hexenmeister m; Hexe f: ～婆 Hexe f ～术 Hexerei f; Zauberei f; Magie f

诬 wū verleumden vt; j-n wissentlich beschuldigen; bezichtigen vt

诬告 wūgào fälschlich anschuldigen; verleumden vt

诬害 wūhài j-n durch eine falsche Anschuldigung ins Unglück bringen; j-n durch Verleumdung ruinieren

诬赖 wūlài falsche Beschuldigungen vorbringen; j-m die Schuld in die Schuhe schieben: ～好人 einem guten Menschen (ein) Unrecht tun

诬蔑 wūmiè verleumden vt; diffamieren vt; verunglimpfen vt; Verleumdung f

诬陷 wūxiàn j-n durch eine falsche Anschuldigung ins Unglück bringen; j-n durch Verleumdungen ruinieren

乌(烏) wū ① Rabe m; Krähe f ② dunkel; schwarz: ～云 dunkle Wolken

乌龟 wūguī ① Schildkröte f: ～壳 Schildkrötenpanzer m ② Hahnrei m; betrogener Ehemann

乌合之众 wū hé zhī zhòng zusammengewürfelte Menschenmenge; undisziplinierter Haufen; Mob m

乌亮 wūliàng schwarz glänzend

乌七八糟 wūqībāzāo wie Kraut und Rüben durcheinanderliegen;

völlig durcheinander sein

乌纱帽 wūshāmào ① Kappe aus schwarzem Seidenstoff (früher von feudalen Beamten getragen); Mandarinkappe *f* ② Amt *n*: 丢～ des Amtes enthoben werden; sein Amt verlieren

乌鸦 wūyā Rabe *m*; Krähe *f*

乌烟瘴气 wū yān zhàng qì dunkler Rauch und verpestete Luft; wüstes Durcheinander; große Verwirrung und Unordnung

乌有 wūyǒu 〈书〉 nichts: 化为～ sich in Luft auflösen; wie eine Seifenblasen zerplatzt sein

呜(嗚) wū 〈象〉 tuten *vi*; heulen *vi*; pfeifen *vi*: 汽笛～～地叫。 Die Sirene heult.

呜呼 wūhū ① 〈书〉 o weh; ach; leider ② sterben *vi*: 一命～ sein Leben (seinen Geist) aushauchen

呜咽 wūyè schluchzen *vi*

钨(鎢) wū Wolfram *n*: ～丝 Wolframdraht *m*; Wolframheizfaden *m*

屋 wū ① Haus *n* ② Zimmer *n*; Raum *m*: 外～ Vorzimmer *n*

屋子 wūzi Zimmer *n*; Raum *m*

wú

无(無) wú ① ohne; nichts; nicht vorhanden sein: 从～到有 am Nullpunkt anfangen; aus dem Nichts etw. schaffen ～一定计划 ohne bestimmten Plan; planlos ② nicht: ～须多谈 nicht nötig auf jedes Detail eingehen

无比 wúbǐ unvergleichlich; nicht vergleichbar; beispiellos; ohnegleichen; unübertrefflich: 英勇～ von beispielloser Kühnheit beseelt sein ～强大 unvergleichlich mächtig

无病呻吟 wú bìng shēnyín grundlos jammern und wehklagen; Sentimentalität vortäuschen; Empfindelei *f*

无产阶级 wúchǎn jiējí Proletariat *n*

无常 wúcháng unbeständig; veränderlich; wechselhaft: 反复～ wankelmütig; unbeständig; unentschlossen

无偿 wúcháng kostenlos; unentgeltlich; umsonst: ～经济援助 kostenlose Wirtschaftshilfe

无耻 wúchǐ schamlos; unverschämt: ～谰言 schamlose Verleumdungen

无从 wúcóng nicht möglich; unmöglich; nicht in der Lage sein: 他心中千言万语，一时～说起。Ihm liegen tausend Worte auf der Seele, aber im Moment weiß er nicht, womit er anfangen soll.

无党派人士 wúdǎngpài rénshì parteilose Persönlichkeit

无敌 wúdí unbesiegbar; unüberwindlich; ohne Konkurrenz sein

无地自容 wú dì zì róng sich vor Schande nirgends verstecken können; sich in Grund und Boden schämen; am liebsten in den Boden versinken mögen

无动于衷 wú dòng yú zhōng unberührt; nicht mit der Wimper zucken; unbewegt; teilnahmslos

无独有偶 wú dú yǒu ǒu [多含贬义] eine Seltenheit, die doch ihresgleichen findet; es findet sich doch noch etwas Ebenbürtiges (*od* ein Pendant)

无度 wúdù maßlos; übermäßig; unmäßig: 挥霍～ maßlos verschwenden

无端 wúduān grundlos; ohne jede Veranlassung: ～生气 ohne Herausforderung auffahren

无恶不作 wú è bù zuò jede erdenkliche Untat verüben; zu allem fähig; vor keinen Verbrechen zurückschrecken

无法 wúfǎ nicht in der Lage sein; außerstande sein; weder ein noch aus wissen: ～理解 nicht begreifen können; unbegreiflich ～应付 mit etw. nicht fertig werden

无法无天 wú fǎ wú tiān menschlichen und göttlichen Gesetzen trotzen; weder gottesfürchtig noch gesetzestreu sein

无妨 wúfáng es schadet nichts; nichts ausmachen: 您晚点来～。Es macht nichts aus, wenn Sie etwas später kommen.

无非 wúfēi nichts anderes als; nur; bloß; lediglich: 他谈的～是些日常琐事。Was er sagte, ist nichts anderes als alltägliche Geringfügigkeiten.

无风不起浪 wú fēng bù qǐ làng kein Rauch ohne Flamme

无辜 wúgū ① unschuldig; schuldlos ② unschuldige Person; Unschuldige (r)

无关 wúguān j-n/etw. nicht betreffen; j-n nichts angehen: 此事与

他～。Er hat damit nichts zu tun. ～宏旨 keine große Bedeutung haben; nicht so wesentlich sein

无轨电车 wúguǐ diànchē Obus *m*; Oberleitungsomnibus *m*; Trolleybus *m*

无机 wújī anorganisch: ～肥料 anorganischer Dünger; Mineraldüngemittel *n* ～化学 anorganische Chemie

无稽 wújī unbegründet; unsinnig; absurd: ～之谈 Unsinn *m*; dummes Zeug; albernes Geschwätz

无几 wújǐ sehr wenig; nicht viel; sehr klein; kaum

无济于事 wú jì yú shì nichts helfen; nichts nützen; vergeblich sein

无价之宝 wú jià zhī bǎo Schatz von unschätzbaren Wert

无精打采 wú jīng dǎ cǎi lustlos; in gedrückter Stimmung sein; energielos

无可奈何 wú kě nàihé nichts machen (*od* ändern) können; ratlos; machtlos; hilflos

无孔不入 wú kǒng bù rù jede Gelegenheit nutzen, um ein (negatives) Ziel zu erreichen; seine Nase in jeden Dreck stecken

无愧 wúkuì keine Gewissensbisse haben: 问心～ ein reines Gewissen haben

无赖 wúlài ① schurkisch; niederträchtig; schuftig: 耍～ sich sehr gemein benehmen ② Schurke *m*; Schuft *m*

无理 wúlǐ unvernünftig; grundlos; ungerechtfertigt; unbegründet: ～取闹 ohne Grund einen Streit beginnen; absichtlich Unruhe stiften

无量 wúliàng unbegrenzt; unermeßlich: 前途～ Zukunft mit unbegrenzten Möglichkeiten

无聊 wúliáo ① langweilig; Langeweile *f* ② geschmacklos; fade; unsinnig

无论 wúlùn was (wer, wie, wo usw.) auch immer: ～谁都得遵守纪律。Ganz gleich um wen es sich handelt, keiner darf gegen die Disziplin verstoßen.

无论如何 wúlùn rúhé auf jeden Fall; auf alle Fälle; unter allen Umständen; unbedingt: 你～得来一趟。Du mußt unbedingt mal kommen.

无名 wúmíng ① namenlos; unbekannt: ～英雄 namenloser Held ② unsagbar; unbeschreiblich: ～的恐惧 unbeschreibliche Angst

无奈 wúnài ① hilflos; ratlos; nichts machen können; notgedrungen:他出于～,只得表示同意。Er sah sich gezwungen, sein Einverständnis zu erklären. ② aber leider; bedauerlicherweise: 他本来想去公园,～下雨,只得呆在家里。Er wollte eigentlich in den Park gehen, aber leider regnete es, und er mußte zu Hause bleiben.

无能 wúnéng unfähig; hilflos; unbegabt: 软弱～ schwach und unfähig

无能为力 wú néng wéi lì nichts tun können; außerstande sein, etw. zu tun; machtlos: 人对自然界不是～的。Die Menschheit ist der Natur gegenüber nicht machtlos.

无期徒刑 wúqī túxíng lebenslängliche Freiheitsstrafe

无情 wúqíng gefühllos; schonungslos; erbarmungslos; herzlos; unerbittlich

无穷 wúqióng unerschöpflich; unendlich; unbegrenzt: 言有尽而意～ Worte sind flüchtig, aber ihr Sinn überdauert die Zeit.

无日不… wú rì bù... es gibt keinen Tag, an dem nicht...; immer; stets

无伤大雅 wú shāng dàyǎ das Wesentliche nicht berühren; das Ganze nicht beeinträchtigen; harmlos

无上 wúshàng äußerst; höchst: ～光荣 äußerst ruhmreich

无神论 wúshénlùn Atheismus *m*

无声无臭 wú shēng wú xiù still und unbemerkt; totenstill; lautlos

无时无刻 wú shí wú kè [与否定词"不"连用，表示"时时刻刻"] in keinem Augenblick; nie: 我们～不在想念你。Wir sind in Gedanken stets bei dir.

无事生非 wú shì shēng fēi ohne Anlaß Zwietracht säen; grundlos Staub aufwirbeln

无视 wúshì nicht beachten; mißachten; ignorieren: ～国家的法律 die Staatsgesetze mißachten

无数 wúshù ① unzählig; zahllos: ～次 unzählige Male ② nicht sicher sein; von etw. nicht überzeugt sein; nicht genau wissen

无双 wúshuāng einzigartig; unvergleichlich: 举世～ einmalig auf der Welt; auf der Erde nichts Vergleichbares finden

无私 wúsī selbstlos; uneigennützig: ～的援助 selbstlose Hilfe

无所事事 wú suǒ shì shì nichts mit sich anzufangen wissen; müßiggehen *vi*; faulenzen *vi*; die Hände in den Schoß legen

无所谓 wúsuǒwèi ① von etw. kann nicht die Rede sein: 这是随便说的，～什么批评。Das wurde nur beiläufig erwähnt, von einer Kritik kann nicht die Rede sein. ② gleichgültig; (j-m) ist alles egal: 他去不去～。Es ist einerlei, ob er hingeht oder nicht.

无微不至 wú wēi bù zhì bis ins kleinste; aufs sorgfältigste; mit größter Sorgfalt: ～的关怀 sich um j-n bis ins kleinste kümmern

无味 wúwèi ① geschmacklos; fade; ohne Geschmack ② langweilig; uninteressant: 枯燥～ trocken und langweilig

无畏 wúwèi furchtlos; ohne Angst; unerschrocken

无谓 wúwèi sinnlos; ohne Zweck: ～的争吵 ein Streit um Nichts

无…无… wú...wú... [分别用在两个意义相同或相近的词或词素前，强调没有]: 无穷无尽 endlos; unversiegbar; unerschöpflich 无忧无虑 ohne Kummer und Sorge

无暇 wúxiá keine (freie) Zeit haben; keine Muße haben: ～兼顾 keine Zeit für andere Sachen haben

无限 wúxiàn grenzenlos; unbegrenzt; unendlich; schrankenlos: ～光明的未来 eine alles überstrahlende Zukunft

无线电 wúxiàndiàn Radio *n*; Funk *m*: ～通讯 Funkverbindung *f* ～传真 Funkbildübertragung *f*

无效 wúxiào außer Kraft; ungültig; unnütz: 宣布合同～ ein Abkommen für ungültig erklären

无懈可击 wú xiè kě jī es ist nichts daran auszusetzen; unangreifbar; unanfechtbar: 他的论点是～。An seiner These ist nichts auszusetzen.

无心 wúxīn ① nicht in der Stimmung sein; keine Lust zu etw.: 他心里有事，～去看电影。Ihm lag etwas auf dem Herzen, deshalb war er gar nicht in der Stimmung, ins Kino zu gehen. ② nicht absichtlich; versehentlich; ungewollt: 言者～，听者有意。Der Sprecher meint es nicht ernst, der Zuhörer nimmt es sich aber zu Herzen.

无形 wúxíng ① unsichtbar: ～的枷锁 unsichtbare Ketten; unsichtbares Joch ② unmerklich; ohne sich dessen bewußt zu sein

无须 wúxū unnötig; nicht notwendig; nicht brauchen: ～操心 zur Sorge keinen Anlaß haben

无恙 wúyàng 〈书〉 bei guter Gesundheit bleiben; wohlauf sein; wohl; heil: 安然～ heil und gesund; wohlbehalten; in Sicherheit sein

无疑 wúyí ohne Zweifel; zweifellos

无意 wúyì ① keine Lust haben; kein Interesse zeigen: 他既然～参加，你就不必勉强他了。Wenn er keine Lust zur Teilnahme hat, solltest du ihn nicht dazu zwingen ② nicht absichtlich; nicht vorsätzlich; ungewollt; aus Versehen: 他～中写错了两个字。Aus Versehen hat er zwei Schriftzeichen falsch geschrieben.

无意识 wúyìshí unbewußt; unterbewußt: ～的动作 eine instinktive Bewegung

无与伦比 wú yǔ lún bǐ nicht seinesgleichen haben; unvergleichlich; keine Parallele haben

无缘无故 wúyuán wúgù ohne (jeglichen) Grund; ohne Grund und Anlaß (*od* Ursache); grundlos; unbegründet

无政府主义 wúzhèngfǔ zhǔyì Anarchismus *m*

无知 wúzhī Unwissenheit *f*; unwissend: 出于～ aus Unwissenheit

无中生有 wú zhōng shēng yǒu in nichts begründet sein; aus der Luft gegriffen; frei erfunden

无足轻重 wú zú qīng zhòng unwichtig; belanglos; unbedeutend; keine Bedeutung haben

无阻 wúzǔ ungehindert

芜(蕪) wú 〈书〉 ① von Unkraut überwuchert: 荒～ (Land) verwahrlost sein ② wirr; unordentlich; überflüssig ③ von Unkraut überwucherter Land; Wildnis *f*: 平～ grüne Heidelandschaft

芜杂 wúzá wirr; durcheinander

吾 wú 〈书〉 ich; wir: ～辈 wir

毋 wú 〈书〉 〈副〉 [表示禁止或劝阻] nicht: ～临渴而掘井。Man gräbt einen Brunnen nicht erst, wenn man Durst hat. ~妄言 keinen Unsinn reden

毋宁 wúnìng 〈副〉 lieber ... (als); eher ... (als)

毋庸 wúyōng nicht notwendig; nicht nötig; nicht brauchen: ~讳言。Man braucht kein Blatt vor den Mund zu nehmen.

wǔ

武 wǔ ① militärisch ② die Fertigkeit und Technik im Boxen, Fechten u.ä. betreffend ③ kühn; unerschrocken; tapfer

武打 wǔdǎ akrobatische Kampfsszene in den traditionellen chinesischen Opern

武断 wǔduàn willkürlich entscheiden; eigenmächtig in der Entscheidung

武官 wǔguān ① Offizier *m* ② Militärattaché *m*: 海军~ Marineattaché *m*

武力 wǔlì ① Gewalt *f* ② Waffengewalt *f*: 诉诸~ Waffengewalt anwenden

武器 wǔqì Waffe *f*: 常规~ konventionelle Waffen 核~ Kernwaffen *pl*; Atomwaffen *pl*

武术 wǔshù *Wushu n* (traditionelle Kampfkunst wie chinesisches Boxen, Fechten u.ä., früher als Form der Selbstverteidigung, heute als gymnastische Übung betrieben)

武装 wǔzhuāng ① Bewaffnung *f*; Rüstung *f*: 全副~ in voller Bewaffnung; schwer bewaffnet ② bewaffnen *vt*: ~到牙齿 bis an die Zähne bewaffnet ~部队 Streitkräfte *pl*; Armee *f* ~冲突 bewaffneter Konflikt ~干涉 militärische Intervention ~起义 bewaffneter Aufstand

妩(嫵) wǔ

妩媚 wǔmèi reizend; anmutig; voller Liebreiz

五 wǔ fünf: ~十 fünfzig ~倍 das Fünffache ~分之一 ein Fünftel ~十年代 die fünfziger

五彩 wǔcǎi ① die fünf Grundfarben (blau, gelb, rot, weiß und schwarz) ② bunt; farbig: ~缤纷 farbenprächtig; farbenfroh; eine Farbenexplosion (Farbenorgie)

五谷 wǔgǔ ① die fünf Getreidearten (Reis, Klebhirse, Hirse, Weizen, Bohnen) ② Getreide *n*; Nahrungsmittel *n*: ~丰登 reiche Getreideernte

五官 wǔguān ① die fünf Sinnesorgane (Ohr, Auge, Mund, Nase, Zunge) ② Gesichtszüge *pl*; Aussehen *n*: ~端正 regelmäßige Gesichtszügebesitzen

五光十色 wǔ guāng shí sè bunt; in allen Farben leuchtend; vielgestaltig; bunt gemischt

五湖四海 wǔ hú sì hǎi alle Gegenden des Landes; überall im ganzen Land

五花八门 wǔ huā bā mén mannigfaltig; vielfältig

五金 wǔjīn ① die fünf Metalle (Gold, Silber, Kupfer, Eisen, Zinn) ② Metall *n*; Metallwaren *pl*: ~店 **Eisenwarenhandlung *f***

五体投地 wǔ tǐ tóu dì sich vor j-m ehrfürchtig zu Boden werfen; für j-n tiefste Bewunderung hegen

五味 wǔwèi ① die fünf Geschmacksempfindungen (sauer, süß, bitter, scharf, salzig) ② alle Arten von Geschmacksempfindungen

五言诗 wǔyánshī *Wuyanshi n* (Bezeichnung für Gedichte mit fünf Charakteren je Verszeile)

五一 wǔyī der Erste Mai: ~国际劳动节 der Internationale Tag der Arbeit; der Esrte Mai

五月 wǔyuè ① Mai *m* ② der fünfte Monat des chinesischen Mondkalenders: ~节 Drachenbootfest *n* (am 5. Tag des 5. Monats des chinesischen Mondkalenders)

五脏 wǔzàng die fünf inneren Organe (Herz, Leber, Milz, Lunge und Nieren); Eingeweide *pl*

伍 wǔ ① fünf (Schreibweise der Zahl „五“auf Schecks, Banknoten, Quittungen usw., um Fehler oder Fälschungen zu vermeiden) ② aus fünf Männern bestehende Grundeinheit in der alten chinesischen Armee; Trupp *m*: 入~ in die Armee eintreten ③ Gesellschaft *f*; Umgang *m*: 羞与为~ es unter seiner Würde finden, in j-s Gesellschaft zu verkehren

捂 wǔ zudecken *vt*; zuhalten *vt*: ~鼻子 sich die Nase zuhalten ~盖子 etw. mit einem Deckel zudecken — etw. zu verbergen suchen; die Wahrheit verschweigen

午 wǔ Mittag *m*
午饭 wǔfàn Mittagessen *n*
午时 wǔshí Mittagszeit *f* (nach der alten Zeiteinteilung die Zeit von 11 bis 13 Uhr)
午睡 wǔshuì ① Mittagsschläfchen *n* ② Mittagsschlaf halten
午夜 wǔyè Mitternacht *f*; mitternachts
舞 wǔ ① Tanz *m*: 集体～ Gruppentanz *m* ② wie im Tanz springen oder hüpfen: 手～足蹈 vor Freude tanzen ③ mit etw. in der Hand tanzen: ～剑 einen Schwert(er)tanz aufführen ④ schwingen *vt*; schwenken *vt*: 挥～大棒 mit einem Knüppel herumfuchteln; Drohgebärden machen
舞伴 wǔbàn Tanzpartner *m*
舞弊 wǔbì sich betrügerischer Mittel bedienen; Unregelmäßigkeiten *pl*
舞蹈 wǔdǎo Tanz *m*: ～动作 Tanzbewegung *f* ～家 Tänzer *m*
舞会 wǔhuì Tanzabend *m*; Tanzparty *f*; Ball *m*: 举行～ einen Ball veranstalten
舞剧 wǔjù Tanzdrama *n*; Ballett *n*
舞弄 wǔnòng schwenken *vt*; schwingen *vt*; mit etw. herumfuchteln: ～刀枪 Säbel und Speer schwingen
舞台 wǔtái Bühne *f*; Arena *f*: 在国际～上 in der internationalen Arena ～监督 Inspizient *m* ～设计 Bühnenbild *n*; Bühnenbildner *m*
舞文弄墨 wǔ wén nòng mò ① am Schreiben leerer Phrasen Vergnügen finden; durch Phrasen den wahren Sachverhalt verdrehen ② mit Tusche und Pinsel Unfug treiben; durch unverantwortliche Veröffentlichungen Unheil stiften
侮 wǔ beleidigen *vt*; tyrannisieren *vt*: 外～ fremde Aggression
侮辱 wǔrǔ beleidigen *vt*; erniedrigen *vt*; entwürdigen *vt*; demütigen *vt*; schikanieren *vt*

wù

误 wù ① fälschlich; Fehler *m*; Irrtum *m*: ～告 (j-n) fälschlich anklagen 口～ sich versprechen; Versprecher *m* ② versäumen *vt*; verpassen *vt*: ～了火车 den Zug verpassen ③ benachteiligen *vt*; beeinträchtigen *vt*; schädigen *vt*: ～人子弟 aus Inkompetenz seinen Schülern einen schlechten Dienst erweisen; seine Schüler irreleiten ④ unabsichtlich; versehentlich; aus Versehen: ～伤 unabsichtliche Verletzung
误差 wùchā Fehler *m*; Abweichung *f*: 平均～ durchschnittliche Abweichung
误点 wùdiǎn Verspätung haben; sich verspäten; überfällig: 火车～十分钟。Der Zug hatte zehn Minuten Verspätung.
误会 wùhuì ① mißverstehen *vt*: 你～了我的意思。Du hast mich mißverstanden. ② Mißverständnis *n*: 消除～ ein Mißverständnis beseitigen
误解 wùjiě falsch verstehen; mißverstehen *vt*; Mißverständnis *n*
恶(惡) wù verabscheuen *vt*; hassen *vt*: 好逸～劳 Bequemlichkeit lieben und Arbeit verabscheuen; müßiggängerisch und arbeitsscheu; auf der faulen Haut liegen 可～ abscheulich; hassenswert; ekelhaft *另见 ě; è
悟 wù (auf einmal) verstehen *vt*; gewahr werden; nach langer Überlegung zur Einsicht kommen; j-m geht ein Licht auf: ～出其中道理 nach reiflicher Überlegung die Ursachen und Zusammenhänge erkennen
悟性 wùxìng Auffassungsgabe *f*; Begriffsvermögen *n*; Einsichtsfähigkeit *f*
晤 wù zusammenkommen *vi*; sich treffen: 会～ zusammentreffen *vi* ～谈 zu einem Gespräch zusammenkommen; sich mit j-m zu einer Unterhaltung treffen
务(務) wù ① Angelegenheit *f*; Geschäfte *pl*: 公～ amtliche Angelegenheit; offizieller Auftrag 任～ Aufgabe *f*; Auftrag *m* ② sich mit etw. beschäftigen (*od* befassen): ～农 sich mit Landwirtschaft befassen; Bauer sein 不～正业 keiner geregelten Arbeit nachgehen
务必 wùbì unbedingt; auf jeden Fall; unter allen Umständen: ～将书交还图书馆。Bitte, bringen Sie die Bücher auf jeden Fall in die Bibliothek zurück!

务求 wùqiú ernsthaft bestrebt sein; sich alle Mühe geben

务实 wùshí sich mit konkreter Arbeit befassen; auf konkrete Dinge eingehen

雾(霧) wù ① Nebel *m*; Dunst *m*: 薄～ feiner (*od* dünner) Nebel; leichter Dunst ② feine Wassertröpfchen: 喷～器 Sprühgerät *n*

雾气 wùqì Nebel *m*; Dunst *m*; Dampf *m*

勿 wù 〈副〉 [表示禁止或劝阻]: 请～入内 Bitte, nicht eintreten! 请～吸烟 Bitte, nicht rauchen!

物 wù ① Ding *n*; Gegenstand *m*: 废～ altes Eisen; unbrauchbares Ding 公～ Gemeingut *n* 地大～博 ein riesiges Territorium mit reichen Ressourcen ② Außenwelt *f*; Umwelt *f*; Mitmenschen *pl*: 待人接～ Verhalten gegenüber dem gesellschaftlichen Verkehr ③ Inhalt *m*: 言之无～ nichtssagend; mit vielen Worten nichts gesagt

物产 wùchǎn Produkte *pl*; Erzeugnisse *pl*

物极必反 wù jí bì fǎn wenn eine Sache bis zum Äußersten getrieben wird, verkehrt sie sich in ihr Gegenteil

物价 wùjià Preis *m*; Warenpreis *m*: ～波动 Preisschwankung *f* ～指数 Preisindex *m*

物件 wùjiàn Sache *f*; Gegenstand *m*

物理 wùlǐ ① innere Gesetze der Dinge ② Physik *f*; physikalisch

物理学 wùlǐxué Physik *f*

物力 wùlì materielle Ressourcen

物品 wùpǐn Gegenstand *m*; Sache *f*: 贵重～ Wertsachen *pl* 零星～ diverse Dinge; allerlei Kleinigkeiten

物色 wùsè suchen *vt*; auswählen *vt*: ～人材 tüchtige Menschen suchen; qualifizierte Leute auswählen

物以类聚 wù yǐ lèi jù Dinge gleicher Art und Menschen gleichen Schlages sind oft beisammen; gleich und gleich gesellt sich gern

物证 wùzhèng Beweisstück *n*; Corpus delicti *n*

物质 wùzhì Materie *f*; Substanz *f*; Stoff *m*; materiell ～生活 materielles Leben ～刺激 materieller Anreiz

物资 wùzī Güter und Materialien: ～交流 Warenaustausch *m*; Güteraustausch *m*

坞(塢) wù Vertiefung *f*; Einbruchsgebiet *n*: 船～ Dock *n* 花～ mit Blumen bewachsene Senke

骛 wù anstreben *vt*; nach etw. streben: 好高～远 in die Ferne streben; seine Ziele zu hoch stecken; Rosinen im Kopf haben

X x

xī

曦 xī 〈书〉 Sonnenlicht *n* (gewöhnlich der Morgensonne): 晨～ erste Strahlen der Morgensonne

熹 xī 〈书〉 Tagesanbruch *m*; Morgendämmerung *f*

熹微 xīwēi 〈书〉 dämmerig; schwach hell: 晨光～ fahles (*od* dämmeriges) Morgenlicht

嘻 xī ① 〈书〉 〈叹〉 [表示惊叹]: ～，技至此乎？ Wie wunderbar! Was für eine Kunstfertigkeit! ② 〈象〉 [形容笑声]: ～～地笑 kichern *vi*

嬉 xī spielen *vi*; fröhlich sein

嬉戏 xīxì sich tummeln; sich vergnügen

嬉笑 xīxiào lachend herumtollen

昔 xī Vergangenheit *f*; frühere Zeit: ～日 vergangene Tage; früher

惜 xī ① mit etw. sorgsam umgehen; schonen: 珍～ hochschätzen *vt*; werthalten *vt* ② sparen *vt*; scheuen *vt*: 不～工本 weder Mühe noch Kosten scheuen ③ bedauern *vt*: 可～！ Es ist bedauerlich!

惜别 xībié mit Bedauern Abschied nehmen

熙 xī

熙熙攘攘 xīxī rǎngrǎng ein lebhaftes Hin und Her von Menschen; ein Gewimmel und Gedränge; ein reges Kommen und

Gehen

析 xī ① spalten *vt*; trennen *vt*: 分崩离～ in Verfall und Zersplitterung geraten; auseinanderfallen *vi* ② analysieren *vt*; auseinanderlegen *vt*; auseinandersetzen *vt*: 剖～ analysieren *vt*; zergliedern *vt*

晰 xī klar; deutlich: 明～ klar 清～ deutlich

西 xī Westen *m*

西半球 xībànqiú westliche Halbkugel

西餐 xīcān europäische (*od* westliche) Küche; europäisches Essen

西方 xīfāng ① Westen *m* ② Westen *m*; Okzident *m*: ～国家 westliche Länder

西服 xīfú Anzug nach europäischem Schnitt; (女式) Kostüm *n*

西瓜 xīguā Wassermelone *f*

西红柿 xīhóngshì Tomate *f*

西天 xītiān 〈佛教〉 Paradies im Westen

西洋 Xīyáng Westen *m*; Abendland *n*

西洋镜 xīyángjìng Hokuspokus *m*; Blendwerk *n*; Täuschung *f*; Verwirrspiel *n*: 拆穿～ j-s Betrügereien entlarven

西药 xīyào westliche Medikamente (*od* Arznei)

西医 xīyī ① westliche Medizin ② Arzt, der in der westlichen Medizin ausgebildet ist

西装 xīzhuāng Anzug *m*; (女式) Kostüm *n*

牺(犧) xī

牺牲 xīshēng ① Opfertier *n*; Schlachtopfer *n* ② fallen *vi*; den Märtyrertod sterben; sein Leben hingeben: 英勇～ heldenhaft fallen

锡 xī Zinn *n* (Sn)

吸 xī ① einatmen *vt/vi*: 深深地～一口气 einmal tief einatmen ～了一口烟 einen Zug an der Zigarette tun ② aufsaugen *vt*; absorbieren *vt*: 宣纸～水性强。Reispapier ist saugfähig. ③ anziehen *vt*

吸尘器 xīchénqì Staubsauger *m*

吸毒 xīdú Rauschgift zu sich nehmen; Drogen einnehmen: ～者 Rauschgiftsüchtige(r); Drogensüchtige(r)

吸附 xīrù Adsorption *f*

吸力 xīlì Anziehungskraft *f*; Gravitation *f*: 地心～ Erdanziehung *f*; Gravitation *f*; Gravitationskraft *f*

吸墨纸 xīmòzhǐ Löschpapier *n*

吸取 xīqǔ aufsaugen *vt*; etw. in sich aufnehmen: ～教训 eine Lehre ziehen

吸收 xīshōu ① etw. in sich aufnehmen; absorbieren *vt*; einziehen *vt*: ～营养 Nährstoffe in sich aufnehmen ② (in eine Organisation) aufnehmen *vt*: ～入党 j-n in die Partei aufnehmen

吸铁石 xītiěshí Magnet *m*

吸血鬼 xīxuèguǐ Blutsauger *m*; Vampir *m*

吸烟 xīyān rauchen *vi*

吸引 xīyǐn anziehen *vt*; auf sich ziehen; fesseln *vt*: ～注意力 die Aufmerksamkeit auf sich ziehen 大自然的美把我们～住了。 Wir lassen uns von den Naturschönheiten fesseln.

奚 xī

奚落 xīluò verspotten *vt*; verhöhnen *vt*: Spott *m*

溪 xī Bach *m*; Flüßchen *n*

希 xī ① hoffen *vt/vi*; wünschen *vt*; erwarten *vt*: ～准时到会 Wir erwarten Ihr pünktliches Erscheinen zur Sitzung. ② selten; rar

希罕 xīhan ① selten; seltsam: ～的动物 ein seltenes Tier ② etw. als eine Rarität sehr schätzen; wertschätzen *vt*: 谁～你的臭钱？ Wer schert sich um dein dreckiges Geld? ③ Seltenheit *f*; Rarität *f*

希奇 xīqí selten: 十月下雪在这儿不是什么～的事。Es ist gar keine Seltenheit, daß es hier im Oktober schneit.

希望 xīwàng wünschen *vt*; hoffen *vt/vi*; Wunsch *m*; Hoffnung *f*: 他～当个医生。Er hofft, ein Arzt zu werden. 把～寄托在年青人身上 Hoffnung auf die Jugend setzen

稀 xī ① selten; rar: 物以～为贵 je seltener etwas ist, desto wertvoller ist es ② dünn; spärlich; licht: 地广人～ ein weites, dünn bevölkertes Gebiet ③ dünn; flüssig; wässerig: 粥太～了。Der Reisbrei ist zu dünn.

稀薄 xībó dünn; spärlich: 山顶空气～。Auf dem Berggipfel ist die Luft dünn.

稀客 xīkè seltener Gast

稀烂 xīlàn ① zu Brei; breiig: 肉煮得～。Das Fleisch ist zerkocht. ② in tausend Stücke; in Scherben; zerschlagen: 花瓶被打得～。Die Vase ist in tausend Stücke geschlagen.
稀里糊涂 xīlihútu nicht klar im Kopf sein; wirrköpfig; konfus
稀少 xīshǎo spärlich; wenig; dünn; selten
稀释 xīshì verdünnen *vt*
稀疏 xīshū dünn; spärlich; licht: 头发～ lichtes Haar 林木～。Die Bäume stehen nicht dicht.
悉 xī wissen *vt*; kennen *vt*: 熟～ gut kennen; mit j-m/etw. vertraut sein
息 xī ① Atem *m*: 屏～ den Atem anhalten ② Nachricht *f*: 信～ Nachricht *f*; Information *f*; Botschaft *f* ③ stoppen *vi*; aufhören *vi*: 请～怒! Bitte, keine Aufregung! 经久不～的掌声 anhaltender Beifall 暴风雨已经平～。Der Sturm legt sich. ④ rasten *vi*; ruhen *vi*; sich ausruhen: 安～ Schlaf *m* 作～时间表 Stundenplan *m*; Programm *n* ⑤ Zins *m*: 利～ Zins *m* 无～贷款 zinsloses Darlehen
息事宁人 xī shì níng rén ① um des Friedens willen in einem Streit vermitteln ② um Ärger zu vermeiden, klein beigeben
息息相关 xī xī xiāng guān aufs engste miteinander verknüpft sein; im engen Zusammenhang stehen
熄 xī löschen *vt*; erlöschen *vi*; auslöschen *vt*: ～灯 das Licht löschen; die Lampe auslöschen
熄灭 xīmiè löschen *vt*; auslöschen *vt*; erlöschen *vi*; verlöschen *vi*
夕 xī ① Abend *m*; Nacht *f*: 除～ Silvesterabend *m* 命在旦～ im Sterben liegen
夕阳 xīyáng Abendsonne *f*; untergehende Sonne
夕照 xīzhào Abendsonnenlicht *n*; Abendschein *m*
膝 xī Knie *n*
膝盖 xīgài Knie *n*
犀 xī Nashorn *n*: ～牛 Nashorn *n*
犀利 xīlì spitz; scharf; schneidend; durchdringend: 文笔～ eine spitze Feder führen

xí

席 xí ①Matte *f* ② Sitz *m*; Platz *m*: 入～ die Plätze einnehmen; Platz nehmen 来宾～ Ehrenplatz *m* 在议会中取得三～ drei Sitze im Parlament erhalten ③ Festmahl *n*; Festessen *n*; Bankett *n*: 酒～ Festmahl *n*; Festessen *n* ④ ‹量›: 一～酒 ein Festessen 一～话 ein Gespräch
席卷 xíjuǎn überrollen *vt*; hinwegfegen *vi/vt*; erfassen *vt*: 暴风雪～大草原。Der Schneesturm fegte über die weite Steppe hinweg.
席位 xíwèi Sitz *m*; Mandat *n*
袭(襲) xí ① überfallen *vt*; überrumpeln *vt*; über j-n herfallen: 偷～ plötzlicher Überfall; Überraschungsangriff *m* 寒气～人。Die Kälte dringt einem durch Mark und Bein. ② nachmachen *vt*; nachahmen *vt*; nachfolgen *vi*: 抄～ etw. von j-m abschreiben; j-n plagiieren
袭击 xíjī heimsuchen *vt*; befallen *vt*; überraschen *vt*: 沿海一带受到台风的～。Die Küstengebiete wurden von einem Taifun heimgesucht.
袭用 xíyòng (Überkommenes usw.) weiter gelten lassen; aufnehmen *vt*; verwenden *vt*
媳 xí Schwiegertochter *f*
媳妇 xífù ① Schwiegertochter *f* ② Frau eines jüngeren Verwandten
习(習) xí ①üben *vt*: 自～ Selbststudium *n* 复～ Wiederholung *f*; das Gelernte wiederholen ② mit etw. vertraut sein; in etw. geübt (*od* erfahren) sein: 不～水性 nicht gut schwimmen können ③ Brauch *m*; Gewohnheit *f*; Gepflogenheit *f*
习惯 xíguàn ① sich an etw. gewöhnen; gewohnt sein; an etw. gewöhnt sein: 他已～早起。Er war gewohnt, früh aufzustehen. ② Gewohnheit *f*; Brauch *m*; Sitte *f*; Gepflogenheit *f*: 旧～ alte Gewohnheiten ～成自然 Eine Gewohnheit wird zur zweiten Natur. ～势力 die Macht der Gewohnheit

习气 xíqì üble Gewohnheit; Angewohnheit *f*: 官僚～ bürokratische Gewohnheiten; bürokratisches Verhalten
习染 xírǎn (schlechte Angewohnheiten) annehmen *vt* ② schlechte Angewohnheit
习俗 xísú Brauch *m*; Sitten und Gebräuche
习题 xítí Übungen *pl*; Schulaufgaben *pl*
习性 xíxìng Gewohnheiten und charakteristische Merkmale
习语 xíyǔ Idiom *n*; idiomatische Wendung
习作 xízuò ① Aufsatzübungen machen ⑧ Übungsarbeit *f*

xǐ

喜 xǐ ① sich freuen; Freude *f*; sich erfreuen: 心中暗～ sich im stillen freuen 笑在脸上，～在心里 das Gesicht voller Lachen und das Herz voller Freude ～新厌旧 sich am Neuen erfreuen und des Alten überdrüssig sein; in der Liebe unstet sein ② freudiges Ereignis; glücklich: 报～ eine freudige Nachricht (*od* Glücksbotschaft) überbringen 大～的日子 ein Tag großer Freude; Freudentag *m* ③ Schwangerschaft *f*: 有～ guter Hoffnung sein; schwanger werden ④ etw. gern haben: 猴子性～攀缘。Die Affen klettern sehr gern.
喜爱 xǐ'ài gern haben; eine Neigung (*od* Vorliebe) haben; (j-n/etw.) mögen
喜出望外 xǐ chū wàng wài unerwartete Freude; freudig überrascht sein
喜好 xǐhào Neigung *f*; Vorliebe *f*; sich interessieren; etw. gern haben; mögen *vt*
喜欢 xǐhuan ① etw. gern haben; Interesse haben; lieben *vt* ② froh; erfreut; freudig
喜剧 xǐjù Lustspiel *n*; Komödie *f*: ～演员 Komiker *m*
喜怒无常 xǐ nù wú cháng bald freudig, bald zornig; launisch; launenhaft
喜气洋洋 xǐqì yángyáng freudestrahlend; voller Freude; von Freude erfüllt sein
喜鹊 xǐque Elster *f*
喜闻乐见 xǐ wén lè jiàn gern zuhören und sehen; bei j-m beliebt sein
喜笑颜开 xǐ xiào yán kāi vor Freude strahlen
喜形于色 xǐ xíng yú sè strahlendes Glück leuchtet aus seinem Gesicht; sich unsagbar freuen
喜讯 xǐxùn freudige Nachricht frohe Botschaft
喜洋洋 xǐyángyáng freudestrahlend; voller Freude; hocherfreut
喜悦 xǐyuè Freude *f*; freudig; froh: 怀着无限～的心情 von unbeschreiblicher Freude erfüllt sein

洗 xǐ ① waschen *vt*; reinigen *vt*: ～衣服 Kleidung waschen 干～ Trockenreinigung *f* ～衣粉 Waschpulver *n* ② verheeren *vt*; ausplündern *vt*; niedermetzeln *vt*; massakrieren *vt*: 血～ (eine Stadt bzw. eine Familie) in ein Blutbad stürzen; massakrieren *vt*
洗尘 xǐchén zu Ehren eines Gastes aus weiter Ferne ein Festessen geben; ein Willkommensbankett veranstalten
洗涤 xǐdí waschen *vt*; reinigen *vt*
洗耳恭听 xǐ ěr gōng tīng die Ohren waschen, um j-m respektvoll zuzuhören — ehrerbietig und aufmerksam zuhören; ganz Ohr sein
洗劫 xǐjié ausplündern *vt*
洗礼 xǐlǐ Taufe *f*; Taufzeremonie *f*
洗牌 xǐpái Karten mischen
洗染店 xǐrǎndiàn Wäscherei und Färberei
洗手 xǐshǒu ① sich die Hände waschen ② sich vom Bösen lossagen; sein Leben neu beginnen: ～不干 seine alte Tätigkeit beenden und neu beginnen
洗刷 xǐshuā ① etw. mit einem Scheuerbesen reinigen; scheuern *vt*; schrubben *vt* ② sich reinigen; sich reinwaschen; sich befreien
洗心革面 xǐ xīn gé miàn sich ehrlich bessern; sich von Grund auf ändern
洗雪 xǐxuě (sich) von einer ungerechten Anschuldigung oder einer Schmach reinwaschen

徙 xǐ umziehen *vi*; umsiedeln *vi*: 迁～ den Aufenthaltsort wechseln; fortziehen ～居 den Wohnsitz verlegen; umziehen *vi*

玺(璽) xǐ (kaiserliches) Siegel *n*

xì

隙 xì ① Spalt *m*; Spalte *f*; Riß *m*; Ritze *f*: 墙～ Spalt in einer Mauer; Mauerritze *f* ② Lücke *f*; Blöße *f*; Schwäche *f*: 无～可乘 keine Blöße (*od* Schwäche) ausnutzen können

系(係④⑤繫③④) xì ① System *n*; Reihe *f*: 语～ Sprachfamilie *f* 太阳～ Sonnensystem *n* 母～ mütterliche Linie; mütterlicherseits; matriarchalisch 派～ Fraktion *f* ② Abteilung *f*; Fachbereich *m*; Fakultät *f* ③ binden *vt*; anbinden *vt*: ～鞋带 Schuhbänder binden ④ um etw. gehen; betreffen *vt*: 成败所～。Es geht um Erfolg oder Mißerfolg. ⑤ 〈书〉 sein: 该屋～我校财产。Das Haus ist das Eigentum unserer Schule.

系列 xìliè Reihe *f*; Serie *f*; Folge *f*: 一～问题 eine Felge von Problemen

系念 xìniàn 〈书〉 sich um j-n/etw. sorgen; besorgt sein; sich Gedanken machen

系统 xìtǒng System *n*; systematisch: 灌溉～ Bewässerungssystem *n* 作～的研究 etw. systematisch studieren

戏(戲) xì ① Theaterspiel *n*; Oper *f*: 京～ Beijing-Oper *f* 马～ Zirkus *m* 看～ ins Theater gehen; sich ein Stück ansehen ② spielen *vt/vi*: ～水 mit Wasser spielen ③ Späße machen; sich über j-n/etw. lustig machen; scherzen *vi*: ～言 etw. zum Spaß sagen; Scherz *m*

戏法 xìfǎ Zauberei *f*; Zauberkunst *f*: 变～ zaubern *vi*; ein Zauberkunststück vorführen

戏剧 xìjù Drama *n*; Schauspiel *n*; Theater *n*

戏弄 xìnòng sich über j-n/etw. lustig machen; j-m einen Streich spielen

戏曲 xìqǔ traditionelle Oper

戏院 xìyuàn Theater *n*

细 xì ① dünn; schmal ② fein; winzig: ～沙 feiner Sand ③ fein; sorgfältig: ～瓷 feines Porzellan 做工真～! Wie fein ist die Kunstfertigkeit! ④ genau; sorgfältig: ～看 sich etw. genau ansehen ～问 eingehend fragen; ausfragen *vt* ⑤ klein; gering; winzig: ～节 Detail *n*; Einzelheiten *pl*

细胞 xìbāo Zelle *f*

细节 xìjié Details *pl*; Einzelheiten *pl*

细菌 xìjūn Bakterie *f*

细密 xìmì ① fein und dicht; kompakt: 质地～ von dichter Gewebestruktur; feinkörnig ② genau; sorgfältig: ～的分析 genaue Analyse

细腻 xìnì ① fein und glatt ② minuziös; sehr genau; bis ins einzelne; fein: ～的描写 minuziöse Beschreibung

细软 xìruǎn Wertsachen *pl*; Wertgegenstände *pl*

细水长流 xì shuǐ cháng liú ① ein dünner Wasserstrahl kann lange fließen — etw. sparsam verbrauchen, damit es länger reicht ② Tropfen für Tropfen; ohne Unterlaß; stetig

细微 xìwēi fein; winzig; geringfügig: ～的区别 feiner Unterschied

细小 xìxiǎo gering; fein; klein; winzig: ～的事情 Geringfügigkeiten *pl*

细心 xìxīn sorgfältig; aufmerksam; sorgsam

细则 xìzé detaillierte Regeln und Vorschriften

细致 xìzhì sorgfältig; fein; minuziös: 这活做得很～。Das ist eine sehr feine Arbeit.

xiā

瞎 xiā ① blind: ～了左眼 auf dem linken Auge blind sein ② blindlings; unbedacht; unbegründet: ～说 Unsinn reden; daherreden *vi/vt* ～猜 blindlings raten; unbegründet verdächtigen ～忙 sich ziellos betätigen ～闹 Unfug treiben; Unsinn machen

瞎扯 xiāchě Unsinn reden; quatschen *vi/vt*

瞎话 xiāhuà Lüge *f*; Unwahrheit *f*: 说～ lügen *vi*

瞎子 xiāzi blinde Person; Blinde(r)

虾(蝦) xiā Garnele *f*; Krabbe *f*: 对～ Orientalische Geißelgarnele 龙～ Languste *f* ～米 getrocknetes und entschaltes Krebsfleisch; kleine Garnelen

呷 xiā trinken *vt/vi*; nippen *vi*: ～一口茶 vom Tee nippen; einen Schluck Tee trinken

xiá

峡(峽) xiá Schlucht *f*; Enge *f*: ～谷 Schlucht *f* 海～ Meerenge *f*; Meeresstraße *f*

侠(俠) xiá

侠客 xiákè in kriegerischen Künsten bewanderte und ritterlich handelnde Person (in alten Zeiten)

侠义 xiáyì ritterlich; gerechtigkeitsliebend und hilfsbereit: ～行为 ritterliches Benehmen

狭(狹) xiá eng; schmal

狭隘 xiá'ài ① schmal; eng: 山路崎岖～。Der Bergpfad ist holprig und schmal ② engstirnig; beschränkt: 心胸～ engstirnig

狭路相逢 xiá lù xiāng féng zwei Feinde treffen in einem Hohlweg aufeinander; zu einer unvermeidlichen Konfrontation zwischen zwei Gegnern kommen

狭小 xiáxiǎo eng; schmal; engstirnig; beschränkt: 气量～ engstirnig sein

狭义 xiáyì engerer Sinn; im engeren Sinne

狭窄 xiázhǎi ① eng; schmal: ～的楼梯 eine enge Treppe ② beschränkt; engstirnig; kleinlich: 心地～ engstirnig sein

辖 xiá regieren *vt*; verwalten *vt*: ～区 unter j-s Verwaltung stehendes Gebiet 省～市 eine unmittelbar der Provinzregierung unterstehende Stadt

匣 xiá (～子) Schachtel *f*; Kästchen *n*

遐 xiá 〈书〉 weit; fern

遐迩 xiá'ěr 〈书〉 fern und nah: ～闻名 weit und breit bekannt sein; überall berühmt sein

遐想 xiáxiǎng Phantasie *f*; Träumerei *f*

霞 xiá von der Sonne gefärbte Wolken; Morgen- oder Abendrot *n*: 晚～ Abendrot *n* 彩～ bunte Wolken

瑕 xiá Fehler *m*; Mangel *m*; Makel *m*

瑕疵 xiácī Makel *m*

暇 xiá Muße *f*; freie Zeit: 自顾不～ sich nicht einmal um seine eigenen Angelegenheiten kümmern können

xià

下 xià ① unter; unten: 楼～ im unteren Stockwerk; unten 桌～ unter dem Tisch 地～宫殿 unterirdischer Palast 零～三度 drei Grad unter Null ② niedriger; untergeordnet; geringer: ～级 untere Ebene; untergeordnete Instanz ～等 zweitklassig; von minderer Qualität; niedrig ③ nächst: ～次 nächstes Mal; folgend ～半年 die zweite Hälfte des Jahres ④ nach unten; abwärts; herunter; hinunter: ～达 nach unten übermitteln ⑤ [表示属于一定范围、情况、条件等]: 在他领导～ unter seiner Führung 在这种情况～ unter diesen Umständen ⑥ [表示某个时间或时节]: 眼～ im Augenblick; augenblicklich; gegenwärtig 年～ (Zeit) um das Frühlingsfest ⑦ [用在数字后，表示方面和方位]: 两～里都同意 Auf beiden Seiten ist man damit einverstanden. ⑧ von oben nach unten: ～楼 die Treppe hinunter; abwärts (in einem Gebäude) 顺流而～ stromabwärts fahren (*od* schwimmen) ⑨ fallen *vi*: ～雨了。Es regnet. ⑩ erlassen *vt*; erteilen *vt*; geben *vt*: ～命令 einen Befehl erteilen; ein Kommando geben ⑪ gehen *vi*; sich begeben: ～车间 sich in die Werkhalle begeben ～馆子 in einem Gasthaus einkehren ⑫ abtreten *vi*: 从左边门儿～ durch die linke Seitentür der Bühne abtreten ⑬ hineintun *vt*; hineinlegen *vt*; in etw. werfen: ～种 säen *vt* ～网打鱼 ein Fangnetz auswerfen ～面条 Nudeln kochen ⑭ abnehmen *vt*; herunternehmen *vt*; abbauen *vt*; demontieren *vt*: 把门～下来 die Tür abmontieren ～货 Waren abladen; entladen ⑮ sich eine Meinung oder ein Urteil bilden: ～决心 einen Entschluß fassen ～结论 eine Schlußfolgerung ziehen ～定义 definieren *vt*; eine Definition geben ⑯ anwenden *vt*; einsetzen *vt*: 对症～药 entsprechend den Symptomen Medizin geben; eine den tatsächlichen Gegebenheiten entsprechende Lösung finden ⑰ werfen *vt*; legen *vt*: ～了一窝小猪 einen Wurf Ferkel werfen ～蛋 ein Ei legen ⑱ einnehmen *vt*; erobern *vt*; erstürmen *vt*: 连～数城 mehrere Städte nacheinander einnehmen ⑲ (Arbeit, Unterricht usw.) beenden *vt*; Schluß machen; abschließen *vt*: ～课 den Unterricht beenden; mit dem Unterricht Schluß machen ⑳ <量>[用于动作的次数] Mal *n*: 敲三～门 dreimal an der Tür klopfen

下 xià ① [用在动词后,表示由高处到低处]: 放～ ablegen *vt* 躺～ sich hinlegen ② [用在动词后,表示有空间,能容纳]: 这房间能坐～五十人。Dieser Raum faßt fünfzig Leute. ③ [用在动词后,表示动作的完成或结果]: 打～基础 eine Grundlage schaffen 准备～材料 Materialien bereitstellen

下巴 xiàba ① Unterkiefer *m* ② Kinn *n*

下班 xiàbān die Arbeit beenden; Feierabend machen; Dienstschluß haben

下辈 xiàbèi ① Nachkommenschaft *f* ② die jüngere Generation einer Familie

下边 xiàbiān 见"下面"

下不为例 xià bù wéi lì das darf nicht wieder vorkommen

下策 xiàcè ein schlechter Plan; eine unkluge Methode

下层 xiàcéng untere Schicht; untere Ebene; Basis *f*; untere Schichten

下场 xiàchang Ende *n*; Ausgang *m*; Schicksal *n*: 遭到可耻的～ ein schmähliches Ende nehmen 不会有好～ kein gutes Ende finden

下地 xiàdì ① aufs Feld gehen ② das Bett verlassen; aufstehen *vi*

下颚 xià'é Unterkiefer *m*

下饭 xiàfàn ① etw. als Beilage zum Reis essen: 拿什么～呀? Was nehmen Sie zum Reis? ② sich als Zukost für Reis eignen; appetitanregend sein: 这个菜很～。Dieses Gericht ist sehr appetitanregend.

下工夫 xià gōngfu für etw. viel Zeit verwenden; gewaltige Anstrengungen machen

下跪 xiàguì auf die Knie fallen; knien *vi*

下怀 xiàhuái j-s Herzenswunsch: 正中～ j-m in den Kram passen; gerade nach j-s Herzenswunsch sein

下贱 xiàjiàn niedrig; gemein; niederträchtig

下降 xiàjiàng niedergehen *vi*; sinken *vi*; untergehen *vi*; sich senken; fallen *vi*

下来 xiàlái herunter; herab; nach unten (kommen)

下来 xiàlái ① [用在动词后,表示由高处向低处或由远处向近处来]: 眼泪顺着她脸颊流～。Die Tränen rollen über ihre Wangen. 他的体温降～来。Seine Temperatur ist gefallen. 溪水从山上流～。Der Bach fließt den Berg herunter. ② [用在动词后,表示从过去继续到现在或过去从开始继续到最后]: 古代流传～的寓言 aus alten Zeiten überkommene Fabeln 坚持～! (Machen Sie) weiter so! ③ [用在动词后,表示动作的完成或结果]: 风突然停了～。Der Wind hat sich plötzlich gelegt. ④ [用在形容词后面,表示程度继续增加]: 天色渐渐黑～。Es wurde immer dunkler.

下列 xiàliè folgend; nachstehend

下流 xiàliú gemein; niederträchtig; schmutzig: ～话 Obszönitäten *pl*; Zoten *pl* ～的勾当 gemeine Taten; Niederträchtigkeit *f*

下落 xiàluò ① Verbleib *m*: 打听某人的～ sich nach j-s Verbleib erkundigen ② fallen *vi*; herunterfallen *vi*

下马威 xiàmǎwēi gleich am Anfang [durch Strenge einschüchtern; j-m bei der ersten Begegnung einen Schuß vor den Bug geben

下面 xiàmian ① unten; unter; unterhalb: 大桥～ unter der Brücke 地毯～ unter dem Teppich ② nächst; folgend: ～该谁了? Wer kommt als nächster an die Reihe? ③ untergeordnete Amtsstellen; untere Ebenen: 了解～的情况 sich mit der Situation der unteren Ebenen vertraut machen

下坡路 xiàpōlù ① der Weg bergab ② Verfall *m*; Untergang *m*: 走～ auf dem absteigenden Ast sein; sich verschlechtern

下铺 xiàpù untere Koje; unteres Bett

下棋 xiàqí Schach spielen

下情 xiàqíng die Situation (*od* Lage) unten; Gefühle und Wünsche des Volkes

下去 xiàqù ① nach unten gehen; hinuntergehen *vi* ② in einer Tätigkeit fortfahren; weitermachen *vt*; eine Verhaltensweise beibehalten: 他这样～将一事无成。Wenn er so weitermachen, wird er überhaupt nichts bringen.

下去 xiàqù ① [用在动词后，表示由高处到低处或由近处向远处去]: 洪水退～了。Das Hochwasser ist gefallen. ② [用在动词后，表示从现在继续到将来]: 坚持～ weiter aushalten ③ [用在形容词后，表示程度继续增加]: 看来天气还会冷～。Allem Anschein nach wird es noch kälter werden.

下手 xiàshǒu ① anpacken *vt*; anfassen *vt*; anfangen *vt/vi*; beginnen *vt/vi*: 不知从何～ nicht wissen, womit man anfangen soll ② Assistent *m*; Gehilfe *m*

下属 xiàshǔ Untergeordnete(r); Untergebene(r); Unterstellte(r)

下水 xiàshuǐ ① ins Wasser steigen; vom Stapel lassen: 又一艘新船～了。Wieder wird ein neues Schiff vom Stapel gelassen. ② sich auf Übeltaten einlassen: 拖人～ j-n zum Bösen verleiten

下水道 xiàshuǐdào Kanalisation *f*; Abwasserkanal *m*

下榻 xiàtà absteigen *vi*; logieren *vi*: ～于新侨饭店 im Xinqiao-Hotel absteigen

下台 xiàtái ① von der Bühne abtreten ② abdanken *vi*; entlassen *vt*; gestürzt werden ③ einen Ausweg aus einer blamblen Lage finden; sich (mit Anstand) aus der Affäre ziehen

下文 xiàwén ① nachfolgender Text; weitere Ausführungen ② Ausgang *m*; Folge *f*; Ausfall *m*; Ergebnis *n*: 申请书交上去两个星期了，还没有～。Der Antrag ist schon vor zwei Wochen eingereicht worden, aber bis jetzt erfolgte noch keine Antwort.

下午 xiàwǔ Nachmittag *m*; nachmittags

下旬 xiàxún die letzte Dekade eines Monats

下野 xiàyě sich aus dem politischen Leben zurückziehen

下意识 xiàyìshí Unterbewußtsein *n*

下游 xiàyóu ① Unterlauf eines Flusses ② Zustand der Rückständigkeit

下肢 xiàzhī untere Gliedmaßen; Beine *pl*

吓(嚇)

xià schrecken *vt/vi*; erschrecken *vt/vi*; einschüchtern *vt*; verblüffen *vt*: ～坏了 einen tüchtigen Schreck bekommen *另见 hè

吓唬 xiàhu einschüchtern *vt*; abschrecken *vt*

夏

xià Sommer *m*

夏季 xiàjì Sommer *m*

夏令营 xiàlìngyíng Sommerlager *n*

夏天 xiàtiān Sommer *m*

xiān

仙

xiān Unsterbliche(r); unsterbliches Wesen; Gottheit *f*

仙境 xiānjìng Feenreich *n*; Wunderland *n*

仙女 xiānnǚ Fee *f*; Nymphe *f*

仙人 xiānrén Unsterbliche(r); Gottheit *f*

先

xiān ① eher; zuerst; erst; voraus: ～来后到 wer zuerst kommt, wird zuerst bedient; der Reihe nach; wer zuerst kommt, mahlt zuerst 我～说几句。Ich möchte vorab (*od* als erster) ein paar Worte sprechen. 您不必～付款。Sie brauchen nicht im voraus zu bezahlen. ② Vorfahr *m*; Ahn(herr) *m*; ältere Generationen: 祖～ Vorfahren *pl*; Voreltern *pl*

先辈 xiānbèi Vorfahren *pl*; Ahnen *pl*; Voreltern *pl*; ältere Generationen

先导 xiāndǎo Vorläufer *m*; Vorgänger *m*; Wegbereiter *m*

先发制人 xiān fā zhì rén dem Gegner zuvorkommen; präventive Maßnahmen ergreifen

先锋 xiānfēng Vorhut *f*; Avantgarde *f*

先后 xiānhòu ① füher oder später; der Reihe nach; in bestimmter Reihenfolge; ordnungsgemäß: 这些事都该办，可也得有个～。All diese Angelegenheiten sollten erledigt werden, aber es muß in einer bestimmten Reihenfolge geschehen. ② nacheinander; aufeinanderfolgend: 代表们～在会上发了言。Die Delegierte haben auf der Sitzung einer nach dem anderen gesprochen.

先见之明 xiān jiàn zhī míng weise Voraussicht; Weitblick *m*

先进 xiānjìn fortschrittlich; fortgeschritten

先决 xiānjué vorausgesetzt: ～条件 Voraussetzung *f*; Vorbedingung *f*

先例 xiānlì Präzedenzfall *m*: 开～ einen Präzedenzfall schaffen

先烈 xiānliè Märtyrer *m*

先前 xiānqián vorher; zuvor; vormals; ehemals; früher: 这孩子比～高多了。Das Kind ist viel größer als damals.

先遣 xiānqiǎn vorgeschickt; vorausgeschickt: ～队 Vorhut *f*; Vorausabteilung *f*

先驱 xiānqū Vorläufer *m*; Vorkämpfer *m*

先人后己 xiān rén hòu jǐ erst an die anderen und dann an sich selbst denken

先入为主 xiān rù wéi zhǔ der erste Eindruck ist am stärksten; Vorurteile haben; voreingenommen sein

先生 xiānsheng ① Lehrer *m* ② Herr *m*: 总统～ Herr Präsident 女士们，～们 meine Damen und Herren

先天 xiāntiān von Geburt an; angeboren

先头 xiāntóu vorder; voran; vorher; früher; zuvor

先行 xiānxíng vorangehen *vi*; vorher; im voraus: ～者 Vorgänger *m*; Vorläufer *m*

先斩后奏 xiān zhǎn hòu zòu j-n zuerst enthaupten, dann dem Kaiser Bericht erstatten — den Vorgesetzten (*od* eine höhere Instanz) vor vollendete Tatsachen stellen; eigenmächtig seine Befugnis überschreiten

先兆 xiānzhào Omen *n*; Vorzeichen *n*

鲜 xiān ① frisch: 新～空气 frische Luft ② leuchtend; hell: 这条头巾颜色太～。Die Farbe des Kopftuches ist zu kräftig. ③ wohlschmeckend; köstlich; schmackhaft: 这汤真～。Die Suppe schmeckt vorzüglich. ④ Delikatesse *f*; Leckerbissen *m*: 海～ Meeresfrüchte *pl*

鲜红 xiānhóng leuchtend rot; scharlachrot

鲜花 xiānhuā frische Blume; Schnittblume *f*

鲜美 xiānměi frisch; lecker; wohlschmeckend

鲜明 xiānmíng ① (Farben) hell; leuchtend: 色彩～ in kräftigen Farben ② deutlich; klar; auffallend: ～的对照 ein auffallender (*od* scharfer) Kontrast 主题～ ein klares Motiv (*od* Thema) haben

鲜艳 xiānyàn farbenfreudig; in leuchtenden Farben: 色彩～ farbenprächtig ～夺目 blendend schön; in leuchtenden Farben

掀 xiān hochheben *vt*; abheben *vt*; aufschlagen *vt*

掀起 xiānqǐ ① (Wellen) schlagen *vt*: 大海～了巨浪。Das Meer schlug gewaltige Wellen ② (eine großangelegte Bewegung, Kampagne usw.) in Gang setzen: ～建设高潮 eine Aufschwung des Aufbaus herbeiführen

锨 xiān Spaten *m*

纤(纖) xiān ① fein; winzig ② Faser *f*: 光～ Glasfaser *f*

纤弱 xiānruò zart und schwächlich

纤维 xiānwéi Faser *f*: 人造～ Kunstfaser *f*

纤细 xiānxì zart und dünn; fein

xián

涎 xián Speichel *m*

舷 xián Schiffsseite *f*; Bord *m*: 左～ Backbord *n* 右～ Steuerbord *n*

弦 xián Bogensehne *f*; Sehne *f*; Saite *f*: ～乐器 Saiteninstrument *n*

闲(閒) xián ① unbeschäftigt; müßig; frei haben: ～不住 nicht müßig herumsitzen wollen; nicht untätig sein können ② leerstehend; ungenutzt; außer Betrieb; frei: ～房 leerstehendes (*od* freies) Zimmer (*od* Haus) 别让机器～着！Laßt die Maschine nicht ungenutzt herumstehen! ③ Freizeit *f*

闲逛 xiánguàng schlendern *vi*; bummeln *vi*; herumspazieren *vi*

闲话 xiánhuà ① Abschweifung *f* ② müßiges Gerede; leeres Geschwätz; klatsch *m* ③ plaudern *vi*; schwatzen *vi*

闲空 xiánkòng Muße *f*; Freizeit *f*

闲聊 xiánliáo plaudern *vi*; sich mit j-m zwanglos unterhalten

闲情逸致 xián qíng yì zhì (zu etw.) Muße und Lust haben
闲人 xiánrén ① Müßiggänger *m*; unbeschäftigte Person ② Unbefugte(r): ～免进。Unbefugten ist der Zutritt verboten.
闲事 xiánshì ① Angelegenheiten, die einen nichts angehen ② unbedeutende Kleinigkeiten; belanglose Sachen
闲谈 xiántán plaudern *vi*; Plauderei *f*
闲暇 xiánxiá Muße *f*; Mußestunden *pl*; freie Zeit
闲置 xiánzhì ungenutzt; brachliegend: ～的机器 ungenutzte Maschine

娴 xián ① anmutig und zurückhaltend ② gewandt; geübt; geschickt
娴静 xiánjìng anmutig, leise und zurückhaltend
娴熟 xiánshú gewandt; geschickt; geübt

咸(鹹) xián salzig; gesalzen: ～菜 Salzgemüse *n*

贤(賢) xián tugendhaft; fähig; sittliche und rechtschaffene Person: 任人唯～ nur tugendhafte und fähige Personen einsetzen 让～ sein Amt einem verantwortungsbewußten und fähigen Mann übergeben
贤惠 xiánhuì (von einer Frau) tugendhaft; sittsam
贤良 xiánliáng (von einem Mann) fähig und pflichtgetreu
贤明 xiánmíng weise und befähigt

衔(啣①②) xián ① etw. im Mund halten: ～着烟斗 eine Pfeife zwischen den Zähnen haben ② hegen *vt*; etw. in sich bewahren: ～恨 Groll hegen; j-m eine Tat nachtragen ③ Rang *m*; Titel *m*: 军～ minitärischer Rang 头～ Titel *m*
衔接 xiánjiē verbinden *vt*; zusammenkoppeln *vt*; koordinieren *vt*

嫌 xián ① Verdacht *m*: 避～ Verdacht vermeiden; keinen Verdacht auf sich lenken ② Groll *m*; Kränkung *f*: 消释前～ Der alte Groll wurde völlig begraben ③ gegen j-n/etw. Abneigung hegen; verabscheuen *vt*; einer Sache überdrüssig sein; etw. nicht mögen: 此文略～罗嗦。Der Artikel ist etwas zu umständlich geschrieben.
嫌弃 xiánqì Abneigung gegen j-n haben; j-m die kalte Schulter zeigen
嫌恶 xiánwù verabscheuen *vt*; Widerwillen haben; angeekelt sein
嫌疑 xiányí Verdacht *m*: ～犯 mutmaßlicher Täter; Verdächtige(r)

xiǎn

显(顯) xiǎn ① sichtbar; deutlich; offensichtlich: ～而易见 es ist offensichtlich ② zeigen *vt*; sich offenbaren: 大～身手 sich als großes Talent offenbaren
显得 xiǎnde aussehen *vi*; scheinen *vi*: 她～很高兴。Sie scheint sehr froh zu sein.
显赫 xiǎnhè mächtig; machtvoll; einflußreich; hervorragend: ～一时 eine Zeitlang Ruhm und Macht genießen; eine Zeitlang in hohem Ansehen stehen
显露 xiǎnlù zeigen *vt*; zum Vorschein kommen; sichtbar werden
显然 xiǎnrán offensichtlich; augenfällig; ganz klar
显示 xiǎnshì ① zeigen *vt*; demonstrieren *vt*; manifestieren *vt*: ～出智慧和才能 seine Klugheit und sein Können zeigen
显微镜 xiǎnwēijìng Mikroskop *n*
显现 xiǎnxiàn zum Vorschein kommen; auftauchen *vi*; in Erscheinung treten: 雾气逐渐消失，重叠的山峦一层一层地～出来。Der Nebel lichtete sich allmählich und die Berggipfel tauchten einer hinter dem anderen wieder auf.
显象管 xiǎnxiàngguǎn Bildröhre *f*
显眼 xiǎnyǎn auffallend; hervorstechend; auffällig; sofort ins Auge stechend: ～的地方 eine unübersehbare Stelle 穿得太～ zu auffällig gekleidet sein
显要 xiǎnyào mächtig und einflußreich: ～人物 Würdenträger *m*; Persönlichkeit *f*
显影 xiǎnyǐng (Film) entwickeln *vt*
显著 xiǎnzhù beachtlich; beträchtlich; deutlich; sichtbar; bedeutend: 取得～的成效 beachtliche Erfolge erzielen

险(險) xiǎn ① schwer passierbare Stelle; enger Paß; Barriere *f*: 天～ natürliche Barriere; Naturhindernis *n* ② Gefahr *f*; Risiko *n*: 冒～ ein Risiko eingehen ～症 gefährliche Krankheit ③ heimtückisch; boshaft: 阴～ heimtückisch ④ beinahe; fast: ～遭不幸 beinahe verunglückt sein

险恶 xiǎn'è ①gefährlich; kritisch; unheilvoll: 处境～ sich in einer unheilvoller Lage befinden ② boshaft; heimtückisch; hinterhältig: ～的用心 boshafte Absicht; Tücke *f*

险境 xiǎnjìng gefährliche Gegend; gefährliche Situation; riskante Lage

险峻 xiǎnjùn schroff; steil abfallend

险些 xiǎnxiē beinahe: 她～被敌人抓住。 Beinahe wäre sie dem Feind in die Hände gefallen.

险要 xiǎnyào schwer zugänglich und strategisch wichtig

险诈 xiǎnzhà heimtückisch und listig

xiàn

宪(憲) xiàn Verfassung *f*; Konstitution *f*

宪兵 xiànbīng Gendarm *m*

宪法 xiànfǎ Verfassung *f*

宪章 xiànzhāng Charta *f*; Satzung *f*: 联合国～ Charta der Vereinten Nationen

宪政 xiànzhèng konstitutionelle Regierungsform

羡 xiàn beneiden *vt*; bewundern *vt*: ～慕 beneiden *vt*; neidisch sein

献(獻) xiàn ① darbieten *vt*; darbringen *vt*; überreichen *vt*: ～花 Blumen überreichen 贡～ widmen *vt* ～策 Ratschläge unterbreiten; Vorschläge machen ② zeigen *vt*; etw. zur Schau tragen: ～技 seine Kunst vorführen (*od* zeigen)

献丑 xiànchǒu [用于表演或写作时] (sich unterstehen) sein geringes können vorzuführen: 一定要我唱,我只好～了。 Wenn Sie schon darauf bestehen, werde ich mich wohl mit einem Lied blamieren müssen.

献词 xiàncí Glückwunschadresse *f*: 新年～ Neujahrsbotschaft *f*

献计 xiànjì Ratschläge unterbreiten; Vorschläge machen

献礼 xiànlǐ ein Geschenk überreichen; Geschenke darbringen

献媚 xiànmèi schmeicheln *vi*; sich einschmeicheln; sich anbiedern

县(縣) xiàn Kreis *m*: ～治 Sitz der Kreisbehörde

县志 xiànzhì Kreisannalen *pl*

现 xiàn ① jetzt; gegenwärtig; präsent: ～年50岁 jetzt 50 Jahre (alt) sein ～阶段 gegenwärtige Etappe ～况 gegenwärtige Lage ② verfügbar; vorrätig; Bar-: ～钱 Bargeld *n* ③ zeigen *vt*; erscheinen *vi*: ～原形 seine wahre Natur zeigen; sich entlarven 她脸上～出一丝笑容。 Ein leichtes Lächeln zeigte sich auf ihrem Gesicht.

现场 xiànchǎng ① Tatort *m*: 保护～ den Tatort unberührt lassen ② Ort und Stelle; vor Ort: ～会 Konferenz vor Ort

现成 xiànchéng fertig; parat: ～衣服 Konfektionskleidung *f*

现代 xiàndài Gegenwart *f*; gegenwärtig; modern; neuzeitlich: ～语言 Gegenwartssprache *f* ～派 Moderne *f*

现代化 xiàndàihuà modernisieren *vt*; Modernisierung *f*: ～设备 moderne Anlage

现金 xiànjīn Bargeld *n*: ～支付 Barzahlung *f*; in bar zahlen

现款 xiànkuǎn Bargeld *n*

现任 xiànrèn gegenwärtig amtieren als; im Dienst sein: ～总统 derzeitiger Präsident; Präsident dieser Amtsperiode

现实 xiànshí ① Realität *f*; Wirklichkeit *f*: 脱离～ sich von der Realität lösen; unrealistisch sein ② real; aktuell; wirklich; realistisch: ～生活 das wirkliche Leben 采取～态度 eine realistische Haltung einnehmen ～主义 Realismus *m*

现象 xiànxiàng Erscheinung *f*; Phänomen *n*: 罕见的～ seltene Erscheinung 事物的～和本质 Erscheinung und Wesen der Dinge

现行 xiànxíng ① derzeitig geltend (*od* gültig); gegenwärtig in Kraft; gerade in Ausführung (begriffen): ～法令 gegenwärtig geltende Verordnungen ～政策 gegenwärtige Politik ② aktiv kriminell tätig; in der Gegenwart verbrecherisch handelnd: ～反革命分子 aktiver Konterrevolutionär

现役 xiànyì im Militärdienst stehend; aktiv: ～军队 das stehende Heer

现在 xiànzài jetzt; heute; gegenwärtig; augenblicklich; momentan

现状 xiànzhuàng gegenwärtige Lage; Status quo *m*; gegenwärtiger Stand (*od* Zustand): 安于～ mit dem Status quo zufrieden sein; sich mit den Dingen, so wie sie liegen, begnügen

腺 xiàn Drüse *f*

馅 xiàn Füllung *f* (für Kuchen u.ä.): 肉～儿 Fleischfüllung *f*

陷 xiàn ① Fallgrube *f*; Falle *f* ② sinken *vi*; versinken *vi*; hineingeraten *vi*; steckenbleiben *vi*: 越～越深 immer tiefer versinken 车～进泥里了。Der Wagen ist im Sumpf (*od* im Schlamm) steckengeblieben. ③ einfallen *vi*; sinken *vi*: 深～的两颊 eingefallene Wangen ④ Schaden zufügen; zu Fall bringen ⑤ besetzt werden; eingenommen werden ⑥ Defekt *m*; Fehler *m*

陷阱 xiànjǐng Falle *f*; Fallgrube *f*: 布设～ eine Falle stellen

陷落 xiànluò ① sinken *vi*; einsinken *vi* ② dem Feind in die Hände fallen; vom Feind besetzt werden

陷入 xiànrù ① in etw. geraten; in etw. verfallen; hineingeraten *vi*: ～困境 in die Klemme kommen ～停顿状态 ins Stocken geraten ② versinken *vi*; sich vertiefen: ～沉思 in sich selbst versinken

限 xiàn ① Grenze *f*; Limit *n*; Schranke *f*: 界～ Grenze *f* 期～ Frist *f* ② ein Limit setzen; beschränken *vt*; begrenzen *vt*; einschränken *vt*: 每人～购四张票。Der Verkauf ist auf vier Karten pro Person beschränkt. 把发言时间～在五分钟内 die Redezeit auf fünf Minuten begrenzen

限定 xiàndìng bestimmen *vt*; befristen *vt*; beschränken *vt*; begrenzen *vt*: ～时间完成 eine Frist für die Erfüllung einer Aufgabe bestimmen (*od* festsetzen)

限度 xiàndù Grenze *f*; Limit *n*; Schranke *f*; Begrenzung *f*: 超过～ das Limit überschreiten 我们的忍耐是有～的。Unser Geduld hat Grenzen.

限额 xiàn'é festgesetzte Quote; Limit *n*

限期 xiànqī ① innerhalb eines festgesetzten Zeitraums; fristgemäß: 你必须～把申请书交来。Du muß dein Bewerbungsschreiben innerhalb des festgesetzten Termins übergeben. ② Frist *f*; festgesetzter Termin

限于 xiànyú sich auf etw. beschränken; eingeschränkt durch etw. 他的讲话只～最重要的方面。Bei seiner Rede beschränkte sich auf das Wesentliche. ～篇幅，不能刊载全文。Aus Platzmangel kann man nicht den vollen Wortlaut veröffentlichen.

限制 xiànzhì beschränken *vt*; einschränken *vt*; Begrenzung *f*: 年龄～ Altersgrenze *f* ～发言时间 die Redezeit beschränken

线(綫) xiàn ① Faden *m*; Garn *n*; Zwirn *m*; Draht *m*: 丝～ Seidenfaden *m* 毛～ Wollfaden *m* 电～ elektrische Leitung; Leitungsdraht *m* ② Linie *f*: 直～ gerade Linie 曲～ krumme Linie; Kurve *f* ③ etwas Fadenförmiges: ～香 (langes dünnes) Weihrauchstäbchen ④ Verkehrslinie *f*; Kurs *m*; Route *f*: 航～ Schiffahrtslinie *f* 铁道～ Eisenbahnlinie *f* ⑤ Grenze *f*; Grenzlinie *f*: 边界～ Grenzlinie *f* 海岸～ Küstenlinie *f* ⑥ Rand *m*; Grenze *f*: 在死亡～上 am Rande des Todes ⑦ 〈量〉〔用于抽象事物，数词限用'一'〕: 一～希望 ein Hoffnungsschimmer 一～光明 ein dünner Lichtstrahl

线路 xiànlù Leitung *f*; Stromkreis *m*: 电话～ Telefonleitung *f*

线圈 xiànquān Spule *f*

线索 xiànsuǒ Faden *m*; Spur *f*

线条 xiàntiáo Linie *f*; Strich *m*

xiāng

襄 xiāng 〈书〉 helfen *vi*; assistieren *vi*: ～助 assistieren *vi*; unterstützen *vt*

镶 xiāng ① einsetzen *vt*; einfassen *vt*; einlegen *vt*: ～金 mit Gold eingelegt ～牙 einen künstlichen Zahn einsetzen ② einfassen *vt*; umsäumen *vt*; bordieren *vt*: 给裙子～花边 einen Rock mit Spitzen einfassen (*od*

umsäumen)

镶嵌 xiāngqiàn einsetzen *vt*; einfassen *vt*; einlegen *vt*

相 xiāng ① einander; gegenseitig: 素不～识 einander nicht kennen ～距甚远 sehr weit voneinander entfernt sein ② [表示一方对另一方的动作]: 以礼～待 j-n mit gebührendem Respekt behandeln 另眼～看 j-n mit anderen Augen ansehen; j-m besondere Aufmerksamkeit schenken ③ besehen *vt*: ～亲 die Familie des zukünftigen Schwiegersohns in Augenschein nehmen; die Familie der zukünftigen Schwiegertochter begutachten *另见 xiàng

相比 xiāngbǐ vergleichen *vt*; messen *vt*: 二者～,后者为佳。Wenn Beides sich (miteinander) vergleichen läßt, ist das letzte besser.

相差 xiāngchà sich unterscheiden; verschieden sein; Unterschied *m*: ～无几。Der Unterschied ist sehr winzig.

相称 xiāngchèn passen *vi*; harmonieren *vi*; entsprechen *vi*: 这种上衣跟你的年龄不～。Diese Jacke ist in deinem Alter unpassend.

相持 xiāngchí im Kampf (miteinander) bestehen können; sich in einer Pattsituation befinden: 双方～不下。Die beiden Seiten zeigen sich unnachgiebig.

相处 xiāngchǔ zusammenleben *vi*; mit j-m umgehen; sich vertragen: 不好～ mit j-m schwer auskommen können

相传 xiāngchuán ① der Überlieferung nach ② überliefern *vt*: 世代～ etw. von Generation zu Generation überliefern

相当 xiāngdāng ① gleich sein; entsprechen *vi*; sich die Waage halten: 得失～。Gewinn und Verlust halten sich die Waage. ② ziemlich; recht; beträchtlich: ～成功 ziemlich erfolgreich 我～累。Ich bin recht müde. 受到～大的损失 beträchtliche Verluste erleiden ③ passend; treffend; geeignet: 这工作还没有找到～的人。Für diese Arbeit hat man noch keine geeignete Person gefunden.

相等 xiāngděng gleich; identisch: 数量～ zahlenmäßig gleich sein

相抵 xiāngdǐ ausgleichen *vt*; sich im Gleichgewicht befmden; sich die Waage halten

相对 xiāngduì ① sich gegenüberliegen; sich gegenüberstehen; sich gegenübersitzen: 两山遥遥～。Die beiden Berge stehen sich in einiger Entfernung gegenüber. ～无言 einander schweigend ansehen ② relativ; verhältnismäßig: ～稳定 relative Stabilität ～地说 relativ gesprochen

相反 xiāngfǎn im Gegenteil; entgegengesetzt; umgekehrt: ～的方向 entgegengesetzte Richtung 恰恰～ genau das Gegenteil

相仿 xiāngfǎng ähnlich; ungefähr gleich: 年纪～ ungefähr in gleichem Alter

相逢 xiāngféng begegnen *vi*; treffen *vt*

相符 xiāngfú entsprechen *vi*; übereinstimmen *vi*: 报告与事实～。Der Bericht entspricht den Tatsachen.

相辅相成 xiāng fǔ xiāng chéng einander ergänzen und fördern; sich gegenseitig vervollständigen und stärken

相干 xiānggān [多用于否定句或疑问句] mit etw. zu tun haben; angehen *vt*: 这事跟你有什么～? Was geht dich das an?

相关 xiāngguān im Zusammenhang stehen; Beziehung haben: 密切～ im engen Zusammenhang stehen

相好 xiānghǎo ① gut mit j-m auskommen; befreundet sein ② guter Freund ③ ein Liebesverhältnis haben; Liebhaber *m*; Geliebte(r)

相互 xiānghù einander; gegenseitig; wechselseitig: ～影响 einander beeinflussen ～作用 Interaktion *f*; Wechselwirkung *f*

相继 xiāngjì einer nach dem anderen; nacheinander: 代表们～发言。Die Delegierten ergriffen hintereinander das Wort.

相距 xiāngjù voneinander entfernt sein; auseinanderliegen; Entfernung *f*

相连 xiānglián miteinander verbunden sein; aneinander angeschlossen sein

相劝 xiāngquàn zureden *vi*; überreden *vt*

相商 xiāngshāng sich beraten; sich besprechen; um Rat fragen: 有事～ sich über eine Angelegenheit besprechen

…gshí ① sich kennen; …nder bekannt sein ② …schaft *f*; Bekannte(r): …ter Bekannter

…āngsì ähneln *vi*; ähnlich …gleich sein

…论 xiāng tí bìng lùn [多用于…定式] j-n mit j-m auf die gleiche Stufe stellen; etw. mit etw. gleichsetzen; in einem Atemzug nennen: 两者不能～。Die beiden Dinge dürfen nicht gleichgesetzt werden.

相同 xiāngtóng gleich; identisch

相投 xiāngtóu geistesverwandt; miteinander übereinstimmen: 兴趣～ gleiche Neigungen und Interessen haben; sich gegenseitig sympathisch finden

相象 xiāngxiàng ähneln *vi*; gleichen *vi*; ähnlich sein

相信 xiāngxìn glauben *vt*/*vi*; von etw. überzeugt sein; vertrauen *vi*

相形见绌 xiāng xíng jiàn chù bei einem Vergleich die Schwächen deutlich werden lassen; bei einem Vergleich den kürzeren ziehen

相依 xiāngyī voneinander abhängen: 唇齿～ so nahe beisammen wie Lippen und Zähne; aufeinander angewiesen sein

相宜 xiāngyí sich ziemen; passend; geeignet; angemessen; angebracht

相应 xiāngyìng entsprechend; dementsprechend; angemessen; passend: 生产发展了,工人的生活水平也～提高了。Die Produktion hat sich entwickelt, der Lebensstandart der Arbeiter können dementsprechend auch steigern.

相映 xiāngyìng einen Kontrast bilden; in reizvollem Kontrast zueinander stehen: 湖光塔影～成趣。Das Schimmern des Sees und die Spiegelung der Pagode heben sich vorteilhaft voneinander ab.

厢 xiāng ① seitliche Teile eines ebenerdigen Hauses; Flügelzimmer *n*: ～房 Seitenteile eines ebenerdigen Hauses; Seitengebäude *n*; Seitenflügel *m* ② Abteil *n*; abgeteilter Raum: 车～ Reisezugwagen *m* 包～ Loge *f*

箱 xiāng Kiste *f*; Kasten *m*; Koffer *m*: 皮～ Lederkoffer *m* 垃圾～ Müllkasten *m* 风～ Blasebalg *m*

香 xiāng ① duftend; wohlriechend; aromatisch ② appetitlich; gut schmecken: 今天的饭真～! Das Essen schmeckt heute wirklich gut. ③ einen guten Appetit haben ④ fest; tief (schlafen) ⑤ Parfüm *n*; Würze *f*: 檀～ Sandelholz *n* 麝～ Moschus *m* ⑥ Räucherwerk *n*; Weihrauch *m*; Räucherstäbchen *n*: ～炉 Räucherpfanne *f*

香肠 xiāngcháng Wurst *f*

香蕉 xiāngjiāo Banane *f*

香精 xiāngjīng Essenz *f*; Aroma *n*

香料 xiāngliào Aromastoff *m*

香喷喷 xiāngpēnpēn wohlriechend; duftend; aromatisch

香水 xiāngshuǐ Parfüm *n*

香甜 xiāngtián ① duftend und süß ② süß; sanft (schlafen)

香烟 xiāngyān Zigarette *f*

香皂 xiāngzào parfümierte Seife; Toilettenseife *f*

乡(鄉) xiāng ① Land *n*; ländliche Gebiete; Dorf *n*: 城～ Stadt und Land ② Heimat *f*; Heimatstadt *f*; Heimatdorf *n*: 思～ Heimweh haben; sich nach der Heimat sehnen

乡村 xiāngcūn Dorf *n*; ländliches Gebiet; Land *n*

乡亲 xiāngqīn Landsleute *pl*; Angehöriger einer Dorfgemeinschaft

乡思 xiāngsī Heimweh *n*; Nostalgie *f*

乡土 xiāngtǔ Heimaterde *f*; Heimatdorf *n*: ～风味 ortsüblicher Geschmack

乡下 xiāngxia auf dem Lande; auf dem Dorf

xiáng

详 xiáng ① ausführlich; sehr genau; eingehend ② erläutern *vt*; ausführlich erklären ③ Bescheid wissen; genau kennen; bekannt sein: 作者的生卒年月不～。Der Geburts- und Todestag des Autors ist unbekannt.

详尽 xiángjìn ausführlich; erschöpfend; detailliert: ～的记载 ausführliche Aufzeichnung

详情 xiángqíng Einzelheiten *pl*; genauer Sachverhalt

详细 xiángxì ausführlich; detailliert; eingehend; ganz genau: ～的报告 ein detaillierter Bericht

祥 xiáng glücklich; günstig; glückverheißend: 吉～ günstig; glückverheißend

翔 xiáng in der Luft kreisen; schweben *vi*: 翱～ in großer Höhe schweben

降 xiáng ① kapitulieren *vi*; sich ergeben: 宁死不～ lieber sterben als sich ergeben ② besiegen *vt*; unterwerfen *vt*: ～顺 sich unterwerfen und Gefolgschaft versprechen *另见 jiàng

xiǎng

享 xiǎng genießen *vt*; sich erfreuen

享福 xiǎngfú ein glückliches Leben führen; in Behaglichkeit und Komfort leben

享乐 xiǎnglè die Freuden (des Lebens) genießen; in Genüssen schwelgen; Genuß *m*; Vergnügen *n*

享受 xiǎngshòu ① genießen *vt*; sich erfreuen: ～公费医疗 kostenlose ärztliche Betreuung genießen ② Genuß *m*: 贪图～ Behaglichkeit und Komfort suchen

享有 xiǎngyǒu sich (eines Vorrechts, besonderen Ansehens usw.) erfreuen; genießen *vt*: ～崇高的威望 sich hohen Ansehens erfreuen; sehr geachtet sein ～盛名 weit und breit einen guten Ruf genießen

想 xiǎng ① denken *vi*: 让我～一～。Lassen Sie mich nachdenken (*od* überlegen)! ～办法 einen Weg (*od* eine Lösung finden ～～后果 die Folgen überlegen ～问题 über eine Frage nachdenken ② glauben *vt*; annehmen *vt*; meinen *vt*; vermuten *vt*: 我～他今天不会来。Ich vermute, er kommt heute nicht. 我～是吧。Ich glaube schon. ③ wollen; möchten: ～试试吗？Möchten Sie mal versuchen? ④ sich nach j-m/etw. sehnen: 您走了以后，我们都很～您。Seit Sie uns verlassen haben, sind wir mit unserem Gedanken oft bei Ihnen

想必 xiǎngbì gewiß; sicher; höchstwahrscheinlich: 这事～您知道。Das wissen Sie sicher.

想不到 xiǎngbudào unerwartet; unvorhergesehen: 真～你 三心二意。Ich hätte mir vorstellen können, daß du halbherzig bist. 真～在这儿遇见你。Daß ich dich hier treffen würde, hatte ich wirklich nie gedacht.

想不开 xiǎngbukāi sich etw. zu Herzen nehmen; sich von etwas Unangenehmem nicht frei machen können: 别为这些小事～！Nimm dir solche Bagatellen nicht zu Herzen!

想当然 xiǎngdāngrán nur von seiner eigenen Vermutung ausgehend; subjektive Annahme

想得开 xiǎngdekāi über etw. hinwegsehen können; sich etw. nicht zu Herzen nehmen; sich über nichts Sorgen machen; etw. von der leichten Seite nehmen

想法 xiǎngfa Gedanke *m*; Idee *f*; Einfall *m*: 这个～不错。Das ist keine schlechte Idee.

想方设法 xiǎngfāng shèfǎ mit allen erdenklichen Mitteln; alles Mögliche tun; Himmel und Hölle/Erde in Bewegung setzen

想念 xiǎngniàn an j-n/etw. denken; sich nach j-m/etw. sehnen; vermissen *vt*

想起 xiǎngqǐ sich erinnern; einfallen *vi*; auf einen Gedanken kommen; sich etw. ins Gedächtnis zurückrufen: ～过去 sich an die Vergangenheit erinneren 我想不起在哪儿见过她。Ich kann mich nicht erinnern, wo ich dich gesehen hat.

想入非非 xiǎng rù fēi fēi vor sich hin träumen; sich Phantastereien hingeben; grübeln *vi*

想望 xiǎngwàng hoffen *vt/vi*; wünschen *vt*; nach etw. verlangen

想象 xiǎngxiàng ① sich vorstellen; sich einbilden: 不可～ unvorstellbar; schwer vorzustellen ② Imagination *f*; Einbildung *f*: ～力 Einbildungskraft *f*

响（響） xiǎng ① Laut *m*; Schall *m*; Geräusch *n*: 听不见～儿了。Kein Laut war mehr zu hören. ② tönen *vi*; ertönen *vi*; klingen *vi*; knallen *vi*: 钟～了。Die Glocke tönt. 电话铃～了。Das Telephon klingelte. 一声枪～。Ein Schuß knallt. ③ laut: 收音机开得太～了。Das Radio ist zu laut. ④ Echo *n*: ～应 reagieren *vi*; ant-

销 xiāo ① aufheben *vt*; annullieren *vt*; etw. rückgängig machen: 注～ (aus einem Verzeichnis) streichen *vt* ～假 sich aus dem Urlaub zurückmelden ② absetzen *vt*; verkaufen *vt*: 产～ Produktion und Absatz 畅～书 Bestseller *m* ③ Geldausgabe *f*; finanzieller Aufwand: 开～ Aufwand *m*; Ausgabe *f*

销毁 xiāohuǐ durch Schmelzen oder Verbrennen vernichten (*od* zerstören): ～核武器 Vernichtung nuklearer Waffen

销路 xiāolù Absatz *m*; Umsatz *m*: ～很好 gut verkäuflich sein; guten Absatz finden

销声匿迹 xiāo shēng nì jī sang- und klanglos verschwinden; sich weder sehen noch von sich hören lassen

销售 xiāoshòu verkaufen *vt*; Absatz *m*: ～量 Absatzmenge *f*

哮 xiāo ① keuchen *vi*; schwer (*od* pfeifend) atmen: ～喘 Asthma *n* ② heulen *vi*; brüllen *vi*: 咆～ brüllen *vi*

枵 xiāo 〈书〉 leer; hohl

枵腹从公 xiāo fù cóng gōng mit leerem Magen Amtsgeschäften nachgehen (von schlecht bezahlten Beamten); unter schweren Bedingungen dem Gemeinwohl dienen

嚣 xiāo lärmen *vi*; Lärm *m*; Getöse *n*; Tumult *m*: 叫～ Krach schlagen; herumbrüllen *vi* ～张 sich überheblich gebärden (*od* aufführen, benehmen); anmaßend; aggressiv

萧(蕭) xiāo verwüstet; trostlos; verlassen

萧瑟 xiāosè ① öde; trostlos; trübselig: ～景象 ein trostloser Anblick ② (im Wind) rascheln *vi*: 秋风～。Der Herbstwind läßt die Blätter rascheln.

萧条 xiāotiáo ① verwüstet; trostlos; einsam ② Depression *f*; flau: 经济～ wirtschaftliche Depression

潇(瀟) xiāo

潇洒 xiāosǎ natürlich und ungezwungen; zwangloses und elegantes Auftreten: 举止～ sich ungezwungen und charmant geben

潇潇 xiāoxiāo ① regnerisch und windig: 风雨～。Der Wind pfeift, und der Regen plätschert. ② nieselnd; fein regnend: 春雨～。Ein feiner Frühlingsregen fiel herab.

xiáo

淆 xiáo durcheinanderbringen *vt*; vermischen *vt*: 混～ (Unterschiede) verwischen *vt*; verdunkeln *vt*; verwechseln *vt*

xiǎo

晓(曉) xiǎo ① dämmern *vi*; Morgendämmerung *f*; Tagesanbruch *m*: 拂～ Morgendämmerung *f*; Morgengrauen *n* ② wissen *vt*/*vi*; kennen *vt*: 家喻户～ allgemein bekannt sein; allen bekannt sein ③ j-n etw. wissen lassen; j-m etw. zur Kenntnis bringen: ～以大义 j-m eine große und gerechte Sache nahebringen

晓得 xiǎode wissen *vt*/*vi*: 天～! Weiß Gott! 或 Weiß der Himmel! 或 Wer weiß!

小 xiǎo ① klein; geringfügig; unbedeutend: ～姑娘 (kleines) Mädchen *n* ～溪 Bächlein *n* ～声说话 mit leiser Stimme sprechen ～资产阶级 Kleinbürgertum *n*; Kleinbourgeoisie *f* ② eine kurze Weile: ～憩 sich ein wenig ausruhen ～坐 bei j-m kurz vorbeischauen ③ jung: 一家老～ die ganze Familie, alt und jung ～儿子 der jüngste Sohn ～猫 kleine Katze; Kätzchen *n*

小本经营 xiǎo běn jīngyíng Kleinhandel (treiben)

小便 xiǎobiàn ① urinieren *vi*; Harn lassen ② Harn *m*; Urin *m*

小菜 xiǎocài Pickles *pl*

小册子 xiǎocèzi Broschüre *f*; Heft *n*

小产 xiǎochǎn Fehlgeburt *f*; Abort *m*

小吃 xiǎochī ① Imbiß *m*; kleines Gericht; Bissen *m*: ～店 Imbißstube *f*; Spezialitätengeschäft *n* ② Backwerk *n*; Spezialitäten *pl* ③ kalte Vorspeise

小丑 xiǎochǒu Clown *m*; Komiker *m*; Hanswurst *m*; Spaßmacher *m*

小道消息 xiǎodào xiāoxi Gassengemunkel *n*; Flüsterparolen *pl*; nichtamtliche Meldung

小调 xiǎodiào ① im Volk entstandene und verbreitete Melodien; Volksweisen *pl* ② Moll *n*; Molltonart *f*

小儿科 xiǎo'érkē Kinderheilkunde *f*; Pädiatrie *f*: ～医生 Pädiater *m*; Kinderarzt *m*

小贩 xiǎofàn Kleinhändler *m*; Hausierer *m*; Straßenhändler *m*; Höker *m*

小费 xiǎofèi Trinkgeld *n*

小工 xiǎogōng Hilfsarbeiter *m*; ungelernter Arbeiter; Handlanger *m*

小鬼 xiǎoguǐ ① Kobold *m*; kleiner Teufel; Wichtel *m* ② Teufelchen *n* (Kosename für ein Kind)

小伙子 xiǎohuǒzi junger Bursche; junger Kerl

小集团 xiǎojítuán Clique *f*; Fraktion *f*

小轿车 xiǎojiàochē Personenkraftwagen *m* (PKW); Limousine *f*

小节 xiǎojié kleine Nachlässigkeiten: 不拘～ über die eigenen kleinen Nachlässigkeiten im täglichen Leben hinwegsehen

小结 xiǎojié kurz zusammenfassen; kurze Zusammenfassung

小姐 xiǎojie ① Fräulein ② junges Fräulein; junge Herrin

小看 xiǎokàn 〈口〉 geringschätzen *vt*; unterschätzen *vt*; herabsetzen *vt*

小康 xiǎokāng wohlhabend; Wohlstand *m*: ～之家 wohlhabende Familie

小两口 xiǎoliǎngkǒu junges Ehepaar

小麦 xiǎomài Weizen *m*

小卖部 xiǎomàibù ① Kiosk *m*; kleiner Laden; Verkaufsraum *m* ② Büfett *n*

小朋友 xiǎopéngyǒu Kinder *pl*; kleiner Freund; mein Kind

小便宜 xiǎopiányi kleine Vorteile; kleiner Nutzen

小品 xiǎopǐn kleinere literarische und künstlerische Arbeiten; (literarische) Skizze *f*; Feuilleton *n*; Essay *m/n*; Sketch *m*

小气 xiǎoqi ① geizig; knauserig ② engherzig; kleinlich

小巧玲珑 xiǎoqiǎo línglóng klein und fein geformt; klein, aber fein

小圈子 xiǎoquānzi kleiner Kreis (von Menschen); Clique *f*: 搞～ eine Clique (*od* ein Grüppchen) bilden

小人 xiǎorén ① 〈旧〉 Person von niedrigem Stand; kleiner Mann ② Schurke *m*; Schuft *m*; gemeiner Kerl; niederträchtiger Bursche: ～得志 glänzende Karriere eines niederträchtigen Lumpen; Ein Halunke macht plötzliche Karriere.

小人儿书 xiǎorénrshū Bilderbuch *n*; Comics *pl*

小时 xiǎoshí Stunde *f*

小数 xiǎoshù Dezimalbruch *m*; Dezimale *f*; Dezimalzahl *f*

小说 xiǎoshuō erzählende Dichtung in Prosa; Erzählung *f*: 长篇～ Roman *m* 中篇～ Novelle *f* 短编～ Erzählung *f*

小算盘 xiǎosuànpan egoistische Kalkulation: ～打得精 sehr berechnend sein

小提琴 xiǎotíqín Violine *f*; Geige *f*

小题大作 xiǎo tí dà zuò viel Aufhebens um eine kleine Sache machen; viel Lärm um nichts; aus einer Mücke einen Elefanten machen

小偷 xiǎotōu Dieb *m*; Langfinger *m*; Taschendieb *m*: ～小摸 stehlen *vt*; klauen *vt*

小腿 xiǎotuǐ Unterschenkel *m*

小五金 xiǎowǔjīn Metallwaren *pl*; Eisenwaren *pl* (wie Nägel, Drähte, Schlösser u. ä.)

小溪 xiǎoxī kleiner Bach; Bächlein *n*

小巷 xiǎoxiàng kleine Gasse; Gäßchen *n*

小小不言 xiǎoxiǎo bù yán nicht der Rede wert sein; unbedeutend

小心 xiǎoxīn vorsichtig; sich vorsehen; achtgeben *vi*: ～谨慎 mit äußerster Vorsicht

小鞋 xiǎoxié zu enge Schuhe; Schwierigkeiten machen; Unannehmlichkeiten bereiten: 给人穿～ j-m zu enge Schuhe anziehen — (einem Untergeordneten) auf unangreifbare Weise übel mitspielen

小型 xiǎoxíng in Kleinem Ausmaß; von kleinem Umfang; kleiner Typ

小学 xiǎoxué Grundschule *f*

小意思 xiǎoyìsi nur eine Kleinigkeit; kleine Gefälligkeit

小组 xiǎozǔ Gruppe *f*; Team *n*

xiào

校 xiào ① Schule *f* ② Stabsoffizier *m* (im Range vom Major bis zum Oberst) *另见 jiào

校官 xiàoguān Stabsoffizier *m* (im Range vom Major bis zum Oberst)

校舍 xiàoshè Schulgebäude *n*

校友 xiàoyǒu ehemaliger Schüler (Student); Ehemalige(r)

校园 xiàoyuán Schulhof *m*; Universitätsgelände *n*; Campus *m*

校长 xiàozhǎng (中、小学) Schuldirektor *m*; Rektor *m* (einer Grundschule); (高等院校) Präsident *m*; Rektor *m* (einer Hochschule)

效 xiào ① Wirkung *f*; Effekt *m*: 见～ Wirkung erzielen 无～ außer Kraft; ungültig; wirkungslos; uneffektiv ② nachahmen *vt*; j-m als Vorbild nacheifern: 上行下～。Was die Vorgesetzten tun, machen die Untergebenen nach. ③ j-m Dienste leisten; sich für andere einsetzen

效法 xiàofǎ sich ein Beispiel an j-m/etw. nehmen; j-n/etw. zum Vorbild nehmen

效果 xiàoguǒ Wirkung *f*; Effekt *m*; Resultat *n*: 取得良好的～ sehr gute Resultate erzielen

效劳 xiàoláo sich für andere einsetzen; j-m zu Diensten (zu j-s Diensten) sein (stehen)

效力 xiàolì ① j-m Dienste leisten; sich für j-n einsetzen; dienen *vi*: 为国～ dem Staat dienen ② Wirkung *f*; Effekt *m*; Wirksamkeit *f*; Gültigkeit *f*

效率 xiàolǜ Leistungsfähigkeit *f*; Effizienz *f*; Wirksamkeit *f*; Wirkungsgrad *m*: ～高 effizient; leistungsfähig ～低 ineffizient; leistungsunfähig

效益 xiàoyì Nutzen *m*; Nutzeffekt *m*: 经济～ wirtschaftliche Effizienz

效忠 xiàozhōng treu dienen; treu ergeben sein: ～祖国 dem Vaterland treu ergeben sein

孝 xiào ① Kindespflicht *f*; Pietät *f* ② Trauer *f*; Trauerkleidung *f*; in Trauer sein: 带～ in Trauer (gekleidet)

孝敬 xiàojìng ① j-m etw. aus Pietät oder Ehrfurcht zum Geschenk machen ② (den Eltern gegenüber) pietätvoll und gehorsam sein

孝顺 xiàoshùn kindlichen Gehorsam erweisen; pietätvoll und gehorsam sein

孝子 xiàozǐ ein seinen Eltern gegenüber pietätvoller und gehorsamer Sohn; guter Sohn

肖 xiào ähneln *vi*; ähnlich sein: ～像 Porträt *n*; Bildnis *n* 维妙维～ völlig naturgetreu; absolut lebensecht

啸(嘯) xiào ① pfeifen *vi* ② heulen *vi*; brüllen *vi*

笑 xiào ① lachen *vi*; Gelächter *n*: 微～ lächeln *vi* 眉开眼～ übers ganze Gesicht strahlen ～嘻嘻 über das ganze Gesicht lächelnd; freudestrahlend ～得合不拢嘴 so herzhaft lachen, daß man seinen Mund nicht mehr zukriegt 站在那里傻～ dort stehen und dumm lachen 哈哈大～ laut lachen 窃～ verstohlen kichern ② auslachen *vt*; sich über j-n lustig machen: 他刚学,别～他。Er hat eben gelernt. Lacht ihn nicht aus.

笑柄 xiàobǐng Gegenstand des Gelächters; Zielscheibe des Spottes

笑话 xiàohua ① Scherz *m*; Witz *m*; Spaß *m*: 说～ Witze reißen ② Stoff zum Gelächter: 闹～ etwas Dummes anstellen; unabsichtlich einen Bock schießen; Anlaß zum Lachen geben ③ auslachen *vt*; verlachen *vt*: 您是看着我微笑,还是～我? Lachen Sie mich an oder aus? 他们一直等着看我们的～。Sie haben immer auf eine Gelegenheit gewartet, uns auszulachen.

笑里藏刀 xiào lǐ cáng dāo hinter einem Lächeln tückische Absichten verbergen; Honig im Munde, Galle im Herzen

笑料 xiàoliào Stoff zum Gelächter; Gegenstand der Belustigung; Witzfigur *f*

笑眯眯 xiàomīmī lächelnd

笑面虎 xiàomiànhǔ lächelnder Schurke; Wolf im Schafspelz

笑容 xiàoróng lächelnde Gesicht; heitere Miene; Lächeln *n*: ～满面 über das ganze Gesicht lachen

笑颜 xiàoyán lächelndes Gesicht; heiter e Miene

xiē

楔 xiē

楔子 xiēzi ① Keil *m*; Pflock *m* ② hölzerner Nagel; Bambusnagel *m* ③ Prolog oder Zwischenspiel in Dramen der Yuan-Dynastie; Prolog in modernen Romanen

些 xiē [表示不定的数量]: 这～ diese 那么～ so viele 前～日子 vor einigen Tagen 买～东西 Einkäufe machen 快～走 schneller gehen 稍大～ ein bißchen größer ～许 ein wenig; ein bißchen

些微 xiēwēi ein bißchen; ein wenig: 这颜色～深了一点。 Die Farbe ist ein bißchen zu dunkel.

蝎 xiē Skorpion *m*

歇 xiē sich ausruhen; (sich) verschnaufen; pausieren *vi*: ～口气 eine Atempause machen

歇脚 xiējiǎo die Füße ausruhen; Rast machen

歇宿 xiēsù übernachten *vi*; die Nacht verbringen

歇息 xiēxī ① Rast machen; sich ausruhen ② übernachten *vi*

xié

鞋 xié Schuh *m*: 一双～ ein Paar Schuhe 皮～ Lederschuhe *pl* 拖～ Pantoffel *m*

鞋垫 xiédiàn Einlegesohle *f*

鞋匠 xiéjiang Schuhmacher *m*; Schuster *m*

鞋样 xiéyàng Schuhmuster *n*; Schnittmuster für Schuhe

鞋油 xiéyóu Schuhcreme *f*; Schuhwichse *f*

挟(挾) xié ① etw. unter den Arm nehmen; etw. unter dem Arm halten ② j-n durch Drohungen zu etw. veranlassen; j-m seinen Willen aufzwingen: 要～ auf j-n Druck ausüben; j-m drohen ～持 j-n zwingen, sich zu unterwerfen

携 xié ① mitnehmen *vt*: ～带 mitnehmen *vt*; mitbringen *vt* ～款潜逃 mit der Kasse durchbrennen ② j-n an der Hand halten; bei der Hand fassen

谐 xié ① in Harmonie; in Übereinstimmung mit: 和～ harmonisch ② humorvoll; scherzhaft: 诙～ humoristisch; witzig; spaßig

谐和 xiéhé harmonisch; übereinstimmend

谐谑 xiéxuè necken *vt*; hänseln *vt*: 语带～ in einem neckenden Ton sprechen; mit einem spaßhaften Unterton sprechen

谐音 xiéyīn gleichlautend; homonym

偕 xié zusammen mit; in Begleitung von: ～行 mit j-m zusammen reisen ～同 begleiten *vt*; zusammen mit

邪 xié unrecht; böse; übel; schlecht; ketzerisch: 改～归正 sich vom Bösen zum Guten wenden; sich zum Besseren bekehren 歪风～气 ungesunde Tendenzen und üble Bestrebungen

邪道 xiédào Irrweg *m*; Abweichung *f*

邪恶 xié'è grimmig; tückisch; böse; übel

邪路 xiélù Irrweg *m*; Abweg *m*; schiefe Bahn

邪门歪道 xié mén wāi dào krumme Wege; Irrweg *m*; niederträchtige Handlungsweise; dunkle Praktiken

邪念 xiéniàn übler Gedanke; böse und gemeine Idee

邪说 xiéshuō ketzerische Ideen; Irrlehre *f*

斜 xié schief; schräg; geneigt: ～线 schräge Linie ～着眼看人 j-n mit scheelen Blicken ansehen; auf j-n schielen ～躺在沙发上 sich auf dem Sofa fläzen

斜路 xiélù falscher Weg; schiefe Bahn: 走～ vom rechten Weg abkommen; auf Abwege geraten

斜坡 xiépō Abhang *m*

协(協) xié ① gemeinsam; mit vereinten Kräften ② assistieren *vi*; helfen *vi*

协定 xiédìng Abkommen *n*; Übereinkommen *n*; Vereinbarung *f*: 贸易～ Handelsabkommen *n*

协会 xiéhuì Verein *m*; Gesellschaft *f*; Verband *m*

协力 xiélì gemeinsame Anstrengungen machen; die Kräfte vereinen

协商 xiéshāng konsultieren *vt*; beraten *vt*

协调 xiétiáo übereinstimmen *vi*; koordinieren *vt*; etw. aufeinander abstimmen; harmonisch: 动作～ Koordinierung *f*; Koordination *f* 色彩～ Farben aufeinander abstimmen

协同 xiétóng zusammenwirken *vi*; zusammenarbeiten *vi*
协议 xiéyì Vereinbarung *f*; Übereinkommen *n*; Übereinkunft *f*; Abkommen *n*; Abmachung *f*: 达成～ Übereinstimmung erzielen
协助 xiézhù helfen *vi*; assistieren *vi*; Hilfe leisten
协奏曲 xiézòuqǔ Konzert *n*
协作 xiézuò zusammenarbeiten *vi*; koordinieren *vt*; zusammenwirken *vi*; Kooperation *f*; Koordination *f*

胁(脅) xié zwingen *vt*; drohen *vi*: 威～ drohen *vi*; bedrohen *vt* ～从 gezwungen mitmachen; sich zwungsweise fügen ～迫 j-n mit Gewalt zu etw. zwingen

xiě

写(寫) xiě schreiben *vt*
写生 xiěshēng nach der Natur zeichnen oder malen; Skizzen nach der Natur machen
写实 xiěshí realistisch darstellen; wirklichkeitsnah beschreiben
写照 xiězhào Abbild *n*; Schilderung *f*; Porträt *n*
写字台 xiězìtái Schreibtisch *m*
写作 xiězuò Schreiben *n*; Schriftstellerei *f*: ～技巧 Schreibfertigkeit *f*; Schreibtechnik *f*

血 xiě Blut *n*: 献～ Blut spenden * 另见 xuè

xiè

亵(褻) xiè
亵渎 xièdú lästern *vt*; schmähen *vt*; herabwürdigen *vt*; entweihen *vt*

泻(瀉) xiè ① herabströmen *vi*; sich ergießen; schnell abfließen ② Durchfall *m*; Durchfall haben: 上吐下～ an Erbrechen und Durchfall leiden
泻肚 xièdù Durchfall haben
泻药 xièyào Abführmittel *n*

械 xiè ① Werkzeug *n*; Gerät *n*: 机～ Maschine *f*; Mechanismus *m* ② Waffe *f*: 军～ Waffen *pl*; Kriegsgerät *n* ③ Straf- und Folterinstrumente *pl* (Fußfesseln, Handschellen, Ketten u. ä.)

泄 xiè ① entweichen *vi*; ausströmen *vi*: ～洪 Hochwasser ableiten ② Luft machen; freien Lauf lassen; auslassen *vt*: ～私愤 persönliche Animositäten an j-m abreagieren; eine persönliche Rechnung begleichen
泄漏 xièlòu (ein Geheimnis) durchsickern lassen; preisgeben *vt*; (Nachrichten) offenbaren *vt*: ～秘密 ein Geheimnis offenbaren (*od* preisgeben, lüften)
泄露 xièlù verraten *vt*; ausplaudern *vt*; preisgeben *vt*
泄密 xièmì ein Geheimnis verraten
泄气 xièqì die Luft entweichen lassen; den Mut verlieren; entmutigt werden

卸 xiè ① ausladen *vt*; entladen *vt*; ablegen *vt*: ～车 einen Wagen ausladen (*od* abladen, entladen) ～牲口 ein Zugtier ausspannen ② demontieren *vt*; auseinandernehmen *vt*: ～零件 Maschinenteile abbauen; Zubehörteile von einer Maschine abmontieren ③ j-n von etw. frei machen; sich vor etw. drücken; abwälzen *vt*: ～责 die Verantwortung von sich abwälzen ～任 von seinem Amt zurücktreten
卸货 xièhuò eine Ladung löschen; Waren abladen
卸装 xièzhuāng das Kostüm ablegen und sich abschminken

谢 xiè danken *vi*; sich bedanken: 多～ vielen Dank; vielmals danken 不用～ nichts zu danken; keine Ursache; gern geschehen
谢绝 xièjué j-m dankend absagen; etw. höflich ablehnen: 婉言～ etw. mit höflichen Worten ablehnen ～参观。Besichtigung unerwünscht.
谢幕 xièmù vor den Vorhang treten; einen Vorhang bekommen
谢天谢地 xiè tiān xiè dì Himmel und Erde sei gedankt; Gott sei Dank
谢谢 xièxie j-m danken; j-m Dank aussprechen; j-m dankbar sein; besten Dank; vielen Dank; danke schön
谢意 xièyì Dankbarkeit *f*; Dank *m*
谢罪 xièzuì um Verzeihung (*od*) Entschuldigung) bitten

懈 xiè locker; lax; schlaff: 坚持不～ beharrlich und unermüdlich; ausdauernd 作坚持不～的努力 unermüdliche Anstrengungen machen ～怠 träge; faul; nachlässig

蟹 xiè Krabbe *f*; Krebs *m*

屑 xiè ① Späne *pl*; Splitter *m*; Krume *f*; Fetzen *m*: 纸～ Papierfetzen *m* 金属～ Feilspäne von Metall 面包～ Brotkrümel *pl* ② [多用于否定]: 不～一顾 j-n keines Blickes würdigen

xīn

心 xīn ① Herz *n*: ～跳 Herzklopfen *n* 善良的～ ein gutes Herz ～宽 leicht ums Herz sein; zuversichtlich ② Sinn *m*; Gefühl *n*; Geist *m*; Gedanke *m*: 羞耻之～ Schamgefühl *n* 伤人的～ j-s Gefühl verletzen ③ Mitte *f*; Zentrum *n*: 街～ Straßenmitte *f* 江～ Flußmitte *f*

心爱 xīn'ài geliebt; Lieblings-: ～的礼物 Lieblingsgeschenk *n*

心安理得 xīn ān lǐ dé etw. in aller Seelenruhe für selbstverständlich halten; ein ruhiges Gewissen haben

心不在焉 xīn bù zài yān geistesabwesend; zerstreut; nicht (recht) bei der Sache sein

心肠 xīncháng Herz *n*; Absicht *f*: 热～ Warmherzigkeit *f*; Hilfsbereitschaft *f*

心潮 xīncháo Gefühlsaufwallung *f*; innere Erregung: ～澎湃 in einer Aufwallung von Freude (*od* Begeisterung) erregt; im Innersten aufgewühlt sein; begeistert

心得 xīndé innere Bereicherung durch eine Tätigkeit; ideeller Gewinn; lehrreiche Eindrücke

心地 xīndì Herz *n*; Herzensgrund *m*; Sinn *m*; Gewissen *n*: ～善良 gutherzig; gutmütig

心烦 xīnfán nervös sein; beunruhigt sein; unruhig: ～意乱 die Fassung verlieren; außer sich sein

心服 xīnfú wirklich überzeugt sein; (Niederlagen, Fehler usw.) ehrlich zugeben: ～口服 aus ganzem Herz zustimmen; völlig überzeugt sein

心腹 xīnfù ① vertrauter Gefolgsmann; loyaler Untergebener; verläßlicher Helfershelfer ② vertraulich; geheim: ～事 tiefinnerstes Geheimnis ～之患 geheimes Übel

心甘情愿 xīn gān qíng yuàn gern bereit sein; von ganzem Herzen (wollen)

心肝 xīngān ① Gewissen *n*: 没～ herzlos; gewissenlos ② Liebste(r); Liebling *m*; Schatz *m*

心寒 xīnhán das Herz tut weh; bitter enttäuscht sein

心狠 xīnhěn hartherzig; unbarmherzig: ～手辣 hartherzig und rücksichtslos; grausam; brutal

心花怒放 xīnhuā nùfàng vor Freude aufblühen; von großer Freude erfüllt sein

心怀 xīnhuái ① eine Absicht hegen; im Herzen verbergen: ～叵测 schwer durchschaubare Absichten hegen; hinterhältig; hinterlistig ～不满 im Innersten unzufrieden sein; von Unzufriedenheit erfüllt sein ～鬼胎 boshafte Hintergedanken haben ② Stimmung *f*; Laune *f*

心慌 xīnhuāng aufgeregt; unruhig; ängstlich; nervös: ～意乱 außer Fassung geraten; in größter Aufregung sein

心灰意懒 xīn huī yì lǎn niedergeschlagen und verzagt; tief enttäuscht; ganz verzweifelt; absolu pessimistisch

心机 xīnjī Plan *m*; Gedanke *m*: 费尽～ all seinen Geist aufbieten 枉费～ sich umsonst den Kopf zerbrechen; sich vergebliche Mühe machen

心计 xīnjì Berechnung *f*; Raffinement *n*: 这年青人做事很有～。Der junge Bursche geht mit viel Bedacht ans Werk.

心焦 xīnjiāo bange; unruhig; besorgt

心境 xīnjìng Gemütsverfassung *f*; Stimmung *f*; Laune *f*: ～非常愉快 glänzender Laune sein; gut gelaunt sein; heiter sein

心旷神怡 xīn kuàng shén yí erfrischt und entspannt sein; sich frisch und behaglich fühlen

心理 xīnlǐ Psyche *f*; psychische Verfassung; seelischer Zustand: 儿童～学 Psychologie von Kindern

心里 xīnli im Grund des Herzens in der Brust; im Innersten; in Gedanken; bei sich: ～不痛快 j-m ist (bei einer Sache) nicht wohl ums Herz; unangenehm berührt sein ～有事 etwas auf dem Herzen haben

心里话 xīnlihuà etwas, was einem auf dem Herzen liegt; geheimste Gedanken: 说～ geheimste Gedanken aussprechen

心灵 xīnlíng ① klug; gescheit; geistreich; intelligent: ～手巧 mit hellem Kopf und flinken Händen; gescheit und geschickt ② Herz *n*; Seele *f*: ～深处 tief im Herzen

心领神会 xīn lǐng shén huì im tiefsten Herzen verstehen; ganz und gar begreifen

心乱如麻 xīn luàn rú má völligverwirrt sein; ganz durcheinander

心满意足 xīn mǎn yì zú voll und ganz zufrieden sein

心目 xīnmù in j-s Augen; Auffassung *f*: 在某些人的～中 in den Augen mancher Leute

心平气和 xīn píng qì hé ruhig und friedlich sein; gelassen; in aller Ruhe

心情 xīnqíng Stimmung *f*; Laune *f*; Gemüt *n*: ～沉重 schwermütig sein; schweren Herzens ～舒畅 es ist j-m leicht und fröhlich ums Herz; sich beschwingt fühlen

心神 xīnshén Geisteszustand *m*; psychische Verfassung; Gemütszustand *m*: ～不定 innerlich unruhig sein; innere Unruhe empfinden

心事 xīnshì Herzensangelegenheit *f*; Herzenskummer *m*: ～重重 von schwerem Kummer bedrückt sein; voller Sorgen

心思 xīnsi ① Idee *f*; Gedanke *m*: 想～ nachdenken *vi*; in Gedanken versunken sein ② Stimmung *f*; Gemütsverfassung *f*: 没有～下棋 keine Lust haben, Schach zu spielen

心酸 xīnsuān traurig sein; kummervoll

心疼 xīnténg ① j-n innig lieben; vor Liebe vergehen ② sich traurig fühlen; bedauern *vt*; etw. tut j-m in der Seele weh

心头 xīntóu im Herzen; im Sinn: 记在～ im Gedächtnis behalten

心胸 xīnxiōng Toleranz *f*; Weitherzigkeit *f*; Weite des Gesichtskreises: ～开阔 weitherzig; hochherzig; großmütig

心虚 xīnxū ① sich schuldig fühlen; ein schlechtes Gewissen haben ② ohne Zuversicht; mutlos sein; sich nichts zutrauen

心绪 xīnxù Gemützustand *m*; Stimmung *f*; Laune *f*: ～烦乱 j-s Gefühlsleben ist in Unordnung geraten; aus dem seelischen Gleichgewicht gebracht werden

心血 xīnxuè Herzblut *n*; Lebenskraft *f*; große Mühe: 费尽～ Schweiß und Blut kosten; große Mühe geben

心血来潮 xīnxuè lái cháo auf einen verrückten Einfall kommen; eine plötzliche Eingebung haben

心眼儿 xīnyǎnr ① Herz *n*: 打～里高兴 sich von ganzem Herzen freuen ② Absicht *f*: 没安好～ keine gute Absicht hegen ③ Intelligenz *f*; geistige Gewandtheit: 他有～，什么事都想得周到。Er ist umsichtig und handelt wohlbedacht. ④ unnötige Befürchtung; unbegründete Bedenken: 她这个人就是～太多。Sie hat immer zu viel unbegründete Bedenken. ⑤ Duldsamkeit *f*: ～小 engherzig

心意 xīnyì ① freundschaftliches Empfinden; freundliches Entgegenkommen: 这点礼物是我们大家的一点～。Dieses kleine Geschenk ist ein Ausdruck unserer freundschaftlichen Gefühle. ② Absicht *f*; Vorhaben *n*; Intention *f*: 你们不了解他的～。Ihr versteht seine Intentionen nicht.

心有余悸 xīn yǒu yú jì die Angst wirkt noch nach; der Schrecken sitzt j-m noch in den Knochen

心愿 xīnyuàn Herzenswunsch *m*; Anliegen *n*

心脏 xīnzàng Herz *n*: ～病 Herzkrankheit *f*

心直口快 xīn zhí kǒu kuài offenherzig; alles frei und offen aussprechen; das Herz auf der Zunge tragen

心中有数 xīn zhōng yǒu shù genau Bescheid wissen; Gewißheit haben; über etw. im Bild sein

心醉 xīnzuì bezaubert sein; entzückt sein

辛 xīn ① scharf; beißend: ～辣 scharf; beißend; ätzend ② hart; mühsam: 艰～ Härte *f*; Mühsal *f* ③ Leiden *n*: 含～茹苦 bitteres Leid erfahren

辛苦 xīnkǔ ① mühsam; anstrengend; hart: 这工作很～。Das ist eine harte Arbeit. ② sich Mühe geben; eine mühsame Arbeit verrichten: 对不起，这事儿还得您再～一趟。Entschuldigen Sie bitte! Um diese Angelegenheit müssen Sie sich nochmal an Ort und Stelle kümmern.

辛劳 xīnláo Mühe *f*; Anstrengung *f*; mühsam; mühselig: 不辞～ keine Mühe scheuen

辛勤 xīnqín fleißig; arbeitsam; emsig
辛酸 xīnsuān bitter; traurig; jämmerlich: ～的往事 schmerzliche Erinnerung; traurige Vergangenheit

锌 xīn Zink *n* (Zn)

新 xīn neu; frisch: ～衣服 neue Kleider ～技术 moderne (*od* neue) Technik 最～消息 die neuesten Nachrichten
新陈代谢 xīn chén dàixiè ① Stoffwechsel *m* ② das Neue löst das Alte ab
新房 xīnfáng Schlafzimmer eines frisch verheirateten Paares; Brautgemach *n*
新近 xīnjìn neulich; vor kurzem
新居 xīnjū neue Wohnung
新来乍到 xīn lái zhà dào neu angekommen sein
新郎 xīnláng Bräutigam *m*
新年 xīnnián Neujahr *n*: ～好! Glückliches neues Jahr! ～献词 Neujahrsbotschaft *f*
新娘 xīnniáng Braut *f*
新奇 xīnqí neu; neuartig: ～的想法 eine originelle Idee
新生 xīnshēng ① neugeboren: ～儿 neugeborenes Kind ② neues Leben; Neugeburt *f* ③ neuer Schüler; neuer Student
新生事物 xīnshēng shìwù neue Dinge
新手 xīnshǒu Neuling *m*; Anfänger *m*
新闻 xīnwén Nachricht *f*; Neuigkeiten *pl*; aktuelle Meldungen: 头版～ Nachrichten auf der ersten Seite 简明～ Kurznachrichten *pl* ～公报 Pressekommuniqué *n* ～界 journalistische Kreise; Presse *f*
新鲜 xīnxiān frisch: ～空气 frische Luft ～牛奶 Frischmilch *f*
新兴 xīnxīng neuentstanden; aufstrebend; aufsteigend; aufblühend
新颖 xīnyǐng neu; neuartig; originell: 式样～ in einem neuartigen Stil 题材～ mit einer originellen Thematik

薪 xīn ① Brennholz *n*; Reisig *n* ② Gehalt *n*: ～水 Gehalt *n*; Bezahlung *f*

欣 xīn erfreulich; freudig; froh: 欢～ erfreut; beglückt
欣然 xīnrán mit Vergnügen; vergnügt; mit Freude; freudig: ～接受 etw. mit Vergnügen akzeptieren
欣赏 xīnshǎng genießen *vt*; bewundern *vt*; sich an etw. erfreuen
欣慰 xīnwèi beglückt und befriedigt sein
欣喜 xīnxǐ sich freuen; erfreut; entzückt: ～若狂 in Verzückung geraten; hocherfreut sein; vor Freude außer sich sein
欣欣向荣 xīnxīn xiàngróng blühen und gedeihen; aufblühen *vi*; einen stürmischen Aufschwung nehmen: 一派～的景象 ein Bild blühenden Aufschwungs (bieten)

xín

寻(尋) xín * 另见 xún
寻短见 xínduǎnjiàn sich das Leben nehmen; Hand an sich legen; sich etw. antun
寻思 xínsi überlegen *vt*; über etw. nachdenken; sich durch den Kopf gehen lassen

xìn

信 xìn ① wahr; richtig; echt: ～而有征 glaubhaft und durch Beweise bestätigt sein; als authentisch belegt sein ② Vertrauen *n*: 守～ Wort halten ～得过 zuverlässig; vertrauenswürdig ③ glauben *vi*/*vt*: ～不～由你。Es steht dir frei, daran zu glauben oder nicht. ④ sich zu einem Glauben bekennen; gläubig sein: ～教 gläubig sein; religiös sein; sich zu einem Glauben bekennen ～徒 Gläubige(r); Anhänger *m* ⑤ nach Belieben; auf gut Glück; ziellos: ～步 ohne Ziel herumschlendern ⑥ Beweis *m*; Zeichen *n*: ～物 Geschenk als Zeichen der Treue oder Liebe; Beweisstück *n* 印～ amtliches Siegel; offizieller Stempel ⑦ Brief *m*: 公开～ offener Brief 证明～ Bescheinigung *f* ⑧ Botschaft *f*; Information *f*: 口～ mündliche Mitteilung (*od* Nachricht) ⑨ Zünder *m*: 炸药～管 Zünder einer Sprengladung
信贷 xìndài Kredit *m*
信封 xìnfēng Briefumschlag *m*; Kuvert *n*
信奉 xìnfèng sich zu einem Glauben bekennen: ～基督教 sich zum Christentum bekennen; Christ sein

信服 xìnfú überzeugt sein: 令人~的论据 überzeugendes Argument
信号 xìnhào Signal *n*; Zeichen *n*
信笺 xìnjiān Briefpapier *n*; Briefbogen *m*
信件 xìnjiàn Briefschaften *pl*; Post *f*; Briefe und Drucksachen
信口开河 xìn kǒu kāi hé ins Blaue hinein reden
信赖 xìnlài j-m vertrauen; zu j-m Vertrauen haben; sich auf j-n verlassen: 她是可以~的。Sie ist vertrauenswürdig.
信念 xìnniàn Glaube *m*; Überzeugung *f*; innere Gewißheit
信任 xìnrèn j-m vertrauen; sich auf j-n verlassen; j-m Vertrauen schenken
信使 xìnshǐ Kurier *m*; Bote *m*: 外交~ diplomatischer Kurier
信誓旦旦 xìn shì dàndàn etw. auf Ehre und Gewissen versichern; Stein und Bein schwören
信守 xìnshǒu treu bleiben; getreulich einhalten: ~诺言 ein Versprechen halten
信手拈来 xìn shǒu niān lái beliebig auswählen; ohne lange zu überlegen herausgreifen
信条 xìntiáo Glaubenssatz *m*; Dogma *n*
信筒 xìntǒng Briefkasten *m*
信徒 xìntú Gläubige(r); Jünger *m*; eifriger Anhänger; glühender Verehrer: 佛教~ Anhänger des Buddhismus 基徒教~ Christ *m*
信托 xìntuō anvertrauen *vt*; sich auf etw. verlassen: ~公司 Treuhandgesellschaft *f* ~商店 Kommissionsgeschäft *n* (für Waren aus zweiter Hand)
信息 xìnxī Nachricht *f*; Botschaft *f*; Information *f*: ~不灵 über etw. schlecht informiert sein
信箱 xìnxiāng ① Briefkasten *m* ② Postfach *n*
信心 xìnxīn Zuversicht *f*; feste Überzeugung
信仰 xìnyǎng Glaube *m*; Überzeugung *f*: 宗教~ religiöse Überzeugung; Glaube *m* 政治~ politische Überzeugung ~自由 Glaubensfreiheit *f*
信用 xìnyòng ① Vertrauenswürdigkeit *f*; Glaubwürdigkeit *f*; Zuverlässigkeit *f*: 讲~ sein Wort halten ② Kredit *m*: ~卡 Kreditkarte *f*
信誉 xìnyù Ruf *m*; Ansehen *n*; Kredit *m*: 享有很高的国际~ ein sehr hohes internationales Prestige genießen

衅(釁) xìn Streit *m*; Zank *m*; Hader *m*: 挑~ provozieren *vt*; porvokatorisch; Provokation *f*

xīng

兴(興) xīng ① gedeihen *vi*; aufblühen *vi*; in Mode kommen: 复~ wiedererstehen *vi*; wiederaufleben *vi* 我们那儿不~这一套。Bei uns ist so etwas nicht mehr üblich. ② fördern *vt*; beleben *vt*; unterstützen *vt*: 大~调查研究之风 den Arbeitsstil von Untersuchung und Forschung energisch fördern ③ beginnen *vt/vi*; anfangen *vt/vi*; starten *vi/vt*: ~办 einrichten *vt*; errichten *vt* ~建 bauen *vt*; errichten *vt*; mit einem Bau beginnen *另见 xìng
兴奋 xīngfèn erregt sein; aufgeregt sein; begeistert sein
兴风作浪 xīng fēng zuò làng Unruhe stiften; Zwischenfälle provozieren
兴利除弊 xīng lì chú bì Nützliches fördern und Schädliches vernichten
兴隆 xīnglóng blühen *vi*; gedeihen *vi*; florieren *vi*; schwungvoll: 生意~。Das Geschäft ging lebhaft.
兴起 xīngqǐ entstehen *vi*; im Aufsteigen sein
兴盛 xīngshèng aufblühen *vi*; gedeihen *vi*; Aufschwung *f*
兴亡 xīngwáng Aufstieg und Untergang; Aufschwung und Niedergang (einer Nation)
兴旺 xīngwàng gedeihen *vi*; aufblühen *vi*; florieren *vi*; Aufschwung *m*; Aufstieg *m*
兴修 xīngxiū errichten *vt*; anlegen *vt*; bauen *vt*; etw. in Angriff nehmen
兴妖作怪 xīng yāo zuò guài Geister und Teufel tanzen lassen; im verborgenen Unruhe stiften; heimlich sein Unwesen treiben

星 xīng ① Stern *m*: 火~ Mars *m* 卫~ Satellit *m* 电影明~ Filmstar *m* ② Teilchen *n*; Stückchen *n*; Partikel *n*: 一~半点 ein winziges bißchen
星辰 xīngchén Sterne *pl*
星斗 xīngdǒu Sterne *pl*: 满天~ ein sternbesäter Himmel; Der Himmel ist voller Sterne.
星火 xīnghuǒ ① Funke *m*; Fünk-

chen *n*: ～燎原。Ein Funke kann die Steppe in Flammen setzen. 或 Aus einem Funken kann ein Steppenbrand entstehen. ② Sternschnuppenschein *m*: 急如～ in größter Eile; sehr eilig; hastig; äußerst dringend

星际 xīngjì interplanetar; interstellar

星罗棋布 xīng luó qí bù zahlreich wie Sterne, zerstreut wie Steine auf dem Spielbrett; mit etw. übersät sein

星期 xīngqī Woche *f*: 今天～几? Welcher Tag ist heute? 或 Welchen Wochentag haben wir heute?

星球 xīngqiú Himmelskörper *m*; Gestirn *n*

星座 xīngzuò Sternbild *n*; Konstellation *f*

腥 xīng ① rohes Fleisch oder roher Fisch ② nach Fisch, Seetieren u. ä. riechen

猩 xīng

猩红 xīnghóng scharlachrot; blutrot

猩猩 xīngxīng Orang-Utan *m*: 大～ Gorilla *m* 黑～ Schimpanse *m*

xíng

形 xíng ① Form *f*; Gestalt *f*: 圆～ rund; kreisförmig 方～ viereckig 不成～ formlos; noch keine feste Gestalt annehmen ② Körper *m*; Sein *n*: 有～ fühlbar; greifbar 无～ unsichtbar; unfühlbar

形成 xíngchéng bilden *vt*; herausbilden *vt*; Gestalt annehmen: ～鲜明的对比 einen scharfen Kontrast bilden 近代自然科学是从有了实验科学之后才～的。Die moderne Naturwissenschaft bildete sich erst nach dem Bestehen der experimentellen Wissenschaft heraus.

形而上学 xíng'érshàngxué Metaphysik *f*

形迹 xíngjì Gestik und Mimik: 不露～ sich nichts anmerken lassen ～可疑 sich verdächtig machen; Verdacht erregen

形容 xíngróng ① beschreiben *vt*; bezeichnen *vt*: 难以～ unbeschreiblich; schwer zu beschreiben ② <书> Aussehen *n*; Äußere(s) *n*

形容词 xíngróngcí Adjektiv *n*; Eigenschaftswort *n*

形式 xíngshì Form *f*: 内容与～的统一 Einheit von Inhalt und Form

形势 xíngshì ① Situation *f*; Lage *f*; Verhältnisse *pl*; Umstände *pl* ② topographische Lage; Terrain *n*

形态 xíngtài ① Form *f*; Gestalt *f* ② Morphologie *f*

形体 xíngtǐ ① Körperbau *m*; Körperbeschaffenheit *f*; Physis *f* ② Form und Struktur: 文字的～ Aufbau der Schriftzeichen

形象 xíngxiàng Figur *f*; Gestalt *f*; Bild *n*

形形色色 xíngxíngsèsè in allen Formen und Farben; von allen möglichen Sorten; von allen Schattierungen

形影不离 xíng yǐng bù lí wie ein Schatten folgen; unzertrennlich

形状 xíngzhuàng Form *f*; Erscheinung *f*; Gestalt *f*

刑 xíng ① gerichtliche Strafe: 死～ Todesstrafe *f*; Todesurteil *n* 判处无期徒～ j-n zu einer lebenslänglichen Zuchthausstrafe verurteilen ② Folter *f*; Marter *f*: 用～ die Folter anwenden; j-n foltern; j-n der Folter unterwerfen

刑场 xíngchǎng Richtstätte *f*; Richtplatz *m*

刑罚 xíngfá Strafe *f*

刑法 xíngfǎ Strafrecht *n*; Strafgesetz *n*

刑事 xíngshì kriminell; strafrechtlich; strafbar: ～案件 Strafsache *f*; Kriminalfall *m*; Kriminalität *f*

型 xíng ① Typ *m*; Form *f*: 重～卡车 Schwerlastwagen *m* 血～ Blutgruppe *f* ② Gußform *f*

型号 xínghào Modell *n*; Typ *m*

行 xíng ① sich fortbewegen; gehen *vi*: ～车 ein Kraftfahrzeug führen 步～ zu Fuß gehen ② Reise *f*: ～程 Reiseweg *m* 非洲之～ Afrika-Reise *f* ③ im Umlauf sein; in Umlauf setzen: 风～一时 zeitweilig große Mode sein; vorübergehend sehr populär sein ④ machen *vt*; tun *vt*; sich mit etw. beschäftigen; ausführen *vt*: 实～ durchführen *vt*; ausführen *vt* ～医 als Arzt tätig sein ⑤ Benehmen *n*; Betragen *vt*: 品～ Charakter und Betragen 言～ Wort und Tat ⑥ es geht; in Ordnung: 这样是不～的。So geht es nicht. ⑦ fähig; tüchtig; geeignet: 你真～。In dir steckt wirklich allerhand. 你看他干这工作～吗? Denkst du, er ist für diese Arbeit geeignet? *另见 háng

行刺 xíngcì ein Attentat (*od* einen Mordanschlag) auf j-n verüben; einen Meuchelmord begehen

行动 xíngdòng ① gehen *vi*; sich bewegen: ～不便 beim Gehen behindert sein ② handeln *vi*; Aktion *f*; Operation *f*: ～起来 zu handeln beginnen; in Aktion treten 军事～ militärische Operation ③ Benehmen *n*; Tat *f*: 以实际～来纠正错误 durch die Tat einen Fehler korrigieren

行贿 xínghuì bestechen *vt*; korrumpieren *vt*

行径 xíngjìng Akt *m*; Vorgehen *n*; Handlungsweise *f*; Aktion *f*

行军 xíngjūn (von Truppen) marschieren *vi*; Marsch *m*

行礼 xínglǐ salutieren *vi*; begrüßen *vt*

行李 xíngli Gepäck *n*; Reiseausrüstung *f*: 手提～ Handgepäck *n* 超重～ Übergepäck *n*

行旅 xínglǚ Reisende(r); Fahrgast *m*; Passagier *m*: ～称便。Die Reisenden finden es sehr bequem.

行期 xíngqī Aufbruchstermin *m*; Abreisezeit *f*

行乞 xíngqǐ betteln *vi*; betteln gehen

行人 xíngrén Passant *m*; Fußgänger *m*

行色 xíngsè j-s Verfassung (*od* die Umstände) bei oder vor einer Reise: ～匆匆 vor bzw. auf einer Reise in großer Hast sein

行善 xíngshàn j-m Wohltaten erweisen; Gutes tun

行时 xíngshí große Mode sein; in Mode sein; zeitgemäß

行使 xíngshǐ ausüben *vt*; gebrauchen *vt*; ausführen *vt*: ～职权 seine Befugnisse ausüben

行驶 xíngshǐ (von einem Fahrzeug, Schiff usw.) verkehren *vi*; fahren *vi*

行事 xíngshì handeln *vi*; tun *vt*; verfahren *vi*; Handeln *n*

行头 xíngtou Bühnenkostüm mit Schmuck und anderen Requisiten in traditionellen chinesischen Opern

行为 xíngwéi Benehmen *n*; Betragen *n*; Handlung *f*; Tat *f*

行星 xíngxīng Planet *m*

行凶 xíngxiōng eine Gewalttat verüben; Gewalttätigkeiten begehen

行政 xíngzhèng Verwaltung *f*; Verwaltungsabteilung *f*; Administration *f*: ～部门 Büros oder Organe innerhalb einer Verwaltung; Verwaltung *f*; Verwaltungssektor *m* ～人员 Verwaltungspersonal *n*

行装 xíngzhuāng Reisegepäck *n*; Reiseausrüstung *f*

行踪 xíngzōng Aufenthalt *m*; Verbleib *m*: ～不定 keinen ständigen Aufenthalt haben; ohne feste Bleibe

xǐng

醒 xǐng ① erwachen *vi*; aufwachen *vi*; wach sein ode werden: 如梦初～ wie gerade aus einem Traum erwacht 去把他叫～! Geh und weck ihn auf! ② wieder zur Besinnung kommen; das Bewußtsein wiedererlangen: 他～过来了。Er ist wieder zu sich kommen. ③ klar werden; nüchtern werden: 头脑清～ klar im Kopf sein; kühlen Kopf bewahren

醒目 xǐngmù ins Auge fallen; augenfällig: ～的标题 ins Auge fallende Überschrift; fette Schlagzeile

醒悟 xǐngwù aus seiner Verblendung erwachen; seinen Fehler einsehen; j-m fällt es wie Schuppen von den Augen

擤 xǐng sich (die Nase) schneuzen: ～鼻涕 sich die Nase putzen

省 xǐng ① sich kritisch prüfen: 反～ sich einer Selbstprüfung unterziehen; sich selbst prüfen ② (älteren Leuten oder den Eltern) einen Besuch abstatten: ～亲 die entfernt lebenden Eltern aufsuchen; Verwandte besuchen ③ sich einer Sache bewußt werden; erwachen *vi*; wieder zu sich kommen: 不～人事 in Ohnmacht fallen; ohnmächtig werden; das Bewußtsein verlieren * 另见 shěng

xìng

兴(興) xìng Lust *f*; Interesse *n*; Freude *f*: 游～ Wanderlust *f*; Freude am

Reisen 诗～ Interesse am Dichten * 另见 xīng

兴冲冲 xìngchōngchōng freudig (erregt); temperamentvoll; wohlgemut; frohgestimmt

兴高采烈 xìng gāo cǎi liè jubelnd; hellauf begeistert sein; in freudiger Erregung

兴趣 xìngqù Interesse *n*; Lust *f*; Neigung *f*; interessiert: 我对下棋不感～。Ich bin am Schachspiel nicht interessiert. 人们怀着极大的～听他讲话。Das Publikum hört ihm mit großem Interesse zu.

兴致 xìngzhì Interesse *n*; Lust *f*: ～勃勃 mit großer Lust

幸 xìng ① Glück *n*: ～甚 wirklich ein sehr großes Glück ② zum Glück; glücklicherweise

幸而 xìng'ér glücklicherweise; zum Glück

幸福 xìngfú Glück *n*; Wohl *n*; glücklich

幸好 xìnghǎo zum Glück; glücklicherweise

幸亏 xìngkuī 见"幸好"

幸免 xìngmiǎn glücklicherweise entgehen; mit knapper Not entrinnen

幸运 xìngyùn glückliches Geschick; großes Glück; völlig befriedigt; restlos zufrieden: ～儿 Glückskind *n*; Glückspilz *m*

幸灾乐祸 xìng zāi lè huò sich über das Mißgeschick anderer freuen; Schadenfreude *f*; schadenfroh

杏 xìng Aprikose *f*: ～仁 Aprikosenkern *m*; Mandel *f*

性 xìng ①Charakter *m*; Natur *f*; Veranlagung *f*: 本～ Eigenschaft *f*; Natur *f* 他说谎成～。Das Lügen ist ihm zur zweiten Natur geworden 她天～忧郁。Sie hat eine schwermütige Veranlagung. ② Eigenschaft *f*; Eigentümlichkeit *f*: 药～ medizinisch wirksame Eigenschaften 粘～ Klebrigkeit *f* ③ [后缀,表示性质、范围或方式]: 正确～ Richtigkeit *f*; Korrektheit *f* 可能～ Möglichkeit *f*; Wahrscheinlichkeit *f* ④ Geschlecht *n*; Sexus *m*: 男(女)～ männliches (weibliches) Geschlecht ～教育 Geschlechtserziehung *f* ⑤ Geschlecht *n*; Genus *n*: 阳～ männliches Geschlecht; Maskulinum *n* 阴～ weibliches Geschlecht; Femininum *n* 中～ sächliches Geschlecht; Neutrum *n*

性格 xìnggé Charakter *m*; angeborene Eigenschaft *f*; Wesensart *f*

性急 xìngjí hitzig; ungestüm

性交 xìngjiāo Geschlechtsverkehr *m*

性命 xìngmìng Leben *n*

性能 xìngnéng Funktion *f* (einer Maschine); Leistung *f*; Fähigkeit *f*

性情 xìngqíng Temperament *n*; Gemütsart *f*; Wesensart *f*; Wesen *n*: ～温柔 ein ruhiges Temperament besitzen; von sanftem Wesen sein ～暴躁 jähzornig sein; von aufbrausender Gemütsart sein

性欲 xìngyù Geschlechtstrieb *m*; sexuelles Verlangen

性质 xìngzhì Wesen *n*; Beschaffenheit *f*; Grundeigenschaft *f*

姓 xìng Familienname *m*; mit Familiennamen heißen: 他～王。Sein Name ist Wang. 或 Er heißt Wang.

姓名 xìngmíng Familienname und Vorname; voller Name

xiōng

兄 xiōng älterer Bruder

兄弟 xiōngdì ① Brüder *pl*; Gebrüder *pl*: ～姐妹 Geschwister *pl* ② im brüderlichen Verhältnis zueinander stehen; brüderlich: ～国家 Bruderland *n*

兄长 xiōngzhǎng höfliche Anrede für einen älteren Bruder oder Freund

凶(兇①②④) xiōng ① böse; furchterregend ② schrecklich; furchtbar ③ unheildrohend; verhängnisvoll; unheilvoll: ～多吉少 sich von etw. mehr Böses als Gutes versprechen; eine unheilvolle Entwicklung nehmen ④ Gewalttat *f*; Mordtat *f*

凶暴 xiōngbào wild und brutal; böse und gewalttätig

凶残 xiōngcán wild und grausam; roh und brutal; bestialisch

凶恶 xiōng'è böse; boshaft; furchterregend

凶狠 xiōnghěn böse und heimtükkisch

凶猛 xiōngměng wild; grausam; wütend; mächtig

凶器 xiōngqì Mordwerkzeug *n*

凶神恶煞 xiōngshén èshà böser Geist; Dämon *m*; Satan *m*

凶手 xiōngshǒu Mörder *m*; Gewalttäter *m*

凶险 xiōngxiǎn äußerst gefährlich; kritisch: 病情～。Es steht ernst um den Kranken. 或 Der Patient befindet sich in der kritischen Phase

凶相 xiōngxiàng brutale Gesichtszüge; Teufelsfratze *f*: ～毕露 seine böse Fratze offen zu erkennen geben; seine Grausamkeit unverhüllt zeigen

汹 xiōng

汹汹 xiōngxiōng ① Geräusch von brausenden Wogen oder Brandung ② aggressiv; offensiv; bedrohlich: 气势～ wütend und aggressiv; äußerst wild und streitsüchtig aussehen ③ mit großem Tumult; turbulent: 议论～ erregte und hitzige Diskussion; turbulente Debatte

胸 xiōng ① Brust *f*; Busen *m* ② Sinn *m*; Gesinnung *f*; Herz *n*: ～无大志 sich keinem hohen Ziel hingeben

胸怀 xiōnghuái geistiger Horizont; Herz *n*: 伟大～ der weite geistige Horizont ～祖国 das Vaterland im Herzen tragen

胸襟 xiōngjīn geistiger Horizont

胸口 xiōngkǒu Magengrube *f*

胸脯 xiōngpú Brust *f*

胸膛 xiōngtáng Brust *f*

胸无点墨 xiōng wú diǎn mò keinen Tropfen Tusche in der Brust haben — völlig ungebildet sein: ～的人 Nichtswisser *m*; Ignorant *m*

胸有成竹 xiōng yǒu chéng zhú wer Bambus malen will, trägt schon ein Bild von ihm im Kopf — für eine Sache schon ein Konzept haben; bereits eine klare Vorstellung von etw. besitzen

xióng

雄 xióng ① männlich: ～鸡 Hahn *m*; Gockel *m* ② imposant; gigantisch: ～伟 erhaben; majestätisch; imponierend ③ stark; kräftig; mächtig: ～兵 eine starke Armee ～辩 Beredsamheit *f*; Eloquenz *f*

雄才大略 xióng cái dà lüè großes Talent und Weitblick besitzen; hervorragendes Können

雄厚 xiónghòu solid und materiell gesichert; wohlhabend: 实力～ ein großer Reichtum an Stärke 资金～ umfangreiche Fonds; reichliche Kapitalrücklagen

雄健 xióngjiàn kraftvoll; energisch; robust: ～的步伐 kraftvolle Schritte

雄伟 xióngwěi großartig; imponierend; imposant; stattlich

雄心 xióngxīn hohes ziel; hohes Streben; großer Ehrgeiz: ～壮志 einen starken Willen und große Ziele haben; von großer Zielstrebigkeit

雄壮 xióngzhuàng kräftig; imposant; majestätisch; stark: 歌声～，响彻云霄。Der volltönende Gesang steigt zu den Wolken empor.

熊 xióng Bär *m*

熊猫 xióngmāo Panda *m*

熊熊 xióngxióng lodernd; emporflammend; lichterloh: ～烈火 die lodernden Flammen

xiū

羞 xiū ① sich schämen; Scham empfinden: 害～ sich schämen; sich genieren ～红了脸 vor Scham erröten; schamrot werden ② Scham *f*; Schande *f*: 遮～ seine Schande verbergen; einen Skandal geheimhalten 恼～成怒 aus Scham in Wut geraten; vor lauter Scham wütend werden ③ etw. als eine Schande empfinden; sich beleidigt und beschämt fühlen: ～与为伍 sich der Kumpanei schämen; es ist einem peinlich, mit j-m Umgang zu haben

羞惭 xiūcán sich schämen; Scham empfinden: 满面～ j-s Gesicht zeigt tiefe Scham; tief beschämt aussehen

羞耻 xiūchǐ Scham *f*; Schamgefühl *n*: 不知～ schamlos

羞答答 xiūdādā verschämt; schüchtern; genierlich

羞愧 xiūkuì sich schämen; ein schlechtes Gewissen haben: ～难言 aus Beschämung kein Wort über die Lippen bringen

羞怯 xiūqiè schüchtern; verschämt und scheu

羞辱 xiūrǔ ① Scham *f*; Schande *f*; Beleidigung *f* ② schmähen *vt*; beleidigen *vt*; demütigen *vt*

羞涩 xiūsè scheu; schüchtern; verschämt; verlegen

修 xiū ① reparieren *vt*; restaurieren *vt*; ausbessern *vt*: ～自行车 Fahrrad reparieren ～鞋 Schuhe reparieren (lassen) ② bauen *vt*; anlegen *vt*: ～桥 eine Brücke bauen ～大楼 ein Gebäude errichten ③ lernen *vt*; ausbilden *vt*; kultivieren *vt*: ～哲学 Philosophie lernen 自～ Selbststudium *n* ④ verfassen *vt*; schreiben *vt*; zusammenstellen *vt*; kompilieren *vt*: ～县志 Archivmaterialien über einen Kreis zusammenstellen ⑤ beschneiden *vt*; stutzen *vt*; schneiden *vt*: ～指甲 die Fingernägel schneiden ～树枝 Bäume beschneiden

修补 xiūbǔ reparieren *vt*; flicken *vt*; ausbessern *vt*

修长 xiūcháng lang und dünn-schlank; hochaufgeschossen und hager

修辞 xiūcí die richtigen sprachlichen Ausdrucksformen wählen; stilistisch gut formulieren

修道院 xiūdàoyuàn (男) Mönchskloster *n*; (女) Nonnenkloster *n*

修订 xiūdìng revidieren *vt*; verbessern *vt*; etw. überprüfen und abändern

修复 xiūfù reparieren *vt*; restaurieren *vt*; renovieren *vt*

修改 xiūgǎi verbessern *vt*; korrigieren *vt*; abändern *vt*; berichtigen *vt*: ～法律 ein Gesetz ändern ～计划 einen Plan abändern ～文章 einen Artikel verbessern

修剪 xiūjiǎn stutzen *vt*; beschneiden *vt*

修建 xiūjiàn bauen *vt*; errichten *vt*; anlegen *vt*

修理 xiūlǐ reparieren *vt*; restaurieren *vt*

修面 xiūmiàn sich rasieren; sich rasieren lassen

修女 xiūnǚ Nonne *f*

修配 xiūpèi Reparaturen ausführen und Ersatzteile einsetzen

修缮 xiūshàn (ein Bauwerk) renovieren *vt*

修饰 xiūshì ① schmücken *vt*; verzieren *vt* ② sich schminken; sich zurechtmachen ③ (an einem Text) feilen *vt*; etw. stilistisch verbessern; modifizieren *vt*

修行 xiūxíng sich die Lehre Buddhas zu eigen machen; ein frommes Leben führen

修养 xiūyǎng ① Bildung in einem geisteswissenschaftlichen Fach; theoretisches Wissen: 有艺术～ in den Künsten bewandert sein ② sich selbst erziehen; an sich arbeiten; Selbsterziehung *f*

修业 xiūyè schulisches Lernen; Schulbildung *f*

修整 xiūzhěng ① reparieren und instandhalten; herrichten *vt*; ausbessern *vt* ② beschneiden *vt*; stutzen *vt*

修正 xiūzhèng verbessern *vt*; berichtigen *vt*; korrigieren *vt*; revidieren *vt*: ～草案 einen Entwurf revidieren (*od* abändern) ～主义 Revisionismus *m*

修筑 xiūzhù bauen *vt*; anlegen *vt*; errichten *vt*

休

xiū ① einstellen *vt*; mit etw. aufhören; etw. ruhen lassen: 争论不～ ununterbrochen streiten; zu unablässigen Auseinandersetzungen kommen ② sich erholen; sich ausruhen; ruhen *vi*: 退～ in den Ruhestand treten; pensioniert werden

休会 xiūhuì eine Versammlung unterbrechen; eine Sitzungspause einlegen; vertagen *vt*: 无限期～ eine Sitzung auf unbestimmte Zeit vertagen

休假 xiūjià Urlaub machen; im Urlaub sein; auf Urlaub gehen; Ferien (haben)

休克 xiūkè Schock *m*

休戚 xiūqī Freud und Leid; Wohl und Wehe: ～与共 Freud und Leid (miteinander) teilen

休息 xiūxi sich erholen; sich ausruhen; Pause machen; Rast machen: ～一会儿 ein bißchen ausruhen; eine kleine Pause einlegen 明天我～。Ich habe morgen frei. 课间～ Pause *f* (in der Schule) 幕间～ Pause *f* ～室 Vorhalle *f*; Foyer *n*; Ruheraum *m*

休想 xiūxiǎng denk nicht daran; rechne dir keine Chance aus; es ist ausgeschlossen: 你～逃脱。Bilde dir nicht ein, du könntest entkommen.

休学 xiūxué das Studium (zeitweilig) unterbrechen

休养 xiūyǎng sich erholen; eine Erholungskur machen; wieder zu Kräften kommen: ～所 Erholungsheim *n*; Sanatorium *n*

休整 xiūzhěng Kräfte sammeln und sich neu formieren; Ruhepause und Reorganisierung

休止 xiūzhǐ Halten *n*; Stillstand *m*; Abschluß *m*; Ende *n*: 无～的争论 ein endloser Wortwechsel

xiǔ

宿

xiǔ 〈量〉 [用于计算夜]: 住一～ für eine Nacht Unterkunft nehmen * 另见 sù

朽 xiǔ ① verfault; morsch; verfallen: 枯木～株 verdorrte Bäume und verwitterte Stämme ② morsch; hinfällig; altersschwach: 老～ alt und verbraucht; senil

xiù

袖 xiù ① Ärmel *m*: ～口 Manschette *f*; Stulpe *f*; Ärmelöffnung *f* ② im Ärmel stecken; in die Ärmel stecken: ～手旁观 mit verschränkten Armen zuschauen; tatenlos zusehen

袖珍 xiùzhēn in Taschenformat; klein und handlich; Taschen-: ～字典 Taschenwörterbuch *n*

秀 xiù ① hübsch; schön: 山清水～ schimmernde Berge und klares Wasser; malerische Landschaft ② vortrefflich; hervorragend: 优～ ausgezeichnet; vortrefflich; vorzüglich; erstklassig ～外慧中 graziös und intelligent

秀才 xiùcai schreibgewandte oder gebildete Person; Gelehrte(r); Intellektuelle(r)

秀丽 xiùlì schön; hübsch; anmutig; zierlich

秀美 xiùměi hübsch; zierlich; graziös; grazil

秀气 xiùqi fein; zierlich; lieblich; anmutig

锈 xiù Rost *m*; rostig werden; verrosten *vi*

绣 xiù sticken *vt/vi*; Stickerei *f*

绣花 xiùhuā sticken *vt/vi*

臭 xiù Geruch *m* *另见 chòu

臭味相投 xiùwèi xiāngtóu von der gleichen schlechten Art sein; gleich und gleich gesellt sich gern

嗅 xiù beriechen *vt*; schnüffeln *vi*; schnuppern *vi*; wittern *vt*

嗅觉 xiùjué Geruchssinn *m*; Geruchsempfindung *f*; Spürsinn *m*; feines Gefühl

xū

需 xū ① brauchen *vt*; bedürfen *vi*; etw. nötig haben: 急～ etw. dringend brauchen; benötigen *vt* ② Bedarf *m*: 必～品 Bedarfsartikel *pl* 军～ militärischer Bedarf

需求 xūqiú Nachfrage *f*; Bedarf *m*

需要 xūyào ① brauchen *vt*; bedürfen *vi*; etw. nötig haben; erforderlich: 这所房子～修理。Dieses Haus ist reparaturbedürftig. 这种情况～立即采取措施。In diesem Fall sind Sofortmaßnahmen erforderlich. ② Bedürfnis *n*; Bedarf *m*: 满足读者的～ den Bedarf des Leserkreises decken

吁 xū seufzen *vi*; einen Seufzer ausstoßen: 气喘～～ keuchend; schnaufend; heftig atmend *另见 yù

须 xū ① müssen; etw. zu tun haben; notwendig sein ② Bart *m*: 留～ sich einen Bart stehen (*od* wachsen) lassen

须知 xūzhī Punkte zur Beachtung; Bekanntmachung *f*; Hinweise *pl* 旅客～ Information für Passagiere; Reisebestimmungen *pl*

虚 xū ① leer; nichtig: 乘～而入 eine Schwäche ausnutzen und eindringen ② unbesetzt; frei halten: 座无～席 auf den letzten Platz besetzt sein; kein Platz bleibt unbesetzt ③ (wegen eines schlechten Gewissens oder aus Unsicherheit) schüchtern; zaghaft; ängstlich; bange: 心里有点～ unsicher und ängstlich sein; sich etwas unbehaglich fühlen ④ umsonst; vergebens; vergeblich: 不～此行 einen Weg nicht umsonst gemacht haben 弹不～发 keinen Schuß sein Ziel verfehlen lassen ⑤ falsch; scheinbar; vorgetäuscht: 耳闻为～，眼见为实。Was man hört, kann falsch sein, was man sieht, ist wahr. ⑥ schwach; schwächlich; gebrechlich: 气～ schwächlich; kraftlos; energielos 身体很～ körperlich sehr schwach sein; sehr hinfällig sein

虚报 xūbào falschen Bericht erstatten; falsche Angaben machen

虚词 xūcí Funktionswort *n*; Partikel *f* (dazu gehören im Chinesischen: Adverb, Präposition, Konjunktion, Hilfswort, Interjektion und Schallwort)

虚度 xūdù nutzlos verbringen; ungenutzt verstreichen lassen: ～光阴 Jahr und Tag ungenutzt verstreichen lassen

虚构 xūgòu erdichten *vt*; erfinden *vt*: ～的情节 erdichtete Geschichte

虚幻 xūhuàn illusorisch; unwirklich; trügerisch

虚假 xūjiǎ falsch; unecht; täuschend

虚惊 xūjīng falscher Alarm; un-

begründeter Schreck
虚名 xūmíng unverdienter Ruf
虚拟 xūnǐ ① erfinden *vt*; erdichten *vt*; fingieren *vt* ② angenommen; vorausgesetzt; mutmaßlich: ～语气 Konjunktiv *m*
虚胖 xūpàng aufgedunsen; schwammig
虚情假意 xū qíng-jiǎ yì vorgetäuschte Freundschaft und Zuneigung; Anbiederung *f*; Heuchelei *f*; scheinheilig
虚荣 xūróng eitler Ruhm; falscher Glanz: ～心 Eitelkeit *f*; Ruhmsucht *f*
虚弱 xūruò schwach; kraftlos: 兵力～。Die Streitkräfte sind schwach.
虚伪 xūwèi falsch; heuchlerisch; scheinheilig
虚心 xūxīn bescheiden; Bescheidenheit *f*
虚张声势 xū zhāng shēngshì mit Lärm Macht (*od* Stärke) vortäuschen
墟 xū Ruine *f*: 废～ Ruine *f*

xú

徐 xú <书> langsam; gemächlich: 清风～来。Es weht eine leichte Brise.
徐徐 xúxú <书> langsam; geruhsam: 五星红旗～升起。Die rote Fahne mit den fünf Sternen steigt langsam auf.

xǔ

许 xǔ ① erlauben *vt*; genehmigen *vt*; dürfen *vi*: 这项任务限三天完成，不～拖延。Diese Aufgabe ist innerhalb von drei Tagen zu erfüllen und darf nicht aufgeschoben werden. 我妈不～我抽烟。Meine Mutter erlaubt mir nicht zu rauchen ② versprechen *vt*: 他～过我一张票。Er hat mir eine Eintrittskarte versprochen. ③ vielleicht; wahrscheinlich; vermutlich: 他今天没来，～是生病了。Er ist heute nicht gekommen. vielleicht ist er krank.
许多 xǔduō viel; zahlreich
许久 xǔjiǔ lange; lange Zeit
许可 xǔkě erlauben *vt*; gestatten *vt*; zulassen *vt*
许诺 xǔnuò versprechen *vt*; j-m sein Wort geben; j-m etw. zusichern
许愿 xǔyuàn ① ein Gelübde ablegen ② versprechen *vt*; j-m Versprechungen machen
栩 xǔ
栩栩 xǔxǔ lebhaft; lebendig: ～如生 lebensecht; lebenswahr; naturgetreu

xù

畜 xù (Haustiere) züchten *vt* *另见 chù
畜牧 xùmù Viehzucht *f*; Haustier- und Geflügelhaltung: ～场 Zuchtfarm *f*; Tier- oder Geflügelfarm *f* ～业 Vieh- und Geflügelzucht *f*; landwirtschaftliche Tierhaltung
蓄 xù ① speichern *vt*; ansammeln *vt*: 水库的～水能力 das Fassungsvermögen des Stausees ② (sein Haar) wachsen lassen: ～须 sich einen Bart stehen lassen
蓄电池 xùdiànchí Akkumulator *m* (简称: Akku *m*)
蓄洪 xùhóng Hochwasser speichern; Hochwasserspeicherung *f*
蓄谋 xùmóu etw. im Schilde führen; die Absicht haben; vorsätzlich planen: ～已久 schon seit langem böse Absichten hegen
蓄意 xùyì beabsichtigen *vt*; den Vorsatz fassen, etw. zu tun; eine Absicht hegen: ～进行破坏 den Vorsatz fassen, Sabotage zu betreiben
酗 xù
酗酒 xùjiǔ saufen *vi*; unmäßig trinken; dem Alkohol verfallen sein
煦 xù <书> warm; mild
叙 xù ① sprechen *vt/vi*; sich unterhalten: ～家常 über Familienangelegenheiten plaudern ② erzählen *vt*; berichten *vt*; darstellen *vt*: ～事诗 Ballade *f*; Erzählgedicht *n*
恤 xù ① bemitleiden *vt*; sich erbarmen; sympathisieren *vi*: 怜～ Mitleid haben; sich erbarmen; mitleidig ② Unterstützung gewähren; j-m Fürsorge angedeihen lassen: 抚～ einem Invaliden oder der Familie eines Gefallenen Unterstützung gewähren

旭 xù

旭日 xùrì aufgehende Sonne; Morgensonne *f*

序 xù ① Reihenfolge *f*; Ordnung *f*: 顺～ der Reihe nach 井然有～ in bester Ordnung ② eine Reihenfolge festlegen: ～齿 〈书〉 die Reihenfolge nach dem Alter festlegen ③ einleitend: ～幕 Vorspiel *n*; Präludium *n*

序曲 xùqǔ Vorspiel *n*; Ouvertüre *f*

序言 xùyán Einleitung *f*; Vorwort *n*; Präambel *f*

絮 xù ① watteähnliche Gegenstände: 柳～ Weidenkätzchen *n* ② mit Watte füttern; wattieren *vt*: ～棉衣 Kleidung wattieren

絮叨 xùdao geschwätzig; langatmig; wortreich

婿 xù Schwiegersohn *m*

绪 xù ①Anfang einer Seidenfaser; (roter) Faden: 头～ ein aufzumender Faden; innerer Zusammenhang; Ordnung *f*; Ansatzpunkt *m* ～论(言) Einleitung *f*; Vorrede *f*; Vorwort *n* 千头万～ verworren und kompliziert ② Tat *f*; Werk *n*; Unternehmen *n*: 续未竟之～ das Werk eines anderen weiterführen

续(續) xù fortsetzen *vt*; fortfahren *vi*; weiterführen *vt*: 待～ Fortsetzung folgt ～订 (eine Zeitung oder Zeitschrift) weiter abonnieren; ein Abonnement erneuern ～假 den Urlaub verlängern ～集 Fortsetzung *f* (eines Buchs); Folge *f*

续弦 xùxián nach dem Tod der Ehefrau wieder heiraten; (als Witwer) sich wiederverheiraten

xuān

宣 xuān verbreiten *vt*; propagieren *vt*; verkünden *vt*: 不～而战 ohne Kriegserklärung angreifen 心照不～ sich mit j-m ohne Worte verständigen können; in stillschweigendem Einvernehmen sein

宣布 xuānbù verkünden *vt*; proklamieren *vt*; kundgeben *vt*; bekanntgeben *vt*: ～独立 die Unabhängigkeit proklamieren ～会议开始 eine Sitzung für eröffnet erklären ～一件事 etw. bekanntgeben

宣称 xuānchēng erklären *vt*; behaupten *vt*

宣传 xuānchuán propagieren *vt*; Propaganda machen; für etw. agitieren; Propaganda *f*: ～车 Propagandawagen *m* ～机构 Propagandaorganisation *f* ～队 Propagandagruppe *f* ～交通规则 die Verkehrsregel propagieren

宣读 xuāndú (Dokument) verlesen

宣告 xuāngào verkünden *vt*; proklamieren *vt*; erklären *vt*; bekanntgeben *vt*: ～成立 die Gründung (eines Staates oder einer Organisation) proklamieren

宣判 xuānpàn verurteilen *vt*; ein gerichtliches Urteil fällen: ～有罪 j-n schuldig sprechen ～无罪 j-n freisprechen; einen Freispruch fällen

宣誓 xuānshì einen Eid leisten: ～就职 den Amtseid leisten; den Diensteid ablegen

宣言 xuānyán Manifest *n*; Deklaration *f*; offizielle Erklärung

宣扬 xuānyáng verbreiten *vt*; propagieren *vt*; Reklame für etw. machen

宣战 xuānzhàn Krieg erklären

喧 xuān laut; lärmend: 锣鼓～天 ohrenbetäubendes Getöse von Gongs und Trommeln

喧宾夺主 xuān bīn duó zhǔ die Stimme des Gastes übertönt die des Gastgebers; Wichtiges durch Nebensächliches verdrängen

喧哗 xuānhuá lärmen *vi*; Lärm machen: 请勿～! Bitte, Ruhe!

喧闹 xuānnào Getöse *n*; Getobe *n*; großer Lärm; Trubel *m*; Tumult *m*

喧嚣 xuānxiāo ① Stimmengewirr *n*; lärmendes Durcheinander ② Geschrei machen; großen Lärm schlagen: ～一时 für einige Zeit große Aufregungen verursachen ～鼓噪 ein lautes Geschrei machen; großen Lärm schlagen

轩 xuān 〈书〉 hoch; erhaben

轩然大波 xuānrán dà bō hochschlagende Wellen; hohe Wogen (des Streits)

xuán

旋 xuán ① kreisen *vi*; drehen *vt*: 盘～ (in der Luft) kreisen ② zurückkehren *vi*: 凯～

Triumphzug *m* * 另见 xuàn
旋律 xuánlǜ Melodie *f*
旋钮 xuánniǔ Drehknopf *m*
旋绕 xuánrào zu einer Spirale drehen; ringeln *vt*: 炊烟～。Der Rauch steigt in Kringeln aus dem Schornstein in die Luft.
旋涡 xuánwō Strudel *m*; Wirbel *m*
旋转 xuánzhuǎn sich drehen; kreisen *vi*; Kreise ziehen; kreiseln *vi*; rotieren *vi*

玄 xuán ① schwerverständlich; abstrus; dunkel; profund: ～理 metaphysische Ideen ② unglaubhaft; unglaubwürdig; unzuverlässig: 这话太～了。Das klingt sehr unwahrscheinlich.
玄妙 xuánmiào mysteriös; abstrus; geheimnisvoll
玄虚 xuánxū Hokuspokus *m*; Blendwerk *n*; Mysterium *n*: 故弄～ etw. mit Absicht geheimnisvoll (*od* mysteriös) machen; mystifizieren *vt*

悬(懸) xuán ① hängen *vt*/*vi*; aufhängen *vt*: ～空 in der Luft hängen (*od* schweben); keinen festen Boden unter den Füßen haben ～灯结彩 Lampions und farbige Seidenbänder aufhängen ② besorgt sein; sich um j-n sorgen: ～念 sich ängstlich nach j-m sehnen; voller Sorge an j-n denken ③ ungelöst; ergebnislos; schwebend: ～而未决的问题 ein ungelöstes Problem ④ weit entfernt; sehr unterschiedlich: ～隔 weit voneinander entfernt sein ～殊 sehr unterschiedlich; großer Unterschied
悬挂 xuánguà aufhängen *vt*; hängen *vt*
悬赏 xuánshǎng eine Belohnung aussetzen (*od* ausloben); für etw. einen Preis ausschreiben
悬崖 xuányá Vorsprung *m*; Überhang *m*; Rand eines Abgrunds: ～勒马 das Pferd erst am Rand des Abgrunds zügeln; im letzten Augenblick einhalten; im letzten Moment zur Besinnung kommen

xuǎn

癣 xuǎn Hautflechte *f*; Tinea *f*

选(選) xuǎn ① auswählen *vt*; auslesen *vt*: 挑～ wählen *vt*; aussuchen *vt* ② wählen *vt*; Wahl *f*: 普(大)～ allgemeine Wahlen 他当～为总统。Er wurde zum Präsidenten gewählt. ③ ausgewählte Werke; Anthologie *f*: 诗～ Gedichtsammlung *f*; Lyrikanthologie *f*
选拔 xuǎnbá auswählen *vt*; aussuchen *vt*; Auswahl *f*: ～赛 Ausscheidungskampf *m*
选购 xuǎngòu auswählen und kaufen; sich in einem Geschäft etw. aussuchen
选集 xuǎnjí gesammelte Werke; Werkauswahl *f*; Anthologie *f*
选举 xuǎnjǔ wählen *vt*; Wahl *f*: ～权 Wahlrecht *n* 直接(间接)～ direkte (indirekte) Wahl 无记名投票～ durch geheime Abstimmung wählen; in geheimer Wahl wählen
选民 xuǎnmín Wähler *m*; Wählerschaft *f*
选派 xuǎnpài abordnen *vt*; auswählen *vt*; delegieren *vt*
选票 xuǎnpiào Wahlzettel *m*; Stimmzettel *m*
选手 xuǎnshǒu für die Teilnahme an einem Sportfest u. ä. ausgewählter Sportler; Wettkämpfer *m*
选修 xuǎnxiū etw. als fakultatives Fach lernen bzw. studieren: ～课 fakultatives Fach; Wahlfach *n*
选择 xuǎnzé auswählen *vt*; sich für etw./j-n entscheiden: 自然～ natürliche Auslese

xuàn

旋 xuàn ① wirbelnd; kreisend: ～风 Wirbelwind *m*; Wirbelsturm *m* ② etw. auf einer Drehbank bearbeiten; etw. mit einer Drehbewegung schälen: 把一根圆钢～成车轴 ein Stück Rundstahl zu einer Wagenachse drehen ③ <副> gleich; auf der Stelle; im letzten Moment: 这些菜等客人到了～做，就来不及了。Wenn wir die Speisen erst nach der Ankunft der Gäste zubereiten, wird die Zeit zu knapp. * 另见 xuán

泫 xuàn triefen *vi*; tropfen *vi*
泫然 xuànrán (Tränen) vergießen *vt*; tränenüberströmt: ～泪下 Tränen aus den Augen stürzen (*od* tropfen)

炫 xuàn ① blenden *vt*; ins Auge stechen ② protzen *vi*; prahlen *vi*; etw. zur Schau stellen: ～耀 (seine Stärke) großtuerisch

Schau stellen; sich großtun
…n verschwommen: 头晕
…~ sich benommen fühlen; …st schwindlig geworden
… xuàn farbenprächtig; von bunter Pracht
… xuànlì herrlich; prächtig; brillant: ~多彩 farbenprächtig; in vielen Farben schimmernd; vielgestaltig und schön ~的景色 herrliche Landschaft

xuē

靴 xuē Stiefel *m*: 雨~ Gummistiefel *m*

削 xuē schälen *vt*; schneiden *vt* * 另见 xiāo

削价 xuējià Preise senken; den Preis herabsetzen

削减 xuējiǎn reduzieren *vt*; verringern *vt*; herabsetzen *vt*

削弱 xuēruò schwächen *vt*; abschwächen *vt*; entkräften *vt*

xué

学(學) xué ① lernen *vt*; studieren *vt*: ~文化 lesen und schreiben lernen ~外语 eine Fremdsprache lernen (*od* studieren) 向他~ von ihm lernen ② nachahmen *vt*; nachmachen *vt*; imitieren *vt*: 鹦鹉~舌 wie ein Papagei nachplappern ③ Wissen *n*; Kenntnis *f*: 才疏~浅 wenig Talent und geringe Kenntnisse besitzen; weder talentiert noch gebildet sein ④ wissenschaftliches Fach; Lehrgegenstand *m*: 数~ Mathematik *f* 文~ Literatur *f* ⑤ Schule *f*; Lehranstalt *f*: 小~ Grundschule *f* 中~ Mittelschule *f* 大~ Universität *f*; Hochschule *f* 上~ in die Schule gehen

学报 xuébào Fachzeitschrift einer Hochschule oder wissenschaftlichen Institution; Hochschuljournal *n*

学潮 xuécháo Studentenaufruhr *m*; Schulstreik *m*

学费 xuéfèi Schulgeld *n*; Studiengebühren *pl*

学风 xuéfēng Lernstil *m*; Arbeitsstil in der Schulung; Unterrichtsweise *f*

学府 xuéfǔ höhere Lehranstalt; Hochschule *f*

学会 xuéhuì ① erlernen *vt*; sich etw. aneignen; beherrschen *vt*: 这孩子~了走路。Das Kind hat wackeln gelernt. ② wissenschaftlicher Verein; wissenschaftliche Gesellschaft; Institut *n*

学籍 xuéjí Schulzugehöigkeit *f*; Schüler- oder Studentenstatus *m*

学究 xuéjiū Pedant *m*: ~气 Pedanterie *f*; pedantisch

学科 xuékē wissenschaftliches Fach; Wissenschaftszweig *m*; Studienfach *n*

学历 xuélì Bildungsgang *m*

学龄 xuélíng schulpflichtiges Alter: ~前 vorschulisches Alter

学年 xuénián Schuljahr *n*

学派 xuépài wissenschaftliche Richtung; Schule *f*

学期 xuéqī Semester *n*; Schulhalbjahr *n*

学生 xuésheng Schüler *m*; Student *m*

学识 xuéshí Bildung *f*; Wissen *n*; Kenntnisse *pl*: ~渊博 ein umfangreiches (*od* profundes) Wissen besitzen ~浅薄 beschränkte Kenntnisse haben

学士 xuéshì Bachelor *m*; Bakkalaureus *m*: 文~ Bachelor der philosophischen Fakultät (B. A.)

学术 xuéshù Wissenschaft *f*; wissenschaftlich; akademisch: ~交流 akademischer Austausch ~论文 wissenschaftliche Abhandlung; Dissertation *f* ~讨论会 Symposium *n*; wissenschaftliche Konferenz

学说 xuéshuō Theorie *f*; Lehre *f*; Doktrin *f*

学徒 xuétú Lehrling *m*; Lehrjunge *m*; Auszubildende(r)

学位 xuéwèi akademischer Grad: 博士~ Doktorgrad *m* 硕士~ akademischer Magister-Grad

学问 xuéwen Wissen *n*; Kenntnisse *pl*: 做~ Forschungsarbeit leisten; sich um wissenschaftliche Erkenntnisse bemühen ~高深 gelehrt

学习 xuéxí lernen *vt*; studieren *vt*

学校 xuéxiào Schule *f*; Lehranstalt *f*

学业 xuéyè Lernen *n*; Studium *n*: ~成绩 schulische Leistungen; Studienleistungen *pl*

学院 xuéyuàn Institut *n*; Hochschule *f*

学者 xuézhě Gelehrte(r)

学制 xuézhì ① Schulsystem *n* ② Studiendauer *f*; Ausbildungsdauer *f*

穴 xué Höhle *f*; Nest *n*; Loch *n*: 洞～ Höhle *f*; Loch *n* 虎～ Tigerhöhle *f* 匪～ Räuberhöhle *f*; Unterschlupf von Banditen ～位 Akupunkturpunkt *m*

xuě

雪 xuě ① Schnee *m* ② (eine Schande) tilgen *vt*; sich rächen: ～耻 sich für eine zugefügte Schande rächen; eine erlittene Schmach heimzahlen 昭～ j-n nachträglich rehabilitieren; j-n reinwaschen

雪白 xuěbái schneeweiß; weiß wie Schnee

雪崩 xuěbēng Lawine *f*; Schneerutsch *m*

雪恨 xuěhèn Rache nehmen; sich an j-m rächen: 报仇～ Rache nehmen, um seinen Haß zu stillen

雪花 xuěhuā Schneeflocken *pl*

雪花膏 xuěhuāgāo Gesichtscreme *f*; Hautcreme *f*

雪中送炭 xuě zhōng sòng tàn j-m bei Schnee Kohle schicken; Hilfe in der Not

xuè

血 xuè Blut *n*: 流～ Blut vergießen 出～ bluten *vi* * 另见 xiě

血案 xuè'àn Mordfall *m*; blutiges Verbrechen

血管 xuèguǎn Blutgefäß *n*; Ader *f*

血汗 xuèhàn Blut und Schweiß; mühsame Arbeit

血迹 xuèjì Blutfleck *m*; Blutspur *f*

血口喷人 xuè kǒu pēn rén j-n mit blutigem Auswurf bespeien; j-n grob verleumden; Gift und Galle gegen j-n speien (*od* spucken)

血库 xuèkù Blutbank *f*; Blutzentrale *f*

血泪 xuèlèi Blut und Tränen; blutige Tränen

血淋淋 xuèlínlín von Blut triefend; blutig; blutüberströmt

血泊 xuèpō Blutlache *f*

血气 xuèqì ① Lebenskraft *f*; Tatkraft *f*; Energie *f* ② Charakterstärke *f*; Mut und Rechtschaffenheit: 有～的青年 ein mutiger aufrechter Jugendlicher

血球 xuèqiú Blutkörperchen *n*; Blutzellen *pl*

血肉 xuèròu Fleisch und [Blut]: ～相连 verbunden wie F[leisch] und Blut; aufs engste verbun[den] sein

血色 xuèsè gesunde Röte; Ge[sichtsfarbe] *f*: 脸上没有～ blaß aussehen

血统 xuètǒng Blutsverwandtschaft *f*; Blutsbindung *f*; gleiche Abstammung

血腥 xuèxīng blutig; brutal

血型 xuèxíng Blutgruppe *f*

血压 xuèyā Blutdruck *m*: 高～ Hypertension *f*; erhöhter Blutdruck 低～ Hypotension *f*; niedriger Blutdruck

血液 xuèyè Blut *n*

血缘 xuèyuán Blutsverwandtschaft *f*

血债 xuèzhài Blutschuld *f*

xūn

勋(勳) xūn Verdienst *n*; verdienstvolle Leistung; Ruhmestat *f*: 功～ Verdienste *pl*; Ruhmestat *f*

勋爵 xūnjué ① für Verdienste verliehener Adelstitel; Rang *m* ② Lord *m*

勋章 xūnzhāng Orden *m*; Medaille *f*

熏 xūn ① (Rauch oder Geruch) anwehen *vt*; verräuchern *vt*: 墙给～黑了。Die Wände sind völlig verrußt. ② (Fleisch, Fisch u. ä.) räuchern *vt*: ～鱼 Fische räuchern; geräucherter Fisch

熏染 xūnrǎn einen latenten Einfluß auf j-n ausüben; j-n langsam und unmerklich beeinflussen

熏陶 xūntáo auf j-n günstig einwirken; j-n allmählich positiv beeinflussen; bei j-m den Grund für etw. legen

xún

驯 xún ① zähmen *vt*; bändigen *vt*; dressieren *vt*: ～马 ein Pferd bändigen (*od* zähmen) ② zahm; gezähmt: ～鹿 ein zahmes Reh

驯服 xúnfú ① zähmen *vt*; bändigen *vt*; sich gefügig machen: ～烈马 ein feuriges Pferd bändigen ② zahm; gefügig

驯养 xúnyǎng durch Füttern zähmen; (wilde Tiere) domestizieren *vt*

循 xún nach; gemäß; entsprechend; entlang

循规蹈矩 xún guī dǎo jǔ den üblichen Verhaltensmaßregeln folgen; die Vorschriften einhalten

循环 xúnhuán zirkulieren *vi*; im Kreis laufen; umlaufen *vi*; Zyklus *m*; Kreislauf *m*: 血液～ Blutzirkulation *f*; Blutkreislauf *m* 恶性～ Teufelskreis *m*; Circulus vitiosus

循序渐进 xúnxù jiànjìn Schritt für Schritt vorgehen; methodisch vorgehen

旬 xún ① Zeitraum von zehn Tagen; Dekade *f*: 上(中、下)～ die erste (zweite, letzte) Dekade des Monats ② Lebensjahrzehnt *n* (gebraucht nur bei hohem Alter)

询 xún nach etw. fragen; sich nach etw. erkundigen: 查～ Erkundigungen einziehen

询问 xúnwèn nach etw. fragen; sich nach etw. erkundigen; befragen *vt*: ～健康情况 j-n nach seinem Befinden fragen

巡 xún patrouillieren *vi*; die Runde machen

巡查 xúnchá visitieren *vt*; Kontrollgang machen

巡航 xúnháng kreuzen *vi*: ～导弹 Cruise-Missile *n*; Marschflugkörper *m*

巡回 xúnhuí die Runde machen; auf Tournee gehen; wandern *vi*: ～大使 Reisebotschafter *m*; fliegender Botschafter; Sonderbotschafter *m* ～医疗队 Gruppe zur ambulanten medizinischen Betreuung; wanderndes Ärzteteam

巡逻 xúnluó patrouillieren *vi*; auf Streife gehen; Patrouille *f*

巡视 xúnshì eine Inspektionsreise machen; inspizieren *vt*; besichtigen *vt*

巡洋舰 xúnyángjiàn Kreuzer *m*

寻(尋) xún suchen *vt*/*vi*; auf der Suche nach etw. sein: 我们到处～找她。Wir haben sie überall gesucht. ～欢作乐 seinen Vergnügungen nachgehen

寻常 xúncháng gewöhnlich; üblich; alltäglich: 异乎～地冷 außerordentlich kalt

寻觅 xúnmì suchen *vt*/*vi*

寻求 xúnqiú suchen *vt*/*vi*; nach etw. trachten

寻味 xúnwèi (über j-s Worte) nachdenken *vi*; nachsinnen *vi*: 他这番话耐人～。Was er da gesagt hat, ist sehr bedenkenswert. 或 Was er gesagt hat, enthält reichlich Stoff zum Nachdenken.

寻衅 xúnxìn Streit suchen; eine Provokation begehen; j-n (zu einem Streit) herausfordern

寻找 xúnzhǎo suchen *vt*/*vi*

xùn

训 xùn ① belehren *vt*; zurechtweisen *vt*; unterweisen *vt*: ～他一顿 ihn zurechtweisen; ihm eine Lehre erteilen ② trainieren *vt*; Training *n*: 受～ sich einem Training unterziehen ③ Norm *f*; Standard *m*; Maßgabe *f*: 不足为～ nicht vorbildlich; nicht als Vorbild dienen können

训斥 xùnchì zurechtweisen *vt*; rügen *vt*; j-n scharf tadeln

训诂 xùngǔ Auslegung von Wörtern in alten Texten

训练 xùnliàn trainieren *vt*; drillen *vt*; einüben *vt*; ausbilden *vt*

训令 xùnlìng 〈旧〉 Direktive *f*; Instruktion *f*; Verordnung *f*

汛 xùn Hochwasser *n*; Flut *f*: 防～ Schutzmaßnahmen gegen Hochwasser treffen; Überschwemmungen vorbeugen ～期 Hochwasserperiode *f*

讯 xùn ① verhören *vt*; vernehmen *vt*: 审～ verhören *vt* ② Information *f*; Nachricht *f*: 电～ Depesche *f*; telegraphische Nachricht

迅 xùn schnell; rapid; rasch

迅猛 xùnměng sehnell und heftig; ungestüm; stürmisch

迅速 xùnsù geschwind; sehnell; rapid: 动作～ sich flink bewegen schnell in Aktion treten ～发展 die rasche Entwicklung ～康复 sich schnell erholen ～答复 etw. prompt erwidern

逊(遜) xùn ① bescheiden: 谦～ bescheiden; nicht eingebildet 出言不～ freche (*od* grobe, beleidigende) Worte zu j-m sagen ② weniger wert sein; schwächer; sich mit j-m (an etw.) nicht messen können

逊色 xùnsè schwächer als j-d/etw. sein; nicht gleichkommen; sich mit j-m (an etw.) nicht messen können; nachstehen *vi*: 稍有～ ein klein bißchen schwächer sein

殉 xùn ① mit einem Toten mitbegraben werden ② für j-n/etw. sein Leben einsetzen (*od* hingeben)

殉国 xùnguó sich für das Vaterland opfern; für das Vaterland sein Leben hingeben

殉难 xùnnàn (für eine gerechte Sache oder das Vaterland) sterben *vi*

殉葬 xùnzàng mit einem Toten mitbegraben werden; lebend mitbegraben

殉职 xùnzhí in Ausübung seiner Pflicht sterben; auf seinem Arbeitsposten sterben

Y y

yā

丫 yā Gabelung *f*; Abzweigung *f*; Verzweigung *f* (in zwei Arme)

丫杈 yāchà ① Gabelung *f*; Astgabel *f* ② verzweigt; gegabelt

丫头 yātou ① Mädchen *n* ② Haussklavin *f*; Dienstmädchen *n*

压(壓) yā ① pressen *vt*; drücken *vt*; niederhalten *vt*: ～扁 etw. flach drükken; etw. platt pressen ～碎 zerdrücken *vt* 大雪把树枝～弯了。Das Schneegestöber biegt die Zweige der Bäume nach unten. ② etw. unter Kontrolle bringen; sicherstellen *vt*; beruhigen *vt*: ～住心头怒火 sich beherrschen ③ unterdrücken *vt*; niederhalten *vt*: 镇～叛乱 den Aufruhr unterdrükken ④ sich nähern: 敌军～境。Die feindlichen Truppen nähern sich den Landesgrenzen. ⑤ etw. nicht berühren; etw. unerledigt lassen; im Schubfach liegen: 这份公文～了不少时间。Dieses Dokument liegt schon lange im Schubfach. *另见 yà

压倒 yādǎo überwältigen *vt*; niederdrücken *vt*; niederhalten *vt*: ～多数 überwältigende Mehrheit 比赛中客队占～优势。Die Gastmannschaft beherrscht das Spiel.

压服 yāfú erzwingen *vt*; j-n mit Gewalt zu etw. veranlassen; j-s Zustimmung erpressen: ～手段 Zwangsmaßnahme *f*

压力 yālì ① Druck *m*: ～计 Druckmesser *m*; Manometer *n* ～机 Presse *f* ② Druck *m*; Zwang *m*; Nötigung *f*: 屈于～ dem Druck weichen 施加～ unter Druck setzen

压迫 yāpò ① unterdrücken *vt*; unterjochen *vt* ② im Körper ein Druckgefühl (*od* eine Beklemmung) verursachen

压缩 yāsuō komprimieren *vt*; kürzen *vt*; verringern *vt*; zusammenpressen *vt*: ～开支 Ausgaben reduzieren

压抑 yāyì niederdrücken *vt*; zurückhalten *vt*; zügeln *vt*; niedergedrückt: ～不住内心的激动 die Erregung nicht zurückhalten können 心情～ sich bedrückt fühlen 感到～ einen Druck spüren

压榨 yāzhà ① auspressen *vt*; keltern *vt* ② ausbeuten *vt*; aussaugen *vt*

压制 yāzhì unterdrücken *vt*; niederhalten *vt*; abwürgen *vt*; zügeln *vt*: ～批评 Kritik unterdrükken; Kritik abwürgen ～反对的意见 Gegenmeinungen nicht zu Wort kommen lassen

呀 yā ① <叹> ah; oh: ～，下雪了！ Oh, es schneit! ② <象> knarren *vi*: 门～的一声开了。Die Tür geht knarrend auf.

鸦 yā Rabe *m*; Krähe *f*

鸦片 yāpiàn Opium *n*

鸦雀无声 yā què wú shēng weder Spatz noch Rabe geben einen Laut von sich; es herrscht Totenstille; mucksmäuschenstill

押 yā ① verpfänden *vt*; etw. als Pfand geben: 以手表作～ eine Armbanduhr verpfänden ② j-n in Haft nehmen: 在～犯 Häftling *m* ③ eskortieren *vt*; unter Bedeckung geleiten; bewachen *vt*: ～运 unter Geleitschutz befördern; Schutzgeleit geben ④ unterschreiben *vt*; unterzeichnen *vt*; signieren *vt*; stempeln *vt*; siegeln *vt*

押解 yājiè (einen Verbrecher oder Gefangenen) abführen *vt*; überstellen *vt*; eskortieren *vt*

押金 yājīn Kaution *f*; Kautionsgeld *n*; Depositen *pl*; Sicherheitsleistung *f*

鸭 yā Ente *f*

鸭绒 yāróng Entenfeder *f*; Entendaunen *pl*: ～被 Federbett *n*; Daunendecke *f*

yá

涯 yá Rand *m*; Grenze *f*; Ende *n*: 天～海角 am Ende der Welt 一望无～ unübersehbare Weite; grenzenlos

崖 yá überhängende (*od* steil abfallende) Felswand; Klippe *f*: 山～ Bergwand *f*; Gebirgsabfall *m* 悬～勒马 das Pferd erst am Rand des Abgrunds zügeln; kehrtmachen, bevor es zu spät ist

牙 yá ① Zahn *m* ② zahnförmiger Gegenstand

牙齿 yáchǐ Zahn *m*

牙床 yáchuáng Zahnfleisch *n*

牙雕 yádiāo Elfenbeinschnitzerei *f*

牙膏 yágāo Zahnpasta *f*; Zahncreme *f*

牙关 yáguān Kiefergelenk *n*: 咬紧～ die Zähne zusammenbeißen

牙科 yákē Zahnheilkunde *f*; Abteilung für Zahnbehandlung: ～医生 Zahnarzt *m*; Dentist *m*

牙刷 yáshuā Zahnbürste *f*

牙痛 yátòng Zahnschmerzen *pl*; Zahnweh *n*

牙龈 yáyín Zahnfleisch *n*

芽 yá Sporoß *m*; Schößling *m*

衙 yá

衙门 yámen <旧> *Yamen m* (Gerichts- und Amtssitz im feudalen China); Amtsgebäude *n*; Behörde *f*: ～作风 bürokratischer Arbeitsstil

yǎ

哑(啞) yǎ ① stumm: 又聋又～ taub und stumm ② heiser

哑巴 yǎba Stumme(r): ～吃黄连 ohne sich wehren zu können ein Mißgeschick erleiden; eine bittere Pille schlucken müssen

哑剧 yǎjù Pantomime *f*; Gebärdenspiel *n*

哑谜 yǎmí Rätsel *n*

雅 yǎ ① normgerecht; ordentlich; korrekt ② vornehm; nett; elegant: 古～ von klassischer Eleganz ③ <敬> [多用于称对方的情意、举动]: ～教 Ihre geschätzte Meinung

雅观 yǎguān [多用于否定] schön; vornehm aussehend; stattlich: 很不～ alles andere als schön aussehen; unansehnlich sein; dem Auge widerwärtig

雅俗共赏 yǎ sú gòng shǎng (künstlerisches oder literarisches Werk) von Adel und Volk gleichermaßen geschätzt; bei gebildeten wie bei einfachen Leuten Anklang finden

雅兴 yǎxìng ästhetische Neigungen: 无此～ kein Interesse haben

雅致 yǎzhì schön; vornehm; exquisit; geschmackvoll: 陈设～ geschmackvoll ausgestattet (*od* eingerichtet) sein

yà

亚(亞) yà schwächer als; zweitrangig; unterlegen: 不～于人 nicht schwächer als andere sein

亚军 yàjūn (bei sportlichen Wettkämpfen) zweiter Platz

亚麻 yàmá Echter Lein; Flachs *m*: ～布 Leinen *n*; Leinenstoff *m*

亚热带 yàrèdài subtropische Zone; Subtropen *pl*

亚音速 yàyīnsù Unterschallgeschwindigkeit *f*: ～飞机 Unterschallflugzeug *n*

亚洲 Yàzhōu Asien

压(壓) yà *另见 yā

压根儿 yàgēnr <口> [多用于否定] überhaupt; gar: 他全忘了，好象～没有这回事。 Er hat das alles vollständig vergessen, als ob es überhaupt nicht geschehen wäre.

揠 yà <书> ausreißen *vt*; ausrupfen *vt*; herausziehen *vt*

揠苗助长 yà miáo zhù zhǎng an einem Schößling ziehen, um ihn schneller wachsen zu lassen — einer Sache durch übermäßigen Enthusiasmus schaden; blinder Eifer schadet nur

轧 yà ① rollen *vt*; walzen *vt*: ～棉花 Baumwolle entkernen; egrenieren *vt* ② verdrängen *vt*; ausstoßen *vt*: 倾～ sich gegenseitig von der (politischen) Bühne verdrängen wollen *另见 zhá

yān

焉 yān 〈书〉 ① hier; dies: 心不在～ nicht bei der Sache sein; geistesabwesend 乐莫大～。 Es gibt kein größeres Vergnügen als dieses. ② 〔多用于反问〕 wie; warum: 不入虎穴，～得虎子？ Kann man ein Tigerjunges fangen, ohne sich in die Höhle des Tigers zu wagen? 或 Wer wagt, gewinnt.

淹 yān überschwemmen *vt*; überfluten *vt*: 庄稼被洪水～了。 Die Ernte wurden vom Hochwasser überflutet.

淹死 yānsǐ ertrinken *vi*; ertränken *vt*

阉 yān kastrieren *vt*; verschneiden *vt*: ～鸡 Kapaun *m* ～牛 Ochse *m*

阉割 yāngē ① kastrieren *vt*; verschneiden *vt* ② eine Theorie in ihren Kernpunkten beschneiden; verstümmeln *vt*; deformieren *vt*

腌 yān salzen *vt*; einsalzen *vt*; einlegen *vt*; pökeln *vt*: ～菜 Gemüse einlegen; eingesalzenes Gemüse; Salzgemüse *n* ～鱼 Fische einsalzen; Salzfisch *m* *另见 ā

烟 yān ① Rauch *m*; Qualm *m*; Dunst *m* ② (Rauch) in die Augen beißen ③ Tabak *m*; Zigarette *f*: 抽支～ eine Zigarette rauchen

烟草 yāncǎo Tabak *m*

烟囱 yāncōng Schornstein *m*; Kamin *m*

烟斗 yāndǒu Tabakspfeife *f*; Pfeife *f*: ～丝 Pfeifentabak *m*

烟盒 yānhé Zigarettenetui *n*; Zigarettendose *f*; Zigarrenetui *n*

烟灰 yānhuī Tabakasche *f*; Asche *f*: ～缸 Aschenbecher *m*; Ascher *m*

烟火 yānhuǒ ① Rauch und Feuer: 建筑工地严禁～。 Auf der Baustelle ist Rauchen und Feueranzünden streng verboten. ② gekochtes Essen: ～食 gekochtes Essen

烟火 yānhuo Feuerwerk *n*: 放～ Feuerwerkskörper abbrennen; ein Feuerwerk veranstalten

烟煤 yānméi bituminöse Kohle; Weichkohle *f*

烟幕 yānmù ① Nebelvorhang *m*; Nebelschleier *m*; künstlicher Nebel: ～弹 Nebelgeschoß *n*; Nebelgranate *f* ② Vernebelungsaktion *f*; Täuschungsmanöver *n*

烟丝 yānsī Pfeifentabak *m*

烟雾 yānwù Rauch *m*; Nebel *m*; Dampf *m*: ～弥漫 voller Rauch; eingenebelt

烟消云散 yān xiāo yún sàn der Rauch hat sich verzogen, die Wolken sind verflogen; sich völlig verflüchtigt haben; wie weggeblasen sein

烟叶 yānyè Tabakblätter *pl*; Blatt-Tabak *m*

烟嘴儿 yānzuǐr Zigarettenspitze *f*; Mundstück *n*

咽 yān Rachen *m*; Pharynx *m* *另见 yàn

咽喉 yānhóu ① Kehle *f*; Gurgel *f* ② Engpaß *m*; strategisch wichtiger Punkt: ～要地 strategisch wichtige Stelle

yán

颜 yán ① Gesicht *n*; Gesichtsausdruck *m*: 和～悦色 mit liebenswürdiger und freundlicher Miene 笑逐～开 über das ganze Gesicht lachen; ein strahlendes Lächeln zeigen ② Ansehen *n*; Prestige *n*; Reputation *f*: 无～见人 (aus Furcht vor Demütigung) sich nicht sehen lassen können; sich nicht an die Öffentlichkeit wagen ③ Farbe *f*: 五～六色 bunt; vielfarbig

颜面 yánmiàn ① Gesicht *n*: ～神经 Gesichtsnerv *m* ② Ansehen *n*; Prestige *n*: 顾全～ das Gesicht wahren; auf sein Ansehen achten

颜色 yánsè ① Farbe *f* ② Gesichtsausdruck *m*; Schreckschuß *m*: 给他点～看看 ihm auf die Finger klopfen; ihm eine Lektion erteilen

言 yán ① Wort *n*: 发～ das Wort ergreifen; zu Wort kommen 无～以对 kein Wort zur Erwiderung finden ～外之意 Beiklang *m*; Unterton *m* ② sagen *vi/vt*; sprechen *vi/vt*: 自～自语 mit sich selbst (*od* zu sich) sprechen ～明 etw. offen (*od* klar) sagen ～之有理 vernünftig und überzeugend sprechen; das Gesagte hat Hand und Fuß ③ Wort *n*; chinesisches Schriftzeichen: 万～书 ein Buch mit hunderttausend Schriftzeichen

言不由衷 yán bù yóu zhōng die Worte kommen nicht von Herzen; unaufrichtig sprechen; nicht offen reden; heuchlerisch

言传身教 yán chuán shēn jiào durch Wort und Tat ein Beispiel geben

言辞 yáncí Worte *pl*: ～恳切 ganz ehrlich sprechen

言归于好 yán guī yú hǎo eine alte Zwietracht beilegen; sich versöhnen; das Kriegsbeil begraben

言归正传 yán guī zhèng zhuàn zum Thema zurückkommen

言过其实 yán guò qí shí etw. übertreiben; in seinen Worten zu weit gehen

言和 yánhé sich versöhnen; mit j-m Frieden schließen

言简意赅 yán jiǎn yì gāi kurz und treffend; knapp und präzise; prägnant

言论 yánlùn Rede *f*; Meinung *f*: ～自由 Redefreiheit *f*; freie Meinungsäußerung

言听计从 yán tīng jì cóng willig auf jeden Rat von j-m hören; von j-m jeden Rat annehmen; blind auf j-n hören

言语 yányǔ gesprochene Sprache; Rede *f*

言语 yányu sagen *vt/vi*; sprechen *vi/vt*: 你走的时候～一声儿。Sag einen Ton, bevor du gehst! 人家问你这事儿，你怎么不～？Warum hast du nicht den Mund aufgemacht, als die Leute dich danach fragten?

言之成理 yán zhī chéng lǐ sich bei seinen Worten von der Vernunft leiten lassen

阎 yán

阎罗 Yánluó Yama (*od* Jama) *m*; Todesgott *m*; König des Totenreichs

阎王 Yánwang ① Jama *m*; König des Totenreichs ② Ausgeburt der Hölle; böse Person; Teufel in Menschengestalt

炎

yán ① brennend heiß; glühend: ～夏 glühend heißer Sommer ② Entzündung *f*: 发～ Entzündung *f*; entzündet sein

炎黄子孙 yánhuángzǐsūn Nachkommen des Gelben Kaisers

炎凉 yánliáng heiß und kühl; wechselhaft; unbeständig; wankelmütig: 世态～ begeisterte Huldigung gegenüber dem Emporkömmling, aber kühles Verhalten ihm gegenüber, sobald er seine Macht einbüßt; das Wechselspiel im menschlichen Verhalten

研

yán ① etw. fein mahlen; zerreiben *vt*: ～成粉末 etw. zu Pulver zerreiben; pulverisieren *vt* ② studieren *vt*: 钻～ intensiv studieren

研究 yánjiū ① forschen *vt*; erforschen *vt*; untersuchen *vt*; ergründen *vt*; studieren *vt*; Forschung *f*: 科学～ wissenschaftliche Forschung ～生 Aspirant *m*; Forschungsstudent *m* ～员 Wissenschaftsrat *m* (im Rang eines Professors); Forschungsmitarbeiter *m* ② sich mit etw. befassen; behandeln *vt*; prüfen *vt*; sich alles noch einmal durch den Kopf gehen lassen

研制 yánzhì (neue Produkte) entwickeln *vt*: ～新式武器 neue Waffen entwickeln

妍

yán <书> schön: 百花争～。Hundert Blumen wetteifern mit ihrer Schönheit.

盐(鹽)

yán Salz *n*: 精～ raffiniertes Salz

盐田 yántián Salzfeld *n*

严(嚴)

yán ① dicht; fest: 治学谨～ Studien sehr ernsthaft betreiben 他的嘴很～。Er hält dicht. *od* Er kann schweigen. ② strikt; streng: 这位老师对学生管教很～。Der Lehrer ist sehr streng gegenüber seine Studenten. ～冬 strenger Winter; harter Winter ～办 j-n streng behandeln; j-n hart bestrafen

严惩 yánchéng j-n streng bestrafen

严防 yánfáng strenge Sicherheitsvorkehrungen treffen; auf der Hut sein

严格 yángé streng; strikt; rigoros: ～按规定办事 sich streng nach den Bestimmungen richten

严寒 yánhán bitterkalt; bittere (*od* eisige) Kälte

严禁 yánjìn streng verbieten (*od* untersagen); streng verboten

严峻 yánjùn hart; streng: ～的考验 harte Prüfung

严酷 yánkù ① ernst; hart; grimmig; bitter: ～的现实 harte Realität ② grausam: ～的剥削 grausame Ausbeutung

严厉 yánlì hart; streng; scharf: ～的批评 scharfe Kritik

严密 yánmì dicht; streng; hermetisch: ～监视 j-n/etw. streng überwachen

严明 yánmíng geradlinig und unparteiisch; streng und gerecht: 纪律～ eiserne Disziplin halten; sehr diszipliniert sein

严肃 yánsù ernst; ernsthaft; gesetzt; seriös; feierlich: 他是个～的人，从来不苟言笑。Er ist ein ernster Mensch und nie zum Scherzen aufgelegt.

严刑 yánxíng grausame Strafe; grausame Folter

严阵以待 yán zhèn yǐ dài gut verschanzt den Feind abwarten; kampfbereit sein

严正 yánzhèng gerecht; mit aller Strenge; mit allem Ernst: ～立场 fester und gerechter Standpunkt ～声明 etw. mit allem Ernst erklären

严重 yánzhòng ernst; kritisch: 病情～ sich in einem kritischen Krankheitszustand befinden 局势～。Die Situation ist schlimm.

岩(巖) yán ① Felsen *m* ② Gestein *n*; Klippe *f*

岩层 yáncéng Gesteinsschicht *f*

岩洞 yándòng Felsenhöhle *f*; Grotte *f*

岩石 yánshí Gestein *n*; Fels(en) *m*; Stein *n*

岩心 yánxīn Bohrkern *m*; Gesteinskern *m*; Kern *m*

延 yán ① verlängern *vt*; ausdehnen *vt*: 蔓～ sich ausbreiten ～年益寿 das Leben verlängern; zu einem langen Leben führen 苟～残喘 am Rande des Todes dahinvegetieren ② verschieben *vt*; hinausschieben *vt*: 会议～期了。Die Sitzung wurde verschoben.

延长 yáncháng verlängern *vt*: ～线 verlängerte Linie; Verlängerung *f* 输油管～了三百公里。Die Pipeline wurde um 300 Kilometer verlängert.

延迟 yánchí verschieben *vt*; aufschieben *vt*; hinausschieben *vt*: 展览会开幕的日期～了。Der Termin für die Ausstellungseröffnung ist verschoben worden.

延缓 yánhuǎn verzögern *vt*; verschieben *vt*; hinauszögern *vt*

延期 yánqī die Frist aufschieben; den Termin verschieben (um); verschoben werden: 比赛因雨～。Der Wettkampf ist wegen Regens verschoben worden.

延伸 yánshēn sich ausdehnen; sich erstrecken: 铁路一直～到国境线。Die Eisenbahnlinie geht direkt bis zur Landesgrenze.

延误 yánwù versäumen *vt*; verpassen *vt*: ～时日 kostbare Zeit verlieren

延续 yánxù andauern *vi*; dauern *vi*: 会议～了三天。Die Sitzung dauerte drei Tage.

筵 yán 〈书〉 ① Bambusmatte *f* ② Festessen *n*; Bankett *n*: 喜～ Hochzeitsmahl *n*

筵席 yánxí ① Sitze bei einer festlichen Tafel ② Bankett *n*; Festessen *n*

沿 yán ① entlang; längs; an ... entlang: ～街 die Straße entlang (*od* entlang der Straße) ～门求乞 von Tür zu Tür betteln gehen ～着河边走 den Fluß entlang gehen ② von alters her überliefert; (traditionsgemäß) fortsetzen: 相～成习 durch Tradition zum festen Brauch werden ③ Rand *m*; Saum *m*: 帽～ Hutrand *m*

沿岸 yán'àn die Küste entlang; an der Küste; am Ufer: 长江～城市 die Städte längs des Changjiang-Flusses

沿革 yángé Entwicklungsprozeß *m*; Wandel *m*: 社会风俗的～ die Entwicklung der Sitten und Gebräuche in einer Gesellschaft; der Wandel der gesellschaftlichen Gepflogenheiten

沿海 yánhǎi die Küste entlang; an der Küste: ～地区 Küstengebiet *n*

沿途 yántú unterwegs; auf der Reise: 旅游团～受到热情接待。Die Touristengruppe wurde auf ihrer Reise herzlich aufgenommen.

沿袭 yánxí der Überlieferung folgen; nach alter Tradition: ～陈规 sich nach alten Gepflogenheiten richten

沿用 yányòng (Methode, Bezeichnung, System usw.) weiter benutzen; weiter von etw. Gebrauch machen: ～原来的名称 den alten Namen weiter gebrauchen

yǎn

演 yǎn ① sich entwickeln; verändern *vt*: ～进 sich allmählich entwickeln ② ableiten *vt*; folgern *vt*; schließen *vt*: 推～ schlußfolgern *vt*; Schlüsse ziehen; von etw. auf etw. schließen ③ etw. methodisch lösen: ～算 ma-

thematische Aufgaben lösen ④ aufführen *vt*; spielen *vt*: ～戏 ein Theaterstück aufführen
演变 yǎnbiàn sich entwickeln; Evolution *f*: 历史～ historische Evolution
演唱 yǎnchàng vorsingen *vt/vi*; (ein Lied) vortragen
演出 yǎnchū aufführen *vt*; Aufführung *f*: 首次～ Erstaufführung *f*; Premiere *f*; Debüt *n*
演化 yǎnhuà Evolution *f*
演讲 yǎnjiǎng vortragen *vt*; eine Rede halten; Ansprache *f*
演说 yǎnshuō eine Rede halten; vortragen *vt*; Rede *f*; Vortrag *m*
演算 yǎnsuàn mathematische Aufgaben lösen
演习 yǎnxí ein Manöver abhalten; exerzieren *vi/vt*; üben *vt/vi*; Manöver *n*: 军事～ militärisches Manöver
演戏 yǎnxì Theater spielen; ein Theaterstück aufführen; eine Vorstellung geben
演绎 yǎnyì deduktiv; Deduktion *f*: ～法 deduktive Methode
演员 yǎnyuán Schauspieler *m*; Darsteller *m*
演奏 yǎnzòu ein Instrument spielen; vortragen *vt*; konzertieren *vi*

偃 yǎn

偃旗息鼓 yǎn qí xī gǔ die Fahnen einrollen, die Trommeln ruhen lassen; (Truppen) sich unauffällig verhalten; etw. sang- und klanglos abbrechen

奄 yǎn 〈书〉 ① bedecken *vt*; zudecken *vt* ② plötzlich; unerwartet
奄奄 yǎnyǎn schwache Atmung; schwindender Atem: 气息～ im Sterben (*od* in den letzten Zügen) liegen; dahinsiechen *vi* ～一息 in den letzten Zügen liegen; im Sterben liegen

掩 yǎn ① bedecken *vt*; zudekken *vt*; zuhalten *vt*; verbergen *vt*: ～口而笑 hinter der vorgehaltenen Hand lachen; ein Lächeln verbergen ～人耳目 den anderen Ohren und Augen zuhalten wollen; den Leuten Sand in die Augen streuen ② schließen *vt*; zumachen *vt*; anlehnen *vt*: 虚～着门 die Tür anlehnen
掩蔽 yǎnbì in Deckung gehen; (sich) tarnen; (sich) verbergen; verdecken *vt*; Deckung *f*
掩藏 yǎncáng verbergen *vt*; verstecken *vt*; etw. (sich) verborgen halten
掩耳盗铃 yǎn ěr dào líng den Kopf in den Sand stecken; sich selbst betrügen
掩盖 yǎngài decken *vt*; verhüllen *vt*: 不要～矛盾。Verdecke keine Widersprüche! 大雪～着田野。Dicker Schnee bedeckte die Felder.
掩护 yǎnhù schützen *vt*; decken *vt*; Deckung *f*; Schutz *m*: ～进攻 einen Angriff decken 在黑夜的～下 unter dem Schutz der Dunkelheit
掩埋 yǎnmái vergraben *vt*; begraben *vt*
掩饰 yǎnshì bemänteln *vt*; kaschieren *vt*; verbergen *vt*: ～错误 seinen Fehler vertuschen

眼 yǎn ① Auge *n* ② kleines Loch; Öffnung *f*; Öhr *n*: 针～儿 Nadelöhr *n* 炮～ Schießscharte *f* ③ springender Punkt: 节骨～儿 kritischer Moment; entscheidender Augenblick ④ 〈量〉: 两～井 zwei Brunnen
眼福 yǎnfú Augenweide *f*; Augenschmaus *m*: ～不浅 das Glück eines Anblicks genießen; sich eines Anblicks erfreuen dürfen
眼高手低 yǎn gāo shǒu dī hochgesteckte Ziele, aber geringe Fertigkeiten; große Ansprüche an j-n stellen, ohne selbst etwas zu leisten
眼光 yǎnguāng ① Auge *n*; Blick *m*: 大家的～都集中在他身上。Alle Augen richteten sich auf ihn. ② Scharfblick *m*; Weitblick *m*; Urteilsvermögen *n*; Einsicht *f*: ～远大 über Weitblick verfügen; weitsichtig ～短浅 einen engen Gesichtskreis haben; kurzsichtig
眼红 yǎnhóng ① eifersüchtig sein; vor Neid platzen; neidisch ② aufgebracht; zornig; mit vor Zorn rot unterlaufenen Augen: 仇人相见，分外～。Beim Anblick des Feindes röteten sich seine Augen vor Zorn.
眼花 yǎnhuā trübe Sehkraft haben; ein Flimmern vor den Augen haben: 令人头昏～ j-s Kopf verwirren und seinen Blick trüben ～缭乱 sich vom vielen Sehen schwindlig fühlen; blenden *vt*
眼睑 yǎnjiǎn Augenlid *n*
眼界 yǎnjiè Blickfeld *n*; Gesichtskreis *m*; Horizont *m*: 扩大～ seinen Horizont erweitern

眼镜 yǎnjìng Brille *f*
眼镜蛇 yǎnjìngshé Kobra *f*; Brillenschlange *f*
眼睛 yǎnjing Auge *n*
眼看 yǎnkàn ① im Augenblick; jeden Moment; sofort: 天～就要亮了。Es ist bald schon Tag. ② ruhig zusehen; etw. mit ansehen: 咱们哪能～着庄稼被洪水冲走呢? Wie können wir ruhig zusehen, wenn die Ernte vom Hochwasser weggerissen wird.
眼科 yǎnkē Abteilung für Augenkrankheiten; ophthalmologische Abteilung: ～医生 Augenarzt *m*; Ophthalmologe *m*
眼眶 yǎnkuàng ① Augenhöhle *f*: 她～里含着泪水。Tränen standen ihr in den Augen ② Augenrand *m*
眼泪 yǎnlèi Träne *f*
眼力 yǎnlì ① Sehkraft *f*; Sehvermögen *n*; bloßes Auge: ～好(差) gute (schlechte) Augen haben ② Scharfblick *m*; Beobachtungsgabe *f*
眼帘 yǎnlián Augen *pl*; Blickfeld *n*: 映入～ in die Augen fallen; ins Blickfeld geraten
眼前 yǎnqián ① vor j-s Augen: 他～是碧波万里。Vor seinen Augen befindet sich die endlose blaue Welle. ② gegenwärtig; unmittelbar; augenblicklich; im Moment: ～我想不出更好的解决办法。Im Moment kann mir keine bessere Lösung ausdenken.
眼球 yǎnqiú Augapfel *m*
眼色 yǎnsè Augenwink *m*: 使～ einen Augenwink geben
眼神 yǎnshén Ausdruck in j-s Augen; Blick *m*
眼熟 yǎnshú vom Sehen bekannt vorkommen: 这人看着很～。Dieser Mann kommt mir bekannt vor.
眼药 yǎnyào Augenarznei *f*; Augenmittel *n*
眼中钉 yǎnzhōngdīng Dorn im Auge
俨(儼) yǎn 〈书〉 majestätisch; feierlich; würdevoll
俨然 yǎnrán 〈书〉 ① würdevoll; feierlich: 望之～ würdevoll aussehen ② beinahe wie; ähnlich wie: 这孩子说起话来～象个大人。Dieses Kind spricht schon fast wie ein Erwachsener.
衍 yǎn 〈书〉 ① (sich) ausdehnen; (sich) entwickeln *vt* ② überflüssig
衍变 yǎnbiàn sich entwickeln; sich wandeln; Evolution *f*
衍生物 yǎnshēngwù Derivat *n*

yàn

宴 yàn ① bewirten *vt*: ～客 Gäste mit einem Festessen bewirten; ein Bankett geben ② Festessen *n*; Bankett *n*: 盛～ großes Festessen
宴会 yànhuì Bankett *n*; Festessen *n*
宴请 yànqǐng zum Bankett einladen; für j-n ein Bankett geben: ～贵宾 für Ehrengäste ein Bankett veranstalten
谚 yàn Sprichwort *n*; Spruch *m*: 农～ Bauernspruch *m*; Bauernweisheit *f*
谚语 yànyǔ Sprichwort *n*; Spruch *m*
艳(艷) yàn ① schön; farbenprächtig: 娇～ hübsch und reizend ② amourös; Liebes-: ～史 Liebesabenteuer *n*
艳丽 yànlì prächtig; schön: ～夺目 von strahlender Schönheit 打扮得非常～ in prunkvollem Aufputz
燕 yàn Schwalbe *f*
燕麦 yànmài Saathafer *m*
燕尾服 yànwěifú Frack *m*
燕窝 yànwō (eßbares) Salanganennest *n*; Schwalbennester *pl*
燕子 yànzi Schwalbe *f*
厌(厭) yàn ① gesättigt sein: 贪得无～ habgierig; raffgierig; gewinnsüchtig; unersättlich ② überhaben *vt*; etw. satt haben; einer Sache müde sein: 吃～了 eine Speise überhaben 不～其烦 unverdrossen; ohne Mühe zu scheuen; große Geduld haben ③ verabscheuen *vt*; ablehnen *vt*; etw. nicht leiden können: ～弃 j-s überdrüssig werden und ihn im Stich lassen wollen
厌烦 yànfán überhaben *vt*; etw. satt haben; lästig (finden); von etw. genug haben
厌倦 yànjuàn von etw. übersättigt sein; überdrüssig
雁 yàn Wildgans *f*
赝 yàn 〈书〉 gefälscht; nachgemacht; unecht
赝本 yànběn Fälschung einer berühmten Kalligraphie oder

Malerei
赝品 yànpǐn Fälschung *f*; Falsifikat *n*; Imitation *f*
唁 yàn sein Beileid sprechen; kondolieren *vi*
唁电 yàndiàn Beileidstelegramm *n*
咽(嚥) yàn schlucken *vt*; verschlingen *vt*: 细嚼慢～ sorgfältig kauen und langsam schlucken *另见 yān
咽气 yànqì den letzten Atemzug tun; sein Leben aushauchen; sterben *vi*
砚 yàn Tuschestein *m*
砚台 yàntái Tuschestein *m*
焰(燄) yàn Flamme *f*; Feuer *n*; Feuerzunge *f*: 烈～ lodernde Flammen
焰火 yànhuǒ Feuerwerk *n*
验(驗) yàn ① prüfen *vt*; kontrollieren *vt*: ～护照 den Paß kontrollieren ～血 Blutprobe *f*; eine Blutprobe machen (lassen) ② sich als wirkungsvoll erweisen; die erwünschte Wirkung zeigen: 灵～ wirksam; effektiv; wirkungsvoll
验尸 yànshī Leichenschau *f*; Autopsie *f*
验收 yànshōu etw. nach einer Überprüfung annehmen; etw. überprüfen und abnehmen
验证 yànzhèng etw. nachprüfen und bestätigen

yāng

央 yāng ① bitten *vt*; flehen *vi* ② Zentrum *n*; Mitte *f*
央告 yānggào inständig bitten; flehen *vi*; anflehen *vt*
央求 yāngqiú inständig bitten; flehen *vi*; anflehen *vt*: 我再三～，他才答应。 Er stimmt erst dann zu, wenn ich ihn wiederholt angefleht habe.
殃 yāng ① Unheil *n*; Verhängnis *n*: 遭～ von einem Unheil heimgesucht werden ② j-m Unheil bringen: 祸国～民 Land und Volk ins Unglück stürzen
秧 yāng ① Schößling *m*; Sproß *m* ② Reissetzling *m*: 插～ Reissetzlinge umsetzen ③ Stengel und Blätter; oberirdische, krautige Pflanzenteile ④ (von manchen Tieren) Junge *n*; Jungtier *n*: 鱼～ kleiner, junger Fisch
秧歌 yānggē *Yangge m* (ein populärer ländlicher Volkstanz)
秧苗 yāngmiáo Reisschößling *m*; Reissetzling *m*
秧田 yāngtián Reiskeimbeet *n*; Reissaatfeld *n*

yáng

羊 yáng Schaf *n*: 绵～ Schaf *n* 山～ Ziege *f*
羊肠小道 yángcháng xiǎodào gewundener Pfad
羊羔 yánggāo Lamm *n*
羊毛 yángmáo Schafhaar *n*; Schafwolle *f*; Wolle *f*: ～衫 Wollpullover *m*; Strickjacke *f*
羊皮 yángpí Schaffell *n*; Schafpelz *m*: 披着～的狼 Wolf im Schafpelz
羊肉 yángròu Hammelfleisch *n*: 烤～串 am Spieß gebratene Hammelfleischstückchen; Schaschlik *m*
洋 yáng ① reichlich; unermeßlich; umfangreich; ausgedehnt ② ausländisch; überseeisch; westlich: ～房 in westlichem Stil erbautes Haus ③ modern: ～办法 moderne Methode ④ Ozean *m*: 太平～ Stiller Ozean; Pazifik *m*
洋白菜 yángbáicài Weißkohl *m*; Weißkraut *n*
洋葱 yángcōng Zwiebel *f*
洋相 yángxiàng [多用于]: 出～ einen Narren aus sich machen
洋洋 yángyáng zahlreich; reichlich; umfangreich: ～大观 einen großartigen Anblick bieten; imposant in seiner Mannigfaltigkeit; grandios
洋溢 yángyì ganz erfüllt sein; von etw. überfließen; von etw. durchdrungen sein: 热情～的讲话 eine von Begeisterung überfließende Rede
佯 yáng so tun, als ob; vorgeben *vt*; täuschen *vt*; heucheln *vt*: ～作不知 sich unwissend stellen ～攻 einen Scheinangriff führen; Scheinangriff *m*
阳(陽) yáng ① *Yang n* (das männliche oder positive Prinzip in der Natur nach der altchinesischen Philosophie, Medizin usw.) ② Sonne *f*: ～光 Sonnenlicht *n*; Sonnenstrahl *m* ～历 Sonnenkalender *m* ③ offen; äußerlich: ～奉阴违 nach außen zustimmen und sich

insgeheim widersetzen; ein doppeltes Spiel treiben ④ irdisch; von dieser Welt: ～间 Diesseits *n*; Oberwelt *f* ⑤ positiv: ～极 positiver Pol; Anode *f*; positive Elektrode

阳春 yángchūn Frühling *m*

阳伞 yángsǎn Sonnenschirm *m*

阳台 yángtái Balkon *m*

阳性 yángxìng ① positiv: ～反应 positive Reaktion ② Maskulinum *n*; männlich

疡(瘍) yáng Geschwür *n*; Ulkus *n*: 溃～ Geschwür *n*; Ulkus *n*

杨(楊) yáng Pappel *f*

杨柳 yángliǔ ① Pappel und Weide ② Weidenbaum *m*; Weide *f*

杨树 yángshù Pappel *f*

扬(揚) yáng ① heben *vt*; hochheben *vt*; hochziehen *vt*: ～手 die Hand hochheben ～长避短 seine Stärken ausbauen, seine Schwächen hintanstellen 趾高气～ selbstgefällig und arrogant sein ② verbreiten *vt*; etw. in Umlauf bringen: 宣～ propagieren *vt*; Propaganda machen 名～四海 in der ganzen Welt bekannt sein

扬长而去 yángcháng ér qù erhobenen Hauptes weggehen; wegstolzieren *vi*

扬眉吐气 yáng méi tǔ qì erleichtert aufatmen und voller Freude und Stolz den Kopf hoch tragen; von Stolz und Begeisterung erfüllt sein

扬水 yángshuǐ Wasser hochstrahlen: ～站 Pumpstation *f*

扬言 yángyán drohend ankündigen

扬扬 yángyáng triumphierend; stolz; selbstgefällig: ～得意 in einen Freudentaumel geraten; mit sich höchst zufrieden sein

yǎng

痒(癢) yǎng jucken *vi*; kitzeln *vi*; Jucken *n*

痒痒 yǎngyang <口> jucken *vi*; kitzeln *vi*

氧 yǎng Sauerstoff *m*; Oxygen *n* (O)

氧化 yǎnghuà oxydieren *vt/vi*; Oxydation *f*: ～作用 Oxydation *f*; Oxydierung *f*

氧气 yǎngqì Sauerstoff *m*; Oxygen *n*

养(養) yǎng ① ernähren *vt*; unterhalten *vt*: ～家 die Familie ernähren ② züchten *vt*; großziehen *vt*: ～鸭 Enten züchten ～花 Blumen ziehen ③ gebären *vt*:她～了个儿子。Sie hat einen Sohn geboren. ④ in Pflege nehmen; Pflege-: ～父 Pflegevater *m* ～母 Pflegemutter *f* ～子 Pflegesohn *m* ～女 Pflegetochter *f* ⑤ erziehen *vt*; annehmen *vt*; ausbilden *vt*: ～成良好的习惯 gute Gewohnheiten annehmen; sich gute Gewohnheiten angewöhnen ⑥ sich erholen; pflegen *vt*: ～身体 seine Gesundheit pflegen; sich pflegen ⑦ warten *vt*; etw. instand halten; in gutem Zustand erhalten: ～路 eine Straße oder Eisenbahnlinie instand halten

养病 yǎngbìng sich von einer Krankheit erholen; sich kurieren; genesen *vi*

养虎遗患 yǎng hǔ yí huàn einen Tiger großziehen und dadurch Unheil heraufbeschwören; eine Schlange am Busen nähren

养精蓄锐 yǎng jīng xù ruì die Kräfte schonen und Energie sparen; sich ausruhen, um neue Kräfte zu sammeln

养老 yǎnglǎo ① für die Alten sorgen ② sich zur Ruhe setzen; im Ruhestand leben: ～金 Pension *f*; Rente *f* ～院 Altersheim *n*

养料 yǎngliào Nährsoff *m*; Nahrung *f*

养生 yǎngshēng auf seine Gesundheit achten; sich pflegen; sich gesund halten

养育 yǎngyù aufziehen *vt*; großziehen *vt*; ernähren *vt*: ～子女 Kinder aufziehen

养殖 yǎngzhí (Wassertiere oder Wasserpflanzen) in Kulturen züchten

养尊处优 yǎng zūn chǔ yōu eine bevorzugte Stellung innehaben und in guten Verhältnissen leben; ein behagliches Leben führen

仰 yǎng ① das Gesicht nach oben richten: ～望星斗 zu den Sternen aufblicken ② bewundern *vt*; respektieren *vt*: 信～ glauben an; Glaube *m* ～慕 zu j-m aufschauen; verehren *vt* ③ sich auf j-n/etw. verlassen; auf j-n/etw. angewiesen sein; gestützt auf: ～仗 sich auf j-n/etw. stützen; sich auf j-n/etw. verlas-

sen
仰卧 yǎngwò auf dem Rücken liegen
仰泳 yǎngyǒng Rückenschwimmen *n*

yàng

恙 yàng <书> Krankheit *f*: 安然无～ heil und gesund; wohlbehalten
样(樣) yàng ① Form *f*; Aussehen *n*: 模～ Aussehen *n*; Erscheinen *n* 几年不见，他还是那个老～儿。Jahrelang habe ich ihn nicht gesehen, aber sein Aussehen ist unverändert. ② Muster *n*; Beispiel *n*; Modell *n*: 鞋～ Schuhmodell *n*; Schnitt eines Schuhs 校～ Korrekturfahne *f* ③ <量> Art *f*; Sorte *f*: 三～儿菜 drei verschiedene Gerichte; drei Gemüsearten
样板 yàngbǎn ① Musterplatte *f* ② Muster *n*; Modell *n*; Vorbild *n*
样本 yàngběn ① Musterexemplar *n* ② Muster *n*; Modell *n*
样品 yàngpǐn Musterprodukt *n*; Probestück *n*
样子 yàngzi ① Form *f*; Gestalt *f*; Aussehen *n* ② Äußere *n*; Erscheinen *n* ③ Muster *n*; Modell *n*: 衣服～ Bekleidungsmodell *n* ④<口> Anschein *m*: 天象是要下雨的～。Es hat den Auschein, als wollte es regnen.
怏 yàng
怏怏 yàngyàng betrübt; mißmutig; enttäuscht; mürrisch: ～不乐 mißmutig; trübselig

yāo

要 yāo ① fordern *vt*; verlangen *vt* ② drohen *vi*; zwingen *vt* *另见 yào
要求 yāoqiú verlangen *vt*; fordern *vt*; beanspruchen *vt*; beantragen *vt*: ～澄清 Klärung verlangen ～发言 sich zu Wort melden; um Gehör bitten 严格～自己 strenge Anforderungen an sich stellen
要挟 yāoxié drohen *vi*; erpressen *vt*
腰 yāo ① Taille *f*; Hüfte *f*: 两手叉～ die Hände in die Hüften stemmen; die Hände an die Taille legen ② Bund *m*: 裤～ Hosenbund *m* ③ Mitte *f*: 半山～里 mitten am Berghang; auf halber Höhe eines Berges
腰包 yāobāo Tasche *f*; Geldbeutel *m*: 把钱装进自己的～ Geld in die eigene Tasche stecken
腰杆子 yāogǎnzi ① Taille *f*; Hüfte *f*; Rücken *m*: 挺起～ den Rücken geradehalten; sich aufrichten ② Rückhalt *m*; Unterstützung *f*: ～硬 einen starken Rückhalt haben
腰身 yāoshēn Taille *f*; Taillenweite *f*: 衣服的～ die Taille einer Kleidung
腰子 yāozi Niere *f*
夭 yāo jung (*od* früh) sterben
夭亡 yāowáng jung sterben; einen frühen Tod sterben
夭折 yāozhé ① früh sterben; einen frühen Tod sterben ② abgebrochen werden; zu einem vorzeitigen Ende kommen: 谈判中途～。Die Verhandlungen scheiterten vorzeitig.
妖 yāo ① Dämon *m*; Gespenst *n* ② boshaft und tückisch: ～术 Hexerei *f*; schwarze Kunst; Magie *f* ③ lasziv; aufreizend; liederlich
妖怪 yāoguài Dämon *m*; Ungeheuer *n*; Scheusal *n*
妖魔鬼怪 yāo mó guǐ guài Dämonen und Gespenster; finstere Kräfte
妖孽 yāoniè ① verhexte Sache; rätselhaftes Verhängnis ② Teufel in Menschengestalt; Bösewicht *m*; Missetäter *m*; Unhold *m*
妖言 yāoyán betrügerische Worte; Irrlehre *f*: ～惑众 mit verführerischen Worten das Volk (*od* die Massen) irreleiten (*od* betören)
邀 yāo ① einladen *vt*: 特～代表 speziell eingeladener Vertreter ② bitten *vt*; ersuchen *vt*: ～准 um eine Genehmigung bitten
邀集 yāojí j-n zu einem Treffen einladen; zu einer Zusammenkunft bitten
邀请 yāoqǐng einladen *vt*: ～他们三人参加晚宴 sie drei zum Abendessen einladen ～赛 Einladungsturnier *n*; Einladungswettkampf *m*

yáo

肴 yáo Fleisch- und Fischgerichte

肴馔 yáozhuàn reichhaltiges Menü; üppiges Essen

窑(窯) yáo ① Brennofen *m*: 砖～ Ziegelbrennofen *m* ② Höhle *f* (in Lößgebieten)

窑洞 yáodòng Wohn- bzw. Vorratshöhle *f* (in Lößgebieten)

谣 yáo ① Ballade *f*; Lied *n*: 民～ Volksballade *f* ② Gerücht *n*; Gerede *n*

谣传 yáochuán ① es geht ein Gerücht um ② ausgestreute Gerüchte; umlaufendes Gerücht; Hörensagen *n*

谣言 yáoyán Lüge *f*; Gerücht *n*: 散布～ Gerüchte in Umlauf setzen

遥 yáo 〈书〉 fern; weit entfernt; weit

遥测 yáocè Fernmessung *f*; Telemetrie *f* 空间～ Weltraumtelemetrie *f*

遥感 yáogǎn Fernabtasten *n*

遥控 yáokòng fernsteuern *vt*; Fernsteuerung *f*

遥遥 yáoyáo in weiter Ferne; in großer Entfernung: ～领先 weit vorn; weit voraus sein ～无期 in absehbarer Zukunft nicht realisierbar; in ferner Zukunft

遥远 yáoyuǎn weit; fern; abgelegen: ～的将来 in ferner Zukunft

摇 yáo schütteln *vt*; schwingen *vt/vi*; schaukeln *vt/vi*; schwenken *vt*; winken *vi*: ～头 den Kopf schütteln ～旗 die Fahne schwingen ～船 ein Boot rudern ～铃 eine Glocke läuten

摇摆 yáobǎi schwanken *vi*; hin und her schwingen; sich auf und ab bewegen: 柳枝迎风～。Die Zweige der Trauerweide wiegen sich im Wind. 左右～ bald nach links ,bald nach rechts schwanken

摇动 yáodòng ① schwenken *vt*; etw. hin und her bewegen; schütteln *vt*; rütteln *vt*: 欢迎的群众～着花束。Die zur Begrüßung gekommene Menge schwenkte Blumensträuße. ② schwanken *vi*; sich schwingen; sich hin und her bewegen: 大树在狂风中～。Der große Baum schwankt im Sturm hin und her.

摇晃 yáohuang schwanken *vi*; schaukeln *vi/vt*; rütteln *vt*: 这椅子有点～。Dieser Stuhl wackeln ein bißchen.

摇篮 yáolán Wiege *f*: 我国古代文化的～ die Wiege der alten Kultur unseres Landes

摇旗呐喊 yáo qí nàhǎn unter lautem Rufen Fahnen schwenken; für j-n die Trommel rühren

摇尾乞怜 yáo wěi qǐ lián mit dem Schwanz wedeln und um Gunst (bzw. Gnade) betteln; wie ein Hund um Gunst (bzw. Erbarmen) betteln

摇摇欲坠 yáoyáo yù zhuì wackeln *vi*; ins Wanken geraten; einzustürzen drohen

摇曳 yáoyè schwanken *vi*; flakkern *vi*: ～的灯光 flackerndes Licht

yǎo

窈 yǎo

窈窕 yǎotiǎo 〈书〉 zart und anmutig

杳 yǎo 〈书〉 weit entfernt sein, ohne eine Spur hinterlassen zu haben: ～无踪迹 verschollen sein; spurlos verschwinden

杳无音信 yǎo wú yīnxìn kein Lebenszeichen von j-m erhalten; j-d hat nichts von sich hören lassen; verschollen sein

咬 yǎo ① beißen *vi/vt*: ～了一口 in etw. hineinbeißen ② (während eines Verhörs) j-n zu Unrecht belasten: 反～一口 eine Beschuldigung mit einer falschen Gegenbeschuldigung erwidern ③ aussprechen *vt*: 这个字他～不准。Dieses Wort kann er nicht richtig aussprechen. ④ sich übertrieben gewählt ausdrücken; zu sehr an schöner Wortwahl hängen: ～字眼儿 an der Verwendung von Wörtern oder Ausdrücken herumnörgeln; Worte auf die Goldwaage legen

咬文嚼字 yǎo wén jiáo zì am Buchstaben kleben; sich zu sehr an den bloßen Wortlaut klammern; wortklauberisch sein

咬牙切齿 yǎoyá qièchǐ mit den Zähnen knirschen

yào

疟(瘧) yào *另见 nüè

疟子 yàozi 〈口〉 Malaria *f*

药(藥) yào ① Medizin *f*; Arznei *f*; Medika-

yè

夜 yè Nacht *f*

夜班 yèbān Nachtschicht *f*

夜半 yèbàn Mitternacht *f*

夜长梦多 yè cháng mèng duō je länger die Nacht, desto zahlreicher die Träume — je länger der Aufschub, desto unsicherer der Ausgang

夜车 yèchē ① Nachtzug *m* ② [多用于]: 开～ bis tief in die Nacht arbeiten

夜壶 yèhú Nachttopf *m*; Nachtgeschirr *n*

夜阑人静 yèlán rén jìng die Nacht ist tief, die Menschen sind still; in tiefer und stiller Nacht; in nächtlicher Stille

夜郎自大 Yèláng zìdà einen beschränkten Horizont haben und doch dünkelhaft sein; unwissend, aber hochmütig; anmaßend und aufgeblasen

夜盲 yèmáng Nachtblindheit *f*; Hemeralopie *f*

夜幕 yèmù Mantel der Nacht; nächtliches Dunkel: ～笼罩着大地。Das Land lag in nächtliches Dunkel gehüllt.

夜晚 yèwǎn Nacht *f*; nachts; Abend *m*; abends

夜色 yèsè nächtliches Dämmerlicht

夜宵 yèxiāo nächtlicher Imbiß; Mitternachtsimbiß *m*

夜莺 yèyīng Nachtigall *f*

液 yè Flüssigkeit *f*; Saft *m*

液化 yèhuà verflüssigen *vt*; Verflüssigung *f*: ～天然气 verflüssigtes Erdgas

液态 yètài flüssiger Zustand

液体 yètǐ Flüssigkeit *f*

液压 yèyā Flüssigkeitsdruck *m*; hydraulischer Druck

腋 yè Achselhöhle *f*

页(頁) yè Blatt *n*; Seite *f*: 活～ lose Blätter ～码 Seitenzahl *f*

叶(葉) yè ① Blatt *n* ② blattförmige Dinge: 百～窗 Rolladen *m*; Jalousie *f* ③ Seite *f*; Blatt *n* ④ Teil einer historischen Periode: 二十世纪中～ Mitte des 20. Jahrhunderts

叶落归根 yè luò guī gēn das Laub fällt wieder zur Wurzel des Baumes nieder — im Alter an seinen Geburtsort zurückkehren

叶子 yèzi Blatt *n*

业(業) yè ① Branche *f*; Wirtschaftszweig *m*: 旅游～ Touristik *f* 饮食～ Gaststättengewerbe *n*; Gastronomie *f* 各行各～ alle Branchen und Berufe ② Beruf *m*; Beschäftigung *f*; Gewerbe *n*; Job *m*: 就～ einen Arbeitsplatz bekommen 失～ arbeitslos sein; Arbeitslosigkeit *f* ③ Studienkurs *m*; Studium *n*: 结～ das Studium beenden; einen Lehrgang absolvieren 毕～ eine akademische Würde erwerben ④ Unternehmen *n*; Werk *n*; Sache *f*: 创～ Pionierarbeit leisten ⑤ Eigentum *n*; Hab und Gut: 家～ Familienbesitz *m* ⑥ schon; bereits: ～已核实 sich bereits als korrekt erwiesen haben

业绩 yèjì hervorragende Leistungen; Verdienste *pl*

业务 yèwù Berufsarbeit *f*; berufliche Tätigkeit: ～能力 berufliche Tätigkeit; fachliches Können ～知识 berufliche Kenntnisse; fachliches Wissen

业余 yèyú Freizeit *f*; Mußestunden *pl*: ～演员 nebenberufliche Schauspieler; Hobby-Schauspieler *pl*

业主 yèzhǔ Inhaber *m* (eines Betriebes oder eines Vermögens); Eigentümer *m*; Besitzer *m*

曳 yè schleppen *vt*; ziehen *vt*; zerren *vt*

yī

衣 yī ① Kleid *n*; Kleidung *f*; Bekleidung *f* ② Bekleidung *f*; Überzug *m*; Bedeckung *f*: 糖～ Zuckerüberzug *m*; Zuckerguß *m*

衣橱 yīchú Kleiderschrank *m*

衣服 yīfu Bekleidung *f*; Kleidung *f*; Kleidungsstück *n*; Kleid *n*

衣冠禽兽 yīguān qínshòu Teufel in Menschengestalt; Unmensch *m*

衣柜 yīguì Kleiderschrank *m*

衣架 yījià ① Kleiderbügel *m* ② Kleiderständer *m*

衣帽间 yīmàojiān Kleiderablage *f*; Garderobe *f*

依 yī ① abhängen *vi*; abhängig sein: 唇齿相～ so nahe beisammen wie Lippen und Zähne ② sich fügen; auf j-n hören;

nachgeben *vi*: 劝他休息，他怎么也不～。Wir haben ihn zum Ausruhen bewegt, aber er wollte nicht hören ③ nach; gemäß; entsprechend; angesichts: ～我看 meiner Meinung nach ～样画葫芦 ein Muster nachahmen (*od* kopieren)

依次 yīcì der Reihe nach; nacheinander; hintereinander

依从 yīcóng sich fügen; nachgeben *vi*: 她坚持要单独去，我只好～她了。Da sie darauf bestand, allein zu gehen, mußte ich nachgeben.

依存 yīcún in seiner Existenz von j-m/etw. abhängig sein; auf j-n/etw. völlig angewiesen sein: ¦相互～ wechselseitig voneinander abhängig sein

依附 yīfù abhängig sein; sich j-m anschließen; zum Anhängsel werden; in j-s Schlepptau sein

依旧 yījiù wie früher; nach wie vor: 他～是那个老样子。Er ist nach wie vor derselbe.

依据 yījù ① gemäß; zufolge; nach; aufgrund; nach etw. zu urteilen; auf der Grundlage von ② Basis *f*; Grundlage *f*; Fundament *n*

依靠 yīkào ① sich auf j-n/etw. verlassen (*od* stützen): ～自己的力量 sich auf die eigene Kraft verlassen ② Stütze *f*; Unterhalt *m*; Unterstützung *f*

依赖 yīlài abhängen *vi*; abhängig sein: 互为～ voneinander abhängig sein

依恋 yīliàn j-n oder einen Ort ungern verlassen; an j-m oder einem Ort hängen

依然 yīrán noch; immer noch; wie früher; wie vordem: 风景～如故。Die Landschaft bleibt unverändert.

依顺 yīshùn gehorchen *vi*; sich j-m fügen; gehorsam

依稀 yīxī vage; unklar; verschwommen: ～记得 sich vage erinnern ～可见 etw. nur verschwommen sehen können; schlecht erkennbar

依依 yīyī sich ungern von j-m oder einem Ort trennen: ～不舍 sich nicht trennen wollen; sich ungern voneinander trennen ～惜别 schweren Herzens Abschied nehmen

依仗 yīzhàng sich auf j-n/etw. stützen; sich an etw./j-n anlehnen: ～权势 sich auf seinen Einfluß und seine Stellung stützen; sich auf seine Verbindung zu einflußreichen Persönlichkeiten stützen

依照 yīzhào gemäß; entsprechend; nach: ～上级指示办事 nach den Weisungen der höheren Ebene handeln

一 yī ① eins: ～把椅子 ein Stuhl 我见过他～次。Ich habe ihn einmal getroffen. ② allein, nur; bloß: 她～个人去的。Sie ging allein. ③ der-, die-, dasselbe; der (die, das) gleiche: 这不是～码事。Das ist keine gleiche Sache. ④ ganz; all; sämtlich; ganz und gar: 出了～身汗 in Schweiß gebadet sein 忙了～整天 den ganzen Tag beschäftigt sein ⑤ konzentriert; mit aller Ernsthaftigkeit; voller Inbrunst: ～心～意 mit höchster Konzentration; mit ⑥ [表示动作是一次或短暂的]: 笑～笑 ein Lächeln zeigen 歇～歇 eine (kleine) Pause einlegen; sich ein wenig ausruhen 瞧～瞧 einen Blick werfen ⑦ [用在动词或动量词之前，表示先做某个动作，下文说明动作结果]: 他～脚把球踢进了球门。Mit einem Trittt schoß er den Ball ins Tor. ⑧ [用于某些词前加强语气]: 事态之严重，～至于此! Wer hätte gedacht, daß sich die Lage so zuspitzt!

一败涂地 yī bài tú dì völlig zusammenbrechen; eine schwere Niederlage einstecken

一般 yībān ① gleich; ebenso: 他们俩～高。Die beiden sind gleich groß. 象狐狸～狡猾 schlau wie ein Fuchs sein ② allgemein; gewöhnlich; üblich; normalerweise: ～说来 im allgemeinen; allgemein gesagt 我～晚上10点睡觉。Ich gehe gewöhnlich abends um 10 Uhr schlafen. 这部电影很～。Dieser Film ist ziemlich mittelmäßig

一半 yībàn Hälfte *f*; halb

一辈子 yībèizi das ganze Leben hindurch; während des ganzen Lebens; lebenslang

一本万利 yī běn wàn lì ein kleines Kapital bringt zehntausendfachen Gewinn; äußerst profitabel; höchst ertragreich

一本正经 yī běn zhèngjīng todernst; allen Ernstes; eine ernste Miene aufsetzen

一笔勾销 yī bǐ gōuxiāo etw. mit einem Strich auslöschen; einen Schlußstrich unter etw. ziehen;

einen Strich durch etw. machen

一臂之力 yī bì zhī lì j-m an die Hand gehen; j-m unter die Arme greifen; mit anpacken: 助我～ mir an die Hand gehen

一边 yībiān ① eine Seite: 这块木料只有～光滑。 Dieses Stück Holz ist nur an einer Seite glatt. ② Seite *f*: 把椅子放到～去 einen Stuhl zur Seite stellen ③ [表示一个动作跟另一个动作同时进行] zur gleichen Zeit; gleichzeitig: 他～往前走,～唱着歌儿。 Singend schlendert er dahin.

一并 yībìng <副> zusammengenommen; insgesamt; zusammen mit (allen) anderen: ～付给 Zahlung in Gesamtsumme

一…不… yī…bù… ① [分别用在两个动词前面,表示动作或情况一经发生就不改变]: 一去不返 fortgehen, um nie mehr zurückzukehren ～蹶不振 sich von einer Niederlage nicht mehr erholen können ② [分别用在一个名词和一个动词前面表示强调或夸张]: 一言不发 kein Wort sagen 一文不值 keinen Groschen wert sein

一步登天 yī bù dēng tiān mit einem Schritt in den Himmel kommen — kometenhafter Aufstieg

一场空 yīchángkōng alles ist vergeblich; umsonst; erfolglos

一筹莫展 yī chóu mò zhǎn (sich) keinen Rat wissen; mit seiner Weisheit (*od* seinem Latein) am Ende sein; nicht aus noch ein wissen; dastehen wie der Ochs vorm (*od* am) Berg

一触即发 yī chù jí fā beim ersten Anstoß sofort ausbrechen; es fehlt nur der Funke im Pulverfaß; hier ist dicke Luft

一次 yīcì <副> einmal: 只此～下不为例 einmal und nicht wieder

一蹴而就 yī cù ér jiù etw. über Nacht vollenden; im Handumdrehen mit etw. fertig sein

一旦 yīdàn ① an einem einzigen Tag; in sehr kurzer Zeit: 毁于～ in sehr kurzer Zeit zerstört werden; auf einmal zunichte werden ② plötzlich; an einem Tag; auf einmal: 他们多年相处,～分别,不免依依不舍。 Nach den vielen Jahren des Zusammenseins fiel ihnen die plötzliche Trennung schwer.

一刀两断 yī dāo liǎng duàn mit einem Schwerthieb spalten; entschieden mit j-m/etw. brechen

一道 yīdào zusammen; Seite an Seite: 我们～走吧。 Laßt uns gemeinsam gehen.

一等 yīděng erstklassig; erstrangig; ausgezeichnet: ～品 Produkt bester Qualität; erstklassiges Produkt

一定 yīdìng ① bestimmt; festgesetzt; vorschriftsmäßig: ～的指标 ein festgesetztes Soll ～的条件 die gegebenen Bedingungen ② sicher; bestimmt; zweifellos; unbedingt: 他～是没赶上火车。 Er hat bestimmt den Zug verpaßt. ③ gewiß; bestimmt: 在～意义上 in gewissem Sinne 在～的场合 in einer bestimmten Situation; unter gewissen Umständen ④ ziemlich; beträchtlich; recht: 达到～水平 ein ziemlich hohes Niveau erreicht haben

一度 yīdù eine Zeitlang; einmal: 一年～ einmal im Jahr; jährlich; jedes Jahr einmal

一二 yī'èr nur ein bißchen; nur ein wenig; ein paar: 略知～ nur eine ungefähre Ahnung (von etw.) haben; (auf einem bestimmten Gebiet) nur wenige Kenntnisse besitzen

一…二… yī…èr… [分别加在某些双音节形容词的两个词素前面,表示强调]: 一清二楚 klar und deutlich; kristallklar

一发千钧 yī fà qiān jūn an einem Faden hängen; im kritischen Augenblick; höchst prekär: 在这～的时刻 in diesem äußerst kritischen Moment

一帆风顺 yī fān fēng shùn günstigen Wind haben; freie Fahrt haben; alles geht glatt; alles läuft wie am Schnürchen

一方面 yī fāngmiàn ① eine Seite; ein Aspekt: 这只是事情的～。 Das ist nur eine Seite der Sache. ② [常叠用] einerseits ... (andererseits); einmal ... (ein andermal)

一风吹 yīfēngchuī wie von einem Windstoß verweht; alles löst sich in Luft auf

一概 yīgài allesamt; alles zusammen; alle miteinander; ohne Ausnahme: ～拒绝 alles kategorisch ablehnen

一概而论 yīgài ér lùn [多用于否定] (statt sachlich zu differenzieren) alles in einen Topf werfen; alles über einen Leisten schlagen: 不能～。 Man darf nicht alles über einen Kamm scheren.

一干二净 yīgān-èrjìng vollständig; völlig; gründlich; restlos: 忘得～ etw. total vergessen haben

一共 yīgòng insgesamt; im ganzen; alles zusammen: ～二十个。Macht zusammen 20 Stück.

一贯 yīguàn konsequent; ständig; stets unveränderlich: ～政策 konsequente Politik

一晃 yīhuàng (Zeit verstreicht) sehr schnell; im Nu

一会儿 yīhuìr ① eine kurze Weile ② in einem Augenblick; sofort: 我～就来。Ich komme gleich. ③ [叠用在两个反义词前面,表示情况的交替] bald..., bald ...; mal..., mal...; einmal..., ein andermal: 天气～晴～阴。Der Himmel ist bald heiter, bald bedeckt.

一技之长 yī jì zhī cháng berufliche Qualifikation in einem bestimmten Fach; Spezialfähigkeiten *pl*

一见如故 yī jiàn rú gù sich bei der ersten Begegnung schon wie alte Bekannte fühlen; sich schnell mit j-m anfreunden

一箭双雕 yī jiàn shuāng diāo mit einem Pfeil zwei Geier abschießen; zwei Fliegen mit einer Klappe schlagen

一经 yījīng <副> [表示只要经过某种步骤或行为] sobald; wenn (einmal): 错误～发现,就应立即纠正。Wenn einmal Fehler entdeckt (*od* festgestellt) worden sind, sollten sie sofort korrigiert werden.

一…就… yī...jiù... [表示两事时间上前后紧接] kaum ..., als ...; sobald; wenn (einmal): 这情况她一看就明白了。Beim ersten Blick hat sie die Situation schon überschaut. 他一接到通知就动身了。Kaum hatte er die Mitteilung bekommen, da brach er auf.

一举 yījǔ auf einmal; mit einem Schlag (*od* Hieb); auf einen Streich: ～成名 über Nacht berühmt werden; sich mit einem Schlag einen Namen machen

一举两得 yī jǔ liǎng dé mit einem Streich gleich zwei Ziele erreichen; zwei Vorteile auf einmal erzielen; zwei Fliegen mit einer Klappe schlagen

一孔之见 yī kǒng zhī jiàn einseitiges Urteil; beschränkte Kenntnisse

一览 yīlǎn allgemeiner Überblick

一览表 yīlǎnbiǎo Tabelle *f*; Plan *m*: 火车行车时间～ Eisenbahnfahrplan *m*

一揽子 yīlǎnzi pauschal; etw. als Ganzes behandeln; Gesamt-; Paket *n*: ～交易 Pauschalangebot *n* ～计划 Gesamtkonzept *n*; Planpaket *n*

一劳永逸 yī láo yǒng yì sich mit einer einmaligen Anstrengung endgültig Ruhe verschaffen; etw. ein für allemal erledigen: ～的解决办法 eine Lösung auf Dauer; eine totsichere Lösungsmethode

一连 yīlián <副> hintereinander; nacheinander; aufeinander folgend; einer nach dem anderen: ～下了三天雨。Es regnete drei Tage hintereinander

一律 yīlǜ ① gleich; ebenso; in gleichem Maße: 千篇～ überall dasselbe Schema anwenden; immer das Gleiche; schablonenhaft ② alle; ohne Ausnahme: 我国各民族～平等。Alle Nationalitäten in unserem Land sollen gleichberechtigt sein

一落千丈 yī luò qiān zhàng einen jähen Fall von tausend Fuß tun — mit etw./j-m geht es rasch abwärts (*od* bergab)

一脉相承 yī mài xiāng chéng aus derselben Schule; von derselben Abstammung (*od* Herkunft); in der Tradition von etw./j-m stehen

一毛不拔 yī máo bù bá sich nicht einmal ein Haar ausrupfen wollen — äußerst knauserig sein; sehr geizig sein; die Hand auf der Tasche halten

一面 yīmiàn ① ein Aspekt; eine Hinsicht: 这里的条件既有有利的～,也有不利的～。Die Bedingungen hier haben sowohl Vor- als auch Nachteile. ③ [表示一个动作跟另一个动作同时进行] zur selben Zeit; gleichzeitig: ～教,～学 während des Lehrens lernen

一鸣惊人 yī míng jīng rén die Menschen mit dem ersten Ton aufhorchen lassen — mit einem großen Erfolg die Welt überraschen; mit einem Schlag berühmt werden

一模一样 yī mú yī yàng zum Verwechseln ähnlich; einander aufs Haar gleichen: 他长得跟他父亲～。Er ist seinem Vater wie aus dem Gesicht geschnitten.

一目了然 yī mù liǎorán auf den ersten Blick klar sein; einleuchtend; übersichtlich; ins Auge springen

一念之差 yī niàn zhī chā ein Fehler in einem Augenblick der Schwäche; in einem Augenblick der Schwäche einen Fehltritt tun; etw. in einer schwachen Stunde tun

一瞥 yīpiē ① flüchtig blicken ② kurzer Überblick; kurze Übersicht

一贫如洗 yī pín rú xǐ bettelarm; aller Mittel entblößt; arm wie eine Kirchenmaus sein

一暴十寒 yī pù shí hán einen Tag Sonne, zehn Tage Kälte — einen Tag fleißig arbeiten, zehn Tage faulenzen

一齐 yīqí <副> zur selben Zeit, gleichzeitig; zusammen: ～鼓掌 einstimmig Beifall klatschen

一气呵成 yīqì hē chéng ① (von einem literarischen Werk) in sich geschlossen; wie aus einem Guß ② etw. in einem Zug vollenden

一窍不通 yī qiào bù tōng etw. überhaupt nicht verstehen; keine Ahnung von Tuten und Blasen haben; dafür geht j-m jedes Verständnis ab

一切 yīqiè all; alles

一丘之貉 yī qiū zhī hé Schakale aus demselben Bau — vom gleichen Schlage

一如既往 yī rú jìwǎng genauso wie früher; nach wie vor; wie immer

一身 yīshēn ① der ganze Körper: ～是劲 von Tatkraft erfüllt ② ein Anzug: ～新衣服 ein neuer Anzug; ein neues Kostüm ③ eine einzelne Person: 独自～ einsam und allein; alleinstehend

一生 yīshēng das ganze Leben (hindurch); sein Leben lang

一时 yīshí ① eine Zeitspanne: 此～彼～。Gestern war gestern, und heute ist heute. ② für eine kurze Weile; zeitweilig; augenblicklich: 风行～ eine Zeitlang populär sein ③ [叠用，表示"时而"的意思] bald ..., bald ...; einmal ..., einmal ...; manchmal ..., manchmal: 他的病～好，～坏。Mal geht es mit seiner Krankheit besser, mal schlechter.

一事无成 yī shì wú chéng nichts zustande bringen; nichts schaffen können

一视同仁 yī shì tóng rén j-n ganz gleich (*od* gleichberechtigt) behandeln; ohne Diskriminierung; ohne Ansehen der Person

一手 yīshǒu ① Fertigkeit *f*; Können *n*; Geschick *n*: 露～ sein Können zeigen ② List *f*; Ränke *pl* ③ allein; eigenhändig; nur von einem: ～造成 etw. eigenhändig tun; allein verursachen ～包办 etw. (bzw. alles) allein machen

一瞬 yīshùn ein Augenblick; im Nu; im Handumdrehen: ～即逝 wie der Blitz verschwinden

一丝不苟 yī sī bù gǒu etw. sehr genau nehmen; sorgfältig und exakt; seine Pflichten bis zum letzten erfüllen

一丝不挂 yī sī bù guà keinen Faden am Körper haben; splitternackt

一丝一毫 yī sī yī háo ein klein bißchen; sehr wenig; nur eine Spur: 没有～的差别 ohne die geringste Abweichung; haargenau gleich

一塌糊涂 yītāhútú wirr durcheinander; chaotisch; in großem Wirrwarr: 屋子乱得～。Im Zimmer sieht es aus wie Kraut und Rüben.

一体 yītǐ ① eine vollständige (*od* organische) Einheit: 融成～ zu einem einheitlichen Ganzen verschmelzen ② alle; bis auf den letzten Mann; jedermann: ～周知 allgemein bekannt

一天到晚 yī tiān dào wǎn vom Morgen bis zur Nacht; vom Tagesanbruch bis zur Abenddämmerung; den ganzen Tag

一同 yītóng <副> zusammen; zur selben Zeit und am selben Platz: ～欢度新年 das Neujahr fröhlich zusammen feiern

一团和气 yī tuán héqì um des lieben Friedens und der Freundschaft willen; mit jedermann ohne Unterschied auf gutem Fuße stehen

一团糟 yītuánzāo völliges Durcheinander; Chaos *n*; Wirrwarr *m*; größte Verwirrung

一网打尽 yī wǎng dǎ jìn auf einen Schlag die ganze Bande gefangennehmen

一往无前 yī wǎng wú qián mit unbeugsamem Willen vordringen; kühn vorwärtsschreiten

一味 yīwèi <副> stets; immer nur; nur: ～迁就 j-m immer wieder nachgeben

一文不名 yī wén bù míng keinen Groschen bei sich haben

一无是处 yī wú shì chù keinen einzigen Vorteil haben; nichtsnutzig; zu nichts taugen; wertlos

一无所有 yī wú suǒ yǒu gar nichts besitzen (*od* haben); ohne alle Mittel dastehen; mittellos

一无所知 yī wú suǒ zhī keine Ahnung (*od* keinen blassen Dunst) von etw. haben

一五一十 yī wǔ yī shí ausführlich; von A bis Z; detailliert: 他把发生的事情～地讲了一遍。Er hat diese Geschichte in allen Einzelheiten geschildert.

一下 yīxià ①［用在动词后，表示做一次或拭着做］einmal; kurz: 让我想～。Laß mich kurz überlegen. 打听～ erst einmal fragen ② plötzlich; mit einem Mal: 灯～又亮了。Die Lichter gingen plötzlich wieder an.

一线 yīxiàn ein Schimmer von; ein Strahl von: ～希望 ein Hoffnungsschimmer

一相情愿 yī xiāng qíngyuàn das eigene Wunschdenken

一向 yīxiàng ① in letzter Zeit; kürzlich; neuerdings: 前～雨水多。Es war ziemlich regnerisch in der letzten Zeit. ② stetig; von jeher

一笑置之 yī xiào zhì zhī mit einem Lächeln über etw. hinwegsehen (*od* hinweggehen)

一些 yīxiē 〈量〉 eine Anzahl von; einige; etliche: 有～事情我还不明白。Einige Dinge sind mir noch nicht klar. 只剩这～了，够吗？Das ist alles, was übrig geblieben ist. Reicht das aus?

一心 yīxīn ① von ganzem Herzen; mit Leib und Seele: 他～想着搞技术革新。Er ist ganz erfüllt von Gedanken an technische Neuerungen. ② ein Herz und eine Seele sein; an einem Strang ziehen: 万众～ sich eng zusammenschließen

一星半点 yīxīng bàndiǎn klein wie ein halbes Fünkchen; ein ganz kleines bißchen; sehr wenig

一行 yīxíng Reisegesellschaft *f*; Teilnehmer *pl* (einer Reisegruppe oder einer Delegation): 代表团～十二人已于昨日起程。Die zwölfköpfige Delegation ist gestern abgereist.

一言以蔽之 yī yán yǐ bì zhī mit einem Wort; kurz und gut; kurzum

一样 yīyàng gleich; genauso; ebenso; so ... wie: 我买的伞和你的～。Der Schirm, den ich mir gekauft habe, sieht genauso aus wie deiner.

一一 yīyī einer (*od* eins) nach dem andern; einzeln

一…一… yī…yī… ①［分别用在两个名词前面］(a)［表示整个］: 一生一世 das ganze Leben (von j-m); j-s ganzes Leben hindurch (b)［表示数量极少］: 一言一行 jedes Wort und jede Tat 一点一滴 jeder Tropfen; jedes bißchen ②［分别用在同类的动词前面，表示动作的连续］: 一瘸一拐 hinkend; humpelnd ③［分别用在相对的动词前面，表示动作协调配合或交替进行］: 一问一答 einer fragt und der andere antwortet ④［分别用在相反的方位词、形容词等前面，表示相反的方位或情况］: 一长一短 eins kurz, eins lang

一意孤行 yī yì gū xíng eigenmächtig handeln; halsstarrig auf seinem Plan bestehen; eigensinnig seinen Weg gehen (*od* weiter verfolgen)

一月 yīyuè Januar *m*

一再 yīzài wieder und wieder; immer wieder; wiederholt: ～请求 wiederholt bitten ～拖延 immer wieder aufschieben

一早 yīzǎo 〈口〉 frühmorgens

一朝一夕 yī zhāo yī-xī an einem Tag; über Nacht: 非～之功。Es ist durchaus keine Arbeit, die über Nacht vollendet werden kann.

一针见血 yī zhēn jiàn xiě mit dem ersten Nadelstich die wunde (*od* empfindliche) Stelle treffen; den Nagel auf den Kopf treffen

一阵 yīzhèn plötzlich und heftig auftretende Erscheinung; ein Augenblick; ein Anfall; ein Schwall: ～掌声 ein Beifallssturm ～笑声 ein schallendes Gelächter ～狂风 ein heftiger Windstoß

一知半解 yī zhī bàn jiě etw. nur halb wissen; Halbwissen *n*; oberflächliche Kenntnisse

一直 yīzhí ① geradeaus: ～走 geradeaus (*od* der Nase nach) gehen ② 〈副〉 ununterbrochen; immer: 雨～下了一天一夜。Es hat einen Tag und eine Nacht ununterbrochen geregnet.

一纸空文 yī zhǐ kōng wén (nur) ein Fetzen Papier

一致 yīzhì übereinstimmen *vi*; identisch; einmütig; einstimmig: 言行～ Wort und Tat sind eins. 步调～ in gleichem Schritt und

Tritt gehen

壹 yī eins (Schreibweise der Zahl „—" auf Schecks, Banknoten, Quittungen usw. zur Vermeidung von Fehlern oder Fälschungen)

医(醫) yī ① Arzt *m*; Doktor *m*: 牙～ Zahnarzt *m* 延～诊治 einen Arzt zu Rate ziehen ② Medizin *f*; medizinische Wissenschaft; Gesundheitswesen *n*: 中～ traditionelle chinesische Medizin 他是学～的。Er ist ein Student von Medizin. ③ heilen *vt*; kurieren *vt*; j-n ärztlich behandeln: 把他的病～好 seine Krankheit ausheilen

医科 yīkē medizinische Fachgebiete; Medizin *f*

医疗 yīliáo ärztliche Behandlung: 公费～ kostenlose ärztliche Betreuung; ärztliche Behandlung auf Staatskosten ～器械 medizinische Instrumente

医生 yīshēng Arzt *m*; Doktor *m*: 内科～ Internist *m* 外科～ Chirurg *m* 主治～ Oberarzt *m* 住院～ Stationsarzt *m*

医师 yīshī Arzt *m*

医术 yīshù ärztliches Können; Heilkunst *f*

医务 yīwù medizinische Angelegenheiten; medizinisch

医药 yīyào Medikament *n*; Arznei *f*; Medizin *f*: ～费 Ausgaben (*od* Kosten) für medizinische Betreuung

医院 yīyuàn Krankenhaus *n*; Hospital *n*; Klinik *f*: 综合性～ allgemeines Krankenhaus

医治 yīzhì heilen *vt*; kurieren *vt*

医嘱 yīzhǔ ärztlicher Rat; ärztliche Anordnung

伊 yī ‹书› er oder sie

伊斯兰教 Yīsīlánjiào Islam *m*: ～徒 Islamit *m*; Mohammedaner *m*; Moslem *m*

yí

宜 yí ① passend; geeignet: 适～ passend; schicklich 老幼咸～ schicklich (*od* gut) für jung und alt ② sich geziemen; müssen; sollen; dürfen: 不～操之过急。Man soll nicht voreilig handeln.

宜人 yírén angenehm; höchst erfreulich: 气候～ angenehmes Wetter

颐 yí sich gesund erhalten; in Form bleiben

颐和园 Yíhéyuán Sommerpalast *m* (in Beijing)

颐养 yíyǎng ‹书› sich gesund erhalten; in Form bleiben; sich pflegen

夷 yí ‹书› ① sicher; glatt: 化险为～ eine Gefahr abwenden ② schleifen *vt*; abtragen *vt*: ～为平地 etw. dem Boden gleichmachen

痍 yí ‹书› Wunde *f*; Trauma *f*: 满目疮～。Überall bietet sich ein Bild der Verwüstung.

咦 yí ‹叹› [表示惊异] wie; was: ～,这是怎么回事? Heh! Was ist denn los?

胰 yí Bauchspeicheldrüse *f*; Pankreas *n*

姨 yí ① Schwester der Mutter; Tante *f* ② Schwester der Ehefrau; Schwägerin *f*: 大～子 ältere Schwester der Ehefrau 小～子 jüngere Schwester der Ehefrau

姨表 yíbiǎo Vetter und Base (Kinder der Schwester der Mutter): ～兄弟 Cousin *m* (Sohn der Schwester der Mutter) ～姐妹 Cousine *f* (Tochter der Schwester der Mutter)

姨父 yífù Onkel *m* (Mann der Schwester der Mutter)

姨妈 yímā ‹口› Tante *f* (verheiratete Schwester der Mutter)

姨太太 yítàitai ‹口› Nebenfrau *f*; Kebse *f*; Kebsweib *n*

遗 yí ① verlieren *vt*, verlorengehen *vi*; abhanden kommen: ～失 verlieren *vt* ② verlorene Gegenstände: 路不拾～。Niemand ergreift Besitz von dem, was auf der Straße liegengelassen wurde. ③ auslassen *vt*; vernachlässigen *vt*: ～忘 vergessen *vt* ④ zurücklassen *vt*; vorenthalten *vt*: 不～余力 keine Mühe scheuen; alles in seiner Kraft Stehende tun ⑤ hinterlassen *vt*: ～风 von alters her überlieferter Brauch ～嘱 Vermächtnis *n*; Testament *n* ⑥ unwillkürlich ausscheiden: ～尿 Bettnässen *n*; Enurese *f*

遗产 yíchǎn Erbe *n*; Hinterlassenschaft *f*; Nachlaß *m*; Erbschaft *f*: 文化～ Kulturerbe *n*

遗臭万年 yí chòu wàn nián für Myriaden von Jahren Gestank hinterlassen; für alle Zeiten mit Schimpf und Schande bedeckt sein

遗传 yíchuán Vererbung *f*; Erblichkeit *f*: ～病 Erbkrankheit *f* ～学 Genetik *f*

遗传工程学 yíchuán gōngchéngxué Gentechnik *f*

遗憾 yíhàn Bedauern *n*; j-m leid tun: 对此表示～ sein Bedauern darüber ausdrücken 非常～,我不能接受你的邀请。Es tut mir sehr leid, aber ich kann deiner Einladung nicht Folge leisten.

遗迹 yíjī Relikte *pl*; Überreste alter Zeiten; Altertümer *pl*

遗留 yíliú hinterlassen *vt*; zurücklassen *vt*; vermachen *vt*: 历史～下来的问题 von der Geschichte hinterlassene Fragen

遗漏 yílòu etw. aus Nachlässigkeit auslassen; Auslassung *f*

遗弃 yíqì j-n/etw. im Stich lassen; verlassen *vt*; wegwerfen *vt*

遗容 yíróng ① Antlitz eines Verstorbenen: 瞻仰～ der sterblichen Hülle eines Verstorbenen Ehrerbietung erweisen ② Bildnis eines Toten

遗孀 yíshuāng Witwe *f*; j-s Hinterbliebene

遗体 yítǐ sterbliche Überreste: 向～告别 einem Verstorbenen die letzte Ehre erweisen

遗忘 yíwàng vergessen *vt*; sich an etw. nicht mehr erinnern

遗言 yíyán letzte Worte eines Verstorbenen

遗址 yízhǐ Relikte *pl*; Ruine *f*; ein Ort, wo früher Gebäude u.ä. standen: 古城～ Ruinen einer alten Stadt

遗志 yízhì letzter Wille; unerfüllter Wunsch; letzte Ermahnung: 继承先烈～ die unerfüllt gebliebenen Wünsche der Märtyrer Wirklichkeit werden lassen; das Werk der Märtyrer weiterführen

仪(儀) yí ① Aussehen *n*; Erscheinung *f*; Haltung *f*: 威～ würdevolle Haltung ② Zeremonie *f*; Ritus *m*: 司～ Zeremonienmeister *m* ③ Geschenk *n*: 贺～ Hochzeits- oder Geburtstagsgeschenk *n* ④ Instrument *n*; Apparat *m*; Gerät *n*

仪表 yíbiǎo ① Aussehen *n*; Haltung *f*: ～堂堂 edel und würdevoll; eine stattliche Erscheinung ② Meßinstrument *n*; Angzeigegerät *n*: ～厂 Instrumenten- und Meßgerätewerk *n*

仪器 yíqì Instrument *n*; Gerät *n*; Apparat *m*: 精密～ Präzisionsinstrument *n*

仪式 yíshì Feier *f*; Feierlichkeit *f*; Zeremonie *f*: 签字～ Unterzeichnungszeremonie *f*

仪仗队 yízhàngduì Ehrengarde *f*; Ehrenkompanie *f*: 陆海空三军～ eine Ehrengarde der Land-, See- und Luftstreitkräfte *pl*

移 yí ① bewegen *vt*; wegrükken *vt*; versetzen *vt*: 迁～ den Wohnsitz verlegen; umziehen *vi* ② ändern *vt*; verändern *vt*: ～风易俗 Sitten und Gebräuche ändern

移动 yídòng fortbewegen *vt*; versetzen *vt*; verrücken *vt*

移交 yíjiāo ① übergeben *vt* ② seinen Posten dem Nachfolger übergeben

移居 yíjū den Wohnort ändern (*od* wechseln); umsiedeln *vi*

移民 yímín ① Bevölkerung umsiedeln; (移出) Bevölkerung auswandern lassen; (移入) Bevölkerung einwandern lassen ② Umsiedler *m*; (移出) Emigrant *m*; Auswanderer *m*; (移入) Einwanderer *m*

移植 yízhí ① verpflanzen *vt*; umpflanzen *vt*: ～秧苗 Reissetzlinge umpflanzen ② transplantieren *vt*; Transplantation *f*

疑 yí ① zweifeln *vi*; verdächtigen *vt*; Argwohn *m*; Zweifel *m*: 坚信不～ ganz fest glauben; nicht den geringsten Zweifel hegen 无可置～ zweifellos; Es steht außer Zweifel. ② zweifelhaft; unsicher: 存～ eine Frage offen lassen

疑案 yí'àn unaufgeklärter Fall; offene (*od* strittige) Frage; Geheimnis *n*

疑惑 yíhuò Zweifel haben (*od* hegen); unsicher sein: ～不解 Zweifel hegen; vor einem Rätsel stehen

疑惧 yíjù Befürchtung *f*; Besorgnis *f*; Beunruhigung *f*; schlimme Ahnung

疑虑 yílǜ Bedenken *n*; Argwohn *m*; Besorgnis *f*; Zweifel *m*

疑难 yínán schwierig; verwickelt: ～问题 ein verwickeltes Problem; eine schwer zu klärende Frage ～病症 ein schwieriger und komplizierter (medizinischer) Fall

疑神疑鬼 yí shén yí guǐ sehr mißtrauisch sein; Angst vor seinem eigenen Schatten haben

疑团 yítuán Zweifel und Verdacht

疑问 yíwèn Frage *f*; Zweifel *m*: 毫无～ zweifellos; ohne Zweifel; zweifelsohne

疑心 yíxīn verdächtigen *vt*; bezweifeln *vt*; Verdacht hegen; Argwohn *m*; Skepsis *f*: 起～ mißtrauisch (*od* skeptisch) werden

疑义 yíyì Zweifel *m*; Ungewißheit *f*: 毫无～ zweifellos

怡 yí 〈书〉 glücklich; fröhlich; heiter: 心旷神～ sich ausgeruht und entspannt (*od* frisch und behaglich) fühlen

怡然 yírán glücklich frohen Mutes: ～自得 froh und zufrieden sein; ungestört seinen Frieden genießen

贻 yí

贻害 yíhài ungelöste Schwierigkeiten hinterlassen: ～无穷 unzählige Scherereien hinterlassen

贻误 yíwù versäumen *vt*; beeinträchtigen *vt*; schädigen *vt*: ～工作 die Arbeit beeinträchtigen; sich nachteilig auf die Arbeit auswirken ～青年 die Jugend falsch erziehen; die Jugendlichen irreführen

贻笑大方 yíxiào dàfāng sich bei einem Kenner (*od* Fachmann) lächerlich machen

yǐ

椅 yǐ (～子) Stuhl *m*

倚 yǐ ① sich an etw./j-n anlehnen: ～栏远眺 sich ans Geländer lehnen und in die Weite blicken ② sich auf etw./j-n verlassen; auf etw./j-n gestützt: ～势欺人 gestützt auf seine Macht andere schikanieren ③ parteiisch: 不偏不～ unparteiisch

倚老卖老 yǐ lǎo mài lǎo auf sein Alter pochen

倚重 yǐzhòng j-n schätzen und sich auf ihn verlassen

蚁(蟻) yǐ Ameise *f*: ～巢 Ameisennest *n*

乙 yǐ der (die, das) zweite; zweitens: ～等 der zweite Grad; Klasse B 维生素～ Vitamin B

已 yǐ ① aufhören *vi*; haltmachen *vi*; enden *vi*; stoppen *vi*: 争论不～ unaufhörlich diskutieren; sich in eine endlose Debatte einlassen ② schon; bereits: 问题～解决。Das Problem ist bereits gelöst. 雨季～过。Die Regenzeit ist schon vorüber.

已故 yǐgù verstorben: ～总统 der verstorbene Präsident

已经 yǐjīng bereits; schon: 天～黑了。Es ist schon dunkel.

已往 yǐwǎng früher; in der Vergangenheit

以 yǐ ① mit; mittels; durch: 喻之～理 durch Aufklärung zu Vernunft bringen ～攻为守 den Angriff als Mittel der Verteidigung einsetzen「～其人之道，还治其人之身」Gleiches mit Gleichem vergelten; j-m etw. mit gleicher Münze heimzahlen; wie du mir, so ich dir ② gemäß; nach; laut: ～到达先后为序 in der Reihenfolge der Ankunft ③ weil; wegen: 不～人废言 Äußerungen nicht wegen der Person des Sprechers verwerfen ④ um zu; damit: ～应急需 um einem dringenden Bedarf abzuhelfen; für dringende Fälle ⑤ zu einer (bestimmten) Zeit; am; um: 余～三月一日返。Ich kam am 1. März zurück. ⑥［跟"而"用法相同］ und; sowohl ... als auch: 城高～厚。Die Stadtmauer ist sowohl hoch als auch breit. ⑦［放在方位词前表明时间、地位、方向或数量的界限］: 十年～前 vor zehn Jahren 县团～上 von Kreisbzw. Regimentsebene an aufwärts

以便 yǐbiàn damit; um zu; zwecks; mit der Absicht: 今晚作好准备，～明天一早动身 wir treffen heute abend Vorbereitungen, so daß wir morgen gleich in der Frühe aufbrechen können

以德报怨 yǐ dé bào yuàn Böses mit Gutem vergelten

以毒攻毒 yǐ dú gōng dú Gift durch Gegengift bekämpfen

以讹传讹 yǐ é chuán é unrichtig weitergeben, was schon falsch ist; Unwahrheiten verbreiten

以后 yǐhòu nachher; später; danach; nach: 从今～ von jetzt an 至于～怎么样，我就不知道了。Ich weiß nicht, wie es danach war.

以及 yǐjí sowie; einschließlich; wie; und; auch

以来 yǐlái seit: 长期～ seit langer Zeit; schon lange her 三年～ seit drei Jahren

以卵投石 yǐ luǎn tóu shí Eier gegen Steine werfen — es mit einem weitaus Stärkeren aufnehmen wollen und dadurch seinen

Untergang heraufbeschwören
以免 yǐmiǎn um zu vermeiden; damit etw. nicht eintritt: 仔细检查～出错 sorgfältig prüfen, um Fehler zu vermeiden
以内 yǐnèi innerhalb; binnen: 本年度～ innerhalb dieses Jahres
以前 yǐqián früher; ehemalig; vor; vorher: 三年～ vor drei Jahren 我～来过这儿。Ich bin früher hier gewesen.
以上 yǐshàng ① mehr als; über: 五十人～ mehr als 50 Personen 十岁～的孩子 Kinder von zehn Jahren an ② oben; obenerwähnt; obenstehend; obig
以身殉职 yǐ shēn xùn zhí auf seinem Kampfposten sterben; in Erfüllung seiner Pflicht sein Leben hingeben
以身作则 yǐ shēn zuò zé mit gutem Beispiel vorangehen
以外 yǐwài außerhalb; außer: 办公时间～ außerhalb der Bürostunden 除此～，还有一件事要麻烦你。Darüber hinaus habe ich noch eine Bitte an dich.
以往 yǐwǎng früher; vorher; einst; vormals; ehemals; ehedem: 这里～是一片荒野。Früher war hier Ödland.
以为 yǐwéi meinen *vt*; denken *vt*; glauben *vt*; etw. für etw. halten; annehmen *vt*: 我还～是她呢。Ich glaubte, sie sei es. 不～然 etw. für falsch halten; etw. nicht gelten lassen
以下 yǐxià ① weniger als; unten; unter: 零度～ unter Null 三岁～儿童 Kinder von drei Jahren und darunter
以怨报德 yǐ yuàn bào dé Gutes mit Bösem vergelten; eine gute Tat mit Undank lohnen
以致 yǐzhì [多用来指不好的结果] so daß; als Folge von etw.; folglich; daher kommt es, daß: 有些人不认真学习，～思想落后于形势。Einige Leute studieren nicht eifrig, folglich kann ihr Denken mit der Entwicklung der Lage nicht Schritt halten.

矣 yǐ [用在句末，跟"了"相同]: 悔之晚～。Es ist zu spät, um zu bereuen.

yì

意 yì ① Bedeutung *f*; Idee *f*; Sinn *m*: 同～ einverstanden sein 词不达～。Die Worte geben den Sinn nicht wieder. ② Wunsch *m*; Verlangen *n*; Absicht *f*: 好～ gute Absicht ③ vermuten *vt*; erwarten *vt*; auf etw. rechnen: 出其不～ unerwartet
意会 yìhuì begreifen *vt*; erahnen *vt*; spüren *vt*; empfinden *vt*: 只可～，不可言传。Dafür muß man ein Gespür haben, das läßt sich nicht in Worten ausdrücken.
意见 yìjiàn ① Meinung *f*; Ansicht *f*: 交换～ Meinungen austauschen ② Einwand *m*; Beanstandung *f*; Unzufriedenheit *f*: 我对这种办法很有～。Ich habe erhebliche Einwände gegen diese Methode. ～簿 Beschwerdebuch *n*
意境 yìjìng künstlerischer Gehalt: 这幅油画～深远。Der künstlerische Gedanke bei diesem Ölgemälde ist von großer Aussagekraft.
意料 yìliào erwarten *vt*; annehmen *vt*; vermuten *vt*: 这是～中的事。Das war zu erwarten. 或 Damit hat man rechnen müssen.
意气 yìqì ① Wille und Geist: ～高昂 mit großem Elan ② Temperament *n*; Gemütsart *f*: ～相投 von gleichem Temperament; wesensverwandt (*od* seelenverwandt) sein ③ vorgefaßte Meinung; Laune *f*; Eigensinn *m*: ～用事 launenhaft und widerspenstig handeln; sich nur von seinen Launen leiten lassen
意识 yìshí ① Bewußtsein *n* ② [常与"到"字连用] sich einer Sache bewußt sein: ～到自己的责任 sich seiner Verantwortung bewußt werden
意识形态 yìshí xíngtài Ideologie *f*
意思 yìsi ① Bedeutung *f*; Idee *f*; Gedanke *m*: 文章的中心～ der Hauptgedanke eines Artikels ② Meinung *f*; Ansicht *f*; Wunsch *m*: 我的～是走着去。Meiner Meinung nach sollten wir zu Fuß gehen. ③ ein Zeichen von Dankbarkeit, Liebe, Hochachtung usw.: 这不过是我的一点儿～，请收下吧。Bitte, nehmen Sie dieses kleine Geschenk als ein Zeichen meiner Freundschaft ④ Spur *f*; Anzeichen *n*; Andeutung *f*: 天有点要下雨的～ Es sieht nach Regen aus. ⑤ Reiz *m*; Spaß *m*: 他觉得这张画很有～。Er findet dieses Bild sehr interessant.
意图 yìtú Intention *f*; Absicht *f*; beabsichtigen *vt*
意外 yìwài ① unerwartet; un-

vorhergesehen: 感到～ überrascht sein ② Unfall *m*; Unglück *n*: 以免发生～ um Unfälle zu vermeiden

意味 yìwèi ① Bedeutung *f*; (tieferer) Sinn *m*: ～深长的一笑 ein bedeutungsvolles Lächeln ② ästhetischer oder gedanklicher Reiz; Sinn *m*: 这首诗～无穷。Das ist ein Gedicht mit einem sehr tiefen Sinn.

意向 yìxiàng Absicht *f*; Vorhaben *n*

意义 yìyì Bedeutung *f*; Sinn *m*: 在某种～上 in gewissem Sinn

意译 yìyì (einen Text) frei übersetzen; den Sinn wiedergeben; paraphrasieren *vt*

意愿 yìyuàn Wunsch *m*; Streben *n*

意志 yìzhì Wille *m*: ～坚强 von festem Willen

癔 yì

癔病 yìbìng Hysterie *f*

臆 yì ① Brust *f* ② subjektiv

臆测 yìcè eigene Mutmaßung; eigene Vermutung

臆断 yìduàn annehmen *vt*; vermuten *vt*; mutmaßen *vt*; auf Grund eigener Vermutung zu einem Schluß kommen

臆造 yìzào (eine Geschichte usw.) erfinden *vt*; erdichten *vt*; sich ausdenken

亦 yì auch; ebenso: 反之～然。Das Gegenteil ist auch wahr.

亦步亦趋 yìbù-yìqū j-m blindlings (*od* auf Schritt und Trittt) folgen; in j-s Fußstapfen gehen; in j-s Kielwasser segeln

亦即 yìjí nämlich; d.h.

奕 yì

奕奕 yìyì Kraft und Energie ausstrahlen: 神采～ von Gesundheit strotzend und Lebenskraft ausstrahlend

裔 yì Nachkomme *m*: 华～美国人 Amerikaner chinesischer Abstammung

益 yì ① Vorteil *m*; Nutzen *m*; Überlegenheit *f*: 受～匪浅 sehr viel Nutzen aus etw. ziehen 公～ Gemeinwohl *n* 权～ Rechte und Interessen ② nützlich; vorteilhaft: ～虫 Nutzinsekt *n* ～鸟 Nutzvogel *m* ③ noch mehr; in zunehmendem Maße: 多多～善 je mehr, desto besser

益处 yìchu Vorteil *m*; Nutzen *m*

益友 yìyǒu hilfreicher Freund; Mentor *m*

溢 yì ① überlaufen *vi*; überfließen *vi*; überfluten *vi*: 洋～ ganz erfüllt sein; von etw. überfließen ② übermäßig; übertrieben: ～美 unverdientes Lob

溢出 yìchū überfließen *vi*; überlaufen *vi*

缢 yì <书> j-n mit einem Strick erdrosseln; aufhängen *vt*; hängen *vt*: 自～ sich aufhängen; sich erhängen

谊 yì Freundschaft *f*: 深情厚～ tiefe Freundschaft

抑 yì niederhalten *vt*; zügeln *vt*; im Zaum halten

抑制 yìzhì ① kontrollieren *vt*; etw. Einhalt gebieten; etw. in Schranken halten; unterdrücken *vt*: ～不满 seinen Unwillen unterdrücken ～感情 seine Gefühle zügeln ② Hemmung *f*

易 yì ① leicht: 轻～ leicht; mühelos 来之不～ etw. hat viel Mühe gekostet ② freundlich; liebenswürdig: 平～近人 freundlich und zugänglich; entgegenkommend ③ wechseln *vt*: ～手 in andere Hände übergehen ④ austauschen *vt*: 贸～ Handel *m*

易如反掌 yì rú fǎn zhǎng spielend leicht; im Handumdrehen; wie aus dem Ärmel geschüttelt

义(義) yì ① Gerechtigkeit *f*; Rechtschaffenheit *f*: 深明大～ sich der gerechten Sache bewußt sein ② menschliche Bande; Verbundenheit *f*: 无情无～ herzlos und treulos ③ Bedeutung *f*; Sinn *m*: 词～ Bedeutung eines Wortes 一词多～ polysemantisch; Polysemie *f* ④ Adoptiv-; adoptiert: ～女 Adoptivtochter *f*

义不容辞 yì bùróng cí etw. keinesfalls ablehnen dürfen; unabweisliche Pflicht, etw. zu tun

义愤 yìfèn gerechte Empörung; gerechter Zorn

义愤填膺 yìfèn tián yīng gerechte Empörung erfüllt die Brust; von heiligem Zorn ergriffen sein

义卖 yìmài Benefiz-, Wohltätigkeitsverkauf *m*

义气 yìqi Kameradschaft *f*; persönliche Treue

义务 yìwù ① Pflicht *f*; Verpflichtung *f*; Verbindlichkeit *f*; Obligation *f*: ～教育 allgemeine Schulpflicht ② unentgeltlich: ～演出 Wohltätigkeitsveranstaltung *f*; Benefizvorstellung *f* ～劳动 freiwilliger Arbeitseinsatz

议(議) yì ① Meinung *f*; Ansicht *f*: 异～ entgegengesetzte Meinung; andere Ansicht; Einwendung *f* 提～ einen Vorschlag machen ② diskutieren *vt/vi*; Meinungen austauschen; besprechen *vt*; durchsprechen *vt*: 自报公～ Selbsteinschätzung und öffentliche Diskussion

议案 yì'àn Antrag *m*; Motion *f*

议程 yìchéng Tagesordnung *f*: 列入～ auf die Tagesordnung setzen; in die Tagesordnung einführen (*od* aufnehmen)

议定书 yìdìngshū Protokoll *n*: 贸易～ Handelsprotokoll *n*

议和 yìhé Friedensverhandlungen führen

议会 yìhuì Parlament *n*; Abgeordnetenhaus *n*

议价 yìjià ① über den Preis verhandeln; einen Preis vereinbaren ② vereinbarter Preis

议论 yìlùn über etw. sprechen; besprechen *vt*; diskutieren *vi/vt*: 大发～ weitschweifig daherreden ～不休 unaufhörlich diskutieren

议事 yìshì dienstliche Angelegenheiten besprechen: ～规则 Geschäftsordnung *f* ～日程 Tagesordnung *f*

议题 yìtí Gesprächsthema *n*; Diskussionsgegenstand *m*

议员 yìyuán Abgeordnete(r); Parlamentarier *m*

议院 yìyuàn Parlament *n*; Abgeordnetenhaus *n*

刈 yì mähen *vt*; abschneiden *vt*: ～草机 Mähmaschine *f*; Mäher *m*

轶 yì ① verloren ② übertreffen *vt*

轶事 yìshì Anekdote *f*

屹 yì 〈书〉 steil emporragend

屹立 yìlì geradestehen; aufragen *vi*

屹然 yìrán turmhoch; majestätisch: ～不动 fest und aufrecht stehen; unerschütterlich stehen

诣 yì (*akademische oder technische*) Kenntnisse und Fertigkeiten: 学术造～ das erreichte wissenschaftliche Niveau

逸 yì ① inneres Wohlgefühl; Muße *f*; Behagen *n*; Ruhe *f*: 有劳有～ abwechselnd arbeiten und sich ausruhen ② fliehen *vi*: 逃～ entkommen *vi*; entfliehen *vi*

逸事 yìshì Anekdote *f*

肄 yì studieren *vi/vt*; lernen *vi/vt*

肄业 yìyè eine Schule besuchen oder an einer Universität studieren: 他曾在大学～两年。Er hat zwei Jahre studiert.

毅 yì standhaft; fest entschlossen: 刚～ Charakter-, Willensstärke *f*; Standhaftigkeit *f*

毅力 yìlì Willensstärke *f*; Wille *m*; Standhaftigkeit *f*; Unerschütterlichkeit *f*: 惊人的～ erstaunlich eiserner Wille

毅然 yìrán fest entschlossen; resolut; entschieden; kurzerhand; mit aller Entschiedenheit

疫 yì Seuche *f*; Pestilenz *f*; epidemische Krankheit: 鼠～ Pest *f* 防～ Seuchenverhütung *f*

疫病 yìbìng epidemische Krankheit; Epidemie *f*

疫苗 yìmiáo Impfstoff *m*; Vakzine *f*

役 yì ① Arbeit *f*; Dienst *m*: 劳～ Fronarbeit *f*; Frondienst *m* 兵～ Militärdienst *m* ② als Diener verwenden; dienen lassen: 奴～ versklaven *vt* ③ Diener *m*: 仆～ Diener *m*; Lakai *m* ④ Schlacht *f*; Feldzug *m*

忆(憶) yì sich erinnern; zurückdenken *vi*; sich etw. ins Gedächtnis zurückrufen

亿(億) yì hundert Millionen

亿万 yìwàn Hunderte Millionen; Millionen und aber Millionen: ～富翁 Multimillionär *m*

艺(藝) yì ① Geschicklichkeit *f*; Kunstfertigkeit *f*: 球～ Geschicklichkeit beim Ballspielen ② Kunst *f*: 文～ Kunst und Literatur

艺人 yìrén ① Schauspieler *m*; Künstler *m* ② Kunsthandwerker *m*

艺术 yìshù ① Kunst *f*: ～风格 künstlerischer Stil ～品 Kunstwerk *n* ② Kunst *f*; Geschicklichkeit *f*; Gewandtheit *f* ③ kunstvoll; geschmackvoll: 这个房间布置得很～。Das Zimmer ist geschmackvoll eingerichtet.

艺苑 yìyuàn das Reich der Kunst und Literatur

呓(囈) yì im Schlaf reden

呓语 yìyǔ ① im Schlaf gesprochene Worte ② verrücktes Gerede; Faselei *f*

译(譯) yì übersetzen *vt*; dolmetschen *vi/vt*: 笔～ schriftliche Übersetzung; schriftlich übersetzen 口～ mündlich übersetzen; mündliche Übersetzung; dolmetschen *vi/vt*

译本 yìběn Übersetzung *f*

译文 yìwén übersetzter Text; Übersetzung *f*

译员 yìyuán Dolmetscher *m*

译者 yìzhě Übersetzer *m*

译制 yìzhì synchronisieren *vt*: ～片 synchronisierter Film

驿(驛) yì Poststation *f* (in alten Zeiten)

驿站 yìzhàn Poststation *n* (wo früher Postkutscher die Pferde wechselten oder Rast machten)

异(異) yì ① verschieden: 大同小～ Übereinstimmung im Großen, Differenzen im Kleinen; im großen und ganzen gleich ～父(母)兄弟 Halbbruder *m* ② ungewöhnlich; außerordentlich: ～乎寻常 außergewöhnlich; merkwürdig ③ sich erstaunen; überrascht sein: 深以为～ höchst überrascht sein

异常 yìcháng ① ungewöhnlich; abnorm: ～现象 anormale Erscheinung ② äußerst; sehr; besonders: ～激动 sich in einem Zustand höchster Erregung befinden

异端 yìduān Ketzerei *f*; Häresie *f*; Heterodoxie *f*: ～邪说 Irrglaube *m*; Ketzerei *f*; Häresie *f*; Heterodoxie *f*

异国 yìguó fremdes Land: 远适～ weit entfernt im fremden Land

异化 yìhuà Entfremdung *f*

异己 yìjǐ fremd; andersdenkend: 排除～ diejenigen, die anders denken, verdrängen

异教 yìjiào Heidentum *n*

异口同声 yì kǒu tóng shēng wie aus einem Mund; alle sagen das Gleiche; etw. einstimmig (*od* gleichzeitig, im Chor) sagen

异曲同工 yì qǔ tóng gōng verschiedene Methoden führen zu dem selben Resultat (*od* Ergebnis)

异乡 yìxiāng fremder Ort; fremde Gegend; Fremde *f*

异想天开 yì xiǎng tiān kāi den wildesten Phantastereien nachhängen; von Unmöglichem träumen; seiner Phantasie die Zügel schießen lassen; utopisch]

异性 yìxìng ① anderes Geschlecht ② anders im Wesen; ungleichartig

异议 yìyì andere Meinung; entgegengesetzte Ansicht; Einwendung *f*: 提出～ einen Einwand erheben

翼 yì ① Flügel *m* ② Flanke *f*

翼翼 yìyì vorsichtig; behutsam; achtsam: 小心～ ganz vorsichtig; sehr behutsam; mit großer Vorsicht

yīn

音 yīn ① Ton *m*; Schall *m*; Laut *m*: 噪～ Lärm *m*; Geräusch *n* ② Nachricht *f*; Botschaft *f*: ～信 Nachricht *f*; Post *f*; Brief *m*

音标 yīnbiāo phonetisches Zeichen

音调 yīndiào Ton *m*; Tonfall *m*

音符 yīnfú Note *f*

音阶 yīnjiē Tonskala *f*; Tonleiter *f*

音节 yīnjié Silbe *f*

音量 yīnliàng Lautstärke *f*

音色 yīnsè Klangfarbe *f*; Timbre *n*

音素 yīnsù Laut *m*; Phonem *n*

音速 yīnsù Schallgeschwindigkeit *f*: 超～ Überschallgeschwindigkeit *f*

音响 yīnxiǎng Laut *m*; Schall *m*; Klang *m*; Akustik *f*: ～效果 Klangwirkung *f*; akustische Effekte

音乐 yīnyuè Musik *f*: ～会 Konzert *n* ～家 Musiker *m*

音质 yīnzhì ① Tonqualität *f*; Tonfarbe *f* ② getreue Tonwiedergabe

因 yīn ① aufgrund; nach; gemäß: ～人而异 je nach Personen verschieden sein ～材施教 (Studierende *od* Schüler) nach ihrer Begabung fördern; Schüler oder Studenten je nach ihrem Aufnahmevermögen unterweisen ② Grund *m*; Ursache *f*: 近～ unmittelbare Ursache 事出有～。Es gibt dafür gute Gründe. 或 Das geschah keineswegs zufällig. ③ weil; wegen; infolge von; als Ergebnis von: ～病请假 um Krankenurlaub bitten 会议～故改期。Die Versammlung wurde aus verschiedenen Gründen (*od* aus einem bestimmten Grund) verschoben.

因此 yīncǐ darum; deshalb; daher; folglich

因地制宜 yīn dì zhì yí den örtlichen Verhältnissen entsprechend Maßnahmen treffen; sich nach den örtlichen Gegebenheiten richten; Anpassung an die lokalen Gegebenheiten

因而 yīn'ér darum; daher; deshalb; mit dem Ergebnis

因果 yīnguǒ ① Ursache und Wirkung ② 〈佛教〉 Karma *n*

因陋就简 yīn lòu jiù jiǎn die bestehenden dürftigen materiellen Bedingungen so gut wie möglich ausnutzen; geringe Möglichkeiten voll ausschöpfen

因势利导 yīn shì lì dǎo sich nach dem natürlichen Lauf der Dinge richten; das Beste aus einer Situation machen

因素 yīnsù Faktor *m*: 积极～ positive Faktoren

因为 yīnwèi weil; da; denn; wegen; infolge

因循 yīnxún ① im alten Gleis bleiben; alles beim alten lassen wollen ② verzögern *vt*; hinausschieben *vt*

因缘 yīnyuán ① Haupt- und Nebenursachen ② (vom Schicksal) vorherbestimmte familiäre Bindungen

茵
yīn Matratze *f*: 绿草如～ grüne Matten; ein Teppich aus grünem Gras

姻
yīn ① Ehe *f*; Heirat *f*: 联～ durch Heirat in verwandtschaftliche Beziehungen zu j-m treten ② angeheiratete Verwandtschaft

姻亲 yīnqīn angeheiratete Verwandte: ～关系 durch Heirat entstandene verwandtschaftliche Verbindung

姻缘 yīnyuán vom Himmel bestimmte Ehe

殷
yīn ① leidenschaftlich; heftig; heiß: 期望甚～ viel von j-m erwarten ② gastfreundlich: 招待甚～ sehr gastfreundlich empfangen (*od* bewirten)

殷切 yīnqiè eifrig; inbrünstig; heiß; brennend: ～的期望 sehnlichste Erwartungen

殷勤 yīnqín freundschaftlich und aufmerksam: 受到～接待 eine freundliche und aufmerksame Aufnahme finden; sehr umsorgt werden

阴(陰)
yīn ① *Yin n* (weibliches oder negatives Prinzip in der Natur nach der altchinesischen Philosophie, Medizin usw.) ② Mond *m*: ～历 Mondkalender *m* ③ Schatten *m*: 树～ Schatten eines Baums ④ Rückseite *f*: 碑～ Rückseite einer Steinplatte ⑤ bewölkt; von Wolken überzogen ⑥ versteckt; geheim; hinter dem Rücken anderer: 阳奉～违 sich äußerlich fügen, insgeheim sich widersetzen ⑦ negativ: ～离子 negatives Ion; Anion *m* ⑧ (besonders weibliche) Genitalien *pl*; Geschlechtsteile *pl*

阴错阳差 yīn cuò yáng chā durch das Zusammentreffen verschiedener zufälliger Faktoren Irrtümer begehen; aufgrund widriger Umstände; infolge unglücklicher Zufälle

阴电 yīndiàn negative Elektrizität; Minuselektrizität *f*

阴沟 yīngōu unterirdischer Kanal

阴冷 yīnlěng naßkalt; finster und kalt

阴历 yīnlì Mondkalender *m*: ～正月 erster Monat nach dem chinesischen Mondkalender

阴凉 yīnliáng ① schattig und kühl ② kühler Ort; schattiger Platz

阴谋 yīnmóu Komplott *n*; Intrige *f*; Verschwörung *f*

阴森 yīnsēn düster; finster; unheimlich: ～的树林 ein dunkler Wald

阴私 yīnsī dunkles Geheimnis; geheime Machenschaften

阴险 yīnxiǎn hinterlistig; hinterhältig; heimtückisch

阴性 yīnxìng negativ: ～反应 negative Reaktion

阴阳怪气 yīnyáng guàiqì ① mit hämischem und blasiertem Ton ② exzentrisch; sonderlich

阴影 yīnyǐng Schatten *m*: 树木的～ Baumschatten *m*

阴雨 yīnyǔ bewölkt und regnerisch: ～连绵 anhaltend bedeckt und regnerisch

阴郁 yīnyù düster; trübselig; niedergeschlagen; melancholisch: 心情～ trübselig sein

阴云 yīnyún dunkle Wolken

荫(蔭)
yīn Schatten *m* *另见 yìn

荫蔽 yīnbì verborgen halten; sich verstecken

yín

淫
yín ① übermäßig: ～雨 übermäßiger Regen ② zü-

gellos; ausgelassen; ausschweifend: 骄奢～逸 äußerst ausschweifend leben ③ unerlaubter Geschlechtsverkehr; außerehelicher Beischlaf: 奸～ Unzucht treiben

淫荡 yíndàng unmoralisch; wollüstig; lüstern; unzüchtig; obszön

淫秽 yínhuì obszön; pornographisch; unzüchtig

淫乱 yínluàn sittenlos; unzüchtig

淫威 yínwēi Machtmißbrauch *m*

吟 yín (Gedichte) aufsagen *vt*; vortragen *vt*; rezitieren *vt*: ～诗 ein Gedicht rezitieren (*od* aufsagen, vortragen)

吟诵 yínsòng singen *vt*; vortragen *vt*; aufsagen *vt*; rezitieren *vt*

吟咏 yínyǒng (Gedichte) rhythmisch vortragen

垠 yín 〈书〉 Grenze *f*: 一望无～ sich erstrecken, so weit das Auge reicht; sich bis zum Horizont ausdehnen; grenzenlos; unendlich

龈 yín Zahnfleisch *n*

银 yín ① Silber *n* ② Währung oder Geld betreffend: ～行 Bank *f* ③ silberfarben; silbern; silbrig: ～发 silbrig schimmerndes Haar; weißes Haar ～灰 silbergrau

银币 yínbì Silbermünze *f*

银行 yínháng Bank *f*: ～存款 Bankeinlage *f*; Bankguthaben *n* 外汇指定～ Devisenbank *f*

银河 yínhé Milchstraße *f*; Galaxis *f*

银幕 yínmù Leinwand *f*; Filmleinwand *f*

银牌 yínpái Silbermedaille *f*

银器 yínqì Silberwaren *pl*; Silberartikel *m*

yǐn

饮 yǐn ① trinken *vt*: ～茶 Tee trinken ② hegen *vt*; in sich tragen: ～恨 Groll hegen

饮料 yǐnliào Getränk *n*; Trank *m*

饮泣 yǐnqì 〈书〉 schluchzen *vi*: ～吞声 stillschweigend seine Tränen hinunterschlucken; lautlos schluchzen

饮食 yǐnshí Speise und Trank: ～业 Gaststättengewerbe *n*; Gastronomie *f*

饮水思源 yǐn shuǐ sī yuán gedenke der Quelle, wenn du trinkst — über eine empfangene Wohltat nicht den Wohltäter vergessen

饮用水 yǐnyòngshuǐ Trinkwasser *n*

饮鸩止渴 yǐn zhèn zhǐ kě Gift trinken, um den Durst zu stillen; den Teufel mit dem Beelzebub austreiben

引 yǐn ① führen *vt*; leiten *vt*; umdirigieren *vt*: ～路 den Weg weisen; vorangehen *vi* ～航 Lotsen *n* ② fortgehen *vi*: ～避 j-m aus dem Weg gehen; j-m ausweichen ～退 vom Amt zurücktreten; Rücktritt *m* ③ anlokken *vt*; anziehen *vt*: ～人注目 ins Auge fallen; die Blicke auf sich ziehen; auffallend ④ veranlassen *vt*; verursachen *vt*: 他这一句话～得大家笑起来。Seine Worte haben alle zum Lachen gebracht. ⑤ anführen *vt*; zitieren *vt*: ～某人的话 j-n zitieren

引爆 yǐnbào etw. detonieren lassen; etw. zur Detonation bringen

引导 yǐndǎo leiten *vt*; führen *vt*: 主人～贵宾们参观了车间。Begleitet von den Gastgebern besichtigten die Ehrengäste die Werkhallen.

引渡 yǐndù ausliefern *vt*; Auslieferung *f*

引号 yǐnhào Anführungszeichen *n*

引荐 yǐnjiàn j-n empfehlen

引进 yǐnjìn ① j-n empfehlen ② einführen *vt*: ～技术装备 Technologie und technische Apparaturen importieren

引经据典 yǐn jīng jù diǎn aus klassischen Werken zitieren; sich auf die Klassiker berufen

引狼入室 yǐn láng rù shì den Wolf ins Haus hereinbitten; einen Wolf zum Hirten machen

引力 yǐnlì Gravitation(skraft) *f*; Anziehungskraft *f*: 万有～ universelle Gravitation

引起 yǐnqǐ hervorrufen *vt*; hervorbringen *vt*; verursachen *vt*; bewirken *vt*: ～公愤 eine allgemeine Empörung hervorrufen ～一场热烈的讨论 eine hitzige Diskussion auslösen

引擎 yǐnqíng Motor *m*

引人入胜 yǐn rén rù shèng interessant und anregend sein; fesselnd; spannend; anziehend; faszinierend

引申 yǐnshēn (ein Wort usw.) in übertragenem Sinn gebrauchen

引文 yǐnwén Zitat *n*

引言 yǐnyán Vorwort *n*; Einleitung *f*

引用 yǐnyòng anführen *vt*; zitieren *vt*
引诱 yǐnyòu verführen *vt*; verlokken *vt*; verleiten *vt*; j-n in Versuchung bringen (*od* führen)
引证 yǐnzhèng etw. als Beweis anführen
引子 yǐnzi ① einführende Worte eines Schauspielers in chinesischen Opern ② Introduktion *f*; Vorspiel *n*; Ouvertüre *f* ③ Einleitung *f*; Vorwort *n*

隐(隱) yǐn ① etw. verborgen halten: ~瞒 verhehlen *vt*; verbergen *vt*; verheimlichen *vt* ② versteckt; verborgen; latent: ~患 verborgenes Unheil
隐蔽 yǐnbì verheimlichen *vt*; vertuschen *vt*; sich verstecken
隐讳 yǐnhuì verhehlen *vt*; verheimlichen *vt*
隐晦 yǐnhuì unklar; schwerverständlich; dunkel; schwer zu durchdringen: 文字写得很~ verschwommen (*od* mehrdeutig) ausgedrückt; unklar geschrieben
隐居 yǐnjū in der Abgeschiedenheit leben; abgeschieden leben; wie ein Einsiedler leben; von der Welt zurückgezogen leben; ein Eremitenleben führen
隐瞒 yǐnmán verhehlen *vt*; verheimlichen *vt*; verschweigen *vt*; mit etw. hinter dem Berg halten: ~事实 die Wahrheit (*od* Tatsachen) verschleiern
隐情 yǐqíng Tatsachen, die j-d verheimlichen möchte
隐忍 yǐnrěn still und geduldig ertragen
隐私 yǐnsī j-s Geheimnis; private Angelegenheiten, die man verheimlichen will
隐痛 yǐntòng geheimes Leid; heimlicher Kummer; bei sich behaltener Schmerz; geheimes Weh
隐隐 yǐnyǐn undeutlich; dunkel; versteckt: ~可见 kaum erkennbar; verschwommen
隐忧 yǐnyōu geheime Sorge
隐约 yǐnyuē unklar; undeutlich; nicht genau vernehmbar: ~可以听到远处传来的歌声。 Schwach war aus der Ferne herüberklingender Gesang zu hören. 晨雾中一座座井架~可见。Im Morgennebel zeichneten sich schemenhaft die Bohrtürme ab.

瘾(癮) yǐn ① Sucht *f*; krankhafte Gier: 吸毒上~ rauschgiftsüchtig (*od* drogensüchtig) werden ② großes Interesse; starke Neigung: 他看小说看上~了。Er ist ganz versessen auf Romane.

yìn

荫(蔭) yìn schattig; feucht und kühl *另见 yīn
荫凉 yìnliáng schattig und kühl

印 yìn ① Siegel *n*; Stempel *m*: 盖~ stempeln *vt*; einen Stempel aufdrücken ② Abdruck *m*: 脚~ Fußabdruck *m*; Fußspur *f* ③ kopieren *vt*; drucken *vt*: ~刷厂 Druckerei *f* ④ übereinstimmen *vi*; entsprechen *vi*: 心心相~ von gleichem Denken und Fühlen
印发 yìnfā (Dokumente u.ä.) drucken und verteilen
印花 yìnhuā ① Stoffdruck *m*: ~丝绸 bedruckte Seide ② Steuermarke *f*; Gebührenmarke *f*: ~税 Stempelsteuer *f*; Stempelgebühr *f*
印鉴 yìnjiàn Stempelmuster (*od* Stempelprobe) zur Feststellung der Berechtigung bei Geldgeschäften
印泥 yìnní rote Stempelpaste aus Öl
印染 yìnrǎn Drucken und Färben von Textilien
印刷 yìnshuā drucken *vt*; Druck *m*: 这本书正在~中。Dieses Buch befindet sich im Druck. ~错误 Druckfehler *m*
印象 yìnxiàng Eindruck *m*; Impression *f*: 给人留下深刻的~ einen tiefen Eindruck auf j-n machen
印证 yìnzhèng bestätigen *vt*; bekräftigen *vt*; nachweisen *vt*; verifizieren *vt*

yīng

应(應) yīng ① antworten *vi*; entgegnen *vi*; erwidern *vt*: 喊他他不~。Ich rief ihn (*od* nach ihm), aber er antwortete (*od* reagierte) nicht. ② zustimmen *vi*; zusagen *vt/vi*; versprechen *vt*; annehmen *vt*: 这事是我~下来的，由我负责吧。 Ich habe diese Angelegenheit übernommen, so laß sie meine Sorge sein. ③ sollen; es gebührt sich: ~尽的义务 j-s Pflicht und Schuldigkeit; bindende Verpflichtung 他罪有~得。Er soll seine verdiente Strafe erhalten. *另见 yìng

应有尽有 yīng yǒu jìn yǒu es gibt alles, was man braucht; reichlich (*od* in Hülle und Fülle) vorhanden sein: 这家商店日用品～。Dieser Laden hat eine reiche Auswahl an Artikeln des täglichen Bedarfs.

应允 yīngyǔn zusagen *vt/vi*; einwilligen *vi*; zustimmen *vi*: 点头～ zustimmend (mit dem Kopf) nicken

膺 yīng <书> ① Brust *f*: 义愤填～ von gerechter Empörung gepackt (*od* übermannt) sein ② übernehmen *vt*; annehmen *vt*: ～此重任 einen verantwortungsvollen Posten antreten

鹰 yīng Adler *m*; Habicht *m*; Falke *m*

英 yīng ① <书> Blüte *f*; Blume *f*: 落～ herniederfallende Blumenblätter ② hervorragende Person; Held *m*: ～豪 Held *m*; hervorragende Persönlichkeit

英俊 yīngjùn ① intelligent; hochbegabt; besonders talentiert ② schön und voller Leben; hübsch und geistvoll

英名 yīngmíng erhabener (*od* ruhmreicher) Name

英明 yīngmíng weise; klug: ～远见 großer Weitblick; Klugheit und Weitsicht

英雄 yīngxióng Held *m*; Heros *m*: 女～ Heldin *f* ～气概 heroischer Geist; Heldenmut *m*; Heldentum *n* ～所见略同。Große Geister haben gleiche Gedanken. 或 Große Köpfe denken gleich.

英勇 yīngyǒng heldenhaft; heldenmütig; heroisch; tapfer; mutig: ～善战 tapfer und kampfgewandt; wacker und kampferprobt

英姿 yīngzī heroische (*od* heldische) Haltung

罂 yīng

罂粟 yīngsù Schlafmohn *m*

婴 yīng Säugling *m*; Baby *n*; Kleinkind *n*

婴儿 yīng'ér Säugling *m*; Baby *n*; Kleinkind *n*

樱 yīng ① Kirsche *f* ② Blütenkirsche *f*

樱花 yīnghuā Blütenkirsche *f*

樱桃 yīngtáo Kirsche *f*

鹦 yīng

鹦哥 yīnggē Papagei *m*

鹦鹉 yīngwǔ Papagei *m*

鹦鹉学舌 yīngwǔ xuéshé wie ein Papagei alles nachplappern

缨 yīng ① Troddel *f*; kleine Quaste: 红～枪 Rottroddel-Speer *m* ② Band *n*; Seil *n*

yíng

赢 yíng ① siegen *vi*; gewinnen *vi/vt*: 足球比赛结果，甲队～了。Die Mannschaft A hat in diesem Fußballspiel gewonnen. ② Gewinn *n*; Profit *m*

赢得 yíngdé gewinnen *vt*; erringen *vt*; erlangen *vt*: ～长时间的掌声 lang anhaltenden Beifall ernten (*od* erhalten, bekommen)

赢利 yínglì Gewinn erzielen (*od* einbringen)

赢余 yíngyú Überschuß *m*; Profit *m*

荧(熒) yíng <书> ① schwach glühen; schumm(e)rig leuchten; glimmen *vi* ② verwirrt; geblendet; bestürzt

荧光 yíngguāng Fluoreszenz *f*; Fluoreszenzlicht *n*: ～灯 Leuchtstofflampe *f*; Glimmlampe *f*; Neonlampe *f* ～屏 Leuchtschirm *m*; Fluoreszenzschirm *m*; Bildschirm *m*

萤(螢) yíng Leuchtkäfer *m*; Glühwürmchen *n*

萤火虫 yínghuǒchóng Leuchtkäfer *m*; Glühwürmchen *n*

营(營) yíng ① suchen *vt*; nach etw. trachten: ～利 Profit zu machen suchen; auf Gewinn aus sein ② leiten *vt*; verwalten *vt*: 国～ staatlich geleitet; volkseigen 私～ Privat bewirtschaftet ③ Lager *n*; Feldquartier *n*; Baracke *f*; Kaserne *f*; Truppenunterkunft *f*: 安～ Lager aufschlagen ④ Bataillon *n*: ～长 Bataillonskommandeur *m*

营房 yíngfáng Kaserne *f*

营火 yínghuǒ Lagerfeuer *n*

营救 yíngjiù retten *vt*; bergen *vt*

营垒 yínglěi ① Festungswerk um ein Militärlager; Garnison mit Schutzwall ② Lager *n*

营生 yíngshēng seinen Lebensunterhalt verdienen

营私 yíngsī eigenen Vorteilen nachjagen: ～舞弊 sich unredlich Vorteile (*od* Gewinn) verschaffen; unerlaubte Hilfsmittel benutzen, um unrechtmäßige Vorteile zu erzielen

营养 yíngyǎng nähren *vt*; ernähren *vt*; Ernährung *f*: ～不良 unterernährt; Unterernährung *f*; ungenügende (*od* unzureichende) Kost ～学 Ernährungswissenschaft *f*; Diätetik *f*

营业 yíngyè Geschäfte machen: ～时间 Geschäftszeit *f*; Öffnungszeiten *pl* ～税 Umsatz-, Gewerbesteuer *f* ～执照 Gewerbelizenz *f*

萦(縈)

yíng 〈书〉 verwickeln *vt*; verstricken *vt*; umgeben *vt*; belästigen *vt*

萦怀 yínghuái sich Sorgen um (*od* Gedanken über) etw. machen; etw. auf dem Herzen haben

萦回 yínghuí (hin und her) schweben *vi*; herumtreiben *vi*; um etw. kreisen (Gedanken)

萦绕 yíngrǎo (hin und her) schweben *vi*; herumtreiben *vi*; um etw. kreisen (Gedanken)

蝇(蠅)

yíng Fliege *f*

蝇头 yíngtóu klein wie ein Fliegenkopf; winzig: ～微利 geringfügiger Profit

蝇营狗苟 yíng yíng gǒu gǒu schamlos nach persönlichem Vorteil jagen

盈

yíng ① gefüllt; voll: 恶贯满～ das Maß seiner Schuld ist voll ② Überschuß haben

盈亏 yíngkuī Gewinn und Verlust; Profit und Defizit: 自负～ (für einen Betrieb) für Gewinn und Verlust selbst verantwortlich sein; selbsthaftend

盈利 yínglì Gewinn *m*; Profit *m*

盈余 yíngyú Überschuß *m*; Profit *m*

迎

yíng ① entgegenkommen *vi*; abholen *vt*; empfangen *vt*; begrüßen *vt*: ～宾馆 Gästehaus *n* ② j-m/etw. entgegengehen; sich auf etw. hinbewegen: ～着困难上 Schwierigkeiten mutig entgegentreten

迎风 yíngfēng mit dem Wind; nach dem Wind hin: 彩旗～招展。Die bunten Fahnen flattern im Wind.

迎合 yínghé j-m zu gefallen suchen; sich anpassen; entsprechen *vi*: ～顾客的心理 auf den Geschmack der Kundschaft eingehen

迎候 yínghòu warten, um einen Gast (*od* Besucher) zu begrüßen; j-s Ankunft erwarten: 在宾馆门口～贵宾 am Eingang des Gästehauses die Ankunft der Ehrengäste erwarten

迎击 yíngjī entgegentreten und angreifen

迎接 yíngjiē entgegenkommen *vi*; begrüßen *vt*; j-n/etw. willkommen heißen

迎面 yíngmiàn gegen das (*od* ins) Gesicht; direkt von vorn: ～走上去同他打招呼 auf ihn zugehen, um ihn zu grüßen 微风～吹来 eine Brise weht j-m ins Gesicht

迎刃而解 yíng rèn ér jiě sich mit einem leichten Hieb spalten lassen; leicht zu lösen sein

迎新 yíngxīn ① das neue Jahr willkommen heißen: 送旧～ das alte Jahr verabschieden und das neue Jahr begrüßen ② Ankömmlinge begrüßen

yǐng

影

yǐng ① Schatten *m*; Widerspiegelung *f*; Spiegelbild *n* ② verschwommenes Bild; Spur *f* ③ Aufnahmen *f*; Photographie *f*: 合～ Gruppenbild *n* ④ Film *m*: ～院 Filmtheater *n*; Kino *n* ～迷 begeisterter Anhänger von Filmen; Filmfan *m*; Cineast *m*

影片 yǐngpiàn Film *m*

影响 yǐngxiǎng ① beeinflussen *vt*; wirken *vi*; einwirken *vi*; beeinträchtigen *vt*: ～健康 auf die Gesundheit einwirken ～威信 das Ansehen (*od* Prestige) schädigen 我不想～你自己的观点。Ich will nicht auf deinen eigenen Gesichtspunkt einwirken ② Einfluß *m*; Wirkung *f*: 产生巨大的～ starke Wirkung ausüben

影印 yǐngyìn photographisches Kopierverfahren; photomechanisches Druckverfahren; Photolithographie *f*; Photodruck *m*

影子 yǐngzi ① Schatten *m*: ～内阁 Schattenkabinett *n*; Schattenregierung *f* ② Spur *f*; Zeichen *n*; verschwommenes Bild; flüchtige Erinnerung: 找了他半天，连个～都没见。Ich habe ihn lange gesucht, aber keine Spur von ihm gefunden. 这件事我脑子里连个～都没有了。Ich habe überhaupt keine Erinnerung mehr daran. 或 Das ist mir völlig entfallen.

颖

yǐng klug

颖慧 yǐnghuì 〈书〉 (von Jugendlichen) klug; gescheit; intelligent

颖悟 yǐngwù 〈书〉 (von Jugendlichen) klug; gescheit

yìng

应(應) yìng ① antworten *vi*; erwidern *vt*; widerhallen *vi*: 答～ antworten *vi*; erwidern *vt*; entgegnen *vi* 呼～ rufen und antworten; widerhallen *vi* ② annehmen *vt*; bewilligen *vt*: ～读者需要 die Bedürfnisse des Leserkreises befriedigend ③ sich anpassen; sich nach etw. richten; entsprechen *vi*: ～景 sich einer besonderen Gelegenheit entsprechend verhalten ④ begegnen *vi*; mit etw./j-m umgehen; mit etw. fertig werden: 从容～敌 ruhig und gelassen dem Feind begegnen *另见 yīng

应变 yìngbiàn einen Zwischenfall bereinigen; mit einem unvorhergesehenen Ereignis fertig werden: ～措施 Notmaßnahme *f*

应承 yìngchéng zusagen *vt*; sich einer Sache annehmen; sich bereit erklären, etw. zu tun; versprechen *vt*: 这件事他一口～下来了。Er hat es ohne Zögern zugesagt.

应酬 yìngchou ① gesellschaftlichen Umgang pflegen; j-n höflich bewirten: 不善～ sich aus Geselligkeit nichts machen; ungesellig; gesellschaftlich ungewandt ② Tischgesellschaft *f*; Gastmahl *n*: 今晚有个～。Ich habe für heute abend eine Esseneinladung.

应答 yìngdá antworten *vi*; erwidern *vt*: ～如流 prompt und ohne zu stocken antworten; nie um eine Antwort verlegen sein; schlagfertig sein

应付 yìngfù ① mit etw. umgehen können; mit etw. fertig werden; es mit j-m/etw. aufnehmen; meistern *vt*: ～复杂局面 mit einer komplizierten Lage fertig werden ～自如 etw. ohne Mühe verrichten können; einer Sache gewachsen sein ② etw. flüchtig und oberflächlich erledigen; etw. nachlässig behandeln; j-n kurz abfertigen: ～事儿 etw. als Routine abtun ③ genügen *vi*; mit etw. auskommen

应急 yìngjí einem dringenden Bedarf (*od* Bedürfnis) abhelfen

应接不暇 yìngjiē bù xiá zu viel sein, als daß man alles übernehmen könnte; von einem allein nicht zu bewältigen sein; überfordert sein

应诺 yìngnuò zusagen *vt*; versprechen *vt*; etw. auf sich nehmen

应时 yìngshí ① einer bestimmten Saison angemessen (*od* angepaßt); saisonal: ～货品 Saisonwaren *pl* ② sogleich; sofort

应验 yìngyàn sich bewahrheiten; sich nachträglich als richtig erweisen: 他的话～了。Was er sagte, bewahrheitete sich später.

应用 yìngyòng anwenden *vt*; verwenden *vt*; gebrauchen *vt*:～新技术 eine neue Technik anwenden ～科学 angewandte Wissenschaft

应运而生 yìngyùn ér shēng schicksalhaft ins Geschehen eingreifen; dann in Erscheinung treten, wenn es die Situation erfordert; im richtigen Augenblick auftauchen

应战 yìngzhàn ① einen Kampf aufnehmen; einem feindlichen Angriff begegnen ②eine Herausforderung annehmen

应征 yìngzhēng ① einem Aufruf zum Wehrdienst Folge leisten; sich (freiwillig) zum Wehrdienst melden: ～入伍 sich einziehen lassen; (freiwillig) Soldat werden ② auf Aufforderung Beiträge für eine Veröffentlichung einreichen

硬 yìng ① hart; fest; steif: 坚～ hart ～水 hartes Wasser ② fest; energisch; entschieden; hartnäckig: 心肠～ hartherzig sein 提出强～的抗议 einen heftigen Protest erheben ③ etw. mit Mühe vollbringen; sich mühsam zu etw. überwinden; etw. mit Gewalt durchsetzen: ～撑着干 sich zur Arbeit aufraffen ④ gut (Qualität); tüchtig (Person): 货色～ Waren hoher Qualität ～手 tüchtiger Mann; Meister *m*; gescheit und geübt sein

硬币 yìngbì Hartgeld *n*; Münze *f*; Geldstück *n*

硬骨头 yìnggútou unerschrockene Person

硬化 yìnghuà ① härten *vt*; verhärten *vt* ② Sklerose *f*

硬件 yìngjiàn Hardware *f*

硬碰硬 yìng pèng yìng Härte mit Härte vergelten; Härte gegen Härte: 这场比赛可是～。Bei diesem Wettkampf ging es hart auf hart zu.

硬说 yìngshuō etw. hartnäckig behaupten; beharrlich auf etw. bestehen; insistieren *vi*: 他～他做得对。Er behauptete hartnäckig, daß er richtig gehandelt habe.

硬通货 yìngtōnghuò harte Währung

映 yìng spiegeln *vt*; widerspiegeln *vt*; scheinen *vi*

映衬 yìngchèn sich abheben; von etw. abstechen: 红砖碧瓦,互相～。Die roten Mauern und die grünen Ziegeldächer bilden einen reizvollen Kontrast.

映照 yìngzhào bescheinen *vt*; anstrahlen *vt*

yō

哟 yō <叹> [表示轻微的惊异]: ～,你踩我的脚了。Oh! Du trittst mir auf den Fuß. *另见 yo

yo

哟 yo <助> [用在句尾表示祈使语气]: 用力拉～! Holt aus! *另见 yō

yōng

庸 yōng ① gewöhnlich; mittelmäßig; unbedeutend: ～言～行 ganz gewöhnliche Worte und Taten ② geringwertig; niedrig; zweitrangig; zweitklassig ③ <书> [用于否定式] (etw. tun) müssen; etw. nötig haben: 无～细述。Darauf braucht nicht ausführlich eingegangen zu werden. 或 Es ist überflüssig, ins Detail zu gehen.

庸才 yōngcái <书> mittelmäßiger (*od* unbedeutender) Mensch; Dutzendmensch *m*

庸碌 yōnglù mittelmäßig und ohne großen Ehrgeiz: ～无能 unbedeutend und unfähig

庸人 yōngrén Dutzendmensch *m*; Alltagsmensch *m*; Spießer *m*

庸人自扰 yōng rén zì rǎo der Narr macht viel Aufhebens um nichts — sich ohne Grund aus der Ruhe bringen lassen; sich unnötige Sorgen machen

庸俗 yōngsú vulgär; niedrig; spießbürgerlich; philisterhaft: ～化 vulgär machen; herabwürdigen *vt*

庸医 yōngyī Quacksalber *m*; Kurpfuscher *m*; Scharlatan *m*

雍 yōng Harmonie *f*

雍容 yōngróng von natürlicher Würde, Sicherheit und Ausgeglichenheit: ～华贵 vornehm und würdevoll; distinguiert 态度～ ein würdevolles Benehmen; sich distinguiert benehmen

壅 yōng ① verstopfen *vt*; versperren *vt* ② Dünger oder Erde über die Wurzeln einer Pflanze häufeln: ～土 Erde um eine Pflanze häufeln ～肥 Dünger um eine Pflanze herum streuen

壅塞 yōngsè verstopft; versperrt: 水道～。Der Wasserlauf ist verstopft

臃 yōng

臃肿 yōngzhǒng ① zu dick, um sich zu bewegen: 他穿得太～了。Er ist zu dick eingemummt. ② mit Personal überbesetzt; aufgebläht: 机构～ aufgeblähter Apparat; überbesetzte Verwaltung

拥(擁) yōng ① umgeben *vt*: 一群青年～着一位老教师走出来。Ein alter Lehrer trat heraus, von einer Gruppe Jugendlicher umgeben. ② sich drängeln; sich drängen; strömen *vi*: 一～而入 in Schwärmen hineindrängen ③ unterstützen *vt*; beistehen *vi*: ～戴 (j-n als Führer) unterstützen; sich zu j-m bekennen

拥抱 yōngbào umarmen *vt*; umklammern *vt*; j-n in die Arme nehmen

拥戴 yōngdài (j-n als Führer) unterstützen *vt*; sich zu j-m bekennen: 受到全国人民的～ die Unterstützung der ganzen Nation finden

拥护 yōnghù unterstützen *vt*; befürworten *vt*; sich für j-n/etw. aussprechen: 我们～这个决定。Wir unterstützen diesen Beschluß.

拥挤 yōngjǐ sich drängen; Gedränge *n*

拥有 yōngyǒu haben *vt*; besitzen *vt*; über etw. verfügen: ～核武器 Atomwaffen besitzen

佣(傭) yōng ① j-n dingen ② Diener *m*: 女～ Magd *f*; Dienstmädchen *n* *另见 yòng

佣工 yōnggōng gedungener Arbeiter; Lohndiener *m*

yǒng

永 yǒng ewig; für (*od* auf) immer; immerwährend: ～不变心 treu bis in den Tod bleiben

永别 yǒngbié sterben *vi*; verscheiden *vi*; Abschied für immer

永垂不朽 yǒng chuí bù xiǔ unsterblich; ewigen Ruhm genießen

永久 yǒngjiǔ immer; ewig; ständig; dauernd; immerwährend; für immer und ewig; in alle Ewigkeit: ～居留 ewiger Aufenthalt

永生 yǒngshēng ① ewig leben; ewiges Leben ② fortleben *vi*; unsterblich: ～永世 für immer und immer

永世 yǒngshì für immer und ewig; in alle Ewigkeit; für alle Zeit(en): ～难忘 etw. sein Leben lang nicht vergessen

永远 yǒngyuǎn 〈副〉 für (*od* auf) immer; ewig; für alle Zeit(en)

泳 yǒng schwimmen *vi*: 仰～ Rückenschwimmen *n* 蛙～ Brustschwimmen *n*

涌 yǒng ① hervorquellen *vi*; sprudeln *vi*: 风起云～。Die Wolken ballten sich im Sturm zusammen. ② aufsteigen *vi*; hochsteigen *vi*; emporsteigen *vi*: 东方～出一轮红日。Ein roter Sonnenball ging im Osten auf.

涌现 yǒngxiàn in großer Zahl auftauchen; zutage treten

踊(踴) yǒng aufspringen *vi*; hüpfen *vi*

踊跃 yǒngyuè ① springen *vi*; hüpfen *vi*: ～欢呼 in die Luft springen und jauchzen ② miteinander wetteifernd; eifrig; begeistert; lebhaft

俑 yǒng kleine Statue aus Holz oder Ton (als Grabbeigabe); Figurine *f*: 兵马～ Krieger- und Pferdefiguren aus Holz oder Ton als Grabbeigabe

勇 yǒng mutig; kühn; tapfer; beherzt; verwegen: 智～双全 Weisheit und Kühnheit in sich vereinen

勇敢 yǒnggǎn mutig; tapfer; kühn; beherzt: 机智～ findig und mutig ～善战 kühn und geschickt im Kampf

勇猛 yǒngměng tapfer und kraftvoll; kühn und voller Energie; kämpferisch und unerschrocken

勇气 yǒngqì Mut *m*; Kühnheit *f*: 鼓起～ Mut fassen; all seinen Mut zusammennehmen

勇往直前 yǒng wǎng zhí qián mutig vorwärtsschreiten; furchtlos nach vorn marschieren

勇于 yǒngyú für etw. Mut aufbringen; Mut zu etw. haben: ～负责 den Mut haben, Verantwortung auf sich zu nehmen; Mut zur Verantwortung haben ～创新 kühn Neuerungen durchsetzen; mutig Neuerungen Bahn brechen

yòng

用 yòng ① benutzen *vt*; anwenden *vt*; verwenden *vt*; gebrauchen *vt*: ～脑子 sein Hirn anstrengen 大材小～ großen Talenten gering geachtete Tätigkeiten zuweisen ② Geldausgabe *f*; Auslage *f*; Aufwand *m*; Kosten *pl*: 家～ Haushaltsausgabe *f*; Haushaltsgeld *n* ③ Zweckmäßigkeit *f*; Nutzen *m*; Nützlichkeit *f*; Brauchbarkeit *f*: 有～ nützen *vi*; nützen *vi*; nützlich; dienlich; brauchbar 没～ nichts nützen (*od* nutzen); nichts taugen; unnütz; unbrauchbar ④ [多用于否定] etw. nötig haben; (etw. zu tun) brauchen: 您不～操心。Machen Sie sich keine Sorgen!

用兵 yòngbīng Truppen einsetzen; Waffengewalt anwenden: 善于～ sich auf das Kriegshandwerk verstehen

用场 yòngchǎng Nutzen *m*; Verwendungszweck *m*: 派～ für eine Verwendung vorsehen

用处 yòngchu Verwendungszweck *m*; Nutzen *m*; Nützlichkeit *f*; Brauchbarkeit *f*: 水库的～很大。Ein Reservoir hat viele Vorteile.

用费 yòngfèi Ausgabe *f*; Aufwand *m*; Kosten *pl*

用功 yònggōng fleißig; emsig; lernbegierig: ～读书 fleißig lernen; eifrig studieren

用户 yònghù Kundschaft *f*; Abnehmer *m*; Verbraucher *m*: 征求～意见 um Vorschläge der Kunden bitten; Verbraucher um ihre Meinungen befragen

用具 yòngjù Gerät *n*; Werkzeug *n*; Gebrauchsgegenstand *m*; Instrument *n*: 厨房～ Küchengerät *n*

用力 yònglì Kraft anwenden; sich anstrengen; mit voller Kraft: ～把门推了一下 der Tür einen

kräftigen Stoß geben
用品 yòngpǐn Gebrauchsartikel *m*; Gebrauchsgegenstand *m*: 生活～ Gebrauchsartikel des täglichen Lebens; tägliche Bedarfsgüter
用人 yòngrén ① j-m eine Anstellung geben; Personal einsetzen: ～不当 den falschen Mann einsetzen ② Arbeitskräfte brauchen
用事 yòngshì handeln *vi*; tun *vi/vt*: 感情～ aus einer Augenblicksstimmung heraus unüberlegt handeln; impulsiv handeln
用途 yòngtú Verwendungszweck *m*; Anwendungsbereich *n*: 电脑的～很广。Der Computer hat vielfältige Anwendungsmöglichkeiten.
用武 yòngwǔ ① zu den Waffen greifen; Waffengewalt anwenden ② sein Talent oder seine Fähigkeit entfalten: 大有～之地 großen Spielraum für die Entfaltung seines Könnens haben
用心 yòngxīn ① aufmerksam; gewissenhaft: ～学习 gewissenhaft lernen ② Motiv *n*; Absicht *f*: 别有～ böse Absichten hegen
用意 yòngyì Absicht *f*; Vorsatz *m*: 我说这话的～,只是想劝告她一下。Was ich gesagt habe, meine ich nur ihr einen Rat zu geben.
用语 yòngyǔ ① Ausdruck *m*; Formulierung *f*; Wendung *f*: ～不当 einen Ausdruck nicht richtig anwenden; schlechte Formulierung; unpassender Wortgebrauch ② Phraseologie *f*; Terminologie *f*; Fachausdruck *m*: 专业～ technische Fachausdrücke

佣 yòng Vermittlungsgebühr *f* *另见 yōng
佣金 yòngjīn Provision *f*; Maklergebühr *f*; Vermittlungsgebühr *f*

yōu

忧(憂) yōu ① sich Sorgen machen; sich beunruhigen; besorgt sein; beunruhigt sein ② Kummer *m*; Sorge *f*; Besorgnis *f*: 高枕无～ sich in Sicherheit wiegen 无～无虑 sorgenlos; unbeschwert
忧愁 yōuchóu Kummer *m*; Besorgnis *f*; kummervoll
忧患 yōuhuàn Leiden und Not
忧惧 yōujù besorgt und ängstlich; bedenklich und furchtsam
忧虑 yōulǜ Besorgnis *f*; Bedenken *n*; Angst *f*; bekümmert; sorgenvoll; besorglich: 深感～ sich sehr beunruhigt fühlen; sehr bekümmert sein
忧伤 yōushāng Kummer *m*; Gram *m*; Traurigkeit *f*; kummervoll; traurig; schwermütig
忧心 yōuxīn 〈书〉 Besorgnis *f*; Sorge *f*: ～忡忡 von Sorgen gequält; sorgenvoll; schweren Herzens

优(優) yōu ausgezeichnet; vorzüglich
优待 yōudài eine Vorzugsbehandlung (gewähren); Begünstigung *f*; Bevorzugung *f*
优等 yōuděng erstklassig; ausgezeichnet; vortrefflich
优点 yōudiǎn Vorteil *m*; Vorzug *m*: ～和缺点 Vor- und Nachteile; Vorzüge und Mängel
优厚 yōuhòu (beim Bezahlen) großzügig; freigebig: 待遇～ hohes Gehalt und großzügig bemessene zusätzliche Vergünstigungen
优惠 yōuhuì bevorzugt; bevorrechtigt; vorzugsweise
优良 yōuliáng gut; fein; hochwertig: ～传统 beste Traditionen
优美 yōuměi wunderschön; herrlich; märchenhaft; anmutig; graziös: 风景～ malerische Landschaft
优柔寡断 yōu róu guǎ duàn unschlüssig; unentschlossen; zögernd
优生学 yōushēngxué Eugenik *f*; Eugenetik *f*
优胜 yōushèng (im Wettstreit) stärker; überlegen; siegreich: ～～劣败 natürliche Auslese
优势 yōushì Übermacht *f*; Oberhand *f*; Überlegenheit *f*: 占～ Übermacht besitzen (*od* haben); überwiegen *vi*; die Oberhand haben
优先 yōuxiān bevorzugt; vorrangig; Priorität genießen; den Vortritt haben: ～发展基础工业 die Grundstoffindustrie vorrangig entwickeln
优秀 yōuxiù ausgezeichnet; hervorragend; vorzüglich: ～作品 überragendes (literarisches oder künstlerisches) Werk
优选法 yōuxuǎnfǎ Methode zur Bestimmung des Optimums; Optimierung *f*; Optimalisierung *f*
优异 yōuyì ausgezeichnet; hervorragend; besonders gut: 考试成绩～ ausgezeichnete Noten in einer Prüfung erhalten; (bei der Prüfung) sehr gut abschneiden
优裕 yōuyù reichlich; wohlha-

bend; bemittelt; im Überfluß: 生活～ im Überfluß leben

优越 yōuyuè überlegen; vorteilhaft; günstig: ～的条件 günstige Bedingungen ～感 Überheblichkeitsgefühl *n*; Dünkel *m*

优越性 yōuyuèxìng Überlegenheit *f*; Vorteil *m*

优质 yōuzhì gute (*od* erste) Qualität

幽 yōu ① tief und dunkel; abgelegen; düster: ～谷 ein tiefes und stilles Tal ② verborgen; heimlich; zurückgezogen: ～居 zurückgezogen leben ③ Unterwelt *f*: ～魂 Geist *m* (eines Toten); abgeschiedene (*od* arme) Seele

幽暗 yōu'àn dunkel; düster; finster

幽会 yōuhuì heimliches Treffen zwischen Mann und Frau; Stelldichein *n*; Rendezvous *n*

幽禁 yōujìn j-n unter Arrest stellen; j-n in Gewahrsam nehmen

幽静 yōujìng still und abgeschieden; friedlich

幽灵 yōulíng Geist *m*; Gespenst *n*

幽默 yōumò Humor *m*; humoristisch; humorvoll: ～感 Sinn für Humor; Humor *m*

幽深 yōushēn (von Wäldern, Palästen usw.) tief und ruhig

幽雅 yōuyǎ (von einer Gegend, Umgebung usw.) ruhig und reizvoll; von erlesenem Geschmack; friedvoll und kultiviert

悠 yōu ① (räumlich und zeitlich) sich lang erstrecken; fern ② gemächlich

悠长 yōucháng lang; langgezogen; lang andauernd: ～的岁月 lange Jahre

悠久 yōujiǔ lang; alt: 历史～ eine lange Geschichte haben

悠然 yōurán sorgenfrei und behaglich: ～自得 sorglos und mit sich zufrieden ～神往 seine Gedanken schweifen lassen

悠闲 yōuxián sorglos und unbekümmert: ～自在 sorgenfrei und bequem

悠扬 yōuyáng (von Tönen, Musik usw.) einmal steigend und einmal fallend; melodisch

yóu

游 yóu ① schwimmen *vi* ② herumfahren *vi*; wandern *vi*; bereisen *vt*: 周～世界 eine Weltreise machen; um die Welt fahren ③ 〈书〉 Umgang *m*; Verkehr *m*: 交～甚广 viel Umgang haben; einen großen Bekanntenkreis haben ④ Abschnitt eines Flusses: 上～ Oberlauf *m*

游伴 yóubàn Reisegefährte *m*

游船 yóuchuán Vergnügungsdampfer *m*; Vergnügungsboot *n*

游荡 yóudàng herumlungern *vi*; bummeln *vi*; schlendern *vi*

游击 yóujī Partisanenkampf *m*

游记 yóujì Reisebericht *m*; Reisebeschreibung *f*; Reisebilder *pl*

游客 yóukè Besucher *m* (von Parks, Sehenswürdigkeiten usw.); Tourist *m*; Ausflügler *m*

游览 yóulǎn besichtigen *vt*; besuchen *vt*: ～长城 die Große Mauer besuchen

游历 yóulì bereisen *vt*; bewandern *vt*; eine Vergnügungsreise machen

游民 yóumín Vagabund *m*; Landstreicher *m*: 无业～ Landstreicher *m* (ohne feste Arbeit)

游牧 yóumù Viehherden weiden und mit ihnen umherziehen: ～民族 Nomadenvolk *n*

游手好闲 yóu shǒu hào xián müßig die Hände in den Schoß legen; müßiggehen *vi*; müßiggängerisch

游玩 yóuwán ① sich vergnügen; spielen *vi* ② müßig herumgehen; bummeln *vi*; spazierengehen *vi*

游行 yóuxíng aufmarschieren *vi*; Parade *f*; Umzug *m*; Demonstration *f*: 举行～示威 eine Demonstration veranstalten

游移 yóuyí (von einer Haltung, einem politischen Kurs usw.) schwanken *vi*; unschlüssig sein

游弋 yóuyì kreuz und quer fahren; kreuzen *vi*

游艺 yóuyì Unterhaltung *f*; Vergnügung *f*: ～室 Vergnügungsraum *m*; Spielsaal *m*

游泳 yóuyǒng schwimmen *vi*: ～池 Schwimmbad *n* ～裤 Badehose *f*

游资 yóuzī totes (*od* unproduktives) Kapital; fluktuierende Gelder

尤 yóu ① besonders; vornehmlich; vor allem: 这一点～为重要。Das ist von noch größerer Bedeutung. ② Groll hegen; Vorwürfe machen: 怨天～人 den Himmel beschuldigen und den Leuten grollen; sich über jeden und alles beschweren; mit allem unzufrieden sein

尤其 yóuqí 〈副〉 besonders; vornehmlich; vor allem: 我喜欢绘画，～是油画。Ich liebe Malerei, vor allem Ölmalerei.

犹(猶) yóu 〈书〉 ① wie; gleich: 虽死～生 im Gedächtnis weiterleben ② noch immer: 记忆～新。Die Erinnerung ist noch frisch.

犹如 yóurú so wie; gleich (wie); gleichsam: 灯火辉煌，～白昼。Die Lichter strahlen so hell, als wäre Tageslicht.

犹豫 yóuyù zögern *vi*; zaudern *vi*: ～不决 mit etw. zaudern; unschlüssig sein

由 yóu ① Veranlassung *f*; Grund *m*; Ursache *f*: 理～ Grund *m* ② wegen; infolge; aus: 咎～自取 sich selbst die Schuld geben müssen ③ durch: 必～之路 einzig gangbarer Weg ④ folgen *vi*; gehorchen *vi*: 事不～已。Die Dinge wachsen einem über den Kopf. 或 Man ist nicht mehr Herr der Lage. ⑤ 〈介〉 [表示某事归某人去做]: 这件事～他处理。Überlaß ihm die Sache. 或 Laß es seine Angelegenheit sein. ⑥ 〈介〉 [表示凭借]: 水～氢与氧化合而成。Das Wasser ist eine chemische Verbindung von Sauerstoff und Wasserstoff. ⑦ 〈介〉 [表示起点]: ～东往西 von Ost nach West ～表及里 von der Oberfläche in den Kern eindringen

由来 yóulái Ursprung *m*

由来已久 yóulái yǐ jiǔ althergebracht; seit langer Zeit bestehend; von alters her

由于 yóuyú 〈介〉 aus dem Grund; weil; wegen; infolge

由衷 yóuzhōng aus Herzensgrund; herzlich: 表示～的感激 herzlichen Dank aussprechen 这种表扬有点儿言不～。Das ist ein wenig heuchlerisches Lob.

油 yóu ① Öl *n*; Fett *n*; Schmalz *n*: 植物～ Pflanzenöle *pl* 猪～ Schweineschmalz *m*; Schweinefett *n* ② Mineralöl *n*: 石～ Erdöl *n* ③ mit Ölfarbe streichen: ～门窗 Türen und Fenster streichen ④ mit Öl oder Fett beschmutzt sein: 上衣～了。Die Jacke ist voller Ölflecke. ⑤ ölig; glatt; fettig; schmierig

油层 yóucéng Ölschicht *f*; Ölhorizont *m*

油船 yóuchuán Öltankschiff *n*; Tanker *m*

油膏 yóugāo Salbe *f*

油管 yóuguǎn ① Ölleitung *f*; Ölpipeline *f*: 铺设～ eine Ölleitung legen ② Ölrohr *n*

油光 yóuguāng blank; glänzend; glatt

油滑 yóuhuá glatt; schlüpfrig; gerissen; schlau; unzuverlässig

油画 yóuhuà Ölmalerei *f*; Ölgemälde *n*

油井 yóujǐng Ölbohrloch *n*: 钻一口～ ein Ölbohrloch bohren

油库 yóukù Öldepot *n*; Ölbunker *m*; Tanklager *n*

油料作物 yóuliào zuòwù Ölpflanzen *pl*; ölhaltige Pflanzen

油门 yóumén ① Drosselklappe *f* ② Gaspedal *n*

油墨 yóumò Druckfarbe *f*; Druckerschwärze *f*

油泥 yóuní ölige Schmiere; speckiger Schmutz

油腻 yóunì ① ölig; fettig ③ fette Kost; zu fette Speise

油漆 yóuqī ① Lack *m*; Anstrichfarbe *f*: ～未干! Frisch gestrichen! ② streichen *vt*; anstreichen *vt*; lackieren *vt*

油腔滑调 yóu qiāng huá diào schmierige (*od* abgefeimte) Reden führen: 说起话来～ zungenfertig daherreden; schmierige Bemerkungen machen

油砂 yóushā Ölsand *m*

油田 yóutián Ölfeld *n*

油条 yóutiáo salzige Ölgebäckstange

油头粉面 yóu tóu fěn miàn mit pomadisierten Haaren und gepudertem Gesicht; pomadisiert und gepudert; sich stutzerhaft herausputzen

油头滑脑 yóu tóu huá nǎo durchtrieben und glattzüngig

油印 yóuyìn mit einem Vervielfältigungsapparat Abzüge machen; vervielfältigen *vt*

油脂 yóuzhī Öl *n*; Fett *n*

邮(郵) yóu ① etw. mit der Post schicken (*od* senden) ② postalisch: ～局 Postamt *n*; Post *f*

邮包 yóubāo Postpaket *n*; Paket *n*

邮戳 yóuchuō Poststempel *m*

邮袋 yóudài Postsack *m*; Postbeutel *m*; Briefsammeltasche *f*

邮递 yóudì Postzustellung *f*: ～员 Briefträger *m*; Postzusteller *m*

邮电 yóudiàn Post- und Fernmeldewesen *n*: ～局 Post- und Telegraphenamt *n*

邮购 yóugòu Bestellung (von Waren) durch die Post Postversandabteilung *f*

邮汇 yóuhuì Postanweisung *f*

邮寄 yóujì etw. mit der Post schicken (*od* senden, zustellen)

邮件 yóujiàn Post *f*; Postsachen *pl*; Postsendung *f*: 挂号～ eingeschriebene Sendung

邮票 yóupiào Briefmarke *f*; Postwertzeichen *n*: 一套纪念～ eine Serie von Gedenkbriefmarken (*od* Jubiläumsmarken)

邮筒 yóutǒng Säulenbriefkasten *m*

邮箱 yóuxiāng Postkasten *m*; Briefkasten *m*

邮政 yóuzhèng Postwesen *n*; Postverkehr *m*: ～编码 Postleitzahl *f* ～信箱 Postschließfach *n*; Postfach *n*

邮资 yóuzī Postgebühr *f*: ～已付 frankiert; freigemacht

yǒu

莠 yǒu ① Grüne Borstenhirse ② schlechte Elemente: 良～不齐。Gute und schlechte Menschen leben nebeneinander. 或 Es gibt (in einer Gemeinschaft) gute und schlechte Menschen.

有 yǒu ① haben *vt*; besitzen *vt* ② bestehen *vt*; dasein *vt*; es gibt: 这里边什么东西都没～。Es gibt nichts drin. ③ [表示估量或比较]: 他～他哥哥那么高。Er ist ebenso groß wie sein älterer Bruder. ～话直说。Sprich freiheraus, was du denkst. ④ [表示发生或出现]: 一～问题就去解决。Sobald ein Problem auftaucht, muß es gelöst werden. ⑤ [表示多、大]: ～经验 viel Erfahrung haben; sehr erfahren sein ～了年纪 ein fortgeschrittenes Alter erreicht haben ⑥ [用于泛指，跟"某"的作用相近]: ～一天你要后悔的。Eines Tages wirst du es bereuen. ⑦ [用在"人""时候""地方"前面，表示一部分]: ～人说可以，～人说不可以。Manche sagen ja, manche nein ⑧ [用在某些动词的前面组成套语，表示客气]: ～劳 j-n bemühen; j-n belästigen

有备无患 yǒu bèi wú huàn Vorsorge verhütet Nachsorge; auf alle Eventualitäten vorbereitet sein

有待 yǒudài auf etw. warten; entgegensehen *vi*; erfordern *vt*; (zu tun) bleiben *vi*: ～解决 noch zu lösen (*od* erledigen) sein

有的放矢 yǒu dì fàng shǐ den Pfeil gezielt (*od* mit dem Ziel vor Augen) abschießen

有关 yǒuguān mit etw. zu tun haben; sich auf etw. beziehen; angehen *vt*; betreffen *vt*; an(be)langen *vt*: 这件事与他～。Er ist von dieser Angelegenheit unmittelbar betroffen. ～部门 betreffende Abteilung

有机 yǒujī organisch: ～肥料 organischer Dünger ～化学 organische Chemie

有机可乘 yǒu jī kě chéng <贬> eine günstige Gelegenheit bietet sich; sich j-s schwache Stelle zunutze machen

有口皆碑 yǒu kǒu jiē bēi (von j-s Verdiensten, guten Taten usw.) in aller Munde sein; bei allen Leuten Anerkennung finden

有口难分 yǒu kǒu nán fēn sich schwer rechtfertigen können

有赖 yǒulài von etw. abhängen; abhängig von etw. sein; auf etw. angewiesen sein: ～于大家的共同努力 von den gemeinsamen Bemühungen aller abhängen

有理 yǒulǐ recht haben; im Recht sein; berechtigt: ～走遍天下，无理寸步难行。Wer im Recht ist, kann überall hingehen; wer im Unrecht ist, kann keinen einzigen Schritt tun.

有理数 yǒulǐshù eine rationale Zahl;

有力 yǒulì kräftig; tatkräftig; mächtig; wuchtig: 给予～的打击 j-m einen schweren Schlag versetzen

有利 yǒulì günstig; vorteilhaft; nützlich; dienlich: 在～情况下 unter günstigen Umständen

有利可图 yǒu lì kě tú Profit machen können; ertragreich; gewinnbringend; vorteilhaft

有名 yǒumíng bekannt; berühmt; gefeiert

有名无实 yǒu míng wú shí nur dem Namen nach; nominell

有目共睹 yǒu mù gòng dǔ offen vor aller Augen liegen; für alle offensichtlich; allbekannt

有钱 yǒuqián vermögend; reich; begütert; Geld haben: ～能使鬼推磨。Wer Geld hat, kann den Teufel die Mühle treten lassen. 或 Geld vermag alles.

有趣 yǒuqù interessant; lustig; amüsant; entzückend

有色 yǒusè farbig: ～金属 Buntmetalle *pl* ～人种 farbige Rasse; Farbige *pl*

有生力量 yǒushēng lìliàng aktive

Kräfte; Einsatztruppen *pl*; kampffähige Truppen; Effektivstärke *f*

有声有色 yǒu shēng yǒu sè lebendig und dramatisch: 故事讲得～ eine Geschichte sehr lebendig (*od* anschaulich) erzählen

有恃无恐 yǒu shì wú kǒng im Bewußtsein seiner Stärke oder eines starken Rückhalts vor nichts zurückschrecken

有数 yǒushù ① über etw. im Bilde sein; eine klare Vorstellung haben, wie etw. anzupacken ist; über etw. gut Bescheid wissen: 进行调查研究，做到心中～ Untersuchungen anstellen, um sich ein klares Bild zu verschaffen ② nicht viel; nur wenige: 只剩下～的几天了，得加把劲儿。Es sind nur noch ein paar Tage übrig. Wir müssen uns etwas mehr ins Zeug legen.

有条不紊 yǒu tiáo bù wěn in bester Ordnung sein; planmäßig durchgeführt; systematisch; methodisch

有为 yǒuwéi vielversprechend; hoffnungsvoll

有…无… yǒu …wú …: 有口无心 unüberlegt daherreden 有勇无谋 Kühnheit besitzen, aber keine Besonnenheit 有害无益 nicht nützlich, sondern schädlich 有备无患 Vorsorge verhütet Nachsorge.

有限 yǒuxiàn begrenzt; beschränkt: 为数～ in begrenzter Anzahl; nicht sehr viel

有线 yǒuxiàn Draht-; mit Draht versehen: ～传真 Drahtfunkbild *n* ～广播 Drahtfunk *m*

有效 yǒuxiào effektiv; wirksam; wirkungsvoll; gelten *vi*: 采取～步骤 wirksame Schritte unternehmen 这车票三日内～。Diese Fahrkarte ist drei Tagegültig. ～期 Geltungsdauer *f*; Gültigkeitsdauer *f*

有心 yǒuxīn ① etw. beabsichtigen; etw. im Sinn haben ② mit Absicht; vorsätzlich; absichtlich

有心人 yǒuxīnrén ① entschlossener und willensstarker Mensch: 世上无难事，只怕～。Für Menschen mit starkem Willen gibt es auf der Welt nichts Unmögliches. ② bedachtsame und umsichtige Person

有言在先 yǒu yán zài xiān im vorhinein klarstellen; j-m etw. gesagt sein lassen

有益 yǒuyì nützlich; Nutzen bringend; vorteilhaft; zuträglich

有意 yǒuyì ① etw. im Sinn haben; gewillt sein; nach etw. trachten ② mit Absicht; absichtlich; vorsätzlich: ～刁难 j-m vorsätzlich Schwierigkeiten bereiten

有意思 yǒu yìsi ① Sinn haben; sinnvoll; gedankentief: 他这番话很～。Seine Worte waren sehr bedeutungsschwer. ② interessant; amüsant; vergnüglich: 今天的晚会很～。Der heutige Kulturabend war sehr unterhaltsam.

有…有… yǒu … yǒu … ①［分别用在意思相反或相对的两个词前，表示兼而有之］: 有利有弊 Vor- und Nachteile haben; einerseits günstig, andererseits ungünstig sein ②［分别用在意思相同或相近的两个词前，表示强调］: 有凭有据 Hand und Fuß haben; absolut stichhaltig 有说有笑 reden und lachen

有余 yǒuyú Überschuß haben: 绰绰～ mehr als genug; sehr reichlich; im Überschuß

有助于 yǒuzhùyú zu etw. beitragen; behilflich; für etw. günstig: 这次访问～增进两国之间的友谊。Dieser Besuch trägt zur Freundschaft zwischen den beiden Ländern bei.

友 yǒu ① Freund *m*: 好～ guter Freund 战～ Kampfgefährte *m* ② befreundet; freundlich

友爱 yǒu'ài Freundlichkeit *f*; Kameradschaft *f*; brüderliche Liebe

友邦 yǒubāng befreundeter Staat

友好 yǒuhǎo ① guter (*od* vertrauter) Freund ② freundlich; befreundet; freundschaftlich: ～访问 Freundschaftsbesuch *m*

友情 yǒuqíng freundschaftliche Gefühle; Freundschaft *f*

友人 yǒurén Freund *m*: 国际～ ausländische Freunde

友谊 yǒuyì Freundschaft *f*: 深厚的～ enge (*od* tiefe) Freundschaft

黝 yǒu dunkel; schwarz: ～黑 dunkel; schwarz

yòu

诱 yòu ① veranlassen *vt*; überreden *vt*; bewegen *vt*; anleiten *vt*: 循循善～ j-n mit Geschick und Geduld anleiten können ② verführen *vt*; verlocken *vt*; verleiten *vt*: ～敌 den Feind locken

诱导 yòudǎo bewegen *vt*; anleiten

vt; belehren vt; veranlassen vt
诱饵 yòu'ěr Köder m; Lockmittel n
诱发 yòufā (etwas Latentes) zum Vorschein bringen; bewirken vt; zutage treten lassen; veranlassen, daß etw. geschieht
诱惑 yòuhuò ① verleiten vt; verlocken vt; verführen vt; in Versuchung führen (od bringen) ② anziehen vt; bezaubern vt; für sich einnehmen
诱骗 yòupiàn verlocken vt; entführen vt; verführen vt
右 yòu ① rechts: 靠～走 rechts gehen; sich rechts halten ② (politisch) rechts; rechtsgerichtet; konservativ: ～倾思想 Rechtsgesinnung f
右边 yòubiān rechte Seite; rechts
右倾 yòuqīng rechtsgerichtet
右首 yòushǒu Sitzordnung rechte Seite; rechts
右翼 yòuyì ① rechter Flügel; rechte Flanke ② Rechte f; rechter Flügel
又 yòu 〈副〉 ①[表示重复或继续]: 读了～读 wiederholt gelesen haben; immer wieder lesen 一年～一年 Jahr für Jahr ② [表示几种情况或性质同时存在]: 五四运动是反帝运动，～是反封建的运动。Die 4. Mai-Bewegung war eine antiimperialistische und zugleich eine antifeudalistische Bewegung. ～红～专 politisch rot und fachkundig; mit sozialistischer Gesinnung und fachlicher Qualifikation ③ [表示意思上进一层或在某范围之外有所补充]: 天很黑，～下着雨，路更难走了。Es war dunkel, obendrein regnete es, was den Weg noch mühsamer machte. ④ [表示整数之外再加零数]: 一～四分之一 ein einviertel ⑤ [表示有矛盾的两件事情，多叠用]: 她～想去，～想不去，拿不定主意。Sie ist unschlüssig, ob sie mitgehen soll oder nicht. ⑥ [表示转折]: 我想去，～怕没时间。Ich würde schon gerne hingehen, aber ich fürchte, daß ich keine Zeit haben werde. ⑦ [用在否定句或反问句中，加强语气]: 我～不是故意的。Ich habe es doch nicht vorsätzlich getan. 或 Es geschah doch nicht mit Absicht.
囿 yòu 〈书〉 ① Tierfarm f; Gehege n; Wildpark m; umzäuntes Land: 鹿～ Hirschgehege n ② beschränkt; behindert; gebunden: ～于成见 in Vorurteilen befangen
幼 yòu ① jung; minderjährig: ～畜 Jungvieh n; Junge n ② Kinder pl: 扶老携～ alte Leute stützen und Kinder an der Hand führen
幼虫 yòuchóng Larve f
幼儿 yòu'ér Kleinkind n: ～教育 vorschulische Erziehung; Kleinkindererziehung f ～园 Kindergarten m
幼苗 yòumiáo Keimling m; Sämling m
幼年 yòunián Kindheit f; frühes Kindesalter
幼小 yòuxiǎo unreif; nicht ausgereift
幼稚 yòuzhì ① jung; klein ② kindisch; naiv
柚 yòu Pampelmuse f
柚子 yòuzi Pampelmuse f
釉 yòu Glasur f: 青～瓷器 grünglasiertes Porzellan

yū

淤 yū ① verschlammen vt; anschwemmen vt; sich mit Schlamm füllen: 水渠里～了很多泥沙。Der Kanal ist fast völlig von Schlamm verstopft. ② Schlamm m; Schlick m: 河～ Treibsand eines Flusses; Flußschlick m
淤积 yūjī anschwemmen vt; verschlammen vi; sich absetzen
淤泥 yūní Schlick m; Schlamm m
淤塞 yūsè versandet sein; verschlammt sein; verschlammen vi
淤血 yūxuè Extravasation f; Extravasat n
迂 yū ① auf Umwegen; gewunden; sich windend; indirekt: ～道访问 einen Umweg machen, um j-n zu besuchen ② philisterhaft; pedantisch; sich an überholten Vorstellungen und Regeln festklammern: ～论 pedantische Äußerungen
迂腐 yūfǔ hartnäckiges Festhalten an überholten Vorstellungen und Regeln; pedantisch: ～的见解 überholte Auffassung; unzeitgemäße Ansicht
迂回 yūhuí ① gewunden; verschlungen; kurvenreich: ～曲折 voller Windungen und Wendungen; in Zickzacklinien; auf Umwegen; gewunden ～前进 im Zickzack vorgehen; auf Umwegen

vorrücken ② in einer Flanke umgehen: 向敌人左倾～den Feind in der linken Flanke umgehen

迂阔 yūkuò pedantisch und unrealisierbar: ～之论 praxisfremde Ansichten; wirklichkeitsferne Theorie

yú

于(於) yú 〈介〉 ① [表示时间、处所、范围等]: 生～1920年 im Jahr 1920 geboren sein 闻名～世界 in aller Welt bekannt; weltberühmt ② [表示动作的方向]: 求助～人 andere um Hilfe bitten ③ [用在动词后，表示交与、付出等]: 光荣归～英勇的人民。Der Ruhm gebührt dem heldenhaften Volk. ④ [引进对象或事物的关系者]: 忠～祖国 dem Vaterland die Treue halten 这样～你自己不利。So etwas schadet dir nur. 或 So etwas würde nicht gut für dich sein. ⑤ [表示起点或出发点]: 出～自愿 aus eigenem Antrieb; freiwillig; von selbst; aus freien Stücken 出～无知 aus Ignoranz

于今 yújīn ① bis jetzt; bis heute ② heute; jetzt; heutzutage

于是 yúshì 〈连〉 dann; folglich; daher; deshalb; infolgedessen; daraufhin

盂 yú Napf *m*; Topf *m*: 痰～ Spucknapf *m*

舆 yú ① 〈书〉 Fahrzeug mit Rädern; Wagen *m* ② 〈书〉 Sänfte *f* ③ Erde *f*; Muttererde *f*: ～地 Territorium *n*; Erde *f* ④ die Öffentlichkeit vertretend; öffentlich: ～情 öffentliche Meinung; Denken und Fühlen des Volkes

舆论 yúlùn öffentliche Meinung; Öffentlichkeit *f*: ～工具 Massenmedien *pl*

虞 yú ① Mutmaßung *f*; Voraussicht *f*; Vermutung *f* ② Sorge *f*; Besorgnis *f* ③ betrügen *vt*; beschwindeln *vt*; täuschen *vt*; irreführen *vt*: 尔～我诈 gegenseitiger Betrug; wechselseitige Betrügereien; sich gegenseitig Sand in die Augen streuen

娱 yú ① j-m Vergnügen bereiten; amüsieren *vt*: 聊以自～ nur zum eigenen Vergnügen; bloß um sich zu zerstreuen ② Freude *f*; Spaß *m*; Unterhaltung *f*

娱乐 yúlè sich vergnügen; sich amüsieren; Vergnügen *n*: ～场所 öffentliche Vergnügungsstätte

愚 yú ① dumm; töricht: ～人 Narr *m*; Tor *m* ② j-n an der Nase herumführen; j-n zum Narren halten: 为人所～ von j-m hinters Licht geführt werden; von j-m übertölpelt werden ③ 〈谦〉 meine Wenigkeit: ～见 nach meiner unmaßgeblichen Meinung

愚笨 yúbèn dumm; töricht

愚蠢 yúchǔn dumm; töricht; närrisch; blöd; albern

愚昧 yúmèi beschränkt; unwissend; unaufgeklärt: ～无知 dumm und unwissend; unaufgeklärt

愚弄 yúnòng übertölpeln *vt*; betrügen *vt*; j-n an der Nase herumführen; j-n hinters Licht führen; j-n zu Narren halten

余(餘) yú ① übrig; überflüssig; verbleibend; restlich; überschüssig: ～钱 überschüssiges Geld ～年 letzter Lebensabschnitt; Lebensabend *m* ② und einige (darüber); über: 五十～年 mehr als 50 Jahre ③ nach; außerhalb: 工作之～ in der Freizeit; nach der Arbeit

余波 yúbō Nachwirkung *f*; Nachspiel *n*: 纠纷的～ die Folgen der Streitigkeiten

余地 yúdì Spielraum *m*; Entwicklungsmöglichkeit *f*; Bewegungsfreiheit *f*: 还有改进的～。Es ist noch Raum für Verbesserungen 订计划要留有～。Bei der Ausarbeitung eines Planes muß man sich einen Spielraum lassen.

余额 yú'é Restsumme *f*; Saldo *m*

余悸 yújì schleichende Angst; nachklingende Furcht: 心有～ von schleichender Angst befallen; Der Schrecken sitzt einem noch in den Knochen.

余粮 yúliáng Getreideüberschuß *m*; überschüssiges Getreide; Mehr-Getreide *n*

余暇 yúxiá Muße *f*; freie Zeit; Freizeit *f*

余兴 yúxìng ① verbleibendes (*od* nachklingendes) Interesse; Lust auf die Fortsetzung einer angenehmen Zerstreuung ② kulturelle Darbietungen nach einem Bankett oder einer Versammlung

余音 yúyīn nachklingender Ton; Hall *m*

渝 yú sich in seinem Verhalten oder seinen Gefühlen ändern:

始终不～ konsequent; beständig; beharrlich; unabänderlich

愉 yú glücklich; fröhlich; heiter; gutgelaunt; gut aufgelegt; freundlich: 面有不～之色 ein mürrisches Gesicht machen; ungehalten sein

愉快 yúkuài froh; fröhlich; glücklich; heiter: 心情～ in fröhlicher Stimmung sein; gutgelaunt sein; gut aufgelegt sein

逾 yú überschreiten *vt*; überbieten *vt*; übertreffen *vt*; über etw. hinausgehen: ～额 den festgesetzten Betrag überschreiten 年～六十 etwas über sechzig (Jahre alt) sein

逾期 yúqī fällig; überfällig; eine Frist überschreiten; die Frist ist abgelaufen

逾越 yúyuè über etw. hinausgehen; überschreiten *vt*; übertreffen *vt*: ～权限 seine Kompetenzen überschreiten 不可～的鸿沟 eine unüberbrückbare Kluft; ein unüberwindlicher Abgrund

谀 yú <书> schmeicheln *vi*: 阿～ servil umschmeicheln; speichellecken *vi*

鱼(魚) yú Fisch *m*

鱼翅 yúchì Haifischflossen *pl*

鱼肚 yúdǔ Fischblase *f* (als Speise)

鱼饵 yú'ěr Fischköder *m*

鱼竿 yúgān Angelrute *f*

鱼钩 yúgōu Angelhaken *m*

鱼贯 yúguàn einer nach dem anderen; der Reihe nach; im Gänsemarsch: ～而入 hintereinander hereinkommen; einer nach dem anderen eintreten

鱼雷 yúléi Torpedo *m*: ～快艇 Torpedoboot *n*

鱼龙混杂 yú lóng hùnzá Fische und Drachen vermischen sich miteinander; Gutes und Schlechtes ist miteinander vermischt

鱼目混珠 yú mù hùn zhū wie ein Fischauge unter Perlen; Falsches unter Echtem; das Wahre mit dem Falschen verwechseln

鱼水情 yúshuǐqíng so zusammengehörig wie Fische und Wasser; unzertrennlich sein

鱼网 yúwǎng Fischernetz *n*; Fischnetz *n*

鱼子 yúzǐ Fischrogen *m*; Rogen *m*

渔 yú ① Fischen *n*; Fischfang *m*: ～船 Fischerboot *n*; Fischereifahrzeug *n* ～翁 alter Fischer ② nach unrechtmäßigem Gewinn streben (*od* trachten): ～利 (auf unehrliche Weise) Profit aus etw. schlagen; unrechtmäßigen Gewinn einstecken

渔产 yúchǎn Fischereiprodukte *pl*

渔场 yúchǎng Fischgrund *m*; Fischereigebiet *n*

渔民 yúmín Fischer *m*

渔业 yúyè Fischerei *f*: ～资源 Fischereiressourcen *pl*

yǔ

宇 yǔ ① Haus *n*; Gebäude *n* ② Raum *m*; Erdball *m*: ～宙 Weltraum *m*; Weltall *n*; Kosmos *m* ～宙飞船 Raumschiff *n*

宇宙航行 yǔzhòu hángxíng Raumfahrt *f*: ～员 Raumfahrer *m*; Astronaut *m*

语 yǔ ① Sprache *f*; Wort *n*: 汉～ die chinesische Sprache; Chinesisch *n* 本族～Muttersprache *f*; Sprache einer Nationalität 甜言蜜～ honigsüße Worte; wohlklingende Sätze ② sprechen *vi/vt*; sagen *vi/vt*: 不言不～ kein Wort von sich geben ③ nichtsprachliche Kommunikation; Signal *n*; Zeichen *n*: 旗～ Flaggensignal *n*; Semaphor *n* 手～ Finger-, Gebärden-, Zeichensprache *f*

语病 yǔbìng fehlerhafter Ausdruck; mangelhafte Formulierung

语词 yǔcí Wörter und Wortgruppen

语法 yǔfǎ Grammatik *f*

语汇 yǔhuì Wortschatz *m*; Vokabular *n*

语气 yǔqì ① Sprechweise *f*; Tonfall *m*; Art des Sprechens ② Modus *m*; Aussageweisen des Verbs: 祈使～ Imperativ *m*

语态 yǔtài Genus verbi *m*: 主动～ Aktiv *n* 被动～ Passiv *n*

语文 yǔwén ① Sprache und Schrift; Chinesisch (als Unterrichtsfach oder Verständigungsmittel) *n*: 他的～程度怎样？Wie gut ist er in Chinesisch? ② Sprache und Literatur

语无伦次 yǔ wú lúncì durcheinanderreden *vi*; wirres Zeug schwatzen; plappern *vi*

语系 yǔxì Sprachstamm *m*

语序 yǔxù Wortfolge *f*; Wortstellung *f*

语言 yǔyán Sprache *f*: ～隔阂 Sprachbarriere *f* ～学 Linguistik *f*

语音 yǔyīn Aussprache *f*: ～学 Phonetik *f*

语重心长 yǔ zhòng xīn cháng gewichtige Worte und herzliches Wohlwollen; gütig und aufrichtig ernste Worte sprechen

雨 yǔ Regen *m*; Niederschlag *m*: 大～ heftiger (*od* starker) Regen 暴～ Wolkenbruch *m*; Gewitterregen *m* 毛毛～ Nieselregen *m*; feiner Sprühregen

雨点 yǔdiǎn Regentropfen *m*

雨过天晴 yǔ guò tiān qíng nach dem Regen ist der Himmel blau; auf Regen folgt Sonnenschein

雨后春笋 yǔ hòu chūnsǔn wie Bambussprossen nach einem Frühlingsregen emporsprießen; wie Pilze aus dem Boden schießen

雨季 yǔjì Regenzeit *f*; Regensaison *f*

雨具 yǔjù Regenschutz *m* (z. B. Regenschirm, Regenmantel usw.)

雨量 yǔliàng Niederschlag *m*; Niederschlagsmenge *f*; Regen *m*; Regenmenge *f*

雨伞 yǔsǎn Regenschirm *m*

雨水 yǔshuǐ Regenwasser *n*; Niederschlagsmenge *f*; Regen *m*: ～足 genügend Regen

雨鞋 yǔxié Regenschuhe *pl*; Gummischuhe *pl*

雨衣 yǔyī Regenmantel *m*

与(與) yǔ ① geben *vt*; anbieten *vt*; gewähren *vt*: 赠～ j-m etw. zum Geschenk machen ～人方便 anderen Hilfe leisten; j-m etw. erleichtern; j-m Erleichterungen verschaffen ② helfen *vi*; unterstützen *vt*; j-m zu etw. verhelfen: ～人为善 j-m in entgegenkommender Weise helfen; wohlgemeint; wohlmeinend; wohlwollend ③ 〈介〉 [引进动作的对象]: ～困难作斗争 einen Kampf gegen Bedrängnisse führen; gegen Schwierigkeiten ankämpfen ④ 〈连〉 und; mit: ～友人同往 mit Freunden gemeinsam hingehen

* 另见 yù

与其 yǔqí 〈连〉 [比较两件事的利害得失而决定取舍的时候，用在放弃的一面，后常用"不如"或"毋宁"呼应]: ～扬汤止沸，不如釜底抽薪。Man sollte besser das Brennholz unter dem Kessel herausziehen und nicht Wasser durch Rühren am Sieden hindern.

与日俱增 yǔ rì jù zēng mit jedem Tag wachsen; Tag für Tag größer werden

与世长辞 yǔ shì chángcí Abschied für immer nehmen; hinscheiden *vi*; ableben *vi*

与世无争 yǔ shì wú zhēng mit dem Leben und Treiben der Welt nichts zu tun haben wollen; sich von der Jagd nach weltlichen Erfolgen fernhalten

屿(嶼) yǔ kleine Insel; Inselchen *n*: 岛～ Inseln *pl*

羽 yǔ Feder *f*

羽毛 yǔmáo Feder *f*; Gefieder *n*; Federkleid *n*: ～丰满 das Federkleid ist voll entwickelt — flügge werden; ausgereift; stark genug

羽毛球 yǔmáoqiú Federball *m*; Federballspiel *n*; Badminton *n*

羽毛未丰 yǔmáo wèi fēng das Gefieder ist noch nicht ganz gewachsen; noch nicht stark genug; halbflügge; grün

予 yǔ geben *vt*; gewähren *vt*; j-m etw. zukommen lassen; verleihen *vt*: 免～处分 j-n von Strafmaßnahmen verschonen; von Strafe absehen ～人口实 den Leuten einen Angriffspunkt bieten; (anderen) eine Handhabe liefern

予以 yǔyǐ geben *vt*; gewähren *vt*: ～优待 j-n bevorzugt behandeln ～批评 Kritik an j-m (etw.) üben

yù

育 yù ① gebären *vt*: 节～ Geburtenbeschränkung *f* ② pflegen *vt*; großziehen *vt*; züchten *vt*; aufziehen *vt*: ～秧 Reissetzlinge ziehen; Stecklinge züchten; Setzlingszucht *f* ③ erziehen *vt*; Erziehung *f*: 德～ moralische Erziehung

育种 yùzhǒng Saatzucht *f*: 杂交～ durch Kreuzungen neue Saaten züchten 作物～ Pflanzensaat züchten

玉 yù ① Jade *m*; Jadeit *m*; Nephrit *m* ② 〈书〉 (von Personen, besonders Frauen) hübsch; schön; stattlich: 亭亭～立 hübsch, schlank und graziös dastehen

玉成 yùchéng 〈敬〉 j-m verhelfen, eine Sache zustande zu bringen: 深望～此事。Wir sind voller Zuversicht, daß Sie dazu beitragen, die Sache zustande zu

bringen.
玉米 yùmǐ Mais *m*
玉器 yùqì Jadeartikel *m*; Jadegegenstand *m*; Jadeobjekt *n*
玉石俱焚 yù shí jù fén Jade und Steine zu Asche machen; Gutes und Schlechtes wahllos zerstören
玉蜀黍 yùshǔshǔ Mais *m*
玉玺 yùxǐ kaiserliches Jadesiegel
芋 yù ① Taro *m* ② allgemeine Bezeichnung für Kartoffeln u.ä.: 洋～ Kartoffel *f* 山～ Süßkartoffel *f*
吁(籲) yù appellieren *vi*; aufrufen *vt*; Appell *m*; Aufruf *m*: 呼～ appellieren *vi*; Appell *m* ～请 erbitten *vt*; petitionieren *vi*; eine dringende Bitte vortragen *另见 xū
域 yù innerhalb bestimmter Grenzen liegendes Gebiet; Territorium *n*; Region *f*: 领～ Hoheitsgebiet *n*; Territorium *n*; Domäne *f*
郁(鬱②③) yù ① stark duftend: 馥～ von Wohlgeruch erfüllt; duftgeschwängert ② üppig (gedeihend) ③ trübsinnig; schwermütig; bedrückt; deprimiert: 忧～ traurig und schwermütig
郁金香 yùjīnxiāng Tulpe *f*
郁闷 yùmèn bedrückt; trübsinnig; deprimiert: 有～感 Trübsal blasen
郁郁 yùyù <书> ① üppig gedeihend: ～葱葱 grün und üppig ② traurig bedrückt; deprimiert; melancholisch
与(與) yù teilnehmen *vi*; sich an etw. beteiligen * 另见 yǔ
与会 yùhuì an einer Konferenz teilnehmen: ～国 Teilnehmerstaat *m* (an einer Konferenz)
与闻 yùwén sich auf etw. einlassen und in etw. eingeweiht werden: ～其事 Gehilfe und Mitwisser sein; als Teilnehmer über Interna Bescheid wissen
誉(譽) yù ① Ruhm *m*; Ruf *m*: ～满全球 weltberühmt sein; sich weltweiten Ruhm erwerben ② loben *vt*; preisen *vt*
寓 yù ① wohnen *vi*; seinen Wohnsitz haben: 暂～友人处 vorübergehend bei einem Freund weilen (*od* untergebracht sein, wohnen) ② Wohnsitz *m*; Wohnort *m*; Wohnung *f*: 公～ Apartmenthaus *n*; [großes Miethaus mit Komfortwohnungen ③ einbegreifen *vt*; mitenthalten *vt*; in sich schließen: 这个故事～有深意。In dieser Geschichte steckt ein tiefer Sinn.
寓居 yùjū (an einem anderen Ort als j-s Geburtsort) ansässig werden: 他晚年～上海。In seinen späteren Jahren ließ er sich in Shanghai nieder.
寓所 yùsuǒ Wohnsitz *m*; Wohnung *f*; Aufenthaltsort *m*
寓言 yùyán Fabel *f*; Parabel *f*; Allegorie *f*
遇 yù ① treffen *vt*; begegnen *vi*: 不期而～ j-m zufällig begegnen; j-n unerwartet treffen ② behandeln *vt*: 优～ bevorzugte Behandlung; j-n mit besonderer Rücksicht behandeln ③ Gelegenheit *f*; Chance *f*: 机～ eine günstige Gelegenheit
遇害 yùhài ermordet werden; einem Anschlag zum Opfer fallen
遇见 yùjiàn treffen *vt*; begegnen *vi*: ～一位朋友 einem Freund begegnen
遇救 yùjiù gerettet (*od* geborgen, befreit) werden
遇难 yùnàn ① einem Unglücksfall zum Opfer fallen ② ermordet werden
遇险 yùxiǎn in Gefahr sein; in Not geraten; von Unglück bedroht sein
浴 yù baden *vi*; Bad *n*: 淋～ duschen *vi*; Dusche *f*
浴场 yùchǎng Freibad *n*; Badestelle im Freien: 海滨～ Badestrand am Meer; Badeort an der See
浴池 yùchí ① Badebecken *n* (in einem öffentlichen Badehaus) ② öffentliches Badehaus
浴盆 yùpén Badewanne *f*
浴室 yùshì Badezimmer *n*
裕 yù reichlich; im Überfluß vorhanden: 富～ reich; wohlhabend; in besten Verhältnissen
欲 yù ① Begierde *f*; Lust *f*; Wunsch *m*; Verlangen *n*: 食～ Appetit *m*; Eßlust *f* 求知～ Wissensdrang *m*; Wissensdurst *m*; Wißbegierde *f* ② mögen *vt*; wollen *vt/vi*; wünschen *vt*: 畅所～言 sich offen aussprechen; rückhaltlos sprechen ③ werden; im Begriff sein, etw. zu tun; gerade dabei sein, etw. zu tun: 摇摇～坠 wakkeln *vi*; ins Wanken geraten; etw. droht einzustürzen

欲罢不能 yù bà bù néng aufhören wollen, aber nicht können

欲盖弥彰 yù gài mí zhāng je mehr man etw. zu vertuschen sucht, desto mehr verrät man sich

欲壑难填 yù hè nán tián die Gier ist ein unersättlicher Schlund; nicht zufriedenzustellen sein

欲速则不达 yù sù zé bù dá Übereile führt nicht zum Ziel; Eile mit Weile

欲望 yùwàng Begierde *f*; Lust *f*; Wunsch *m*

愈 yù ① genesen; geheilt: 病～ wieder gesund sein; sich von einer Krankheit erholt haben ② [叠用，表示程度随条件的发展而发展]: ～多～好 je mehr, desto (*od* um so) besser 山路～走～陡。Je höher man hinaufsteigt, desto steiler wird der Bergpfad.

愈合 yùhé zuheilen *vi*; verheilen *vi*: 伤口很快～了 Die Wunde heilte schnell zu.

愈加 yùjiā noch mehr: 变得～模糊 noch verschwommener (*od* undeutlicher) werden

喻 yù ① erläutern *vt*; erklären *vt*; j-n über etw. in Kenntnis setzen; informieren *vt*: ～之以理 durch Aufklärung zur Vernunft bringen; durch Argumente überzeugen ② verstehen *vt*; Bescheid wissen: 家～户晓 weithin (*od* überall) bekannt; in Stadt und Land bekannt ③ Beispiel *n*; Analogie *f*: 比～ Beispiel *n*; Vergleich *m*; Metapher *f*

御(禦②) yù ① kaiserlich; von einem Kaiser: ～花园 kaiserlicher Garten ② sich wehren, sich zur Wehr setzen; abwehren *vt*; sich widersetzen: ～敌 dem Feind Widerstand leisten ～寒 Kälte abhalten

御用 yùyòng ① im Dienst des Kaisers ② als Werkzeug dienen; von j-m gedungen sein: ～文人 bezahlter Schreiberling; Lohnschreiber *m*

狱(獄) yù ① Gefängnis *n*; Kerker *m*; Zuchthaus *n*: 入～ ins Gefängnis geworfen werden; eingekerkert werden ② Prozeß *m*; Rechtsfall *m*: 文字～ literarische Prozesse

狱吏 yùlì höherer Gefängnisbeamter; Gefangenenaufseher *m*; Gefängnisvogt *m*

豫 yù 〈书〉 erfreut; freudig: 面有不～之色 mißgestimmt aussehen

预 yù vorher; im voraus: 勿谓言之不～。Sagt später nicht, wir hätten euch nicht gewarnt. *od* Lassen Sie es sich gesagt sein.

预报 yùbào Voraus-, Vorhersage *f*: 天气～ Wettervorhersage *f*; Wetterbericht *m*

预备 yùbèi vorbereiten *vt*; sich bereit machen: ～功课 Unterricht vorbereiten 各就各位，～，跑! Auf die Plätze! Fertig! Los!

预测 yùcè etw. im voraus schätzen; ausrechnen *vt*; berechnen *vt*

预产期 yùchǎnqī voraussichtlicher Geburtstermin

预订 yùdìng vorbestellen *vt*; eine Bestellung aufgeben; abonnieren *vt*

预定 yùdìng festlegen *vt*; festsetzen *vt*; im voraus bestimmen; etw. vorher beschließen: ～的时间 festgesetzte Zeit

预防 yùfáng vorbeugen *vi*; verhüten *vt*; Verhütung *f*; Vorbeugung *f*: 采取～措施 Präventivmaßnahmen treffen

预感 yùgǎn ① Vorgefühl *n*; Ahnung *f*: 不祥的～ böse Vorahnung ② ein Vorgefühl haben: 大家都～到将要下一场大雨。Wir fühlten alle, ein starker Regen wird gekommen sein.

预告 yùgào ① etw. im voraus bekanntmachen; vorankündigen *vt* ② Ankündigung *f*; Vorschau *f*

预计 yùjì vorausberechnen *vt*; schätzen *vt*; veranschlagen *vt*: ～到达时间 〈航海〉 voraussichtliche Ankunftszeit (ETA)

预见 yùjiàn ① voraussehen *vt*; vorhersehen *vt*; prophezeien *vt*: 这是可以～到的。Es ist vorauszusehen. ② Voraussicht *f*; Weitsicht *f*; Blick in die Zukunft: 英明的～ geniale Weitsicht

预料 yùliào voraussehen *vt*; erwarten *vt*

预谋 yùmóu vorherbedenken *vt*; vorausplanen *vt*: ～杀人 vorsätzlicher (*od* geplanter) Mord (*od* Totschlag)

预期 yùqī erwarten *vt*; erhoffen *vt*; Erwartung *f*: 达到～的效果 gewünschte Resultate zeitigen; erhoffte Wirkungen erzielen

预示 yùshì andeuten *vt*; anzeigen *vt*; verkünden *vt*: 灿烂的晚霞～着明天又是好天气。Das leuchtende Abendrot verheißt einen schönen Tag.

预算 yùsuàn Haushalt *m*; Budget

n; Etat *m*

预先 yùxiān im voraus; vorher: ～通告 etw. vorher bekanntmachen ～警告 im vorans warnen

预言 yùyán weissagen *vt*; voraussagen *vt*; prophezeien *vt*; Prophezeiung *f*; Weissagung *f*: ～家 Prophet *m*; Weissager *m*

预演 yùyǎn (von einem Theaterstück oder Film) eine Voraufführung veranstalten; Probeaufführung *f*

预约 yùyuē einen Gesprächs- und Besuchstermin vereinbaren; sich voranmelden; ein Treffen vereinbaren; eine Verabredung treffen: ～挂号 Voranmeldung *f*

预兆 yùzhào Anzeichen *n*; Vorzeichen *n*; Omen *n*: 吉祥的～ ein gutes (günstiges) vorzeichen

预制 yùzhì vorfertigen *vt*: ～构件 vorgefertigte Bauteile; Fertigteile *pl*

鹬 yù Schnepfe *f*; Wasserläufer *m*: ～蚌相争,渔人得利 wenn zwei sich streiten, freut sich der Dritte

妪(嫗) yù 〈书〉 alte Frau

驭 yù (eine Kutsche, ein Fuhrwerk oder ein Pferd) lenken *vt*; kutschieren *vt*: 驾～ lenken *vt*; fahren *vt*; meistern *vt*

yuān

渊(淵) yuān ① tiefes Wasser; tiefer Teich: 深～ tiefes Wasser; Abgrund *m*; unendliche Tiefe 天～之别 ein himmelweiter Unterschied ② tief; ～泉 tiefe Quelle

渊博 yuānbó umfassend und profund; belesen: ～的知识 ein profundes Wissen besitzen; von großer Belesenheit

渊源 yuānyuán Ursprung *m*; Herkunft *f*; Abstammung *f*: 历史的～ historische Herkunft; geschichtliche Abstammung

冤(寃) yuān ① Unrecht *n*; Ungerechtigkeit *f*: 不白之～ eine ungerechte Beschuldigung; falsche Anschuldigung ② Feindschaft *f*; Haß *m*; Feindseligkeit *f*

冤仇 yuānchóu Erbitterung *f*; Groll *m*; Haß *m*; Feindseligkeit *f*; Feindschaft *f*: 结下～ sich verfeinden

冤家 yuānjiā Feind *m*; Gegner *m*

冤枉 yuānwang ① j-m unrecht tun; j-n ungerecht behandeln; j-m ein Unrecht antun: ～好人 eine unschuldige Person zu Unrecht verdächtigen ② vergeblich sein; nutzlos: 这钱花得真～。Es lohnt nicht, das Geld auszugeben.

冤狱 yuānyù Justizirrtum *m*; Fehlurteil *n*; Rechtsbeugung *f* (mit der Folge, daß ein Unschuldiger zu einer Freiheitsstrafe oder zum Tode verurteilt wird): 平反～ einen Justizirrtum berichtigen; ein Fehlurteil aufheben

鸳 yuān

鸳鸯 yuānyang ① Mandarinenente *f* ② einander liebevoll zugetanes Ehepaar; glückliches Ehepaar

yuán

元 yuán ① erste; anfänglich: ～月 erster Monat im Jahr; Januar *m* ② Haupt-, Ober-: 国家～首 Staatsoberhaupt *n* ～帅 Marschall *m* ～凶 Hauptverbrecher *m*; Hauptschuldiger ③ fundamental; die Basis bildend; grundlegend: ～素 Element *n* ～音 Vokal *m* ④ Element *n*: 一～论 Monismus *m* 二～论 Dualismus *m*

元旦 Yuándàn Neujahr *n*; erster Tag des Jahres

元件 yuánjiàn Element *n*; Bauteil; Zelle *f*

元老 yuánlǎo Politiker der Gründungszeit; Mann der ersten Stunde; Veteran *m*

元气 yuánqì Vitalität *f*; Körper- und Geisteskräfte *pl*; Lebenskraft *f*: ～旺盛 voller Vitalität; von großer Tatkraft 恢复～ seine Energie (Gesundheit, Schaffenskraft) wiedergewinnen

元宵 yuánxiāo ① die 15. Nacht des ersten Monats nach dem chinesischen Mondkalender ② Klößchen aus klebrigem Reismehl mit süßer Füllung (zum Laternenfest)

元勋 yuánxūn ein Mann von großem Verdienst; Gründer *m*; Leute der ersten Stunde: 开国～ Gründer eines Staates

园(園) yuán ① ein Stück Land zur Pflanzenaufzucht; Garten *m*: 果～ Obstgarten *m* 葡萄～ Weingarten *m*; Weinberg *m* ② öffentliche Erholungsstätte; Park *m*: 动物～ Tierpark *m*; Zoo *m*; zoologischer Garten 植物～ botanischer Garten

园地 yuándì ① Gartenland *n* ② Wirkungskreis *m*; Betätigungsfeld *n*: 科学～ wissenschaftliche Betätigungsfelder; aus Wissenschaft und Forschung (als Zeitungsrubrik)

园丁 yuándīng Gärtner *m*

园艺 yuányì Gartenbau *m*; Gartengestaltung *f*

猿 yuán Affen *pl*: 类人～ Menschenaffe *m*

猿猴 yuánhóu Affen *pl*

猿人 yuánrén Affenmensch *m*; Pithecanthropus *m*: 北京～ Pekingmensch *m*

原 yuán ① ursprünglich; eigentlich; original: ～始 primitiv ～意 eigentliches Vorhaben; ursprüngliche Absicht ～文 Original *n*; Originaltext *m* ② unverarbeitet; roh: ～矿石 Roherz *n* ～油 Rohöl *n* ③ entschuldigen *vt*; verzeihen *vt*: 情有可～ verzeihlich; entschuldbar; Es läßt sich verzeihen. ④ Ebene *f*; Flachland *n*; flacher Landstrich: 平～ Ebene *f* 高～ Hochebene *f* 草～ Steppe *f* ～野 Freies Feld; flaches Land

原版 yuánbǎn Originalausgabe *f* (eines Buchs); Urfassung *f*

原材料 yuáncáiliào Rohmaterialien *pl*; Ausgangsprodukt *n*

原封 yuánfēng mit noch unversehrtem Siegel; nicht geöffnet; intakt: ～不动 etw. in seinem ursprünglichen Zustand belassen; unberührt lassen; unverändert bleiben

原稿 yuángǎo Original *n*; Originalmanuskript *n*; Urtext *m*

原告 yuángào Kläger *m*; Zivilkläger *m*; Ankläger *m*

原籍 yuánjí Heimat der Vorfahren

原来 yuánlái ① ursprünglich; früher; eigentlich: ～的想法 ursprüngliche Idee ② [表示发现真实情况]: ～如此！ Ach so! ～是你。 Ach, du bist es!

原理 yuánlǐ Grundsatz *m*; Prinzip *n*: 马克思主义的基本～ die grundlegenden Prinzipien des Marxismus

原谅 yuánliàng verzeihen *vt*; entschuldigen *vt*; vergeben *vt*

原始 yuánshǐ ① original; ursprünglich; aus erster Hand: ～记录 Originalprotokoll *n* ② primitiv; Ur-: ～森林 Urwald *m* ～社会 Urgesellschaft *f*

原委 yuánwěi Verlauf eines Ereignisses; die ganze Geschichte; das A und O einer Sache; Vorgang *m*

原先 yuánxiān früher; ursprünglich; eigentlich: ～的计划 der ursprüngliche Plan 他～是个军人，现在已经成了外交家。 Er was früher ein Soldat, jetzt ist aus ihm ein Diplomat geworden.

原形 yuánxíng ursprüngliche Gestalt; wahres Gesicht: ～毕露 sein wahres Gesicht zeigen; sich demaskieren; sich entlarven

原因 yuányīn Grund *m*; Ursache *f*: 由于健康～ aus gesundheitlichen Gründen

原原本本 yuányuánběnběn das A und das O; von A bis Z; ausführlich: 我把这件事～讲给他们听了。 Ich habe ihnen die ganze Geschichte genau so erzählt, wie sie sich zugetragen hat.

原则 yuánzé Prinzip *n*; Grundsatz *m*: ～上同意这个计划 mit diesem Plan prinzipiell einverstanden sein

原著 yuánzhù Originalwerk *n*; Original *n*: 读歌德的～ Goethe im Original lesen

原状 yuánzhuàng ursprünglicher Zustand; Status quo ante

原子 yuánzǐ Atom *n*: ～尘 radioaktiver Niederschlag; Fallout *m* ～能 Atomenergie *f* ～反应堆 Atomreaktor *m*; Atommeiler *m*

源 yuán ① Quelle *f*; Ursprung eines Flusses: 发～ entspringen *vi*; Ursprung *m* ② Quelle *f*; Ursache *f*: 资～ Geldmittel *pl* 财～ Einnahmequelle *f*

源流 yuánliú Quelle und Lauf eines Flusses; Ursprung und Entwicklung

源泉 yuánquán Quelle *f*: 生活是文艺创作的～。 Das Leben ist die Quelle allen literarischen und künstlerischen Schaffens.

源源 yuányuán in einem nicht abreißenden Strom; ununterbrochen: ～而来 ununterbrochen ankommen; unaufhörlich eintreffen

员 yuán ① Person, die einer bestimmten Beschäftigung nachgeht: 炊事～ Koch *m* 售货～ Verkäufer *m* ② Mitglied *n*: 党～ Parteimitglied *n* 工会会～

Gewerkschaft(l)er *m*; Gewerkschaftsmitglied *n* ③ ‹量› [用于武将]: 一～大将 ein fähiger General

员工 yuángōng Angestellte und Arbeiter; Belegschaft *f*: 师生～ Lehrer, Studenten, Verwaltungsangestellte und Arbeiter

圆 yuán ① rund; kreisförmig; kugelförmig: ～桌 runder Tisch ② Kreis *m* ③ stichhaltig; triftig: 他这话说得不～。Seine Ausführungen waren nicht stichhaltig. ④ etw. glaubhaft machen; rechtfertigen *vt*: 自～其说 seine Behauptungen mit Scheinbeweisen untermauern; die Lükke in einer falschen Behauptung auszufüllen versuchen ⑤ Münzgeld von festgesetztem Wert und Gewicht: 银～ Silberdollar *m*

圆场 yuánchǎng vermitteln *vt*; helfen, einen Vergleich zu schließen

圆规 yuánguī Zirkel *m*

圆滑 yuánhuá glatt und geschmeidig; schlau und durchtrieben; aalglatt

圆满 yuánmǎn befriedigend; zufriedenstellend: ～的答案 eine befriedigende Antwort

圆圈 yuánquān Kreis *m*; Ring *m*; Zirkel *m*

圆通 yuántōng gefällig und glatt; berechnend und anpassungsfähig

圆舞曲 yuánwǔqǔ Walzer *m*

圆心 yuánxīn Kreismittelpunkt *m*

圆形 yuánxíng kreisförmig; rund

圆周 yuánzhōu Umfang *m*; Umkreis *m*; Peripherie *f*

圆珠笔 yuánzhūbǐ Kugelschreiber *m*; Kuli *m*

圆柱 yuánzhù Zylinder *m*

援 yuán ① sich mit seinen Händen nach oben ziehen: 攀～ sich nach oben hangeln; nach oben klettern (wobei die Hände abwechselnd weitergreifen) ② anführen *vt*; zitieren *vt*: 有例可～。Dafür gibt es einen Präzedenzfall. ③ unterstützen *vt*; helfen *vi*; j-m Beistand leisten: 支～ unterstützen *vt*; Unterstützung *f* 增～ Verstärkung *f*

援救 yuánjiù j-m zu Hilfe eilen; bergen *vt*; retten *vt*

援军 yuánjūn Einsatztruppen *pl*; Verstärkung *f*

援引 yuányǐn ① zitieren *vt*; anführen *vt*; sich auf etw. beziehen: ～例证 ein Beispiel anführen ② seinen Freunden oder Günstlingen Posten verschaffen

援助 yuánzhù helfen *vi*; Beistand leisten; Hilfe *f*; Unterstützung *f*: 经济～ Wirtschaftshilfe *f*

缘 yuán ① Grund *m*; Ursache *f*; Anlaß *m*: 无～无故 ohne jeden Grund; ohne Grund und Anlaß; grundlos ② Rand *m*; Kante *f*: 外～ äußere Grenze ③ entlang: ～溪而行 an einem Bach entlanggehen

缘分 yuánfèn vorherbestimmte Verbindung; Schicksalsfügung, die Menschen zusammenführt

缘故 yuángù Grund *m*; Ursache *f*; Anlaß *m*

缘由 yuányóu Grund *m*; Ursache *f*

yuǎn

远(遠) yuǎn ① weit; fern; entfernt: ～古 graue Vorzeit ～景规划 Perspektivplan *m*; Pläne für die weitere Zukunft ② (in der Blutsverwandtschaft) weitläufig; entfernt: ～亲 weitläufig verwandt; entfernte(r) Verwandte(r) ③ bei weitem ④ einen Abstand von j-m halten: 敬而～之 j-n achten, aber Abstand zu ihm halten; respektvolle Distanz wahren

远大 yuǎndà weitgehend; weitreichend: 眼光～ weitsichtig; weitblickend; Weitblick besitzen 前程～ (von einer Person) eine große Zukunft vor sich haben

远道 yuǎndào weiter Weg; lange Strecke: ～而来 von weit hergekommen sein; einen weiten Weg nicht gescheut haben

远东 Yuǎndōng der Ferne Osten

远方 yuǎnfāng Ferne *f*; weit entfernte Gegend

远见 yuǎnjiàn Voraussicht *f*; Weitblick *m*: ～卓识 weit vorausschauen; weitblickend; weise Voraussicht

远郊 yuǎnjiāo weiter entfernt liegende Außenbezirke einer Stadt

远近 yuǎnjìn weit und nah; entfernt: ～闻名 weit und breit bekannt sein

远虑 yuǎnlǜ Voraussicht *f*; Weitblick *m*

远洋 yuǎnyáng Ozean *m* Hochsee *f*; offene See bis zur Küstenzone; ozeanisch: ～航行 Hochseeschiffahrt *f*

远征 yuǎnzhēng Expedition *f*: ～

军 Expeditionsarmee *f*

远走高飞 yuǎn zǒu gāo fēi in die weite Welt ziehen; über alle Berge sein

远足 yuǎnzú Ausflug *m*; Wanderung *f*; Exkursion *f*

yuàn

院 yuàn ① Hof *m*; umzäuntes Grundstück ② Bezeichnung für bestimmte Regierungsinstitutionen und Anstalten des öffentlichen Lebens: 法～ Gerichtshof *m*; Gericht *n* 科学～ Akademie der Wissenschaften

院士 yuànshì Akademiemitglied *n*

愿(願) yuàn ①Wunsch *m*; Hoffnung *f*; Begehren *n*: 如～以偿 j-s Hoffnung ist in Erfüllung gegangen; wie gewünscht, so erfüllt ② willens sein; bereit sein ③ Gelübde *n*: 许～ ein Gelübde ablegen

愿望 yuànwàng Wunsch *m*; Hoffnung *f*; Begehren *n*: 从团结的～出发 von dem Wunsch nach Einheit ausgehend

愿意 yuànyì ① gewillt sein; bereit sein ② wünschen *vt*: 他们～你留在这儿。Es ist ihr Wunsch, daß du hier bleibst.

怨 yuàn ① Haß *m*; Feindseligkeit *f*; Groll *m*: 结～ sich j-s Haß zuziehen; j-s Groll hervorrufen ② verübeln *vt*; sich beklagen; sich beschweren; j-n verantwortlich machen; tadeln *vt*: 这件事～我。Ich bin daran schuld.

怨愤 yuànfèn Ingrimm *m*; verbissener Zorn; Unzufriedenheit und Ungehaltenheit

怨恨 yuànhèn hassen *vt*; Groll hegen; gärende Unzufriedenheit; Groll *m*; Widerwille *m*

怨气 yuànqì Widerwille *m*; Ressentiment *n*; Unzufriedenheit *f*; Groll *m*: 出～ seinen Haß abladen; seinem Ärger Luft machen; seinen Unmut auslassen

怨声载道 yuàn shēng zài dào überall hört man Klagen und Murren; allerorten trifft man auf Unzufriedenheit

yuē

曰 yuē <书> ① sagen *vi/vt* ② nennen *vt*; bezeichnen *vt*; einen Namen geben

约 yuē ① sich verabreden; vereinbaren *vt*; abmachen *vt*; eine Vereinbarung treffen: 我们～好下星期一碰头。Wir haben uns für Montag nächster Woche verabredet. ② j-n im voraus zu etw. bitten (*od* einladen): 我已经～她来吃晚饭。Ich habe sie zum Abendbrot gebeten. ③ Verabredung *f*; Vereinbarung *f*; Übereinkunft *f*; Vertrag *m*: 立～ eine Vereinbarung treffen; einen Vertrag schließen ④ einfach; kurzgefaßt: ～言之 kurz gesagt; mit wenigen Worten; mit einem Wort ⑤ etwa; ungefähr; beinahe; annähernd; ringsherum: ～五十人 etwa 50 Personen

约定 yuēdìng vereinbaren *vt*; verabreden *vt*; festsetzen *vt*: ～会晤地点 einen Treffpunkt vereinbaren

约会 yuēhuì Verabredung *f*; Treffen *n*; Rendezvous *n*; Stelldichein *n*: 我今天晚上有个～。Heute abend habe ich eine Verabredung. 或 Ich habe mich für heute abend verabredet.

约计 yuējì überschlagen *vt*; grob schätzen

约略 yuēlüè grob; annähernd; ungefähr: ～的估计 ungefähre Veranschlagung; grobe Schätzung

约莫 yuēmo ungefähr; etwa; zirka; schätzungsweise: 我们等了～有一个小时的光景。Wir haben ungefähr eine Stunde gewartet.

约请 yuēqǐng j-n im voraus zu etw. bitten oder einladen

约束 yuēshù zügeln *vt*; in Schranken halten: 有～力 bindende Kraft; Verbindlichkeit *f*

yuè

悦 yuè ① fröhlich; glücklich; erfreut: 不～ ungehalten; mißmutig; verdrießlich 和颜～色 mit liebenswürdiger und freundlicher Miene ② erfreuen *vt*; ergötzen *vt*; entzücken *vt*; Freude machen: 取～于人 sich bei j-m lieb Kind machen

悦耳 yuè'ěr wohlklingend; angenehm für das Ohr

悦目 yuèmù eine Augenweide sein; einen erfreulichen Anblick bietend

阅 yuè ① lesen *vt*; durchlesen *vt*; durchgehen *vt*: ～报 Zeitung lesen ～卷 Akten durcharbeiten; Prüfungsarbeiten durchlesen ② überprüfen *vt*; besichtigen *vt*: ～兵 eine Militärparade abnehmen ③ erleben *vt*; erfahren *vt*; durchmachen *vt*: 试行已～三月。Die Versuche laufen bereits drei Monate.

阅读 yuèdú lesen *vt*: ～杂志 Zeitschriften lesen

阅览 yuèlǎn lesen *vt*: ～室 Lesesaal *m*

阅历 yuèlì ① etw. selbst sehen, hören oder tun; erleben *vt*: ～过很多事 vieles erlebt haben; in der Welt herumgekommen sein ② Lebenserfahrung *f*: ～浅 unerfahren sein; nur wenig Lebenserfahrung besitzen

阅世 yuèshì <书> die Welt kennenlernen: ～渐深 immer mehr an Lebensklugheit dazugewinnen; immer welterfahrener werden

越 yuè ① überwinden *vt*; hinüberkommen *vi*; über etw. hinweg: ～墙而逃 über eine Mauer klettern und entkommen ② überschreiten *vt*; überholen *vt*; übertreffen *vt*; über etw. hinausgehen: ～出职权 seine Befugnisse überschreiten ～界 eine Grenze überschreiten (*od* überqueren)

越发 yuèfā ① noch mehr; immer mehr; um so mehr: 天气～冷了。Das Wetter ist noch kälter geworden. ② [跟上文"越"或"越是"呼应，作用跟"越…越…" „je ... je..." 相同]: 越是性急，～容易出错。Je ungeduldiger man wird, desto mehr Fehler macht man.

越轨 yuèguǐ die gebotenen Grenzen überschreiten; Ausschreitung *f*; Ausschweifung *f*: ～行为 unstatthaftes Benehmen; Ausschreitung *f*; Exzeß *m*

越过 yuèguò über etw. hinwegkommen; überschreiten *vt*: überholen *vt*; überqueren *vt*; überwinden *vt*: ～障碍 Hindernisse überwinden

越级 yuèjí die unmittelbar zuständige Stelle umgehen; den Dienstweg nicht einhalten: ～申诉 Berufung bei einer höheren Instanz als der an sich zuständigen einlegen

越境 yuèjìng (illegal) die Grenze überschreiten

越野 yuèyě querfeldein: ～赛跑 Querfeldeinlauf *m*; Cross-Country-Lauf *m*

越狱 yuèyù aus einem Gefängnis ausbrechen; Gefängnisausbruch *m*

越俎代庖 yuè zǔ dài páo sich in einem Bereich betätigen, für den ein anderer zuständig ist; seine Befugnisse überschreiten; j-m ins Handwerk pfuschen

跃(躍) yuè springen *vi*; hüpfen *vi*: 一～而起 sich mit einem Ruck aufrichten; emporschnellen *vi*; aufspringen ～进 nach vorn springen; ein Sprung nach vorn

跃跃欲试 yuèyuè yù shì darauf brennen, etw. zu versuchen; begierig sein, etw. zu unternehmen; es juckt j-m in den Fingern, etw. zu tun

岳(嶽①) yuè ① hoher Berg; großes Gebirge ② Eltern und Onkel der Ehefrau

岳父 yuèfù Vater der Ehefrau; Schwiegervater *m*

岳母 yuèmǔ Mutter der Ehefrau; Schwiegermutter *f*

月 yuè ① Mond *m* ② Monat *m*: ～底 Monatsende *n*; die letzten Tage des Monats ～收入 monatliches Einkommen

月报 yuèbào ① monatlich erscheinende Zeitschrift; Monatsschrift *f* ② Monatsbericht *m*

月份 yuèfèn Monat *m*: 上～ der vergangene (*od* vorige) Monat

月光 yuèguāng Mondlicht *n*; Mondschein *m*

月经 yuèjīng Menstruation *f* Monatsfluß *m*; Regelblutung *f*

月刊 yuèkān Monatsschrift *f*; monatlich erscheinende Zeitschrift

月亮 yuèliang Mond *m*

月票 yuèpiào Monats(fahr)karte *f*

月球 yuèqiú Mond *m*

月色 yuèsè Mondschein *m*

月食 yuèshí Mondfinsternis *f*

月台 yuètái Bahnsteig *m*: ～票 Bahnsteigkarte *f*

月薪 yuèxīn Monatslohn *m*; Monatsgehalt *n*;

月牙 yuèyá <口> Mondsichel *f*

月子 yuèzi der erste Monat nach der Entbindung: 坐～ im Wochenbett liegen

钥(鑰) yuè Schlüssel *m* *另见 yào

乐(樂) yuè Musik *f*: 声～ Vokalmusik *f* 器～ Instrumentalmusik *f* *另见 lè

乐池 yuèchí Orchesterraum *m*

乐队 yuèduì Orchester *n*; Musikkapelle *f*: 交响～ Symphonieorchester *n* 军～ Militärkapelle *f*
乐谱 yuèpǔ Notenblatt *n*; Musikalien *pl*; Musiknoten *pl*
乐器 yuèqì Musikinstrument *n*: 管～ Blasinstrument *n* 弦～ Saiteninstrument *n* 打击～ Schlaginstrument *n*
乐曲 yuèqǔ Musikstück *n*; Komposition *f*
乐团 yuètuán Orchester *n*
乐章 yuèzhāng Satz *m*

yūn

晕 yūn ① schwindlig; von Schwindel befallen: 有点头～ j-m wird (*od* ist) ein bißchen schwindlig ② in Ohnmacht fallen; ohnmächtig: ～过去了 ohnmächtig werden; das Bewußtsein verlieren *另见 yùn
晕倒 yūndǎo in Ohnmacht fallen; bewußtlos werden; umkippen *vi*
晕头转向 yūn tóu zhuàn xiàng schwindlig werden und die Orientierung verlieren; im Drunter und Drüber den Kopf verlieren

yún

云(雲②) yún ① 〈书〉 sagen *vt/vi*: 不知所～ unverständlich sein; nicht wissen, worauf j-d hinaufwill ② Wolke *f*
云彩 yúncai Wolke *f*
云层 yúncéng Wolkenschicht *f*; Wolkenbank *f*
云集 yúnjí sich in großer Anzahl von überall her sammeln; in Massen zusammenströmen
云雾 yúnwù Wolken und Nebel; Dunst *m*
云霞 yúnxiá rosenfarbige Wolken
云消雾散 yún xiāo wù sàn die Wolken verfliegen und der Nebel steigt auf — sich in nichts auflösen
云雨 yúnyǔ 〈书〉 Geschlechtsverkehr *m*

耘 yún jäten *vt*: ～田 das Unkraut auf den Feldern entfernen

芸 yún
芸芸众生 yúnyún zhòngshēng 〈佛教〉 irdische Kreaturen; die Sterblichen; gemeines Volk

匀 yún ① gleichmäßig; gleich: 颜色涂得不～。Die Farbe ist nicht gleichmäßig aufgetragen. ② gleichmachen *vt*; etw. gleichmäßig verteilen ③ abtreten *vt*; überlassen *vt*: 可以～给你们一些。Wir können euch etwas abtreten.
匀称 yúnchèn wohlgestaltet; ebenmäßig; wohl ausbalanciert; symmetrisch
匀整 yúnzhěng sauber und ausgewogen; gleichmäßig und ordentlich

yǔn

陨 yǔn vom Himmel fallen; aus dem Weltraum herabstürzen
陨落 yǔnluò (von einem Meteorit u.ä.) vom Himmel fallen; aus dem Weltraum herabstürzen
陨石 yǔnshí Steinmeteorit *m*; Meteorstein *m*; Aerolith *m*

允 yǔn ① erlauben *vt*; billigen *vt*; einwilligen *vi*: 应～ zustimmen *vi*; einwilligen *vi* ～从 sich auf etw. einlassen ② gerecht; objektiv; vorurteilslos: 公～ gerecht; fair; unparteiisch
允诺 yǔnnuò erlauben *vt*; einwilligen *vi*; sein Wort geben; eine Verpflichtung auf sich nehmen: 欣然～ in etw. mit Freude einwilligen
允许 yǔnxǔ erlauben *vt*; gestatten *vt*; zulassen *vt*

yùn

韵(韻) yùn ① Reim *m*: 押～ sich reimen; gereimt sein ② Charme *m*; Anmut *f*: 风～ graziöses Auftreten; gewinnendes Wesen; Liebreiz *m*
韵律 yùnlǜ ① Versmaß *n*; Metrum *n* ② Reimschema *n*
韵母 yùnmǔ einfacher oder zusammengesetzter Vokal (einer chinesischen Silbe)
韵文 yùnwén Poesie *f*; Versdichtung *f*

晕 yùn ① schwindlig; von Schwindelgefühlen befallen: 头～目眩 schwindlig sein; von Schwindel ergriffen werden ② Lichthof *m*; Hof *m*: 月～ Mond(licht)hof *m* *另见 yūn
晕车 yùnchē das Autofahren nicht vertragen; Reisekrank-

heit *f*

晕船 yùnchuán Seekrankheit *f*; seekrank

运(運) yùn ① befördern *vt*; transportieren *vt*; bringen: 货～ Gütertransport *m*; Frachtfuhrewesen *n* 空～ Luftbeförderung *f*; Transport auf dem Luftweg ② verwenden *vt*; gebrauchen *vt*; handhaben *vt*: ～笔 den Pinsel führen ③ Schicksal *n*; Glücksfall *m*; Los *n*: 好～ Glück *n*; Segen *m* 不走～ Unglück haben; eine Pechsträhne haben

运筹帷幄 yùnchóu wéiwò im Hauptquartier strategische Pläne entwerfen; im Feldlager Strategien ausarbeiten

运筹学 yùnchóuxué Operationsvorschung *f*; Unternehmungsvorschung *f*

运动 yùndòng ① sich bewegen; in Gang bringen (*od* setzen); Bewegung *f* ② Sport *m*; Körperkultur *f*: 户外～ Sport im Freien ③ (politische) Bewegung *f*; Kampagne *f*; Aktion *f*

运动会 yùndònghuì Sportfest *n*; Spiele *pl*; Sportveranstaltung *f*; Spartakiade *f*: 全国～ nationales Sportfest; Landessportfest *n*

运费 yùnfèi Speditionsgebühren *pl*; Frachtgeld *n*; Fuhrlohn *m*; Transportkosten *pl*: ～单 Frachtrechnung *f*; Frachtnota *f* ～免付 frachtfrei; franko; spesenfrei; frei Haus ～预付 die Transportkosten vorausbezahlen ～已付 Transportkosten bezahlt (*od* schon vorausbezahlt)

运河 yùnhé Kanal *m*

运气 yùnqi Schicksal *n*; Glücksfall *m*; Los *n*: 碰～ sein] Glück versuchen; etw. auf gut Glück versuchen

运输 yùnshū befördern *vt*; transportieren *vt*; versenden *vt*; Transport *m*; Spedition *f*: 陆上(水路)～ Transport zu Land (Wasser) ～工具 Transportmittel *n*

运输机 yùnshūjī Transportflugzeug *n*

运送 yùnsòng befördern *vt*; versenden *vt*; verfrachten *vt*; transportieren *vt*

运算 yùnsuàn 〈数〉 rechnen *vi*; Rechnung *f*; Rechnungsart *f*: 四则～ die vier Grundrechnungsarten

运行 yùnxíng sich bewegen; laufen *vi*: ～轨道 Umlaufbahn *f* 列车已在～了。Der Zug setzt sich in Bewegung.

运用 yùnyòng gebrauchen *vt*; anwenden *vt*; verwenden *vt*; handhaben *vt*: ～自如 in etw. sehr gewandt sein; etw. geschickt handhaben

运载工具 yùnzài gōngjù Trägermittel *n*

运载火箭 yùnzài huǒjiàn Trägerrakete *f*

运转 yùnzhuǎn ① kreisen *vi*; sich im Kreis drehen ② in Betrieb sein; laufen *vi*: 机器～正常。Die Maschine läuft normal.

酝(醖) yùn

酝酿 yùnniàng ① sich zusammenbrauen; etw. ist im Entstehen begriffen; im Anzug sein: 这场论争～已久。Diese Debatte braute sich seit langem zusammen. ② sich über etw. beraten; eine informelle Vorbesprechung führen: ～候选人名单 eine Kandidatenliste besprechen und aufstellen ～协商 Beratungen und Konsultationen

蕴 yùn 〈书〉 in sich bergen; enthalten *vt*; in sich schließen; speichern *vt*: ～涵 enthalten *vt*; etw. in sich fassen

蕴藏 yùncáng enthalten *vt*; in sich bergen: 我国地下～着丰富的资源。Unser Land ist reich an Bodenschätzen.

孕 yùn Schwangerschaft *f*; schwanger: 怀～ schwanger sein 避～ Empfängnisverhütung *f*; Kontrazeption *f*

孕妇 yùnfù schwangere Frau; Schwangere *f*

孕育 yùnyù in sich bergen; in sich tragen; mit sich bringen: ～着危险 Gefahren mit sich bringen; Gefahren in sich bergen

熨 yùn bügeln *vt*; plätten *vt*: ～衣服 Kleider bügeln

熨斗 yùndǒu Bügel-, Plätteisen *n*: 电～ (elektrisches) Bügeleisen *n*

Z z

zā

扎(紮) zā binden *vt*; zusammenschnüren *vt*: ～扫把 Besen binden ～彩 etw. mit Girlanden schmücken * 另见 zhā; zhá

zá

砸 zá ① schlagen *vt*; hämmern *vt*; stampfen *vt*: ～实铺路石 Pflastersteine stampfen ～核桃 Walnüsse aufschlagen (aufknacken) ② zerbrechen *vi*; zerschlagen *vt*: 碗～了。Die Eßschale ist zerbrochen. ③ 〈方〉 durchfallen *vi*; scheitern *vi*; verpatzen *vt*: 事儿办～了。Die Sache ist verpatzt.

杂(雜) zá ① verschiedenartig; mannigfaltig; verschieden; divers: ～色 in der Farbe verschieden ～事儿 diverse Angelegenheiten ～物(项) Diverses ② gemischt; vermischt; vermengt: 夹～ mit etw. vermischt sein; zusammengewürfelt sein

杂拌儿 zábànr ① Mischung aus kandiertem Dörrobst ② Mischung *f*; Gemisch *n*; Sammelsurium *n*; Mischmasch *m*

杂费 záfèi ① Nebenausgaben *pl*; Spesen *pl* ② zusätzliche Schulgebühren

杂烩 záhuì ① Eintopfgericht *n*; Eintopf *m* ② Mischung *f*; Gemisch *n*; Sammelsurium *n*; Mischmasch *m*

杂货 záhuò Gemischtwaren *pl*: 日用～ Artikel des täglichen Bedarfs ～店 Gemischtwarenhandlung *f*

杂技 zájì Akrobatik *f*: ～演员 Akrobat *m*

杂交 zájiāo kreuzen *vt*; Kreuzung *f*; Hybridisierung *f*: ～育种 Kreuzungszüchtung *f*

杂粮 záliáng Getreidearten außer Weizen und Reis

杂乱 záluàn durcheinander; unordentlich; kunterbunt: ～无章 kunterbunt; durcheinander; verworren; wie Kraut und Rüben

杂念 zániàn selbstsüchtige Erwägungen: 私心～ egoistische Gedanken und selbstsüchtige Erwägungen

杂文 záwén Essay *m*: ～作家 Essayist *m*

杂志 zázhì ① Zeitschrift *f*; Magazin *n* ② Notizen *pl*; Aufzeichnungen *pl*

杂种 zázhǒng ① Bastard *m*; Kreuzung *f*; Hybride *f* ② 〈骂人的话〉 Bastard *m*; Schweinehund *m*

zǎ

咋 zǎ 〈方〉 wie; wieso; warum: ～办? Wie macht man das? 或 Was ist zu tun? 你～不去? Warum gehst du nicht hin?

zāi

灾(災) zāi ① Unheil *n*; Unglück *n*; Katastrophe *f*: 天～ Naturkatastrophe *f* 水～ Überschwemmung *f*; Hochwasser *n* 旱～ Dürre *f*; Trockenheit *f* 虫～ Insektenplage *f* ② Mißgeschick *n*; Unglück *n*; Verhängnis *n*: 招～惹祸 für sich oder andere Unheil heraufbeschwören 没病没～ frei von Krankheit und Not; gesund und glücklich

灾害 zāihài Unheil *n*; Katastrophe *f*

灾荒 zāihuāng Hungersnot *f*

灾祸 zāihuò Katastrophe *f*; furchtbares Unglück

灾民 zāimín Opfer einer Naturkatastrophe; Katastrophengeschädigte(r)

灾难 zāinàn Not *f*; Katastrophe *f*; Unheil *n*; Leiden *n*: ～深重 in Not und Elend leben

灾情 zāiqíng Katastrophenlage *f*

灾区 zāiqū Katastrophengebiet *n*

栽 zāi ① pflanzen *vt*; züchten *vt*: ～树 Bäume pflanzen ～花 Blumen züchten ② aufstellen *vt*; aufpflanzen *vt*: ～电线杆子 Masten für eine elektrische Leitung aufstellen (setzen) ③ j-n zu etw. abstempeln; aufbürden *vt*: ～上罪名 falsche Beschuldigungen gegen j-n erheben; j-m eine Schuld anhängen ④ fallen *vi*; stürzen *vi*; stolpern *vi*: ～倒 hinfallen *vi*; stolpern *vi*

栽跟头 zāi gēntou ① fallen *vi*; stürzen *vi*; hinschlagen *vi* ② einen Mißerfolg (Fehlschlag, Rückschlag) erleiden

栽培 zāipéi ① züchten *vt*; ziehen *vt*; anbauen *vt*: ～果树 Obstbäume ziehen ② erziehen *vt*; aufziehen *vt* ③ j-n fördern; j-n protegieren

栽赃 zāizāng ① j-m etw. andrehen oder unterschieben, um ihn zu kompromittieren ② Beschuldigungen gegen j-n erfinden; j-n fälschlich bezichtigen

栽种 zāizhòng pflanzen *vt*; züchten *vt*

哉 zāi <书> <助> ①［表示感叹］: 呜呼！哀～！ Ach! O weh! ②［与疑问词合用表示疑问或反诘］: 有何难～？ Was ist daran eigentlich schwierig?

zǎi

宰 zǎi ① regieren *vt*; über etw. herrschen: 主～ regieren *vt*; über etw. herrschen ② Regierungsbeamte(r) (im alten China) ③ schlachten *vt*: ～猪 Schweine schlachten

宰割 zǎigē unterdrücken und ausbeuten

宰相 zǎixiàng Kanzler *m* (im feudalen China)

载 zǎi ① Jahr *n*: 一年半～ sechs bis zwölf Monate; ein oder ein halbes Jahr ② eintragen *vt*; registrieren *vt*; niederschreiben *vt*: ～入史册 in die Geschichte eingehen 刊～ veröffentlichen *vt*; herausbringen *vt*; publizieren *vt* 转～ Artikel nachdrucken * 另见 zài

zài

载 zài I ① laden *vt*; mit etw. beladen sein; tragen *vt*; bringen *vt*: ～客 Passagiere befördern 轮船满～着大米。Das Schiff war voll mit Reis. ② überall auf dem Weg; wo man geht und steht: 风雪～途。 Den ganzen Weg über herrschte Schneetreiben. 怨声～道。Überall hört man Stimmen der Unzufriedenheit. II <书> und; gleichzeitig: ～歌～舞 singen und tanzen * 另见 zǎi

载荷 zàihè Ladung *f*; Last *f*; Belastung *f*

载货 zàihuò Frachtgut befördern: ～吨位 Frachttonnage *f*

载运 zàiyùn befördern *vt*; transportieren *vt*

载重 zàizhòng Tragvermögen *n*; Belastung *f*; Ladung *f*: ～量 Tragfähigkeit *f* ～卡车（汽车）Last(kraft)wagen *m*; LKW *m*

再 zài <副> ① noch einmal; nochmals; wieder: ～版 (ein Buch) wieder auflegen; eine zweite Auflage herausbringen; in Neuauflage erscheinen 一而～, ～而三 immer wieder; mehrmals; wiederholt; wieder und wieder ～来一个！ Noch einmal! ② noch mehr...: 高点儿，～高点儿 höher, noch etwas höher ③ wenn es so weiter geht, dann ...: ～不走我们就赶不上火车了。Wenn wir nicht gleich aufbrechen, verpassen wir den Zug. ④ erst ..., dann...: 你吃完晚饭～出去。Iß erst dein Abendessen fertig, dann kannst du rausgehen. ⑤ ferner; außerdem; überdies: ～则 überdies; außerdem; noch dazu; ferner ～不然 sonst; andernfalls ⑥ zurückkehren *vi*; wiederkehren *vi*: 青春不～。Die Jugendzeit kehrt nicht wieder. 良机难～。Eine gute Gelegenheit kommt nicht zweimal.

再次 zàicì noch einmal; zum zweiten Mal; wieder: ～感谢 noch einmal vielen Dank

再会 zàihuì <方> auf Wiedersehen; adieu

再嫁 zàijià (als Frau) wieder heiraten; Wiederheirat *f*

再见 zàijiàn auf Wiedersehen; leb(e) wohl（长时期离别用）

再接再励 zài jiē zài lì seine Anstrengungen verdoppeln; sich weiter beharrlich bemühen; mit doppelter Kraft

再三 zàisān immer wieder; abermals; wieder und wieder: 考虑～ immer wieder nachdenken; hin und her überlegen

再生 zàishēng ① wieder beleben; wieder erwecken ② Erneuerung *f*; Regeneration *f* ③ regeneriert: ～橡胶 Regeneratgummi *m*

再生产 zàishēngchǎn Reproduktion *f*

再说 zàishuō ① (zuerst etw. tun) und dann weitersehen: 这事先搁两天～。Wir schieben diese Angelegenheit ein paar Tage auf, dann kann man ja weitersehen. ② und außerdem; darüber hinaus; dazu kommt noch: 现在去找他太晚了，～我路也不熟。Es ist zu spät, um ihn jetzt noch aufzusuchen; außerdem kenne ich den Weg nicht gut.

在 zài ① bestehen *vi*; vorhanden sein; leben; existieren *vi*: 美貌易逝，美德永～ Schönheit vergeht, Tugend besteht 他的父母还健～。Seine Eltern leben noch. ② [表示人或物的位置]: 他不～家。Er ist nicht zu Hause. 钢笔～桌子上。Der Füller ist auf dem Tisch. ③ bleiben; übrigbleiben: ～职 im Amt (Dienst) sein ④ einer Organisation beitreten oder angehören: ～党 der Partei angehören; in der Partei sein ⑤ von etw./j-m abhängen; an etw./j-m liegen: 事～人为。Alles liegt in menschlicher Hand. 学习好，主要～自己努力。Erfolg beim Studium hängt hauptsächlich vom eigenen Fleiß ab. ⑥ [‘在’和‘所’连用，表示强调]: ～所不辞 vor etw. nicht zurückweichen; unter keinen Umständen zögern ～所难免 unvermeidlich; unweigerlich; unausbleiblich ⑦ 〈介〉[表示时间、地点、情形、范围等]: 事情发生～去年。Es geschah im vorigen Jahr. ～会上发言 auf einer Versammlung das Wort ergreifen ⑧ 〈副〉[表示动作正在进行]: 她～游泳。Sie schwimmt (gerade)

在场 zàichǎng anwesend; präsent; zur Stelle sein; zugegen sein

在行 zàiháng vom Fach sein; in etw. geschickt (*od* bewandert) sein; fachkundig: 这方面我不～。Auf diesem Gebiet bin ich kein Fachmann.

在乎 zàihu [多用于否定式] sich etw. zu Herzen nehmen; sich um etw. Gedanken (*od* Sorgen) machen: 满不～ gleichgültig; sich nicht das geringste aus etw. machen; keinen Wert auf etw. legen

在家 zàijiā zu Hause sein; daheim

在理 zàilǐ vernünftig; verständig; im Recht sein; gerechtfertigt: 这话说得～。Das ist überzeugend gesagt.

在世 zàishì am Leben sein: 他～的时候 zu seinen Lebzeiten

在望 zàiwàng ① sichtbar sein; in Sicht sein; etw. schon sehen können: 山头隐隐～。Der Berggipfel ist verschwommen zu sehen. ② in Sicht sein; zu erwarten sein: 胜利～。Der Sieg ist in Sicht. 丰收～。Die Ernte verspricht gut zu werden.

在押 zàiyā in Haft sein; sich in (polizeilichem) Gewahrsam befinden: ～犯 Häftling *m*

在野 zàiyě nicht im Amt sein; nicht am Ruder sein: ～党 Oppositionspartei *f*

在意 zàiyì [多用于否定式] sich etw. zu Herzen nehmen; Notiz von ... nehmen; auf etw. achten: 这些小事他是不会～的。Solche Kleinigkeiten beachtet er nicht.

在于 zàiyú ① in etw. liegen; in etw. bestehen: 区别～... Der Unterschied liegt (besteht) darin, daß... ② von j-m (etw.) abhängen; von j-m (etw.) bestimmt sein: 去不去～你自己。Ob du dorthin gehst oder nicht, bleibt dir überlassen.

在座 zàizuò anwesend; zugegen (bei Versammlungen, Festmahl u. ä.)

zān

簪 zān ① Haarspange *f* ② im Haar tragen: ～花 Blumen ins Haar stecken

簪子 zānzi Haarspange *f*

zán

咱 zán ① wir (den Sprecher und den Angesprochenen einschließend) ② 〈方〉 ich

咱们 zánmen wir (den Sprecher und den Angesprochenen einschließend): ～是一家。Wir sind eine Familie. ～商量一下。Besprechen wir dies einmal!

zǎn

攒 zǎn aufsparen *vt*; aufhäufen *vt*; ansammeln *vt*; zurücklegen *vt*: ～钱 Geld sparen (zurücklegen) 她把～的钱都买了衣服。Von ihren ganzen Ersparnissen hat sie sich Kleider gekauft.

zàn

暂 zàn ① von kurzer Dauer; kurze Zeit; eine kleine Weile: 短～ von kurzer Dauer; kurz ② zeitweilig; vorläufig; vorübergehend: ～不答复 eine Antwort hinauszögern

暂缓 zànhuǎn etw. eine Zeitlang hinausschieben; aufschieben *vt*: ～执行这个计划 die Ausführung des Planes aufschieben

暂且 zànqiě für jetzt; für den Moment; zeitweilig: 这是后话，～不提。Das ist später zu besprechen, wir sollten nicht vorgreifen.

暂时 zànshí zeitweilig; vorübergehend; vorläufig; derzeit: ～困难 zeitweilige Schwierigkeiten 他～还住在旅馆里。Vorläufig wohnt er noch im Hotel.

暂停 zàntíng ① zeitweilig einstellen: ～付款 die Zahlungen einstellen 讨论～，明天继续举行。Die Diskussion wird unterbrochen und morgen fortgesetzt. ② Spielunterbrechung *f*; Spielpause *f*; Auszeit *f*: 要求～ Auszeit fordern

暂行 zànxíng vorläufig; provisorisch: ～规定 vorläufige Bestimmungen

赞 zàn ① helfen *vi*; beistehen *vi*; unterstützen *vt*: ～助 Hilfe *f*; Beistand *m* Unterstützung *f* ② loben *vt*; rühmen *vt*; preisen *vt*: 盛～ in den höchsten Tönen loben ③ Lobrede *f*; Lobschrift *f*; Enkomion *n*

赞不绝口 zàn bù jué kǒu sich in nicht enden wollenden Lobreden ergehen; des Lobes voll über ... sein

赞成 zànchéng billigen *vt*; zustimmen *vi*; mit ... einverstanden sein: 我～他的建议。Ich billige seinen Vorschlag 咱们明天去郊游，你～吗？Bist du damit einverstanden, daß wir morgen einen Ausflug machen?

赞美 zànměi preisen *vt*; loben *vt*; rühmen *vt*

赞赏 zànshǎng bewundern *vt*; anerkennen *vt*; verehren *vt*; würdigen *vt*: 对这一友好行动表示～ für diese freundliche Geste Anerkennung zum Ausdruck bringen

赞颂 zànsòng rühmen *vt*; preisen *vt*

赞叹 zàntàn vor Bewunderung aufseufzen; anerkennend bestaunen: 演员们的高超演技令人～。Die überragende Darstellungskunst der Schauspieler erregt Staunen und Bewunderung.

赞同 zàntóng zustimmen *vi*; beipflichten *vi*; billigen *vt*: 这一主张得到普遍的～。Der Vorschlag findet allgemeine Zustimmung.

赞许 zànxǔ loben *vt*; preisen: 值得～ lobenswert (anerkennenswert, löblich) sein; Lob verdienen

赞扬 zànyáng loben *vt*; preisen *vt*; anerkennen *vt*

赞助 zànzhù Unterstützung *f*; Beistand *m*; Förderung *f*; Hilfe *f*

zāng

赃(贜) zāng ① Beute *f*; Diebesgut *n*: 退～ unrechtmäßig erworbenes Gut zurückstatten 分～ eine Beute teilen ② Bestechungsgeld *n*; Bestechungssumme *f*; Bestechungsgeschenk *n*: ～款 Bestechungsgelder *pl*; unterschlagenes oder gestohlenes Geld; unrecht erworbenes Geld ～官 korrupter (bestechlicher) Beamter

赃物 zāngwù ① Beute von Dieben; Diebesgut *n* ② Bestechungsgelder *pl*; Bestechungsgeschenk *n*

脏(髒) zāng schmutzig; dreckig; beschmutzt

* 另见 zàng

脏字 zāngzì unzüchtige (obszöne, schmutzige) Worte

zàng

葬 zàng bestatten *vt*; beerdigen *vt*; begraben *vt*: 火～ Feuerbestattung *f*; Leichenverbrennung *f*

葬礼 zànglǐ Totenfeier *f*; Leichenbegängnis *n*

葬身 zàngshēn begraben (beerdigt) werden: 敌机～海底。Das feindliche Flugzeug ist auf den Meeresgrund gestürzt.

葬送 zàngsòng zugrunde richten;

ruinieren *vt*; zunichte machen: 酒～了他的健康。 Der Alkohol ruinierte seine Gesundheit.

藏 zàng ① Speicher *m*; Verwahrungsort *m*: 宝～ Schatz *m*; Bodenschätze *pl* ② heilige (religiöse) Schriften; Sutra *n*: 道～ taoistische Schriften * 另见 cáng

藏蓝 zànglán rötlichblau; rotstichig blau

藏青 zàngqīng dunkelblau; blauschwarz

脏(臟) zàng Eingeweide *pl*; innere Organe: 心～ Herz *n* 肾～ Nieren *pl* *另见 zāng

zāo

糟 zāo ① Reisweintrester *m*; Rückstände beim Reisweinbrennen ② mit Reisweintrester eingemacht (mariniert) werden: ～鱼 in Reisweintrester marinierter Fisch ③ faul; morsch; mürbe; schlecht: 木头～了。 Das Holz ist morsch. 他身体很～。 Sein Gesundheitszustand ist sehr schlecht. ④ in jämmerlichem Zustand; in völliger Unordnung: 把事情搞～了 die Sache verpfuscht haben

糟糕 zāogāo welch ein Pech; wie schade; verflucht: 真～! 下起雨来了。 So ein Pech! Es regnet.

糟粕 zāopò Abfall *m*; wertloser Rest; Niederschlag *m*: 弃其～, 吸取精华 die Schlacken ausscheiden und das Wesentliche aufnehmen

糟蹋 zāota ① verschwenden *vt*; verderben *vt*; etw. unbrauchbar machen: ～粮食 Getreide verschwenden ② beleidigen *vt*; mit Füßen treten; verwüsten *vt*: 侵略军把这个村子～得不成样子。 Die Aggressionstruppen haben in dem Dorf Verwüstungen angerichtet, die jeder Beschreibung spotten. ③ vergewaltigen *vt*; notzüchtigen *vt*

遭 zāo ① auf etw. stoßen; erleiden *vt*; von etw. betroffen sein: ～难 von einem Unglück betroffen sein; in Not geraten ～劫 von einem großen Unheil (einer Katastrophe) heimgesucht werden ② <量> mal; Mal *n*: 一～生, 两～熟。 Beim ersten Treffen noch fremd, beim zweiten schon vertraut. ③ <量> Runde *f*; Kreis *m*: 用绳子绕两～ mit einer Schnur zweimal umwickeln 走一～ einen Weg machen

遭逢 zāoféng auf etw. stoßen; begegnen *vi*: ～盛世 in blühenden und gedeihlichen Zeiten leben ～不幸 vom Unglück verfolgt werden

遭受 zāoshòu erleiden *vt*; davontragen *vt*; ausgesetzt sein: ～损失 Verluste erleiden

遭殃 zāoyāng von Schicksalsschlägen getroffen werden; Unheil erleiden; von Unglück heimgesucht werden: 先下手为强, 后下手～。 Wer sich als Erster rührt, gewinnt die Oberhand, wer danach kommt, hat das Nachsehen.

遭遇 zāoyù ① auf etw. stoßen; begegnen *vi*; treffen *vt*: ～不幸 von einem Unglück getroffen werden; Pech haben ～战 Begegnungsgefecht *n*; unvorhergesehene Kampfhandlungen ② (hartes) Los *n*; (bittere) Erfahrungen *pl*; unglückliche Erlebnisse

záo

凿(鑿) záo ① Meißel *m*; Stechbeitel *m*; Stemmeisen *n* ② meißeln *vt*; stemmen *vt*: ～一个窟窿 ein Loch stemmen (schlagen) * 另见 zuò

凿井 záojǐng ① einen Brunnen graben (bohren) ② Schachtabsenken *n*; Schachtabteufen *n*

凿子 záozi Meißel *m*; Stechbeitel *m*; Stemmeisen *n*

zǎo

枣(棗) zǎo Jujube *f*; Chinesische Dattel

枣红 zǎohóng dattelrot; dunkelweinrot

枣泥 zǎoní Dattelpaste *f*

早 zǎo ① Morgen *m*; am Morgen; morgens: 清～ früh am Morgen; früh morgens 从～到晚 von morgens bis abends; von früh bis spät ② längst; vor langer Zeit: 我～就知道了。 Ich weiß es längst. ③ früh; frühzeitig; früher als andere(s): ～期 Frühzeit *f*; frühzeitig ～稻 Frühreis *m* ④ früher; vorher: 你～点儿来。Komm bitte ein bißchen früher! ⑤ <套> guten Morgen

早安 zǎo'ān <套> guten Morgen

早操 zǎocāo Morgengymnastik *f*; Frühsport *m*

早餐 zǎocān Frühstück *n*

早产 zǎochǎn Frühgeburt *f*

早晨 zǎochén Morgen *m*; früh am Morgen

早点 zǎodiǎn Frühstück *n*

早饭 zǎofàn Frühstück *n*

早日 zǎorì früh; bald; schnell: ～完工 ein Projekt so schnell wie möglich fertigstellen 祝你～恢复健康。Ich wünsche Ihnen baldige Genesung.

早熟 zǎoshú ① [指生理上] Frühreife *f*; frühreif ② frühreif: ～作物 frühreife Kulturen

早晚 zǎowǎn ① Morgen und Abend: ～各服一丸 morgens und abends je eine Pille ② früher oder später: ～他得去。Früher oder später muß er gehen. ③ Zeit *f*: 他一清早就走了,这～多半已经到家了。Er hat sich ganz früh am Morgen auf den Weg gemacht. Um diese Zeit müßte er schon zu Hause sein.

早先 zǎoxiān früher; ehemals; in der Vergangenheit: ～我经常到那儿去。Ich war früher oft dort.

澡 zǎo Bad *n*; baden *vi*/*vt*: 洗～ ein Bad nehmen; baden *vi*

澡盆 zǎopén Badewanne *f*

澡堂 zǎotáng Badehaus *n*; Badeanstalt *f*

藻 zǎo ① Alge *f* ② Wasserpflanze *f* ③ blumige Sprache; sprachliche (literarische) Verzierungen

藻类 zǎolèi Algen *pl*: ～学家 Algologe *m*

蚤 zǎo Floh *m*: 水～ Wasserfloh *m*

zào

灶(竈) zào ① Küchenherd *m*; Kochherd *m* ② Küche *f*; Kantine *f*; Mensa *f*: 学生～ Studentenmensa *f*

燥 zào trocken: ～热 trockene Hitze; trocken und heiß

噪 zào Lärm *m*; Getöse *n*: 鼓～ Lärm schlagen; einen Tumult entfesseln 名～一时 für eine Zeitlang eine Berühmtheit sein

噪音 zàoyīn Lärm *m*; Geräusch *n*: ～污染 Lärmbelästigung *f*

躁 zào hitzig; aufbrausend; hitzköpfig; reizbar: 戒骄戒～ sich vor Überheblichkeit und Unbesonnenheit in acht nehmen; sich vor Dünkel und Ungeduld hüten 性子急～ einen aufbrausenden Charakter haben; hitzköpfig; ungestüm; cholerisch

造 zào ① machen *vt*; schaffen *vt*; bauen *vt*; erzeugen *vt*: ～房子 ein Haus bauen ～舆论 öffentliche Meinung schaffen (erzeugen) ② erfinden *vt*; aushecken *vt*; zusammenlügen *vt*: 捏～ aushecken *vt*; erdichten *vt*; erfinden *vt* ③ ausbilden *vt*; erziehen *vt*: 可～之才 eine fortbildungsfähige Person

造反 zàofǎn Aufruhr *m*; Empörung *f*; Revolte *f*; rebellieren *vi*

造福 zàofú j-m Glück bringen; j-m zum Wohl gereichen: 为后代～ für das Glück der späteren Generationen sorgen

造化 zàohua Glück *n*: 有～ Glück haben; unter einem günstigen Stern geboren sein

造就 zàojiù ① ausbilden *vt*; heranbilden *vt*: ～一代新人 eine neue Generation heranbilden ② vorzügliche Leistung; hervorragendes Schaffen (meistens von jungen Leuten)

造句 zàojù Satzbildung *f*

造林 zàolín aufforsten *vt*

造孽 zàoniè einen Frevel begehen; sündigen *vi*; Böses tun

造物 zàowù der (alles erschaffende) Himmel; die schöpferische Natur

造型 zàoxíng ① formen *vt*; modellieren *vt*: ～艺术 bildende Kunst ② Muster *n*; Modell *n*; Gestalt *f*

造谣 zàoyáo Gerüchte verbreiten; Gerüchte in Umlauf setzen

造诣 zàoyì Leistungs- oder Kenntnisstand auf wissenschaftlichem oder künstlerischem Gebiet: ～很高 ein hohes (wissenschaftliches oder künstlerisches) Niveau haben

皂 zào Seife *f*: 香～ Toiletten-, Feinseife *f* 药～ medizinische Seife

zé

责 zé ① Pflicht *f*; Verantwortung *f*: 爱护公物,人人有～。Es ist jedermanns Pflicht, mit öffentlichem Eigentum fürsorglich umzugehen. ② verlangen *vt*; fordern (von) *vt*; erfordern *vt*: 求全～备 bei jeder Sache höchste Vollkommenheit verlangen; spitzfindig herumkritteln ③ j-n energisch befragen; j-n zur Rechenschaft ziehen ④ tadeln *vt*; vorwerfen *vt*: 斥～ schelten *vt*; verurteilen *vt* ⑤ strafen *vt*; bestrafen *vt*: 笞～ Prügelstrafe *f*; j-n mit Stockschlägen bestrafen

责备 zébèi vorwerfen *vt*; vorhalten *vt*; tadeln *vt*: 他～我不准时。Er wirft mir Unpünktlichkeit vor.

责成 zéchéng j-m Pflichten auferlegen; etw. zur Pflicht machen; j-n zu etw. verpflichten

责怪 zéguài tadeln *vt*; schelten *vt*; vorwerfen *vt*: 他们俩谁也不必～谁。Sie haben einander nichts vorzuwerfen.

责令 zélìng befehlen *vt*; Befehle geben; verpflichten *vt*; j-m die Verpflichtung auferlegen

责骂 zémà schelten *vt*; zurechtweisen *vt*; schimpfen *vt*

责任 zérèn ① Pflicht *f*; Verpflichtung *f*: 尽～ der Pflicht genügen (gehorchen) ② Verantwortung *f*; Schuld *f*: 追究～ die Verantwortlichkeit ermitteln (feststellen)

责问 zéwèn vorwurfsvoll fragen; j-n zur Rechenschaft ziehen

责无旁贷 zé wú páng dài sich einer Verpflichtung nicht entledigen können; j-s unabweisliche Pflicht sein

则 zé ① Muster *n*; Richtschnur *f*; Maßstab *m*; Standard *m*: 准～ oberstes Prinzip; Normen *pl*; Grundregeln *pl*; Richtschnur *f* 以身作～ mit gutem Beispiel vorangehen ② Regel *f*; Vorschrift *f*; Satzung *f*: 章～ Regeln und Vorschriften; Bestimmungen *pl* 法～ Gesetze *pl*; Regel *f* ③ <量> [用于分项或自成段落的文字的条数]: 新闻一～ eine Zeitungsnotiz; eine Nachricht 寓言四～ vier Fabeln ④ <书> <连> (a) [表示因果、条件等]: 物体热～涨,冷～缩。Gegenstände dehnen sich bei Erwärmung aus und ziehen sich beim Erkalten zusammen. (b) [表示转折、对比等]: 好～好,只是太贵。Es ist zwar gut, aber viel zu teuer. 今～不然 Heutzutage verhält es sich ganz anders. ⑤ <书> [用于"一、二(再)、三"等后面,列举原因或理由]: 这篇课文不合适,一～太长,二～太难。Der Text ist ungeeignet, zum einen ist er zu lang, zum anderen zu schwer.

泽(澤) zé ① Gebiet mit einer starken Wasseransammlung: 沼～ Sumpf *m*; Morast *m*; Moor *n* 湖～ See *m* ② feucht; naß: 润～ feucht; naß ③ Glanz *m*; Schimmer *m*: 光～ Glanz *m*; Schimmer *m* 色～ Farbe und Glanz ④ Gunst *f*; Gnade *f*; Wohlwollen *n*

择(擇) zé auswählen *vt*; wählen *vt*; aussuchen *vt*: 饥不～食。Wer Hunger hat, ist beim Essen nicht wählerisch. * 另见 zhái

zè

仄 zè

仄声 zèshēng unebene Töne (fallend-ansteigender Ton 上声, fallender Ton 去声 und eingehender Ton 入声 im Unterschied zum ebenen Ton 平声 in der altchinesischen Aussprache)

zéi

贼 zéi ① Dieb *m* ② Schädling *m*; Verräter *m*: 工～ Arbeiterverräter *m*; Streikbrecher *m* 卖国～ Landesverräter *m* ③ heimlich; diebisch; schuftig: ～眼 verschlagener (heimlicher) Blick; durchtriebene Augen ④ schlau; listig; durchtrieben: 老鼠真～。Ratten sind sehr schlau.

贼喊捉贼 zéi hǎn zhuō zéi ein Dieb schreit: „Haltet den Dieb!"

贼头贼脑 zéi tóu zéi nǎo sich wie ein Dieb verhalten; diebisch; verschlagen; schurkisch

贼心 zéixīn böse Absicht: ～不死 seine finsteren Pläne nicht abgeben wollen

zěn

怎 zěn 〈方〉 warum; wie: 你～不早说呀？Warum hast du das nicht früher gesagt?

怎么 zěnme ①［询问性质、状况、方式、原因等］: 这是～回事？Was ist denn los? 你～啦？Was ist los mit dir? 你～没去看电影？Warum bist du nicht ins Kino gegangen? 这个词～拼？Wie wird dieses Wort buchstabiert? ②［泛指性质、状况或方式］: 该～办就～办。Was zu tun ist, ist zu tun. ③［用于否定式、表示程度不够］: 这首歌我还没～学会。Dieses Lied kann ich noch nicht ganz.

怎样 zěnyàng ①［询问性质、状况、方式等］: 这件事你～向她解释? Wie willst du ihr das erklären? ②［泛指性质、状况或方式］: 想想从前～，再看看现在～。Denke darüber nach, wie es früher war, und mache dir dann klar, wie es jetzt ist.

zēng

曾 zēng durch zwei Generationen getrennte verwandtschaftliche Beziehungen: ～祖父 Urgroßvater *m* (väterlicherseits) * 另见 céng

曾孙 zēngsūn Urenkel *m*

曾祖 zēngzǔ Urgroßvater *m* (väterlicherseits)

憎 zēng hassen *vt*; verabscheuen *vt*; Ekel vor etw. empfinden: 爱～分明 genau unterscheiden, was man lieben und was man hassen soll 面目可～ abstoßendes Aussehen

憎恨 zēnghèn hassen *vt*; verabscheuen *vt*

憎恶 zēngwù verabscheuen *vt*; Ekel empfinden

增 zēng zunehmen *vi*; steipern *vt*; vermehren *vt*; verstärken *vt*; hinzufügen *vt*: 产量猛～。Die Produktion steigt stark. ～产节约 die Produktion steigern und sparsam wirtschaften; Produktionssteigerung und Sparsamkeit

增光 zēngguāng j-m Ehre machen; j-m zur Ehre gereichen: 为国～ dem Staat Ehre einbringen; das Ansehen des Staates erhöhen

增加 zēngjiā vermehren *vt*; vergrößern *vt*; Zunahme *f*; Zuwachs *m*: ～收入 die Einnahmen vermehren 体重～ Gewichtszunahme *f*; Zunahme an Körpergewicht

增进 zēngjìn fördern *vt*; vorantreiben *vt*; weiterentwickeln *vt*: ～友谊 die Freundschaft fördern ～健康 die Gesundheit fördern

增强 zēngqiáng verstärken *vt*; erhöhen *vt*; steigern *vt*: 这成果～了他的自信心。Der Erfolg steigerte sein Selbstbewußtsein. ～斗志 die Kampfmoral erhöhen

增援 zēngyuán Verstärkung *f*: ～部队 Verstärkungstruppe *f*

增长 zēngzhǎng steigen *vi*; wachsen *vi*; ansteigen *vi*; zunehmen *vi*: 参加的人数～了八倍。Die Zahl der Teilnehmer stieg auf das Achtfache an. ～才干 seine Fähigkeiten entwickeln ～知识 Kenntnisse erweitern

zèng

赠 zèng schenken *vt*; beschenken *vt*; Geschenke machen

赠送 zèngsòng schenken *vt*; beschenken *vt*; j-n mit etw. bedenken; j-m etw. zueignen: ～仪式 Schenkungsakt *m*; Überreichungszeremonie *f*

赠言 zèngyán einem Freund beim Abschied ein paar Worte zur Ermunterung sagen; j-m seine guten Wünsche mit auf den Weg geben: 临别～ gute Worte, die man j-m mit auf den Weg gibt; ermunternde Worte beim Abschied

赠阅 zèngyuè j-m ein Leseexemplar zur Verfügung stellen: ～本 Freiexemplar *n*; Werbenummer *f*

zhā

渣 zhā ① Niederschlag *m*; Rückstand *m*; Bodensatz *m*; Abschaum *m* ② kleine Stücke: 面包～ Krume *f*; Brösel *m*

渣滓 zhāzǐ Abschaum *m*; Auswurf *m*; Niederschlag *m*: 社会～ Abschaum der Gesellschaft

扎(紥) zhā ① stechen *vi/vt*: ～了手 j-n in den Finger stechen ② eintauchen *vi*; sich stürzen: 扑通一声，他～进水里去了。Mit einem

Plumps stürzte er sich kopfüber ins Wasser. ③ (Zelt) aufschlagen *vt*: ~营 ein Lager aufschlagen * 另见 zā; zhá

扎根 zhāgēn Wurzeln schlagen; einwurzeln *vi*: ~，开花，结果 Wurzeln schlagen, blühen und Frucht tragen

扎实 zhāshi ① fest; gut gebaut ② solide; zuverlässig; nüchtern: 干活儿~ solide Arbeit leisten

扎手 zhāshǒu ① sich (in die Hand) stechen: 留神~。Paß auf, daß du dich nicht stichst. ② heikel; schwer zu behanden: 这事真~。Das ist ein heikles Problem.

扎眼 zhāyǎn ① grell; knallig: 这块布的颜色太~。Die Farbe dieses Stoffes sticht zu sehr in die Augen. ② auffällig; auffallend

zhá

闸 zhá ① Schleuse *f* ② Wasser aufstauen ③ Bremse *f*: 踩~ auf die Bremse treten

闸门 zhámén Schleusentor *n*

炸 zhá in schwimmendem Öl braten; fritieren *vt*: ~糕 fritierter Pfannkuchen aus Klebreis * 另见 zhà

扎 zhá * 另见 zā; zhā

扎挣 zházheng <口> (wegen körperlicher Schwäche) sich mit großer Mühe bewegen; sich sehr anstrengen

札 zhá Brief *m*: 书~ Schreiben *n*

札记 zhájì Lesenotizen *pl*

轧 zhá (Stahl) walzen *vt* * 另见 gá; yà

轧钢 zhágāng Stahl walzen: ~机 Walzwerk *n*; Walzstraße *f* ~厂 Walzwerk *n*

zhǎ

眨 zhǎ zwinkern *vi*; blinzeln *vi*: 他向我~了~眼。Er zwinkert mit zu.

眨眼 zhǎyǎn Augenblick *m*: 一~的工夫 in einem Augenblick; im Nu

zhà

栅 zhà Gitter *n*; Gatter *n*; Zaun *m*: 铁~ Eisengitter *n*

栅栏 zhàlan Zaun *m*; Gatter *n*

乍 zhà ① anfänglich; zu Anfang; zu Beginn: ~一见面 bei der ersten Begegnung ② plötzlich; jäh: ~冷~热 bald warm, bald kalt ③ ausbreiten *vt*; ausstrecken *vt*: ~翅 die Flügel anheben

炸 zhà ① platzen *vi*; bersten *vi*; explodieren *vi*: 暖瓶~了。Die Thermosflasche ist geplatzt. ② sprengen *vt*; bombardieren *vt*: ~桥 eine Brücke sprengen ③ vor Wut bersten (*od* explodieren, platzen); wutschnaubend: 肺都气~了 vor Wut platzen * 另见 zhá

炸弹 zhàdàn Bombe *f*: 定时~ Zeitbombe *f*

炸药 zhàyào Sprengstoff *m*

诈 zhà ① betrügen *vt*; täuschen *vt* ② sich verstellen; vorgeben *vt*; tun als ob: ~死 sich tot stellen ~败 so tun, als ob man geschlagen wäre ③ aus j-m Informationen herauslocken; j-n bei einem Verhör mit einem Bluff überfahren: 他是拿话~我。Er versuchte mich mit Worten zu überfahren.

诈骗 zhàpiàn betrügen *vi*/*vt*; beschwindeln *vt*

榨 zhà ① pressen *vt*; auspressen *vt*: ~甘蔗 Zuckerrohr auspressen ~油 Öl pressen ② Presse *f*

榨取 zhàqǔ auspressen *vt*; ausbeuten *vt*

zhāi

斋(齋) zhāi ① fasten *vi* ② (als Observanz) vegetarisches Essen: 吃~ sich von pflanzlicher Kost ernähren; vegetarisch essen ③ Stube *f*; Zimmer *n*: 书~ Studierzimmer *n* ④ einem Mönch Essen geben

斋戒 zhāijiè (bei Weihe- oder Opferzeremonien) sich sauber kleiden, kein Fleisch essen und keinen Wein trinken; fasten *vi*

摘 zhāi ① pflücken *vt*; abnehmen *vt*: ~葡萄 Trauben pflücken ~花 Blumen pflücken

把眼镜～下来 die Brille abnehmen ② auswählen *vt*; ausziehen *vt*: ～译 (einen Text) auszugsweise übersetzen; Übersetzung in Auszügen

摘除 zhāichú operativ entfernen; herausschneiden *vt*: ～肿瘤 eine Geschwulst operativ entfernen

摘记 zhāijì ① Wesentliches notieren ② Auszug *m*; Notiz *f*; Vermerk *m*; kurze Aufzeichnung

摘录 zhāilù sich Notizen machen; exzerpieren *vt*; Aufzeichnung *f*; Auszug *m*; Notiz *f*

摘要 zhāiyào ① das Wichtigste notieren; Auszüge machen; exzerpieren *vt* ② Auszug *m*; Exzerpt *n*

zhái

宅 zhái Haus *n*; Wohnung *f*

宅院 zháiyuàn Wohnhaus mit einem Hof; großer Wohnhof

宅子 zháizi 〈口〉 Haus *n*; Wohnhaus *n*

择(擇) zhái auswählen *vt*; auslesen *vt* *另见 zé

择不开 zháibukāi ① nicht aufzuknüpfen (*od* zu lösen) sein; unauflösbar: 线乱成了一团，怎么也～了。Die Fäden sind miteinander verknotet und lassen sich nicht entwirren. ② etw. nicht loswerden können; sich von etw. nicht frei machen können: 一点工夫也～ sich keinen Moment frei machen können

zhǎi

窄 zhǎi ① eng; schmal: ～道 enger Weg; Pfad *m* ② engherzig; kleinlich: 心眼儿～ engherzig sein ③ sich in finanzieller Bedrängnis befinden; knapp bei Kasse sein

zhài

寨 zhài ① Lattenzaun *m*; Pfahlwerk *n* ② Lager *n*: 营～ Feldlager *n* ③ Bergfeste von Banditen; befestigte Räuberhöhle in den Bergen

债 zhài Schulden *pl*: 欠～ Schulden haben; sich in Schulden stützen; verschuldet sein 还～ Schulden zurückzahlen; Schulden tilgen 借～ Geld leihen (*od* aufnehmen)

债户 zhàihù Schuldner *m*

债权 zhàiquán Rechtsansprüche des Gläubigers: ～国 Gläubigerstaat *m* ～人 Gläubiger *m*

债券 zhàiquàn Schuldschein *m*; Schuldverschreibung *f*

债台高筑 zài tái gāo zhù sehr große Schulden machen; untilgbare Schulden haben; bis an den Hals (*od* bis über den Kopf, bis über die Ohren) in Schulden stecken

债务 zhàiwù Darlehen *n*; Schulden *pl*: ～人 Schuldner *m*

债主 zhàizhǔ Kreditgeber *m*; Gläubiger *m*

zhān

占 zhān wahrsagen *vi/vt*; Schicksalsdeutung *f* * 另见 zhàn

占卜 zhānbǔ (mit Schildkrötenpanzern, Münzen, Orakelstäbchen u.a.) wahrsagen *vi/vt*; orakeln *vi*; Schicksalsdeutung

占星 zhānxīng ein Horoskop stellen: ～术 Astrologie *f*; Sterndeutung *f*

沾 zhān ① befeuchten *vt*; anfeuchten *vt* ② mit etw. beschmutzt; besudelt; befleckt: ～上了泥 mit Schlamm bedeckt sein ③ berühren *vt*: 烟酒不～ sich des Rauchens und Alkohols enthalten ④ (an einem Vorteil) teilhaben *vi*; mitprofitieren *vt*; mitgenießen *vt*: ～光 an einem Vorteil teilhaben; etwas Gutes mitgenießen

沾边 zhānbiān ① etw. leicht berühren: 这事他也沾了边儿。 Er ist am Rande auch darin verwickelt. ② so sein, wie es sein sollte; einschlägig sein: 他说的和这个事儿一点不～。 Was er sagt, hat mit dem Thema gar nichts zu tun.

沾染 zhānrǎn angesteckt werden; verunreinigt werden; infiziert werden: 不要～官僚主义习气 nicht vom bürokratischen Arbeitsstil angesteckt werden

沾沾自喜 zhānzhān zì xǐ sich an etw. berauschen; sich in Selbstzufriedenheit ergehen (*od* wiegen)

粘 zhān kleben *vt*; an etw. haften * 另见 nián

粘连 zhānlián Verwachsung *f*; Adhäsion *f*

粘贴 zhāntiē ankleben *vt*; anschlagen *vt*: ～布告 eine Bekanntmachung anschlagen

毡(氈) zhān Filz *m*: ～帽 Filzhut *m*

毡子 zhānzi Filz *m*; Filzunterlage *f*; Filzdecke *f*

瞻 zhān geradeaus oder nach oben blicken; ansehen *vt*; zu etw. aufschauen

瞻念 zhānniàn an etw. denken; nachdenken *vi*: ～前途 an die Zukunft denken

瞻前顾后 zhān qián gù hòu nach vorn und hinten blicken; sehr vorsichtig; allzu umsichtig; zögernd

瞻望 zhānwàng in die Ferne blicken: 抬头～ den Kopf heben und in die Ferne blicken

瞻仰 zhānyǎng mit Respekt (*od* Pietät) betrachten: ～烈士陵园 das Mausoleum der gefallenen Helden voller Ehrfurcht betrachten

zhǎn

盏(盞) zhǎn ① kleines Trinkgefäß: 酒～ kleiner Weinbecher; Schnapsglas *n* ② 〈量〉[用于灯]: 一～灯 eine Lampe; ein Licht

斩 zhǎn abhacken *vt*; abschlagen *vt*; abschneiden *vt*: ～首 enthaupten *vt*; köpfen *vt* ～断 abhauen *vt* 快刀～乱麻 einen gordischen Knoten durchhauen

斩草除根 zhǎn cǎo chú gēn Unkraut mit der Wurzel ausrotten — etw. radikal ausmerzen; etw. mit Stumpf und Stiel ausrotten

斩钉截铁 zhǎn dīng jié tiě fest entschlossen; brüsk

展 zhǎn ① entfalten *vt*; entrollen *vt*: ～翅高飞 die Flügel ausbreiten und sich in die Höhe schwingen 愁眉不～ besorgt die Stirn runzeln ② etw. zur Entfaltung bringen: ～宏图 einen großen Plan ausführen ③ hinausschieben *vt*; verschieben *vt*: ～期 eine Frist hinausschieben ④ ausstellen *vt*; Ausstellung *f*: 预～ Voreröffnung einer Ausstellung; Vorausstellung *f*

展出 zhǎnchū ausstellen *vt*; etw. zur Schau stellen

展开 zhǎnkāi ① aufmachen *vt*; entfalten *vt*; entrollen *vt*; ausbreiten *vt*: 把地图～ die Landkarte entrollen ② etw. in Angriff nehmen; entfalten *vt*; durchführen *vt*: ～攻势 eine Offensive starten ～争论 eine Kontroverse führen

展览 zhǎnlǎn ausstellen *vt*; Ausstellung *f*: ～馆 Ausstellungshalle *f*; Ausstellungspavillon *m* ～会 Ausstellung *f* ～品 Ausstellungsstück *n*; Exponat *n*

展品 zhǎnpǐn Exponat *n*; Ausstellungsstück *n*

展示 zhǎnshì zeigen *vt*; etw. zur Schau stellen; darstellen *vt*: ～光明的前景 helle eine Perspektive zeigen

展望 zhǎnwàng ① ins Weite blicken; in die Zukunft schauen: ～未来 den Blick in die Zukunft richten ② Ausblick *m*; Erwartungen *pl*; Aussichten *pl*: 二十一世纪的～ Aussichten für das 21ste Jahrhundert

展销 zhǎnxiāo etw. zum Verkauf ausstellen: ～会 Verkaufsausstellung *f*

辗 zhǎn

辗转 zhǎnzhuǎn ① sich hin und her wälzen: ～不眠 sich von einer Seite auf die andere drehen und nicht einschlafen können ② von Ort zu Ort wandern; durch viele Hände laufen; im Umlauf sein: ～流传 von einem zum anderen weitergetragen werden; die Runde machen

zhàn

湛 zhàn tief; tiefschürfend; tiefgründig: 精～ vortrefflich; hervorragend

蘸 zhàn kurz eintauchen; eintunken *vt*; stippen *vt*

栈(棧) zhàn Herberge *f*; Lagerhaus *n*: 货～ Warenlager *n* 客～ Gasthaus *n*

栈道 zhàndào an eine Felswand gebauter Holzsteg

栈房 zhànfáng ① Warenlager *n*; Lagerhaus *n* ② Gasthaus *n*; Wirtshaus *n*

占(佔) zhàn ① etw. in Besitz nehmen; erobern *vt*; sich aneignen; etw. an sich reißen: 霸～ etw. mit Gewalt in Besitz nehmen 攻～ erobern *vt*: einnehmen *vt*; besetzen *vt* ② ausmachen *vt*; einnehmen *vt*; innehaben *vt*: ～多数 die Mehrheit ausmachen ～上风 die Oberhand haben ～优势 in der Übermacht sein ～世界第一位 den ersten Platz in der Welt einnehmen ◆ 另见 zhān

占据 zhànjù okkupieren *vt*; etw. in Besitz nehmen; etw. besetzt halten: ～重要的战略地位 eine wichtige strategische Stelle besetzen

占领 zhànlǐng erobern *vt*; besetzen *vt*; einnehmen *vt*: ～要塞 eine Festung besetzen

占线 zhànxiàn 〈电话〉 die Leitung ist besetzt

占有 zhànyǒu ① besitzen *vt*; haben *vt*; sich aneignen *vt*: ～第一手资料 Material aus erster Hand haben ② einnehmen *vt*; ausfüllen *vt*; beanspruchen *vt*: ～重要地位 eine wichtige Stelle einnehmen

站 zhàn ① stehen *vi*: ～起来 aufstehen *vi* 这孩子已经能～了。Das Kind kann schon stehen ～在某人一边 auf j-s Seite stehen ② stehenbleiben *vi*; halten *vi*: 这是特快，中途不～。Das ist ein Expreßzug ohne Zwischenhalt. 不怕慢，只怕～。Nicht langsame Fortschritte sind zu fürchten, sondern Stillstand ③ Station *f*; Haltestelle *f*: 火车～ Bahnhof *m* 公共汽车～ Bushaltestelle 终点～ Endstation *f* ④ Dienstbüro *n*; Station *f*: 服务～ Dienstleistungsstelle *f*; Servicestation *f*

站队 zhànduì in Reih und Glied antreten; sich in Reihen aufstellen; sich anstellen

站岗 zhàngǎng Wache (*od* Posten) stehen

站台 zhàntái Bahnsteig *m*: ～票 Bahnsteigkarte *f*

站住 zhànzhù ① stehenbleiben *vi*; halten *vi* ② fest stehen: 腿发软，站不住。Die Beine sind so kraftlos, daß man kaum stehen kann ③ Fuß fassen; festen Boden unter die Füße bekommen ④ stichhaltig sein

战(戰) zhàn ① Krieg *m*; Kampf *m*: 游击～ Guerrillakrieg *m* 持久～ langwieriger Krieg ② Krieg führen; kämpfen *vi*: 不宣而～ einen Krieg ohne Kriegserklärung beginnen ③ zittern *vi*; schaudern *vi*: 胆～心惊 vor Angst zittern und beben

战败 zhànbài ① einen Krieg verlieren; besiegt werden: ～国 unterlegenes (*od* besiegtes) Land; Verlierernation *f* ② besiegen *vt*; schlagen *vt*: ～对手 den Gegner besiegen

战备 zhànbèi Kriegsbereitschaft *f*; Kampfbereitschaft *f*

战斗 zhàndòu ① kämpfen *vi*; eine Schlacht schlagen: 英勇～ heldenhaft kämpfen 投入～ in die Schlacht ziehen ② kämpferisch: ～的友谊 kämpferische Freundschaft ～部队 Kampftruppe *f* ～意志 Wille zum Kampf ～英雄 Kampfheld *m* ～力 Kampffähigkeit *f*; Schlagkraft *f*

战犯 zhànfàn Kriegsverbrecher *m*

战俘 zhànfú Kriegsgefangene(r)

战果 zhànguǒ Kriegsergebnis *n*; Kriegsgewinn *m*; Sieg *m*: 辉煌～ glänzender Sieg; großartiger militärischer Erfolg

战壕 zhànháo Schützengraben *m*

战火 zhànhuǒ Kriegsfackel *f*; die Flammen des Krieges

战绩 zhànjī Kriegserfolg *m*

战局 zhànjú Kriegslage *f*; Kriegssituation *f*

战栗 zhànlì zittern *vi*: 吓得全身～ vor Angst am ganzen Körper zittern

战略 zhànlüè Strategie *f*: 全球～ globale Strategie ～核武器 strategische Kernwaffen

战胜 zhànshèng besiegen *vt*; einen Krieg gewinnen: ～敌人 den Feind besiegen ～困难 eine Schwierigkeit überwinden

战士 zhànshì ① Soldat *m* ② Kämpfer *m*

战术 zhànshù Taktik *f*: ～核武器 taktische Kernwaffen ～演习 taktisches Manöver

战线 zhànxiàn Front *f*; Kampflinie *f*

战役 zhànyì Schlacht *f*; Gefecht *n*; Kriegsoperation *f*

战友 zhànyǒu Mitkämpfer *m*; Kriegskamerad *m*; Kampfgefährte *m*

战战兢兢 zhànzhànjīngjīng ① mit Furcht und Zittern ② sehr ängstlich und vorsichtig

战争 zhànzhēng Krieg *m*: ～状态 Kriegszustand *m*

颤 zhàn zittern *vi*; schauern *vi*; schaudern *vi* * 另见 chàn

颤栗 zhànlì zittern *vi*; sich schütteln

绽 zhàn bersten *vi*; aufplatzen *vi*

zhāng

章 zhāng ① Kapitel *n*; Abschnitt *m* ② Ordnung *f*: 杂乱无～ wirres Durcheinander; verworren; chaotisch ③ Konstitution *f*; Statut *n*: 规～ Bestimmungen *pl*; Vorschriften *pl* ④ Stempel *m*; Siegel *n*: 盖～ stempeln *vt*; abstempeln *vt* ⑤ Abzeichen *n*: 领～ Kragenspiegel *m* 奖～ Medaille *f*; Orden *m* 袖～ Armbinde *f*

章程 zhāngchéng Regeln *pl*; Satzung *f*; Statut *n*

章法 zhāngfǎ ① Aufbau *m*; Gliederung *f*; Disposition *f*; Gedankenführung *f* ② Ordnung *f*; methodisches Vorgehen; systematische Anordnung: 他办事很有～。Er versteht sich auf systematisches Arbeiten.

樟 zhāng Kampferbaum *m*

樟脑 zhāngnǎo Kampfer *m*: ～丸 Kampfer-, Mottenkugel *f* ～油 Kampferöl *n*

张(張) zhāng ① öffnen *vt*; spannen *vt*: ～嘴 den Mund öffnen ～翅膀 die Flügel ausbreiten ② schauen *vi*; sehen *vi/vt*: 东～西望 sich umsehen; umherblicken *vi* ③ vergrößern *vt*; übertreiben *vt*: 虚～声势 mit Lärm Macht vortäuschen ④ ein Geschäft eröffnen: 开～ ein Geschäft eröffnen; ein neues Unternehmen starten ⑤ <量>: 一～桌子 ein Tisch 两～床 zwei Betten 一～纸 ein Blatt (*od* Bogen) Papier

张本 zhāngběn ① Vorarbeit *f*; Vorbereitung *f* ② Anspielung auf spätere Ereignisse in einer Geschichte

张挂 zhāngguà (ein Bild, einen Vorhang u.ä.) aufhängen *vt*

张冠李戴 Zhāng guān Lǐ dài etw./j-n mit etw./j-m anderen verwechseln; etw. verkehrt machen

张皇 zhānghuáng <书> bestürzt; angstvoll; fassungslos: ～失措 aus Bestürzung weder ein oder aus wissen; vor Angst außer sich sein; vor Furcht die Fassung verlieren

张口结舌 zhāng kǒu jié shé mit offenem Mund dastehen; vor Verlegenheit stottern; j-m verschlägt es die Rede; wie auf den Mund geschlagen sein

张罗 zhāngluo ① besorgen *vt*; verrichten *vt*: 要带的东西早点儿收拾好，不要临时～。Lege das, was mitzunehmen ist, vorher zurecht, und verschiebe nicht alles auf die letzte Minute. ② (Geld) beschaffen *vt*: ～一笔钱 eine Geldsumme zusammenbringen ③ bewirten *vt*; bedienen *vt*: 顾客很多，一个售货员～不过来。Es sind zu viele Kunden, als daß eine Verkäuferin allein die Bedienung bewältigen könnte.

张贴 zhāngtiē ankleben *vt*; anschlagen *vt*: ～通告 eine Bekanntmachung ankleben

张望 zhāngwàng ① durch einen Türspalt, eine Ritze usw. verstohlen blicken; linsen *vi* ② herumgucken *vi*; spähen *vi*

张牙舞爪 zhāng yá wǔ zhǎo zähnefletschend und prankenschlagend; die Zähne (*od* Fänge) zeigen; sich wie wild gebärden

张扬 zhāngyáng verbreiten *vt*; ausposaunen *vt*: 四处～ überall herumposaunen; etw. an die große Glocke hängen 这事还没定下来，先别～出去。Diese Sache ist noch in der Schwebe, also zuerst nicht an die große Glocke hängen.

zhǎng

掌 zhǎng ① Handfläche *f* ② mit der Handfläche schlagen: ～嘴 eine Ohrfeige geben ③ in der Hand halten; verwalten *vt*; regieren *vt*: ～财权 die Finanzangelegenheiten verwalten ④ Fußsohlen von bestimmten Tieren: 熊～ Bärentatze *f* 鸭～ Entenfüße *pl* ⑤ Hufeisen *n*: 这匹马该钉～了。Das Pferd muß beschlagen werden. ⑥ Stück der Schuhsohle oder des Absatzes: 这鞋要钉前后～。Die Schuhe müssen vorn und hinten neu besohlt werden.

掌舵 zhǎngduò steuern *vt*; das Steuer führen

掌故 zhǎnggù historische Aufzeichnungen; Anekdote *f*

掌管 zhǎngguǎn verwalten *vt*; leiten *vt*; führen *vt*: ～一个部门 eine Abteilung leiten

掌柜 zhǎngguì Ladenbesitzer *m*; Chef *m* (als Anrede für einen Geschäftsinhaber)

掌权 zhǎngquán die Macht haben; an der Macht sein

掌声 zhǎngshēng Beifall *m*; Applaus *m*: ～雷动 tosender Beifall

掌握 zhǎngwò ① sich etw. zu eigen machen und es anwenden können; meistern *vt*; mit etw. vertraut sein; beherrschen *vt*: ～技术 eine Technik beherrschen ～问题实质 das Wesen eines Problems erfassen ② kontrollieren *vt*; etw. in der Hand haben: ～会议 eine Sitzung leiten ～政权 die politische Macht ausüben

长(長) zhǎng ① älter: 比他年～ älter als er ② Älteste(r): ～兄 ältester Bruder ～女 älteste Tochter ③ Leiter *m*; Chef *m*; Vorsteher *m*: 科～ Abteilungsleiter *m* 代表团团～ Delegationsleiter *m* ④ wachsen *vi*; sich entwickeln: ～大 erwachsen sein 那里连草都不～。Da will sogar kein Gras wacksen. ⑤ entstehen *vi*: ～锈 rosten *vi*; Rost setzt sich an 树木都～叶子了。Die Bäume treiben schon Blätter. ⑥ fördern *vt*; entwickeln *vt*: ～见识 seine Kenntnisse erweitern * 另见 cháng

长辈 zhǎngbèi Familienangehörige der älteren Generation; Senior *m*

长进 zhǎngjìn Fortschritte machen

长势 zhǎngshì Wachstum *n*; Entwicklungsstand von Pflanzen: 作物～良好。Die Feldfrüchte wachsen gut.

长相 zhǎngxiàng <口> Aussehen *n*; Gesichtszüge *pl*: 看她们的～好象是姐儿俩。Sie sehen wie Schwestern aus.

长者 zhǎngzhě ① Alte(r) ② ehrwürdiger Alter; Nestor *m*; ältere, ehrwürdige Frau; Matrone *f*

涨(漲) zhǎng steigen *vi*; anschwellen *vi*: 价格上～。Die Preise steigen. * 另见 zhàng

涨潮 zhǎngcháo Flut *f*; das Steigen der Flut

涨风 zhǎngfēng Preisanstieg *m*; Preissteigerungswelle *f*

zhàng

障 zhàng ① versperren *vt*; abhalten *vt*; hindern *vt* ② Hindernis *n*: 屏～ Schutzwand *f*

障碍 zhàng'ài Hindernis *n*; Hemmnis *n*: ～物 Hindernis *n*; Barriere *f* 扫除～ Hindernisse beseitigen; Hindernisse aus dem Weg schaffen

丈 zhàng ① eine Längenmaßeinheit ($=^1/_3$ Meter) ② vermessen *vt*: 清～ (eine Bodenfläche) genau ausmessen; Land vermessen

丈夫 zhàngfu Ehemann *m*; Mann *m*: ～气概 Mannhaftigkeit *f*; Ritterlichkeit *f*

丈量 zhàngliáng vermessen *vt*: ～土地 Felder (*od* Land) vermessen

丈母娘 zhàngmuniáng Mutter der Ehefrau; Schwiegermutter *f*

丈人 zhàngren Vater der Ehefrau; Schwiegervater *m*

杖 zhàng ① Stock *m*; Stab *m*: 扶～而行 am Stock gehen ② Stock *m*; Knüppel *m*; Stange *f*: 擀面～ Nudelholz *n*; Teigrolle *f*

仗 zhàng ① (eine Waffe) in der Hand haben: ～剑 ein Schwert halten ② sich auf j-n/etw. stützen (*od* verlassen); mit Hilfe von j-m/etw.: 狗～人势 der Hund bellt leuter, wenn er seinen Herrn hinter sich hat

仗势欺人 zhàng shì qī rén gestützt auf eine Machtposition andere schikanieren; seine Machtstellung mißbrauchen, um anderen seinen Willen aufzuzwingen

仗义疏财 zhàng yì shū cái aus Gerechtigkeitssinn anderen Leuten mit eigenem Geld helfen

仗义执言 zhàng yì zhí yán aus Gerechtigkeitssinn für j-n eintreten (*od* für j-n ein Wort einlegen)

涨(漲) zhàng ① durch Wasser aufschwellen; quellen *vi* ② Blutandrang *m* (im Kopf): 他气得～红了脸。Vor Arger lief sein Gesicht rot an. 头昏脑～ einen schweren Kopf haben; Kopfweh (*od* Kopfschmerzen) haben * 另见 zhǎng

帐(帳) zhàng ① Schutzdach mit Vorhängen: 蚊～ Moskitonetz *n* ②

Rechnung *f*: 记～ Rechnungsbücher führen; Rechnungsbeträge eintragen 结～ abrechnen *vt* ③ Schulden *pl*; Kredit *m*: 赊～ etw. auf Kredit kaufen bzw. verkaufen; etw. anschreiben lassen

帐簿 zhàngbù Rechnungsbuch *n*

帐房 zhàngfáng ① Kasse *f* ② Rechnungsführer *m*; Kassierer *m*

帐户 zhànghù Konto *n*: 在银行开立～ ein Konto auf der Bank eröffnen 结束～ ein Konto aufheben (*od* löschen, schließen)

帐目 zhàngmù Eintragung *f* (in ein Rechnungsbuch); Buchung *f*; Rechnung *f*: 定期公布～ die Bilanz regelmäßig offenlegen

帐篷 zhàngpeng Zelt *n*: 搭～ ein Zelt aufschlagen

胀(脹) zhàng ① sich ausdehnen: 人口膨～ Bevölkerungsexpansion *f* ② anschwellen *vi*; aufgeschwollen sein; Schwellung *f*; Völlegefühl *n*; Blähung *f*: 肚子发～ ein Völlegefühl haben

zhāo

着 zhāo ① Schachzug *m*: 走错一～ einen falschen Zug machen ② Trick *m*; List *f*; Methode *f*: 使花～ einen Trick anwenden * 另见 zháo; zhe; zhuó

朝 zhāo ① Morgen *m*: ～阳 Morgensonne *f* ② Tag *m*: 今～ heute; heutzutage * 另见 cháo

朝令夕改 zhāo lìng xī gǎi den Befehl vom Morgen abends wieder ändern — allzu schnelle Änderung politischer Linien oder Weisungen

朝气 zhāoqì Jugendfrische *f*; Lebenskraft *f*; Vitalität *f*: ～蓬勃 voller Lebenskraft (*od* Vitalität) sein

朝三暮四 zhāo sān mù sì wetterwendisch; allzu unbeständig; sich einmal so, einmal anders verhalten; heute so, morgen so

朝夕 zhāoxī ① von früh bis spät; den ganzen Tag; Tag und Nacht; täglich ② sehr kurze Zeit: 只争～ die Zeit nutzen; um jede Minute kämpfen

朝霞 zhāoxiá Morgenröte *f*

招 zhāo ① (mit der Hand) winken *vi*: 他把手一～,要我跟上。Er gibt mir mit der Hand ein Zeichen, ihm zu folgen. ② anstellen *vt*; anwerben *vt*: ～工 Arbeiter anwerben ～生 neue Schüler oder Studenten aufnehmen ③ sich etw. zuziehen; etw. nach sich ziehen; zu sich lokken: ～灾 Unglück (für sich) heraufbeschwören ④ (ein Verbrechen) gestehen *vt*; bekennen *vt*: 不打自～ etw. ohne Folter gestehen; etw. ohne äußeren Zwang zugeben ⑤ [同"着" zhāo] Trick *m*; Einfall *m*; Schnitt *m*: 你这一～真高。Das ist wirklich ein brillianter Trick (*od* Einfall) von dir.

招标 zhāobiāo um Angebote (*od* Offerten) bitten; einen Auftrag ausschreiben

招待 zhāodài bewirten *vt*; empfangen *vt*: 设宴～ ein Bankett geben ～客人 Gäste empfangen 记者～会 Pressekonferenz *f*

招供 zhāogòng ein Geständnis ablegen; sich schuldig bekennen; ein Verbrechen gestehen

招呼 zhāohu ① rufen *vt*: 那边有人～你。Dort ruft dich jemand. ② grüßen *vt*: 热情地打～ j-n herzlich grüßen ③ mitteilen *vt*; sagen *vt*: 你要是不去,事先打个～。Wenn du nicht mitkommst, gib uns vorher Bescheid. ④ für j-n sorgen; pflegen *vt*: ～老人 Alte pflegen

招架 zhāojià parieren *vt*; abwehren *vt*; sich wehren: ～不住 nicht parieren können; sich nicht wehren können

招徕 zhāolái (um Kunden oder für ein Geschäft) werben *vi*; (Kunden) anlocken *vt*: ～顾客 Kunden werben

招揽 zhāolǎn (Kunden) werben *vt*; Aufträge hereinholen (*od* sammeln): ～主顾 Kunden werben

招领 zhāolǐng Bekanntgabe von Fundsachen: 失物～处 Fundbüro *n*

招募 zhāomù anwerben *vt*; rekrutieren *vt*

招牌 zhāopai Aushängeschild *n*; Ladenschild *n*

招聘 zhāopìn (durch Anzeigen) Personal anwerben

招惹 zhāore hervorrufen *vt*; herbeiführen *vt*; heraufbeschwören *vt*: ～是非 sich/j-m Unannehmlichkeiten bereiten; sich/j-n in Schwierigkeiten bringen

招认 zhāorèn ein Geständnis ablegen; eine Schuld zugeben; ein Verbrechen eingestehen
招手 zhāoshǒu mit der Hand winken: ～致意 j-m grüßend zuwinken
招贴 zhāotiē Plakat *n*; Anschlag *m*; Poster *n*
招摇 zhāoyáo sich auffällig benehmen; die Aufmerksamkeit anderer auf sich ziehen wollen
招摇过市 zhāoyáo guò shì über den Markt stolzieren — vor den Massen vorbeiflanieren, um ihre Aufmerksamkeit auf sich zu lenken; sich zur Schau stellen
招摇撞骗 zhāoyáo zhuàngpiàn unter falschem Namen lügen und betrügen; Lug und Trug
招致 zhāozhì ① anwerben und einstellen ② verursachen *vt*; hervorrufen *vt*; heraufbeschwören *vt*: ～意外的损失 unerwartete Verluste verursachen
昭 zhāo hell; klar; offensichtlich; evident
昭然若揭 zhāorán ruò jiē auf der Hand liegen; ganz deutlich; völlig klar; sonnenklar: 事实已～。Die Tatsache liegt klar auf der Hand.
昭雪 zhāoxuě ein Unrecht wiedergutmachen; rehabilitieren *vt*; reinwaschen *vt*
昭彰 zhāozhāng klar; offenbar; deutlich: 罪恶～ wegen schwerer Verbrechen berüchtigt
昭著 zhāozhù klar; deutlich; sichtbar: 成绩～ hervorragende Erfolge erzielt haben; von Erfolg gekrönt werden

zháo

着 zháo ① berühren *vt*: 上不～天，下不～地 weder den Himmel noch die Erde berühren; mitten in der Luft schweben ② getroffen werden; erleiden *vt*; an etw. (Erkältung usw.) leiden: ～凉 sich erkälten ③ brennen *vi*: 炉子～得很旺。Der Ofen brennt ganz gut. 路灯都～了。Alle Straßenlaternen brennen. ④ [用在动词后]: 睡～了 eingeschlafen sein 灯点～了 ein Licht angezündet haben 打～了 das Ziel getroffen haben ⑤ einschlafen *vi*: 他躺下就～了。Er legte sich hin und schlief sofort ein. * 另见 zhāo; zhe; zhuó
着火 zháohuǒ in Brand geraten; Feuer fangen
着急 zháojí sich aufregen; sich beunruhigen; besorgt sein: 别～。Sei unbesorgt!
着迷 zháomí versessen auf etw. sein; von etw. gefesselt sein

zhǎo

沼 zhǎo (natürlicher) Teich *m*
沼气 zhǎoqì Faulgas *n*; Sumpfgas *n*; Methan *n*
沼泽 zhǎozé Sumpf *m*; Moor *n*; Morast *m*
找 zhǎo ① suchen *vt/vi*; sich nach etw. umsehen; etw. ausfindig machen: ～工作 sich nach Arbeit umsehen; Arbeit suchen; auf Arbeitssuche sein ～答案 eine Lösung suchen ② zu j-m kommen; j-n zu sprechen wünschen; j-n besuchen: 早晨有人～过你。Am Morgen hat jemand nach dir gefragt. 有人～您。Jemand wünscht Sie zu sprechen. ③ herausgeben *vt*: 他～我三元。Er hat mir drei Yuan herausgegeben.
找事 zhǎoshì ① eine Arbeit (*od* einen Job) suchen; nach einer Beschäftigung Ausschau halten ② stänkern *vi*; Händel suchen; einen Streit vom Zaun brechen
找死 zhǎosǐ den Tod suchen
爪 zhǎo Klaue *f* * 另见 zhuǎ
爪牙 zhǎoyá Klauen und Zähne — Helfershelfer *pl*; Handlanger *pl*

zhào

肇 zhào <书> ① beginnen *vi/vt*; anfangen *vi/vt* ② veranlassen *vt*; verursachen *vt*
肇事 zhàoshì Unfrieden (*od* Händel) stiften; Unheil anrichten; für Unruhe sorgen: 追查～者 dem Unruhestifter nachgehen
罩 zhào ① bedecken *vt*; zudekken *vt*; überziehen *vt*: 把仪器～好 die Instrumente sorgfältig zudecken 天空～满乌云。Dunkle Wolken bedecken den Himmel. ② Deckel *m*; Haube *f*; Kappe *f*; Schutzhülle *f*; Ummantelung *f*: 口～ Mund-

schutz *m* 灯～ Lampenschirm *m* 发动机～ Motorhaube *f*
罩衫 zhàoshān Überkleidung *f*; Schutzanzug *m*
兆 zhào ① Vorzeichen *n*; Anzeichen *n*; Omen *n*: 吉祥之～ glückliches Omen ② verkünden *vt*; prophezeien *vt*: 瑞雪～丰年。Pünktlicher Schnee verspricht gute Ernte. ③ Million *f*; Mega-; mega-
兆头 zhàotou Omen *n*; Zeichen *n*
兆周 zhàozhōu Megahertz *n*
召 zhào rufen *vt*; zusammenrufen *vi*; einberufen *vt*: ～唤 rufen *vi/vt*
召回 zhàohuí zurückrufen *vt*; abberufen *vt*: ～大使 einen Botschafter abberufen
召集 zhàojí zusammenrufen *vt*; einberufen *vt*; versammeln *vt*:～全体同志开会 alle Kollegen zu einem Treffen zusammenrufen ～人 Einberufende(r)
召见 zhàojiàn ① (einen Untergebenen) zu sich rufen; j-n zu sich beordern; herbeizitieren *vt* ② (einen Botschafter) zu einer Unterredung zitieren
召开 zhàokāi einberufen *vt*: ～一次首脑会议 eine Gipfelkonferenz einberufen
诏 zhào 〈书〉 ① unterrichten *vt*; unterweisen *vt*; belehren *vt* ② kaiserliches oder königliches Edikt
诏书 zhàoshū kaiserliches oder königliches Edikt
照 zhào ① scheinen *vi*; leuchten *vi*; beleuchten *vt*; erleuchten *vt*; erhellen *vt*: 太阳～到了屋子里。Die Sonne scheint ins Zimmer. 车灯把大路～得通亮。Autoscheinwerfer erleuchteten die Straß. 他用手电筒～了我一下。Er hat mich mit einer Taschenlampe beleuchtet. ② widerspiegeln *vt*; spiegeln *vt*: 湖面如镜,把岸上树木～得清清楚楚。Die glatte, spiegelnde Fläche des Sees spiegelt die Bäume am Ufer wider. ③ eine Aufnahme machen; fotografieren *vi/vt*: 我给你～张相。Ich möchte von dir eine Aufnahme machen. ④ Photographie *f*; Lichtbild *n*; Aufnahme *f*: 剧～ Szenenaufnahme *f* 彩～ Farbbild *n*; Farbaufnahme *f* ⑤ Lizenz *f*; Genehmigungsschein *m*: 禁止无～行车。Fahren ohne Lizenz verboten! ⑥ auf j-n aufpassen; sich um etw./j-n kümmern; für etw./j-n sorgen: ～料 für j-n sorgen; auf j-n/etw. achten ⑦ gegenüberstellen *vt*; vergleichen *vt*: 对～ etw. mit etw. vergleichen 请对～原文。Vergleichen Sie bitte dies mit dem Original. ⑧ verstehen *vt*; begreifen *vt*: 心～不宣 mit j-m in etw. übereinstimmen, ohne ein Wort darüber zu verlieren; in stillschweigendem Einvernehmen sein ⑨ in der Richtung; auf ... zu; nach ... hin; gegen (*od* zu) ... hin: ～这个方向走 in dieser Richtung gehen ⑩ gemäß; nach; in Übereinstimmung mit: ～规章办事 vorschriftsmäßig handeln ～我看 nach meiner Meinung
照办 zhàobàn nach etw. handeln; entsprechend verfahren; sich nach etw. richten
照本宣科 zhào běn xuān kē einen Text herunterbeten einen Text mechanisch vorlesen
照常 zhàocháng wie üblich (*od* gewöhnlich): ～营业 geöffnet wie gewöhnlich (Laden, Geschäfte u. a.)
照抄 zhàochāo Wort für Wort abschreiben: 这封推荐信请你～一份。Machen Sie bitte eine Abschrift von diesem Empfehlungsbrief.
照顾 zhàogu ① berücksichtigen *vt*; etw. in Betracht (*od* Erwägung) ziehen: ～全局 das Ganze im Auge behalten ～当地条件 Rücksicht auf die örtlichen Bedingungen nehmen ② sich um j-n kümmern; betreuen *vt*; Fürsorge *f*: ～病人 für einen Kranken sorgen 给予特别～ j-m eine besondere Behandlung angedeihen lassen
照管 zhàoguǎn versorgen *vt*; betreuen *vt*; aufpassen *vi*: ～孩子 auf die Kinder aufpassen ～伤员 Verwundete betreuen
照会 zhàohuì ① eine Note überreichen ② Note *f*: 交换～ Notenaustausch *m*; Noten austauschen (*od* wechseln) 普通～ Verbalnote *f* 正式～ offizielle Note
照旧 zhàojiù wie früher; wie immer; wie sonst; unverändert: 工作程序～。Der Arbeitsablauf bleibt gleich.
照例 zhàolì in der Regel; wie gewöhnlich: 他～在这个时候来。Er kam wie gewöhnlich
照料 zhàoliào sich j-s annehmen;

für j-n/etw. sorgen; betreuen *vt*: 她把小女儿托给一位老大娘～。Sie hat ihre kleine Tochter einer alten Frau anvertraut.

照明 zhàomíng beleuchten *vt*; Beleuchtung *f*: 舞台～ Bühnenbeleuchtung *f* ～装置 Lichtanlage *f*

照片 zhàopiàn Lichtbild *n*; Foto *n*; Aufnahme *f*; Photographie *f*: 加印～ einen Abzug von einem Negativ machen lassen 放大～ vergrößertes Foto; ein Foto vergrößern

照射 zhàoshè strahlen *vi*; bestrahlen *vt*; bescheinen *vt*; belichten *vt*: 用紫外线～ etw. ultravioletter Strahlung aussetzen

照相 zhàoxiàng eine Aufnahme machen; photographieren *vt*: ～簿 Photoalbum *n* ～复制 Photokopie *f* ～馆 Photoatelier *n*

照相机 zhàoxiàngjī Photoapparat *m*; Kamera *f*

照样 zhàoyàng ① nach einem Muster ② auf die gleiche alte Weise; in derselben Weise; wie früher

照耀 zhàoyào scheinen *vi*; erleuchten *vt*

照应 zhàoyìng (sich) aufeinander abstimmen; miteinander in einer Wechselbeziehung stehen

照应 zhàoying für j-n sorgen; sich um j-n kümmern: 医务人员细心～病人。Das medizinische Personal kümmert sich sorgsam um den Kranken.

zhē

遮 zhē ① bedecken *vt*; zudecken *vt*; verdecken *vt*: 月亮给云彩～住了。Der Mond war von Wolken verdeckt. ② Schutz gegen etw. bieten; vor etw. schützen: ～风挡雨 vor Wind und Regen schützen

遮蔽 zhēbì versperren *vt*; verstopfen *vt*; blockieren *vt*: ～视线 j-m die Sicht nehmen; j-m die Aussicht versperren

遮挡 zhēdǎng vor etw. schützen; draußen halten (*od* lassen): ～寒风 vor kaltem Wind schützen

遮盖 zhēgài ① bedecken *vt*; zudecken *vt*; überziehen *vt*: 山路全给大雪～住了。Die Bergstraßen sind völlig zugeschneit ② verdecken *vt*; verbergen *vt*; verschleiern *vt*: ～缺点 Fehler verschleiern

遮羞 zhēxiū eine Blamage verheimlichen; einen Skandal vertuschen: ～布 Feigenblatt *n*

遮掩 zhēyǎn ① bedecken *vt*; einhüllen *vt* ② verbergen *vt*; verhüllen *vt*; verhehlen *vt*; bemänteln *vt*: 大胆承认错误，不要遮遮掩掩。Gestehe mutig Fehler ein, und versuche nicht, sie zu bemänteln

折 zhē <口> umschlagen *vi*; umwerfen *vt*: ～个跟斗 einen Salto schlagen; einen Purzelbaum machen * 另见 shé; zhé

折腾 zhēteng <口> ① sich hin- und herwälzen: 他～了好几个钟头才睡着。Er wälzte sich stundenlang im Bett herum, bevor er einschlief ② etw. immer wieder tun ③ quälen *vt*: 慢性病～人。Die chronische Krankheit kann wirklich zu einer Qual werden.

zhé

折 zhé ① brechen *vt*; zerknakken *vt*; zerbrechen *vt*: ～断腿 sich ein Bein brechen ② verlieren *vt*; einen Verlust erleiden: 损兵～将 große Verluste an Truppen erleiden ③ biegen *vt*; krümmen *vt*: 曲～ Windungen und Wendungen; Zickzack *m* 百～不挠 trotz aller Rückschläge den Kampf weiterführen ④ umkehren *vi*; zurückkehren *vi*; umwenden *vi*; die Richtung wechseln: 他刚走出不远又～了回来。Er war noch nicht weit, als er sich wieder umdrehte und zurückkam. ⑤ von etw. überzeugt sein: 心～ von etw. sehr überzeugt sein ⑥ umrechnen *vt*: 把瑞士法郎～成美元 Schweizer Franken in Dollar umrechnen ⑦ Rabatt *m*: 打八～ 20% Rabatt geben ⑧ falten *vt*; zusammenfalten *vt*: 把信纸～好 einen Briefbogen falten ⑨ Falthülle zum Aufbewahren von Rechnungen usw.: 存～ Sparbuch *n*; Kontobuch *n* *另见 shé; zhē

折服 zhéfú ① überzeugen *vt*; überreden *vt*; bezwingen *vt*; überwältigen *vt*; unterwerfen *vt*; j-n gefügig machen: 艰难困苦～不了为真理而奋斗的人。Keine Schwierigkeiten und Entbehrungen können diejenigen beugen, die für die Wahrheit kämpfen. ② von etw. überzeugt sein: 令人～ sich überzeugen lassen

折合 zhéhé umrechnen *vt*: 一马克～成人民币是多少? Wieviel *Renminbi* kommen auf eine Mark?

折旧 zhéjiù Verschleißabschreibung *f*; Abnutzungsermäßigung *f*: ～费 Abschreibungsbetrag *m*

折扣 zhékou Preisnachlaß *m*; Abschlag *m*; Rabatt *m*: 打～ Rabatt geben; einen Preisnachlaß gewähren

折磨 zhémo quälen *vt*; peinigen *vt*; plagen *vt*

折射 zhéshè brechen *vi*; Brechung *f*; Refraktion *f*

折中 zhézhōng Kompromiß *m/n*: ～主义 Eklektizismus *m*

折子戏 zhézixì ausgewählte Szenen aus traditionellen chinesischen Opern

哲 zhé ① weise; klug; geistreich; scharfsinnig ② Weise(r): 先～ Weise (r) aus alten Zeiten

哲理 zhélǐ philosophische Theorie; Philosophie *f*

哲学 zhéxué Philosophie *f*: ～家 Philosoph *m*

蛰(蟄) zhé

蛰居 zhéjū zurückgezogen leben: ～书斋 immer nur in seiner Studierstube hocken

辙 zhé ① Wagengeleise *n*; Wagenspur *f* ② <方> [多用在"有、没"后面] Weg *m*; Idee *f*: 没～ keinen Ausweg finden; mit seiner Weisheit am Ende sein

zhě

褶 zhě Falte *f*; Plissee *n*: 百～裙 Plisseerock *m* 熨平衬衫上的～儿 die Falten aus dem Hemd bügeln

褶子 zhězi ① Falte *f*; Plissee *n* ② Falte *f*; Kniff *m* ③ Falte *f*; Runzel *f*

者 zhě <助> ① [用在形容词或动词后面，或带有形容词或动词的词组后面，代替人或事物]: 老～ Alte(r) 弱～ Schwache(r) 读～ Leser *m* 出版～ Verleger *m* 符号标准～ diejenigen, die den Anforderungen genügen ②[用在某某工作、某某主义后面，表从事某项工作或信仰某个主义的人]: 医务工作～ ärztlicher Mitarbeiter 唯物主义～ Materialist *m* ③ [用在"二""三""数"等词后面，指上文所说的事物]: 二～必居其一。 Es kann nur eins von beiden geben.

赭 zhě rotbraun; Ockerfarbe *f*

zhè

这(這) zhè ① dieser; dies; das: ～地方 diese Gegend ② nun; jetzt; gleich: 我～就走。Ich gehe gleich.

这般 zhèbān solch; derartig; so; dermaßen; so wie: ～大小 diese Größe 如此～ so und so; auf diese Weise

这边 zhèbiān diese Seite; hier: 正义在我们～。Die Gerechtigkeit ist auf unserer Seite. 到～来。Komm mal herüber!

这次 zhècì dieses Mal; diesmal: ～会议 diesmalige Sitzung

这个 zhège ① dieser; dies; das: ～比那个沉。Dies ist schwerer als das da. ② <口> [用在动词、形容词之前，表示夸张] so; solch: 大家～乐啊! Was für eine Freude für alle!

这里 zhèlǐ hier

这么 zhème so; solch; so wie; auf diese Weise: 他就是～个人。Er ist nun einmal so. 大家都～说。So sagen alle Leute. 这间屋子～大哪! Das Zimmer ist so groß!

这些 zhèxie diese: ～书 diese Bücher ～日子 diese Tage

这样 zhèyàng so; solch; solcherart; diese Art; auf diese Weise: 别走～快。Geh nicht so schnell. 情况就是～。So liegen die Dinge nun einmal. 或 Das ist nun einmal so.

蔗 zhè Zuckerrohr *n*

蔗糖 zhètáng ① Rohrzucker *m* ② Sucrose *f*; Sa(c)charose *f*

zhe

着 zhe <助> ① [表示动作或状态的持续]: 他们正开～会呢。Sie haben gerade eine Sitzung. 他眼睛含～眼泪。Tränen standen ihm in den Augen. ② [加强命令或嘱咐的语气]: 你听～。Hör mal zu! 快～点儿! Beeil dich! ③ [加在某些动词后

峥 zhēng

峥嵘 zhēngróng ① hochragend und steil; steil emporsteigend; überragend ② hervorragend; außergewöhnlich

狰 zhēng

狰狞 zhēngníng böse; grausam; grimmig; scheußlich: ～面目 abscheuliche Fratze; bestialische Züge

蒸 zhēng ① verdampfen *vi*; verdunsten *vi* ② dämpfen *vt*: ～饭 Reis dämpfen

蒸发 zhēngfā Verdampfung *f*; Evaporation *f*

蒸馏 zhēngliú Destillation *f*: ～水 destilliertes Wasser

蒸气 zhēngqì Dampf *m*

蒸汽 zhēngqì Dampf *m*: ～机 Dampfmaschine *f* ～浴 Dampfbad *n*

蒸蒸日上 zhēngzhēngrì shàng sich rasch aufwärtsentwickeln; täglich mehr aufblühend

zhěng

整 zhěng ① ganz; gesamt; vollkommen; vollständig: ～夜 die ganze Nacht ～学期 ein volles Semester 七点～ pünktlich um sieben Uhr ② ordentlich; geordnet; sauber; reinlich; gepflegt: 衣冠不～ nicht anständig gekleidet sein ③ in Ordnung bringen; berichtigen *vt*: ～改 korrigieren und reformieren ～装待发 reisefertig sein; aufbruchsbereit ④ ausbessern *vt*; reparieren *vt*; renovieren *vt*: ～修 renovieren *vt*; restaurieren *vt* ⑤ j-n grundlos anschuldigen und bestrafen; j-n wegen einer angeblichen Schuld verfolgen: ～人 j-n übel behandeln

整饬 zhěngchì etw. in Ordnung bringen; neuordnen *vt*; kräftigen *vt*: ～纪律 die Disziplin stärken

整顿 zhěngdùn reorganisieren *vt*; verbessern *vt*; konsolidieren *vt*: ～好各方面的工作 die Arbeit auf allen Gebieten wieder ins rechte Gleis bringen

整个 zhěnggè ganz; ungeteilt; gesamt: ～上午 der ganze Vormittag 在～社会主义阶段 in der gesamten Phase des Sozialismus 他把这件事～儿给忘了。Er hat das total vergessen.

整洁 zhěngjié sauber; reinlich; ordentlich; gepflegt: 衣着～ ordentlich gekleidet sein

整理 zhěnglǐ etw. in Ordnung bringen; Ordnung schaffen (*od* machen); ordnen *vt*: ～房间 ein Zimmer aufräumen (*od* in Ordnung bringen) ～资料 Material (*od* Unterlagen) ordnen ～文化遗产 das Kulturerbe sichten

整流 zhěngliú Gleichrichtung *f*: ～器 Gleichrichter *m*

整齐 zhěngqí ① ordentlich; geordnet; in guter Ordnung sein: ～划一 gleichförmig; uniformiert ② regelmäßig; gleich; gleichmäßig: 一排排～的住宅 Reihen wohlangeordneter Wohnungen 迈着～的步伐 im gleichen Schritt und Tritt marschieren

整容 zhěngróng ① sich zurechtmachen; schminken *vt* ② das Gesicht straffen; liften *vt*; Gesichtsplastik *f*

整数 zhěngshù ① Integral *n*; ganze Zahl ② runde Zahl

整套 zhěngtào ein kompletter Satz von: ～设备 komplette Anlage ～行动计划 eine ganze Reihe der Aktionspläne

整形 zhěngxíng Plastik *f*: ～手术 plastische Operation ～外科 plastische Chirurgie; Plastik *f*

整修 zhěngxiū ausbessern *vt*; renovieren *vt*

整治 zhěngzhì ① reparieren *vt*; renovieren *vt*; (Fluß usw.) ausbaggern *vt* ② bestrafen *vt*; j-m einen Denkzettel verpassen

拯 zhěng erlösen *vt*; retten *vt*; befreien *vt*

拯救 zhěngjiù retten *vt*; befreien *vt*; erlösen *vt*: ～溺水儿童 ein ertrinkendes Kind retten

zhèng

郑(鄭) zhèng

郑重 zhèngzhòng feierlich; ernst: ～声明 feierlich verkünden (*od* erklären) ～其事 in allem Ernst; allen Ernstes

正 zhèng ① gerade; aufrecht; senkrecht: 把画挂～ das Bild gerade hängen ～北 genau nach Norden ② in der Mitte gelegen; Haupt-: ～门 Haupttor *n* ③ pünktlich; Punkt *m*: 九点～ Punkt neun Uhr ④ Vorderseite *f*; oben liegend (Stoffseite, Seite ei-

ner Münze usw.): 胶卷的～面 die rechte Seite des Films ⑤ aufrecht; aufrichtig; redlich; gerade: 他为人～直。Er ist ein aufrechter Mensch. ⑥ korrekt; richtig; recht: ～路 rechter Weg 不～之风 ungesunde Tendenzen ⑦ echt; rein (Farben, Geschmack usw.): 味儿不～ nicht der richtige Geschmack ⑧ hauptsächlich; erst; führend; leitend: ～驾驶员 erster Pilot ～教授 ordentlicher Professor ～本 Original *n* (eines Dokuments); Urtext *m*; Urschrift *f*; Originalexemplar *n* ⑨ positiv; plus: ～离子 positives Ion; Kation *n* ⑩ richtigstellen *vt*; etw. in Ordnung bringen: ～音 seine Aussprache berichtigen ⑪ gerade; eben; genau: ～是如此 richtig so 这～是我们的想法。Das ist genau das, was wir denken. ⑫ [表示动作的进行、状态的持续]: ～下着雨呢。Es regnet (gerade). 他～吃着饭呢。Er ißt (gerade).
* 另见 zhēng

正比 zhèngbǐ direktes Verhältnis

正常 zhèngcháng normal; regulär; gewöhnlich: ～速度 normale Geschwindigkeit 恢复～ wieder normal werden; die Normalität wiederherstellen 关系～化 die Normalisierung der Beziehungen

正大 zhèngdà offen; ehrlich; redlich; rechtschaffen: ～光明 offen und ehrlich; gerecht und ehrenvoll

正当 zhèngdàng gerecht; berechtigt; rechtmäßig; gerechtfertigt: ～权益 legitime Rechte und Interessen 通过～途径 auf die gebotene Art und Weise

正点 zhèngdiǎn fahrplanmäßig; pünktlich: ～运行 fahrplanmäßig fahren; nach Plan fahren

正法 zhèngfǎ die Todesstrafe vollstrecken: 就地～ j-n auf der Stelle hinrichten

正规 zhèngguī regulär; normal: ～部队 reguläre Truppen

正轨 zhèngguǐ rechter Weg; rechte Bahn: 纳入～ etw. in die richtige Bahn lenken; etw. wieder ins Geleise bringen

正经 zhèngjing ① anständig; sittsam; moralisch einwandfrei: ～人 ehrbarer Mensch ② ernsthaft; seriös: ～事儿 ernsthafte (*od* seriöse) Angelegenheiten

正面 zhèngmiàn ① Vorderseite *f*; Stirnseite *f*; Front *f*: 大楼的～ Vorderseite eines Gebäudes ② rechte Seite; Oberseite *f*: 硬币的～ Vorderseite einer Münze ③ positiv: ～教育 Erziehung am positiven Beispiel ④ direkt; unverhohlen: ～提出问题 die Probleme direkt zur Sprache bringen

正派 zhèngpài anständig; ehrlich; aufrecht: ～人 ein anständiger Mensch

正品 zhèngpǐn Qualitätsware *f*; qualitätsgeprüfte Waren

正气 zhèngqì gesellschaftliches Empfinden für das, was recht und billig ist; soziale Moral; Sittlichkeit *f*

正巧 zhèngqiǎo ① zufälligerweise geschehen; wie es sich gerade trifft: ～他们带有仪器。Sie hatten zufälligerweise ihre Instrumente mit. ② gerade recht; gerade zur rechten Zeit; genau richtig: 你来得～。Du kommst gerade recht.

正确 zhèngquè richtig; genau; korrekt; fehlerfrei

正人君子 zhèngrén jūnzǐ ein anständiger Mensch; Gentleman *m*

正式 zhèngshì offiziell; formell; förmlich; amtlich; ordentlich: ～工作人员 ordentliches Personal ～宴会 ein förmliches Festessen ～访问 offizieller Besuch ～文本 amtlicher Text

正视 zhèngshì etw. fest ins Auge sehen: ～缺点 sich zu den Mängeln bekennen

正题 zhèngtí Gegenstand *m* (einer Diskussion *od* einer schriftlichen Arbeit); Thema *n*: 离开～ vom Thema abschweifen

正统 zhèngtǒng orthodox: ～观念 orthodoxe Ideen

正文 zhèngwén Text *m*; Hauptteil *m*

正午 zhèngwǔ Mittag *m*

正误表 zhèngwùbiǎo Verzeichnis von Druckfehlern; Errata *pl*

正义 zhèngyì ① Gerechtigkeit *f*: 主持～ für Gerechtigkeit eintreten ～感 Gerechtigkeitssinn *m* ② gerecht: ～的事业 gerechte Sache

正直 zhèngzhí aufrichtig; ehrlich; redlich; rechtschaffen; integer: 一切～的人们 alle ehrlichen Leute

正中 zhèngzhōng Mitte *f*; Zentrum *n*; Mittelpunkt *m*: 屋子的～ in der Mitte des Zimmers

正宗 zhèngzōng orthodoxe Schule (*od* Richtung)

症 zhèng Krankheit *f*: 急～ akute Krankheit 不治之～ unheilbare Krankheit 对～下药 die passende Arznei verabreichen; eine den tatsächlichen Gegebenheiten entsprechende Lösung finden

症候 zhènghou Symptom n; Krankheitszeichen n

症状 zhèngzhuàng Symptom n; Krankheitszeichen n: 前驱～ Signalsymptom n 早期～ Frühsymptom n

证(證) zhèng ① nachweisen vt; beweisen vt; bestätigen vt; belegen vt; unter Beweis stellen: ～实 bestätigen vt; bekräftigen vt; beweisen vt ② Ausweis m; Bescheinigung f; Schein m; Zertifikat n; Urkunde f: 出生～ Geburtsurkunde f 身分～ Personalausweis m 许可～ Erlaubnisschein m; Genehmigung f

证词 zhèngcí (mündliche) Zeugenaussage f

证件 zhèngjiàn Papiere pl; Ausweis m; Bescheinigung f

证据 zhèngjù Beweis m; Beweismittel n; Beweismaterial n; Beweisstück n: ～确凿。Der Beweis ist überzeugend.

证明 zhèngmíng ① beweisen vt; bestätigen vt; etw. durch Beweis erhärten; bezeugen vt; Zeugnis ablegen ② Ausweis m; Bescheinigung f; Zertifikat n; Urkunde f; Schein m: 医生～ ärztliches Attest

证券 zhèngquàn Inhaberpapier n: ～交易所 Wertpapierbörse f; Effektenbörse f

证书 zhèngshū Urkunde f; Zeugnis n; Zertifikat n: 毕业～ Abschlußzeugnis n 结婚～ Heiratsurkunde f; Trauschein m

证章 zhèngzhāng Abzeichen n

政 zhèng ① Politik f; politische Angelegenheiten: ～党 politische Partei ～策 Politik f; politische Richtlinie; politische Programmatik ～变 Staatsstreich m; Coup d' Etat m; Putsch m ② bestimmte staatliche Verwaltungsangelegenheiten: 民～ Zivilverwaltung f

政府 zhèngfǔ Regierung f

政界 zhèngjiè politische Kreise

政客 zhèngkè Politiker m; intriganter Politiker

政论 zhènglùn politischer Kommentar: ～文 politischer Essay

政权 zhèngquán Staatsmacht f; Staatsgewalt f; Regime n

政体 zhèngtǐ Regierungssystem n

政委 zhèngwěi politischer Kommissar; Politkommissar m

政务 zhèngwù Staatsangelegenheiten pl

政协 zhèngxié die Politische Konsultativkonferenz des Chinesischen Volkes

政治局 zhèngzhìjú Politbüro n

挣 zhèng ① sich befreien; sich von etw. / j-m frei machen; abschütteln vt: ～脱枷锁 die Fesseln abschütteln ② verdienen vt; erwerben vt: ～钱 Geld verdienen ～100块钱 100 *Yuan* verdienen

*另见 zhēng

zhī

汁 zhī Saft m: 桔子～ Orangensaft m

之 zhī ① [代替人或事物，限于做宾语]: 求～不得的好机会 eine willkommene Gelegenheit 取而代～ j-s Stellung an sich reißen; j-n ersetzen; an j-s Stelle treten ② [用在定语和中心词之间]: 千岛～国 aus tausend Inseln bestehendes Land 无价～宝 eine unschätzbare Kostbarkeit ③ [虚用，无所指]: 总～ mit einem Wort; kurz gesagt; kurzum 久而久～ im Lauf der Zeit; auf dei Dauer

之后 zhīhòu danach; später; darauf; nachher: 三天～ drei Tage später

之前 zhīqián vor; vorher; bevor: 在她动身～ vor ihrer Abreise

芝 zhī

芝麻 zhīma Sesam m; Sesamsamen pl: ～酱 Sesampaste f ～油 Sesamöl n

支 zhī ① stützen vt; aufschlagen vt: 把帐篷～起来 ein Zelt aufschlagen ② unterstützen vt; aushalten vt; ertragen vt: 体力不～。Die physischen Kräfte reichen nicht aus. 孩子痛得～不住了。Das Kind konnte die Schmerzen nicht mehr ertragen. ③ j-n wegschicken (*od* fortschikken); j-n dirigieren: 把她～开 sie mit einem Vorwand wegschikken 这事甭～别人，您自个儿去吧。Schicken Sie keinen anderen, gehen Sie lieber selbst. ④ Geld zahlen oder abziehen: 到银行～款 sich eine Summe Geld von der Bank auszahlen lassen 收～ Einnahmen und Ausgaben ⑤ Abzweigung f; Zweig m: ～局 Zweigstelle f ～店 Zweiggeschäft *n*; Filiale *f* ⑥ 〈量〉[用于队伍、歌曲、电灯光度等]: 三～队伍 drei Truppenabteilungen —～新歌 ein neues Lied —～钢笔 ein Füller 一个六十～光的灯泡 eine Birne von 60 Watt 六十～纱 Garn Nr. 60; Garn von 60 Denier

支部 zhībù Zelle *f*

支撑 zhīcheng stützen *vt*; unterstützen *vt*: 坑道顶儿用柱子～着。Die Stollendecke ist mit Stempeln gestützt.

支持 zhīchí ① aushalten *vt*; ertragen *vt*; standhalten *vi*: 他冻得～不住了。Er konnte die Kälte nicht mehr aushalten ② unterstützen *vt*; beistehen *vi*; j-m zur Seite stehen: ～他们的正义斗争 in ihrem gerechten Kampf beistehen 我完全～这个建议。Ich stimme diesem Vorschlag völlig zu. 或 Ich unterstütze den Vorschlag vorbehaltlos.

支出 zhīchū ① zahlen *vt*; bezahlen *vt*; ausgeben *vt* ② Ausgabe *f*; Aufwendung *f*

支点 zhīdiǎn Stützpunkt *m*

支付 zhīfù zahlen *vt*; bezahlen *vt*; ausgeben *vt*: ～手段 Zahlungsmittel *n*

支架 zhījià Stütze *f*; Ständer *m*

支解 zhījiě verstümmeln *vt*; zergliedern *vt*; zerstückeln *vt*; Zergliederung *f*

支离破碎 zhīlí pòsuì fragmentarisch; aus den Fugen gehen; in Stücke gerissen sein

支流 zhīliu ① Nebenfluß *m*; Flußarm *m* ② Nebensache *f*; Unwesentliches

支配 zhīpèi ① einteilen *vt*; einsetzen *vt*: 合理～劳动力 Arbeitskräfte rationell einsetzen 善于～自己的时间 die eigene Zeit gut einzuteilen verstehen ② leiten *vt*; dirigieren *vt*; kontrollieren *vt*; über j-n verfügen: 思想～行动。Das Denken leitet das Handeln.

支票 zhīpiào Scheck *m*: 旅行～ Reisescheck *m*

支使 zhīshi über j-n frei verfügen; j-m Befehle erteilen; j-n hin und her dirigieren: 把他～走 ihn unter einem Vorwand wegschicken

支吾 zhīwu Ausflüchte gebrauchen; Umschweife machen: ～其词 Ausflüchte suchen; ausweichend antworten; nicht recht mit der Sprache herauswollen 一味～ durchaus ausweichend sein

支援 zhīyuán unterstützen *vt*; Unterstützung gewähren; helfen *vi*; beistehen *vi*

支柱 zhīzhù Stütze *f*; Stützbalken *m*; Pfeiler *m*

枝 zhī ① Ast *m*; Zweig *m*; Geäst *n*; Astwerk *n*: 柳～ Zweig einer Trauerweide ② 〈量〉: —～步枪 ein Gewehr —～梅花 ein Blütenzweig einer Winterkirsche

枝节 zhījié ① Nebensache *f*; Bagatelle *f* ② Komplikationen *pl*; unerwartete Schwierigkeiten: 横生～ es kommt j-m unerwartet etwas in die Quere; etw. absichtlich komplizierter machen, als es ist; etwas Unangenehmes ist dazwischengekommen

肢 zhī Glied *n* (eines Körpers): 四～ die (vier) Glieder (das menschlichen Körpers); Gliedmaßen *pl*

肢解 zhījiě zergliedern *vt*; verstümmeln *vt*; Zergliederung *f*

肢体 zhītǐ ① Glieder *pl*; Gliedmaßen *pl* ② die Glieder und der Rumpf

只(隻) zhī ① allein; einzig: ～字不提 kein einziges Wort davon erwähnen ② 〈量〉: 两～手 zwei Hände —～鸡 ein Huhn —～小船 ein Boot 两～箱子 zwei Koffer * 另见 zhǐ

只身 zhīshēn allein: ～在外 allein in der Fremde sein

只言片语 zhī yán piàn yǔ nur einige Wörter oder Sätze; ein paar Worte

织(織) zhī ① weben *vt/vi*: 纺～ spinnen und weben ② stricken *vt*: ～毛衣 einen Pullover stricken

织布 zhībù (Stoffe) weben *vt*

织锦 zhījǐn Brokat *m*; Seidenbrokat mit Mustern

知 zhī ① wissen *vt*; kennen *vt*; Bescheid wissen: ～无不言 weißt du etwas, sprich ～其一，不～其二 nur die eine Seite kennen, die andere aber nicht; über eine Sache nur unvollkommen Bescheid wissen ② Bescheid geben (*od* sagen); mitteilen *vt*; informieren *vt*: 通～ mitteilen *vt* ③ Wissen *n*; Kenntnis *f*: 求～欲 Wissensdrang *m*; Wissensdurst *m*

知道 zhīdao wissen *vt*; Bescheid wissen: 我不～这件事。Das weiß ich nicht. 你的意思我～。Ich verstehe, was du damit meinst. 他们～问题的严重性。Sie sind sich über den Ernst des Problems im klaren.

知己 zhījǐ ① innig; eng; intim; vertraut; herzverbunden: ～的朋友 inniger Freund ～话 vertrauliche Worte ② intimer Freund; Herzensfreund *m*

知觉 zhījué ① Bewußtsein *n*: 失去～ das Bewußtsein verlieren ② Perzeption *f*; Wahrnehmung *f*

知名 zhīmíng berühmt; bekannt; prominent: ～人士 prominente Persönlichkeiten

知情 zhīqíng Mitwisser sein; eingeweiht sein: ～人 Eingeweihte(r); Mitwisser *m*; Insider *m*

知趣 zhīqù verstehen, Gefühle der anderen zu erkennen und sich danach zu richten; taktvoll; diskret; Taktgefühl haben

知识 zhīshi ① Kenntnis *f*; Wissen *n*: ～渊博 umfangreiches und tiefgründiges Wissen besitzen 技术～ technische Fachkenntnisse ② Wissenschaft und Kultur betreffend; intellektuell: ～分子 Intellektuelle(r); Intelligenz *f* ～界 intellektuelle Kreise

知晓 zhīxiǎo wissen *vt*; sich in etw. auskennen

知心 zhīxīn intim; vertraut; herzensnah: ～朋友 intimer Freund; Busen-, Herzensfreund *m* ～话 intime Worte; vertrauliche Worte

知音 zhīyīn ein Freund, der j-s Talent kennt und würdigt; intimer Freund; Busenfreund *m*

知足 zhīzú genügsam sein; nicht anspruchsvoll sein; leicht zufriedenzustellen sein

蜘 zhī

蜘蛛 zhīzhū Spinne *f*: ～网 Spinnennetz *n*

指 zhī ＊另见 zhí; zhǐ

指甲 zhījia Nagel *m*: 手～ Fingernagel *m* ～刀 Nagelknipser *m* ～油 Nagellack *m*

脂 zhī ① Fett *n*; Talg *m*; Schmalz *n*: 油～ Fett *n*; Talg *m* ② Schminke *f*; Rouge *n*: 胭～ Schminke *f*; Rouge *n*

脂肪 zhīfáng Fett *n*; Speck *m*: 动物～ tierisches Fett; Tierfett *n*

脂粉 zhīfěn Schminke und Puder; Kosmetika *pl*

zhí

职(職) zhí ① Beruf *m*; Arbeit *f*; Pflichten *pl*: 尽～ seinen Pflichten nachkommen ② Amt *n*; Posten *m*: 调～ j-n (an eine andere Arbeitsstelle) versetzen 撤～ j-n seines Amtes entheben; j-n absetzen; j-n aus seinem Amt entlassen 就～ ein Amt antreten

职称 zhíchēng als Titel gebrauchte Rangbezeichnung

职工 zhígōng Angestellte und Arbeiter; Belegschaft *f*

职能 zhínéng Funktion *f*

职权 zhíquán Amtsgewalt *f*; Amtsbefugnis *f*; Kompetenz *f*; Zuständigkeit *f*: 行使～ von seiner Amtsgewalt Gebrauch machen 超越～ seine Befugnisse überschreiten

职务 zhíwù Amt *n*; Amtspflicht *f*

职业 zhíyè Beruf *m*; Profession *f*: ～运动员 Berufssportler *f*; Profi *m*; Professional *m* ～外交官 Berufsdiplomat *m* ～学校 Berufsschule *f*

职员 zhíyuán Angestellte(r)

职责 zhízé Amtspflicht *f*; Pflicht *f*; Verpflichtung *f*

直 zhí ① gerade: ～线 gerade Linie ② geradermachen *vt*; geraderichten *vt*; sich aufrichten: ～起腰来 sich geraderichten; sich aufrichten ③ senkrecht; vertikal ④ gerecht; aufrecht; redlich: 正～ gerecht; aufrichtig; rechtschaffen 是非曲～ Recht und Unrecht ⑤ geradewegs; geradezu; gerade; ohne Umschweife; offen: 心～口快 offenherzig; sein Herz auf der Zunge tragen ～认不讳 alles frei heraus gestehen ⑥ direkt nach; unmittelbar zu; geradeaus: 一～走 geradeaus (*od* der Nase nach) gehen ～飞北京 direkt nach Beijing fliegen ⑦ ununterbrochen; unaufhörlich; unablässig; kontinuierlich: 新井～往外喷油。Öl quoll ununterbrochen aus dem neuen Brunnen. 我冷得～哆嗦。Vor Kälte zitterte ich die ganze Zeit.

直达 zhídá durchgehend; direkt (zum Ziel führend): ～上海的火车 der nach Shanghai durchgehende Zug

直到 zhídào bis: ～现在 bis jetzt ～上星期我才收到她的信。Erst

letzte Woche habe ich ihren Brief erhalten.

直观 zhíguān unmittelbar von Sinnesorganen wahrgenommen; direkte (*od* unmittelbare) Anschauung; visuell: ～教具 Anschauungsobjekte *pl*; visuelle Lehrmittel

直角 zhíjiǎo rechter Winkel

直接 zhíjiē direkt; unmittelbar: ～联系 direkte Verbindung ～宾语 Akkusativobjekt

直截了当 zhíjiéliǎodàng ohne Umschweife; ohne weiteres; kurzerhand; ohne viel Umstände

直径 zhíjìng Durchmesser *m*

直觉 zhíjué Intuition *f*

直升飞机 zhíshēng fēijī Hubschrauber *m*; Helikopter *m*

直属 zhíshǔ unmittelbar unterstehend; direkt unterstellt (*od* untergeordnet): ～外交部 direkt dem Außenministerium unterstehen

直率 zhíshuài ohne Umschweife; offen; offenherzig; geradeaus

直爽 zhíshuǎng offen; offenherzig; gerade: 性格～ von offenherzigem Charakter sein

直系亲属 zhíxì qīnshǔ Verwandte 1. Grades in auf- und absteigender Linie (Eltern, Ehepartner und Kinder)

直辖 zhíxiá regierungsunmittelbar; unmittelbar untergeordnet (*od* unterstellt)

直线 zhíxiàn jäh; rasch; steil (aufsteigen *od* abfallen): 产量～上升。Die Produktion erhöhte sich rapide.

直性子 zhíxìngzi ① offen; offenherzig; gerade; von geradlinigem Charakter ② eine offenherzige Person

直言 zhíyán frei von der Leber weg reden; offenherzig sprechen: ～不讳 kein Blatt vor den Mund nehmen

直译 zhíyì buchstabengetreue (*od* wörtliche) Übersetzung

植 zhí pflanzen *vt*; anpflanzen *vt*; anbauen *vt*: 移～ umpflanzen *vt*

植被 zhíbèi Vegetation *f*; Pflanzendecke *f*

植树 zhíshù Bäume pflanzen: ～造林 aufforsten *vt*; Aufforstung *f*

植物 zhíwù Pflanze *f*; Flora *f*: ～检疫 Quarantäne von Pflanzen ～学 Botanik *f*; Pflanzenkunde *f* ～园 botanischer Garten ～油 Pflanzenöl *n*

殖 zhí zeugen *vt*; fortpflanzen *vt*: 生～ zeugen *vt* 繁～ sich fortpflanzen; sich vermehren

殖民 zhímín eine Kolonie gründen; kolonisieren *vt*: 非～化 entkolonisieren *vt*; Entkolonisierung *f*

殖民地 zhímíndì Kolonie *f*

殖民主义 zhímín zhǔyì Kolonialismus *m*: ～者 Kolonialist *m*

值 zhí ① Wert *m*: 币～ Währungs-, Geldwert *m* ② kosten *vt*; sich lohnen; wert sein: 这～多少? Was kostet das? 不～一提 nicht nennenswert; nicht der Rede wert sein ③ gerade; ausgerechnet; zufällig: 我们到时适～雨季。Es war gerade regnerische Jahrzeit, als wir ankamen. ④ Dienst haben: ～夜 Nachtdienst haben

值班 zhíbān Dienst haben

值得 zhíde (sich) lohnen; wert (*od* würdig) sein; verdienen *vt*: 不～谈论这件事。Es lohnt nicht, darüber zu sprechen. 这首诗～一读。Es lohnt sich, dieses Gedicht zu lesen. 或 Dieses Gedicht ist lesenswert.

值钱 zhíqián wert; wertvoll

值勤 zhíqín Dienst haben; Posten (*od* Wache) stehen

值日 zhírì Dienst haben; an die Reihe kommen, Dienst zu tun

执(執) zhí ① halten *vt*; packen *vt*; etw. in der Hand haben: ～笔 schreiben *vt* ② innehaben *vt*; handhaben *vt*; ausüben *vt*: ～教 als Lehrer tätig sein ③ auf etw. bestehen; an etw. festhalten: 各～己见。Jeder hält an seiner Überzeugung fest. Keiner gibt nach.

执法 zhífǎ das Gesetz vollstrekken; Gesetze durchführen

执迷不悟 zhí mí bù wù eigensinnig im Irrtum verharren; sich weigern, Vernunft anzunehmen

执拗 zhíniù eigensinnig; halsstarrig; starrköpfig; hartnäckig

执行 zhíxíng ausführen *vt*; vollstrecken *vt*; exekutieren *vt*; durchführen *vt*: ～命令 einen Befehl ausführen ～政策 eine Politik durchführen (*od* verfolgen) ～机构 Exekutivorgan *n*; ausführendes Organ

执意 zhíyì auf seinem Entschluß bestehen (*od* beharren); entschlossen sein, etw. zu tun: 他～要回去。Er beharrt darauf, zurückzugehen.

执照 zhízhào Lizenz *f*; Genehmigung *f*: 驾驶～ Fahrerlaubnis *f*; Führerschein *m*

执政 zhízhèng regieren *vi*; an der Macht sein: ～党 Regierungspartei *f*

指 zhí * 另见 zhī; zhǐ

指头 zhítou Finger *m*; Zehe *f*

侄 zhí Sohn des Bruders; Neffe *m*

侄女 zhínü Tochter des Bruders; Nichte *f*

侄子 zhízi Sohn des Bruders; Neffe *m*

zhǐ

止 zhǐ ① stocken *vi*; stoppen *vt*; aufhören *vi*: 中～ unterbrechen *vt*; einstellen *vt* ② j-m / etw. Einhalt gebieten; stillen *vt*: ～血 Blut stillen; Blutstillung *f* ～渴 den Durst stillen ③ bis; bis zu ...: 到目前为～ bis jetzt ④ nur; allein: 不～一次 nicht nur einmal

止步 zhǐbù mit seinen Schritten innehalten; stehenbleiben *vi*: ～不前 zögernd stehenbleiben; haltmachen *vi* 请～! Kein Zutritt!

止境 zhǐjìng Ende *n*; Grenze *f*: 学无～。Das Wissen kennt keine Grenze. 或 Man lernt nie aus.

止痛 zhǐtòng den Schmerz stillen: ～片 schmerzstillendes Mittel

址 zhǐ Standort *m*; Ort *m*; Sitz *m*: 校～ Standort einer Schule (Hochschule) 地～ Adresse *f*; Anschrift *f*

趾 zhǐ Zehe *f*

趾高气扬 zhǐ gāo qì yáng sich hochmütig benehmen; die Nase hochtragen; auf einem hohen Roß sitzen; arrogant sein

只 zhǐ 〈副〉 nur; bloß; lediglich; allein: 屋里～有我一个人。Ich bin allein im Zimmer. * 另见 zhī

只得 zhǐdé müssen; nichts anderes können

只顾 zhǐgù in etw. vertieft sein; ganz auf etw. konzentriert; sich nur um etw. kümmern: ～干自己的事 sich nur um seine eigenen Angelegenheiten kümmern 他～读书,把饭都烧煳了。Er war in die Lektüre vertieft und ließ den Reis anbrennen.

只管 zhǐguǎn 〈副〉 nur; ohne weiteres; ungehemmt; unbekümmert: 你有话～说吧! Sag nur, was du willst!

只好 zhǐhǎo müssen; nicht umhinkönnen; es bleibt nichts anderes übrig, als etw. zu tun: ～作罢 damit aufhören müssen 末班车走了,我们～走回家。Da der letzte Bus weggefahren ist, blieb uns nichts anderes übrig, als zu Fuß nach Hause zu gehen.

只是 zhǐshì ① nur; bloß; nichts anderes als ...: 这～个时间问题。Das ist nur eine Zeitfrage. 没什么,我～有点好奇而已 Ich habe nichts anderes als nur Neugierde. 他～摇头,不回答。Er schüttelt nur seinen Kopf, ohne eine Antwort zu geben. ② aber; doch; allerdings: 这架电视机不错,～小了点。Dieser Fernsehapparat ist nicht schlecht, allerdings ein bißchen klein.

只要 zhǐyào 〈连〉 solange; nur wenn: ～虚心,就会进步。Nur wenn man bescheiden bleibt, wird man Fortschritte machen.

只有 zhǐyǒu nur wenn; nur unter der Voraussetzung, daß: ～你亲自跟他说,他才会同意去。Nur wenn du persönlich ihn sprichst, ist er einverstanden zu gehen.

纸 zhǐ Papier *n*: 一张白～ ein unbeschriebenes Blatt

纸币 zhǐbì Banknote *f*; Papiergeld *n*; Geldschein *m*:

纸牌 zhǐpái Spielkarte *f*

纸上谈兵 zhǐ shàng tán bīng auf dem Papier Krieg führen; vom grünen Tisch aus Schlachten schlagen; leeres Gerede

纸烟 zhǐyān Zigarette *f*

纸张 zhǐzhāng Papier *n*; Papierbogen *m*

纸醉金迷 zhǐ zuì jīn mí sich jeden erdenklichen Luxus gönnen; von Luxus umgeben sein; sehr luxuriös leben

旨 zhǐ Ziel *n*; Zweck *m*: 主～ Hauptzweck *m* 宗～ Zweck *m*; Ziel *n* ～在加快工程进度的措施 Maßnahmen mit dem Ziel, die Bauarbeiten zu beschleunigen

旨意 zhǐyì Dekret *n*; Erlaß *m*; Befehl *m*

指 zhǐ ① Finger *m*: 屈～可数 an den Fingern abzählen können ② zeigen *vt* / *vi*; weisen *vt* / *vi*; auf etw. oder gegen etw. gerichtet sein: 时针～向十二点。Der Zeiger weist auf 12 Uhr. 他的话不是～你的。Seine Bemerkung ist nicht gegen dich gerichtet. ～出缺点 j-s Fehler aufzeigen ③ auf j-n/etw. angewiesen sein; von j-m / etw. abhängig sein; sich auf j-n / etw. stützen: 我们就～着他帮忙哩。 Wir sind auf seine Hilfe angewiesen. * 另见 zhī; zhí

指标 zhǐbiāo Planziffer *f*; Soll *n*; Index *m*: 生产～ Produktionsplanziffer *f* 质量～ Qualitätsindex *m*; Qualitätskennziffer *f*

指导 zhǐdǎo anleiten *vt*; leiten *vt*: ～思想 Leitgedanke *m* ～员 politischer Instrukteur ～性计划 Leitplan *m*

指点 zhǐdiǎn zeigen *vt*; hinweisen *vi*; andeuten *vt*; anweisen *vt*

指定 zhǐdìng festlegen *vt*; festsetzen *vt*; bestimmen *vt*; bestellen *vt*: 在～地点见面 mit j-m an einem bestimmten Ort zusammentreffen

指挥 zhǐhuī ① kommandieren *vt/vi*; befehlen *vt*; befehligen *vt*; dirigieren *vt*: ～一个军团 ein Armeekorps befehligen ～作战 eine militärische Operation durchführen ～乐队 ein Orchester dirigieren ～所 Befehlsstelle *f*; Befehlsstand *m* ② Kommandant *m*; Kommandeur *m*; Kommandierende(r); Befehlshaber *m* ③ Dirigent *m*

指教 zhǐjiào Ratschläge oder Kommentare geben; Belehrung *f*: 望不吝～。Hoffentlich lassen Sie es an kritischen Bemerkungen nicht fehlen.

指控 zhǐkòng anklagen *vt*; anschuldigen *vt*

指令 zhǐlìng eine Verordnung erlassen; Order geben; Befehl ergehen lassen: ～性计划 Plan mit Weisungscharakter; verbindlicher Plan

指明 zhǐmíng auf etw. deuten; auf etw. hinweisen; zeigen *vt*; weisen *vt*; aufklären *vt*; erklären *vt*: ～两者之间的差别 den Unterschied zwischen den beiden Dingen klar aufzeigen

指南 zhǐnán Richtschnur *f*; Richtlinie *f*; Anleitung *f*; Führer *m*

指南针 zhǐnánzhēn Kompaß *m*

指派 zhǐpài ernennen *vt*; bestimmen *vt*; bestellen *vt*

指桑骂槐 zhǐ sāng mà huái auf den Maulbeerbaum zeigen und die Akazie schelten — j-n indirekt tadeln; auf j-n anspielen; den Sack schlagen und den Esel meinen

指使 zhǐshǐ anstiften *vt*; aufwiegeln *vt*; antreiben *vt*: 受人～ auf j-s Anstiftung hin

指示 zhǐshì ① zeigen *vt*; weisen *vt*; demonstrieren *vt*: ～剂 Indikator *m* ～灯 Indikatorlampe *f* ② anweisen *vt*; instruieren *vt*; Order geben ③ Anweisung *f*; Instruktion *f*

指手划脚 zhǐ shǒu huà jiǎo ① mit den Händen gestikulieren ② herumkommandieren *vi*; anmaßende und herrische Bemerkungen machen; ein herrisches Verhalten an den Tag legen und an allem herumkritisieren

指数 zhǐshù Index *m*; Indexziffer *f*; Exponent *m*

指望 zhǐwang ① erwarten *vt*; hoffen *vi*; auf j-n etw. bauen: ～今年有个好收成 eine gute Ernte in diesem Jahr erwarten ② Aussicht *f*; Hoffnung *f*: 他的事还有～吗? Besteht noch Aussicht auf seine Sache?

指纹 zhǐwén Fingerabdruck *m*

指引 zhǐyǐn anleiten *vt*; zeigen *vt*; weisen *vt*

指摘 zhǐzhāi Fehler aufzeigen und Kritik ammelden; an etw. auszusetzen haben

指战员 zhǐzhànyuán Kommandeure und Kämpfer

指针 zhǐzhēn ① Anzeiger *m*; Zeiger (Uhr, Barometer) ② Richtlinien *pl*; Richtschnur *f*

指正 zhǐzhèng Fehler aufzeigen: 有不对的地方请大家～! Zeigen Sie alle bitte etwas Falsches auf!

zhì

滞(滯) zhì stocken *vi*; stagnieren *vi*; zähflüssig

滞留 zhìliú stehenbleiben *vi*; sich nicht mehr vorwärtsbewegen; lange an einem Ort verweilen

滞销 zhìxiāo nicht absetzbar; schwer verkäuflich: ～货 schwer verkäufliche Waren; Ladenhüter *m*

治 zhì ① regieren *vt*; verwalten *vt*; administrieren *vt*; regeln *vt*; führen *vt* ② umgestalten *vt*; regulieren *vt*: ～水 Flüsse regulieren; Wasserbauten anlegen ～沙 Verwüstungen durch Sand Einhalt gebieten ③ heilen *vt*; ärztlich behandeln: ～病 eine

Krankheit behandeln ④ strafen *vt*; bestrafen *vt*: 大家决定～～他。Wir alle haben beschlossen, ihm eine Lektion zu erteilen.

治安 zhì'ān öffentliche Sicherheit: 维持～ die öffentliche Sicherheit aufrechterhalten

治理 zhìlǐ ① regieren *vt*; verwalten *vt*; administrieren *vt*: ～国家 ein Land regieren; einen Staat verwalten ② regulieren *vt*; regeln *vt*; etw. in Ordnung bringen

治疗 zhìliáo kurieren *vt*; behandeln *vt*

治丧 zhìsāng eine Trauerfeier abhalten: ～委员会 Trauerkomitee *n*

治学 zhìxué ein Studium betreiben; seinen Studien nach gehen: ～严谨 ein Studium sehr ernsthaft betreiben

治罪 zhìzuì einen Verbrecher zu der ihm gebührenden Strafe verurteilen; j-n (wegen seiner Verbrechen) bestrafen

志 zhì ① Wille *m*; Ideal *n*; Ziel *n*: 雄心壮～ einen starken Willen und große Ziele haben 胸怀大～ weitgesteckte Ziele haben; von hohen Idealen beseelt sein 立～ sich das Ziel setzen ② schriftliche Aufzeichnungen; Annalen *pl*; Geschichte *f*: 县～ Kreisannalen *pl* ③ Zeichen *n*; Marke *f*; Kennzeichen *n*: 标～ Marke *f*; Merkzeichen *n*

志哀 zhì'āi Trauer bekunden: 下半旗～ zum Zeichen der Trauer die Flagge auf halbmast setzen

志大才疏 zhì dà cái shū großer Ehrgeiz, kleines Talent

志气 zhìqì Ehrgeiz *m*; Ambition *f*

志士 zhìshì von einem hohen Ethos erfüllte Person

志同道合 zhì tóng dào hé gleicher Wille, gleicher Sinn; eines Herzens und eines Sinnes sein; gleichgesinnt

志向 zhìxiàng Ideal *n*; Ambition *f*; Ziel *n*: ～远大 hohe Ideale haben

志愿 zhìyuàn ① Wunsch *m*; Ideal *n* ② freiwillig: ～军 Freiwilligenarmee *f*

痣 zhì Muttermal *n*; Naevus *m*

痔 zhì Hämorrhoiden *pl*

峙 zhì hervorragen *vi*; hochragen *vi*; stehen *vi*: 对～局面 Gegenüberstellung *f*

至 zhì ① bis; nach; bis zu: 自始～终 von Anfang bis Ende 截～上月底为止 bis zum Ende des letzten Monats ② äußerst; sehr: 欢迎之～ sehr willkommen ～感 tief dankbar sein

至诚 zhìcheng aufrichtig; ehrlich; rechtschaffen: ～的朋友 ein ehrlicher Freund

至迟 zhìchí spätestens: 我～星期天回家。Ich werde spätestens am Sonntag nach Haus kommen.

至高无上 zhì gāo wú shàng das Allerhöchste; über alles erhaben

至交 zhìjiāo enger (*od* intimer) Freund; Busenfreund *m*: 多年～ ein enger Freund von lang her

至亲 zhìqīn Blutsverwandte *pl*; enge (*od* nahe) Verwandte: ～好友 enge Verwandte und gute Freunde

至少 zhìshǎo 〈副〉 mindestens; wenigstens; minimal; zum mindesten. ～你应该给我来个电话。Du solltest mindestens mich anrufen. ～可以说,这样处理不妥。Dies ist nicht die richtige Art und Weise, mit der Sache fertigzuwerden, um das mindeste zu sagen.

至于 zhìyú ① so weit sein; so weit kommen: 他总不～不来吧? Er wird wohl nicht so weit sein, daß er nicht kommt. ② was ... betrift: ～其他问题,以后再谈。Was die anderen Fragen betrifft, werden wir später noch darüber sprechen.

窒 zhì

窒息 zhìxī ersticken *vt*: 浓烟几乎使他～。Der dicke Rauch hätte ihn beinahe erstickt.

桎 zhì

桎梏 zhìgù Fuß- und Handfesseln; Fesseln *pl*

致 zhì ① senden *vt*; schicken *vt*; übermitteln *vt*: ～以热烈的祝贺 herzliche Glückwünsche senden ～电 ein Telegramm schicken ② sich widmen; sich für etw. einsetzen: ～力 seine Kräfte für etwas einsetzen; sich widmen 专心～志 eifrig und zielbewußt; sich auf etw. konzentrieren; mit ganzem Herzen dabei sein ③ verursachen *vt*; herbeiführen *vt*: ～病 eine Krankheit hervorrufen 招～失败 eine Niederlage herbeiführen ④ so daß ...: 措辞晦涩,～使人误解本

意。Seine Sprache war so dunkel, daß man ihren Sinn mißverstand. ⑤ Aufmerksamkeit erregender Stil; interessante Form: 故事曲折有～。Die Geschichte ist verwickelt und spannend. ⑥ fein; sorgfältig: 工作细～ sorgfältig arbeiten 精～ sehr fein

致辞 zhìcí eine Ansprache (*od* Rede) halten

致敬 zhìjìng einen Gruß entbieten; salutieren *vi*; grüßen *vt*: 鸣礼炮二十一响～ mit 21 Salutschüssen grüßen; 21 Salutschüsse abfeuern

致命 zhìmìng tödlich; zum Tode führend; fatal: ～的弱点 eine fatale Schwäche

致谢 zhìxiè j-m Dank aussprechen; sich bedanken; danken *vi*

致意 zhìyì j-m einen Gruß übermitteln (*od* überbringen); an j-n einen Gruß ausrichten; grüßen *vt*

掷(擲) zhì werfen *vt*; schleudern *vt*: ～标枪 einen Wurfspeer werfen 孤注一～ alles aufs Spiel (*od* auf eine Karte) setzen

挚(摯) zhì aufrichtig; ehrlich; echt; herzlich: 诚～ aufrichtig; herzlich

挚友 zhìyǒu intimer (*od* aufrichtiger) Freund

帜(幟) zhì Flagge *f*; Fahne *f*; Banner *n*

置 zhì ① legen *vt*; stellen *vt*; unterbringen *vt*: 安～ unterbringen *vt*; für j-n Platz finden 搁～ etw. zu den Akten legen; etw. auf die lange Bank schieben ～之不理 etw. außer acht lassen; etw. keine Aufmerksamkeit schenken ② anschaffen *vt*; erstehen *vt*: 添～家具 sich Möbel zusätzlich anschaffen

置办 zhìbàn kaufen *vt*; erwerben *vt*; anschaffen *vt*; sich mit etw. eindecken

置若罔闻 zhì ruò wǎng wěn tun, als habe man nicht gehört; etw. völlig ignorieren; etw. mit Schweigen übergehen; über etw. hinwegsehen; gegenüber etw. taub bleiben; für etw. taub sein: 我多次劝告，他都～。Ich habe ihm mehrmals zugeredet, aber stieß bei ihm nur auf taube Ohren.

置信 zhìxìn glauben *vt*/*vi*; Glauben schenken: 难以～ unglaublich; kaum zu glauben sein

置疑 zhìyí zweifeln *vi*; bezweifeln *vt*: 不容～ keinem Zweifel unterliegen; sich nicht bezweifeln lassen

置之度外 zhì zhī dù wài etw. außer Betracht lassen; etw. nicht in Erwägung ziehen; ohne jede Rücksicht auf etw: 把个人安危～ seine persönliche Sicherheit außer acht lassen

制(製①) zhì ① herstellen *vt*; erzeugen *vt*; fabrizieren *vt*: 机～ maschinell produziert 仿～ nachbilden *vt*; imitieren *vt* 复～品 Reproduktion *f* ② beherrschen *vt*; einschränken *vt*; beschränken *vt*; kontrollieren *vt*: 控～ kontrollieren *vt*; beherrschen *vt* 限～ beschränken *vt*; einschränken *vt*; begrenzen *vt* ③ System *n*: 公～ metrisches System 私有～ Privateigentum *n*

制裁 zhìcái Bestrafung *f*; Strafe *f*; Ahndung *f*; Sanktion *f*: 实行经济～ wirtschaftliche Sanktionen verhängen 受法律～ seine gesetzliche Strafe finden

制订 zhìdìng ausarbeiten *vt*; formulieren *vt*

制定 zhìdìng festlegen *vt*; formulieren *vt*; konstituieren *vt*; ausarbeiten *vt*: ～宪法 eine Verfassung konstituieren ～法律 Gesetze aufstellen ～政策 eine Politik festlegen ～计划 einen Plan ausarbeiten

制动 zhìdòng bremsen *vt*: ～器 Bremse *f*; Bremsanlage *f*

制度 zhìdù System *n*; Ordnung *f*: 社会～ Gesellschaftsordnung *f* 规章～ Vorschriften und Regeln

制服 zhìfú Uniform *f*

制胜 zhìshèng besiegen *vt*; überwältigen *vt*; den Sieg erringen: ～敌人 den Feind besiegen

制约 zhìyuē einschränken *vt*; bedingen *vt*: 互相～ sich gegenseitig beeinflussen; aufeinander wirken

制造 zhìzào ① fabrizieren *vt*; produzieren *vt*; erzeugen *vt*; herstellen *vt*: 中国～ in China herstellen 手工～ etw. mit der Hand machen ② schaffen *vt*; hervorrufen *vt*; herbeiführen *vt*; stiften *vt*; bereiten *vt*: ～紧张局势 Spannungen schaffen ～谣言 Gerüchte in Umlauf setzen

制止 zhìzhǐ hindern *vt*; verhindern *vt*; zurückhalten *vt*; j-m/

etw. Einhalt gebieten: ～通货膨胀 die Inflation bremsen ～派别活动 faktionalistischen Umtrieben Einhalt gebieten

制作 zhìzuò herstellen *vt*; machen *vt*; fabrizieren *vt*; produzieren *vt*; erzeugen *vt*: 精心～ etw. sorgfältig machen

秩 zhì Ordnung *f*; Reihenfolge *f*

秩序 zhìxù Ordnung *f*; Reihenfolge *f*: 维持社会～ die öffentliche Ordnung aufrechterhalten ～井然 in vorbildlicher Ordnung

智 zhì Weisheit *f*; Klugheit *f*; weise; klug: 足～多谋 weise und gewiegt; große Erfahrung und weitsichtige Pläne haben; gescheit und einfallsreich 斗～ auf jede nur erdenkliche Weise einander zu überlisten versuchen ～者千虑，必有一失 auch ein Weiser, der tausendmal nachdenkt, ist vor Fehlern nicht gefeit; selbst kluge Leute machen Fehler

智慧 zhìhuì Weisheit *f*; Klugheit *f*; Intelligenz *f*: 集体～ kollektive Weisheit

智力 zhìlì Intelligenz *f*; Verstand *m*; Auffassungsgabe *f*; geistige Fähigkeit: ～测验 Intelligenztest *m* ～开发 geistige Fähigkeiten erschließen

智谋 zhìmóu Findigkeit *f*; Wendigkeit *f*; Einfallsreichtum *n*: 他的～令人十分钦佩。Seine Findigkeit ist sehr zu bewundern.

智囊 zhìnáng einfallsreiche Person; Berater *m*; Ratgeber *m*

智育 zhìyù Geistesbildung *f*

稚 zhì klein; jung; kindlich; kindisch: 幼～ kindisch

质(質) zhì ① Natur *f*; Eigenschaft *f*; Charakter *m*; Wesen *n*: 性～ Charakter *m*; Natur *f* 本～ Wesen *n*; das Wesentliche; Grundeigenschaft *f* ② Qualität *f*: 优～产品 Produkt von guter Qualität ③ Material *n*; Stoff *m*; Substanz *f*: 银～奖杯 Silberpokal *m* 流～食物 flüssige Nahrung ④ fragen *vt*; anfragen *vi*; ausfragen *vt*: ～疑 Fragen stellen; konsultieren *vt*

质变 zhìbiàn qualitative Veränderung

质量 zhìliàng ① Qualität *f* ② Masse *f*

质朴 zhìpǔ schlicht; ungekünstelt; natürlich

质问 zhìwèn j-n mit Nachdruck um eine Antwort bitten; von j-m Rechenschaft fordern

质子 zhìzǐ Proton *n*

炙 zhì ① braten *vt*; rösten *vt* ② 〈书〉 Braten *m*; Röstfleisch *n*

炙手可热 zhì shǒu kě rè schon beim Ausstrecken der Hand eine glühende Hitze spüren — die Ausstrahlung (*od* Aura) eines einflußreichen Machthabers eindringlich empfinden

zhōng

中 zhōng ① Mitte *f*; Zentrum *n*; Mittelpunkt *m*: 居～ in der Mitte ② China: 洋为～用 das Ausländische für China nutzbar machen ～外合资经营 mit gemeinsamem Kapital von China und dem Ausland wirtschaften ③ in; inmitten; mitten drin: 家～ zu Hause 园～ im Garten 学生～ unter den Studenten ④ auf mittlerer Stufe stehend; dazwischen liegend; zwischen ...: ～年 von mittlerem Alter; mittelalt(e)rig ～秋 der zweite Monat des Herbsts ～产阶级 mittlere Bourgeoisie; mittelständische Unternehmer ～号 mittlere Größe; Mittel-, Zwischengröße *f* ⑤ zwischen zwei Extremen: 适～ mäßig; mittelmäßig; im Durchschnitt *另见 zhòng

中部 zhōngbù Mitte *f*; Zentrale *f*; mittlerer Teil

中餐 zhōngcān chinesische Küche

中草药 zhōngcǎoyào chinesische Heilpflanzen

中层 zhōngcéng mittlere Ebene

中程 zhōngchéng Mittelstrecke *f*

中等 zhōngděng mittelgroß; mittlere

中断 zhōngduàn abbrechen *vt*; unterbrechen *vt*; stocken *vi*

中古 zhōnggǔ Mittelalter *n*

中华 Zhōnghuá China: 振兴～ Chinas Aufschwung fördern ～民族 die chinesische Nation

中坚 zhōngjiān Kern *m*; Rückgrat *n*; Hauptstütze *f*: ～力量 Kernpotential *n*

中立 zhōnglì neutral; Neutralität *f*: ～国 neutraler Staat

中流砥柱 zhōngliú dǐzhù ein Fels inmitten des reißenden Stromes; Rückgrat sein

中篇小说 zhōngpiān xiǎoshuō kürzerer Roman; Novelle *f*

中人 zhōngrén Vermittler *m*; Mittelsmann *m*; Mittelsperson *f*
中式 zhōngshì chinesischer Stil; chinesisch
中枢 zhōngshū Zentrum *n*; Mitte *f*: 神经～ Nervenzentren *pl*
中途 zhōngtú auf halbem Weg; halbwegs; unterwegs: ～停留 einen Zwischenaufenthalt machen
中文 Zhōngwén die chinesische Sprache; Chinesisch *n*
中午 zhōngwǔ Mittag *m*
中心 zhōngxīn Mitte *f*; Zentrum *n*; Mittelpunkt *m*; Kern *m*: 研究～ Forschungszentrum *n* 问题的～ Kern des Problems
中性 zhōngxìng neutral
中学 zhōngxué Mittelschule *f*
中旬 zhōngxún die zweite Dekade eines Monats
中央 zhōngyāng ① Mitte *f* ② Zentrale *f*
中医 zhōngyī ① traditionelle chinesische Medizin (*od* Heilkunde) ② Arzt der traditionellen chinesischen Medizin
中庸 zhōngyōng goldene Mitte
中用 zhōngyòng taugen *vi*; nützen *vi*; nutzbar sein: 不～ nichts taugen; ein Taugenichts sein
中游 zhōngyóu ① Mittellauf *m* ② Mittelmäßigkeit *f*; Durchschnittlichkeit *f*: 甘居～ sich mit mittelmäßigen Leistungen zufriedengeben
中止 zhōngzhǐ unterbrechen *vt*; abbrechen *vt*; stocken *vi*: ～学习 sein Studium abbrechen
中子 zhōngzǐ Neutron *n*

衷 zhōng Herzensgrund *m*: 无动于～ gleichgültig (*od* unberührt) bleiben 言不由～ die Worte kommen nicht von Herzen
衷情 zhōngqíng inniges Gefühl: 互诉～ einander das Herz ausschütten
衷心 zhōngxīn von ganzem Herzen; herzlich; aufrichtig: ～拥护 j-n / etw. mit ganzem Herzen unterstützen

忠 zhōng treu; getreu; loyal
忠诚 zhōngchéng treu; getreu; loyal; hingebungsvoll
忠告 zhōnggào von ganzem Herzen raten; j-n mit wohlmeinenden Worten ermahnen; wohlmeinende Ratschläge
忠厚 zhōnghòu ehrenhaft und tolerant; aufrichtig und gutherzig
忠实 zhōngshí treu; getreu; loyal; ergeben
忠心 zhōngxīn treues Herz; Treuherzigkeit *f*; Treue *f*; Ergebenheit *f*; Loyalität *f*: 赤胆～ voller Hingabe; besonders treu; für j-n / etw. sein Herz hingeben ～耿耿 treu und ergeben
忠言逆耳 zhōngyán nì ěr guter Rat klingt unangenehm
忠于 zhōngyú treu bleiben; ergeben sein; die Treue halten: ～祖国 dem Vaterland treu bleiben
忠贞 zhōngzhēn ergeben und beständig; treu und standhaft: ～不渝 unerschütterlich treu bleiben

钟(鐘①—③、鍾④⑤) zhōng ① Glocke *f* ② Uhr *f*: 闹～ Wecker *m* ③ in Stunden oder Minuten gemessene Zeit: 几点～啦? Wieviel Uhr ist es? 三点～ um drei Uhr 一分～ eine Minute ④ (seine Gefühle, Zuneigung usw.) auf etw. konzentrieren ⑤ Becher *m*; Schälchen *n*
钟爱 zhōng'ài j-n ganz besonders (*od* abgöttisch) lieben
钟摆 zhōngbǎi Pendel *n*; Perpendikel *m/n*
钟表 zhōngbiǎo Uhren *pl*
钟点 zhōngdiǎn eine bestimmte Zeit; Stunde *f*
钟情 zhōngqíng sich in j-n verlieben: 一见～ Liebe auf den ersten Blick

终 zhōng ① Ende *n*; Schluß *m*: 年～ Jahresende *n* ② sterben *vi*; ableben *vi*: 临～ auf dem Sterbebett; kurz vor dem Tod ③ ganz: ～生 das ganze Leben; lebenslang
终点 zhōngdiǎn Endstation *f*; Endziel *n*; Endpunkt *m*
终端 zhōngduān Terminal *n*; Ende *n*; Endlage *f*
终归 zhōngguī schließlich doch; letzten Endes doch: 他～还是新手。Schließlich ist er doch ein Neuling. 孩子～是孩子。Kinder sind schließlich Kinder.
终结 zhōngjié Ende *n*; Schluß *m*
终究 zhōngjiū also doch; schließlich doch; letzten Endes doch
终年 zhōngnián ① das ganze Jahr (hindurch) ② im Alter von ... sterben: 他～七十八岁。Er ist im Alter von 78 Jahren gestorben.
终身 zhōngshēn das ganze Leben; lebenslang: ～制 das System auf Lebenzeit

终于 zhōngyú endlich; schließlich; letzten Endes
终止 zhōngzhǐ aufhören *vi*; einstellen *vt*; abschließen *vt*

zhǒng

冢 zhǒng Grab *n*; Grabhügel *m*: 古～ ein Grab aus alter Zeit
种(種) zhǒng ① Art *f*; Spezies *f*; Sorte *f*: 本地～ endemische Spezies (*od* Art) ② Rasse *f*: 黄～ gelbe Rasse ③ Saat *f*; Samen *m*: 稻～ Reissaat *f* 麦～ Weizensamen *m* ④ Mut *m*; Unbeugsamkeit *f*: 有～的站出来! Wer Rückgrat hat, (der) komme heraus! ⑤ 〈量〉 Sorte *f*; Muster *n*; Typ *m*: 各～颜色 verschiedene Farben 这～行为 solches Betragen * 另见 zhòng
种类 zhǒnglèi Art *f*; Sorte *f*; Sortiment *n*; Gattung *f*: ～繁多 ein reiches Sortiment; eine große Auswahl
种种 zhǒngzhǒng alle Arten; Allerlei *n*; verschiedenartig: 由于～原因 aus verschiedenen Gründen 想尽～办法 alle möglichen Mittel versuchen
种子 zhǒngzǐ ① Saat *f*; Saatgut *n*; Samen *m* ② gesetzt: ～选手 gesetzter Spieler ～队 gesetzte Mannschaft
种族 zhǒngzú Rasse *f*: ～平等 Gleichberechtigung aller Rassen ～隔离 Rassentrennung *f*; Apartheid *f* ～歧视 Rassendiskriminierung *f* ～主义者 Rassist *m*
肿(腫) zhǒng anschwellen *vi*; Schwellung *f*; geschwollen
肿瘤 zhǒngliú Geschwulst *f*; Tumor *m*: 良(恶)性～ gutartige (bösartige) Geschwulst
踵 zhǒng Ferse *f*; Hacke *f*: 接～而至 j-m auf den Fersen folgen

zhòng

中 zhòng ① treffen *vt*: 射～靶心 ins Schwarze treffen 猜～ richtig erraten ② betroffen sein; getroffen sein: 腿上～了一枪 von einem Schuß ins Bein getroffen sein ～埋伏 in einen Hinterhalt geraten ～煤气 sich eine Gasvergiftung zuziehen * 另见 zhōng
中毒 zhòngdú vergiftet werden; Vergiftung *f*: 食物～ Nahrungsmittelvergiftung *f*
中风 zhòngfēng Schlaganfall *m*; Apoplexie *f*
中计 zhòngjì in eine Falle gehen; von j-m überlistet werden
中肯 zhòngkěn prägnant; treffend; zutreffend; passend
中伤 zhòngshāng verleumden *vt*; schmähen *vt*: 恶意～ j-n böswillig verleumden
中暑 zhòngshǔ Hitzschlag *f*; Sonnenstich *m*; einen Hitzschlag bekommen
中意 zhòngyì gefallen *vi*; etw. gern haben
种(種) zhòng pflanzen *vt*; anbauen *vt*: ～花 Blumen pflanzen ～庄稼 Getreideanbau *m*; Getreide anbauen *另见 zhǒng
种地 zhòngdì einen Acker bebauen; Ackerbau treiben; den Boden bestellen; Feldarbeit verrichten
种田 zhòngtián Feldarbeit verrichten; Ackerbau treiben; den Boden bebauen
仲 zhòng ① mittel; intermediär; in der Mitte stehend; vermittelnd ② der zweite Monat einer Jahreszeit: ～夏 der zweite Monat des Sommers; Hochsommer *m* ③ der Zweitälteste (unter Brüdern)
仲裁 zhòngcái Schiedsspruch *m*; einen Schiedsspruch fällen
众(衆) zhòng ① viel; zahlreich; zahllos: 寡不敌～ wenige können nicht vielen widerstehen ② eine Menge Menschen; Massen *pl*: 大～ Massen *pl* 观～ Zuschauer *pl*; Publikum *n* 听～ Zubörerschaft *f*
众多 zhòngduō sehr viel; zahlreich
众口难调 zhòng kǒu nán tiáo es jedem Geschmack recht zu machen ist schwer; allen Leuten recht getan, ist eine Kunst, die niemand kann
众目睽睽 zhòng mù kuíkuí vor aller Augen; vor aller Welt; im Blickpunkt der Öffentlichkeit stehen
众叛亲离 zhòng pàn qīn lí Rebellion der Massen, Fahnenflucht der Anhänger; die Masse der Anhänger ist in Aufruhr, sogar die engsten Getreuen fallen ab
众矢之的 zhòng shǐ zhī dì die Ziel-

scheibe aller Pfeile
众说纷纭 zhòng shuō fēn yún die Meinungen gehen auseinander
众所周知 zhòng suǒ zhōu zhī allgemein bekannt; wie allen bekannt
众志成城 zhòng zhì chéng chéng Einigkeit ist die stärkste Stadtmauer; Einigkeit macht stark

重 zhòng ① Gewicht *n*: 举～ Gewichtheben *n* 净～ Nettogewicht *n* 毛～ Bruttogewicht *n* ② schwer; gewichtig; hoch: 箱子很～。 Der Koffer ist sehr schwer. 工作很～ mit Arbeit überlastet sein ～金购买 für etw. einen hohen Preis zahlen ③ tief; stark; schwer: 情意～ tiefe Gefühle für j-n hegen 病势很～ schwer erkrankt sein ④ wichtig; gewichtig; bedeutend: 军事～地 militärisch wichtiges Gebiet ⑤ beachten *vt*; etw. große Aufmerksamkeit schenken: 敬～ hochschätzen *vt*; verehren *vt* 看～ wertschätzen *vt* 老成持～ erfahren und vorsichtig sein
重兵 zhòngbīng große Truppenkontingente; starke militätische Verbände: ～把守 unter starken militärischen Schutz stellen
重大 zhòngdà groß; bedeutend; wichtig; schwerwiegend: ～原则问题 schwerwiegende prinzipielle Probleme ～变化 große Veränderungen
重担 zhòngdàn schwere Traglast; Bürde *f*; schwierige Aufgabe
重点 zhòngdiǎn Hauptpunkt *m*; Schlüsselpunkt *m*; Hauptgewicht *n*; Schwerpunkt *m*: ～大学 Schwerpunktuniversität *f* ～工程 Schlüsselprojekt *n*
重读 zhòngdú betonen *vt*; den Akzent auf eine Silbe, ein Wort usw. legen (*od* setzen): ～音节 betonte Silbe
重负 zhòngfù schwere Last (*od* Bürde): 如释～ erleichtert, als ob man eine schwere Last abgelegt hätte; erleichtert aufatmen
重工业 zhònggōngyè Schwerindustrie *f*
重力 zhònglì Schwerkraft *f*
重量 zhòngliàng Gewicht *n*
重任 zhòngrèn große Verantwortung; wichtige Verpflichtungen: 身负～ eine wichtige Stellung innehaben; mit einer wichtigen Arbeit beauftragt werden
重视 zhòngshì beachten *vt*; schätzen *vt*; großen Wert (*od* großes Gewicht) auf etw. legen; etw. große Aufmerksamkeit schenken: ～教育 großen Wert auf die Erziehung legen ～这件事 dieser Sache sein besonderes Augenmerk schenken
重心 zhòngxīn ① Schwerpunkt *m* ② Kern *m*
重要 zhòngyào wichtig; bedeutend: ～人物 bedeutende Person; Würdenträger *m* ～关头 kritischer Moment ～因素 Schlüsselfaktor
重音 zhòngyīn Betonung *f*; Akzent *m*: 词的～ Wortakzent *m*
重用 zhòngyòng j-n auf eine wichtige Stelle setzen; j-n mit einem bedeutenden Amt betrauen

zhōu

州 zhōu (autonomer) Bezirk *m*
洲 zhōu Kontinent *n*
洲际 zhōujì interkontinental: ～导弹 Interkontinentalrakete *f*
舟 zhōu Boot *n*; Kahn *m*: 轻～ leichtes Boot 泛～ Boot fahren
周 zhōu ① Umkreis *m*; Zirkel *m*: 圆～ Zirkel *m* 环行一～ einen Rundgang machen ② kreisen *vi*; sich im Kreise bewegen: ～而复始 regelmäßig wiederkehren ③ allgemein; alle: 众所～知 allbekannt ④ vollkommen; vollständig: 计划不～ nicht sorgfältig genug geplant sein 考虑不～ etw. nicht genug bedenken ⑤ Woche *f*: 上～ letzte Woche
周到 zhōudào umsichtig und zuvorkommend; aufmerksam; rücksichtsvoll: 服务～ bestens bedienen; ausgezeichneter Kundendienst 想得～ rücksichtsvoll (*od* umsichtig) gedacht
周密 zhōumì lückenlos; gründlich; wohl durchdacht: ～的计划 wohl durchdachter Plan
周末 zhōumò Wochenende *n*
周年 zhōunián Jahrestag *m*
周期 zhōuqī Periode *f*; Zyklus *m*
周全 zhōuquán vollkommen; allseitig; umfassend
周围 zhōuwéi Umgebung *f*; um etw. herum; ringsum: 楼房～ um das Gebäude ～环境 Umgebung *f*; Umwelt *f* ～的居民 Nachbarschaft *f*
周详 zhōuxiáng eingehend; detailliert; genau; umfassend
周旋 zhōuxuán gesellschaftlicher

Umgang; mit j-m verkehren
周游 zhōuyóu eine Rundreise machen: ～世界 eine Reise um die Welt machen
周折 zhōuzhé Komplikation *f*; Mühe *f*: 几经～ nach vielen Rückschlägen
周转 zhōuzhuǎn ① Zirkulation *f*; Umlauf *m*: 现金～ Barzirkulation *f* ～率 Zirkulationsrate *f* ② genug haben, um ein bestimmtes Bedürfnis zu erfüllen: ～不开 für ein reibungsloses Umlaufen nicht ausreichen
粥 zhōu (dicker) Brei *m*

zhóu

轴 zhóu ① Achse *f*; Welle *f*; Spindel *f*: 车～ Wagenachse *f* ② Rolle *f*; Spule *f*: 线～儿 Fadenspule *f* 画～ Rolle eines chinesischen Rollbilds
轴承 zhóuchéng Lager *n*: 滚珠～ Kugellager
轴心 zhóuxīn Achsenmitte *f*; Achse *f*: ～国 Achsenmächte *pl*

zhǒu

肘 zhǒu Ell(en)bogen *m*
帚 zhǒu Besen *m*

zhòu

咒 zhòu ① Zauberformel *f*: 念～ Zauberformeln murmeln ② beschimpfen *vt*; verfluchen *vt*: 诅～ verfluchen *vt*
咒骂 zhòumà beschimpfen *vt*; verfluchen *vt*; schmähen *vt*
皱(皺) zhòu knittern *vi*; Falten ziehen; runzlig werden: 这种料子不～。Dieser Stoff ist knitterfrei. 别把我的书弄～了。Mein Buch nicht zerknittern!
皱眉头 zhòuméitóu die Stirn runzeln
皱纹 zhòuwén Falte *f*; Furche *f*: 满脸～ faltiges (*od* runzeliges) Gesicht 鱼尾～ Krähenfüße *pl* ～纸 Kreppapier *n*
皱褶 zhòuzhé Falte *f*
绉(縐) zhòu Krepp *m*; Crepe *m*
昼(晝) zhòu Tag *m*; Tageszeit *f*
昼夜 zhòuyè Tag und Nacht; rund um die Uhr
骤 zhòu plötzlich: 一阵～雨 ein plötzlicher Regenschauer 天气～变。Ein Wetterumschlag war eingetreten.
骤然 zhòurán plötzlich; unerwartet; überraschend; auf einmal: ～响起雷鸣般的掌声。Ein Sturm des Beifalls brach auf einmal los.

zhū

诸 zhū all; verschieden
诸侯 zhūhóu Lehnsfürsten *pl*
诸如 zhūrú zum Beispiel
诸如此类 zhū rú cǐ lèi und dergleichen; und so weiter; und ähnliches: ～,不胜枚举。Von solchen Beispielen ließen sich unendlich viele aufzählen.
诸位 zhūwèi 〈敬〉 meine Herrschaften: ～,有什么意见? Verehrte Anwesende, haben Sie irgendetwas vorzubringen?
猪 zhū Schwein *n*: 小～ Ferkel *n* 母～ Sau *f* 公～ Eber *m*
猪圈 zhūjuàn Schweinestall *m*
猪肉 zhūròu Schweinefleisch *n*
猪油 zhūyóu Schweinefett *n*; Schweineschmalz *n*
猪鬃 zhūzōng Schweineborsten *pl*
朱 zhū Zinnoberrot *n*; zinnoberrot
朱红 zhūhóng zinnoberrot; scharlachrot
朱门 zhūmén rot gestrichenes Tor; Tor reicher Familien
诛 zhū 〈书〉 strafen *vt*; j-n an den Pranger stellen: 口～笔伐 etw. mündlich und schriftlich verurteilen
珠 zhū Kügelchen *n*; Perle *f*: 珍～ Perle *f* 露～ Tautropfen *m* 泪～ Träne *f*
珠宝 zhūbǎo Perlen und Juwelen: ～商 Juwelier *m*
珠算 zhūsuàn Rechnen mit dem Abakus
株 zhū 〈量〉: 四～桑树 vier Maulbeerbäume
株连 zhūlián j-n in etw. verwickeln
蛛 zhū Spinne *f*
蛛丝马迹 zhū sī mǎ jì Spinnfäden und Hufabdrücke — verschwom-

mene Spuren
蛛网 zhūwǎng Spinnennetz *n*
侏 zhū
侏儒 zhūrú Zwerg *m*; Pygmäe *m*

zhú

烛(燭) zhú Kerze *f*: 蜡～ Wachskerze *f*
烛光 zhúguāng Kerzenstärke *f*
烛台 zhútái Kerzenhalter *m*; Leuchter *m*
逐 zhú ① verfolgen *vt*; nachjagen *vi*: 追～ nachjagen *vi* ② vertreiben *vt*; ausweisen *vt*; hinausjagen *vt*: ～出门外 j-n aus dem Haus jagen ③ der Reihe nach; einer nach dem anderen: ～日 Tag für Tag
逐步 zhúbù Schritt für Schritt; schrittweise; allmählich: ～深入 schrittweise vertiefen
逐渐 zhújiàn allmählich; nach und nach: 他～习惯这里的气候了。Er hat sich allmählich an das Klima hier gewöhnt.
逐字逐句 zhú zì zhú jù Wort für Wort und Satz für Satz
竹 zhú Bambus *m*: ～林 Bambusbain *m* ～竿 Bambusstange *f*; Bambusstock *m* ～笋 Bambussproß *m*
竹帛 zhúbó Bambustäfelchen und Seidenstoff (beides ursprünglich auch zum Beschreiben gebraucht); Bücher in alter Zeit
竹简 zhújiǎn Bambustäfelchen *n* (ursprünglich zum Beschreiben gebraucht)
竹篮打水一场空 zhúlán dǎ shuǐ yī chǎng kōng Wasser in einem Bambuskorb holen — trotz großer Anstrengungen nichts erreichen; verlorene Liebesmühe

zhǔ

主 zhǔ ① Gastgeber *m*: 宾～ Gast und Gastgeber ② Eigentümer *m*; Inhaber *m*; Besitzer *m*: 奴隶～ Sklavenhalter *m* 当家作～ Herr im eigenen Haus sein ③ betreffende Person oder Partei: 买～ Käufer *m* 卖～ Verkäufer *m* ④ (基督教) Herrgott *m*; (伊斯兰教) Allah *m* ⑤ hauptsächlich; primär: 预防为～ Vorbeugung an die erste Stelle ⑥ verantworten *vt*; leiten *vt*: 谁在这里～事? Wer ist dafür hier verantwortlich? ⑦ für etw. eintreten; eine bestimmte Idee haben: ～和 für den Frieden eintreten
主办 zhǔbàn leiten *vt*; für etw. verantwortlich sein: 展览会由一家石油公司～。Die Ausstellung wird von einer Erdölgesellschaft veranstaltet.
主编 zhǔbiān Chefredakteur *m*: 报纸的～ Chefredakteur einer Zeitung
主持 zhǔchí ① leiten *vt*; verwalten *vt*: ～日常工作 für die laufenden Arbeiten zuständig sein ～会议 den Vorsitz bei einer Sitzung führen ② befürworten *vt*; eintreten *vi*: ～正义 für Gerechtigkeit eintreten
主次 zhǔcì Haupt- und Nebensache; wichtig und unwichtig; primär und sekundär: 他分不清～。Er kann die Hauptsache nicht von der Nebensache unterscheiden.
主导 zhǔdǎo leitend; führend: 起～作用 eine führende Rolle spielen ～思想 Leitgedanke *m*
主动 zhǔdòng Initiative *f*: 争取～ die Initiative gewinnen
主犯 zhǔfàn Haupttäter *m*
主妇 zhǔfù Hausherrin *f*
主顾 zhǔgù Kunde *m*; Klient *m*; Auftraggeber *m*
主观 zhǔguān subjektiv: ～愿望 Wunschdenken *n* ～努力 subjektive Anstrengungen
主管 zhǔguǎn verantwortlich für etw. sein; leiten *vt*
主见 zhǔjiàn eigene Vorstellungen oder Ideen; eigenes Urteil; feste und bestimmte Ansichten: 没有～ keine eigene Meinung haben
主教 zhǔjiào Bischof *m*: 大～ Erzbischof *m* 红衣～ Kardinal *m*
主角 zhǔjué Hauptrolle *f*: 演～ die Hauptrolle spielen
主力 zhǔlì Hauptmacht *f*; Hauptkraft *f*
主流 zhǔliú ① Hauptstrom *m*; Hauptfluß *m* ② Haupttendenz *f*; Hauptströmung *f*
主谋 zhǔmóu an der Spitze eines Komplotts stehen; Hauptakteur einer Verschwörung sein
主权 zhǔquán Souveränität *f*; Hoheitsrechte *pl*: ～国 souveräner Staat 领土～ territoriale Souveränität
主人 zhǔrén ① Gastgeber *m*; Hausherr *m*: 女～ Gastgeberin *f* ② Herr *m*; Eigentümer *m*

主人公 zhǔrénɡōnɡ Hauptfigur *f*; Held *m*
主人翁 zhǔrénwēnɡ ① Herr *m* ② Hauptfigur *f*; Held *m*
主任 zhǔrèn Direktor *m*; Leiter *m*
主题 zhǔtí Thema *n*; Motiv *n*
主体 zhǔtǐ Hauptteil *m*
主席 zhǔxí Vorsitzende(r); Präsident *m*: ～团 Präsidium *n*
主演 zhǔyǎn (in einem Theaterstück oder Film) die Hauptrolle spielen
主要 zhǔyào wesentlich; hauptsächlich: ～因素 wesentlicher Faktor
主义 zhǔyì Doktrin *f*: 唯物～ Materialismus *m* 唯心～ Idealismus *m*
主意 zhǔyì Rat *m*; Idee *f*: 出～ Rat geben 这个～不错。Das ist eine gute Idee.
主语 zhǔyǔ Subjekt *n*
主宰 zhǔzǎi herrschen *vi*; beherrschen *vt*: ～世界 die Welt beherrschen ～自己的命运 sein eigener Herr sein; sein Geschick selbst in die Hand nehmen
主张 zhǔzhānɡ ① für etw. eintreten; befürworten *vt*; behaupten *vt*: ～改革 Reformen befürworten ② Meinung *f*; Position *f*: 这是我们一贯的～。Das ist unsere ständige Position.
主子 zhǔzi Herr *m*; Meister *m*

拄 zhǔ sich auf einen Stock (*od* eine Krücke usw.) stützen: ～着拐杖走 am Stock gehen

煮 zhǔ kochen *vt*; Essen bereiten (*od* zubereiten)

属(屬) zhǔ <书> ① verbinden *vt*; zusammenbringen *vt*: ～文 einen Aufsatz zusammenstellen ② sich auf etw. konzentrieren: ～望 die Erwartung auf etw. konzentrieren
* 另见 shǔ
属意 zhǔyì <书> sein Auge auf etw. werfen (was man am meisten schätzt, bevorzugt usw.)

嘱(囑) zhǔ ermahnen *vt*; einschärfen *vt*; raten *vt*
嘱咐 zhǔfu ermahnen *vt*; einschärfen *vt*: 再三～ wiederholt raten; j-m etw. einhämmern
嘱托 zhǔtuō auftragen *vt*; beauftragen *vt*; einschärfen *vt*: 她～我办这件事。Sie hat mich damit beauftragt.

瞩(矚) zhǔ mit festem Blick ins Auge fassen; den Blick auf etw. heften; blicken *vi*: 高瞻远～ hoch stehen und weit blicken; von hoher Warte aus betrachten; weitblickend sein; von einem überlegenen Standpunkt aus
瞩目 zhǔmù <书> den Blick auf etw. heften: 举世～ die Aufmerksamkeit der Welt auf sich lenken; im Brennpunkt der Weltöffentlichkeit stehen

zhù

贮(貯) zhù lagern *vt*; horten *vt*; aufspeichern *vt*
贮藏 zhùcánɡ einlagern *vt*; aufspeichern *vt*; aufbewahren *vt*: ～过冬的大白菜 Kohl für den Winter einlagern
贮存 zhùcún aufbewahren *vt*; einen Vorrat an ... anlegen; einlagern *vt*

注 zhù ① gießen *vi*; fließen *vi*; strömen *vi*: 大雨如～。Es gießt in Strömen. ② konzentrieren *vt*; richten *vt*: 全神贯～ die ganze Aufmerksamkeit auf etw. konzentrieren; in etw. ganz vertieft sein ③ anmerken *vt*; mit Anmerkungen versehen: 批～ kritische und erläuternde Anmerkungen machen ④ eintragen *vt*; registrieren *vt*
注册 zhùcè Register *n*: ～处 Registratur *f*
注定 zhùdìnɡ für etw. bestimmt sein; verurteilt sein: ～要失败 zum Scheitern verdammt sein
注解 zhùjiě ① erläutern *vt*; anmerken *vt* ② Anmerkung *f*; Glosse *f*
注目 zhùmù den Blick auf etw. richten; sein Augenmerk auf etw. richten: 引人～ die Aufmerksamkeit erregen; auffallend
注射 zhùshè Injektion *f*; einspritzen *vt*: ～器 Spritze *f*; Injektionsspritze *f*
注视 zhùshì (mit den Augen) verfolgen *vt*; anstarren *vt*; beobachten *vt*; die Augen auf etw. richten
注释 zhùshì Anmerkung *f*
注销 zhùxiāo streichen *vt*; annullieren *vt*
注意 zhùyì achten *vi*; aufpassen *vi*; Aufmerksamkeit schenken: ～台阶! Achtung! Stufe! ～别摔倒。Geben Sie acht, daß

Sie nicht stürzen.

注重 zhùzhòng auf etw. besonderen Nachdruck legen; Gewicht beimessen; Aufmerksamkeit schenken

柱 zhù Pfeiler *m*; Säule *f*; Stütze *f*; Pfosten *m*; Pflock *m*

柱石 zhùshí Pfeiler *m*; Pfosten *m*; Säule *f*

蛀 zhù zerfressen *vt*

蛀虫 zhùchóng Insekten, die Bücher, Kleider, Holz usw. zerfressen

住 zhù ① wohnen *vi*; leben *vi*: 我在南方～了三年。Ich wohnte drei Jahre im Süden. ～旅馆 im Hotel wohnen (*od* absteigen) ② stoppen *vi*; aufhören *vi*: 雨～了。Der Regen hat aufgehört. ③ [做动词补语,表示牢固、稳当、停顿、静止等]: 站～! Halt!; Stillgestanden! 接～! Fang das auf! 忍受不～了 es nicht mehr aushalten können 记～ sich etw. merken; etw. im Kopf (*od* Gedächtnis) behalten

住处 zhùchù Unterkunft *f*; Wohnsitz *m*: 你～在什么地方? Wo wohnst du?

住房 zhùfáng Wohnhaus *n*; Wohnung *f*: ～问题 Wohnungsprobleme *pl*

住户 zhùhù Haushalt *m*; Ortsansässige(r); Einwohner *m*

住宿 zhùsù übernachten *vi*; logieren *vi*; sich einquartieren: 安排～ für die Unterkunft der Gäste sorgen

住宅 zhùzhái Wohnung *f*; Behausung *f*

住址 zhùzhǐ Adresse *f*; Anschrift *f*

驻 zhù stationieren *vi*; Standort halten: 中国～奥地利大使馆 die chinesische Botschaft in Österreich ～京记者 in Beijing residierender (*od* akkreditierter) Korrespondent

驻防 zhùfáng garnisonieren *vi*

驻守 zhùshǒu garnisonieren *vi*; verteidigen *vt*; (militärisch) besetzen *vt*

驻扎 zhùzhá stationieren *vt*

祝 zhù wünschen *vt*: ～你健康。Ich wünsche dir Gesundheit. ～你一路平安! Gute Reise!

祝贺 zhùhè gratulieren *vi*; beglückwünschen *vt*: ～演出成功 den Schauspielern zum Erfolg ihrer Aufführung gratulieren 向您～! Herzliche Glückwünsche! 或 Ich gratuliere Ihnen!

祝捷 zhùjié einen Sieg feiern

祝酒 zhùjiǔ einen Toast (*od* ein Hoch, einen Trinkspruch) ausbringen; toasten *vi*: 致～辞 eine Tischrede halten

祝寿 zhùshòu (einer älteren Person) zum Geburtstag gratulieren; Glückwunsch zum Geburtstag

著 zhù ① deutlich; ausgeprägt; klar hervortretend: 卓～ herausragend ② zeigen *vt*; sich erweisen: 颇～成效 sich als ziemlich erfolgreich erweisen ③ schreiben *vt*; verfassen *vt*: ～书 ein Buch schreiben ④ Werk *n*: 名～ ein berühmtes Werk

著称 zhùchēng bekannt sein: 以风景优美而～ wegen seiner landschaftlichen Schönheit in aller Munde sein

著名 zhùmíng bekannt; berühmt; einen Namen haben; sich einen Namen machen: 一位～的医生 ein bekannter Arzt

著作 zhùzuò Werk *n*; Buch *n*

助 zhù helfen *vi*; beistehen *vi*; unterstützen *vt*: 互～ sich gegenseitig helfen; einander Hilfe leisten 帮～ helfen *vi*; Hilfe *f* ～人一把 j-m eine hilfreiche Hand bieten ～人为乐 Freude daran haben, anderen zu helfen; immer bereitwillig, andere zu unterstützen

助动词 zhùdòngcí Hilfsverb *n*

助理 zhùlǐ Assistent *m*: ～教授 assistierender Professor

助手 zhùshǒu Helfer *m*; Assistent *m*

助兴 zhùxìng zusätzlich für Stimmung sorgen; zur Unterhaltung beitragen

助长 zhùzhǎng fördern *vt*; begünstigen *vt*; nähren *vt*; Vorschub leisten: ～歪风邪气 schlechte Tendenzen fördern

筑(築) zhù bauen *vt*; errichten *vt*; erbauen *vt*: ～坝 einen Damm bauen ～路 eine Straße anlegen

铸(鑄) zhù Gießen *n*; gießen *vt*

铸工 zhùgōng Gießarbeit *f*; Gießer *m*

铸件 zhùjiàn Guß *m*; Gußstück *n*

铸造 zhùzào Gießen *n*; Guß *m*

zhuā

抓 zhuā ① ergreifen *vt*; packen *vt*; fassen *vt*: ～住手臂 Arm fassen ～机会 eine Gelegenheit beim Schopf packen ② kratzen *vt*/*vi*: ～痒痒 eine juckende Stelle kratzen; sich kratzen 猫把孩子的手～了。 Die Katze hat dem Kind die Hand zerkratzt. ③ fassen *vt*; ertappen *vt*; erwischen *vt*: 老鹰～小鸡。 Der Habicht faßt ein Hühnchen. ～住一名正在作案的罪犯。 einen Verbrecher auf frischer Tat ertappen ④ betonen *vt*; Nachdruck (*od* Gewicht) auf etw. legen; etw. in den Vordergrund stellen: ～重点 den Schwerpunkt hervorheben ⑤ sich mit etw. befassen; für etw. zuständig sein: 他是～工会工作的。 Er ist für die Gewerkschaftsarbeit zuständig.

抓紧 zhuājǐn etw. fest anpacken; nicht nachlassen: ～时间 die Zeit voll ausnutzen

抓阄儿 zhuājiūr losen *vi*; durch das Los entscheiden

抓瞎 zhuāxiā nicht wissen, wo einem der Kopf steht; in der Eile nicht wissen, was anfangen

抓药 zhuāyào nach einem Rezept Kräuterarzneien zubereiten

zhuǎ

爪 zhuǎ Klaue *f*; Pfote *f*; Kralle *f*; Tatze *f* *另见 zhǎo

zhuài

拽 zhuài ziehen *vt*; zerren *vt*; schleppen *vt*: ～住衣袖 j-n am Ärmel ziehen

zhuān

专(專) zhuān ① spezial; nur; besonders; eigens; auf etw. konzentriert: ～款 spezieller Fonds; zweckgebundene Gelder ～人 Sonderbeauftragte(r) ～用 zweckgebunden verwenden; für einen besonderen Zweck ② fachkundig: 一～多能 auf einem Gebiet spezialisiert und auf vielen anderen Gebieten bewandert ③ monopolisieren *vt*

专长 zhuāncháng spezielle Fachkenntnisse; besondere Fähigkeit: 学有～ in einem speziellen Fachgebiet bewandert sein

专诚 zhuānchéng eigens; speziell: ～拜访 j-m einen besonderen Besuch abstatten; j-m eigens seine Aufwartung machen

专程 zhuānchéng spezielle Reise

专断 zhuānduàn willkürlich entscheiden; eigenmächtig handeln

专横 zhuānhèng eigenmächtig; willkürlich; selbstherrlich: ～跋扈 sich selbstherrlich aufführen; tyrannisch schalten und walten

专家 zhuānjiā Experte *m*; Spezialist *m*

专利 zhuānlì Patent *n*: ～权 Patent *n*; Urheberrecht *n*

专门 zhuānmén speziell: ～机构 Sonderorgan *n*; spezielles Organ ～术语 Fachausdruck *m*; Terminologie *f* ～知识 spezielle Fachkenntnis; technisches Know-how; Sachkenntnis *f*

专心 zhuānxīn sich konzentrieren; gefesselt; ganz in Anspruch genommen: ～致志 beflissen und zielbewußt; sich auf etw. konzentrieren; mit ganzem Herzen bei etw. sein

专业 zhuānyè ① Fachrichtung *f*; Fachgebiet *n*: ～课 Fachkurs *m* ～学校 Berufsschule *f* ② Fach *n*; Beruf *m*; Berufsfach *n*: ～人员 Fachkraft *f* ～知识 Fachkenntnisse *pl*

专一 zhuānyī konzentriert; aufrichtig: 心思～ alle Gedanken auf etw. konzentrieren; mit konzentrierter Aufmerksamkeit

专政 zhuānzhèng Diktatur *f*

专制 zhuānzhì Autokratie *f*; Alleinherrschaft *f*: ～君主 Autokrat *m*; Alleinherrscher *m*

专注 zhuānzhù seine Aufmerksamkeit auf etw. konzentrieren; sich in etw. vertiefen; sich einer Sache ganz hingeben

砖(磚) zhuān Ziegel(stein) *m*: ～头 Ziegelstein *m*; Backstein *m* ～窑 Ziegelofen *m*

zhuǎn

转(轉) zhuǎn ① wenden *vt*; sich verwandeln;

sich verändern: ～身 (von einer Person) sich umwenden; kehrtmachen 好～ eine Wendung zum Besseren nehmen ② überbringen *vt*; weitergeben: ～到另一个单位 in eine andere Einheit versetzt worden sein 我会把信～给你的。Ich will dir den Brief überbringen. * 另见 zhuàn

转变 zhuǎnbiàn ändern *vt*; verwandeln *vt*

转播 zhuǎnbō (durch Rundfunk oder Fernsehen) übertragen *vt*

转车 zhuǎnchē umsteigen *vi*; aus einem Fahrzeug in ein anderes überwechseln

转达 zhuǎndá übermitteln *vt*; weitergeben *vt*; ausrichten *vt*

转告 zhuǎngào weitersagen *vt*; weitergeben *vt*

转化 zhuǎnhuà sich verwandeln: 向反面～ sich in sein Gegenteil verkehren; sich umwandeln

转换 zhuǎnhuàn wechseln *vt*; ändern *vt*

转机 zhuǎnjī eine Wendung zum Besseren: 形势有了～。Die Situation hat sich gebessert.

转嫁 zhuǎnjià abwälzen *vt*; zuschieben *vt*: 把责任～给别人 anderen die Schuld zuschieben

转交 zhuǎnjiāo übermitteln *vt*; weitergeben *vt*

转口 zhuǎnkǒu Transit *m*; Durchfahrt *f*: ～贸易 Transithandel *m*

转捩点 zhuǎnlièdiǎn Wendepunkt *m*; Wende *f*

转念 zhuǎnniàn nochmals nachdenken; sich eines anderen besinnen: 他刚想开口，但一～，又不说了。Er wollte eben den Mund auftun, doch er besann sich kurz und sagte dann nichts.

转让 zhuǎnràng überlassen *vt*; weitergeben *vt*: 票不能～。Diese Karte ist nicht übertragbar.

转入 zhuǎnrù übergehen *vi*; überwechseln *vi*; (sich) umstellen auf: 从人类学～语言学学习 von der Anthropologie auf die Phonetik überwechseln

转身 zhuǎnshēn sich umdrehen; kehrtmachen *vi*

转手 zhuǎnshǒu ① weitergeben *vt* ② (an Dritte) weiterverkaufen *vt*

转述 zhuǎnshù nacherzählen *vt*; wiedergeben *vt*

转瞬 zhuǎnshùn im Nu; im selben Augenblick; im Handumdrehen

转弯 zhuǎnwān um die Ecke gehen (*od* biegen); eine Wendung machen: 邮局一～就是。Das Postamt ist gleich um die Ecke. 他是个直性子，说话从来不会～儿。Er ist eine ehrliche Haut und nimmt nie ein Blatt vor den Mund.

转弯抹角 zhuǎn wān mò jiǎo etw. durch die Blume sagen; Umschweife machen; um den Brei herumreden

转向 zhuǎnxiàng die Richtung ändern * 另见 zhuànxiàng

转学 zhuǎnxué die Schule oder Hochschule wechseln

转眼 zhuǎnyǎn im selben Augenblick; im Nu; im Handumdrehen: ～又是秋天了。Im Handumdrehen ist es wieder Herbst.

转业 zhuǎnyè (von einem Angehörigen der Streitkräfte) einen Zivilberuf ergreifen

转移 zhuǎnyí ① einen anderen Ort wählen; seinen Platz wechseln; verlagern *vt*; verlegen *vt*: ～兵力 Truppen verlegen ～视线 j-s Aufmerksamkeit ablenken ② ändern *vt*; umwandeln *vt*: ～社会风气 in der sozialen Moral einen Umschwung zum Guten bewirken

转载 zhuǎnzǎi in einer anderen Zeitung oder Zeitschrift nachdrucken *vt*

转折 zhuǎnzhé Wendung *f*; Richtungsänderung *f*: ～点 Wendepunkt *m*

zhuàn

转(轉) zhuàn ① sich drehen; rotieren *vi*: 车轮～得很快。Das Rad dreht sich sehr schnell. 地球绕着太阳～。Die Erde dreht sich um die Sonne. ② herumschlendern *vi*; bummeln *vi*: 你在这儿～来～去干什么? Was treibst du dich hier herum? ③ 〈量〉 Umdrehung *f*: 每分钟两千～ 2000 Umdrehungen in der Minute * 另见 zhuǎn

转动 zhuàndòng drehen *vt*; etw. in Bewegung setzen

转向 zhuànxiàng die Richtung verlieren; sich verirren: 晕头～ schwindelig werden und die Orientierung verlieren; im Drunter und Drüber den Kopf verlieren *另见 zhuǎnxiàng

传(傳) zhuàn ① Biographie *f* ② historischer

Roman *另见 chuán
传记 zhuànjì Biographie *f*
传略 zhuànlüè biographische Skizze; kurze Lebensbeschreibung
赚 zhuàn profitieren *vi*; Gewinn machen: ～钱 Profit machen
撰 zhuàn schreiben *vt*; verfassen *vt*: ～稿 für eine Zeitung (*od* Zeitschrift) Artikel schreiben
撰写 zhuànxiě schreiben *vt*; verfassen *vt*

zhuāng

装(裝) zhuāng ① schmükken *vt*; sich verkleiden: 她～老大娘真像。In ihrer Verkleidung als alte Frau sieht sie täuschend echt aus. ② Kleidung *f*; Tracht *f*: 夏～ Sommerkleid *n* 民族服～ Volkstracht *f* ③ sich kostümieren; sich schminken ④ sich verstellen; sich... stellen; als ... erscheinen: ～病 sich krank stellen 不要～出什么都懂。Gib nicht vor, alles zu verstehen ～疯 sich verrückt stellen ⑤ laden *vt*; beladen *vt*; aufladen *vt*: ～车 einen Wagen beladen 把书～进箱子 die Bücher in Kisten verpacken ⑥ montieren *vt*; zusammensetzen *vt*; zusammenstellen *vt*; anbringen *vt*: ～收音机 ein Radio zusammenmontieren ～电话 ein Telephon legen
装扮 zhuāngbàn schmücken *vt*; (sich) schön machen
装备 zhuāngbèi ① ausrüsten *vt*; ausstatten *vt* ② Ausrüstung *f*; Ausstattung *f*
装裱 zhuāngbiǎo (Bild u.ä.) aufziehen *vt*
装订 zhuāngdìng binden *vt*/*vi*
装潢 zhuānghuáng ① verzieren *vt*; dekorieren *vt* ② Dekoration *f*; Verpackung *f*; Aufmachung *f*
装甲 zhuāngjiǎ ① gepanzert: ～车 Panzerkampfwagen *m* ② Panzerplatte *f*
装模作样 zhuāng mú zuò yàng sich gravitätisch geben; sich affektiert benehmen
装配 zhuāngpèi montieren *vt*; zusammenbauen *vt*
装腔作势 zhuāngqiāng zuò shì eine affektierte Haltung annehmen
装饰 zhuāngshì schmücken *vt*; dekorieren *vt*: ～品 Schmuck *m*; Ornament *n* 室内～ Innendekoration *f*
装束 zhuāngshù Kleidung *f*
装卸 zhuāngxiè ① etw. auf- und abladen ② etw. montieren und demontieren
装修 zhuāngxiū Verputz- und Ausbauarbeiten durchführen: ～门面 die Fassade gestalten (*od* verputzen)
装置 zhuāngzhì ① einbauen *vt*; anbringen *vt*; montieren *vt*; installieren *vt* ② Anlage *f*; Einrichtung *f*
妆(妝) zhuāng ① Make-up auflegen; sich schminken: 梳～ sich kämmen und schmücken ② von Frauen getragener Schmuck
妆饰 zhuāngshì schmücken *vt*; herausputzen *vt*; (sich) schön machen
庄(莊) zhuāng ① Dorf *n* ② ernst; seriös
庄户 zhuānghù Bauernhaushalt *m*: ～人家 Bauernfamilie *f*
庄稼 zhuāngjia Getreide *n*; Feldfrucht *f*
庄严 zhuāngyán ernst; feierlich; würdevoll
庄园 zhuāngyuán Land-, Rittergut *n*
庄重 zhuāngzhòng ernst; gesetzt; würdevoll
桩(樁) zhuāng ① Pfahl *m*; Stange *f* ② 〈量〉 一～买卖 ein Geschäft(sabschluß) 小事一～ eine Kleinigkeit

zhuàng

撞 zhuàng ① zusammenstoßen *vi*; stoßen *vi*: ～击 stoßen *vi*; schlagen *vt* ～钟 die Glocke schlagen ② treffen *vt*; begegnen *vi*: ～见 j-n durch Zufall treffen; j-m zufällig begegnen 我不想见他，偏～上他。Ich wollte ihn nicht sehen, aber ausgerechnet ihm mußte ich dann in die Arme laufen. ③ voreilig handeln: 横冲直～ rücksichtslos alles beiseite stoßen
撞骗 zhuàngpiàn auf Betrügereien aus sein; Gaunereien begehen
幢 zhuàng 〈量〉 两～大楼 zwei große Gebäude *另见 chuáng
壮(壯) zhuàng ① stark; kräftig: 身体健～ gesund und stark sein ② groß-

artig; erhaben; kraftvoll ③ verstärken *vt*; kräftigen *vt*: ～胆 j-m Mut machen; j-n ermutigen

壮观 zhuàngguān großartig; eindrucksvoll; herrlich

壮举 zhuàngjǔ Großtat *f*; Heldentat *f*

壮阔 zhuàngkuò großartig; majestätisch; grandios: 波澜～ wie mächtig brandende Wogen; schwungvoll und dynamisch

壮烈 zhuàngliè heldenhaft: ～牺牲 einen heroischen Opfertod sterben

壮年 zhuàngnián bestes Lebensalter

壮士 zhuàngshì ganzer Kerl; Held *m*

壮志 zhuàngzhì hohes Ideal (*od* Ziel); Ehrgeiz *m*: ～未酬 j-s hochfliegende Pläne sind nicht in Erfüllung gegangen

状(狀) zhuàng ① Form *f*; Aussehen *n*; Erscheinung *f*: 奇形怪～ von seltsamer Gestalt und ungewöhnlicher Form ② Zustand *m*: 现～ jetziger Zustand 症～ Krankheitszeichen *n*; Symptom *n* ③ Anklage *f*; Klageschrift *f*: 告～ Anklage erheben; Klage führen ④ Urkunde *f*: 奖～ Anerkennungsschreiben *n*

状况 zhuàngkuàng Zustand *m*; Verhältnisse *pl*: 健康～ Gesundheitszustand *m* 改善这种～ diesen Zustand verbessern 经济～ wirtschaftliche Lage

状态 zhuàngtài Zustand *m*; Lage *f*: 心理～ psychisches Befinden; Gemütszustand *m* 呈透明～ durchsichtig sein

状语 zhuàngyǔ Adverbialbestimmung *f*; Adverbiale *n*

zhuī

锥 zhuī ① Ahle *f*; Pfriem *m* ② Kegel *m*

追 zhuī ① nacheilen *vi*; j-m nachsetzen; hinter j-m her sein; verfolgen *vt*: ～上他们 sie einholen ② einer Sache auf den Grund gehen: ～问 ausfragen *vt* ～赃 (einem Dieb) die Beute abjagen ～根 einer Sache auf den Grund gehen ③ trachten *vi*; streben *vi*; jagen *vi*: ～名逐利 nach Ruhm und Vorteil jagen ④ sich erinnern; sich etw. ins Gedächtnis zurückrufen: ～念往事 sich an die Vergangenheit erinnern

追捕 zhuībǔ nach j-m fahnden; j-n verfolgen und gefangennehmen

追查 zhuīchá nachgehen *vi*; nachforschen *vi*; untersuchen *vt*: ～原因 die Ursache herausfinden; nach dem Grund forschen

追悼 zhuīdào um j-n trauern; in Trauer gedenken: ～会 Trauerfeier *f*

追赶 zhuīgǎn verfolgen *vt*; jagen *vi/vt*; hinter j-m herlaufen

追怀 zhuīhuái sich (etw.) ins Gedächtnis zurückrufen: ～往事 die Vergangenheit ins Gedächtnis zurückrufen

追击 zhuījī verfolgen *vt*; nachfolgen *vi*; nacheilen *vi*

追加 zhuījiā hinzufügen *vt*; Ergänzung *f*

追究 zhuījiū einer Sache auf den Grund gehen; nachforschen *vi*: ～事故的责任 ermitteln, wer für den Unfall verantwortlich ist; die Schuldfrage bei einem Unfall untersuchen

追求 zhuīqiú ① jagen *vi*; streben *vi* ② um j-n werben; j-s. Liebe gewinnen wollen

追认 zhuīrèn etw. nachträglich genehmigen

追溯 zhuīsù zurückführen *vt*; zurückblicken *vi*: 这个传说可以～到远古时代。Diese Legende kann bis in urvordenkliche Zeiten zurückverfolgt werden.

追随 zhuīsuí folgen *vi*; hinter etw. herlaufen: ～者 Anhänger *m*; Gefolgsmann *m*

追忆 zhuīyì sich erinnern; zurückdenken *vi*; sich entsinnen

追逐 zhuīzhú ① nachjagen *vi*; verfolgen *vt* ② (nach Ruhm, Profit u.ä.) streben *vi*; jagen *vi*; etw. zu erlangen suchen

追踪 zhuīzōng verfolgen *vt*; nachfolgen *vi*; nachgehen *vi*; j-m auf den Fersen folgen

zhuì

赘 zhuì überflüssig; unnütz; unnötig: ～述 sich allzu wortreich über etw. äußern; viele Worte machen 不待～言。Es erübrigt sich, näher darauf einzugehen.

赘疣 zhuìyóu ① Geschwulst *f* ② etwas Überflüssiges (*od* Nutzloses)

缀 zhuì schmücken *vt*; dekorieren *vt*: 点～ ausschmücken *vt*; verzieren *vt*

坠(墜) zhuì ① fallen *vi*; hinabstürzen *vi*: ～马 vom Pferd fallen ② niederdrücken *vt*; niederbeugen *vt*; sinken *vi*; herabhängen *vi*: 苹果把树枝～得弯弯的。Die Apfel drückten die Zweige nieder. ③ Gehänge *n*; Gewicht *n*: 玉～儿 Jadegehänge *n*

坠毁 zhuìhuǐ (von einem Flugzeug) herunterstürzen *vi*; abstürzen *vi*; eine Bruchlandung machen

坠落 zhuìluò abfallen *vi*; fallen *vi*

zhūn

谆 zhūn

谆谆 zhūnzhūn angelegentlich und unermüdlich: ～告诫 j-n angelegentlich ermahnen; j-m etw. immer wieder und mit großem Ernst einschärfen 言者～,听者藐藐。Der Redner spricht mit großem Ernst, aber die Zuhörerschaft nimmt seine Ausführungen kaum zur Kenntnis.

zhǔn

准(準) zhǔn ① genehmigen *vt*; erlauben *vt*; bewilligen *vt*: 获～ eine Erlaubnis einholen; eine Genehmigung erwirken 不～吸烟。Rauchen verboten! ② Norm *f*; Richtschnur *f*; Standard *m*: 以此为～ dies als Richtschnur nehmen 高标～ hoher Standard ③ genau; richtig: 钟走得不～。Die Uhr geht nicht genau. ④ bestimmt; gewiß: 我明天～去。Ich gehe morgen bestimmt hin. ⑤ para-; quasi-: ～军事组织 paramilitärische Organisation

准备 zhǔnbèi ① vorbereiten *vt*; fertigmachen *vt*: ～发言稿 den Text einer Ansprache vorbereiten 大家都～好了吗? Ist jedermann schon bereit? 作最坏的～ sich auf das Schlimmste gefaßt machen ～出发 zum Aufbruch rüsten ② beabsichtigen *vt*; vorhaben *vt*: 今年暑假我～回家看看。Ich will in diesen Sommerferien nach Hause fahren. 我～下星期开始试验。Ich plane, in der nächsten Woche mit dem Experiment zu beginnen.

准确 zhǔnquè korrekt; genau; exakt; präzis(e): 给一个～的回答 eine genaue Antwort geben ～性 Genauigkeit *f*

准绳 zhǔnshéng Richtschnur *f*; Richtlinie *f*

准时 zhǔnshí pünktlich; rechtzeitig; termingerecht: ～平安抵达 pünktlich und glücklich angekommen

准许 zhǔnxǔ erlauben *vt*; gestatten *vt*; genehmigen *vt*

准予 zhǔnyǔ erlauben *vt*; zulassen *vt*; zustimmen *vi*: ～给假二日 zwei Tage Urlaub genehmigen

准则 zhǔnzé Norm *f*; Regel *f*; Kriterium *n*: 行为～ Verhaltensregel *f*

zhuō

捉 zhuō ① etw. in der Hand halten; fassen *vt*; ergreifen *vt*: ～住不放 etw. fest in der Hand halten ② festnehmen *vt*; fangen *vt*: 活～ j-n lebendig ergreifen

捉襟见肘 zhuō jīn jiàn zhǒu zupft man seine Jacke zurecht, schaut gleich der Ellbogen hervor — mehr Schwierigkeiten haben, als man bewältigen kann; sich in großer Bedrängnis befinden

捉迷藏 zhuō mícáng Blindekuh *f*; Versteckspiel *n*

捉摸 zhuōmō [多用于否定] feststellen *vt*; ermitteln *vt*; erfassen *vt*: ～不定 unberechenbar; schwer zu begreifen

捉拿 zhuōná festnehmen *vt*; verhaften *vt*: ～归案 j-n vor den Richter bringen

拙 zhuō dumm; ungeschickt; einfältig

拙笨 zhuōbèn dumm; albern; unbeholfen; ungeschickt

拙见 zhuōjiàn <谦> nach meiner bescheidenen (*od* unmaßgeblichen) Meinung

拙劣 zhuōliè schlecht; plump: ～的表演 schlechtes Theater; klägliche Vorstellung

卓 zhuō bemerkenswert; hervorragend; ausgezeichnet

卓绝 zhuōjué unübertroffen; äu-

ßerst; höchst: 艰苦～ äußerst schwierig; beispiellos hart
卓识 zhuōshí weise Einsicht: 远见～ weise Voraussicht und Einsicht
卓越 zhuōyuè hervorragend; ausgezeichnet: ～的成就 hervorragende Leistung ～的外交家 ausgezeichneter Diplomat
卓著 zhuōzhù bemerkenswert; hervorragend: 成效～ hervorragende Ergebnisse erzielen
桌 zhuō ① Tisch *m*: 餐～ Eßtisch *m* 书～ Schreibtisch *m* ② <量>: 三～客人 drei Tische mit Gästen (bei einer Einladung zum Essen) 五～酒席 ein Bankett mit fünf Tischen für die Gäste

zhuó

浊(濁) zhuó ① trübe; schlammig: ～水 trübes Wasser 污～ schmutzig; dreckig ② dunkel; tief
浊音 zhuóyīn stimmhafter Laut
镯 zhuó Armreif *m*; Armband *n*
着 zhuó ① (sich) tragen; sich anziehen; sich ankleiden: 吃～不尽 an Lebensmitteln und Kleidung Überfluß haben ② in Berührung (*od* Kontakt) kommen: 不～边际 sich nicht an ein Thema halten; aus dem Rahmen fallen ③ anhaften *vt*; anlegen *vt*; anwenden *vt*: ～色 Farben auftragen; färben *vt* * 另见 zhāo; zháo; zhe
着陆 zhuólù landen *vi*
着落 zhuóluò ① wo(hin) ungefähr; wo etwa: 遗失的东西已有～了。Die verlorengegangenen Sachen haben sich bereits gefunden. ② zuverlässige Quelle: 这笔经费还没有～。Für diese Ausgaben hat man noch keine sichere Geldquelle gefunden.
着手 zhuóshǒu sich an etw. machen; beginnen *vi/vt*; etw. in Angriff nehmen: ～—项工作 sich an eine Arbeit machen; mit einer Arbeit beginnen
着想 zhuóxiǎng (auf die Interessen von j-m oder etw.) Rücksicht nehmen: 为人民利益～ sich die Interessen des Volkes zu Herzen nehmen
着眼 zhuóyǎn das Augenmerk auf etw. richten; etw. ins Auge fassen: ～于未来 die Zukunft im Auge behalten ～点 zentraler Gesichtspunkt; Hauptaugenmerk *n*
着重 zhuózhòng hervorheben *vt*; unterstreichen *vt*; betonen *vt*
灼 zhuó ① brennen *vi*; verbrennen *vt*: ～热 brennend (*od* glühend) heiß ～伤 Brandwunde *f* ② leuchtend; glänzend: 目光～～ mit scharfen, funkelnden Augen
灼见 zhuójiàn klare Einsicht; scharfsinnige Meinung: 真知～ gründliche Kenntnis und tiefe Einsicht
酌 zhuó ① einschenken *vt*; trinken *vi* ② erwägen *vt*; etw. in Erwägung ziehen; etw. reiflich bedenken
酌量 zhuóliàng überlegen *vt*; überdenken *vt*; erwägen *vt*
酌情 zhuóqíng entsprechend den Umständen; nach Gutdünken: ～处理 nach eigenem Gutdünken handeln
茁 zhuó
茁壮 zhuózhuàng gesund und stark; kräftig
琢 zhuó schnitzen *vt*; meißeln *vt* * 另见 zuó
琢磨 zhuómó ① (Jade) schnitzen und polieren ② (literarische Werke) bearbeiten und glätten; verbessern *vt*
啄 zhuó picken *vt*; klopfen *vi*
啄木鸟 zhuómùniǎo Specht *m*

zī

咨 zī
咨文 zīwén ① amtliches Schreiben (zwischen Behörden gleicher Ebene) ② vom Staatsoberhaupt erstatteter Bericht an das Parlament über die Staatsangelegenheiten: 国情～(美) Botschaft zur Lage der Nation (USA)
咨询 zīxún sich beraten lassen; sich Rat holen; konsultieren *vt*: ～机关 beratendes Organ
资 zī ① Gelder *pl*; Kapital *n*: 投～ Investition *f*; Kapital investieren 工～ Lohn *m*; Gehalt *n* 川～ Reisekosten *pl* 合～ gemeinsames Kapital ② bereitstellen *vt*; als etw. dienen: 可～借鉴 als Beispiel dienen

können
资本 zīběn Kapital *n*: ～家 Kapitalist *m* ～主义 Kapitalismus *m*
资产 zīchǎn Vermögen *n*; Reichtum *m*; Kapital *n*; Kapitalvermögen *n*
资产阶级 zīchǎn jiējí Bourgeoisie *f*; Bürgertum *n*: 小～ Kleinbürgertum *n*
资格 zīge ① Eignung *f*; Qualifikation *f*: 代表～审查委员会 Prüfungskomitee für Vollmachten ② höheres Dienstalter: 摆老～ auf sein höheres Dienstalter pochen; sich als Veteran aufspielen
资金 zījīn Fonds *m*; Geldmittel *pl*; Investitionskapital *n*: ～周转 Kapitalumschlag *m*
资历 zīlì Qualifikation und Dienstalter
资料 zīliào Materialien *pl*; Daten *pl*: 参考～ Informationsmaterial *n*; Materialien zum Nachschlagen
资源 zīyuán Naturressourcen *pl*; Naturschätze *pl*
资助 zīzhù j-n finanziell unterstützen; finanzielle Hilfe

姿 zī ① Aussehen *n*; Antlitz *n*: ～色 schönes Aussehen (einer Frau) ② Stellung *f*; Körperstellung *f*; Haltung *f*
姿势 zīshì Stellung *f*; Körperstellung *f*; Haltung *f*: 坐的～ Sitzhaltung *f*
姿态 zītài ① Positur *f*; Haltung *f*: ～优美 elegante Haltung ② Haltung *f*; Verhalten *n*: 以一个普通劳动者的～出现 wie ein einfacher Werktätiger auftreten 高～ großzügige Haltung; sich tolerant verhalten

滋 zī
滋补 zībǔ tonisch; nahrhaft; stärkend: ～食品 stärkende Nahrungsmittel; Kräftigungsmittel *n* ～药品 stärkendes Mittel
滋润 zīrùn befeuchten *vt*; feucht werden
滋生 zīshēng ① sich fortpflanzen; sich vermehren: 防止蚊蝇～ gegen die Vermehrung von Fliegen und Mücken Vorkehrungen treffen ② hervorrufen *vt*; heraufbeschwören *vt*; provozieren *vt*: ～事端 einen Streit provozieren; Unruhe stiften
滋味 zīwèi Geschmack *m*
滋养 zīyǎng nähren *vt*; mit Nahrung versorgen
滋长 zīzhǎng sich entwickeln; entstehen *vi*: 防止～骄傲自满情绪 sich vor Selbstzufriedenheit und Überheblichkeit hüten

髭 zī Schnurbart *m*

吱 zī ① quiek(s)en *vi*; pfeifen *vi*; piep(s)en *vi* ② zwitschern *vi*; piepen *vi*; quieken *vi*
吱声 zīshēng einen Laut von sich geben; ein Wort herausbringen: 不～ keinen Mucks von sich geben

孜 zī
孜孜不倦 zīzī bù juàn emsig; unermüdlich; mit unablässigem Eifer; mit unermüdlichem Fleiß

zǐ

紫 zǐ purpurn; violett
紫外线 zǐwàixiàn ultravioletter Strahl; Uv-Strahl *m*
紫药水 zǐyàoshuǐ Gentianaviolett *n*

姊 zǐ ältere Schwester
姊妹 zǐmèi ältere und jüngere Schwester; Schwestern *pl*

子 zǐ ① Kind *n*; Sohn *m*; Junge *m*: 母～ Mutter und Sohn ～女 Sohn und Tochter; Kinder *pl* 孙～ Enkel *m* ② Samen *m*: 瓜～儿 Melonenkern *m* ③ Ei *n*: 鱼～儿 Fischlaich *m*; Rogen *m* ④ etwas Kleines und Hartes: 棋～儿 Schachfigur *f*; Schachstein *m* 石头～儿 Steinchen *n*; Kiesel *m* ⑤ Person *f*: 男～ männliche Person; Mann *m* 女～ weibliche Person; Frau *f* ⑥ jung; zart; klein: ～鸡 noch nicht ausgewachsenes Huhn; Küken *n* ～姜 milder Ingwer

子 zi ① [名词后缀]: 房～ Haus *n* 车～ Straßenfahrzeug *n* 镜～ Spiegel *m* 骗～ Betrüger *m*; Schwindel *m* 矮～ Zwerg *m* ② [某些量词后缀]: 这档～事 diese Sache; diese Angelegenheit
子弹 zǐdàn Patrone *f*; Kugel *f*
子弟 zǐdì Söhne und jüngere Brüder; Nachwuchs *m*; Kinder *pl*: 纨袴～ Geck *m*; Dandy *m* ～兵 Armee aus den Söhnen des Volkes
子宫 zǐgōng Gebärmutter *f*; Uterus *m*
子孙 zǐsūn Kinder und Enkel-

kinder; Nachkommen *pl*; Nachkommenschaft *f*: ～后代 Nachkommen *pl*; Abkommenschaft *f*; kommende Generationen

籽 zǐ Samen *m*; Saat *f*

籽棉 zǐmián Samenwolle der Baumwollpflanze

仔 zǐ Junge *n*; junges Tier oder Geflügel: ～猪 Ferkel *n* ～鸡 Küken *n*

仔细 zǐxì sorgfältig; aufmerksam: ～分析 genaue stens analysieren ～听 aufmerksam zuhören ～研究 mit Sorgfalt studieren

zì

字 zì ① Schriftzeichen *n*; Zeichen *n*; Wort *n*: 汉～ chinesische Schrift (*od* Schriftzeichen) ② Schrift *f*; Schriftart *f*: 黑体～ Schriftzeichen im Fettdruck; fett gedruckte Wörter 斜体～ Kursivschrift *f* ③ Kalligraphie *f*; kalligraphisches Werk: ～画 Kalligraphie und Gemälde ④ Quittung *f*; Empfangsbescheinigung *f*; Empfangsbestätigung *f*: 立～为凭 eine schriftliche Versicherung geben; eine Bestätigungsurkunde aufsetzen

字典 zìdiǎn Wörterbuch *n*; Lexikon *n*

字迹 zìjī Schrift *f*: ～潦草 kritzelige Schrift

字句 zìjù Wörter und Sätze; Geschriebene *n*: ～通顺 korrekt und verständlich schreiben

字据 zìjù schriftliche Bestätigung; Bescheinigung *f*; Beweisstück *n*; Urkunde *f*

字里行间 zì lǐ háng jiān was zwischen den Zeilen steht: 他的信～流露出悲观情绪。 Sein Brief drückt zwischen den Zeilen eine pessimistische Stimmung aus.

字母 zìmǔ Buchstabe *m*; Alphabet *n*: 汉语拼音～ Pinyin-Alphabet *n*; Alphabet (bzw. Buchstabe) der modernen chinesischen Lautschrift 大写～ Großbuchstabe *m*; Versal *m*

字幕 zìmù an die Bühnenseite projizierte Gesangstexte (bei chinesischen Opern); Untertitel *pl* (eines Films)

字体 zìtǐ Schriftart *f*; Schriftbild *n*

字条儿 zìtiáor (beschriebener) Zettel *m*; Notiz *f*

字帖 zìtiè gedruckte Schriftmuster von berühmten Kalligraphen für Schönschreibübungen; Kalligraphievorlage *f*

字眼 zìyǎn Ausdruck *m*; Phrase *f*: 玩弄～ mit Formulierungen jonglieren; Wortspielerei *f*; Wortgeklingel *n*

恣 zì zügellos; ungezügelt; maßlos

恣意 zìyì nach Belieben; willkürlich; nach Lust und Laune; rücksichtslos: ～践踏 etw. unbedenklich mit Füßen treten

自 zì ① selbst; selber; persönlich; in eigener Person: ～问 sich fragen ～画像 Selbstbildnis *n*; Selbstporträt *n* ～食其果 seine eigenen bitteren Früchte essen müssen; wer Wind sät, wird Sturm ernten ② selbstverständlich; natürlich: ～当努力 auf alle Fäle sein Bestes geben müssen 我～有办法。 Ich weiß mir zu helfen. ③ aus; von; von ... aus; seit: ～古以来 von alters her; seit je; von jeher ～幼 von Kindheit an; von klein auf

自爱 zì'ài Selbstachtung *f*

自拔 zìbá sich aus etw. heraushelfen (*od* herauswinden): 不能～ sich von etw. nicht frei machen können; sich aus einer Notlage nicht herauszuwinden vermögen

自白 zìbái Selbstbekenntnis *n*; ein Selbstbekenntnis ablegen

自暴自弃 zì bào zì qì sich mit seiner Rückständigkeit abfinden; sich selbst aufgeben; sich verlorengeben; sich gehen lassen

自卑 zìbēi sich anderen unterlegen fühlen; sich minderwertig fühlen

自惭形秽 zì cán xíng huì sich schämen, in den Schatten gestellt zu werden; sich klein (minderwertig, unterlegen) fühlen

自称 zìchēng sich nennen; sich als ... ausgeben; sich als ... aufspielen: ～作家 sich als Schriftsteller aufspielen

自持 zìchí sich beherrschen; Selbstbeherrschung üben

自吹自擂 zìchuī zìléi prahlen und sich selbst rühmen; den Mund voll nehmen; sich aufblasen; für sich selbst Reklame machen

自从 zìcóng seit; seitdem; von ... an

自大 zìdà hochnäsig; überheblich; arrogant; eingebildet

自得 zìdé mit sich zufrieden sein; selbstzufrieden: 洋洋～ in einen Freudentaumel geraten; über sich entzückt sein; hochbeglückt sein ～其乐 an etw. seine Freude haben; sein Vergnügen an etw. finden

自动 zìdòng ① aus eigener Initiative; aus eigenem Antrieb; freiwillig ② automatisch; selbsttätig

自动化 zìdònghuà Automatisierung *f*

自发 zìfā spontan

自费 zìfèi auf eigene Kosten; auf eigene Rechnung; aus eigener Tasche (*od* selbst) bezahlen; die Kosten selbst tragen

自封 zìfēng ① sich als (*od* für) etw./j-n ausgeben; sich zu etw. ernennen: ～为诗人 sich als Dichter ausgeben; sich Dichter nennen ② sich isolieren; sich einsperren: 故步～ starr an überlieferten Vorstellungen und Traditionen festhalten; eigensinnig am alten hängen

自负 zìfù ① etw. selbst verantworten; selbst die Verantwortung tragen: ～盈亏 für Gewinn und Verlust selbst die Verantwortung tragen ② eingebildet; überheblich

自高自大 zì gāo zì dà sehr eingebildet sein; anmaßend; dünkelhaft

自告奋勇 zì gào fènyǒng sich anbieten (eine schwierige Aufgabe zu übernehmen); sich freiwillig zur Verfügung stellen; sich aus freien Stücken zu etw. melden

自顾不暇 zì gù bù xiá sich nicht einmal um seine eigenen Angelegenheiten kümmern können; mehr als genug mit seinen privaten Dingen zu tun haben

自豪 zìháo auf etw. stolz sein

自己 zìjǐ ① selbst; selber: 生～的气 sich über sich selbst ärgern ～动手 selbst Hand anlegen; etw. eigenhändig (*od* selbst) machen ② vertraut; innig; eigen: ～弟兄 die eigenen Brüder ～人 Leute der eigenen Seite; Vertraute(r); Unsrige *pl*

自给 zìjǐ Selbstversorgung *f*; seinen Bedarf selbst decken

自尽 zìjìn Selbstmord begehen; den Freitod wählen; sich das Leben nehmen

自决 zìjué Selbstbestimmung *f*: 民族～ nationale Selbstbestimmung

自觉 zìjué ① selbst fühlen; merken *vt*; bemerken *vt* ② bewußt; selbstbewußt; mit vollem Bewußtsein: ～自愿 bewußt und freiwillig

自夸 zìkuā sich rühmen; sich selbst loben; (mit seinem Können, Wissen u.ä.) prahlen *vi*; Eigenlob *n*

自来水 zìláishuǐ Leitungswasser *n*

自理 zìlǐ etw. selbst verrichten

自立 zìlì selbständig; auf eigenen Füßen stehen

自力更生 zì lì gēng shēng sich auf die eigene Kraft verlassen; (im) Vertrauen auf die eigene Kraft; sich aus eigener Kraft emporarbeiten

自流 zìliú sich von selbst (*od* spontan) entwickeln: 听其～ den Dingen ihren Lauf lassen; Leute frei handeln lassen

自留地 zìliúdì Privatparzelle *f*; Landstück für private Nutzung

自满 zìmǎn selbstzufrieden; selbstgefällig

自鸣得意 zì míng déyì sehr selbstgefällig; sich aufgrund eigener Erfolge erhaben (*od* stolz) fühlen; Selbstzufriedenheit zur Schau tragen

自命不凡 zìmìng bù fán nicht wenig von sich selbst halten; eine viel zu hohe Meinung von sich haben; sich erhaben dünken; sich zu viel zutrauen; sich überschätzen

自然 zìrán ① Natur *f*: ～规律 Naturgesetz *n* ～界 Natur *f*; Welt der Natur ～科学 Naturwissenschaft *f* ～死亡 natürlicher Tod ② von selbst; auf natürlichem Wege; dem Lauf der Dinge gemäß; automatisch: 这病不用吃药，休息一两天～会好的。Gegen diese Krankheit braucht man keine Medikamente einzunehmen. Nach ein paar Tagen Ruhe vergeht sie von selbst. 到时候他～会明白的。 Wenn die Zeit gekommen ist, wird er es von selbst verstehen. ③ selbstverständlich; natürlich: 只要努力学习，～会取得好成绩。 Wenn man eifrig lernt, wird der Erfolg bestimmt nicht ausbleiben.

自然 zìran natürlich; ungezwungen; ungekünstelt: 态度非常～ sich ausgesprochen natürlich verhalten

自如 zìrú <书> frei; (spielend) leicht; virtuos; mit Geschick: 运用～ etw. geschickt anwenden

自杀 zìshā Selbstmord begehen; sich das Leben nehmen

自食其力 zì shí qí lì mit seiner eigenen Arbeitskraft seinen Lebensunterhalt verdienen; von seiner Hände Arbeit leben

自始至终 zì shǐ zhì zhōng von Anfang bis Ende; von A bis Z; die ganze Zeit hindurch

自首 zìshǒu sich stellen; ein Geständnis ablegen

自私 zìsī egoistisch; eigensüchtig

自卫 zìwèi sich verteidigen; Selbstverteidigung *f*

自我 zìwǒ selbst; die eigene Person: ～批评 Selbstkritik *f* ～欣赏 Hochschätzung der eigenen Person; Selbstwertgefühl *n*

自习 zìxí (von Studenten) in der Freizeit oder zu festen Zeiten Selbststudium betreiben

自相残杀 zìxiāng cánshā sich blutige Schlachten liefen; sich untereinander bis aufs Blut (*od* Messer) bekämpfen; Bruderkrieg *m*

自相矛盾 zìxiāng máodùn sich selbst widersprechen; ein Widerspruch in sich selbst

自新 zìxīn ein neuer Mensch werden; ein neues Leben beginnen; sich bekehren: 改过～ sich bessern und ein neues Leben anfangen

自行 xìxíng ① selbst; aus eigener Kraft: ～安排 selbständig regeln ② von selbst; automatisch; aus eigenem Antrieb

自行车 zìxíngchē Fahrrad *n*

自修 zìxiū Selbstunterricht *m*; im Selbststudium lernen

自以为是 zì yǐ wéi shì sich für unfehlbar halten; von sich selbst eingenommen sein; sich im Recht glauben; Glaube an die eigene Unfehlbarkeit; eingebildet sein

自缢 zìyì <书> sich aufhängen; sich erhängen

自由 zìyóu ① Freiheit *f*: 言论～ Freiheit der Rede ② frei; *ungehindert; nach* Belieben: ～竞争 freie Konkurrenz ～泛滥 sich (irrige Meinungen) beliebig ausbreiten ～职业 freier Beruf ～散漫 sich nachlässig benehmen ～自在 frei und ungezwungen; sorglos

自圆其说 zì yuán qí shuō seine Behauptung mit Scheinbeweisen untermauern; Lücken in einer (falschen) Argumentation auszufüllen versuchen: 不能～ sich nicht rechtfertigen können

自愿 zìyuàn freiwillig; aus eigenem Antrieb; nach eigenem Wunsch

自在 zìzai gemütlich; wohl; zwanglos; bequem: 主人太客气了，反而使他们有些不～。Der Gastgeber war etwas zu höflich, so daß sie sich mehr befangen als wohl fühlten.

自知之明 zì zhī zhī míng Selbsterkenntnis *f*

自治 zìzhì Autonomie *f*; Selbstverwaltung *f*: ～区 autonomes Gebiet ～权 Autonomie *f*; Selbstbestimmungsrecht *n*

自主 zìzhǔ Selbständigkeit *f*; sein eigener Herr sein; selbst bestimmen: 不由～ unwillkürlich; wie von selbst; ohne es zu wollen ～权 freie Willensentscheidung

自助 zìzhù Selbstbedienung *f*: ～餐厅 Restaurant mit Selbstbedienung

自传 zìzhuàn Autobiographie *f*

自尊 zìzūn Ehrgefühl *n*; Selbstachtung *f*; Selbstrespekt *m*

渍 zì ① durchtränken *vt*; einweichen *vt*; eintauchen *vt*: 白衬衫被汗水～黄了。Das weiße Hemd hat durch den Schweiß eine gelbliche Farbe angenommen. ② Fleck *m*: 油～ Ölfleck *m* 汗～ Schweißfleck *m*

zōng

宗 zōng ① Ahn *m*; Vorfahr *m*: 祖～ Ahnen und Urahnen ② Sekte *f*; Fraktion *f*; Schule *f*: 正～ orthodoxe Schule ③ Ziel *n*; Zweck *m*: 万变不离其～ ungeachtet aller Wechselfälle am eigentlichen Ziel festhalten ④ <量>: 一～心事 ein inneres Anliegen; eine Herzenssache; ein Herzensbedürfnis 大～款项 eine große Summe Geld

宗教 zōngjiào Religion *f*

宗派 zōngpài Fraktion *f*; Sekte *f*; Faktion *f*: ～斗争 Fraktionskampf *m*

宗旨 zōngzhǐ Grundsatz *m*; Ziel *n*; Zielsetzung *f*

宗族 zōngzú Stamm *m*; Sippe *f*

鬃 zōng Hals- oder Nackenhaare von Schweinen, Pferden usw.; Mähne *f*: 马～ Pferdemähen *f* 猪～ Schweinborste *f*; Kammähne des Schweins

棕 zōng Palme *f*

棕榈 zōnglǘ Palme *f*

棕色 zōngsè braun

踪(蹤) zōng Spur *f*; Fußabdruck *m*: 跟～ j-n verfolgen; j-m auf der Spur sein

踪迹 zōngjī Spur *f*

踪影 zōngyǐng [多用于否定式] Spur *f*; Zeichen *n*: 毫无～ überhaupt keine Spuren hinterlassen; spurlos verschwinden

综 zōng

综合 zōnghé universal; umfassend; allseitig: ～考察 Generalinspektion *f* ～性大学 Universität *f*

综述 zōngshù Zusammenfassung *f*; zusammenfassende Darstellung

zǒng

总(總) zǒng ① zusammenfassen *vt*; zusammenstellen *vt*: ～起来说 zusammengefaßt; generell gesagt; allgemein gesprochen; mit einem Wort 汇～ zusammenstellen *vt*; sammeln *vt*; zusammentragen *vt* ② allseitig; total: ～崩溃 vollständiger (*od* totaler) Zusammenbruch ～产量 Bruttoproduktion *f* ③ führend; leitend; Haupt-; General-; Chef-: ～开关 Hauptschalter *m* ～经理 Generaldirektor *m* ～编辑 Chefredakteur *m* ～公司 Hauptgesellschaft *f* ④ immer; stets: 天～不放晴。Der Himmel will und will nicht aufklaren. 她～是迟到。Sie verspätet sich immer. ⑤ wie dem auch sei; jedenfalls; sowieso; früher oder später: 问题～是要解决的。Das Problem muß schließlich doch gelöst werden. 只要坚持不懈,～有一天会达到目标的。Mit Ausdauer werden wir eines Tages endlich unser Ziel erreichen.

总得 zǒngděi müssen; auf jeden Fall; unbedingt

总督 zǒngdū Generalgouverneur *m*; Vizekönig *m*

总额 zǒng'é Gesamtsumme *f*; Gesamtbetrag *m*

总而言之 zǒng ér yán zhī mit einem Wort; kurzum; generell gesagt

总共 zǒnggòng zusammengerechnet; insgesamt; zusammengenommen: ～约五千人 zusammen ungefähr 5 000 Menschen 这几本书～要多少钱? Wieviel kosten diese Bücher insgesamt?

总管 zǒngguǎn Hauptverwalter *m*; Verwaltungsleiter *m*; Manager *m*

总归 zǒngguī schließlich; letzten Endes; irgendwie: 困难～是可以克服的。Die Schwierigkeiten sind letztendlich nicht unüberwindbar. 事实～是事实。Tatsache bleibt Tatsache.

总和 zǒnghé Gesamtsumme *f*; Gesamtbetrag *m*; Gessamtzahl *f*; Endergebnis *n*

总机 zǒngjī Fernsprechvermittlungsstelle *f*; Fernsprech-, Telephonzentrale *f*

总计 zǒngjì Endsumme *f*; Gesamtsumme *f*

总结 zǒngjié zusammenfassen *vt*; resümieren *vt*; Zusammenfassung *f*; Resümee *n*: ～经验 Erfahrungen zusammenfassen ～报告 Rechenschaftsbericht *m*

总理 zǒnglǐ Ministerpräsident *m*; Premier(minister) *m*; Kanzler *m*

总数 zǒngshù Gesamtzahl *f*; Gesamtbetrag *m*; Gesamtsumme *f*

总算 zǒngsuàn ① letzten Endes; endlich; schließlich: 下了一星期的雨,今天～放晴了。Nach einer Woche Regen ist es heute endlich wieder klar. ② im allgemeinen; wenn man alles erwägt; zusammengenommen; bei gründlicher Überlegung: 小孩子的字能写成这样,～不错了。Wenn ein Kind schon so schreiben kann, ist es alles in allem nicht übel.

总统 zǒngtǒng Staatspräsident *m*

总之 zǒngzhī allgemein gesagt; kurz(um); mit einem Wort

zòng

纵(縱) zòng ① senkrecht; vertikal ② freilassen *vt*; j-n auf freien Fuß setzen: ～虎归山 den Tiger in die Berge zurückkehren lassen — einen Bösewicht wieder freilassen ③ j-m willfahren; verwöhnen *vt*: ～情歌唱 nach Herzenslust singen ④ aufspringen *vi*; emporschnellen *vi*: 他向前一～,就把球接住了。Er sprang vor und fing den Ball. ⑤ wenn auch; wenn

schon; obwohl
纵横 zònghéng kreuz und quer; längs und quer; vertikal und horizontal: ～交错 kreuz und quer durchziehen
纵情 zòngqíng aus Freude (*od* Spaß); nach Lust und Laune: ～欢呼 aus Freude jubeln
纵容 zòngróng (bei einer unerlaubten Handlung) j-m stillschweigend Vorschub leisten; j-m freie Hand lassen: 在某人～下 mit j-s stillschweigender Duldung
纵深 zòngshēn Tiefe *f*: 向～发展 sich in die Tiefe entwickeln
纵欲 zòngyù sich seiner Triebhaftigkeit (*od* Leidenschaft) ergeben; in Sinnenlust schwelgen; ausschweifend leben

zǒu

走 zǒu ① gehen *vi*; fortgehen *vi*: ～路去 zu Fuß gehen ～一～ spazierengehen *vi* ～进房间 ins Zimmer gehen ② laufen *vi*; rennen *vi*; sich bewegen: 钟不～了。Die Uhr ist stehengeblieben 你这步棋～坏了。Du hast einen schlechten Zug gemacht. ③ verlassen *vt*; fortgehen *vi*: 她～了。Sie ist fortgegangen. 我该～了。Es ist Zeit für mich zu gehen. ④ einen Besuch machen: ～亲戚 Verwandte besuchen ⑤ auslaufen *vi*; ausströmen *vi*: ～漏风声 das Geheimnis ausplaudern 说～了嘴 etw. ausplaudern; etw. ausschwatzen ⑥ vom Original abweichen; seine ursprüngliche Form (*od* spezifische Eigenart, Eigentümlichkeit usw.) verlieren: ～调了 verstimmt; unrein 茶叶～味了。Der Tee hat sein Aroma verloren.
走访 zǒufǎng ① j-m einen Besuch abstatten ② interviewen *vt*; ein Interview (*od* eine Unterredung) mit j-m haben
走狗 zǒugǒu Kettenhund *m*; Lakai *m*; Handlanger *m*
走过场 zǒu guòchǎng Aktivitäten (*od* Einsatz) vortäuschen; nur zum Schein tätig sein; etw. oberflächlich und flüchtig erledigen
走后门 zǒu hòumén durch die Hintertür hereinkommen; sich durch Beziehungen Vorteile verschaffen
走廊 zǒuláng Korridor *m*; Durch-, Wandelgang *m*
走马看花 zǒu mǎ kàn huā Blumen vom Sattel aus betrachten; etw. kurz und oberflächlich beobachten; etw. flüchtig ansehen
走私 zǒusī schmuggeln *vi/vt*
走题 zǒutí vom Thema abschweifen
走投无路 zǒu tóu wú lù in eine ausweglose Lage geraten; sich in einer Sackgasse befinden; keinen Ausweg finden: 逼得～ in die Enge getrieben werden
走向 zǒuxiàng Verlauf *m*; Lauf *m*; Richtung *f*
走样 zǒuyàng die Gestalt (*od* Form) verlieren; eine andere Form (als erwartet) haben
走运 zǒuyùn Glück haben; Schwein haben
走着瞧 zǒuzheqiáo abwarten und erst mal sehen: 咱们～! Wir werden (*od* wollen mal) sehen (, wer recht hat).
走卒 zǒuzú Handlanger *m*; Lakai *m*

zòu

奏 zòu ① (ein Musikstück) vortragen *vt*; (auf einem Instrument) spielen *vi/vt*: 独～ Solo *n* 伴～ Begleitung *f* ② dem Kaiser (schriftlich oder mündlich) etw. berichten; einen Thronbericht einreichen
奏效 zòuxiào sich als wirksam erweisen; seine Wirkung tun; Erfolg haben; ein gewünschtes Resultat erzielen
奏乐 zòuyuè Musik machen (*od* spielen); eine Melodie anstimmen
揍 zòu schlagen *vt*; prügeln *vt*; verdreschen *vt*; verhauen *vt*: 把他～一顿 ihm eine Tracht Prügel verabreichen 挨～ Dresche (*od* Schläge) bekommen

zū

租 zū ① mieten *vt*; pachten *vt*: ～三间房 drei Zimmer mieten ～船 ein Schiff chartern ② vermieten *vt*; verpachten *vt*: 房屋招～ Zimmer zu vermieten
租佃 zūdiàn Boden in Pacht geben; Grund verpachten
租界 zūjiè Konzession *f*; Niederlassung *f*; Settlement *n*
租借 zūjiè mieten *vt*; pachten

vt: ～地 Pachtgebiet *n*
租金 zūjīn Miete *f*; Mietzins *m*
租赁 zūlìn ① mieten *vt*; pachten *vt*; leihen *vt* ② vermieten *vt*; verpachten *vt*; verleihen *vt*
租约 zūyuē Pacht *f*; Mietvertrag *m*

zú

卒 zú ① Soldat *m*: 小～ einfacher (*od* gemeiner) Soldat ② Büttel *m*; Diener *m*: 走～ Helfershelfer *m*; Lakai *m*
族 zú ① Nationalität *f*; Rasse *f*: 少数民～ nationale Minderheit 种～ Rasse *f* ② Stamm *m*; Sippe *f* ③ Klasse *f*; Gruppe *f*: 水～ Wassertier *pl*; Wasserfauna *f*
足 zú ① Fuß *m*; Bein *n*: 赤～ barfuß ② genügend; genug; ausreichend; reichlich: 丰衣～食 sich gut kleiden und nähren können; genügend Kleidung und Nahrung haben 资金不～ ungenügend Fonds ③ [多用于否定式] genug; genügend; ausreichend: 微不～道 ganz unbedeutend; ganz belanglos; nichtnennenswert
足够 zúgòu genügend; ausreichend; reichlich
足迹 zújī Fußspur *f*; Fußstapfen *m*
足球 zúqiú Fußball *m*
足智多谋 zú zhì duō móu weise und gewiegt; Scharfsinn und Findigkeit besitzen; einfallsreich

zǔ

诅 zǔ
诅咒 zǔzhòu verfluchen *vt*; verdammen *vt*; verwünschen *vt*
祖 zǔ ① Vorfahr *m*; Ahn *m* ② Urheber *m*; Begründer *m*
祖辈 zǔbèi Ahnen *pl*; Vorfahren *pl*
祖传 zǔchuán von den Vorfahren überliefert: ～秘方 seit alter Zeit von Generation zu Generation überliefertes geheimes Familienrezept
祖父 zǔfù Großvater *m* (väterlicherseits)
祖国 zǔguó Vater-, Heimatland *n*
祖母 zǔmǔ Großmutter *f* (väterlicherseits)
祖师 zǔshī Begründer einer wissenschaftlichen Schule, einer Kunstrichtung u.ä.
祖孙 zǔsūn Großeltern und Enkelkinder: ～三代 drei Generationen
祖先 zǔxiān Vorfahren *pl*; Ahnen *pl*
祖宗 zǔzōng Vorfahren *pl*; Ahnen *pl*
阻 zǔ hindern *vt*; verhindern *vt*; aufhalten *vt*; blockieren *vt*
阻碍 zǔ'ài hindern *vt*; behindern *vt*; verhindern *vt*: ～交通 den Verkehr behindern ～生产力的发展 die Entwicklung der Produktivkräfte hemmen
阻挡 zǔdǎng hemmen *vt*; sperren *vt*; versperren *vt*; Einhalt gebieten: 不可～的历史潮流 der unaufhaltsame Strom der Geschichte
阻击 zǔjī blockieren *vt*; abriegeln *vt*: ～战 Blockierungskampf *m*
阻拦 zǔlán halten *vt*; anhalten *vt*; verhindern *vt*; den Weg versperren: 他决心要走，我们也不好～。Da er entschlossen ist, zu gehen, können wir ihn schlecht aufhalten.
阻力 zǔlì Widerstand *m*; Hindernis *n*
阻挠 zǔnáo behindern *vt*; j-m/etw. im Weg sein (*od* stehen)
阻塞 zǔsè verstopfen *vt*; blockieren *vt*; versperren *vt*: 交通～。Es besteht eine Verkehrsstauung.
阻止 zǔzhǐ verhindern *vt*; zurückhalten *vt*: ～谣言的散布 der Verbreitung der Gerüchte einen Riegel vorschieben
组 zǔ ① Gruppe *f*: 分～讨论 Diskussion in Gruppen ② organisieren *vt*; gründen *vt*; bilden *vt*: 改～ reorganisieren *vt*; umbilden *vt* ③ 〈量〉 Satz *m*; Serie *f*: 一～邮票 ein Satz Briefmarken
组成 zǔchéng bilden *vt*; sich aus ... zusammensetzen; aus ... bestehen: ～部分 Bestandteil *m* 五十人～的代表团 eine Delegation setzt sich aus 50 Personen zusammen 这个球队由二十名运动员～。Die Mannschaft besteht aus 20 Sportler.
组阁 zǔgé ein Kabinett bilden
组合 zǔhé zusammensetzen *vt*; bilden *vt*.
组织 zǔzhī ① organisieren *vt*;

bilden *vt*: ～一次活动 eine Veranstaltung organisieren 这次展览会～得很好。Diese Aufstellung ist sehr gut gegliedert. ② Organisation *f*; System *n* ③ Gewebe *n*: 肌肉～ Muskelgewebe *n*

zuān

钻(鑽) zuān ① bohren *vt*; durchbohren *vt*; drillen *vt*: ～孔 ein Loch bohren ② durchgehen *vi*; eindringen *vi*: 火车正在～山洞。Der Zug fährt durch einen Tunnel. ～到水里 ins Wasser eintauchen ③ intensiv studieren; gründlich forschen: ～书本 über den Büchern sitzen; sich in seine Bücher vergraben * 另见 zuàn

钻空子 zuān kòngzi eine Lücke (in einem Gesetz, einem Vertrag u.ä.) für sich ausnutzen; eine Bestimmung unterlaufen; aus einer günstigen Gelegenheit Kapital schlagen: 不让对方～ der anderen Seite keine Blöße bieten

钻牛角尖 zuān niújiǎojiān unnötige Mühe für ein belangloses oder ein unlösbares Problem aufwenden; Haarspalterei *f*

钻探 zuāntàn Bohren *n*

钻研 zuānyán intensiv studieren; sich in etw. vertiefen: 努力～业务 sich intensiv in sein Fach vertiefen

钻营 zuānyíng sich die Gunst einer einflußreichen Person erschleichen; für persönliche Vorteile liebedienern

zuàn

攥 zuàn etw. in der Hand (fest)halten; etw. mit der Hand umklammern

钻(鑽) zuàn ① Bohrer *m* ② Diamant *m*; Stein *m* (einer Uhr): ～戒 Diamantring *m* 十七～的手表 Armbanduhr mit 17 Steinen ③ bohren *vt* * 另见 zuān

钻床 zuànchuáng Bohrmaschine *f*

钻机 zuànjī Bohrmaschine *f*; Bohrvorrichtung *f*

钻井 zuànjǐng Bohren eines Bohrloches; Schachtbohren *n*

钻石 zuànshí ① Diamant *m* ② Stein *m* (für Uhrlager)

钻头 zuàntóu Bohrkopf *m*

zuǐ

嘴 zuǐ ① Mund *m*: 闭～ den Mund halten 光～上说。Das ist nur ein Lippenbekenntnis. ② Öffnung *f*; Mund *m*: 瓶～儿 Flaschenöffnung *f* 烟～ Zigarettenspitze *f*

嘴巴 zuǐba Mund *m*

嘴唇 zuǐchún Lippe *f*

嘴紧 zuǐjǐn versiegelte Lippen haben; seine Zunge im Zaum halten; verschwiegen wie ein Grab sein

嘴快 zuǐkuài ein loses Mundwerk haben

嘴脸 zuǐliǎn Fratze *f*; Visage *f*; Fresse *f*

嘴碎 zuǐsuì geschwätzig; schwatzhaft

嘴甜 zuǐtián Süßholz raspeln; einnehmend in seiner Rede; glattzüngig

嘴硬 zuǐyìng unwillig, Fehler oder Niederlagen einzugestehen

zuì

醉 zuì ① betrunken; berauscht: 烂～ sinnlos betrunken (*od* besoffen) sein; blau sein 他有点儿～。Er ist ein bißchen betrunken. ② in Schnaps getränkt: ～蟹 in Schnaps eingelegte Krabben

醉汉 zuìhàn Trunkenbold *m*; Säufer *m*; Betrunkene(r)

醉生梦死 zuì shēng mèng sǐ in Traum und Trunkenheit (*od* schwelgerisch) in den Tag hinein leben

醉心 zuìxīn von etw. völlig in Anspruch genommen sein; nach etw. gieren: 他～于数学的研究。Er geht ganz in seinen mathematischen Forschungen auf.

醉醺醺 zuìxūnxūn betrunken; besoffen; angeheitert

醉意 zuìyì Zeichen von Trunkenheit; Anzeichen beginnender Trunkenheit; Trunkenheitsgefühl *n*: 他已经有几分～了。Er ist schon leicht beschwipst.

最 zuì 〈副〉 [表示某种属性超过所有同类的人或事物]: ～好 best; erstklassig; am besten ～小 am kleinsten; kleinst ～美丽 am schönsten ～基本的问题 eine Frage von grundlegendster Be-

deutung
最初 zuìchū ursprünglich; zuerst; anfangs: ～阶段 Anfangsstadium *n* ～的印象 erste Eindrücke
最多 zuìduō am meisten; maximal: 这个礼堂～能容纳一千人。Diese Aula faßt maximal 1 000 Personen. 我～只能等半小时。Ich kann höchstens eine halbe Stunde warten.
最好 zuìhǎo ① best; erstklassig; ausgezeichnet: ～的办法 der beste Weg; beste Lösung ② am besten; optimal: 你～先别告诉他。Am besten sagst du ihm nun nicht.
最后 zuìhòu letzt; zuletzt; schließlich; endgültig: ～的结论 endgültige Schlußfolgerung 作～挣扎 einen letzten Verzweiflungskampf führen ～他终于说了实话。Er hat mir die Wahrheit endlich gesagt.
最后通牒 zuìhòu tōngdié Ultimatum *n*
最近 zuìjìn ① kürzlich; vor kurzem; neulich; in letzter Zeit: ～几年 in den letzten Jahren ～的消息 neueste Nachrichten ② in naher Zukunft; bald; in kurzer Zeit: ～要上演许多新电影。Demnächst werden viele neue Filme gezeigt werden.
最终 zuìzhōng letzt; zuletzt; endgültig: ～结果 endgültiges Ergebnis ～目的 Endziel *n*

罪 zuì ① Verbrechen *n*; Sünde *f*; Schuld *f*: 有～ (große) Schuld auf sich geladen haben ～大恶极 abscheuliche Verbrechen begehen; schlimmste Untaten verübt haben ② Fehler *m*; Schuld *f*: 归～于人 einem anderen die Schuld zuschieben ③ Leid *n*; Kummer *m*; Schmerzen *pl*: 受～ Not leiden; es sehr schwer haben ④ j-m die Schuld geben (*od* zuschieben)
罪恶 zuì'è Verbrechen *n*; Sünde *f*; Schuld *f*: ～滔天 eines himmelschreienden Verbrechens schuldig sein
罪犯 zuìfàn Verbrecher *m*; Straffällige(r)
罪过 zuìguò Fehler *m*; Schuld *f*; Vergehen *n*
罪魁祸首 zuìkuí huòshǒu Erzverbrecher *m*; Urheber allen Übels
罪名 zuìmíng gesetzliche Bezeichnung für einen Straftatbestand; Straftat *f*; Delikt *n*
罪孽 zuìniè Sünde *f*; Verbrechen *n*: ～深重 Todsünden auf dem Gewissen haben
罪行 zuìxíng Verbrechen *n*; Straftat *f*
罪责 zuìzé Verantwortung für ein Verbrechen: ～难逃 sich der Verantwortung für ein Verbrechen nicht entziehen können
罪证 zuìzhèng Beweisstück für ein Verbrechen; Balastungsmaterial *n*
罪状 zuìzhuàng Straftatbestand *m*

zūn

尊 zūn ehren *vt*; achten *vt*
尊称 zūnchēng respektvolle Anredeform; Ehrentitel *m*
尊敬 zūnjìng verehren *vt*; respektieren *vt*; hochschätzen *vt*
尊严 zūnyán Würde *f*; Erhabenheit *f*
尊长 zūnzhǎng Ältere und Höberstehende
尊重 zūnzhòng respektieren *vt*; achten *vt*

遵 zūn folgen *vi*; befolgen *vt*; einhalten *vt*
遵从 zūncóng sich etw./j-m fügen; etw. nachkommen; befolgen *vt*
遵命 zūnmìng 〈敬〉 Ihrem Wunsch entsprechend; gemäß Ihrer Anordnung: ～办理 weisungsgemäß eine Angelegenheit erledigen
遵守 zūnshǒu befolgen *vt*; einhalten *vt*: ～公共秩序 die öffentliche Ordnung beachten ～时间 pünktlich sein; einen Termin einhalten ～法律 die Gesetze befolgen
遵循 zūnxún sich nach etw. richten; sich an etw. halten
遵照 zūnzhào sich fügen; entsprechen *vi*; in Übereinstimmung mit etw. handeln

zuō

作 zuō ＊另见 zuó; zuò
作坊 zuōfang Werkstatt *f*; Werkstätte *f*

zuó

琢 zuó ＊另见 zhuó

琢磨 zuómo grübeln *vi*; über etw. nachdenken; überlegen *vt*; sich etw. durch den Kopf gehen lassen

昨 zuó gestern: ~晚 gestern abend; letzte Nacht

昨天 zuótiān gestern

作 zuó * 另见 zuō; zuò

作践 zuójian 〈口〉 verschwenden *vt*; verderben *vt*

作料 zuóliao Würze *f*; Gewürz *n*; würzige Zutat

zuǒ

左 zuǒ ① linke Seite; links: 向~转 linksum; sich nach links wenden ② seltsam; sonderbar; unorthodox; ketzerisch: ~道旁门 Ketzerei *f*; Häresie *f*; falsche Lehre

左边 zuǒbiān links; linke Seite

左派 zuǒpài (politische) Linke *f*; Linke(r)

左撇子 zuǒpiězi Linkshänder *m*

左倾 zuǒqīng politisch fortschrittlich; revolutionär eingestellt; linksgerichtet

左翼 zuǒyì linker Flügel; linke Flanke

左右 zuǒyòu ① linke und rechte Seite; links und rechts: ~摇晃 bald nach links und bald nach rechts schwanken ② etwa; gegen; ungefähr: 五点钟~ gegen fünf Uhr 两个月~ ungefähr zwei Monate ③ über etw. Herr sein; kontrollieren *vt*; bestimmen *vt*: ~局势 Herr der Lage sein 被别人~ von anderen beherrscht werden

左右手 zuǒyòushǒu rechte Hand; wichtiger Helfer

左右为难 zuǒyòu wéinán weder ein noch aus wissen; sich in großer Verlegenheit (*od* in einem Dilemma) befinden

左…右… zuǒ…yòu… [强调同类行为的反复]: 左思右想 hin und her überlegen; von verschiedenen Gesichtspunkten aus betrachten; *sich etw. immer wieder durch* den Kopf gehen lassen 左一个问题，右一个问题 eine Frage nach der anderen

撮 zuǒ 〈量〉 [用于成丛的毛发] Büschel *n*: 一~儿白毛 ein Büschel weißes Haar * 另见 cuō

zuò

凿(鑿) zuò ① sicher; bestimmt: 确~ triftig; stichhaltig; unwiderlegbar; nicht zu widerlegen ② Zapfenloch *n* * 另见 záo

坐 zuò ① sitzen *vi*; sich setzen; Platz nehmen: 请~! Nehmen Sie bitte Platz! ~在椅子上 auf dem Stuhl sitzen ② mit (*od* in einem) Verkehrsmittel reisen: ~公共汽车 mit dem Bus fahren ③ (Topf, Pfanne usw.) aufs Feuer stellen: 在炉子上~一壶水 einen Kessel (Wasser) aufs Feuer setzen ④ (Gewehr usw.) zurückstoßen *vi*

坐标 zuòbiāo Koordinate *f*

坐吃山空 zuò chī shān kōng bei untätigem Verzehren bleibt selbst von einem Berg nichts übrig — zu Hause müßig ein Vermögen aufzehren

坐等 zuòděng sich zurücklehnen und abwarten

坐垫 zuòdiàn Sitzkissen *n*; Polster *n*

坐井观天 zuò jǐng guān tiān aus der Tiefe des Brunnens den Himmel betrachten — einen begrenzten Gesichtskreis (*od* Horizont, ein beschränktes Blickfeld) haben

坐牢 zuòláo im Gefängnis (*od* hinter Gittern) sitzen

坐冷板凳 zuò lěngbǎndèng ein Amt ohne viel Arbeit und Machtbefugnisse bekleiden; lange Zeit auf eine Amtsstelle oder eine Audienz (bei einer wichtigen Person) warten

坐立不安 zuò lì bù ān ruhelos weder sitzen noch stillstehen können; wie auf Kohlen sitzen

坐落 zuòluò (von einem Haus) gelegen sein; liegen *vi*; sich befinden

坐失良机 zuò shī liángjī eine gute Gelegenheit verpassen; den richtigen Zeitpunkt versäumen

坐视 zuòshì dasitzen und zusehen; passiver Zuschauer sein

坐位 zuòwei Platz *m*; Sitzplatz *m*

坐享其成 zuò xiǎng qí chéng sitzend die Früchte anderer genießen; sich die gebratenen Tauben in den Mund fliegen lassen; sich in ein gemachtes Bett legen

坐以待毙 zuò yǐ dài bì tatenlos auf den Tod (*od* das Ende) warten

座 zuò ① Sitz *m*; Platz *m*: 入～ seinen Platz einnehmen ② Ständer *m*; Gestell *n*; Sockel *m*: 花瓶～儿 Vasenständer *m* 塑像～儿 Sockel einer Statue ③ 〈量〉[多用于较大或固定的物体]: 一～山 ein Berg 一～桥 eine Brücke 一～铜像 eine Bronzestatue

座上客 zuòshàngkè Ehrengast *m*

座谈 zuòtán eine zwanglose Aussprache haben: ～会 Besprechung *f*; Aussprache *f*; Diskussion *f*

座位 zuòwèi Sitz *m*; Platz *m*

座无虚席 zuò wú xū xí kein Platz bleibt unbesetzt; bis auf den letzten Platz besetzt sein; vor vollem Haus

座右铭 zuòyòumíng Motto *n*; Maxime *f*; Wahlspruch *m*

作 zuò ① machen *vt*; tun *vt*: ～功课 Hausaufgaben machen ～报告 einen Vortrag halten ～长期打算 einen langfristigen Plan aufstellen; auf lange Sicht planen ② schreiben *vt*; verfassen *vt*; (künstlerisch) schaffen *vt*: ～诗 ein Gedicht verfassen ～画 ein Bild malen ③ (literarisches oder künstlerisches) Werk *n*: 遗～ hinterlassenes Werk 处女～ Erstlingsarbeit *f* ④ als … betrachten; für … halten: 认贼～父 im Feind seinen Vater sehen; sich beim Volksfeind verdingen ⑤ vortäuschen *vt*; sich verstellen: 装模～样 sich gekünstelt benehmen; sich zieren ⑥ sich fühlen; erbrechen *vt*; sich übergeben * 另见 zuō; zuó

作案 zuò'àn ein Verbrechen begehen; ein Delikt verüben

作罢 zuòbà fallenlassen *vt*; aufgeben *vt*: 这事只好～。 Die Sache muß aufgegeben werden.

作弊 zuòbì betrügerische (*od* arglistige) Methoden anwenden; gesetzwidrige Betrügereien begehen

作对 zuòduì gegen j-n sein; j-m Widerpart bieten; j-m entgegenarbeiten

作恶 zuò'è Böses tun; eine Untat begehen: ～多端 in Untaten verstrickt sein; sich alle möglichen Übeltaten zuschulden kommen lassen

作法 zuòfǎ Handlungsweise *f*; Verfahren *n*; Praktik *f*

作废 zuòfèi etw. ungültig machen; verfallen *vi*: 过期～ nach einem bestimmten Datum verfallen 宣布条约～ einen Vertrag kündigen

作风 zuòfēng Stil *m*; Art und Weise des Verhaltens: 工作～ Arbeitsstil *m* 生活～ Lebensstil *m* 实事求是的～ das Vorgehen nach dem Grundsatz, die Wahrheit in den Tatsachen zu suchen; eine praktische und zweckdienliche Art, Dinge zu erledigen

作梗 zuògěng j-m Schwierigkeiten bereiten; j-m in die Quere kommen

作怪 zuòguài Unheil anrichten; Unruhe stiften; Unannehmlichkeiten heraufbeschwören

作家 zuòjiā Schriftsteller *m*

作价 zuòjià einen Preis festsetzen; den Wert von etw. bestimmen; bewerten *vt*

作孽 zuònìè eine Sünde begehen

作呕 zuò'ǒu sich schlecht fühlen; j-m übel sein; sich übergeben; von Übelkeit befallen werden: 真是令人～。Es ist wirklich ekelhaft.

作陪 zuòpéi als Gesellschafter mit eingeladen werden, um den Ehrengast zu unterhalten

作品 zuòpǐn künstlerisches oder literarisches Werk

作数 zuòshù gelten *vi*; gültig sein: 旧协定已经不～了。Das alte Abkommen ist nicht mehr in Kraft.

作祟 zuòsuì Unheil anrichten; spuken *vi*; Unruhe stiften: 一定有人从中～。 Bestimmt gibt es jemanden, der Unruhe stiftet.

作威作福 zuò wēi zuò fú nach Belieben schalten und walten; von seiner Macht tyrannisch Gebrauch machen

作为 zuòwéi ① Handlung *f*; Tat *f*; Benehmen *n* ② etw. zustande (*od* zuwege) bringen: 无所～ in Nichtstun versinken; nichts versuchen und nichts zuwege bringen 有所～ sein Können zeigen; seine Fähigkeiten zur Geltung bringen können ③ als … betrachten; für … halten: ～借口 etw. als Vorwand benutzen ④ als: ～国家干部,我们要把人民利益放在第一位。Als Staatsfunktionär (*od* staatliche Kader) müssen wir die Interessen des Volkes über alles andere stellen.

作文 zuòwén Aufsatz *m*; einen Aufsatz schreiben

作物 zuòwù Feldfrüchte *pl*; landwirtschaftliche Kulturen: 夏熟～ Sommergetreide *n*

作息 zuòxī arbeiten und sich ausruhen: 按时～ Arbeits- und Pausezeiten genau einhalten ～时间表 Tagesplan *m*

作业 zuòyè ① Schulaufgaben *pl*: 做～ Schularbeiten machen ② Arbeit *f*; Operation *f*; Produktion *f*: 水下～ Unterwasserarbeiten *pl* 野外～ Außeneinsatz *m*

作用 zuòyòng ① auf etw./j-n einwirken; beeinflussen *vt*: 在外界事物的～下 bedingt durch äußere Einflüsse ② Wirkung *f*; Funktion *f*: 化学～ chemische Wirkung 反～ Gegenwirkung *f*; Reaktion *f* 副～ Nebenwirkung *f* ③ Absicht *f*; Motiv *n*

作战 zuòzhàn Krieg führen; eine militärische Operation durchführen; kämpfen *vi*: 英勇～ heldenhaft kämpfen

作者 zuòzhě Autor *m*; Verfasser *m*

作证 zuòzhèng (als Zeuge) aussagen *vt*; etw. bezeugen; Zeugnis ablegen: 在法庭上～ vor Gericht aussagen

作主 zuòzhǔ ① entscheiden *vi/vt*; für etw. die Verantwortung tragen: 这事她作不了主。Das kann sie nicht bestimmen. 或 Sie kann keine Entscheidung treffen. ② j-m den Rücken steifen (*od* stärken); j-n unterstützen; für j-n eintreten: 只要有你～，我就干。Nur wenn du mich unterstützt, mache ich es gleich.

做 zuò ① machen *vt*; herstellen *vt*: ～衣服 Kleidung anfertigen ～饭 Essen kochen ② schreiben *vt*; verfassen *vt*: ～一首诗 ein Gedicht schreiben ③ sich mit etw. beschäftigen; an etw. arbeiten: ～生意 Handel treiben; Geschäfte machen ④ sein *vi*; als ... dienen: ～个好孩子 ein gutes Kind sein 他后来～了医生。Er arbeitete später als Arzt. ⑤ eine Familienfeier veranstalten: ～生日 j-s Geburtstag feiern ～寿 den Geburtstag (einer älteren Person) feiern ⑥ als ... dienen; als ... gebraucht werden: 这块布可以～对枕套。Das Stück Stoff kann als ein Paar Kissenbezug gebraucht werden. ⑦ Beziehungen aufnehmen (*od* herstellen): ～朋友 mit j-m Freundschaft schließen

做东 zuòdōng Gastgeber sein; j-n freihalten

做法 zuòfǎ Handlungsweise *f*; Verfahren *n*; Praktik *f*

做工 zuògōng ① arbeiten *vi*: 在纱厂～ in einer Textilfabrik arbeiten ② Anfertigungskosten *pl*: 这件衣服～多少钱？ Wieviel betragen die Anfertigungskosten für diese Kleidung? ③ Kunstfertigkeit *f*: ～精美 Kunstfertigkeit in hohem Grad besitzen

做官 zuòguān (als) Beamter (tätig) sein: ～当老爷 als hohe Herren und anmaßende Beamte schalten und walten

做活儿 zuòhuór (körperlich) arbeiten *vi*

做客 zuòkè Gast sein

做礼拜 zuò lǐbài 〈基督教〉 am Gottesdienst teilnehmen; Gebete (*od* religiöse Handlungen) verrichten; in die Kirche gehen

做媒 zuòméi eine Heirat vermitteln; als Heiratsvermittler auftreten

做梦 zuòmèng ① träumen *vt/vi*: 做恶梦 einen Alptraum haben ② Wunschtraum *m*; Träumerei *f*; Phantasiebild *n*: 白日～ Wachtraum *m*; am hellichten Tag träumen

做人 zuòrén ① sich benehmen: 懂得如何～处世 (in der Gesellschaft) sich zu benehmen wissen ② ein anständiger Mensch sein: 重新～ ein neues Leben beginnen

做声 zuòshēng einen Laut von sich geben: 别～！ Sei still!

做文章 zuò wénzhāng ① einen Aufsatz schreiben ② etw. als Vorwand (für einen Streit, einen Skandal u.ä.) benutzen; etw. aufbauschen: 他想抓住这件事情～。Er versuchte diese Angelegenheit zu benutzen, um eine Affäre daraus zu machen.

做戏 zuòxì ① (in einem Schauspiel) eine Rolle spielen ② sich aufspielen; Eindruck schinden; Theater spielen

做贼心虚 zuò zéi xīn xū einem Dieb ist immer ängstlich zumute; ein schlechtes Gewissen haben; der Schuldige erschrickt vor seinem Schatten

做作 zuòzuo affektiert; gekünstelt; geziert; unnatürlich

JĪNGXUǍN DÉ-HÀN HÀN-DÉ CÍDIǍN

精选德汉汉德词典

德汉词典　许素芳　韩文殿　施其南　编译

汉德词典　施其南　王昭仁　许素芳　编

德语文本顾问　Susanne Brudermüller

商务印书馆出版

(北京王府井大街36号　邮政编码100710)

商务印书馆发行

河北三河市艺苑印刷厂印刷

ISBN 978-7-100-00720-7

1994年5月第1版　开本787×960　1/60

2008年6月第17次印刷　印张19 2/3

印数10000册

定价：36.00元